PONS

Standardwörterbuch

Türkisch - Deutsch
Deutsch - Türkisch

Neubearbeitung 2007

Ernst Klett Sprachen

Barcelona · Belgrad · Budapest
Ljubljana · London · Posen · Prag
Sofia · Stuttgart · Zagreb

PONS Standardwörterbuch
Türkisch

Bearbeitet von: Osman Nazim Kiygi, Gregor Vetter

Neubearbeitung auf der Basis des PONS Standardwörterbuchs Türkisch
ISBN 978-3-12-517217-3

1. Auflage 2007 (1,01)

Internet: www.pons.de
E-Mail: info@pons.de

Projektleitung: Helen Blocksidge
Sprachdatenverarbeitung: Andreas Lang, conTEXT AG für Informatik und Kommunikation, Zürich
Einbandgestaltung: Schmidt & Dupont, Stuttgart
Logoentwurf: Erwin Poell, Heidelberg
Logoüberarbeitung: Sabine Redlin, Ludwigsburg
Satz: Dörr und Schiller GmbH, Stuttgart
Druck: Clausen und Bosse, Leck
Printed in Germany
ISBN 978-3-12-517784-0

eksiltmek *vt* ❶ *Kausativ zu* **eksilmek** ❷ reduzieren, verringern (**-i** etw)

sürüklenmek *vi* ❶ *Passiv zu* **sürüklemek** ❷ (auf dem Wasser) treiben ❸ (*a. fig*) sich hinschleppen

giyinmek *vr* ❶ *Reflexiv zu* **giymek** ❷ sich anziehen

Bei türkischen Verben wird auf **Kausativ-, Passiv-** und **Reflexivformen** hingewiesen.

bağrışma *s* ❶ *Verbalsubstantiv zu* **bağrışmak** ❷ Geschrei *nt*

Bei Türkischen **Verbalsubstantiven** wird auf das entsprechende Verb hingewiesen.

kastetmek (**-der**) *vt* ❶ beabsichtigen (**-i** etw) ❷ meinen, sagen wollen (**-i ile** etw mit etw) ❸ es abgesehen haben (**-e** auf jdn)

Zu den Verben werden in Klammern die jeweiligen Fälle bzw. **Präpositionen** und **Postpositionen** für beide Sprachen angegeben.

önüne *präp* vor (**-in** +*akk*)

rağmen I. *präp* trotz (**-e** +*gen*); **buna** ~ trotzdem **II.** *konj* obgleich, obwohl; **hasta olmasına** ~ obwohl er krank war/ist

Zu den **Postpositionen** bzw. **Präpositionen** werden in Klammern die Fälle des Bezugswortes angegeben.

Die Verwendung der Stichwörter im Satzzusammenhang wird durch mehrere Hinweise deutlich gemacht:

- zusätzliche Erklärungen

dizmek (**-er**) *vt* ❶ (*in einer Reihe*) aufstellen (**-i -e** etw auf etw) ❷ (*Perlen*) auffädeln (**-i** etw) ❸ (*Text*) setzen (**-i** etw)

- Stil- und rhetorische Angaben

atmasyon *s* (*fam*) Angeberei *f*

yelpaze *s* ❶ Fächer *m* ❷ (*fig: Vielfalt*) Bandbreite *f*, Palette *f*

mikrop (**-bu**) *s* ❶ Mikrobe *f* ❷ Krankheitskeim *m* ❸ (*pej vulg*) miese Ratte *f*

- Sachgebietsangaben

saha *s* ❶ Bereich *m* ❷ MATH Fläche *f* ❸ Spielfeld *nt* ❹ PHYS Feld *nt*

Inhalt

Benutzerhinweise

1. Die alphabetische Anordnung

Alle Wörter sind alphabetisch geordnet.

Im türkisch-deutschen Teil des Wörterbuchs stehen in der alphabetischen Reihenfolge o vor ö, u vor ü, ı vor i c vor ç, s vor ş und g vor ğ.

Im deutsch-türkischen Teil sind die Umlaute ä, ö, ü den Vokalen a, o, u gleichgestellt.

2. Besondere Zeichen im Eintrag

Im deutsch-türkischen Wörterbuchteil machen hochgestellte arabische Ziffern gleich geschriebene Wörter mit unterschiedlichen Bedeutungen (Homographen) kenntlich.

Kristall[1] *m* (*Stein*) billur

Kristall[2] *nt* (*Glas*) kristal

Die Tilde (~) ersetzt in Anwendungsbeispielen und Redewendungen das vorhergehende Stichwort.

Hund *m* köpek; **bekannt wie ein bunter ~** herkes tarafından tanınan; **vor die ~e gehen** mahvolmak, telef olmak [...]

okul *s* Schule *f;* **~ arkadaşı** Schulkamerad(in) *m(f);* **~ avlusu** Schulhof *m* [...]

3. Aufbau der Einträge

3.1 Römische und arabische Ziffern

Römische Ziffern kennzeichnen unterschiedliche Wortarten bzw. grammatische Kategorien eines Stichworts.

kratzen **I.** *vt* kaşımak; (*Katze*) tırmalamak (**etw** -i) **II.** *vi* (*Wolle*) dalamak **III.** *vr* **sich ~** kaşınmak

gerek (**-ği**) **I.** *s* Notwendigkeit *f* **II.** *adj* nötig, notwendig, erforderlich; **gereği gibi** gebührend **III.** *konj* **~ ... ~ ...** sowohl ... als auch ..., ob ... oder ...

Arabische Ziffern kennzeichnen verschiedene Bedeutungen des Stichworts innerhalb einer Wortart bzw. grammatischen Kategorie.

roh *adj* ❶ (*ungekocht*) çiğ, pişmemiş ❷ (*unbearbeitet*) ham ❸ (*Mensch*) kaba, yontulmamış

varlık (**-ğı**) *s* ❶ Dasein *nt* ❷ Geschöpf *nt* ❸ Reichtum *m,* Vermögen *nt;* **~ vergisi** Vermögenssteuer *f*

4. Klammern

4.1 Klammern im türkisch-deutschen Wörterbuchteil

Für die türkischen Substantive und Adjektive sind, wenn nötig, nach dem Stichwort in Klammern Hinweise auf Besonderheiten bei der Deklination angegeben:

> **kilit** (**-di**) *s* Schloss *nt* [...]
>
> **gök** (**-ği**) **I.** *s* Himmel *m* **II.** *adj* himmelblau; ~ **balina** Blauwal *m* [...]
>
> **Hak** (**-kkı**) *s* Gott *m*
>
> **ecza** (**-aı**) *s* Arznei *f*, Arzneimittel *nt*

Bei türkischen Verben mit einsilbigem Wortstamm wird der Aoristvokal wie folgt angegeben:

> **bilmek** (**-ir**) *vt* ❶ wissen [...]
>
> **binmek** (**-er**) *vt* ❶ aufsteigen [...]

Bei den Verben sind die Fälle bzw. die Satzerweiterungen mit Postpositionen bzw. Präpositionen nach der Übersetzung in Klammern angegeben:

> **yakarmak** *vi* anflehen (**-e** jdn)
>
> **evlenmek** *vi* heiraten (**ile** jdn)

Bei den Verhältniswörtern wird in Klammern angegeben, in welchem Fall das Bezugswort in der jeweiligen Sprache steht:

> **önüne** *präp* vor (**-in** +*akk*)
>
> **tarafından** *präp* (*beim Passiv*) von (**...** +*dat*), seitens (**...** +*gen*)

4.2 Klammern im deutsch-türkischen Wörterbuchteil

Die Stammformen der starken Verben und der unregelmäßigen Steigerungsformen der Adjektive sind in Spitzklammern angegeben.

> **saugen** <sog *o* saugte, gesogen *o* gesaugt> *vi, vt* [...]
>
> **hoch** <höher, am höchsten> **I.** *adj* [...]

Bei den Verben sind die Fälle bzw. die Satzerweiterungen mit Präpositionen bzw. Postpositionen nach der Übersetzung in Klammern angegeben.

> **antworten** *vi* cevap vermek (**jdm** -e), yanıt vermek (**auf etw** -e), yanıtlamak (**auf etw** -i)
>
> **konsultieren** *vt* danışmak (**jdn** -e)

5. Die Rechtschreibreform

Dieses Wörterbuch berücksichtigt die im August 2006 in Kraft getretene Neuregelung der deutschen Rechtschreibung mit den vom Rat für deutsche Rechtschreibung vorgeschlagenen Änderungen.

In seiner Eigenschaft als Nachschlagewerk gewährleistet das Wörterbuch dem Benutzer im deutsch-türkischen Teil das Auffinden des gesuchten Wortes in der neuen oder der alten Schreibung.

Das Wörterbuch führt die von der Rechtschreibreform betroffenen Wörter sowohl in der alten als auch in der neuen Schreibung auf.

Die alte Schreibung wird mit ALT gekennzeichnet, die neue durch das hochgestellte Zeichen RR für Rechtschreibreform.

StengelALT *m s.* **Stängel**

StängelRR *m* (*einer Pflanze*) sap

Aussprache und Betonung des Türkischen

Die meisten Buchstaben des türkischen Alphabets werden wie im Deutschen ausgesprochen. Abweichend davon werden folgende Buchstaben ausgesprochen:

c stimmhaftes **dsch** wie in „Dschungel“

ç stimmloses **tsch** wie in „tschüss“, „Klatsch“

e meist sehr offen wie **ä**

ğ 1. kommt nie am Wortanfang vor.
2. wird am Wortende oder vor einem Konsonant nicht ausgesprochen. Stattdessen wird der vorangehende Vokal gedehnt: sağ („gesund“) wird ausgesprochen wie deutsches „sah“, dağlar („Berge“) wird ausgesprochen wie „dahlar“
3. wird zwischen zwei dumpfen Vokalen (a, ı, o, u) ebenfalls nicht ausgesprochen: Die beiden Vokale werden getrennt aber ohne Stimmabsatz dazwischen ausgesprochen: dağa („auf den Berg“) wie „daa“
4. wird zwischen zwei hellen Vokalen (e, i, ö, ü) wie deutsches j ausgesprochen: eğer („wenn“) wie „ejär“

h 1. am Silbenanfang wie deutsches **h**
2. am Silbenende wie ein schwaches deutsches **ch**

ı wird etwa so ausgesprochen wie das e in „lauf**e**n“

j **stimmhaftes sch** wie in französischen Fremdwörtern „Journalist“, „Gage“

r ein gerolltes Zungenspitzen-R; am Wortende ein stimmloses, „geriebenes“ Zungenspitzen-R

s immer **stimmloses s** wie in „Fass“

ş wie deutsches **sch** in „Schule“, „lasch“

v wie deutsches **w**

y wie deutsches **j**

z immer **stimmhaftes s** wie in deutschem „singen“, „Hase“

Weitere Besonderheiten der türkischen Aussprache:

- Doppelkonsonanten werden anders als im Deutschen aber ähnlich wie im Italienischen *gelängt* ausgesprochen: anne („Mutter“).
- Doppelvokale werden nicht als Langvokal ausgesprochen, sondern jeder Vokal wird für sich ausgesprochen, jedoch ohne Stimmabsatz dazwischen: saat („Stunde“). Dies gilt auch für zwei verschiedene aufeinanderfolgende Vokale: Jeder Vokal wird für sich ausgesprochen, ohne Stimmabsatz zwischen ihnen aber auch ohne dass die beiden Vokale zu einem Diphthong (wie im Deutschen: „ei“, „au“, „eu“) verschmelzen: daire („Kreis“).

Betonung:

Im Türkischen ist der Unterschied zwischen betonten und unbetonten Silben geringer als im Deutschen. Die Betonung ist eher durch eine höhere Tonlage als durch größere Schallfülle gekennzeichnet. Die Schallfülle verteilt sich fast gleichmäßig über alle Silben, während einzelne Silben durch eine höhere Tonlage betont sind.

Die meisten türkischen Wörter werden auf der letzten Silbe betont: (Der Apostroph steht vor der betonten Silbe): arka’daş („der Freund“). Tritt eine Endung an, so verschiebt sich die Betonung auf die Endung: arkadaş’lar („die Freunde“), arkadaşlar’da („bei den Freunden“).

Es gibt allerdings eine Reihe unbetonter Endungen, bei deren Antritt die Silbe vor der Endung betont wird; die wichtigsten sind:

- die Personalendungen bei Nominalsätzen (die Kopula „sein“) und die Endung -dir: ev'deyim („ich bin zu Hause“), has'tadır („er/sie ist krank“).
- die Negationsendung -me/-ma/-mi: 'gelmiyorum („ich komme nicht“), 'gelme! („komm nicht!“).
- die Personalendungen bei Gegenwart, Aorist, Futur, Vergangenheit: geli'yorum („ich komme“), ge'lirim („ich komme gewöhnlich“), gele'ceğim („ich werde kommen“), 'geldim („ich kam“), gel'mişim („ich soll gekommen sein“).
- Die Endung -le/-la („mit“): ara'bayla („mit dem Auto“).
- die Endung -ce/-ca: 'bence („meiner Meinung nach“)
- Die Gerundiumendung -ken/-kan: gel'irken („während ich/du/er/sie kam“)

Ausnahmen bilden auch folgende Wörter:

- viele Fremdwörter, die die urprüngliche Betonung beibehalten haben – 'radyo („Radio“), 'taksi („Taxi“).
- Ortsnamen, die auf der ersten oder vorletzten Silbe betont werden: 'Ankara, Al'manya. Bei diesen Wörtern bleibt die Betonung auch bei Antritt einer Endung erhalten: 'Ankarada („in Ankara“).
- viele Adverbien, die auf der ersten Silbe betont werden: 'ancak („nur“), 'şimdi („jetzt“), 'burada („hier“).

Neben der Wortbetonung gibt es auch eine Satzbetonung. Eine wichtige Erscheinung ist dabei, dass oft das Subjekt eines Satzes mit steigendem Ton akzentuiert wird.

Türkische Silbentrennung

Die Silbentrennung erfolgt im Türkischen nach Sprechsilben, z. B. *as-tar, ıs-pa-nak, prog-ram.*

Zeichen und Abkürzungen

=	Kontraktion	kasılma
ALT	alte Schreibung	eski yazım
RR	reformierte Schreibung	yazım reformu, yeni yazılış
®	Warenzeichen	tescilli marka

a.	auch	aynı zamanda
Abk.	Abkürzung	kısaltma
adj	Adjektiv	sıfat
ADMIN	Administration, Verwaltung	yönetim
adv	Adverb	zarf
AGR	Landwirtschaft	tarım
akk	Akkusativ	-i hali
ANAT	Anatomie	anatomi
ARCHÄOL	Archäologie	arkeoloji
art	Artikel	tanımlık
ASTRON	Astronomie	astronomi
AUTO	Auto und Verkehr	otomobil ve trafik
BERGB	Bergbau	mineraloji, madencilik
BIOL	Biologie	biyoloji
BOT	Botanik	botanik
CHEM	Chemie	kimya
COMM	Handel	ticaret
dat	Dativ	-e hali
ECON	Ökonomie, Wirtschaft	ekonomi
ELEK	Elektrizität	elektrik
etw	etwas	bir şey(i)
f	Femininum	dişil
fam	umgangssprachlich	konuşma dili
fig	bildlich	mecazi
FILM	Film, Kino	film, sinema
FIN	Finanzwesen	maliye
geh	gehobener Sprachgebrauch	yüksek ifade tarzı
gen	Genitiv	-in hali
GEOG	Geographie	coğrafya
GEOL	Geologie	jeoloji
HIST	Geschichte	tarih
hist	historisch	tarihi
INET	Internet	internet
INFORM	Informatik	enformatik

interj	Interjektion	ünlem
irr	unregelmäßig	kural dışı
jd	jemand	biri
jdm	jemandem	birine
jdn	jemanden	birini
jds	jemandes	birinin
JUR	Jura	hukuk
konj	Konjunktion	bağlaç
LING	Linguistik	dil bilimi
LIT	Literatur	edebiyat
LUFT	Luftfahrt	havacılık
m	Maskulinum	eril
MATH	Mathematik	matematik
MED	Medizin	tıp
METEO	Meteorologie	meteoroloji
MIL	Militär	asker
MUS	Musik	müzik
NAUT	Seefahrt	denizcilik
nt	Neutrum	cinssiz
num	Zahlwort	sayı
o	oder	veya
pej	abwertend	aşağılayıcı
pers.	Person	kişi
PHILOS	Philosophie	felsefe
PHYS	Physik	fizik
pl	plural	çoğul
POL	Politik	politika
präp	Präposition	ön ilgeç/ilgeç
pron	Pronomen	zamir
PSYCH	Psychologie	psikoloji
RADIO	Rundfunk	radyo
REL	Religion	din
s	Substantiv	isim
s.	siehe	bakınız
sing	Einzahl	tekil
SPORT	Sport	spor
TECH	Technik	teknik
TELEK	Nachrichtentechnik	telekomünikasyon
THEAT	Theater	tiyatro
TV	Fernsehen	televizyon
TYPO	Buchdruck	tipografi
vi	intransitives Verb	geçişsiz fiil
vr	reflexives Verb	dönüşlü fiil
vt	transitives Verb	geçişli fiil
vulg	vulgär	kaba dil, argo

Aa

A, a *s erster Buchstabe des türk. Alphabets*
AB *s Abk. von* **Avrupa Birliği** EU *f* (*die Europäische Union*); ~ **Adalet Divanı** der Europäische Gerichtshof; ~ **bakanı** EU-Minister(in) *m(f)*; ~ **devleti** EU-Staat *m*; ~ **Komisyonu** die Europäische Kommission; **AB'ye üye olma** EU-Beitritt *m*; ~ **üyesi** (**ülke**) EU-Mitgliedsstaat *m*; ~ **vatandaşı** [*o* **yurttaşı**] EU-Bürger(in) *m(f)*; ~ **zirvesi** EU-Gipfeltreffen *nt*
aba *s* grober Wollstoff *m*; **abayı yakmak** (*fam*) verknallt sein (-**e** in jdn)
abanmak *vr* sich lehnen (-**e** an etw)
abanoz *s* Ebenholz *nt*
abartma *s* ① *Verbalsubstantiv zu* **abartmak** ② Übertreibung *f*
abartmak *vt* übertreiben (-**i** etw)
ABD *s Abk. von* **Amerika Birleşik Devletleri** USA *pl* (*die Vereinigten Staaten von Amerika*)
abes **I.** *s* Unsinn *m* **II.** *adj* zwecklos, nutzlos
abi *s* ① älterer Bruder ② *Anrede an eine etwas ältere männliche Person*
abide *s* Denkmal *nt*, Monument *nt*
abiye *s* Abendkleid *nt*
abla *s* ① ältere Schwester *f* ② *Anrede einer jüngeren Person an eine ältere Frau*
abluka *s* Blockade *f*; ~ **etmek** blockieren
abone *s* ① Abonnement *nt* ② Abonnent(in) *m(f)*; ~ **olmak** abonnieren (-**e** etw)
abuk sabuk *adj* (*fam: unvernünftig*) dumm
acaba *adv* (*in Fragen*) etwa, vielleicht, denn
acayip (**-bi**) *adj* seltsam
acele **I.** *s* Eile *f*, Hast *f* **II.** *adj* ① dringend, eilig ② überstürzt; ~ **etmek** sich beeilen, überstürzt handeln; **acelem var** ich habe es eilig; **acelesi yok** das hat noch Zeit
aceleci *adj* ① ruhelos ② hektisch
acemi **I.** *s* ① Anfänger(in) *m(f)*, Neuling *m* ② (*pej*) Dilettant(in) *m(f)* **II.** *adj* unerfahren; ~ **er** Rekrut *m*
acenta *s* Agentur *f*; COMM Vertretung *f*
acı **I.** *s* Kummer *m*, Leid *nt*, Schmerz *m* **II.** *adj* ① (*fig*) bitter ② (*Essen*) scharf; (*Worte*) hart; ~ ~ heftig, bitterlich; ~ **çekmek** [*o* **duymak**] leiden; ~ **marul** Zichorie *f*; ~ **patlıcanı kırağı çalmaz** Unkraut vergeht nicht; ~ **vermek** Schmerzen zufügen, wehtun (-**e** jdm)
acıklı *adj* ① (*Geschichte*) herzzerreißend, rührend ② (*Person*) traurig, betrübt
acıkmak *vi* Hunger bekommen [*o* haben]
acı(laş)mak *vi* ① bitter werden ② (*Fett*) ranzig werden
acıma *s* ① *Verbalsubstantiv zu* **acımak** ② Mitleid *nt*, Erbarmen *nt*
acımak *vi* ① bedauern, bemitleiden (-**e** jdn) ② (*nachtrauern*) bereuen (-**e** etw) ③ (*Augen, Wunde*) brennen, wehtun
acımasız *adj* erbarmungslos, grausam
acısız *adj* schmerzlos
acıtmak *vt* ① *Kausativ zu* **acımak** ② wehtun (**kolunu** jdm am Arm)
acil *adj* ① baldig ② dringend ③ MED akut; ~ **durum** Notfall *m*; ~ **müdahale gücü** schnelle Eingreiftruppe *f*; ~ **yardım** Krisenhilfe *f*
aciz *adj* unfähig, hilflos
acyocu *s* (Börsen)spekulant(in) *m(f)*
aç (**-çı**) *adj* ① hungrig ② notleidend; ~ **karnına** auf nüchternen Magen
açgözlü *adj* gierig
açgözlülük *s* Gier *f*
açı *s* ① MATH Winkel *m* ② Gesichtswinkel *m*; **dik/dar/geniş** ~ rechter/spitzer/stumpfer Winkel
açık (**-ğı**) **I.** *s* Defizit *nt*, Fehlbetrag *m* **II.** *adj* ① (*nicht geschlossen*) offen, geöffnet ② (*nackt*) bloß ③ geräumig ④ (*Wetter*) heiter; (*Himmel*) klar ⑤ (*Farbe*) hell ⑥ (*hell, deutlich*) klar ⑦ (*Stelle*) offen ⑧ (*öffentlich*) publik ⑨ (*fig*) deutlich, eindeutig; ~ **bırakmak** (*offen lassen*) auflassen (-**i** etw); ~ **çek** FIN Blankoscheck *m*; ~ **fikirli** aufgeschlossen; ~ **havada** im Freien; ~ **hava tiyatrosu** Freilichttheater *f*; ~ **hava müzesi** Freilichtmuseum *nt*; ~ **saçık** (*fam: Kleidung*) freizügig; (*schamlos*) obszön; **açığa çıkarmak** enthüllen (-**i** etw), entlassen (-**i** jdn)

Die Türkei wird heute zu Recht oft als **açık hava müzesi**, als großes Freilichtmuseum, bezeichnet. Altertümer aus acht Jahrtausenden können hier bestaunt werden. Interessant für Touristen sind vor allem die West- und Südküste mit antiken Stätten wie Troja, Ephesus, Pergamon oder Aspendos und Perge.

açıkça *adv* freimütig, unverblümt
açıkgöz *adj* (*fam*) gerissen, pfiffig

açıklama *s* ① *Verbalsubstantiv zu* **açıklamak** ② Erklärung *f,* Erläuterung *f*
açıklamak *vt* ① erläutern (-**i** etw) ② bekannt geben, enthüllen (-**i** etw)
açıklık (-**ğı**) *s* ① (*Deutlichtkeit*) Klarheit *f* ② (*Aufrichtigkeit*) Offenheit *f* ③ Öffentlichkeit *f* ④ Spalt *m,* Öffnung *f*
açıksözlü *adj* (*freimütig*) offen
açılış *s* (*Geschäfts-*) Eröffnung *f;* ~ **töreni** Eröffnungsfeier *f;* ~ **saatleri** Öffnungszeiten *pl*
açılma *s* ① *Verbalsubstantiv zu* **açılmak** ② Coming-out *nt,* Outing *nt*
açılmak *vi* ① *Passiv zu* **açmak** ② (*Knoten, Naht*) aufgehen, sich auflösen ③ (*Wetter*) sich bessern ④ (*Zimmer, Fenster*) hinausgehen (**denize** aufs Meer) ⑤ (*Farbe*) hell(er) werden ⑥ (*Mensch*) sich vom Ufer entfernen; (*Schiff*) in See stechen
açlık (-**ğı**) *s* ① Hunger *m* ② (*fig*) Armut *f;* ~ **çekmek** Hunger leiden; ~ **grevi** Hungerstreik; **açlıktan ölmek** verhungern
açmak (-**ar**) **I.** *vt* ① öffnen, aufmachen; (*Datei*) öffnen (-**i** etw) ② (*Licht, Radio*) anmachen, anschalten (-**i** etw) ③ (*Wasserhahn*) aufdrehen (-**i** etw) ④ (*Tür*) aufschließen (-**i** etw) ⑤ (*Paket, Koffer*) auspacken (-**i** etw) ⑥ (*Geschäft*) eröffnen (-**i** etw) ⑦ (*Brunnen, Grube*) graben (-**i** etw) **II.** *vi* (*Blüte*) aufgehen
ad *s* ① Name *m* ② Hauptwort *nt,* Substantiv *nt* ③ Ansehen *nt* ④ Ruhm *m;* **adı çıkmış** verrufen; **adı geçen** betreffend; **adını kötüye düşürmek** im Verruf bringen (-**in** jdn); **adım ...** ich heiße ...; **adınız ne?** wie heißen Sie?
ada *s* Insel *f*
adaçayı *s* Salbei *m*
adak (-**ğı**) *s* Gelübde *nt*
adale *s* Muskel *m*
adaleli *adj* muskulös
adalet (-**ti**) *s* ① Gerechtigkeit *f* ② Justiz *f;* **Adalet Bakanlığı** Justizministerium *nt*
adaletli *adj* gerecht
adaletsiz *adj* ungerecht
adam *s* ① Mann *m* ② Mensch *m;* ~ **başına** pro Kopf; ~ **olmak** den Kinderschuhen entsteigen; **birini ~ yerine koymak** große Stücke auf jdn halten
adamak *vt* geloben (-**e** -**i** jdm etw); **kendini bir şeye** ~ sich einer Sache widmen
adamakıllı *adv* (*fam*) ① (*tüchtig*) gründlich ② (*genau*) sorgfältig
adamcağız *s* (*fam*) der Ärmste
Adana *s Stadt in Südostanatolien*
adaptör *s* TECH Adapter *m*
adaş *s* Namensvetter *m*
adatavşanı (-**nı**) *s* Kaninchen *nt*
aday *s* Kandidat(in) *m(f)*
adaylık (-**ğı**) *s* Kandidatur *f;* ~ **statüsü** POL Kandidatenstatus *m*
adet (-**di**) *s* ① Stück *nt* ② Zahl *f,* Anzahl *f*
adet (-**ti**) *s* ① Gewohnheit *f,* Angewohnheit *f;* (*Sitte*) Brauch *m* ② (*Menstruation*) Regel *f;* ~ **bezi** Damenbinde *f;* **adetten kesilme** Menopause *nt,* Wechseljahre *pl*
adeta *adv* sozusagen, quasi
adıl *s* Fürwort *nt,* Pronomen *nt*
adım *s* Schritt *m;* ~ ~ Schritt für Schritt; ~ **atmak** einen Schritt machen, die ersten Schritte machen
Adıyaman *s christliche Metropole in Südostanatolien*
adi *adj* ① (*üblich*) gewöhnlich ② (*pej*) gewöhnlich, ordinär
adil *adj* gerecht
adlandırma *s* ① *Verbalsubstantiv zu* **adlandırmak** ② Benennung *f,* Bezeichnung *f*
adlandırmak *vt* benennen, bezeichnen (-**i** jdn/etw)
adli *adj* gerichtlich; ~ **tıp** Gerichtsmedizin *f*
adliye *s* ① Justiz *f* ② Gerichtsgebäude *nt;* **Adliye Sarayı** (*Gebäude*) Gericht *nt*
adres *s* Adresse *f;* ~ **sahibi** Adressat *m*
Adriyatik (**Denizi**) *s* Adria *f*
aerobik (-**ği**) *s* Aerobic *nt*
aerodinamik (-**ği**) **I.** *s* Aerodynamik **II.** *adj* aerodynamisch
af (-**ffı**) *s* ① (*Verzeihung*) Entschuldigung *f* ② JUR Begnadigung *f* ③ POL Amnestie *f;* ~ **dilekçesi** Gnadengesuch *nt*
afacan *s* Schlingel *m,* Schelm *m*
afallamak *vi* (*fam*) aus allen Wolken fallen
aferin *interj* bravo!
afet (-**ti**) *s* Katastrophe *f*
affetmek (-**der**) *vt* ① verzeihen (**hatasını** jdm seinen Fehler) ② (*Strafe*) erlassen (-**i** etw); **affedersiniz!** entschuldigen Sie!, Verzeihung!
afiş *s* Plakat *nt*
afiyet (-**ti**) *s* Wohlbefinden *nt;* ~ **olsun!** guten Appetit!
Afrika **I.** *s* Afrika *nt* **II.** *adj* (*Art*) afrikanisch
Afrikalı **I.** *s* Afrikaner(in) *m(f)* **II.** *adj* (*Her-*

kunft) afrikanisch

afrodizyak (**-kı**) *s* Aphrodisiakum *nt*

afyon *s* Opium *nt*

agrandisman *s* (*eines Fotos*) Vergrößerung *f*

agulamak *vi* (*Baby*) lallen

ağ *s* 1 Netz *nt* 2 INFORM Netzwerk *nt*, Netz *nt*; ~ **adaptörü** INFORM Netzadapter *m*; ~ **adresi** INET Webadresse *f*; ~ **bilgisayarı** NC *m* (*Netzwerk-Computer*); ~ **erişimi** INET Netzzugang *m*; ~ **erişim protokolü** INET Netzzugangsprotokoll *nt*; ~ **kartı** INFORM Netzkarte *f*; ~ **yöneticisi** Netzwerkadministrator *m*; **geniş alan ağı** INET WAN *nt* (*wide area network*)

ağa *s* 1 Meister *m*, Chef *m* 2 Großgrundbesitzer *m*

ağabey *s* 1 älterer Bruder 2 *Anrede an eine etwas ältere männliche Person*

ağaç (**-cı**) *s* 1 Baum *m* 2 Holz *nt*; ~ **gövdesi** Baumstamm *m*; ~ **kesimi** Abholzung *f*; ~ **kurdu** Holzwurm *m*

ağaççileği (**-ni**) *s* Himbeere *f*

ağaçkakan *s* Specht *m*

ağaçlandırmak *vt* aufforsten (**-i** etw)

ağaçlık (**-ğı**) **I.** *s* Hain *m* **II.** *adj* baumreich

ağarmak *vi* 1 (*Tag*) anbrechen 2 (*Haar*) weiß werden 3 (*Farbe, Stoff*) verbleichen

ağda *s* Enthaarungspaste *f*

ağdalı *adj* zähflüssig

ağıl *s* 1 Pferch *m* 2 (Licht)hof *m*

ağır *adj* 1 (*auch fig*) schwer 2 (*Worte, Kritik*) scharf 3 langsam 4 (*träge*) schwerfällig 5 schwerwiegend, gewichtig 6 (*Wetter*) schwül; ~ ~ (*langsam*) bedächtig; ~ **basmak** ins Gewicht fallen; (*Person*) sich durchsetzen; ~ **ceza mahkemesi** Schwurgericht; ~ **hasta/yaralı** schwer krank/verletzt; ~ **iş** Schwerarbeit *f*; ~ **işiten** schwerhörig; ~ **sakat** Schwerbehinderte(r) *f(m)*; ~ **sıklet** SPORT Schwergewicht *nt*

ağırbaşlı *adj* besonnen, würdig

ağırbaşlılık (**-ğı**) *s* Besonnenheit *f*, Würde *f*

ağırlamak *vt* bewirten (**-i** jdn)

ağırlaşmak *vi* 1 sich verschlimmern 2 (*Gewicht*) zunehmen 3 sich verlangsamen 4 (*Mensch*) reif werden

ağırlaştırmak *vt* 1 *Kausativ zu* **ağırlaşmak** 2 erschweren (**-i** etw) 3 verlangsamen (**-i** etw) 4 verschlimmern (**-i** etw)

ağırlık (**-ğı**) *s* 1 Gewicht *nt* 2 Langsamkeit *f* 3 Trägheit *f*, Schwerfälligkeit *f* 4 Schwere *f* 5 Schwierigkeit *f*; **brüt** ~ Bruttogewicht *nt*; **safi** ~ Nettogewicht *nt*; ~ **noktası** [*o* **merkezi**] Schwerpunkt *m*

ağız (**-ğzı**) *s* 1 Mund *m* 2 (*bei Tieren*) Maul *nt*, Schnauze *f* 3 (*Mundart*) Dialekt *m* 4 (*von Fluss, Gewehr*) Mündung *f*; ~ **dolusu** Mund *m* voll; ~ **dolusu sövmek** (*fam*) wie ein Rohrspatz schimpfen; ~ **kavgası** (*fam*) Streit *m*; ~ **kokusu** Mundgeruch *m*; **ağızdan nefes verme** Mund-zu-Mund-Beatmung *f*; **ağzı kulaklarına varmak** über das ganze Gesicht strahlen; **ağzı sıkı** (*verschwiegen*) diskret; **ağzım sulanıyor** mir läuft das Wasser im Munde zusammen; **ağzına kadar** bis an den Rand (voll); **birinin ağzını bile açtırmamak** jdn nicht zu Wort kommen lassen; **ağzını havaya açmak** leer ausgehen; **birinin ağzını kapatmak** jdm den Mund zuhalten; **birinin ağzını sulandırmak** jdm den Mund wässrig machen; **ağzını tutmak** sich zurückhalten, verschwiegen sein

ağızlık (**-ğı**) *s* 1 (*von Zigarette*) Mundstück *nt* 2 Brunnenrand *m*

Ağlama Duvarı (**-nı**) *s* Klagemauer *f*

ağlamak *vi* 1 weinen 2 (*trauriges Ereignis*) beklagen (**-e** etw)

ağlamaklı *adj* weinerlich

ağrı *s* 1 Schmerz *m* 2 Wehen *pl*; ~ **hapı** Schmerztablette *f*; ~ **kesici** Schmerzmittel *nt*

Ağrı Dağı (**-nı**) *s* Ararat *m*

> Eine Attraktion Ostanatoliens ist der 5.137 m hohe Berg **Ağrı Dağı** (Ararat); Archäologen und Bibelforscher vermuten hier den Landeplatz der Arche Noah.

ağrılı *adj* schmerzhaft

ağrımak *vi* wehtun

ağrısız *adj* schmerzlos

ağtabaka *s* Netzhaut *f*

ağustos *s* August *m*

ağzı (**-nı**) *s Possessivform zu* **ağız** sein/ihr Mund *m*

ah **I.** *interj* ach!, ach so! **II.** *s* Seufzer *m*

ahali *s* Bevölkerung *f*

ahbap (**-bı**) *s* Freund(in) *m(f)*

ahbaplık (**-ğı**) *s* (enge) Freundschaft *f*

ahdetmek (**-der**) *vt* geloben (**-e** etw)

ahenk (**-gi**) *s* Harmonie *f*

ahenkli **I.** *adj* harmonisch **II.** *adv* einträchtig

ahenksiz *adj* unharmonisch

ahenksizlik (**-ği**) *s* Missklang *m*, Disharmonie *f*

ahır *s* Stall *m*
ahize *s* (Telefon)hörer *m*
ahlak (**-kı**) *s* ① Ethik *f* ② Moral *f* ③ Charakter *m*
ahlakçı *s* Moralist(in) *m(f)*
ahlaki *adj* ① moralisch ② ethisch
ahlaklı *adj* anständig, gut erzogen
ahlaksız *adj* ① unmoralisch ② unanständig ③ schlecht erzogen
ahmak (**-ğı**) **I.** *adj* (*fam*) dumm, blöd **II.** *s* Dummkopf *m*
ahmaklık (**-ğı**) *s* (*fam*) Dummheit *f*
ahret (**-ti**) *s* Jenseits *nt*
ahşap (**-bı**) *adj* hölzern, Holz-
ahtapot (**-tu**) *s* Krake *m*
ahududu (**-nu**) *s* Himbeere *f*
AİDS *s* Aids *nt;* ~ **hastası** aidskrank
AİDS'li *s* Aidskranke(r) *f(m)*
aile *s* ① Familie *f* ② Ehefrau *f;* ~ **doktoru** Hausarzt, Hausärztin *m, f*
ait *adj* zugehörig, betreffend; **bu bana ait** das gehört mir; ~ **olmak** (*Besitz*) gehören (**-e** jdm)
ajan *s* ① Spion(in) *m(f),* Agent(in) *m(f)* ② COMM Agent(in) *m(f)*
ajans *s* (*Nachrichten, Presse*) Agentur *f*
ak (**-kı**) *adj* ① weiß ② (*fig*) rein, unbefleckt; ~ **pak** sauber
akademi *s* Akademie *f,* Hochschule *f*
akademik *adj* akademisch
akanyıldız *s* Sternschnuppe *f*
akarsu *s* fließendes Gewässer, Fluss *m,* Bach *m*
akaryakıt (**-tı**) *s* Brennstoff *m,* Kraftstoff *m,* Treibstoff *m;* ~ **göstergesi** Benzinuhr *f*
akasya *s* Akazie *f*
akbaba *s* Geier *m*
akciğer *s* Lunge *f;* ~ **amfizemi** Lungenemphysem *nt;* ~ **iltihabı** Lungenentzündung *f;* ~ **kanseri** Lungenkrebs *m*
akçaağaç (**-cı**) *s* Ahorn *m,* Erle *f*
Akdeniz *s* Mittelmeer *nt*
akdetmek (**-der**) *vt* ① (*Sitzung*) abhalten (**-i** etw) ② (*Vertrag, Frieden, Ehe*) schließen (**-i** etw)
akgürgen *s* Buche *f*
akıbet (**-ti**) *s* ① Ende *nt* ② Schicksal *nt* ③ Resultat *nt*
akıcı *adj* (*a. fig*) flüssig
akıl (**-klı**) *s* ① Vernunft *f* ② Gedächtnis *nt* ③ (*Intellekt*) Geist *m* ④ (*Verstand*) Intelligenz *f,* Klugheit *f* ⑤ Rat *m,* Ratschlag *m;* ~ **almaz** unvorstellbar; **birine** ~ **danışmak** jdn um Rat fragen; ~ **erdirecek gibi değil** es ist nicht zu fassen; ~ **ermez** rätselhaft; ~ **hastası** geisteskrank; ~ **hocası** Ratgeber(in) *m(f);* **birine** ~ **vermek** jdn beraten, jdm einen Tipp geben; **akla sokmak** sich einprägen (**-i** etw); **akla yakın** sinnvoll; **akıldan** aus dem Gedächtnis; **aklı almamak** nicht begreifen können (**-i** etw); **aklı başında** vernünftig; **aklı başında olmamak** nicht recht bei Sinnen sein; **birinin aklını çelmek** jdn überreden; **aklına dank ediyor** (*fam*) es dämmert ihr/ihm; **aklına gelmek** in den Sinn kommen (**-in** jdm); **aklına koymak** sich etwas in den Kopf setzen; **aklında bir şey olmak** etwas im Sinn haben; **aklında tutmak** (*im Gedächtnis*) behalten (**-i** etw); **aklından çıkmak** (*dem Gedächtnis*) entfallen (**-in** jdm); **birinin aklını başına getirmek** jdn zur Vernunft bringen; **aklını toplamak** Vernunft annehmen; **aklını kaçırmak** [*o* **oynatmak**] den Verstand verlieren, durchdrehen; **aklını yormak** sich den Kopf zerbrechen
akıllanmak *vi* Vernunft annehmen
akıllı *adj* ① klug, intelligent ② vernünftig
akılsız *adj* ① unvernünftig ② unüberlegt
akılsızlık (**-ğı**) *s* ① Dummheit *f* ② Unvorsichtigkeit *f*
akım *s* ① (*elektrischer*) Strom *m* ② (*fig*) Strömung *f*
akın *s* ① Invasion *f* ② MIL Streifzug *m* ③ (*von Menschen*) Zustrom, Andrang *m;* ~ **etmek** (*Menschen*) strömen
akıntı *s* ① Fließen *nt* ② (*Fluss, Meer*) Strömung *f*
akış *s* ① (*Fließen*) Fluss *m* ② (*Ablauf*) Lauf *m*
akışkan *adj* ① flüssig ② gasförmig
akıtmak *vt* ① *Kausativ zu* **akmak** ② gießen (**-i** etw), ausgießen (**-i** etw), eingießen (**-i** etw), vergießen (**-i** etw)
akide *s* REL Lehre *f,* Dogma *nt;* ~ **şekeri** Bonbon *nt*
akis (**-ksi**) *s* ① (*Echo*) Widerhall *m* ② Widerschein *m*
aklı (**-nı**) *s Possessivform zu* **akıl** sein/ihr Verstand *m*
akli *adj* geistig, rational
akmak (**-ar**) *vi* ① (*fig*) fließen ② ausströmen ③ rinnen
akordeon *s* Akkordeon *nt,* Ziehharmonika *f*
akort (**-du**) *s* MUS Akkord *m;* ~ **çalışmak** im

Akkord arbeiten; ~ **etmek** (*Instrument*) stimmen; **akordu bozuk** (*Instrument*) verstimmt
akraba I. *adj* verwandt II. *s* Verwandte(r) *f(m)*; **hısım** ~ Verwandtschaft *f*; ~ **kayırıcılığı** Vetternwirtschaft *f*
akrabalık (-ğı) *s* Verwandtschaft *f*
akreditif *s* FIN Kreditbrief *m*
akrep (-bi) *s* ① Skorpion *m* ② Stundenzeiger *m*
Akrep (burcu) *s* (*Sternzeichen*) Skorpion *m*
akrobat (-tı) *s* Akrobat(in) *m(f)*
aksak (-ğı) *adj* (*hinkend*) lahm
aksamak *vi* hinken
aksan *s* Akzent *m*, Tonfall *m*
aksatmak *vt* ① *Kausativ zu* **aksamak** ② behindern (-i etw)
aksesuar *s* Accessoires *pl*
aksetmek (-der) *vi* ① sich spiegeln (-e in etw) ② widerhallen ③ (*fig*) bekannt werden (-e jdm)
aksırmak *vi* niesen
aksi *adj* ① entgegengesetzt, gegensätzlich ② unangenehm ③ barsch, schroff; ~ **gibi** unglücklicherweise; ~ **gitmek** danebengehen; ~ **halde** [*o* **takdirde**] andernfalls
aksi (-ni) *s Possessivform zu* **akis** das Echo von ...
aksilik (-ği) *s* ① Missgeschick *nt* ② Entgegengesetztsein *nt* ③ Unfreundlichkeit *f*
aksine *präp* entgegen (-in +*dat*)
aksiyon *s* ① Aktie *f* ② Aktion *f*
akşam I. *s* Abend *m* II. *adv* am Abend; ~ **ezanı** Abendgebetsruf *m*; **dün** ~ gestern Abend; **bir** ~ eines Abends; **bu** ~ heute Abend; ~ **üstü** [*o* **üzeri**] am Abend; ~ **yemeği** Abendessen *nt*; ~ **yemeği yemek** zu Abend essen; **akşama** noch vor Abend; **akşama doğru** gegen Abend; **akşama kavurup sabaha savurmak** (*fam*) von der Hand in den Mund leben
akşamcı *s* ① Nachtschwärmer(in) *m(f)* ② Nachtarbeiter(in) *m(f)*
akşamki *adj* abendlich
akşamları *adv* abends
akşamleyin *adv* am Abend
aktarım *s* Transfer *m*; ~ **hızı** INET Übertragungsgeschwindigkeit *f*
aktarma *s* ① *Verbalsubstantiv zu* **aktarmak** ② (*an Zug*) Anschluss *m*, Umsteigen *nt* ③ Transfer *m* ④ Übermittlung *f* ⑤ COMM Übertrag *m*; ~ **yapmak** umsteigen
aktarmak *vt* ① transferieren (-i etw) ② (*weiterleiten*) übermitteln (-i etw) ③ umladen (-i etw) ④ zitieren (-i etw) ⑤ (*Organ*) verpflanzen, transplantieren (-i etw)
aktif *adj* aktiv, tätig
aktifleştirmek *vt* aktivieren (-i etw)
aktör *s* Schauspieler *m*
aktris *s* Schauspielerin *f*
aktüalite *s* Aktualität *f*
aktüel *adj* aktuell
akupunktur *s* Akupunktur *f*
akü *s* Batterie *f*, Akkumulator *m*; ~ **doldurma aleti** Ladegerät *nt*, Ladestation *f*
akümülatör *s s.* **akü**
akvaryum *s* Aquarium *nt*
akyuvar *s* weißes Blutkörperchen *nt*
al *adj* rot
ala *adj* ① bunt ② (*Augen*) hellbraun ③ sehr gut, prima
alabalık (-ğı) *s* Forelle *f*
alabildiğine *adv* (*fam*) unentwegt, unbeirrt
alabora *s* (*eines Schiffes*) Kentern *nt*; ~ **etmek** zum Kentern bringen (-i etw); ~ **olmak** kentern
alaca *adj* (*fam*) bunt, gescheckt; ~ **bulaca** bunt; (*fig*) zusammengewürfelt; ~ **karanlık** Dämmerung *f*, Halbdunkel *nt*
alacak (-ğı) *s* Guthaben *nt*; ~ **ve verecek** Soll und Haben *nt*
alacaklar *s* COMM Außenstände *pl*
alafranga *adj* nach europäischer Art; ~ **tuvalet** Wasserklosett *nt*, WC *nt*
alaka *s* ① Interesse *nt* ② Beziehung *f* ③ Zusammenhang *m*
alakart *adv* à la carte
alakok *adj* (*Ei*) weich gekocht
alamet (-ti) *s* ① Zeichen *nt* ② Merkmal *nt*
alan *s* ① (*Bereich*) Feld *nt*, Gebiet *nt* ② Fläche *f* ③ (*offener*) Platz *m* ④ INET Domain *f*; ~ **ücreti** (*Golf*) Greenfee *nt*
alarm *s* Alarm *m*; ~ **teçhizatı** Alarmanlage *f*
alaşım *s* CHEM Legierung *f*
alaturka *adj* nach türkischer Art
alay *s* ① (*Spott*) Hohn *m* ② MIL Regiment *nt* ③ (*Festzug*) Umzug *m* ④ (*Menschen-*) Menge *f*; **biriyle** ~ **etmek** sich über jdn lustig machen; **birini alaya almak** jdn auf den Arm nehmen
alaycı *adj* höhnisch, spöttisch
alaylı *adj* ironisch
alazlamak *vt* (ver)sengen (-i etw)
albay *s* Oberst *m*

albeni *s* Anziehungskraft *f*
albenili *adj* charmant
albüm *s* Album *nt*
albümin *s* MED Eiweiß *nt*
alçak (-**ğı**) *adj* ① niedrig, niedere(r, s) ② (*pej*) niederträchtig ③ leise ④ (*seicht*) flach ⑤ MUS tief ⑥ klein, von kleiner Statur; ~ **basınç** METEO Tief *nt;* ~ **sesle** leise, mit leiser Stimme; ~ **uçuş** Tiefflug *m;* ~ **uçuşla** im Tiefflug
alçakgönüllü *adj* bescheiden
alçakgönüllülük (-**ğü**) *s* Bescheidenheit *f*
alçaklık (-**ğı**) *s* ① Niedrigsein *nt* ② Gemeinheit *f,* Niedertracht *f*
alçalmak *vi* ① sich senken, sinken ② (*fig*) sich erniedrigen
alçaltmak *vt* ① *Kausativ zu* **alçalmak** ② (ab)senken (**-i** etw) ③ erniedrigen (**-i** jdn)
alçı *s* Gips *m;* **alçı** (**sargı**) Gipsverband *m;* **alçıya koymak** in Gips legen (**-i** etw)
alçılamak *vt* eingipsen (**-i** etw), vergipsen (**-i** etw)
aldanmak *vi* ① sich irren, sich täuschen ② hereinfallen (**-e** auf etw)
aldatıcı *adj* ① betrügerisch ② trügerisch ③ illusorisch
aldatma *s* ① *Kausativ zu* **aldatmak** ② Betrug *m* ③ Irreführung *f*
aldatmaca *s* Täuschungsmanöver *nt*
aldatmak *vt* ① *Kausativ zu* **aldanmak** ② täuschen, betrügen (**-i** jdn)
aldırış *s* ~ **etmemek** keine Beachtung schenken (**-e** einer Sache)
aldırmak *vt* ① holen lassen (**-i** jdn) ② abtreiben (**çocuğu** das Kind)
aldırmamak *vi* nicht beachten (**-e** etw)
alelacele *adv* hastig
alelade *adj* durchschnittlich, mittelmäßig
alem *s* ① (Welt)all *nt* ② (*fam*) Remmidemmi *nt* ③ alle Welt, jeder ④ (*fam*) die Leute, die anderen
alenen *adv* öffentlich, in aller Öffentlichkeit
aleni *adj* öffentlich
alerji *s* MED Allergie *f*
alet (-**ti**) *s* ① Gerät *nt,* Instrument *nt* ② Werkzeug *nt;* **birini bir şeye** ~ **etmek** jdn für etw instrumentalisieren
aletli cimnastik *s* Geräteturnen *nt*
alev *s* Flamme *f;* ~ **almak** Feuer fangen
Alevi *s* Alevit(in) *m(f)*

Die **Aleviler** (die Aleviten) werden von den Sunniten, der Hauptkonfession des Islams in der Türkei, nicht als Gläubige im Sinne Mohammeds anerkannt. Zwischen Sunniten und Aleviten kam es in osmanischer Zeit häufig zu Kämpfen, die die Aleviten meist verloren, da sie zahlenmäßig unterlegen waren. Dennoch hatten sie stets großen Einfluss in der Türkei, da aus ihren Reihen viele Dichter, Musiker und Denker hervorgingen. Aleviten sind Anhänger von Mohammeds Schwiegersohn Ali. Er gilt als Held und wird ‚Gottes Löwe' genannt. Für die Aleviten ist Mohammed zwar ein Prophet, aber die weltoffene Art Alis entspricht eher ihrem Glaubensverständnis. Im Gegensatz zu den Sunniten legen die Aleviten keinen großen Wert auf äußerliche Riten: Sie praktizieren keine Ritualgebete (‚namaz'), kennen kein Fastengebot und pilgern nicht nach Mekka. Dagegen ist ihnen die innere Religiosität wichtig. Anders als die Sunniten pflegen sie auch Musik und Tanz als Formen der religiösen Kontemplation.

alevlendirmek *vt* ① *Kausativ zu* **alevlenmek** ② (*Feuer*) schüren (**-i** etw)
alevlenmek *vi* ① in Brand geraten, sich entzünden ② (*fig*) sich verschärfen
aleyhinde *präp* zu Ungunsten (**-in** +*gen*), gegen (**-in** +*akk*)
aleyhtar **I.** *s* Gegner(in) *m(f)* **II.** *adj* gegen ... eingestellt, ...-feindlich, anti-...; **Batı aleyhtarı** antiwestlich
aleykümselam *interj* Grüß Gott!
alfabe *s* Alphabet *nt;* ~ (**kitabı**) Fibel *f*
alfabetik (-**ği**) *adj* alphabetisch
algı *s* Empfindung *f,* Wahrnehmung *f*
algılamak *vt* (*wahrnehmen*) erkennen (**-i** etw)
alıcı *s* ① Kunde *m,* Kundin *f* ② (*einer Postsendung*) Empfänger(in) *m(f)* ③ (*Gerät*) Empfänger *m*
alık (-**ğı**) *adj* (*fam*) dumm, bescheuert
alıkoymak *vt* ① behalten (**-i** etw) ② abhalten (**-i -den** jdn von etw) ③ (*reservieren*) aufheben (**-i** etw)
alım *s* ① Kauf *m* ② Attraktivität *f;* ~ **gücü** Kaufkraft *f*
alımlı *adj* attraktiv, charmant
alımlılık (-**ğı**) *s* (*Zauber*) Reiz *m*

alın (-lnı) *s* Stirn *f*; ~ **teri** (*fig*) große Mühe; ~ **yazısı** (*fam*) Schicksal *nt*
alındı *s* (*Quittung*) Beleg *m*
alıngan *adj* (*leicht gekränkt*) überempfindlich
alınmak *vi* ① *Passiv zu* **almak** ② übel nehmen (-**e**/-**den** etw)
alış *s* Kaufen *nt*; ~ **fiyatı** Kaufpreis *m*
alışık (-**ğı**) *adj* gewohnt (-**e** an jdn/etw)
alışılagelmiş *adj* gebräuchlich, üblich
alışılmadık (-**ğı**) *adj* außergewöhnlich
alışılmamış *adj* ungewöhnlich, ungewohnt
alışılmış *adj* gewohnt
alışkanlık (-**ğı**) *s* Angewohnheit *f*, Gepflogenheit *f*
alışkın *adj* gewöhnt (-**e** an etw)
alışmak *vt* sich gewöhnen (-**e** an jdn/etw)
alış(tır)ma *s* ① *Verbalsubstantiv zu* **alış(tır)mak** ② Gewöhnung *f* ③ Übung *f*
alıştırmak *vi* ① *Kausativ zu* **alışmak** ② trainieren, schulen (-**i** jdn) ③ (*in eine Tätigkeit*) einführen (-**i** jdn) ④ gewöhnen (-**i** -**e** jdn an etw)
alışveriş *s* ① (*Geschäft*) Handel *m* ② (*Verhältnis*) Beziehung *f* ③ Einkaufen *nt*; ~ **yapmak** [*o* **etmek**] Besorgungen machen, einkaufen
alim *s* Gelehrte(r) *f(m)*
alkalik sıvı *s* Lauge *f*
alkış *s* Applaus *m*, Beifall *m*
alkışlamak *vt* applaudieren (-**i** jdm)
alkol (-**lü**) *s* Alkohol *m*; ~ **duvarı** Promillegrenze *f*; ~ **miktarı** Alkoholgehalt *m*; ~ **testi** Alkoholtest *m*
alkolik (-**ği**) **I.** *s* Alkoholiker(in) *m(f)* **II.** *adj* alkoholabhängig
alkollü *adj* alkoholisch; ~ **içkiler** Spirituosen *pl*
alkolsüz *adj* alkoholfrei
Allah **I.** *s* Gott *m* **II.** *interj* mein Gott!; ~ **aşkına!** um Gottes willen!; ~ **belasını versin!** verdammt!; ~ **bilir** weiß Gott; ~ **hakkı üçtür** aller guten Dinge sind drei; ~ **kısmet ederse!** so Gott will!; ~ **rahatlık versin!** schlafen Sie gut!; **Allaha ısmarladık** auf Wiedersehen!; **Allaha şükür!** Gott sei Dank!; **Allahtan** zum Glück!
allahlık (-**ğı**) *adj* harmlos, unbedarft
allahsız *s* Gottlose(r) *f(m)*
allık (-**ğı**) *s* Rouge *nt*
almak (-**ır**) *vt* ① nehmen (-**i** etw) ② (*bekommen*) erhalten (-**i** etw) ③ kaufen (-**i** etw) ④ (*Gehalt*) beziehen; (*Gewinn*) erzielen (-**i** etw) ⑤ (*Spiel*) gewinnen (-**i** etw) ⑥ (*auf Tonband*) aufnehmen (-**i** etw) ⑦ (*Platz, Stadt*) einnehmen (-**i** etw) ⑧ heiraten (-**i** jdn) ⑨ (*Mieter, Schüler*) aufnehmen (-**i** jdn) ⑩ (*Nebel*) verhüllen, bedecken (-**i** etw) ⑪ (*verstehen*) erfassen (-**i** etw) ⑫ (*Geruch*) wahrnehmen (-**i** etw) ⑬ (*aufnehmen können*) fassen (-**i** etw) ⑭ (*Zeit*) beanspruchen (-**i** etw) ⑮ (*Maßnahmen*) ergreifen (-**i** etw)
Alman **I.** *s* Deutsche(r) *f(m)* **II.** *adj* (*Art*) deutsch; ~ **Dili ve Edebiyatı**, ~ **Filolojisi** Germanistik *f*
Almanca **I.** *adj* (*Sprache*) deutsch **II.** *s* Deutsch *nt*, das Deutsche **III.** *adv* auf Deutsch
Almancı *s* (*pej*) Deutschtürke, Deutschtürkin *m, f*, Deutschländer(in) *m(f)*

Die in Deutschland lebenden Türken haben sich durch ihren Kontakt mit der westlichen Kultur oft so weit verändert, dass sie sich in ihrer alten Heimat nicht mehr ganz zu Hause fühlen. Die Türken in der Türkei nennen sie daher manchmal **Almancılar** (Deutschländer). In dieser abfälligen Bezeichnung kommt ein gewisser Tadel an die von den Türkeitürken als arrogant empfundene Wesensart der Deutschtürken zum Ausdruck.

Almanya *s* Deutschland *nt*
Almanyalı **I.** *s* Deutsche(r) *f(m)* **II.** *adj* (*Herkunft*) deutsch
alnı (-**nı**) *s Possessivform zu* **alın** seine/ihre Stirn *f*
alo *interj* (*am Telefon*) hallo!
Alp Dağları (-**nı**) *npl* Alpen *pl*
alt **I.** *s* das Untere; (*Boden*) Unterseite *f* **II.** *adj* untere(r, s); ~ **alta** untereinander; ~ **dizin** INFORM Unterverzeichnis *nt*, Subdirectory *nt*; ~ **etmek** besiegen (-**i** jdn); ~ **kültür** Subkultur *f*; ~ **sınıf** Unterklasse *f*; ~ **taraf** Unterseite *f*; **altını çizmek** unterstreichen (-**in** etw); **altta kalmak** (*besiegt werden*) unterliegen
altbilinç (-**ci**) *s* Unterbewusstsein *nt*
altçene *s* Unterkiefer *m*
altdudak (-**ğı**) *s* Unterlippe *f*
alternatif **I.** *adj* alternativ **II.** *s* Alternative *f*
altgeçit (-**di**) *s* Unterführung *f*
altı *num* sechs; ~ **yüz** sechshundert; ~ **bin**

sechstausend; ~ **köşeli** sechseckig; **altıda bir** ein Sechstel *nt*

altıgen *s* Sechseck *nt*

altın **I.** *s* Gold *nt* **II.** *adj* golden; ~ **anahtar her kapıyı açar** Geld regiert die Welt; ~ **babası** (*fam*) stinkreich; ~ **madalya** Goldmedaille *f;* ~ **madeni** Goldgrube *f*

Zu **altın**, dem Gold, haben die Menschen in der Türkei oft mehr Vertrauen als zum Geld. Goldschmuck wird der Braut zur Hochzeit geschenkt. Goldmünzen schenkt man zur Geburt eines Kindes. So ist es nicht verwunderlich, dass der Gedeckte Basar in Istanbul eines der größten Goldhandelszentren der Welt ist. Berühmt ist die Türkei auch für ihren Goldschmuck, den sie in die ganze Welt exportiert.

altına **I.** *präp* (*Richtung*) unter (**-in** *+akk*) **II.** *adv* darunter

altıncı *adj* sechste(r, s); ~ **olarak** als Sechste(r, s); **altıncısı** sechstens

altında **I.** *präp* (*Ort*) unter (**-in** *+dat*) **II.** *adv* darunter

altından *präp* unter ... hindurch (**-in** *+dat*)

altınlamak *vt* vergolden (**-i** etw)

altışar *num* je sechs; ~ ~ in Sechsergruppen

altızlar *s* Sechslinge *pl*

altlık (**-ğı**) *s* Unterlage *f,* Untersetzer *m*

altmış *num* sechzig

altmışlı *adj* ~ **yıllar** die sechziger Jahre

alto *s* ① Alt *m* ② Bratsche *f*

altüst etmek *vt* durcheinanderbringen, durcheinanderwerfen; (*Plan*) umwerfen (**-i** etw)

altyapı *s* Infrastruktur *f*

altyazı *s* FILM Untertitel *m*

altyazılı *adj* FILM (*mit Untertiteln*) **Türkçe** ~ mit türkischen Untertiteln

alüminyum *s* Aluminium *nt;* ~ **kâğıt** [*o* **folyo**] Alufolie *f*

alyans *s* Verlobungsring *m*

alyuvar *s* rotes Blutkörperchen *nt*

Alzheimer (**hastalığı**) *s* MED Alzheimer *m*

ama **I.** *konj* aber **II.** *s* Blinde(r) *f(m)*

amacıyla *präp* zwecks (**...** *+gen*)

amaç (**-cı**) *s* (*Ziel*) Zweck *m;* **bu amaçla** dazu, zu diesem Zweck; **amacına ulaşmak** sein Ziel erreichen

amaçlamak *vt* beabsichtigen, bezwecken (**-i** etw)

amaçsız *adj* ziellos

aman **I.** *s* Gnade *f* **II.** *interj* Hilfe!; ~ **Allahım!** lieber Gott!; ~ **ne güzel!** das ist aber schön!; ~ **yarabbim!** du meine Güte!

amansız *adj* erbarmungslos

amatör *s* Amateur *m*

ambalaj *s* Verpackung *f;* ~ **kâğıdı** Packpapier *nt;* ~ **talaşı** Holzwolle *f;* ~ **yapmak** einpacken (**-i** etw)

ambalajlamak *vt* verpacken (**-i** etw)

ambalajsız *adj* unverpackt

ambar *s* Lager *nt*

ambargo *s* Embargo *nt*

amboli *s* MED Embolie *f*

ambülans *s* Krankenwagen *m*

amca *s* ① Onkel *m* (*väterlicherseits*) ② (*fam*) *Anrede für Männer, die älter sind als man selbst*

amele *s* Arbeiter(in) *m(f)*

ameliyat (**-tı**) *s* MED Operation *f;* ~ **etmek** operieren

ameliyathane *s* Operationssaal *m*

amer *s* Magenbitter *m*

Amerika **I.** *s* Amerika *nt* **II.** *adj* (*Art*) amerikanisch; ~ **Birleşik Devletleri** die Vereinigten Staaten von Amerika

Amerikalı **I.** *s* Amerikaner(in) *m(f)* **II.** *adj* (*Herkunft*) amerikanisch

Amerikan **I.** *s* Amerikaner(in) *m(f)* **II.** *adj* (*Art*) amerikanisch

Amerikanca *adj* (*Sprache*) amerikanisch

amfetamin *s* Amphetamin *nt*

amfi(**teatre**) *s* Amphitheater *nt*

amfizem *s* MED Emphysem *nt*

amin *interj* Amen!

amino asit (**-ti**) *s* Aminosäure *f*

amir *s* Chef(in) *m(f),* Vorgesetzte(r) *f(m)*

amiral (**-li**) *s* NAUT Admiral *m*

amiyane *adj* (*Ausdruck*) deftig

amma *interj* (*Verstärkung*) wirklich, bestimmt; ~ **da küstahlık ha!** (*fam*) so eine Frechheit!

amme *s* Allgemeinheit *f,* Öffentlichkeit *f*

amorti **I.** *s* ① Amortisation *f* ② kleinster Losgewinn *m* **II.** *adj* amortisiert; ~ **etmek** (*Schuld*) tilgen (**-i** etw)

amortisman *s* FIN Amortisation *f*

amortisör *s* Stoßdämpfer *m*

amortize *adj* amortisiert; ~ **etmek** amortisieren (**-i** etw)

amplifikatör *s* Verstärker *m*

ampul (**-lü**) *s* Glühbirne *f;* MED Ampulle *f*

amyant *s* Asbest *m*
an *s* Augenblick *m,* Moment *m;* **her** ~ jeden Augenblick
ana I. *s* ① (*regional*) Mutter *f* ② Muttertier *nt* **II.** *adj* (*in Zusammensetzungen*) Haupt-, Grund-, Ur-; ~ **bellek** INFORM RAM *nt* (*random access memory*); ~ **bina** Hauptgebäude *nt;* ~ **cadde** Hauptstraße *f;* ~ **fikir** Grundgedanke *m;* ~ **konuşmacı** Hauptredner(in) *m(f);* ~ **kuzusu** Muttersöhnchen *nt;* ~ **mil** Kurbelwelle *f;* ~ **postane** Hauptpostamt *nt;* ~ **risk** Hauptrisiko *nt;* ~ **sayfa** [*o* **giriş sayfası**] INET Homepage *f;* **anadan doğma** angeboren; (*fig*) splitternackt; **anasının gözü** durchtrieben, schlitzohrig
anababa *s* (*fam*) Eltern *pl;* ~ **günü** Tag *m* der Auferstehung; (*fam*) Tohuwabohu *nt*
anadil *s* ① Ursprache *f* ② Muttersprache *f*
anadili (**-ni**) *s* Muttersprache *f*
Anadolu *s* Anatolien *nt*
anaerkil *adj* matriarchalisch
anafor *s* ① Gegenströmung *f;* (*Strömungs-*) Wirbel *m* ② (*fam*) illegaler Gewinn; ~ **yapmak** (*Wasser*) wirbeln
anahtar *s* Schlüssel *m;* ~ **deliği** Schlüsselloch *nt;* ~ **destesi** Schlüsselbund *m;* ~ **kelime** [*o* **sözcük**] INFORM Kennwort *nt,* Suchwort *nt*
anahtarlık (**-ğı**) *s* Schlüsselbund *m*
anakara *s* Erdteil *m*
analık (**-ğı**) *s* ① Mutterschaft *f* ② Stiefmutter *f*
analist (**-ti**) *s* COMM Analyst(in) *m(f)*
analiz *s* Analyse *f;* ~ **etmek** analysieren (**-i** etw)
analog I. *s* Analogon *nt* **II.** *adj* INFORM analog
analoji *s* Analogie *f*
analojik *adj* analog
anamal *s* Kapital *nt*
ananas *s* Ananas *f*
anane *s* Tradition *f*
ananevi *adj* traditionell
anaokulu (**-nu**) *s* Kindergarten *m;* ~ **öğretmeni** Kindergärtnerin *f*
anarşi *s* Anarchie *f*
anarşist (**-ti**) **I.** *s* Anarchist(in) *m(f)* **II.** *adj* anarchistisch
anason *s* Anis *m*
anatomi *s* MED Anatomie *f*
anavatan *s* Heimatland *nt*
anayasa *s* Grundgesetz *nt,* Verfassung *f;* ~ **mahkemesi** Verfassungsgericht *nt*
anayasal *adj* das Grundgesetz betreffend, verfassungsmäßig; ~ **düzen** POL Grundordnung *f* (*eines Staates*)
anayurt (**-du**) *s* ① Heimatland *nt* ② Urheimat *f*
ancak *adv* (*doch*) dabei; (*bloß*) erst; (*nur wenig*) kaum, lediglich, nur; (*einräumend*) indes(sen)
andırmak *vt* erinnern (**-e -i** jdn an etw/jdn)
android *s* Androide, Androidin *m, f*
anestezi *s* MED Betäubung *f,* Anästhesie *f*
angaje *adj* engagiert; ~ **etmek** engagieren (**-i** jdn)
angajman *s* Engagement *nt*
angarya *s* Zwangsarbeit *f*
anı *s* ① Erinnerung *f* ② Gedächtnis *nt*
anıklık (**-ğı**) *s* Veranlagung *f*
anırmak *vi* (*fam*) schreien
anıt (**-tı**) *s* Denkmal *nt,* Ehrenmal *nt*
anıtkabir (**-bri**) *s* Mausoleum *nt;* **Anıtkabir** das Atatürkmausoleum in Ankara
anıtsal *adj* monumental
ani *adj* plötzlich, schlagartig
aniden *adv* plötzlich, unerwartet
animasyon *s* Animation *f*
anjin *s* Angina *f*

> Im Jahre 1923 machte Mustafa Kemal, der spätere Atatürk, das kleine Provinzstädtchen **Ankara** zur Hauptstadt der neu gegründeten Republik Türkei. Ankara löste Istanbul als Hauptstadt ab und wurde zum Symbol der an Europa orientierten demokratischen Türkei. Als Zentrum Mittelanatoliens auch geographisch günstig gelegen, entwickelte sich die Stadt in den letzten 70 Jahren zu einer Millionenmetropole. Von der Einwohnerzahl her ist Istanbul die größte Stadt der Türkei, gefolgt von Ankara und Izmir.

anket (**-ti**) *s* Umfrage *f*
anlam *s* Bedeutung *f;* (*Sinn*) Zweck *m*
anlamak *vt* verstehen (**-i** jdn/etw); (*Sachverhalt, Fehler*) erkennen, einsehen (**-i** etw)
anlamlı *adj* ausdrucksvoll; (*vielsagend*) bedeutungsvoll
anlamsız *adj* ① bedeutungslos ② sinnlos
anlamsızlık (**-ğı**) *s* Sinnlosigkeit *f*
anlaşılır *adj* verständlich
anlaşılmak *vi* (*Absichten*) sich zeigen, klar werden
anlaşılmaz *adj* unbegreiflich, unverständlich

anlaşma *s* ① *Verbalsubstantiv zu* **anlaşmak** ② Verständigung *f* ③ (*Übereinkunft*) Abmachung *f* ④ Abkommen *nt*
anlaşmak *vr* ① *Reflexiv zu* **anlamak** ② einig werden, sich einigen (**-de** über etw) ③ sich verstehen (**ile** mit jdm)
anlaşmazlık (**-ğı**) *s* Unstimmigkeit *f*, Meinungsverschiedenheit *f*
anlatı *s* ① Erklärung *f* ② Erzählung *f*
anlatım *s* ① *Verbalsubstantiv zu* **anlatmak** ② Ausdruck *m*, Stil *m*
anlatmak *vt* ① erzählen (**-e -i** jdm etw) ② erklären (**-e -i** jdm etw)
anlattırmak *vi* ① *Kausativ zu* **anlatmak** ② erzählen lassen (**-e -i** jdn etw) ③ (*Schüler*) abhören ④ (*Lektion*) abfragen (**-i** etw)
anlayış *s* ① Auffassungsgabe *f* ② Verständnis *nt* ③ Mentalität *f*; **bir şeye/birine ~ göstermek** für etw/jdn Verständnis haben
anlayışlı *adj* verständnisvoll
anlayışsız *adj* verständnislos
anma *s* ① *Verbalsubstantiv zu* **anmak** ② Erinnerung *f*; **~ yeri** Gedenkstätte *f*
anmak (**-ar**) *vt* ① sich erinnern, denken (**-i** an jdn/etw) ② erwähnen (**-i** jdn/etw)
anne *s* Mutter *f*; **~ baba** Eltern *pl*; **Anneler Günü** Muttertag *m*
anneanne *s* Großmutter *f* (*mütterlicherseits*)
anneciğim *s* (*Anrede*) Mama *f*
anonim *adj* anonym; **~ şirket** Aktiengesellschaft *f*
anons *s* Durchsage *f*; TV Ansage *f*; **~ etmek** ansagen (**-i** etw)
anormal *adj* abnorm, anomal
ansızın *adv* (*plötzlich*) auf einmal
ansiklopedi *s* Enzyklopädie *f*
ant (**-dı**) *s* Schwur *m*, Eid *m*; **~ etmek** [*o* **içmek**] einen Eid leisten
Antarktika *s* Antarktis *f*
anten *s* ① Antenne *f* ② (*von Insekten*) Fühler *m*
antepfıstığı (**-nı**) *s* Pistazie *f*
antibiyotik (**-ği**) **I.** *s* Antibiotikum *nt* **II.** *adj* antibiotisch
antidemokratik *adj* antidemokratisch
antifaşist (**-ti**) **I.** *adj* antifaschistisch **II.** *s* Antifaschist(in) *m(f)*
antifriz *s* Frostschutzmittel *nt*
antik *adj* antik
antika **I.** *s* Antiquität *f* **II.** *adj* (*fam*) komisch
antikacı *s* Antiquitätenhändler(in) *m(f)*
antikacılık (**-ğı**) *s* Antiquitätenhandlung *f*
antikite *s* Antike *f*
antikomünist (**-ti**) **I.** *adj* antikommunistisch **II.** *s* Antikommunist(in) *m(f)*
antikor *s* MED Antikörper *m*
Antil Adaları (**-nı**) *s* Antillen *pl*
anti-laik (**-ki**) *adj* antilaizistisch
antimilitarist (**-ti**) *adj* antimilitaristisch
antipati *s* Antipathie *f*
antiseptik *adj* antiseptisch *m*
antlaşma *s* ① *Verbalsubstantiv zu* **anlaşmak** ② Abkommen *nt*, Pakt *m*
antlaşmak *vr* sich gegenseitig (eidlich) verpflichten
antre *s* (*Flur*) Eingang *m*
antrenman *s* Training *nt*; **~ yapmak** trainieren; **~ yaptırmak** trainieren (**-e** jdn)
antrenör *s* Trainer(in) *m(f)*
apaçık *adv* glasklar
apandis *s* Blinddarm *m*
apandisit *s* Blinddarmentzündung *f*
apansızın *adv* ganz plötzlich, mir nichts, dir nichts
apartman *s* Mietshaus *nt*; **~ dairesi** Apartment *nt*, Etagenwohnung *f*
apar topar *adv* (*fam*) Hals über Kopf
apaş *s* (*fam*) Rowdy *m*
apayrı **I.** *adj* grundverschieden **II.** *adv* vollkommen voneinander getrennt
aperitif *s* Aperitif *m*
apse *s* Abszess *m*, Geschwür *nt*
aptal *adj* dumm, blöd
aptallaşmak *vi* ① verdummen ② (*fig*) ganz verdattert sein
aptallık (**-ğı**) *s* Dummheit *f*
aptes *s* ① *rituelle Waschung im Islam* ② Stuhlgang *m*; **~ almak** die rituelle Waschung vornehmen; **~ etmek** (*Toilette*) austreten

> **Aptes** ist die rituelle Waschung, die der gläubige Muslim vollzieht, um sich für religiöse Handlungen wie das Gebet oder das Fasten zu reinigen. Diese Waschung ist besonders nach dem Essen, dem Gang zur Toilette, dem Geschlechtsverkehr und der Menstruation notwendig.

aptesane *s* Abort *m*; (*fam*) Örtchen *nt*
ar *s* Scham *f*
ara *s* ① Abstand *m*, Zwischenraum *m* ② Mitte *f* zwischen zwei Punkten ③ (*Verhältnis*)

Beziehung *f* ④ (Zwischen)zeit *f* ⑤ Unterbrechung *f*, Pause *f*; ~ **bozmak** Unruhe stiften; ~ **bulmak** vermitteln; ~ **güverte** Zwischendeck *nt*; ~ **sokak** Querstraße *f*; ~ **vermek** unterbrechen (**-e** etw); **arada bir** [*o* **sırada**] ab und zu; **aradan çok zaman geçti** es ist schon lange her; **araları açılmak** sich entzweien; **aralarında** untereinander; (*unter vielen*) darunter; **araya eklemek** INFORM einfügen (**-i** etw); **araya girmek** dazwischenkommen, sich einschalten

araba *s* ① Auto *nt* ② Wagen *m*, Karren *m* ③ (Wagen)ladung *f*; ~ **sigortası** Kraftfahrzeugversicherung *f*; ~ **vapuru** (Auto)fähre *f*

arabacı *s* Kutscher *m*

arabirim *s* INFORM Schnittstelle *f*, Interface *nt*

Arabistan *s* Arabien *nt*

arabozucu *s* Unruhestifter(in) *m(f)*

arabulucu *s* (*zwischen Gegnern*) Vermittler(in) *m(f)*

aracı *s* Unterhändler(in) *m(f)*, Vermittler(in) *m(f)*

aracılık (**-ğı**) *s* (*einer Mittelsperson*) Vermittlung *f*

araç (**-cı**) *s* Mittel *nt*

Araf *s* Fegefeuer *nt*

aralamak *vt* (*Tür*) anlehnen, halb öffnen (**-i** etw)

aralık (**-ğı**) **I.** *s* ① Zwischenraum *m*, Abstand *m* ② (*Öffnung*) Spalt *m* ③ (*Spanne*) Spielraum *m* ④ schmaler Durchgang *m* ⑤ (*fig*) günstige Zeit *f* **II.** *adj* halb offen

aralık (**ayı**) *s* Dezember *m*

ara(**lık**)**sız** *adj* (*unablässig*) rastlos

arama *s* ① *Verbalsubstantiv zu* **aramak** ② Durchsuchung *f*; **kurtarma köpekli tim** Rettungshundestaffel *f*; ~ **motoru** INET Suchmaschine *f*; ~ **yapmak** (*im Internet*) suchen, recherchieren

aramak *vt* ① suchen (**-i** jdn/etw) ② durchsuchen (**-i** etw) ③ sich sehnen nach (**-i** etw) ④ fragen nach (**-i** jdm)

aranjman *s* MUS Arrangement *nt*

aranmak *vi* ① *Passiv zu* **aramak** ② alles duchsuchen

Arap (**-bı**) **I.** *s* ① Araber(in) *m(f)* ② (*fig*) Schwarze(r) *f(m)* **II.** *adj* ① arabisch ② (*fig*) dunkelhäutig

Arapça *adj* (*Sprache*) arabisch

arapsabunu (**-nu**) *s* Schmierseife *f*

arasına **I.** *präp* (*Richtung*) zwischen (**-in** +*akk*); **evle bahçenin** ~ zwischen das Haus und den Garten **II.** *adv* dazwischen

arasında **I.** *präp* ① (*Ort*) zwischen (**-in** +*dat*) ② unter (**-in** +*dat*); **evle bahçenin** ~ zwischen dem Haus und dem Garten; **öğrencilerin** ~ unter den Schülern **II.** *adv* dazwischen, darunter

arasından *präp* zwischen ... hindurch [*o* hervor]; **evle bahçenin** ~ **geldi** er kam zwischen dem Haus und dem Garten hervor

arasıra *adv* ab und zu, gelegentlich

araştırıcı *s* Forscher(in) *m(f)*

araştırma *s* ① *Verbalsubstantiv zu* **araştırmak** ② Forschung *f* ③ Studie *f* ④ Recherche *f*

araştırmak *vt* ① erforschen, untersuchen (**-i** etw) ② recherchieren (**-i** etw)

arayış *s* ① *Verbalsubstantiv zu* **aramak** ② Suche *f*

arayüz *s* INFORM Schnittstelle *f*, Interface *nt*

arayüzey *s* INFORM Schnittstelle *f*, Interface *nt*

araz *s* Symptom *nt*

arazi *s* ① Gelände *nt* ② Grundstück *nt*; ~ **arabası** Geländewagen *m*; ~ **çöküntüsü** [*o* **çukuru**] GEOG Senke *f*

ardı (**-nı**) *s* *Possessivform zu* **art** die hintere Seite von ..., der hintere Teil von ...

ardıç (**-cı**) *s* Wacholder *m*

ardıçkuşu (**-nu**) *s* Drossel *f*

ardiye *s* ① (*Depot*) Lager *nt* ② Lagergebühr *f*

arena *s* Arena *f*

argo **I.** *s* Slang *m* **II.** *adj* (*Stil*) salopp

argüman *s* Argument *nt*

arı **I.** *s* Biene *f* **II.** *adj* echt, rein; ~ **balı** Bienenhonig *m*; ~ **kovanı** Bienenstock *m*

arıcı *s* Imker(in) *m(f)*

arıza *s* ① Defekt *m*, Störung *f* ② Gebrechen *nt* ③ (*von Gelände*) Unebenheit *f*

arızalı *adj* defekt

arife *s* Vorabend *m*

aritmi *s* Herzrhythmusstörungen *pl*

Arjantin *s* Argentinien *nt*; **Arjantinli** Argentinier(in) *m(f)*

ark (**-kı**) *s* Bewässerungsgraben *m*

arka **I.** *s* ① Rücken *m* ② (*Rückhalt*) Schutz *m* ③ Rückseite *f* ④ Fortsetzung *f* ⑤ (Stuhl)lehne *f* **II.** *adj* hinter(r, s), Hinter-; ~ **arkaya** hintereinander, nacheinander; ~ **dingil** Hinterachse *f*; ~ **fon** INFORM Hintergrund *m*; ~ **kapı** Hintertür *f*; ~ **koltuk** Rücksitz *m*; ~ **lambası** Rücklicht *nt*; ~ **plan** Hintergrund *m*; ~ **taraf** Rückseite *f*; ~ **tekerlek** Hinterrad *nt*; ~ **üstü düşmek** auf den Rücken fallen; **arkada** hinter, hinten; **arkadan** von hinten, hinterher;

arkasına hinter (**-in** +*akk*), dahinter; **arkasına bakmak** sich umschauen; **arkasına düşmek** verfolgen (**-in** jdn); **arkasına yaslanmak** sich zurücklehnen; **arkasında** hinter (**-in** +*dat*), dahinter; **arkasından** hinter ... hervor, hinter ... nach (**-in** +*dat*); **arkasından ağlamak** nachweinen (**-in** jdm); **birine arkasını çevirmek** jdm den Rücken kehren; **arkasını dönmek** sich umdrehen; **arkaya** nach hinten

arkadaş *s* Freund(in) *m(f)*, Kamerad(in) *m(f)*; ~ **olmak** befreundet sein (**ile** mit jdm)

arkadaşça *adj* freundschaftlich, kameradschaftlich

arkadaşlık (**-ğı**) *s* Freundschaft *f*, Kameradschaft *f*; ~ **etmek** befreundet sein (**ile** mit jdm); (*begleiten*) Gesellschaft leisten (**ile** jdm)

arkalık (**-ğı**) *s* ❶ (Rücken)lehne *f* ❷ (*am Fahrrad*) Gepäckträger *m*

arkasız *adj* ❶ ohne Lehne ❷ (*fig*) schutzlos

arkeolog *s* Archäologe, Archäologin *m, f*

arkeoloji *s* Archäologie *f*

arkeolojik *adj* archäologisch

Arktika *s* Arktis *f*

arma *s* ❶ Wappen *nt* ❷ Tafelwerk *nt*

armağan *s* Geschenk *nt*; ~ **etmek** schenken (**-e -i** jdm etw)

armatör *s* Reeder *m*

armonika *s* Mundharmonika *f*

armut (**-du**) *s* Birne *f*; ~ **ağacı** Birnbaum *m*; ~ **ağacından uzak düşmez** der Apfel fällt nicht weit vom Stamm

Arnavut (**-du**) **I.** *s* Albaner(in) *m(f)* **II.** *adj* albanisch

Arnavutluk (**-ğu**) *s* Albanien *nt*

aroma *s* Aroma *nt*

arpa *s* Gerste *f*

arpacık *s* ❶ MED Gerstenkorn *nt* ❷ (*am Gewehr*) Korn *nt*

arpalık (**-ğı**) *s* Pfründe *f*

arsa *s* (Bau)grundstück *nt*

arsız *adj* ❶ schamlos ❷ unverschämt, frech ❸ (*Kind*) unartig

arsızlık (**-ğı**) *s* Unverschämtheit *f*, Frechheit *f*

arşiv *s* Archiv *nt*

art (**-dı**) **I.** *s* ❶ Rücken *m* ❷ Raum *m* hinter etwas ❸ Fortsetzung *f* **II.** *adj* hintere(r, s); ~ **arda** hintereinander; ~ **bölge** Hinterland *nt*; ~ **düşünce** Hintergedanken *pl*

artakalmak *vi* ❶ überleben ❷ übrig bleiben

artalan *s* INFORM Hintergrund *m*; ~ **rengi** Hintergrundfarbe *f*

artı *adv* plus; **iki ~ iki dört eder** zwei plus zwei ist vier

artık (**-ğı**) **I.** *s* ❶ Überbleibsel *nt* ❷ Übermaß *nt* **II.** *adv* ❶ jetzt ❷ endlich **III.** *adj* übrig geblieben; ~ **değil** nicht mehr; ~ **gaz** Abgas *nt*; ~ **ürün** Abfallprodukt *nt*

artıkyıl *s* Schaltjahr *nt*

artırım *s* Sparen *nt*

artırma *s* ❶ *Verbalsubstantiv zu* **artırmak** ❷ Vermehrung *f* ❸ Versteigerung *f*

artırmak *vt* ❶ *Kausativ zu* **artmak** ❷ (*steigern*) erhöhen, vermehren (**-i** etw) ❸ (*Kenntnisse*) erweitern (**-i** etw) ❹ zu weit treiben (**-i** etw)

artış *s* ❶ (*Zuschlag*) Aufschlag *m* ❷ (*Steigerung*) Erhöhung *f* ❸ (*Zunahme*) Vergrößerung *f* ❹ Zunahme *f*, Zuwachs *m*; ~ **oranı** Zuwachsrate *f*

artist (**-ti**) *s* ❶ Künstler(in) *m(f)* ❷ Schauspieler(in) *m(f)*

artma *s* ❶ *Verbalsubstantiv zu* **artmak** ❷ Vermehrung *f*, Zuwachs *m*

artmak (**-ar**) *vi* ❶ sich vermehren; (*zunehmen*) wachsen, sich erhöhen ❷ übrig bleiben

arya *s* Arie *f*

arz *s* ❶ Offerte *f* ❷ GEOG Breite *f*; ~ **ve talep** Angebot und Nachfrage

arzu *s* ❶ Wunsch *m* ❷ Lust *f* ❸ Begierde *f*; ~ **etmek** wünschen; **başka bir arzunuz var mı?** haben Sie noch einen Wunsch?

arzulamak *vt* sich sehnen nach (**-i** jdn/etw)

arzulu *adj* (*begehrend*) begierig

as *s* Ass *nt*

asabi *adj* nervös

asabiyet (**-ti**) *s* Nervosität *f*

asal *adj* Grund-; ~ **sayı** Primzahl *f*

asalak (**-ğı**) *s* Schmarotzer *m*, Parasit *m*

asalet (**-ti**) *s* Adel *m*

asansör *s* Aufzug *m*, Fahrstuhl *m*

asbest (**-ti**) *s* Asbest *m*

asbestli *adj* asbesthaltig

aseton *s* Nagellackentferner *m*

asfalt (**-tı**) **I.** *s* Asphalt *m* **II.** *adj* asphaltiert

asgari **I.** *adj* mindester(r, s), Mindest- **II.** *s* Minimum *nt*; ~ **ücret** Mindestlohn *m*

asık (**-ğı**) *adj* (*Gesicht*) finster; ~ **suratlı** mürrisch

asıl (**-slı**) **I.** *s* ❶ Grundlage *f*, Basis *f* ❷ Abstammung *f*, Herkunft *f* ❸ (*Ursprung*) Entstehung *f* ❹ (*Kern einer Sache*) Substanz *f*

II. *adj* ① fundamental, grundlegend ② eigentliche(r, s) ③ ursprünglich **III.** *adv* hauptsächlich; ~ **konu** Hauptthema *nt;* ~ **sayılar** Grundzahlen *pl;* **aslı astarı yok** (*fam*) aus der Luft gegriffen

asılı *adj* ① hängend ② freischwebend; ~ **kalmak** hängen bleiben; ~ **olmak** [*o* **durmak**] hängen

asıllı *adj* aus ... stammend, -stämmig; **Türk** ~ türkischstämmig

asılmak *vi* ① *Passiv o Reflexiv* **asmak** ② aus Leibeskräften ziehen (**-e** an etw) ③ (*fam*) belästigen (**-e** jdn)

asılsız *adj* ① gegenstandslos ② unbegründet

asır (**-srı**) *s* ① Jahrhundert *nt* ② Zeitalter *nt*

asi **I.** *s* Rebell(in) *m(f)* **II.** *adj* rebellisch

asil *adj* edel

asilzade **I.** *adj* adelig **II.** *s* Adlige(r) *f(m)*

asimilasyon *s* POL Assimilation *f*

asistan *s* Assistent(in) *m(f)*

asit (**-di**) *s* CHEM Säure *f;* ~ **yağmuru** saurer Regen

asitli *adj* säurehaltig

asker *s* ① Soldat *m* ② Militär *nt;* ~ **kaçağı** Deserteur *m;* **askerden kaçmak** desertieren

askeri *adj* militärisch; ~ **diktatörlük** Militärdiktatur *f;* ~ **hastane** Lazarett *nt;* ~ **kuvvetler** Streitkräfte *pl;* ~ **polis** Militärpolizei *f;* ~ **rejim** Militärregierung *f*

askerlik (**-ği**) *s* ① Militärdienst *m* ② Wehrdienst *m*

askersizleştirmek *vt* entmilitarisieren (**-i** etw)

askı *s* ① (*an einem Kleidungsstück*) Träger *m* ② Kleiderbügel *m* ③ (*einer Garderobe*) Haken *m* ④ (*einer Bekanntmachung*) Aushang *m;* **askıda** (*fig*) in der Schwebe

askılı *adj* mit Träger versehen, Hänge-; ~ **çanta** Umhängetasche *f*

asla *adv* überhaupt nicht, keineswegs, niemals

aslan *s* Löwe *m;* ~ **payı** Löwenanteil *m;* **aslanın dişini sökmek** jdm den Wind aus den Segeln nehmen

Aslan *s* (*Sternzeichen*) Löwe *m*

aslanağzı (**-nı**) *s* (*Pflanze*) Löwenmaul *nt*

aslı (**-nı**) *s Possessivform zu* **asıl** die Grundlage [*o* Basis] von ...

aslında *adv* (*genau genommen*) eigentlich

asma **I.** *s* ① *Verbalsubstantiv zu* **asmak** ② Weinrebe *f* **II.** *adj* Hänge-; ~ **kilit** Vorhängeschloss *nt;* ~ **köprü** Hängebrücke *f;* ~ **kütüğü** Weinstock *m;* ~ **yaprağı** Weinblatt *nt*

asmak (**-ar**) *vt* ① anhängen (**-i** etw), aufhängen (**-i** etw) ② (*Arbeit*) liegen lassen (**-i** etw) ③ (*fam*) blaumachen, schwänzen (**okulu** die Schule)

Asor Adaları (**-nı**) *s* Azoren *pl*

asosyal *adj* asozial

aspirin *s* Aspirin *nt*

asrı (**-nı**) *s Possessivform zu* **asır** das Jahrhundert von ...

assubay *s* Unteroffizier *m*

ast *s* Untergebene(r) *f(m)*

astar *s* ① (*Kleider-*) Futter *nt* ② (*Farbe, Verputz*) Grundierung *f*

astarlamak *vt* (*Kleidung*) füttern (**-i** etw)

asteğmen *s* Leutnant *m*

astım *s* Asthma *nt*

astımlı **I.** *adj* asthmatisch **II.** *s* Asthmatiker(in) *m(f)*

astroloji *s* Astrologie *f*

astronom *s* Astronom(in) *m(f)*

astronomi *s* Astronomie *f*

astronomik *adj* astronomisch

astronot (**-tu**) *s* Astronaut(in) *m(f)*

astropikal *adj* subtropisch

Asya *s* Asien *nt*

Asyalı **I.** *s* Asiat(in) *m(f)* **II.** *adj* (*Herkunft*) asiatisch

aş *s* Essen *nt*

AŞ *s Abk. von* **Anonim Şirket** AG *f* (*Aktiengesellschaft*)

aşağı **I.** *adv* nach unten, hinunter **II.** *adj* ① untere(r, s) ② (*Wert*) niedrig ③ gemein; ~ **görmek** unterschätzen (**-i** jdn/etw); **birinden** ~ **kalmak** hinter jdm zurückstehen; ~ **sınıf** (*sozial*) Unterschicht *f;* ~ **yukarı** ungefähr, etwa; **Aşağı Saksonya** Niedersachsen *nt*

aşağıda *adv* unten

aşağıdaki *adj* ① unten befindlich ② (*in einem Text*) folgende(r, s)

aşağılamak *vt* beleidigen, herabsetzen (**-i** jdn/etw)

aşağılayıcı *adj* beleidigend, entwürdigend

aşağılık (**-ğı**) **I.** *s* Minderwertigkeit *f* **II.** *adj* minderwertig; ~ **kompleksi** Minderwertigkeitskomplex *m*

aşağısı (**-nı**) *s* Unterseite *f* (*von etw*)*;* **aşağısında** unterhalb (**-in** +*gen*)

aşağıya *adv* nach unten, herunter, hinunter;

~ **doğru** abwärts

aşama *s* ① (*Stadium*) Etappe *f* ② Rang *m*, Grad *m*

aşçı *s* Koch *m*; ~ **kadın** Köchin *f*

aşçıbaşı (-nı) *s* Küchenchef *m*

aşçılık (-ğı) *s* ① Kochkunst *f* ② Beruf *m* eines Kochs

aşevi (-ni) *s* Gaststätte *f*

aşı *s* ① Impfung *f* ② Impfstoff *m*; ~ **kâğıdı** Impfpass *m*

aşıboyası (-nı) **I.** *s* Ocker *m* **II.** *adj* ockerfarben

aşık (-ğı) **I.** *s* ① Liebhaber *m* ② Barde *m*, Volkssänger *m* **II.** *adj* verliebt; **birine ~ olmak** sich in jdn verlieben

Eine wichtige Figur in der türkischen Kultur ist der **aşık** (wörtlich ‚Verliebter'), ein Barde, der zur ‚saz', der türkischen Laute, improvisierte und selbst gedichtete Lieder in der Sprache des Volkes singt. Die oft mystischen Gesänge der ‚aşıklar' haben die Innerlichkeit des türkischen Volkes entscheidend mitgeprägt. Ihre Lieder sind aus vielen Jahrhunderten bis heute überliefert. Der letzte große ‚aşık' war der 1973 verstorbene blinde Sänger Aşık Veysel.

aşılamak *vt* ① einimpfen; MED impfen (-**i** jdn) ② AGR veredeln ③ (*mit einer Krankheit*) anstecken, infizieren (-**e -i** jdn mit etw)

aşın(dır)ma *s* ① *Verbalsubstantiv zu* **aşın(dır)mak** ② Abnutzung *f* ③ Erosion *f*

aşındırmak *vt* ① *Kausativ zu* **aşınmak** ② (*abnutzen*) strapazieren, verschleißen (-**i** etw) ③ (*aushöhlen*) auswaschen (-**i** etw) ④ CHEM ätzen (-**i** etw)

aşınmak *vr* ① sich abnutzen ② sich aushöhlen ③ sich abtragen ④ sich abreiben

aşırı **I.** *adj* extrem, übermäßig **II.** *adv* zu viel; ~ **gitmek** zu weit gehen; ~ **sağcılık** Rechtsextremismus *m*

aşırıcılık (-ğı) *s* Extremismus *m*

aşırılık (-ğı) *s* Übermaß *nt*

aşırmak *vt* ① (*fam*) klauen (-**i** etw) ② hinüberbringen (-**i** etw)

aşikar *adj* einleuchtend, offenkundig

aşina *adj* vertraut (-**e** mit etw)

aşiret (-ti) *s* (Volks)stamm *m*

aşk (-kı) *s* ① Liebe *f* ② (*fig*) Eifer *m*; ~ **mektubu** Liebesbrief *m*

aşketmek (-der) *vt* (*Hieb*) verpassen (-**e** jdm, -**i** etw)

aşkın *präp* mehr als, über (-**i** +*akk*); **kırkı ~ bir adam** ein Mann über vierzig

aşkına *präp* um ... willen (-**in** +*gen*), für (-**in** +*akk*)

aşmak (-ar) *vt* ① überschreiten (-**i** etw) ② (*fig*) übersteigen, übertreffen (-**i** etw) ③ (*Gebirge, Gewässer*) überqueren (-**i** etw) ④ (*Hindernis*) überwinden (-**i** etw)

at (-tı) *s* Pferd *nt*; ~ **kılı** Rosshaar *nt*; ~ **kuyruğu** (*auch Frisur*) Pferdeschwanz *m*; ~ **yarışı** Pferderennen *nt*; **ata binmek** reiten; **atla** zu Pferde

ata *s* (Stamm)vater *m*

Mustafa Kemal **Atatürk** wurde im Jahre 1881 in Thessaloniki (damals Osmanisches Reich) geboren. Nach Abschluss seiner Militärausbildung kämpfte er im Ersten Weltkrieg als Kommandant erfolgreich für das Osmanische Reich. Nach der Gründung der Türkischen Republik konnte er mit seinem großen Reformwerk beginnen. Kemal Atatürk starb am 10. November 1938. Der Einfluss Atatürks ist heute noch deutlich in der Türkei erkennbar. Als politische Richtung hat der Kemalismus nach wie vor große Bedeutung.

ataerkil *adj* patriarchalisch

atak (-ğı) **I.** *adj* draufgängerisch **II.** *s* Attacke *f*

ataklık (-ğı) *s* Kühnheit *f*

atalar *s* Ahnen *pl*, Vorfahren *pl*

atama *s* ① *Verbalsubstantiv zu* **atamak** ② Ernennung *f*

atamak *vt* (*ernennen*) berufen (-**i -e** jdn zu etw)

atardamar *s* Arterie *f*, Schlagader *f*

atasözü (-nü) *s* Sprichwort *nt*

ataşe *s* Attaché *m*

Atatürk Orman Çiftliği, Atatürks agrarisches Mustergut nahe Ankara, wurde Vorbild für die türkische Landwirtschaft bis zum heutigen Tag. Mit seiner Agrarreform konnte Atatürk beweisen, dass bei entsprechendem Know-how aus Steppe fruchtbares Land werden kann.

ateist (-ti) **I.** *s* Atheist(in) *m(f)* **II.** *adj* atheistisch

ateizm *s* Atheismus *m*

atelye *s* Atelier *nt*, Werkstatt *f*

ateş *s* ① Feuer *nt* ② Fieber *nt* ③ (*fig*) Begeisterung *f*; ~ **almak** in Brand geraten; (*Schuss*) losgehen; ~ **etmek** schießen (**-e** auf jdn); **ateşe dayanıklı** feuerfest; **ateşe vermek** in Brand stecken (**-i** etw)
ateşbalığı (**-nı**) *s* Sardine *f*
ateşböceği (**-ni**) *s* Glühwürmchen *nt*
ateşçi *s* Heizer *m*
ateşkes *s* Waffenstillstand *m*
ateşleme *s* ① *Verbalsubstantiv zu* **ateşlemek** ② AUTO Zündung *f*; ~ **fitili** Lunte *f*, Zündschnur *f*
ateşlemek *vt* ① in Brand stecken (**-i** etw) ② TECH zünden (**-i** etw) ③ (*Kessel*) heizen (**-i** etw)
ateşlenmek *vr* ① *Passiv zu* **ateşlemek** ② in Brand geraten ③ (*fig*) sich ereifern ④ Fieber bekommen
ateşli *adj* ① mit Feuer ② fieberhaft, fiebrig ③ (*begeistert*) feurig, temperamentvoll; ~ **silah** Schusswaffe *f*
atfetmek (**-der**) *vt* ① zurückführen auf (**-i -e** etw auf etw) ② (*Blick*) richten (**-i -e** etw auf jdn)
atık **I.** *adj* verunreinigt, Abfall- **II.** *s* Abfall *m*, Müll *m*; ~ **gaz** Abgas *nt*; ~ **kâğıt** Altpapier *nt*; ~ **su** Abwasser *nt*
atılgan *adj* ① impulsiv, aktiv ② kontaktfreudig ③ unternehmungslustig
atılganlık (**-ğı**) *s* ① Kühnheit *f* ② Unternehmungslust *f* ③ Kontaktfreudigkeit *f*
atılım *s* ① (*Schwung*) Elan *m* ② ungestümer Angriff *m*
atılış *s* (*Elan*) Schwung *m*
atılmak *vi* ① *Passiv zu* **atmak** ② rasch erwidern ③ sich stürzen auf (**-e** jdn/etw)
atım *s* Schuss *m*
atış *s* Wurf *m*; ~ **rampası** Abschussrampe *f*
atışma *s* ① *Verbalsubstantiv zu* **atışmak** ② Streit *m*
atışmak *vi* ① sich streiten (**ile** mit jdm) ② aufeinander schießen
atıştırmak *vt* ① (*Essen*) hinunterschlingen (**-i** etw) ② (*Regen*) nieseln
atik (**-ği**) *adj* flink, behände
atkı *s* ① Halstuch *nt* ② (*an Schuhen*) Spange *f*
atlama *s* ① *Verbalsubstantiv zu* **atlamak** ② Sprung *m*; ~ **tepesi** Sprungschanze *f*
atlamak *vt* ① springen (**-e** auf etw, **-den** aus/über etw) ② (*auslassen*) übergehen; (*versehentlich*) weglassen (**-i** etw)
Atlantik Okyanusu (**-nu**) *s* Atlantik *m*
atlas **I.** *s* ① Atlas *m* ② Atlasseide *f* **II.** *adj* aus Atlasseide
atlatmak *vt* ① *Kausativ zu* **atlamak** ② (*Gefahr*) überstehen (**-i** etw) ③ (*lästigen Menschen*) abwimmeln (**-i** jdn)
atlayış *s* Sprung *m*
atlet (**-ti**) *s* ① Leichtathlet(in) *m(f)* ② Unterhemd *nt*
atletik (**-ği**) *adj* athletisch
atletizm *s* Leichtathletik *f*
atlı *s* Reiter(in) *m(f)*; ~ **araba** Pferdewagen *m*
atlıkarınca *s* Karussell *nt*
atmaca *s* Habicht *m*
atmak (**-ar**) **I.** *vt* ① werfen (**-i -e** etw in/auf etw) ② wegwerfen (**-i** etw) ③ (*Brief*) einwerfen, verschicken (**-i** etw) ④ (*Salz*) dazugeben (**-i -e** etw zu etw) ⑤ (*Schrei*) ausstoßen (**-i** etw) ⑥ (*Kugel, Pfeil*) abfeuern, (ab)schießen (**-i** etw) ⑦ (*Termin*) verschieben (**-i -e** etw auf etw) ⑧ hinauswerfen (**-i** jdn) ⑨ verbannen (**-i** jdn) ⑩ (*Unterschrift*) daruntersetzen (**-i** etw); (*Datum*) daraufsetzen (**-i** etw); **laf** [*o* **söz**] ~ anquatschen (**-e** jdn); **silah** ~ einen Schuss abgeben; **birine bir tokat/tekme** ~ jdm eine Ohrfeige/einen Fußtritt geben **II.** *vi* ① (*prahlen*) angeben ② (*Stoff, Farben*) ausbleichen ③ (*Morgen*) grauen ④ (*Herz*) pochen
atmasyon *s* (*fam*) Angeberei *f*
atmosfer *s* Atmosphäre *f*
atom *s* Atom *nt*; ~ **bombası** Atombombe *f*; ~ **çekirdeği** Atomkern *m*; ~ **enerjisi** Atomenergie *f*; ~ **gücü** Atommacht *f*; ~ **reaktörü** Kernreaktor *nt*
atomik *adj* atomar
atölye *s* Atelier *nt*, Werkstatt *f*
av *s* ① Jagd *f* ② Jagdbeute *f*; ~ **eti** Wild *nt*; ~ **sahası** Wildbahn *f*; ~ **tüfeği** Jagdgewehr *nt*; ~ **yatağı** Jagdrevier *nt*
avanak (**-ğı**) *adj* (*fam*) leichtgläubig
avanaklık (**-ğı**) *s* (*fam*) Leichtgläubigkeit *f*
avans *s* ① Abschlagszahlung *f*, Vorschuss *m* ② SPORT Vorgabe *f*; ~ **vermek** vorgeben, vorauszahlen
avanta *s* (*fam*) Reibach *m*
avantaj *s* Vorteil *m*
avantajlı *adj* vorteilhaft
avare **I.** *s* Landstreicher *m* **II.** *adj* untätig
avaz avaz *adv* aus vollem Hals
avcı *s* Jäger *m*; ~ **uçağı** Jagdflugzeug *nt*
avize *s* Kronleuchter *m*
avlak (**-ğı**) *s* Jagdrevier *nt*

avlamak *vt* ① jagen (**-i** jdn/etw) ② (*auf der Jagd*) fangen (**-i** etw) ③ übervorteilen (**-i** jdn)
avlu *s* Hof *m*
Avrasya *s* Eurasien *nt*
Avrupa *s* Europa *nt;* ~ **Konseyi** Europarat *m;* ~ **Parlamentosu** das Europaparlament; ~ **Tüneli** Eurotunnel *m*
Avrupai *adj* (*Art*) europäisch
Avrupalaşma *s* Europäisierung *f*
Avrupalı **I.** *s* Europäer(in) *m(f)* **II.** *adj* (*Herkunft*) europäisch
Avrupalılaştırmak *vt* europäisieren (**-i** jdn/etw)
avuç (**-cu**) *s* Handfläche *f;* **bir ~ ...** eine Hand voll ...; ~ **açmak** betteln; ~ **içi kadar** winzig klein; ~ **dolusu** massenweise; **avucunu yalamak** das Nachsehen haben; **avucunun içi gibi bilmek** wie seine Hosentasche kennen; **birini avucunun içine almak** jdn um den kleinen Finger wickeln
avuçlamak *vt* eine Handvoll nehmen
avukat (**-tı**) *s* ① Rechtsanwalt, Rechtsanwältin *m, f* ② Verteidiger(in) *m(f)*
avunmak *vr* ① *Passiv zu* **avutmak** ② sich trösten ③ sich ablenken lassen
avuntu *s* ① Trost *m* ② Ablenkung *f*
Avustralya *s* Australien *nt*
Avustralyalı **I.** *s* Australier(in) *m(f)* **II.** *adj* (*Herkunft*) australisch
Avusturya *s* Österreich *nt*
Avusturyaca *adj* (*Sprache*) österreichisch
Avusturyalı **I.** *s* Österreicher(in) *m(f)* **II.** *adj* (*Herkunft*) österreichisch
avutmak *vt* ① *Kausativ zu* **avunmak** ② trösten (**-i** jdn) ③ beschwichtigen (**-i** jdn) ④ (*vertrösten*) hinhalten (**-i** jdn)
avutucu *adj* tröstlich
ay **I.** *interj* oh!, ach! **II.** *s* ① Monat *m* ② Mond *m;* ~ **ışığı** Mondschein *m;* ~ **modülü** Mondfähre *f;* ~ **tutulması** Mondfinsternis *f;* ~ **yıldız** (*türkische Fahne*) Halbmond und Stern; **küçülen/büyüyen** ~ abnehmender/zunehmender Mond; (**bugün**) **ayın kaçı?** den Wievielten haben wir (heute)?
ayak (**-ğı**) *s* ① Fuß *m* ② (*vom Tier*) Pfote *f,* Huf *m* ③ Sockel *m* ④ (*einer Leiter*) Sprosse *f;* (*einer Treppe*) Stufe *f* ⑤ (*Gangart*) Tempo *nt;* ~ ~ **üstüne atmak** die Beine übereinanderschlagen; ~ **bağı** ein Klotz am Bein; ~ **basmak** betreten (**bir yere** einen Ort); ~ **bileği** Fußgelenk *nt;* ~ **freni** Fußbremse *f;* ~ **parmağı** Zehe *f;* ~ **üstü** zwischen Tür und Angel; **ayağa kalkmak** aufstehen; **ayağını burkmak** sich *dat* den Fuß vertreten; **ayağını yorganına göre uzatmak** sich nach der Decke strecken; **ayakta durmak** stehen; **ayakta kalmak** (*a. fig*) sich auf den Beinen halten
ayakkabı (**-yı**) *s* Schuh *m;* ~ **boyası** Schuhcreme *f;* ~ **fırçası** Schuhbürste *f;* ~ **mağazası** Schuhgeschäft *nt;* ~ **numarası** Schuhgröße *f*
ayakkabıcı *s* Schuhmacher *m,* Schuster *m*
ayaklanma *s* ① *Verbalsubstantiv zu* **ayaklanmak** ② (*Aufstand*) Aufruhr *m;* POL Erhebung *f*
ayaklanmak *vr* ① sich auflehnen; POL rebellieren ② (*Patient*) aufstehen; (*Kleinkind*) laufen können
ayaklı *s* mit Füßen [*o* Beinen]; ~ **kütüphane** wandelndes Lexikon; ~ **lamba** Stehlampe *f*
ayaklık (**-ğı**) *s* ① Tritt-, Fußbrett *nt* ② Pedal *nt* ③ Stelze *f*
ayaktakımı (**-nı**) *s* Gesindel *nt,* Pöbel *m*
ayakyolu (**-nu**) *s* (*fam*) Klo *nt*
ayar *s* ① TECH Einstellung *f* ② (*eines Edelmetalls*) Feingehalt *nt* ③ Ortszeit *f* ④ (*Standard*) Normalgewicht *nt;* ~ **edilebilir** justierbar; ~ **etmek** TECH einstellen; (*Uhr*) stellen (**-i** etw)
ayarlamak *vt* ① einstellen (**-i** etw) ② regeln (**-i** etw); **kendini bir şeye göre** ~ sich auf etw einstellen
Ayasofya *s* Hagia Sophia *f*
ayaz *s* ① trockenes kaltes Winterwetter *nt* ② eisiger Wind *m*
aybaşı (**-nı**) *s* ① Menstruation *f* ② Monatsanfang *m*
aybı (**-nı**) *s Possessivform zu* **ayıp** seine/ihre Schande
ayçiçeği (**-ni**) *s* Sonnenblume *f*
aydın **I.** *s* Intellektuelle(r) *f(m)* **II.** *adj* ① hell, klar ② gebildet ③ glücklich, fröhlich
aydınlanma *s* ① *Verbalsubstantiv zu* **aydınlanmak** ② Beleuchtung *f* ③ Aufklärung *f;* **Aydılanma Çağı** (*Zeitalter*) Aufklärung *f*
aydınlanmak *vi* ① *Reflexiv o Passiv zu* **aydınlatmak** ② hell(er) werden ③ (*fig*) klar werden
aydınlatıcı *adj* erhellend, lehrreich
aydınlatma *s* ① *Verbalsubstantiv zu* **aydınlatmak** ② Beleuchtung *f* ③ Aufklärung *f*
aydınlatmak *vt* ① beleuchten (**-i** etw) ② (*fig*) (auf)klären (**-i** jdn/etw)
aydınlık (**-ğı**) **I.** *adj* (*hell*) klar **II.** *s* ① Hellig-

keit *f* ② (*fig*) Klarheit *f* ③ Lichtschacht *m*

ayet (**-ti**) *s* Koranvers *m*

aygır *s* Hengst *m*

aygıt (**-tı**) *s* ① Apparat *m* ② (*Organe*) System *nt*

ayı *s* ① Bär *m* ② (*fig*) Grobian *m*

ayıbalığı (**-nı**) *s* Robbe *f*, Seehund *m*

ayıgülü (**-nü**) *s* Pfingstrose *f*

ayık (**-ğı**) *adj* ① nüchtern ② (*fig*) ruhig und klar denkend

ayıklamak *vt* ① auslesen (**-i** etw) ② (*Tier*) ausnehmen (**-i** etw) ③ (*Gemüse*) putzen, schälen (**-i** etw)

ayıklık (**-ğı**) *s* ① Nüchternheit *f* ② (*fig*) klares Bewusstsein *nt*

ayılmak *vi* wieder zur Besinnung kommen

ayıp (**-bı**) **I.** *s* Schande *f* **II.** *adj* ① ungehörig ② (*empörend*) ungeheuerlich **III.** *interj* pfui; ~ **etmek** Ungehöriges tun; ~ **olmasın!** nichts für ungut!; **ayıbını örtmek** beschönigen (**-in** etw)

ayıplamak *vt* ① tadeln (**-i** etw) ② kritisieren, bemängeln (**-i** etw)

ayıplı *adj* ① mangelhaft ② unanständig

ayıpsız *adj* ① makellos ② anständig

ayırmak *vt* ① trennen (**-i -den** jdn/etw von jdm/etw) ② (*auseinanderhalten*) unterscheiden (**-i -den** etw von etw) ③ (*einteilen*) gliedern (**-i -e** etw in etw) ④ loslösen, abtrennen (**-i -den** etw von etw) ⑤ (*reservieren*) zurücklegen (**-i -e** etw für jdn) ⑥ zuteilen (**-i -e** etw jdm)

ayırt etmek *vt* unterscheiden; (*sondern*) trennen (**-i -den** etw/jdn von etw/jdm)

ayırtı *s* Nuance *f*

ayırtmak *vt* ① *Kausativ zu* **ayırmak** ② (*Zimmer*) bestellen, buchen (**-i** etw)

ayin *s* (religiöse) Zeremonie *f*

aykırı *adj* ① abartig ② widersprechend

aykırılık (**-ğı**) *s* (*Widerspruch*) Gegensatz *m*

aylak (**-ğı**) *adj* (*untätig*) müßig

aylarca *adv* monatelang

aylık (**-ğı**) **I.** *s* (Monats)gehalt *nt* **II.** *adj* monatlich, Monats-; ~ **abonman** Monatskarte *f*; **üç** ~ **hamile**(**dir**) sie ist im 3. Monat schwanger

aylıkçı *s* Gehaltsempfänger(in) *m(f)*

ayna *s* Spiegel *m*

aynasız **I.** *adj* ohne Spiegel **II.** *s* (*fam: Polizist*) Bulle *m*

aynen *adv* genauso

aynı *adj* (*identisch*) gleich, der-, die-, dasselbe; ~ **anda** im selben Augenblick; ~ **boyda** gleich groß; ~ **cinsten** gleichartig; ~ **kapıya çıkmak** (*fam*) Jacke wie Hose sein; ~ **şekilde** gleich, gleichermaßen, ebenfalls; ~ **zamanda** (*zugleich*) gleichzeitig; **... değil** ~ **zamanda ...** nicht nur ..., sondern auch

aynıları (**-nı**) *npl* dieselben *pl*

aynılık (**-ğı**) *s* Identität *f*

aynısı (**-nı**) *pron* (*substantivisch*) der-, die-, dasselbe

ayol *interj* ① he! hör mal! ② Mensch! ③ nanu! wieso!

ayraç (**-cı**) *s* (*Satzzeichen*) Klammer *f*

ayran *s türkisches Joghurtgetränk*

ayrı **I.** *adj* getrennt, separat, einzelne(r, s) **II.** *adv* ① verschieden, anders als ② (*jeder für sich*) getrennt, einzeln; ~ ~ getrennt

ayrıca *adv* ① außerdem ② (*einzeln*) getrennt ③ nebenbei

ayrıcalı *adj* privilegiert

ayrıcalık (**-ğı**) *s* Vergünstigung *f*, Privileg *nt*

ayrık (**-ğı**) **I.** *s* ① Ausnahme *f* ② (Haar)scheitel *m* **II.** *adj* ① getrennt ② (*Finger*) gespreizt ③ (*Haar*) gescheitelt

ayrıksı *adj* extravagant

ayrılık (**-ğı**) *s* ① Trennung *f* ② Spaltung *f* ③ Unterschied *m* ④ Isolierung *f*

ayrılıkçı **I.** *s* Separatist(in) *m(f)* **II.** *adj* separatistisch

ayrılıkçılık (**-ğı**) *s* Separatismus *m*

ayrılmak *vr* ① *Passiv zu* **ayırmak** sich trennen ② sich unterscheiden (**-den** von etw) ③ weggehen, abreisen (**-den** aus etw) ④ auseinandergehen ⑤ (*aus einer Gemeinschaft*) austreten (**-den** aus etw) ⑥ (*sich gliedern*) sich teilen (**-e** in etw)

ayrım *s* ① Unterschied *m*, Verschiedenheit *f* ② Unterscheidung *f*

ayrımcı *adj* diskriminierend

ayrımcılık (**-ğı**) *s* Diskriminierung *f*

ayrıntı *s* Detail *nt*

ayrıntılı *adj* ausführlich

ayrışma *s* CHEM Zersetzung *f*

ayrışmak *vi* CHEM sich zersetzen

ayva *s* Quitte *f*; ~ **jölesi** Quittengelee *nt*

ayyaş *s* (*fam*) Säufer(in) *m(f)*, Trinker(in) *m(f)*

az **I.** *adj* ① gering ② wenig **II.** *adv* selten; ~ **buz değil** (*lobend*) das ist beachtlich!; ~ **çok** (*einigermaßen*) mehr oder weniger; ~ **gelişmiş** unterentwickelt; ~ **kaldı** [*o* **kal-**

sın] beinahe, fast; ~ **kalorili** kalorienarm
aza *s* ① Mitglied *nt* ② ANAT Organe *nt*
azalmak *vi* abnehmen, sich vermindern
azaltmak *vt* ① *Kausativ zu* **azalmak** ② vermindern, verringern (-**i** etw)
azamet (-**ti**) *s* ① (*Pracht*) Größe *f* ② Stolz *m*
azametli *adj* prächtig; (*hochmütig*) stolz
azami **I.** *s* Maximum *nt* **II.** *adj* maximal
azap (-**bı**) *s* (*Pein*) Qual *f*
azar *s* Tadel *m,* Rüge *f,* Schelte *f*
azar azar *adv* nach und nach, allmählich
azarlamak *vt* tadeln (-**i** jdn)
Azerbaycan *s* Aserbaidschan *nt*
Azerbaycanca **I.** *adj* (*Sprache*) aserbaidschanisch **II.** *s* (das) Aserbaidschanisch(e)
Azerbaycanlı **I.** *adj* (*Art*) aserbaidschanisch **II.** *s* Aserbaidschaner(in) *m(f)*
Azeri **I.** *adj* (*Art*) aserbaidschanisch **II.** *s* Aserbaidschaner(in) *m(f)*
azgın *adj* ① (*wütend*) rasend ② zügellos ③ (*Wunde*) schwärend
azgınlık (-**ğı**) *s* ① (*Wut*) Raserei *f* ② Zügellosigkeit *f*
azıcık *adv* (*fam*) ein bisschen
azıdişi (-**ni**) *s* Backenzahn *m*
azık (-**ğı**) *s* Proviant *m*
azılı *adj* aufsässig
azımsamak *vt* unterschätzen (-**i** etw)
azınlık (-**ğı**) *s* Minderheit *f,* Minorität *f*
azıtmak *vi* (*fam*) zu weit gehen
azim (-**zmi**) *s* (*Tatkraft*) Entschlossenheit *f*
azimli *adj* energisch, tatkräftig
aziz **I.** *s* Heilige(r) *f(m)* **II.** *adj* lieb, teuer

Aziz Petrus Kilisesi, die erste christliche Kirche der Welt, liegt versteckt in einer Höhle nahe bei Antakya, einer Stadt an der syrischen Grenze. In diesem Gebiet der Türkei gibt es vereinzelt Dörfer, in denen ausschließlich Christen leben.

azlık (-**ğı**) *s* ① (*Mangel*) Knappheit *f* ② Seltenheit *f*
azmak (-**ar**) *vi* ① (*wütend werden*) toben ② (*Krankheit*) sich verschlimmern ③ (*Pflanzen*) wuchern
azman **I.** *s* Monstrum *nt* **II.** *adj* (*riesengroß*) ungeheuer
azmetmek (-**der**) *vi* fest entschlossen sein (-**e** zu etw)
azmi (-**ni**) *Possessivform zu* **azim** seine/ihre Entschlossenheit
azot (-**tu**) *s* Stickstoff *m*
azotlu *adj* stickstoffhaltig
Azrail *s* Todesengel *m*

B b

B, b *s zweiter Buchstabe des türk. Alphabets*
baba *s* Vater *m;* ~ **hindi** Puter *m*
babaanne *s* Großmutter *f* (*väterlicherseits*)
babacan *adj* ① gutmütig ② (*fig*) ungeniert
babacığım *s* (*als Anrede*) Papa *m*
babalık (-**ğı**) *s* ① Vaterschaft *f* ② Stiefvater *m* ③ (*als Anrede*) Väterchen *nt*
Babıali *s* die Hohe Pforte
baca *s* Schornstein *m,* Kamin *m;* ~ **temizleyicisi** Schornsteinfeger *m*
bacak (-**ğı**) *s* ① Bein *nt* ② (*von Tier, Möbel*) Fuß *m* ③ (*Kartenspiel*) Bube *m*
bacanak *s* Schwager *m* (*Mann der Schwester der Ehefrau*)
badana *s* Tünche *f;* ~ **etmek** [*o* **yapmak**] anstreichen; ~ **fırçası** (*zum Streichen*) Pinsel *m*
badanalamak *vt* tünchen, anstreichen (-**i** etw)
badem *s* ① Mandel *f* ② *eine kleine Gurkenart;* ~ **ağacı** Mandelbaum *m;* ~ **ezmesi** Marzipan *m;* ~ **şekeri** gebrannte Mandel
bademcik (-**ği**) *s* ANAT Mandel *f;* ~ **iltihabı** Mandelentzündung *f*
Baden-Württemberg (**Eyaleti**) *s* Baden-Württemberg *nt*
badminton *s* Federball *m*
badya *s* (*Zuber*) Bütte *f*
bagaj *s* Gepäck *nt;* ~ **deposu** Gepäckaufbewahrung *f;* ~ **kuponu** Gepäckschein *m*
bağ *s* ① (*Stoff*) Band *nt* ② (*fig*) Band *nt* ③ Binde *f* ④ Weinberg *m*
bağa *s* Schildpatt *nt;* ~ **gözlük** Hornbrille *f*
bağbozumu (-**nu**) *s* Weinernte *f,* Weinlese *f*
bağcı *s* Winzer(in) *m(f)*
bağcılık (-**ğı**) *s* Weinbau *m*
bağdaş *s* Schneidersitz *m;* ~ **kurmak** sich im Schneidersitz hinsetzen
bağdaşık *adj* einheitlich
bağdaşmak *vi* harmonieren (**ile** mit jdm)
bağıl *adj* ① MATH relativ ② (*Gewicht*) spezifisch

bağımlı *adj* abhängig
bağımlılık (**-ğı**) *s* Abhängigkeit *f*
bağımsız *adj* ① frei, unabhängig ② selbständig
bağımsızlık (**-ğı**) *s* ① Unabhängigkeit *f* ② Selbständigkeit *f*
bağır (**-ğrı**) *s* Brust *f*
bağırmak *vi* ① schreien ② rufen ③ brüllen ④ anschreien (**-e** jdn)
ba(ğı)rsak (**-ğı**) *s* Darm *m;* ~ **solucanı** Bandwurm *m*
ba(ğı)rsaklar *s* Eingeweide *pl*
bağış *s* ① (*Gabe*) Spende *f* ② Vergebung *f*
bağışık (**-ğı**) *adj* MED immun
bağışıklık (**-ğı**) *s* Immunität *f;* ~ **sistemi** Immunsystem *nt*
bağışlamak *vt* ① schenken (**-e -i** jdm etw) ② (*Schuld*) erlassen (**-e -i** jdm etw) ③ verzeihen (**-e -i** jdm etw)
bağlam *s* Kontext *m;* (*Text*) Zusammenhang *m*
bağlama *s* ① *Verbalsubstantiv zu* **bağlamak** ② Verbindung *f* ③ *ein türkisches Saiteninstrument*
bağlamak *vt* ① anbinden (**-i -e** etw an etw) ② befestigen, ankuppeln (**-i -e** etw an etw) ③ schnüren (**-i** etw) ④ (*Krawatte, Schürze*) umbinden (**-i** etw) ⑤ verbinden (**-i** etw) ⑥ INFORM eine Verbindung herstellen (**-e** mit etw) ⑦ (*Lohn*) aussetzen (**-e** jdm) ⑧ (*Kruste, Ruß*) bilden ⑨ (*fig*) fesseln (**-i -e** jdn an jdn)
bağlanma *s* ① *Verbalsubstantiv zu* **bağlanmak** ② Verbindung *f*
bağlanmak *vr* ① *Passiv zu* **bağlamak** ② lieb gewinnen (**-e** jdn) ③ (*Arbeit*) beginnen (**-e** mit etw)
bağlantı *s* ① (*Gas-, Wasser-, Telefon-*) Anschluss *m* ② Beziehung *f* ③ Kontext *m* ④ TELEK Verbindung *f* ⑤ INET Link *m,* Hyperlink *m;* ~ **noktası** INET (Hyper)link *m;* INFORM Port *m*
bağlantısız *adj* offline
bağlaşık (**-ğı**) *adj* verbündet
bağlaşmak *vr* sich verbünden (**ile** mit jdm)
bağlı *adj* ① (*an-, fest-, zu-*) gebunden ② anhänglich ③ (*abhängig*) bedingt ④ (*treu*) ergeben ⑤ zugetan
bağlılık (**-ğı**) *s* ① Verbundenheit *f* ② Treue *f* ③ Abhängigkeit *f*
bağnaz I. *s* Fanatiker(in) *m(f)* **II.** *adj* ① fanatisch ② borniert
bağnazlık (**-ğı**) *s* Fanatismus *m*
bağrı (**-nı**) *s Possessivform zu* **bağır** seine/ihre Brust
bağrışma *s* ① *Verbalsubstantiv zu* **bağrışmak** ② Geschrei *nt*
bağrışmak *vi* schreien, brüllen
Bahama Adaları (**-nı**) *s* Bahamas *pl*
bahane *s* Ausrede *f,* Vorwand *m;* ~ **etmek** vorschützen (**-i** etw)
bahar *s* ① Frühling *m* ② (*fig*) frische Blätter und Blüten; ~ **nezlesi** Heuschnupfen *m;* ~ **yorgunluğu** Frühjahrsmüdigkeit *f*
bahar(at) (**-tı**) *s* Gewürz *nt*
baharatlı *adj* gewürzt, pikant
bahçe *s* ① Garten *m* ② Gärtnerei *f*
bahçıvan *s* Gärtner(in) *m(f);* ~ **makası** Gartenschere *f;* ~ **pantalonu** Latzhose *f*
bahis (**-hsi**) *s* ① Erwähnung *f* ② Wette *f* ③ (*Thema*) Punkt *m;* ~ **tutuşmak** wetten; **bahse gir(iş)mek** wetten; **bahse girelim mi?** wetten(, dass)?; **bahse var mısın?** wetten(, dass)?
bahriye *s* Marine *f*
bahriyeli *s* Marinesoldat *m*
bahsetmek (**-der**) *vi* ① sprechen, erzählen (**-den** von jdm/etw) ② handeln (**-den** von etw)
bahsi (**-ni**) *s Possessivform zu* **bahis** die Erwähnung von ...
bahşiş *s* Trinkgeld *nt*
baht (**-tı**) *s* (*fam*) Schicksal *nt*
bahtsız *adj* unglücklich
bahtsızlık (**-ğı**) *s* (*fam*) Pech *nt*
bakan *s* Minister(in) *m(f)*
Bakanlar Kurulu (**-nu**) *s* POL Kabinett *nt,* Ministerrat *m*
bakanlık (**-ğı**) *s* Ministerium *nt*
bakıcı *s* Pfleger *m*
bakım *s* ① Instandhaltung *f* ② Pflege *f* ③ Gesichtspunkt *m* ④ (*fig*) Standpunkt *m* ⑤ (*tech*) Wartung *f;* **bakıma muhtaç** pflegebedürftig
bakımından *präp* hinsichtlich (**-in** +*gen*)
bakımlı *adj* gepflegt
bakımsız *adj* ungepflegt, verwahrlost; (*Garten*) verwildert
bakınmak *vi* sich umschauen (*nach allen Seiten*)
bakır I. *s* Kupfer *nt* **II.** *adj* kupfern
bakış *s* ① Blick *m* ② Betrachtung *f;* ~ **açısı** Blickwinkel *m*
bakışmak *vi* sich anblicken
bakire I. *s* Jungfrau *f* **II.** *adj* jungfräulich
bakkal *s* ① Lebensmittelgeschäft *nt* ② Le-

bensmittelhändler(in) *m(f)*, Krämer *m*

bakla *s* dicke Bohne *f*, Saubohne *f*; **baklayı ağzından çıkarmak** (*fam*) die Katze aus dem Sack lassen

baklagiller *npl* Hülsenfrüchte *pl*

baklava *s eine türkische Blätterteigpastete*

bakmak (**-ar**) *vi* ① zuschauen ② schauen (**-e** auf/in etw), anschauen (**-e** jdn/etw) ③ beaufsichtigen, aufpassen (**-e** auf jdn) ④ MED behandeln (**-e** jdn) ⑤ (*Familie*) ernähren (**-e** jdn) ⑥ (*fam*) gucken (**-e** auf jdn/etw) ⑦ sich kümmern (**-e** um jdn/etw) ⑧ pflegen, versorgen (**-e** jdn/etw); **bakalım** schauen wir mal; (*bei Aufforderung*) mal; (*im Fragesatz*) denn, wohl; **bak hele!** sieh mal an!

bakteri *s* Bakterie *f*

bakteriyolijik *adj* bakteriologisch

Bakü *s* Baku *nt*

bal *s* Honig *m*

balayı (**-nı**) *s* Flitterwochen *pl*; ~ **seyahati** Hochzeitsreise *f*

balcılık (**-ğı**) *s* Imkerei *f*, Bienenzucht *f*

balçık (**-ğı**) *s* ① Lehm *m* ② Schlamm *m*

baldır *s* ① Unterschenkel *m* ② Wade *f*; ~ **kemiği** Schienbein *nt*

baldırıçıplak (**-ğı**) *s* Rowdy *m*

baldız *s* Schwägerin *f* (*Schwester der Ehefrau*)

balerin *s* Balletttänzerin *f*

bale(t) (**-ti**) *s* Ballett *nt*

balgam *s* (*Auswurf*) Schleim *m*

balık (**-ğı**) *s* ① Fisch *m* ② (*Sternzeichen*) Fische *pl*; ~ **avı** Fischfang *m*; ~ **lokantası** Fischrestaurant *nt*; ~ **tutmak** fischen, angeln

balıkçı *s* ① Fischer(in) *m(f)* ② Fischhändler(in) *m(f)*; ~ (**dükkanı**) Fischgeschäft *nt*; ~ **limanı** Fischereihafen *m*; ~ **yaka**(**lı kazak**) Rollkragen(pullover) *m*

balıkçılık (**-ğı**) *s* Fischerei *f*

balıkyağı (**-nı**) *s* Lebertran *m*

balina *s* Wal *m*

Balkan *s* ~ **ülkeleri** Balkanländer *nt*; **Balkanlar** der Balkan

balkon *s* Balkon *m*

balmumu (**-nu**) *s* Wachs *nt*; ~ **heykeller müzesi** Wachsfigurenkabinett *nt*

balo *s* Ball *m*

balon *s* ① Ballon *m* ② Glaskolben *m*

balsam *s* Balsam *m*

balta *s* Axt *f*, Beil *nt*

baltalamak *vt* ① (*Wald*) abholzen (**-i** etw) ② (*Haus*) in Brand stecken (**-i** etw) ③ (*Sache*) lahmlegen, sabotieren (**-i** etw)

Baltık Denizi (**-ni**) *s* Ostsee *f*

balya *s* (*Stoff-*) Ballen *m*

balyoz *s* schwerer Schmiedehammer *m*

bambu *s* Bambus *m*

bamteli (**-ni**) *s* ① (*fig*) wunder Punkt *m* ② MUS dicke Basssaite *m*

bamya *s* (*Fisch*) Okra *f*

bana *pron* mir; ~ **kalırsa** meiner Meinung nach

banal *adj* banal

bandaj *s* Verband *m*

bandıra *s* (*Schiffs-*) Flagge *f*

bando *s* MUS Kapelle *f*

bank (**-kı**) *s* (*Sitz-*) Bank *f*

banka *s* FIN Bank *f*; ~ **hesabı** Bankkonto *nt*; ~ **müdürü** Bankdirektor(in) *m(f)*; ~ **soygunu** Bankraub *m*

bankacı *s* Bankangestellte(r) *f(m)*

bankacılık (**-ğı**) *s* Bankwesen *nt*

bankamatik (**-ği**) *s* Bankautomat *m*, Bankomat *m*

banker *s* Bankier *m*

banknot (**-tu**) *s* Banknote *f*, Geldschein *m*

banko *s* (*Spiel-*) Einsatz *m*

bankomat (**-tı**) *s* Bankomat *m*

banliyö *s* Vorort *m*; ~ **treni** Nahverkehrszug *m*

banmak (**-ar**) *vt* eintauchen (**-i -e** etw in etw)

bant (**-dı**) *s* ① Binde *f* ② (*Band*) Streifen *m* ③ Tonband *nt* ④ Klebestreifen *m*; ~ **genişliği** INET Bandbreite *f*; **yara bandı** Pflaster *nt*

banyo *s* ① (*Tätigkeit*) Bad *nt* ② Badezimmer *nt* ③ Badewanne *f*; ~ **etmek** (*Fotos*) entwickeln (**-i** etw); ~ **ettirmek** baden; (*Fotos*) entwickeln lassen (**-i** etw); ~ **teknesi** Badewanne *f*; ~ **yapmak** baden

bar *s* ① Bar *f* ② (*Nachtlokal*) Bar *f* ③ *ein anatolischer Volkstanz*; **çikolatalı** ~ Schokoriegel *m*

baraj *s* Staudamm *m*, Talsperre *f*; **yüzde on barajı** POL Zehnprozenthürde *f*

baraka *s* Baracke *f*

barbar **I.** *s* Barbar(in) *m(f)* **II.** *adj* barbarisch

barbunya *s* ① Rote Meerbarbe *f* ② *eine rötliche Bohnenart*

bardak (**-ğı**) *s* ① Becher *m* ② Glas *nt*; **bardaktaki fırtına** Sturm im Wasserglas

barfiks *s* SPORT Reck *nt*

barınak (**-ğı**) *s* Obdach *nt*, Unterschlupf *m*, Unterkunft *f*

barındırmak *vt* ① *Kausativ zu* **barınmak**

2 beherbergen, unterbringen (-**i** jdn)
barınmak *vi* eine Unterkunft finden (-**de** in etw/bei jdm)
barış *s* 1 Friede(n) *m* 2 Versöhnung *f* 3 JUR Vergleich *m;* ~ **antlaşması** Friedensvertrag *m;* ~ **müzakereleri** Friedensverhandlungen *pl*
barışçı *adj* friedlich; (*Person*) friedliebend
barışmak *vr* sich versöhnen (**ile** mit jdm/etw)
barışsever *adj* (*friedliebend*) friedlich
barış(tır)ma *s* 1 *Verbalsubstantiv zu* **barış(tır)mak** 2 Aussöhnung *f*
barıştırmak *vt* aussöhnen, versöhnen (-**i** jdn)
bari *adv* 1 wenigstens, mindestens 2 dann ... wenigstens
barikat (-**tı**) *s* Barrikade *f*
bariton *s* Bariton *m*
bariyer *s* 1 Barriere *f*, Schlagbaum *m* 2 Sperre *f*
bariz *adj* klar, offensichtlich
barkod *s* Barcode *m*, Strichcode *m;* ~ **okuyucu** Strichcode-Lesegerät *nt*
barlam *s* Seehecht *m*
barmen *s* Barkeeper *m*, Barmixer *m*
baro *s* Rechtsanwaltskammer *f*
Barok *s* Barock *nt o m*
barometre *s* Barometer *nt*
barparalel *s* SPORT Barren *m*
barut (-**tu**) *s* Schießpulver *nt*
basamak (-**ğı**) *s* 1 (*einer Leiter*) Sprosse *f* 2 (*fig*) Sprungbrett *nt* 3 Stufe *f* 4 Trittbrett *nt* 5 MATH Stelle *f*
basbayağı *adj* 1 gewöhnlich, normal 2 mittelmäßig
bası *s* 1 TYPO Abdruck *m* 2 TYPO Druck *m*
basık (-**ğı**) *adj* 1 flach 2 niedere(r, s), niedrig 3 (*Nase*) platt
basım *s* 1 TYPO Druck *m* 2 Typographie *f*
basımcı *s* Drucker(in) *m(f)*
basımcılık (-**ğı**) *s* (*Gewerbe*) Buchdruckerei *f*
basımevi (-**ni**) *s* (*Werkstatt*) Buchdruckerei *f*
basın *s* (*Zeitungswesen*) Presse *f;* ~ **özgürlüğü** Pressefreiheit *f;* ~ **toplantısı** [*o* **konferansı**] Pressekonferenz *f*
basınç (-**cı**) *s* PHYS, TECH Druck *m*
basınyayın *s* 1 Presse *f* und Rundfunk *m* 2 Kommunikationswissenschaft *f;* ~ **organları** Massenmedien *pl*
basil *s* Bazillus *m*
basit *adj* 1 (*unkompliziert*) einfach 2 (*auch Mensch*) primitiv 3 (*einfach*) schlicht
basitleşmek *vr* sich vereinfachen
basitleştirmek *vt* 1 *Kausativ zu* **basitleşmek** 2 vereinfachen (-**i** etw)
basitlik (-**ği**) *s* Einfachheit *f*
Bask (-**kı**) *s* Baske, Baskin *m, f;* ~ **Ülkesi** Baskenland *nt*
basketbol (-**lü**) *s* Basketball *m*
baskı *s* 1 TYPO Auflage *f* 2 Zwang *m*, Druck *m* 3 TYPO Druck 4 (*als Werkzeug*) Presse *f* 5 (*Druckabzug*) Exemplar *nt;* ~ **aracı** Druckmittel *nt;* ~ **harfleri** Druckbuchstaben *pl;* ~ **hatası** Druckfehler *m*
baskılık (-**ğı**) *s* Briefbeschwerer *m*
baskın *s* 1 Überfall *m* 2 Razzia *f* 3 Invasion *f*
basma **I.** *s* 1 *Verbalsubstantiv zu* **basmak** 2 bedruckter Baumwollstoff 3 Überflutung *f* **II.** *adj* gedruckt
basmak (-**ar**) **I.** *vt* 1 pressen, drücken (-**i** -**e** etw auf etw) 2 (*Buch, Zeitung*) drucken; (*Münzen*) prägen (-**i** etw) 3 überfallen (-**i** jdn) 4 (*Fieber*) befallen (-**i** jdn) 5 (*fig*) überfluten (-**i** etw) **II.** *vi* 1 treten (-**e** auf etw) 2 drücken (-**e** auf etw) 3 (*Alter*) erreichen (**ellisine** sein fünfzigstes Lebensjahr) 4 (*Dunkelheit*) hereinbrechen
basmakalıp (-**bı**) *adj* 1 trivial 2 (*Ausdruck*) abgedroschen 3 schablonenmäßig (hergestellt)
basso *s* 1 Bass *m* 2 Bassist *m* 3 Basstuba *f*
bastırmak *vt* 1 *Kausativ zu* **basmak** 2 drücken (-**i** etw) 3 (*Aufstand*) niederschlagen (-**i** etw) 4 überflügeln (-**i** jdn) 5 (*Zorn*) überwinden (-**i** etw) 6 (*Gefühl*) unterdrücken (-**i** etw) 7 (*Durst, Feuer*) löschen (-**i** etw) 8 (*Dunkelheit*) hereinbrechen
baston *s* Spazierstock *m*
basur (**hastalığı**) *s* Hämorrhoiden *pl*
basübadelmevt (-**ti**) *s* Auferstehung *f*
baş **I.** *s* 1 Kopf *m* 2 (*fig*) Haupt *nt* 3 (*Zwiebel-, Knoblauch-*) Knolle *nt* 4 (*Vieh*) Stück *nt* 5 (*fig: Führungs-*) Spitze *f* 6 (*fig*) Anfang *m*, Beginn *m* 7 (*fig*) Gipfel *m* **II.** *adj* oberste(r, s), Haupt-; ~ **ağrısı** Kopfschmerzen *pl;* ~ **aşağı** kopfüber; ~ **başa** unter vier Augen; ~ **belası** (*fam*) Plage *f;* ~ **döndürücü** schwindelerregend; ~ **dönmesi** MED Schwindel *m;* **bir şeyle** ~ **edememek** mit etw nicht fertigwerden; ~ **göstermek** sich zeigen, auftreten; ~ **kaldırmak** (*rebellieren*) sich auflehnen (-**e** gegen jdn); ~ **oyuncu** Hauptdarsteller *m;* ~ **yemek** Hauptspeise *f*, Hauptgang *m;* ~ **üstüne!** zu Befehl!; ~ **vur-**

B

mak sich wenden (**-e** an jdn); (*auf ein Mittel*) zurückgreifen (**-e** auf etw); ~ **yastığı** Kopfkissen *nt;* **başa çıkılamaz** unüberwindlich; **başa çıkmak** fertigwerden (**ile** mit etw); **başı belada olmak** in der Patsche sitzen; **başı kıçı belli olmamak** weder Hand noch Fuß haben; **başım ağrıyor** ich habe Kopfschmerzen; **başım dönüyor** mir ist schwindlig; **benim de başımdan geçti** davon kann ich ein Lied singen; **başına gelmek** widerfahren (**-in** jdm); **başına vurmak** zu Kopf steigen (**-in** jdm); **başından atmak** sich vom Halse schaffen (**-i** etw); **başından beri** von Anfang an; **başını dinlemek** ausspannen; **başını sallamak** nicken; **başını uçurmak** enthaupten (**-in** jdn); **başta** (*vor den anderen*) voran; **başta gelmek** (*an der Spitze stehen*) führen; **baştaki** (*leitend*) führend; **baştan** von Anfang an, noch einmal (von vorne); **baştan aşağı** von oben bis unten; **baştan çıkarmak** verführen (**-i** jdn); **baştan savmak** (*abwimmeln*) loswerden (**-i** jdn)

başak (**-ğı**) *s* Ähre *f*

Başak (**burcu**) (**-nu**) *s* (*Sternzeichen*) Jungfrau *f*

başarı *s* Erfolg *m,* Gelingen *nt;* **başarılar dilerim!** viel Erfolg!

başarılı *adj* erfolgreich

başarısız *adj* erfolglos

başarısızlık (**-ğı**) *s* Misserfolg *m;* **başarısızlığa uğramak** missglücken

başarmak *vt* erfolgreich ausführen (**-i** etw); **başardım** ich hab's geschafft

başbakan *s* Ministerpräsident(in) *m(f);* ~ **yardımcısı** Vizekanzler(in) *m(f)*

başçavuş *s* Feldwebel *m*

başdüşman *s* Erzfeind(in) *m(f)*

başhekim *s* Chefarzt, Chefärztin *m, f*

başhemşire *s* Oberschwester *f*

başka **I.** *adj* andere(r, s), sonstige *pl* **II.** *adv* (*außerdem*) sonst **III.** *präp* außer (**-den** +*dat*); **başka?** noch etwas?; ~ **biri**(**si**) jemand anders; ~ **bir şey** etwas anderes; ~ **bir şey de var mı?** sonst noch etwas?; ~ **bir yerde** sonstwo; ~ **bir zaman** ein andermal; ~ **çare kalmadı** es bleibt keine Wahl; ~ **çare yoksa** notfalls; ~ **hiç kimse** niemand anders; ~ **türlü** anders

başkaları (**-nı**) *pron* (*Plural*) andere

başkalaşmak *vr* sich verändern

başkalaştırmak *vt* verändern (**-i** jdn/etw)

başkalık (**-ğı**) *s* Abweichung *f,* Anderssein *nt*

başkan *s* ① Chef(in) *m(f)* ② Oberhaupt *nt* ③ Präsident(in) *m(f),* Vorsitzende(r) *f(m)*

başkanlık (**-ğı**) *s* ① (*Leitung*) Führung *f* ② Vorsitz *m* ③ Präsidentschaft *f;* ~ **adayı** Präsidentschaftskandidat(in) *m(f)* ④ Präsidium *nt*

başkası (**-nı**) *pron* ① ein anderer ② etwas anderes

başkent (**-ti**) *s* Hauptstadt *f*

başkomutan *s* Oberbefehlshaber *m*

başkomutanlık (**-ğı**) *s* Oberbefehl *m*

başkonsolos *s* Generalkonsul *m*

başkonsolosluk (**-ğu**) *s* Generalkonsulat *nt*

başkumandan *s* Oberbefehlshaber *m*

başkumandanlık (**-ğı**) *s* Oberbefehl *m*

başlamak *vi* anfangen, beginnen (**-e** mit etw)

başlangıç (**-cı**) *s* Anfang *m,* Beginn *m,* Start *m;* ~ **noktası** Ursprung *m*

başlangıçta *adv* am Anfang

başlıca *adj* hauptsächlich; ~ **sebep** Hauptgrund *m*

başlık (**-ğı**) *s* ① Kopfbedeckung *f* ② (*Überschrift*) Titel *m* ③ Brautgeld *nt* (*Geldbetrag des Bräutigams für die Brauteltern*) ④ Sprengkopf *m* ⑤ INFORM Header *m*

başmakale *s* Leitartikel *m*

başöğretmen *s* (*Schule*) Rektor(in) *m(f)*

başörtü(**sü**) (**-nü**) *s* Kopftuch *nt*

başparmak (**-ğı**) *s* ① Daumen *m* ② große Zehe *f*

başpiskopos *s* Erzbischof *m*

başrahibe *s* (*eines Klosters*) Oberin *f*

başrol (**-lü**) *s* (*auch fig*) Hauptrolle *f*

başsağlığı (**-nı**) *s* Beileid *nt*

başsağlığı dilemek *vi* sein Beileid aussprechen (**-e** jdm)

başşehir (**-şehri**) *s* Hauptstadt *f*

başucu (**-nu**) *s* ① Zenit *m* ② oberster Teil von etwas ③ (*eines Bettes*) Kopfende *nt*

başvurmak *vi* ① sich wenden an, aufsuchen (**-e** jdn) ② (*Mittel*) zurückgreifen auf (**-e** etw)

başvuru *s* ① Anfrage *f* ② Bewerbung *f*

başyazar *s* Schriftleiter(in) *m(f)*

başyazı *s* Leitartikel *m*

batak (**-ğı**) **I.** *s* Moor *nt,* Sumpf *m* **II.** *adj* ① sumpfig, morastig ② (*fig*) verloren

bataklık (**-ğı**) *s* Sumpf

bateri *s* Schlagzeug *nt*

baterist *s* Schlagzeuger(in) *m(f)*

Batı *s* ① (*politisch*) Westen *m* ② Abendland *nt,* Okzident *m;* ~ **Anadolu** Westanatolien *nt;* ~ **Avrupa** Westeuropa *nt;* ~ **Hint Adaları** Westindische Inseln *pl*

batı **I.** *s* ① Westen *m* ② Westwind *nt* **II.** *adj* westlich, West-

batıcı **I.** *adj* westlich [*o* europäisch] gesinnt **II.** *s jd, der westlich gesinnt ist*

batıl *adj* wertlos; ~ **inanç** Aberglaube *m*

batılı *adj* westlich, West-

Batılı kuvvetler *s* Westmächte *pl*

batılılaşmak *vi* sich verwestlichen, sich europäisieren

batırmak *vt* ① *Kausativ zu* **batmak** ② (*hinein-*) stechen (**-i -e** etw in etw) ③ (*ein-*) tauchen (**-i -e** etw in etw) ④ (*Schiff*) versenken (**-i** etw); (*wirtschaftlich*) ruinieren (**-i** jdn) ⑤ (*Geld*) versickern lassen (**-i** etw)

batış *s* Untergang

batmak (**-ar**) *vi* ① (*Sonne*) untergehen ② (*Schiff*) sinken ③ versinken ④ (*Wort*) kränken (**-e** jdn) ⑤ wirtschaftlich ruiniert werden ⑥ (*Geld*) versickern

battaniye *s* Wolldecke *f*

bavul *s* Koffer *m*

Bavyera **I.** *s* Bayern *nt* **II.** *adj* (*Art*) bay(e)risch

Bavyeraca *adj* (*Sprache*) bay(e)risch

Bavyeralı **I.** *s* Bayer(in) *m(f)* **II.** *adj* (*Herkunft*) bay(e)risch

Bay *s* (*vor dem Nachnamen*) Herr *m*

bayağı **I.** *adj* ① (*durchschnittlich*) gewöhnlich ② (*pej*) ordinär, vulgär **II.** *adv* beinahe, ziemlich

Bayan *s* (*vor dem Nachnamen*) Frau *f,* Fräulein *nt;* **Bayanlar, Baylar!** meine Damen und Herren

bayat *adj* ① faul, verdorben; (*Brot*) altbacken, nicht frisch ② (*überholt*) alt

baygın *adj* ① bewusstlos, ohnmächtig ② (*Duft*) leicht und angenehm

baygınlık (**-ğı**) *s* Bewusstlosigkeit *f,* Ohnmacht *f*

bayılmak *vi* ① das Bewusstsein verlieren, ohnmächtig werden ② (*fig*) schwärmen für (**-e** für jdn/etw) ③ (*fam: Geld*) herausrücken (**-e -i** jdm etw)

bayıltmak *vi* betäuben (**-e** jdn)

bayındırlaştırmak *vt* urbanisieren (**-i** etw)

bayır *s* ① Hang *m* ② Hügel *m*

bayırturpu (**-nu**) *s* Meerrettich *m*

baykuş *s* Eule *f*

bayrak (**-ğı**) *s* Fahne *f,* Flagge *f;* ~ **koşusu** Staffellauf *m*

bayram *s* Fest *nt;* ~ **günü** Feiertag *m,* Festtag *m*

bayt *s* Byte *nt*

baytar *s* Tierarzt, Tierärztin *m, f*

baz *s* CHEM Base *f;* ~ **istasyonu** Mobilfunkstation *f*

bazen *adv* ab und zu, gelegentlich, manchmal

bazı *adj* manch, manche(r, s); ~ **defa** manchmal; ~ **insanlar** gewisse Leute

bazıları (**-nı**) *pron* manche *pl;* **bazısı** manche(r, s)

bazilik(a) *s* Basilika *f*

bazuka *s* Panzerfaust *f*

be *interj* (*vulg*) he! Mensch!

bebek (**-ği**) *s* ① Baby *nt* ② Puppe *f;* ~ **arabası** Puppenwagen *m;* ~ **beklemek** ein Kind erwarten; ~ **önlüğü** Lätzchen *nt;* ~ **tulumu** Strampelhose *f*

beceri *s* (*Geschicklichkeit*) Fertigkeit *f*

becerikli *adj* geschickt, gewandt

beceriklilik (**-ği**) *s* Geschicklichkeit *f,* Gewandtheit *f*

beceriksiz *adj* ungeschickt, unbeholfen, linkisch

beceriksizlik (**-ği**) *s* Ungeschicklichkeit *f*

becermek *vt* ① bewältigen, fertig bringen (**-i** etw) ② (*ironisch*) anrichten, sich leisten (**-i** etw)

bedava **I.** *adj* kostenlos **II.** *adv* gratis, umsonst

bedbin **I.** *s* Pessimist(in) *m(f)* **II.** *adj* pessimistisch

bedbinlik (**-ği**) *s* Pessimismus *m*

beddua *s* Fluch *m;* ~ **etmek** verfluchen (**-e** jdn)

bedel *s* ① (*Gegenwert*) Preis *m* ② (*Gegenleistung*) Ersatz *m*

bedelli askerlik (**-ği**) *s in der Türkei: Militärdienst mit Loskaufoption*

beden *s* ① Körper *m* ② (*Kleidung*) Größe *f* ③ ANAT Rumpf *m;* ~ **eğitimi** Gymnastik *f*

bedeni *adj s.* **bedensel**

bedensel *adj* körperlich, physisch

beğeni *s* Geschmack *m*

beğenmek *vt* ① mögen, gernhaben (**-i** jdn/etw) ② (aus)wählen (**-i** jdn/etw)

bej *adj* beige

bek (**-ki**) *s* SPORT Verteidiger *m*

bekar **I.** *s* Junggeselle *m,* Junggesellin *f* **II.** *adj* unverheiratet, ledig

bekaret (**-ti**) *s* Jungfräulichkeit *f,* Unschuld *f*

bekçi *s* ① Aufseher(in) *m(f),* Wächter(in) *m(f)* ② Wärter(in) *m(f);* ~ **köpek** Wachhund *m*

beking *s* Backpulver *nt*

bekleme *s* ① *Verbalsubstantiv zu* **beklemek** ② Warten *nt;* ~ **kuyruğu** Warteschlange *f;* ~ **odası** Vorzimmer *nt,* Warteraum *m;* ~ **salonu** Wartesaal *m*

beklemek *vt* ① warten (-**i** auf jdn/etw) ② erwarten (-**i** -**den** etw von jdm) ③ bewachen (-**i** etw)

beklenmedik *adj* unerwartet

beklenti *s* (*Hoffnung*) Erwartung *f*

bekleyiş *s* Erwartung *f*

Bektaşi *s Mitglied eines Bektaschi-Derwischordens*

bektaşiüzümü (-**nü**) *s* Stachelbeere *f*

bel *s* ① Lende *f* ② (*Tier-*) Rücken *m* ③ Taille *f* ④ (*Berg*) Sattel *m* ⑤ Spaten *m;* ~ **ağrısı** Kreuzschmerzen *pl;* **belden aşağı** (*fig fam: unfair; schlüpfrig*) unter der Gürtellinie; **belden aşağısı felçli** querschnittgelähmt; ~ **suyu** Sperma *nt*

bela *s* ① Plage *f,* Pest *f* ② Verhängnis *nt;* ~ **okumak** verfluchen (-**e** jdn); **belayı davet etmek** den Teufel an die Wand malen

Belarus *s* Weißrussland *nt,* Belarus *nt*

Belçika **I.** *s* Belgien *nt* **II.** *adj* (*Art*) belgisch

Belçikalı **I.** *s* Belgier(in) *m(f)* **II.** *adj* (*Herkunft*) belgisch

belde *s* Ort *m,* Ortschaft *f*

beledi *adj* städtisch

belediye *s* Gemeinde *f,* Kommune *f,* Stadtverwaltung *f;* ~ **başkanı** Bürgermeister *m;* ~ **dairesi** Gemeindebezirk *m;* (*Gebäude*) Rathaus *nt;* ~ **meclisi** Gemeinderat *m;* ~ **otobüsü** Stadtbus *m;* ~ **reisi** (Ober)bürgermeister *m;* ~ **seçimleri** Kommunalwahlen *pl*

belediyecilik (-**ği**) *s* Kommunalpolitik *f*

beleş *adj* (*vulg*) gratis, kostenlos

belge *s* ① (*Urkunde*) Dokument *nt* ② Bescheinigung *f* ③ Ausweis *m*

belgelemek *vt* bescheinigen, belegen (-**i** etw)

belirgin *adj* genau, bestimmt

belirlemek *vt* ① (*festsetzen*) bestimmen (-**i** etw) ② definieren (-**i** etw) ③ präzisieren (-**i** etw)

belirli *adj* ① ausdrücklich, bestimmt ② (*deutlich*) verständlich

belirmek *vi* ① erscheinen, in Erscheinung treten ② sich herauskristallisieren ③ eindeutig werden

belirsiz *adj* ① unbestimmt ② undeutlich ③ ungewiss ④ (*fig*) verschwommen

belirsizlik (-**ği**) *s* Ungewissheit *f,* Unbestimmtheit *f*

belirteç (-**ci**) *s* Umstandswort *nt,* Adverb *nt*

belirti *s* ① Abzeichen *nt* ② Kennzeichen *nt* ③ (*Zeichen*) Mal *nt* ④ MED Symptom *nt*

belirtme *s* ① *Verbalsubstantiv zu* **belirtmek** ② Klarstellung *f;* ~ **durumu** Akkusativ *m*

belirtmek *vt* ① (*festsetzen*) bestimmen (-**i** etw) ② verdeutlichen (-**i** etw) ③ zum Ausdruck bringen (-**i** etw)

belkemiği (-**ni**) *s* ① (*a. fig*) Rückgrat *nt* ② Wirbelsäule *f*

belki *adv* vielleicht, wahrscheinlich

bellek (-**ği**) *s* ① Gedächtnis *nt* ② INFORM (*eines Computers*) Speicher *m;* **ana** [*o* **rasgele erişimli**] ~ INFORM RAM *nt* (*random access memory*); **sadece okunabilen** ~ INFORM ROM *nt* (*read only memory*); ~ **kapasitesi** INFORM Speicherkapazität *f;* ~ **kaybı** [*o* **yitimi**] Gedächtnisschwund *m;* **belleğe geçirmek** (*Daten*) speichern (-**i** etw)

bellemek *vt* ① (*im Gedächtnis*) behalten (-**i** etw) ② auswendig lernen (-**i** etw) ③ (*Acker*) umgraben (-**i** etw) ④ (*meinen*) glauben

belleteç (-**ci**) *s* Gedächtnisstütze *f*

belli *adj* ① bekannt ② bestimmt ③ deutlich ④ genau; ~ **başlı** hauptsächlich; ~ **etmek** zu erkennen geben; ~ **etmemek** sich nichts anmerken lassen; (*nicht zeigen*) verheimlichen; ~ **olmak** sich zeigen; ~ **olmaz** man kann nie wissen; ~ **oluyor** man merkt es

bellilik (-**ği**) *s* Deutlichkeit *f,* Gewissheit *f,* Klarheit *f*

bembeyaz *adj* schneeweiß

ben **I.** *pron* ich **II.** *s* Muttermal *nt*

bence *adv* meiner Meinung nach; ~ **hava hoş** von mir aus

bencil **I.** *s* Egoist(in) *m(f)* **II.** *adj* egoistisch

bencillik (-**ği**) *s* Egoismus *m,* Selbstsucht *f*

benek (-**ği**) *s* (*Tupfen*) Fleck(en) *m;* (*Tüpfelchen*) Punkt *m*

benekli *adj* gefleckt

beni *pron* mich; ~ **sokmayan yılan bin yıl yaşasın** wer mir nichts tut, soll lange leben

benim **I.** *interj* (*mit Betonung auf der ersten Silbe*) ich bin es! **II.** *pron* mein(e); ~ **bir arkadaşım** ein Freund von mir; ~ **fikrime göre** nach meinem Ermessen; ~ **için** meinetwegen; ~ **için farketmez** das ist mir egal, von mir aus; ~ **tarafımdan** meinerseits; **benimki** der, die, das Meine; **benimle** mit mir

benimsemek *vt* ① sich aneignen (-**i** etw) ② Anspruch erheben (-**i** auf etw)

beniz (**-nzi**) *s* Gesichtfarbe *f;* **benzi atmak** (*Gesicht*) sich verfärben; **beti benzi uçmak** blass werden, erbleichen

bensiz *adv* ohne mich

bent (**-di**) *s* Damm *m,* Deich *m*

benzemek *vi* ① (*gleichen*) ähneln (-**e** jdm/einer Sache) ② aussehen (-**e** nach etw); **bir şeye benziyor** das kann sich sehen lassen

benzer I. *adj* ähnlich II. *s* ① Doppelgänger(in) *m(f)* ② (*Gegenstück*) Pendant *nt*

benzerlik (**-ği**) *s* Ähnlichkeit *f*

benzersiz *adj* einzigartig

benzeş *adj* ① ähnlich ② gleichartig

benzeti *s* ① Gleichnis *nt* ② (*Nachahmung*) Nachbildung *f*

benzetme I. *adj* (*nachgeahmt*) falsch II. *s* ① (*Nachahmung*) Fälschung *f* ② (*als Stilmittel*) Vergleich *m* ③ Verwechslung *f* ④ *Verbalsubstantiv zu* **benzetmek**

benzetmek *vt* ① vergleichen (-**i** -**e** jdn/etw mit jdm/etw) ② verwechseln (-**i** -**e** jdn mit jdm) ③ nachahmen (-**i** etw) ④ (*fig*) übel zurichten (-**i** jdn)

benzeyiş *s* Ähnlichkeit *f*

benzi (**-ni**) *s Possessivform zu* **beniz** seine/ihre Gesichtsfarbe

benzin *s* Benzin *nt;* ~ **almak** tanken; ~ **deposu** Tank *m;* ~ **bidonu** Benzinkanister *m;* ~ **doldurmak** AUTO auftanken; ~ **istasyonu** Tankstelle *f;* ~ **miktarı** Benzinstand *m;* ~ **pompası** Benzinpumpe *f*

benzinci *s* Tankwart(in) *m(f)*

beraat (**-tı**) *s* Freispruch *m;* ~ **etmek** freigesprochen werden; ~ **ettirmek** freisprechen

beraber *adv* gemeinsam, zusammen, miteinander

berabere *adj* SPORT unentschieden; ~ **kalmak** unentschieden spielen

beraberlik (**-ği**) *s* ① (*Zusammensein*) Gemeinschaft *f* ② Vereinigung *f* ③ SPORT Unentschieden *nt* ④ Solidarität *f*

berat (**-tı**) *s* HIST Bestallungsurkunde *f*

Berat Gecesi (**-ni**) *s die Nacht der Berufung Mohammeds zum Propheten*

berbat *adj* ① miserabel ② schlimm; ~ **etmek** (*fam*) vermasseln (-**i** etw)

berber *s* Friseur *m;* ~ **salonu** Friseursalon *m*

berduş *s* (*fam*) Penner *m*

bere *s* ① Baskenmütze *f* ② Quetschung *f*

bereket (**-ti**) *s* ① (*vom Boden*) Fruchtbarkeit *f* ② (*fig*) Segen *m* ③ Überfluss *m;* ~ **versin** glücklicherweise

bereketli *adj* ① fruchtbar ② reichhaltig ③ üppig

berelemek *vt* MED quetschen (-**i** etw)

Bergama *s* Pergamon *nt*

beri I. *präp* seit (-**den** +*dat*) II. *adv* hierher III. *adj* diesseitig; **kısa zamandan/uzun zamandan** ~ seit kurzem/seit langem IV. *s die dem Sprecher nächstliegende Seite*

beri(**de**) *adv* diesseits

berisinde *präp* diesseits (-**den** +*gen*)

beriye *adv* (hier)her

berrak (**-kı**) *adj* ① (kristall)klar ② durchsichtig ③ hell

besbelli *adj* ① klipp und klar ② offensichtlich

besi *s* ① Ernährung *f* ② AGR Mast *f;* **besiye çekmek** mästen

besin *s* ① Nahrung *f* ② Nahrungsmittel *nt;* ~ **maddeleri** Lebensmittel *pl;* ~ **zehirlenmesi** Lebensmittelvergiftung *f*

besleme *s* ① *Verbalsubstantiv zu* **beslemek** ② TECH Zufuhr *f* ③ (*pej*) Pflegekind *nt*

beslemek *vt* ① ernähren (-**i** jdn) ② (*Kind*) füttern (-**i** jdn) ③ (*Gefühle*) hegen (-**i** etw) ④ (*unterhalten*) versorgen (-**i** jdn) ⑤ (*Tiere*) züchten (-**i** etw) ⑥ mästen (-**i** etw)

beslenme *s* Ernährung *f*

beslenmek *vi* ① *Passiv zu* **beslemek** ② sich ernähren

besleyici *adj* nahrhaft

besleyicilik (**-ği**) *s* Nährwert *m*

besmele *s Name des Ausspruchs ‚bismillah'*

> **Besmele** ist die Bezeichnung für die religiöse Beschwörungsformel ‚bismillah ir-rahman ir-rahim' (‚im Namen Allahs, des Allerbarmers, des Barmherzigen'), die der fromme Muslim vor jeder wichtigen Handlung ausspricht, um sich Gottes Segen zu versichern. Der Schriftzug dieses Spruchs wird auch gerne als Aufkleber ans Armaturenbrett oder an die Windschutzscheibe des Autos angebracht, um sich so mit Gottes Hilfe vor Unfällen zu schützen.

beste *s* Komposition *f*

besteci *s* Komponist(in) *m(f)*

bestelemek *vt* komponieren (-**i** etw)

beş *num* fünf; ~ **yüz** fünfhundert; **beşte bir** ein Fünftel *nt;* **beşer** je fünf
beşgen *s* Fünfeck *nt*
beşik (-ği) *s* Wiege *f*
beşinci *adj* fünfte(r, s)
beşme *s* (*einer Drehbank*) Bock *m*
beter *adj* schlimmer; ~ **olmak** schlimmer werden
beti benzi uçmak *vi* erblassen
betimsel *adj* beschreibend
beton *s* Beton *m*
betonlamak *vt* betonieren (-**i** etw)
bey *s* 1 Herr *m* 2 (*Anrede nach dem Vornamen*) Herr *m* 3 (*fig*) Führer *m* einer Gruppe 4 (*Kartenspiel*) Ass *nt*
beyan *s* 1 Aussage *f* 2 Erklärung *f;* ~ **etmek** angeben, anmelden (-**i** etw)
beyanat (-tı) *s* Äußerung *f*
beyanname *s* 1 Bekanntmachung *f* 2 Formular *nt*
beyaz *adj* weiß; ~ **altın** Weißgold *nt;* ~ **bira** helles Bier *nt;* ~ **ekmek** Weißbrot *nt;* **Beyaz Rusya** Weißrussland *nt,* Belarus *nt;* ~ **şarap** Weißwein *m;* ~ **zehir** Rauschgift *nt*
beyazımsı *adj* weißlich
beyazlanmak *vi s.* **beyazlaşmak**
beyazlaşmak *vi* weiß werden
beyazperde *s* (Film)leinwand *f*
beyazpeynir *s* Schafskäse *m*
beyefendi *s* (*Anrede ohne Namen*) gnädiger Herr
beygir *s* Gaul *m*
beygirgücü (-nü) *s* TECH Pferdestärke *f*
beyhude *adj, adv* erfolglos, zwecklos, umsonst
beyin (-yni) *s* Gehirn *nt;* ~ **göcü** (*Abwanderung von Wissenschaftlern*) Braindrain *m;* ~ **kanaması** Gehirnblutung *f;* ~ **sarsılması** Gehirnerschütterung *f;* ~ **sektesi** Gehirnschlag *m;* ~ **tavası** (*als Gericht*) Hirn *nt;* ~ **yıkama** Gehirnwäsche *f;* **beynine sokmak** (*fig*) sich einprägen; **beyni sulanmış** (*Mensch*) verkalkt
beylik *adj* (*Worte*) abgedroschen
beyni (-ni) *s Possessivform zu* **beyin** sein/ihr Gehirn *nt*
beysbol (-lü) *s* Baseball *m*
bez *s* 1 (Baumwoll)stoff *m* 2 Wischlappen *m* 3 Drüse *f;* ~ **parçası** (*Lappen*) Fetzen *m*
bezdirmek *vt* 1 *Kausativ zu* **bezmek** 2 lästig fallen (-**i** -**den** jdm mit etw)
beze *s* 1 Baiser *nt* 2 Drüse *f* 3 Drüsenschwellung *f*
bezelye *s* Erbse *f*
bezemek *vt* schmücken (-**i** etw)
bezgin *adj* 1 gedrückt 2 verdrießlich
bezginlik (-ği) *s* (*Verdruss*) Unmut *m*
bezmek (-er) *vt* satthaben (-**den** etw)
bıçak (-ğı) *s* Messer *nt;* ~ **kesiği** Messerschnitt *m*
bıçaklamak *vt* erstechen (-**i** jdn)
bıçkı *s* Säge *f*
bıkkın *adj* überdrüssig
bıkkınlık (-ğı) *s* Überdruss *m*
bıkmak (-ar) *vi* überdrüssig sein (-**den** einer Sache), satthaben (-**den** etw); **bıktım** ich bin es leid
bıldırcın *s* Wachtel *f*
bırakmak *vt* 1 lassen (-**i** etw/jdn) 2 bleiben lassen (-**i** etw) 3 loslassen (-**i** etw/jdn) 4 zurücklassen, verlassen (-**i** jdn) 5 überlassen; (*Aufgabe, Amt*) übergeben (-**e** -**i** jdm etw) 6 weglassen; (*Thema*) überspringen (-**i** etw) 7 weggehen (-**i** von jdm) 8 Schluss machen (-**i** mit etw); (*Gewohnheit*) aufgeben (-**i** etw) 9 (*Bart*) wachsen lassen (-**i** etw) 10 (*Schüler*) nicht versetzen (-**i** jdn); **bırakın ben gideyim** lasst mich gehen
bıyık (-ğı) *s* Schnurrbart *m;* ~ **altından gülmek** schmunzeln
biber *s* Pfeffer *m;* **dolmalık** ~ Paprikaschote *f;* **dövülmüş** ~ gemahlener Pfeffer; (**yeşil**) ~ Paprika *m;* ~ **dolması** gefüllte Paprikaschoten *pl*
biberiye *s* Rosmarin *m*
biberlik (-ği) *s* Pfefferstreuer *m*
biberon *s* (*Säuglings-*) Flasche *f*
biçare *adj* bedauernswert, erbärmlich
biçerdöver *s* Mähdrescher *m*
biçim *s* 1 *Verbalsubstantiv zu* **biçmek** 2 Art *f,* Weise *f* 3 Form *f,* Gestalt *f* 4 Typ *m* 5 (*von Kleidung*) Schnitt *m* 6 Mähen *nt*
biçimlendirmek *vt* bilden, formen (-**i** etw)
biçimsel *adj* formal, formell
biçimsiz *adj* 1 schlecht passend 2 unfein
biçimsizlik (-ği) *s* 1 Formlosigkeit *f* 2 Missbildung *f*
biçmek (-er) *vt* 1 (*Gras*) mähen (-**i** etw) 2 (zu)schneiden (-**i** etw) 3 (*Preis*) festsetzen (-**i** etw)
bidon *s* Kanister *m*
biftek (-ği) *s* Beefsteak *nt*
bigudi *s* Lockenwickler *m*
bikini *s* Bikini *m*

bikir asması (**-nı**) *s* wilder Wein *m*
bilakis *adv* vielmehr, im Gegenteil
bilanço *s* Bilanz *f*
bilardo *s* Billard *nt*
bildiri *s* ❶ Angabe *f* ❷ (*öffentl.*) Bekanntmachung *f* ❸ (*Ankündigung*) Meldung *f* ❹ Mitteilung *f* ❺ Nachricht *f*
bildirme *s* ❶ *Verbalsubstantiv zu* **bildirmek** ❷ Mitteilung *f* ❸ Verkündigung *f*; ~ **kipi** Aussageform *f*
bildirmek *vt* ❶ *Kausativ zu* **bilmek** ❷ bekannt geben (**-i** etw) ❸ mitteilen (**-e -i** jdm etw)
bile *adv* ❶ schon ❷ sogar ❸ (*mit Verneinung*) nicht einmal ❹ selbst wenn; ~ ~ mit voller Absicht, wissentlich
bileği *s* Schleifwerkzeug *nt*; ~ **taşı** Schleifstein *m*
bilek (**-ği**) *s* Handgelenk *nt*
bilemek *vt* (*schärfen*) schleifen (**-i** etw)
bilerek *adv* wissentlich
bileşik (**-ği**) **I.** *adj* zusammengesetzt **II.** *s* CHEM Verbindung *f*; ~ **faiz** Zinseszins *m*; ~ **kelime** [*o* **sözcük**] (*Wort-*) Zusammensetzung *f*
bileşim *s* ❶ *Verbalsubstantiv zu* **bileşmek** ❷ CHEM Präparat *nt* ❸ CHEM Verbindung *f* ❹ Zusammensetzung *f*
bileşmek *vi* ❶ CHEM sich verbinden (**ile** mit) ❷ zusammengesetzt sein
bilet (**-ti**) *s* ❶ Eintrittskarte *f* ❷ Fahrkarte *f*, Fahrschein *m*; ~ **almak** eine Eintrittskarte kaufen, eine Fahrkarte lösen; ~ **gişesi** Fahrkartenschalter *m*; THEAT Kasse *f*
biletçi *s* Schaffner(in) *m(f)*
bilezik (**-ği**) *s* Armband *nt*
bilfiil *adv* de facto, faktisch
bilge **I.** *s* Weise(r) *f(m)* **II.** *adj* weise
bilgelik (**-ği**) *s* ❶ Weisheit *f* ❷ Gelehrsamkeit *f*
bilgi *s* ❶ (*Anweisung*) Belehrung *f* ❷ (*Wissen*) Kenntnis *f* ❸ Information *f* ❹ Benachrichtigung *f*; ~ **alışverişi** INFORM Informationsaustausch *m*; ~ **çağı** Informationszeitalter *nt*; ~ **otoyolu** INET Datenautobahn *f*; ~ **toplama** Recherche *f*; ~ **toplamak** recherchieren; ~ **vermek** informieren, benachrichtigen (**-e** jdn)
bilgiç (**-ci**) *s* Besserwisser *m*
bilgilendirici *adj* informativ
bilgilendirmek *vt* informieren (**-i** jdn)
bilgili *adj* gelehrt, belesen
bilgin *s* Gelehrte(r) *f(m)*, Wissenschaftler(in) *m(f)*
bilgisayar *s* Computer *m*; ~ **arızası** Computerfehler *m*; ~ **destekli** computergestützt; ~ **merkezi** Rechenzentrum *nt*; ~ **oyunu** Computerspiel *nt*; ~ **programı** Computerprogramm *nt*, Software *f*; ~ **virüsü** Computervirus *m*
bilgisiz *adj* ungebildet
bilgisizlik (**-ği**) *s* ❶ Unwissenheit *f* ❷ Ignoranz *f*
bilhassa *adv* ❶ besonders, insbesondere ❷ absichtlich
bilim *s* Wissenschaft *f*; ~ [*o* **ilim**] **adamı** Wissenschaftler(in) *m(f)*
bilimkurgu *s* Science-Fiction *f*; ~ **filmi** Science-Fiction-Film *m*
bilimsel *adj* wissenschaftlich
bilimsellik (**-ği**) *s* Wissenschaftlichkeit *f*
bilinç (**-ci**) *s* Bewusstsein *nt*; **bir şeyin bilincinde olmak** sich einer Sache bewusst sein
bilinçaltı (**-nı**) *s* Unterbewusstsein *nt*
bilinçlendirmek *vt* ❶ *Kausativ zu* **bilinçlenmek** ❷ **birini bir şey konusunda** ~ jdm etw bewusst machen
bilinçlenmek *vi* sich bewusst machen (**bir şey konusunda** etw)
bilinçli *adj* bewusst
bilinçsiz *adj* ❶ unbewusst ❷ ohnmächtig
bilinen *adj* bekannt, geläufig
bilinmeyen *adj* unbekannt, nicht geläufig
bilinmez *adj* undurchsichtig, unergründlich
bilirkişi *s* ❶ Kenner(in) *m(f)* ❷ Sachverständige(r) *f(m)*
bilişimci *s* Informatiker(in) *m(f)*
billur **I.** *s* Kristall *m* **II.** *adj* aus Kristall
bilmece *s* Rätsel *nt*, Quiz *nt*; ~ **oyunu** Puzzle *nt*
bilmek (**-ir**) *vt* ❶ wissen (**-i** etw), kennen (**-i** etw/jdn) ❷ (*Sprache*) können (**-i** etw) ❸ verstehen (**-i** etw) ❹ erkennen (**-i** etw); **bildiğim kadarıyla** soviel ich weiß; **bildiğime göre** meines Wissens; **bildiğinden şaşmamak** sich nicht beirren lassen
bilmemezlik *s* **bilmemezlikten gelmek** ignorieren (**-i** etw)
bilmeyerek *adv* unwissentlich
bilmez **I.** *s* Ignorant(in) *m(f)* **II.** *adj* unwissend, ungebildet
bilmezlik (**-ği**) *s* Unkenntnis *f*, Ignoranz *f*
bilye *s* ❶ Murmel *f* ❷ Billardkugel *f*; **bilyeli yatak** [*o* **rulman**] Kugellager *nt*
bin *num* tausend; ~ **kat** tausendfach; ~ **mis-**

li [*o* **katı**] tausendfach, tausendmal so viel; ~ **defa** [*o* **kere**] tausendmal; ~ **türlü** tausenderlei

bina *s* Gebäude *nt,* Bau *m;* ~ **yöneticisi** Hausverwalter(in) *m(f)*

binaen *präp* aufgrund (**-e** *+gen*), wegen (**-e** *+gen*)

binbaşı (**-yı**) *s* Major *m*

binde bir **I.** *s* eine Promille, ein Tausendstel **II.** *adv* äußerst selten; **binde iki** zwei Promille, zwei Taudendstel

bindirmek *vt* ❶ *Kausativ zu* **binmek** ❷ verladen (**-i** etw) ❸ prallen (**-e** auf/an etw), fahren (**-e** gegen etw)

binek *s* ~ **arabası** Personen(kraft)wagen *m;* ~ **atı** Reitpferd *nt*

biner *num* je Tausend

binici *s* Reiter(in) *m(f)*

binicilik (**-ği**) *s* (*Reitkunst*) Reiten *nt*

bininci *adj* tausendste(r, s)

binlerce *num* zu Tausenden, Tausende von ...

binmek (**-er**) *vt* ❶ aufsteigen (**ata** aufs Pferd) ❷ (*Fahrzeug, Flugzeug*) einsteigen (**-e** in etw)

biositler *s* Pestizide *pl*

bir **I.** *num* eins **II.** *art* ein **III.** *adj* ❶ vereint, gemeinsam ❷ einzig, allein ❸ gleich, identisch **IV.** *adv* ❶ einmal ❷ nur, allein, bloß; ~ **buçuk** eineinhalb, anderthalb; ~ **defa** [*o* **kere**] einmal; ~ **türlü** einerlei; (*Verstärkung bei Negation*) überhaupt nicht; ~ **katlı** einstöckig; ~ **ağızdan** einstimmig; ~ **an önce** so bald wie möglich; ~ **araya gelmek** zusammenkommen, sich treffen (**ile** mit jdm); ~ **aşağı** ~ **yukarı dolaşmak** (*fam*) auf und ab gehen; ~ **bu eksikti!** auch das noch!; ~ **çırpıda** (*fam*) im Nu; ~ **daha** noch einmal; ~ **daha asla** nie wieder; ~ **dakika** einen Moment; ~ **de** außerdem; ~ **defada** [*o* **kerede**] (*mit einem Mal*) auf einmal; ~ **hayli** (*ziemlich*) recht; ~ **kere daha** (*nochmals*) noch einmal; ~ **parça** ein Stück, ein wenig; ~ **süre** [*o* **müddet**] eine Zeitlang; ~ **sürü** eine Unmenge von; ~ **şey** etwas; ~ **şey değil** keine Ursache!, nichts zu danken!; ~ **taraftan** einerseits; ~ **varmış** ~ **yokmuş** es war einmal; ~ **yana** abgesehen von

bira *s* Bier *nt;* ~ **fıçısı** Bierfass *nt;* ~ **şişesi** Bierflasche *f*

birader *s* ❶ Bruder *m* ❷ (*Anrede*) mein Lieber

birahane *s* Bierlokal *nt*

biraraya *adv* zusammen; ~ **gelmek** zusammenkommen, sich treffen (**ile** mit jdm)

biraz *adv* ❶ ein bisschen ❷ ein wenig, etwas; ~ **önce** (*soeben*) gerade; ~ **sonra** bald darauf

birazdan *adv* bald

birbiri *pron* einander; ~ **için** füreinander

birbirinden *pron* voneinander

birbirine *pron* zueinander; ~ **geçirmek** zusammenfügen; ~ **girmek** aufeinander losgehen; ~ **karıştırmak** durcheinanderbringen; ~ **uymak** zusammenpassen; ~ **uymayan** unvereinbar, inkompatibel

birbirini *pron* einander

bircinsten *adj* homogen

birçok (**-ğu**) *adj* mehrere, viele

birden *adv* ❶ auf einmal ❷ zugleich

birdenbire *adv* (*plötzlich*) auf einmal

birer *adj* je ein(e); ~ ~ einzeln

bireşim *s* Synthese *f*

bireşimli *adj* synthetisch

birey *s* Individuum *nt*

bireyci *s* Individualist(in) *m(f)*

bireycilik (**-ği**) *s* Individualismus *m*

bireysel *adj* individuell

bireysellik (**-ği**) *s* Individualität *f*

biri (**-ni**) *pron* (*jemand*) einer

biricik (**-ği**) *adj* einzig

birikinti *s* ❶ Anhäufung *f* ❷ Pfütze *f;* ~ **gölcüğü** Stausee *m*

birikmek *vi* ❶ sich häufen ❷ (*Leute*) sich versammeln ❸ sich summieren

biriktirmek *vt* ❶ *Kausativ zu* **birikmek** ❷ anhäufen, ansammeln (**-i** etw) ❸ (*aus Liebhaberei*) sammeln (**-i** etw) ❹ (*Geld*) sparen (**-i** etw) ❺ *a.* TECH speichern (**-i** etw) ❻ (*Wasser*) stauen (**-i** etw)

birim *s* Einheit *f*

birinci *adj* ❶ erste(r, s) ❷ primär; ~ **devre** [*o* **yarı**] erste Halbzeit; ~ **sınıf** erstklassig; ~ **olarak** als Erste(r, s); **birincisi** erstens

birisi (**-ni**) *pron* jemand, eine(r)

birkaç (**-çı**) *adj* einige, wenige, ein paar

birleşik (**-ği**) *adj* ❶ vereinigt ❷ zusammengesetzt; **Birleşik Arap Emirlikleri** die Vereinigten Arabischen Emirate; **Birleşik Krallık** das Vereinigte Königreich

birleşmek *vi* ❶ sich verbinden (**ile** mit jdm/etw) ❷ sich verbünden, sich zusammenschließen (**ile** mit jdm) ❸ (*Wege, Meinungen*) zusammentreffen ❹ einig werden

Birleşmiş Milletler *s* die Vereinten Nationen *pl*

birleştirme *s* ① *Verbalsubstantiv zu* **birleştirmek** ② Verbindung *f;* ~ **çizgisi** Bindestrich *m*

birleştirmek *vt* ① *Kausativ zu* **birleşmek** ② vereinen, vereinigen (-**i** etw) ③ verbinden, zusammenfügen (-**i** etw)

birlik (-ği) *s* ① REL Einheit *f* ② (*Eintracht*) Einigkeit *f* ③ (*Organisation*) Gesellschaft *f* ④ Truppe *f* ⑤ Verein *m;* ~ **olarak** einstimmig; ~ **olmak** einig sein

birlikte *adv* gemeinsam, miteinander

birliktelik (-ği) *s* Zusammenleben *nt,* Zusammenhalt *m*

birtakım *adj* eine Menge, einige

biseksüalite *s* Bisexualität *f*

biseksüel **I.** *adj* bisexuell **II.** *s* Bisexuelle(r) *f(m)*

biseksüellik (-ği) *s* Bisexualität *f*

bisiklet (-ti) *s* Fahrrad *nt;* ~ **yarışçısı** Radrennfahrer(in) *m(f);* ~ **yarışı** Radrennen *nt;* **bisiklete binmek** Rad fahren; ~ **sürücüsü** Fahrradfahrer(in) *m(f);* ~ **turu** Radtour *f*

bisikletçi *s* ① Radfahrer(in) *m(f)* ② Fahrradhändler(in) *m(f)*

bisküvi *s* Keks *m*

bisküvit (-ti) *s* Biskuit *m*

bismillah *interj* im Namen Allahs!

bit (-ti) *s* ① Laus *f* ② INFORM Bit *nt;* ~ **akımı** INET Bitstream *m;* ~ **pazarı** Flohmarkt *m*

bitaraf *adj* unparteiisch

bitek (-ği) *adj* (*Boden*) fruchtbar

bitik (-ği) *adj* ① ganz erschöpft ② erledigt, ruiniert; **işi** ~ es ist aus mit ihm

bitirmek *vt* ① *Kausativ zu* **bitmek** ② beenden (-**i** etw) ③ (*Buch*) auslesen (-**i** etw) ④ vervollständigen (-**i** etw) ⑤ verbrauchen (-**i** etw) ⑥ (*fig*) fertigmachen (-**i** jdn)

bitişik (-ği) *adj* (*angrenzend*) anliegend

bitişikte *adv* nebenan

bitişmek *vi* aneinandergrenzen

bitki *s* Pflanze *f,* Gewächs *nt*

bitkibilim *s* Botanik *f*

bitkibilimci *s* Botaniker(in) *m(f)*

bitkibilimsel *adj* botanisch

bitkin *adj* erschöpft, erledigt; (*stärker*) ruiniert

bitkinlik (-ği) *s* Erschöpfung *f*

bitkisel *adj* pflanzlich; ~ **yağ** Pflanzenöl *nt*

bitlenmek *vi* Läuse bekommen

bitli *adj* verlaust

bitmek (-er) *vi* ① (*zu Ende gehen*) aufhören ② (*Frist, Vertrag*) ablaufen ③ (*Ware, Geld*) ausgehen ④ (*Haare, Gras*) wachsen ⑤ (*fam*) verrückt sein (-**e** nach jdm) ⑥ (*fam*) geschafft [*o* kaputt] sein

bityeniği *s* (*fig*) Haken *m*

biyografi *s* Biografie *f*

biyoloji *s* Biologie *f*

biyolojik *adj* biologisch; ~ **silah** Biowaffe *f;* ~ **tarım** [*o* **çiftçilik**] Biolandbau *m;* ~ **ürün** Bioprodukt *nt*

biyoteknoloji *s* Biotechnologie *f*

biz *pron* wir

bizaka *s* (Nackt)schnecke *f*

Bizans *s* Byzanz *nt*

Bizanslı **I.** *adj* byzantinisch **II.** *s* Byzantiner(in) *m(f)*

bizce *adv* unserer Meinung nach

bizden *pron* (*Ablativ*) von uns

bize *pron* (*dat*) uns

bizi *pron* (*akk*) uns

bizim *pron* unser, uns(e)re; ~ **gibiler** unsereiner, unsereins; ~ **için** unsertwegen; ~ **tarafımızdan** unsererseits; **bizimki** der, die, das Unsere

bizzat *adv* persönlich; ~ **kendisi** er/sie höchstpersönlich

blazer *s* Blazer *m*

blog *s* INET Blog *nt o m;* ~ **yazmak** bloggen

blok (-ku) *s* Block *m;* ~ **dışı** blockfrei; ~ **dışı ülkeler** blockfreie Länder *pl*

blokaj *s* COMM Sperre *f,* Haushaltssperre *f*

bloke *adj* gesperrt; ~ **etmek** blockieren (-**i** etw)

bloknot (-tu) *s* (*Schreib-, Notiz-*) Block *m*

blöf *s* Bluff *m;* ~ **yapmak** bluffen

blucin *s* Bluejeans *pl*

blues *s* Blues *m*

bluz *s* Bluse *f*

BM *s Abk. von* **Birleşmiş Milletler** UN *pl* (*die Vereinten Nationen*)

boa (yılanı) *s* Boa *f*

bobin *s* ① Spule *f* ② (*Draht-*) Rolle *f* ③ Aufspuler *m*

bocalamak *vi* ① (*torkeln*) taumeln ② unsicher werden ③ (*bei Entschluss*) wanken

bocurgat (-tı) *s* Winde *f*

bodrum *s* Keller *m;* ~ [*o* **zemin**] **katı** Untergeschoss *nt*

Bodrum *s türkische Stadt an der Ägäisküste*

bodur *adj* klein und stämmig, untersetzt

boğa *s* Bulle *m,* Stier *m;* ~ **güreşçisi** Stierkämpfer *m;* ~ **güreşi** Stierkampf *m*

Boğa (burcu) (-nu) *s* (*Sternzeichen*) Stier *m*
boğaz *s* ① (*Kehle*) Hals *m* ② Meerenge *f* ③ (*Gebirgs-*) Pass *m* ④ (*fam*) *zu ernährendes Familienmitglied* ⑤ (*fam*) Essen und Trinken; ~ **ağrısı** Halsschmerzen *pl;* ~ **hapı** Halstablette *f;* ~ **iltihabı** Halsentzündung *f;* **boğazım ağrıyor** ich habe Halsschmerzen
Boğaziçi (-ni) *s* Bosporus *m;* ~ **Köprüsü** *die erste, 1973 erbaute Bosporusbrücke*
boğazlamak *vt* (jdm) die Kehle durchschneiden (**-i** jdm)
boğmaca *s* Keuchhusten *m*
boğmak (-ar) *vt* ① erwürgen, erdrosseln (**-i** jdn) ② ersticken (**-i** jdn) ③ ertränken (**-i -e** jdn in etw) ④ (*fig*) überhäufen (**-i -e** jdn mit etw)
boğmak (-ğı) *s* ① Knoten *m* ② Gelenk *nt;* ~ **kemikleri** Fingerglieder
boğucu *adj* erstickend
boğuk (-ğu) *adj* ① (*Stimme*) heiser ② (*Schall*) dumpf
boğukluk (-ğu) *s* Heiserkeit *f*
boğulmak *vi* ① *Passiv zu* **boğmak** ② ersticken ③ ertrinken (**-e** in etw)
boğuşmak *vi* raufen (**ile** mit jdm)
bohça *s* Bündel *nt*
bohçacı *s* Hausiererin *f*
bohçalamak *vt* bündeln (**-i** etw)
bok (-ku) *s* (*vulg*) Scheiße *f;* ~ **soyu** (*pej vulg*) Kotzbrocken *m;* **siktiri boktan** (*vulg*) rattenschlecht
boks *s* Boxen *nt;* ~ **eldiveni** Boxhandschuh *m;* ~ **maçı** Boxkampf *m*
boksör *s* Boxer *m*
boktan *adj* (*vulg*) beschissen; ~ **herif** (*vulg*) Scheißkerl *m*
bol (-lü) *s* Punsch *m*
bol *adj* ① (*weit*) groß ② (*fig*) reichhaltig, reichlich ③ (*Kleidungsstück*) weit; ~ ~ ausgiebig, in Hülle und Fülle; ~ **şanslar!** viel Glück!; ~ **keseden yaşamak!** auf großem Fuß leben
Bolivya *s* Bolivien *nt*
bolluk (-ğu) *s* ① Überfluss *m* ② (*eines Kleidungsstücks*) Weite *f*
bomba *s* ① Bombe *f* ② Granate *f;* **bombalı suikast** Bombenanschlag *m*
bombacı *s* Bombenleger(in) *m(f)*
bombalamak *vt* bombardieren (**-i** etw)
bombardıman *s* Bombardierung *f;* ~ **etmek** bombardieren
bomboş *adj* ganz leer
boncuk (-ğu) *s* Glasperle *f*

Besonders in ländlicher Gegend ist alter Volksglaube in der Türkei noch sehr lebendig. Um sich vor dem unheilvollen bösen Blick (‚nazar') zu schützen, benutzt man ein **boncuk**, eine blaue Glasperle, die ein blaues Auge symbolisiert. Wer in eine neue Wohnung zieht oder ein Geschäft eröffnet, bekommt es von Freunden geschenkt, um böse Einflüsse vom Haus abzuwenden. Es wird wie unser Hufeisen über den Eingang gehängt.

bonfile *s* ① Filet *nt* ② Schnitzel *nt*
bonmarşe *s* Kaufhaus *nt*
bono *s* ① Bon *m,* Gutschein *m* ② (*Wertpapier*) Wechsel *m* ③ Versicherungspolice *f*
boot etmek *vt* INFORM booten (**-i -den** etw von etw)
boot sektörü (-nü) *s* Boot-Sektor *m*
bora *s* Orkan *m,* Sturm *m*
borazan *s* Trompete *f*
borç (-cu) *s* ① FIN Schuld *f* ② FIN Darlehen *nt* ③ COMM Soll *nt* ④ Pflicht *f* ⑤ (*moralische*) Verpflichtung *f;* ~ **etmek** Schulden machen; ~ **yemek** (*fam*) auf Pump leben; **borcum ne kadar?** was bin ich Ihnen schuldig?
borçlanma *s* ① *Verbalsubstantiv zu* **borçlanmak** ② Verschuldung *f*
borçlanmak *vi* Schulden machen (**-e** bei jdm)
borçlu I. *s* Schuldner(in) *m(f)* **II.** *adj* ① verschuldet ② (*verpflichtet*) schuldig
borçsuz *adj* schuldenfrei
bordo *adj* weinrot, bordeauxrot
bornoz *s* Bademantel *m*
borsa *s* Börse *f;* ~ **endeksi** Börsenindex *m;* ~ **rayici** Börsenkurs *m*
borsacı *s* Börsenmakler(in) *m(f)*
boru *s* ① Rohr *nt* ② Röhre *f* ③ Trompete *f* ④ Horn; ~ **hattı** Pipeline *f;* ~ **kerpeteni** Rohrzange *f*
boruçiçeği (-ni) *s* ① Glockenblume *f* ② Winde *f*
Bosna-Hersek (-ği) *s* Bosnien-Herzegowina *nt*
bostan *s* ① Gemüsegarten *m* ② Gärtnerei *f;* ~ **korkuluğu** Vogelscheuche *f*
boş *adj* ① leer ② (*Platz, Stelle*) frei, offen ③ unbewohnt ④ (*fig*) nichtig ⑤ (*fam*) dumm; ~ **böğür** Lende *f;* ~ **laf** Gerede *nt;*

~ **vermek** sich nichts daraus machen; ~ **yere** vergeblich; ~ **zaman** Freizeit *f;* **boşa çıkarmak** vereiteln (**-i** etw); **boşa çıkmak** scheitern; **boşa gitmek** vergeblich sein

boşalmak *vi* ① sich leeren ② (*Wohnung, Stelle*) frei werden ③ (*Flüssigkeit*) auslaufen ④ ejakulieren

boşaltmak *vt* ① *Kausativ zu* **boşalmak** ② (*aus- ent-*) leeren ③ entladen ④ (aus)räumen

boşamak *vt* sich scheiden lassen (**-i** von jdm)

boşandırmak *vt* (*Ehe*) scheiden (**-i** jdn)

boşanma *s* ① *Verbalsubstantiv zu* **boşanmak** ② (*Ehe-*) Scheidung *f*

boşanmak *vi* ① sich scheiden lassen (**-den** von jdm) ② (*Regen*) strömen

boşlamak *vt* ① (*fam: Motor*) aussetzen ② (*fig*) vernachlässigen (**-i** jdn)

boşluk (**-ğu**) *s* ① Leere *f* ② Lücke *f* ③ Hohlraum *m*

Boşnak (**-ğı**) *s* Bosniake, Bosniakin *m, f,* Bosnier(in) *m(f)*

boşuboşuna *adv s.* **boşuna**

boşuna *adv* (*vergeblich*) umsonst

bot (**-tu**) *s* ① Boot *nt* ② Halbstiefel *m*

botanik (**-ği**) **I.** *s* Botanik *f* **II.** *adj* botanisch; ~ **bahçesi** botanischer Garten *m*

botanist *s* Botaniker(in) *m(f)*

bowling *s* Bowling *nt;* ~ **oynamak** bowlen

boy *s* ① Körpergröße *f* ② (*Wuchs*) Gestalt *f* ③ (*Format*) Größe *f* ④ Länge *f* ⑤ (*Kleider-*) Größe *f* ⑥ (*Volks-*) Stamm *m* ⑦ (*Ausmaß*) Umfang *m*

boya *s* ① Farbe *f* ② Schuhcreme *f;* **boyası çıkmak** abfärben; **boyalı kalem** Farbstift *m;* ~ **kutusu** Malkasten *m*

boyacı *s* ① (*Anstreicher*) Maler *m* ② Schuhputzer *m* ③ Farbenhändler *m*

boyahane *s* Färberei *f*

boyama *s* ① *Verbalsubstantiv zu* **boyamak** ② Färben *nt;* ~ **kitabı** Malbuch *nt*

boyamak *vt* ① (*Stoff, Haare*) färben (**-i** etw) ② (*tünchen*) anstreichen (**-i** etw)

boyarmadde *s* Farbstoff *m*

boykot (**-tu**) *s* Boykott *m;* ~ **etmek** boykottieren

boylam *s* GEOG Länge *f*

boylu *adj* von einer bestimmten Größe; **kısa** ~ (*Mensch*) klein; **orta** ~ (*Mensch*) mittelgroß

boynu (**-nu**) *s Possessivform zu* **boyun** sein/ihr Hals *m*

boynuz *s* Horn *nt;* **birine** ~ **takmak** (*fam*) jdm Hörner aufsetzen

boynuzlu *adj* (*a. fig*) gehörnt

boyu *präp* (*zeitlich*) während, ... lang; **yaşam** ~ das ganze Leben lang

boyun (**-ynu**) *s* ① Hals *m* ② Nacken *m* ③ Flaschenhals *m;* ~ **eğmek** nachgeben; ~ **kökü** Genick *nt;* **boynunu vurmak** enthaupten; **boynunu bükmek** den Kopf hängen lassen

boyuna *adv* ① immerzu, unaufhörlich ② der Länge nach

boyunbağı (**-nı**) *s* Krawatte *f,* Schlips *m*

boyunca *präp* ① (*zeitlich*) durch ② (*örtlich*) entlang ③ längs

boyunduruk (**-ğu**) *s* Joch *nt;* ~ **altına almak** unterwerfen

boyut (**-tu**) *s* ① Format *nt* ② Dimension *f*

boz *adj* ① bräunlich grau ② ungerodet

bozdurmak *vt* ① *Kausativ zu* **bozmak** ② (*Geld in Kleingeld*) wechseln lassen (**-i -e** etw in etw)

bozgun *s* Niederlage *f*

bozkır *s* Steppe *f*

bozmak (**-ar**) *vt* ① zerstören, vernichten (**-i** etw) ② schaden (**-i** einer Sache) ③ (*in Kleingeld*) wechseln (**-i** etw) ④ blamieren (**-i** jdn) ⑤ (*Wetter*) sich verschlechtern ⑥ (*Eid*) brechen (**-i** etw) ⑦ (*fam*) entjungfern (**-i** jdn); **midesini** ~ sich den Magen verderben

bozuk (**-ğu**) *adj* ① kaputt ② außer Betrieb, defekt ③ (*verdorben*) schlecht; ~ **çalmak** (*fam*) sauer werden; ~ **para** Kleingeld *nt*

bozukluk (**-ğu**) *s* ① MED Störung *f* ② (*fam*) Kleingeld *nt*

bozulmak *vi* ① *Passiv zu* **bozmak** ② kaputtgehen ③ (*verderben*) schlecht werden ④ (*fig*) in die Brüche gehen ⑤ (*Mensch*) abmagern ⑥ (*fig*) blamiert dastehen ⑦ (*fam*) sauer sein (**-e** auf jdn); **midesi bozuldu** er hat sich den Magen verdorben

bozuntu *s* Karikatur *f*

bozuşma *s* ① *Verbalsubstantiv zu* **bozuşmak** ② Streit *m,* Zwietracht *f*

bozuşmak *vi* (*fam*) sich verkrachen (**ile** mit jdm)

böbrek (**-ği**) *s* Niere *f;* ~ **iltihabı** Nierenentzündung *f;* ~ **taşı** Nierenstein *m*

böbürlenmek *vi* (*fam*) protzen

böcek (**-ği**) *s* ① Insekt *nt* ② Käfer *m;* ~ **ilacı** Insektenmittel *nt*

böcekbilim *s* Insektenkunde *f*

böğrü (**-nü**) *s Possessivform zu* **böğür** seine/

ihre Flanke *f*

böğür (**-ğrü**) *s* ① Seite *f* ② Flanke *f*; ~ **sancısı** Seitenstechen *nt*

böğürmek *vi* (*Rind*) brüllen, muhen

böğürtlen *s* Brombeere *f*

bölge *s* ① Gebiet *nt* ② (*Zone*) Region *f* ③ Bereich *m*; ~ **temsilcisi** Gebietsvertreter(in) *m(f)*

bölgesel *adj* regional

bölme *s* ① MATH Division *f* ② *abgetrennter, kleiner Raum* ③ Zwischenwand *f*

bölmek (**-er**) *vt* ① (*zerlegen*) teilen (**-i -e** etw in etw) ② (*einteilen*) gliedern (**-i -e** etw in etw) ③ MATH dividieren (**-i** etw) ④ (*Atomkern*) spalten (**-i** etw) ⑤ abtrennen (**-i** etw)

bölü *adv* MATH (geteilt) durch; **dört ~ iki iki eder** vier (geteilt) durch zwei ist zwei

bölük (**-ğü**) *s* Kompanie *f*, Staffel *f*

bölüm *s* ① Gliederung *f* ② Kapitel *nt* ③ Abteilung *f* ④ MATH Quotient *m*

bölümleme *s* ① *Verbalsubstantiv zu* **bölümlemek** ② INFORM Partitionierung *m*

bölümlemek *vt* ① gliedern, einteilen (**-i** etw) ② INFORM partitionieren (**-i** etw)

bölümlenmiş *adj* INFORM partitioniert

bölünmek *vi* geteilt werden (**-e** in etw)

bölünmemiş *adj* (*ungeteilt*) ganz

bölüntü *s* ① Clique *f* ② Bruchstück *nt*

bölüşmek *vt* sich teilen (**-i ile** etw mit jdm)

bölüştürmek *vi* ① *Kausativ zu* **bölüşmek** ② (*Land*) aufteilen (**-i** etw)

bön *adj* (*fam*) doof; ~ ~ **bakmak** glotzen

börek (**-ği**) *s* Pastete *f*

böyle **I.** *adj* (*solch*) derartige(r, s) **II.** *adv* (*auf diese Weise*) so; **işte** ~ so ist es; ~ **bir şey** so etwas; ~ **bir şey olmaz** das gibt es nicht

böylece *adv* derart; (*so*) auf diese Weise

böylelikle *adv* dadurch

böylesi *pron* dergleichen

branda *s* (*auf Kriegsschiffen*) Hängematte *f*; ~ [*o* **yelken**] **bezi** Segeltuch *nt*

branş *s* ① Branche *f* ② COMM Zweig *m*

bravo *interj* bravo

Brezilya *s* Brasilien *nt*

brifing *s* Briefing *nt*

briket (**-ti**) *s* Brikett *nt*

Britanya **I.** *s* Großbritannien *nt* **II.** *adj* (*Art*) britisch

Britanyalı **I.** *s* Brite *m*, Britin *f* **II.** *adj* (*Herkunft*) britisch

brokkoli *s* Brokkoli *m*

bronşit (**-ti**) *s* Bronchitis *f*

bronşlar *npl* Bronchien *pl*

bronz **I.** *s* Bronze *f* **II.** *adj* bronzen

bronzlaşmak *vi* sich bräunen

broş *s* Brosche *f*

broşür *s* Broschüre *f*

browser *s* INET Browser *m*

Brüksel *s* Brüssel *nt*; ~ **lahanası** Rosenkohl *m*

brüt *adj* brutto; ~ **ağırlık** Bruttogewicht *nt*; ~ **maaş** Bruttogehalt *nt*

bu (**-nu**) *pron* ① (*adjektivisch*) diese(r, -s) ② (*substantivisch*) der, die, das (hier); ~ **amaçla** (*Zweck*) dafür; ~ **anda** in diesem Augenblick, momentan; ~ **ara** zurzeit; ~ **arada** einstweilen, in der Zwischenzeit; ~ **defa** diesmal; ~ **gibi** derartig, dergleichen; ~ **hususta** diesbezüglich; ~ **ne?** was ist das?; ~ **ne demek oluyor?** was soll das heißen?; ~ **kadar** so viel; ~ **sırada** in diesem Augenblick; ~ **şartla** insofern, insoweit; ~ **şekilde** dadurch; ~ **yana** bis jetzt, bis hier; **1990'dan ~ yana** seit 1990; ~ **yılki** diesjährig; ~ **yüzden** daher

bucak (**-ğı**) *s* ① (*Winkel*) Ecke *f* ② Bezirk *m*; ~ ~ kreuz und quer; ~ ~ **kaçmak** jdm aus dem Weg gehen

buçuk (**-ğu**) *adj* halb; (**saat**) **üç ~ta** um halb vier

budak (**-ğı**) *s* Zweig *m*

budala **I.** *adj* (*fam*) dumm **II.** *s* Dummkopf *m*

budalalık (**-ğı**) *s* Dummheit *f*

budamak *vt* (*Baum, Rechte*) beschneiden (**-i** etw)

budizm *s* Buddhismus *m*

budun *s* Volk *nt*

budunbilim *s* Völkerkunde *f*

bug (**-gı**) *s* INFORM Bug *m*

bugün *adv* heute; ~ **yarın** in der nächsten Zeit

bugünkü *adj* ① (*heutig*) jetzige(r, s) ② gegenwärtig

buğday *s* Weizen *m*; ~ **ambarı** Weizensilo *m*; ~ **unu** Weizenmehl *nt*

buğu *s* ① (Wasser)dampf *m* ② Dunst *m*; **buğuda pişirilmiş** (*Speisen*) gedämpft; **buğuda pişirmek** dämpfen (**-i** etw)

buğuhane, buğuevi (**-ni**) *s* ① chemische Reinigung *f* ② Desinfektionsanstalt *f*

buğulamak *vt* dämpfen, dünsten (**-i** etw)

buğulanmak *vi* ① *Passiv zu* **buğulamak** ② (*Glas*) beschlagen

buğulu *adj* ① (*Glas*) beschlagen ② dunstig

buhar *s* ① Dampf *m* ② Dunst *m;* ~ **çık(ar)mak** dampfen; ~ **kazanı** Dampfkessel *m;* ~ **makinesi** Dampfmaschine *f*

buharlaşmak *vi* verdampfen, verdunsten

buharlı ütü *s* Dampfbügeleisen *nt*

buhran *s* Krise *f*

buhur *s* Weihrauch *m*

buji *s* AUTO Zündkerze *f*

bukalemun *s* Chamäleon *nt*

buket (-ti) *s* (Blumen)strauß *m*

bukle *s* Locke *f*

bukleli *adj* lockig

bulamak *vt* besudeln (**-i -e** etw mit etw)

bulandırmak *vt* ① *Kausativ zu* **bulanmak** ② (*Wasser*) trüben (**-i** etw)

bulanık (-ğı) *adj* ① (*Wetter*) diesig ② (*Flüssigkeit*) trüb(e) ③ (*fig*) verschwommen

bulanmak *vi* ① *Passiv zu* **bulamak** ② (*Wasser*) sich trüben; **midem bulandı** ich habe mir den Magen verdorben

bulantı *s* Brechreiz *m*

bulaşıcı *adj* (*Krankheit*) ansteckend; ~ **hastalık** Infektionskrankheit *f*

bulaşık (-ğı) **I.** *s* ① unabgewaschenes Geschirr ② (*Spritzer*) Flecken *m* **II.** *adj* beschmutzt; ~ **bezi** Spüllappen *m;* ~ **deterjanı** Spülmittel *nt;* ~ **kurulama bezi** Geschirrtuch *nt;* ~ **yıkama makinesi** Geschirrspülmaschine *f;* ~ **yıkamak** (*Geschirr*) abwaschen

bulaşma *s* ① *Verbalsubstantiv zu* **bulaşmak** ② Ansteckung *f*

bulaşmak *vi* ① verschmutzen ② (*Feuer*) übergreifen (**-e** auf etw) ③ belästigen (**-e** jdn) ④ verwickelt werden (**-e** in etw); **çocuğa kızamık bulaştı** das Kind hat sich die Masern geholt

bulaştırmak *vt* ① *Kausativ zu* **bulaşmak** ② verseuchen (**-i** etw)

buldok (-ğu) *s* Bulldogge *f*

buldozer *s* Planierraupe *f*

Bulgar **I.** *s* Bulgare *m,* Bulgarin *f* **II.** *adj* (*Art, Herkunft*) bulgarisch

Bulgarca *adj* (*Sprache*) bulgarisch

Bulgaristan *s* Bulgarien *nt*

bulgu *s* ① Befund *m* ② Entdeckung *f* ③ Erfindung *f*

bulgur *s* ① Weizengrütze *f* ② Graupeln *pl;* ~ (**gibi kar**) **yağıyor** es graupelt

bulmaca *s* Rätsel *nt*

bulmak (-ur) *vt* ① finden (**-i** jdn/etw) ② erfinden (**-i** etw) ③ entdecken (**-i** etw) ④ (*ausfindig machen*) ermitteln (**-i** etw) ⑤ erraten (**-i** etw) ⑥ (*gelangen zu*) erreichen (**-i** etw) ⑦ (*Summe*) sich belaufen (**-i** auf etw) ⑧ (an)treffen (**-i** jdn)

bulucu *s* Erfinder(in) *m(f),* Entdecker(in) *m(f)*

buluğ *s* Pubertät *f*

bulundurmak *vt* vorrätig haben (**-i** etw)

bulunmak *vi* ① *Passiv zu* **bulmak** ② sich befinden ③ (*sich aufhalten*) bleiben ④ vorrätig sein

bulunmaz *adj* ① unauffindbar ② nicht erhältlich; ~ **Bursa kumaşı** weißer Rabe; Rarität *f*

buluş *s* ① Einfall *m,* Idee *f* ② Entdeckung *f* ③ Erfindung *f*

buluşma *s* ① *Verbalsubstantiv zu* **buluşmak** ② (*Verabredung*) Treffen *nt* ③ Zusammentreffen *nt;* ~ [*o* **randevu**] **yeri** Treffpunkt *m*

buluşmak *vi* sich treffen (**ile** mit jdm)

bulut (-tu) *s* Wolke *f;* ~ **gibi** (*fam*) besoffen

bulutlanma *s* ① *Verbalsubstantiv zu* **bulutlanmak** ② Bewölkung *f*

bulutlanmak *vr* sich bewölken

bulutlu *adj* bewölkt

bulutsuz *adj* (*Himmel*) wolkenlos, heiter

bulvar *s* Boulevard *nt;* ~ **gazetesi** Boulevardzeitung *f*

buna *adv* ① *Dativ von* **bu** diesem, dieser, ihm, ihr ② dazu; ~ **göre** demzufolge; ~ **karşılık** dafür; ~ **karşın** [*o* **rağmen**] dennoch

bunak (-ğı) *adj* (*pej fam*) senil

bunalım *s* ① Krise *f* ② Depression *f*

bunalmak *vi* beinahe ersticken (**-den** vor etw)

bunaltmak *vt* ① *Kausativ zu* **bunalmak** ② (*lasten auf*) bedrücken (**-i** jdn)

bunamak *vi* (*pej fam*) senil werden

bundan *pron* ① *Ablativ von* **bu** von diesem/dieser, von ihm/ihr ② daraus, davon; ~ **başka** außerdem; ~ **böyle** von jetzt an; ~ **dolayı** deshalb; ~ **sonra** danach; ~ **sonrası** alles Weitere

bungalov *s* Bungalow *m*

bunlar *pron Plural von* **bu** diese (hier)

bunu *pron Akkusativ von* **bu** diesen, diese, dieses, ihn, sie, es; ~ **alıyorum** ich nehme es; ~ **hiç bilmiyorum** davon weiß ich nichts; ~ **nereden çıkardın?** (*fam*) wie kommst du darauf?

bunun *pron Genitiv von* **bu** dessen, deren; ~ **için** dafür, deshalb; ~ **ötesinde** darüber hinaus; ~ **üzerine** darauf(hin); ~ **yerine** stattdessen

bununla *adv* damit; ~ **beraber** (*doch*) dabei

bura **I.** *adv* dieser Ort **II.** *adj* hiesig; **buranın** von diesem Ort; **buranın yabancısıyım** ich bin hier fremd

burada *adv* hier; **buradayım** hier bin ich

buradaki *adj* hiesig

buradan *adv* von hier; ~ **geçilmez!** Durchfahrt verboten!

buralı *adj* hiesig

burası *s* diese Gegend, hier; ~ **çekilir gibi değil** hier ist es nicht zum Aushalten

buraya *adv* hierher, hierhin; ~ **gel bakalım** komm doch mal her!

burç (**-cu**) *s* ❶ Festungsturm *m* ❷ Tierkreis *m* ❸ Tierkreiszeichen *nt*, Sternzeichen *nt*

burçak *s* Wicke *f*

burgaç (**-cı**) *s* (*Wirbel*) Strudel *m*

burgu *s* Bohrer *m*

burgulamak *vt* bohren (**-i** etw)

burjuva *s* Großbürger(in) *m(f)*

burjuvazi *s* Großbürgertum *nt*

burkmak (**-ar**) *vt* (*Arm, Bein*) verdrehen, verstauchen (**-i** etw)

burmak (**-ar**) *vt* winden (**-i** etw)

burnu (**-nu**) *s Possessivform zu* **burun** seine/ihre Nase *f*

burs *s* Stipendium *nt*

Bursa *s anatolische Stadt unweit des Marmarameers*

bursiyer *s* Stipendiat(in) *m(f)*

buruk (**-ğu**) *adj* herb

burun (**-rnu**) *s* ❶ Nase *f* ❷ Kap *nt* ❸ (*von Tieren*) Schnauze *f*; (*von Vögeln*) Schnabel *m* ❹ (*eines Schuhs*) Spitze *f* ❺ Bug *m* ❻ (*Insekten-*) Rüssel *m* ❼ (*Arroganz*) Stolz *m*; ~ **damlası** MED Nasentropfen *pl*; ~ **kanaması** Nasenbluten *nt*; ~ **maskesi** Maulkorb *m*; **burnu büyük** [*o* **havada**] hochnäsig; **burnunu silmek** sich die Nase putzen; **burnunun dibinde** vor jds Nase, in unmittelbarer Nähe von ...

> **Burun temizlemek**, sich die Nase in der Öffentlichkeit zu putzen, ist in der Türkei verpönt. Es empfiehlt sich hierfür die Toilette aufzusuchen.

buruşmak *vi* ❶ Falten werfen ❷ runzlig werden ❸ (*Apfel*) verschrumpeln

buruşmaz *adj* knitterfrei

buruşturmak *vt* ❶ *Kausativ zu* **buruşmak** ❷ zerknittern (**-i** etw) ❸ verziehen (**yüzünü** das Gesicht)

buruşuk (**-ğu**) **I.** *s* ❶ (*im Gesicht*) Falte *f* ❷ (*in Papier*) Knick *m* **II.** *adj* ❶ faltig, runzelig ❷ zerknittert, zerknüllt

buse *s* Kuss *m*

but (**-du**) *s* ❶ Keule *f* ❷ Oberschenkel *m*

butik (**-ği**) *s* Boutique *f*

buyruk (**-ğu**) *s* Gebot *nt*

buyurmak *vt* ❶ befehlen (**-e -i** jdm etw) ❷ sprechen; **buyurun!** greifen Sie zu!, bedienen Sie sich!

buz *s* Eis *nt*; ~ **bağlamak** zufrieren; ~ **gibi** eisig, eiskalt; ~ **kesiyor** es friert; ~ **kütlesi** (Eis)scholle *f*; ~ **saçağı** Eiszapfen *m*

buzağı *s* Kalb *nt*

buzdağı (**-nı**) *s* Eisberg *m*

buzdolabı (**-nı**) *s* Kühlschrank *m*, Eisschrank *m*

buzhane *s* Kühlraum *m*

buzlu *adj* ❶ eisgekühlt ❷ vereist ❸ (*Glasscheibe*) matt; ~ **çay** Eistee *m*

buzlucam *s* ❶ Mattscheibe *f* ❷ Milchglasscheibe *f*

buzluk (**-ğu**) *s* Gefrierfach *nt*

buzul *s* Gletscher *m*; ~ **çağı** Eiszeit *f*; ~ **yarığı** Gletscherspalte *f*

bücür *adj* (*fam*) schwach auf der Brust

büfe *s* ❶ (*Anrichte*) Büfett *nt* ❷ Imbissstube *f* ❸ kaltes Büfett *nt*

büklüm *s* Windung *f*

bükmek (**-er**) *vt* ❶ beugen; (*krümmen*) biegen (**-i** etw) ❷ knicken (**-i** etw) ❸ spinnen (**-i** etw) ❹ (*zusammendrehen*) winden (**-i** etw)

bükük (**-ğü**) *adj* (*verbogen*) krumm

bükülmek *vi* ❶ *Passiv zu* **bükmek** ❷ sich verbiegen

büküm *s* Knick *m*

bülbül *s* Nachtigall *f*

bülten *s* Bulletin *nt*

bünye *s* ❶ Gliederung *f*; (*Aufbau*) Struktur *f* ❷ Natur *f*, Konstitution *f*

büro *s* Büro *nt*

bürokrasi *s* Bürokratie *f*

bürokratik *adj* bürokratisch

bürümek *vt* (*umhüllen*) einhüllen (**-i** jdn/etw)

büsbütün *adv* ❶ ganz und gar ❷ (*restlos*) vollständig

büst (**-tü**) *s* Büste *f*

bütçe *s* Budget *nt*, Etat *m*

bütün **I.** *adj* ❶ alle(r, s) ❷ ganz, vollständig

③ gesamt **II.** *s* ① Gesamtheit *f* ② Summe *f*; ~ **ayrıntılarıyla** in allen Einzelheiten; ~ **dünyada** weltweit; ~ **gün** den ganzen Tag

bütüncül *adj* totalitär

bütüncüllük (-ğü) *s* Totalitarismus *m*

bütünleme *s* ① *Verbalsubstantiv zu* **bütünlemek** ② (*in der Schule*) Nachprüfung *f*

bütünlemek *vt* ergänzen, vervollständigen (-**i** etw)

bütünlük (-ğü) *s* ① Einheit *f* ② Gesamtheit *f*

büyü *s* ① Zauber *m* ② Zauberei *f*, Magie *f*; ~ **yapmak** zaubern, hexen

büyücek (-ği) *adj* recht groß

büyücü *s* Zauberer *m*; ~ (**kadın**) Zauberin *f*, Hexe *f*

büyücülük (-ğü) *s* Hexerei *f*, Zauberei *f*

büyük (-ğü) *adj* ① groß ② (*beträchtlich*) bedeutend ③ (*erwachsen*) groß ④ (*geräumig*) weit, breit ⑤ hoch, lang ⑥ (*Persönlichkeit*) hochgestellt, führend ⑦ (*Mensch*) älter(e); ~ **baş hayvan** Vieh *nt*; ~ **devlet** Großmacht *f*; ~ **dilbalığı** Heilbutt *m*; ~ **harf** Großbuchstabe *m*; ~ **ikramiye** Hauptgewinn *m*; ~ **işletme** Großbetrieb *m*; **Büyük Okyanus** Pazifik *m*

büyükanne *s* Großmutter *f*

Büyükayı *s* (*Sternbild*) der Große Bär

büyükbaba *s* Großvater *m*

büyükelçi *s* Botschafter(in) *m(f)*

büyükelçilik (-ği) *s* (*auch Gebäude*) Botschaft *f*

büyüklük (-ğü) *s* ① Größe *f* ② Format *nt* ③ Hochherzigkeit *f* ④ Weite *f* ⑤ Hochmut *m*; ~ **iddiası** Größenwahn *m*; ~ **taslamak** (*fam*) wichtigtun, sich wichtigmachen

büyükşehir (-şehri) *s* Großstadt *f*

büyülemek *vt* ① verhexen, verzaubern (-**i** jdn/etw) ② (*faszinieren*) bezaubern (-**i** jdn)

büyüleyici *adj* bezaubernd, zauberhaft

büyültmek *vt* ① *Kausativ zu* **büyümek** ② vergrößern (-**i** etw)

büyülü *adj* ① verzaubert ② zauberhaft

büyüme *s* ① *Verbalsubstantiv zu* **büyümek** ② Wachstum *nt*

büyümek *vi* ① größer werden ② wachsen ③ heranwachsen ④ (*Pflanzen*) gedeihen ⑤ größere Ausmaße nehmen

büyüsel *adj* magisch

büyüteç (-ci) *s* Lupe *f*, Vergrößerungsglas *nt*

büyütmek *vt* ① *Kausativ zu* **büyümek** ② vergrößern (-**i** etw) ③ (*Kind*) aufziehen (-**i** jdn) ④ übertreiben (-**i** etw)

büzmek (-er) *vt* ① kräuseln (-**i** etw) ② (*Stoff*) zusammenziehen, plissieren (-**i** etw)

büzük (-ğü) **I.** *adj* ① gekräuselt ② gefaltet ③ eingeschrumpft ④ plissiert **II.** *s* (*vulg*) Arschloch *nt*

büzülmek *vi* ① *Passiv zu* **büzmek** ② schrumpfen, sich zusammenziehen ③ sich kräuseln ④ Falten bekommen ⑤ (*aus Angst, Scham*) sich verkriechen

by-pass *s* Bypass *m*; **by-pass ameliyatı** Bypass-Operation *f*

C c

C, c *s dritter Buchstabe des türk. Alphabets*

caba *adv* ① gratis ② obendrein

cacık (-ğı) *s* Zaziki *m o nt* (*Gurkensalat mit Joghurt und Knoblauch*)

cadaloz *s* (*pej fam*) (altes und hässliches) Weib *nt*

cadde *s* Straße *f*; **ana** ~ Hauptstraße *f*

cadı *s* Hexe *f*

cafcaf *s* ① (*fam*) leere Aufmachung *f* ② Aufgedonnertsein *nt*; ~ **etmek** angeben, prahlen

cafcaflı *adj* ① (*Gerede*) geschwollen ② (*Aussehen*) aufgedonnert

cahil I. *s* Ignorant(in) *m(f)*, Analphabet(in) *m(f)* **II.** *adj* ungebildet

cahillik (-ği) *s* ① Ignoranz *f*; (*fam*) Dummheit *f* ② Unerfahrenheit *f* ③ Analphabetentum *nt*

caka *s* (*fam*) Angeberei *f*; ~ **satmak** angeben

cakacı *s* Angeber(in) *m(f)*

cam I. *s* ① (*Material*) Glas *nt* ② Glasscheibe *f*, (Fenster)scheibe *f* **II.** *adj* gläsern; ~ **gibi** (*Blick*) glasig; ~ **kırığı** (Glas)scherbe *f*; ~ **silecek** Scheibenwischer *m*

cambaz *s* ① Akrobat(in) *m(f)*, Seiltänzer(in) *m(f)* ② Pferdehändler *m* ③ (*fam*) Betrüger(in) *m(f)*

camcı *s* Glaser(in) *m(f)*

camcılık (-ğı) *s* Glaserei *f*

camcorder *s* Camcorder *m*

camdan *adj* gläsern

camekan *s* Schaufenster *nt*

camgöbeği *adj* flaschengrün

cami (**-i/-si**) *s* Moschee *f*

Die vielen **camiler** (Moscheen) mit ihren Minaretten verleihen der Türkei den Reiz des Orients. Fünfmal am Tag ruft der Muezzin zum Gebet. Die Gebetszeiten richten sich nach dem Stand der Sonne. Gebetet wird auf dem Gebetsteppich und nach Mekka ausgerichtet.

camia *s* Gemeinde *f*
camipliği (**-ni**) *s* Glasfaser *f*
camlı *adj* Glas-, aus Glas; ~ **kapı** Glastür *f*
can *s* ① (*Seele*) Geist *m* ② Herz *nt* ③ Leben *nt;* ~ **alacak nokta** wunder Punkt; ~ **atmak** scharf sein (**-e** auf etw); ~ **çekişme** Todeskampf *m;* ~ **çekişmek** im Sterben liegen; ~ **düşmanı** Todfeind(in) *m(f);* ~ **sıkıcı** bedrückend; (*Sache*) langweilig, öde; ~ **sıkıntısı** Beklemmung *f*, Langeweile *f;* ~ **simidi** Schwimmring *m;* ~ **ve gönülden** von ganzem Herzen; **cana yakın** liebenswert; **bir şeyi canı çekmek** etwas wünschen; **canı istiyor** er hat Lust (**-i** auf etw); **canı sıkılıyor** er langweilt sich, er ärgert sich (**-den** über etw); **canım** (*Kosewort*) mein Liebling; **canıma yetti** es hängt mir zum Halse heraus; **canına kıymak** umbringen (**-in** jdn), sich das Leben nehmen; **canına yetmek** die Nase voll haben; **canını sıkmak** ärgern (**-in** jdn); **canla başla** mit Leib und Seele
canavar *s* ① Raubtier *nt* ② Unmensch *m*, Scheusal *nt;* ~ **düdüğü** Sirene *f*
canciğer *adj* eng befreundet; ~ **dost** Busenfreund(in) *m(f);* ~ **dost olmak** ein Herz und eine Seele sein
candan *adj* ① herzlich, innig ② (*aufrichtig*) offen
cani *s* (Schwer)verbrecher(in) *m(f)*
canice *adj* verbrecherisch
cankurtaran *s* Lebensretter(in) *m(f);* ~ (**arabası**) Krankenwagen *m;* ~ **filikası** Rettungsboot *nt;* ~ **simidi** Rettungsring *m;* ~ **yeleği** Schwimmweste *f*
canlandırmak *vt* ① *Kausativ zu* **canlanmak** ② beleben (**-i** jdn/etw) ③ (*seelisch*) stärken (**-i** jdn) ④ THEAT darstellen (**-i** jdn/etw)
canlanmak *vi* ① wieder aufleben ② wieder lebendig werden
canlı **I.** *adj* ① lebend, lebendig ② Live-; ~ **müzik** Livemusik *f;* ~ **yayın** Livesendung *f;* ~ **yayın aracı** Ü-Wagen *m* **II.** *s* Lebewesen *nt*
canlılık (**-ğı**) *s* ① Lebendigsein *nt* ② Vitalität *f* ③ (*Rummel*) Betrieb *m*
cansıkıcı *adj* langweilig
cansız *adj* ① (*fig*) tot ② leblos; ~ **doğa** Stillleben *nt*
cappuccino *s* Cappuccino *m*
cari *adj* (*Rechnung*) laufend; ~ **hesap** Girokonto *nt*
casus *s* Spion(in) *m(f)*, Agent(in) *m(f)*
casusluk (**-ğu**) *s* Spionage *f;* ~ **etmek** spionieren
caydırmak *vt* (*vom Vorhaben*) abbringen (**-i -den** jdn von etw)
cayırdamak *vi* (*Fett*) zischen
caymak (**-ar**) *vi* ① es sich anders besinnen ② verzichten (**-den** auf etw)
caz *s* Jazz *m*
cazibe *s* Anziehung(skraft) *f;* (*Zauber*) Reiz *m*
cazibeli *adj* attraktiv, charmant
cazip (**-bi**) *adj* ① verlockend ② interessant ③ fesselnd ④ glamourös
CD *s* CD *f;* ~ **çalar** [*o* **player**] CD-Player *m;* ~ **sürücüsü** CD-Laufwerk *nt;* ~ **yazıcı** CD-Brenner *m*
CD-ROM (**diski**) *s* CD-ROM *f*
cebir (**-bri**) *s* ① Zwang *m* ② Algebra *f*
ceddi (**-ni**) *s Possessivform zu* **cet** sein/ihr Vorfahre *m*
cefa *s* Qual *f*
cehalet (**-ti**) *s* Unwissenheit *f*
cehennem *s* Hölle *f;* ~ **ol!** (*fam*) scher dich zum Teufel!
ceket (**-ti**) *s* Jacke *f*
cellat (**-dı**) *s* Henker *m*
celp (**-bi**) *s* ① JUR Vorladung *f* ② MIL Einberufung *f;* ~ **etmek** JUR vorladen; MIL einberufen
celse *s* Gerichtssitzung *f*

Cem heißt das gemeinsame Gebet der Aleviten, bei dem die Menschen ihre Sorgen erzählen. Jedem Familienclan steht ein ‚pir', ein Experte in religiösen Fragen, vor. Der ‚pir' besucht mehrmals im Jahr seine Familienangehörigen, um ein ‚cem' abzuhalten. Meist versammelt sich nicht nur die Familie um den ‚pir', sondern es kommen viele Aleviten aus der Region zusammen. Der ‚pir' ist Geistlicher, Richter und Erzieher zugleich. Die Versöhnungsrituale, die der ‚pir' anleitet, werden von allen respektiert; Aleviten kennen keine Blutrache. Der ‚pir' singt religiöse Heldenlieder und spielt dazu die ‚saz', die türkische Laute. Auch der Tanz wird bei den Aleviten als religiöses Ritual eingesetzt.

cemaat (**-ti**) *s* REL Gemeinde *f*
cemiyet (**-ti**) *s* ① (*auch Verein*) Gesellschaft *f* ② (*Volks-*) Gemeinschaft *f*
cenaze *s* ① sterbliche Hülle *f* ② Begräbnis *nt;* ~ **alayı** Leichenzug *m;* (*Feier*) Begräbnis *nt;* ~ **arabası** Leichenwagen *m;* ~ (**töreni**) Beisetzung *f*
cendere *s* ① Presse *f* ② Wäschemangel *f* ③ Zwickmühle *f;* **birini cendereye sokmak** jdn in die Mangel nehmen
Cenevre *s* Genf *nt;* ~ **Sözleşmesi** Genfer Abkommen *nt*
cengel *s* Dschungel *m*
cenin *s* Fötus *m*
cenk (**-gi**) *s* Krieg *m*
cenkçi **I.** *s* Krieger *m* **II.** *adj* kriegerisch
cennet (**-ti**) *s* (*a. fig*) Paradies *nt;* ~ **gibi** paradiesisch
cent (**-ti**) *s* Cent *m*
centilmen **I.** *adj* fair **II.** *s* Gentleman *m,* feiner Herr
centilmence *adj* fair
cep (**-bi**) *s* ① (*in einem Kleidungsstück*) Tasche *f* ② Handy *nt* ③ ~ **bilgisayarı** Taschencomputer *m;* ~ **feneri** Taschenlampe *f;* ~ **saati** Taschenuhr *f;* ~ **takvimi** Taschenkalender *m;* ~ (**telefonu**) Handy *nt;* **ceple mesaj çekmek** simsen
cephane *s* ① Munition *f* ② Militärarsenal *nt*
cephe *s* ① Front *f* ② Vorderseite *f* ③ Fassade *f;* ~ **gerisi** MIL Etappe *f*
cerahat (**-ti**) *s* Eiter *m*
cerahatlenmek *vi* eitern
cerahatli *adj* eit(e)rig
cereyan *s* ① Strom *m* ② (*einer Sache*) Verlauf *m* ③ (*geistige*) Strömung *f* ④ Luftzug *m;* ~ **bağlantısı** Stromanschluss *m;* ~ **etmek** sich ereignen, geschehen; ~ **kesilmesi** Stromausfall *m;* ~ **yapıyor** es zieht
cereyanlı *adj* ① mit Strom betrieben ② zugig
cerrah *s* Chirurg(in) *m(f)*
cerrahi *adj* chirurgisch; ~ **klinik** Chirurgie *f;* ~ **müdahale** chirurgischer Eingriff *m,* Operation *f*
cerrahlık *s* Chirurgie *f*
cesaret (**-ti**) *s* ① Mut *m,* Tapferkeit *f* ② Tollkühnheit *f;* **ha ~!** (*fam*) nur Mut!; ~ **etmek** wagen, sich getrauen; **cesaretini kırmak** entmutigen (**-in** jdn)
cesaretlendirmek *vt* ① *Kausativ zu* **cesaretlenmek** ② ermutigen (**-i** jdn)
cesaretlenmek *vi* Mut fassen
cesaretli *adj* ① mutig ② verwegen
cesaretsiz *adj* mutlos
cesaretsizlik (**-ği**) *s* Mutlosigkeit *f*
ceset (**-di**) *s* Leiche *f*
cesur *adj* ① mutig ② verwegen
cet (**-ddi**) *s* Vorfahr *m*
cetvel *s* ① Lineal *nt* ② Liste *f* ③ Skala *f*
cevap (**-bı**) *s* Antwort *f;* ~ **vermek** antworten (**-e** jdm)
cevaplandırmak *vt* beantworten (**-i** etw)
cevher *s* ① Substanz *f* ② Wesen *nt* ③ Erz *nt*
ceviz *s* Walnuss *f;* ~ **ağacı** Walnussbaum *m*
ceylan *s* Gazelle *f*
ceza *s* Strafe *f;* ~ **çekmek** eine Strafe verbüßen; ~ **davası** Strafprozess *m;* ~ **hukuku** Strafrecht *nt;* ~ **kanunu** Strafgesetzbuch *nt;* ~ **müzekkeresi** Strafmandat *nt;* ~ **sahası** SPORT Strafraum *m;* **cezanın tecili** Bewährungsfrist *f*
cezaevi (**-ni**) *s* Gefängnis *nt*
cezalandırmak *vt* bestrafen (**-i** jdn)
cezasız *adj* ungestraft
Cezayir **I.** *s* Algerien *nt* **II.** *adj* (*Art*) algerisch
Cezayir(ce) *adj* (*Sprache*) algerisch
Cezayirli **I.** *s* Algerier(in) *m(f)* **II.** *adj* (*Herkunft*) algerisch
cezve *s* Kaffeekanne *f* (*mit langem Stil, zur Zubereitung von türkischem Kaffee*)
chat (**-ti**) *s* INET Chat *m;* ~ **odası** INET Chatroom *m;* ~ **yapmak** INET chatten
cıgara *s* (*fam*) Zigarette *f*
cılız *adj* ① hager, mager ② schwächlich
cılızlaşmak *vi* abmagern
cılk *adj* ① (*Ei*) faul ② (*Wunde*) eiterig
cımbız *s* Pinzette *f*
cırcırböceği (**-ni**) *s* Grille *f*
cırıldamak *vi* ① schwätzen ② zirpen
cırlak (**-ğı**) **I.** *s* Grille *f* **II.** *adj* (*Stimme*) schrill; ~ **sıçanı** Hamster *m*
cırlamak *vi* zirpen
cırtlak *adj* (*Stimme*) grell
cıva *s* Quecksilber *nt;* ~ **sülfidi** Zinnober *m*
cıvata *s* ① Bolzen *m* ② (*Kopf-, Steck-*) Schraube
cıvık (**-ğı**) *adj* ① (*albern*) läppisch ② schmierig, klebrig

cıvıldamak *vi* ① (*Maus*) piepsen ② (*Vogel*) zwitschern
cıvımak *vi* ① (*Angelegenheit*) nicht mehr glattgehen ② (*fam*) albern werden
cıyak cıyak *adv* aus vollem Hals
cızbız *adj* gegrillt
cızırdamak *vi* ① knirschen ② brutzeln
cızırtılı *adj* kratzig
cibinlik (**-ği**) *s* Moskitonetz *nt*
cici *adj* niedlich
cidden *adv* im Ernst
ciddi *adj* ① ernst ② seriös ③ (*Mensch*) solide ④ (*Krankheit*) schlimm ⑤ wirklich, tatsächlich; ~ **olarak** ernstlich; **bir şeyi ciddiye almak** etwas ernst nehmen
ciddileşmek *vi* ① ernst werden ② (*Lage*) sich verschärfen, sich zuspitzen
ciddileştirmek *vt* ① *Kausativ zu* **ciddileşmek** ② (*Lage*) verschärfen (**-i** etw)
ciddilik (**-ği**) *s* ① Ernst *m* ② Vertrauenswürdigkeit *f*
ciddiyet (**-ti**) *s* Ernst *m*
ciğer *s* ① Lunge *f* ② Niere *f* ③ (*Kosewort*) Herz *nt;* ~ **ezmesi** Leberpastete *f*
cihan *s* ① Welt *f* ② Weltall *nt*
cik cik etmek *vi* (*fam: Maus, Küken*) piepsen
cila *s* ① Politur *f* ② (*Lack*) Firnis *m* ③ Schuhcreme *f* ④ Bohnerwachs *nt*
cilalamak *vt* ① polieren (**-i** etw) ② bohnern (**-i** etw)
cildiye *s* ① Hautkrankheiten *pl* ② Hautklinik *f*
cildiyeci *s* Hautarzt, Hautärztin *m, f*
cilt (**-di**) *s* ① Haut *f* ② Einband *m* ③ (Buch)band *m;* ~ **bakımı** Hautpflege *f;* ~ **doktoru** Hautarzt, Hautärztin *m, f;* ~ **dostu** hautfreundlich; ~ **hastalığı** Hautkrankheit *f;* ~ **kanseri** Hautkrebs *m;* ~ **kremi** Hautcreme *f*
ciltçi *s* Buchbinder(in) *m(f)*
ciltlemek *vt* (*Buch*) binden (**-i** etw)
ciltli *adj* (*Buch*) gebunden
ciltsiz *adj* broschiert
cilve *s* ① Grazie *f* ② Koketterie *f* ③ (*des Schicksals*) Ironie *f*
cilvelenmek *vi* kokettieren
cilveleşmek *vi* miteinander flirten
cilveli *adj* ① graziös ② kokett
cimri **I.** *s* Geizhals *m* **II.** *adj* geizig; (*fam*) knauserig
cimrilik (**-ği**) *s* Geiz *m*
cin *s* ① Branntwein *m* ② Dämon *m* ③ kluger Mensch *m;* ~ **mısırı** Popcorn *nt*
cinayet (**-ti**) *s* Mord *m;* ~ **işlemek** ein Verbrechen/einen Mord begehen; ~ **romanı** Kriminalroman *m;* ~ **zabıtası** Kriminalpolizei *f*
cingöz *adj* (*fam*) gerissen, schlau
cinnet (**-ti**) *s* (*fam*) Wahnsinn *m;* ~ **geçiren biri** Wahnsinnige(r) *f(m)*
cins **I.** *s* ① Art *f* ② Gattung *f* ③ Geschlecht *nt* ④ (*Art*) Wesen *nt* **II.** *adj* reinrassig
cinsel *adj* geschlechtlich, sexuell; ~ **ayrımcı** sexistisch; ~ **ayrımcılık** Sexismus *m;* ~ **ilişki** Geschlechtsverkehr *m;* ~ **obje** Sexualobjekt *nt;* ~ **organ** Geschlechtsorgan *nt;* ~ **taciz** sexuelle Belästigung
cinsellik (**-ği**) *s* Sexualität *f*
cinsi *adj* geschlechtlich, sexuell; ~ **ilişki** Koitus *m;* ~ **münasebet** Geschlechtsverkehr *m;* JUR Beischlaf *m*
cinsiyet (**-ti**) *s* ① Geschlecht *nt* ② Sexualität *f*
cinsiyetçi *adj* sexistisch
cip (**-pi**) *s* Jeep *m*
cirit (**-di**) *s* Speer *m;* ~ **atma** Speerwerfen *nt*
ciro *s* Giro *nt*
cisim (**-smi**) *s* ① Körper *m* ② Gegenstand *m*
cisimlendirmek *vt* konkretisieren (**-i** etw)
civar *s* ① Umgebung *f* ② Nähe *f*
civarında **I.** *präp* in der Nähe (**-in** *+gen*) **II.** *adv* ungefähr, etwa
civciv *s* Küken *nt*
Cizvit (**-ti**) *s* Jesuit *m*
coğrafi *adj* geographisch
coğrafya *s* Erdkunde *f,* Geographie *f*
coğrafyacı *s* Geograph(in) *m(f)*
conta *s* TECH Dichtung *f*
contalamak *vi* TECH dichten
cop (**-bu**) *s* Gummiknüppel *m*
coplamak *vt* (*mit Gummiknüppel*) zusammenknüppeln (**-i** jdn)
coşku *s* ① Erregung *f* ② (*Begeisterung*) Ekstase *f,* Entzücken *nt*
coşkulu *adj* leidenschaftlich
coşkun *adj* ① begeistert, enthusiastisch ② (*See*) bewegt
coşkunluk (**-ğu**) *s* ① Enthusiasmus *m* ② Heftigkeit *f* ③ (*fig*) Rausch *m*
coşmak (**-ar**) *vi* ① sich begeistern ② leidenschaftlich werden ③ (*Fluss*) über die Ufer treten ④ (*Wind*) an Heftigkeit zunehmen
coşturmak *vt* ① *Kausativ zu* **coşmak** ② begeistern (**-i** jdn)
cömert (**-di**) *adj* freigiebig, großzügig
Creutzfeld-Jakob hastalığı (**-nı**) *s* Creutz-

feldt-Jakob-Krankheit *m*

cuma (günü) *s* Freitag *m*

cumartesi (günü) *s* Samstag *m,* Sonnabend *m*

cumba *s* Erker *m*

cumhurbaşkanı (-nı) *s* Staatspräsident *m*

cumhuriyet (-ti) *s* Republik *f*

Cumhuriyet Bayramı, das Fest der Republik, wird am 29. Oktober gefeiert. An diesem Tag wurde im Jahre 1923 die Republik ausgerufen. Bereits 1920 nach dem Zusammenbruch des Osmanischen Reiches berief Atatürk die erste große Nationalversammlung ein, die ihn dann im Jahre 1923 zu ihrem Präsidenten wählte und gleichzeitig die Monarchie abschaffte.

cumhuriyetçi **I.** *s* Republikaner(in) *m(f)* **II.** *adj* republikanisch

cunta *s* Junta *f*

curcuna *s* (*fam*) Trubel *m,* Tumult *m*

cübbe *s* Talar *m*

cüce *s* Zwerg *m*

cümbüş *s* ① (*fam*) Remmidemmi *nt* ② *ein gitarrenähnliches Musikinstrument*

cümle **I.** *s* Satz *m* **II.** *adj* ganz, sämtlich

cüppe *s* ① Talar *m* ② (*Richter-, Anwalts-*) Robe *f*

cüret (-ti) *s* ① (*fam*) Frechheit *f* ② Kühnheit *f*

cüretli **I.** *adj* kühn; (*keck*) frech **II.** *s* Draufgänger(in) *m(f)*

cürüm *s* Delikt *nt*

cüsse *s* Wuchs *m*

cüzam *s* Lepra *f*

cüzamlı **I.** *s* Leprakranke(r) *f(m)* **II.** *adj* leprakrank

cüzdan *s* Brieftasche *f*

CV *s Abk. von* **curriculum vitae** (*für Bewerbung*) Lebenslauf *m*

Ç ç

Ç, ç *s vierter Buchstabe des türk. Alphabets*

çaba *s* Bemühung *f*

çabalamak *vi* sich anstrengen, sich bemühen (**-e** um etw)

çabalanmak *vi* zappeln

çabucak *adv* (*fam*) blitzschnell, im Handumdrehen

çabuk (-ğu) *adj* schnell, rasch

çabuklaştırmak *vt* beschleunigen (**-i** etw)

çabukluk (-ğu) *s* Schnelligkeit *f*

çaçabalığı (-nı) *s* Sprotte *f*

çaçaron *adj* (*fam*) geschwätzig

Çad *s* Tschad *m*

çadır *s* Zelt *nt;* ~ **direği** Zeltstange *f;* ~ **kurmak** ein Zelt aufschlagen

çağ *s* ① Epoche *f* ② (*Zeitabschnitt*) Zeit *f*

çağanoz *s* Krabbe *f*

çağdaş **I.** *s* Zeitgenosse, Zeitgenossin *m, f* **II.** *adj* zeitgenössisch

çağdışı *adj* unzeitgemäß

çağıldamak *vi* ① (*herabstürzendes Wasser*) brausen ② (*Bach*) plätschern

çağırmak *vt* ① rufen (**-i** jdn) ② (*Gäste*) einladen (**-i -e** jdn zu etw) ③ (*den Arzt*) holen (**-i** jdn) ④ (*fam*) singen ⑤ einberufen (**-i** jdn)

çağlamak *vi* ① (*herabstürzendes Wasser*) brausen ② (*Wasser*) strömen

çağlayan *s* (kleinerer) Wasserfall *m*

çağrı *s* ① Aufforderung *f* ② Aufruf *m* ③ Vorladung *f* ④ Einberufung *f;* ~ **merkezi** Callcenter *nt;* ~ **yönlendirme** (*Telefon*) Rufumleitung *f*

çağrışım *s* Assoziation *f*

çakal *s* Schakal *m*

çakaleriği (-ni) *s* Schlehe *f*

çakı *s* Taschenmesser *nt,* Klappmesser *nt*

çakıl *s* ① Kies *m* ② Kieselstein *m;* ~ **ocağı** Kiesgrube *f*

çakılmak *vi Passiv zu* **çakmak**

çakır *adj* (*Augen*) bläulich braun

çakırkeyf *adj* (*fam*) angeheitert, beschwipst

çakışmak *vi* ① sich ineinander festhaken ② aufeinanderschlagen

çakmak (-ğı) *s* Feuerzeug *nt;* ~ **taşı** Feuerstein *m*

çakmak (-ar) *vt* ① (*Nagel*) einschlagen (**-i -e** etw in etw) ② annageln (**-i -e** etw an etw) ③ (*Streichholz*) anzünden (**-i** etw) ④ (*Blitz*) aufleuchten ⑤ (*fam: Schüler*) sitzen bleiben ⑥ (*fam*) kapieren (**-i** etw) ⑦ (*fam*) Bescheid wissen (**-den** über etw)

çalar saat (-ti) *s* Wecker *m*

çalçene **I.** *s* Schwätzer(in) *m(f)* **II.** *adj* geschwätzig

çalgı *s* Musikinstrument *nt*

çalgıcı *s* Musikant(in) *m(f)*

çalı *s* Busch *m,* Strauch *m*
çalıkuşu (**-nu**) *s* Zaunkönig *m*
çalılık (**-ğı**) **I.** *s* ① Gebüsch *nt;* (*Dickicht*) Gestrüpp *nt* ② Heide *f* **II.** *adj* buschig
çalım *s* ① Angeberei *f* ② Täuschungsmanöver *nt;* ~ **atmak** angeben
çalımcı *s* Angeber(in) *m(f)*
çalışkan *adj* fleißig, eifrig
çalışkanlık (**-ğı**) *s* Fleiß *m,* Eifer *m*
çalışma *s* ① *Verbalsubstantiv zu* **çalışmak** ② Arbeit *f;* (*Tätigkeit*) Betätigung *f* ③ Studie *f;* ~ **günü** Werktag *m;* ~ **müsaadesi** Arbeitserlaubnis *f;* ~ **odası** Arbeitszimmer *nt*
çalışmak *vi* ① arbeiten ② sich bemühen (**-e** um etw) ③ funktionieren ④ (*Maschine*) laufen ⑤ lernen
çalıştay *s* Workshop *m,* Seminar *nt*
çalıştırılabilir dosya *s* INFORM ausführbare Datei *f*
çalıştırmak *vt* ① *Kausativ zu* **çalışmak** ② (*als Arbeitskraft*) beschäftigen (**-i** jdn)
çalkalamak *vt* ① (*aus-, ab-*) spülen (**-i** etw) ② (*Teig*) rühren (**-i** etw) ③ (*Eier, Sahne*) schlagen (**-i** etw) ④ (*Flasche*) schütteln, schwenken (**-i** etw) ⑤ (*Schiff*) hin und her werfen (**-i** etw)
çalmak (**-ar**) *vt, vi* ① stehlen (**-i** etw) ② werfen, schmeißen (**-i -e** etw auf/in etw) ③ (*Musikinstrument*) spielen (**-i** etw) ④ (*Glocke, Klingel*) läuten ⑤ (*Uhr*) schlagen ⑥ (*Telefon, Wecker*) klingeln ⑦ (*Farbe*) spielen (**maviye** ins Blaue)
çam *s* ① Kiefer *f,* Föhre *f,* Tanne *f* ② Nadelbaum *m;* ~ **fıstığı** Pinienkern *m,* Piniole *f;* ~ **kozalağı** Tannenzapfen *m;* ~ **ormanı** Nadelwald *m;* ~ **yarması** (*fam*) Riesenkerl *m,* Koloss *m*
çamaşır *s* Wäsche *f;* ~ **değiştirme** Wäschewechsel *m;* ~ **ipi** Wäscheleine *f;* ~ **kurutma makinesi** Wäschetrockner *m;* ~ **makinesi** Waschmaschine *f;* ~ **mandalı** Wäscheklammer *f;* ~ **sepeti** Wäschekorb *m;* ~ **suyu** Flüssigwaschmittel *nt*
çamaşırcı *s* Wäscher(in) *m(f)*
çamaşırhane *s* ① Wäscherei *f* ② Waschküche *f*
çamlık (**-ğı**) *s* Pinienwald *m*
çamsakızı (**-nı**) *s* Harz *nt;* ~ **çoban armağanı** ein kleines Geschenk
çamur *s* ① Tonerde *f* ② Schlamm *m* ③ Matsch *m* ④ (*fig*) Dreck *m;* **birine ~ atmak** jdn mit Dreck bewerfen
çamurlu *adj* ① schlammig ② matschig
çamurluk (**-ğu**) *s* Kotflügel *m*
çanak (**-ğı**) *s* ① Topf *m* ② Schüssel *f,* Schale *f* ③ TV (Satelliten)schüssel *f* ④ (Blüten)kelch *m;* ~ **anten** (*fam*) Satellitenschüssel *f;* ~ **çömlek** Töpferwaren *pl;* ~ **yalayıcı** (*pej*) Speichellecker *m*
çanakçı *s* Töpfer(in) *m(f)*
Çanakkale Boğazı (**-nı**) *s* Dardanellen *pl*
çançiçeği (**-ni**) *s* Glockenblume *f*
çanta *s* ① (*Hand-*) Tasche *f* ② (*Akten-, Schul-*) Mappe *f*
çap (**-pı**) *s* ① Durchmesser *m* ② Kaliber *nt* ③ (*Ausmaß*) Umfang *m*
çapa *s* ① (*Gartengerät*) Hacke *f* ② Anker *m*
çapaçul *adj* (*fam: unordentlich*) schlampig
çapak (**-ğı**) *s* Augenschleim *m*
çapalamak *vt* (*den Boden*) umgraben (**-i** etw)
çapkın **I.** *s* Schürzenjäger *m* **II.** *adj* (*Blicke*) begehrlich
çapraşık (**-ğı**) *adj* kompliziert
çapraz *adj* schräg, quer
çapsız *adj* borniert
çapulcu *s* ① Räuber *m* ② Plünderer *m*
çar *s* Zar *m*
çarçabuk *adv* blitzschnell
çarçur *s* (*fam*) Verschwendung *f;* ~ **etmek** das Geld zum Fenster hinauswerfen
çardak (**-ğı**) *s* Laube *f,* Laubengang *m*
çare *s* ① Mittel *nt* ② Ausweg *m* ③ Heilmittel *nt;* **bir şeye ~ bulmak** für etw eine Lösung/einen Ausweg finden
çaresiz *adj* ① hilflos, ratlos ② unheilbar ③ unvermeidbar, unvermeidlich
çaresizce *adv* notgedrungen
çaresizlik (**-ği**) *s* Hilflosigkeit *f*
çariçe *s* Zarin *f*
çark (**-kı**) *s* ① Rad *nt* ② Räderwerk *nt*
çarmıh *s* (*zur Hinrichtung*) Kreuz *nt;* **birini çarmıha germek** jdn kreuzigen
çarpı **I.** *adv* MATH mal; **iki ~ iki dört eder** zwei mal zwei ist vier **II.** *s* (*Kalk*) Tünche *f*
çarpık (**-ğı**) *adj* krumm, schief; ~ **bacaklı** x-beinig
çarpılmak *vi* ① *Passiv zu* **çarpmak** ② sich krümmen; (*Holz*) sich werfen ③ (*fig*) von einem Dämon besessen sein
çarpım *s* MATH Produkt *nt;* ~ **tablosu** Einmaleins *nt*
çarpıntı *s* starkes Herzklopfen *nt*
çarpışma *s* ① *Verbalsubstantiv zu* **çarpış-**

mak Gefecht *nt,* Kampf *m* ② Zusammenprall *m,* Zusammenstoß *m*

çarpışmak *vi* ① zusammenstoßen (**ile** mit jdm/etw) ② kämpfen (**ile** mit jdm)

çarpıtma *s* ① *Verbalsubstantiv zu* **çarpıtmak** ② Verdrehung *f*

çarpıtmak *vt* verdrehen (**-i** etw)

çarpma *s* ① *Verbalsubstantiv zu* **çarpmak** ② Aufprall *m* ③ Multiplikation *f*

çarpmak (-ar) *vt, vi* ① rammen, stoßen ((**-i**) **-e** (etw) gegen jdn/etw) ② prallen (**-e** auf jdn/etw); (*Fußgänger*) anfahren (**-e** jdn) ③ (*Herz*) schlagen, klopfen ④ multiplizieren (**-i ile** etw mit etw) ⑤ (*fam*) klauen (**-i** etw) ⑥ krank machen (**-i** jdn)

çarptırılmak *vi* **para/hapis cezasına** ~ zu einer Geld-/Gefängnisstrafe verurteilt werden

çarşaf *s* ① Betttuch *nt* ② *überwurfartiges Straßenkleid streng islamischer Frauen*

çarşamba (günü) *s* Mittwoch *m*

çarşı *s* Basar *m,* Markt *m*

çatal I. *s* ① (*Ess-, Heu-, Ast-*) Gabel *f* ② Gabelung *f* **II.** *adj* ① gabelförmig ② (*Wort*) zweideutig; ~ **bıçak** Essbesteck *nt;* ~ **dişi** Zinke *f*

çatallanmak *vi* sich gabeln

çatallaşmak *vi* (*Angelegenheit*) sich komplizieren

çatallık (-ğı) *s* ① Gabelung *f* ② Kompliziertheit *f*

çatı *s* ① Dach *nt* ② (*Bau-, Knochen-*) Gerüst *nt* ③ INET Frame *m;* ~ **altı** Dachboden *m;* ~ **katı** Dachgeschoss *nt;* ~ **oluğu** Dachrinne *f;* ~ **örgütü** Dachverband *m*

çatık (-ğı) *adj* ① (*Gesicht*) finster ② (*Stirn*) gerunzelt

çatırdamak *vi* ① knacken ② knattern ③ krachen ④ prasseln

çatırtı *s* (*Lärm*) Krach *m*

çatışma *s* ① *Verbalsubstantiv zu* **çatışmak** ② Konflikt *m* ③ Kampf *m*

çatışmak *vi* ① zusammenstoßen ② sich widersprechen ③ sich streiten (**ile** mit jdm)

çatlak (-ğı) I. *s* Riss *m,* Sprung *m* **II.** *adj* ① rissig ② (*auch Stimme*) brüchig ③ (*Haut*) spröde ④ (*fam*) beschränkt

çatlamak *vi* ① platzen ② (*zerbrechen*) springen ③ knallen ④ (*fam*) fast umkommen (**sıkıntıdan** vor Langeweile)

çatmak (-ar) *vt* ① (*Stirn*) runzeln (**-i** etw) ② (*Dach*) errichten (**-i** etw) ③ (*Gewehre, Stangen*) mit der Spitze zusammenstellen (**-i** etw) ④ (*fig*) hart anfahren (**-e** jdn)

çavdar *s* Roggen *m;* ~ **ekmeği** Roggenbrot *nt;* ~ **unu** Roggenmehl *nt*

çavlan *s* Wasserfall *m*

çavuş *s* Unteroffizier *m*

çay *s* ① (*Getränk*) Tee *m* ② Teestrauch *m* ③ Bach *m;* ~ **demliği** Teekanne *f;* ~ **ibriği** Teekessel *m;* ~ **kaşığı** Teelöffel *m;* ~ **poşeti** Teebeutel *m;* ~ **takımı** Teeservice *nt*

Çay, schwarzer Tee, ist das türkische Nationalgetränk schlechthin. Das Anbaugebiet des türkischen Tees ist die Schwarzmeerregion. ‚Çay' wird auf besondere Weise in zwei aufeinandergestellten Kannen direkt auf dem Herd zubereitet. In der oberen befinden sich die Teeblätter in einem starken Aufguss; in der unteren Kanne kocht das Wasser. Vom starken Aufguss wird ein wenig in kleine Teegläser gegossen und je nach Geschmack mit heißem Wasser verdünnt (Samowarprinzip). Getrunken wird ‚çay' bei jeder Gelegenheit: zu Hause, im **çayhane**, dem Teehaus, wo die Männer unter sich sind, und im **çaybahçesi**, dem Teegarten, der oft auch für Familien und Frauen offensteht.

çaybahçesi (-ni) *s* Teegarten *m*

çaydanlık (-ğı) *s* Teekanne *f*

çayhane *s* Teehaus *nt*

çayır *s* ① Gras *nt* ② Wiese *f;* ~ **papatyası** Gänseblümchen *nt*

çayırkuşu (-nu) *s* Lerche *f*

çehre *s* ① Gesicht *nt* ② Aussehen *nt*

Çek (-ki) I. *s* Tscheche *m,* Tschechin *f* **II.** *adj* (*Art*) tschechisch; ~ **Cumhuriyeti** Tschechische Republik, Tschechien

çek (-ki) *s* Scheck *m;* ~ **defteri** [*o* **karnesi**] Scheckheft *nt;* ~**-senet mafyası** Scheck- und Aktienmafia *f* (*in der Türkei*)

çekap *s* MED (*fam*) Check-up *nt*

Çekçe *adj* (*Sprache*) tschechisch

çekçek (-ği) *s* Handwagen *m*

çekecek (-ği) *s* Schuhlöffel *m*

çekememek *vt* nicht ertragen [*o* leiden] können (**-i** jdn/etw)

çekici *adj* ① ziehend ② anziehend, attraktiv

çekicilik (-ği) *s* Charme *m,* Reiz *m*

çekiç (-ci) *s* Hammer *m;* ~ **atma** Hammerwerfen *nt*

çekiçlemek *vt* hämmern (**-i** etw)

çekidüzen *s* ① Aufmachung *f* ② Ordnung *f*; ~ **vermek** in Ordnung bringen (**-e** etw); **kendine ~ vermek** sich zurechtmachen
çekiliş *s* (*Lotterie*) Ziehung *f*
çekilme *s* ① *Verbalsubstantiv zu* **çekilmek** ② Ebbe *f* ③ (*vom Amt*) Rücktritt *m* ④ Rückzug *m*
çekilmek *vi* ① *Passiv zu* **çekmek** ② sich zurückziehen ③ (*vom Amt*) zurücktreten (**-den** von etw) ④ (*Muskeln*) sich spannen
çekilmez *adj* unausstehlich
çekim *s* ① Anziehungskraft *f* ② TV Aufzeichnung *f* ③ Beugung *f*, Flexion *f* ④ Verfilmung *f*
çekimlik (**-ği**) *s* (*Tabak*) Prise *f*
çekimser **I.** *adj* sich enthaltend **II.** *s* jemand, der sich der Stimme enthält; ~ **oy** (Stimm)enthaltung *f*; ~ **oy kullanmak** sich der Stimme enthalten; ~ **kalmak** sich der Stimme enthalten
çekingen *adj* ① zurückhaltend ② befangen, schüchtern
çekingenlik (**-ği**) *s* ① Zurückhaltung *f* ② Befangenheit *f*, Schüchternheit *f*
çekinmek *vi* ① sich genieren (**-den** vor jdm) ② sich scheuen (**-den** vor etw) ③ zögern ④ sich hüten (**-den** vor etw)
çekirdek (**-ği**) *s* ① (*von Obst*) Stein *m*, Kern *m* ② (*Zell-, Atom-*) Kern *m* ③ Kaffeebohne *f* ④ essbare Melonenkerne *pl*, Sonnenblumenkerne *pl*
çekirdeksel *adj* nuklear
çekirge *s* Heuschrecke *f*
çekişme *s* ① *Verbalsubstantiv zu* **çekişmek** ② Konflikt *m* ③ (*fig*) Tauziehen *nt*
çekişmek *vt, vi* ① in entgegengesetzte Richtungen ziehen (**-i** etw) ② sich zanken (**ile** mit jdm) ③ debattieren (**ile** mit jdm)
çekişmeli *adj* ① strittig, umstritten ② (*Spiel*) spannend
çekiştirmek *vt* ① *Kausativ zu* **çekişmek** ② herumzerren (**-i** an etw) ③ lästern (**-i** über jdn)
çekmece *s* ① Schublade *f* ② Schmuckkästchen *nt* ③ geschützte Bucht *f*
çekmek (**-er**) *vt* ① ziehen (**-i** jdn/etw) ② anlocken, anziehen (**-i** jdn) ③ (*Telegramm*) aufgeben (**-i** etw) ④ (*Foto*) aufnehmen (**-i** etw) ⑤ (*Tonband*) aufnehmen (**-i** etw) ⑥ INET herunterladen, downloaden (**-i** etw) ⑦ (*ertragen*) erdulden (**-i** etw) ⑧ (*Stoff*) eingehen, einlaufen ⑨ (*Mauer*) errichten (**-i** etw) ⑩ (*Flagge*) hissen (**-i** etw) ⑪ (*Kaffee, Pfeffer*) mahlen (**-i** etw) ⑫ zurechtrücken (**-i** etw) ⑬ überstehen (**-i** etw) ⑭ wiegen ⑮ (*Wagen*) abschleppen (**-i** etw) ⑯ (*Geld*) abheben (**-i** etw)
Çekoslovakya *s* (*hist*) Tschechoslowakei *f*
çekül *s* (*Senkblei*) Lot *nt*
çelenk (**-gi**) *s* Kranz *m*
çelik (**-ği**) *s* ① Stahl *m* ② Steckling *m*; ~ **ciğer** eiserne Lunge; ~ **fabrikası** Stahlwerk *nt*
çelişik (**-ği**) *adj* widersprüchlich
çelişki *s* Widerspruch *m*
çelişme *s* ① *Verbalsubstantiv zu* **çelişmek** ② Widerspruch *m*
çelişmek *vi* im Widerspruch stehen (**ile** zu etw)
çelme takmak/atmak *vi* (*fig*) jdm ein Bein stellen (**-e** jdm)
çeltik (**-ği**) *s* ungeschälter Reis *m*; ~ **tarlası** Reisfeld *nt*
çember *s* ① (*Spielzeug-, Fass-*) Reifen *m* ② Umzingelung *nt* ③ Peripherie *f*
çemberlemek *vt* ① (*Fass*) mit Reifen versehen (**-i** etw) ② umzingeln (**-i** jdn)
çene *s* ① Kinn *nt* ② (*fig*) Geschwätzigkeit *f*; ~ **çalmak** (*fam*) plaudern; ~ (**kemiği**) Kiefer *m*; ~ **sakalı** Kinnbart *m*; (**boşuna**) ~ **yormak** in den Wind reden; **çeneni tut** halt den Mund!; **çenesini tutmak** den Mund halten
çengel *s* ① Haken *m* ② Paragraphenzeichen *nt*
çengelliiğne *s* Sicherheitsnadel *f*
çentik (**-ği**) *s* ① Kerbe *f* ② Scharte *f*
çentiyane *s* Enzian *m*
çepeçevre *adv* rings(her)um, rundherum
çerçeve *s* ① (*auch fig*) Rahmen *m* ② (Brillen)gestell *nt*
çerçevelemek *vt* (ein)rahmen (**-i** etw)
çerez *s* ① Vorspeise *f* ② kleiner Imbiss *m*
çeşit (**-di**) *s* ① Art *f* ② Abart *f* ③ Auswahl *f*; ~ ~ allerhand
çeşitli *adj* ① mannigfaltig ② verschiedene
çeşitlilik (**-ği**) *s* Verschiedenartigkeit *f*
çeşme *s* Brunnen *m*
çeşni *s* Geschmack *m*
çete *s* ① Partisanengruppe *f* ② (*pej: Verbrecher-*) Bande *f*
çeteci *s* Freischärler *m*, Partisan *m*
çetin *adj* schwierig, schwer
çetrefil *adj* ① verworren ② schwer, schwierig; ~ **dil** Kauderwelsch *nt*
çevik (**-ği**) *adj* gewandt, flink

çeviklik (**-ği**) *s* Gewandtheit *f*, Flinkheit *f*

çeviri *s* Übersetzung *f*

çevirmek *vt* ① drehen (**-i** etw) ② umdrehen, umwenden (**-i** etw) ③ (*Film*) drehen (**-i** etw) ④ übersetzen (**-i -e** etw in etw) ⑤ (*Seite*) umschlagen (**-i** etw) ⑥ leiten (**-i** etw) ⑦ (*einfassen*) umgeben (**-i** etw) ⑧ einkreisen (**-i** jdn) ⑨ (*Blick, Waffe*) richten (**-i -e** etw auf etw) ⑩ umwandeln (**-i -e** etw in etw) ⑪ (*Telefonnummer*) wählen (**-i** etw) ⑫ zurückschicken (**-i** etw) ⑬ (*Worte*) verdrehen (**-i** etw) ⑭ (*fam: Poker*) spielen

çevirmen *s* ① Übersetzer(in) *m(f)* ② Dolmetscher(in) *m(f)*

çevre *s* ① Umgebung *f* ② Umfang *m* ③ Umwelt *f* ④ Umriss *m*; **Çevre Bakanlığı** Umweltministerium *nt*; ~ **bilinci** Umweltbewusstsein *nt*; ~ **birimi** INFORM Peripheriegerät *nt*; ~ **dostu** umweltfreundlich; ~ **faciası** Umweltkatastrophe *f*; ~ **fakörleri** Umweltfaktoren *pl*; ~ **kirliliği** Umweltverschmutzung *f*; ~ **koruma** Umweltschutz *m*; ~ **koruyucu** umweltschonend, umweltfreundlich

çevrebilim *s* Ökologie *f*

çevrebilimci *s* Ökologe, Ökologin *m, f*

çevrebilimsel *adj* ökologisch

çevreci **I.** *s* Umweltschützer(in) *m(f)* **II.** *adj* ① umweltbewusst ② ökologisch

çevrelemek *vt* ① umgeben (**-i** etw) ② einkreisen (**-i** jdn)

çeyiz *s* Aussteuer *f*

çeyrek (**-ği**) *s* Viertel *nt*; ~ **final** (**maçı**) SPORT Viertelfinale *nt*; ~ **litre** Viertelliter *nt*; ~ **saat** Viertelstunde *f*

çıban *s* Geschwür *nt*

çığ *s* Lawine *f*; ~ **tehlikesi** Lawinengefahr *f*

çığır *s* ① Lawinenbahn *f* ② (*Richtung*) Bahn *f*; ~ **açmak** bahnbrechend sein

çığlık (**-ğı**) *s* ① Geschrei *nt* ② Schrei *m*; ~ **atmak** einen Schrei ausstoßen

çıkagelmek *vi* (plötzlich) auftauchen

çıkar *s* ① Gewinn *m* ② Ausweg *m*

çıkarcı **I.** *s* Opportunist(in) *m(f)* **II.** *adj* opportunistisch

çıkarma *s* ① *Verbalsubstantiv zu* **çıkarmak** ② Subtraktion *f* ③ Truppenausladung *f*

çıkarmak *vt* ① herausziehen, herausbringen, herausnehmen (**-i -den** etw aus etw) ② (*aus einer Gemeinschaft*) ausschließen (**-i -den** jdn aus etw); (*Angestellten*) entlassen (**-i** jdn) ③ (*Kleider*) ausziehen; (*Hut*) abnehmen (**-i** etw) ④ wegmachen; (*Fleck*) entfernen (**-i** etw) ⑤ schlussfolgern (**-i -den** etw aus etw) ⑥ erraten (**-i** etw) ⑦ (*Schrift*) entziffern (**-i** etw) ⑧ erfinden (**-i** etw) ⑨ (*Befehl*) erlassen (**-i** etw) ⑩ (*Erz*) gewinnen (**-i** etw) ⑪ (*Buch*) herausbringen (**-i** etw) ⑫ subtrahieren (**-i** etw) ⑬ weglassen (**-i** etw) ⑭ (*Pass*) ausstellen lassen (**-i** etw) ⑮ (*Frage*) aufwerfen (**-i** etw) ⑯ (*Folgen*) entstehen lassen (**-i** etw) ⑰ (*Zahn*) ziehen (**-i** etw) ⑱ (*Tote*) bergen (**-i** jdn) ⑲ (*Feuer*) legen (**-i** etw) ⑳ (*Stimme*) ertönen lassen (**-i** etw); **bunu da nereden çıkardın?** wie kommst du darauf?

çıkarsama *s* Schluss *m*, Schlussfolgerung *f*

çıkartma *s* Abziehbild *nt*, Aufkleber *m*

çıkın *s* Bündel *nt*, Pack *m*

çıkınlamak *vt* (*in ein Tuch*) einschlagen (**-i** etw)

çıkıntı *s* ① Beule *f* ② (*Vorsprung*) Erhebung *f*

çıkıntılı *adj* (*hervortretend*) vorspringend

çıkış *s* ① (*eines Gebäudes*) Ausgang *m* ② (*Tor*) Ausfahrt *f* ③ (*von der Schule*) Abgang *m* ④ Ausreise *f* ⑤ (*im Theater*) Auftritt *m* ⑥ Aufstieg *m* ⑦ Rüffel *m*, Tadel *m*; ~ **noktası** Ausgangspunkt *m*

çıkışma *s* ① *Verbalsubstantiv zu* **çıkışmak** ② (*Rüffel*) Tadel *m*

çıkışmak *vi* ① (*tadeln*) zurechtweisen (**-e** jdn) ② (*Geld*) ausreichen (**-e** für etw)

çıkma *s* ① *Verbalsubstantiv zu* **çıkmak** ② (*aus einer Gemeinschaft*) Austritt *m* ③ Nachtrag *m*

çıkmak (**-ar**) *vt* ① (*Haus, Zimmer*) verlassen (**-den** etw), (heraus)kommen (**-den** aus etw) ② ausströmen (**-den** aus etw) ③ (*Schule, Klasse*) absolvieren, abschließen (**-den** etw) ④ (*Dienst*) ausscheiden (**-den** aus etw) ⑤ (heraus)fließen (**-den** aus etw) ⑥ entstehen (**-den** aus etw) ⑦ (*hinauf-*) steigen (**-e** auf etw) ⑧ (*Berg, Thron*) besteigen (**-e** etw) ⑨ (*Weg*) hinführen (**-e** nach) ⑩ kosten (**bin liraya** 1000 Lira) ⑪ THEAT (*Rolle*) spielen (**-e** etw) ⑫ (*aus dem Haus*) ausgehen ⑬ auf die Toilette gehen, austreten ⑭ auftauchen ⑮ (*Gewitter*) aufziehen ⑯ (*Feuer, Krieg*) ausbrechen ⑰ vorspringen ⑱ (*Augen*) heraustreten ⑲ (*Obst, Gemüse*) auf den Markt kommen ⑳ (*Buch*) erscheinen ㉑ (*Haare, Gras*) wachsen ㉒ (*Preise, Fieber*) steigen ㉓ (*Stimme*) ertönen ㉔ (*Arm, Bein*) sich verrenken ㉕ sich herausstellen als ㉖ (*fam: Geld*) herausrücken (**-i** etw); **çık dışarı!** hinaus!

çıkmaz I. *adj* (*Weg*) ausweglos II. *s* (*fig*) Sackgasse *f;* ~ **sokak** Sackgasse *f*
çıkrık (-ğı) *s* ❶ Winde *f* ❷ Spulrad *nt* ❸ Spinnrad *nt*
çıldırmak *vi* ❶ (*fam*) wahnsinnig werden (-**den** vor etw) ❷ (*fig*) ganz verrückt sein (**birisi için** nach jdm)
çılgın I. *adj* ❶ wahnsinnig ❷ wütend, rasend II. *s* Verrückte(r) *f(m)*
çılgınlık (-ğı) *s* ❶ Wahnsinn *m* ❷ (*Wut*) Raserei *f*
çınar (**ağacı**) *s* Platane *f*
çıngırak (-ğı) *s* ❶ Glocke *f* ❷ Klingel *f*
çıngıraklıyılan *s* Klapperschlange *f*
çıngırdamak *vi* (*Glocke*) läuten
çınlamak *vi* ❶ hallen ❷ klingen
çıplak (-ğı) *adj* ❶ nackt ❷ (*a. fig*) leer, kahl; **çıplaklar kampı** FKK-Strand *m;* ~ **kira** Kaltmiete *f*
çıplaklık (-ğı) *s* ❶ Nacktheit *f* ❷ Kahlheit *f*
çırak (-ğı) *s* Lehrling *m,* Auszubildende(r) *f(m)*
çır(ıl)çıplak (-ğı) *adj* (*fam*) splitternackt
çırpınmak *vi* ❶ zappeln ❷ sehr erregt und besorgt sein ❸ (*Meer*) bewegt sein
çırpmak (-ar) *vt* ❶ (aus)schütteln (-**i** etw) ❷ (*Flügel*) schlagen (-**i** etw) ❸ (*Eier*) verquirlen (-**i** etw) ❹ (aus)spülen (-**i** etw) ❺ (*Zweige*) abschneiden (-**i** etw); **el** ~ in die Hände klatschen
çıta *s* Latte *f*
çıtçıt (-tı) *s* Druckknopf *m*
çıtı pıtı *adj* (*fam*) niedlich
çıtır çıtır yanmak *vi* (*Feuer*) knistern
çıtırdamak *vi* knistern, prasseln
çıtkırıldım *adj* (*verzärtelt*) weichlich
çıtlamak *vi* knacken
çıtlatmak *vt* ❶ *Kausativ zu* **çıtlamak** ❷ knacken (-**i** mit etw) ❸ (*ein Geheimnis*) durchblicken lassen (-**e** -**i** jdn etw)
çiçek (-ği) *s* ❶ Blume *f* ❷ Blüte *f* ❸ Blattern *pl;* ~ **açmak** blühen; ~ **aşısı** Pockenimpfung *f;* ~ **demeti** Blumenstrauß *m;* ~ **hastalığı** Pocken *pl;* ~ **tozu** Blütenstaub *m,* Pollen *m;* **çiçeği burnunda** frisch, neueste(r)
çiçekçi *s* Blumenhändler(in) *m(f);* ~ (**dükkanı**) Blumengeschäft *nt*
çiçeklenmek *vi* blühen
çiçekli *adj* ❶ (*Bäume*) blühend ❷ (*Muster*) geblümt
çiçeklik (-ği) *s* ❶ (große) Blumenvase *f* ❷ Blumengarten *m*
çift (-ti) I. *s* ❶ Paar *nt* ❷ Ehepaar *nt* ❸ (*vor dem Pflug*) Ochsengespann *nt* ❹ (*auch Tennis*) Doppel *nt* ❺ Gespann *nt* II. *adj* ❶ doppelt ❷ (*Zahl*) gerade; ~ **anlamlı** zweideutig; ~ **cinsellik** Bisexualität *f;* **çift cinsiyetli** Bisexuelle(r) *f(m),* bisexuell; ~ **girişli muhasebe** doppelte Buchführung; ~ **koşum** Gespann *nt;* ~ **tıklama** Doppelklick *m;* ~ **tıklamak** doppelklicken
çiftçi *s* Bauer *m,* Bäu(e)rin *f,* Landwirt(in) *m(f)*
çifte I. *adj* doppelt II. *s* ❶ (*Huf-*) Tritt *m* ❷ Doppelflinte *f;* ~ **dürbün** Feldstecher *m;* THEAT Opernglas *nt;* ~ **vatandaşlık** doppelte Staatsbürgerschaft *f*
çifter çifter *adv* paarweise
çiftleşmek *vi* ❶ sich verdoppeln ❷ (*Tiere*) sich paaren
çiftlik (-ği) *s* ❶ Bauernhof *m* ❷ Landgut *nt*
çiftsayı *s* gerade Zahl
çiğ *adj* ❶ (*ungekocht*) roh ❷ (*auch fig*) unreif ❸ (*Farbe*) grell
çiğdem *s* ❶ Krokus *m* ❷ Herbstzeitlose *f*
çiğnemek *vt* ❶ kauen (-**i** etw) ❷ (*mit Füßen*) treten (-**i** jdn/auf etw) ❸ überfahren (-**i** jdn) ❹ verstoßen (-**i** gegen etw)
çiklet (-ti) *s* Kaugummi *m*
çikolata *s* Schokolade *f;* (**sıcak**) ~ (*Getränk*) heiße Schokolade *f*
çikolatalı *adj* mit Schokolade; ~ **bar** Schokoriegel *m*
çil *s* ❶ Sommersprossen *pl* ❷ Haselhuhn *nt*
çile *s* ❶ (*bei Garn, Wolle*) Strang *m* ❷ Trübsal *f;* **birini çileden çıkarmak** jdn auf die Palme bringen
çilek (-ği) *s* Erdbeere *f*
çilingir *s* (*Bau-*) Schlosser *m;* ~ **atölyesi** Schlosserei *f*
çim *s* Rasen *m*
çimdik (-ği) *s* ❶ (*Kneifen*) Kniff *m* ❷ Stichelei *f*
çimdiklemek *vt* kneifen, zwicken (-**i** jdn)
çimen *s* Gras *nt,* Rasen *m*
çimenlik (-ği) *s* Grünanlage *f*
çimento *s* Zement *m*
çimentolamak *vt* zementieren (-**i** etw)
çimlenmek *vi* ❶ (*keimen*) treiben ❷ mit Gras überwachsen
Çin I. *s* ❶ China *nt* ❷ Chinese *m,* Chinesin *f* II. *adj* (*Art*) chinesisch; ~ **Halk Cumhuriyeti** Volksrepublik *f* China
Çince *adj* (*Sprache*) chinesisch

Çingene I. *s* Zigeuner(in) *m(f)* II. *adj* (*fam*) geldgierig
Çin Hindi(stanı) *s* Indochina *nt*
çini *s* ❶ (*Ton-*) Fliese *f*, Kachel *f* ❷ Keramik *f*; ~ **mürekkebi** Tusche *f*; ~ **soba** Kachelofen *m*
çinicilik (-ği) *s* (*Kunst*) Keramik *f*
çinili *adj* gekachelt
çinko *s* Zink *nt*
Çinli I. *s* Chinese *m*, Chinesin *f* II. *adj* (*Herkunft*) chinesisch
çip (-pi) *s* INFORM Chip *m*; ~ **kartı** Chipkarte *f*
çips *s* (*Kartoffel-, Mais-*) Chips *pl*
çiriş *s* Kleister *m*
çirkef I. *s* ❶ Schmutzwasser *nt* ❷ (*a. fig*) Gosse *f* II. *adj* widerwärtig
çirkin *adj* ❶ hässlich ❷ schmutzig ❸ (*fig*) gemein
çirkinleşmek *vi* hässlich werden
çirkinleştirmek *vt* ❶ *Kausativ zu* **çirkinleşmek** ❷ hässlich machen (**-i** jdn/etw)
çirkinlik (-ği) *s* Hässlichkeit *f*
çiroz I. *s* (getrocknete) Sprotte *f* II. *adj* spindeldürr
çise *s* Nieselregen *m*
çiselemek *vi* nieseln
çisinti *s* Nieselregen *m*
çiş *s* (*Kindersprache*) Pipi *nt*; ~ **etmek** [*o* **yapmak**] Pipi machen
çit (-ti) *s* ❶ Hecke *f* ❷ Zaun *m*
çivi *s* ❶ Nagel *m* ❷ Dübel *m*
çivilemek *vt* nageln, dübeln (**-i -e** etw an etw)
çiy *s* Tau *m*
çizburger *s* Cheeseburger *m*
çizelge *s* Tabelle *f*
çizgi *s* ❶ (*Strich*) Linie *f* ❷ (*Stoffmuster*) Streifen *m* ❸ (*Gesichts-*) Zug *m* ❹ Kratzer *m*; ~ **film** Zeichentrickfilm *m*; ~ **roman** Comic *m*
çizgili *adj* ❶ gestreift ❷ liniert
çizim *s* Zeichnung *f*
çizme *s* ❶ *Verbalsubstantiv zu* **çizmek** ❷ Zeichnung *f* ❸ Stiefel *m*
çizmek (-er) *vt* ❶ zeichnen (**-i** etw) ❷ (*Linie*) ziehen (**-i** etw) ❸ (*Plan*) entwerfen (**-i** etw) ❹ (*aus-, durch-*) streichen (**-i** etw) ❺ schrammen (**-i** etw)
çoban *s* Hirt *m*, Schäfer *m*; ~ **köpeği** Schäferhund *m*
çocuk (-ğu) *s* Kind *nt*; ~ **aldırmak** abtreiben; ~ **arabası** Kinderwagen *m*; ~ **bahçesi** Kinderspielplatz *m*; ~ **bakıcısı** Babysitter(in) *m(f)*; ~ **beklemek** ein Kind erwarten; ~ **doktoru** Kinderarzt *m*; ~ **düşürme** Fehlgeburt *f*; ~ **felci** Kinderlähmung *f*; ~ **gibi** kindlich; (*albern*) kindisch; ~ **giysisi** Kinderkleidung *f*; ~ **hastalığı** Kinderkrankheit *f*; ~ **hırsızı** Kidnapper(in) *m(f)*; ~ **indirimi** Kinderermäßigung *f*; ~ **kaçırmak** kidnappen; ~ **kitabı** Kinderbuch *nt*; ~ **mahkemesi** Jugendgericht *m*; ~ **odası** Kinderzimmer *nt*; ~ **oyuncağı** Kinderspielzeug *nt*; ~ **oyuncağı gibi kolay** das ist ein Kinderspiel; ~ **parası** Kindergeld *nt*; ~ **tabağı** Kinderteller *m*; ~ **yapmak** Kinder zeugen; ~ **yuvası** (Kinder)hort *m*
çocukça *adj* ❶ kindlich ❷ (*albern*) kindisch
çocukluk (-ğu) *s* ❶ Kindheit *f* ❷ Kinderei *f*; **çocukluktan beri** von Kind auf
çocuksu *adj* ❶ kindlich ❷ (*albern*) kindisch
çocuksuz *adj* kinderlos
çoğalma *s* ❶ *Verbalsubstantiv zu* **çoğalmak** ❷ Zunahme *f*, Zuwachs *m*
çoğalmak *vi* sich vermehren, zunehmen
çoğaltım *s* Vervielfältigung *f*
çoğaltmak *vt* ❶ *Kausativ zu* **çoğalmak** ❷ (*steigern*) erhöhen (**-i** etw) ❸ vermehren (**-i** etw) ❹ vervielfältigen (**-i** etw)
çoğu kez/zaman *adv* ❶ häufig ❷ meistens
çoğul *s* Mehrzahl *f*, Plural *m*
çoğunluk (-ğu) *s* Mehrheit *f*, Mehrzahl *f*
çoğunlukla *adv* meistens
çok (-ğu) *adv* ❶ viel ❷ sehr ❸ oft, häufig ❹ zu viel, zu sehr; ~ **acele!** eilt (sehr)!; ~ **az** ein (ganz) klein wenig, zu wenig; ~ **daha iyi** wesentlich besser; ~ **defa** häufig, oft; ~ **fazla** zu viel; ~ **fonksiyonlu** multifunktional; ~ **görevlilik** Multitasking *nt*; **bir şeyi birine ~ görmek** jdm etw missgönnen; **bir şeyi birine ~ görmemek** (*fam*) jdm etw gönnen; ~ **kültürlü** multikulturell; ~ **olmak** (*fig*) zu weit gehen; ~ **şükür!** Gott sei Dank!, erfreulicherweise; ~ **taraflı** vielseitig; POL multilateral; ~ **teşekkürler!** vielen Dank!; ~ **uzak(ta)** weit entfernt; ~ **yaşa(yın)!** (*beim Niesen*) Gesundheit!; ~ **yönlü** vielseitig
çokça *adv* (*ziemlich*) recht
çokçu *adj* pluralistisch
çokçuluk (-ğu) *s* Pluralismus *m*
çok ırklı *adj* multiethnisch
çok ırklılık *s* Multiethnizität *f*
çokkarılı *adj* polygam

çokkarılılık (**-ğı**) *s* Polygamie *f*
çokluk (**-ğu**) *s* ❶ Fülle *f* ❷ Häufigkeit *f* ❸ Überfluss *m*
çoklu ortam *s* Multimedia *nt*
çoktan *adv* schon, längst; ~ **beri** seit Jahr und Tag
çoktan(dır) *adv* seit langem
çolak (**-ğı**) *adj* ❶ einarmig ❷ einhändig
çoluk çocuk *s* Kind und Kegel
çomak (**-ğı**) *s* ❶ (*Knüppel*) Keule *f* ❷ (*von Netzhaut*) Stäbchen *nt*
çorak (**-ğı**) *adj* (*Boden*) unfruchtbar
çoraklık (**-ğı**) *s* (*Boden*) Unfruchtbarkeit *f*
çorap (**-bı**) *s* ❶ Strumpf *m* ❷ Socke *f* ❸ Intrige *f*; ~ **örmek** Strümpfe (Socken) stricken; (*fig*) Intrigen spinnen
çorba *s* ❶ Suppe *f* ❷ Durcheinander *nt*; ~ **kasesi** Suppenschüssel *f*, Suppenterrine *f*; ~ **kaşığı** Suppenlöffel *m*
çökelmek *vi* (*Bodensatz*) sich setzen
çökertmek *vt* INFORM (*System*) abstürzen lassen (**-i** etw)
çökkün *adj* ❶ zusammengefallen, eingesunken ❷ (*Mensch*) depressiv
çökme *s* ❶ *Verbalsubstantiv zu* **çökmek** ❷ Zerfall *m* ❸ (*fig*) Untergang *m* ❹ (*körperlicher*) Verfall *m*
çökmek (**-er**) *vi* ❶ (*einsinken*) sich senken ❷ (*fig*) untergehen ❸ (*körperlich*) verfallen ❹ (*Bauwerk*) einstürzen ❺ INFORM (*System*) abstürzen ❻ (*Dunkelheit*) hereinbrechen ❼ (*Wangen*) einfallen ❽ (*auf Stuhl*) sich setzen (**-e** auf etw) ❾ (*Bodensatz*) sich setzen
çöküş *s* (*a. fig*) Zusammenbruch *m*
çöl *s* Wüste *f*
çölleşme *s* ❶ *Verbalsubstantiv zu* **çölleşmek** ❷ Desertifikation *f*, Wüstenbildung *f*
çölleşmek *vi* zur Wüste werden
çömelmek *vi* sich hinhocken (**-e** auf etw)
çömlek (**-ği**) *s* (*Ton-*) Topf; ~ **hesabı** Milchmädchenrechnung *f*
çömlekçi *s* Töpfer(in) *m(f)*
çömlekçilik (**-ği**) *s* Töpfern *nt*
çöp (**-pü**) *s* ❶ Abfall *m*, Müll *m* ❷ (*Holz-*) Splitter *m*; ~ **arabası** Müllwagen *m*; ~ **bidonu** Mülltonne *f*, Müllcontainer *m*; ~ **deposu** Mülldeponie *f*; ~ **tenekesi** Abfalleimer *m*, Mülleimer *m*; ~ **torbası** Müllbeutel *m*; **çöpe atmak** wegwerfen (**-i** etw)
çöpçatan *s* (*fam*) Heiratsvermittler(in) *m(f)*
çöpçü *s* ❶ Müllmann *m* ❷ Straßenfeger *m*
çöplük (**-ğü**) *s* Müllhaufen *m*
çörek (**-ği**) *s* (Teig)teilchen *nt*, (Gebäck)stückchen *nt*
çöre(k)otu (**-nu**) *s* Schwarzkümmel *m*
çözelti *s* CHEM Lösung *f*
çözmek (**-er**) *vt* ❶ losbinden (**-i** etw) ❷ lösen (**-i** etw) ❸ (*Knoten*) aufmachen (**-i** etw) ❹ (*Rätsel*) raten (**-i** etw) ❺ (*Geheimschrift*) entziffern (**-i** etw) ❻ herausbringen (**-i** etw) ❼ entfesseln (**-i** etw)
çözük (**-ğü**) *adj* ❶ (*losgelöst*) lose ❷ (*Eis*) aufgetaut, geschmolzen
çözülme *s* ❶ *Verbalsubstantiv zu* **çözmek** ❷ Tauwetter *nt* ❸ (*fig*) Zerfall *m*
çözülmek *vi* ❶ *Passiv zu* **çözmek** ❷ sich auflösen ❸ (*schmelzen*) tauen
çözülüm *s* Auflösung *f*
çözüm *s* ❶ Auflösung *f* ❷ (*Problem*) Lösung *f*
çözünürlük (**-ğü**) *s* INFORM (Bildschirm)auflösung *f*
çubuk (**-ğu**) *s* ❶ (*kleine*) Röhre *f* ❷ (*auch Ess-*) Stäbchen *nt* ❸ (*dünne*) Stange *f* ❹ Rebe *f* ❺ Tschibuk *m* (*lange, dünne, türkische Tabakspfeife*) ❻ (*in Stoffen*) Streifen *m*
çubuklu **I.** *adv* mit Stäbchen **II.** *adj* (*Stoff*) gestreift; ~ **şekerleme** Lutscher *m*
çuha *s* Wollstoff *m*
çuhaçiçeği (**-ni**) *s* Primel *f*, Schlüsselblume *f*
çukur **I.** *s* ❶ Grube *f*, Loch *nt* ❷ Mulde *f* ❸ Grübchen *nt* **II.** *adj* ausgehöhlt, hohl; ~ **tabak** Suppenteller *m*; ~ **vadi** Talkessel *m*
çul *s* ❶ grober Haarstoff *m* ❷ Kleid *nt* ❸ Pferdedecke *f*
çullanmak *vt* ❶ (*fam*) sich stürzen (**-in üstüne** auf jdn) ❷ sich aufdrängen (**-e** jdm)
çulluk (**-ğu**) *s* Schnepfe *f*
çuval *s* Sack *m*; ~ **yarışı** Sackhüpfen *nt*
çük (**-kü**) *s* (*Kindersprache*) Zipfelchen *nt*, Pipimännchen *nt*
çünkü *konj* denn
çürük (**-ğü**) **I.** *s* blauer Fleck *m* **II.** *adj* ❶ (*organische Substanz*) faul; (*Holz*) morsch; (*Zahn*) hohl ❷ (*Beweis*) schwach ❸ MIL untauglich; ~ **gaz** Abgas *nt*
çürümek *vi* ❶ verfaulen ❷ morsch werden ❸ (*These*) widerlegt werden ❹ (*Zahn*) kariös werden ❺ (*durch Schläge*) blaue Flecken bekommen
çürütmek *vi* ❶ *Kausativ zu* **çürümek** ❷ (*Argumente*) entkräften, widerlegen (**-i** etw)
çüş *interj* ❶ (*für Pferde: ‚halt!'*) brr! ❷ (*Ausruf bei grober Zurechtweisung*) pfui!

Dd

D, d *s fünfter Buchstabe des türk. Alphabets*
da *konj* ① auch, ebenfalls ② aber, indessen ③ und ④ damit, dass ⑤ selbst wenn; **kadınlar da erkekler de** sowohl die Frauen als auch die Männer
dadanmak *vi* ① (*meistens pej*) immer wieder kommen (**-e** zu jdm) ② versessen sein (**-e** auf etw)
dağ *s* ① Berg *m* ② Brandmal *nt;* ~ **ayısı** (*fam*) Flegel *m;* ~ **bisikleti** Mountainbike *nt;* ~ **geçidi** Gebirgspass *m;* ~ **sıçanı** Murmeltier *nt;* ~ **taş** überall
dağarcık (-ğı) *s* ① Lederbeutel *m* ② Kenntnisse *pl*
dağcı *s* Bergsteiger(in) *m(f)*
dağcılık (-ğı) *s* Bergsteigen *nt*
dağılmak *vi* ① (*Versammlung*) auseinandergehen, sich auflösen ② (*Haare*) sich lösen ③ (*Zimmer*) in Unordnung geraten ④ aus den Fugen gehen ⑤ sich verbreiten ⑥ sich verteilen
dağınık (-ğı) *adj* ① (*zerstreut*) vereinzelt ② (*fig*) zerstreut ③ (*Person, Zimmer*) unordentlich ④ (*Haare*) wirr
dağınıklık (-ğı) *s* ① Unordnung *f* ② Zerstreutheit *f*
dağıtım *s* ① Verteilung *f* ② Vertrieb *m;* ~ **müdürü** Vertriebsleiter(in) *m(f)*
dağıtımcı *s* Filmverleih *m*
dağıtmak *vt* ① austeilen, verteilen (**-i -e** auf/an jdn) ② (*Parlament*) auflösen (**-i** etw) ③ (*Zimmer*) aufräumen (**-i** etw) ④ verstreuen (**-i** etw) ⑤ zertrümmern (**-i** etw) ⑥ verrücktspielen
dağkeçisi (-ni) *s* Gämse *f*
dağlamak *vt* ① brandmarken (**-i** etw) ② (*ätzen*) verbrennen (**-i** etw)
dağlık (-ğı) *adj* gebirgig
daha *adv* ① (*Komparativpartikel*) noch ② (*zeitlich*) bis jetzt, noch; ~ **az** (noch) weniger; ~ **çok** (noch) mehr; ~ **doğrusu** (*genauer gesagt*) beziehungsweise; ~ **dün** erst gestern; ~ **iyi** (noch) besser; ~ **iyi/kötü ya** umso besser/schlimmer; ~ **iyiyim** es geht mir besser; ~ **önce** früher, eher; ~ **şimdi** bereits jetzt; ~ **ziyade** vielmehr
dahi **I.** *konj* ① auch ② selbst wenn **II.** *s* Genie *nt*
dahil **I.** *s* innerer Teil *m* **II.** *adv* einschließlich; **bir şeye ~ olmak** zu etwas dazugehören; **... ~ olmak üzere** inklusive ...
dahili **I.** *s* inner-, Innen-; GEOG Binnen- **II.** *adj* inländisch; ~ **anten** Zimmerantenne *f*
dahiliye *s* ① innere Krankheiten *pl* ② Abteilung *f* für innere Medizin
dahiliyeci *s* Internist(in) *m(f)*
daima *adv* immer, fortwährend
daimi *adj* ständig, dauernd; (*Stellung*) unkündbar; ~ **temsilci** POL ständiger Vertreter *m*
dair *präp* hinsichtlich (**-e** *+gen*), über (**-e** *+akk*)
daire *s* ① MATH Kreis *m* ② Behörde *f* ③ Abteilung *f* ④ (Etagen)wohnung *f;* ~ **çevresi** Kreisumfang *m;* ~ **şeklinde** kreisförmig; ~ **şubesi** (*Abteilung*) Referat *nt;* ~ **şubesi şefi** Sachbearbeiter(in) *m(f)*
dairevi *adj* kreisförmig
dakik (-kı) *adj* pünktlich; (*präzise*) genau
dakika *s* Minute *f*
dakiklik (-ği) *s* Pünktlichkeit *f*
daktilo *s* ① Maschinenschreiben *nt* ② Schreibmaschine *f* ③ Schreibkraft *f;* ~ **etmek** tippen, Schreibmaschine schreiben; ~ **şeridi** Farbband *nt;* ~ **yanlışı** Tippfehler *m;* **daktiloyla yazmak** mit der Maschine schreiben
dal *s* ① (*Ast*) Zweig *m* ② Branche *f* ③ (*Lehrfach*) Disziplin *f*
dalak (-ğı) *s* Milz *f*
dalamak *vt* (*Dorn, Insekt*) stechen; (*Wolle*) kratzen (**-i** jdn)
dalaşmak *vi* sich streiten, sich zanken
dalavere *s* (*fam*) Schwindel *m*
daldırma *s* ① *Verbalsubstantiv zu* **daldırmak** ② (*einer Pflanze*) Ableger *m*
daldırmak *vt* ① *Kausativ zu* **dalmak** ② (unter)tauchen (**-i -e** etw in etw) ③ versenken (**-i -e** etw in etw) ④ (*Pflanzen*) durch Stecklinge vermehren (**-i** etw)
dalga *s* ① Welle *f* ② Woge *f* ③ Betrug *m,* Schwindel *m* ④ (*fam*) Rausch *m;* ~ **boyu** [*o* **uzunluğu**] Wellenlänge *f;* ~ **geçmek** (*fam*) faulenzen; **biriyle ~ geçmek** sich über jdn lustig machen
dalgacı *s* ① (*fam*) Faulenzer(in) *m(f)* ② Schwindler(in) *m(f)*
dalgakıran *s* Mole *f,* Wellenbrecher *m*
dalgalanma *s* ① *Verbalsubstantiv zu* **dalga-**

D

lanmak ② Schwankung *f*

dalgalanmak *vi* ① (*Fahne*) flattern ② (*Meer*) wogen ③ wabern

dalgalı *adj* ① (*See*) bewegt ② wellenförmig, wellig; ~ **akım** Wechselstrom *m;* ~ **deniz** Seegang *m*

dalgıç (**-cı**) *s* Taucher(in) *m(f);* ~ **elbisesi** Taucheranzug *m;* ~ **gözlüğü** Taucherbrille *f;* ~ **takımı** Taucherausrüstung *f*

dalgın *adj* ① in Gedanken versunken ② zerstreut

dalgınlık (**-ğı**) *s* Zerstreutheit *f*

dalkavuk (**-ğu**) **I.** *s* Schleimer(in) *m(f)*, Speichellecker(in) *m(f)* **II.** *adj* speichelleckerisch, schleimig

dalkavukluk (**-ğu**) *s* Schleimerei *f*, Speichelleckerei *f;* ~ **etmek** schleimen

Dalmaçyalı *s* Dalmatiner *m*

dalmak (**-ar**) *vi* ① tauchen, untertauchen (**-e** in etw) ② (*in Gedanken*) sich vertiefen (**-e** in etw) ③ einnicken

dalya çiçeği (**-ni**) *s* Dahlie *f*

dalyan *s* großes Fischernetz *nt*

dam *s* ① Dach *nt* ② Stall *m* ③ (*beim Tanz, Kartenspiel*) Dame *f* ④ (*fam*) Kittchen *nt*

dama *s* Damespiel *f*

damak (**-ğı**) *s* Gaumen *m*

damar *s* ① Ader *f* ② Veranlagung *f* ③ Jähzorn *m;* ~ **sertleşmesi** Arterienverkalkung *f*

damat (**-dı**) *s* ① Schwiegersohn *m* ② (*am Hochzeitstag*) Bräutigam *m*

damga *s* Siegel *nt;* (*a. fig*) Stempel *m*

damgalamak *vt* ① (*auch fig*) abstempeln (**-i** etw) ② (*Fahrschein*) entwerten (**-i** etw)

damıtmak *vt* destillieren (**-i** etw)

damla *s* Tropfen *m;* ~ ~ tropfenweise; ~ **hastalığı** Gicht *f*

damlamak *vi* ① tropfen (**-e** in/auf etw) ② triefen ③ (*Eimer*) lecken ④ (*fam*) aufkreuzen (**-e** bei jdm)

damlataş *s* Tropfstein *m;* ~ **mağarası** Tropfsteinhöhle *f*

damping *s* Dumping *nt;* ~ **yapmak** verschleudern

dana *s* Kalb *nt;* ~ **eti** Kalbfleisch *nt;* ~ **kızartması** [*o* **rostosu**] Kalbsbraten *m;* ~ **bonfilesi** Kalbsschnitzel *nt*

dangalak (**-ğı**) **I.** *adj* (*fam*) blöd **II.** *s* (*fam*) Blödmann *m*

danış *s* Beratung *f*, Unterredung *f*

danışma *s* ① *Verbalsubstantiv zu* **danışmak** ② Information *f*, Auskunft *f* ③ Telefonauskunft *f*

danışmak *vt* ① um Rat fragen (**-e -i** jdn wegen etw), konsultieren (**-e** jdn) ② (*beratschlagen*) verhandeln (**-i** etw)

danışman *s* Berater(in) *m(f)*

danışmanlık (**-ğı**) *s* Beratung *f*

Danimarka **I.** *s* Dänemark *nt* **II.** *adj* (*Art*) dänisch

Danimarkaca *adj* (*Sprache*) dänisch

Danimarkalı **I.** *s* Däne *m*, Dänin *f* **II.** *adj* (*Herkunft*) dänisch

dans *s* Tanz *m;* ~ **dersi** Tanzstunde *f;* ~ **edelim** lasst uns tanzen; ~ **etmek** tanzen; ~ **müziği** Tanzmusik *f;* ~ **okulu** Tanzschule *f;* ~ **salonu** Tanzlokal *nt*

dansa kaldırmak *vt* zum Tanz auffordern (**-i** jdn)

dansör *s* Tänzer *m*

dansöz *s* Tänzerin *f*

dantel(a) *s* (*Gewebe*) Spitze *f;* ~ **işlemek** klöppeln

dar **I.** *adj* ① eng, schmal ② knapp ③ (*Winkel*) spitz **II.** *adv* kaum, gerade noch **III.** *s* Enge *f;* ~ **boğaz** Engpass *m;* ~ **gelirli** einkommensschwach; ~ **gelmek** (*Kleidung*) zu eng sein; ~ **kafalı** engstirnig, borniert; ~ **kafalılık** Spießigkeit *f*

darağacı *s* Galgen *m*

daralma *s* ① *Verbalsubstantiv zu* **daralmak** ② Verengung *f*

daralmak *vi* ① eng(er) werden ② (*Stoff*) eingehen, einlaufen ③ (*Zeit*) drängen, knapp werden

daraltma *s* ① *Verbalsubstantiv zu* **daraltmak** ② Verengung *f*

daraltmak *vt* ① *Kausativ zu* **daralmak** ② enger machen, verenge(r)n (**-i** etw) ③ (*fig*) einschränken (**-i** etw)

darbe *s* ① (*Schlag*) Hieb *m* ② Impuls *m* ③ (Schicksals)schlag *m* ④ MIL Stoß *m* ⑤ Putsch *m*

darbeci *s* Putschist *m*

dargın *adj* ärgerlich; (*verärgert*) ungehalten

dargörüşlü *adj* engstirnig

darı *s* Hirse *f;* **darısı başın(ız)a** möge dir (Ihnen) das gleiche Glück beschieden sein!

darılmak *vi* böse sein, sauer sein (**-e** auf jdm)

darkafalı **I.** *adj* engstirnig, spießbürgerlich **II.** *s* Spießbürger(in) *m(f)*

darlaşma *s* ① *Verbalsubstantiv zu* **darlaşmak** ② Verengung *f*

darlaşmak *vr* sich verengen

darlaştırma *s* ❶ *Verbalsubstantiv zu* **darlaştırmak** ❷ Verengung *f*
darlaştırmak *vt* ❶ *Kausativ zu* **darlaşmak** ❷ enger machen, verenge(r)n (-**i** etw)
darlık (-**ğı**) *s* ❶ Enge *f* ❷ (*Mangel*) Knappheit *f* ❸ (*Bedrängnis*) Not *f*
darmadağın *adj* ❶ (*Mensch*) unordentlich ❷ durcheinander ❸ verworren
darp etmek *vt* ❶ (*Münzen*) prägen (-**i** etw) ❷ multiplizieren (-**i** etw)
dava *s* ❶ Prozess *m* ❷ (Gerichts)verhandlung *f* ❸ Problem *nt*, Frage *f*; ~ **açmak** [*o* **etmek**] einen Prozess anstrengen, verklagen (-**e** jdn); ~ **vekili** Verteidiger(in) *m(f)*
davacı *s* Kläger(in) *m(f)*
davar *s* Kleinvieh *nt* (*Ziegen, Schafe*)
davet (-**ti**) *s* ❶ Einladung *f* ❷ Aufforderung *f*; ~ **etmek** einladen, auffordern (-**i** -**e** jdn zu etw)
davetiye *s* (schriftliche) Einladung *f*
davetli *s* Gast *m*
davetsiz *s* ohne Einladung; ~ **misafir** [*o* **konuk**] ungebetener Gast *m*
davlumbaz *s* Rauchfang *m*
davranış *s* ❶ Benehmen *nt*, Betragen *nt* ❷ Verhalten *nt* ❸ Behandlung *f*
davranmak *vi* ❶ (*handeln*) vorgehen ❷ sich verhalten ❸ sich rühren ❹ umgehen (-**e** mit jdm/etw) ❺ greifen (-**e** nach etw) ❻ sich anschicken (-**meye** etw zu tun); **birine iyi/kötü** ~ jdn gut/schlecht behandeln
davul *s* Pauke *f*, große Trommel *f*; ~ **çalmak** trommeln; (*fig*) ausposaunen

Die **davul** ist eine paukenartige Trommel. Sie ist bei der traditionellen Hochzeitsfeier auf dem Lande unentbehrlich, wo eine Zweimannkapelle mit ‚davul' und ‚zurna', einer türkischen Oboe, aufspielt.

davulcu *s* Trommler(in) *m(f)*
dayak (-**ğı**) *s* Prügel *pl*; ~ **atmak** verprügeln (-**e** jdn)
dayamak *vt* ❶ (an)lehnen (-**i** -**e** etw an etw) ❷ stützen (-**i** -**e** etw auf etw)
dayanak (-**ğı**) *s* (*a. fig*) Stütze *f*; ~ (**noktası**) Stützpunkt *m*
dayanıklı *adj* ❶ (*dauerhaft*) haltbar ❷ solide, widerstandsfähig ❸ (*fig*) standhaft
dayanıklılık (-**ğı**) *s* ❶ Beharrlichkeit *f* ❷ Zähigkeit *f* ❸ Beständigkeit *f* ❹ Festigkeit *f* ❺ Haltbarkeit *f*
dayanıksız *adj* ❶ nicht haltbar ❷ (*Person*) nicht widerstandsfähig, labil
dayanılır *adj* erträglich
dayanılmaz *adj* ❶ unausstehlich ❷ unerträglich ❸ unwiderstehlich
dayanışık (-**ğı**) *adj* solidarisch
dayanışma *s* ❶ *Verbalsubstantiv zu* **dayanışmak** ❷ Solidarität *f*; ~ **vergisi** Solidaritätszuschlag *m*
dayanışmak *vr* sich solidarisieren (**ile** mit jdm)
dayanmak *vi* ❶ sich anlehnen (-**e** an jdn/etw) ❷ standhalten, aushalten (-**e** etw) ❸ vertrauen (-**e** jdm) ❹ sich stützen (-**e** auf etw) ❺ sich beziehen (-**e** auf etw) ❻ (*Kleider, Essen*) halten
dayatmak *vt* ❶ *Kausativ zu* **dayamak** ❷ bestehen, beharren (-**e** auf etw)
dayı *s* Onkel *m* (*mütterlicherseits*)
dazlak (-**ğı**) **I.** *adj* glatzköpfig **II.** *s* POL Skinhead *m*
de *konj s.* **da**
debdebe *s* Pomp *m*, Pracht *f*, Prunk *m*
debdebeli *adj* pompös, prachtvoll, prunkvoll
dede *s* ❶ (*fam*) Großvater *m* ❷ Vorfahr *m*
dedektif *s* Detektiv(in) *m(f)*
dedikodu *s* ❶ Gerede *nt*, Geschwätz *nt* ❷ üble Nachrede *f*; ~ **yapmak** (*schwatzen*) klatschen
dedikoducu **I.** *adj* geschwätzig **II.** *s* Schwätzer(in) *m(f)*, Klatschbase *f*
defa *s* Mal *nt*, -mal; **bir/dört** ~ ein-/viermal; **bu** ~ diesmal
defalarca *adv* x-mal, zigmal
defetmek (-**der**) *vt* ❶ verdrängen (-**i** etw) ❷ verjagen, vertreiben (-**i** jdn)
defile *s* Mode(n)schau *f*
defin (-**fni**) *s* Beerdigung *f*
define *s* Hort *m*, Schatz *m*
defne *s* Lorbeer *m*
defnetmek (-**der**) *vt* beerdigen, bestatten (-**i** jdn)
defolmak *vi* (*fam*) abhauen
defrişman (**açım**) *s* Rodung *f*
defter *s* ❶ (*Schreib-*) Heft *nt* ❷ Liste *f*; ~ **tutmak** Buch führen
değer **I.** *s* ❶ Wert *m* ❷ (*Achtung*) Geltung *f* **II.** *adj* würdig; **bir şeye** ~ **vermek** auf etwas Wert legen; ~ **yargısı** Werturteil *nt*; **değeri olmak** (*wert sein*) gelten
değerlendirme *s* ❶ *Verbalsubstantiv zu* **değerlendirmek** ❷ (*Statistik*) Auswertung *f*

D

③ Wertung *f*
değerlendirmek *vt* ① (*Angaben*) auswerten, bewerten (**-i** etw) ② verwerten (**-i** etw)
değerlenmek *vi* im Wert steigen
değerli *adj* ① wertvoll, kostbar ② (*Anrede, auch im Brief*) verehrte(r), sehr geehrte(r) ③ (*Person*) verdienstvoll; ~ **taş** Edelstein *m*
değersiz *adj* ① wertlos ② (*unbedeutend*) gering
değil *adv* nicht; **değil mi?** nicht wahr?
değin *präp* bis (zu) (**-e** +*dat*)
değinmek *vi* (*Thema*) anschneiden, erwähnen (**-e** etw)
değirmen *s* Mühle *f*; ~ **çarkı** Mühlrad *nt*
değiş *s* Tausch *m*; ~ **etmek** (*ein-, aus-, um-*) tauschen (**-i ile** etw gegen etw); ~ **tokuş** Tausch *m*; ~ **tokuş etmek** tauschen
değişik (**-ği**) *adj* ① verschieden, unterschiedlich ② neu
değişiklik (**-ği**) *s* ① Änderung *f* ② Verschiedenheit *f* ③ Abwechslung *f*; ~ **olarak** zur Abwechslung
değişim *s* ① Wandel *m* ② Wandlung *f* ③ Variation *f*
değişken *adj* ① (*auch Wetter*) unbeständig ② MATH veränderlich
değişkenlik (**-ği**) *s* Unbeständigkeit *f*
değişme *s Verbalsubstantiv zu* **değişmek**
değişmek **I.** *vi* ① sich (ver)ändern ② BIOL mutieren **II.** *vt* ① (*aus-, ein-*) tauschen (**-i ile** etw gegen etw) ② (*Wäsche*) wechseln (**-i** etw)
değiştirilebilir *adj* austauschbar
değiştirmek *vt* ① *Kausativ zu* **değişmek** ② (*ver-, ab-*) ändern (**-i** jdn/etw) ③ auswechseln (**-i ile** etw mit etw) ④ (*ein-, um-, ver-*) tauschen (**-i ile** etw gegen etw) ⑤ (*Wäsche*) wechseln (**-i** etw) ⑥ (*Geld*) umwechseln (**-i** etw) ⑦ (*Flugticket*) umbuchen (**-i** etw)
değmek (**-er**) *vi* ① berühren (**-e** etw/jdn) ② (*wert sein*) lohnen (**-e** etw) ③ kommen (**-e** nach/zu etw)
değnek (**-ği**) *s* ① Rute *f* ② Stange *f*, Stock *m* ③ Prügel *m*
deha *s* ① Genialität *f* ② Genie *nt*
dehşet (**-ti**) *s* ① (*Schrecken*) Entsetzen *nt* ② Terror *m*; **dehşete kapılmak** sich entsetzen
dehşetli *adj* ① entsetzlich, grauenhaft, grauenvoll ② sehr viel(e)
dejenere olmak *vi* degenerieren
dek *präp* bis zu (**-e** +*dat*)
dekan *s* (*an Universität*) Dekan *m*
dekatlon *s* Zehnkampf *m*
deklanşör *s* (*bei Kamera*) Auslöser *m*
dekolte **I.** *s* Dekolleté *nt* **II.** *adj* (*Kleid*) ausgeschnitten; (*Dame*) dekolletiert
dekor *s* Dekor *m*
dekorasyon *s* Dekoration *f*
dekoratif *adj* dekorativ
dekoratör *s* Dekorateur(in) *m(f)*
dekore etmek *vt* dekorieren (**-i** etw)
delegasyon *s* Abordnung *f*, Delegation *f*
delege *s* Delegierte(r) *f(m)*
deli **I.** *s* Verrückter(r) *f(m)* **II.** *adj* verrückt, wahnsinnig; ~ **dana hastalığı** Rinderwahnsinn *m*
delibaş *s* Rinderwahnsinn *m*
delice *adv* ① wie wahnsinnig ② (*fig*) rasend, wild
delik (**-ği**) **I.** *s* ① Loch *nt* ② (*fam*) Kittchen *nt* **II.** *adj* löch(e)rig
delikanlı *s* junger Mann *m*
delikanlılık *s* ① (*Jünglingsalter*) Jugend *f* ② Verhalten *nt* eines jungen Mannes
deliksiz **I.** *adj* ① (*Schlaf*) fest ② ohne Löcher **II.** *adv* ununterbrochen
delil *s* ① Beweis *m* ② Beweismittel *nt* ③ Anzeichen *nt*; ~ **yetersizliği** JUR Beweismangel *m*
delilik (**-ği**) *s* ① Verrücktheit *f* ② Wahnsinn *m*
delinmek *vi* ① *Passiv zu* **delmek** ② Löcher bekommen
delirmek *vi* (*fam*) verrückt werden
delişmen *adj* extravagant, überspannt
delmek (**-er**) *vt* ① (durch)löchern, durchbohren (**-i** etw) ② (*Blockade*) durchbrechen (**-i** etw)
demagog *s* Demagoge, Demagogin *m, f*
demagojik (**-ği**) *adj* demagogisch
demeç (**-ci**) *s* POL Erklärung *f*
demek (**der, diyor**) *vt* ① sagen (**-i** etw) ② nennen (**-i** etw) ③ (*bedeuten*) heißen (**-i** etw); **demek istediğim şu ...** ich wollte Folgendes sagen: ...; **demek öyle!** soso!; **... ne demek?** was bedeutet ...?
demek (**ki**) *adv* ① dementsprechend, demnach ② das heißt
demet (**-ti**) *s* ① Bündel *nt* ② Garbe *f* ③ (Blumen)strauß *m*
demin *adv* eben, soeben
demin(**cek**) *adv* (*eben noch*) vorhin
demir **I.** *s* ① Eisen *nt* ② Anker *m* **II.** *adj* eisern; ~ **atmak** vor Anker gehen, ankern; ~ **cevheri** Eisenerz *nt*; ~ **leblebi** ein harter

Brocken; ~ **sanayii** Eisenindustrie *f*

demirbaş (**eşya**) *s* Inventar *nt*

demirci *s* Schmied *m;* ~ (**dükkanı**) Eisenwarenhandlung *f*

demirden *adj* eisern

demirhane *s* ① Eisenhütte *f* ② Schmiede *f*

demirlemek *vt* ① (*Tür*) verriegeln (**-i** etw) ② ankern

demiryolu (**-nu**) *s* ① Eisenbahn *f* ② Eisenbahnlinie *f,* Gleis *nt;* ~ **bekçisi** Bahnwärter *m;* ~ **geçidi** Bahnübergang *m;* ~ **memuru** Eisenbahner *m*

demlemek *vt* (*Tee*) ziehen lassen (**-i** etw)

demlenmek *vi* ① *Passiv zu* **demlemek** ② (*Tee*) ziehen ③ (*fam*) einen heben

demli *adj* (*Tee*) stark

demo *s* INFORM Demo *nt,* Demonstrationsprogramm *nt*

demokrasi *s* Demokratie *f*

demokrat (**-tı**) **I.** *s* Demokrat(in) *m(f)* **II.** *adj* demokratisch

demokratik *adj* demokratisch

demokratikleşme *s* Demokratisierung *f,* Demokratisierungsprozess *m*

demokratikleştirmek *vt* demokratisieren (**-i** etw)

demonte *adj* abmontiert, demontiert, zerlegt; ~ **etmek** abmontieren, demontieren, zerlegen

denek (**-ği**) *s* Versuchsperson *f*

deneme *s* ① *Verbalsubstantiv zu* **denemek** ② (*Versuch*) Probe *f;* ~ **tahtası** Versuchsobjekt *nt*

denemedik *adj* ~ **yol** [*o* **yöntem**] **bırakmamak** nichts unversucht lassen (**-mek için** etw zu tun)

denemek *vt* versuchen, probieren (**-i** etw)

denenmiş *adj* erprobt, bewährt

denet(**im**) *s* Kontrolle *f*

denetçi *s* Kontrolleur(in) *m(f)*

denetlemek *vt* kontrollieren, prüfen (**-i** etw)

denetmen *s* Inspektor(in) *m(f)*

deney *s* Experiment *nt;* (*wissenschaftlicher*) Versuch *m;* ~ **hayvanı** Versuchstier *nt;* ~ **yapmak** experimentieren

deneyim *s* ① Experimentieren *nt* ② Erfahrung *f*

denge *s* ① Gleichgewicht *nt* ② Ausgeglichenheit *f;* ~ **bozukluğu** Gleichgewichtsstörung *f;* ~ **kalası** Schwebebalken *m*

dengelemek *vt* ① ins Gleichgewicht bringen (**-i** etw) ② ausgleichen (**-i** etw)

dengeli *adj* ausgeglichen

dengesiz *adj* ① unausgeglichen, sprunghaft ② labil

dengesizlik (**-ği**) *s* Missverhältnis *nt*

deniz *s* ① Meer *nt,* See *f* ② Seegang *m;* ~ **anası** Qualle *f;* ~ **aslanı** Seelöwe *m;* ~ **banyosu** Seebad *nt;* ~ **buzulu** Packeis *nt;* ~ **gülü** Wasserrose *f;* ~ **kazası** Schiffbruch *m;* ~ **kenarı** Küste *f;* ~ **kestanesi** Seeigel *m;* ~ **kulübü** Jachtklub *m;* ~ **kuvvetleri** Kriegsmarine *f;* ~ **tutması** Seekrankheit *f;* ~ **limanı** Seehafen *m;* ~ **mili** Seemeile *f;* ~ **seviyesi** Meeresspiegel *m;* ~ **tutmuş** seekrank; **beni** ~ **tuttu** ich bin seekrank; ~ **uçağı** Wasserflugzeug *nt;* ~ **yarışı** Regatta *f;* ~ **yolculuğu** Kreuzfahrt *f;* ~ **yoluyla** auf dem Seeweg; **denize girmek** (*im Meer*) baden; **denizin dibi** Meeresboden *m*

denizaltı (**-nı**) **I.** *s* U-Boot *nt* **II.** *adj* unterseeisch

denizaşırı *adj* transatlantisch, überseeisch; ~ **ülkeler** Übersee *f*

denizatı (**-nı**) *s* Seepferdchen *nt*

denizci *s* Seemann *m*

denizcilik (**-ği**) *s* Schifffahrt *f,* Seefahrt *f*

denizyıldızı (**-nı**) *s* Seestern *m*

denk (**-gi**) **I.** *s* ① (*Bündel*) Ballen *nt* ② Gegengewicht *nt* ③ Gleichgewicht *nt* ④ (*Gegenstück*) Entsprechung *f* **II.** *adj* ① entsprechend ② gleichwertig; ~ **gelmek** entsprechen (**-e** einer Sache)

denklem *s* MATH Gleichung *f*

denkleştirmek *vt* ① ins Gleichgewicht bringen (**-i** etw) ② (*Budget*) ausgleichen (**-i** etw)

denksiz *adj* unausgeglichen

denksizlik (**-ği**) *s* Missverhältnis *nt*

denli **I.** *adj* (*Person*) taktvoll, diskret **II.** *adv* dermaßen

densiz *adj* indiskret, taktlos

densizlik (**-ği**) *s* Indiskretion *f,* Taktlosigkeit *f*

deodoran *s* Deodorant *nt*

depar *s* ① (*Ski*) Abfahrtslauf *m* ② Start *m*

deplasman maçı (**-nı**) *s* SPORT Auswärtsspiel *nt*

depo *s* ① Depot *nt,* Lager *nt* ② Ablage *f* ③ Lagerraum *m,* Speicher *m* ④ Tank *m;* ~ **etmek** (*Ware*) lagern (**-i** etw); **depoya koymak** deponieren, bunkern (**-i** etw)

depolamak *vt* lagern, deponieren (**-i** etw)

depozito *s* ① Kaution *f* ② Flaschenpfand *nt*

deprem *s* Erdbeben *nt;* ~ **bölgesi** Erdbebengebiet *nt;* **depreme dayanıklı** erdbebensi-

D

cher; ~ **merkezi** Erdbebenherd *m;* ~ **olasılığı** Erdbebenwahrscheinlichkeit *f*
depremzede *s* Erdbebenopfer *nt*
depresif *adj* depressiv
depresyon *s* MED Depression *f*
derbeder **I.** *s* Herumtreiber(in) *m(f)* **II.** *adj* ❶ unordentlich ❷ schlampig, nachlässig
derbederlik (**-ği**) *s* (*fam*) Schlamperei *f*
dere *s* Bach *m*
derebeyi (**-ni**) *s* HIST Feudalherr *m*
derebeylik (**-ği**) *s* HIST Feudalismus *m*
derece *s* ❶ Grad *m,* Stufe *f* ❷ Ausmaß *nt,* Umfang *m* ❸ Thermometer *nt;* ~ ~ stufenweise; **birinci dereceden akraba** Verwandte(r) *f(m)* ersten Grades
derecelendirmek *vt* ❶ abstufen (**-i** etw) ❷ einstufen (**-i** etw) ❸ (*bei Preisverteilung*) bewerten (**-i** etw)
deregülasyon *s* COMM Deregulierung *f*
dereotu (**-nu**) *s* Dill *m*
dergi *s* Zeitschrift *f,* Magazin *nt*
derhal **I.** *adv* gleich, sofort **II.** *adj* sofortig; ~! gleich!
deri **I.** *s* ❶ Haut *f* ❷ Fell *nt* ❸ Leder *nt;* **bir ~ bir kemik olmak** nur noch Haut und Knochen sein; ~ **kanseri** Hautkrebs **II.** *adj* aus Leder, Leder-; ~ **ceket** Lederjacke *f;* ~ **eşya** Lederwaren *pl;* ~ **eşya mağazası** Lederwarengeschäft *nt;* ~ **manto** [*o* **palto**] Ledermantel *m*
derin *adj* ❶ (*a. fig*) tief ❷ (*Schlaf*) fest ❸ (*Untersuchung*) eingehend, genau; ~ **dondurucu** Tiefkühltruhe *f;* ~ **saygılarla** hochachtungsvoll
derinleşmek *vi* (*tiefer werden*) sich vertiefen
derinleştirmek *vt* ❶ *Kausativ zu* **derinleşmek** ❷ vertiefen (**-i** etw)
derinlik (**-ği**) *s* ❶ Tiefe *f* ❷ Vertiefung *f*
derleme *s* ❶ *Verbalsubstantiv zu* **derlemek** ❷ Zusammenstellung *f*
derlemek *vt* ❶ sammeln (**-i** etw) ❷ (*aus Einzelteilen*) zusammenstellen (**-i** etw); **derleyip toplamak** aufräumen, in Ordnung bringen
derleyici *s* INFORM Compiler *m*
derli toplu *adj* (*fam*) ordentlich
derman *s* ❶ Mittel *nt* ❷ Kraft *f*
dermansız *adj* ❶ erschöpft, matt ❷ (*Krankheit*) unheilbar
dermansızlık (**-ğı**) *s* ❶ Erschöpfung *f* ❷ Unheilbarkeit *f*
dernek (**-ği**) *s* Gesellschaft *f,* Organisation *f,* Verein *m*
ders *s* ❶ Unterricht *m* ❷ Unterrichtsstunde *f* ❸ Lehre *f,* Lektion *f,* Denkzettel *m* ❹ (*im Lehrbuch*) Lektion *f* ❺ Lehrfach *nt* ❻ (*an Universität*) Vorlesung *f* ❼ Schulaufgaben *pl;* ~ **kitabı** Lehrbuch *nt,* Schulbuch *nt;* ~ **odası** (*an Universität*) Hörsaal *m;* ~ **planı** Stundenplan *m;* ~ **programı** Lehrplan *m;* **birine ~ vermek** jdn unterrichten; (*fig*) jdm eine Lektion erteilen
dert (**-di**) *s* Sorge *f,* Kummer *m;* ~ **çekmek** (seelisch) leiden
dertleşmek *vi* sich einander sein Leid klagen, sich aussprechen (**ile** bei jdm)
dertli *adj* ❶ (*Person*) traurig ❷ kränklich
dertsiz *adj* unbekümmert, sorglos
derviş *s* Derwisch *m*
derya *s* ❶ (*Welt-*) Meer *nt* ❷ erfahrener Mensch *m*
desantralizasyon *s* Dezentralisierung *f*
desantralize etmek *vt* dezentralisieren (**-i** etw)
desen *s* (*auf Stoffen*) Muster *nt*
desenli *adj* gemustert
despot (**-tu**) **I.** *s* Despot(in) *m(f),* Tyrann(in) *m(f)* **II.** *adj* despotisch, tyrannisch
despotluk (**-ğu**) *s* Tyrannei *f*
destan *s* Heldenepos *nt*
deste *s* (*Bündel*) Bund *nt*
destek (**-ği**) *s* ❶ (*a. fig*) Stütze *f* ❷ (*Balken*) Träger *m* ❸ Pfeiler *m* ❹ Unterstützung *f;* ~ **olmak** unter die Arme greifen (**-e** jdm)
desteklemek *vt* ❶ (*mit Stütze*) (ab)stützen (**-i** etw) ❷ unterstützen (**-i** jdn) ❸ bestärken (**-i** jdn) ❹ INFORM (*Format*) unterstützen (**-i** etw)
desteksiz *adj* ❶ ohne Stütze ❷ schutzlos
destelemek *vt* bündeln (**-i** etw)
deşelemek *vt* aufwühlen (**-i** etw)
deşifre *adj* dechiffriert; ~ **etmek** dechiffrieren
deşmek (**-er**) *vt* ❶ (*aufschlitzen*) aufstechen (**-i** etw) ❷ (*Frage*) aufwerfen (**-i** etw)
detant (**-tı**) *s* POL Entspannung *f*
detay *s* Detail *nt,* Einzelheit *f*
detaylı *adj* (*ausführlich*) detailliert; ~ **arama** INET detaillierte Suche *f*
deterjan *s* Reinigungsmittel *nt*
dev **I.** *s* ❶ Riese *m* ❷ Ungetüm *nt* **II.** *adj* gigantisch, riesig; ~ **gibi** riesig, gigantisch; **dünya devi** (*fam: Konzern*) Multi *m;* **medya devi** (*fam*) Medienzar *m*

deva *s* Heilmittel *nt*
devalorize *adj* (*Geld*) abgewertet; ~ **etmek** abwerten
devalüasyon *s* Abwertung *f*, Geldentwertung *f*
devam **I.** *s* ① Dauer *f*, Bestand *m* ② Fortsetzung *f*, Folge *f* ③ Kontinuität *f* ④ regelmäßiger Besuch (des Unterrichts) **II.** *interj* weiter; ~ **etmek** (fort)bestehen, andauern; (*weitermachen*) fortfahren (-**e**/-**de** mit etw); (*Schule*) besuchen (-**e** etw)
devamlı *adj* ① dauernd, stetig ② (*immerwährend*) ewig ③ (*Schüler, Gast*) regelmäßig ④ (*ununterbrochen*) fortwährend; ~ **müşteri** Stammgast *m*, Stammkunde *m*
devamsız *adj* (*unregelmäßig*) unbeständig
devasa *adj* gigantisch
deve *s* Kamel *nt*
devedikeni (**-ni**) *s* Distel *f*
devekuşu (**-nu**) *s* (*Vogel*) Strauß *m*
devingen *adj* dynamisch
devingenlik (**-ği**) *s* Dynamik *f*
devinim *s* Bewegung *f*
devir (**-vri**) *s* ① Zeitalter *f*, Epoche *f*, Ära *f* ② TECH Umdrehung *f* ③ Zeit *f*, Periode *f* ④ Stadium *nt*, Phase *f* ⑤ Zyklus *m* ⑥ JUR Übertragung *f*
devirli *adj* periodisch, zyklisch
devirmek *vt* ① (um)kippen, umstoßen, umwerfen (-**i** etw) ② (*Gegner*) stürzen (-**i** jdn) ③ (*Glas*) leeren (-**i** etw)
devlet (**-ti**) *s* ① Staat *m* ② Reich *nt* ③ Glück *nt*; ~ **adamı** Staatsmann *m*; ~ **baba** Vater *m* Staat; ~ **başkanı** Staatsoberhaupt *nt*; ~ **borcu** Staatsverschuldung *f*; ~ **bütçesi** Staatshaushalt *m*; ~ **iktidarı** Staatsmacht *f*; ~ **kuşu** Paradiesvogel *m*; (*fig*) großes (unerwartetes) Glück; ~ **lise imtihanı** Abitur *nt*; ~ **memuru** Beamter *m*, Beamtin *f*; ~ **televizyonu** Staatsfernsehen *nt*
devletçik (**-ği**) *s* Kleinstaat *m*
devletlerarası hukuku *s* Völkerrecht *nt*
devletleştirme *s* ① *Verbalsubstantiv zu* **devletleştirmek** ② Verstaatlichung *f*
devletleştirmek *vt* verstaatlichen (-**i** etw)
devre *s* ① (*Zeitabschnitt*) Zeit *f*, Periode *f* ② Stadium *nt*, Phase *f* ③ Zyklus *m* ④ TECH Umdrehung *f* ⑤ SPORT Halbzeit *f* ⑥ (*Boxen*) Runde *f*; **birinci**/**ikinci** ~ erste/zweite Halbzeit; ~ **anahtarı** Schalter *m*; ~ **dışı kalmak** (*Elektrogerät*) außer Betrieb sein
devredilebilir *adj* JUR übertragbar
devredilmez *adj* nicht übertragbar
devretme *s* ① *Verbalsubstantiv zu* **devretmek** ② Übertrag *m* ③ JUR Übertragung *f*
devretmek (**-der**) *vt* ① (*Aufgabe, Amt*) übergeben (-**e** -**i** jdm etw) ② JUR übertragen (-**e** -**i** jdm etw) ③ TECH rotieren
devri (**-ni**) *s Possessivform zu* **devir** das Zeitalter von ...
devrik (**-ği**) *adj* ① umgestoßen, umgeworfen ② (*Regierung*) gestürzt; ~ **cümle** Satz mit unregelmäßiger Wortstellung; ~ **yaka** Revers *nt*
devrilmek *vi* ① *Passiv zu* **devirmek** ② umkippen ③ (*auch politisch*) stürzen
devrim *s* ① Revolution *f* ② Reform *f* ③ POL Umsturz *m*
devrimci *s* Revolutionär(in) *m(f)*
devriye *s* Patrouille *f*, Streife *f*; ~ **gezmek** patrouillieren
devşirmek *vt* ① (*Obst*) einsammeln (-**i** etw) ② (*falten*) zusammenlegen (-**i** etw)
deyim *s* ① Bezeichnung *f* ② Redensart *f*, Redewendung *f*
deyiş *s* (*Wort*) Ausdruck *m*
dezavantaj *s* Nachteil *m*
dezavantajlı *adj* nachteilig
dezenfekte **I.** *s* Desinfektion *f* **II.** *adj* desinfiziert; ~ **etmek** desinfizieren (-**i** etw); ~ **ilacı** Desinfektionsmittel *nt*
DGM *s Abk. von* **Devlet Güvenlik Mahkemesi** Staatssicherheitsgericht *nt*
dırdır *s* ① (*fam*) Schwätzen *nt* ② (*fam*) Meckern *nt*, Nörgeln *nt*; ~ **etmek** (*fam*) meckern
dırdırcı *s* ① (*fam*) Schwätzer(in) *m(f)* ② (*fam*) Nörgler(in) *m(f)*
dış **I.** *s* äußerer Teil, das Äußere **II.** *adj* äußere(r, s), äußerlich; ~ **borçlanma** Auslandsverschuldung *f*; ~ **görev** Außendienst *m*; ~ **görünüş** Äußere(s) *nt*; ~ **işleri bakanı** Außenminister(in) *m(f)*; ~ **ilişkiler bölümü** Auslandsabteilung *f*; ~ **kaynak kullanımı** FIN, COMM Outsourcing *nt*; ~ **modem** INET externes Modem *nt*; ~ **politika** Außenpolitik *f*; ~ **ticaret** Außenhandel *m*; ~ **ülkeye uçuş** Auslandsflug *m*; ~ **yüz** Außenseite *f*
dışa dönük (**-ğü**) *adj* extrovertiert
dışalım *s* Import *m*, Einfuhr *f*
dışalımcı *s* Importeur(in) *m(f)*
dışarı **I.** *s* ① Außenseite *f* ② Ausland *nt* **II.** *interj* raus! **III.** *adv* draußen, hinaus; ~ **atmak** (*aus einer Gemeinschaft*) ausstoßen, hinaus-

D

werfen (-i jdn); ~ **çıkmak** hinausgehen; (*auf Toilette*) austreten; (*Dampf*) entweichen, herauskommen; ~ **sarkmak** sich hinauslehnen

dışarıda *adv* 1 draußen 2 im Ausland

dışarıdan *adv* 1 von draußen 2 aus dem Ausland

dışarıya *adv* 1 nach außen 2 heraus, hinaus 3 ins Ausland

dışavurumculuk (-ğu) *s* Expressionismus *m*

dışı (-nı) *adj* außer-, un-; **dünya** ~ außerirdisch; **normal** ~ unnormal, abnormal

dışında *präp* 1 außerhalb (-**in** +*gen*) 2 abgesehen von (-**in** +*dat*), bis auf (-**in** +*akk*)

dışişleri (-ni) *npl* auswärtige Angelegenheiten *pl*

Dışişleri Bakanlığı (-nı) *s* Außenministerium *nt*

dışkenar *s* Peripherie *f*

dışkı *s* Kot *m*

dışlama *s* 1 *Verbalsubstantiv zu* **dışlamak** 2 POL (*das Ausgrenzen*) Ausgrenzung *f*

dışlamak *vt* ausschließen (-**i** -**den** jdn/etw aus etw)

dışlanma *s* POL Ausgrenzung *f*

dışsatım *s* Export *m*, Ausfuhr *f*

diaspora *s* POL Diaspora *f*

dibi (-ni) *s Possessivform zu* **dip** der Boden von ...

dibinde I. *präp* ganz unten an ..., hinten in ... (-**in** +*dat*) **II.** *adv* unten

dibinden *präp* vom unteren [*o* hinteren] Ende von ..., aus der Tiefe von ... (-**in** +*dat*)

dibine *präp* nach unten an ..., ans untere Ende von ... (-**in** +*dat*)

Dicle *s* Tigris *m*

didik didik etmek *vt* 1 zerfetzen (-**i** etw) 2 zerstückeln (-**i** etw) 3 genau durchsuchen (-**i** etw)

didiklemek *vt* zerstückeln, zerfetzen (-**i** etw)

didinmek *vi* sich abmühen

difteri *s* Diphtherie *f*

diğer *adj* 1 andere(r, s) 2 weitere(r, s); ~ **ikisi** die beiden anderen; ~ **taraftan** andererseits; **diğerleri** die Übrigen

dijital *adj* digital; ~ **çağ** Digitalzeitalter *nt*; ~ **gösterge** Digitalanzeige *f*; ~ **kamera** Digitalkamera *f*

dijitalize *adj* digitalisiert

dijitalleşme *s* Digitalisierung *f*

dijitalleşmiş *adj* digitalisiert

dik (-ki) *adj* 1 (*gerade*) aufrecht 2 steil; (*Abhang*) schroff 3 (*Winkel*) rechte(r); ~ **alası** (*fig*) Gipfel *m*; ~ **başlı** [*o* **kafalı**] unnachgiebig; (*dickköpfig*) eigensinnig; ~ **başlılık** [*o* **kafalılık**] (*Eigensinn*) Trotz *m*; ~ ~ **bakmak** glotzen, starren; ~ **dörtgen** Rechteck *nt*; ~ **durmak** gerade stehen

diken *s* 1 Dorn *m* 2 Stachel *m*; ~ ~ **olmak** (*Haare*) sich sträuben, zu Berge stehen

dikenli *adj* dornig; ~ **tel** Stacheldraht *m*

dikey *adj* senkrecht

dikili *adj* 1 angepflanzt 2 genäht 3 aufgestellt

dikilitaş *s* Obelisk *m*

dikilmek *vi* 1 *Passiv zu* **dikmek** 2 sich aufstellen

dikiş *s* 1 *Verbalsubstantiv zu* **dikmek** 2 Nähen *nt* 3 Naht *f*; ~ **dikmek** nähen; ~ **iğnesi** Nähnadel *f*; ~ **kutusu** Nähkasten *m*; ~ **makinesi** Nähmaschine *f*; ~ **takımı** Nähzeug *nt*; ~ **tiresi** Nähgarn *nt*

dikişçi (**kadın**) *s* Näherin *f*

dikişsiz *adj* nahtlos

dikiz *s* (*fam*) Zugucken *nt*; ~ **aynası** Rückspiegel *m*; ~ **etmek** [*o* **bakmak**] zugucken

dikizci *s* (*pej fam*) Spanner *m*, Voyeur *m*

dikkat (-ti) *s* 1 Aufmerksamkeit *f* 2 Sorgfalt *f*, Genauigkeit *f* 3 Vorsicht *f*; ~ **etmek** vorsichtig sein, aufpassen; ~ **!** Achtung!; ~ **et!** pass (mal) auf!; **dikkate almak** beachten; (*Plan*) ins Auge fassen (-**i** etw); **dikkate almamak** unberücksichtigt lassen (-**i** etw); **dikkate değer** beachtenswert; (*beträchtlich*) bedeutend; **dikkati kendi üstüne çekmek** sich bemerkbar machen; **birinin dikkatini dağıtmak** jdn ablenken; **dikkatini toplamak** sich konzentrieren

dikkatle *adv* 1 bedächtig 2 aufmerksam 3 behutsam

dikkatli *adj* 1 aufmerksam 2 bedächtig, vorsichtig 3 behutsam

dikkatsiz *adj* 1 fahrlässig 2 unachtsam 3 unvorsichtig 4 unaufmerksam

dikkatsizce *adv* leichtsinnig

dikkatsizlik (-ği) *s* 1 Fahrlässigkeit *f* 2 Unaufmerksamkeit *f*

dikmek (-er) *vt* 1 hinstellen, aufrichten (-**i** etw) 2 (*an-, zusammen-*) nähen (-**i** etw) 3 (*fam: Glas*) leeren (-**i** etw) 4 (*an-, ein-, be-*) pflanzen (-**i** -**e** etw in etw) 5 (*Blick*) richten (-**e** auf jdn/etw)

diktafon *s* Diktiergerät *nt*, Diktaphon *nt*

diktatör *s* Diktator *m*

diktatörce *adj* diktatorisch

diktatörlük (**-ğü**) *s* Diktatur *f*
dikte *s* Diktat *nt;* ~ **etmek** (*a. fig*) diktieren (**-e -i** jdm etw)
dil *s* ❶ Zunge *f* ❷ Sprache *f* ❸ Ausdrucksweise *f* ❹ Landzunge *f* ❺ Worte *pl;* ~ **çıkarmak** die Zunge herausstrecken; ~ **kursu** Sprachkurs *m;* ~ **okulu** Sprachschule *f;* ~ **rehberi** Sprachführer *m;* ~ **sorunu** Sprachschwierigkeit *f;* **dile getirmek** zur Sprache bringen (**-i** etw); **dile vermek** verraten (**-i** etw/jdn); **dili dolaşmak** lallen; **dili tutuldu** es verschlug ihm/ihr die Sprache; **dilimin ucunda** es liegt mir auf der Zunge
dilbalığı (**-nı**) *s* Seezunge *f*
dilbilgisi (**-ni**) *s* Grammatik *f*
dilbilim *s* Sprachwissenschaft *f*
dilek (**-ği**) *s* Bitte *f,* Wunsch *m*
dilekçe *s* Antrag *m,* Gesuch *nt*
dilek-şart kipi (**-ni**) *s* Konjunktiv *m*
dilemek *vt* ❶ wünschen (**-i -den** etw von jdm) ❷ wollen (**-i** etw)
dilenci *s* Bettler(in) *m(f)*
dilenmek *vi* betteln (**-i** um etw)
dilim *s* (*Brot, Fleisch*) Scheibe *f*
dilsiz *adj* ❶ stumm ❷ sprachlos; ~ **kaval** türkische Flöte (*die beim Blasen schräg gehalten wird*)
dimdik *adj* (*kerzengerade*) stramm
din *s* ❶ Religion *f* ❷ (*Bekenntnis*) Glaube *m;* ~ **değiştirmek** (zu einem anderen Glauben) übertreten; ~ **özgürlüğü** Religionsfreiheit *f;* ~ **savaşı** Glaubenskrieg *m;* **birinin dinini değiştirmek** jdn bekehren
dinamik (**-ği**) **I.** *s* Dynamik *f* **II.** *adj* dynamisch
dinamit (**-ti**) *s* Dynamit *nt*
dinamizm *s* Dynamik *f*
dinamo (**makinesi**) *s* Dynamo *m;* AUTO Lichtmaschine *f*
dinbilimci *s* Religionswissenschaftler(in) *m(f)*
dinç (**-ci**) *adj* robust, kräftig, gesund
dindar *adj* fromm, religiös
dindarlık (**-ğı**) *s* Frömmigkeit *f,* Religiosität *f*
dindaş *s* Glaubensgenosse *m,* Glaubensgenossin *f*
dindirmek *vt* ❶ (*Schmerz*) lindern (**-i** etw) ❷ (*Blut*) stillen (**-i** etw)
dingil **I.** *s* Achse *f* **II.** *adj* (*fam*) dumm, idiotisch
dini *adj* religiös, geistlich; ~ **alay** Prozession *f;* ~ **ayin** Gottesdienst *m*
dinlemek *vt* ❶ hören (**-i** jdn/etw) ❷ (*gehorchen*) hören (**-i** auf jdn)
dinlendirici *adj* erholsam
dinlenme *s* ❶ *Verbalsubstantiv zu* **dinlenmek** ❷ (*Erholung*) Entspannung *f;* ~ **günü** Ruhetag *m*
dinlenmek *vr* ❶ *Passiv zu* **dinlemek** ❷ sich ausruhen, sich erholen
dinletmek *vt* ❶ *Kausativ zu* **dinlemek** ❷ (*Platte*) (ab)spielen (**-i** etw)
dinleyici *s* Hörer(in) *m(f),* Zuhörer(in) *m(f)*
dinleyiciler *s* Publikum *nt*
dinmek (**-er**) *vi* aufhören, nachlassen
dinozor *s* ❶ Dinosaurier *m* ❷ (*fig fam*) altmodischer Mensch *m,* Ewiggestrige(r) *f(m)*
dinozorluk (**-ğu**) *s* (*fam*) Anachronismus *m,* Antiquiertheit *f,* alter Zopf *fam*
dinsel *adj* religiös, geistlich
dinsiz **I.** *s* Ungläubige(r) *f(m),* Atheist(in) *m(f)* **II.** *adj* atheistisch, ungläubig
dinsizlik (**-ği**) *s* Atheismus *m,* Gottlosigkeit *f*
dip (**-bi**) *s* ❶ (*tiefe Stelle*) Grund *m* ❷ (*Gefäß-*) Boden *m* ❸ Meeresgrund *m* ❹ hinterster Teil *m*
dipçik (**-ği**) *s* (*vom Gewehr*) Kolben *m*
diploma *s* Diplom *nt;* ~ **çalışması** Diplomarbeit *f*
diplomalı *adj* diplomiert, staatlich geprüft
diplomasi *s* Diplomatie *f*
diplomat (**-tı**) *s* Diplomat(in) *m(f)*
diplomatik (**-ği**) *adj* diplomatisch
dipnot (**-tu**) *s* Fußnote *f,* Anmerkung *f*
dipsiz *adj* ❶ bodenlos ❷ nicht fundiert
dipsizlik (**-ği**) *s* ❶ Bodenlosigkeit *f* ❷ (*fig*) Abgrund *m*
direk (**-ği**) *s* ❶ Balken *m* ❷ Mast *m* ❸ Pfeiler *m* ❹ Pfosten *m* ❺ Fahnenschaft ❻ Stange *f*
direk *adj* direkt, unmittelbar
direksiyon *s* ❶ Lenkrad *nt;* AUTO Steuer *nt* ❷ Führung *f,* Leitung *f*
direkt *adj* direkt, unmittelbar
direktif *s* Anweisung *f,* Instruktion *f*
direktör *s* Direktor(in) *m(f)*
direnç (**-ci**) *s* ❶ MED Resistenz *f* ❷ Widerstand *m*
direnek (**-ği**) *s* Bollwerk *nt*
direnmek *vi* ❶ widerstehen (**-e** jdm/einer Sache) ❷ beharren auf (**-de** auf etw)
diretmek *vi* darauf bestehen (**-mesi için** dass)
diri *adj* ❶ lebendig ❷ (*Gemüse*) frisch
dirilmek *vi* ❶ wieder lebendig werden ❷ genesen, gesunden
diriltme *s* ❶ *Verbalsubstantiv zu* **diriltmek**

D

❷ Wiederbelebung *f*
diriltmek *vt* ❶ *Kausativ zu* **dirilmek** ❷ wieder beleben (**-i** jdn/etw)
dirim *s* Leben *nt*
dirimbilim *s* Biologie *f*
dirimbilimsel *adj* biologisch
dirsek (**-ği**) *s* ❶ Ellbogen *m* ❷ Krümmung *f* ❸ (*Rohr*) Knie *nt;* **birine ~ çevirmek** jdm den Rücken kehren
dirseklik (**-ği**) *s* Armlehne *f*
disiplin *s* Disziplin *f;* **~ cezası** Ordnungsstrafe *f*
disiplinlerarası *adj* interdisziplinär
disiplinli *adj* diszipliniert
disiplinsiz *adj* undiszipliniert
disk (**-ki**) *s* ❶ Diskus *m* ❷ Scheibe *f* ❸ ANAT Bandscheibe *f*
diskalifikasyon *s* Disqualifikation *f*
diskalifiye *adj* disqualifiziert; **~ etmek** disqualifizieren
disket (**-ti**) *s* Diskette *f;* **~ sürücü**(**sü**) Diskettenlaufwerk *nt*
diskjokey *s* Diskjockey *m,* DJ *m*
disko *s* (*fam*) Disko *f*
diskotek (**-ği**) *s* Diskothek *f*
dispanser *s* Krankenhaus *nt* für ambulante Behandlung
distribütör *s* AUTO Verteiler *m*
diş *s* ❶ Zahn *m* ❷ Zacke *f* ❸ (*von Knoblauch*) Zehe *f;* **~ ağrısı** Zahnschmerzen *pl;* **~ çekmek** einen Zahn ziehen; **~ çıkarmak** (*Kind*) Zähne bekommen; **~ çürüklüğü** MED Karies *f;* **~ doktoru** [*o* **hekimi**] Zahnarzt *m,* Zahnärztin *f;* **~ fırçası** Zahnbürste *f;* **birine ~ geçirmek** (*fig*) sich gegenüber jdm behaupten; **~ macunu** Zahnpasta *f;* **~ minesi** Zahnschmelz *m;* **dişini fırçalamak** sich die Zähne putzen; **dişini sıkmak** die Zähne zusammenbeißen; **dişler dizisi** Gebiss *nt;* **diş**(**ler**)**im ağrıyor** ich habe Zahnschmerzen; **dişlerini gıcırdatmak** mit den Zähnen knirschen
dişbudak (**-ğı**) *s* Esche *f*
dişçi *s* Zahnarzt *m,* Zahnärztin *f*
dişeti (**-ni**) *s* Zahnfleisch *nt;* **~ iltihabı** Zahnfleischentzündung *f;* **~ çekilmesi** Parodontose *f*
dişi **I.** *s* ❶ (*von Tieren*) Weibchen *nt* ❷ Höhlung *f* **II.** *adj* (*Tier, Pflanze*) weiblich; **~ kopça** Öse *f*
dişil *adj* ❶ LING weiblich ❷ das weibliche Geschlecht betreffend
dişlemek *vt* anbeißen (**-i** etw), beißen (**-i** in etw)
dişli *adj* ❶ gezahnt ❷ gezackt ❸ (*Gegner*) zäh, hartnäckig
dişli (**çark**) *s* Zahnrad *nt*
divan *s* ❶ HIST öffentliche Ratssitzung *f* ❷ Gedichtsammlung (eines Autors) *f* ❸ Couch *f,* Liege *f* ❹ JUR (*nur in Zusammensetzungen*) Gericht *nt*
diyabet (**-ti**) *s* Diabetes *m*
diyafram *s* ❶ Blende *f* ❷ Zwerchfell *nt*
diyagnoz *s* Diagnose *f*
diyagonal *adj* diagonal
diyakoz *s* Diakon *m*
diyalekt *s* Dialekt *m,* Mundart *f*
diyaliz *s* Dialyse *f*
diyalog *s* Dialog *m*
diyapozitif *s* Dia(positiv) *nt*
diye **I.** *adv schließt wörtliche Rede ab; wird nicht übersetzt* **II.** *konj* weil, da; (*um zu*) damit **III.** *adv* namens; **... ~ biri** ein gewisser ..., eine gewisse ...
diz *s* Knie *nt;* **~ çökmek** niederknien; **~ kapağı** Kniescheibe *f*
dizanteri *s* MED Ruhr *f*
dizayn *s* Design *nt;* **~ etmek** (*Produkt*) entwerfen (**-i** etw)
dize *s* Vers *m*
dizel motoru (**-nu**) *s* Dieselmotor *m*
dizge *s* System *nt*
dizgin *s* (*a. fig*) Zügel *m;* **dizginler elinde olmak** (*fam*) die Hosen anhaben
dizi *s* ❶ (*Aufstellung*) Reihe *f* ❷ (Reihen)folge *f* ❸ MATH Progression *f* ❹ Tonleiter *m* ❺ (*TV*) Serie *f*
dizici *s* Schriftsetzer(in) *m(f)*
dizilmek *vr* ❶ *Passiv zu* **dizmek** ❷ sich in einer Reihe aufstellen
dizin *s* ❶ Liste *f* ❷ INFORM (*von Dateien*) Verzeichnis *nt*
dizmek (**-er**) *vt* ❶ (*in einer Reihe*) aufstellen (**-i -e** etw auf etw) ❷ (*Perlen*) auffädeln (**-i** etw) ❸ (*Text*) setzen (**-i** etw)
dizüstü (**-nü**) *s* Laptop *m*
DNA *s* DNS *f,* DNA *f;* **~ testi** DNA-Test *m,* DNS-Test *m*
dobra dobra *adv* (*fam*) unverblümt
Doç. *s Abk. von* **doçent**
doçent (**-ti**) *s* Dozent(in) *m(f)*
dogma *s* Dogma *nt*
dogmatik (**-ği**) *adj* dogmatisch
doğa *s* Natur *f;* **~ kanunu** Naturgesetz *nt*

doğacılık (**-ğı**) *s* Naturalismus *m*
doğaçlama **I.** *adj* (*Musik, Kunst*) improvisiert **II.** *s* Improvisation *f*
doğal *adj* natürlich; **doğala özdeş** naturidentisch
doğallık (**-ğı**) *s* Natürlichkeit *f*
doğan *s* ❶ Falke *m* ❷ Weihe *f*
doğaüstü *adj* ❶ übernatürlich ❷ übersinnlich
doğmak (**-ar**) *vi* ❶ geboren werden ❷ (*Sonne*) aufgehen ❸ entstehen ❹ (*folgen*) sich ergeben (**-den** aus etw)
doğrama *s* ❶ *Verbalsubstantiv zu* **doğramak** ❷ (*in einem Haus*) Zimmerwerk *nt*
doğramacı *s* (Bau)schreiner *m*, Zimmermann *m*
doğramak *vt* (zer)schneiden (**-i** etw)
doğru **I.** *adv* direkt, gerade, geradeaus **II.** *adj* ❶ richtig, wahr ❷ (*aufrichtig*) ehrlich ❸ passend, zutreffend **III.** *präp* (*örtlich*) in Richtung auf, gegen (**-e** *+akk*); (*zeitlich*) gegen (**-e** *+akk*) **IV.** *s* ❶ wirklicher Sachverhalt *m* ❷ MATH Gerade *f*; ~ **çizgi** Gerade *f*; ~ **gitmek** (*Uhr*) richtig gehen
doğruca *adv* geradewegs
doğrudan doğruya *adv* direkt, geradezu; (*rundweg*) glatt
doğrulama *s* ❶ *Verbalsubstantiv zu* **doğrulamak** ❷ (*einer Aussage*) Bestätigung *f*
doğrulamak *vt* (*Aussage*) bestätigen (**-i** etw)
doğrulmak *vi* ❶ sich aufrichten ❷ (wieder) gerade werden ❸ sich begeben (**-e** nach/zu etw)
doğrultmak *vt* ❶ *Kausativ zu* **doğrulmak** ❷ aufrichten (**-i** etw) ❸ (*Fehler*) korrigieren (**-i** etw)
doğruluk (**-ğu**) *s* ❶ gerade Richtung *f* ❷ Richtigkeit *f*; (*einer Aussage*) Wahrheit *f* ❸ Ehrlichkeit *f* ❹ Genauigkeit *f* ❺ Angebrachtsein *nt*
doğrusu *adv* genau genommen, eigentlich
doğu *adj* östlich, Ost-
Doğu *s* ❶ Osten *m* ❷ Morgenland *nt*, Orient *m*; ~ **Almanya** Ostdeutschland *nt*; ~ **Anadolu** Ostanatolien *nt*; ~ **Avrupa** Osteuropa *nt*
doğum *s* ❶ Geburt *f* ❷ MED Entbindung *f* ❸ Geburtsjahr *nt*; ~ **günü** Geburtstag *m*; ~ **günü partisi** Geburtstagsparty *f*; ~ **günün(üz) kutlu olsun!** alles Gute zum Geburtstag!; ~ **ilanı** Geburtsanzeige *f*; ~ **kontrolü** Geburtenregelung *f*; ~ **sancıları** Wehen *pl*; ~ **tarihi** Geburtsdatum *nt*; ~ **yeri** Geburtsort *m*; ~ **yılı** Geburtsjahr *nt*
doğumhane *s* Kreißsaal *m*
doğurmak *vt* ❶ gebären, zur Welt bringen (**-i** jdn) ❷ (*fig*) zur Folge haben, auslösen (**-i** etw)
doğusal *adj* orientalisch
doğuş *s* ❶ Geburt *f* ❷ (*der Sonne*) Aufgang *m*
doğuştan **I.** *adj* angeboren **II.** *adv* von Geburt aus
dok (**-ku**) *s* Dock *nt*; ~ **amelesi** Hafenarbeiter *m*
doksan *num* neunzig
doksanlı *adj* ~ **yıllar** die neunziger Jahre *pl*
doktor *s* ❶ Arzt *m*, Ärztin *f*, Doktor *m* ❷ (*als akademischer Grad*) Doktor *m*; ~ **öğrencisi** Doktorand(in) *m(f)*; **doktora başvurmak** einen Arzt aufsuchen
doktora *s* Promotion *f*; ~ **yapmak** promovieren
doku *s* MED Gewebe *nt*
dokuma *s* ❶ *Verbalsubstantiv zu* **dokumak** ❷ (*Textil*) Gewebe *nt*; ~ **fabrikası** Weberei *f*; ~ **sanayii** Textilindustrie *f*; ~ **tezgahı** Webstuhl *m*
dokumacı *s* Weber(in) *m(f)*
dokumacılık (**-ğı**) *s* ❶ (*Webkunst*) Weberei *f* ❷ Textilindustrie *f*
dokumak *vt* weben (**-i** etw)
dokunaklı *adj* ❶ ergreifend ❷ beleidigend
dokunmak *vi* ❶ *Passiv zu* **dokumak** ❷ anfassen, berühren (**-e** etw) ❸ (*psychisch*) ergreifen, rühren (**-e** jdn) ❹ (*Essen, Rauchen*) nicht bekommen (**-e** jdm) ❺ stören (**-e** jdn) ❻ schlagen, stoßen (**-e** an etw) ❼ betreffen (**-e** etw)
dokunmatik ekran *s* Touchscreen *m*
dokunulmazlık (**-ğı**) *s* ❶ (politische) Immunität *f* ❷ Unantastbarkeit *f*
dokunum *s* Tastsinn *m*
dokuz *num* neun; ~ **yüz** neunhundert; ~ **bin** neuntausend; ~ **buçuk** neuneinhalb; ~ **kat** neunfach; ~ **misli** [*o* **katı**] neunfach, neunmal so viel; (*Menge*) das Neunfache; ~ **defa** [*o* **kere**] neunmal; ~ **türlü** neunerlei; ~ **katlı** neunstöckig; **dokuzar** je neun; **dokuzda bir** ein Neuntel *nt*
dokuzuncu *adj* neunte(r, s)
doküman *s* Dokument *nt*
dokümanter *adj* dokumentarisch; ~ **film** Dokumentarfilm *m*; ~ **pembe dizi** Doku-Soap *f*
dolamak *vt* wickeln, binden (**-i -e** etw um

etw)

dolambaç (**-cı**) *s* ❶ (*Krümmung*) Windung *f* ❷ (*fig*) Umweg *m*

dolambaçlı *adj* ❶ (*verwinkelt*) wink(e)lig ❷ (*fig*) verworren; ~ **yollardan** auf Umwegen

dolambaçsız *s* ohne Umschweife

dolandırıcı **I.** *s* (*fam*) ❶ Gauner(in) *m(f)*, Ganove *m*, Ganovin *f* ❷ (*Hochstapler*) Schwindler(in) *m(f)* **II.** *adj* betrügerisch

dolandırıcılık (**-ğı**) *s* Betrug *m*, Schwindel *m*; ~ **etmek** betrügen

dolandırmak *vt* betrügen (**-i** jdn)

dolanmak *vt* ❶ *Passiv zu* **dolamak** ❷ sich wickeln (**-e** um etw) ❸ sich schlängeln ❹ bummeln, schlendern ❺ (*Gerücht*) umgehen

dolap (**-bı**) *s* ❶ Schrank *m* ❷ (*Uhr-, Radio-*) Gehäuse *nt* ❸ (*fig*) Kniff *m* ❹ (*fig*) List *f*

dolar *s* Dollar *m*; ~ **kuru** Dollarkurs *m*

dolaşık (**-ğı**) *adj* ❶ kompliziert ❷ gewunden

dolaşım *s* ❶ *Verbalsubstantiv zu* **dolaşmak** ❷ Kreislauf *m*

dolaşmak *vi, vt* ❶ spazieren gehen ❷ (*Stadt, Land*) besichtigen, bereisen (**-i** etw) ❸ (*zirkulieren*) kreisen ❹ (*Gerücht*) umgehen ❺ sich verwickeln

dolaştırmak *vt* ❶ *Kausativ zu* **dolaşmak** ❷ (*Fremde*) herumführen (**-i** jdn) ❸ verwickeln (**-i** etw) ❹ zirkulieren lassen (**-i** etw)

dolayı **I.** *s* Umgebung *f* **II.** *präp* wegen, infolge (**-den** +*gen*)

dolayısıyla **I.** *präp* anlässlich (**...** +*gen*) **II.** *adv* in diesem Zusammenhang

dolaylı *adj* indirekt

dolaysız *adj* direkt, unmittelbar

doldurmak *vt* ❶ *Kausativ zu* **dolmak** ❷ ein-, aus-, erfüllen (**-i** etw) ❸ (*Scheck*) ausschreiben (**-i** etw) ❹ (*Gewehr, Batterie*) laden (**-i** etw) ❺ (*Zahn*) plombieren (**-i** etw) ❻ (*Pfeife*) stopfen (**-i** etw) ❼ vollstopfen (**-i** etw)

dolgu *s* (*Zahn-*) Plombe *f*

dolgun *adj* ❶ (*Mensch*) rundlich ❷ (*Gehalt*) hoch ❸ (*Pflanzenwuchs*) üppig ❹ (*fig*) geladen

dolma **I.** *s* ❶ *Verbalsubstantiv zu* **dolmak** ❷ *Gericht mit einer Füllung* ❸ (*vulg*) Beschiss *m* **II.** *adj* gefüllt; **biber dolması** gefüllte Paprikaschoten *pl*

dolmak (**-ar**) *vi* ❶ sich füllen (**ile** mit etw) ❷ (*Frist, Vertrag*) ablaufen ❸ hineinströmen (**-e** in etw)

dolmakalem *s* Füller *m*, Füllfederhalter *m*

dolmalık biber *s* Paprikaschote *f*

dolmuş **I.** *adj* voll (besetzt) **II.** *s* (*in der Türkei*) Sammeltaxi *nt*

Der **dolmuş** ist ein Sammeltaxi, das zwar auf festgelegten Routen, aber nach keinem festen Fahrplan fährt. Meist sind es Kleinbusse. Sie fahren erst los, wenn alle Plätze besetzt sind. Man kann jederzeit zu- und aussteigen. Winken am Straßenrand genügt.

dolu **I.** *s* Hagel *m*; ~ **fırtınası** Hagelschauer *m*; ~ **yağıyor** es hagelt **II.** *adj* ❶ gefüllt, voll ❷ (*Platz, Fahrzeug*) besetzt ❸ (*Pistole*) geladen

dolunay *s* Vollmond *m*

domain *s* INET Domain *f*; ~ **ismi** Domainname *m*

domates *s* Tomate *f*; ~ **çorbası** Tomatensuppe *f*; ~ **salçası** Tomatenmark *nt*; ~ **sosu** Tomatensauce *f*; ~ **suyu** Tomatensaft *m*

dominant *adj* dominant

domino *s* Domino *nt*; ~ **taşı** Dominostein *m*

domuz **I.** *s* Schwein *nt* **II.** *adj* ❶ widerlich ❷ hartnäckig ❸ grausam; ~ **ahırı** Saustall *m*, Schweinestall *m*; ~ **eti** Schweinefleisch *nt*; ~ **kılı** Schweinsborste *f*; ~ **yavrusu** Ferkel *nt*

don *s* ❶ Frost *m* ❷ (*fam*) Unterhose *f*

donakalmak *vi* wie angewurzelt dastehen

donanım *s* INFORM Hardware *f*

donanma *s* ❶ Flotte *f* ❷ Illumination *f*

donatım *s* Ausstattung *f*

donatmak *vt* ❶ versehen, ausstatten (**-i ile** etw mit etw) ❷ schmücken, illuminieren (**-i ile** etw mit etw)

dondurma *s* ❶ *Verbalsubstantiv zu* **dondurmak** ❷ Speiseeis *nt*; ~ **dolabı** Gefrierfach *nt*; ~ **külahı** Eisbecher *m*; ~ **salonu** Eisdiele *f*; **dondurmalı pasta** Eistorte *f*

dondurmak *vt* ❶ *Kausativ zu* **donmak** ❷ einfrieren (**-i** etw)

donjuan *s* Frauenheld *m*

donmak (**-ar**) *vi* ❶ einfrieren, gefrieren, zufrieren ❷ erfrieren ❸ (*sehr*) frieren

donma noktası (**-nı**) *s* Gefrierpunkt *m*

donuk (**-ğu**) *adj* ❶ gefroren ❷ (*Licht*) fahl ❸ (*glanzlos*) matt

donyağı (**-nı**) *s* ❶ Talg *m* ❷ (*fig*) kalter, liebloser Mensch

doping *s* Doping *nt*; ~ **yapmak** sich dopen

doruk (**-ğu**) *s* ❶ (*Berg-*) Gipfel *m* ❷ (*Baum-*)

Wipfel *m* ③ (*fig*) Höhepunkt *m*

dosdoğru I. *adv* ① sofort, direkt ② geradeaus ③ kerzengerade ④ korrekt **II.** *adj* ① direkt ② kerzengerade ③ korrekt

dost (**-tu**) **I.** *s* ① Freund(in) *m(f)* ② Geliebte(r) *f(m)* ③ (*Liebhaber*) Hausfreund *m* **II.** *adj* befreundet

dostça *adj* freundschaftlich, kameradschaftlich

dostluk (**-ğu**) *s* Freundschaft *f*, Kameradschaft *f*

dosya *s* ① Akte *f* ② Dossier *nt* ③ (*Büro-*) Ordner *m* ④ INFORM Datei *f* ⑤ INFORM Ordner *m*; ~ **adı** INFORM Dateiname *m*; ~ **aktarması** INET Datenübertragung *f*; ~ **eki** INFORM Dateierweiterung *f*; ~ **kurtarma** INFORM (*von Dateien*) Wiederherstellung *m*; ~ **transferi** INET Datentransfer *m*; ~ **yönetimi** INFORM Datenverwaltung *f*; **dosyaya geçirmek** zu den Akten legen (**-i** etw)

doygun *adj* ① gesättigt ② genügsam

doygunluk (**-ğu**) *s* ① Befriedigung *f* ② Genügsamkeit *f*

doymak (**-ar**) *vi* ① satt werden ② genug haben (**-e** von etw); **doydum** ich bin satt; **karnım doydu** ich bin satt

doymuş *adj* satt

doyum *s* Sättigung *f*

doyurmak *vt* ① *Kausativ zu* **doymak** ② sättigen (**-i** jdn/etw) ③ (*fig*) befriedigen (**-i** jdn)

doyurucu *adj* ① sättigend ② (*fig*) befriedigend

doz *s* Dosis *f*; **dozunu tayin etmek** dosieren (**-in** etw)

dökme *s* ① *Verbalsubstantiv zu* **dökmek** ② TECH Guss *m*; ~ **demir** Gusseisen *nt*

dökmek (**-er**) *vt* ① aus-, eingießen (**-i -e** etw in etw) ② aus-, verschütten (**-i** etw) ③ ausleeren (**-i** etw) ④ INFORM (*Daten*) ausgeben (**-i** etw) ⑤ (*Haare, Federn, Blätter*) verlieren (**-i** etw) ⑥ (*Minen*) legen (**-i** etw) ⑦ (*fam: bei Prüfung*) durchsausen lassen (**-i** jdn)

dökülmek *vi* ① *Passiv von* **dökmek** ② abfallen ③ (*Haar*) ausfallen ④ (*Fluss*) münden (**-e** in etw) ⑤ (*Verputz*) abbröckeln ⑥ (*Körperglied*) sehr schmerzen ⑦ (*fam: Menschen*) strömen (**-e** in etw)

döküm *s* ① Abfallen *nt* ② TECH Guss *m*

dökümhane *s* Eisenhütte *f*

döküntü *s* ① Unrat *m* ② (*fig*) Rest *m* ③ (*pej*) Abschaum *m*

döl *s* ① Sperma *nt* ② Embryo *m* ③ (*fig*) Nachkommenschaft *f*

dölyatağı (**-nı**) *s* ANAT Gebärmutter *f*

dölyolu (**-nu**) *s* ANAT Scheide *f*

döndürmek *vt* ① *Kausativ zu* **dönmek** ② drehen (**-i** etw) ③ umdrehen, umwenden (**-i** etw) ④ zur Umkehr veranlassen (**-i** jdn) ⑤ verwandeln (**-i -e** jdn in etw) ⑥ (*fig: verwalten*) leiten (**-i** etw)

dönek (**-ği**) *adj* unbeständig, wankelmütig

döneklik (**-ği**) *s* Wankelmut *m*

dönem *s* ① Phase *f*; (*Zeitabschnitt*) Zeit *f* ② Zyklus *m*

dönemeç (**-ci**) *s* ① (*einer Straße*) Kurve *f* ② Wende *f*, Wendepunkt *m*

dönemsel *adj* periodisch, zyklisch

dönence *s* Wendekreis *m*

döner *adj* sich drehend, Dreh-; ~ **kapı** Drehtür *f*; ~ **kebap** Döner(kebap) *m*; ~ **koltuk** Drehstuhl *m*

dönme *s* ① *Verbalsubstantiv zu* **dönmek** ② Umdrehung *f* ③ REL Konvertit(in) *m(f)*; ~ **dolap** Karussell *nt*

dönmek (**-er**) *vi* ① sich drehen, rotieren, zirkulieren ② sich umdrehen, sich wenden ③ umkehren ④ wiederkehren ⑤ zurückkommen, zurückkehren (**-den** aus etw/von jdm) ⑥ zurückgehen, zurückfahren (**-e** nach etw/zu jdm) ⑦ werden zu, sich verwandeln (**-e** in etw) ⑧ REL übertreten (**-e** zu etw)

dönük (**-gü**) *adj* ausgerichtet (**-e** auf jdn/etw)

dönüm *s* ① *türkisches Flächenmaß: etwa 1.000 qm* ② Wende *f*; ~ **noktası** Wendepunkt *m*

dönüş *s* ① Rückfahrt *f* ② Rückkehr *f* ③ Umkehr *f* ④ Heimkehr *f*; ~ **bileti** Rückfahrkarte *f*

dönüşlü *adj* (*Verb*) reflexiv

dönüşmek *vr* sich verwandeln (**-e** in etw)

dönüştürmek *vt* ① *Kausativ zu* **dönüşmek** ② (*umformen*) umwandeln (**-i -e** etw in etw) ③ INFORM konvertieren (**-i** etw)

döpiyes *s* (Damen)kostüm *nt*

dörder *num* je vier; ~ ~ in Vierergruppen

dördüncü *adj* vierte(r, s); ~ **olarak** als Vierte(r, s)

dördüzler *npl* Vierlinge *pl*

dört (**-dü**) *num* vier; ~ **köşeli** viereckig; ~ **yüz** vierhundert; ~ **bin** viertausend; ~ **buçuk** viereinhalb; ~ **kat** vierfach; ~ **misli** [*o* **katı**] vierfach, viermal so viel; ~ **defa** [*o* **kere**] viermal; ~ **türlü** viererlei; ~ **katlı** vierstöckig; ~ **köşeli** viereckig; ~ **şeritli** vierspurig

dörtgen *s* Viereck *nt*

dörtkenar *s* Viereck *nt*
dörtlük (-ğü) *s* ❶ Strophe *f* ❷ Viertelnote *f*
dörtnal *s* Galopp *m*
dörtnala *adj* galoppierend, rasend schnell; ~ **enflasyon** Hyperinflation *f*; **dörtnala gitmek** [*o* **koşmak**] galoppieren
dörtyol ağzı (-nı) *s* ❶ (Straßen)kreuzung *f* ❷ Scheideweg *m*
döşek (-ği) *s* ❶ Matratze *f* ❷ (*Ruhe-*) Lager *nt*
döşeme *s* ❶ *Verbalsubstantiv zu* **döşemek** ❷ Fußboden *m* ❸ (*Möbel*) Einrichtung *f*
döşemek *vt* ❶ (*mit Teppichboden*) auslegen (**-i** etw) ❷ (*Wohnung*) einrichten (**-i** etw) ❸ (*Leitung*) verlegen (**-i** etw) ❹ (*eine Straße*) pflastern (**-i** etw) ❺ (*Minen, Schienen*) legen (**-i** etw)
döviz *s* Devisen *pl*; ~ **tevdiat hesabı** Devisenkonto *nt*; ~ **ticareti** Devisenhandel *m*
dövme **I.** *s* ❶ *Verbalsubstantiv zu* **dövmek** ❷ Tätowierung *f* **II.** *adj* geschmiedet; ~ **demir** Schmiedeeisen *nt*; ~ **yapmak** tätowieren; ~ **yaptırmak** sich tätowieren lassen
dövmek (-er) *vt* ❶ verprügeln, schlagen (**-i** jdn) ❷ (*Kaffee, Pfeffer*) mahlen (**-i** etw) ❸ (*Teppich*) klopfen (**-i** etw) ❹ schmieden (**-i** etw) ❺ zerstampfen, zerstoßen (**-i** etw)
dövmeli *adj* tätowiert
dövülmüş biber *s* gemahlener Pfeffer
dövüş *s* ❶ Schlägerei *f* ❷ (*fig*) Kampf *m*; ~ **horozu** Kampfhahn *m*
dövüşken **I.** *s* Raufbold *m* **II.** *adj* gut kämpfend
dövüşme *s* ❶ *Verbalsubstantiv zu* **dövüşmek** ❷ Prügelei *f*, Schlägerei *f*
dövüşmek *vi* sich schlagen (**ile** mit jdm)
dragon *s* Drache *m*
drahoma *s* Mitgift *f*
draje *s* Dragée *nt*
dram *s* Drama *nt*
dramatik (-ği) *adj* dramatisch
dramatize *adj* dramatisiert; ~ **etmek** dramatisieren; (*fig*) übertreiben (**-i** etw)
dribling yapmak *vi* dribbeln
dua *s* ❶ Gebet *nt* ❷ Wunschformel *f*; ~ **etmek** beten; ~ **kitabı** Gebetbuch *nt*
duba *s* ❶ Boje *f* ❷ Schlepp-, Lastkahn *m*
dubl *s* (*Tennis*) Doppel *nt*
dublaj *s* (*Film*) Synchronisierung *f*; ~ **yapmak** synchronisieren
dudak (-ğı) *s* Lippe *f*
dul **I.** *s* Witwe(r) *f(m)* **II.** *adj* ❶ verwitwet ❷ geschieden
duman *s* ❶ Rauch *m*, Qualm *m* ❷ Dunst *m*, Dampf *m*; **birine** ~ **attırmak** (*fam*) jdm tüchtig einheizen; ~ **bulutu** Rauchwolke *f*
dumanlı *adj* ❶ dunstig ❷ rauchig ❸ (*Glas*) beschlagen ❹ (*fam*) beschwipst
dumur *s* Verkümmerung *f*; **dumura uğramak** verkümmern
durağan *adj* beständig, konstant
durak (-ğı) *s* ❶ Haltestelle *f*, Station *f* ❷ (*beim Lesen*) Pause *f*
duraklama *s* ❶ *Verbalsubstantiv zu* **duraklamak** ❷ Stillstand *m*
duraklamak *vi* stocken
duraksama *s* ❶ *Verbalsubstantiv zu* **duraksamak** ❷ Zögern *nt*
duraksamak *vi* zögern
durdurmak *vt* ❶ *Kausativ zu* **durmak** ❷ stoppen, anhalten (**-i** jdn/etw) ❸ (*Maschine*) abstellen (**-i** etw) ❹ (*Verfahren*) einstellen (**-i** etw) ❺ (*Verkehr*) blockieren, lahmlegen (**-i** etw) ❻ (*Blut*) stillen (**-i** etw)
durdurulamaz *adj* unaufhaltsam
durgun *adj* ❶ (*bewegungslos*) ruhig ❷ (*Blick*) starr ❸ stagnierend ❹ windstill; ~ **su** stehendes Gewässer
durgunlaşmak *vi* ❶ (*Person*) still (und nachdenklich) werden ❷ stagnieren, zum Stillstand kommen
durgunluk (-ğu) *s* ❶ (*Stille*) Ruhe *f* ❷ Stagnation *f* ❸ Stillstand *m* ❹ Windstille *f*
durma *s* ❶ *Verbalsubstantiv zu* **durmak** ❷ (*Anhalten*) Halt *m* ❸ Stillstand *m*; ~ **yasağı** Halteverbot *nt*
durmadan *adv* ständig, unaufhörlich, unentwegt
durmak (-ur) *vi* ❶ (an)halten, stehen bleiben ❷ sich legen, aufhören ❸ (*Arbeit*) ruhen ❹ stagnieren, stocken ❺ (*Uhr*) stehen bleiben ❻ verdutzt sein ❼ (*Sachen*) sich befinden ❽ (*kurz*) sich aufhalten ❾ sich gedulden ❿ (noch) vorhanden sein; ~ **yasaktır!** Halten verboten!; **ayakta** ~ stehen; **dur!** halt!, stopp!
durmaksızın *adv* ununterbrochen, unaufhörlich
duru *adj* kristallklar
durulamak *vt* spülen, auswaschen (**-i** etw)
durulmak *vi* ❶ *Passiv zu* **durmak** ❷ (*Lage*) sich klären
duruluk *s* Klarheit *f*
durum *s* ❶ (*Zustand*) Lage *f*, Situation *f* ❷ Position *f* ❸ Sachverhalt *m*, Sachlage *f*; **duruma**

göre den Umständen entsprechend
duruş *s* ① *Verbalsubstantiv zu* **durmak** ② (*Körperhaltung*) Stellung *f*
duruşma *s* Hauptverhandlung *f;* ~ **salonu** Gerichtssaal *m*
duş *s* Dusche *f;* **duş jölesi** Duschgel *nt;* ~ **kabini** Duschkabine *f;* ~ **yapmak** sich duschen
dut (**-du/-tu**) *s* Maulbeere *f;* ~ **ağacı** Maulbeerbaum *m*
duvak (**-ğı**) *s* (Braut)schleier *m*
duvar *s* Mauer *f,* Wand *f;* ~ **gazetesi** Wandzeitung *f;* ~ **halısı** Wandteppich *m;* ~ **kâğıdı** Tapete *f;* ~ **saati** Wanduhr *f;* ~ **sarmaşığı** Efeu *m*
duvarcı *s* Maurer(in) *m(f)*
duyarga *s* (*von Insekt*) Fühler *m*
duyarlı *adj* sensibel
duyarlık (**-ğı**) *s* ① Sensibilität *f* ② Einfühlungsvermögen *nt,* Verständnis *nt* ③ Fingerspitzengefühl *nt*
duygu *s* ① Empfindung *f,* Gefühl *nt* ② Sinn *m* ③ Eindruck *m* ④ Verständnis *nt*
duygudaş *adj* mitfühlend
duygudaşlık (**-ğı**) *s* Mitgefühl *nt,* Anteilnahme *f*
duygulandırıcı *adj* ① eindrucksvoll ② packend
duygulandırmak *vt* beeindrucken, ergreifen (**-i** jdn)
duygulu *adj* empfindsam, gefühlvoll, sensibel
duygululuk (**-ğu**) *s* Empfindsamkeit *f,* Sensibilität *f*
duygusal *adj* sentimental
duygusallık (**-ğı**) *s* ① Sentimentalität *f* ② Emotionalität *f*
duygusuz *adj* gefühllos, unempfindlich
duygusuzluk (**-ğu**) *s* Gefühllosigkeit *f,* Unempfindlichkeit *f*
duymak (**-ar**) *vt* ① hören (**-i** etw/jdn) ② empfinden, fühlen (**-i** etw) ③ erfahren, hören (**-i** etw) ④ merken (**-i** etw) ⑤ riechen (**-i** etw) ⑥ (*mit den Sinnen*) wahrnehmen (**-i** etw); **duymamazlıktan gelmek** sich taub stellen
duyu *s* Sinnesempfindung *f,* Sinn *m;* ~ **organı** Sinnesorgan *nt*
duyulabilen *adj* hörbar
duyulmadık (**-ğı**) *adj* unglaublich, unerhört
duyulmak *vr* ① *Passiv zu* **duymak** ② sich herumsprechen
duyum *s* Empfindung *f*
duyumsal *adj* (*die Sinne betreffend*) sinnlich
duyurmak *vt* ① *Kausativ zu* **duymak** ② bekannt machen, verlauten lassen (**-i** etw)
duyuru *s* Bekanntmachung *f,* Mitteilung *f*
düdük (**-ğü**) *s* ① (Triller)pfeife *f* ② Nebelhorn *nt* ③ (Auto)hupe *f* ④ (*fam*) Döskopf *m;* ~ **çalmak** [*o* **öttürmek**] (ab)pfeifen; (*Autofahrer*) hupen; (*Sirenen*) heulen; ~ **makarnası** Makkaroni *pl;* ~ **sesi** Pfiff *m*
düdüklü tencere *s* Schnellkochtopf *m*
düello *s* Duell *nt,* Zweikampf *m*
düet (**-ti**) *s* Duett *nt*
düğme *s* ① Knopf *m* ② INFORM Button *m;* ~ **iliği** Knopfloch *nt*
düğmelemek *vt* (zu)knöpfen (**-i** etw)
düğüm *s* ① Knoten *m* ② Schlinge *f* ③ (*fig*) Schwierigkeit *f;* ~ **noktası** Knotenpunkt *m*
düğümlemek *vt* (zusammen)knoten (**-i** etw)
düğün *s* Hochzeit *f;* ~ **salonu** Hochzeitshalle *f*

Düğün, das Hochzeitsfest, dauert traditionell drei Tage. Am Freitagnachmittag gehen die Verwandten des Mannes, begleitet von einer Musikkapelle, von Haus zu Haus, um alle Dorfbewohner zum Fest zu laden. Am Samstag kommen die geladenen Gäste von außerhalb und es wird zusammen mit dem Bräutigam weitergefeiert bis Samstagabend. Die Nacht von Samstag auf Sonntag ist ‚kınagecesi', die ‚Hennanacht', in der die weiblichen Verwandten des Bräutigams mit Geschenken zum Haus der Braut gehen. Die Frauen feiern in dieser Nacht den Abschied der Braut vom Elternhaus. In dieser Nacht werden die Hände der Braut mit Henna, einem roten Farbstoff, bemalt. Hennanacht feiert auch der Bräutigam. Bei ihm wird jedoch nur wenig Henna in die Handfläche gegeben. Am Sonntagnachmittag kommen dann die Gäste im Haus der Braut zusammen, um sie in ihr zukünftiges Heim zu bringen. In einem schön geschmückten Auto (früher auf einem schön geschmückten Pferd) wird die Braut zum Haus des Bräutigams gebracht. Bevor die Braut aus dem Auto steigt, erhält sie von ihrer zukünftigen Schwiegermutter ein wertvolles Geschenk. Der Schwiegervater streut anschließend Geldstücke und

Weizen über sie, damit sie reich werde und viele Kinder gebäre. Bevor die Schwiegertochter ins Haus tritt, zerbricht sie einen Tonkrug, denn auch in der Türkei bringen Scherben Glück. Nach dem Abendessen am Sonntag wird der ‚hoca', ein islamischer Geistlicher, im Haus des Bräutigams die Trauung vollziehen. Rechtlich anerkannt wird jedoch die Ehe wie bei uns vorm Standesamt. Da eine türkische Hochzeit mit einer großen Zahl von Gästen gefeiert wird, gibt es in türkischen Städten mit den **düğün salonları** spezielle Lokale, die für Hochzeiten gebucht werden.

düğünçiçeği (**-ni**) *s* Butterblume *f*
dük (**-kü**) *s* Herzog *m*
dükkan *s* Laden *m,* Geschäft *nt*
dülger *s* Zimmermann *m,* Bauschreiner *m*
dümbelek (**-ği**) *s* (kleine türkische) Trommel *f*
dümen *s* ❶ Lenkrad *nt* ❷ Ruder *nt* ❸ (*fam*) Schwindel *m;* ~ **dolabı** Steuerrad *nt;* ~ **neferi** (*fam*) Schlusslicht *nt*
dümenci *s* ❶ Steuermann *m* ❷ (*fam*) Schwindler(in) *m(f)*
dün **I.** *adv* gestern **II.** *s* Vergangenheit *f;* ~ **akşam** gestern Abend; ~ **sabah** gestern Morgen
dünkü *adj* gestrig; ~ **çocuk değilim ki** ich bin doch nicht von gestern
dünür *s* ❶ Eltern *pl* der Brautleute ❷ (*fam*) Freier *m*
dünya *s* ❶ (*Planet*) Erde *f* ❷ Welt *f* ❸ Weltall *nt;* ~ **bir araya gelse** nicht um alles in der Welt; ~ **çapında** weltweit; ~ **devi** (*fam*) COMM Multi *m;* ~ **görüşü** Weltanschauung *f;* ~ **harikası** Weltwunder *nt;* ~ **haritası** Weltkarte *f;* ~ **kadar** eine Unmenge; ~ **rekoru** Weltrekord *m;* ~ **savaşı** Weltkrieg *m;* ~ **şampiyonluğu** Weltmeisterschaft *f;* ~ **şampiyonu** Weltmeister(in) *m(f);* ~ **tarihi** Weltgeschichte *f;* **Dünya Ticaret Örgütü** Welthandelsorganisation *f;* ~ **turu** Weltreise *f;* **dünyaca tanınmış** weltbekannt, weltberühmt; **dünyadan el çekmek** zurückgezogen leben; **dünyadan haberi olmayan** weltfremd; **dünyaya gelmek** geboren werden; **dünyaya getirmek** zur Welt bringen (**-i** jdn); **dünyayı gezmek** in der Welt herumkommen
dünyasal *adj* ❶ (*die Erde betreffend*) irdisch ❷ (*der Welt zugewandt*) weltlich
dünyevi *adj* (*der Welt zugewandt*) weltlich
düo *s* Duo *nt*
dürbün *s* Fernrohr *nt,* Fernglas *nt*
dürmek (**-er**) *vt* (zusammen)rollen (**-i** etw)
dürtmek (**-er**) *vt* leicht stoßen, stupsen (**-i** etw/jdn)
dürtü *s* ❶ Drang *m* ❷ Trieb *m*
dürüst *adj* (*aufrichtig*) ehrlich, rechtschaffen
dürüstlük (**-ğü**) *s* Aufrichtigkeit *f,* Ehrlichkeit *f,* Rechtschaffenheit *f*
düstur *s* Grundsatz *m*
düş *s* (*auch fig*) Traum *m;* ~ **görmek** träumen
düşes *s* Herzogin *f*
düşkün **I.** *adj* ❶ (*Mensch*) verkommen ❷ verarmt ❸ süchtig (**-e** nach etw) **II.** *s* ❶ (*Amateur*) Liebhaber(in) *m(f)* ❷ Süchtige(r) *f(m);* **düşkünler evi** [*o* **yurdu**] Hospiz *nt* für arme Leute
düşkünleşmek *vi* ❶ herunterkommen ❷ (*moralisch*) verkommen ❸ süchtig werden (**-e** nach etw) ❹ sich begeistern (**-e** für etw/jdn)
düşkünlük (**-ğü**) *s* ❶ Schwäche *f* ❷ Sucht *f* ❸ Verarmung *f* ❹ (große) Anhänglichkeit *f*
düşlem *s* Idee *f,* Vorstellung *f*
düşman **I.** *s* Feind(in) *m(f)* **II.** *adj* feindlich
düşmanca *adj* feindselig
düşmanlık (**-ğı**) *s* ❶ Feindschaft *f* ❷ Feindseligkeit *f*
düşme *s* ❶ *Verbalsubstantiv zu* **düşmek** ❷ Sturz *m* ❸ (*eines Rechtes*) Verfallen *nt*
düşmek (**-er**) **I.** *vi* ❶ fallen (**-den -e** von etw auf etw), abfallen (**-den -e** von etw auf etw), herab-/hinunterfallen (**-den -e** von etw auf etw) ❷ stürzen ❸ (*Temperatur, Preise*) fallen, sinken ❹ (*Flugzeug*) abstürzen ❺ (*Blitz, Geschoss*) einschlagen (**-e** in etw) ❻ (*Gelegenheit*) sich bieten ❼ (*fam*) landen (**-e** in etw) ❽ (*sozial*) herunterkommen ❾ verarmen ❿ (*Pflicht, Aufgabe*) zukommen (**-e** auf jdn) ⓫ angebracht sein, passen (**-e** zu etw) ⓬ (*sehr lieben*) verfallen sein (**-e**/**-in üstüne** jdm); **hasta**/**yorgun** ~ krank/müde werden; **birinin arkasına** ~ hinter jdm her sein **II.** *vi* (*subtrahieren*) abziehen (**-i -den** etw von etw)
düşsel *adj* unwirklich, fantastisch
düşük (**-ğü**) **I.** *adj* ❶ (*Preis*) niedrig ❷ (*Wert*) gering ❸ gesunken, gefallen ❹ niedrig

5 (*Rock*) heruntergerutscht **II.** *s* Fehlgeburt *f*
düşünce *s* 1 Gedanke *m* 2 Überlegung *f*, Betrachtung *f* 3 Vorstellung *f*, Bild *nt* 4 Meinung *f*, Stellungnahme *f* 5 Nachdenken *nt* 6 Unruhe *f*
düşünceli *adj* 1 nachdenklich 2 umsichtig 3 besorgt
düşüncesiz *adj* 1 gedankenlos, unachtsam 2 leichtfertig, unbekümmert 3 sorglos
düşüncesizlik (-ği) *s* 1 Gedankenlosigkeit *f* 2 Leichtfertigkeit *f* 3 Sorglosigkeit *f*
düşünme *s* 1 *Verbalsubstantiv zu* **düşünmek** 2 ~ **mühleti** [*o* **süresi**] Bedenkzeit *f*
düşünmek *vt* 1 bedenken, überlegen (**-i** etw) 2 denken (**-i** an etw/jdn) 3 sich ausdenken (**-i** etw) 4 sich vorstellen (**-i** etw) 5 in Betracht ziehen (**-i** etw) 6 planen (**-i** etw) 7 sich Gedanken machen; **düşünüp taşınmak** reiflich überlegen
düşünsel *adj* geistig, gedanklich
düşünülebilir *adj* denkbar, vorstellbar
düşünür *s* Denker(in) *m(f)*
düşürmek *vt* 1 *Kausativ zu* **düşmek** 2 fallen lassen (**-i** etw) 3 umstoßen, umwerfen (**-i** etw) 4 (*Preis*) herabsetzen (**-i** etw) 5 zu Fall bringen (**-i** jdn) 6 (*Flugzeug*) abschießen (**-i** etw)
düşüş *s* 1 (Flugzeug)absturz *m* 2 Sturz *m*, Fall *m*
düz *adj* 1 flach, eben 2 gerade 3 glatt; ~ **tabak** flacher Teller; ~ **ekran** Flachbildschirm *m*
düzelmek *vi* 1 sich bessern, besser werden 2 eben [*o* glatt, flach] werden 3 (*Defekt*) behoben werden
düzelmez *adj* unverbesserlich
düzeltme *s* 1 *Verbalsubstantiv zu* **düzeltmek** 2 Berichtigung *f*, Korrektur *f*, Verbesserung *f*
düzeltmek *vt* 1 *Kausativ zu* **düzelmek** 2 glätten (**-i** etw) 3 verbessern, korrigieren (**-i** etw) 4 aufräumen, ordnen (**-i** etw) 5 in Ordnung bringen, regeln (**-i** etw) 6 (*Fehler*) wiedergutmachen (**-i** etw)
düzen *s* 1 Ordnung *f* 2 Regelmäßigkeit *f* 3 Harmonie *f* 4 (*pej*) Schwindel *m*, Trick *m*
düzenbaz *s* Gauner(in) *m(f)*
düzenleme *s* 1 *Verbalsubstantiv zu* **düzenlemek** 2 Veranstaltung *f*
düzenlemek *vt* 1 in Ordnung bringen, regeln (**-i** etw) 2 ordnen, sortieren (**-i** etw) 3 veranstalten, organisieren (**-i** etw)
düzenleyici *s* Veranstalter(in) *m(f)*
düzenli *adj* 1 ordentlich 2 regelmäßig
düzenlilik (-ği) *s* 1 Ordentlichkeit *f* 2 Regelmäßigkeit *f*
düzensiz *adj* 1 unordentlich 2 unregelmäßig 3 unharmonisch
düzensizlik (-ği) *s* 1 Unordentlichkeit *f* 2 Unordnung *f* 3 Unregelmäßigkeit *f* 4 Disharmonie *f*
düzey *s* 1 Stufe *f* 2 Niveau *nt*
düzgün *adj* 1 glatt 2 gleichmäßig 3 ordentlich
düzgünlük (-ğü) *s* 1 Regelmäßigkeit *f* 2 Glätte *f*
düzine *s* Dutzend *nt;* ~ ~ dutzendweise
düzlemek *vt* 1 glätten (**-i** etw) 2 (*fam*) k.o. schlagen (**-i** jdn)
düzleştirmek *vt* glätten, ebnen (**-i** etw)
düzlük (-ğü) *s* 1 Glätte *f* 2 ebene Fläche
düzme **I.** *s Verbalsubstantiv zu* **düzmek** **II.** *adj* 1 nachgemacht, unecht 2 erlogen
düzmeci *s* Fälscher(in) *m(f)*
düzmek (-er) *vt* 1 ordnen (**-i** etw) 2 erdichten, erfinden (**-i** etw) 3 (*vulg*) vergewaltigen (**-i** jdn)
düztaban **I.** *s* MED Plattfuß *m* **II.** *adj* plattfüßig
düzülmek *vi Passiv zu* **düzmek**: **yola** ~ sich auf den Weg machen
düzyazı *s* Prosa *f*
DVD çalar *s* DVD-Player *m*

Ee

E, e *s sechster Buchstabe des türk. Alphabets*
ebe *s* Hebamme *f*
ebebulguru (-nu) *s* Graupeln *pl*
ebedi *adj* ewig, unvergänglich
ebedileştirmek *vt* verewigen (**-i** etw)
ebediyen *adv* ewig, auf immer
ebediyet (-ti) *s* Ewigkeit *f*
ebegümeci (-ni) *s* Malve *f*
ebe(m)kuşağı (-nı) *s* Regenbogen *m*
ebeveyn *s* Eltern *pl*
ebleh **I.** *s* Schwachsinnige(r) *f(m)* **II.** *adj* schwachsinnig
eblehlik (-ği) *s* MED Idiotie *f*
ecdat (-dı) *s* Vorfahren *pl*

ecel *s* ① Tod *m* ② Frist *f*
ecnebi **I.** *s* Ausländer(in) *m(f)*, Fremde(r) *f(m)* **II.** *adj* ausländisch, fremd
ecza (**-aı**) *s* Arznei *f*, Arzneimittel *nt*
ecza *adj* pharmazeutisch
eczacı *s* Apotheker(in) *m(f)*
ecza(ha)ne *s* Apotheke *f*
eczasal *adj* pharmazeutisch
eda *s* ① Grazie *f* ② (*Zauber*) Reiz *m*
edalı *adj* graziös
edat (**-tı**) *s* (*unflektierbares Wort*) Partikel *f*
edebi *adj* literarisch
edebiyat (**-tı**) *s* ① Literatur *f* ② Literaturwissenschaft *f* ③ Fachliteratur *f*
edep (**-bi**) *s* Anstand *m*
edepli *adj* anständig
edepsiz *adj* ① ungezogen ② unverschämt
edepsizlik (**-ği**) *s* ① Ungezogenheit *f* ② Unverschämtheit *f*
eder *s* (*Geldwert*) Preis *m*
edilgen **I.** *s* Passiv *nt* **II.** *adj* passivisch
edim *s* Tat *f*
edinmek *vt* anschaffen, erwerben (**-i** etw)
Edirne *s Stadt in der europäischen Türkei*
edisyon *s* Ausgabe *f* (eines Buches)
editör *s* ① Herausgeber(in) *m(f)* ② INFORM (*Schreibprogramm*) Editor *m*
ee *interj* (*fam*) na und?
EEG *s* MED EEG *nt*, Elektroenzephalogramm *nt*
efe *s* ① mutiger Kerl *m* ② *ägäischer Volkstanz* ③ *Tänzer(in) dieses Tanzes*
efekt (**-ti**) *s* Effekt *m*
efektif *adj* effektiv
efemine *adj* (*pej*) weibisch
efendi **I.** *s* Herr *m* **II.** *adj* vornehm
efendim *interj* ① wie bitte? ② (*am Telefon*) hallo? ③ (*höfliche Anrede*) mein Herr, liebe Frau
Efes *s* Ephesus *nt*
eflatun *adj* lila
efsane *s* Mythos *m*, Sage *f*; **dini** ~ Legende *f*
efsanevi *adj* mythisch
Ege *s* Ägäis *f*; ~ **Denizi** Ägäisches Meer
egemen **I.** *adj* beherrschend, dominierend **II.** *s* Herrscher *m*
egemenlik (**-ği**) *s* ① Herrschaft *f* ② Souveränität *f*
egoist (**-ti**) **I.** *s* Egoist(in) *m(f)* **II.** *adj* egoistisch
egoizm *s* Egoismus *m*
egzama *s* Ekzem *nt*
egzantem *s* Ausschlag *m*
egzersiz *s* Übung *f*; ~ **yapmak** üben
egzotik (**-ği**) *adj* exotisch
egzotizm *s* Vorliebe *f* für Exotisches
egzoz *s* Auspuff *m*
eğe *s* TECH Feile *f*
eğelemek *vt* TECH feilen (**-i** etw)
eğer *konj* falls, sofern, wenn; ~ **gerekliyse** wenn es sein muss; ~ **size uygunsa** wenn es Ihnen recht ist; ~ **yanılmıyorsam** wenn ich mich nicht irre
eğik (**-ği**) *adj* (*auch math*) schief, geneigt
eğiklik (**-ği**) *s* (*geneigte Lage*) Neigung *f*
eğilim *s* ① Bereitschaft *f* ② Hang *m* ③ (*Tendenz*) Richtung *f* ④ Zuneigung *f*; ~ **göstermek** neigen (**-e** zu etw)
eğilimli *adj* geneigt
eğilmek *vi* ① *Passiv zu* **eğmek** ② sich bücken ③ sich verbeugen
eğilmez *adj* starr, unbeugsam
eğim *s* ① *a.* MATH Neigung *f* ② Abhang *m*, Böschung *f* ③ Steigung *f*
eğirmek *vt* (*Gewebe*) spinnen (**-i** etw)
eğitbilim *s* Pädagogik *f*
eğitici **I.** *adj* erziehend **II.** *s* Erzieher(in) *m(f)*
eğitim *s* Ausbildung *f*, Erziehung *f*

Eğitim sistemi ist die Bezeichnung für das Schulwesen der Türkei. Während es vor 1928 nur religiöse Koranschulen gab, hat Atatürk staatliche Schulen gegründet. Seit 1997 beträgt die Schulpflicht acht Jahre. Die Kinder gehen fünf Jahre zur ‚ilkokul' (Grundschule) und danach drei Jahre zur ‚ortaokul' (Mittelschule). Wer möchte und fähig ist, besucht anschließend das dreijährige ‚lise' (Gymnasium), dessen erfolgreicher Abschluss Bedingung für ein Hochschulstudium ist. Nach der achtjährigen Schulpflicht besteht auch die Möglichkeit, zur Berufsfachschule zu gehen. Die Kinder und Jugendlichen tragen Schuluniformen und den Mädchen ist es nicht erlaubt, im Unterricht ein Kopftuch zu tragen.

eğitimci *s* Erzieher(in) *m(f)*, Pädagoge, Pädagogin *m, f*
eğitmek *vt* (*beruflich*) ausbilden, schulen (**-i** jdn)
eğitsel *adj* pädagogisch
eğlence *s* ① Unterhaltung *f* ② (*Spaß*) Ver-

gnügen *nt;* ~ **parkı** Freizeitpark *m*
eğlenceli *adj* ❶ amüsant, lustig ❷ unterhaltend, unterhaltsam
eğlendirici *adj* amüsant, lustig
eğlendirmek *vt* ❶ *Kausativ zu* **eğlenmek** ❷ amüsieren, belustigen (**-i** jdn) ❸ aufhalten, zurückhalten (**-i** jdn)
eğlenmek *vi* ❶ sich amüsieren, sich unterhalten, sich vergnügen ❷ sich ablenken lassen, sich die Zeit vertreiben ❸ sich lustig machen (**ile** über jdn)
eğlenti *s* Vergnügen *nt*
eğmek (**-er**) *vt* ❶ ab-, um-, verbiegen (**-i** etw) ❷ krümmen (**-i** etw) ❸ (*Kopf, Blick*) senken (**-i** etw)
eğreltiotu (**-nu**) *s* Farn *m*
eğreti *adj* ❶ provisorisch ❷ geliehen ❸ unecht, falsch ❹ nicht richtig angebracht; ~ **diş** Zahnprothese *f*
eğri **I.** *s* MATH Kurve *f* **II.** *adj* krumm, schief, schräg; ~ **büğrü** (*fam*) holp(e)rig, krumm und schief; ~ **çizgi** Kurve *f*
eğrilik (**-ği**) *s* ❶ Biegung *f* ❷ Krümmung *f* ❸ Schräge *f*
eğrilmek *vr* ❶ sich beugen, sich neigen ❷ (*Holz*) sich werfen
eğriltmek *vt* ❶ *Kausativ zu* **eğrilmek** ❷ beugen, biegen (**-i** etw)
eh *interj* (*fam*) na ja!
ehemmiyet (**-ti**) *s* Wichtigkeit *f*
ehemmiyetli *adj* wichtig
ehemmiyetsiz *adj* unwichtig
ehemmiyetsizlik (**-ği**) *s* Belanglosigkeit *f*
ehlileştirmek *vt* zähmen (**-i** etw)
ehliyet (**-ti**) *s* ❶ Führerschein *m* ❷ Kompetenz *f*, Fähigkeit *f*
ehven *adj* ❶ billig, preiswert ❷ leichter, besser
ehvenişer *s* das kleinere Übel
e-iş *s* E-Business *nt*
ejder(**ha**) *s* ❶ *Fabeltier in türkischen Sagen* ❷ Drachen *m*, Ungeheuer *nt*
ek (**-ki**) **I.** *s* ❶ Anhang *m* ❷ Zusatz *m* ❸ (*zu Brief*) Anlage *f* ❹ (*zu Zeitung*) Beilage *f* ❺ LING Endung *f* ❻ Ergänzung *f*, Nachtrag *m* ❼ TECH Verlängerung *f*, Verlängerungsstück *nt* **II.** *adj* zusätzlich, Zusatz-; ~ **kanun** JUR Novelle *f;* ~ **olarak** zusätzlich, als Beilage; ~ **ücret** (*zu einer Gebühr*) Zuschlag *m*
ekilebilir *adj* (*Land*) urbar
ekim *s* ❶ Anbau *m* ❷ (Aus)saat *f;* ~ (**ayı**) Oktober *m*
ekip (**-bi**) *s* ❶ Mannschaft *f* ❷ Team *nt* ❸ (*Arbeiter-*) Trupp *m*
ekipman *s* technische Ausstattung *f*
eklem *s* Gelenk *nt*
eklemek *vt* ❶ hinzufügen, anhängen (**-i -e** etw an etw) ❷ (*auch im Brief*) beifügen (**-i -e** etw einer Sache) ❸ (*durch Ansatzstück*) verlängern (**-i** etw)
eklenti *s* Nachtrag *m;* **eklentiler** Zubehör *nt*
ekmek (**-ği**) *s* Brot *nt;* ~ **kabuğu** Brotrinde *f*
ekmek (**-er**) *vt* ❶ (*Land*) bestellen (**-i** etw) ❷ säen (**-i -e** etw auf etw) ❸ (*Salz, Pfeffer*) streuen (**-i -e** etw auf/in etw) ❹ (*fam*) im Stich lassen (**-i** jdn)
ekmekçi *s* Bäcker(in) *m(f)*
ekolog *s* Ökologe, Ökologin *m, f*
ekoloji *s* Ökologie *f*
ekolojik (**-ği**) *adj* ökologisch
ekonomi *s* ❶ Ökonomie *f*, Wirtschaftswissenschaft *f* ❷ Sparsamkeit *f*
ekonomik (**-ği**) *adj* ❶ ökonomisch, wirtschaftlich ❷ sparsam; ~ **kriz** Wirtschaftskrise *f*
ekose *adj* schottisch kariert
ekran *s* ❶ Bildschirm *m* ❷ TV Mattscheibe *f* ❸ Filter *m;* ~ **koruyucu**(**su**) Bildschirmschoner *m*
eksen *s* Achse *f*
ekseriyet (**-ti**) *s* Mehrheit *f*
ekseriyetle *adv* meistens
eksi *adv* minus; ~ **işareti** Minuszeichen *nt;* ~ **kutpu** Minuspol *m;* **altı** ~ **iki dört eder** sechs minus zwei ist vier
eksik (**-ği**) **I.** *adj* ❶ (*nicht vorhanden*) fehlend ❷ ungenügend, dürftig, mangelhaft ❸ unvollkommen, unzureichend **II.** *s* Fehlen *nt;* ~ **kalmak** ausbleiben
eksik(**lik**) (**-ği**) *s* Mangel *m*
eksiksiz *adj* ❶ vollständig ❷ tadellos
eksilmek *vi* weniger werden, sich vermindern
eksiltmek *vt* ❶ *Kausativ zu* **eksilmek** ❷ reduzieren, verringern (**-i** etw)
ekskavatör *s* Bagger *m*
ekskürsiyon *s* Exkursion *f*
Ekslaşapel *s* Aachen *nt*
ekspozan *s* Aussteller(in) *m(f)*
ekspres *s* Schnellzug *m;* ~ **mektup** Eilbrief *m*
ekstasi *s* (*Droge*) Ecstasy *nt*
ekstra *adj* erstklassig
ekstre *s* Extrakt *m*

E

ekşi *adj* sauer
ekşilik (-ği) *s* 1 (*Geschmack*) Säure *f* 2 (*aus dem Magen*) saures Aufstoßen 3 Unfreundlichkeit *f*
ekşimek *vi* sauer werden
ekşimsi *adj* säuerlich
ekşimtırak (-ğı) *adj* säuerlich
Ekvator *s* Ecuador *nt*
ekvator *s* Äquator *m*
el **I.** *adj* fremd **II.** *s* 1 Hand *f* 2 (*eines Tieres*) Vorderfuß *m* 3 Hand *f* voll 4 (*beim Kartenspiel*) Vorhand *f* 5 Land *nt* 6 Leute *pl* 7 fremde Leute; ~ **bombası** Handgranate *f;* ~ **çabukluğu** Fingerfertigkeit *f;* ~ **çantası** Handtasche *f;* ~ **çekmek** verzichten (**-den** auf etw); ~ **değmemiş** unberührt; ~ **emeği** Handarbeit *f;* ~ **eşyası** Handgepäck *nt;* ~ **freni** Handbremse *f;* ~ **hareketi** Handbewegung *f;* ~ **ilanı** Flugblatt *nt;* ~ **işi** handgearbeitet; ~ **kaldırmak** sich melden; (*schlagen*) die Hand erheben (**-e** gegen jdn); ~ **kitabı** Handbuch *nt;* **bir şeye ~ koymak** sich einer Sache annehmen, etw beschlagnahmen; ~ **kremi** Handcreme *f;* ~ **sallamak** winken; ~ **sanatları** Kunsthandwerk *nt;* ~ **sıkışma** Händedruck *m;* ~ **sıkmak** jdm die Hand drücken; ~ **süpürgesi** Handbesen *m;* ~ **sürmek** anfassen, berühren (**-e** jdn/etw); ~ **sürmemek** nicht anrühren, liegen lassen (**-e** etw); ~ **ulağı** Handlanger *m;* ~ **uzatmak** die Hand ausstrecken; (*schlagen*) sich vergreifen (**-e** an jdm), unter die Arme greifen (**-e** jdm); ~ **yatkınlığı** Handgriff *m;* ~ **yazısı** Handschrift *f;* (*Unterschrift*) Autogramm *nt;* ~ **yıkama** Handwäsche *f;* **elde bulunan** vorrätig; **elde etmek** erlangen, erreichen (**-i** etw); **elden düşme** Gelegenheitskauf *m,* gebraucht, aus zweiter Hand; **ele almak** (*Arbeit*) in Angriff nehmen (**-i** etw); **ele geçirmek** sich bemächtigen; (*schnappen*) erwischen; (*endlich bekommen*) erlangen, erreichen (**-i** etw); **ele vermek** verraten, ausliefern (**-i** jdn); **eli açık** freigiebig, großzügig; **eli ayağı tutmayan** gebrechlich; **elinde bulunmak** haben; **elinden almak** wegnehmen (**-in -i** jdm etw); **elinden geleni yapmak** sein Bestes tun; (*fig*) alle Hebel in Bewegung setzen; **eline vermek** aushändigen (**-in -i** jdm etw); **elini çek!** Hände weg!; **elini vicdanına koy!** Hand aufs Herz!; **eller yukarı!** Hände hoch!
ela *adj* (*Augenfarbe*) gelblich hellbraun
elalem *s* fremde Leute *pl*
elastik(i) *adj* elastisch
elastikiyet (-ti) *s* Elastizität *f*
Elb(e) Nehri (-ni) *s* Elbe *f*
elbette *adv* natürlich, selbstverständlich
elbise *s* 1 (Damen)kleid *nt* 2 Anzug *m* 3 Kleidung *f;* ~ **askısı** Kleiderbügel *m;* ~ **dolabı** Kleiderschrank *m;* ~ **fırçası** Kleiderbürste *f;* ~ **parçası** Kleidungsstück *nt*
elçi *s* 1 Gesandte(r) *f(m)* 2 Abgesandte(r) *f(m)*
elçilik (-ği) *s* Gesandtschaft *f*
eldiven *s* Handschuh *m*
elebaşı (-nı) *s* Rädelsführer *m,* Anführer *m*
elek (-ği) *s* Sieb *nt*
elektrik (-ği) **I.** *s* 1 Elektrizität *f* 2 (elektrisches) Licht *nt* **II.** *adj* elektrisch; ~ **çarpması** (elektrischer) Schlag *m;* ~ **düğmesi** Lichtschalter *m;* TECH Druckknopf *m;* ~ **kesildi** der Strom ist ausgefallen; ~ **kısıntısı** (Strom)sperre *f;* ~ **malzemecisi** Elektrohandlung *f;* ~ **sanayii** Elektroindustrie *f;* ~ **santrali** Elektrizitätswerk *nt;* ~ **ocağı** Heizplatte *f;* ~ **tüketimi** Stromverbrauch *m;* ~ **süpürgesi** Staubsauger *m;* ~ **üretimi** Stromerzeugung *f*
elektrikçi *s* Elektriker(in) *m(f)*
elektrikle(ndir)mek *vt* (*a. fig*) elektrisieren (**-i** etw/jdn)
elektrikli *adj* 1 elektrisch 2 mit Elektrizität ausgestattet; ~ **fırın** Elektroherd *m;* ~ **süpürge** Staubsauger *m*
elektrokardiyogram *s* Elektrokardiogramm *nt*
elektrolit (-ti) *s* Elektrolyt *m*
elektromanyetik (-ği) *adj* elektromagnetisch; ~ **kirlilik** Elektrosmog *m*
elektromobil *s* Elektroauto *nt*
elektromotor *s* Elektromotor *m*
elektron *s* Elektron *nt*
elektronik (-ği) **I.** *s* Elektronik *f* **II.** *adj* elektronisch; ~ **alet** Elektrogerät *nt;* ~ **beyin** Computer *m;* ~ **kirlilik** Elektrosmog *m;* ~ **posta programı** INET E-Mail-Programm *nt;* ~ **tekniği** Elektrotechnik *f;* ~ **ticaret** E-Commerce *m*
elektron mikroskopu (-nu) *s* Elektronenmikroskop *nt*
elektrostatik (-ği) *s* Elektrostatik *f*
elektrot (-du) *s* Elektrode *f*
elem *s* (*Kummer*) Leid *nt*
eleman *s* 1 Element *nt* 2 (*Person*) Kraft *f,*

Mitarbeiter(in) *m(f)*
elemek *vt* ① sieben (**-i** etw) ② (*fig*) sichten (**-i** etw)
elemli *adj* ① betrübt ② betrüblich
eleştirel *adj* kritisch
eleştiri *s* Rezension *f,* Besprechung *f,* Kritik *f*
eleştirmeci *s* Kritiker(in) *m(f),* Rezensent(in) *m(f)*
eleştirmek *vt* ① kritisieren (**-i** jdn/etw) ② rezensieren (**-i** etw)
eleştirmen *s* Rezensent(in) *m(f)*
elhamdülillah *interj* Gott sei Dank!
elimine *adj* SPORT ausgeschieden; ~ **etmek** eliminieren; ~ **olmak** ausscheiden
elit (**-ti**) **I.** *s* Elite *f* **II.** *adj* Elite-
ellemek *vt* (*fam*) anfassen (**-i** etw/jdn)
elli *num* fünfzig
elma *s* Apfel *m;* ~ **ağacı** Apfelbaum *m;* ~ **ezmesi** Apfelmus *nt;* ~ **suyu** Apfelsaft *m;* ~ **şarabı** Apfelwein *m*
elmacık (**kemiği**) *s* ① Backenknochen *m* ② Jochbein *nt*
elmalı *adj* mit Äpfeln zubereitet; ~ **pasta** Apfelkuchen *m*
elmas I. *s* Diamant *m* **II.** *adj* diamanten
elti *s* Schwägerin *f* (*Frau vom Bruder des Ehemannes*)
eltopu (**-nu**) *s* Handball *m*
elveda I. *s* Lebewohl *nt* **II.** *interj* leb(t) wohl!
elverişli *adj* ① günstig, passend, geeignet (**-e** für etw) ② (*angemessen*) zweckmäßig
elverişlilik *s* Eignung *f,* Tauglichkeit *f*
elverişsiz *adj* ① ungünstig ② untauglich
e-mail *s* E-Mail *f*
emanet *s* ① anvertrautes Geld ② (Gepäck)aufbewahrung *f;* ~ **etmek** anvertrauen (**-e -i** jdm etw)
emare *s* Indiz *nt,* Anzeichen *nt*
emay *s* Email *nt*
emaye I. *s* (Email)glasur *f* **II.** *adj* emailliert
emayelemek *vt* emaillieren (**-i** etw)
embriyon *s* Embryo *m*
emek (**-ği**) *s* ① Mühe *f* ② Arbeitslohn *m;* ~ **istemek** Mühe kosten
emekçi *s* ① Handwerker(in) *m(f)* ② Tagelöhner(in) *m(f)*
emeklemek *vi* ① auf allen vieren gehen ② (*fam*) sich mühsam hinschleppen
emekli I. *adj* pensioniert, im Ruhestand **II.** *s* Rentner(in) *m(f);* ~ **aylığı** Altersrente *f;* ~ **olmak** in den Ruhestand treten; **emekliye ayırmak** in den Ruhestand versetzen (**-i** jdn)
emeklilik (**-ği**) *s* Pensionierung *f,* Ruhestand *m;* ~ **sigortası** Rentenversicherung *f;* ~ **yaşı** Rentenalter *nt*
emektar *adj* (alt)bewährt
emel *s* Wunsch *m*
emin *adj* sicher; ~ **olmak** vertrauen auf (**-den** auf jdn/etw)
emir (**-mri**) *s* ① Befehl *m* ② Emir *m;* ~ **kipi** [*o* **sıygası**] Befehlsform *f,* Imperativ *m;* **birine ~ vermek** jdm einen Befehl erteilen; **emri altına almak** sich bemächtigen (**-i** einer Sache); **birinin emrinde olmak** jdm zur Verfügung stehen; **bir şeyi birinin emrine vermek** jdm zur Verfügung stellen
emirlik (**-ği**) *s* Emirat *nt*
emisyon *s* ① (*Schadstoff-*) Emission *f* ② (*von Aktien*) Emission *f*
emlak (**-kı**) *s* Grundbesitz *m,* Immobilien *pl*
emmek (**-er**) *vt* ① saugen (**-i** an etw) ② lutschen (**-i** etw)
emniyet (**-ti**) *s* ① Sicherheit *f* ② Vertrauen *nt* ③ (*Polizeiwesen*) Polizei *f* ④ TECH Sicherung *f;* ~ **amirliği** Polizeipräsidium *nt;* ~ **altına almak** sicherstellen (**-i** etw); ~ **halatı** (*Bergsteigen*) Sicherungsseil *nt;* ~ **kemeri** Sicherheitsgurt *m;* ~ **kilidi** Sicherheitsschloss *nt;* ~ **kontrolü** Sicherheitskontrolle *f;* ~ **sandığı** Sparkasse *f;* **Emniyet Sarayı** Polizeipräsidium *nt;* ~ **supabı** Sicherheitsventil *nt;* ~ **tedbiri** Sicherheitsmaßnahme *f;* **emniyete almak** in Sicherheit bringen; (*Schusswaffe*) sichern (**-i** etw)
emniyetle *adv* getrost
emniyetli *adj* ① sicher ② vertrauenswürdig, zuverlässig
emniyetsiz *adj* ① unsicher ② unzuverlässig
emniyetsizlik (**-ği**) *s* ① Unsicherheit *f* ② Unzuverlässigkeit *f*
emperyalist (**-ti**) **I.** *s* Imperialist(in) *m(f)* **II.** *adj* imperialistisch
emperyalizm *s* Imperialismus *m*
empozan *adj* imposant
emprovize I. *adj* MUS improvisiert **II.** *s* Improvisation *f*
emretmek (**-der**) *vt* befehlen, verfügen, anordnen (**-e -i** jdm etw); **emredersiniz!** wie es Ihnen beliebt!
emri (**-ni**) *s Possessivform zu* **emir** sein/ihr Befehl *m*
emrivaki (**-ii**) *s* vollendete Tatsache *f*
emsal (**-li**) **I.** *s* ① Präzedenzfall *m* ② (*Vorbild*)

E

Beispiel *nt* ③ Altersgenosse, Altersgenossin *m, f* **II.** *adj* ähnlich

emzik (**-ği**) *s* ① Schnuller *m* ② Brustwarze *f* ③ Milchflasche *f*

emzirmek *vt* (*Baby*) stillen; (*Junges*) säugen (**-i** jdn)

en I. *s* Breite *f* **II.** *adj* (*Partikel zur Bildung des Superlativs*) ~ **ala** erstklassig; ~ **aşağı** mindestens; ~ **az** am wenigsten, mindestens; ~ **çok** am meisten, höchstens; ~ **erken** frühestens; ~ **fazla** am meisten, höchstens; ~ **geç** spätestens; ~ **iyi** beste(r, s); ~ **iyisi** am besten; ~ **önce** [*o* **sonra**] zuallererst; ~ **son** äußerste(r, s), letzte(r, s); ~ **uzak** äußerste(r, s), fernste(r, s); ~ **yakın** nächstliegende(r, s); ~ **yüksek** oberste(r, s), höchste(r, s)

enayi *adj* (*fam*) dumm, blöd; ~ (**dümbeleği**) (*fam*) Rindvieh *nt*

enayilik (**-ği**) *s* (*fam*) Blödsinn *m*

encümen *s* Kommission *f*, Ausschuss *m*

endam *s* Körperbau *m*

ender *adj* selten

endirek(t) *adj* indirekt

endişe *s* ① Zweifel *m*, Bedenken *nt* ② Besorgnis *f*, Beunruhigung *f* ③ Sorge *f*, Kummer *m*; ~ **etmek** sich Sorgen machen, befürchten (**-den** etw); ~ **verici** beängstigend, beunruhigend

endişelendirici *adj* besorgniserregend

endişelendirmek *vt* ① *Kausativ zu* **endişelenmek** ② beunruhigen (**-i** jdn)

endişelenmek *vr* sich Sorgen machen

endişeli *adj* besorgt

Endonezya *s* Indonesien *nt*

endorfin *s* Endorphin *nt*

endüstri *s* Industrie *f*; ~ **bölgesi** Industriegebiet *nt*; ~ **ülkesi** Industrieland *nt*

endüstrileş(tir)me *s* ① *Verbalsubstantiv zu* **endüstrileş(tir)mek** ② Industrialisierung *f*

endüstrileştirmek *vt* industrialisieren (**-i** etw)

endüstriyel *adj* industriell

enerji *s* Energie *f*; ~ **darlığı** Energieknappheit *f*; ~ **kaynağı** Energiequelle *f*; ~ **santrali** Kraftwerk *nt*; ~ **sorunu** Energieproblem *nt*; ~ **tüketimi** Energieverbrauch *m*; ~ **yüklü** energiegeladen

enerjik (**-ği**) *adj* tatkräftig

enfarktüs *s* MED Infarkt *m*

enfeksiyon *s* Infektion *f*

enfekte *adj* infiziert; ~ **etmek** infizieren (**-i** jdn/etw); ~ **olmak** sich infizieren

enfes *adj* großartig, herrlich, hervorragend

enfeslik (**-ği**) *s* Köstlichkeit *f*

enfiye *s* Schnupftabak *m*; ~ **çekmek** (*Tabak*) schnupfen

enflasyon *s* Inflation *f*; ~ **oranı** Inflationsrate *f*

enformasyon *s* Information *f*, Auskunft *f*

enformatik (**-ği**) *s* Informatik *f*

engebe *s* Unebenheit *f*

engebeli *adj* uneben, hügelig

engebesiz *adj* (*Boden*) eben

engel *s* ① Behinderung *f*, Hindernis *nt* ② SPORT Hürde *f*; ~ **olmak** behindern (**-e** etw/jdn)

engellemek *vt* behindern (**-i** etw/jdn)

engelli *s* mit Hindernissen; ~ **koşu** Hindernislauf *m*, Hindernisrennen *nt*

engelsiz *adj* ungehindert

engerek yılanı (**-nı**) *s* Natter *f*

engin *adj* ① (*Horizont*) endlos ② (*ausgedehnt*) weit

enginar *s* Artischocke *f*

eninde sonunda *adv* letzten Endes, letztlich

enine *adv* quer; ~ **boyuna** eingehend; ~ **kesit** Querschnitt *m*

enişte *s* ① (angeheirateter) Onkel *m* ② Schwager *m* (*Gatte der Schwester*)

enjeksiyon *s* Injektion *f*

enjekte *adj* injiziert; ~ **etmek** MED spritzen

enkaz *s* Trümmer *pl*

enkübasyon zamanı *s* Inkubationszeit *f*

enlem *s* Breitengrad *m*

enli *adj* breit

ense *s* Nacken *m*; ~ (**kökü**) Genick *nt*

enselik (**-ği**) *s* Nackenstütze *f*

ensiz *adj* schmal

enstantane *s* ① Momentaufnahme *f* ② kurzer Überblick

enstitü *s* Institut *nt*

enstrüman *s* Instrument *nt*

ensülin *s* Insulin *nt*

entari *s langes, loses Gewand*

entegrasyon *s* POL Integration *f*

entel *s* (*pej*) Intelligenzler(in) *m(f)*

entellektüel I. *adj* intellektuell **II.** *s* Intellektuelle(r) *f(m)*

enteresan *adj* interessant

enternasyonal *adj* international

entrika *s* Intrige *f*, Machenschaften *pl*

envanter *s* Inventur *f*

enzim *s* Enzym *nt*

epey *adj* beträchtlich

epey(ce) *adv* ziemlich, recht
Epifani Yortusu (-nu) *s* Dreikönigsfest *nt*
epilatör *s* Enthaarungsgerät *nt*
epizot (-du) *s* Episode *f*
epope *s* Epos *nt*
e-posta *s* E-Mail *f;* ~ **adresi** E-Mail-Adresse *f*
er I. *adj* früh **II.** *s* ① Mann *m* ② MIL einfacher Soldat; ~ **veya geç** früher oder später
Erciyes Dağı (-nı) *s Vulkan in Anatolien*
erdem *s* Tugend *f*
erdemli *adj* tugendhaft
erdişi *s* Zwitter *m*
erek (-ği) *s* Zweck *m,* Ziel *nt*
ereklik (-ği) *s* Endziel *nt*
ereksiyon *s* Erektion *f*
ergeç *adv* früher oder später
ergenlik (-ği) *s* ① Geschlechtsreife *f* ② Akne *f*
ergin *adj* ① reif ② volljährig, mündig
erginlik (-ği) *s* ① Reife *f* ② Volljährigkeit *f*
ergonomik (-ği) *adj* ergonomisch
erguvan *s* Judasbaum *m;* ~ **rengi** Purpur *m;* ~ **renkli** purpurfarben, purpurn
erik (-ği) *s* Pflaume *f;* ~ **ağacı** Pflaumenbaum *m*
eril *adj* LING männlich
erim *s* Reichweite *f*
erimek *vi* ① sich auflösen ② auftauen ③ schmelzen ④ (*Eis*) tauen ⑤ (*Stoff*) sich abnutzen ⑥ (*fig*) abmagern
erime noktası *s* Schmelzpunkt *m*
erinlik (-ği) *s* Pubertät *f*
erişim *s* ① INFORM Zugang *m* ② INFORM Zugriff *m*
erişkin *adj* erwachsen
erişmek *vi* ① (*Ziel*) erreichen (**-e** etw) ② gelangen (**-e** zu etw) ③ (*sich erstrecken*) reichen (**-e** bis zu etw) ④ reifen
erişte *s* Nudeln *pl*
eritmek *vt* ① *Kausativ zu* **erimek** ② (*Kühlschrank*) abtauen (**-i** etw) ③ auftauen (**-i** etw) ④ schmelzen (lassen) (**-i** etw)
Erivan *s* Eriwan *nt,* Jerewan *nt*
eriyik *s* CHEM Lösung *f*
erk (-ki) *s* ① Macht *f* ② Einfluss *m*
erkeç (-ci) *s* Ziegenbock *m*
erkek (-ği) I. *s* ① Mann *m* ② (*bei Tieren*) Männchen *nt* **II.** *adj* männlich; ~ **ceketi** Sakko *m o nt;* ~ **çocuk** Junge *m;* ~ **domuz** Eber *m;* ~ **elbisesi** Herrenanzug *m;* ~ **evlat** Sohn *m;* ~ **kardeş** Bruder *m;* ~ **kopça** (*für Ösen*) Haken *m;* ~ **modası** Herrenmode *f*
erkekçe *adv* männlich
erkeklik (-ği) *s* Männlichkeit *f;* ~ **organı** Penis *m*
erken *adj* ① früh ② vorzeitig ③ am frühen Morgen, ganz früh; ~ **doğum** Frühgeburt *f*
erkenci *s* ① Morgenmensch *m* ② Frühaufsteher(in) *m(f)*
erkenden *adv* am frühen Morgen, ganz früh
erkin *adj* frei, unabhängig
erkinci I. *adj* liberal **II.** *s* Liberale(r) *f(m)*
erkincilik (-ği) *s* Liberalismus *m*
ermek (-er) *vi* ① erreichen, gelangen zu (**-e** zu etw) ② reichen (**-e** bis zu etw) ③ reif werden ④ heilig werden (*einen hohen Grad der Heiligkeit erreichen*)
Ermeni I. *s* Armenier(in) *m(f)* **II.** *adj* (*Art*) armenisch
Ermenistan *s* Armenien *nt*
eroin *s* Heroin *nt*
erozyon *s* Erosion *f*
erpes *s* Herpes *m*
erselik (-ği) *s* Zwitter *m*
ertelemek *vt* ① (*zeitlich*) verschieben (**-i -e** etw auf etw) ② (*verzögern*) hinausziehen (**-i** etw) ③ vertagen (**-i** etw)
ertesi *adj* (*nächst, darauffolgend*) folgend, nächste(r, s); ~ **gün** am nächsten Tag, am Tag darauf
erzak (-kı) *s* Proviant *m,* Verpflegung *f*
esans *s* ① Parfüm *nt* ② Essenz *f*
esaret (-ti) *s* ① Gefangenschaft *f* ② Sklaverei *f*
esas I. *s* ① Fundament *nt* ② Grund *m* ③ Hauptsache *f,* Substanz *f* ④ Quelle *f* ⑤ Ursache *f* **II.** *adj* eigentlich; ~ **itibariyle** prinzipiell, im Wesentlichen
esasen *adv* ① ursprünglich ② (*eigentlich*) an sich
esaslı *adj* ① fundamental, grundlegend ② gründlich, eingehend ③ hauptsächlich, wesentlich ④ eigentlich, wirklich ⑤ begründet
esassız *adj* ① ohne Grundlage ② grundlos, unbegründet
esen *adj* wohlbehalten; ~ **kalın!** bleiben Sie gesund! alles Gute!
esenlik (-ği) *s* Wohl(befinden) *nt*
eser *s* ① (*Schöpfung*) Werk *nt* ② Spur *f*
esin *s* ① Inspiration *f* ② Morgenwind *m*
esinti *s* sanfter Wind
esir I. *adj* (*im Krieg*) gefangen **II.** *s* ① (Kriegs)gefangene(r) *f(m)* ② Sklave *m,* Sklavin *f;* ~ **almak** [*o* **etmek**] gefangen nehmen (**-i** jdn)

E

esirci *s* Sklavenhändler *m*
esirgemek *vt* ❶ behüten, beschützen (**-i -den** jdn vor etw) ❷ missgönnen (**-i -den** etw jdm)
esirlik (**-ği**) *s* (Kriegs)gefangenschaft *f*
eski *adj* ❶ (*Sache*) alt ❷ (*überholt*) veraltet ❸ (*Person*) ehemalige(r), frühere(r), Ex-; ~ **asker** Veteran *m;* ~ **püskü** (*fam*) alt, ausgedient; **eskisi gibi** nach wie vor, wie früher
eskici *s* ❶ Trödler *m* ❷ Schuhflicker *m*
Eskiçağ *s* Altertum *nt,* Antike *f*
eskiden *adv* ehemals, einst, früher
eskimek *vi* ❶ (*Sachen*) alt werden ❷ alt werden (und Erfahrungen sammeln) ❸ veralten
eskimiş *adj* (*Kleidung*) abgetragen; (*veraltet*) überholt
Eskimo *s* Eskimo *m*
eskitmek *vt* ❶ *Kausativ zu* **eskimek** ❷ (*Kleidung*) abtragen (**-i** etw) ❸ (*Schuhe, Treppe*) austreten (**-i** etw)
eskiz *s* Skizze *f*
eskrim *s* Fechten *nt;* ~ **meçi** Florett *nt;* ~ **yapmak** fechten
esmek (**-er**) *vi* ❶ (*Wind*) wehen ❷ (*in den Sinn kommen*) einfallen (**-e** jdm)
esmer *adj* ❶ (*Haut*) braun ❷ (*Haar*) brünett ❸ (*Teint*) dunkel ❹ (*Menschentyp*) dunkel
esmerleşmek *vi* braun werden
esmerleştirmek *vt* ❶ *Kausativ zu* **esmerleşmek** ❷ bräunen (**-i** jdn)
esna *s* (Zwischen)zeit *f*
esnaf *s* ❶ Handwerker(in) *m(f)* ❷ Kleinhändler(in) *m(f);* ~ **birliği** HIST Gilde *f;* ~ **loncası** Zunft *f;* ~ **odası** Handwerkskammer *f*
esnasında *präp* während
esnek (**-ği**) *adj* biegsam, elastisch; ~ **sargı** Elastikbinde *f*
esneklik (**-ği**) *s* ❶ Elastizität *f* ❷ Flexibilität *f*
esnemek *vi* ❶ gähnen ❷ nachgeben ❸ federn
espresso *s* Espresso *m*
espri *s* ❶ Scharfsinn *m* ❷ Witz *m*
esprili *adj* humorvoll, witzig
esprisiz *adj* humorlos, witzlos
esrar *s* ❶ Geheimnis *nt* ❷ Haschisch *nt*
esrarengiz *adj* geheimnisvoll, mysteriös
esrarkeş *s* Haschischraucher(in) *m(f)*
esrarlı *adj* ❶ geheimnisvoll, mysteriös ❷ Haschisch enthaltend
esrime *s* Ekstase *f*
estağfurullah *interj* ❶ keine Ursache! ❷ (*nach einem Lob*) aber nicht doch!
estetik (**-ği**) **I.** *s* Ästhetik *f* **II.** *adj* ästhetisch
Estonya *s* Estland *nt*
eş *s* ❶ Teil *m* (eines Paares); (*Gegenstück*) Pendant *nt* ❷ Ehepartner(in) *m(f);* (*Gattin*) Ehefrau *f;* (*Gatte*) Ehemann *m* ❸ Partner(in) *m(f);* ~ **dost** (*fam*) gute Bekannte *pl;* ~ **değerli** gleichwertig
eşanlamlı *adj* synonym; ~ **sözcük** Synonym *nt*
eşantiyon *s* ❶ (*fig*) Kostprobe *f* ❷ Warenprobe *f*
eşcinsel *adj* homosexuell
eşek (**-ği**) *s* ❶ Esel *m* ❷ (*fam*) Dummkopf *m;* ~ **gibi çalışmak** (*fam*) schuften
eşekarısı (**-nı**) *s* ❶ Hornisse *f* ❷ Wespe *f*
eşeklik (**-ği**) *s* ❶ Dummheit *f* ❷ Grobheit *f*
eşelemek *vt* ❶ scharren (**-i** etw) ❷ (*Problem*) aufrühren (**-i** etw)
eşelenmek *vi* ❶ *Passiv zu* **eşelemek** ❷ (*Schwein*) wühlen
eşik (**-ği**) *s* (Tür)schwelle *f*
eş(in)mek *vi* (*Tier*) mit dem Maul die Erde aufwühlen
eşit (**-ti**) *adj* identisch, gleich; ~ **kılmak** ausgleichen (**-i** etw); ~ **olmayan** ungleich
eşitlemek *vt* ❶ ausgleichen (**-i** etw) ❷ MATH auf den gleichen Nenner bringen (**-i** etw)
eşitlik (**-ği**) *s* Gleichheit *f*
eşkenar *adj* MATH gleichseitig; ~ **dörtgen** Raute *f*
eşkıya *s* Bandit *m,* Räuber *m*
eşlik (**-ği**) *s* ❶ MUS Begleitung *f* ❷ Partnerschaft *f* ❸ Ähnlichkeit *f*
eşofman *s* Trainingsanzug *m;* ~ **altı** Trainingshose *f*
eşsiz *adj* ❶ einzigartig, einmalig ❷ unvergleichlich ❸ (*großartig*) phänomenal ❹ (*ohne Partner*) alleinstehend
eşya *s* ❶ Sache *f* ❷ (*Ware*) Artikel *m* ❸ Gepäckstück *nt* ❹ Hausgerät *nt* ❺ Zeug *nt;* ~ **filesi** Gepäcknetz *nt*
et (**-ti**) *s* Fleisch *nt;* ~ **beni** Warze *f;* ~ **suyu** (Fleisch)brühe *f*
etajer *s* Regal *nt*
etap (**-bı**) *s* Etappe *f*
etek (**-ği**) *s* ❶ Rock *m* ❷ (*an Kleidung*) Saum *m* ❸ (*eines Gebirges*) Fuß *m;* **eteği belinde** (*Frau*) tüchtig
eteklik (**-ği**) *s* Rock *m*
eter *s* CHEM Äther *m*
e-ticaret (**-ti**) *s* E-Commerce *m*
etiket (**-ti**) *s* ❶ Etikett *nt,* Preisschild *nt* ❷ Eti-

kette *f*

etiketlemek *vt* mit Etikett versehen, auszeichnen (**-i** etw)

etken I. *s* Faktor *m* **II.** *adj* aktiv

etki *s* ① Auswirkung *f* ② Effekt *m* ③ Eindruck *m* ④ Einfluss *m*

etkilemek *vt* ① sich auswirken (**-i** auf etw) ② beeindrucken (**-i** jdn) ③ beeinflussen (**-i** jdn/etw)

etkileşim *s* Wechselwirkung *f*

etkileşimli *adj* interaktiv

etkileyici *adj* ① eindrucksvoll, beeindruckend ② (*Person*) beeindruckend, faszinierend

etkili *adj* ① eindrucksvoll ② wirksam

etkin *adj* ① aktiv, tätig ② wirkungsvoll

etkinlik (**-ği**) *s* Aktivität *f,* Tätigkeit *f*

etkisiz *adj* ① wirkungslos ② ungültig

etli *adj* fleischig

etmek (**-der**) *vt* ① machen, tun ② (*kosten*) wert sein ③ (*Rechnung*) ergeben ④ (*sich belaufen auf*) betragen ⑤ (*zeitlich*) erreichen (**-i** etw) ⑥ jdn um etw bringen (**-i -den** jdn um etw) ⑦ etwas Böses antun (**-e** jdm); **bu ne kadar ediyor?** wie viel macht das?

etmen *s* Faktor *m*

etnik *adj* ethnisch; ~ **çatışmalar** Rassenunruhen *pl*

etnoloji *s* Völkerkunde *f*

etoburlar *npl* Raubtiere *pl*

etraf *s* Umgebung *f;* **etrafını almak** [*o* **çevirmek**] umstellen, umringen (**-in** jdn/etw)

etrafına I. *adv* (*mit Bewegung*) umher; ~ **bakınmak** sich nach allen Seiten umsehen **II.** *präp* (*Richtung*) um (**-in** +*akk*)

etrafında I. *adv* um, herum, umher **II.** *präp* ① (*Ort*) um, um ... herum (**-in** +*akk*) ② hinsichtlich (**-in** +*gen*); ~ **dönmek** umkreisen (**-in** jdn/etw)

etraflıca *adv* eingehend

etrafta *adv* herum, in der näheren Umgebung

etsiz *adj* fleischlos

ettirgen *adj* kausativ

etüt (**-dü**) *s* ① Etüde *f* ② (*nach Unterricht*) Übungszeit *f* ③ Studie *f*

euro *s* Euro *m;* ~ **bölgesi** Eurozone *f;* ~ **çek** Euroscheck *m*

ev *s* ① Haus *nt* ② Heim *nt* ③ Wohnung *f* ④ Familie *f;* ~ **bankacılığı** Homebanking *nt;* ~ **bark** Heim *nt;* ~ **eşyası** Hausrat *m;* ~ **hayvanı** Haustier *nt;* ~ **idaresi** Haushalt *m;* ~ **işi** Hausarbeit *f;* ~ **kadını** Hausfrau *f;* ~ **ödevi** Hausaufgabe *f;* ~ **sahibi** Gastgeber(in) *m(f),* Hauseigentümer(in) *m(f),* Vermieter(in) *m(f);* ~ **ziyareti** Hausbesuch *m;* **evde** zu Hause; **evde kalmak** zu Hause bleiben; (*keinen Mann finden*) sitzen bleiben; **evde kalmış kız** alte Jungfer; **evden çıkarmak** (*Mieter*) kündigen; **evden çıkmak** ausziehen; **evden eve** von Haus zu Haus; **evde yok** er (sie) ist nicht zu Hause; **eve** nach Hause; **eve dönerken** auf dem Heimweg; **eve dönmek** heimkommen; **eve gitmek** heimgehen; **evsiz barksız** obdachlos; (*Person*) Obdachlose(r) *f(m);* **evinizdeymiş gibi hareket edin!** fühlen Sie sich wie zu Hause!

evcil *adj* (*Haustier*) zahm; ~ **hayvan** Haustier *nt*

evcilleştirmek *vt* zähmen (**-i** etw)

evcimen *adj* häuslich

evermek *vt* (*fam*) verheiraten (**-i** jdn)

evet *interj* ja; **'evet' oyu** Jastimme *f*

evham *s* (grundlose) Verdächtigungen *pl,* Misstrauen *nt*

evhamlı I. *adj* unter einer Wahnvorstellung leidend **II.** *s Mensch, der sich unnötige Sorgen macht*

Evharistiya *s* (*Bibel*) Abendmahl *nt*

evirip çevirmek *vt* hin- und herdrehen (**-i** etw)

evirmek *vt* umändern, umwandeln (**-i** etw); **evire çevire** (*fam*) tüchtig, ordentlich

evladiyelik (**-ği**) *adj so haltbar, dass es an die nächste Generation vererbt werden kann*

evlat (**-dı**) *s* Kind *nt;* ~ **edinme** Adoption *f;* ~ **edinmek** adoptieren (**-i** jdn)

evlatlık (**-ğı**) *s* ① Pflegekind *nt* ② Adoptivkind *nt*

evlek (**-ği**) *s* ① (*Acker-*) Furche *f* ② (*auf einem Feld*) Wassergraben *m* ③ *türkisches Flächenmaß: ein viertel ‚dönüm'* (*etwa 230 qm*)

evlendirme *s* ① *Verbalsubstantiv zu* **evlendirmek** ② Vermählung *f*

evlendirmek *vt* ① *Kausativ zu* **evlenmek** ② verheiraten (**-i** jdn)

evlenme *s* ① *Verbalsubstantiv zu* **evlenmek** ② Heirat *f;* ~ **akdi** Eheschließung *f;* ~ **cüzdanı** Heiratsurkunde *f;* ~ **dairesi** Standesamt *nt;* ~ **ilanı** Heiratsanzeige *f;* ~ **kâğıdı** Trauschein *m;* ~ **teklifi** Heiratsantrag *m;* ~ **yıldönümü** (*Jahrestag*) Hochzeitstag *m*

evlenmek *vi* heiraten (**ile** jdn)

evli *adj* verheiratet

evlilik (-ği) *s* Ehe *f;* ~ **dışı** außerehelich; ~ **halkası** Ehering *m;* ~ **ilanı** Heiratsanzeige *f*
evliya *s* Heilige(r) *f(m),* Schutzheilige(r) *f(m)*
evrak (-kı) *npl* 1 Unterlagen *pl* 2 Dokumente *pl;* ~ **çantası** Aktenkoffer *m,* Aktentasche *f*
evren *s* Weltall *nt,* Kosmos *m,* Universum *nt*
evrensel *adj* 1 universal, kosmisch 2 ökumenisch 3 global, weltweit
evrim *s* Evolution *f*
evvel **I.** *adv* früher, vorher **II.** *präp* (*zeitlich*) vor (**-den** +*dat*)
evvela *adv* zunächst, zuerst
evvelce *adv* zuvor, erst
evveliyat (-tı) *s* Vorgeschichte *f*
evvelki *adj* (*fam*) ehemalig, vorherig; ~ **gün** vorgestern
evvelsi *adj s.* **evvelki**
eyalet (-ti) *s* 1 Bundesland *nt* 2 (*hist*) *osmanische Provinz mit eigener Verwaltung;* ~ **hükümeti** Senat *m* (*in Berlin, Hamburg, Bremen*)*;* ~ **meclisi** Landtag *m*
eyer *s* Sattel *m*
eylem *s* 1 Aktion *f* 2 Verb *nt,* Zeitwort *nt* 3 (systematisches) Arbeiten *nt*
eylemci *s* Aktivist(in) *m(f)*
eylemek *vt* machen, tun
eylül (ayı) *s* September *m*
eyvah *interj* o weh!
eyvallah *interj* 1 danke! 2 (*fam*) tschüss! 3 klar!, natürlich!
eza *s* Qual *f*
ezan *s* Gebetsruf *m*
ezber **I.** *s* 1 Auswendigkönnen *nt* 2 auswendig zu lernender Stoff **II.** *adv* auswendig
ezberci **I.** *adj* stumpfsinnig auswendig lernend **II.** *s* Büffler(in) *m(f)*
ezberden *adv* auswendig
ezbere *adv* auswendig, aus dem Gedächtnis
ezberlemek *vt* 1 auswendig lernen (**-i** etw) 2 sich einprägen (**-i** etw)
ezel *s* Ewigkeit *f*
ezgi *s* Melodie *f*
ezgisel *adj* melodisch
ezik (-ği) *adj* 1 (*Banane*) zerdrückt 2 (*Person*) unterdrückt
eziklik (-ği) *s* Depression *f,* Niedergeschlagenheit *f*
eziyet (-ti) *s* Mühe *f;* **birine** ~ **etmek** jdn quälen, jdn schikanieren
eziyetli *adj* mühsam, mühselig
ezme *s* 1 *Verbalsubstantiv zu* **ezmek** 2 Mus *nt*
ezmek (-er) *vt* 1 zerdrücken (**-i** etw) 2 (mit Füßen) treten (**-i** etw) 3 (*Menschen*) überfahren (**-i** jdn) 4 unterdrücken (**-i** jdn) 5 (*Gegner*) überwältigen (**-i** jdn) 6 (*Kartoffel*) stampfen (**-i** etw)

Ff

F, f *s siebter Buchstabe des türk. Alphabets*
faal (-li) *adj* aktiv, tätig
faaliyet (-ti) *s* 1 Aktivität *f,* Tätigkeit *f* 2 Aktion *f;* **faaliyete geçmek** in Aktion treten
fabl *s* Fabel *f*
fabrika *s* Fabrik *f;* ~ **işçisi** Fabrikarbeiter(in) *m(f)*
fabrikatör *s* Fabrikant(in) *m(f)*
facia *s* Katastrophe *f;* (*Unglück*) Tragödie *f*
fagot (-tu) *s* Fagott *nt*
fahiş *adj* 1 übermäßig 2 (*Preis*) unerschwinglich; ~ **fiyat** Wucherpreis *m*
fahişe *s* Prostituierte *f;* (*pej*) Hure *f;* (*männlich*) Stricher *m*
fahişelik (-ği) *s* Prostitution *f*
fahri *adj* ehrenamtlich; ~ **görev** Ehrenamt *nt;* ~ **hemşehri** Ehrenbürger(in) *m(f);* ~ **olarak** ehrenamtlich
fail *s* 1 Täter(in) *m(f)* 2 Urheber(in) *m(f);* **faili meçhul** (*Verbrechen*) unaufgeklärt
fair-play *s* Fairplay *nt*
faiz *s* Zins *m;* ~ **fiyatı** [*o* **oranı**] Zinssatz *m;* ~ **miktarı** Verzinsung *f;* **faizin faizi** Zinseszins *m*
faizsiz *adj* zinslos
fak (-kı) *s* Falle *f;* **faka basmak** hereinfallen; **faka bastırmak** hereinlegen (**-i** jdn)
fakat *konj* aber, jedoch
fakir *adj* arm, mittellos; ~ **düşmüş** verarmt; ~ **fukara** (*fam*) die Armen *pl*
fakirane *adj* 1 arm, ärmlich 2 (*Mahlzeit*) karg 3 bescheiden, schlicht
fakirlik (-ği) *s* Armut *f*
faks *s* Fax *nt;* ~ **çekmek** faxen (**-e** jdm); ~ **numarası** Faxnummer *f*
fakslamak *vt* faxen (**-e -i** jdm etw)
faktör *s* Faktor *m*

fakülte *s* Fakultät *f*
fal *s* Wahrsagen *nt;* **fal**(**a**) **bakmak** wahrsagen

Fal bakmak, das Wahrsagen, erfreut sich in der Türkei großer Beliebtheit. Vor allem Frauen haben im Deuten der Zukunft aus Handlinien oder Kaffeesatz viel Erfahrung.

falan *s* (*fam*) ① Dings *m o f o nt,* Herr Soundso, Frau Soundso *m, f* ② der und der, dies und jenes ③ (*nachgestellt*) und so weiter, und so
falcı *s* Wahrsager(in) *m(f)*
falcılık (**-ğı**) *s* Voraussage *f,* Weissagung *f*
falso *s* ① Fehlgriff *m,* Missgriff *m* ② Misston *m*
familya *s* (*Tier- und Pflanzenreich*) Familie *f*
fanfar *s* Fanfare *f*
fani *adj* vergänglich, sterblich
fanila *s* ① Flanell *m* ② Unterhemd *nt*
fantezi *s* ① Fantasie *f* ② Fantasieprodukt *nt*
far *s* ① Scheinwerfer *m* ② Lidschatten *m*
faraş *s* (Müll)schaufel *f*
faraza *konj* gesetzt den Fall, angenommen
farazi *adj* hypothetisch
faraziye *s* Hypothese *f*
fare *s* Maus *f;* ~ **deliği** Mauseloch *nt;* ~ **kapanı** Mausefalle *f;* ~ **zehri** Rattengift *nt*
fark (**-kı**) *s* ① Differenz *f,* Unterschied *m* ② Wahrnehmen *nt* ③ (*fig*) Gefälle *nt* ④ (Unterscheidungs)merkmal *nt;* ~ **etmek** unterscheiden; (*wahrnehmen*) merken; (*trennen*) unterscheiden (**-i** etw); ~ **gözetmemek** alles in einen Topf werfen; ~ **etmez** das ist egal, das macht nichts; **benim için** ~ **etmez** das macht (mir) nichts (aus); **farkına varmak** bemerken (**-in** jdn/etw)
farklı *adj* ① unterschiedlich, verschieden ② differenziert ③ abweichend
farklılaştırmak *vt* unterscheiden, differenzieren (**-i** etw)
farklılık (**-ğı**) *s* Unterschied *m*
fars *s* Schwank *m*
Fars **I.** *s* Perser(in) *m(f)* **II.** *adj* (*Art*) persisch
Farsça *adj* (*Sprache*) persisch
farz *s* ① Mutmaßung *f* ② (*islamisch*) kanonische Vorschrift; ~ **edelim ki** gesetzt den Fall, dass; ~ **etmek** annehmen (**-i** etw)
Fas **I.** *s* Marokko *nt* **II.** *adj* (*Art*) marokkanisch
fasıl (**-slı**) *s* ① (*Kapitel*) Abschnitt *nt* ② *orientalische Musikart*
fasıla *s* ① Zeitabstand *m* ② Pause *f* ③ Intervall *nt*
Faslı **I.** *s* Marokkaner(in) *m(f)* **II.** *adj* (*Herkunft*) marokkanisch
fasulye *s* Bohne *f;* ~ **pilaki** Bohnen *pl* in Öl
faşist (**-ti**) **I.** *s* Faschist(in) *m(f)* **II.** *adj* faschistisch
faşistlik (**-ği**) *s* Faschismus *m*
faşizm *s* Faschismus *m*
fatih *s* Eroberer *m;* **Fatih Köprüsü** *die zweite, 1987 erbaute Bosporusbrücke*
fatiha *s* Fatiha *f* (*erste Sure des Korans*)
fatura *s* Rechnung *f*
faul *s* Foul(spiel) *nt*
fauna *s* Fauna *f*
favori *s* ① Favorit(in) *m(f)* ② (*Backenbart*) Koteletten *pl*
fay *s* (*geologische*) Verschiebung *f,* Verwerfung *f;* ~ **hattı** Verwerfungslinie *f*
fayans *s* Fliese *f,* (glasierte) Kachel *f*
fayanslı *adj* gekachelt
fayda *s* ① Nutzen *m* ② Vorteil *m,* Gewinn *m*
faydalanmak *vi* ① nutzen (**-den** etw) ② ausnutzen (**-den** etw) ③ profitieren (**-den** von etw)
faydalı *adj* nützlich, vorteilhaft
faydasız *adj* ① nutzlos, unnütz ② zwecklos
faydasızlık (**-ğı**) *s* Nutzlosigkeit *f*
fayton *s* Kutsche *f*
faytoncu *s* Kutscher *m*
fazilet (**-ti**) *s* ① Tugend *f* ② Begabung *f*
fazla **I.** *adj* ① viel ② zu viel ③ überflüssig **II.** *adv* ① viel ② zu sehr ③ mehr (als) **III.** *s* Rest *m,* Überbleibsel *nt;* ~ **basınç** [*o* **tazyik**] Überdruck *m;* ~ **olarak** noch dazu, überdies; ~ **olmak** sich erübrigen; (*fig*) zu weit gehen
fazlalaşmak *vr* sich vermehren
fazlalık (**-ğı**) *s* Überschuss *m,* Überzahl *f*
fazlasıyla *adv* allzu, allzu sehr, allzu viel
feci *adj* katastrophal, tragisch
feda *s* Opfer *nt;* ~ **etmek** opfern (**-i** etw)
fedai *s* ① *Mensch, der sein Leben für ein hohes Ziel opfert* ② Leibwächter *m*
fedakar *adj* ① opferbereit ② selbstlos
fedakarlık (**-ğı**) *s* ① Opferbereitschaft *f* ② Selbstlosigkeit *f;* ~ **etmek** [*o* **göstermek**] Opfer bringen, verzichten
federal *adj* ① bundesstaatlich, Bundes- ② (*in der Schweiz*) eidgenössisch; **Federal Almanya Cumhuriyeti** Bundesrepublik Deutschland *f;* ~ **başbakan** Bundeskanz-

F

ler(in) *m(f)*; ~ **cumhurbaşkan** Bundespräsident(in) *m(f)*; ~ **cumhuriyet** Bundesrepublik *f*; ~ **devlet** Bundesstaat *m*; ~ **hükümet** Bundesregierung *f*; **Federal Konsey** Bundesrat *m*; **Federal Parlamento** Bundestag *m*

federalizm *s* Föderalismus *m*

felaket (**-ti**) *s* ❶ Katastrophe *f* ❷ Schicksalsschlag *m*; ~ **bölgesi** Katastrophengebiet *nt*

felaketli *adj* unheilvoll

felç (**-ci**) *s* ❶ Schlaganfall *m* ❷ Lähmung *f*; ~ **etmek** lähmen (**-i** etw); ~ **olmak** (*Verkehr*) zusammenbrechen; **yarım** ~ halbseitige Lähmung *f*; **felce uğratmak** lahmlegen (**-i** etw)

felek (**-ği**) *s* ❶ Himmel *m*, Himmelsgewölbe *nt* ❷ (*fam*) Schicksal *nt*; **feleğin çemberinden geçmiş olmak** mit allen Wassern gewaschen sein

felsefe *s* Philosophie *f*

felsefi *adj* philosophisch

feminist (**-ti**) **I.** *s* Feminist(in) *m(f)* **II.** *adj* feministisch

feminizm *s* Feminismus *m*

fen (**-nni**) *s* ❶ Naturwissenschaft *f* ❷ Technik *f*; ~ **bilimleri** Naturwissenschaften *pl*

fena *adj, adv* schlecht, schlimm, böse; ~ **değil** nicht übel; ~ **halde** sehr, arg

fenalaşmak *vi* ❶ sich verschlechtern ❷ Übelkeit empfinden ❸ ernstlich erkranken ❹ in Ohnmacht fallen

fenalık (**-ğı**) *s* ❶ schlechter Zustand ❷ Bosheit *f* ❸ Übelkeit *f*

fener *s* ❶ Lampe *f*, Leuchte *f* ❷ Leuchtturm *m*; ~ **alayı** Fackelzug *m*; ~ **kulesi** Leuchtturm *m*

fenik (**-ği**) *s* Pfennig *m*

fenni *adj* ❶ naturwissenschaftlich ❷ technisch ❸ fachmännisch ❹ (*fig*) modern

fenni (**-ni**) *s Possessivform zu* **fen** die Wissenschaft von ...

feodal (**-li**) *adj* feudal, feudalistisch

feragat (**-ti**) *s* ❶ Selbstlosigkeit *f* ❷ Verzicht *m*; ~ **etmek** verzichten (**-den** auf etw)

ferah *adj* ❶ erleichtert ❷ (*geräumig*) weit

ferahlamak *vi* ❶ aufatmen, erleichtert sein ❷ (*Zimmer*) geräumiger werden ❸ bequemer leben können

ferahlatıcı *adj* wohltuend

ferahlık (**-ğı**) *s* ❶ Geräumigkeit *f* ❷ Erleichterung *f*

ferdi *adj* individuell

ferdiyet (**-ti**) *s* Individualität *f*

feribot (**-tu**) *s* Fähre *f*

fermuar *s* Reißverschluss *m*

fert (**-di**) *s* Individuum *nt*

feryat (**-dı**) *s* ❶ Jammer *m* ❷ Hilferuf *m*, Schrei *m*; ~ **etmek** jammern, um Hilfe rufen

fesat (**-dı**) **I.** *s* ❶ Gebrechen *nt*, Beschwerde *f* ❷ Unruhen *pl*, Aufruhr *m* **II.** *adj* heimtückisch

feshetmek (**-der**) *vt* ❶ JUR auflösen; (*Vertrag*) kündigen (**-i** etw) ❷ (*Bestimmungen*) aufheben (**-i** etw)

fesih (**-shi**) *s* ❶ Aufhebung *f*, Kündigung *f* ❷ Auflösung *f*; **feshi ihbar** Kündigung *f*; **feshi ihbar olunamaz** (*Vertrag*) unkündbar; **feshi kabil olan** kündbar; **feshini ihbar etmek** kündigen (**-in** etw)

fesleğen *s* Basilikum *nt*

festival (**-li**) *s* ❶ Festival *nt*, Festspiele *pl* ❷ Festwochen *pl*

fethetmek (**-der**) *vt* (*Stadt*) einnehmen, erobern (**-i** etw)

fetih (**-thi**) *s* Einnahme *f*, Eroberung *f*

fetiş *s* Fetisch *m*

fevkalade **I.** *adj* ❶ außergewöhnlich, außerordentlich ❷ großartig; (*fam*) toll **II.** *adv* sehr

fevkaladelik (**-ği**) *s* Außergewöhnlichkeit *f*, Besonderheit *f*

feza *s* Weltraum *m*

fıçı *s* Fass *nt*; ~ **birası** Bier *nt* vom Fass; ~ **gibi** (*Person*) klein und dick; ~ **tapası** Zapfen *m*

fıkra *s* ❶ Anekdote *f* ❷ JUR Paragraph *m*

fındık (**-ğı**) *s* Haselnuss *f*; ~ **ağacı** Haselstrauch *m*

fındıkkıran *s* Nussknacker *m*

Fırat (**-tı**) *s* Euphrat *m*

fırça *s* ❶ Bürste *f* ❷ Pinsel *m* ❸ (*fam: Tadel*) Anschiss *m*

fırçalamak *vt* ❶ ab-, ausbürsten (**-i** etw) ❷ schrubben (**-i** etw) ❸ (*fam*) runterputzen (**-i** jdn)

fırçalanmak *vi* ❶ *Passiv zu* **fırçalamak** ❷ beschimpft werden

fırdolayı *adv* rings, rings(her)um

fırıldak (**-ğı**) *s* ❶ Wetterhahn *m*, Windfahne *f* ❷ Kreisel *m* ❸ Füllungsklappe *f*

fırın *s* ❶ Bäckerei *f* ❷ Backofen *m* ❸ (Küchen)herd *m*

fırıncı *s* Bäcker(in) *m(f)*

fırlamak *vi* ❶ springen, aufspringen ❷ auffliegen ❸ vorspringen, herausragen ❹ sich stürzen (**-e** auf/in etw) ❺ (*Preise*) steigen, in die Höhe gehen

fırlamış *adj* herausragend
fırlatmak *vt* ❶ *Kausativ zu* **fırlamak** ❷ werfen, schleudern (**-i** etw/jdn)
fırsat (**-tı**) *s* Gelegenheit *f,* Chance *f;* ~ **olursa** bei Gelegenheit; ~ **vermek** Anlass geben, Gelegenheit geben; **fırsatı kaçırmak** die Gelegenheit verpassen; **fırsatı kaçırmamak** sich *dat* etwas nicht entgehen lassen, die Gelegenheit ergreifen, zugreifen; **fırsattan yararlanmak** die Gelegenheit wahrnehmen
fırtına *s* ❶ Sturm *m,* Gewitter *nt,* Unwetter *nt* ❷ heftiger Streit
fırtınalı *adj* stürmisch
fısıldamak *vi* flüstern
fısıltı *s* Geflüster *nt*
fıskiye *s* Springbrunnen *m*
fıstık (**-ğı**) *s* ❶ Pistazie *f* ❷ Erdnuss *f* ❸ Pinienkern *m;* ~ **çamı** Pinie *f*
fışırdamak *vi* ❶ (*Papier*) knistern ❷ (*Wasser*) plätschern
fışkı *s* Dünger *m;* (*Pferde-, Esel-*) Mist *m*
fışkırmak *vi* ❶ ausströmen ❷ (heraus)sprudeln, (heraus)spritzen ❸ (*Pflanze*) gedeihen ❹ (*Licht*) herausdringen
fıtık (**-ğı**) *s* Leistenbruch *m*
fidan *s* (*junge Pflanze*) Spross *m,* Sprössling *m*
fidanlık (**-ğı**) *s* neu bepflanztes Beet *nt*
fidye *s* Lösegeld *nt*
figür *s* ❶ (*bei Tanz*) Figur *f* ❷ (*Person*) Gestalt *f* ❸ Abbild *nt*
figüran *s* Statist(in) *m(f)*
fihrist (**-ti**) *s* Inhaltsverzeichnis *nt*
fiil *s* ❶ Verb *nt,* Zeitwort *nt* ❷ Tat *f;* ~ **çekimi** Konjugation *f*
fiilen *adv* praktisch, wirklich
fikir (**-kri**) *s* ❶ Gedanke *m,* Idee *f,* Überlegung *f* ❷ Meinung *f* ❸ (*Idee*) Vorstellung *f* ❹ (*Auffassung*) Anschauung *f* ❺ Gedächtnis *nt;* ~ **adamı** Denker *m;* ~ **alışverişi** Meinungsaustausch *m;* ~ **annesi** Initiatorin *f;* ~ **ayrılığı** Meinungsverschiedenheit *f;* ~ **babası** (*einer Idee*) geistiger Vater *m;* (*eines Projekts*) Initiator *m;* ~ **edinmek** sich ein Bild machen (**-in hakkında** von etw/jdm); ~ **özgürlüğü** Meinungsfreiheit *f;* ~ **yürütmek** sich zu etwas äußern; **fikrini değiştirmek** seine Meinung ändern, es sich anders überlegen
fikri *adj* geistig, gedanklich; ~ **ve sınai mülkiyet** intellektuelles [*o* geistiges] Eigentum
fikri (**-ni**) *s Possessivform zu* **fikir** seine/ihre Meinung *f*
fil *s* ❶ Elefant *m* ❷ (*Schach*) Läufer *m*
filan *pron* ❶ der/die Soundso ❷ der und der, dies und jenes ❸ und so weiter
filanca *s* Dingsbums *m o f o nt*
filatelist (**-ti**) *s* Briefmarkensammler(in) *m(f)*
fildişi (**-ni**) **I.** *s* ❶ (*des Elefanten*) Stoßzahn *m* ❷ Elfenbein *nt* ❸ Zahnbein *nt* **II.** *adj* aus Elfenbein; **Fildişi Sahili** Elfenbeinküste *f*
file *s* (*Haar-, Einkaufs-*) Netz *nt*
fileto *s* Filet *nt*
filika *s* Schaluppe *f;* (*Rettungsboot*) Beiboot *nt*
Filipinler, Filipin Adaları (**-nı**) *s* die Philippinen *pl*
Filipinli *s* Filipino *m,* Filipina *f*
Filistin *s* Palästina *nt*
Filistinli *s* Palästinenser(in) *m(f)*
filiz *s* Spross *m,* Sprössling *m,* Trieb *m;* ~ **sürmek** sprießen
filizlenmek *vi* ❶ Triebe ansetzen ❷ sich zu entwickeln beginnen
film *s* Film *m;* ~ **çekmek** filmen; ~ **çevirmek** einen Film drehen; ~ **festivali** Filmfestival *nt;* ~ **kamerası** [*o* **makinesi**] Filmkamera *f;* ~ **müziği** Filmmusik *f;* ~ **yapımcısı** Filmemacher(in) *m(f);* ~ **yıldızı** Filmstar *m;* **filme almak** verfilmen (**-i** etw)
filo *s* Flotte *f,* Geschwader *nt*
filolog *s* Philologe, Philologin *m, f*
filoloji *s* Philologie *f*
filozof *s* Philosoph(in) *m(f)*
filozofi *s* Philosophie *f*
filtre *s* Filter *m;* ~ **kahve** Filterkaffee *m;* ~ **kâğıdı** Filterpapier *nt*
filtrelemek *vt* filtern (**-i** etw)
filtreli *adj* mit Filter; ~ **sigara** Filterzigarette *f*
Fin I. *s* Finne *m,* Finnin *f* **II.** *adj* (*Art*) finnisch
final (**-li**) *s* Finale *nt,* Endkampf *m;* ~ **maçı** Endspiel *nt*
finalist (**-ti**) *s* SPORT Finalteilnehmer(in) *m(f),* Finalist(in) *m(f)*
finansal *adj* finanziell, Finanz-; ~ **hizmet** Finanzdienstleistung *f;* ~ **kiralama** Leasing *nt*
finanse etmek *vt* finanzieren (**-i** etw/jdn)
finansiyel *adj* finanziell
finansman *s* Finanzierung *f*
fincan *s* Tasse *f;* ~ **tabağı** Untertasse *f*
Fince *adj* (*Sprache*) finnisch
fingirdek (**-ği**) *adj* (*fam*) kokett
fingirdemek *vi* (*fam*) kokettieren
finiş *s* Endspurt *m*
Finlandiya I. *s* Finnland *nt* **II.** *adj* (*Art*) finnisch

F

Finlandiyalı **I.** *s* Finne *m,* Finnin *f* **II.** *adj* (*Herkunft*) finnisch
firar *s* ① (*aus dem Gefängnis*) Ausbruch *m* ② Flucht *f;* ~ **etmek** ausbrechen, (ent)fliehen
firkete *s* Haarnadel *f*
firma *s* Firma *f,* Betrieb *m*
firuze *s* Türkis *m*
fistül *s* Fistel *f*
fiş *s* ① Stecker *m* ② Bon *m,* Gutschein *m* ③ Karteikarte *f* ④ Spielmarke *f* ⑤ Kassenzettel *m*
fişek (**-ği**) *s* ① Patrone *f* ② (*Feuerwerk-*) Rakete *f;* ~ **eğlenceleri** Feuerwerk *nt;* ~ **yatağı** (*an Waffe*) Magazin *nt*
fitil *s* ① Docht *m* ② Zündschnur *f* ③ Tampon *m* ④ Zäpfchen *nt*
fitnes kulübü (**-nü**) *s* Fitnesscenter *nt*
fitre *s* (*islamisch*) *im Ramadan vorgeschriebene Almosen*
fiyaka *s* (*fam*) Angeberei *f*
fiyasko *s* (*fam*) Misserfolg *m,* Pleite *f*
fiyat (**-tı**) *s* Preis *m;* ~ **etiketi** [*o* **fişi**] Preisschild *nt;* ~ **indirme** Preisnachlass *m;* ~ **listesi** Preisliste *f,* Tarif *m;* ~ **zammı** Preisaufschlag *m*
fizik (**-ği**) *s* ① Physik *f* ② Körperbau *m*
fizikçi *s* Physiker(in) *m(f)*
fiziki *adj* ① physikalisch ② (*körperlich*) physisch
fizikötesi (**-ni**) **I.** *s* Metaphysik *f* **II.** *adj* übersinnlich, metaphysisch
fiziksel *adj* ① physikalisch ② (*körperlich*) physisch
fizyoloji *s* Physiologie *f*
fizyonomi *s* Physiognomie *f*
flamankuşu (**-nu**) *s* Flamingo *m*
flamingo *s* Flamingo *m*
flanel **I.** *s* Flanell *m* **II.** *adj* aus Flanell
flaş *s* Blitzlicht(gerät) *nt*
floresan lamba *s* Neonröhre *f*
flört (**-tü**) *s* Flirt *m;* ~ **etmek** flirten
flüt (**-tü**) *s* Querflöte *f*
fok (**-ku**) *s* Seehund *m,* Robbe *f*
folklor *s* Folklore *f,* Volkskunde *f*
folyo *s* Folie *f*
fon *s* ① Hintergrund *m* ② FIN Fonds *m*
fondan *s* gefüllte Praline *f*
fonetik (**-ği**) **I.** *s* Phonetik *f* **II.** *adj* phonetisch; ~ **yazı** Lautschrift *f*
fonksiyon *s* Funktion *f*
font (**-tu**) *s* Schriftart *f,* Font *m*
fora *interj* hinaus!; ~ **etmek** (*Segel*) aufziehen; (*Fenster*) weit öffnen
forklift (**-ti**) *s* Gabelstapler *m*
form *s* ① Form *f* ② SPORT (gute) Form *f* ③ Formular *nt;* **formdan düşmek** aus der Übung kommen; **formunda olmak** fit sein
forma *s* ① Format *nt* ② Uniform *f* ③ Schulkleidung *f*
formalite *s* Formalität *f*
format (**-tı**) *s* INFORM Format *nt*
formül *s* ① Formel *f* ② Formular *nt*
formüla 1 *s* Formel-1 *f;* ~ **arabası** Formel-1-Wagen *m;* ~ **yarışı** Formel-1-Rennen *nt*
formüle etmek *vt* formulieren (**-i** etw)
formüler *s* Formular *nt,* Vordruck *m*
fors *s* ① Flagge *f* ② (*Einfluss*) Macht *f*
forseps *s* (Geburts)zange *f*
forslu *adj* einflussreich, angesehen
forvet (**-ti**) *s* SPORT Stürmer *m*
fosfat (**-tı**) *s* Phosphat *nt*
fosfor *s* Phosphor *m*
fosforlu *adj* ① phosphorhaltig ② (*Zifferblatt*) leuchtend; ~ **kalem** (*Stift*) Marker *m*
fosil *s* Fossil *nt*
fosur fosur *adv* (*pej fam*) paffend, qualmend; ~ **sigara içmek** (*fam*) qualmen
foto *s* Foto *nt;* ~ **albümü** Fotoalbum *nt;* ~ **makineli cep** (**telefonu**) TELEK Fotohandy *nt;* ~ **model** Fotomodell *nt*
fotoğraf *s* Fotografie *f,* Foto *nt;* ~ [*o* **resim**] **çekmek** fotografieren; ~ **makinesi** Fotoapparat *m,* Kamera *f*
fotoğrafçı *s* Fotograf(in) *m(f)*
fotojenik (**-ği**) *adj* fotogen
fotokopi *s* Fotokopie *f;* ~ **makinesi** Fotokopierer *m;* ~ **yapmak** fotokopieren (**-i** etw)
fotomontaj *s* Fotomontage *f*
foya *s* ① Metallfolie *f* ② (*fam*) falscher Schein; **foyası meydana çıkmak** entlarvt werden
föyton *s* Feuilleton *nt*
frak (**-kı**) *s* Frack *m*
fraksiyon *s* Fraktion *f*
francala *s* Baguette *nt*
frank (**-gı**) *s* (*in der Schweiz*) Franken *m;* (*hist: in Frankreich*) Franc *m*
Fransa **I.** *s* Frankreich *nt* **II.** *adj* (*Art*) französisch
Fransız **I.** *s* Franzose *m,* Französin *f* **II.** *adj* (*Art*) französisch
Fransızca *adj* (*Sprache*) französisch

frekans *s* Frequenz *f;* ~ **tahsisi** RADIO, INFORM Frequenzenzuweisung *f*
fren *s* Bremse *f;* ~ **pedalı** Bremspedal *nt;* ~ **tabanı** Bremsbelag *m;* ~ **yapmak** bremsen
frengi *s* Syphilis *f*
frenkgömleği (**-ni**) *s* Oberhemd *nt*
frenküzümü (**-nü**) *s* Johannisbeere *f*
frenlemek *vt* ① bremsen (**-i** etw) ② zügeln (**-i** etw)
fresk (**-ki**) *s* Fresko *nt*
frijider *s* Kühlschrank *m*
frikik (**-ki**) *s* Freistoß *m*
fuar *s* Ausstellung *f,* Messe *f;* ~ **alanı** Messegelände *nt*
fuaye *s* Foyer *nt*
fuhuş *s* Prostitution *f*
fukara **I.** *npl* die Armen **II.** *adj* arm, mittellos
fukaralık (**-ğı**) *s* Armut *f*
fulya *s* Narzisse *f*
funda *s* Heidekraut *nt*
fundalık (**-ğı**) *s* ① Gebüsch *nt,* Gestrüpp *nt* ② Heide *f*
fundamentalist (**-ti**) *s* Fundamentalist(in) *m(f)*
fundamentalizm *s* Fundamentalismus *m*
furş *s* Fahrradgabel *f*
furya *s* (*fam*) Wahn *m;* **seks furyası** Sexwahn *m*
futbol *s* ① Fußball *m* ② Fußballspiel *nt;* ~ **maçı** Fußballspiel *nt;* ~ **oynamak** Fußball spielen; ~ **sahası** Fußballplatz *m;* ~ **takımı** Fußballmannschaft *f;* ~ **topu** Fußball *m*
futbolcu *s* Fußballspieler(in) *m(f)*
füme *adj* geräuchert; ~ **et** Rauchfleisch *nt*
füze *s* Rakete *f*

Gg

G, g *s achter Buchstabe des türk. Alphabets*
gaddar *adj* ① grausam, erbarmungslos ② unmenschlich
gaddarlık (**-ğı**) *s* Grausamkeit *f*
gaf *s* Missgriff *m;* ~ **yapmak** ins Fettnäpfchen treten
gafil *adj* unachtsam; ~ **avlamak** überrumpeln (**-i** jdn)
gaga *s* Schnabel *m*
gagalamak *vt* (auf)picken (**-i** etw)
Gal *s* Wales *nt*
gala *s* ① Bankett *nt* ② Galavorstellung *f* ③ Premiere *f*
galaksi *s* Galaxie *f*
galeri *s* ① THEAT Galerie *f* ② BERGB Stollen *m* ③ Gemäldegalerie *f*
galiba *adv* vermutlich, wahrscheinlich
galip (**-bi**) **I.** *s* Sieger(in) *m(f)* **II.** *adj* ① siegreich ② überlegen
gam *s* ① Tonleiter *m* ② Oktav(e) *f*
gam (**-mmı**) *s* Kummer *m,* Sorge *f*
gamalı haç (**-çı**) *s* Hakenkreuz *nt*
gamlı *adj* betrübt
gammaz *s* (*fam*) Petzer(in) *m(f)*
gammazlamak *vt* (*fam*) verpetzen (**-i -e** jdn bei jdm)
gamsız *adj* sorglos
gamze *s* ① Zuzwinkern *nt* ② (*in der Wange*) Grübchen *nt*
gangster *s* Gangster *m*
ganimet (**-ti**) *s* ① (Kriegs)beute *f* ② Gottesgeschenk *nt*
gar *s* Bahnhof *m*
garaj *s* ① Garage *f* ② Busbahnhof *m*

In jeder türkischen Stadt gibt es ein **garaj**, einen Busbahnhof, wo man bei mehreren Busgesellschaften Fahrten in jede Himmelsrichtung buchen kann. Da das türkische Eisenbahnnetz aus nur sehr wenigen Strecken besteht, hat der Busbahnhof in der Türkei dieselbe Bedeutung wie bei uns der Bahnhof.

garanti **I.** *s* Garantie *f,* Gewähr *f* **II.** *adv* garantiert; ~ **etmek** verbürgen, garantieren (**-i** etw)
garantilemek *vt* garantieren (**-i** etw)
gardırop (**-bu**) *s* Garderobe *f*
gardiyan *s* (*im Gefängnis*) Aufseher(in) *m(f),* Wärter(in) *m(f)*
gargara *s* ① Gurgeln *nt* ② Mundwasser *nt;* ~ **etmek** gurgeln
gargara (**ilacı**) *s* Gurgelwasser *nt*
garip (**-bi**) *adj* ① seltsam, sonderbar, merkwürdig ② fremd ③ arm, bedauernswert
gariplik (**-ği**) *s* ① Merkwürdigkeit *f* ② Einsamkeit *f,* Verlassenheit *f* ③ bedauernswerter Zustand
gark (**-kı**) *s* Versinken *nt;* ~ **etmek** versenken; (*fam*) überhäufen, überschütten (**-i -e** jdn mit etw)

garnitür *s* ❶ Beilage *f* ❷ Garnierung *f* ❸ Garnitur *f*
garnizon *s* ❶ Garnison *f* ❷ MIL Standort *m*
Garp (-bı) *s* Abendland *nt*
garson *s* Kellner *m;* **~!** Herr Ober!
garsoniye *s* Bedienungsgeld *nt*
gavur **I.** *s* (*pej: Nichtmoslem*) Ungläubige(r) *f(m)* **II.** *adj* ❶ (*pej*) ungläubig ❷ unbarmherzig, erbarmungslos
gay (-yi) *s* Schwuler *m,* Homosexueller *m*
gaye *s* Ziel *nt,* Zweck *m*
gayret (-ti) *s* ❶ (Wett)eifer *m* ❷ Fleiß *m* ❸ Anstrengung *f,* Mühe *f;* **~ etmek** (*sich anstrengen*) sich bemühen
gayretli *adj* fleißig, strebsam
gayri *adj* **~ menkul** unbewegliches Gut; **~ meşru** (*Kind*) unehelich; (*allgemein*) illegal; **~ safi** brutto; **~ safi hasılat** Bruttoeinkommen *nt;* **~ safi milli hasıla** Bruttosozialprodukt *nt*
gaz *s* ❶ Gas *nt* ❷ Blähung *f* ❸ Petroleum *nt;* **~ bezi** Mullbinde *f;* **~ hartucu** Gaskartusche *f;* **~ maskesi** Gasmaske *f;* **~ ocağı** Gaskocher *m;* **~ pedalı** Gaspedal *nt;* **~ sobası** Gasofen *m;* **~ şişesi** Gasflasche *f;* **gaza basmak** Gas geben
gazap (-bı) *s* Zorn *m*
gazete *s* Zeitung *f;* **~ bayii** Zeitungskiosk *m;* **~ ilanı** Annonce *f;* **~ satıcısı** Zeitungsverkäufer(in) *m(f);* **~ yazarı** (Zeitungs)redakteur(in) *m(f)*
gazeteci *s* ❶ Journalist(in) *m(f)* ❷ Zeitungsverkäufer(in) *m(f)* ❸ *Inhaber(in) eines Zeitungsverlags*
gazetecilik (-ği) *s* ❶ Journalismus *m* ❷ Publizistik *f* ❸ Zeitungswesen *nt*
gazi *s* ❶ Kriegsveteran *m* ❷ Glaubenskämpfer *m* ❸ *Ehrentitel für Feldherren*
Gaziantep *s Stadt im östlichen Taurusvorland*
gazino *s großes vornehmes Restaurant* (*mit Musikprogramm*)
gazlı *adj* ❶ Gas enthaltend, Gas- ❷ **~ bez** Gaze *f,* Verbandsmull *m*
gazoz *s* (Brause)limonade *f*
gazyağı (-nı) *s* Petroleum *nt;* **~ lambası** Petroleumlampe *f*
Gazze Şeridi (-ni) *s* Gazastreifen *m*
gebe *adj* ❶ schwanger ❷ (*Tier*) trächtig; **~ kalma** Empfängnis *f;* **~ kalmak** schwanger werden
gebelik (-ği) *s* Schwangerschaft *f;* **gebeliği önleyici araç** Verhütungsmittel *nt;* **gebeliği önleyici hap** Antibabypille *f*
gebermek *vi* (*vulg*) verrecken, krepieren
gebre *s* Kaper *f*
gece **I.** *s* Nacht *f* **II.** *adv* ❶ bei Nacht, in der Nacht ❷ über Nacht **III.** *adj* nächtlich; **bu ~** heute Nacht; **~ bekçisi** Nachtwächter *m;* **~ elbisesi** Abendkleid *nt;* **~ gündüz** Tag und Nacht; **~ hayatı** Nachtleben *nt;* **~ hemşiresi** Nachtschwester *f;* **~ işi** Nachtarbeit *f,* Nachtschicht *f;* **~ kulübü** Nachtlokal *nt,* Bar *f;* **~ oluyor** es wird Nacht; **~ yarısı** Mitternacht *f,* um Mitternacht; **geceleri** nachts, jede Nacht
gecekondu *s* über Nacht gebautes Haus (*ohne behördliche Genehmigung*); **~ mahallesi** [*o* **semti**] Elendsviertel *nt,* Barackensiedlung *f*

Siedlungen aus illegal erbauten Häusern an der Peripherie türkischer Großstädte werden **gecekondu** genannt, was wörtlich ‚über Nacht erbaut' bedeutet. Der Grund für diese Bezeichnung ist eine alte Regel, nach der ein über Nacht erbautes Haus nicht abgerissen werden darf. Daher werden auch heute noch solche illegalen Siedlungen armer landflüchtiger Bürger von den Behörden geduldet und oftmals, wenn die Siedlung sich ökonomisch gefestigt hat, nachträglich legalisiert und an die kommunale Wasser- und Stromversorgung angebunden. Das Leben in den meisten Gecekondus richtet sich nach ländlichen Traditionen.

geceleme *s* ❶ *Verbalsubstantiv zu* **gecelemek** ❷ Übernachtung *f*
gecelemek *vi* übernachten
geceleyin *adv* bei Nacht, in der Nacht, nachts
gecelik (-ği) **I.** *s* Nachthemd *nt,* Schlafanzug *m* **II.** *adj* ❶ für die Nacht, Nacht- ❷ (*mit Zahlangabe*) für ... Nacht/Nächte
gecikme *s* ❶ *Verbalsubstantiv zu* **gecikmek** ❷ Verspätung *f* ❸ Verzögerung *f*
gecikmek *vi* ❶ sich verspäten ❷ sich verzögern ❸ im Rückstand sein
geciktirmek *vt* ❶ *Kausativ zu* **gecikmek** ❷ verzögern (**-i** etw) ❸ verschieben (**-i -e** etw auf etw) ❹ auf sich warten lassen (**-i** mit etw)

geç **I.** *adj* spät **II.** *adv* spät, zu spät; ~ **kalmak** sich verspäten; ~ **oluyor** es wird spät
geçe *präp* (*Uhrzeit*) nach; **beşi on** ~ zehn nach fünf
geçen *adj* (*vorig*) letzte(r, s); ~ **defa** das letzte Mal; ~ **gün** neulich; ~ **hafta** letzte Woche; ~ **yıl** [*o* **sene**] voriges Jahr
geçenek (**-ği**) *s* Flur *m,* Gang *m,* Korridor *m*
geçenlerde *adv* neulich, unlängst, vor kurzem
geçer *adj* ① gültig ② gängig, gebräuchlich
geçerli *adj* gültig
geçer(li)lik (**-ği**) *s* Gültigkeit *f*
geçersiz *adj* ungültig
geçgeçlemek *vi* (*beim Fernsehen*) zappen
geçici *adj* ① vorübergehend ② vergänglich ③ vorläufig ④ provisorisch ⑤ (*Krankheit*) ansteckend; ~ **müşteriler** Laufkundschaft *f*
geçim *s* ① (Lebens)unterhalt *m* ② (harmonisches) Zusammenleben *nt* ③ Auskommen *nt;* ~ **masrafları** Lebenshaltungskosten *pl*
geçimli *adj* umgänglich, verträglich
geçimsiz *adj* unverträglich, nicht umgänglich
geçimsizlik (**-ği**) *s* Streit *m*
geçindirmek *vt* ① *Kausativ zu* **geçinmek** ② für jds Lebensunterhalt sorgen, ernähren (**-i** jdn)
geçinmek *vi* ① sich ernähren, leben (**ile** von etw) ② gut auskommen (**ile** mit jdm) ③ sich aufspielen (als ...)
geçirmek *vt* ① *Kausativ zu* **geçmek** ② durchlassen, passieren lassen (**-i** jdn/etw) ③ (*Krise*) durchmachen (**-i** etw) ④ erleben, erfahren (**-i** etw) ⑤ (*Zeit*) verbringen (**-i** etw) ⑥ (*einen Abreisenden*) begleiten (**-i** jdn) ⑦ (*Garn*) einfädeln (**-i** etw) ⑧ (*Scheibe*) einsetzen (**-i -e** etw in etw) ⑨ (*Auto über Fluss/Brücke*) übersetzen (**-i -den** etw über etw) ⑩ (*Schmerzen*) stillen (**-i** etw) ⑪ (*Termin*) verstreichen lassen (**-i** etw) ⑫ (*Schüler*) versetzen (**-i** jdn) ⑬ (*in eine Liste*) eintragen (**-i -e** etw/jdn in etw) ⑭ (*Krankheit auf jdn*) übertragen (**-i -e** etw auf jdn)
geçiş *s* ① Durchreise *f* ② (*fig*) Übergang *m;* ~ **devresi** Übergangszeit *f;* ~ **hakkı** Vorfahrt *f,* Vorfahrtsrecht *nt;* ~ **hakkı işareti** Vorfahrtszeichen *nt;* ~ **vizesi** Durchreisevisum *nt*
geçişli *adj* (*Verb*) transitiv
geçişsiz *adj* (*Verb*) intransitiv
geçit (**-di**) *s* ① (*Orts-*) Durchfahrt *m* ② (*Gebirgs-*) Pass *m* ③ (*Durchgang*) Passage *f* ④ (Bahn)übergang *m* ⑤ Fahrwasser *nt* ⑥ Furt *f;* ~ **töreni** Militärparade *f*
geçkin *adj* ① (*Obst*) überreif ② *eine bestimmte Altersgrenze überschritten habend;* **elliyi** ~ **bir adam** ein Mann über fünfzig
geçmek (**-er**) **I.** *vi* ① (*Handlung*) sich abspielen, verlaufen ② (*Zeit*) vergehen ③ (*Schmerz*) aufhören ④ (*Wolken, Gewitter*) sich verziehen ⑤ gültig sein, gelten ⑥ (*Geld*) im Umlauf sein ⑦ (*Schüler*) versetzt werden ⑧ (*Name, Wort*) erwähnt werden ⑨ vorbeigehen, vorbeifahren (**-den** an etw) ⑩ (*passieren*) gehen, fahren (**-den** über/durch etw) ⑪ hindurchgehen (**-den** durch etw) ⑫ (*Fluss durch ein Gebiet*) fließen (**-den** durch etw) ⑬ (*Examen*) bestehen (**-den** etw) ⑭ verzichten (**-den** auf etw) ⑮ (*Krankheit*) übertragen werden (**-den -e** von jdm auf jdn) ⑯ (*zu einem Thema*) übergehen (**-e** zu etw) ⑰ (*Feuer*) übergreifen (**-e** auf etw) ⑱ (*sich setzen*) Platz nehmen (**-e** auf etw) ⑲ (*Wasser, Geruch*) eindringen (**-e** in etw) ⑳ (*Staatsangehörigkeit*) annehmen (**-e** etw) ㉑ vererbt werden (**-e** an jdn) **II.** *vt* ① übertreffen (**-i** jdn/etw), überflügeln (**-i** jdn) ② (*Auto*) überholen (**-i** etw) ③ (*Zahl*) überschreiten (**-i** etw) ④ (*Thema*) fallen lassen (**-i** etw) ⑤ (*Person*) ausschließen (**-i** jdn); **geçip gitmek** vorbeifahren, vorbeigehen; (*Zeit*) vergehen
geçmiş **I.** *adj* frühere(r, s), vergangen **II.** *s* Vergangenheit *f;* ~ **olsun!** gute Besserung!; ~ **zaman** LING Vergangenheitsform *f*
geğirmek *vi* aufstoßen
Geiger sayacı (**-sı**) *s* Geigerzähler *m*
gelecek (**-ği**) **I.** *s* Zukunft *f* **II.** *adj* ① zukünftig ② nächste(r, s); ~ **program** TV Vorschau *f;* ~ **yıl** [*o* **sene**] nächstes Jahr; ~ **zaman** Futur *nt,* Zukunft *f;* **gelecekte** in Zukunft
gelenek (**-ği**) *s* Tradition *f,* Überlieferung *f*
gelenekçi **I.** *adj* traditionalistisch **II.** *s* Traditionalist(in) *m(f)*
geleneksel *adj* traditionell, überliefert
gelgit (**-ti**) *s* ① Gezeiten *pl* ② Hin- und Herlauferei *nt,* Hin- und Her *nt*
Gelibolu *s Stadt an den Dardanellen*
gelin *s* ① (*am Hochzeitstag*) Braut *f* ② Schwiegertochter *f;* ~ **güvey** Brautleute *pl,* Brautpaar *nt;* ~ **yatağı** Ehebett *nt*
gelincik (**-ği**) *s* ① (Klatsch)mohn *m* ② Wie-

sel *nt*

gelinlik (-ği) *s* Brautkleid *nt*

gelir *s* Einkommen *nt,* Einkünfte *pl;* ~ **dağılımı** Einkommensverteilung *f;* ~ **düzeyi** Einkommensniveau *nt;* ~ **kaynağı** Einnahmequelle *f;* ~ **vergisi** Einkommensteuer *f*

gelişigüzel I. *adv* aufs Geratewohl, auf gut Glück II. *adj* 1 irgendein 2 wahllos, ziellos

gelişim *s* Entwicklung *f*

gelişme *s* 1 *Verbalsubstantiv zu* **gelişmek** 2 Entwicklung *f,* Gang *m,* Verlauf *m* 3 Wachstum *nt;* ~ **oranı** Wachstumsrate *f*

gelişmek *vi* 1 gedeihen, (heran)wachsen 2 sich entwickeln

geliştirici *s* INFORM Entwickler(in) *m(f)*

geliştirmek *vt* 1 *Kausativ zu* **gelişmek** 2 entwickeln (-**i** etw) 3 ausbauen (-**i** etw)

gelmek (-ir) *vi* 1 kommen (-**den** -**e** von/aus etw zu/nach/in etw) 2 (*ankommen*) eintreffen (-**e** in etw/bei jdm) 3 (*jdm vorkommen*) erscheinen (-**e** jdm) 4 (*Zeitpunkt*) eintreten 5 reichen (-**e** bis zu etw) 6 kosten (**bin liraya** tausend Lira) 7 (*Wasser*) herausfließen, herauskommen (-**den** aus etw) 8 aushalten können (-**e** etw) 9 (*als Gewinn*) zufließen (-**e** jdm) 10 entstehen (-**den** aus etw) 11 (ab)stammen (-**den** von jdm) 12 sich ableiten (-**den** von etw)

gem *s* 1 Zaum *m* 2 Zungenbändchen *nt;* ~ **vurmak** (*dem Pferd*) die Kandare anlegen; (*fig*) zügeln (-**e** jdn); **gemi azıya almak** (*Pferd*) durchgehen; (*Person*) durchdrehen

gemi *s* Schiff *nt;* ~ **ehliyeti** Bootsführerschein *m;* ~ **enkazı** Wrack *nt;* ~ **kılavuzu** Lotse *m;* ~ **pervanesi** Schiffsschraube *f;* ~ **trafiği** Schiffsverkehr *m;* **gemide** an Bord

gemici *s* Seemann *m*

gemicilik (-ği) *s* Schifffahrt *f*

gemlemek *vt* bändigen, zähmen (-**i** jdn)

gen *s* Gen *nt;* ~ **tedavisi** [*o* **terapisi**] Gentherapie *f;* ~ **teknolojisi** Gentechnologie *f;* **genleri değiştirilmiş** (**olan**) genmanipuliert

genç (-ci) I. *adj* jung, jugendlich II. *s* Jugendliche(r) *f(m);* ~ **adam** junger Mann; ~ **hanım** [*o* **bayan**] junge Frau; ~ **kız** junges Mädchen

gençleşmek *vi* wieder jung werden

gençleştirmek *vt* 1 *Kausativ zu* **gençleşmek** 2 verjüngen, erneuern (-**i** jdn/etw)

gençlik (-ği) *s* Jugend *f;* ~ **yurdu** Jugendhaus *nt,* Jugendheim *nt*

gene *adv* wieder(um); ~ **de** dennoch, trotzdem; ~ **mi?** schon wieder?

genel *adj* 1 allgemein, generell 2 öffentlich; ~ **bakış** Gesamtübersicht *f;* ~ **grev** Generalstreik *m;* ~ **görünüş** [*o* **manzara**] Panorama *nt;* ~ **izlenim** Gesamteindruck *m;* ~ **karargah** Hauptquartier *nt;* ~ **kurul** Generalversammlung *f;* ~ **kurul toplantısı** Vollversammlung *f;* ~ **kültür** Allgemeinbildung *f;* ~ **müdür** Geschäftsleiter(in) *m(f);* ~ **olarak** im Allgemeinen; ~ **sekreter** Generalsekretär(in) *m(f)*

genelev *s* Bordell *nt*

genelge *s* Erlass *m,* Rundschreiben *nt*

genelkurmay *s* großer Generalstab

genelleşmek *vi* allgemein üblich werden

genelleştirmek *vt* 1 *Kausativ zu* **genelleşmek** 2 allgemein üblich werden lassen (-**i** etw) 3 verallgemeinern (-**i** etw)

genellik (-ği) *s* 1 (*Gesamtheit*) Allgemeinheit *f* 2 Öffentlichkeit *f,* Publizität *f;* **genellikle** im Allgemeinen, in der Regel, gewöhnlich

general (-li) *s* General *m*

generasyon *s* Generation *f*

genetik (-ği) I. *s* Genetik *f* II. *adj* genetisch; ~ **mühendis(i)** Gentechniker(in) *m(f);* ~ **mühendislik** Gentechnologie *f*

geniş *adj* 1 breit, ausgedehnt 2 geräumig, groß 3 umfangreich, umfassend 4 (*Kleid, Anzug*) weit 5 reichlich 6 (*Winkel*) stumpf 7 (*Mensch*) unbekümmert; ~ **açılı objektif** Weitwinkelobjektiv *nt;* ~ **alan ağı** INET (*wide area network*) WAN *nt;* ~ **ekran tv** Breitband-Fernseher *m;* ~ **hatlı** breitspurig; ~ **şeritli** großspurig; ~ **zaman** Aorist *m*

genişleme *s* Expansion *f*

genişlemek *vi* 1 sich weiten 2 breiter werden 3 sich erweitern 4 sich ausdehnen

genişletmek *vt* 1 *Kausativ zu* **genişlemek** 2 verbreitern (-**i** etw) 3 erweitern (-**i** etw) 4 ausdehnen (-**i** etw) 5 ausbauen (-**i** etw)

genişlik (-ği) *s* 1 Breite *f* 2 Umfang *m* 3 Sorglosigkeit *f*

geniz (-nzi) *s* Nasenhöhle *f;* **genzine kaçırmak** sich verschlucken

genleşme *s* Dehnung *f*

geometri *s* Geometrie *f*

geometrik (-ği) *adj* geometrisch

gepar *s* Gepard *m*

gerçek (-ği) I. *s* 1 Wirklichkeit *f,* Realität *f* 2 Wahrheit *f* 3 Tatsache *f* II. *adj* 1 echt, richtig 2 wirklich, tatsächlich 3 wahr; ~ **dışı**

realitätsfern, unrealistisch, irreal; ~ **dışılık** Irrealität *f;* ~ **zaman** INET Echtzeit *f;* **gerçeği söylemek gerekirse** um die Wahrheit zu sagen

gerçekçi I. *s* Realist(in) *m(f)* II. *adj* realistisch

gerçekçilik (-ği) *s* Realismus *m*

gerçekleşmek *vi* ❶ sich verwirklichen, wahr werden ❷ (*Wunsch*) sich erfüllen, in Erfüllung gehen ❸ sich bewahrheiten

gerçekleştirmek *vt* ❶ *Kausativ zu* **gerçekleşmek** ❷ realisieren, verwirklichen, wahr machen (-**i** etw) ❸ (*Wunsch*) erfüllen (-**i** etw)

gerçeklik (-ği) *s* ❶ Wirklichkeit *f* ❷ Echtheit *f* ❸ Richtigkeit *f* ❹ Tatsache *f*

gerçekten *adv* tatsächlich, wirklich

gerçi *adv* zwar

gerdan *s* ❶ vordere Kehlpartie *f* ❷ Doppelkinn *nt*

gerdanlık (-ğı) *s* (*Schmuck*) Halsband *nt*

gerdek (-ği) *s* Brautgemach *nt*

gereç (-ci) *s* ❶ Material *nt* ❷ Zubehör *nt*

gereğince I. *präp* gemäß, zufolge (... +*dat*) II. *adv* gegebenenfalls, je nachdem

gerek (-ği) I. *s* Notwendigkeit *f* II. *adj* nötig, notwendig, erforderlich; **gereği gibi** gebührend III. *konj* ~ **...** ~ **...** sowohl ... als auch ..., ob ... oder ...

gerekçe *s* ❶ Begründung *f* ❷ Beweggrund *m,* Motiv *nt*

gerekçesiyle *konj* mit der Begründung (-**diği** dass)

gerekli *adj* erforderlich, notwendig

gerek(li)lik (-ği) *s* Notwendigkeit *f*

gerekmek *vi* notwendig sein; **gitmem gerekiyor** ich muss fort; **gerekirse** notfalls, unter Umständen; **gerektiği takdirde** bei Bedarf

gereksemek *vt* nötig haben, brauchen (-**i** etw)

gereksinim *s* Bedürfnis *nt* (-**e** nach etw), Bedarf *m* (-**e** an etw)

gereksinmek *vt* brauchen (-**i** etw)

gereksiz *adj* unnötig; ~ **olarak** unnötigerweise

gerektirmek *vi* ❶ *Kausativ zu* **gerekmek** ❷ erfordern (-**i** etw)

gergedan *s* Nashorn *nt*

gergin *adj* (*auch fig*) gespannt; ~ **hava** [*o* **durum**] gespannte Atmosphäre

gerginleşmek *vi* ❶ sich spannen ❷ (*Lage*) ernst werden, sich zuspitzen

gerginlik (-ği) *s* Spannung *f,* gespannte Lage *f*

geri I. *adv* zurück II. *s* ❶ rückwärtiger Raum ❷ Ende *nt* ❸ Hinterteil *nt* ❹ Rest *m* ❺ Fortsetzung *f* III. *adj* ❶ unmodern, rückständig ❷ (*auch fig*) zurückgeblieben ❸ (*Uhr*) nachgehend; ~ **almak** (*Wort, Klage*) zurücknehmen; (*Antrag*) zurückziehen; (*Bestimmung*) widerrufen; (*Uhr*) zurückstellen (-**i** etw); ~ **çekilin, lütfen!** bitte zurücktreten!; ~ **çekilmek** zurücktreten, sich zurückziehen; ~ **çekmek** zurückziehen (-**i** etw); ~ **çevirmek** (*ablehnen*) zurückweisen; (*Person*) zurückschicken (-**i** jdn); ~ **dönmek** zurückkommen, zurückkehren; ~ **eğim işareti** INFORM Backslash *m;* ~ **getirmek** zurückbringen (-**i** etw); ~ **gitmek** zurückgehen; ~ **göndermek** zurückschicken (-**i** etw); ~ **götürmek** zurückbringen (-**i** etw); ~ **kafalı** (*fortschrittsfeindlich*) rückständig; ~ **kalmak** (*auch fig*) zurückbleiben; (*Uhr*) nachgehen; ~ **kalmış** zurückgeblieben; (*Land*) unterentwickelt; ~ **kalmışlık** Zurückgebliebenheit *f;* ~ **kazanım** Wiederaufarbeitung *f;* ~ **vermek** zurückgeben (-**e** -**i** jdm etw); ~ **vites** Rückwärtsgang *m;* ~ **zekalı** schwachsinnig, Schwachkopf *m*

gerici I. *adj* fortschrittsfeindlich, reaktionär II. *s* Reaktionär(in) *m(f)*

gericilik (-ği) *s* Fortschrittsfeindlichkeit

geride *adv* hinten; ~ **bırakmak** (*räumlich*) hinter sich lassen; (*fig*) übertreffen (-**i** jdn/etw); ~ **kalanlar** Hinterbliebene *pl*

geriden *adv* von hinten

gerileme *s* ❶ *Verbalsubstantiv zu* **gerilemek** ❷ Niedergang *m* ❸ Rückschritt *m* ❹ Rückgang *m*

gerilemek *vi* ❶ zurücktreten, zurückweichen ❷ (*in der Entwicklung*) zurückgehen

gerilik (-ği) *s* Rückständigkeit *f*

gerilim *s* (*auch fig*) Spannung *f;* ~ **dolu** spannungsreich, spannungsgeladen; ~ **filmi** (*Film*) Thriller *m,* Reißer *m;* ~ **romanı** (*Buch*) Thriller *m,* Reißer *m*

gerilla(cı) *s* Guerillakämpfer(in) *m(f),* Partisan(in) *m(f)*

gerilmek *vi* ❶ *Passiv zu* **germek** ❷ sich spannen

gerinmek *vi* (*beim Aufwachen*) sich recken, sich strecken

geriye *adv* rückwärts; ~ **almak** (*Uhr*) zurückstellen (-**i** etw); ~ **bırakmak** zurücklassen; (*aufschieben*) verschieben (-**i** etw);

G

~ **sayma** Count-down *m;* **gerisin geriye** schnurstracks zurück

germek (**-er**) *vt* ❶ dehnen (**-i** etw) ❷ straffen, spannen (**-i** etw) ❸ (aus)strecken (**-i** etw)

getirmek *vt* ❶ bringen (**-e -i** jdm etw) ❷ (*Gewinn*) einbringen (**-i** etw) ❸ (*Beispiel*) anführen (**-i** etw); **nihayet yazı getirdik** jetzt haben wir endlich Sommer

getirtmek *vt* ❶ *Kausativ zu* **getirmek** ❷ holen lassen, kommen lassen (**-i** etw/jdn) ❸ (*Waren*) beziehen (**-i -den** etw aus etw)

getto *s* Ghetto *nt*

gevelemek *vt* ❶ wiederkäuen ❷ (*fig*) um den heißen Brei herumreden

geveze **I.** *adj* (*fam*) geschwätzig **II.** *s* Schwätzer(in) *m(f)*

gevezelik (**-ği**) *s* (*fam*) Gerede *nt,* Geschwätz *nt;* ~ **etmek** schwatzen, schwätzen, ausplaudern

gevişgetirenler *npl* Wiederkäuer *m*

geviş getirmek *vi* wiederkäuen

gevrek (**-ği**) *adj* ❶ knusprig ❷ leicht zerbröckelnd ❸ (*Metall*) spröde

gevşek (**-ği**) *adj* ❶ (*schlaff*) locker ❷ (*schwerfällig*) träge; ~ **kontak** Wackelkontakt *m*

gevşemek *vi* ❶ sich lockern ❷ TECH nachgeben ❸ träge werden

gevşetmek *vt* ❶ *Kausativ zu* **gevşemek** ❷ lockern (**-i** etw) ❸ (*Schraube*) aufdrehen (**-i** etw) ❹ (*Muskeln*) entspannen (**-i** etw)

geyik (**-ği**) *s* Hirsch *m;* ~ **boynuzu** Geweih *nt*

gezdirmek *vt* ❶ *Kausativ zu* **gezmek** ❷ (*Fremde*) herumführen (**birine şehri** jdn in der Stadt) ❸ (*Hand*) gleiten lassen (**-i -de** etw über etw) ❹ (*Blicke*) wandern lassen (**-i -de** etw über etw) ❺ (*Öl auf Salat*) tropfen lassen (**-i -e** etw auf etw)

gezegen *s* Planet *m*

gezgin **I.** *adj* ❶ ambulant ❷ umherziehend ❸ weitgereist **II.** *s* INET Browser *m*

gezi *s* ❶ Ausflug *m* ❷ Spaziergang *m* ❸ (Rund)reise *f* ❹ Promenade *f*

gezici *adj* ❶ mobil ❷ umherziehend

gezinmek *vi* ❶ *Reflexiv zu* **gezmek** ❷ spazieren gehen ❸ hin und her gehen; **internette** ~ im Internet surfen

gezinti *s* ❶ Spaziergang *m,* Bummel *m* ❷ Wanderung *f;* ~ **yeri** Promenade *f;* ~ **yapmak** eine Wanderung machen; (*schlendern*) bummeln

gezmek (**-er**) *vi, vt* ❶ herumgehen, herumlaufen ❷ spazieren gehen ❸ (*Stadt*) besichtigen (**-i** etw) ❹ (*Land*) bereisen (**-i** etw) ❺ (*pej*) sich herumtreiben; **internette** ~ im Internet surfen

gıcık (**-ğı**) *s* Hustenreiz *m*

gıcırdamak *vi* ❶ (*Zähne*) knirschen ❷ (*Holz*) knarren ❸ (*Tür*) quietschen ❹ (*Fußboden*) spiegelblank sein

gıcır gıcır *adj* ❶ (*fam*) funkelnagelneu ❷ knirschend ❸ (*Fußboden*) spiegelblank

gıda *s* Nahrung *f,* Nahrungsmittel *nt;* ~ **zehirlenmesi** Lebensmittelvergiftung *f*

gıdaklamak *vi* (*Huhn*) gackern

gıdalı *adj* nahrhaft

gıdasız *adj* ❶ vitaminarm ❷ unterernährt

gıdasızlık (**-ğı**) *s* Unterernährung *f*

gıdıklamak *vt* kitzeln (**ayağını** jdn am Fuß)

gıdıklanmak *vi* ❶ *Passiv zu* **gıdıklamak** ❷ kitzlig sein

gına *s* ❶ Verdrossenheit *f* ❷ Überdruss *m;* **birine** ~ **getirmek** jdm auf den Wecker gehen

gıpta *s* ❶ Neid *m* ❷ Nacheifern *nt;* ~ **etmek** beneiden, nacheifern (**-e** jdn)

gırtlak (**-ğı**) *s* ❶ Kehlkopf *m* ❷ Kehle *f;* ~ **kanseri** Kehlkopfkrebs *m;* **gırtlağa kadar borç içinde olmak** bis über beide Ohren verschuldet sein

gıyaben *adv* ❶ in Abwesenheit ❷ dem Namen nach ❸ unbekannterweise

gibi **I.** *präp* wie **II.** *konj* ❶ wie ❷ sowie, sobald ❸ als ob; ~ **yapmak** so tun, als ob

gider *s* ❶ (Un)kosten *pl* ❷ Spesen *pl*

gidermek *vt* ❶ (*Schaden*) beheben (**-i** etw) ❷ (*Durst*) löschen (**-i** etw) ❸ (*Bedenken*) zerstreuen (**-i** etw) ❹ (*Hunger*) stillen (**-i** etw)

gidiş *s* ❶ Abreise *f* ❷ (*Verlauf*) Entwicklung *f* ❸ Hinfahrt *f,* Hinreise *f* ❹ Gangart *f;* ~ **dönüş** hin und zurück; ~ (**yolu**) Hinweg *m;* ~ **yönü** Fahrtrichtung *f*

gidişat (**-tı**) *s* ❶ Verlauf *m* ❷ Zustand *m,* Situation *f*

gidon *s* (*des Fahrrads*) Lenkstange *f*

gigabayt (**-ti**) *s* Gigabyte *nt*

girdap (**-bı**) *s* Strudel *m,* Wasserwirbel *m*

girdi *s* INFORM Input *m,* Eingabe *f*

girgin *adj* kontaktfreudig

girinti *s* Einbuchtung *f*

giriş *s* ❶ Einfahrt *f* ❷ (*Ort*) Eingang *m* ❸ Zutritt *m,* Eintritt *m* ❹ Einreise *f* ❺ INFORM Zugang *m* ❻ (*Buch*) Einführung *f;* ~ **bedava!**

Eintritt frei!; ~ **bileti** Eintrittskarte *f;* ~ **izni** Einreisegenehmigung *f;* INFORM Zugangserlaubnis *f;* ~ **kapısı** Eingangstür *f;* ~ **sınavı** Aufnahmeprüfung *f;* ~ **ücreti** Eintrittspreis *m;* ~ **vizesi** Einreisevisum *nt*

girişim *s* (1) Initiative *f* (2) (*Versuch*) Unternehmen *nt* (3) Interferenz *f*

girişimci **I.** *adj* unternehmungslustig **II.** *s* Unternehmer(in) *m(f)*

girişimcilik (-**ği**) *s* Unternehmertum *nt*

girişken *adj* (1) unternehmungslustig (2) tatkräftig

girişkenlik (-**ği**) *s* (1) Unternehmungslust *f* (2) Tatkraft *f*

girişmek *vt* (1) (*in Angriff nehmen*) unternehmen (-**e** etw) (2) (*Kampf, Verbindung*) aufnehmen (-**e** etw) (3) sich beteiligen (-**e** an etw)

Girit Adası (-**nı**) *s* Kreta *nt*

girme *s* (1) *Verbalsubstantiv zu* **girmek** (2) INFORM (*Daten-*) Eingabe *f*

girmek (-**er**) **I.** *vi* (1) hineingehen (-**e** in etw) (2) hereinkommen, eintreten (-**e** in etw) (3) (*Schiff*) einlaufen (-**e** in etw) (4) (*in Partei, Verein*) eintreten (-**e** in etw) (5) (*in Land*) einreisen (-**e** in etw) (6) (*Dieb*) einbrechen (-**e** in etw) (7) hineinpassen (-**e** in etw) (8) (*zu einer Gruppe*) sich anschließen (-**e** jdm/einer Sache) **II.** *vt* INFORM (*Daten*) eingeben (-**i** etw); ~ **yasaktır!** Betreten verboten! Eintritt verboten!

gişe *s* (*Bahn-,Bank-*) Schalter *m*

gitar *s* Gitarre *f*

gitgide *adv* (*fam*) allmählich, mit der Zeit

gitmek (-**der**) *vt* (1) gehen (-**den** -**e** aus etw nach etw/zu jdm) (2) fahren (-**den** -**e** aus etw nach etw/zu jdm) (3) (*mit dem Flugzeug*) fliegen (-**e** nach etw) (4) weggehen (-**den** aus etw/von jdm) (5) abfahren, abreisen (6) (*eine Strecke*) zurücklegen (7) (*Geld, Lebensmittel*) verbraucht werden (8) (*Kleidung, Lebensmittel*) halten (9) (*Nachricht, Brief*) abgehen (10) (*Geschäft*) gehen (11) (*Angelegenheit*) sich entwickeln (12) (*Kleid*) stehen (13) (*Weg*) führen nach (-**e** nach etw)

gittikçe *adv* allmählich, mit der Zeit

giydirmek *vt* (1) *Kausativ zu* **giymek** (2) ankleiden (-**i** jdn) (3) einkleiden (-**i** jdn)

giyecek (-**ği**) *s* Bekleidung *f*

giyim *s* Kleidung *f,* Bekleidung *f;* ~ (**kuşam**) Kleider *pl,* Sonntagskleider *pl*

giyimevi (-**ni**) *s* Bekleidungsgeschäft *nt*

giyinik (-**ği**) *adj* angezogen

giyinmek *vr* (1) *Reflexiv zu* **giymek** (2) sich anziehen

giymek (-**er**) *vt* (1) (*Kleidung*) anziehen (-**i** etw) (2) (*Hut*) aufsetzen (-**i** etw)

giysi *s* Kleidung *f*

gizem *s* (1) Geheimnis *nt* (2) Mysterium *nt*

gizemci *s* REL Mystiker(in) *m(f)*

gizemcilik (-**ği**) *s* REL Mystik *f*

gizemli *adj* (1) geheimnisvoll (2) mysteriös

gizlemek *vt* (1) verstecken (-**i** -**den** etw/jdn vor jdm) (2) tarnen (-**i** etw) (3) verheimlichen, geheim halten (-**i** -**den** etw vor jdm)

gizlenmek *vr* (1) *Passiv zu* **gizlemek** (2) sich verstecken

gizli *adj* (1) geheim, heimlich (2) verborgen (3) versteckt (4) (*vertraulich*) diskret (5) geheimnisvoll; ~ **çekmece** Geheimfach *nt;* ~ **numara** Geheimzahl *f;* ~ **örgüt** Untergrund *m,* Untergrundorganisation *f;* ~ **tutmak** geheim halten (-**i** etw)

gizlice *adv* (1) heimlich, insgeheim (2) unbemerkt, unerkannt

gizlilik (-**ği**) *s* (1) Heimlichkeit *f* (2) (*Mitteilung*) Vertraulichkeit *f*

glayöl *s* Gladiole *f*

glikoz *s* Traubenzucker *m*

global *adj* global; ~ **ısınma** globale Erwärmung *f*

globalleşme *s* Globalisierung *f;* ~ **eleştiricisi** Globalisierungskritiker(in) *m(f)*

goblen *s* Gobelin *m*

gofret (-**ti**) *s* Waffel *f*

gol (-**lü**) *s* (*Fußball*) Tor *nt;* ~ **atmak** ein Tor schießen

golf *s* Golf *nt;* ~ **sopası** Golfschläger *m;* ~ **sahası** Golfplatz *m;* ~ **turnuvası** Golfturnier *nt*

golfcu *s* Golfspieler(in) *m(f)*

golsüz *adj* SPORT torlos

gonca *s* Knospe *f*

gondol (-**lü**) *s* Gondel *f*

gonk (-**gu**) *s* Gong *m*

goril *s* Gorilla *m*

Gotik (-**ği**) **I.** *adj* gotisch **II.** *s* Gotik *f*

göbek (-**ği**) *s* (1) (*a. fig*) Nabel *m* (2) (dicker) Bauch *m* (3) (*bei Salatköpfen*) Herz *nt* (4) Generation *f* (5) rundes Blumenbeet; ~ **atmak** einen Bauchtanz vorführen; (*fam*) vor Freude ganz außer sich sein; ~ **kordonu** Nabelschnur *f;* ~ **salatası** Kopfsalat *m;* **göbeği beraber kesilmiş** (*Freunde*) unzertrennlich

G

göbekli *adj* ① (*Person*) korpulent ② (*Vase*) bauchig

göç (**-çü**) *s* ① Auswanderung *f,* Emigration *f* ② Einwanderung *f,* Immigration *f* ③ (*Wohnung*) Umzug *m* ④ Vogelzug *m;* ~ **etmek** auswandern, umziehen, übersiedeln (**-e** nach etw); (*Vögel*) wegziehen; ~ **ülkesi** Einwanderungsland *nt;* **iç** ~ Binnenmigration *f*

göçebe *s* Nomade, Nomadin *m, f*

göçmek (**-er**) *vi* ① auswandern ② einwandern (**-e** in etw) ③ einstürzen ④ (*einsinken*) sich senken ⑤ ausziehen, umziehen, einziehen (**-e** in etw) ⑥ (*Vögel*) ziehen (**-e** nach etw) ⑦ (*fig: sterben*) verscheiden, entschlafen

göçmen *s* ① Emigrant(in) *m(f),* Auswanderer, Auswanderin *m, f* ② Einwanderer, Einwanderin *m, f,* Migrant(in) *m(f);* ~ **kuş** Zugvogel *m*

göğüs (**-ğsü**) *s* ① Brust *f,* Busen *m* ② Mutterbrust *f;* ~ **geçirmek** seufzen, stöhnen; ~ **germek** widerstehen (**-e** jdm); ~ **göğüse savaş** Nahkampf *m;* ~ **kafesi** Brustkorb *m;* ~ **kanseri** Brustkrebs *m;* ~ **kemiği** [*o* **tahtası**] Brustbein *nt;* ~ **nezlesi** Bronchialkatarrh *m*

göğüslük (**-ğü**) *s* ① Latz *m* ② (*Kinder-*) Lätzchen *nt* ③ Schuluniform *f*

gök (**-ği**) **I.** *s* Himmel *m* **II.** *adj* himmelblau; ~ **balina** Blauwal *m;* ~ **gürlüyor** es donnert; ~ **gürültüsü** Donner *m;* ~ **mavisi** himmelblau; ~ **yakut** Saphir *m;* **göklere çıkarmak** (*fam*) in den Himmel heben (**-i** jdn)

gökbilim *s* Astronomie *f*

gökcismi (**-ni**) *s* Himmelskörper *m*

gökdelen *s* Wolkenkratzer *m,* Hochhaus *nt*

gökkuşağı (**-nı**) *s* Regenbogen *m*

gökküresi (**-ni**) *s* Himmelssphäre *f*

göktaşı (**-nı**) *s* Meteor *m*

gökyüzü (**-nü**) *s* Himmel *m;* **gökyüzünde** am Himmel

göl *s* ① See *m* ② Teich *m*

gölge *s* ① Schatten *m* ② Silhouette *f;* **birine/bir şeye** ~ **düşürmek** auf jdn/etw einen Schatten werfen; ~ **ekonomi** Schattenwirtschaft *f;* **birine** ~ **etmek** jdm im Licht stehen; ~ **oyunu** Schattentheater *nt;* ~ **vermek** Schatten spenden; **gölgede** im Schatten; **birini gölgede bırakmak** jdn in den Schatten stellen

gölgeli *adj* schattig

gömlek (**-ği**) *s* ① Hemd *nt* ② Überzug *m* ③ Generation *f* ④ (*Stufe*) Grad *m* ⑤ Schlangenhaut *f* (*nach der Häutung*)

gömme **I.** *s* ① *Verbalsubstantiv zu* **gömmek** ② Einbau *m* **II.** *adj* Einbau-, eingebaut; ~ **dolap** Einbauschrank *m,* Schrankwand *f*

gömmek (**-er**) *vt* ① begraben, beerdigen (**-i** jdn) ② (*eingraben*) vergraben (**-i -e** etw in etw) ③ hineinstecken (**-i -e** etw in etw) ④ (*fig*) begraben (**-i** etw)

gömü *s* (vergrabener) Schatz *m*

gömüt (**-tü**) *s* Grab *nt*

gömütlük (**-ğü**) *s* Friedhof *m*

gönderen *s* Absender(in) *m(f)*

gönderici *s* Absender(in) *m(f)*

göndermek *vt* schicken, senden (**-i -e** jdn/etw an jdn/nach etw)

gönül (**-nlü**) *s* ① Herz *nt* ② Zuneigung *f* ③ Verlangen *nt,* Wunsch *m* ④ (*Einverständnis*) Zustimmung *f* ⑤ Mut *m;* ~ **acısı** Liebeskummer *m;* ~ **açan** wohltuend; ~ **alma** Gefälligkeit *f;* ~ **okşamak** jdm schmeicheln; ~ **tokluğu** Genügsamkeit *f;* **gönlü tok** genügsam; **gönlünü yapmak** jdm eine Freude bereiten (**-in** jdm)

gönüllü **I.** *adj* freiwillig **II.** *s* Freiwillige(r) *f(m)*

gönülsüz *adj* ① unfreiwillig ② bescheiden; ~ **olarak** unfreiwillig

gönye *s* Anschlagswinkel *m*

göre *präp* ① gemäß, zufolge (**-e** +*dat*) ② im Hinblick auf (**-e** +*akk*) ③ im Vergleich zu (**-e** +*dat*); **buna** ~ demzufolge; **birine** ~ **olmak** genau richtig für jdn sein

görecelik (**-ği**) *s* Relativität *f*

göreli *adj* relativ

görelilik (**-ği**) *s* Relativität *f*

görenek (**-ği**) *s* Brauch *m;* ~ **töresi** Gewohnheitsrecht *nt*

göreneksel *adj* traditionell

görev *s* ① Funktion *f* ② Mission *f* ③ Aufgabe *f,* Pflicht *f* ④ (*Anstellung*) Posten *m;* (*Beruf*) Stellung *f* ⑤ (*moralische*) Verpflichtung *f;* **görevine bağlı** pflichtbewusst; **görevini kötüye kullanma** Amtsmissbrauch *m*

görevlendirmek *vt* beauftragen (**-i ile** jdn mit etw), verpflichten (**-i bir şey için** jdn zu etw)

görevli **I.** *adj* beauftragt **II.** *s* ① Beamter, Beamtin *m, f* ② Bevollmächtigte(r) *f(m),* Ordner(in) *m(f),* Aufseher(in) *m(f)* (*allgemein jd, der mit einer bestimmten Funktion beauftragt ist*)

görgü *s* ① (*Benehmen*) Anstand *m* ② Erfahrung *f* ③ Welterfahrenheit *f* ④ Bildung *f;*

~ (**kuralları**) Manieren *pl;* ~ **tanığı** Augenzeuge *m*

görgülü *adj* ① (*von gutem Benehmen*) anständig ② (*gewandt*) gebildet ③ (welt)erfahren

görgüsüz *adj* ① (*fam*) unerfahren ② ungebildet ③ schlecht erzogen

görkem *s* Pracht *f,* Prunk *m,* Pomp *m*

görkemli *adj* prachtvoll, prunkvoll, pompös

görme *s* ① *Verbalsubstantiv zu* **görmek** ② Sehkraft *f;* ~ **özürlü** Sehgeschädigte(r) *f(m),* sehgeschädigt

görmek (**-ür**) *vt* ① sehen (**-i** jdn/etw) ② erblicken (**-i** jdn/etw) ③ erleben, erfahren (**-i** etw) ④ Zeuge sein (**-i** von etw) ⑤ (*Zeit*) verleben (**-i** etw) ⑥ empfinden (**-i** etw) ⑦ unterrichtet werden; (*Ausbildung*) genießen (**-i** etw) ⑧ (*Aufgabe*) verrichten, ausführen (**-i** etw) ⑨ (*eine Person*) besuchen (**-i** jdn) ⑩ (*Fenster*) liegen nach (**-i** nach etw); **ne görürsen onu alırsın** INFORM WYSIWYG

görmemezlik (**-ği**) *s* (*auch absichtlich*) Übersehen *nt;* **görmemezlikten gelmek** (*absichtlich*) so tun, als würde man jdn/etw nicht bemerken/sehen

görmüş geçirmiş *adj* ① erfahren ② weltgewandt

görsel *adj* visuell; ~ **özürlü** sehbehindert

görücü *s jemand, der für einen Mann eine Braut sucht*

görülecek yer *s* Sehenswürdigkeit *f*

görülmedik *adj* unglaublich, unerhört

görülmeğe değer *adj* sehenswert

görülmek *vi* ① *Passiv zu* **görmek** ② **görüldüğü gibi** wie man sieht

görümce *s* Schwägerin *f* (*Schwester des Ehemannes*)

görüngü *s* Phänomen *nt*

görünmek *vi* ① ausschauen, aussehen ② (*sich zeigen*) erscheinen, in Erscheinung treten ③ (*den Anschein haben*) scheinen ④ (*erscheinen*) vorkommen (**-e** jdm) ⑤ sich blicken lassen ⑥ (*fam*) schimpfen, beschimpfen (**-e** jdn); **bana öyle görünüyor** es scheint mir so

görüntü *s* ① Erscheinung *f* ② INFORM Anzeige *f,* Display *nt* ③ INFORM (*eines Dokuments*) Ansicht *f*

görüntülemek *vt* INFORM (*Dokument*) anzeigen (**-i** etw)

görünüm *s* ① Aussicht *f* ② Aussehen *nt*

görünüş *s* ① Aussehen *nt* ② Anschein *m* ③ Aussicht *f,* Blick *m* ④ Erscheinen *nt;* **görünüşe aldanmamalı** der Schein trügt; **görünüşe bakılırsa** offenbar, offensichtlich; **görünüşe göre** anscheinend, dem Anschein nach

görüş *s* ① Sehen *nt* ② Anschauung *f* ③ Ansicht *f,* Meinung *f;* ~ **açısı** Blickwinkel *m;* (*Standpunkt*) Gesichtspunkt *m*

görüşme *s* ① *Verbalsubstantiv zu* **görüşmek** ② Aussprache *f* ③ Besprechung *f,* Gespräch *nt* ④ Diskussion *f* ⑤ Rücksprache *f* ⑥ Unterredung *f* ⑦ Verhandlung *f*

görüşmek *vi, vt* ① sich sehen ② sprechen (**ile** mit jdm) ③ sich aussprechen (**ile** bei jdm) ④ befreundet sein (**ile** mit jdm) ⑤ besprechen, verhandeln (**-i** etw)

gösterge *s* ① Zeichen *nt* ② Indikator *m*

gösteri *s* ① Kundgebung *f* ② Darbietung *f,* Vorführung *f*

gösteriş *s* ① Zeigen *nt* ② (*fam*) Aufmachung *f* ③ (*Reiz*) Charme *m* ④ Blendwerk *nt*

gösterişçi *s* Angeber(in) *m(f),* Wichtigtuer(in) *m(f)*

gösterişli *adj* ① auffallend, auffällig ② stattlich

gösterişsiz *adj* ① anspruchslos, bescheiden ② unauffällig ③ unattraktiv

göstermek *vt* ① zeigen (**-e, -i** jdm etw) ② deuten (**-i** auf etw) ③ (*Stück*) aufführen (**-i** etw) ④ erkennen lassen (**-i** etw) ⑤ lehren, beibringen (**-e -i** jdm etw) ⑥ darlegen, darstellen (**-i** etw) ⑦ beweisen (**-e -i** jdm etw); **ben sana gösteririm!** dir werde ich es (aber) zeigen!

göstermelik (**-ği**) *s* Probe *f,* Muster *nt*

göt (**-tü**) *s* ① (*vulg*) Arsch *m* ② (*fam*) Mumm *m;* ~ **kadar** (*vulg*) rattenschlecht

götürmek *vt* ① bringen (**-e -i** jdm etw) ② (*Menschen, Last*) fahren (**-i -e** etw/jdn nach etw/zu jdm) ③ (hin)führen (**-i -e** jdn nach etw/zu jdm) ④ wegtragen (**-i** etw) ⑤ mitnehmen (**-i** jdn) ⑥ aushalten können (**-i** etw) ⑦ fertigmachen (**-i** jdn) ⑧ erinnern (**-i -e** jdn an etw); **alıp** ~ mitnehmen (**-i** etw)

götürü **I.** *s* Pauschale *f* **II.** *adv* pauschal

gövde *s* ① Körper *m,* Leib *m* ② Rumpf *m* ③ (Baum)stamm *m* ④ Hauptbestandteil *m*

gövdeli *adj* stämmig

göz *s* ① Auge *nt* ② Schublade *f,* Fach *nt* ③ Öse *f* ④ Zimmer *nt,* Raum *m* ⑤ Regalbrett *nt* ⑥ Zuneigung *f* ⑦ böser Blick; **bir şeye ~ atmak** einen Blick auf etwas werfen;

~ **alıcı** glamourös; ~ **ardı etmek** außer Acht lassen (**-i** jdn/etw); ~ **boyama** (*pej*) Hokuspokus *m;* ~ **boyası** Lidschatten *m;* ~ **boyası kalemi** Kajalstift *m;* ~ **damlası** Augentropfen *pl;* ~ **doktoru** Augenarzt *m,* -ärztin *f;* ~ **gezdirmek** überprüfen, durchsehen; (*Text*) überfliegen (**-e** etw); ~ **kamaştırıcı** (*a. fig*) blendend; ~ **kararıyla** nach Augenmaß; ~ **kırpmak** mit den Augen zwinkern; ~ **koymak** es abgesehen haben auf, ein Auge werfen auf (**-e** auf etw/jdn); ~ **önünde** in aller Öffentlichkeit; ~ **önünde bulundurmak** beachten, im Auge behalten; (*berücksichtigen*) in Rechnung stellen (**-i** etw); ~ **önüne almak** ins Auge fassen (**-i** etw); ~ **önüne getirmek** sich vorstellen (**-i** etw); ~ **süzmek** verliebt schauen; ~ **yummak** ein Auge zudrücken, hinwegsehen über (**-e** über etw); ~ **yuvarlağı** Augapfel *nt;* ~ **ziyafeti** Augenweide *f;* **gözden düşmek** (*fam*) unten durch sein; **gözden geçirmek** überprüfen, durchsehen; (*Text*) überfliegen (**-i** etw); **gözden ırak, gönülden ırak** aus den Augen, aus dem Sinn; **gözden kaçırmak** übersehen (**-i** etw); **gözden kaçırmamak** im Auge behalten (**-i** etw); **gözden kaybetmek** aus den Augen verlieren (**-i** etw); **göze almak** wagen, riskieren (**-i** etw); **göze çarpan** auffallend, auffällig; **göze çarpmak** ins Auge fallen, hervortreten; **gözler önüne sermek** vor aller Augen sichtbar machen (**-i** etw); **gözlerini faltaşı gibi açmak** große Augen machen; **gözü açılmak** wach werden; **gözü kapalı** blindlings; **gözü korkmak** eingeschüchtert werden; **gözü korkmuş** verängstigt; **gözü tok** genügsam; **gözü yükseklerde olmak** zu hoch hinaus wollen; **gözüne çarpmak** auffallen; **gözünü bağlamak** verblenden (**-in** jdn); **gözünü bile kırpmadan** ohne mit der Wimper zu zucken; **gözünü boyamak** jdn hinters Licht führen (**-in** jdn); **gözünü kan bürümek** rotsehen; **gözünü kırpmamak** kein Auge zutun

gözaltı (**-nı**) *s* Haft *f,* Festnahme *f,* Polizeigewahrsam *m*

gözatıcı *s* INET Browser *m*

gözbebeği (**-ni**) *s* ① Pupille *f* ② (*fig*) Liebling *m;* ~ **gibi korumak** wie seinen Augapfel hüten

gözcü *s* ① Aufseher(in) *m(f)* ② (*fam*) Augenarzt *m,* -ärztin *f*

gözdağı (**-nı**) *s* Drohung *f;* ~ **vermek** bedrohen (**-e** jdn)

gözde *s* Günstling *m*

göze *s* ① BIOL Zelle *f* ② Pore *f*

gözenekli *adj* mit Poren

gözetim *s* Überwachung *f;* ~ **altında bulundurmak** überwachen (**-i** jdn)

gözetleme *s* ① *Verbalsubstantiv zu* **gözetlemek** ② Beobachten *nt;* ~ **deliği** Guckloch *nt*

gözetlemek *vt* beobachten; (*heimlich*) nachspionieren (**-i** jdm); **Biri Bizi Gözetliyor (programı)** (*TV-Sendung*) Big Brother *m*

gözetmek *vt* ① beaufsichtigen (**-i** jdn) ② berücksichtigen (**-i** etw) ③ beschützen (**-i** jdn) ④ (*Zeit, Gelegenheit*) abwarten (**-i** etw) ⑤ lauern (**-i** auf jdn)

gözkapağı (**-nı**) *s* (Augen)lid *nt*

gözlem *s* Betrachtung *f*

gözlemci *s* Beobachter(in) *m(f)*

gözlemek *vt* ① beobachten (**-i** etw/jdn) ② (*Zeit, Gelegenheit*) warten auf, abwarten (**-i** etw)

gözlemevi (**-ni**) *s* ① Observatorium *nt,* Sternwarte *f* ② Wetterwarte *f*

gözlük (**-ğü**) *s* ① Brille *f* ② (*für Pferd*) Scheuklappe *f;* ~ **çerçevesi** Brillenfassung *f,* Brillengestell *nt*

gözlükçü *s* Optiker(in) *m(f)*

gözlüksüz *adj* mit bloßem Auge

gözükmek *vi* erscheinen, sich zeigen

gözüpek *adj* ① verwegen, keck ② mutig, kühn

gözyaşartıcı *adj* ~ **bomba** Tränengasbombe *f,* Tränengasgranate *f;* ~ **gaz** Tränengas *nt*

gözyaşı (**-nı**) *s* Träne *f*

grafik (**-ği**) **I.** *s* ① Grafik *f* ② grafische Darstellung **II.** *adj* grafisch; ~ **çözümü** INFORM Grafiklösung *f*

grafikçi *s* Grafiker(in) *m(f)*

grafit (**-ti**) *s* Graphit *nt*

grafoloji *s* Graphologie *f*

gram *s* Gramm *nt*

gramer *s* Grammatik *f*

granit (**-ti**) *s* Granit *m*

gravür *s* Kupferstich *m*

grev *s* Streik *m;* ~ **bozan** Streikbrecher *m;* ~ **nöbetçisi** Streikposten *m;* ~ **yapmak** streiken

grevci **I.** *s* Streikende(r) *f(m)* **II.** *adj* streikend

greyfrut, greyfurt (**-tu**) *s* Grapefruit *f*

gri *adj* grau

grip (**-bi**) *s* Grippe *f;* ~ **aşısı** Grippeimpfung *f*
Grönland *s* Grönland *nt*
grup (**-bu**) *s* Gruppe *f;* ~ **çalışması** Teamarbeit *f;* ~ ~ gruppenweise; ~ **oyunu** Gesellschaftsspiel *nt*
gruplandırmak *vt* gruppieren (**-i** jdn/etw)
Guatemala *s* Guatemala *nt*
guatr *s* Kropf *m*
gudde *s* Drüse *f*
gudubet (**-ti**) *adj* (*fam*) widerlich, ekelhaft, scheußlich
guguk (**-ğu**) *s* Kuckuck *m;* **guguklu saat** Kuckucksuhr *f*
gulaş *s* Gulasch *nt*
gulden *s* Gulden *m*
gulfe *s* Vorhaut *f*
gulyabani *s ein menschenfressender Dämon*
gurbet (**-ti**) *s* Fremde *f;* **gurbette** in der Fremde
gurbetçi **I.** *adj* im Ausland lebend **II.** *s jd, der im Ausland lebt*
guru *s* Guru *m*
guruldamak *vi* (*Magen*) knurren
gurup (**-bu**) *s* Sonnenuntergang *m*
gurur *s* Stolz *m*
gururlanmak *vi* hochmütig sein
gururlu *adj* ❶ stolz ❷ (*pej*) hochmütig
gusül (**-slü**) *s* REL rituelle Ganzwaschung (*z.B. nach Geschlechtsverkehr, nach Menstruation*)
gut (**-tu**) *s* Gicht *f*
gübre *s* ❶ Düngemittel *nt,* Dünger *m* ❷ Mist *m*
gübrelemek *vt* düngen (**-i** etw)
gücendirmek *vt* ❶ *Kausativ zu* **gücenmek** ❷ kränken, beleidigen (**-i** jdn)
gücenik *adj* gekränkt, beleidigt
gücenmek *vi* gekränkt sein, böse sein (**-e** auf jdn)
güç (**-cü**) **I.** *s* ❶ Kraft *f* ❷ Gewalt *f* ❸ Stärke *f,* Größe *f* ❹ Gewalttätigkeit *f* ❺ (*von Maschine*) Leistung *f* ❻ (*von Motor*) Stärke *f* ❼ Schwierigkeit *f* **II.** *adj* schwierig, schwer; ~ **dengesi** POL Kräftegleichgewicht; **gücü yetmek** imstande sein (**-e** zu etw); **gücünü tüketmek** sich verausgaben
güçbela *adv* (*fam*) kaum, mit Ach und Krach
güçlendirmek *vt* kräftigen, stärken (**-i** jdn/etw)
güçleşmek *vi* ❶ schwerer werden ❷ sich verschlimmern, schlimmer werden
güçleştirmek *vt* ❶ *Kausativ zu* **güçleşmek** ❷ erschweren, komplizieren (**-i** etw)
güçlü *adj* ❶ kräftig, stark ❷ (*Motor*) leistungsfähig ❸ mächtig
güçlük (**-ğü**) *s* ❶ (*Mühe*) Schwierigkeit *f* ❷ Problematik *f;* **birine ~ çıkarmak** jdm einen Stein in den Weg legen
güçlülük (**-ğü**) *s* ❶ Kraft *f* ❷ (*von Motor*) Leistungsfähigkeit *f*
güçsüz *adj* ❶ schwach ❷ hilflos ❸ machtlos
güçsüzlük (**-ğü**) *s* ❶ Schwäche *f* ❷ Machtlosigkeit *f,* Ohnmacht *f* ❸ Unfähigkeit *f*
güderi **I.** *s* Wildleder *nt* **II.** *adj* aus Wildleder
güdü *s* ❶ (*fam*) Impuls *m* ❷ Trieb *m* ❸ (*Beweggrund*) Motiv *nt*
güdük (**-ğü**) *adj* ❶ (*fam*) gestutzt ❷ (*Tier*) schwanzlos, kupiert
güdüm *s* ❶ Hüten *nt* von Schafen ❷ Lenkung *f*
güdümlü *adj* ❶ ferngesteuert ❷ lenkbar
güfte *s* Text *m* (eines Liedes)
güğüm *s* Kanne *f*
güherçile *s* Salpeter *m*
gül *s* Rose *f;* ~ **ağacı** Rosenstock *m,* Rosenstrauch *m;* ~ **bahçesi** Rosengarten *m;* ~ **gibi** (*Gesichtsfarbe*) rosig; (*Mädchen*) hübsch
güldürmek *vt* ❶ *Kausativ zu* **gülmek** ❷ zum Lachen bringen (**-i** jdn)
güldürmen *s* komischer Mensch, Spaßvogel *m*
güldürü *s* Lustspiel *nt*
güldürücü *adj* witzig, komisch
güleç (**-ci**) *adj* immer lächelnd
güle güle *interj* auf Wiedersehen! (*als Gegengruß*)
gülle *s* ❶ (*zum Stoßen*) Kugel *f* ❷ Artilleriegeschoss ❸ Stemmgewicht *nt;* ~ **atma** Kugelstoßen *nt*
güllük (**-ğü**) *s* Rosengarten *m;* ~ **gülistanlık** das reinste Paradies
gülmek (**-er**) *vi* ❶ lachen (**-e** über jdn/etw) ❷ auslachen (**-e** jdn); **gülmekten katılmak** sich totlachen; **gülmekten kırılmak** sich vor Lachen biegen; **gülmekten patlamak** sich kaputtlachen; **buna gülmem lazım** ich muss darüber lachen; **bu gülünecek bir şey değil** das ist nicht zum Lachen
gülümseme *s* ❶ *Verbalsubstantiv zu* **gülümsemek** ❷ Lächeln *nt*
gülümsemek *vi* ❶ lächeln (**-e** über jdn/etw) ❷ anlächeln (**-e** jdn)
gülünç (**-cü**) *adj* ❶ lächerlich ❷ drollig, lustig
gülüş *s* ❶ Lachen *nt* ❷ Gelächter *nt*

gümbürdemek *vi* ❶ donnern ❷ poltern, krachen
gümbürtü *s* Getöse *nt*, Gepolter *nt*
gümeç (**-ci**) *s* Wabe *f*; ~ **balı** Wabenhonig *m*
gümrah *adj* üppig
gümrük (**-ğü**) *s* Zoll *m*; ~ **beyannamesi** Zollerklärung *f*; **Gümrük Birliği** Zollunion *f*; ~ **dairesi** Zollamt *nt*; ~ **işlemleri** [*o* **muamelesi**] Zollabfertigung *f*; ~ **memuru** Zollbeamte(r) *m*; ~ **muayenesi** [*o* **kontrolü**] Zollkontrolle *f*; ~ **resmi** [*o* **vergisi**] Zollgebühren *pl*; **gümrüğe tabi** zollpflichtig; **gümrüğe tabi eşyanız var mı?** haben Sie etwas zu verzollen?; **gümrükten muaf** zollfrei; **gümrüğünü ödemek** verzollen (**-in** etw)
gümrüksüz *adj* ❶ zollfrei ❷ unverzollt
gümüş **I.** *s* Silber *nt* **II.** *adj* silbern; ~ **kaplama(lı)** versilbert
gümüşlü *adj* versilbert, silberhaltig
gümüşten *adj* silbern, aus Silber
gün *s* ❶ Tag *m* ❷ Sonne *f* ❸ (*fig*) Wohlstand *m*; ~ **ağarması** Morgendämmerung *f*; ~ **aşırı** jeden zweiten Tag; ~ **doğarken** bei Tagesanbruch; ~ **doğmadan neler doğar** kommt Zeit, kommt Rat; ~ **doğması** Tagesanbruch *m*; ~ **doğuyor** es wird Tag; **ona ~ doğdu** das kam ihr wie gerufen; ~ **ışığı** Tageslicht *nt*; **günden güne** von Tag zu Tag; **güne bakış** (**haberleri**) TV Tagesschau *f*; **günlerden bir gün** eines (schönen) Tages; **günü gününe yaşamak** in den Tag hinein leben; **günün birinde** eines Tages
günah *s* ❶ Sünde *f* ❷ Vergehen *nt*; ~ **çıkartma** Beichte *f*; ~ **çıkartmak** beichten; ~ **işlemek** eine Sünde begehen, sündigen
günahkar **I.** *s* Sünder(in) *m(f)* **II.** *adj* sündig
günaşırı *adv* jeden zweiten Tag
günaydın *interj* guten Morgen!
günbegün *adv* Tag für Tag
günce *s* Tagebuch *nt*
güncel *adj* aktuell
güncelleme *s* ❶ *Verbalsubstantiv zu* **güncellemek** ❷ Aktualisierung *f*
güncellemek *vt s.* **güncelleştirmek**
güncelleş(tir)me *s* Aktualisierung *f*
güncelleştirmek *vt* aktualisieren (**-i** etw)
güncellik (**-ği**) *s* Aktualität *f*
gündelik (**-ği**) **I.** *s* Tagelohn *m* **II.** *adj* (all)täglich; ~ **iş** Lohnarbeit *f*
gündelikçi *s* Tagelöhner(in) *m(f)*
gündem *s* Tagesordnung *f*
gündoğusu (**-nu**) *s* Osten *m*
gündoğusu (**rüzgarı**) *s* Ostwind *m*
gündüz **I.** *s* (*Gegensatz zu Nacht*) Tag *m* **II.** *adv* tagsüber
gündüzün *adv* bei Tag, tagsüber
güneş *s* ❶ Sonne *f* ❷ Sonnenschein *m*; ~ **banyosu** Sonnenbad *nt*; ~ **banyosu yapmak** sich sonnen; ~ **batması** [*o* **batışı**] Sonnenuntergang *m*; ~ **çarpması** Hitzschlag *m*, Sonnenstich *m*; ~ **doğması** [*o* **doğuşu**] Sonnenaufgang *m*; ~ **enerjisi** Sonnenenergie *f*; ~ **gözlüğü** Sonnenbrille *f*; ~ **ışığı** Sonnenschein *m*; ~ **ışını** Sonnenstrahl *m*; ~ **parlıyor** die Sonne scheint; ~ **saati** Sonnenuhr *f*; ~ **santrali** Sonnenkraftwerk *nt*; ~ **şapkası** Sonnenhut *m*; ~ **tarafı** Sonnenseite *f*; ~ **tutulması** Sonnenfinsternis *f*; ~ **yanığı** Sonnenbrand *m*; **güneşte** in der Sonne
güneşlenme *s* ❶ *Verbalsubstantiv zu* **güneşlenmek** ❷ Sonnenbaden *nt*; ~ **güvertesi** Sonnendeck *nt*
güneşlenmek *vi* sich sonnen
güneşli *adj* sonnig
güneşlik (**-ği**) *s* Sonnendach *nt*
güney **I.** *s* Süden *m* **II.** *adj* südlich, Süd-; ~ **rüzgarı** Südwind *m*; **Güney Afrika** Südafrika *nt*; **Güney Almanya** Süddeutschland *nt*; **Güney Amerika** Südamerika *nt*; (*Art*) südamerikanisch; **Güney Amerikalı** Südamerikaner(in) *m(f)*; (*Herkunft*) südamerikanisch; **Güney Anadolu** Südanatolien *nt*; **Güney Avrupa** Südeuropa *nt*; **Güney Kıbrıs** Südzypern *nt*
güneybatı **I.** *s* Südwesten *m* **II.** *adj* südwestlich
güneydoğu **I.** *s* Südosten *m* **II.** *adj* südöstlich; **Güneydoğu Asya** Südostasien *nt*
günlerce *adv* tagelang
günlük (**-ğü**) **I.** *adj* ❶ vom gleichen Tag ❷ für einen Tag ❸ (*mit Zahlangabe*) für ... Tage, -tägig ❹ gewöhnlich, alltäglich ❺ täglich **II.** *s* ❶ Tagebuch *nt* ❷ Weihrauch *m*; ~ **bilet** Tageskarte *f*; ~ **gazete** Tageszeitung *f*; ~ **gezi** Tagesausflug *m*; ~ **hayat** Alltag *m*; ~ **güneşlik** (*Wetter*) strahlend; ~ **tutmak** Tagebuch führen
güpegündüz *adv* (*fam*) am helllichten Tage
gür *adj* ❶ (*Haar, Gewebe*) dicht ❷ (*Stimme*) laut ❸ (*üppig*) reichlich; ~ **kaşlı** mit buschigen Augenbrauen
gürbüz *adj* kräftig, gut entwickelt
güreş *s* Ringkampf *m*
güreşçi *s* Ringer(in) *m(f)*

güreşmek *vi* ringen

gürgen ağacı (-nı) *s* Erle *f*

gürlemek *vi* ① donnern ② (*fam*) toben ③ (*fig*) am Boden zerstört sein

güruh *s* Bande *f*, Horde *f*

gürültü *s* ① (lautes) Geräusch *nt* ② Krach *m*, Lärm *m*; ~ **koparmak** [*o* **etmek**] Lärm machen, lärmen; (*fig*) Unruhe hervorrufen; ~ **patırtı** Rummel *m*

gürültülü *adj* laut

gürz *s* Keule *f*

gütmek (-der) *vt* ① (*Tiere*) hüten (**-i** etw) ② (*Ziel*) verfolgen (**-i** etw) ③ (*Groll*) hegen (**-i** etw) ④ (*leiten*) führen (**-i** etw)

güve *s* Motte *f*

güveç (-ci) *s* ① Schmortopf *m* ② Schmorgemüse *nt*

güven *s* ① Vertrauen *nt* ② Selbstvertrauen *nt* ③ Zuversicht *f*; ~ **oyu** Vertrauensvotum *nt*; **ona ~ olmaz** auf ihn/sie ist kein Verlass

güvence *s* Garantie *f*

güvenilir *adj* ① zuverlässig, gewissenhaft ② glaubwürdig, seriös

güvenilirlik (-ği) *s* ① Zuverlässigkeit *f* ② Glaubwürdigkeit *f*

güvenilmez *adj* ① unglaubwürdig ② unzuverlässig

güvenilmezlik (-ği) *s* Unzuverlässigkeit *f*

güvenli *adj* zuversichtlich

güvenlik (-ği) *s* Sicherheit *f*; **güvenlik güçleri** [*o* **kuvvetleri**] Sicherheitskräfte *pl*; **Güvenlik Konseyi** (*UNO*) Sicherheitsrat *m*

güvenmek *vi* Glauben schenken, vertrauen (**-e** jdm/einer Sache)

güvensiz *adj* ① ohne Vertrauen ② unsicher ③ misstrauisch

güvensizlik (-ği) *s* ① Misstrauen *nt* ② Unsicherheit *f* ③ Unzuverlässigkeit *f* ④ Unglaubwürdigkeit *f*; ~ **oyu** Misstrauensvotum *nt*

güvercin *s* Taube *f*

güvercinlik (-ği) *s* ① Taubenschlag *m* ② Taubenzucht *f*

güverte *s* Deck *nt*

güvey *s* (*am Hochzeitstag*) Bräutigam *m*

güya **I.** *konj* als ob, als wenn **II.** *adv* angeblich

güz *s* Herbst *m*

güzel **I.** *adj* ① schön, hübsch ② gut **II.** *interj* schön! **III.** *s* (*Frau*) Schönheit *f*; ~ **koku** Aroma *nt*, Duft *m*; ~ **kokulu** aromatisch; ~ **sanatlar** die bildenden Künste; ~ **sanatlar akademisi** Kunstakademie *f*

güzelim *s* (*Kosewort*) mein Schöner, meine Schöne

güzelleşmek *vi* schön(er) werden

güzelleştirmek *vt* ① *Kausativ zu* **güzelleşmek** ② verschönern (**-i** etw)

güzellik (-ği) *s* ① Schönheit *f* ② befriedigender Zustand; ~ **kraliçesi** Schönheitskönigin *f*; ~ **salonu** Kosmetiksalon *m*

güzergah *s* ① (*einer Straße*) Verlauf *m* ② (*Route*) Strecke *f* ③ Rastplatz *m*

güzün *adv* im Herbst

ğ *s der neunte Buchstabe des türk. Alphabets (yumuşak g, ‚das weiche g') kommt nie als Anlaut vor.*

H

Hh

H, h *s zehnter Buchstabe des türk. Alphabets*

ha *interj* ① auf!, los! ② (*fam: wie bitte?*) was? ③ ach ja! ④ ach so!; ~ **Ali Hoca,** ~ **Hoca Ali** das ist gehupft wie gesprungen; ~ **...** ~ **...** ob ... oder ...

haber *s* ① Nachricht *f* ② Benachrichtigung *f* ③ Kenntnis *f* ④ Neuigkeit *f*; ~ **ajansı** Nachrichtenagentur *f*; ~ **almak** hören, Nachricht erhalten (**-diğini** dass); ~ **bırakabilir miyim?** kann ich etwas ausrichten?; ~ **bırakmak** eine Nachricht hinterlassen; ~ **grubu** INET Newsgroup *f*; ~ **vermek** melden, mitteilen (**-e** jdm); **haberi bile olmamak** keine Ahnung haben (**-den** von etw); **haberi olmak** im Bilde sein (**-den** über etw); **haberim olmadan** ohne mein Wissen; **haberler** TV, RADIO Nachrichten *pl*

haberci *s* ① Bote *m*, Botin *f* ② Berichterstatter(in) *m(f)* ③ Korrespondent(in) *m(f)* ④ (*Anzeichen*) Vorbote *m*

haberdar *adj* informiert, benachrichtigt; ~ **etmek** benachrichtigen (**-i -den** jdn über etw)

haberleşme *s* ① *Verbalsubstantiv zu* **haberleşmek** ② Nachrichtenaustausch *m* ③ Kommunikation *f* ④ Korrespondenz *f*; ~ **tekniği** Nachrichtentechnik *f*

haberleşmek *vr* ① sich gegenseitig informieren ② korrespondieren (**ile** mit jdm)

haberli *adj* informiert

habersiz *adj* ① ohne Nachricht ② ahnungslos ❸ (*Besuch*) unangemeldet

habire *adv* unaufhörlich, dauernd

habis *adj* ❶ (*Geschwür*) bösartig ❷ (*Mensch*) böse

hac (**-ccı**) *s* ❶ Pilgerfahrt *f* nach Mekka ❷ Pilgerfahrt *f*; ~ **yeri** Pilgerstätte *f*, Pilgerort *m*; **hacca gitmek** nach Mekka pilgern

hacet (**-ti**) *s* ❶ Bedarf *m* ❷ Notwendigkeit *f* ❸ (Bitt)gebet *nt*; ~ **kilisesi** Wallfahrtskirche *f*

hacı *s* (Mekka)pilger(in) *m(f)*

hacim (**-cmi**) *s* ❶ Volumen *nt*, Rauminhalt *m* ❷ Ausmaß *nt*, Umfang *m*

haciz (**-czi**) *s* ❶ Beschlagnahme *f*, Sicherstellung *f* ❷ Pfändung *f*

hacker (**-rı**) *s* INFORM Hacker(in) *m(f)*

haczetmek (**-der**) *vt* ❶ beschlagnahmen, sicherstellen (**-i** etw) ❷ pfänden (**-i** etw)

haç (**-çı**) *s* Kreuz *nt*; ~ **çıkarmak** sich bekreuzigen, das Kreuz schlagen; **gamalı** ~ Hakenkreuz *nt*

haçlı *s* HIST Kreuzfahrer *m*; **Haçlı Seferi** Kreuzzug *m*

had (**-ddi**) *s* Grenze *f*; **haddini bildirmek** zurechtweisen, in seine Schranken verweisen (**-in** jdn); **haddini bilmez** taktlos, rücksichtslos; **haddini bilmezlik** Taktlosigkeit *f*

hademe *s* (*bei Behörden*) Hausmeister(in) *m(f)*

hadım *s* Eunuch *m*

hadi *interj s.* **haydi**

hadise *s* ❶ Ereignis *nt* ❷ Zwischenfall *m* ❸ Phänomen *nt*

hafız *s* ❶ *jemand, der den Koran auswendig rezitieren kann* ❷ Büffler(in) *m(f)*

hafıza *s* ❶ Gedächtnis *nt* ❷ Erinnerungsvermögen *nt*

hafızlamak *vi* (*fam*) pauken (**-i** etw)

hafif *adj* ❶ leicht ❷ (*Kleidung, Nebel*) dünn ❸ (*Strafe, Ausdruck*) mild ❹ (*Frau*) leicht, mit lockerem Lebenswandel; ~ **metal** Leichtmetall *nt*; ~ **müzik** Unterhaltungsmusik *f*

hafiflemek *vi* ❶ leichter werden ❷ sich erleichtern ❸ (*Sturm, Lärm, Schmerz*) nachlassen

hafifletici *adj* mildernd, abschwächend; ~ **sebepler** mildernde Umstände

hafifletmek *vt* ❶ *Kausativ zu* **hafiflemek** ❷ leichter machen, erleichtern (**-i** etw) ❸ mildern, abschwächen (**-i** etw)

hafifmeşrep (**-bi**) *adj* (*Mädchen*) leicht, mit lockerem Lebenswandel

hafifmeşreplik (**-ği**) *s* Leichtfertigkeit *f*

hafifsemek *vt* gering schätzen (**-i** jdn/etw)

hafiye *s* Geheimagent(in) *m(f)*

hafretmek (**-der**) *vt* Ausgrabungen machen, ausgraben (**-i** etw)

hafriyat (**-tı**) *s* Ausgrabung *f*

hafta *s* Woche *f*; ~ **sonu** Wochenende *nt*; **haftalarca** wochenlang; **haftaya bugün** heute in einer Woche

haftalık (**-ğı**) **I.** *adj* ❶ wöchentlich ❷ (*mit Zahlangabe*) -wöchig **II.** *s* Wochenlohn *m*; ~ **gazete** Wochenzeitung *f*; ~ **kart** Wochenkarte *f*

haftaym *s* (*Fußball*) Halbzeit *f*

haham *s* Rabbiner *m*

hain **I.** *s* Verräter(in) *m(f)* **II.** *adj* ❶ verräterisch ❷ niederträchtig, boshaft

hainlik (**-ği**) *s* ❶ Boshaftigkeit *f*, Niedertracht *f* ❷ Verrat *m*

Hak (**-kkı**) *s* Gott *m*

hak (**-kkı**) *s* ❶ Recht *nt* ❷ Gerechtigkeit *f* ❸ Anteil *m* ❹ Hinsicht *f* ❺ Anspruch *m*; ~ **etmek** wert sein, verdienen (**-i** etw); ~ **vermek** Recht geben (**-e** jdm); **hakkından gelmek** mit jdm abrechnen (**-in** mit jdm), fertigwerden (**-in** mit etw), gewachsen sein (**-in** einer Sache)

hakaret (**-ti**) *s* ❶ Beleidigung *f* ❷ Beschimpfung *f* ❸ Verachtung *f*; ~ **etmek** beleidigen, beschimpfen, verachten (**-e** jdn)

hakem *s* Schiedsrichter(in) *m(f)*

haki *adj* khakifarben

hakikat (**-ti**) *s* ❶ Wahrheit *f* ❷ Realität *f*, Wirklichkeit *f* ❸ Treue *f*

hakikaten *adv* tatsächlich, wirklich

hakiki *adj* wirklich, wahr

hakim **I.** *s* ❶ Weise(r) *f(m)*, Allwissende(r) *f(m)* ❷ Philosoph(in) *m(f)* ❸ Richter(in) *m(f)* ❹ (*fig*) Herr(in) *m(f)*, Herrscher(in) *m(f)* **II.** *adj* ❶ souverän ❷ überlegen ❸ dominierend; ~ **olmak** beherrschen (**-e** jdn)

hakimiyet (**-ti**) *s* ❶ Souveränität *f*, Herrschaft *f* ❷ Überlegenheit *f*

hakir *adj* verächtlich; ~ **görmek** verachten, gering schätzen (**-i** jdn)

hakkı (**-nı**) *s Possessivform zu* **hak** sein/ihr Recht *nt*

hakkında *präp* bezüglich, betreffend, über (**-in** +*akk*)

haklamak *vt* ❶ besiegen (**-i** jdn) ❷ (*fam*) kaputtmachen (**-i** etw) ❸ (*fam*) aufessen (**-i** etw)

haklı **I.** *s jemand, der Recht hat* **II.** *adj* ❶ (*Sa-*

che) berechtigt ② (*Strafe*) gerecht ③ (*Wort*) wahr; ~ **çıkarmak** rechtfertigen (-**i** etw); ~ **olarak** mit vollem Recht; ~ **olmak** Recht haben

haksız I. *s jemand, der Unrecht hat* **II.** *adj* ungerecht, ungerechtfertigt; ~ **olarak** zu Unrecht; ~ **olmak** Unrecht haben; ~ **yere** unberechtigterweise; **haksızca** zu Unrecht

haksızlık (-**ğı**) *s* ① Ungerechtigkeit *f* ② Unrecht *nt;* **birine ~ etmek** jdm Unrecht tun

hal (-**li**) *s* ① Lage *f,* Zustand *m* ② Verhalten *nt* ③ Fall *m,* Kasus *m* ④ Kraft *f;* ~ **ve gidiş** Betragen *nt;* **hali vakti yerinde** wohlhabend; **haline gelmek** sich verwandeln in (-**in** in etw); **haline getirmek** verwandeln in, machen zu (-**i -in** etw zu etw)

hala I. *adv* noch immer **II.** *s* Tante *f* (*Schwester des Vaters*)

halat (-**tı**) *s* Tau *nt;* ~ **çek(iş)me** Tauziehen *nt*

halay *s traditioneller Tanz in der Osttürkei*

halbuki *adv* jedoch

halde *konj* obwohl; **geciktiği** ~ obwohl sie sich verspätet hatte

hale *s* ① Hof *m* (*um den Mond*) ② Heiligenschein *m*

halen *adv* gegenwärtig

halet (-**ti**) *s* Zustand *m*

haleti ruhiye *s* Gemütszustand *m*

halhal (-**li**) *s* Fußkette *f*

halı *s* Teppich *m*

halıcılık (-**ğı**) *s* Teppichweberei *f*

haliç (-**ci**) *s* Meerbusen *m*

Haliç (-**ci**) *s* das Goldene Horn

halife *s* ① Nachfolger *m,* Stellvertreter *m* ② Kalif *m*

halifelik (-**ği**) *s* Kalifat *nt*

halihazırda *adv* im Augenblick

halis *adj* rein, echt, pur; ~ **kahve** Bohnenkaffee *m;* ~ **muhlis** (*fam*) waschecht

halita *s* Legierung *f*

halk (-**kı**) *s* ① Volk *nt* ② Allgemeinheit *f* ③ Bewohner *pl,* Einwohner *pl* ④ Publikum *nt,* Leute *pl* ⑤ einfaches Volk; ~ **cephesi** Volksfront *f;* ~ **cumhuriyeti** Volksrepublik *f;* ~ **dansı** Volkstanz *m;* ~ **dili** [*o* **ağzı**] Volkssprache *f;* **halk eğitim merkezi** Volkshochschule *f;* ~ **müziği** Volksmusik *f;* ~ **oyu** Volksentscheid *m;* ~ **şarkısı** [*o* **türküsü**] Volkslied *nt*

> **Halk dansları** (Volkstänze) sind in der Türkei bei Jung und Alt sehr beliebt. Jede Region hat ihre eigenen Tänze und Kostüme. An der Westküste ist der ‚zeybek', ein von Männern aufgeführter Solotanz, häufig zu sehen. In Ost- und Südanatolien tanzt man gerne den ‚halay', einen Gruppentanz. Heutzutage tanzen Männer und Frauen zusammen in der Gruppe.

halka *s* ① (Ketten)glied *nt* ② Kreis *m* ③ Ring *m* ④ (Salz)kringel *m*

halkalanmak *vi* sich ringeln

halkbilgisi (-**ni**) *s* Volkskunde *f*

halkoylaması (-**nı**) *s* Volksabstimmung *f,* Referendum *nt*

halletmek (-**der**) *vt* ① erledigen (-**i** etw) ② (*Schwierigkeiten*) beseitigen (-**i** etw)

halsiz *adj* kraftlos, schwach

halt (-**tı**) *s* Dummheit *f;* ~ **yemek** etwas anstellen, etwas ausfressen

halter *s* ① Hantel *f* ② Gewichtheben *nt*

halterci *s* Gewichtheber(in) *m(f)*

haltercilik (-**ği**) *s* Gewichtheben *nt*

halüsinasyon *s* Halluzination *f*

ham *adj* ① unbearbeitet, roh ② (*Obst*) unreif ③ (*untrainiert*) aus der Übung gekommen; ~ **yağ** Rohöl *nt*

hamak (-**ğı**) *s* Hängematte *f*

hamal *s* (*Person*) Gepäckträger *m*

hamam *s* ① Hamam *m* (*türkisches Dampfbad*) ② Badehaus *nt;* ~ **havlusu** Badetuch *nt*

> Ursprünglich diente der **hamam**, das türkische Dampfbad, den Gläubigen zur Reinigung vor dem Gebet. Die islamischen Herrscher in osmanischer Zeit haben die römische und griechische Badetradition gerne übernommen und bauten Badehäuser, die den Moscheen an Prunk nicht nachstanden. Der Hamam ist bis heute ein Ort der Kommunikation. Man trifft Freunde und amüsiert sich, jedoch immer nach Geschlechtern getrennt. Um das Wohl der Badegäste kümmert sich der ‚tellak' bzw. die ‚natır' (Bademeister bzw. Bademeisterin). Im Hamam werden auch Massagen angeboten.

hamamböceği (-**ni**) *s* Kakerlak *m*

hamarat (-**tı**) *adj* betriebsam, tüchtig

hamaratlık (-**ğı**) *s* Betriebsamkeit *f,* Tüchtigkeit *f*

hamdetmek (**-der**) *vt* Gott danken
hamdolsun *interj* Gott sei Dank!
hamil *s* Inhaber *m* (*einer Urkunde, eines Wertpapiers*)
hamile *adj* schwanger
hamilelik (**-ği**) *s* Schwangerschaft *f*
hamla(ş)mak *vi* aus der Übung kommen
hamle *s* ❶ Elan *m*, Schwung *m* ❷ Sprung *m* ❸ Angriff *m*
hammadde *s* Rohstoff *m*
hamsi (**balığı**) *s* Sardelle *f*
hamur *s* ❶ Teig *m* ❷ (*bei Papier*) Qualität *f* ❸ (*fig*) Charakter *m* (eines Menschen); ~ **işi** Teigwaren *pl*; ~ **köftesi** Knödel *m*
hamursuz *adj* ❶ (*Brot*) ungesäuert ❷ ohne Teig
han *s* ❶ *großes Geschäftshaus mit vielen Läden* ❷ HIST Herberge *f* ❸ HIST Khan *m*
hançer *s* (zweischneidiger) Dolch *m*
hançere *s* Kehlkopf *m*
handikap (**-pı**) *s* Handicap *nt*
hane *s* ❶ Haus *nt* ❷ Rubrik *f* ❸ (*auf einem Brett*) Feld *nt* ❹ MATH Stelle *f*
hanedan *s* Dynastie *f*
hangar *s* ❶ Schuppen *m* ❷ (Flugzeug)halle *f*, Hangar *m*
hangi *pron* welche(r, s); ~ **maksatla?** zu welchem Zweck?, wozu?
hanım **I.** *s* ❶ Dame *f* ❷ Ehefrau *f* ❸ (*Anrede nach dem Vornamen*) Frau *f* **II.** *adj alle weiblichen Vorzüge in sich vereinigend;* **küçük** ~ (*Anrede für Mädchen*) Fräulein *nt*; ~ **evladı** Muttersöhnchen *nt*
hanımböceği (**-ni**) *s* Marienkäfer *m*
hanımefendi *s* Dame *f*; ~**!** gnädige Frau!
hani **I.** *adv* ❶ wo (ist denn)? ❷ (*erinnernd*) doch **II.** *konj* aber, jedoch
hantal *adj* ❶ (*Person*) ungeschickt, unbeholfen ❷ (*Gegenstand*) unförmig, unhandlich
hap (**-pı**) *s* Pille *f*; **hapı yutmak** in Teufels Küche kommen
hapis (**-psi**) **I.** *s* ❶ Gefängnis *nt* ❷ Haft *f* ❸ Gefangene(r) *f(m)* **II.** *adj* eingesperrt; ~ **cezası** Freiheitsstrafe *f*, Gefängnisstrafe *f*; ~ **yatmak** (im Gefängnis) sitzen; **hapse atmak** (ins Gefängnis) einsperren (**-i** jdn)
hapishane *s* Gefängnis *nt*
hapsetmek (**-der**) *vt* (ins Gefängnis) einsperren (**-i** jdn)
hapşırmak *vi* niesen
harabe *s* Ruinen *pl*, Trümmer *pl*
haraç (**-cı**) *s* Tribut *m*
haram *adj* (*im Islam*) verboten
harap (**-bı**) *adj* ❶ zerstört ❷ (*fig*) ruiniert ❸ (*Garten*) verwildert ❹ (*Lage*) schrecklich; ~ **etmek** zerstören, ruinieren (**-i** jdn/etw); ~ **olmak** zerstört werden
hararet (**-ti**) *s* ❶ Temperatur *f* ❷ Wärme *f* ❸ Fieber *nt* ❹ brennender Durst ❺ Eifer *m*, Begeisterung *f*
harbi *adj, adv* (*fam*) direkt, ehrlich
harcamak *vt* ❶ (*Geld*) ausgeben (**-i** etw) ❷ verbrauchen (**-i** etw) ❸ (*Zeit, Mühe*) verwenden (**-i** etw) ❹ ruinieren (**-i** jdn)
harcırah *s* Tagegeld *nt*
harç (**-cı**) *s* ❶ (*amtlich*) Gebühr *f* ❷ Gewürze *pl*, Gewürzmischung *f* ❸ Mörtel *m*
harçlık (**-ğı**) *s* Taschengeld *nt*
hardal *s* Senf *m*
harekat (**-tı**) *s* (militärische) Operation *f*
hareket (**-ti**) *s* ❶ Bewegung *f* ❷ Abfahrt *f*, Abreise *f* ❸ Abflug *m* ❹ Aktion *f* ❺ Verhalten *nt*, Benehmen *nt* ❻ geistige Strömung; ~ **etmek** sich bewegen, sich benehmen, sich verhalten, handeln, vorgehen, abfahren, abreisen, abfliegen; (*Maschine*) laufen; (*Motor*) anspringen, starten; ~ **ettirmek** in Bewegung setzen, bewegen (**-i** etw); **harekete geçirmek** in Gang bringen; (*Motor*) anlassen (**-i** etw); **harekete geçmek** sich in Bewegung setzen, in Aktion treten; **harekete hazır** startbereit
hareketli *adj* ❶ beweglich ❷ (*fig: rege*) lebhaft
hareketlilik (**-ği**) *s* ❶ Beweglichkeit *f* ❷ (*lebhaftes Treiben*) Lebendigkeit *f* ❸ (*Lebhaftigkeit*) Temperament *nt*
hareketsiz *adj* ❶ reglos, regungslos, starr ❷ ruhig
hareketsizlik (**-ği**) *s* Unbeweglichkeit *f*
harem *s* Harem *m*
harf (**-fi**) *s* ❶ Buchstabe *m*, Schriftzeichen *nt* ❷ Drucktype *f*; **harfi harfine** genauestens, haargenau
harfitarif *s* Artikel *m*, Geschlechtswort *nt*
harfiyen *adv* buchstäblich
harfli *adv* mit Buchstaben; ~ **telgraf** Fernschreiber *m*
harici *adj* äußere(r, s), Außen-
hariciye *s* ❶ auswärtige Angelegenheiten *pl* ❷ äußere Erkrankungen *pl* ❸ Station für äußere Erkrankungen
hariciyeci *s* Facharzt/-ärztin *m, f* für äußere Erkrankungen

hariç (-ci) **I.** *s* Außenseite *f* **II.** *präp* abgesehen von (... +*dat*); ... ~ **olmak üzere** mit Ausnahme von ...
harik (-kı) *s* Brand *m*, Feuer *nt*
harika **I.** *s* Wunder *nt* **II.** *adj* herrlich, wunderbar **III.** *interj* toll!, spitze!
harikalık (-ğı) *s* Herrlichkeit *f*
harikulade *adj* ① außergewöhnlich ② herrlich, wunderbar
haris *adj* ① (hab)gierig ② ehrgeizig ③ leidenschaftlich
harita *s* Landkarte *f*
harman *s* ① Dreschen *nt* ② Dreschplatz *m* ③ Tee-, Tabakmischung *f*; ~ **dövmek** dreschen; ~ **makinesi** Dreschmaschine *f*; ~ **sıçanı** Hamster *m*; ~ **yeri** Tenne *f*
harmoni *s* Harmonie *f*
harp (-bı) *s* Krieg *m*; ~ **divanı** Standgericht *nt*; ~ **esiri** Kriegsgefangene(r) *f(m)*; ~ **malulü** Kriegsbeschädigte(r) *f(m)*; ~ **sanayii** Rüstungsindustrie *f*
harp (-pı) *s* Harfe *f*
has (-ssı) *adj* ① eigentümlich ② echt, rein
hasar *s* Beschädigung *f*, Schaden *m*, Verlust *m*
hasat (-dı) *s* Ernte *f*; ~ **etmek** ernten (-**i** etw)
haset (-di) *s* (*fam*) Neid *m*
hasılat (-tı) *s* Ertrag *m*
hasır *s* ① Stroh *nt* ② Strohmatte *f*; ~ **koltuk** Korbsessel *m*; ~ **şapka** Strohhut *m*
hasis **I.** *s* (*fam*) Geizhals *m* **II.** *adj* ① geizig ② niedrig, gemein
hasislik (-ği) *s* Geiz *m*
hasret (-ti) *s* Sehnsucht *f*
hasretli *adj* sehnsüchtig
hassas *adj* ① empfindlich ② empfindsam, gefühlvoll
hassaslık (-ğı) *s* ① Empfindlichkeit *f* ② Empfindsamkeit *f*
hasta **I.** *adj* krank **II.** *s* Patient(in) *m(f)*; ~ **olmak** krank sein, krank werden
hastabakıcı *s* Krankenpfleger *m*, Krankenschwester *f*
hastalanma *s* ① *Verbalsubstantiv zu* **hastalanmak** ② Erkrankung *f*
hastalanmak *vi* erkranken, krank werden
hastalık (-ğı) *s* Krankheit *f*, Leiden *nt*; ~ **parası** Krankengeld *nt*
hastalıklı *adj* kränklich, leidend; ~ **olmak** kränkeln
hastane *s* Krankenhaus *nt*; **hastaneye yatırmak** ins Krankenhaus einliefern (-**i** jdn)
hastanelik (-ği) *adj* krankenhausreif; **birini** ~ **etmek** jdn krankenhausreif schlagen; **birini** ~ **edinceye kadar dövmek** jdn krankenhausreif schlagen
haşarat (-tı) *npl* ① Ungeziefer *nt* ② Insekten *pl*; ~ **ilacı** Schädlingsbekämpfungsmittel *nt*
haşhaş *s* Mohn *m*
haşin *adj* ① barsch; (*stärker*) derb ② streng
haşiş *s* Haschisch *nt*
haşlamak *vt* ① kochen (-**i** etw) ② verbrühen (-**i** etw) ③ (*fam*) ausschimpfen (-**i** jdn)
haşlanmak *vi* ① *Passiv zu* **haşlamak** ② sieden ③ (*fam*) sich verbrühen
haşmet (-ti) *s* Majestät *f*
haşmetli *adj* majestätisch
hat (-ttı) *s* ① Leitung *f* ② (*Verkehr*) Linie *f* ③ Gleis *nt* ④ Gesichtszug *m*; ~ **meşgul** die Leitung ist besetzt
hata *s* ① Fehler *m* ② Fehlgriff *m* ③ Irrtum *m* ④ Versehen *nt* ⑤ Verschulden *nt*, Schuld *f*; ~ **etmek** [*o* **yapmak**] einen Fehler machen, sich versehen; ~ **yönetimi** INFORM Fehlerbehandlung *f*
hatalı *adj* ① fehlerhaft ② irrtümlich ③ (*Mensch*) sich irrend; ~ **konstrüksiyon** Fehlkonstruktion *f*
hatasız *adj* fehlerlos

Hatay, der an Syrien grenzende südlichste Teil der Türkei, war nach der französischen Besatzungszeit bis 1939 ein eigenständiger Staat mit der Hauptstadt Antakya. Im Jahre 1939 beschlossen die Hatayer per Volksentscheid, sich der Türkei und nicht Syrien anzuschließen.

hatır *s* ① Gedächtnis *nt* ② Gefälligkeit *f*, Gefallen *m* ③ Ansehen *nt*, Achtung *f* ④ Befinden *nt*; ~ **için** aus Gefälligkeit; **... hatırı için** aus Liebe zu ...; **hatırı sayılır** angesehen; (*nennenswert*) beachtlich; **hatırına gelmek** jdm in den Sinn kommen; **hatırına getirmek** vergegenwärtigen, ins Gedächtnis rufen (-**i** etw); **hatırın(ız) için** dir (Ihnen) zuliebe
hatıra *s* ① Erinnerung *f* ② Andenken *nt* ③ Gedächtnis *nt*; ~ **defteri** Tagebuch *nt*; **... hatırasına** zum Gedächtnis an ...
hatırlamak *vt* ① sich erinnern (-**i** an etw/jdn) ② gedenken (-**i** einer Person/Sache)
hatırlatmak *vt* ① *Kausativ zu* **hatırlamak** ② erinnern (-**e** -**i** jdn an etw/jdn)
hatip (-bi) *s* ① Prediger *m* ② Redner *m*

H

hatta *adv* ❶ sogar ❷ (*mit Verneinung*) nicht einmal ❸ darüber hinaus

hattı (-nı) *s Possessivform zu* **hat** die Linie von ...

hav *s* (*von Stoff*) Flor *m;* **havı dökülmüş** abgeschabt, abgewetzt; (*Kleidung*) abgetragen

hava *s* ❶ Luft *f* ❷ Wetter *nt* ❸ Himmel *m* ❹ Klima *nt* ❺ Wind *m* ❻ Melodie *f* ❼ Lust *f,* Laune *f* ❽ Stimmung *f,* Atmosphäre *f* ❾ (*fam*) das gewisse Etwas; ~ **alanı** Flughafen *m;* ~ **alayı** Geschwader *nt;* ~ **almak** Luft holen; (*fig*) leer ausgehen; ~ **basıncı** Luftdruck *m;* ~ **cereyanı** Luftzug *m;* ~ **değişikliği** Luftveränderung *f;* ~ **direnci** Luftwiderstand *m;* ~ **durumu** Wetterlage *f;* ~ **güzel/kötü** das Wetter ist schön/schlecht; ~ **hücumu** [*o* **akını**] Luftangriff *m;* ~ **kabarcığı** Luftblase *f;* ~ **kaçırmaz** [*o* **geçirmez**] luftdicht; ~ **kararıyor** es wird dunkel; ~ **kirliliği** Luftverschmutzung *f;* ~ **korsanı** Luftpirat *m;* ~ **kuvvetleri** Luftwaffe *f;* ~ **nasıl?** wie ist das Wetter?; ~ **nemi** Luftfeuchtigkeit *f;* ~ **raporu** Wetterbericht *m;* ~ **rüzgarlı** es ist windig; ~ **saldırısı** Luftschlag *m;* ~ **serin** es ist kühl; ~ **sıcak** es ist warm; ~ **sisli** es ist neblig; ~ **soğuk** es ist kalt; ~ **soğuyor** es wird kalt; ~ **tahmini** Wettervorhersage *f;* ~ **trafiği** Luftverkehr *m;* ~ **üssü** Luftstützpunkt *m;* ~ **yastığı** Airbag *m;* ~ **yatağı** Luftmatratze *f;* **havaya uçmak** in die Luft fliegen; **havaya uçurmak** in die Luft jagen (**-i** etw)

havaalanı (-nı) *s* Flugplatz *m*

havacı *s* Flieger *m*

havacılık (-ğı) *s* Luftfahrt *f*

havacıva I. *s* Alkanna *f* **II.** *adj* wertlos, nichtig

havadar *adj* luftig

havadis *s* ❶ Nachricht *f* ❷ Nachrichten *pl*

havagazı (-nı) *s* Gas *nt;* ~ **memesi** Brenner *m;* ~ **musluğu** Gashahn *m;* ~ **ocağı** Gasherd *m*

havai *adj* ❶ Luft- ❷ leichtsinnig, unbekümmert; ~ **fişek** Feuerwerk *nt;* ~ **mavi** himmelblau

havaküre *s* Atmosphäre *f*

havalandırmak *vt* ❶ *Kausativ zu* **havalanmak** ❷ lüften (**-i** etw)

havalanma *s* ❶ *Verbalsubstantiv zu* **havalanmak** ❷ Start *m* (eines Flugzeugs)

havalanmak *vi* ❶ gelüftet werden ❷ abfliegen, starten ❸ (*Flugzeug, Drachen*) steigen ❹ (*fig*) leichtsinnig werden

havale *s* ❶ Überweisung *f* ❷ Zahlungsanweisung *f* ❸ Übertragung *f* ❹ MED Tetanie *f;* ~ **etmek** überweisen (**-e -i** jdm etw)

havalı I. *adj* ❶ luftig ❷ (*fam: Person*) leichtsinnig ❸ mit einem bestimmten Klima **II.** *s* (*fam*) *jemand mit dem gewissen Etwas*

havalimanı (-nı) *s* Flughafen *m*

havan *s* Mörser *m*

Havana *s* Havanna *f*

havaneli (-ni) *s* Mörserstößel *m*

havaölçer *s* Barometer *nt*

havari *s* ❶ Apostel *m,* Jünger *m* ❷ Helfer *m*

havasız *adj* ❶ luftleer ❷ stickig, dumpf

havayolu (-nu) *s* ❶ Fluglinie *f* ❷ Luftweg *m,* Luftlinie *f* ❸ Fluggesellschaft *f*

havlamak *vi* (*Hund*) bellen

havlu *s* Handtuch *nt*

havluluk (-ğu) *s* Handtuchhalter *m*

havra *s* Synagoge *f*

havuç (-cu) *s* Möhre *f,* Karotte *f*

havuz *s* ❶ Wasserbecken *nt* ❷ Schwimmbad *nt* ❸ Ausbesserungsdock *nt;* ~ **sorumlusu** Bademeister(in) *m(f)*

havyar *s* Kaviar *m*

havza *s* GEOG Becken *nt*

haya *s* ❶ Hoden *m;* ~ **torbası** Hodensack *m* ❷ Scham *f,* Schamgefühl *nt*

hayal (-li) *s* ❶ (irreale) Erscheinung *f* ❷ Illusion *f* ❸ Fantasie *f,* Fantasiegebilde *nt,* Fantasievorstellung *f* ❹ Phantom *nt* ❺ (*fig*) (Wunsch)traum *m* ❻ Wahn *m,* Wahnvorstellung *f* ❼ Einbildung *f* ❽ Traumgebilde *nt* ❾ Spiegelbild *nt;* ~ **etmek** sich vorstellen (**-i** etw); ~ **gücü** Einbildungskraft *f,* Fantasie *f;* ~ **kırıklığı** Enttäuschung *f;* ~ **kırıklığına uğramak** eine Enttäuschung erleben; ~ **kırıklığına uğratmak** enttäuschen (**-i** jdn); ~ **kurmak** Luftschlösser bauen; ~ **meyal** dunkel, verschwommen

hayalci *s* ❶ Träumer(in) *m(f)* ❷ Schattenspieler(in) *m(f)*

hayalet (-ti) *s* Geist *m,* Phantom *nt;* ~ **gibi** geisterhaft

hayali I. *adj* ❶ unwirklich, fantastisch ❷ illusorisch **II.** *s* Schattenspieler(in) *m(f)*

hayalperest *s* Fantast *m*

hayat (-tı) *s* ❶ Leben *nt* ❷ Lebensdauer *f* ❸ Lebensweise *f* ❹ (*fig*) Leben *nt;* ~ **arkadaşı** Lebensgefährte *m,* Lebensgefährtin *f;* ~ **kalitesi** Lebensqualität *f;* ~ **sahası** Lebensraum *m;* ~ **sigortası** Lebensversicherung *f;*

~ **standardı** Lebensstandard *m;* ~ **tarzı** Lebensweise *m;* ~ **vermek** beleben (-**e** etw); **hayatım** (*Kosewort*) mein Leben; **hayatını zehir etmek** das Leben schwer machen (-**in** jdm); **hayatta olmak** am Leben sein, leben

hayati *adj* lebenswichtig

haydi *interj* ❶ los!, voran!, nur zu! ❷ was soll man dazu sagen!; ~ **bakalım!** na! na!; ~ **çıkar baklayı ağzından!** raus damit!, raus mit der Sprache!; ~ **gidelim!** wir wollen gehen!; ~ ~ höchstens

haydut (-**du**) *s* Räuber *m,* Bandit *m*

haydutluk (-**ğu**) *s* Raub *m*

hayhay *interj* (*fam*) aber natürlich! aber sicher!

hayhuy *s* ❶ Trubel *m* ❷ (*fig*) vergebliche Mühe

hayır *interj* nein; ~ **demek** nein sagen, verneinen (-**e** etw); **'hayır' oyu** Neinstimme *f*

hayır (-**yrı**) *s* ❶ Wohltat *f* ❷ Nutzen *m;* ~ **sahibi** Wohltäter(in) *m(f)*

hayırdua *s* Segen *m,* Segenswunsch *m*

hayırlı *adj* ❶ gesegnet ❷ gut, nützlich ❸ karitativ ❹ (*Kind*) gut geraten ❺ (*Freund*) treu; ~ **iş** Wohltat *f;* ~ **geceler!** schlafen Sie gut!; ~ **olsun!** alles Gute!; ~ **yalan** Notlüge *f*

hayırsever *adj* (*Person*) wohltätig

hayırseverlik (-**ği**) *s* Nächstenliebe *f,* Wohltätigkeit *f*

hayırsız *adj* ❶ zu nichts gut, nichtsnutzig ❷ (*Freund*) untreu

haykırış *s* ❶ *Verbalsubstantiv zu* **haykırmak** ❷ (Auf)schrei *m*

haykırmak *vi* ❶ schreien ❷ brüllen ❸ laut klagen

haylaz **I.** *s* ❶ Faulenzer(in) *m(f)* ❷ Taugenichts *m,* Nichtsnutz *m* **II.** *adj* (*Kind*) unartig

hayli *adj* ziemlich viel(e); **hayliden hayli** ganz besonders viel, fruchtbar viel

hayran **I.** *adj* entzückt **II.** *s* Fan *m,* Verehrer(in) *m(f);* ~ **bırakmak** begeistern, entzücken, faszinieren (-**i** jdn); ~ **olmak** bewundern (-**e** jdn/etw)

hayranlık (-**ğı**) *s* Bewunderung *f,* Schwärmerei *f*

hayrat (-**tı**) *s* (fromme) Stiftung *f*

hayret (-**ti**) **I.** *s* Erstaunen *nt,* Staunen *nt,* Verwunderung *f* **II.** *interj* erstaunlich!; ~ **etmek** sich wundern, staunen, bewundern (-**e** jdn/etw); **hayrete düşürmek** in Erstaunen versetzen (-**i** jdn); **hayrette bırakmak** verblüffen (-**i** jdn)

hayrı (-**nı**) *s Possessivform zu* **hayır** die Wohltat von ...

hayrola *interj* (*fam*) nanu!

haysiyet (-**ti**) *s* Ehre *f,* Würde *f*

hayvan *s* ❶ Tier *nt* ❷ (*pej*) Vieh *nt* ❸ (*fam*) Lümmel *m,* grober Kerl; ~ **deneyi** Tierversuch *m;* **hayvanlar alemi** Tierwelt *f;* **hayvanları koruma derneği** Tierschutzverein *m;* **hayvanoğlu** ~ (*vulg*) Primitivling *m,* Proll *m*

hayvanat (-**tı**) *s* Tiere *pl;* ~ **bahçesi** Tierpark *m,* Zoo *m*

hayvanca *adj* brutal, bestialisch

hayvancı *s* Viehzüchter(in) *m(f)*

hayvancılık (-**ğı**) *s* Viehzucht *f*

hayvani *adj* tierisch

hayvanlık (-**ğı**) *s* (*fig*) Brutalität *f*

hayvansal *adj* tierisch

hayvansever *s* ❶ Tierfreund(in) *m(f)* ❷ Tierschützer(in) *m(f)*

haz (-**zzı**) *s* Lust *f*

Hazar Denizi (-**ni**) *s* das Kaspische Meer

Hazerfen Ahmet Çelebi gelang es bereits im 17. Jahrhundert einige hundert Meter weit mit Hilfe angeschnallter Flügel zu fliegen. Er startete vom Galataturm in Istanbul aus, flog über den Bosporus hinweg und landete auf dem asiatischen Teil der Stadt. Sultan Murat IV belohnte den Flieger mit reichlich Gold. Kurz darauf verbannte er ihn jedoch nach Algerien — aus Angst vor dessen Können.

hazım (-**zmı**) *s* ❶ Verdauung *f* ❷ (*fig*) Großzügigkeit *f;* **hazmı güç** [*o* **zor**] (*Essen*) schwer verdaulich

hazımlı *adj* dickfellig

hazımsızlık (-**ğı**) *s* Verdauungsstörungen *pl*

hazır **I.** *adj* ❶ bereit, fertig ❷ anwesend ❸ gegenwärtig **II.** *konj* da ... nun einmal, wenn ... schon; ~ **etmek** bereithalten, bereitmachen, bereitstellen (-**i** etw); ~ **bulunmak** fertig sein, verfügbar sein; ~ **elbise** Anzug *m* von der Stange; ~ **giyim** Konfektion *f;* ~ **kahve** Pulverkaffee *m,* Instantkaffee *m;* ~ **mısın?** bist du so weit?; ~ **ol!** stillgestanden!; ~ **olmak** fertig sein, bereit sein (-**e** zu etw); ~ **para** Bargeld *nt;* ~ **yemek** Fertiggericht *nt;* **hazırım** ich bin so weit

hazırcevap (-**bı**) *adj* schlagfertig

hazırcevaplık (-**ğı**) *s* Schlagfertigkeit *f*

hazırlamak *vt* ① vorbereiten, fertig machen (-**i** etw) ② bereitstellen (-**i** etw) ③ (*Gesetz*) entwerfen (-**i** etw) ④ präparieren (-**i** etw) ⑤ (*Koffer*) packen (-**i** etw)
hazırlanmak *vi* ① *Passiv zu* **hazırlamak** ② sich vorbereiten (-**e** auf etw) ③ sich fertig machen (-**e** für etw) ④ sich einstellen (-**e** auf etw)
hazırlayıcı *adj* vorbereitend
hazırlık (-**ğı**) *s* ① Vorbereitung *f* ② Bereitschaft *f;* **hazırlık okulu** Vorschule *f*
hazırlıklı *adj* gerüstet, vorbereitet
hazırlıksız *adj* unvorbereitet
hazırlop *adj* (*Ei*) hart gekocht
hazin *adj* betrüblich
hazine *s* ① Schatz *m* ② Schatzkammer *f* ③ Staatskasse *f* ④ Speicher *m* ⑤ Wissensschatz *m*
haz(i)nedar *s* Schatzmeister *m*
haziran (ayı) *s* Juni *m*
hazmetmek (-**der**) *vt* ① verdauen (-**i** etw) ② sich gefallen lassen, hinnehmen (-**i** etw)
hazmı (-**nı**) *s Possessivform zu* **hazım** die Verdauung von ...
hazret (-**ti**) *s* ① *Ehrentitel für Heilige* ② (*fam*) mein Lieber (*Anrede für Freunde*)*;* **Hazreti İsa** Jesus Christus; **Hazreti Meryem** die Heilige Jungfrau; **Hazreti Muhammed** Mohammed
hazzetmek (-**der**) *vt* Gefallen finden (-**den** an jdn/etw)
hazzı (-**nı**) *s Possessivform zu* **haz** seine/ihre Lust *f*
hece *s* Silbe *f*
hecelemek *vt* ① buchstabieren (-**i** etw) ② Silbe für Silbe lesen (-**i** etw)
hecin *s* Dromedar *nt*
hedef *s* ① Ziel *nt* ② Zweck *m* ③ Zielscheibe *f;* ~ **adres** Zieladresse *f;* ~ **edinmek** anstreben (-**i** etw); ~ **kitle** Zielgruppe *f;* ~ **levhası** Zielscheibe *f;* ~ **tutmak** zum Ziel haben (-**i** etw)
hedeflemek *vt* sich zum Ziel setzen (-**i** etw), abzielen (-**i** auf etw)
hedefsiz *adj* ziellos
hediye *s* Geschenk *nt;* ~ **etmek** verschenken, schenken (-**e** -**i** jdm etw)
hediyelik *adj* als Geschenk geeignet; ~ **eşya** Geschenkartikel *pl*
hekim *s* Arzt *m,* Ärztin *f*
hektar *s* Hektar *nt*
hela *s* (*fam*) Klo *nt;* ~ (**temizleme**) **fırçası** Klobürste *f*
helal (-**li**) *adj* ① (*im Islam*) erlaubt ② ehrlich erworben
hele **I.** *adv* (*fam*) ① besonders ② erst recht ③ ausgerechnet ④ doch noch **II.** *konj* wenn ... erst [*o* nur]; ~ **bir dinle** hör mal; ~ **çünkü** zumal da; ~ **şimdi hiç olmaz** nun erst recht nicht!
helezon *s* ① Spirale *f* ② Schneckenhaus *nt*
helezonlu *s* mit Spirale; ~ **merdiven** Wendeltreppe *f*
helikopter *s* Hubschrauber *m*
helva *s* türkischer Honig *m,* Halwa *nt* (*Süßigkeit aus Sesampaste*)
helyum *s* Helium *nt*
hem *adv* ① und, außerdem ② jedoch ③ übrigens ④ und zwar; ~ **de** sowie; ~ **de nasıl!** und wie!, aber wie!; ~ **...** ~ **de ...** sowohl ... als auch ...
hemen *adv* ① sofort, gleich ② ungefähr; ~ **arkasından** kurz darauf; ~ **bugün** noch heute; ~ **geliyorum!** ich komme gleich!; ~ ~ beinah(e), fast
hemencecik *adv* (*fam*) blitzschnell
hemfikir (-**kri**) *s* Gleichgesinnte(r) *f(m);* ~ **olmak** sich einig sein
hemoroit (-**di**) *s* Hämorrhoiden *pl*
hemşeri *s* ① Landsmann *m,* Landsmännin *f* ② (*fam*) *Anrede für eine unbekannte Person*
hemşire *s* ① Krankenschwester *f* ② Schwester *f*
hendek (-**ği**) *s* Graben *m*
hentbol *s* Handball *m*
henüz *adv* ① gerade, eben ② bloß, erst ③ bis jetzt, noch ④ (*bei Verneinung*) noch nicht ⑤ schon, bereits; ~ **işi bitti** er (sie) ist eben fertig geworden
hep **I.** *pron* alle(s) **II.** *adv* ① immer, stets ② in einem fort; ~ **aynı** es ist immer das Gleiche; ~ **birden** alle zusammen
hepatit (-**ti**) *s* Hepatitis *f*
hepsi *pron* ① (*Plural*) alle (zusammen) ② alles; ~ **beraber** alle zusammen, alles zusammen; ~ **bir arada** alles in allem; ~ **birden** im Ganzen, insgesamt, zusammen; ~ **bir** [*o* **aynı**] das ist egal
her *pron* jede(r, s); ~ **Allah'ın günü** Tag für Tag; ~ **an** jeden Augenblick; ~ **ayda bir** monatlich; ~ **bakımdan** in jeder Hinsicht; ~ **biri** jeder von ihnen; ~ **birimiz** jeder von uns; ~ **çareye başvurmak** alles Mögliche versuchen; ~ **defa** jedesmal; ~ **defa(sında)** jedesmal; ~ **gün** jeden Tag, täglich; ~ **halde** wahr-

scheinlich; ~ **ihtimale karşı** auf alle Fälle; ~ **iki** beide; ~ **iki türlü** beiderlei; ~ **ikisi** (**de**) (alle) beide; ~ **kim** (**olursa olsun**) wer auch immer; ~ **ne ise** was auch immer; ~ **ne kadar** (**ise de**) so sehr auch; ~ **ne pahasına olursa olsun** um jeden Preis; ~ **şey** alles; ~ **şeyden önce** vor allen Dingen; ~ **şeye kadir** allmächtig; ~ **tarafa** in alle Richtungen; ~ **yerde** [*o* **tarafta**] überall; ~ **yıl** jedes Jahr, jährlich; ~ **zaman** immer, stets, jederzeit

hercai (**gönüllü**) *adj* wankelmütig, unbeständig

hercaimenekşe *s* Stiefmütterchen *nt*

hergele *s* 1 wildes Pferd 2 (*fam*) Spitzbube *m*, Gauner *m*

herhangi *pron* irgendwelche; ~ **bir** irgendein(e); ~ **biri/bir şey** irgendjemand/irgendetwas; ~ **bir kimse** [*o* **birisi**] irgendeine(r); ~ **bir şekilde** irgendwie; ~ **bir yerde** irgendwo; ~ **bir yerden** irgendwoher; ~ **bir yere** irgendwohin; ~ **bir zaman**(**da**) irgendwann

herif *s* Kerl *m*

herkes *pron* jeder

Herkül *s* Herkules *m*

hertz *s* Hertz *nt*

hesap (**-bı**) *s* 1 Rechnen *nt* 2 Rechnung *f* 3 Konto *nt* 4 (*im Restaurant*) Rechnung *f* 5 Plan *m* 6 Schätzung *f* 7 Kalkulation *f* 8 Rechenschaft *f*; ~ **bakiyesi** Saldo *m;* ~ **cüzdanı** Sparbuch *nt;* ~ **etmek** rechnen, kalkulieren, rechnen mit, planen (**-i** etw); ~ **kitap** nach reiflicher Überlegung; ~ **makinesi** Rechenmaschine *f;* ~ **meydanda** das liegt auf der Hand; ~ **sahibi** Kontoinhaber(in) *m(f);* ~ **sormak** zur Rechenschaft ziehen (**-den** jdn); ~ **vermek** Rechenschaft ablegen; **hesaba geçirmek** buchen, anrechnen (**-i** etw); **hesaba katmak** in Rechnung stellen, berücksichtigen (**-i** etw); **hesaba katmamak** unberücksichtigt lassen (**-i** etw); **hesabı, lütfen!** bitte zahlen!, die Rechnung bitte!; **hesaplar benden** das geht auf meine Rechnung; **hesaptan indirmek** abbuchen (**-i** etw)

hesaplamak *vt* 1 rechnen, kalkulieren (**-i** etw) 2 rechnen (**-i** mit etw) 3 planen (**-i** etw)

hesaplaşma *s* 1 *Verbalsubstantiv zu* **hesaplaşmak** 2 Abrechnung *f*

hesaplaşmak *vi* abrechnen (**ile** mit jdm)

hesaplı *adj* 1 einkalkuliert, berechnet 2 genau überlegt 3 sparsam wirtschaftend 4 (*Person*) berechnend

Hessen (**Eyaleti**) *s* Hessen *nt*

heteroseksüel *adj* heterosexuell

heteroseksüellik (**-ği**) *s* Heterosexualität *f*

hevenk (**-gi**) *s zum Trocknen aufgehängtes Obst oder Gemüse*

heves *s* Lust *f;* **hevesim kaçtı** die Lust ist mir vergangen

heveslendirmek *vt* anregen (**-i** jdn)

hevesli **I.** *s* 1 Liebhaber(in) *m(f)* 2 Interessent(in) *m(f)* **II.** *adj* neigend (**-e** zu etw)

hevessiz *adj* lustlos

hevessizlik (**-ği**) *s* 1 Unlust *f* 2 Unwille *m*

hey *interj* (*fam*) he!

heybe *s* (*für Reittiere*) Satteltasche *f*

heybet (**-ti**) *s* Würde *f*

heybetli *adj* würdevoll, erhaben

heyecan *s* 1 Aufregung *f* 2 Begeisterung *f*, Enthusiasmus *m* 3 (*im Film*) Spannung *f*

heyecanlandırmak *vt* 1 *Kausativ zu* **heyecanlanmak** 2 aufregen (**-i** jdn) 3 begeistern (**-i** jdn)

heyecanlanmak *vi* 1 sich aufregen 2 in Erregung geraten 3 sich begeistern 4 (*Film, Geschichte*) spannend werden

heyecanlı *adj* 1 aufgeregt 2 aufregend, spannend 3 (*Leben*) bewegt 4 begeistert, enthusiastisch

heyet (**-ti**) *s* 1 Kommission *f*, Ausschuss *m* 2 Komitee *nt* 3 Gefolge *nt* 4 Ensemble *nt*

heykel *s* (*Skulptur*) Statue *f*

heykeltıraş *s* Bildhauer(in) *m(f)*

heykeltıraşlık (**-ğı**) *s* Bildhauerei *f*

hıçkırık (**-ğı**) *s* 1 Schluckauf *m* 2 Schluchzen *nt;* ~ **tutmak** den Schluckauf haben

hıçkırmak *vi* schluchzen

hık *interj* (*Geräusch*) hick; ~ **demiş annesinin burnundan düşmüş** sie ist ihrer Mutter wie aus dem Gesicht geschnitten

hımbıl *adj* (*fam*) lahm

hınç (**-cı**) *s* 1 Hass *m* 2 Rachsucht *f* 3 Wut *f*

hınzır *s* (*pej: Person*) Ekel *nt*

hırçın *adj* 1 reizbar 2 widerspenstig 3 (*Meer*) tosend

hırdavat (**-tı**) *s* 1 Eisenwaren *pl* 2 Krimskrams *m*

hırdavatçı *s* (*fam*) Eisenwarenhändler *m*

hırıldamak *vi* 1 röcheln 2 (*Hund*) knurren

Hıristiyan *s* Christ(in) *m(f)*

Hıristiyanlık (**-ğı**) *s* Christentum *nt*

hırka *s* Strickjacke *f*, Wolljacke *f*

H

hırlamak *vi* 1 (*Hund*) knurren 2 (*Mensch*) murren
hırpalamak *vt* 1 fertigmachen (**-i** jdn) 2 (*Sache*) beschädigen (**-i** etw)
hırpani *adj* 1 (*Aussehen*) schäbig 2 (*Person*) zerlumpt
hırs *s* 1 Ehrgeiz *m* 2 Gier *f*, Habgier *f* 3 Leidenschaft *f* 4 Zorn *m*, Wut *f*; **hırsı geçmek** sich abregen
hırsız *s* 1 Dieb(in) *m(f)* 2 Einbrecher(in) *m(f)*; ~ **polis oynamak** Räuber und Gendarm spielen
hırsızlık (**-ğı**) *s* 1 Diebstahl *m* 2 Einbruch *m* 3 Unterschlagung *f*
hırslandırmak *vt* 1 *Kausativ zu* **hırslanmak** 2 wütend machen (**-i** jdn) 3 gierig machen (**-i** jdn)
hırslanmak *vi* 1 in Wut geraten 2 gierig werden
hırslı **I.** *adj* 1 ehrgeizig 2 gierig 3 leidenschaftlich 4 strebsam 5 zornig **II.** *s* (*pej*) Streber(in) *m(f)*
hırtlamba *adj* (*zerlumpte Kleider tragend*) abgerissen
hırtlambası çıkmış **I.** *s* (*Person*) Wrack *nt* **II.** *adj* (*Kleidungsstück*) in Fetzen
Hırvat (**-tı**) *s* Kroate *m*; ~ **kadını** Kroatin *f*
Hırvatistan *s* Kroatien *nt*
hısım **I.** *adj* verwandt **II.** *s* Verwandte(r) *f(m)*; ~ **akraba** Verwandtschaft *f*
hışım (**-şmı**) *s* Wut *f*
hışımlı *adj* zornig, wütend
hışırdamak *vi* 1 rascheln 2 (*Bäume*) rauschen
hıyanet (**-ti**) *s* Verrat *m*
hıyar *s* 1 Gurke *f* 2 (*fam*) Blödmann *m*, Idiot *m*; ~ **salatası** Gurkensalat *m*; ~ **turşusu** saure Gurken *pl*
hız *s* 1 Geschwindigkeit *f*, Schnelligkeit *f* 2 Heftigkeit *f* 3 Eifer *m*
Hızır *s Bezeichnung für einen helfenden, rettenden Heiligen*
hızla *adv* schnell, rasch
hızlandırmak *vt* 1 *Kausativ zu* **hızlanmak** 2 beschleunigen (**-i** etw)
hızlanmak *vi* schneller werden, an Geschwindigkeit zunehmen
hızlı **I.** *adj* schnell, rasch **II.** *adv* 1 schnell 2 (*sprechen*) laut 3 heftig
hiciv (**-cvi**) *s* Satire *f*
hicivli *adj* satirisch
hicret (**-ti**) *s* Hedschra *f* (*Übersiedlung Mohammeds nach Medina im Jahre 622; Beginn der islamischen Zeitrechnung*)
hicviye *s* Satire *f*
hiç (**-çi**) **I.** *adv* 1 (*in Fragesätzen*) je, jemals 2 (*bei Verneinung*) gar nicht, überhaupt nicht 3 keinesfalls, keineswegs **II.** *s* Nichts *nt*; ~ **bir** gar kein; ~ **biri** niemand; ~ **bir suretle** auf keinen Fall; ~ **bir şekilde** in keiner Weise, nicht im Mindesten, bei weitem nicht; ~ **bir şey** gar nichts; ~ **bir yerde** nirgends, nirgendwo; ~ **bir zaman** nie, niemals, nie und nimmer; ~ **durmadan** immerzu, unaufhörlich; ~ **kimse** niemand, keiner; ~ **kuşkusuz** ohne jeden Zweifel; ~ **olmazsa** mindestens, wenigstens; **hiçe saymak** missachten (**-i** jdn/etw)
hiçlik (**-ği**) *s* Nichts *nt*
hiddet (**-ti**) *s* 1 Wut *f* 2 Jähzorn *m*
hiddetlenmek *vi* in Wut geraten
hiddetli *adj* 1 wütend 2 jähzornig
hidroelektrik (**-ği**) *s* Wasserkraft *f*; ~ **santrali** Wasserkraftwerk *nt*
hidrojen *s* Wasserstoff *m*; ~ **bombası** Wasserstoffbombe *f*; ~ **peroksit** Wasserstoffsuperoxid *nt*
hidrokarbür *s* Kohlenwasserstoff *m*
hidroklorik asit *s* Salzsäure *f*
hidrolik (**-ği**) **I.** *adj* hydraulisch **II.** *s* Hydraulik *f*
hidrosefal *s* Wasserkopf *m*
hij(i)yen *s* Hygiene *f*
hij(i)yenik *adj* hygienisch
hikaye *s* 1 Erzählung *f*, Geschichte *f* 2 Novelle *f*
hikaye (**zamanı**) *s* Imperfekt *nt*
hikmet (**-ti**) *s* 1 Weisheit *f* 2 eigentlicher Sinn
hilal (**-li**) *s* 1 Halbmond *m* 2 Neumond *m*
hile *s* List *f*, Trick *m*; ~ **yapmak** einen Trick anwenden, schwindeln
hileci **I.** *adj* betrügerisch, listig **II.** *s* Betrüger(in) *m(f)*
hilekar **I.** *s* Betrüger(in) *m(f)* **II.** *adj* hinterlistig
hilekarlık (**-ğı**) *s* Betrügerei *f*
hileli *adj* 1 (*Sache*) betrügerisch 2 (*Person*) listig 3 (*Ware*) verfälscht
himaye *s* Schutz *m*
himayecilik (**-ği**) *s* Protektionismus *m*
hindi *s* Puter *m*, Truthahn *m*
hindiba *s* 1 (*Endivie*) Zichorie *f* 2 Löwenzahn *m*

Hindistan I. *s* Indien *nt* II. *adj* (*Art*) indisch
hindistancevizi (-ni) *s* Kokosnuss *f*; **küçük ~** Muskatnuss *f*
Hindistanlı I. *s* Inder(in) *m(f)* II. *adj* (*Herkunft*) indisch
Hinduizm *s* Hinduismus *m*
Hint (-di) I. *adj* (*Art*) indisch II. *s* Inder(in) *m(f)*; **~ Okyanusu** der Indische Ozean
Hintli I. *s* Inder(in) *m(f)* II. *adj* (*Herkunft*) indisch
hiper doküman *s* Hypertext *m*
hiperenflasyon *s* Hyperinflation *f*
hipermetrop *adj* (*Augen*) weitsichtig
hipnotize *adj* hypnotisiert; **~ etmek** hypnotisieren (**-i** jdn)
hipnoz *s* Hypnose *f*
hipodrom *s* (Pferde)rennbahn *f*
hipopotam *s* Nilpferd *nt*
hippi *s* Hippie *m*
his (-ssi) *s* 1 Gefühl *nt* 2 Sinn *m* 3 Sinnesempfindung *f*
hisar *s* Burg *f*
hisli *adj* 1 sensibel, empfindsam 2 gefühlsreich
hisse *s* 1 Anteil *m* 2 (*Quote*) Rate *f*; **~ senedi** Wertpapier *nt*, Aktie *f*; **~ senetleri endeksi** Aktienindex *m*; **~ senetleri piyasası** Aktienmarkt *m*; **~ senetleri piyasası endeksi** Aktienmarktindex *m*
hissedar *s* 1 Aktionär(in) *m(f)* 2 Beteiligte(r) *f(m)*
hissetmek (-der) *vi* 1 empfinden, fühlen (**-i** etw) 2 merken (**-i** etw) 3 wahrnehmen (**-i** etw); **kendini nasıl hissediyorsun?** wie fühlst du dich?; **kendimi iyi hissetmiyorum** ich fühle mich nicht wohl
hissi *adj* sentimental
hissi (-ni) *s Possessivform zu* **his** das Gefühl von ...
hissiz *adj* 1 gefühllos 2 unempfindlich
hissizlik (-ği) *s* 1 Gefühllosigkeit *f* 2 Unempfindlichkeit *f*
histeri *s* Hysterie *f*
histerik *adj* hysterisch
hişşt *interj* he!, du da!
hitap (-bı) *s* Anrede *f*; **~ etmek** anreden, ansprechen (**-e** jdn)
Hititler *npl* Hethiter *pl*
hiyerarşi *s* Hierarchie *f*
hiyerarşik *adj* hierarchisch
hizmet (-ti) *s* 1 Service *m*, Bedienung *f* 2 Dienst *m*, Dienstleistung *f* 3 Stellung *f*, Amt *nt* 4 Tätigkeit *f* 5 Verdienst *nt*; **~ etmek** dienen, bedienen (**-e** jdn)
hizmetçi *s* Hausangestellte(r) *f(m)*, Bedienstete(r) *f(m)*, Dienstmädchen *nt*
hobi *s* Hobby *nt*
hoca *s* 1 Lehrer(in) *m(f)* 2 Geistlicher *m*
hohlamak *vt* anhauchen (**-i** etw/jdn)
hokey *s* Hockey *nt*
hokka *s* (kleiner) Behälter *m*, Dose *f*
hokkabaz *s* 1 Jongleur(in) *m(f)*, Zauberkünstler(in) *m(f)* 2 (*fig*) Gauner(in) *m(f)*, Schwindler(in) *m(f)*
hol (-lü) *s* 1 Flur *m*, Diele *f* 2 Hotelhalle *f*
holding *s* Konzern *m*
holigan *s* Hooligan *m*
Hollanda I. *s* Niederlande *pl*, Holland *nt* II. *adj* (*Art*) niederländisch, holländisch
Hollandaca *adj* (*Sprache*) niederländisch
Hollandalı I. *s* Holländer(in) *m(f)* II. *adj* (*Herkunft*) holländisch
hologram *s* Hologramm *nt*
homeopat (-tı) *s* Homöopath(in) *m(f)*
homeopatik *adj* homöopathisch
homojenizasyon *s* Homogenisierung *f*
homojenize *adj* homogenisiert; **~ etmek** homogenisieren (**-i** etw)
homoseksüalite *s* Homosexualität *f*
homoseksüel I. *adj* homosexuell II. *s* Homosexuelle(r) *m*
homurdanmak *vi* 1 (*Bär, Mensch*) brummen 2 (*Schwein*) grunzen
hoparlör *s* Lautsprecher *m*
hoplamak *vi* 1 (hoch)hüpfen 2 (*Herz*) heftig schlagen, pochen
hoppa *adj* leichtfertig, leichtsinnig
hoppalık (-ğı) *s* Leichtfertigkeit *f*, Leichtsinn *m*
hor *adj* (*fam*) mies; **~ bakmak** verachten (**-e** jdn/etw); **~ görmek** verachten (**-i** jdn/etw)
hora *s türkischer Rundtanz*
horlamak *vi, vt* 1 schnarchen 2 schikanieren (**-i** jdn)
hormon *s* Hormon *nt*
hormonal *adj* hormonell
horoz *s* Hahn *m*; **~ kızartması** (gebratenes) Hähnchen *nt*
horozibiği (-ni) *s* 1 (*von Hahn*) Kamm *m* 2 (*Blume*) Hahnenkamm *m* 3 Amarant *m*
horozmantarı (-nı) *s* Pfifferling *m*
hortlak (-ğı) *s* Grabgespenst *nt*, Untote(r) *f(m)*
hortum *s* 1 (Elefanten)rüssel *m* 2 Schlauch *m*

hortumcu *s* Abzocker(in) *m(f)*
host (**-tu**) *s* INFORM Host *m*
hostel *s* Jugendherberge *f*
hostes *s* Stewardess *f*
hoş **I.** *adj* ❶ angenehm, erfreulich ❷ hübsch ❸ eigenartig, sonderbar **II.** *konj* jedoch; ~ **geldiniz** herzlich willkommen; **hoşuna gitmek** gefallen (**-in** jdm)
hoşaf *s* Kaltschale *f;* **hoşafına gitmek** (*fam*) gefallen (**-in** jdm)
hoşça *adv* recht angenehm; ~ **kal!** mach's gut!
hoşgörmek *vt, vi* ❶ tolerieren (**-i** jdn/etw) ❷ verzeihen (**-i** etw) ❸ ein Auge zudrücken
hoşgörmezlik (**-ği**) *s* Intoleranz *f*
hoşgörü *s* Nachsicht *f,* Toleranz *f*
hoşgörücü *adj* duldsam, nachsichtig, tolerant
hoşgörülü *adj* nachsichtig, tolerant
hoşgörüsüz *adj* intolerant
hoşlanma *s* ❶ *Verbalsubstantiv zu* **hoşlanmak** ❷ Gefallen *m*
hoşlanmak *vi* ❶ mögen, Gefallen finden (**-den** an etw/jdn) ❷ gernhaben (**-den** etw/jdn)
hoşluk (**-ğu**) *s* ❶ Annehmlichkeit *f* ❷ Anmut *f*
hoşnut (**-tu**) *adj* ❶ befriedigt, zufrieden(gestellt) ❷ erfreut; ~ **etmek** zufriedenstellen, befriedigen, erfreuen (**-i** jdn)
hoşnutluk (**-ğu**) *s* Zufriedenheit *f,* Befriedigung *f*
hoşnutsuz *adj* unzufrieden
hoşnutsuzluk (**-ğu**) *s* Unzufriedenheit *f*
hoşsohbet (**-ti**) *adj* gesellig
hoşsohbetlik (**-ği**) *s* Geselligkeit *f*
hovarda **I.** *s* Lebemann *m* **II.** *adj* vergnügungssüchtig
hoyrat (**-tı**) **I.** *s* Grobian *m* **II.** *adj* ❶ (*Mensch*) grob ❷ ungeschickt, plump **III.** *adv* unachtsam
hödük (**-gü**) **I.** *adj* dämlich **II.** *s* Rüpel *m,* Flegel *m*
höpürdetmek *vt* (*fam*) schlürfen (**-i** etw)
hörgüç (**-cü**) *s* (*von Kamel*) Höcker *m*
hörgüçlü deve *s* Dromedar *nt*
hububat (**-tı**) *s* Getreide *nt*
hudut (**-du**) *s* (*auch fig*) Grenze *f;* ~ **aşırı** grenzüberschreitend
hukuk (**-ku**) *s* ❶ Recht *nt,* Rechtswesen *nt* ❷ Rechtswissenschaft *f* ❸ Zivilrecht *nt;* ~ **davası** Zivilprozess *m;* ~ **devleti** Rechtsstaat *m;* ~ **mahkemeleri düzeni** Zivilprozessordnung *f;* ~ **okumak** Jura studieren
hukukçu *s* Jurist(in) *m(f)*
hukuki *adj* juristisch; ~ **eşitlik** Rechtsgleichheit *f;* ~ **himaye** Rechtsschutz *m*
hulya *s* Einbildung *f,* Illusion *f*
hummalı *adj* ❶ MED fiebrig ❷ (*Arbeit*) fieberhaft
humus *s* Humus *m*
huni *s* Trichter *m*
hurda **I.** *s* ❶ Alteisen *nt* ❷ Abfälle *pl* **II.** *adj* schrottreif
hurdacı *s* Altwarenhändler(in) *m(f),* Trödler(in) *m(f)*
hurma *s* Dattel *f;* ~ **ağacı** Dattelpalme *f*
husus *s* Angelegenheit *f*
hususi *adj* ❶ persönlich, privat ❷ speziell
hususunda *präp* in Bezug auf (**...** *+akk*)
huşu (**-uu**) *s* ❶ Demut *f* ❷ REL Verbeugung *f* (*in Ehrfurcht und Liebe*); ~ **içinde** andächtig
huy *s* ❶ (*fam*) Charakter *m,* Gemüt *nt* ❷ (*pej*) schlechte Angewohnheit
huysuz *adj* (*fam*) mürrisch, unleidlich
huzur *s* ❶ (innere) Ruhe *f* ❷ (persönliche) Anwesenheit *f;* ~ **içinde** in aller Ruhe; **huzura kabul** Audienz *f;* **... huzurunda** im Beisein von ...
huzurevi (**-ni**) *s* Altersheim *nt*
huzurlu *adj* ruhig
huzursuz *adj* beunruhigt; ~ **etmek** beunruhigen (**-i** jdn); ~ **olmak** sich beunruhigen
huzursuzluk (**-ğu**) *s* ❶ Beunruhigung *f,* Unbehagen *nt* ❷ Unruhe *f*
hücre *s* ❶ Zelle *f* ❷ Einzelhaft *f*
hücum *s* ❶ Offensive *f* ❷ Vorstoß *m* ❸ (Sturm)angriff *m* ❹ Losstürmen *nt;* ~ **etmek** angreifen (**-e** jdn)
hükmetmek (**-der**) *vi* herrschen (**-e** über jdn)
hüküm (**-kmü**) *s* ❶ Urteil *nt* ❷ Vorschrift *f* ❸ Herrschaft *f* ❹ Gültigkeit *f;* ~ **giydirmek** verurteilen; ~ **sürmek** herrschen; ~ **vermek** urteilen, der Meinung sein
hükümdar *s* Herrscher(in) *m(f),* Monarch(in) *m(f)*
hükümet (**-ti**) *s* ❶ Regierung *f* ❷ Herrschaft *f;* ~ **başkanı** Regierungschef(in) *m(f);* ~ **darbesi** Putsch *m;* ~ **merkezi** Residenz *f,* Regierungssitz *m;* ~ **sözcüsü** Regierungssprecher(in) *m(f)*
hükümlü **I.** *adj* verurteilt **II.** *s* Strafgefangene(r) *f(m)*
hükümran *adj* souverän

hükümranlık (-ğı) *s* Souveränität *f*
hükümsüz *adj* ungültig
hümanist **I.** *adj* humanistisch **II.** *s* Humanist(in) *m(f)*
hümanizm *s* ① Humanismus *m* ② Humanität *f*
hüner *s* Kunstfertigkeit *f*
hüngür hüngür *adv* laut schluchzend; ~ **ağlamak** in Tränen ausbrechen
hür *adj* frei, unabhängig; ~ **demokrat** Freidemokrat *m;* ~ **fikirli** liberal
hürmet (-ti) *s* (*fam*) Respekt *m;* ~ **etmek** respektieren
hürriyet (-ti) *s* Freiheit *f*
hüsran *s* ① Schaden *m* ② schmerzliche Enttäuschung
hüsün (-snü) *s* Schönheit *f*
hüviyet (-ti) *s* ① Identität *f* ② Personalausweis *m*
hüzün (-znü) *s* Traurigkeit *f,* Schwermut *f*
hüzünlenmek *vi* traurig werden
hüzünlü *adj* melancholisch, schwermütig, traurig

I ı

I, ı *s elfter Buchstabe des türk. Alphabets*
ıhlamur *s* Linde *f*
ıhlamur çayı (-nı) *s* Lindenblütentee *m*
ılıca *s* ① Heilbad *nt* ② Thermalquelle *f*
ılık *adj* lauwarm
ılım *s* Ausgeglichenheit *f*
ılıman *adj* (*Klima*) mild
ılımlı *adj* maßvoll, gemäßigt
ırak *adj, adv* (*fam*) weit, fern
Irak (-kı) **I.** *s* (der) Irak **II.** *adj* (*Art*) irakisch
Iraklı **I.** *s* Iraker(in) *m(f)* **II.** *adj* (*Herkunft*) irakisch
ırk (-kı) *s* Rasse *f;* ~ **ayrımı** Rassentrennung *f*
ırkçı **I.** *s* Rassist(in) *m(f)* **II.** *adj* rassistisch
ırkçılık (-ğı) *s* Rassismus *m*
ırksal *adj* rassisch
ırmak (-ğı) *s* Fluss *m,* Strom *m*
ırz *s* Ehre *f,* Unbescholtenheit *f;* **ırzına geçmek** sexuell missbrauchen, vergewaltigen (**-in** jdn)
ısı *s* Temperatur *f,* Wärme *f;* ~ **beş derece** wir haben fünf Grad (über null); **ısıya dayanıklı** hitzebeständig
ısınma *s* ① *Verbalsubstantiv zu* **ısınmak** ② Erwärmung *f*
ısınmak *vi* ① sich erhitzen ② warm werden ③ (*fig*) sich erwärmen (**-e** für jdn)
ısırgan **I.** *s* Brennnessel *f* **II.** *adj* brennend, beißend
ısırık (-ğı) *s* Bisswunde *f*
ısırma *s* ① *Verbalsubstantiv zu* **ısırmak** ② Biss *m* ③ (Insekten)stich *m*
ısırmak *vt* beißen (**-i** jdn)
ısıtılabilen *adj* beheizbar
ısıtılabilir *adj* heizbar
ısıtma *s* ① *Verbalsubstantiv zu* **ısıtmak** ② Heizung *f*
ısıtmak *vt* ① *Kausativ zu* **ısınmak** ② warm machen, aufwärmen (**-i** jdn/etw) ③ heizen (**-i** etw) ④ erhitzen (**-i** etw)
ıskonto *s* ① Diskontierung *f* ② Diskont *m* ③ Abzug *m,* (Preis)nachlass *m* ④ Rabatt *m;* ~ **etmek** abziehen, diskontieren (**-i** etw); ~ **fiyatı** Diskontsatz *m*
ıslak *adj* ① nass ② feucht
ıslaklık (-ğı) *s* ① Nässe *f* ② Feuchtigkeit *f*
ıslanmak *vi* nass/feucht werden
ıslatmak *vt* ① *Kausativ zu* **ıslanmak** ② nass machen (**-i** etw/jdn) ③ (*Wäsche*) einweichen (**-i** etw) ④ (*fam*) verprügeln (**-i** jdn)
ıslık (-ğı) *s* Pfiff *m;* ~ **çalmak** pfeifen; (*Schlange*) zischen
ıslıklamak *vt* auspfeifen (**-i** jdn)
ısmarlama *s* ① *Verbalsubstantiv zu* **ısmarlamak** ② Bestellung *f;* ~ **iş** Maßarbeit *f*
ısmarlamak *vt* bestellen (**-e -i** bei/für jdn etw)
ıspanak (-ğı) *s* Spinat *m*
ısrar *s* Beharrlichkeit *f;* ~ **etmek** bestehen, beharren (**-de** auf etw)
ısrarla *adv* hartnäckig, beharrlich
ısrarlı *adj* hartnäckig
ıssız *adj* einsam, unbewohnt
ıssızlık (-ğı) *s* ① Einsamkeit *f* ② Einöde *f*
ıstakoz *s* Hummer *m*
ıstavroz *s* Kreuz *nt;* ~ **çıkarmak** sich bekreuzigen
ıstırap (-bı) *s* ① (*seelisch*) Leiden *nt* ② Schmerz *nt,* Qual *f;* ~ **çekmek** (sehr) leiden
ıstıraplı *adj* leidvoll, schmerzhaft
ışık (-ğı) *s* ① Licht *nt* ② Lichtschein *m* ③ Lampe *f,* Licht *nt* ④ Beleuchtung *f;* ~ **hızı**

I

Lichtgeschwindigkeit *f;* ~ **işareti** Lichtsignal *nt;* ~ **saçmak** leuchten; ~ **siperi** Lichtschutz *m;* ~ **vermek** scheinen; (*Licht spenden*) beleuchten; ~ **yılı** Lichtjahr *nt*

ışıklama *s* ① *Verbalsubstantiv zu* **ışıklamak** ② Belichtung *f;* ~ **süresi** Belichtungszeit *f*

ışıklamak *vt* belichten (**-i** etw)

ışıklandırma *s* ① *Verbalsubstantiv zu* **ışıklandırmak** ② Beleuchtung *f*

ışıklandırmak *vt* beleuchten (**-i** etw)

ışıklı *adj* ① hell ② leuchtend, licht; ~ **boya** Leuchtfarbe *f;* ~ **reklam** Lichtreklame *f*

ışıkölçer *s* Belichtungsmesser *m*

ışıldak (-ğı) *s* Scheinwerfer *m*

ışıldamak *vi* ① leuchten, glänzen ② funkeln

ışıl ışıl *adv* ① strahlend, glänzend, leuchtend ② funkelnd

ışımak *vi* (*Licht*) strahlen

ışın *s* Lichtstrahl *m*

ıvır zıvır *s* (*fam*) Kram *m,* (wertloses) Zeug *nt*

ızgara **I.** *s* ① Grill *m,* Bratrost *m* ② Gitter *nt,* Rost *m;* ~ **kavı** Grillanzünder *m* **II.** *adj* gegrillt, vom Rost

İ i

İ, i *s zwölfter Buchstabe des türk. Alphabets*

iade *s* ① Rückgabe *f* ② Rücksendung *f* (an den Absender) ③ Auslieferung *f* (von Verbrechern); ~ **etmek** zurückerstatten, zurückgeben (**-i** etw); (*Verbrecher*) ausliefern (**-i** jdn); ~ **ücreti** Rückporto *nt*

iane *s* Spende *f;* ~ **toplama** (*in der Kirche*) Kollekte *f*

ibadet (-ti) *s* ① Gottesdienst *m* ② Andachtsübung *f;* ~ **etmek** Gott anbeten, Andacht halten

ibadethane *s* Gotteshaus *nt*

ibaret olmak *vi* bestehen aus (**-den** aus etw)

ibik (-ği) *s* (Hahnen)kamm *m*

iblis *s* Satan *m,* Teufel *m*

ibne **I.** *adj* (*vulg*) schwul **II.** *s* (*vulg*) Schwule(r) *m* (*beleidigendes Schimpfwort*)

İbrani **I.** *s* Hebräer(in) *m(f)* **II.** *adj* (*Art*) hebräisch

İbranice *adj* (*Sprache*) hebräisch

ibre *s* ① Magnetnadel *f* ② TECH Zeiger *m*

ibret (-ti) *s* Warnung *f,* Lehre *f*

ibrik (-ği) *s* Kanne *f*

icap (-bı) *s* Notwendigkeit *f,* Erfordernis *f;* ~ **etmek** nötig sein; **icabına göre** je nachdem; **icabında** bei Bedarf, gegebenenfalls

icat (-dı) *s* ① Erfindung *f* ② Erdichtung *f;* ~ **etmek** erfinden, erdichten (**-i** etw)

icatçı **I.** *adj* erfinderisch **II.** *s* Erfinder(in) *m(f)*

icra *s* ① Durchführung *f* ② Ausübung *f* ③ Vollstreckung *f* ④ MUS Interpretation *f;* ~ **etmek** ausüben; (*durchführen*) ausführen; JUR vollstrecken; MUS interpretieren (**-i** etw); ~ **memuru** Gerichtsvollzieher *m*

iç (-çi) **I.** *s* ① (*Innenteil*) das Innere ② Seele *f* ③ Füllung *f* **II.** *adj* ① innere(r, s) ② innerlich ③ intern ④ inländisch; ~ **açıcı** aufheiternd; **İç Anadolu** Mittelanatolien *nt;* ~ **avlu** Innenhof *m;* ~ **çamaşırı** Unterwäsche *f;* ~ **deniz** Binnenmeer *m;* ~ **göç** Binnenmigration *f;* ~ **hastalıkları** innere Krankheiten *pl;* ~ **içe** ineinandergehend; ~ **kanama** Bluterguss *m;* ~ **lastik** (*Fahrrad-, Auto-*) Schlauch *m;* ~ **piyasa** Binnenmarkt *m;* ~ **politika** Innenpolitik *f;* ~ **savaş** Bürgerkrieg *m;* ~ **sıkıntısı** (innere) Unruhe *f;* ~ **ticaret** Binnenhandel *m;* **içi rahat olmak** ein gutes [*o* ruhiges] Gewissen haben; **içini çekmek** seufzen; **birine içini dökmek** jdm sein Herz ausschütten

içecek (-ği) **I.** *s* Getränk *nt* **II.** *adj* trinkbar

içedönük *adj* introvertiert

içeri (-yi, -si) **I.** *s* das Innere **II.** *adj* innere(r, s) **III.** *adv* nach innen; ~ **almak** eintreten lassen, einlassen (**-i** jdn); ~ **gelmek** hereinkommen; ~ **girmek** hineingehen

içer(i)de *adv* drinnen

içeriden *adv* von innen

içerik (-ği) *s* Gehalt *m*

içerisinde **I.** *adv* drinnen **II.** *präp* in (**-in** +*dat*)

içerisine **I.** *adv* hinein **II.** *präp* in, in … hinein (**-in** +*akk*)

içeriye *adv* herein; (*fam*) rein; ~ **almak** hereinlassen (**-i** jdn); ~ **dalmak** hereinstürzen

içermek *vt* beinhalten (**-i** etw)

içgüdü (-nü) *s* Instinkt *m*

içgüdüsel *adj* instinktiv

içi (-ni) *adj* inner-; **parti** ~ innerparteilich

içil(ebil)ir *adj* trinkbar

için **I.** *präp* ① für ② über, betreffend ③ (*beim Schwören*) bei, auf ④ wegen; ~ ~ innerlich; **benim/senin** ~ für mich/dich; **bunun** ~

deswegen **II.** *konj* ① da, weil ② damit, um zu; **bana yardım ettiği** ~ weil er mir geholfen hat; **yaşamak** ~ **çalışıyoruz** wir arbeiten, um zu leben; **beni gör(me)mesi için** damit er mich (nicht) sieht

içinde I. *präp* ① (*örtlich*) in (**-in** +*dat*) ② innerhalb (**-in** +*gen*) ③ zwischen, unter (**-in** +*dat*) **II.** *adv* innen, drinnen

içindekiler *s* Inhaltsverzeichnis *nt*

içinden *präp* aus, aus ... hervor, aus ... heraus (**-in** +*dat*); ~ **almak** herausnehmen (**-i -in** etw aus etw)

içine I. *präp* (*Richtung*) in, in ... hinein (**-in** +*akk*); ~ **çekmek** hineinziehen, inhalieren (**-i** etw); ~ **işlemek** zutiefst rühren (**-in** jdn); (*Regen*) durchdringen (**-in** etw) **II.** *adv* hinein

içip bitirmek *vt* austrinken (**-i** etw)

içirmek *vt* ① *Kausativ zu* **içmek** ② zu trinken geben (**-e -i** jdm etw)

içişleri (-ni) *npl* innere Angelegenheiten *pl*

İçişleri Bakanlığı *s* Innenministerium *nt*

içitim *s* Injektion *f*

içki *s* ① (alkoholisches) Getränk *nt* ② Alkoholkonsum *m;* ~ **fabrikası** Brennerei *f;* ~ **içmek** (etwas Alkoholisches) trinken

içkili I. *s* Restaurant *nt* mit Alkoholausschank **II.** *adj* (*Mensch*) angetrunken

içli *adj* ① (*Nüsse, Pistazien*) innen voll ② empfindlich

içlidışlı *adj* ① (*fam*) vertraut, familiär ② intim

içme *s* ① *Verbalsubstantiv zu* **içmek** ② ~ **suyu** Trinkwasser *nt*

içmek (-er) *vt* ① trinken (**-i** etw) ② (*Zigaretten*) rauchen (**-i** etw) ③ zechen ④ (*Suppe*) essen (**-i** etw) ⑤ einsaugen (**-i** etw); **ne içmek istiyorsunuz?** was möchten Sie trinken?

içmeler *npl* Heilbad *nt,* Kurort *m*

içmimar *s* Innenarchitekt(in) *m(f)*

içmimarlık (-ğı) *s* Innenarchitektur *f*

içten *adj* ① herzlich, innig ② offen, aufrichtig; ~ **selamlar** freundliche Grüße

içtenlik (-ği) *s* ① Herzlichkeit *f* ② Offenheit *f,* Aufrichtigkeit *f;* **bütün içtenlikle** von ganzem Herzen

içtepi *s* Impuls *m*

içtüzük *s* Hausordnung *f*

içyağı (-nı) *s* Talg *m*

içyüz *s* tiefere Bedeutung, wirkliche Ursache; **içyüzünü anlamak** die tiefere Bedeutung verstehen; (*fig*) durchschauen (**-in** etw)

idam *s* Hinrichtung *f;* ~ **cezası** Todesstrafe *f;* ~ **etmek** hinrichten (**-i** jdn); ~ **kararı** [*o* **hükmü**] Todesurteil *nt*

idare *s* ① Leitung *f,* Führung *f* ② Verwaltung *f* ③ (*eines Autos*) Lenkung *f* ④ Haushalten *nt;* **idare etmek** leiten, führen; MUS dirigieren; TECH bedienen; (*Auto*) steuern (**-i** etw); (*genügen*) reichen; (*rationell wirtschaften*) haushalten, vorsichtig behandeln (**-i** etw)

idareci *s* Leiter(in) *m(f),* Verwalter(in) *m(f)*

idareli *adj* ① (*beim Essen und Trinken*) genügsam ② (*Mensch*) sparsam ③ mit Verwaltung

idaresiz *adj* ① ohne Verwaltung ② unwirtschaftlich

iddia *s* ① Behauptung *f* ② Trotz *m* ③ Anklage *f;* ~ **etmek** behaupten (**-i** etw); **iddiaya var mısın?** wetten(, dass)?

iddialı *adj* ① anspruchsvoll ② strittig

iddiasız *adj* anspruchslos

ideal (-li) I. *adj* ideal **II.** *s* Ideal *nt;* ~ **kilo** Idealgewicht *nt*

idealist (-ti) I. *s* Idealist(in) *m(f)* **II.** *adj* idealistisch

idealizm *s* Idealismus *m*

ideoloji *s* Ideologie *f*

ideolojik (-ğı) *adj* ideologisch

idman *s* ① Training *nt* ② Turnen *nt*

idrak (-ki) *s* ① Wahrnehmung *f* ② Verständnis *nt;* ~ **etmek** wahrnehmen, verstehen, begreifen (**-i** etw)

idrar *s* Urin *m,* Harn *m*

ifade *s* ① Ausdruck *m,* Ausdrucksweise *f* ② Aussage *f,* Äußerung *f* ③ Stil *m;* ~ **etmek** zum Ausdruck bringen, ausdrücken; (*Meinung*) äußern; (*erklären*) aussagen (**-i** etw); ~ **vermek** eine Aussage machen; **ifadesini almak** (*Zeugen*) vernehmen (**-in** jdn)

ifadeli *adj* ausdrucksvoll

iffet (-ti) *s* Keuschheit *f,* Reinheit *f*

iffetli *adj* keusch

iflas *s* ① Bankrott *m,* Konkurs *m,* Pleite *f* ② (*fig*) Zusammenbruch *m;* ~ **etmek** Bankrott machen; (*fig*) zusammenbrechen

ifrat (-tı) *s* Übermaß *nt;* ~ **derecede** im Übermaß; **bir şeyi ifrata vardırmak** etwas auf die Spitze treiben

ifrazat (-tı) *s* Ausscheidung *f*

ifrit (-ti) *s* Dämon *m*

ifşa *s* Verraten *nt;* ~ **etmek** verraten (**-i** etw)

iftar *s* ① Ende *nt* eines Fastentages ② Abendessen *nt* im Ramadan

iftihar *s* Stolz *m;* ~ **etmek** stolz sein (**ile** auf jdn/etw)

iftira *s* ① Verleumdung *f* ② Unterstellung *f;* ~ **atmak** [*o* **etmek**] verleumden (**-e** jdn)

iğfal (**-li**) *s* ① Verführung *f* ② Täuschung *f;* ~ **etmek** verführen; (*betrügen*) täuschen (**-i** jdn)

iğne *s* ① (Näh)nadel *f* ② Brosche *f* ③ Spritze *f* ④ Stachel *m* ⑤ Zeiger *m* ⑥ Angelhaken *m;* ~ **deliği** Nadelöhr *nt;* (*beim Nähen*) Stich *m;* ~ **kazısı** Radierung *f;* ~ **yapmak** [*o* **vurmak**] eine Spritze geben (**-e** jdm); ~ **yapraklı** (**ağaç**) Nadelbaum *m*

iğneleme *s* ① *Verbalsubstantiv zu* **iğnelemek** ② (*fig*) Stichelei *f*

iğnelemek *vt* ① (*mit Nadel*) anheften (**-i -e** etw an etw) ② (*fam*) sticheln (**-i** jdn)

iğrenç (**-ci**) *adj* ① abscheulich, ekelhaft ② unappetitlich

iğrendirmek *vt* ① *Kausativ zu* **iğrenmek** ② anekeln (**-i** jdn)

iğrenmek *vr* sich ekeln (**-den** vor etw/jdn)

iğrenti *s* Ekel *m*

iğreti *adj* ① provisorisch ② falsch, künstlich ③ nicht richtig befestigt

ihale *s* ① (*bei Ausschreibungen*) Zuschlag *m* ② Auftragsvergabe *f;* ~ **etmek** (*bei Auftrag*) zuschlagen; (*Aufgabe*) übertragen (**-i -e** etw jdm)

ihanet (**-ti**) *s* ① Verrat *m* ② (*in der Ehe*) Untreue *f;* ~ **etmek** verraten; (*auch in der Ehe*) betrügen (**-e** jdn)

ihbar *s* ① JUR Anzeige *f* ② Benachrichtigung *f;* ~ **etmek** anzeigen (**-i -e** jdn bei jdm); (*mitteilen*) melden (**-e -i** jdm etw); **ihbarda bulunmak** Anzeige erstatten

ihlil *s* Harnröhre *f*

ihmal (**-li**) *s* ① Vernachlässigung *f* ② Fahrlässigkeit, f ③ Nachlässigkeit *f;* ~ **etmek** vernachlässigen; (*versäumen*) unterlassen (**-i** etw)

ihmalci *adj* fahrlässig

ihmalcilik (**-ği**) *s* Fahrlässigkeit *f*

ihracat (**-tı**) *s* Export *m,* Ausfuhr *f*

ihracatçı *s* Exporteur(in) *m(f)*

ihraç (**-cı**) *s* ① Export *m* ② (*aus einer Gemeinschaft*) Ausschluss *m;* ~ **etmek** exportieren, ausführen (**-i** etw); (*aus einer Gemeinschaft*) ausschließen (**-i** jdn)

ihtar *s* ① Mahnung *f,* Warnung *f* ② Verwarnung *f;* ~ **etmek** erinnern (**-e -i** jdn an etw), verwarnen (**-e**/**-i** jdn); ~ **grevi** Warnstreik *m*

ihtilaf *s* ① Streitfall *m* ② Meinungsverschiedenheit *f*

ihtilal (**-li**) *s* Revolte *f,* Aufstand *m*

ihtimal (**-li**) *s* ① Wahrscheinlichkeit *f* ② Aussicht *f*

ihtimam *s* ① Sorgfalt *f* ② Fürsorge *f*

ihtiras *s* ① Leidenschaft *f* ② Begeisterung *f* ③ Ehrgeiz *m* ④ (*pej*) Begierde *f*

ihtisas *s* ① Sachkenntnis *f* ② fachwissenschaftliche Ausbildung; ~ **alanı** Fachgebiet *nt;* ~ **literatürü** Fachliteratur *f*

ihtişam *s* Prunk *m*

ihtiyaç (**-cı**) *s* ① Bedarf *m* ② Notwendigkeit *f,* Bedürfnis *nt* ③ Bedürftigkeit *f;* **yardıma ihtiyacım var** ich brauche Hilfe

ihtiyar **I.** *adj* alt **II.** *s* alter Mann, alte Frau

ihtiyarlamak *vi* ① alt werden ② altersschwach werden

ihtiyarlık (**-ğı**) *s* ① (Greisen)alter *nt* ② Altersschwäche *f*

ihtiyat (**-tı**) *s* ① Behutsamkeit *f,* Vorsicht *f* ② Reserve *f*

ihtiyatlı *adj* vorsichtig, behutsam

ikamet (**-ti**) *s* Aufenthalt *m;* ~ **beyannamesi** (polizeiliche) Anmeldung *f;* ~ **etmek** wohnen (**-de** in etw)

ikaz *s* Mahnung *f;* ~ **etmek** mahnen, warnen (**-i** jdn); ~ **üçgeni** Warndreieck *nt*

iki *num* zwei; ~ **yüz** zweihundert; ~ **bin** zweitausend; ~ **buçuk** zweieinhalb; ~ **defa** [*o* **kere**] zweimal; ~ **dilli** (*Person*) zweisprachig; ~ **dillilik** Zweisprachigkeit *f;* ~ **günde bir** alle zwei Tage; ~ **hafta sonra bugün** heute in vierzehn Tagen; ~ **kat** zweifach, doppelt; ~ **katı** das Doppelte; ~ **katına çıkarmak** verdoppeln (**-i** etw); ~ **katlı** zweistöckig; ~ **katlı yatak** Etagenbett *nt;* ~ **kişilik yatak** Doppelbett *nt;* ~ **misli** [*o* **katı**] zweifach, doppelt so viel; ~ **nokta** (**üstüste**) Doppelpunkt *m;* ~ **tabanlı sayı** Binärzahl *f;* ~ **taraflı** beiderseits, zweiseitig; (*Messer*) zweischneidig; (*Abkommen*) bilateral; ~ **türlü** zweierlei; ~ **ucunu bir araya getirmek** (*fam*) unter einen Hut bringen, wirtschaftlich auskommen; ~ **yataklı oda** Doppelzimmer *nt;* ~ **yüz** zweihundert; **ikimiz** wir beide; **ikiye ayırmak** (in zwei Teile) zerlegen (**-i** etw); **ikiye bölmek** halbieren, (in zwei Teile) zerlegen (**-i** etw)

ikilem *s* Dilemma *nt*

ikili *adj* ① Zweier- ② MATH binär; ~ **ilişki**

Zweierbeziehung *f*; ~ **sayı sistemi** Zweiersystem *nt*, Binärsystem *nt*; ~ **tabandaki sayı** Binärzahl *m*

ikinci *adj* zweite(r, s); ~ **olarak** als Zweite(r); **ikincisi** zweitens

İkinci Dünya Savaşı (-nı) *s* der Zweite Weltkrieg

ikincil *adj* sekundär

ikindi *s* ❶ *Zeit des Nachmittagsgebets* ❷ Nachmittagsgebet *nt* ❸ (*fam*) Nachmittag *m*

ikişer *adv* je zwei; ~ ~ in Zweiergruppen

ikiyüzlü **I.** *adj* ❶ (*Messer*) zweischneidig ❷ (*Stoff*) zweiseitig ❸ (*fam*) heuchlerisch **II.** *s* Heuchler(in) *m(f)*

ikiyüzlülük (-ğü) *s* ❶ Zweischneidigkeit *f* ❷ Zweiseitigkeit *f* ❸ (*fam*) Heuchelei *f*; ~ **etmek** heucheln

ikiz *s* Zwilling *m*, Zwillinge *pl*

İkizler (burcu) *npl* (*Sternzeichen*) Zwillinge *pl*

iklim *s* Klima *nt*; ~ **değişikliği** Klimaveränderung *f*

iklimsel *adj* klimatisch

ikmal (-li) *s* ❶ Vollendung *f* ❷ Nachschub *m*; ~ **sınavı** [*o* **imtihanı**] (*Schule*) Nachprüfung *f*

ikna *s* ❶ Überreden *nt* ❷ Überzeugen *nt*; ~ **etmek** überreden, überzeugen (**-i -e** jdn von etw)

ikon *s* Ikone *f*

ikram *s* ❶ (reichliche) Bewirtung *f* ❷ (Preis)nachlass *m*; ~ **etmek** bewirten (**-e** jdn); (*dem Gast etw*) anbieten; (*dem Käufer*) einen Nachlass gewähren; (*ausgeben*) spendieren (**-e -i** jdm etw)

ikramiye *s* ❶ Gratifikation *f* ❷ Lotteriegewinn *m*

iksir *s* Elixier *nt*

iktidar *s* ❶ Macht *f* ❷ Staatsführung *f* ❸ (sexuelle) Potenz *f*; ~ **kavgası** Machtkampf *m*; **iktidara geçmek** die Macht ergreifen; **iktidara gelmek** an die Macht kommen; **iktidarda olmak** an der Macht sein

iktidarsız *adj* ❶ impotent ❷ machtlos

iktidarsızlık (-ğı) *s* ❶ Impotenz *f* ❷ Machtlosigkeit *f*

iktisadi *adj* ❶ wirtschaftlich, Wirschafts- ❷ ökonomisch, sparsam; ~ **durum** Wirtschaftslage *f*

iktisat (-dı) *s* ❶ Wirtschaft *f*, Ökonomie *f* ❷ Wirtschaftswissenschaft *f* ❸ Sparsamkeit *f*; **İktisat Bakanlığı** Wirtschaftsministerium *nt*; ~ **danışmanı** Wirtschaftsberater *m*; ~ **politikası** Wirtschaftspolitik *f*

iktisatçı *s* ❶ Volkswirt(in) *m(f)* ❷ Wirtschaftswissenschaftler(in) *m(f)*

il *s* ❶ (*Verwaltungsbezirk*) Provinz *f* ❷ Regierungsbezirk *m*

ilaç (-cı) *s* Medikament *nt*, Medizin *f*

ilah *s* Gott *m*

ilahe *s* Göttin *f*

ilahi **I.** *s* Gebetshymne *f* **II.** *adj* göttlich **III.** *interj* oh Gott!

ilahiyat (-tı) *s* Theologie *f*

ilahiyatçı *s* Theologe, Theologin *m, f*

ilan *s* ❶ Bekanntgabe *f* ❷ Ansage *f* ❸ Inserat *nt*, Anzeige *f* ❹ (öffentlicher) Aufruf *m* ❺ Proklamierung *f*, Ausrufung *f* ❻ Erklärung *f*; ~ **etmek** bekannt geben, bekannt machen; (*Stelle, Projekt*) ausschreiben, inserieren; (*proklamieren*) ausrufen; (*Krieg*) erklären (**-i** etw)

ilave *s* ❶ Hinzufügung *f* ❷ Zusatz *m* ❸ Anhang *m* ❹ Anbau *m* ❺ Beilage *f*; ~ **etmek** hinzufügen, beilegen; (*an Haus*) anbauen (**-i -e** etw an etw)

ilçe *s* Landkreis *m*

ile **I.** *präp* mit +*dat* **II.** *konj* (*bei Personen*) und

ilenç (-ci) *s* Fluch *m*

ilenmek *vi* verfluchen (**-e** jdn)

ileri **I.** *adv* nach vorne **II.** *interj* vorwärts! **III.** *adj* ❶ vordere(r, s) ❷ spätere(r, s) ❸ (*Uhr*) vorgehend ❹ fortschrittlich **IV.** *s* ❶ weiterer Verlauf ❷ (*fig*) Zukunft *f*; ~ **gelen** angesehen; ~ **gelmek** herrühren (**-den** von etw); ~ **gitmek** Fortschritte machen; (*fig*) zu weit gehen; (*Uhr*) vorgehen; ~ **sürmek** nach vorne schieben; (*Idee*) zur Sprache bringen (**-i** etw)

ilerici *adj* fortschrittlich

ileride *adv* ❶ in Zukunft, künftig ❷ vorn(e)

ileriye *adv* ❶ nach vorn(e) ❷ vorwärts

ilerleme *s* ❶ *Verbalsubstantiv zu* **ilerlemek** ❷ Fortschritt *m*

ilerlemek *vi* ❶ vorwärtsgehen ❷ Fortschritte machen ❸ vorankommen ❹ vordringen ❺ vorgehen ❻ vorrücken ❼ an Intensität zunehmen ❽ weitergehen

ileti *s* Botschaft *f*, Meldung *f*

iletim *s* INET Forwarden *nt*

iletişim *s* Kommunikation *f*; ~ **olmayan alan** TELEK Funkloch *nt*; ~ **yuvası** INFORM COM-

I

Port *m*
iletken *s* (*Material*) leitend
iletki *s* Winkelmesser *nt*
iletmek *vt* ❶ (*Nachricht*) (weiter)leiten (**-i -e** etw an jdn) ❷ (*Strom, Wärme*) leiten (**-i** etw)
ilgeç (**-ci**) *s* Partikel *f*
ilgi *s* ❶ Interesse *nt* ❷ Beziehung *f* ❸ (*in Briefen*) Betreff *m*
ilgilendirmek *vt* ❶ *Kausativ zu* **ilgilenmek** ❷ jds Interesse wecken für (**-i ile** jds für etw) ❸ betreffen, angehen, kümmern (**-i** jdn)
ilgilenmek *vr* ❶ sich interessieren (**ile** für etw/jdn) ❷ sich kümmern (**ile** um etw/jdn)
ilgili *adj* ❶ interessiert (**ile** an etw/jdn) ❷ betreffend (**ile** etw/jdn) ❸ zuständig (**ile** für etw) ❹ zusammenhängend (mit) (**ile** mit etw)
ilginç (**-ci**) *adj* interessant
ilgisiz *adj* ❶ teilnahmslos, ohne Interesse ❷ gleichgültig, unbeteiligt ❸ ohne Zusammenhang (**ile** mit etw)
ilgisizlik (**-ği**) *s* ❶ Interesselosigkeit *f* ❷ Gleichgültigkeit *f*, Desinteresse *nt* ❸ Zusammenhanglosigkeit *f*
ilhak (**-kı**) *s* ❶ Eingliederung *f* ❷ Annexion *f*; ~ **etmek** eingliedern; POL annektieren (**-i** etw)
ilham *s* Inspiration *f*; ~ **perisi** Muse *f*
ilik (**-ği**) *s* ❶ Knochenmark *nt* ❷ Knopfloch *nt*
iliklemek *vt* (zu)knöpfen (**-i** etw)
ilim (**-lmi**) *s* ❶ Wissenschaft *f* ❷ Wissen *nt*; ~ **adamı** Wissenschaftler(in) *m(f)*
ilinti *s* ❶ Verhältnis *nt* ❷ Zusammenhang *m*
ilişik *adj* ❶ beiliegend, beigefügt (**-e** einer Sache) ❷ betreffend (**-e** etw/jdn); ~ **olarak** anbei
ilişki *s* ❶ Kontakt *m* ❷ (intimes) Verhältnis *nt* ❸ Zusammenhang *m*
ilişkin *adj* betreffend (**-e** etw/jdn)
ilişkisel *adj* ~ **veritabanı** INFORM relationale Datenbank *f*
ilişmek *vt* ❶ hängen bleiben (**-e** an etw) ❷ berühren (**-e** etw) ❸ (*fam*) belästigen (**-e** jdn) ❹ sich (vorübergehend) setzen
iliştirmek *vt* ❶ *Kausativ zu* **ilişmek** ❷ anheften (**-i -e** etw an etw) ❸ (*Datei*) anfügen (**-i -e** etw an etw)
ilk (**-ki**) *adj* ❶ anfänglich ❷ erste(r, s) ❸ nächste(r, s) ❹ primär; ~ **baştan** von vornherein; ~ **defa**(**da**), ~ **defa** (**olarak**) zum ersten Mal; ~ **elden** aus erster Hand; ~ **önce** zuerst, zunächst; ~ **yardım** Erste Hilfe
ilkbahar *s* Frühling *m*, Frühjahr *nt*
ilkçağ *s* ❶ Altertum *nt* ❷ Urzeit *f*
ilke *s* ❶ Element *nt* ❷ Prinzip *nt*
ilkel *adj* ❶ ursprünglich ❷ primitiv
ilkin *adv* anfangs, zuerst
ilkokul *s* Grundschule *f*; ~ **öğretmeni** Grundschullehrer(in) *m(f)*
ilmi *adj* wissenschaftlich
ilmi (**-ni**) *s Possessivform zu* **ilim** die Wissenschaft von ...
ilmik (**-ği**) *s* Knoten *m*, Schlinge *f*
iltica *s* Zuflucht *f*, Asyl *nt*; ~ **etmek** Zuflucht suchen; POL um Asyl bitten (**-e** bei jdm); ~ **hakkı** Asylrecht *nt*
iltifat (**-tı**) *s* ❶ Liebenswürdigkeit *f* ❷ Kompliment *nt*
iltihap (**-bı**) *s* Entzündung *f*
iltimas *s* Protektion *f*
ima *s* (versteckte) Andeutung *f*, Anspielung *f*; ~ **etmek** andeuten (**-e** etw)
imaj *s* ❶ Image *nt* ❷ Vorstellung *f* ❸ Bild *nt*
imal (**-li**) *s* Herstellung *f*, Fertigung *f*; ~ **etmek** herstellen (**-i** etw)
imalat (**-tı**) *s* Produktion *f*; ~ **fiyatı** Herstellungskosten *pl*; ~ **sanayii** verarbeitende Industrie *f*
imalatçı *s* Hersteller(in) *m(f)*
imalathane *s* Werk *nt*, Fabrik *f*
imam *s* Imam *m*, Vorbeter *m*; ~ **hatip okulu** *Schule zur Ausbildung islamischer Geistlicher*
imambayıldı *s ein kaltes Auberginengericht*
iman *s* Glaube *m* (**-e** an etw)
imansız *adj* ❶ gottlos ❷ erbarmungslos
imansızlık (**-ğı**) *s* Gottlosigkeit *f*
imar *s* Bebauung *f*; ~ **etmek** bebauen (**-i** etw)
imdat (**-dı**) **I.** *s* Hilfe *f* **II.** *interj* Hilfe!; ~ **kapısı** Notausgang *m*; ~ **kızağı** Notrutsche *f*; ~ **freni** Notbremse *f*
imge *s* ❶ Trugbild *nt* ❷ Wunschtraum *m*
imgelem *s* Vorstellungskraft *f*, Vorstellungsvermögen *nt*
imha *s* Zerstörung *f*, Vernichtung *f*; ~ **etmek** zerstören, vernichten (**-i** etw/jdn)
imitasyon *s* Imitation *f*
imkan *s* Möglichkeit *f*; ~ **vermek** ermöglichen
imkansız *adj* unmöglich
imkansızlık (**-ğı**) *s* Unmöglichkeit *f*
imla *s* Orthographie *f*, Rechtschreibung *f*; ~ **hatası** Rechtschreibfehler *m*
imleç (**-ci**) *s* INFORM Cursor *m*

imparator *s* Kaiser *m*
imparatoriçe *s* Kaiserin *f*
imparatorluk (**-ğu**) *s* Kaiserreich *nt*
imrenmek *vi* ① Appetit haben (**-e** auf etw) ② beneiden (**-e** jdn)
imsak (**-ki**) *s täglicher Fastenbeginn im Ramadan*
imsakiye *s* Ramadankalender *m*
imtihan *s* Prüfung *f*, Examen *nt;* ~ **etmek** prüfen (**-i** jdn); ~ **komisyonu** Prüfungskommission *f*
imtiyaz *s* ① Privileg *nt*, Vorrecht *nt* ② Konzession *f*
imtiyazlı *adj* ① privilegiert ② konzessioniert
imza *s* Unterschrift *f;* ~ **etmek** unterzeichnen, unterschreiben (**-i** etw)
imzalamak *vt* unterschreiben, unterzeichnen (**-i** etw)
in *s* Höhle *f* (*eines Tieres*)
inal *s* Vertrauensperson *f*
inan *s* Glaube *m* (**-e** an etw)
inanca *s* Bürgschaft *f*, Garantie *f*
inanç (**-cı**) *s* Glaube *m*
inançlı *adj* gläubig
inandırıcı *adj* glaubhaft, überzeugend
inandırmak *vt* ① *Kausativ zu* **inanmak** ② überreden (**-i -e** jdn zu etw) ③ überzeugen (**-i -e** jdn von etw)
inanılır *adj* ① glaubhaft, glaubwürdig ② zuverlässig
inanılmaz *adj* ① unglaublich ② unglaubwürdig
inanmak *vi* ① glauben (**-e** an etw) ② Glauben schenken (**-e** jdm)
inat (**-dı**) **I.** *s* (*fam*) ① Hartnäckigkeit *f* ② Starrköpfigkeit *f;* ~ **etmek** trotzig sein, bestehen (auf) (**-de** auf etw) **II.** *präp* zum Trotz (**-e** +*dat*)
inatçı I. *adj* (*fam*) eigensinnig, dickköpfig **II.** *s* Dickkopf *m*
inatçılık (**-ğı**) *s* (*fam*) Hartnäckigkeit *f*, Dickköpfigkeit *f*, Eigensinn *m*
ince *adj* ① dünn, schlank ② (*Sand*) fein ③ höflich, freundlich ④ (*Stimme*) hell ⑤ (*sanft*) leise ⑥ zierlich, zart ⑦ (*Mensch*) feinfühlig ⑧ (*Schmerz*) stechend ⑨ (*Vokal*) hell; ~ **bağırsak** Dünndarm *m;* ~ **duygulu** einfühlsam; ~ **ruhlu** feinfühlig; **inceden inceye** gründlich
inceleme *s* ① *Verbalsubstantiv zu* **incelemek** ② Erforschung *f* ③ Untersuchung *f*, Prüfung *f* ④ Studie *f*
incelemek *vt* ① erforschen (**-i** etw) ② untersuchen, prüfen (**-i** etw) ③ (*Unterlagen*) studieren (**-i** etw) ④ (*Thema*) abhandeln (**-i** etw) ⑤ (*Thema, Fall*) bearbeiten (**-i** etw)
incelik (**-ği**) *s* ① Schlankheit *nt* ② Höflichkeit *f*, Freundlichkeit *f* ③ Feinheit *f* ④ Feingefühl *nt*, Takt *m*
incelmek *vi* ① dünn werden ② schlank(er) werden ③ (*Säule*) sich verjüngen ④ (*Ton*) in die Höhe gehen ⑤ sich verfeinern
inceltmek *vt* ① *Kausativ zu* **incelmek** ② verfeinern (**-i** etw)
inci I. *s* Perle *f* **II.** *adj* aus Perlen bestehend
inciçiçeği (**-ni**) *s* Maiglöckchen *nt*
İncil *s* Evangelium *nt;* das Neue Testament
incinmek *vi* ① gekränkt sein (**-den** wegen etw/jdm) ② sich verstauchen
incir *s* Feige *f;* ~ **ağacı** Feigenbaum *m*
incitmek *vt* ① *Kausativ zu* **incinmek** ② kränken, beleidigen (**-i** jdn) ③ verstauchen, prellen (**ayağını** sich/jdm den Fuß)
inç (**-çi**) *s* (*Maß*) Zoll *m*
indifa *s* (Vulkan)ausbruch *m*
indirgemek *vt* vereinfachen, reduzieren (**-i -e** etw auf etw)
indirim *s* Ermäßigung *f*
indirme *s* ① *Verbalsubstantiv zu* **indirmek** ② INET Herunterladen *nt*, Download *m*
indirmek *vt* ① *Kausativ zu* **inmek** ② (*Mitfahrenden*) absetzen (**-i** jdn) ③ abstellen (**-i -e** etw auf etw) ④ ermäßigen, senken (**-i** etw) ⑤ herunterholen (**-i -den** etw von etw) ⑥ INET herunterladen, downloaden (**-i** etw); **yüzüne bir tokat** ~ jdm eine Ohrfeige verpassen
inek (**-ği**) *s* ① Kuh *f* ② (*fam*) Streber(in) *m(f);* ~ **ahırı** Kuhstall *m;* ~ **gübresi** Kuhfladen *m*
ineklemek *vi* (*fam*) pauken, büffeln
infaz *s* ① Ausführung *f* ② (*eines Urteils*) Vollstreckung *f;* ~ **etmek** ausführen; (*Urteil*) vollstrecken (**-i** etw)
infilak (**-ki**) *s* Explosion *f;* ~ **etmek** explodieren
infüzyon *s* Infusion *f*
İngiliz I. *s* Engländer(in) *m(f)* **II.** *adj* (*Art, Herkunft*) englisch; ~ **anahtarı** (*Werkzeug*) Engländer *m*
İngilizce *adj* (*Sprache*) englisch
İngiltere I. *s* England *nt* **II.** *adj* (*Art*) englisch
İngiltereli I. *s* Engländer(in) *m(f)* **II.** *adj* (*Herkunft*) englisch
inilti *s* Seufzer *m*

İ

iniş *s* ❶ Abstieg *m* ❷ Ausstieg *m* ❸ Böschung *f* ❹ (Ab)hang *m* ❺ Landung *f*
inişli *adj* abfallend; ~ **yokuşlu** hügelig
inkar *s* Leugnen *nt;* ~ **edilemez** unbestreitbar; ~ **etmek** abstreiten, (ver)leugnen; JUR anfechten (-**i** etw)
inkisar *s* Verfluchung *f;* ~ **etmek** verfluchen (-**e** jdn)
inlemek *vi* ❶ seufzen, stöhnen ❷ dröhnen
inletmek *vt* ❶ *Kausativ zu* **inlemek** ❷ (*fig*) quälen (-**i** jdn)
inline pateni *s* Inlineskating *nt;* ~ **yapmak** inlineskaten
inliner *s* Inliner *m*
inme *s* ❶ *Verbalsubstantiv zu* **inmek** ❷ Lähmung *f* ❸ Schlaganfall *m*
inmek (**-er**) *vt* ❶ herunterkommen, heruntergehen (-**den** von etw) ❷ (*aus Fahrzeug*) aussteigen (-**den** aus etw) ❸ (*Flugzeug*) landen ❹ (*Temperatur, Preise*) fallen, sinken (-**e** auf etw) ❺ (*im Hotel*) absteigen (-**e** in etw) ❻ (*Mauer*) einstürzen
innin *adj* zeugungsunfähig
insaf *s* ❶ Gerechtigkeit *f* ❷ Gnade *f* ❸ Mitleid *nt*
insaflı *adj* ❶ gerecht ❷ gnädig ❸ mitleidig
insafsız *adj* ❶ gewissenlos ❷ erbarmungslos, grausam
insan **I.** *s* Mensch *m* **II.** *pron* man; ~ **hakları** Menschenrechte *pl;* ~ **haklarının çiğnenmesi** Menschenrechtsverletzung *f;* ~ **hakları savunucusu** Menschenrechtsaktivist(in) *m(f);* ~ **kaçakçılığı** Menschenschmuggel *m;* ~ **kaynakları** Human Resources *pl;* ~ **sarraflığı** Menschenkenntnis *f*
insanca *adj, adv* menschlich
insancı *adj* ❶ humanistisch ❷ humanitär
insancılık (**-ğı**) *s* Humanismus *m*
insani *adj* ❶ menschlich ❷ humanitär
insaniyet (**-ti**) *s s.* **insanlık**
insanlık (**-ğı**) *s* ❶ Menschheit *f* ❷ Menschlichkeit *f* ❸ Humanität *f;* ~ **dışı** unmenschlich
insansı maymun *s* Menschenaffe *m*
insansız *s* (*Flugzeug*) unbemannt
insiyak (**-kı**) *s* Instinkt *m*
insiyaki *adj, adv* instinktiv
instant kahve *s* Instantkaffee *m*
inşa *s* ❶ Bau *m* ❷ Bauen *nt* ❸ Konstruktion *f;* ~ **etmek** bauen (-**i** etw)
inşaat (**-tı**) *s* ❶ *s.* **inşa** ❷ Bauarbeiten *pl;* **inşaat işçisi** Bauarbeiter(in) *m(f);* ~ **kepçesi** Bagger *m;* ~ **malzemesi** Baustoff *m;* ~ **mühendisi** Bauingenieur(in) *m(f);* ~ **ruhsatı** Baugenehmigung *f;* ~ **sahibi** Bauherr(in) *m(f);* ~ **yeri** Baustelle *f*
inşallah **I.** *interj* so Gott will!; ~ **gelir!** hoffentlich kommt er/sie! **II.** *adv* vielleicht
interaktif *adj* interaktiv
internet (**-ti**) *s* Internet *nt;* ~ **bağımlısı** Internetsüchtige(r) *f(m);* ~ **bankacılığı** Internetbanking *nt;* ~ **bankası** Onlinebank *f;* ~ **erişimi** Internetzugang *m;* ~ **forumu** Internetforum *nt;* ~ **kullanımı** Internetnutzung *f;* ~ **servis sağlayıcısı** Provider *m;* ~ **sitesi** Website *f*
intiba *s* ❶ Eindruck *m* ❷ Wirkung *f*
intibak (**-kı**) *s* Umstellung *f,* Anpassung *f;* ~ **etmek** sich umstellen, sich anpassen (-**e** an etw); ~ **ettirmek** anpassen (-**i -e** jdn an etw)
intihar *s* Selbstmord *m;* ~ **etmek** Selbstmord begehen; ~ **teşebbüsü** Selbstmordversuch *m*
intikal (**-li**) *s* ❶ Übergang *m* ❷ JUR Übertragen *nt* ❸ Verstehen *nt;* ~ **etmek** übertragen werden (-**den -e** von jdm auf jdn), verstehen (-**e** etw)
intikam *s* Rache *f,* Vergeltung *f;* ~ **almak** sich rächen (-**den** an jdm)
intikamcı **I.** *s* Rächer(in) *m(f)* **II.** *adj* rachsüchtig
intizam *s* ❶ Ordnung *f* ❷ Regelmäßigkeit *f*
intranet (**-ti**) *s* INFORM Intranet *nt*
inzibat (**-tı**) *s* ❶ Ordnung *f,* Disziplin *f* ❷ Militärpolizist *m*
inziva *s* Zurückgezogenheit *f,* Einsiedlerleben *nt;* **inzivaya çekilmek** sich (von der Welt) absondern, ein Einsiedlerleben führen
ip (**-pi**) *s* Seil *nt,* Leine *f,* Strick *m;* ~ **cambazı** Seiltänzer(in) *m(f);* ~ **kaçkını** Galgenvogel *m;* **ipe çekmek** an den Galgen hängen (-**i** jdn)
ipek (**-ği**) **I.** *s* Seide *f* **II.** *adj* ❶ aus Seide, Seiden- ❷ seidenweich
ipekböceği (**-ni**) *s* Seidenraupe *f*
ipekyolu (**-nu**) *s* HIST Seidenstraße *f*
iplik (**-ği**) *s* (Näh)faden *m,* Garn *nt;* ~ **fabrikası** Spinnerei *f;* ~ **makarası** Garnrolle *f*
ipotek (**-ği**) *s* Hypothek *f*
ipotekli *adj* mit einer Hypothek belastet
iptal (**-li**) *s* ❶ Annullierung *f* ❷ Abschaffung *f,* Aufhebung *f* ❸ Abbestellung *f* ❹ Entwertung *f* ❺ Widerruf *m* ❻ INFORM (*eines Programms*) Abbruch *m;* ~ **etmek** abbestellen;

(*Bestellung*) zurücknehmen; (*Urteil*) anfechten; (*Computerprogramm*) abbrechen (**-i** etw); **~ ettirmek** stornieren (**-i** etw)

ipucu (**-nu**) *s* Anhaltspunkt *m*

irade *s* Wille *m*, Willenskraft *f*

iradedışı *adj* unwillkürlich

iradeli *adj* ① willensstark ② vorsätzlich, willentlich

iradesiz *adj* ① willenlos ② unbeabsichtigt, unwillkürlich

İran **I.** *s* (der) Iran **II.** *adj* (*Art*) iranisch

İranlı **I.** *s* Iraner(in) *m(f)* **II.** *adj* (*Herkunft*) iranisch

iri *adj* ① groß ② (*Sand*) grob; **irili ufaklı** große und kleine

irilik (**-ği**) *s* Größe *f*

irin *s* Eiter *m*

irinlenmek *vi* eitern

irinli *adj* eit(e)rig

iriyarı *adj* (*fam*) groß und stark, robust

irkilmek *vi* ① (*vor Schrecken*) zusammenzucken ② eine Pfütze bilden ③ MED anschwellen, sich entzünden

İrlanda **I.** *s* Irland *nt* **II.** *adj* (*Art*) irisch

İrlandaca *adj* (*Sprache*) irisch

İrlandalı **I.** *s* Ire *m*, Irin *f* **II.** *adj* (*Herkunft*) irisch

irmik (**-ği**) *s* Grieß *m*

ironik (**-ği**) *adj* ironisch

irsi hastalık (**-ğı**) *s* Erbkrankheit *f*

irtibat (**-tı**) *s* ① Zusammenhang *m* ② Beziehung *f*, Verbindung *f* ③ (*eines Geräts, Telefons*) Anschluss *m*; **~ kurmak** Beziehungen anknüpfen (**ile** mit jdm); **~ tesis etmek** (*Gerät, Telefon*) anschließen

irtica *s* POL Reaktion *f* (*islamische Reaktion in der Türkei*)

is *s* Ruß *m*

İsa *s* Jesus *m*

isabet (**-ti**) **I.** *s* ① Treffen *nt* ② Entfalten *nt* ③ (*beim Schießen*) Treffer *m* **II.** *interj* trifft sich gut!; **tam ~** Volltreffer *m*; **~ etmek** (*ein Ziel*) treffen; (*Gewinn*) entfallen (**-e** auf jdn)

isabetli *adj* ① angebracht ② zutreffend

ise **I.** *adv* hingegen **II.** *konj* falls, wenn

ishal (**-li**) *s* Durchfall *m*; **~ ilacı** Abführmittel *nt*; **~ olmak** Durchfall haben

isim (**-smi**) *s* ① Bezeichnung *f*, Name *m* ② Substantiv *nt*, Hauptwort *nt*; **~ sunucusu** INET Nameserver *m*; **~ vermek** (*benennen*) einen Namen geben; **ismin hali** LING Fall *m*, Kasus *m*

isimlendirmek *vt* (be)nennen (**-i** jdn/etw)

isimsiz *adj* anonym, namenlos

iskambil *s* Kartenspiel *nt*; **~ kâğıdı** Spielkarte *f*; **~ oynamak** Karten spielen

İskandinav **I.** *s* Skandinavier(in) *m(f)* **II.** *adj* (*Art*) skandinavisch

İskandinavca *adj* (*Sprache*) skandinavisch

İskandinavya *s* Skandinavien *nt*

İskandinavyalı **I.** *s* Skandinavier(in) *m(f)* **II.** *adj* (*Herkunft*) skandinavisch

iskarpin *s* Halbschuh *m*

iskele *s* ① Anlegeplatz *m*, Anlegestelle *f* ② Landungsbrücke *f* ③ (Bau)gerüst *nt*

iskelet (**-ti**) *s* ① Skelett *nt*, Gerippe *nt* ② (*eines Flugzeugs*) Rumpf *m*

iskemle *s* Hocker *m*, Schemel *m*

iskete (**kuşu**) *s* Meise *f*

İskoç (**-cu**) **I.** *s* Schotte *m*, Schottin *f* **II.** *adj* (*Art*) schottisch

İskoçya *s* Schottland *nt*

İskoçyaca *adj* (*Akzent*) schottisch

İskoçyalı **I.** *s* Schotte *m*, Schottin *f* **II.** *adj* (*Herkunft*) schottisch

İslam *s* Islam *m*

islamcı **I.** *adj* islamistisch **II.** *s* Islamist(in) *m(f)*

İslav **I.** *s* Slawe *m*, Slawin *f* **II.** *adj* slawisch

ismen *adv* namentlich

ismi (**-ni**) *s* *Possessivform zu* **isim** sein/ihr Name *m*

isnat (**-dı**) *s* ① Zuschreiben *nt* ② Verdächtigung *f*; **bir şeyi birine ~ etmek** jdm etwas zuschreiben, jdn einer Sache verdächtigen

ispalya *s* Spalier *nt*

İspanya **I.** *s* Spanien *nt* **II.** *adj* (*Art*) spanisch

İspanyalı **I.** *s* Spanier(in) *m(f)* **II.** *adj* (*Herkunft*) spanisch

İspanyol **I.** *s* Spanier(in) *m(f)* **II.** *adj* (*Art*) spanisch

İspanyolca *adj* (*Sprache*) spanisch

ispat (**-tı**) *s* Beweis *m*, Nachweis *m*; **~ etmek** beweisen, nachweisen (**-i** etw)

ispatlamak *vt* nachweisen, beweisen (**-i** etw)

ispirto *s* ① (Brenn)spiritus *m* ② Alkohol *m*; **~ ocağı** Spirituskocher *m*

ispiyon *s* Spitzel *m*

ispritizma *s* Spiritismus *m*

israf *s* Verschwendung *f*, Vergeudung *f*; **~ etmek** verschwenden, vergeuden (**-i -e** etw für etw)

İsrail **I.** *s* Israel *nt* **II.** *adj* (*Art*) israelisch

İsrailce *adj* (*Sprache*) hebräisch

İsrailli **I.** *s* Israeli, Israelin *m, f* **II.** *adj* (*Herkunft*) israelisch
İstanbul *s* Istanbul *nt*

Da der Bosporus Europa und Asien trennt, ist **İstanbul** die einzige Stadt der Welt, die auf zwei Kontinenten liegt. Im zwanzigsten Jahrhundert wurden mit der ‚Boğaziçi Köprüsü' und der ‚Fatih Köprüsü' die beiden Erdteile mit riesigen Hängebrücken verbunden. Angenehmer und schneller ist jedoch nach wie vor die Überquerung des Bosporus mit der Fähre.

istasyon *s* ① Haltestelle *f*, Station *f* ② Bahnhof *m* ③ (*Radio-, Radar-*) Station *f*
istatistik (**-ği**) *s* Statistik *f*
istatistiksel *adj* statistisch
istek (**-ği**) *s* ① Wunsch *m* ② Forderung *f* ③ Verlangen *nt*, Lust *f*; ~ **üzerine** auf Wunsch; **isteğe göre** nach Wunsch; **başka bir isteğiniz var mı?** haben Sie noch einen Wunsch?
isteka *s* Billardstock *m*
istekli **I.** *s* ① Bewerber(in) *m(f)* ② Interessent(in) *m(f)* **II.** *adj* ① bereit, gewillt ② begierig
isteklilik (**-ği**) *s* Bereitschaft *f*
isteksiz **I.** *adj* ① unwillig ② lustlos ③ unfreiwillig **II.** *adv* ungern
isteksizlik (**-ği**) *s* ① Unwille *m* ② Unlust *f* ③ Abneigung *f*
istem *s* ① Wunsch *m*, Verlangen *nt* ② Wille *m*
istemci *s* INFORM (*Gegenstück zum Server*) Client *m*
isteme *s* *Verbalsubstantiv zu* **istemek**: ~ **adresi** Bestelladresse *f*
istemek *vt* ① wünschen, wollen (**-i -den** etw von jdm) ② bitten, ersuchen (**-den -i** jdn um etw) ③ begehren (**-i** etw) ④ fordern, verlangen (**-i -den** etw von jdm) ⑤ (*Zeit*) brauchen (**-i** etw) ⑥ fragen (**-i** nach jdm); **istemeyerek** ungern; (*unbeabsichtigt*) unabsichtlich; **ister istemez** wohl oder übel, sowieso; **ister ... ister ...** (egal) ob ... oder ...; **isteyerek** gern; (*wissentlich*) absichtlich
istemli *adj* ① fakultativ ② willentlich
istemsiz *adj* ① unfreiwillig ② unbeabsichtigt
istida *s* Antrag *m*, Gesuch *nt*
istidat (**-dı**) *s* ① Veranlagung *f* ② Begabung *f*, Talent *nt* ③ (*für Krankheiten*) Anfälligkeit *f*
istidatlı *adj* ① talentiert ② (*für Krankheiten*) anfällig
istif *s* ① Stapel *m* ② Aufstapelung *f*; ~ **etmek** aufschichten, aufstapeln (**-i** etw)
istifa *s* ① Rücktritt *m* ② Rücktrittsgesuch *nt*; ~ **etmek** sein Amt niederlegen, zurücktreten (**-den** von etw)
istifade *s* Nutzen *m*, Gewinn *m*; ~ **etmek** profitieren, Nutzen ziehen (**-den** aus etw)
istifçi *s* ① Packer(in) *m(f)* ② Hamsterer *m*
istifçilik (**-ği**) *s* ① Stapeln *nt* ② Hamstern *nt*; ~ **etmek** horten
istihbarat (**-tı**) *s* ① Nachricht *f* ② Einholung *f* von Auskünften; ~ **servisi** Nachrichtendienst *m*, Geheimdienst *m*
istihza *s* Hohn *m*, Spott *m*
istihzalı *adj* höhnisch, spöttisch
istikbal (**-li**) *s* Zukunft *f*
istiklal (**-li**) *s* Unabhängigkeit *f*; **İstiklal Marşı** *die türkische Nationalhymne*
istikrar *s* POL, COMM Stabilität *f*
istikrarlı *adj* stabil
istikrarsız *adj* instabil
istikrarsızlık (**-ğı**) *s* POL, COMM Instabilität *f*
istila *s* ① Invasion *f* ② Flut *f*; ~ **etmek** besetzen (**-i** etw)
istilacı **I.** *adj* eindringend **II.** *s* Eindringling *m*
istim *s* Dampf *m*
istimlak (**-kı**) *s* Enteignung *f*; ~ **etmek** enteignen (**-i** jdn)
istirahat (**-tı**) *s* Erholung *f*
istiridye *s* Auster *f*
istismar *s* ① Ausnutzung *f* ② Ausbeutung *f*; ~ **etmek** ausnutzen, ausbeuten (**-i** jdn/etw)
istismarcı *s* Ausbeuter(in) *m(f)*
istisna *s* Ausnahme *f*
istisnasız *adv* ausnahmslos, ohne Ausnahme
istişare bürosu *s* Beratungsstelle *f*
istor *s* Rollo *nt*
İsveç (**-ci**) **I.** *s* Schweden *nt* **II.** *adj* (*Art*) schwedisch
İsveççe *adj* (*Sprache*) schwedisch
İsveçli **I.** *s* Schwede *m*, Schwedin *f* **II.** *adj* (*Herkunft*) schwedisch
İsviçre **I.** *s* die Schweiz **II.** *adj* (*Art*) schweizerisch; ~ **Almancası** Schweizerdeutsch *nt*
İsviçrece *adj* (*Sprache*) schweizerdeutsch
İsviçreli **I.** *s* Schweizer(in) *m(f)* **II.** *adj* (*Herkunft*) schweizerisch
isyan *s* Aufruhr *m*, Aufstand *m*, Rebellion *f*, Revolte *f*; ~ **etmek** rebellieren
isyancı **I.** *s* Rebell(in) *m(f)* **II.** *adj* rebellisch
iş *s* ① Arbeit *f* ② Tätigkeit *f* ③ Handel *m*, Ge-

schäft *nt* ④ Beruf *m,* Stellung *f* ⑤ Angelegenheit *f,* Sache *f* ⑥ Tat *f* ⑦ Nutzen *m* ⑧ Arbeit *f,* Werk *nt;* ~ **arkadaşı** Kollege *m,* Kollegin *f;* ~ **dünyası** Geschäftswelt *f;* ~ **görmek** eine Arbeit verrichten; (*Geschäft*) zuwege bringen; (*sich eignen*) taugen; ~ **güç** (regelmäßige) Arbeit *f;* ~ **günü** Arbeitstag *m;* ~ **ilanı** Stellenangebot *nt;* (*einer Stelle*) Stellenanzeige *f;* ~ **istasyonu** INFORM Workstation *f;* ~ **iştir** Geschäft ist Geschäft; ~ **kazası** Arbeitsunfall *m;* ~ **oldu** es hat geklappt; ~ **piyasası** Arbeitsmarkt *m;* ~ **saatleri** Geschäftszeiten *pl;* ~ **seyahati** Dienstreise *f;* ~ **sözleşmesi** Arbeitsvertrag *m;* **İş ve İşçi Bulma Kurumu** Arbeitsamt *nt;* **bunda bir ~ var** da steckt etwas dahinter; **işe almak** (*Arbeitskraft*) einstellen (**-i** jdn); **işe girişmek** [*o* **koyulmak**] sich an die Arbeit machen; **işe yaramak** brauchbar sein, taugen; **işe yaramaz** unbrauchbar, untauglich; **işe yarar** brauchbar, tauglich; **işi bitik** es ist aus mit ihm; **işi olmak** eine Arbeit haben, (viel) zu tun haben; (*jds Sache*) klappen; **işi sermek** (*Arbeit*) liegen lassen; **işin doğrusu** auf gut Deutsch; **işine gelmek** jdm in den Kram passen; **bu işte ben yokum** dafür bin ich nicht zu haben

işadamı (**-nı**) *s* Geschäftsmann *m*

işalan *s* ① Arbeitnehmer(in) *m(f)* ② Arbeiter(in) *m(f)*

işaret (**-ti**) *s* ① Zeichen *nt* ② Andeutung *f* ③ Kennzeichen *nt,* Merkmal *nt* ④ Signal *nt* ⑤ Verweis *m* ⑥ INET Bookmark *f,* Lesezeichen *nt;* ~ **dili** Zeichensprache *f;* ~ **etmek** zeigen, verweisen, anspielen (**-e** auf etw)

işaretlemek *vt* kennzeichnen (**-i** etw)

işaretparmağı (**-nı**) *s* Zeigefinger *m*

işbirliği (**-ni**) *s* ① Mitarbeit *f,* Zusammenarbeit *f* ② Arbeitsgemeinschaft *f;* ~ **yapmak** mitarbeiten; COMM sich zusammenschließen; (*pej*) gemeinsame Sachen machen (**ile** mit jdm)

işçi *s* Arbeiter(in) *m(f);* ~ **temsilciliği** Betriebsrat *m;* ~ **temsilcisi** (*Person*) Betriebsrat *m,* Betriebsrätin *f*

işemek *vi* (*fam*) pinkeln

işgal (**-li**) *s* ① Besetzung *f* ② Beschäftigung *f* ③ Störung *f* ④ JUR Aneignung *f;* ~ **etmek** belegen; (*Platz*) besetzen (**-i** etw); (*stören*) abhalten (**-i** jdn); ~ **kuvveti** Besatzungsmacht *f;* ~ **ordusu** Besatzungstruppen *pl*

işgücü (**-nü**) *s* Arbeitskraft *f;* ~ **piyasası** Arbeitsmarkt *m*

işgünleri *adv* wochentags

işitim *s* Gehör *nt*

işitme *s* ① *Verbalsubstantiv zu* **işitmek** ② Gehör *nt;* ~ **özürlüsü** hörgeschädigt

işitmek *vt* ① hören (**-i** etw/jdn) ② erfahren (**-i** etw)

işitmemezlik (**-ği**) *s* Nichthören *nt;* **işitmemezlikten gelmek** sich taub stellen

işitsel *adj* Hör-, Gehör-; ~ **görsel** audiovisuell

işkembe *s* ① Kutteln *pl* ② (*bei Schlachtvieh*) Eingeweide *pl;* ~ **çorbası** Kuttelsuppe *f*

işkence *s* Folter *f;* ~ **aleti** Folterwerkzeug *nt;* ~ **etmek** foltern (**-e** jdn); ~ **görmek** gefoltert werden

işlek *adj* ① (*Straße*) belebt; (*Geschäft*) rege ② LING produktiv

işleklik (**-ği**) *s* ① Hochbetrieb *m* ② LING Produktivität *f*

işlem *s* ① (*am Schalter*) Abfertigung *f* ② Dienstweg *m* ③ Prozedur *f* ④ Rechnung *f,* Rechnungsart *f* ⑤ Verfahren *nt,* Vorgehen *nt* ⑥ Formalität *f* ⑦ FIN Transaktion *f;* ~ **harcı** Bearbeitungsgebühr *f;* ~ **yapmak** (*am Schalter: Bearbeiter*) abfertigen; (*Passagier*) einchecken

işleme *s* ① *Verbalsubstantiv zu* **işlemek** ② Funktionieren *nt* ③ (*Handarbeit*) Stickerei *f*

işlemek *vi, vt* ① funktionieren ② (*Maschine, Betrieb*) laufen, gehen ③ (*Verkehrsmittel*) verkehren ④ (*Ort*) belebt sein ⑤ (*Vertrag*) in Kraft treten ⑥ (*Wunde*) eitern ⑦ (*Wasser, Rauch*) eindringen (**-e** in etw) ⑧ stark beeindrucken (**-e** jdn) ⑨ bearbeiten, verarbeiten (**-i** etw) ⑩ (*Land*) bestellen (**-i** etw) ⑪ (*als Schüler*) durchnehmen (**-i** etw) ⑫ (*Fehler, Sünde*) begehen (**-i** etw) ⑬ sticken, besticken (**-i** etw)

işlenmemiş *adj* unbearbeitet, naturbelassen

işletici *s* Betreiber(in) *m(f)*

işletim sistemi *s* INFORM Betriebssystem *nt*

işletme *s* ① *Verbalsubstantiv zu* **işletmek** ② (*einer Anlage*) Betrieb *m,* Betriebsleitung *f* ③ (*Unternehmen*) Betrieb *m* ④ BERGB Abbau *m;* ~ **masrafları** Betriebskosten *pl;* ~ **müdürlüğü** Betriebsleitung *f;* ~ **müdürü** Geschäftsführer(in) *m(f)*

işletmeci *s* ① Betriebsleiter(in) *m(f),* Manager(in) *m(f)* ② Betriebswirt(in) *m(f)*

işletmecilik (**-ği**) *s* ① Management *nt* ② Betriebswirtschaft(slehre) *f*

işletmek *vt* ① *Kausativ zu* **işlemek** ② in Betrieb setzen (**-i** etw) ③ bewirtschaften, betreiben (**-i** etw) ④ in Bewegung setzen, in Gang bringen (**-i** etw) ⑤ (*Gerät*) bedienen (**-i** etw) ⑥ (*Motor*) anlassen (**-i** etw) ⑦ (*fam*) auf den Arm nehmen (**-i** jdn)

işlev *s* Funktion *f*

işlevsel *adj* funktionell

işpazarı (**-nı**) *s* Arbeitsmarkt *m*

işporta *s* Traggestell *nt*

işportacı *s* Straßenhändler(in) *m(f)*

işsiz **I.** *adj* arbeitslos; ~ **güçsüz** arbeitslos, erwerbslos **II.** *s* Arbeitslose(r) *f(m)*; ~ **sayısı** Arbeitslosenzahl *f*

işsizlik (**-ği**) *s* Arbeitslosigkeit *f*; ~ **oranı** Arbeitslosenquote *f*

iştah *s* ① Appetit *m* ② starkes Verlangen; ~ **açmak** den Appetit anregen; ~ **çekici** appetitlich; ~ **giderici** Appetitzügler *m*

iştahlı **I.** *adj* ① mit Appetit ② mit Lust und Liebe **II.** *s* jemand, der Appetit hat

iştahsız *adj* ① ohne Appetit, appetitlos ② lustlos

iştahsızlık (**-ğı**) *s* Appetitlosigkeit, f

işte *interj* ① nimm!, da!, hier! ② nun, also; ~ **bu kadar!** und damit basta!; ~ **geldi!** da ist er/sie/es ja!; ~ **geldim!** da bin ich wieder!

iştirak (**-ki**) *s* ① Teilhaberschaft *f* ② Teilnahme *f*; ~ **etmek** teilhaben an; (*mitwirken*) teilnehmen an (**-e** an etw)

işve *s* ① Anmut *f*, Liebreiz *f* ② Koketterie *f*

işveli *adj* ① anmutig, graziös ② kokett

işveren *s* Arbeitgeber(in) *m(f)*; ~ **birliği** Arbeitgeberverband *m*

işyeri (**-ni**) *s* Arbeitsplatz *m*

it (**-ti**) *s* ① (*fam*) Köter *m* ② Schuft *m*

itaat (**-ti**) *s* Gehorsam *m*; ~ **etmek** gehorchen, folgen (**-e** jdm)

itaatli *adj* gehorsam

itaatsiz *adj* ungehorsam, aufsässig

itaatsizlik (**-ği**) *s* Ungehorsam *m*

italik (**-ği**) *adj* kursiv; ~ **harfleri** [*o* **yazısı**] Kursivschrift *f*

İtalya **I.** *s* Italien *nt* **II.** *adj* (*Art*) italienisch

İtalyan **I.** *s* Italiener(in) *m(f)* **II.** *adj* (*Herkunft*) italienisch

İtalyanca *adj* (*Sprache*) italienisch

itfaiye *s* Feuerwehr *f*; ~ **karakolu** Feuerwache *f*

itfaiyeci *s* Feuerwehrmann *m*

ithaf *s* Widmung *f*; ~ **etmek** (*Buch*) widmen (**-i -e** etw jdm)

ithal (**-li**) **I.** *s* Import *m*, Einfuhr *f*; ~ **etmek** einführen, importieren (**-i** etw); ~ **gümrüğü** Einfuhrzoll *m*; ~ **izni** Einfuhrerlaubnis *f*; ~ **malı** Importware *f*; ~ **yasağı** Einfuhrverbot *nt* **II.** *adj* importiert

ithalat (**-tı**) *s* Einfuhr *f*

itham *s* Beschuldigung *f*; ~ **etmek** anklagen, beschuldigen (**-i ile** jdn einer Sache)

itibar *s* Ansehen *nt*, Ehre *f*; ~ **etmek** ehren, achten (**-e** jdn); **itibardan düşmek** an Ansehen verlieren; **itibardan düşürmek** in Misskredit bringen (**-i** jdn/etw)

itibaren *präp* (*zeitlich*) ab, von ... an (**-den** +*dat*)

itibarlı *adj* angesehen, geachtet

itici *adj* ① abstoßend ② (an)treibend; ~ **güç** Triebkraft *f*

itikat (**-dı**) *s* fester Glaube

itimat (**-dı**) *s* Vertrauen *nt*; ~ **etmek** vertrauen (**-e** jdm); ~ **mektubu** Akkreditiv *nt*

itimatname *s* Akkreditiv *nt*

itina *s* Sorgfalt *f*; ~ **etmek** sich annehmen (**-e** jds)

itinalı *adj* (*Person*) sorgfältig

itiraf *s* ① Bekenntnis *f*, Eingeständnis *nt* ② JUR Geständnis *nt*; ~ **etmek** eingestehen, bekennen; (*zugeben*) gestehen (**-i** etw)

itirafçı *s* Aussteiger(in) *m(f)* (*aus einer Terrorgruppe*)

itiraz *s* Einspruch *m*, Einwand *m*, Protest *m*; ~ **etmek** Einspruch erheben, einwenden, protestieren (**-e karşı** gegen etw)

itirazsız **I.** *adv* widerspruchslos, ohne Widerrede **II.** *adj* unbestritten

itiş *s* ~ **kakış** Rempelei *f*

itişme *s* ① *Verbalsubstantiv zu* **itişmek** ② Rempelei *f*

itişmek *vi* ① sich gegenseitig stoßen ② sich balgen (**ile** mit jdm); **itişip kakışmak** (*fam*) sich drängen und schubsen

itiyat (**-dı**) *s* (An)gewohnheit *f*

itmek (**-er**) *vt* ① schieben (**-i** etw) ② rücken (**-i** etw) ③ stoßen (**-i** etw/jdn); **itip kakmak** (*fam*) schubsen (**-i** jdn)

itoğlu it *s* (*vulg*) Schweinehund *m*

ittifak (**-kı**) *s* ① Bündnis *nt*, Allianz *f*, Bund *m* ② Eintracht *f* ③ Übereinstimmung *f* ④ Abkommen *nt*

ivedi **I.** *adj* dringend **II.** *s* Eile *f*, Dringlichkeit *f*

iyelik (**-ği**) *s* Besitzrecht *nt*; ~ **zamiri** Possessivpronomen *nt*, besitzanzeigendes Fürwort

iyi I. *adj* ① gut ② gesund ③ gutmütig ④ (*Anzeichen*) günstig ⑤ (*Zeit*) schön ⑥ (*Zurechtweisung*) ordentlich ⑦ (*Schulnote*) gut ⑧ (*Ernte*) reichlich II. *adv* ① gut ② recht, schön ③ angebracht, richtig; ~ **akşamlar!** guten Abend!; ~ **bulmak** für gut befinden (**-i** etw); ~ **etmek** heilen (**-i** jdn), gut daran tun (**bir şey yapmakla** etw zu tun); ~ **geceler!** gute Nacht!; ~ **gelmek** gut bekommen, wohltun (**-e** jdm); ~ **günler!** guten Tag!; (*Abschiedsgruß*) schönen Tag noch!; ~ **hal kâğıdı** (polizeiliches) Führungszeugnis *nt;* ~ **kalpli** gutmütig; ~ **kalplilik** Gutmütigkeit *f;* ~ **ki** erfreulicherweise; ~ **niyetle** in gutem Glauben; ~ **niyetli** wohlwollend; ~ **yolculuklar!** gute Fahrt!

iyice *adv* ① gründlich ② ziemlich gut

iyileşme *s* ① *Verbalsubstantiv zu* **iyileşmek** ② Genesung *f*, Heilung *f* ③ Besserung *f*

iyileşmek *vi* ① sich bessern, besser werden ② wieder gesund werden, sich erholen ③ heilen

iyileştirmek *vt* ① *Kausativ zu* **iyileşmek** ② verbessern (**-i** etw) ③ heilen (**-i** jdn)

iyilik (**-ği**) *s* ① Güte *f* ② Gefälligkeit *f*, Gefallen *m* ③ Wohltat *f* ④ (*von Ware*) Qualität *f* ⑤ Wohlbefinden *nt;* ~ **bilir** dankbar; ~ **bilmez** undankbar; ~ **bilmezlik** Undankbarkeit *f*

iyimser I. *s* Optimist(in) *m(f)* II. *adj* optimistisch

iyimserlik (**-ği**) *s* Optimismus *m*

iyon *s* Ion *nt*

iyot (**-du**) *s* Jod *nt*

iyotlu *adj* jodhaltig; ~ **tuz** Jodsalz *nt*

iz *s* ① Fährte *f*, Spur *f* ② (*fig: Anzeichen*) Spur *f;* ~ **topu** INFORM Trackball *m*

izaç (**-cı**) *s* Belästigung *f*, Störung *f*

izah *s* Erläuterung *f*, Erklärung *f;* ~ **etmek** erläutern, erklären (**-i** etw)

izam *s* Übertreibung *f;* ~ **etmek** übertreiben (**-i** etw)

izan *s* Verständnis *nt*, Toleranz *f;* ~ **etmek** Verständnis zeigen, tolerant sein

izbe *s* Bruchbude *f*

izdiham *s* Andrang *m*

izdüşüm *s* Projektion *f*

izdüşürmek *vi* projizieren

izin (**-zni**) *s* ① Erlaubnis *f*, Genehmigung *f* ② Urlaub *m;* ~ **almak** um Erlaubnis bitten, die Erlaubnis bekommen, Urlaub bekommen; ~ **vermek** die Erlaubnis erteilen (**-e** jdm), beurlauben (**-e** jdn); **izninizle!** gestatten Sie!; ~ **yapmak** (*fam*) urlauben

izinli *adj* beurlaubt

izinsiz *adj* unerlaubt

İzlanda I. *s* Island *nt* II. *adj* (*Art*) isländisch

İzlandaca *adj* (*Sprache*) isländisch

İzlandalı I. *s* Isländer(in) *m(f)* II. *adj* (*Herkunft*) isländisch

izlemek *vt* ① (ver)folgen (**-i** jdn/etw) ② (*Mode*) mitmachen (**-i** etw) ③ (*Veranstaltung*) verfolgen (**-i** etw)

izlenim *s* Eindruck *m*

izleyici *s* (*Fernsehen*) Zuschauer(in) *m(f)*

izmarit (**-ti**) *s* ① Zigarettenstummel *m* ② Schnauzenbrasse *f*

İzmir *s* Izmir (*türkische Millionenstadt an der Ägäis*)

izni (**-ni**) *s Possessivform zu* **izin** die Erlaubnis zu ...

izolasyon *s* ① Isolation *f* ② Isolierung *f*

izole *adj* isoliert; ~ **etmek** isolieren; ~ **bant** Isolierband *nt*

izzetinefis (**-fsi**) *s* Selbstachtung *f*

izzetli *adj* würdevoll

Jj

J, j *s 13. Buchstabe des türk. Alphabets*

jaguar *s* Jaguar *m*

Jakob-Creutzfeld hastalığı (**-nı**) *s* Creutzfeldt-Jakob-Krankheit *f*

jakuzi *s* Whirlpool *m*

jaluzi *s* Rollladen *m*

Jamayik Adası (**-nı**) *s* Jamaika *nt*

jambon *s* Schinken *m*

jandarma *s* ① Gendarm *m* ② Gendarmerie *f*

jant (**-tı**) *s* (*Rad-*) Felge *f*

Japon I. *s* Japaner(in) *m(f)* II. *adj* (*Art*) japanisch

Japonca *adj* (*Sprache*) japanisch

Japonya *s* Japan *nt*

Japonyalı I. *s* Japaner(in) *m(f)* II. *adj* (*Herkunft*) japanisch

jartiyer *s* Strumpfband *nt*, Strumpfhalter *m*

jel *s* Gel *nt*

jelatin *s* Gelatine *f*

jele *s* Gelee *nt*

jeneratör *s* Generator *m*
jenerik (**-ği**) *s* FILM Vorspann *m*
jenozid *s* Genozid *m*
jeolog *s* Geologe, Geologin *m, f*
jeoloji *s* Geologie *f*
jest (**-ti**) *s* ① Gebärde *f*, Geste *f* ② (unverbindliche) Höflichkeit *f*, Geste *f*; ~ **yapmak** gestikulieren, (jdm) eine unverbindliche Höflichkeit erweisen
jet (**-ti**) *s* ① Düse *f* ② Düsenflugzeug *nt;* ~ **sosyete** Jetset *m;* ~ **uçağı** Düsenflugzeug *nt*
jeton *s* ① (*Automaten-*) Münze *f* ② Spielmarke *f*, Jeton *m*
jilet (**-ti**) *s* Rasierklinge *f*
jimnastik (**-ği**) **I.** *s* Gymnastik *f*, Turnen *nt* **II.** *adj* gymnastisch; ~ **aleti** Turngerät *nt;* ~ **öğretmeni** Turnlehrer(in) *m(f);* ~ **pabuçları** Turnschuhe *pl;* ~ **salonu** Turnhalle *f;* ~ **yapmak** turnen
jimnastikçi *s* Turner(in) *m(f)*
jinekolog *s* Gynäkologe, Gynäkologin *m, f*
jogging *s* Jogging *nt;* ~ **takımı** Jogginganzug; ~ **yapmak** joggen
jonglör *s* Jongleur *m*
jöle *s* ① (Frucht)gelee *nt* ② Sülze *f* ③ Haargel *nt*
judo *s* Judo *nt*
jübile *s* Jubiläum *nt*
jüpon *s* Unterrock *m*
jüri *s* ① Jury *f* ② Geschworenenversammlung *f;* ~ **üyesi** Geschworene(r) *f(m)*, Jurymitglied *nt*
jüt (**-tü**) *s* Jute *f*

Kk

K, k *s 14. Buchstabe des türk. Alphabets*
kaba *adj* ① grob ② (*Arbeit*) oberflächlich ③ (*Wolle*) locker ④ (*Person*) grob ⑤ (*Worte*) unhöflich; ~ **çuha** Loden *m;* ~ **et** Gesäß *nt*, Hintern *m;* ~ **saba** plump; (*Arbeit*) oberflächlich gemacht; (*Mensch*) roh und ungebildet
kabadayı **I.** *s* ① Prahlhans *m* ② Lümmel *m* ③ Raufbold *m* **II.** *adj* furchtlos
kabahat (**-ti**) *s* Schuld *f*
kabak (**-ğı**) **I.** *s* ① Kürbis *m* ② Zucchini *pl* **II.** *adj* ① (*Melone*) unreif ② (*ohne Geschmack*) fade ③ kahl, haarlos ④ (*fig*) ungehobelt
kabakulak (**-ğı**) *s* Mumps *m*
kabalık (**-ğı**) *s* ① Grobheit *f*, Rohheit *f* ② Rücksichtslosigkeit *f*, Unhöflichkeit *f* ③ Grobkörnigkeit *f*
kabarcık (**-ğı**) *s* ① Blase *f* ② (kleine) Schwellung *f*
kabarcıklı düzeç (**-ci**) *s* Wasserwaage *f*
kabare *s* Kabarett *nt*
kabarık (**-ğı**) **I.** *adj* ① geschwollen ② (*Menge, Anzahl*) hoch **II.** *s* Schwellung *f*
kabarma *s* ① *Verbalsubstantiv zu* **kabarmak** ② (*Gezeiten*) Flut *f;* ~ **alçalma** Gezeiten *pl*
kabarmak *vi* ① (an)schwellen ② (*Teig*) aufgehen ③ (*Milch*) hochkommen ④ sich blähen ⑤ (*Truthahn*) sich aufblähen ⑥ (*Haare*) sich sträuben ⑦ (*Anzahl*) sich beträchtlich steigern
kabartı *s* ① Beule *f* ② Erhebung *f*
kabartma *s* ① *Verbalsubstantiv zu* **kabartmak** ② Relief *nt;* ~ **tozu** Backpulver *nt*
kabartmak *vt* ① *Kausativ zu* **kabarmak** ② (auf)blähen (**-i** etw) ③ (*Haar*) toupieren (**-i** etw) ④ auflockern, aufschütteln (**-i** etw) ⑤ (*Ohren*) spitzen (**-i** etw)
Kâbe *s* REL die Kaaba
kabız (**-bzı**) *s* (*fam*) Verstopfung *f;* ~ **oldum** ich habe eine Verstopfung
Kâbil *s* Kabul *nt*
kabile *s* (Nomaden)stamm *m;* ~ **reisi** Häuptling *m*
kabiliyet (**-ti**) *s* ① Fähigkeit *f* ② Begabung *f*, Talent *nt*
kabiliyetli *adj* talentiert
kabin *s* Kabine *f*
kabine *s* ① Ministerrat *m*, Kabinett *nt* ② Kabine *f;* ~ **revizyonu** Kabinettsumbildung *f*
kabir (**-bri**) *s* Grab *nt*, Grabstätte *f*
kablo *s* Kabel *nt*
kabuk (**-ğu**) *s* ① (*Obst-, Eier-*) Schale *f* ② (*Baum-*) Rinde *f* ③ Schneckenhaus *nt* ④ Hülse *f* ⑤ Kruste *f* ⑥ Schorf *m*
kabul (**-lü**) *s* ① Annahme *f* ② Empfang *m*, Aufnahme *f* ③ Eingeständnis *nt* ④ Einverständnis *nt* ⑤ Zustimmung *f*, Einwilligung *f;* ~**!** einverstanden!; ~ **edilemez** inakzeptabel; ~ **etmek** akzeptieren, annehmen; (*Gast*) aufnehmen, empfangen (**-i** jdn); (*zugeben*) eingestehen (**-i** etw); (*beipflich-*

ten) zustimmen; ~ **saati** Sprechstunde *f;* ~ **salonu** (*im Hotel*) Empfangshalle *f*

kaburga *s* ① Rippe *f* ② Brustkorb *m* ③ TECH Gerippe *nt*

kabus *s* Albtraum *m*

kabza *s* ① (*Messer-*) Griff *m* ② (*am Gewehr*) Kolbenhals *m*

kabzı (**-nı**) *s Possessivform zu* **kabız** die Verstopfung von ...

kaç (**-çı**) *adv* ① wie viel ② so viel; ~ **kişi?** wie viele Personen?; ~ **tane?** wie viel?; ~ **yaşındasınız?** wie alt sind Sie?; **bu gömlek kaça?** was kostet dieses Hemd?; **kaçın kurrası** (*fam*) ein alter Hase

kaçak (**-ğı**) **I.** *s* ① Flüchtige(r) *f(m)* ② (*Kind*) Ausreißer(in) *m(f)* ③ (*von Gas, Wasser*) Ausfließen *nt,* Austritt *m* **II.** *adj* ① flüchtig ② geschmuggelt, Schmuggel- ③ illegal, Schwarz- **III.** *adv* ① ohne behördliche Genehmigung ② (*fahren, arbeiten*) schwarz; ~ **iş** Schwarzarbeit *f;* ~ **yolcu** blinder Passagier

kaçakçı *s* Schmuggler(in) *m(f)*

kaçakçılık (**-ğı**) *s* ① Schmuggel *m* ② Hinterziehung *f*

kaçamak (**-ğı**) **I.** *s* ① Pflichtversäumnis *nt* ② Ausflucht *f* **II.** *adj* ① (*Antwort*) ausweichend ② (*Blick*) verstohlen

kaçık (**-ğı**) **I.** *adj* ① (*fam*) verrückt, überspannt ② (*Strumpf*) mit Laufmasche **II.** *s* ① Laufmasche *f* ② (*fam*) Spinner(in) *m(f)*

kaçıklık (**-ğı**) *s* Verrücktheit *f,* Überspanntheit *f*

kaçıncı *adj* wievielte(r, s)

kaçıngan **I.** *adj* zurückhaltend, reserviert **II.** *s* Einzelgänger(in) *m(f)*

kaçınılmaz *adj* unausweichlich

kaçınmak *vi* ① (ver)meiden (**-den** jdn/etw) ② sich drücken (**-den** vor etw) ③ sich (der Stimme) enthalten

kaçırma *s* ① *Verbalsubstantiv zu* **kaçırmak** ② Entführung *f*

kaçırmak *vt* ① *Kausativ zu* **kaçmak** ② entführen (**-i** jdn) ③ zur Flucht verhelfen (**-i** jdm) ④ (*Gelegenheit, Zug*) verpassen (**-i** etw) ⑤ vertreiben (**-i** jdn) ⑥ (*Schlaf*) rauben (**-i** etw) ⑦ verstecken, verbergen (**-i** etw) ⑧ (durch)schmuggeln (**-i** etw) ⑨ (*Luft, Wasser*) entweichen lassen (**-i** etw) ⑩ (*fam*) verrückt werden

kaçış *s* ① Flucht *f* ② (*aus einem Gefängnis*) Ausbruch *m*

kaçkın **I.** *s* Flüchtige(r) *f(m)* **II.** *adj* flüchtig

kaçma *s* ① *Verbalsubstantiv zu* **kaçmak** ② Flucht *f*

kaçmak (**-ar**) *vi* ① fliehen, die Flucht ergreifen ② (*Gefangene*) ausbrechen (**-den** aus etw) ③ meiden (**-den** jdn/etw) ④ sich drücken (**-den** vor etw) ⑤ (*Luft*) entweichen (**-den** aus etw) ⑥ (*Strumpf*) eine Laufmasche bekommen ⑦ (*Schlaf, Freude*) dahin sein ⑧ (*fam*) sich davonschleichen

kadar **I.** *präp* ① wie, so ... wie, so groß wie, so viel wie ② ungefähr ③ bis, bis zu (**-e** +*dat*) **II.** *konj* (*vergleichend*) **-diği** ~ so viel ..., so weit ..., so lange ... **III.** *adv* etwa, ungefähr

kadavra *s* Kadaver *m*

kadeh *s* (kleines) Trinkglas *nt;* ~ **tokuşturmak** anstoßen

kadem *s* ① (*Längenmaß*) Fuß *m* ② Vorbedeutung *f*

kademe *s* Stufe *f*

kader *s* Schicksal *nt*

> Ein anderes türkisches Wort für **kader** (Schicksal) ist ‚yazgı', was wörtlich ‚das Aufgeschriebene' bedeutet. Diese Bedeutung spiegelt den Glauben an die Vorherbestimmtheit des Schicksals wider, welcher ein wichtiges Element der islamischen Lebensphilosophie ist und auch den türkischen Alltag bestimmt. Für den Moslem gilt, dass Gott den Lebensweg eines jeden Menschen festgeschrieben hat.

kaderci **I.** *s* Fatalist(in) *m(f)* **II.** *adj* fatalistisch

kadercilik (**-ği**) *s* Fatalismus *m*

kadı *s* HIST *islamischer Richter*

kadın *s* Frau *f;* ~ **avcısı** Frauenheld *m;* ~ **doktoru** Frauenarzt *m,* Frauenärztin *f,* Gynäkologe, Gynäkologin *m, f;* ~ **mecmuası** Frauenzeitschrift *f*

> **Kadınların oy hakkı**, das Frauenwahlrecht, erhielten die Türkinnen bereits im Jahre 1935 – zehn Jahre vor den Französinnen. Der Frauentag am 8. März wird vor allem in den Großstädten von vielen Frauen gefeiert.

kadınlık (**-ğı**) *s* ① Frausein *nt* ② Frauenwürde *f* ③ haushälterische Kenntnisse *pl;* ~ **organı** Vagina *f,* Scheide *f*

kadınsı *adj* weiblich; (*pej*) weibisch

kadife **I.** *s* Samt *m* **II.** *adj* Samt-

kadmiyum *s* Kadmium *nt*

kadran *s* ① Zifferblatt *nt* ② Skala *f*
kadro *s* ① POL Kader *m* ② Personal *nt*
kafa *s* ① Kopf *m* ② (*fig*) Ansicht *f* ③ Verstand *nt;* ~ **başına** pro Kopf; ~ **çekmek** (*fam*) sich vollaufen lassen, einen heben; ~ **patlatmak** [*o* **yormak**] sich den Kopf zerbrechen; **kafadan** aus dem Gedächtnis; **kafadan kontak** (*fam*) übergeschnappt; **kafadan kontak olmak** nicht alle Tassen im Schrank haben; **kafasına dank ediyor** (*fam*) es dämmert ihr
kafalı *adj* ① mit Kopf ② (*fam*) schlau, intelligent
kafasız *adj* ① kopflos ② (*fam*) dumm, blöd
kafatası (**-nı**) *s* Schädel *m*
kafein *s* Koffein *nt*
kafeinsiz *adj* koffeinfrei
kafes *s* ① Käfig *m* ② Gitterfenster *nt* ③ Gitterwerk *nt* ④ (*fam*) Knast *m;* **kafese koymak** (*fam*) hereinlegen (**-i** jdn)
kafi **I.** *adj* ausreichend, genügend **II.** *adv* genug; ~ **gelmek** genügen
kafile *s* ① MIL Geleit *nt* ② Kolonne *f* ③ Schar *f* ④ Teil *m* (einer Sendung)
kafir **I.** *s* REL Ungläubige(r) *f(m)* **II.** *adj* ungläubig
kafirlik (**-ği**) *s* ① Ungläubigkeit *f* ② (*fig*) Grausamkeit *f*
kafiye *s* Reim *m*
kâğıt (**-dı**) **I.** *s* ① Papier *nt* ② (*Bescheinigung*) Schein *m* ③ Blatt *nt,* Zettel *m* ④ Spielkarte *f* **II.** *adj* aus Papier, Papier-; ~ **fener** Lampion *m;* ~ **mendil** Papiertaschentuch *nt;* ~ **para** Geldschein *m;* ~ **sepeti** Papierkorb *m;* ~ **uçak** Papierflieger *m*
kâğıtçı *s* Schreibwarenhändler(in) *m(f);* ~ (**dükkanı**) Papiergeschäft *nt*
kâğıthelvası (**-nı**) *s eine Art dünne Waffel*
kâh *adv* gelegentlich, manchmal; ~ **...** ~ **...** teils ... teils ...
kahır (**-hrı**) *s* (großer) Kummer *m*
kahin *s* Hellseher(in) *m(f),* Wahrsager(in) *m(f)*
Kahire *s* Kairo *nt*
kahkaha *s* Gelächter *nt*
kahkahaçiçeği (**-ni**) *s* (*Acker-*) Winde *f*
kahpe **I.** *adj* niederträchtig **II.** *s* Hure *f*
kahpelik (**-ği**) *s* ① Niedertracht *f* ② Prostitution *f*
kahraman **I.** *s* Held *m* **II.** *adj* heldenhaft
kahraman(**ca**) *adj* heldenhaft
kahramanlık (**-ğı**) *s* ① Heldentat *f* ② Heldentum *nt*
kahretmek (**-der**) *vt* ① seelisch sehr quälen (**-i** jdn) ② (*fig*) zugrunde richten (**-i** jdn)
kahrı (**-nı**) *s Possessivform zu* **kahır** sein/ihr Kummer *m*
kahrolmak *vi* ① sich sehr grämen ② (*fig*) zugrunde gehen
kahrolsun *interj* nieder mit ...!
kahvaltı *s* Frühstück *nt;* ~ **büfesi** Frühstücksbüfett *nt;* ~ **etmek** frühstücken; **kahvaltıda** zum Frühstück
kahve *s* ① Kaffee *m* ② Café *nt;* ~ **değirmeni** Kaffeemühle *f;* ~ **filtresi** Kaffeefilter *m;* ~ **fincanı** Kaffeetasse *f;* ~ **ibriği** Kaffeekanne *f;* ~ **kaşığı** Kaffeelöffel *m;* ~ **takımı** Kaffeeservice *nt;* ~ **telvesi** Kaffeesatz *m;* ~ (**yapma**) **makinesi** Kaffeemaschine *f;* **sütlü** ~ Kaffee mit Milch

In osmanischer Zeit war **kahve** das türkische Nationalgetränk, das mit dem Verlust von Provinzen mit Kaffeeanbaugebieten nach dem I. Weltkrieg durch den ‚çay', den Tee, abgelöst wurde. Dennoch gönnt man sich immer mal wieder eine Tasse Kaffee nach türkischer Art. Echter türkischer Kaffee wird in der ‚cezve', einem kleinen Metallkännchen mit langem Stil, aufgekocht und in winzigen Mokkatässchen serviert. Man kann ihn in drei Variationen bestellen: ‚şekerli' (mit Zucker), ‚orta şekerli' (mit nur etwas Zucker) oder ‚sade' (ohne Zucker).

kahveci *s* Kaffeehausbesitzer(in) *m(f)*
kahverengi *adj* braun
kahya *s* ① (Guts)verwalter *m* ② Vorsteher *m* (*eines größeren Haushalts*)
kaide *s* ① Grundlage *f,* Basis *f* ② (*Sockel*) Fuß *m* ③ Regel *f*
kainat (**-tı**) *s* ① Universum *nt* ② (*fig*) alle Leute
kaka **I.** *s* (*Kindersprache*) Aa *nt* **II.** *adj* böse
kakım *s* Hermelin *nt*
kakmak (**-ar**) *vt* ① stoßen (**-i** jdn/etw) ② ziselieren (**-i** etw)
kaktüs *s* Kaktus *m*
kakül *s* (*Stirnfransen*) Pony *m*
kala *adv* (*Uhrzeit*) vor; (**saat**) **üçe beş** ~ fünf Minuten vor drei
kalabalık (**-ğı**) **I.** *s* ① Gedränge *nt,* Andrang *m* ② Menschenmenge *f* ③ (*auf der Straße*) Trei-

ben *nt* **II.** *adj* ① zahlreich ② überfüllt

kalas *s* ① Balken *m* ② Bohle *f*

Kalaşnikof *s* Kalaschnikow *f*

kalay *s* ① Zinn *nt* ② Aufmachung *f* ③ (*vulg*) Fluchen *nt;* ~ **yaprak** Silberpapier *nt,* Stanniol *nt*

kalben *adv* von Herzen, aufrichtig, herzlich

kalbur *s* (grobes) Sieb *nt*

kalburüstü (**-nü**) *adj* (*fam*) ① prominent ② Prominente(r) *f(m),* Promi *m fam;* ~ (**sınıf**) Prominenz *f*

kalça *s* Becken *nt,* Hüfte *f;* ~ **kemiği** Beckenknochen *m;* ~ **mafsalı** Hüftgelenk *nt*

kaldıraç (**-cı**) *s* Brechstange *f,* Hebel *m*

kaldırım *s* ① (Straßen)pflaster *nt* ② Gehsteig *m;* ~ **taşı** Pflasterstein *m*

kaldırmak *vt* ① *Kausativ zu* **kalkmak** ② heben (**-i** etw) ③ aufrichten (**-i** etw) ④ aufbewahren, aufheben (**-i** etw) ⑤ abschaffen, beseitigen (**-i** etw) ⑥ abnehmen (**-i** etw) ⑦ wegmachen, entfernen (**-i** etw) ⑧ wegbringen (**-i** etw) ⑨ (*Zelt*) abbrechen (**-i** etw) ⑩ (*Tisch*) abräumen (**-i** etw) ⑪ (*Staub*) aufwirbeln (**-i** etw) ⑫ (*Fahrzeug*) abfahren lassen (**-i** etw) ⑬ wecken (**-i** jdn) ⑭ (*Schüler*) aufrufen (**-i** jdn) ⑮ (*Alkohol*) vertragen (**-i** etw)

kale *s* ① Burg *f* ② (*Fußball*) Tor *nt* ③ Bollwerk *nt* ④ (*beim Schachspiel*) Turm *m*

kaleci *s* Torwart(in) *m(f)*

kalem *s* ① Bleistift *m,* Kuli *m,* Füller *m* ② (Schreib)stil *m;* ~ **keski** Meißel *m;* ~ **odası** Kanzlei *f;* **kaleme almak** schreiben, verfassen (**-i** etw)

kalemtıraş *s* Bleistiftspitzer *m*

kalfa *s* ① Geselle *m* ② Polier *m*

kalıcı *adj* bleibend

kalım *s* Dauer *f,* Fortbestand *f*

kalın *adj* ① dick ② (*Stimme*) tief ③ dickflüssig ④ (*Vokal*) dunkel; ~ **kafalı** (*fam*) beschränkt, schwer von Begriff

kalınba(ğı)rsak (**-ğı**) *s* Dickdarm *m*

kalınlık (**-ğı**) *s* Stärke *f,* Dicke *f*

kalıntı *s* Rest *m,* Überbleibsel *nt*

kalıp (**-bı**) *s* ① Form *f* ② Schablone *f* ③ Schusterleisten *m* ④ (stattliches) Äußere(s) *nt*

kalıt (**-tı**) *s* Erbschaft *f,* Erbe *nt*

kalıtım *s* Vererbung *f*

kalıtsal *adj* erblich

kalibre *s* Kaliber *nt*

kalifiye *adj* (*Arbeiter*) gelernt; ~ **işçi** Facharbeiter(in) *m(f)*

kalitatif *adj* qualitativ

kalite *s* Qualität *f;* ~ **düşüklüğü** Qualitätsverlust *m*

kalitesiz *adj* minderwertig

kalkan *s* Schild *m;* ~ (**balığı**) Steinbutt *m*

kalkanbezi (**-ni**) *s* Schilddrüse

kalkındırmak *vt* ① *Kausativ zu* **kalkınmak** ② POL aufbauen, entwickeln (**-i** etw)

kalkınma *s* ① *Verbalsubstantiv zu* **kalkınmak** ② (*fig*) Aufstieg *m* ③ (*wirtschaftliche*) Entwicklung *f;* ~ **yardımı** Entwicklungshilfe *f*

kalkınmak *vi* (*wirtschaftlich*) sich entwickeln

kalkış *s* ① *Verbalsubstantiv zu* **kalkmak** ② Abfahrt *f* ③ Abflug *m;* ~ **saati** Abfahrtszeit *f*

kalkışmak *vr* sich wagen (an) (**-e** an etw)

kalkmak (**-ar**) *vi* ① abfahren ② (*Flugzeug*) abfliegen ③ (*Schiff*) ablegen ④ aufstehen ⑤ (*sich abschälen*) abgehen ⑥ abgeschafft werden ⑦ sich wagen (an) (**-e** an etw)

kalkülasyon *s* Kalkulation *f;* ~ **yapmak** kalkulieren

kalleş **I.** *s* (*fam*) Verräter(in) *m(f)* **II.** *adj* verräterisch

kalleşlik (**-ği**) *s* (*fam*) ① Verrat *m* ② Gemeinheit *f*

kalmak (**-ır**) *vi* ① bleiben ② verbleiben ③ wohnen ④ stecken bleiben, liegen bleiben ⑤ verschoben werden (**yarına** auf morgen); **nerede kaldı?** wo steckt er/sie/es denn?; **ona kalırsa** seiner/ihrer Meinung nach; **kahve kalmadı** der Kaffee ist alle; **sınıfta** ~ (*Schule*) sitzen bleiben

kalori *s* Kalorie *f*

kalorifer *s* ① Zentralheizung *f* ② Heizkörper *m*

kalp *adj* (*Geld*) falsch; ~ **para basmak** (*Geld*) fälschen

kalp (**-bi**) *s* ① Herz *nt* ② (*fam*) Herzkrankheit *f;* ~ **amaliyatı** Herzoperation *f;* ~ **enfarktüsü** Herzinfarkt *m;* ~ **hastalığı** Herzfehler *m;* ~ **hastalıkları uzmanı** Herzspezialist(in) *m(f);* ~ **kapakçığı** Herzklappe *f;* ~ **krizi** Herzanfall *m;* ~ **nakli** Herztransplantation *f;* ~ **pili** Herzschrittmacher *m;* ~ **sektesi** Herzschlag *m*

kalpazan *s* Geldfälscher(in) *m(f)*

kalpsiz *adj* herzlos

kalsiyum *s* Kalzium *nt*

kama *s* ① Dolch *m* ② Keil *m*

kamara *s* ① Kabine *f,* Kajüte *f* ② (parlamenta-

rische) Vertretung *f*
kamarot (-tu) *s* Steward *m*
kamaşmak *vi* ❶ geblendet werden ❷ (*Zähne durch Saures*) stumpf werden
kambiyo *s* ❶ Devisen *pl* ❷ (Geld)wechsel *m* ❸ Devisenstelle *f*; ~ **rayici** [*o* **kuru**] Wechselkurs *m*
Kamboç(ya) *s* Kambodscha *nt*
kambur **I.** *s* ❶ Buckel *m* ❷ (*Erhöhung*) Wölbung *f* **II.** *adj* buck(e)lig
kamçı *s* Geißel *f*, Peitsche *f*
kamçılamak *vt* ❶ peitschen (-**i** jdn/etw) ❷ (*Körper*) anregen (-**i** etw)
kamera *s* (Film)kamera *f*
kameraman *s* Kameramann *m*
kameriye *s* (Garten)laube *f*
Kamerun *s* Kamerun *nt*
kamış *s* ❶ Schilf(rohr) *nt* ❷ Zuckerrohr *nt* ❸ Angelrute *f* ❹ (*fam*) Penis *m* ❺ Strohhalm *m*; ~ **şekeri** Rohrzucker *m*
kamp (-pı) *s* (*Arbeits-, Ferien-*) Lager *nt*; ~ **kurmak** kampieren
kampanya *s* Kampagne *f*
kamping *s* Campingplatz *m*
kamu **I.** *pron* alle **II.** *adj* öffentlich **III.** *s* Öffentlichkeit *f*; ~ **hakları** öffentliches Recht; ~ **yararı** Gemeinwohl *nt*
kamuflaj *s* Tarnung *f*
kamufle *adj* getarnt; ~ **etmek** tarnen (-**i** etw)
kamulaştırmak *vt* verstaatlichen, kollektivieren (-**i** etw)
kamuoyu (-nu) *s* ❶ öffentliche Meinung *f* ❷ Öffentlichkeit *f*; ~ **yoklaması** Meinungsumfrage *f*
kamusal *adj* öffentlich
kamyon *s* ❶ Last(kraft)wagen *m* ❷ Lastwagenladung *f*
kamyonet (-ti) *s* Lieferwagen *m*
kan *s* ❶ Blut *nt* ❷ (*Familie*) Abstammung *f*; ~ **bağışı** Blutspende *f*; ~ **bankası** Blutbank *f*; ~ **çıbanı** Furunkel *nt*; ~ **davası** Blutrache *f*; ~ **dolaşımı** MED Kreislauf *m*; ~ **grubu** Blutgruppe *f*; ~ **kanseri** Blutkrebs *m*; ~ **kaybı** Blutverlust *m*; ~ **konservesi** Blutkonserve *f*; ~ **küreciği** Blutkörperchen *nt*; ~ **nakli** Bluttransfusion *f*; ~ **örneği** Blutprobe *f*; ~ **şekeri** Blutzucker *m*; **kan şekeri seviyesi** Blutzuckerspiegel *m*; ~ **tahlili** Blutprobe *f*; ~ **zehirlenmesi** Blutvergiftung *f*; **kanı kaynamak** (*fam*) lieb gewinnen (-**e** jdn); (*Jugendliche*) toben
kanaat (-ti) *s* ❶ Genügsamkeit *f* ❷ (*Ansicht*) Meinung *f* ❸ Überzeugung *f*
Kanada **I.** *s* Kanada *nt* **II.** *adj* (*Art*) kanadisch
Kanadalı **I.** *s* Kanadier(in) *m(f)* **II.** *adj* (*Herkunft*) kanadisch
kanaktarım *s* Bluttransfusion *f*
kanal *s* Kanal *m*
kanalizasyon *s* ❶ Kanalisation *f* ❷ Kanalisierung *f*
kanama *s* ❶ *Verbalsubstantiv zu* **kanamak** ❷ Blutung *f*
kanamak *vi* bluten
Kanarya Adaları (-nı) *npl* die Kanarischen Inseln
kanarya kuşu (-nu) *s* Kanarienvogel *m*
kanat (-dı) *s* ❶ Flügel *m*; (*von Fisch*) Flosse *f* ❷ (Tür)flügel *m*
kanca *s* Haken *m*
kancalı *adj* mit Haken; ~ **uç** Widerhaken *m*
kancık (-ğı) **I.** *s* ❶ (*fam*) Verräter(in) *m(f)* ❷ (*vulg*) Weib *nt* ❸ (*von Tieren*) Weibchen *nt* **II.** *adj* ❶ verräterisch ❷ (*Tier*) weiblich
kancıklık (-ğı) *s* (*fam*) Verrat *m*
kandırmak *vt* ❶ *Kausativ zu* **kanmak** ❷ täuschen (-**i** jdn) ❸ überreden (-**i** jdn) ❹ verführen (-**i** jdn) ❺ (*Bedürfnis*) stillen (-**i** etw)
kandil *s* Öllampe *f*
Kandil Gecesi (-ni) *s* *islamisches Fest, an dem nachts die Minarette beleuchtet werden*
kanepe *s* ❶ Sofa *nt* ❷ (Park)bank *f* ❸ Kanapee *nt*
kangal *s* ❶ (Draht)rolle *f* ❷ Wurstkringel *m*

Wer unter Schuppenflechte oder einer Pilzerkrankung leidet, findet vielleicht Hilfe in den **Kangal Kaplıcaları**, dem Heilbad Kangal in Mittelanatolien. Der Patient steigt dort ins Thermalbad, um sich von vielen kleinen (karpfenartigen) Fischen kranke Hautpartien abknabbern zu lassen. Diese Therapie lindert die Beschwerden bei Hauterkrankungen, so dass auch immer häufiger Patienten aus Europa nach Kangal kommen.

kanguru *s* Känguru *nt*
kanı *s* ❶ Meinung *f*, Ansicht *f* ❷ Überzeugung *f*
kanıksamak *vt* ❶ nicht mehr beeindruckt sein (-**i** von etw) ❷ überdrüssig werden (-**i** einer Sache)

kanıt (**-tı**) *s* Beweis *m,* Beweisstück *nt*
kanıtlamak *vt* beweisen (**-i** etw)
kani olmak *vi* überzeugt sein (**-e** von etw)
kanlı *adj* blutig
kanmak (**-ar**) *vt* 1 glauben (**-e** jdm/etw) 2 betrogen werden (**-e** von jdm) 3 sich begnügen (**-e** mit etw) 4 genug haben (**-e** von etw)
kano *s* Kanu *nt*
kanser *s* MED Krebs *m;* ~ **hastası** krebskrank; ~ **yapıcı** krebserregend
kanserli **I.** *adj* krebskrank **II.** *s* Krebskranke(r) *f(m)*
kanserojen *s* Krebserreger *m*
kansız *adj* 1 blutleer, blutlos 2 blutarm 3 (*fam*) gemein
kansızlık (**-ğı**) *s* 1 Blutarmut *f* 2 (*fam*) Gemeinheit *f*
kantar *s* Waage *f*
kantin *s* Kantine *f*
kanton *s* (*der Schweiz*) Kanton *m*
kanun *s* 1 Gesetz *nt,* Recht *nt* 2 Gesetzbuch *nt* 3 *ein Saiteninstrument;* ~ **tasarısı** Gesetzentwurf *m;* ~ **yolu** Rechtsweg *m;* **kanuna aykırı** rechtswidrig
kanunen *adv* gesetzlich
kanuni **I.** *adj* gesetzlich, legal **II.** *s* Kanunspieler(in) *m(f)*
kanunname *s* Gesetzbuch *nt*
kanunsuz *adj* 1 gesetzlos 2 illegal, ungesetzlich
kanyak (**-ğı**) *s* 1 Kognak *m* 2 Weinbrand *m*
kanyon *s* Cañon *m;* ~ **geçişi** Canyoning *nt*
kaos *s* Chaos *nt*
kap (**-bı**) *s* 1 Behälter *m* 2 Buchdeckel *m,* Einband *m* 3 (*Speisenfolge*) Gang *m* 4 Schüssel *f,* Topf *m;* ~ **kacak** Geschirr *nt*
kapak (**-ğı**) *s* 1 Deckel *m* 2 Verschluss *m,* Kappe *f* 3 Klappe *f* 4 (*eines Buches*) Umschlag *m*
kapaklanmak *vi* stolpern
kapaklı *adj* mit Deckel; ~ **su bendi** Schleuse *f*
kapalı *adj* 1 geschlossen 2 (*Weg, Konto*) gesperrt 3 bewölkt, bedeckt 4 (*Licht, Gerät*) ausgeschaltet; ~ **bırakmak** (*Tür*) zulassen (**-i** etw)

Der **Kapalı Çarşı**, der Gedeckte Basar in Istanbul, gehört mit seinen über 3.000 Läden zu den größten Einkaufszentren der Welt. Verkauft werden vornehmlich Teppiche, Goldschmuck und Geschenkartikel. In den überdeckten Ladenstraßen gibt es aber auch viele Künstlerateliers, einen berühmten Gewürzmarkt und natürlich Restaurants.

kapalıyer korkusu (**-nu**) *s* Klaustrophobie *f*
kapamak *vt* 1 zumachen, schließen (**-i** etw) 2 (*Hahn*) abdrehen (**-i** etw) 3 (*Straße*) (ab)sperren (**-i** etw) 4 bedecken (**-i** etw) 5 einsperren, einschließen (**-i** **-e** jdn in etw) 6 (*Sitzung*) schließen (**-i** etw) 7 (*Weg*) verschütten (**-i** etw) 8 (*Loch*) zustopfen (**-i** etw) 9 (*Gerät*) ab-, ausschalten (**-i** etw) 10 (*Gas, Wasser*) abstellen (**-i** etw) 11 (*Thema*) beenden (**-i** etw) 12 (*Appetit*) verschlagen (**-i** etw) 13 (*Telefonhörer*) auflegen (**-i** etw)
kapan *s* Falle *f*
kapanmak *vi* 1 *Passiv zu* **kapamak** 2 zugehen, sich schließen 3 (*Himmel*) sich trüben 4 zuklappen 5 sich zurückziehen (**evine** zu Hause) 6 (*Wunde*) verheilen 7 zu Boden stürzen
kapari *s* Kaper *f*
kaparo *s* Anzahlung *f;* ~ **vermek** eine Anzahlung machen
kapasite *s* 1 Fassungsvermögen *nt,* Kapazität *f* 2 Fähigkeit *f,* Befähigung *f*
kapatmak *vt* 1 *Kausativ zu* **kapamak** 2 stilllegen (**-i** etw) 3 (*Ware*) billig bekommen (**-i** etw) 4 (*Verluste*) gutmachen (**-i** etw) 5 (*Erscheinen einer Zeitung*) einstellen (**-i** etw) 6 (*fam: Mätresse*) aushalten (**-i** jdn)
kapı *s* 1 Tür *f,* Pforte *f* 2 Portal *nt,* Tor *nt* 3 (Dienst)stelle *f* 4 Hintertürchen *nt;* ~ **çalı(nı)yor** es läutet, es klingelt; **birini** ~ **dışarı etmek** (*fam*) jdn vor die Tür setzen; ~ **eşiği** Türschwelle *f;* ~ **kodu** Türcode *m;* ~ **kolu** Türgriff *m;* ~ **mandalı** Türklinke *f;* ~ **otomatiği** elektrischer Türöffner; ~ **sövesi** Türrahmen *m;* ~ **tokmağı** (Tür)klinke *f;* ~ **yapmadan** ohne Umschweife; **kapıya dayanmak** vor der Tür stehen; **kapıya vuruluyor** es klopft; **kapıyı çalmak** an der Tür klingeln; **kapıyı kapa!** mach die Tür zu!; **kapıya vurmak** anklopfen
kapıcı *s* 1 Hauswart(in) *m(f),* Hausmeister(in) *m(f)* 2 Pförtner(in) *m(f)*

Ähnlich dem französichen Concierge gibt es auch in größeren türkischen Mehrfamilienhäusern (den ‚apartmanlar') einen **kapıcı**, einen Hauswart. Ne-

K

ben den üblichen Hausmeistertätigkeiten erledigt er für einzelne Haushalte auch Einkäufe.

kapılmak *vi* ① *Passiv von* **kapmak** ② ergriffen werden (-**e** von etw) ③ hereinfallen (-**e** auf etw/jdn)

kapışmak *vt* ① sich reißen um (-**i** um etw) ② sich heftig streiten, aufeinander losgehen

kapital (-**li**) *s* Kapital *nt*

kapitalist **I.** *s* Kapitalist(in) *m(f)* **II.** *adj* kapitalistisch

kapitalizm *s* Kapitalismus *m*

kapkaç (-**cı**) *s* Diebstahl (*auf offener Straße*)

kapkaççı *s* Dieb(in) *m(f)* (*der auf offener Straße jdm die Handtasche entreißt und flieht*)

kapkaranlık (-**ğı**) *adj* stockdunkel

kaplam *s* Umfang *m*

kaplama *s* ① *Verbalsubstantiv zu* **kaplamak** ② Deckschicht *f;* ~ **tahta** Sperrholz *nt;* ~ **tahtaları** Edelhölzer *pl*

kaplamak *vt* ① (*Buch*) einbinden (-**i** -**e**/**ile** etw in etw) ② (*mit Stoff*) überziehen (-**i** -**e**/**ile** etw mit etw) ③ belegen (-**i** -**e**/**ile** etw mit etw) ④ (*Lärm, Ruhe*) erfüllen, sich ausbreiten (-**i** in etw)

kaplan *s* Tiger *m*

kaplıca *s* ① Kurort *m,* Heilbad *nt* ② Mineralquelle *f* ③ Thermalquelle *f*

kaplumbağa *s* Schildkröte *f;* ~ **gibi** im Schneckentempo

kapmak (-**ar**) *vt* ① packen, greifen (-**i** etw) ② wegnehmen, entreißen (-**i** etw) ③ fangen (-**i** etw) ④ schnell lernen, begreifen (-**i** etw) ⑤ (*Krankheit*) sich zuziehen (-**i** etw) ⑥ (*Schlechtes*) sich angewöhnen (-**i** etw)

kapris *s* Laune *f*

kaprisli *adj* launisch

kapsam *s* ① (*Inhalt*) Gehalt *m* ② (*Ausmaß*) Umfang *m*

kapsamak *vt* ① (*umfassen*) beinhalten, enthalten (-**i** etw) ② (*aufnehmen können*) fassen (-**i** etw)

kapsamlı *adj* umfangreich, umfassend

kapsül *s* Kapsel *f*

kaptan *s* Kapitän *m*

kapüşon *s* Kapuze *f*

kar *s* ① Schnee *m* ② Gewinn *m,* Profit *m;* ~ **etmek** gewinnen, profitieren; ~ **getirmek** Gewinn bringen; ~ **gibi** schneeweiß; ~ **marjı** COMM Gewinnmarge *f;* ~ **payı** Gewinnanteil *m;* ~ **tanesi** Schneeflocke *f;* ~ **topu** Schneeball *m;* ~ **yağıyor** es schneit; ~ **zinciri** Schneekette *f*

kara **I.** *s* Land *nt,* Kontinent *m,* Festland *nt;* ~ **ordusu** Bodentruppen *pl;* ~ **suları** Hoheitsgewässer *nt;* **karada** zu Lande; **karaya çıkmak** an Land gehen; **karaya oturmak** stranden **II.** *adj* ① (*a. fig*) schwarz ② dunkel ③ finster ④ (*Omen*) böse; ~ **çalmak** anschwärzen, verleumden (-**e** jdn); ~ **delik** ASTRON schwarzes Loch *nt;* ~ **gözlü** mit schwarzen Augen, schwarzäugig; ~ **gün dostu** bewährter Freund; ~ **iskorçina** Schwarzwurzel *f;* ~ **kabuk midyesi** Miesmuschel *f;* ~ ~ **düşünmek** trübsinnig werden, grübeln; ~ **kurbağa** Kröte *f;* ~ **kutu** Flugschreiber *m,* Blackbox *f;* ~ **para** Schwarzgeld *nt*

karaağaç (-**cı**) *s* Ulme *f*

karabasan *s* ① Albtraum *m* ② innere Unruhe

karabaş *s* Lavendel *m;* ~ **yağı** Lavendelöl *nt*

karabatak (-**ğı**) *s* Kormoran *m*

karabiber *s* (schwarzer) Pfeffer *m*

karabina *s* Karabiner *m*

karaborsa *s* Schwarzmarkt *m*

karaborsacı *s* Schwarzhändler(in) *m(f)*

karaca **I.** *adj* schwärzlich **II.** *s* ① Reh *nt* ② Oberarm *m*

karaciğer *s* Leber *f*

karaçam *s* Schwarzkiefer *f*

Karadağ *s* Montenegro *nt*

Karadeniz *s* das Schwarze Meer; ~ **Dağları** Pontisches Gebirge *nt*

Karagöz ve Hacivat sind die Hauptfiguren des gleichnamigen türkischen Schattentheaters. Während Karagöz (‚Schwarzauge') zwar ungebildet aber gewitzt ist, ist sein Gegenspieler Hacivat ein Intellektueller mit wenig Lebensweisheit. Karagöz treibt zur Freude der Zuschauer seine derben Späße mit Hacivat.

karahindiba *s* Löwenzahn *m*

Karaipler (**Denizi**) *s* Karibik *f*

karakol *s* ① Polizeiwache *f* ② (bewaffnete) Streife *f* ③ Wache *f*

karakter *s* Charakter *m*

karakteristik (-**ği**) **I.** *s* Charakteristik *f* **II.** *adj* charakteristisch, kennzeichnend

karakterize etmek *vt* charakterisieren (-**i** etw/jdn)

karaktersiz *adj* charakterlos
karalama *s* ① *Verbalsubstantiv zu* **karalamak** ② Entwurf *m* ③ (*pej*) Gekritzel *nt* ④ (*pej*) Verleumdung *f;* ~ **kâğıdı** Schmierzettel *m;* ~ **kampanyası** Schmutzkampagne *f*
karalamak *vt* ① schwärzen (**-i** etw) ② ausstreichen, durchstreichen (**-i** etw) ③ kritzeln (**-i** etw) ④ hinschmieren (**-i** etw) ⑤ (grob) skizzieren ⑥ (*pej*) verleumden, schlechtmachen (**-i** jdn)
karambolaj *s* Karambolage *f*
karamela *s* Karamell *m*
karamsar **I.** *s* Pessimist(in) *m(f)* **II.** *adj* pessimistisch
karamsarlık (**-ğı**) *s* Pessimismus *m*
karanfil *s* Nelke *f*
karanlık (**-ğı**) **I.** *s* ① Dunkelheit *f* ② Unklarheit *f* **II.** *adj* ① (*a. fig*) dunkel ② unklar ③ illegal, schwarz; ~ **basınca** bei Einbruch der Dunkelheit; ~ **oda** Dunkelkammer *f;* **karanlıkta** im Dunkeln
karantina *s* Quarantäne *f*
Karaorman *s* Schwarzwald *m*
karar *s* ① Entscheidung *f* ② Urteil *nt* ③ Schätzung *f* ④ Ausgewogenheit *f* ⑤ das richtige Maß; **bir şeyde/birinde** ~ **kılmak** sich für etw/jdn entscheiden; ~ **vermek** eine Entscheidung treffen, sich entscheiden, ein Urteil fällen
karargah *s* Lager *nt;* (*Stabs-*) Quartier *nt*
kararlamak *vt* (ab)schätzen (**-i** etw)
kararlaştırmak *vt* ① (gemeinsam) beschließen (**-i** etw) ② entscheiden (**-i** etw) ③ (*Datum*) festlegen (**-i** etw) ④ festsetzen, vereinbaren (**-i** etw)
kararlı *adj* entschlossen, entschieden
kararlılık (**-ğı**) *s* Entschlossenheit *f*
kararmak *vi* ① (*Raum*) dunkel werden ② (*Sache*) schwarz werden ③ (*Haut*) braun werden; **ortalık** [*o* **hava**] **kararıyor** es dämmert
kararname *s* Erlass *m*
kararsız *adj* ① unentschlossen, unschlüssig ② unbeständig, veränderlich ③ wankelmütig ④ zögernd
kararsızlık (**-ğı**) *s* ① Unentschlossenheit *f,* Unschlüssigkeit *f* ② Zögern *nt,* Bedenken *nt* ③ Unbeständigkeit *f* ④ Wankelmut *m*
karartmak *vt* ① *Kausativ zu* **kararmak** ② schwärzen (**-i** etw) ③ dunkel machen, verdunkeln (**-i** etw) ④ (*Haut*) bräunen (**-i** etw)
karasaban *s* Pflug *m*
karasal *adj* kontinental
karasuları (**-nı**) *npl* Territorialgewässer *pl*
karatahta *s* ① schwarzes Brett ② (*Schul-*) Tafel *f*
karatavuk (**-ğu**) *s* Amsel *f*
karate *s* Karate *nt*
karavan *s* Wohnwagen *m;* ~ **turizmi** Wohnwagentourismus *m*
karavana *s* (große) Essschüssel *f*
karayılan *s* Natter *f*
karayolu (**-nu**) *s* ① Fernstraße *f* ② Landweg *m*
karbon *s* Kohlenstoff *m;* ~ **diyoksit** Kohlendioxid *nt;* ~ **kâğıt** Kohlepapier *nt,* Durchschlagpapier *nt*
karbonat (**-tı**) *s* Karbonat *nt*
karbonhidrat (**-tı**) *s* Kohlenhydrat *nt*
karbüratör *s* Vergaser *m*
kardan adam *s* Schneemann *m*
kardeş *s* Bruder *m,* Schwester *f;* **kardeşler** Geschwister *pl*
kardeşçe *adj, adv* brüderlich
kardeşlik (**-ği**) *s* ① Brüderlichkeit *f* ② Brüderschaft *f*
kardinal (**-li**) *s* Kardinal *m*
kare *s* ① Karo *nt* ② Quadrat *nt;* ~ **şeklinde** quadratisch
karekök (**-kü**) *s* (Quadrat)wurzel *f;* **karekökünü almak** die Wurzel ziehen (**-in** von etw)
kareli *adj* kariert
karga *s* ① Krähe *f* ② Rabe *m*
kargaşa(lık) (**-ğı**) *s* ① Durcheinander *nt,* Chaos *nt* ② Unordnung *f* ③ Unruhe *f*
kargı *s* ① Lanze *f* ② Spieß *m*
kargo *s* ① Fracht *f* ② Frachtschiff *nt*
karı *s* ① (*fam*) (Ehe)frau *f* ② (*pej*) Weib *nt*
karıkoca *npl* (*fam*) Eheleute *pl,* Ehepaar *nt*
karın (**-rnı**) *s* Bauch *m;* ~ **ağrısı** Bauchschmerzen *pl;* (*lästig*) nervtötend; **karnı aç** hungrig; **karnım acıktı** ich habe Hunger; **karnım ağrıyor** ich habe Bauchschmerzen; **karnım doydu** ich bin satt
karınca *s* Ameise *f;* ~ **yuvası** Ameisenhaufen *m*
karıncalanmak *vi* ① (*Bein, Arm*) einschlafen ② von Ameisen wimmeln
karınlı *adj* mit Bauch; (*Vase*) bauchig
karınzarı (**-nı**) *s* Bauchfell *nt;* ~ **iltihabı** Bauchfellentzündung *f*
karış *s* (*Hand-*) Spanne *f*
karışık (**-ğı**) *adj* ① gemischt ② kompli-

K

ziert ③ undeutlich ④ (*Zimmer*) unordentlich ⑤ (*Geist*) verwirrt ⑥ (*Haare*) zerzaust ⑦ (*Lage*) unklar; ~ **ızgara** Grillplatte *f;* ~ **içki** Mixgetränk *nt*

karışıklık (**-ğı**) *s* ① Durcheinander *nt* ② Unordnung *f* ③ (*einer Lage*) Unklarheit *f* ④ Aufruhr *f,* Unruhe *f*

karışım *s* Gemisch *nt,* Mischung *f*

karışmak *vi* ① sich mischen ② durcheinandergeraten ③ (*Wasser*) trübe werden ④ eingreifen, sich einmischen (**-e** in etw) ⑤ sich verwickeln, sich verwirren ⑥ (*Sache*) unklar werden ⑦ verwechselt werden ⑧ sich kümmern um (**-e** um etw) ⑨ (*Fluss*) münden (**-e** in etw) ⑩ untergehen (**-e** in etw)

karıştırıcı *s* ① Störsender *m* ② (*gegen Radios, Handys*) Störgerät *nt*

karıştırmak *vt* ① *Kausativ zu* **karışmak** ② (ver)mischen (**-i -e** etw mit etw) ③ verkomplizieren (**-i** etw) ④ (*Karten*) mischen (**-i** etw) ⑤ durcheinanderbringen (**-i** etw/jdn) ⑥ verwechseln (**-i** etw) ⑦ durchblättern (**-i** etw) ⑧ durchwühlen (**-i** etw) ⑨ (*Radiosender*) stören (**-i** etw)

karides *s* ① Garnele *f* ② Krabbe *f*

karikatür *s* Karikatur *f*

karikatürize etmek *vt* karikieren (**-i** etw/jdn)

karikatürleştirmek *vt* karikieren (**-i** etw/jdn)

kariyer *s* Karriere *f,* Laufbahn *f;* ~ **merdiveni** Karriereleiter *f*

kariyerist (**-ti**) *s* Karrieremacher *m*

karlı *adj* ① verschneit ② gewinnbringend, rentabel ③ nützlich, vorteilhaft; **bir işten ~ çıkmak/çıkmamak** bei einer Sache gut/schlecht wegkommen

karlılık (**-ğı**) *s* Rentabilität *f*

karmakarışık (**-ğı**) *adj* ① durcheinander ② (*Lage*) vollkommen unklar ③ ganz unverständlich

karmakarışıklık (**-ğı**) *s* ① Durcheinander *nt* ② Unklarheit *f* ③ Unverständlichkeit *f*

karmaşık (**-ğı**) *s, adj* kompliziert

karmaşıklık (**-ğı**) *s* Verwicklung *f,* Komplikation *f*

karnabahar *s* Blumenkohl *m*

karnaval *s* Karneval *m,* Fasching *m*

karne *s* ① Zeugnis *nt* ② Lebensmittelkarte *f*

karnı (**-nı**) *s Possessivform zu* **karın** sein/ihr Bauch *nt*

karnıyarık (**-ğı**) *s ein Gericht mit gefüllten Auberginen*

karni *s* Retorte *f*

karoseri *s* (*eines Autos*) Karosserie *f*

karpuz *s* Wassermelone *f*

karşı **I.** *präp* ① gegen (**-e** +*akk*) ② (*räumlich*) gegenüber (**-e** +*dat*); (*sich bewegend*) auf ... zu (**-e** +*akk*); **buna ~** dagegen **II.** *s* Gegenüber *nt* **III.** *adv* ① gegenüber ② entgegen **IV.** *adj* ① gegnerisch ② entgegengesetzt ③ gegenüberliegend; **~ çıkmak** [*o* **gelmek**] widersprechen (**-e** jdm); **~ hücum** Gegenangriff *m;* **~ karşıya** einander gegenüber, entgegengesetzt; **~ koymak** Widerstand leisten (**-e** jdm/etw); **birine/bir şeye ~ olmak** gegen jdn/etw sein; **~ önlem** [*o* **tedbir**] Gegenmaßnahme *f;* **~ taraf** gegenüberliegende Seite; JUR Gegenpartei *f;* **~ teklif** Gegenvorschlag *m;* **karşıda** gegenüber, auf dem anderen Ufer; **karşıdaki** gegenüberliegend; **karşısına** auf ... zu (**-in** jdn/etw); **karşısında** gegenüber, angesichts (**-in** einer Sache)

karşıcılık (**-ğı**) *s* Opposition *f,* Gegnerschaft *f*

karşıcinsel *adj* heterosexuell

karşıcinsellik (**-ği**) *s* Heterosexualität *f*

karşılamak *vt* ① (*zum Empfang*) entgegengehen (**-i** jdm), abholen (**-i** jdn) ② empfangen, begrüßen (**-i** jdn) ③ (*Kosten*) bestreiten (**-i** etw) ④ (*Bedarf*) decken (**-i** etw) ⑤ (*Verluste*) gutmachen (**-i** etw) ⑥ (*Krankheit*) entgegenwirken (**-i** einer Sache) ⑦ aufnehmen (**-i** etw)

karşılaşma *s* ① *Verbalsubstantiv zu* **karşılaşmak** ② (zufällige) Begegnung *f* ③ Wettkampf *m*

karşılaşmak *vi* ① sich begegnen ② begegnen (**ile** jdn), treffen (**ile** jdn) ③ stoßen auf (**ile** auf etw) ④ einen Wettkampf austragen

karşılaştırma *s* ① *Verbalsubstantiv zu* **karşılaştırmak** ② Vergleich *m*

karşılaştırmak *vt* ① *Kausativ zu* **karşılaşmak** ② vergleichen (**-i ile** etw/jdn mit etw/jdm) ③ gegenüberstellen, konfrontieren (**-i ile** jdn mit etw/jdm)

karşılık (**-ğı**) **I.** *s* ① Entgegnung *f* ② Entgelt *nt* ③ Ersatz *m* ④ Gegenstück *nt,* Pendant *nt* ⑤ Aufnahme *f* ⑥ (*Gegenwert*) Preis *m;* **~ vermek** antworten, entgegnen; (*pej*) eine freche Antwort geben (**-e** jdm); **karşılıkta bulunmak** sich revanchieren **II.** *präp* ① im Gegensatz zu (**-e** +*dat*) ② (als Ersatz) für (**-e** +*akk*); **buna ~** demgegenüber; **karşılığında** (*als Gegenleistung, Ersatz*) gegen, für (**-in** etw); **100 euro karşılığında Türk lirası istiyorum** ich möchte 100 Euro in türkische

Lira wechseln

karşılıklı I. *adj* ① gegenseitig ② gegenüberliegend II. *adj* (*sitzen*) gegenüber

karşılıksız *adj* (*Scheck*) ungedeckt

karşın *präp* trotz (-**e** +*gen*)

karşıt (-**tı**) I. *adj* ① entgegengesetzt ② (*mit Possessivendung*) gegen ... eingestellt, ...-feindlich, anti-; ~ **oy** Gegenstimme *f*; **kadın karşıtı** frauenfeindlich; **insan karşıtı** menschenverachtend II. *s* ① Gegenteil *nt* ② Gegensatz *m*, Kontrast *m* ③ (*mit Possessivendung*) -gegner(in) *m(f)*; **savaş karşıtı** Kriegsgegner(in) *m(f)*

kart (-**tı**) I. *adj* ① (*Person*) nicht mehr jung ② (*Obst*) nicht mehr frisch II. *s* (*Post-, Visiten-*) Karte *f*

kartal *s* Adler *m*; ~ **yuvası** Adlerhorst *m*

kartlı telefon *s* Kartentelefon *nt*

karton I. *s* ① Karton *m*, Pappe *f* ② (*Zigaretten-*) Stange *f* II. *adj* aus Pappe, Papp-; ~ **kutu** Pappkarton *m*, Schachtel *f*

kartotek (-**ği**) *s* Kartei *f*

kartpostal *s* Postkarte *f*

kartvizit (-**ti**) *s* Visitenkarte *f*

karyola *s* Bettgestell *nt*

kas *s* Muskel *m*; ~ **tutukluğu** Muskelkater *m*

kasa *s* ① Kasse *f* ② SPORT Kasten *m* ③ (*Bier-*) Kasten *m* ④ Safe *m*, Tresor *m*

kasaba *s* Kleinstadt *f*, Provinzstadt *f*

kasalı telefon *s* Münzfernsprecher *m*

kasap (-**bı**) *s* Metzger *m*, Fleischer *m*; ~ **dükkanı** Metzgerei *f*

kasaplık hayvan *s* Schlachtvieh *nt*

kase *s* Schale *f*, Schüssel *f*

kaset (-**ti**) *s* Kassette *f*

kasetçalar *s* Kassettenrecorder *m*

kasetli *adj* mit Kassette(n); ~ **radyo** Radiorecorder *m*; ~ **teyp** Kassettenrekorder *m*

kasık (-**ğı**) *s* Leiste *f*

kasıkçatlağı (-**nı**) *s* Leistenbruch *m*

kasılmak *vi* ① *Passiv zu* **kasmak** ② sich zusammenziehen ③ (*fam*) wichtigtun

kasıl sarsılma *s* (Muskel)zuckung *f*

kasım *s* November *m*

kasınç (-**cı**) *s* Krampf *m*

kasınçlı *adj* verkrampft

kasır (-**srı**) *s* (*Lustschloss*) Schlösschen *nt*

kasırga *s* Orkan *m*, Wirbelsturm *m*, Wirbelwind *m*

kasıt (-**stı**) *s* ① Vorsatz *m*, Absicht *f* ② Zweck *m*

kasıtlı *adj* vorsätzlich

kasiyer *s* Kassierer(in) *m(f)*

kaskatı *adj* stocksteif, steinhart

kasket (-**ti**) *s* Schirmmütze *f*

kasko *s* Kasko *m*; ~ **sigortası** Kaskoversicherung *f*

kaslı *adj* muskulös

kasmak (-**ar**) *vt* ① kürzer machen, schmäler machen (-**i** etw) ② (*Gürtel*) enger schnallen (-**i** etw) ③ (*fig*) unter Druck setzen (-**i** jdn) ④ (*Muskeln*) anspannen (-**i** etw); **kasıp kavurmak** tyrannisieren (-**i** jdn)

kasnak (-**ğı**) *s* ① Reifen *m* ② Riemenscheibe *f* ③ (*Holz-, Stick-*) Rahmen; **kasnaklı fren** Scheibenbremse *f*

kasrı (-**nı**) *s Possessivform zu* **kasır** sein/ihr Schlösschen *nt*

kast (-**tı**) *s* Kaste *f*

kastanyet (-**ti**) *s* Kastagnetten *pl*

kasten *adv* ① absichtlich, mit Vorbedacht ② JUR vorsätzlich

kastetmek (-**der**) *vt* ① beabsichtigen (-**i** etw) ② meinen, sagen wollen (-**i ile** etw mit etw) ③ es abgesehen haben (-**e** auf jdn)

kastı (-**nı**) *s Possessivform zu* **kasıt** die Absicht zu ...

kasti *adj* vorsätzlich

Kastil(ya) *s* Kastilien *nt*

kasvet (-**ti**) *s* bedrückendes Gefühl

kasvetli *adj* ① (*Ort*) düster ② öde, trostlos ③ (*Stimmung*) verdrießlich

kaş *s* ① Augenbraue *f* ② (*von Juwel*) Fassung *f*; ~ **çatmak** die Stirn runzeln; ~ **kalemi** Augenbrauenstift *m*; **kaşla göz arasında** (*fam*) im Handumdrehen, in null Komma nichts

kaşar *s* türkischer Hartkäse

kaşık (-**ğı**) *s* Löffel *m*; ~ **çatal bıçak** Besteck *nt*; ~ **dolusu** ein Löffel voll

kaşımak *vt* kratzen (-**i** an etw)

kaşındırmak *vt* ① *Kausativ zu* **kaşınmak** ② jucken (-**i** jdn)

kaşınmak *vi* ① *Reflexiv zu* **kaşımak** ② jucken ③ sich kratzen

kaşıntı *s* Juckreiz *m*

kaşıntılı *s* kratzig *m*

kaşif *s* Entdecker(in) *m(f)*

kaşlamak *vt* (*Edelstein*) fassen (-**i** etw)

kat (-**tı**) *s* ① Schicht *f* ② Stockwerk *nt*, Stock *m* ③ Vielfaches *nt* ④ (*mit Zahl*) Mal *nt*, -mal, -fach; ~ ~ **kesim** (*Haarschnitt*) Stufenschnitt *m*; ~ **mülkiyeti** *Eigentumsrecht an einer Etagenwohnung*; **bin** ~ tausendfach;

bin katı tausendmal so viel

katafot (-tu) *s* Rückstrahler *m*

katakomp (-pu) *s* Katakomben *pl*

katalizatör *s* (*Auto*) Katalysator *m*

katalog (-ğu) *s* Katalog *m*

Katalonya *s* Katalonien *nt*

katarakt (-tı) *s* MED grauer Star

katedral (-li) *s* Dom *m*, Kathedrale *f*

kategori *s* Kategorie *f*

katetmek (-der) *vt* ① (*eine Strecke*) zurücklegen (-**i** etw) ② überqueren (-**i** etw) ③ (zer)teilen, (zer)schneiden (-**i** etw)

katı *adj* ① (*nicht flüssig*) fest ② (*nicht weich*) hart ③ (*steif*) starr ④ (*hart*) streng ⑤ (*Fleisch*) zäh ⑥ (*fig*) gefühllos; ~ **kalpli** [*o* **yürekli**] hartherzig

katılaşmak *vi* ① hart werden ② erstarren ③ sich verhärten ④ strenger werden ⑤ gefühllos werden

katılık (-ğı) *s* ① Härte *f* ② Strenge *f* ③ (*fig*) Gefühllosigkeit *f*

katılım *s* Teilnahme *f*, Beitritt *m*; ~ **görüşmeleri** POL Beitrittsgespräche *pl*; ~ **ücreti** Teilnahmegebühr *f*

katılımcı *s* Teilnehmer(in) *m(f)*

katılma *s* ① *Verbalsubstantiv zu* **katılmak** ② Beitritt *m* ③ Teilnahme *f*; ~ **şartları** Teilnahmebedingungen *pl*

katılmak *vi* ① *Passiv zu* **katmak** ② sich anschließen (-**e** jdm) ③ (*einem Verein*) beitreten (-**e** einer Sache) ④ sich beteiligen (-**e** an etw) ⑤ teilnehmen, teilhaben (-**e** an etw) ⑥ sich (ver)mischen (-**e** mit etw) ⑦ sich nicht mehr halten können (**gülmekten** vor Lachen)

katım *s* Hinzufügung *f*

katır *s* Maultier *nt*

katırtırnağı (-nı) *s* Ginster *m*

katıştırmak *vt* beigeben (-**i** -**e** etw einer Sache)

kati *adj* ① endgültig, unwiderruflich ② unanfechtbar

katil *s* Mörder(in) *m(f)*

katil (-tli) *s* Mord *m*; **katle teşebbüs** Mordversuch *m*

katip (-bi) *s* Schreiber(in) *m(f)*

katiyen *adv* ① definitiv ② (*bei Verneinung*) keinesfalls, keineswegs

katiyet (-ti) *s* ① Endgültigkeit *f*, Unwiderruflichkeit *f* ② Unanfechtbarkeit *f*

katkı *s* ① Beitrag *m* ② Zugabe *f*, Zusatz *m*; **katkıda bulunmak** einen Beitrag leisten (-**e** zu etw); ~ (**maddesi**) Zusatzstoff *m*

katlamak *vt* ① zusammenlegen, falten (-**i** etw) ② falzen (-**i** etw) ③ zusammenklappen (-**i** etw) ④ (*um ein Vielfaches*) erhöhen, vermehren (-**i** etw)

katlanmak *vi* ① *Passiv zu* **katlamak** ② sich abfinden (-**e** mit etw) ③ ertragen, erdulden (-**e** jdn/etw) ④ durchmachen (-**e** etw) ⑤ sich um ein Vielfaches erhöhen, sich vermehren; **ikiye/üçe** ~ sich verdoppeln/verdreifachen

katletmek (-der) *vt* ermorden (-**i** jdn)

katlı *adj* -stöckig; **dokuz** ~ neunstöckig

katli (-ni) *s Possessivform zu* **katil** der Mord an ...

katliam *s* Gemetzel *nt*

katma **I.** *s Verbalsubstantiv zu* **katmak** **II.** *adj* zusätzlich, Zusatz-; ~ **değer** Mehrwert *m*; ~ **değer vergisi** Mehrwertsteuer *f*

katmak (-ar) *vt* ① beigeben, hinzufügen, dazutun (-**i** -**e** etw zu etw) ② (*jdn an etwas*) beteiligen (-**i** jdn an etw) ③ als Begleitung mitgeben (-**i** -**e** jdn jdm); **birbirlerine** ~ gegeneinander aufhetzen (-**i** jdn)

Katolik (-ği) **I.** *s* Katholik(in) *m(f)* **II.** *adj* katholisch

Katolisizm *s* Katholizismus *m*

katran *s* Teer *m*; ~ **ağacı** Zeder *f*

katranlı *adj* ① geteert ② teerhaltig

katrilyon *s* Billiarde *f*

katyuvarı (-nı) *s* Stratosphäre *f*

kauçuk (-ğu) *s* Gummi *m o nt*; ~ **ağacı** Gummibaum *m*

kav *s* ① Spieleinsatz *m* ② Zunder *m*

kavak (-ğı) *s* Pappel *f*

kaval *s* Hirtenflöte *f*

kavalye *s* ① Kavalier *m* ② Tanzpartner *m*

kavanoz *s* ① (größeres) Glasgefäß *nt* ② Einmachglas *nt*

kavga *s* ① Streit *m*, Zank *m* ② Kampf *m*; **biriyle** ~ **çıkarmak** mit jdm Streit anfangen; ~ **etmek** sich streiten, sich zanken

kavgacı **I.** *s* (*fam*) Raufbold *m*, Schläger *m* **II.** *adj* streitsüchtig

kavgalı *adj* ① strittig, umstritten ② verfeindet

kavim (-vmi) *s* Volksstamm *m*

Kavimler Göçü (-nü) *s* Völkerwanderung *f*

kavis (-vsi) *s* Bogen *m*

kavram *s* Begriff *m*

kavramak *vt* ① fassen, ergreifen, packen (-**i** etw/jdn) ② (*geistig*) begreifen, erfassen (-**i** etw) ③ sich ausdehnen (-**i** auf etw)

kavrayış *s* ① Begriffsbildung *f* ② Fassungsvermögen *nt*

kavrulmak *vi* ① *Passiv zu* **kavurmak** ② im Wachstum zurückbleiben ③ (*Pflanzen*) verkümmern

kavrulmuş *adj* (*Kaffee*) geröstet

kavşak (**-ğı**) *s* ① (Straßen)kreuzung *f* ② (*zweier Flüsse*) Zusammenfluss *m*

kavuk (**-ğu**) *s* ① Turban *m* ② Harnblase *f*

kavun *s* Honigmelone *f*

kavuniçi *adj* orange(farben)

kavurmak *vt* ① (*Speise, Kaffee*) rösten (**-i** etw) ② ausdörren (**-i** etw)

kavuşma *s* ① *Verbalsubstantiv zu* **kavuşmak** ② Wiedersehen *nt*

kavuşmak *vi* ① (*Ziel*) erreichen (**-e** etw) ② (*Fluss, Straße*) münden (**-e** in etw) ③ (*nach langer Trennung*) wiedersehen (**-e** jdn) ④ (endlich) erlangen (**-e** etw) ⑤ (*Kleidungsstück*) sich schließen

kavuşturmak *vt* ① *Kausativ zu* **kavuşmak** ② (*Arme*) kreuzen, verschränken; (*Hände*) falten (**-i** etw) ③ (wieder)vereinigen (**-i -e** jdn mit jdm)

kaya *s* Fels *m;* ~ **gibi** felsenfest

kayak (**-ğı**) *s* Ski *m;* ~ **değneği** Skistock *m;* ~ **elbisesi** Skianzug *m;* ~ **gözlüğü** Skibrille *f;* ~ **kunduRası** Skistiefel *m;* ~ **kursu** Skikurs *m;* ~ **öğretmeni** Skilehrer(in) *m(f);* ~ **parkuru** [*o* **yolu**] Loipe *f;* ~ **pisti** Skipiste *f;* ~ **sporu** Skisport *m;* ~ **takımı** Skiausrüstung *f;* ~ **yapmak** [*o* **kaymak**] Ski fahren [*o* laufen]

kayakçı *s* Skifahrer(in) *m(f)*

kayakçılık (**-ğı**) *s* Skisport *m*

kayalık (**-ğı**) **I.** *s* ① felsige Gegend ② Felsenriff *nt* **II.** *adj* felsig

kaybetmek (**-der**) *vt* verlieren (**-i** etw/jdn)

kaybı (**-nı**) *s Possessivform zu* **kayıp** der Verlust von ...

kaybolmak *vi* ① verloren gehen ② verschwinden

kaydedilebilir *adj* (*Kassette*) bespielbar; (*Diskette, CD*) beschreibbar

kaydetmek (**-der**) *vt* ① eintragen (**-i -e** etw/jdn in etw) ② (*Sendung*) aufzeichnen (**-i** etw) ③ (*Verluste*) verzeichnen (**-i** etw) ④ bemerken (**-i** etw) ⑤ INFORM (*Daten*) speichern (**-i** etw)

kaydı (**-nı**) *s Possessivform zu* **kayıt** der Eintrag von ...

kaydırmak *vt* ① *Kausativ zu* **kaymak** ② wegschieben, wegrücken (**-i** etw); **birini başka bir göreve** ~ (*Beamter*) jdn versetzen

kaydiye *s* Anmeldegebühr *f*

kaydolmak *vt* ① *Passiv zu* **kaydetmek** ② (*in einer Schule*) sich anmelden; (*an einer Universität*) sich einschreiben (**-e** in etw) ③ (*Vorlesung*) belegen (**-e** etw)

kaygan *adj* glatt, glitschig

kaygı *s* ① Kummer *m* ② Unruhe *f* ③ Zweifel *m*

kaygılanmak *vi* sich Sorgen machen

kaygılı *adj* ① besorgt ② unruhig

kaygısız *adj* sorglos, unbesorgt

kayık (**-ğı**) **I.** *s* Boot *nt,* Kahn *m* **II.** *adj* nach einer Seite gerutscht

kayın *s* ① Buche *f* ② Schwager *m* (*Bruder des Ehepartners*)

kayınbirader *s* Schwager *m* (*Bruder des Ehepartners*)

kayınpeder *s* Schwiegervater *m*

kayınvalide *s* Schwiegermutter *f*

kayıp (**-ybı**) **I.** *s* ① Verlust *m* ② Vermisste(r) *f(m)* **II.** *adj* ① verloren ② verschwunden ③ vermisst ④ verschollen; ~ **eşya bürosu** Fundbüro *nt*

kayırıcı *s* ① Fürsprecher(in) *m(f)* ② Gönner(in) *m(f)*

kayırış *s* Fürsprache *f*

kayırmak *vt* sich einsetzen (für), fördern (**-i** jdn)

kayısı *s* Aprikose *f;* ~ **ağacı** Aprikosenbaum *m*

kayış *s* ① (*Trag-*) Gurt *m,* Riemen *m* ② Gürtel *m* ③ Uhrarmband *nt;* ~ **gibi** zäh wie Leder; (*Haut*) schwarzbraun

kayıt (**-ydı**) *s* ① (*Tonband-*) Aufnahme *f* ② TV Aufzeichnung *f* ③ Buchung *f* ④ Einschreibung *f* ⑤ Klausel *f* ⑥ (*im Buch*) Register *nt* ⑦ Vermerk *m,* Eintragung *f* ⑧ Einschränkung *f;* ~ **cihazı** Aufnahmegerät *nt;* ~ **dışı ekonomi** Schattenwirtschaft *f;* ~ **süresi** Meldefrist *f;* **kayda değer** bemerkenswert; **kayda geçirmek** registrieren (**-i** etw)

kayıtlı **I.** *adj* ① registriert, eingetragen ② gebucht ③ (*Schüler, Studenten*) eingeschrieben **II.** *adv* mit Vorbehalt

kayıtsız *adj* ① gleichgültig ② sorglos, unbekümmert ③ fahrlässig ④ nicht eingetragen ⑤ unangemeldet; ~ **şartsız** bedingungslos

kayıtsızlık (**-ğı**) *s* ① Fahrlässigkeit *f* ② Gleichgültigkeit *f* ③ Sorglosigkeit *f,* Unbekümmertheit *f*

kaymak (**-ar**) *vi* ① gleiten ② rutschen ③ (*zur Seite*) weichen ④ (*Schlittschuh oder Ski*)

K

laufen

kaymak (**-ğı**) *s* Sahne *f,* Rahm *m*

kaymakam *s* Landrat *m*

kaymaklı *adj* mit Sahne; ~ **dondurma** Sahneeis *nt*

kaynak (**-ğı**) *s* ① (*a. fig*) Quelle *f* ② Ressource *f* ③ Schweißung *f,* Schweißstelle *f;* ~ **kodu** INFORM Quellcode *m;* ~ **yapmak** schweißen; **emin kaynaktan** aus zuverlässiger Quelle

kaynakçı *s* Schweißer *m*

kaynamak *vi* ① kochen, sieden ② (her-vor)quellen, sprudeln ③ (*Most*) gären ④ (*Magen*) rumoren ⑤ (*massenhaft vorhanden sein*) wimmeln (von) ⑥ (*fig*) ins Wasser fallen

kaynama noktası (**-nı**) *s* Siedepunkt *m*

kaynana *s* Schwiegermutter *f;* ~ **zırıltısı** (*fam*) Klapper *f,* Rassel *f*

kaynar *adj* kochend, siedend

kaynarca *s* (warme) Mineralquelle *f*

kaynaşma *s* ① *Verbalsubstantiv zu* **kaynaşmak** ② Unruhe *f*

kaynaşmak *vi* ① (*Stoffe*) sich verbinden (**ile** mit etw) ② wimmeln (von) ③ miteinander warmwerden

kaynata *s* Schwiegervater *m*

kaynatmak *vt* ① *Kausativ zu* **kaynamak** ② kochen, sieden (**-i** etw) ③ schweißen (**-i** etw) ④ (*fam*) tratschen

kayra *s* Freundlichkeit *f,* Gunst *f*

kayrak (**-ğı**) *s* ① Skigelände *nt* ② Schiefer *m*

Kayseri *s anatolische Stadt östlich des Tuzgölü*

kayyum *s* Moscheediener *m,* Küster *m*

kaz *s* Gans *f;* ~ **kafalı** (*fam*) dumm, beschränkt; ~ **kızartması** Gänsebraten *m*

kaza *s* ① Unfall *m* ② Urteil *nt* ③ Gerichtsbarkeit *f* ④ Landkreis *m* ⑤ *Nachholen einer religiösen Pflicht;* ~ **geçirmek** verunglücken, einen Unfall haben; ~ **halinde** bei Unfall; ~ **sigortası** Unfallversicherung *f;* **kazaya kurban gitmek** tödlich verunglücken; **kazaya uğramak** einen Unfall haben; (*tragischer*) von einem Unglück getroffen werden

kazai *adj* richterlich

Kazak (**-ğı**) *s* Kasache, Kasachin *m, f*

kazak (**-ğı**) *s* ① Pullover *m,* Pulli *m* ② (*fam*) Haustyrann *m*

Kazakistan *s* Kasachstan *nt*

kazan *s* Kessel *m*

kazanç (**-cı**) *s* ① Erwerb *m* ② Gewinn *m;* ~ **getirmek** Gewinn bringen

kazançlı *adj* ① einträglich, rentabel ② nützlich, vorteilhaft

kazanım *s* Gewinn *m;* **yeniden** [*o* **geri**] ~ Recycling *nt*

kazanmak *vt* ① gewinnen (**-i** etw) ② (*Zeit*) sparen (**-i** etw) ③ (*Geld*) verdienen (**-i** etw) ④ (*Examen*) bestehen (**-i** etw) ⑤ siegen ⑥ (*Eigenschaft*) annehmen (**-i** etw)

kazara *adv* ① ohne Absicht, ohne zu wollen ② unglücklicherweise

kazazede **I.** *adj* verunglückt **II.** *s* Verunglückte(r) *f(m)*

kazı *s* (archäologische) Ausgrabung *f;* ~ **kazan kartı** Rubbellos *nt*

kazık (**-ğı**) **I.** *s* ① Stange *f* ② Brückenpfeiler *m* ③ (*fam*) Nepp *m* **II.** *adj* (*fam*) zu teuer; **birine ~ atmak** (*fam*) jdn ausnehmen; ~ **yemek** (*fam*) ausgenommen werden

kazıklamak *vt* ① mit Pfählen abstecken (**-i** etw) ② (*fam*) ausnehmen, übers Ohr hauen (**-i** jdn)

kazıklanmak *vi* ① *Passiv zu* **kazıklamak** ② (*fam*) ausgenommen werden

kazımak *vt* ① abkratzen, abschaben (**-i** etw) ② rasieren (**-i** etw) ③ ausrotten (**-i** etw) ④ eingravieren (**-i** etw)

kazmak (**ar**) *vt* (*auch Grab*) ausgraben, graben (**-i** etw)

kazurat (**-tı**) *s* Kot *m*

KDV *s Abk. von* **katma değer vergisi** MwSt. *f* (*Mehrwertsteuer*)

kebap (**-bı**) **I.** *s* ① *allgemeine Bezeichnung für geröstete orientalische Gerichte* ② Röstfleisch *nt* **II.** *adj* geröstet; ~ **etmek** rösten (**-i** etw); **şiş** ~ Fleisch *nt* am Spieß; ~ **şişi** Bratspieß *m*

kebere *s* Kaper *f*

keçe *s* ① Filz *m* ② dünner Teppich

keçeli *adj* aus Filz, Filz-; ~ **kalem** Filzstift *m*

keçi *s* Ziege *f;* ~ **derisi** Ziegenleder *nt;* ~ **yavrusu** Zicklein *nt;* **keçileri kaçırmak** (*fam*) nicht alle Tassen im Schrank haben; **keçileri mi kaçırdın?** (*fam*) spinnst du?

keçiboynuzu (**-nu**) *s* Johannisbrot *nt;* ~ **ağacı** Johannisbrotbaum *m*

keçisakal *s* (*fam*) Spitzbart *m*

keçiyolu (**-nu**) *s* Fußpfad *m*

keder *s* ① Sorge *f* ② Traurigkeit *f*

kederli *adj* ① betrübt, traurig ② betrüblich

kedersiz *adj* unbeschwert

kedi *s* Katze *f*

kedicik (**-ği**) *s* Kätzchen *nt*

kediotu (**-nu**) *s* Baldrian *m*
kefalet (**-ti**) *s* Bürgschaft *f*
kefe *s* Waagschale *f*
kefil *s* Bürge *m;* ~ **olmak** bürgen (**-e** für jdn)
kefillik (**-ği**) *s* Bürgschaft *f*
kehanet (**-ti**) *s* Orakel *nt,* Prophezeiung *f,* Weissagung *f;* **kehanet etmek** wahrsagen, prophezeien (**-i** etw)
kehribar **I.** *s* Bernstein *m* **II.** *adj* aus Bernstein
kek (**-ki**) *s* Sandkuchen *m*
kekelemek *vi* (*fam*) ❶ (*als Sprachfehler*) stottern ❷ (*vor Aufregung*) stammeln, stottern
kekeme *s* (*fam*) Stotterer *m,* Stott(r)erin *f*
kekik (**-ği**) *s* wilder Thymian *m*
keklik (**-ği**) *s* Rebhuhn *nt*
keko *s* (*fam*) Trottel *m*
kekremsi *adj* ❶ herb ❷ (*Gesicht*) mürrisch
kel **I.** *adj* ❶ (*Kopf*) kahl ❷ grindköpfig **II.** *s* ❶ Grind *m* ❷ Grindkopf *m* ❸ Glatze *f*
kelebek (**-ği**) *s* Schmetterling *m*
kelepçe *s* ❶ Handschellen *pl* ❷ TECH Schelle *f*
kelepir **I.** *s* (*fam*) Schnäppchen *nt,* Gelegenheitskauf *m* **II.** *adj* sehr preiswert
keler *s* Echse *f*
kelime *s* Wort *nt;* ~ **haz**(**i**)**nesi** Wortschatz *m;* ~ **işlemci program** Textverarbeitungsprogramm *nt;* ~ ~ Wort für Wort; ~ **oyunu** Wortspiel *nt;* **kelimesi kelimesine** wortwörtlich
kelimei şahadet (**-ti**) *s islamisches Glaubensbekenntnis*
kelle *s* (*pej: Kopf*) Birne *f,* Rübe *f*

1997 erhielt **Yaşar Kemal** den Friedenspreis des Deutschen Buchhandels. Der Autor wird in der Türkei als ‚Sänger und Chronist' von vielen Menschen sehr geschätzt. Berühmt wurde er durch seine ‚Mehmed-Trilogie', die in den 30er Jahren in Südanatolien spielt und die Schwierigkeiten des Aufbruchs in die Demokratie beschreibt.

Kemalist (**-ti**) **I.** *s* Kemalist(in) *m(f)* **II.** *adj* kemalistisch
keman *s* Geige *f*
kemancı *s* ❶ Geiger(in) *m(f)* ❷ Geigenbauer(in) *m(f)*
kemer *s* ❶ Gürtel *m* ❷ Gewölbe *nt,* Bogen *m* ❸ Aquädukt *nt;* ~ **köprü** Viadukt *nt;* **kemer**(**ini**) **bağlamak** sich anschnallen; **kemerini sıkmak** den Gürtel enger schnallen
kemerli *adj* ❶ mit Gürtel ❷ mit Bogen ❸ mit Aquädukt ❹ (*Nase*) Haken-; ~ **hayvangiller** Gürteltiere *pl*
kemik (**-ği**) **I.** *s* Knochen *m* **II.** *adj* knöchern, Knochen-; ~ **kırılması** Knochenbruch *m*
kemikler *npl* Gebeine *pl*
kemikli *adj* knochig
kemirgenler *npl* Nagetiere *pl*
kemirmek *vt* nagen (**-i** an etw); **içini** ~ nagen (**-in** an jdm)
kemoterapi *s* Chemotherapie *f*
kenar **I.** *s* ❶ Kante *f* ❷ Rand *m* ❸ TYPO Rand *m* ❹ (*von Dreieck*) Seite *f* ❺ (*von Winkel*) Schenkel *m* ❻ Ufer *nt* ❼ Ecke *f* **II.** *adj* (*Ort*) abgelegen; ~ **mahalleler** (*pl*) Außenbezirke *pl;* (*pej*) Armenviertel *nt;* **kenara** beiseite; **kenara çekil!** geh zur Seite!; **kenara çekilmek** beiseitegehen; (*fig*) sich zurückziehen
kendi **I.** *adj* eigen **II.** *pron* ❶ selber, selbst ❷ (*reflexiv*) sich; ~ **başına** auf eigene Faust, ganz allein; ~ **eliyle** eigenhändig; ~ **kendine** ganz allein, ohne fremde Hilfe; (*automatisch*) von selbst; **kendim** ich selbst; **kendinden emin** selbstsicher; **kendinden geçmek** bewusstlos werden, das Bewusstsein verlieren; (*fam*) ausrasten; **kendinden geçmiş** bewusstlos; (*fam*) außer sich; **kendine gelmek** (wieder) zu sich kommen, vernünftig werden; **kendine güvenen** selbstsicher; **kendine hakim olmak** sich beherrschen; **kendine yedirmek** (*fam*) sich etw gefallen lassen; **kendini asmak** sich erhängen; **kendini beğenmiş** eingebildet, von sich eingenommen; **kendini beğenmişlik** Eitelkeit *f;* **kendini bilen** selbstbewusst; **kendini göstermek** Aufmerksamkeit auf sich lenken, sich bemerkbar machen; **kendini hissettirmek** sich bemerkbar machen; **kendini kapıp koyuvermek** (*fam*) sich gehen lassen; **kendini tanıtmak** sich zu erkennen geben; **kendini tehlikeye atmak** sich in Gefahr begeben; **kendini temize çıkarmak** sich reinwaschen; **kendini toplamak** (*von einer Krankheit*) sich erholen; (*sich zusammennehmen*) sich fassen
kendiliğinden *adv* ❶ von selbst, spontan ❷ automatisch
kendir *s* Hanf *m*
kendi(**si**) (**-ni**) *pron* er/sie/es (selbst)
kene *s* Zecke *f*

K

kenef *s* (*vulg*) Scheißhaus *nt*

kenet (**-di**) *s* ① Eisenklammer *f* ② Niete *f*

kenetlemek *vt* ① verankern (**-i** etw) ② nieten (**-i** etw)

kenevir *s* Hanf *m*

kent (**-ti**) *s* Stadt *f*

kentet (**-ti**) *s* Quintett *nt*

kentli *s* Stadtbewohner(in) *m(f)*, Bürger(in) *m(f)*

kentsel *adj* städtisch

Kenya *s* Kenia *nt*

kepaze *adj* würdelos

kepazelik (**-ği**) *s* (*fam*) ① Schandtat *f* ② Skandal *m*

kepçe *s* Schöpflöffel *m*, Kelle *f*

kepek (**-ği**) *s* ① (*auf dem Kopf*) Schuppe *f* ② Kleie *f*

kepekli *adj* mit Kleie; ~ **ekmek** Vollkornbrot *nt*, Graubrot *nt*

kepenk (**-gi**) *s* Fensterladen *m*; (*für Geschäfte*) Rollladen *m*

keramet (**-ti**) *s* ① Wunder *nt* ② (eingetroffene) Prophezeiung *f*

kere **I.** *adv* MATH mal; **iki ~ iki dört eder** zwei mal zwei ist vier **II.** *s* (*nur in adverbialen Bestimmungen*) Mal *nt*; (*mit Zahlangabe*) -mal; **iki/üç ~** zwei-/dreimal

kereste *s* ① Bauholz *nt* ② (*fam*) Bauernlümmel *m*

kerevit (**-di**) *s* Flusskrebs *m*

kereviz *s* Sellerie *m*

kerhane *s* (*fam*) Bordell *nt*

kermes *s* Jahrmarkt *m*, Kirmes *f*

kerpeten *s* Zange *f*

kerpiç (**-ci**) **I.** *s* (*zum Hausbau*) Lehm *m*, Luftziegel *m* **II.** *adj* aus Luftziegeln, Lehm-

kertenkele *s* Eidechse *f*

kertik (**-ği**) **I.** *s* ① Kerbe *f* ② Scharte *f* **II.** *adj* ① (ein)gekerbt ② schartig

kervan *s* Karawane *f*

kesat (**-dı**) *s* Stagnation *f*; ~ **gitmek** stagnieren

kesatlık (**-ğı**) *s* ① Flaute *f* ② Stagnation *f*

kese *s* ① Beutel *m* ② Frottierhandschuh *m* ③ Geldbeutel *m*

kesek (**-ği**) *s* (Erd)scholle *f*

kesekâğıdı (**-nı**) *s* Papiertüte *f*

keser *s* Beil *nt*

kesicidiş *s* Schneidezahn *m*

kesik (**-ği**) **I.** *s* ① Einschnitt *m* ② Schnittwunde *f* **II.** *adj* ① geschnitten ② unterbrochen ③ (*Strom, Gas*) abgestellt ④ (*Milch*) sauer

kesiksiz *adj* ununterbrochen

kesilmek *vi* ① *Passiv zu* **kesmek** ② (*Wind, Regen*) sich legen, aufhören ③ (*Milch*) sauer werden ④ (*Wasser, Gas*) abgestellt werden ⑤ (*Strom*) ausfallen ⑥ (*Lärm*) verstummen ⑦ (*Knie*) weich werden ⑧ (*sich verwandeln in*) werden (zu) ⑨ (*fam*) ganz vernarrt sein (**-e** in jdn)

kesim *s* ① *Verbalsubstantiv zu* **kesmek** ② (*am Kleid*) Ausschnitt *m* ③ Ende *nt* ④ Abschnitt *m*

kesin *adj* ① endgültig, definitiv, unwiderruflich ② unanfechtbar ③ (*Maßnahmen*) einschneidend

kesinlik (**-ği**) *s* Bestimmtheit *f*, Sicherheit *f*

kesinlikle *adv* ① entschieden ② streng ③ nie und nimmer; ~ **yasak!** streng verboten!

kesinti *s* ① (*von Geldern*) Kürzung *f* ② Unterbrechung *f*

kesintisiz *adj* ununterbrochen; ~ **güç kaynağı** INFORM unterbrechungsfreie Stromversorgung *f*

kesir *s* MATH Bruch *m*

kesirli sayı *s* Bruchzahl *f*

kesişmek *vi* ① (*Wege*) sich kreuzen (**ile** mit etw) ② (*Linien*) sich schneiden (**ile** mit etw) ③ handelseinig werden (**ile** mit jdm)

keski *s* ① Meißel *m* ② Kneifzange *f*

keskin *adj* ① (*a. fig*) scharf ② schneidend ③ (*Kälte*) schneidend ④ (*Geruch*) beißend ⑤ schrill ⑥ (*Schmerz*) stechend ⑦ (*Tabak, Alkohol*) stark ⑧ (*Medikament*) wirksam; ~ **hatlı** (*Gesichtszüge*) markant; ~ **nişancı** Scharfschütze *m*; ~ **taraf** Schneide *f*; ~ **zekalı** scharfsinnig

keskinlik (**-ği**) *s* ① Schärfe *f* ② Strenge *f* ③ Wirksamkeit *f*

kesme **I.** *s* ① *Verbalsubstantiv zu* **kesmek** ② Schnitt *m* **II.** *adj* geschnitten; ~ **fiyatlarla** zu festen Preisen

kesmek (**-er**) *vt* ① (ab)schneiden, (ab)mähen (**-i** etw) ② sich schneiden (**elini** in den Finger) ③ (*Baum*) fällen (**-i** etw) ④ (*Holz*) hacken (**-i** etw) ⑤ (*Tier*) schlachten (**-i** etw) ⑥ abtrennen (**-i -den** etw von etw) ⑦ (*Wasser, Strom*) abstellen (**-i** etw) ⑧ (*Zahlung, Verhandlungen*) einstellen (**-i** etw) ⑨ unterbrechen (**-i** etw) ⑩ (*Medikament*) absetzen (**-i** etw) ⑪ (*Preis*) festsetzen (**-i** etw) ⑫ (*Banknoten*) drucken (**-i** etw) ⑬ (*Geschwindigkeit*) drosseln (**-i** etw) ⑭ (*Geldbetrag*) abziehen (**-i -den** etw von etw) ⑮ (*fam*) aufschneiden, angeben

kesmeşeker *s* Würfelzucker *m*

kesmez *adj* (*nicht spitz*) stumpf

kestane *s* ① Kastanie *f* ② Marone *f;* ~ **ağacı** Kastanienbaum *m;* ~ **rengi** kastanienbraun

kestanefişeği (**-ni**) *s* Knallkörper *m,* Böller *m*

kestirme **I.** *s Verbalsubstantiv zu* **kestirmek** **II.** *adv* kurz und knapp; ~ (**yol**) Abkürzung *f;* **kestirmeden giderek** kurzerhand, mir nichts, dir nichts, ohne Umschweife

kestirmek *vt* ① *Kausativ zu* **kesmek** ② (ab)schätzen (**-i** etw) ③ voraussehen (**-i** etw) ④ (*fam*) ein Nickerchen machen

keşfetmek (**-der**) *vt* ① entdecken (**-i** etw) ② (*fig*) herausbekommen (**-i** etw) ③ enthüllen (**-i** etw)

keşif (**-şfi**) *s* ① Entdeckung *f* ② Enthüllung *f*

keşiş *s* ① Mönch *m* ② Pope *m*

keşke *konj* (*bei Wunschsätzen*) wenn doch ...; ~ **gitmeseydik** wenn wir doch nur nicht weggegangen wären!

keşmekeş *s* ① Wirrwarr *m* ② Ungewissheit *f*

Keşmir *s* Kaschmir *m*

ketçap (**-bı**) *s* Ketchup *nt*

keten **I.** *s* ① Flachs *m* ② Leinen *nt* **II.** *adj* Leinen-, aus Leinen

ketentohumu (**-nu**) *s* Leinsamen *m*

ket vurmak *vt* (*fam*) hemmen (**-e** etw)

keyfi *adj, adv* ① willkürlich ② eigenmächtig

keyfi (**-ni**) *s Possessivform zu* **keyif** seine/ihre gute Laune *f*

keyif (**-yfi**) *s* ① gute Laune *f* ② Vergnügen *nt,* Lust *f* ③ Willkür *f* ④ Ausgelassenheit *f* ⑤ Rausch *f;* ~ **verici** berauschend *m;* **keyfi yerinde** gut aufgelegt; **keyfi yerinde olmak** es sich gutgehen lassen; **keyfin bilir** (*fam*) mach, was du willst; **keyfine bakmak** es sich gemütlich machen; **keyfini bozmak** [*o* **kaçırmak**] die Laune verderben (**-in** jdm)

keyifli *adj* ① gut gelaunt ② vergnügt, lustig

keyifsiz *adj* ① unwohl ② schlecht gelaunt

keyifsizlik (**-ği**) *s* ① Unwohlsein *nt* ② schlechte Laune

kez *s* (*nur in adverbialen Bestimmungen*) Mal *nt;* (*mit Zahlangabe*) -mal; **üç kez** dreimal

keza *adv* ebenfalls, gleichfalls

KGK *s Abk. von* **kesintisiz güç kaynağı** INFORM UPS *f* (*unterbrechungsfreie Stromversorgung*)

kıble *s* ① (*beim Gebet*) Richtung *f* nach Mekka ② Südwind *m*

Kıbrıs *s* Zypern *nt*

kıç (**-çı**) *s* ① (*fam*) Po(po) *m* ② (*von Schiff*) Heck *nt*

kıdem *s* Dienstalter *nt*

kıkırdak (**-ğı**) *s* Knorpel *m*

kıkırdamak *vi* kichern

kıl **I.** *s* ① (Körper)haar *nt* ② Borste *f* ③ Ziegenhaar *nt* **II.** *adj* aus Ziegenfell

kılavuz *s* ① (Reise)führer(in) *m(f)* ② Lotse *m,* Lotsin *f* ③ Heiratsvermittler(in) *m(f)* ④ Gewindeschneider *m*

kılcal *adj* haarfein, Haar-

kılçık (**-ğı**) *s* (Fisch)gräte *f*

kılıbık (**-ğı**) *s* Pantoffelheld *m*

kılıç (**-cı**) *s* Degen *m,* Säbel *m,* Schwert *nt;* ~ **namlusu** Klinge *f*

kılıçbalığı (**-nı**) *s* Schwertfisch *m*

kılıf *s* ① Bezug *m* ② Futteral *nt,* Etui *nt* ③ (Schutz)hülle *f*

kılık (**-ğı**) *s* (*fam*) Kleidung *f*

kılıksız *adj* (*fam: Aussehen*) schäbig

kıllı *adj* behaart, haarig

kımılda(n)mak *vi* sich bewegen, sich rühren

kımıldatmak *vt* ① *Kausativ zu* **kımıldamak** ② bewegen, wegrücken (**-i** etw)

kın *s* (*von Degen*) Scheide *f*

kına *s* Henna *f*

Kına (Henna), ein aus den Blättern und Stängeln eines Weiderichgewächses gewonnener roter Farbstoff, wird hauptsächlich zum Haarefärben verwendet. Anlässlich großer Feiern bemalen die Frauen auch ihre Hände oft kunstvoll mit Henna. Dem Farbstoff wird aber auch medizinische Wirkung zugesprochen: So hilft Henna z.B. gegen Fußpilz.

kınagecesi (**-ni**) *s gemeinsamer Abend der Frauen im Haus der Braut am Tag vor der Hochzeit*

kınamak *vt* missbilligen (**-i** etw)

kıpkırmızı *adj* feuerrot, leuchtend rot

kır **I.** *adj* grau; ~ **saçlı** grauhaarig **II.** *s* ① (freies) Feld *nt* (*unbesiedeltes Gelände*) ② Weide *f*

kırağı *s* (Rau)reif *m;* ~ **düşmüş** es hat (Rau)reif

kırat (**-tı**) *s* ① Karat *nt* ② Qualität *f*

kırbaç (**-cı**) *s* Peitsche *f;* ~ **darbesi** Peitschenhieb *m*

K

kırbaçlamak *vt* peitschen (**-i** jdn/etw)
kırç (**-cı**) *s* Raureif *m*
kırçıl *adj* (*Haar*) grau meliert
kırgın *adj* gekränkt, beleidigt
kırgınlık (**-ğı**) *s* Verärgerung
Kırgızistan *s* Kirgisien *nt*
kırıcı *adj* beleidigend, kränkend
kırık (**-ğı**) **I.** *s* 1 Bruch *m*, Bruchstelle *f* 2 (Knochen)bruch *m* 3 Bruchstück *nt* **II.** *adj* 1 gebrochen 2 zerbrochen, kaputt 3 (*Schulnote*) ungenügend; ~ **tahtası** (*bei Fraktur*) Schiene *f*
kırıklık (**-ğı**) *s* Unwohlsein *nt*
kırılacak *adj* zerbrechlich
kırılgan *adj* (*Charakter*) empfindlich
kırılmak *vi* 1 *Passiv zu* **kırmak** 2 (*fam*) brechen, kaputtgehen 3 (*Licht*) gebrochen werden 4 (*fam*) sich ärgern (**-e** über etw/jdn)
kırılmaz *adj* unzerbrechlich
Kırım *s* Krim *f*
kırım *s* Massaker *nt*, Blutbad *nt*
kırıntı *s* 1 Brocken *m*, Bruchstück *nt* 2 Krümel *m*
kırışık (**-ğı**) **I.** *s* Falte *f*, Runzel *f* **II.** *adj* runz(e)lig, faltig
kırışmak *vi* faltig [*o* runzelig] werden
kırıtkan *adj* (*fam*) kokett
kırıtmak *vi* (*fam*) kokettieren
kırk (**-kı**) *num* vierzig
kırkayak (**-ğı**) *s* 1 Tausendfüßler *m* 2 Filzlaus *f*
kırkmak (**-ar**) *vt* 1 stutzen (**-i** etw) 2 (*Schafe*) scheren (**-i** etw)
kırlangıç (**-cı**) *s* Schwalbe *f*
kırma **I.** *s* 1 *Verbalsubstantiv zu* **kırmak** 2 Plisseestreifen *m* 3 BIOL Kreuzung *f* **II.** *adj* 1 gebrochen 2 gefaltet 3 geknickt
kırmak (**-ar**) *vt* 1 (zer)brechen (**-i** etw) 2 zertrümmern, kaputtmachen (**-i** etw) 3 (*Tür, Schloss*) sprengen (**-i** etw) 4 (*Holz*) hacken (**-i** etw) 5 (*Nüsse*) knacken (**-i** etw) 6 (*Papier*) falten (**-i** etw) 7 kränken, beleidigen (**-i** jdn) 8 (*die Lust*) verderben (**-i** etw) 9 (*Preis*) drücken (**-i** etw) 10 (*Steuer*) umwerfen (**-i** etw) 11 (*fam: Arbeit, Schule*) schwänzen (**-i** etw) 12 (*fam*) verduften, abhauen
kırmızı *adj* rot; ~ **başlıklı kız** Rotkäppchen *nt;* ~ **kalem** Rotstift *m;* ~ **lahana** Rotkohl *m;* ~ **süs balığı** Goldfisch *m;* ~ **şarap** Rotwein *m;* ~ **turp** Radieschen *nt;* ~ **yaban mersini** Preiselbeere *f*
kırmızıbiber *s* (*Gewürz*) Paprika *m*
kırmızılık (**-ğı**) *s* Röte *f*
kırpmak (**-ar**) *vt* 1 stutzen (**-i** etw) 2 (*Schafe*) scheren (**-i** etw); **göz** ~ mit den Augen zwinkern
kırsal *adj* ländlich; ~ **kesim** Land *nt* (*im Gegensatz zur Stadt*)
kırtasiye *s* Schreibwaren *pl;* ~ **mağazası** Schreibwarenhandlung *f*
kırtasiyeci *s* 1 Schreibwarenhändler(in) *m(f)* 2 (*pej*) Bürokrat(in) *m(f)*
kırtasiyecilik (**-ği**) *s* 1 Schreibwarenhandel *m* 2 (*pej*) Bürokratismus *f*, Papierkrieg *m*
kısa *adj* kurz; ~ **boylu** (*Wuchs*) klein; ~ **çizgi** Bindestrich *m;* ~ **çorap** Socke *f;* ~ **dalga** Kurzwelle *f;* ~ **devre** Kurzschluss *m;* ~ **kesmek** (*fam*) sich kurzfassen, zur Sache kommen, kurzen Prozess machen; ~ **kollu** kurzärmelig; ~ **metrajlı film** Kurzfilm *m;* ~ **ömürlü** kurzlebig; ~ **tatil** Kurzurlaub *m;* ~ **vadeli** auf kurze Sicht, kurzfristig; ~ **zamanda** in Kürze; ~ **zamandan beri** seit kurzem
kısacası *adv* kurz und gut
kısaçalar *s* (*Schallplatte*) Single *f*
kısalık (**-ğı**) *s* Kürze *f*
kısalmak *vi* 1 kürzer werden 2 (*Stoff*) eingehen, einlaufen
kısaltma *s* 1 *Verbalsubstantiv zu* **kısaltmak** 2 Abkürzung *f*
kısaltmak *vt* 1 *Kausativ zu* **kısalmak** 2 (ver)kürzen (**-i** etw) 3 (*Weg, Wort*) abkürzen (**-i** etw) 4 (*Bart*) stutzen (**-i** etw)
kısas *s* Vergeltung *f*; **kısasa** ~ Auge um Auge, Zahn um Zahn
kısık (**-ğı**) *adj* 1 (*Stimme*) heiser, rau 2 verkürzt
kısıklık (**-ğı**) *s* 1 Heiserkeit *f*; (*der Stimme*) Rauheit *f* 2 Vermindertsein *nt*
kısılmak *vi* 1 *Passiv zu* **kısmak** 2 sich verringern 3 (*Stimme*) heiser werden
kısım (**-smı**) *s* 1 Teil *m* 2 Gruppe *f*
kısıntı *s* Einschränkung *f*
kısır *adj* unfruchtbar; ~ **döngü** (*fam*) Teufelskreis *m*
kısırlaştırmak *vt* sterilisieren (**-i** etw/jdn)
kısıt (**-tı**) *s* Entmündigung *f*
kısıtlama *s* Beschränkung *f*
kısıtlamak *vt* 1 entmündigen (**-i** jdn) 2 beschränken (**-i** etw)
kıskaç (**-cı**) *s* 1 Klemme *f* 2 (Kneif)zange *f* 3 (*vom Krebs*) Scheren *pl*

kıskanç (-cı) *adj* ① eifersüchtig ② neidisch

kıskançlık (-ğı) *s* ① Eifersucht *f* ② Neid *m*

kıskanmak *vt* ① beneiden (-i jdn) ② (*Dinge*) neiden, missgönnen (-**den** -**i** jdm etw) ③ eifersüchtig sein (-**i** auf etw/jdn)

kısmak (-ar) *vt* ① vermindern (-**i** etw) ② (*Stimme*) dämpfen (-**i** etw) ③ (*Zufuhr*) drosseln (-**i** etw) ④ (*Radio*) leise(r) stellen (-**i** etw) ⑤ (*Scheinwerfer*) abblenden (-**i** etw)

kısmen *adv* zum Teil, teils

kısmet (-ti) **I.** *s* (*fam*) ① Glücksfall *m* ② Schicksal *nt* ③ (*fam*) gute Partie *f* **II.** *interj* hoffentlich!

kısmetli *adj* glücklich

kısmetsiz *s* Pechvogel *m*

kısmı (-nı) *s Possessivform zu* **kısım** der Teil von ...

kısmi *adj* teilweise, Teil-; ~ **kasko** (**sigortası**) Teilkasko *nt*

kısrak (-ğı) *s* Stute *f*

kıstak (-ğı) *s* Landenge *f*

kıstas *s* Kriterium *nt*

kıstırmak *vt* ① *Kausativ zu* **kısmak** ② quetschen (-**i** -**e** etw in etw) ③ in die Enge treiben (-**i** jdn)

kış *s* Winter *m;* ~ **gibi** winterlich; ~ **ortasında** mitten im Winter; ~ **sonu satışı** Winterschlussverkauf *m;* ~ **sporları** Wintersport *m;* ~ **tarifesi** Winterfahrplan *m;* ~ **uykusu** Winterschlaf *m;* **kışı geçirmek** überwintern; **Kış Olimpiyatları** die Olympischen Winterspiele

kışın *adv* im Winter

kışkırtıcı **I.** *adj* provozierend **II.** *s* Unruhestifter(in) *m(f)*

kışkırtma *s* ① *Verbalsubstantiv zu* **kışkırtmak** ② Aufwiegelung *f,* Hetze *f,* Provokation *f*

kışkırtmak *vt* ① aufhetzen, provozieren (-**i** jdn) ② (*Hühner*) aufscheuchen (-**i** jdn)

kışla *s* ① Kaserne *f* ② Garnison *f;* ~ **polisi** Bereitschaftspolizei *f*

kışlık (-ğı) **I.** *adj* für den Winter (geeignet), Winter- **II.** *s* ① Winterwohnung *f* ② Winterkleidung *f*

kıt (-tı) *adj* ① beschränkt ② knapp ③ nicht genügend, unzureichend; ~ **kanaat gezinmek** sich über Wasser halten

kıta *s* ① Festland *nt,* Kontinent *m* ② Strophe *f* ③ Truppe *f*

kıtalararası *adj* interkontinental; ~ **füze** Interkontinentalrakete *f*

kıtasal *adj* kontinental

kıtır kıtır **I.** *adj* knusp(e)rig **II.** *adv* knabbernd; ~ ~ **yemek** knabbern

kıtlaşma *s* ① *Verbalsubstantiv zu* **kıtlaşmak** ② Verknappung *f*

kıtlaşmak *vi* sich verknappen

kıtlık (-ğı) *s* ① Knappheit *f* ② Hungersnot *f*

kıvanç (-cı) *s* (berechtigter) Stolz *m*

kıvılcım *s* Funke *m*

kıvırcık (-ğı) *adj* ① lockig ② gekräuselt

kıvırmak *vt* ① kräuseln, krümmen (-**i** etw) ② (*Ärmel*) aufkrempeln (-**i** etw) ③ (*Haar*) aufwickeln, eindrehen (-**i** etw) ④ (*Stoff*) einsäumen, umsäumen (-**i** -**den** etw an etw) ⑤ (*eine schwierige Sache*) fertig bringen (-**i** etw)

kıvır zıvır **I.** *s* Kleinkram *m* **II.** *adj* ① wertlos ② sinnlos

kıvranmak *vi* ① (*Person*) sich winden (**sancıdan** vor Schmerzen) ② sich große Sorgen machen

kıvrılmak *vi* ① *Passiv zu* **kıvırmak** ② sich kräuseln ③ sich schlängeln ④ unbequem liegen

kıvrım *s* ① Knick *m* ② (*eines Flusses*) Windung *f* ③ Falte *f* ④ (*Haar-*) Krause *f*

kıvrıntı *s* ① (*einer Straße*) Biegung *f* ② Knick *m*

kıyafet (-ti) *s* Kleidung *f*

kıyamet (-ti) *s* ① der Jüngste Tag ② (lärmendes) Durcheinander *nt*

kıyas *s* ① Vergleich *m* ② Gleichsetzung *f* ③ Analogie *f;* ~ **yolu ile** analog

kıyasla *präp* (*im Vergleich zu*) gegenüber (-**e** +*dat*)

kıyaslamak *vt* vergleichen (-**i ile** etw mit etw)

kıyı *s* ① Küste *f* ② Ufer *nt* ③ (äußerer) Rand *m*

kıyıcı *adj* erbarmungslos, unmenschlich

kıyıcılık (-ğı) *s* Grausamkeit *f*

kıyma *s* ① *Verbalsubstantiv zu* **kıymak** ② Hackfleisch *nt,* Gehackte(s) *nt;* ~ **makinesi** Fleischwolf *m*

kıymak (-ar) *vt* ① (*Fleisch*) hacken (-**i** etw) ② zerhacken (-**i** etw) ③ nicht sparsam sein mit (-**e** mit etw) ④ nicht schonen (-**e** jdn) ⑤ abschlachten (-**e** jdn)

kıymet (-ti) *s* ① Wert *m* ② Achtung *f* ③ Wertigkeit *f;* ~ **beyanı** Wertangabe *f*

kıymetli *adj* ① wertvoll, kostbar ② schätzenswert ③ (*Anrede*) geschätzt; ~ **taş** Edelstein *m*

K

kıymetsiz *adj* wertlos

kıymık (**-ğı**) *s* (*Holz-, Knochen-*) Splitter *m*

kız *s* ① Mädchen *nt* ② Fräulein *nt* ③ Tochter *f* ④ Jungfrau *f*; ~ **arkadaş** Freundin *f*; ~ **evlat** Tochter *f*; ~ **gibi** mädchenhaft; ~ **kardeş** Schwester *f*

kızak (**-ğı**) *s* ① Rodel *m* ② Schlitten *m*; ~ **kaymak** Schlitten fahren

kızamık (**-ğı**) *npl* Masern *pl*

kızamıkçık (**-ğı**) *npl* Röteln *pl*

kızarmak *vi* ① erröten ② glühen ③ braten

kızartılmış *adj* ① (im Ofen) gebacken ② (*Fleisch*) geröstet

kızartma *s* ① *Verbalsubstantiv zu* **kızartmak** ② Braten *m*

kızartmak *vt* ① *Kausativ zu* **kızarmak** ② braten, rösten (**-i** etw) ③ rot werden lassen (**-i** etw)

kızböceği (**-ni**) *s* Libelle *f*

kızdırmak *vt* ① *Kausativ zu* **kızmak** ② (ver)ärgern (**-i** jdn) ③ anheizen (**-i** etw)

kızgın *adj* ① (*Person*) verärgert, zornig ② glühend, heiß ③ überhitzt ④ (*Tier*) läufig ⑤ (*fam*) geil

kızgınlık (**-ğı**) *s* ① Zorn *m* ② (*fam*) Geilheit *f*; **kızgınlıktan patlamak** vor Ärger platzen

kızıl *adj* ① (blut)rot ② (*fam*) rot; ~ **derili** Indianer(in) *m(f)*, indianisch; ~ **gerdan** (**kuşu**) Rotkehlchen *nt*; ~ (**hastalığı**) Scharlach *m*; ~ **saçlı** rothaarig

kızılağaç (**-cı**) *s* (Schwarz)erle *f*

Kızılay *s* (*Entsprechung zum Roten Kreuz*) der Rote Halbmond

Kızıldeniz *s* das Rote Meer

Kızılhaç (**-çı**) *s* das Rote Kreuz

kızılkantaron *s* Enzian *m*

kızıllık (**-ğı**) *s* ① Röte *f* ② Morgenrot *nt* ③ Abendrot *nt*

kızılötesi *adj* infrarot

kızlık (**-ğı**) *s* ① Jungfräulichkeit *f* ② Mädchensein *nt*; ~ **adı** Mädchenname *m*; ~ **adı Öztürk** geborene Öztürk

kızmak (**-ar**) *vi* ① sich ärgern (**-e** über jdn/etw) ② sich erhitzen ③ glühen ④ (*fam*) geil werden

ki **I.** *konj* ① dass ② damit ③ (*entspricht Relativpronomen im Deutschen*) der, die, das, welche(r, s) ④ *Partikel zur Einleitung einer direkten Rede* **II.** *adv* (*am Satzende*) doch, ja

kibar *adj* vornehm

kibarlık (**-ğı**) *s* vornehmes Benehmen

kibir (**-bri**) *s* ① Anmaßung *f* ② Arroganz *f*, Hochmut *m*

kibirli *adj* ① anmaßend ② arrogant, hochmütig

kibrit (**-ti**) *s* Zündholz *nt*, Streichholz *nt*; ~ (**çöpü**) Streichholz *nt*; ~ **kutusu** Streichholzschachtel *f*

kiklon *s* Zyklon *m*

kil *s* Ton *m*

kiler *s* (Vorrats)keller *m*, Speisekammer *f*

kilim *s* Kelim *m*

> **Kilim**, der türkische Webteppich, hat eine lange Tradition. Die Teppiche tragen häufig den Namen einer Stadt oder Region, so z.B. Sivas, Konya, Kayseri. Die Muster sind meist geometrisch und stehen als Symbole für Liebe, Freundschaft u.Ä.

kilise *s* Kirche *f*; ~ **kulesi** Kirchturm *m*

kilit (**-di**) *s* Schloss *nt*; ~ **noktası** Schlüsselstellung *f*; ~ **rol** Schlüsselrolle *f*

kilitlemek *vt* ① schließen, zusperren (**-i** etw) ② ineinanderfügen (**-i** etw) ③ einsperren (**-i -e** jdn/etw in etw) ④ (*Zähne*) zusammenpressen (**-i** etw)

kilitlenmek *vi Passiv o Reflexiv zu* **kilitlemek**

kilitli *adj* ① (*Tür*) mit Schloss ② abgeschlossen

kilo *s* ① Kilo *nt* ② (*fam*) Körpergewicht *nt*; ~ **almak** zunehmen; ~ **vermek** abnehmen

kilobayt *s* Kilobyte *nt*

kilogram *s* Kilogramm *nt*

kilohertz *s* Kilohertz *nt*

kilokalori *s* Kilokalorie *f*

kilometre *s* Kilometer *m*; ~ **kare** Quadratkilometer *m*

kilovat (**-tı**) *s* Kilowatt *nt*; ~ **saat** Kilowattstunde *f*

kim *pron* wer; ~ **o?** wer ist da?; ~ **olursa olsun** wer auch immer

kimde *pron* bei wem?

kimden *pron* von wem?

kime *pron* wem, an wen, zu wem

kimi *pron* ① wen ② manche; ~ **arıyorsunuz?** zu wem wollen Sie?; ~ **vakit** [*o* **zaman**] manchmal

kimileri *pron* manche

kimin *pron* wessen; **bu kimin kitabı?** wessen Buch ist das?

kimisi *pron* manche(r, s)

kimlik (**-ği**) *s* ① Identität *f* ② Personalien

pl; ~ **gelişimi** Persönlichkeitsentwicklung *f;* ~ (**kâğıdı**) Personalausweis *m;* ~ **tespiti** (*von Personen*) Identifikation *f*

kimse *pron* ① jemand ② (*bei Verneinung*) niemand

kimsecik (**-ği**) *pron* (*fam*) keine Menschenseele, gar niemand; **kimsecikler yok** es ist gar niemand da

kimsesiz *adj* alleinstehend

kimya *s* ① Chemie *f* ② Seltenheit *f,* Rarität *f*

kimyacı *s* ① Chemiker(in) *m(f)* ② (*fam*) Chemielehrer(in) *m(f)*

kimyager *s* Chemiker(in) *m(f)*

kimyasal *adj* chemisch; ~ **madde** Chemikalie *f;* ~ **temizleme** chemische Reinigung

kimyevi *adj* chemisch

kimyon *s* Kümmel *m*

kin *s* ① Hass *m* ② Rachsucht *f;* ~ **beslemek** [*o* **gütmek**] hassen (**-e** jdn/etw)

kinaye *s* (versteckte) Andeutung *f*

kinci *adj* ① gehässig ② nachtragend

kinik (**-ği**) **I.** *s* Zyniker(in) *m(f)* **II.** *adj* zynisch

kinizm *s* Zynismus *m*

kip (**-pi**) *s* Modus *m*

kir *s* ① Schmutz *m,* Dreck *m* ② Schande *f*

kira *s* Miete *f;* ~ **bedeli** Leihgebühr *f;* ~ **ile tutmak** pachten (**-i** etw); ~ **kontratı** Mietvertrag *m;* ~ **yasası** Mietgesetz *nt;* **kiraya vermek** vermieten, verpachten (**-i** etw)

kiracı *s* Mieter(in) *m(f),* Pächter(in) *m(f)*

kiralamak *vt* ① mieten, pachten (**-i -den** etw von jdm) ② vermieten, verpachten (**-i -e** etw an jdm)

kiralanan *adj* vermietet, verpachtet

kiralık (**-ğı**) *adj* Miet-, zu vermieten(d); ~ **anne** Leihmutter *f;* ~ **daire** Mietwohnung *f;* ~ **katil** gedungener Killer *m;* ~ **otomobil** Mietwagen *m*

kiraz *s* Kirsche *f;* ~ **ağacı** Kirschbaum *m;* ~ **rakısı** Kirschwasser *nt*

kireç (**-ci**) *s* Kalk *m*

kireçli *adj* kalkhaltig

kireçtaşı (**-nı**) *s* Kalkstein *m*

kiremit (**-di**) *s* (Dach)ziegel *m;* ~ **ocağı** Ziegelei *f*

kiriş *s* ① Querbalken *m* ② Saite *f* ③ (*Bogen-*) Sehne *f*

kirişlemek *vt* (*Bogen*) spannen (**-i** etw)

kirlenmek *vi* ① schmutzig werden ② (*Ehre*) besudelt werden ③ (*fam*) menstruieren

kirletmek *vt* ① *Kausativ zu* **kirlenmek** ② beschmutzen, schmutzig machen (**-i** etw) ③ (*Ehre*) beflecken, beschmutzen (**-i** etw) ④ (*Frau*) vergewaltigen (**-i** jdn)

kirli **I.** *adj* ① dreckig, schmutzig ② (*Luft*) schlecht ③ (*pej*) menstruierend **II.** *s* schmutzige Wäsche

kirpi *s* Igel *m*

kirpik (**-ği**) *s* Wimper *f*

kist (**-ti**) *s* Zyste *f*

kişi **I.** *s* Person *f* **II.** *pron* jemand; ~ **başına** pro Person; ~ **başına gelir** Pro-Kopf-Einkommen *nt*

kişilik (**-ği**) **I.** *s* Persönlichkeit *f* **II.** *adj* ① (*mit vorgesetzter Zahl*) für ... Personen ② aus ... Personen bestehend

kişisel *adj* persönlich, privat; ~ **bilgisayar** PC *m,* Personal Computer *m;* ~ **dokunulmazlık** Privatsphäre *f;* ~ **ihtiyaç** Eigenbedarf *m*

kişnemek *vi* (*Pferd*) wiehern

kitabe *s* Inschrift *f*

kitabevi (**-ni**) *s* Buchhandlung *f*

kitap (**-bı**) *s* ① Buch *nt* ② heiliges Buch; ~ **dolabı** Bücherschrank *m;* ~ **fuarı** Buchmesse *f;* ~ **kabı** Buchdeckel *m;* ~ **kurdu** (*fam*) Bücherwurm *m;* ~ **rafı** Bücherregal *nt*

kitapçı *s* Buchhändler(in) *m(f)*

kitapçı (**dükkanı**) *s* Buchhandlung *f*

kitaplık (**-ğı**) *s* ① Bibliothek *f* ② Bücherei *f* ③ Bücherregal *nt*

kitle *s* Masse *f,* Menge *f;* ~ **imha silahı** Massenvernichtungswaffe *f*

kitlesel *adj* Massen-; ~ **katliam** Massenmord *m*

kivi *s* Kiwi *f*

kiy *s* Kegel *m;* ~ **oynamak** kegeln

KKTC *s Abk. von* **Kuzey Kıbrıs Türk Cumhuriyeti** die Türkische Republik Nordzypern (*nur von der Türkei und Bangladesch anerkannt*)

klakson *s* Hupe *f*

klasik (**-ği**) **I.** *adj* klassisch **II.** *s* (*klassisches Werk*) Klassiker *m*

klasisizm *s* Klassik *f*

klasman *s* ① Wertung *f* ② Rangliste *f*

klasör *s* Aktenordner *m,* Ordner *m*

klavuz değer *s* Richtwert *m*

klavye *s* Tastatur *f*

klik (**-ki**) *s* Clique *f*

klima (**tesisatı**) *s* Klimaanlage *f*

klimalı *adj* klimatisiert

klinik (**-ği**) **I.** *s* Klinik *f* **II.** *adj* klinisch

klip (**-pi**) *s* Videoclip *m*

K

klişe *s* Klischee *nt*
klon *s* Klon *m*
klonlamak *vt* klonen (**-i** etw)
klonlanan *adj* Klon-, geklont
klonlanmış *adj* geklont
klor *s* Chlor *nt*
kloroform *s* Chloroform *nt*
klozet (**-ti**) *s* Toilette *f;* ~ **kapağı** Klobrille *f*
koalisyon *s* Koalition *f;* ~ **ortağı** Koalitionspartner *m,* Koalitionär *m*
kobay *s* ❶ Meerschweinchen *nt* ❷ (*fig fam*) Versuchskaninchen *nt*
koca **I.** *s* Ehemann *m* **II.** *adj* ❶ (riesen)groß ❷ alt (und weise)
kocakarı *s* altes Weib; ~ **ilacı** Hausmittel *nt*
kocaman *adj* (*fam*) kolossal, riesig
koç (**-çu**) *s* ❶ Schafbock *m* ❷ Widder *m* ❸ jünger kräftiger Mann; **Koç** (**burcu**) (*Sternzeichen*) Widder *m*
koçan *s* ❶ Maiskolben *m* ❷ (*bei Kohl, Salat*) Strunk *m* ❸ Stammleiste *f*
kod *s* Kode *m,* Code *m*
kodes *s* (*fam: Gefängnis*) Loch *nt*
kodlamak *vt* kodieren (**-i** etw)
kof *adj* ❶ (*Nuss*) taub, leer ❷ leer, wertlos
koğuş *s* ❶ (*im Krankenhaus*) Station *f* ❷ (*in Kasernen*) Schlafraum *m*
kokain *s* Kokain *nt*
kokarca *s* Iltis *m*
kok kömürü (**-nü**) *s* (*Brennstoff*) Koks *m*
koklam *s* Geruchsinn *m*
koklamak *vt* ❶ riechen (**-i** an etw) ❷ (*Hund*) schnuppern
kokmak (**-ar**) *vi* ❶ (nach etwas) riechen ❷ duften ❸ stinken
kokmuş *adj* muffig
kokteyl *s* Cocktail *m;* **kokteyl barı** Cocktailbar *f*
koku *s* ❶ Geruch *m* ❷ Duft *m* ❸ Gestank *m* ❹ Parfüm *nt;* **kokusunu almak** schnüffeln; (*fig*) wittern (**-in** etw), Lunte riechen
kokulu *adj* ❶ riechend ❷ duftend ❸ stinkend ❹ parfümiert
kokusuz *adj* geruchlos
kokuşuk (**-ğu**) *adj* (*fam*) muffig
kol *s* ❶ Arm *m* ❷ Ärmel *m* ❸ Griff *m,* Hebel *m,* Kurbel *f* ❹ Branche *f,* Zweig *f* ❺ Patrouille *f* ❻ MIL Flügel *m* ❼ Seite *f;* ~ **düğmesi** Manschettenknopf *m;* ~ **kola gitmek** Arm in Arm gehen; ~ **saati** Armbanduhr *f;* **kollarını açmak** die Arme ausbreiten; **birine kollarını açmak** jdn mit offenen Armen empfangen; **kolunu burkmak** sich/jdm den Arm verrenken
kola *s* ❶ Kleister *m* ❷ (Wäsche)stärke *f* ❸ (*Getränk*) Cola *f*
kolalamak *vt* (*Wäsche*) stärken (**-i** etw)
kolay *adj* leicht, einfach; ~ **anlaşılır** leicht verständlich; ~ **gelsin!** frohes Schaffen!; **söylemesi** ~ das ist leichter gesagt als getan
kolayca *adv* leicht, einfach
kolaylaşmak *vi* einfacher werden
kolaylaştırmak *vt* ❶ *Kausativ zu* **kolaylaşmak** ❷ vereinfachen, erleichtern (**-i** etw)
kolaylık (**-ğı**) *s* ❶ Leichtigkeit *f* ❷ Erleichterung *f* ❸ Mittel *nt;* ~ **göstermek** behilflich sein (**-e** jdm)
kolaylıkla *adv* leicht, mühelos
kolej *s privates Gymnasium*
koleksiyon *s* Sammlung *f;* ~ **yapmak** (*aus Liebhaberei*) sammeln
koleksiyoncu *s* Sammler(in) *m(f)*
kolektif **I.** *adj* kollektiv **II.** *s* Kollektiv *nt*
kolera *s* Cholera *f*
kolesterin *s* Cholesterin *nt*
koli *s* ❶ Päckchen *nt* ❷ Frachtstück *nt*
kolik (**-ği**) *s* Kolik *f*
kollamak *vt* ❶ beschützen (**-i** jdn) ❷ (*Zeit, Gelegenheit*) warten (**-i** auf etw) ❸ Umschau halten (**-i** nach etw)
kolluk (**-ğu**) *s* ❶ Manschette *f* ❷ Ärmelschoner *m*
Kolombiya *s* Kolumbien *nt*
Kolomp *s* Kolumbus
kolon *s* ❶ (*Zeitungs-*) Rubrik *f* ❷ Spalte *f*
koloni *s* Kolonie *f*
kolonya *s* Kölnischwasser *nt*
Kolonya *s* Köln *nt*
koltuk (**-ğu**) *s* ❶ Sessel *m* ❷ Achsel *f* ❸ Schmeichelei *f;* ~ **altı** Achselhöhle *f;* (*fig*) Protektion *f;* ~ **değneği** Krücke *f;* ~ **takımı** Polstergarnitur *f*
kolye *s* ❶ (*Schmuck*) Anhänger *m* ❷ Halskette *f,* Collier *nt*
kolza *s* Raps *m*
koma *s* Koma *nt;* **birini komaya sokmak** jdn ins Koma versetzen
komandit şirketi (**-ni**) *s* Kommanditgesellschaft *f*
komando *s* ❶ Kommando *nt* ❷ Soldat *m* in einer Kommandoabteilung
komedi *s* (*a. fig*) Komödie *f,* Lustspiel *nt*
komedon *s* Mitesser *m*
komedyen *s* Komiker(in) *m(f)*

komik (-ği) *adj* ❶ komisch ❷ (*Preis*) lächerlich
komiklik (-ği) *s* ❶ Komik *f* ❷ Komische(s) *nt;* **bir şeyi komikliğe vurmak** etwas ins Lächerliche ziehen
komiser *s* Kommissar *m*
komiserlik (-ği) *s* Kommissariat *nt*
komisyon *s* ❶ Ausschuss *m,* Kommission *f* ❷ Provision *f*
komisyoncu *s* Makler(in) *m(f)*
komita *s* POL Untergrundorganisation *f*
komite *s* Komitee *nt*
komodin *s* Nachttisch *m*
kompakt (-tı) *adj* kompakt
kompartıman *s* (Zug)abteil *nt*
komple *adj* komplett
kompleks *s* Komplex *m*
kompliman *s* Kompliment *nt*
komplo *s* Verschwörung *f,* Komplott *m;* ~ **yapmak** sich verschwören
komplocu *s* Verschwörer(in) *m(f)*
komposto *s* Kompott *nt*
kompozisyon *s* ❶ (*Schul-*) Aufsatz *m* ❷ Komposition *f*
kompres *s* Kompresse *f*
komşu **I.** *s* Nachbar(in) *m(f)* **II.** *adj* angrenzend, benachbart
komşuluk (-ğu) *s* ❶ Nachbarschaft *f* ❷ Nähe *f*
komut (-tu) *s* ❶ Kommando *nt* ❷ INFORM Befehl *m*
komuta *s* Führung *f*
komutan *s* Kommandant *m,* Kommandeur *m*
komutanlık (-ğı) *s* ❶ Kommando *nt* ❷ Führung *f* ❸ Kommandantenberuf *m*
komünist (-ti) **I.** *s* Kommunist(in) *m(f)* **II.** *adj* kommunistisch
komünizm *s* Kommunismus *m*
komünyon *s* Kommunion *f*
konak (-ğı) *s* ❶ Herberge *f* ❷ (kleiner) Palast *m* ❸ Quartier *nt* ❹ Rast *f* ❺ Tagereise *f* ❻ Regierungsgebäude *nt*
konaklama *s* ❶ *Verbalsubstantiv zu* **konaklamak** ❷ (*im Hotel*) Unterkunft *f*
konaklamak *vi* (*in einem Hotel*) absteigen
konca *s* Knospe *f*
konçerto *s* (*als Musikwerk*) Konzert *nt*
kondansatör *s* Kondensator *m*
kondanse *adj* kondensiert; ~ **süt** Kondensmilch *f*
kondüktör *s* Schaffner(in) *m(f)*
koneksiyon *s* Anschluss *m*
konfeksiyon *s* Konfektion *f*
konferans *s* ❶ Vortrag *m* ❷ Konferenz *f;* ~ **odası** Konferenzraum *m;* ~ **salonu** Hörsaal *m;* ~ **vermek** einen Vortrag halten
konfitür *s* Konfitüre *f*
konfor *s* Komfort *m*
konforlu *adj* komfortabel
konformist (-ti) *adj* konformistisch
kongre *s* ❶ Kongress *m* ❷ Parteitag *m*
koni *s* Kegel *m*
konjonktivit (-ti) *s* Bindehautentzündung *f*
konjonktür *s* Konjunktur *f*
konmak (-ar) *vt* ❶ *Passiv zu* **koymak** ❷ (*Vogel*) sich setzen (**-e** auf etw) ❸ (*fam*) ohne Mühe zu etwas kommen (**-e** zu etw) ❹ (*unbeabsichtigt hinkommen*) landen (**bir yere** an einem Ort)
konsantrasyon *s* Konzentration *f*
konsantre *adj* konzentriert; ~ **olmak** sich konzentrieren (**-e** auf etw)
konsensüs *s* Konsens *m*
konser *s* (*Veranstaltung*) Konzert *nt*
konservatuvar *s* Konservatorium *nt,* Musikhochschule *f*
konserve *s* Konserve *f;* ~ **açacağı** Büchsenöffner *m,* Dosenöffner *m;* ~ **kutusu** Konservendose *f;* ~ **yapmak** konservieren (**-den** etw)
konsey *s* (*Kollegium*) Rat *m*
konsol *s* Kommode *f*
konsolos *s* Konsul *m*
konsolosluk (-ğu) *s* Konsulat *nt*
konsomatris *s* Animierdame *f*
Konstanz Gölü (-nü) *s* Bodensee *m*
kont (-tu) *s* Graf *m*
kontak (-ğı) *s* ❶ Kontakt *m* ❷ Kurzschluss *m* ❸ AUTO Zündung *f;* ~ **anahtarı** Zündschlüssel *m;* ~ **kilidi** Zündschloss *nt;* **biriyle** ~ **kurmak** mit jdm Kontakt aufnehmen
kontes *s* Gräfin *f*
kontrat (-tı) *s* Vertrag *m*
kontrbas *s* Kontrabass *m*
kontrjur *s* Gegenlicht *nt*
kontrol (-lü) *s* ❶ Kontrolle *f* ❷ Nachprüfung *f* ❸ Kontrolleur(in) *m(f);* ~ **altına almak** etw kontrollieren (**-i** etw); ~ **etmek** kontrollieren; (*überprüfen*) nachprüfen (**-i** etw); ~ **saati** Stechuhr *f;* **kontrolden çıkmak** außer Kontrolle geraten
kontrolcü *s* Kontrolleur(in) *m(f)*
kontrplak (-kı) *s* Furnier *nt*
konu *s* ❶ (*Gegenstand*) Thema *nt* ❷ (*Gesprächsgegenstand*) Punkt *m* ❸ (*in Briefen*)

K

Betreff *m;* ~ **açmak** ein Thema anschneiden; ~ **edilmek** zur Sprache kommen; **konudan ayrılmak** vom Thema abkommen; **konuya gelmek** zur Sache kommen

konuk (-ğu) *s* Gast *m,* Besucher(in) *m(f);* ~ **işçi** Gastarbeiter(in) *m(f)*

konuksever *adj* gastfreundlich

konukseverlik (-ği) *s* Gastfreundschaft *f*

konum *s* Lage *f*

konusunda *präp* bezüglich, betreffend, hinsichtlich (**...** *+gen*)

konuşkan *adj* gesprächig, redselig

konuşma *s* ① *Verbalsubstantiv zu* **konuşmak** ② Aussprache *f* ③ Besprechung *f* ④ (*Unterhaltung*) Gespräch *nt* ⑤ (*Ansprache*) Rede *f;* ~ **balonu** Sprechblase *f;* ~ **dili** Umgangssprache *f;* ~ **yapmak** eine Rede halten

konuşmacı *s* Redner(in) *m(f)*

konuşmak *vi* ① sprechen, reden (**ile -den** mit jdm über etw) ② (*plaudern*) sich unterhalten ③ besprechen (**-i** etw)

konut (-tu) *s* ① Wohnsitz *m,* Wohnort *m* ② Wohnung *f*

konvoy *s* ① Geleit *nt,* Geleitzug *m* ② Kolonne *f*

Konya *s Stadt in Mittelanatolien*

> Die mittelanatolische Stadt **Konya** kann als die strenggläubigste Stadt der Türkei bezeichnet werden. Hier findet alljährlich vom 14. bis 17. Dezember ‚das Fest der Tanzenden Derwische' statt. Die Bruderschaft der ‚Tanzenden Derwische' wurde im 13. Jahrhundert von dem Mystiker und Dichter Mevlana Celaleddin Rumi gegründet. In Konya befindet sich auch das Grabmal dieses Mannes, das von gläubigen Türken wie eine Wallfahrtsstätte besucht wird.

konyak (-ğı) *s* Kognak *m*

kooperatif **I.** *s* Genossenschaft *f* **II.** *adj* genossenschaftlich

koparmak *vt* ① *Kausativ zu* **kopmak** ② abbrechen (**-i** etw) ③ pflücken (**-i** etw) ④ abreißen, wegreißen (**-i -den** etw von etw) ⑤ (*Alarm*) schlagen; (*Geschrei*) erheben (**-i** etw) ⑥ (*mit Mühe und Not*) bekommen (**-i -den** etw von jdm)

kopça *s* ① Öse *f* ② Haken *m*

kopkolay *adj* (*fam*) kinderleicht

kopmak (-ar) *vt* ① (ab)brechen ② (zer)reißen ③ (*Knopf*) abspringen ④ (*Krieg*) ausbrechen ⑤ (*Lärm*) sich erheben ⑥ (*Körperglied*) sehr schmerzen

kopya *s* ① Kopie *f* ② Abzug *m* ③ Exemplar *nt* ④ Abbild *nt* ⑤ (*in der Schule*) Spicken *nt;* ~ **çekmek** abschreiben; (*in der Schule*) spicken; ~ **çıkarmak** (*Bild*) abziehen; ~ **etmek** kopieren, nachbilden, nachahmen (**-i** etw/jdn); ~ **kâğıdı** Durchschlagpapier *nt;* ~ **vermek** (*in der Schule*) vorsagen (**-e** jdm)

kopyalamak *vt* ① kopieren (**-i** etw) ② klonen (**-i** etw)

kopyalanamaz *adj* INFORM kopiergeschützt

kopyalanmak *vi* ① *Passiv zu* **kopyalamak** ② kopiert werden ③ geklont werden

kor *s* Glut *f;* ~ **halinde** glühend; ~ **halinde yanmak** glimmen

koramiral (-li) *s* Vizeadmiral *m*

kordon *s* ① (*an Möbeln*) Zierleiste *f* ② dicke Seidenschnur ③ Nabelschnur *f* ④ Absperrkette *f* ⑤ Uhrkette *f* ⑥ Kaistraße *f*

Kore *s* Korea *nt*

koreograf *s* Choreograf(in) *m(f)*

koreografi *s* Choreografie *f*

koridor *s* Korridor *m*

korkak (-ğı) **I.** *adj* ① ängstlich, furchtsam ② feige **II.** *s* Feigling *m*

korkaklık (-ğı) *s* ① Ängstlichkeit *f* ② Feigheit *f*

korkmak (-ar) *vi* ① Angst haben, sich fürchten (**-den** vor jdm/etw) ② befürchten (**-den** etw) ③ erschrecken

korku *s* ① Angst *f* ② Schreck *m* ③ Befürchtung *f* ④ Gefahr *f;* ~ **bilmez** furchtlos; ~ **filmi** Horrorfilm *f;* ~ **vermek** Angst einjagen (**-e** jdm)

korkudan *adv* aus Angst, vor (lauter) Angst; ~ **sıçramak** zusammenzucken

korkulu *adj* ① beängstigend ② gefährlich; ~ **rüya** Albtraum *m*

korkuluk (-ğu) *s* ① Geländer *nt,* Brüstung *f* ② Vogelscheuche *f*

korkunç (-cu) *adj* furchtbar, schrecklich, entsetzlich

korkusuz *adj* furchtlos

korkutmak *vt* ① *Kausativ zu* **korkmak** ② Angst machen (**-i** jdm) ③ erschrecken (**-i** jdn) ④ einschüchtern, terrorisieren (**-i** jdn)

korkutucu *adj* erschreckend

korna *s* Hupe *f;* ~ **çalmak** hupen

korner *s* Eckball *m*

korniş *s* ① Gardinenleiste *f* ② Vorhangstange *f*

kornişon *s* Essiggurke *f,* Gewürzgurke *f*

koro *s* ① Chor *m* ② Chorgesang *m*
korsan *s* Pirat *m;* ~ **kitap** (*Buch*) Raubdruck *m;* ~ **kopya** Raubkopie *f*
korse *s* Korsett *nt*
Korsika *s* Korsika *nt*
kort (**-tu**) *s* Tennisplatz *m*
kortej *s* ① Umzug *m* ② Trauerzug *m*
koru *s* Wäldchen *nt*
koruma *s* ① *Verbalsubstantiv zu* **korumak** ② Schutz *m* ③ Leibwächter *m,* Bodyguard *m;* ~ **aşısı** Schutzimpfung *f*
korumak *vt* ① (be)hüten, beschützen (**-i -den** etw/jdn vor etw/jdn) ② aufbewahren (**-i** etw) ③ aufrechterhalten, bewahren (**-i** etw)
korunmak *vi* ① *Passiv zu* **korumak** ② sich schützen (**-den** vor etw)
korunmasız *adj* wehrlos
koruyucu **I.** *s* ① Beschützer(in) *m(f)* ② Konservierungsstoff *m* **II.** *adj* ① schützend ② vorbeugend, verhütend; ~ **maddesi** Konservierungsstoff *m;* ~ **melek** Schutzengel *m*
koskoca *adj* gewaltig, gigantisch, kolossal
Kosova *s* Kosovo *nt*
Kosovalı **I.** *adj* (*Art*) kosovarisch **II.** *s* Kosovare, Kosovarin *m, f;* ~ **Arnavut** Kosovo-Albaner(in) *m(f)*
kostüm *s* Kostüm *nt*
koşmak (**-ar**) *vi* laufen, rennen; **şart** ~ zur Bedingung machen (**-i** etw); **koşar adım** Laufschritt *m*
koşu *s* Wettrennen *nt*
koşucu *s* Läufer(in) *m(f)*
koşul *s* Voraussetzung *f*
koşum *s* (*von Pferd*) Geschirr *nt*
koşuş *s* Lauf *m*
koşut **I.** *adj* parallel **II.** *s* Parallele *f*
kot (**-du**) *s* Code *m*
kota *s* Quote *f*
kote *s* (Börsen)notierung *f;* ~ **etmek** notieren (**-i** etw); (**borsaya**) ~ **ettirilmiş** börsennotiert; (**borsada**) ~ **olmuş** börsennotiert
kot pantalon *s* Jeans *pl*
kotra *s* Kutter *m*
kova *s* Eimer *m,* Kübel *m;* **Kova** (**burcu**) (*Sternzeichen*) Wassermann *m*
kovalamak *vt* ① (*Flüchtenden*) nachjagen (**-i** jdm) ② (*eine Sache*) verfolgen (**-i** etw)
kovan *s* ① Bienenstock *m* ② Patronenhülse *f* ③ (*Rad-*) Buchse *f*
kovboy *s* Cowboy *m;* ~ **filmi** Western *m*
kovmak (**-ar**) *vt* vertreiben, verjagen, fortjagen (**-i** jdn/etw)
kovuşturma *s* ① *Verbalsubstantiv zu* **kovuşturmak** ② Fahndung *f*
kovuşturmak *vt* (*strafrechtlich verfolgen*) fahnden (**-i** nach jdm)
koy *s* Meeresbucht *f*
koymak (**-ar**) *vt* ① legen, setzen, (auf)stellen (**-i -e** etw auf/in etw) ② (*Salz, Zucker*) dazutun (**-i -e** etw zu etw) ③ (*Tee, Kaffee*) einschenken (**-i -e** etw in etw) ④ (*fig*) nahegehen (**-e** jdm)
koynu (**-nu**) *s Possessivform zu* **koyun** seine/ihre Brust *f*
koyu *adj* ① (*Flüssigkeit*) dick ② (*Farbe*) dunkel ③ eingefleischt ④ fanatisch ⑤ (*Tee*) stark; ~ **mavi** dunkelblau
koyulaşmak *vi* ① dickflüssig werden ② (*Farbe*) dunkel [*o* dunkler] werden
koyulmak *vi* ① *s.* **koyulaşmak** ② (*Problem*) anpacken (**-e** etw)
koyun *s* ① Schaf *nt,* Hammel *m* ② (*pej vulg*) Prolet *m;* ~ **budu** Hammelkeule *f;* ~ **kızartması** Hammelbraten *m;* ~ **postu** Schaf(s)pelz *m;* ~ **sürüsü** Schafherde *f*
koyun (**-ynu**) *s* Brust *f*
koyuvermek *vt* ① freilassen (**-i** jdn) ② (*Gelächter*) loslassen (**-i** etw)
koz *s* Trumpf *m*
koza *s* ① Samenkapsel *f* ② Kokon *m*
kozalak (**-ğı**) *s* (Tannen)zapfen *m*
kozmetik (**-ği**) **I.** *s* ① Kosmetik *f* ② Kosmetikum *nt,* Kosmetikartikel *m* **II.** *adj* kosmetisch; ~ **eşyalar** Kosmetikartikel *pl*
kozmetikçi *s* Kosmetiker(in) *m(f)*
kozmik *adj* kosmisch
kozmonot (**-tu**) *s* Kosmonaut(in) *m(f)*
kozmopolit (**-ti**) **I.** *s* Kosmopolit(in) *m(f)* **II.** *adj* kosmopolitisch
kozmos *s* Kosmos *m*
köfte *s* Fleischklößchen *nt*
kök (**-kü**) *s* ① Wurzel *f* ② unterster Teil ③ (*fig*) Kern *m* ④ CHEM Radikal *nt* ⑤ Herkunft *f;* ~ **hücre** Stammzelle *f;* ~ **salmak** Wurzeln schlagen; **kökünden sökmek** entwurzeln (**-i** jdn); **kökünü kurutmak** ausrotten (**-in** jdn/etw)
köken *s* ① Herkunft *f* ② LING Wurzel *f*
kökenli *adj* aus ... stammend, -stämmig; **Türk** ~ türkischstämmig
köklü *adj* ① mit Wurzeln ② gründlich
köknar *s* Tanne *f*
kökten *adj* von Grund auf, grundlegend, radikal

K

köktenci *s* Radikale(r) *f(m)*
köktencilik (-ği) *s* Radikalismus *m*
köktendinci I. *adj* REL fanatisch, fundamentalistisch II. *s* REL Fanatiker(in) *m(f)*, Fundamentalist(in) *m(f)*
köktendincilik (-ği) *s* religiöser Fanatismus *m*, religiöser Fundamentalismus *m*
köle *s* Sklave *m*, Sklavin *f*
kölelik (-ği) *s* Sklaverei *f*
kömür I. *s* Kohle *f* II. *adj* kohlschwarz; ~ **havzası** Kohlegebiet *nt;* ~ **madeni** Kohlenbergwerk *nt;* ~ **ocağı** Kohlengrube *f;* ~ **santrali** Kohlekraftwerk *nt*
kömürlük (-ğü) *s* (*Kohlen-*) Keller *m;* (*Kohlen-*) Schuppen *m*
köpek (-ği) *s* Hund *m;* ~ **kulübesi** Hundehütte *f;* ~ **maması** Hundefutter *nt;* ~ **sürüsü** Meute *f;* ~ **vergisi** Hundesteuer *f;* **kedi ~ gibi hırlaşmak** wie Hund und Katze sein
köpekbalığı (-nı) *s* Hai *m*
köpekdişi (-ni) *s* Eckzahn *m*
köpoğlu (köpek) *s* (*vulg*) Schweinehund *m*
köprü *s* (*a. fig*) Brücke *f*
köprücük kemiği (-ni) *s* Schlüsselbein *nt*
köpük (-ğü) *s* Schaum *m*
köpüklü *adj* schaumig; ~ **şarap** Schaumwein *m*, Sekt *m*
köpürmek *vi* 1 Schaum bilden 2 (*Wasser*) brausen 3 vor Wut schäumen
kör *adj* 1 (*a. fig*) blind 2 stumpf 3 (*Licht*) schwach 4 (*Brunnen*) ausgetrocknet; **bir gözü ~** auf einem Auge blind; ~ **aşık** blind vor Liebe; ~ **etmek** blenden; (*fig*) verblenden (**-i** jdn); ~ **olmak** erblinden; **körü körüne** blindlings
körbarsak (-ğı) *s* Blinddarm *m*
körebe *s* Blindekuh
körelmek *vi* 1 verkümmern 2 (*Licht, Feuer*) schwach werden 3 (*Messer*) stumpf werden
körfez *s* (*Meerbusen*) Golf *m*
körlenmek, körleşmek *vi* 1 (allmählich) blind werden 2 (*Messer*) stumpf werden 3 (*Brunnen*) austrocknen 4 (*Licht, Feuer*) erlöschen 5 (*Gedächtnis*) nachlassen 6 (*geistig*) verkümmern
körler alfabesi (-ni) *s* Blindenschrift *f*
körlük (-ğü) *s* 1 Blindheit *f* 2 (*eines Messers*) Stumpfsein *nt*
Köroğlu Dağı (-nı) *s Bergkette nördlich von Ankara*
körpe *adj* frisch
körük (-ğü) *s* 1 Blasebalg *m* 2 (*Auto*) Verdeck *nt*
köse *adj* mit spärlichem Bartwuchs
kösele *s* (Sohlen)leder *nt*
kösnü *s* Wollust *f*
kösnük (-ğü) *adj* (*Tier*) läufig
kösnül *adj* sinnlich, erotisch
köstebek (-ği) *s* Maulwurf *m*
kösteklemek *vt* 1 Fußfesseln anlegen (**-i** einem Tier) 2 hemmen (**-i** etw)
köşe *s* 1 Ecke *f* 2 Winkel *m* 3 abgelegener Ort; ~ **bucak** in allen Ecken und Winkeln; ~ **meyhanesi** Ausschank *m;* **köşeyi dönmek** um die Ecke biegen; (*fam*) die Treppe hochfallen
köşegen *s* Diagonale *f*
köşeli *adj* eckig, wink(e)lig
köşk (-kü) *s* 1 (größere) Villa *f* 2 Aussichtstürmchen *nt*
kötek (-ği) *s* Prügel *pl*
kötü I. *adj, adv* schlecht, übel, schlimm II. *adj* minderwertig III. *s* Böse(s) *nt;* ~ **davranma** Misshandlung *f;* ~ **davranmak** misshandeln (**-e** jdn); ~ **niyetli** böswillig; **kötüye kullanım** Missbrauch *m;* **kötüye kullanmak** missbrauchen (**-i** etw/jdn)
kötülemek *vt* 1 schlechtmachen (**-i** jdn) 2 abmagern 3 (*Wetter*) sich verschlechtern
kötüleşme *s* 1 *Verbalsubstantiv zu* **kötüleşmek** 2 Verschlechterung *f*
kötüleşmek *vr* 1 *Reflexiv zu* **kötülemek** 2 sich verschlechtern, sich verschlimmern
kötüleştirmek *vt* 1 *Kausativ zu* **kötüleşmek** 2 verschlechtern, verderben (**-i** etw/jdn)
kötülük (-ğü) *s* 1 schlechte(r) Zustand *m* 2 Bosheit *f* 3 Böse(s) *nt;* ~ **yapmak** etwas Böses antun (**-e** jdm)
kötümser I. *s* Pessimist(in) *m(f)* II. *adj* pessimistisch
kötümserlik (-ği) *s* Pessimismus *m*
kötürüm I. *adj* 1 (*an den Beinen gelähmt*) lahm 2 (*Bein*) verkrüppelt, lahm II. *s* Krüppel *m*
köy *s* 1 Dorf *nt* 2 (*Gegensatz zur Stadt*) Land *nt;* **köyde** im Dorf, auf dem Land
köylü I. *s* (*Dorfbewohner*) Bauer *m*, Bäuerin *f* II. *adj* 1 bäuerlich, ländlich 2 (*pej*) bäurisch
kral *s* König *m*
kraliçe *s* Königin *f*
kraliyet (-ti) *s* Königreich *nt*
krallık (-ğı) *s* 1 Königreich *nt* 2 Königswürde *f*
kramp (-pı) *s* Krampf *m*

krank mili (-ni) *s* Kurbelwelle *f*
krater *s* Krater *m*
kravat (-tı) *s* Krawatte *f*, Schlips *m*; ~ **iğnesi** Krawattennadel *f*
kreasyon *s* (*Mode*) Kreation *f*
kredi *s* Kredit *m*; ~ **kartı** Kreditkarte *f*; ~ **mektubu** Kreditbrief *m*; ~ **veren** Kreditgeber(in) *m(f)*
kredibilite *s* Kreditwürdigkeit *f*
krem *s* Creme *f*; ~ **karamel** Karamellpudding *m*; ~ **rengi** cremefarben
krema *s* 1 Sahne *f*, Rahm *m* 2 Vanillecreme *f*
kremalı *adj* mit Sahne; ~ **pasta** Sahnetorte *f*
krematoryum *s* Krematorium *nt*
Kremlin *s* Kreml *m*
kremşanti *s* Schlagsahne *f*
krep (-pi) *s* 1 Eierpfannkuchen *m* 2 Krepppapier *nt*
kreş *s* Kinderkrippe *nt*
kriko *s* 1 Hebebock *m* 2 Wagenheber *m*
kristal (-li) **I.** *s* Kristall *nt* **II.** *adj* Kristall-, aus Kristall; ~ **cam** Kristallglas *nt*
kriter *s* Kriterium *nt*
kritik (-ği) **I.** *s* Kritik *f* **II.** *adj* kritisch
kriz *s* 1 Anfall *m* 2 Krise *f*; ~ **yardımı** Krisenhilfe *f*
kroket (-ti) *s* Krokette *f*
krom *s* Chrom *nt*
kromlu *adj* 1 mit Chrom 2 verchromt
kromozom *s* Chromosom *nt*
kron *s* (*dän. Währung*) Krone *f*
kronik (-ği) **I.** *s* Chronik *f* **II.** *adj* (*Krankheit*) chronisch
kronoloji *s* Chronologie *f*
kronolojik *adj* chronologisch
kronometre *s* Chronometer *nt*, Stoppuhr *f*
kruvasan *s* Hörnchen *nt*
kruvaze dikiş *s* Kreuzstich *m*
ksilofon *s* Xylophon *nt*
kuaför *s* (Damen)friseur *m*
kuaföz *s* Friseuse *f*
kuartet (-ti) *s* Quartett *nt*
kubbe *s* 1 Gewölbe *nt* 2 Kuppel *f*
kubbelenmek *vi* sich wölben
kucak (-ğı) *s* 1 Arm *m* voll 2 Umarmung *f* 3 Schoß *m*, Brust *f*
kucaklama *s* 1 *Verbalsubstantiv zu* **kucaklamak** 2 Umarmung *f*
kucaklamak *vt* in die Arme schließen, umarmen (-**i** jdn)
kuddas *s* REL Abendmahl *nt*; ~ **ayini** Messe *f*
kudret (-ti) *s* 1 Allmacht *f* (Gottes) 2 Macht *f*, Kraft *f*
kudretli *adj* mächtig, kräftig
kudretsiz *adj* 1 machtlos, ohnmächtig 2 schwächlich, kraftlos
kudretsizlik (-ği) *s* Machtlosigkeit *f*, Ohnmacht *f*
kudurmak *vi* 1 tollwütig werden 2 (*vor Wut*) rasen, toben
kudurmuş *adj* 1 tollwütig 2 wütend, rasend
kuduz **I.** *s* Tollwut *f* **II.** *adj* tollwütig
Kudüs *s* Jerusalem *nt*
kuğu *s* Schwan *m*
kuintet (-ti) *s* Quintett *nt*
kukla *s* (*a. fig*) Puppe *f*, Marionette *f*; ~ **tiyatrosu** Marionettentheater *nt*, Puppentheater *nt*; ~ **oyunu** Puppenspiel *nt*
kukuleta *s* Kapuze *f*
kul *s* 1 Sklave *m*, Sklavin *f* 2 REL (*im Gegensatz zu Gott*) Mensch *m*
kulaç (-cı) *s* 1 Klafter *f* 2 NAUT Faden *m*
kulak (-ğı) *s* 1 Ohr *nt* 2 (musikalisches) Gehör *nt*; ~ **çubuğu** Wattestäbchen *nt*; ~ **damlası** Ohrentropfen *pl*; ~ **kabartmak** die Ohren spitzen; ~ **kesilmek** ganz Ohr sein; ~ **memesi** Ohrläppchen *nt*; ~ **misafiri olmak** mithören; ~ **uzmanı** Hals-Nasen-Ohren-Arzt *m*, -Ärztin *f*; ~ **vermek** gut zuhören (-**e** jdm); **kulağa çok basit geliyor** das hört sich sehr einfach an; **kulağı delik** Schlitzohr *nt*; (*Person*) hellhörig; **birinin kulağına fısıldamak** jdm etwas ins Ohr flüstern
kulaklık (-ğı) *s* 1 Ohrenschützer *m* 2 Kopfhörer *m* 3 Hörgerät *nt* 4 (*vom Telefonhörer*) Hörmuschel *f*
kulakzarı (-nı) *s* Trommelfell *nt*
kule *s* Turm *m*
kulis *s* Kulisse *f*; ~ **arkasında** (*a. fig*) hinter den Kulissen
kullanıcı *s* Benutzer(in) *m(f)*; INFORM User *m*, Anwender(in) *m(f)*; ~ **bilgileri** INET Account *m*; ~ **dostu** benutzerfreundlich; ~ **kodu** [*o* **adı**] INET Benutzername *m*
kullanılmak *vi* 1 *Passiv zu* **kullanmak** 2 im Umlauf sein
kullanılmayan *adj* ungebräuchlich
kullanılmaz *adj* unbrauchbar
kullanılmış *adj* 1 gebraucht 2 verbraucht 3 (*Kleidung*) getragen; ~ **araba** Gebrauchtwagen *m*
kullanım *s* Verwendung *f*; (*Computerprogramm*) Anwendung *f*; **kullanımı kolay** anwenderfreundlich; **herkesin kullanımına**

K

açık yazılım INET Public-Domain-Software *f*

kullanış *s* ❶ Gebrauch *m*, Anwendung *f* ❷ Handhabung *f*

kullanışlı *adj* ❶ handlich ❷ praktisch

kullanışsız *adj* ❶ (*Sache*) unpraktisch ❷ (*Wohnung*) unbequem ❸ (*Möbelstück*) sperrig

kullanma *s* ❶ Verwendung *f* ❷ (*einer Maschine*) Bedienung *f*; ~ **talimatı** Bedienungsanleitung *f*

kullanmak *vt* ❶ verwenden, gebrauchen, benutzen (**-i** etw) ❷ (*Maschine*) bedienen, betätigen (**-i** etw) ❸ (*Fahrzeug*) fahren, lenken, steuern (**-i** etw) ❹ (*gewohnheitsmäßig Zigaretten*) rauchen; (*Alkohol*) trinken; (*Genussmittel, Tabletten*) nehmen (**-i** etw) ❺ (*Arbeiter*) beschäftigen (**-i** jdn) ❻ (*Kleidung*) tragen (**-i** etw)

kulp (**-pu**) *s* ❶ Henkel *m*, Griff *m* ❷ (*fig*) Vorwand *m*, Ausrede *f*

kulplu *adj* mit Griff; ~ **beygir** Seitpferd *nt*

kuluçka *s* ❶ Glucke *f* ❷ Brut *f* ❸ Inkubation *f*; ~ **çıkarmak** (*Ei*) ausbrüten; ~ **süresi** [*o* **devri**] Inkubationszeit *f*; **kuluçkaya yatmak** (*Vogel*) brüten

kulübe *s* ❶ Häuschen *nt*, Hütte *f* ❷ Wärterhäuschen *nt*

kulüp (**-bü**) *s* Club *m*

kulvar *s* (*beim Kegeln, Bowling*) Bahn *f*

kum *s* ❶ Sand *m* ❷ MED (*Harn-, Nieren-*) Grieß *m*; ~ **saati** Sanduhr *f*; ~ **sandığı** Sandkasten *m*; ~ **torbası** Sandsack *m*

Kuma gömülmek, sich in den Sand einzugraben, ist ein Heilmittel gegen Rheuma. Gelegentlich sieht man, wie sich ein Patient am Strand in den Sand eingraben lässt, so dass nur noch sein Kopf zu sehen ist. Der Effekt ist ähnlich wie in der Sauna: Durch das Schwitzen werden Schadstoffe ausgeschieden und die Heilung eingeleitet.

kumanda *s* Befehl *m*, Kommando *nt*; (**uzaktan**) ~ Fernbedienung *f*; ~ **elektroniği** Steuerungselektronik *f*; ~ **etmek** kommandieren; ~ **kolu** Steuerknüppel *m*

kumandan *s* Kommandant *m*, Kommandeur *m*

kumandanlık (**-ğı**) *s* ❶ (*hohe Befehlsstelle*) Kommando *nt* ❷ Kommandantentätigkeit *f*

kumar *s* Glücksspiel *nt*

kumarhane *s* Kasino *nt*, Spielbank *f*

kumaş *s* Stoff *m*, Gewebe *nt*

kumbara *s* ❶ Sparbüchse *f* ❷ Granate *f*

kumlu *adj* sandig

kumral *adj* dunkelblond

kumru *s* (Turtel)taube *f*

kumsal *s* ❶ Sandstrand *m* ❷ Sandbank *f*

kumul *s* Düne *f*

kundak (**-ğı**) *s* ❶ Windel *f* ❷ Gewehrschaft *m* ❸ Fackel *f*

kundakçı *s* ❶ Brandstifter(in) *m(f)* ❷ Saboteur(in) *m(f)*

kundakçılık (**-ğı**) *s* ❶ Brandstiftung *f* ❷ Sabotage *f*

kundaklamak *vt* ❶ (*Säugling*) wickeln (**-i** jdn) ❷ in Brand stecken (**-i** etw)

kundura *s* Schuh *m*; ~ **kalıbı** Leisten *m*

kunduracı *s* Schuhmacher *m*, Schuster *m*

kunduz *s* Biber *m*

kupa *s* ❶ Becher *m* ❷ SPORT Pokal *m* ❸ (*Farbe im Kartenspiel*) Herz *nt*; ~ **maçı** Pokalspiel *nt*

kupon *s* Kupon *m*

kupür *s* Zeitungsausschnitt *m*

kur *s* ❶ Kurs *m* ❷ Flirten *nt*; ~ **yapmak** flirten (**-e** mit jdm); **kurlar** Umrechungskurse *pl*; **dolar kuru** Dollarkurs *m*

kura *s* Losziehung *f*; ~ **çekmek** ein Los ziehen

kurabiye *s* Plätzchen *nt*, Keks *m*

kurak (**-ğı**) *adj* ❶ (*Boden*) trocken ❷ wasserarm

kuraklık (**-ğı**) *s* Dürre *f*, Trockenheit *f*

kural *s* Regel *f*; **kurala aykırı** regelwidrig; **kurala uygun** regelmäßig

kurallı *adj* ❶ mit Regel(n) ❷ regelmäßig ❸ regelrecht

kurallılık (**-ğı**) *s* Regelmäßigkeit *f*

kuralsız *adj* ❶ unregelmäßig ❷ ungeregelt

kuralsızlık (**-ğı**) *s* Unregelmäßigkeit *f*

kuram *s* Theorie *f*

kuramsal *adj* theoretisch

Kuran *s* Koran *m*

kurander *s* Zugluft *f*

kurbağa *s* ❶ Frosch *m* ❷ Kröte *f*

kurbağalama (**yüzme**) *s* Brustschwimmen *nt*

kurban *s* Opfer *nt*; **Kurban Bayramı** (*Islam*) Opferfest; ~ **etmek** opfern (**-e -i** jdm etw); ~ **kesmek** (*als Opfer*) schlachten (**-i** ein Tier)

Kurban Bayramı, das Opferfest, basiert auf folgender alttestamentarischen

Geschichte: Abraham wollte seinen Sohn Isaak (Ismail) Gott opfern, doch Gott erwies sich als gnädig und schickte Abraham einen Widder als Opfertier. Das Opferfest beginnt 70 Tage nach ‚Şeker Bayramı', dem Zuckerfest, und dauert vier Tage lang. Es ist das größte Fest im Islam und wie bei uns zu Weihnachten werden Kinder und Verwandte beschenkt. Im Mittelpunkt des Festes steht das Opfern eines männlichen Tieres nach den Regeln des Islams. Meist wird ein Schaf geopfert. Das Fleisch des Opfers wird in drei Teile geteilt. Der erste Teil ist für die Armen bestimmt, der zweite für die Gäste, der dritte für die Familie.

kurbanlık *adj* zum Opfer bestimmt, Opfer-; ~ **hayvan** Opfertier *nt*

kurcalamak *vt* 1 (*fam*) herumhantieren, herumfummeln (-**i** an etw) 2 (*Thema*) erneut zur Sprache bringen (-**i** etw) 3 (herum)kratzen (-**i** an etw)

kurdele *s* 1 Kordel *f* 2 (Haar)schleife *f*

kurgubilim *s* Science-Fiction *f*

kurmak (-ar) *vt* 1 aufbauen, bauen, errichten (-**i** etw) 2 (*Zelt*) aufschlagen (-**i** etw) 3 (*Uhr*) aufziehen (-**i** etw) 4 (*Beziehungen*) anknüpfen (-**i** etw) 5 installieren (-**i** etw) 6 (*Pläne*) schmieden (-**i** etw) 7 (*Feder*) spannen (-**i** etw) 8 (*Uhr, Falle*) stellen (-**i** etw) 9 (*Tisch*) decken (-**i** etw) 10 (*Markt*) abhalten (-**i** etw) 11 (*Regierung*) bilden (-**i** etw) 12 (*Obst, Gemüse*) einmachen, einlegen (-**i** etw) 13 nachgrübeln

kurmay *s* Generalstab *m*

kurna *s* Becken *nt* (im türkischen Bad)

kurnaz *adj* schlau

kurnazlık (-ğı) *s* Schlauheit *f*

kuron *s* (Zahn)krone *f*

kurs *s* Kurs *m*, Lehrgang *m*

kursak (-ğı) *s* 1 (*bei Vögeln*) Kropf *m* 2 (*fam*) Magen *m* 3 (*vom Dudelsack*) Windsack *m*

kurşun **I.** *s* 1 Blei *nt* 2 (*Gewehr-*) Kugel *f* 3 Bleimantel *m* **II.** *adj* aus Blei, bleiern; ~ **damga** Plombe *f*; ~ **damga vurmak** plombieren; ~ **işlemez** [*o* **geçmez**] kugelsicher; **kurşuna dizmek** (standrechtlich) erschießen (-**i** jdn)

kurşunkalem *s* Bleistift *m*

kurşunsuz *adj* bleifrei

kurt (-du) *s* 1 Wolf *m* 2 Wurm *m*, Made *f* 3 (*fam*) Kenner(in) *m(f)*; **kurtlarını dökmek** (*fam*) sich (nach Herzenslust) austoben

kurtarmak *vt* 1 retten (-**i** -**den** jdn vor jdm/etw) 2 (*Land, Stadt, Mensch*) befreien (-**i** -**den** jdn/etw von etw) 3 (*Verwundete*) bergen (-**i** jdn) 4 erlösen (-**i** jdn) 5 INFORM (*Datei*) wiederherstellen (-**i** etw)

kurtçuk (-ğu) *s* 1 Made *f*, Raupe *f* 2 kleiner Wurm

kurtlanmak *vi* wurmstichig werden

kurtulmak *vi* 1 gerettet [*o* befreit] werden (-**den** von etw/jdm) 2 sich befreien, sich retten (-**den** vor etw/jdm) 3 loswerden (-**den** jdn) 4 (*Unfall*) überleben (-**den** etw) 5 fallen (-**den** aus etw)

kurtuluş *s* 1 Befreiung *f* 2 Erlösung *f* 3 Heil *nt*; ~ **savaşı** Befreiungskrieg *m*

kuru *adj* 1 (*auch fig*) trocken 2 getrocknet 3 (*Boden*) karg 4 (*Worte*) leer 5 (*Person*) mager 6 nüchtern, sachlich; ~ **fasulye** weiße Bohnen *pl*; ~ **gürültü** viel Lärm um nichts; ~ **kahve** Kaffeebohnen *pl*; ~ **kibarlık** Großtuerei *f*; ~ **ot** Heu *nt*; ~ **sıkı** blinder Schuss, bloße Drohung; ~ **temizleme** Trockenreinigung *f*; ~ **üzüm** Rosine *f*

kurucu **I.** *s* Gründer(in) *m(f)* **II.** *adj* konstruktiv, aufbauend

kurukafa *s* 1 Schädel *m*, Totenkopf *m* 2 (*fam*) Dummkopf *m*

kurul *s* Ausschuss *m*

kurulamak *vt* (ab)trocknen (-**i** etw)

kurulanmak *vi* 1 *Passiv zu* **kurulamak** 2 sich (ab)trocknen

kurulmak *vi* 1 *Passiv zu* **kurmak** 2 (*fam*) sich aufblasen 3 (*fam*) es sich bequem machen (-**e** in/auf etw)

kurultay *s* Kongress *m*

kuruluk (-ğu) *s* 1 Trockenheit *f* 2 Magerkeit *f*

kurulum *s* INFORM Installation *f*; **kurulumunu yapmak** INFORM installieren (-**in** etw)

kuruluş *s* 1 Gründung *f* 2 Konstruktion *f* 3 Firma *f*, Unternehmen *nt*

kurum *s* 1 Stolz *m*, Hochmut *m* 2 Verein *m*, Gesellschaft *f* 3 Institut *nt* 4 (dicker) Ruß *m*

kurumak *vi* 1 trocknen 2 (*Pflanze*) eingehen 3 abmagern

kurumlanmak *vi* 1 sich brüsten 2 mit Ruß bedeckt werden

kurumlu *adj* 1 eingebildet, überheblich 2 mit Ruß bedeckt

K

kurumluluk (**-ğu**) *s* Eitelkeit *f,* Überheblichkeit *f*
kurumsal *adj* institutionell
kurumsallaş(**tır**)**ma** *s* ① *Verbalsubstantiv zu* **kurumsallaş**(**tır**)**mak** ② Institutionalisierung *f*
kurumsallaştırmak *vt* institutionalisieren (**-i** etw)
kuruntu *s* ① Einbildung *f,* Hirngespinst *nt,* Illusion *f* ② Wahn *m,* Wahnvorstellung *f* ③ Argwohn *m;* **kuruntuya dalmak** (*fam*) brüten
kuruş *s* Kurusch *m* (*türkische Währungseinheit: hundertster Teil einer Lira*)
kurutma *s* ① *Verbalsubstantiv zu* **kurumak** ② ~ **kâğıdı** Löschblatt *nt*
kurutmak *vt* ① *Kausativ zu* **kurumak** ② trocknen (**-i** etw) ③ (*Sumpf*) trockenlegen (**-i** etw)
kurutucu *s* Trockner *m*
kusmak (**-ar**) *vi* brechen, sich übergeben
kusur *s* ① Fehler *m* ② Makel *m* ③ Schuld *f;* ~ **bende** ich bin schuld daran; **kusura bakmamak** nachsichtig sein; **kusura bakma**(**yın**)! Entschuldigung!
kusurlu **I.** *adj* ① fehlerhaft ② mangelhaft **II.** *s* jemand, der einen Fehler begangen hat; ~ **bulmak** beanstanden, bemängeln (**-i** etw); ~ **olmak** einen Fehler haben
kusursuz *adj* ① fehlerfrei, ohne Mängel ② ausgezeichnet, vollkommen, perfekt
kusursuzluk (**-ğu**) *s* Vollkommenheit *f*
kuş *s* Vogel *m;* ~ **cenneti** Vogelschutzgebiet *nt;* ~ **gribi** Vogelgrippe *f;* ~ **kafesi** Vogelkäfig *m;* ~ **tüyü yatak** [*o* **yorgan**] Federbett *nt*
kuşak (**-ğı**) *s* ① Gurt *m* ② Gürtel *m* ③ Generation *f* ④ Zone *f*
kuşatma *s* ① *Verbalsubstantiv zu* **kuşatmak** ② Belagerung *f*
kuşatmak *vt* ① belagern (**-i** etw) ② einkreisen (**-i** jdn/etw) ③ umbinden (**-i** etw)
kuşburnu (**-nu**) *s* ① Hagebutte *f* ② Hundsrose *f*
kuşet (**-ti**) *s* Bett *nt* (*auf Schiffen oder in Zügen*)
kuşetli vagon *s* Liegewagen *m*
kuş(**h**)**ane** *s* ① Vogelhaus *nt* ② (kleinerer) Kochtopf *m*
kuşkonmaz *s* Spargel *m;* ~ **çorbası** Spargelsuppe *f*
kuşku *s* ① Unruhe *f* ② Zweifel *m* ③ Verdacht *m*
kuşkulandırmak *vt* ① *Kausativ zu* **kuşkulanmak** ② unruhig machen (**-i** jdn) ③ argwöhnisch machen (**-i** jdn)
kuşkulanmak *vi* ① Angst bekommen ② sich Sorgen machen ③ Verdacht schöpfen ④ Zweifel haben (**-den** an etw/jdm)
kuşkulu *adj* ① misstrauisch ② besorgt ③ ungewiss, unsicher ④ verdächtig
kuşkusuz **I.** *adj* ohne Argwohn **II.** *adv* zweifellos; **hiç** ~ ohne jeden Zweifel
kuşpalazı (**-nı**) *s* Diphtherie *f*
kuştüyü (**-nü**) **I.** *s* Daune *f* **II.** *adj* Daunen-; ~ **yatak** Daunenbett *nt;* ~ **yorgan** Daunendecke *f*
kuşüzümü (**-nü**) *s* Korinthen *pl*
kutbu (**-nu**) *s Possessivform zu* **kutup** der (Gegen)pol von ...
kutlama *s* ① *Verbalsubstantiv zu* **kutlamak** ② Glückwunsch *m* ③ Feier *f*
kutlamak *vt* ① gratulieren, beglückwünschen (**-i -den** jdn zu etw) ② feiern (**-i** etw); **kutlarım!** herzlichen Glückwunsch!
kutlu *adj* glücklich; **bayramın**(**ız**) ~ **olsun!** frohes Fest!
kutsal *adj* heilig; ~ **emanet** Reliquie *f*
kutu *s* ① Schachtel *f* ② Dose *f* ③ Päckchen *nt;* ~ **bira** Dosenbier *nt;* ~ **sardalyesi** Ölsardine *f*
kutup (**-tbu**) *s* ① Pol *m* ② Gegenpol *m;* ~ **ayısı** Eisbär *m*
kutuplar dairesi (**-ni**) *s* Polarkreis *m*
kutuplaşmak *vi* sich polarisieren
kutuplaş(**tır**)**ma** *s* ① *Verbalsubstantiv zu* **kutuplaştırmak** ② Polarisierung *f*
kutuplaştırmak *vt* ① *Kausativ zu* **kutuplaşmak** ② polarisieren (**-i** jdn)
kutupsal *adj* Polar-
kuvars *s* Quarz *m*
Kuveyt (**-ti**) *s* Kuwait *nt*
kuvvet (**-ti**) *s* ① Kraft *f* ② Gewalt *f* ③ Streitkraft *f* ④ Potenz *f;* ~ **denemesi** Kraftprobe *f;* ~ **ilacı** Stärkungsmittel *nt;* **kuvvetler ayrılığı** POL Gewaltentrennung *f,* Gewaltenteilung *f*
kuvvetlendirmek *vt* ① *Kausativ zu* **kuvvetlenmek** ② kräftigen, stärken (**-i** jdn/etw)
kuvvetlenmek *vi* stärker werden, sich verstärken
kuvvetli *adj* ① kräftig, stark ② mächtig, gewaltig ③ heftig
kuvvetsiz *adj* ① schwach, kraftlos ② macht-

los

kuyruk (-ğu) *s* ❶ Schwanz *m* ❷ (*Menschenreihe*) Schlange *f* ❸ (*eines Flugzeugs*) Heck *nt* ❹ (*eines Kleids*) Schleppe *f* ❺ (*fam*) ständiger Begleiter, Anhängsel *nt;* ~ **olmak** Schlange stehen; ~ **kemiği** Steißbein *nt;* **kuyruğa girmek** (*fam*) sich anstellen, Schlange stehen; **kuyruğunu sallamak** mit dem Schwanz wedeln

kuyruklu **I.** *adj* mit Schwanz **II.** *s* Skorpion *m;* ~ **piyano** Flügel *m*

kuyrukluyıldız *s* Komet *m*

kuyu *s* (Zieh)brunnen *m;* ~ **ağızlığı** Brunnenrand *m;* ~ **kovası** Schöpfeimer *m*

kuyum *s* Schmuck *m*

kuyumcu *s* ❶ Goldschmied(in) *m(f)* ❷ Juwelier(in) *m(f);* **kuyumcu (dükkanı)** Juweliergeschäft *nt,* Schmuckgeschäft *nt*

kuzen *s* Cousin *m*

kuzey **I.** *s* Norden *m* **II.** *adj* nördlich; **Kuzey Almanya** Norddeutschland *nt;* **Kuzey Avrupa** Nordeuropa *nt;* **Kuzey Amerika** Nordamerika *nt;* (*Art*) nordamerikanisch; **Kuzey Amerikalı** Nordamerikaner(in) *m(f);* (*Herkunft*) nordamerikanisch; **Kuzey Anadolu** Nordanatolien *nt;* **Kuzey Denizi** Nordsee *f;* ~ **ışığı** Nordlicht *nt;* **Kuzey İrlanda** Nordirland *nt;* **Kuzey Kıbrıs** Nordzypern *nt;* **Kuzey Kore** Nordkorea *nt;* ~ **kutbu** Nordpol *m;* **Kuzey Ren-Vestfalya** Nordrhein-Westfalen *nt;* ~ **rüzgarı** Nordwind *m*

kuzeybatı **I.** *s* Nordwesten *m* **II.** *adj* nordwestlich

kuzeydoğu **I.** *s* Nordosten *m* **II.** *adj* nordöstlich

kuzgun *s* (Kolk)rabe *m*

kuzin *s* Cousine *f,* Kusine *f*

kuzu *s* ❶ Lamm *nt* ❷ (*Gerät*) Bock *m;* ~ **eti** Lammfleisch *nt*

Küba *s* Kuba *nt*

küçücük (-ğü) *adj* winzig

küçük (-ğü) **I.** *adj* ❶ klein ❷ gering ❸ (*Bruder, Schwester*) jünger ❹ (*in niedrigem Rang*) niedrig **II.** *s* Kleine(s) *nt,* kleine(s) Kind *nt;* ~ **çayırgüzeli** Zittergras *nt;* ~ **çocuk** Kleinkind *nt;* ~ **düşürmek** erniedrigen (-**i** jdn/etw); ~ **esnaf** Handwerker(in) *m(f);* ~ **ilan** Kleinanzeige *f;* ~ **görmek** unterschätzen (-**i** jdn/etw), von oben herab sehen (-**i** auf jdn); ~ **hanım!** gnädiges Fräulein!; ~ **harf** kleiner Buchstabe; TYPO Kleinbuchstabe *m;* ~ **hindistancevizi** Muskatnuss *f;* ~ **inciçiçeği** Waldmeister *m;* ~ **isim** Vorname *m*

küçükdil *s* (*im Rachen*) Zäpfchen *nt*

küçüklük (-ğü) *s* ❶ Kleinheit *f* ❷ Kindheit *f* ❸ Unwichtigkeit *f* ❹ Kleinlichkeit *f* ❺ Gemeinheit *f;* **küçüklükten beri** von Kindesbeinen an

küçülmek *vi* ❶ klein(er) werden ❷ sich verringern ❸ (*Mond*) abnehmen ❹ sich erniedrigen

küçültmek *vt* ❶ *Kausativ zu* **küçülmek** ❷ kleiner machen, verkleinern (-**i** etw) ❸ verringern (-**i** etw) ❹ untertreiben (-**i** etw) ❺ erniedrigen (-**i** jdn)

küçümseme *s* ❶ *Verbalsubstantiv zu* **küçümsemek** ❷ Geringschätzung *f* ❸ Unterschätzung *f* ❹ Verachtung *f*

küçümsemek *vt* ❶ gering schätzen (-**i** etw/jdn) ❷ unterschätzen (-**i** etw/jdn) ❸ verachten (-**i** jdn) ❹ bagatellisieren (-**i** etw)

küf *s* Schimmel(pilz) *m;* ~ **tutmak** verschimmeln

küfe *s* Bütte *f,* (großer) Tragkorb *m*

küflenmek *vi* ❶ verschimmeln ❷ (*Ansicht*) unmodern werden, veralten

küflü *adj* ❶ schimm(e)lig ❷ (*Luft*) muffig ❸ (*fam*) unmodern, veraltet

küfretmek (-der) *vi* (*fam*) fluchen, schimpfen (-**e** auf jdn)

küfür (-frü) *s* (*fam*) ❶ Fluch *m* ❷ Schimpfwort *nt*

kükremek *vi* ❶ (*Löwe*) brüllen ❷ (*fam*) laut schreien

kükürt (-dü) *s* Schwefel *m*

kükürtdioksit (-di) *s* Schwefeldioxid *nt*

kül *s* Asche *f;* ~ **etmek** niederbrennen (-**i** etw); ~ **kedisi** Aschenbrödel *nt;* ~ **olmak** niederbrennen; ~ **tablası** Aschenbecher *m*

külah *s* ❶ Spitztüte *f* ❷ spitzer, hoher Hut ❸ (*fam*) Schwindel *m*

külçe *s* Barren *m;* ~ **altın** Goldbarren *m*

külfet (-ti) *s* Anstrengung *f,* Mühe *f*

külfetli *adj* anstrengend, mühevoll

külfetsiz *adj* mühelos

külfetsizlik (-ği) *s* Mühelosigkeit *f,* Leichtigkeit *f*

külhanbeyi (-ni) *s* (*fam*) Rowdy *m,* Lümmel *m*

külot (-tu) *s* Schlüpfer *m,* Slip *m*

külotlu çorap (-bı) *s* Strumpfhose *f*

külrengi (-ni) *adj* aschgrau

külte *s* ❶ Gestein *nt* ❷ (*Metallklumpen*) Bar-

K

ren *m* ③ Garbe *f*
kültür *s* ① Bildung *f*, Kultur *f* ② (*Anbau*) Kultur *f*; ~ **fizik** Leibesübungen *pl*
kültürel *adj* kulturell
kültürlü *adj* gebildet, kultiviert
kültürsüz *adj* ungebildet, kulturlos
kültürsüzlük (**-ğü**) *s* Kulturlosigkeit *f*, Unkultur *f*
külüstür *adj* (*fam*) minderwertig; ~ **mal** Ladenhüter *m*
kümbet (**-ti**) *s* ① Kuppel *f* ② Kuppelgrab *nt* ③ (kuppelförmige) Erhebung *f*
küme *s* ① Haufen *m* ② Schar *f* ③ SPORT Mannschaft *f*
kümes *s* Hühnerstall *m*; ~ **hayvanları** Geflügel *nt*
künk (**-gü**) *s* (großes) Abflussrohr *nt*
küp (**-pü**) *s* (großes, bauchiges) Tongefäß *nt*; **küpünü doldurmak** sein Schäfchen ins Trockene bringen; **küplere binmek** vor Wut in die Luft gehen
küp (**-bü**) **I.** *s* (*Form*) Würfel *m* **II.** *adj* würfelförmig
küpe *s* Ohrring *m*
küpeşte *s* Reling *f*
kürdan *s* Zahnstocher *m*
Kürdistan *s* Kurdistan *nt*
küre *s* ① Globus *m* ② Kugel *f* ③ Sphäre *f*
kürek (**-ği**) *s* ① Schaufel *f* ② Spaten *m* ③ Ruder *nt*; ~ **çekmek** rudern; ~ **kemiği** Schulterblatt *nt*
küresel *adj* ① kugelförmig ② global; **Küresel Konumlandırma Sistemi** GPS *nt* (*Global Positioning System*); ~ **ısınma** Globalerwärmung *f*
küreselleşme *s* Globalisierung *f*; ~ **karşıtı** Globalisierungsgegner(in) *m(f)*
küreselleştirilmiş *adj* globalisiert
küreselleştirme *s* ① *Verbalsubstantiv zu* **küreselleştirmek** ② Globalisierung *f*
küreselleştirmek *vt* globalisieren (**-i** etw)
kürk (**-kü**) **I.** *s* ① Fell *nt* ② (*auch Kleidung*) Pelz *m* **II.** *adj* Fell-, Pelz-; ~ **manto** Pelzmantel *m*
kürkçü *s* Kürschner(in) *m(f)*; ~ (**dükkanı**) Pelzgeschäft *nt*
kürsü *s* ① Lehrstuhl *m* ② Pult *nt* ③ Kanzel *f*
Kürt (**-dü**) *s* Kurde *m*, Kurdin *f*
kürtaj *s* ① Abtreibung *f* ② Ausschabung *f*
Kürtçe *adj* (*Sprache*) kurdisch
küskün *adj* ① verärgert, böse ② frustriert, enttäuscht ③ verkümmert
küskünlük (**-ğü**) *s* ① Schmollen *nt* ② Enttäuschung *f* ③ Verkümmerung *f*
küsmek (**-er**) *vi* ① böse sein (**-e** auf jdn) ② schmollen ③ (*Pflanze*) verkümmern
küstah *adj* (*fam*) frech
küstahlık (**-ğı**) *s* (*fam*) Frechheit *f*
küt (**-tü**) *adj* ① (*nicht scharf*) stumpf ② (*Finger*) kurz und dick
kütle *s* ① Masse *f*, Menge *f* ② Block *m* ③ CHEM Masse *f*
kütük (**-ğü**) *s* ① Register *nt* ② Baumstumpf *m* ③ Holzklotz *m* ④ Weinstock *m*
kütüphane *s* ① Bibliothek *f*, Bücherei *f* ② Bibliothekszimmer *nt*
kütüphaneci *s* Bibliothekar(in) *m(f)*
kütürdemek *vi* ① (*Zähne*) knirschen ② (*Holz*) knarren
küvet (**-ti**) *s* ① Badewanne *f* ② Waschschüssel *f* ③ Instrumentenschale *f* ④ Entwicklerschale *f*

L

L, l *s 15. Buchstabe des türk. Alphabets*
labirent (**-ti**) *s* Labyrinth *nt*
laboratuvar *s* Labor *nt*
lacivert (**-di**) *adj* dunkelblau
laçka I. *adj* locker **II.** *s* (*eines Schifftaues*) Lockern *nt*; ~ **olmak** sich lockern
ladin(**ağacı**) (**-nı**) *s* Fichte *f*
laf *s* (*fam*) ① Wort *nt* ② Plauderei *f* ③ (*pej*) leere Worte; ~ **aramızda** unter uns gesagt; **lafı çevirmek** die Worte verdrehen; **bunun lafı bile olmaz** das ist nicht der Rede wert; **lafını sözünü bilen** redegewandt
lağım *s* ① Kloake *f* ② Abwasserkanal *m* ③ unterirdischer Gang; ~ **suyu** Abwasser *nt*
lahana *s* Weißkohl *m*, Weißkraut *nt*; ~ **turşusu** *sauer eingelegter Weißkohl*
Lahey *s* Den Haag
lahit (**lahdi**) *s* Sarkophag *m*
lahmacun *s eine Art türkische Pizza mit Hackfleisch*
laik (**-ği**) *s* laizistisch
laiklik (**-ği**) *s* Laizismus *m*

Laiklik (der Laizismus) ist eines der Grundprinzipien der türkischen Verfassung. Es bedeutet eine strikte Trennung von Politik und Religion, um islamistischen Kräften die Möglichkeit abzuschneiden, wieder die Scharia, das islamische Recht, einzuführen. Daher sind in der Türkei religiöse Parteien verboten, und den religiösen Würdenträgern ist jede Einmischung in die Politik untersagt. Doch ausgeglichen ist der türkische Laizismus nicht, denn der Staat kontrolliert seinerseits das religiöse Leben, indem er die islamischen Geistlichen dem ‚Präsidium für Religionsangelegenheiten' (Diyanet İşleri Başkanlığı) unterstellt: Bis hin zum ‚imam' (Vorbeter) und ‚muezzin' (Gebetsrufer) sind die islamischen Geistlichen in der Türkei Staatsbeamte.

lakap (**-bı**) *s* (*fam*) Spitzname *m*
lakayt (**-dı**) *adj* ❶ (*fam*) gleichgültig, teilnahmslos ❷ unbekümmert, sorglos
lakırdı *s* (*fam*) ❶ Wort *nt* ❷ Plauderei *f* ❸ (*pej*) (leeres) Gerede *nt*
lakin *konj* aber, jedoch
lal (**-li**) *s* ❶ Granat *m* ❷ Rubin *m*
lale *s* Tulpe *f*
lama *s* Lama *nt*
lamba *s* ❶ Lampe *f* ❷ Laterne *f* ❸ Leuchte *f* ❹ RADIO Röhre *f*
lanet (**-ti**) **I.** *s* (*fam*) Fluch *m* **II.** *adj* verflucht, verdammt; ~ **etmek** verfluchen, verwünschen (**-e** jdn)
lanetlemek *vt s.* **lanet etmek**
lanetli *adj* (*fam*) verflucht, verdammt
langır lungur *adv* ❶ (*fam: Sprechen, Lesen*) holp(e)rig ❷ (*Wagen auf einer schlechten Straße*) holpernd ❸ tollpatschig, unbeholfen
langırt *s* Tischfußball *m*, Kicker *m fam*; ~ **masası** Kickertisch *m*
lansman *s* Markteinführung *f*
Laos *s* Laos *nt*
lapa *s* ❶ Brei *m* ❷ dicke Suppe; ~ ~ **kar yağıyor** es schneit in dicken Flocken
laptop (**-pu**) *s* Laptop *m*
lastik (**-ği**) **I.** *s* ❶ Gummi *m o nt* ❷ Radiergummi *m* ❸ (Auto)reifen *m* **II.** *adj* aus Gummi, Gummi-; ~ **başlık** Badekappe *f*; ~ **bot** Schlauchboot *nt*; ~ **çizme** Gummistiefel *m*; ~ **değiştirme** Reifenwechsel *m*; ~ **eldiven** Gummihandschuh *m*; ~ **havası** Reifendruck *m*; ~ **patlaması** Reifenpanne *f*; ~ **sünger** Schaumgummi *m*; ~ **şerit** Gummiband *nt*
lata *s* Latte *f*
latarna, laterna *s* Drehorgel *f*, Leierkasten *m*
Latin *adj* ❶ lateinisch ❷ romanisch; ~ **Amerika** Lateinamerika *nt*; ~ **Amerikalı** Lateinamerikaner(in) *m(f)*
Latince **I.** *s* Latein *nt* **II.** *adj* (*Sprache*) lateinisch
laubali *adj* ❶ (*fam*) zwanglos, salopp ❷ (*pej*) ungeniert ❸ unbekümmert
lav *s* ❶ Lava *f* ❷ Tuff *m*
lavabo *s* ❶ Waschbecken *nt* ❷ Waschraum *m*; ~ **açıcı** Abflussreiniger *m*
lavanta *s* Lavendelwasser *nt*; ~ (**çiçeği**) Lavendel *m*
layık (**-ğı**) *adj* ❶ geeignet (**-e** für etw) ❷ würdig (**-e** einer Sache); **birini bir şeye ~ görmek** jdn für etw geeignet halten; ~ **olmak** wert sein, verdienen (**-e** etw)
layik (**-ği**) *adj* laizistisch
laytmotif *s* Leitmotiv *nt*
Laz **I.** *s* Lase *m*, Lasin *f* **II.** *adj* (*Art*) lasisch
lazer *s* Laser *m*; ~ **ışını** Laserstrahl *m*; ~ **yazıcısı** Laserdrucker *m*
lazım *adj* nötig, erforderlich; **ona para ~** er/sie braucht Geld; **doktora gitmen ~** du musst zum Arzt gehen
lazımlık (**-ğı**) *s* (*fam*) Nachttopf *m*
LCD ekranı (**-nı**) *s* LCD-Bildschirm *m*
leblebi *s* (geröstete) Kichererbse *f*
Lefkoşe *s* Nikosia *nt*
legalize etmek *vt* legalisieren (**-i** etw)
legastenik (**-ği**) *s* Legastheniker(in) *m(f)*
leğen *s* ❶ Waschschüssel *f* ❷ Becken *nt*, Beckenknochen *m*
lehçe *s* Dialekt *m*, Mundart *f*
lehim *s* Lötmetall *nt*
lehimci *s* Klempner *m*, Installateur *m*
lehimlemek *vt* löten (**-i** etw)
lehinde *präp* zugunsten (**-in** +*gen*), für (**-in** +*akk*)
lehine *präp* zugunsten (**-in** +*gen*), für (**-in** +*akk*); **bir şeyin ~ olmak** für etw sein
lejyon *s* HIST Legion *f*
lejyoner *s* Legionär *m*
leke *s* ❶ Fleck(en) *m* ❷ Hautfleck *m* ❸ Schandfleck *m*; ~ **etmek** bekleckern (**-i** etw); ~ **ilacı** Fleckenmittel *nt*
lekelemek *vt* ❶ schmutzig machen (**-i** etw) ❷ (*fig*) beschmutzen, besudeln, schänden (**-i** etw)

L

lekeli *adj* ① fleckig ② (*mit Dreck am Stecken*) blamiert
lekesiz *adj* ① ohne Flecken ② unbefleckt, untadelig
lektör *s* (*Universitäts-*) Lektor(in) *m(f)*
lenf *s* Lymphe *f;* ~ **boğumları** Lymphdrüsen *pl*
lens *s* ① TECH Linse *f* ② MED Kontaktlinse *f*
leopar *s* Leopard *m*
leş *s* Aas *nt,* Kadaver *m;* ~ **gibi** zum Kotzen
letarji *s* Lethargie *f*
Letonya *s* Lettland *nt*
levazım *s* Bedarfsartikel *pl*
levha *s* ① Plakat *nt* ② Platte *f* ③ Ladenschild *nt* ④ Schrifttafel *f*
levrek (**-ği**) *s* Barsch *m*
levye *s* Steuerknüppel *m*
leylak (**-ğı**) *s* Flieder *m*
leylek (**-ği**) *s* Storch *m*
lezbiyen *s* Lesbe *f*
leziz *adj* delikat, lecker
lezzet (**-ti**) *s* (*Wohl-*) Geschmack *m*
lezzetli *adj* delikat, köstlich
liberal (**-li**) **I.** *adj* liberal **II.** *s* Liberale(r) *f(m)*
liberalizm *s* Liberalismus *m*
liberalleştirmek *vt* liberalisieren (**-i** etw)
liberallik (**-ği**) *s* Liberalismus *m*
Liberya *s* Liberia *nt*
Libya **I.** *s* Libyen *nt* **II.** *adj* (*Art*) libysch
Libyalı **I.** *s* Libyer(in) *m(f)* **II.** *adj* (*Herkunft*) libysch
lider *s* Führer(in) *m(f)*
Liechtenstein *s* Liechtenstein *nt*
lif *s* Faser *f;* ~ **kopması** Bänderriss *m*
lifli *adj* faserig
lig *s* Liga *f;* ~ **lider** Spitzenreiter *m*
likidite *s* Liquidität *f*
likit (**-di**) **I.** *adj* flüssig, liquide **II.** *s* Liquidität *f*
likör *s* Likör *m*
liman *s* Hafen *m;* ~ **şehri** [*o* **kenti**] Hafenstadt *f*
lime lime *adj* (*Kleidung*) zerlumpt
limitet (**şirket**) *s* Gesellschaft *f* mit beschränkter Haftung
limon *s* Zitrone *f;* ~ **ağacı** Zitronenbaum *m;* ~ **kabuğu** Zitronenschale *f;* ~ **suyu** Zitronensaft *m*
limonata *s* Limonade *f*
limonlu *adj* mit Zitrone; ~ **çay** Tee *m* mit Zitrone
limonluk (**-ğu**) *s* ① Gewächshaus *nt,* Treibhaus *nt* ② Zitronenpresse *f* ③ Zitronenplantage *f*
limuzin *s* Limousine *f*
linç (**-çi**) *s* Lynchen *nt;* ~ **adaleti** [*o* **usulü**] Lynchjustiz *f;* ~ **etmek** lynchen (**-i** jdn)
link (**-ki**) *s* INET Link *m*
linyit (**-ti**) *s* Braunkohle *f*
lir *s* Leier *f*
lira *s* Lira *f*
lirik (**-ği**) *adj* lyrisch; ~ **şiir** Lyrik *f*
lisan *s* Sprache *f;* ~ **bilgisi** Sprachkenntnisse *pl*
lisans *s* ① Lizenz *f* ② Berechtigungsschein *m* ③ Staatsexamen *nt*
lise *s* Gymnasium *nt;* ~ **bitirme sınavı** Abitur *nt;* ~ **mezunu** Abiturient(in) *m(f);* ~ **öğrencisi** Gymnasiast(in) *m(f);* ~ **öğretmeni** Gymnasiallehrer(in) *m(f)*
liseli *s* Gymnasiast(in) *m(f)*
liste *s* Liste *f,* Tabelle *f,* Verzeichnis *nt*
litografya *s* Lithografie *f*
litre *s* Liter *m*
liturya *s* Liturgie *f*
Litvanya *s* Litauen *nt*
liyezon *s* Liaison *f*
Lizbon *s* Lissabon *nt*
lobut (**-tu**) *s* Keule *f;* **hedef** ~ SPORT Kegel *m*
loca *s* Loge *f*
lodos *s* ① Südwestwind *m* ② Südwesten *m*
logaritma *s* Logarithmus *m*
logo *s* Logo *m o nt*
loğusa *s* Wöchnerin *f*
lojistik (**-ği**) *adj* Logistik *f*
lojman *s* Dienstwohnung *f*
lokal (**-li**) **I.** *s* ① Aufenthaltsraum *m* ② Lokal *nt* **II.** *adj a.* MED örtlich, lokal
lokanta *s* Gaststätte *f,* Restaurant *nt*

Das **lokanta** ist das einfache Speiselokal in der Türkei. Die Preise sind sehr günstig, doch die Qualität der Speisen ist meist hervorragend. Statt die Speisekarte zu studieren (die es meistens gar nicht gibt) kann man sich sein Menü an der Theke, wo die Speisen in Metallkästen warm gehalten werden, selbst zusammenstellen. Speisegaststätten in europäischem Stil heißen ‚restoran'.

lokantacı *s* Gastwirt(in) *m(f)*
lokavt (**-tı**) *s* (*im Arbeitskampf*) Aussperrung *f;* ~ **etmek** (*Arbeiter*) aussperren (**-i** jdn)
lokma *s* ① (*fam*) Bissen *m,* Happen *m* ② (tür-

kischer) Krapfen *m* ③ Bolzen *m*
lokomotif *s* Lokomotive *f*

Häufig wird **lokum**, eine Süßigkeit ähnlich unseren Geleefrüchten, den Touristen als ‚türkischer Honig' angeboten. An der Schwarzmeerküste und in Mittelanatolien allerdings gibt es eine Spezialität, die den Namen ‚türkischer Honig' zu Recht verdient: ‚kozhelvası' schmeckt wie der türkische Honig, den man von den Jahrmärkten her kennt.

lolipop (**-pu**) *s* Lutscher *m*
lombar *s* Luke *f*
lomboz *s* Bullauge *nt*
lonca *s* HIST Gilde *f,* Zunft *f*
Londra *s* London *nt*
longpley *s* Langspielplatte *f*
lop (**-pu**) **I.** *adj* weich, rundlich und ziemlich groß **II.** *interj* platsch!; ~ **yumurta** hart gekochtes Ei
Loren *s* Lothringen *nt*
losyon *s* ① Haarwasser *nt* ② Kölnischwasser *nt*
loş *adj* halbdunkel
loşluk (**-ğu**) *s* Halbdunkel *nt*
lotto *s* Lotto(spiel) *nt*
lösemi *s* Leukämie *f*
lugat (**-ti**) *s* Wörterbuch *nt*
lumbago *s* Hexenschuss *m*
lunapark (**-kı**) *s* Rummelplatz *m,* Vergnügungspark *m*
luping *s* Looping *m*
Lübnan **I.** *s* (der) Libanon **II.** *adj* (*Art*) libanesisch
Lübnanlı **I.** *s* Libanese *m,* Libanesin *f* **II.** *adj* (*Herkunft*) libanesisch
lüfer *s* Blaubarsch *m*
lüks **I.** *s* Luxus *m* **II.** *adj* luxuriös; ~ **eşya** Luxusartikel *m;* ~ **oto**(**mobil**) Luxuskarosse *f;* ~ **vergisi** Luxussteuer *f*
Lüksemburg **I.** *s* Luxemburg *nt* **II.** *adj* luxemburgisch
Lüksemburglu *s* (*Art*) luxemburgisch
lüle *s* (*Haar-*) Locke *f*
lüleci *s* Pfeifenmacher *m;* ~ **çamuru** Lehm *m*
lületaşı (**-nı**) *s* Meerschaum *m*

Lületaşı (Meerschaum) ist ein seltenes, sehr leichtes Gestein, das in der Nähe der mittelanatolischen Stadt Eskişehir abgebaut wird. Die ersten Meerschaumpfeifen wurden in der Türkei hergestellt. Den Touristen bietet man heute auch Schmuck aus Meerschaum an.

lütfen *adv* bitte
lütuf (**-tfu**) *s* ① Gnade *f* ② Freundlichkeit *f*
lütufkar *adj* gnädig
lüzum *s* Notwendigkeit *f*
lüzumlu *adj* erforderlich, notwendig, nötig
lüzumsuz *adj* unnötig

Mm

M, m *s 16. Buchstabe des türk. Alphabets*
maalesef *adv* leider, bedauerlicherweise
maaş *s* (*Monats-*) Gehalt *nt;* ~ **zammı** Gehaltserhöhung *f*
mabet (**-di**) *s* Tempel *m*
mablak (**-ğı**) *s* (*des Malers*) Spachtel *m o f*
Macar **I.** *s* Ungar(in) *m(f)* **II.** *adj* (*Art*) ungarisch
Macarca *adj* (*Sprache*) ungarisch
Macaristan **I.** *s* Ungarn *nt* **II.** *adj* (*Art*) ungarisch
Macaristanlı **I.** *s* Ungar(in) *m(f)* **II.** *adj* (*Herkunft*) ungarisch
macera *s* Abenteuer *nt*
maceracı *s* Abenteurer *m,* Abenteurerin *f*
maceralı *adj* abenteuerlich
macun *s* ① Kitt *m* ② Paste *f*
maç (**-çı**) *s* Spiel *nt,* Match *nt*
maçuna *s* ① Winde *f* ② Hebeschiff *nt*
Madagaskar *s* Madagaskar *nt*
madalya *s* ① Medaille *f* ② Auszeichnung *f,* Orden *m;* **madalyanın ters tarafi** Kehrseite *f* der Medaille
madde *s* ① Materie *f* ② JUR Artikel *m* ③ Stoff *m,* Material *nt* ④ (*Vertrags-*) Punkt *m;* ~ ~ Punkt für Punkt
maddeci **I.** *s* Materialist(in) *m(f)* **II.** *adj* materialistisch
maddecilik (**-ği**) *s* Materialismus *m*
maddi *adj* ① materiell ② finanziell; ~ **hasar** [*o* **zarar**] Sachschaden *m*
madem *konj* da ja, da nun einmal
maden **I.** *s* ① Metall *nt* ② Mineral *nt* ③ Erz *nt*

M

④ Mine *f* ⑤ Fundgrube *f* **II.** *adj* aus Metall, Metall-; ~ **filizi** Erz *nt;* ~ **işçisi** Bergarbeiter *m;* ~ **işletmeciliği** Bergbau *m;* ~ **ocağı** Bergwerk *nt,* Grube *f;* ~ **sanayii** Metallindustrie *f*

madenci *s* ① Bergmann *m* ② Bergingenieur *m* ③ Grubenbesitzer *m*

madencilik (**-ği**) *s* ① Mineralogie *f* ② Bergbau *m* ③ Metallurgie *f*

madeni *adj* ① mineralisch ② metallisch; ~ **para** Geldstück *nt,* Münze *f*

madenkömürü (**-nü**) *s* Steinkohle *f*

madensuyu (**-nu**) *s* Mineralwasser *nt,* Sprudel *m*

mafsal *s* Gelenk *nt;* ~ **oyuğu** Gelenkpfanne *f*

mafya *s* Mafia *f*

magazin *s* Zeitschrift *f,* Illustrierte *f,* Magazin *nt*

magnezyum *s* Magnesium *nt*

mağara *s* Höhle *f;* ~ **insanı** Höhlenmensch *m*

mağaza *s* (größeres) Geschäft *nt,* (größerer) Laden *m;* ~ **hırsızlığı** Ladendiebstahl *m*

mağlubiyet (**-ti**) *s* Niederlage *f*

mağlup (**-bu**) *adj* besiegt, geschlagen; ~ **edilemez** unbesiegbar; ~ **etmek** besiegen (**-i** jdn/etw); ~ **olmak** besiegt werden

Mağribi *s* Nordafrikaner(in) *m(f)*

mağrur *adj* stolz

mahalle *s* Stadtviertel *nt*

mahallebi *s* Reismehlpudding *m*

mahalli *adj* lokal, örtlich

mahcubiyet (**-ti**) *s* ① Schüchternheit *f* ② Verlegenheit *f* ③ Blamage *f*

mahcup (**-bu**) *adj* schüchtern, verlegen; ~ **etmek** in Verlegenheit bringen, blamieren (**-i** jdn); ~ **olmak** [*o* **kalmak**] sich blamieren, in Verlegenheit kommen

mahcupluk (**-ğu**) *s* Verlegenheit *f*

mahfaza *s* ① Behälter *m* ② Schmuckkästchen *nt*

mahkeme *s* Gericht *nt,* Gerichtshof *m;* ~ **derecesi** Instanz *f;* ~ **kararı** Urteilsspruch *m;* ~ **masrafları** Gerichtskosten *pl;* ~ **usulü** Prozess *m*

mahkum **I.** *s* Strafgefangene(r) *f(m)* **II.** *adj* (*a. fig*) verurteilt; ~ **etmek** verurteilen (**-i -e** jdn zu etw)

mahlas *s* Deckname *m,* Pseudonym *nt*

mahluk (**-ku**) *s* Kreatur *f,* Geschöpf *nt*

mahmur *adj* ① schlaftrunken, verschlafen ② übernächtigt ③ verkatert

mahmurluk (**-ğu**) *s* ① Schlaftrunkenheit *f* ② (*nach Alkoholgenuss*) Kater *m*

mahmuz *s* Sporn *m*

mahpus **I.** *s* Häftling *m,* Strafgefangene(r) *f(m)* **II.** *adj* gefangen

mahpusluk (**-ğu**) *s* (Straf)gefangenschaft *f*

mahremiyet (**-ti**) *s* Privatsphäre *f*

mahrum *adj* entbehrend (**-den** etw); ~ **bırakmak** [*o* **etmek**] berauben (**-i -den** jdn einer Sache); JUR aberkennen (**-i -den** jdm etw); ~ **olmak** entbehren (**-den** etw)

mahrumiyet (**-ti**) *s* Not *f,* Entbehrung *f*

mahsul (**-lü**) *s* ① Ernte *f* ② Produkt *nt,* Erzeugnis *nt* ③ Ertrag *m*

mahsus **I.** *adv* ① eigens, extra ② zum Scherz **II.** *adj* ① charakteristisch, eigentümlich (**-e** für jdn) ② bestimmt (**-e** für jdn)

mahşer *s* ① (*am Jüngsten Tag*) Versammlungsort *m* der Auferstandenen ② der Jüngste Tag

mahun **I.** *s* Mahagoni *nt* **II.** *adj* aus Mahagoni(holz), Mahagoni-

mahvetmek (**-der**) *vt* ① zerstören, vernichten (**-i** etw) ② zugrunde richten (**-i** jdn)

mahvolmak *vi* zugrunde gehen

mahzen **I.** *s* Keller *m* **II.** *adj* dunkel, stickig; ~ **kapağı** Falltür *f*

mahzun *adj* traurig, betrübt

mahzur *s* ① Einwand *m* ② Hindernis *nt*

mahzurlu *adj* nachteilig

mail *s* INET Mail *f,* E-Mail *f;* ~ **atmak** eine E-Mail verschicken (**-e** an jdn); ~ **kutusu** INET Mailbox *f*

maillemek *vt* INET mailen, per E-Mail schicken (**-e -i** jdm etw)

maiyet (**-ti**) *s* Gefolge *nt*

Majeste *s* (*Anrede*) Majestät *f*

majör *s* Dur *nt*

majüskül *s* Großbuchstabe *m*

makale *s* Artikel *m,* Essay *m o nt*

makam *s* ① Behörde *f,* Amt *nt* ② Dienststelle *f,* Posten *m* ③ (*Regierungs-, Bischofs-*) Sitz *m* ④ Tonfolge *f;* ~ **arabası** [*o* **aracı**] Dienstwagen *m*

makara *s* ① Rolle *f,* Spule *f* ② Garnwinde *f* ③ Riemenscheibe *f;* **makaraya sarmak** aufspulen (**-i** etw)

makarna *s* Nudeln *pl*

makas *s* ① Schere *f* ② Weiche *f* ③ (*fam*) Kniff *m* in die Wange

makasçı *s* Weichensteller(in) *m(f),* Weichenwärter(in) *m(f)*

makaslama **I.** *s* *Verbalsubstantiv zu* **makas-**

lamak II. *adv* kreuzweise **III.** *adj* gekreuzt
makaslamak *vt* ① (*mit Schere*) schneiden (**-i** etw) ② (*Zeitungsartikel*) übernehmen (**-i** etw) ③ (*fam*) in die Wange kneifen (**-i** jdm)
makassız *adj* ohne Schere; ~ **ıstakoz** Languste *f*
makat (**-dı**) *s* (*fam*) Hinterteil *nt*, Hintern *m*
makbuz *s* Quittung *f*
Makedonya *s* Mazedonien *nt*
maket (**-ti**) *s* Skizze *f*, Modell *nt*
maki *s* Buschwald *m*
makina, makine *s* ① Maschine *f* ② Apparat *m* ③ (*fam*) Foto(apparat) *m*; ~ **dili** INFORM Maschinensprache *f*; ~ **fabrikası** Maschinenfabrik *f*; ~ **mühendisi** Maschinenbauingenieur *m*; ~ **mühendisliği** Maschinenbau *m*; ~ **tesviyecisi** Maschinenschlosser *m*; ~ **yağı** Maschinenöl *nt*
makineci *s* ① Mechaniker *m* ② Maschinenbauer *m*
makineleşmek *vi* ① mechanisiert werden ② (*fig*) zur Maschine werden
makineleştirme *s* ① *Verbalsubstantiv zu* **makineleştirmek** ② Mechanisierung *f*
makineleştirmek *vt* mechanisieren (**-i** etw)
makineli *adj* ① mit Maschine(n) ② maschinell; ~ **tabanca** Maschinenpistole *f*; ~ **tüfek** Maschinengewehr *nt*
makinist (**-ti**) *s* ① Lokomotivführer *m* ② Maschinist *m* ③ Mechaniker *m*
makro *s* INFORM Makro *nt*; ~ **virüsü** INFORM Makrovirus *m*
makrobiyotik (**-ği**) *adj* makrobiotisch
maksat (**-dı**) *s* ① Absicht *f*, Vorsatz *m* ② Ziel *nt*, Zweck *m*; **-mek maksadıyla** um zu
maksimum *s* Maximum *nt*
makul (**-lü**) *adj* ① rational ② verständig, vernünftig
makyaj *s* Schminke *f*, Make-up *nt*; ~ **etmek** schminken (**-e** jdn/etw), sich schminken
mal *s* ① Besitz *m*, Eigentum *nt* ② Erzeugnis *nt*, Produkt *nt* ③ Ware *f* ④ (*Kühe*) Vieh *nt* ⑤ (*fam*) gemeiner Kerl ⑥ (*fam*) schönes und leichtes Mädchen; ~ **ayrılığı** Gütertrennung *f*; ~ **etmek** erwerben, erstehen; (*pej*) sich (unrechtmäßig) aneignen (**-i** etw); ~ **mülk** (*fam*) Hab und Gut *nt*; ~ **mülk sahibi** (*fam*) Wohlhabende(r) *f(m)*, begütert, wohlhabend; ~ **olmak** kosten (**-e -e** jdm etw); ~ **ortaklığı** Gütergemeinschaft *f*; ~ **sahibi** Eigentümer(in) *m(f)*; ~ **sayımı** Inventur *f*; **malın gözü** (*fam: raffiniert*) durchtrieben
mala *s* (Maurer)kelle *f*
Malezya *s* Malaysia *nt*
mali *adj* finanziell; ~ **piyasa** Finanzmarkt *m*; ~ **yardım** Finanzhilfe *f*; ~ **yıl** Geschäftsjahr *nt*
malik (**-ki**) **I.** *adj* besitzend **II.** *s* Inhaber(in) *m(f)*; ~ **olmak** besitzen (**-e** etw)
malikane *s* großes Gut (oder Schloss)
maliye *s* ① Finanzen *pl* ② Finanzwesen *nt*; ~ **bakanı** Finanzminister(in) *m(f)*; ~ **memuru** Finanzbeamte, Finanzbeamtin *m, f*
maliyeci *s* Finanzmann *m*
maliyet (**-ti**) *s* ① Herstellungskosten *pl* ② Einkaufspreis *m*
malolmak *vi* kosten (**-e -e** jdm etw)
malt (**-tı**) *s* Malz *nt*; ~ **birası** Malzbier *nt*
Malta (**Adası**) *s* Malta *nt*
malul (**-lü**) **I.** *adj* gebrechlich **II.** *s* Invalide, Invalidin *m, f*; ~ **gazi** Kriegsversehrter *m*
malum *adj* ① bekannt ② klar
malumat (**-tı**) *s* ① Auskunft *f* ② Kenntnisse *pl*
malzeme *s* ① Material *nt* ② Zutaten *pl*
mama *s* Babynahrung *f*
mana *s* Sinn *m*
manalı *adj* ① bedeutungsvoll ② ausdrucksvoll ③ sinnvoll ④ bedeutsam, vielsagend
manasız *adj* ① ausdruckslos ② bedeutungslos ③ sinnlos, unsinnig ④ unangebracht
manastır *s* (christliches) Kloster *nt*, Stift *nt*
manav *s* Obst- und Gemüsehändler(in) *m(f)*; **manav** (**dükkanı**) Obst- und Gemüsegeschäft *nt*
manda *s* ① (*Völkerbunds-*) Mandat *nt* ② Büffel *m*
mandagöz mercan balığı *s* See-, Meerbrassen *m*
mandal *s* ① Wäscheklammer *f* ② (*Fenster-, Tür-*) Riegel *m* ③ Türklinke *f*
mandalina *s* Mandarine *f*
mandıra *s* ① (*für Schafe*) Pferch *m* ② Molkereibetrieb *m*
manej *s* ① Manege *f* ② Reitbahn *f* ③ Pferdedressur *f*
manen *adv* seelisch, psychisch
manevi *adj* seelisch, geistig; ~ **evlat** Pflegekind *nt*, Adoptivkind *nt*
manevra *s* ① Manöver *nt* ② Rangieren *nt* ③ Betrug *m*, Schwindel *m*; ~ **yapmak** manövrieren; (*fig*) geschickt manipulieren
mangal *s* Kohlenbecken *nt*

mangır *s* ① HIST kleine Kupfermünze *f* ② (*fam*) Moneten *pl*
mani *s* ① Manie *f* ② *volkstümliches Gedicht in Vierzeilern*
mani (-ii/-iyi) *s* Hindernis *nt*; ~ **olmak** verhindern (-**e** etw)
mania *s* Hindernis *nt*
manifesto *s* Manifest *nt*
manikür *s* Maniküre *f*
manikürcü *s* (*Person*) Maniküre *f*
manivela *s* ① Hebel *m* ② Kurbel *f* ③ Brechstange *f* ④ Hebebaum *m*
mankafa **I.** *adj* (*fam*) beschränkt **II.** *s* Dummkopf *m*, Einfaltspinsel *m*
manken *s* ① (*weibl.*) Mannequin *nt*; (*männl.*) Dressman *m* ② Schaufensterpuppe *f* ③ Schneiderpuppe *f*
mankenlik (-ği) *s* Beruf *m* eines Mannequins; ~ **yapmak** modeln (*als Mannequin/Dressman arbeiten*)
manolya *s* Magnolie *f*
Manş Denizi (-ni) *s* Ärmelkanal *m*
manşet (-di) *s* ① Manschette *f* ② Schlagzeile *f* ③ Bildunterschrift *f*
mantar *s* ① Kork *m* ② Pilz *m* ③ (*einer Flasche*) Verschluss *m*, Korken *m* ④ (*fam*) Lüge *f*; ~ **ağacı** [*o* **meşesi**] Korkeiche *f*; ~ **taban** (*für Schuhe*) Einlage *f*; ~ **zehirlenmesi** Pilzvergiftung *f*
mantı *s türk. Ravioli in Joghurtsoße*
mantık (-ğı) *s* Logik *f*
mantıki *adj* logisch
mantıklı *adj* logisch
mantıksız *adj* unlogisch
manto *s* (Damen)mantel *m*
manyak (-ğı) *adj* ① manisch ② (*fam*) verrückt
manyetik *adj* magnetisch; ~ **alan** Magnetfeld *nt*
manyetize *adj* magnetisiert; ~ **etmek** magnetisieren (-**i** etw)
manzara *s* ① Anblick *m* ② Aussicht *f* ③ Landschaft *f* ④ (*fig*) Schauspiel *nt*; ~ **kartı** Ansichtskarte *f*
manzaralı yer *s* Aussichtspunkt *m*
marangoz *s* Schreiner *m*, Tischler *m*
marangozhane *s* Schreinerei *f*, Tischlerei *f*
Maraton koşusu (-nu) *s* Marathonlauf *m*
marazi *adj* pathologisch, krankhaft
mareşal (-li) *s* Marschall *m*
margarin *s* Margarine *f*
marifet (-ti) *s* ① Kunststück *nt* ② Geschicklichkeit *f* ③ (*pej*) Unfug *m*
mariz *adj* kränklich, krank; ~ **atmak** (*fam*) vermöbeln (-**i** jdn)
mark (-kı) *s* Mark *f*
marka *s* ① Fabrikat *nt*, Marke *f* ② Warenzeichen *nt* ③ (*Zigaretten*) Sorte ④ Spielmarke *f* ⑤ Wertmarke *f*; **Mercedes ~ araba** ein Wagen der Marke Mercedes; **müseccel ~** eingetragenes Warenzeichen *nt*; ~ **mal** Markenartikel *m*
markalamak *vt* mit Warenzeichen versehen (-**i** etw)
markalı *adj* mit Warenzeichen, Marken-
market (-ti) *s* Supermarkt *m*
marketing *s* Marketing *nt*
markör *s* (*Stift*) Marker *m*
Marmara Denizi (-ni) *s* Marmarameer *nt*
marmelat (-dı) *s* Marmelade *f*
Mars *s* Mars *m*
marsık (-ğı) *s* Holzkohle *f*
marş **I.** *s* ① Anlasser *m* ② (*Musikstück*) Marsch *m* **II.** *interj* Marsch!; **milli ~** Nationalhymne *f*; ~ **düğmesi** Starter *m*
marşandiz *s* Güterzug *m*
marşpiye *s* Trittleiter *f*
mart (-tı) *s* März *m*
martaval *adj* (*fam*) ① (faustdicke) Lüge *f* ② Lügengeschichte *f*, Märchen *nt*
martı *s* Möwe *f*
maruf *adj* (allgemein) bekannt
marul *s* (*Gartensalat*) Lattich *m*
maruz *adv* ausgesetzt; **birini bir şeye ~ bırakmak** jdn einer Sache aussetzen
masa *s* ① Tisch *m* ② (*bei Behörden*) Abfertigungsstelle *f*; ~ **ayağı** Tischbein *nt*; ~ **lambası** Tischlampe *f*; ~ **örtüsü** Tischtuch *nt*, Tischdecke *f*
masaj *s* Massage *f*; ~ **yapmak** massieren
masajcı *s* Masseur(in) *m(f)*
masal *s* Märchen *nt*; ~ **gibi** märchenhaft; ~ **ülkesi** Märchenland *nt*
masatenisi (-ni) *s* Tischtennis *nt*
masaüstü (-nü) *s* INFORM Desktop *m*
masif **I.** *s* Massiv *nt* **II.** *adj* massiv
maskara **I.** *s* ① Narr *m* ② (*pej*) Verrückte(r) *f(m)* ③ Karnevalsmaske *f* ④ Karnevalsnarr *m* ⑤ Wimperntusche *f* **II.** *adj* drollig, putzig; **maskaraya çevirmek** lächerlich machen (-**i** jdn)
maskaralık (-ğı) *s* ① (*fam*) Narretei *f* ② Possenreißen *f* ③ (*pej*) Schande *f*
maske *s* Maske *f*; ~ **takmak** (*a. fig*) sich mas-

kieren; **maskesini düşürmek** entlarven (**-in** jdn)
maskelemek *vt* ❶ maskieren (**-i** jdn) ❷ tarnen (**-i** etw)
maskelenmek *vr* ❶ *Passiv und Reflexiv zu* **maskelemek** ❷ sich maskieren
maskeli *adj* maskiert; ~ **balo** Maskenball *m*
maskot (**-tu**) *s* Maskottchen *nt*
mason *s* Freimaurer *m*
masör *s* Masseur *m*
masöz *s* Masseuse *f*
masraf *s* ❶ (*Geld*) Ausgabe *f* ❷ Spesen *pl*, Kosten *pl*; ~ **tahmini** Kostenvoranschlag *m*; **masrafını çıkarmak** auf seine Kosten kommen
masraflı *adj* kostspielig
massetmek (**-der**) *vt* ❶ (auf)saugen (**-i** etw) ❷ neutralisieren, dämpfen (**-i** etw)
mastar *s* ❶ Infinitiv *m* ❷ Richtscheit *nt*
mastela *s* Bütte *f*
master *s* Magister *m*
mastürbasyon *s* Onanie *f*, Masturbation *f*; ~ **yapmak** onanieren, masturbieren
masum **I.** *adj* unschuldig, rein **II.** *s* (*fam*) kleines Kind
masumiyet (**-ti**) *s* Unschuld *f*
maşa *s* ❶ Feuerzange *f* ❷ Klammer *f* ❸ Pinzette *f* ❹ Strohmann *m*
maşallah **I.** *interj* ❶ großartig! ❷ toi toi toi! **II.** *s* Amulett *nt* (*mit ‚maşallah' beschriftetes Amulett oder Schild, das gegen den bösen Blick schützen soll*)
mat (**-tı**) **I.** *s* (*beim Schachspiel*) Matt *nt* **II.** *adj* glanzlos, matt; ~ (**durumu**) (*beim Schach*) matt
matara *s* Feldflasche *f*
matbaa *s* Druckerei *f*
matbaacı *s* Drucker(in) *m(f)*
matem *s* (*um einen Toten*) Trauer *f*; ~ **elbisesi** Trauerkleid *nt*; ~ **tutmak** Trauer tragen, trauern
matematik (**-ği**) **I.** *s* Mathematik *f* **II.** *adj* mathematisch; ~ **ödevi** Rechenaufgabe *f*
matematikçi *s* Mathematiker(in) *m(f)*
materyal (**-li**) **I.** *s* Material *nt* **II.** *adj* materiell
materyalist (**-ti**) **I.** *s* Materialist(in) *m(f)* **II.** *adj* materialistisch
materyalizm *s* Materialismus *m*
matine *s* Vormittagsvorstellung *f*, Matinee *f*
matkap (**-bı**) *s* Bohrer *m*, Bohrmaschine *f*
maval *adv* (*fam*) faustdicke Lüge
mavi *adj* blau; ~ **zambak** Schwertlilie *f*
mavimsi *adj* bläulich
mavimtırak *adj* bläulich
mavna *s* Lastkahn *m*, Schleppkahn *m*
mavzer *s* Pistole *f*, Revolver *m*
maya *s* ❶ Hefe *f*, Sauerteig *m* ❷ Treibmittel *nt* ❸ Wesen *nt*, Charakter *m*
mayalamak *vt* zum Gären bringen (**-i** etw)
mayalanma *s* Gärung *f*
mayalanmak *vi* ❶ *Passiv zu* **mayalamak** ❷ gären
mayasız *adj* ❶ (*Brot*) ungesäuert ❷ charakterlos
maydanoz *s* Petersilie *f*
mayestro *s* ❶ Dirigent(in) *m(f)* ❷ Komponist(in) *m(f)*
mayhoş *adj* süßsauer
mayın *s* Mine *f*
mayıs *s* Mai *m*
mayısböceği (**-ni**) *s* Maikäfer *m*
maymun *s* Affe *m*; ~ **iştahlı** (*fam*) launenhaft, wankelmütig
maymuncuk (**-ğu**) *s* Dietrich *m*
mayo *s* ❶ Badeanzug *m* ❷ Badehose *f*
mayolu *adj* ❶ mit Badeanzug ❷ mit Badehose
mayonez *s* Mayonnaise *f*; ~ **sosu** Remouladensoße *f*
mayosuz *adj* ❶ ohne Badeanzug ❷ ohne Badehose
maytap (**-bı**) *s* Feuerwerkskörper *m*
mazarrat (**-tı**) *s* Schaden *m*
mazbata *s* ❶ Zeugnis *nt* ❷ *mit vielen Unterschriften versehenes Schriftstück*
mazbut (**-tu**) *adj* ❶ ordentlich ❷ wind- und kältegeschützt ❸ festgelegt ❹ aufgeschrieben, protokolliert
mazeret (**-ti**) *s* Entschuldigung *f*; **gülünç** ~ faule Ausrede
mazeretli *adj* entschuldigt
mazeretsiz *adj* unentschuldigt
mazgal *s* ❶ Schießscharte *f* ❷ Sehschlitz *m*; ~ **dişi** (*Mauer-*) Zinne *f*
mazı *s* Thuja *f*, Lebensbaum *m*
mazi *s* Vergangenheit *f*
mazlum *adj* ❶ unterdrückt ❷ ungerecht behandelt ❸ bescheiden, zurückhaltend
maznun *adj* ❶ verdächtig ❷ beschuldigt, angeklagt
mazoşist (**-ti**) *s* Masochist(in) *m(f)*
mazoşizm *s* Masochismus *m*
mazot (**-tu**) *s* Dieselöl *nt*
mazotlu *adj* mit Dieselöl (betrieben); ~ **kalo-**

M

rifer Öl(zentral)heizung *f*
mazur *adj* entschuldigt; ~ **görmek** verzeihen (-**in bir şeyini** jdm etw)
mebus *s* Parlamentarier(in) *m(f)*
mecaz *s* Metapher *f*
mecazi *adj* bildlich, metaphorisch, übertragen; ~ **anlamda** in übertragener Bedeutung
mecbur *adj* gezwungen, genötigt; ~ **etmek** nötigen, zwingen (-**i** -**e** jdn zu etw); ~ **olmak** gezwungen sein (-**e** zu etw)
mecburen *adv* gezwungenermaßen
mecburi *adj* 1 gezwungen 2 obligatorisch; ~ **iniş** Notlandung *f;* ~ **iniş yapmak** notlanden; ~ **istikamet** vorgeschriebene Fahrtrichtung *f*
mecburiyet *s* 1 Notwendigkeit *f* 2 Verpflichtung *f* 3 Zwang *m*
meclis *s* 1 Parlament *nt* 2 (*Kollegium*) Rat *m* 3 Gesellschaft *f*
mecmua *s* Zeitschrift *f*
meç (-**çi**) *s* 1 Florett *nt* 2 (getönte) Strähne *f,* Strähnchen *nt*
meçhul (-**lü**) *adv* 1 unbekannt 2 unsicher 3 LING passiv

Der **meddah**, der Märchenerzähler, hat in der Türkei eine lange Tradition. Er verzaubert mit Stimme, Mimik und Gestik seine Zuhörer. Während noch vor einem Jahrhundert viele ‚meddahlar' in den Kaffehäusern Istanbuls auftraten, geben heute nur einige wenige gelegentlich Gastspiele in den Theatern der türkischen Großstädte.

medeni *adj* zivilisiert; ~ **cesaret** Zivilcourage *f;* ~ **hal** Familienstand *m;* ~ **hukuk** Zivilrecht *nt;* **Medeni Kanun** das Bürgerliche Gesetzbuch; ~ **nikah** standesamtliche Trauung
medenileştirmek *vt* zivilisieren (-**i** jdn/etw)
medeniyet (-**ti**) *s* Zivilisation *f*
meditasyon *s* Meditation *f;* ~ **yapmak** meditieren
medrese *s* HIST (*islamisch*) theologische Hochschule
medya *s* 1 (*Zeitung, Fernsehen*) Medium *nt* 2 die Medien *pl;* ~ **imparatoru** Medienmogul *m*
medyum *s* (*spiritistisch*) Medium *nt*
medyun *s* (*fam*) Schuldner(in) *m(f)*
megabayt *s* INFORM Megabyte *nt*
megafon *s* Megaphon *nt*
megahertz *s* Megahertz *nt*
megaloman *adj* größenwahnsinnig
megalomani *s* Größenwahn *m*
megaton *s* Megatonne *f*
megavat *s* Megawatt *nt*
meğer *konj* (*fam*) aber, jedoch
meğerki *konj* es sei denn, dass
mehabet (-**ti**) *s* Größe *f,* Erhabenheit *f*
mehabetli *adj* erhaben
mehil *s* Frist *f*
Mehmetçik (-**ği**) *s* (*fam*) *umgangssprachliche Bezeichnung für den einfachen türkischen Soldaten*
mehtap (-**bı**) *s* Mondschein *m*
mekan *s* 1 Ort *m* 2 Wohnort *m* 3 (Welt)all *nt*
mekanik (-**ği**) **I.** *s* Mechanik *f* **II.** *adj* 1 maschinell 2 mechanisch
mekanizm(a) *s* Mechanismus *m*
mekik (-**ği**) *s* (Weber)schiffchen *nt;* **Mekik** Spaceshuttle *m;* ~ **dokumak** (*fam*) hin und her gehen, auf und ab gehen
Meksika **I.** *s* (*Land*) Mexiko *nt* **II.** *adj* (*Art*) mexikanisch
Meksikalı **I.** *s* Mexikaner(in) *m(f)* **II.** *adj* (*Herkunft*) mexikanisch
Meksiko *s* (*Stadt*) Mexiko *nt*
mektup (-**bu**) *s* Brief *m,* Schreiben *nt;* ~ **açacağı** Brieföffner *m;* ~ **arkadaşı** Brieffreund(in) *m(f);* ~ **başlığı** Briefkopf *m;* ~ **kâğıdı** Briefpapier *nt,* Briefbogen *m*
mektupla *adv* brieflich; ~ **öğretim** [*o* **öğrenim**] Fernstudium *nt*
mektuplaşma *s* 1 *Verbalsubstantiv zu* **mektuplaşmak** 2 Briefwechsel *m,* Korrespondenz *f*
mektuplaşmak *vi* korrespondieren (**ile** mit jdm)
melankoli *s* Melancholie *f,* Schwermut *f*
melankolik (-**ği**) **I.** *adj* melancholisch, schwermütig **II.** *s* Melancholiker(in) *m(f)*
melek (-**ği**) *s* Engel *m*
melemek *vi* 1 (*Ziege*) meckern 2 (*Schaf*) blöken
melez *s* 1 Mischling *m* 2 Kreuzung *f*
melezleştirme *s* 1 *Verbalsubstantiv zu* **melezleştirmek** 2 Kreuzung *f*
melezleştirmek *vt* (*Rassen*) kreuzen (-**i ile** etw mit etw)
melhem *s* 1 Salbe *f* 2 (*a. fig*) Balsam *m;* ~ **sürmek** einsalben (-**e** etw)
melodi *s* Melodie *f,* Weise *f*

melodik *adj* melodisch
melon *s* (*Hut*) Melone *f*
meltem *s* Brise *f*, sanfter Wind
meme *s* ❶ (*weibliche*) Brust *f* ❷ Mutterbrust *f* ❸ Euter *nt* ❹ Düse *f* ❺ Geschwulst *f*; ~ **çocuğu** Säugling *m*; ~ **vermek** die Brust geben, stillen (**-e** jdn)
memeli hayvan *s* Säugetier *nt*
memleket (**-ti**) *s* ❶ Land *nt* ❷ Heimat *f*
memnun *adj* ❶ zufrieden ❷ erfreut ❸ befriedigt; ~ **edici** befriedigend, erfreulich; ~ **etmek** zufriedenstellen, erfreuen (**-i** jdn); ~ **oldum!** sehr angenehm!, sehr erfreut!; ~ **olmak** zufrieden sein, sich freuen (**-den** über etw)
memnuniyet (**-ti**) *s* ❶ Zufriedenheit *f* ❷ Freude *f*
memnuniyetle *adv* gern, mit Vergnügen
memnuniyetsizlik (**-ği**) *s* Unzufriedenheit *f*
memur **I.** *s* Angestellte(r) *f(m)*, Beamte(r) *m*, Beamtin *f* **II.** *adj* beauftragt (**-e** mit etw)
memuriyet (**-ti**) *s* Amt *nt*, Posten *m*, Stelle *f*
memurluk (**-ğu**) *s* Beamtentum *nt*
mendil *s* Taschentuch *nt*; ~ **sallamak** mit dem Taschentuch winken
menecer *s* Manager(in) *m(f)*
menecerlik (**-ği**) *s* Management *nt*
menekşe *s* Veilchen *nt*; ~ **rengi**(**nde**) violett
menenjit (**-ti**) *s* Hirnhautentzündung *f*, Meningitis *f*
menfaat (**-ti**) *s* (*fam*) Vorteil *m*, Nutzen *m*; ~ **birliği** Interessengemeinschaft *f*
menfi *adj, adv* negativ
mengene *s* ❶ Kelter *f* ❷ Schraubstock *m* ❸ Wäschemangel *f*
meni *s* Samen *m*, Sperma *nt*
menisk(**üs**) *s* ❶ Meniskus *m* ❷ Meniskusverletzung *f*
menopoz *s* Menopause *f*
mensucat (**-tı**) *s* Textilwaren *pl*
mensup (**-bu**) **I.** *adj* zugehörig, angehörend **II.** *s* Angehörige(r) *f(m)*; ~ **olmak** dazugehören (**-e** zu etw)
menşe (**-ei**) *s* ❶ Ursprungsort *m* ❷ Quelle *f*
menteşe *s* Scharnier *nt*, Türangel *f*
mentol (**-lü**) *s* Menthol *nt*
mentollü *adj* mentholhaltig, Menthol-
menzil *s* ❶ Reichweite *f* ❷ Bestimmungsort *m* ❸ Reisestation *f*
mera *s* Weide *f*
merak (**-kı**) *s* ❶ Besorgnis *f* ❷ Interesse *nt*, Liebhaberei *f* ❸ Neugier *f* ❹ Spannung *f*; ~ **etmek** sich interessieren (**-e** für etw/jdn), sich Sorgen machen, neugierig sein (**-i** auf etw/jdn); ~ **etmeyiniz!** seien Sie unbesorgt!; ~ **sarmak** sich stark interessieren (**-e** für etw); ~ **uyandırmak** die Neugier wecken
meraklandırmak *vt* ❶ *Kausativ zu* **meraklanmak** ❷ neugierig machen (**-i** jdn) ❸ Sorgen bereiten (**-i** jdm)
meraklanmak *vi* ❶ gespannt sein (**-e** auf etw) ❷ neugierig sein (**-e** auf etw/jdn) ❸ sich Sorgen machen (**-e** um etw/jdn)
meraklı **I.** *adj* ❶ neugierig ❷ interessiert ❸ spannend ❹ beunruhigt **II.** *s* Amateur(in) *m(f)*, Liebhaber(in) *m(f)*
meraksız *adj* ❶ sorglos ❷ desinteressiert, nicht interessiert
meram *s* ❶ (*fam*) Zweck *m* ❷ Wunsch *m* ❸ Aussage *f*, Punkt *m*; **meramını anlatmak** sich verständlich machen (**-e** jdm)
merasim *s* ❶ Feier *f*, Zeremonie *f* ❷ Protokoll *nt*
mercan *s* Koralle *f*
mercan balığı (**-nı**) *s* See-, Meerbrasse *f*
mercanköşk (**-kü**) *s* Majoran *m*
mercek (**-ği**) *s* TECH Linse *f*
merci *s* Instanz *f*
mercimek (**-ği**) *s* BOT Linse *f*; ~ **çorbası** Linsensuppe *f*
merdane *s* Walze *f*
merdiven *s* ❶ Treppe *f* ❷ Leiter *f*; ~ **başı** [*o* **sahanlığı**] Treppenabsatz *m*; ~ **boşluğu** Treppenhaus *nt*; ~ **tırabzanı** [*o* **korkuluğu**] Treppengeländer *nt*
meret (**-ti**) *adv* (*fam*) verflucht, verdammt
merhaba *interj* guten Tag!
merhale *s* (Reise)station *f*
merhamet (**-ti**) *s* Erbarmen *nt*
merhametli *adj* barmherzig, gnädig
merhametsiz *adj* erbarmungslos
merhametsizlik (**-ği**) *s* Erbarmungslosigkeit *f*
merhem *s* ❶ Salbe *f* ❷ Balsam *m*
merhum *adj* verstorben, selig
meridyen (**dairesi**) *s* Längenkreis *m*
Merih *s* Mars *m*
Merihli *s* Marsmensch *m*
merkep (**-bi**) *s* Esel *m*
merkez *s* ❶ Mittelpunkt *m* ❷ Zentrale *f* ❸ Hauptstadt *f* ❹ (*fam*) Polizeipräsidium *nt*; ~ **bankası** Zentralbank *f*
merkezci **I.** *adj* zentralistisch **II.** *s* Zentralist(in) *m(f)*

M

merkezcilik (-ği) *s* Zentralismus *m*
merkezi *adj* mittlere(r, s), zentral; ~ **işlem birimi** INFORM CPU *f*
merkezileşmek *vi* ❶ sich zentralisieren ❷ sich konzentrieren
merkezileştirmek *vt* ❶ *Kausativ zu* **merkezileşmek** ❷ zentralisieren (-**i** etw) ❸ konzentrieren (-**i** etw)
mermer **I.** *s* Marmor *m* **II.** *adj* aus Marmor, Marmor-; ~ **sıva** Stuck *m*
mermi *s* Geschoss *nt,* Granate *f,* Kugel *f;* ~ **parçası** Granatsplitter *m;* ~ **yolu** Flugbahn *f*
mersin *s* Myrte *f*
mert (-di) *adj* ❶ mutig, tapfer ❷ ehrlich, wacker
mertçe *adj, adv* ❶ (*fig*) männlich ❷ tapfer, heldenhaft ❸ ehrlich
mertebe *s* ❶ Rangordnung *f* ❷ Grad *m,* Rang *m*
mertek (-ği) *s* (großer) Balken *m*
mertlik (-ği) *s* Tapferkeit *f*
Meryem Ana *s* die heilige Maria
mesafe *s* ❶ Strecke *f* ❷ Abstand *m*
mesaj *s* Nachricht *f,* Botschaft *f;* (**kısa**) ~ (*Handy*) Kurznachricht *f,* SMS *f;* **birine kısa** ~ **göndermek** [*o* **yollamak**] jdm eine Kurznachricht [*o* SMS] schicken
mesane *s* Harnblase *f*
mescit (-di) *s* kleinere Moschee
mesela *adv* zum Beispiel, beispielsweise
mesele *s* ❶ Problem *nt* ❷ Angelegenheit *f,* Sache *f* ❸ Streitfrage *f* ❹ Affäre *f*
mesen *s* Mäzen(in) *m(f)*
meshetmek (-der) *vi* (*bei der rituellen Waschung*) sich mit der feuchten Hand über den Kopf streichen
Mesih *s* Heiland *m,* Messias *m*
mesken *s* ❶ Wohnung *f* ❷ Wohnsitz *m;* **meskene taarruz** Hausfriedensbruch *m*
meslek (-ği) *s* ❶ Beruf *m* ❷ Gewerbe *nt;* ~ **bilgisi** Fachkenntnisse *pl;* ~ **dalı** Berufszweig *m,* Fach *nt;* ~ **dili** Fachsprache *f;* ~ **eğitimi** Berufsausbildung *f;* ~ **hastalığı** Berufskrankheit *f;* ~ **hayatı** Berufsleben *nt;* ~ **okulu** Fachschule *f;* ~ **sahibi** erwerbstätig; ~ **sahibi olmak** berufstätig sein; ~ **tecrübesi** Berufserfahrung *f;* ~ **yüksek okulu** Fachhochschule *f;* **mesleğiniz ne**(**dir**)? was sind Sie von Beruf?
mesleki *adj* beruflich
meslektaş *s* Kollege *m,* Kollegin *f*
mest (-ti) *adj* berauscht; ~ **etmek** berauschen (-**i** jdn)
mesul (-lü) **I.** *adj* verantwortlich **II.** *s* Verantwortliche(r) *f(m)*
mesuliyet (-ti) *s* ❶ Verantwortung *f* ❷ Verantwortlichkeit *f;* ~ **sigortası** Haftpflichtversicherung *f*
mesuliyetli *adj* ❶ verantwortlich ❷ verantwortungsvoll
mesuliyetsiz *adj* ❶ unverantwortlich ❷ verantwortungslos
mesut (-du) *adj* glücklich
meşale *s* Fackel *f*
meşe *s* Eiche *f*
meşgale *s* Beschäftigung *f*
meşgul (-lü) *adj* ❶ beschäftigt ❷ besetzt, belegt; ~ **etmek** beschäftigen; (*durch leere Versprechungen*) hinhalten; (*stören*) abhalten (-**i** jdn); ~ **işareti** Besetztzeichen *nt;* **bir şeyle** ~ **olmak** sich mit etwas beschäftigen [*o* befassen]
meşhur *adj* berühmt, bekannt
meşin *s* (mit Lohe gegerbtes) Leder *nt*
meşru (-uu) *adj* ❶ gesetzlich, legal ❷ (*Kind*) ehelich; ~ **müdafaa** Notwehr *f*
meşrutiyet (-ti) *s* HIST konstitutionelle Monarchie
meta (-aı) *s* Ware *f*
metafizik (-ği) **I.** *s* Metaphysik *f* **II.** *adj* metaphysisch
metafoni *s* Umlaut *m*
metastaz *s* Metastase *f*
metelik (-ği) *s* ❶ HIST Nickelmünze *f* ❷ (*fam*) Pfennig *m;* **meteliğe kurşun atmak** blank sein, pleite sein
meteor *s* Meteor *m*
meteorolog *s* Meteorologe, Meteorologin *m, f*
meteoroloji *s* Meteorologie *f*
meteorolojik *adj* meteorologisch; ~ **harita** Wetterkarte *f*
methetmek (-der) *vt* (*fam*) loben (-**i** jdn/etw)
metin (-tni) *s* ❶ Text *m* ❷ Originaltext *m,* Wortlaut *m;* ~ **dosyası** INFORM Textdatei *f*
metin *adj* widerstandsfähig, zäh
metodik *adj* methodisch
metot (-du) *s* Methode *f*
metre *s* Meter *m o nt;* ~ **kare** Quadratmeter *m o nt;* ~ **küp** Kubikmeter *m o nt*
metres *s* Geliebte *f*
metro *s* U-Bahn *f,* Untergrundbahn *f;* ~ **durağı** U-Bahn-Station *f*

metronom *s* Metronom *nt*
mevcudiyet (-ti) *s* Existenz *f*
mevcut (-du) **I.** *s* Bestand *m* **II.** *adj* ❶ bestehend ❷ anwesend
mevduat (-tı) *s* ❶ Depositen *pl* ❷ Bankeinlagen *pl*
mevki (-ii) *s* ❶ (*im Zug*) Klasse *f* ❷ Ort *m* ❸ (berufliche, soziale) Position *f*
Mevla *s* Herrgott *m*

Ein **Mevlevi** ist ein Angehöriger der berühmten im 13. Jahrhundert von dem Mystiker und Dichter Mevlana Celaleddin Rumi gegründeten Mevlevi-Derwischbruderschaft. Zum Gedenken an ihn feiern die Derwische alljährlich vom 7. bis 14. Dezember ein großes Fest in der mittelanatolischen Stadt Konya. Die Mevleviler sind berühmt für ihren kreisenden meditativen Tanz, den sie in langen weißen Gewändern und hohen schwarzen Hüten gekleidet zelebrieren. Man nennt sie auch ‚die Tanzenden Derwische'.

mevsim *s* Jahreszeit *f*, Saison *f*; ~ **öncesi** Vorsaison *f*; ~ **sonu** Nachsaison *f*; ~ **sonu satışı** Schlussverkauf *m*
mevzi (-ii) *s* ❶ Stellung *f* ❷ Ort *m*, Lage *f*
mevzu (-uu) *s* Thema *nt*
mevzuat (-tı) *s* Bestimmungen *pl*
meyankökü (-nü) *s* Lakritze *f*, Süßholz *nt*
meydan *s* (*in einer Stadt*) Platz *m*; ~ **okuma** Herausforderung *f*; ~ **okumak** herausfordern (-**i** jdn); ~ **savaşı** Endkampf *m*; **meydana çıkarmak** aufdecken; (*fig*) enthüllen, an den Tag bringen (-**i** etw); **meydana çıkmak** sich herausstellen, zutage kommen, auftauchen; **meydana gelmek** entstehen, geschehen; **meydana getirmek** schaffen, zustande bringen; (*bewirken*) verursachen (-**i** etw)
meyhane *s* Kneipe *f*
meyhaneci *s* Kneipenwirt(in) *m(f)*
meyil (-yli) *s* ❶ Neigung *f*, Steigung *f* ❷ (*fig*) Neigung *f*, Hang *m* ❸ Zuneigung *f*
meyilli *adj* ❶ geneigt, schief ❷ (*fig*) (zu)geneigt
meymenet (-ti) *s* (*fam*) Glück *nt*, Schwein *nt*
meymenetsiz *adj* (*fam*) ungut, mit schlechtem Einfluss
meyus *adj* (*fam*) ❶ (*Lage*) hoffnungslos ❷ (*Mensch*) pessimistisch
meyve, meyva *s* Frucht *f*, Obst *nt*; ~ **ağacı** Obstbaum *m*; ~ **bıçağı** Obstmesser *nt*; ~ **salatası** Obstsalat *m*; ~ **suyu** Fruchtsaft *m*; ~ **şekerlemesi** kandierte Früchte; ~ **vermek** Früchte tragen
meyveci *s* Obsthändler(in) *m(f)*
meyveli *adj* mit Früchten; ~ **pasta** Obstkuchen *m*
meyvelik (-ği) *s* Obstschale *f*
mezar *s* Grab *nt*, Grabstätte *f*; ~ **taşı** Grabstein *m*
mezarcı *s* ❶ Totengräber *m* ❷ Friedhofswärter *m*
mezarlık (-ğı) *s* Friedhof *m*
mezat (-dı) *s* Auktion *f*, Versteigerung *f*
mezbaha *s* Schlachthof *m*
meze *s* kleiner Imbiss (*besonders mit alkoholischen Getränken zu genießen*)
mezeci (**dükkanı**) *s* Delikatessengeschäft *nt*, Feinkostgeschäft *nt*
mezhep (-bi) *s* ❶ Bekenntnis *nt*, Konfession *f* ❷ Sekte *f*
meziyet (-ti) *s* Vorzug *m*
mezun **I.** *adj* berechtigt (-**e** zu etw) **II.** *s* Absolvent(in) *m(f)*
mezuniyet (-ti) *s* ❶ Beurlaubung *f* ❷ Erlaubnis *f* ❸ (*Schul-, Hochschul-*) Abschluss *f*
mezura *s* Metermaß *nt*, Maßband *nt*
MGK *s Abk. von* **Milli Güvenlik Konseyi** der Nationale Sicherheitsrat (*in der Türkei*)
mıh *s* (großer) Nagel *m*
mıknatıs *s* Magnet *m*
mıknatıslamak *vt* magnetisieren (-**i** etw)
mıknatıslı *adj* ❶ magnetisch ❷ magnetisiert
mıntıka *s* Zone *f*
mırıldanmak *vi* ❶ murmeln ❷ (*ein Lied*) summen ❸ (*Katze*) schnurren
mırıltı *s* (*fam*) Gemurmel *nt*
mısır *s* Mais *m*; ~ **koçanı** Maiskolben *m*
Mısır **I.** *s* Ägypten *nt* **II.** *adj* (*Art*) ägyptisch
Mısır inciri (-ni) *s* Kaktusfeige *f*
Mısırlı **I.** *s* Ägypter(in) *m(f)* **II.** *adj* (*Herkunft*) ägyptisch
mısra *s* Vers *m*
mıymıntı **I.** *s* (*fam: Person*) Schlafmütze *f* **II.** *adj* (*fam*) lahm
mızıka *s* ❶ Militärkapelle *f* ❷ Mundharmonika *f*
mızıkçı *s* (*fam*) Spielverderber(in) *m(f)*
mızmız **I.** *adj* ❶ (*fam*) brummig ❷ träge, lahm **II.** *s* Nörgler(in) *m(f)*
mızmızlanmak *vi* (*fam*) meckern, nörgeln

mızmızlık (**-ğı**) *s* ① Schwerfälligkeit *f,* Trägheit *f* ② Nörgelei *f*

mızrak (**-ğı**) *s* Lanze *f,* Spieß *m*

mide *s* Magen *m;* ~ **ağrısı** Magenschmerzen *pl;* ~ **bulantısı** Brechreiz *m,* Übelkeit *f;* ~ **damlası** Magentropfen *pl;* ~ **kapısı** (*Schließmuskel*) Pförtner *m;* ~ **ülseri** Magengeschwür *nt;* ~ **yanması** [*o* **ekşimesi**] Sodbrennen *nt;* **midem bulanıyor** mir ist [*o* wird] übel; **midem bozuldu** ich habe mir den Magen verdorben

midilli *s* Pony *nt*

Midilli *s* Lesbos *nt*

midye *s* Muschel *f*

migren *s* Migräne *f*

miğfer *s* (Schutz)helm *m*

mihrap (**-bı**) *s* Gebetsnische *f*

mikro *adj* Mikro-; ~ **dalga** Mikrowelle *f;* ~ **elektronik** Mikroelektronik *f*

mikroçip (**-pi**) *s* Mikrochip *m*

mikrodalga *s* Mikrowelle *f;* ~ **fırını** Mikrowellenofen *m*

mikrofilm *s* Mikrofilm *m*

mikrofon *s* Mikrofon *nt*

mikroişlemci *s* Mikroprozessor *m*

mikrop (**-bu**) *s* ① Mikrobe *f* ② Krankheitskeim *m* ③ (*pej vulg*) miese Ratte *f*

mikroskobik *adj* mikroskopisch

mikroskop (**-bu**) *s* Mikroskop *nt*

mikroyonga *s* Mikrochip *m*

mikser *s* (*Gerät*) Mixer *m*

miktar *s* (*bestimmtes Quantum*) Menge *f;* ~ **olarak** mengenmäßig

mil *s* ① Meile *f* ② Lehm *m* ③ Spindel *f*

milat (**-dı**) *s* Christi Geburt *f;* **Millattan önce/sonra** vor/nach Christus

milenyum *s* Millennium *nt*

miligram *s* Milligramm *nt*

milimetre *s* Millimeter *m o nt*

militan **I.** *adj* militant **II.** *s* bewaffneter Kämpfer *m*

millet (**-ti**) *s* ① Nation *f* ② (*fam*) Leute *pl;* **Milletler Cemiyeti** HIST Völkerbund *m*

milletlerarası *adj* international

milletvekili (**-ni**) *s* Abgeordnete(r) *f(m),* Parlamentarier(in) *m(f)*

milli *adj* national; ~ **dil** Landessprache *f;* **Milli Eğitim Bakanı** Kultusminister(in) *m(f);* **Milli Eğitim Bakanlığı** Kultusministerium *nt;* **Milli Güvenlik Konseyi** Nationaler Sicherheitsrat *m* (*in der Türkei*)*;* ~ **marş** Nationalhymne *f;* ~ **oyun** Volkstanz *m;* ~ **park** Nationalpark *m;* ~ **plaka** (*am Auto*) Nationalitätskennzeichen *nt;* ~ **renkler** Landesfarben *pl;* ~ **takım** (*Fußball*) Nationalelf *f*

millileştirmek *vt* nationalisieren (**-i** etw)

milliyet (**-ti**) *s* ① Nationalität *f* ② Nationalbewusstsein *nt*

milliyetçi **I.** *adj* ① nationalistisch ② nationalbewusst **II.** *s* Nationalist(in) *m(f)*

milliyetçilik (**-ği**) *s* Nationalbewusstsein *nt*

> **Milliyetçilik** (Nationalbewusstsein) ist eines der Grundprinzipien der türkischen Verfassung. Es ist die Forderung an alle türkischen Staatsbürger, unabhängig von ihrer Volkszugehörigkeit, sich als Türken zu definieren. Die nationale Einheit soll durch die Assimilation der ethnischen Minderheiten an die Kultur der Mehrheit, der Türken, erreicht werden. Besonders die Kurden, die größte Minderheit in der Türkei, wehren sich seit Jahrzehnten vehement gegen dieses Assimilationsgebot und fordern die freie Entfaltung ihrer Sprache und Kultur.

milyar *s* Milliarde *f*

milyarder *s* Milliardär(in) *m(f)*

milyon *s* Million *f*

milyoner *s* Millionär(in) *m(f)*

mimar *s* ① Architekt(in) *m(f)* ② Baumeister *m*

mimari **I.** *s* Architektur *f* **II.** *adj* architektonisch

mimarlık (**-ğı**) *s* ① Architektenberuf *m* ② Architektur *f*

mimber *s* Kanzel *f*

mimik (**-ği**) **I.** *s* Mimik *f* **II.** *adj* mimisch

minare *s* Minarett *nt*

minder *s* ① Matte *f* ② Sitzkissen *nt* ③ Matratze *f;* ~ **çürütmek** (*fam*) sich auf die faule Haut legen

mine **I.** *s* ① Email *nt* ② Zahnschmelz *m* ③ (*einer Uhr*) Zifferblatt *nt* **II.** *adj* emailliert

minelemek *vt* emaillieren (**-i** etw)

mineral (**-li**) **I.** *s* Mineral *nt* **II.** *adj* mineralisch, mineralhaltig

mineraloji *s* Mineralogie *f*

minibar *s* Minibar *f*

minibüs *s* Kleinbus *m*

minicik *adj* winzig

minietek (**-ği**) *s* Minirock *m*

minik *adj* klein und niedlich

minimum *s* Minimum *nt*

minkale *s* Winkelmesser *nt*
minnet (-**ti**) *s* Dankesschuld *f*
minnettar *adj* dankbar (-**e** jdm)
minnettarlık (-**ğı**) *s* Dankbarkeit *f*
minüskül *s* Kleinbuchstabe *m*
minval (-**li**) *s* Art und Weise *f*
minyatür I. *s* Miniatur *f* **II.** *adj* klein, winzig
minyon *adj* niedlich
miraç (-**cı**) *s* Mohammeds Himmelfahrt *f*
miras *s* Erbe *nt,* Erbschaft *f,* Nachlass *m;* **bu ev ona dedesinden ~ kaldı** er hat dieses Haus von seinem Großvater geerbt; **~ bırakmak** vermachen (-**e** -**i** jdm etw); **mirastan mahrum etmek** [*o* **çıkarmak**] enterben (-**i** jdn)
mirasçı *s* Erbe *m,* Erbin *f*
misafir *s* Gast *m;* **~** [*o* **konuk**] **odası** Gästezimmer *nt*
misafirperver *adj* gastfreundlich
misafirperverlik (-**ği**) *s* Gastfreundschaft *f*

Misafirperverlik, die Gastfreundschaft, wird in der Türkei großgeschrieben. Den Gast zu verwöhnen, ist heilige Pflicht für jeden Türken. Dahinter steckt der Glaube, dass zufriedene Gäste der Gastfamilie Gottes Segen und Hilfe bringen. So werden keine Kosten und Mühen gescheut, dem Gast schöne Stunden zu bereiten. Die Menschen in der Türkei besuchen sich gegenseitig häufiger, als es in Mitteleuropa üblich ist. Es ist sehr unhöflich, angebotene Speisen und Getränke abzulehnen. Gastgeschenke sind dabei üblich.

misal (-**li**) *s* Beispiel *nt*
misil (-**sli**) *s* ① Gleiche(s) *nt* ② Mehrfache(s) *nt;* **üç misli** dreimal so viel
misina *s* Angelschnur *f*
misket (-**ti**) *s* ① Murmel *f* ② Sprengladung *f;* **~ şarabı** Muskatellerwein *m;* **~ üzümü** Muskatellertraube *f*
miskin I. *s* (*fam: Person*) Schlafmütze *f* **II.** *adj* ① (*fam*) faul, träge ② dickfellig
misli (-**ni**) *s Possessivform zu* **misil** ein Mehrfaches von ...; **üç ~** dreimal so viel
mistisizm *s* Mystik *f*
misyon *s* Auftrag *m,* Mission *f*
misyoner *s* Missionar(in) *m(f)*
mit (-**ti**) *s* Mythos *m*
miting *s* ① Kundgebung *f* ② Demonstration *f;* **~ yapmak** demonstrieren
mitingci *s* Demonstrant(in) *m(f)*
mitoloji *s* Mythologie *f*
mitolojik *adj* mythologisch
miyavlamak *vi* (*Katze*) miauen
miyop (-**bu**) *adj* kurzsichtig
miyopluk (-**ğu**) *s* Kurzsichtigkeit *f*
mizaç (-**cı**) *s* Natur *f,* Naturell *nt,* Temperament *nt*
mizah *s* Humor *m*

Mizah dergileri (humoristische Zeitschriften) sind in der Türkei sehr beliebt. Es sind dies satirische Zeitschriften, die fast vollständig aus Karikaturen und Comicstrips in einem unverkennbar türkischen Zeichenstil bestehen. Das türkische Alltagsleben wird aufs Korn genommen und die gesellschaftlichen und politischen Probleme der Türkei werden kritisch ins Bild gesetzt. In ihrer pointierten und erfrischend witzigen Art sind diese satirischen Wochenblätter ein interessanter Spiegel der türkischen Gesellschaft.

mizahçı *s* Humorist(in) *m(f)*
mizahi *adj* humoristisch
mizanpli *s* (*Frisur*) Wasserwelle *f*
mobil telefon *s* Mobiltelefon *nt*
mobilya *s* Möbel *pl,* Mobiliar *nt;* **~ mağazası** Möbelgeschäft *nt*
mobilyalı *adj* möbliert; **~ daire** möblierte Wohnung
moda I. *s* Mode *f* **II.** *adj* modisch; **~ fuarı** Modemesse *f;* **~ kitabı** Modebuch *nt;* **~ mağazası** Modegeschäft; **~ olmak** in Mode sein; **modası geçmek** aus der Mode kommen; **modası geçmiş** altmodisch; (*fig*) veraltet, überholt; (**son**) **modaya göre** nach der (neuesten) Mode; **modaya uygun** modisch, modern
modacı *s* Modeschöpfer(in) *m(f)*
model *s* ① Modell *nt* ② Schema *nt* ③ Modejournal *nt* ④ Ebenbild *nt*
modellik (-**ği**) *s* Modellstehen *nt,* Modeln *nt;* **~ yapmak** (*für Maler*) Modell stehen; (*für Fotograf*) modeln
modem *s* Modem *nt;* **dış ~** externes Modem
modern *adj* modern
modernize *adj* modernisiert; **~ etmek** modernisieren (-**i** etw)
modernleştirme *s* ① *Verbalsubstantiv zu* **modernleştirmek** ② Modernisierung *f*

M

modernleştirmek *vt* modernisieren (**-i** etw)
Moğol **I.** *s* Mongole *m*, Mongolin *f* **II.** *adj* (*Art*) mongolisch
Moğolistan **I.** *s* die Mongolei **II.** *adj* mongolisch
mola *s* Rast *f*; ~ **vermek** rasten; ~ **yeri** Rastplatz *m*
molasız *adj, adv* rastlos
molekül *s* Molekül *nt*
moloz *s* ❶ Bauschutt *m* ❷ Schotter *m*
Monako *s* Monaco *nt*
monarşi *s* Monarchie *f*
monarşist (**-ti**) **I.** *s* Monarchist(in) *m(f)* **II.** *adj* monarchistisch
monitör *s* INFORM Monitor *m*
monogami *s* Monogamie *f*
monolog *s* Monolog *m*
monoton *adj* eintönig, monoton
montaj *s* ❶ Montage *f* ❷ (*Film*) Schnitt *m*; ~ **yapmak** montieren (**-i** etw)
montajcı *s* Monteur *m*
monte *adj* montiert; ~ **etmek** (*Maschine*) aufstellen, montieren (**-i** etw)
mor *adj* ❶ (dunkel)violett ❷ (*Körperteil*) blau (gefroren)
moral (**-li**) **I.** *s* ❶ Moral *f* ❷ (seelische) Verfassung *f* **II.** *adj* moralisch; **morali bozuk** demoralisiert
morarmak *vi* ❶ violett werden ❷ (*Körperteil*) blau anlaufen ❸ (*fam*) (vor Zorn) rot werden
moratoryum *s* Stillhalteabkommen *nt*, Moratorium *nt*
Moravya *s* Mähren *nt*
morfin *s* Morphium *nt*; ~ **düşkünü** Morphinist(in) *m(f)*
morg *s* Leichenschauhaus *nt*
morina *s* ❶ Dorsch *m* ❷ Kabeljau *m* ❸ Schellfisch *m*; **kurutulmuş** ~ Stockfisch *m*
Moritanya *s* Mauretanien *nt*
morötesi (**-ni**) *adj* ultraviolett
mors *s* ❶ Morsesystem *nt* ❷ Morsealphabet *nt* ❸ Walross *nt*; ~ **alfabesi** Morsealphabet *nt*
moruk (**-ğu**) *s* (*fam*) alter Knacker
Moskova *s* Moskau *nt*
motel *s* Motel *nt*
motif *s* Motiv *nt*
motivasyon *s* Motivation *f*
motor *s* ❶ Motor *m* ❷ Motorboot *nt* ❸ (*fam*) Motorrad *nt*; ~ **kayışı** Keilriemen *m*; ~ **kılıfı** Motorhaube *f*
motorize *adj* motorisiert; ~ **etmek** motorisieren (**-i** etw)
motorlaştırma *s* ❶ *Verbalsubstantiv zu* **motorlaştırmak** ❷ Motorisierung *f*
motorlaştırmak *vt* motorisieren (**-i** etw)
motorlu *adj* ❶ mit Motor, Motor- ❷ (*mit vorgesetzter Zahl*) -motorig ❸ motorisiert; ~ **bisiklet** Mofa *nt*; ~ **taşıt** Kraftfahrzeug *nt*; ~ **taşıt vergisi** Kraftfahrzeugsteuer *f*
motorşip *s* Motorschiff *nt*
motosiklet (**-ti**) *s* Motorrad *nt*
motosikletçi *s* Motorradfahrer(in) *m(f)*
mozaik (**-ği**) *s* Mosaik *nt*
Mozambik (**-ği**) *s* Mosambik *nt*
Mozel *s* Mosel *f*
mozole *s* Mausoleum *nt*
MÖ. *s Abk. von* **Milattan önce** v.Chr. (*vor Christus*)
möble *s* Möbelstück *nt*
mönü *s* Gedeck *nt*, Menü *nt*
MS. *s Abk. von* **Milattan sonra** n.Chr. (*nach Christus*)
muadelet (**-ti**) *s* Gleichwertigkeit *f*
muadil *adj* gleichbedeutend
muaf *adj* ❶ frei ❷ immun; ~ **tutmak** (von einer Pflicht) befreien (**-i** **-den** jdn von etw)
muafiyet (**-ti**) *s* ❶ Freistellung *f* ❷ Immunität *f*
muamele *s* ❶ (*am Schalter*) Abfertigung *f* ❷ Dienstweg *m* ❸ Handel *m* ❹ (*eines Menschen*) Behandlung *f* ❺ Verhalten *nt*; ~ **etmek** behandeln (**-e** jdn/etw); ~ **vergisi** Umsatzsteuer *f*
muamma *s* Rätsel *nt*
muammalı *adj* rätselhaft
muammer *adj* langlebig
muasır *adj* zeitgenössisch, modern
muasırlaşmak *vi* modern werden, sich modernisieren
muasırlaştırmak *vt* modernisieren (**-i** etw)
muavin *s* Helfer(in) *m(f)*
muayene *s* ❶ Untersuchung *f* ❷ Überprüfung *f*; ~ **etmek** untersuchen, überprüfen (**-i** etw/jdn); ~ **saati** Sprechstunde *f* (beim Arzt)
muayeneci *s* Zollbeamte(r) *m*, Zollbeamtin *f*
muayenehane *s* ❶ (Arzt)praxis *f* ❷ (*von Arzt*) Sprechzimmer *nt*
muazzam *adj* enorm, riesig
mubah *adj* (*islamisch*) zulässig
mucit (**-di**) *s* Erfinder(in) *m(f)*
mucize *s* Wunder *nt*
mucizeli *adj* wunderbar

mucur *s* Abfall *m*
mudi (**-ii**) *s* Einzahler(in) *m(f)*
muhabbet (**-ti**) *s* ① Liebe *f* ② Freundschaft *f* ③ Unterhaltung *f*
muhabbetkuşu (**-nu**) *s* Wellensittich *m*
muhabir *s* Korrespondent(in) *m(f)*
muhafaza *s* ① Aufbewahrung *f* ② Schutz *m* ③ Beibehaltung *f;* ~ **etmek** aufbewahren, (be)schützen, beibehalten (**-i** etw)
muhafazakar *adj* konservativ
muhafız *s* Wärter *m,* Wächter *m;* ~ **kıtası** Leibwache *f*
muhakeme *s* ① Überlegung *f* ② Gerichtsverhandlung *f*
muhakkak *adv* ① bestimmt, auf jeden Fall, sicher ② unbedingt
muhalefet (**-ti**) *s* ① Opposition *f* ② ungünstiges Wetter; ~ **lideri** Oppositionsführer(in) *m(f)*
muhalif **I.** *s* Gegner(in) *m(f)* **II.** *adj* gegnerisch, oppositionell
muhallebi *s* Reismehlpudding *m*
muhallebici *s* Lokal, in dem türkische Mehl- und Puddingspeisen angeboten werden
Muhammedi *s* Mohammedaner(in) *m(f)*
Muhammet (**-di**) *s* (*Prophet*) Mohammed
muharebe *s* Schlacht *f,* Gefecht *nt;* ~ **etmek** kämpfen
muhasebe *s* Buchhaltung *f;* ~ **yapmak** Buch führen
muhasebeci *s* Buchhalter(in) *m(f)*
muhbir *s* Berichterstatter(in) *m(f)*
muhit (**-ti**) *s* Umgebung *f*
muhrip (**-bi**) *s* (*Schiff*) Zerstörer *m*
muhtaç (**-cı**) *adj* bedürftig; ~ **olmak** benötigen, brauchen (**-e** etw)
muhtar **I.** *s* Bürgermeister *m* (eines Dorfes) **II.** *adj* autonom
muhtariyet (**-ti**) *s* Autonomie *f,* Selbstverwaltung *f*
muhtelif *adj* ① verschieden, verschiedenartig ② mehrere
muhtemelen *adv* wahrscheinlich
muhterem *adj* geehrt, verehrt
muhteşem *adj* prächtig, prunkvoll
muhteva *s* Inhalt *m*
muhtevi *adj* enthaltend
muhteviyat (**-tı**) *s* Inhalt *m*
muhtıra *s* ① Memorandum *nt* ② Notizzettel *m*
mukabele *s* Antwort *f*
mukabeleci *s* Koranrezitator *m*
mukabil **I.** *adj* ① entgegengesetzt ② entsprechend **II.** *s* Gegensatz *m* **III.** *präp* ① im Gegensatz zu (**-e** +*dat*) ② (als Ersatz) für (**-e** +*akk*)
mukadder *adj* (*Schicksal*) vorherbestimmt
mukadderat (**-tı**) *s* Schicksal *nt*
mukaddes *adj* heilig
mukaddesat (**-tı**) *s* Heiligtümer *pl*
mukavele *s* Vertrag *m,* Abkommen *nt*
mukaveleli *adj* vertragsgemäß, laut Vertrag
mukavelename *s* Vertrag *m,* Vertragsurkunde *f*
mukavemet (**-ti**) *s* Widerstand *m;* ~ **koşusu** Dauerlauf *m;* ~ **yürüyüşü** Langlauf *m*
mukavemetçi *s* Widerstandskämpfer(in) *m(f)*
mukavim *adj* widerstandsfähig
mukavva *s* Karton *m,* Pappe *f*
mukayese *s* Vergleich *m;* ~ **etmek** vergleichen (**-i** etw); ~ **ölçüsü** Größenordnung *f*
muktedir *adj* fähig; ~ **olmak** fähig [*o* imstande] sein zu (**-e** zu etw)
multidisipliner *adj* interdisziplinär
multimedya *s* Multimedia *nt;* ~ **dosyaları** Multimediadateien *pl*
multinasyonal *adj* multinational
multivitaminli *adj* Multivitamin-
mum *s* ① Kerze *f* ② Wachs *nt;* ~ **ışığı** Kerzenlicht *nt*
mumlamak *vt* ① wachsen (**-i** etw) ② (ver)siegeln (**-i** etw)
mumluk (**-ğu**) **I.** *s* Kerzenhalter *m,* Kerzenleuchter *m* **II.** *adj* (*Glühbirne*) mit einer Beleuchtungsstärke
mumya *s* Mumie *f;* ~ **gibi** (*fam*) nur noch Haut und Knochen
mumyağı (**-nı**) *s* Talg *m*
mumyalaşmak *vi* zur Mumie werden
mumyalaştırmak *vt* ① *Kausativ zu* **mumyalaşmak** ② mumifizieren (**-i** jdn/etw)
munafık (**-ğı**) *s* ① Heuchler(in) *m(f)* ② Intrigant(in) *m(f)*
munafıklık (**-ğı**) *s* ① Heuchelei *f* ② Intrige *f*
munis *adj* ① herzlich ② liebenswert ③ vertraut
muntazam *adj* ordentlich, geregelt
murat (**-dı**) *s* Wunsch *m;* **muradına ermek** sein Ziel erreichen
musakka *s ein Gemüseauflauf mit Hackfleisch*
musallat olmak *vi* belästigen (**-e** jdn)
Musevi **I.** *s* Hebräer(in) *m(f),* Jude *m,* Jüdin *f* **II.** *adj* (*Herkunft*) jüdisch

Musevice *adj* (*Sprache*) (neu)hebräisch
Musevilik (**-ği**) *s* Judentum *nt*
muska *s* ① (*Talisman*) Amulett *nt* ② *islamischer Glücksbringer* ③ *aufgeschriebener Zauberspruch*
musluk (**-ğu**) *s* (*Gas-, Wasser-*) Hahn *m*; ~ **suyu** Leitungswasser *nt*
muslukçu *s* Installateur *m*

Der Atatürk'ü Anma Gençlik ve Spor Bayramı am 19. Mai ist in der Türkei ein gesetzlicher Feiertag zum Gedenken an den ersten Präsidenten der Republik Türkei, **Mustafa Kemal Atatürk**; zugleich ist dieser Feiertag auch der Tag der Jugend und des Sports.

muşamba *s* ① Wachstuch *nt* ② Linoleum *nt* ③ (wasserdichter) Regenmantel *m*
muşmula *s* Mispel *f*
mutant (**-tı**) **I.** *adj* mutiert **II.** *s* Mutant *m*
mutasavvıf *s* Sufi *m*
mutasyon *s* Mutation *f*; ~ **geçirmek** BIOL mutieren; ~ **geçirmiş** mutiert
mutemet (**-di**) *s* (*im Betrieb*) Vertrauensperson *f*
mutfak (**-ğı**) *s* Küche *f*; ~ **ocağı** Küchenherd *m*
mutlak (**-kı**) *adj* absolut, unbeschränkt
mutlaka *adv* auf jeden Fall, unbedingt
mutlu *adj* glücklich; ~ **kılmak** (*fam*) beglücken (**-i** jdn); **ne ~ Türküm diyene** welch ein Glück, sagen zu können: ‚ich bin ein Türke' (*berühmter Ausspruch Atatürks*)
mutluluk (**-ğu**) *s* Glück *nt*
muvafakatname *s* Einverständniserklärung *f*
muvaffak (**-ğı**) *adj* erfolgreich
muz *s* Banane *f*; ~ **ağacı** Bananenbaum *m*
muzip (**-bi**) *s* Witzbold *m*, Spaßvogel *m*
muziplik (**-ği**) *s* (grober) Scherz *m*
mübalağa *s* Übertreibung *f*; ~ **etmek** übertreiben (**-i** etw)
mübarek (**-ği**) *adj* ① heilig ② gesegnet
mücadele *s* ① Kampf *m* ② Streit *m*; ~ **etmek** kämpfen, streiten
mücadeleci *s* Kämpfer(in) *m(f)*
mücevher *s* ① (*a. fig*) Juwel *nt*, Kleinod *nt* ② Schmuckstück *nt*; ~ **kutusu** Schmuckschatulle *f*, Schmuckkästchen *nt*
mücrim *s* Schuldige(r) *f(m)*
müdafaa *s* Verteidigung *f*; ~ **etmek** verteidigen (**-i** jdn/etw)
müdahale *s* ① Einmischung *f* ② (chirurgischer) Eingriff *m*; ~ **etmek** sich einmischen; POL eingreifen (**-e** in etw)
müddei *s* Ankläger(in) *m(f)*
müddet (**-ti**) *s* ① Dauer *f* ② Frist *f*, Zeitraum *m*
müddetçe *konj* solange; **üniversitede okuduğu** ~ solange er studierte
müdür *s* ① Direktor(in) *m(f)* ② Intendant(in) *m(f)* ③ (*in einer Schule*) Rektor(in) *m(f)*
müdürlük (**-ğü**) *s* ① Direktion *f* ② Stellung *f* eines Direktors
müebbet *adj* lebenslänglich; ~ **ağır hapis** (**cezası**) lebenslängliches Zuchthaus
müessese *s* Einrichtung *f*, Institution *f*
müezzin *s* Muezzin *m*
müfettiş *s* Inspektor(in) *m(f)*
müfettişlik (**-ği**) *s* (*Amt*) Inspektion *f*
mühendis *s* Ingenieur(in) *m(f)*
mühim (**-mmi**) *adj* ① wichtig ② (*Krankheit*) gefährlich
mühlet (**-ti**) *s* ① Aufschub *m* ② Termin *m*, Frist *f*; ~ **vermek** eine Frist setzen
mühür (**-hrü**) *s* ① Siegel *nt* ② Stempel *m*; ~ **basmak** stempeln; ~ **mumu** Siegellack *m*
mühürlemek *vt* ① (ver)siegeln (**-i** etw) ② (ab)stempeln (**-i** etw)
müjde *s* ① gute Nachricht ② Geschenk *nt* (*für den Überbringer einer guten Nachricht*)
mükafat (**-tı**) *s* ① Belohnung *f* ② Auszeichnung *f*, Preis *m*
mükafatlandırmak *vt* ① belohnen (**-i** jdn) ② auszeichnen (**-i** jdn)
mükellef *adv* verpflichtet (**ile** zu etw)
mükemmel *adj* ausgezeichnet, unübertrefflich, vollendet
mükemmellik (**-ği**) *s* Vollkommenheit *f*
mülakat (**-tı**) *s* ① Besprechung *f* ② Interview *nt*
mülk (**-kü**) *s* ① Grundbesitz *m*, Eigentum *nt* ② Staatsgebiet *nt*
mülkiyet (**-ti**) *s* Eigentum *nt*
mülteci *s* (politischer) Flüchtling *m*; **mülteciler kampı** Flüchtlingslager *nt*
mültipl skleroz *s* multiple Sklerose *f*
mümessil *s* Stellvertreter(in) *m(f)*
mümin **I.** *s* ① Gläubige(r) *f(m)* ② Muslim(in) *m(f)* **II.** *adj* gläubig
mümkün *adj* möglich; ~ **kılmak** ermöglichen (**-i** etw); ~ **olduğu kadar çabuk** möglichst bald; ~ **olduğu kadar iyi/çok** so gut/viel wie möglich
mümkünse *adv* wenn möglich

münakaşa *s* ① Diskussion *f* ② Streit *m;* ~ **etmek** heftig diskutieren (**-i** über etw)
münasebet (**-ti**) *s* ① Beziehung *f,* Verhältnis *nt* ② Verbindung *f* ③ Schicklichkeit *f*
münasebetli *adj* ① passend, geeignet ② angebracht ③ respektvoll
münasebetsiz *adj* ① unpassend, ungeeignet ② unangebracht ③ respektlos
münasip (**-bi**) *adj* passend (**-e** zu etw/jdm)
müneccim *s* ① Astronom(in) *m(f)* ② Astrologe, Astrologin *m, f*
münevver **I.** *adj* ① intelligent ② gebildet **II.** *s* Intellektuelle(r) *f(m)*
münferit (**-di**) *adj* Einzel-, Sonder-; ~ **hapis** Einzelhaft *f;* ~ **hücre** Einzelzelle *f*
münhasır *adj* begrenzt, beschränkt; ~ **mümessillik** Alleinvertretung *f*
Münih *s* München *nt*
münzevi **I.** *s* Einsiedler(in) *m(f)* **II.** *adj* zurückgezogen
müphem *adj* unklar, unbestimmt
müphemlik (**-ği**) *s* Unklarheit *f,* Undeutlichkeit *f*
müracaat (**-tı**) *s* ① Anmeldung *f* ② Anfrage *f* ③ Bewerbung *f;* ~ **etmek** sich wenden an (**-e** an jdn); (*Nachschlagewerk*) nachschlagen (**-e** in etw)
mürdümeriği (**-ni**) *s* Damaszenerpflaume *f*
mürebbiye *s* ① Kindermädchen *nt* ② Gouvernante *f*
mürekkep (**-bi**) **I.** *s* Tinte *f* **II.** *adj* zusammengesetzt (**-den** aus etw); ~ **hokkası** Tintenfass *nt;* ~ **lekesi** Tintenklecks *m;* ~ **silgisi** Tintenkiller *m*
mürekkepbalığı (**-nı**) *s* Tintenfisch *m*
mürettebat (**-tı**) *s* Besatzung *f*
mürşit (**-di**) *s* geistiger Führer *m,* Guru *m*
mürteci *adj* rückschrittlich
mürver *s* Holunder *m*
müsaade *s* Erlaubnis *f;* ~ **etmek** erlauben, genehmigen (**-e** jdm); **müsaadenizle** wenn Sie gestatten!
müsait (**-di**) *adj* günstig, passend
müshil *s* Abführmittel *nt*
Müslim *s* Muslim *m,* Muslimin *f*
Müslüman **I.** *s* Muslim *m,* Muslimin *f* **II.** *adj* moslemisch, islamisch
Müslümanlık (**-ğı**) *s* Islam *m*
müspet (**-ti**) *adj, adv* ① positiv ② bewiesen, bestätigt; ~ **ilimler** Naturwissenschaften *pl*
müsrif **I.** *s* Verschwender(in) *m(f)* **II.** *adj, adv* verschwenderisch
müstahdem *s* Angestellte(r) *f(m)*
müstakbel *adj* zukünftig
müstehcen *adj* obszön, unanständig
müstesna **I.** *s* Ausnahme *f* **II.** *adj* außergewöhnlich; ~ **durum** Sonderfall *m;* ~ **olarak** ausnahmsweise
müsteşar *s* ① (*im Ministerium*) Staatssekretär(in) *m(f)* ② Botschafter(in) *m(f)*
müsvedde *s* Konzept *nt,* Entwurf *m*
müşavir *s* Ratgeber(in) *m(f)*
müşkül **I.** *adj* ① schwer, schwierig ② heikel **II.** *s* Schwierigkeit *f*
müşkülpesent (**-di**) *adj* wählerisch, anspruchsvoll
müşterek (**-ki**) *adj, adv* gemeinsam
müşteri *s* ① (*Käufer*) Kunde *m,* Kundin *f* ② (*im Restaurant, Hotel*) Gast *m* ③ Klient(in) *m(f);* ~ **servisi** Kundendienst *m*
mütemadiyen *adv* fortwährend
müteşebbis **I.** *s* Unternehmer(in) *m(f)* **II.** *adj* unternehmungslustig
müteşekkir *adj* dankbar
müthiş **I.** *adj* entsetzlich, furchtbar **II.** *adv* (*zur Verstärkung der Adjektive*) überaus, sehr
müttefik (**-ki**) **I.** *adj* alliiert **II.** *s* Verbündete(r) *f(m),* Alliierte(r) *f(m)*
müvekkil *s* (*eines Rechtsanwalts*) Mandant(in) *m(f)*
müzayede *s* Auktion *f,* Versteigerung *f*
müze *s* Museum *nt*
müzelik (**-ği**) *adj* museumsreif
müzik (**-ği**) *s* Musik *f;* ~ **aleti** Musikinstrument *nt;* ~ **aletleri mağazası** Musikgeschäft *nt;* ~ **dolabı** Musikbox *f;* ~ **öğretmeni** Musiklehrer(in) *m(f)*
müzikal (**-li**) **I.** *adj* musikalisch **II.** *s* Musical *nt*
müzikli *adj* mit Musik; ~ **saat** Spieluhr *f*
müzisyen *s* Musiker(in) *m(f)*
müzmin *adj* ① chronisch ② (*fig*) eingefleischt ③ dauernd; ~ **bekar** eingefleischter Junggeselle

Nn

N, n *s 17. Buchstabe des türk. Alphabets*
nabız (-bzı) *s* Puls *m,* Pulsschlag *m;* **nabzına bakmak** den Puls fühlen (**-in** jdm)
nadas *s* ① Umpflügen *nt* ② (umgepflügter) Acker *m;* ~ **terkedilmiş** brach
nadir *adj* rar, selten; ~ **olarak** selten
nadiren *adv* selten
nafaka *s* ① Lebensunterhalt *m* ② Alimente *pl*
nafile *adv* vergeblich, umsonst, vergebens
nağme *s* ① Klang *m* ② Melodie *f*
nahoş *adj* misslich, peinlich
nakarat (-tı) *s* ① Refrain *m* ② die alte Leier
nakavt (-tı) *s* Knock-out *m;* ~ **etmek** k.o. schlagen (**-i** jdn)
nakdi (-ni) *s Possessivform zu* **nakit** sein/ihr Bargeld *nt*
nakış (-kşı) *s* ① Stickerei *f* ② Wandmalerei *f*
nakil (-kli) *s* ① Transport *m,* Beförderung, f ② Überweisung *f* ③ *(eines Beamten)* Versetzung *f* ④ Umzug *m* ⑤ *(Elektrizität)* Leitung *f* ⑥ Erzählung *f* ⑦ Übertragung *f,* Übersetzung *f* ⑧ Transplantation *f*
nakit (-kdi) *s* (Bar)geld *nt*
naklen *adv* ① in Übertragung ② TV, RADIO live
nakletmek (-der) *vt* ① transportieren (**-i** etw) ② *(elektrischen Strom)* leiten (**-i** etw) ③ erzählen (**-i** etw) ④ versetzen (**-i** jdn) ⑤ übertragen, übersetzen (**-i -den -e** etw aus etw in etw) ⑥ transplantieren, verpflanzen (**-i** etw) ⑦ umziehen (**-e** nach/in etw)
nakli (-ni) *s Possessivform zu* **nakil** der Transport von ...
nakliyat (-tı) *s* Transport *m;* ~ **firması** Speditionsfirma *f;* ~ **şirketi** Transportunternehmen *nt*
nakliye *s* Transport *m;* ~ **uçağı** Transportflugzeug *nt;* ~ **ücreti** Frachtkosten *pl*
nakliyeci *s* Spediteur(in) *m(f)*
nakşı (-nı) *s Possessivform zu* **nakış** die Stickerei von ...
nal *s* Hufeisen *nt;* **nalları dikmek** *(fam: sterben)* abkratzen
nalbant (-dı) *s* (Huf)schmied *m*
nalbur *s* ① Eisenwarenhandlung *f* ② Eisenwarenhändler *m*
nalın *s* (türkischer) Holzschuh *m*
nallamak *vt* ① *(Pferd)* beschlagen (**-i** etw) ② *(fam)* umbringen, kaltmachen (**-i** jdn)
nam *s* ① Name *m* ② Ruf *m,* Leumund *m* ③ Ruhm *m;* **namına** im Namen von, im Auftrag von, zugunsten von
namaz *s* islamische Gebetsübung; ~ **kılmak** das rituelle Gebet verrichten
Namibya *s* Namibia *nt*
namlu *s (von Schusswaffe)* Lauf *m*
namus *s* Ehre *f;* ~ **konusu** Ehrensache *f;* ~ **sözü** Ehrenwort *nt;* **namusunu lekelemek** entehren (**-in** jdn)

Namus (‚Ehre') ist ein zentraler Wert im traditionellen türkischen Gesellschaftsleben. ‚Namus' ist ein Wert, den jeder Mensch von Geburt an hat, den er aber sein Leben lang gegen Anfechtungen bewahren und verteidigen muss. Der Verlust der ‚Ehre' befördert einen Menschen ins gesellschaftliche Abseits. Die ‚Ehre' der Frau ist ihre sexuelle Unbescholtenheit. Von ihr wird verlangt, dass sie diese Unbescholtenheit bewahrt und alles unternimmt, damit es gar nicht erst zu Situationen kommt, in denen sie ihre ‚Ehre' verlieren könnte. Die ‚Ehre' des Mannes dagegen hängt direkt von der ‚Ehre' der Frauen seiner Familie ab. Verliert daher seine Frau oder seine Tochter ihre ‚Ehre', dann ist es auch mit seiner ‚Ehre' vorbei.

namuslu *adj* ① ehrenhaft ② ehrlich, anständig ③ rechtschaffen ④ redlich
namusluluk (-ğu) *s* ① Ehrenhaftigkeit *f* ② Ehrlichkeit *f,* Redlichkeit *f*
namussuz *adj* ① unehrenhaft ② unehrlich, unredlich
namussuzluk (-ğu) *s* Ehrlosigkeit *f*
namzet (-di) *s* Kandidat(in) *m(f)*
nane *s* Pfefferminze *f;* ~ **çayı** Pfefferminztee *m;* ~ **likörü** Pfefferminzlikör *m*
naneli *adj* mit Pfefferminz(e); ~ **çay** Pfefferminztee *m*
nankör *adj (fam)* undankbar
nankörlük (-ğü) *s (fam)* Undankbarkeit *f*
nar *s* Granatapfel *m*
nara *s* Geschrei *nt,* Gebrüll *nt*
nargile *s* Wasserpfeife *f*

Die **nargile**, die Wasserpfeife, ist eine große Tabakpfeife mit Pfeifenkopf und Wassergefäß. Der durch das Wasser gekühlte und gefilterte Rauch wird vom Raucher durch einen langen Schlauch aufgesogen. In manchen Tee- und Kaffeehäusern können auch Touristen für ein geringes Entgelt die ‚nargile' rauchen. Der Pfeifenjunge, der die Pfeife stopft und am Brennen hält, sorgt dafür, dass der Gast ungestört genießen kann.

narin *adj* 1 fein 2 schlank, zart
narkoz *s* Narkose *f*, Betäubung *f*
nasıl *pron* 1 wie 2 was für ein, welche(r, s); **~?** (wie) bitte?; **~ (bir)?** was für (ein)?; **~ biri** was für einer?; **~ isterseniz** (ganz) wie Sie wollen; **~ olsa** sowieso, ohnehin; **nasılsın(ız)?** wie geht es dir (Ihnen)?; **nasılsa** wie dem auch sei; (*machen*) auf irgendeine Weise
nasır *s* 1 Hornhaut *f*, Schwiele *f* 2 Hühnerauge *nt*
nasihat (**-tı**) *s* Rat *m*, Ratschlag *m*
nasip (**-bi**) *s* 1 (*fam*) Geschick *nt*, Los *nt* 2 Anteil *m*

Nasreddin Hoca ist ein alter humoristischer Volksheld, den jedes türkische Kind kennt, in etwa zu vergleichen mit unserem Till Eulenspiegel. Es kursieren Hunderte von Anekdoten über diese schelmische Figur, die sich mit Humor und Bauernschläue im Leben zu behaupten weiß. Nasreddin Hoca lebte, falls es ihn wirklich gab, im 13. oder 14. Jahrhundert. Sein Grabmal befindet sich in Akşehir, wo auch jährlich ihm zu Ehren ein Volksfest veranstaltet wird.

nasyonalsosyalist (**-ti**) **I.** *s* Nationalsozialist(in) *m(f)* **II.** *adj* nationalsozialistisch
nasyonalsosyalizm *s* Nationalsozialismus *m*
natır *s* (*im türkischen Bad*) Bademeisterin *f*
NATO *s* Nato *f*
natüralizm *s* Naturalismus *m*
natürmort (**-tu**) *s* Stillleben *nt*
naylon **I.** *s* Nylon *nt* **II.** *adj* aus Nylon hergestellt
naz *s* Ziererei *f*; **~ etmek** [*o* **yapmak**] sich bitten lassen, sich zieren
nazar *s* 1 Blick *m* 2 böser Blick 3 Ansicht *f*, Meinung *f*
nazaran **I.** *präp* gemäß, zufolge (**-e** +*dat*) **II.** *adv* im Hinblick auf (**-e** +*akk*)
nazarlık (**-ğı**) *s* Talisman *m*, Amulett *nt* (*gegen den bösen Blick*)
nazenin *adj* 1 zart, fein 2 (*pej*) zimperlich
nazi *s* Nazi *m*
nazik (**-ki**) *adj* 1 zart, fein 2 freundlich, liebenswürdig 3 kritisch, heikel; **çok naziksiniz** das ist sehr freundlich von Ihnen
nazikleşmek *vi* 1 höflich(er) werden 2 (*Lage*) ernst werden, sich zuspitzen
nazikleştirmek *vt* 1 *Kausativ zu* **nazikleşmek** 2 höflich(er) machen (**-i** jdn) 3 (*Lage*) verschärfen (**-i** etw)
naziklik (**-ği**) *s* 1 Höflichkeit *f*, Liebenswürdigkeit *f* 2 (*der Lage*) Ernst *m*
nazilik (**-ği**) *s* Nazismus *m*
nazist *adj* nazistisch
Nazizm *s* Nazismus *m*
nazlanmak *vi* sich zieren, sich bitten lassen; **nazlanma!** stell dich nicht so an!, hab dich nicht so!
nazlı *adj* 1 kokett 2 verwöhnt; **~ alıştırmak** verwöhnen (**-i** jdn)
ne **I.** *pron* 1 was 2 welche(r, s) **II.** *konj* **~ ... ~ (de)** ... weder ... noch ...; **~ amaçla?** zu welchem Zweck?; **~ biri ~ diğeri** keine(r, s) von beiden; **~ de olsa** immerhin; **~ diye** wozu; **~ gezer!** ach wo!; **~ gibi** was für ein(e); **~ için** wofür; **~ ile** womit; **~ istersen yap** mach, was du willst; **~ kadar?** wie viel?, wie lange?, was kostet ...?; **~ kadar iyi!** wie gut das ist!; **~ kadar ... o kadar** je ... desto ...; **-e ~ kadar uzak?** wie weit ist es bis ...?; **~ mutlu!** was für ein Glück!; **~ oldu?** was ist los?; **~ olmuş yani!** na und!, na, wenn schon!; **~ olur ~ olmaz** vorsichtshalber; **~ olursa olsun** was auch immer geschieht; **~ var?** was gibt's?, was ist los?; **~ var ~ yok?** was gibt's Neues?; **~ yapacağını bilememek** nicht ein noch aus wissen; **~ yapalım yani?** na und?; **~ yazık (ki)** bedauerlicherweise, leider; **~ zaman?** wann?; **~ zamandan beri?** seit wann?; **neyi var?** was hat er/sie?; **neyiniz** [*o* **neniz**] **var?** was fehlt Ihnen?, was haben Sie?
nebze *s* (*kleine Menge*) Spur *f*
neceftaşı (**-nı**) *s* Bergkristall *m*
neden **I.** *s* Ursache *f*, Grund *m* **II.** *adv* 1 warum 2 wovon, woraus 3 wovor; **~ dolayı** weshalb, weswegen; **~ göstermek** (*Behauptung*) begründen; **~ olmak** veranlassen (**-e** etw)
nedeniyle *präp* aufgrund (**...** +*gen*)

nedensel *adj* kausal
nedensellik (-ği) *s* Kausalität *f*
nedensiz *adj* ❶ unbegründet ❷ ungerechtfertigt
nefes *s* ❶ Atem *m*, Hauch *m* ❷ (*beim Rauchen*) Zug *m*; ~ **aldırmamak** nicht zu Atem kommen lassen (-**e** jdn); ~ **almak** Atem holen, einatmen, aufatmen, etwas ausruhen können; ~ **borusu** Luftröhre *f*; ~ **darlığı** Atembeschwerden *pl*; ~ **nefese** außer Atem; ~ **vermek** ausatmen; ~ **yolları** Atemwege *pl*
nefesli *adj* jemand mit viel Puste; ~ **çalgı** Blasinstrument *nt*
nefessiz *adj* atemlos
nefis (-fsi) *s* Ich *nt*, Ego *nt*; **nefsine yenilmek** einer Versuchung erliegen; **nefsini kırmak** sich überwinden
nefis *adj* ❶ (*Dinge*) entzückend ❷ (*Essen*) lecker ❸ (*schön*) fein
nefret (-ti) *s* ❶ Abscheu *m*, Ekel *m* ❷ Hass *m*; ~ **etmek** sich ekeln; (*verabscheuen*) hassen (-**den** etw/jdn)
negatif **I.** *adj* negativ **II.** *s* Negativ *nt*
nehir (-hri) *s* Fluss *m*; ~ **ağzı** Flussmündung *f*; ~ **kenarı** [*o* **kıyısı**] Flussufer *nt*; ~ **kolu** Nebenfluss *m*; ~ **yatağı** Flussbett *nt*; **Fırat/Ren nehri** der Euphrat/der Rhein
nekes **I.** *s* Geizhals *m* **II.** *adj* geizig
nekeslik (-ği) *s* Geiz *m*
nem *s* ❶ Feuchtigkeit *f* ❷ Nässe *f*
nemlendirici krem *s* Feuchtigkeitscreme *f*
nemli *adj* feucht
neofaşizm *s* Neofaschismus *m*
neon *s* Neon *nt*; ~ **lambası** [*o* **tübü**] Neonröhre *f*
neonazi *s* Neonazi *m*
Nepal *s* Nepal *nt*
nere *pron* welcher Ort?
nerede *adv* wo; ~ **kaldı ki** geschweige denn, wo steckt er/sie denn?; ~ **olursa olsun** wo auch immer
nereden *adv* ❶ woher ❷ woraus; ~ **olursa olsun** irgendwoher, woher auch immer
neredeyse *adv* ❶ beinah(e), fast ❷ jeden Augenblick; ~ **gelir** sie/er wird schon kommen
nereli *pron* woher stammend?; **nerelisiniz?** woher kommen Sie?
neresi *pron* welcher Ort?
nereye *adv* wohin; ~ **olursa olsun** irgendwohin, wohin auch immer
nergis *s* Narzisse *f*; ~ **zambağı** Amaryllis *f*
nesil (-sli) *s* ❶ Generation *f* ❷ Nachkommenschaft *f*; **nesli tükenmek** (*Tiere*) aussterben; **nesli tükenmiş** ausgestorben

Aziz **Nesin** (geboren 1915; gestorben 1996) gehört zu den bedeutendsten, modernen Satirikern der Türkei. Seine humorvolle, doch bescheidene Art wird in folgender Begebenheit deutlich: Als im Jahre 1934 jeder Türke sich einen Familiennamen zulegen sollte, wählte er den Namen ‚Nesin', was übersetzt ‚Was bist du?' heißt. Nach dem Grund für diese Namenswahl befragt, antwortete er: „Alle großen Familiennamen wie Kahraman (‚Held') oder Öztürk (‚echter Türke') sind bereits vergeben. Was bleibt da für mich Normalbürger übrig?"

nesir (-sri) *s* Prosa *f*
neskafe *s* Instantkaffee *m*, Pulverkaffee *m*
nesne *s* Ding *nt*
nesnel *adj* objektiv, sachlich
nesnellik (-ği) *s* Objektivität *f*, Sachlichkeit *f*
neşe *s* Fröhlichkeit *f*, Heiterkeit *f*, gute Laune; **neşesi yerinde olmak** gut gelaunt sein; **neşesi yerinde olmamak** schlecht gelaunt sein
neşelendirmek *vt* ❶ *Kausativ zu* **neşelenmek** ❷ aufheitern, erheitern (-**i** jdn)
neşelenmek *vi* fröhlich werden
neşeli *adj* fröhlich, heiter
neşesiz *adj* missmutig, verstimmt
neşesizlik (-ği) *s* Verstimmung *f*, schlechte Laune
neşter *s* Skalpell *nt*
net (-ti) *adj* ❶ (*Gewinn*) netto ❷ (*Foto*) scharf; ~ **aylık** Nettogehalt *nt*; ~ **gelir** Nettoeinkommen *nt*; ~ **temettü** FIN Nettodividende *f*
netice *s* ❶ Ergebnis *nt*, Resultat *nt* ❷ Folgerung *f*
netlik (-ği) *s* (*eines Fotos*) Schärfe *f*
network (-ku) *s* INFORM Network *nt*
nevralji *s* Neuralgie *f*
nevraljik *adj* neuralgisch
nevrasteni *s* Neurasthenie *f*
nevrolog *s* Neurologe, Neurologin *m, f*
nevroloji *s* Neurologie *f*
nevroz *s* Neurose *f*
ney *s* (orientalische) Rohrflöte *f*
neye *adv* wozu

nezaket (-ti) *s* ① Freundlichkeit *f*, Liebenswürdigkeit *f* ② Zartheit *f*, Feinheit *f* ③ Schwierigkeit *f*
nezaketen *adv* aus Höflichkeit
nezaketli *adj* höflich, liebenswürdig
nezaketsiz *adj* unfreundlich, unhöflich
nezaketsizlik (-ği) *s* Unfreundlichkeit *f*, Unhöflichkeit *f*
nezle *s* Schnupfen *m*
nezleli *adj* verschnupft
nıkris *s* Gicht *f*
nışadır *s* Salmiak *m*
nicel *adj* quantitativ
nicelik (-ği) *s* Quantität *f*
niçin *adv* warum, weshalb
nihai *s* endgültig, End-; ~ **kullanıcı** Endverbraucher(in) *m(f)*; ~ **ürün** Endprodukt *nt*
nihayet (-ti) **I.** *adv* endlich, schließlich **II.** *s* Schluss *m*, Ende *nt*
Nijer *s* Niger *m*
Nijerya *s* Nigeria *nt*
nikah *s* Eheschließung *f*, Heirat *f*, Trauung *f*; ~ **kıydırmak** sich trauen lassen; ~ **kıymak** die Trauung vollziehen; ~ **memurluğu** [*o* **dairesi**] Standesamt *nt*; ~ **şahidi** Trauzeuge *m*, Trauzeugin *f*
nikahlamak *vt* verheiraten, trauen (-**i** jdn)
nikahlanmak *vi* ① *Passiv zu* **nikahlamak** ② sich trauen lassen
Nikaragua *s* Nicaragua *nt*
nikbin **I.** *s* Optimist(in) *m(f)* **II.** *s* optimistisch
nikel *s* Nickel *nt*
nikotin *s* Nikotin *nt*
nikotinli *adj* mit Nikotin
nikotinsiz *adj* nikotinfrei
Nil (**Nehri**) *s* Nil *m*
nilüfer *s* Seerose *f*
nimet (-ti) *s* ① Gottesgabe *f* ② das tägliche Brot
nine *s* (*fam*) Oma *f*
ninni *s* Schlaflied *nt*, Wiegenlied *nt*
nisan *s* April *m*
nisanbalığı (-nı) *s* Aprilscherz *m*
nispet (-ti) *s* ① Verhältnis *nt*, Proportion *f* ② Umfang *m*, Ausmaß *nt* ③ Beziehung *f*
nispeten **I.** *adv* verhältnismäßig **II.** *präp* im Vergleich zu (-**e** +*dat*)
nispetle *präp* im Vergleich zu, gegenüber (-**e** +*dat*)
nispi *adj* ① relativ ② verhältnismäßig ③ proportional; ~ **seçim** Verhältniswahl *f*
niş *s* Nische *f*
nişan *s* ① Zeichen *nt*, Mal *nt* ② Orden *m* ③ Verlobung(sfeier) *f* ④ Ziel *nt*, Zielscheibe *f*; ~ **almak** einen Orden bekommen; (*beim Schießen*) zielen; ~ **vermek** (*mit einem Orden*) auszeichnen (-**e** jdn)
nişancı *s* Schütze *m*, Schützin *f*
nişanlanma *s* ① *Verbalsubstantiv zu* **nişanlanmak** ② Verlobung *f*
nişanlanmak *vi* sich verloben
nişanlı **I.** *s* Verlobte(r) *f(m)* **II.** *adj* verlobt
nişanlılık (-ğı) *s* Verlobung *f*
nişasta *s* Stärkemehl *nt*; ~ **şekeri** Traubenzucker *m*
nitekim *konj* wie ... ja auch
nitel *adj* qualitativ
nitelemek *vt* bezeichnen (-**i** etw/jdn)
nitelendirmek *vt s.* **nitelemek**
nitelik (-ği) *s* Qualität *f*, Eigenschaft *f*
nitrat (-tı) *s* Nitrat *nt*
nitrojen *s* Stickstoff *m*
niye *adv* warum, wozu
niyet (-ti) *s* ① Absicht *f*, Vorsatz *m*, Zweck *m* ② Wahrsagebriefchen *nt*; ~ **etmek** beabsichtigen (-**meye** etw zu tun)
niyetli *adj* ① gewillt ② REL fastend
nizam *s* ① Disziplin *f*, Ordnung *f* ② Regelung *f* ③ Vorschriften *pl*
Nobel Barış Ödülü *s* Friedensnobelpreis *m*
Nobel Ödülü *s* Nobelpreis *m*
Noel *s* Weihnachten *nt*, Weihnachtsfest *nt*; ~ **ağacı** Weihnachtsbaum *m*; ~ **Baba** Weihnachtsmann *m*; ~ **Bayramı** [*o* **Yortusu**] Weihnachtsfest *nt*; ~ **Gecesi** Heiligabend *m*; ~ **ikramiyesi** Weihnachtsgeld *nt*; ~ **tatili** Weihnachtsferien *pl*; **Noeliniz kutlu olsun!** fröhliche Weihnachten!

> **Noel Baba**, unser Nikolaus, wurde in Anatolien geboren. Er war Bischof von Myra, dem heutigen Demre an der ‚türkischen Riviera'. Viele Touristen kommen nach Demre, um die Wirkungsstätte dieses heiligen Mannes zu sehen. Der 6. Dezember wird in der Türkei nicht gefeiert.

nohut (-du) *s* Kichererbse *f*
noksan **I.** *s* ① Mangel *m* ② Mangelhaftigkeit *f* **II.** *adj* ① mangelhaft, unvollkommen ② fehlend
noksansız *adj* fehlerfrei, vollkommen
nokta *s* ① Punkt *m* ② Fleck(en) *m*, Tupfen *m* ③ Stelle *f*, Ort *m* ④ Hinsicht *f*; **noktası nok-**

taşına Punkt für Punkt, haargenau
noktalama *s* ❶ *Verbalsubstantiv zu* **noktalamak** ❷ Punktierung *f* ❸ Interpunktion *f;* ~ **işareti** Interpunktionszeichen *nt,* Satzzeichen *nt*
noktalamak *vt* ❶ tüpfeln (-**i** etw) ❷ interpunktieren (-**i** etw) ❸ beenden (-**e** etw)
noktalı *adj* gepunktet, getüpfelt; ~ **virgül** Semikolon *nt,* Strichpunkt *m*
nolu *adj* mit der Nummer ..., Nummer ...; **14** ~ **otobüs** Bus Nummer 14
nominatif *s* Nominativ *m*
normal (-**li**) *adj* normal; ~ **olarak** normalerweise; **normale dönmek** zur Normalität zurückkehren
normalleşmek *vi* sich normalisieren
normalleştirme *s* ❶ *Verbalsubstantiv zu* **normalleştirmek** ❷ Normalisierung *f*
normalleştirmek *vt* normalisieren (-**i** etw)
normallik (-**ği**) *s* Normalität *f*
Norveç (-**ci**) **I.** *s* Norwegen *nt* **II.** *adj* (*Art*) norwegisch
Norveççe *adj* (*Sprache*) norwegisch
Norveçli **I.** *s* Norweger(in) *m(f)* **II.** *adj* (*Herkunft*) norwegisch
nostalji *s* Nostalgie *f*
not (-**tu**) *s* ❶ (*Aufzeichnung*) Notiz *f* ❷ (*Zensur*) Note *f* ❸ (*Fußnote*) Anmerkung *f* ❹ (kritische) Beurteilung *f;* ~ **almak** sich Notizen machen; (*in der Schule*) eine Note bekommen; ~ **defteri** Notizbuch *nt;* ~ **etmek** notieren, vermerken (-**i** etw); ~ **vermek** beurteilen (-**e** etw)
nota *s* Note *f;* ~ **anahtarı** Notenschlüssel *m;* ~ **sehpası** Notenständer *m*
notebook *s* Notebook *nt*
noter *s* Notar(in) *m(f);* ~ **huzurunda** unter notarieller Aufsicht, in Gegenwart eines Notars
notlandırmak *vt* zensieren, benoten, bewerten (-**i** etw)
nöbet (-**ti**) *s* ❶ (*Fieber-*) Anfall *m* ❷ (*Dienst*) Wache *f* ❸ Ablösung *f;* ~ **beklemek** [*o* **tutmak**] Wache halten; ~ **değiştirmek** (*die Wache*) ablösen; ~ **şekeri** Kandiszucker *m;* ~ **titremesi** Schüttelfrost
nöbetçi **I.** *s* Wache *f,* Posten *m* **II.** *adj* diensthabend; ~ **hemşire** Nachtschwester *f;* ~ **kulesi** Wachtturm *m*
nöbetçilik (-**ği**) *s* ❶ (*einer Apotheke*) Bereitschaftsdienst *m* ❷ Wachdienst *m*
nöbetleşe *adv* abwechselnd
nöbetleşmek *vi* sich abwechseln, sich ablösen (-**ile** mit jdm)
nötron *s* Neutron *nt;* ~ **bombası** Neutronenbombe *f*
nöt(ü)r *adj* neutral
nöt(ü)rlemek *vt* neutralisieren (-**i** etw)
Nuh *s* Noah; **Nuh Nebiden kalma** vorsintflutlich
numara *s* ❶ Nummer *f* ❷ (*von Bekleidung, Schuhen*) Größe *f* ❸ (*fig*) Theater *f* ❹ (*Zensur*) Note *f;* ~ **kuponu** Platzkarte *f;* **numarayı çevirmek** (*Nummer*) wählen
numaralama *s* ❶ *Verbalsubstantiv zu* **numaralamak** ❷ Nummerierung *f*
numaralamak *vt* nummerieren (-**i** etw)
numaralı *adj* mit der Nummer ..., Nummer ...; **üç** ~ **ev** Haus Nummer drei
numune *s* ❶ Warenprobe *f,* Muster *nt* ❷ Vorbild *nt,* Muster *nt*
nur *s* ❶ (*ursprüngliche Bedeutung*) heiliges Licht ❷ Licht *nt,* Glanz *m;* ~ **aylası** Heiligenschein *m*
nutuk (-**tku**) *s* Rede *f;* ~ **atmak** eine Rede halten
nü *s* Akt *m,* Aktbild *nt*
nüans *s* Nuance *f,* Abstufung *f*
nüanslamak *vt* nuancieren (-**i** etw)
nüdist (-**ti**) *s* Nudist(in) *m(f)*
nüdizm *s* Freikörperkultur *f*
nüfus *s* ❶ Bevölkerung *f* ❷ Einwohnerzahl *m;* ~ **cüzdanı** Personalausweis *m;* ~ **dairesi** Einwohnermeldeamt *nt;* ~ **patlaması** Bevölkerungsexplosion *f*
nüfuz *s* ❶ Eindringen *nt* ❷ Einfluss *m,* Macht *f*
nüfuzlu *adj* einflussreich, mächtig
nükleer *adj* atomar, nuklear; ~ **atık** Atommüll *m;* ~ **denizaltı** Atom-U-Boot *nt;* ~ **enerji** Kernenergie *f,* Atomenergie *f;* ~ **program** Nuklearprogramm *nt;* ~ **reaktör** Kernreaktor *m;* ~ **silah** Atomwaffe *f;* ~ **silahlanma** Nuklearaufrüstung *f*
nüksetme *s* ❶ *Verbalsubstantiv zu* **nüksetmek** ❷ Rückfall *m*
nüksetmek (-**der**) *vi* (*Krankheit*) wieder auftreten
nükte *s* ❶ Witz *m* ❷ Pointe *f*
nükteci *adj* (*Person*) humorvoll
nüsha *s* ❶ Exemplar *nt* ❷ (*einer Zeitschrift*) Nummer *f,* Ausgabe *f* ❸ (*Foto*) Abzug *m*
nüzul (-**lü**) *s* Schlaganfall *m;* ~ **inmek** einen Schlaganfall bekommen

O o

O, o *s 18. Buchstabe des türk. Alphabets*
o (**-nu**) *pron* ① er/sie/es ② jene(r, s) ③ der/die/das dort; ~ **derece** dermaßen, desto; ~ **halde** in diesem Fall, also, folglich; ~ **kadar** dermaßen, so sehr, so viel; ~ **sırada** in diesem Augenblick, währenddessen; ~ **zaman** damals; (*wenn es so ist*) in diesem Fall; ~ **zamandan beri** seitdem, seither; ~ **zamandan itibaren** von da an; ~ **zamanki** damalig; ~ **zamanlar** damals
oba *s* ① Nomadenzelt *nt* ② Nomadenfamilie *f*
objektif I. *adj* objektiv, unparteiisch **II.** *s* Objektiv *nt*
obua *s* Oboe *f*
obur I. *adj* gefräßig **II.** *s* Vielfraß *m*
ocak (**-ğı**) *s* ① (*a. fig*) Herd *m* ② Kocher *m* ③ Bergwerk *nt* ④ Steinbruch *m* ⑤ Zentrum *nt* ⑥ (*fam: Familie*) Heim *nt;* **ocağı sönmek** (*fig*) aussterben
ocak (**ayı**) *s* Januar *m*
oda *s* ① Zimmer *nt,* Raum *m* ② Berufskammer *f;* ~ **müziği** Kammermusik *f;* ~ **rezervasyonu** Zimmerreservierung *f*
odacı *s* ① Hotelbote *m* ② Zimmermädchen *nt* ③ Bürodiener *m*
odak (**-ğı**) *s* ① Brennpunkt *m* ② Zentrum *nt*
odaklanmak *vi* **bir şeye** ~ sich auf etw konzentrieren
Odise *s* Odysee *f*
odun *s* (Brenn)holz *nt;* ~ **kesmek** [*o* **kırmak**] Holz hacken; ~ **istifi** Holzstapel *m;* ~ **kütüğü** Holzklotz *m;* ~ **kömürü** Holzkohle *f*
oduncu *s* ① Holzfäller *m* ② Brennholzhändler *m*
odunluk (**-ğu**) *s* Holzschuppen *m*
oferta *s* Angebot *nt*
ofis *s* Büro *nt*
ofsayt (**-tı**) *s* Abseits *nt*
oğlak (**-ğı**) *s* Zicklein *nt;* **Oğlak burcu** (*Sternzeichen*) Steinbock *m*
oğlan *s* ① Junge *m* ② (*beim Kartenspiel*) Bube *m*
oğlancı *s* Päderast *m*
oğlancılık (**-ğı**) *s* Pädophilie *f*
oğul (**-ğlu**) *s* ① Sohn *m* ② Bienenschwarm *m*
oh *interj* ach!; ~ **olsun** das geschieht dir/euch recht
oje *s* Nagellack *m*
ok (**-ku**) *s* ① Pfeil *m* ② (*von Tier*) Stachel *m*
okaliptüs *s* Eukalyptusbaum *m*
okçuluk (**-ğu**) *s* Bogenschießen *nt*
okey *interj* okay
oklava *s* Nudelholz *nt*
oklukirpi *s* Stachelschwein *nt*
oksijen *s* Sauerstoff *m;* ~ **tüpü** Sauerstoffflasche *f*
oksit (**-di**) *s* Oxid *nt*
oksitlemek *vt* oxidieren (-**i** etw)
oksitlenmek *vi* oxidieren
okşama *s* ① *Verbalsubstantiv zu* **okşamak** ② Liebkosung *f*
okşamak *vt* ① liebkosen, streicheln (-**i** jdn/etw) ② (*fam*) verprügeln (-**i** jdn)
oktan sayısı (**-nı**) *s* Oktanzahl *f*
okul *s* Schule *f;* ~ **arkadaşı** Schulkamerad(in) *m(f);* ~ **avlusu** Schulhof *m;* ~ **çantası** Schultasche *f;* ~ **çocuğu** Schulkind *nt;* ~ **müdürü** Schulleiter(in) *m(f);* ~ **tatili** Schulferien *pl;* **okula gitmek** in die Schule gehen
okuldaş *s* Schulfreund(in) *m(f)*
okulsal *adj* schulisch
okuma *s* ① *Verbalsubstantiv zu* **okumak** ② Lektüre *f* ③ Lesung *f;* ~ **kitabı** Lesebuch *nt;* ~ **yazma** Lesen und Schreiben *nt;* ~ **yazma bilmeyen** Analphabet(in) *m(f)*
okumak *vt* ① lesen (-**i** etw) ② vorlesen; (*Gedicht*) vortragen, rezitieren (-**e** -**i** jdm etw) ③ (*Zähler*) ablesen (-**i** etw) ④ lernen, studieren; (*in der Schule*) durchnehmen (-**i** etw) ⑤ (*fam: Lied*) singen (-**i** etw)
okumuş *adj* belesen, gebildet
okumuşluk (**-ğu**) *s* Schulbildung *f*
okunabilen *adj* INFORM lesbar
okunaklı *adj* leserlich
okunaksız *adj* unleserlich
okur *s* Leser(in) *m(f)*
okuryazar *adj* jemand, der lesen und schreiben kann
okutmak *vt* ① *Kausativ zu* **okumak** ② (*als Lehrer*) unterrichten, durchnehmen (-**i** etw) ③ lesen lassen, vortragen lassen (-**e** -**i** jdn etw) ④ ausbilden lassen (-**i** jdn) ⑤ (*fam*) verscherbeln (-**i** etw)
okutman *s* (*an der Universität*) Lektor(in) *m(f)*
okuyucu *s* ① Leser(in) *m(f)* ② (*fam*) Sänger(in) *m(f)*

okyanus *s* Ozean *m*
okyanusal *adj* ozeanisch
Okyanusya *s* Ozeanien *nt*
olabilir *adj* möglich
olağan *adj* gewöhnlich, alltäglich
olağanüstü *adj* außergewöhnlich, außerordentlich
olanak (-ğı) *s* Möglichkeit *f;* ~ **tanımak** die Möglichkeit bieten (-**e** zu etw), ermöglichen (-**e** etw)
olanaklı *adj* möglich
olanaksız *adj* unmöglich
olanaksızlık (-ğı) *s* Unmöglichkeit *f*
olanca *adj* gesamt, all; ~ **kuvvetiyle** mit aller Kraft
olarak *präp* (*in der Eigenschaft*) als; **politikacı** ~ als Politiker
olası *adj* ① eventuell, wahrscheinlich ② möglich
olasılık (-ğı) *s* ① Wahrscheinlichkeit *f* ② Möglichkeit *f*
olay *s* ① Ereignis *nt* ② Vorfall *m,* Zwischenfall *m* ③ Phänomen *nt;* ~ **yeri** Tatort *m*
olaysal *adj* phänomenal
oldubitti *s* vollendete Tatsache
oldukça *adv* ① ziemlich, einigermaßen ② recht gut
oldurgan *adj* transitiv
olgu *s* ① Tatsache *f* ② Ereignis *nt*
olgun *adj* (*auch fig*) reif
olgunlaşmak *vi* reif werden
olgunluk (-ğu) *s* Reife *f*
Olimpiyat (-tı) *s* Olympiade *f;* ~ **Oyunları** die Olympischen Spiele
olmak (-ur) *vi* ① werden (zu) ② sein ③ (*geschehen*) passieren, sich ereignen, stattfinden ④ (*Zeitpunkt*) eintreten ⑤ (*Zeitraum*) vergehen ⑥ (*Obst*) reif werden ⑦ (*Krankheit*) bekommen, haben ⑧ angebracht sein, gehen ⑨ (*Kleidung*) passen, stehen (-**e** jdm) ⑩ um (etwas) kommen, verlieren (-**den** etw) ⑪ zustoßen, passieren (-**e** jdm) ⑫ (*Kind*) geboren werden ⑬ (*im Perfekt, Futur und in Nebensätzen*) haben, bekommen; **olacağı buydu** es musste so kommen; **oldu!** fertig!, in Ordnung!; **oldu olacak kırıldı nacak** wenn schon, denn schon; **onun da malı mülkü oldu** auch er kam zu einem Vermögen; **oldum olası** seit jeher; **nezle oldum** ich habe einen Schnupfen; **olmaz** es geht nicht; **olmazsa** wenn nicht; **olsa olsa** höchstens, bestenfalls, schlimmstenfalls; **olur** in Ordnung, es geht; **olur olmaz** alles Mögliche, irgendein(e); **oluruna bırakmak** freien Lauf lassen
olmuş *adj* ① geschehen ② authentisch ③ (*Obst*) reif
olta *s* Angel *f;* ~ **iğnesi** Angelhaken *m;* ~ **yemi** Köder *m;* **oltaya takılmak** (*a. fig*) anbeißen
oluk (-ğu) *s* ① Rille *f* ② Dachrinne *f* ③ Zuleitung *f*
oluklu *adj* ① mit Dachrinne ② gerillt; ~ **teneke** [*o* **saç**] Wellblech *nt*
olumlu *adj* positiv, bejahend
olumsuz *adj* negativ, verneinend
olumsuzluk (-ğu) *s* Verneinung *f*
oluş *s* ① Geschehnis *nt* ② Entstehung *f*
oluş(ma) *s* ① *Verbalsubstantiv zu* **oluşmak** ② Entstehung *f*
oluşmak *vi* ① werden, sich bilden, entstehen (-**den** aus etw) ② bestehen, sich zusammensetzen (-**den** aus etw)
oluşturmak *vt* ① *Kausativ zu* **oluşmak** ② bilden, schaffen (-**i** etw) ③ darstellen (-**i** etw)
oluşuk (-ğu) *s* Gebilde *nt*
oluşum *s* Entstehung *f*
omlet (-ti) *s* Omelett *nt*
omur *s* (*der Wirbelsäule*) Wirbel *m*
omurga *s* ① Wirbelsäule *f,* Rückgrat *nt* ② Kiel *m* ③ INFORM Backbone *m*
omurgalılar *npl* Wirbeltiere *pl*
omurilik (-ği) *s* Rückenmark *nt*
omuz *s* ① Schulter *f* ② Achsel *f;* ~ **silkmek** mit den Achseln zucken
on *num* zehn; ~ **bin** zehntausend; ~ **binlerce** Zehntausende, zigtausend; ~ **buçuk** zehneinhalb; ~ **kat** zehnfach; ~ **misli** [*o* **katı**] zehnfach, zehnmal so viel, das Zehnfache; ~ **defa** [*o* **kere**] zehnmal; ~ **tabanlı** dezimal; ~ **tabanlı sayı sistemi** Dezimalsystem *nt;* ~ **türlü** zehnerlei; ~ **katlı** zehnstöckig
ona *pron Dativ von* **o** jenem, jener, ihm, ihr
onamak *vt* ① billigen (-**i** etw) ② bestätigen (-**i** etw)
onar *num* je zehn
onarılmaz *adj* irreparabel
onarım *s* ① *Verbalsubstantiv zu* **onarmak** ② Reparatur *f;* **onarıma muhtaç** (*Gebäude*) sanierungsbedürftig
onarmak *vt* ausbessern, reparieren (-**i** etw)
onay *s* ① Bestätigung *f* ② Bewilligung *f,* Genehmigung *f* ③ Einverständnis *nt,* Einwilligung *f,* Zustimmung *f*

onaylamak *vt* ① gutheißen (**-i** etw) ② bewilligen, genehmigen (**-i** etw) ③ (*behördlich*) bestätigen, beglaubigen (**-i** etw)
onbaşı *s* Gefreite(r) *m*
onca **I.** *adv* seiner/ihrer Meinung nach **II.** *pron* so viel(e)
onda **I.** *pron Lokativ von* **o** bei jenem/jener, bei ihm/ihr **II.** *num Lokativ von* **on**: ~ **bir/iki** ein/zwei Zehntel *nt*
ondalık (**-ğı**) **I.** *s* der zehnte Teil *m* **II.** *adj* Dezimal-; ~ **sayı sistemi** Dezimalsystem *nt*, Zehnersystem *nt*
ondan **I.** *pron Ablativ von* **o** von jenem/jener, von ihm/ihr **II.** *adv* davon, daraus **III.** *konj* deshalb; ~ **sonra** dann; ~ **sonraki** folgend
ondüle *adj* (*Haar*) gewellt; ~ **etmek** ondulieren (**-i** etw)
onikiparmak ba(ğı)rsağı (**-nı**) *s* Zwölffingerdarm *m*
onlar *pron Plural von* **o** jene, sie
onlara *pron Dativ Plural von* **o** jenen, ihnen
onlarca **I.** *adv* (*Plural*) ihrer Meinung nach **II.** *num* zig
onlarda *pron Lokativ Plural von* **o** bei jenen, bei ihnen
onlardan *pron* von ihnen
onları (**-nı**) *pron Akkusativ Plural von* **o** jene, sie
onların *pron Genitiv Plural von* **o** ihr(e); **onlarınki** der, die, das Ihre [*o* Ihrige]
onlarla *pron* mit ihnen
online *adv* online
onmak (**-ar**) *vi* wieder gesund werden, genesen
ontolojik (**-ği**) *adj* ontologisch
onu *pron Akkusativ von* **o** jenen, jene, jenes, ihn, sie, es
onun *pron Genitiv von* **o** ihr(e), sein(e); ~ **gibileri** seinesgleichen/ihresgleichen; ~ **için** seinetwegen/ihretwegen; ~ **tarafından** seinerseits/ihrerseits; ~ **yüzünden** seinetwegen/ihretwegen
onuncu *adj* zehnte(r, s); ~ **olarak** als Zehnte(r, s); **onuncusu** zehntens
onunki *s* der, die das Seine/Ihre
onunla **I.** *pron* mit ihm/ihr **II.** *adv* damit
onur *s* ① Ehre *f* ② Stolz *m*
onurlu *adj* stolz
onursuz *adj* ohne Ehrgefühl, würdelos
opera *s* Oper *f*; ~ **binası** (*Haus*) Oper *f*; ~ **şarkıcısı** Opernsänger(in) *m(f)*
operasyon *s* Operation *f*
operatör *s* Chirurg(in) *m(f)*
operet (**-ti**) *s* Operette *f*
optik (**-ği**) **I.** *s* Optik *f* **II.** *adj* optisch; ~ **karakter tanıma** INFORM OCR *f* (*optical character recognition*)
optimal *adj* optimal
optimist (**-ti**) **I.** *s* Optimist(in) *m(f)* **II.** *adj* optimistisch
ora *s* jener Ort, jene Stelle
orada *adv* dort, da; ~ **burada** hier und da
oradaki *adj* dortig
oradan *adv* (*örtlich*) von dort
orak (**-ğı**) *s* Sichel *f*; ~ **makinesi** Mähmaschine *f*
orakçı *s* (*Person*) Schnitter(in) *m(f)*
oraklamak *vt* (*Getreide*) mähen (**-i** etw)
oralı *adv* von jener Gegend (stammend); ~ **olmamak** kein Interesse zeigen
oran *s* ① Proportion *f* ② Ausmaß *nt*
oranla *präp* im Verhältnis zu (**-e** +*dat*)
oranlı *adj* proportional
oransız *adj* unverhältnismäßig
oransızlık (**-ğı**) *s* Missverhältnis *nt*
orantı *s* Proportion *f*
orantılı *adj* proportional
orası *s* ① jener Ort ② jene Angelegenheit
oraya *adv* dahin, dorthin; ~ **kadar** bis dahin
ordinaryüs (**profesör**) *s* ordentlicher Professor
ordu *s* Armee *f*, Heer *nt*; ~ **donatım işleri** Truppenversorgung *f*
orduevi (**-ni**) *s* Offizierskasino *nt*
ordugah *s* Lager *nt*, Quartier *nt*
org *s* Orgel *f*; ~ **düdüğü** Orgelregister *nt*
organ *s* ① Organ *nt* ② (*Institution*) Organ *nt*; ~ **aktarımı** [*o* **nakli**] Transplantation *f*; ~ **bağışı** Organspende *f*
organik *adj* organisch
organiser *s* Organizer *m*
organist (**-ti**) *s* Organist(in) *m(f)*
organizasyon *s* Organisation *f*
organizatör *s* Organisator(in) *m(f)*
organize *adj* organisiert; ~ **suç** organisierte Kriminalität
organizm(a) *s* Organismus *m*
orgazm *s* Orgasmus *m*
orgcu *s* Organist(in) *m(f)*
orijinal (**-li**) **I.** *adj* ① original ② originell ③ (*pej*) seltsam, eigenartig; ~ **metne sadakat** Texttreue *f* **II.** *s* Original *nt*
orijinallik (**-ği**) *s* Originalität *f*
orkestra *s* Orchester *nt*; ~ **şefi** Diri-

gent(in) *m(f)*

orkid *s* Slipeinlage *f*

orkide *s* Orchidee *f*

orkinos *s* Tunfisch *m*

orman *s* Wald *m;* ~ **memuru** Förster(in) *m(f);* ~ **yangını** Waldbrand *m*

ormancı *s* ① Förster(in) *m(f)* ② Forstwissenschaftler(in) *m(f)*

ormancılık (**-ğı**) *s* Forstwirtschaft *f*

ormanlı *adj* bewaldet

orospu *s* (*fam*) Hure *f*, Nutte *f*

orospuluk (**-ğu**) *s* (*pej*) Prostitution *f*, Hurerei *f;* ~ **etmek** [*o* **yapmak**] (*fam*) auf den Strich gehen; (*fig*) unzuverlässig sein

orta **I.** *s* ① Mitte *f*, Mittelpunkt *m* ② Ort *m* des Geschehens **II.** *adj* ① Mittel-, zentral ② durchschnittlich, mittelmäßig ③ (*Schulnote*) befriedigend ④ (*türk. Kaffee*) mittelsüß; **Orta Amerika** Mittelamerika *nt;* **Orta Anadolu** Mittelanatolien *nt;* **Orta Avrupa** Mitteleuropa *nt;* ~ **boylu** mittelgroß; ~ **büyüklükte** mittelgroß; ~ **dalga** Mittelwelle *f;* **Orta Doğu** der Mittlere Osten; ~ **halli** mittelständisch; ~ **ölçekli girişim** mittelständischer Betrieb *m;* ~ **saha** Mittelfeld *nt;* ~ **tabaka** Mittelstand *m;* ~ **vadeli** mittelfristig; **ortadan kaldırmak** wegräumen, fortschaffen, aus der Welt schaffen (**-i** etw); **ortadan kaybolmak** (von der Bildfläche) verschwinden, untertauchen; **ortamızda** in unserer Mitte; **ortasına** mitten in (**-in** +*akk*); **ortasında** (*in der Mitte von*) mitten in (**-in** +*dat*); **ortasından** durch ... hindurch (**-in** +*akk*); **ortaya atmak** (*Frage*) anschneiden; (*Problem*) aufwerfen; (*Gerücht*) aufbringen; (*Theorie*) aufstellen (**-i** etw); **ortaya çıkarmak** ans Licht bringen; (*Problem*) aufwerfen (**-i** etw); **ortaya çıkmak** in Erscheinung treten, auftreten

Orta Anadolu (Mittelanatolien) war der Schauplatz vieler alter Zivilisationen. Es gibt Funde, die belegen, dass dort bereits vor 8.000 Jahren städtische Siedlungen entstanden. Ab dem 10. Jh. n. Chr. wanderten Turkstämme aus Zentralasien auf der Suche nach Weideplätzen bis nach Anatolien. Die heutigen Türken stammen von diesen eingewanderten Turkvölkern sowie von den schon vorher in Anatolien ansässigen Völkern ab.

ortaç (**-cı**) *s* Partizip *nt*, Mittelwort *nt*

Ortaçağ *s* Mittelalter *nt*

ortak (**-ğı**) **I.** *s* (Geschäfts)partner(in) *m(f)*, Teilhaber(in) *m(f)* **II.** *adj* gemeinsam; ~ **etmek** beteiligen (**-i** jdn); ~ **olmak** Partner werden, sich beteiligen (**-e** an etw); ~ **payda** gemeinsamer Nenner; **Ortak Pazar** HIST Europäische Gemeinschaft

ortaklaşa *adj* gemeinsam, kollektiv

ortaklık (**-ğı**) *s* ① Gemeinsamkeit *f* ② Partnerschaft *f* ③ Beteiligung *f* ④ (Handels)gesellschaft *f*

ortakulak (**-ğı**) *s* Mittelohr *nt;* ~ **iltihabı** Mittelohrentzündung *f*

ortalama **I.** *s* ① *Verbalsubstantiv zu* **ortalamak** ② Durchschnitt *m* **II.** *adj* durchschnittlich **III.** *adv* (*schneiden*) mitten durch; ~ **hız** Durchschnittsgeschwindigkeit *f;* ~ **olarak** im Durchschnitt; ~ **sıcaklık derecesi** Durchschnittstemperatur *f;* **ortalamanın üstünde/altında** über/unter dem Durchschnitt

ortalamak *vt* ① bis zur Mitte/zur Hälfte gelangen (**-i** von etw) ② (*Ball*) zur Mitte flanken (**-i** etw)

ortalık (**-ğı**) *s* Umgebung *f*, Raum *m;* ~ **aydınlanıyor** es wird hell; ~ **kararıyor** es wird dunkel

ortam *s* Milieu *nt*

ortanca **I.** *s* Hortensie *f* **II.** *adj* (*bei Geschwistern*) mittlere(r, s)

ortaokul *s* (*in der Türkei*) Mittelschule *f*

ortaparmak (**-ğı**) *s* Mittelfinger *m*

Ortodoks *adj* (*christlich*) orthodox

ortopedi *s* Orthopädie *f*

ortopedik *adj* orthopädisch

ortopedist (**-ti**) *s* Orthopäde *m*, Orthopädin *f*

oruç (**-cu**) *s* REL Fasten *nt;* ~ **tutmak** fasten; ~ **zamanı** Fastenzeit *f*

oryantal (**-li**) *adj* orientalisch

Oskar *s* (*Filmpreis*) Oscar *m*

Osmanlı **I.** *adj* HIST osmanisch **II.** *s* HIST Osmane *m*, Osmanin *f;* ~ **İmparatorluğu** das Osmanische Reich

Osmanlıca *adj* HIST (*Sprache*) osmanisch

Osmanlıca (Osmanisch) wird die türkische Hochsprache vor der von Atatürk initiierten Sprachreform genannt. Das Osmanische, wie es in der Hochliteratur und in der Verwaltung benutzt wurde, war eine Mischsprache aus Türkisch, Arabisch und Persisch, die von den einfachen Leuten kaum verstanden wurde. Die Sprachreform war eine gesamtgesellschaftliche Bewegung, an der von der 1932 gegründeten ‚Türk Dil Kurumu' (Gesellschaft für Türkische Sprache) bis hin zu Zeitungsjournalisten, Lehrern und Laien viele türkische Bürger kreativ teilnahmen. In wenigen Jahrzehnten wurde ein großer Teil des arabisch- und persischsprachigen Wortschatzes durch türkische Neubildungen ersetzt. Das Ziel dieser ‚Türkisierung' des Osmanischen war die Schaffung einer ‚eigenen' Sprache, mit der sich die neue türkische Nation identifizieren kann, einer Sprache, die von allen verstanden wird und die niemanden ausgrenzt. Dieses Ziel ist erreicht worden.

osurmak *vi* (*fam*) furzen
osuruk (**-ğu**) *s* (*fam*) Furz *m*
ot (**-tu**) *s* ① Gras *nt* ② Kraut *nt* ③ Unkraut *nt;* ~ **biçmek** Gras mähen
otantik (**-ği**) *adj* authentisch
otel *s* Hotel *nt;* ~ **odası** Hotelzimmer *nt*
otelci *s* ① Hotelier *m* ② Hotelbesitzer(in) *m(f)*
otelcilik (**-ği**) *s* Gastronomie *f;* ~ **okulu** Hotelfachschule *f*
otlak (**-ğı**) *s* Weide *f,* Weideland *nt*
otlakçı *s* (*fam*) Schmarotzer(in) *m(f);* **otlakçılık etmek** (*Tier*) schmarotzen; (*Mensch*) schnorren
otlamak *vi* ① weiden, grasen ② (*fam*) sich durchschmarotzen
otlanmak *vi s.* **otlamak**
otlatmak *vt* ① *Kausativ zu* **otlamak** ② (*Tiere*) weiden lassen (**-i** etw)
oto *s* Auto *nt;* ~ **atlası** Autokarte *f;* ~ **tamircisi** Kraftfahrzeugmechaniker *m*
otoban *s* Autobahn *f,* Schnellstraße *f*
otobüs *s* Autobus *m,* Bus *m;* ~ **durağı** Bushaltestelle *f;* ~ **garajı** Busbahnhof *m;* ~ **sürücüsü** Busfahrer(in) *m(f)*
otogar *s* Busbahnhof *m*
otomasyon *s* Automatisation *f*
otomat (**-tı**) *s* (*Verkaufs-*) Automat *m*
otomatik (**-ği**) **I.** *s* ① Automatik *f* ② (*Verkaufs-*) Automat *m* ③ automatischer Türöffner ④ automatische Waffe **II.** *adj* ① automatisch ② unbewusst; ~ **deklanşör** Selbstauslöser *m;* ~ **koltuk** Schleudersitz *m*
otomatikman *adv* automatisch
otomatize *adj* automatisiert; ~ **etmek** automatisieren (**-i** etw)
otomobil *s* Auto *nt;* ~ **kazası** Autounfall *m;* ~ **kiralama** Autoverleih *m;* ~ **kuyruğu** Autoschlange *f;* ~ **lastiği** Autoreifen *m;* ~ **plakası** Autokennzeichen *nt;* ~ **radyosu** Autoradio *nt;* ~ **sporu** Autosport *m;* ~ **tamirhanesi** Autowerkstatt *f;* ~ **yarışı** Autorennen *nt;* ~ **yıkama tesisi** Autowaschanlage *f*
otonomi *s* Autonomie *f*
otopark (**-kı**) *s* ① Parkhaus *nt* ② (öffentlicher) Parkplatz *m*
otopsi *s* Autopsie *f,* Obduktion *f;* ~ **yapmak** obduzieren
otorite *s* ① (*a. fig*) Autorität *f* ② Ansehen *nt* ③ Obrigkeit *f*
otoriteli *adj* ① mit Autorität ② autoritär
otoriter *adj* autoritär
otoritesiz *adj* ohne Autorität, antiautoritär
otostop *s* Autostopp *m;* ~ **yapmak** per Anhalter fahren
otostopçu *s* Anhalter(in) *m(f),* Tramper(in) *m(f)*
otoyol *s* Autobahn *f;* ~ **çıkışı** Autobahnausfahrt *f;* ~ **girişi** Autobahnauffahrt *f;* ~ **ücreti** Autobahngebühr *f;* ~ **üçgeni** Autobahndreieck *nt*
oturacak (**-ğı**) *s* Sitzgelegenheit *f*
oturak (**-ğı**) *s* ① Basis *f* ② Sitzplatz *m* ③ Schemel *m* ④ Nachttopf *m*
oturma *s* ① *Verbalsubstantiv zu* **oturmak** ② ~ **izni** Aufenthaltsgenehmigung *f;* ~ **müsaadesi** Aufenthaltserlaubnis *f;* ~ **odası** Wohnzimmer *nt*
oturmak *vi* ① sich setzen, Platz nehmen (**-e** auf/in etw) ② sitzen (**-in üzerinde** auf etw) ③ wohnen (**-de** in etw) ④ passen (**-e** zu/auf/in etw) ⑤ faulenzen; (**birine**) **pahalıya** ~ (jdm) teuer zu stehen kommen
oturtma *s* ① *Verbalsubstantiv zu* **oturtmak** ② *türkisches Gemüsegericht mit Hackfleisch*
oturtmak *vt* ① *Kausativ zu* **oturmak** ② setzen, stellen (**-i -e** etw in/auf etw) ③ zum Sitzen auffordern (**-i** jdn)
oturum *s* Sitzung *f,* Tagung *f*
oturuş *s* Sitz *m*
otuz *num* dreißig
ova *s* Ebene *f*
oval (**-li**) *adj* oval

O

ovalamak *vt* (mit den Händen) zerreiben (**-i** etw)

ovmak (**-ar**) *vt* ① massieren (**-i** etw) ② scheuern (**-i** etw) ③ reiben (**-i** etw)

ovuşturmak *vt* ① (aneinander)reiben (**-i** etw) ② einreiben (**-i** etw)

oy *s* ① Wahl *f*, Abstimmung *f* ② Beurteilung *f* ③ Stimme *f*; ~ **pusulası** Wahlzettel *m*, Stimmzettel *m*; ~ **sandığı** Wahlurne *f*; ~ **vermek** abstimmen; (*pol*) wählen

oya *s* Häkelspitze *f*

oyalamak *vt* ① aufhalten (**-i** jdn) ② ablenken, beschäftigen (**-i** jdn) ③ zerstreuen, unterhalten (**-i** jdn) ④ (*pej*) vertrösten, hinhalten (**-i** jdn) ⑤ mit Spitzen besticken (**-i** etw)

oyalanma *s* ① *Verbalsubstantiv zu* **oyalanmak** ② Zerstreuung *f*, Zeitvertreib *m*

oyalanmak *vi* ① *Reflexiv zu* **oyalamak** ② herumtrödeln ③ sich ablenken, sich zerstreuen

oybirliği (**-ni**) *s* Einstimmigkeit *f*; ~ **ile** POL einstimmig

oylaşım *s* ① Erörterung *f*, Besprechung *f* ② Erwägung *f*

oylaşmak *vt* erörtern, besprechen (**-i** etw)

oyma *s* ① *Verbalsubstantiv zu* **oymak** ② Schnitzarbeit *f* ③ Gravierung *f*

oymacı *s* (*Person*) Holzschnitzer *m*

oymacılık (**-ğı**) *s* Schnitzerei *f*

oymak (**-ar**) *vt* ① ausstechen, aushöhlen (**-i** etw) ② schnitzen (**-i** etw) ③ gravieren (**-i** etw) ④ (*Steine*) hauen (**-i** etw)

oymak (**-ğı**) *s* ① Volksstamm *m* ② Pfadfindergruppe *f*

oynak (**-ğı**) *adj* ① kokett ② launenhaft, launisch ③ locker, wackelig ④ unbeständig ⑤ zappelig ⑥ ~ **merdiven sistemi** gleitende Arbeitszeit; ADMIN gleitende Lohnskala

oynamak *vi* ① spielen (**-i** etw) ② tanzen ③ wackeln, locker sein ④ herumspielen (**ile** mit etw) ⑤ (*Film*) gezeigt werden

oynatmak *vt* ① *Kausativ zu* **oynamak** (*Theater*) vorführen (**-i** etw) ② bewegen, verrücken (**-i** etw) ③ an der Nase herumführen (**-i** jdn)

oysa(**ki**) *adv* dagegen, jedoch

oyuk (**-ğu**) **I.** *s* ① Hohlraum *m*, Loch *nt* ② Rille *f* **II.** *adj* ① ausgehöhlt, hohl ② (*Augen*) ausgestochen

oyun *s* ① Spiel *nt* ② (*Schach*) Partie *f* ③ Schauspiel *nt* ④ Spieltechnik *f* ⑤ Volkstanz *m* ⑥ Betrug *m*, Schwindel *m* ⑦ (böser) Streich *m*; ~ **arkadaşı** Spielkamerad(in) *m(f)*, Mitspieler(in) *m(f)*; ~ **kâğıdı** Spielkarte *f*; ~ **konsolu** Spielkonsole *f*; ~ **kuralı** Spielregel *f*; ~ **otomatı** Spielautomat *m*; **birine** ~ **oynamak** [*o* **etmek**] jdm einen Streich spielen; ~ **sahası** Spielfeld *nt*; **oyuna gelmek** hereinfallen; **oyuna getirmek** drankriegen (**-i** jdn); **oyuna katılmak** mitspielen

oyunbozan *s* ① Spielverderber(in) *m(f)* ② Störenfried *m*

oyunbozanlık (**-ğı**) *s* Spielverderben *nt*; ~ **etmek** das Spiel verderben

oyuncak (**-ğı**) *s* ① Spielzeug *nt* ② (*fig*) Kinderspiel *nt*; ~ **ayı** Teddybär *m*

oyuncakçı *s* Spielwarenhändler(in) *m(f)*; ~ **dükkanı** Spielwarengeschäft *nt*

oyuncu **I.** *s* ① Spieler(in) *m(f)* ② Darsteller(in) *m(f)*, Schauspieler(in) *m(f)* ③ (*fam*) Tänzer(in) *m(f)* **II.** *adj* (*Katze*) verspielt

ozan *s* Dichter(in) *m(f)*, Poet(in) *m(f)*

ozon *s* Ozon *nt*; ~ **deliği** Ozonloch *nt*; ~ **tabakası** Ozonschicht *f*

Ö ö

Ö, ö *s 19. Buchstabe des türk. Alphabets*

öbek (**-ği**) *s* (*fam*) Gruppe *f*, Schar *f*

öbür *adj* ① (*von zweien*) andere(r, s) ② (*Tag, Woche*) übernächste(r, s); ~ **dünya** Jenseits *nt*; ~ **gün** übermorgen; ~ **tarafta** (*auf der anderen Seite*) drüben; ~ **taraftan** von drüben, andererseits

öç (**-cü**) *s* Rache *f*; ~ **almak** sich rächen (**-den** an jdm)

öd *s* Galle *f*; **ödü kopmak** zu Tode erschrecken; **ödünü koparmak** jdn zu Tode erschrecken (**-i** jdn)

ödeme *s* ① *Verbalsubstantiv zu* **ödemek** ② (Be)zahlung *f*; ~ **bilançosu** Zahlungsbilanz *f*; ~ **emri** Zahlungsbefehl *m*; ~ **kabiliyeti** COMM Zahlungsfähigkeit *f*

ödemek *vt* ① (be)zahlen (**-i** etw) ② (*Rechnung, Schuld*) begleichen (**-i** etw) ③ (*Kosten*) bestreiten (**-i** etw)

ödemeli *adj* gegen Nachnahme; ~ **konuşma** R-Gespräch *nt*

ödenebilir *adj* zahlbar

ödenek (**-ği**) *s* (bereitgestellte) Geldmittel *pl*
ödenti *s* Mitgliedsbeitrag *m*
ödeşmek *vi* 1 abrechnen (**ile** mit jdm) 2 quitt sein (**ile** mit jdm)
ödev *s* Pflicht *f;* **ev ödevi** (*für Schule*) Hausaufgabe *f*
ödlek (**-ği**) **I.** *adj* (*fam*) feige **II.** *s* Feigling *m,* Angsthase *m*
ödül *s* 1 (*Auszeichnung*) Preis *m* 2 Belohnung *f,* Prämie *f*
ödüllendirmek *vt* 1 belohnen (**-i** jdn) 2 auszeichnen, prämieren (**-i** jdn)
ödün *s* Zugeständnis *nt*
ödünç (**-cü**) **I.** *s* Darlehen *nt* **II.** *adj* geliehen; ~ **almak** sich *dat* ausleihen (**-i -den** etw von jdm); ~ **vermek** verleihen (**-e -i** jdm etw)
öfke *s* Wut *f,* Zorn *m*
öfkelendirmek *vt* 1 *Kausativ zu* **öfkelenmek** 2 wütend machen (**-i** jdn)
öfkelenmek *vi* 1 in Wut geraten 2 sich ärgern (**-den** über jdn/etw)
öfkeli *adj* wütend, zornig
öğe *s* 1 Bestandteil *m* 2 Element *nt*
öğle(**n**) *s* Mittag *m;* ~ **paydosu** Mittagspause *f;* ~ **sularında** gegen Mittag; ~ **uykusu** Mittagsschlaf *m;* ~ **uykusuna yatmak** Mittagsschlaf halten; ~ **yemeği** Mittagessen *nt;* ~ **yemeği yemek** zu Mittag essen; **öğleden önce** Vormittag *m;* (*am Vormittag*) vormittags; ~ **sonra** Nachmittag *m;* (*am Nachmittag*) nachmittags; ~ **sonraları** (*jeden Nachmittag*) nachmittags; **öğlene doğru** gegen Mittag
öğle(**n**)**leri** *adv* mittags
öğleyin *adv* mittags, zu Mittag
öğrenci *s* 1 Schüler(in) *m(f)* 2 Student(in) *m(f);* ~ **yemekhanesi** Mensa *f;* ~ **yurdu** Studentenwohnheim *nt*
öğrenilebilen *adj* erlernbar
öğrenim *s* Ausbildung *f,* Studium *nt;* ~ **dalı** Studienfach *nt;* ~ **yapmak** studieren
öğrenme *s* 1 *Verbalsubstantiv zu* **öğrenmek** 2 Lernen *nt;* ~ **yetisi** Lernfähigkeit *f*
öğrenmek *vt* 1 (er)lernen (**-i** etw) 2 erfahren (**-i -den** etw von jdm)
öğretici *adj* lehrreich, Lehr-
öğretim *s* 1 Unterricht *m* 2 Schulung *f;* ~ **yılı** Schuljahr *nt*
öğretmek *vt* 1 *Kausativ zu* **öğrenmek** 2 lehren, unterrichten (**-i** jdn)
öğretmen *s* Lehrer(in) *m(f);* ~ **okulu** Lehrerseminar *nt*

Der **Öğretmenler Günü**, der ‚Tag der Lehrer' am 24. November, hat nicht nur für die Lehrer, sondern für die ganze Türkei eine große Bedeutung. Dieser Tag steht im Zeichen das Gedenkens an die Einführung der lateinischen Schrift, die im Jahre 1928 die arabische Schrift ablöste, sowie an Atatürks Kampf gegen das Analphabetentum und für gleiche Bildungschancen für Frauen und Männer.

öğürmek *vi* (*fam*) würgen
öğüt (**-tü**) *s* Rat *m,* Ratschlag *m;* **birine ~ vermek** jemandem einen Rat geben
öğütlemek *vt* empfehlen (**-e -i** jdm etw)
öğütmek *vt* (*Getreide*) mahlen (**-i** etw)
ökçe *s* (*vom Schuh*) Absatz *m*
ökolojik sistem *s* Ökosystem *nt*
ökse *s* Vogelleim *m;* **ökseye basmak** (*fam*) hereinfallen; **ökseye bastırmak** (*fam*) hereinlegen (**-i** jdn)
öksürmek *vi* husten, sich räuspern
öksürük (**-ğü**) *s* Husten *m;* ~ **pastili** Hustenbonbon *nt;* ~ **şurubu** Hustensaft *m;* **öksürüğüm var** ich habe Husten
öksüz **I.** *s* Waise *f,* Waisenkind *nt* **II.** *adj* verwaist; **öksüzler yurdu** Waisenhaus *nt*
öküz *s* 1 Ochse *m* 2 Dummkopf *m*
ölçek (**-ği**) *s* 1 Kornmaß *nt* (*früheres türkisches Maß*) 2 Maßstab *m*
ölçmek (**-er**) *vt* 1 messen (**-i** etw) 2 (*Worte*) genau abwägen (**-i** etw); **ölçüp biçmek** (*Worte*) abwägen, reiflich überlegen (**-i** etw)
ölçü *s* 1 Maß *nt* 2 Ausmaß *nt* 3 MUS Takt *m* 4 Versmaß *nt;* ~ **aleti** Messgerät *nt;* ~ **almak** Maß nehmen; **ölçüyü aşmamak** sich mäßigen
ölçülebilir *adj* messbar
ölçülü *adj* 1 (aus)gemessen 2 mäßig, maßvoll 3 gefasst, beherrscht
ölçülülük (**-ğü**) *s* 1 Augenmaß *nt* 2 Gefasstheit *f*
ölçüsüz **I.** *adj* 1 ohne Maß 2 unermesslich 3 maßlos **II.** *adv* ohne Überlegung
ölçüsüzlük (**-ğü**) *s* 1 Unermesslichkeit *f* 2 Maßlosigkeit *f,* Zügellosigkeit *f*
ölçüt (**-tü**) *s* Kriterium *nt*
öldürmek *vt* 1 *Kausativ zu* **ölmek** 2 töten (**-i** jdn/etw) 3 ermorden (**-i** jdn) 4 sehr quälen (**-i** jdn)
öldürücü *adj* 1 tödlich 2 mörderisch

Ö

ölmek (**-ür**) *vi* ① sterben, umkommen, ums Leben kommen ② (*vor Durst, Hitze*) beinahe umkommen (**-den** vor etw)
ölmez *adj* unsterblich
ölmezlik (**-ği**) *s* Unsterblichkeit *f*
ölmüş **I.** *s* Tote(r) *f(m)*, Verstorbene(r) *f(m)* **II.** *adj* tot, verstorben
ölü **I.** *s* ① Tote(r) *f(m)* ② Leiche *f* **II.** *adj* ① tot ② (*Licht*) matt ③ regungslos; ~ **benizli** totenblass; ~ **doğmuş** tot geboren; ~ **gibi uyumak** wie ein Murmeltier schlafen; ~ **nokta** toter Punkt; **ölüler diyarı** Totenreich *nt*
ölüm *s* ① Tod *m* ② Todesfall *m;* ~ **ilanı** Todesanzeige *f;* ~ **ilmühaberi** Sterbeurkunde *f,* Totenschein *m;* ~ **nedeni** Todesursache *f;* ~ **oranı** Sterberate *f;* ~ **orucu** Todesfasten *nt;* ~ **tehlikesi** Lebensgefahr *f*
ölümlü *adj* sterblich
ölümsüz *adj* unsterblich
ölümsüzlük (**-ğü**) *s* Unsterblichkeit *f*
ömür (**-mrü**) **I.** *s* ① Leben *nt* ② Lebensdauer *f* **II.** *adj* ① großartig ② eigenartig
ön **I.** *adj* ① vordere(r, s), Vorder- ② bevorstehend **II.** *s* Vorderseite *f;* ~ **ad** Vorname *m;* ~ **bacak** Vorderbein *nt;* ~ **bahçe** Vorgarten *m;* ~ **bilgi** Grundwissen *nt;* ~ **dingil** Vorderachse *f;* ~ **plan** Vordergrund *m;* ~ **taraf** Vorderseite *f;* ~ **tarafta** vorn(e); ~ **tekerlek** Vorderrad *nt;* ~ **yüz** Vorderseite *f;* **önde** vorn(e); (*vor den anderen*) voran; **önden** von vorn(e); **önden gitmek** vorangehen, vorgehen; **öne** nach vorne; **öne almak** voranstellen; (*Termin*) vorverlegen (**-i** etw); **öne çıkmak** vortreten; **öne düşmek** vorangehen; **öne sürmek** meinen, behaupten, erklären (**-i** etw); **önünü almak** verhindern, verhüten, eindämmen (**-in** etw)
önbilgi *s* ① Vorkenntnisse *pl* ② Vorinformation *f*
önce **I.** *präp* (*Zeit*) vor; **iki gün** ~ vor zwei Tagen; **yarından önce** vor morgen **II.** *adv* ① vorher ② zuerst; ~ **davranmak** jdm zuvorkommen; ~ **gelmek** zuerst kommen; (*Sache*) vorausgehen **III.** *konj* bevor; **evime gitmeden** ~ bevor ich nach Hause ging **IV.** *s* Vorgeschichte *f*
önceden *adv* ① zuvor ② im Voraus ③ vorweg
önceki *adj* ① ehemalige(r, s), frühere(r, s) ② vorhergehende(r, s), vorherige(r, s), vorige(r, s)
öncel *s* Vorgänger(in) *m(f)*
önceleri *adv* ① anfangs ② früher
öncelik (**-ği**) *s* Priorität *f,* Vorrang *m;* ~ **tanımak** Prioritäten setzen
öncelikli *adj* vorrangig
öncü **I.** *s* ① Pionier *m* ② Vorkämpfer(in) *m(f),* Wegbereiter(in) *m(f)* ③ Vorläufer(in) *m(f)* **II.** *adj* COMM, POL führend
öndelik (**-ği**) *s* Vorschuss *m*
önder *s* Führer(in) *m(f)*
önek (**-ki**) *s* Vorsilbe *f*
önel *s* Frist *f*
önem *s* Bedeutung *f;* ~ **vermek** Bedeutung beimessen, Wert legen (**-e** auf etw)
önemli *adj* wichtig, bedeutend; ~ **bir şey değil** nichts Besonderes
önemsemek *vt* Bedeutung beimessen (**-i** jdm/einer Sache)
önemsemezlik (**-ği**) *s* Geringschätzung *f*
önemsiz *adj* unwichtig, unbedeutend
önemsizlik (**-ği**) *s* Unwichtigkeit *f*
önerge *s* Antrag *m*
öneri *s* Vorschlag *m*
önermek *vt* vorschlagen (**-i** etw)
öngörmek *vt* vorsehen, ins Auge fassen (**-i** etw)
önkol *s* Unterarm *m*
önkoşul *s* Vorbedingung *f*
önlem *s* Maßnahme *f;* ~ **almak** Maßnahmen ergreifen
önlemek *vt* ① verhindern, verhüten (**-i** etw) ② eindämmen (**-i** etw)
önleyici *adj* ① verhindernd, verhütend ② vorbeugend; ~ **tedbir** Verhütungsmaßnahme *f,* Vorbeugungsmaßnahme *f*
önlük (**-ğü**) *s* ① Schürze *f* ② Latz *m*
önsezi *s* Vorahnung *f*
önsöz *s* ① Einleitung *f* ② Vorwort *nt*
öntakı *s* Präposition *f*
önünde **I.** *präp* vor (**-in** +*dat*) **II.** *adv* davor
önünden *präp* (vorn) an ... vorbei (**-in** +*dat*)
önüne *präp* vor (**-in** +*akk*)
önyargı *s* Vorurteil *nt*
önyargılı *adj* voreingenommen
önyargısız *adj* vorurteilslos
öpmek (**-er**) *vt* küssen (**-i** jdn/etw); **öp babanın elini!** eine schöne Bescherung!
öpücük (**-ğü**) *s* Küsschen *nt*
öpüşmek *vi* sich küssen
ördek (**-ği**) *s* Ente *f*
örf *s* Brauch *m,* Sitte *f*
örgen *s* Organ *nt*
örgü *s* ① Geflecht *nt* ② Strickarbeit *f* ③ Zopf *m;* ~ **örmek** stricken

örgüt (-tü) *s* Organisation *f*
örgütle(ndir)mek *vt* organisieren (-**i** etw)
örme **I.** *s Verbalsubstantiv zu* **örmek** **II.** *adj* ❶ geflochten ❷ gestrickt; ~ **iğnesi** Stopfnadel *f;* ~ **ipliği** Stopfgarn *nt*
örmek (-er) *vt* ❶ flechten (-**i** etw) ❷ stricken (-**i** etw) ❸ (*Kleidungsstück*) stopfen (-**i** etw) ❹ (*Spinne*) weben (-**i** etw) ❺ (*Mauer*) errichten (-**i** etw)
örneğin *adv* zum Beispiel, beispielsweise
örnek (-ği) **I.** *s* ❶ Beispiel *nt* ❷ Musterstück *nt,* Exemplar *nt* ❸ Vorbild *nt* ❹ Modell *nt* ❺ Abschrift *f;* **birini** ~ **almak** sich an jdm ein Beispiel nehmen **II.** *adj* beispielhaft, musterhaft
örneksel *adj* INFORM analog
örs *s* Amboss *m*
örtbas etmek *vt* vertuschen (-**i** etw)
örtmek (-er) *vt* ❶ (be)decken (-**i** etw) ❷ (*Gesicht*) verschleiern (-**i** etw) ❸ (*Tür*) zumachen, schließen; (*Vorhang*) zuziehen (-**i** etw) ❹ vertuschen (-**i** etw)
örtü *s* ❶ Decke *f* ❷ (*a. fig*) Schleier *m*
örtük (-ğü) *adj* verdeckt
örtülü *adj* ❶ verdeckt, verschleiert ❷ geheim; ~ **ödenek** POL schwarze Kasse *f*
örtünmek *vi* ❶ *Reflexiv zu* **örtmek** ❷ sich zudecken ❸ sich bedecken ❹ sich verschleiern
örümcek (-ği) *s* Spinne *f;* ~ **ağı** Spinnennetz *nt*
öt (-dü) *s* Galle *f*
öte **I.** *s* ❶ jenseits liegende Seite, abgewandte Seite ❷ das Weitere **II.** *adj* jenseitig
öteberi *s* dies und das; ~ **almak** Besorgungen machen
ötede *adv* drüben
öteki *s* (*von zweien*) der/die/das andere
ötesinde *präp* ❶ jenseits, abseits von (-**in** +*dat*) ❷ über ... hinaus (-**in** +*akk*) ❸ außer (-**in** +*dat*)
ötmek (-er) *vi* ❶ (*Vögel*) singen, zwitschern; (*Hahn*) krähen ❷ blasen ❸ (*Sirenen*) heulen ❹ prahlen ❺ (*fam*) dummes Zeug reden
öttürmek *vt* ❶ *Kausativ zu* **ötmek** ❷ (*Blasinstrument*) blasen; (*Pfeife*) pfeifen (-**i** etw)
ötürü *präp* wegen (-**den** +*gen*)
övgü *s* ❶ Lob *nt* ❷ Laudatio *f;* **övgüye değer** lobenswert
övmek (-er) *vt* loben, preisen, rühmen (-**i** jdn/etw); **birini överek göklere çıkarmak** jdn über den grünen Klee loben
övünmek *vr* ❶ *Reflexiv zu* **övmek** ❷ sich rühmen ❸ sich brüsten (**ile** mit etw) ❹ stolz sein (**ile** auf etw/jdn)
övütmek *vt* (*Getreide*) mahlen (-**i** etw)
öykü *s* ❶ Geschichte *f,* Erzählung *f* ❷ Novelle *f*
öyle **I.** *adj* so ein(e), derartige(r, s), solche(r, s) **II.** *adv* ❶ derart, dermaßen ❷ so; ~ **değilse** wenn nicht; ~ **... ki** so ..., dass; ~ **mi?** so?
öylece *adv* auf diese Weise
öylelikle *adv* auf diese Weise
öylesine *adv* dermaßen
öyleyse *adv* wenn es so ist
öz **I.** *s* ❶ Selbst *nt* ❷ Wesen *nt* ❸ Substanz *f* ❹ (*das Innere*) Mark *nt;* **bir işin özü** das Wesentliche einer Sache **II.** *adj* ❶ eigen ❷ echt, rein
özdek *s* Körper *m,* Stoff *m,* Materie *f*
özdenetim *s* Selbstkontrolle *f*
özdeş *adj* identisch
özdeşlemek *vt* identifizieren (-**i** etw)
özdeşleşmek *vr* sich identifizieren mit (**ile** mit jdm/etw)
özdeşlik *s* Identität *f*
özdeyiş *s* Spruch *m,* geflügeltes Wort
özel *adj* ❶ besondere(r, s) ❷ eigen, privat, persönlich; ~ **ders** Privatunterricht *m;* ~ **fiyat** Sonderpreis *m;* ~ **hayat** Privatleben *nt;* ~ **hüküm** Klausel *f;* ~ **isim** Eigenname *m;* ~ **okul** Privatschule *f;* ~ **pul** Sondermarke *f*
özeleştiri *s* Selbstkritik *f*
özelleştirme *s* Privatisierung *f*
özelleştirmek *vt* ❶ privatisieren (-**i** etw) ❷ INFORM personalisieren (-**i** etw)
özellik *s* ❶ Eigenschaft *f* ❷ Eigenart *f* ❸ Spezialität *f*
özellikle *adv* besonders, insbesondere
özen *s* ❶ Sorgfalt *f* ❷ Pflege *f* ❸ Präzision *f*
özendirmek *vt* ❶ *Kausativ zu* **özenmek** ❷ aufmuntern, motivieren (-**i** -**e** jdn zu etw)
özenli *adj* präzise, sorgfältig
özenmek *vi* ❶ sich Mühe geben (-**e** mit etw) ❷ nachahmen, nacheifern (-**e** jdm)
özensiz *adj* nachlässig
özensizlik *s* Nachlässigkeit *f*
özerk *adj* autonom
özerklik *s* Autonomie *f,* Selbstbestimmung *f*
özet (-ti) *s* ❶ Inhaltsangabe *f,* Übersicht *f,* Zusammenfassung *f* ❷ Buchauszug *m* ❸ (*in Briefen*) Betreff *m*
özetlemek *vt* (kurz) zusammenfassen (-**i** etw)

Ö

özgecil *adj* selbstlos
özgecillik *s* Selbstlosigkeit *f*
özgeçmiş *s* Lebenslauf *m*
özgül *adj* spezifisch
özgün *adj* ① original ② originell
özgünlük *s* Originalität *f*
özgür *adj* frei, unabhängig
özgürlük *s* Freiheit *f*, Unabhängigkeit *f*
özlem *s* Sehnsucht *f*; **bir şey/birisi için ~ çekmek** sich nach etw/jdm (zurück)sehnen
özlemek *vt* sich sehnen (nach) (**-i** nach etw/jdn)
özlemle *adv* sehnlichst
özlemli *adj* sehnsüchtig
özne *s* Subjekt *nt*
öznel *adj* subjektiv
öznellik *s* Subjektivität *f*
özsermaye *s* COMM Eigenkapital *nt*
özsu *s* (*von Pflanzen*) Saft *m*

Die von Atatürk initiierte Sprachreform ersetzte viele arabische und persische Lehnwörter des damaligen Türkischen (des Osmanischen) durch türkische Wörter aus Dialekten und vor allem durch neue türkische Wortschöpfungen. Dieser neue, rein türkische Wortschatz wird **Öztürkçe** (‚Reines Türkisch') genannt. Je nach seiner kulturellen oder politischen Einstellung benutzt ein Türke mehr oder weniger ‚Öztürkçe' beim Sprechen und Schreiben.

özünlü *adj* wesentlich
özür *s* ① Entschuldigung *f* ② Mangel *m*; **~ dilemek** sich entschuldigen; **birinden ~ dilemek** jdn um Entschuldigung bitten
özürlü **I.** *s* Behinderte(r) *f(m)* **II.** *adj* ① entschuldigt ② behindert
özürlülük (**-ğü**) *s* MED Behinderung *f*
özveri *s* ① Opferbereitschaft *f* ② Selbstlosigkeit *f*
özyaşam *s* Privatleben *nt*

P p

P, p *s 20. Buchstabe des türk. Alphabets*
pabuç (**-cu**) *s* Schuh *m*; **~ bağı** Schnürsenkel *m*
paça *s* ① Hosenbein *nt* ② *Gericht aus Hammel- oder Kalbshachsen*
paçavra *s* ① Fetzen *m* ② wertloses Zeug
padılbot (**-tu**) *s* Paddelboot *nt*
padişah *s* (*orientalischer*) Herrscher *m*; (*im Osmanischen Reich*) Sultan *m*
paha *s* Wert *m*; **~ biçilmez** unbezahlbar; **~ biçmek** bewerten, schätzen (**-e** etw); **her ne pahasına olursa olsun** um jeden Preis
pahalanmak *vi* teurer werden, sich verteuern
pahalı *adj* teuer; (**birine**) **pahalıya mal olmak** [*o* **oturmak**] (jdm) teuer zu stehen kommen
pahalılaşmak *vi* teurer werden, sich verteuern
pahalılaştırmak *vt* ① *Kausativ zu* **pahalılaşmak** ② verteuern (**-i** etw)
pahalılık (**-ğı**) *s* ① Teuerung *f* ② hohe Preise *pl*
pak (**-ki**) *adj* sauber, rein
paket (**-ti**) *s* ① Paket *nt* ② Päckchen *nt* ③ (*vulg*) Hintern *m*; **~ kâğıdı** Packpapier *nt*; **~ kartı** Paketkarte *f*; **~** (**olsun**), **lütfen!** zum Mitnehmen, bitte!
paketlemek *vt* einpacken, verpacken (**-i** etw)
Pakistan **I.** *s* Pakistan *nt* **II.** *adj* (*Art*) pakistanisch
Pakistanca *adj* (*Sprache*) pakistanisch
Pakistanlı **I.** *s* Pakistani *m o f* **II.** *adj* (*Herkunft*) pakistanisch
paklamak *vt* reinigen, sauber machen (**-i** etw)
pakt (**-tı**) *s* ① Bündnis *nt* ② Abkommen *nt*, Pakt *m*
palamut (**-du**) *s* ① Eichel *f* ② (*Speisefisch*) Bonito *m*
palas *s* ① Luxushotel *nt* ② großes Wohn- oder Mietshaus
palas pandıras *adv* Hals über Kopf
Palatina *s* Pfalz *f*
palavra *s* ① (dummes) Gerede *nt* ② Angeberei *f*; **~ sıkmak** angeben
palavracı *s* Angeber(in) *m(f)*

palet (-ti) *s* ❶ Palette *f* ❷ Taucherflosse *f*
palm bilgisayar *s* Palm *m*
palmiye *s* Palme *f*
palto *s* (dicker) Mantel *m*
palyaço *s* Clown *m*
pamuk (-ğu) *s* ❶ Baumwolle *f* ❷ Watte *f*; ~ **gibi** wachsweich; **Pamuk Prenses** Schneewittchen *nt*; ~ **şeker** Zuckerwatte *f*; ~ **uçlu çubuk** Wattestäbchen *nt*
Pamukkale *s* Hierapolis *nt*

Pamukkale (pamuk = Baumwolle, kale = Burg) ist eines der berühmten Thermalbäder der Türkei. Bereits die Römer nutzten die heilende Kraft des 30 Grad warmen Wassers bei Rheuma- und Gelenkerkrankungen. Eine besondere Attraktion Pamukkales sind die weißen Sinterterrassen, über die das warme Thermalwasser ins Tal fließt. Ihr Anblick erinnert an gezupfte Baumwolle (pamuk). Den Namen Pamukkale erhielt die Stadt jedoch, weil sie jahrhundertelang Umschlagplatz für Baumwolle war.

pamuklu *adj* ❶ wattiert ❷ Baumwoll-
Panama **I.** *s* Panama *nt*; (*Hut*) Panamahut *m* **II.** *adj* (*Art*) panamaisch
Panamalı **I.** *s* Panamaer(in) *m(f)* **II.** *adj* (*Herkunft*) panamaisch
panama şapkası *s* Panamahut *m*
panayır *s* ❶ Jahrmarkt *m* ❷ Messe *f*, Ausstellung *f*
pancar *s* ❶ Rote Beete *f* ❷ Zuckerrübe *f*
pancur *s* (Fenster)laden *m*
pandantif *s* (Schmuck)anhänger *m*
pandispanya gazetesi *s* Klatschblatt *nt*
pandomim *s* Pantomime *f*
pane *adj* paniert; ~ **etmek** panieren (-**i** etw)
panel *s* Podiumsdiskussion *f*
panik (-ği) *s* Panik *f*; **paniğe kapılmak** in Panik geraten; **paniğe kapılmayın!** keine Panik!
panjur *s* (Fenster)laden *m*
pankreas *s* Bauchspeicheldrüse *f*
pano *s* INFORM Zwischenablage *f*
panorama *s* ❶ Panorama *nt*, Rundblick *m* ❷ Überblick *m*
pansıman, pansuman *s* MED Verband *m*, Packung *f*, Umschlag *m*
pansiyon *s* Pension *f*; ~ **odası** Fremdenzimmer *nt*
pantalon *s* Hose *f*; ~ **askısı** Hosenträger *pl*; ~ **cebi** Hosentasche *f*; ~ **kıçı** Hosenboden *m*
panter *s* Panther *m*
Pantkot Yortusu (-nu) *s* Pfingsten *nt*
panzehir (-hri) *s* Gegengift *nt*
Papa *s* Papst *m*
papağan *s* Papagei *m*
paparazzi *s* Paparazzo *m*
papatya *s* ❶ Kamille *f* ❷ Gänseblümchen *nt* ❸ Margerite *f*; ~ **çayı** Kamillentee *m*
papaz *s* ❶ (christlicher) Geistliche(r) *m*, Pfarrer *m*, Priester *m* ❷ (*beim Kartenspiel*) König *m*; ~ **okulu** Priesterseminar *nt*
para *s* ❶ Geld *nt* ❷ Geldwert *m* ❸ Währung *f*; ~ **babası olmak** (*fam*) Geld wie Heu haben, vor Geld stinken; ~ **basmak** (*Münzen*) prägen; (*Papiergeld*) drucken; ~ **biriktirmek** sparen; ~ **birimi** Währung *f*; ~ **cezası** Geldstrafe *f*, Bußgeld *nt*; ~ **çantası** Geldtasche *f*; ~ **havalesi** Geldanweisung *f*; ~ **kasası** Tresor *m*
parabol (-lü) *s* Parabel *f*
paradigma *s* PHILOS Paradigma *nt*
paradoks *s* Paradoxie *f*
paraf *s* (*als Unterschrift*) Zeichen *nt*, Initialen *pl*
paragraf *s* ❶ Absatz *m* ❷ Paragraph *m* ❸ Textstelle *f*
Paraguay **I.** *s* Paraguay *nt* **II.** *adj* (*Art*) paraguayisch
Paraguaylı **I.** *s* Paraguayer(in) *m(f)* **II.** *adj* (*Herkunft*) paraguayisch
parakartı (-nı) *s* Geldkarte *f*
paralamak *vt* ❶ zerfleischen (-**i** etw) ❷ (*Papier*) zerreißen (-**i** etw)
paralanmak *vi* ❶ *Passiv zu* **paralamak** ❷ zu Geld kommen ❸ sich abplagen
paralel **I.** *adj* parallel (-**e** zu etw) **II.** *s* ❶ Parallele *f* ❷ Breitengrad *m*
paralı *adj* ❶ wohlhabend ❷ kostenpflichtig
paramatik (-ği) *s* Geldautomat *m*
parametre *s* Parameter *m*
paramiliter *adj* paramilitärisch
paramparça *adj* ❶ ganz zerfetzt ❷ zerschlagen; ~ **etmek** zertrümmern, zerschlagen; (*Papier, Stoff*) zerfetzen (-**i** etw), zusammenschlagen (-**i** jdn)
parantez *s* Klammer *f*; ~ **içinde** in Klammern
parasal *adj* finanziell, Geld-
parasız *adj* ❶ mittellos ❷ kostenlos
parasoley *s* Sonnenblende *f*
paraşüt (-tü) *s* Fallschirm *m*
paraşütçü *s* Fallschirmspringer(in) *m(f)*

paratoner *s* Blitzableiter *m*
paravana *s* spanische Wand, Paravent *m*
parazit (**-ti**) *s* ① Parasit *m,* Schmarotzer *m* ② (Funk)störung *f*
parça *s* ① Stück *nt* ② Bestandteil *m* ③ Bruchstück *nt* ④ (*Theater-, Musik-*) Stück *nt* ⑤ Splitter *m* ⑥ Stoffrest *m;* ~ ~ stückweise; ~ **tesirli bomba** Splitterbombe *f*
parçalamak *vt* ① zerfetzen, zerstückeln (**-i** etw) ② zerfleischen (**-i** etw) ③ (*Geschirr*) zerschlagen (**-i** etw)
parçalanmak *vi* ① *Passiv zu* **parçalamak** ② (in Stücke) brechen ③ splittern ④ zerbröckeln ⑤ sich abplagen
pardesü *s* (leichter) Mantel *m*
parfüm *s* Parfüm *nt;* ~ **sürmek** parfümieren (**-e** etw)
parfümeri *s* Parfümerie *f*
parıldamak *vi* ① glänzen ② funkeln ③ flimmern
parıltı *s* Glanz *m*
park (**-kı**) *s* ① Park *m,* Parkanlage *f* ② (*eines Autos*) Parken *nt;* ~ **etmek** [*o* **yapmak**] parken; ~ **yapılmaz!** Parken verboten!; ~ (**etme**) **yasağı** Parkverbot *nt;* ~ **saati** Parkuhr *f;* ~ **ücreti** Parkgebühr *f*
parke *s* ① Parkett *nt* ② (Straßen)pflaster *nt;* ~ **kaldırım** Kopfsteinpflaster *nt;* ~ **taşı** Pflasterstein *m*
Parkinson hastalığı (**-nı**) *s* parkinsonsche Krankheit *f*
parkur *s* ① Rennstrecke *f* ② (*Golf*) Parcours *m*
parlak (**-ğı**) *adj* ① glänzend, strahlend ② hervorragend; ~ **başarı** Bombenerfolg *m,* Riesenerfolg *m;* ~ **dönem** Blütezeit *f*
parlaklık (**-ğı**) *s* Glanz *m*
parlamak *vi* ① leuchten, glänzen ② (*Sonne*) scheinen ③ Feuer fangen ④ berühmt werden ⑤ (*Mensch*) aufbrausen
parlamento *s* Parlament *nt*
parlatıcı *s* (*Mittel*) Politur *f*
parlatmak *vt* ① *Kausativ zu* **parlamak** ② polieren (**-i** etw)
parmak (**-ğı**) *s* ① Finger *m* ② Zeh *m,* Zehe *f* ③ Fingerbreit *m;* ~ **izleri** Fingerabdrücke *pl;* ~ **ucu** Fingerspitze *f;* **bir işte parmağı olmak** die Finger bei etwas im Spiel haben
parmaklık (**-ğı**) *s* ① Balustrade *f* ② Gitter *nt* ③ Zaun *m*
parodi *s* Parodie *f*
parola *s* ① Kennwort *nt,* Parole *f* ② Motto *nt* ③ INFORM Passwort *nt*
pars *s* Leopard *m*
parsel *s* (vermessenes) Baugelände *nt*
parşömen *s* Pergament *nt*
parter *s* (*im Theater*) Parkett *nt*
parti *s* ① Partei *f* ② (*Schach*) Partie *f* ③ Party *f* ④ Ware *f,* Posten *m* ⑤ eine gute Partie; ~ **içi** innerparteilich; **partiler üstü** überparteilich
partizan *s* Partisan(in) *m(f)*
partner *s* Partner(in) *m(f);* ~ **arama** Partnersuche *f*
pas *s* ① Rost *m* ② Zungenbelag *m* ③ SPORT Zuspielen *nt,* Pass *m;* ~ **tutmak** (ver)rosten; ~ **tutmaz** nichtrostend, rostfrei; ~ **vermek** (*Ball*) zuspielen (**-e** jdm)
pasaj *s* ① Ladenpassage *f* ② (*in einem Buch*) Stelle *f*
pasak (**-ğı**) *s* Schmutz *m*
pasaklı *adj* ① schlampig, unordentlich, nachlässig ② schmutzig
pasaklılık (**-ğı**) *s* Schlamperei *f,* Unordentlichkeit *f*
pasaport (**-tu**) *s* (Reise)pass *m;* ~ **kontrolü** Passkontrolle *f;* **pasaportunu** (**eline**) **vermek** jdm den Laufpass geben
pasif *adj* passiv, untätig; ~ **içici** Passivraucher(in) *m(f);* ~ **içicilik** Passivrauchen *nt*
pasif (**bilanço**) *s* Passiva *pl*
Pasifik (**Okyanusu**) *s* Pazifik *m,* der Stille Ozean
pasifist (**-ti**) **I.** *s* Pazifist(in) *m(f)* **II.** *adj* pazifistisch
pasifizm *s* Pazifismus *m*
pasiflik (**-ği**) *s* Passivität *f*
Paskalya *s* Ostern *nt;* **paskalya yumurtası** Osterei *nt*
paslanmak *vi* (ver)rosten
paslanmaz *adj* rostfrei
paslı *adj* ① verrostet ② (*Zunge*) belegt
paso **I.** *s* Ermäßigungsausweis *m;* (*für Schüler*) Schülerausweis *m* **II.** *interj* **benden** ~ ohne mich!, ich passe!
paspas *s* Fußmatte *f*
pasta *s* ① Kuchen *m,* Torte *f* ② Rüsche *f;* ~ **çatalı** Kuchengabel *f;* ~ **kalıbı** Backform *f;* ~ **tabağı** Kuchenteller *m*
pastacı *s* Konditor(in) *m(f)*
pastane *s* Konditorei *f*
pastel renk *s* Pastellfarbe *f*
pastırma *s mit viel Knoblauch gewürztes Dörrfleisch*
pastör *s* protestantische(r) Geistliche(r) *f(m),* Pastor(in) *m(f)*

pastörizasyon *s* Pasteurisierung *f*
pastörize *adj* pasteurisiert; ~ **etmek** pasteurisieren (-**i** etw)
pasyans *s* Patience *f*
paşa *s* HIST General *m*
patak (-**ğı**) *s* (*fam*) Schläge *pl*
pataklamak *vt* (*fam*) verprügeln (-**i** jdn)
patates *s* Kartoffel *f*; ~ **ezmesi** Kartoffelbrei *m*; ~ **kızartması** Bratkartoffeln *pl*; ~ **püresi** Kartoffelpüree *nt*; ~ **salatası** Kartoffelsalat *m*
patavatsız *adj* (*fam*) taktlos
patavatsızlık (-**ğı**) *s* (*fam*) Taktlosigkeit *f*
paten *s* ① Schlittschuh *m* ② Rollschuh *m*; ~ **kaymak** eislaufen, Rollschuh laufen
patenci *s* Schlittschuhläufer(in) *m(f)*
patent (-**ti**) *s* Patent *nt*; ~ **dairesi** Patentamt *nt*
patırtı *s* (*fam*) (lautes) Geräusch *nt*
pati *s* Katzenpfote *f*
patik (-**ği**) *s* Babyschuh *m*
patika *s* Pfad *m*
patinaj *s* ① Eiskunstlauf *m* ② Rollschuhlaufen *nt* ③ (*Auto*) Rutschen *nt*; ~ **yapmak** Schlittschuh [*o* Rollschuh] laufen; (*Auto*) rutschen
patlak (-**ğı**) **I.** *adj* ① geplatzt ② (*Reifen*) platt **II.** *s* Riss *m*; ~ **vermek** (*Krise*) ausbrechen
patlama *s* ① *Verbalsubstantiv zu* **patlamak** ② Detonation *f*, Explosion *f* ③ Knall *m*; ~ **gücü** Sprengkraft *f*
patlamak *vi* ① detonieren, explodieren ② knallen ③ (*Schuss*) losgehen ④ (*Krieg*) ausbrechen ⑤ (*fam*) (vor Langeweile) umkommen ⑥ (*fam*) teuer zu stehen kommen (-**e** jdm)
patlayıcı I. *adj* explosiv **II.** *s* Verschlusslaut *m*; ~ **madde** Sprengstoff *m*
patlıcan *s* Aubergine *f*
patoliji *s* Pathologie *f*
patolog *s* Pathologe, Pathologin *m, f*
patolojik *adj* pathologisch
patriarkal *adj* patriarchalisch
patrik (-**ği**) *s* Patriarch *m*
patron *s* ① Chef(in) *m(f)* ② Schnittmuster *nt*
pavurya *s* Einsiedlerkrebs *m*
pavyon *s* ① Ausstellungshalle *f* ② Pavillon *m* ③ Lokal *nt* mit Alkoholausschank
pay *s* ① Teil *m*, Anteil *m* ② Beitrag *m* ③ Rate *f* ④ MATH Zähler *m* ⑤ Schelte *f*; ~ **etmek** (ver)teilen (-**i** etw)
payda *s* MATH Nenner *m*
paydos I. *s* ① Feierabend *m* ② Pause *f* **II.** *interj* Feierabend!; ~ **etmek** die Arbeit einstellen, Feierabend machen
paylamak *vt* zusammenstauchen, zurechtweisen (-**i** jdn)
paylaşım *s* ~ **savaşı** Verteilungskampf *m*
paylaşmak *vt* ① unter sich verteilen (-**i** etw) ② (*Schmerz*) teilen (-**i** etw)
paylaştırmak *vt* ① *Kausativ zu* **paylaşmak** ② verteilen (-**i** etw)
pazar *s* ① Sonntag *m* ② Markt *m* ③ Marktplatz *m*, Basar *m*, Markthalle *f* ④ Wochenmarkt *m*; ~ **günleri** sonntags
pazarlama *s* ① *Verbalsubstantiv zu* **pazarlamak** ② Vermarktung *f*
pazarlamak *vt* vermarkten (-**i** etw)
pazarlık (-**ğı**) *s* Handeln *nt*, Feilschen *nt*; ~ **etmek** feilschen
pazartesi *s* Montag *m*
pazı *s* ① Mangold *m* ② Bizeps *f*
PC *s* PC *m*
peçe *s* (orientalischer, schwarzer) Schleier *m*
peçete *s* Serviette *f*
peçetelik (-**ği**) *s* ① Serviettenring *m* ② Serviettenständer *m*
ped *s* Damenbinde *f*, Slipeinlage *f*
pedagog *s* Pädagoge *m*, Pädagogin *f*
pedagoji *s* Pädagogik *f*
pedagojik *adj* pädagogisch
pedal *s* ① Pedal *nt* ② Setzmaschine *f* (*mit Fußbetrieb*)
pedikür *s* Fußpflege *f*, Pediküre *f*
pehlivan *s* Ringer *m*, Ringkämpfer *m*
pehriz *s* Schonkost *f*, Diät *f*; ~ **yapmak** Diät halten
pejmürde *adj* ① zerfetzt, zerlumpt ② (*Aussehen*) jämmerlich, erbärmlich
pek (-**ki**) **I.** *adv* sehr, recht **II.** *adj* fest, stabil, solide; ~ **az** kaum; ~ **çok** sehr viel, zahlreich
pekala I. *adj, adv* sehr schön, sehr gut **II.** *interj* ① schon gut! ② sehr wohl! ③ in Ordnung! **III.** *interj* (*Füllwort vor einem Einwand*) nun, denn, ja
peki *interj* ① in Ordnung! ② schon gut! ③ jawohl! ④ nun, denn, ja
pekişmek *vi* ① sich verhärten ② (*Materie*) sich verdichten
pekiştirmek *vt* ① *Kausativ zu* **pekişmek** ② befestigen (-**i** etw) ③ (*a. fig*) verstärken (-**i** etw)
pekiyi I. *s* (*im Zeugnis*) Eins *f* **II.** *adv* sehr gut
peksimet (-**ti**) *s* Zwieback *m*

P

pelerin *s* Umhang *m*
pelesenk (-gi) *s* Balsam *m;* ~ **ağacı** Palisanderholz *nt,* Balsambaum *m*
pelikan *s* Pelikan *m*
peltek (-ği) *adj* lispelnd; ~ **konuşmak** lispeln; (*Betrunkener*) lallen
pelür, pelüş *s* Plüsch *m*
pembe *adj* rosa(rot); ~ **şarap** Rosé(wein) *m;* ~ **dizi** Seifenoper *f,* Soap *f*
penaltı *s* Elfmeter *m,* Strafstoß *m*
pencere *s* Fenster *nt;* **pencereden dışarı** zum Fenster hinaus; **pencereden bakmak** aus dem Fenster schauen
pençe *s* ❶ (*von Raubvogel*) Klaue *f* ❷ (*von Raubtier*) Tatze *f;* (*von Hund, Katze*) Pfote *f* ❸ Schuhsohle *f* ❹ Gewalt *f,* Macht *f;* ~ **takmak** besohlen (**-e** etw)
penguen *s* Pinguin *m*
penis *s* Penis *m*
penisilin *s* Penizillin *nt*
pens(e) *s* ❶ Pinzette *f* ❷ Flachzange *f*
pepe *s* Stotterer *m,* Stott(r)erin *f*
pepelemek *vi* (*fam*) stottern, stammeln
perakende *s* im Einzelverkauf; ~ **satış** Einzelhandel *m*
perakendeci *s* Einzelhändler(in) *m(f)*
perakendecilik (-ği) *s* Einzelhandel *m*
perçem *s* ❶ (Haar)büschel *nt* ❷ Stirnfransen *pl,* Pony *m*
perde *s* ❶ (*auch im Theater*) Vorhang *m* ❷ (*eines Theaterstücks*) Akt *m* ❸ Filmleinwand *f* ❹ Tonlage *f* ❺ MED Star *m* ❻ (*fig*) Deckmantel *m;* **tül** ~ Gardine *f;* ~ **arası** (*im Theater*) Pause *f*
perende *s* ❶ Purzelbaum *m* ❷ Salto *m;* ~ **atmak** einen Purzelbaum schlagen
performans *s* Leistung *f*
pergel *s* (*Gerät*) Zirkel *m*
perhiz *s* Diät *f,* Schonkost *f;* ~ **yapmak** Diät halten
peri *s* Fee *f*
perişan *adj* ❶ zerstreut ❷ verstört; ~ **etmek** vernichten, zerstören, in Unordnung bringen (**-i** etw), verwirren (**-i** jdn)
perişanlık (-ğı) *s* ❶ Jammer *m* ❷ Unordnung *f* ❸ Niedergeschlagenheit *f*
permanant (-tı) *s* Dauerwelle *f*
permi *s* Genehmigung *f*
peron *s* Bahnsteig *m,* Gleis *nt*
personel *s* Personal *nt;* ~ **bürosu** Personalbüro *nt;* ~ **servisi** Personalabteilung *f;* ~ **şefi** Personalchef(in) *m(f)*
perspektif *s* Perspektive *f*
perşembe *s* Donnerstag *m*
Peru **I.** *s* Peru *nt* **II.** *adj* (*Art*) peruanisch
peruk(a) *s* Perücke *f*
Perulu **I.** *s* Peruaner(in) *m(f)* **II.** *adj* (*Herkunft*) peruanisch
pervane *s* ❶ Propeller *m* ❷ Nachtfalter *m* ❸ Schiffsschraube *f*
pervaz *s* ❶ Holzleiste *f* ❷ Sims *m*
pesek (-ği) *s* ❶ Zahnbelag *m* ❷ Zahnstein *m*
pestil *s dünne Fladen aus getrockneten Früchten*
peş *s* Hinterseite *f;* ~ **peşe** hintereinander; **peşinde, peşinden, peşine** hinter; **bir şeyin peşinden koşmak** hinter etw her sein; **peşinden gitmek** hinterhergehen (**-in** jdm)
peşin *adv* ❶ gegen bar, in bar ❷ im Voraus; ~ **ödeme** Barzahlung *f,* Vorauszahlung *f;* ~ **ödemek** bar bezahlen, vorauszahlen (**-i** etw)
peşinen *adv s.* **peşin**
petek (-ği) *s* Bienenwabe *f*
petrol (-lü) *s* ❶ Erdöl *nt* ❷ Petroleum *nt;* ~ **borusu** Erdölleitung *f;* ~ **doları** Petrodollar *m;* ~ **krizi** Ölkrise *f;* ~ **limanı** Ölhafen *m*
peygamber *s* Prophet *m*
peygamberçiçeği (-ni) *s* Maiglöckchen *nt;* **mavi** ~ Kornblume *f*
peyk (-ki) *s* Satellit *m,* Trabant *m*
peynir *s* Käse *m*
peynirli *adj* mit Käse; ~ **burger** Cheeseburger *m*
pezevenk (-gi) *s* (*vulg*) ❶ Zuhälter *m* ❷ Schuft *m*
pezevenklik (-ği) *s* ❶ (*vulg*) Zuhälterei *f* ❷ (*vulg*) Schweinerei *f*
pıhtı *s* Blutgerinnsel *nt*
pıhtılaşmak *vi* gerinnen
pılı pırtı *s* ❶ Gerümpel *nt* ❷ alte Klamotten ❸ (*pej*) Siebensachen *pl,* Kram *m*
pınar *s* ❶ (größere) Quelle *f* ❷ Brunnen *m*
pırasa *s* Lauch *m,* Porree *m*
pırıldamak *vi* ❶ (*Edelstein*) funkeln ❷ (*Glas*) glänzen ❸ (*Perlen*) schimmern ❹ (*Fernseher, Luft*) flimmern
pırıltı *s* Schimmer *m,* Glanz *m*
pırlanta **I.** *s* Brillant *m* **II.** *adj* aus Brillanten, Brillant-
pısırık (-ğı) *adj* (*fam*) ❶ schüchtern ❷ unfähig
piç (-çi) **I.** *adj* ❶ (*vulg: Kind*) unehelich ❷ ver-

saut **II.** *s* ① Bastard *m* ② (*Kind*) Flegel *m*
pide *s* Fladenbrot *nt*

Pide war für einen italienischen Botschafter, der im 18. Jahrhundert für einige Jahre in Istanbul lebte, ein solch kulinarischer Hochgenuss, dass er das deftige Hefegebäck nach Italien brachte. Dort wurde ‚pide' unter dem Namen ‚Pizza' weltbekannt.

pijama *s* Pyjama *m,* Schlafanzug *m*
pikap (**-bı**) *s* ① Plattenspieler *m* ② (kleinerer) Lieferwagen *m*
piknik (**-ği**) *s* Picknick *nt*
piksel *s* INFORM Pixel *nt*
pil *s* Batterie *f*
pilav *s* Reisgericht *nt;* **bulgur pilavı** Weizengrützengericht *nt*
piliç (**-ci**) *s* ① (junges) Huhn *nt* ② (*fam*) junges, hübsches Mädchen
piling *s* Peeling *nt;* ~ **yapmak** peelen
pilot (**-tu**) *s* ① Pilot *m,* Kapitän *m* ② Lotse *m;* ~ **projesi** Pilotprojekt *nt*
pingpong *s* Tischtennis *nt*
pinti **I.** *s* Geizhals *m* **II.** *adj* geizig, knauserig
pintilik (**-ği**) *s* Geiz *m*
pipo *s* Pfeife *f;* ~ **içmek** Pfeife rauchen; ~ **fırçası** Pfeifenreiniger *m;* ~ **tütünü** Pfeifentabak *m*
piramit (**-di**) *s* Pyramide *f*
pire *s* Floh *m*
Pireneler, Pirene Dağları (**-nı**) *npl* Pyrenäen *pl*
pirinç (**-ci**) *s* ① Messing *nt* ② Reis *m*
pirzola *s* Kotelett *nt,* Rippchen *nt*
pis *adj* ① schmutzig, dreckig ② ekelhaft ③ (*Worte*) unanständig ④ (*Angelegenheit*) schwierig; ~ **bıyık** (*pej*) Kotzbrocken *m;* ~ **hava** (*fam*) Dreckwetter *nt;* ~ **koku** Gestank *m*
pisboğaz **I.** *adj* gefräßig **II.** *s* Vielfraß *m*
pisi *s* (*Kindersprache*) Miezekatze *f*
piskopos *s* Bischof *m*
pislenmek *vi* ① schmutzig werden ② sich beschmutzen
pisletmek *vt* ① *Kausativ zu* **pislenmek** ② besudeln, beschmieren, beschmutzen (**-i** etw)
pislik (**-ği**) *s* ① Schmutz *m,* Dreck *m* ② (*fam*) Schweinerei *f* ③ Kot *m*
pist (**-ti**) *s* ① SPORT Bahn *f* ② Piste *f* ③ Rollbahn *f* ④ Tanzfläche *f*
piston *s* Kolben *m*
pişirmek *vt* ① *Kausativ zu* **pişmek** ② (*Essen, Kaffee*) kochen (**-i** etw) ③ (*in der Pfanne*) braten; (*im Ofen*) backen (**-i** etw) ④ (*Ziegel*) brennen (**-i** etw) ⑤ (*lernen*) pauken (**-i** etw) ⑥ (*Angelegenheit*) in Ordnung bringen (**-i** etw) ⑦ (*Haut*) wund werden lassen (**-i** etw)
pişkin *adj* ① gar (gekocht) ② (*fig*) abgebrüht, ausgekocht ③ (*fam*) unverfroren ④ (*fam*) eingearbeitet, erfahren
pişman *adj* reuig, reumütig; ~ **olmak** bereuen (**-e** etw)
pişmanlık (**-ğı**) *s* Reue *f*
pişmek (**-er**) *vi* ① kochen ② (*ohne Fett*) rösten; (*im Ofen*) backen ③ Erfahrungen machen ④ (*Haut*) wund werden ⑤ (*Angelegenheit*) in Ordnung gebracht werden
piyade *s* ① Infanterie *f* ② Infanterist *m* ③ (*beim Schachspiel*) Bauer *m*
piyango *s* Lotterie *f;* ~ **bileti** Lotterielos *nt*
piyanist (**-ti**) *s* Pianist(in) *m(f)*
piyano *s* Klavier *nt;* ~ **çalmak** Klavier spielen; ~ **konçertosu** (*Komposition*) Klavierkonzert *nt;* ~ **konseri** (*Veranstaltung*) Klavierkonzert *nt*
piyasa *s* ① Markt *m* ② Geschäftsviertel *nt* ③ Marktpreise *pl* ④ (*Spaziergang*) Bummel *m;* **serbest** ~ freie Marktwirtschaft; ~ **değeri** Marktwert *m;* ~ **düzeni** Marktordnung *f;* **piyasaya çıkarmak** (*Ware*) auf den Markt bringen; (*Geld*) in Umlauf setzen (**-i** etw); **piyasaya çıkmak** auf den Mark kommen
piyes *s* ① Hörspiel *nt* ② Schauspiel *nt,* Theaterstück *nt*
piyon *s* (*Schach*) Bauer *m*
pizza *s* Pizza *f*
plaj *s* Badestrand *m;* ~ **sorumlusu** (*am Strand*) Bademeister(in) *m(f);* ~ **voleybolü** Beachvolleyball *m*
plak (**-ğı**) *s* Schallplatte *f*
plaka *s* Nummernschild *nt;* ~ **numarası** amtliches Kennzeichen
plakçı (**dükkanı**) *s* Schallplattengeschäft *nt*
plaket (**-ti**) *s* Plakette *f*
plan *s* ① Absicht *f,* Plan *m* ② Skizze *f,* Entwurf *m* ③ Grundriss *m,* Plan *m;* ~ **kurmak** Pläne schmieden
planetaryum *s* Planetarium *nt*
plankin *s* Wellenreiten *nt*
planlama *s* ① *Verbalsubstantiv zu* **planlamak** ② Planung *f*
planla(ştır)mak *vt* planen (**-i** etw)

P

planlı *adj* ❶ planmäßig ❷ mit Plan; ~ **ekonomi** Planwirtschaft *f*
planör *s* Segelflugzeug *nt*
planörcü *s* Segelflieger(in) *m(f)*
planörcülük (-**ğü**) *s* ❶ Drachenfliegen *nt* ❷ Segelfliegen *nt*
plansız *adj* planlos
plantasyon *s* Plantage *f*
plaster *s* Heftpflaster *nt*
plastik (-**ği**) **I.** *s* Plastik *nt* **II.** *adj* aus Plastik, Plastik-; ~ **torba** Plastiktüte *f*
platform *s* ❶ Plattform *f* ❷ POL Ebene *f*
platin **I.** *s* Platin *nt* **II.** *adj* aus Platin, Platin-
plato *s* Hochebene *f*
platonik *adj* platonisch
play-off *s* SPORT Play-off *nt;* ~ **grubu** Play-off-Gruppe *f*
pleksiglas *s* Plexiglas *nt*
pli *s* Falte *f*
plili *adj* mit Falten; ~ **etek** Faltenrock *m*
plutonyum *s* Plutonium *nt*
plüralist (-**ti**) **I.** *adj* pluralistisch **II.** *s* Pluralist(in) *m(f)*
plüralizm *s* Pluralismus *m*
podyum *s* Podest *nt,* Podium *nt*
poğaça *s* Mürbeteigpastete *f*
pohpohlamak *vt* schmeicheln (-**i** jdm), verhätscheln (-**i** jdn)
poker *s* Poker *m*
polaroid makine *s* Sofortbildkamera *f,* Polaroidkamera *f*
polemik (-**ği**) **I.** *s* Polemik *f* **II.** *adj* polemisch
poliçe *s* (gezogener) Wechsel *m*
poligam *adj* polygam
poligami *s* Polygamie *f*
poligon *s* ❶ Vieleck *nt* ❷ Schießplatz *m*
poliklinik (-**ği**) *s* Poliklinik *f*
polip (-**pi**) *s* Polyp *m*
polis *s* ❶ Polizei *f* ❷ Polizist(in) *m(f);* ~ **arabası** Streifenwagen *m;* ~ **devleti** Polizeistaat *m;* ~ **memuru** Polizist *m,* Schutzmann *m*
polisiye film *s* Kriminalfilm *m*
politik *adj* politisch
politika *s* Politik *f*
politikacı *s* Politiker(in) *m(f)*
poliyester *s* Polyester *nt*
Polonya **I.** *s* Polen *nt* **II.** *adj* (*Art*) polnisch
Polonyaca *adj* (*Sprache*) polnisch
Polonyalı **I.** *s* Pole *m,* Polin *f* **II.** *adj* (*Herkunft*) polnisch
pompa *s* ❶ Pumpe *f* ❷ Luftpumpe *f*
pompalamak *vt* ❶ pumpen ❷ aufpumpen (-**i** etw) ❸ auspumpen (-**i** etw)
pompalı *adj* mit einer Pumpe ausgestattet; ~ **tüfek** Pumpgun *f*
pop müzik *s* Popmusik *f*
popo *s* (*fam*) Po(po) *m*
popülarite *s* Popularität *f*
popüler *adj* populär
popülerleşmek *vi* populär werden
popülist (-**ti**) *s* populistisch *m*
porno *s* Porno *m;* ~ **film** Pornofilm *m;* ~ **şebekesi** Pornoring *m*
pornografi *s* Pornografie *f*
pornografik *adj* pornografisch
porselen **I.** *s* Porzellan *nt* **II.** *adj* aus Porzellan, Porzellan-
porsiyon *s* Portion *f*
porsuk (-**ğu**) *s* Dachs *m*
port *s* INET Port *nt*
portakal *s* Orange *f;* ~ **ağacı** Orangenbaum *m;* ~ **çiçeği** Orangenblüte *f;* ~ **rengi** orange(farben); ~ **suyu** Orangensaft *m*
portal *s* INET Portal *nt*
portatif *adj* ❶ tragbar ❷ zerlegbar; ~ **radyo** Kofferradio *nt*
portbebe *s* Babytragetasche *f*
Portekiz **I.** *s* Portugal *nt* **II.** *adj* (*Art*) portugiesisch
Portekizce *adj* (*Sprache*) portugiesisch
Portekizli **I.** *s* Portugiese *m,* Portugiesin *f* **II.** *adj* (*Herkunft*) portugiesisch
portmanto *s* Garderobenständer *m*
porto *s* Portwein *m*
portre *s* Bildnis *nt,* Porträt *nt*
posa *s* Kelterrückstand *m;* **posasını çıkarmak** auspressen (-**in** etw)
post (-**tu**) *s* Fell *nt*
posta *s* ❶ (*Einrichtung*) Post *f* ❷ (*Briefe*) Post *f* ❸ Arbeitertrupp *m;* ~ **adresi** Postanschrift *f;* ~ **çeki hesabı** Postscheckkonto *nt;* ~ **damgası** Poststempel *m;* ~ **güvercini** Brieftaube *f;* ~ **havalesi** Postanweisung *f;* ~ **kartı** Postkarte *f;* ~ **kutusu** Briefkasten *m,* Postfach *nt;* ~ **listesi** INET Mailingliste *f;* ~ **pulu** Briefmarke *f;* ~ **sunucusu** INET Mailserver *m;* ~ **ücreti** Porto *nt*
postacı *s* Briefträger(in) *m(f)*
postalamak *vt* ❶ (*Brief*) einwerfen (-**i** etw) ❷ (*per Post*) verschicken (-**i** -**e** etw an jdn)
postalama listesi *s* INET Mailingliste *f*
postane *s* Post *f,* Postamt *nt*
postayla *adv* mit der Post

postendüstriyel *adj* postindustriell
poster *s* Poster *nt o m*
postmodern *adj* postmodern
postrestan(t) *adv* postlagernd
poşet (-ti) *s* ① Teebeutel *m* ② Plastiktasche *f*
pot (-tu) *s* Falte *f*; ~ **kırmak** ins Fettnäpfchen treten
pota *s* Schmelztiegel *m*
potansiyel I. *adj* potentiell II. *s* Potential *nt*
potpuri *s* (*Musik*) Potpourri *nt*
poyraz *s* ① Nordostwind *m* ② Nordost *m*
poz *s* ① Pose *f* ② (*von Bildern*) Aufnahme *f* ③ Belichtung *f*
pozisyon *s* Lage *f*, Position *f*, Stellung *f*
pozitif I. *adj* positiv II. *s* Positiv *nt*
pozometre *s* Belichtungsmesser *m*
pörsük (-ğü) *adj s.* **pörsümüş**
pörsümek *vi* ① (*Haut*) zusammenschrumpfen ② (*Blumen*) welken
pörsümüş *adj* ① zusammengeschrumpft ② welk
pösteki *s* (*Schaf-, Ziegen-*) Fell *nt*
Prag *s* Prag *nt*
pragmacı I. *s* Pragmatiker(in) *m(f)* II. *adj* pragmatisch
pragmacılık (-ğı) *s* Pragmatismus *m*
pragmatik *adj* pragmatisch
pragmatist (-ti) *s* Pragmatiker(in) *m(f)*
pragmatizm *s* Pragmatismus *m*
pratik (-ği) I. *adj* (*im Gegensatz zu theoretisch*) praktisch II. *s* Praxis *f*
pratisyen doktor *s* praktischer Arzt, praktische Ärztin
prens *s* ① Prinz *m* ② Fürst *m*
prenses *s* ① Prinzessin *f* ② Fürstin *f*
prensip (-bi) *s* Grundsatz *m*, Prinzip *nt*; ~ **olarak** im/aus Prinzip, prinzipiell
prenslik (-ği) *s* Fürstentum *nt*
prestij *s* Prestige *nt*
prestijli *adj* prestigeträchtig
prevantoryum *s* Heilanstalt *f*
prezervatif *s* Präservativ *nt*
prim *s* ① Prämie *f* ② Belohnung *f*
priz *s* Steckdose *f*
prizma *s* Prisma *nt*
problem *s* ① Rechenaufgabe *f* ② Problem *nt*
problemli *adj* problematisch
problemsiz *adj* problemlos
prodüktör *s* (Film)produzent(in) *m(f)*
profesör *s* Professor(in) *m(f)*
profesörlük (-ğü) *s* Professur *f*
profesyonel I. *s* Profi *m* II. *adj, adv* berufsmäßig
profil *s* Profil *nt*
proforma *s* Pro-forma-Rechnung *f*
program *s* ① Programm *nt* ② TV Sendung *f*
programlama *s* ① *Verbalsubstantiv zu* **programlamak** ② Programmierung *f*; ~ **dili** Programmiersprache *f*
programla(ştır)mak *vt* programmieren (**-i** etw)
programlayıcı *s* Programmierer(in) *m(f)*
proje *s* Projekt *nt*
projeksiyon *s* Projektion *f*
projektör *s* ① Projektor *m* ② Scheinwerfer *m*
proleter I. *s* Proletarier(in) *m(f)* II. *adj* proletarisch
proleterya *s* Proletariat *nt*
promil *s* (*Blutalkohol*) Promille *f*
propaganda *s* Propaganda *f*
propan (gazı) *s* Propan(gas) *nt*
prosedür *s* Prozedur *f*
prosesor *s* Prozessor *m*
prospektüs *s* Packungsbeilage *f*
prostat (-tı) *s* Prostata *f*; ~ **kanseri** Prostatakrebs *m*
protein *s* Protein *nt*
Protestan I. *s* Protestant(in) *m(f)* II. *adj* protestantisch, evangelisch
Protestanlık (-ğı) *s* Protestantismus *m*
protesto *s* Protest *m*, Einspruch *m*; ~ **etmek** protestieren (**-i** gegen etw); ~ **gösterisi** Protestkundgebung *f*
protez *s* Prothese *f*
protokol (-lü) *s* Protokoll *nt*
proton *s* Proton *nt*
prova *s* ① Probe *f* ② Theaterprobe *f* ③ Korrekturbogen *m* ④ (*von Kleidung*) Anprobe *f*; ~ **etmek** probieren, anprobieren; (*Stück*) proben (**-i** etw); ~ **yapmak** proben
prömiyer *s* Premiere *f*, Uraufführung *f*
Prusya I. *s* Preußen *nt* II. *adj* (*Art*) preußisch
Prusyalı I. *s* Preuße(in) *m(f)* II. *adj* (*Herkunft*) preußisch
pruva *s* Bug *m*
psikanaliz *s* Psychoanalyse *f*
psikiyatr *s* Psychiater(in) *m(f)*
psikiyatri *s* Psychiatrie *f*
psikiyatrik (-ği) *adj* psychiatrisch
psikiyatrist *s* Psychiater(in) *m(f)*
psikolog *s* Psychologe, Psychologin *m, f*
psikoloji *s* Psychologie *f*
psikolojik *adj* psychologisch
psikopat (-tı) *s* Psychopath(in) *m(f)*

psikosomatik *adj* psychosomatisch
psikoterapi *s* Psychotherapie *f*
psikoz *s* Psychose *f*
puan *s* ① (*Bewertungs-*) Punkt *m* ② (*bei Muster*) Punkt *m*
puantaj *s* Punktbewertung *f*
puding *s* Pudding *m*
pudra *s* Puder *m*
pudralamak *vt* pudern (**-i** etw)
pudralanmak *vi* ① *Passiv zu* **pudralamak** ② sich pudern
pudralık (**-ğı**) *s* Puderdose *f*
puf *s* Puff *m*, Hocker *m*
puhu kuşu (**-nu**) *s* Uhu *m*
pul *s* ① (Brief)marke *f* ② (*vom Fisch*) Schuppe *f* ③ Paillette *f* ④ (*bei Brettspielen*) Stein *m*; ~ **kolleksiyoncusu** Briefmarkensammler(in) *m(f)*; ~ **koleksiyonu** Briefmarkensammlung *f*; ~ ~ **olmak** sich lösen, abgehen
pullamak *vt* ① (*Postsendung*) frankieren, freimachen (**-i** etw) ② mit Pailletten versehen (**-i** etw)
pulluk (**-ğu**) *s* Pflug *m*
puma *s* Puma *m*
pupa *s* Heck *nt*
puro *s* Zigarre *f*; ~ **keseceği** Zigarrenabschneider *m*; ~ **kutusu** Zigarrenkiste *f*
pus *s* Nebel *m*
puslu *adj* (*Himmel*) diesig, trüb(e)
pusu *s* Lauer *f*; ~ **kurmak** auflauern (**-e** jdm); **pusuda** auf der Lauer; ~ **beklemek** lauern
pusula *s* ① Kompass *m* ② (Notiz)zettel *m* ③ Rechnung *f*
put (**-tu**) *s* ① Götze *m* ② Götzenbild *nt*; (*pej*) Kruzifix *nt*
putperest (**-ti**) *s* Götzendiener(in) *m(f)*, Götzenanbeter(in) *m(f)*
putperestlik (**-ği**) *s* Götzendienst *m*
püf *interj* (*Geräusch beim Pusten*) pff; ~ **noktası** springender Punkt *m*, Knackpunkt *m*; ~ **noktasını bilmek** etwas im Griff haben
püre *s* Püree *nt*
pürüz *s* ① raue Stelle ② Schwierigkeit *f* ③ (kleinerer) Fehler *m*
pürüzlü *adj* ① rau, uneben ② (*Angelegenheit*) schwierig ③ (*Sache*) mit kleinen Fehlern; ~ **nokta** (*fig*) Haken *m*
pürüzsüz *adj* ① glatt, eben ② fehlerfrei
püskül *s* Quaste *f*
püskürmek *vt* ① (*Wasser*) (heraus)spritzen (**-i** etw) ② (*Vulkan*) ausbrechen ③ ausspeien (**-i** etw)
püskürteç (**-ci**) *s* Zerstäuber *m*
püskürtmek *vt* ① *Kausativ zu* **püskürmek** ② (*Gas, Wasser*) ablassen, ausspritzen (**-i** etw) ③ (*Gegner*) zurückdrängen (**-i** jdn)

Rr

R, r *s 21. Buchstabe des türk. Alphabets*
Rab (**-bbi**) *s* Herrgott *m*
radar *s* ① Radar *nt* ② Radargerät *nt*; ~ **ekranı** Radarschirm *m*; ~ **istasyonu** Radarstation *f*
radikal (**-li**) *adj* radikal
radikalizm *s* Radikalismus *m*
radyasyon *s* ① Strahlung *f* ② Strahlwirkung *f*
radyatör *s* ① Heizkörper *m* ② AUTO Kühler *m*; ~ **suyu** Kühlwasser *nt*
radyo *s* ① Radio *nt* ② Radioapparat *m*; ~ **dalga kuşağı** Bandbreite *f*; ~ **istasyonu** Sender *m*; ~ **tiyatrosu** Hörspiel *nt*; ~ **yayını** Rundfunkübertragung *f*; **radyoyu açmak** das Radio einschalten
radyoaktif *adj* radioaktiv
radyoaktivite *s* Radioaktivität *f*
radyoevi (**-ni**) *s* Funkhaus *nt*
radyografi *s* Röntgenaufnahme *f*
radyoterapi *s* Strahlenbehandlung *f*
raf *s* ① Gestell *nt*, Regal *nt* ② Wandbrett *nt*
rafadan *adj* (*Ei*) weich gekocht; ~ **yumurta** weich gekochtes Ei
rafine *s* CHEM raffiniert
rafineri *s* Raffinerie *f*
rağbet (**-ti**) *s* ① Beliebtheit *f* ② Nachfrage *f*; ~ **görmek** großen Zulauf haben, viel Zuspruch haben
rağmen **I.** *präp* trotz (**-e** +*gen*); **buna** ~ trotzdem **II.** *konj* obgleich, obwohl; **hasta olmasına** ~ obwohl er krank war/ist
rahat (**-tı**) **I.** *s* ① Ruhe *f* ② Gemütlichkeit *f* **II.** *adj* ① behaglich, bequem ② ruhig ③ (*Ort*) gemütlich **III.** *interj* rührt euch!; ~ **bırakmak** in Ruhe lassen, zufriedenlassen (**-i** jdn); ~ **bir köşe** eine gemütliche Ecke; ~ **dur!** sei ruhig!; ~ **etmek** seine Ruhe haben; ~ ~ in aller Ruhe; ~ **vermemek** nicht in Ruhe lassen (**-e** jdn); **rahatına bakmak** es sich bequem machen
rahatlamak *vi* ① sich beruhigen ② sich er-

leichtert fühlen

rahatlatıcı *adj* beruhigend

rahatlatmak *vt* ① *Kausativ zu* **rahatlamak** ② beruhigen (**-i** jdn/etw) ③ erleichtern (**-i** jdn)

rahatlık (-ğı) *s* ① Ruhe *f* ② Bequemlichkeit *f* ③ Gemütlichkeit *f* ④ Annehmlichkeit *f*

rahatsız *adj* ① ruhelos ② unbequem, ungemütlich ③ unwohl; ~ **etmek** stören, belästigen (**-i** jdn); ~ **olmayın!** lassen Sie sich nicht stören!

rahatsızlanmak *vi* ① gestört werden ② sich nicht wohl fühlen ③ erkranken

rahatsızlık (-ğı) *s* ① Unbehagen *nt*, Unruhe *f* ② Unwohlsein *nt* ③ (*Leiden*) Beschwerde *f*

rahibe *s* Nonne *f*, Ordensschwester *f*

rahim (-hmi) *s* Gebärmutter *f*

rahip (-bi) *s* Mönch *m*

rahmet (-ti) *s* ① (göttliche) Gnade *f* ② (*fig*) Regen *m*

rahmetli *adj* verstorben, selig

rahmi (-ni) *s Possessivform zu* **rahim** ihre Gebärmutter

rakam *s* Zahl *f*, Ziffer *f*

raket (-ti) *s* Tennisschläger *m*

rakı *s* Raki *m*, Anisbranntwein *m*

Rakı, das heimliche Nationalgetränk der Türkei, wird aus Trauben und Anis gebraut. Den klaren Anisschnaps trinkt man nicht pur, sondern mit Wasser verdünnt, wobei die typisch milchige Farbe entsteht. Liebevoll wird ‚rakı' von den Türken daher auch ‚aslan sütü' (Löwenmilch) genannt. Der Name Löwenmilch lässt vergessen, dass es sich dabei um ein alkoholisches Getränk handelt, dessen Genuss sich für einen gläubigen Muslim ja eigentlich verbietet.

rakım *s* (*über Meeresspiegel*) Höhe *f*

rakibe *s* ① Rivalin *f* ② Gegnerin *f* ③ Konkurrentin *f*

rakip (-bi) **I.** *s* ① Nebenbuhler *m*, Rivale *m* ② Gegner *m* ③ Konkurrent *m* **II.** *adj* gegnerisch; ~ **oyuncu** Gegenspieler(in) *m(f)*

rakiplik (-ği) *s* Rivalität *f*

ralantisör *s* Zeitlupe *f*

Ramazan *s* Ramadan *m* (*islamischer Fastenmonat*); ~ **Bayramı** Ramadanfest *nt*

Ramazan, der islamische Fastenmonat Ramadan, ist der 9. Monat des islamischen Mondkalenders. Die Fastenzeit dauert 30 Tage. Von Sonnenaufgang bis Sonnenuntergang darf dem Körper nichts zugeführt werden. Gegessen und getrunken wird erst bei Dunkelheit.

rampa *s* ① Rampe *f* ② (*eines Schiffes*) Anlegen *nt*

randevu *s* ① Rendezvous *nt* ② Verabredung *f*, Treffen *nt*; ~ **almak** sich anmelden; ~ **evi** Freudenhaus *nt*; **randevusu olmak** einen Termin haben, verabredet sein

randevucu *s* Kuppler(in) *m(f)*

randıman *s* ① Ertrag *m* ② Leistungsfähigkeit *f*

randımanlı *adj* ① ertragreich ② leistungsfähig

rant (-tı) *s* (*arbeitsfreies Einkommen*) Rente *f*

rap (-pi) *s* Rap *m*; ~ **söylemek** rappen

rapçi *s* MUS Rapper(in) *m(f)*

rapor *s* ① Bericht *m* ② Gutachten *nt* ③ Attest *nt*; ~ **vermek** Bericht erstatten, ein Gutachten erstellen; (*Arzt*) ein Attest ausstellen

raptiye *s* ① (*Büro-, Heft-*) Klammer *f* ② Reißnagel *m*, Reißzwecke *f*

rasathane *s* ① Observatorium *nt*, Sternwarte *f* ② Wetterwarte *f* ③ Erdbebenwarte *f*

rasgele **I.** *adv* aufs Geratewohl, auf gut Glück **II.** *adj* irgendein(e) **III.** *interj* viel Erfolg!; ~ **birisi** der Erstbeste

rast gelmek *vt* ① glücken (**-e** jdm) ② (*zufällig*) begegnen (**-e** jdm) ③ (*Ziel*) treffen (**-e** etw) ④ (*Anteil*) zufallen (**-e** jdm) ⑤ (*Termin*) zusammenfallen mit (**-e** mit etw)

rastlamak *vt s.* **rast gelmek**

rastlantı *s* ① (zufällige) Begegnung *f* ② Zufall *m*

rasyonalizasyon *s* Rationalisierung *f*

rasyonalize *adj* rationalisiert; ~ **etmek** rationalisieren (**-i** etw)

rasyonel *adj* rational

rasyonelleştirmek *vt* rationalisieren (**-i** etw)

raunt (-du) *s* (*Boxen*) Runde *f*

ravent (-di) *s* Rhabarber *m*

ray *s* Gleis *nt*, Schiene *f*; **raydan çıkma** Entgleisung *f*; **raydan çıkmak** entgleisen

rayiç (-ci) *s* Kurs(wert) *m*

razı *adj* ① einverstanden ② befriedigt; ~ **olmak** [*o* **gelmek**] einverstanden sein, sich begnügen (**-e** mit etw)

reaksiyon *s* Reaktion *f*; ~ **göstermek** reagieren

reaktör *s* Reaktor *m*

realist (-ti) **I.** *s* Realist(in) *m(f)* **II.** *adj* realistisch

realite *s* Realität *f*

realpolitik (ği) *s* Realpolitik *f*

reçel *s* Marmelade *f*

reçete *s* Rezept *nt;* ~ **yazmak** ein Rezept ausstellen

reçine *s* (*von Bäumen*) Harz *nt*

redaksiyon *s* Verlagsredaktion *f*

redaktör *s* Verlagsredakteur(in) *m(f)*

reddetmek (-der) *vt* ablehnen, abschlagen; (*Bitte*) zurückweisen, verweigern (-**i** etw)

reddi (-ni) *s Possessivform zu* **ret** die Ablehnung von ...

refah *s* Wohlstand *m;* ~ **toplumu** Wohlstandsgesellschaft *f*

refakat (-ti) *s* ① Begleitung *f* ② Geleit *nt;* ~ **etmek** begleiten, geleiten (-**e** jdn); **...-in refakatinde** in Begleitung von ...

refakatçi *s* Begleiter(in) *m(f)*

referandum *s* Referendum *nt*

referans *s* Empfehlung *f,* Referenzen *pl*

refleks *s* Reflex *m*

reform *s* Reform *f*

Reformasyon *s* HIST Reformation *f*

reformcu *s* Reformanhänger(in) *m(f)*

reggi *s* Reggae *m*

rehber *s* ① Führer(in) *m(f)* ② (*Person*) Reiseführer(in) *m(f),* Reiseleiter(in) *m(f)* ③ Nachschlagewerk *nt*

rehberlik (-ği) *s* Führung *f*

rehin (-hni) *s* ① Unterpfand *nt* ② Verpfändung *f;* ~ **etmek** verpfänden (-**i** etw); ~ **vermek** versetzen (-**i** etw)

rehine *s* Geisel *f;* ~ **alma** Geiselnahme *f*

reis *s* ① Präsident(in) *m(f),* Vorsitzende(r) *f(m),* Vorstand *m* ② Oberhaupt *nt* ③ (*fam*) Kapitän *m*

reji *s* ① Regie *f* ② Monopolverwaltung *f*

rejim *s* ① Regime *nt* ② Diät *f;* ~ **muhalifi** Regimegegner(in) *m(f);* ~ **yapmak** Diät halten

rejisör *s* Regisseur(in) *m(f)*

rekabet (-ti) *s* ① Konkurrenz *f,* Rivalität *f* ② Wettkampf *m;* ~ **etmek** rivalisieren, konkurrieren (**ile** mit jdm)

rekabetçi *adj* konkurrenzfähig

reklam *s* Reklame *f,* Werbung *f;* ~ **spotu** Werbespot *m;* ~ **yapmak** werben, Reklame machen (**için** für etw/jdn)

rekor *s* Rekord *m;* ~ **kırmak** einen Rekord brechen

rekortmen *s* Rekordinhaber(in) *m(f)*

rektör *s* (*einer Universität*) Rektor *m*

Ren (nehri) *s* Rhein *m;* ~ **bölgesi** Rheinland *nt*

rencide *adj* gekränkt, beleidigt; ~ **etmek** kränken, beleidigen (-**i** jdn)

rençper *s* ① Tagelöhner *m* ② Bauer *m*

rende *s* ① Hobel *m* ② Reibe *f* ③ Reibsel *nt*

rendelemek *vt* ① hobeln (-**i** etw) ② (*Kartoffeln*) reiben (-**i** etw)

rengarenk *adj* ① mehrfarbig, bunt ② kunterbunt

rengeyiği (-ni) *s* Ren(tier) *nt*

renk (-gi) *s* ① Farbe *f* ② Wesen *nt,* Charakter *m;* ~ **tonu** Farbton *m;* ~ **vermek** färben (-**e** etw); (*fig*) Farbe verleihen (-**e** einer Sache); **rengi değişmek** sich verfärben; **rengini belli etmek** Farbe bekennen

renkkörlüğü (-nü) *s* Farbenblindheit *f*

renkkörü (-nü) *adj* farbenblind

renklendirici *s* Farbstoff *m*

renkli *adj* bunt, farbig; ~ **basın** Regenbogenpresse *f;* ~ **çamaşır** Buntwäsche *f;* ~ **film** Farbfilm *m;* ~ **fotoğraf** Farbfoto *nt;* ~ **kalem** Farbstift *m;* ~ **televizyon** Farbfernseher *m*

renksiz *adj* ① (*a. fig*) farblos ② blass

repertuvar *s* ① (*von Theater*) Spielplan *m* ② Repertoire *nt*

reprodüksiyon *s* Reproduktion *f*

resepsiyon *s* ① (*im Hotel*) Empfang *m,* Rezeption *f* ② (*Einladung*) Empfang *m*

resepsiyoncu *s* Empfangschef(in) *m(f)*

resesyon *s* COMM Rezession *f*

resim (-smi) *s* ① Bild *nt* ② Abbildung *f* ③ Zeichnung *f* ④ Illustration *f* ⑤ Bildnis *nt* ⑥ Foto *nt,* Fotografie *f* ⑦ Aufnahme *f* ⑧ Gemälde *nt* ⑨ Malerei *f* ⑩ (*Unterrichtsfach*) Zeichnen *nt* ⑪ Abgabe *f,* Steuer *f;* ~ **çekmek** fotografieren; ~ **çerçevesi** Fotorahmen *m;* ~ **çizmek** zeichnen; ~ **kâğıdı** Zeichenpapier *nt;* ~ **sergisi** Kunstausstellung *f;* ~ **yapmak** malen, zeichnen

resimli *adj* mit Bildern, illustriert; ~ **dergi** Illustrierte *f;* ~ **kitap** Bilderbuch *nt*

resital *s* Konzert *nt*

resmen *adv* offiziell

resmi *adj* ① offiziell ② formell, förmlich; ~ **daire** Behörde *f;* ~ **gazete** Amtsblatt *nt;* ~ **merci** Behörde *f*

resmi (-ni) *s Possessivform zu* **resim** das Bild von ...

resmigeçit (-di) *s* Defilee *nt*

resmilik (-ği) *s* Förmlichkeit *f*

resmiyet (**-ti**) *s s.* **resmilik**
ressam *s* ① (*Kunst-*) Maler(in) *m(f)* ② Zeichner(in) *m(f)*; ~ **sehpası** Staffelei *f*
ressamlık (**-ğı**) *s* ① Malerei *f* ② Malerberuf *m*
restoran *s* Restaurant *nt*
restorasyon *s* ① Restaurierung *f* ② HIST Restauration *f*
restore *adj* restauriert; ~ **etmek** renovieren, restaurieren (-**i** etw)
resus faktörü (**-nü**) *s* Rhesusfaktor *m*
reşit (**-di**) *adj* ① reif ② mündig, volljährig
reşitlik (**-ği**) *s* ① Reife *f* ② Volljährigkeit *f*
ret (**-ddi**) *s* Ablehnung *f*, Absage *f*, Weigerung *f*
revaç (**-cı**) *s* Nachfrage *f*; **revaçta olan** gefragt
revalüasyon *s* (*Geld-*) Aufwertung *f*
reverans *s* Verbeugung *f*; ~ **yapmak** sich verbeugen
revizyon *s* ① Revision *f* ② (*Buch*) Überarbeitung *f* ③ TECH Überholung *f*
revolver *s* Revolver *m*
revü *s* Revue *f*
rey *s* ① (*bei einer Wahl*) Stimme *f* ② Stimmabgabe *f*
reyhan *s* Basilikum *nt*
reyon *s* ① (Rad)speiche *f* ② (*im Kaufhaus*) Abteilung *f*
reyting *s* TV Einschaltquote *f*
rezalet (**-ti**) *s* ① Schandtat *f* ② Schmach *f* ③ Skandal *m*
rezaletli *adj* skandalös
reze *s* Türangel *f*
rezene *s* Fenchel *m*
rezerv *s* (*Geld-*) Reserve *f*
rezervasyon *s* (*eines Zimmers, Tisches*) Reservierung *f*
rezerve *adj* (*Platz*) reserviert, vorbestellt; ~ **ettirmek** reservieren (-**i** etw)
rezil *adj* ① niederträchtig ② bloßgestellt; ~ **etmek** blamieren, bloßstellen, in Verruf bringen (-**i** jdn); ~ **olmak** sich blamieren, bloßgestellt werden
rıhtım *s* ① Kai *m* ② Mole *f*
rıza *s* Einverständnis *nt*; ~ **beyanı** Einverständniserklärung *f*; ~ **göstermek** zustimmen, einwilligen (-**e** in etw); **... rızasıyla** im Einverständnis mit ...
riayet (**-ti**) *s* ① Achtung *f*, Respekt *m* ② Rücksichtnahme *f*; ~ **etmek** Rücksicht nehmen auf; (*Vorschriften*) befolgen; (*Vertrag, Frist*) einhalten (-**e** etw)
rica *s* ① (*Ersuchen*) Bitte *f* ② (*Wunsch*) Anliegen *nt*; **sizden ... ~ edebilir miyim?** darf ich Sie um ... bitten?; ~ **ederim!** bitte!; (*als höfliche Antwort auf ein Lob*) aber ich bitte Sie!; ~ **etmek** bitten (-**den** -**i** jdn um etw); **sizden bir ricam var** ich habe eine Bitte an Sie; **birinden bir şey için ricada bulunmak** jdn ersuchen, etwas zu tun
Richter ölçeği *s* Richterskala *f*
rimel *s* Wimperntusche *f*
ring *s* (*Box-*) Ring *m*
ringa (**balığı**) *s* Hering *m*; **küçük** ~ Matjeshering *m*
risk (**-ki**) *s* Risiko *nt*; ~ **etmek** riskieren (-**i** etw); **riske girmek** ein Risiko eingehen; **riske hazır** risikobereit
ritim (**-tmi**) *s* Rhythmus *m*
ritmik *adj* rhythmisch
rivayet (**-ti**) *s* ① Überlieferung *f* ② Gerücht *nt*
riya *s* Heuchelei *f*
riyakar *adj* heuchlerisch
riziko *s* Risiko *nt*, Wagnis *nt*
rizikolu *adj* riskant, gewagt
robot (**-tu**) *s* Roboter *m*; ~ **resim** Phantombild *nt*
rock (**müziği**) *s* Rock *m*, Rockmusik *f*
Rodos *s* Rhodos *nt*
roket (**-ti**) *s* Rakete *f*
rokoko *s* HIST Rokoko *nt*
rol (**-lü**) *s* Rolle *f*; ~ **oynamak** eine Rolle spielen
rom *s* Rum *m*
Roman *adj* (*Kunst*) romanisch
roman *s* Roman *m*
Romanca *adj* (*Sprache*) romanisch
romans *s* Romanze *f*
romantik (**-ği**) **I.** *adj* romantisch **II.** *s* Romantiker(in) *m(f)*
romantiklik (**-ği**) *s* Romantik *f*
romantizm *s* Romantik *f*
Romanya **I.** *s* Rumänien *nt* **II.** *adj* (*Art*) rumänisch
Romanyaca *adj* (*Sprache*) rumänisch
Romanyalı **I.** *adj* (*Herkunft*) rumänisch **II.** *s* Rumäne *m*, Rumänin *f*
romatizma *s* Rheuma *nt*, Rheumatismus *m*
Romen **I.** *s* HIST Römer(in) *m(f)* **II.** *adj* HIST römisch
romstek *s* Rumpsteak *nt*
rontken *s s.* **röntgen**
rota *s* Kurs *m*, Route *f*
rozbif *s* Roastbeef *nt*
rozet (**-ti**) *s* Rosette *f*

römork (**-ku**) *s* ❶ Autoanhänger *m* ❷ (*am Motorrad*) Beiwagen *m*
Rönesans *s* HIST Renaissance *f*
röntgen *s* ❶ Röntgenuntersuchung *f* ❷ Röntgenbestrahlung *f*; ~ (**filmi**) Röntgenaufnahme *f*; ~ **ışınları** Röntgenstrahlen *pl*; **röntgenini çekmek** röntgen (-**in** etw/jdn)
röntgenci *s* (*pej fam*) Voyeur *m*, Spanner *m*
röportaj *s* Reportage *f*
röportajcı *s* Berichterstatter(in) *m(f)*, Reporter(in) *m(f)*
röprodüksiyon *s* Reproduktion *f*
rötar *s* Verspätung *f*
rövanş *s* Revanche *f*; ~ **maçı** Rückspiel *nt*
ruble *s* Rubel *m*
rugan *s* Lack *m*; ~ **pabuç** Lackschuh *m*
rugbi *s* Rugby *nt*
ruh *s* ❶ Seele *f* ❷ (*Gesinnung*) Geist *m* ❸ Kernpunkt *m* ❹ Essenz *f* ❺ Gespenst *nt*, Geist *m* ❻ Psyche *f*; ~ **çağırmak** Geister beschwören; ~ **doktoru** Psychiater(in) *m(f)*; ~ **haleti** [*o* **hali**] Geisteszustand *m*
ruhani *adj* ❶ geistlich ❷ geistig; ~ **meclis** Synode *f*; **ruhaniler meclisi** Konzil *nt*
ruhbilim *s* Psychologie *f*
ruhbilimci *s* Psychologe, Psychologin *m, f*
ruhbilimsel *adj* psychologisch
ruhçözüm *s* Psychoanalyse *f*
ruhi *adj* seelisch, psychisch; ~ **denge** (seelische) Ausgeglichenheit *f*
Ruhr *s* Ruhr *f*; ~ **Havzası** Ruhrgebiet *nt*
ruhsal *adj* ❶ seelisch ❷ psychologisch; ~ **rahatsızlık** psychische Störung *f*
ruhsat (**-tı**) *s* ❶ Genehmigung *f*, Lizenz *f* ❷ Zulassung *f*
ruhsatsız *adj* ohne behördliche Genehmigung, nicht genehmigt; ~ **av avlamak** wildern; ~ **avcı** Wilderer *m*; ~ **silah taşıma** unerlaubter Waffenbesitz
ruhsuz *adj* geistlos, leblos
Ruhülkudüs *s* der Heilige Geist
ruj *s* Lippenstift *m*
rulet (**-ti**) *s* Roulett *nt*
rulo *s* Rolle *f*
Rum *s* in der Türkei lebende(r) Grieche *m*, Griechin *f*
Rumen **I.** *s* Rumäne *m*, Rumänin *f* **II.** *adj* (*Art*) rumänisch
rumuz *s* ❶ Kennwort *nt* ❷ Formel *f*
Rus **I.** *s* Russe *m*, Russin *f* **II.** *adj* (*Art*) russisch
Rusça *adj* (*Sprache*) russisch
rusdağı *s* Achterbahn *f*
Rusya **I.** *s* Russland *nt* **II.** *adj* (*Art*) russisch
rutin *s* Routine *f*
rutubet (**-ti**) *s* Feuchtigkeit *f*
rutubetli *adj* feucht
rüçhan hakkı (**-nı**) *s* FIN Vorzugsrecht *nt* (*auf Aktien*)
rüşt (**-tü**) *s* ❶ Reife *f* ❷ Volljährigkeit *f*
rüşvet (**-ti**) *s* ❶ Bestechung *f* ❷ Bestechungsgeld *nt*; ~ **vermek** [*o* **yedirmek**] bestechen (**-e** jdn)
rüşvetçi *adj* bestechlich
rüşvetçilik (**-ği**) *s* Bestechlichkeit *f*
rütbe *s* ❶ Dienstgrad *m* ❷ Rang *m*
rüya **I.** *s* Traum *m*; ~ **gibi** wie im Traum **II.** *adj, adv* traumhaft; ~ **görmek** träumen
rüzgar *s* Wind *m*; ~ **çiçeği** Osterglocke *f*; ~ **hızı** Windstärke *f*; ~ **şartları** Windverhältnisse *pl*; ~ **santrali** Windkraftwerk *nt*
rüzgarlı *adj* windig; **hava** ~ es ist windig
rüzgarsız *adj* windstill
rüzgarsızlık (**-ğı**) *s* Windstille *f*

S s

S, s *s 22. Buchstabe des türk. Alphabets*
saadet (**-ti**) *s* Glück *nt*
saat (**-ti**) *s* ❶ Stunde *f* ❷ Uhr *f* ❸ Zeit *f* ❹ Zeitpunkt *m* ❺ (*Gas-*) Zähler *m*; ~ **ayarı** Zeitansage *f*; ~ **iki** es ist zwei Uhr; **iki** ~ zwei Stunden; ~ **ibresi** Uhrzeiger *m*; ~ **kaç** wie spät ist es? wie viel Uhr ist es?; ~ **kaçta?** um wie viel Uhr?; ~ **mekanizması** Uhrwerk *nt*; ~ **tutmak** die Zeit stoppen; ~ **ücreti** Stundenlohn *m*
saatçi *s* Uhrmacher(in) *m(f)*
saatlerce *adv* stundenlang
saatli *adj* mit einem Uhrwerk ausgestattet; ~ **bomba** Zeitbombe *f*
sabah **I.** *s* Morgen *m* **II.** *adj* morgendlich; ~ **akşam** zu jeder Tageszeit; ~ **erkenden** frühmorgens; ~ **kızıllığı** Morgenröte *f*; ~ **oldu** es ist Tag geworden; ~ **yıldızı** Morgenstern *m*; **bu** ~ heute Morgen; **ertesi** ~ am anderen [*o* nächsten] Morgen
sabahki *adj* morgendlich
sabahlamak *vi* die Nacht über aufbleiben

sabahları *adv* (*jeden Morgen*) morgens
sabahleyin *adv* (*am Morgen*) morgens
sabahlık (**-ğı**) *s* Morgenrock *m*
saban *s* (*Holz-*) Pflug *m*
sabık (**-kı**) *adj* ehemalig
sabıka *s* Vorstrafe *f*
sabıkalı *adj* vorbestraft
sabır (**-brı**) *s* Geduld *f*
sabırlı *adj* geduldig
sabırsız *adj* ungeduldig
sabırsızlanmak *vi* ungeduldig werden
sabırsızlık (**-ğı**) *s* Ungeduld *f*
sabit (**-ti**) *adj* beständig, konstant, unveränderlich; ~ **disk** INFORM Festplatte *f*; ~ **fikir** fixe Idee
sabit fiyat *s* INET Flatrate *f*
sabotaj *s* Sabotage *f*
sabotajcı *s* Saboteur(in) *m(f)*
sabote *adj* sabotiert; ~ **etmek** sabotieren (-**i** etw)
sabretmek (**-der**) *vi* ① sich gedulden; ② ertragen können (-**e** etw)
sabrı (**-nı**) *s* *Possessivform zu* **sabır** seine/ihre Geduld *f*
sabun *s* Seife *f*; ~ **köpüğü** Seifenschaum *m*; ~ **tozu** Seifenpulver *nt*
sabunlamak *vt* einseifen (-**i** etw)
sabunluk (**-ğu**) *s* Seifendose *f*
saç (**-cı**) **I.** *s* Blech *nt* **II.** *adj* aus Blech
saç (**-çı**) *s* Haar *nt*; ~ **ayrığı** Scheitel *m*; ~ **bakımı** Haarpflege *f*; ~ **fırçası** Haarbürste *f*; ~ **kurutma makinesi** Föhn *m*, Trockenhaube *f*; ~ **biçimi** Frisur *f*; ~ **örgüsü** Zopf *m*; ~ **tokası** Haarklammer *f*, Haarspange *f*; **saçını kestirmek** sich die Haare schneiden lassen; **saçını taramak** sich kämmen; **birini saçlarından sürüklemek** jdn an den Haaren ziehen
saçak (**-ğı**) *s* ① Franse *f* ② Vordach *nt*
saçkıran *s* Haarausfall *m*
saçlı *adj* haarig; (*mit näherer Angabe*) -haarig; **kızıl** ~ rothaarig
saçma **I.** *s* ① *Verbalsubstantiv zu* **saçmak** ② Schrot *m* ③ Unsinn *m* **II.** *adj* blödsinnig, unsinnig; **ne ~ şey!** so ein Quatsch!; ~ **sapan** (*fam*) blödsinnig
saçmak (**-ar**) *vt* ① verstreuen, zerstreuen (-**i** etw) ② (*Duft*) ausströmen (-**i** etw) ③ (*Schrecken*) verbreiten (-**i** etw)
saçmalamak *vi* (*fam*) dummes Zeug reden, spinnen
saçmalık (**-ğı**) *s* Blödsinn *m*
sada *s* ① Schall *m* ② Echo *m*
sadaka *s* Almosen *nt*, Spende *f*
sadakat (**-ti**) *s* Ergebenheit *f*, Loyalität *f*, Treue *f*
sade **I.** *adj* ① einfach, schlicht ② pur, rein **II.** *adv* nur, bloß; ~ **kahve** schwarzer Kaffee
sadece *adv* lediglich, nur, bloß; ~ **... değil, aynı zamanda** nicht nur ..., sondern auch
sadeleşmek *vi* sich vereinfachen
sadeleştirmek *vt* ① *Kausativ zu* **sadeleşmek** ② vereinfachen (-**i** etw) ③ MATH kürzen (-**i** etw)
sadelik (**-ği**) *s* Einfachheit *f*
sadet (**-di**) *s* Thema *nt*, Hauptfrage *f*
sadık (**-ğı**) *adj* treu
sadist (**-ti**) **I.** *s* Sadist(in) *m(f)* **II.** *adj* sadistisch
sadizm *s* Sadismus *m*
saf (**-ffı**) *s* Reihe *f*; **saffa dizilmek** Spalier stehen
saf *adj* ① echt ② rein, pur ③ naiv, leichtgläubig
safdışı *adv* **birini ~ bırakmak** [*o* **kılmak**] (*Rivalen*) jdn abhängen, jdn aus dem Rennen schlagen; ~ **kalmak** aus dem Rennen sein
safdil *adj* einfältig, naiv, leichtgläubig
safdillik (**-ği**) *s* Leichtgläubigkeit *f*, Naivität *f*
saffı (**-nı**) *s* *Possessivform zu* **saf** die Reihe von ...
safha *s* ① (*Stadium*) Phase *f* ② Seite *f*
safi **I.** *adj* ① unverfälscht, rein ② Netto- **II.** *adv* lediglich, nur; ~ **ağırlık** Nettogewicht *nt*; ~ **gelir** Nettoeinkommen *nt*; ~ **hasılat** Reinertrag *m*
safkan *adj* reinrassig
saflık (**-ğı**) *s* ① Reinheit *f* ② Naivität *f*
safra *s* ① Ballast *m* ② Galle *f*; ~ **kesesi** Gallenblase *f*; ~ **kesesi taşı** Gallenstein *m*
safran *s* ① Safrankrokus *m* ② Safran *m*
sağ **I.** *adj* ① lebend, lebendig ② gesund ③ rechte(r, s) **II.** *s* die rechte Seite; ~ **kalmak** am Leben bleiben, überleben; ~ **ol**(**un**) danke schön; ~ **salim** (*Person*) wohlbehalten, unversehrt; ~ **el** die rechte Hand; ~ **tarafta** rechts; **sağa** nach rechts; **sağda** rechts; **sağdan** von rechts; **sağını solunu bilmemek** die Fassung verlieren
sağaçık (**-ğı**) *s* Rechtsaußen *m*
sağanak (**-ğı**) *s* Regenschauer *m*, Wolkenbruch *m*
sağcı **I.** *s* POL Rechte(r) *f(m)* **II.** *adj* rechte(r, s)
sağdıç (**-cı**) *s* ① Brautführer *m* ② *Helfer bei*

S

der Beschneidung
sağduyu *s* gesunder Menschenverstand
sağgörü *s* Scharfblick *m*, Umsicht *f*
sağgörülü *adj* umsichtig, scharfsinnig
sağır *adj* taub, gehörlos; ~ **dilsiz** taubstumm, Taubstumme(r) *f(m)*; **sağırlar dili** Zeichensprache *f*
sağlam *adj* ① fest, stabil, solide ② dauerhaft, beständig ③ unversehrt, ganz ④ zuverlässig, sicher ⑤ gesund; **sağlama bağlamak** absichern (**-i** etw)
sağlamak *vt* ① beschaffen, besorgen (**-e -i** jdm etw) ② sichern (**-i** etw) ③ nach rechts gehen [*o* fahren]
sağlamlaştırmak *vt* ① festigen (**-i** etw) ② verstärken, bekräftigen (**-i** etw) ③ sichern, sicherstellen (**-i** etw)
sağlamlık (**-ğı**) *s* ① Haltbarkeit *f*, Stabilität *f* ② Unversehrtheit *f* ③ Zuverlässigkeit *f* ④ Gesundheit *f*
sağlıcakla *interj* **kalın ~!** leben Sie wohl!
sağlık (**-ğı**) *s* ① Gesundheit *f* ② Leben *nt*; **Sağlık Bakanlığı** Gesundheitsministerium *nt*; ~ **durumu** Gesundheitszustand *m*; ~ **sigortası** Krankenversicherung *f*; **sağlığa zararlı** gesundheitsschädlich; **sağlığınıza!** auf Ihr Wohl!
sağlıklı *adj* gesund
sağlıksal *adj* gesundheitlich
sağmak (**-ar**) *vt* ① melken (**-i** etw) ② aufwickeln (**-i** etw)
sağrı *s* Pferderücken *m*, Kruppe *f*; ~ **kemiği** Kreuz *nt*
saha *s* ① Bereich *m* ② MATH Fläche *f* ③ Spielfeld *nt* ④ PHYS Feld *nt*
sahaf *s* Antiquar(in) *m(f)*
sahan *s* Pfanne *f*; **sahanda yumurta** Spiegelei *nt*
sahi *adj* wirklich; ~ **mi?** wirklich?
sahibe *s* ① Herrin *f* ② Besitzerin *f*, Inhaberin *f*
sahici *adj* wirklich, echt
sahiden *adv* ① echt ② tatsächlich, wahrhaftig
sahil *s* (*am Meer*) Küste *f*, Ufer *nt*
sahip (**-bi**) *s* Besitzer(in) *m(f)*, Inhaber(in) *m(f)*; ~ **olmak** besitzen (**-e** etw)
sahiplenmek *vt* für sich vereinnahmen (**-i** etw)
sahne *s* ① Bühne *f* ② Schauplatz *m* ③ Szene *f*; **sahneye çıkış** Auftritt *m*; **sahneye çıkmak** auftreten; **sahneye koyma** Inszenierung *f*; **sahneye koymak** inszenieren (**-i** etw)
sahte *adj* falsch, unecht; ~ **para** Falschgeld *nt*
sahtekar *s* Fälscher(in) *m(f)*
sahtelik (**-ği**) *s* Fälschung *f*
sahur *s Essen vor Tagesanbruch im Fastenmonat*
saka *s* Wasserträger(in) *m(f)*; **saka kuşu** Stieglitz *m*, Distelfink *m*
sakal *s* (Voll)bart *m*
sakallı *adj* bärtig
sakar **I.** *s* ① Blesse *f* ② Tollpatsch *m* **II.** *adj* tollpatschig, ungeschickt
sakarin *s* Sacharin *m*
sakarlık (**-ğı**) *s* Tollpatschigkeit *f*, Ungeschicklichkeit *f*
sakat (**-tı**) **I.** *s* ① Behinderte(r) *f(m)* ② Fehler *m* **II.** *adj* ① (*körperlich*) behindert ② (*Körperteil*) verkrüppelt ③ (*Spieler*) verletzt ④ (*Sache*) faul ⑤ (*Ware*) fehlerhaft
sakatat (**-tı**) *npl* Innereien *pl*
sakın *adv* ja nicht; ~ **ha!** bloß nicht!
sakınca *s* ① Nachteil *m* ② Vorbehalt *m*
sakıncalı *adj* ① heikel, bedenklich ② nachteilig
sakıngan *adj* zurückhaltend, vorsichtig
sakınganlık (**-ğı**) *s* Zurückhaltung *f*, Vorsicht *f*
sakınmak **I.** *vt* behüten (**-i** etw/jdn) **II.** *vi* ① sich hüten (**-den** vor etw/jdm), meiden (**-den** etw/jdn) ② vermeiden (**-den** etw) ③ sich in Acht nehmen (**-den** vor etw)
sakırga *s* Zecke *f*
sakız *s* ① Harz *nt* ② (*fam*) Kaugummi *m o nt*
sakin **I.** *s* Bewohner(in) *m(f)*, Einwohner(in) *m(f)* **II.** *adj* ① friedlich, gelassen, ruhig ② still, regungslos
sakinleşmek *vi* ① sich beruhigen ② aufhören, sich legen
sakinleştirici *adj* beruhigend
sakinleştirmek *vt* ① *Kausativ zu* **sakinleşmek** ② beruhigen (**-i** jdn/etw)
sakinlik (**-ği**) *s* ① Gelassenheit *f* ② Stille *f*
saklama *s* ① *Verbalsubstantiv zu* **saklamak** ② Aufbewahrung *f*; ~ **sıvısı** (*für Kontaktlinsen*) Aufbewahrungslösung *f*
saklamak *vt* ① aufbewahren, aufheben (**-i** etw) ② verstecken (**-i** etw/jdn) ③ verbergen (**-i** etw) ④ (*Daten*) speichern (**-i** etw)
saklambaç (**-cı**) *s* Versteckspiel *nt*; ~ **oynamak** Versteck spielen
saklanan *adj* INFORM (*Daten*) gespeichert
saklanmak *vi* ① *Passiv o Reflexiv zu* **saklamak** ② sich verstecken ③ versteckt werden ④ (*Daten*) gespeichert werden
saklı *adj* ① geheim ② heimlich ③ verborgen

❹ versteckt
saksağan *s* Elster *f*
saksı *s* Blumentopf *m*
saksofon *s* Saxofon *nt*
Saksonya *s* Sachsen *nt;* **Aşağı ~** Niedersachsen *nt*
Saksonyalı *s* Sachse *m,* Sächsin *f*
sal *s* Floß *nt*
salak (**-ğı**) **I.** *s* Trottel *m* **II.** *adj* trottelig
salaklık (**-ğı**) *s* (*fam*) Dummheit *f;* **~ etmek** sich dumm anstellen
salam *s* Salami *f*
salamura I. *s* Salzlake *f* **II.** *adj* in Salzlake eingelegt; **~ yapmak** einlegen (**-i** etw); **salamuraya yatırmak** einsalzen, marinieren (**-i** etw)
salata *s* Salat *m;* **karışık ~** gemischter Salat; **~ sosu** Salatsoße *f,* Dressing *nt*
salatalık (**-ğı**) **I.** *s* Gurke *f* **II.** *adj* zur Salatzubereitung geeignet
salça *s* ❶ Soße *f,* Sauce *f* ❷ Tunke *f* ❸ Tomatenmark *nt*
saldırgan *adj* aggressiv
saldırganlık (**-ğı**) *s* ❶ Aggressivität *f* ❷ Aggression *f* (**-e** gegen jdn/etw)
saldırı *s* ❶ (*a. fig*) Angriff *m,* Offensive *f* ❷ Vorstoß *m*
saldırmak *vt* ❶ losgehen auf, überfallen, angreifen (**-e** jdn/etw) ❷ (*Tiere*) anfallen (**-e** jdn/etw) ❸ hetzen (**köpeği -e** Hund auf jdn)
saldırmazlık (**-ğı**) *s* Zurückhaltung *f;* **~ paktı** Nichtangriffspakt *m*
salgın I. *adj* epidemisch **II.** *s* Seuche *f,* Epidemie *f*
salı *s* Dienstag *m*
salık vermek *vt* (*weiter-*) empfehlen (**-e -i** jdm etw)
salıncak (**-ğı**) *s* Schaukel *f*
salıncaklı *adj* Schaukel-; **~ at** Schaukelpferd *nt;* **~ koltuk** Schaukelstuhl *m*
salınmak *vi* ❶ *Passiv zu* **salmak** ❷ (*Pendel*) schwingen ❸ sich in den Hüften wiegen
salıvermek *vt* ❶ (*Gefangene*) entlassen, freilassen (**-i** jdn) ❷ loslassen (**-i** jdn)
salkım *s* (*Blütenstand*) Traube *f*
salkımsöğüt (**-dü**) *s* Trauerweide *f*
sallamak *vt* ❶ (hin und her) schaukeln (**-i** etw) ❷ schütteln, rütteln (**-i** etw) ❸ schwenken (**-i** etw) ❹ schwingen (**-i** etw) ❺ (*fam*) hinauszögern (**-i** etw); **el ~** (*mit der Hand*) winken; **başını ~** den Kopf schütteln; **mendil ~** mit einem Taschentuch winken
sallanmak *vi* ❶ *Passiv zu* **sallamak** ❷ schaukeln ❸ schwanken ❹ (*Pendel*) schwingen ❺ wackeln ❻ wanken ❼ (*fam*) trödeln
salmak (**-ar**) *vt* ❶ loslassen, losmachen (**-i** etw) ❷ (*Licht, Wärme*) ausstrahlen (**-i** etw) ❸ (*Gefangene*) freilassen (**-i** jdn) ❹ (*Licht*) werfen (**-i -e** etw auf etw) ❺ (*Geruch*) verbreiten, verströmen (**-i** etw) ❻ (*Seil*) hinunterlassen (**-i -e** etw in etw) ❼ (*Nachricht*) (ab)schicken (**-i** etw) ❽ hetzen (**köpeği -e** Hund auf jdn)
salon *s* ❶ Saal *m* ❷ Salon *m*
salt (**-tı**) **I.** *adv* lediglich, nur **II.** *adj* rein, echt
salta *s* **~ durmak** Männchen machen
saltanat (**-tı**) *s* ❶ Herrschaft *f* ❷ Prunk *m;* **~ sürmek** herrschen, regieren
Salvador *s* Salvador *nt*
salya *s* Speichel *m*
salyangoz *s* Schnecke *f*
saman *s* Stroh *nt;* **~ altından su yürütmek** intrigieren; **~ çiçeği** Strohblume *f;* **~ çöpü** Strohhalm *m*
samanlık (**-ğı**) *s* ❶ Scheune *f* ❷ Heuhaufen *m;* **samanlıkta iğne aramak** die Stecknadel im Heuhaufen suchen
samanyolu (**-nu**) *s* Milchstraße *f*
Sami I. *s* Semit(in) *m(f)* **II.** *adj* semitisch
samimi *adj* ❶ herzlich, innig ❷ (*Freund*) gut ❸ aufrichtig, offen ❹ (*Umgang*) vertraulich ❺ (*Freundschaft*) eng
samimiyet (**-ti**) *s* ❶ Herzlichkeit *f* ❷ Aufrichtigkeit *f,* Offenheit *f* ❸ Vertraulichkeit *f*
samur I. *s* Zobel *m* **II.** *adj* aus Zobelfell, Zobel-
san *s* ❶ (*Leumund*) Ruf *m* ❷ Ruhm *m*
sana *pron* dir; **~ kalırsa** deiner Meinung nach; **~ ne** das geht dich nichts an; **~ ne oluyor!** was fällt dir ein!
sanal *adj* INFORM virtuell; **~ gerçeklik** virtuelle Realität *f*
sanat (**-tı**) *s* ❶ Kunst *f* ❷ Gewerbe *nt;* **~ eseri** Kunstwerk *nt;* **~ okulu** Berufsschule *f;* **~ tarihi** Kunstgeschichte *f;* **~ tezkeresi** Gewerbeschein *m*
sanatçı *s* Künstler(in) *m(f)*
sanatkar *s* Künstler(in) *m(f)*
sanatlı *adj* kunstvoll
sanatoryum *s* Sanatorium *nt*
sanayi *s* ❶ Gewerbe *nt* ❷ Industrie *f;* **~ bölgesi** Gewerbegebiet *nt;* **Sanayi ve Ticaret Odası** Industrie- und Handelskammer *f;* **~ vergisi** Gewerbesteuer *f*

sanayici **I.** *s* Industrielle(r) *f(m)* **II.** *adj* industriell
sanayileşmek *vi* industrialisiert werden
sanayileştirmek *vt* ① *Kausativ zu* **sanayileşmek** ② industrialisieren (**-i** etw)
sancak (**-ğı**) *s* ① Fahne *f*, Flagge *f* ② Steuerbord *nt* ③ HIST (osmanischer) Regierungsbezirk *m*
sancı *s* ① (stechender) Schmerz *m* ② (*Geburts-*) Wehen *pl*
sancımak *vi* schmerzen
sancısız *adj* schmerzlos
sandal *s* ① Boot *nt*, Kahn *m* ② Sandelholz *nt*
sandalet (**-ti**) *s* Sandale *f*
sandalye *s* ① Stuhl *m* ② Amt *nt*, Posten *m*
sandık (**-ğı**) *s* ① Kasten *m*, Kiste *f*, Truhe *f* ② Wahlurne *f*; ~ **odası** Abstellraum *m*, Rumpelkammer *f*
sanduka *s* Sarkophag *m*
sandviç (**-ci**) *s* belegtes Brötchen, Sandwich *nt*
sanı *s* Mutmaßung *f*, Vermutung *f*
sanık (**-ğı**) **I.** *s* Angeklagte(r) *f(m)* **II.** *adj* mutmaßlich
saniye *s* Sekunde *f*; ~ **gösterici** Sekundenzeiger *m*; **saniyedeki bit sayısı** BPS (*Bits pro Sekunde*)
saniyeli tapa *s* Zeitzünder *m*
sanki *adv* ① als ob ② geradezu; ~ **... gibi** ebenso gut wie ..., es ist, als ob ...
sanksyon *s* ① Gegenmaßnahme *f* ② Sanktionierung *f* ③ Repressalien *pl*
sanmak (**-ır**) *vt* ① denken (**-i** etw) ② vermuten (**-i** etw) ③ glauben, meinen (**-i** etw); **sanmıyorum** ich glaube nein
sanrı *s* Halluzination *f*
sansar *s* Marder *m*
sansasyon *s* Sensation *f*
sansür *s* Zensur *f*; ~ **etmek** zensieren (**-i** etw)
sansürcü *s* Zensor(in) *m(f)*
santim *s* ① Zentimeter *m* ② Zentimetermaß *nt* ③ (*Geld*) Centime *m*, Rappen *m*
santimetre *s* ① Zentimeter *m* ② Zentimetermaß *nt*
santral *s* ① Telefonzentrale *f* ② Zentrale *f* ③ Kraftwerk *nt*
santrfor *s* Mittelstürmer *m*
santrfüj **I.** *s* ① Zentrifuge *f* ② Wäscheschleuder *f* **II.** *adj* zentrifugal
sap (**-pı**) *s* ① Griff *m*, Henkel *m* ② (*von Pflanze*) Halm *m*, Stängel *m*
sapa *adj* entlegen, abgelegen
sapan *s* (*Stein-*) Schleuder *f*
sapasağlam *adj* ① kerngesund ② völlig unversehrt
sapık (**-ğı**) *adj* ① unnatürlich ② pervers ③ (*fam*) verrückt
sapıklık (**-ğı**) *s* ① Anomalie *f* ② Perversität *f* ③ (*fam*) Verrücktheit *f*
sapıtmak *vi* ① sich danebenbenehmen ② (*fam*) verrückt werden
saplamak *vt* (hinein)stechen, (hinein)stoßen (**-i -e** etw in etw)
saplanmak *vt* ① *Passiv zu* **saplamak** ② (ein)dringen (**-e** in etw) ③ stecken bleiben (**-e** in etw) ④ sich versteifen (**-e** auf etw)
saplantı *s* fixe Idee
sapma *s* ① *Verbalsubstantiv zu* **sapmak** ② Abweichung *f*; ~ **şeridi** Abbiegespur *f*; **100 metrelik bir sapmayla** mit einer Abweichung von 100 Metern
sapmak (**-ar**) *vi* ① abbiegen (**-den** von etw) ② einbiegen (**-e** in etw) ③ abweichen (**-den** von etw)
sapsarı *adj* ① kreidebleich, totenbleich ② ganz gelb
saptamak *vt* ① feststellen (**-i** etw) ② festsetzen, bestimmen (**-i** etw) ③ (*Datum*) festlegen, festsetzen (**-i** etw)
saptırmak *vt* ① *Kausativ zu* **sapmak** ② ablenken (**-i** jdn/etw)
sara *s* Epilepsie *f*
saralı **I.** *adj* epileptisch **II.** *s* Epileptiker(in) *m(f)*
sararmak *vi* ① vergilben ② blass werden ③ verwelken
saray *s* ① (*Fürsten-*) Hof *m* ② Schloss *nt*; **Beyaz Saray** (*in USA*) das Weiße Haus
sardalye *s* Sardine *f*; ~ **kutusu** Sardinenbüchse *f*
Sardenya (**Adası**) *s* Sardinien *nt*
sardunya *s* Geranie *f*
sarf *s* ① Ausgabe *f* ② Verbrauch *m*; ~ **etmek** (*Geld*) aufwenden; (*Wasser*) verbrauchen; (*Worte*) sagen (**-i** etw)
sargı *s* Bandage *f*, Binde *f*, Verband *m*; ~ **malzemesi** Verband(s)zeug *nt*
Sar Havzası (**-nı**) *s* Saarland *nt*
sarhoş **I.** *adj* ① betrunken ② berauscht **II.** *s* Betrunkene(r) *f(m)*; ~ **etmek** betrunken machen (**-i** jdn); ~ **olmak** sich betrinken
sarhoşluk (**-ğu**) *s* ① Trunkenheit *f* ② Rausch *m*

sarı I. *adj* ① gelb ② (*Haar*) blond ③ blass, bleich II. *s* ① Gelb *nt* ② Eigelb *nt*, Eidotter *m*; ~ **humma** Gelbfieber *nt*; ~ **saçlı** blond
sarıca *adj* gelblich
sarık (-ğı) *s* Turban *m*
sarılgan *adj* kletternd, Kletter-; ~ **bitki** Kletterpflanze *f*, Schlingpflanze *f*
sarılık (-ğı) *s* ① Gelbsucht *f* ② Gelb *nt* ③ blonde Farbe
sarılmak *vi* ① *Passiv zu* **sarmak** ② umarmen (**-e** jdn) ③ umschlingen, umklammern (**-e** jdn/etw) ④ sich klammern (**-e** an etw/jdn) ⑤ (*Waffe*) ergreifen (**-e** etw)
sarımsak (-ğı) *s* Knoblauch *m*
sarımsı *adj* gelblich
sarıp sarmalamak *vt* (fest) einwickeln (**-i** etw)
sarışın I. *adj* blond, hell II. *s* Blondine *f*
sarkaç (-cı) *s* Pendel *nt*
sarkık (-ğı) *adj* ① schlaff ② herabhängend; ~ **buz** Eiszapfen *m*
sarkıntılık (-ğı) *s* ① (*gegenüber einer Frau*) Belästigung *f* ② Aufdringlichkeit *f*; ~ **etmek** (*Frau*) belästigen (**-e** jdn)
sarkıtmak *vt* ① *Kausativ zu* **sarkmak** ② hängen lassen (**-i** etw) ③ (*vulg*) aufhängen (**-i** jdn)
sarkmak (-ar) *vi* (herab)hängen (**-den** aus/von etw), (heraus)hängen (**-den** aus/von etw); **dışarı** ~ sich hinauslehnen (**-den** aus etw)
sarma *s* ① *Verbalsubstantiv zu* **sarmak** ② Roulade *f*, gefüllte Weinblätter *pl*
sarmak (-ar) *vt* ① einwickeln (**-i -e** etw in etw) ② umgeben (**-i** etw/jdn) ③ belagern (**-i** etw) ④ umhüllen, einhüllen (**-i** etw) ⑤ umbinden (**-i** etw) ⑥ (*Zigarette*) drehen (**-i** etw) ⑦ umzingeln, einkreisen (**-i** jdn/etw) ⑧ (*fig*) einschließen (**-i** etw) ⑨ umarmen (**-i** jdn) ⑩ aufspulen (**-i** etw) ⑪ (*Wunde*) verbinden (**-i** etw) ⑫ sich ausbreiten (**-i** in etw) ⑬ fesseln, begeistern (**-i** jdn)
sarmaşık (-ğı) *s* Efeu *m*
sarmısak (-ğı) *s* Knoblauch *m*; ~ **dişi** Knoblauchzehe *f*
Sar nehri *s* (*Fluss*) Saar *f*
sarnıç (-cı) *s* ① Tank *m* ② Zisterne *f*
sarp (-pı) *adj* ① (*Hang*) steil ② schwierig, schwer
sarsılmak *vi* ① *Passiv zu* **sarsmak** ② (stark) beben ③ (*Boden*) wanken
sarsılmaz *adj* unerschütterlich, standhaft
sarsılmazlık (-ğı) *s* Standhaftigkeit *f*
sarsıntı *s* ① Rütteln *nt* ② Erschütterung *f*
sarsmak (-ar) *vt* ① (*auch fig*) erschüttern (**-i** etw/jdn) ② mitnehmen (**-i** jdn), sehr nahegehen (**-i** jdm) ③ rütteln (**-i** etw/jdn)
sataşmak *vt* ① anpöbeln (**-e** jdn) ② stören (**-e** jdn)
saten *s* Satin *m*
sathı (-nı) *s Possessivform zu* **satıh** die Oberfläche von ...
sathi *adj* oberflächlich
satıcı *s* ① Händler(in) *m(f)* ② Verkäufer(in) *m(f)*
satıh (-thı) *s* Oberfläche *f*
satılık (-ğı) *adj* verkäuflich, zu Verkaufen
satılmak *vi* ① *Passiv zu* **satmak** ② (*Ware*) verkauft werden (**-e** an jdn)
satılmış *adj* ① verkauft ② bestechlich
satın alınabilir *adj* käuflich
satın alma *s* ① *Verbalsubstantiv zu* **satın almak** ② Kauf *m*; ~ **gücü** Kaufkraft *f*
satın almak *vt* kaufen (**-i** etw)
satır *s* ① Zeile *f* ② Hackmesser *nt* ③ Kurzschwert *nt*
satış *s* ① *Verbalsubstantiv zu* **satmak** ② Verkauf *m*; ~ **bedeli** Verkaufserlös *m*
satmak (-ar) *vt* ① verkaufen (**-i -e** etw jdm) ② verraten (**-i** jdn/etw)
satranç (-cı) *s* Schachspiel *nt*; ~ **tahtası** Schachbrett *nt*; ~ **taşı** Schachfigur *f*
sauna *s* Sauna *f*
sav *s* Behauptung *f*
savan(a) *s* Savanne *f*
savaş *s* ① Krieg *m* ② Kampf *m*; ~ **gemisi** Kriegsschiff *nt*; ~ **ilanı** Kriegserklärung *f*; ~ **karşıtları hareketi** Antikriegsbewegung *f*; ~ **meydanı** Schlachtfeld *nt*; ~ **suçlusu** Kriegsverbrecher *m*; ~ **suçu** Kriegsverbrechen *nt*; ~ **uçağı** Kampfflugzeug *nt*
savaşçı I. *s* Kämpfer *m*, Krieger *m* II. *adj* kriegerisch, kämpferisch
savaşmak *vi* kämpfen
savcı *s* Staatsanwalt *m*, Staatsanwältin *f*
savmak (-ar) *vt* ① (*Gefahr*) überstehen; (*Krankheit*) loswerden (**-i** etw) ② (*fam*) abwimmeln (**-i** jdn) ③ (*fam*) rausschmeißen (**-i** jdn)
savruk (-ğu) *adj* (*Person*) unkonzentriert
savsaklamak *vt* hinauszögern (**-i** etw)
savulmak *vi* Platz machen
savunma *s* ① *Verbalsubstantiv zu* **savunmak** ② Defensive *f*, Abwehr *f* ③ Verteidi-

gung *f;* **Savunma Bakanı** Verteidigungsminister(in) *m(f)*
savunmak *vt* ① verteidigen (-**i** jdn/etw) ② plädieren (-**i** für etw/jdn)
savunu *s* (*Schutz*) Verteidigung *f*
savunucu **I.** *s* Verteidiger(in) *m(f)* **II.** *adj* verteidigend
savunusuz *adj* schutzlos
savurgan **I.** *s* Verschwender(in) *m(f)* **II.** *adj* verschwenderisch
savurganlık (-**ğı**) *s* Verschwendung *f,* Vergeudung *f*
savurmak *vt* ① (in die Höhe) schleudern (-**i** etw) ② schmeißen, werfen (-**i** etw) ③ (*Fluch*) ausstoßen (-**i** etw) ④ (*Geld*) hinausschmeißen (-**i** etw)
savuşmak *vi* ① sich wegstehlen ② (*Gefahr*) vorübergehen
savuşturmak *vt* ① *Kausativ zu* **savuşmak** ② erleben, durchmachen (-**i** etw)
sayaç (-**cı**) *s* TECH Zähler *m*
saydam *adj* durchsichtig, transparent; ~ **kat** [*o* **tabaka**] (*am Auge*) Hornhaut *f*
saydamlık (-**ğı**) *s* Durchsichtigkeit *f*
sayesinde *präp* (*gen*) dank (-**in** +*gen/dat*), durch (-**in** +*akk*)
sayfa *s* ① (*Buch, Zeitung*) Seite *f* ② (*Internet*) (Internet)seite *f;* **sayfayı çevirin!** bitte wenden!; **sayfayı çevirmek** umblättern; **sayfayı kapatalım!** lasst uns das Thema wechseln!
sayfiye *s* Sommerhaus *nt*
saygı *s* ① Achtung *f,* Respekt *m* (-**e** gegenüber jdm) ② Rücksicht *f;* ~ **göstermek** achten, respektieren, Rücksicht nehmen (-**e** auf jdn/etw)

Saygı ist einer der Grundwerte der traditionellen türkischen Gesellschaft. Es handelt sich dabei nicht um die Achtung einer Person als Individuum, sondern vielmehr um die Achtung und Respektierung der sozialen Rolle, die diese Person einnimmt. So erweisen die Frauen den Männern die ihnen zukommende ‚saygı', ebenso der Jüngere dem Älteren und die Kinder dem Vater.

saygıdeğer *adj* ① achtbar, ehrbar ② (*als Anrede*) geehrt, verehrt
saygılı *adj* ① respektvoll ② rücksichtsvoll
saygın *adj* angesehen
saygısız *adj* ① respektlos ② rücksichtslos
saygısızca *adv* ① rücksichtslos ② respektlos
saygısızlık (-**ğı**) *s* ① Respektlosigkeit *f* ② Rücksichtslosigkeit *f*
sayı *s* ① Zahl *f* ② (*Zeitung*) Nummer *f* ③ SPORT Punkt *m;* ~ **sıfatı** Zahlwort *nt*
sayıca *adj, adv* zahlenmäßig
sayıklamak *vi* ① im Schlaf reden ② phantasieren ③ schwärmen (-**i** von etw)
sayılmak *vi* ① *Passiv zu* **saymak** ② gelten als, zählen zu (-**den** zu etw)
sayım *s* ① *Verbalsubstantiv zu* **saymak** ② Zählung *f*
sayımsal *adj* statistisch
sayın *adj* (*als Anrede*) geehrte(r), verehrte(r)
sayısal *adj* ① zahlenmäßig ② digital; ~ **adres** INET IP-Nummer *f;* ~ **imza** INFORM digitale Signatur *f;* ~ **lotto** Zahlenlotto *nt;* ~ **ses bandı** DAT *nt* (*digital audio tape*)
sayısız *adj* unzählig, zahllos
saymak (-**ar**) *vt* ① zählen (-**i** etw) ② schätzen, respektieren, achten (-**i** etw/jdn) ③ berücksichtigen, beachten (-**i** etw) ④ halten für (-**i** -**e**/-**den** jdn für jdn)
saz *s* ① Schilf(rohr) *nt* ② türkische Laute
sazan *s* Karpfen *m*
seans *s* ① Vorführung *f* ② Sitzung *f,* Seance *f*
sebat (-**tı**) *s* Ausdauer *f,* Beharrlichkeit *f;* ~ **etmek** Ausdauer zeigen
sebatlı *adj* ausdauernd, beharrlich, zäh
sebebiyle *präp* aufgrund (... +*gen*)
sebep (-**bi**) *s* ① Ursache *f,* Grund *m* ② Anlass *m;* ~ **olmak** [*o* **vermek**] den Anstoß geben (-**e** für etw), veranlassen; (*Schaden*) anrichten (-**e** etw); **bu sebepten** aus diesem Grunde
sebepli *adj* begründet, gerechtfertigt
sebepsiz *adj* ohne Grund, grundlos
sebze *s* Gemüse *nt;* ~ **çorbası** Gemüsesuppe *f*
sebzeci *s* Gemüsehändler(in) *m(f)*
seccade *s* Gebetsteppich *m*
seçenek (-**ği**) *s* Alternative *f*
seçilme *s* ① *Verbalsubstantiv zu* **seçilmek** ② ~ **hakkı** (passives) Wahlrecht *nt*
seçilmek *vi* ① *Passiv zu* **seçmek** ② gewählt werden
seçim *s* ① *Verbalsubstantiv zu* **seçmek** ② Wahl *f;* ~ **bölgesi** Wahlkreis *m;* ~ **hakkı** Wahlrecht *nt;* ~ **hezimeti** [*o* **yenilgisi**] Wahlniederlage *f;* ~ **kabini** Wahlkabine *f;* ~ **sırrı** Wahlgeheimnis *nt;* ~ **sonucu** Wahlergebnis *nt;* **seçime göre** nach Wahl;

seçime katılma Wahlbeteiligung *f*
seçkin *adj* ① ausgesucht, ausgewählt ② auserlesen ③ hervorragend ④ (*Publikum*) prominent; ~ **kimse** (*fam*) Prominente(r) *f(m),* Promi *m fam*
seçkinci *adj* elitär
seçme *s* ① *Verbalsubstantiv zu* **seçmek** ② Wählen *nt;* ~ **hakkı** (aktives) Wahlrecht *nt*
seçmek (**-er**) *vt* ① auswählen, aussuchen (**-i** etw/jdn) ② identifizieren (**-i** etw) ③ wählen (**-i** etw/jdn) ④ wählerisch sein
seçmeli *adj* wahlfrei; ~ **ders** Wahlfach *nt*
seçmen *s* Wähler(in) *m(f)*
sed (**-ddi**) *s* ① Wall *m* ② Damm *m,* Deich *m* ③ Sperre *f*
sedef **I.** *s* Perlmutt *nt* **II.** *adj* aus Perlmutt hergestellt
sedefotu (**-nu**) *s* (Garten)raute *f*
sedir *s* (türkische) Polsterbank *f;* ~ (**ağacı**) Zeder *f*
sedye *s* Tragbahre *f*
sefalet (**-ti**) *s* Elend *nt,* Not *f;* **sefalete düşmek** verelenden; (*sozial*) herunterkommen
sefer *s* ① Reise *f,* Fahrt *f* ② Feldzug *m* ③ (*nur in adverbialen Bestimmungen*) Mal *nt;* (*mir Zahlangabe*) -mal; **bu** ~ dieses Mal; **dört** ~ viermal
seferber *adj* mobilisiert; ~ **etmek** mobilisieren (**-i** jdn/etw)
seferberlik (**-ği**) *s* Mobilmachung *f*
sefil **I.** *adj* ① verarmt ② (sittlich) verkommen **II.** *s* (*Person*) Lump *m*
seğirmek *vi* zucken
sehpa *s* ① Ständer *m,* Gestell *nt* ② Stativ *nt* ③ Couchtisch *m* ④ Staffelei *f* ⑤ Galgen *m*
sek (**-ki**) *adj* (*Wein*) trocken, herb
sekans *s* (*beim Kartenspiel*) Sequenz *f*
seki *s* ① GEOL Terrasse *f* ② (*Fußgestell*) Sockel *m* ③ Steinbank *f*
sekiz *num* acht; ~ **yüz** achthundert; ~ **bin** achttausend; ~ **buçuk** achteinhalb; ~ **kat** achtfach; ~ **misli** [*o* **katı**] achtfach, achtmal so viel, das Achtfache; ~ **defa** [*o* **kere**] achtmal; ~ **türlü** achterlei; ~ **katlı** achtstöckig; ~ **köşeli** achteckig; **sekizde bir** ein Achtel *nt*
sekizer *num* je acht
sekizinci *adj* achte(r, s); ~ **olarak** als Achte(r, s); **sekizincisi** achtens
sekmek (**-er**) *vi* ① hüpfen ② (*Ball*) zurückprallen
sekreter *s* Sekretär(in) *m(f)*
sekreterlik (**-ği**) *s* Sekretariat *nt*
seks *s* Sex *m;* ~ **hayatı** Liebesleben *f;* ~ **sembolü** Sexsymbol *nt*
seksek (**-ği**) *s* (*Kinderspiel*) Himmel und Hölle
seksen *num* achtzig
seksenli yıllar *s* die achtziger Jahre *pl*
seksi *adj* sexy
sekte *s* ① Schlaganfall *m* ② Beeinträchtigung *f,* Behinderung *f;* ~ **vurmak** beeinträchtigen, behindern (**-e** etw)
sektelemek *vt* beeinträchtigen, behindern (**-i** etw)
sektör *s* Sektor *m*
sel *s* Sturzbach *m*
selam **I.** *s* ① Begrüßung *f* ② Gruß *m* ③ Salutieren *nt* **II.** *interj* guten Tag!, grüß Gott!; ~ **söylemek** [*o* **yollamak**] Grüße ausrichten (**-e -den** jdm von jdm); ~ **vermek** (be)grüßen (**-e** jdn); **benden çok selamlar** viele Grüße von mir; **candan** [*o* **içten**] **selamlar** freundliche Grüße; **candan** [*o* **içten**] **selamlarla** mit herzlichen Grüßen
selamet (**-ti**) *s* Heil *nt,* Gesundheit *f*
selamlamak *vt* (be)grüßen (**-i** jdn)
selamlaşmak *vr* sich begrüßen
selamünaleyküm *interj* Grüß Gott!
Selçuk (**-ğu**) *s* Seldschuke, Seldschukin *m, f*
Selçuklu *adj* HIST seldschukisch
sele *s* Fahrradsattel *m*
selim *adj* ① (*Geschwulst*) gutartig ② (*fehlerfrei*) gut
selofan *s* Frischhaltefolie *f*
seloteyp (**-bi**) *s* Klebeband *nt*
selülit (**-ti**) *s* Zellulitis *f*
selüloz *s* Zellulose *f*
selülozsuz *adj* (*Papier*) holzfrei
selvi (**ağacı**) *s* Zypresse *f*
selzede *s* Flutopfer *nt;* **selzedelere yardım** Fluthilfe *f*
sembol (**-lü**) *s* ① Symbol *nt* ② Wahrzeichen *nt* ③ Formel *f*
sembolik *adj* symbolisch
semender *s* Salamander *m*
semer *s* Packsattel *m*
semere *s* Frucht *f;* **semeresini görmek** ernten; (*fig*) die Kosten tragen (**-in** von etw)
seminer *s* ① (*Universitäts-*) Seminar *nt* ② (wissenschaftliche) Tagung *f*
semirmek *vi* dick werden
semirtmek *vt* ① *Kausativ zu* **semirmek** ② (*Tier*) mästen (**-i** etw)

semiz *adj* (*Tier*) gemästet
sempati *s* ① Sympathie *f* ② Mitgefühl *nt;* ~ **duymak** sympathisieren (-**e** (**karşı**) mit jdm/etw)
sempatik (**-ği**) *adj* sympathisch
sempatizan *s* Sympathisant(in) *m(f)*
sempozyum *s* Symposium *nt*
semptom *s* Symptom *nt*
semt (**-ti**) *s* Stadtteil *m*
sen *pron* du
senarist (**-ti**) *s* Drehbuchautor(in) *m(f)*
senaryo *s* Drehbuch *nt*
senato *s* Senat *m*
senatör *s* Senator(in) *m(f)*
Sen Bernar köpeği (**-ni**) *s* Bernhardiner *m*
sence *adv* deiner Meinung nach
sende *pron* bei dir
sendelemek *vi* ① taumeln, schwanken ② stolpern
senden *pron* von dir
sendika *s* Gewerkschaft *f*
sendikacı **I.** *s* Gewerkschaftler(in) *m(f)* **II.** *adj* gewerkschaftlich
sendikalı *adj* gewerkschaftlich organisiert
sendrom *s* Syndrom *nt*
sene *s* Jahr *nt;* **her** ~ jedes Jahr; **seneden seneye** von Jahr zu Jahr
Senegal *s* Senegal *m*
senelerce *adv* jahrelang
senelik (**-ği**) *adj* ① jährlich ② (*mit vorangestellter Zahl*) für ... Jahre, ... Jahre alt, -jährig
senet (**-di**) *s* ① (notarielle) Urkunde *f* ② Wechsel *m*
senfoni *s* Symphonie *f;* ~ **orkestrası** Symphonieorchester *nt*
seni *pron* dich
senin *pron* dein(e); ~ **için** deinetwegen; ~ **tarafından** deinerseits; ~ **yüzünden** [*o* **uğruna**] deinetwegen
seninki (**-ni**) *s* der, die, das Deine
seninle *pron* mit dir
senkron *adj* synchron
senlibenli *adj* ① (*Verhältnis*) innig, herzlich; (*Freundschaft*) eng ② zwanglos, ungezwungen
sent (**-ti**) *s* Cent *m*
sentaks *s* Syntax *f*
sentetik *adj* synthetisch; ~ **lif** Kunstfaser *f*
sentez *s* Synthese *f*
sepet (**-ti**) *s* Korb *m*
sepetlemek *vt* ① in einen Korb tun (-**i** etw) ② abwimmeln (-**i** jdn)
ser *s* ① Gewächshaus *nt,* Treibhaus *nt* ② Kopf *m*
sera *s* Gewächshaus *nt,* Treibhaus *nt;* ~ **etkisi** Treibhauseffekt *m;* ~ **gazı** Treibhausgas *nt;* ~ **iklimi** Treibhausklima *nt*
seramik (**-ği**) **I.** *s* Keramik *f* **II.** *adj* keramisch
serap (**-bı**) *s* Fata Morgana *f*
serbest (**-ti**) *adj* ① frei ② ungeniert, ungezwungen; ~ **bırakmak** freilassen (-**i** jdn); ~ **dolaşım** Freizügigkeit *f;* ~ **liman** Freihafen *m;* **... serbest mi?** darf man ...?, ist ... (noch) frei?; ~ **piyasa** freie Marktwirtschaft; ~ **tırmanış** Freeclimbing *nt;* ~ **ticaret bölgesi** Freihandelszone *f*
serbestleştirme *s* ① *Verbalsubstantiv zu* **serbestleştirmek** ② COMM Liberalisierung *f*
serbestleştirmek *vt* COMM liberalisieren (-**i** etw)
serbestlik (**-ği**) *s* ① Freiheit *f* ② Ungeniertheit *f*
serçe *s* Spatz *m,* Sperling *m*
serçeparmak (**-ğı**) *s* kleine(r) Finger *m*
serenat (**-dı**) *s* Serenade *f,* Ständchen *nt*
sergi *s* ① Ausstellung *f* ② (offener) Verkaufsstand *m*
sergilemek *vt* ① (*Waren*) ausstellen (-**i** etw) ② vorführen (-**i** etw)
seri *s* Reihe *f,* Serie *f;* ~ **arabirim** INFORM serielle Schnittstelle *f;* ~ **halde üretmek** in Serie produzieren (-**i** etw); ~ **halinde** serienmäßig; ~ **imalat** Serienproduktion *f;* ~ **katili** Serienmörder *m;* ~ **üretimi** Serienproduktion *f*
serin *adj* kühl, frisch
serinkanlı *adj* (*Mensch*) kaltblütig
serinlemek *vi* ① kühl(er) werden ② abkühlen ③ sich erfrischen
serinleşmek *vr* ① *Reflexiv zu* **serinlemek** ② kühl(er) werden
serinletici **I.** *adj* erfrischend **II.** *s* Entlüfter *m*
serinletmek *vt* ① *Kausativ zu* **serinlemek** ② kühlen (-**i** etw)
serinlik (**-ği**) *s* Kühle *f,* Frische *f*
serkeş *adj* ① dickköpfig, eigensinnig ② ungehorsam
sermaye *s* ① Kapital *nt* ② (*fam*) Prostituierte *f;* ~ **yatırımcısı** Kapitalanleger(in) *m(f);* ~ **yatırımı** Kapitalanlage *f*
sermek (**-er**) *vt* ① ausbreiten (-**i** -**e** etw auf etw) ② (*Gegner*) niederschlagen (-**i** jdn) ③ (*Arbeit*) liegen lassen (-**i** etw) ④ (*Tisch*) decken (-**i** etw) ⑤ (*Wäsche*) aufhängen (-**i**

etw)

serpilmek *vi* ① *Passiv zu* **serpmek** ② (*körperlich*) sich entwickeln

serpiştirmek *vi* ① (*Regen*) nieseln ② (*Schnee*) in kleinen Flocken fallen ③ streuen (-**i** -**e** etw auf etw) ④ spritzen (-**i** -**e** etw auf etw/jdn)

serpmek (-**er**) *vt* ① spritzen (-**i** -**e** etw auf etw/jdn) ② streuen (-**i** -**e** etw auf etw)

sersem *adj* ① benommen ② beschränkt, dumm

serseri **I.** *s* (*fam*) Landstreicher(in) *m(f)*, Penner(in) *m(f)* **II.** *adj* ① herumstrolchend ② (*fig*) verirrt

sert (-**ti**) *adj* ① hart ② (*Person*) streng, unnachgiebig ③ (*Fleisch*) zäh ④ (*Worte*) scharf ⑤ steif, starr ⑥ (*Klima*) rau ⑦ (*Tabak, Alkohol*) stark ⑧ (*Buchstabe*) stimmlos; ~ **içki** Schnaps *m;* ~ **kalpli** hartherzig

sertifika *s* Zertifikat *nt*

sertleşmek *vi* ① hart werden, sich verhärten ② (*Person*) streng(er) werden

sertleştirmek *vt* verschärfen (-**i** etw)

sertlik (-**ği**) *s* ① Härte *f* ② Strenge *f*

serum *s* Impfstoff *m,* Serum *nt*

serüven *s* Abenteuer *nt*

servet (-**ti**) *s* (großer) Reichtum *m,* Vermögen *nt*

servis *s* ① (*beim Tennis*) Aufschlag *m* ② (*Tätigkeit*) Bedienung *f* ③ Dienst *m* ④ (*bei einem Amt*) Abteilung *f;* ~ **dışı** (*Automat*) außer Betrieb; ~ **otobüsü** Transferbus *m;* ~ **sağlayıcı(sı)** INET Provider *m;* ~ **takımı** Service *nt,* Besteck *nt;* ~ **yapmak** bedienen, servieren; SPORT Aufschlag geben

servo direksiyon *s* Servolenkung *f*

ses *s* ① Stimme *f* ② Ton *m,* Klang *m* ③ Geräusch *nt;* ~ **bandı** Tonband *nt;* ~ **çıkarmadan** stillschweigend; ~ **çıkarmak** ein Geräusch von sich geben; ~ **duvarı** Schallmauer *f;* ~ **geçirmez** schalldicht; ~ **hızı** Schallgeschwindigkeit *f;* ~ **kartı** INFORM Tonkarte *f,* Soundkarte *f;* ~ **telleri** Stimmbänder *pl;* **sesini kesmek** den Mund halten

sesbilim *s* Phonetik *f*

sesbilimsel *adj* phonetisch

sesleniş *s* Zuruf *m*

seslenmek *vi* ① schreien, (zu)rufen (-**e** jdm) ② appellieren (-**e** an jdn)

sesli *adj* ① laut ② (*mit näherer Bestimmung*) mit einer ... Stimme ③ mit Ton; ~ **film** Tonfilm *m;* ~ **harf** Selbstlaut *m,* Vokal *m*

sessiz *adj* ① lautlos, still ② ruhig, friedlich ③ leise ④ wortkarg, schweigsam ⑤ stumm; ~ **film** Stummfilm *m;* ~ **harf** Mitlaut *m,* Konsonant *m;* ~ **olun lütfen!** bitte leise!; ~ **sedasız** mucksmäuschenstill; (*fig*) sang- und klanglos

sessizlik (-**ği**) *s* ① Stummheit *f* ② Ruhe *f,* Stille *f* ③ Friedlichkeit *f* ④ Schweigsamkeit *f* ⑤ Schweigen *nt*

set (-**ti**) *s* ① (*Tennis*) Satz *m* ② Szenenaufbau *m* ③ Stereoanlage *f*

set (-**ddi**) *s* ① Damm *m,* Deich *m* ② Erdaufschüttung *f* ③ Sperre *f*

sevap (-**bı**) *s* gute Tat

sevda *s* ① (große) Liebe *f* ② Leidenschaft *f*

sevecen *adj* gefühlvoll, zärtlich

sevecenlik (-**ği**) *s* Zärtlichkeit *f*

seve seve *adv* gern, mit Vergnügen

sevgi *s* Liebe *f*

sevgili **I.** *s* ① Geliebte(r) *f(m)* ② Liebling *m* **II.** *adj* lieb; ~ **Hans!** lieber Hans!

sevgilim *s* (*Kosewort*) mein Schatz, mein Liebling

sevgisiz *adj* lieblos

sevici *s* Lesbe *f*

sevicilik (-**ği**) *s* lesbische Liebe *f*

sevilen *adj* beliebt

sevilme *s* Beliebtheit *f*

sevilmek *vt* ① *Passiv zu* **sevmek** ② geliebt werden ③ beliebt sein

sevilmeyen *adj* unbeliebt

sevimli *adj* freundlich, liebenswürdig, sympathisch

sevimsiz *adj* ① unfreundlich ② unsympathisch

sevinç (-**ci**) *s* Freude *f;* **sevinçten** vor Freude

sevinçli *adj* ① freudig, froh ② fröhlich

sevindirmek *vt* ① *Kausativ zu* **sevinmek** ② Freude bereiten, erfreuen (-**i** jdn)

sevinmek *vr* ① *Reflexiv zu* **sevmek** ② sich freuen (-**e** über/auf jdn/etw)

sevişmek *vi* ① sich lieben ② schlafen (**ile** mit jdm)

seviye *s* Niveau *nt*

sevk (-**kı**) *s* ① Versand *m* ② Bringen *nt* ③ Absenden *nt;* ~ **etmek** absenden, wegbringen (-**i** jdn)

sevmek (-**er**) *vt* ① gernhaben, lieben (-**i** jdn/etw) ② liebkosen, streicheln (-**i** jdn) ③ lieb gewinnen (-**i** jdn/etw) ④ gerne tun (-**i** etw)

seyahat (-**ti**) *s* Reise *f;* ~ **acentası** Reisebüro *nt;* ~ **çantası** Reisetasche *f;* ~ **çeki** Reisescheck *m;* ~ **etmek** reisen; **seyahate çıkmak** eine Reise antreten, verreisen

seyirci *s* Zuschauer(in) *m(f);* ~ **kalmak** untätig zusehen

seyrek (**-ği**) *adj* ① weit auseinanderstehend ② (*Wald, Haar*) licht ③ rar, selten

seyreklik (**-ği**) *s* ① Seltenheit *f* ② Spärlichkeit *f*

seyretmek (**-der**) *vt* ① zuschauen (**-i** jdm), betrachten (**-i** jdn/etw) ② (*Wasserfahrzeug*) abfahren

seyyar *adj* ① ambulant ② beweglich; ~ **satıcı** Straßenhändler(in) *m(f)*

sezaryen (**ameliyatı**) *s* Kaiserschnitt *m*

sezdirmek *vt* ① *Kausativ zu* **sezmek** ② durchblicken lassen, zu verstehen geben (**-e -i** jdm etw)

sezgi *s* ① Vorgefühl *nt,* Ahnung *f* ② Spürsinn *m* ③ Intuition *f*

sezgili *adj* intuitiv

sezgisel *adj* intuitiv

sezi *s* ① Gefühl *nt,* Ahnung *f* ② Intuition *f*

sezilir *adj* spürbar

sezinlemek *vt* spüren, merken (**-i** etw)

seziş *s* Scharfblick *m*

sezmek (**-er**) *vt* ① ahnen (**-i** etw) ② spüren, wahrnehmen (**-i** etw)

sezon *s* Saison *f;* ~ **işçisi** Saisonarbeiter(in) *m(f)*

sfenks *s* Sphinx *f*

sıcak (**-ğı**) **I.** *s* ① Wärme *f* ② Hitze *f* **II.** *adj* ① (*a. fig*) warm ② heiß; ~ **bakmak** wohlwollend eingestellt sein (**-e** gegenüber jdm); ~ **dalgası** Hitzewelle *f;* **hava** ~ es ist warm; ~ **kanlı** warmherzig

sıcaklık (**-ğı**) *s* ① Wärme *f* ② Hitze *f* ③ Wärmegrad *m*

sıçan *s* ① Maus *f* ② Ratte *f*

sıçmak (**-ar**) *vi* ① (*vulg*) scheißen ② (*vulg*) Scheiße bauen

sıçramak *vi* ① hüpfen, springen (**-e** auf/in etw) ② (*Wasser*) spritzen ③ erschrecken, zusammenfahren ④ sich ausdehnen auf (**-e** auf etw)

sıçratmak *vt* ① *Kausativ zu* **sıçramak** ② (*mit Schmutz*) bespritzen (**-e -i** jdn/etw mit etw)

sıçrayış *s* Satz *m,* Sprung *m*

sıfat (**-tı**) *s* ① Eigenschaftswort *nt,* Adjektiv *nt* ② Eigenschaft *f*

sıfatfiil *s* Mittelwort *nt,* Partizip *nt*

sıfır **I.** *num* null **II.** *s* (*auch fig*) Null *f;* ~ **numara** (*fam*) kahl geschoren, waschecht; **saçlarını** ~ **numara tıraş etmek** (*fam*) jdm die Haare ratzekahl abschneiden; ~ ~ null zu null; **sıfırın altında/üstünde** unter/über null

sığ *adj* seicht

sığa *s* Fassungsvermögen *nt,* Kapazität *f*

sığdırmak *vt* ① *Kausativ zu* **sığmak** ② hineinzwängen (**-i -e** etw/jdn in etw)

sığınak (**-ğı**) *s* ① Unterschlupf *m;* (*Ort*) Zuflucht *f* ② Luftschutzkeller *m* ③ Bunker *m*

sığınma *s* ① *Verbalsubstantiv zu* **sığınmak** ② Asyl *nt;* ~ **hakkı** Asylrecht *nt*

sığınmacı *s* Asylant(in) *m(f);* ~ **yurdu** Asylantenwohnheim *nt*

sığınmak *vi* ① Zuflucht [*o* Schutz] suchen (**-e** in etw/bei jdm) ② um Asyl ersuchen (**-e** in etw)

sığınmaya başvuran *s* Asylbewerber(in) *m(f)*

sığır *s* Rind *nt;* ~ **eti** Rindfleisch *nt;* ~ **kızartması** Rinderbraten *m;* ~ **sineği** (*Insekt*) Bremse *f;* ~ **yürekli olmak** einen dickes Fell haben

sığırcık (**-ğı**) *s* (*Vogel*) Star *m*

sığmak (**-ar**) *vi* hineinpassen, hineingehen (**-e** in etw)

sıhhat (**-ti**) *s* ① Gesundheit *f* ② Richtigkeit *f;* **sıhhatinize!** auf Ihr Wohl!

sıhhatli *adj* ① gesund ② richtig

sıhhi *adj* ① gesundheitlich ② hygienisch, sanitär ③ sanitär

sık **I.** *adj* ① dicht ② eng zusammenstehend ③ häufig **II.** *adv* oft, häufig; ~ ~ häufig, oft

sıkı **I.** *adj* ① (*nicht lose*) fest ② hart, fest ③ streng, hart ④ (*Arbeit*) schwierig **II.** *s* ① Bedrängnis *f* ② Disziplin *f;* ~ **fıkı** intim, vertraut; ~ **fıkı dostlar** dicke Freunde; ~ **tutmak** festhalten; (*Angelegenheit*) streng handhaben (**-i** etw); **sıkı yönetim** Ausnahmezustand *m*

sıkıcı *adj* ① langweilig ② bedrückend ③ lästig ④ unangenehm

sıkılgan *adj* schüchtern, verlegen

sıkılganlık (**-ğı**) *s* Schüchternheit *f*

sıkılmak *vi* ① *Passiv zu* **sıkmak** ② sich langweilen ③ sich genieren ④ in finanziellen Schwierigkeiten sein

sıkıntı *s* ① Unbehagen *nt* ② Mühe *f,* Strapaze *f* ③ finanzielle Schwierigkeiten *pl* ④ Langeweile *f* ⑤ Mangel *m* ⑥ Bedrängnis *f,* Klemme *f;* ~ **çekmek** Not leiden, in Not sein

sıkıntılı *adj* ① bedrückend, beklemmend

(2) (*Wetter*) drückend, schwül (3) anstrengend, mühsam (4) langweilig

sıkışık (-ğı) *adj* (1) eng (2) knapp (3) dringend

sıkışmak *vi* (1) (*Tür*) klemmen (2) zusammenrücken (3) in Schwierigkeiten geraten (4) in Not sein (5) austreten müssen (6) gequetscht werden; **el** ~ sich die Hand drücken

sıkıştırma *s* (1) *Verbalsubstantiv zu* **sıkıştırmak** (2) INFORM (*von Dateien*) Komprimierung *f*

sıkıştırmak *vt* (1) *Kausativ zu* **sıkışmak** (2) zusammenpressen, zusammendrücken (-**i** etw/jdn) (3) fest zumachen (-**i** etw) (4) drängen, nötigen (-**i** jdn) (5) bedrängen (-**i** jdn) (6) einklemmen (-**i** etw) (7) in die Enge treiben (-**i** jdn) (8) zur Eile drängen (-**i** jdn) (9) zwicken, kneifen (-**i** etw) (10) INFORM (*Dateien*) komprimieren, zippen (-**i** etw); **eline bir şeyi** ~ jdm etw in die Hand drücken

sıklet (-ti) *s* SPORT Gewicht *nt;* **ağır** ~ Schwergewicht *nt;* **sinek** ~ Fliegengewicht *nt;* **tüy** ~ Federgewicht *nt*

sıklık (-ğı) *s* (1) Dichte *f* (2) Häufigkeit *f*

sıkmak (-ar) *vt* (1) (*Orangen*) auspressen (-**i** etw) (2) drücken, pressen, quetschen (-**i** etw) (3) (*Wäsche*) wringen (-**i** etw) (4) langweilen (-**i** jdn) (5) zwicken, kneifen (-**i** etw) (6) drangsalieren (-**i** jdn) (7) ärgern (-**i** jdn) (8) (*Schusswaffe*) schießen; **dişini** ~ die Zähne zusammenbeißen; **el** ~ die Hand schütteln; **kemerini** ~ den Gürtel enger schnallen; **su** ~ bespritzen; **kurşun** ~ einen Schuss abfeuern

sıla *s* (1) Rückkehr *f* in die Heimat (2) Heimat *f;* ~ **hasreti** [*o* **özlemi**] Heimweh *nt*

sınai *adj* industriell

sınamak *vt* (1) testen, prüfen (-**i** jdn/etw) (2) probieren (-**i** etw)

sınav *s* Examen *nt,* Prüfung *f;* ~ **vermek** eine Prüfung ablegen; **sınavdan kaldım** ich bin durchgefallen

sınıf *s* (1) Klasse *f* (2) Klassenzimmer *nt* (3) Kategorie *f;* ~ **arkadaşı** Klassenkamerad(in) *m(f);* ~ **atlamak** (*Schule*) eine Klasse überspringen; ~ **mücadelesi** Klassenkampf *m;* ~ (**odası**) Klassenzimmer *nt;* ~ **öğretmeni** Klassenlehrer(in) *m(f);* **sınıfta bırakmak** (*Schüler*) nicht versetzen (-**i** jdn); **sınıfta kalmak** (*in der Schule*) sitzen bleiben

sınıfla(ndır)mak *vt* einteilen, klassifizieren (-**i** etw)

sınır *s* (1) Grenze *f* (2) Rand *m;* ~ **bölgesi** Grenzgebiet *nt;* ~ **dışı edilme** Ausweisung *f;* ~ **dışı etme** Abschiebung *f;* ~ **dışı etmek** ins Ausland abschieben, ausweisen

sınırdaş **I.** *adj* angrenzend **II.** *s* Anrainer *m*

sınırla(ndır)mak *vt* (1) abgrenzen, eingrenzen (-**i** etw) (2) begrenzen, beschränken, einschränken (-**i** etw)

sınırlanmak *vi* (1) *Passiv zu* **sınırlamak** (2) sich beschränken

sınırlı *adj* begrenzt, beschränkt (**ile** auf etw)

sınırsız *adj* (1) unbegrenzt (2) grenzenlos, unendlich (3) unermesslich

sır (-rrı) *s* (1) Geheimnis *nt* (2) Mysterium *nt* (3) (*Glasur*) Email *nt* (4) Spiegelbelag *m;* ~ **açmak** ein Geheimnis anvertrauen (-**e** jdm); ~ **saklama** Diskretion *f;* ~ **saklamaz** indiskret

sıra *s* (1) Reihe *f* (2) (Menschen)schlange *f,* Reihe *f* (3) Sitzbank *f* (4) Reihenfolge *f* (5) Aufstellung *f,* Ordnung *f* (6) Gelegenheit *f,* günstiger Augenblick; ~ **beklemek** Schlange stehen, anstehen; ~ **bende** ich bin dran, ich bin an der Reihe; ~ **kimde?** wer ist dran? wer ist der Nächste?; ~ **sayılar** Ordnungszahlen *pl;* **sırasında** während, gegebenenfalls; **sırasını savmak** seine Schuldigkeit tun; **sıraya girmek** sich (an eine Schlange) anstellen, auf der Warteliste stehen; **sırayla** der Reihe nach, hintereinander

sıradağ *s* Gebirge *nt*

sıradan *adj* gewöhnlich, mittelmäßig

sıralamak *vt* (1) (reihenweise) aufstellen (-**i** etw/jdn) (2) ordnen (-**i** etw) (3) aufzählen (-**i** etw) (4) (*Kleinkind*) Gehversuche machen

Sırbistan **I.** *s* Serbien *nt* **II.** *adj* (*Art*) serbisch

sırdaş **I.** *adj* eingeweiht **II.** *s* Eingeweihte(r) *f(m),* Vertraute(r) *f(m)*

sırf **I.** *adj* (1) rein, pur (2) vollkommen, ganz **II.** *adv* lediglich, nur, bloß

sırık (-ğı) *s* (1) Stab *m* (2) Holzstange *f;* **sırıkla yüksek atlama** Stabhochsprung *m*

sır(ıl)sıklam *adj* durchnässt, tropfnass

sırıtmak *vi* (1) grinsen (2) (*Mängel*) sich zeigen

sırlamak *vt* emaillieren

sırma **I.** *s* Gold-/Silberfaden *m* **II.** *adj* gold-/silbergestickt

sırnaşık (-ğı) *adj* lästig, aufdringlich

sırnaşıklık (-ğı) *s* Aufdringlichkeit *f*

Sırp (-bı) **I.** *s* Serbe *m,* Serbin *f* **II.** *adj* (*Art*) serbisch; ~ **kadını** Serbin *f*

Sırpça *adj* (*Sprache*) serbisch

Sırplı **I.** *adj* (*Herkunft*) serbisch **II.** *s* Serbe *m,* Serbin *f*

S

sırrı (**-nı**) *s Possessivform zu* **sır** das Geheimnis von ...
sırt (**-tı**) *s* ❶ Rücken *m* ❷ (*eines Berges*) Hang *m* ❸ (*eines Kleidungsstückes*) Rückenteil *nt* ❹ (*eines Messers*) Rücken *m;* ~ **ağrısı** Rückenschmerzen *pl;* ~ **çantası** Rucksack *m;* **birine ~ çevirmek** jdm den Rücken kehren
sırtlan *s* Hyäne *f*
sırtüstü yüzme *s* Rückenschwimmen *nt*
sıska *adj* ❶ dürr, hager, mager ❷ schwächlich ❸ wassersüchtig
sıtma *s* Malaria *f*
sıva *s* Verputz *m*
sıvalamak *vt* (*Wand*) verputzen (**-i** etw)
sıvamak *vt* ❶ (*Ärmel*) aufkrempeln, hochkrempeln (**-i** etw) ❷ (*Wand*) verputzen (**-i** etw) ❸ schmieren (**-i -e** etw auf etw)
sıvazlamak *vt* (*mit der Hand*) streichen (**-i** über etw)
sıvı I. *adj* flüssig **II.** *s* Flüssigkeit *f;* ~ **kristal ekranı** Flüssigkristallbildschirm *m*
sıvışmak *vi* (*fam*) abhauen, verduften
sıyga *s* Modus *m,* Aussageweise *f*
sıyırmak *vt* ❶ (*Haut*) abschürfen (**-i** etw) ❷ (leicht) streifen (**-i** etw) ❸ (*Essen*) verputzen (**-i** etw) ❹ (*Dolch*) zücken (**-i** etw) ❺ (*retten*) herausholen (**-i -den** jdn aus etw)
sıyrık (**-ğı**) **I.** *s* ❶ Schramme *f,* Kratzer *m* ❷ (Haut)abschürfung *f* **II.** *adj* (*Haut*) abgeschürft
sızdırmak *vt* ❶ *Kausativ zu* **sızmak** ❷ undicht sein, lecken ❸ (*Alkohol*) einschläfern (**-i** jdn) ❹ Geld abknöpfen (**-i** jdm)
sızı *s* (ziehender, stechender) Schmerz *m*
sızılı *adj* schmerzhaft
sızlamak *vi* ❶ wehtun ❷ klagen
sızlanmak *vi* ❶ *Reflexiv zu* **sızlamak** ❷ sich beklagen, sich beschweren
sızmak (**-ar**) *vi* ❶ (*Nachricht*) durchsickern ❷ lecken ❸ (*Flüssigkeit*) rinnen ❹ (*Licht*) hindurchdringen ❺ (*Gas*) ausströmen ❻ betrunken einschlafen
sia *s* Kapazität *f;* ~ **hacmi** Hubraum *m*
siber kafe *s* Cybercafé *nt*
siberuzay *s* Cyberspace *m*
Sibirya I. *s* Sibirien *nt* **II.** *adj* (*Art*) sibirisch
Sibiryalı I. *s* Sibirier(in) *m(f)* **II.** *adj* (*Herkunft*) sibirisch
sicil *s* ❶ (*eines Buches*) Register *nt* ❷ (*eines Beamten*) Personalakte *f*
Sicilya *s* Sizilien *nt*
sicim *s* Bindfaden *m,* Schnur *f*
sidik (**-ği**) *s* Harn *m,* Urin *m;* ~ **borusu** Harnleiter *m;* ~ **torbası** Harnblase *f*
sigara *s* Zigarette *f;* ~ **içmek/sarmak** eine Zigarette rauchen/drehen; ~ **içmek yasaktır** Rauchen verboten!; ~ **kâğıdı** Zigarettenpapier *nt;* ~ **paketi** Zigarettenschachtel *f;* ~ **tabakası** Zigarettenetui *nt;* **sigarayı bırakmak** sich das Rauchen abgewöhnen
sigaralık (**-ğı**) *s* ❶ Zigarettenspitze *f* ❷ Zigarettendose *f*
sigorta *s* ❶ Sicherung *f* ❷ Versicherung *f;* ~ **etmek** versichern (**-i -e karşı** jdn gegen etw); ~ **poliçesi** Versicherungspolice *f;* ~ **primi** Versicherungsprämie *f;* ~ **şirketi** Versicherungsgesellschaft *f*
sigortalı I. *s* Versicherte(r) *f(m)* **II.** *adj* versichert
siğil *s* Warze *f*
sihir (**-hri**) *s* ❶ Magie *f* ❷ Reiz *m,* Zauber *m*
sihirbaz *s* ❶ Zauberer *m,* Zaub(r)erin *f* ❷ Hexenmeister *m*
sihirbazlık (**-ğı**) *s* Hexerei *f,* Zauberei *f;* ~ **etmek** zaubern, hexen
sihirli *adj* ❶ magisch, Zauber- ❷ verzaubert, verhext ❸ bezaubernd, zauberhaft; ~ **değnek** Zauberstab *m*
sihri (**-ni**) *s Possessivform zu* **sihir** der Zauber von ...
sik (**-ki**) *s* (*vulg: Penis*) Schwanz *m*
siklon *s* Zyklon *m*
silah *s* Waffe *f;* ~ **başı** Alarm *m;* ~ **başı borusu çalmak** Alarm schlagen; ~ **müfettişi** Waffeninspektor(in) *m(f);* ~ **satıcısı** Waffenhändler(in) *m(f);* ~ **sesi** Schuss *m;* ~ **taşıma ruhsatı** Waffenschein *m;* ~ **zoruyla** mit Waffengewalt
silahçı *s* Waffenschmied *m;* ~ (**dükkanı**) Waffenhandlung *f*
silahlandırma *s* ❶ *Verbalsubstantiv zu* **silahlandırmak** ❷ Aufrüstung *f*
silahlandırmak *vt* ❶ *Kausativ zu* **silahlanmak** ❷ bewaffnen (**-i** jdn) ❸ aufrüsten (**-i** etw)
silahlanma *s* ❶ *Verbalsubstantiv zu* **silahlanmak** ❷ Bewaffnung *f* ❸ Rüstung *f;* ~ **yarışı** Wettrüsten *nt*
silahlanmak *vi* ❶ sich bewaffnen ❷ aufrüsten
silahlı *adj* bewaffnet; ~ **çatışma** Schießerei *f;* ~ **kuvvetler** Streitkräfte *pl*
silahsız *adj* ❶ unbewaffnet ❷ abgerüstet ❸ entwaffnet

silahsızlandırmak *vt* ① entwaffnen (-**i** jdn) ② abrüsten (-**i** etw)
silecek (**-ği**) *s* ① Scheibenwischer *m* ② Badetuch *nt* ③ Fußmatte *f*
silgi *s* Radiergummi *m*
silik (**-ği**) *adj* ① unauffällig ② verwischt
silikon *s* Silikon *nt;* **Silikon Vadisi** Silicon Valley *nt*
silindir *s* ① Zylinder *m* ② Walze *f;* ~ **başı** Zylinderkopf *m;* ~ **şapka** (*Hut*) Zylinder *m*
silkelemek *vt* ausschütteln (-**i** etw)
silkinmek *vi* ① *Reflexiv zu* **silkmek** ② sich schütteln ③ aufschrecken
silkmek (**-er**) *vt* ① ausschütteln (-**i** etw) ② (*Zigarettenasche*) abstreifen (-**i** etw); **omuz** ~ mit den Achseln zucken
sille *s* ① Ohrfeige *f* ② Schlag *m*
silmek (**-er**) *vt* ① wegwischen (-**i** etw) ② ausradieren (-**i** etw) ③ (*Daten*) löschen (-**i** etw) ④ (*Boden*) scheuern (-**i** etw) ⑤ (durch)streichen (-**i** etw); **burnunu** ~ sich die Nase putzen; **silip süpürmek** gründlich putzen; (*fam: ganz aufessen*) verputzen (-**i** etw)
silo *s* Silo *m o nt*
siluet (**-ti**) *s* Silhouette *f*
simetrik *adj* symmetrisch
simge *s* ① Sinnbild *nt,* Symbol *nt* ② Wahrzeichen *nt* ③ Formel *f*
simgesel *adj* symbolisch
simit (**-di**) *s* ① Sesamkringel *m* ② Rettungsring *m*

Simit ist ein schmackhafter, mit Sesam bestreuter Weizenkringel. Man kann ihn nicht nur im Laden, sondern auch auf der Straße beim **simitçi**, kaufen, einem Straßenverkäufer, der diese Kringel auf einem großen Tablett anbietet.

simsar *s* Makler(in) *m(f)*
simülasyon *s* INFORM Simulation *f*
sinagog *s* Synagoge *f*
sincap (**-bı**) *s* Eichhörnchen *nt*
sindirim *s* Verdauung *f;* ~ **bozukluğu** Verdauungsstörungen *pl*
sindirmek *vt* ① *Kausativ zu* **sinmek** ② verdauen (-**i** etw) ③ einschüchtern (-**i** jdn)
sine *s* Brust *f;* **sineye çekmek** (*Beleidigung*) einstecken; (*Niederlage*) wegstecken, verkraften (-**i** etw)
sinek (**-ği**) *s* ① Fliege *f* ② (*beim Kartenspiel*) Kreuz *nt;* ~ **kâğıdı** Fliegenfänger *m;* ~ **sıklet** (*Boxen*) Fliegengewicht *nt*
sineklik (**-ği**) *s* ① Fliegenwedel *m* ② Mückennetz *nt;* ~ **teli** Fliegengitter *nt*
sinema *s* Kino *nt;* ~ **artisti** Filmschauspieler(in) *m(f);* ~ **bileti** Kinokarte *f*
sinemacı *s* Filmschaffende(r) *f(m),* Cineast(in) *m(f)*
sinemasever *s* Kinofreund *m,* Cineast(in) *m(f)*
Singapur *s* Singapur *nt*
singl *s* (*Tennis*) Einzel *nt*
sinik (**-ği**) **I.** *adj* ① geduckt ② zynisch **II.** *s* Zyniker(in) *m(f)*
sinir **I.** *s* Nerv *m* **II.** *adj* (*fam*) nervtötend, nervend; ~ **ağrısı** Neuralgie *f;* ~ **bozukluğu** Nervenzusammenbruch *m;* ~ **buhranı** Nervenkrise *f;* ~ **doktoru** Nervenarzt *m,* Nervenärztin *f;* ~ **harbi** Nervenkrieg *m;* ~ **hastalığı** Nervenkrankheit *f;* ~ **hastalıkları kliniği** Nervenheilanstalt *f;* ~ **hastası** nervenkrank; ~ **ilacı** Beruhigungsmittel *nt;* ~ **iltihabı** Nervenentzündung *f;* ~ **krizi** Nervenzusammenbruch *m;* ~ **küpü** Nervenbündel *nt;* ~ **sistemi** Nervensystem *nt;* ~ **yorgunluğu** [*o* **zayıflığı**] Neurasthenie *f;* **birinin sinirine dokunmak** jdm auf die Nerven gehen
sinirbilim *s* Neurologie *f*
sinirce *s* Neurose *f*
sinirlendirmek *vt* ① *Kausativ zu* **sinirlenmek** ② nervös machen (-**i** jdn) ③ nerven (-**i** jdn)
sinirlenmek *vi* nervös werden
sinirli *adj* ① nervös, gereizt ② (*Fleisch*) sehnig
sinirlilik (**-ği**) *s* Nervosität *f,* Gereiztheit *f*
sinirsel *adj* die Nerven betreffend; ~ **sistem** Nervensystem *nt*
sinizm *s* Zynismus *m*
sinmek (**-er**) *vi* ① sich verstecken, sich verkriechen (-**e** in etw) ② (*aus Angst*) ganz klein werden ③ (*Geruch*) eindringen (-**e** in etw)
sinsi *adj* (*fam*) heimtückisch, hinterhältig, hinterlistig
sinsilik (**-ği**) *s* Tücke *f*
sinüs *s* Sinus *m*
sinüzit (**-ti**) *s* Stirnhöhlenentzündung *f*
sinyal (**-li**) *s* ① Signal *nt* ② Signalanlage *f* ③ (*beim Boxen*) Gong *m;* ~ **ışığı** Blinklicht *nt*
sipariş *s* ① Auftrag *m,* Bestellung *f* ② Bestellte(s) *nt;* ~ **etmek** (*Ware*) bestellen (-**i** etw); ~ **mektubu** Bestellschein *m;* ~ **numarası** Bestellnummer *f;* ~ **pusulası** Bestellzettel *m;*

sipariş vermek eine Bestellung aufgeben
siper **I.** *s* ① Deckung *f* ② Schützengraben *m* ③ (*einer Mütze*) Schirm *m* **II.** *adj* (*Ort*) geschützt
sirk (**-ki**) *s* Zirkus *m;* ~ **artisti** Artist(in) *m(f)*
sirke *s* ① Essig *m* ② Eier *pl* von Ungeziefer
sis *s* Nebel *m;* ~ **farı** Nebelscheinwerfer *m*
sistem *s* ① System *nt* ② Methode *f,* Verfahren *nt* ③ Lehre *f;* **sistemden çıkmak** INFORM sich ausloggen; **sisteme girmek** INFORM sich einloggen
sistematik *adj* systematisch
sistemli *adj* systematisch
site *s* ① HIST Stadtstaat *m* ② Siedlung *f* ③ Viertel *nt* ④ INET Website *f*
sitem *s* (leichter) Vorwurf *m;* ~ **etmek** Vorwürfe machen (**-e** jdm)
sitemkar *adj* vorwurfsvoll
sitemli *adj* vorwurfsvoll
sivil **I.** *adj* ① zivil ② bürgerlich **II.** *s* ① Zivilist(in) *m(f)* ② Zivilbekleidung *f;* ~ **halk** Zivilbevölkerung *f;* ~ **havacılık** Zivilluftfahrt *f;* ~ **olarak** in Zivil; ~ **polis** Geheimpolizei *f,* Geheimpolizist *m,* Kriminalbeamte(r) *f(m)*
sivilce *s* Pickel *m*
sivri *adj* spitz
sivrilmek *vi* ① spitz(er) werden, sich verjüngen ② herausragen, sich hervortun
sivriltmek *vt* ① *Kausativ zu* **sivrilmek** ② spitzen (**-i** etw)
sivrisakal *s* Spitzbart *m*
sivrisinek (**-ği**) *s* Moskito *m,* Stechmücke *f;* ~ **sokması** Mückenstich *m*
siyah **I.** *adj* ① schwarz ② (*Bier*) dunkel ③ (*Schrift*) fett; ~ **beyaz** schwarz-weiß; ~ **beyaz film** Schwarzweißfilm *m;* ~ **ekmek** Schwarzbrot *nt* **II.** *s* (*Mensch*) Schwarze(r) *f(m),* Farbige(r) *f(m)*
siyahlatmak *vt* schwärzen (**-i** etw)
siyasal *adj* politisch; ~ **bilgiler** Politologie *f*
siyaset (**-ti**) *s* Politik *f*
siyasetçi *s* Politiker(in) *m(f)*
siyasi *adj* politisch
siyatik (**-ği**) *s* Ischias *m*
siyek (**-ği**) *s* Harnröhre *f*
siyonist (**-ti**) **I.** *s* Zionist(in) *m(f)* **II.** *adj* zionistisch
siyonizm *s* Zionismus *m*
siz *pron* ① (*2. Pers. Pl.*) ihr ② (*Höflichkeitsform*) Sie; ~ **bilirsiniz** wie Sie wollen, wie ihr wollt
sizce *adv* ① eurer Meinung nach ② (*Höflichkeitsform*) Ihrer Meinung nach
sizde *pron* ① bei euch ② (*Höflichkeitsform*) bei Ihnen
sizden *pron* ① von euch ② (*Höflichkeitsform*) von Ihnen
size *pron akk* ① euch ② (*Höflichkeitsform*) Ihnen; ~ **nasıl yardımım dokunabilir?** womit kann ich dienen?
sizi *pron akk* ① euch ② (*Höflichkeitsform*) Sie
sizin *pron* ① euer, eu(e)re ② (*Höflichkeitsform*) Ihr(e); ~ **için** für euch, für Sie; ~ **gibiler** euresgleichen; ~ **tarafınızdan** eurerseits, Ihrerseits; ~ **yüzünüzden** euretwegen, Ihretwegen
sizinki *pron* ① (*2. Person Plural*) der, die, das Eure [*o* Eurige] ② (*Höflichkeitsform*) der, die, das Ihre [*o* Ihrige]
sizinle *pron* ① mit euch ② (*Höflichkeitsform*) mit Ihnen
skandal *s* Skandal *m*
skandallı *adj* skandalös
skateboard *s* Skateboard *nt;* **skateboarda binmek** Skateboard fahren
skeç (**-çi**) *s* Sketch *m*
skleroz *s* Sklerose *f*
skor *s* (*sport*) Spielstand *m*
skoş *s* Squash *nt*
skuter *s* ① Motorroller *m* ② (*für Kinder*) Roller *m*
slalom *s* Slalom *m*
Slav **I.** *s* Slawe *m,* Slawin *f* **II.** *adj* (*Art*) slawisch
slayt (**-dı**) *s* Dia *nt;* ~ **gösterisi** Diashow *f;* ~ **projektörü** Diaprojektor *m*
slogan *s* Schlagwort *nt,* Parole *f*
Slovak (**-kı**) **I.** *adj* slowakisch **II.** *s* Slowake, Slowakin *m, f*
Slovakya *s* die Slowakei
Slovenya *s* Slowenien *nt*
smokin *s* Smoking *m*
SMS *s* TELEK SMS *f,* Kurznachricht *f*
soba *s* Ofen *m*
soda *s* ① Mineralwasser *nt* ② Soda *f*
sodalı *adj* mit Soda
sodyum *s* Natrium *nt*
sofa *s* Flur *m,* Diele *f*
sofi *s* Sufi *m*
sofilik (**-ği**) *s* Sufismus *m*
sofra *s* Tisch *m,* Tafel *f;* ~ **başında** bei Tisch; ~ **takımı** Tafelgeschirr *nt,* Service *nt;* **sofra**(**yı**) **kurmak** den Tisch decken; ~ **top-**

lamak [*o* **kaldırmak**] den Tisch abräumen
sofralık *adj* (*zum Verzehr bestimmt*) Tafel-, Speise-; ~ **tuz** Tafelsalz *nt,* Speisesalz *nt*
softa **I.** *s* ① HIST Student *m* der theologischen Hochschule ② Fanatiker(in) *m(f)* **II.** *adj* fanatisch
softalık (**-ğı**) *s* (*pej*) Fanatismus *m*
sofu *adj* strenggläubig, fromm
sofuluk (**-ğu**) *s* Strenggläubigkeit *f,* Frömmigkeit *f*
soğan *s* Zwiebel *f*
soğancık (**-ğı**) *s* Schnittlauch *m*
soğuk (**-ğu**) **I.** *s* Kälte *f* **II.** *adj* kalt; **hava** ~ es ist kalt; ~ **algınlığı** Erkältung *f;* ~ **almak** sich erkälten; ~ **büfe** kaltes Büfett; ~ **dalgası** Kältewelle *f;* ~ **içecek** Erfrischungsgetränk *nt;* ~ **neva** unsympathisch; **soğuktan titremek** vor Kälte zittern
soğukkanlı *adj* ① (*Mensch*) kaltblütig ② ruhig, gelassen
soğukkanlılılık (**-ğı**) *s* Kaltblütigkeit *f,* Gelassenheit *f*
soğukluk (**-ğu**) *s* ① Kälte *f* ② (*einer Beziehung*) Abkühlung *f* ③ Nachtisch *m,* Nachspeise *f*
soğumak *vi* ① kalt werden ② sich abkühlen ③ das Interesse verlieren (**-den** an jdm/etw)
soğurmak *vt* ① aufsaugen (**-i** etw) ② neutralisieren, dämpfen (**-i** etw)
soğutmak *vt* ① *Kausativ zu* **soğumak** ② kühlen (**-i** etw)
sohbet (**-ti**) *s* ① Unterhaltung *f,* Gespräch *nt* ② INET Chat *m;* ~ **etmek** sich unterhalten (**ile** mit jdm); ~ **odası** INET Chatroom *m*
sokak (**-ğı**) *s* ① Straße *f* ② Gasse *f;* ~ **çocuğu** Straßenjunge *m;* ~ **kapısı** Haustür *f;* ~ **kızı** [*o* **kadını**] (*Prostituierte*) Straßenmädchen *nt;* ~ **lambası** Straßenlaterne *f;* ~ **ortasında** auf offener Straße; ~ **satıcısı** Straßenhändler *m;* **sokağa çıkma yasağı** Ausgangssperre *f;* **sokakta** auf der Straße
sokmak (**-ar**) *vt* ① hineinstecken, hineinstopfen, hineinlegen (**-i -e** etw in etw) ② (*Insekt*) stechen; (*Schlange*) beißen (**-i** jdn) ③ (*Messer*) hineinstoßen (**-i -e** etw in etw) ④ (*in eine Flüssigkeit*) eintauchen (**-i -e** etw in etw) ⑤ hineinlassen, hereinlassen (**-i** jdn) ⑥ (*in eine Angelegenheit*) hineinziehen (**-i -e** jdn in etw) ⑦ (jdm etw) andrehen (**-i** etw); **bir türlü kafama sokamıyorum** das will mir nicht in den Kopf gehen
sokulgan *adj* zutraulich
sokulmak *vt* ① *Passiv zu* **sokmak** ② eindringen (**-e** in etw) ③ sich anschmiegen (**-e** an jdn)
sol **I.** *adj* linke(r, s) **II.** *s* linke Seite; **sola** nach links; **solda** links; **soldan** von links; **benim solumda** links von mir
solaçık (**-ğı**) *s* Linksaußen *m*
solak (**-ğı**) **I.** *s* Linkshänder(in) *m(f)* **II.** *adj* linkshändig
solaryum (**tesisatı**) *s* Solarium *nt*
solcu **I.** *s* POL Linke(r) *f(m)* **II.** *adj* links eingestellt, linke(r, s)
solgun *adj* ① blass, bleich ② welk ③ (*Stoff, Farbe*) verschossen
solgunluk (**-ğu**) *s* ① Blässe *f* ② Welkheit *f*
solist (**-ti**) *s* Solist(in) *m(f)*
sollamak *vt* (*Verkehr*) überholen (**-i** jdn); ~ **yasaktır!** Überholen verboten!
sollama şeridi (**-ni**) *s* Überholspur *f*
solmak (**-ar**) *vi* ① (*Gesicht*) blass werden ② verwelken ③ (*Stoff, Farbe*) ausbleichen
solmuş *adj* welk
solo *s* Solo *nt*
solucan *s* Wurm *m*
soluk (**-ğu**) **I.** *adj* ① blass, bleich ② glanzlos, matt ③ welk ④ (*Farbe, Stoff*) verblichen **II.** *s* ① Atem *m* ② Puste *f;* ~ **almak** einatmen; ~ **vermek** ausatmen
solukluk (**-ğu**) *s* Blässe *f*
solumak *vi* keuchen, schnaufen
solungaç (**-cı**) *s* Kiemen *pl*
solunum *s* Atmung *f*
solvent (**-ti**) *s* Lösungsmittel *nt*
som *adj* ① massiv ② unverfälscht
som (**balığı**) *s* Lachs *m*
Somali *s* Somalia *nt*
somun *s* ① (*Brot*) Laib *m* ② Schraubenmutter *f*
somurtkan *adj* (*fam*) brummig, griesgrämig
somurtmak *vi* (*fam*) schmollen
somut (**-tu**) *adj* konkret, greifbar
somutlaştırmak *vt* konkretisieren (**-i** etw)
somya *s* (Sprungfeder)matratze *f*
son **I.** *s* ① Ende *nt,* Schluss *m* ② Endpunkt *m* **II.** *adj* letzte(r, s); ~ **bulmak** enden; ~ **defa** zuletzt; ~ **derece** äußerst; ~ **durak** Endstation *f;* ~ **kullanım tarihi** (*Lebensmittel*) Verfallsdatum *nt;* ~ **söz** Schlusswort *nt,* letztes Angebot; ~ **vermek** beenden (**-e** etw); ~ **zamanlarda** in letzter Zeit; **sona erdirmek** zu Ende bringen (**-i** etw); **sona ermek** aufhören, enden; **sonuncu** letzte(r, s); **so-**

nunda schließlich, endlich, zuletzt
sonat (**-tı**) *s* Sonate *f*
sonbahar *s* Herbst *m*
sonda *s* Katheter *m*
sondaj *s* ① Sondierung *f* ② Versuchsbohrung *f;* ~ **yapmak** bohren
sondakika tatil *s* Last-Minute-Urlaub *m*
sone *s* Sonett *nt*
sonek (**-ki**) *s* (*Wort-*) Endung *f*
sonlu *adj* endlich
sonra **I.** *adv* dann, danach, später **II.** *präp* (*zeitlich*) nach (**-den** +*dat*) **III.** *konj* nachdem; **depoyu doldurduktan** ~ **yolumuza devam ettik** nachdem wir vollgetankt hatten, fuhren wir weiter **IV.** *s* Folge *f;* **sonraya bırakmak** verschieben, hinauszögern (**-i** etw)
sonradan *adv* ① hinterher ② nachträglich; ~ **görme** Emporkömmling *m*
sonraki *adj* spätere(r, s)
sonsuz *adj* ① unendlich ② unermesslich ③ endlos, ewig
sonsuzlaştırmak *vt* verewigen (**-i** etw)
sonsuzluk (**-ğu**) *s* ① Unendlichkeit *f* ② Ewigkeit *f*
sonucu *präp* infolge +*gen*
sonuç (**-cu**) *s* ① Ergebnis *nt,* Folge *f* ② Resultat *nt* ③ Schlussfolgerung *f;* **sonunçlar çıkarmak** Schlüsse ziehen (**-den** aus etw)
sonuçlanmak *vi* ① enden ② beendet werden
sonuçsuz *adj* ergebnislos
sopa *s* ① Stock *m* ② Prügel *pl;* ~ **çekmek** (*fam*) verprügeln (**-e** jdn)
soprano *s* ① Sopran *m* ② Sopranistin *f*
sorgu *s* ① Verhör *nt* ② (*eines Angeklagten*) Vernehmung *f;* ~ **hakimi** [*o* **yargıcı**] Untersuchungsrichter(in) *m(f);* **sorguya çekmek** verhören, vernehmen (**-i** jdn)
sormak (**-ar**) *vt* ① fragen (**-e -i** jdn etw) ② fragen nach (**-i** nach etw) ③ verantwortlich machen (**-den -i** jdn für etw)
soru *s* ① Frage *f* ② Anfrage *f;* ~ **işareti** Fragezeichen *nt;* ~ **sormak** eine Frage stellen
sorumlu *adj* ① haftend ② verantwortlich
sorumluluk (**-ğu**) *s* ① Verantwortung *f* ② Haftpflicht *f* ③ Haftung *f*
sorumsuz *adj* ① unverantwortlich ② (*Mensch*) verantwortungslos
sorun *s* Problem *nt*
soruşturma *s* ① *Verbalsubstantiv zu* **soruşturmak** ② Befragung *f* ③ Erhebung *f* ④ Ermittlung *f,* Untersuchung *f*
soruşturmak *vt* ① ausfragen, befragen (**-e -i** jdn über etw) ② (*Erkundigungen*) einziehen (**-i** etw) ③ ermitteln (**-i -e** etw bei jdm)
sos *s* ① Soße *f* ② Tunke *f*
sosis *s* Wurst *f,* Würstchen *nt*
sosyal *adj* gesellschaftlich, sozial; ~ **bilimler** Geisteswissenschaften *pl;* ~ **hizmetler** Sozialleistungen *pl;* ~ **konut** Sozialwohnung *f;* ~ **ortaklar** Sozialpartner *pl;* ~ **politika** Sozialpolitik *f;* ~ **sigorta** Sozialversicherung *f;* ~ **yardım** Sozialfürsorge *f*
sosyaldemokrat (**-tı**) **I.** *s* Sozialdemokrat(in) *m(f)* **II.** *adj* sozialdemokratisch
sosyalist (**-ti**) **I.** *s* Sozialist(in) *m(f)* **II.** *adj* sozialistisch
sosyalizm *s* Sozialismus *m*
sosyete *s* Schickeria *f,* High Society *f;* ~ (**haberleri**) **sayfası** (*in einer Zeitung*) Klatschspalte *f*
sosyoekonomik (**-ği**) *adj* sozioökonomisch
sosyolog *s* Soziologe, Soziologin *m, f*
sosyoloji *s* Soziologie *f*
sosyolojik *adj* soziologisch
Sovyet (**-ti**) *adj* (*hist*) sowjetisch
Sovyetler Birliği (**-ni**) *s* (*hist*) Sowjetunion *f*
soy *s* ① Familie *f* ② Abstammung *f,* Herkunft *f* ③ (*Geschlecht*) Stamm *m* ④ Familienangehörige *pl* ⑤ Vorfahren *pl* ⑥ Nachkommenschaft *f*
soya (**fasulyesi**) *s* Sojabohne *f*
soyadı (**-nı**) *s* Familienname *m,* Nachname *m*

Bis zum Jahre 1935 gab es in der Türkei keine **soyadı** (Familiennamen). Stattdessen gab es Vatersnamen: Vor dem Namen trat der Name des Vaters mit der Endung ‚oglu' (Sohn von ...). Im Jahre 1936 wurde das ‚Familiennamengesetz' verabschiedet, das jeden Türken dazu verpflichtete, sich innerhalb von zwei Jahren einen Familiennamen eintragen zu lassen. Der Staatsgründer Mustafa Kemal erhielt von der Nationalversammlung den Famililennamen ‚Atatürk', was übersetzt ‚Vater der Türken' bedeutet.

soyağacı (**-nı**) *s* Stammbaum *m*
soygun *s* Raubüberfall *m,* Raub *m*
soyguncu *s* Räuber *m*
soygunculuk (**-ğu**) *s* Raubüberfall *m*
soykırım *s* Genozid *m*
soylu *adj* ① edel ② adlig

soyluluk (**-ğu**) *s* Adel *m*
soymak (**-ar**) *vt* ① ausziehen, entkleiden (**-i** jdn) ② schälen (**-i** etw) ③ ausrauben, berauben (**-i** jdn)
soysuz *adj* ① von niedriger Abstammung ② (*Person*) gemein ③ entartet
soysuzlaşma *s* ① *Verbalsubstantiv zu* **soysuzlaşmak** ② (Sitten)verfall *m*
soysuzlaşmak *vi* degenerieren, entarten
soytarı *s* ① Narr *m* ② Spaßmacher *m*, Clown *m*
soyunma *s* ① *Verbalsubstantiv zu* **soyunmak** ② ~ **odası** Umkleideraum *m*
soyunmak *vi* ① *Reflexiv zu* **soymak** ② sich ausziehen, sich entkleiden
soyut (**-tu**) *adj* abstrakt
söğüt (**-dü**) *s* (*Baum*) Weide *f*
sökmek (**-er**) *vt* ① herausreißen, herausziehen (**-i** etw) ② abmontieren, demontieren; (*Zelt*) abbrechen (**-i** etw) ③ (*Maschine*) zerlegen (**-i** etw) ④ (*Naht*) auftrennen (**-i** etw) ⑤ (*Handschrift*) entziffern (**-i** etw) ⑥ (*fam*) dahinterkommen, herauskriegen (**-i** etw) ⑦ (*fam*) schaffen, fertig bringen (**-i** etw) ⑧ (*Schleim*) sich lösen ⑨ (*Morgen*) anbrechen
sökük (**-ğü**) **I.** *s* (kleiner) Riss *m* **II.** *adj* leicht aufgeplatzt
sökülmek *vi* ① *Passiv zu* **sökmek** ② ausreißen ③ sich loslösen ④ (*Naht*) aufgehen ⑤ (*fam: Geld*) herausrücken (**-i** etw)
sökün etmek *vi* (*fam*) auftauchen, auf der Bildfläche erscheinen
sömestr *s* Halbjahr *nt*, Semester *nt*
sömürge *s* Kolonie *f*
sömürgeci **I.** *s* Kolonialist(in) *m(f)* **II.** *adj* kolonialistisch
sömürgecilik (**-ği**) *s* Kolonialismus *m*
sömürgeleşmek *vi* zur Kolonie werden
sömürgeleştirme *s* ① *Verbalsubstantiv zu* **sömürgeleştirmek** ② Kolonisierung *f*
sömürgeleştirmek *vt* ① *Kausativ zu* **sömürgeleşmek** ② kolonisieren (**-i** etw/jdn)
sömürmek *vt* ① ausnutzen, ausbeuten (**-i** etw/jdn) ② (*Tee*) schlürfen (**-i** etw) ③ aufessen (**-i** etw)
sömürü *s* Ausbeutung *f*
söndürmek *vt* ① *Kausativ zu* **sönmek** ② (*Feuer*) löschen (**-i** etw) ③ (*Licht, Radio*) ausmachen; (*Gashahn*) abdrehen (**-i** etw) ④ (*Zigarette*) ausdrücken (**-i** etw) ⑤ (*Luft*) herauslassen (**-i** etw) ⑥ (*Gefühle*) abkühlen, besänftigen (**-i** etw)
sönmek (**-er**) *vi* ① (*Licht, Feuer*) ausgehen ② erlöschen ③ (*Ballon*) schlaff werden ④ den Glanz verlieren
sönük (**-ğü**) *adj* ① (*Licht*) erloschen ② glanzlos, matt ③ (*Gesicht*) nichtssagend ④ (*Person*) unauffällig ⑤ (*Ballon*) schlaff geworden
sörf *s* Surfen *nt*; ~ **tahtası** Surfbrett *nt*; ~ **yapmak** (*Sport und Internet*) surfen
sövgü *s* Fluch *m*
sövmek (**-er**) *vt* ① schimpfen, fluchen ② beschimpfen, verfluchen (**-e** jdn)
sövüp saymak *vi* (*fam*) wie ein Rohrspatz schimpfen
söylemek *vt* ① reden, sprechen ② sagen (**-e -i** jdm etw) ③ jdm befehlen, jdm auftragen, jdn bitten (**-mesini** etw zu tun) ④ (*im Restaurant*) bestellen (**-i** etw); **şarkı** ~ singen; **söyle bakalım** sag mal; **söylemesi kolay** das ist leichter gesagt als getan
söyleniş *s* Aussprache *f*
söylenmek *vi* ① *Passiv zu* **söylemek** ② vor sich hin murren
söylenti *s* Gerücht *nt*
söyleşi *s* Gespräch *nt*, Unterhaltung *f*; ~ **programı** Talkshow *f*
söyleşmek *vi* ① sich unterhalten (**ile** mit jdm) ② diskutieren (**ile** mit jdm)
söylev *s* Ansprache *f*, Rede *f*
söz *s* ① Wort *nt* ② Ausspruch *m*, Spruch *m* ③ Versprechen *nt* ④ Gerücht *nt* ⑤ (üble) Nachrede *f*; ~ **aramızda** unter uns gesagt; ~ **arasında** beiläufig, nebenbei; ~ **dalaşı** Wortgefecht *nt*; ~ **dinlemek** gehorchen, folgen, einen Rat befolgen; ~ **konusu bile olmaz!** kommt nicht in Frage!; ~ **konusu olmak** in Frage kommen; ~ **vermek** sein Wort geben (**-e** jdm); **söze katılmak** mitreden; **sözün kısası** kurz gesagt, kurzum; **sözünde durmak** sein Wort halten; **sözünde durmamak** sein Wort brechen; **sözünden dönmek** wortbrüchig werden; **sözünü bitirmek** zu Ende reden, aussprechen; **sözünü esirgememek** kein Blatt vor den Mund nehmen; **sözünü etmek** erwähnen (**-in** jdn/etw); **sözünü geçirmek** sich durchsetzen; **sözünü kesmek** unterbrechen; **sözünü tutmak** sein Wort halten; (*Ratschläge*) befolgen; **sözünü tutmamak** [*o* **bozmak**] sein Wort brechen
sözcü *s* Sprecher(in) *m(f)*, Wortführer(in) *m(f)*

sözcük (-ğü) *s* Wort *nt*
sözde *adv* angeblich
sözdizim *s* Satzlehre *f*, Syntax *f*
sözleşme *s* ❶ *Verbalsubstantiv zu* **sözleşmek** ❷ Abmachung *f*, Absprache *f*, Vereinbarung *f* ❸ Vertrag *m*
sözleşmek *vi* ❶ einen Vertrag abschließen (**ile** mit jdm) ❷ übereinkommen (**ile** mit jdm) ❸ sich verabreden (**ile** mit jdm)
sözleşmeli *adj* vertraglich
sözlü *adj* ❶ mündlich ❷ (*jdm für die Ehe*) versprochen
sözlük (-ğü) *s* Wörterbuch *nt*
spageti *s* Spag(h)etti *pl*
spam posta *s* INET Spam-Mail *nt*, Spammail *nt*
spekülasyon *s* Spekulation *f*; ~ **yapmak** spekulieren
spekülasyoncu, spekülatör *s* Spekulant(in) *m(f)*
sperma *s* Samen *m*, Sperma *nt*
spesiyalist (-ti) *s* ❶ Spezialist(in) *m(f)* ❷ Facharzt *m*, Fachärztin *f*
spiker *s* Ansager(in) *m(f)*, Sprecher(in) *m(f)*
sponsor *s* Sponsor(in) *m(f)*
sponsorluk (-ğu) *s* Sponsoring *nt*
spor *s* Sport *m*; ~ **eşyası** Sportartikel *pl*; ~ **gömleği** Sporthemd *nt*; ~ **kulübü** Sportverein *m*; ~ **otomobili** [*o* **arabası**] Sportwagen *m*; ~ **öğretmeni** Sportlehrer(in) *m(f)*; ~ **sahası** Sportplatz *m*; ~ **salonu** Sporthalle *f*; ~ **tesisi** Sportanlage *f*; ~ **uçağı** Sportflugzeug *nt*
sporcu *s* Sportler(in) *m(f)*
sportif *adj* (*Angelegenheit*) sportlich
sportmen **I.** *adj* (*Person*) sportlich **II.** *s* Sportler(in) *m(f)*
sportoto *s* (*Fußball*) Toto *nt*
sprey *s* ❶ Spray *nt* ❷ Spraydose *f*, Zerstäuber *m*
Sri Lanka *s* Sri Lanka *nt*
stad(yum) *s* Stadion *nt*
staj *s* Praktikum *nt*
stajyer *s* Praktikant(in) *m(f)*; ~ **öğretmen** (*in einer Schule*) Referendar(in) *m(f)*
standart (-dı) *s* Standard *m*, Norm *f*
standartlaştırmak *vt* standardisieren, normen (-**i** etw)
stant (-dı) *s* (Messe-, Verkaufs)stand *m*
statü *s* ❶ Status *m* ❷ Satzung *f*, Statut *nt*
stenodaktilo *s* Stenotypistin *f*
stenografi *s* Kurzschrift *f*, Stenografie *f*; ~ **yazmak** stenografieren
step *s* Steppe *f*
stereo *s* Stereo *nt*; ~ **müzik seti** Stereoanlage *f*
stereofonik (-ği) *adj* stereo
steril *adj* steril, keimfrei
sterilize *adj* sterilisiert; ~ **etmek** sterilisieren, keimfrei machen (-**i** etw)
sterlin(g) *s* (britisches) Pfund *nt*
stil *s* Stil *m*
stilistik (-ği) **I.** *adj* stilistisch **II.** *s* Stilistik *f*
stimüle *adj* stimuliert; ~ **etmek** anregen (-**i** jdn/etw)
stok (-ku) *s* Vorrat *m*; ~ **etmek** lagern, speichern
stop *interj* stopp!; **stop etmek** plötzlich stoppen; ~ **feneri** Bremslicht *nt*
strateji *s* Strategie *f*
stratejik (-ği) *adj* strategisch
stratosfer *s* Stratosphäre *f*
streç film *s* Klarsichtfolie *f*, Frischhaltefolie *f*
stres *s* Stress *m*; ~ **faktörü** Stressfaktor *m*
stresli *adj* ❶ stressig ❷ gestresst
striptiz *s* Striptease *m o nt*
stüdyo *s* ❶ Studio *nt* ❷ Maleratelier *nt*
su *s* ❶ Wasser *nt* ❷ Gewässer *nt* ❸ (kleinerer) Fluss *m* ❹ Saft *m* ❺ Soße *f* ❻ Randverzierung *f* ❼ Essenz *f* ❽ (*von Eisen*) Härte *f*; ~ **almak** Wasser holen; (*Boot*) lecken; ~ **arkı** Bewässerungsgraben *m*; ~ **bardağı** Wasserglas *nt*; ~ **baskını** Hochwasser *nt*; ~ **basmak** überschwemmen, überfluten; ~ **bidonu** Wasserkanister *m*; ~ **birikintisi** Pfütze *f*; ~ **bitkisi** Wasserpflanze *f*; ~ **çekmek** (aus dem Brunnen) Wasser schöpfen; ~ **deposu** Wasserbehälter *m*; ~ **dökmek** Wasser ausgießen, Wasser verschütten; (*fam*) pinkeln; ~ **geçirmek** leck sein; ~ **geçirmez** wasserdicht; ~ **kayağı** Wasserski *m*; ~ **kayağı yapmak** Wasserski fahren; ~ **kelebeği** Libelle *f*; ~ **kemeri** Aquädukt *nt*; ~ **kuşu** Wasservogel *m*; ~ **nergisi** Sumpfdotterblume *f*; ~ **perisi** Nixe *f*; ~ **seviyesi** Wasserspiegel *m*; ~ **sporu** Wassersport *m*; ~ **topu** Wasserball *m*; ~ **yılanı** Ringelnatter *f*; ~ **zambağı** Wasserrose *f*; **suya düşmek** (*a. fig*) ins Wasser fallen; **sudan bahane** (*fam*) faule Ausrede; **sudan ucuz** spottbillig; **sular kesildi** [*o* **kesik**] es gibt kein fließendes Wasser
sual (-li) *s* Frage *f*
suaygırı (-nı) *s* Nilpferd *nt*
subay *s* Offizier *m*
sucuk (-ğu) *s* ❶ Wurst *f* ❷ (*türkische Spezia-*

lität) Knoblauchwurst *f;* ~ **gibi** patschnass

suç (**-çu**) *s* ① Schuld *f* ② Fehler *m* ③ Delikt *nt;* ~ **işlemek** sich strafbar machen, ein Verbrechen begehen; ~ **ortağı** Komplize *m,* Komplizin *f;* ~ **ortaklığı** Komplizenschaft *f,* Mitschuld *f;* **suçu birinin üstüne atmak** jdm etwas in die Schuhe schieben; **suçunu itiraf etmek** geständig sein

suçiçeği (**-ni**) *s* Windpocken *pl*

suçlama *s* ① *Verbalsubstantiv zu* **suçlamak** ② Beschuldigung *f* ③ Verdächtigung *f* ④ Anklage *f*

suçlamak *vt* ① beschuldigen (**-i ile** jdn einer Sache) ② verdächtigen (**-i ile** jdn einer Sache) ③ anklagen (**-i ile** jdn einer Sache)

suçlandırmak *vt* ① beschuldigen (**-i** jdn) ② schuldigsprechen (**-i** jdn)

suçlu **I.** *adj* schuldig **II.** *s* Übeltäter(in) *m(f),* Verbrecher(in) *m(f);* ~ **bulmak** für schuldig befinden (**-i** jdn)

suçluluk (**-ğu**) *s* Schuld *f;* ~ **duygusu** Schuldgefühl *nt*

suçsuz *adj* schuldlos, unschuldig

suçsuzluk (**-ğu**) *s* Unschuld *f*

suçüstü *adv* auf frischer Tat; ~ **yakalamak** auf frischer Tat ertappen (**-i** jdn)

sudak (**-ğı**) *s* Zander *m*

Sudan *s* Sudan *m*

sufle *s* Soufflee *nt,* Auflauf *m*

suflör *s* Souffleur *m,* Souffleuse *f*

suflörlük (**-ğü**) *s* Soufflieren *f;* ~ **yapmak** soufflieren

suiistimal *s* Missbrauch *m;* ~ **etmek** ausnützen, missbrauchen (**-i** etw)

suikast (**-tı**) *s* Attentat *nt,* Anschlag *m*

suikastçı *s* Attentäter(in) *m(f)*

sulak (**-ğı**) **I.** *s* Wassertrog *m* **II.** *adj* wasserreich

sulama *s* ① *Verbalsubstantiv zu* **sulamak** ② Bewässerung *f*

sulamak *vt* ① bewässern, sprengen; (*Blumen*) gießen (**-i** etw) ② (*Tiere*) tränken (**-i** etw) ③ (*Stahl*) härten (**-i** etw)

sulandırmak *vt* ① *Kausativ zu* **sulamak** ② (*Flüssigkeit*) verdünnen (**-i** etw); **birinin ağzını** ~ jdm den Mund wässerig machen

sulanmak *vi* ① *Passiv zu* **sulamak** ② wässerig werden ③ (*fam: anbändeln*) anmachen (**-e** jdn); **ağzım sulanıyor** mir läuft das Wasser im Munde zusammen

sularında *präp* (*Zeitangabe*) ungefähr, gegen

sulh *s* ① Frieden *m* ② Vergleich *m;* **Sulh Mahkemesi** Friedensgericht *nt*

sultan *s* Sultan *m*

sulu *adj* ① wässerig ② verdünnt ③ (*fam*) albern, läppisch ④ (*Fleisch*) saftig

suluboya *s* Wasserfarbe *f;* ~ **resim** Aquarell *nt*

sumermeri (**-ni**) *s* Alabaster *m*

suni *adj* künstlich, unecht; ~ **madde** Kunststoff *m*

sunmak (**-ar**) *vt* ① anbieten (**-e -i** jdm etw) ② darbieten (**-i** etw) ③ einreichen (**-i -e** etw bei jdm) ④ übersenden (**-e -i** jdm etw) ⑤ überreichen (**-e -i** jdm etw) ⑥ (*Gesuch*) unterbreiten (**-e -i** jdm etw)

sunu *s* ① Widmung *f* ② Angebot *nt*

sunucu *s* ① Talkmaster *m* ② INET Server *m*

supap (**-bı**) *s* Ventil *nt*

sur *s* ① Stadtmauer *f* ② Festungsmauer *f*

surat (**-tı**) *s* ① Gesicht *nt* ② (*pej*) Fratze *f* ③ mürrisches Gesicht *nt*

suratsız *adj* (*fam*) brummig, mürrisch

sure *s* (*des Korans*) Sure *f*

suret (**-ti**) *s* ① Gestalt *f,* Figur *f* ② Abbild *nt* ③ Abzug *m* ④ Kopie *f* ⑤ Art und Weise *f*

Suriye **I.** *s* Syrien *nt* **II.** *adj* (*Art*) syrisch

Suriyece *adj* (*Sprache*) syrisch

Suriyeli **I.** *s* Syr(i)er(in) *m(f)* **II.** *adj* (*Herkunft*) syrisch

sus *interj* Ruhe!, still!

susam *s* Sesam *m*

susamak *vi* ① Durst bekommen ② dürsten (**-e** nach etw)

susamış *adj* durstig

suskun *adj* schweigsam, wortkarg

susmak (**-ar**) *vi* ① schweigen, verstummen ② den Mund halten

susturmak *vt* ① *Kausativ zu* **susmak** ② zum Schweigen bringen (**-i** jdn)

susturucu *s* (*an Waffe*) Schalldämpfer *m*

susun *interj* Ruhe!, still!

susuz *adj* ① wasserlos ② (*Gebiet*) wasserarm

susuzluk (**-ğu**) *s* ① Durst *m* ② Wassermangel *m;* **susuzluğu**(**nu**) **gidermek** den Durst löschen; **susuzluktan ölmek** verdursten

sutyen *s* Büstenhalter *m*

Suudi Arabistan *s* Saudi-Arabien *nt*

suvenir *s* Souvenir *nt*

suyosunu (**-nu**) *s* Alge *f*

sübjektif *adj* subjektiv

sübvansiyon *s* Subvention *f*

sübyancı *s* Pädophile(r) *f(m)*

sübyancılık (**-ğı**) *s* Pädophilie *f*

süet (**-ti**) **I.** *s* Wildleder *nt* **II.** *adj* aus Wild-

S

leder hergestellt, Wildleder-
süfli *adj* ① (*Aussehen*) schäbig ② niedrig
sükun *s* Stille *f*, Ruhe *f*
sükunet (**-ti**) *s* ① Gelassenheit *f*, Ruhe *f* ② Stille *f*, Ruhe *f*
sükut (**-tu**) *s* Schweigen *nt*
sülfür *s* Schwefel *m;* **sülfürik asit** Schwefelsäure *f*
sülük (**-ğü**) *s* ① Blutegel *m* ② Ranke *f* ③ Ausbeuter *m*
sülün *s* Fasan *m*
sümbül *s* Hyazinthe *f*
Sümerli *s* HIST Sumerer *m*
sümkürmek *vi* sich schnäuzen
sümsük (**-ğü**) **I.** *s* Trottel *m* **II.** *adj* trottelig
sümük (**-ğü**) *s* (*Nasen-*) Schleim *m*
sümükdoku *s* Schleimhaut *f*
sümüklü **I.** *adj* (*fam*) schleimig **II.** *s* (*fam*) Rotznase *f*
sümüklüböcek (**-ği**) *s* Schnecke *f;* ~ **kabuğu** Schneckenhaus *nt*
sümüksel *adj* schleimig; ~ **zar** Schleimhaut *f*
sünger *s* Schwamm *m;* ~ **bez** Schwammtuch *nt;* ~ **gibi** schwammig
süngü *s* Seitengewehr *nt*
sünnet (**-ti**) *s* ① (*islamisch*) Sunna *f* ② Beschneidung *f;* ~ **düğünü** Beschneidungsfeier; ~ **etmek** beschneiden (**-i** jdn); ~ **kliniği** Beschneidungsklinik *m*

Die **sünnet düğünü** (die Beschneidungsfeier) führt die kleinen Buben in die Welt der Erwachsenen ein. In Phantasieuniformen gekleidet, werden die Jungen mit viel Spektakel durchs Dorf geführt bzw. heute in geschmückten Autos gefahren. Eine Beschneidung wird wie eine Hochzeit mit vielen Gästen gefeiert.

sünnetçi *s* Beschneider *m*
Sünni **I.** *adj* sunnitisch **II.** *s* Sunnit(in) *m(f)*
Sünnilik (**-ği**) *s* Sunnitentum *nt*

Sünnilik (das Sunnitentum) ist seit osmanischer Zeit die wichtigste Konfession des Islams in der Türkei. Rund 80 Prozent aller Türken sind Sunniten. Ihnen stehen als größte religiöse Minderheit die Aleviten gegenüber. Schiiten dagegen spielen in der religiösen Landschaft der Türkei keine Rolle.

süper *adj* super
süpermarket (**-ti**) *s* Supermarkt *m*
süprüntü *s* Abfall *m*, Müll *m*
süpürge *s* ① Besen *m* ② Handfeger *m;* ~ **sapı** Besenstiel *m;* **elektrikli** ~ Staubsauger *m*
süpürgeotu (**-nu**) *s* Heidekraut *nt*
süpürmek *vt* ① fegen, kehren (**-i** etw) ② (bis auf den letzten Rest) verbrauchen (**-i** etw); **silip** ~ (*a. fig*) wegfegen (**-i** etw)
sürahi *s* Karaffe *f*
sürat (**-ti**) *s* Geschwindigkeit *f*, Schnelligkeit *f;* ~ **katarı** Schnellzug *m*
süratli *adj* ① schnell ② stark
sürdozaj *s* Überdosis *f*
sürdürebilirlik (**-ği**) *s* COMM Nachhaltigkeit *f*
sürdürmek *vt* ① *Kausativ zu* **sürmek** ② weitermachen (**-i** etw) ③ fortsetzen, fortführen (**-i** etw)
sürdürülebilir *adj* COMM (*Wachstum*) nachhaltig
süre *s* (*Dauer*) Zeit *f;* **bir** ~ eine Zeitlang; **süresi dolmak** (*Vertrag*) auslaufen; (*Frist*) verstreichen
sürece *konj* solange, während; **yurtdışında kaldığı** ~ solange er im Ausland lebte
süreç (**-ci**) *s* Gang *m*, Prozess *m*, Verlauf *m*
süreğen *adj* chronisch
sürek (**-ği**) *s* ① Dauer *f*, Bestand *m* ② (große) Tierherde *f*
sürekli **I.** *adj* ① andauernd ② beständig, dauerhaft **II.** *adv* ununterbrochen, fortwährend, anhaltend; ~ **iş bandı** Fließband *nt*
süreklilik (**-ği**) *s* Kontinuität *f*
süreölçer *s* Chronometer *nt*
süresince *präp* (*zeitlich*) innerhalb
süresiz *adj, adv* unbefristet
sürgü *s* ① Riegel *m* ② Ackerwalze *f* ③ (große) Maurerkelle *f* ④ Bettpfanne *f*
sürgülemek *vt* ① verriegeln (**-i** etw) ② (*Feld*) walzen (**-i** etw)
sürgün *s* ① Spross *m*, Trieb *m* ② Verbannung *f*, Exil *nt* ③ Verbannte(r) *f(m)* ④ Durchfall *m;* **sürgüne göndermek/gitmek** ins Exil schicken/gehen, verbannen/verbannt werden
sürme *s* ① *Verbalsubstantiv zu* **sürmek** ② (Fort)dauer *f* ③ Riegel *m* ④ Augenschminke *f* ⑤ Schublade *f;* ~ **kapı** Schiebetür *f*
sürmek (**-er**) *vt* ① (*Fahrzeug*) fahren (**-i** etw) ② schieben (**-i** etw) ③ (*Butter*) aufstreichen; (*Farbe, Salbe*) auftragen (**-i -e** etw auf etw) ④ (*Tiere*) vor sich her treiben (**-i** etw) ⑤ verbannen (**-i -den** jdn aus etw) ⑥ (*Waren*) ver-

treiben (**-i** etw) ⑦ (*Falschgeld*) in Umlauf bringen (**-i** etw) ⑧ (*schlechte Ware*) andrehen (**-e -i** jdm etw) ⑨ (*Feld*) pflügen (**-i** etw) ⑩ (*Leben*) führen (**-i** etw) ⑪ (*Spielfigur*) rücken, ziehen (**-i** etw) ⑫ andauern ⑬ (*junge Pflanzen*) herauskommen; **bir şeye elini ~** etw anfassen, etw berühren; **sürüp gitmek** fortdauern

sürmenaj *s* Überarbeitung *f*

sürpriz *s* Überraschung *f;* **~ yapmak** überraschen (**-i** jdn)

sürtmek (**-er**) *vt* ① reiben (**-i -e** etw an etw) ② (*fam*) sich herumtreiben

sürtük (**-ğü**) *s* (*fam*) Herumtreiber(in) *m(f)*

sürtünme *s* ① *Verbalsubstantiv zu* **sürtünmek** ② Reibung *f*

sürtünmek *vi* ① *Reflexiv zu* **sürtmek** ② streifen, berühren (**-e** etw) ③ (*fam*) Streit suchen

sürtüşme *s* ① *Verbalsubstantiv zu* **sürtüşmek** ② Reibereien *pl*

sürtüşmek *vi* sich aneinander reiben

sürtüşmesiz *adj* reibungslos

sürü *s* ① Viehherde *f* ② (*Vögel*) Schar *f* ③ (*Bienen*) Schwarm *m* ④ große Menge, Masse *f;* **bir ~** eine große Menge (von)

sürücü **I.** *s* ① Fahrer(in) *m(f)* ② (*von Lasttieren*) Treiber(in) *m(f)* ③ INFORM Laufwerk *nt* **II.** *adj* treibend

sürüklemek *vt* ① schleppen, schleifen (**-i** etw) ② mit sich fortreißen (**-i** etw) ③ hineinziehen (**-i -e** jdn in etw) ④ begeistern, mitreißen (**-i** jdn)

sürüklenmek *vi* ① *Passiv zu* **sürüklemek** ② (auf dem Wasser) treiben ③ (*a. fig*) sich hinschleppen

sürüm *s* ① Absatz *m,* Umsatz *m* ② Umlauf *m*

sürünceme *s* Verschleppung *f;* **sürüncemede bırakmak** verschleppen, verzögern (**-i** etw); **sürüncemede kalmak** liegen bleiben, sich verzögern

sürüngen *s* Reptil *nt,* Kriechtier *nt*

sürünmek *vi* ① kriechen ② (*auf dem Boden*) schleifen ③ (*fam*) auf den Hund gekommen sein, ein elendes Leben führen ④ berühren, streifen (**-e** etw) ⑤ (*Parfüm, Salbe*) auftragen (**-i** etw)

süs *s* Schmuck *m,* Ornament *nt,* Verzierung *f;* **~ bitkisi** Zierpflanze *f*

süsen *s* Schwertlilie *f*

süslemek *vt* ① (aus)schmücken, verzieren (**-i** etw/jdn) ② (*Essen*) garnieren (**-i** etw)

süslenmek *vi* ① *Passiv und Reflexiv zu* **süslemek** ② sich schmücken

süslü *adj* verziert, geschmückt

süspansiyon *s* Federung *f*

süssüz *adj* schmucklos

süt (**-tü**) *s* Milch *f;* **~ şişesi** Milchflasche *f;* **~ tozu** Milchpulver *nt;* **~ ürünleri** [*o* **mamulleri**] Milcherzeugnisse *pl*

sütana, sütanne *s* Amme *f*

sütçü *s* Milchmann *m;* **~ (dükkanı)** Milchgeschäft *nt*

sütdişi (**-ni**) *s* Milchzahn *m*

süthane *s* Molkerei *f*

sütlaç (**-cı**) *s* Milchreis *m*

sütlü *adj* ① Milch enthaltend, Milch- ② (*Kuh*) Milch gebend, Milch-; **~ kahve** Kaffee mit Milch

sütun *s* ① Säule *f* ② (Zeitungs)spalte *f;* **~ başlığı** Kapitell *nt*

süvari *s* ① Reiter(in) *m(f)* ② Kavallerist *m* ③ Schiffskapitän *m;* **~ çizmesi** Reitstiefel *m;* **~ pantalonu** Reithose *f*

süzgeç (**-ci**) *s* ① Filter *m* ② (feines) Sieb *nt*

süzmek (**-er**) *vt* ① filtern, sieben (**-i** etw) ② neugierig mustern (**-i** jdn) ③ (*Honig*) schleudern (**-i** etw)

süzülmek *vi* ① *Passiv zu* **süzmek** ② gleiten, schweben ③ (*Tränen*) fließen ④ schmachtend blicken ⑤ (*Person*) abmagern

Ş ş

Ş, ş *s 23. Buchstabe des türk. Alphabets*

şablon *s* Schablone *f*

şadırvan *s* Moscheebrunnen *m*

şafak (**-ğı**) *s* Morgendämmerung *f,* Tagesanbruch *m;* **~ sökmek** Tag werden, dämmern; **şafakla (beraber)** bei Tagesanbruch

şah *s* ① Schah *m* ② (*beim Schachspiel*) König *m;* **şah!** Schach!

şahadet (**-ti**) *s* ① Zeugenschaft *f* ② Heldentod *m;* **~ getirmek** (*islamisch*) das Glaubensbekenntnis ablegen

şahane *adj* großartig, herrlich, prächtig

şahdamarı (**-nı**) *s* ① Aorta *f* ② Halsschlagader *f*

şaheser **I.** *s* Meisterwerk *nt* **II.** *adj* großartig, herrlich, prächtig

şahıs (**-hsı**) *s* Person *f*
şahin *s* ❶ Falke *m* ❷ Mäusebussard *m*
şahit (**-di**) *s* ❶ Zeuge *m*, Zeugin *f* ❷ Beweis *m*, Beleg *m*; ~ **etmek** bezeugen (**-e** etw)
şahitlik (**-ği**) *s* ❶ Zeugenschaft *f* ❷ Zeugenaussage *f*
şahsen *adv* persönlich
şahsı (**-nı**) *s Possessivform zu* **şahıs** seine/ihre Person *f*
şahsî *adj* ❶ persönlich, privat, eigen ❷ individuell; ~ **mülkiyet** Privateigentum *nt*
şahsiyet (**-ti**) *s* ❶ Persönlichkeit *f* ❷ Individualität *f*
şair *s* Dichter(in) *m(f)*, Poet(in) *m(f)*
şairane *adj, adv* dichterisch, poetisch
şaka *s* Scherz *m*, Spaß *m*; ~ **bir yana** [*o* **tarafa**]**!** Spaß beiseite!; ~ **etmek** [*o* **yapmak**] spaßen, scherzen; ~ **kaldırmak** Spaß verstehen
şakacı **I.** *s* Spaßvogel *m*, Witzbold *m* **II.** *adj* (*Person*) witzig
şakadan *adv* zum Spaß, spaßeshalber
şakak (**-ğı**) *s* Schläfe *f*
şakalaşmak *vi* scherzen
şakayık (**-ğı**) *s* Pfingstrose *f*
şakımak *vi* ❶ (*Vögel*) zwitschern, singen ❷ (*fam: Mensch*) lustig erzählen
şakırdamak *vi* ❶ (*Regen*) prasseln ❷ rasseln, klappern
şakır şakır *adv* ❶ (*Regen*) prasselnd ❷ rasselnd, klappernd; ~ ~ **yağmur yağıyor** es gießt
şaklaban **I.** *adj* drollig, putzig **II.** *s* ❶ Hanswurst *m* ❷ (*pej*) Schleimer(in) *m(f)*
şaklama *s* ❶ *Verbalsubstantiv zu* **şaklamak** ❷ (*von Peitsche*) Knall *m*
şaklamak *vi* ❶ (*Peitsche*) knallen ❷ (*fam: Ohrfeige*) schallen
şal *s* ❶ (*Damen-*) Schal *m* ❷ Kaschmirstoff *m*
şalgam *s* Rote Bete *f*; ~ **lahanası** Kohlrübe *f*
şalter *s* Schalter *m*
şalvar *s* (türkische) Pumphose *f*

> Der **şalvar** ist ein traditionelles Kleidungsstück der ländlichen Bevölkerung. Die im Schritt weite Hose ist bei der Feldarbeit bequem und praktisch. Der ‚şalvar' wird sowohl von Frauen, als auch von Männern getragen. Stoffmuster und Form variieren von Region zu Region.

Şam *s* Damaskus *nt*
şamandıra *s* Boje *f*
şamar *s* Ohrfeige *f*; ~ **oğlanı** Sündenbock *m*
şamata *s* Lärm *m*, Tumult *m*
şamdan *s* Kerzenhalter *m*, Kerzenständer *m*
şamfıstığı (**-nı**) *s* Pistazie *f*
şampanya *s* ❶ Champagner *m* ❷ Sekt *m*; ~ **kadehi** Sektglas *nt*
şampiyon *s* Meister(in) *m(f)*, Champion *m*; **Şampiyonlar Ligi** Champions League *f*
şampiyona *s s.* **şampiyonluk**
şampiyonluk (**-ğu**) *s* Meisterschaft *f*
şampuan *s* Shampoo *nt*
şan *s* ❶ Ruhm *m*, Ehre *f* ❷ Ruf *m* ❸ (leere) Aufmachung *f* ❹ Gesang *m*
şangırdamak *vi* klappern, klirren
şanjanlı *adj* (*Farbe*) schillernd
şanjman *s* Kupplung *f*
şanlı *adj* ruhmreich, ruhmvoll
şans *s* ❶ Chance *f* ❷ Glück *nt*; **birine ~ dilemek** jdm Glück wünschen, jdm die Daumen drücken; ~ **eseri olarak** glücklicherweise; ~ **eşitliği** Chancengleichheit *f*; ~ **getirmek** Glück bringen; **şansa kalmak** dem Zufall überlassen bleiben; **şansı olmak** Glück haben; **şansına küs!** (da hast du eben) Pech gehabt!; **bol şanslar!** viel Glück!
şanslı *adj* (*vom Glück gesegnet*) glücklich
şanssız *adj* ohne Glück
şanssızlık (**-ğı**) *s* Unglück *nt*, Pech *nt*
şantaj *s* Erpressung *f*; ~ **yapmak** erpressen (**-e** jdn)
şantajcı **I.** *s* Erpresser(in) *m(f)* **II.** *adj* erpresserisch
şantiye *s* ❶ Baustelle *f* ❷ Schiffswerft *f*
şap hastalığı (**-nı**) *s* Maul- und Klauenseuche *f*
şapka *s* ❶ Hut *m* ❷ Lampenschirm *m*; **şapkayı giymek/çıkarmak** den Hut aufsetzen/abnehmen
şapşal *adj* ❶ albern, dumm ❷ (*fam*) schlampig angezogen
şarap (**-bı**) *s* Wein *m*; ~ **fıçısı** Weinfass *nt*; ~ **kadehi** Weinglas *nt*; ~ **listesi** Weinkarte *f*; ~ **mahzeni** Weinkeller *m*
şarapçı *s* ❶ Weinbauer *m* ❷ (leidenschaftlicher) Weintrinker *m*; ~ (**dükkanı**) Weinhandlung *f*
şarbon *s* Milzbrand *m*
şarıldamak *vi* (*Wasser*) plätschern, rauschen
şarj *s* (*elektrische*) Ladung *f*; ~ **etmek** laden (**-i** etw)
Şark (**-kı**) **I.** *s* ❶ Osten *m* ❷ Orient *m*, Mor-

genland *nt* **II.** *adj* orientalisch
şarkı *s* ① Lied *nt* ② Schlager *m;* ~ **söylemek** singen
şarkıcı *s* Sänger(in) *m(f)*
şarküteri *s* Delikatessengeschäft *nt,* Feinkostgeschäft *nt*
şarlatan *s* Scharlatan *m,* Kurpfuscher *m*
şart (-tı) *s* ① Voraussetzung *f,* Bedingung *f* ② Klausel *f;* ~ **değil** nicht unbedingt; ~ **koşmak** eine Bedingung stellen; **bu şartlar altında** unter diesen Umständen
şartlı *adj* eingeschränkt, bedingt
şartsız *adj* bedingungslos
şasi *s* ① Fahrgestell *nt* ② Kassette *f* ③ Schieberahmen
şaşakalmak *vi* aus allen Wolken fallen, ganz verblüfft sein (-**e** über etw)
şaşı *adj* schielend; ~ **bakmak** schielen
şaşılacak *adj* erstaunlich; **bunda şaşılacak bir şey yok** das ist kein Wunder
şaşırmak *vt* ① staunen, sich wundern (-**i** über etw) ② sich irren (-**i** in etw) ③ den Faden verlieren; **yolunu** ~ sich verirren, sich verlaufen, sich verfahren
şaşırtıcı *adj* ① überraschend ② verblüffend ③ verwirrend
şaşırtmak *vt* ① *Kausativ zu* **şaşırmak** ② erstaunen (-**i** jdn) ③ verwirren, irritieren (-**i** jdn) ④ verblüffen, stutzig machen (-**i** jdn) ⑤ täuschen (-**i** jdn) ⑥ (*Stecklinge*) umpflanzen (-**i** etw); **bu beni şaşırtmaz** das wundert mich nicht
şaşkın *adj* ① (*fam*) verblüfft, verdutzt ② verwirrt ③ fassungslos; **şaşkına çevirmek** [*o* **döndürmek**] aus der Fassung bringen (-**i** jdn); **şaşkına dönmek** völlig den Kopf verlieren
şaşkınlık (-ğı) *s* ① Staunen *nt,* Verwunderung *f* ② (*Handlung*) Dummheit *f*
şaşmak (-ar) *vt* ① sich wundern, staunen (-**e** über jdn/etw) ② abweichen (-**den** von etw)
şaşmaz *adj* unfehlbar, untrüglich
şatafat (-tı) *s* ① Prunk *m* ② (leere) Aufmachung *f*
şato *s* Palast *m,* Schloss *nt*
şayet *konj* falls, wenn
şayia *s* Gerücht *nt*
şebeke *s* ① Netz *nt* ② Studenten-/Schülerausweis *m* ③ (*Kriminelle*) Bande *f*
şebnem *s* Tau *m*
şecere *s* Stammbaum *m*
şef *s* Chef(in) *m(f),* Vorgesetzte(r) *f(m)*
şeffaf *adj* durchsichtig
şeffaflık (-ğı) *s* Durchsichtigkeit *f*
şefgarson *s* Oberkellner *m*
şefkat (-ti) *s* Zärtlichkeit *f*
şefkatli *adj* liebevoll, zärtlich
şeftali *s* Pfirsich *m;* ~ **ağacı** Pfirsichbaum *m*
şehir (-hri) *s* Stadt *f;* ~ **merkezi** Innenstadt *f,* Stadtmitte *f;* ~ **numarası** [*o* **kodu**] TELEK Vorwahl *f;* ~ **planı** Stadtplan *m;* ~ **turu** Stadtrundfahrt *f*
şehircilik (-ği) *s* Städtebau *m*
şehiriçi (-ni) *s* Innenstadt *f*
şehirli *s* Städter(in) *m(f)*
şehit (-di) *s* ① Gefallene(r) *f(m)* ② Märtyrer(in) *m(f);* ~ **olmak** [*o* **düşmek**] (*Soldat*) fallen
şehri (-ni) *s Possessivform zu* **şehir** seine/ihre Stadt *f*
şehriye *s* Nudeln *pl;* ~ **çorbası** Nudelsuppe *f*
şehvet (-ti) *s* Wollust *f*
şehvetli *adj* wollüstig, geil
şehzade *s* Prinz *m*
şeker I. *s* ① Zucker *m* ② Süßigkeit *f* ③ Bonbon *nt* **II.** *adj* süß, lieb, nett; **Şeker Bayramı** (*islamisch*) Zuckerfest *nt;* ~ **hastalığı** Zuckerkrankheit *f;* ~ **hastası** zuckerkrank; (*Person*) Zuckerkranke(r) *f(m);* ~ **kamışı** Zuckerrohr *nt;* ~ **koymak** zuckern (-**e** etw); ~ **maşası** Zuckerzange *f;* ~ **pancarı** Zuckerrübe *f*

Şeker Bayramı (das Zuckerfest) bildet den Abschluss der Fastenzeit und dauert drei Tage lang. Zu Hause werden viele Süßspeisen zubereitet und den zahlreichen Besuchern angeboten. Mit den Verwandten geht man zu den Gräbern, um für die Seelen der Verstorbenen zu beten. Die Kinder bekommen nach dem Gebet Süßigkeiten.

şekerci *s* ① Zuckerwarenhersteller(in) *m(f)* ② Süßwarenverkäufer(in) *m(f);* ~ (**dükkanı**) Süßwarengeschäft *nt*
şekerleme *s* ① *Verbalsubstantiv zu* **şekerlemek** ② Zuckerware *f* ③ Bonbon *nt* ④ Konfekt *nt* ⑤ kandierte Früchte ⑥ (*fam*) Nickerchen *nt*
şekerlemek *vt* ① zuckern, mit Zucker bestreuen (-**i** etw) ② (*Früchte*) kandieren (-**i** etw)
şekerli *adj* ① mit Zucker, gezuckert ② zuckerkrank

şekerlik (**-ği**) *s* ① Zuckerstreuer *m* ② Zuckerdose *f*
şekil (**-kli**) *s* ① Abbildung *f* ② Gestalt *f*, Form *f* ③ Art und Weise *f*; ~ **vermek** gestalten, bilden; (*a. fig*) formen (**-e** etw)
şekillendirmek *vt* formen, gestalten (**-i** etw)
şekilsiz *adj* formlos, ohne Form
şekli *adj* ① formal ② formell
şekli (**-ni**) *s Possessivform zu* **şekil** die Form von ...
şelale *s* Wasserfall *m*
şema *s* ① Schema *nt* ② Plan *m*
şematik *adj* schematisch
şempanze *s* Schimpanse *m*
şemsiye *s* ① Schirm *m* ② Dolde *f*
şemsiyelik (**-ği**) *s* Schirmständer *m*
şen *adj* fröhlich, munter
şenlendirmek *vt* ① *Kausativ zu* **şenlenmek** ② aufmuntern (**-i** jdn) ③ (*eine Stadt*) beleben (**-i** etw)
şenlenmek *vi* ① fröhlich werden ② aufleben
şenlik (**-ği**) *s* ① Fröhlichkeit *f* ② Illumination *f* ③ Festival *nt*, Festspiele *pl* ④ Volksfest *nt*
şerbet (**-ti**) *s* Sorbet *nt*
şerbetçiotu (**-nu**) *s* Hopfen *m*
şeref *s* ① Ehre *f* ② Ehrenhaftigkeit *f* ③ Ansehen *nt*; ~ **misafiri** [*o* **konuğu**] Ehrengast *m*; **şerefe!** prost!; **-in şerefine** zu Ehren von ...; **şerefinize!** auf Ihr Wohl!
şerefe *s* (*am Minarett*) Umlauf *m*
şerefli *adj* ehrenhaft, ehrbar
şeri *s* Sherry *m*
Şeria (**nehri**) *s* (*Fluss*) Jordan *m*
şeriat (**-tı**) *s* Scharia *f* (*islamisches Religionsgesetz*)
şeriatçı **I.** *adj* islamistisch **II.** *s* Islamist(in) *m(f)*
şerit (**-di**) *s* ① Streifen *m* ② Bandwurm *m* ③ Besatz *m*, Borte *f* ④ (*markierte Fahrbahn*) Spur *f* ⑤ Schreibmaschinenband *nt* ⑥ Gebietsstreifen *m*
şevk (**-ki**) *s* Eifer *m*
şevkle *adv* mit Lust und Liebe
şevkli *adj* eifrig
şey *s* ① Ding *nt* ② Gegenstand *m*, Sache *f* ③ Objekt *nt* ④ Angelegenheit *f*, Sache *f* ⑤ (*fam*) Dingsbums *nt*
şeyh *s* ① Scheich *m* ② (*islamisch*) Oberhaupt *nt* eines geistlichen Ordens
şeytan *s* ① Teufel *m*, Satan *m* ② gerissener Kerl; ~ **gibi** raffiniert, schlau; **şeytana uyma** Versuchung *f*; **şeytana uymak** sich verführen lassen
şeytanca *adv* teuflisch, satanisch
şeytani *adj* teuflisch, satanisch
şezlong *s* Liegestuhl *m*
şık (**-kı**) *adj* schick, elegant
şık (**-kkı**) *s* Möglichkeit *f*, Alternative *f*
şıklık (**-ğı**) *s* Eleganz *f*, Schick *m*
şımarık (**-ğı**) *adj* ① verwöhnt ② (*Kind*) verzogen ③ frech, ungezogen
şımarmak *vi* ① verwöhnt werden ② anmaßend auftreten ③ frech werden
şımartmak *vt* ① *Kausativ zu* **şımarmak** ② verwöhnen (**-i** jdn) ③ (*Kind*) verziehen, verhätscheln (**-i** jdn)
şıpşak (**-ğı**) **I.** *s* Schnappschuss *m* **II.** *adv* sofort, blitzschnell
şıra *s* Traubensaft *m*
şırıldamak *vi* (*Wasser*) plätschern
şırınga *s* Spritze *f*; ~ **etmek** spritzen, injizieren (**-i** etw)
şiddet (**-ti**) *s* ① Heftigkeit *f* ② Gewalt *f* ③ Stärke *f* ④ Zwang *m*; ~ **eylemi** Gewalttat *f*
şiddetlendirmek *vt* ① *Kausativ zu* **şiddetlenmek** ② intensivieren, verstärken, verschärfen (**-i** etw)
şiddetlenmek *vi* ① heftiger werden, stärker werden ② sich verschlimmern
şiddetli *adj* ① heftig ② intensiv ③ (*Wunsch*) brennend ④ (*Kampf*) erbittert; ~ **geçimsizlik** Zerrüttung *f* der Ehe
şiddetsiz *adj* gewaltlos
şiddetsizlik (**-ği**) *s* Gewaltlosigkeit *f*
şifa *s* Heilung *f*, Genesung *f*; ~ **bulmak** gesund werden, geheilt werden
şifalı *adj* ① heilsam ② bekömmlich, zuträglich
şifre *s* ① Chiffre *f*, Geheimzahl *f* ② INFORM Passwort *nt*; ~ **kırıcı** INFORM Hacker *m*
şifreli *adj* verschlüsselt, chiffriert
Şii **I.** *adj* schiitisch **II.** *s* Schiit(in) *m(f)*
şiir *s* ① Gedicht *nt* ② Dichtung *f*; ~ **yazmak** dichten
şikayet (**-ti**) *s* ① Beschwerde *f*, Klage *f* ② Reklamation *f*, Beanstandung *f*; ~ **etmek** klagen, sich beklagen, sich beschweren (**-e -den** bei jdm über etw/jdn); **şikayetiniz ne?** was fehlt Ihnen?
şikayetçi **I.** *s* Kläger(in) *m(f)* **II.** *adj* ① Klage führend ② sich beschwerend; ~ **olmak** sich beklagen, sich beschweren (**-den** über etw/jdn)
şilep (**-bi**) *s* ① Schlepper *m* ② Frachtdamp-

fer *m*
Şili **I.** *s* Chile *nt* **II.** *adj* (*Art*) chilenisch
Şilili **I.** *s* Chilene *m,* Chilenin *f* **II.** *adj* (*Herkunft*) chilenisch
şilin(g) *s* Schilling *m*
şilte *s* Matratze *f*
şimdi *adv* ❶ jetzt, nun ❷ sofort, gleich ❸ gerade eben; **şimdiden** bereits; **şimdiden sonra** von jetzt an; **şimdiye kadar** bisher, bislang
şimdiki *adj* jetzige(r, s); ~ **zaman** Gegenwart *f,* Präsens *nt*
şimdilik *adv* ❶ im Augenblick, momentan ❷ einstweilen, vorläufig
şimşek (**-ği**) *s* ❶ Blitz *m* ❷ Glanz *m,* Blitzen *nt;* ~ **çakıyor** es blitzt; ~ **gibi** blitzschnell; ~ **hızıyla** blitzschnell
şinitsel *s* Schnitzel *nt*
şirin *adj* ❶ anmutig ❷ nett, hübsch ❸ süß, reizend, niedlich
şirinlik (**-ği**) *s* ❶ Anmut *f* ❷ Freundlichkeit *f*
şirket (**-ti**) *s* Gesellschaft *f;* ~ **izdivacı** [*o* **birleşmesi**] Firmenhochzeit *f*
şirret (**-ti**) *adj* zänkisch, streitsüchtig
şist (**-ti**) *s* Schiefer *m*
şiş **I.** *s* ❶ Spieß *m* ❷ Bratspieß *m* ❸ Stricknadel *f* ❹ Degen *m* ❺ Schwellung *f* **II.** *adj* geschwollen; ~ **kebap** Kebap *m* (*am Spieß gegrillte kleine Hammelfleischstücke*)
şişe *s* ❶ Flasche *f* ❷ Lampenzylinder *m;* ~ **açacağı** Flaschenöffner *m;* (*für Weinflaschen*) Korkenzieher *m;* ~ **birası** Flaschenbier *nt;* ~ **depozitosu** Flaschenpfand *nt*
şişer *adj* aufblasbar
şişirmek *vt* ❶ *Kausativ zu* **şişmek** ❷ anschwellen lassen (**-i** etw) ❸ aufblasen, aufpumpen (**-i** etw) ❹ aufblähen (**-i** etw) ❺ übertreiben (**-i** etw) ❻ hinpfuschen (**-i** etw) ❼ (*fam*) aufhetzen (**-i -e karşı** jdn gegen jdn)
şişirme yatak (**-ğı**) *s* Luftmatratze *f*
şişkin *adj* geschwollen
şişkinlik (**-ği**) *s* ❶ Beule *f* ❷ MED Schwellung *f* ❸ (*im Magen*) Druck *m*
şişlemek *vt* aufspießen (**-i** etw)
şişman *adj* dick, fett
şişmanlamak *vi* dick werden, zunehmen
şişme *s* ❶ *Verbalsubstantiv zu* **şişmek** ❷ Schwellung *f*
şişmek (**-er**) *vi* ❶ anschwellen ❷ (*Person*) dick werden ❸ Magendruck bekommen ❹ (*fam*) blamiert dastehen
şive *s* ❶ Akzent *m* ❷ Dialekt *m,* Mundart *f* ❸ (*Redeweise*) Ton *m* ❹ Tonfall *m* ❺ Anmut *f*
şizofren *adj* schizophren
şizofreni *s* Schizophrenie *f*
şnorkel *s* (*beim Tauchen*) Schnorchel *m*
şofben *s* ❶ Boiler *m* ❷ Gasbadeofen *m*
şoför *s* Chauffeur *m,* Fahrer(in) *m(f);* ~ **ehliyeti** Führerschein *m*
şoförlük (**-ğü**) *s* Beruf *m* eines Fahrers; ~ **okulu** Fahrschule *f*
şok (**-ku**) *s* Schock *m*
şoke *adj* schockiert; ~ **etmek** schockieren (**-i** jdn)
şort (**-tu**) *s* kurze Hose
şos *s* Abfahrtslauf *m*
şose *s* Landstraße *f*
şoset (**-ti**) *s* (Herren)socke *f*
şov *s* Show *f*
şovenist (**-ti**) **I.** *s* Chauvinist(in) *m(f)* **II.** *adj* chauvinistisch
şovenizm *s* Chauvinismus *m*
şovenlik (**-ği**) *s* Chauvinismus *m*
şöhret (**-ti**) *s* Berühmtheit *f,* Ruhm *m*
şöhretli *adj* berühmt
şölen *s* Bankett *nt,* Festessen *nt*
şömine *s* Kamin *m*
şövalye *s* Ritter *m*
şöyle *adv* ❶ so, derart ❷ folgendermaßen; ~ **bir** oberflächlich; ~ **böyle** nicht besonders; (*etwa*) ungefähr; (*Befinden*) es geht, mittelmäßig
şöylece *adv* so, derart, auf diese Weise
şöylelikle *adv* so, auf diese Weise
şu (**-nu**) *pron* ❶ (*adjektivisch*) diese(r, s), jene(r, s) ❷ (*substantivisch*) der, die, das da [*o* dort]; ~ **anda** in diesem Augenblick, momentan; ~ **halde** also, folglich; ~ **şartla** insofern, insoweit, unter der Bedingung; ~ **şekilde** folgendermaßen
şubat (**-tı**) *s* Februar *m*
şube *s* ❶ Branche *f* ❷ Niederlassung *f,* Zweigstelle *f* ❸ Abteilung *f* ❹ Sektion *f*
şunlar *pron Plural von* **şu** (*substantivisch*) diese (da)
şununla *adv* mit diesem (da), damit
şura *s* Rat *m*
şura *adv* diese Stelle da; **şuram acıyor** hier tut es mir weh
şurada *adv* ❶ da, dort ❷ hier
şuradan *adv* von da, von dort
şuralı *adj* aus dieser Gegend (stammend)

Ş

şurası *adv* ① diese Gegend da ② (*thematisch*) dieser Punkt; ~ **güzel** hier [*o* dort] ist es schön
şuraya *adv* dahin, dorthin
şurayı *adv* (*substantivisch*) diesen Ort
şurup (**-bu**) *s* Sirup *m*
şut (**-tu**) *s* (*Ball*) Schuss *m*
şuur *s* ① Bewusstsein *nt* ② Verstand *m*
şuuraltı (**-nı**) *s* Unterbewusstsein *nt*
şuurlu *adj* bewusst
şuursuz *adj* ① unbewusst ② bewusstlos ③ unüberlegt
şükran *s* ① Dankbarkeit *f* ② Dank *m*
şükretmek (**-der**) *vi* danken (**Allaha** Gott)
şükür (**-krü**) *s* Dank *m*
şüphe *s* ① Verdacht *m* ② Zweifel *m* ③ Skepsis *f;* ~ **dışı** außer Zweifel; ~ **etmek** Verdacht schöpfen, zweifeln (an), bezweifeln (**-e**/**-den** etw); ~ **götürmez** unanfechtbar
şüpheci I. *s* Skeptiker(in) *m(f)* **II.** *adj* ① skeptisch ② argwöhnisch, misstrauisch
şüphelenmek *vi* ① zweifeln (**-den** an etw) ② bezweifeln (**-den** etw) ③ Verdacht schöpfen ④ misstrauen (**-den** jdm)
şüpheli *adj* ① verdächtig ② zweifelhaft ③ argwöhnisch, misstrauisch; ~ **durumda** im Zweifelsfall; ~ **görmek** in Frage stellen (**-i** etw)
şüphesiz *adv* zweifellos

Tt

T, t *s 24. Buchstabe des türk. Alphabets*
taahhüt (**-dü**) *s* Verpflichtung *f*
taahhütlü *adj* (*Brief*) eingeschrieben; ~ **mektup** Einschreibebrief *m,* Einschreiben *nt*
taarruz *s* Angriff *m;* ~ **etmek** angreifen (**-e** jdn)
tabak (**-ğı**) *s* ① Gerber(in) *m(f)* ② Teller *m* ③ Teller *m* voll
tabaka *s* ① Schicht *f* ② (*Papier*) Bogen *m* ③ Zigarettenetui *nt*
tabaklamak *vt* gerben (**-i** etw)
taban *s* ① Grund *m,* Grundlage *f* ② Boden *m* ③ Fußboden *m* ④ Sohle *f* ⑤ Sockel *m* ⑥ Basis *f*
tabanca *s* ① Pistole *f,* Revolver *m* ② Spritpistole *f*
tabanlı *adj* ① mutig ② auf der Basis von ...; **10** ~ dezimal; **10** ~ **sayı sistemi** Zehnersystem *nt,* Dezimalsystem *nt;* **16** ~ hexadezimal; **16** ~ **sayı sistemi** Hexadezimalsystem *nt;* **iki tabanlı sayı** MATH Binärzahl *f;* **web** ~ INET webbasiert
tabela *s* ① Ladenschild *nt,* Firmenschild *nt* ② Essensliste *f* ③ Aufstellung *f,* Liste *f*
tabi (**-ii**) *adj* ① abhängig ② untergeordnet; ~ **kılmak** unterwerfen (**-i** jdn); ~ **olmak** abhängig sein von, sich unterwerfen (**-e** jdm)
tabiat (**-tı**) *s* ① Natur *f* ② Charakter *m,* Wesen *nt* ③ Gewohnheit *f;* ~ **bilgisi** Naturkunde *f;* ~ **olayı** Naturereignis *nt;* **tabiatı koruma alanı** Naturschutzgebiet *nt*
tabii I. *adj, adv* natürlich, selbstverständlich **II.** *interj* klar!, natürlich!; ~ **afetler** Naturkatastrophen *pl;* ~ **gaz** Erdgas *nt;* ~ **ilimler** Naturwissenschaften *pl*
tabiilik (**-ği**) *s* ① Naturzustand *m* ② Natürlichkeit *f* ③ Normalität *f*
tabir *s* ① Ausdruck *m* ② Redensart *f* ③ (*eines Traumes*) Deutung *f*
tabla *s* ① Platte *f* ② (*eines Straßenhändlers*) Tablett *nt* ③ Aschenbecher *m*
tablet (**-ti**) *s* ① Tablette *f* ② (*Schokolade*) Tafel *f*
tablo *s* ① Bild *nt,* Gemälde *nt* ② (*fig*) Anblick *m,* Ansicht *f* ③ Übersicht *f* ④ Bühnenbild *nt*
tabu I. *adj* tabu **II.** *s* Tabu *nt*
tabur *s* Bataillon *nt*
taburcu etmek *vt* (*aus einer Klinik*) entlassen (**-i** jdn)
tabure *s* ① Schemel *m* ② Hocker *m*
tabut (**-tu**) *s* ① Sarg *m* ② Totenbahre *f*
Tacikistan *s* Tadschikistan *nt*
taciz *s* Störung *f,* Belästigung *f;* ~ **etmek** stören, belästigen (**-i** jdn)
taç (**-cı**) *s* ① Krone *f* ② Kopfschmuck *m* ③ Blüte *f* ④ (*von Ball*) Einwurf *m;* ~ **giydirmek** krönen (**-e** jdn); ~ **giyme töreni** (*Feier*) Krönung *f*
taçlandırmak *vt* krönen (**-i** jdn)
tadım *s* Geschmack(ssinn) *m*
tadımlık (**-ğı**) *s* (*Essen*) Kostprobe *f*
tadil *s* Abänderung *f;* ~ **etmek** abändern (**-i** etw)
tafra *s* (*fam*) Anmaßung *f,* Arroganz *f*
tafsilat (**-tı**) *s* Einzelheiten *pl,* Details *pl*
tag (**-gi**) *s* INFORM Tag *nt*

tahammül *s* ① Erdulden *nt* ② Ausdauer *f;* ~ **etmek** dulden, ertragen (-**e** etw/jdn)
tahıl *s* Getreide *nt,* Korn *nt*
tahkik (-**ki**) *s* ① Nachforschung *f* ② Ermittlung *f,* Untersuchung *f;* ~ **etmek** nachforschen; (*ermitteln*) untersuchen (-**i** etw)
tahkikat (-**tı**) *s* Ermittlungen *pl,* Untersuchungen *pl*
tahlil *s* Analyse *f;* ~ **etmek** analysieren (-**i** etw)
tahliye *s* ① Räumen *nt* ② Freilassung *f;* ~ **etmek** evakuieren, räumen; (*Gefangene*) freilassen (-**i** jdn)
tahmin *s* ① Annahme *f,* Mutmaßung *f* ② Schätzung *f* ③ Voraussage *f;* ~ **etmek** vermuten, annehmen, raten, schätzen; (*Voraussagen machen*) voraussagen, vorhersehen (-**i** etw)
tahminen *adv* circa, rund
tahmini *adj* ① mutmaßlich ② geschätzt
tahnit (-**ti**) *s* ① Einbalsamierung *f* ② (*von Tieren*) Ausstopfen *nt;* ~ **etmek** einbalsamieren; (*Tiere*) ausstopfen (-**i** etw)
tahribat (-**tı**) *s* Zerstörung *f;* ~ **yapmak** Verwüstungen anrichten
tahrik (-**ki**) *s* ① Aufwiegelung *f,* Hetze *f* ② Anreiz *m;* ~ **etmek** (*aufwiegeln*) aufhetzen; (*erregen*) reizen (-**i** jdn)
tahrip (-**bi**) *s* Vernichtung *f,* Zerstörung *f,* Verwüstung *f;* ~ **etmek** vernichten, zerstören, verwüsten (-**i** etw)
tahripçi, tahripkar *adj* ① zerstörend ② destruktiv
tahrir *s* ① Schreiben *nt* ② (*Schul-*) Aufsatz *m*
tahsil *s* ① (*an einer Hochschule*) Studium *nt* ② Einkassierung *f;* ~ **etmek** (*Geld*) einnehmen, kassieren; (*an einer Hochschule*) studieren (-**i** etw)
tahsildar *s* Steuereinnehmer *m*
tahsis *s* ① Zuweisung *f* ② (*eines Gehalts*) Ansetzen *nt* ③ (*von Personen*) Einsetzen *nt;* ~ **etmek** (*zuweisen*) zuteilen; (*Gehalt*) ansetzen; (*Personen, Mittel*) zur Verfügung stellen (-**e** -**i** jdm etw/jdn)
taht (-**tı**) *s* Thron *m*
tahta I. *s* ① Brett *nt* ② Holz *nt* ③ (*Wand-*) Tafel *f* ④ Planke *f* **II.** *adj* hölzern; ~ **kaplama** Holztäfelung *f,* Holzverkleidung *f;* ~ **mantarı** (*Haus-*) Schwamm *m;* ~ **oymacısı** Holzschnitzer(in) *m(f);* **tahtası eksik olmak** (*fam*) einen Dachschaden haben, einen Vogel haben
tahtakurusu (-**nu**) *s* Wanze *f*
tahtaperde *s* Bretterwand *f*
tahterevalli *s* Wippe *f*
tahvil *s* ① Umwandeln *nt* ② Konversion *f* ③ Obligation *f;* ~ **etmek** umwandeln in; FIN wechseln, umtauschen (-**i** -**e** etw in etw)
tahvilat (-**tı**) *s* Wertpapiere *pl;* ~ **çıkarması** FIN Emission *f*
tak (-**kı**) *s* Bogen *m;* ~ **çalıştır** Plug-and-Play *nt*
takas *s* Verrechnung *f,* Clearing *nt;* ~ **ve mahsup çeki** Verrechnungsscheck *m*
takaslamak *vt* (gegenseitig) verrechnen (-**i** etw)
takat (-**tı**) *s* Kraft *f;* **takattan düşmek** übermüdet sein
takdim *s* ① Überreichung *f* ② Vorstellung *f;* ~ **etmek** überreichen (-**e** -**i** jdm etw); (*bekannt machen*) vorstellen (-**e** -**i** jdm jdn)
takdir *s* ① Anerkennung *f* ② Ermessen *nt* ③ Vorsehung *f* ④ Bewertung *f* ⑤ Fall *m;* ~ **etmek** anerkennen, bewerten (-**i** etw); **o takdirde** in diesem Fall
takdis *s* Segnung *f;* ~ **etmek** segnen (-**i** jdn)
takı *s* ① Schmuckstück *nt* ② Endung *f*
takılmak *vi* ① *Passiv zu* **takmak** ② (*fam*) hänseln, aufziehen (-**e** jdn) ③ (*Augen*) sich heften an (-**e** an jdn/etw) ④ (*an einem Thema*) hängen bleiben (-**e** an etw) ⑤ (*unterwegs*) aufgehalten werden ⑥ (*Mädchen, Frau*) belästigen, ansprechen (-**e** jdn) ⑦ bestehen auf, sich versteifen auf (-**e** auf etw) ⑧ festsitzen
takım *s* ① (*von Leuten, Dingen*) Gruppe *f* ② Handwerkszeug *nt* ③ (Möbel)garnitur *f* ④ (*Tee-*) Service *nt* ⑤ Ausrüstung *f* ⑥ Mannschaft *f* ⑦ Bande *f* ⑧ Team *nt* ⑨ (*Arbeiter*) Trupp *m* ⑩ (*Theater-*) Truppe *f;* **milli** ~ (*Fußball*) Nationalelf *f;* ~ **arkadaşı** Mitspieler(in) *m(f);* ~ **elbise** Anzug *m;* ~ **sporu** Mannschaftssport *m;* ~ **taklavat** (*fam*) mit allen Schikanen, alle miteinander
takımada *s* Inselgruppe *f*
takımhane *s* Werkzeughalle *f*
takımyıldız *s* Sternbild *nt*
takınmak *vi* ① *Reflexiv zu* **takmak** ② (*Schmuck*) sich anstecken (-**i** etw) ③ (*Haltung*) annehmen
takırdamak *vi* klappern, rasseln, rattern
takip (-**bi**) *s* ① Verfolgung *f* ② Strafverfolgung *f;* ~ **etmek** folgen; (*feindlich*) verfolgen, jagen (-**i** jdn); (*Bericht*) verfolgen;

T

(*Straße, Richtung*) entlanggehen; (*Kurs*) besuchen (**-i** etw)

takipçi *s* Verfolger(in) *m(f)*

takke *s* (*islamisch*) Käppchen *nt*

takla *s* Purzelbaum *m;* ~ **atmak** einen Purzelbaum schlagen; (*Auto*) sich überschlagen

taklit (-di) **I.** *s* ① Nachahmung *f* ② Imitation *f* ③ Fälschung *f* ④ Nacheiferung *f* **II.** *adj* nachgemacht, unecht; ~ **etmek** nachmachen, imitieren, nachahmen (**-i** etw/jdn)

takma **I.** *s Verbalsubstantiv zu* **takmak** **II.** *adj* ① künstlich, unecht, falsch ② angesteckt, angehängt; ~ **ad** Beiname *m,* Deckname *m,* Pseudonym *nt;* ~ **diş** falscher Zahn; ~ **dişler** (künstliches) Gebiss *nt;* ~ **motor** Außenbordmotor *m;* ~ **saç** Perücke *f*

takmak (-ar) *vt* ① befestigen, anbringen, anmachen (**-i -e** etw an etw) ② anhängen, aufhängen, einhängen (**-i** etw) ③ (*Fenster*) einsetzen (**-i** etw) ④ montieren (**-i -e** etw an etw) ⑤ (*Gerät*) anschließen (**-i -e** etw an etw) ⑥ (*Schmuck*) anstecken, anlegen (**-i -e** etw an etw) ⑦ (*Brille*) aufsetzen (**-i** etw) ⑧ (*Spitznamen*) beilegen, geben (**-e -i** jdm etw); **takmamak** nicht ernst nehmen (**-i** etw)

takometre *s* Tacho(meter) *m*

takoz *s* ① Dübel *m* ② Holzkeil *m*

takriben *adv* ungefähr, etwa

takribi *adj* ungefähr, annähernd

taksi *s* Taxi *nt;* ~ **durağı** Taxistand *m;* ~ **şoförü** Taxifahrer(in) *m(f)*

taksim *s* ① Teilung *f* ② *türkische Musikart;* ~ **işareti** Querstrich *m;* **tersine** ~ **işareti** Backslash *m*

taksit (-ti) *s* Teilzahlung *f,* Rate *f;* **taksitle** in Raten

takt (-tı) *s* Takt *m,* Feingefühl *nt*

taktik (-ği) **I.** *s* Taktik *f* **II.** *adj* taktisch

takunya *s* (türkischer) Holzschuh *m*

takvim *s* Kalender *m*

takviye *s* Verstärkung *f;* ~ **etmek** verstärken, festigen (**-i** etw)

talaş *s* Späne *pl*

talebe *s* ① Schüler(in) *m(f)* ② Student(in) *m(f)*

talep (-bi) *s* ① Forderung *f* ② Nachfrage *f;* ~ **etmek** fordern (**-i** etw)

talih *s* ① Schicksal *nt,* Geschick *nt* ② Glück *nt,* Glücksfall *m*

talihli *adj* (*vom Glück gesegnet*) glücklich

talihsiz **I.** *s* Pechvogel *m,* Unglücksrabe *m* **II.** *adj* glücklos, vom Pech verfolgt

talihsizlik (-ği) *s* (*fam*) Unglück *nt,* Pech *nt*

talimat (-tı) *s* Anordnung *f,* Anweisung *f*

talimatname *s* amtliche Bestimmungen *pl*

talip (-bi) *s* ① Bewerber(in) *m(f)* ② Freier *m;* ~ **olmak** sich bewerben (um); (*um ein Mädchen*) werben (**-e** um jdn)

tam (-mmı) **I.** *adj* ① ganz, vollständig, komplett ② exakt, genau ③ tadellos **II.** *adv* ① genau ② (*auch zeitlich*) gerade; ~ **hızla** mit Vollgas; ~ **isabet** Volltreffer *m;* ~ **pansiyon** Vollpension *f;* ~ **tersi** (ganz) im Gegenteil; ~ **üyelik** Vollmitgliedschaft *f;* ~ **vaktinde** [*o* **zamanında**] gerade zur rechten Zeit; ~ **yetki** Vollmacht *f*

tamam **I.** *adj* ① fertig ② ganz, vollständig, total ③ (*Pass, Papiere*) in Ordnung **II.** *s* ① Gesamtheit *f* ② Vollständigkeit *f* **III.** *interj* ① fertig! ② in Ordnung! ③ es ist so weit!

tamamen *adv* ganz und gar, völlig, vollständig

tamamıyla *adv* genau, völlig, vollständig, vollkommen

tamamlamak *vt* ① ergänzen, vervollständigen (**-i** etw) ② vollenden, abschließen (**-i** etw)

tamir *s* Reparatur *f;* ~ **etmek** reparieren, ausbessern (**-i** etw)

tamirci *s* Reparateur(in) *m(f)*

tamlama *s* Fügung *f,* Wendung *f*

tampon *s* ① Stoßstange *f* ② Tampon *m;* ~ **bölge** POL Pufferzone *f*

tan *s* Morgendämmerung *f*

tandem *s* Tandem *nt*

tane *s* ① (*als Zählbegriff*) Stück *nt* ② Beere *f* ③ (*Sand-*) Korn *nt* ④ Schneeflocke *f*

tanecik (-ği) *s* Elementarteilchen *nt*

tanıdık (-ğı) **I.** *s* Bekannte(r) *f(m)* **II.** *adj* bekannt; **benim iyi bir tanıdığım** ein guter Bekannter von mir

tanık (-ğı) *s* ① Zeuge *m,* Zeugin *f* ② Beweismittel *nt;* ~ **ifadesi** Zeugenaussage *f*

tanıklık (-ğı) *s* Zeugnis *nt;* ~ **etmek** JUR als Zeuge auftreten

tanım *s* ① Definition *f* ② Beschreibung *f*

tanımak *vt* ① kennen (**-i** etw/jdn) ② anerkennen (**-i** etw) ③ kennen lernen (**-i** jdn) ④ zugeben, einräumen (**-i** etw) ⑤ (wieder)erkennen (**-i** jdn/etw)

tanımlamak *vt* ① beschreiben, darstellen (**-i** etw) ② definieren (**-i** etw)

tanınmak *vi* ① *Passiv zu* **tanımak** ② bekannt

sein

tanınmış *adj* ❶ berühmt, bekannt ❷ anerkannt

tanışıklık (-ğı) *s* Bekanntschaft *f*

tanışma *s* ❶ *Verbalsubstantiv zu* **tanışmak** ❷ Bekanntschaft *f*

tanışmak *vi* ❶ sich kennen lernen ❷ sich kennen

tanıştırmak *vt* ❶ *Kausativ zu* **tanışmak** ❷ bekannt machen (**-i ile** jdn mit jdm); **sizi arkadaşımla tanıştırabilir miyim?** darf ich Sie mit meinem Freund bekannt machen?

tanıtmak *vt* ❶ *Kausativ zu* **tanımak** ❷ bekannt machen, vorstellen (**-i -e** jdn jdm)

tanıtmalık (-ğı) *s* Prospekt *m*

tank (-kı) *s* ❶ Panzer *m* ❷ Tank *m*

tanker *s* Tanker *m*

Tanrı *s* Gott *m*

tanrı *s* ❶ (*heidnisch*) Gott *m* ❷ Gottheit *f*

tanrıbilim *s* Theologie *f*

tanrıça *s* Göttin *f*

tanrısal *adj* göttlich

tanrısız **I.** *s* Atheist(in) *m(f)* **II.** *adj* atheistisch

tansık (-ğı) *s* Wunder *nt*

tansiyon *s* Blutdruck *m*

tantana *s* Pomp *m*, Pracht *f*, Prunk *m*

tantanalı *adj* pompös, prächtig, prunkvoll

Tanzanya *s* Tansania *nt*

tanzim *s* Ordnung *f*; ~ **etmek** regeln, ordnen (**-i** etw)

tapa *s* ❶ Dübel *m* ❷ Stöpsel *m*; (*einer Flasche*) Verschluss *m* ❸ (*einer Granate*) Zünder *m*

tapınak (-ğı) *s* Tempel *m*

tapınmak *vi* ❶ *Reflexiv zu* **tapmak** ❷ anbeten (**-e** jdn/etw)

tapmak (-ar) *vi* anbeten (**-e** jdn/etw)

tapon mal *s* Billigware *nt*

tapu senedi (-ni) *s* Grundbuchauszug *m*

tapu sicili (-ni) *s* Grundbuch *nt*

taraça *s* ❶ Terrasse *f* ❷ Erdstufe *f*

taraf *s* ❶ Seite *f* ❷ Region *f*, Gegend *f* ❸ Richtung *f* ❹ (*in Verwandtschaft*) Linie *f* ❺ JUR Partei *f*; ~ **tutmak** Partei ergreifen

tarafgir *adj* parteiisch

tarafgirlik (-ği) *s* Parteinahme *f*

tarafından *präp* (*beim Passiv*) von (**...** *+dat*), seitens (**...** *+gen*)

tarafsız *adj* ❶ objektiv ❷ unparteiisch

tarafsızlaşmak *vi* neutral(er) werden

tarafsızlaştırmak *vt* ❶ *Kausativ zu* **tarafsızlaşmak** ❷ neutralisieren (**-i** jdn/etw)

tarafsızlık (-ğı) *s* ❶ Neutralität *f* ❷ Unparteilichkeit *f*

taraftar *s* ❶ Anhänger(in) *m(f)* ❷ Parteigänger(in) *m(f)*; ~ **olmak** befürworten (**-e** etw)

taraftarlık (-ğı) *s* ❶ Parteilichkeit *f* ❷ Befürwortung *f*

tarak (-ğı) *s* ❶ Kamm *m* ❷ Rechen *m*, Egge *f* ❸ (*bei manchen Vögeln*) Kamm *m* ❹ Mittelfuß *m* ❺ (*bei Fischen*) Kieme *f*

taramak *vt* ❶ (*Haar, Wolle*) kämmen (**-i** etw) ❷ durchsuchen, durchkämmen (**-i** etw) ❸ (*Beet*) harken, eggen (**-i** etw) ❹ schraffieren (**-i** etw) ❺ scannen (**-i** etw)

taranmak *vi* ❶ *Passiv und Reflexiv zu* **taramak** ❷ sich kämmen ❸ gekämmt werden

tarayıcı *s* Scanner *m*

tarçın *s* Zimt *m*

tarh *s* ❶ (*von Steuern*) Auferlegung *f* ❷ (Blumen)beet *nt*

tarım *s* ❶ Ackerbau *m* ❷ Anbau *m*, Kultur *f*; ~ **politakası** Agrarpolitik *f*; ~ **reformu** Agrarreform *f*; ~ **ülkesi** Agrarstaat *m*

tarımcı *s* ❶ Landwirt(in) *m(f)* ❷ Agronom(in) *m(f)*

tarif *s* ❶ Erklärung *f* ❷ (*eines Weges*) Beschreibung *f* ❸ Definition *f*; ~ **etmek** erklären, beschreiben (**-i** etw/jdn)

tarife *s* ❶ Tarif *m* ❷ Fahrplan *m* ❸ Gebrauchsanweisung *f* ❹ Zollbestimmung *f*; ~ **ücreti** Tariflohn *m*

tarih *s* ❶ Datum *nt* ❷ Geschichte *f*, Historie *f*; ~ **öncesi** vorgeschichtlich; ~ **öncesinden kalma** prähistorisch

tarihçi *s* ❶ Historiker(in) *m(f)* ❷ (*fam*) Geschichtslehrer(in) *m(f)*

tarihi *adj* geschichtlich, historisch; ~ **eserleri koruma** Denkmalschutz *m*; ~ **eserler kaçakçılığı** Antiquitätenschmuggel *m*

tarihsel *adj* geschichtlich, historisch

tarikat (-tı) *s* Derwischbruderschaft *f*

Tarikat ist die türkische Bezeichnung für eine Derwischbruderschaft. Die wichtigsten Bruderschaften dieser Art in der Türkei sind die Mevlevi-, die Bektaşi- und die Nakşibendi-Bruderschaft. Der Versammlungsort der Derwische heißt ‚tekke'. Unter Atatürk wurden die Derwischbruderschaften verboten, doch ist dieses Verbot seit den siebziger Jahren faktisch aufgehoben.

tarla *s* Acker *m*, Feld *nt*

T

tarlakuşu (**-nu**) *s* Lerche *f*
tartaklamak *vt* ① durchschütteln (**-i** etw) ② (*fam*) vermöbeln (**-i** jdn)
tartı *s* ① Waage *f* ② Wiegen *nt* ③ Erwägung *f*
tartışma *s* ① *Verbalsubstantiv zu* **tartışmak** ② Debatte *f*, Diskussion *f* ③ Streit *m*
tartışmak *vi* ① debattieren, diskutieren (**ile** mit jdm) ② streiten (**ile** mit jdm)
tartmak (**-ar**) *vt* ① (*auf der Waage*) wiegen (**-i** etw) ② (*Worte*) abwägen (**-i** etw)
tarz *s* ① Art *f*, Weise *f* ② Stil *m*
tarziye *s* Entschuldigung *f*
tas *s* Metallschale *f*
tasa *s* Besorgnis *f*, Sorge *f*
tasalanmak *vi* bekümmert sein, sich sorgen (**-e** um etw)
tasalı *adj* bekümmert, besorgt
tasarı *s* ① Gesetzentwurf *m* ② Entwurf *m* ③ Projekt *nt*
tasarım *s* ① Vorstellung *f* ② Design *nt*
tasarlamak *vt* ① sich vorstellen (**-i** etw) ② beabsichtigen, planen (**-i** etw)
tasarruf *s* ① Sparen *nt* ② Ersparnis *f* ③ Sparsamkeit *f* ④ Nutznießung *f*; ~ **akdi** Sparvertrag *m*; ~ **etmek** sparen (**-i** etw); ~ **hesabı** Sparkonto *nt*; ~ **tedbiri** [*o* **önlemi**] Sparmaßnahme *f*
tasarruflu *adj* sparsam
tasavvuf *s* (*islamische*) Mystik *f*, Sufismus *m*
tasavvur *s* ① Vorstellung *f* ② Plan *m*; ~ **etmek** sich vorstellen (**-i** etw)
tasdik (**-ki**) *s* ① Bestätigung *f* ② Beglaubigung *f* ③ Ratifizierung *f*; ~ **belgesi** Bestätigung *f*; ~ **etmek** bestätigen, bescheinigen, beglaubigen; (*Gesetz*) ratifizieren (**-i** etw)
tasfiye *s* ① Reinigung *f* ② Liquidation ③ Personalabbau *m*; ~ **etmek** reinigen; COMM liquidieren; (*Personal*) abbauen (**-i** etw); ~ **satışı** Ausverkauf *m*, Räumungsverkauf *m*
taslak (**-ğı**) *s* Entwurf *m*, Skizze *f*; ~ **yapmak** skizzieren, umreißen (**-i** etw)
taslamak *vt* sich aufspielen (als), vortäuschen (**-i** etw)
tasma *s* (*für Tiere*) Halsband *nt*
tasnif *s* Klassifizierung *f*; ~ **etmek** einteilen, klassifizieren (**-i** etw)
tastamam *adj* ① fix und fertig ② genau entsprechend
tasvip (**-bi**) *s* ① Bewilligung *f*, Genehmigung *f* ② Zustimmung *f*, Einwilligung *f*; ~ **etmek** billigen, bewilligen, genehmigen (**-i** etw)
tasvir *s* ① Beschreibung *f*, Darstellung *f* ② (*fam*) Bild *nt*; ~ **etmek** beschreiben, darstellen (**-i** etw)
taş **I.** *s* ① Stein *m* ② (*Nieren-*) Stein *m* ③ Edelstein *m* ④ boshafte Bemerkung **II.** *adj* steinern, aus Stein; ~ **baskısı** Lithografie *f*; ~ **devri** Steinzeit *f*; ~ **gibi** steinhart; ~ **ocağı** Steinbruch *m*; **taşı gediğine koymak** (*fam*) den Nagel auf den Kopf treffen
taşak (**-ğı**) *s* Hoden *pl*
taşıl *s* Versteinerung *f*
taşıma *s* ① *Verbalsubstantiv zu* **taşımak** ② Beförderung *f*, Transport *m*; ~ **ücreti** Transportkosten *pl*
taşımacı *s* Spediteur(in) *m(f)*
taşımak *vt* ① tragen (**-i -e** etw in/nach etw) ② befördern, transportieren (**-i -e** etw nach etw) ③ (*Namen*) führen (**-i** etw)
taşınır *adj* tragbar
taşınma *s* ① *Verbalsubstantiv zu* **taşınmak** ② (*aus einer Wohnung*) Auszug *m* ③ (*ins Haus*) Einzug *m* ④ Umzug *m*
taşınmak *vi* ① *Passiv zu* **taşımak** ② umziehen, übersiedeln (**-e** nach etw) ③ (*in eine Wohnung*) einziehen (**-e** in etw) ④ (*aus einer Wohnung/Stadt*) ausziehen (**-den** aus etw) ⑤ (*fig: zu einem bestimmten Ort*) immer wieder hingehen (müssen) (**-e** zu/nach/in etw)
taşınmaz *adj* nicht tragbar; ~ **mal** Grundbesitz *m*, Immobilien *pl*
taşıt (**-tı**) *s* Fahrzeug *nt*, Verkehrsmittel *nt*
taşıyıcı **I.** *s* ① (*Person*) Gepäckträger *m* ② Träger *m* ③ Spediteur *m* **II.** *adj* tragend; ~ **anne** Leihmutter *f*
taşkın **I.** *adj* ① (*Fluss*) über die Ufer tretend ② (*fig*) zu weit gehend ③ sehr erregt ④ übermütig **II.** *s* Überschwemmung *f*
taşkınlık (**-ğı**) *s* ① Überströmen *nt* ② Übermaß *nt* ③ Erregung *f* ④ Übermut *m*
taşkömürü (**-nü**) *s* Steinkohle *f*
taşlama *s* ① *Verbalsubstantiv zu* **taşlamak** ② Satire *f*
taşlamak *vt* ① mit Steinen bewerfen (**-i** etw/jdn) ② steinigen (**-i** jdn) ③ (*fam*) bissige Bemerkungen machen (**-i** über jdn/etw)
taşmak *vi* ① (*Fluss*) über die Ufer treten ② (*Flüssigkeit*) überlaufen; (*Milch*) überkochen ③ überstehen, hervorstehen ④ (*Geduld*) reißen ⑤ (*Person*) aufbrausen
taşra *s* (*pej*) Provinz *f*
taşrada *adv* (*pej*) auf dem Lande
taşralı **I.** *adj* (*pej*) ländlich, provinziell **II.** *s*

Provinzler(in) *m(f)*

tat (-dı) *s* ① Geschmack *m* ② Wohlgeschmack *m;* **tadına bakmak** probieren, kosten (-**in** etw)

tatarcık (-ğı) *s* kleine Stechmücke *f*

tatbik (-ki) *s* (praktische) Anwendung *f;* ~ **etmek** praktisch anwenden (-**i** etw)

tatbiki *adj* angewandt; ~ **sanat** Kunstgewerbe *nt*

tatil *s* ① Ferien *pl,* Urlaub *m* ② (*einer Tätigkeit*) Einstellung *f;* ~ **etmek** (*Schulen*) schließen; (*Arbeit*) einstellen; (*Fabrik*) stilllegen (-**i** etw); ~ **günü** Feiertag *m;* ~ **evi** Ferienhaus *nt;* ~ **kampı** Ferienlager *nt;* ~ **kursu** Ferienkurs *m;* ~ **parkı** Ferienpark *m;* ~ **tesisi** Ferienanlage *f;* ~ **yapmak** Urlaub machen

tatlandırıcı (madde) *s* Geschmacksstoff *m*

tatlı I. *adj* ① süß ② niedlich, süß **II.** *s* ① Süßigkeit *f* ② Süßspeise *f;* ~ **dilli** (*Person*) unterhaltsam; ~ **su** Süßwasser *nt;* **bir işi tatlıya bağlamak** etw (doch noch) zu einem guten Ende bringen

tatlıcı *s* ① Süßwarenverkäufer(in) *m(f)* ② Naschkatze *f,* Schleckermaul *nt*

tatlılaşmak *vi* süß werden

tatlılaştırmak *vt* ① *Kausativ zu* **tatlılaşmak** ② süßen (-**i** etw)

tatlılık (-ğı) *s* ① Süße *f* ② Lieblichkeit *f*

tatlım *adv* (*Kosewort*) mein Süßer, meine Süße

tatlımsı *adj* süßlich

tatmak (-dar) *vt* ① probieren, kosten (-**i** etw) ② erleben (-**i** etw)

tatmin *s* Befriedigung *f;* ~ **etmek** zufriedenstellen, befriedigen (-**i** jdn)

tatminkar *adj* befriedigend, zufriedenstellend

tatsız *adj* ① geschmacklos, fad ② unangenehm, heikel; ~ **tuzsuz** fade, ungenießbar

tatsızlık (-ğı) *s* ① Fadheit *f* ② (*fam*) Unannehmlichkeit *f*

tav *s* ① (*bei Metallen*) Härte *f* ② (*von Tieren*) Feistheit *f*

tava *s* ① (Brat)pfanne *f* ② Pfannengericht *nt* ③ Schmelztiegel *m*

tavan *s* ① (Zimmer)decke *f* ② Scheitelpunkt *m*

tavanarası (-nı) *s* Dachboden *m*

taverna *s* Schenke *f,* Taverne *f*

tavır (-vrı) *s* ① Haltung *f,* Verhalten *f* ② Arroganz *f*

taviz *s* ① Ersatzleistung *f* ② Konzession *f,* Zugeständnis *nt*

tavla *s* ① Pferdestall *m* ② (*Brettspiel*) Backgammon *nt*

tavlamak *vt* ① (*fam*) verführen (-**i** jdn) ② (*fam*) betrügen (-**i** jdn)

tavrı (-nı) *s Possessivform zu* **tavır** sein/ihr Verhalten *nt*

tavsiye *s* Empfehlung *f,* Rat *m;* ~ **etmek** empfehlen, raten (-**e** -**i** jdm etw); ~ **mektubu** Empfehlungsschreiben *nt;* **tavsiyeye değer** ratsam, empfehlenswert

tavşan *s* Hase *m;* ~ **yürekli** (*fam*) Angsthase *m;* '~ **kaç, tazı tut' oyunu** Katz-und-Maus-Spiel *nt*

tavşandudağı (-nı) *s* Hasenscharte *f*

tavuk (-ğu) *s* Huhn *nt,* Henne *f;* ~ **çiftliği** Hühnerhof *m;* ~ **kızartması** Brathähnchen *nt;* ~ **kümesi** Hühnerstall *m;* ~ **suyu** Hühnerbrühe *f*

tavukgöğsü (-nü) *s* ① Hühnerbrust *f* ② *türkische Süßspeise aus Hühnerbrustfleisch*

tavus *s* Pfau *m*

tay *s* Fohlen *nt*

tayfa *s* ① Matrose *m* ② Besatzung *f* ③ (*pej*) Gauner *pl*

tayfun *s* Wirbelsturm *m,* Taifun *m*

tayın *s* Ration *f;* ~ **ekmeği** Kommissbrot *nt*

tayınlama *s* ① *Verbalsubstantiv zu* **tayınlamak** ② Rationierung *f*

tayınlamak *vt* rationieren (-**i** etw)

tayin *s* ① Festsetzung *f* ② Ernennung *f;* ~ **etmek** ernennen (-**i** -**e** jdn zu etw); (*bestimmen*) festsetzen (-**i** etw)

Taylant (-dı) *s* Thailand *nt*

tayt (-tı) *s* Leggings *pl*

tayyare *s* Flugzeug *nt*

tayyör *s* (Damen)kostüm *nt*

taze I. *adj* ① frisch ② grün ③ neu ④ jung **II.** *s* (*fam*) junge Frau; ~ **bezelye** Schoten *pl;* ~ **fasulye** grüne Bohne

tazelemek *vt* ① erneuern (-**i** etw) ② (*Kenntnisse*) auffrischen (-**i** etw) ③ (*Essen*) aufwärmen (-**i** etw) ④ (*Getränk*) neu einschenken (-**i** etw) ⑤ (*Thema*) wieder aufnehmen (-**i** etw) ⑥ (*Erinnerung, Schmerz*) zurückrufen (-**i** etw)

tazelik (-ği) *s* Frische *f*

tazı *s* Windhund *m*

taziye *s* Beileid *nt,* Beileidsbezeugung *f*

tazminat (-tı) *s* ① Entschädigung *f* ② Kostenersatz *m* ③ Schmerzensgeld *nt*

tazyik (-ki) *s* Druck *m*

TBMM *s Abk. von* **Türkiye Büyük Millet Meclisi** die Große Nationalversammlung der

T

Türkei

tebessüm *s* Lächeln *nt;* ~ **etmek** lächeln

tebeşir *s* Kreide *f*

tebliğ *s* (amtliche) Bekanntgabe *f;* ~ **etmek** amtlich bekannt geben (**-i** etw)

tebrik (-ki) *s* Glückwunsch *m;* ~ **ederim!** herzlichen Glückwunsch!; **birinin bir şeyini ~ etmek** jdn zu etw beglückwünschen

tecavüz *s* 1 Ausschreitung *f* 2 Angriff *m* 3 Überfall *m,* Anschlag *m* 4 Vergewaltigung *f;* ~ **etmek** verstoßen (**-i** gegen etw); (*überfallen*) angreifen; (*Frau*) vergewaltigen (**-e** jdn)

tecessüm *s* Verkörperung *f*

tecil *s* Aufschub *m;* ~ **etmek** aufschieben (**-i** etw)

tecrübe *s* 1 Probe *f* 2 Experiment *nt,* Versuch *m* 3 Erfahrung *f;* ~ **etmek** versuchen, probieren (**-i** etw)

tecrübeli *adj* erfahren

tecrübesiz *adj* unerfahren

teçhizat (-tı) *s* 1 Ausrüstung *f,* Ausstattung *f* 2 Zubehör *nt;* ~ **tablası** Armaturenbrett *nt*

teçhiz etmek *vt* ausrüsten (**-i** etw/jdn)

tedarik (-ki) *s* Anschaffung *f;* ~ **etmek** beschaffen (**-i** etw)

tedavi *s* 1 Behandlung *f,* Therapie *f* 2 Heilung *f;* ~ **etmek** behandeln, heilen (**-i** etw)

tedbir *s* 1 Maßnahme *f* 2 Vorsicht *f;* ~ **almak** Maßnahmen ergreifen

tedbirli *adj* umsichtig, vorsichtig

tedbirlilik (-ği) *s* Vorsicht *f*

tedbirsiz *adj* unvorsichtig

tedbirsizlik (-ği) *s* Unvorsichtigkeit *f*

tedirgin *adj* unruhig; ~ **etmek** beunruhigen (**-i** jdn)

tediye *s* Bezahlung *f;* ~ **etmek** (be)zahlen (**-i** etw)

tef *s* Tamburin *nt*

tefeci *s* (*Zins-*) Wucherer *m*

tefecilik (-ği) *s* (*Zins-*) Wucher *m*

teferruat (-tı) *s* 1 Details *pl,* Einzelheiten *pl* 2 Einzelteile *pl*

tefsir *s* 1 Auslegung *f* 2 (Koran)kommentar *m;* ~ **etmek** auslegen, deuten, kommentieren (**-i** etw)

teftiş *s* Inspektion *f;* ~ **etmek** inspizieren (**-i** etw)

teğmen *s* Leutnant *m*

tehdit (-di) *s* Drohung *f;* ~ **etmek** drohen; (*Strafe*) androhen (**-i ile** jdm etw); (*Person*) bedrohen (**-i** jdn)

tehir *s* 1 Aufschub *m* 2 Verspätung *f;* ~ **etmek** aufschieben, verschieben (**-i** etw)

tehlike *s* Gefahr *f;* ~ **çıkış kapısı** Notausgang *m;* ~ **dışı** außer Gefahr; ~ **içinde bulunmak** in Gefahr schweben; ~ **iniş kapısı** Notausstieg *m;* ~ **işareti** Warnsignal *nt,* Notsignal *nt;* ~ **işareti vermek** alarmieren, Alarm schlagen; **tehlikede** in Gefahr; **tehlikede olmak** in Gefahr sein, auf dem Spiel stehen; **tehlikeye düşmek** in Gefahr geraten; **tehlikeye düşürmek** gefährden (**-i** jdn/etw); **tehlikeye sokmak** [*o* **koymak**] gefährden, aufs Spiel setzen (**-i** etw)

tehlikeli *adj* gefährlich

tehlikesiz *adj* ungefährlich

tek (-ki) **I.** *adj* 1 einzeln 2 einzig 3 einzigartig 4 (*Zahl*) ungerade **II.** *adv* bloß, nur **III.** *s* Einzelstück *nt* (eines Paares); ~ **başına** (*Mensch*) einsam; (*ohne fremde Hilfe*) allein; ~ **ciltli** einbändig; ~ **çocuk** Einzelkind *nt;* ~ **elli** einhändig; ~ **fiyat** Einheitspreis *m;* ~ **gözlü** einäugig; ~ **gözlük** Monokel *nt;* ~ **hatlı** einspurig; ~ **heceli** (*Wort*) einsilbig; ~ **katlı** einstöckig; ~ **kelimeyle** mit einem Wort; ~ **kollu** einarmig; ~ **para** Einheitswährung *f;* ~ **renkli** einfarbig; ~ **sesli** einstimmig; ~ **taraflı** einseitig; ~ **taraflılık** Einseitigkeit *f;* ~ **tük** spärlich, vereinzelt; **Almancayı ~ tük biliyor** er/sie spricht nur ein paar Brocken Deutsch; ~ **yataklı oda** Einzelzimmer *nt;* ~ **yönlü yol** Einbahnstraße *f*

tekdir *s* (*fam*) Anpfiff *m*

tekdüze *adj* eintönig, monoton

tekdüzelik (-ği) *s* Monotonie *f*

teke *s* Ziegenbock *m,* Geißbock *m*

tekel *s* Monopol *nt*

teker *s* Rad *nt*

tekerlek (-ği) **I.** *s* Rad *nt* **II.** *adj* radförmig

tekerlekli *adj* mit Rad/Rädern; ~ **sandalye** Rollstuhl *m*

teker teker *adv* gesondert, einzeln

teketek (-ki) *s* (*Tennis*) Einzel *nt*

tekevlilik (-ği) *s* Monogamie *f*

tekil *s* Singular *m,* Einzahl *f*

tekin *adj* unbewohnt; ~ **değil** (*Ort*) nicht geheuer, unheimlich

tekke *s* 1 Versammlungshaus *nt* der Derwische 2 (*fam*) Opiumhöhle *f*

teklif *s* 1 Angebot *nt* 2 Vorschlag *m* 3 Antrag *m* ④ Vorlage *f* ⑤ Offerte *f* ⑥ Förmlichkeiten *pl;* ~ **etmek** vorschlagen, offerieren (-**e** -**i** jdm etw)

teklifli *adj* (*Person*) förmlich

teklifsiz *adj* ① ungezwungen, familiär ② ungeniert

teklifsizce *adv* zwanglos

tekme *s* Fußtritt *m;* ~ **atmak** einen Fußtritt verpassen, treten (-**e** jdn)

tekmelemek *vt* treten (-**i** jdn)

tekne *s* ① Trog *m,* Kübel *m* ② Schiffsrumpf *m* ③ Schiff *nt,* Boot *nt*

teknik (**-ği**) **I.** *s* Technik *f* **II.** *adj* technisch; ~ **ressam** technische(r) Zeichner(in) *m(f);* ~ **terim** Fachausdruck *m;* ~ **terim sözlüğü** Fachwörterbuch *nt*

teknikçi *s* Techniker(in) *m(f)*

tekniker *s* Techniker(in) *m(f)*

teknisyen *s* Techniker(in) *m(f);* ~ **dişçi** Zahntechniker(in) *m(f)*

tekno *s* Techno *m*

teknokrasi *s* Technokratie *f*

teknokrat (**-tı**) *s* Technokrat(in) *m(f)*

teknoloji *s* Technologie *f;* ~ **transferi** Technologietransfer *m*

tekrar **I.** *adv* wieder, wiederum **II.** *s* Wiederholung *f;* ~ **etmek** wiederholen (-**i** etw); ~ **olmak** sich wiederholen; ~ ~ immer wieder

tekrarlamak *vt* wiederholen (-**i** etw)

tekrarlanmak *vi* ① *Passiv zu* **tekrarlamak** ② sich wiederholen

teksir *s* (*eines Textes*) Vervielfältigung *f;* ~ **etmek** vervielfältigen (-**i** etw); ~ **makinesi** Vervielfältigungsapparat *m*

tekstil *s* ① Textilien *pl* ② Textilindustrie *f*

tektanrıcılık (**-ğı**) *s* Monotheismus *m*

tekzip (**-bi**) *s* Dementi *nt;* ~ **etmek** dementieren (-**i** etw)

tel *s* ① Draht *m* ② Saite *f* ③ Faser *f* ④ Metallfaden *m* ⑤ (*fam*) Telegramm *nt;* ~ **kafes** Drahtgitter *nt;* ~ **halat** Drahtseil *nt;* ~ **örgü** Drahtzaun *m;* ~ **şehriye** Fadennudeln *pl*

telaffuz *s* Aussprache *f;* ~ **etmek** aussprechen (-**i** etw)

telafi *s* ① Wiedergutmachung *f* ② Kompensation *f;* ~ **etmek** (*Zeit*) aufholen; (*Versäumtes*) nachholen; (*Verluste*) wiedergutmachen (-**i** etw)

telaş *s* ① Hast *f* ② Beunruhigung *f,* Aufregung *f* ③ Hektik *f;* **telaşa vermek** beunruhigen, in Aufregung versetzen, alarmieren (-**i** jdn)

telaşlandırmak *vt* ① *Kausativ zu* **telaşlanmak** ② *s.* **telaşa vermek**

telaşlanmak *vi* ① sich beunruhigen ② in Aufregung geraten

telaşlı *adj* ① aufgeregt ② hektisch ③ beunruhigt

telebank (**-kı**) *s* Telebanking *nt*

telef *s* (*fam*) ① Verschwendung *f* ② Vernichtung *f;* ~ **etmek** vernichten, zerstören (-**i** etw/jdn); ~ **olmak** zugrunde gehen

telefaks *s* Telefax *nt*

teleferik (**-ği**) *s* (*Draht-*) Seilbahn *f;* **çeken** ~ (*Wintersport*) Schlepplift *m*

telefon *s* ① Telefon *nt,* Fernsprecher *m* ② (*Telefon-*) Anruf *m;* ~ **etmek** telefonieren, anrufen (-**e** jdn); ~ **kabinesi** [*o* **kulübesi**] Telefonzelle *f;* ~ **kartı** Telefonkarte *f;* ~ **konuşması** Telefongespräch *nt;* ~ **numarası** Telefonnummer *f;* ~ **rehberi** Telefonbuch *nt;* ~ **santrali** Fernsprechzentrale *f;* ~ **sesi** Klingelton *m;* **telefonla** telefonisch; **telefona cevap vermek** sich melden; **telefondan ayrılmayın!** bleiben Sie am Apparat!; **telefonu kapamak** (*Hörer*) auflegen

telefoncu *s* Telefonist(in) *m(f)*

telefonlaşmak *vi* (miteinander) telefonieren (**ile** mit jdm)

telekomünikasyon *s* Telekommunikation *f*

telekonferans *s* Videokonferenz *f*

teleks *s* Telex *nt*

telekulak (**-ğı**) *s* POL Lauschangriff *m*

teleobjektif *s* Teleobjektiv *nt*

telepati *s* Telepathie *f*

telesekreter *s* Anrufbeantworter *m*

telesiyej *s* Sessellift *m*

teleski *s* Skilift *m*

teleskop (**-pu**) *s* Fernrohr *nt,* Teleskop *nt*

televizyon *s* ① Fernsehapparat *m,* Fernseher *m* ② Fernsehen *nt;* ~ **filmi** Fernsehfilm *m;* ~ **seyircisi** [*o* **izleyici**] Fernsehzuschauer(in) *m(f);* ~ **seyretmek** fernsehen; ~ **spikeri** Fernsehansager(in) *m(f)*

telgraf *s* ① Telegramm *nt* ② Telegraf *m;* ~ **çekmek** telegrafieren (-**e** jdm)

telgrafla *adv* telegrafisch

telgraflı *adj* telegrafisch

telif *s* Abfassung *f;* ~ **hakkı** Urheberrecht *nt*

telkin *s* ① Einreden *nt* ② Suggestion *f;* ~ **etmek** einreden, suggerieren (-**e** -**i** jdm etw)

tellak (**-ğı**) *s* (*im türkischen Bad*) Bademeis-

T

ter *m*

telli *adj* ① faserig ② Draht-, Saiten-; ~ **çalgı** [*o* **saz**] Saiteninstrument *nt*

telsiz I. *adj* drahtlos, Funk- II. *s* ① Funk *m* ② Funkgerät *nt* ③ Funkmeldung *f;* ~ **telgraf** Funk *m;* **telsizle bildirmek** funken (-**e** -**i** jdm etw); **telsizli polis arabası** Funkstreife *f,* Funkstreifenwagen *m*

telsizci *s* Funker(in) *m(f)*

telsizlemek *vt* funken (-**e** -**i** jdm etw)

telve *s* Kaffeesatz *m*

tem(a) *s* ① Motiv *nt* ② Thema *nt*

temas *s* ① Berührung *f* ② Kontakt *m,* Beziehung *f* ③ Besprechung *f* ④ (*eines Themas*) Anschneiden *nt;* ~ **etmek** berühren; (*ein Thema*) anschneiden (-**e** etw); **biriyle temasa geçmek** mit jdm Kontakt aufnehmen, sich mit jdm in Verbindung setzen

tembel I. *adj* träge, faul II. *s* Faulenzer(in) *m(f)*

tembellik (-**ği**) *s* Trägheit *f,* Faulheit *f;* ~ **etmek** faulenzen

tembih *s* ① Ermahnung *f* ② Reiz *m;* ~ **etmek** einschärfen (-**e** -**i** jdm etw); (*stimulieren*) anregen (-**i** etw/jdn)

temel I. *s* ① Fundament *nt* ② Grund *m* II. *adj* Grund-; ~ **dizin** INFORM Wurzelverzeichnis *nt;* ~ **gıda malzemeleri** Grundnahrungsmittel *nt;* ~ **kavram** Grundbegriff *m;* ~ **kural** Grundregel *f*

temelli I. *adj* fundiert II. *adv* für immer

temelsiz *adj* ① ohne Fundament ② unbegründet, nicht fundiert

temettü *s* FIN Dividende *f*

temin *s* ① Beteuerung *f* ② Beschaffung *f;* ~ **etmek** beteuern; (*beschaffen*) besorgen (-**i** etw)

teminat (-**tı**) *s* ① Garantie *f,* Sicherstellung *f* ② Garantiesumme *f*

temiz *adj* ① sauber, rein ② rein ③ (*Wäsche*) frisch ④ (*Mensch*) anständig, korrekt; **bir** ~ tüchtig, ordentlich; ~ **çamaşır** frische Wäsche; ~ **kalpli** (*Mensch*) anständig; ~ **pak** sehr sauber; **temize çekmek** ins Reine schreiben (-**i** etw); **temize çıkma** Entlastung *f*

temizleme *s* ① *Verbalsubstantiv zu* **temizlemek** ② Reinigung *f;* ~ **suyu** (*für Kontaktlinsen*) Reinigungslösung *f*

temizlemek *vt* ① putzen, sauber machen (-**i** etw) ② (*Angelegenheit*) bereinigen, erledigen (-**i** etw) ③ aufessen (-**i** etw) ④ (*fam*) beseitigen, kaltmachen (-**i** jdn)

temizleyici *s* Reinigungsmittel *nt,* Reiniger *m*

temizlik (-**ği**) *s* ① Sauberkeit *f* ② Anständigkeit *f* ③ Reinemachen *nt;* ~ **malzemesi** Putzmittel *nt*

temizlikçi (**kadın**) *s* Putzfrau *f,* Reinemachefrau *f*

temkin *s* Besonnenheit *f*

temkinli *adj* besonnen

temmuz *s* Juli *m*

tempo *s* Tempo *nt,* Geschwindigkeit *f*

temsil *s* ① Repräsentation *f* ② Aufführung *f* ③ Theaterstück *nt* ④ Hörspiel *nt;* ~ **etmek** repräsentieren, vertreten (-**i** jdn/etw); (*vorführen*) aufführen (-**i** etw)

temsilci *s* Vertreter(in) *m(f),* Repräsentant(in) *m(f)*

temsilcilik (-**ği**) *s* Vertretung *f*

temsilen *adv* in Vertretung

temyiz *s* Berufung *f,* Revision *f*

ten *s* Haut *f*

tencere *s* Kochtopf *m*

teneffüs *s* ① Atmung *f* ② (*in der Schule*) Pause *f*

teneke I. *s* ① Blech *nt* ② Blechkanister *m* II. *adj* aus Blech, Blech-; ~ **kutu** Dose *f,* Büchse *f*

tenekeci *s* Klempner *m*

Tenerif *s* Teneriffa *nt*

tenezzül *s* Herablassung *f;* ~ **etmek** sich herablassen (-**meye** etw zu tun)

tenha *adj* (*Ort*) einsam, verlassen

tenhalık (-**ğı**) *s* ① (*Ort*) Einsamkeit *f* ② geringer Betrieb

tenis *s* SPORT Tennis *nt;* ~ **maçı** Tennisspiel *nt;* ~ **raketi** Tennisschläger *m;* ~ **sahası** Tennisplatz *m;* ~ **topu** Tennisball *m*

tenisçi *s* Tennisspieler(in) *m(f)*

tenkit (-**di**) *s* ① Kritik *f* ② Rezension *f;* ~ **etmek** kritisieren, rezensieren (-**i** etw)

tenkitçi *s* ① Kritiker(in) *m(f)* ② Rezensent(in) *m(f)*

tenor *s* Tenor *m*

tente *s* Sonnendach *nt,* Markise *f*

tentürdiyot (-**du**) *s* Jodtinktur *f*

tenzilat (-**tı**) *s* ① (Preis)nachlass *m* ② Rabatt *m* ③ Ermäßigung *f*

teoloji *s* Theologie *f*

teori *s* Theorie *f*

teorik (-**ği**) *adj* theoretisch

tepe *s* ① Gipfel *m* ② Anhöhe *f,* Hügel *m* ③ Spitze *f* ④ (*eines Baumes*) Wipfel *m* ⑤ Scheitelpunkt *m* ⑥ (*bei Vögeln*) Haube *f;*

~ **aşağı** kopfüber; **birine tepeden bakmak** jdn von oben herab ansehen; **tepeden tırnağa** (**kadar**) von Kopf bis Fuß, von oben bis unten

tepegöz *s* ① Mensch *m* mit niedriger Stirn ② (*Fisch*) Himmelsgucker *m* ③ Overheadprojektor *m*

tepeleme *adv* bis an den Rand

tepeli *adj* hügelig

tepinmek *vi* ① *Reflexiv zu* **tepmek** ② (*mit den Füßen*) stampfen

tepki *s* ① Reaktion *f* ② Rückwirkung *f* ③ Gegendruck *m;* ~ **göstermek** reagieren

tepmek (**-er**) *vt* ① treten (**-i** etw/jdn) ② (*Feuerwaffe*) einen Rückstoß geben ③ (*Krankheit*) wieder auftreten ④ (*Glück*) mit Füßen treten (**-i** etw)

tepsi *s* ① Tablett *nt* ② Metallplatte *f*

ter *s* Schweiß *m;* ~ **basması** Schweißausbruch *m;* ~ **içinde** schweißbedeckt

terakota *s* Terrakotta *f*

terapi *s* Therapie *f*

terapötik (**-ği**) *adj* therapeutisch

teras *s* Terrasse *f*

terazi *s* Waage *f;* **Terazi** (**burcu**) (*Sternzeichen*) Waage *f*

terbiye *s* ① Erziehung *f* ② Ausbildung *f* ③ Anstand *m* ④ Züchtigung *f* ⑤ Dressur *f* ⑥ *eine türkische Sauce;* ~ **etmek** erziehen, ausbilden, dressieren, züchtigen (**-i** jdn); **terbiyesini vermek** zurechtweisen (**-in** jdn)

terbiyeci *s* Erzieher(in) *m(f)*

terbiyeli *adj* ① anständig ② (*Kind*) artig ③ mit Terbiye-Sauce zubereitet; **terbiyeli ol!** sei anständig!

terbiyesiz **I.** *adj* ① ungezogen ② unanständig **II.** *s* Lümmel *m*

terbiyesizlik (**-ği**) *s* ① Ungezogenheit *f* ② Unanständigkeit *f*

tercih *s* Vorzug *m;* ~ **etmek** vorziehen, bevorzugen, lieber haben, lieber mögen (**-i** etw/jdn); ~ **olarak** lieber, vorzugsweise

tercihen *adv* lieber, vorzugsweise

tercüman *s* ① Dolmetscher(in) *m(f)* ② Übersetzer(in) *m(f)* ③ Sprachrohr *nt*

tercüme *s* Übersetzung *f;* ~ **etmek** übersetzen (**-i** etw)

tere *s* Kresse *f*

terebantin *s* Terpentin *nt*

tereddüt (**-dü**) *s* ① Bedenken *nt* ② Unentschlossenheit *f;* ~ **etmek** zögern, zaudern

terementi *s* Terpentin *nt*

tereotu (**-nu**) *s* Dill *m*

tereyağı (**-nı**) *s* Butter *f;* **tereyağından kıl çeker gibi** (*fam*) es ist kinderleicht

tereyağlı *adj* mit Butter; ~ **ekmek** Butterbrot *nt*

terfi *s* ① (*eines Beamten*) Beförderung *f* ② (*in einer Liga*) Aufstieg *m;* ~ **etmek** (*Beamter*) befördert werden; ~ **ettirmek** (*im Rang*) befördern (**-i** jdn)

terhis *s* (*aus der Armee*) Entlassung *f;* ~ **etmek** entlassen (**-i** jdn)

terim *s* Fachausdruck *m*

terk (**-ki**) *s* ① Verlassen *nt* ② Überlassen *nt* ③ Hinterlassen *nt;* ~ **etmek** verlassen (**-i** jdn/etw), im Stich lassen (**-i** jdn); (*abtreten*) überlassen, hinterlassen (**-e -i** jdm etw)

terkip (**-bi**) *s* ① Synthese *f* ② Zusammensetzung *f*

terlemek *vi* ① schwitzen ② (*Schnurrbart*) sprießen

terli *adj* ① verschwitzt ② schweißgebadet

terlik (**-ği**) *s* Hausschuh *m,* Pantoffel *m*

termik *adj* thermisch; ~ **santral** Wärmekraftwerk *nt*

terminal (**-li**) *s* Terminal *nt*

termofor *s* Wärmflasche *f*

termometre *s* Thermometer *nt*

termos *s* Thermosflasche *f*

termostat (**-tı**) *s* Thermostat *m*

terör *s* Terror *m;* ~ **kurbanı** Terroropfer *nt;* **terörle mücadele** Terrorbekämpfung *f*

terörist (**-ti**) **I.** *s* Terrorist(in) *m(f)* **II.** *adj* terroristisch

terörizm *s* Terrorismus *m*

ters **I.** *adj* ① gegensätzlich ② umgekehrt ③ (*Person*) unwirsch, abweisend ④ ungünstig **II.** *s* ① Gegenteil *nt* ② Messerrücken *m* ③ Rückseite *f* ④ Kot *m;* ~ **gitmek** schiefgehen; ~ **taraf** Rückseite *f;* (*fig*) Kehrseite *f;* ~ **yüz etmek** (*Kleid*) wenden (**-i** etw)

tersane *s* Werft *f*

tersine *adv* vielmehr, im Gegenteil

terslemek *vt* (*fam*) zusammenstauchen (**-i** jdn)

terslik (**-ği**) *s* ① Widerspruch *m,* Gegensätzlichkeit *f* ② Unfreundlichkeit *f* ③ ungünstiger Verlauf

tertibat (**-tı**) *s* ① Maßnahmen *pl* ② Vorrichtung *f*

tertip (**-bi**) *s* ① Anordnung *f* ② Organisation *f* ③ Machenschaft *f* ④ (*eines Textes*) Setzen *nt* ⑤ Zusammenstellung *f* ⑥ Dosis *f;* ~ **etmek**

ordnen; (*organisieren*) veranstalten; (*fig*) einfädeln; (*Text*) setzen; (*Medikament*) dosieren (**-i** etw)

tertiplemek *vt* (1) ordnen (**-i** etw) (2) organisieren, veranstalten (**-i** etw) (3) einfädeln (**-i** etw)

tertipli *adj* (1) ordentlich (2) organisiert (3) abgekartet

terzi *s* Schneider(in) *m(f)*

tesadüf *s* (1) Zufall *m* (2) (zufällige) Begegnung *f;* ~ **etmek** begegnen (**-e** jdm); (*auf einen bestimmten Tag*) fallen (**-e** auf etw)

tesadüfen *adv* zufällig

tesadüfi *adj* zufällig

tescil *s* Registrierung *f,* Eintragung *f;* ~ **etmek** registrieren, eintragen (**-i** etw)

tescilli *adj* registriert; ~ **marka** eingetragenes Warenzeichen *nt*

teselli *s* Trost *m;* ~ **edici** tröstlich; ~ **etmek** trösten (**-i** jdn); ~ **ödülü** Trostpreis *m*

tesellisiz *adj* untröstlich, trostlos

tesettür *s die körperverdeckende Bekleidung streng islamischer Frauen*

tesir *s* (1) Einfluss *m* (2) Effekt *m,* Wirkung *f* (3) Eindruck *m;* ~ **etmek** beeinflussen, wirken (auf), beeindrucken (**-e** jdn)

tesirli *adj* (1) eindrucksvoll (2) wirksam, wirkungsvoll (3) rührend, ergreifend

tesis *s* (1) Gründung *f* (2) Anlage *f* (3) Unternehmen *nt,* Betrieb *m* (4) Installation *f;* ~ **etmek** gründen; (*Gerät*) installieren; (*Rekord*) aufstellen (**-i** etw)

tesisat (**-tı**) *s* (1) Einrichtung *f,* Anlage *f* (2) Vorrichtung *f*

tesisatçı *s* Installateur *m*

teslim *s* (1) Abgabe *f,* Ablieferung *f* (2) Eingeständnis *nt* (3) Lieferung *f* (4) Übergabe *f* (5) Kapitulation *f,* Übergabe *f* (6) Anvertrauen *nt;* ~ **almak** in Empfang nehmen, übernehmen (**-i** etw); ~ **etmek** abgeben, abliefern; (*Waren*) ausliefern (**-i** etw); ~ **kâğıdı** Lieferschein *m;* ~ **olmak** kapitulieren, sich ergeben; (*zur Festnahme*) sich stellen; (*Frau*) sich hingeben; ~ **süresi** Lieferfrist *f;* ~ **şartları** Lieferbedingungen *pl*

tespih *s* Gebetskette *f*

Der **tespih** ist die islamische Variante des Rosenkranzes. Er wird zwar auch zum Beten benutzt, ist aber eher ein typisch männliches ‚Spielzeug': Man trägt den ‚tespih' in der Hand und lässt die Perlen lässig durch die Finger gleiten.

tespit (**-ti**) *s* (1) Feststellung *f* (2) Festlegung *f* (3) Befestigen *nt;* ~ **etmek** erkennen, feststellen; (*Zeitpunkt*) festlegen; (*Zelt*) befestigen (**-i** etw)

test (**-ti**) *s* Test *m*

testere *s* Säge *f;* ~ **talaşı** [*o* **tozu**] Sägemehl *nt*

testi *s* Krug *m*

testosteron *s* Testosteron *nt*

tesviye *s* (1) Nivellierung *f* (2) Bereinigung *f* (3) Feilen *nt;* ~ **etmek** nivellieren, bereinigen, feilen (**-i** etw)

tesviyeci *s* Maschinenschlosser *m*

teşbih *s* Gleichnis *nt*

teşebbüs *s* (1) Initiative *f* (2) Unternehmung *f* (3) Versuch *m;* ~ **etmek** in Angriff nehmen, unternehmen, versuchen (**-e** etw)

teşekkür *s* Dank *m;* (**çok**) ~ **ederim** danke (sehr)!; ~ **etmek** sich bedanken, danken (**-e -den** jdm für etw); (**çok**) **teşekkürler** vielen Dank!, danke vielmals!

teşhir *s* (1) Zeigen *nt* (2) (*von Waren*) Auslegen *nt* (3) Ausstellung *f* (4) Anprangerung *f;* ~ **etmek** (*Ware*) auslegen, ausstellen (**-i** etw)

teşhirci *s* Exhibitionist(in) *m(f)*

teşhircilik (**-ği**) *s* Exhibitionismus *m*

teşhis *s* (1) Diagnose *f* (2) Identifizierung *f;* ~ **etmek** diagnostizieren, identifizieren (**-i** etw)

teşkil *s* (1) Aufbau *m* (2) Formen *nt* (3) Bildung *f;* ~ **etmek** bilden, organisieren (**-i** etw)

teşkilat (**-tı**) *s* (1) Organisation *f* (2) Struktur *f,* Aufbau *m*

teşvik (**-ki**) *s* (1) Antrieb *m* (2) Ermutigung *f* (3) Förderung *f* (4) Veranlassung *f* (5) Aufhetzen *nt;* ~ **etmek** aufmuntern, ermutigen (**-i** jdn), fördern (**-i** etw); (*pej*) aufhetzen (**-i** jdn)

tetanos *s* Tetanus *m,* Wundstarrkrampf *m*

tetik (**-ği**) **I.** *s* (*bei Feuerwaffen*) Abzug *m* **II.** *adj* schnell reagierend; **tetiği çekmek** (*Gewehr*) abdrücken; **tetikte olmak** auf der Hut sein

tetiklemek *vt* (*fig: Krise*) auslösen (**-i** etw)

tetkik (**-kı**) *s* (1) (genaues) Prüfen *nt* (2) Studie *f;* ~ **etmek** (aufmerksam) ansehen, (genau) prüfen (**-i** etw)

tevdi (**-ii**) *s* (1) Abgabe *f* (2) Anvertrauen *nt* (3) Übertragung *f;* ~ **etmek** (*zur Aufbewahrung*) übergeben, anvertrauen; (*Amt*) betrauen (mit), übertragen (**-e -i** jdm etw)

tevekkül *s* Gottvertrauen *nt*

tevkif *s* Festnahme *f,* Verhaftung *f;* ~ **etmek** festnehmen, verhaften (**-i** jdn)

Tevrat (-tı) *s* ① das Alte Testament ② die Thora
Tevrat ve İncil *s* Bibel *f*
teyel *s* Heftnaht *f*
teyellemek *vt* heften, reihen (**-i** etw)
teyp (-bi) *s* Kassettenrecorder *m*
teyze *s* Tante *f* (*Schwester der Mutter*)
tez *adj* schnell, rasch; ~ **canlı** impulsiv, lebhaft; ~ **elden** sofort, auf der Stelle, unverzüglich
tez *s* ① These *f* ② (wissenschaftliche) Abschlussarbeit *f*
tezat (-dı) *s* Kontrast *m*, Gegensatz *m*
tezgah *s* ① Werkbank *m* ② Verkaufsstand *m* ③ Werft *f* ④ Theke *f*, Ladentisch *m*
tezgahtar *s* Verkäufer(in) *m(f)*
tezkere *s* ① Entlassungsschein *m* ② (amtliche) Bescheinigung *f*
tezlik (-ği) *s* ① Eile *f* ② Schnelligkeit *f* ③ Dringlichkeit *f*
tıbbı (-nı) *s Possessivform zu* **tıp** die Medizin von ...
tıbbi *adj* ärztlich, medizinisch; ~ **hata** Kunstfehler *m*
tığ *s* ① Häkelnadel *f* ② Stricknadel *f* ③ Ahle *f* ④ Hobeleisen *nt*
tıka basa dolu *adj* (*fam*) überfüllt, proppenvoll
tıkaç (-cı) *s* ① (*einer Flasche*) Stöpsel *m*, Verschluss *m* ② Pfropfen *m* ③ Embolie *f* ④ Zapfen *m* ⑤ Dübel *m* ⑥ Knebel *m*
tıkalı *adj* verstopft
tıkamak *vt* ① versperren (**-i** etw) ② (*Verkehr*) blockieren (**-i** etw) ③ zustöpseln (**-i** etw) ④ (*Loch*) zustopfen (**-i** etw) ⑤ verstopfen (**-i** etw)
tıkanıklık (-ğı) *s* ① Atembeschwerden *pl* ② (Verkehrs)stau *m* ③ Verstopfung *f*
tıkanmak *vi* ① *Passiv zu* **tıkamak** ② verstopfen ③ (*Verkehr*) sich stauen ④ an Atemnot leiden ⑤ (*fam*) nichts mehr essen können
tıkınmak *vi* (*fam*) sich vollstopfen
tıkır *s* (*fam: Geld*) Pinke *f*, Piepen *pl*; **tıkırında gitmek** (*fam*) glattlaufen, klappen
tıkırdamak *vi* leise klappern
tıkıştırmak *vt* ① hineinzwängen (**-i -e** etw/jdn in etw) ② (*fam: Essen*) hinunterschlingen (**-i** etw)
tıklama *s* ① *Verbalsubstantiv zu* **tıklamak** ② INFORM Mausklick *m*, Klick *m*; **çift** ~ Doppelklick *m*
tıklamak *vi* (*mit Computermaus*) klicken, anklicken (**-e** etw)
tıkmak (-ar) *vt* ① hineinstopfen (**-i -e** etw in etw) ② (*fam*) einlochen, einbuchten (**-i -e** etw in etw)
tıknaz *adj* (*Gestalt*) gedrungen; (*untersetzt*) stämmig
tıknefes *adj* asthmatisch
tılsım *s* ① Talisman *m* ② Zauber *m*
tılsımlı *adj* ① mit Talisman ② mysteriös, geheimnisvoll
tımarhane *s* (*fam*) Irrenhaus *nt*
tınlamak *vi* ① hallen ② klingen, tönen
tıp (-bbı) *s* Medizin *f*
tıpa *s* Pfropfen *m*
tıpatıp *adv* haargenau
tıpış tıpış yürümek *vi* trippeln
tıpkı *adv* genauso
tıpkıbasım *s* Nachdruck *m*
tır *s* Lastzug *m*
tırabzan *s* ① Balustrade *f* ② Treppengeländer *nt*
tıraş *s* ① Rasur *f* ② Behauen *nt* ③ (*fam*) Gelaber *nt*; ~ **bıçağı** Rasierklinge *f*; ~ **etmek** rasieren; (*Diamant, Glas*) schleifen; (*Holz*) behauen (**-i** etw); ~ **fırçası** Rasierpinsel *m*; ~ **köpüğü** Rasierschaum *m*; ~ **kremi** Rasiercreme *f*; ~ **losyonu** Rasierwasser *nt*; ~ **makinesi** Rasierapparat *m*; ~ **olmak** sich rasieren, rasiert werden; ~ **sabunu** Rasierseife *f*
tırıs *s* Trab *m*; ~ **gitmek** (*Pferd*) traben
tırmalamak *vt* kratzen, zerkratzen (**-i** etw)
tırmanmak *vi* ① klettern, steigen (**-e** auf etw) ② hinaufsteigen (**-e** etw)
tırmık (-ğı) *s* ① Egge *f*, Rechen *m* ② Kratzer *m*, Kratzwunde *f*
tırmıklamak *vt* ① kratzen, zerkratzen (**-i** etw) ② (*eggen*) harken (**-i** etw)
tırnak (-ğı) *s* ① (*Finger- oder Zehen-*) Nagel *m* ② Kralle *f*; (*beim Pferd*) Huf *m*; ~ **boyası** [*o* **cilası**] Nagellack *m*; ~ **fırçası** Nagelbürste *f*; ~ **işareti** Anführungszeichen *nt*, Gänsefüßchen *nt*; ~ **makası** Nagelschere *f*; ~ **törpüsü** Nagelfeile *f*
tırnaklamak *vt* sich krallen (**-i** in etw)
tırpan *s* Sense *f*
tırpancı *s* ① (*Person*) Mäher *m* ② Sensenhersteller *m*
tırpanlamak *vt* (*Getreide*) mähen (**-i** etw)
tırtıl *s* ① Raupe *f* ② (*an Reifen*) Profil *nt* ③ Borte *f* ④ (*bei Münzen*) Rändelung *f* ⑤ (*bei Briefmarken*) Zähnung *f*
tıslamak *vi* ① (*Gans*) zischen ② (*Katze*) fau-

T

chen

ticaret (**-ti**) *s* 1 Handel *m*, Geschäft *nt* 2 Kommerz *m* 3 Gewinn *m*, Profit *m*; ~ **anlaşması** Handelsabkommen *nt*; ~ **birlikleri** Kartell *nt*; ~ **filosu** Handelsmarine *f*; ~ **odası** Handelskammer *f*; ~ **okulu** Handelsschule *f*; ~ **yapmak** handeln, ein Geschäft abschließen

ticarethane *s* Geschäft *nt*, Firma *f*

ticari *adj* 1 geschäftlich 2 den Handel betreffend 3 kaufmännisch; ~ **anlaşma** Wirtschaftsabkommen *nt*; ~ **eşya** Handelsware *f*; ~ **ilişkiler** Handelsbeziehungen *pl*; ~ **mektup** Geschäftsbrief *m*; ~ **temsil** Prokura *f*; ~ **temsilci** Handelsvertreter(in) *m(f)*

tifo *s* Typhus *m*

tifüs *s* (*Fleck-*) Typhus *m*

tik (**-ki**) *s* Tick *m*

tiksindirici *adj* ekelerregend, ekelhaft

tiksindirmek *vt* 1 *Kausativ zu* **tiksinmek** 2 anekeln (**-i** jdn)

tiksinmek *vi* sich ekeln (vor), verabscheuen (**-den** etw)

tiksinti *s* 1 *Verbalsubstantiv zu* **tiksinmek** 2 Ekel *m*

tiktak etmek *vi* (*Uhr*) ticken

tilki *s* 1 Fuchs *m* 2 schlauer Fuchs

timsah *s* Krokodil *nt*

timsal (**-li**) *s* 1 Inbegriff *m* 2 Sinnbild *nt*, Symbol *nt*

tinsel *adj* geistig

tip (**-pi**) *s* 1 Typ *m* 2 (*pej*) Kerl *m*

tipi *s* Schneesturm *m*

tipik (**-ği**) *adj* typisch

tipleme *s* 1 *Verbalsubstantiv zu* **tiplemek** 2 FILM (*Charakter*) Darstellung *f*

tiplemek *vt* FILM (*Charakter*) darstellen (**-i** jdn)

tiraj *s* Auflage *f*, Auflagenhöhe *f*

tirbuşon *s* Korkenzieher *m*

tire *s* 1 Faden *m*, Garn *nt* 2 Gedankenstrich *m*

tiroit (**-di**) *s* Schilddrüse *f*

tiryaki **I.** *s* 1 starker Raucher 2 leidenschaftlicher Kaffeetrinker **II.** *adj* (*nikotin-*, *kaffee-*) süchtig

tişört (**-tü**) *s* T-Shirt *nt*

titiz **I.** *adj* 1 anspruchsvoll, wählerisch 2 sorgfältig 3 pedantisch **II.** *s* Pedant(in) *m(f)*

titizlik (**-ği**) *s* 1 Sorgfalt *f* 2 (*pej*) Pedanterie *f*

titrek (**-ği**) *adj* zitt(e)rig, zitternd

titremek *vi* 1 beben, zittern 2 vibrieren, schwingen 3 sich fürchten (**-den** vor etw/jdm)

titreşim *s* Vibration *f*, Schwingung *f*

titreşmek *vi* 1 schwingen 2 (*vor Angst, Kälte*) zittern

tiyatro *s* 1 Theater *nt* 2 Schauspielkunst *f*; ~ **bileti** Theaterkarte *f*; ~ **dürbünü** Opernglas *nt*

tiz *adj* (*Stimme, Ton*) hell, hoch

tizleşmek *vi* (*Stimme*) sich überschlagen

Togo *s* Togo *nt*

tohum *s* 1 Keim *m* 2 Same *m*, Samenkorn *nt* 3 Sperma *nt* 4 Insekteneier *pl*; ~ **atmak** [*o* **ekmek**] säen; **tohumluk tahıl** Saatgut *nt*

tok (**-ku**) *adj* 1 (*auch fig*) satt 2 (*Stimme*) voll, kräftig

toka *s* 1 Schnalle *f*, Spange *f* 2 Händedruck *m*

tokalamak *vt* anschnallen (**-i** etw)

tokalaşmak *vi* die Hand schütteln (**ile** jdm)

tokat (**-dı**) *s* Ohrfeige *f*; ~ **atmak** ohrfeigen (**-e** jdn); **yüzüne bir ~ indirmek** jdm eine Ohrfeige verpassen; **birine ~ yapıştırmak** (*fam*) jdm eine kleben

tokatlamak *vt* ohrfeigen (**-i** jdn)

tokgözlü *adj* genügsam

tokgözlülük (**-ğü**) *s* Genügsamkeit *f*

tokmak (**-ğı**) *s* 1 Holzhammer *m* 2 Türklopfer *m*

tokmaklamak *vt* hämmern, pochen (**-i** an etw)

toksik *adj* toxisch

tokyolar *s* Badeschuhe *pl*

tolerans *s* Toleranz *f*; ~ **göstermek** tolerant sein

toleranslı *adj* tolerant

tolkşov *s* Talkshow *f*

tomar *s* 1 Bündel *nt* 2 (*Papier-*) Rolle *f*

tombala *s* Tombola *f*

tombul *adj* (*fam*) mollig, rundlich

tomurcuk (**-ğu**) *s* Knospe *f*

ton *s* 1 Klang *m*, Ton *m* 2 (*bei Farben*) Tönung *f* 3 (*1000 kg*) Tonne *f*

tonbalığı (**-nı**) *s* Tunfisch *m*

tonilato *s* Registertonne *f*

top (**-pu**) **I.** *s* 1 (*Spiel-*) Ball *m* 2 Kugel *f* 3 Geschütz *nt* 4 Artillerie *f* 5 Ballen *m* 6 Gesamtheit *f* **II.** *adj* rundlich; ~ **oynamak** Ball spielen; ~ **sakal** Vollbart *m*; **topu diktim** (*fam: Prüfung*) ich bin durchgefallen; **topu topu** (*alles in allem*) insgesamt

topaç (**-cı**) *s* Kreisel *m*

topak (-ğı) **I.** *s* ① Kloß *m* ② Klumpen *m* **II.** *adj* (*Finger*) kurz und dick
topal *adj* ① hinkend ② gehbehindert
topallamak *vi* hinken
toparlacık (-ğı) *adj* (*Person*) rundlich
toparlak (-ğı) *adj* ① rund, kugelförmig ② (*Zahl*) rund
toparlamak *vt* ① aufräumen (-**i** etw) ② zusammenraffen (-**i** etw)
toparlanmak *vi* ① *Passiv zu* **toparlamak** ② sich zusammennehmen ③ wieder auf die Beine kommen
topçu I. *s* ① Artillerist *m* ② Artillerie *f* **II.** *adj* (*fam: Prüfling*) durchgefallen; (*Schüler*) sitzen geblieben
toplam *s* Gesamtbetrag *m*, Summe *f*; ~ **olarak** alles in allem; ~ **yekun** Gesamtbetrag *m*
toplama *s* ① *Verbalsubstantiv zu* **toplamak** ② Addition *f* ③ Konzentration *f* ④ Sammlung *f*; ~ **kampı** Konzentrationslager *nt*
toplamak *vt* ① addieren, zusammenzählen (-**i** etw) ② (ein)sammeln (-**i** etw) ③ (*Zimmer*) aufräumen (-**i** etw) ④ (*Blumen*) pflücken (-**i** etw) ⑤ (*Tisch*) abräumen (-**i** etw) ⑥ (*Betten*) machen (-**i** etw) ⑦ (*Koffer*) packen (-**i** etw) ⑧ (*Zelt*) abbrechen (-**i** etw) ⑨ (*Rock*) zusammenraffen (-**i** etw) ⑩ (*Leute*) zusammenrufen, versammeln (-**i** jdn) ⑪ (*Person*) zunehmen
toplanmak *vi* ① *Passiv zu* **toplamak** ② sich häufen ③ sich konzentrieren ④ sich anhäufen, sich sammeln ⑤ sich summieren ⑥ (*Person*) zunehmen ⑦ sich versammeln ⑧ sich aufraffen, sich zusammennehmen
toplantı *s* ① Versammlung *f* ② Sitzung *f* ③ Zusammenkunft *f*; ~ **salonu** Sitzungssaal *m*; (*in einer Schule*) Aula *f*
toplardamar *s* Vene *f*
toplu *adj* ① vereinigt ② Massen- ③ (*Zimmer*) aufgeräumt ④ (*Backen, Gesicht*) voll ⑤ (*fam*) dick; ~ **bakış** Übersicht *f*; ~ **mezar** Massengrab *nt*
topluiğne *s* Stecknadel *f*
topluluk (-ğu) *s* ① Gesamtheit *f* ② Gemeinschaft *f* ③ Gesellschaft *f* ④ Ensemble *nt*
toplum *s* Gesellschaft *f*
toplumbilim *s* Soziologie *f*
toplumbilimci *s* Soziologe, Soziologin *m, f*
toplumbilimsel *adj* soziologisch
toplumsal *adj* gesellschaftlich, sozial
toprak (-ğı) **I.** *s* ① Erde *f* ② Grund *m*, Boden *m* ③ Boden *m* ④ Territorium *nt*, Gebiet *nt* **II.** *adj* irden; ~ **ağası** (türkischer) Großgrundbesitzer *m*; ~ **kayması** Erdrutsch *m*; ~ **reformu** Bodenreform *f*; ~ **tabya** Bollwerk *nt*; ~ **ürünleri** landwirtschaftliche Erzeugnisse *pl*; **toprağa vermek** begraben, beerdigen (-**i** jdn)
toprakaltı (-nı) *adj* unterirdisch; ~ **servetleri** Bodenschätze *pl*
toptan *adv* pauschal; ~ **fiyat** Pauschale *f*
toptancı *s* Großhändler(in) *m(f)*
toptancılık (-ğı) *s* Großhandel *m*
topuk (-ğu) *s* ① Ferse *f* ② (*von Schuh*) Absatz *m*
topuz *s* ① Keule *f* ② Haarknoten *m* ③ Türklopfer *m*
torba *s* Sack *m*, Beutel *m*
torbacı *s* (*fam: Drogen*) Dealer *m*
torna *s* Drehbank *f*
tornacı *s* ① Dreher *m* ② Drechsler *m*
tornavida *s* Schraubenzieher *m*
Toros(lar) *npl* Taurusgebirge *nt*
torpido *s* ① Torpedo *m* ② Torpedoboot *nt*; ~ **gözü** Handschuhfach *nt*
torpil *s* ① Mine *f* ② Torpedo *m* ③ (*fam*) Vitamin B *nt*, Beziehungen *pl*
torpillemek *vt* ① torpedieren (-**i** etw) ② (*fam: in der Schule*) sitzen bleiben
tortu *s* ① Bodensatz *m* ② Ablagerung *f*
torun *s* Enkel(in) *m(f)*; **torunlar** Nachkommen *pl*
tos *s* (*von Tieren*) Stoß *m*; ~ **vurmak** (*mit den Hörnern*) stoßen (-**e** etw/jdn)
tosbağa *s* Schildkröte *f*
toslamak *vt* ① (*mit den Hörnern*) stoßen (-**i** etw/jdn) ② (*Schiff, Auto*) stoßen (-**e** gegen etw) ③ (*fam: Geld*) herausrücken (-**e** -**i** jdm etw) ④ (*fam: in der Schule*) sitzen bleiben
tost (-tu) *s* Toast *m*; ~ **ekmeği** Toastbrot *nt*; ~ **makinesi** Toaster *m*
totalitarizm *s* Totalitarismus *m*
totaliter *adj* totalitär
toy *adj* jung und unerfahren, grün
toynak (-ğı) *s* Huf *m*
toz I. *s* ① Pulver *nt* ② Staub *m* **II.** *adj* feingemahlen, Pulver-; ~ **almak** Staub wischen; ~ **bezi** Staublappen *m*, Staubtuch *nt*; ~ **bulutu** Staubwolke *f*; ~ **kaldırmak** Staub aufwirbeln; **tozunu almak** abstauben (-**in** etw)
tozlu *adj* verstaubt, staubig
tökezlemek *vi* stolpern
tömbeki *s* Tabak *m* (*für Wasserpfeifen*)
töre *s* Sitte *f*, Brauch *m*

törebilim *s* Ethik *f*
töre cinayeti *s* Ehrenmord *m*
törel *adj* ethisch, sittlich
tören *s* ❶ Feier *f* ❷ Zeremonie *f*; ~ **alayı** Festzug *m*
törensel *adj* feierlich, zeremoniell
törpü *s* Feile *f*
törpülemek *vt* feilen (**-i** etw)
tövbe *s* Reue *f*; ~ **etmek** bereuen (**-e** etw), abschwören (**-e** einer Sache)
töz *s* Substanz *f*
trafik (-ği) *s* Verkehr *m*; ~ **canavarı** Verkehrsrowdy *m*, Raser *m*; ~ **işareti** Verkehrszeichen *nt*; ~ **kâğıdı** Kfz-Schein *m*; ~ **kazası** Verkehrsunfall *m*; ~ **kuralları** Verkehrsregeln *pl*; ~ **ışığı** Ampel *f*; ~ **levhası** Verkehrsschild *nt*; ~ **polisi** Verkehrspolizist(in) *m(f)*; ~ **ruhsatı** Kfz-Zulassung *f*; ~ **tıkanıklığı** Verkehrsstau *m*
trajedi *s* ❶ Tragödie *f*, Trauerspiel *nt* ❷ Tragik *f*
trajik (-ği) *adj* tragisch
trajikomedi *s* Tragikkomödie *f*
trajikomik (-ği) *adj* tragikomisch
traktör *s* Traktor *m*
Trakya *s* Thrakien *nt*
trampet (-ti) *s* Trommel *f*
trampetçi *s* Trommler(in) *m(f)*
tramplen *s* Sprungbrett *nt*
tramvay *s* Straßenbahn *f*
transfer *s* Transfer *m*; ~ **etmek** transferieren (**-i** etw)
transformatör *s* Transformator *m*
transistor *s* Transistor *m*
transit (-ti) *s* Transit *m*; ~ **geçmek** (ohne Halt) durchfahren; ~ **trafiği** Transitverkehr *m*
transparan *adj* transparent
trapez *s* Trapez *nt*
trapezci *s* Trapezkünstler(in) *m(f)*
travers *s* Schwelle *f*
travesti *s* Transvestit *m*
travma *s* Trauma *nt*
travmalı *adj* (*Erlebnis*) traumatisch; (*Person*) traumatisiert
tren *s* Zug *m*, Bahn *f*, Eisenbahn *f*; ~ **yolu** Eisenbahnlinie *f*; **trenle** mit dem Zug
trent (-di) *s* Trend *m*
treyler *s* (*für Traktor, LKW*) Anhänger *m*
tribün *s* Tribüne *f*
triko *s* Trikot *nt*
trikotaj *s* Woll- und Strickwaren *pl*
trilyon *num* Billion *f*
trimestr *s* Trimester *nt*
trişin *s* Trichine *f*
triyangel *s* Triangel *m*
triyo *s* Trio *nt*
troleybüs *s* Oberleitungsomnibus *m*
trombon *s* Posaune *f*
tromboz *s* Thrombose *f*
trompet (-ti) *s* Trompete *f*; ~ **çalmak** trompeten
tropikal (-li) *adj* tropisch; ~ **bölge** Tropen *pl*
Truva *s* Troja *nt*
TSİ *s Abk. von* **Türkiye saati ile** (nach) türkischer Zeit
tsunami *s* Tsunami *m*
T-şört (-tü) *s* T-Shirt *nt*
tufan *s* ❶ Sintflut *f* ❷ wolkenbruchartiger Regen *m*
tuğla *s* Backstein *m*, Ziegelstein *m*
tuğra *s* HIST *Namenszug des Sultans*
tuhaf *adj* eigenartig, seltsam, merkwürdig
tuhafiye *npl* Kurzwaren *pl*
tuhaflık (-ğı) *s* Merkwürdigkeit *f*
tulum *s* ❶ Schlauch *m* (*aus Tierfell*) ❷ Strampelhose *f*; ~ **düdük** [*o* **zurna**] Dudelsack *m*
tulumba *s* ❶ Wasserpumpe *f* ❷ Feuerspritze *f*
tumturak (-ğı) *s* (*geschraubte Rede*) Schwulst *m*
tumturaklı *adj* schwulstig, hochtrabend
Tuna (nehri) *s* Donau *f*
tunç (-cu) **I.** *s* Bronze *f* **II.** *adj* bronzen
Tunus **I.** *adj* (*Art*) tunesisch **II.** *s* Tunesien *nt*
Tunuslu **I.** *s* Tunesier(in) *m(f)* **II.** *adj* (*Herkunft*) tunesisch
tupe *s* Toupet *nt*
tur *s* ❶ Rundreise *f* ❷ Rundgang *m*, Runde *f* ❸ SPORT Runde *f*; ~ **atmak** eine Runde drehen
tura *s* (*einer Mütze*) Kopf *m*
turba *s* Torf *m*
turist (-ti) *s* Tourist(in) *m(f)*; ~ **kafilesi** Reisegesellschaft *f*; ~ **rehberi** Fremdenführer(in) *m(f)*; ~ **vizesi** Touristenvisum *nt*
turistik (-ği) *adj* touristisch; ~ **mevki** Touristenklasse *f*
turizm *s* Fremdenverkehr *m*, Tourismus *m*

Turizm (Tourismus) ist ein wichtiger Wirtschaftssektor in der Türkei, der für Arbeitsplätze und Deviseneinnahmen sorgt. Mit dem ‚Kültür ve Turizm Bakanlığı' (Ministerium für Kultur und Tourismus) gibt es ein eigenes Ministerium für den Tourismus. In türkischen Hochschulen wird Touristik auch als eigenständiges Studienfach angeboten, in denen die angehenden Touristikexperten von türkischer Geschichte bis zur Gastronomie in allen für die Touristik relevanten Bereichen ausgebildet werden.

turna *s* Kranich *m;* **turnayı gözünden vurmak** ins Schwarze treffen
turnabalığı (-nı) *s* Hecht *m*
turne *s* Tournee *f*
turnuva *s* Turnier *nt*
turp (-pu) *s* ① Radieschen *nt* ② Rettich *m;* ~ **gibi** (*fig*) wie ein Fisch im Wasser
turşu *s* eingemachtes Essiggemüse; ~ **gibi** todmüde; ~ **yapmak** [*o* **kurmak**] in Essig einlegen
turta *s* Torte *f*
turuncu *adj* orange(farben)
turunç (-cu) *s* Pomeranze *f*
turunçgiller *npl* Zitrusfrüchte *pl*
tuş *s* ① Taste *f* ② (*beim Ringkampf*) Niederwurf *m* auf beide Schultern
tutacak (-ğı) *s* Griff *m*
tutak (-ğı) *s* Geisel *f*
tutam *s* ① Prise *f* ② Büschel *nt* (Haare)
tutamaç (-cı) *s* Griff *m,* Stiel *m*
tutamak (-ğı) *s* ① Griff *m,* Stiel *m* ② Handhabe *f*
tutanak (-ğı) *s* Protokoll *nt*
tutar *s* Betrag *m,* Höhe *f,* Summe *f*
tutarlı *adj* folgerichtig, konsequent
tutarlılık (-ğı) *s* Konsequenz *f*
tutarsız *adj* inkonsequent, widersprüchlich
tutarsızlık (-ğı) *s* Inkonsequenz *f,* Widersprüchlichkeit *f*
tutkal *s* Leim *m*
tutkallamak *vt* (zusammen)leimen (**-i** etw)
tutku *s* ① Entzücken *nt* ② Leidenschaft *f* ③ Sucht *f*
tutkun I. *adj* ① entzückt (**-e** von etw/jdm) ② süchtig (**-e** nach etw) ③ verliebt (**-e** in jdn) ④ gefangen **II.** *s* Süchtige(r) *f(m)*
tutkunluk (-ğu) *s* ① Begeisterung *f* ② Sucht *f* ③ Verliebtheit *f*
tutmak (-ar) I. *vt* ① (an)fassen, (an)packen, (er)greifen (**-i** etw/jdn) ② (*in der Hand*) halten (**-i** etw) ③ behalten, (auf)bewahren (**-i** etw) ④ (zurück)halten (**-i** jdn) ⑤ festhalten, festnehmen, gefangen nehmen (**-i** jdn) ⑥ fangen (**-i** jdn/etw) ⑦ (*Atem*) anhalten (**-i** etw) ⑧ (*fam*) mieten (**-i** etw) ⑨ (*Vertrag, Frist*) einhalten, befolgen; (*Versprechen*) halten (**-i** etw) ⑩ unterstützen (**-i** jdn) ⑪ (*Amt, Stellung*) innehaben (**-i** etw) ⑫ (*Schmerzen, Krankheit*) befallen (**-i** jdn) ⑬ (*Rauch, Geschrei*) erfüllen (**-i** etw) ⑭ (*Summe*) sich belaufen (**-i** auf etw) ⑮ (*Laufbahn, Weg*) einschlagen (**-i** etw) ⑯ (*Reiseziel*) erreichen (**-i** etw) ⑰ (*jdn*) achten, schätzen (**-i** jdn) ⑱ übereinstimmen (**-i** mit etw) **II.** *vi* ① (*Farbe, Nagel*) halten ② (*Rechnung*) stimmen; **matem** [*o* **yas**] ~ Trauer tragen; **pas** ~ rosten; **küf** ~ verschimmeln; **sözünü** ~ sein Wort halten; **taraf** ~ Partei ergreifen; **yer** ~ einen Platz reservieren, einen wichtigen Platz einnehmen; **tutalım ki ...** gesetzt den Fall ...; **tuttuğunu koparmamak** nicht lockerlassen
tutsak (-ğı) I. *adj* (kriegs)gefangen **II.** *s* Kriegsgefangene(r) *m*
tutsaklık (-ğı) *s* Kriegsgefangenschaft *f*
tutturmak *vt* ① *Kausativ zu* **tutmak** ② anfangen; (*Lied*) anstimmen (**-i** etw) ③ befestigen (**-i -e** etw an etw) ④ (*Weg*) einschlagen (**-i** etw) ⑤ beharren (**-i** auf etw)
tutucu *adj* konservativ
tutuk (-ğu) *adj* ① gehemmt ② (*Körperglied*) steif
tutuklama *s* ① *Verbalsubstantiv zu* **tutuklamak** ② Festnahme *f,* Verhaftung *f;* ~ **emri** Haftbefehl *m*
tutuklamak *vt* festnehmen, verhaften (**-i** jdn)
tutuklu I. *s* Häftling *m* **II.** *adj* verhaftet
tutukluk (-ğu) *s* ① Hemmung *f* ② (*eines Körperglieds*) Steifsein *nt,* Lähmung *f* ③ (*Motor*) Störung *f*
tutukluluk (-ğu) *s* Untersuchungshaft *f*
tutulmak *vi* ① *Passiv zu* **tutmak** ② (*Körperglied*) steif [*o* gelähmt] sein ③ (*Sonne, Mond*) sich verfinstern ④ sich verlieben (**-e** in jdn/etw) ⑤ (*Krankheit*) sich zuziehen (**-e** etw) ⑥ (*fam*) sich ärgern (**-e** über jdn)
tutum *s* ① Haltung *f* ② Sparsamkeit *f*
tutumlu *adj* ökonomisch, sparsam
tutumsuz I. *s* Verschwender(in) *m(f)* **II.** *adj* verschwenderisch
tutunmak *vi* ① *Reflexiv zu* **tutmak** ② sich festhalten (**-e** an etw) ③ Beliebtheit genießen
tutuşmak *vi* ① in Brand geraten, sich entzünden ② (*a. fig*) Feuer fangen ③ aneinandergeraten; **el ele** ~ sich an der Hand halten

tutuşturmak *vt Kausativ zu* **tutuşmak** anzünden, in Brand stecken (-**i** etw); **eline bir şey** ~ jdm etwas in die Hand drücken

tu(v)al *s* (*in der Malerei*) Leinwand *f*

tuvalet (-**ti**) *s* ❶ (*Körperpflege*) Toilette *f* ❷ Abendkleid *nt* ❸ (*WC*) Toilette *f;* ~ **eşyası** Toilettenartikel *pl;* ~ **kâğıdı** Klo(sett)papier *nt,* Toilettenpapier *nt;* ~ **masası** Toilettentisch *m;* **tuvalete gitmek** austreten, auf die Toilette gehen

tuz *s* Salz *nt;* **tuzu kuru olmak** es gut haben

tuzak (-**ğı**) *s* (*a. fig*) Falle *f;* **birine** ~ **kurmak** jdm eine Falle stellen

tuzlamak *vt* (ein)salzen (-**i** etw)

tuzlu *adj* ❶ salzig ❷ (*Speise*) versalzen ❸ (*Preise*) gesalzen

tuzluk (-**ğu**) *s* Salzstreuer *m*

tüberküloz *s* Tuberkulose *f*

tüccar *s* Kaufmann *m,* Händler *m*

tüfek (-**ği**) *s* Gewehr *nt,* Flinte *f*

tüh *interj* pfui!

tükenmek *vi* ❶ (*Ware, Geld*) ausgehen ❷ (*Mensch*) erschöpft sein ❸ aufhören

tükenmez **I.** *adj* ❶ unaufhörlich ❷ unerschöpflich **II.** *s hausgemachter Fruchtsaft*

tükenmez(kalem) *s* Kugelschreiber *m*

tüketici *s* Verbraucher(in) *m(f),* Konsument(in) *m(f);* ~ **danışma hattı** Hotline *f;* ~ **fiaytı** Verbraucherpreis *m*

tüketim *s* ❶ *Verbalsubstantiv zu* **tüketmek** ❷ Konsum *m,* Verbrauch *m;* ~ **malları** Konsumgüter *pl;* ~ **toplumu** Konsumgesellschaft *f*

tüketmek *vt* verbrauchen, aufbrauchen (-**i** etw)

tükürmek *vi* spucken

tükürük (-**gü**) *s* Spucke *f*

tül *s* Tüll *m;* ~ **perde** Gardine *f*

tüm **I.** *adj* gesamt, vollständig, ganz **II.** *s* Gesamtheit *f*

tümce *s* Satz *m*

tümen *s* Division *f*

tümleç (-**ci**) *s* Satzergänzung *f*

tümör *s* Tumor *m*

tümsek (-**ği**) *s* Bodenerhebung *f,* kleinerer Hügel *m*

tümsekli *adj* hervortretend, erhaben

tünel *s* Tunnel *m*

> **Tünel** ist der Name der ältesten Istanbuler U-Bahn mit nur zwei Stationen. Diese Kabelbahn wurde 1875 eröffnet und verbindet die beiden Stadtteile Karaköy und Beyoğlu. Wer diese Bahn benutzt, erspart sich den steilen Anstieg nach Beyoğlu.

tünemek *vi* (*Vogel*) sich setzen, sitzen (-**e** auf etw)

tüp (-**pü**) *s* ❶ kleine Röhre *f* ❷ Reagenzglas *nt* ❸ Tube *f* ❹ (*für Gas*) Stahlflasche, Kartusche *f* ❺ Retorte *f;* ~ **bebek** Retortenbaby *nt*

tür *s* ❶ Art *f* ❷ Gattung *f* ❸ Sorte *f* ❹ Wesen *nt,* Schlag *m*

türban *s* Kopftuch *nt*

> Da im traditionellen Islam das Kopfhaar einen hohen sexuellen Symbolwert hat, verhüllen strenggläubige Musliminnen ihr Haar in der Öffentlichkeit mit einem **türban**, einem Kopftuch, welches das Haar vollkommen verdeckt und das unter dem Kinn mit einer Nadel zusammengehalten wird. Das Tragen des ‚türban' ist an türkischen Schulen und Universitäten verboten, da Schulen von Staats wegen religiös neutrale Räume sind. Ein nur lose gebundenes Kopftuch, welches das Haar nicht vollkommen verdeckt, heißt ‚başörtüsü' und ist kein Zeichen von Religiosität.

türbe *s* Grabmal *nt*

türbin *s* Turbine *f*

türemek *vi* ❶ entstehen ❷ plötzlich auftauchen ❸ (*Wort*) abgeleitet werden (-**den** von etw)

türetmek *vt* ❶ *Kausativ zu* **türemek** ❷ (*Wort*) ableiten (-**i** -**den** etw von etw) ❸ (*fam*) erzeugen (-**i** etw)

Türk (-**kü**) **I.** *s* Türke *m,* Türkin *f* **II.** *adj* (*Art*) türkisch; ~-**Alman ilişkileri** türkisch-deutsche Beziehungen *pl;* ~ **usulüne göre** nach türkischer Art

Türkçe **I.** *adj* (*Sprache*) türkisch **II.** *s* (das) Türkisch(e) **III.** *adv* auf Türkisch

> **Türkçe**, die türkische Sprache, ist die wichtigste Sprache innerhalb der Familie der Turksprachen, die in dem riesigem Gebiet zwischen Balkan und Nordwestchina, ja sogar in großen Teilen Nordostsibiriens beheimatet sind. Das Türkische weicht von den meisten europäischen Sprachen in Grammatik

und Struktur völlig ab, hat aber strukturelle Ähnlichkeiten mit dem Finnischen und Ungarischen.

Türkiye **I.** *s* die Türkei **II.** *adj* (*Art*) türkisch; ~ **saati ile** (nach) türkischer Zeit
Türkiyeli **I.** *s* Türke *m*, Türkin *f* **II.** *adj* (*Herkunft*) türkisch
Türkmen *s* Turkmene *m*, Turkmenin *f*
Türkolog *s* Turkologe, Turkologin *m, f*
Türkoloji *s* Turkologie *f*
türkuvaz *adj* türkis(farben)
türkü *s* Volkslied *nt*
türlü **I.** *adj* verschieden, verschiedenartig **II.** *s* ① Art *f* ② Eintopf *m*; ~ ~ allerlei, mancherlei; **bir** ~ in keiner Weise, überhaupt nicht; **iki/dört** ~ zweier-/viererlei
tütmek (-er) *vi* ① qualmen; (*Ofen*) rauchen ② dampfen
tütsü *s* ① Inhalation *f* ② Räuchern *nt* ③ Räucherwerk *nt*
tütsülemek *vt* räuchern (**-i** etw)
tüttürmek *vt* ① *Kausativ zu* **tütmek** ② (*Zigarette*) schmauchen (**-i** etw)
tütün *s* Tabak *m*; ~ **kesesi** Tabaksbeutel *m*
tütüncü *s* ① Tabakpflanzer(in) *m(f)* ② Tabakhändler(in) *m(f)*; ~ **dükkanı** Tabakladen *m*
tüy *s* ① Feder *f* ② Fell *nt* ③ Flaum *m*, Haar *nt* (*feines Haar auf Armen, Beinen*); ~ **dökücü krem** Enthaarungscreme *f*; ~ **gibi** federleicht; ~ **sıklet** Federgewicht *nt*; **tüyler ürpertici** haarsträubend, entsetzlich; **tüyleri ürpermek** eine Gänsehaut bekommen; **tüylerim diken diken oldu** mir standen die Haare zu Berge
tüylü *adj* ① gefiedert ② flaumig
tüymek (-er) *vi* (*fam*) abhauen, verduften
tüysüz **I.** *adj* federlos, ohne Federn **II.** *s* (*fam*) Milchbart *m*
tüzelkişi *s* JUR juristische Person *f*
tüzük (-ğü) *s* ① Vorschrift *f*, Bestimmung *f* ② Satzung *f*
TV anteni (-ni) *s* Fernsehantenne *f*
TV kanalı (-nı) *s* Fernsehkanal *m*

U u

U, u *s 25. Buchstabe des türk. Alphabets*
ucuz *adj* ① billig, preiswert; ~ **havayolu** LUFT Billiglinie *f* ② mühelos; ~ **kurtulmak** (*fam*) mit einem blauen Auge davonkommen
ucuzlamak *vi* ① billiger werden ② (*Preise*) heruntergehen ③ leicht erreichbar sein
ucuzlatmak *vt* ① *Kausativ zu* **ucuzlamak** ② (*Preis*) herabsetzen (**-i** etw) ③ erleichtern (**-i** etw) ④ (*Ware*) verbilligen (**-i** etw)
ucuzluk (-ğu) *s* Sonderangebote *pl*; ~ **mağazası** Discounter *m*, Billigladen *m*
uç (-cu) *s* Spitze *f*, Rand *m*, äußerstes Ende *nt*; **uçsuz bucaksız** endlos
uçak (-ğı) *s* Flugzeug *nt*; ~ **bileti** Flugticket *nt*; ~ **düşmesi** Flugzeugabsturz *m*; ~ **gemisi** Flugzeugträger *m*; ~ **kaçırma** Flugzeugentführung *f*; ~ **kılavuzu** Fluglotse *m*; ~ **postası** Luftpost *f*; ~ **tarifesi** Flugplan *m*; ~ **yolcusu** Fluggast *m*; **uçakla** mit dem Flugzeug, mit Luftpost; **uçakta** an Bord (eines Flugzeugs)
uçan *adj* fliegend; ~ **daire** fliegende Untertasse; ~ **kuşa borcu olmak** bis über beide Ohren verschuldet sein
uçmak (-ar) *vi* ① fliegen (**-e** nach etw) ② fortfliegen, wegfliegen ③ (*Alkohol, Duft*) verfliegen ④ (*Farbe*) verblassen ⑤ (*fam*) verduften; **havaya** ~ (*explodieren*) in die Luft fliegen
uçuk (-ğu) **I.** *adj* (*Farbe*) verblasst **II.** *s* Fieberbläschen *nt*
uçurmak *vt* ① *Kausativ zu* **uçmak** ② (*Drachen*) steigen lassen (**-i** etw) ③ (*Körperglied*) wegfetzen (**-i** etw) ④ (*Auto*) in einem Affenzahn fahren (**-i** etw); **havaya** ~ (in die Luft) sprengen
uçurtma *s* (*Papier-*) Drachen *m*
uçurum *s* ① Abgrund *m* ② Kluft *f*
uçuş *s* ① Flug *m* ② Abflug *m*; ~ **pisti** Rollfeld *nt*, Startbahn *f*; ~ **saati** Abflugzeit *f*
uçuşmak *vi* ① flattern ② herumfliegen
ud *s* Laute *f*
UEFA Kupası (-nı) *s* UEFA-Pokal *m*
ufacık (-ğı) *adj* (*fam*) winzig; ~ **tefecik** (*Wuchs*) sehr klein
ufak (-ğı) *adj* ① klein, gering ② geringfügig; ~ **para** Kleingeld *nt*; ~ **tefek** unwichtig; (*Wuchs*) klein

ufaklık (-ğı) *s* ① Kleinheit *f* ② (*fam*) Kleingeld *nt*
ufalamak *vt* zerkleinern, zerbröckeln (-**i** etw)
ufalanmak *vi* ① *Passiv zu* **ufalamak** ② zerbröckeln
ufalmak *vi* kleiner werden
ufaltmak *vt* ① *Kausativ zu* **ufalmak** ② verkleinern (-**i** etw)
ufo *s* Ufo *nt*
ufuk (-fku) *s* Horizont *m*
Uganda *s* Uganda *nt*
uğramak *vt* ① vorbeikommen, vorbeischauen (-**e** bei jdm) ② (*Verkehrsmittel*) halten (-**e** in etw) ③ (*Schiff*) anlegen (-**e** in etw) ④ betroffen werden (-**e** von etw); **dışarı** ~ (*Person*) hinausstürzen
uğraş *s* ① Beschäftigung *f* ② Kampf *m*
uğraşmak *vi* ① sich anstrengen, sich bemühen (-**meye** etw zu tun) ② sich beschäftigen (**ile** mit etw) ③ nicht in Ruhe lassen (**ile** jdn)
uğraştırmak *vt* ① *Kausativ zu* **uğraşmak** ② beschäftigen (-**i ile** jdn mit etw) ③ zu schaffen machen (-**i** jdm)
uğratmak *vt* ① *Kausativ zu* **uğramak** ② zufügen (-**i -e** jdm etw)
uğrun(d)a *präp* um ... willen (**...** +*gen*), für (**...** +*akk*)
uğuldamak *vi* ① (*Wind*) heulen ② (*Kreisel*) brummen ③ (*Biene*) summen
uğultu *s* ① (*vom Wind*) Heulen *nt* ② (*vom Kreisel*) Brummen *nt* ③ (*von Bienen*) Summen *nt*
uğur *s* ① Glücksbringer *m* ② gutes Vorzeichen *nt*; **uğurlar olsun!** kommen Sie gut nach Hause!
uğurböceği (-ni) *s* Marienkäfer *m*
uğurlamak *vt* (*einen Abreisenden*) begleiten (-**i -e kadar** jdn bis zu etw)
uğurlu *adj* ① Glück bringend ② von guter Vorbedeutung
uğursuz *adj* verhängnisvoll, unheilvoll, unselig
uğursuzluk (-ğu) *s* ① böses Vorzeichen *nt* ② *die Eigenschaft, Unglück zu bringen*
Ukrayna *s* Ukraine *f*
ulaşım *s* ① *Verbalsubstantiv zu* **ulaşmak** ② Verkehr *m*; ~ **aracı** Verkehrsmittel *nt*; ~ **merkezi** Verkehrsknotenpunkt *m*
ulaşmak *vi* ① gelangen (-**e** zu etw) ② (*Straße*) einmünden (-**e** in etw) ③ (*Ziel*) erreichen (-**e** etw)
ulaştırma *s* ① *Verbalsubstantiv zu* **ulaştırmak** ② Verkehr *m*, Verkehrswesen *nt*; **Ulaştırma Bakanlığı** Verkehrsministerium *nt*
ulaştırmak *vt* ① *Kausativ zu* **ulaşmak** ② liefern (-**i** etw) ③ übermitteln (-**e -i** jdm etw)
ulu *adj* erhaben
ululama *s* ① *Verbalsubstantiv zu* **ululamak** ② Huldigung *f*
ululamak *vt* ① (ver)ehren (-**i** jdn) ② willkommen heißen (-**i** jdn)
ululuk (-ğu) *s* Erhabenheit *f*, Größe *f*
ulumak *vi* heulen
ulus *s* ① Volk *nt* ② Nation *f*; ~ **devleti** Nationalstaat *m*; ~ **kırımı** Völkermord *m*
ulusal *adj* national

Am 23. April wird der **Ulusal Egemenlik ve Çocuk Bayramı**, der ‚Tag der Unabhängigkeit und des Kindes' gefeiert. Er erinnert an die erste Einberufung der Nationalversammlung durch Mustafa Kemal Atatürk im Jahre 1920 und zeigt zugleich, welche Bedeutung Atatürk den Kindern und Jugendlichen zumaß. In den 80er Jahren erklärten UNO und UNESCO den 23. April zum Weltkindertag. Alljährlich lädt die türkische Regierung Kinder aus aller Welt zu diesem Fest nach Ankara ein. An diesem Tag dürfen Kinder symbolisch das Amt des Bürgermeisters ausüben, um die Politik an ihre Verantwortung für die kommenden Generationen zu erinnern.

uluslararası (-nı) *adj* international; **Uluslararası Af Örgütü** Amnesty International *f*; **Uluslararası Para Fonu** der Internationale Währungsfonds; **Uluslararası Uzay İstasyonu** die Internationale Raumstation
uluslaştırmak *vt* zu einer Nation machen (-**i** jdn/etw)
umarsız *adj* verzweifelt
ummadık *adj* unerwartet, unverhofft, unvermutet
ummak (-ar) *vt* ① rechnen mit, erwarten (-**i** etw) ② erhoffen (-**i** etw); **umarım** ich hoffe, hoffentlich
umum **I.** *adj* allgemein, gesamt, generell **II.** *s* Öffentlichkeit *f*
umumi *adj* ① allgemein ② öffentlich
umut (-du) *s* Hoffnung *f*, Zuversicht *f*
umutla *adv* voller Hoffnung
umutlandırmak *vt* ① *Kausativ zu* **umutlanmak** ② Hoffnung machen (-**i** jdm)

umutlanmak *vi* Hoffnung fassen, sich Hoffnungen machen
umutlu *adj* hoffnungsvoll, zuversichtlich
umutsuz *adj* hoffnungslos, verzweifelt
umutsuzluk (-ğu) *s* Hoffnungslosigkeit *f*, Verzweiflung *f*
un *s* Mehl *nt*
unlu *adj* ① mehlig ② Mehl enthaltend
unsur *s* ① Bestandteil *m* ② Element *nt*
unutkan *adj* vergesslich
unutmabeni *s* Vergissmeinnicht *nt*
unutmak *vt* ① vergessen (**-i** etw/jdn) ② verlernen (**-i** etw)
unutulmak *vi* ① *Passiv zu* **unutmak** ② in Vergessenheit geraten
unutulmaz *adj* unvergesslich
unvan *s* Titel *m*
ur *s* Geschwulst *f*, Tumor *m*
uranyum *s* Uran *nt*
urgan *s* Tau *nt*, starkes Seil
URL adresi (-ni) *s* INET URL *f*
Uruguay **I.** *s* Uruguay *nt* **II.** *adj* (*Art*) uruguayisch
Uruguaylı **I.** *s* Uruguayer(in) *m(f)* **II.** *adj* (*Herkunft*) uruguayisch
us *s* Vernunft *f*
usanç (-cı) *s* Verdrossenheit *f*
usandırıcı *adj* ① verdrießlich ② aufdringlich, lästig
usanmak *vi* satthaben, genug haben (**-den** von etw)
uskumru *s* Makrele *f*
uskur *s* Schiffsschraube *f*
uslu *adj* ① artig, brav ② verständig, vernünftig
usta **I.** *s* ① Meister *m* ② Vorarbeiter *m* **II.** *adj* kunstfertig
ustabaşı (-nı) *s* Werkmeister *m*
ustalık (-ğı) *s* ① Meisterschaft *f* ② Kunst *f*, Kunstfertigkeit *f*
ustalıklı *adj* kunstvoll, meisterhaft
ustura *s* Rasiermesser *nt*
usul (-lü) *s* ① Art *f*, Weise *f* ② Takt *m* ③ Methode *f*, Verfahren *nt*
usulca(cık) *adv* ① unauffällig ② behutsam, vorsichtig ③ still und leise ④ heimlich
usulen *adv* ordnungsgemäß
uşak (-ğı) *s* ① Diener *m*, Knecht *m* ② Bursche *f*
ut (-du) *s* ① Laute *f* ② Schamgefühl *nt*; ~ **yeri** Geschlechtsteile *pl*
utanç (-cı) *s* Scham *f*, Scheu *f*; ~ **duygusu** Schamgefühl *nt*
utangaç (-cı) *adj* ① schüchtern ② befangen, verlegen
utangaçlık (-ğı) *s* ① Schüchternheit *f* ② Befangenheit *f*, Verlegenheit *f*
utanmak *vt* ① sich schämen (**-den** vor jdm) ② sich genieren (**-meye** etw zu tun)
utanmaz *adj* ① schamlos ② unverschämt, frech
utanmazlık (-ğı) *s* ① Schamlosigkeit *f* ② Unverschämtheit *f*, Frechheit *f*
UUİ *s Abk. von* **Uluslararası Uzay İstasyonu** die Internationale Weltraumstation
uyak (-ğı) *s* Reim *m*
uyandırmak *vt* ① *Kausativ zu* **uyanmak** ② (auf)wecken (**-i** jdn) ③ erwecken (**-i** etw)
uyanık (-ğı) *adj* ① wach ② (*fig*) aufgeweckt ③ wachsam ④ gewieft
uyanıklık (-ğı) *s* ① Wachsein *nt* ② Achtsamkeit *f*, Umsicht *f* ③ Schlauheit *f*
uyanmak *vi* ① aufwachen, wach werden ② vernünftig werden ③ (*Gefühle*) erweckt werden
uyarı *s* Ermahnung *f*, Mahnung *f*; **uyarıda bulunmak** verwarnen (**-i** jdn)
uyarıcı **I.** *s* Aufputschmittel *nt* **II.** *adj* ① stimulierend ② warnend
uyarlamak *vt* ① bearbeiten (**-i** etw) ② anpassen (**-i -e** etw an etw)
uyarma *s* ① *Verbalsubstantiv zu* **uyarmak** ② Ermahnung *f*, Mahnung *f* ③ Reiz *m*, Stimulus *m*
uyarmak *vt* ① mahnen, warnen (**-i** jdn) ② stimulieren, anregen (**-i** etw)
uydu *s* ① Satellit *m* ② Trabant *m*
uydurma **I.** *s* ① *Verbalsubstantiv zu* **uydurmak** ② Erfindung *f*, Lüge *f* **II.** *adj* ① erdichtet ② (*Arbeit*) oberflächlich gemacht
uydurmak *vt* ① (*aufeinander*) abstimmen (**-i** etw) ② angleichen, anpassen (**-i -e** etw an etw) ③ (*fam*) erdichten, erfinden (**-i** etw) ④ (*fam*) auftreiben (**-i** etw) ⑤ (*fam: Angelegenheit*) über die Bühne bringen (**-i** etw)
uydurmasyon **I.** *s* (*pej*) Hirngespinst *nt* **II.** *adj* erfunden
uyduruk (-ğu) *adj* ① ausgedacht, erfunden ② gefälscht
uygar *adj* zivilisiert, kultiviert
uygarlaşmak *vi* zivilisiert werden
uygarlaştırmak *vt* ① *Kausativ zu* **uygarlaşmak** ② zivilisieren (**-i** jdn/etw)
uygarlık (-ğı) *s* Zivilisation *f*; ~ **tarihi** Kultur-

geschichte *f*

uygulama *s* ① *Verbalsubstantiv zu* **uygulamak** ② praktische Anwendung *f*, Durchführung *f* ③ (*im Gegensatz zu Theorie*) Praxis *f* ④ INFORM Anwendung *f*

uygulamak *vt* (praktisch) anwenden, durchführen (**-i** etw)

uygun *adj* ① entsprechend ② angemessen (**-e** einer Sache) ③ passend (**-e** zu etw) ④ geeignet (**-e** für etw) ⑤ gelegen ⑥ gleichartig ⑦ günstig ⑧ übereinstimmend; ~ **bir fırsatta** bei passender Gelegenheit; ~ **düşmek** angebracht sein; ~ **düşmemek** fehl am Platz sein; ~ **gelmek** recht sein, zusagen (**-e** jdm); ~ **görmek** [*o* **bulmak**] gut finden, begrüßen (**-i** etw)

uygunluk (**-ğu**) *s* ① Eignung *f* ② Übereinstimmung *f*, Gleichartigkeit *f* ③ Entsprechung *f* ④ Verhältnismäßigkeit *f*

uygunsuz *adj* ① unangebracht ② unanständig ③ ungeeignet ④ ungelegen, ungünstig; ~ **zamanda** zur Unzeit

uyku *s* Schlaf *m;* ~ **hapı** Schlaftablette *f;* ~ **hastalığı** Schlafkrankheit *f;* ~ **ilacı** Schlafmittel *nt;* ~ **tulumu** Schlafsack *m;* ~ **tutmamak** nicht einschlafen können; **uykuda gezer gibi** traumwandlerisch; **uykusu gelmek** müde werden; **uykusunu almak** ausschlafen; **uykuya dalmak** einschlafen; **uykuya yatmak** sich schlafen legen

uykucu I. *s* Langschläfer(in) *m(f)* **II.** *adj* verschlafen

uykulu *adj* (*Augen, Stimme*) schläfrig; (*Mensch*) schlaftrunken

uykusuz *adj* ① (*Nacht*) schlaflos ② (*Mensch*) unausgeschlafen, übernächtig

uykusuzluk (**-ğu**) *s* Schlaflosigkeit *f*

uyluk (**-ğu**) *s* Oberschenkel *m;* ~ **kemiği** Oberschenkelknochen *m*

uymak (**-ar**) *vi* ① entsprechen (**-e** einer Sache) ② sich anpassen (**-e** an etw) ③ (*Vorschrift*) beachten (**-e** etw) ④ sich eignen (**-e** für etw) ⑤ sich einfügen (**-e** in etw) ⑥ sich einstellen (**-e** auf etw) ⑦ harmonieren (**-e** mit etw) ⑧ übereinstimmen (**-e** mit etw) ⑨ (*Kleider*) passen (**-e** jdm); **birbirine** ~ zueinander passen, zusammenpassen

uyruk (**-ğu**) *s* Staatsangehörige(r) *f(m)*

uyruksuz *adj* staatenlos

uysal *adj* ① friedlich, ruhig ② nachgiebig ③ gehorsam ④ sanftmütig

uysallık (**-ğı**) *s* ① Sanftmut *f* ② Nachgiebigkeit *f* ③ Fügsamkeit *f*

uyuklamak *vi* (*fam*) ① dösen ② einnicken

uyuklatmak *vt* ① *Kausativ zu* **uyuklamak** ② einschläfern (**-i** jdn)

uyum *s* ① Harmonie *f*, Einklang *m* ② Anpassung *f* (**-e** an etw); ~ **sağlamak** sich anpassen (**-e** an etw); ~ **sağlatmak** in Einklang bringen (**-i -e** etw mit etw)

uyumak *vi* ① schlafen ② einschlafen

uyumlu *adj* ① harmonisch ② anpassungsfähig ③ INFORM kompatibel (**ile** mit etw)

uyuntu I. *s* (*fam: Person*) Schlafmütze *f* **II.** *adj* faul, träge

uyurgezer *s* Schlafwandler(in) *m(f)*

uyuşkan *adj* anpassungsfähig

uyuşmak *vi* ① einig werden, sich einigen (**-e** auf etw) ② (*Körperglied*) einschlafen, steif werden ③ harmonieren (**ile** mit etw/jdm) ④ zusammenpassen

uyuşturmak *vt* ① *Kausativ zu* **uyuşmak** ② betäuben (**-i** jdn/etw) ③ (*Körperglied*) gefühllos machen, steif werden lassen (**-i** etw)

uyuşturucu I. *s* ① Rauschgift, Droge ② (stärkeres) Beruhigungsmittel *nt* **II.** *adj* betäubend; ~ **bağımlısı** drogenabhängig; ~ **madde** Droge *f*, Rauschgift *nt;* (*Medikament*) Betäubungsmittel *nt*

uyuşuk (**-ğu**) *adj* ① (*Körperglied*) eingeschlafen, steif ② (*fam*) schlafmützig, träge

uyutmak *vt* ① *Kausativ zu* **uyumak** ② einschläfern (**-i** jdn) ③ (*Kind*) ins Bett bringen, schlafen legen (**-i** jdn) ④ langweilen (**-i** jdn) ⑤ hinhalten, vertrösten (**-i** jdn)

uyuyakalmak *vi* ① einschlafen ② verschlafen

uyuz I. *s* ① (*bei Menschen*) Krätze *f* ② (*bei Tieren*) Räude *f* **II.** *adj* ① krätzig ② räudig

uz *adj* ① geeignet, brauchbar ② geschickt, gewandt

uzaduyum *s* Telepathie *f*

uzak (**-ğı**) **I.** *adj* ① entfernt, fern ② (*Ort*) entlegen, abgelegen ③ fernstehend, fremd (**-den** einer Sache) ④ (*Möglichkeit*) unwahrscheinlich **II.** *s* Ferne *f;* ~ **akrabalar** entfernte Verwandte *pl;* **Uzak Doğu** der Ferne Osten; ~ **durmak** fernstehen (**-den** einer Sache); **o, her türlü riyadan** ~ **bir insandır** er ist ein Mensch, dem jede Heuchelei fremd ist; ~ **farı** Fernlicht *nt;* ~ **kalmak** fernbleiben, sich distanzieren (**-den** jdm/einer Sache); **uzakta** in der Ferne; **uzaktan** aus der Ferne, von weitem, von weither

uzaklaşmak *vt* ① sich entfernen (**-den** von

etw/jdm) ② Abstand nehmen (**-den** von etw) ③ (*Wolken, Gewitter*) sich verziehen

uzaklaştırmak *vt* ① *Kausativ zu* **uzaklaşmak** ② entfernen (**-i -den** etw aus etw) ③ (*aus dem Dienst*) entlassen; (*von der Schule*) verweisen (**-i -den** jdn von etw) ④ (*Gefahr*) abwenden (**-i -den** etw von etw/jdm)

uzaklık (-ğı) *s* ① Entfernung *f* ② Abstand *m* ③ Ferne *f* ④ Strecke *f* ⑤ Abgelegenheit *f*

uzamak *vi* ① länger werden ② sich in die Länge ziehen ③ sich erstrecken ④ (*in die Länge*) wachsen ⑤ sich verzögern

uzanmak *vr* ① *Reflexiv zu* **uzamak** ② (*räumlich*) sich erstrecken, sich ausdehnen (**-e kadar** bis zu etw) ③ sich hinlegen (**yatağa** aufs Bett) ④ greifen, langen (**-e** nach etw) ⑤ (*irgendwohin*) gehen (**-e doğru** bis nach etw)

uzantı *s* ① Verlängerung *f*, Verlängerungsstück *nt* ② Ausläufer *m* ③ INFORM Erweiterung *f*

uzatma *s* ① *Verbalsubstantiv zu* **uzatmak** ② (*Pass-, Frist-*) Verlängerung *f*; **uzatma işareti** Zirkumflex *m*

uzatmak *vt* ① *Kausativ zu* **uzamak** ② (*Pass, Frist*) verlängern (**-i** etw) ③ länger machen (**-i** etw) ④ (*weiten*) dehnen (**-i** etw) ⑤ (*Hand*) ausstrecken (**-i** etw) ⑥ überreichen (**-e -i** jdm etw) ⑦ (*Haare, Bart*) wachsen lassen (**-i** etw) ⑧ (*Angelegenheit*) verzögern (**-i** etw)

uzay *s* Weltraum *m*, All *nt*; ~ **adamı** Raumfahrer(in) *m(f)*; ~ **çağı** Raumzeitalter *nt*; ~ **gemisi** Raumfähre *f*, Raumschiff *nt*; ~ **istasyonu** (Welt)raumstation *f*; **Uzay Mekiği** Spaceshuttle *m*

uzaylı **I.** *adj* außerirdisch **II.** *s* Außerirdische(r) *f(m)*

uzlaşmak *vi* ① sich einigen, einig werden (**ile** mit jdm) ② sich versöhnen (**ile** mit jdm)

uzlaşmaz *adj* unversöhnlich

uzlaştırmak *vt* ① *Kausativ zu* **uzlaşmak** ② (*Streit*) schlichten ③ versöhnen (**-i** jdn)

uzman **I.** *s* Experte *m*, Expertin *f*, Sachverständige(r) *f(m)*, Spezialist(in) *m(f)* **II.** *adj* sachkundig, fachkundig

uzmanca *adj* fachmännisch

uzmanlaşmak *vi* sich spezialisieren (**-de** auf etw)

uzun *adj* ① lang ② groß ③ (*Weg, Reise*) weit ④ weitschweifig; ~ **atlama** Weitsprung *m*; ~ **boylu** (*Mensch*) groß; (*eingehend*) ausführlich; ~ **dalga** Langwelle *f*; ~ **dönemli** [*o* **vadeli**] langfristig; ~ **kollu** langärmelig; ~ **menzilli füze** Langstreckenrakete *f*; ~ **metrajlı film** Spielfilm *m*; ~ **saçlı** langhaarig; ~ **sözün kısası** kurz und gut; ~ **süre** [*o* **müddet**] auf die Dauer, lange Zeit, lange; ~ **süredir** seit langem; ~ **uzadıya** ausführlich, eingehend; ~ **zaman** [*o* **süre**] lange Zeit, auf die Dauer; ~ **zaman önce** vor langer Zeit; ~ **zamandan beri** seit langer Zeit, schon lange, seit langem

uzunçalar *s* Langspielplatte *f*

uzunluk (-ğu) *s* ① Länge *f* ② (*Körper-*) Größe *f* ③ (*pej*) Weitschweifigkeit *f*; ~ **ölçüsü** Längenmaß *nt*

uzuv (-zvu) *s* ① (*Körper-*) Glied *nt* ② Organ *nt* ③ Mitglied *nt*

Üü

Ü, ü *s 26. Buchstabe des türk. Alphabets*

ücret (-ti) *s* ① Lohn *m* ② Honorar *nt* ③ Gage *f* ④ Gebühr *f*; ~ **anlaşması** Tarifvertrag *m*; ~ **artışı** Lohnerhöhung *f*; ~ **cetveli** Tarif *m*; ~ **farkı** Zuschlag *m*; **ücrete tabi** gebührenpflichtig

ücretli **I.** *s* Lohnempfänger(in) *m(f)* **II.** *adj* gebührenpflichtig

ücretsiz *adj* gebührenfrei, kostenlos; ~ **tarife** Nulltarif *m*

üç (-çü) *num* drei; ~ **bin** dreitausend; ~ **boyutlu** dreidimensional; ~ **boyutlu grafik** 3-D-Grafik *f*; ~ **buçuk** dreieinhalb; ~ **aylık** vierteljährlich; ~ **çeyrek** drei viertel; ~ **katı** [*o* **misli**] dreifach; ~ **köşeli** dreieckig; ~ **tekerlekli bisiklet** Dreirad *nt*; ~ **türlü** dreierlei; ~ **yüz** dreihundert; **üçer** je drei; **üçer üçer** in Dreiergruppen; **üçte bir** ein Drittel *nt*

üçgen **I.** *s* Dreieck *nt* **II.** *adj* dreieckig

üçkâğıtçı *s* (*fam*) Betrüger(in) *m(f)*

üçkâğıtçılık (-ğı) *s* Betrug *m*

üçleme *s* Trilogie *f*

üçlü **I.** *s* Trio *nt* **II.** *adj* dreiteilig

üçüncü *adj* dritte(r, s); **Üçüncü Dünya** die Dritte Welt; ~ **olarak** als Dritte(r, s); ~ **sınıf**

drittklassig; ~ **ülke** Drittland *nt;* **üçüncüsü** drittens
üçüz *s* Drilling *m*
üfleç (**-ci**) *s* Düse *f*
üflemek *vt* ① blasen, pusten (**-e** auf etw) ② (*Luftballon*) aufblasen (**-i** etw) ③ ausblasen, auspusten (**-i** etw) ④ (*Staub*) wegblasen (**-i** etw) ⑤ (*Flöte*) spielen (**-i** etw)
üfürükçü *s* Wunderdoktor *m*
Ülis *s* Odysseus *m*
ülke *s* Land *nt,* Staat *m;* **ülkeler arası telefon görüşmesi** Auslandsgespräch *nt*
ülkü *s* Ideal *nt*
ülkücü **I.** *s* Idealist(in) *m(f)* **II.** *adj* idealistisch
ülkücülük (**-ğü**) *s* Idealismus *m*
ülküsel *adj* idealistisch
ülser *s* Geschwür *nt*
ültrason *s* Ultraschall *m;* ~ **muayenesi** Ultraschalluntersuchung *f*
ültraviyole **I.** *adj* ultraviolett **II.** *s* ultraviolette Strahlen *pl;* ~ **ışını** UV-Strahlung
ümit (**-di**) *s* ① Hoffnung *f* ② Erwartung *f;* ~ **ederim** (**ki**) hoffentlich; ~ **etmek** hoffen (**-i** etw); ~ **ışığı** Lichtblick *m;* **ümidini kesmek** [*o* **kırmak**] die Hoffnung aufgeben
ümitlendirmek *vt* ① *Kausativ zu* **ümitlenmek** ② Hoffnung machen (**-i** jdm)
ümitlenmek *vi* Hoffnung fassen, sich Hoffnungen machen
ümitli *adj* hoffnungsvoll, zuversichtlich
ümitsiz *adj* ① hoffnungslos ② aussichtslos, verzweifelt
ümitsizlik (**-ği**) *s* Verzweiflung *f,* Hoffnungslosigkeit *f;* **ümitsizliğe düşmek** verzweifeln; **ümitsizliğe düşürmek** zur Verzweiflung bringen (**-i** jdn); **ümitsizliğe kapılmak** ganz verzweifelt sein
ümitvar *adj* hoffnungsvoll; ~ **olmak** guter Hoffnung sein
ün *s* ① Ruhm *m* ② Ruf *m* ③ Stimme *f*
üniforma *s* Uniform *f*
üniformalı *adj* uniformiert
üniversite *s* Universität *f;* ~ **arkadaşı** Kommilitone *m,* Kommilitonin *f;* ~ **kliniği** Universitätsklinik *f;* ~ **mezunu** Akademiker(in) *m(f);* ~ **öğrencisi** Student(in) *m(f);* **üniversiteye kayıt** Immatrikulation *f*
üniversiteli *s* Student(in) *m(f)*
ünlem *s* Interjektion *f;* ~ **işareti** Ausrufezeichen *nt*
ünlü **I.** *adj* berühmt, bekannt **II.** *s* ① Selbstlaut *m,* Vokal *m* ② (*Person*) Berühmtheit *f*
ünsüz **I.** *adj* ruhmlos **II.** *s* Mitlaut *m,* Konsonant *m*
ünvan *s* Titel *m*
Ürdün *s* Jordanien *nt*
üreme *s* ① *Verbalsubstantiv zu* **üremek** ② Fortpflanzung *f;* ~ **organları** Genitalien *pl*
üremek *vi* sich fortpflanzen
üretici *s* Hersteller(in) *m(f),* Produzent(in) *m(f)*
üretim *s* Herstellung *f,* Produktion *f;* ~ **tarihi** Herstellungsdatum *nt*
üretmek *vt* ① *Kausativ zu* **üremek** ② herstellen, erzeugen, produzieren (**-i** etw) ③ (*Pflanzen, Perlen*) züchten (**-i** etw)
ürkek (**-ği**) *adj* ① scheu ② schüchtern
ürkeklik (**-ği**) *s* ① Scheu *f* ② Schüchternheit *f*
ürkmek (**-er**) *vi* ① (*vor Schreck*) zurückweichen ② erschrecken (**-den** über etw/jdn) ③ (*Pferd*) scheuen
ürküntü *s* (plötzlicher) Schreck *m*
ürkütmek *vt* ① *Kausativ zu* **ürkmek** ② erschrecken (**-i** jdn)
ürkütücü *adj* erschreckend
ürolog *s* Urologe, Urologin *m, f*
ürpermek *vi* schaudern, zittern
ürün *s* ① Produkt *nt,* Erzeugnis *nt* ② Ernte *f;* ~ **yelpazesi** Produktpalette *f*
üs (**-ssü**) *s* ① Stützpunkt *m* ② Exponent *nt;* **iki üssü üç** zwei hoch drei
üslemek *vt* stationieren (**-i** jdn)
üst (**-tü**) **I.** *s* ① das Obere ② Oberseite *f* ③ Außenseite *f* ④ Kleidung *f* ⑤ Vorgesetzte(r) *f(m)* ⑥ Rest *m* **II.** *adj* ① obere(r, s), Ober- ② weiter folgend ③ restlich; ~ **aranması** Leibesvisitation *f;* ~ **baş** Kleidung *f;* ~ **dudak** Oberlippe *f;* ~ **gövde** Oberkörper *m;* ~ **kol** Oberarm *m;* ~ **kısım** obere(r) Teil *m;* ~ **sınıf** Oberklasse *f;* ~ **tabaka** Oberschicht *f;* ~ **taraf** obere(r) Teil *m;* ~ **üste** aufeinander, übereinander, nacheinander; **üstte** oben; **üstünü aramak** (*Leibesvisitation*) durchsuchen (**-in** jdn); **üstünü değiş(tir)mek** sich umziehen
üstat (**-dı**) *s* Meister *m*
üstçene *s* Oberkiefer *m*
üsteğmen *s* Oberleutnant *m*
üstelemek *vi* ① hinzukommen (**-e** zu etw) ② (*Krankheit*) erneut auftreten ③ hartnäckig sein
üstelik (**-ği**) **I.** *adv* obendrein **II.** *s* Zugabe *f*
üstgeçit (**-di**) *s* (Verkehrs)überführung *f*
üstinsan *s* überragende Persönlichkeit, Genie *nt*

üstlenmek *vt* (*Rolle, Verantwortung*) übernehmen (**-i** etw)

üstsüz *adv* oben ohne

üstün *adj* ① überlegen, überragend ② unübertrefflich; ~ **gelmek** übertreffen (**-e** jdn/etw), die Oberhand gewinnen; ~ **kuvvet** Übermacht *f;* ~ **tutmak** vorziehen (**-i -den** etw einer Sache)

üstünde **I.** *präp* (*Ort*) auf, über (**-in** +*dat*) **II.** *adv* ① (*örtlich*) darauf ② oben; ~ **durmak** sich konzentrieren (**-in** auf etw)

üstüne *präp* ① (*Richtung*) über, auf (**-in** +*akk*) ② (*betreffs*) über (**...** +*akk*) ③ (*zeitlich*) nach ④ (*schwören*) auf, bei; ~ **almak** etwas auf sich nehmen; (*als Aufgabe übernehmen*) sich zu etwas verpflichten; (*etwas auf sich beziehen*) sich getroffen fühlen; (*Decke, Mantel*) über sich legen (**-i** etw); **birinin/bir şeyin** ~ **atılmak** sich auf jdn/etwas stürzen; ~ **atlamak** herfallen (**-in** über etw); **bir şeyi birinin** ~ **atmak** jdm etwas in die Schuhe schieben; ~ **üstlük** obendrein; **birinin** ~ **yürümek** auf jdn losgehen; ~ **yazmak** (*Datei*) überschreiben (**-in** etw)

üstünkörü *adj* (*fam*) schlampig, oberflächlich

üstünlük (**-ğü**) *s* ① Überlegenheit *f* ② Oberhand *f* ③ Priorität *f*

üşengeç (**-ci**) *adj* faul, träge

üşengeçlik (**-ği**) *s s.* **üşeniklik**

üşenik (**-ği**) *adj s.* **üşengeç**

üşeniklik (**-ği**) *s* Faulheit *f,* Trägheit *f*

üşenmek *vi* zu faul sein (**-meye** etw zu tun)

üşümek *vi* frieren; **üşüyorum** mir ist kalt, ich friere

üşüşme *s* ① *Verbalsubstantiv zu* **üşüşmek** ② Zulauf *m,* Zustrom *m*

üşüşmek *vi* (*Menschen*) zusammenströmen (**-e** in etw)

üşütme *s* ① *Verbalsubstantiv zu* **üşütmek** ② Erkältung *f*

üşütmek *vt* ① *Kausativ zu* **üşümek** ② sich erkälten; **üşütmüş** er/sie ist erkältet

ütopi *s* Utopie *f*

ütopik (**-ği**) *adj* utopisch

ütü *s* ① Bügeleisen *nt* ② Bügeln *nt* ③ Bügelwäsche *f;* ~ **cenderesi** (Wäsche)mangel *f;* ~ **çizgisi** Bügelfalte *f;* ~ **istemeyen** bügelfrei; ~ **tahtası** Bügelbrett *nt;* ~ **yapmak** bügeln

ütülemek *vt* bügeln (**-i** etw)

üvey *adj* Stief-; ~ **ana** [*o* **anne**] Stiefmutter *f;* ~ **baba** Stiefvater *m;* ~ **çocuk** Stiefkind *nt;* ~ (**erkek**) **kardeş** Stiefbruder *m;* ~ (**kız**) **kardeş** Stiefschwester *f;* ~ **kız** Stieftochter *f;* ~ **oğul** Stiefsohn *m*

üye *s* Mitglied *nt;* ~ **olmak** Mitglied werden (**-e** von etw)

üyelik (**-ği**) *s* Mitgliedschaft *f;* ~ **kartı** Mitgliedskarte *f*

üzengi *s* Steigbügel *m*

üzere *konj* ① (*nach Infinitiv*) um zu ② (*nach Infinitiv*) unter der Bedingung, dass ... ③ wie; **evden çıkmak üzereydi** er war gerade im Begriff, das Haus zu verlassen; **daha önce söylendiği** ~ wie schon vorher gesagt; **eve gitmek** ~ **yola çıktı** er machte sich auf, um nach Hause zu gehen

üzerinde **I.** *präp* ① (*Ort*) auf, über (**-in** +*dat*) ② (*betreffs*) über (**...** +*akk*); **bir şeyin** ~ **durmak** etw hervorheben, auf etw bestehen; **birinin** ~ (**iyi**) **etki bırakmak** auf jdn Eindruck machen **II.** *adv* darauf, darüber

üzerinden *präp* ① von ... weg, über ... weg ② (*Route*) über (**...** +*akk*); **Münih** ~ **geldi** sie ist über München gekommen

üzerine **I.** *präp* ① (*Richtung*) über, auf (**-in** +*akk*) ② (*betreffs*) über (**...** +*akk*) **II.** *adv* darauf, darüber; ~ **almak** etwas auf sich beziehen; (*Decke, Mantel*) über sich legen (**-i** etw), sich annehmen (**-i** jds/einer Sache)

üzgün *adj* traurig, betrübt, unglücklich; (**çok**) **üzgünüm** ich bin (sehr) traurig

üzmek (**-er**) *vt* ① traurig machen (**-i** jdn) ② (*seelisch*) wehtun (**-i** jdm)

üzücü *adj* ① bedauerlich ② verdrießlich

üzülmek *vi* ① *Passiv zu* **üzmek** ② traurig sein ③ beklagen (**-e** etw) ④ bedauern (**-e** etw) ⑤ sich Sorgen machen (**-e** über etw/jdn)

üzüm *s* Weintraube *f;* ~ **salkımı** Traubenbüschel *nt;* ~ **suyu** Traubensaft *m;* ~ **tanesi** einzelne Weintraube *f*

üzüntü *s* ① Sorge *f* ② Traurigkeit *f* ③ Bedauern *nt* ④ Ärger *m;* ~ **vermek** Sorge bereiten (**-e** jdm); **üzüntüsünü dile getirmek** sein Bedauern zum Ausdruck bringen

üzüntülü *adj* ① betrübt, traurig, unglücklich ② (*Sache*) beunruhigend ③ (*Person*) verärgert

üzüntüsüz *adj* sorgenlos

V v

V, v *s 27. Buchstabe des türk. Alphabets*
vaat (-di) *s* ① Versprechen *nt* ② Gelöbnis *nt;* ~ **etmek** versprechen, geloben (-**i** etw)
vaaz *s* Predigt *f;* ~ **etmek** predigen
vade *s* ① Frist *f* ② Laufzeit *f* ③ Zahlungstermin *m*
vadeli *adj* befristet; **kısa** ~ kurzfristig; **uzun** ~ langfristig; **kısa/uzun** ~ auf kurze/lange Sicht
vadetmek (-der) *vt* versprechen (-**i** etw)
vadi *s* Tal *nt*
vaftiz *s* (*christlich*) Taufe *f;* ~ **adı** Taufname *m;* ~ **anası** Taufpatin *f;* ~ **babası** Taufpate *m;* ~ **çanağı** Taufbecken *nt;* ~ **etmek** taufen (-**i** jdn); ~ **evladı** Patenkind *nt*
vagina *s* Vagina *f*
vagon *s* (*Eisenbahn-*) Wagen *m,* Waggon *m;* ~ **restoran** Speisewagen *m*
vaha *s* Oase *f*
vahiy (-hyi) *s* (göttliche) Offenbarung *f*
vahşi **I.** *adj* ① wild ② grausam, brutal ③ ungehobelt, unzivilisiert **II.** *s* Wilde(r) *f(m);* ~ **orman** Urwald *m*
vahşilik (-ği) *s* ① Wildheit *f* ② Brutalität *f*
vahyetmek (-der) *vi* offenbaren (-**e** -**i** jdm etw)
vaiz *s* Prediger *m*
vaka *s* Geschehnis *nt,* Ereignis *nt*
vakfetmek (-der) *vt* ① vermachen, stiften (-**e** -**i** jdm etw) ② widmen (-**e** -**i** jdm etw)
vakıf (-kfı) *s* Stiftung *f*
vakit (-kti) *s* Zeit *f;* ~ **daraldı** es ist (höchste) Zeit; ~ **darlığı çekmek** unter Zeitdruck sein; ~ **geçirmek** sich die Zeit vertreiben, die Zeit verbringen (**bir şey yaparak** mit etw); ~ **harcamak** Zeit verschwenden; ~ **kaybetmek** Zeit verlieren; ~ **öldürmek** die Zeit totschlagen
vakitli *adv* ① pünktlich, rechtzeitig ② zur passenden Zeit
vakitsiz *adj* ① vorzeitig ② unpünktlich ③ ungelegen
vakti (-ni) *s Possessivform zu* **vakit** die Zeit von ...
vaktinde *adv* ① rechtzeitig ② pünktlich
vaktiyle *adv* ① früher, damals ② rechtzeitig
vakum *s* Vakuum *nt*
vakvak etmek *vi* ① (*Frosch, Ente*) quaken ② (*Gans*) schnattern
valeryan *s* Baldrian *m*
valf *s* ① Ventil *nt* ② Röhre *f*
valiz *s* (Hand)koffer *m*
valla(h), vallahi *interj* (*Schwurformel*) bei Gott!
vals *s* (*Tanz*) Walzer *m*
vampir *s* Vampir *m*
vana *s* Ventil *nt*
Van Gölü *s* Vansee *m* (*großer See in Ostanatolien*)
vanilya *s* Vanille *f*
vanilyalı *adj* mit Vanille; ~ **dondurma** Vanilleeis *nt*
vantilatör *s* Ventilator *m*
vantrlok (-ku) *s* Bauchredner(in) *m(f)*
vapur *s* ① Dampfer *m* ② Schiff *nt;* ~ **şirketi** Reederei *f*
var **I.** *adv* ① es gibt ... ② ... ist/sind da ③ haben, besitzen; **arabamız** ~ wir haben ein Auto; **sizde ... var mı?** haben Sie ...?; **ne** ~ **ki** jedoch **II.** *adj* ① bestehend, vorhanden ② anwesend; ~ **etmek** hervorbringen, erschaffen (-**i** etw) **III.** *s* Besitztum *nt,* Habe *f*
vardiya *s* ① Deckwache *f* ② Arbeitsschicht *f*
vargı *s* Schlussfolgerung *f*
varış *s* Ankunft *f*
varil *s* Fass *nt,* Tonne *f*
varis *s* ① Krampfader *f* ② Erbe *m,* Erbin *f*
varlık (-ğı) *s* ① Dasein *nt* ② Geschöpf *nt* ③ Reichtum *m,* Vermögen *nt;* ~ **vergisi** Vermögenssteuer *f*
varlıklı *adj* vermögend, reich, wohlhabend
varlıksız **I.** *adj* besitzlos, mittellos **II.** *s* Habenichts *m*
varmak (-ır) *vi* ① ankommen (-**e** in etw) ② erreichen (-**e** etw) ③ führen (zu), enden (mit) (-**e** mit etw) ④ (*fam*) heiraten (-**e** jdn)
varolma *s* Existenz *f*
varoluşçuluk (-ğu) *s* Existenzialismus *m*
varoluşsal *adj* ontologisch
varsayılan değer *s* INFORM Default(wert) *m*
varsayım *s* ① Hypothese *f* ② Unterstellung *f*
varsayımlı *adj* hypothetisch
varsaymak *vt* ① annehmen (-**i** etw) ② voraussetzen (-**i** etw)
Varşova *s* Warschau *nt*
varyant (-tı) *s* ① Variante *f* ② (*Verkehr*) Umleitung *f*
varyete *s* Varieté *nt*
vasat (-tı) **I.** *s* ① Mitte *f* ② Durchschnitt *m*

II. *adj* durchschnittlich, mittelmäßig

vasati *adj* ① mittlere(r, s) ② durchschnittlich

vasıf (**-sfı**) *s* ① Eigenschaft *f* ② Charakterzug *m,* Merkmal *nt*

vasıta *s* ① Fahrzeug *nt* ② Mittel *nt* ③ Vermittler(in) *m(f)* ④ Vermittlung *f;* **vasıtasıyla** anhand, mittels (**...** *+gen*), durch (**...** *+akk*)

vasi *s* ① Vormund *m* ② Erblasser(in) *m(f)* ③ Treuhänder(in) *m(f)* ④ Testamentsvollstrecker(in) *m(f)*

vasilik (**-ği**) *s* Vormundschaft *f*

vasiyet (**-ti**) *s* ① letzter Wille, Vermächtnis *nt* ② Testament *nt*

vasiyetname *s* Testament *nt*

vaşak (**-ğı**) *s* Luchs *m*

vat (**-tı**) *s* Watt *nt*

vatan *s* ① Heimat *f,* Heimatland *nt,* Vaterland *nt* ② Ursprungsland *nt;* ~ **haini** Vaterlandsverräter(in) *m(f)*

vatandaş *s* ① (*aus demselben Land*) Landsmann *m,* Landsmännin *f* ② Staatsangehörige(r) *f(m)* ③ Mitbürger(in) *m(f)*

vatandaşlık (**-ğı**) *s* ① Staatsangehörigkeit *f* ② Volksgemeinschaft *f;* **vatandaşlıktan çıkarmak** ausbürgern (**-i** jdn)

vatanperver I. *s* Patriot(in) *m(f)* II. *adj* patriotisch

vatansız *adj* ① heimatlos ② staatenlos

Vatikan *s* Vatikan *m*

vay *interj* ① Mensch! ② nanu!; ~ **canına!** Donnerwetter!; ~ **haline!** wehe dir!

vazgeçilemez *adj* unentbehrlich

vazgeçmek *vi* ① verzichten (**-den** auf etw) ② ablassen (von), aufgeben (**-den** etw) ③ es sich anders überlegen

vazife *s* ① Pflicht *f* ② Funktion *f* ③ Amt *nt* ④ Auftrag *m*

vaziyet (**-ti**) *s* ① Zustand *m* ② Haltung *f,* Stellung *f*

vazo *s* (Blumen)vase *f*

ve *konj* und; ~ **başkaları** und andere(s); ~ **bu da** und zwar; ~ **saire** und so weiter

veba *s* Pest *f*

vecize *s* ① Motto *nt,* Maxime *f* ② geflügeltes Wort

veda *s* Abschied *m;* ~ **etmek** Abschied nehmen, sich verabschieden (**-e** von jdm/etw)

vedalaşmak *vi* Abschied nehmen von, sich verabschieden (**ile** von jdm)

vefa *s* Treue *f,* Loyalität *f*

vefalı *adj* treu, loyal (**-e** jdm)

vefasız *adj* treulos, untreu

vefasızlık (**-ğı**) *s* Untreue *f*

vefat (**-tı**) *s* Ableben *nt,* Tod *m;* ~ **etmek** sterben, verscheiden

vegan *s* Veganer(in) *m(f)*

vejetaryen I. *s* Vegetarier(in) *m(f)* II. *adj* vegetarisch

vekalet (**-ti**) *s* ① (Stell)vertretung *f* ② Vollmacht *f* ③ Prozessvertretung *f* ④ Ministerium *nt*

vekaletname *s* (*Dokument*) Vollmacht *f*

vekil *s* ① Stellvertreter(in) *m(f)* ② Minister(in) *m(f)*

vekillik (**-ği**) *s* (*im Amt*) Vertretung *f*

veli *s* ① Vormund *m* ② Erziehungsberechtigte(r) *f(m)*

veliaht (**-dı**) *s* Kronprinz *m*

velodrom *s* Radrennbahn *f*

Venezüela *s* Venezuela *nt*

veranda *s* Veranda *f*

veraset (**-ti**) *s* ① Erbschaft *f* ② Vererbung *f;* ~ **vergisi** Erbschaftssteuer *f*

verecek (**-ği**) *s* Schuld *f*

verecekli *s* Schuldner(in) *m(f)*

verem *s* Tuberkulose *f,* Schwindsucht *f*

veremli *adj* schwindsüchtig

veresiye *adv* auf Kredit; ~ **almak** anschreiben lassen (**-i** etw)

verev *adj, adv* schräg

vergi *s* ① Steuer *f* ② Veranlagung *f* ③ Gabe *f;* ~ **adaleti** Steuergerechtigkeit *f;* ~ **beyanı** Steuererklärung *f;* ~ **dairesi** Finanzamt *nt;* ~ **danışmanı** [*o* **uzmanı**] Steuerberater(in) *m(f);* ~ **derecesi** Steuerklasse *f;* ~ **iadesi** Steuerrückerstattung *f;* ~ **indirimi** Steuersenkung *f;* ~ **kaçakçılığı** Steuerhinterziehung *f;* ~ **kaçırmak** Steuern hinterziehen; ~ **mükellefi** Steuerzahler(in) *m(f);* ~ **reformu** Steuerreform *f;* **vergiden muaf** steuerfrei; **vergiye tabi** steuerpflichtig

vergisiz *adj* steuerfrei

veri *s* ① Angaben *pl* ② Daten *pl;* ~ **akışı** Datenfluss *m;* ~ **aktarımı** Datenübertragung *f;* ~ **alışverişi** [*o* **değiş tokuşu**] Datenaustausch *m;* ~ **bankası** Datenbank *f;* ~ **girişi** Dateneingabe *f;* ~ **hızı** Übertragungsrate *f* (*von Daten*); ~ **paketi** Datenpaket *nt;* ~ **portu** Datenschnittstelle *f;* ~ **transferi** Datentransfer *m*

verici *s* Sender *m*

verim *s* ① Ertrag *m* ② Leistung *f* ③ Produktivität *f*

verimli *adj* ① einträglich, ergiebig, ertragreich

❷ fruchtbar ❸ leistungsfähig ❹ produktiv ❺ rentabel
verimlilik (-ği) *s* ❶ Fruchtbarkeit *f* ❷ Einträglichkeit *f* ❸ Leistungsfähigkeit *f* ❹ Produktivität *f* ❺ Rentabilität *f*
verimsiz *adj* ❶ unfruchtbar ❷ nicht einträglich ❸ nicht leistungsfähig ❹ unproduktiv ❺ unrentabel
verit (-di) *s* Vene *f;* ~ **iltihabı** Venenentzündung *f*
veritabanı (-nı) *s* INFORM Datenbasis *f*
vermek (-ir) *vt* ❶ geben (-**e** -**i** jdm etw) ❷ hergeben (-**i** etw) ❸ schenken (-**e** -**i** jdm etw) ❹ abgeben, aushändigen (-**e** -**i** jdm etw) ❺ (*Annonce, Hausaufgabe*) aufgeben (-**e** -**i** jdm etw) ❻ (*Pass, Scheck*) ausstellen (-**e** -**i** jdm etw) ❼ einreichen (-**i** -**e** etw bei jdm) ❽ (*Titel, Orden, Preis*) verleihen (-**e** -**i** jdm etw) ❾ (*Licht, Bild*) werfen (-**i** etw) ❿ (*Schaden, Schmerz*) zufügen (-**e** -**i** jdm etw) ⓫ (*Früchte*) tragen, hervorbringen (-**i** etw) ⓬ (*Werk*) schaffen (-**i** etw) ⓭ (*Party*) geben, veranstalten (-**i** etw) ⓮ (*Zeit*) widmen (-**i** -**e** etw einer Sache) ⓯ (*Prüfung*) ablegen (-**i** etw)
vermut (-tu) *s* Wermut *m*
vernik (-ği) *s* ❶ Firnis *m,* Lack *m* ❷ Politur *f* ❸ Lackierung *f*
verniklemek *vt* lackieren (-**i** etw)
versiyon *s* FILM Fassung *f,* Version *f*
vesika *s* ❶ Dokument *nt* ❷ Ausweis *m* ❸ Lebensmittelkarte *f*
vesikalık *adj* dokumententauglich, für ein Dokument geeignet; ~ **fotoğraf** Passbild *nt*
vesile *s* ❶ Anlass *m,* Grund *m* ❷ günstiger Umstand
Vestfalya *s* Westfalen *nt*
vestiyer *s* (*Kleider-*) Ablage *f,* Garderobe *f*
veter *s* Sehne *f*
veteriner *s* Tierarzt *m,* Tierärztin *f*
veto *s* Veto *nt;* ~ **etmek** ein Veto einlegen (-**i** gegen etw); ~ **hakkı** Vetorecht *nt*
vetolamak *vi* sein Veto einlegen
veya(hut) *konj* oder, beziehungsweise
vezir *s* ❶ HIST Wesir *m* ❷ (*beim Schach*) Dame *f*
vezne *s* ❶ Kasse *f* ❷ Kassenschalter *m,* Kasse *f*
veznedar *s* (*auf einer Bank*) Kassierer(in) *m(f)*
vınlamak *vi* ❶ (*Geschoss*) sausen ❷ summen, surren
vırvırcı *s* Nörgler(in) *m(f)*
vır vır etmek *vi* (*fam*) ❶ meckern, nörgeln ❷ quatschen
vız *adv* summ (*Lautmalerei des Summens*); **bana** ~ **gelir** (*fam*) ich pfeife darauf, das ist mir schnuppe
vızılda(n)mak *vi* ❶ schwirren ❷ (*Insekt*) summen ❸ nörgeln
vızıltı *s* ❶ Summen *nt* ❷ Nörgelei *f*
vızlamak *vi s.* **vızıldamak**
viagra® *s* Viagra® *nt*
vicdan *s* Gewissen *nt;* ~ **azabı** Gewissensbisse *pl;* ~ **azabı duymak** [*o* **çekmek**] ein schlechtes Gewissen haben; **vicdanı rahat olmak** ein gutes Gewissen haben; **elini vicdanına koy!** Hand aufs Herz!
vicdanen *adv* nach bestem Wissen und Gewissen
vicdanlı *adj* ❶ gewissenhaft ❷ menschlich, human ❸ gerecht
vicdansız *adj* ❶ gewissenlos ❷ brutal, unmenschlich ❸ gemein, ungerecht
vida *s* ❶ Schraube *f* ❷ Schraubengewinde *nt;* ~ **anahtarı** Schraubenschlüssel *m;* ~ **dişi** Gewinde *nt;* ~ **somunu** Schraubenmutter *f*
vidalamak *vt* anschrauben (-**i** etw)
video *s* Video *m;* ~ **aleti** Videorecorder *m;* ~ **dükkanı** Videothek *f;* ~ **filmi** Videofilm *m;* ~ **kamerası** Videokamera *f;* ~ **kartı** Videokarte *f;* ~ **kaseti** Videokassette *f;* ~ **oyunu** Videospiel *nt*
videofon *s* Bildtelefon *nt*
Vietnam *s* Vietnam *nt*
vilayet (-ti) *s* ❶ Provinz *f* ❷ (türkischer) Regierungsbezirk *m* ❸ Regierungspräsidium *nt*
villa *s* Villa *f*
vinç (-ci) *s* (Hebe)kran *m*
viraj *s* Kurve *f*
virajlı *adj* kurvenreich
viral *adj* MED viral
virgül *s* Komma *nt*
virtüoz *s* Virtuose, Virtuosin *m, f*
virüs *s* Virus *nt o m;* ~ **bulaşmış olan** INFORM virenverseucht; ~ **enfeksiyonu** Virusinfektion *f;* ~ **programı** (Anti)virenprogramm *nt;* ~ **tarama programı** INFORM Virenscanprogramm *nt*
viski *s* Whisky *m*
viskoz *s* Viskose *f*
vişne *s* Sauerkirsche *f*
vitamin *s* Vitamin *nt;* ~ **eksikliği** Vitaminmangel *m*
vitaminli *adj* vitaminreich

vitaminsiz *adj* vitaminarm

vitaminsizlik (-ği) *s* Vitaminmangel *m*

vites *s* AUTO Gang *m;* ~ **değiştirmek** schalten; ~ **kolu** Schalthebel *m*

vitrin *s* ① Schaufenster *nt* ② Glasschrank *m,* Vitrine *f*

viyaklamak *vi* (*Baby*) plärren

Viyana *s* Wien *nt*

viyola *s* Viola *f,* Bratsche *f*

viyolensel *s* Violoncello *nt,* Cello *nt*

vize *s* ① Visum *nt* ② Gegenzeichnung *f,* Abzeichnung *f*

vizite *s* ① Visite *f* ② Arzthonorar *nt*

vizon *s* (*auch Pelz*) Nerz *m*

vizyon *s* Vision *f;* ~ **sahibi** Visionär(in) *m(f)*

volan *s* ① Federball *m* ② Schwungrad *nt* ③ Volant *m* ④ (*im Auto*) Lenkrad *nt;* (*im Flugzeug*) Steuerknüppel *m*

voleybol *s* Volleyball *m*

volkan *s* Vulkan *m*

volkanik *adj* vulkanisch

volt (-tu) *s* Volt *nt*

voltaj *s* (elektrische) Spannung *f*

votka *s* Wodka *m*

vs. *adv Abk. von* **ve saire** usw., etc.

vuku (-uu) *s* Geschehen *nt;* ~ **bulmak** geschehen, stattfinden

vurdumduymaz *adj* ① gleichgültig ② (*fam*) dumm, beschränkt; ~ **olmak** (*fam*) ein dickes Fell haben

vurgu *s* ① Betonung *f,* Akzent *m* ② Nachdruck *m*

vurgulamak *vt* (*a. fig*) akzentuieren, betonen (**-i** etw)

vurgulu *adj* betont

vurgun **I.** *s* ① Spekulationsgewinn *m* ② (*Ernte-*) Schaden *m* **II.** *adj* verliebt (**-e** in jdn)

vurguncu *s* Spekulant(in) *m(f),* Abzocker(in) *m(f)*

vurgunculuk (-ğu) *s* Spekulation *f*

vurgusuz *adj* unbetont

vurma *s* ① *Verbalsubstantiv zu* **vurmak** ② ~ **çalgı** Schlaginstrument *nt*

vurmak (-ur) *vt* ① schlagen (**-e** auf/gegen etw) ② abschlagen (**-i** etw) ③ (*Nagel*) einschlagen (**-i -e** etw in etw) ④ klopfen (**-e** an/gegen etw) ⑤ (*Herz, Puls*) pochen, schlagen ⑥ erschießen (**-i** etw/jdn) ⑦ sich stoßen (**kolunu -e** den Arm an etw) ⑧ (*Uhr*) schlagen (**beşi** fünf) ⑨ (*in eine bestimmte Richtung*) gehen (**sola** nach links) ⑩ (*Licht*) dringen (**-e** in etw) ⑪ (*Ziel*) treffen (**-i** etw) ⑫ (*Lotto*) gewinnen ⑬ (*fam: Geld*) herausschlagen (**-i** etw) ⑭ (*jdm gesundheitlich*) nicht bekommen (**-i** jdm) ⑮ (*Farbe*) auftragen (**-i -e** etw auf etw) ⑯ (*Handschellen*) anlegen (**-e -i** jdm etw) ⑰ (*fam: trinken*) einen heben

vurulmak *vi* ① *Passiv zu* **vurmak** ② sich verlieben (**-e** in jdn)

vuruş *s* ① Schlag *m* ② (*Fußball*) Schuss *m*

vuruşmak *vi* ① *Reflexiv zu* **vurmak** ② sich schlagen (**ile** mit jdm) ③ miteinander kämpfen

vücut (-du) *s* ① Körper *m,* Leib *m* ② Dasein *nt,* Existenz *f;* ~ **ağırlığı** Körpergewicht *nt;* ~ **bakımı** Körperpflege *f;* ~ **geliştirme** Bodybuilding *nt*

W w

W, w *s eigentlich kein Buchstabe des türkischen Alphabets, der aber in einigen Fremdwörtern vorkommen kann*

walkman® *s* Walkman® *m*

Web *s* INET das Web *nt;* ~ **sayfası** Webseite *f;* ~ **server** Server *m;* ~ **sitesi** Website *f;* ~ **tabanlı** webbasiert; ~ **tasarımı** Webdesign *nt*

Y y

Y, y *s 28. Buchstabe des türk. Alphabets*

ya **I.** *adv* ① (*in der Gegenfrage*) und ② (*bei einer entgegengesetzten Meinung*) und wenn ... doch, und wenn ... nicht ③ (*bei Verstärkung*) ganz besonders, und erst ④ (*Bejahung*) ja ⑤ (*bei Bedauern oder Verwunderung*) so ist es also ⑥ *nachgestellt* doch, gewiss ⑦ na also, endlich **II.** *interj* ~ **Rabbim!** mein Gott! **III.** *konj, interj* ~ **...** ~ (**da**) ... entweder ... oder ...

yaban **I.** *s* ① Wildnis *f* ② (*fam*) Fremde(r) *f(m)* ③ (*fam*) fremde Leute *pl* **II.** *adj* ① (*fam*)

W

fremd ❷ (*bei Pflanzen und Tieren*) wild, Wild-

yabanarısı (**-nı**) *s* ❶ Hummel *f* ❷ Wespe *f*

yabancı **I.** *s* ❶ Ausländer(in) *m(f)* ❷ Fremde(r) *f(m)* **II.** *adj* ❶ ausländisch ❷ fremd ❸ fremdartig, nicht vertraut; ~ **dil** Fremdsprache *f;* ~ **düşmanı** ausländerfeindlich; ~ **düşmanlığı** Ausländerfeindlichkeit *f;* ~ **işçi** Gastarbeiter(in) *m(f);* ~ **madde** Fremdkörper *m;* ~ **sözcük** [*o* **kelime**] Fremdwort *nt;* **buranın yabancısıyım** ich bin hier fremd; **yabancılar dairesi** Ausländeramt *nt*

yabancılaşmak *vi* ❶ sich entfremden ❷ fremd werden

yabancılaştırmak *vt* ❶ *Kausativ zu* **yabancılaşmak** ❷ entfremden (**-i** jdn/etw)

yabandomuzu (**-nu**) *s* Wildschwein *nt*

yabangülü (**-nü**) *s* ❶ Heckenrose *f* ❷ Hundsrose *f*

yabani *adj* ❶ (*Tier, Pflanze*) wild ❷ menschenscheu ❸ (*Mensch*) grob; ~ **ot** Unkraut *nt*

yabankeçisi (**-ni**) *s* Steinbock *m*

yabanmersini (**-ni**) *s* ❶ Blaubeere *f* ❷ Heidelbeere *f*

yadırgamak *vt* als fremd empfinden (**-i** jdn/etw)

yadsımak *vt* bestreiten, abstreiten, leugnen (**-i** etw)

yağ *s* ❶ Fett *nt* ❷ Öl *nt* ❸ Tran *m* ❹ Schmiermittel *nt* ❺ (*aus Blumen*) Essenz *f;* ~ **bağlamak** eine Fettschicht bilden; (*dick werden*) Fett ansetzen; **birine** ~ **çekmek** (*fam*) jdm Honig um den Bart schmieren; ~ **değiştirme** Ölwechsel *m;* ~ **deposu** Öltank *m;* ~ **lekesi** Fettfleck *m;* ~ **seviyesi** Ölstand *m*

yağcı *s* ❶ Ölproduzent(in) *m(f)* ❷ Schmeichler(in) *m(f)*

yağdırmak *vt* ❶ *Kausativ zu* **yağmak** ❷ regnen lassen, niederprasseln lassen (**-i** etw) ❸ überschütten, überhäufen (**-e -i** jdn/etw mit etw)

yağış *s* ❶ Niederschlag *m* ❷ Niederschlagsmenge *f*

yağışlı *adj* regnerisch

yağışsız *adj* niederschlagsfrei

yağlamak *vt* ❶ einfetten (**-i** etw) ❷ schmieren (**-i** etw) ❸ (*mit Fett oder Öl*) beschmieren (**-i** etw) ❹ (*pej*) schleimen, in den Arsch kriechen (**-i** jdm)

yağlanmak *vi* ❶ *Passiv zu* **yağlamak** ❷ Fett ansetzen ❸ fettig [*o* ölig] werden

yağlı *adj* ❶ fettig, ölig ❷ schmierig ❸ fetthaltig, ölhaltig ❹ (*fam: Gewinn*) fett; **az** ~ fettarm

Yağlı güreş ist ein traditioneller türkischer Ringkampf. Die ‚pehlivanlar', die Ringer, treten nur mit einer Lederhose bekleidet und am ganzen Körper mit Öl eingerieben auf. In Edire, einer Stadt im europäischen Teil der Türkei, findet jedes Jahr ein großes Volksfest statt, bei dem sich die ‚pehlivanlar' aus dem ganzen Land treffen und gegeneinander um den Titel des ‚başpehlivan', des Meisterringers, kämpfen.

yağlıboya *s* ❶ Ölgemälde *nt* ❷ Ölfarbe *f*

yağma *s* ❶ *Verbalsubstantiv zu* **yağmak** ❷ Plünderung *f;* ~ **etmek** (aus)plündern (**-i** jdn/etw)

yağmak (**-ar**) *vi* ❶ regnen; **yağmur yağıyor** es regnet; **kar yağıyor** es schneit; **dolu yağıyor** es hagelt ❷ (*fig*) massenweise kommen, hageln; **mermi yağıyor** es hagelt Kugeln

yağmur *s* ❶ Regen *m* ❷ (*fig*) Flut *f;* ~ **damlası** Regentropfen *m;* ~ **mevsimi** Regenzeit *f;* ~ **ormanları** Regenwald *m;* ~ **serpintisi** Sprühregen *m;* ~ **suyu** Regenwasser *nt;* ~ **yağıyor** es regnet; **yağmurda** im Regen

yağmurlu *adj* regnerisch; ~ **hava** Regenwetter *nt*

yağmurluk (**-ğu**) *s* Regenmantel *m*

yağsız *adj* mager, ohne Fett

yahni *s* Ragout *nt*

yahu *interj* ❶ he!, hallo! ❷ Mensch!, Mann!; **ne diyorsun ~!** ja, was du nicht sagst!

Yahudi **I.** *s* Jude *m,* Jüdin *f* **II.** *adj* (*Art*) jüdisch

Yahudice *adj* (*Sprache*) (neu)hebräisch

Yahudilik (**-ği**) *s* Judentum *nt*

yahut *konj* oder

yaka *s* ❶ Kragen *m* ❷ (*Fluss-, See-*) Ufer *nt* ❸ (gegenüberliegende) Seite *f;* ~ **yakaya gelmek** handgreiflich werden; **yakasını kurtarmak** [*o* **sıyırmak**] mit heiler Haut davonkommen

yakacak (**-ğı**) *s* Brennstoff *m*

yakalamak *vt* ❶ ergreifen, fassen, packen (**-i** jdn/etw) ❷ fangen (**-i** jdn/etw) ❸ ertappen (**-i** jdn/etw) ❹ erwischen (**-i** jdn)

yakalanmak *vi Passiv zu* **yakalamak**

yakarışlı *adj* inständig, flehentlich
yakarmak *vi* anflehen (-**e** jdn)
yakı *s* ① Ätzmittel *nt* ② (*Zieh-*) Pflaster *nt;* **yapışıcı** ~ Heftpflaster *nt*
yakıcı *adj* ① brennend, beißend, scharf ② ätzend
yakın **I.** *s* ① Nähe *f* ② Angehörige(r) *f(m)* **II.** *adj* ① nah(e) (-**e** an etw) ② nahestehend (-**e** jdm) ③ (*ganz ähnlich*) verwandt ④ (*Gedanke*) naheliegend; ~ **arkadaş** enger Freund, enge Freundin; ~ **çekim** Nahaufnahme *f;* **Yakın Doğu** der Nahe Osten
yakında *adv* ① in der Nähe ② bald ③ vor kurzem; **pek** ~ demnächst; ~ **görüşmek üzere!** bis bald!
yakından *adv* aus der Nähe; ~ **tanımak** näher kennen (-**i** jdn)
yakınında *präp* bei (-**in** +*dat*), in der Nähe (-**in** +*gen*)
yakınlaşmak *vi* ① sich nähern (-**e** jdm/einer Sache) ② (*fig*) näherkommen (-**e** jdm)
yakınlık (-ğı) *s* ① (*a. fig*) Nähe *f* ② Verwandtschaft *f;* ~ **göstermek** Interesse zeigen (für), freundlich behandeln (-**e** jdn)
yakınmak *vi* ① klagen ② sich beklagen, sich beschweren (-**den** über etw/jdn)
yakışık (-ğı) *s* Schicklichkeit *f;* ~ **almak** sich gehören, sich schicken
yakışıklı *adj* (*nur für Männer*) gut aussehend
yakışıksız *adj* ① unangebracht, ungehörig, unpassend ② (*Mann*) hässlich
yakışmak *vi* ① sich gehören ② passen (-**e** zu etw/jdm) ③ (*Kleidung*) stehen (-**e** jdm)
yakıştırmak *vt* ① *Kausativ zu* **yakışmak** ② passend finden (-**i** etw)
yakıt (-tı) *s* ① Brennstoff *m* ② Treibstoff *m;* ~ **yağı** Heizöl *nt*
yaklaşık *adj* ungefähr; ~ **olarak** annähernd, etwa
yaklaşmak *vi* ① sich nähern, näher kommen (-**e** jdm/einer Sache) ② nahen ③ herankommen, herantreten
yaklaştırmak *vt* ① *Kausativ zu* **yaklaşmak** ② heranrücken (-**i** -**e** etw an etw) ③ (*fig*) näherbringen (-**e** -**i** jdm etw)
yakmak (-ar) *vt* ① *Kausativ zu* **yanmak** ② verbrennen (-**i** etw) ③ (*Sonne*) brennen ④ anzünden, in Brand stecken (-**i** etw) ⑤ (*Feuer*) anmachen; (*Zigarette*) anzünden (-**i** etw) ⑥ versengen (-**i** etw) ⑦ ätzen, beizen; (*Säure einen Stoff*) zerfressen (-**i** etw) ⑧ (*Essen*) anbrennen lassen (-**i** etw) ⑨ (*Pfeffer*) beißen, verbrennen (**ağzını** den Mund) ⑩ (*Haut*) bräunen (-**i** etw) ⑪ (*Licht, Heizung*) anschalten (-**i** etw) ⑫ (*ungünstige Witterung die Saat*) vernichten (-**i** etw) ⑬ (*fam*) verliebt machen (-**i** jdn) ⑭ schießen ⑮ (*fam*) hereinlegen (-**i** jdn) ⑯ wehtun ⑰ (*Henna*) auftragen (-**i** etw) ⑱ (*Lied*) improvisieren (-**i** etw); **yakıp yıkmak** vernichten, verwüsten (-**i** etw)
yakut (-tu) *s* Rubin *m;* **gök** ~ Saphir *m*
yalak (-ğı) *s* ① Tränke *f* ② (*für Hunde*) Napf *m*
yalamak *vt* ① ablecken (-**i** etw) ② streifen (-**i** etw)
yalan **I.** *s* Lüge *f* **II.** *adj* gelogen, nicht wahr; ~ **dolan** Lug und Trug; ~ **makinesi** Lügendetektor *m;* ~ **söylemek** lügen; ~ **yere yemin** Meineid *m;* ~ **yere yemin etmek** einen Meineid schwören; **birisine** ~ **yutturmak** jdm einen Bären aufbinden; **birinin yalanını çıkarmak** jdn Lügen strafen
yalancı **I.** *s* Lügner(in) *m(f)* **II.** *adj* ① lügnerisch, verlogen ② unecht, falsch
yalancıktan *adv* ① zum Schein ② zum Spaß
yalandan *adv* ① vorgetäuscht ② zum Schein ③ oberflächlich
yalanlamak *vt* dementieren (-**i** etw)
yalçın *adj* ① (*Abhang*) schroff ② (*Felsen*) steil ③ unbewachsen, kahl
yaldız *s* ① Goldstaub *m* ② Vergoldung *f* ③ (*Maske*) Schein *m*
yaldızlı *adj* ① vergoldet ② trügerisch
yalgın *s* (*fam*) Fata Morgana *f*
yalı *s* ① Strand *m* ② Strandhaus *nt*
yalın *adj* ① bloß, nackt ② einfach, rein
yalınayak (-ğı) **I.** *adj* barfüßig **II.** *adv* barfuß
yalıyar **I.** *adj* (*Küste*) steil **II.** *s* Steilküste *f*
yalnız **I.** *adj* ① allein ② (*Mensch*) einsam ③ einzeln **II.** *adv* nur, lediglich, bloß **III.** *konj* aber, jedoch; ~ **başına** (*einsam*) ganz allein; (*ohne fremde Hilfe*) allein; **yalnız ... değil, aynı zamanda** nicht nur ..., sondern auch...
yalnızlaşmak *vi* vereinsamen
yalnızlık (-ğı) *s* ① Alleinsein *nt* ② Einsamkeit *f*
yaltakçı **I.** *adj* (*fam*) kriecherisch, schleimig **II.** *s* Kriecher(in) *m(f)*, Schleimer(in) *m(f)*
yaltaklanmak *vi* kriechen, schleimen
yalvarmak *vi* anflehen (-**e** jdn); **yalvarıp yakarmak** betteln, flehen
yama *s* ① Flicken *m* ② Hautflecken *m;* ~ **malzemesi** Flickzeug *nt*
yamaç (-cı) *s* ① Abhang *m* ② Seite *f*

yamak (**-ğı**) *s* Gehilfe *m,* Gehilfin *f*

yamalamak *vt* flicken (**-i** etw)

yamamak *vt* ① flicken; (*Wäsche*) ausbessern (**-i** etw) ② (*fam*) andrehen, aufschwatzen (**-e -i** jdm etw)

yaman *adj* ① (*Winter*) streng ② fabelhaft, wunderbar ③ raffiniert

yamru yumru *adj* ① krumm und schief ② verbeult

yamuk (**-ğu**) **I.** *adj* geneigt **II.** *s* (*Form*) Trapez *nt*

yamyam *s* Menschenfresser(in) *m(f),* Kannibale *m,* Kannibalin *f*

yamyamlık (**-ğı**) *s* Kannibalismus *m*

yamyaş *adj* klatschnass

yan **I.** *s* ① Seite *f* ② Flanke *f* ③ Richtung *f* ④ Gegend *f* ⑤ Stelle *f,* Ort *m,* Platz *m* **II.** *adj* ① seitlich ② Neben-; ~ **bakmak** schief ansehen; ~ **cümle** Nebensatz *m;* ~ **çizmek** sich drücken; ~ **etki** [*o* **tesir**] Nebenwirkung *f;* ~ **hakemi** Linienrichter(in) *m(f);* ~ **masraflar** Nebenkosten *pl;* ~ **oda** Nebenzimmer *nt;* ~ **sokak** Nebenstraße *f;* ~ **ürün** Nebenprodukt *nt;* ~ **yana** nebeneinander; **yana doğru** seitwärts; **yandaki** nebenstehend; **yandan** von der Seite (her), im Profil; **yanı sıra** zusammen mit, neben, außer (**-in** +*dat*)

yana *adj* für ... seiend **barıştan yanayım** ich bin für den Frieden

yanak (**-ğı**) *s* Backe *f,* Wange *f*

yanar *adj* brennbar

yanardağ *s* Vulkan *m*

yanaşma *s* ① *Verbalsubstantiv zu* **yanaşmak** ② Diener(in) *m(f)*

yanaşmak *vt* ① (*näher kommen*) sich nähern (**-e** jdm/einer Sache) ② (*Schiff*) anlegen (**-e** an etw) ③ sich heranmachen (**-e** an jdn) ④ sich einlassen (**-e** auf etw)

yandaş *s* Anhänger(in) *m(f)*

yandaşlık (**-ğı**) *s* Parteilichkeit *f*

yangı *s* Entzündung *f*

yangın *s* Brand *m,* Feuer *nt;* ~ **çıkarmak** Feuer legen; ~ **merdiveni** Feuerleiter *f;* ~ **musluğu** Hydrant *m;* ~ **söndürücü** [*o* **tüpü**] Feuerlöscher *m;* ~ **tehlikesi** Brandgefahr *f,* Feuergefahr *f;* ~ **var!** es brennt!

yanık (**-ğı**) **I.** *adj* ① verbrannt ② angebrannt ③ sonnengebräunt, braun ④ (*fam*) verliebt ⑤ (*Lied, Stimme*) traurig **II.** *s* Verbrennung *f;* ~ **merhemi** Brandsalbe *f*

yanılgı *s* Irrtum *m,* Fehler *m,* Versehen *nt*

yanılma *s* ① *Verbalsubstantiv zu* **yanılmak** ② Fehler *m,* Irrtum *m* ③ Täuschung *f*

yanılmak *vi* ① sich irren ② sich täuschen ③ sich versehen, einen Fehler machen; **eğer yanılmıyorsam** wenn ich mich nicht irre

yanılmaz *adj* unfehlbar

yanılmazlık (**-ğı**) *s* Unfehlbarkeit *f*

yanılsama *s* Sinnestäuschung *f*

yanıltı *s* Fehler *m,* Irrtum *m*

yanıltıcı *adj* trügerisch

yanıltma *s* ① *Verbalsubstantiv zu* **yanıltmak** ② Irreführung *f*

yanıltmaç (**-cı**) *s* Zungenbrecher *m*

yanıltmak *vt* ① *Kausativ zu* **yanılmak** ② irreführen, täuschen (**-i** jdn)

yanına **I.** *präp* (*Richtung*) neben (**-in** +*akk*) **II.** *adv* (*Richtung*) daneben; ~ **almak** mitnehmen (**-i** jdn)

yanında **I.** *präp* (*Ort*) neben (**-in** +*dat*) **II.** *adv* dabei, daneben

yanısıra *konj* ① zusammen mit (**-in** +*dat*) ② neben, außer (**-in** +*dat*)

yanıt (**-tı**) *s* Antwort *f;* ~ **vermek** antworten (**-e** jdm)

yanıtlamak *vt* antworten, beantworten (**-i** etw)

yani *adv* ① nämlich ② mit anderen Worten ③ das heißt, und zwar

yankesici *s* Taschendieb(in) *m(f)*

yankı *s* Echo *nt,* Widerhall *m;* ~ **yapmak** widerhallen

yankılanmak *vi* widerhallen

yanlış **I.** *s* Fehler *m* **II.** *adj* ① falsch ② unrichtig, unwahr; ~ **alarm** Fehlalarm *m;* ~ **anlamak** missverstehen (**-i** jdn/etw); ~ **anlaşılmaz** unmissverständlich; ~ **yorum** Fehlinterpretation *f;* **bu saat yanlış** diese Uhr geht falsch

yanlışlık (**-ğı**) *s* Irrtum *m,* Fehler *m*

yanlışlıkla *adv* irrtümlich, aus Versehen, versehentlich

yanmak (**-ar**) *vi* ① abbrennen ② (*Feuer, Licht*) brennen ③ (*Augen, Wunde*) brennen ④ (*Licht*) angehen ⑤ verbrennen ⑥ (*Essen*) anbrennen ⑦ sich verbrennen ⑧ (*von der Sonne*) braun werden ⑨ (*Fahrschein*) ungültig werden ⑩ (*Ernte*) vernichtet werden ⑪ (*durch eine Säure*) zerfressen werden ⑫ großen Schaden erleiden ⑬ sehr durstig sein ⑭ (aus dem Spiel) ausscheiden müssen ⑮ bedauern (**-e** etw) ⑯ bereuen (**-e** etw) ⑰ (*fam*) verliebt sein (**-e** in jdn); **yanıp tutuşmak** verknallt sein (**-e** in jdn)

yansıma *s* ① *Verbalsubstantiv zu* **yansımak** ② Reflexion *f*
yansımak *vi* ① reflektiert werden, sich widerspiegeln ② widerhallen
yansıtıcı **I.** *adj* reflektierend **II.** *s* Reflektor *m;* ~ **teleskop** Spiegelteleskop *nt*
yansıtmak *vt* ① *Kausativ zu* **yansımak** ② widerspiegeln (**-i** etw) ③ widerhallen lassen (**-i** etw) ④ zur Kenntnis bringen (**-i** etw)
yansız *adj* neutral
yansızlık (**-ğı**) *s* Neutralität *f*
yantümce *s* Nebensatz *m*
yapağı *s* Schurwolle *f*
yapay *adj* künstlich, unecht; ~ **zeka** künstliche Intelligenz *f*
yapı *s* ① Gebäude *nt,* Bau *m* ② Aufbau *m* ③ Bauweise *f,* Konstruktion *f* ④ Körperbau *m* ⑤ Bauarbeit *f* ⑥ (*eines Satzes*) Bildung *f,* Konstruktion *f;* ~ **harcı** Mörtel *m;* ~ **müteahhidi** Bauunternehmer(in) *m(f);* ~ **planı** Bauplan *m*
yapıcı **I.** *s* ① Hersteller(in) *m(f)* ② Erbauer(in) *m(f)* **II.** *adj* konstruktiv
yapılış *s* ① Machart *f* ② Konstruktion *f* ③ Struktur *f*
yapım *s* ① Anfertigung *f,* Herstellung *f,* Produktion *f* ② Wortbildung *f*
yapımcı *s* FILM, TV Produzent(in) *m(f)*
yapısal *adj* strukturell; ~ **reform** POL Strukturreform *f*
yapışıcı *adj* heftend, klebend; ~ **yakı** Heftpflaster *nt*
yapışık (**-ğı**) *adj* ① angeklebt ② heftend, klebend ③ zusammengewachsen; ~ **ikizler** siamesische Zwillinge *pl*
yapışkan **I.** *adj* ① klebrig ② (*Person*) lästig **II.** *s* Klebstoff *m*
yapışmak *vi* ① haften, kleben (**-e** an etw) ② (*fam*) sich klammern (**-e** an etw) ③ (*fam*) sich hängen (**-e** an jdn) ④ (*Werkzeug*) packen, ergreifen (**-e** etw)
yapıştırıcı *adj* klebend, Klebe-, Kleb-; ~ **bant** Klebeband *nt*
yapıştırma *s* ① *Verbalsubstantiv zu* **yapıştırmak** ② ~ **bantı** Klebestreifen *m*
yapıştırmak *vt* ① *Kausativ zu* **yapışmak** ② ankleben (**-i -e** etw auf etw) ③ (*fam: Ohrfeige*) versetzen, geben (**-e -i** jdm etw) ④ (*fam*) schlagfertig antworten (**-e -i** jdm etw)
yapıt (**-tı**) *s* Schöpfung *f,* Werk *nt*
yapma **I.** *s* *Verbalsubstantiv zu* **yapmak** **II.** *adj* ① künstlich, unecht, nachgemacht ② gekünstelt
yapmacık (**-ğı**) **I.** *adj* gekünstelt **II.** *s* Getue *nt*
yapmak (**-ar**) *vt* ① machen, tun (**-i** etw) ② erzeugen, herstellen (**-i** etw) ③ konstruieren, aufbauen (**-i** etw) ④ errichten, (auf)bauen (**-i** etw) ⑤ ausbessern, reparieren (**-i** etw) ⑥ (*Sitzung*) abhalten (**-i** etw) ⑦ (*Vertrag*) abschließen (**-i** etw) ⑧ (*Tätigkeit*) ausüben (**-i** etw) ⑨ zustande bringen, leisten (**-i** etw) ⑩ (*Geschäft*) betreiben (**-i** etw) ⑪ verursachen (**-i** etw) ⑫ zuwege bringen (**-i** etw) ⑬ (*Party*) veranstalten (**-i** etw) ⑭ (*mit Streckenangabe*) zurücklegen ⑮ machen zu (**-i** etw/jdn); **istediğini** ~ tun und lassen, was man will; **yapma!** lass das!, hör auf!
yaprak (**-ğı**) *s* ① (*Pflanze/Papier*) Blatt *nt* ② Weinblatt *nt* ③ Blätterteigschicht *f;* ~ **sigarası** Zigarre *f*
yapraksız *adj* (*Baum*) blattlos, kahl
yar *s* ① Abgrund *m,* Schlund *m* ② Steilküste *f*
yar (**-ri**) *s* Geliebte(r) *f(m)*
yara *s* ① Verletzung *f* ② (*a. fig*) Wunde *f;* ~ **çengeli** Klammer *f;* ~ **izi** Narbe *f*
Yaradan *s* (*Gott*) Schöpfer *m*
yaradılıştan *adj* von Natur aus
yaralamak *vt* (*a. fig*) verletzen, verwunden (**-i -den** jdn an etw)
yaralanmak *vi* ① *Passiv und Reflexiv zu* **yaralamak** ② verletzt werden
yaralı **I.** *adj* ① verletzt, verwundet ② (*Stelle*) wund ③ gekränkt **II.** *s* Verletzte(r) *f(m),* Verwundete(r) *f(m);* **ağır** ~ schwer verletzt
yaramak *vi* ① gut bekommen (**-e** jdm) ② sich eignen (**-e** für etw); **işe** ~ taugen
yaramaz **I.** *s* Taugenichts *m* **II.** *adj* ① (*Kind*) unartig, ungezogen ② untauglich, ungeeignet
yaramazlık (**-ğı**) *s* ① Unartigkeit *f,* Ungezogenheit *f* ② Untauglichkeit *f,* Unbrauchbarkeit *f*
yarar **I.** *s* ① Nutzen *m* ② Vorteil *m* **II.** *adj* geeignet (**-e** für etw)
yararlanma *s* ① *Verbalsubstantiv zu* **yararlanmak** ② Nutzung *f;* ~ **hakkı** JUR Nutzungsrecht *nt*
yararlanmak *vi* ① Nutzen ziehen (**-den** aus etw) ② profitieren (**-den** von etw); **fırsattan** ~ die Gelegenheit wahrnehmen
yararlı *adj* nützlich, vorteilhaft, zweckdienlich
yararlık (**-ğı**) *s* ① Nutzen *m* ② Verdienst *nt*

③ Vorteil *m,* Vorzug *m*
yararsız *adj* nutzlos, unnütz
yararsızlık (-ğı) *s* Nutzlosigkeit *f*
yarasa *s* Fledermaus *f*
yaraşık (-ğı) *s* Schicklichkeit *f;* ~ **almak** sich gehören
yaraşmak *vi* ① sich gehören ② (*Kleidung*) stehen (-**e** jdm)
yaratıcı **I.** *adj* produktiv, kreativ **II.** *s* Schöpfer(in) *m(f)*
yaratıcılık (-ğı) *s* Kreativität *f,* (schöpferische) Produktivität *f*
yaratık (-ğı) *s* Geschöpf *nt,* Kreatur *f*
yaratım *s* ① *Verbalsubstantiv zu* **yaratmak** ② Schöpfung *f*
yaratmak *vt* ① (er)schaffen (-**i** etw) ② hervorrufen (-**i** etw)
yardak (-ğı) *s* ① Helfer(in) *m(f)* ② (*pej*) Handlanger(in) *m(f)*
yardakçı *s* Helfershelfer(in) *m(f)*
yardım *s* ① Hilfe *f,* Hilfeleistung *f* ② Unterstützung *f* ③ Mitwirkung *f,* Mithilfe *f;* ~ **aksiyonu** Hilfsaktion *f;* ~ **etmek** helfen, beistehen (-**e** jdm); (*fördern*) unterstützen; (*mitwirken*) mithelfen; **birinden ~ istemek** jdn um Hilfe bitten; ~ **kablosu** Starthilfekabel *nt;* **yardıma çağırmak** um Hilfe rufen (-**i** jdn); **yardıma koşmak** herbeieilen; **yardıma muhtaç** hilfsbedürftig
yardımcı **I.** *s* ① Helfer(in) *m(f)* ② Assistent(in) *m(f),* Gehilfe *m,* Gehilfin *f* **II.** *adj* ① (*Mensch*) behilflich ② (*Sache*) hilfreich; ~ **ders** Nebenfach *nt;* ~ **eleman** Hilfskraft *f;* ~ **işçi** Hilfsarbeiter(in) *m(f);* ~ **olmak** behilflich sein (-**e** jdm); ~ **pilot** Kopilot(in) *m(f);* ~ **yazılım** INFORM Utility *f*
yardımcı fiil *s* Hilfsverb *nt*
yardımıyla *präp* durch, mit Hilfe von
yardımlaşma *s* ① *Verbalsubstantiv zu* **yardımlaşmak** ② (gegenseitige) Hilfe *f,* Hilfeleistung *f*
yardımlaşmak *vi* sich (gegenseitig) helfen
yardımsever *adj* hilfsbereit
yardımseverlik (-ği) *s* Hilfsbereitschaft *f*
yarga *s* junges Huhn *nt*
yargı *s* ① Urteil *nt* ② Gerichtsbarkeit *f;* ~ **yeteneği** Urteilskraft *f;* **yargıya varmak** eine Entscheidung treffen, ein Urteil fällen
yargıç (-cı) *s* Richter(in) *m(f)*
yargılama *s* ① *Verbalsubstantiv zu* **yargılamak** ② Gerichtsverhandlung *f,* Prozess *m*
yargılamak *vt* ① vor Gericht stellen (-**i** jdn) ② verurteilen (-**i** jdn)
yargısal *adj* richterlich, gerichtlich
Yargıtay *s* der Oberste Gerichtshof *m* (*in der Türkei*)
yarı **I.** *adj* halb **II.** *s* ① Hälfte *f* ② Halbzeit *f* **III.** *adv* zur Hälfte; ~ **açık** halb offen; ~ **çıplak** halb nackt; ~ **dolu** halb voll; ~ **final** Halbfinale *nt;* ~ **fiyatına** zum halben Preis; ~ **iletken** Halbleiter *m;* ~ **otomatik** halb automatisch; ~ **yarıya** zur Hälfte; (*in zwei Hälften*) halb und halb; ~ **yolda** auf halbem Wege; ~ **yolda bırakmak** abbrechen (-**i** etw); **gece yarıya** Mitternacht, f
yarıçap (-pı) *s* Halbmesser *m,* Radius *m*
yarık (-ğı) **I.** *s* ① Spalt *m,* Spalte *f* ② Riss *m* **II.** *adj* ① gespalten ② aufgerissen
yarıküre *s* (*Halbkugel*) Hemisphäre *f*
yarılamak *vt* ① (*Arbeit*) zur Hälfte fertig machen (-**i** etw) ② (*Weg*) zur Hälfte zurücklegen (-**i** etw)
yarılama müddeti (-ni) *s* Halbwertszeit *f*
yarılmak *vi* ① *Passiv zu* **yarmak** ② durchbrechen ③ einreißen ④ zersplittern ⑤ sich spalten
yarım **I.** *adj* ① halb ② unvollständig ③ kränklich, gebrechlich **II.** *adv* (*Uhrzeit*) halb eins; ~ **baş ağrısı** Migräne *f;* ~ **daire** Halbkreis *m;* ~ **felç** halbseitige Lähmung *f,* Hemiparese *f;* **yarım günlük** halbtags; ~ **günlük iş gücü** Halbtagskraft *f;* ~ **kilo** Pfund *nt;* ~ **pansiyon** Halbpension *f;* ~ **porsiyon** (*a. fig*) eine halbe Portion; **saat** ~ es ist halb eins; ~ **saat** eine halbe Stunde; ~ **saatlik** halbstündig; ~ **yamalak** (*Plan*) unausgereift
yarımada *s* Halbinsel *f*
yarımay *s* Halbmond *m*
yarımlamak *vt* halbieren (-**i** etw)
yarımşar *adj* je ein(e) halbe(r, s)
yarın **I.** *adv* morgen **II.** *s* Morgen *nt,* Zukunft *f;* ~ **sabah** morgen früh; ~ **bana gel** komm morgen zu mir; ~ **öğleyin/akşam** morgen Mittag/Abend
yarınki *adj* morgig
yarıresmi *adj* halbamtlich, offiziös
yarış *s* ① Wettbewerb *m* ② Wettkampf *m* ③ Rivalität *f;* ~ **atı** Rennpferd *nt;* ~ **bisikleti** Rennrad *nt;* ~ **otomobili** Rennwagen *m*
yarışçı *s* ① Wettkampfteilnehmer(in) *m(f)* ② Rennfahrer(in) *m(f)* ③ Konkurrent(in) *m(f)*
yarışçılık (-ğı) *s* ① Rennsport *m* ② Konkurrenz *f,* Konkurrenzkampf *m*

yarışma *s* ① *Verbalsubstantiv zu* **yarışmak** ② Konkurrenz *f,* Rivalität *f* ③ Wettkampf *m* ④ Wettbewerb *m*

yarışmacı *s* ① Wettbewerbsteilnehmer(in) *m(f)* ② (*bei Quiz*) Kandidat(in) *m(f)* ③ Wettkampfteilnehmer(in) *m(f)*

yarışmak *vi* ① einen Wettkampf austragen ② um die Wette rennen (**ile** mit jdm) ③ konkurrieren, rivalisieren (**ile** mit jdm)

yarıyıl *s* Halbjahr *nt,* Semester *nt*

yarmak (**-ar**) *vt* ① (auf)spalten, zerhacken (**-i** etw) ② (*Holz*) hacken; (*Bäume*) hauen (**-i** etw) ③ (*Blockade*) durchbrechen (**-i** etw) ④ durchdringen (**-i** etw) ⑤ (*Korn*) mahlen (**-i** etw)

yas *s* (*um einen Toten*) Trauer *f;* ~ **tutmak** Trauer tragen, trauern (**birisi için** um jdn)

yasa *s* ① Gesetz *nt* ② Gesetzbuch *nt;* ~ **dışı** illegal, ungesetzlich

yasak (**-ğı**) **I.** *s* Verbot *nt* **II.** *adj* verboten; ~ **bölge** Sperrgebiet *nt;* ~ **etmek** verbieten, untersagen (**-i** etw); **durmak yasaktır!** Halten verboten!; **girmek/sigara içmek yasaktır** Eintritt/Rauchen verboten

yasaklamak *vt* verbieten, untersagen (**-i** etw)

yasal *adj* gesetzlich, legal

yasalı *adj* legitim, legal

yasallık (**-ğı**) *s* Legalität *f,* Rechtmäßigkeit *f*

yasama *s* ① *Verbalsubstantiv zu* **yasamak** ② Gesetzgebung *f;* ~ **dönemi** Legislaturperiode *f;* ~**/yürütme erki** gesetzgebende/ausübende Gewalt

yasamak *vt* ① ordnen (**-i** etw) ② Gesetze geben

yasamalı *adj* gesetzgebend

yasaman *s* Gesetzgeber *m*

yasemin *s* Jasmin *m*

yaslamak *vt* lehnen (an), stützen (**-i -e** etw an etw)

yaslanmak *vi* ① *Reflexiv zu* **yaslamak** ② sich lehnen (**-e** an etw) ③ sich stemmen (**-e** gegen etw) ④ sich stützen (**-e** auf etw)

yassı *adj* flach, platt

yassıltmak *vt* plätten (**-i** etw)

yastık (**-ğı**) *s* ① Kissen *nt,* Polster *nt* ② (*Saat-, Pflanz-*) Beet *nt* ③ TECH Lager *nt;* ~ **kılıfı** Kissenbezug *m*

yaş **I.** *adj* ① nass ② (*Obst, Gemüse*) frisch ③ (*fam*) nicht lohnend **II.** *s* ① Träne *f* ② (*Lebens-*) Alter *nt* ③ Lebensjahr *nt;* **kaç yaşındasınız?** wie alt sind Sie?; **otuz yaşındayım** ich bin dreißig Jahre alt; (*üç yaşında bir çocuk*) ein dreijähriges Kind

yaşa *interj* ① bravo! ② hurra!; ~ **sesleri** Jubel *m*

yaşam *s* ① Leben *nt* ② Lebenszeit *f;* ~ **biçimi** Lebensweise *f;* ~ **kavgası** Existenzkampf *m;* ~ **mücadelesi** Überlebenskampf *m;* ~ **mücadelesi vermek** ums Überleben kämpfen; ~ **öyküsü** Biografie *f;* ~ **süresi** Lebensdauer *f;* ~ **tecrübesi** Lebenserfahrung *f*

yaşama *s* ① *Verbalsubstantiv zu* **yaşamak** ② Leben *nt* ③ Lebensweise *f;* ~ **belirtisi** Lebenszeichen *nt;* ~ **içgüdüsü** Selbsterhaltungstrieb *m;* **yaşama isteği** Lebenswille *m;* ~ **sevinci** Lebensfreude *f;* ~ **tarzı** Lebensart *f*

yaşamak *vi* ① leben ② weiterleben ③ (*Zeuge sein von*) erleben (**-i** etw) ④ den Lebensunterhalt bestreiten (**ile** mit etw) ⑤ es sich gutgehen lassen; **yaşasın!** er/sie lebe hoch!, hurra!; **yaşasın kral!** es lebe der König!

yaşantı *s* ① Leben *nt* ② Erlebnis *nt*

yaşarmak *vi* ① feucht werden ② Tränen bekommen

yaşatmak *vt* ① *Kausativ zu* **yaşamak** ② (gut) leben lassen (**-i** jdn)

yaşayış *s* Lebensweise *f*

yaşıt (**-dı**) **I.** *adj* gleichaltrig **II.** *s* Altersgenosse *m,* Altersgenossin *f*

yaşlanmak *vi* alt werden

yaşlı *adj* ① alt, betagt ② (*Augen*) voller Tränen; **yaşlılar** die alten Leute, Senioren *pl*

yaşlıca *adj* älter(r, s); ~ **bir hanım** eine ältere Dame

yaşlık (**-ğı**) *s* ① Nässe *f* ② Feuchtigkeit *f*

yaşlılık (**-ğı**) *s* Alter *nt,* Lebensabend *m*

yaşmak (**-ğı**) *s weißer orientalischer Schleier*

yat (**-tı**) *s* Jacht *f;* **yelkenli** ~ Segeljacht *f*

yatak (**-ğı**) *s* ① Bett *nt* ② Flussbett *nt* ③ Schicht *f* ④ Hehler *m* ⑤ Lager *nt* ⑥ Jagdgebiet *nt* ⑦ (*als geheimes Versteck*) Unterschlupf *m;* ~ **çarşafı** Bettlaken *nt,* Betttuch *nt;* ~ **odası** Schlafzimmer *nt;* ~ **takımı** Bettbezug *m,* Bettwäsche *f*

yataklı *adj* ① mit Bett(en) ② ~ **vagon** Schlafwagen *m*

yataklık (**-ğı**) **I.** *s* Beihilfe *f,* Hehlerei *f* **II.** *adv* mit ... Betten

yatalak (**-ğı**) *adj* bettlägerig

yatay **I.** *adj* horizontal, waagrecht **II.** *s* Waagerechte *f,* Horizontale *f;* ~ **parmaklık** Sprossenwand *f*

yatı *s* Übernachten *nt*

yatılı okul *s* Internat *nt*

Y

yatırım *s* ① Geldanlage *f* ② Investition *f* ③ Einzahlung *f;* ~ **danışmanlığı** Anlageberatung *f;* ~ **fonu** Anlagefonds *m;* ~ **yapmak** (*Geld*) anlegen, investieren (-**i** etw)

yatırımcı *s* Investor(in) *m(f),* Anleger(in) *m(f)*

yatırmak *vt* ① *Kausativ zu* **yatmak** ② (*Geld*) einzahlen (-**i** etw) ③ anlegen, investieren (-**i** -**e** etw in etw) ④ (seitlich) legen (-**i** -**e** etw in/auf etw) ⑤ zu Bett bringen (-**i** jdn) ⑥ eine Übernachtungsmöglichkeit geben (-**i** jdm); **hastaneye** ~ (*in eine Klinik*) einweisen (-**i** jdn)

yatışmak *vi* ① sich beruhigen ② nachlassen, sich legen

yatıştırıcı *adj* beruhigend, besänftigend

yatıştırma *s* ① *Verbalsubstantiv zu* **yatıştırmak** ② Beruhigung *f*

yatıştırmak *vt* ① *Kausativ zu* **yatışmak** ② beruhigen, besänftigen, beschwichtigen (-**i** jdn/etw) ③ (*Hunger*) stillen; (*Schmerzen*) lindern (-**i** etw)

yatkın *adj* ① geneigt ② (*Hand*) geschickt, gewandt

yatkınlık (-ğı) *s* ① Schräge *f,* Neigung *f* ② (manuelle) Geschicklichkeit *f* ③ Veranlagung *f*

yatmak (-ar) *vi* ① sich legen ② zu Bett gehen ③ liegen ④ schlafen ⑤ (*Ware*) lagern ⑥ (*Schiff*) vor Anker liegen ⑦ (*fam*) im Gefängnis sitzen ⑧ sich nach einer Seite neigen ⑨ geschickt sein

yatsı *s* ① *Zeit nach Sonnenuntergang* ② (*islamische*) *Gebetsübung um diese Zeit*

yavan *adj* ① (*Essen*) fade, ohne Geschmack ② (*fig*) fade, trocken

yavanlık (-ğı) *s* ① (*Essen*) Geschmacklosigkeit *nt* ② (*fig*) Fadheit *f*

yavaş I. *adj* ① langsam ② (*Stimme, Ton*) leise, schwach ③ (*Person*) ruhig, sanft **II.** *adv* langsam **III.** *interj* Vorsicht!; ~ ~ ganz langsam, allmählich, immer mit der Ruhe

yavaşça *adv* ① mit leiser Stimme ② recht langsam ③ behutsam, vorsichtig

yavaşlamak *vi* ① sich verlangsamen, langsamer werden ② (*an Heftigkeit*) nachlassen ③ (*Stimme*) leiser werden

yavaşlatmak *vt* ① *Kausativ zu* **yavaşlamak** ② verlangsamen (-**i** etw) ③ (*Ton*) dämpfen; (*Stimme*) senken (-**i** etw)

yavaşlık (-ğı) *s* ① Langsamkeit *f* ② (*der Stimme*) Leisesein *nt* ③ Sanftmut *f* ④ Behutsamkeit *f,* Vorsicht *f* ⑤ geringe Intensität

yavru *s* ① kleines Kind *nt* ② (*Tier-*) Junge(s) *nt*

yavrulamak *vi* Junge werfen

yay *s* ① (*Waffe*) Bogen *m* ② (Geigen)bogen *m* ③ (Sprung)feder *f;* **Yay** (**burcu**) (*Sternzeichen*) Schütze *m*

yaya I. *s* Fußgänger(in) *m(f)* **II.** *adv* zu Fuß; ~ **alt geçidi** Fußgängerunterführung *f;* ~ **geçidi** Fußgängerüberweg *m;* ~ **gitmek** zu Fuß gehen; ~ **yolu** Fußweg *m,* Gehweg *m*

yayan *adv* zu Fuß

yaygara *s* (*fam*) Geschrei *nt*

yaygı *s* kleiner Teppich, Läufer *m*

yaygın *adj* ① geläufig, verbreitet ② ausgedehnt

yaygınlaşmak *vi* (*Sitte, Erscheinung*) allgemein üblich werden, sich ausbreiten

yaygınlaştırmak *vt* ① *Kausativ zu* **yaygınlaşmak** ② verbreiten (-**i** etw)

yayılmak *vi* ① *Passiv zu* **yaymak** ② sich verbreiten ③ sich ausdehnen ④ (*Nachricht*) sich herumsprechen ⑤ (*Schafe*) weiden ⑥ (*Menschenmenge*) auseinanderlaufen

yayımcı *s* ① Verleger(in) *m(f)* ② Herausgeber(in) *m(f)*

yayımlamak *vt* verlegen, herausgeben (-**i** etw)

yayın *s* ① Veröffentlichung *f,* Publikation *f* ② Sendung *f,* Übertragung *f;* ~ **yapmak** (*publizieren*) veröffentlichen; (*Programm*) senden, ausstrahlen (-**i** etw)

yayınevi (-ni) *s* Verlag *m,* Verlagshaus *nt*

yayınlamak *vt* ① (*Buch*) herausbringen, herausgeben (-**i** etw) ② (*Artikel*) veröffentlichen, publizieren (-**i** etw) ③ (*Programm*) senden, übertragen (-**i** etw)

yayla *s* Hochebene *f*

yaymak (-ar) *vt* ① (*Tuch*) ausbreiten (-**i** -**e** etw auf etw) ② weiten, ausdehnen (-**i** etw) ③ (*Gerücht, Krankheit*) verbreiten (-**i** etw) ④ (*Strahlen*) aussenden (-**i** etw) ⑤ (*Schafe*) weiden (lassen) (-**i** etw)

yayvan *adj* (*Teller*) flach

yaz *s* Sommer *m;* ~ **gibi** sommerlich; ~ **kursu** Sommerkurs *m;* ~ **mevsimi** Sommerzeit *f;* ~ **ortasında** mitten im Sommer; ~ **saati** (*Uhrzeit*) Sommerzeit *f;* ~ **sonu satışı** Sommerschlussverkauf *m;* ~ **tarifesi** Sommerfahrplan *m;* ~ **tatili** Sommerferien *pl*

yazar *s* ① Autor(in) *m(f)* ② Schriftsteller(in) *m(f)* ③ Redakteur(in) *m(f)*

yazdırım *s* Diktat *nt*

yazgı *s* Schicksal *nt,* Geschick *nt,* Los *nt*

yazgıcı **I.** *s* Fatalist(in) *m(f)* **II.** *adj* fatalistisch
yazgıcılık (**-ğı**) *s* Fatalismus(in) *m(f)*
yazgısal *adj* schicksalhaft
yazı *s* ① Schreiben *nt* ② Schreibarbeit *f* ③ Schrift *f* ④ Schönschrift *f* ⑤ Handschrift *f* ⑥ Schriftstück *nt* ⑦ (*für Zeitung*) Beitrag *m* ⑧ Brief *m,* Schreiben *nt* ⑨ Essay *nt o m* ⑩ Text *m* ⑪ (*Ausdrucksweise*) Stil *m* ⑫ Manuskript *nt* ⑬ literarisches Werk; ~ **dili** Schriftsprache *f;* ~ **hatası** Schreibfehler *m;* ~ **ile** brieflich, schriftlich; (*Zahl*) in Buchstaben; ~ **işleri** schriftliche Arbeiten *pl;* (*Zeitungs-*) Redaktion *f;* ~ **kâğıdı** Schreibpapier *nt;* ~ **karakteri seti** Schriftart *f,* Font *m;* ~ **makinesi** Schreibmaschine *f;* ~ **masası** Schreibtisch *nt;* ~ **tura atmak** (*durch Münzwurf*) losen; **alın yazısı** (*fam*) Schicksal *nt*
yazıbilim *s* Graphologie *f*
yazıbilimcisi *s* Graphologe, Graphologin *m, f*
yazıcı *s* ① Schreiber(in) *m(f)* ② INFORM Drucker *m*
yazıhane *s* ① Büro *nt* ② Kanzlei *f* ③ Schreibtisch *m*
yazık (**-ğı**) **I.** *s* Schuld *f* **II.** *interj* ① schade! ② pfui!; **ne yazık ki** leider, bedauerlicherweise
yazılı **I.** *adj* ① geschrieben ② schriftlich ③ beschriftet ④ (*vom Schicksal*) vorbestimmt ⑤ (*an einer Universität*) eingeschrieben ⑥ (*an einer Schule*) angemeldet **II.** *s* (*Schülersprache*) schriftliche Prüfung; ~ **olarak** schriftlich
yazılım *s* ① Software *f* ② (Computer)programm *nt;* ~ **geliştiricisi** Softwareentwickler(in) *m(f);* ~ **korsanlığı** Softwarepiraterie *f*
yazılma *s* ① *Verbalsubstantiv zu* **yazılmak** ② (*an einer Universität*) Einschreibung *f* ③ (*an einer Schule*) Anmeldung *f*
yazılmak *vi* ① *Passiv zu* **yazmak** ② (*Schüler*) angemeldet werden ③ (*Studenten*) sich einschreiben ④ (*in eine Liste*) sich eintragen
yazım *s* Orthographie *f,* Rechtschreibung *f*
yazın **I.** *adv* im Sommer **II.** *s* Literatur *f*
yazınsal *adj* literarisch
yazışma *s* ① *Verbalsubstantiv zu* **yazışmak** ② Briefwechsel *m,* Korrespondenz *f*
yazışmak *vi* ① *Reflexiv zu* **yazmak** ② korrespondieren (**ile** mit jdm)
yazıt (**-tı**) *s* Inschrift *f*
yazıtipi (**-ni**) *s* Schriftart *f,* Font *m*
yazlık (**-ğı**) **I.** *adj* ① für den Sommer bestimmt [*o* geeignet] ② sommerlich **II.** *s* ① Sommerwohnung *f* ② Sommerkleidung *f;* ~ **elbise** Sommerkleid *nt*
yazmak (**-ar**) *vt* ① schreiben (**-i -e** etw auf/in etw) ② (*Wort*) aufschreiben (**-i** etw) ③ eintragen (**-i** etw) ④ einschreiben, immatrikulieren (**-i** jdn) ⑤ (geschrieben) stehen
yedek (**-ği**) **I.** *s* ① Reserve *f,* Ersatz *m* ② Ersatzteil *nt* ③ (*eines Autos*) Abschleppen *nt* **II.** *adj* Ersatz-; ~ **bidon** Reservekanister *m;* ~ **halatı** Schlepptau *nt;* ~ **lastik** Ersatzreifen *m;* ~ **liste** Warteliste *f;* ~ **parça** Ersatzteil *nt;* ~ **tekerlek** Reserverad *nt*
yedekleme *s* INFORM Back-up *nt*
yedi *num* sieben; ~ **yüz** siebenhundert; ~ **bin** siebentausend; ~ **buçuk** siebeneinhalb; ~ **kat** siebenfach; ~ **misli** [*o* **katı**] siebenfach, siebenmal so viel, das Siebenfache; ~ **defa** [*o* **kere**] siebenmal; ~ **türlü** siebenerlei; ~ **katlı** siebenstöckig; **yedide bir** ein Siebtel *nt*
yediemin *s* Vertrauensperson *f*
yedinci *adj* siebte(r, s); ~ **olarak** als Siebte(r, s); **yedincisi** siebtens
yedirmek *vt* ① *Kausativ zu* **yemek** ② zu essen geben (**-i** jdm) ③ (*ein Tier*) füttern (**-i** etw) ④ sich gefallen lassen (**-i** etw); **yedirip içirmek** bewirten, verpflegen (**-i** jdn)
yegane *adv* einzig
yeğen *s* Neffe *m,* Nichte *f*
yeğlemek *vt* bevorzugen, vorziehen (**-i -e** etw einer Sache)
yeknesak (**-ğı**) *adj* eintönig, monoton
yekun *s* ① Betrag *m* ② Gesamtbetrag *m,* Summe *f*
yel *s* ① Wind *m* ② (*fam: Blähung*) Pup(ser) *m;* ~ **değirmeni** Windmühle *f;* ~ **tüfeği** Luftgewehr *nt*
yele *s* Mähne *f*
yelek (**-ği**) *s* Weste *f*
yelken *s* Segel *nt;* **yelkenleri suya indirmek** klein beigeben, die Segel streichen
yelkenli **I.** *adj* mit Segeln ausgestattet **II.** *s* Segelschiff *nt,* Segelboot *nt;* ~ **gezisi** Segeltörn *m*
yelkovan *s* ① Minutenzeiger *m* ② Wetterfahne *f*
yellenmek *vi* (*fam*) furzen, pupen
yelpaze *s* ① Fächer *m* ② (*fig: Vielfalt*) Bandbreite *f,* Palette *f*
yeltenmek *vi* sich wagen (**-e** an etw)
yem *s* ① (*Tier-*) Futter *nt* ② Köder *m,* Lockvogel *m* ③ Opfer *nt;* ~ **vermek** füttern (**-e** ein

Y

Tier)

yemek (-ği) *s* Essen; ~ **almak** (*bei Tisch*) sich bedienen, zugreifen; ~ **borusu** Speiseröhre *f;* ~ **kitabı** Kochbuch *nt;* ~ **listesi** Speisekarte *f;* ~ **masası** Esstisch *m;* ~ **tuzu** Kochsalz *nt;* ~ **odası** Esszimmer *nt;* ~ **pişirmek** (*Essen*) kochen; ~ **saatleri** Essenszeiten *pl;* ~ **tarifi** (*Koch-*) Rezept *nt;* ~ **tuzu** Kochsalz *nt;* ~ **yemek** essen; (*Tiere*) fressen; **yemekte** beim Essen

yemek (**yer, yiyor**) *vt* 1 essen (-**i** etw) 2 (*Tiere*) fressen (-**i** etw) 3 (*Säure*) zerfressen (-**i** etw) 4 (*Geld*) verschwenderisch ausgeben, zum Fenster rauswerfen (-**i** etw) 5 (*Bestechung*) annehmen (-**i** etw); **yiyip bitirmek** (alles) aufessen; (*fig*) (sehr) mitnehmen; (*zerstören*) ruinieren (-**i** jdn)

yemekhane *s* Speisesaal *m*

Yemen *s* (der) Jemen

yemin *s* Eid *m,* Schwur *m;* ~ **etmek** einen Eid leisten, schwören; ~ **ettirmek** schwören lassen (-**i** jdn)

yemiş *s* 1 Frucht *f* 2 Obst *nt* 3 (*in der ägäischen Region*) Feige *f*

yemlik (-ği) **I.** *adj* als Futter geeignet, Futter- **II.** *s* Futterkrippe *f,* Futtertrog *m*

yenge *s* 1 Schwägerin *f* (*Frau des Bruders*) 2 (angeheiratete) Tante *f*

yengeç (-ci) *s* Krebs *m;* **Yengeç** (**burcu**) (*Sternzeichen*) Krebs *m*

yengi *s* Sieg *m*

yeni **I.** *adj* neu **II.** *adv* 1 erst eben, gerade erst 2 erst vor kurzem; ~ **başlayan** Anfänger(in) *m(f);* ~ **bir şey yok** es liegt nichts vor; ~ **yıl** Neujahr *nt;* ~ **yılın(ız) kutlu olsun!** ein gutes neues Jahr!; **Yeni Zelanda** Neuseeland *nt;* ~ **zengin** Neureiche(r) *f(m)*

yeniay *s* Neumond *m*

Yeniçağ *s* Neuzeit *f*

yeniçeri *s* HIST Janitschar *m*

yeniden *adv* 1 aufs Neue, von neuem 2 neuerdings; ~ **başlamak** neu anfangen, wieder anfangen (-**e** mit etw); ~ **inşa etmek** wieder aufbauen (-**i** etw); ~ **kazanım** Wiederaufarbeitung *f,* Wiederaufbereitung *f*

Yenidünya *s* 1 (*Amerika*) die Neue Welt 2 Mispel *f*

yenik (-ği) *adj* 1 unterlegen 2 abgenutzt

yenilebilir *adj* essbar

yenileme *s* 1 *Verbalsubstantiv zu* **yenilemek** 2 Neuerung *f*

yenilemek *vt* 1 erneuern (-**i** etw) 2 restaurieren, wiederherstellen (-**i** etw) 3 wiederholen (-**i** etw)

yenileşmek *vi* sich erneuern

yenileştirmek *vt* 1 *Kausativ zu* **yenileşmek** 2 erneuern (-**i** etw)

yenilgi *s* Niederlage *f*

yenilik (-ği) *s* 1 Erneuerung *f* 2 Neuheit *f* 3 Neuigkeit *f* 4 Innovation *f*

yenilikçi **I.** *s* Neuerer *m* **II.** *adj* innovativ

yenilmek *vi* 1 *Passiv zu* **ye(n)mek** 2 unterliegen, besiegt werden (-**e** von jdm) 3 gegessen werden

yenir *adj* essbar

yenmek (-**er**) *vt* 1 besiegen (-**i** jdn/etw) 2 siegen

yer *s* 1 Ort *m,* Stelle *f* 2 Platz *m,* Raum *m* 3 Boden *m,* Erdboden *m* 4 Region *f,* Gegend *f* 5 Standort *m,* Lage *f* 6 Posten *m,* Stelle *f* 7 Erde *f* 8 Position *f,* Lage *f* 9 Grundstück *nt* 10 Rolle *f,* Bedeutung *f;* ~ **açmak** Platz machen; ~ **almak** Raum einnehmen, ein Grundstück kaufen; (*fig*) eine Rolle spielen; ~ **bulmak** Platz finden; (*Arbeit*) eine Anstellung finden; ~ **cimnastiği** Bodenturnen *nt;* ~ **gösterici** Platzanweiser(in) *m(f);* ~ **sarsıntısı** Erdbeben *nt;* ~ **solucanı** Regenwurm *m;* ~ **tutmak** einen Platz besetzen; (*fig*) eine Rolle spielen; ~ **yarılıp içine girmiş** spurlos verschwunden; ~ ~ stellenweise; **yerde** auf der Erde, auf dem Boden; **yere çakılmak** (am Boden) zerschellen; **yere sermek** auf dem Boden ausbreiten; (*Gegner*) niederschlagen (-**i** jdn); **yerinde** am rechten Platz, angebracht, an Ort und Stelle; **yerinde saymak** auf der Stelle treten; **yerinden oynatmak** von der Stelle bewegen; **yerine geçmek** ersetzen, an die Stelle treten (-**in** von jdm); **yerine gelmek** an die richtige Stelle kommen; (*Wunsch*) sich erfüllen; (*Befehl*) ausgeführt werden; **yerine getirmek** an die richtige Stelle bringen; (*Pflicht, Versprechen*) erfüllen; (*Wunsch*) verwirklichen; (*Befehl*) befolgen; (*Auftrag*) erledigen; (*vollbringen*) ausführen; (*Urteil*) vollstrecken (-**i** etw); **yerine koymak** an seinen Platz (zurück)stellen, (etwas mit etwas) ersetzen, halten für (-**i** -**in** jdn für jdn); **yerini almak** seinen [*o* ihren] Platz einnehmen; **yerini değiştirmek** verlegen, an eine andere Stelle legen; (*Möbel*) umstellen; **yerini doldurmak** [*o* **tutmak**] ersetzen (-**in** etw/jdn); **yerle bir etmek** zerstören,

dem Erdboden gleich machen (**-i** etw)
yeraltı (-nı) I. *s* Untergrund *m* **II.** *adj* unterirdisch; ~ **dünyası** (*Kriminelle*) Unterwelt *f;* ~ **ekonomi** Schattenwirtschaft *f;* ~ **suç örgütü** kriminelle Untergrundorganisation *f;* ~ **treni** U-Bahn *f,* Untergrundbahn *f*
yerbilim *s* Geologie *f*
yerçekimi (-ni) *s* Schwerkraft *f,* Erdanziehungskraft *f*
yerel *adj* 1 lokal, örtlich 2 regional; ~ **alan ağı** lokales Netzwerk *nt,* LAN *nt;* ~ **kablolu TV** Kabelfernsehen *nt;* ~ **saat (ayarı)** Ortszeit *f*
yerfıstığı (-nı) *s* Erdnuss *f*
yergi *s* Satire *f*
yerinmek *vi* 1 bedauern (**-e** etw) 2 beklagen (**-e** etw) 3 bereuen (**-e** etw)
yerküre *s* Erdball *m,* Erdkugel *f,* Globus *m*
yerleşik (-ği) *adj* 1 fest verwurzelt 2 sesshaft 3 (*Zimmer*) eingerichtet 4 aufgeräumt
yerleşim *s* Siedeln *nt;* ~ **bölgesi** (*Ort*) Siedlung *f*
yerleşmek *vi* 1 Fuß fassen 2 ansässig werden, sich niederlassen 3 sich einrichten 4 gut unterkommen 5 sich setzen
yerleşmiş *adj* 1 sesshaft 2 fest verwurzelt 3 (*Zimmer*) eingerichtet 4 aufgeräumt
yerleştirmek *vt* 1 *Kausativ zu* **yerleşmek** 2 befestigen, anbringen (**-i -e** etw an etw) 3 ansiedeln (**-i -e** jdn in etw) 4 montieren, einbauen, einsetzen (**-i -e** etw in etw) 5 (*in einer Dienststellung*) unterbringen (**-i -e** jdn in etw) 6 unterbringen, einquartieren (**-i -e** jdn in etw) 7 (*Wohnung*) einrichten; (*Zimmer*) aufräumen (**-i** etw) 8 an seinen Platz bringen, aufstellen (**-i** etw) 9 (*fam: Antwort*) geben (**-i** etw)
yerli I. *adj* 1 einheimisch, hiesig 2 inländisch 3 alteingesessen 4 stationär **II.** *s* 1 Eingeborene(r) *f(m),* Ureinwohner(in) *m(f)* 2 Einheimische(r) *f(m)* 3 Inländer(in) *m(f)*
yermantarı (-nı) *s* (*Pilz*) Trüffel *f*
yermek (-er) *vt* (*fam*) 1 kritisieren (**-i** etw/jdn) 2 schlechtmachen (**-i** etw/jdn)
yersarsıntısı (-nı) *s* Erdbeben *nt*
yersiz *adj* 1 eingeengt 2 ungelegen, unpassend; ~ **yurtsuz** Obdachlose(r) *f(m),* obdachlos
yeryüzü (-nü) *s* 1 Erdoberfläche *f* 2 Welt *f,* Erde *f*
yeşermek *vi* 1 grün werden 2 (*Pflanze*) Blätter bekommen
yeşil I. *adj* 1 grün 2 (*Obst*) unreif; ~ **lahana** Grünkohl *m* **II.** *s* **Yeşiller (Partisi)** POL die Grünen *pl*
yeşilimsi *adj* grünlich
yeşilimtırak *adj* grünlich
yeşillik (-ği) *s* 1 Grünsein *nt* 2 Grünanlage *f* 3 Gras *nt* 4 Salatbeilagen *pl*
yetenek (-ği) *s* 1 Talent *nt,* Begabung *f* 2 Fähigkeit *f* 3 Eignung *f,* Tauglichkeit *f*
yetenekli *adj* 1 begabt 2 kompetent, fähig 3 geeignet, tauglich
yeteneksiz *adj* unbegabt, unfähig
yeter I. *adj* genügend, ausreichend **II.** *interj* halt!, genug!, es reicht! Schluss!; ~ **artık!** und damit basta!
yeterli *adj* 1 genügend, ausreichend 2 befähigt, kompetent
yeterlik (-ği) *s* 1 Fähigkeit *f* 2 Befähigung *f,* Qualifikation *f* 3 Zuständigkeit *f;* ~ **kazanmak** sich qualifizieren
yetersiz *adj* 1 unfähig 2 unzulänglich, unzureichend; ~ **beslenme** Unterernährung *f*
yetersizlik (-ği) *s* Unfähigkeit *f*
yeti *s* Fähigkeit *f,* Vermögen *nt*
yetim I. *adj* verwaist **II.** *s* 1 Waise *f* 2 Waisenkind *nt*
yetimhane *s* Waisenhaus *nt*
yetingen *adj* genügsam
yetingenlik (-ği) *s* Genügsamkeit *f*
yetinmek *vi* 1 *Reflexiv zu* **yetmek** 2 sich begnügen, sich zufriedengeben (**ile** mit etw)
yetişkin I. *adj* erwachsen **II.** *s* Erwachsene(r) *f(m)*
yetişmek *vi* 1 einholen (**-e** jdn/etw) 2 (*Zug, Ort*) erreichen (**-e** etw) 3 genügen, ausreichen 4 aufwachsen 5 (*bis zu einem bestimmten Zeitpunkt*) fertig werden (**yarına** bis morgen) 6 erleben (**-e** etw/jdn) 7 zur Hilfe eilen 8 (*in einer Schule*) ausgebildet werden; **hızır gibi yetişti** das kommt wie gerufen
yetiştirim *s* 1 Dressur *f* 2 Zucht *f*
yetiştirme *s* 1 *Verbalsubstantiv zu* **yetiştirmek** 2 Ausbildung *f,* Erziehung *f* 3 Zucht *f* 4 Zögling *m*
yetiştirmek *vt* 1 *Kausativ zu* **yetişmek** 2 (*Kind*) aufziehen, großziehen (**-i** jdn) 3 (*beruflich*) ausbilden (**-i** jdn) 4 herstellen, erzeugen (**-i** etw) 5 (*Pflanzen*) anbauen; (*Pflanzen, Tiere*) züchten (**-i** etw) 6 (*Tiere*) dressieren (**-i** etw)
yetki *s* 1 Berechtigung *f* 2 Kompetenz *f*

❸ Zuständigkeit *f* ❹ Vollmacht *f;* ~ **vermek** berechtigen, ermächtigen (-**e** jdn)
yetkile(ndir)mek *vt* berechtigen (-**i** -**e** jdn zu etw)
yetkili **I.** *s* Bevollmächtigte(r) *f(m)* **II.** *adj* ❶ kompetent ❷ zuständig ❸ berechtigt
yetkin *adj* vollkommen
yetkinlik (-**ği**) *s* Vollkommenheit *f*
yetmek (-**er**) *vi* genügen, ausreichen (-**e** für etw)
yetmiş *num* siebzig
yetmişli yıllar *s* die siebziger Jahre *pl*
yığılmak *vi* ❶ *Passiv zu* **yığmak** ❷ sich häufen ❸ sich stauen ❹ (*Person*) zusammenbrechen
yığın *s* ❶ Haufen *m* ❷ (*Sachen*) Masse *f,* Menge *f* ❸ Stoß *m,* Stapel *m*
yığmak (-**ar**) *vt* ❶ anhäufen (-**i** etw) ❷ stapeln (-**i** etw) ❸ speichern (-**i** etw)
yıkamak *vt* ❶ abwaschen, abspülen (-**i** etw) ❷ (*Kind*) baden (-**i** jdn)
yıkama tesisi (-**ni**) *s* Waschanlage *f*
yıkanabilir *adj* waschbar
yıkanmak *vi* ❶ *Passiv und Reflexiv zu* **yıkamak** ❷ sich waschen ❸ baden, ein Bad nehmen
yıkayış *s* Waschen *nt*
yıkıcı *adj* ❶ zerstörend ❷ destruktiv
yıkık (-**ğı**) *adj* ❶ (*Haus*) zerfallen ❷ (*Mauer*) eingestürzt
yıkılış *s* ❶ Einsturz *m,* Einbruch *m* ❷ Zusammenbruch *m,* Untergang *m*
yıkılma *s* ❶ *Verbalsubstantiv zu* **yıkılmak** ❷ (*eines Gebäudes*) Abriss *m* ❸ Untergang *m,* Niedergang *m* ❹ Sturz *m* ❺ Zerfall *m*
yıkılmak *s* ❶ *Passiv zu* **yıkmak** ❷ einstürzen ❸ stürzen ❹ (*Reich*) untergehen ❺ (*Bau*) zerfallen ❻ (*a. fig*) zusammenbrechen ❼ (*beim Gehen*) schwanken ❽ (*fig fam*) verduften, abhauen
yıkım *s* ❶ *Verbalsubstantiv zu* **yıkmak** ❷ (*a. fig*) Zusammenbruch *m* ❸ Ruin *m*
yıkıntı *s* Trümmer *pl,* Ruinen *pl*
yıkmak (-**ar**) *vt* ❶ (*Gebäude*) abreißen (-**i** etw) ❷ umwerfen (-**i** etw/jdn) ❸ POL stürzen (-**i** jdn) ❹ (*Hut*) schräg aufsetzen (-**i** etw) ❺ zerstören, vernichten, ruinieren (-**i** etw/jdn)
yıl *s* ❶ Jahr *nt* ❷ (*einer Zeitschrift*) Jahrgang *m;* **geçen** ~ voriges Jahr; **gelecek** ~ nächstes Jahr
yılan *s* Schlange *f*
yılanbalığı (-**nı**) *s* Aal *m*
yılbaşı (-**nı**) *s* (*Neujahrstag*) Neujahr *nt;* ~ **gecesi** Silvesterabend *m*
yıldırıcı *adj* ❶ frustrierend ❷ entmutigend
yıldırım *s* ❶ (*einschlagender*) Blitz *m* ❷ Blitzschlag *m;* ~ **çarpması** Blitzschlag *m;* ~ **düşmesi** (*vom Blitz*) Einschlag *m*
yıldırımkıran *s* Blitzableiter *m*
yıldırmak *vt* ❶ *Kausativ zu* **yılmak** ❷ einschüchtern (-**i** jdn) ❸ terrorisieren (-**i** jdn) ❹ erschrecken (-**i** jdn)
yıldız *s* ❶ Stern *m* ❷ Glücksstern *m* ❸ Norden *m* ❹ Nordwind *m* ❺ (Film)star *m;* ~ **falı** Horoskop *nt;* **Yıldız Savaşları** Star Wars *pl*
yıldızlı *adj* ❶ mit einem Stern, mit Sternen ❷ (*Nacht*) sternenklar; **üç** ~ **otel** Dreisternehotel *nt*
yıldönümü (-**nü**) *s* Jahrestag *m*
yılgı *s* Entsetzen *nt*
yılgın *adj* eingeschüchtert
yıllarca *adv* jahrelang
yıllık (-**ğı**) **I.** *adj* ❶ jährlich, Jahres- ❷ (*mit vorangesetzter Zahl*) -jährig **II.** *adv* für ... Jahre **III.** *s* ❶ Jahrbuch *nt* ❷ Jahresmiete *f* ❸ Jahresgehalt *nt;* ~ **gelir** Jahreseinkommen *nt*
yılmak (-**ar**) *vi* ❶ zurückschrecken (-**den** vor etw) ❷ satthaben (-**den** etw)
yılmaz *adj* furchtlos, unerschrocken
yıpranmak *vi* ❶ sich abnutzen ❷ (*Kleidung*) sich abtragen ❸ (*Energie*) sich verbrauchen
yıpranmış *adj* abgenutzt; (*Reifen*) abgefahren
yıpratıcı *adj* aufreibend, zermürbend
yıpratmak *vt* ❶ *Kausativ zu* **yıpranmak** ❷ abnutzen; (*Kleidung*) abtragen (-**i** etw) ❸ (*Energie*) verbrauchen, aufzehren (-**i** etw) ❹ zermürben (-**i** jdn)
yırtıcı *adj* (*Tier*) wild, Raub-; ~ **hayvan** Raubtier *nt;* ~ **kuş** Raubvogel *m*
yırtık (-**ğı**) **I.** *s* (*im Stoff*) Loch *nt,* Riss *m* **II.** *adj* ❶ zerrissen ❷ (*fam*) schamlos; ~ **pırtık** (*Kleidung*) schäbig, zerlumpt
yırtılmak *vi* ❶ *Passiv zu* **yırtmak** ❷ Risse bekommen, platzen ❸ (*Stoff*) reißen ❹ (*fam*) seine Scheu verlieren
yırtınmak *vi* (*vor Eifer*) sich zerreißen
yırtmaç (-**cı**) *s* (*an einem Kleidungsstück*) Schlitz *m*
yırtmak (-**ar**) *vt* ❶ zerreißen, zerfetzen (-**i** etw) ❷ zerkratzen (-**i** etw); **kendini** ~ sich zerreißen

yiğit (**-di**) **I.** *s* ❶ Held *m* ❷ Bursche *m* **II.** *adj* tapfer

yiğitçe *adj* heldenhaft

yiğitlik (**-ği**) *s* ❶ Heldentat *f* ❷ Tapferkeit *f*

yine *adv* wieder, noch einmal; ~ **de** trotzdem, dennoch

yinelemek *vt* wiederholen (**-i** etw)

yinelenmek *vi* ❶ *Passiv zu* **yinelemek** ❷ sich wiederholen

yirmi *num* zwanzig

yirmilik diş *s* Weisheitszahn *m*

yitik (**-ği**) *adj* (*abhandengekommen*) verloren

yitirmek *vt* verlieren (**-i** etw/jdn)

yitmek (**-er**) *vi* verloren gehen, abhandenkommen

yiv *s* ❶ Rille *f* ❷ Gewinde *f*

yiyecek (**-ği**) *s* ❶ Essbare(s) *nt* ❷ Nahrung *f* ❸ Lebensmittel *pl* ❹ Proviant *m*

yiyici *adj* bestechlich, korrupt

yiyicilik (**-ği**) *s* Bestechlichkeit *f*

yobaz *s* REL Fanatiker(in) *m(f)*

yoga *s* Yoga *m o nt*

yoğun *adj* ❶ dicht ❷ intensiv

yoğunbakım servisi (**-ni**) *s* Intensivstation *f*

yoğunlaşmak *vi* ❶ sich verdichten; (*Gas*) kondensieren ❷ sich intensivieren

yoğunlaştırmak *vt* ❶ *Kausativ zu* **yoğulaşmak** ❷ verdichten; (*Gas*) kondensieren (**-i** etw) ❸ intensivieren (**-i** etw)

yoğunluk (**-ğu**) *s* ❶ Dichte *f* ❷ Intensität *f*

yoğurmak *vt* (*Teig*) kneten (**-i** etw)

yoğurt (**-du**) *s* Jog(h)urt *m o nt*

> **Yoğurt** (Joghurt) haben die Turkvölker, von denen die Türken abstammen, nach Kleinasien gebracht. Das Rezept wurde von Generation zu Generation weitergereicht, so dass noch heute die türkischen Frauen auf dem Lande den Joghurt selbst herstellen. Joghurt ist ein mit Bakterienkulturen hergestelltes Milchprodukt.

yoğurtçu *s* ❶ Jog(h)urthersteller *m* ❷ Jog(h)urthändler(in) *m(f)*

yok (**-ku/-ğu**) **I.** *adj* ❶ nicht vorhanden, nicht existierend ❷ nicht da, nicht anwesend; ~ **etmek** zugrunde richten; (*wegschaffen*) verschwinden lassen (**-i** etw/jdn); ~ **olmak** fehlen, nicht anwesend sein, nicht existieren, verschwinden, zugrunde gehen; ~ **yere** für nichts und wieder nichts **II.** *adv* ❶ es gibt kein(e) ... ❷ ... ist/sind nicht da ❸ nicht haben ❹ (*fam*) nein; **babam evde** ~ mein Vater ist nicht zu Hause; **param** ~ ich habe kein Geld; ~ **canım!** ach was!, aber nein! **III.** *s* Nichts *nt*

yoklama *s* ❶ *Verbalsubstantiv zu* **yoklamak** ❷ Anwesenheitskontrolle *f* ❸ Musterung *f* ❹ Prüfung *f*

yoklamak *vt* ❶ abtasten (**-i** etw) ❷ untersuchen (**-i** etw) ❸ überprüfen (**-i** etw) ❹ auf den Zahn fühlen (**-i** jdm) ❺ kurz besuchen (**-i** jdn)

yokluk (**-ğu**) *s* ❶ Fehlen *nt,* Nichtvorhandensein *nt* ❷ Abwesenheit *f* ❸ Mangel *m* ❹ Nichts *nt* ❺ Armut *f,* Not *f;* **yokluğunu hissetmek** vermissen (**-in** jdn); **yokluğunu çok hissettim** du hast mir sehr gefehlt

yoksa **I.** *adv* ❶ sonst, andernfalls ❷ (*in Fragesätzen*) oder, etwa **II.** *konj* aber, jedoch, indessen

yoksul *adj* arm, bedürftig

yoksulluk (**-ğu**) *s* Armut *f,* Elend *nt*

yoksun *adj* entbehrend

yoksunluk (**-ğu**) *s* (harte) Entbehrung *f*

yokuş *s* ❶ Steigung *f* ❷ steile Straße; ~ **aşağı** bergab; ~ **yukarı** bergauf

yol *s* ❶ (*a. fig*) Weg *m* ❷ Straße *f* ❸ Strecke *f* ❹ Linie *f,* Bahn *f* ❺ Ausweg *m* ❻ Art und Weise *f* ❼ Methode *f* ❽ Reise *f* ❾ INFORM Pfad *m* ❿ (*in einem Stoff*) Streifen *m;* ~ **açmak** Hindernisse beseitigen; (*fig*) bahnbrechend sein (**-e** für etw); ~ **almak** eine Strecke zurücklegen; ~ **arkadaşı** Mitreisende(r) *f(m),* Reisegefährte *m,* Reisegefährtin *f;* ~ **göstermek** Mittel und Wege zeigen; (*geleiten*) führen (**-e** jdn); ~ **işareti** Wegweiser *m;* ~ **parası** Fahrgeld *nt;* ~ **vermek** verursachen (**-e** etw); (*den Weg frei machen*) ausweichen; (*von der Arbeit*) entlassen (**-e** jdn); **yola çıkmak** [*o* **koyulmak**] sich auf den Weg machen; **yola gelmek** Vernunft annehmen; (*Angelegenheit*) in Ordnung kommen; **yola getirmek** (*Angelegenheit*) in Ordnung bringen; (*fam*) zur Vernunft bringen (**-i** jdn); **yolda** unterwegs; **yolda kalmak** stecken bleiben; **yoldan çıkmak** entgleisen; (*fig*) auf die schiefe Bahn kommen; **yolu düşmek** geraten (**-e** nach/in etw); **yolu göstermek** den Weg zeigen, hinausbegleiten (**-e** jdn); **yoluna girmek** in Ordnung kommen; **yoluna koymak** regeln, in Ordnung bringen (**-i** etw); **yolunda olmak** auf dem richtigen Weg sein; (*gut laufen*) in Ordnung sein; **yolundan çevirmek** vom Weg abbringen (**-i** jdn); **yolundan şaşmak** irren; **bir şeyin yolunu açmak** auf etw hinwirken; **yolunu bulmak** Mittel und Wege finden, sich zurechtfinden; **yolunu gözlemek** (sehnsüchtig) entgegensehen; **yolunu kaybetmek** sich verirren, sich verlaufen; **yolunu şaşırmak** sich verlaufen, nicht ein noch aus wissen; **yolun(uz) açık olsun!** gute Reise!

yolcu *s* ① Reisende(r) *f(m)* ② Passagier *m* ③ Todkranke(r) *f(m);* ~ **gemisi** Passagierschiff *nt;* ~ **treni** Personenzug *m*

yolculuk (**-ğu**) *s* Reise *f;* **iyi yolculuklar!** gute Reise!

yoldaş *s* ① Kamerad(in) *m(f),* Gefährte *m,* Gefährtin *f* ② Genosse *m,* Genossin *f* ③ Mitreisende(r) *f(m),* Reisegefährte *m,* Reisegefährtin *f*

yollamak *vt* (ver)schicken, (ab)senden (**-i -e** etw jdm)

yollanmak *vi* ① *Passiv zu* **yollamak** ② (*fam*) aufbrechen, sich auf die Socken machen

yollu I. *adj* ① mit Straßen, mit Wegen ② (*Stoff*) gestreift II. *adv* in einer bestimmten Art und Weise; ~ **kadife** Kordsamt *m*

yolluk (**-ğu**) *s* ① (*Reise-*) Proviant *m,* Verpflegung *f* ② Reisegeld *nt* ③ dünner Teppich ④ (*für den Abreisenden*) Gastgeschenk *nt*

yolmak (**-ar**) *vt* ① (*a. fig*) rupfen (**-i** etw) ② (*Haare*) ausraufen (**-i** etw) ③ (*Unkraut*) jäten (**-i** etw) ④ neppen, ausnehmen (**-i** jdn)

yolsuz *adj* ① ohne Straßen ② inkorrekt

yolsuzluk (**-ğu**) *s* ① Fehlen *nt* von (ordentlichen) Straßen ② Amtsmissbrauch *m,* Verstoß *m* gegen Dienstvorschriften ③ Inkorrektheit *f* ④ Unterschlagung *f*

yonca *s* Klee *m*

yonga *s* ① Span *m* ② INFORM Chip *m*

yontmak (**-ar**) *vt* ① (*Steine*) hauen; (*Diamant, Glas*) schleifen; (*Holz*) schnitzen (**-i** etw) ② (*Bleistift*) spitzen (**-i** etw) ③ (*Bäume*) beschneiden (**-i** etw)

yontulmak *vi* ① *Passiv zu* **yontmak** ② gute Manieren lernen

yontulmamış *adj* ① (*a. fig*) ungeschliffen ② (*fam*) ungehobelt; ~ **herif** Rüpel *m,* Flegel *m*

yorgan *s* Bettdecke *f*

yorgun *adj* müde, abgespannt; ~ **argın** erschöpft, todmüde

yorgunluk (**-ğu**) *s* ① Müdigkeit *f,* Ermüdung *f* ② Erschöpfung *f*

yormak (**-ar**) *vt* ① ermüden (**-i** jdn/etw) ② anstrengen, erschöpfen (**-i** jdn/etw) ③ interpretieren, deuten (**-i** etw)

yortu *s* christlicher Feiertag

yorucu *adj* anstrengend, ermüdend

yorulmak *vi* ① *Passiv zu* **yormak** ② ermüden

yorulmaz *adj* unermüdlich

yorum *s* ① Kommentar *m* ② Interpretation *f* ③ Auslegung *f,* Deutung *f*

yorumcu *s* ① Interpret(in) *m(f)* ② Kommentator(in) *m(f)*

yorumlamak *vt* ① deuten, interpretieren (**-i** etw) ② kommentieren (**-i** etw)

yosun *s* ① Moos *nt* ② Alge *f*

yozlaşma *s* ① *Verbalsubstantiv zu* **yozlaşmak** ② Entartung *f* ③ Sittenverfall *m*

yozlaşmak *vi* ① degenerieren ② verfallen

yön *s* ① Richtung *f* ② Seite *f* ③ Hinsicht *f,* Beziehung *f*

yönelik *adj* gerichtet, ausgerichtet (**-e** auf/gegen etw)

yönelim *s* ① *Verbalsubstantiv zu* **yönelmek** ② Orientierung *f*

yönelme *s* ① *Verbalsubstantiv zu* **yönelmek** ② Orientierung *f;* ~ **durumu** Dativ *m*

yönelmek *vi* ① (*Blick*) sich zuwenden (**-e** jdm/einer Sache) ② sich begeben (**-e** nach etw)

yöneltmek *vt* ① *Kausativ zu* **yönelmek** ② (*Frage, Brief*) richten (**-i -e** etw an jdn) ③ in eine bestimmte Richtung leiten (**-i** etw)

yönerge *s* ① Vorschrift *f,* Bestimmung *f* ② Richtlinien *pl*

yönetici *s* ① Leiter(in) *m(f),* Verwalter(in) *m(f)* ② Manager(in) *m(f)*

yönetim *s* ① Leitung *f,* Führung *f* ② Management *nt,* Verwaltung *f;* ~ **kurulu** Verwaltung *f,* Verwaltungsrat *m*

yönetmek *vt* ① führen, lenken (**-i** etw) ② verwalten (**-i** etw) ③ (*Betrieb*) bewirtschaften (**-i** etw) ④ (*Orchester*) dirigieren (**-i** etw) ⑤ (*Angelegenheit*) betreuen (**-i** etw)

yönetmelik (**-ği**) *s* ① Satzung *f,* Verordnung *f* ② Vorschrift *f*

yönetmen *s* ① Direktor(in) *m(f)* ② Regisseur(in) *m(f)*

yönlendirmek *vt* (*Telefongespräch*) umleiten (**-i** etw)

yöntem *s* Methode *f,* Verfahren *nt*

yöntemli *adj* methodisch

yöre *s* ① Ortschaft *f* ② Umkreis *m,* Umgebung *f* ③ Region *f*
yörekent (-ti) *s* Vorort *m*
yöresel *adj* regional
yörünge *s* ① Umlaufbahn *f* ② Flugbahn *f*
yudum *s* Schluck *m;* **bir yudumda** (*austrinken*) in einem Zug
yufka I. *s* Blätterteig *m* II. *adj* (*a. fig*) leicht zerbrechlich; ~ **yürekli** weichherzig
Yugoslav *adj* jugoslawisch
Yugoslavya *s* Jugoslawien *nt*
yuh *interj* (*fam*) pfui Teufel!
yuhalamak *vt* ausbuhen (-**i** jdn)
yukarda *adv s.* **yukarıda**
yukardan *adv s.* **yukarıdan**
yukarı I. *adj* obere(r, s), Ober- II. *adv* hoch, nach oben III. *s* obere(r) Teil *m;* ~ **çekmek** hinaufziehen, heraufziehen (-**i** etw); ~ **çıkmak** heraufkommen, hinauffahren, hinaufgehen, hinaufsteigen; ~ **getirmek** hinaufbringen, heraufbringen (-**i** etw); ~ **taşımak** hinauftragen, herauftragen (-**i** etw)
yukarıda *adv* oben; **daha** ~ weiter oben; ~ **adı geçen** oben genannte(r, s)
yukarıdaki *adj* obige(r, s)
yukarıdan *adv* von oben; ~ **aşağı** von oben bis unten; ~ **bakmak** von oben herab behandeln (-**e** jdn)
yukarısı (-nı) *s* obere(r) Teil *m*
yukarısında *präp* oberhalb (-**in** +*gen*)
yukarıya *adv* ① herauf, rauf ② hinauf, nach oben; ~ **bak** siehe oben; ~ **doğru** aufwärts, empor
yulaf *s* Hafer *m;* ~ **ezmesi** Haferflocken *pl*
yular *s* Halfter *nt*
yumak (-ğı) *s* Knäuel *nt o m*
yummak (-ar) *vt* (*Auge*) schließen (-**i** etw); **göz** ~ ein Auge zudrücken (-**e** bei etw)
yumru *s* ① Beule *f* ② (*Wurzel-*) Knolle *f*
yumruk (-ğu) *s* ① (geballte) Faust *f* ② Faustschlag *m* ③ Druck *m*
yumulmak *vi* ① *Passiv o Reflexiv zu* **yummak** ② sich hermachen (über) (-**e** über etw)
yumurcak (-ğı) *s* ① (*fam*) Bengel *m* ② Pestbeule *f*
yumurta *s* ① Ei *nt* ② Stopfei *nt* ③ Rogen *m* ④ Hoden *m;* ~ **akı** Eiweiß *nt;* ~ **biçiminde** eiförmig; ~ **kabuğu** Eierschale *f;* ~ **kaşığı** Eierlöffel *m;* ~ **sarısı** Eidotter *m,* Eigelb *nt;* (*Farbe*) dottergelb
yumurtalık (-ğı) *s* ① Eierstock *m* ② Eierbecher *m*
yumurtlamak *vt* ① Eier legen ② (*fig*) sich ausdenken (-**i** etw) ③ (*fam*) ausplaudern (-**i** etw)
yumuşacık *adj* mollig, weich
yumuşak (-ğı) *adj* ① weich ② mild ③ (*Teig, Kuchen*) locker ④ zart, mürbe ⑤ (*Mensch*) nachgiebig, sanftmütig ⑥ (*Stimme*) sanft ⑦ (*Buchstabe*) stimmhaft ⑧ (*Worte*) angenehm ⑨ (*Haut*) zart
yumuşaklık (-ğı) *s* ① Milde *f* ② Weichheit *f* ③ Nachgiebigkeit *f* ④ (*der Haut*) Zartheit *f*
yumuşamak *vi* ① weich werden ② sich beruhigen ③ nachgiebig werden
yumuşatıcı I. *s* (*für Wäsche*) Weichspüler *m* II. *adj* mildernd
yumuşatmak *vt* ① *Kausativ zu* **yumuşamak** ② weich machen (-**i** etw) ③ mildern, lindern (-**i** etw)
Yunan I. *s* Grieche *m,* Griechin *f* II. *adj* (*Art*) griechisch
Yunanca *adj* (*Sprache*) griechisch
Yunanistan I. *s* Griechenland *nt* II. *adj* (*Art*) griechisch
Yunanlı I. *s* Grieche *m,* Griechin *f* II. *adj* (*Herkunft*) griechisch
yunus (balığı) *s* Delfin, Delphin *m*
yurt (-du) *s* ① Heimat *f,* Vaterland *nt* ② (*soziale Einrichtung*) Heim *nt;* ~ **çapında** landesweit; ~ **dışı** Ausland *nt,* das Ausland betreffend, Auslands-; ~ **içi** Inland *nt,* inländisch; ~ **içi uçuş** Inlandsflug *m*
yurtsal *adj* (*die Heimat betreffend*) heimatlich
yurtsever I. *s* Patriot(in) *m(f)* II. *adj* patriotisch
yurtsuz *adj* heimatlos
yurttaş *s* ① Staatsangehörige(r) *f(m)* ② Mitbürger(in) *m(f)* ③ (*aus demselben Land*) Landsmann *m,* Landsmännin *f*
Yurttaşlar Yasası (-nı) *s* das Bürgerliche Gesetzbuch
yurttaşlık (-ğı) *s* ① Staatsangehörigkeit *f* ② Volksgemeinschaft *f;* ~ **bilgisi** Gemeinschaftskunde *f*
yusufçuk (-ğu) *s* Libelle *f*
yutmak (-ar) *vt* ① (hinunter)schlucken, verschlingen (-**i** etw) ② (*Beleidigung*) einstecken, schlucken (-**i** etw) ③ hereinfallen (-**i** auf etw)
yutturmak *vt* ① *Kausativ zu* **yutmak** ② (*fam*) weismachen, aufbinden (-**e** -**i** jdm etw)
yuva *s* ① Nest *nt* ② (*Haus, Familie*) Heim *nt*

③ (*Pflegestätte*) Hort *m* ④ Höhlung *f* ⑤ (*pej*) Brutstätte *f;* ~ **yapmak** nisten

yuvalamak *vi* nisten

yuvar *s* Blutkörperchen *nt*

yuvarlacık (**-ğı**) *adj* (*fam*) rundlich, mollig

yuvarlak (**-ğı**) **I.** *adj* ① rund, kreisförmig ② (*Zahl*) rund, abgerundet **II.** *s* Kugel *f*

yuvarlaklaşmak *vi* rund werden

yuvarlaklaştırmak *vt* ① *Kausativ zu* **yuvarlaklaşmak** ② rund machen (**-i** etw) ③ (auf-, ab)runden (**-i** etw)

yuvarlamak *vt* ① (auf)rollen (**-i** etw) ② rollen, wälzen (**-i** etw) ③ rund machen (**-i** etw) ④ zu Boden werfen (**-i** jdn/etw) ⑤ (*fam: Essen*) hinunterschlingen; (*Getränk*) hinuntergießen (**-i** etw)

yuvarlanmak *vi* ① *Passiv und Reflexiv zu* **yuvarlamak** ② sich (herum)wälzen ③ (herunter)rollen

yüce *adj* ① hoch ② edel, erhaben; ~ **ruhlu** großherzig; ~ **ruhluluk** Großmut *f*

yücelik (**-ği**) *s* ① Höhe *f* ② Erhabenheit *f*

yük (**-kü**) *s* ① (*Trag-*) Last *f* ② (*a. fig*) Bürde *f* ③ Ladung *f,* Fracht *f* ④ (*elektrische*) Ladung *f* ⑤ Belastung *f* ⑥ Schrank *m* (*zur Aufbewahrung des Bettzeugs*)*;* ~ **asansörü** Lastenaufzug *m;* ~ **istasyonu** Güterbahnhof *m;* ~ **katarı** Güterzug *m;* ~ **vagonu** Güterwagen *m*

yüklem *s* Prädikat *nt*

yükleme *s* ① *Verbalsubstantiv zu* **yüklemek** ② Laden *nt,* Verladen *nt;* ~ **terminali** Ladeterminal *nt*

yüklemek *vt* ① (ver)laden (**-i -e** etw auf/in etw) ② beladen (**-i** etw) ③ aufbürden, auferlegen (**-e -i** jdm etw) ④ zuschreiben (**-e -i** jdm etw) ⑤ (*Schuld*) in die Schuhe schieben (**-e -i** jdm etw) ⑥ INFORM laden (**-i** etw) ⑦ INFORM abspeichern (**-i -e** etw auf etw)

yüklenmek *vt* ① *Passiv und Reflexiv zu* **yüklemek** ② sich aufladen (**-i** etw) ③ (*Verantwortung*) übernehmen (**-i** etw) ④ bedrängen (**-e** jdn) ⑤ sich stemmen (**-e** gegen etw)

yüklük (**-ğü**) *s* Wäscheschrank *m*

yüksek (**-ği**) **I.** *adj* ① hoch ② laut ③ obere(r, s) ④ hochgelegen ⑤ hochgestellt ⑥ edelmütig **II.** *s* Anhöhe *f;* ~ **Almanca** Hochdeutsch *nt;* ~ **atlama** Hochsprung *m;* ~ **basınç** (*Hochdruck*) Hoch *nt;* ~ **çözünürlükteki** INFORM hochauflösend; ~ **fırın** Hochofen *m;* ~ **gerilim** Hochspannung *f;* ~ **gerilim hattı** Hochspannungsleitung *f;* ~ **kaliteli** hochwertig; ~ **konjonktür** Boom *m;* ~ **okul** Hochschule *f;* ~ **öğrenim** Hochschulstudium *nt;* ~ **ökçeli ayakkabı** Stöckelschuh *m;* ~ **öğretmen okulu** pädagogische Hochschule; ~ **sesle** laut; ~ **sezon** Hauptsaison *f;* ~ **tahsil** Hochschulstudium *nt;* ~ **tansiyon** Bluthochdruck *m;* ~ **teknoloji** Hightech *nt;* ~ **yoğunluklu disket** INFORM HDD *f* (*high density disk*)

yükseklik (**-ği**) *s* ① Höhe *f* ② Anhöhe *f* ③ (*von Bäumen, Gebäuden*) Größe *f* ④ MATH Höhe *f*

yükseliş *s* ① (*auch fig*) Aufstieg *m* ② Erhöhung *f*

yükselme *s* ① *Verbalsubstantiv zu* **yükselmek** ② Aufstieg *m*

yükselmek *vi* ① sich erheben ② (*Flugzeug*) aufsteigen ③ ansteigen ④ (*fig*) aufsteigen ⑤ (*Ertrag, Leistung*) besser werden ⑥ emporragen ⑦ sich erhöhen ⑧ (*Fieber, Preise*) steigen ⑨ (*einen Aufschwung erleben*) emporkommen ⑩ (*Stimme*) lauter werden

yükselti *s* (*über dem Meeresspiegel*) Höhe *f*

yükseltmek *vt* ① *Kausativ zu* **yükselmek** ② erhöhen (**-i** etw) ③ (*Stimme*) erheben (**-i** etw) ④ (*Ertrag*) verbessern (**-i** etw) ⑤ INFORM aufrüsten (**-i** etw)

yüksük (**-ğü**) *s* ① Fingerhut *m* ② Wurzelhaube *f*

yüksükotu (**-nu**) *s* ① Roter Fingerhut *m* ② Wiesenfuchsschwanz *m*

yüksünmek *vt* als Last empfinden (**-den** etw)

yüküm *s* ① Verpflichtung *f* ② Notwendigkeit *f,* Zwang *m*

yükümlendirmek *vt* verpflichten (**-i** jdn)

yükümlü *adj* ① obligatorisch ② verpflichtet (**ile** zu etw)

yükümlülük (**-ğü**) *s* Verpflichtung *f*

yün *s* (*Schaf-*) Wolle *f*

yünden *adj* aus Wolle

yünlü **I.** *adj* Woll-, mit Wolle **II.** *s* Wollstoff *m*

yürek (**-ği**) *s* ① Herz *nt* ② Mut *m,* Mumm *m* ③ Mitleid *nt;* ~ **çarpıntısı** Herzklopfen *nt;* ~ **yakıcı** herzzerreißend; **yüreği sızlayarak** schweren Herzens; **yüreğime su serpildi** mir fällt ein Stein vom Herzen; **yüreğini dağlamak** zutiefst rühren (**-in** jdn)

yüreklendirici *adj* ermutigend

yüreklendirmek *vt* ① *Kausativ zu* **yüreklenmek** ② ermutigen (**-i** jdn)

yüreklenmek *vi* Mut fassen

yürekli *adj* beherzt, tapfer

yüreklilik (-ği) *s* Mut *m,* Tapferkeit *f*
yüreksiz *adj* ① mutlos ② feige, furchtsam
yüreksizlik (-ği) *s* ① Feigheit *f* ② Mutlosigkeit *f*
yürekten **I.** *adj* innig, herzlich **II.** *adv* nach bestem Wissen und Gewissen
yürümek *vi* ① (zu Fuß) gehen ② marschieren ③ wandern ④ (*Fahrzeug*) fahren ⑤ (*Kleinkind*) laufen können ⑥ (*Angelegenheit*) gut vorangehen ⑦ schneller gehen; **yürüyen merdiven** Rolltreppe *f;* **yürüyen şerit** Förderband *nt;* **yürüyerek** zu Fuß
yürürlük (-ğü) *s* Gültigkeit *f;* ~ **süresi** Gültigkeitsdauer *f;* **yürürlüğe girme** Inkrafttreten *nt;* **yürürlüğe girmek** in Kraft treten; **yürürlüğe sokma** Inkraftsetzung *f;* **yürürlüğe sokmak** in Kraft setzen (-**i** etw); **yürürlükte olmak** gelten, in Kraft sein
yürüteç (-ci) *s* Gehhilfe *f*
yürütmek *vt* ① *Kausativ zu* **yürümek** ② durchführen, ausführen (-**i** etw) ③ (*Fahrzeug*) fahren (-**i** etw) ④ (*lenken*) führen (-**i** etw) ⑤ in Gang bringen (-**i** etw) ⑥ (*Angelegenheit*) betreuen (-**i** etw) ⑦ (*Motor*) anlassen (-**i** etw) ⑧ (*Meinung*) äußern, vorbringen (-**i** etw) ⑨ (*Urteil*) vollstrecken (-**i** etw) ⑩ (*fam*) klauen, mitgehen lassen (-**i** etw)
yürütüm *s* Durchführung *f*
yürüyüş *s* ① Gang *m* ② Marsch *m,* Demonstrationsmarsch *m* ③ Wanderung *f* ④ Entwicklung *f*
yüz **I.** *num* hundert; ~ **bin** hunderttausend; ~ **misli** [*o* **katı**] hundertfach, hundertmal so viel, das Hundertfache; ~ **defa** [*o* **kere**] hundertmal; ~ **türlü** hunderterlei; **yüzde** Prozent *nt,* Hundertstel *nt;* **yüzde** ~ hundertprozentig **II.** *s* ① Gesicht *nt* ② (*von Stoff, Kleidungsstück*) Außenseite *f,* rechte Seite *f* ③ Vorderseite *f* ④ Oberfläche *f* ⑤ Seite *f* ⑥ Frechheit *f,* Dreistigkeit *f;* ~ **çizgisi** [*o* **hattı**] Gesichtszug *m;* ~ **germe** Facelifting *nt;* ~ **ifadesi** Gesichtsausdruck *m;* ~ **vermek** verwöhnen (-**e** jdn); **yüzüne gülmek** jdm ins Gesicht lachen; **yüzüne karşı söylemek** jdm etwas ins Gesicht sagen; **birinin yüzünü güldürmek** jdm Anlass zur Freude geben; **yüzünü gözünü oynatmak** Fratzen schneiden
yüzbaşı (-nı) *s* MIL Hauptmann *m*
yüzde *s* Prozent *nt;* ~ **on** zehn Prozent; ~ **yüz** hundert Prozent, hundertprozentig
yüzdelik (-ği) *s* ① Prozentsatz *m* ② COMM Provision *f*
yüzdürmek *vt* ① *Kausativ zu* **yüzmek** ② (wieder)flottmachen (-**i** etw)
yüzer *num* je hundert
yüzey *s* Oberfläche *f;* ~ **ölçüsü** Flächenmaß *nt*
yüzeysel *adj* ① Oberflächen- ② flüchtig, oberflächlich
yüzeysellik (-ği) *s* (*a. fig*) Oberflächlichkeit *f*
yüzgeç (-ci) *s* ① Flosse *f* ② (*fam*) guter Schwimmer
yüzkarası (-nı) *s* (*fam*) Schande *f*
yüzlerce *num* zu Hunderten, Hunderte von ...
yüzleşmek *vi* ① zusammentreffen (**ile** mit jdm) ② konfrontiert werden (**ile** mit jdm)
yüzleştirmek *vt* ① *Kausativ zu* **yüzleşmek** ② zusammenbringen (-**i ile** jdn mit jdm) ③ konfrontieren (-**i ile** jdn mit jdm)
yüzme *s* ① *Verbalsubstantiv zu* **yüzmek** ② Schwimmen *nt;* ~ **bilmeyen** Nichtschwimmer(in) *m(f);* **yüzme havuzu** Schwimmbad *nt,* Schwimmbecken *nt;* ~ **sporu** Schwimmsport *m*
yüzmek (-er) *vt, vi* ① (*Tier*) abhäuten (-**i** etw) ② schwimmen ③ im Überfluss haben, schwimmen (in) (**bir şey içinde** in etw); **yüzmeye gitmek** schwimmen gehen
yüznumara *s* (*fam*) Klo *nt*
yüzölçümü (-nü) *s* ① Flächeninhalt *m* ② Flächenmaß *nt*
yüzsüz *adj* (*fam*) unverschämt, frech
yüzsüzlük (-ğü) *s* (*fam*) Unverschämtheit *f,* Frechheit *f*
yüzücü **I.** *s* Schwimmer(in) *m(f)* **II.** *adj* schwimmend
yüzük (-ğü) *s* Ring *m*
yüzükparmağı (-nı) *s* Ringfinger *m*
yüzüncü *adj* hundertste(r, s)
yüzünden *präp* wegen (**...** *+gen*); **senin yüzünden** deinetwegen; **benim yüzümden** meinetwegen
yüzyıl *s* Jahrhundert *nt*

Zz

Z, z *s 29. Buchstabe des türk. Alphabets*
zabıt (**-ptı**) *s* Protokoll *nt*
zabıta *s* (*besonders städtische*) Polizei *f*
zafer *s* Sieg *m*, Triumph *m*; **Zafer Bayramı** Siegesfest *nt*; ~ **kazanmak** siegen; ~ **takı** Triumphbogen *m*

Der **Zafer Bayramı** am 30. August ist ein Nationalfeiertag zum Gedenken an den Sieg über die griechischen Invasoren. Nach dem Ersten Weltkrieg teilten die europäischen Siegermächte die Türkei unter sich auf. Während England, Italien und Frankreich sich bald zurückzogen, versuchte Griechenland große Teile Westanatoliens für immer einzunehmen. Die türkische Nationalversammlung unter Führung von Atatürk beschloss gegen die Invasoren vorzugehen. Im Befreiungskrieg (‚Kurtuluş Savaşı'), von 1920 bis 1922, wurden die Griechen dann aus der Türkei vertrieben.

zafiyet (**-ti**) *s* ① Schwächeanfall *m* ② Schwäche *f* ③ Magersucht *f*
zahire *s* ① Lebensmittel *pl* ② Getreide *nt*; ~ **ambarı** Kornkammer *f*
zahmet (**-ti**) *s* ① Bemühung *f*, Mühe *f* ② Schwierigkeit *f* ③ Mühe *f*, Umstände *pl*; ~ **çekmek** sich plagen; ~ **etmek** sich bemühen; ~ **etmeyin!** machen Sie sich keine Umstände!, bemühen Sie sich nicht!, machen Sie sich keine Mühe!; **bu, zahmete değmez** das ist nicht der Mühe wert
zahmetli *adj* mühsam, mühselig, umständlich
zahmetsiz *adj* mühelos, leicht, bequem
zahmetsizlik (**-ği**) *s* Leichtigkeit *f*, Mühelosigkeit *f*
Zaire *s* Zaire *nt*
zakkum *s* Oleander *m*
zalim *adj* erbarmungslos, grausam, tyrannisch
zam (**-mmı**) *s* ① Zulage *f* ② Erhöhung *f* ③ (*zu einer Gebühr*) Zuschlag *m* ④ Verteuerung *f*
zaman *s* ① Zeit *f* ② Zeitpunkt *m* ③ Zeitalter *nt* ④ Tempus *nt* ⑤ Formation *f*; ~ ~ von Zeit zu Zeit; ~ **ayırmak** sich Zeit lassen; ~ **kaybı** Zeitverlust *m*; **bu, ~ meselesi** es ist eine Frage der Zeit; **uyku zamanı** Schlafenszeit *f*; **iş zamanı** Arbeitszeit *f*; **zamanında** zur rechten Zeit, rechtzeitig, seinerzeit; **tam zamanında** im richtigen Augenblick; **zamanla** im Laufe der Zeit, mit der Zeit; **zamanla yarışma** Wettlauf *m* gegen die Uhr
zamanaşımı (**-nı**) *s* Verjährung *f*; **zamanaşımına uğramak** verjähren
zamanlı *adv* pünktlich, rechtzeitig
zamansız *adj, adv* unerwartet
zambak (**-ğı**) *s* Lilie *f*
Zambia *s* Sambia *nt*
zamir *s* Fürwort *nt*, Pronomen *nt*
zamk (**-kı**) *s* ① Klebstoff *m*, Leim *m* ② Gummiharz *nt*
zamklamak *vt* (mit Klebstoff) kleben (**-i** etw)
zamklı şerit (**-di**) *s* Klebeband *nt*
zammı (**-nı**) *s Possessivform zu* **zam** die Erhöhung von …
zampara *s* Schürzenjäger *m*
zan (**-nnı**) *s* ① Vermutung *f* ② Verdacht *m* ③ Anschuldigung *f*; ~ **altında bulundurmak** verdächtigen (**-i** jdn)
zangoç (**-cu**) *s* ① Küster *m* ② Glöckner *m*
zanlı *adj* ① mutmaßlich ② verdächtigt ③ angeklagt
zannetmek (**-der**) *vt* meinen, vermuten (**-i** etw)
zannı (**-nı**) *s Possessivform zu* **zan** seine/ihre Vermutung
zaplamak *vi* (*beim Fernsehen*) zappen
zapping yapmak *vi* (*beim Fernsehen*) *s.* **zaplamak**
zapt *s* ① gewaltsame Wegnahme ② Beherrschung *f* ③ Protokollierung *f*; **zapta geçirilmiş** protokolliert
zaptetmek (**-der**) *vt* ① (*auch gewaltsam*) besetzen (**-i** etw) ② beherrschen, bezähmen (**-i** etw) ③ protokollieren (**-i** etw)
zar *s* ① Häutchen *nt* ② Pelle *f* ③ (*Spiel-*) Würfel *m*; ~ **atmak** würfeln; ~ **oyunu** Würfelspiel *nt*; ~ **tutmak** (*beim Würfeln*) mogeln; (*vulg*) Taschenbillard spielen; ~ **gibi** sehr fein, hauchdünn
zarafet (**-ti**) *s* ① Eleganz *f*, Schick *m* ② Vornehmheit *f*
zarar *s* ① Schaden *m*, Verlust *m* ② Nachteil *m*; ~ **ödeneği** Entschädigung *f*; ~ **vermek** schaden (**-e** jdm/einer Sache); **zarara sokmak** schädigen, benachteiligen (**-i** jdn); **zararı dokunmak** schaden, Schaden zufügen (**-e**

jdm); **zararı yok** das macht nichts; **zararına** zu Ungunsten (**-in** *+gen*); **zararını çıkarmak** sich bezahlt machen

zararlı *adj* ❶ schädlich (**-e** für jdn/etw) ❷ nachteilig (**-e** für jdn/etw); ~ **böcekler** Ungeziefer *nt;* ~ **madde** Schadstoff *m*

zararsız *adj* ❶ unschädlich, harmlos ❷ (*a. fig*) nicht übel; ~ **hale sokmak** entschärfen (**-i** etw)

zararsızlık (**-ğı**) *s* Harmlosigkeit *f*

zarf *s* ❶ (*Brief-*) Umschlag *m* ❷ Futteral *nt,* Hülle *f* ❸ Umstandswort *nt,* Adverb *nt* ❹ *Untersetzer für Mokkatässchen*

zarfında *präp* innerhalb, binnen (**...** *+gen*)

zarif *adj* ❶ schick, elegant ❷ vornehm, fein ❸ schön

zaruret (**-ti**) *s* ❶ Zwang *m,* Zwangslage *f* ❷ Elend *nt,* Not *f*

zar zor *adv* mit Mühe und Not

zaten *adv* ohnehin, sowieso

zatülcenp (**-bi**) *s* ❶ Brustfellentzündung *f* ❷ Rippenfellentzündung *f*

zatürre *s* Lungenentzündung *f*

zavallı *adj* ❶ (*bedauernswert*) arm ❷ (*hilflos*) schwach; ~ **ben!** ich Arme(r)!

zayıf *adj* ❶ mager, dürr ❷ schmächtig, schmal ❸ schwach, schwächlich ❹ (*fig*) schwach ❺ (*Schulnote*) ungenügend; ~ **akıllı** schwachsinnig, Schwachsinnige(r) *f(m);* ~ **düşmek** schwach werden; ~/**güçlü yön** [*o* **taraf**] schwache/starke Seite; ~ **nokta** Schwachstelle *f*

zayıflamak *vi* ❶ (*an Gewicht*) abnehmen ❷ abmagern ❸ schlanker werden ❹ schwach werden ❺ (*Gedächtnis*) nachlassen

zayıflatmak *vt* ❶ *Kausativ zu* **zayıflamak** ❷ entkräften, schwächen (**-i** jdn/etw)

zayıflık (**-ğı**) *s* ❶ (*a. fig*) Schwäche ❷ Schlankheit *f* ❸ Magerkeit *f*

zebra *s* Zebra *nt*

zedelemek *vt* ❶ schaden, beeinträchtigen (**-i** etw) ❷ (*beschädigen*) ramponieren (**-i** etw) ❸ quetschen (**-i** etw)

zehir (**-hri**) *s* Gift *nt*

zehirleme *s* ❶ *Verbalsubstantiv zu* **zehirlemek** ❷ Vergiftung *f*

zehirlemek *vt* ❶ vergiften (**-i** jdn/etw) ❷ (*Laune*) verderben (**-i** etw)

zehirlenme *s* ❶ *Verbalsubstantiv zu* **zehirlenmek** ❷ Vergiftung *f*

zehirlenmek *vi* vergiftet werden

zehirli *adj* giftig, Gift-; ~ **çöp** Giftmüll *m;* ~ **gaz** Giftgas *nt;* ~ **yılan** Giftschlange *f*

zehretmek (**-der**) *vt* ❶ *Kausativ zu* **zehrolmak** ❷ vergiften, vergällen (**-e -i** jdm etw) ❸ (*Liebe*) ersticken; (*Gefühle*) abtöten (**-i** etw)

zehri (**-ni**) *s Possessivform zu* **zehir** das Gift von ...

zehrolmak *vi* vergällt werden (**-e** jdm)

zeka *s* ❶ Intelligenz *f,* Klugheit *f* ❷ Verstand *m;* ~ **oranı** Intelligenzquotient *m*

zekat (**-tı**) *s* (*islamisch*) Almosen *nt*

zeki *adj* intelligent, klug

zelzele *s* (*fam*) Erdbeben *nt*

zemberek (**-ği**) *s* (*von Uhr*) Feder *f;* **zehir** ~ sehr bitter

zembil *s* (*Einkaufs-*) Korb *m*

zemin *s* ❶ Grund *m,* Boden *m* ❷ Basis *f,* Grundlage *f* ❸ Grundton *m;* ~ **katı** Erdgeschoss *nt,* Parterre *nt*

zencefil *s* Ingwer *m*

zengin I. *adj* ❶ reich ❷ reichhaltig **II.** *s* Reiche(r) *f(m);* ~ **kaynak** Fundgrube *f*

zenginleşmek *vi* ❶ reich(er) werden ❷ sich bereichern

zenginleştirmek *vt* ❶ *Kausativ zu* **zenginleşmek** ❷ reich(er) machen (**-i** jdn) ❸ bereichern (**-i** jdn)

zenginlik (**-ği**) *s* Reichtum *m,* Wohlstand *m*

zerre *s* ❶ Teilchen *nt,* Partikel *nt o f* ❷ Staubkörnchen *nt* ❸ Molekül *nt* ❹ Spur *f*

zerrin I. *s* Narzisse *f* **II.** *adj* golden, aus Gold

zeval (**-li**) *s* Ende *nt,* Untergang *m*

zevk (**-ki**) *s* ❶ Genuss *m,* Vergnügen *nt,* Lust *f* ❷ (*Freude*) Spaß *m* ❸ Geschmack *m;* ~ **almak** [*o* **duymak**] Spaß haben (**-den** an etw); ~ **meselesi** Geschmack(s)sache *f;* ~ **sahibi olmak** Geschmack haben; ~ **vermek** Spaß machen (**-e** jdm); **zevkini çıkarmak** genießen (**-in** etw)

zevkli *adj* ❶ geschmackvoll ❷ vergnüglich

zevksiz *adj* ❶ geschmacklos ❷ langweilig, reizlos

zevksizlik (**-ği**) *s* Geschmacklosigkeit *f*

zeytin *s* Olive *f;* ~ **ağacı** Ölbaum *m;* ~ **dalı** Ölzweig *m;* ~ **yeşili** olivgrün

zeytinlik (**-ği**) *s* Olivenhain *m*

zeytinyağı (**-nı**) *s* Olivenöl *nt*

zeytuni *adj* olivgrün

zıbarmak *vi* ❶ verenden ❷ (*vulg*) krepieren, verrecken ❸ (*pej: Betrunkener*) schlafen wie ein Sack

zıddı (**-nı**) *s Possessivform zu* **zıt** das Gegenteil von ...
zılgıt (**-dı**) *s* (*fam*) Anpfiff *m*
zımba *s* ① (*Papier-*) Locher *m* ② Stanze *f* ③ Perforierung *f*
zımbalamak *vt* lochen, (aus)stanzen, perforieren (**-i** etw)
zımpara *s* Schmirgel *m;* ~ **kâğıdı** Schmirgelpapier *nt*
zındık (**-ğı**) *s* (*fam*) Ketzer(in) *m(f)*
zıp *interj* zack; **sevinçten** ~ ~ **hoplamak** einen Freudentanz aufführen
zıpçıktı *s* (*fam*) Emporkömmling *m*
zıpır *adj* ① (*fam*) bescheuert ② (*fam*) überspannt, skurril
zıpkın *s* Harpune *f*
zıplamak *vi* ① hüpfen ② in die Höhe springen ③ zurückprallen
zıpzıp (**-pı**) *s* Murmel *f*
zırdeli *adj* (*fam*) ballaballa
zırh *s* ① Panzer *m* ② Panzerung *f*
zırhlı *adj* gepanzert, Panzer-
zırlamak *vi* (*fam*) ① (*Kind*) plärren ② viel labern
zırva *s* (*fam*) Quatsch *m*
zırvalamak *vi* (*fam*) dummes Zeug reden
zıt (**-ddı**) **I.** *adj* entgegengesetzt **II.** *s* Gegenteil *nt,* Gegensatz *m* **III.** *adv* zuwider
zıvana *s* ① Hülse *f,* Röhrchen *nt* ② Keilnute *f* ③ Mundstück *nt;* ~ **yuvası** Fuge *f;* **birini zıvanadan çıkarmak** jdn aus dem Häuschen bringen; **zıvanadan çıkmak** außer Rand und Band sein, aus der Haut fahren; **zıvanadan çıkmış** fuchsteufelswild
zifaf *s* erstes eheliches Zusammensein; ~ **gecesi** Hochzeitsnacht *f*
zifiri *adj* stockfinster; ~ **karanlık** Finsternis *f,* stockfinster
zift (**-ti**) *s* Pech *nt*
zihin (**-hni**) *s* ① Intellekt *m,* Geist *m* ② Gedächtnis *nt* ③ Verstand *m;* **zihnini kurcalamak** seinen Kopf anstrengen
zihinsel *adj* geistig, intellektuell; ~ **özürlü** geistig behindert
zihni *adj* ① intellektuell ② geistig, Kopf-
zihni (**-ni**) *s Possessivform zu* **zihin** sein/ihr Intellekt *m*
zihniyet (**-ti**) *s* Mentalität *f*
zikzak (**-ğı**) **I.** *s* Zickzack *m* **II.** *adv* im Zickzack; ~ **gitmek** im Zickzack gehen
zil *s* ① Klingel *f* ② (*am Tamburin*) Schelle *f* ③ Kastagnette *f* ④ Zimbel *nt;* ~ **çalıyor** es läutet [*o* klingelt]; ~ **düğmesi** Klingelknopf *m*
Zimbabve *s* Simbabwe *nt*
zimmet (**-ti**) *s* ① Obliegenheit *f* ② Schuld *f* ③ Soll *nt* ④ Passiva *pl;* **zimmetine geçirmek** hinterziehen, unterschlagen, jds Konto belasten
zina *s* ① Ehebruch *m* ② wilde Ehe; ~ **işlemek** Ehebruch begehen
zincifre *s* Zinnober *m;* ~ **kırmızısı** (*Farbe*) Zinnober *m*
zincir *s* Kette *f;* **zincire vurmak** fesseln, in Ketten legen (**-i** jdn)
zincirleme **I.** *s Verbalsubstantiv zu* **zincirlemek** **II.** *adj* kettenartig; ~ **reaksiyon** Kettenreaktion *f;* ~ **usulü** (**çalışma**) Fließbandarbeit *f*
zincirlemek *vt* ① anketten (**-i** etw) ② aneinanderreihen (**-i** etw) ③ in Ketten legen (**-i** jdn)
zindan *s* Kerker *m;* ~ **gibi** stockfinster
zinde *adj* munter, frisch
ziraat (**-tı**) *s* ① Landwirtschaft *f* ② Anbau *m*
zirai *adj* landwirtschaftlich
zirve *s* ① (*Berg-*) Gipfel *m* ② (*Baum-*) Wipfel *m* ③ Höhe *f* ④ Höhepunkt *m;* ~ **toplantısı** Gipfelkonferenz *f,* Gipfeltreffen *nt*
zirzop (**-pu**) **I.** *s* (*fam*) Verrückte(r) *f(m)* **II.** *adj* verrückt, übergeschnappt
ziyade **I.** *s* Mehr *nt* **II.** *adj* ① (zu) viel ② äußerste(r, s) **III.** *adv* ① mehr (**-den** als) ② vielmehr
ziyafet (**-ti**) *s* Festessen *nt*
ziyan *s* ① Verlust *m* ② Schaden *m* ③ Beschädigung *f*
ziyaret (**-ti**) *s* Besuch *m;* ~ **etmek** besuchen (**-i** jdn); ~ **saatleri** Besuchszeit *f;* ~ **yeri** Pilgerstätte *f*
ziyaretçi *s* Besucher(in) *m(f);* ~ **defteri** Gästebuch *nt*
ziyaretgah *s* Pilgerstätte *f,* Pilgerort *m*
zom *adj* (*fam*) besoffen
zona *s* Gürtelrose *f*
zonklamak *vi* schmerzen
zooloji *s* Zoologie *f*
zoolojik *adj* zoologisch
zor **I.** *adj* schwierig, schwer **II.** *s* ① Zwang *m* ② Gewalt *f* ③ Schwierigkeit *f* **III.** *adv* knapp, gerade noch; ~ **bulunur** schwer erhältlich; ~ **kullanma** Gewaltanwendung *f;* ~ **kullanmak** Zwang anwenden
zoraki *adj* gezwungen, ungewollt
zorba **I.** *adj* ① gewalttätig, brutal ② despo-

tisch **II.** *s* Despot(in) *m(f)*

zorbalık (**-ğı**) *s* Gewalttätigkeit *f,* Brutalität *f*

zorla *adv* ① mit Gewalt ② schwer ③ gezwungenermaßen

zorlama *s* ① *Verbalsubstantiv zu* **zorlamak** ② Nötigung *f;* ~ **tedbirleri** Sanktionen *pl,* Repressalien *pl*

zorlamak *vt* ① zwingen, nötigen, drängen (**-i -e** jdn zu etw) ② erzwingen (**-i** etw) ③ mit Gewalt öffnen (**-i** etw)

zorlaşmak *vi* schwierig(er) werden

zorlaştırmak *vt* ① *Kausativ zu* **zorlaşmak** ② erschweren (**-i** etw)

zorlu *adj* ① (*Wind, Regen*) heftig ② (*Gegner*) gewaltsam ③ tatkräftig, entschlossen

zorluk (**-ğu**) *s* Schwierigkeit *f*

zorunda *adj* genötigt, gezwungen; ~ **olmak** [*o* **kalmak**] gezwungen sein (**-mek** etw zu tun)

zorunlu *adj* ① notwendig, unentbehrlich, unerlässlich ② obligatorisch ③ zwangsläufig ④ unvermeidlich; ~ **durum** Notlage *f,* Zwangslage *f;* ~ **kılmak** erfordern (**-i** etw)

zorunluluk (**-ğu**) *s* ① Notwendigkeit *f,* Unentbehrlichkeit *f* ② Zwangsläufigkeit *f* ③ Unvermeidbarkeit *f*

zulmetmek (**-der**) *vi* misshandeln, tyrannisieren (**-e** jdn)

zulüm (**-lmü**) *s* ① Grausamkeit *f,* Gräueltat *f* ② Tyrannei *f,* Unterdrückung *f*

zumlamak *vi* zoomen

zurna *s* türkische Oboe *f*

Die **zurna** ist eine türkische Oboe mit durchdringendem Laut. Sie ist bei der traditionellen Hochzeitsfeier auf dem Lande unentbehrlich, wo eine Zweimannkapelle mit ‚zurna' und ‚davul' (Trommel) aufspielt.

zücaciye *s* Glas-/Porzellanwaren *pl*

züğürt (**-dü**) *adj* pleite

zühreví hastalık (**-ğı**) *s* Geschlechtskrankheit *f*

zümre *s* Klasse *f*

zümrüt (**-dü**) **I.** *s* Smaragd *m* **II.** *adj* smaragden, Smaragd-

züppe **I.** *s* Modenarr *m,* Snob *m,* Dandy *m* **II.** *adj* snobistisch, dandyhaft

zürafa *s* ① Giraffe *f* ② (*fam*) Lesbe *f*

Türkische Kurzgrammatik

Das türkische Alphabet basiert seit 1928 auf lateinischen Buchstaben. Es besteht aus 8 Vokalen und 21 Konsonanten: A B C Ç D E F G Ğ H I İ J K L M N O Ö P R S Ş T U Ü V Y Z

Vokalharmonie und Konsonantenwandel

Vokale und Konsonanten unterliegen bestimmten Regeln, die ein Schlüssel zum Verständnis der türkischen Grammatik sind. Es handelt sich dabei um die Vokalharmonie und den Konsonantenwandel. Diese sind insbesondere bei der Bildung von grammatischen Endungen sehr wichtig, die wiederum eine der wesentlichen Besonderheiten der türkischen Sprache darstellen.

Die Vokalharmonie

Zunächst unterscheidet man zwischen hellen und dumpfen Vokalen:

helle Vokale	e, i, ö, ü
dumpfe Vokale	a, ı, o, u

Alle türkischen Wörter und Endungen unterliegen der Vokalharmonie. Diese besagt, dass in einem Wort entweder **helle** oder **dumpfe** Vokale vorhanden sind und die Vokale der Endungen mit dem letzten Vokal des Wortstammes harmonieren müssen. Man unterscheidet zwischen kleiner und großer Vokalharmonie.

<table>
<tr><th colspan="9">Vokalharmonie</th></tr>
<tr><td rowspan="2">Kl. Vokalharm.</td><td colspan="2">Vokal in der Endsilbe des Wortstammes</td><td colspan="2">Vokal der Endung</td><td colspan="2">Vokal in der Endsilbe des Wortstammes</td><td colspan="2">Vokal der Endung</td></tr>
<tr><td colspan="2">a
ı
o
u</td><td colspan="2">a</td><td colspan="2">e
i
ö
ü</td><td colspan="2">e</td></tr>
<tr><td rowspan="2">Gr. Vokalharm.</td><td>Vokal in der Endsilbe des Wortstammes</td><td>Vokal der Endung</td><td>Vokal in der Endsilbe des Wortstammes</td><td>Vokal der Endung</td><td>Vokal in der Endsilbe des Wortstammes</td><td>Vokal der Endung</td><td>Vokal in der Endsilbe des Wortstammes</td><td>Vokal der Endung</td></tr>
<tr><td>a
ı</td><td>ı</td><td>e
i</td><td>i</td><td>o
u</td><td>u</td><td>ö
ü</td><td>ü</td></tr>
</table>

Ausnahmen sind Fremd- bzw. Lehnwörter (z.B. *kalem*, *otel*), Wortzusammensetzungen (z.B. *yayınevi*) sowie türkische Wörter, deren Aussprache sich mit der Zeit gewandelt hat (z.B. *alma – elma*). Ferner gibt es im Türkischen starre Endungen, die durch die Vokalharmonie nicht geändert werden (z.B. *-yor* = Präsensendung).

Der Konsonantenwandel

Die Konsonanten teilen sich in **harte** (stimmlose) (ç, f, h, k, p, s, ş, t) und in **weiche** (stimmhafte) Konsonanten (b, c, d, g, ğ, j, l, m, n, r, v, y, z). Einem Harmoniegesetz zufolge werden harte Konsonanten in entsprechende weiche umgewandelt, wenn sie durch eine Endung zwischen zwei Vokale geraten:

harte Konsonanten			weiche Konsonanten		
ç	ağa**ç**	(der Baum)	c	ağa**c**ın	(des Baumes)
k	çocu**k**	(das Kind)	ğ	çocu**ğa**	(dem Kind)
p	çora**p**	(der Strumpf)	b	çora**b**ı	(den Strumpf)
t	kana**t**	(der Flügel)	d	kana**d**ı	(den Flügel)

Ausnahmen von dieser Regel bilden viele einsilbige Wörter: z.B. a**t** (das Pferd) – a**t**ım (mein Pferd). Es gibt aber auch Ausnahmen bei mehrsilbigen Wörtern, gerade bei solchen, die auf *t* auslauten. Das auslautende *t* wird seltener erweicht als die anderen harten Konsonanten:

hürriye**t** (die Freiheit) – hürriye**t**e (der Freiheit)

Wenn ein Wort mit einem harten Konsonant auslautet, muss der eigentlich weiche Konsonant der angefügten Endung, (z.B. Lokativendung -de/-da) zu einem harten Konsonanten umgewandelt werden (-te/-ta):

ağaç (der Baum) – ağaç-**ta** (auf dem Baum)

Wegfall des zweiten Vokals

Bei manchen zweisilbigen Substantiven fällt der Vokal der zweiten Silbe beim Antritt von vokalisch anlautenden Endungen (Endungen, die mit einem Vokal beginnen, nämlich die Possessivendungen und die Dativ-, Akkusativ- und Genitivendungen) weg.

şehir (die Stadt)	şehr**e** **(in die** Stadt)
burun (die Nase)	burn**um** **(meine** Nase)

Das Substantiv (Hauptwort)

Mit Ausnahme von Eigennamen werden alle Substantive klein geschrieben. Das Türkische kennt **keine bestimmten Artikel** (Geschlechtswörter) sondern nur den **unbestimmten Artikel** *bir* (z.B. ein Kind – bir çocuk). *Bir* dient auch als Zahlwort (eins). Es wird nicht dekliniert und hat keine Verneinungsform. Zur **Pluralbildung** dient die Endung *-ler/-lar.* Sie richtet sich nach der kleinen Vokalharmonie und wird an das Substantiv angefügt:

Singular		Plural (-lar/-ler)	
baba	(der Vater)	babalar	(die Väter)
anne	(die Mutter)	anneler	(die Mütter)
çocuk	(das Kind)	çocuklar	(die Kinder)

Nach Zahlwörtern wird immer der Singular des Substantivs gebraucht:

üç kişi	iki ekmek	on bir oyuncu
drei Personen	zwei Brote	elf Spieler

Ebenso steht nach dem Adjektiv *çok* (viel) der Singular:

çok çocuk	çok insan	çok araba
viele Kinder	viele Menschen	viele Autos

Die Fallendungen im Plural sind vollkommen identisch mit denen im Singular. Sie treten an die Pluralform. Auch hier gilt wieder die Vokalharmonie:

Nominativ (Wer? Was?)	Ekmekler taze. (Die Brote sind frisch)
Akkusativ (Wen, Was?)	Bugün sarayları gezeceğiz. (Heute werden wir die Paläste besichtigen.)
Dativ (Wem, Wohin?)	Bu akşam arkadaşlar**a** gideceğiz. (Heute abend werden wir zu Freunden gehen.)
Genitiv (Wessen?)	Bu arkadaşlar**ın** oteli nerede? (Wo ist das Hotel dieser Freunde?)

Die Deklination des Substantivs

Es gibt im Türkischen fünf Deklinationsformen und einen Attributsfall, der dem Genitiv im Deutschen entspricht. Die Deklinationsendungen werden an das Substantiv angehängt und richten sich nach der Vokalharmonie (im Akk. und Gen. die große, ansonsten die kleine). Bei vokalisch auslautenden Substantiven kommt zwischen Wortstamm und Deklinationsendung ein Fugenkonsonant (bei Akk. und Dat. *-y-*, bei Gen. *-n-*). Bei hartem konsonantischem Auslaut muss der nötige Konsonantenwandel (s.o.) berücksichtigt werden.

Fall	Deklinations-endungen	Substantiv endet mit Vokal	Substantiv endet mit weichem Konsonant	Substantiv endet mit hartem Konsonant	Pluralbildung
Nominativ Wer? Was?	–	araba (der Wagen)	ev (das Haus)	çocuk (das Kind)	arabalar (die Wagen) evler (die Häuser) çocuklar (die Kinder)
Akkusativ Wen? Was?	-ı, -i, -u, -ü	araba-y-ı (den Wagen)	ev-i (das Haus)	çocuğ-u (das Kind)	arabalar-ı (die Wagen) evler-i (die Häuser) çocuklar-ı (die Kinder)
Dativ Wem? Wohin?	-e, -a	araba-y-a (dem Wagen)	ev-e (dem Haus/ ins Haus)	çocuğ-a (dem Kind)	arabalar-a (den Wagen) evler-e (den Häusern) çocuklar-a (den Kindern)
Lokativ Wo? Wann?	-de, -da	araba-da (im Wagen)	ev-de (im Haus)	çocuk-ta (beim Kind)	arabalar-da (in den Wagen) evler-de (in den Häusern) çocuklar-da (bei den Kindern)

Ablativ Woher? Von wem?	-den, -dan	araba-dan (aus dem/ vom Wagen)	ev-den (aus dem/ vom Haus)	çocuk-tan (vom Kind)	arabalar-dan (von/aus den Wagen) evler-den (von/aus den Häusern) çocuklar-dan (von den Kindern)
Genitiv Wessen?	-ın, -in, -un, -ün	araba-n-ın (des Wagens)	ev-in (des Hauses)	çocuğ-un (des Kindes)	arabalar-ın (der Wagen) evler-in (der Häuser) çocuklar-ın (der Kinder)

Bei Eigennamen wird die Endung mit einem Apostroph abgetrennt (z.B. İstanbul'da).

Die Genitivkonstruktion

Bei der Genitivkonstruktion werden zwei Substantive miteinander verbunden.

a) Die bestimmte Genitivkonstruktion: Das erste Substantiv ist das Bestimmungswort und bekommt die Genitivendung (-ın/-in/-un/-ün). Das zweite Wort ist das Grundwort und bekommt die Possessivendung der 3. Pers. Sing. oder Pl. (s. auch Kap. zu Possessiv):

ev-in anahtar-ı	der Schlüssel des Hauses
evler-in anahtar-ları	die Schlüssel der Häuser

b) Die unbestimmte Genitivkonstruktion bezeichnet einen Gattungsbegriff oder dient der Wortzusammensetzung. Hier bekommt das Bestimmungswort keine Genitivendung, aber das Grundwort behält die Possessivendung bei:

ev anahtar-ı	der Hausschlüssel
ev anahtar-ları	die Hausschlüssel

Das Adjektiv (Eigenschaftswort)

Im Türkischen wird das Adjektiv nicht dekliniert, außer wenn es substantivisch gebraucht wird.

- **Das adverbiale Adjektiv:** Das Adjektiv steht vor einem Verb und charakterisiert dieses näher:
  Kadın **güzel** konuşuyor. (Die Frau spricht schön.)
- **Das attributive Adjektiv:**
  Das Adjektiv steht, wie im Deutschen, immer vor dem Substantiv:
  güzel kadın (die schöne Frau), **güzel** kadınlar (schöne Frauen)
  Der unbestimmte Artikel kann vor dem Adjektiv oder zwischen Adjektiv und Substantiv stehen:
  bir **güzel** kadın/**güzel** bir kadın (eine schöne Frau)
- **Das prädikative Adjektiv:** Bei prädikativem Gebrauch steht das Adjektiv am Satzende und erhält eine Personalendung, die der deutschen Kopula „sein" entspricht:
  Bu kadın **güzel**. (Diese Frau ist schön.) (vgl. Absatz über die Kopula „sein").
- **Das substantivierte Adjektiv** wird dekliniert:
  Nom.: **güzel** (die Schöne) Gen.: **güzel**in gözleri (die Augen der Schönen)

Steigerung und Vergleich

Das Adjektiv wird mit den Wörtern *daha* und *en* gesteigert.

güzel (schön)	daha güzel (schöner)	en güzel (am schönsten)

Bei einem Vergleich erhält das Substantiv, mit dem verglichen wird, die Ablativendung *-den/ -dan* und steht vor dem Adjektiv. *Daha* ist dann nicht mehr notwendig und hat, wenn es doch gebraucht wird, die Bedeutung „noch".

Positiv	İzmir **büyük** bir şehirdir. (Izmir ist eine große Stadt.)
Komparativ	İstanbul İzmir'**den (daha) büyük**tür. (Istanbul ist (noch) größer als İzmir.)
Superlativ	İstanbul Türkiye'nin **en büyük** şehridir. (Istanbul ist die größte Stadt der Türkei.)

Für Vergleichssätze werden kadar (so ... wie), gibi (wie bzw. so ... wie) oder kere/defa (-mal so ... wie) benutzt:

İngilizce **kadar** iyi Almanca bilmiyorum.	Ich kann nicht so gut Deutsch wie Englisch.
İngilizce Almanca **gibi** zor değil.	Englisch ist nicht so schwer wie Deutsch.
Türkiye, Almanya'**dan** üç **kere** daha büyük.	Die Türkei ist dreimal so groß wie Deutschland.

Die Pronomen (Fürwörter)

Im Türkischen gibt es Personal-, Possessiv-, Demonstrativ-, Reflexiv- und Fragepronomen. Mit dem Deutschen vergleichbare Relativpronomen gibt es nicht.

Personalpronomen (Persönliche Fürwörter)

Nominativ (Wer?)	**Akkusativ** (Wen?)	**Dativ** (Wem? Wohin?)	**Lokativ** (Wo? Bei wem?)	**Ablativ** (Woher? Von wem?)
ben (ich)	ben**i** (mich)	ban**a** (mir, zu mir)	ben**de** (bei mir)	ben**den** (von mir)
sen (du)	sen**i** (dich)	san**a** (dir, zu dir)	sen**de** (bei dir)	sen**den** (von dir)
o (er, sie, es)	on**u** (ihn, sie, es)	on**a** (ihm, ihr, ihm; zu ihm/ihr)	on**da** (bei ihm, ihr, ihm)	on**dan** (von ihm, ihr, ihm)
biz (wir)	biz**i** (uns)	biz**e** (uns, zu uns)	biz**de** (bei uns)	biz**den** (von uns)
siz (ihr/Sie)	siz**i** (euch/Sie)	siz**e** (euch/Ihnen, zu euch/Ihnen)	siz**de** (bei euch/Ihnen)	siz**den** (von euch/Ihnen)
onlar (sie)	onların (sie)	onlar**a** (sie, zu ihnen)	onlar**da** (bei ihnen)	onlar**dan** (von ihnen)

Da das Prädikat Personalendungen enthält, wird das Personalpronomen im Nominativ als Subjekt häufig weggelassen. Es wird in der Regel nur zur besonderen Hervorhebung gebraucht.

Geliyorum.	Ich komme.
Ben geliyorum.	

Das Possessivpronomen ist mit dem Genitiv des Personalpronomens identisch (s.u.).

Possessivpronomen (Besitzanzeigende Fürwörter) und Possessivendungen

Possessivpronomen stehen vor ihrem Bezugswort, einem Substantiv, das eine entsprechende Possessivendung erhält. Da die Possessivendung am Substantiv dasselbe leistet wie das Possessivpronomen, wird dieses häufig weggelassen (**benim** ev**im** – **mein** Haus; oder auch nur: ev**im** – **mein** Haus). In der folgenden Tabelle sind die Possessivpronomen aufgelistet:

benim:	mein	**bizim:**	unser
senin:	dein	**sizin:**	euer/Ihr (Sing.u.Pl.)
onun:	sein/ihr/sein	**onların:**	ihr

Die Vokale der **Possessivendungen** verändern sich nach der großen Vokalharmonie:

Poss.pr.	**Substantiv + Possessivendung**		
	Endung nach vokalischem Auslaut	Endung nach weichem konsonantischem Auslaut	Endung nach hartem konsonantischem Auslaut
benim (mein)	baba**m** (mein Vater)	arkadaş**ım** (mein/e Freund/in)	çocuğ**um** (mein Kind)
senin (dein)	baba**n** (dein Vater)	arkadaş**ın** (dein/e Freund/in)	çocuğ**un** (dein Kind)
onun (sein, ihr, sein)	baba**sı** (sein, ihr, sein Vater)	arkadaş**ı** (sein/e, ihr/e, sein/e Freund/in)	çocuğ**u** (sein, ihr, sein Kind)
bizim (unser)	baba**mız** (unser Vater)	arkadaş**ımız** (unser/e Freund/in)	çocuğ**umuz** (unser Kind)
sizin (euer/Ihr)	baba**nız** (euer/Ihr Vater)	arkadaş**ınız** (euer/e/Ihr/e Freund/in)	çocuğ**unuz** (euer/Ihr Kind)
onların (ihr)	baba**ları** (ihreVäter) baba**sı** (ihr Vater)	arkadaş**ları** (ihre Freunde/Freundinnen) arkadaş**ı** (ihr/e Freund/in)	çocuk**ları** (ihre Kinder) çocuğ**u** (ihr Kind)

Die **Deklinationsendungen** werden an die Possessivendungen angefügt.

Bildung: Substantiv + Possessivendung + Deklinationsendung

z.B. Lokativ: Bizim arkadaş-ımız-**da** (bei unserem Freund)

Nach den Possessivendungen in der 3. Pers. Sing. und Pl. steht immer ein *-n-* vor der folgenden Deklinationsendung: araba-sı-**n**-ı (Akk.), araba-sı-**n**-a (Dat.), araba-sı-**n**-da (Lok.), araba-sı-**n**-dan (Abl.), araba-ları-**n**-ın (Pl. Gen.)

Demonstrativpronomen (hinweisende Fürwörter)

Singular	Plural
bu (der/die/das hier)/şu (der/die/das da)/ o (jene/r/s)	bunlar (diese hier)/şunlar (diese da)/ onlar (jene)
Bu güzel bir otel. (Das hier ist ein schönes Hotel.)	**Bunlar** bizim çocuklarımız değil. (Das hier sind nicht unsere Kinder.)
Şu eski bir ev. (Das da ist ein altes Haus.)	**Şunlar** elma ağacı. (Das da sind Apfelbäume.)
O iyi bir kitap. (Jenes ist ein gutes Buch.)	**Onlar** da iyi. (Jene sind auch gut.)

Reflexivpronomen (rückbezügliches Fürwort)

Das türkische Reflexivpronomen ist mit dem deutschen nicht zu vergleichen. Es kann adjektivisch oder substantivisch benutzt werden. Es gibt nur das Reflexivpronomen *kendi*. In substantivischem Gebrauch nimmt es Possessivendungen an und bedeutet „ich selbst", „du selbst" usw; in adjektivischem Gebrauch steht es unverändert vor dem Bezugswort, das eine Possessivendung annimmt, und bedeutet „mein eigener", „dein eigener" usw.

Substantivisch	Adjektivisch
kendi**m**(ich selbst)	kendi araba**m** (mein eigener Wagen) kendi ev**im** (mein eigenes Haus)
kendi**n**(du selbst)	kendi araba**n** (dein eigener Wagen) kendi ev**in** (dein eigenes Haus)
kendi**si**(er, sie, es selbst)	kendi araba**sı** (sein, ihr eigener Wagen) kendi ev**i** (sein, ihr eigenes Haus)
kendi**miz** (wir selbst)	kendi araba**mız** (unser eigener Wagen) kendi ev**imiz** (unser eigenes Haus)
kendi**niz** (ihr selbst/Sie selbst)	kendi araba**nız** (euer/Ihr eigener Wagen) kendi ev**iniz** (euer/Ihr eigenes Haus)
kendi**leri** (sie selbst)	kendi araba**ları** (ihre eigenen Wagen) kendi ev**leri** (ihre eigenen Häuser) kendi araba**sı** (ihr eigener Wagen) kendi ev**i** (ihr eigenes Haus)

Deklination

Nom.	kendim (ich selbst)	kendi arabam (mein eigener Wagen)
Akk.	kendim**i** (mich selbst)	kendi arabam**ı** (meinen eigenen Wagen)
Dat.	kendim**e** (mir selbst)	kendi araba**ma** (meinem eigenen Wagen)
Lok.	kendim**de** (bei mir selbst)	kendi arabam**da** (in meinem eigenen Wagen)
Abl.	kendim**den** (von mir selbst)	kendi arabam**dan** (von meinem eigenen Wagen)
Gen.	kendim**in** (meiner selbst)	kendi arabam**ın** (meines eigenen Wagens)

Fragepronomen und Fragewörter

Kim? (Wer?)	**Kim** çay istiyor? **Kimi** arıyorsunuz? **Kime** sordunuz? **Kimin** arkadaşısınız? **Kimde** kalıyorsunuz? Bunu **kimden** aldınız?	Wer möchte Tee? Wen suchen Sie? Wem stellten Sie die Frage? Wessen Freund sind Sie? Bei wem wohnen Sie? Von wem haben Sie das bekommen?
Ne? (Was?)	**Ne** istiyorsunuz? **Ne** arıyorsunuz?	Was möchten Sie? Was suchen Sie?
Ne zaman? (Wann?)	Uçak **ne zaman** kalkıyor? Bize **ne zaman** geleceksin?	Wann startet das Flugzeug? Wann kommst du zu uns?
Kaç ....? (Wie viel?)	**Kaç** kişisiniz? Şeftali **kaç** lira? Kilosu **kaça**? **Kaç gün** kalacaksınız? Bir gecesi **kaç para**? Kaç tane?	Wie viele Personen sind Sie? Wie viel Lira kosten die Pfirsiche? Was kostet das Kilo? Wie viel Tage werden Sie bleiben? Was kostet eine Nacht? Wie viel Stück?
Saat kaç? (Wie spät ist es?)	Affedersiniz, **saat kaç**?	Entschuldigen Sie, wie spät ist es?
Saat kaçta? (Um wie viel Uhr?/ Wann?)	Tren **saat kaçta** kalkıyor? **Saat kaçta** buluşalım?	Wann fährt der Zug ab? Um wie viel Uhr sollen wir uns treffen?
Hangi? (welche/r/s?)	**Hangi** oteli tavsiye edersiniz?	Welches Hotel würden Sie empfehlen?

Das Verb (Zeitwort)

Infinitiv

Die Infinitivendung, die an den Wortstamm angehängt wird, lautet im Türkischen *-mek* oder *-mak*. Sie richtet sich nach der kleinen Vokalharmonie: gel-mek (kommen); sor-mak (fragen).

Die Kopula „sein", die Personalendung

Die Kopula „sein" in Sätzen wie „ich bin Arzt" oder „er ist krank" gibt es in türkischen Hauptsätzen (außer im Futur) nicht als eigenes Wort, sondern in Form von **Personalendungen**, die am Ende des Satzes an ein Substantiv, Adjektiv oder Pronomen antritt. (z. B. in der 1. Person Singular: Ben doktor-**um**. – Ich **bin** Arzt.) Diese Personalendungen werden auch bei der Konjugation der Verben gebraucht.

Personal-pronomen	**Nach konsonant. Auslaut:** Wortstamm + Personalend.	**nach vokalischem Auslaut:** Wortstamm (+ -y) + Personalend.
ben	-ım/-im/-um/-üm	-y-ım/-y-im/-y-um/-y-üm
sen	-sın/-sin/-sun/-sün	-sın/-sin/-sun/-sün
o	keine Endung	keine Endung
biz	-ız/-iz/-uz/-üz	-y-ız/-y-iz/-y-uz/-y-üz
siz	-sınız/-siniz/-sunuz/-sünüz	-sınız/-siniz/-sunuz/-sünüz
onlar	(-lar)/(-ler)	(-lar)/(-ler)

- Die Personalendung für die 3. Person Singular (das deutsche „ist“) ist eine Nullendung, d. h. es tritt keine Endung an (z.B. Babam hasta. – Mein Vater ist krank.). Es kann allerdings auch die Endung *-dır/-dir/-dur/-dür* (nach harten Konsonanten *-tır/-tir/-tur/-tür*) antreten, wenn der Sprecher seiner Aussage eine gewisse Nachdrücklichkeit beilegt; *-dir* wird dabei meist nicht extra übersetzt (Babam hasta-dır. – Mein Vater ist krank.).
- Die oben aufgelisteten Personalendungen werden nur in der Gegenwart und unbestimmten Vergangenheit verwendet. Für die bestimmte Vergangenheit (Perfekt) gelten andere Endungen (siehe Tabellen unten).
- Im Futur erscheint die Kopula „sein“ nicht als bloße Personalendung sondern als Hilfsverb *olmak* („sein“) mit Futurendung (s. Tempusbildung bei Verben):
  Doktor ol-acağ-ım. – Ich werde Arzt.
- Bei verneinten Sätzen tritt die Personalendung an das Adverb *değil* („nicht“):
  Doktor değil-im. – Ich bin kein Arzt.
- Bei Fragesätzen tritt die Personalendung an das Fragepartikel *-mı/-mi/-mu/-mü:* Doktor mu-y-um? – Bin ich ein Arzt?
- Bei vokalischem Auslaut kommt zwischen Wortstamm und Personalendung ein Fugen-*y*, wenn die Personalendung mit einem Vokal beginnt: Ben hasta-y-ım. – Ich bin krank.

Gegenwart

Personal-pronomen	Positive Aussage	Negative Aussage	Positive Frage	Negative Frage
ben	doktor**um** (ich bin Arzt) hastay**ım** (ich bin krank)	doktor değil**im** (ich bin kein Arzt) hasta değil**im** (ich bin nicht krank)	doktor muy**um**? (bin ich ein Arzt?) hasta mıy**ım**? (bin ich krank?)	doktor değil mi**yim?** (bin ich kein Arzt?) hasta değil mi**yim**? (bin ich nicht krank?)
sen	doktor**sun** hasta**sın**	doktor değil**sin** hasta değil**sin**	doktor mu**sun**? hasta mı**sın**?	doktor değil mi**sin**? hasta değil mi**sin**?
o	doktor**(dur)** hasta**(dır)**	doktor değil**(dir)** hasta değil**(dir)**	doktor mu(**dur**)? hasta mı(**dır**)?	doktor değil mi**(dir)?** hasta değil mi**(dir)?**
biz	doktor**uz** hastay**ız**	doktor değil**iz** hasta değil**iz**	doktor muy**uz**? hasta mıy**ız**?	doktor değil miy**iz**? hasta değil miy**iz**?
siz	doktor**sunuz** hasta**sınız**	doktor değil**siniz** hasta değil**siniz**	doktor mu**sunuz**? hasta mı**sınız**?	doktor değil mi**si-niz?** hasta değil mi**siniz**?
onlar	doktor**(dur)lar** hasta**(dır)lar**	doktor değil**(dir)-ler** hasta değil**(dir)-ler**	doktor mu(**dur**)-**lar**? hasta mı(**dır**)**lar**?	doktor değil(**dir**)**ler** mi? hasta değil(**dir**)**ler** mi?

Bestimmte Vergangenheit (erlebte Vergangenheit): -(y)dı/-(y)di/-(y)du/-(y)dü

Personal-pronomen	Positive Aussage	Negative Aussage	Positive Frage	Negative Frage
ben	doktor**dum** (ich war Arzt) hastay**dım** (ich war krank)	doktor değil**dim** (ich war kein Arzt) hasta değil**dim** (ich war nicht krank)	doktor muy**dum**? (war ich ein Arzt?) hasta mıy**dım?** (war ich krank?)	doktor değil miy**dim**? (war ich kein Arzt?) hasta değil miy**dim**? (war ich nicht krank?)
sen	doktor**dun** hastay**dın**	doktor değil**din** hasta değil**din**	doktor muy**dun**? hasta mıy**dın**?	doktor değil miy**din**? hasta değil miy**din**?
o	doktor**du** hastay**dı**	doktor değil**di** hasta değil**di**	doktor muy**du**? hasta mıy**dı**?	doktor değil miy**di**? hasta değil miy**di**?
biz	doktor**duk** hastay**dık**	doktor değil**dik** hasta değil**dik**	doktor muy**duk**? hasta mıy**dık**?	doktor değil miy**dik**? hasta değil miy**dik**?
siz	doktor**dunuz** hastay**dınız**	doktor değil**diniz** hasta değil**diniz**	doktor muy**du-nuz**? hasta mıy**dınız**?	doktor değil miy**di-niz**? hasta değil miy**di-niz**?
onlar	doktor**dular** hastay**dılar**	doktor değil**diler** hasta değil**diler**	doktor muy**du-lar**? hasta mıy**dılar**?	doktor değil miy**di-ler**? hasta değil miy**diler**?

Unbestimmte Vergangenheit (erfahrene Vergangenheit):
-(y)mış/-(y)miş/-(y)muş/-(y)müş

Personal-pronomen	Positive Aussage	Negative Aussage	Positive Frage	Negative Frage
ben	doktor**muşum** (ich soll Arzt sein) hastay**mışım** (ich soll krank sein)	doktor değil**mi-şim** (ich soll kein Arzt sein) hasta değil**mişim** (ich soll nicht krank sein)	doktor muy**mu-şum**? (soll ich Arzt sein?) hasta mıy**mışım**? (soll ich krank sein?)	doktor değil miy**mi-şim**? (soll ich kein Arzt sein?) hasta değil miy**mi-şim**? (soll ich nicht krank sein?)
sen	doktor**muşsun** hastay**mışsın**	doktor değil**miş-sin** hasta değil**mişsin**	doktor muy**muş-sun**? hasta mıy**mışsın**?	doktor değil miy**miş-sin**? hasta değil miy**miş-sin**?
o	doktor**muş** hastay**mış**	doktor değil**miş** hasta değil**miş**	doktor muy**muş**? hasta mıy**mış**?	doktor değil miy-**miş**? hasta değil miy**miş**?
biz	doktor**muşuz** hastay**mışız**	doktor değil**mişiz** hasta değil**mişiz**	doktor muy**mu-şuz**? hasta mıy**mışız**?	doktor değil miy**mi-şiz**? hasta değil miy**mi-şiz**?

siz	doktor**muşsunuz** hastay**mışsınız**	doktor değil**mişsiniz** hasta değil**mişsiniz**	doktor muy**muşsunuz**? hasta mıy**mışsınız**?	doktor değil miy**mişsiniz**? hasta değil miy**mişsiniz**?
onlar	doktor**muşlar** hastay**mışlar**	doktor değil**mişler** hasta değil**mişler**	doktor muy**muşlar**? hasta mıy**mışlar**?	doktor değil miy**mişler**? hasta değil miy**mişler**?

Sätze mit var und yok

Die Wörter *var* und *yok* sind formal gesehen Adjektive. Stehen sie am Ende eines Satzes, dann bilden sie ein Prädikat und drücken das Vorhandensein (var – „ist vorhanden") bzw. das Nichtvorhandensein (yok – „ist nicht vorhanden") des Subjektes aus. Sätze mit *var/yok* werden im Deutschen verschieden wiedergegeben. Wenn das Subjekt eine Possessivendung hat, wird *var/yok* im Deutschen mit „haben/nicht haben" übersetzt. Wenn das Subjekt keine Possessivendung hat, wird *var/yok* mit „es gibt/es gibt nicht" übersetzt.

(Benim) param var.	Ich habe Geld. (Wörtlich: Mein Geld gibt es.)
(Benim) param yok.	Ich habe kein Geld. (Wörtlich: Mein Geld gibt es nicht.)
Bakkalda ekmek var.	Im Laden gibt es Brot.
İstanbul'a ne zaman tren var?	Wann gibt es einen Zug nach Istanbul?
Bugün İstanbul'a tren yok.	Heute gibt es keinen Zug nach Istanbul.

Außerdem gibt es feststehende Wendungen mit var/yok:

Ne var ne yok?	Wie geht es? (Wörtlich: Was gibt es, was gibt es nicht?)
Acelesi yok.	Es eilt nicht.
Bunda iş yok!	Das taugt nichts!
Var mısın?	Machst du mit? Bist Du dabei?

Verneinte Verben

Im Türkischen werden Verben nicht wie im Deutschen mit einem Wort wie „nicht" verneint, sondern dadurch, dass an den Stamm des Verbes eine **Negationsendung** (*-me/-ma*) tritt. Das Verb „kommen" lautet im Türkischen *gelmek*. *-mek* (oder *-mak*) ist die Infinitivendung und *gel-* ist der Verbstamm. Durch Anhängen der Negativendung *-me* an den Verbstamm entsteht der verneinte Verbstamm *gelme-*. Fügt man daran wieder die Infinitivendung *-mek* an, erhält man *gelmemek* („nicht kommen"). Bei verneinten Verbalsätzen werden immer die um die Negativendung *-me/-ma* erweiterten negativen Verbstämme verwendet.

Tempusbildung bei Verben

Es gibt zwei Tempusformen, die einfache und die zusammengesetzte Zeit.

a) Die einfache Tempusbildung

Bestimmte Gegenwart (Präsens)

Gebrauch: Das Präsens wird für Handlungen und Ereignisse gebraucht, die sich gerade bzw. im Augenblick vollziehen und abspielen.

Endung: -yor (-ıyor/-iyor/-uyor/-üyor)

Bildung: Verbstamm + Präsensendung + Personalendung

Bei vokalisch auslautenden Stämmen (außer *-e* oder *-a*) wird die Präsensendung *-yor* an den Verbstamm angefügt; *-e* oder *-a* im Auslaut des Stamms werden dagegen nach der großen Vokalharmonie zu *-ı*, *-i*, *-u* oder *-ü*, je nachdem, welcher Vokal im Verbstamm davorsteht (z.B.: söyl**e**mek – söyl**ü**yor). Nach konsonantischem Auslaut steht *-ıyor/-iyor/-uyor/-üyor.*

Personal-pronomen	Positive Aussage	Negative Aussage	Positive Frage	Negative Frage
ben	gel**iyor**um (ich komme)	gelmi**yor**um (ich komme nicht)	gel**iyor** muyum? (komme ich?)	gelmi**yor** muyum? (komme ich nicht?)
sen	gel**iyor**sun	gelmi**yor**sun	gel**iyor** musun?	gelmi**yor** musun?
o	gel**iyor**	gelmi**yor**	gel**iyor** mu?	gelmi**yor** mu?
biz	gel**iyor**uz	gelmi**yor**uz	gel**iyor** muyuz?	gelmi**yor** muyuz?
siz	gel**iyor**sunuz	gelmi**yor**sunuz	gel**iyor** musunuz?	gelmi**yor** musunuz?
onlar	gel**iyor**lar	gelmi**yor**lar	gel**iyor**lar mı?	gelmi**yor**lar mı?

Bestimmte Vergangenheit (Perfekt)

Gebrauch: Die bestimmte Vergangenheit wird für Ereignisse verwendet, die der Sprechende in der Vergangenheit selbst gesehen oder erlebt hat oder von denen er weiß, dass sie sich tatsächlich ereignet haben.

Endung: -dı/-di/-du/-dü (-tı/-ti/-tu/-tü)

Bildung: Verbstamm + Vergangenheitsendung + Personalendung (Yaz-dı-m. – Ich habe geschrieben.)

Nach hartem konsonantischem Auslaut wird *-dı* zu *-tı* (Koş-**tu**-m – Ich bin gelaufen).

Personal-pronomen	Positive Aussage	Negative Aussage	Positive Frage	Negative Frage
ben	gel**dim** (ich bin gekommen)	gelme**dim** (ich bin nicht gekommen.)	gel**dim** mi? (bin ich gekommen?)	gelme**dim** mi? (bin ich nicht gekommen?)
sen	gel**din**	gelme**din**	gel**din** mi?	gelme**din** mi?
o	gel**di**	gelme**di**	gel**di** mi?	gelme**di** mi?
biz	gel**dik**	gelme**dik**	gel**dik** mi?	gelme**dik** mi?
siz	gel**di**niz	gelme**di**niz	gel**di**niz mi?	gelme**di**niz mi?
onlar	gel**di**ler	gelme**di**ler	gel**di**ler mi?	gelme**di**ler mi?

Unbestimmte Vergangenheit

Gebrauch: Mit der unbestimmten Vergangenheit gibt der Sprechende etwas wieder, wovon er nur vom Hörensagen weiß, bzw. wovon er nicht mit Sicherheit weiß, ob es sich tatsächlich so ereignet hat.

Endung: -mış/-miş/-muş/-müş

Bildung: Verbstamm + unbest. Vergangenheitsendung + Personalendung

Personal-pronomen	Positive Aussage	Negative Aussage	Positive Frage	Negative Frage
ben	gel**miş**im (ich soll gekommen sein)	gelme**miş**im (ich soll nicht gekommen sein)	gel**miş** miyim? (soll ich gekommen sein?)	gelme**miş** miyim? (soll ich nicht gekommen sein?)
sen	gel**miş**sin	gelme**miş**sin	gel**miş** misin?	gelme**miş** misin?
o	gel**miş**	gelme**miş**	gel**miş** mi?	gelme**miş** mi?
biz	gel**miş**iz	gelme**miş**iz	gel**miş** miyiz?	gelme**miş** miyiz?
siz	gel**miş**siniz	gelme**miş**siniz	gel**miş** misiniz?	gelme**miş** misiniz?
onlar	gel**miş**ler	gelme**miş**ler	gel**miş**ler mi?	gelme**miş**ler mi?

Aorist

Gebrauch: Der Aorist drückt eine Handlung aus, die jederzeit bzw. zeitlich unabhängig geschieht. Er wird auch gebraucht, wenn eine gewohnheitsmäßige Handlung oder die Fähigkeit zu bestimmten Handlungen ausgedrückt wird.

Endung und Bildung:

1) -r: nach vokalischem Auslaut

2) -er/-ar: nach einsilbigem Stamm mit konsonantischem Auslaut

3) -ır/-ir/-ur/-ür:nach zwei- oder mehrsilbigem Stamm mit konsonantischem Auslaut sowie nach einigen einsilbigen Verbalstämmen, die meist auf -l oder -r enden.

Personal-pronomen	Positive Aussage	Negative Aussage	Positive Frage	Negative Frage
ben	gel**ir**im (ich pflege zu kommen)	gel**me**m (ich pflege nicht zu kommen)	gel**ir** miyim? (pflege ich zu kommen?)	gel**mez** miyim? (pflege ich nicht zu kommen?)
sen	gel**ir**sin	gel**mez**sin	gel**ir** misin?	gel**mez** misin?
o	gel**ir**	gel**mez**	gel**ir** mi?	gel**mez** mi?
biz	gel**ir**iz	gel**me**yiz	gel**ir** miyiz?	gel**mez** miyiz?
siz	gel**ir**siniz	gel**mez**siniz	gel**ir** misiniz?	gel**mez** misiniz?
onlar	gel**ir**ler	gel**mez**ler	gel**ir**ler mi?	gel**mez**ler mi?

Futur

Gebrauch: Drückt etwas Zukünftiges, ein geplantes Ereignis oder eine feste Absicht aus.

Endung: Nach konsonantischem Auslaut -ecek/-acak, nach vokalischem Auslaut -yecek/-yacak

Bildung: Verbstamm + Futurendung + Personalendung

Personal-pronomen	Positive Aussage	Negative Aussage	Positive Frage	Negative Frage
ben	gel**eceğ**im (ich werde kommen)	gelme**yeceğ**im (ich werde nicht kommen)	gel**ecek** miyim? (werde ich kommen?)	gelme**yecek** miyim? (werde ich nicht kommen?)
sen	gel**ecek**sin	gelme**yecek**sin	gel**ecek** misin?	gelme**yecek** misin?

Personal-pronomen	Positive Aussage	Negative Aussage	Positive Frage	Negative Frage
o	gel**ecek**	gelme**yecek**	gel**ecek** mi?	gelme**yecek** mi?
biz	gel**eceğ**iz	gelme**yeceğ**iz	gel**ecek** miyiz?	gelme**yecek** miyiz?
siz	gel**ecek**siniz	gelme**yecek**siniz	gel**ecek** misiniz?	gelme**yecek** misiniz?
onlar	gel**ecek**ler	gelme**yecek**ler	gel**ecek**ler mi?	gelme**yecek**ler mi?

b) Die zusammengesetzte Tempusbildung

Zusammengesetzte Zeiten werden entweder mit der bestimmten oder mit der unbestimmten Vergangenheit gebildet.

1. Mit der bestimmten Vergangenheit

Bestimmte Vergangenheit des Präsens (Imperfekt)

gel**iyordu** (er kam)	gelmi**yordu** (er kam nicht)	gel**iyor** muy**du?** (kam er?)	gelmi**yor** muy**du**? (kam er nicht?)

Bestimmte Vergangenheit des Aorist

gel**irdi** (er kam immer)	gel**mezdi** (er kam nie)	gel**ir** miy**di**? (kam er immer?)	gel**mez** miy**di**? (kam er nie?)

Bestimmte Vergangenheit des Futurs

gel**ecekti** (er wollte kommen)	gelmey**ecekti** (er wollte nicht kommen)	gel**ecek** miy**di**? (wollte er kommen?)	gelmey**ecek** miy**di**? (wollte er nicht kommen?)

Plusquamperfekt

gel**mişti** (er war gekommen)	gelme**mişti** (er war nicht gekommen)	gel**miş** miy**di**? (war er gekommen?)	gelme**miş** miy**di**? (war er nicht gekommen?)

2. Mit der unbestimmten Vergangenheit

Unbestimmte Vergangenheit des Präsens

gel**iyormuş** (er kommt wohl gerade)	gelmi**yormuş** (er kommt wohl nicht)	gel**iyor** muy**muş**? (kommt er wohl?)	gelmi**yor** muy**muş**? (kommt er wohl nicht?)

Unbestimmte Vergangenheit des Aorists

gel**irmiş** (er pflegt/e zu kommen)	gel**mezmiş** (er pflegt/e nicht zu kommen)	gel**ir** miy**miş**? (pflegt/e er zu kommen?)	gel**mez** miy**miş**? (pflegt/e er nicht zu kommen?)

Unbestimmte Vergangenheit des Futurs

gel**ecekmiş** (er würde/soll wohl kommen)	gelmey**ecekmiş** (er würde/soll nicht kommen)	gel**ecek** miy**miş**? (würde/soll er kommen?)	gelmey**ecek** miy**miş**? (würde/soll er nicht kommen?)

Der Imperativ (Befehlsform)

Im Unterschied zum Deutschen gibt es im Türkischen nicht nur die 2., sondern auch die 3. Pers. Sing. und Pl. des Imperativs. Der Imperativ in der 2. Pers. Sing. ist der bloße Verbstamm ohne Endung. Ansonsten gelten folgende Endungen:

Personalpronomen	Der positive Imperativ	der negative Imperativ
sen/siz	Bak!/Bak**ınız**! (Schau!/Schauen Sie!)	Bak**ma**!/Bak**mayınız**! (Schau nicht!/Schauen Sie nicht!)
o	Bak**sın**! (Er soll schauen.)	Bak**masın**! (Er soll nicht schauen.)
siz	Bak**ın** !/Bak**ınız**! (Schaut!/Schauen Sie!)	Bak**mayın**!/Bak**mayınız**! (Schaut nicht!/Schauen Sie nicht!)
onlar	Bak**sınlar**! (Sie sollen schauen.)	Bak**masınlar**! (Sie sollen nicht schauen.)

Die Postpositionen (Verhältniswörter)

Im Unterschied zum Deutschen gibt es im Türkischen keine Präpositionen, sondern Postpositionen. Sie werden den Bezugswörtern **nachgestellt** und verlangen verschiedene Deklinationsendungen.

Postpositionen mit dem Nominativ bzw. Genitiv

Bei diesen Postpositionen steht das Bezugswort, wenn es ein Subjekt ist, im Nominativ (hat also keine Endung), wenn es dagegen ein Pronomen ist, steht es im Genitiv (außer bei den Pluralformen *onlar* „sie" und *kimler* „wer alles").

ile: mit

Araba ile geldi. (Er kam mit dem Auto.) – Onun ile çalıştım. (Ich arbeitete mit ihr.)

Die Postposition *ile* kommt meistens als reine Endung vor: *-le/-la* nach konsonantischem und *-yle/-yla* nach vokalischem Auslaut.

Arabayla geldi. – Onunla çalıştım.

için: für

Çocuk için/Senin için bir kitap aldı. (Er hat für das Kind/für dich ein Buch gekauft.)

gibi: wie

Babası gibi çalışıyor. (Er arbeitet wie sein Vater.)

kadar: so ... wie, so viel wie, so groß wie.

Babası kadar çalışıyor. (Er arbeitet so viel wie sein Vater.)

Postpositionen mit dem Dativ

karşı: gegenüber (örtlich)/gegen (etwas sein)/gegen (zeitlich)

Denize karşı oturuyorum. (Ich wohne gegenüber dem Meer.)

doğru: auf … zu (in Richtung auf), gegen (zeitlich)

Eve doğru gidiyorum. (Ich gehe auf das Haus zu.)

değin/dek/kadar: bis (zeitlich, örtlich)

Sabaha kadar dans ettiler. (Sie tanzten bis zum Morgen.)

Postpositionen mit dem Ablativ

önce/evvel: vor

Saat ikiden önce gelmez. (Vor zwei Uhr wird er nicht kommen.)

sonra: nach

Yemekten sonra sinemaya gidecek. (Nach dem Essen wird er ins Kino gehen.)

beri: seit

Bir saatten beri seni arıyorum. (Seit einer Stunde suche ich dich.)

itibaren: ab/von … ab (zeitlich, örtlich)

Bugünden itibaren sigara içmeyecek. (Ab heute wird er nicht rauchen.)

başka: außer

Bunu benden başka kimse yapamaz. (Das kann niemand außer mir.)

dolayı/ötürü: wegen/infolge

Yağmurdan dolayı evdeyiz. (Wegen des Regens sind wir zu Hause.)

Substantive mit lokaler Bedeutung

Eine Reihe Substantive mit lokaler Bedeutung wie *iç* „das Innere“, *alt* „Unterseite“, *üst* „Oberseite“, *arka* „Hinterseite“, *ön* „Vorderseite“, *dış* „das Äußere“, *yan* „Seite“, *ara* „Zwischenraum und *karşı* „gegenüberliegende Seite“ werden wie Postpositionen gebraucht. Sie stehen dann nach dem Bezugswort, mit dem sie eine Genitivkonstruktion bilden (ev**in** iç**i** – das Innere des Hauses) und eine Fallendung annehmen, vor allem Lokativ oder Dativ (Lokativ: evin içi-n**de** – im Haus, Dativ: evin içi-n**e** – ins Haus). Mit dem Lokativ wird die Frage Wo?, mit dem Dativ die Frage Wohin? beantwortet. Die wichtigsten dieser substantivischen Postpositionen sind:

	Ort (Wo?)	Richtung (Wohin?)
in	içinde	içine
unter	altında	altına
auf	üstünde	üstüne
hinter	arkasında	arkasına
vor	önünde	önüne
neben	yanında	yanına
zwischen	arasında	arasına
gegenüber	karşısında	karşısına
außerhalb	dışında	
aus … hinaus		dışına

Postpositionale Ausdrücke mit dem Nominativ

Weitere Substantive, die als postpositionale Ausdrücke benutzt werden, verlangen meist den Nominativ (adam yüzünden – wegen des Mannes), Pronomen aber stehen im Genitiv (**onun yüzünden** – seinetwegen). Einige davon sind: **sırasında/esnasında** (während), **sayesinde** (dank), **boyunca** (entlang, während) **süresince** (während), **gereğince** (gemäß, aufgrund), **dolayısıyla** (aufgrund von), **münasebetiyle** (anlässlich), **yönden/bakımdan** (hinsichtlich), **hakkında/üzerinde** (betreffs, über), **tarafından** (von).

Die Partizipien (Mittelwörter)

Die Partizipien im Türkischen gleichen denen im Deutschen. Sie können mit dem Partizip I, Partizip II und häufig mit einem Relativsatz (Relativpron. im Nom.) übersetzt werden. Die Partizipien werden mit Endungen gebildet, die an den Verbstamm angehängt werden. Sie können sowohl substantivisch als auch adjektivisch gebraucht werden. Bei substantivischem Gebrauch werden sie dekliniert, bei adjektivischem Gebrauch steht das Partizip wie ein Adjektiv unverändert vor dem Substantiv. Man kann es verneinen, ins Passiv setzen und die Zeitform variieren:

gör-en adam (adjektivisch)	der sehende Mann/der Mann, der sieht
gör-me-yen adam (adjektivisch verneint)	der nichtsehende Mann/der Mann, der nicht sieht
gör-en (substantivisch, Nom.)	der Sehende/derjenige, der sieht
gör-en-**e** (substantivisch, Dat.)	dem Sehenden/demjenigen, der sieht
gör-**ül**-en adam (adjektivisch, Passiv)	der Mann, der gesehen wird/wurde

Im Türkischen gibt es die **bestimmte** und die **unbestimmte Partizipform**:

a) Das bestimmte Partizip

Das bestimmte Partizip der Gegenwart

Das bestimmte Partizip der Gegenwart wird mit der Endung *-(y)en/-(y)an* gebildet. Die Verneinung lautet *-meyen/-mayan*: şarkı söyle**yen** adam – der singende Mann/der Mann, der singt

Das Partizip der Gegenwart kann eine Handlung in der bestimmten Gegenwart oder in der bestimmten Vergangenheit ausdrücken. Das hängt von der Handlung im Hauptsatz ab:

Düş**en** çocuk ağlıyor.	Das Kind, das fiel, weint.
Koş**an** çocuk benim oğlumdur.	Das Kind, das läuft, ist mein Sohn.
Koş**an** çocuk düştü.	Das Kind, das lief, ist gefallen.

Das bestimmte Partizip der Vergangenheit

Das bestimmte Partizip der Vergangenheit wird mit der Endung *-mış/-miş/-muş/-müş olan* (Verneinung: *-memiş/-mamış olan*) gebildet: bize gel**miş olan** misafir – der Gast, der zu uns gekommen ist.

Das bestimmte Partizip der Zukunft

Das bestimmte Partizip der Zukunft wird mit der Endung *-(y)ecek/-(y)acak olan* (Verneinung: *-meyecek/-mayacak olan*) gebildet: bugün İstanbul'a uç**acak olan** uçak – das Flugzeug, das heute nach Istanbul fliegen wird.

b) Das unbestimmte Partizip

Das unbestimmte Partizip der Gegenwart

Das unbestimmte Partizip der Gegenwart wird mit der Aorist-Endung *-r (-er/-ar/-ır/-ir/-ur/-ür)* gebildet und drückt eine Fähigkeit oder Eigenschaft aus. Die verneinte Partizipform lautet *-mez/-maz* und drückt eine Unmöglichkeit aus. Diese Partizipform wird meist in festen Verbindungen oder als (versteinertes) Wort mit einer bestimmten Bedeutung gebraucht:

ak**ar**	fließend;	ak**ar** su	Fluss (fließendes Wasser)
çık**maz**	nicht hinauskommend	çık**maz** sokak	Sackgasse (Straße, die nicht wieder hinauskommt)

Das unbestimmte Partizip der Vergangenheit

Das unbestimmte Partizip der Vergangenheit wird mit der Endung *-mış/-miş/-muş/-müş* gebildet. Die Verneinung lautet *-memiş/-mamış*:

Söylen**memiş** söz – das nicht gesprochene Wort

Das unbestimmte Partizip der Zukunft

Das unbestimmte Partizip der Zukunft drückt eine Absicht, ein Erfordernis oder eine Erwartung aus und wird mit der Endung *-(y)ecek/-(y)acak* gebildet. Die Verneinung lautet *-meyecek/-mayacak*:

yardım ed**ecek** bir insan	ein Mensch, der helfen wird

Das Possessivpartizip

Die Endungen der Possessivpartizipien lauten *-dık/-dik/-duk/-dük* bzw. *-(y)ecek/-(y)acak* (mit Konsonantenerweichung *k* zu *ğ*, wenn vokalisch anlautende Endung antritt). Sie werden im Deutschen mit Relativsätzen oder dass-Sätzen wiedergegeben.

Das Possessivpartizip bildet zusammen mit seinem Bezugswort (dem Subjekt der Handlung, die das Possessivpartizip ausdrückt) eine Genitivkonstruktion: Das Bezugswort erhält eine Genitivendung und das Possessivpartizip eine Possessivendung. Ist das Bezugswort ein Pronomen (immer in Form des Possessivpronomens), so kann dieses auch wegfallen.

kadın**ın** gördüğ**ü** *(substantivisch)*	derjenige, den die Frau sieht/gesehen hat
kadın**ın** gördüğ**ü** adam *(adjektivisch)*	der Mann, den die Frau sieht/gesehen hat
(Sen**in**) geleceğ**ini** yazıyor.	Er schreibt, dass du kommen wirst.

Die **Zeitstufe**, die *-dık* ausdrückt, ist unbestimmt. Ob sie Vergangenheit oder Präsens ist, entscheidet das Hauptverb des Satzes bzw. der Sinnzusammenhang. Das Partizip *-mış olduk* entspricht dem Plusquamperfekt und *-ecek* dem Futur. Für letzteres wird wahlweise auch *-ecek olduk* verwendet.

Zeit	Bildung	Beispiel
Gegenwart	Verbstamm + -dık + Possessivendung	(benim) gör**düğ**üm adam (der Mann, den ich sehe)
Vergangenheit	Verbstamm + -dık + Possessivendung	dün gör**düğ**üm adam (der Mann, den ich gestern sah)

Plusquam-perfekt	Verbstamm + -mış-Partizip olduk + Possessivendung	dün gör**müş olduğ**um adam (der Mann, den ich gestern gesehen hatte)
Futur	Verbstamm + -(y)ecek + Possessivendung	gör**eceğ**im adam (der Mann, den ich sehen werde)
	Verbstamm + -(y)ecek-Partizip olduk- + Possessivendung	gör**ecek olduğ**um adam (der Mann, den ich sehen werde)

Substantivischer Gebrauch des Possessivpartizips

Poss.pr.	Possessivpartizip -dık		Possessivpartizip -ecek	
	positiver Ausdruck	negativer Ausdruck	positiver Ausdruck	negativer Ausdruck
benim	söyle**diğ**im (das, was ich sage/sagte)	söyleme**diğ**im (das, was ich nicht sage/sagte)	söyle**yeceğ**im (das, was ich sagen werde)	söyleme**yeceğ**im (das, was ich nicht sagen werde)
senin	söyle**diğ**in	söyleme**diğ**in	söyle**yeceğ**in	söyleme**yeceğ**in
onun	söyle**diğ**i	söyleme**diğ**i	söyle**yeceğ**i	söyleme**yeceğ**i
bizim	söyle**diğ**imiz	söyleme**diğ**imiz	söyle**yeceğ**imiz	söyleme**yeceğ**i-miz
sizin	söyle**diğ**iniz	söyleme**diğ**iniz	söyle**yeceğ**iniz	söyleme**yeceğ**iniz
onların	söyle**dik**leri	söyleme**dik**leri	söyle**yecek**leri	söyleme**yecek**leri

An **Substantivische Possessivpartizipien** können **Fallendungen** antreten:

Akk.:	Söylediğim**i** al!	Kaufe das, was ich sage/gesagt habe!
Dat.:	Söylediğim**e** aldırmıyor.	Er schenkt dem, was ich sage/gesagt habe, keine Beachtung.
Lok.:	Söylediğim**de** neredeydin?	Wo warst du, als ich es sagte?
Abl.:	Söylediğim**den** hiçbir şey anlamıyor.	Von dem, was ich sage, versteht er überhaupt nichts.
Gen.:	Söylediğim**in** adı neydi?	Wie heißt das, was ich dir gesagt habe?

Adjektivischer Gebrauch der Possessivpartizipien (Entsprechung des deutschen Relativsatzes)

Das Possessivpartizip steht adjektivisch vor einem Substantiv und kann auch Verbaladjektiv genannt werden. Das Substantiv, vor dem es adjektivisch steht, kann Fallendungen annehmen:

Kiraladığım ev pahalı. *(Nom.)*	**Das Haus, das** ich gemietet habe, ist teuer.
Kiraladığım eve gelin! *(Dat.)*	Kommt **in das Haus, das** ich gemietet habe!

Der Optativ

Die als Optativ bezeichnete Wunschform drückt eine Absicht, ein Bereitsein oder eine Aufforderung aus. Der Optativ wird durch Anfügung von *-(y)e* und *-(y)a* an den Verbalstamm gebildet; daran treten die üblichen Personalendungen, mit Ausnahme der 1. Pers. Pl., die *-lım/-lim/-lum/-lüm* lautet. Ins Deutsche können sie je nach Zusammenhang unterschiedlich übersetzt werden.

Aussagesatz:		Fragesatz:	
Eve gidelim!	Gehen wir nach Hause! Wir wollen nach Hause gehen! Lasst uns nach Hause gehen!	Eve gidelim mi?	Wollen wir nach Hause gehen? Sollen wir nach Hause gehen?

Der Optativ in der Gegenwart

Personal-pronomen	positive Aussage	negative Aussage	positive Frage	negative Frage
ben	gid**e**yim	gitme**ye**yim	gid**e**yim mi?	gitme**ye**yim mi?
sen	gid**e**sin	gitme**ye**sin	gid**e**sin mi?	gitme**ye**sin mi?
o	gid**e**	gitme**ye**	gid**e** mi?	gitme**ye** mi?
biz	gid**e**lim	gitme**ye**lim	gid**e**lim mi?	gitme**ye**lim mi?
siz	gid**e**siniz	gitme**ye**siniz	gid**e**siniz mi	gitme**ye**siniz mi?
onlar	gid**e**ler	gitme**ye**ler	gid**e**ler mi?	gitme**ye**ler mi?

Heute werden die 2. bzw. 3. Pers. Sing. und Pl. seltener gebraucht. Sie werden zumeist durch den Imperativ ersetzt: *gitsin* statt *gide:* Er/sie soll gehen; *git* statt *gidesin:* Geh!

Der Optativ in der Vergangenheit

Diese Form des Optativs drückt einen irrealen Wunsch aus, der sich auf die Vergangenheit bezieht (wie der Konjunktiv II im Deutschen). Deshalb kann man sie (z.B. für die 3. Pers. Sing.) mit „hätte .... sollen", „wäre/hätte ... doch ..." oder „ich wünschte ... wäre/hätte" übersetzen (keşke gid**eydi** – wäre er doch gegangen). Die positive und negative Frageform des Optativs in der Vergangenheit wird nur sehr selten gebraucht.

Personal-pronomen	positive Aussage	negative Aussage	positive Frage	negative Frage
ben	gid**e**ydim	gitme**ye**ydim	gid**e**ydim mi?	gitme**ye**ydim mi?
sen	gid**e**ydin	gitme**ye**ydin	gid**e**ydin mi?	gitme**ye**ydin mi?
o	gid**e**ydi	gitme**ye**ydi	gid**e**ydi mi?	gitme**ye**ydi mi?
biz	gid**e**ydik	gitme**ye**ydik	gid**e**ydik mi?	gitme**ye**ydik mi?
siz	gid**e**ydiniz	gitme**ye**ydiniz	gid**e**ydiniz mi?	gitme**ye**ydiniz mi?
onlar	gid**e**ydiler	gitme**ye**ydiler	gid**e**ydiler mi?	gitme**ye**ydiler mi?

Möglichkeits- und Unmöglichkeitsform (können/nicht können)

Möglichkeitsform

Die Möglichkeitsform eines Verbs entsteht, wenn der Verbstamm durch die Wunschendung *-(y)e/-(y)a* erweitert und mit dem Verb *bilmek* verbunden wird. Das angehängte *bilmek* kann dann in allen bejahenden Zeitformen konjugiert werden.

Bildung: Verbstamm + -(y)e/-(y)a + Hilfsverbstamm „bil" + Tempusendung + Personalendung.

Gebrauch: Die Formen auf „bilmek" haben wie das deutsche Modalverb „können" oft die Bedeutung von „dürfen": Gör**ebil**ir miyiz? – Dürfen wir sehen?/Otur**abil**ir miyiz? – Dürfen wir uns setzen?

Unmöglichkeitsform

Die Unmöglichkeitsform, d.h. die Ausdrucksweise des Nichtkönnens, wird nicht mit „bilmek" gebildet, sondern durch Anhängen von *–(y)eme, -(y)ama* an den Verbstamm ausgedrückt.

Bildung: Verbstamm + -(y)e/-(y)a + Verneinungspartikel (richtet sich nach dem Tempus) + Tempusendung + Personalendung.

Personalpronomen	positive Aussage	negative Aussage	positive Frage	negative Frage
ben	gör**ebil**iyorum (ich kann sehen)	gör**emi**yorum (ich kann nicht sehen)	gör**ebil**iyor muyum? (kann ich sehen?)	gör**emi**yor muyum? (kann ich nicht sehen?)
sen	gör**ebil**iyorsun	gör**emi**yorsun	gör**ebil**iyor musun?	gör**emi**yor musun?
o	gör**ebil**iyor	gör**emi**yor	gör**ebil**iyor mu?	gör**emi**yor mu?
biz	gör**ebil**iyoruz	gör**emi**yoruz	gör**ebil**iyor muyuz?	gör**emi**yor muyuz?
siz	gör**ebil**iyorsunuz	gör**emi**yorsunuz	gör**ebil**iyor musunuz?	gör**emi**yor musunuz?
onlar	gör**ebil**iyorlar	gör**emi**yorlar	gör**ebil**iyorlar mı?	gör**emi**yorlar mı?

Die Bildung der verschiedenen Zeiten der Möglichkeits- und Unmöglichkeitsform

Ben gör**ebil**iyorum (gör**emi**yorum).	Ich kann *jetzt* (nicht) sehen.
Ben gör**ebil**irim (gör**eme**m).	Ich kann/darf (nicht) sehen.
Ben gör**ebil**dim (gör**eme**dim).	Ich habe (nicht) sehen können.
Ben gör**ebil**mişim (gör**eme**mişim).	Man sagt, dass ich (nicht) habe sehen können.
Ben gör**ebil**eceğim (gör**eme**yeceğim).	Ich werde (nicht) sehen können.
Ben gör**ebil**iyordum (gör**emi**yordum).	Ich konnte (nicht) sehen
Ben gör**ebil**irdim (gör**emez**dim).	ich hätte (nicht) sehen können.
Ben gör**ebil**miştim (gör**eme**miştim).	Ich hatte (nicht) sehen können.
Ben gör**ebil**ecektim (gör**eme**yecektim).	Es gab (nicht) die Möglichkeit, dass ich sehe; Ich durfte (nicht) sehen.
Ben gör**ebil**diydim (gör**eme**diydim).	Ich hatte (nicht) sehen können.
Ben gör**ebil**iyormuşum (gör**emi**yormuşum).	Man sagt, ich kann (nicht) sehen.
Ben gör**ebil**irmişim (gör**emez**mişim).	Man sagt, ich dürfe (nicht) sehen.
Ben gör**ebil**ecekmişim (gör**eme**yecekmişim).	Ich werde (nicht) sehen dürfen.

Bedingungsform

Die reale Bedingungsform

Alle Konditionalsätze bestehen aus einem Bedingungs- und einem Folgesatz. Im wirklichen Bedingungssatz sieht der Sprechende eine reale/potentielle Möglichkeit, dass die Bedingung erfüllt wird und somit die Folge eintritt. Die Bedingungsform der Verben wird durch Verbstamm + Tempusendung + -(y)se/-(y)sa + Personalendung gebildet. Einleitend kann zur Betonung die Konjunktion *eğer* oder *şayet* (wenn) stehen:

Nebensatz (Bedingung)		**Hauptsatz** (Folge)
(Eğer) yemek yapar**sa**m,	(Wenn ich koche,)	gelir. (kommt sie.)
Yemek yapar**sa**n,	(Wenn du kochst,)	
Yemek yapar**sa,**	(Wenn er kocht,)	
Yemek yapar**sa**k,	(Wenn wir kochen,)	
Yemek yapar**sa**nız,	(Wenn ihr kocht,)	
Yemek yaparlar**sa**,	(Wenn sie kochen,)	

Bedingungssätze in verschiedenen Zeitformen

Gegenwart	ben	ge**liyorsa**m	wenn ich (jetzt) komme, dann ...
	ben	gel**irse**m	wenn ich komme, dann ...
Vergangenheit	ben	gel**diyse**m	wenn ich gekommen bin, dann ...
	ben	gel**mişse**m	wenn ich gekommen bin, dann ...
	ben	gel**miş olursa**m	wenn ich gekommen sein sollte, dann ...
Zukunft	ben	gel**eceksе**m	wenn ich kommen soll, dann ...
	ben	gel**ecek olursa**m	wenn ich kommen sollte, dann ...

Reale Bedingungssätze ohne Verb

Die Endung *-(y)se/-(y)sa* kann auch an ein Substantiv oder Adjektiv treten und bedeutet dann „wenn ich … bin“, „wenn du … bist“ usw.

Pers.pr.	**nach konsonantischem Auslaut**		**nach vokalischem Auslaut**	
	positiv	negativ	positiv	negativ
ben	doktor**sa**m (wenn ich Arzt bin)	doktor değil**se**m (wenn ich kein Arzt bin)	hasta**ysa**m (wenn ich krank bin)	hasta değil**se**m (wenn ich nicht krank bin)
sen	doktor**sa**n	doktor değil**se**n	hasta**ysa**n	hasta değil**se**n
o	doktor**sa**	doktor değil**se**	hasta**ysa**	hasta değil**se**
biz	doktor**sa**k	doktor değil**se**k	hasta**ysa**k	hasta değil**se**k
siz	doktor**sa**nız	doktor değil**se**niz	hasta**ysa**nız	hasta değil**se**niz
onlar	doktor**sa**lar	doktor değil**se**ler	hasta**ysa**lar	hasta değil**se**ler

Die Vergangenheitsformen lauten:

-diysem, -diysen, …/değildiysem, değildiysen, …; -mişsem, -mişsen, …/değilmişsem, değilmişsen, … usw.

Die irreale Bedingungsform

Im Unterschied zur realen Bedingungsform steht die Bedingungsendung *-se/-sa* direkt hinter dem Verbstamm.

Gel**se**ydiniz, sinemaya giderdik. – Wenn sie gekommen wären, wären wir ins Kino gegangen.

Zeit	Bildung	Beispiel
Gegenwart:	Verbstamm + -se/-sa + Personalendung	gel**se**m (wenn ich käme)
bestimmte Vergangenheit	Verbstamm + -se/-sa + -y- + best. Vergangenheitsendung + Personalendung	gel**se**ydin (wenn du gekommen wärst)
unbestimmte Vergangenheit	**a)** Verbstamm + -se/-sa + -y- + unbest. Vergangenheitsendung + Personalendung	gel**se**ymiş (wenn sie gekommen wäre)
	b) Verbstamm + Partizipendung der unbest. Vergangenheit, Verbstamm von olmak + -sa + Personalendung	gel**miş olsa**k (wenn wir gekommen wären)

Mit der irrealen Bedingungsform können auch Wunschsätze gebildet werden, deren Erfüllung im Bereich des Möglichen (Gegenwart: gel-se – wenn er doch käme) bzw. Unmöglichen (Vergangenheit: gel-se-y-di – wenn er doch gekommen wäre) liegt.

Die Notwendigkeitsform

Die Notwendigkeitsform („sollen" oder „müssen") wird mit der Endung *-meli/-malı* gebildet:

Gegenwart: Verbstamm + -meli/-malı (+ -y) + Personalendung

Personalpronomen	positive Aussage	negative Aussage	positive Frage	negative Frage
ben	çalış**malı**yım (ich muss arbeiten)	çalışma**malı**yım (ich muss nicht arbeiten)	çalış**malı** mıyım? (muss ich arbeiten?)	çalışma**malı** mıyım? (muss ich nicht arbeiten?)
sen	çalış**malı**sın	çalışma**malı**sın	çalış**malı** mısın?	çalışma**malı** mısın?
o	çalış**malı**	çalışma**malı**	çalış**malı** mı?	çalışma**malı** mı?
biz	çalış**malı**yız	çalışma**malı**yız	çalış**malı** mıyız?	çalışma**malı** mıyız?
siz	çalış**malı**sınız	çalışma**malı**sınız	çalış**malı** mısınız	çalışma**malı** mısınız?
onlar	çalış**malı**lar	çalışma**malı**lar	çalış**malı**lar mı?	çalışma**malı**lar mı?

Bestimmte Vergangenheit: Verbstamm + -meli/-malı + -y + -di + Personalendung

Personalpronomen	positive Aussage	negative Aussage	positive Frage	negative Frage
ben	çalış**malı**ydım (ich musste arbeiten)	çalışma**malı**ydım (ich musste nicht arbeiten)	çalış**malı** mıydım? (musste ich arbeiten?)	çalışma**malı** mıydım? (musste ich nicht arbeiten?)

sen	çalış**malı**ydın	çalışma**malı**ydın	çalış**malı** mıydın?	çalışma**malı** mıydın?
o	çalış**malı**ydı	çalışma**malı**ydı	çalış**malı** mıydı?	çalışma**malı** mıydı?
biz	çalış**malı**ydık	çalışma**malı**ydık	çalış**malı** mıydık?	çalışma**malı** mıydık?
siz	çalış**malı**ydınız	çalışma**malı**ydı-nız?	çalış**malı** mıydı-nız?	çalışma**malı** mıydı-nız?
onlar	çalış**malı**ydılar	çalışma**malı**ydılar	çalış**malı** mıydı-lar?	çalışma**malı** mıydı-lar?

Unbestimmte Vergangenheit: Verbstamm + -meli/-malı + -y + -miş + Personalendung

Personal-pronomen	positive Aussage	negative Aussage	positive Frage	negative Frage
ben	çalış**malı**ymışım (ich soll wohl arbeiten)	çalışma**malı**ymı-şım (ich soll wohl nicht arbeiten)	çalış**malı** mıymı-şım? (soll ich wohl arbeiten?)	çalışma**malı** mıymı-şım? (soll ich wohl nicht arbeiten?)
sen	çalış**malı**ymış-sın	çalışma**malı**ymış-sın	çalış**malı** mıymış-sın?	çalışma**malı** mıymış-sın?
o	çalış**malı**ymış	çalışma**malı**ymış	çalış**malı** mıymış?	çalışma**malı** mıymış?
biz	çalış**malı**ymışız	çalışma**malı**ymı-şız	çalış**malı** mıymı-şız?	çalışma**malı** mıymı-şız?
siz	çalış**malı**ymışsı-nız	çalışma**malı**ymış-sınız	çalış**malı** mıymış-sınız?	çalışma**malı** mıymış-sınız?
onlar	çalış**malı**ymışlar	çalışma**malı**ymış-lar	çalış**malı** mıymış-lar?	çalışma**malı** mıymış-lar?

Neben den Verbformen auf *-meli/-malı* gibt es noch andere Konstruktionen, um Notwendigkeit auszudrücken:

Die Prüfung **muss** zwei Stunden dauern.	Sınavın iki saat sürmesi **gerek**ir. Sınav iki saat sürmek **zorunda.** Sınavın iki saat sürmesi **zorunlu.**
Ich **muss** warten.	Beklemek **zorunda**yım
Ich habe warten **müssen.**	Beklemek **zorunda**ydım
Ich werde warten **müssen.**	Beklemek **zorunda** olacağım

Erweiterte Verbalstämme

Durch verschiedene Endungen können die Verbalstämme zur Bildung von **reflexiven, reziproken**, **passiven** und **kausativen** Verben erweitert werden:

1. Reflexive Verben:

a) Nach vokalischem Auslaut: *-n-*
yıkamak (waschen) yıka**n**mak (sich waschen)

b) Nach konsonantischem Auslaut: -ın-/-in-/-un-/-ün-
bakmak (schauen) bak**ın**mak (sich umschauen)

2. Reziproke Verben:

a) Nach vokalischem Auslaut: *-ş-*
anlamak (verstehen) anla**ş**mak (sich verstehen)

b) Nach konsonantischem Auslaut: -ış-/-iş-/-uş-/-üş-
bakmak (schauen) bak**ış**mak (einander anschauen)

3. Passive Verben:

a) Nach konsonantischem Auslaut (außer -l): *-ıl-/-il-/-ul-/-ül-*
görmek (sehen) gör**ül**mek (gesehen werden)

b) Nach vokalischem Auslaut: *-n-*
söylemek (sagen) söle**n**mek (gesagt werden)

c) Nach Verbstammendung auf -l: *-ın-/-in-/-un-/-ün-*
almak (nehmen) al**ın**mak (genommen werden)

4. Kausative Verben:

a) Nach mehrsilbigen Verbstämmen (außer wenn sie mit -l oder -r enden) und einsilbigen Stämmen, die auf einen Konsonanten enden: *-dır-/-dir-/-dur-/-dür-*
yazmak (schreiben) yaz**dır**mak (schreiben lassen)

b) Nach zweisilbigen Stämmen, die auf einen Vokal, auf -l oder -r enden: -t-
yürümek (gehen) yürü**t**mek (gehen lassen)

a) Bei einigen einsilbigen Stämmen: -ar-/-ır-/-ir-/-ur-/-ür-
kaçmak (fliehen) kaç**ır**mak (entführen)

Die Wortstellung

Der Fixpunkt im türkischen Satz ist das Prädikat (das konjugierte Verb oder ein Subjekt oder Adjektiv mit Personalendung). Es steht in der Regel am Ende eines Satzes. Sofern der Satz ein Subjekt enthält, steht dieses wie im deutschen Satz in der Regel am Anfang. Die Stellung der anderen Wortarten im einfachen Hauptsatz entspricht mehr oder weniger der Wortstellung im deutschen Satz. Die Wortstellung ist ebenfalls wie im Deutschen flexibel, wobei allerdings im Türkischen derjenige Satzteil am meisten betont ist, der direkt vor dem Prädikat steht.

Aa

Aal *m* yılanbalığı
Aas *nt* ❶ leş ❷ (*als Schimpfwort*) pis herif; (*für Frauen*) pis kadın
ab **I.** *adv* ~ **und zu** arasıra, bazen **II.** *adj* (*abgetrennt*) ayrılmış, kopmuş **III.** *präp* -den/-dan itibaren; ~ **Hamburg** Hamburg'tan sonra; ~ **München** (*ab Werk*) Münih'ten itibaren; **von heute** ~ bugünden itibaren; ~ **15. Mai** 15 Mayıs'tan; ~ **7 Euro** 7 eurodan itibaren
abändern *vt* değiştirmek; (*Gesetz*) tadil etmek (**etw** -i)
Abänderung *f* tadil, değişiklik
abartig *adj* ❶ (*abnormal*) anormal ❷ (*pervers*) sapık
abballern *vt* (*fam*) silahla vurup düşürmek (**jdn** -i)
Abbau *m* ❶ (*Kohle-*) işletilme ❷ (*Personal-*) tasfiye
abbauen **I.** *vt* ❶ (*Kohle, Erz*) işletmek (**etw** -i) ❷ (*Arbeitskräfte*) azaltmak (**etw** -i) ❸ TECH demonte etmek, sökmek (**etw** -i) ❹ (*Vorurteile*) (önyargıları) bırakmak **II.** *vi* (*erlahmen*) zayıf düşmek
abbeißen *irr vt* (bir parçasını) ısırarak koparmak
abbekommen *irr vt* ❶ (*abkriegen*) (bir şeyden) payını almak ❷ (*loslösen*) çözmek, sökmek (**etw** -i)
abbestellen *vt* (*Abonnement*) (aboneyi) kesmek
abbezahlen *vt* ❶ (*völlig bezahlen*) tamamıyla ödemek (**etw** -i) ❷ (*in Raten zahlen*) taksitle ödemek (**etw** -i)
abbiegen *irr* **I.** *vt* bükmek, eğmek (**etw** -i) **II.** *vi sein* sapmak; **links ~ verboten!** sola sapmak yasaktır!
Abbiegespur *f* sapma şeridi
abbilden *vt* resmini yapmak (**etw** -in)
Abbildung *f* resim; (*Figur*) şekil
abblenden *vt* (*Scheinwerfer*) farları kısmak
Abblendlicht *nt* kısa huzmeli far
abbrechen *irr* **I.** *vt* ❶ kırmak, koparmak (**etw** -i) ❷ (*Gebäude*) yıkmak (**etw** -i) ❸ (*Zelt*) toplamak, kaldırmak (**etw** -i) ❹ (*Reise*) yarıda bırakmak (**etw** -i) ❺ INFORM (*Programm*) iptal etmek (**etw** -i) **II.** *vi* kırılmak, kopmak
abbremsen *vi* frenlemek, yavaşlatmak
abbrennen *irr* **I.** *vt* yakarak yok etmek (**etw** -i) **II.** *vi* tamamıyla yanmak, kül olmak
abbringen *irr vt* ❶ (*vom Weg*) yolundan çevirmek (**jdn** -i) ❷ (*fig: vom Thema*) konudan uzaklaştırmak (**jdn** -i) ❸ (*vom Vorhaben*) maksadından vazgeçirmek, caydırmak (**jdn** -i)
Abbruch *m* ❶ (*Gebäude*) yıkılma ❷ (*Kampf*) kesilme ❸ (*Verhandlungen*) durdurulma ❹ (*Programm*) iptal
abbuchen *vt* hesaptan indirmek [*o* kesmek] (**etw** -i)
abbürsten *vt* (*auch fig*) fırçalamak (**etw** -i)
abdanken *vi* istifa etmek, görevden çekilmek
Abdankung *f* istifa
abdecken *vt* (*Tisch*) sofrayı toplamak [*o* kaldırmak]
abdichten *vt* TECH contalamak (**etw** -i)
abdrehen *vt* ❶ (*Hahn*) kapamak (**etw** -i) ❷ (*Licht*) söndürmek (**etw** -i)
Abdruck *m* ❶ (*Spur*) iz ❷ (*Druck*) bası
abdrucken *vt* (yeniden) basmak (**etw** -i)
abdrücken *vi* (*Gewehr*) tetiği çekmek
Abend *m* ❶ (*Spätnachmittag*) akşam ❷ (*nach dem Dunkelwerden*) gece; **heute ~** bu akşam; **gestern ~** dün akşam; **eines ~s** bir akşam; **gegen ~** akşama doğru; **zu ~ essen** akşam yemeği yemek
Abendbrot *nt* akşam yemeği
Abenddämmerung *f* akşam alaca karanlığı
Abendessen *nt* akşam yemeği
Abendkleid *nt* tuvalet, abiye
Abendkurs *m* akşam kursu
Abendland *nt* Batı, Garp
Abendmahl *nt* (*christlich*) Evharistiya
abends *adv* akşamları
Abenteuer *nt* macera, serüven
abenteuerlich *adj* maceralı
Abenteurer(in) *m(f)* maceracı
aber *konj* fakat, ama; ~ **natürlich!**, ~ **sicher!** hay hay!, elbette!
Aberglaube *m* batıl inanç
abergläubisch *adj* batıl inançları olan
aberkennen *irr vt* (*gerichtlich*) (mahkeme kararıyla) mahrum etmek (**jdm etw** -i -den)
abfahren *irr vi sein* hareket etmek, kalkmak
Abfahrt *f* gidiş, hareket, kalkış
Abfahrtslauf *m* (*Ski-*) depar, şos
Abfahrtszeit *f* kalkış saati, hareket zamanı
Abfall *m* ❶ (*Haushalt*) çöp; (*Industrie*) atık

② (*Unbrauchbares*) döküntü
Abfalleimer *m* çöp tenekesi
abfallen *irr vi sein* düşmek, dökülmek
abfallend *adj* inişli
Abfallprodukt *nt* artık ürün, ikinci sınıf ürün
abfärben *vi* boyası çıkmak
abfertigen *vt* ① (*Zoll*) işlemini yapmak (**etw** -in) ② (*Kunden*) hizmet etmek (**jdn** -e) ③ (*pej*) savmak (**jdn** -i)
Abfertigung *f* ① (*von Waren*) yollama ② (*am Schalter*) muamele, işlem
abfinden *irr* **I.** *vt* ① (*entschädigen*) tazminat vermek (**jdn** -e) ② (*zufriedenstellen*) memnun etmek (**jdn** -i), gönlünü etmek (**jdn** -in) **II.** *vr* **sich mit etw ~** bir şeye katlanmak
Abfindung *f* (*Entschädigung*) tazminat
abfliegen *irr vi* ① (*Passagier*) (uçakla) hareket etmek ② (*Flugzeug*) havalanmak, kalkmak, hareket etmek
Abflug *m* uçakla hareket, kalkış
Abflugzeit *f* (uçağın) kalkış saati
Abfluss[RR] *m,* **Abfluß**[ALT] *m* ① dışarı akma ② (*Kanal*) lağım
Abflussreiniger[RR] *m* lavabo açıcı
abfragen *vt* ① soruşturmak (**jdn etw** -e -i) ② (*Lektion*) anlattırmak, söyletmek (**jdn etw** -e -i)
Abfuhr *f* ① taşıma, götürme, nakil ② (*fig*) atlatılma, baştan savulma
abführen *vt* sevk etmek (**etw** -i)
Abführmittel *nt* müshil, ishal ilacı
Abgabe *f* ① teslim, tevdi ② (*Stimm-*) oy verme; **soziale ~n** vergi
Abgang *m* ① (*Abfahrt*) gidiş, kalkış ② (*von der Schule*) çıkış
Abgas *nt* artık [*o* atık] gaz
abgeben *irr* **I.** *vt* ① teslim etmek, vermek (**jdm etw** -e -i) ② (*abtreten*) terketmek, bırakmak (**jdm etw** -e -i) **II.** *vr* **sich mit etw ~** bir şeyle uğraşmak; **sich mit jdm ~** biriyle meşgul olmak
abgebrüht *adj* (*fig*) pişkin
abgedroschen *adj* (*Worte*) basmakalıp, beylik
abgefahren *adj* (*Reifen*) yıpranmış
abgehen *irr vi sein* ① (*Zug*) kalkmak, hareket etmek ② (*Schüler*) çıkmak ③ (*sich lösen*) çözülmek, pul pul olmak; **sich** *dat* **nichts ~ lassen** hiç bir eksiği olmamak
abgekämpft *adj* (*allgemein*) bitkin
abgelaufen *adj* ① (*Pass*) süresi dolmuş ② (*Frist*) sona ermiş
abgelegen *adj* sapa
abgemacht *adj* kararlaştırılmış; **~!** tamam!
abgeneigt *adj* **einer Sache ~ sein** bir şeye karşı olmak
Abgeordnete(r) *f(m)* milletvekili
Abgeordnetenkammer *f* parlamento
abgeschlossen *adj* (*Arbeit*) bitmiş, bitirilmiş
abgesehen *adv* **~ von ...** ... bir yana, -in dışında
abgespannt *adj* bitkin
abgestumpft *adj* vurdumduymaz, kayıtsız
abgetragen *adj* (*Kleidung*) eskimiş, yıpranmış
abgewöhnen *vt* **sich** *dat* **das Rauchen ~** sigarayı bırakmak
abgrenzen *vt* sınırla(ndır)mak (**etw** -i)
Abgrund *m* uçurum, yar
abhacken *vt* kesmek (**etw** -i)
abhalten *irr vt* ① (*fernhalten*) uzak tutmak (**jdn von etw** -i -den) ② (*etw zu tun*) mani olmak (**jdn** -e) ③ (*Sitzung*) yapmak, akdetmek (**etw** -i); **jdn von der Arbeit ~** birini işinden alıkoymak
abhandeln *vt* (*Thema*) (bir konuyu) incelemek, açıklamak (**etw** -i)
abhandenkommen *irr vi* kaybolmak, yitmek
Abhang *m* yamaç
abhängen **I.** *vt* ① yerinden indirmek, çengelinden çıkarmak (**etw** -i) ② (*loswerden*) atlatmak (**jdn** -i) ③ (*Rivalen*) safdışı bırakmak [*o* etmek] (**jdn** -i) **II.** *vi* **von etw ~** bir şeye bağlı [*o* tabi] olmak
abhängig *adj* bağımlı (**von etw/jdm** -e)
Abhängigkeit *f* bağımlılık (**von etw/jdm** -e)
abhärten *vt* (*Körper*) alıştırmak, dayanıklı yapmak (**etw** -i)
Abhärtung *f* dayanıklı yapma
abhauen *vi sein* (*fam*) tüymek, sıvışmak, kaçmak; **hau ab!** çık!
abheben *irr* **I.** *vt* ① (*Deckel*) kaldırmak, açmak (**etw** -i) ② (*Geld*) çekmek (**etw von etw** -i -den) ③ (*Karten*) kesmek (**etw** -i) **II.** *vr* **sich ~** iyice belirmek, kontrast teşkil etmek, çok farklı olmak; **die Farben heben sich gut voneinander ab** renkler birbirinden iyi ayrılıyor
abholen *vt* alıp getirmek (**etw** -i), karşılamak (**jdn** -i); **jdn ~ lassen** birini karşılatmak; **ich hole dich ab** seni karşılarım
Abholzung *f* ağaç kesimi
abhorchen *vt* (*Herz*) kulaklık ile muayene

etmek (**etw** -i)
abhören *vt* ❶ (*heimlich*) gizlice dinlemek (**etw** -i) ❷ (*Schüler*) bilgisini yoklamak (**jdn** -in)
Abitur *nt* lise bitirme sınavı
Abiturient(in) *m(f)* lise mezunu
abkaufen *vt* **jdm etw ~** birinden bir şeyi satın almak; (*glauben*) birinin söylediğine inanmak [*o* aldanmak]
abklingen *irr vi* (*Schmerz*) hafiflemek
Abkomme *m* evlat
abkommen *irr vi sein* ❶ (*vom Weg*) yolunu şaşırmak ❷ (*vom Thema*) konudan ayrılmak
Abkommen *nt* an(t)laşma, mukavele
abkömmlich *adj* bulunması zorunlu olmayan
abkratzen I. *vt* kazıyarak çıkarmak (**etw** -i) **II.** *vi* (*vulg: sterben*) nalları dikmek
abkühlen I. *vi* soğumak, serinlemek **II.** *vt* soğutmak, serinletmek (**etw** -i)
Abkühlung *f* soğuma, serinleme
abkürzen *vt* (*Weg, Wort*) kısaltmak (**etw** -i)
Abkürzung *f* ❶ (*Wort*) kısaltma ❷ (*Weg*) kestirme yol
abladen *irr vt* (*Last*) boşaltmak (**etw** -i); (*Lastwagen*) yükünü indirmek (**etw** -in)
Ablage *f* ❶ depo, ambar ❷ (*Kleider-*) gardırop, vestiyer ❸ (*Akten-*) *dosyalara geçirilen veya geçirilecek olan evrak*
ablassen *irr* **I.** *vt* (*Flüssigkeit*) akıtmak (**etw** -i) **II.** *vi* vazgeçmek, el çekmek (**von etw** -den)
Ablativ *m* çıkma durumu, -den hali
Ablauf *m* ❶ (*eines Ereignisses*) gidiş ❷ (*von Frist, Vertrag*) bitme, bitiş; **nach ~ eines Jahres** bir yıl geçtikten sonra
ablaufen *irr vi* ❶ (*Wasser*) akıp gitmek ❷ (*Frist, Vertrag*) bitmek, (süresi) dolmak
ablecken *vt* yalamak (**etw** -i)
ablegen I. *vt* ❶ bırakmak (**etw** -i) ❷ (*Kleider*) çıkarmak (**etw** -i) ❸ (*Akten*) (dosyaya) kaldırmak (**etw** -i); **eine Prüfung ~** sınav vermek; **Rechenschaft ~** hesap vermek **II.** *vi* (*Schiff*) kalkmak
Ableger *m* (*von Pflanze*) daldırma
ablehnen *vt* reddetmek (**etw** -i)
ablehnend *adj* menfi, olumsuz
Ablehnung *f* ret
ablenken *vt* dikkatini dağıtmak (**jdn** -in), oyalamak (**jdn** -i)
Ablenkung *f* ❶ oyalanma ❷ (*Vergnügen*) eğlenme
ablesen *irr vt* okumak (**etw** -i)
abliefern *vt* teslim etmek (**etw bei jdm** -i -e)
Ablieferung *f* teslim
ablösen *vt* ❶ ayırmak, çözmek (**etw** -i) ❷ (*Wachdienst*) nöbet değiştirmek
Ablösung *f* ❶ ayırma, çözme ❷ (*Wach-*) nöbet değiştirme
abmachen *vt* ❶ çözmek, çıkarmak (**etw** -i) ❷ (*vereinbaren*) kararlaştırmak (**etw** -i), sözleşmek (**etw zu tun** -mek üzere)
Abmachung *f* sözleşme
abmagern *vi sein* zayıflamak, kilo kaybetmek
Abmagerung *f* zayıflama, cılızlaşma
Abmarsch *m* yürüyüş(e başlama)
abmelden *vr* **sich ~** (*von Schule, Verein*) kaydını sildirmek; (*seinen Weggang ankündigen*) ayrılacağını bildirmek
Abmeldung *f* kayıt sildirme
abmontieren *vt* demonte etmek, sökmek (**etw** -i)
abmühen *vr* **sich ~** didinmek, emek çekmek
Abnahme *f* ❶ (*Kauf*) satın alma, alım ❷ (*Verringerung*) azalma, eksilme ❸ (*Gewicht*) kilo verme
abnehmen I. *vt* ❶ kaldırmak (**etw** -i) ❷ (*Hut*) çıkarmak (**etw** -i) ❸ (*Hörer*) ahizeyi kaldırmak; **ich nehme es ihm ab** bu söylediğine inanıyorum **II.** *vi* ❶ (*sich verringern*) azalmak ❷ (*an Gewicht*) kilo vermek ❸ (*Tage*) kısalmak; **ich habe (drei Kilo) abgenommen** (üç) kilo verdim
abnehmend *adj* (*Mond*) küçülen
Abnehmer *m* alıcı, müşteri
abnorm *adj* anormal, düzgünsüz
abnutzen I. *vt* yıpratmak, aşındırmak (**etw** -i) **II.** *vr* **sich ~** yıpranmak, aşınmak
Abnutzung *f* yıpranma, aşın(dır)ma
Abonnement *nt* abone
Abonnent(in) *m(f)* abone (olan)
abonnieren *vt* abone olmak (**etw** -e)
Abordnung *f* heyet, delegasyon
Abort *m* hela, aptesane, yüznumara
abraten *vi* **jdm (von) etw ~** birine bir şeyi yapmamasını tavsiye etmek
abräumen *vt* (*Tisch*) sofrayı toplamak [*o* kaldırmak]
abreagieren *vt* (*Wut*) çıkarmak (**etw** -i)
abrechnen I. *vt* hesaptan indirmek (**etw** -i) **II.** *vi* **mit jdm ~** biriyle hesaplaşmak; (*sich rächen*) birinden intikam almak
Abrechnung *f* hesaplaşma; (*Rache*) intikam
Abreise *f* hareket, gidiş
abreisen *vi sein* yola çıkmak

abreißen *irr* **I.** *vt* koparmak; (*Gebäude*) yıkmak (**etw** -i) **II.** *vi* kopmak
AbrissRR *m* ❶ (*eines Gebäudes*) yıkılma ❷ (*kurze Darstellung*) özet
Abruf *m* **auf ~** *olabilecek talep üzerine*
abrunden *vt* (*rund machen*) yuvarlamak; (*Zahl*) aşağıya yuvarlamak (**etw** -i)
abrüsten **I.** *vi* silahsızlanmak **II.** *vt* silahsızlandırmak (**etw** -i)
Abrüstung *f* silahsızlanma
ABS *nt Abk von* **Antiblockiersystem** anti blokaj sistemi
Absage *f* ret, olumsuz cevap
absagen **I.** *vi* ret cevabı vermek (**jdm** -e) **II.** *vt* ❶ (*Veranstaltung*) olmayacağını bildirmek (**etw** -in) ❷ (*Einladung*) (sonradan) geri çevirmek (**etw** -i)
Absatz *m* ❶ (*von Schuh*) ökçe, topuk ❷ (*im Text*) paragraf ❸ (*Umsatz*) sürüm
abschaffen *vt* kaldırmak (**etw** -i)
Abschaffung *f* kaldırılma
abschalten **I.** *vt* (*Gerät*) kesmek; (*Maschine*) kapatmak (**etw** -i) **II.** *vi* ❶ (*nicht zuhören*) artık dinlememek ❷ (*sich erholen*) dinlenmek
abschätzen *vt* tahmin etmek (**etw** -i)
Abschaum *m* (*pej*) döküntü, ayaktakımı
abscheulich *adj* iğrenç
abschicken *vt* yollamak, göndermek (**etw** -i)
abschieben *irr vt* **ins Ausland ~** sınır dışı etmek (**jdn** -i)
Abschiebung *f* sınır dışı etme
Abschied *m* veda; **von jdm ~ nehmen** birine veda etmek, biriyle vedalaşmak
abschießen *irr vt* ❶ (*Waffe*) ateş etmek (**etw** -i) ❷ (*Flugzeug*) düşürmek (**etw** -i) ❸ (*erschießen*) vurmak (**jdn/etw** -i)
abschlagen *irr vt* ❶ (*Angriff*) püskürtmek (**etw** -i) ❷ (*Bitte*) reddetmek (**etw** -i)
abschlägig *adj* olumsuz
Abschlagszahlung *f* ❶ (*Rate*) taksit ❷ (*Vorschuss*) avans
abschleppen *vt* (*Auto*) çekmek (**etw** -i)
Abschleppseil *nt* çekme halatı
Abschleppwagen *m* çekici
abschließen *irr vt* ❶ (*Tür*) kilitlemek (**etw** -i) ❷ (*beenden*) bitirmek (**etw** -i) ❸ (*Vertrag*) yapmak, akdetmek (**etw** -i)
abschließend *adv* (bir şeyi) bitirirken
AbschlussRR *m*, **Abschluß**ALT *m* (*Ende*) bit(ir)me, son
AbschlussprüfungRR *f* bitirme sınavı
AbschlusszeugnisRR *nt* diploma
abschmecken *vt* tadına bakmak (**etw** -in)
abschmieren *vt* yağlamak (**etw** -i)
abschneiden *irr* **I.** *vt* kesip koparmak (**etw** -i) **II.** *vi* **gut/schlecht ~** iyi/kötü sonuca ulaşmak
Abschnitt *m* (*in Buch*) bölüm
abschrauben *vt* vidalarını [*o* vidasını] sökmek (**etw** -in); (*Deckel*) (çevirip) kaldırmak (**etw** -i)
abschrecken *vt* ❶ yıldırmak (**jdn von etw** -i -den), gözdağı vermek (**jdn** -e) ❷ (*Eier*) üstüne soğuk su dökmek
abschreckend *adj* korkutucu
abschreiben *irr vt* kopya etmek (**etw** -i)
Abschrift *f* kopya
absehbar *adj* (*Folgen*) sonu görülebilen; **in ~er Zeit** az çok yakın zamanda
absehen *irr* **I.** *vt* **die Folgen von etw ~** bir şeyin sonunu görmek **II.** *vi* **von etw ~** bir şeyi hesaba katmamak; **es auf etw abgesehen haben** bir şeye göz koymak; **es auf jdn abgesehen haben** (*böse Absicht*) birinin canına kastetmek
abseits **I.** *präp +gen* -in ötesinde, -in dışında **II.** *adv* uzakta
Abseits *nt* ❶ SPORT ofsayt ❷ (*fig*) **ins ~ stellen/gedrängt werden** gölgede bırakmak/bırakılmak
absenden *irr vt* yollamak, göndermek (**etw** -i)
Absender *m* gönderen; INET gönderici
absetzen **I.** *vt* ❶ (*hinstellen*) indirmek (**etw** -i) ❷ (*Mitfahrenden*) indirmek (**jdn** -i) ❸ (*Beamten*) işinden çıkarmak (**jdn** -i) ❹ (*von Steuern*) kesmek (**etw** -i) ❺ (*verkaufen*) (piyasaya) sürmek, satmak (**etw** -i) ❻ (*Medikament*) kesmek (**etw** -i) **II.** *vr* **sich ~** CHEM çökelmek; (*sich abheben*) iyice belirmek
Absicht *f* niyet, maksat; **mit voller ~** bile bile
absichtlich **I.** *adj* kasıtlı **II.** *adv* kasten, bilerek
absitzen *irr vt* **eine Strafe ~** cezaevinde yatarak süresini doldurmak
absolut **I.** *adj* mutlak, kesin **II.** *adv* mutlaka; **~ nicht** asla, hiç
abspeichern *vt* INFORM yüklemek (**etw auf etw** -i -e), kaydetmek (**etw** -i)
absperren *vt* ❶ kilitlemek (**etw** -i) ❷ (*Straße*) kapamak (**etw** -i) ❸ (*Wasser,*

Strom) kesmek (**etw** -i)
Absperrung *f* (*einer Straße*) kapama
abspielen **I.** *vt* (*Platte*) çalmak (**etw** -i) **II.** *vr* **sich ~** cereyan etmek, geçmek
Absprache *f* sözleşme
absprechen *irr* **I.** *vt* kararlaştırmak (**etw** -i) **II.** *vr* **sich mit jdm** (**über etw**) **~** biriyle (bir şey üzerine) sözleşmek
abspringen *irr vi sein* ❶ (*herunterspringen*) (aşağı) sıçramak [*o* atlamak] ❷ (*fig: sich lossagen*) ayrılmak
abspülen *vt* yıkamak, çalkalamak (**etw** -i)
abstammen *vi* soyundan gelmek (**von jdm/etw** -in)
Abstammung *f* soy, asıl
Abstand *m* mesafe; **von etw ~ nehmen** bir şeyden vazgeçmek [*o* el çekmek]
abstatten *vt* **jdm einen Besuch ~** birini ziyaret etmek
abstauben *vt* tozunu almak (**etw** -in)
Abstecher *m* **einen ~ machen nach ...** *bir yere* (*seyahat esnasında*) *kısa gezinti yapmak*
absteigen *irr vi sein* ❶ (*in einem Hotel*) konaklamak (**in etw** -de) ❷ (*vom Fahrrad, Berg*) inmek (**von etw** -den)
abstellen *vt* ❶ yere koymak, indirmek (**etw** -i) ❷ (*Maschine*) durdurmak (**etw** -i)
Abstellraum *m* sandık odası
abstempeln *vt* ❶ (*Briefmarke*) damgalamak (**etw** -i) ❷ (*Urkunden*) damgalamak, mühürlemek (**etw** -i)
Abstieg *m* iniş
abstimmen **I.** *vt* **aufeinander ~** birbir(ler)ine uydurmak (**etw** -i) **II.** *vi* oy vermek (**über etw** ... üzerine)
Abstimmung *f* (*Wahl*) oylama
Abstinenzler(in) *m(f) alkol kullanmayan*
abstoßen *irr vt* ❶ iterek uzaklaştırmak (**etw** -i) ❷ (*anekeln*) tiksindirmek (**jdn** -i)
abstoßend *adj* itici
abstottern *vt* (*fam*) taksitle ödemek (**etw** -i)
abstrakt *adj* soyut
abstreiten *irr vt* inkar etmek (**etw** -i)
abstufen *vt* derecelendirmek (**etw** -i)
Abstufung *f* (*geringer Unterschied*) ince fark
Absturz *m* ❶ (*Flugzeug-*) düşüş ❷ (*Abhang*) sarp bayır
abstürzen *vi sein* ❶ düşmek ❷ (*Abhang*) sarp inişli olmak ❸ INFORM çökmek; **~ lassen** çökertmek (**etw** -i)
absurd *adj* anlamsız, saçma
Abszess^{RR} *m*, **Abszeß**^{ALT} *m* apse
abtauen *vt* (*Kühlschrank*) eritmek (**etw** -i)
Abteil *nt* (*Zug-*) kompartıman
Abteilung *f* bölüm, kısım, şube
abtragen *irr vt* ❶ (*Speisen*) sofra kaldırmak ❷ (*Kleidung*) eskitmek (**etw** -i)
abträglich *adj* zararlı
abtreiben *irr vi* (çocuğu) aldırmak
Abtreibung *f* çocuk aldırma
abtrennen *vt* ayırmak (**etw von etw** -i -den)
abtreten *irr* **I.** *vt* (*Schmutz von Schuhen*) çamurunu silmek **II.** *vi sein* çekilmek
abtrocknen *vt* kurutmak, kurulamak (**etw** -i)
abwandern *vi sein* göç etmek (**nach etw** -e)
Abwanderung *f* göç
abwarten *vt* sonunu beklemek (**etw** -in)
abwärts *adv* aşağı(ya doğru)
abwaschbar *adj* yıkanabilir
abwaschen *irr vt* ❶ (yıkayarak) temizlemek (**etw** -i) ❷ (*Geschirr*) bulaşık yıkamak
Abwasser *nt* atık su
abwechseln *vr, vi* (**sich**) **mit etw ~** bir şeyle değişmek; **sich mit jdm ~** biriyle nöbetleşmek
abwechselnd *adv* nöbetleşe, sırayla
Abwechslung *f* değişiklik; **zur ~** değişiklik olarak
abwechslungsreich *adj* çeşitli, çok değişik
Abwehrstoff *m* koruyucu madde
abweichen *irr vi sein* ❶ ayrılmak, sapmak (**von etw** -den) ❷ (*verschieden sein*) değişik olmak
abweichend *adj* farklı
Abweichung *f* farklılık, başkalık, ayrılık; **mit einer ~ von 100 Metern** 100 metrelik bir sapmayla
abweisen *irr vt* reddetmek (**etw** -i)
abwerten *vt* ❶ değerden düşürmek (**etw** -i) ❷ (*Währung*) devalorize etmek (**etw** -i)
Abwertung *f* ❶ değerden düşürme ❷ (*einer Währung*) devalüasyon
abwesend *adj* ❶ hazır bulunmayan ❷ (*geistesabwesend*) dalgın
Abwesenheit *f* yokluk (*bulunmayış*)
abwickeln **I.** *vt* yaymak (**etw** -i) **II.** *vr* **sich ~** cereyan etmek
abwischen *vt* silmek (**etw** -i)
abwürgen *vt* (*Motor*) boğmak (**etw** -i)
abzahlen *vt* (azar azar) ödemek (**etw** -i)
Abzahlung *f* (taksitle) ödeme
Abzeichen *nt* işaret, belirti

Abziehbild *nt* çıkartma
abziehen *irr vt* ❶ çıkarmak (**etw von etw** -i -den) ❷ (*Bilder*) kopya etmek (**etw** -i) ❸ MATH çıkarmak (**etw von etw** -i -den) ❹ COMM ıskonto etmek (**etw** -i)
abzielen *vi* hedeflemek, amaçlamak, hedef tutmak (**auf etw** -i)
Abzocke *f* ütme
abzocken *vt* (*fam*) yolmak, yontmak (**jdn** -i)
Abzocker(in) *m(f)* hortumcu, vurguncu
Abzug *m* ❶ (*Kopie*) kopya ❷ (*Rabatt*) ıskonto
abzüglich *präp +gen* çıkarılmak üzere
abzweigen *vi sein* (*Weg*) ayrılmak
Abzweigung *f* yol ayrımı
Accessoires *pl* aksesuarlar
Account *m* INFORM kullanıcı bilgileri
ach *interj* ah!; ~ **so!** ha, öyle mi!; ~ **was!** yok canım!; ~ **wo!** ne gezer!; **mit Ach und Krach** güç bela
Achse *f* ❶ TECH dingil ❷ MATH eksen
Achsel *f* omuz; **mit den ~n zucken** omuz silkmek
Achselhöhle *f* koltuk altı
acht *num* sekiz
Acht *f* **außer ~ lassen** dikkat etmemek (**etw** -e), ihmal etmek (**etw** -i); **sich in ~ nehmen** dikkatli davranmak; ~ **geben** dikkat etmek (**auf etw** -e)
achtbar *adj* saygıdeğer
achte(r, s) *adj* sekizinci
achteckig *adj* sekiz köşeli
Achtel *nt* sekizde bir
achten **I.** *vt* saygı göstermek (**jdn/etw** -e), saymak (**jdn/etw** -i) **II.** *vi* **auf etw ~** bir şeye dikkat etmek
Achterbahn *f lunaparkta bir eğlence treni*
achtgebenALT *vt s.* **Acht**
achthundert *num* sekiz yüz
Achtung *f* ❶ (*Respekt*) saygı ❷ (*Aufmerksamkeit*) dikkat; **~!** dikkat!
achtzehn *num* on sekiz
achtzig *num* seksen
achtziger *adj* **die ~ Jahre** seksenli yıllar
Acker *m* tarla
Ackerbau *m* tarım
ackern *vi* (*fam*) ağır çalışmak
ADAC *m Abk von* **Allgemeiner Deutscher Automobil-Club** Genel Alman Otomobil Kulübü
Adapter *m* TECH adaptör
addieren *vt* toplamak (**etw** -i)
Addition *f* toplama
Adel *m* asalet, soyluluk
Ader *f* ❶ damar ❷ (*Begabung*) yatkınlık, yetenek
Adjektiv *nt* sıfat
Adler *m* kartal
adlig *adj* soylu, asil, asilzade
Admiral *m* amiral
adoptieren *vt* evlat edinmek (**jdn** -i)
Adoption *f* evlat edinme
Adoptiveltern *pl* manevi anababa
Adoptivkind *nt* evlatlık, manevi evlat
Adrenalin *nt* adrenalin
Adressat *m* alıcı, adres sahibi
Adresse *f* adres
adressieren *vt* **einen Brief an jemanden ~** bir mektubun üstüne birinin adresini yazmak
Adria *f* Adriyatik (Denizi)
Advent *m* küçük perhiz, *Noel'den önceki dört pazar*
Adverb *nt* zarf
Aerobic *nt* aerobik
aerodynamisch *adj* aerodinamik
Affäre *f* olay, mesele
Affe *m* maymun
affektiert *adj* yapmacık
Affenhitze *f* (*fam*) cehennem sıcağı
Afghanistan *nt* Afganistan
Afrika *nt* Afrika
Afrikaner(in) *m(f)* Afrikalı
afrikanisch *adj* Afrikalı
After *m* makat
AG *f Abk von* **Aktiengesellschaft** AŞ (Anonim Şirket)
Ägäis *f* Ege Denizi
Agentur *f* acenta
Aggression *f* saldırganlık (**gegen jdn/etw** -e)
aggressiv *adj* saldırgan
Aggressivität *f* saldırganlık
Agrarpolitik *f* tarım politikası
Agrarreform *f* tarım reformu
Agrarstaat *m* tarım ülkesi
Ägypten *nt* Mısır
Ägypter(in) *m(f)* Mısırlı
ägyptisch *adj* Mısırlı
ähneln *vi* benzemek (**jdm/einer Sache** -e)
ahnen *vt* sez(inle)mek (**etw** -i)
ähnlich *adj* benzer, benzeş
Ähnlichkeit *f* benzerlik, benzeyiş
Ahnung *f* sezgi, seziş, his; **ich hatte keine ~ davon** hiç haberim yoktu
Ahorn *m* akçaağaç

Ähre *f* başak
Aids *nt* AİDS
aidskrank *adj* AİDS'li, AİDS hastası
Aidskranke(r) *f(m)* AİDS'li, AİDS hastası
Aidstest *m* AİDS testi
Airbag *m* hava yastığı
Airbus *m kısa uçuşlar için kullanılan uçak*
Ajatollah *m* ayatullah
Akademie *f* akademi
Akademiker(in) *m(f)* üniversite mezunu
akademisch *adj* akademik, akademisel
Akazie *f* akasya
Akkord *m* akort; **im ~ arbeiten** akort çalışmak
Akkordeon *nt* akordeon
Akkreditiv *nt* itimatname, itimat mektubu
Akku *m Abk von* **Akkumulator**
Akkumulator *m* akümülatör
Akkusativ *m* belirtme durumu, -i hali
Akquisition *f* ❶ (*Vorgang*) edinme, elde etme ❷ (*Ergebnis*) elde edilen şey
Akrobat(in) *m(f)* akrobat, cambaz
Akt *m* ❶ (*Tat*) edim ❷ THEAT perde ❸ (*Malerei*) nü
Akte *f* dosya; **etw zu den ~n legen** bir şeyi dosyaya geçirmek; (*fig*) bir meseleye kapanmış gözüyle bakmak
Aktenkoffer *m*, **Aktentasche** *f* evrak çantası
Aktie *f* hisse senedi
Aktiengesellschaft *f* anonim şirket
Aktienindex *m* hisse senetleri endeksi
Aktienmarkt *m* hisse senetleri piyasası
Aktienmarktindex *m* hisse senetleri piyasası endeksi
Aktion *f* hareket, faaliyet, eylem
Aktionär(in) *m(f)* hissedar
aktiv *adj* faal, aktif, etkin
aktivieren *vt* aktifleştirmek (**etw** -i)
Aktivist(in) *m(f)* eylemci
Aktivität *f* faaliyet, etkinlik
aktualisieren *vt* güncellemek, güncelleştirmek (**etw** -i)
Aktualisierung *f* güncelleme, güncelleş(tir)me
Aktualität *f* aktüalite, güncellik
aktuell *adj* aktüel, güncel
Akupunktur *f* akupunktur
akut *adj* acil
Akzent *m* ❶ (*für Betonung*) vurgu ❷ (*Aussprache*) şive, aksan
akzeptabel *adj* kabul edilebilir
akzeptieren *vt* kabul etmek (**etw/jdn** -i)
Alabaster *m* sumermeri, kaymaktaşı
Alarm *m* alarm; **~ schlagen** alarm vermek
Alarmanlage *f* alarm teçhizatı
alarmieren *vt* ❶ (*beunruhigen*) telaşlandırmak (**jdn** -i) ❷ (*Polizei, Feuerwehr*) çağırmak (**jdn** -i)
albern *adj* ❶ ahmak, şapşal ❷ (*kindisch*) çocukça
Albernheit *f* ahmaklık
Albtraum[RR] *m* kabus, korkulu rüya, karabasan
Album *nt* albüm
Alge *f* (su) yosun(u)
Algerien *nt* Cezayir
Algerier(in) *m(f)* Cezayirli
algerisch *adj* Cezayir(ce)
Alibi *nt* (cinayet yerinde) bulunmama(yı ispat)
Alimente *pl* nafaka
Alkohol *m* alkol
alkoholfrei *adj* alkolsüz
Alkoholgehalt *m* alkol miktarı
Alkoholiker(in) *m(f)* alkolik
alkoholisch *adj* alkollü
alkoholsüchtig *adj* alkolik
Alkoholtest *m* alkol testi
All *nt* alem, evren
alle(r, s) **I.** *adj* bütün, tüm; **~ beide** her ikisi; **~ zwei Tage** iki günde bir; **~ Leute** herkes; **... ist alle ...** bitti [*o* kalmadı] **II.** *pron* ❶ hepsi ❷ (*substantivisch*) **alles** her şey; **alles in allem** hepsi bir arada
Allee *f iki tarafı ağaçlı yol*
allein **I.** *adj* yalnız **II.** *adv* yalnız [*o* tek] başına
Alleinerzieher(in) *m(f)* tek başina çocuk büyüten (kimse)
alleinstehend *adj* (*ohne Angehörige*) kimsesiz; (*ledig*) bekar
Alleinvertretung *f* münhasır mümessillik, tek temsilcilik
allerbeste(r, s) *adj* en iyi
allerdings *adv* doğrusu; (*einschränkend*) fakat
Allergie *f* alerji
allerhand *adj* çeşit çeşit; **das ist ~!** (*tadelnd*) amma da küstahlık ha!; (*lobend*) az buz değil!
Allerheiligen *nt* Azizler Yortusu
allerlei *adj* türlü türlü
Allerseelen *nt* Ölüler Günü
allgemein *adj* genel; **im Allgemeinen** genel

olarak, genellikle

Allgemeinbefinden *nt* genel sağlık durumu

Allgemeinbildung *f* genel kültür

Allgemeinheit *f* genellik; (*Öffentlichkeit*) halk

Allianz *f* ittifak, birleşme, bağlaşma

alliiert *adj* müttefik, bağlaşık

allmählich **I.** *adj* azar azar (olan) **II.** *adv* git-gide, gittikçe, yavaş yavaş

Alltag *m* günlük hayat

alltäglich *adj* gündelik, olağan

allzu *adv* **~, ~ sehr, ~ viel** fazlasıyla

Almosen *nt* sadaka

Alpen *pl* Alp Dağları

Alphabet *nt* alfabe

alphabetisch *adj* alfabe sırasıyla, alfabetik

Alptraum *m* kabus, korkulu rüya, karabasan

als **I.** *konj* (*zur Zeit als*) -diği zaman; (*während*) -rken **II.** *präp* ① (*in der Eigenschaft als*) olarak ② (*nach dem Komparativ*) -den (daha); **~ ob/wenn** sanki, güya; **weniger ~ ich glaubte** sandığımdan daha az; **nichts ~ ...** -den başka bir şey değil; **nicht mehr ~ ...** -den daha fazla değil

also *adv* (*in diesem Fall*) şu [*o* o] halde; (*demnach*) demek (ki)

alt <älter, am ältesten> *adj* (*Sachen*) eski; (*Lebewesen*) yaşlı, ihtiyar; **wie ~ sind Sie?** kaç yaşındasınız?; **sie ist 25 Jahre ~** o, 25 yaşında; **wir sind gleich ~** biz aynı yaştayız; **~ werden** yaşlanmak, ihtiyarlamak; (*Sachen*) eskimek

Alt *m* alto

Altar *m* sunak; **zum ~ führen** dini nikahla evlenmek (**jdn** ile)

Alteisen *nt* hurda

Alter *nt* ① yaş ② (*hohes ~*) yaşlılık; **im ~ von 50 Jahren** 50 yaşında

älter *adj* (*in fortgeschrittenem Alter*) yaşlıca; **der ~e Bruder** ağabey, abi; **sie ist 20 Jahre ~ als ich** o, benden 20 yaş büyük; **eine ~e Dame** yaşlıca bir hanım

alternativ *adj* alternatif

Alternative *f* alternatif, seçenek

Altersgenosse, Altersgenossin *m, f* yaşıt

Altersheim *nt* huzur evi

Altersrente *f* emekli aylığı

Altertum *nt* eskiçağ, ilkçağ

altertümlich *adj* eski (*eski çağa ait*)

altmodisch *adj* modası geçmiş

Altpapier *nt* atık kâğıt

Altstadt *f* eski şehir

Alu *nt s.* **Aluminium**

Alufolie *f* alüminyum kâğıt

Aluminium *nt* alüminyum

Alzheimer *m* MED Alzheimer (hastalığı)

am *präp* = *an dem* **an**

Amaryllis *f* nergis zambağı

Amateur(in) *m(f)* amatör

Amboss[RR] *m*, **Amboß**[ALT] *m* örs

ambulant *adj* ayakta tedavi edilen

Ambulanz *f* ambülans

Ameise *f* karınca

Ameisenhaufen *m* karınca yuvası

Ameisenköder *m* karınca yemi

amen *interj* amin

Amen *nt* **so sicher wie das ~ in der Kirche** hiç şüphe götürmez

Amerika *nt* Amerika

Amerikaner(in) *m(f)* Amerikalı

amerikanisch *adj* Amerikan

Amethyst *m* (*Edelstein*) ametist (*mor renkte bir çeşit kuvars*)

Aminosäure *f* amino asit

Amnestie *f* af

Amnesty International *nt* Uluslararası Af Örgütü

Amokläufer(in) *m(f)* cinnet geçiren biri

amortisieren *vr* **sich ~** kendini amorti etmek

Ampel *f* (*Verkehrsampel*) trafik ışığı

Amphetamin *nt* amfetamin

Amphitheater *nt* amfiteatr

Amputation *f* bir uzvun kesilmesi

amputieren *vt* (ameliyatla bir uzvu) kesmek

Amsel *f* karatavuk

Amt *nt* ① (*Stellung*) memuriyet, vazife ② (*Behörde*) makam ③ (*Telefon-*) santral; **von ~s wegen** resmen

amtlich *adj* resmi

Amtsblatt *nt* resmi gazete

Amtsgericht *nt* sulh mahkemesi

Amtsmissbrauch *m* yolsuzluk, görevi kötüye kullanma

Amtsschimmel *m* (*fam*) kırtasiyecilik

Amulett *nt* muska

amüsant *adj* eğlendirici, eğlenceli

amüsieren **I.** *vt* eğlendirmek (**jdn** -i) **II.** *vr* **sich ~** eğlenmek

an **I.** *präp +akk* (*Richtung*) -e, -in yanına **II.** *präp +dat* (*Ort*) -de, -in yanında; **am See** deniz kenarında; **~ einem Ort** bir yerde; **am 4. Juni** 4 Haziranda; **am Abend** akşamleyin; **am nächsten Tag** ertesi gün; **bis ~ den Rand** ağzına kadar; **Turgut ist am Arbeiten**

Turgut çalışmakta **III.** *adv* **von ...** ~ -den itibaren
Anachronismus *m* dinozorluk *fam*
analog I. *adj* analojik; INFORM analog, örneksel **II.** *adv* kıyas yolu ile
Analogie *f* analoji, kıyas
Analogon *nt* analog
Analphabet(in) *m(f)* okuma yazma bilmeyen
Analyse *f* analiz, tahlil
analysieren *vt* tahlil etmek, analiz etmek (**etw** -i)
Analyst(in) *m(f)* FIN analist
Ananas *f* ananas
Anarchie *f* anarşi
Anarchist(in) *m(f)* anarşist
Anästhesie *f* anestezi
Anatolien *nt* Anadolu
Anatomie *f* anatomi
anbandeln *vi* (*fam*) kur yapmak (**mit jdm** -e)
Anbau *m* ❶ (*Getreide-*) tarım, ekim ❷ (*Haus-*) ek yapı
anbauen *vt* (*Getreide*) ekmek (**etw** -i)
Anbaumöbel *ntpl eklenerek monte edilen mobilya*
anbei *adv* ilişik olarak
anbeißen *irr* **I.** *vt* dişlemek (**etw** -i) **II.** *vi* (*auch fig: Fisch*) oltaya takılmak
anbeten *vt* tapmak (**jdn/etw** -e)
Anbetracht *m* **in** ~ *gen* ... dolayısıyla
anbieten *irr* **I.** *vt* sunmak, teklif etmek (**jdm etw** -e -i) **II.** *vr* **sich** ~ hizmetini sunmak (**jdm** -e)
anbinden *irr vt* bağlamak (**etw an etw** -i -e)
Anblick *m* ❶ (*Blick*) görüş, bakış ❷ (*Aussehen*) görünüş
anblicken *vt* bakmak (**jdn/etw** -e)
anbrechen *irr* **I.** *vt* kırmak, koparmak (**etw** -i) **II.** *vi* ❶ (*beginnen*) başlamak ❷ (*Tag*) ağarmak ❸ (*Nacht*) gece olmak
anbringen *irr vt* (*befestigen*) takmak, yerleştirmek (**etw an etw** -i -e)
Anbruch *m* başlangıç; **bei ~ der Nacht/des Tages** gecenin/günün başlamasıyla
Andacht *f* ❶ içsel dalgınlık ❷ (*Gottesdienst*) ibadet
andauern *vi* sürmek
andauernd *adj* sürekli
Andenken *nt* ❶ (*Gedenken*) hatır(a) ❷ (*Erinnerungsstück*) hatıra
andere(r, s) I. *adj* başka, diğer; **am ~n Tag** ertesi gün **II.** *pron* **ein anderer** bir başkası; **etwas anderes** başka bir şey; **nichts anderes** başka bir şey değil; **alles andere** başka her şey; **unter anderem** bunların arasında
andererseits *adv* diğer taraftan
andermal *adv* **ein** ~ başka bir zaman
ändern I. *vt* değiştirmek (**etw** -i) **II.** *vr* **sich** ~ değişmek
andernfalls *adv* yoksa, aksi takdirde [*o* halde]
anders *adv* başka türlü; **jemand** ~ bir başkası; **niemand** ~ başka hiç kimse
anderswo *adv* başka yerde
anderthalb *num* bir buçuk
Änderung *f* değişiklik
andeuten *vt* (*zu verstehen geben*) ima etmek (**etw** -i)
Andeutung *f* ❶ (*Hinweis*) gösterme, işaret ❷ (*Anspielung*) ima, kinaye
Andrang *m* kalabalık, izdiham
andrehen *vt* ❶ çevirmek, döndürmek (**etw** -i) ❷ (*Licht*) yakmak; (*Gas, Wasserhahn*) açmak (**etw** -i) ❸ (*fam*) yamamak (**jdm etw** -e -i)
androhen *vt* tehdit etmek (**jdm etw** -i bir şey ile)
Androide *m* android
aneinander *adv* biribirine yakın; ~ **denken** birbir(ler)ini düşünmek
Anekdote *f* fıkra, latife
anekeln *vt* tiksindirmek (**jdn** -i)
anerkennen *irr vt* tanımak (**etw** -i)
Anerkennung *f* takdir; (*lobende*) övgü
anfahren *irr* **I.** *vt* ❶ (*Fußgänger*) çarpmak (**jdn** -e) ❷ (*beschimpfen*) paylamak (**jdn** -i), çıkışmak (**jdn** -e) **II.** *vi sein* ❶ (*heranfahren*) yanaşmak ❷ (*losfahren*) hareket etmek
Anfahrt *f* yanaşma (yolu)
Anfall *m* nöbet, kriz
anfallen *irr vt* saldırmak (**jdn** -e)
anfällig *adj* kolay hastalanan
Anfang *m* başlangıç; **am** ~ başlangıçta; **von ~ an** başından beri; ~ **März** martın başında
anfangen *irr* **I.** *vi* başlamak **II.** *vt* başlamak (**mit etw** -e)
Anfänger(in) *m(f)* acemi, tecrübesiz (*yeni başlayan*)
anfänglich I. *adj* ilk **II.** *adv* başlangıçta
anfangs *adv* başlangıçta, ilkin
anfassen *vt* dokunmak (**etw** -e), ellemek (**etw** -i)
anfechten *irr vt* (*Urteil*) itirazda bulunmak (**etw** -e), reddetmek (**etw** -i)
anfertigen *vt* yapmak, imal etmek (**etw** -i)
anfeuern *vt* (*fig*) cesaret vermek (**jdn** -e)

anflehen *vt* yalvarmak, yakarmak (**jdn** -e)
anfliegen *vt* uçarak yanaşmak (**etw** -e)
anfordern *vt* talep etmek (**etw** -i)
Anforderung *f* talep; **hohe ~en stellen** çok şey istemek
Anfrage *f* soru, başvuru
anfragen *vi* **bei jdm** ~ birine baş vurmak, birine müracaat etmek
anfreunden *vr* **sich mit jdm** ~ biriyle arkadaş olmak
anfügen *vt* ① eklemek (**etw an etw** -i -e) ② (*Dateien*) iliştirmek (**etw** -i)
anführen *vt* ① idare etmek, yönetmek (**jdn/etw** -i) ② (*täuschen*) aldatmak (**jdn** -i) ③ (*als Grund*) sebep göstermek
Anführungszeichen *ntpl* tırnak işaretleri
Angabe *f* ① bildiri ② (*Weisung*) talimat, veriler
angeben *irr* **I.** *vt* (*erklären*) bildirmek (**etw** -i) **II.** *vi* (*prahlen*) palavra sıkmak, çalım atmak
Angeber(in) *m(f)* (*Prahler*) gösterişçi, çalımcı
Angeberei *f* çalım, atmasyon *fam*
angeblich **I.** *adj* sözde ... olan **II.** *adv* sözde
angeboren *adj* doğuştan
Angebot *nt* ① teklif ② COMM oferta; ~ **und Nachfrage** arz ve talep
angehen *irr* **I.** *vt* (*betreffen*) ilgilendirmek (**jdn** -i); **das geht dich nichts an** seni ilgilendirmez; **was geht dich das an!** sana ne!; **was uns angeht ...** bizi ilgilendiren ... **II.** *vi* başlamak; (*Feuer*) yanmak
angehören *vi* ait olmak (**jdm** -e)
Angehörige(r) *f(m)* (*Mitglied*) üye; **meine ~n** yakınlarım
Angeklagte(r) *f(m)* sanık
Angel *f* olta
Angelegenheit *f* iş, mesele
Angelhaken *m* olta iğnesi
angeln **I.** *vi* olta ile balık tutmak **II.** *vt* tutmak (**etw** -i)
Angelrute *f* olta kamışı
Angelschein *m* balık tutma izni
Angelschnur *f* misina
angemessen *adj* uygun
angenehm *adj* hoş; **sehr ~!** (*bei Vorstellung*) memnun oldum!
angenommen *konj* (*gesetzt den Fall*) faraza
angesehen *adj* (*geachtet*) itibarlı
angesichts *präp +gen* ... karşısında
Angestellte(r) *f(m)* sözleşmeli görevli, memur *fam*
angetrunken *adj* çakırkeyf
angewiesen *adj* **auf jdn/etw ~ sein** birine/bir şeye bağlı olmak
angewöhnen *vt* **sich** *dat* **etw** ~ bir şeye alışmak
Angewohnheit *f* alışkanlık, adet
Angina *f* anjin
Angler(in) *m(f) olta ile balık tutan*
angreifen *irr vt* ① saldırmak (**jdn** -e) ② CHEM bozmak, aşındırmak (**etw** -i)
Angreifer(in) *m(f)* saldırgan
angrenzen *vi* sınırdaş [*o* hemhudut] olmak (**an etw** -e)
angrenzend *adj* bitişik, sınırdaş
Angriff *m* (*auch fig*) saldırı; **etw in ~ nehmen** (*Arbeit*) bir şeyi ele almak
Angst *f* korku
Angsthase *m* korkak; (*fam*) tavşan yürekli, ödlek
ängstlich *adj* korkak
anhaben *irr vt* (*Kleider*) üzerinde olmak
Anhalt *m* (*Hinweis*) ipucu
anhalten *irr* **I.** *vt* ① (*stoppen*) durdurmak (**jdn/etw** -i) ② (*Atem*) tutmak (**etw** -i) **II.** *vi* ① durmak ② (*dauern*) sürmek
anhaltend *adj* sürekli
Anhalter(in) *m(f)* otostopçu; **per ~ fahren** otostop yapmak
Anhaltspunkt *m* ipucu
anhand *präp +gen* ... vasıtasıyla
Anhang *m* ek
anhängen *vt* ① (*Wagen*) bağlamak (**etw an etw** -i -e) ② (*hinzufügen*) eklemek (**etw an etw** -i -e); **jdm etw** ~ birine bir şeyi yamamak
Anhänger *m* ① (*Schmuck*) kolye ② (*Wagen*) römork
Anhänger(in) *m(f)* taraftar
anhänglich *adj* sadık, bağlı
anhäufen *vt* yığmak, biriktirmek (**etw** -i)
Anhäufung *f* yığılış, birikinti
Anhieb *m* **auf** ~ ilk hamlede
anhimmeln *vt* perestiş etmek, taparcasına sevmek (**jdn** -i)
Anhöhe *f* yükseklik; (*Hügel*) tepecik, tümsek
anhören *vt* dinlemek (**jdn/etw** -i); **das hört sich sehr einfach an** kulağa çok basit geliyor
Animation *f* INFORM animasyon
Animierdame *f* konsomatris
Anis *m* anason

Ankauf *m* satın alma
ankaufen *vt* satın almak (**etw** -i)
Anker *m* çapa, (gemi) demir(i)
ankern *vi* demir atmak
Anklage *f* şikayet, suç isnadı
anklagen *vt* suçlandırmak (**jdn wegen etw** -i bir şey ile)
ankleiden *vt* giydirmek (**jdn** -i)
anklicken *vt* (*mit Computermaus*) tıklamak (**etw** -e)
anklopfen *vi* kapıyı vurmak [*o* çalmak]
anknipsen *vt* (*Licht*) açmak (**etw** -i)
ankommen *irr vi sein* varmak, gelmek (**in etw** -e); **gut/schlecht ~** iyi/kötü karşılanmak; **das kommt darauf an** duruma göre
ankündigen *vt* bildirmek (**etw** -i)
Ankündigung *f* bildiri, haber
Ankunft *f* varış; **gleich bei der ~** gelir gelmez
anlächeln *vt* gülümsemek (**jdn** -e)
anlachen *vt* yüzüne gülmek (**jdn** -in), gülerek bakmak (**jdn** -e); **sich** *dat* **jdn ~** (*fam*) biriyle flört etmek
Anlage *f* ❶ TECH tesis ❷ (*Park*) yeşillik ❸ (*Geld-*) yatırım ❹ (*zu Brief*) ek
Anlageberatung *f* yatırım danışmanlığı
Anlagefonds *m* yatırım fonu
Anlass^RR^ *m*, **Anlaß**^ALT^ *m* vesile; (*Grund*) sebep, neden; **zu etw ~ geben** bir şeye fırsat vermek; **aus diesem ~** bu vesile ile
anlassen *irr vt* ❶ (*Kleider*) üstünden çıkarmamak (**etw** -i) ❷ (*Motor*) harekete getirmek, işletmek (**etw** -i)
Anlasser *m* hareket tertibatı, marş
anlässlich^RR^ *präp*, **anläßlich**^ALT^ *präp +gen* ... dolayısıyla
anlegen **I.** *vt* ❶ (*planen*) tertip etmek, hazırlamak (**etw** -i) ❷ (*Geld*) yatırmak (**etw** -i) **II.** *vi* (*Schiff*) yanaşmak (**an etw** -e)
Anlegeplatz *m* iskele
Anleger(in) *m(f)* FIN yatırımcı
Anlegestelle *f* iskele
anlehnen **I.** *vt* ❶ dayamak (**etw an etw** -i -e) ❷ (*Tür*) aralamak (**etw** -i) **II.** *vr* **sich ~** dayanmak (**an etw** -e)
Anleihe *f* borç alma
anleiten *vt* idare etmek, yönetmek (**jdn/etw** -i)
Anleitung *f* talimat
anlernen *vt* öğretmek (**jdn** -i)
anliegend *adj* bitişik
Anlieger *m* komşu (*aynı ulaşım yolu kenarında oturan*)
anmachen *vt* ❶ (*befestigen*) bağlamak (**etw an etw** -i -e) ❷ (*Radio*) açmak (**etw** -i) ❸ (*Feuer*) yakmak (**etw** -i) ❹ (*Salat*) hazırlamak (**etw** -i)
anmaßen *vt* **sich** *dat* **~** kendi için talep etmek (**etw** -i)
anmaßend *adj* kibirli
Anmeldefrist *f* bildirme süresi, müracaat [*o* kayıt] süresi
Anmeldegebühr *f* kaydiye
anmelden **I.** *vt* **jdn in der Schule ~** birini okula yazdırmak **II.** *vr* **sich ~** (*beim Arzt*) randevu almak; (*für einem Kurs*) kaydolmak (**für etw** -e); (*polizeilich*) polise beyanname vermek
Anmeldung *f* ❶ (*Stelle*) danışma, müracaat ❷ (*von Schüler*) kaydolma, yazılma ❸ (*polizeiliche*) ikamet beyannamesi
anmerken *vt* **sich** *dat* **nichts ~ lassen** halini belli etmemek; **man merkt es dir an** belli oluyor
Anmerkung *f* not, dipnotu
anmutig *adj* zarif, şirin
annähen *vt* dikmek (**etw an etw** -i -e)
annähernd *adv* yaklaşık olarak; (*ungefähr*) takriben
Annäherung *f* (*auch fig*) yanaşma, yak(ın)laşma
Annäherungsversuch *m* yakınlaşma teşebbüsü
Annahme *f* ❶ kabul, tasvip ❷ (*Vermutung*) tahmin; **in der ~, dass ...** tahmin ederek
annehmbar *adj* kabul edilebilir
annehmen *irr* **I.** *vt* kabul etmek; (*Geschmack*) almak; (*vermuten*) tahmin etmek (**etw** -i) **II.** *vr* **sich einer Sache ~** bir şeyi üzerine almak
annektieren *vt* (*Land*) ilhak etmek (**etw** -i)
annerven *vt* (*fam*) sinirlendirmek (**jdn** -i)
Annexion *f* ilhak
Annonce *f* gazete ilanı
anomal *adj* atipik
anonym *adj* isimsiz, anonim
Anorak *m* anorak
anordnen *vt* ❶ sıralamak (**etw** -i) ❷ (*befehlen*) emretmek (**etw** -i)
Anordnung *f* ❶ sıra, tasnif ❷ (*Befehl*) emir, talimat
anpacken *vt* ❶ tutmak, yakalamak (**etw/jdn** -i) ❷ (*Problem*) koyulmak, başlamak (**etw** -e)
anpassen **I.** *vt* uyarlamak, intibak ettirmek

A

(**etw an etw** -i -e) **II.** *vr* **sich ~** uymak (**an etw** -e)
Anpassung *f* uyma, intibak
anpassungsfähig *adj* uyuşkan; (*flexibel*) esnek
Anprobe *f* prova
anprobieren *vt* prova etmek, denemek (**etw** -i)
anquatschen *vt* (*fam*) laf atmak (**jdn** -e)
anrechnen *vt* hesaba geçirmek, hesaplamak (**etw** -i)
Anrede *f* hitap
anreden *vt* hitap etmek (**jdn** -e); **jdn mit du/Sie ~** birine sen/siz diye hitap etmek
anregen *vt* ① teşvik etmek (**jdn zu etw** -i -e) ② (*Appetit*) iştah açmak ③ (*vorschlagen*) teklif etmek (**etw** -i)
Anregung *f* ① heyecan, coşku ② (*Vorschlag*) teklif
Anreiz *m* tahrik, teşvik
Anrichte *f* (*Möbel*) büfe
anrichten *vt* ① (*Speisen*) sofraya koymak (**etw** -i) ② (*Schaden*) sebep olmak (**etw** -e)
Anruf *m* telefon (etme)
Anrufbeantworter *m* telesekreter
anrufen *irr vt* telefon etmek (**jdn** -e)
ans *präp* = *an das* **an**
Ansage *f* ilan, tebliğ, anons
ansagen *vt* ① (*bekannt machen*) ilan etmek (**etw** -i) ② (*Durchsage*) anons etmek (**etw** -i)
Ansager(in) *m(f)* spiker
ansammeln *vt* toplamak, biriktirmek (**etw** -i)
Ansammlung *f* ① yığın(tı) ② (*Menschen-*) kalabalık, izdiham
anschaffen *vt* satın almak, tedarik etmek (**etw** -i)
Anschaffung *f* tedarik
anschalten *vt* (*Radio, Fernseher*) açmak (**etw** -i)
anschauen *vt* (dikkatle) bakmak (**etw/jdn** -e)
anschaulich *adj* ① (*deutlich*) açık ② (*konkret*) somut
Anschauung *f* (*Vorstellung*) görüş
Anschein *m* görünüş
anscheinend *adv* görünüşe göre
Anschlag *m* ① ilan, afiş ② (*Schreibmaschinen-*) tuşlara dokunma ③ (*Mord-*) suikast
Anschlagbrett *nt* ilan tahtası
anschlagen *irr vt* (*Plakat*) asmak (**etw** -i)
anschließen *irr* **I.** *vt* (*Gerät, Telefon*) bağlamak (**etw an etw** -i -e) **II.** *vr* **sich ~** katılmak (**jdn** -e)
anschließend *adv* bundan sonra
Anschluss[RR] *m*, **Anschluß**[ALT] *m* ① (*von Gerät*) koneksiyon ② (*Zug-*) aktarma ③ (*Gas-, Wasser-, Telefon-*) bağlantı; **~ haben an ...** -e bağlantısı olmak; **den ~ an etw verpassen** (*auch fig*) bir şeyi kaçırmak
anschnallen **I.** *vt* takmak (**etw an etw** -i -e) **II.** *vr* **sich ~** kemer(ini) bağlamak
anschneiden *irr vt* ① kesmek (**etw** -i) ② (*Thema*) açmak (**etw** -i); (*Frage*) ortaya atmak (**etw** -i)
anschreiben *irr vt* ① (*auf eine Tafel*) üzerine yazmak (**etw** -i) ② (*Brief schreiben*) yazı yazmak (**jdn** -e) ③ (*notieren*) not etmek (**etw** -i) ④ (*Schulden*) borcu hesaba yazmak
anschreien *irr vt* bağırmak (**jdn** -e)
Anschrift *f* adres
anschwellen *irr vi sein* şişmek
ansehen *irr vt* bakmak (**jdn/etw** -e); (*aufmerksam*) tetkik etmek, incelemek (**etw** -i); **man sieht es dir an** belli oluyor
ansetzen *vt* ① (*anstückeln*) eklemek (**etw an etw** -i -e) ② (*Zeitpunkt*) tespit etmek, kararlaştırmak (**etw** -i); **Fett ~** şişmanlamak, yağ bağlamak; **Triebe ~** filizlenmek
Ansicht *f* ① (*Bild*) manzara ② (*Meinung*) görüş; **zur ~** örnek olarak ③ INFORM (*eines Dokuments*) görüntü; **meiner/deiner/seiner ~ nach** bence/sence/onca
Ansichtskarte *f* (resimli) kartpostal
Ansichtssache *f* görüş meselesi
anspielen *vi* (*fig*) ima etmek (**auf etw** -i)
Anspielung *f* ima
anspornen *vt* (*fig*) teşvik etmek (**jdn** -i)
Ansprache *f* nutuk, söylev
ansprechen *irr vt* hitap etmek (**jdn** -e)
anspringen *irr vi sein* (*Auto*) harekete geçmek, işlemek
Anspruch *m* (*Recht*) hak; **hohe Ansprüche stellen** aşırı titiz olmak, müşkülpesent olmak
anspruchslos *adj* ① (*schlicht*) gösterişsiz ② (*bescheiden*) alçakgönüllü
anspruchsvoll *adj* iddialı, titiz
Anstalt *f* müessese, kurum
Anstand *m* (*Benehmen*) görgü, edep
anständig **I.** *adj* görgülü, terbiyeli; **sei ~!** terbiyeli ol!; **ein ~er Mensch** namuslu bir insan **II.** *adv* **jdn ~ behandeln** birine iyi davranmak
anstandslos *adj* kolaylıkla

anstarren *vt* (dik dik) bakmak (**jdn** -e)
anstatt *präp +gen* -in yerine
anstecken *vt* ❶ iğnelemek, iliştirmek (**etw an etw** -i -e) ❷ (*Ring*) takmak (**etw an etw** -i -e) ❸ (*Zigarette*) yakmak (**etw** -i) ❹ (*in Brand stecken*) tutuşturmak (**etw** -i) ❺ (*mit einer Krankheit*) bulaştırmak (**jdn mit etw** -e -i)
ansteckend *adj* (*Krankheit*) bulaşıcı
Ansteckung *f* bulaşma, enfeksiyon
anstehen *irr vi* (*Schlange stehen*) kuyrukta beklemek
ansteigen *irr vi sein* ❶ yükselmek ❷ (*zunehmen*) artmak, çoğalmak
anstelle *präp +gen* yerine
anstellen **I.** *vt* ❶ (*Radio*) açmak (**etw** -i) ❷ TECH harekete getirmek, işletmek (**etw** -i) ❸ (*in Arbeit nehmen*) işe koymak (**jdn** -i) **II.** *vr* **sich ~** davranmak; (*an eine Schlange*) kuyruğa girmek; **sich dumm ~** salaklık etmek; **stell dich nicht so an!** (*fam*) nazlanma!
Anstoß *m* (*Anlass*) sebep; **den ~ zu etw geben** bir şeye sebep olmak; **~ erregen** dargınlığa sebep olmak; **an etw ~ nehmen** bir şeyden alınmak; **Stein des ~es** kırgınlığa sebep olma
anstoßen **I.** *vt* itmek (**etw/jdn** -i) **II.** *vi* çarpmak (**an etw** -e); (*angrenzen*) bitişmek; (*mit den Gläsern*) kadehleri tokuşturmak
anstößig *adj* yakışıksız
anstreben *vt* amaçlamak (**etw** -i)
anstrengen **I.** *vt* yormak (**jdn** -i) **II.** *vr* **sich ~** uğraşmak, çabalamak
anstrengend *adj* yorucu
Anstrengung *f* yorgunluk, zahmet
Antarktis *f* Antarktika
Anteil *m* pay; **sie nahm an seinem Kummer ~** acısını paylaştı
anteilmäßig *adv* **~ zahlen** paya göre (ödemek)
Anteilnahme *f* ❶ (*Interesse*) ilgi ❷ (*Beileid*) acıma; **seine ~ ausdrücken** başsağlığı dilemek
Antenne *f* anten
antiautoritär *adj* otoriteye karşı, otoritesiz
Antibabypille *f* doğum kontrol hapı
Antibiotikum *nt* anibiyotik
Antiblockiersystem *nt* anti blokaj sistemi
antidemokratisch *adj* antidemokrat
antifaschistisch *adj* antifaşist
antik *adj* antika
Antike *f* antikite, eskiçağ
antikommunistisch *adj* antikomünist, komünizme karşı olan
Antikörper *m* MED antikor
Antikriegsbewegung *f* savaş karşıtları hareketi
antilaizistisch *adj* anti-laik
antimilitaristisch *adj* antimilitarist, militarizme karşı olan
Antiquar(in) *m(f)* sahaf
Antiquariat *nt* sahaf dükkanı
Antiquitäten *fpl* antika eserler
Antiquitätenschmuggel *m* tarihi eserler kaçakçılığı
Antisemit(in) *m(f)* antisemit
antisemitisch *adj* antisemitik
antiseptisch *adj* antiseptik
Antivirenprogramm *nt* virüs programı
antiwestlich *adj* Batı aleyhtarı, Batı'ya karşı olan, Batı karşıtı
antörnen *vt* (*fam*) canlandırmak, sevindirmek, neşelendimek (**jdn** -i)
Antrag *m* dilekçe
antreiben *irr vt* harekete geçirmek (**jdn/etw** -i)
antreten *irr vt* **ein Amt ~** göreve başlamak; **den Rückzug ~** çekilmek; **eine Reise ~** seyahate çıkmak
Antrieb *m* (*auch fig*) harekete geçirme
anturnen *vt* (*fam*) canlandırmak, sevindirmek, neşelendimek (**jdn/etw** -i)
Antwort *f* cevap, yanıt
antworten *vi* cevap vermek (**jdm** -e), yanıt vermek (**auf etw** -e), yanıtlamak (**auf etw** -i)
anvertrauen *vt* emanet etmek (**jdm etw** -e -i); **jdm ein Geheimnis ~** birine bir sır açmak
Anwalt *m* avukat
Anwältin *f* (bayan) avukat
anweisen *irr vt* ❶ (*belehren*) öğretmek (**jdn** -i) ❷ (*Platz*) göstermek (**jdm etw** -e -i) ❸ (*Geld*) havale etmek (**jdm etw** -e -i); **jdn anweisen, etw zu tun** birine bir şey yapmak için direktif vermek
Anweisung *f* talimat, direktif
anwenden *irr vt* uygulamak; (*gebrauchen*) kullanmak (**etw** -i)
Anwender(in) *m(f)* kullanıcı
anwenderfreundlich *adj* kullanımı kolay
Anwendung *f* uygulama; (*Gebrauch*) kullanış
anwesend *adj* mevcut, hazır

Anwesenheit *f* hazır bulunuş, mevcudiyet

Anzahl *f* miktar, adet

anzahlen *vt* kaparo vermek (**etw für etw** -i ... için)

Anzahlung *f* kaparo

Anzeichen *nt* işaret, belirti

Anzeige *f* ① (*Inserat*) ilan ② JUR ihbar; **~ erstatten** ihbarda bulunmak (**wegen etw** ... hakkında)

anzeigen *vt* ① (*bezeichnen*) göstermek (**etw** -i) ② (*Vergehen*) ihbar etmek (**jdn bei jdm** -i -e) ③ INFORM (*Datei*) görüntülemek (**etw** -i)

anziehen I. *vt* ① (*auch fig*) çekmek (**jdn/etw** -i) ② (*Kleidung, Schuhe*) giy(dir)mek (**etw** -i) **II.** *vr* **sich ~** giyinmek

anziehend *adj* çekici

Anziehung *f*, **Anziehungskraft** *f* ① çekme kuvveti ② (*fig*) cazibe, alım, albeni

Anzug *m* takım elbise

anzünden *vt* tutuşturmak, yakmak; (*Haus*) ateşe vermek (**etw** -i)

apart *adj* (*interessant*) orijinal, enteresan

Aperitif *m* aperitif

Apfel *m* elma; **der ~ fällt nicht weit vom Stamm** armut dalının dibine düşer

Apfelbaum *m* elma ağacı

Apfelkuchen *m* elmalı pasta

Apfelmus *nt* elma ezmesi

Apfelsaft *m* elma suyu

Apfelsine *f* portakal

Apfelwein *m* elma şarabı

Aphrodisiakum *nt* afrodizyak

Apostel *m* (*von Jesu*) havari

Apotheke *f* eczane

Apotheker(in) *m(f)* eczacı

Apparat *m* ① alet, aygıt ② (*Foto-*) fotoğraf makinesi ③ (*Telefon-*) telefon; **bleiben Sie am ~!** telefondan ayrılmayın!

Appartement *nt* apartman dairesi

Appetit *m* iştah; **guten ~!** afiyet olsun!

appetitlich *adj* iştah çekici

Appetitlosigkeit *f* iştahsızlık

Appetitzügler *m* iştah giderici

applaudieren *vi* alkışlamak (**jdm** -i)

Applaus *m* alkış

Aprikose *f* kayısı

Aprikosenbaum *m* kayısı ağacı

April *m* nisan

Aprilscherz *m* nisan şakası, nisanbalığı

Aquädukt *nt* su kemeri

Aquakultur *f* su ürünleri işleme ve değerlendirme, akuakültürü

Aquarell *nt* akvarel (*suluboya resim*)

Aquarium *nt* akvaryum

Äquator *m* ekvator

Araber(in) *m(f)* Arap

arabisch *adj* Arap

Arabisch *nt* (*Sprache*) Arapça

Ararat *m* Ağrı Dağı

Arbeit *f* ① iş, çalışma ② (*Werk*) eser, yapıt

arbeiten *vi* çalışmak

Arbeiter(in) *m(f)* işçi

Arbeitgeber(in) *m(f)* işveren

Arbeitgeberverband *m* işveren birliği

Arbeitnehmer(in) *m(f)* işalan, işçi

arbeitsam *adj* çalışkan

Arbeitsamt *nt* iş ve işçi bulma kurumu

Arbeitserlaubnis *f* çalışma müsaadesi

Arbeitskampf *m* çalışma savaşı

Arbeitskräfte *fpl* elemanlar

arbeitslos *adj* işsiz

Arbeitslosengeld *nt* işsizlik parası

Arbeitslosenquote *f* işsizlik oranı

Arbeitslosenunterstützung *f* işsizlik parası

Arbeitslosenversicherung *f* işsizlik sigortası

Arbeitslosenzahl *f* işsız sayısı

Arbeitslosigkeit *f* işsizlik

Arbeitsmarkt *m* işgücü [*o* iş] piyasası

Arbeitsplatz *m* işyeri; (*Stelle*) iş

Arbeitstag *m* iş günü

Arbeitsunfall *m* iş kazası

Arbeitsvertrag *m* iş sözleşmesi

Arbeitszeit *f* çalışma saati, iş müddeti

Arbeitszimmer *nt* çalışma odası

Archäologe, Archäologin *m, f* arkeolog

Archäologie *f* arkeoloji

archäologisch *adj* arkeolojik

Archipel *m* takımada

Architekt(in) *m(f)* mimar

Architektur *f* mimari, mimarlık

Archiv *nt* arşiv

arg <ärger, am ärgsten> **I.** *adj* fena, kötü **II.** *adv* pek, çok

Argentinien *nt* Arjantin

Argentinier(in) *m(f)* Arjantinli

argentinisch *adj* Arjantin(li)

Ärger *m* ① kızgınlık ② (*Unannehmlichkeit*) dert, baş belası

ärgerlich *adj* ① (*Sache*) aksi, can sıkıcı ② (*Person*) dargın, kızgın

ärgern I. *vt* kızdırmak (**jdn** -i) **II.** *vr* **sich ~** kızmak (**über jdn/etw** -e)

Ärgernis *nt* (*Skandal*) rezalet

Argument *nt* delil, argüman
Arktis *f* Arktika
arm <ärmer, am ärmsten> *adj* ❶ (*finanziell*) fakir, yoksul ❷ (*bedauernswert*) zavallı
Arm *m* kol; ~ **in** ~ kol kola; **jdn auf den ~ nehmen** (*fig*) birini alaya almak, biriyle dalga geçmek
Armaturenbrett *nt* teçhizat tablası
Armband *nt* bilezik
Armbanduhr *f* kol saati
Armee *f* ordu
Ärmel *m* (elbise) kol(u)
Ärmelkanal *m* Manş Denizi
Armenien *nt* Ermenistan
Armenier(in) *m(f)* Ermeni
Armlehne *f* dirseklik, dirsek yastığı
Armsessel *m* koltuk
Armut *f* fakirlik, yoksulluk
Aroma *nt* güzel koku, aroma
aromatisch *adj* güzel kokulu, aromatik
Arrangement *nt* MUS aranjman
arrogant *adj* kibirli, küstah
Arsch *m* (*vulg*) kıç, göt
Arschloch *nt* (*vulg*) herifçioğlu
Art *f* ❶ (*Sorte*) çeşit, cins ❷ (*Weise*) tarz, usul ❸ BIOL tür; **nach türkischer** ~ Türk usulüne göre
Arterie *f* atardamar
Arterienverkalkung *f* damar sertleşmesi
artig *adj* (*Kind*) uslu, terbiyeli
Artikel *m* ❶ (*Ware*) mal, eşya ❷ LING tanımlık ❸ (*Aufsatz*) makale ❹ JUR madde
Artillerie *f* topçu (sınıfı)
Artischocke *f* enginar
Arznei *f* ilaç
Arzt *m* doktor, hekim
Arztbrief *m* doktor raporu
Ärztin *f* bayan doktor
ärztlich *adj* tıbbi; **in ~er Behandlung sein** tıbbi tedavi görmek
As[ALT] *nt* KARTEN as; (*fig*) as
Asbest *m* asbest
asbesthaltig *adj* asbestli, içinde asbest olan
Asche *f* kül
Aschenbecher *m* kül tablası
Aschermittwoch *m* *karnavaldan sonraki ilk çarşamba*
ASEAN-Staaten *pl* ASEAN ülkeleri
Aserbaidschan *nt* Azerbaycan
Aserbaidschaner(in) *m(f)* Azerbaycanlı, Azeri
aserbaidschanisch *adj* ❶ (*Art*) Azeri ❷ (*Sprache*) Azerice
Asiat(in) *m(f)* Asyalı
asiatisch *adj* (*Art*) Asya(lı)
Asien *nt* Asya
asozial *adj* asosyal
Asphalt *m* asfalt
Aspirin *nt* aspirin
aß *vi, vt s.* **essen**
Ass[RR] *nt* as; (*fig*) as
Assimilation *f* POL asimilasyon
Assistent(in) *m(f)* asistan
Ast *m* (büyük) ağaç dalı
AStA *m Abk von* **Allgemeiner Studentenausschuss** Yüksek Okul Öğrencileri Genel Kurulu
Ästhetik *f* estetik
ästhetisch *adj* estetik
Asthma *nt* nefes darlığı, astım
asthmatisch *adj* astımlı, tıknefes
Astrologie *f* astroloji
Astronaut(in) *m(f)* astronot
Astronom(in) *m(f)* astronom
Astronomie *f* gökbilim, astronomi
astronomisch *adj* (*a. fig*) astronomik
Asyl *nt* sığınma, iltica
Asylant(in) *m(f)* sığınmacı
Asylantenwohnheim *nt* sığınmacı yurdu
Asylbewerber(in) *m(f)* sığınmaya başvuran
Asylrecht *nt* sığınma hakkı, iltica hakkı
Atelier *nt* atölye
Atem *m* nefes, soluk; **außer** ~ nefes nefese; ~ **holen** nefes almak
Atembeschwerden *fpl* nefes darlığı, tıkanıklık
atemlos *adj* nefessiz
Atemwege *mpl* nefes yolları
Atemzug *m* soluk, nefes
Atheismus *m* tanrısızlık, ateizm, zındıklık
Atheist(in) *m(f)* tanrısız, ateist
atheistisch *adj* tanrısız, ateist
Äther *m* eter
Athlet(in) *m(f)* atlet
athletisch *adj* atletik
Atlantik *m* Atlantik (Denizi [*o* Okyanusu])
Atlas *m* atlas
atmen *vi* nefes almak, soluk almak
Atmosphäre *f* (*auch fig*) atmosfer
Atmung *f* solunum, teneffüs
Atom *nt* atom
atomar *adj* atomik, nükleer
Atombombe *f* atom bombası
Atomenergie *f* nükleer enerji

Atomkern *m* atom çekirdeği
Atomkraftwerk *nt* nükleer santral
Atomkrieg *m* nükleer savaş, atom savaşı
Atommacht *f* nükleer güç
Atommüll *m* nükleer atık
Atomphysik *f* atom fiziği
Atomreaktor *m* nükleer reaktör
Atomsperrvertrag *m nükleer silahların kaldırılması anlaşması*
Atomsprengkopf *m* atom başlıklı bomba [*o* patlayıcı]
Atom-U-Boot *nt* nükleer denizaltı
Atomwaffe *f* nükleer silah
Attentat *nt* suikast
Attentäter(in) *m(f)* suikastçı
Attest *nt* (doktor) rapor(u)
attraktiv *adj* çekici, cazibeli
au *interj* ay!
Aubergine *f* patlıcan
auch *konj* de/da, dahi; **er weiß es auch** o da biliyor; **~ wenn** -se/-sa bile; **wer/was ~ immer** kim/ne olursa olsun; **wie dem ~ sei** ne olursa olsun; **~ das noch!** bir bu eksikti!
audiovisuell *adj* işitsel-görsel
auf **I.** *präp +dat* (*Ort*) -in üstünde, -in üzerinde, -de/-da; **~ der Straße** sokakta; **~ dieser Seite** bu tarafta; **~ diese Weise** böylece, bu şekilde **II.** *präp +akk* (*Richtung*) -in üstüne, -in üzerine, -e/-a; **~ die Post** postaneye; **~ Deutsch** Almanca **III.** *adj* ① (*aufgestanden*) kalkmış ② (*offen*) açık; **~ und ab gehen** bir yukarı bir aşağı dolaşmak
aufatmen *vi* (*auch fig*) ferahlamak, (geniş) nefes almak
Aufbau *m* yapı; (*Gefüge*) teşkil, kuruluş
aufbauen *vt* ① yapmak, inşa etmek (**etw** -i) ② (*fig*) kurmak, yaratmak (**etw** -i) ③ (*wirtschaftlich*) kalkındırmak (**etw** -i)
aufbereiten *vt* hazırlamak, işlemek (**etw** -i)
aufbewahren *vt* saklamak, korumak, muhafaza etmek (**etw** -i)
Aufbewahrung *f* ① saklama, koruma, muhafaza ② (*Gepäck-*) emanet
Aufbewahrungslösung *f* (*für Kontaktlinsen*) saklama sıvısı
aufblasbar *adj* şişer
aufblasen *irr vt* şişirmek (**etw** -i)
aufbrechen *irr* **I.** *vt* kırmak (**etw** -i) **II.** *vi sein* (*weggehen*) yollanmak
aufbringen *irr vt* (*Geld*) temin etmek, sağlamak (**etw** -i)
aufdecken *vt* ① açmak (**etw** -i), kapağını kaldırmak (**etw** -in) ② (*enthüllen*) meydana çıkarmak (**etw** -i)
aufdrängen **I.** *vt* (zorla) kabul ettirmek (**jdm etw** -e -i) **II.** *vr* **sich ~** musallat olmak (**jdm** -e)
aufdrehen *vt* ① (*Wasserhahn*) açmak (**etw** -i) ② (*Schraube*) gevşetmek (**etw** -i)
aufdringlich *adj* usandırıcı
aufeinander *adv* ① (*räumlich*) üst üste ② (*zeitlich*) arka arkaya ③ (*gegeneinander*) **~ abstimmen** birbir(ler)ine uydurmak (**etw** -i); **~ losgehen** birbirine girmek, kapışmak
aufeinanderfolgen *vi* birbirini izlemek
aufeinanderhetzen *vi* birbirlerine katmak (**jdn** -i)
aufeinanderprallen *vi* çarpışmak
aufeinanderstoßen *irr vi* çarpışmak
Aufenthalt *m* (bir yerde) kalma
Aufenthaltserlaubnis *f* oturma müsaadesi
Aufenthaltsgenehmigung *f* oturma izni
Aufenthaltsort *m* oturma yeri, yerleşme yeri
Aufenthaltsraum *m* salon
auferlegen *vt* yüklemek (**jdm etw** -e -i)
aufessen *irr vt* yiyip bitirmek, silip süpürmek (**etw** -i)
auffahren *irr vi sein* ① (*vor Schreck*) (yerinden) sıçramak ② (*mit dem Auto*) çarpmak (**auf etw** -e)
Auffahrt *f* ① (*an einem Gebäude*) giriş yolu ② (*am Kai*) rıhtım iskelesi
Auffahrunfall *m* arkadan çarpma
auffallen *irr vi sein* gözüne çarpmak, dikkat çekmek
auffallend *adj*, **auffällig** *adj* göze çarpan, gösterişli
auffassen *vt* anlamak, kavramak (**etw** -i)
Auffassung *f* anlayış, kavram
auffinden *vt* arayıp bulmak (**etw** -i)
auffordern *vt* davet etmek (**jdn zu etw** -i -e); **jdn zum Tanz ~** birini dansa kaldırmak
Aufforderung *f* davet, çağrı, talep
aufforsten *vi* ağaçlandırmak, yeniden ormanlaştırmak (**etw** -i)
aufführen **I.** *vt* ① (*aufzählen*) saymak (**etw** -i) ② (*Stück*) temsil etmek, oynamak, göstermek (**etw** -i) **II.** *vr* **sich ~** davranmak
Aufführung *f* temsil, oyun
Aufgabe *f* ① ödev, görev ② (*Zweck*) amaç ③ (*Haus-*) ev ödevi ④ MATH problem ⑤ (*Gepäck-*) gönderme; (*Geschäfts-*) teslim
Aufgabenbereich *m* görev sahası
Aufgang *m* ① yükseliş ② (*von Sonne, Mond*)

doğuş

aufgeben *irr* **I.** *vt* ❶ (*Telegramm*) çekmek, göndermek; (*Annonce*) vermek; (*Gepäck*) yollamak (**etw** -i) ❷ (*Rätsel*) sormak; (*Hausaufgabe*) vermek (**jdm etw** -e -i) ❸ (*Gewohnheit*) vazgeçmek (**etw** -den); **die Hoffnung auf etw ~** bir şeyden ümidini kesmek **II.** *vi* ümidini kesmek

Aufgebot *nt* ❶ seferberlik, bir araya toplanma ❷ (*von Verlobten*) resmi ilan, askıya alma

aufgedreht *adj* (*fig*) şen, neşeli

aufgehen *irr vi sein* ❶ açılmak ❷ (*Blüte*) açmak ❸ (*Mond, Sonne*) doğmak ❹ (*Knoten, Naht*) açılmak

aufgehoben *adj* **gut ~ sein** durumu iyi olmak

aufgeklärt *adj* aydınlanmış; (*ohne Vorurteile*) aydın fikirli

aufgekratzt *adj* (*fig*) neşeli, şen

aufgelegt *adj* **gut ~** keyfi yerinde; **zu etw ~ sein** bir şey yapmayı canı istemek

aufgeregt *adj* heyecanlı

aufgeschlossen *adj* açık fikirli

aufgeweckt *adj* (*auch fig*) uyanık

aufgrund *präp +gen* nedeniyle

aufhalten *irr* **I.** *vt* (*stoppen*) durdurmak (**etw/jdn** -i) **II.** *vr* **sich ~** kalmak, oturmak

aufhängen *vt* asmak (**etw an etw** -i -e)

aufheben *irr vt* ❶ (*vom Boden*) (yerden) kaldırmak (**etw** -i) ❷ (*aufbewahren*) saklamak (**etw** -i) ❸ (*Sitzung*) tatil etmek (**etw** -i) ❹ (*abschaffen*) kaldırmak (**etw** -i)

aufhetzen *vt* kışkırtmak (**jdn** -i)

aufholen *vt* (*Zeit*) telafi etmek, kapatmak (**etw** -i)

aufhören *vi* bitmek; (*Schmerz, Regen*) dinmek, geçmek

aufklappbar *adj* yukarı kaldırılabilir

aufklären *vt* aydınlatmak (**jdn** -i)

Aufklärung *f* aydınlatma, aydınlanma; LIT, HIST Aydınlanma çağı

Aufkleber *m* çıkartma

aufkommen *irr vi sein* (*entstehen*) meydana çıkmak, ortaya çıkmak; **für jdn/etw ~** birinin/bir şeyin sorumluluğunu üstüne almak

aufkrempeln *vt* (*Ärmel*) sıvamak (**etw** -i)

aufkreuzen *vi sein* (*fam*) **an einem Ort ~** bir yere çıkagelmek

aufladen *irr vt* yüklemek (**jdm etw** -e -i)

Auflage *f* ❶ (*eines Buchs*) baskı ❷ (*Pflicht*) yüküm

auflassen *irr vt* (*offen lassen*) açık bırakmak; (*Hut*) başında tutmak (**etw** -i)

auflauern *vi* pusu kurmak (**jdm** -e)

Auflauf *m* ❶ (*Menschenauflauf*) kalabalık ❷ (*Speise*) sufle

auflegen *vi* (*Hörer*) telefonu kapamak

auflehnen *vr* **sich ~** (*fig*) ayaklanmak (**gegen jdn/etw** -e karşı)

Auflehnung *f* isyan, ayaklanma

auflesen *irr vt* derlemek, toplamak (**etw** -i)

aufleuchten *vi* ışıldamak, parıldamak

auflösen **I.** *vt* ❶ açmak, çözmek, ayırmak (**etw** -i) ❷ (*Verein*) feshetmek (**etw** -i) ❸ CHEM inhilal ettirmek (**etw** -i) ❹ (*Parlament*) dağıtmak (**etw** -i) **II.** *vr* **sich ~** açılmak, çözülmek, erimek

Auflösung *f* ❶ çözülüm, çözülme, dağılma ❷ INFORM (*Bildschirm~*) çözünürlük

aufmachen *vt* açmak; (*Knoten*) çözmek (**etw** -i)

Aufmachung *f* süs, gösteriş

aufmerksam *adj* (*auch fig*) dikkatli; **jdn auf etw ~ machen** birinin dikkatini bir şeye çekmek

Aufmerksamkeit *f* ❶ dikkat ❷ (*Geste*) nezaket

aufmuntern *vt* ❶ (*beleben*) canlandırmak (**jdn** -i) ❷ (*erheitern*) şenlendirmek (**jdn** -i) ❸ (*ermutigen*) teşvik etmek (**jdn zu etw** -i -e)

Aufnahme *f* ❶ (*Empfang*) kabul ❷ (*Schule, Krankenhaus*) kayıt (ve kabul), yazılma ❸ (*Foto*) resim, film, poz ❹ (*Tonband-*) kayıt

Aufnahmefähigkeit *f* kavrama kabiliyeti, alırlık kabiliyeti

Aufnahmegerät *nt* kayıt cihazı

Aufnahmeland *nt sığınma arayanları kabul eden ülke*

Aufnahmeprüfung *f* giriş sınavı

aufnehmen *irr vt* ❶ (*Gast*) kabul etmek (**jdn** -i) ❷ (*in Verein*) almak (**jdn** -i) ❸ (*Foto*) çekmek (**etw** -i) ❹ (*auf Tonband*) teybe almak (**etw** -i) ❺ (*Kampf, Verbindung*) girişmek (**etw** -e)

aufopfern *vr* **sich ~** kendini feda etmek

aufpassen *vi* ❶ (*auf Kinder*) bakmak (**auf jdn** -e) ❷ (*vorsichtig sein*) dikkat etmek; **pass** (**mal**) **auf!** dikkat et!

Aufprall *m* çarpma

Aufpreis *m* zam

aufpumpen *vt* şişirmek (**etw** -i)

Aufputschmittel *nt* uyarıcı

aufräumen *vt* (*Zimmer*) toplamak (**etw** -i)

aufrecht *adj* dik; (*fig*) sadık
aufrechterhalten *irr vt* korumak (**etw** -i)
aufregen I. *vt* heyecanlandırmak (**jdn** -i) II. *vr* **sich** ~ heyecanlanmak, sinirlenmek (**über etw** -e)
aufregend *adj* heyecanlı
Aufregung *f* heyecan, telaş
aufreibend *adj* yorucu, yıpratıcı
aufrichten I. *vt* doğrultmak, dikmek (**etw** -i) II. *vr* **sich** ~ doğrulmak
aufrichtig *adj* samimi, içten, dürüst
Aufrichtigkeit *f* içtenlik, samimiyet, dürüstlük
Aufruf *m* çağrı
aufrufen *irr vt* ① çağırmak, davet etmek (**jdn zu etw** -i -e) ② (*namentlich*) adını söylemek (**jdn** -in)
Aufruhr *m* (*Aufstand*) isyan, ayaklanma
aufrunden *vt* yukarıya yuvarlamak (**etw** -i)
aufrüsten I. *vt* ① MIL (yeniden) silahlandırmak (**etw** -i) ② INFORM yükseltmek (**etw** -i) II. *vi* (yeniden) silahlanmak
Aufrüstung *f* (yeniden) silahlanma
aufsässig *adj* itaatsız, dik kafalı, serkeş
Aufsatz *m* (*Schul-*) tahrir, kompozisyon
aufschieben *irr vt* (*fig*) ertelemek (**etw** -i)
Aufschlag *m* ① (*Ärmel-*) kol devriği ② (*Tennis*) servis ③ (*Zuschlag*) artış, yükseliş
aufschlagen *irr vt* ① (*Bett, Zelt*) kurmak (**etw** -i) ② (*Augen, Buch*) açmak (**etw** -i)
aufschließen *irr vt* açmak (**etw** -i)
Aufschnitt *m* **kalter** ~ soğuk et dilimleri
aufschreiben *irr vt* yazmak, not etmek (**etw** -i)
Aufschrift *f* (*Schild*) tabela; (*Inschrift*) yazıt
Aufschub *m* ① (*gewährter*) mühlet ② (*Verzögerung*) erteleme
Aufschwung *m* (*fig*) kalkınma
Aufsehen *nt* sansasyon; ~ **erregen** heyecan [*o* şaşkınlık] uyandırmak
aufsehenerregend *adj* heyecan [*o* şaşkınlık] uyandıran, sansasyon uyandıran
Aufseher(in) *m(f)* gözcü, bekçi; (*Gefängnis*) gardiyan
aufsetzen I. *vt* ① yerine koymak (**etw** -i) ② (*Hut*) giymek (**etw** -i) ③ (*Brille*) takmak (**etw** -i) ④ (*Text*) kaleme almak (**etw** -i) II. *vi* (*Flugzeug*) yere inmek
Aufsicht *f* (*Kontrolle*) kontrol, denetim; (*Aufseher*) gözcü
Aufsichtsrat *m* denetleme meclisi
aufspießen *vt* saplamak, şişlemek (**etw** -i)
aufspringen *irr vi sein* fırlamak, fırlayıp ayağa kalkmak
Aufstand *m* ayaklanma, isyan
aufstehen *irr vi sein* (*auch fig*) ayağa kalkmak
aufsteigen *irr vi sein* (*auch fig*) yükselmek
aufstellen I. *vt* koymak, yerleştirmek, sıralamak; (*Maschine*) monte etmek, takmak; (*Rekord*) tesis etmek (**etw** -i) II. *vr* **sich** ~ dikilmek
Aufstellung *f* yerleştirme, sıralama; (*Liste*) liste, dizin
Aufstieg *m* ① yukarı çıkma ② (*a. fig: Beruf*) kalkınma, yükselme
Aufstiegschance *f* yükselme şansı
aufstoßen *irr* I. *vt* iterek açmak (**etw** -i) II. *vi* (*rülpsen*) geğirmek
aufsuchen *vt* başvurmak (**jdn** -e); **einen Arzt** ~ doktora başvurmak
auftanken *vt* benzin deposunu doldurmak
auftauchen *vi sein* meydana çıkmak; (*fig*) sökün etmek
auftauen I. *vt* eritmek (**etw** -i) II. *vi sein* erimek
aufteilen *vt* bölmek, parçalamak, parçalara ayırmak (**etw** -i)
Aufteilung *f* bölme, ayırma
Auftrag *m* ① emir, vazife, misyon ② ECON sipariş; **im** ~ **von** namına
auftragen *irr vt* (*Speisen*) sofraya koymak (**etw** -i); **jdm etw** ~ birine bir iş havale etmek
auftreiben *irr vt* (*beschaffen*) temin etmek, sağlamak, tedarik etmek; (*finden*) (arayıp) bulmak (**etw** -i)
auftreten *irr vi sein* ① (*im Theater*) sahneye çıkmak ② (*in Erscheinung treten*) ortaya çıkmak
Auftritt *m* (*im Theater*) sahneye çıkış
aufwachen *vi sein* uyanmak
aufwachsen *irr vi sein* büyümek, yetişmek
Aufwand *m* (*Kosten*) masraf; (*Prunk*) lüks
aufwändig[RR] *adj* çok masraflı
aufwärmen I. *vt* ısıtmak (**etw** -i) II. *vr* **sich** ~ ısınmak
aufwärts *adv* yukarıya doğru
aufwecken *vt* uyandırmak (**jdn** -i)
aufweisen *irr vt* göstermek (**etw** -i)
aufwenden *irr vt* (*Geld*) sarf etmek, harcamak (**etw** -i)
aufwendig *adj* çok masraflı
aufwerfen *irr vt* (*Frage*) ortaya çıkarmak, deş-

mek

aufwerten *vt* (*Währung*) değerini artırmak (**etw** -in)

Aufwertung *f* (*Geld~*) revalüasyon

aufwickeln *vt* ❶ sarmak, dolamak; (*Garn*) makaraya sarmak (**etw** -i) ❷ (*auseinanderwickeln*) çözmek (**etw** -i)

aufwischen *vt* silmek (**etw** -i)

aufzählen *vt* (birer birer) saymak (**etw** -i)

aufzeichnen *vt* ❶ (*bildlich*) resmini çizmek (**etw** -in) ❷ (*notieren*) not etmek (**etw** -i)

Aufzeichnung *f* ❶ (*Notiz*) not ❷ (*Sendung*) çekim, kayıt

aufziehen *irr* **I.** *vt* ❶ (*hochziehen*) yukarı çekmek (**etw** -i) ❷ (*Vorhang*) açmak (**etw** -i) ❸ (*Uhr*) kurmak (**etw** -i) ❹ (*Kind*) büyütmek, yetiştirmek (**jdn** -i) ❺ (*fam: necken*) alaya almak (**jdn** -i), takılmak (**jdn** -e) **II.** *vi sein* (*Gewitter*) çıkmak; **Wache ~** nöbete çıkmak

Aufzug *m* ❶ (*Personen-*) asansör; (*Lasten-*) vinç ❷ (*Aufmarsch*) alay, geçiş

aufzwingen *irr vt* zorla kabul ettirmek (**jdm etw** -e -i)

Augapfel *m* göz yuvarlağı; **etw wie seinen ~ hüten** bir şeyi gözbebeği gibi korumak

Auge *nt* göz; **mit bloßem ~** gözlüksüz; **unter vier ~n** baş başa; **ins ~ fallen** göze çarpmak; **etw ins ~ fassen** bir şeyi göz önüne almak; **gute/schlechte ~n haben** gözleri iyi görmek/görmemek; **große ~n machen** gözlerini faltaşı gibi açmak; **etw aus den ~n verlieren** bir şeyi gözden kaybetmek; **die ~n vor etw verschließen** bir şeye göz yummak; **kein ~ zutun** gözünü kırpmamak

Augenarzt, Augenärztin *m, f* göz doktoru

Augenblick *m* an; **jeden ~** her an; **im ~** şimdilik, halihazırda

augenblicklich *adv* (*sofort*) hemen, derhal

Augenbraue *f* kaş

Augenbrauenstift *m* rastık

Augenlid *nt* gözkapağı

Augenmaß *nt* **nach ~** göz kararıyla

augenscheinlich *adv* görünüşe göre

Augentropfen *mpl* göz damlası

Augenweide *f* göz ziyafeti

Augenwimper *f* kirpik

Augenzeuge, Augenzeugin *m, f* görgü tanığı

August *m* (*Monat*) ağustos

Auktion *f* açık artırma (ile satış)

Aula *f* (*Schule*) toplantı salonu; (*Universität*) konferans salonu

aus I. *präp +dat* ❶ (*Ort*) -den/-dan; **~ Ankara** Ankara'dan; **~ dem Fenster** pencereden; **~ einem Glas trinken** bir bardaktan içmek ❷ (*Grund*) -den/-dan (dolayı); **~ Angst** korkudan; **~ diesem Grunde** bu sebepten **II.** *adv* bitti, kalmadı; (*Licht*) kapalı; **es ist ~ mit ihm** işi bitik

ausarbeiten *vt* hazırlamak (**etw** -i)

ausarten *vi sein* yozlaşmak

ausatmen *vi* nefes vermek

ausbaden *vt* **etw ~** *başına geleni çekmek, kabak başına patlamak*

Ausbau *m* (*auch fig*) genişlet(il)me, geliş(tiril)me

ausbauen *vt* genişletmek, geliştirmek (**etw** -i)

ausbessern *vt* tamir etmek, onarmak; (*Wäsche*) yamamak (**etw** -i)

ausbeulen *vt* (*Beule beseitigen*) (çekiçle) düzeltmek (**etw** -i)

Ausbeute *f* ❶ (*Ertrag*) mahsul, ürün ❷ (*Gewinn*) kar, kazanç ❸ (*Nutzen*) fayda

ausbeuten *vt* ❶ (*Grube*) işletmek (**etw** -i) ❷ (*fig*) sömürmek (**jdn/etw** -i)

Ausbeuter(in) *m(f)* sömüren, sömürücü, istismarcı

Ausbeutung *f* işlet(il)me; (*fig*) sömürü, istismar

ausbilden *vt* (*beruflich*) yetiştirmek, eğitmek (**jdn** -i)

Ausbildung *f* eğitim, öğrenim

ausbleiben *irr vi sein* eksik kalmak, gelmemek; (*lange*) (uzun zaman) görünmemek

Ausblick *m* manzara

ausbrechen I. *vt* koparmak, sökmek (**etw** -i) **II.** *vi sein* ❶ (*Gefangene*) kaçmak (**aus etw** -den) ❷ (*Krieg*) başlamak; (*Krise*) patlak vermek ❸ (*Krankheit*) baş göstermek ❹ (*Feuer*) çıkmak; **in Tränen ~** hüngür hüngür ağlamak

ausbreiten I. *vt* ❶ yaymak, sermek (**etw** -i) ❷ (*fig*) genişletmek, büyütmek (**etw** -i) ❸ (*Ware*) teşhir etmek (**etw** -i) ❹ (*Arme*) kollarını açmak **II.** *vr* **sich ~** (*Erscheinung*) yaygınlaşmak

Ausbruch *m* ❶ (*von Vulkan*) indifa, püskürme ❷ (*von Gefangenen*) kaçış, firar ❸ (*Kriegs-*) başlama

ausbrüten *vt* ❶ (*Vogel*) yavru çıkarmak ❷ (*aushecken*) kurmak (**etw** -i)

ausbuhen *vt* yuhalamak (**jdn** -i)
ausbürgern *vt* vatandaşlıktan çıkarmak (**jdn** -i)
Ausdauer *f* sabır ve sebat, dayanıklılık
ausdehnen *vt* genişletmek; (*weiten*) yaymak, uzatmak (**etw** -i)
Ausdehnung *f* genişleme, yayılma
ausdenken *irr vr* **sich** *dat* **etw** ~ tasarlamak; (*Lüge*) uydurmak (**etw** -i); **nicht auszudenken** tasavvur edilemez
Ausdruck *m* ifade, anlatım; (*Wendung*) deyim; **zum ~ bringen** ifade etmek (**etw** -i)
ausdrucken *vt* (*Datei*) yazdırmak (**etw** -i)
ausdrücken *vt* ❶ (*Zigarette*) söndürmek (**etw** -i) ❷ (*fig*) ifade etmek (**etw** -i)
ausdrücklich **I.** *adj* belli, belirli **II.** *adv* bilhassa
Ausdrucksweise *f* anlatım tarzı
auseinander *adv* birbirinden ayrı
auseinanderbrechen *irr* **I.** *vi* parçalanmak **II.** *vt* parçalamak (**etw** -i)
auseinandergehen *irr vi* birbirinden ayrılmak; (*Meinungen*) fikirlerde ihtilaf var
auseinanderhalten *irr vi* farklı tutmak, ayırmak (**etw** -i)
auseinandernehmen *irr vt* parçalara ayırmak (**etw** -i)
auseinandersetzen **I.** *vt* ❶ (*Schüler*) ayrı yerlere oturtmak (**jdn** -i) ❷ (*erklären*) açıklamak (**jdm etw** -e -i) **II.** *vr* **sich** ~ (*untersuchen*) incelemek (**mit etw** -i); (*diskutieren*) tartışmak (**mit jdm** ile)
Auseinandersetzung *f* (*Streit*) (şiddetli) tartışma, münakaşa
Ausfahrt *f* (*Tor*) çıkış; **~ frei lassen!** oto çıkışını serbest bırakın!
Ausfall *m* açık, noksan, eksiklik
ausfallen *irr vi sein* ❶ (*Haar*) dökülmek ❷ (*Vorstellung*) yapılmamak; **gut/schlecht** ~ iyi/kötü sonuca ulaşmak
ausfallend *adj*, **ausfällig** *adj* saldırgan
Ausfertigung *f* (*Vertrag*) tanzim; (*Schriftstück*) suret; **in doppelter** ~ iki nüsha olarak
ausfindig *adj* ~ **machen** arayıp bulmak (**etw** -i)
Ausflucht *f* kaçamak; (*Ausrede*) bahane
Ausflug *m* gezinti, gezi
ausfragen *vt* soruşturmak (**jdn über etw** -e -i); **jemanden** ~ birini sorguya çekmek
ausfressen *vt* ❶ (*Tier*) yiyip bitirmek, silip süpürmek (**etw** -i) ❷ (*fig*) bir kabahat işlemek
Ausfuhr *f* ihracat, dışsatım
ausführbar *adj* **~e Datei** INFORM çalıştırılabilir dosya
ausführen *vt* ❶ (*Plan*) gerçekleştirmek (**etw** -i) ❷ (*Waren*) ihraç etmek (**etw** -i)
ausführlich **I.** *adj* ayrıntılı **II.** *adv* uzun uzadıya
Ausführung *f* gerçekleştirme
ausfüllen *vt* doldurmak (**etw** -i)
Ausgabe *f* ❶ (*Verteilung*) dağıtım ❷ (*Geld-*) masraf ❸ (*Buch-*) yayın, edisyon
Ausgang *m* ❶ çıkış ❷ (*Ergebnis*) sonuç; **~ haben** izinli olmak
Ausgangspunkt *m* çıkış noktası, başlangıç
Ausgangssperre *f* sokağa çıkma yasağı
ausgeben *irr* **I.** *vt* ❶ (*verteilen*) dağıtmak (**etw** -i) ❷ (*Geld*) harcamak (**etw** -i) ❸ INFORM (*Daten*) dökmek (**etw** -i) **II.** *vr* **sich ~ für ...** kendini ... diye tanıtmak
ausgedehnt *adj* geniş
ausgefallen *adj* tuhaf, acayip
ausgeglichen *adj* (*auch fig*) dengeli
Ausgeglichenheit *f* uyum, denge; (*seelische*) ruhi denge
ausgehen *irr vi sein* ❶ (*außer Haus gehen*) (dışarı) çıkmak ❷ (*Licht, Feuer*) sönmek ❸ (*Ware, Geld*) bitmek, tükenmek
ausgehungert *adj* (çok) aç
ausgenommen *präp +akk* -den başka
ausgerechnet *adv* tam aksi şekilde
ausgerichtet *adj* **auf etw** ~ bir şeye yönelik
ausgeschlossen *adj* imkansız; **das ist ~!** bu söz konusu olamaz!
ausgeschnitten *adj* (*Kleid*) dekolte
ausgesprochen *adv* tastamam
ausgestorben *adj* nesli tükenmiş, soyu bitmiş, ocağı sönmüş
ausgesucht *adj* seçkin
ausgewogen *adj* ahenkli
ausgezeichnet *adj* mükemmel, kusursuz; **~!** harika!
ausgiebig **I.** *adj* verimli **II.** *adv* bol bol
ausgleichen *irr vt* ❶ (*gleichmachen*) eşit kılmak (**etw** -i) ❷ (*Rechnung*) ödemek (**etw** -i)
ausgraben *irr vt* ❶ (*Grube*) kazmak (**etw** -i) ❷ (*bei Ausgrabung*) kazarak çıkarmak (**etw** -i)
Ausgrabung *f* kazı, hafriyat
ausgrenzen *vt* dışlamak (**jdn** -i)
Ausgrenzung *f* ❶ (*das Ausgrenzen*) dışlama ❷ (*das Ausgegrenztsein*) dışlanma

aushalten *irr vt* (*ertragen*) dayanmak, tahammül etmek (**etw** -e); **es ist nicht auszuhalten** dayanılacak gibi değil
aushändigen *vt* eline vermek, teslim etmek (**etw** -i)
aushelfen *irr vi* (müşkül durumdaki birine) yardım etmek
Aushilfe *f* yardımcı işçi (*bir başkasının yerine geçici olarak çalışan*)
aushöhlen *vt* oymak, kazmak, çukurlaştırmak (**etw** -i)
auskennen *irr vr* **sich in etw ~** bir şey hakkında tam bilgiye sahip olmak
auskommen *irr vi sein* **mit jdm/etw ~** biriyle/bir şeyle geçinmek
Auskunft *f* bilgi, malumat
auslachen *vt* **jdn ~** birine gülmek
ausladen *irr vt* boşaltmak (**etw** -i)
Auslage *f* ❶ (*Laden-*) vitrin ❷ (*Geld*) masraf(lar)
Ausland *nt* yurt dışı; **im ~** yurt dışında; **ins ~** yurt dışına
Ausländer(in) *m(f)* yabancı
Ausländeramt *nt* yabancılar dairesi
ausländerfeindlich *adj* yabancı düşmanı
Ausländerfeindlichkeit *f* yabancı düşmanlığı
ausländisch *adj* yabancı
Auslandsabteilung *f* dış ilişkiler bölümü
Auslandsflug *m* dış ülkeye uçuş
Auslandsgespräch *nt* ülkeler arası telefon görüşmesi
Auslandskorrespondent(in) *m(f)* (*einer Zeitung*) yurt dışı muhabir
Auslandsverschuldung *f* dış borçlanma
auslassen *irr* **I.** *vt* (*weglassen*) bırakmak (**etw** -i) **II.** *vr* **sich ~** fikrini beyan etmek (**über etw** ... hakkında)
auslaufen *irr vi sein* ❶ (*Flüssigkeit*) akmak, taşmak ❷ (*Schiff*) hareket etmek ❸ (*Vertrag*) süresi dolmak
ausleeren *vt* boşaltmak (**etw** -i)
auslegen *vt* ❶ (*Geld*) biri için para vermek ❷ (*deuten*) yorumlamak (**etw** -i) ❸ (*Waren*) teşhir etmek, ser(gile)mek (**etw** -i) ❹ (*mit Teppichboden*) döşemek (**etw** -i)
ausleihen *irr vt* ödünç vermek (**jdm etw** -e -i); **sich** *dat* **etw ~** ödünç almak (**etw von jdm** -i -den)
Auslese *f* seçme; (*Elite*) seçkin tabaka
auslesen *irr vt* ❶ ayıklamak, seçmek (**etw** -i) ❷ (*Buch*) okuyup bitirmek (**etw** -i)
ausliefern *vt* ❶ (*Waren*) ele vermek (**etw** -i) ❷ (*Verbrecher*) iade etmek, teslim etmek (**jdn** -i)
Auslieferung *f* ❶ (*von Verbrecher*) suçlunun geri verilmesi ❷ (*Waren-*) mal teslimi
ausloggen *vr* **sich ~** INFORM sistemden çıkmak
auslösen *vt* (*fig: Ereignis, Reaktion*) doğurmak, yaratmak, tetiklemek (**etw** -i)
Auslöser *m* ❶ sebep, neden ❷ (*an Fotoapparat*) deklanşör
ausmachen *vt* ❶ (*Licht, Radio*) kapa(t)mak, söndürmek (**etw** -i) ❷ (*Feuer*) söndürmek (**etw** -i) ❸ (*vereinbaren*) kararlaştırmak (**etw** -i) ❹ (*betragen*) tutmak, etmek (**etw** -i)
Ausmaß *nt* ölçü; (*Umfang*) oran; (*Ausdehnung*) genişlik
ausmessen *irr vt* ölçmek (**etw** -i)
Ausnahme *f* istisna, ayrık; **mit ~ von** hariç olmak üzere
Ausnahmefall *m* istisnai durum
Ausnahmezustand *m* olağanüstü hal, istisnai durum; (*Kriegsrecht*) sıkı yönetim
ausnahmslos *adv* istisnasız, ayrıksız
ausnahmsweise *adv* müstesna olarak
ausnehmen *irr vt* ❶ çıkarmak (**etw** -i) ❷ (*ausschließen*) ayrı tutmak (**etw** -i) ❸ (*Tier*) ayıklamak (**etw** -i)
ausnutzen *vt* ❶ yararlanmak (**etw** -den) ❷ (*ausbeuten*) sömürmek (**jdn/etw** -i)
auspacken **I.** *vt* (*Paket, Koffer*) açmak (**etw** -i) **II.** *vi* (*fam*) ifşa etmek
auspressen *vt* ❶ sıkmak (**etw** -i) ❷ (*Person*) sıkıştırmak (**jdn** -i), posasını çıkarmak (**jdn** -in)
ausprobieren *vt* denemek, tecrübe etmek (**etw** -i)
Auspuff *m*, **Auspuffrohr** *nt* egzoz
ausradieren *vt* ❶ (*mit Gummi*) (silgiyle) silmek (**etw** -i) ❷ (*zerstören*) yerle bir etmek (**etw** -i)
ausrauben *vt* soymak (**jdn** -i)
ausrechnen *vt* hesaplamak (**etw** -i)
Ausrede *f* bahane, kaçamak; **faule ~** gülünç mazeret
ausreden **I.** *vi* sözünü bitirmek **II.** *vt* **jdm etw ~** birini bir şeyden caydırmak [*o* vazgeçirmek]
ausreichen *vi* yet(iş)mek (**für etw** -e)
ausreichend *adj* kafi, yeterli
Ausreise *f* gidiş, çıkış
ausreisen *vi sein* yurt dışına çıkmak, ayrıl-

mak
ausreißen *irr* **I.** *vt* sökmek (**etw** -i) **II.** *vi sein* ❶ yırtılmak, sökülmek ❷ (*fam: flüchten*) sıvışmak, tüymek
ausrichten *vt* **einen Gruß** ~ selam söylemek (**jdm von jdm** -e -den); **kann ich etw ~?** haber bırakabilir miyim?
ausrotten *vt* yok etmek, imha etmek (**etw** -i)
ausrufen *irr vt* haykırmak, bağırmak; (*feierlich*) ilan etmek (**etw** -i)
Ausrufezeichen *nt* ünlem işareti
ausruhen I. *vi* dinlenmek **II.** *vr* **sich** ~ dinlenmek
ausrüsten *vt* teçhiz etmek, donatmak (**jdn** -i)
Ausrüstung *f* teçhizat, donanma
ausrutschen *vi sein* kayarak düşmek
Ausrutscher *m* küçük hata
Aussage *f* ifade, beyan
aussagen *vi* JUR ifade vermek
Ausschabung *f* kürtaj
ausschalten *vt* (*Licht, Radio*) kapa(t)mak; (*Strom*) kesmek (**etw** -i)
Ausschau *f* bakışlarla arama; **nach jdn ~ halten** bir kimsenin yolunu gözlemek
ausschauen *vi* (*aussehen*) görünmek
ausscheiden *vi* ❶ ayrılmak, çekilmek ❷ SPORT elimine olmak
Ausscheidung *f* (*Absonderung*) ifrazat
ausschlafen *irr vi* uykusunu almak
Ausschlag *m* MED egzama; **den ~ geben** ağır basmak, kesin sonuca etkili olmak
ausschlaggebend *adj* ağır basan, kesin sonuca etkisi olan
ausschließen *irr vt* ❶ kabul etmemek (**etw** -i) ❷ (*aus einer Gemeinschaft*) çıkarmak, dışlamak (**jdn aus etw** -i -den)
ausschließlich I. *adj* hariç olan **II.** *adv* hariç olmak üzere
ausschmücken *vt* süslemek, dekore etmek (**etw** -i)
ausschneiden *irr vt* kesmek, kesip çıkarmak; (*Baum*) budamak (**etw** -i)
Ausschnitt *m* ❶ (*von Kleid*) biçim, kesim ❷ (*Zeitungs-*) kupür ❸ (*aus einem Gemälde*) bölüm, parça
ausschreiben *irr vt* ❶ (*Wort*) yazmak (**etw** -i) ❷ (*Scheck*) doldurmak (**etw** -i) ❸ (*Stelle, Projekt*) ilan etmek (**etw** -i); **einen Wettbewerb ~** yarışma açmak; **eine Belohnung ~** ödül ilan etmek
Ausschreibung *f* (*Stelle*) iş ilanı
Ausschreitung *f meist pl* taşkınlık, zorbalık
Ausschuss[RR] *m*, **Ausschuß**[ALT] *m* (*Kommission*) heyet, kurul, komisyon
ausschütten *vt* dökmek (**etw** -i); **eine Dividende ~** kazanç dağıtmak; **jdm sein Herz ~** birine içini dökmek
aussehen *irr vi* görünmek; **gut/schlecht ~** (*gesundheitlich*) iyi/kötü görünmek
Aussehen *nt* görünüş
außen *adv* dışarıda; **von ~** dışarıdan; **nach ~** dışarıya
Außenbezirke *mpl* (*einer Stadt*) kenar mahalleler
Außenbordmotor *m* takma motor
Außendienst *m* dış hizmet, dış görev
Außenhandel *m* dış ticaret
Außenminister(in) *m(f)* dışişleri bakanı
Außenministerium *nt* Dışişleri Bakanlığı
Außenpolitik *f* dış politika
Außenseite *f* dış yüz, üst
Außenspiegel *m* (*eines Autos*) oto aynası
Außenstände *pl* alacaklar
außer *präp +dat* -den başka; **~ wenn** meğerki; **~ sich** kendinden geçmiş; **~ Betrieb** bozuk, çalışmaz halde; **~ Gefahr** tehlikeden kurtulmuş
außerdem *adv* bundan başka
äußere(r, s) *adj* dış
Äußere *nt* (*Erscheinungsbild*) dış görünüş
außerehelich *adj* evlilik dışı
außergewöhnlich *adj* olağanüstü, alışılmadık, fevkalade
außerhalb *präp +gen* -in dışında
außerirdisch *adj* ❶ (*nicht von dieser Welt*) dünyadan olmayan ❷ (*aus dem All*) uzaylı
Außerirdische(r) *f(m)* uzaylı
äußerlich *adj* dış; **zur ~en Anwendung** MED hariçten kullanılmak üzere
äußern I. *vt* (*sagen*) söylemek; (*Meinung*) ifade etmek (**etw** -i) **II.** *vr* **sich zu etw ~** bir şey hakkında fikir yürütmek
außerordentlich *adj* fevkalade, olağanüstü
außerparlamentarisch *adj* parlamento dışı, parlamentoda olmayan
außerplanmäßig *adj* plan dışı
äußerst *adv* (*überaus*) son derece
äußerste(r, s) *adj* (*fern*) en uzak; (*letzter*) en son
Äußerste *nt* **sein ~s tun** elinden geleni yapmak
Äußerung *f* ifade, beyanat
aussetzen I. *vt* (*Belohnung*) ortaya koymak; (*unterbrechen*) ara vermek (**etw** -i); **etw**

auszusetzen haben itiraz etmek (**an etw** -e) **II.** *vi* (*Motor*) boşlamak **III.** *vr* **sich einer Sache ~** kendini bir şeye maruz bırakmak
Aussicht *f* manzara; (*fig*) ihtimal
aussichtslos *adj* ümitsiz
Aussichtspunkt *m* manzaralı yer
aussichtsreich *adj* ümit verici
Aussöhnung *f* barış(tır)ma
ausspannen **I.** *vt* sermek, yaymak, germek (**etw** -i) **II.** *vi* (*entspannen*) başını dinlendirmek
aussperren *vt* üstüne kapıyı kilitlemek (**jdn** -in); (*Arbeiter*) lokavt etmek (**jdn** -i)
Aussperrung *f* (*Arbeitskampf*) lokavt
Aussprache *f* ① telaffuz, ağız ② (*zwischen Menschen*) konuşma, görüşme
aussprechen *irr* **I.** *vt* ① telaffuz etmek, söylemek (**etw** -i) ② (*Beileid, Glückwunsch*) dilemek (**jdm etw** -e -i) **II.** *vi* (*zu Ende reden*) sözünü bitirmek **III.** *vr* **sich ~** (*seine Meinung sagen*) fikir yürütmek; (*sein Herz ausschütten*) dertleşmek; **sich mit jdm ~** biriyle görüşmek [*o* konuşmak]
ausspucken *vt* tükürmek (**etw** -i)
Ausstand *m* (*Streik*) grev
ausstatten *vt* teçhiz etmek, donatmak (**jdn/etw** -i)
Ausstattung *f* teçhizat, donatım
ausstehen *irr* **I.** *vt* (*ertragen*) tahammül etmek, dayanmak (**jdn/etw** -e); **jdn nicht ~ können** birine hiç tahammül edememek **II.** *vi* (*noch erwartet werden*) daha beklenmek
aussteigen *irr vi sein* ① inmek (**aus etw** -den) ② (*aus Gesellschaft, Job*) terketmek, bırakmak (**aus etw** -i)
Aussteiger(in) *m(f)* (*aus Terrorgruppe*) itirafçı
ausstellen *vt* (*zur Schau*) sergilemek (**etw** -i); (*Pass, Scheck*) vermek (**jdm etw** -e -i)
Aussteller(in) *m(f)* ekspozan
Ausstellung *f* sergi
Ausstellungsgelände *nt* sergi alanı
aussterben *irr vi sein* nesli tükenmek; (*fig*) ocağı sönmek
Aussteuer *f* çeyiz
Ausstieg *m* (*in Bus*) iniş (yeri)
ausstopfen *vt* doldurmak (**etw** -i)
Ausstoß *m* dışarıya atış
ausstoßen *irr vt* dışarıya atmak (**etw** -i); (*aus einer Gemeinschaft*) dışarı atmak (**jdn aus etw** -i -den); **einen Schrei ~** çığlık atmak
ausstrahlen *vt* (*Programm*) yaymak (**etw** -i); **Licht/Wärme ~** ışık/sıcaklık yaymak
ausstrecken *vt* uzatmak (**etw** -i)
ausstreichen *irr vt* çizmek, karalamak (**etw** -i)
ausströmen **I.** *vt* (*Duft*) saçmak (**etw** -i) **II.** *vi sein* akmak, fışkırmak, çıkmak
aussuchen *vt* seçmek (**etw** -i)
Austausch *m* ① değiş tokuş ② TECH (bir alet) değiştirme
austauschbar *adj* değiştirilebilir
austauschen *vt* değiş tokuş etmek (**etw** -i)
austeilen *vt* dağıtmak (**etw** -i)
Auster *f* istiridye
austoben *vr* **sich ~** kurtlarını dökmek; (*Ärger*) öfkesini [*o* almak] çıkarmak
Australien *nt* Avustralya
Australier(in) *m(f)* Avustralyalı
australisch *adj* Avusturalya
austreiben *irr vt* kovmak (**jdn/etw aus etw** -i -den)
austreten *irr* **I.** *vt* (*Treppe*) eskitmek (**etw** -i) **II.** *vi* (*aus einer Gemeinschaft*) ayrılmak, çıkmak (**aus etw** -den); (*auf Toilette*) tuvalete gitmek
austrinken *irr vt* içip bitirmek; (*Glas*) içip boşaltmak (**etw** -i)
Austritt *m* (*aus einer Gemeinschaft*) çıkma, ayrılma
ausüben *vt* icra etmek, yapmak (**etw** -i); **einen Beruf ~** meslekte çalışmak
Ausverkauf *m* tasfiye satışı
ausverkauft *adj* hepsi satılmış
Auswahl *f* seçme, ayırma, beğenme
auswählen *vt* seçmek, ayırmak (**etw** -i)
Auswanderer, Auswanderin *m, f* göçmen
auswandern *vi sein* göç etmek, göçmek (**aus/nach etw** -den/-e)
Auswanderung *f* göç
auswärts *adv* dışarıda
Auswärtsspiel *nt* SPORT deplasman maçı
auswechseln *vt* değiştirmek (**etw** -i)
Ausweg *m* çıkar yol, çare; **einen/keinen ~ finden** bir yolunu bulmak/bulmamak
ausweglos *adj* çaresiz, ümitsiz
ausweichen *irr vi sein* yol vermek (**jdm** -e); (*jdn meiden*) rastlamamaya bakmak (**jdm** -e)
ausweichend *adj* (*Antwort*) kaçamaklı
Ausweis *m* kimlik (kâğıdı)
ausweisen *irr* **I.** *vt* (*aus einem Land*) sınır dışı etmek (**jdn** -i) **II.** *vr* **sich ~** kimliğini ispat etmek

Ausweispapiere *ntpl* kimlik belgeleri

Ausweisung *f* (*aus einem Land*) sınır dışı etme

auswendig *adv* ezbere, ezberden

auswerten *vt* ① (*ausnützen*) faydalanmak (**etw** -den) ② (*Angaben*) değerlendirmek (**etw** -i)

Auswertung *f* ① faydalanma ② (*Statistik*) değerlendirme

auswirken *vr* **sich auf etw ~** bir şeyi etkilemek; **sich positiv/negativ ~** olumlu/olumsuz sonuç vermek

Auswirkung *f* etki; (*gute, schlechte*) sonuç

auswischen *vt* silmek (**etw** -i); **jemandem eins ~** (*fam*) birine tokat atmak

auswuchten *vt* dengelemek (**etw** -i)

auszahlen *vt* ödemek (**etw** -i)

Auszahlung *f* ödeme

auszeichnen **I.** *vt* ① (*Waren*) etiketlemek (**etw** -i) ② (*mit einem Orden*) nişan vermek (**jdn** -e) **II.** *vr* **sich ~** kendini göstermek

Auszeichnung *f* ① (*von Waren*) etiketleme ② (*Belohnung*) ödül

ausziehen *irr* **I.** *vt* ① (*Kleider*) çıkarmak (**etw** -i) ② (*Kind*) soymak (**jdn** -i) ③ (*Tisch*) uzatmak (**etw** -i) **II.** *vi sein* taşınmak **III.** *vr* **sich ~** soyunmak

Auszubildende(r) *f(m)* çırak, eğitim gören

Auszug *m* ① (*aus einer Wohnung*) taşınma ② (*aus einem Buch*) özet

authentisch *adj* otantik

Auto *nt* otomobil, araba; **~ fahren** araba kullanmak

Autobahn *f* otoyol, otoban; **gebührenpflichtige ~** ücrete tabi otoyol

Autobahnauffahrt *f* otoyol girişi

Autobahnausfahrt *f* otoyol çıkışı

Autobahndreieck *nt* otoyol üçgeni

Autobahngebühr *f* otoyol ücreti

Autobus *m* otobüs

Autofähre *f* araba vapuru, arabalı vapur

Autofahrer(in) *m(f)* oto sürücüsü

Autokarte *f* oto atlası

Autokino *nt* oto sineması

Autokolonne *f* otomobil kolu

Automat *m* otomat

Automatik *f* otomatik

automatisch **I.** *adj* otomatik **II.** *adv* otomatikman

automatisieren *vt* otomatize etmek (**etw** -i)

automatisiert *adj* otomatize

Automatisierung *f* otomasyon

Automechaniker(in) *m(f)* oto tamircisi

autonom *adj* özerk

Autonomie *f* özerklik

Autonomiegebiet *nt* özerk bölge

Autonummer *f* plaka numarası

Autor(in) *m(f)* yazar

Autoradio *nt* otomobil radyosu

Autoreifen *m* otomobil lastiği

Autoreisezug *m* oto nakleden tren

Autorennen *nt* otomobil yarışı

autoritär *adj* otoriter

Autorität *f* otorite

Autoritätsperson *f* otorite

Autoschalter *m* (*von Banken*) dış gişe

Autoschlange *f* otomobil kuyruğu

Autosport *m* otomobil sporu

Autostopp *m* otostop

Autostopper(in) *m(f)* otostopçu

Autounfall *m* araba (otomobil) kazası

Autoverleih *m* araba (otomobil) kiralama yeri, rent a car

Autovermietung *f* otomobil kiralama

Autowaschanlage *f* araba yıkama tesisi

Autowaschstraße *f* oto yıkama tesisi

Autowerkstatt *f* araba (otomobil) tamirhanesi

Autozubehör *nt* oto eşyası

Avocado *f* Amerika armudu

Axt *f* balta

B b

Baby *nt* bebek

Babynahrung *f* (bebek) mama(sı)

Babysitter(in) *m(f)* çocuk bakıcısı

Bach *m* dere, çay

Backbone *m* INFORM omurga

Backbord *nt* iskele (*geminin sol tarafı*)

Backe *f* yanak

backen <bäckt *o* backt, backte, gebacken> *vt* (fırında) pişirmek, yapmak (**etw** -i); **einen Kuchen ~** pasta yapmak

Backenknochen *m* elmacık kemiği

Backenzahn *m* azı dişi

Bäcker(in) *m(f)* ekmekçi, fırıncı

Bäckerei *f* fırın

Backform *f* pasta kalıbı

Backofen *m* fırın
Backpulver *nt* kabartma tozu
Backslash *m* tersine taksim işareti, geri eğim işareti
Backstein *m* tuğla
Backup *m* INFORM yedekleme
Bad *nt* ❶ (*Badezimmer*) banyo ❷ (*Tätigkeit*) yıkanma, banyo ❸ (*Heilbad*) kaplıca, ılıca; (*türkisches Bad*) hamam
Badeanzug *m* mayo
Badehose *f* mayo
Badekappe *f* (*lastik*) *başlık*
Badekur *f* banyo kürü
Bademantel *m* bornoz
Bademeister(in) *m(f)* ❶ (*Schwimmbad*) havuz sorumlusu; (*Strand*) plaj sorumlusu ❷ (*im türkischen Bad: männlich*) tellak; (*weiblich*) natır
baden **I.** *vt* banyo ettirmek, yıkamak (**jdn** -i) **II.** *vi* banyo yapmak; (*im Meer*) denize girmek
Baden-Württemberg *nt* Baden-Württemberg (Eyaleti)
Badeofen *m* hamam [*o* banyo] sobası, şofben
Badeort *m* kaplıca, ılıca; (*Strandbad*) plaj
Badeschuhe *pl* tokyolar *pl*
Badetuch *nt* hamam [*o* banyo] havlusu
Badewanne *f* küvet, banyo
Badezimmer *nt* banyo
Bafög *nt dar gelirli ailelerin öğrencilerine verilen kredi*
Bagatelle *f* kolay iş
Bagger *m* ekskavatör
Bahamas *pl* Bahama adaları
Bahn *f* ❶ (*Eisenbahn*) demiryolu; (*Zug*) tren ❷ (*Weg*) yol, hat ❸ SPORT pist; (*beim Kegeln u. Bowling*) kulvar
bahnbrechend *adj* çığır açıcı
Bahnhof *m* istasyon
Bahnsteig *m* peron
Bahnübergang *m* demiryolu geçidi
Bahnwärter *m* demiryolu bekçisi
Bahre *f* (*Kranken-*) sedye; (*Toten-*) tabut
Baiser *nt* beze
Bakterie *f* bakteri
Baku *nt* Bakü
balancieren **I.** *vt* dengede tutmak (**etw** -i) **II.** *vi sein* kendini dengede tutmak
bald *adv* (*in Kürze*) yakında; (*binnen kurzem*) birazdan; (*beinahe*) az kalsın; **bis ~!** (yakında) görüşmek üzere!; **er wird ~ kommen** birazdan gelecek; **möglichst ~, so ~ wie möglich** mümkün olduğu kadar çabuk, bir an önce; **~ darauf** biraz sonra
baldige(r, s) *adj* (*in naher Zukunft*) yakın; (*sofortig*) acil
Baldrian *m* kediotu, valeryan
Balkan *m* Balkan(lar)
Balkanländer *ntpl* Balkan Ülkeleri, Balkanlar
Balken *m* direk, mertek
Balkon *m* balkon
Ball *m* ❶ top; **~ spielen** top oynamak ❷ (*Tanz*) balo
Ballast *m* safra
Ballett *nt* bale
Balletttänzer(in)[RR] *m(f)* balerin, bale dansözü
Ballon *m* balon
Ballungsgebiet *nt,* **Ballungsraum** *m* yüksek nüfuslu bölge
Balustrade *f* parmaklık, korkuluk, tırabzan
Bambus *m* bambu
banal *adj* adi, bayağı, banal
Banane *f* muz
Bananenstaude *f* muz ağacı
band *vt s.* **binden**
Band[1] *nt* ❶ (*Stoff-*) bant, şerit ❷ (*Ton-*) teyp
Band[2] *nt* (*fig: Bindung*) bağ, bağlılık
Band[3] *m* (*Buch*) cilt
Band[4] *f* müzik grubu
Bandage *f* sargı
bandagieren *vt* sarmak, sargılamak (**etw** -i)
Bandbreite *f* ❶ RADIO dalga kuşağı ❷ INET bant genişliği ❸ (*fig: Vielfalt*) yelpaze
Bande *f* (*Gruppe*) güruh, takım, sürü; (*Verbrecher-*) çete
Bänderriss[RR] *m* lif kopması
bändigen *vt* (*Tier*) alıştırmak (**etw** -i); (*Mensch*) gemlemek (**jdn** -i); (*Wut*) zaptetmek (**etw** -i)
Bandit *m* haydut, eşkıya
Bandmaß *nt* mezura
Bandscheibe *f* disk
Bandscheibenvorfall *m* disk kayması
Bandwurm *m* şerit, ba(ğı)rsak solucanı
Bank[1] *f* ❶ (*Sitz-*) bank ❷ (*Schul-*) sıra; **auf die lange ~ schieben** sürüncemede [*o* sonraya] bırakmak (**etw** -i)
Bank[2] *f* (*Kreditanstalt*) banka
Bankautomat *m* bankamatik
Bankett *nt* ziyafet, gala, şölen
Bankgeheimnis *nt* banka sırrı
Bankier *m* banker
Bankkonto *nt* banka hesabı

Bankleitzahl *f* banka kod numarası
Banknote *f* banknot
Bankomat *m* bankamatik
Bankraub *m* banka soygunu
bankrott *adj* iflas etmiş, batmış
Bankrott *m* iflas; ~ **machen** iflas etmek
Bankwesen *nt* bankacılık
bar *adv* **gegen ~, in ~** peşin; ~ **bezahlen** peşin ödemek (**etw** -i)
Bar *f* ① (*Ausschank*) köşe meyhanesi, bar ② (*Nachtlokal*) gece kulübü, bar
Bär *m* ayı; **der Große/Kleine ~** Büyükayı/Küçükayı
Baracke *f* baraka
Barcode *m* barkod
Bardame *f barda servis yapan bayan*
Bärenhunger *m* şiddetli açlık
barfuß *adv* yalınayak
barg *vt s.* **bergen**
Bargeld *nt* nakit para, hazır para
bargeldlos *adv* çekle
Bariton *m* bariton
Barkauf *m* peşin alım
Barkeeper *m* barmen
barmherzig *adj* merhametli
barock *adj* Barok
Barock *nt o m* Barok (sanatı)
Barometer *nt* barometre
Barren *m* ① (*Gold-*) külçe (altın) ② SPORT paralel
Barriere *f* bariyer
Barrikade *f* barikat
barsch *adj* haşin, ters, aksi
Barsch *m* levrek (balığı)
Bart *m* sakal; (*Schnurrbart*) bıyık
bärtig *adj* sakallı; (*mit Schnurrbart*) bıyıklı
Barzahlung *f* peşin ödeme
Basar *m* pazar (yeri), çarşı
Base *f* ① CHEM baz ② (*Kusine*) amca (dayı, teyze, hala) kızı, kuzin
Baseball *m* beyzbol
Basilika *f* bazilik(a)
Basilikum *nt* fesleğen, reyhan
Baske, Baskin *m, f* Bask
Baskenland *nt* Bask ülkesi
Baskenmütze *f* bere
Basketball *m* basketbol
Bass[RR] *m*, **Baß**[ALT] *m* basso
Bassgeige[RR] *f* kontrbas
basta *interj* **und damit ~!** yeter artık!, işte bu kadar!
Bastelarbeit *f*, **Basteln** *nt* el işi
basteln *vi* (*amatör olarak*) *el işleri yapmak*
Bastler(in) *m(f)* (*amatör olarak*) *el işleri yapan*
bat *vi, vt s.* **bitten**
Batterie *f* pil; (*Auto-*) akü(mülatör)
Bau *m* ① (*Gebäude*) bina, yapı ② (*Form*) yapı (tarzı), bünye, kuruluş
Bauarbeiten *fpl* inşaat
Bauarbeiter *m* inşaat işçisi, amele, ırgat
Bauch *m* karın; (*Magen*) mide
Bauchfellentzündung *f* karınzarı iltihabı
Bauchgefühl *nt birinin içindeki his;* **mein Bauchgefühl sagt mir, ...** içimdeki his diyor ki, ...
Bauchschmerzen *mpl* karın ağrısı *sing;* **ich habe ~** karnım ağrıyor
Bauchspeicheldrüse *f* pankreas
Bauchtanz *m* göbek dansı; **einen ~ aufführen** göbek atmak
Bauchweh *nt* karın ağrısı
bauen *vt* yapmak, kurmak, inşa etmek (**etw** -i)
Bauer[1] *m* ① çiftçi, köylü ② (*Schach*) piyon ③ (*kulturloser Mensch*) kaba adam
Bauer[2] *nt o m* (*Vogelkäfig*) kafes
Bäuerin *f* köylü kadın
bäuerlich *adj* köylü
Bauernhof *m* çiftlik
Bauernmöbel *ntpl çiftlik evi türünde mobilya*
baufällig *adj* harap, yıkkın
Baugelände *nt* arsa, parsel
Baugenehmigung *f* inşaat ruhsatı
Bauherr *m* inşaat sahibi
Bauingenieur(in) *m(f)* inşaat mühendisi
Baukasten *m* oyuncak, *inşaat kutusu*
Baum *m* ağaç
Baumeister *m* mimar
Baumkrone *f* ağaç tepesi
Baumrinde *f* ağaç kabuğu
Baumschule *f* fidanlık
Baumstamm *m* ağaç gövdesi
Baumwolle *f* pamuk
Bauplan *m* yapı planı, inşaat planı
Bauplatz *m* arsa, parsel
Bausparkasse *f* yapı tasarruf sandığı
Bausparvertrag *m* yapı tasarruf sözleşmesi
Baustein *m* (*auch fig*) yapıtaşı
Baustelle *f* şaniye, inşaat [*o* yapı] yeri
Baustoff *m* inşaat malzemesi
Bauunternehmer(in) *m(f)* yapı müteahhidi
Bayer(in) *m(f)* Bavyeralı

bay(e)risch *adj* (*Art*) Bavyera; (*Herkunft*) Bavyeralı; (*Sprache*) Bavyeraca

Bayern *nt* Bavyera

Bazillus *m* basil

beabsichtigen *vt* niyet etmek (**etw zu tun** -meye), tasarlamak, amaçlamak (**etw** -i)

beachten *vt* ① göz önünde bulundurmak, dikkate almak, hesaba katmak (**etw** -i) ② (*Gesetz, Regel*) uymak (**etw** -e), riayet etmek (**etw** -i)

beachtenswert *adj* dikkate değer; (*bedeutend*) önemli

beachtlich *adj* önemli

Beachtung *f* dikkate alma; (*Berücksichtigung*) hesaba katma; (*Befolgung*) uyma, riayet

Beachvolleyball *nt* plaj voleybolü

Beamter, Beamtin *m, f* (*Staats-*) devlet memuru; (*sonstige*) memur

beängstigend *adj* korkutucu, endişe verici

beanspruchen *vt* (*Zeit*) istemek, almak (**etw** -i)

beanstanden *vt* itiraz etmek (**etw** -e karşı), kusurlu bulmak (**etw** -i)

Beanstandung *f* şikayet

beantragen *vt* (dilekçe ile) istemek; POL önermek (**etw** -i)

beantworten *vt* cevaplandırmak, yanıtlamak (**etw** -i)

bearbeiten *vt* ① işlemek (**etw** -i) ② (*Stück*) uyarlamak (**etw** -i); **den Boden ~** toprağı sürmek

Bearbeitung *f* ① işleme ② (*eines Stücks*) uyarlama

Bearbeitungsgebühr *f* işlem harçı

beaufsichtigen *vt* (*aufpassen auf*) bakmak (**jdn** -e), gözetmek; (*überwachen*) kontrol etmek (**jdn** -i)

beauftragen *vt* görevlendirmek (**jdn mit etw** -i ile)

bebauen *vt* (*mit Häusern*) imar etmek, bayındırmak (**etw** -i); **den Boden ~** toprağı sürmek

beben *vi* sarsılmak

Becher *m* bardak, kadeh

Becken *nt* ① (*Schwimm-*) yüzme havuzu; (*Wasch-*) lavabo; (*im türk. Bad*) kurna ② (*Knochen*) kalça ③ GEOG havza

Beckenknochen *m* kalça kemiği

bedanken *vr* **sich bei jdm** (**für etw**) **~** birine bir (şey için) teşekkür etmek

Bedarf *m* ihtiyaç, gereksinme, gerekseme; **bei ~** gerektiği takdirde, icabında

bedauerlich *adj* (*beklagenswert*) acınacak; (*unerfreulich*) üzücü; **das ist ~** yazık

bedauerlicherweise *adv* maalesef, ne yazık ki

bedauern *vt* (*Sache*) üzülmek, yerinmek (**etw** -e); (*Menschen*) acımak (**jdn** -e)

Bedauern *nt* üzüntü; **sein ~ zum Ausdruck bringen** üzüntüsünü dile getirmek; **zu meinem** (**großen**) **~** maalesef ki

bedauernswert *adj* (*Person*) acınacak (halde), zavallı, biçare; (*Sache*) üzülünecek

bedecken *vt* örtmek, kapamak (**etw** -i)

bedeckt *adj* (*Himmel*) kapalı, bulutlu

bedenken *irr vt* (*überlegen*) düşünmek; (*beachten*) hesaba katmak (**etw** -i)

Bedenken *nt* (*Zweifel*) şüphe, kaygı, endişe; (*Zögern*) duraksama, tereddüt, kararsızlık

bedenkenlos *adv* (*sorglos*) düşüncesizce; (*rücksichtslos*) saygısızca

bedenklich *adj* (*heikel*) müşkül, sakıncalı; (*zweifelhaft*) şüpheli

Bedenkzeit *f* düşünme mühleti [*o* süresi]

bedeuten *vt* anlamına gelmek; **was soll denn das ~?** bu ne demek oluyor?; **das hat nichts zu ~** hiç önemi yok

bedeutend *adj* ① (*wichtig*) önemli ② (*beträchtlich*) büyük, dikkate değer

Bedeutung *f* ① (*Sinn*) anlam ② (*Wichtigkeit*) önem

bedeutungslos *adj* ① (*ohne Sinn*) anlamsız ② (*unwichtig*) önemsiz

bedienen **I.** *vi, vt* ① hizmet etmek; (*im Restaurant*) servis yapmak (**jdn** -e) ② (*Maschine*) idare etmek, kullanmak (**etw** -i); **werden Sie schon bedient?** Size bakılıyor mu? **II.** *vr* **sich ~** (*bei Tisch*) yemek almak; (*fig: benutzen*) kullanmak (**einer Sache** -i); **~ Sie sich!** buyurun! lütfen alın!

Bedienung *f* ① (*Tätigkeit*) hizmet, servis ② TECH kullanma, idare etme ③ (*Kellner(in)*) garson (kadın)

Bedienungsanleitung *f* kullanma kılavuzu [*o* talimatı]

Bedienungsgeld *nt* garsoniye, bahşiş

bedingt *adj* ① (*eingeschränkt*) şartlı ② (*abhängig*) bağlı, tabi

Bedingung *f* şart, koşul; **unter der ~, dass** şu şartla ki; **~en stellen** şartlar koşmak

bedingungslos **I.** *adj* (kayıtsız) şartsız **II.** *adv* kayıtsız şartsız

bedrängen *vt* ① (*nicht in Ruhe lassen*) rahat

vermemek (**jdn** -e) ② (*gewaltsam vorgehen*) zulmetmek (**jdn** -e) ③ (*bedrücken*) sıkıntı vermek (**jdn** -e)

bedrohen *vt* tehdit etmek (**jdn** -i), gözdağı vermek (**jdn** -e)

bedrohlich *adj* tehlikeli

Bedrohung *f* tehdit, gözdağı

bedrücken *vt* ① (*traurig stimmen*) üzmek (**jdn** -i) ② (*lasten auf*) bunaltmak (**jdn** -i)

bedrückend *adj* (can) sıkıcı, sıkıntılı, kasvetli

Bedürfnis *nt* ihtiyaç, gereksinme

bedürftig *adj* (*arm*) fakir, yoksul

Beefsteak *nt* biftek

beeilen *vr* **sich ~** acele etmek

beeindrucken *vt* etkilemek, duygulandırmak (**jdn** -i), izlenim bırakmak (**jdn** -de)

beeinflussen *vt* etkilemek (**jdn/etw** -i)

beeinträchtigen *vt* (*schaden*) zarar vermek (**etw** -e), zedelemek (**etw** -i)

Beeinträchtigung *f* zarar verme, zedeleme

beenden *vt* bitirmek (**etw** -i), son vermek (**etw** -e); **schnell ~** (kısa) kesmek (**etw** -i)

Beendigung *f* bitir(il)me, son, son ver(il)me

beerdigen *vt* gömmek, defnetmek, toprağa vermek (**jdn** -i)

Beerdigung *f* (*das Beerdigen*) gömme, defin; (*Zeremonie*) cenaze (töreni)

Beere *f* tane (*çilek, dut, böğürtlen, üzüm gibi meyvelerin tanesi*)

Beet *nt* (*Saat-*) yastık; (*Blumen-*) (çiçek) tarh(ı)

befahl *vt s.* **befehlen**

befahrbar *adj* trafiğe elverişli

befahren *irr vt* (*Straße*) *üzerinden taşıt ile geçmek*

befallen *irr vt* tutmak (**jdn/etw** -i), başına gelmek (**jdn** -in)

befangen *adj* ① (*scheu*) utangaç, çekingen, sıkılgan ② (*voreingenommen*) taraf tutan, taraflı

Befangenheit *f* ① (*Schüchternheit*) utangaçlık, çekingenlik ② (*Parteiischsein*) tarafgirlik

befassen *vr* **sich mit etw ~** bir şey ile meşgul olmak [*o* uğraşmak]; (*handeln von*) bir şeyi bahsetmek, bir şey hakkında [*o* konusunda] olmak

Befehl *m* ① emir, buyruk; (*Kommando*) kumanda ② INFORM komut; **auf ~** *gen* -in emriyle; **zu ~!** emredersiniz!, baş üştüne!

befehlen <befiehlt, befahl, befohlen> *vt* emretmek (**etw** -i); **jdm ~, etw zu tun** birine bir şeyi yapmasını emretmek

befehligen *vt* kumanda etmek (**jdn** -e)

Befehlsform *f* emir kipi [*o* sıygası]

befestigen *vt* ① (*verstärken*) sağlamlaştırmak, pekiştirmek (**etw** -i) ② (*fest anmachen*) (sıkıca) bağlamak (**etw an etw** -i -e)

befiehlt *vt s.* **befehlen**

befinden *irr* **I.** *vr* **sich ~** (*örtlich*) bulunmak **II.** *vi* **für gut ~** iyi bulmak, uygun görmek (**etw** -i); **für schuldig ~** suçlu bulmak (**jdn** -i)

Befinden *nt* sağlık durumu

befohlen *vt s.* **befehlen**

befolgen *vt* (*Rat*) dinlemek (**etw** -i); (*Vorschriften*) uymak, riayet etmek (**etw** -e); (*Befehl*) yerine getirmek (**etw** -i); **ein Beispiel ~** örneğe uymak

befördern *vt* ① (*im Rang*) terfi ettirmek (**jdn** -i) ② (*transportieren*) nakletmek, yollamak (**etw** -i)

Beförderung *f* ① (*Rang*) terfi ② (*Transport*) taşıma, nakil

befragen *vt* sormak, soruşturmak (**jdn über etw** -e -i)

Befragung *f* (*Umfrage*) soruşturma, anket

befreien **I.** *vt* kurtarmak (**jdn von etw/jdm** -i -den); (*von einer Pflicht*) muaf tutmak (**jdn von etw** -i -den) **II.** *vr* **sich ~** kurtulmak (**von etw/jdm** -den)

Befreiung *f* kurtuluş, kurtarış

befreundet *adj* **~ sein** dost olmak; (*eng*) içli dışlı olmak (**mit jdm** ile)

befriedigen *vt* memnun etmek, tatmin etmek, doyurmak (**jdn** -i)

befriedigend *adj* ① memnun edici, doyurucu, tatminkar ② (*Schulnote*) orta

befriedigt *adj* hoşnut, memnun

Befriedigung *f* ① (*Zufriedenheit*) memnuniyet, hoşnutluk ② (*Zufriedenstellung*) tatmin, doygunluk

befristet *adj* (*Vertrag*) vadeli

Befugnis *f* ① (*Recht*) hak, izin ② (*Amts-*) yetki

Befund *m* ① (*Zustand*) durum, hal ② MED bulgu, rapor; **ohne ~** bulgusuz

befürchten *vt* korkmak, endişe etmek (**etw** -den)

Befürchtung *f* korku, endişe

befürworten *vt* tavsiye etmek (**etw** -i)

begabt *adj* yetenekli

Begabung *f* yetenek

begann *vt s.* **beginnen**

begeben *irr vr* **sich ~** (*gehen*) gitmek, yönelmek (**nach/zu** -e); **sich in Gefahr ~** kendini tehlikeye atmak

begegnen I. *vi sein* rastlamak (**jdn/etw** -e) **II.** *vr sein* **sich ~** karşılaşmak

Begegnung *f* rastlantı, karşılaşma

begehen *irr vt* işlemek, yapmak (**etw** -i); **eine Sünde/ein Verbrechen ~** günah/cinayet işlemek

begehrenswert *adj* istenmeğe değer

begeistern I. *vt* coşturmak, heyecana getirmek; (*Film, Buch*) sürüklemek (**jdn** -i) **II.** *vr* **sich ~** coşmak, heyecana gelmek

begeistert *adj* coşkun, ateşli

Begeisterung *f* coşku(nluk), tutkunluk, heyecan

Beginn *m* başlangıç

beginnen <begann, begonnen> **I.** *vi* başlamak; **mit etw** *dat* **~** bir şeye başlamak **II.** *vt* başlamak (**etw** -e)

beglaubigen *vt* tasdik etmek (**etw** -i)

Beglaubigung *f* tasdik

begleichen *irr vt* (*Rechnung, Schuld*) ödemek (**etw** -i)

begleiten *vt* refakat [*o* eşlik] etmek (**jdn** -e); (*einen Abreisenden*) geçirmek, uğurlamak (**jdn** -i)

Begleiter(in) *m(f)* refakatçi

Begleitung *f* refakat, eşlik; **in ~ von** ... refakatinde, ... eşliğinde

beglückwünschen *vt* kutlamak, tebrik etmek (**jdn zu etw** -i -den dolayı)

begnadigen *vt* suçunu bağışlamak, cezasını affetmek (**jdn** -in)

Begnadigung *f* (suçunu) bağışlama, af

begnügen *vr* **sich ~** yetinmek (**mit etw** ile)

begonnen *vt s.* **beginnen**

begraben *irr vt* gömmek, defnetmek (**jdn** -i); (*fig*) gömmek (**etw** -i)

Begräbnis *nt* (*Tätigkeit*) gömme, toprağa verme; (*Feier*) cenaze (töreni), cenaze alayı

begrapschen *vt* ellemek (**jdn/etw** -i)

begreifen *irr vt* kavramak, anlamak (**etw** -i)

begreiflich *adj* (kolayca) anlaşılır; **jdm etw ~ machen** birine bir şeyi açıklamak, bir şeyi birinin kafasına sokmak

begreiflicherweise *adv* kolayca anlaşabileceği gibi

begrenzen *vt* sınırla(ndır)mak (**etw** -i)

Begrenzung *f* sınırla(ndır)ma

Begriff *m* ① terim ② (*Ahnung*) düşünce, fikir ③ (*Auffassung*) kavram; **ich war gerade im ~, das Haus zu verlassen** evden çıkmak üzereydim

begründen *vt* (*Behauptung*) nedenini göstermek (**etw** -in)

begründet *adj* (*Anspruch*) haklı, sebepli, gerekçeli

Begründung *f* gerekçe; (*Beweisführung*) kanıt, ispat; **mit der Begründung, dass** -diği gerekçesiyle

begrüßen *vt* ① selamlamak; (*willkommen heißen*) karşılamak (**jdn** -i), hoş geldin(iz) demek (**jdn** -e) ② (*gutheißen*) uygun görmek, onaylamak (**etw** -i)

Begrüßung *f* ① (*Gruß*) selam ② (*Willkommenheißen*) karşılama

begünstigen *vt* kayırmak (**jdn** -i)

Begünstigung *f* kayırma

begutachten *vt* rapor vermek (**etw** hakkında)

begütert *adj* mal mülk sahibi

behaart *adj* saçlı, tüylü, kıllı

behalten *irr vt* korumak, saklamak, tutmak; (*Ware*) alıkoymak; (*im Gedächtnis*) aklında tutmak, bellemek (**etw** -i); **etw im Auge ~** bir şeyi gözden kaçırmamak

Behälter *m* kap, mahfaza

behandeln *vt* ① davranmak (**jdn** -e) ② MED tedavi etmek (**jdn** -i), bakmak (**jdn** -e) ③ (*im Unterricht*) oku(t)mak (**etw** -i)

Behandlung *f* tedavi

beharren *vi* (*auf seiner Ansicht*) ısrar etmek (**auf etw** -de)

beharrlich *adj* ① (*ausdauernd*) sebatlı, dayanıklı ② (*hartnäckig*) inatçı

Beharrlichkeit *f* ① (*Ausdauer*) sebat, dayanıklılık ② (*Bestehen auf*) ısrar

behaupten *vt* iddia etmek, ileri sürmek (**etw** -i)

Behauptung *f* iddia, tez, ileri sürme

beheben *irr vt* (*Schaden*) gidermek, (ortadan) kaldırmak (**etw** -i)

beheizbar *adj* ısıtılabilen, yakılabilen

Behelf *m* geçici çare

behelfen *irr vr* **sich mit etw ~** bir şeye baş vurmak

beherbergen *vt* barındırmak (**jdn** -i)

beherrschen I. *vt* (*auch fig*) hükmetmek, hakim olmak (**jdn/etw** -e) **II.** *vr* **sich ~** kendine hakim olmak

beherrschend *adj* hakim, egemen

Beherrschung *f* hakim [*o* egemen] olma; (*von Wissensstoff*) biliş, iyi bilme

behilflich *adj* **jdm ~ sein** birine yardım etmek, birine kolaylık göstermek

behindern *vt* engel olmak (**etw** -e), engellemek, aksatmak (**etw** -i)

behindert *adj* özürlü, sakat; **geistig/körperlich behindert** zihinsel/bedensel özürlü

Behinderte(r) *f(m)* özürlü, engelli, sakat

Behinderung *f* ① engel, mani ② MED özürlülük

Behörde *f* makam, resmi merci, resmi daire

behutsam **I.** *adj* dikkatli, ihtiyatlı, sakıngan **II.** *adv* usulcacık, dikkatle

bei *präp +dat* ① (*örtlich*) -de; (*in der Nähe von*) -in yakınında; **~ Peter** Peter'de; **~ Izmir** İzmir'in yakınında [*o* civarında]; **~ Tisch** sofrada, sofra başında; **~m Blumenhändler** çiçekçide; **er hatte das Geld ~ sich** para yanındaydı ② (*zeitlich*) **~ seiner Ankunft/Abfahrt** varışında/hareketinde; **~m Essen** yemekte; **~ Gelegenheit** fırsat olursa; **~ Tag/Nacht** gündüz/gece(leyin); **~ Tagesanbruch** gün doğmasıyla ③ (*Umstände*) **~ der Arbeit sein** işte olmak; **~ ihrem Charakter** onun karakterinde; **~ Gott!** vallahi!; **~ diesem Wetter** bu havada; **~ weitem** epey; **~ weitem nicht** uzaktan yakından ilgisi yok

beibehalten *irr vt* alıkoymak, korumak, saklamak, bırakmamak (**etw** -i)

beibringen *irr vt* ① (*beschaffen*) bulmak, sağlamak (**etw** -i) ② (*lehren*) öğretmek (**jdm etw** -e -i)

Beichte *f* ① REL günah çıkartma ② (*fig: Geständnis*) itiraf

beichten **I.** *vi* REL günahlarını çıkartmak **II.** *vt* (*gestehen*) itiraf etmek (**etw** -i)

beide *pron* (her) iki; (*substantivisch*) (her) ikisi; **einer/keiner von ~n** ikisinden biri/hiçbiri; **wir ~** ikimiz

beiderlei *adj* her iki türlü

beieinander *adv* yan yana, beraber, birlikte

Beifahrer(in) *m(f)* *şoför yanında oturan kimse*

Beifahrerairbag *m* yolcu hava yastığı

Beifall *m* alkış

beifügen *vt* (*auch im Brief*) eklemek (**etw einer Sache** -i -e)

Beigabe *f* ek, ilave

beige *adj* bej

beigeben **I.** *vt* eklemek, katmak, ilave etmek (**etw einer Sache** -i -e) **II.** *vi* **klein ~** pes demek, yelkenleri suya indirmek

Beigeschmack *m* (asıl tadın yanındaki) çeşni

Beihilfe *f* JUR yataklık

Beil *nt* balta, keser

Beilage *f* ① (*Zeitungs-*) ek ② (*zu Fleisch*) katık, garnitür

beiläufig **I.** *adj* (*nebensächlich*) önemsiz **II.** *adv* (*nebenbei*) yanı sıra

beilegen *vt* (*auch zu Brief*) eklemek (**etw zu etw** -i -e); (*schlichten*) yatıştırmak (**etw** -i)

Beileid *nt* taziye, başsağlığı (dileği); **sein ~ aussprechen** başsağlığı dilemek

beiliegen *irr vi* ilişik olmak

beiliegend *adj* ilişik olarak

beim *präp = bei dem* **bei**

beimessen *irr vt* **einer Sache Bedeutung ~** bir şeye önem vermek, bir şeyi önemsemek

Bein *nt* ① (*auch von Tier*) bacak ② (*Tisch-*) ayak ③ (*Knochen*) kemik; **jemandem ein ~ stellen** birine çelme takmak; **sich auf den ~en halten** (*a. fig*) ayakta kalmak

beinah(e) *adv* neredeyse, hemen hemen, az kalsın

Beiname *m* (*Spitzname*) lakap, takma ad

beinhalten *vt* içermek, kapsamak (**etw** -i)

beisammen *adv* birlikte, beraber

Beischlaf *m* JUR cinsi münasebet

Beisein *nt* **im ~ von** -in huzurunda [*o* önünde]

beiseite *adv* kenara; **Spaß ~!** şaka bir yana [*o* tarafa]!

beiseitegehen[RR] *irr vi* kenara çekilmek

beiseitelegen[RR] *irr vt* bir tarafa koymak; (*Geld*) biriktirmek (**etw** -i)

beisetzen *vt* gömmek, defnetmek, toprağa vermek (**jdn** -i)

Beisetzung *f* (*Tätigkeit*) defnetme, toprağa verme; (*Feier*) cenaze (töreni)

Beispiel *nt* örnek, misal; **zum ~** mesela, örneğin; **sich an jdm ein ~ nehmen** birini örnek almak

beispielhaft *adj* örnek(lik)

beispielsweise *adv* mesela, örneğin

beißen <biss, gebissen> **I.** *vt* ısırmak; (*Insekten*) sokmak (**jdn** -i) **II.** *vi* (*brennen*) yakmak

beißend *adj* (*fig: brennend*) yakan, yakıcı; (*Geruch*) keskin

Beißzange *f* kerpeten, kıskaç

Beistand *m* yardım

beistehen *irr vi* yardım etmek (**jdm** -e)

Beitrag *m* ① (*Mitwirkung*) katkı ② (*Mitglieds-*) aidat ③ (*Zeitung*) makale, yazı

beitragen *irr vi* katkıda bulunmak (**zu etw** -e)

beitreten *irr vi sein* (*Verein*) girmek, katılmak (**einer Sache** -e)

Beitritt *m* girme, katılma

Beitrittsgespräche *pl* POL katılım görüşmeleri

Beiwagen *m* (*Motorrad-*) yan arabası; (*Anhänger*) römork

beiwohnen *vi* hazır bulunmak (**einer Sache** -de)

beizeiten *adv* (*rechtzeitig*) vaktinde; (*früh*) erken

bejahen *vi, vt* evet demek (**etw** -e); (*befürworten*) onaylamak, tasvip etmek (**etw** -i)

bejahrt *adj* yaşlı, yaşı ilerlemiş, ihtiyar

bekämpfen *vt* savaşmak, mücadele etmek (**jdn/etw** ile)

Bekämpfung *f* savaşma, mücadele

bekannt *adj* ① tanınmış, bilinen, belli ② (*berühmt*) meşhur, ünlü; **~ geben** ilan etmek, bildirmek; (*Verborgenes*) açıklamak, açığa çıkarmak (**etw** -i); **~ machen** ilan etmek, bildirmek (**etw** -i); **jdn mit jdm ~ machen** birini biriyle tanıştırmak; **darf ich Sie mit meinem Freund ~ machen?** sizi arkadaşımla tanıştırabilir miyim?; **jdn mit etw ~ machen** birine bir şeyi tanıtmak [*o* öğretmek]

Bekannte(r) *f(m)* tanıdık, ahbap, dost; **ein guter ~r von mir** benim iyi bir tanıdığım

Bekanntenkreis *m* **mein ~** benim dost çevrem

Bekanntgabe *f* ilan

bekanntgeben *vt s.* **bekannt**

bekanntlich *adv* bilindiği üzere

bekanntmachen *vt s.* **bekannt**

Bekanntmachung *f* (*Mitteilung*) bildir(il)me; (*öffentliche*) (resmi) duyuru, ilan

Bekanntschaft *f* ① (*Kennenlernen*) tanışma ② (*Bekanntenkreis*) dost çevresi, tanıdıklar

bekennen *irr vt* itiraf etmek (**etw** -i)

Bekenntnis *nt* ① (*Glaubens-*) din ② (*Konfession*) mezhep ③ (*Geständnis*) itiraf

beklagen **I.** *vt* acı(n)mak, yerinmek; (*trauriges Ereignis*) üzülmek, ağlamak (**etw** -e) **II.** *vr* **sich bei jdm über etw ~** birine bir şeyden şikayet etmek [*o* yakınmak]

beklagenswert *adj* acınacak

bekleiden *vt* giydirmek (**jdn** -i); **ein Amt ~** makam işgal etmek

Bekleidung *f* giyecek, giyim

beklemmend *adj* can sıkıcı, sıkıntılı; (*fig*) boğucu

Beklemmungen *fpl* sıkıntı, can [*o* iç] sıkıntısı; (*Angst*) korku, kaygı, endişe

bekloppt *adj* (*fam: beschränkt*) aptal, budala; **du bist ja ~!** sen kaçıksın!

bekommen *irr* **I.** *vt* almak (*verilen bir şeyi*); (*erlangen*) elde etmek (**etw** -i); **sie bekommt ein Kind** çocuğu olacak; **was ~ Sie?** ne arzu etmiştiniz?; **wie viel ~ Sie?** ne kadar alıyorsunuz? **II.** *vi* (*jdm guttun*) iyi gelmek, yaramak (**jdm** -e); **jdm schlecht** [*o* **nicht**] **~** birine dokunmak; **wohl bekomms!** afiyet olsun!

bekömmlich *adj* şifalı

bekräftigen *vt* kuvvetlendirmek, sağlamlaştırmak (**etw** -i)

bekreuzigen *vr* **sich ~** haç çıkarmak

beladen *irr vt* yüklemek (**etw/jdn mit etw** -e -i)

belagern *vt* kuşatmak, muhasara etmek (**etw** -i); (*fig*) etrafını sarmak (**jdn/etw** -in)

Belagerung *f* kuşatma

Belang *m* **nicht von ~** kayda değer bir şey değil; **ohne ~** önemli değil

belanglos *adj* önemsiz

Belanglosigkeit *f* ehemmiyetsizlik

Belarus *nt* Beyaz Rusya, Belarus

belasten *vt* ① yüklemek (**jdn/etw mit etw** -e -i) ② (*seelisch*) sıkıntı vermek (**jdn** -e) ③ JUR suçlu göstermek; **jds Konto ~** bir hesabı birinin zimmetine geçirmek

belastend *adj* JUR suçlu gösteren

belästigen *vt* rahatsız etmek (**jdn** -i); (*sexuell*) taciz etmek (**jdn** -i), sarkıntılık etmek (**jdn** -e)

Belästigung *f* rahatsız etme, izaç; (*sexuelle*) sarkıntılık

Belastung *f* yük, ağırlık

belaufen *irr vr* (*Summe*) **sich ~ auf** tutmak, etmek (**etw** -i)

belebt *adj* canlı, hareketli; (*Ort*) işlek

Beleg *m* ① (*Beweis*) ispat, kanıt; (*Beweismittel*) delil ② (*Quittung*) makbuz, alındı

belegen *vt* ① (*bedecken*) örtmek, kaplamak (**etw** -i) ② (*mit Teppich*) döşemek (**etw** -i) ③ (*Platz*) işgal etmek (**etw** -i) ④ (*Vorlesung*) (derse) kaydolmak [*o* yazılmak] (**etw** -e) ⑤ (*beweisen*) kanıtlamak, ispat etmek (**etw** -i)

Belegschaft *f* personel

belegt *adj* ① (*Platz*) meşgul, tutulmuş ② (*Zunge*) paslı ③ (*Stimme*) kısık, boğuk

B

❹ (*Telefon*) meşgul; **~es Brötchen** sandviç
belehren *vt* bilgi vermek (**jdn** -e); **jdn eines Besseren ~** birinin aklını başına getirmek
beleidigen *vt* (*erniedrigen*) hakaret etmek (**jdn** -e), aşağılamak (**jdn** -i); (*kränken*) incitmek, kırmak, gücendirmek (**jdn** -i)
beleidigend *adj* aşağılayıcı
Beleidigung *f* hakaret, aşağılama
belesen *adj* okumuş, bilgili
beleuchten *vt* aydınlatmak, ışıklandırmak (**etw** -i), ışık vermek (**etw** -e)
Beleuchtung *f* aydınlatma, ışık(landırma)
Belgien *nt* Belçika
Belgier(in) *m(f)* Belçikalı
belgisch *adj* (*Art*) Belçika; (*Herkunft*) Belçikalı
belichten *vt* ışıklamak (**etw** -i)
Belichtung *f* ışıklama
Belichtungsmesser *m* fotometre, ışıkölçer
Belichtungszeit *f* ışıklama süresi
Belieben *nt* **nach ~** isteğe göre
beliebig I. *adj* herhangi bir **II.** *adv* istenildiği kadar
beliebt *adj* sevilen
Beliebtheit *f* sevilme, rağbet
bellen *vi* (*Hund*) havlamak
Belletristik *f* edebiyat
belohnen *vt* ödüllendirmek (**jdn** -i)
Belohnung *f* ödül
belügen *irr vt* yalan söylemek (**jdn** -e)
bemächtigen *vr* **sich einer Sache ~** bir şeyi emri altına almak, bir şeyi ele geçirmek
bemängeln *vt* yermek, kusurlu bulmak, ayıplamak (**etw** -i)
bemerkbar *adj* göze çarpan, hissedilir; **sich ~ machen** kendini hissettirmek; (*Aufmerksamkeit auf sich lenken*) dikkati kendi üstüne çekmek, kendini göstermek
bemerken *vt* ❶ (*wahrnehmen*) farkına varmak (**etw** -in), farketmek (**etw** -i) ❷ (*äußern*) söylemek (**etw** -i)
bemerkenswert *adj* dikkate değer, hatırı sayılır; (*bedeutend*) önemli
Bemerkung *f* söz, demeç
bemitleiden *vt* acımak (**jdn** -e)
bemühen I. *vt* zahmete sokmak, yormak (**jdn** -i) **II.** *vr* **sich ~** zahmet etmek; (*sich anstrengen*) çabalamak, uğraşmak, çalışmak; **~ Sie sich nicht!** zahmet etmeyin!
Bemühung *f* zahmet, külfet; (*Anstrengung*) gayret, çaba
benachrichtigen *vt* haber vermek, bilgi vermek (**jdn über etw** -e hakkında), bildirmek (**jdn über etw** -e -i)
Benachrichtigung *f* haber, bilgi; JUR ihbar
benachteiligen *vt* zarara sokmak (**jdn** -i), zarar vermek (**jdn** -e)
Benachteiligung *f* zarara sokma, haksızlık; (*Nachteil*) dezavantaj
benehmen *irr vr* **sich ~** davranmak, hareket etmek (**jdm gegenüber** -e)
Benehmen *nt* davranış, tutum, hareket
beneiden *vt* imrenmek (**jdn/etw** -e); (*mit Missgunst*) kıskanmak (**jdn/etw** -i); **jdn um etw beneiden** birinin bir şeyini kıskanmak
beneidenswert *adj* imrenilecek
Beneluxstaaten *pl* Benelux devletleri (*Belçika, Hollanda ve Lüksemburg*)
Bengel *m* afacan, yumurcak
benommen *adj* uyuşuk, sersem
benötigen *vt* ihtiyacı olmak (**etw** -e); **wir ~ Geld** paraya ihtiyacımız var
benutzen *vt* (*auch Verkehrsmittel*) kullanmak (**etw** -i)
Benutzer(in) *m(f)* kullanan, kullanıcı
benutzerfreundlich *adj* kullanıcı dostu, kullanımı kolay
Benutzername *m* INET kullanıcı kodu [*o* adı]
Benutzung *f* kullan(ıl)ış
Benutzungsgebühr *f* (*Straßen-*) geçme ücreti
Benzin *nt* benzin
Benzinkanister *m* benzin bidonu
Benzinpumpe *f* benzin pompası
Benzinstand *m* benzin miktarı
Benzinuhr *f* akaryakıt göstergesi
Benzinverbrauch *m* benzin harca(n)ması
beobachten *vt* (*heimlich*) gözetlemek; (*prüfend zusehen*) gözlemek (**jdn/etw** -i)
Beobachter(in) *m(f)* gözlemci
Beobachtung *f* gözlem
bepflanzen *vt* (bitki) dikmek, ekmek (**etw mit etw** -e -i)
bequem *adj* ❶ (*behaglich*) rahat ❷ (*einfach*) kolay, zahmetsiz; **es sich ~ machen** rahatına bakmak
Bequemlichkeit *f* (*Trägheit*) üşengeçlik
beraten *irr vt* akıl [*o* öğüt] vermek; (*fachlich*) bilgi vermek (**jdn** -e)
Berater(in) *m(f)* akıl hocası; (*Fach-*) danışman
Beratung *f* ❶ (*Rat*) öğüt ❷ (*Auskunft*) danışma ❸ (*Besprechung*) görüşme, danış
Beratungsstelle *f* danışma merkezi

berauschend *adj* keyif verici
berechnen *vt* hesap etmek, hesaplamak; (*in Rechnung stellen*) hesaba katmak (**etw** -i)
berechnend *adj* çıkarcı
berechtigen *vt* yetki(lendir)mek (**jdn zu etw** -i -e); (*ermächtigen*) yetki vermek (**jdn** -e)
berechtigt *adj* (*Sache*) haklı, yerinde olan; (*Person*) yetkili (**zu etw** -e)
Berechtigung *f* (*Recht*) hak; (*Befugnis*) yetki
Bereich *m* çevre; (*fig*) saha
bereichern *vr* **sich ~** zenginleşmek
bereinigen *vt* (*Angelegenheit*) temizlemek (**etw** -i)
Bereinigung *f* temizle(n)me
bereit *adj* ① (*willig*) hazır (**zu etw** -e) ② (*fertig*) hazır, tamam; **sich ~ erklären, etw zu tun** bir işi yapmaya hazır olduğunu bildirmek
bereiten *vt* hazırlamak (**etw** -i); **jdm eine Freude ~** birini sevindirmek
bereithalten *irr vt* hazır bulundurmak (**etw** -i)
bereitmachen *vt, vr* **sich ~** hazırlanmak
bereits *adv* ① (*früher*) önceden ② (*gerade eben*) daha şimdi, henüz ③ (*schon jetzt*) (daha) şimdiden
Bereitschaft *f* ① hazırlık ② (*Gewilltheit*) eğilim, isteklilik
Bereitschaftsdienst *m* (*Apotheken-*) nöbetçilik
Bereitschaftspolizei *f* kışla polisi
bereitstellen *vt* hazır bulundurmak (**etw** -i)
bereitwillig *adv* isteyerek, seve seve
bereuen *vt* pişman olmak; (*bedauern*) acımak (**etw** -e)
Berg *m* dağ; (*Hügel*) tepe
bergab *adv* yokuş [*o* tepe] aşağı
Bergarbeiter *m* maden işçisi
bergauf *adv* yokuş yukarı
Bergbau *m* madencilik, maden işletmeciliği
bergen <birgt, barg, geborgen> *vt* ① (*retten*) kurtarmak (**etw/jdn** -i) ② (*aus Schutt*) çıkarmak (**etw/jdn** -i)
Bergführer(in) *m(f)* dağ kılavuzu
bergig *adj* dağlı(k)
Bergkette *f* sıradağ, dağ silsilesi
Bergkristall *m* neceftaşı
Bergmann *m* madenci
Bergpredigt *f Hazreti İsa'nın Dağ Vaazı*
Bergsteigen *nt* dağcılık
Bergsteiger(in) *m(f)* dağcı
Bergung *f* kurtarma
Bergwerk *nt* maden ocağı
Bericht *m* rapor; (*amtlicher*) tebliğ, bildiri; (*Zeitungs-*) haber; (*Erzählung*) anlatı
berichten *vi, vt* (*mitteilen*) bildirmek (**jdm etw** -e -i), haber vermek (**jdm etw** -e ... hakkında); (*erzählen*) anlatmak (**jdm etw** -e -i)
Berichterstatter(in) *m(f)* (*Zeitungs-*) röportajcı, haberci; (*im Ausland*) yurt dışı habercisi
Berichterstattung *f* röportajcılık
berichtigen *vt* düzeltmek (**etw** -i)
Berichtigung *f* düzeltme
Bernhardiner *m* Sen Bernar köpeği
Bernstein *m* kehribar
berüchtigt *adj* kötü şöhretli
berücksichtigen *vt* göz önünde bulundurmak, gözetmek, hesaba katmak (**etw** -i)
Berücksichtigung *f* hesaba katış; **unter ~** *gen* -i hesaba katarak
Beruf *m* meslek; (*Stellung*) iş
berufen **I.** *vt* (*ernennen*) atamak, tayin etmek (**jdn zu etw** -i -e) **II.** *vr* **sich auf etw ~** bir şeye dayanmak **III.** *adj* yetkili (**zu etw** -e); **zu etw ~ sein** doğuştan bir şeye yetenekli olmak
beruflich *adj* mesleki; **was machen Sie ~?** mesleğiniz nedir?
Berufsausbildung *f* meslek eğitimi
Berufsberatung *f* meslek danışmanlığı
Berufserfahrung *f* meslek tecrübesi
Berufskrankheit *f* meslek hastalığı
Berufsleben *nt* meslek hayatı
Berufspendler(in) *m(f) iş yerine ancak bir taşıt ile varabilen kimse*
Berufsschule *f* sanat okulu
Berufsspieler(in) *m(f)* profesyonel oyuncu
berufstätig *adj* **~ sein** meslek sahibi olmak
Berufung *f* ① (*innere*) içten eğilim ② (*Ernennung*) atanma, tayin (edilme) ③ JUR temyiz
beruhen *vi* ① (*sich stützen auf*) dayanmak (**auf etw** -e) ② (*seine Ursache haben in*) ileri gelmek (**auf etw** -den)
beruhigen **I.** *vt* sakinleştirmek, rahatlatmak, yatıştırmak (**jdn/etw** -i) **II.** *vr* **sich ~** sakinleşmek, rahatlamak, yatışmak
beruhigend *adj* sakinleştirici, rahatlatıcı, yatıştırıcı
Beruhigung *f* sakinleş(tir)me, yatıştırma
Beruhigungsmittel *nt* sinir ilacı; (*stärkeres*) uyuşturucu
berühmt *adj* meşhur, ünlü
Berühmtheit *f* ① (*Zustand*) şöhret, şan ② (*Person*) ünlü, şöhret sahibi

berühren *vt* dokunmak, değmek, el sürmek (**jdn/etw** -e); (*Thema*) değinmek (**etw** -e); (*innerlich*) etkilemek (**jdn** -i)
Berührung *f* ① (*Anfassen*) dokunma, değme ② (*Kontakt*) temas ③ (*Erwähnung*) değinme
Besatzung *f* (*Schiffs-, Flugzeug-*) mürettebat
Besatzungsmacht *f* işgal kuvveti, işgal eden devlet
Besatzungstruppen *fpl* işgal ordusu
besaufen *irr vr* (*fam*) **sich ~** kafayı çekmek
beschädigen *vt* zarara sokmak, zedelemek, hırpalamak (**etw** -i)
Beschädigung *f* zarar, ziyan, hasar
beschaffen[1] *vt* temin etmek, sağlamak (**etw** -i)
beschaffen[2] *adj* niteliği böyle olan
beschäftigen **I.** *vt* ① meşgul etmek, uğraştırmak (**jdn** -i) ② (*als Arbeitskraft*) çalıştırmak (**jdn** -i) ③ (*ablenken*) oyalamak (**jdn** -i) **II.** *vr* **sich ~** uğraşmak, meşgul olmak; (*als Zeitvertreib*) oyalanmak, vakit geçirmek (**mit etw** ile)
beschäftigt *adj* meşgul; **~ bei ...** -de çalışan; **~ mit** ile uğraşan
Beschäftigung *f* ① iş güç, uğraş ② (*von Arbeitskräften*) çalıştırma
beschatten *vt* (*fig*) (adım adım) takip etmek, gözetlemek (**jdn** -i)
Bescheid *m* ① (*Auskunft*) haber, bilgi ② (*Antwort*) cevap, karşılık; **jdm über etw ~ geben** [*o* **sagen**] birine bir şey hakkında bilgi vermek; **über etw ~ wissen** bir şeyi (iyi) bilmek; (*alle Kniffe kennen*) bir şeyi avucunun içi gibi bilmek
bescheiden *adj* alçak gönüllü; (*anspruchslos*) gösterişsiz
Bescheidenheit *f* alçak gönüllülük
bescheinigen *vt* belgelemek, (yazı ile) tasdik etmek (**etw** -i)
Bescheinigung *f* (tasdik) belge(si), resmi kâğıt
bescheißen *irr vt* (*fam*) aldatmak (**jdn** -i)
Bescherung *f* hediye, bağış; (*an Weihnachten*) Noel armağanları; **eine schöne ~!** öp babanın elini!
bescheuert *adj* (*fam*) salak, aptal, ahmak
Beschilderung *f* yol işaretleri *pl*
beschimpfen *vt* sövmek, sövüp saymak, küfretmek (**jdn** -e)
Beschimpfung *f* sövme, küfretme, hakaret
Beschiss[RR] *m* (*fam*) üçkâğıtçılık
Beschlag *m* (*Hauch*) buğu(lanma); (*Beschlagnahme*) haciz
beschlagen **I.** *vt* (*Pferd*) nallamak (**etw** -i) **II.** *vi* (*Glas*) buğulanmak **III.** *adj* (*Glas*) buğulu; (*Pferd*) nallanmış; **in etw ~ sein** bir şeyi iyi bilmek
Beschlagnahme *f* haciz, el koyma
beschlagnahmen *vt* haczetmek (**etw** -i), el koymak (**etw** -e)
beschleunigen *vt* hızlandırmak, çabuklaştırmak (**etw** -i)
Beschleunigung *f* hızlan(dır)ma, çabuklaş(tır)ma
beschließen *irr vt* ① (*beenden*) bitirmek, kesmek (**etw** -i), son vermek (**etw** -e) ② (*entscheiden*) karar vermek (**etw zu tun** -meye); **gemeinsam ~** kararlaştırmak (**etw** -i)
Beschluss[RR] *m*, **Beschluß**[ALT] *m* karar
beschmieren *vt* ① (*besudeln*) kirletmek, pisletmek; (*mit Fett*) yağlamak (**etw** -i) ② (*etw auftragen*) sürmek (**etw mit etw** -e -i)
beschneiden *irr vt* ① (kenarını) kesmek, yontmak (**etw** -i) ② REL sünnet etmek (**jdn** -i) ③ (*Baum*) budamak (**etw** -i)
Beschneider *m* (*beim islam. Beschneidungsritus*) sünnetçi
Beschneidung *f* REL sünnet
Beschneidungsklinik *f* sünnet kliniği
beschönigen *vt* ayıbını örtmek (**etw** -in)
beschränken **I.** *vt* kısıtlamak (**etw** -i) **II.** *vr* **sich ~** (*sich begnügen mit*) yetinmek (**auf etw** ile)
beschränkt *adj* ① (*gering*) sınırlı, dar, kıt ② (*dumm*) ahmak, mankafa
Beschränkung *f* kısıtla(n)ma
beschreibbar *adj* INFORM (*Diskette, CD*) kaydedilebilir, üzerine kayıt yapılabilir
beschreiben *irr vt* ① (*schildern*) tanımlamak, tasvir etmek (**etw** -i) ② (*Weg*) tarif etmek (**etw** -i)
Beschreibung *f* ① (*Schilderung*) tanımlama, tasvir ② (*eines Weges*) tarif
beschuldigen *vt* suçlamak (**jdn einer Sache** -i ile)
Beschuldigung *f* suçlama
beschummeln *vi* (*fam*) aldatmak (**jdn** -i)
beschützen *vt* korumak, esirgemek (**jdn vor jdm/etw** -i -den)
Beschützer(in) *m(f)* koruyucu
Beschwerde *f* şikayet
beschweren **I.** *vt* ağırlık vermek (**etw** -e) **II.** *vr* **sich bei jdm über etw ~** birine bir şeyden şikayet etmek [*o* yakınmak]

beschwerlich *adj* (*mühsam*) zahmetli
beschwichtigen *vt* yatıştırmak, avutmak (**jdn** -i)
beschwipst *adj* (*fam*) çakırkeyf
beschwören *irr vt* ❶ (*behaupten*) yeminle tasdik etmek (**etw** -i) ❷ (*anflehen*) yalvarmak (**jdn** -e) ❸ (*Geister*) çağırmak (**jdn** -i)
beseitigen *vt* (ortadan) kaldırmak, gidermek (**etw** -i)
Beseitigung *f* (ortadan) kaldır(ıl)ma, gider(il)me
Besen *m* süpürge
Besenstiel *m* süpürge sapı
besetzen *vt* ❶ (*Sitzplatz*) tutmak (**etw** -i) ❷ MIL işgal etmek (**etw** -i)
besetzt *adj* ❶ (*Platz, Fahrzeug*) tutulmuş, dolu; (*Toilette auch*) meşgul ❷ (*Leitung*) meşgul
Besetztzeichen *nt* meşgul işareti
besichtigen *vt* (*Stadt*) gezmek, dolaşmak (**etw** -i)
Besichtigung *f* gezme, dolaşma
besiedeln *vt* (*sich ansiedeln*) yerleşmek (**etw** -e); **dicht/dünn besiedelt** kalabalık/tenha yerleşimli
besiegen *vt* yenmek, alt etmek (**jdn** -i)
besinnen *vr* **sich ~** düşünmek, düşünüp taşınmak (**auf etw** -i); **sich anders ~** fikrini değiştirmek, caymak
Besinnung *f* **die ~ verlieren** bayılmak; **wieder zur ~ kommen** ayılmak
besinnungslos *adj* baygın
Besitz *m* mal, mülk
besitzen *irr vt* sahip olmak (**etw** -e)
Besitzer(in) *m(f)* sahip
besoffen *adj* (*fam*) sarhoş, zom, bulut gibi
besohlen *vt* taban geçirmek, pençe takmak (**etw** -e)
besondere(r, s) *adj* özel, kendine özgü; (*außergewöhnlich*) olağanüstü, fevkalade; **etwas Besonderes** olağanüstü [*o* fevkalade] bir şey; **nichts Besonderes** önemli bir şey değil
Besonderheit *f* ❶ (*Eigenschaft*) özellik ❷ (*Außergewöhnlichkeit*) fevkaladelik
besonders *adv* özellikle, bilhassa, hele; **nicht ~** (*nicht so sehr*) pek o kadar değil; (*so lala*) şöyle böyle
besonnen *adj* ağır başlı
Besonnenheit *f* ağır başlılık
besorgen *vt* ❶ (*beschaffen*) sağlamak, temin etmek (**etw** -i) ❷ (*einkaufen*) (satın) almak (**etw** -i) ❸ (*erledigen*) yapmak, halletmek (**etw** -i)
Besorgnis *f* endişe
besorgniserregend *adj* endişelendirici
besorgt *adj* (*unruhig*) endişeli, huzursuz; (*bekümmert*) kaygılı, tasalı
Besorgung *f* ❶ (*Beschaffung*) yap(ıl)ma ❷ (*Erledigung*) temin, temin ed(il)me; **~en machen** alışveriş yapmak, öteberi almak
bespielbar *adj* (*Kassette*) kaydedilebilir, üzerine kayıt yapılabilir
besprechen *irr vt* görüşmek, konuşmak (**etw** -i)
Besprechung *f* ❶ (*Gespräch*) görüşme, konuşma, danış ❷ (*Rezension*) eleştiri, tenkit
bespritzen *vt* üzerine serpmek (**mit etw** -i); (*mit Schmutz*) sıçratmak (**jdn mit etw** -e -i)
besser *adj, adv* daha iyi; **umso ~!** daha iyi ya!; **~ werden** iyileşmek, düzelmek; (*Ertrag, Leistung*) yükselmek; **es ist ~** böylesi daha iyi; **es geht mir ~** daha iyiyim
bessern **I.** *vt* iyileştirmek, düzeltmek (**etw** -i) **II.** *vr* **sich ~** düzelmek; (*Wetter*) açılmak; (*Gesundheit*) iyileşmek
Besserung *f* (*Sache*) düzelme; (*Gesundheit*) iyileşme; **gute ~!** geçmiş olsun!
Besserwisser(in) *m(f)* bilgiç
Bestand *m* ❶ (*Dauer*) devam, sürme, sürek ❷ ECON mevcut, (elde) bulunan
beständig *adj* ❶ (*unveränderlich*) değişmez, sabit, durağan; (*Wetter*) değişmeyen, değişmez ❷ (*dauerhaft*) dayanıklı
Beständigkeit *f* (*Dauerhaftigkeit*) dayanıklılık
Bestandteil *m* parça, öğe, unsur
bestärken *vt* desteklemek (**jdn in etw** -i -de)
bestätigen *vt* ❶ (*behördlich*) tasdik etmek, onaylamak (**etw** -i) ❷ (*Aussage*) doğrulamak (**etw** -i); **den Empfang ~** alındığını bildirmek
Bestätigung *f* ❶ (*behördlich*) tasdik, onay ❷ (*einer Aussage*) doğrulama ❸ (*Bescheinigung*) (tasdik) belge(si)
bestatten *vt* gömmek, defnetmek, toprağa vermek (**jdn** -i)
Bestattung *f* ❶ (*Tätigkeit*) gömme, defnetme ❷ (*Feier*) cenaze (töreni)
beste(r, s) *adj* en iyi; **am ~n** en iyi(si); **der erste Beste** rastgele birisi; **sein Bestes tun** elinden geleni yapmak
bestechen *irr vt* rüşvet vermek [*o* yedirmek],

para yedirmek (**jdn** -e)
bestechlich *adj* rüşvetçi, yiyici
Bestechlichkeit *f* yiyicilik
Bestechung *f* rüşvet
Besteck *nt* kaşık çatal bıçak
bestehen *irr* **I.** *vt* (*Examen*) geçmek, kazanmak (**etw** -i) **II.** *vi* ❶ (*existieren*) var olmak ❷ (*fort-*) sürmek, devam etmek; **auf etw ~** bir şeyde ısrar [*o* inat] etmek; **~ in ...** -den ibaret olmak; **~ aus ...** -den oluşmak; **es besteht kein Zweifel** hiç kuşkusuz
bestehend *adj* (*jetzig*) şimdiki; (*vorhanden*) elde bulunan, mevcut
besteigen *irr vt* (*Fahrzeug, Pferd*) binmek; (*Berg, Thron*) çıkmak (**etw** -e)
Bestelladresse *f* isteme adresi
bestellen *vt* ❶ (*Land*) işlemek, sürmek, ekmek (**etw** -i) ❷ (*Ware*) sipariş etmek, ısmarlamak (**etw** -i); (*Zeitung*) abone olmak (**etw** -e); (*Zimmer*) rezerve ettirmek, ayırtmak; (*Taxi*) çağırmak (**etw** -i); **jdm Grüße ~** birine selam söylemek [*o* yollamak]; (*jdn kommen lassen*) birini ısmarlamak [*o* getirtmek]
Bestellnummer *f* sipariş numarası
Bestellschein *m* sipariş mektubu
Bestellung *f* sipariş
Bestellzettel *m* sipariş pusulası
bestenfalls *adv* olsa olsa
besteuern *vt* vergilendirmek (**etw** -i)
Bestie *f* canavar
bestimmen *vt* ❶ (*festsetzen*) belirlemek, belirtmek, saptamak (**etw** -i) ❷ (*definieren*) tanımlamak (**etw** -i)
bestimmt **I.** *adj* ❶ (*festgelegt*) belirli ❷ (*deutlich*) belli ❸ (*sicher*) kesin **II.** *adv* muhakkak; **ganz ~** şüphesiz
Bestimmung *f* ❶ (*Schicksal*) yazgı, kader ❷ (*Vorschrift*) yönerge, tüzük
bestrafen *vt* cezalandırmak (**jdn** -i)
Bestrafung *f* ceza, cezalandır(ıl)ma
bestrahlen *vt* ❶ (*beleuchten*) aydınlatmak (**etw** -i) ❷ MED radyoterapi uygulamak (**etw** -e)
Bestrahlung *f* ışın salma; MED radyoterapi, ışın tedavisi
Bestrebungen *fpl* ❶ (*Bemühung*) çaba, gayret ❷ (*Versuch*) deneyim, girişim
bestreiten *irr vt* inkar etmek, yadsımak; (*Kosten*) karşılamak, ödemek (**etw** -i)
bestürzt *adj* şaşkın, telaşlı
Bestürzung *f* şaşkınlık, telaş
Besuch *m* ❶ (*Tätigkeit*) ziyaret ❷ (*Gast, Gäste*) konuk(lar), misafir(ler); **zu ~** konuk [*o* misafir] olarak
besuchen *vt* ❶ ziyaret etmek (**jdn/etw** -i); (*vorbeikommen*) uğramak (**jdn/etw** -e) ❷ (*Veranstaltung*) izlemek (**etw** -i); **die Schule ~** okula gitmek, okulda okumak
Besucher(in) *m(f)* ziyaretçi, konuk, misafir; (*einer Veranstaltung*) seyirci
Besuchszeit *f* ziyaret saatleri *pl*
betätigen **I.** *vt* (*Maschine*) kullanmak, işletmek (**etw** -i) **II.** *vr* **sich ~** çalışmak
Betätigung *f* (*Tätigkeit*) iş, çalışma; (*eines Apparats*) kullanma, işletme
betäuben *vt* bayıltmak; (*mit Betäubungsmittel*) uyuşturmak (**jdn/etw** -i)
Betäubung *f* MED anestezi
Betäubungsmittel *nt* uyuşturucu (madde)
Bete *f* **Rote ~** pancar
beteiligen **I.** *vt* katmak, iştirak ettirmek; ECON ortak etmek (**jdn an etw** -i -e) **II.** *vr* **sich ~** katılmak, iştirak etmek; ECON ortak olmak (**an etw** -e)
Beteiligung *f* ❶ katılma, iştirak ❷ ECON ortaklık
beten *vi* dua etmek; (*rituelles Gebet im Islam*) namaz kılmak
beteuern *vt* temin etmek (**dass** -diğini)
Bethlehem *nt* Beytüllahim
Beton *m* beton
betonen *vt* (*auch fig*) vurgulamak (**etw** -i)
Betonung *f* vurgu(lama); (*in der Aussprache*) aksan
Betracht *m* **in ~ ziehen** hesaba katmak, gözetmek (**etw** -i)
betrachten *vt* (*Bild*) bakmak (**etw** -e); **er betrachtet mich als einen Dummkopf** beni enayi yerine koyuyor
beträchtlich *adj* büyük, önemli, dikkate değer, epey
Betrag *m* tutar, yekun
betragen *irr* **I.** *vt* (*Summe*) tutmak, etmek (**etw** -i) **II.** *vr* **sich ~** davranmak, hareket etmek
Betragen *nt* davranış; (*in der Schule*) hal ve gidiş
Betreff *m* (*in Briefen*) konu, özet
betreffen *irr vt* (*angehen*) ilgilendirmek (**jdn** -i); **was ... betrifft** -e gelince
betreffend *adj* ❶ (*angehend*) ilgisi olan, ilgili ❷ (*erwähnt*) adı geçen
betreiben *irr vt* işletmek (**etw** -i)

Betreiber(in) *m(f)* işletici
betreten *irr vt* girmek, ayak basmak, adım atmak (**etw** -e)
Betreten *nt* ~**verboten!** girmek yasaktır!
betreuen *vt* (*Personen*) bakmak (**jdn** -e); (*Sachen*) yürütmek, yönetmek (**etw** -i)
Betreuung *f* (*von Personen*) bakım; (*von Sachen*) yürütme, yönetim
Betrieb *m* ① (*einer Anlage*) işletme, yönetme ② (*Unternehmen*) firma, tesis, işletme ③ (*Leben, Rummel*) canlılık, hareket; **in ~ sein** çalışmak, işlemek; **in ~ setzen** işletmek (**etw** -i); **außer ~ sein** çalışmamak, işlememek; (*Automat*) servis dışı olmak; (*elektrisches Gerät*) devre dışı kalmak
betriebsam *adj* çalışkan, girişken, hamarat
Betriebsamkeit *f* çalışkanlık, girişkenlik, hamaratlık
Betriebsferien *pl* firma tatili
Betriebsleitung *f* işletme müdürlüğü
Betriebsrat *m* ① (*Person*) işçi temsilcisi ② (*Institution*) işçi temsilciliği
Betriebssystem *nt* INFORM işletim sistemi
Betriebswirt(in) *m(f)* işletmeci
Betriebswirtschaft *f,* **Betriebswirtschaftslehre** *f* işletmecilik
betrinken *irr vr* **sich ~** sarhoş olmak, içki içmek
betroffen *adj* (*fassungslos*) şaşkın
Betroffenheit *f* şaşkınlık
Betrug *m* aldatma, hile, dolandırıcılık
betrügen *irr vt* aldatmak; JUR dolandırmak (**jdn** -i)
Betrüger(in) *m(f)* hilekar; JUR dolandırıcı
Betrügerei *f* hilekarlık, dolandırıcılık
betrügerisch *adj* aldatıcı, dolandırıcı, hileci
betrunken *adj* sarhoş; **leicht ~** hafif sarhoş, çakırkeyf
Bett *nt* yatak; (*Fluss-*) nehir yatağı; **zu ~ bringen/gehen** yatırmak/yatmak
Bettbezug *m* yatak takımı
Bettcouch *f yatak olarak açılan kanape*
Bettdecke *f* yorgan; (*Tagesdecke*) yatak örtüsü; (*aus Wolle*) battaniye
betteln *vi* dilenmek, dilencilik etmek, avuç açmak
Bettgestell *nt* karyola
Bettlaken *nt* yatak çarşafı
Bettler(in) *m(f)* dilenci
Bettruhe *f* istirahat (*iyileşmek için yataktan çıkmama*)
Betttuch[RR], **Bettuch**[ALT] *nt* yatak çarşafı
Bettwäsche *f* yatak takımı
beugen **I.** *vt* eğmek, bükmek, eğriltmek (**etw** -i) **II.** *vr* **sich ~** eğilmek, bükülmek, eğrilmek; (*sich unterwerfen*) boyun eğmek (**jdm/einer Sache** -e)
Beugung *f* ① (*Beugen*) eğilme, bükülme ② (*Deklination*) çekim
Beule *f* ① çıkıntı ② MED kabartı, şiş(kinlik), yumru
beunruhigen **I.** *vt* huzursuz etmek, endişelendirmek, telaşa vermek (**jdn** -i) **II.** *vr* **sich ~** huzursuz olmak, endişelenmek, telaşlanmak
beunruhigend *adj* huzursuz edici, endişe verici
beurlauben *vt* ① izin vermek (**jdn** -e) ② (*entlassen*) (görevden) çıkarmak (**jdn** -i)
beurlaubt *adj* izinli
beurteilen *vt* karar vermek (**etw** ... hakkında); **scharf ~** tenkit etmek (**etw** -i)
Beurteilung *f* karar (verme)
Beute *f* ganimet
Beutel *m* kese, (küçük) torba
bevölkert *adj* **dicht/schwach ~** kalabalık/tenha yerleşimli
Bevölkerung *f* ① (*Volk*) halk ② (*Einwohnerzahl*) nüfus
Bevollmächtigte(r) *f(m)* yetkili, temsilci, yediemin
bevor *konj* -meden önce; **~ ich ins Bett gegangen bin, hatte ich noch ferngesehen** yatmadan önce televizyon seyrettim
bevormunden *vt* **jdn ~** birinin başına kahya kesilmek
bevorzugen *vt* ① (*vorziehen*) tercih etmek, yeğlemek (**jdn/etw** -i) ② (*begünstigen*) kayırmak (**jdn** -i)
bewachen *vt* gözetmek, beklemek (**jdn/etw** -i)
Bewacher(in) *m(f)* nöbetçi, bekçi
Bewachung *f* gözetme, bekçilik etme
bewaffnen *vt* silahlandırmak (**jdn** -i)
bewaffnet *adj* silahlı; **~er Kämpfer** militan
Bewaffnung *f* silahlanma
bewahren *vt* korumak (**etw** -i)
bewähren *vr* **sich ~** değerini göstermek
bewährt *adj* (*erprobt*) denenmiş; **~er Freund** karagün dostu
Bewährungsfrist *f* cezanın tecili [*o* ertelenmesi]
bewältigen *vt* (*Schwierigkeit*) hakkından gelmek (**etw** -in); (*Arbeit*) becermek (**etw** -i)

bewässern *vt* sulamak (**etw** -i)
Bewässerung *f* sulama
Bewässerungsgraben *m* su arkı
Bewässerungsland *nt* sulama toprağı
bewegen[1] **I.** *vt* ① hareket ettirmek; (*leicht bewegen*) kımıldatmak (**etw** -i) ② (*seelisch*) duygulandırmak, heyecanlandırmak (**jdn** -i) **II.** *vr* **sich** ~ hareket etmek
bewegen[2] <bewog, bewogen> *vt* (*veranlassen*) neden olmak (**etw** -e)
beweglich *adj* oynak, hareketli, devingen; (*flink*) atik, canlı, çevik
Beweglichkeit *f* hareketlilik
bewegt *adj* ① (*See*) dalgalı, coşkun ② (*Leben*) hareketli, heyecanlı, canlı
Bewegung *f* ① hareket; (*leichte Bewegung*) kımıldanma ② (*Gefühls*~) duygulanma; **in ~ setzen** harekete geçirmek (**etw** -i); **sich in ~ setzen** harekete geçmek
Beweis *m* ispat, kanıt, delil
beweisen *irr vt* ispat etmek, kanıtlamak (**etw** -i)
Beweismangel *m* JUR delil yetersizliği
bewerben *irr vr* **sich um etw** ~ bir şeye talip olmak
Bewerber(in) *m(f)* talip, istekli
Bewerbung *f* başvuru, talep
bewerten *vt* değerlendirmek; (*bei Preisverteilung*) derecelendirmek (**etw** -i)
bewilligen *vt* izin vermek (**etw** -e), onaylamak, tasvip etmek (**etw** -i)
Bewilligung *f* izin, onay, tasvip
bewirken *vt* neden olmak (**etw** -e)
bewirtschaften *vt* (*Betrieb*) işletmek, yönetmek (**etw** -i)
bewog(en) *vt s.* **bewegen**[2]
bewohnbar *adj* oturulabilir, yaşanabilir
bewohnen *vt* oturmak (**etw** -de)
Bewohner(in) *m(f)* ① oturan, sakin ② (*Bevölkerung*) halk
bewölken *vr* **sich** ~ bulutlanmak, kapanmak
bewölkt *adj* bulutlu, kapalı
Bewölkung *f* ① (*Sichbewölken*) bulutlanma ② (*Wolken*) bulutlar
Bewunderer(in) *m(f)* hayran
bewundern *vt* hayran olmak; (*anstaunen*) hayret etmek (**etw/jdn** -e)
bewundernswert *adj* hayran olmaya değer
Bewunderung *f* hayranlık; (*Anstaunen*) hayret
bewusst[RR], **bewußt**[ALT] **I.** *adj* bilinçli; **sich einer Sache ~ sein** bir şeyin bilincinde olmak; **jdm etw ~ machen** birini bir şey konusunda bilinçlendirmek; **sich etw ~ machen** bir şeyden bilinçlenmek **II.** *adv* bilerek, kasıtlı
bewusstlos[RR], **bewußtlos**[ALT] *adj* baygın, kendinden geçmiş; ~ **werden** bayılmak, kendinden geçmek
Bewusstlosigkeit[RR] *f*, **Bewußtlosigkeit**[ALT] *f* baygınlık
Bewusstsein[RR] *nt*, **Bewußtsein**[ALT] *nt* bilinç; **das ~ verlieren** şuurunu kaybetmek, bayılmak
bezahlen *vt* ödemek (**etw** -i); **sich bezahlt machen** zararını çıkarmak; (*fig*) değmek
Bezahlung *f* ödeme
bezaubernd *adj* büyüleyici
bezeichnen *vt* ① (*zeigen*) göstermek (**etw** -i) ② (*beschreiben*) tanımlamak (**etw** -i) ③ (*benennen*) adlandırmak (**jdn/etw als jdn/etw** -i ... olarak)
bezeichnend *adj* tipik, karakteristik
Bezeichnung *f* ① (*Name*) ad, isim ② (*Ausdruck*) deyim, tabir
bezeugen *vt* tanıklık [*o* şahitlik] etmek; (*bestätigen*) doğrulamak (**etw** -i)
beziehen *irr* **I.** *vt* ① (*überziehen*) (kılıf) geçirmek (**etw** -e) ② (*Wohnung*) taşınmak (**etw** -e) ③ (*Gehalt*) almak; (*Waren*) getirtmek (**etw** -i); **das Bett** ~ çarşaf örtmek **II.** *vr* **sich ~ auf** dayanmak (**auf etw** -e); (*als Beweis anführen*) delil olarak göstermek (**auf etw** -i)
Beziehung *f* ① (*Verbindung*) ilişki, ilgi, ilinti ② (*Kontakt*) temas ③ (*Hinsicht*) yön, bakım; **diplomatische ~en** diplomatik ilişkiler; (**gute**) **~en haben** (iyi) ilişkileri olmak; **in jeder** ~ her bakımdan
beziehungsweise *adv* veya, yahut; (*genauer gesagt*) daha doğrusu
Bezirk *m* ① (*Gemeinde-*) bucak ② (*Regierungs-*) il ③ (*Stadt-*) semt
Bezug *m* (*Überzug*) kılıf, zarf; **in ~ auf** ... hakkında [*o* konusunda]; **auf etw ~ nehmen** bir şeye dayanmak
bezüglich *präp +gen* hakkında, -e ilişkin, -e dair
bezwecken *vt* amaçlamak (**etw** -i)
bezweifeln *vt* şüphe etmek, şüphelenmek (**etw** -den)
BGB *nt Abk von* **Bürgerliches Gesetzbuch** Medeni Kanun
BH *m Abk von* **Büstenhalter** sutyen
Bhf. *m Abk von* **Bahnhof** istasyon

Bibel *f* (*Altes Testament*) Tevrat; (*Neues Testament*) İncil
Biber *m* kunduz
Bibliothek *f* kütüphane, kitaplık
Bibliothekar(in) *m(f)* kütüphaneci
biegen <bog, gebogen> **I.** *vt* eğmek, bükmek, eğriltmek (**etw** -i) **II.** *vi sein* **um die Ecke ~** köşeden dönmek
biegsam *adj* esnek
Biegung *f* (*einer Straße*) dönemeç, kıvrıntı
Biene *f* arı
Bienenkorb *m,* **Bienenstock** *m* arı kovanı
Bier *nt* bira; **helles/dunkles ~** beyaz/siyah bira
Bierbrauerei *f* bira fabrikası
Bierdeckel *m* bira altlığı
Bierlokal *nt* birahane
Biest *nt* canavar
bieten <bot, geboten> **I.** *vt* vermek (**jdm etw** -e -i); **das lasse ich mir nicht ~** buna izin veremem **II.** *vr* **sich ~** (*Gelegenheit*) (fırsat) çıkmak
Big Brother *m* (*TV-Sendung*) Biri Bizi Gözetliyor (programı)
Bikini *m* bikini
Bilanz *f* bilanço
bilateral *adj* iki taraflı
Bild *nt* ❶ (*Foto, Zeichnung*) resim ❷ (*Gemälde*) tablo ❸ (*Bildnis*) portre ❹ (*fig: Erscheinung*) görüntü, hayal; (*Erinnerung*) anı; (*Vorstellung*) fikir, düşünce; **über etw im ~e sein** bir şey hakkında bilgisi olmak
bilden **I.** *vt* ❶ (*gestalten*) biçimlendirmek (**etw** -i), şekil vermek (**etw** -e) ❷ (*darstellen, sein*) oluşturmak (**etw** -i) ❸ (*belehren*) bilgi vermek (**jdn** -e) **II.** *vr* **sich ~** (*entstehen*) oluşmak; (*lernen*) bilgi edinmek
bildend *adj* eğitici, öğretici; **die ~en Künste** güzel sanatlar
Bilderbuch *nt* resimli kitap
bildhaft *adj* tasviri, betimsel
Bildhauer(in) *m(f)* heykeltıraş
Bildhauerei *f* heykeltıraşlık
Bildschirm *m* ekran
Bildschirmschoner *m* ekran koruyucu(su)
Bildtelefon *nt* videofon
Bildung *f* ❶ (*Entstehung*) oluşma, kuruluş ❷ (*Schaffung*) oluşturma, yaratma, kurma ❸ (*Wissen*) bilgi, görgü, kültür; **~ einer kriminellen Vereinigung** JUR suç işlemek amacıyla örgüt kurma
Billard *nt* bilardo
Billardkugel *f* bilya
Billardstock *m* istaka
Billiarde *f* (*10 hoch 15*) katrilyon
billig *adj* ❶ (*preiswert*) ucuz ❷ (*pej*) bayağı, adi
billigen *vt* ❶ (*gutheißen*) ona(yla)mak, uygun görmek, tasvip etmek (**etw** -i) ❷ (*genehmigen*) izin vermek (**etw** -e)
Billiglinie *f* LUFT ucuz havayolu
Billigware *f* tapon mal
Billion *f* (*10 hoch 12*) trilyon
binär *adj* MATH ikili
Binärsystem *nt* MATH ikili sayı sistemi
Binärzahl *f* MATH iki tabanlı sayı, ikili tabandaki sayı
Binde *f* ❶ (*Band*) bağ, bant ❷ (*Verband*) sargı
Bindehautentzündung *f* konjonktivit
binden <band, gebunden> **I.** *vt* bağlamak (**etw an etw** -i -e), sarmak (**etw um etw** -i -e); (*Buch*) ciltlemek (**etw** -i) **II.** *vr* **sich ~** bağlanmak (**an etw** -e)
bindend *adj* (*fig*) bağlayıcı
Bindestrich *m* birleştirme çizgisi, kısa çizgi
Bindfaden *m* sicim
Bindung *f* (*fig*) ❶ (*Verbundenheit*) bağlılık ❷ (*Ski-*) bağlama tertibatı
binnen *präp +gen* ... içinde, ... zarfında
Binnenhafen *m* iç liman
Binnenland *nt* (denizin arkasında kalan) iç topraklar
Binnenmigration *f* iç göç
Binnenschifffahrt[RR] *f* iç sularda ulaşım
Binnensee *m* iç deniz
Biographie *f* biyografi, yaşam öyküsü
Biolandbau *m* biyolojik tarım [*o* çiftçilik]
Biologie *f* biyoloji, dirimbilim
biologisch *adj* biyolojik, dirimbilimsel
Bioprodukt *nt* biyolojik ürün
Biotechnologie *f* biyoteknoloji
Biotreibstoff *m* biyolojik yakıt
Biowaffe *f* biyolojik silah
birgt *vt s.* **bergen**
Birke *f* kayın ağacı
Birnbaum *m* armut ağacı
Birne *f* ❶ (*Obst*) armut ❷ (*Glüh-*) ampul
bis **I.** *präp* (*zeitlich u. örtlich: nach*) -e kadar, -e dek; **von ... ~ ...** -den -e kadar; **zwei ~ drei Tage** üç dört gün; **~ auf ...** -in dışında **II.** *konj* (*zeitlich*) -inceye [*o* -ene] kadar
Bischof *m* piskopos
Bisexualität *f* çift cinsellik, biseksüellik, biseksüalite

bisexuell *adj* çift cinsiyetli, biseksüel

Bisexuelle(r) *f(m)* çift cinsiyetli, biseksüel

bisher *adv* şimdiye kadar

Biskuit *m* bisküvit

bislang *adv* şimdiye kadar

biss[RR]**, biß**[ALT] *vt s.* **beißen**

Biss[RR] *m*, **Biß**[ALT] *m* ısırma; (*von Insekten*) sokma

bisschen[RR]**, bißchen**[ALT] *pron* **ein ~** biraz, bir parça

Bissen *m* lokma

bissig *adj* ① (*Hund*) ısır(g)an ② (*sarkastisch*) iğneleyici, acı

bisweilen *adv* arasıra, bazen

Bit *nt* INFORM bit; **~s pro Sekunde** saniyedeki bit sayısı

bitte *interj* (*bei Aufforderung*) lütfen; (*als Antwort*) rica ederim!; (*nach Dank*) bir şey değil; **wie ~?** efendim?

Bitte *f* ① (*Ersuchen*) rica ② (*Wunsch*) dilek; **ich habe eine ~ an Sie** sizden bir ricam var

bitten <bat, gebeten> *vt* ① (*Bitte aussprechen*) rica etmek (**jdn um etw** -den -i) ② (*wünschen*) dilemek (**jdn um etw** -den -i); **darf ich Sie um die Milch ~?** sizden sütü rica edebilir miyim?

bitter *adj* (*auch fig*) acı

Bitterkeit *f* (*auch fig*) acı(lık)

bizarr *adj* garip, tuhaf

Blackbox *f* (*in Flugzeug*) kara kutu

Blähung *f* (barsaklarda) gaz (toplanması)

Blamage *f* rezil [*o* bozum] olma

blamieren I. *vt* rezil [*o* kepaze] etmek (**jdn** -i) **II.** *vr* **sich ~** mahcup olmak [*o* kalmak]

blank *adj* (*sauber*) temiz, ak pak; **~ sein** (*fig fam*) meteliğe kurşun atmak

Blankoscheck *m* açık çek

Blankovollmacht *f* tam yetki

Blase *f* (*Wasser-, Haut-*) kabarcık; (*Harn-*) mesane, sidik torbası

Blasebalg *m* körük

blasen <bläst, blies, geblasen> **I.** *vt* ① üflemek (**etw** -i) ② (*Instrument*) çalmak, öttürmek (**etw** -i) **II.** *vi* (*Wind*) esmek

Blasinstrument *nt* nefesli çalgı

blass[RR]**, blaß**[ALT] *adj* solgun, soluk; **~ werden** sararmak

bläst *vi s.* **blasen**

Blatt *nt* ① (*von Pflanze*) yaprak ② (*Papier*) kâğıt, yaprak ③ (*Zeitung*) gazete; **kein ~ vor den Mund nehmen** sözünü esirgememek

Blätterteig *m* yufka

blau *adj* ① (*Farbe*) mavi ② (*fig fam: betrunken*) sarhoş, zom, bulut gibi; **~er Fleck** çürük; **Fahrt ins Blaue** hedefi belli olmayan seyahat

blauäugig *adj* ① mavi gözlü ② (*naiv*) budala

Blaubeere *f* yabanmersini

bläulich *adj* mavimsi, mavimtırak

blaumachen *vi* (*fam*) asmak, çalışmamak

Blauwal *m* gök balina

Blazer *m* blazer, spor ceketi

Blech *nt* ① (*Blechplatte*) madeni levha ② (*Eisen-*) saç; (*Weiß-*) teneke

Blechdose *f* teneke kutu

Blei *nt* kurşun

bleiben <blieb, geblieben> *vi sein* kalmak; (*sich aufhalten*) bulunmak, kalmak, oturmak; (*andauern*) sürmek, devam etmek; **~ lassen** yapmamak, bırakmak (**etw** -i), el sürmemek (**etw** -e); **es bleibt dabei** dediğim(iz) gibi; **bei jdm ~** birinin yanında kalmak [*o* oturmak]; **~ Sie am Apparat!** telefondan ayrılmayın!

bleibend *adj* sürekli, kalıcı, devamlı

bleich *adj* solgun, soluk

bleifrei *adj* (*Benzin*) kurşunsuz

Bleistift *m* kurşunkalem

Bleistiftspitzer *m* kalemtıraş

Blende *f* (*Foto*) diyafram

blenden *vt* ① (*des Augenlichts berauben*) kör etmek (**jdn** -i) ② (*durch Licht*) gözlerini kamaştırmak (**jdn** -in) ③ (*stark beeindrucken*) büyülemek (**jdn** -i)

blendend *adj* (*auch fig*) göz kamaştırıcı

Blick *m* ① bakış ② (*Ausblick*) görünüş, manzara; **einen ~ werfen auf** bir şeye göz atmak; **Liebe auf den ersten ~** ilk bakışta aşık olma

blicken *vi* bakmak (**auf etw/jdn** -e)

Blickfeld *nt* göz alanı

Blickwinkel *m* bakış açısı

blieb *vi s.* **bleiben**

blind *adj* kör; (*glanzlos*) donuk; **auf einem Auge ~** bir gözü kör; **~ vor Liebe** kör aşık; **~er Passagier** kaçak yolcu

Blinddarm *m* körbarsak, apandis

Blinddarmentzündung *f* apandisit

Blinde(r) *f(m)* ama, kör

Blindenschrift *f* körler alfabesi

Blindheit *f* (*auch fig*) körlük

blindlings *adv* gözü kapalı, körü körüne

blinken *vi* ① parlamak, parıldamak, pırıldamak ② (*Auto*) sinyal ışığı vermek

Blinker *m* sinyal ışığı, yön göstergesi
Blinklicht *nt* sinyal ışığı
blinzeln *vi* göz kırpmak
Blitz *m* şimşek; (*einschlagender*) yıldırım
Blitzableiter *m* paratoner, yıldırımkıran
blitzen *vi* (*funkeln*) parlamak, parıldamak, pırıldamak; **es blitzt** şimşek çakıyor
Blitzlicht(gerät) *nt* flaş
Blitzschlag *m* yıldırım çarpması
blitzschnell **I.** *adj* şimşek gibi **II.** *adv* şimşek hızıyla, çabucak, hemencecik
Block *m* yığın, küme; (*Häuser-*) blok, ada; (*Schreib-*) bloknot
Blockflöte *f* flüt
blockfrei *adj* blok dışı; **~e Länder** blok dışı ülkeler
blockieren *vt* abluka etmek; (*Verkehr*) durdurmak, tıkamak (**etw** -i)
blöde *adj* ahmak, aptal, budala
Blödsinn *m* saçmalık, saçmasapan şey
blödsinnig *adj* saçma(sapan)
Blog *nt o m* INET blog
bloggen *vi* INET blog yazmak
blond *adj* sarı(şın), sarı saçlı
blondieren *vt* (saçları) sarıya boyamak
Blondine *f* sarışın (kız [*o* kadın])
bloß **I.** *adj* ❶ (*nackt*) çıplak, yalın, açık ❷ (*Worte*) kuru; **mit ~en Füßen** yalınayak; **mit ~em Auge** gözlüksüz **II.** *adv* (*nur*) yalnız, sade(ce), sırf; **~ nicht!** sakın ha!; **sei ~ ruhig!** sakin ol hele!
bloßstellen *vt* (*fig*) rezil [*o* kepaze] etmek (**jdn** -i)
Bluejeans *pl* blucin
Blues *m* blues
Bluff *m* blöf
bluffen *vi* blöf yapmak
blühen *vi* ❶ (*Pflanze*) çiçek açmak, çiçeklenmek ❷ (*Wirtschaft*) gelişmek, ilerlemek
blühend *adj* çiçek açmış, çiçekli
Blume *f* ❶ çiçek ❷ (*Schaum auf Bierglas*) bira köpüğü
Blumengeschäft *nt* çiçekçi (dükkanı)
Blumenkohl *m* karnabahar
Blumenstrauß *m* çiçek demeti, buket
Blumentopf *m* saksı
Blumenvase *f* çiçek vazosu; (*große*) çiçeklik
Bluse *f* bluz
Blut *nt* kan
Blutarmut *f* kansızlık
Blutbad *nt* kan deryası, (can) kırım(ı)
Blutbild *nt* kan tahlili göstergesi
Blutdruck *m* tansiyon
Blüte *f* (*einzelne*) çiçek; (*Blütezeit*) ağaçların çiçeklenme mevsimi; (*fig*) parlak dönem
bluten *vi* kanamak
Blütenstaub *m* çiçek tozu
Bluterguss[RR] *m*, **Bluterguß**[ALT] *m* iç kanama
Blütezeit *f* parlak dönem
Blutgruppe *f* kan grubu
Bluthochdruck *m* yüksek tansiyon
blutig *adj* (*auch fig*) kanlı
Blutkonserve *f* kan konservesi
Blutkörperchen *nt* kan küreciği; **rotes ~** alyuvar; **weißes ~** akyuvar
Blutkrebs *f* kan kanseri
Blutkreislauf *m* kan dolaşımı
Blutprobe *f* kan örneği
Blutrache *f* kan davası
Blutspende *f* kan bağışı
Blutspender(in) *m(f)* kan verici
blutstillend *adj* kan kesici
Bluttransfusion *f* kan nakli
Blutung *f* kanama; (*Menstruation*) aybaşı
Blutvergiftung *f* kan zehirlenmesi
Blutverlust *m* kan kaybı
Blutwurst *f* kan sucuğu
Blutzucker *m* kan şekeri
Blutzuckerspiegel *m* kan şekeri seviyesi, kandaki şeker düzeyi
Bock *m* ❶ (*Ziegen-*) teke, erkek keçi; (*Widder*) koç ❷ (*Hebe-*) vinç; (*einer Drehbank*) beşme ❸ SPORT kuzu
bockig *adj* hırçın, inatçı
Boden *m* ❶ (*Grund*) yer, toprak; (*Fuß-*) taban, döşeme; (*Gefäß-*) dip; (*Dach-*) tavanarası ❷ (*fig: Grundlage*) temel, taban, esas, zemin
Bodenreform *f* toprak reformu
Bodenschätze *mpl* toprakaltı servetleri *pl*
Bodensee *m* Konstanz Gölü
Bodentruppen *pl* kara ordusu, ordu
Bodenturnen *nt* yer cimnastiği
Bodybuilding *nt* vücut geliştirme
Bodyguard *m* koruma
bog *vt s.* **biegen**
Bogen *m* ❶ MATH eğri ❷ ARCHÄOL kemer ❸ (*Waffe*) yay, okyayı ❹ (*Biegung*) eğiliş, eğrilik, kavis ❺ (*Papier*) kâğıt, yaprak, tabaka
Bohne *f* fasulye; **grüne ~** taze fasulye; **weiße ~** kuru fasulye; **dicke ~** bakla
Bohnenkaffee *m* halis kahve
bohnern *vt* cilalamak (**etw** -i)

B

bohren I. *vt* burgulamak, delmek (**etw** -i) II. *vi* delmek; (*fig*) sondaj yapmak
Bohrer *m* matkap, burgu
Bohrinsel *f petrol sondajı yapılan yapma ada*
Bohrmaschine *f* matkap
Bohrung *f* sondaj
Boiler *m* şofben
Boje *f* şamandıra, duba
Bolivien *nt* Bolivya
Böller *m* kestanefişeği
Bollwerk *nt* (*fig*) kale
Bolzen *m* cıvata
bombardieren *vt* bombalamak, bombardıman etmek (**etw** -i)
Bombe *f* bomba
Bombenangriff *m* bombardıman
Bombenanschlag *m* bombalı suikast
Bombenerfolg *m* (*fig*) parlak başarı
Bombengehalt *nt* (*fig*) yüksek maaş
Bombengeschäft *nt* (*fig*) bomba (gibi) iş
Bombenleger(in) *m(f)* bombacı
bombensicher *adj* bombaya dayanıklı; (*fig*) şüphe götürmez
Bon *m* bono, fiş
Bonbon *nt* bonbon, şeker(leme)
Bookmark *f* INET işaret
Boom *m* yüksek konjonktür
Boot *nt* kayık, sandal
booten *vt* INFORM boot etmek (**etw von etw** -i -den)
Bootsektor *m* INFORM boot sektörü
Bootsführerschein *m* gemi ehliyeti
Bord[1] *nt* (*Regal*) raf
Bord[2] *m* gemi bordası; **an ~** (*Schiff*) gemide; (*Flugzeug*) uçakta; **an ~ gehen** (*Schiff*) gemiye binmek; (*Flugzeug*) uçağa binmek
bordeauxrot *adj* bordo
Bordell *nt* genelev
Bordkarte *f* uçağa biniş kartı
Bordstein *m yaya kaldırımın kenar taşı*
borgen *vi, vt* (*ausleihen*) ödünç vermek (**jdm etw** -e -i); (*entleihen*) ödünç almak (**etw von jdm** -i -den)
borniert *adj* çapsız, dar kafalı, bağnaz
Börse *f* ❶ borsa ❷ (*Geldbeutel*) para çantası
Börsenindex *m* borsa endeksi
Börsenkurs *m* borsa rayici
Börsenmakler(in) *m(f)* borsacı, borsa simsarı
börsennotiert *adj* (borsaya) kote ettirilmiş, (borsada) kote olmuş
Börsenspekulant(in) *m(f)* acyocu
Borste *f* kalın kıl
Borte *f* şerit
bösartig *adj* ❶ kötü (niyetli), fena, sinsi ❷ (*Geschwulst*) habis
Böschung *f* eğim, iniş
böse *adj* fena, kötü; (*verärgert*) kızgın, dargın, gücenik; **jemandem ~ sein** birine darılmak [*o* gücenmek]; **es war nicht ~ gemeint** kötü niyetle söylememiştim; **auf jdn ~ sein** birine kızmak [*o* öfkelenmek]; **das Böse** fenalık, kötülük
boshaft *adj* hain, sinsi
Bosnien-Herzegowina *nt* Bosna-Hersek
Bosnier(in) *m(f)* Boşnak
Bosporus *m* Boğaz, Boğaziçi
Boss[RR] *m*, **Boß**[ALT] *m* (*fam*) patron, şef, amir
böswillig *adj* kötü niyetli
bot *vt s.* **bieten**
Botanik *f* botanik, bitkibilim
Botaniker(in) *m(f)* botanist, bitkibilimci
botanisch *adj* botanik, bitkibilimsel; **~er Garten** botanik bahçesi
Bote *m* haberci; (*Hotel-*) odacı
Botschaft *f* ❶ (*Nachricht*) haber ❷ (*auch Gebäude*) büyükelçilik
Botschafter(in) *m(f)* büyükelçi
Bottich *m* (küçük) tekne
Bouillon *f* et suyu
Boulevardzeitung *f* bulvar gazetesi
Boutique *f* butik
Bowle *f* bol
bowlen *vi* SPORT bowling oynamak
Bowling *nt* bowling
Box *f* (*Lautsprecher*) hoparlör
boxen *vi* boks yapmak
Boxen *nt* boks
Boxengasse *f* süper hızla tamirat yeri
Boxenluder *nt süper hızla tamirat yerinde dolaşan güzel kiz*
Boxer *m* ❶ boksör ❷ (*Hund*) *bir köpek cinsi*
Boxhandschuh *m* boks eldiveni
Boxkampf *m* boks maçı
Boxsport *m* boks sporu
Boykott *m* boykot
boykottieren *vt* boykot etmek (**jdn/etw** -i)
BPS *pl Abk von* **Bits pro Sekunde** saniyedeki bit sayısı
brach[1] *vi, vt s.* **brechen**
brach[2] *adj* (*Feld*) nadasa terkedilmiş, sürülmemiş, dinlendirilen
brachte *vt s.* **bringen**
Braindrain *m* beyin göcü

Branche *f* branş, kol, dal

Brand *m* yangın; **in ~ geraten** ateş almak, ateşlenmek, alevlenmek; **in ~ stecken** ateşe vermek, ateşlemek, tutuşturmak (**etw** -i)

Brandgefahr *f* yangın tehlikesi

Brandsalbe *f* yanık merhemi

Brandstifter(in) *m(f)* kundakçı

Brandstiftung *f* kundakçılık

brannte *vi, vt s.* **brennen**

Branntwein *m* kanyak; (*Anis-*) rakı

Brasilien *nt* Brezilya

brät *vi, vt s.* **braten**

braten <brät, briet, gebraten> *vi, vt* kızartmak; (*braun*) kavurmak (**etw** -i); (*in der Pfanne*) tavasını yapmak (**etw** -in)

Braten *m* kızartma

Brathähnchen *nt* tavuk [*o* piliç] kızartması

Bratkartoffeln *fpl* patates kızartması

Bratpfanne *f* tava

Bratrost *m* ızgara

Bratsche *f* alto, viyola

Bratspieß *m* kebap şişi

Bratwurst *f kızartılıp yenen sosis*

Brauch *m* töre, örf, adet

brauchbar *adj* (*Sachen*) işe yarar; (*Person*) yetenekli

brauchen *vt* ihtiyacı olmak (**etw** -e), gereksinmek; (*Zeit*) istemek, almak (**etw** -i); **ich brauche Geld** paraya ihtiyacım var, bana para lazım; **das braucht viel Zeit** bu çok zaman ister [*o* alır]; **du brauchst nicht zu kommen** gelmeyebilirsin

Braue *f* kaş

Brauerei *f* bira fabrikası

braun *adj* kahverengi; (*Haut*) esmer; (*sonnengebräunt*) (güneşten) yanık; (*Haar*) kestane rengi; **~er Zucker** kahverengi şeker

bräunen *vr* **sich ~** bronzlaşmak

Braunkohle *f* linyit (kömürü)

Brause *f* ① (*Dusche*) duş ② (*Getränk*) gazoz

brausen *vi* (*Wind*) uğuldamak; (*Wasser*) köpürmek, kaynamak; (*herabstürzendes Wasser*) çağlamak, çağıldamak

Braut *f* ① (*am Hochzeitstag*) gelin ② (*Verlobte*) nişanlı

Brautführer *m* sağdıç

Bräutigam *m* ① (*am Hochzeitstag*) damat ② (*Verlobter*) nişanlı

Brautkleid *nt* gelinlik

Brautleute *pl,* **Brautpaar** *nt* ① (*am Hochzeitstag*) gelin ile güvey ② (*jungverheiratetes Paar*) yeni evliler

brav *adj* (*artig*) uslu, terbiyeli

bravo *interj* bravo, aferin, yaşa

BRD *f Abk von* **Bundesrepublik Deutschland** Federal Almanya Cumhuriyeti

brechen <bricht, brach, gebrochen> **I.** *vt* kırmak (**etw** -i); (*Gesetz*) uymamak (**etw** -e), saymamak (**etw** -i); **den Widerstand ~** direnci kırmak; **sein Wort ~** sözünü tutmamak [*o* bozmak]; **die Ehe ~** zina işlemek, eşini aldatmak **II.** *vi* ① *sein* kırılmak; (*in Stücke*) parçalanmak ② *haben* (*sich übergeben*) kusmak

Brechreiz *m* mide bulantısı

Brechstange *f* kaldıraç

Brei *m* lapa

breit *adj* geniş, enli; **fünf Meter ~** beş metre genişliğinde; **wie ~ ist ...?** ... ne kadar geniş?

Breite *f* ① en, genişlik ② (*geografische*) enlem

Breitengrad *m* enlem

Bremsbelag *m* fren tabanı

Bremse *f* ① (*Auto, Rad*) fren ② (*Insekt*) sığır sineği

bremsen **I.** *vt* frenlemek (**etw** -i) **II.** *vi* fren yapmak

Bremsflüssigkeit *f fren tesisatı için gerekli yağ*

Bremskeil *m* takoz

Bremslicht *nt* stop feneri

Bremspedal *nt* fren pedalı

Bremsspur *f* fren [*o* tekerlek] izi

Bremsstrecke *f,* **Bremsweg** *m* frenleme mesafesi

brennbar *adj* yanabilen, yanar, yanan

brennen <branne, gebrann> **I.** *vt* (*Kaffee*) kavurmak; (*Ziegel*) pişirmek; (*Alkohol*) damıtmak (**etw** -i) **II.** *vi* (*Feuer, Licht*) yanmak; (*Sonne*) parlamak; (*Augen, Wunde*) acımak, yanmak

brennend *adj* yakıcı; (*fig: Wunsch*) şiddetli

Brenner *m* (*Gas-*) havagazı memesi

Brennerei *f* (*Alkohol~*) içki fabrikası; (*Ziegel~*) kiremit ocağı

Brennessel^{ALT} *f s.* **Brennnessel**

Brennholz *nt* (yakacak) odun

Brennmaterial *nt* yakacak malzeme

Brennnessel^{RR} *f* ısırgan

Brennpunkt *m* odak (noktası)

Brennspiritus *m* yakılacak ispirto

Brennstoff *m* yakacak, yakıt; (*flüssiger*) akaryakıt

Brennstoffzelle *f hidrojen ve oksijenden*

elektrik akımı veren cihaz

Brett *nt* ① (*Holzstück*) tahta; (*dickes*) kalas ② (*Schach-*) satranç tahtası ③ (*Regal*) raf; **schwarzes ~** ilan tahtası, karatahta

Brezel *f* tuzlu simit (*Bavyera usulü simit*)

bricht *vi, vt s.* **brechen**

Brief *m* mektup; (*Schreiben*) yazı

Briefbeschwerer *m* baskılık

Briefbogen *m* mektup kâğıdı

Briefbombe *f* bombalı mektup

Brieffreund(in) *m(f)* mektub arkadaşı

Briefing *nt* brifing

Briefkasten *m* posta kutusu

Briefkopf *m* mektup başlığı

brieflich *adv* mektupla, yazı ile

Briefmarke *f* posta pulu

Briefmarkenautomat *m* posta pulu otomatı

Briefmarkensammler *m* pul kolleksiyoncusu, filatelist

Brieföffner *m* mektup açacağı

Briefpapier *nt* mektup kâğıdı

Brieftasche *f* cüzdan, para çantası

Brieftaube *f* posta güvercini

Brieftelegramm *nt telgrafla gönderilen fakat normal posta ile teslim edilen telgraf*

Briefträger(in) *m(f)* postacı

Briefumschlag *m* mektup zarfı

Briefwaage *f* mektup [*o* kâğıt] terazisi

Briefwahl *f* mektupla seçim

Briefwechsel *m* mektuplaşma, yazışma

briet *vi, vt s.* **braten**

Brikett *nt* briket

Brillant *m* pırlanta

Brille *f* gözlük

Brillenfassung *f*, **Brillengestell** *nt* gözlük çerçevesi

bringen <brachte, gebracht> *vt* ① (*her-*) getirmek (**etw** -i) ② (*hin-*) götürmek (**etw** -i); **Gewinn ~** kazanç getirmek; **jdn auf etw ~** birine fikir vermek; **etw mit sich ~** (*zur Folge haben*) bir şeye neden olmak; **jdn um etw ~** birini bir şeyden etmek; **unter die Leute ~** (*Gerücht*) yaymak (**etw** -i); **es weit ~** (hayatta) yükselmek; **zur Welt ~** dünyaya getirmek (**jdn** -i)

Brise *f* meltem, hafif rüzgar

Brite, Britin *m, f* Britanyalı

britisch *adj* (*Art*) Britanya

Brocken *m* kırıntı; **ein paar ~** (*fig*) bir parça, tektük; **ein harter ~** (*fig*) demir leblebi

Brokkoli *m* brokkoli

Brombeere *f* böğürtlen

Bronchialkatarrh *m* göğüs nezlesi

Bronchien *fpl* bronşlar

Bronchitis *f* bronşit

Bronze *f* tunç, bronz

Brosche *f* broş, iğne

broschiert *adj* ciltsiz

Broschüre *f* broşür

Brot *nt* ekmek

Brötchen *nt* küçük ekmek; **belegtes ~** sandviç

Brotrinde *f* ekmek kabuğu

Browser *m* INET tarayıcı, gezgin, gözatıcı, browser

Bruch *m* ① (*das Brechen*) kır(ıl)ma, kopma; (*Bruchstelle*) kırık; (*fig*) boz(ul)ma ② (*Knochen-*) kırık; (*Leisten-*) fıtık ③ MATH kesir; **in die Brüche gehen** kırılmak, bozulmak; (*fig*) boşa çıkmak

Bruchbude *f* (*fam*) harap ev, izbe

brüchig *adj* çabuk kırılır; (*Stimme*) çatlak

Bruchstück *nt* parça, kırıntı

Bruchteil *m* bölüm, kısım

Bruchzahl *f* kesirli sayı

Brücke *f* ① (*Bauwerk, Zahn-*) köprü ② (*kleiner Teppich*) küçük halı

Bruder *m* (erkek) kardeş; (*älterer* ~) ağabey, abi

brüderlich *adj* kardeşçe

Brüderlichkeit *f* kardeşlik

Brüderschaft *f* kardeşlik

Brühe *f* et suyu

brüllen *vi* (*Rind*) böğürmek; (*Löwe*) kükremek; (*Menschen*) haykırmak, bağırmak

brummen *vi* (*Bär, Mensch*) homurdanmak

Brummi *m* (*fam: großer LKW*) tır

brummig *adj* huysuz, mızmız, somurtkan

Brunch *nt kahvaltı ve öğle yemeği karışımı yemek*

brünett *adj* esmer

Brunnen *m* (*Zieh-*) kuyu; (*Spring-*) fıskiye(li havuz)

Brunnenrand *m* kuyu ağızlığı

Brüssel *nt* Brüksel

Brust *f* göğüs, bağır; (*weiblich*) meme; **die ~ geben** emzirmek (**jdm** -i)

Brustbein *nt* göğüs kemiği [*o* tahtası]

Brustfellentzündung *f* zatülcenp

Brustkorb *m* göğüs kafesi

Brustkrebs *m* göğüs kanseri

Brustschwimmen *nt* kurbağalama

Brut *f* ① (*Küken*) civcivler ② (*Brüten*) kuluçka

brutal *adj* zorba, hayvanca, vahşi
Brutalität *f* zorbalık, hayvanlık, vahşilik
brüten *vi* ① kuluçkaya yatmak ② (*nachdenken*) düşünüp durmak (**über etw** -i)
brutto *adj, adv* brüt, gayri safi
Bruttoeinkommen *nt* brüt gelir
Bruttogehalt *nt* brüt maaş
Bruttogewicht *nt* brüt ağırlık
Bruttosozialprodukt *nt* gayri safi milli hasıla
Bub(e) *m* erkek çocuk, oğlan
Buch *nt* kitap; ~ **führen** defter tutmak; ECON muhasebe yapmak
Buchbinder *m* ciltçi
Buchbinderei *f* cilt evi
Buchdeckel *m* kitap kabı
Buchdrucker *m* basımcı
Buchdruckerei *f* ① (*Werkstatt*) basımevi ② (*Gewerbe*) basımcılık
Buche *f* kayın (ağacı), akgürgen
buchen *vt* ① ECON hesaba geçirmek (**etw** -i) ② (*Zimmer*) rezerve ettirmek, ayırtmak (**etw** -i)
Bücherbrett *nt* kitap rafı, kitaplık
Bücherei *f* kütüphane, kitaplık
Bücherregal *nt* kitaplık, kitap rafı
Bücherschrank *m* kitap dolabı, kitaplık
Bücherwand *f* kitap raflı dolap
Buchführung *f* defter tutma, muhasebe; **doppelte** ~ çift girişli muhasebe
Buchgemeinschaft *f* okuyucu birliği
Buchhalter(in) *m(f)* muhasebeci
Buchhaltung *f* muhasebe
Buchhandel *m* kitapçılık
Buchhändler(in) *m(f)* kitapçı
Buchhandlung *f* kitapçı (dükkanı), kitabevi
Buchmesse *f* kitap fuarı
Büchse *f* ① (*Dose*) teneke kutu ② (*Gewehr*) tüfek
Büchsenmilch *f* konserve süt
Büchsenöffner *m* konserve açacağı
Buchstabe *m* harf; **großer** ~ büyük harf, majüskül; **kleiner** ~ küçük harf, minüskül; **in ~n** (*Zahl*) yazı ile
buchstabieren *vt* hecelemek (**etw** -i) (*bir sözcüğün harflerini ayrı ayrı söylemek*)
Buchstütze *f* kitab dayanağı
Bucht *f* körfez, koy
Buchung *f* ① ECON kayıt, tescil, hesaba geçirme ② (*Zimmer*) rezervasyon, ayırtım
Buckel *m* kambur; (*fam: Rücken*) sırt, arka; **du kannst mir den ~ runterrutschen** (*fam*) senin dediklerin bana vız gelir
buck(e)lig *adj* ① (*Mensch*) kambur ② (*Oberfläche*) engebeli
bücken *vr* **sich** ~ eğilmek, bükülmek
Bückling *m* reverans
Buddhismus *m* budizm
Bude *f* ① (*Markt*) (küçük) dükkan ② (*fam: Zimmer*) oda
Budget *nt* bütçe
Büfett *nt* (*Anrichte*) büfe; **kaltes** ~ soğuk büfe
Büffel *m* manda
büffeln *vi* (*fam*) ineklemek
Bug[1] *m* pruva, baştaraf
Bug[2] *m* INFORM hata, bug
Bügelbrett *nt* ütü tahtası
Bügeleisen *nt* ütü
Bügelfalte *f* ütü çizgisi
bügelfrei *adj* ütü istemeyen
bügeln *vt* ütülemek (**etw** -i)
Bühne *f* sahne
Bulgare, Bulgarin *m, f* Bulgar
Bulgarien *nt* Bulgaristan
bulgarisch *adj* (*Art, Herkunft*) Bulgar; (*Sprache*) Bulgarca
Bullauge *nt* lomboz
Bulldogge *f* buldok (köpeği)
Bulle *m* ① (*Stier*) boğa ② (*fam: Polizist*) aynasız, kaldırım kargası
Bulletin *nt* bülten
Bummel *m* (*Spaziergang*) gezinti, dolaşma
bummeln *vi* ① *sein* (*schlendern*) gezinti yapmak, gezmek, dolaşmak ② *haben* (*trödeln*) sallanmak
Bummelstreik *m aşırı yavaş çalışma*
Bund[1] *m* (*Bündnis*) anlaşma, birlik, ittifak
Bund[2] *nt* (*Bündel*) demet, deste
Bündel *nt* bohça, çıkı(n); (*Holz, Stroh*) deste, demet; (*Strahlen*) demet; (*Geldscheine*) tomar, deste
bündeln *vt* destelemek (**etw** -i)
Bundesbank *f* Merkez Bankası
Bundeskanzler(in) *m(f)* (*BRD*) Federal Almanya Başbakanı; (*Österreich*) Avusturya Başbakanı
Bundesland *nt* eyalet
Bundesliga *f* Federal Almanya ligi
Bundespräsident(in) *m(f)* Almanya [*o* Avusturya] Cumhurbaşkanı
Bundesrat *m* Federal Konsey
Bundesregierung *f* (*BRD*) Federal Almanya hükümeti; (*Österreich*) Avusturya hükümeti
Bundesrepublik *f* federal cumhuriyet;

~ **Deutschland** Federal Almanya Cumhuriyeti
Bundesstaat *m* federal devlet; (*Gliedstaat*) eyalet
Bundesstraße *f* federal karayolu
Bundestag *m* Federal Almanya Parlamentosu
Bundestagsabgeordnete(r) *f(m)* milletvekili
Bundestagswahl *f* Federal Parlemanto seçimi
Bundesverfassungsgericht *nt* Federal Anayasa Mahkemesi
Bundeswehr *f Federal Almanya Cumhuriyeti'nin kara ordusu*
Bündnis *nt* pakt, anlaşma, ittifak
Bündnispartner(in) *m(f)* müttefik, ortak
Bungalow *m* bungalov
Bunker *m* (*Luftschutz*) sığınak
bunkern *vt* saklamak, depoya koymak, depolamak (**etw** -i)
bunt *adj* (*mehrfarbig*) karışık renkli; (*farbig*) renkli; (*scheckig*) aklı karalı, alaca bulaca; (*fig: gemischt*) (karma) karışık
Buntstift *m* renkli (kurşun) kalem
Buntwäsche *f* renkli çamaşır
Burg *f* kale
bürgen *vi* kefil olmak (**für jdn** -e), garanti etmek (**für etw** -i)
Bürger(in) *m(f)* ❶ (*Staats-*) yurttaş, vatandaş; (*Stadtbewohner*) şehirli, kentli ❷ (*Klasse*) burjuva
Bürgerkrieg *m* iç savaş
bürgerlich *adj* (*soziologisch*) sivil; **~e Küche** *geleneksel ve lezzetli yemekleri içeren mutfak;* **Bürgerliches Gesetzbuch** Medeni Kanun, Yurttaşlar Yasası
Bürgermeister *m* (*Stadt*) belediye reisi [*o* başkanı]; (*Dorf*) muhtar
Bürgersteig *m* (yaya) kaldırım(ı)
Bürgertum *nt* burjuvazi
Bürgschaft *f* kefillik
Büro *nt* büro, yazıhane
Büroangestellte(r) *f(m)* katip, yazıcı
Büroklammer *f* raptiye, bağlaç
Bürokratie *f* bürokrasi
bürokratisch *adj* bürokratik
Bursche *m* oğlan, delikanlı, herif
Bürste *f* fırça
bürsten *vt* fırçalamak (**etw** -i)
Bus *m* otobüs
Busbahnhof *m* otogar, otobüs garajı
Busch *m* ❶ (*Strauch*) çalı ❷ (*Dickicht*) çalılık
Büschel *nt* demet, deste; (*Haare*) tutam, perçem
Busen *m* (*allgemein*) koyun; (*weiblich*) göğüs
Busfahrer(in) *m(f)* otobüs sürücüsü [*o* şoförü]
Bushaltestelle *f* otobüs durağı
Bussard *m* şahin
Buße *f* tövbe; (*Geld-*) para cezası
büßen *vi, vt* ❶ cezasını çekmek (**etw** -in) ❷ REL tövbe etmek (**etw** -e)
Bußgeld *nt* para cezası
Büste *f* ❶ büst ❷ (*weibliche Brust*) (kadın) meme(si)
Büstenhalter *m* sutyen
Bütte *f* ❶ (*Zuber*) mastela, badya ❷ (*Trag-*) küfe
Butter *f* tereyağı; **alles ist in ~** (*fig*) güllük gülistanlık
Butterblume *f* ❶ (*Hahnenfuß*) düğünçiçeği ❷ (*Sumpfdotterblume*) su nergisi
Butterbrot *nt* tereyağlı ekmek
Buttermilch *f tereyağı alındıktan sonra geri kalan süt*
Button *m* INFORM düğme
Bypass *m* by-pass
Bypassoperation *f* by-pass ameliyatı
Byte *nt* INFORM bayt
byzantinisch *adj* HIST Bizanslı
Byzanz *nt* HIST Bizans

C c

C *Abk von* **Celsius** santigrat
ca. *adv Abk von* **circa** aşağı yukarı
Café *nt* kahve(hane)
Callcenter *nt* çağrı merkezi
Camcorder *m* camcorder
campen *vi* kamp yapmak
Camping *nt* kamping
Campingbus *m* karavan
Campingplatz *m* kamp (yeri)
Canyoning *nt* SPORT kanyon geçişi
Cappuccino *m* cappuccino
Cartoon *m o nt* karikatür
Cassette *f s.* **Kassette**

casten *vt* rol taksimi yapmak
CD *f* CD (*Aussprache: sidi*)
CD-Brenner *m* CD yazıcı
CD-Laufwerk *nt* CD sürücüsü
CD-Player *m* CD çalar
CD-ROM *f* CD-ROM (diski)
CD-Spieler *m* CD çalar
CDU *f Abk von* **Christlich-Demokratische Union** Hıristiyan Demokrat Partisi
Cellist(in) *m(f)* çellist, viyolenselci, viyolenselist
Cello *nt* viyolonsel, çello
Celsius *m* **10 Grad** ~ 10 derece
Cent *m* sent, cent
Champagner *m* şampanya
Champignon *m* mantar (*bir çeşit yenilebilen mantar*)
Champion *m* şampiyon
Champions League *f* SPORT Şampiyonlar Ligi
Chance *f* şans, fırsat
Chancengleichheit *f* şans eşitliği
Chaos *nt* kargaşa, kaos
chaotisch *adj* karmakarışık
Charakter *m* karakter; (*Natur*) huy, tabiat; (*Eigenart*) özellik
charakterisieren *vt* karakterize etmek, özgünleştirmek; (*schildern*) tanımlamak (**etw** -i)
charakteristisch *adj* karakteristik, tipik, özgü, ayırtkan
charakterlos *adj* karaktersiz
Charakterzug *m* vasıf, nitelik
charmant *adj* alımlı, cazibeli, albenili
Charme *m* cazibe, çekicilik
Charterflug *m* çarter uçuşu (*kiralık uçakla uçuş*)
Chassis *nt* şasi
Chat *m* INET chat, sohbet
Chatroom *m* INET chat odası, sohbet odası
chatten *vi* INET chat yapmak
Chauffeur *m* şoför
Chauvinismus *m* şovenizm, şovenlik
Chauvinist *m* şovenist
chauvinistisch *adj* şoven, şovenist
checken *vt* (*fam*) anlamak (**etw** -i)
Check-up *m* MED çekap
Cheeseburger *m* çizburger, peynirli burger
Chef(in) *m(f)* şef, başkan, patron, amir
Chefarzt, Chefärztin *m, f* başhekim, baştabip
Chefsekretär(in) *m(f)* başsekreter
Chemie *f* kimya
Chemikalien *fpl* kimyasal maddeler
Chemiker(in) *m(f)* kimyager, kimyacı
chemisch *adj* kimyevi, kimyasal; **~e Reinigung** kimyasal temizleme; (*Ort*) buğuevi
Chemotherapie *f* kemoterapi
Chile *nt* Şili
Chilene, Chilenin *m, f* Şilili
chilenisch *adj* (*Art*) Şili; (*Herkunft*) Şilili
China *nt* Çin; **Volksrepublik** ~ Çin Halk Cumhuriyeti
Chinese, Chinesin *m, f* Çinli
chinesisch *adj* ❶ (*Sprache*) Çince ❷ (*Art*) Çin ❸ (*Herkunft*) Çinli
Chip *m* (*Computer~*) yonga, çip, chip
Chipkarte *f* çip kartı
Chips *pl* (*Kartoffel~, Mais~*) cips
Chirurg(in) *m(f)* operatör, cerrah
Chirurgie *f* ❶ (*Heilkunst*) cerrahlık ❷ (*Abteilung*) cerrahi klinik
Chlor *nt* klor
Chloroform *nt* kloroform
Cholera *f* kolera
Cholesterin *nt* kolesterin, kolesterol
Chor *m* koro
Choreograph(in) *m(f)* koreograf (*dans düzenleyici*)
Choreographie *f* koreografi, dans düzeni
Christ(in) *m(f)* Hıristiyan
Christbaum *m* Noel ağacı
Christentum *nt* Hıristiyanlık
Christkind *nt* yeni doğan İsa
christlich *adj* Hıristiyan
Christmette *f Noel Gecesi dini ayini*
Christus *m* (Hazreti) İsa; **im Jahre 1000 vor/nach** ~ Milattan önce/sonra 1000 yılında
Chrom *nt* krom
Chromosom *nt* kromozom
Chronik *f* kronik
chronisch *adj* müzmin, kronik, süreğen
chronologisch *adj* kronolojik
Chronometer *nt* kronometre, süreölçer
Cineast(in) *m(f)* ❶ (*Filmschaffender*) sinemacı ❷ (*Kinofreund*) sinemasever
circa *adv* aşağı yukarı, takriben, tahminen
Client *m* INFORM (*Gegenstück zum Server*) istemci
Client/Server-Modell *nt* INFORM istemci/sunucu modeli
Clip *m* (*Video-*) klip
Clique *f* klik, grup
Clown *m* palyaço, soytarı

Club *m* kulüp
cm *Abk von* **Zentimeter** santimetre
Co. *m Abk von* **Kompanie** şirket
Cocktail *m* kokteyl
Cocktailbar *f* kokteyl barı
Code *m* kod
Cognac *m* konyak, kanyak
Collier *nt* kolye
Comedy *f* (*TV-Sendung*) komedi programı
Comic *m* çizgi roman
Coming-out *nt* açılma, coming out
Compiler *m* INFORM derleyici
COM-Port *nt* INFORM iletişim yuvası
Computer *m* bilgisayar
Computeranimation *f* bilgisayar animasyonu
Computerfehler *m* bilgisayar arızası
computergestützt *adj* bilgisayar destekli
Computerprogramm *nt* bilgisayar programı
Computerspiel *nt* bilgisayar oyunu
Computervirus *nt* bilgisayar virüsü
Connections *pl* (*fam*) ilişkiler
Container *m* konteyner, büyük koyacak
Copyright *nt* telif hakkı
Cordhose *f* kot pantalon
Couch *f* divan, kanape
Count-down *nt* geriye sayma
Coupon *m* kupon
Cousin *m* amca (dayı, teyze, hala) oğlu, kuzen
Cousine *f* amca (dayı, teyze, hala) kızı, kuzin
Cowboy *m* kovboy
Cowboyfilm *m* kovboy filmi
CPU *f* INFORM merkezi işlem birimi
Creme *f* ① (*Haut-*) krem ② (*Süßspeise*) krema
Cremespeise *f* krema
Creutzfeldt-Jakob-Krankheit *f* Jakob-Creutzfeld hastalığı, Creutzfeld-Jakob hastalığı
CSU *f Abk von* **Christlich-Soziale Union** Hıristiyan Sosyal Patisi
Cursor *m* INFORM imleç
Cybercafé *nt* siber kafe
Cyberspace *m* siberuzay

Dd

D *pl Abk von* **Damen** Bayanlar
da I. *adv* ① (*dort*) orada, şurada; (*hier*) burada ② (*zeitlich*) o sırada; ~ **sein** var olmak, bulunmak; ~ **bin ich** işte geldim; **wer ~?** kim o?; **~!** işte!; **von ~ an** o zamandan itibaren **II.** *konj* ① (*als*) -diği zaman ② (*weil*) çünkü, -diği için
dabei *adv* ① (*örtlich*) yanında, yakınında ② (*doch*) ancak, bununla beraber, buna karşın ③ (*außerdem*) ayrıca, bundan başka, bir de ④ (*währenddessen*) bu arada; **ich war ~** ben de oradaydım; **ich bin ~** (*einverstanden*) kabul ediyorum; **wir waren ~ wegzugehen** gitmek üzereydik
dableiben *irr vi sein* ayrılmamak, kalmak
Dach *nt* dam, çatı; **unter ~ und Fach** (*fig*) sona erdirilmiş
Dachboden *m* tavanarası, çatı altı
Dachgarten *m bahçe şeklinde düzenlenmiş düz dam*
Dachgepäckträger *m* (*am Auto*) *üst bagaj yeri*
DachgeschossRR *nt* çatı katı
Dachkammer *f* tavanarası (odası), damaltı
Dachrinne *f* çatı oluğu
Dachs *m* porsuk
Dachschaden *m* **er hat einen ~** (*fig*) (bir) tahtası eksik, kafadan kontak
dachte *vi, vt s.* **denken**
Dachverband *m* çatı örgütü
Dackel *m* base (*bir köpek cinsi*)
dadurch *adv* (*auf diese Weise*) bu şekilde, böylelikle
dafür *adv* ① (*deshalb*) bunun [*o* onun] için ② (*als Ersatz*) buna [*o* ona] karşılık ③ (*stattdessen*) bunun [*o* onun] yerine ④ (*Zweck*) bu amaçla; **ich kann nichts ~** suç bende değil, elimden bir şey gelmez; ~ **sein** kabul etmek
dagegen *adv* ① (*gegen das*) buna karşı ② (*Vergleich*) buna oranla, bunun karşısında ③ (*hingegen, indessen*) ama, fakat, oysa(ki) ④ (*andererseits*) diğer taraftan; **ich habe nichts ~** buna karşı değilim; ~ **sein** karşı olmak, karşı çıkmak
daheim *adv* ① (*zu Hause*) evde ② (*in der Heimat*) yurtta, vatanda

daher I. *konj* (*deshalb*) bundan [*o* ondan] dolayı II. *adv* ❶ (*örtlich*) oradan, o taraftan ❷ (*Ursache*) bu [*o* o] yüzden, bu [*o* o] nedenle
dahin *adv* oraya; **bis ~** (*örtlich*) oraya kadar; (*zeitlich*) o zamana kadar
dahinten *adv* şurada arkada
dahinter *adv* arkasında, gerisinde
dahinterkommen *irr vi* farketmek, sezinlemek, bir sırrı anlamak [*o* keşfetmek]
dahinterstecken *vi* **da steckt etw dahinter** bunda bir iş var
Dahlie *f* dalya çiçeği
damals *adv* o zaman(lar), o vakit(ler)
Damaskus *nt* Şam
Dame *f* ❶ (*Frau*) hanım, bayan, hanımefendi; **junge ~** genç hanım [*o* bayan]; **meine ~n und Herren!** Bayanlar, Baylar! ❷ (*Spiel*) dama (oyunu); **~ spielen** dama oynamak ❸ (*beim Schach*) vezir
Damenbinde *f* adet bezi, ped
Damespiel *nt* dama oyunu
damit I. *adv* bununla, şununla, onunla; **was meinen Sie ~?** bununla ne demek istiyorsunuz? II. *konj* -mek için, -mesi için, -sin diye
dämlich *adj* ahmak, hödük
Damm *m* set, bent; (*Stau-*) baraj
dämmern *vi* (*morgens*) (şafak) sökmek, (gün) ağarmak; (*abends*) (ortalık [*o* hava]) kararmak; **es dämmert ihr** (*fam*) aklına/kafasına dank ediyor
Dämmerung *f* (*Abend-*) alaca karanlık, akşam karanlığı; (*Morgen-*) şafak, tan
Damoklesschwert *nt* (*fig*) Damokles'in kılıcı
Dämon *m* cin, ifrit
Dampf *m* buhar, buğu, istim
Dampfbügeleisen *nt* buharlı ütü
dampfen *vi* buhar çık(ar)mak
dämpfen *vt* ❶ (*abschwächen*) bastırmak, azaltmak (**etw** -i) ❷ (*Stimme*) kısmak, yavaşlatmak (**etw** -i)
Dampfer *m* vapur
Dampfkessel *m* buhar kazanı
Dampfmaschine *f* buhar makinesi
danach *adv* ❶ (*zeitlich*) bundan [*o* ondan] sonra, sonra(dan); **gleich ~** hemen sonra ❷ (*demzufolge*) buna [*o* ona] göre
Dandy *m* züppe
Däne, Dänin *m, f* Danimarkalı
daneben *adv* ❶ (*örtlich*) yanında ❷ (*außerdem*) bundan başka
danebengehen *irr vi sein* (*fig*) aksi gitmek
Dänemark *nt* Danimarka
dänisch *adj* ❶ (*Sprache*) Danimarkaca ❷ (*Art*) Danimarka ❸ (*Herkunft*) Danimarkalı
dank *präp +gen, dat* ... sayesinde
Dank *m* teşekkür; (*Dankbarkeit*) minnettarlık; **zum ~ für ...** -e teşekkür olarak; **vielen ~!** çok teşekkürler!; **Gott sei ~!** Allah'a şükür!
dankbar *adj* müteşekkir, minnettar, iyilikbilir
Dankbarkeit *f* minnettarlık
danke *interj* **~ (sehr)!** (çok) teşekkür ederim, (çok) teşekkürler
danken *vi* teşekkür etmek (**jdm für etw** -e ... için); **nichts zu ~!** bir şey değil!
Dankeschön *nt* teşekkür
dann *adv* ❶ (*darauf*) bunun üzerine ❷ (*nachher*) sonra(dan), ondan sonra ❸ (*in diesem Fall*) öyleyse, o halde, o zaman; **selbst ~** o halde [*o* zaman] bile ❹ (*außerdem*) bundan başka, bir de
daran *adv* (= *an diesem/dieses*) onda, ondan; **ich glaube daran** buna inanıyorum
daranmachen *vr* **sich ~, etw zu tun** bir şey yapmaya koyulmak
darauf *adv* ❶ (*örtlich*) üzerinde, üstünde ❷ (*danach*) bundan sonra; (*daraufhin*) bunun üzerine; **bald ~** hemen arkasından; **am Tag ~** ertesi gün; **wie kommst du ~?** bunu nereden çıkardın?
daraufhin *adv* bunun üzerine
daraus *adv* bundan, ondan; **~ wird nichts** bu [*o* o] iş olmaz, bundan bir şey çıkmayacak; **was ist ~ geworden?** bu [*o* o] iş ne oldu?; **ich mache mir nichts ~** buna boş veriyorum, buna hiç aldırış etmiyorum
Dardanellen *pl* Çanakkale Boğazı *sing*
darf *vi s.* **dürfen**
darin *adv* içinde
darlegen *vt* ❶ (*zeigen*) göstermek, ortaya koymak (**etw** -i) ❷ (*erklären*) açıklamak, anlatmak (**etw** -i)
Darlehen *nt* ödünç, borç
Darm *m* ba(ğır)sak
darstellen *vt* ❶ (*Schauspieler*) canlandırmak; (*Maler auch*) tasvir etmek (**etw/jdn** -i) ❷ (*beschreiben*) anlatmak, tasvir etmek (**etw/jdn** -i) ❸ (*zeigen*) göstermek (**etw** -i) ❹ (*sein*) oluşturmak (**etw** -i), olmak
Darsteller(in) *m(f)* THEAT oyuncu, artist
Darstellung *f* ❶ (*Beschreibung*) anlatma,

D

tanımlama, tasvir ② FILM (*eines Charakters*) tipleme
darüber *adj* ① (*Ort*) (bunun) üzerinde; (*Richtung*) (bunun) üzerine ② (*Thema*) bunun üzerin(d)e, bu konuda ③ (*währenddessen*) bu arada; ~ **hinaus** bunun ötesinde; (*mehr*) daha fazla
darum *adv* ① (*Ort*) etrafında ② (*deswegen*) bundan [*o* ondan] dolayı
darunter *adv* ① (*Ort*) (bunun) altında; (*Richtung*) (bunun) altına ② (*unter dieser Anzahl*) arasında, aralarında, içinde
das **I.** *art wird nicht übersetzt* **II.** *pron* bu; ~ **da** şu; ~ **ist Frau X** bu, Bayan X
dasein[ALT] *vi s.* **da**
Dasein *nt* ① (*Existenz*) var olma, varlık ② (*Leben*) hayat, yaşam
dass[RR], **daß**[ALT] *konj* ki, -diğini/-diğine, -eceğini/-eceğine; **so** ~ öyle ki
dasselbe *pron* (*adjektivisch*) aynı; (*substantivisch*) aynı şey
DAT *nt s.* **Digital Audio Tape** sayısal ses bandı
Datei *f* INFORM dosya
Dateiendung *f* INFORM dosya eki
Dateiname *m* INFORM dosya adı
Dateiverwaltung *f* INFORM dosya yönetimi
Daten *ntpl* ① *Plural zu* **Datum** ② (*Angaben*) veriler *pl*
Datenaustausch *m* INFORM veri alışverişi, veri değiş tokuşu
Datenautobahn *f* INET bilgi otoyolu
Datenbank *f* veri bankası
Datenbasis *f* veri tabanı
Dateneingabe *f* INFORM veri girişi
Datenfluss[RR] *m* INFORM veri akışı
Datenpaket *nt* INFORM veri paketi
Datenschutz *m* veri koruma
Datentransfer *m* INET veri transferi
Datenübertragung *f* INET dosya aktarması
Datenverarbeitung *f* bilgi işlem
datieren *vt* tarih koymak [*o* atmak] (**etw** -e)
Dativ *m* yönelme durumu, -e hali
Dattel *f* hurma
Dattelpalme *f* hurma ağacı
Datum *nt* tarih
Dauer *f* süre, müddet; (*Fort-*) devam, sürme, sürek; **auf die** ~ uzun süre [*o* müddet]
Dauerauftrag *m* sürekli ödeme talimatı
dauerhaft *adj* (*beständig*) dayanıklı, sağlam
Dauerkarte *f* abone kartı
Dauerlauf *m* mukavemet koşusu
dauern *vi* sürmek, devam etmek; **seine Krankheit dauerte drei Monate** hastalığı üç ay sürdü
dauernd *adj* sürekli, devamlı, daimi
Dauerwelle *f* perma(nant)
Daumen *m* başparmak; **jemandem die ~ drücken** birine şans dilemek
Daunen *fpl* kuştüyü *sing*
Daunenbett *nt* kuştüyü yatak
Daunendecke *f* kuştüyü yorgan
davon *adv* ondan, bundan; **er ist auf und ~** (*fam*) sıvıştı; ~ **weiß ich nichts** bunu hiç bilmiyorum
davonkommen *irr vi sein* yakasını [*o* paçasını] kurtarmak; (*bei einem Unfall*) kazayı atlatmak; **wir sind noch einmal davongekommen** bir kere daha paçamızı kurtardık
davor *adv* (*Ort*) (bunun) önünde; (*Richtung*) (bunun) önüne
dazu *adv* ① (*zu dieser Sache*) buna, ona ② (*Zweck*) bunun [*o* onun] için, bu [*o* o] amaçla; **noch** ~ üstelik, fazla olarak
dazugehören *vi* dahil olmak, ait olmak; (*Person auch*) mensup olmak (**zu etw** -e)
dazwischen *adv* (*Ort*) arasında; (*Richtung*) arasına
dazwischenkommen *irr vi sein* (*Sache*) araya girmek; **wenn nichts dazwischenkommt** bir aksilik olmazsa
DB *f Abk von* **Deutsche Bahn** Alman Demiryolları
Dealer(in) *m(f)* (*fam: Drogen-*) torbacı (*uyuşturucu madde satıcısı*)
Debatte *f* tartışma
debattieren *vi* tartışmak, görüşmek; (*heftig*) çekişmek
Deck *nt* güverte
Decke *f* ① örtü; (*wollene*) battaniye ② (*Bett-*) yorgan ③ (*Zimmer-*) tavan
Deckel *m* kapak; (*Buch auch*) kap
decken *vt* ① (*Dach*) aktarmak (**etw** -i) ② (*Bedarf*) karşılamak (**etw** -i); **den Tisch ~** sofra(yı) kurmak
Deckung *f* **in ~ gehen** siper altına girmek
de facto *adv* bilfiil, fiilen, de facto
Default *m* INFORM (*~wert*) varsayılan değer
defekt *adj* bozuk, arızalı
Defekt *m* arıza, bozukluk
defensiv *adj* savunmalı
Defilee *nt* geçit töreni, resmigeçit
definieren *vt* tanımlamak, belirlemek, tarif etmek (**etw** -i)

Definition *f* tanım(lama), tarif
definitiv *adj* kesin, kati
Defizit *nt* açık, noksan
Degen *m* kılıç
degenerieren *vi* dejenere olmak, dejenerleşmek, soysuzlaşmak
dehnbar *adj* esnek, genişleyebilir, uzanabilir
dehnen *vt* uzatmak, genişletmek, germek (**etw** -i)
Dehnung *f* genişleşme
Deich *m* set, bent
dein(e) *pron* senin; **der, die, das Dein(ig)e** seninki
deinerseits *adv* senin tarafından, sence
deinetwegen *adv* senin için; (*negativ*) senin yüzünden [*o* uğruna]
Dekan *m* ❶ (*von Universität*) dekan ❷ (*von Kirche*) başpapaz
Deklination *f* isim [*o* ad] çekim(i)
deklinieren *vt* isim, çekmek (**etw** -i)
Dekorateur(in) *m(f)* dekoratör, dekorcu
Dekoration *f* dekorasyon, süs, tezyinat
dekorativ *adj* dekoratif
dekorieren *vt* süslemek, dekore etmek (**etw** -i)
Delegation *f* delegasyon, kurul, yetkili heyet
Delegierte(r) *f(m)* delege
Delfin[RR] *m* yunus (balığı)
Delikatesse *f* lezzetli yemek
Delikatessengeschäft *nt* mezeci (dükkanı), şarküteri
Delikt *nt* suç, cürüm, haksız fiil
Delphin *m* yunus (balığı)
demagogisch *adj* demagojik
dementieren *vt* yalanlamak, tekzip etmek (**etw** -i)
dementsprechend *adv,* **demgemäß** *adv,* **demnach** *adv* buna göre, demek ki, öyleyse
demnächst *adv* (pek) yakında
Demo[1] *f* (*fam: Demonstration*) gösteri
Demo[2] *nt* INFORM (*Demonstrationsprogramm*) demo
Demokrat *m* demokrat
Demokratie *f* demokrasi
demokratisch *adj* demokrat(ik)
demokratisieren *vt* demokratikleştirmek (**etw** -i)
Demokratisierung *f* demokratikleşme
Demonstrant(in) *m(f)* gösterici
Demonstration *f* gösteri
demonstrieren **I.** *vi* gösteri yapmak **II.** *vt* (*zeigen*) göstermek (**jdm etw** -e -i)
demontieren *vt* sökmek, demonte etmek (**etw** -i)
demoralisieren *vt* (*entmutigen*) cesaretini kırmak (**jdn** -in)
demütigen *vt* aşağılamak (**jdn** -i), gururunu kırmak (**jdn** -in)
Demütigung *f* aşağılama, gurur kırma
denkbar *adj* düşünülebilir
denken <dachte, gedacht> *irr vi, vt* ❶ düşünmek (**dass** -diğini) ❷ (*vermuten*) sanmak, tahmin etmek (**dass** -diğini) ❸ (*sich erinnern*) hatırlamak (**an etw/jdn** -i); **ja, ich denke schon** evet, sanırım; **ich denke nicht daran!** aklımın kenarından bile geçmez
Denker(in) *m(f)* düşünür, fikir adamı
Denkmal *nt* anıt, abide
Denkmalschutz *m* tarihi eserleri koruma
Denkzettel *m* ders, ibret
denn **I.** *konj* çünkü **II.** *adv* **es sei ~, dass** meğerki; **mehr ~ je** her zamankiden daha çok; **was heißt ~ das?** bu ne demek oluyor?
dennoch *adv* yine de, buna karşın
denunzieren *vt* gammazlamak, ihbar etmek (**jdn** -i)
Deodorant *nt* deodorant
deponieren *vt* depolamak (**etw** -i)
Deportation *f* sürgün, sürme, ülkeden çıkarma
deportieren *vt* sürmek, sürgüne göndermek (**jdn** -i)
Depot *nt* depo, ambar, ardiye
Depression *f* MED eziklik, depresyon
depressiv *adj* çökkün, karamsar, depresif
deprimiert *adj* karamsar, üzgün, morali bozuk
der **I.** *art wird nicht übersetzt* **II.** *pron* **~ da** şu
derart *adv* ❶ (*so*) böylece, böylelikle ❷ (*so sehr*) öyle, o [*o* bu] kadar
derartige(r, s) *adj* böyle, şöyle, öyle
derb *adj* (*grob*) kaba; (*stärker*) haşin
Deregulation *f* deregülasyon
dergleichen *pron* (*adjektivisch*) buna benzer, bu gibi; (*subjektivistisch*) buna benzer şeyler
derjenige *pron* **~, der** o ki
dermaßen *adv* öyle, o kadar, o derece
derselbe *pron* aynı
Derwisch *m* derviş
Deserteur *m* asker kaçağı
desertieren *vi sein* askerden kaçmak
Desertifikation *f* çölleşme

deshalb *adv* bundan [*o* ondan] dolayı, bu [*o* o] yüzden, bunun [*o* onun] için
Design *nt* dizayn, tasarım
Desinfektion *f* dezinfeksiyon
Desinfektionsmittel *nt* dezinfektan, dezinfekte ilacı
desinfizieren *vt* dezenfekte etmek (**etw** -i)
Desinteresse *nt* ilgisizlik
Desktop *m* INFORM masaüstü
Despot *m* despot, zorba
despotisch *adj* despot, zorba
dessen *pron* **der Krieg und ~ Folgen** harp ve sonuçları; **~ sind wir sicher** bundan eminiz
Dessert *nt* tatlı; (*Obst*) meyve
destillieren *vt* damıtmak (**etw** -i)
desto *konj* **je ... ~ ...** ne kadar ... o kadar ...; **je weniger er nachdenkt, desto mehr redet er** ne kadar az düşünürse, o kadar fazla konuşur; **~ besser!** daha iyi ya!
destruktiv *adj* yıkıcı
deswegen *adv* bunun için, bundan dolayı, bu yüzden [*o* o]
Detail *nt* ayrıntı, detay
detailliert *adj* ayrıntılı, detaylı; **~e Suche** INET detaylı arama
Detektiv *m* detektif
Detonation *f* patlama
detonieren *vi sein* patlamak
deuten **I.** *vt* yor(umla)mak (**etw** -i) **II.** *vi* (*zeigen*) işaret etmek (**auf etw** -e)
deutlich *adj, adv* belli, açık
Deutlichkeit *f* açıklık, bellilik
deutsch *adj* ❶ (*Sprache*) Almanca; **~ sprechen** Almanca konuşmak ❷ (*Art, Herkunft*) Alman; **die ~e Schweiz** *İsviçre'nin Almanca konuşulan bölgesi*
Deutsch *nt* (*Sprache*) Almanca; **auf ~** Almanca (olarak); **~ lernen** Almanca öğrenmek; **ins ~e übersetzen** Almanca'ya tercüme etmek
Deutsche(r) *f(m)* Alman (yurttaşı); **wir ~n** biz Almanlar
Deutschland *nt* Almanya; **die Bundesrepublik ~** Federal Almanya Cumhuriyeti
Deutschländer(in) *m(f)* (*Deutschtürke*) Almancı
deutschstämmig *adj* Alman kökenli
Deutschtürke, Deutschtürkin *m, f* Almanya'da yaşayan Türk
Devisen *fpl* döviz, kambiyo
Devisenkonto *nt* döviz tevdiat hesabı
Dezember *m* aralık (ayı)
dezent *adj* ❶ (*anständig*) terbiyeli ❷ (*Farbe, Kleid*) zarif
dezentralisieren *vt* desantralize etmek (**etw** -i)
Dezentralisierung *f* desantralizasyon
dezimal *adj* ondalık
Dezimalsystem *nt* MATH 10 tabanlı sayı sistemi, ondalık sayı sistemi
DGB *m Abk von* **Deutscher Gewerkschaftsbund** Alman Sendikalar Konfederasyonu
Dia *nt* slayt, diyapozitif
Diabetes *f* diyabet, şeker hastalığı
Diabetiker(in) *m(f)* şeker hastası, diyabetik, şekerli
Diadem *nt* alın çemberi, alınlık diyadem
Diagnose *f* teşhis
diagonal **I.** *adj* diyagonal, çapraz **II.** *adv* çaprazlama
Diagonale *f* köşegen
Diakon *m* diyakoz
Dialekt *m* lehçe, ağız, şive, diyalekt
Dialog *m* diyalog, (karşılıklı) söyleşme
Diamant *m* elmas
Diapositiv *nt* diyapozitif, slayt
Diaprojektor *m* slayt projektörü [*o* makinesi]
Diashow *f* slayt gösterisi
Diaspora *f* diaspora (*içinde* (*dini*) *bir azınlık yaşayan bölge*)
Diät *f* pehriz, perhiz, rejim; **~ halten** perhiz [*o* rejim] yapmak
dich *pron* seni
dicht **I.** *adj* sık; (*Gebüsch, Haar, Gewebe*) gür **II.** *adv* **~ bei** -in çok yakınında
Dichte *f* ❶ sıklık ❷ PHYS yoğunluk
dichten¹ **I.** *vi* şiir yazmak **II.** *vt* yazmak (**etw** -i)
dichten² *vt* TECH sıkıştırmak, contalamak (**etw** -i)
Dichter(in) *m(f)* (*Lyrik*) şair, ozan; (*Prosa*) yazar
Dichtung¹ *f* (*Gedicht*) şiir; (*Prosa*) edebi eser [*o* yapıt]
Dichtung² *f* TECH sıkıştırma, conta
dick *adj* ❶ (*nicht dünn*) kalın; **zwei Meter ~** iki metre kalınlığında; **~e Luft** (*fig*) gergin hava [*o* durum]; **~e Freunde** (*fig*) sıkı fıkı dostlar ❷ (*beleibt*) şişman; **~ werden** (*Person*) şişmanlamak ❸ (*geschwollen*) şiş(kin), kabarık ❹ (*Flüssigkeit*) koyu
Dickdarm *m* kalınba(ğı)rsak

Dicke *f* kalınlık
Dickicht *nt* (*Wald*) çalılık
Dickkopf *m* dik başlı [*o* kafalı]
dickköpfig *adj* dik başlı [*o* kafalı]
Dickmilch *f* koyulaşmış süt
die I. *art wird nicht übersetzt* **II.** *pron* ~ **da** şu
Dieb(in) *m(f)* hırsız
Diebstahl *m* hırsızlık
diejenige *pron* ~**, die** o ki
Diele *f* (*Flur*) hol, sofa; (*beim Eingang*) antre
dienen *vi* hizmet etmek (**jdm** -e); **womit kann ich ~?** ne arzu etmiştiniz?
Diener(in) *m(f)* ❶ (*Person*) uşak ❷ (*Verbeugung*) reverans
Dienst *m* ❶ hizmet, servis ❷ (*Arbeit*) iş, görev; **außer ~** (*im Ruhestand*) emekli; **~ habend** (*Arzt*) nöbetçi
Dienstag *m* salı (günü)
Dienstalter *nt* kıdem, hizmet süresi
Dienstgrad *m* rütbe
diensthabend *adj* nöbetçi
Dienstleistung *f* hizmet
dienstlich *adj* resmi
Dienstmädchen *nt* hizmetçi (kız)
Dienstreise *f* iş seyahati
Dienststelle *f* makam, daire
Dienstwagen *m* makam arabası, makam aracı
Dienstweg *m* resmi yol
Dienstzimmer *nt* makam odası
diesbezüglich *adj* bu hususta, buna dair
diese(r, s) *pron* (*hier*) bu; (*dort*) şu, o; **diese** (*substantivisch*) bunlar, şunlar, onlar
Diesel *m s.* **Dieselöl**
dieselbe *pron* aynı
Dieselmotor *m* dizel motoru
Dieselöl *nt* mazot
diesig *adj* bulanık, puslu, (hafif) sisli
diesjährig *adj* bu yılki
diesmal *adv* bu sefer, bu defa, bu kez
diesseits I. *adv* beri(de), beri tarafta **II.** *präp +gen* -in berisinde
Dietrich *m* maymuncuk
diffamieren *vt* iftira etmek, çamur atmak (**jdn** -e), yermek (**jdn** -i)
Differenz *f* fark, ayrım
digital *adj* dijital, sayısal; **~e Signatur** INET sayısal imza; **~es Fernsehen** dijital televizyon
Digitalanzeige *f* dijital gösterge
digitalisiert *adj* dijitalize, dijitalleşmiş
Digitalisierung *f* dijitalleşme
Digitalkamera *f* dijital kamera
Digitaluhr *f* dijital saat
Diktaphon *nt* diktafon
Diktat *nt* dikte, yazdırım, yazdırma
Diktator *m* diktatör
diktatorisch *adj* diktatörce
Diktatur *f* diktatörlük
diktieren *vt* (*auch fig*) dikte etmek (**jdm etw** -e -i)
Diktiergerät *nt* diktafon
Dilemma *nt* sıkıntılı durum, zorluk
Dill *m* dereotu
Dimension *f* boyut, buut, dimensiyon
DIN *f Abk von* **Deutsche Industrie-Norm** Alman Normlar Enstitüsü
Ding *nt* şey; (*Objekt*) nesne; **vor allen ~en** her şeyden önce; **aller guten ~e sind drei** Allah hakkı üçtür
Dingsbums *nt* (*fam: Person*) falan(ca); (*Sache*) şey
Dinosaurier *m* dinozor
Diözese *f* REL piskoposluk dairesi
Diphtherie *f* kuşpalazı, difteri
Diphthong *m* ikili ünlü, diftong
Diplom *nt* diploma
Diplomarbeit *f* diploma çalışması
Diplomat(in) *m(f)* diplomat
Diplomatie *f* diplomasi
diplomatisch *adj* diplomatik
diplomiert *adj* diplomalı
dir *pron* sana
direkt I. *adj* ❶ (*ohne Umweg*) doğru, direkt ❷ (*unmittelbar*) dolaysız **II.** *adv* doğrudan doğruya
Direktion *f* müdürlük, yönetim, idare
Direktor(in) *m(f)* müdür, yönetmen
Direktübertragung *f* canlı yayın
Dirigent(in) *m(f)* orkestra şefi
dirigieren *vt* idare etmek, yönetmek (**jdn/etw** -i)
Dirndl *nt* (*Kleid*) *Bavyera ve Avusturya köylü kızlarının milli kıyafeti*
Dirne *f* (*Prostituierte*) fahişe, orospu *vulg*
Discounter *m* (*Billigladen*) ucuzluk mağazası
Diskette *f* disket
Diskettenlaufwerk *nt* disket süsücü(sü)
Diskjockey *m* diskcokey, DJ
Disko *f* (*fam*) disko
Diskont *m* ıskonto
Diskontsatz *m* ıskonto fiyatı
Diskothek *f* diskotek

diskret *adj* (*verschwiegen*) ağzı sıkı; (*vertraulich*) gizli
Diskretion *f* sır saklama
diskriminieren *vt* haklarını çiğnemek (**jdn** -in)
diskriminierend *adj* ayrımcı
Diskriminierung *f* ayrımcılık
Diskus *m* disk
Diskussion *f* ❶ (*Erörterung*) görüşme ❷ (*Debatte*) tartışma
diskutieren *vi, vt* görüşmek, tartışmak ((**über**) **etw** -i)
Display *nt* INFORM görüntü
Disqualifikation *f* diskalifikasyon
disqualifizieren *vt* diskalifiye etmek (**jdn** -i)
Dissident(in) *m(f)* rejim eleştiricisi
distanzieren *vr* **sich von etw ~** bir şeyden uzak kalmak, bir şeye karışmamak
Distanzierung *f* uzak kalma, karışmama
Distel *f* devedikeni
Disziplin *f* ❶ (*Ordnung*) disiplin, sıkıdüzen ❷ (*Lehrfach*) disiplin, dal
disziplinarisch *adj* sert, sıkı
diszipliniert *adj* disiplinli
divers *adj* çeşitli, türlü türlü
Dividende *f* FIN temettü
dividieren *vt* bölmek (**etw durch etw** -i -e)
Division *f* ❶ MATH bölme ❷ MIL tümen
DJ *m Abk von* **Diskjockey** diskcokey, DJ
DLRG *f Abk von* **Deutsche Lebensrettungsgesellschaft** Alman Cankurtarma Derneği
DM *f Abk von* **Deutsche Mark** Alman markı
D-Mark *f* Alman markı
DNS *f* DNA
DNS-Test *f* DNA testi
Dobermann *m* doberman (*bir köpek cinsi*)
doch **I.** *konj* ancak, bununla beraber **II.** *adv* (*Bejahung*) tabii, elbette; **komm ~ mal her!** buraya gel bakalım
Docht *m* fitil
Dogma *nt* dogma, inak
dogmatisch *adj* dogmatik
Doktor *m* doktor
Doktorand(in) *m(f)* doktora öğrencisi
Doktorarbeit *f* doktora tezi
Dokument *nt* belge, vesika; INFORM doküman
Dokumentarfilm *m* dokümanter film
dokumentarisch *adj* dokümanter, belgelere dayanan
dokumentieren *vt* (*belegen*) belgelemek (**etw** -i)
Doku-Soap *f* dokümanter pembe dizi
Dolch *m* hançer, kama
Dollar *m* dolar
Dollarkurs *m* dolar kuru
dolmetschen *vt, vi* tercüme etmek, çevirmek (**etw** -i)
Dolmetscher(in) *m(f)* tercüman, çevirmen
Dom *m* katedral, başkilise
Domain *f* INET alan, domain
Domainname *m* INET domain ismi
dominant *adj* üstün, dominant
Domino *nt* domino
Dominostein *m* domino taşı
Donau *f* Tuna (nehri)
Donner *m* gök gürültüsü
donnern *vi* gümbürdemek, gürlemek; **es donnert** gök gürlüyor
Donnerstag *m* perşembe (günü)
Donnerwetter *interj* vay canına!
doof *adj* (*fam*) aptal, bön
dopen *vr* **sich ~** doping yapmak
Doping *nt* doping
Doppel *nt* (*auch Tennis*) çift, dubl
Doppelbett *nt* çift yatak
Doppelgänger(in) *m(f)* benzer, (ikiz kardeş gibi) benzeyen
Doppelklick *m* çift tıklama
doppelklicken *vi* çift tıklamak
Doppelkopf *m Alman iskambil oyunu*
Doppelpunkt *m* iki nokta (üstüste)
doppelt *adj* çift, çifte; **das Doppelte** iki katı; **~ so viel** (**wie ...**) (-in) iki misli [*o* katı]; **~e Staatsbürgerschaft** çifte vatandaşlık; **das Doppelte** iki katı; **~ so viel** (**wie ...**) (-in) iki misli [*o* katı]
Doppelzentner *m* yüz kilogram
Doppelzimmer *nt* iki kişilik [*o* yataklı] oda
Dorf *nt* köy
Dorn *m* diken
Dorsch *m* morina balığı
dort *adv* orada
dorther *adv* oradan
dorthin *adv* oraya
DOS-Betriebssystem *nt* DOS işletim sistemi
Dose *f* kutu
dösen *vi* uyuklamak
Dosenbier *nt* teneke bira, kutu bira
Dosenöffner *m* konserve açacağı
dosieren *vt* dozunu tayin etmek (**etw** -in)
Dosis *f* doz
Dossier *nt* dosya
Dotter *m* yumurta sarısı

Download *m* indirme
downloaden *vt* indirmek, çekmek (**etw** -i)
Dozent(in) *m(f)* doçent
dpa *f Abk von* **Deutsche Presseagentur** Alman Basın Acentası
Dr. *m Abk von* **Doktor** Dr.
Drachen *m* ❶ ejder(ha) ❷ (*Papier-*) uçurtma ❸ (*Flugsportgerät*) delta kanat ❹ (*pej: zänkische Frau*) cadaloz
Drachenfliegen *nt* planörcülük
Dragee *nt* draje
Draht *m* tel; **heißer ~** (*fig*) direkt telefon bağlantısı
Drahtgitter *nt* tel kafes
drahtlos *adj, adv* telsiz
Drahtseil *nt* tel halat
Drahtseilbahn *f* teleferik
Drahtzaun *m* tel örgü
Drama *nt* dram
dramatisch *adj* dramatik
dramatisieren *vt* dramatize etmek (**etw** -i)
dran *adv* (*fam*) ❶ *s.* **daran** ❷ **wer ist ~?** sıra kimde?; **ich bin ~** sıra bende
drang *vi s.* **dringen**
Drang *m* ❶ (*Eile*) acele ❷ (*Antrieb*) teşvik, dürtü, güdü ❸ (*Hang*) eğilim, heves
drängen **I.** *vt* ❶ (*schieben, stoßen*) itmek (**jdn/etw** -i) ❷ (*zwingen*) sıkıştırmak (**jdn etw zu tun** -i -mek için), zorlamak (**jdn zu etw** -i -e); (*stärker*) sıkboğaz etmek (**jdn** -i) **II.** *vr* **sich ~** itişip kakışmak **III.** *vi* **die Zeit drängt** vakit darlaşıyor; (**auf etw**) **~** (bir şeyde) ısrar etmek
drastisch *adj* ❶ (*derb*) kaba ❷ (*stark*) büyük ❸ (*Wirkung*) (çok) etkili
drauf *adv* (*fam*) *s.* **darauf**
Draufgänger(in) *m(f)* atılgan, cüretli, fütursuz
draufmachen *vt* **einen ~** (*fam*) demlenmek
draus *adv* (*fam*) *s.* **daraus**
draußen *adv* dışarıda
Dreck *m* ❶ (*Schlamm*) çamur ❷ (*Schmutz*) pislik, kir ❸ (*Müll*) çöp
dreckig *adj* pis, kirli
Dreharbeiten *pl* film çevirme
Drehbank *f* tornacı tezgahı
Drehbuch *nt* senaryo
Drehbuchautor(in) *m(f)* senarist
drehen **I.** *vt* ❶ döndürmek, çevirmek (**etw** -i) ❷ (*Zigarette*) sarmak (**etw** -i) ❸ (*Film*) çevirmek (**etw** -i) **II.** *vr* **sich ~** dönmek
Drehorgel *f* laterna, latarna
Drehstuhl *m* döner koltuk
Drehtür *f* döner kapı
Drehung *f* dönme
Drehzahlmesser *m* takometre
drei *num* üç; **~ viertel** üç çeyrek
dreidimensional *adj* üç boyutlu
Dreieck *nt* üçgen
dreieckig *adj* üçgen, üç köşeli
dreierlei *adj* üç türlü
dreifach *adj* üç katı [*o* misli]
Dreifaltigkeit *f* REL teslis, üçlük
dreihundert *num* üç yüz
Dreikönigstag *m* Epifani Yortusu
Dreirad *nt* üç tekerlekli bisiklet
dreißig *num* otuz
Dreisternehotel *nt* üç yıldızlı otel
dreizehn *num* on üç
dreschen <drischt, drosch, gedroschen> *vt* (*Korn*) harman dövmek
Dreschmaschine *f* harman makinesi
dressieren *vt* (*Tiere*) terbiye etmek, yetiştirmek (**etw** -i)
Dressing *nt* salata sosu
Dressur *f* (*von Tieren*) terbiye, yetiştirim
dribbeln *vi* dribling yapmak
Drillinge *mpl* üçüzler
drin *adv* (*fam*) *s.* **darin**
dringen <drang, gedrungen> *vi* (*in etw hinein*) içine girmek [*o* geçmek] (**in etw** -in); (*durch etw hindurch*) yarmak (**durch etw** -i), delip geçmek (**durch etw** -den)
dringend *adj* acele, acil, ivedi; **in ~en Fällen** acil [*o* sıkışık] durumlarda
Dringlichkeit *f* sıkışık durum, ivedi(lik)
drinnen *adv* içinde, içer(i)de
drischt *vt s.* **dreschen**
dritte(r, s) *adj* üçüncü; **die Dritte Welt** Üçüncü Dünya; **das Dritte Reich** Hitler rejimi (1933-1945)
Drittel *nt* üçte bir
drittens *adv* üçüncü olarak
Dritte-Welt-Land *nt* Üçüncü Dünya ülkesi
drittklassig *adj* üçüncü sınıf
Drittland *nt* üçüncü ülke
DRK *nt Abk von* **Deutsches Rotes Kreuz** Alman Kızılhaçı
Droge *f* ❶ (*Rauschgift*) uyuşturucu (madde) ❷ (*Arznei*) ilaç
drogenabhängig *adj* uyuşturucu bağımlısı
Drogenabhängige(r) *f(m)* uyuşturucu bağımlısı
Drogenabhängigkeit *f* uyuşturucu madde

bağımlılığı

Drogendealer(in) *m(f)* (*fam*) torbacı

Drogenschmuggel *m* uyuşturucu madde kaçakçılığı

Drogerie *f* eczane

Drogist(in) *m(f)* eczacı

drohen *vi* tehdit etmek (**jdm** -i), gözdağı vermek (**jdm** -e)

drohend *adj* tehdit edici, korkutucu; (*gefährlich*) tehlikeli

dröhnen *vi* gürlemek, uğuldamak, çınlamak

Drohung *f* tehdit, gözdağı

drollig *adj* ① (*komisch*) komik ② (*seltsam*) tuhaf, garip

Dromedar *nt* hecin devesi, tek hörgüçlü deve

drosch *vt s.* **dreschen**

Drossel *f* ardıçkuşu

drosseln *vt* kısmak (**etw** -i)

drüben *adv* öbür tarafta, ötede, karşıda

drüber *adv* (*fam*) *s.* **darüber**

Druck *m* ① TECH basınç ② (*Zwang*) baskı ③ (*Buch*) baskı, basım ④ (*Bedrückung*) sıkıntı; **jdn unter ~ setzen** birine baskı yapmak, birini sıkıştırmak

Druckbuchstaben *mpl* baskı harfleri

drucken *vt* ① (*Buch*) basmak (**etw** -i) ② (*Datei ausdrucken*) yazdırmak (**etw** -i)

drücken I. *vt* sıkıştırmak, sıkmak, bas(tır)mak (**etw** -i); **jdm die Hand ~** birinin elini sıkmak; **Drücken!** Basınız!; **jdm die Daumen ~** birine şans dilemek **II.** *vi* (*Lasten*) sıkıntı vermek **III.** *vr* **sich ~** (*fig*) kaç(ın)mak (**vor etw** -den), yan çizmek

drückend *adj* (*fig*) sıkıntılı; (*Wetter*) ağır, sıkıntılı; (*Hitze*) boğucu, bunaltıcı

Drucker(in)[1] *m(f)* (*Beruf*) basımcı

Drucker[2] *m* INFORM (*Gerät*) yazıcı

Druckerei *f* basımevi

Druckfehler *m* baskı hatası

Druckknopf *m* elektrik düğmesi; (*Kleid*) çıtçıt

Druckmittel *nt* (*fig*) baskı aracı

Drucksache *f* matbua

drum *adv* (*fam*) *s.* **darum**

drunter *adv* (*fam*) ① *s.* **darunter** ② **~ und drüber gehen** tamamen karmakarışık olmak

Drüse *f* beze, gudde

Dschungel *m* cengel

du *pron* sen

Dübel *m* tıkaç, takoz, tapa

Dudelsack *m* tulum düdük [*o* zurna]

Duell *nt* düello

Duett *nt* düet

Duft *m* güzel koku

dufte *adv* (*fam*) harika

duften *vi* güzel kokmak

dulden I. *vt* ① (*tolerieren*) hoş görmek (**jdn/etw** -i) ② (*ertragen*) sabretmek, dayanmak, katlanmak (**jdn/etw** -e) **II.** *vi* (*leiden*) (dert) çekmek

dumm <dümmer, am dümmsten> *adj* aptal, budala, ahmak; (*Sache*) saçma; **sich ~ stellen** anlamamazlıktan [*o* bilmemezlikten] gelmek

Dummheit *f* aptallık, ahmaklık, eşeklik

Dummkopf *m* ahmak (herif), mankafa

Dumping *nt* damping

Düne *f* kumul

Düngemittel *nt* gübre, fışkı

düngen *vt* gübrelemek, fışkılamak (**etw** -i)

Dünger *m* gübre, fışkı

dunkel *adj* (*auch fig*) karanlık; (*Farbe*) koyu; (*Teint*) esmer; (*fig: Gefühl, Erinnerung*) karanlık; (*Bier*) siyah; **es wird ~** hava kararıyor; **im Dunkeln** karanlıkta

dunkelblau *adj* koyu mavi

dunkelblond *adj* kumral

Dunkelheit *f* karanlık

Dunkelkammer *f* karanlık oda

dünn *adj* (*auch Stimme*) ince; (*Kleidung*) hafif; (*Kaffee*) sulu; **~(er) werden** incelmek

Dünndarm *m* ince ba(ğı)rsak

Dunst *m* buğu, hafif sis, buhar

dunstig *adj* buğulu, dumanlı, (hafif) sisli

Duo *nt* düo

Duplikat *nt* kopya, ikinci nüsha

Dur *nt* majör

durch I. *präp* +*akk* ① (*örtlich*) -den/-dan, -in arasından, -in içinden; (*quer durch*) -in ortasından ② (*Mittel*) yardımıyla, aracılığıyla, sayesinde ③ (*zeitlich*) boyunca, süresince ④ MATH bölü; **vier (geteilt) ~ zwei ist zwei** dört bölü iki iki eder **II.** *adv* (*ganz*) tamamen; **es ist sieben Uhr ~** saat yediyi geçti; **~ und ~** bütünüyle

durchaus *adv* tamamıyla, büsbütün; **~ nicht** asla, hiç bir türlü

durchblättern *vt* sayfaları (birer birer) çevirmek; (*flüchtig*) şöyle bir göz atmak (**etw** -e)

durchblicken *vi* ① arasından bakmak (**durch etw** -in) ② (*kapieren*) çakmak, sezinlemek; **etw ~ lassen** bir şeyi sezdirmek [*o* ima etmek]

Durchblutung *f* kan dolaşımı
durchbohren *vt* (tamamen) delmek, delip geçmek (**etw** -i)
durchbrechen[1] *irr* **I.** *vt* (*Stock*) kırmak (**etw** -i) **II.** *vi sein* ① yarılmak ② (*zu Tage treten*) görünmek, ortaya çıkmak
durchbrechen[2] *irr vt* (*Blockade*) yarmak, delmek (**etw** -i); **die Schallmauer ~** ses duvarını geçmek [*o* aşmak]
durchdenken *irr vt* (iyice) düşünüp taşınmak (**etw** -i)
durchdrehen *vi* (*fam*) aklını kaçırmak, sinirleri altüst olmak
durcheinander *adv* ① (*in Unordnung*) karmakarışık ② (*Person: verwirrt*) şaşkın
Durcheinander *nt* karışıklık, kargaşalık
durcheinanderbringen *vt* ① (*in Unordnung bringen*) birbirine karıştırmak, altüst etmek (**etw** -i) ② (*verwirren*) şaşırtmak (**jdn** -i)
durcheinanderwerfen *vt* birbirine karıştırmak (**etw** -i)
durchfahren[1] *irr vi sein* geçmek
durchfahren[2] *irr vt* (*Gegend*) geçmek (**etw** -i)
Durchfahrt *f* ① (*Tätigkeit*) transit geçme ② (*Ort*) geçit; **~ verboten!** buradan geçilmez!
Durchfall *m* sürgün, ishal; **~ haben** ishal olmak
durchfallen *irr vi sein* aralıktan düşmek; **ich bin durchgefallen** (*Prüfung*) sınıfta kaldım
durchführbar *adj* yapılması mümkün
durchführen *vt* yürütmek, uygulamak (**etw** -i)
Durchführung *f* uygulama, yürütüm, icra
Durchgang *m* ① (*Tätigkeit*) geçme, geçiş ② (*Ort*) geçit yeri; **kein ~!** geçilmez!
durchgebraten *adj* iyice kızar(tıl)mış
durchgehen *irr sein* **I.** *vt* (*Text*) gözden geçirmek (**etw** -i) **II.** *vi* (*Pferd*) gemi azıya almak
durchgreifen *irr vi* (*fig*) kesin tedbir almak
durchhalten *irr vi* sonuna kadar dayanmak
durchkommen *irr vi sein* ① (*überstehen*) atlatmak; (*Examen*) geçmek, kazanmak ② (*auskommen*) geçinmek, idare etmek
durchlassen *irr vt* geçirmek (**jdn/etw** -i)
durchlesen *irr vt* baştan başa [*o* sonuna kadar] okumak; **flüchtig ~** (üstünkörü) gözden geçirmek (**etw** -i)
durchleuchten *vt* röntgenini almak (**jdn/etw** -in)
durchlöchern *vt* delmek (**etw** -i)
durchmachen *vt* ① (*überstehen*) geçirmek (**etw** -i) ② (*erleiden*) çekmek (**etw** -i), katlanmak, dayanmak (**etw** -e)
Durchmesser *m* çap
durchnässt[RR] *adj* sırılsıklam
durchnehmen *irr vt* (*als Lehrer*) okutmak, işlemek; (*als Schüler*) okumak, işlemek (**etw** -i)
durchqueren *vt* (*Stadt, Platz*) geçmek; (*Meer, Wüste*) aşmak (**etw** -i)
Durchreise *f* geçme, geçiş; **auf der ~ durch ...** -den geçerken
Durchreisevisum *nt* geçiş vizesi
Durchsage *f* anons, duyuru
durchschauen *vt* (*fig*) içyüzünü anlamak (**etw** -in)
durchscheinend *adj* saydam
durchschlafen *irr vi* deliksiz uyumak
Durchschlag *m* (*eines Schriftstücks*) kopya
Durchschlagpapier *nt* kopya kâğıdı; (*Kohlepapier*) karbon kâğıt
durchschneiden *irr vt* ortasından kesmek (**etw** -in)
Durchschnitt *m* ortalama; **im ~** ortalama olarak; **über/unter dem ~** ortalamanın üstünde/altında
durchschnittlich *adj* ① orta(lama) ② (*pej: gewöhnlich*) alelade, bayağı
Durchschnittsbürger *m* ortalama bir vatandaş
Durchschnittsgeschwindigkeit *f* ortalama hız
Durchschnittstemperatur *f* ortalama sıcaklık derecesi
durchsehen *irr vt* gözden geçirmek, yoklamak (**etw** -i)
durchsetzen[1] **I.** *vt* geçirmek (**etw** -i); **seinen Willen ~** istediğini yaptırmak **II.** *vr* **sich ~** sözünü geçirmek
durchsetzen[2] *vt* (*mit etw*) arasına katmak, içine karıştırmak (**etw mit etw** -in -i)
Durchsicht *f* (*fig*) gözden geçirme, yoklama
durchsichtig *adj* saydam; (*fig*) berrak, açık
durchsickern *vi sein* (arasından) sızmak; (*auch fig: Nachricht*) sızmak, yavaş yavaş açığa [*o* meydana] çıkmak
durchsprechen *irr vt* görüşmek, tartışmak (**etw** -i)
durchstreichen *irr vt* çizmek, karalamak, silmek (**etw** -i)
durchsuchen *vt* (*Sache*) aramak, taramak (**etw** -i); (*Person*) üstünü [*o* üzerini] aramak (**jdn** -in)

Durchsuchung *f* (*eines Ortes*) arama, tarama; (*einer Person*) üstünü arama
durchwählen *vt* (telefon numarasını doğrudan doğruya) çevirmek
durchweg *adv* genellikle
dürfen <darf, durfte, gedurft/dürfen> *vi* -ebilmek; (*Erlaubnis haben*) -mek için izni olmak; **man darf nicht …** -mek serbest değil; (*Verbot*) -mek yasak; (*moralisch*) yapılamaz; **darf man …?** -mek serbest mi?; **darf ich Sie um … bitten?** sizden … rica edebilir miyim?; **darf ich Sie etw fragen?** size bir şey sorabilir miyim?; **es dürfte fast Mitternacht sein** herhalde hemen hemen geceyarısı olmalıydı
durfte *vi s.* **dürfen**
dürftig *adj* ① (*ärmlich*) yoksul, fakir ② (*erbärmlich*) acınacak, biçare ③ (*ungenügend*) eksik, yetersiz, noksan
dürr *adj* (*Boden*) kurak, çorak; (*Holz*) kuru; (*Personen*) sıska, cılız, kuru
Dürre *f* kuraklık
Durst *m* susuzluk, susama; **~ haben** susamak; **den ~ löschen** susuzluğu(nu) gidermek
durstig *adj* susamış
Dusche *f* duş
duschen **I.** *vi* duş yapmak **II.** *vr* **sich ~** duş yapmak
Duschgel *nt* duş jölesi
Duschkabine *f* duş kabini
Düse *f* meme, üfleç
Düsenflugzeug *nt* jet uçağı
düster *adj* karanlık; (*fig*) kasvetli
Dutzend *nt* düzine
dutzendweise *adv* düzine düzine
duzen *vt* sen diye hitap etmek (**jdn** -e)
DVD-Player *m* DVD çalar
Dynamik *f* dinamik
dynamisch *adj* dinamik, devingen
Dynamit *nt* dinamit
Dynamo *m* dinamo (makinesi)
Dynastie *f* hanedan, sülale
D-Zug *m* ekspres

Ee

Ebbe *f* cezir
eben **I.** *adj* ① (*flach*) düz, yassı ② (*glatt*) pürüzsüz; (*Boden*) düz, düzgün, engebesiz **II.** *adv* (*vor kurzem*) biraz önce, demin; **~!** tam üstüne bastınız!; **~ erst** daha demin; **er ist ~ fertig geworden** henüz işi bitti; **dann lass es ~!** bırak o halde!
Ebene *f* ova; (*fig*) alan, saha
ebenfalls *adv* aynı şekilde, aynen, keza
ebenso *adv* aynen, aynı şekilde; **~ … wie** hem … ve hem de; **~ gut wie** sanki … gibi; **~ viele wie** … gibi çok; **~ sehr, ~ viel** aynı derecede çok; **~ wenig** aynı derecede az
Eber *m* erkek domuz
ebnen *vt* düzle(ştir)mek (**etw** -i); **jdm den Weg ~** (*fig*) birinin yolunu açmak, birinin işini kolaylaştırmak
E-Business *nt* e-iş
Echo *nt* yankı; (*fig: Anklang*) rağbet, beğeni
Echse *f* keler
echt **I.** *adj* ① (*wirklich*) gerçek, sahici ② (*rein*) halis, saf, arı **II.** *adv* sahiden
Echtzeit *f* gerçek zaman
Eckball *m* korner
Ecke *f* (*innen*) köşe; (*außen*) kenar; **gleich um die ~** hemen köşede
eckig *adj* köşeli
Eckzahn *m* köpekdişi
E-Commerce *m* e-ticaret, elektronik ticaret
Ecstasy *f* (*Droge*) ekstasi
Ecuador *nt* Ekvator
edel *adj* (*edelmütig*) asil; (*wertvoll*) değerli
Edelmetall *nt* asil [*o* soy] maden
Edelstein *m* değerli [*o* kıymetli] taş, mücevher
Edelweiß *nt* (Alpler'de yetişen) aslanpençesi
Editor *m* (*Schreibprogramm*) editör, editor, metin editörü
EDV *f Abk von* **Elektronische Datenverarbeitung** elektronik bilgi işlem
EEG *nt Abk von* **Elektroenzephalogramm** EEG
Efeu *m* sarmaşık
Effekt *m* etki; (*Film*) efekt
effektiv *adj* efektif
egal *adj* ① (*gleich*) aynı ② (*einerlei*) hep(si) aynı [*o* bir]; **das ist mir ~** benim için farket-

mez; **(das ist) mir doch ~!** bana ne!
Egoismus *m* bencillik, egoizm
Egoist(in) *m(f)* bencil, egoist
egoistisch *adj* bencil, egoist
egozentrisch *adj* hodperest, hodpesent
ehe *konj* -meden önce [*o* evvel]
Ehe *f* evlilik; **in zweiter ~** ikinci evlilikte; **wilde ~** nikahsız karıkoca hayatı
Ehebett *nt* gelin yatağı
Ehebruch *m* zina
Ehefrau *f* (*Gattin*) eş, karı; (*verheiratete Frau*) evli kadın
Ehegatte, Ehegattin *m, f* eş
Eheleute *pl* karıkoca
ehelich *adj* evliliğe ait; (*Kind*) meşru
ehemalige(r, s) *adj* eski, önceki
Ehemann *m* (*Gatte*) koca, eş; (*verheirateter Mann*) evli erkek
Ehepaar *nt* karıkoca, (evli) çift
Ehepartner(in) *m(f)* eş
eher *adv* ❶ (*früher*) daha önce ❷ (*lieber*) tercihan
Ehering *m* nikah yüzüğü
Eheschließung *f* evlenme; JUR nikah [*o* evlenme] akdi
Ehre *f* ❶ (*Unbescholtenheit*) namus ❷ (*Wertschätzung*) şeref ❸ (*Achtung*) saygı ❹ (*als Selbstgefühl*) onur; **zu ~n von ...** -in şerefine
ehren *vt* saygı göstermek (**jdn** -e)
Ehrenamt *nt* fahri görev
ehrenamtlich **I.** *adj* fahri **II.** *adj* fahri olarak
Ehrenbürger(in) *m(f)* fahri hemşehri
Ehrengast *m* şeref misafiri [*o* konuğu]
ehrenhaft *adj* (*Person*) namuslu
Ehrenmord *m* töre cinayeti
ehrenrührig *adj* (onur) kırıcı
Ehrenrunde *f* şeref turu
Ehrensache *f* namus konusu
Ehrenwort *nt* (şeref) söz(ü)
Ehrfurcht *f* (derin) saygı (**vor jdm** -e)
Ehrgeiz *m* hırs, yükselme tutkusu
ehrgeizig *adj* hırslı
ehrlich **I.** *adj* (*aufrichtig*) dürüst, doğru **II.** *adv* **~ gesagt** doğrusu
Ehrlichkeit *f* dürüstlük, doğruluk
Ehrung *f* saygı göster(il)me
Ei *nt* yumurta; **hart/weich gekochtes ~** hazırlop/rafadan yumurta
Eiche *f* meşe
Eichel *f* ❶ (*von Eiche*) palamut ❷ ANAT başçık, haşefe
Eichelhäher *m* alakarga
Eichhörnchen *nt* sincap
Eid *m* yemin; **unter ~** yemin ederek [*o* ettirerek]
Eidechse *f* kertenkele
eidesstattlich *adj* yemin yerine kaim olmak üzere (verilen)
Eidotter *m* yumurta sarısı
Eierbecher *m* yumurtalık
Eierlöffel *m* yumurta kaşığı
Eierschale *f* yumurta kabuğu
Eierspeise *f* yumurtalı yemek
Eierstock *m* yumurtalık
Eifer *m* gayret, çaba, canlılık
Eifersucht *f* kıskançlık
eifersüchtig *adj* kıskanç; **auf jdn ~ sein** birini kıskanmak
eiförmig *adj* yumurta biçiminde, oval
eifrig *adj* gayretli, hevesli, şevkli
Eigelb *nt* yumurta sarısı
eigen *adj* ❶ (*zugehörig*) kendi ❷ (*eigentümlich*) kendine özgü ❸ (*penibel*) titiz
Eigenart *f* özellik
eigenartig *adj* ❶ (*eigen*) kendine özgü ❷ (*sonderbar*) garip, tuhaf, acayip
Eigenbedarf *m* şahsi ihtiyaç, kişisel ihtiyaç
eigenhändig *adv* kendi eliyle
Eigenheim *nt* kendi evi
Eigenkapital *nt* özsermaye
eigenmächtig *adj, adv* keyfi
Eigenname *m* özel isim
Eigenschaft *f* özellik, nitelik
Eigensinn *m* inat(çılık), dik kafalılık [*o* başlılık]
eigensinnig *adj* inatçı, dik kafalı [*o* başlı], serkeş
eigentlich *adv* ❶ (*tatsächlich*) gerçekten ❷ (*genau genommen*) doğrusu, aslında; **was willst du ~?** ne istiyorsun be?
eigentliche(r, s) *adj* asıl, gerçek
Eigentum *nt* mal, mülk, mülkiyet
Eigentümer(in) *m(f)* mal sahibi
eigentümlich *adj* özel; (*sonderbar*) tuhaf, garip, acayip
Eigentumswohnung *f* kat mülkiyeti
Eigenverbrauch *m* kendi tüketimi
eigenwillig *adj* inatçı, dik başlı [*o* kafalı]
eignen *vr* **sich ~** yaramak, uymak, elverişli olmak; (*beruflich*) yetenekli olmak (**zu/für etw** -e)
Eignung *f* uygunluk, elverişlilik; (*beruflich*) yetenek(lilik)

E

Eilbote *m* **durch ~n** sürat postasıyla
Eilbrief *m* ekspres (mektup)
Eile *f* acele, tezlik, ivedi; **in aller ~** (büyük) telaşla, ayak üstü; **ich bin in ~** acelem var; **es hat keine ~** acelesi yok
eilen I. *vi* ❶ *sein* (*schnell gehen*) koşmak ❷ *haben* (*dringend sein*) acelesi olmak; **es eilt!** aceledir! II. *vr* **sich ~** acele etmek
Eilfracht *f*, **Eilgut** *nt* ekspresle gönderilen eşya
eilig I. *adj* (*dringend*) acele, ivedi(li), acil; **es ~ haben** acele etmek II. *adv* acele ederek, aceleyle
Eilzug *m* ekspres
Eimer *m* kova
ein I. *art* bir II. *pron* biri; **was für ~er?** nasıl biri; **~er von beiden** ikisinden biri; **~er nach dem anderen** birbiri arkasından, önce biri sonra öteki, sırayla III. *num* bir; **es ist ~ Uhr** saat bir; **hundert~(s)** yüz bir IV. *adv* **~ für alle Mal** ilk ve son defa; **nicht ~ noch aus wissen** ne yapacağını bilememek
einander *pron* birbir(ler)ini, birbir(ler)ine
einarbeiten I. *vt* ❶ (*Person*) birini bir işe alıştırmak ❷ (*Einzelheiten*) eklemek, katmak (**etw in etw** -i -e) II. *vr* **sich in etw ~** çalışarak bir işe alışmak
Einarbeitungszeit *f* (*yeni*) *bir işe alışma dönemi*
einarmig *adj* tek kollu, çolak
einäschern *vt* kül haline getirmek; (*Leichnam*) yakmak (**etw** -i)
Einäscherung *f ölünün yakılması*
einatmen *vi, vt* nefes almak
Einbahnstraße *f* tek yönlü yol
einbalsamieren *vt* tahnit etmek, mumyalaştırmak (**etw/jdn** -i)
Einband *m* cilt, kap; (*Decke*) cilt kapağı
einbändig *adj* tek ciltli
Einbau *m* iç düzen; (*Montage*) montaj
einbauen *vt* monte etmek, yerleştirmek; (*in die Wand*) içine inşa etmek; (*fig*) içine katmak [*o* yerleştirmek] (**etw** -i)
Einbauküche *f* gömme mutfak
Einbaumöbel *ntpl* gömme mobilyalar
Einbauschrank *m* gömme dolap
einbegriffen *adj* dahil [*o* içinde] olan
einbehalten *irr vt* alıkoymak (**etw** -i)
Einberufung *f* askere çağrı
Einbettzimmer *nt* tek yataklı [*o* kişilik] oda
einbiegen *irr vi sein* sapmak (**nach/in** -e)
einbilden *vt* **sich** *dat* **etw ~** bir şeyi hayal etmek
Einbildung *f* ❶ (*Fantasie*) hulya, hayal, düş ❷ (*Trugbild*) kuruntu ❸ (*Anmaßung*) kibir, kurum
Einbildungskraft *f* hayal gücü
einbinden *irr vt* (*Buch*) ciltlemek, kaplamak (**etw** -i)
Einblick *m* bilme, tanıma, anlama
einbrechen *irr vi sein* ❶ çökmek, yıkılmak ❷ (*in ein Haus*) zorla girmek; (*Einbrecher*) (hırsızlık için) girmek (**in etw** -e); (*in ein Land*) istila etmek (**in etw** -i)
Einbrecher(in) *m(f)* hırsız
einbringen *irr vt* (*Ernte*) kaldırmak; (*Nutzen*) getirmek (**etw** -i)
Einbruch *m* ❶ (*in ein Haus*) zorla giriş, hırsızlık ❷ (*Einsturz*) yıkılış; **bei ~ der Dunkelheit** karanlık basınca
einbürgern I. *vt* vatandaşlığa kabul etmek (**jdn** -i) II. *vr* **sich ~** (*fig*) yaygınlaşmak, genelleşmek
Einbürgerung *f* vatandaşlığa kabul
Einbuße *f* hasar, zarar, ziyan
einbüßen *vt* kaybetmek, yitirmek (**etw** -i)
einchecken *vi* işlem yapmak
eincremen *vt* krem sürmek (**etw** -e)
eindecken *vr* **sich mit etw ~** bir şeyi tedarik etmek
eindeutig *adj* açık, belli
eindringen *irr vi sein* girmek (**in etw** -e)
eindringlich *adj* ❶ (*nachdrücklich*) enerjik, etkili ❷ (*ergreifend*) dokunaklı
Eindruck *m* ❶ (*Empfindung*) izlenim, duygu ❷ (*Wirkung*) etki; **auf jdn ~ machen** biri üzerinde (iyi) etki bırakmak
eindrucksvoll *adj* etkili, etkileyici, duygulandırıcı
einengen *vt* (*begrenzen*) sınırlamak (**etw** -i)
einerlei *adj* (*gleichartig*) aynı cinsten; (*eintönig*) monoton, tekdüze; **das ist ~** hepsi bir [*o* aynı]
einerseits *adv* bir yandan [*o* tarafdan]
einfach I. *adj* ❶ (*unkompliziert*) basit ❷ (*leicht zu tun*) kolay ❸ (*schlicht*) sade; **~e Fahrt** (yalnız) gidiş II. *adv* tam anlamıyla; **lass es ~ sein!** yapma!
Einfachheit *f* ❶ (*Unkompliziertheit*) basitlik ❷ (*Leichtigkeit*) kolaylık ❸ (*Schlichtheit*) sadelik
einfahren *irr* I. *vt* ❶ (*Ernte*) mahsulü kaldırıp ambara almak ❷ (*neues Auto*) motoru alıştırmak II. *vi sein* (istasyona) girmek

Einfahrt *f* giriş; ~ **verboten!** giriş yasak!; ~ **freihalten!** girişi serbest bırakın!

Einfall *m* (*Idee*) (ani) fikir, buluş

einfallen *irr vi sein* ❶ (*einstürzen*) çökmek ❷ (*in ein Land*) istila etmek (**in etw** -i) ❸ (*fig*) **mir fällt nichts ein** aklıma bir şey gelmiyor; **was fällt dir ein!** sana ne oluyor!

Einfamilienhaus *nt* bir ailelik ev

einfarbig *adj* tek renkli

einfassen *vt* çerçevelemek (**etw** -i)

Einfluss[RR] *m,* **Einfluß**[ALT] *m* ❶ (*Wirkung*) etki, tesir; (**auf jdn**) ~ **ausüben** (birinin üzerinde) etkisi olmak ❷ (*Geltung*) nüfuz, fors

einflussreich[RR] *adj* nüfuzlu, forslu

einfrieren *irr* **I.** *vt* dondurmak (**etw** -i) **II.** *vi sein* donmak

einfügen **I.** *vt* ❶ katmak, eklemek (**etw in etw** -i -e) ❷ INFORM araya eklemek (**etw** -i) **II.** *vr* **sich** ~ uymak (**in etw** -e)

einfühlsam *adj* duyarlı, ince duygulu

Einfühlungsvermögen *nt* duyarlılık

Einfuhr *f* ithal, dışalım

einführen *vt* ❶ (*hineinstecken*) yavaşça içine sokmak, ithal etmek (**etw in etw** -i -e) ❷ (*Sitten*) yürütmek (**etw** -i) ❸ (*in Tätigkeit*) alıştırmak (**jdn in etw** -i -e)

Einfuhrerlaubnis *f* ithal izni

Einführung *f* (*Buch*) giriş, önsöz

Einfuhrverbot *nt* ithal yasağı

Einfuhrzoll *m* ithal gümrüğü

einfüllen *vt* içine doldurmak (**etw in etw** -i -in)

Eingabe *f* (*Daten~*) girme

Eingang *m* ❶ (*Ort*) giriş ❷ (*Flur*) antre ❸ (*Anfang*) başlangıç ❹ (*Waren, Post*) gelen, alınan

Eingangstür *f* giriş kapısı

eingebaut *adj* gömme

eingeben *vt* (*Daten*) girmek (**etw** -i)

eingebildet *adj* ❶ (*vorgestellt*) hayali ❷ (*eitel*) kibirli, kurumlu, kendini beğenmiş

Eingeborene(r) *f(m)* yerli

eingehen *irr sein* **I.** *vi* ❶ (*Brief, Ware*) gelmek ❷ (*Stoff*) küçülmek, kısalmak, daralmak ❸ (*Tier*) gebermek; (*Pflanze*) kurumak, çürümek; **auf etw** ~ (*einwilligen*) bir şeye razı olmak; (*Problem*) bir şeyle ilgilenmek [*o* uğraşmak] **II.** *vt* **eine Wette** ~ bahse girmek; **ein Risiko** ~ bir rizikoyu göze almak

eingehend **I.** *adj* ayrıntılı, esaslı **II.** *adv* etraflıca, uzun uzadıya, enine boyuna

eingenommen **I.** *vt s.* **einnehmen** **II.** *adj* **von sich** ~ kendini beğenmiş

eingeschrieben *adj* (*Brief*) taahhütlü

Eingeständnis *nt* itiraf, kabul, teslim

eingestehen *irr vt* itiraf etmek, kabul etmek (**etw** -i)

eingetragen *adj* kayıtlı

Eingeweide *pl* ba(ğı)rsaklar; (*bei Schlachtvieh*) işkembe

eingewöhnen *vr* **sich** ~ (yeni bir duruma) alışmak (**in etw** -e)

eingießen *irr vt* boşaltmak, dökmek (**etw in etw** -i -e)

eingliedern *vt* birleştirmek, katmak (**jdn/etw in etw** -i -e)

eingreifen *irr vi* karışmak (**in etw** -e)

Eingriff *m* ❶ (*chirurgisch*) cerrahi müdahele ❷ (*Einmischung*) karışma ❸ (*militärischer*) saldırı

einhalten *irr vt* (*Vertrag, Frist*) riayet etmek (**etw** -e), tutmak (**etw** -i)

einheimisch *adj* yerli

Einheimische(r) *f(m)* yerli

Einheit *f* ❶ birlik, bütün(lük) ❷ (*Maß-*) birim

einheitlich *adj* bircinsten, bağdaşık

Einheitspreis *m* tek fiyat

Einheitswährung *f* tek para

einheizen *vi* yakmak, ısıtmak (**etw** -i); **jdm tüchtig** ~ (*fig*) birine duman attırmak

einholen *vt* ❶ (*erreichen*) yetişmek (**jdn/etw** -e) ❷ (*Zeit*) telafi etmek (**etw** -i)

einhundert *num* yüz

einig *adj* hemfikir; **sich über etw** ~ **sein** ... hakkında aynı fikirde olmak; (**mit jdm über etw**) ~ **werden** (biriyle bir şeyde) anlaşmak [*o* uzlaşmak]

einige *pron* (*adjektivisch*) birkaç; (*substantivisch*) bazıları

einigen **I.** *vt* aralarını bulmak (**jdn** -in), uzlaştırmak (**jdn** -i) **II.** *vr* **sich** ~ anlaşmak, uyuşmak, uzlaşmak

einigermaßen *adv* ❶ (*weder gut noch schlecht*) şöyle böyle ❷ (*ziemlich*) oldukça

einiges *pron* birkaç şey

Einigkeit *f* ❶ (*Übereinkunft*) anlaşma, uyuşma, uzlaşma ❷ (*Eintracht*) birlik

Einigung *f* ❶ (*Vereinigung*) birleş(tiril)me ❷ (*Übereinkunft*) anlaşma, uyuşma, uzlaşma

einkalkulieren *vt* (*fig*) hesaba katmak (**etw** -i)

Einkauf *m* ❶ (*Tätigkeit*) satın alma, alışveriş ❷ (*Gegenstand*) satın alınan şey

einkaufen **I.** *vt* satın almak (**etw** -i) **II.** *vi* alış-

E

veriş yapmak [*o* etmek]
Einkaufskorb *m* zembil
Einkaufsnetz *nt* file
Einkaufspreis *m* alım fiyatı
Einkaufstasche *f* alışveriş çantası, zembil
Einkaufszentrum *nt* alışveriş merkezi
Einklang *m* **in ~ bringen** uydurmak (**jdn/etw mit jdm/etw** -i -e)
Einkommen *nt* gelir; **Pro-Kopf-~** adam başına gelir
Einkommensniveau *nt* gelir düzeyi
Einkommensquellen *pl* gelir kaynakları
einkommensschwach *adj* dar gelirli
Einkommensteuer *f* gelir vergisi
Einkommensverteilung *f* gelir dağılımı
Einkünfte *pl* gelir
einladen *irr vt* ❶ (*Güter*) yüklemek (**etw in etw** -i -e) ❷ (*Gäste*) davet etmek, çağırmak (**jdn zu etw** -i -e)
einladend *adj* çekici, alımlı
Einladung *f* davet, çağrı
Einlage *f* ❶ (*Einzahlung*) yatırılan para ❷ (*Schuh-*) mantar taban
einlassen *irr vr* **sich auf etw ~** bir şeye yanaşmak [*o* kalkışmak]; **sich mit jdm ~** (*Beziehung*) ilişkiye girişmek; (*Kontroverse*) biriyle tartışmak
einlaufen *irr vi sein* ❶ (*Stoff*) daralmak, çekmek, kısalmak ❷ (*Schiff*) girmek
einleben *vr* **sich ~** bir yere alışmak
einlegen *vt* ❶ içine koymak, yerleştirmek (**etw in etw** -i -e) ❷ (*in Salzwasser*) salamura yapmak (**etw** -i); **Berufung ~** davayı istinaf etmek; **ein gutes Wort für jdn ~** birinin lehinde konuşarak aracılık etmek
Einlegesohle *f* mantar taban
einleiten *vt* hazırlamak (**etw** -i)
Einleitung *f* giriş; (*Buch*) önsöz
einlenken *vi* bir tarafa sapmak; (*fig*) başka perdeden konuşmak
einleuchten *vi* **das leuchtet mir** (**nicht**) **ein** buna aklım er(m)iyor
einleuchtend *adj* ❶ (*ganz klar*) belli, aşikar ❷ (*vernünftig*) akla yakın
einliefern *vt* teslim etmek (**jdn in etw** -i -e); **ins Krankenhaus ~** hastaneye yatırmak [*o* bırakmak] (**jdn** -i)
einloggen *vr* **sich ~** INFORM sisteme girmek
einlösen *vt* (*Scheck*) tediye et(tir)mek (**etw** -i)
einmachen *vt* (*in Dosen*) konserve yapmak; (*in Essig*) turşu yapmak (**etw** -i)
einmal *adv* ❶ (*ein einziges Mal*) bir defa, bir kez, bir kere ❷ (*künftig*) iler(i)de, günün birinde ❸ (*früher*) vaktiyle, eskiden; **auf ~** (*mit einem Mal*) birden, bir defada [*o* kerede]; (*plötzlich*) birdenbire, ansızın; **es war ~** bir varmış bir yokmuş; **nicht ~ ...** ... bile [*o* hatta] değil; **noch ~** bir kere daha; **das ist nun ~ so** bu böyle işte
Einmaleins *nt* çarpım tablosu
einmalig *adj* ❶ (*nur ein Mal*) bir defalık [*o* kerelik] ❷ (*einzigartig*) eşsiz, tek
einmischen *vr* **sich in etw ~** bir şeye karışmak
Einmischung *f* karışma, müdahele
einmünden *vi sein* (*Straße*) birleşmek (**in etw** ile), ulaşmak (**in etw** -e)
Einnahme *f* ❶ (*Eroberung*) fetih, işgal, ele geçirme ❷ (*Geld*) gelir
Einnahmequelle *f* gelir kaynağı
einnehmen *irr vt* ❶ (*Mahlzeit*) yemek; (*Arznei*) almak (**etw** -i) ❷ (*Platz, Stadt*) almak, fethetmek (**etw** -i) ❸ (*einkassieren*) tahsil etmek; (*verdienen*) kazanmak (**etw** -i) ❹ (*Raum*) almak (**etw** -i)
einnicken *vi* uyuklamak
Einöde *f* (*Wüste*) çöl; (*abgelegener Ort*) ıssız yer
einordnen **I.** *vt* sıralamak, dizmek (**etw** -i) **II.** *vr* **sich rechts/links ~** sağdan/soldan sıraya girmek
einpacken *vt* paketlemek, ambalaj yapmak (**etw** -i)
einprägen **I.** *vt* (*eindrücken*) basmak (**etw in etw** -i -e); (*fig*) (bir şeyde) iz [*o* damga] bırakmak; **jdm etw ~** birinin aklına bir şeyi koymak; **sich** *dat* **etw ~** bir şeyi ezberlemek [*o* hatırına yerleştirmek] **II.** *vr* **sich ~** (*ins Gedächtnis*) akla sokmak
einquartieren *vt* yerleştirmek (**jdn in etw** -i -e)
einrahmen *vt* çerçevelemek (**etw** -i)
einräumen *vt* ❶ (*Sachen*) yerli yerine koymak, toplamak, düzeltmek (**etw** -i) ❷ (*zugeben*) tanımak, kabul etmek (**etw** -i)
einreiben *irr* **I.** *vt* (*etw*) ovmak (**etw mit etw** -i ile) **II.** *vr* **sich ~** sürünmek (**mit etw** ile)
einreichen *vt* sunmak, vermek (**etw** -i)
Einreise *f* (bir ülkeye) giriş
Einreisegenehmigung *f* giriş izni
einreisen *vi sein* (bir ülkeye) girmek (**in etw** -e)
Einreisevisum *nt* giriş vizesi

einrenken *vt* (*Glied*) yerine koymak; (*fig*) yoluna koymak, düzeltmek (**etw** -i)
einrichten **I.** *vt* ❶ (*Wohnung*) döşemek (**etw** -i) ❷ (*errichten*) kurmak (**etw** -i) **II.** *vr* **sich ~** yerleşmek (**in etw** -de); **sich auf etw ~** kendini bir şeye göre ayarlamak
Einrichtung *f* ❶ (*Wohnung*) döşe(n)me ❷ (*öffentliche*) kurum, kuruluş
eins *num* bir
Eins *f* bir; (*im Zeugnis*) pekiyi
einsalzen *vt* tuzlamak; (*in Salzlake*) salamuraya yatırmak (**etw** -i)
einsam *adj* ❶ (*Mensch*) yalnız, kimsesiz ❷ (*Ort*) ıssız, tenha
einsammeln *vt* toplamak (**etw** -i)
Einsatz *m* ❶ (*Spiel*) banko, kav ❷ (*Verwendung*) kullan(ıl)ma
einschalten **I.** *vt* (*Gerät*) açmak; (*Licht, Ofen*) yakmak (**etw** -i) **II.** *vr* **sich ~** araya girmek, karışmak (**in etw** -e)
Einschaltquote *f* reyting
einschätzen *vt* tahmin etmek, kestirmek (**etw** -i); **den Wert von etw ~** değerini takdir etmek
einschenken *vt* (bardağa) koymak [*o* boşaltmak] (**etw** -i); **jdm Raki ~** birinin bardağını rakı ile doldurmak
einschiffen *vr* **sich ~** gemiye binmek
einschlafen *irr vi sein* uykuya dalmak; (*Körperglied*) uyuşmak, karıncalanmak; **nicht ~ können** uyku tutmamak
einschläfern *vt* ❶ (*in Schlaf versetzen*) uyutmak, uyuklatmak (**jdn** -i) ❷ (*betäuben*) uyuşturmak (**jdn** -i)
Einschlag *m* (*Blitz*) yıldırım düşmesi
einschlagen *irr* **I.** *vt* ❶ (*Nagel*) çakmak (**etw in etw** -i -e) ❷ (*Fenster, Zähne*) kırmak (**etw** -i) ❸ (*Laufbahn, Weg*) başlamak (**etw** -e), tutmak (**etw** -i) ❹ (*in ein Tuch*) çıkınlamak (**etw** -i) **II.** *vi* ❶ (*Blitz*) düşmek, isabet etmek; (*Geschoss*) düşmek, vurmak ❷ (*fig: Erfolg haben*) başarılı olmak
einschlägig *adj* ilgili, ait olan
einschleichen *irr vr* **sich ~** gizlice girmek [*o* sokulmak] (**in etw** -e); **es hat sich ein Fehler eingeschlichen** bir yanlışlık oldu
einschleppen *vt* (*Krankheit*) ülkeye getirmek (**etw** -i)
einschließen *irr vt* ❶ kilitlemek, kapatmak (**etw/jdn** -i) ❷ (*umzingeln*) kuşatmak (**etw/jdn** -i)
einschließlich *präp +gen* ... dahil olmak üzere
einschmuggeln *vt* (*Zoll*) kaçırmak; (*fig*) gizlice sokmak (**etw** -i)
einschneidend *adj* (*fig*) kesin, esaslı
Einschnitt *m* ❶ (*Schnitt*) yarık, kesik ❷ (*fig: Wende*) dönüm noktası
einschränken **I.** *vt* sınırla(ndır)mak; (*Ausgaben*) azaltmak, kısmak; (*Umfang*) daraltmak (**etw** -i) **II.** *vr* **sich ~** masraflarını azaltmak, idareli yaşamak
Einschränkung *f* azaltma, kısma; (*Begrenzung*) sınırlama
Einschreibebrief *m* taahhütlü mektup
einschreiben *irr* **I.** *vt* (*Brief*) (bir mektubu) taahhütlü göndermek **II.** *vr* **sich ~** (*Universität*) yazılmak, kaydolmak
Einschreiben *nt* taahhütlü mektup
Einschreibung *f* kayıt, yazılma
einschreiten *irr vi sein* karışmak (**gegen etw** -e); (*amtlich*) harekete geçmek
einschüchtern *vt* gözünü korkutmak (**jdn** -in), korkutmak, yıldırmak (**jdn** -i)
einsehen *irr vt* ❶ (*Akten*) gözden geçirmek (**etw** -i) ❷ (*Sachverhalt, Fehler*) anlamak (**etw** -i)
einseifen *vt* sabunlamak (**etw** -i)
einseitig *adj* tek taraflı
Einseitigkeit *f* tek taraflılık
einsenden *irr vt* göndermek, sunmak (**etw** -i)
einsetzen **I.** *vt* ❶ (*in etw setzen*) içine koymak, geçirmek (**etw in etw** -i -e) ❷ (*Spiel*) para koymak; **das Leben ~** hayatını tehlikeye koymak [*o* atmak]; **all seine Kräfte ~** (bütün) kuvvetini vermek **II.** *vi* başlamak **III.** *vr* **sich für jdn/etw ~** birini/bir şeyi desteklemek
Einsicht *f* ❶ (*Akten-*) gözden geçirme ❷ (*Verständnis*) anlayış
einsichtig *adj* anlayışlı, aklı başında
einsilbig *adj* (*wortkarg*) az konuşan; **~es Wort** tek heceli kelime
einsparen *vt* tasarruf etmek (**etw** -den)
Einsparung *f* biriktirme, tasarruf
einsperren *vt* kilitlemek, kapatmak (**jdn/etw in etw** -i -e); (**ins Gefängnis**) **~** hapse atmak (**jdn** -i)
einspringen *irr vi sein* **für jdn ~** *birinin yerine* (*yardım amacıyla*) *iş görmek*
Einspruch *m* itiraz, protesto; **~ erheben** itiraz etmek (**gegen etw** -e karşı)
einspurig *adj* tek hatlı
einst *adv* ❶ (*ehemals*) eskiden ❷ (*künftig*)

E

ileride, günün birinde
einstecken *vt* ❶ (*in die Tasche stecken*) cebine koymak (**etw** -i) ❷ (*fig: Beleidigung*) yutmak, hazmetmek, sineye çekmek (**etw** -i)
einstehen *irr vi sein* **für jdn ~** birisi için kefil olmak
einsteigen *irr vi sein* ❶ (*Fahrzeug*) binmek (**in etw** -e) ❷ (*teilnehmen*) katılmak (**in etw** -e)
einstellen I. *vt* ❶ TECH ayarlamak, ayar etmek (**etw** -i) ❷ (*Arbeitskraft*) işe almak (**jdn** -i) ❸ JUR (*Verfahren*) durdurmak (**etw** -i) ❹ (*beenden*) bitirmek, kaldırmak, bırakmak (**etw** -i) ❺ (*Zahlung, Verhandlungen*) kesmek, tatil etmek (**etw** -i) ❻ (*Auto*) garaja koymak (**etw** -i) **II.** *vr* **sich auf etw ~** bir şeye hazırlanmak [*o* uymak]
Einstellung *f* ❶ TECH ayar ❷ (*eines Verfahrens*) bitirme, bırakma, kesme ❸ (*Ansichten*) görüş
einstimmig I. *adj* (*Gesang*) tek sesli **II.** *adv* birlikte, bir ağızdan; (*bei Abstimmung*) oybirliği ile
Einstimmigkeit *f* (*bei Abstimmung*) oybirliği
einstöckig *adj* (*Haus*) tek katlı
einstufen *vt* derecelendirmek (**etw** -i)
Einstufung *f* derecelendirme
Einsturz *m* çökme
einstürzen *vi sein* yıkılmak, göçmek, çökmek
einstweilen *adv* şimdilik; (*in der Zwischenzeit*) bu arada
einteilen *vt* ❶ bölmek, ayırmak (**etw in etw** -i -e) ❷ (*klassifizieren*) sınıfla(ndır)mak, bölümlemek (**etw** -i)
Einteilung *f* ❶ (*Gliederung*) bölüm ❷ (*Klassifizierung*) sınıfla(ndır)ma
eintönig *adj* monoton, tekdüze
Eintopf *m* türlü (yemeği)
einträchtig *adv* geçimli, ahenkli, uyumlu
eintragen *irr* **I.** *vt* (*in ein Buch, eine Liste*) kaydetmek, kayda geçirmek (**etw** -i) **II.** *vr* **sich ~** kendini kaydetmek, (bir listeye vs) adını yazmak
einträglich *adj* verimli, karlı, kazançlı
Eintragung *f* kayıt, yaz(ıl)ma
eintreffen *irr vi sein* ❶ (*ankommen*) varmak, gelmek (**in etw** -e) ❷ (*geschehen*) olmak, gerçekleşmek
eintreten *irr vi sein* ❶ (*hineingehen*) girmek (**in etw** -e) ❷ (*in Partei, Verein*) girmek, katılmak (**in etw** -e) ❸ (*geschehen*) olmak; **für jdn ~** birini savunmak [*o* desteklemek]
Eintritt *m* ❶ (*Zutritt*) giriş ❷ (*Eintrittsgeld*) giriş ücreti ❸ (*Einlass*) içeri alma; **~ frei!** giriş bedava!; **~ verboten!** girmek yasaktır!
Eintrittskarte *f* giriş bileti; **eine ~ lösen** giriş bileti almak
einüben *vt* (*Stück*) iyice öğrenmek (**etw** -i)
Einvernehmen *nt* **in gegenseitigem ~** iyi anlaşma halinde, dostlukla
einverstanden *adj* **mit etw ~ sein** bir şeye razı olmak, bir şeyi kabul etmek; **~!** kabul!
Einverständnis *nt* rıza, kabul, onay; **im ~ mit ...** -in rızasıyla, -in onayıyla; **in gegenseitigem ~** karşılıklı uygun görerek
Einverständniserklärung *f* rıza beyanı, muvafakatname
Einwand *m* itiraz
Einwanderer, Einwanderin *m, f* göçmen (*bir ülkeye giren*)
einwandern *vi sein* göçmek (**in/nach etw** -e)
Einwanderung *f* göç
einwandfrei *adj* itiraz kabul etmez, şüphe götürmez, kusursuz
Einwegflasche *f* depozitosuz şişe
Einwegkamera *f* tek kullanımlık kamera
einweichen *vt* (*Wäsche*) ıslatmak (**etw** -i)
einweihen *vt* ❶ REL (dini törenle) takdis etmek (**etw** -i) ❷ (*feierlich eröffnen*) törenle açmak (**etw** -i); **jdn in etw ~** birini bir şeye sırdaş etmek
Einweihung *f* (*Feier*) açılış töreni
einweisen *irr vt* (*Personal*) bir göreve yerleştirmek (**jdn** -i); **jdn ins Krankenhaus ~** birini hastaneye yatırmak
Einweisung *f* (*in Klinik*) hastaneye yatır(ıl)ma
einwenden *irr vt* itiraz etmek (**etw gegen etw** -i -e); **dagegen ist nichts einzuwenden** buna karşı söyleyecek bir şey yok
einwerfen *irr vt* ❶ (*Brief*) atmak, postalamak; (*Geldstück*) atmak (**etw** -i) ❷ (*Fensterscheibe*) (bir şey atarak) kırmak (**etw** -i)
einwickeln *vt* ❶ sarmak, sarmalamak (**etw in etw** -i -e) ❷ (*betrügen*) aldatmak, kafese koymak (**jdn** -i)
einwilligen *vi* razı olmak (**in etw** -e), uygun görmek, tasvip etmek (**in etw** -i)
Einwilligung *f* ❶ (*Einverständnis*) kabul, onay, tasvip ❷ (*Genehmigung*) izin
Einwohner *m* ❶ sakin ❷ (*Einwohnerzahl*) nüfus ❸ (*Bevölkerung*) halk
Einwohnermeldeamt *nt* nüfus dairesi
Einzahl *f* tekil

einzahlen *vt* (*Geld*) ödemek, yatırmak (**etw** -i)
Einzahlung *f* ödeme
Einzel *nt* (*Tennis*) teketek, singl
Einzelfahrschein *m* tek gidiş bileti
Einzelfall *m* hususi vaka
Einzelgänger(in) *m(f)* kaçıngan, münferit
Einzelhaft *f* hücre hapsi
Einzelhandel *m* perakendecilik, perakende satış
Einzelhändler *m* perakendeci
Einzelheit *f* ayrıntı, detay; **in allen ~en** bütün ayrıntılarıyla
Einzelkind *nt* tek çocuk
einzeln *adv* tek başına, birer birer
einzelne(r, s) *adj* tek, yalnız; (*gesondert*) ayrı; (*Schuh*) tek; **im Einzelnen** ayrıntılarıyla; **jeder Einzelne** (**von ihnen**) (onların) her biri
Einzelzimmer *nt* tek yataklı [*o* kişilik] oda
einziehen *irr* **I.** *vt* (*Geld*) tahsil etmek (**etw** -i); **Erkundigungen über etw ~** bir şeyi soruşturmak **II.** *vi sein* ❶ (*Flüssigkeit*) girmek, içine geçmek ❷ (*in eine Wohnung*) (bir eve) taşınmak
einzig **I.** *adj* tek **II.** *adv* **~ und allein** yalnız, sırf
einzigartig *adj* eşsiz, benzersiz, tek
Einzug *m* (*ins Haus*) taşınma
Eis *nt* buz; (*Speise-*) dondurma
Eisbahn *f* patinuvar
Eisbecher *m* dondurma külahı
Eisbein *nt tuzlanmış ve pişmiş domuz paçası*
Eisdiele *f* dondurma salonu
Eisen *nt* demir
Eisenbahn *f* demiryolu; (*Zug*) tren; **mit der ~ fahren** trenle gitmek
Eisenbahner *m* demiryolu memuru
Eisenbahnknotenpunkt *m* demiryolu düğüm noktası
Eisenbahnlinie *f* tren yolu [*o* istikameti]
Eisenbahnnetz *nt* demiryolu şebekesi
Eisenerz *nt* demir cevheri
Eisenhütte *f* demirhane, dökümhane
Eisenindustrie *f* demir sanayii
Eisenwaren *fpl* demir hırdavat, demir ürünleri
Eisenwarenhandlung *f* demirci (dükkanı), nalbur
eisern *adj* demir(den); (*fig*) sert, sarsılmaz; **~e Lunge** çelik ciğer
Eisfach *nt* buzluk
eisgekühlt *adj* buzlu
Eishockey *nt* hokey
eisig *adj* buz gibi (soğuk)
Eiskaffee *m* kafe glase
eiskalt *adj* buz gibi (soğuk)
Eiskunstlauf *m* artistik patinaj
Eislauf *m* patinaj
eislaufen *vi* patinaj yapmak
Eisläufer(in) *m(f)* patinajcı
Eisschrank *m* buzdolabı
Eistee *m* buzlu çay
Eistorte *f* dondurmalı pasta
Eiszapfen *m* buz saçağı
Eiszeit *f* buzul çağı
eitel *adj* (*Person*) kurumlu, kendini beğenmiş
Eitelkeit *f* kurum, kendini beğenmişlik
Eiter *m* irin, cerahat
eit(e)rig *adj* cerahatli, irinli
eitern *vi* cerahatlenmek, irinlenmek
Eiweiß *nt* ❶ yumurta akı ❷ CHEM albümin
Ejakulation *f* boşalma
ejakulieren *vi* boşalmak
Ekel *m* ❶ (*Brechreiz*) bulantı ❷ (*Widerwille*) tiksinti, nefret, iğrenti
ekelerregend *adj* iğrenç, tiksindirici
ekelhaft *adj* iğrenç, tiksindirici
ekeln *vr* **sich ~** tiksinmek, iğrenmek, nefret etmek (**vor etw/jdm** -den)
EKG *nt Abk von* **Elektrokardiogramm** elektrokardiyogram
eklig *adj* iğrenç, tiksindirici
Ekzem *nt* egzama
Elastikbinde *f* esnek sargı
elastisch *adj* esnek, elastiki
Elastizität *f* esneklik, elastikiyet
Elbe *f* Elb(e) nehri
Elefant *m* fil
elegant *adj* şık, zarif
Eleganz *f* şıklık, zarafet
Elektriker *m* elektrikçi
elektrisch *adj* elektrik(li)
elektrisieren *vt* (*auch fig*) elektrikle(ndir)mek (**etw/jdn** -i)
Elektrizität *f* elektrik
Elektrizitätswerk *nt* elektrik santrali
Elektroauto *nt* elektromobil
Elektrode *f* elektrot
Elektrogerät *nt* elektronik alet
Elektrohandlung *f* elektrik malzemecisi
Elektroherd *m* elektrikli fırın
Elektroindustrie *f* elektrik sanayii
Elektrokardiogramm *nt* elektrokardiyog-

ram
elektromagnetisch *adj* elektromanyetik
Elektromotor *m* elektromotor, elektrik motoru
Elektron *nt* elektron
Elektronenmikroskop *nt* elektron mikroskopu
Elektronik *f* elektronik
Elektronikschrott *m* elektronik hurda(sı)
elektronisch *adj* elektronik; **~e Datenverarbeitung** elektronik bilgi işlem
Elektrosmog *m* elektromanyetik kirlilik
Elektrotechnik *f* elektronik tekniği
Elektrotechniker *m* elektrik teknisyeni
Element *nt* ❶ öğe, unsur ❷ (*Grundsatz*) ilke
elementar *adj* esaslı
Elementarteilchen *nt* tanecik
elend *adj* ❶ (*erbärmlich*) sefil ❷ (*krank*) zayıf ❸ (*gemein*) bayağı
Elend *nt* sefalet, yoksulluk
Elendsviertel *nt* sefalet mahallesi
elf *num* on bir
Elf *f* futbol takımı
Elfenbein *nt* fildişi
Elfenbeinküste *f* Fildişi Sahili
Elfmeter *m* penaltı
elfte(r, s) *adj* on birinci
elitär *adj* seçkinci, elit
Elite *f* elit
Elixier *nt* iksir
Ellbogen *m* dirsek; **die ~ gebrauchen** dirsekleyerek kendine yol açmak
ElsassRR *nt*, **Elsaß**ALT *nt* Alsas
Elsässer(in) *m(f)* Alsaslı
elsässisch *adj* ❶ (*Art*) Alsas ❷ (*Sprache*) Alsasça ❸ (*Herkunft*) Alsaslı
Elster *f* saksağan
Eltern *pl* anne baba, ebeveyn
Elternhaus *nt* aile ocağı
Email *nt* emay, mine, sır
E-Mail *f* elektronik posta, e-posta, (e-)mail; **jdm ein ~ schicken** birine mail atmak
E-Mail-Adresse *f* e-posta adresi, e-mail adresi
emaillieren *vt* emayelemek, minelemek, sırlamak (**etw** -i)
E-Mail-Programm *nt* elektronik posta programı
Emanzipation *f* özgürleşme
emanzipieren **I.** *vt* özür kılmak (**jdn** -i) **II.** *vr* **sich ~** özgürleşmek
Embargo *nt* ambargo
Embolie *f* amboli, tıkaç
Embryo *m* embriyon
Emigrant(in) *m(f)* göçmen
Emigration *f* (dış ülkeye) göç
emigrieren *vi* göçmek (**in/nach etw** -e)
Emission *f* ❶ (*Schadstoff~*) emisyon ❷ (*von Wertpapieren*) emisyon, tahvilat çıkarması
Emotion *f* duygu, his
emotional *adj* duygusal, hissi
Emotionalität *f* duygusallık
empfahl *vt, vr s.* **empfehlen**
empfand *vt s.* **empfinden**
Empfang *m* ❶ (*Entgegennehmen*) al(ın)ma; COMM teslim alma; **den ~ einer Sache bestätigen** bir şeyi aldığını bildirmek ❷ (*Hotel*) resepsiyon ❸ (*einer Person*) kabul, karşıla(n)ma; **in ~ nehmen** teslim almak (**etw** -i)
empfangen <empfängt, empfing, empfangen> **I.** *vt* ❶ (*entgegennehmen*) almak; COMM teslim almak (**etw** -i) ❷ (*Person*) karşılamak (**jdn** -i) **II.** *vi* gebe kalmak
Empfänger *m* TECH alıcı
Empfänger(in) *m(f)* (*einer Postsendung*) alıcı, alacak olan; **Porto bezahlt ~** posta ücretini alıcı ödeyecek
Empfängnis *f* gebe kalma
Empfängnisverhütung *f* doğum kontrolü
Empfängnisverhütungsmittel *nt* doğum kontrol ilacı [*o* aracı]
Empfangsbescheinigung *f* alındı belgesi
Empfangschef(in) *m(f)* resepsiyoncu
Empfangshalle *f* kabul salonu
empfehlen <empfiehlt, empfahl, empfohlen> **I.** *vt* tavsiye etmek, öğütlemek (**jdm etw** -e -i) **II.** *vr* **sich ~** (*sich verabschieden*) veda etmek, ayrılmak, ayrılıp gitmek
empfehlenswert *adj* tavsiye etmeye değer
Empfehlung *f* ❶ (*Rat*) tavsiye, öğüt ❷ (*Zeugnisse*) referans ❸ (*Grüße*) selam
Empfehlungsschreiben *nt* tavsiye mektubu, referans
empfiehlt *vt, vr s.* **empfehlen**
empfinden <empfand, empfunden> *vt* ❶ (*fühlen*) duymak, hissetmek (**etw** -i) ❷ (*auffassen*) görmek, (öyle) bulmak (**etw** -i)
empfindlich *adj* ❶ hassas, duygulu ❷ (*anfällig*) kırılgan, alıngan
empfindsam *adj* duygulu, hassas
Empfindung *f* ❶ (*Sinne*) algı, duyum, izlenim ❷ (*Gemüt*) duygu(lanım), duyma, his
empfing *vi, vt s.* **empfangen**
empfohlen *vt, vr s.* **empfehlen**

empfunden *vt s.* **empfinden**
Emphysem *nt* MED amfizem
empor *adv* yukarı(ya doğru)
empören *vr* **sich ~** kızmak, öfkelenmek (**über jdn/etw** -e)
empörend *adj* rezil, kepaze, ayıp
Emporkömmling *m* sonradan görme
Empörung *f* (*Entrüstung*) heyecanlanma, kızma, öfkelenme
Ende *nt* (*örtlich u. zeitlich*) son; **am ~** sonunda; **am ~ des Monats** ay sonunda; **letzten ~s** eninde sonunda; **es** (**doch noch**) **zu einem guten ~ bringen** işi tatlıya bağlamak; **ein schlimmes ~ nehmen** kötü sonuca ulaşmak, sonu kötü bitmek
enden *vi* bitmek, son bulmak, sona ermek
Endergebnis *nt* kesin sonuç
endgültig *adj* kesin, kati
Endhaltestelle *f* son durak
Endivie *f* hindiba, yaban marulu
Endkampf *m* final
endlich **I.** *adj* sonlu, bitimli **II.** *adv* sonunda, nihayet
endlos *adj* sonsuz; (*Meer, Horizont*) engin
Endorphin *nt* endorfin
Endprodukt *nt* son ürün, nihai ürün
Endspiel *nt* final maçı
Endspurt *m* finiş
Endstation *f* son durak
Endsumme *f* genel toplam
Endung *f* ❶ (*eines Wortes*) ek, sonek ❷ INFORM (*bei Dateiname, Webadresse*) uzantı
Endverbraucher(in) *m(f)* nihai kullanıcı
Endziel *nt* son hedef, asıl maksat, ereklik
Energie *f* enerji
energiegeladen *adj* enerji yüklü
Energieproblem *nt* enerji sorunu
Energiequelle *f* enerji kaynağı
Energieverbrauch *m* enerji tüketimi
Energieverknappung *f* enerji darlığı
Energieversorgung *f* enerji sağlanması
energisch *adj* enerjik; (*fig*) enerjik, azimli, iradeli
eng **I.** *adj* dar; (*zusammengedrängt*) sıkışık; (*Freundschaft*) sıkı fıkı, samimi; **~er machen** daraltmak, darlaştırmak (**etw** -i) **II.** *adv* **mit jdm ~ befreundet sein** birinin yakın arkadaşı olmak
Engagement *nt* angajman
engagiert *adj* angaje, tutkun
Enge *f* darlık; **jdn in die ~ treiben** birini sıkıştırmak [*o* kıstırmak]
Engel *m* melek
engherzig *adj* dargörüşlü, darkafalı; (*ohne Toleranz*) hoşgörüsüz
England *nt* İngiltere
Engländer *m* TECH İngiliz anahtarı
Engländer(in) *m(f)* (*Einwohner*) İngiliz
englisch *adj* ❶ (*Art, Herkunft*) İngiliz ❷ (*Sprache*) İngilizce
Englisch *nt* (*Sprache*) İngilizce
Engpass[RR] *m*, **Engpaß**[ALT] *m* dar geçit; (*fig*) darboğaz, darlık, güçlük
engstirnig *adj* dar görüşlü, dar kafalı
Enkel(in) *m(f)* torun
Enkelkinder *ntpl* torunlar
enorm *adj* ❶ (*sehr groß*) muazzam, kocaman ❷ (*fam: großartig*) olağanüstü, fevkalade
entarten *vi sein* soysuzlaşmak, yozlaşmak
entbehren *vt* (*nicht haben*) mahrum olmak (**etw** -den); **etw ~ können** bir şeyden (kolayca) vazgeçebilmek
entbehrlich *adj* zorunlu olmayan, gereksiz, lüzumsuz
Entbehrung *f* ❶ (*Verzicht*) vazgeçme, feragat etme ❷ (*Not*) yoksunluk, mahrumiyet
entbinden *irr vt* (*von einer Verpflichtung*) (bir yükümlülükten) muaf tutmak (**jdn** -i); **entbunden werden** bir çocuk doğurmak
Entbindung *f* doğum
entdecken *vt* bulmak, keşfetmek (**etw** -i)
Entdecker(in) *m(f)* kaşif, bulucu
Entdeckung *f* keşif, buluş, bulgu
Ente *f* ördek; (*fig: Zeitungs-*) gazete uydurması, uydurma haber
entehren *vt* ❶ (*der Ehre berauben*) namusunu lekelemek (**jdn** -in) ❷ (*vergewaltigen*) ırzına geçmek (**jdn** -in)
enteignen *vt* mülkiyetini elinden almak (**jdn** -in)
Enteignung *f* mülkiyetin elden alınması
enterben *vt* mirastan mahrum etmek [*o* çıkarmak] (**jdn** -i)
entfallen *irr vi sein* ❶ (*dem Gedächtnis*) aklından çıkmak ❷ (*Anteil*) payına düşmek (**auf jdn** -in) ❸ (*nicht stattfinden*) olmamak
entfalten **I.** *vt* yaymak, sermek (**etw** -i) **II.** *vr* **sich ~** açmak; (*sich entwickeln*) gelişmek
entfärben *vt* rengini çıkarmak (**etw** -in)
entfernen **I.** *vt* uzaklaştırmak; (*Fleck*) çıkarmak (**etw** -i) **II.** *vr* **sich ~** uzaklaşmak
entfernt **I.** *adj* uzak; **~e Verwandte** uzak akrabalar **II.** *adv* **zwei km ~** iki km uzakta
Entfernung *f* uzaklık, mesafe

entfremden I. *vt* yabancılaştırmak (**jdn/etw** -i) II. *vr* **sich** (**einander**) ~ araları açılmak, soğumak
entführen *vt* kaçırmak (**jdn** -i)
Entführer(in) *m(f)* kaçıran
Entführung *f* kaçırma
entgegen *präp +dat* -in aksine, -e aykırı, -e zıt olarak
entgegengehen *irr vi sein* karşılamak, karşılamaya gitmek (**jdm** -i)
entgegengesetzt *adj* zıt, karşıt, aksi; (*widersprechend*) çelişik
entgegenkommen *irr vi sein* (*Person*) karşısına çıkmak (**jdm** -in); (*zum Empfang*) karşılamaya gitmek (**jdm** -i); (*helfen*) (birine) kolaylık göstermek (**jdm** -e)
entgegennehmen *irr vt* almak, kabul etmek (**etw** -i)
entgegensehen *irr vi* beklemek (**einer Sache** -i)
entgegensetzen *vt* (*erwidern*) karşılık vermek (**jdm** -e); **Widerstand** ~ karşı koymak
entgegenstehen *irr vi* **dem steht nichts** ~ onun yolu açık
entgegenstellen *vt* ❶ (*vergleichen*) karşılaştırmak (**etw einer Sache** -i ile) ❷ (*einwenden*) karşılık [*o* cevap] vermek
entgegnen *vi* karşılık vermek (**jdm** -e)
entgehen *irr vi sein* (*entkommen*) kaçmak, kurtulmak (**einer Sache** -den); **sich** *dat* **etw nicht ~ lassen** fırsatı kaçırmamak
Entgelt *nt* karşılık, bedel, ücret
entgleisen *vi sein* raydan [*o* yoldan] çıkmak
Entgleisung *f* raydan çıkma
Enthaarungscreme *f* tüy dökücü krem, ağda
Enthaarungsgerät *nt* epilatör
enthalten *irr* I. *vt* (*beinhalten*) içermek, kapsamak (**etw** -i) II. *vr* **sich** ~ kaçınmak (**einer Sache** -den); **sich der Stimme** ~ çekimser oy kullanmak
enthaltsam *adj dünya nimetlerinden gönüllü olarak vazgeçen*
Enthaltsamkeit *f* (dünya nimetlerinden gönüllü olarak) vazgeçme
Enthaltung *f* (*Stimm-*) çekimser oy
enthaupten *vt* başını uçurmak, boynunu vurmak (**jdn** -in)
enthüllen *vt* (*fig*) meydana [*o* açığa] çıkarmak (**etw** -i)
Enthusiasmus *m* coşkunluk, heyecan
enthusiastisch *adj* coşkun, heyecanlı
Entkolonialisierung *f sömürge durumundan çıkarma*
entkommen *irr vi sein* kaçıp kurtulmak (**jdm/einer Sache** -den)
entkorken *vt* (*şişenin*) *mantarını çıkarmak*
entkräften *vt* ❶ (*schwächen*) kuvvetten düşürmek, zayıflatmak (**etw/jdn** -i) ❷ (*Argumente*) zayıflatmak, çürütmek (**etw** -i)
entladen *irr vt* boşaltmak (**etw** -i), yükünü indirmek (**etw** -in)
entlang *präp +akk* boyunca
entlarven *vt* (*fig*) maskesini düşürmek, foyasını meydana çıkarmak (**jdn/etw** -in)
entlassen *irr vt* ❶ (*aus einer Stelle*) işten çıkarmak (**jdn** -i) ❷ (*Gefangene*) serbest bırakmak, salıvermek (**jdn** -i) ❸ (*aus Krankenhaus*) taburcu etmek (**jdn** -i)
Entlassung *f* ❶ (*aus der Arbeit*) işten çıkarılma ❷ (*aus Krankenhaus*) taburcu etme [*o* edilme]
entlasten *vt* üzerinden yükünü almak (**jdn** -in), zahmetten kurtarmak (**jdn** -i)
Entlastung *f* ❶ (*Arbeitsminderung*) yükünü hafifletme ❷ (*von einem Verdacht*) aklanma, temize çıkma
entlaufen *irr vi sein* kaçmak (**jdm** -den)
entleihen *irr vt* ödünç almak (**etw von jdm** -i -den)
Entlüftung *f* havalandırma
entmilitarisieren *vt* askersizleştirmek (**etw** -i)
entmündigen *vt* JUR kısıtlamak (**jdn** -i)
entmutigend *adj* yıldırıcı
entnehmen *irr vt* ❶ (*herausnehmen*) almak, çıkarmak (**etw einer Sache** -i -den) ❷ (*Text*) alıntı yapmak ❸ (*folgern*) sonuç çıkarmak
entpuppen *vr* **sich ~ als ...** (*fig*) ... olarak meydana çıkmak; (*pej*) ... olarak foyası meydana çıkmak
entrahmen *vt* sütün yağını çıkarmak, kaymağını almak
entreißen *irr vt* zorla almak, kapmak (**jdm etw** -in elinden -i)
entrüsten *vr* **sich** ~ kızmak, öfkelenmek (**über jdn/etw** -e)
Entrüstung *f* (haklı) öfke, kızgınlık
entschädigen *vt* tazminat vermek (**jdn** -e), zararını ödemek (**jdn** -in)
Entschädigung *f* tazminat, zarar ödeneği
entschärfen *vt* zararsız hale sokmak (**etw** -i)
entscheiden *irr* I. *vt* kararlaştırmak, karara bağlamak (**etw** -i) II. *vr* **sich** ~ (*Person*) karar vermek (**etw zu tun** -meye); (*Sache*)

belli olmak
entscheidend *adj* önemli, kesin
Entscheidung *f* ❶ (*Entschluss*) karar ❷ (*Urteil*) yargı; **eine ~ treffen** (*Entschluss fassen*) karar vermek; (*Urteil fällen*) yargıya varmak
entschieden I. *adj* (*sicher, fest*) kesin; (*entschlossen*) kararlı **II.** *adv* şüphesiz, mutlaka, kesinlikle
entschließen *irr vr* **sich ~** karar vermek (**etw zu tun** -meye)
entschlossen I. *vi s.* **entschließen II.** *adj* (kesin) kararlı, azimli
Entschlossenheit *f* (kesin) kararlılık, azim
Entschluss[RR] *m*, **Entschluß**[ALT] *m* (kesin) karar
entschuldigen I. *vt* affetmek (**etw** -i); **~ Sie!** affedersiniz! **II.** *vr* **sich ~** özür dilemek (**bei jdm** -den)
Entschuldigung *f* özür; **jdn um ~ bitten** birinden özür dilemek; **~!** özür dilerim!, affedersiniz!
entsetzen I. *vt* ürpertmek, şok etmek (**jdn** -i) **II.** *vr* **sich ~** dehşete kapılmak (**über jdn/etw** -in karşısında)
Entsetzen *nt* dehşet, yılgı
entsetzlich *adj* korkunç, müthiş, dehşetli
entsichern *vt* (*Waffe*) emniyet tetiğini açmak
entsinnen *irr vr* **sich ~** hatırlamak (**jds/einer Sache** -i)
entspannen *vr* **sich ~** (*Person*) dinlenmek; (*Lage*) gerginliğini kaybetmek
Entspannung *f* ❶ (*Erholung*) dinlenme ❷ POL detant
entsprechen *irr vi* uymak, denk gelmek (**einer Sache** -e); (*Wunsch*) yerine getirmek (**einer Sache** -i)
entsprechend I. *adj* uygun, denk **II.** *präp +dat* (*gemäß*) -e göre; **den Umständen ~** duruma göre
entstehen *irr vi sein* doğmak, çıkmak, oluşmak
Entstehung *f* oluş(ma), oluşum
entstellen *vt* ❶ (*deformieren*) biçimini bozmak (**etw** -in) ❷ (*hässlich machen*) çirkinleştirmek (**etw/jdn** -i)
enttäuscht *adj* ümitsiz, üzgün, bezgin
Enttäuschung *f* hayal kırıklığı; **eine ~ erleben** hayal kırıklığına uğramak
entwaffnen *vt* silahsızla(ndır)mak; (*fig*) ram etmek (**jdn** -i)
Entwarnung *f* alarmı sona erdirme
entweder *konj* **~ ... oder** ya ... (ve)ya
entweichen *irr vi sein* kaçmak, kaçıp kurtulmak (**aus etw** -den); (*Dampf*) dışarı çıkmak
entwerfen *irr vt* ❶ (*Konzept*) taslağını yapmak (**etw** -in); (*Plan*) çizmek (**etw** -i) ❷ (*Gesetz*) hazırlamak (**etw** -i) ❸ (*Produkt*) dizayn etmek (**etw** -i)
entwerten *vt* değerden düşürmek; (*Briefmarke, Fahrschein*) damgalamak (**etw** -i)
Entwertung *f* değerden düşürme; (*Briefmarken*) damgala(n)ma
entwickeln I. *vt* ❶ (*entstehen lassen*) geliştirmek (**etw** -i) ❷ (*wirtschaftlich*) kalkındırmak (**etw** -i) ❸ (*Fotos*) banyo etmek (**etw** -i) **II.** *vr* **sich ~** gelişmek; (*Fortschritte machen*) ilerlemek; (*wirtschaftlich*) kalkınmak
Entwickler(in) *m(f)* INFORM geliştirici
Entwicklung *f* ❶ (*Entstehung*) gelişme, gelişim ❷ (*Fortschritt*) ilerleme ❸ (*Verlauf*) gidiş ❹ (*von Fotos*) banyo etme
Entwicklungshilfe *f* kalkınma yardımı
Entwicklungsländer *ntpl* gelişmekte [*o* kalkınmakta] olan ülkeler
entwürdigend *adj* aşağılatıcı, alçaltıcı
Entwurf *m* ❶ (*Konzept*) taslak, karalama; (*Skizze*) plan, proje, tasarı ❷ (*Gesetz-*) tasarı
entwurzeln *vt* (*auch fig*) kökünden sökmek (**etw/jdn** -i)
entziehen *irr vt* elinden almak (**jdm etw** -in -i), mahrum bırakmak (**jdm etw** -i -den); **jdm das Wort ~** birinin sözünü kesip konuşturmamak
Entziehungskur *f* alkol veya uyuşturucu bağımlıları için tedavi
entziffern *vt* (*Geheimschrift*) çözmek, deşifre etmek; (*Handschrift*) sökmek, çıkarmak, okuyabilmek (**etw** -i)
entzückend *adj* ❶ (*charmant*) alımlı, çok sevimli ❷ (*Sachen*) enfes, nefis
entzückt *adj* tutkun, hayran
entzünden I. *vt* yakmak, tutuşturmak (**etw** -i) **II.** *vr* **sich ~** (*Feuer fangen*) tutuşmak, alevlenmek; MED yangılanmak
Entzündung *f* ❶ (*Brand*) tutuştur(ul)ma ❷ MED iltihap, yangı
Enzian *m* centiyane, kızıl kantaron
Enzyklopädie *f* ansiklopedi
Enzym *nt* enzim
Ephesus *nt* Efes
Epidemie *f* salgın (hastalık)
epidemisch *adj* salgın
Epilepsie *f* sara, epilepsi

Epileptiker(in) *m(f)* saralı
epileptisch *adj* saralı
Episode *f* olay
Epoche *f* çağ, devir
Epos *nt* destan, epope
er *pron* o; (*er selbst*) kendi(si)
Erachten *nt* **meines ~s** bence, bana kalırsa, (benim) fikrime göre
erarbeiten *vt* çalışarak elde etmek (**etw** -i)
Erbarmen *nt* acıma, merhamet, şefkat
erbärmlich *adj* ❶ (*erbarmenswert*) acınacak ❷ (*gemein*) alçak, adi ❸ (*elend*) sefil
erbarmungslos *adj* acımasız, amansız, kıyıcı
Erbe, Erbin *m, f* mirasçı
Erbe *nt* miras, kalıt
erben *vt* miras kalmak; **er hat dieses Haus von seinem Großvater geerbt** bu ev ona dedesinden miras kaldı
erbeuten *vt* ganimet olarak ele geçirmek (**etw** -i)
Erbgut *nt* kalıtsal malzeme
Erbin *f* mirasçı
erbittert *adj* kızmış, öfkelenmiş; (*Gegner*) amansız; (*Kampf*) şiddetli
Erbkrankheit *f* irsi hastalık
erblich *adj* kalıtsal
erblicken *vt* görmek (**etw/jdn** -i)
erblinden *vi sein* kör olmak
erbrechen *irr* **I.** *vt* zorla açmak (**etw** -i) **II.** *vr* **sich ~** kusmak
Erbschaft *f* miras
Erbschaftssteuer *f* veraset [*o* intikal] vergisi
Erbse *f* bezelye
Erbstück *nt* evladiyelik
Erdball *m* yerküre
Erdbeben *nt* deprem, zelzele, yersarsıntısı
Erdbebengebiet *nt* deprem bölgesi
Erdbebenherd *m* deprem merkezi
Erdbebenopfer *nt* depremzede
erdbebensicher *adj* depreme dayanıklı
Erdbebenwahrscheinlichkeit *f* deprem olasılığı
Erdbeere *f* çilek
Erdboden *m* yer, yeryüzü, toprak
Erde *f* ❶ (*Welt*) dünya ❷ (*Boden*) yer ❸ (*Erdreich*) toprak
erden *vt* toprağa bağlamak (**etw** -i)
Erdgas *nt* tabii gaz
ErdgeschossRR *nt* zemin katı, alt kat
Erdkugel *f* yerküre
Erdkunde *f* coğrafya
ErdnussRR *f* yerfıstığı
Erdoberfläche *f* yeryüzü
Erdöl *nt* petrol
Erdölleitung *f* petrol borusu
erdrosseln *vt* (boğazını sıkarak) boğmak (**jdn** -i)
erdrücken *vt* ezerek çiğnemek; (*fig*) bunaltmak (**jdn** -i), nefes aldırmamak (**jdn** -e)
Erdrutsch *m* toprak kayması
Erdteil *m* anakara, kıta
ereifern *vr* **sich ~** heyecanlanmak, ateşlenmek
ereignen *vr* **sich ~** olmak, cereyan etmek
Ereignis *nt* olay
Erektion *f* ereksiyon
erfahren[1] *irr vt* ❶ (*hören*) duymak, işitmek, öğrenmek (**etw** -i) ❷ (*erleben*) geçirmek, görmek (**etw** -i)
erfahren[2] *adj* tecrübeli, görmüş geçirmiş
Erfahrung *f* tecrübe
erfahrungsgemäß *adv* yapılan tecrübelere göre
erfassen *vt* ❶ (*anpacken*) yakalamak, tutmak, almak (**etw/jdn** -i) ❷ (*verstehen*) kavramak, anlamak (**etw** -i) ❸ (*registrieren*) kaydetmek (**etw** -i)
erfinden *irr vt* bulmak, icat etmek; (*pej*) uydurmak (**etw** -i); **frei erfunden** uydurulmuş
Erfinder(in) *m(f)* bulucu
erfinderisch *adj* icatcı, yaratıcı
Erfindung *f* ❶ (*Erfundenes*) buluş, icat ❷ (*Lüge*) uydurma
Erfolg *m* başarı; (*Ergebnis*) sonuç; **viel ~!** başarılar dilerim!; **~ versprechend** başarı vadeden
erfolgen *vi sein* olmak
erfolglos **I.** *adj* başarısız; (*ergebnislos*) sonuçsuz **II.** *adv* boşuna, beyhude, nafile
erfolgreich *adj* başarılı
Erfolgserlebnis *nt* başarı
erfolgversprechend *adj s.* **Erfolg**
erforderlich *adj* gerekli
erfordern *vt* gerektirmek, istemek (**etw** -i)
erforschen *vt* ❶ araştırmak, incelemek, yoklamak (**etw** -i) ❷ (*Land*) keşfine gitmek (**etw** -in)
Erforscher(in) *m(f)* araştıran
erfreuen **I.** *vt* sevindirmek, hoşlandırmak, memnun [*o* hoşnut] etmek (**jdn** -i) **II.** *vr* **sich einer Sache ~** bir şeyden hoşlanmak [*o* zevk duymak]
erfreulich *adj* sevindiren, sevindirici, mem-

nun edici
erfreulicherweise *adv* çok şükür, bereket versin, iyi ki
erfreut *adj* memnun, hoşnut; **sehr ~!** memnun oldum
erfrieren *irr vi sein* soğuktan ölmek
erfrischend *adj* serinletici
Erfrischung *f* ❶ (*Abkühlung*) serinle(t)me ❷ (*Getränk*) soğuk içecek
erfüllen I. *vt* (*fig: Pflicht, Versprechen*) yerine getirmek (**etw** -i) II. *vr* **sich ~** yerine gelmek, gerçekleşmek
Erfüllung *f* gerçekleşme; **in ~ gehen** gerçekleşmek
erfunden *adj* (*erlogen*) uyduruk
ergänzen *vt* tamamlamak, bütünlemek (**etw** -i)
ergänzend *adj* tamamlayıcı, bütünleyici
Ergänzung *f* ❶ (*Vervollständigung*) tamamla(n)ma, bütünle(n)me ❷ (*Beifügung*) ek, ilave
ergeben[1] *irr* I. *vt* ❶ (*Gewinn*) vermek, getirmek (**etw** -i) ❷ (*Betrag*) etmek, tutmak (**etw** -i) ❸ (*beweisen*) kanıtlamak, göstermek (**etw** -i) II. *vr* **sich ~** (*kapitulieren*) teslim olmak (**jdm** -e); (*folgen*) meydana [*o* ortaya] çıkmak, anlaşılmak (**aus etw** -den)
ergeben[2] *adj* bağlı, sadık (**jdm** -e)
Ergebenheit *f* bağlılık, sadakat
Ergebnis *nt* sonuç
ergebnislos *adj* sonuçsuz, neticesiz
ergehen *irr vi sein* olmak; **etw über sich ~ lassen** bir şeye katlanmak [*o* boyun eğmek], bir şeyi sineye çekmek
ergiebig *adj* verimli, yararlı, faydalı
ergonomisch *adj* ergonomik
ergreifen *irr vt* ❶ (*packen*) kapmak, tutmak, yakalamak (**jdn/etw** -i) ❷ (*rühren*) dokunmak (**jdn** -e), duygulandırmak (**jdn** -i); **die Macht ~** iktidara geçmek; **Maßnahmen ~** önlem [*o* tedbir] almak; **Partei ~** taraf tutmak; **die Gelegenheit ~** fırsattan yararlanmak
ergreifend *adj* dokunaklı, acıklı
ergriffen *adj* (*fig*) duygulanmış
erhaben *adj* ❶ (*hervortretend*) çıkıntılı, tümsekli ❷ (*edel*) yüce, ulu
erhalten *irr* I. *vt* ❶ (*bewahren*) korumak, saklamak (**etw** -i); **~ bleiben** (bozulmadan) kalmak ❷ (*bekommen*) almak (**etw** -i) II. *adj* **gut ~** bozulmamış
erhältlich *adj* **~ bei ...** -de bulunur; **nicht ~** bulunmaz; **schwer ~** zor bulunur
Erhaltung *f* koruma, saklama
erhängen I. *vt* asmak (**jdn** -i) II. *vr* **sich ~** kendini asmak, kendini asarak intihar etmek
erheben *irr* I. *vt* (*Hand*) kaldırmak; (*Stimme*) yükseltmek (**etw** -i) II. *vr* **sich ~** (*aufstehen*) (ayağa) kalkmak; (*rebellieren*) ayaklanmak, isyan etmek, baş kaldırmak
erheblich *adj* (*beträchtlich*) büyük
Erhebung *f* ❶ (*Boden-*) tümsek, engebe, çıkıntı; (*höhere*) tepe ❷ (*Aufstand*) ayaklanma, isyan ❸ (*Umfrage*) soruşturma, anket
erhitzen I. *vt* ısıtmak (**etw** -i) II. *vr* **sich ~** ısınmak; (*fig*) kaynamak, coşmak
erhöhen I. *vt* ❶ (*höher machen*) yükseltmek (**etw** -i) ❷ (*steigern*) artırmak, çoğaltmak, çıkarmak (**etw** -i) II. *vr* **sich ~** yükselmek, artmak
Erhöhung *f* (*Steigerung*) artış, yükseliş
erholen *vr* **sich ~** dinlenmek; (*von einer Krankheit*) iyileşmek, kendini toplamak
erholsam *adj* dinlendirici, istirahate yarar
Erholung *f* ❶ dinlenme ❷ (*Genesung*) iyileşme
erholungsbedürftig *adj* istirahate muhtaç
Erholungsgebiet *nt* istirahat bölgesi, dinlenme alanı
erinnern I. *vt* hatırlatmak (**jdn an etw** -e -i) II. *vr* **sich an etw ~** bir şeyi hatırlamak [*o* anmak]; **ich erinnere mich, dass ...** -diğini hatırlıyorum
Erinnerung *f* ❶ (*das Sicherinnern*) hatıra, anı ❷ (*Gedächtnis*) hafıza, bellek
Eriwan *nt* Erivan
erkälten *vr* **sich ~** üşütmek, soğuk almak
erkältet *adj* **sie ist ~** üşütmüş
Erkältung *f* üşütme, soğuk algınlığı
erkennbar *adj* ❶ (*wahrnehmbar*) tanınabilir ❷ görülebilir, farkedilebilir
erkennen *irr vt* ❶ (*identifizieren*) tanımak (**jdn/etw** -i) ❷ (*wahrnehmen*) algılamak (**etw** -i) ❸ (*begreifen*) anlamak (**etw** -i); **sich zu ~ geben** kendini tanıtmak
erkenntlich *adj* **sich jdm ~ zeigen** birine minnetini göstermek
Erkenntnis *f* ❶ (*wissenschaftliche*) bilgi ❷ (*Einsicht*) anlama
Erkennungszeichen *nt* tanıma işareti
Erker *m* çıkma; (*türkischer*) cumba
erklärbar *adj* açıklanabilir, anlatılabilir
erklären I. *vt* ❶ (*verdeutlichen*) açıklamak

(**etw** -i) ② (*erläutern*) anlatmak, göstermek (**jdm etw** -e -i) ③ (*mitteilen*) bildirmek (**etw** -i) **II.** *vr* **sich ~** (*Meinung, Absicht*) anlaşılmak

erklärlich *adj* açıklanabilir, anlatılabilir

Erklärung *f* ① (*Erläuterung*) açıklama ② (*Äußerung*) bildiri

erkranken *vi sein* hastalanmak, rahatsızlanmak

Erkrankung *f* hastalanma

erkundigen *vr* **sich** (**bei jdm**) **nach etw ~** (birinden) bir şey hakkında bilgi almak

Erkundigung *f* (*Frage*) soruşturma, araştırma

erlangen *vt* erişmek, ulaşmak, kavuşmak (**etw** -e)

Erlass[RR] *m*, **Erlaß**[ALT] *m* kararname

erlassen *irr vt* (*Gesetz*) çıkarmak (**etw** -i); **jdm eine Strafe ~** birinin cezasını bağışlamak

erlauben **I.** *vt* izin vermek (**jdm etw zu tun** -in -mesine) **II.** *vr* **sich ~, etw zu tun** bir şey yapmaya kalkışmak

Erlaubnis *f* izin

erläutern *vt* açıklamak, aydınlatmak (**etw** -i)

Erläuterung *f* açıklama, aydınlatma

Erle *f* kızılağaç

erleben *vt* ① görmek, yaşamak (**etw** -i) ② (*erfahren*) uğramak (**etw** -e), geçirmek (**etw** -i)

Erlebnis *nt* ① (baştan geçen) olay, yaşantı ② (*Abenteuer*) macera ③ (*Erfahrung*) tecrübe, deney

erledigen *vt* ① (*zu Ende bringen*) tamamlamak, bitirmek, sona erdirmek; (*Auftrag*) yapmak, yerine getirmek (**etw** -i) ② (*lösen*) halletmek (**etw** -i)

erledigt *adj* ① (*Problem*) halledilmiş ② (*Auftrag*) yerine getirilmiş ③ (*fig: ruiniert*) bitkin, harap, (işi) bitik

Erledigung *f* ① (*eines Problems*) halletme, halledilme ② (*eines Auftrags*) yerine getir(il)me

erleichtern *vt* ① (*lindern*) hafifletmek (**etw** -i) ② (*Person*) ferahlandırmak (**jdn** -i)

Erleichterung *f* ① (*Linderung*) hafiflik ② (*Gefühl*) ferahlık

erlernbar *adj* öğrenilebilen

erlernen *vt* öğrenmek (**etw** -i)

erliegen *irr vi sein* ① (*einer Krankheit*) ölmek (**einer Sache** -den) ② (*scheitern*) yenik düşmek (**jdm/einer Sache** -e)

Erlös *m* kazanç (*bir satıştan ele geçen para*)

erlöschen *irr vi sein* ① (*Feuer, Lächeln*) sönmek ② (*ungültig werden*) hükümden düşmek; (*Frist*) süresi dolmak

erlösen *vt* kurtarmak (**jdn von etw** -i -den)

Erlöser(in) *m(f)* kurtarıcı

Erlösung *f* kurtuluş; REL acılar ve günahtan kurtarılış

ermächtigen *vt* yetki vermek (**jdn zu etw** -e ... için)

Ermächtigung *f* ① (*Befugnis*) yetki ② (*Erteilung der Befugnis*) yetkili kılma

ermahnen *vt* uyarmak (**jdn** -i)

Ermahnung *f* uyarma; (*Warnung*) uyarı

ermäßigen *vt* indirmek (**etw** -i)

Ermäßigung *f* indirim

ermessen *irr vt* ① (*abschätzen*) kestirmek, kararlamak (**etw** -i) ② (*geistig erfassen*) anlamak, kavramak, değerlendirmek (**etw** -i)

Ermessen *nt* **nach meinem ~** benim fikrime göre

ermitteln *vt* (*ausfindig machen*) bulmak, meydana çıkarmak (**etw** -i)

Ermittlung *f* soruşturma

ermöglichen *vt* mümkün kılmak (**etw** -i), imkan vermek (**etw** -e)

ermorden *vt* öldürmek (**jdn** -i)

Ermordung *f* öldür(ül)me

ermüden **I.** *vt* yormak (**jdn/etw** -i) **II.** *vi* yorulmak

ermüdend *adj* yorucu

Ermüdung *f* yor(ul)ma, yorgunluk

ermuntern *vt* teşvik etmek, özendirmek (**jdn zu etw** -i -e)

ermutigen *vt* yüreklendirmek (**jdn** -i)

ermutigend *adj* yüreklendirici, cesaret verici

Ermutigung *f* yüreklendirme

ernähren *vt* beslemek; (*Familie*) geçindirmek (**jdn/etw** -i), bakmak (**jdn** -e)

Ernährung *f* besle(n)me

Ernährungswissenschaft *f* gıda ve beslenme bilimi

ernennen *irr vt* atamak, tayin etmek (**jdn zu etw** -i -e)

Ernennung *f* atama, tayin

erneuern *vt* yenile(ştir)mek (**etw** -i)

Erneuerung *f* yenile(n)me

ernst *adj* ① (*nicht lachend*) ciddi ② (*würdig*) ağırbaşlı ③ (*gefährlich*) tehlikeli; **etw ~ nehmen/meinen** bir şeyi ciddiye almak/ciddi söylemek

Ernst *m* ciddilik, ciddiyet; (*Würde*) ağırbaşlılık; **im ~, allen ~es** gerçekten, sahiden, cid-

den
Ernstfall *m* **im ~** iş ciddileşirse
ernsthaft *adj* ciddi
ernstlich *adv* cidden, ciddi olarak
Ernte *f* ❶ hasat ❷ (*Ertrag*) ürün, mahsul
ernten *vi, vt* hasat etmek, toplamak (**etw** -i)
Eroberer *m* fatih, zapteden
erobern *vt* fethetmek (**etw** -i)
Eroberung *f* fetih
eröffnen *vt* ❶ açmak (**etw** -i) ❷ (*mitteilen*) bildirmek (**jdm etw** -e -i)
Eröffnung *f* (*eines Geschäfts*) açılış
Eröffnungsfeier *f* açılış töreni
erörtern *vt* görüşmek, oylaşmak (**etw** -i)
Erörterung *f* görüşme, oylaşım
Erosion *f* erozyon
Erotik *f* ❶ (*Sexualität*) cinsellik ❷ (*Sinnlichkeit*) erotizm ❸ (*Liebesleben*) seks hayatı
erotisch *adj* erotik
erpressen *vt* şantaj yapmak (**jdn** -e)
Erpresser(in) *m(f)* şantajcı
Erpressung *f* şantaj
erproben *vt* denemek, sınamak (**etw** -i)
Erprobung *f* deneme, sınama
erraten *irr vt* bulmak, çıkarmak, tahmin etmek (**etw** -i)
errechnen *vt* hesap ederek bulmak (**etw** -i)
erregen *vt* (*aufregen*) heyecanlandırmak (**jdn** -i)
erregt *adj* heyecanlı, coşkun, taşkın
Erregung *f* heyecan, coşku, telaş
erreichbar *adj* erişilebilen
erreichen *vt* (*Ziel*) ulaşmak, erişmek, kavuşmak; (*Zug*) yetişmek (**etw** -e); **wo kann ich Sie telefonisch ~?** size telefonla nerede erişebilirim?
errichten *vt* ❶ (*bauen*) yapmak; (*Mauer*) örmek, çekmek (**etw** -i) ❷ (*gründen*) kurmak (**etw** -i)
Errungenschaft *f* kazanım
Ersatz *m* ❶ (*Ersetzen*) yerini doldurma ❷ (*Reserve*) yedek ❸ (*Gegenleistung*) karşılık, bedel ❹ (*Entschädigung*) tazminat, zarar ödeneği; **als ~** karşılık olarak
Ersatzdienst *m askerlik yerine geçen sivil hizmet*
Ersatzrad *nt* yedek tekerlek
Ersatzreifen *m* yedek lastik
Ersatzteil *nt* yedek parça
erschaffen *vt* yaratmak (**etw** -i)
Erschaffung *f* yaratma
erscheinen *irr vi sein* ❶ (*kommen*) gelmek ❷ (*sich zeigen*) görünmek, gözükmek, belirmek ❸ (*jemandem vorkommen*) gelmek, gözükmek (**jdm** -e) ❹ (*Buch*) yayınlanmak, çıkmak; **vor Gericht ~** mahkeme huzuruna çıkmak
Erscheinung *f* ❶ (*äußere*) (dış) görünüş ❷ (*Phänomen*) görüngü ❸ (*irreale*) görüntü, hayal ❹ (*Persönlichkeit*) kişilik; **in ~ treten** belirmek, görünmek, gözükmek
erschießen *irr vt* (üzerine ateş ederek) öldürmek, vurmak; (*standrechtlich*) kurşuna dizmek (**jdn** -i)
erschlagen *irr vt* vurarak öldürmek (**jdn** -i)
erschließen *irr vt* ❶ (*zugänglich machen*) açmak; (*Gelände*) işlenecek hale getirmek, bayındırmak (**etw** -i) ❷ (*schlussfolgern*) çıkarmak (**etw** -i)
erschöpfend **I.** *adj* ❶ (*ermüdend*) yorucu ❷ (*ausführlich*) ayrıntılı **II.** *adv* inceden inceye
erschöpft *adj* bitkin, yorgun, dermansız
Erschöpfung *f* yorgunluk, bitkinlik, dermansızlık
erschrecken <erschrickt, erschrak, erschrocken> **I.** *vt* korkutmak, ürkütmek (**jdn** -i) **II.** *vi sein* korkmak, ürkmek (**vor jdm/über etw** -den)
erschreckend *adj* ürkütücü, korkutucu, korkunç
erschrocken **I.** *vt s.* **erschrecken** **II.** *adj* korkmuş, ürkmüş
erschüttern *vt* sarsmak (**etw** -i); (*fig*) sarsmak, çok üzmek (**jdn** -i)
erschütternd *adj* çok acıklı, son derece üzen
Erschütterung *f* sarsıntı, sarsılış, sarsım
erschweren *vt* ağırlaştırmak, zorlaştırmak (**etw** -i)
erschwinglich *adj* (*Preis*) alınabilir, her keseye elverişli
ersehen *irr vt* görmek, anlamak, çıkarmak (**etw aus etw** -i -den)
ersetzen *vt* (*auswechseln*) değiştirmek (**etw** -i); **etw durch etw ~** bir şeyin yerine bir şeyi koymak; **einen Schaden ~** bir zararı ödemek
ersichtlich *adj* anlaşılır, belli
Ersparnisse *pl* ❶ (*Einsparung*) tasarruf, artırım ❷ (*Geld*) biriktirilen para
erst *adv* ❶ (*zuerst*) önce, ilk önce ❷ (*nicht früher als*) ancak, henüz, daha; **~ als** ancak ...-dikten sonra; **~ gestern** daha dün; **sie kommt ~ morgen** ancak yarın gelecek;

~ **recht** haydi haydi
erstatten *vt* (*Kosten*) geri vermek (**jdm etw** -e -i); **Anzeige** ~ ihbarda bulunmak (**wegen etw** ... hakkında); **Bericht** ~ rapor vermek
Erstaufführung *f* prömiyer, ilk oynanım
erstaunen **I.** *vt* şaşırtmak, hayrete düşürmek (**jdn** -i) **II.** *vi sein* şaş(ır)mak, hayret etmek
Erstaunen *nt* ❶ (*Erstauntsein*) şaşkınlık, hayret ❷ (*Überraschung*) sürpriz
erstaunlich *adj* şaşılacak, hayret verici
erstaunt *adj* **über etw ~ sein** bir şeye hayret etmek
erste(r, s) *adj* birinci, ilk; **Karl der Erste** Birinci Karl; **Erste Hilfe** ilk yardım; **der ~ Beste** olur olmaz biri; **zum ~n Mal** ilk defa (olarak)
erstechen *irr vt* bıçaklamak (**jdn** -i)
erstens *adv* ilk önce, ilk olarak, ilkin
erstere(r, s) *adj* birinci
erstgeboren *adj* ilk doğan
ersticken **I.** *vt* boğmak (**jdn** -i); (*Feuer*) söndürmek (**etw** -i) **II.** *vi sein* boğulmak
erstklassig *adj* birinci sınıf, mükemmel, en ala
erstrebenswert *adj* elde etmeye değer
erstrecken *vr* ❶ **sich** ~ (*räumlich*) uzanmak (**bis zu/nach** -e) ❷ (*zeitlich*) **der Prozess erstreckte sich über zwei Jahre** dava iki yıl sürdü
ersuchen *vt* **jdn ~, etw zu tun** birinden bir şey için ricada bulunmak
Ersuchen *nt* **auf jds** ~ birinin isteği üzerine
ertappen *vt* yakalamak (**jdn** -i)
erteilen *vt* **jdm einen Befehl** ~ birine emir vermek; **jdm Unterricht** ~ birine ders vermek; **jdm die Erlaubnis** ~ birine izin vermek
Ertrag *m* ürün, verim; (*Gewinn*) gelir, kazanç
ertragen *irr vt* dayanmak, katlanmak (**etw/jdn** -e), çekmek (**etw** -i); **nicht zu** ~ dayanılacak gibi değil
erträglich *adj* katlanılır, dayanılır, çekilir; (*mittelmäßig*) oldukça iyi
ertragreich *adj* verimli
ertränken *vt* (suda) boğmak (**jdn** -i)
ertrinken *irr vi sein* (suda) boğulmak
erübrigen *vr* **sich** ~ gerek kalmamak
erwachen *vi sein* uyanmak
erwachsen *adj* yetişkin, erişkin
Erwachsene(r) *f(m)* yetişkin
Erwägung *f* mülahaza, fikir, oylaşım; **etw in ~ ziehen** bir şeyi göz önünde tutmak
erwähnen *vt* anmak (**jdn/etw** -i), bahsetmek, söz etmek (**jdn/etw** -den)
erwähnenswert *adj* sözünü etmeye değer
Erwähnung *f* anma, sözünü etme, bahsetme
erwärmen **I.** *vt* ısıtmak (**etw** -i) **II.** *vr* **sich** ~ ısınmak; (*Interesse finden*) ilgi duymak (**für etw** -e karşı)
Erwärmung *f* ısınma
erwarten *vt* ❶ (*warten auf*) beklemek (**jdn/etw** -i) ❷ (*rechnen mit*) ummak, beklemek (**etw** -i); **ein Kind** ~ çocuk beklemek
Erwartung *f* ❶ (*das Erwarten*) bekleyiş ❷ (*Erwartetes*) beklenti ❸ (*Hoffnung*) ümit, umut
erweisen *irr* **I.** *vt* (*beweisen*) kanıtlamak, ispat etmek (**etw** -i) **II.** *vr* **sich als ... ~** ... çıkmak
erweitern *vt* genişletmek, büyütmek; (*Kenntnisse*) artırmak, çoğaltmak (**etw** -i)
Erwerb *m* kazan(ıl)ma, alım, edinme; (*Unterhalt*) geçim; (*Verdienst*) kazanç
erwerben *irr vt* kazanmak, ele geçirmek, edinmek (**etw** -i)
erwerbslos *adj* işsiz
erwerbstätig *adj* çalışan
Erwerbstätigkeit *f* meslek, iş
erwerbsunfähig *adj* geçimini sağlayamayan
erwidern *vt* ❶ (*antworten*) cevap vermek (**auf etw** -e) ❷ (*Gegenleistung*) karşılık vermek (**etw** -e); **einen Besuch** ~ ziyarete karşılık vermek
erwischen *vt* yakalamak, tutmak, ele geçirmek (**jdn** -i)
erwünscht *adj* istenilen, hoşlanılan
erwürgen *vt* boğmak (**jdn** -i)
Erz *nt* ❶ (*Mineral*) maden filizi ❷ (*geh: Bronze*) bronz, tunç
erzählen *vt* anlatmak (**jdm etw** -e -i)
Erzählung *f* ❶ (*Bericht*) anlatı ❷ (*Werk*) öykü, hikaye
Erzbischof *m* başpiskopos
erzeugen *vt* ❶ (*schaffen*) yaratmak, meydana getirmek (**etw** -i) ❷ (*herstellen*) imal etmek, üretmek, yetiştirmek (**etw** -i)
Erzeuger(in) *m(f)* üretici
Erzeugnis *nt* ürün, mahsul
Erzeugung *f* üretim
erziehen *irr vt* eğitmek, terbiye etmek (**jdn** -i)
Erzieher *m* eğitimci, pedagog
Erzieherin *f* (bayan) eğitimci, pedagog; (*Kindergärtnerin*) anaokulu öğretmeni
Erziehung *f* eğitim, terbiye, yetiştirme

Erziehungsberechtigte(r) *f(m)* veli
erzwingen *irr vt* zorla elde etmek (**etw** -i)
es *pron nom* o; *akk* onu; **ich nehme ~** (*das Kleid, das Buch*) bunu [*o* onu] alıyorum; **~ ist schön** (*das Haus, das Buch*) güzel(dir); **~ regnet** yağmur yağıyor; **~ schneit** kar yağıyor; **~ klopft** kapı çalı(nı)yor; **~ gibt ...** ... var; **sie ist schnell; wir sind ~ auch** o hızlı, biz de öyleyiz
Esche *f* dişbudak
Esel *m* eşek, merkep
Eselei *f* eşeklik
Eskalation *f* tırmanma, artış, yükseliş
Eskimo *m* Eskimo
Espresso *m* espresso
Essay *m o nt* yazı, makale
essbar *adj*, **eßbar**[ALT] *adj* yenilebilir, yenilir
essen <isst, aß, gegessen> **I.** *vi* yemek yemek **II.** *vt* yemek (**etw** -i); **zu Mittag/Abend ~** öğle/akşam yemeği yemek
Essen *nt* yemek
Essenszeiten *fpl* yemek saatleri
Essenz *f* esans
Essig *m* sirke
Essigflasche *f* sirke şişesi
Essiggurke *f* kornişon
Esslöffel[RR] *m* çorba kaşığı
Esstisch[RR] *m* sofra, yemek masası
Esszimmer[RR] *nt* yemek odası
Estland *nt* Estonya
Etage *f* (bina) kat(ı)
Etagenbett *nt* iki katlı yatak
Etagenwohnung *nt* apartman dairesi
Etappe *f* ❶ (*Stadium*) aşama, evre, safha ❷ MIL cephe gerisi
Etat *m* bütçe
Ethik *f* (*Moral*) ahlak; (*Morallehre*) törebilim
ethisch *adj* ahlaki, törel
ethnisch *adj* etnik
Etikett *nt* etiket
Etikette *f* protokol, teşrifat; **gegen die ~ verstoßen** teşrifata uymayan bir harekette bulunmak
etliche *pron* bazı, birkaç
Etui *nt* kılıf
etwa *adv* ❶ (*ungefähr*) aşağı yukarı, takriben, yaklaşık olarak ❷ (*vielleicht*) acaba
etwas *pron* ❶ bir şey; **~ anderes** başka bir şey; **~ Gutes** iyi bir şey; **so ~** böyle bir şey ❷ (*ein wenig*) biraz, bir parça; **~ Geld** biraz para; **es geht mir ~ besser** biraz daha iyiyim
Etwas *nt* **ein gewisses ~** *tanımlanamayan fakat varolan bir şey*
EU *f Abk von* **Europäische Union** AB (*Avrupa Birliği*)
EU-Beitritt *m* AB'ye üye olma
EU-Bürger(in) *m(f)* AB vatandaşı [*o* yurttaşı]
euch *pron akk von ihr* sizi; *dat von ihr* size
euer *pron*, **eu(e)re** *pron* sizin
EU-Gipfeltreffen *nt* AB zirvesi
Eukalyptus *m* okaliptüs
Eule *f* baykuş
EU-Minister(in) *m(f)* AB bakanı
EU-Mitgliedstaat *m* AB üyesi (ülke)
Euphrat *m* Fırat (nehri)
Eurasien *nt* Avrasya
eurerseits *adv* sizin tarafınızdan
euresgleichen *adj* sizin gibiler
euretwegen *adv* sizin hatırınız için; (*negativ*) sizin yüzünüzden
Euro *m* euro
Eurofighter *m* Eurofighter
Europa *nt* Avrupa
Europäer(in) *m(f)* Avrupalı
europäisch *adj* ❶ (*Art*) Avrupa ❷ (*Herkunft*) Avrupalı; **der Europäische Gerichtshof** AB Adalet Divanı; **die Europäische Kommission** AB Komisyonu, Avrupa Komisyonu
europäisieren *vt* Avrupalılaştırmak (**jdn/etw** -i)
Europäisierung *f* Avrupalaşma
Europaparlament *nt* Avrupa Parlamentosu
Europarat *m* Avrupa Konseyi
Euroscheck *m* euro çek
Eurovision *f* Örovizyon
Eurozone *f* euro bölgesi
EU-Staat *m* AB devleti
Euter *nt* (hayvan) meme(si)
Euthanasie *f* ötenasi (*can çekişmenin ilaç sayesinde kısaltılması*)
e. V. *m Abk von* **eingetragener Verein** tescilli dernek
evakuieren *vt* boşaltmak, tahliye etmek (**etw** -i)
evangelisch *adj* Protestan
Evangelium *nt* İncil
eventuell **I.** *adj* mümkün, olası **II.** *adv* ❶ (*gegebenenfalls*) gerekirse ❷ (*vielleicht*) belki
Evolution *f* evrim, evolüsyon
ewig *adj* ❶ (*endlos, zeitlos*) sonsuz, ebedi ❷ (*immerwährend*) sürekli, devamlı
Ewiggestrige(r) *f(m)* (*fam*) dinozor
Ewigkeit *f* sonsuzluk, ebediyet

exakt I. *adj* (*sorgfältig*) özenli, itinalı II. *adv* ❶ (*genau*) tam ❷ (*pünktlich*) dakik
Examen *nt* sınav
Exemplar *nt* nüsha; (*Musterstück*) örnek; (*Ausfertigung*) kopya
Exhibitionismus *m* teşhircilik
Exhibitionist(in) *m(f)* teşhirci
Exil *nt* sürgün(lük); **ins ~ schicken/gehen** sürgüne göndermek/gitmek
Existenz *f* ❶ (*Dasein*) varlık, varolma ❷ (*Auskommen*) geçim
Existenzkampf *m* yaşam kavgası, hayat mücadelesi
Existenzminimum *nt* asgari geçinme geliri (*en aşağı geçim düzeyi*)
existieren *vi* var olmak
exklusiv *adj* müstesna
Exkursion *f* gezi
exotisch *adj* egzotik
expandieren *vi* genişlemek
Expansion *f* genişleme
Experiment *nt* deney
experimentieren *vi* deney yapmak
Experte, Expertin *m, f* uzman
explodieren *vi sein* patlamak
Explosion *f* patlama, infilak
explosiv *adj* patlayıcı
Export *m* dışsatım, ihracat
Exporteur *m* ihracatçı
exportieren *vt* ihraç etmek (**etw** -i)
express[RR] *adj*, **expreß**[ALT] *adj* ekspres
Expressgut *nt* ekspres ile yollanan eşya
Expressionismus *m* ekspresyonizm, dışavurumculuk
extern *adj* dış
extra *adv* ❶ (*gesondert*) ayrıca, ayrı olarak ❷ (*absichtlich*) isteyerek, bilerek
Extrakt *m* esans, ekstre
extravagant *adj* ayrıksı, olağan dışı
extrem *adj* aşırı, kökten
Extrem *nt* ❶ (*Übertreibung*) abartma ❷ (*höchster Grad*) aşırılık
Extremismus *m* aşırıcılık
Extremist(in) *m(f)* köktenci
extremistisch *adj* aşırı
extrovertiert *adj* dışa dönük
exzentrisch *adj* ❶ (*ungewöhnlich*) eksantrik ❷ TECH dışmerkezli

Ff

Fa. *f Abk von* **Firma** firma
fabelhaft *adj* (*fam*) harika, görülmedik
Fabrik *f* fabrika
Fabrikant(in) *m(f)* fabrikatör
Fabrikarbeiter(in) *m(f)* fabrika işçisi
Fabrikat *nt* mal, fabrika ürünü
Fabrikation *f* (fabrikada) yapım
fabrizieren *vt* (fabrikada) yapmak, üretmek, çıkarmak (**etw** -i)
Facelifting *nt* yüz germe
Fach *nt* ❶ (*Schublade*) çekmece; (*Schrank-*) bölme ❷ (*fig: Berufszweig*) meslek (dalı) ❸ (*Lehr-*) ders
Facharbeit *f* kalifiye iş
Facharbeiter(in) *m(f)* kalifiye işçi
Facharzt, Fachärztin *m, f* uzman doktor, spesiyalist
Fachausdruck *m* teknik terim
Fächer *m* yelpaze
Fachgebiet *nt* ihtisas alanı
Fachgeschäft *nt* özel dükkan
Fachhochschule *f* meslek yüksek okulu
Fachkenntnisse *pl* meslek bilgisi
Fachkräfte *fpl* kalifiye elemanlar
fachkundig *adj* uzman
Fachliteratur *f* ihtisas literatürü
Fachmann *m* uzman
fachmännisch *adj* mesleki, uzmanca
Fachschule *f* meslek okulu
Fachsprache *f* meslek dili
Fachwerkhaus *nt* bağdadi ev (*ahşap ve beton karışımı yapı tarzında bina*)
Fachwörterbuch *nt* teknik terim sözlüğü
Fachzeitschrift *f* ihtisas dergisi (*belli bir bilim dergisi*)
Fackel *f* meşale
fade *adj* tatsız (tuzsuz); (*fig*) yavan, kuru
Faden *m* (*auch fig*) iplik, tire
Fagott *nt* fagot
fähig *adj* (*begabt*) yetenekli, yarar(lı); **zu etw ~ sein** bir şeye muktedir olmak
Fähigkeit *f* yetenek, yararlık
fahnden *vi* aramak (**nach jdn** -i)
Fahndung *f* arama
Fahne *f* bayrak, sancak
Fahrausweis *m* bilet
Fahrbahn *f* araba yolu, şose; **schlechte ~**

bozuk yol

Fähre *f* araba vapuru, feribot

fahren <fährt, fuhr, gefahren> **I.** *vt* ❶ (*Menschen, Last*) götürmek, taşımak (**jdn/etw nach etw** -i -e) ❷ (*Fahrzeug*) sürmek, kullanmak, yürütmek (**etw** -i) **II.** *vi sein* (taşıtla) gitmek; **mit der Bahn/dem Auto ~** trenle/otomobille gitmek; **rechts ~!** sağdan gidin!

Fahrer(in) *m(f)* şoför, sürücü

Fahrerairbag *m* sürücü hava yastığı

Fahrerflucht *f* (bir kazadan sonra) şoförün kaçması

Fahrgast *m* yolcu

Fahrgeld *nt* yol parası

Fahrgelegenheit *f taşıtla gitme imkanı*

Fahrgestell *nt* şasi

Fahrkarte *f* bilet; **eine ~ lösen** bilet almak

Fahrkartenautomat *m* bilet otomatı

Fahrkartenschalter *m* bilet gişesi

fahrlässig *adj* kayıtsız, dikkatsiz, ihmalci; **~e Tötung** taksirle (adam) öldürme

Fahrlässigkeit *f* kayıtsızlık, dikkatsizlik, ihmal

Fahrlehrer(in) *m(f)* sürücü kursu öğretmeni

Fahrplan *m* hereket cetveli, tarife

fahrplanmäßig *adj, adv* tarifeye göre

Fahrpreis *m* bilet ücreti

Fahrrad *nt* bisiklet

Fahrradfahrer(in) *m(f)* bisikletçi

Fahrradhelm *m* bisiklet miğferi

Fahrschein *m* bilet

Fahrschule *f* sürücü kursu

Fahrstuhl *m* asansör

Fahrt *f* (*Reise*) yolculuk, seyahat; (*Ausflug*) gezi(nti); **gute ~!** iyi yolculuklar!; **auf der ~ nach Rom** Roma'ya giderken

fährt *vi, vt s.* **fahren**

Fährte *f* iz, yol

Fahrtkosten *pl* taşıma ücreti

Fahrtrichtung *f* gidiş yönü

Fahrwerk *nt* (*eines Flugzeugs*) alt düzen

Fahrzeug *nt* taşıt

fair *adj* dürüst

Fairplay *nt* fair-play

Faktor *m* faktör, etmen

Fakultät *f* fakülte

fakultativ *adj* istemli

Falke *m* ❶ doğan, şahin ❷ POL (*Hardliner*) şahin

Fall *m* ❶ (*Sturz*) düşüş, düşme ❷ (*Ereignis*) olay ❸ (*Angelegenheit*) iş, mesele ❹ JUR dava ❺ LING ismin hali, ad durumu ❻ **auf jeden ~** mutlaka, her ne olursa olsun, muhakkak; **auf keinen ~** asla, hiç bir suretle; **im besten/schlimmsten ~** en iyi/en kötü durumda; **gesetzt den ~(, dass)** farz edelim ki, tutalım ki, diyelim ki

Falle *f* kapan; (*fig*) tuzak; **jdm eine ~ stellen** birine tuzak kurmak

fallen <fällt, fiel, gefallen> *vi sein* ❶ (*hinabstürzen*) düşmek; (*Soldat*) şehit olmak [*o* düşmek]; (*Temperatur, Preise, Flut*) düşmek, inmek ❷ (*nachlassen*) hafiflemek, yatışmak; **aus allen Wolken ~** şaşakalmak, afallamak; **er ist nicht auf den Kopf gefallen** kafalı bir insandır; **es fällt mir schwer** bana zor geliyor; **~ lassen** düşürmek (**etw** -i); (*fig: Plan*) vazgeçmek (**etw** -den)

fällen *vt* (*Baum*) kesmek (**etw** -i)

fällig *adj* (*Zinsen*) vadesi gelen

Fälligkeit *f* zaman aşımı, vade (*ödeme gününün gelmesi*)

falls *konj* şayet, eğer

Fallschirm *m* paraşüt

Fallschirmspringer(in) *m(f)* paraşütçü

fällt *vi s.* **fallen**

falsch **I.** *adj* ❶ (*nicht echt*) yanlış; (*Geld*) sahte, kalp ❷ (*künstlich*) sahte, yapma(cık); (*Haar, Zähne*) takma ❸ (*nachgeahmt*) taklit, benzetme ❹ (*unaufrichtig*) ikiyüzlü ❺ (*heimtückisch*) hain **II.** *adv* **diese Uhr geht ~** bu saat yanlış; **~ aussprechen** yanlış telaffuz etmek (**etw** -i); **~ singen** şarkıyı yanlış okumak; **~ verbunden!** numara yanlış!

fälschen *vt* sahtesini yapmak (**etw** -in); **Geld ~** kalp para basmak

Fälscher(in) *m(f)* düzmeci, sahtekar; (*Geld-*) kalpazan

Falschgeld *nt* sahte para

fälschlich *adv* yanlışlıkla

Fälschung *f* ❶ (*Gefälschtes*) sahtelik ❷ (*Nachahmung*) taklit, benzetme

Falte *f* ❶ (*in Stoff, Papier*) kıvrım, büküm ❷ (*in Haut*) buruşuk, kırışık

falten *vt* katlamak; (*Wäsche*) devşirmek (**etw** -i); **die Hände ~** ellerini kavuşturmak

Faltenrock *m* pliseli etek

Fam. *f Abk von* **Familie** aile

familiär *adj* ❶ (*die Familie betreffend*) ailevi ❷ (*vertraut*) samimi, içli dışlı ❸ (*ungezwungen*) teklifsiz, senli benli

Familie *f* aile; (*Sippe*) soy

Familienbetrieb *m* aile işletmesi

Familienname *m* soyadı

F

Familienplanung *f* aile planlaması
Familienstand *m* medeni hal
Familienvater *m* aile babası
Fan *m* hayran
Fanatiker(in) *m(f)* fanatik, bağnaz; REL yobaz
fanatisch *adj* bağnaz, softa
Fanatismus *m* fanatiklik, bağnazlık, softalık
fand *vt s.* **finden**
Fanfare *f* fanfar
Fang *m* yakala(n)ma, tut(ul)ma
Fangarm *m* ahtapot kolu
fangen <fängt, fing, gefangen> *vt* tutmak, kapmak; (*auf der Jagd*) avlamak; (*Verbrecher*) yakalamak (**jdn** -i); **Feuer ~** tutuşmak
Fangfrage *f* tuzak
fängt *vt s.* **fangen**
Fantasie *f* ① (*Einbildungskraft*) hayal gücü ② (*Trugbild*) hayal, görüntü
fantasieren *vi* ① (*im Fieber*) sayıklamak ② (*in Gedanken ausmalen*) hayal kurmak
fantastisch *adj* ① (*unwirklich*) hayali, düşsel ② (*großartig*) harika
FAQ *pl* INET *Abk von* **frequently asked questions** sıkça sorulan sorular, FAQ bölümü
Farbband *nt* daktilo şeridi
Farbe *f* ① (*rot, grün*) renk ② (*Material*) boya; **~ bekennen** gerçeği söylemek
farbecht *adj* has [*o* kök] boyalı
färben *vt* renk vermek (**etw** -e); (*Stoff, Haare*) boyamak (**etw** -i)
farbenblind *adj* renkkörü
Farbenblindheit *f* renkkörlüğü
Färberei *f* boyahane
Farbfernseher *m* renkli televizyon
Farbfilm *m* renkli film
Farbfoto *nt*, **Farbfotografie** *f* renkli fotoğraf
farbig *adj* renkli; (*Menschen*) zenci
Farbige(r) *f(m)* siyahi, zenci
Farbkasten *m* boya kutusu
farblos *adj* renksiz; (*fig*) sönük
Farbstift *m* renkli kalem, boya kalemi
Farbstoff *m* boyarmadde; (*in Lebensmittel*) (gıda) renklendirici
Färbung *f* ① (*Färben*) boyama ② (*Farbgebung*) renk verme
Farm *f* çiftlik
Farn *m*, **Farnkraut** *nt* eğreltiotu
Fasan *m* sülün
Fasching *m* karnaval
Faschismus *m* faşizm, faşistlik
Faschist(in) *m(f)* faşist
faschistisch *adj* faşist
Faser *f* lif
faserig *adj* lifli, elyaflı, telsel
Fass[RR] *nt*, **Faß**[ALT] *nt* fıçı, varil; **Bier vom ~** fıçı birası
Fassade *f* binanın ön tarafı, bina cephesi
Fassbier[RR] *nt* fıçı birasi
fassen **I.** *vt* ① (*ergreifen*) almak, kapmak, tutmak (**etw/jdn** -i) ② (*Edelstein*) kaşlamak, yerleştirmek (**etw** -i) ③ (*Verbrecher*) yakalamak (**jdn** -i) ④ (*aufnehmen können*) kapsamak, içermek (**etw** -i) ⑤ (*fig: verstehen*) anlamak, aklı almak (**etw** -i); **es ist nicht zu ~** akıl erdirecek gibi değil **II.** *vr* **sich ~** (*fig*) kendini toparlamak; **sich kurz ~** kısa kesmek
Fassung *f* ① (*Brille*) çerçeve; (*Juwel*) kaş ② (*fig: Wortlaut*) söz ③ (*Gemütsruhe*) soğuk kanlılık ④ (*Version*) versiyon; **jdn aus der ~ bringen** birini şaşkına çevirmek; **die ~ verlieren** aptallaşmak, sağını solunu bilmemek
fassungslos *adj* şaşkın, aptallaşmış
Fassungsvermögen *nt* ① kapasite, sığa ② (*fig: geistig*) kavrama gücü, kavrayış
fast *adv* hemen hemen, neredeyse, az kalsın
fasten *vi* oruç tutmak
Fastenzeit *f* oruç zamanı; (*im Islam*) Ramazan; (*bei Katholiken*) büyük pehriz
Fastfood(essen) *nt* fast-food yiyecek
Fastnacht *f* karnaval
faszinieren *vt* büyülemek, hayran bırakmak (**jdn** -i)
fatal *adj* (*verhängnisvoll*) uğursuz
Fatalismus *m* kadercilik
Fatalist(in) *m(f)* kaderci, yazgıcı
fatalistisch *adj* kaderci, yazgıcı
Fata Morgana *f* serap
faul *adj* ① (*verfault*) çürük ② (*träge*) tembel; (*stärker*) miskin, uyuşuk ③ (*fig: fragwürdig*) şüpheli, sakat; **~e Ausrede** sudan bahane
faulen *vi sein* çürümek
faulenzen *vi* tembellik [*o* haylazlık] etmek
Faulenzer *m* tembel, haylaz
Faulheit *f* tembellik
Faulpelz *m* tembel, haylaz
Fauna *f* fauna
Faust *f* yumruk; **auf eigene ~** kendi başına
Faustregel *f* pratik kural
Faustschlag *m* yumruk (darbesi)
Fax *nt* faks
faxen *vt* faks çekmek, fakslamak (**jdm etw** -e -i)

Faxnummer *f* faks numarası
Fazit *nt* sonuç, nihai netice
FCKW *m Abk von* **Fluorchlorkohlenwasserstoff** FCKW
FDP *f Abk von* **Freie Demokratische Partei** Hür Demokrat Partisi
Feature *nt* (*Merkmal*) karakteristik
Februar *m* şubat
fechten <ficht, focht, gefochten> *vi* ❶ (*mit Säbel*) eskrim yapmak ❷ (*kämpfen*) mücadele etmek, savaşmak
Fechten *nt* eskrim
Feder *f* ❶ (*Vogel-*) tüy ❷ (*Schreib-*) yazı kalemi ❸ (*Sprung-*) yay, zemberek
Federball *m* (*Spiel*) badminton; (*Ball*) tüylü top
Federbett *nt* kuş tüyü yatak [*o* yorgan]
Federgewicht *nt* (*Boxen*) tüy sıklet
federleicht *adj* tüy gibi hafif
Federung *f* yay tertibatı, süspansiyon, amortisör
Fee *f* peri
Fegefeuer *nt* REL Araf
fegen *vt* süpürmek (**etw** -i)
fehl *adv* ~ **am Platz sein** yerinde olmamak, uygun düşmemek
Fehlalarm *f* yanlış alarm
Fehlbetrag *m* açık
fehlen *vi* ❶ (*nicht da sein*) bulunmamak, yok olmak ❷ (*mangeln*) eksik [*o* noksan] olmak; **fehlt Ihnen etwas?** bir eksiklik mi var?; (*sind Sie krank?*) şikayetiniz ne?; **du hast mir sehr gefehlt** yokluğunu çok hissettim
Fehler *m* ❶ (*Defekt*) bozukluk ❷ (*Schuld*) suç, hata ❸ (*Irrtum*) yanlış(lık), yanıltı, hata; **einen ~ haben** kusurlu [*o* hatalı] olmak; **einen ~ machen** hata yapmak
Fehlerbehandlung *f* INFORM hata yönetimi
fehlerfrei *adj* kusursuz, pürüzsüz, noksansız
fehlerhaft *adj* ❶ (*mit Fehlern*) kusurlu, hatalı ❷ (*falsch*) yanlış
Fehlgeburt *f* çocuk düşürme
Fehlgriff *m* yanılma, hata
Fehlinformation *f* yanlış enformasyon
Fehlinterpretation *f* yanlış yorum
Fehlkonstruktion *f* hatalı konstrüksiyon
fehlleiten *vt* yanıltmak (**jdn** -i), yanlış yol göstermek (**jdn** -e)
Fehlschlag *m* başarısızlık
fehlschlagen *irr vi sein* başarısızlığa uğramak, boşa gitmek [*o* çıkmak]
Fehltritt *m* kusur, kabahat
Fehlzündung *f* yanlış tutuşma
Feier *f* ❶ (*Handlung*) kutla(n)ma ❷ (*Fest*) tören
Feierabend *m* paydos; ~ **machen** paydos etmek
feierlich *adj* törensel, resmi
feiern **I.** *vt* ❶ (*Fest*) kutlamak (**etw** -i) ❷ (*ehren*) övmek (**jdn** -i) **II.** *vi* eğlenmek
Feiertag *m* tatil günü; (*Festtag*) bayram günü
feige *adj* korkak, ödlek, yüreksiz
Feige *f* incir
Feigenbaum *m* incir ağacı
Feigheit *f* korkaklık, yüreksizlik
Feigling *m* korkak, ödlek
Feile *f* eğe, törpü
feilen *vt* eğelemek, törpülemek (**etw** -i)
feilschen *vi* pazarlık etmek (**um etw** için)
fein *adj* ❶ (*elegant*) zarif, şık ❷ (*dünn*) ince, narin ❸ (*vornehm*) kibar, nazik ❹ (*schön*) nefis, enfes
Feind(in) *m(f)* düşman
feindlich *adj* düşman
Feindschaft *f* düşmanlık
feindselig *adj* düşmanca
Feindseligkeit *f* düşmanlık
feinfühlig *adj* ince (ruhlu), duygulu
Feinkostgeschäft *nt* mezeci (dükkanı), şarküteri
Feinmechanik *f* ince el sanatı
Feinschmecker(in) *m(f) lezzetli yemeklere düşkün*
Feld *nt* ❶ (*Acker*) tarla ❷ SPORT saha ❸ (*fig*) alan, saha
Feldwebel *m* başçavuş
Feldweg *m* tarla yolu (*tarlalar arasından geçen asfaltlanmamış yol*)
Feldzug *m* sefer, harp
Felge *f* jant
Fell *nt* post, deri, kürk; (*von Schaf oder Ziege*) pösteki; **ein dickes ~ haben** vurdumduymaz olmak
Fels *m* kaya
felsenfest *adj* (*fig*) sarsılmaz
Feminismus *m* feminizm
Feministin *f* feminist
Fenchel *m* rezene
Fenster *nt* pencere; (*Schau-*) vitrin, camekan; **aus dem ~ sehen** pencereden bakmak; **das Geld zum ~ hinauswerfen** parasını har vurup harman savurmak
Fensterbank *f*, **Fensterbrett** *nt* pencere eşiği

Fensterladen *m* kepenk
Fensterscheibe *f* pencere camı
Ferien *pl* tatil
Ferienanlage *f* tatil tesisi
Ferienhaus *nt* tatil evi
Ferienkurs *m* tatil kursu
Ferienlager *nt* tatil kampı
Ferienpark *m* tatil parkı
Ferkel *nt* ❶ domuz yavrusu ❷ (*fam: schmutziger Mensch*) pis herif [*o* kadın]
fern *adj, adv* uzak; **der Ferne Osten** Uzak Doğu
Fernbedienung *f* (uzaktan) kumanda
Ferne *f* uzak(lık); **in der ~** uzakta; **aus der ~** uzaktan
ferner *adv* (*außerdem*) ayrıca, bundan başka, bir de
Fernfahrer *m* tırcı
ferngelenkt *adj* güdümlü
Ferngespräch *nt* (*ins Ausland*) ülkeler arası telefon görüşmesi; (*im Inland*) şehirler arası telefon görüşmesi
ferngesteuert *adj* uzaktan kumandalı
Fernglas *nt* dürbün
fernhalten *vt* uzak tutmak (**jdn von etw/jdm** -i -den)
Fernlicht *nt* uzak farı
Fernost Uzak Doğu
Fernrohr *nt* teleskop, dürbün
Fernschreiben *nt* harfli telgraf
Fernschreiber *m* harfli telgraf
Fernsehansager(in) *m(f)* televizyon spikeri
Fernsehantenne *f* televizyon anteni
Fernsehapparat *m* televizyon
fernsehen *irr vi* televizyon seyretmek
Fernsehen *nt* televizyon; **im ~ übertragen** televizyonda göstermek (**etw** -i)
Fernseher *m* (*Gerät*) televizyon
Fernsehfilm *m* televizyon filmi
Fernsehkanal *m* TV kanalı
Fernsehzuschauer(in) *m(f)* televizyon seyircisi [*o* izleyici]
Fernsicht *f* ❶ perspektif, manzara ❷ (*Ausblick*) geniş manzara
Fernsprecher *m* telefon
Fernsprechzelle *f* telefon kulübesi
Fernsprechzentrale *f* telefon santrali
Fernsteuerung *f* uzaktan kumanda
Fernstudium *nt* mektupla öğretim [*o* öğrenim]
Fernverkehr *m* şehirler arası trafik
Ferse *f* topuk
fertig *adj* ❶ (*bereit*) hazır (**zu/für etw** -e) ❷ (*vollendet*) tamam; **~!** tamam!, bitti!; **ich bin ~** hazırım; **ich bin (fix und) ~** bittim tükendim; **mit etw ~ werden** bir şeyle başa çıkmak, bir şeyin hakkından gelmek; **etw ~ bringen** bir şeyi becermek, bir şeyin hakkından gelmek; **~ machen** (*beenden*) bitirmek; (*vorbereiten*) hazırlamak (**etw** -i); **sich ~ machen** hazırlanmak (**zu/für etw** -e)
Fertiggericht *nt* hazır yemek
Fertighaus *nt* prefabrik ev
Fertigkeit *f* ❶ (*Geschicklichkeit*) beceri ❷ (*Gewandtheit*) çeviklik
fertigmachen *vt* (*herunterputzen*) haşlamak (**jdn** -i), terbiyesini vermek (**jdn** -in)
Fertigung *f* yapım, imal
fesseln *vt* ❶ bağlamak (**jdn** -i) ❷ (*begeistern*) sarmak, büyülemek (**jdn** -i)
fest *adj* ❶ (*nicht flüssig*) katı ❷ (*hart*) sert, katı ❸ (*nicht lose*) sıkı ❹ (*konstant*) sabit, durağan ❺ (*unerschütterlich*) sarsılmaz, kesin ❻ (*dauerhaft*) sağlam, dayanıklı ❼ (*Schlaf*) derin, deliksiz; **zu ~en Preisen** kesme fiyatlarla; **ich bin dazu ~ entschlossen** buna kesin kararlıyım; **~ glauben** iyice inanmak (**an etw/jdn** -e); **~ schlafen** derin uyumak
Fest *nt* ❶ (*Festtag*) bayram; (*christlich*) yortu ❷ (*Festival*) şenlik ❸ (*Party*) parti
Festessen *nt* ziyafet, şölen
festhalten *irr* **I.** *vt* (sıkı) tutmak; (*zurückhalten*) alıkoymak (**etw** -i) **II.** *vr* **sich ~** (sıkı) tutunmak (**an jdn/etw** -e)
Festival *nt* şenlik, festival
Festland *nt* kara
festlegen **I.** *vt* (*Datum*) kararlaştırmak, saptamak (**etw** -i) **II.** *vr* **sich ~** kendini bağlamak
festlich **I.** *adj* (*in Feststimmung*) neşeli; (*feierlich*) törensel **II.** *adv* bayram gibi
festmachen *vt* sıkıca bağlamak; (*fig: Termin*) kararlaştırmak (**etw** -i)
Festnahme *f* tutuklama
festnehmen *irr vt* tutuklamak (**jdn** -i)
Festplatte *f* sabit disk
Festpreis *m* kesme [*o* belli] fiyat
festsetzen *vt* (*bestimmen*) kararlaştırmak, saptamak (**etw** -i)
Festspiele *pl* şenlik, festival
feststehen *irr vi* **es steht fest, dass ...** ... kesin
feststellen *vt* (*fig: erkennen*) saptamak, tespit etmek (**etw** -i); **jds Personalien ~**

birinin kimliğini tespit etmek
Feststellung *f* saptama, tespit
Festtag *m* bayram günü
Festung *f* kale
Festwochen *pl* şenlik, festival
Festzug *m* tören alayı, kortej
Fetisch *m* fetiş
fett *adj* yağlı; (*Person*) şişman
Fett *nt* yağ
fettarm *adj* az yağlı
Fettfleck *m* yağ lekesi
fettig *adj* yağlı
Fettnäpfchen *nt* **ins ~ treten** pot kırmak
Fetzen *m* (*Lumpen*) paçavra; (*Lappen*) bez parçası
feucht *adj* nemli
Feuchtigkeit *f* nem
Feuchtigkeitscreme *f* nemlendirici krem
feudal *adj* ❶ feodal ❷ HIST derebeylik
Feuer *nt* ❶ (*Flammen*) ateş ❷ (*Brand*) yangın ❸ (*Eifer*) coşkunluk; **~ legen** yangın çıkarmak; **für jdn durchs ~ gehen** birisi için kendini ateşe atmaya hazır olmak
Feuerbestattung *f* ölülerin yakılması
feuerfest *adj* ateşe dayanıklı
Feuergefahr *f* yangın tehlikesi
feuergefährlich *adj* çabuk ateş alıcı
Feuerleiter *f* yangın merdiveni
Feuerlöscher *m* yangın söndürücü [*o* tüpü]
Feuermelder *m* yangın haber verme telefonu
feuern *vt* (*fam: entlassen*) yol vermek (**jdn** -e)
Feuerwache *f* itfaiye karakolu
Feuerwaffe *f* ateşli silah
Feuerwehr *f* itfaiye
Feuerwehrmann *m* itfaiyeci, itfaiye eri
Feuerwerk *nt* fişek eğlenceleri
Feuerzeug *nt* çakmak
Feuilleton *nt* (bir gazetenin) kültür ve sanat sayfaları
feurig *adj* ❶ (*mit Feuer*) ateşli ❷ (*stürmisch*) coşkun, heyecanlı, ateşli
ff. *pl Abk von* **und folgende Seiten** ve devamı
Fiasko *nt* fiyasko
Fibel *f* alfabe (kitabı)
ficht *vi s.* **fechten**
Fichte *f* çam ağacı, ladin ağacı
Fieber *nt* (*auch fig*) ateş; **sie hat ~** ateşi var
fieberhaft *adj*, **fieb(e)rig** *adj* ateşli
Fieberthermometer *nt* termometre
fiel *vi s.* **fallen**
Figur *f* ❶ (*Form*) biçim, şekil ❷ (*Wuchs*) boy, endam ❸ (*Tanz-, Kunstwerk*) figür
File Extension *f* INFORM dosya eki
Filet *nt* ❶ (*Netzarbeit*) file ❷ (*Lendenbraten*) bonfile
Filiale *f* şube
Film *m* film
Filmaufnahmen *fpl* film çekimleri
Filmemacher(in) *m(f)* film yapımcısı
filmen I. *vi* film çekmek **II.** *vt* filmini çekmek (**etw** -in)
Filmfestival *nt* film festivali
Filmkamera *f* film kamerası
Filmmusik *f* film müziği
Filmschauspieler(in) *m(f)* sinema artisti [*o* oyuncusu]
Filmstar *m* film yıldızı, sinema yıldızı
Filmverleih *m* dağıtımcı
Filter *m* ❶ (*Sieb*) süzgeç, filtre ❷ (*Zigarette*) filtre
Filterkaffee *m* filtre kahve
filtern *vt* ❶ süzmek, süzgeçten [*o* filtreden] geçirmek (**etw** -i) ❷ TECH filtrelemek (**etw** -i)
Filterpapier *nt* filtre kâğıdı
Filterzigarette *f* filtreli sigara
Filz *m* keçe
Filzstift *m* keçeli kalem
Finale *nt* final
Finalist(in) *m(f)* SPORT finalist
Finanzamt *nt* vergi dairesi
Finanzbeamte, Finanzbeamtin *m, f* maliye memuru
Finanzdienstleistung *f* finansal hizmet
Finanzen *fpl* ❶ (*Finanzwesen*) maliye *sing* ❷ (*fam: Geld*) para *sing*
Finanzhilfe *f* mali yardım
finanziell *adj* mali, para(sal), finansiyel
finanzieren *vt* finanse etmek (**etw** -i)
Finanzierung *f* finansman
Finanzmarkt *m* mali piyasa
Finanzminister(in) *m(f)* maliye bakanı
finden <fand, gefunden> *vt* bulmak (**etw/jdn** -i)
Finder *m* bulan
Finderlohn *m* bulana verilen ödül
fing *vt s.* **fangen**
Finger *m* parmak; **der kleine ~** serçeparmak, küçük parmak; **jdn um den kleinen ~ wickeln** birini avucunun içine almak; **bei etw die ~ im Spiel haben** bir işte parmağı olmak; **die ~ von etw lassen** bir işten vazgeçmek; **jdm auf die ~ klopfen** birine had-

F

dini bildirmek; **jdm auf die ~ sehen** birini gözlemlemek; **an den ~n abzählen** parmakla saymak
Fingerabdruck *m* parmak izi
Fingerfertigkeit *f* el çabukluğu, çeviklik
Fingerglied *nt* parmak kemiği
Fingerhut *m* ① yüksük ② (*Pflanze*) yüksükotu
Fingernagel *m* tırnak
Fingerspitze *f* parmak ucu
Fingerspitzengefühl *nt* (*auch fig*) duyarlık
Finne, Finnin *m, f* Finlandiyalı
finnisch *adj* ① (*Sprache*) Fince ② (*Art*) Fin ③ (*Herkunft*) Fin(li)
Finnland *nt* Finlandiya
finster *adj* ① karanlık ② (*fig: Gesicht*) asık, çatık
Finsternis *f* (zifiri) karanlık
Firma *f* (*Geschäft*) firma
firmen *vt kilise cemaatine törenle kabul etmek*
Firmenhochzeit *f* şirket izdivacı [*o* birleşmesi]
Firmung *f kilise cemaatine törenle kabul etme*
Firnis *m* vernik, cila
First Lady *f* first lady
Fisch *m* balık; **~e** (*Sternzeichen*) Balık (burcu); **wie ein ~ im Wasser** (*fig*) turp gibi
fischen **I.** *vi* balık tutmak **II.** *vt* tutmak (**etw** -i)
Fischer *m* balıkçı
Fischerei *f* balıkçılık
Fischereihafen *m* balıkçı limanı
Fischfang *m* balık avı
Fischgeschäft *nt* balıkçı (dükkanı)
Fischgräte *f* balık kılçığı
Fischhändler(in) *m(f)* balıkçı
Fischrestaurant *nt* balık lokantası
Fischvergiftung *f* balıktan zehirlenme
Fiskus *m* Hazine
Fistel *f* fistül
fit *adj* formunda
Fitnesscenter[RR] *nt* fitnes kulübü
fix *adj* ① (*fest*) sabit, durağan ② (*fam: flink*) çevik; **~ und fertig** tastamam; **ich bin ~ und fertig** bittim tükendim; **~e Idee** sabit fikir, saplantı
fixieren *vt* ① sabitleştirmek (**etw** -i) ② (*Foto*) tespit etmek (**etw** -i) ③ (*anstarren*) gözlerini dikmek (**jdn** -e)
FKK *f Abk von* **Freikörperkultur** nüdizm
FKK-Strand *m* çıplaklar kampı
flach *adj* ① (*eben*) düz, yassı ② (*niedrig*) alçak, basık ③ (*seicht*) alçak, sığ; (*Teller*) yayvan; (*fig*) adi, bayağı; **mit der ~en Hand** el ayasıyla
Flachdach *nt* düz dam
Fläche *f* ① (*Feld*) alan ② (*Ebene*) düzlük ③ (*Ober-*) yüzey
Flächeninhalt *m* yüzölçümü, alan
Flächenmaß *nt* yüzey ölçüsü
Flagge *f* sancak, bayrak; (*Schiffs-*) bandıra
Flame, Flämin *m, f* Flaman
Flamingo *m* flamingo
flämisch *adj* ① (*Sprache*) Flamanca ② (*Art, Herkunft*) Flaman
Flamme *f* alev; **Feuer und ~ sein** can atmak (**für etw** -e)
Flanell *m* fanila, flanel
Flasche *f* ① (*Gegenstand*) şişe; (*Säuglings-*) biberon ② (*pej*) beceriksiz adam
Flaschenbier *nt* şişe birası
Flaschenöffner *m* şişe açacağı
Flaschenpfand *nt* şişe depozitosu
Flatrate *f* INET sabit fiyat
flatterhaft *adj* (*fam*) maymun iştahlı
flattern *vi* ① *sein* uçuşmak ② *haben* (*Fahne*) dalgalanmak
Flaute *f* ① NAUT rüzgarın kesilmesi ② ECON durgunluk
flechten <flicht, flocht, geflochten> *vt* örmek (**etw** -i)
Fleck *m* (*Stelle*) yer, nokta; **blauer ~** çürük, bere
Fleck(en) *m* ① (*Tupfen*) nokta, benek ② (*Schmutz*) leke
Fleckenentferner *m* leke çıkarıcı, leke silici
Fleckenmittel *nt* leke suyu
fleckig *adj* (*schmutzig*) lekeli
Fledermaus *f* yarasa
Flegel *m* (*Rüpel*) hödük, yontulmamış herif, terbiyesiz
flegelhaft *adj* kaba, terbiyesiz
flehen *vi* yalvarmak, yalvarıp yakarmak
Fleisch *nt* et
Fleischbrühe *f* et suyu
Fleischer(in) *m(f)* kasap
Fleischerei *f* kasap dükkanı
fleischig *adj* etli
Fleischklößchen *nt* köfte
fleischlos *adj* etsiz
Fleischwolf *m* kıyma makinesi
Fleiß *m* çalışkanlık, gayret

fleißig *adj* çalışkan, gayretli
flexibel *adj* (*anpassungsfähig*) esnek
Flexibilität *f* esneklik
flicht *vt s.* **flechten**
flicken *vt* ① (*Loch*) yama(la)mak (**etw** -i) ② (*reparieren*) onarmak (**etw** -i)
Flicken *m* yama
Flickzeug *nt* yama malzemesi
Flieder *m* leylak
Fliege *f* sinek; **zwei ~n mit einer Klappe schlagen** bir taşla iki kuş vurmak
fliegen <flog, geflogen> **I.** *vi sein* ① uçmak ② (*fam*) **aus der Schule ~** okuldan atılmak **II.** *vt haben* (*Flugzeug*) sürmek (**etw** -i)
Fliegenfänger *m* sinek kâğıdı
Fliegengewicht *nt* (*Boxen*) sinek sıklet
Fliegengitter *nt* sineklik tel
fliehen <floh, geflohen> *vi sein* kaçmak (**vor jdm/etw** -den)
Fliese *f* çini, fayans
Fließband *nt* sürekli iş bandı
Fließbandarbeit *f* zincirleme usulü (çalışma)
fließen <floss, geflossen> *vi sein* (*auch fig*) akmak
fließend I. *adj* **~es Wasser** akarsu **II.** *adv* **sie spricht ~ Deutsch** düzgün bir Almanca konuşuyor
flimmern *vi* parıldamak
flink *adj* çevik, atik
Flinte *f* tüfek
Flirt *m* flört
flirten *vi* flört etmek (**mit jdm** ile)
Flitterwochen *fpl* balayı *sing*
flocht *vt s.* **flechten**
Flocke *f* (*Schnee-*) kar tanesi
flog *vi s.* **fliegen**
floh *vi s.* **fliehen**
Floh *m* pire
Flohmarkt *m* bit pazarı
Flop *m* (*fam*) fiyasko
Florett *nt* eskrim meçi, flöre
florieren *vi* (*Geschäft*) tıkırında gitmek
floss[RR], **floß**[ALT] *vi s.* **fließen**
Flosse *f* ① (*Fisch-*) yüzgeç ② (*Taucher-*) palet
Flöte *f* flüt; (*orientalisch*) ney
flott *adj* ① (*flink*) çevik ② (*schick*) şık
Flotte *f* donanma, filo
flottmachen *vt* ① yeniden harekete geçirmek (**etw** -i) ② (*Schiff*) yüzdürmek (**etw** -i)
Fluch *m* ① (*Verwünschung*) lanet, beddua, ilenç ② (*Kraftwort*) küfür, sövgü
fluchen *vi* küfretmek, sövmek
Flucht *f* kaçış, kaçma; (*Gefangene*) kaçma; **die ~ ergreifen** kaçmak (**vor etw/jdn** -den)
flüchten I. *vi sein* kaçmak (**vor etw/jdn** -den) **II.** *vr* **sich ~** sığınmak (**in etw** -e)
flüchtig I. *adj* ① (*geflüchtet*) kaçak, kaçkın ② (*fig: schnell vergehend*) geçici ③ (*oberflächlich*) yüzeysel **II.** *adv* (*oberflächlich*) üstünkörü
Flüchtigkeitsfehler *m* dikkatsizlik yanlışı [*o* hatası]
Flüchtling *m* ① kaçak, kaçkın ② (*politischer*) mülteci, sığınmacı
Flüchtlingslager *nt* mülteciler kampı
Flug *m* uçuş
Flugbahn *f* ① yörünge ② (*eines Geschosses*) mermi yolu
Flugblatt *nt* el ilanı
Flügel *m* ① kanat ② (*Klavier*) kuyruklu piyano
Fluggast *m* uçak yolcusu
Fluggesellschaft *f* havayolu şirketi
Flughafen *m* havaalanı, havalimanı
Flughafenbus *m* hava alanı otobüsü
Flugkapitän *m* pilot
Fluglinie *f* havayolu
Fluglotse *m* uçak kılavuzu
Flugplan *m* uçak tarifesi
Flugplatz *m* havaalanı
Flugschreiber *m* kara kutu
Flugticket *m* uçak bileti
Flugverkehr *m* hava trafiği
Flugzeug *nt* uçak
Flugzeugabsturz *m* uçak düşmesi [*o* kazası]
Flugzeugentführung *f* uçak kaçırma
Flugzeugträger *m* uçak gemisi
Flur[1] *m* ① (*Haus-*) hol; (*beim Eingang*) antre ② (*Gang*) koridor, geçenek
Flur[2] *f* (*Land*) kırlar, tarlalar, köy arazisi
Flurbereinigung *f* dağınık tarlaların birleştirilmesi
Fluss[RR] *m*, **Fluß**[ALT] *m* ① (*Strom*) nehir, ırmak ② (*Fließen*) akış, cereyan
flussabwärts[RR] *adv* akış aşağı
flussaufwärts[RR] *adv* akış yukarı
Flussbett[RR] *nt* nehir yatağı
flüssig *adj* ① (*nicht fest*) sıvı, akıcı, akışkan ② (*fig: Stil*) akıcı ③ (*Geld*) hazır, likit
Flüssigkeit *f* ① (*Zustand, Stoff*) sıvı ② FIN likidite
Flüssigkristallbildschirm *m* sıvı kristal ekranı
Flüssigwaschmittel *nt* çamaşır suyu

Flusskrebs[RR] *m* kerevit
Flussmündung[RR] *f* nehir ağzı
flüstern *vi* fısıldamak
Flut *f* ❶ (*strömendes Wasser*) sel ❷ (*Gezeiten*) kabarma ❸ (*fig*) bolluk, çokluk
Fluthilfe *f* selzedelere yardım
Flutopfer *nt* selzede
focht *vi s.* **fechten**
Föderalismus *m* federalizm
Fohlen *nt* tay
Föhn *m* ❶ (*warmer Wind*) (Avrupa'daki) lodos ❷ (*Haar-*) fön
föhnen[RR] *vt* saçını fönle kurutmak, saçını fönlemek
Folge *f* ❶ (*Ergebnis*) sonuç ❷ (*Reihenfolge*) sıra, dizi, seri ❸ (*Fortsetzung*) devam
folgen *vi sein* ❶ (*hinterhergehen*) arkasından gitmek (**jdm** -in); (*verfolgen*) takip etmek (**jdm** -i) ❷ (*gehorchen*) itaat etmek, uymak (**jdm** -e), dinlemek (**jdm** -i) ❸ (*befolgen*) uymak (**einer Sache** -e) ❹ (*nachfolgen*) yerine geçmek (**jdm** -in) ❺ (*logisch*) anlaşılmak (**aus etw** -den)
folgend *adj* (*nächst*) ertesi; (*später*) ondan sonraki; **ich muss Ihnen Folgendes sagen ...** size şunu söylemeliyim ki, ...
folgendermaßen *adv* şu şekilde
folgenschwer *adj* ağır, tehlikeli
folgern *vi* çıkarmak (**etw aus etw** -i -den)
Folgerung *f* sonuç çıkarma
folglich *adv* (*daher*) bu nedenle, bundan dolayı; (*also*) şu [*o* o] halde, demek ki
Folie *f* folyo
Folklore *f* folklor
Folter *f* işkence; (*Qual*) azap
foltern *vt* işkence etmek; (*fig*) azap vermek (**jdn** -e); **gefoltert werden** işkence görmek
Folterwerkzeug *nt* işkence aleti
Fön® *m* fön
Fonds *m* FIN fon
fönen[ALT] *vt s.* **föhnen**
Font *m* (*Schriftart*) yazıtipi, yazı karakteri seti, font
Förderband *nt* döner bant
förderlich *adj* yararlı, elverişli
fordern *vt* ❶ (*verlangen*) istemek, talep etmek (**etw** -i) ❷ (*er-*) gerektirmek (**etw** -i)
fördern *vt* ❶ (*anreizen*) teşvik etmek (**etw** -i) ❷ (*unterstützen*) desteklemek (**jdn** -i) ❸ (*protegieren*) kayırmak (**jdn** -i) ❹ (*Kohle*) çıkarmak (**etw** -i)
Forderung *f* talep, istek
Förderung *f* ❶ (*einer Sache*) teşvik, özendirme ❷ (*Unterstützung*) destekleme ❸ (*Protektion*) kayırma ❹ (*Kohle-*) (maden) çıkarma
Forelle *f* alabalık
Form *f* ❶ biçim ❷ TECH kalıp; **in ~ sein** formunda olmak
formal *adj* biçimsel, şekli
Formalität *f* ❶ formalite ❷ ADMIN gerekli işlemler *pl*
Format *nt* ❶ boy, boyut; (*eines Buches*) boyut ❷ INFORM format; **ein Mann von ~** üstün kişilik
Formel *f* formül
Formel-1 *f* formüla 1
Formel-1-Rennen *nt* formüla 1 yarışı
Formel-1-Wagen *m* formüla 1 arabası
formell *adj* biçimsel, şekli; (*feierlich*) resmi
formen *vt* (*auch fig*) biçimlendirmek (**etw** -i), şekil vermek (**etw** -e)
förmlich *adj* resmi
Förmlichkeit *f* resmiyet
formlos *adj* (*zwanglos*) teklifsiz
Formular *nt* formüler
formulieren *vt* formüle etmek (**etw** -i)
forsch *adj* ❶ (*mutig*) yiğit, cesur ❷ (*frech*) cüretli, atılgan
forschen *vi* araştırmak (**nach etw** -i)
Forscher(in) *m(f)* araştırmacı
Forschung *f* araştırma, inceleme
Forst *m* orman
Förster(in) *m(f)* ormancı, orman memuru
Forstwirtschaft *f* ormancılık
fort *adv* ❶ (*nicht da*) gitmiş; **sie ist ~** (o) gitmiş ❷ (*verschwunden*) kaybolmuş; **und so ~** ve saire
Fortbestand *m* kalım
fortbestehen *irr vi* sürüp gitmek
fortbewegen **I.** *vt* hareket ettirmek (**etw** -i) **II.** *vr* **sich ~** hareket etmek
fortbilden *vr* **sich ~** bilgisini genişletmek
Fortbildung *f* bilgi geliştirme, eğitim devamı
Fortbildungskurs *m* eğitim devamı kursu
Fortdauer *f* devam, sürme, sürüp gitme
fortdauern *vi* devam etmek, sürmek, sürüp gitmek
fortfahren *irr vi sein* ❶ (*wegfahren*) ayrılıp gitmek ❷ (*weitermachen*) devam etmek (**mit etw** -e), sürdürmek (**mit etw** -i)
fortführen *vt* (*fortsetzen*) devam ettirmek, sürdürmek (**etw** -i)
Fortführung *f* devam et(tir)me, sürdürme

fortgehen *irr vi sein* ayrılıp gitmek
fortgeschritten *adj* (*fig*) ilerlemiş
fortlaufend *adj* sürekli, devamlı
fortpflanzen *vr* **sich ~** üremek
Fortpflanzung *f* üreme
fortschaffen *vt* (*entfernen*) ortadan kaldırmak, götürmek (**etw** -i)
Fortschritt *m* ilerleme; **~e machen** ilerlemek
fortschrittlich *adj* ilerici
fortschrittsfeindlich *adj* gerici
fortsetzen *vt* devam etmek (**etw** -e)
Fortsetzung *f* devam; **~ folgt** devamı [*o* arkası] var
forttragen *irr vt* (uzağa) götürmek (**etw** -i)
fortwährend **I.** *adj* devamlı, sürekli **II.** *adv* daima, durmadan, durmaksızın
Fossil *nt* fosil
Foto *nt* fotoğraf, resim
Fotoalbum *nt* foto albümü
Fotoapparat *m* fotoğraf makinesi
fotogen *adj* fotojenik
Fotograf(in) *m(f)* fotoğrafçı
Fotografie *f* fotoğraf, resim
fotografieren **I.** *vi* fotoğraf [*o* resim] çekmek **II.** *vt* fotoğrafını [*o* resmini] çekmek (**jdn/etw** -in)
Fotohandy *nt* TELEK foto makineli cep (telefonu)
Fotokopie *f* fotokopi
fotokopieren *vt* fotokopisini çekmek (**etw** -in)
Fotokopierer *m* fotokopi makinesi
Fotomodell *nt* fotomodel
Fotomontage *f* fotomontaj
Fotorahmen *m* resim çerçevesi
Foul *nt* faul
Foyer *nt* fuaye
Fr. *f Abk von* **Frau** Bayan
Fracht *f* ❶ (*Ladung*) yük ❷ NAUT, LUFT kargo
Frachtgut *nt* **als ~** nakil eşyası olarak
Frachtkosten *pl* nakliye ücreti
Frachtstück *nt* koli
Frack *m* frak
Frage *f* ❶ soru, sual ❷ (*Problem*) sorun, problem; **das ist eine ~ der Zeit** bu, zaman meselesi; **ohne ~** hiç kuşkusuz; **das kommt nicht in ~!** bu, söz konusu bile olamaz!; **etw in ~ stellen** (*anzweifeln*) bir şeyden şüphelenmek; (*gefährden*) bir şeyi tehlikeye düşürmek
Fragebogen *m* soru kâğıdı
fragen **I.** *vt* sormak (**jdn nach jdm/etw** -e -i) **II.** *vr* **ich frage mich, warum** nedenini merak ediyorum
Fragezeichen *nt* soru işareti
fraglich *adj* ❶ (*zweifelhaft*) şüpheli ❷ (*betreffend*) söz konusu olan
fragwürdig *adj* şüpheli
Fraktion *f* fraksyon
Frame *m* INET çatı, frame
Franc *m* (*französische Währung*) frank
Franken[1] *nt* (*Gebiet*) Frankonya
Franken[2] *m* (*Währung*) frank
frankieren *vt* pullamak (**etw** -i)
franko *adv* bedava
Frankreich *nt* Fransa
Franse *f* püskül, saçak
Franzose, Französin *m, f* Fransız
französisch *adj* ❶ (*Art, Herkunft*) Fransız ❷ (*Sprache*) Fransızca
Französisch *nt* (*Sprache*) Fransızca
fraß *vi, vt s.* **fressen**
Frau *f* ❶ (*Person*) kadın ❷ (*Ehe-*) karı, eş ❸ (*Anrede: vor dem Nachnamen*) bayan; (*Anrede: hinter dem Vornamen*) hanım; **gnädige ~!** hanımefendi!
Frauenarzt, Frauenärztin *m, f* kadın doktoru
Frauenbewegung *f* feminizm
frauenfeindlich *adj* kadın karşıtı
Frauenheld *m* kadın düşkünü
Frauenzeitschrift *f* kadın mecmuası
Fräulein *nt* ❶ (*junges Mädchen*) genç kız ❷ (*unverheiratete Frau*) evlenmemiş kadın ❸ (*Anrede für Mädchen*) küçük hanım
frech *adj* ❶ (*unverschämt*) küstah, utanmaz ❷ (*keck*) cüretli, gözüpek
Frechheit *f* ❶ (*Unverschämtheit*) küstahlık, utanmazlık ❷ (*Keckheit*) cüret
Freeclimbing *nt* serbest tırmanış
Freeware *f* freeware, ücretsiz yazılım
frei **I.** *adj* ❶ (*nicht gebunden*) hür, özgür, serbest ❷ (*unabhängig*) bağımsız ❸ (*befreit*) muaf (**von etw** -den) ❹ (*Platz, Stelle*) boş ❺ (*gratis*) parasız, bedava; **im Freien** açık havada; **~ machen** (*Körperteil*) açmak; **sich (von etw) ~ machen** kendini (bir şeyden) kurtarmak; (*sich ausziehen*) soyunmak **II.** *adv* **~ Haus** evde teslim olmak üzere; **wir haben ~** boşuz, tatildeyiz
Freibad *nt* açık yüzme havuzu
freibleibend *adj* (*unverbindlich, nicht bindend*) bağlayıcı olmayan, bağımsız, boş kalan

Freidemokrat(in) *m(f)* hür demokrat

Freigepäck *nt* ücretsiz bagaj

Freihafen *m* serbest liman

freihalten *irr vt* (*Platz*) açık tutmak (**etw** -i); **Ausfahrt ~!** çıkışı serbest bırakın!

Freihandelszone *f* serbest ticaret bölgesi

Freiheit *f* özgürlük, hürriyet, serbestlik

freiheitlich *adj* özgürlüğü seven

Freiheitsberaubung *f kişisel özgürlükten haksız olarak mahrum etme*

Freiheitsstrafe *f* hapis cezası

Freikörperkultur *f* nüdizm

freilassen *irr vt* ① (*Gefangene*) serbest bırakmak, salmak (**jdn** -i) ② (*Platz*) boş bırakmak (**etw** -i)

Freilassung *f* serbest bırak(ıl)ma

freilich *adv* elbette, tabii

Freilichtbühne *f* açık hava tiyatrosu

Freilichtkino *nt* açık hava sineması

Freilichtmuseum *nt* açık hava müzesi

freimachen *vt* (*Postsendung*) pullamak (**etw** -i), pul yapıştırmak (**etw** -e)

Freimaurer *m* (far)mason

freimütig I. *adj* açıksözlü **II.** *adv* açıkça

Freischärler *m* çeteci

freisprechen *irr vt* beraat ettirmek (**jdn** -i)

Freispruch *m* beraat

freistehen *irr vi* **es steht Ihnen frei, zu ...** -mekte serbestsiniz

freistellen *vt* ① (*von Verpflichtungen*) muaf tutmak (**jdn von etw** -i -den) ② (*überlassen*) takdirine bırakmak (**jdm etw** -in -i)

Freistoß *m* (*Fußball*) frikik

Freitag *m* cuma (günü)

Freitod *m* intihar

freiwillig I. *adj* gönüllü, istemli **II.** *adv* gönüllü olarak

Freizeit *f* boş zaman

Freizeitpark *m* eğlence parkı

Freizügigkeit *f* ECON serbest dolaşım

fremd *adj* ① yabancı; **ich bin hier ~** buranın yabancısıyım ② (*unbekannt*) bilinmeyen, tanınmayan

fremdartig *adj* yabancı

Fremde *f* gurbet

Fremde(r) *f(m)* ① (*Ausländer*) yabancı, ecnebi ② (*Orts-*) yabancı

Fremdenführer(in) *m(f)* turist rehberi

Fremdenlegion *f* yabancı lejyonu

Fremdenverkehr *m* turizm

Fremdenzimmer *nt* pansiyon odası

Fremdsprache *f* yabancı dil

Fremdwort *nt* yabancı sözcük [*o* kelime]

Frequenz *f* frekans

Frequenzenzuweisung *f* RADIO, INFORM frekans tahsisi

Fresko *nt* fresk

Freskomalerei *f duvara yapılan resim*

fressen <frisst, fraß, gefressen> **I.** *vi* (*Tier*) yem yemek **II.** *vt* ① (*Tier*) yemek (**etw** -i) ② (*pej: Mensch*) (oburca) yemek (**etw** -i)

Freude *f* ① (*das Frohsein*) sevinç, neşe ② (*Vergnügen*) zevk, eğlence; **mit ~n** seve seve, memnuniyetle; **vor ~** sevinçten; **jdm eine ~ bereiten** birini sevindirmek

Freudentanz *m* **einen ~ aufführen** sevinçten zıp zıp hoplamak, sevincinden deliye dönmek

freudestrahlend *adv* büyük sevinç içinde

freudig *adj* sevinçli, sevindirici

freuen I. *vt* sevindirmek (**jdn** -i); **das freut mich** buna sevindim [*o* memnun oldum] **II.** *vr* **sich ~** sevinmek (**auf/über etw** -e)

Freund *m* arkadaş, dost; **dicke ~e** sıkı fıkı [*o* canciğer] dostlar; **ein ~ von mir** benim bir arkadaşım

Freundin *f* kız arkadaş

freundlich *adj* ① (*freundschaftlich*) dostça ② (*liebenswürdig*) sevimli ③ (*höflich*) nazik, ince; **~e Grüße** içten [*o* candan] selamlar; **wären Sie so ~ das Fenster zu öffnen** rica etsem lütfen pencereyi açar mısınız; **das ist sehr ~ von Ihnen** çok naziksiniz

Freundlichkeit *f* (*Höflichkeit*) nezaket, incelik

Freundschaft *f* dostluk, arkadaşlık, ahbaplık; **mit jdm ~ schließen** birine arkadaş [*o* dost] olmak

freundschaftlich *adj* dostça, arkadaşça

Friede(n) *m* barış; (*fig: innerer*) huzur, rahat; **~ schließen** barışmak (**mit jdm** ile)

Friedensbewegung *f* barış hareketi, pasifizm

Friedensnobelpreis *m* Nobel Barış Ödülü

Friedensverhandlungen *pl* barış müzakereleri

Friedensvertrag *m* barış antlaşması

Friedhof *m* mezarlık, gömütlük

friedlich *adj* ① (*friedliebend*) barışçı, barışsever ② (*ruhig*) sakin, uysal

frieren <fror, gefroren> *vi* (*gefrieren*) donmak; (*Personen*) üşümek; **es friert** buz kesiyor

Friesland *nt* Frizya

frisch **I.** *adj* taze; (*Wäsche*) temiz; **es ist ~** (*kühl*) hava serin **II.** *adv* (*eben erst*) yeni; **~ gestrichen!** yeni boyanmış!
Frische *f* (*Kühle*) serinlik
frischgebacken *adj* (*fam: Ehepaar*) çiçeği burnunda
Frischhaltefolie *f* selofan, streç film
Frischling *m* ① (*Wildschwein*) yabandomuzu yavrusu ② (*Anfänger*) acemi
Friseur *m* berber, kuaför
Friseursalon *m* berber [*o* kuaför] salonu
Friseuse *f* berber, kuaföz
frisieren *vt* saçını tarayıp düzeltmek (**jdn** -in)
frisstRR *vi, vt s.* **fressen**
Frist *f* ① (*Zeitraum*) süre, müddet ② (*Termin*) vade, önel
fristlos *adv* derhal, hemen; (*Kündigung*) derhal
Frisur *f* saç biçimi
Frl. *nt Abk von* **Fräulein** Bayan (*bekar*)
froh *adj* ① (*fröhlich*) sevinçli, neşeli ② (*erfreut*) memnun (**über etw** -e)
fröhlich *adj* sevinçli, neşeli, şen; **Fröhliche Weihnachten!** Noeliniz kutlu olsun!
fromm *adj* dindar; (*strenggläubig*) sofu
Frömmigkeit *f* dindarlık; (*Strenggläubigkeit*) sofuluk
Fronleichnam *m,* **Fronleichnamsfest** *nt* *katoliklerde esas yortu*
Front *f* ① MIL, METEO cephe ② (*Häuser-*) ön taraf
frontal *adj* cepheden
fror *vi s.* **frieren**
Frosch *m* kurbağa
Frost *m* don, şiddetli soğuk
Frostbeule *f* soğuk şişkinliği
frösteln *vi* (*Mensch*) soğuktan titremek
frostig *adj* (*auch fig*) (aşırı) soğuk
Frostschutzmittel *nt* antifriz
Frottee *m o nt* havlu kumaşı
Frucht *f* meyve, yemiş; (*fig*) verim, semere, randıman
fruchtbar *adj* verimli; (*Boden auch*) bitek, bereketli
Fruchtbarkeit *f* verimlilik; (*Boden*) bereket
Fruchtsaft *m* meyve suyu
früh **I.** *adj* erken; **am ~en Morgen** sabahın erken saatleri **II.** *adv* erken(den); **~ morgens** sabah erkenden; **heute ~** bu sabah; **morgen/gestern ~** yarın/dün sabah; **von ~ bis spät** sabahtan akşama kadar
Frühaufsteher(in) *m(f)* sabahçı
früher *adv* ① (*eher*) daha önce [*o* erken] ② (*einst*) eskiden, önceleri; **~ oder später** er veya geç
frühere(r, s) *adj* önceki, geçmiş; (*ehemaliger*) eski
frühestens *adv* en erken
Frühgeburt *f* erken doğum
Frühjahr *nt* (ilk)bahar
Frühjahrsmüdigkeit *f* bahar yorgunluğu
Frühling *m* (ilk)bahar
frühreif *adj* erken gelişmiş
Frühreife *f* erken gelişme
Frühstück *nt* kahvaltı; **zum ~** kahvaltıda
frühstücken *vi* kahvaltı etmek
Frühstücksbüfett *nt* kahvaltı büfesi
frühzeitig *adv* ① (*früh*) erken ② (*rechtzeitig*) vaktinde
Frust *f* hayal kırıklığı
frustrieren *vt* hayal kırıklığına uğratmak (**jdn** -i)
frustrierend *adj* yıldırıcı
frustriert *adj* hayal kırıklığına uğramış, küskün
Fuchs *m* tilki; **schlauer ~** (*fig*) kurnaz tilki
fuchsteufelswild *adj* köpürmüş, zıvanadan çıkmış
Fuge *f* kertik; **aus den ~n geraten** bozulmak, dağılmak
fügen *vr* **sich ~** (*sich unterwerfen*) boyun eğmek; (*sich anpassen*) uymak (**jdm/einer Sache** -e)
fühlbar *adj* ① (*wahrnehmend*) duyulabilir, hissedilir, farkedilir ② (*fig: deutlich*) belli
fühlen **I.** *vi* (*tasten*) dokunmak, el değdirmek (**an etw** -e) **II.** *vt* (*empfinden*) duymak, hissetmek, sezmek (**etw** -i); **jdm den Puls ~** birinin nabzına bakmak **III.** *vr* **wie fühlst du dich?** kendini nasıl hissediyorsun?; **ich fühle mich nicht wohl** kendimi iyi hissetmiyorum, rahatsızım
Fühler *m* (*bei Insekten, Schnecken*) duyarga, anten
fuhr *vi, vt s.* **fahren**
führen **I.** *vt* ① (*hin-*) götürmek (**jdn zu/nach** -i -e) ② (*her-*) getirmek (**jdn zu/nach** -i -e) ③ (*leiten*) yönetmek, idare etmek (**etw** -i) ④ (*Weg führen*) rehberlik etmek, yol göstermek (**jdn** -e) ⑤ (*lenken*) yürütmek, sürmek (**etw** -i) ⑥ COMM (*Waren*) satmak (**etw** -i) ⑦ (*Name*) taşımak (**etw** -i); **Buch ~** defter tutmak **II.** *vi* (*an der Spitze stehen*) başta gelmek; **zu etw ~** (*zur Folge haben*) bir şeye

F

yol açmak **III.** *vr* **sich gut/schlecht ~** iyi/kötü davranmak

führend *adj* ileri gelen; (*leitend*) baştaki; (*richtungsweisend*) öncü

Führer *m* ❶ (*Weg-*) kılavuz, rehber ❷ (*Oberhaupt*) baş(kan) ❸ (*Fremden-*) (turist) rehber(i) ❹ (*Buch*) muhasebeci ❺ (*Partei-*) önder, lider

Führerschein *m* (şoför) ehliyet(i)

Führung *f* ❶ (*Leitung*) yönetim; ADMIN başkanlık; MIL komuta(nlık) ❷ (*Benehmen*) hal ve gidiş ❸ (*Besichtigung*) dolaştırma, gezdirme ❹ (*Geleit*) rehberlik

Führungszeugnis *nt* (*polizeiliches*) iyi hal kâğıdı

Fülle *f* (*Menge*) bolluk, çokluk

füllen *vt* doldurmak (**etw** -i); (*Zahn*) dolgu takmak (**etw** -e); **gefüllte Paprikaschoten** biber dolması

Füller *m*, **Füllfederhalter** *m* dolmakalem

Füllung *f* ❶ dolma, doldurma ❷ (*Zahn-*) dolgu

fummeln *vi* (*fam*) kurcalamak (**an etw** -i)

Fund *m* bulunan şey, buluş

Fundament *nt* temel; (*fig*) temel, esas

fundamental *adj* asıl, esaslı

Fundamentalismus *m* fundamentalizm; REL kökten dincilik, yobazlık

Fundamentalist(in) *m(f)* fundamentalist; (*religöser*) kökten dinci, yobaz

fundamentalistisch *adj* (*religiös*) kökten dinci

Fundbüro *nt* kayıp eşya bürosu

Fundgrube *f* (*fig*) zengin kaynak

fünf *num* beş

Fünfeck *nt* beşgen

fünffach **I.** *adj* beş kat(lı) **II.** *adv* beş misli

fünfhundert *num* beş yüz

fünfmal *adv* beş kere [*o* defa]

Fünfprozenthürde *f* yüzde beş barajı

fünfte(r, s) *adj* beşinci

Fünftel *nt* beşte bir

fünftens *adv* beşinci olarak

fünfzehn *num* on beş

fünfzig *num* elli

Funk *m* ❶ telsiz (telgraf) ❷ (*Rund-*) radyo

Funke *m* kıvılcım

funkeln *vi* pırıldamak, parlamak, ışıldamak

funkelnagelneu *adj* yepyeni

funken *vt* telsizlemek, telsizle bildirmek (**etw** -i)

Funker(in) *m(f)* telsizci

Funkhaus *nt* radyo evi

Funkloch *nt* TELEK iletişim olmayan alan

Funkstreife *f*, **Funkstreifenwagen** *m* telsizli polis arabası

Funktion *f* işlev, görev, fonksiyon

Funktionär *m* görevli

funktionell *adj* işlevsel

funktionieren *vi* işlemek

für *präp +akk* ❶ (*Zweck, Bestimmung*) için ❷ (*um ... willen*) aşkına, uğrun(d)a ❸ (*anstelle*) -in yerine ❹ (*im Verhältnis zu*) -e oranla ❺ (*Partei ergreifend für*) -den yana; **ich bin ~ den Frieden** barıştan yanayım; **ich habe Arbeit ~ drei Monate** üç aylık işim var; **Tag ~ Tag** her Allah'ın günü; **was ~ eine Bank?** nasıl bir banka?; **das Für und Wider** lehte ve aleyhte görüşler

Furche *f* ❶ (*Acker*) saban izi, evlek ❷ (*Falte*) buruşuk

Furcht *f* korku

furchtbar *adj* ❶ (*schrecklich*) korkunç ❷ (*entsetzlich*) müthiş, dehşetli

fürchten **I.** *vt* korkmak (**etw/jdn** -den) **II.** *vr* **sich ~** korkmak (**vor etw/jdm** -den)

fürchterlich **I.** *adj* korkunç **II.** *adv* (*übertreibend*) son derece, gayet

furchtlos *adj* korkusuz, cesaretli

füreinander *adv* birbiri için

Furnier *nt* kaplama

fürs *präp* = *für das* **für**

Fürsorge *f* ❶ (*Hilfe*) yardım ❷ (*Pflege*) bakım; (*soziale*) sosyal yardım

Fürst *m* prens; (*orientalisch*) emir

Fürstentum *nt* prenslik; (*orientalisch*) emirlik

Fürstin *f* prenses

fürstlich *adj* prens gibi

Furunkel *m* kan çıbanı

Fürwort *nt* zamir, adıl

Furz *m* (*vulg*) osuruk, yel

furzen *vi* (*vulg*) osurmak, yellenmek

Fusion *f* birleşme, füzyon

fusionieren *vi* birleşmek (**mit etw** ile)

Fuß *m* ❶ (*auch fig*) ayak ❷ (*von Tier, Möbel-*) bacak ❸ (*Längenmaß*) ayak, kadem; **zu ~** yaya, yürüyerek; **auf großem ~ leben** bol keseden yaşamak

Fußball *m* ❶ (*Ball*) futbol topu ❷ (*Spiel*) futbol; **~ spielen** futbol oynamak

Fußballer(in) *m(f)* futbolcu

Fußballmannschaft *f* futbol takımı

Fußballplatz *m* futbol sahası

Fußballspiel *nt* futbol maçı
Fußballspieler(in) *m(f)* futbolcu
Fußboden *m* taban, döşeme
Fußbremse *f* ayak freni
Fußgänger(in) *m(f)* yaya
Fußgängerübergang *m* yaya geçidi
Fußgängerunterführung *f* yaya alt geçidi
Fußgängerzone *f* yaya bölgesi
Fußnote *f* dipnot
Fußpflege *f* pedikür
Fußsohle *f* ayak tabanı
Fußspitze *f* ayak burnu
Fußspur *f* ayak izi
Fußtritt *m* tekme
Fußweg *m* yaya yolu
Futter *nt* ① (*Tier-*) yem ② (*Kleider-*) astar
füttern *vt* ① (*Kind*) beslemek (**jdn** -i); (*Tier*) yem vermek (**etw** -e) ② (*Kleidung*) astarlamak (**etw** -i)
Fütterung *f* (*Vieh-*) yem verme
Futur *nt* LING gelecek zaman

Gg

g *nt Abk von* **Gramm** gram
gab *vt s.* **geben**
Gabe *f* ① (*Spende*) bağış ② (*Almosen*) sadaka ③ (*Begabung*) yetenek
Gabel *f* ① (*Ess-, Heu-, Ast-*) çatal ② (*am Fahrrad*) furş
gabeln *vr* **sich ~** çatallanmak
Gabelstapler *m* forklift
Gabelung *f* çatallık
gackern *vi* (*Huhn*) gıdaklamak
gähnen *vi* esnemek
Galaxie *f* galaksi
Galerie *f* galeri
Galgen *m* darağacı
Galgenfrist *f* son mühlet
Galgenhumor *m* yapmacık neşe
Galle *f* safra, öt
Gallenblase *f* safra kesesi
Gallenstein *m* safra kesesi taşı
Gallipoli *nt* Gelibolu
Galopp *m* dörtnal
galoppieren *vi sein/haben* dörtnala gitmek [*o* koşmak]
galt *vi s.* **gelten**
Gämse[RR] *f* dağkeçisi
gang *adj* **das ist ~ und gäbe** bu alışılagelmiş bir şey
Gang *m* ① (*Gangart*) gidiş, yürüyüş ② (*Bewegung*) hareket, işleme ③ (*Verlauf*) süreç, cereyan ④ (*Spazier-*) gezinti ⑤ AUTO vites ⑥ (*Flur*) koridor ⑦ (*Menüfolge*) kap; **in vollem ~** tam hızıyla; **in ~ bringen** harekete geçirmek, işletmek, yürütmek (**etw** -i)
Gangart *f* gidiş [*o* yürüyüş] (tarzı)
gängig *adj* (*gebräuchlich*) kullanılır, geçer
Gangster *m* gangster
Ganove *m* (*Gauner*) dolandırıcı
Gans *f* kaz
Gänseblümchen *nt* çayır papatyası
Gänsebraten *m* kaz kızartması
Gänsefüßchen *ntpl* (*fam*) tırnak işareti
Gänsehaut *f* **eine ~ bekommen** tüyleri ürpermek [*o* diken diken olmak]
Gänsemarsch *m* **im ~ gehen** sıra sıra yürümek
ganz **I.** *adj* ① (*gesamt*) bütün, tüm ② (*vollständig*) tam ③ (*ungeteilt*) bölünmemiş ④ (*unversehrt*) sağlam; **den ~en Tag** bütün gün; **ein ~es Jahr** bütün bir yıl; **von ~em Herzen** can ve gönülden; **im Ganzen** toptan **II.** *adv* ① (*vollständig*) tamamen, tamamıyla, büsbütün ② (*ziemlich*) oldukça; **~ gut** oldukça iyi; **~ und gar** tamamen; **~ und gar nicht** asla, hiç bir şekilde; **nicht ~** tamamen (öyle) değil
gänzlich *adv* büsbütün, tamamen
gar **I.** *adj* (*Speise*) pişkin, pişmiş **II.** *adv* **~ nicht** hiç; **~ nichts** hiç bir şey
Garage *f* garaj
Garantie *f* garanti, inanca, güvence
garantieren *vt* garanti etmek, garantilemek (**für etw** -i)
garantiert *adv* garanti, muhakkak
Garantieschein *m* garanti belgesi
Garbe *f* demet
Garderobe *f* ① (*Raum*) gardırop, vestiyer ② (*zu Hause*) portmanto ③ (*Umkleideraum*) soyunma odası ④ (*Kleidung*) elbiseler, giyim
Gardine *f* tül perde
gären <gor, gegoren> *vi* mayalanmak
Garn *nt* iplik, tire
Garnele *f* karides
garnieren *vt* süslemek (**etw** -i)
Garnierung *f* garnitür
Garnison *f* garnizon

Garnitur *f* ① (*Verzierung*) garnitür, süs ② (*Satz zusammengehöriger Dinge*) takım
Garnrolle *f* iplik makarası
Garten *m* bahçe; (*Obst-, Gemüse-*) bostan
Gartengrill *m* piknik ızgarası
Gartenschere *f* bahçıvan makası
Gartenzwerg *m* bahçe heykelçiği (*masallardaki cüceler biçiminde*)
Gärtner(in) *m(f)* bahçıvan
Gärtnerei *f* bahçe, bostan
Gärung *f* mayalanma, ekşime
Gas *nt* gaz; ~ **geben** (*Fahrzeug*) gaza basmak; ~ **wegnehmen** (*Fahrzeug*) gazı kesmek
Gasflasche *f* gaz tüpü
Gashahn *m* havagazı musluğu
Gasheizung *f* gazlı kalorifer
Gasherd *m* gazlı ocak
Gaskartusche *f* gaz hartucu
Gaskocher *m* gaz ocağı
Gasmaske *f* gaz maskesi
Gasofen *m* gaz sobası
Gaspedal *nt* (*Fahrzeug*) gaz pedalı
Gasse *f* (dar) sokak
Gast *m* konuk, misafir; (*geladener*) davetli; (*Restaurant, Hotel*) müşteri
Gastarbeiter(in) *m(f)* konuk işçi, yabancı işçi
Gästebuch *nt* ziyaretçi defteri
Gästeverzeichnis *nt* (*Hotel*) müşteri listesi
Gästezimmer *nt* misafir [*o* konuk] odası
gastfreundlich *adj* konuksever, misafirperver
Gastfreundschaft *f* konukseverlik, misafirperverlik
Gastgeber(in) *m(f)* ev sahibi
Gasthaus *nt*, **Gasthof** *m* lokanta; (*mit Unterkunft*) küçük otel
Gastronomie *f* ① (*Gewerbe*) otelcilik ② (*Kochkunst*) yemek pişirme sanatı
Gaststätte *f* lokanta
Gastwirt *m* lokantacı
Gastwirtschaft *f* lokanta
Gatte *m* koca, eş
Gattin *f* karı, eş
Gattung *f* cins, tür
Gaul *m* beygir; (*pej*) cılız beygir, kötü at
Gaumen *m* damak
Gauner *m* ① (*Betrüger*) dolandırıcı ② (*Spitzbube*) hergele
Gazastreifen *m* Gazze Şeridi
Gaze *f* ince tül, gaz bezi
Gazelle *f* ceylan
geb. *adj Abk von* **geborene** kızlık adı
Gebäck *nt* çörek, kek; (*Kekse*) bisküvi
gebacken **I.** *vi, vt s.* **backen** **II.** *adj* pişirilmiş; **frisch** ~ taze pişirilmiş; (*fig: taufrisch*) çiçeği burnunda
gebar *vi, vt s.* **gebären**
Gebärde *f* jest, el kol hareketi
gebären <gebiert, gebar, geboren> *vt* doğurmak (**jdn** -i)
Gebärmutter *f* rahim, dölyatağı
Gebäude *nt* bina, yapı
Gebeine *pl* kemikler *pl*
Gebell *nt* havlama
geben <gibt, gab, gegeben> **I.** *vt* ① (*über-, überreichen*) vermek (**jdm etw** -e -i) ② (*reichen*) uzatmak (**jdm etw** -e -i) ③ (*aushändigen*) teslim etmek (**jdm etw** -e -i), eline vermek (**jdm etw** -in -i) ④ (*hervorbringen*) var etmek, meydana çıkarmak (**etw** -i); **es gibt ...** ... var; **das gibt es nicht** böyle bir şey olmaz; **was gibt's?** ne var?; **was gibt's Neues?** ne var ne yok?; **es wird Krach/Gewitter** ~ kavga/fırtına olacak; **das gibt zu denken** bu, insanı düşündürüyor **II.** *vr* **sich** ~ (*nachlassen*) hafiflemek; (*sich bessern*) düzelmek
Gebet *nt* dua
Gebetbuch *nt* dua kitabı
gebeten *vt s.* **bitten**
Gebetsnische *f* (*islamisch*) mihrap
gebiert *vi, vt s.* **gebären**
Gebiet *nt* ① (*Landschaft*) bölge, çevre ② (*Bereich*) alan, saha
Gebilde *nt* oluşma, oluşuk
gebildet *adj* kültürlü, aydın
Gebinde *nt* (*Blumen*) demet
Gebirge *nt* dağlar *pl;* (*Gebirgskette*) sıradağ
gebirgig *adj* dağlık
Gebirgskette *f* sıradağ
Gebirgspass[RR] *m* dağ geçidi
Gebiss[RR] *nt*, **Gebiß**[ALT] *nt* ① dişler dizisi ② (*künstliches*) takma diş(ler) ③ (*Pferde-*) gem (ağızlığı)
gebissen *vi, vt s.* **beißen**
geblieben *vi s.* **bleiben**
gebogen *vi, vt s.* **biegen**
geboren **I.** *vi, vt s.* **gebären** **II.** *adj* doğmuş; **in Ankara** ~ Ankara doğumlu; ~ **werden** doğmak, dünyaya gelmek; **wann/wo sind Sie ~?** ne zaman/nerede doğdunuz?; **~e Schmidt** kızlık adı Schmidt
geborgen **I.** *vt s.* **bergen** **II.** *adj* emniyetli,

korunmuş
Geborgenheit *f* emniyet, korunma
Gebot *nt* ① (*Befehl*) emir, buyruk ② (*Angebot*) teklif, öneri; **die Zehn ~e** On Emir
geboten *vt s.* **bieten**
Gebr. *pl Abk von* **Gebrüder** kardeşler
gebracht *vt s.* **bringen**
gebrannt *vi, vt s.* **brennen**
gebraten **I.** *vi, vt s.* **braten** **II.** *adj* yağda kızarmış; (*in der Pfanne*) tavada kızarmış
Gebrauch *m* (*Anwendung*) kullan(ıl)ış; **in ~** kullanılmakta (olan); **außer ~** artık kullanılmayan; **von etw ~ machen** bir şeyi kullanmak, bir şeyden yararlanmak
gebrauchen *vt* kullanmak (**etw** -i), yararlanmak (**etw** -den)
gebräuchlich *adj* ① (*gängig*) kullanılır, geçer ② (*üblich*) alışılmış, yaygın
Gebrauchsanweisung *f* kullanma kılavuzu [*o* talimatı]
gebraucht **I.** *adj* kullanılmış **II.** *adv* kullanılmış olarak, ikinci elden
Gebrauchtwagen *m* kullanılmış araba
gebrechlich *adj* eli ayağı tutmayan; (*krank*) hastalıklı
gebrochen **I.** *vi, vt s.* **brechen** **II.** *adj* kırık **III.** *adv* **~ Deutsch sprechen** bozuk [*o* çat pat] Almanca konuşmak
Gebrüder *pl* kardeşler *pl*
Gebühr *f* ücret; **~ bezahlt** ücret ödendi; **über ~** haddinden fazla, ifrat derecede
gebührend **I.** *adj* ① (*geziemend*) yakışık alır ② (*verdient*) layık **II.** *adv* gereği gibi
gebührenfrei *adj* ücretsiz
gebührenpflichtig *adj* ücrete tabi; **~e Autobahn** ücretli otoyol
gebunden **I.** *vt s.* **binden** **II.** *adj* ① (*Buch*) ciltli ② (*fig: Mensch*) bağlı
Geburt *f* ① (*Geborenwerden*) doğum ② (*Gebären*) doğurma; **von ~ Deutsche(r)** doğuştan Alman
Geburtenkontrolle *f* doğum kontrolü
Geburtenregelung *f* doğum kontrolü
Geburtenrückgang *m* doğum nispetinin azalışı
gebürtig *adj* doğumlu
Geburtsanzeige *f* doğum ilanı
Geburtsdatum *nt* doğum tarihi
Geburtsjahr *nt* doğum yılı
Geburtsort *m* doğum yeri
Geburtstag *m* doğum günü; **alles Gute zum ~!** doğum gününüz kutlu olsun!
Geburtsurkunde *f* doğum belgesi
Gebüsch *nt* çalılık
gedacht *vi s.* **denken**
Gedächtnis *nt* ① (*Vermögen*) hafıza, bellek ② (*Erinnerung*) akıl, zihin, hatır; **aus dem ~** kafadan, akıldan, ezbere; **zum ~ an** -in hatırasına
Gedächtnisschwund *m* bellek kaybı, bellek yitimi
Gedächtnisstütze *f* belleteç
gedämpft *adj* ① (*Speise*) buğuda pişirilmiş ② (*Schall, Licht*) kısılmış
Gedanke *m* ① düşünce ② (*Idee*) fikir; **in ~n** (*im Geiste*) hayalde; **in ~n versunken** düşüncelere dalmış; (*geistesabwesend*) dalgın; **sich über etw ~n machen** bir şeye kafa yormak; (*besorgt sein*) (bir şeyden dolayı) kaygılanmak [*o* endişelenmek]
Gedankenstrich *m* tire
Gedankenübertragung *f* telepati
gedanklich *adj* düşünsel
Gedeck *nt* ① (*Geschirr*) sofra takımı ② (*Menü*) mönü
gedeihen <gedieh, gediehen> *vi sein* ① (*Pflanzen*) büyümek; (*Lebewesen*) gelişmek ② (*fig*) ilerlemek
Gedenkfeier *f* anma töreni
Gedenkstätte *f* anma yeri
Gedenktafel *f* hatıra levhası
Gedicht *nt* şiir
gedieh, gediehen *vi s.* **gedeihen**
Gedränge *nt* sıkıntı; (*Menschen-*) kalabalık
gedroschen *vt s.* **dreschen**
gedrückt *adj* (*fig*) bezgin, neşesiz
gedrungen **I.** *vi s.* **dringen** **II.** *adj* (*Gestalt*) bodur, tıknaz
Geduld *f* sabır
gedulden *vr* **sich ~** sabretmek
geduldig *adj* sabırlı
gedungen *adj* **~er Mörder** kiralık katil
gedurft *vi s.* **dürfen**
geehrt *adj* **Sehr ~er Herr!** Sayın Bay!
geeignet *adj* uygun, elverişli; (*Person*) yetenekli, (işe) yarar
Gefahr *f* tehlike; **in ~** tehlikede; **außer ~** tehlike dışı; **~ laufen zu** -me tehlikesine uğramak; **sich in ~ begeben** kendini tehlikeye atmak
gefährden *vt* tehlikeye koymak [*o* sokmak] (**jdn/etw** -i)
gefährlich *adj* tehlikeli
Gefährlichkeit *f* tehlikeli durum

G

Gefährte, Gefährtin *m, f* arkadaş; (*Reise-*) yoldaş
Gefälle *nt* ① eğim, iniş, meyil ② (*Unterschied*) fark; **starkes ~** dik iniş
gefallen[1] *irr vi* hoşuna gitmek (**jdm** -in); **wie gefällt Ihnen das?** bunu beğeniyor musunuz?, bu hoşunuza gidiyor mu?; **es gefällt mir** (**sehr**) (çok) hoşuma gidiyor, (çok) beğeniyorum
gefallen[2] **I.** *vi s.* **fallen; gefallen II.** *adj* (*im Krieg*) şehit (olmuş, düşmüş)
Gefallen[1] *m* iyilik, hatır; **kannst du mir einen ~ tun?** bana bir iyilik yapar mısın?; **darf ich Sie um einen ~ bitten?** sizden bir ricada bulunabilir miyim?
Gefallen[2] *nt* hoşlanma, beğenme, zevk duyma; **an etw ~ finden** bir şeyden hoşlanmak, bir şeyi beğenmek
Gefallene(r) *f(m)* şehit
gefällig *adj* (*liebenswürdig*) hatırsayan
Gefälligkeit *f* (küçük) iyilik; **aus ~** hatır için
gefälligst *adv* (*mit Imperativ*) lütfen
gefälscht *adj* sahte
gefangen I. *vi s.* **fangen II.** *adj* (*im Krieg*) esir, tutsak; **~ nehmen** esir almak (**jdn** -i)
Gefangene(r) *f(m)* (*im Krieg*) esir, tutsak; (*im Gefängnis*) mahpus; JUR tutuklu
gefangennehmen[ALT] *vt s.* **gefangen**
Gefangenschaft *f* esirlik, tutsaklık
Gefängnis *nt* hapishane, cezaevi
Gefängnisstrafe *f* hapis cezası
Gefäß *nt* ① (*Behälter*) kap ② (*Blut-*) damar
gefasst[RR], **gefaßt**[ALT] *adj* (*ruhig*) sakin; **sich auf etw ~ machen** bir şeye hazırlıklı olmak
Gefieder *nt* (*Vogel*) kuşların tüyleri
gefleckt *adj* benekli
geflochten *vt s.* **flechten**
geflogen *vi s.* **fliegen**
geflohen *vi s.* **fliehen**
geflossen *vi s.* **fließen**
Geflügel *nt* kümes hayvanları
gefochten *vi s.* **fechten**
gefragt *adj* (*fig*) beğenilen, aranan, sorulan
gefräßig *adj* obur, pisboğaz
Gefreiter *m* (*Militär*) onbaşı
gefrieren *irr vi* donmak
Gefrierfach *nt* buzluk
gefriergetrocknet *adj* dondurarak kurutulmuş
Gefrierpunkt *m* donma noktası
Gefrierschrank *m*, **Gefriertruhe** *f* derin dondurucu
gefroren *vi s.* **frieren**
gefügig *adj* uysal
Gefühl *nt* ① (*Tastsinn*) dokunum ② (*Empfindung*) duygu, his ③ (*Eindruck*) izlenim, duyma, duyuş ④ (*Empfindsamkeit*) duygululuk ⑤ (*Ahnung*) his, sezgi, sezi ⑥ (*fig: Sinn, Verständnis*) duygu, anlayış
gefühllos *adj* hissiz, duygusuz
Gefühlsduselei *f* santimantalizm
gefühlvoll *adj* ① (*empfindsam*) duygulu, hassas ② (*liebevoll*) sevecen, şefkatli
gefunden *vt s.* **finden**
gegangen *vi s.* **gehen**
gegärt *vi s.* **gären**
gegeben I. *vt s.* **geben II.** *adj* **zu ~er Zeit** gerektiği zamanda
gegebenenfalls *adv* gereğince, icabında, sırasında
gegen *präp +akk* ① (*feindlich*) -e karşı ② (*auf jdn/etw zu*) -e doğru, -e karşı ③ (*ungefähr*) takriben, aşağı yukarı ④ (*zeitlich*) -e doğru, sularında ⑤ (*Tausch*) karşılığında; **~ Mittag** öğlene doğru, öğle sularında; (**gut**) **~ Kopfweh** baş ağrısına karşı iyi
Gegenangriff *m* (*im Krieg*) karşı hücum
Gegenbeweis *m* karşı kanıt
Gegend *f* ① (*Region*) bölge, taraf, yer ② (*Stadtviertel*) semt
gegeneinander *adv* birbirine karşı
Gegengewicht *nt* denk; (*fig*) denge
Gegengift *nt* (*auch fig*) panzehir
Gegenleistung *f* karşılık
Gegenlicht *nt* (*Foto*) karşı ışık
Gegenmaßnahme *f* ① (*Maßnahme*) karşı tedbir [*o* önlem] ② (*Vergeltung*) sanksyon, zorlayıcı tedbir
Gegensatz *m* ① (*Verschiedenheit*) karşıtlık, tezat, zıt ② (*Widerspruch*) tutmazlık, aykırılık; **im ~ zu** *dat* -in aksine
gegensätzlich *adj* çelişkili, tezatlı, aksi
Gegenseite *f* ① ters taraf ② JUR karşı taraf
gegenseitig *adj* karşılıklı
Gegenseitigkeit *f* karşılılık, karşılıklı durum
Gegenspieler(in) *m(f)* rakip
Gegenstand *m* ① (*Körper*) şey, eşya ② (*Thema*) konu
gegenstandslos *adj* ① (*ohne Grundlage*) asılsız ② (*abstrakt*) soyut
Gegenstimme *f* karşıt oy
Gegenströmung *f* anafor
Gegenstück *nt* ① (*Pendant*) karşılık, denk, eş ② (*Gegensatz*) karşıt, tezat, zıt

Gegenteil *nt* ters, karşıt
gegenüber I. *adv* karşı II. *präp* +*dat* ❶ (*räumlich*) -in karşısında ❷ (*fig: im Vergleich zu*) -e oranla, -e nispetle, -e kıyasla; **mir ~** (*im Umgang mit mir*) bana karşı, benimle ilişkide
Gegenüber *nt* karşı taraf
gegenüberliegend *adj* karşı(daki)
gegenüberstehen *irr vi* karşısında durmak [*o* bulunmak] (**jdm/einer Sache** -in); **sich** *dat* **~** karşı karşıya durmak
gegenüberstellen *vt* ❶ (*konfrontieren*) karşısına koymak (**jdn jdm** -i -in); (*vor Gericht*) yüzleştirmek (**jdn jdm** -i ile) ❷ (*vergleichen*) karşılaştırmak (**etw einer Sache** -i ile)
Gegenverkehr *m* karşı (yöndeki) trafik
Gegenvorschlag *m* karşı teklif
Gegenwart *f* ❶ (*Jetztzeit*) şimdiki zaman ❷ (*Anwesenheit*) bulunma; **in ~ eines Notars** noter huzurunda
gegenwärtig I. *adj* ❶ (*jetzig*) şimdiki ❷ (*anwesend*) hazır (bulunan), mevcut II. *adv* şimdi, halen
Gegenwehr *f* savunma, karşı koyma
Gegenwert *m* bedel, karşı değer
Gegenwind *m* ters rüzgar
gegessen *vi, vt s.* **essen**
geglichen *vi s.* **gleichen**
geglimmt *vi s.* **glimmen**
geglitten *vi s.* **gleiten**
geglommen *vi s.* **glimmen**
Gegner(in) *m(f)* ❶ (*Opponent*) karşıt, muhalif ❷ SPORT rakip ❸ (*Feind*) düşman
gegnerisch *adj* karşıt, muhalif; SPORT rakip; (*feindlich*) düşman
gegolten *vi s.* **gelten**
gegoren *vi s.* **gären**
gegossen *vi, vt s.* **gießen**
gegraben *vi, vt s.* **graben**
gegriffen *vi, vt s.* **greifen**
gegrillt *adj* ızgara(da)
gehabt *vt s.* **haben**
Gehackte(s) *nt* (*Fleisch*) kıyma
Gehalt[1] *m* (*Inhalt*) içerik, kapsam
Gehalt[2] *nt* (*Einkommen*) maaş; (*Monats-*) aylık
Gehaltsempfänger *m* aylık alan, aylıkçı
Gehaltserhöhung *f* maaş zammı
gehangen *vi, vt s.* **hängen**
gehässig *adj* kinci
Gehässigkeit *f* kin(cilik)
Gehäuse *nt* ❶ (*Etui*) kılıf, zarf ❷ (*Büchse, Uhr-, Radio*) dolap ❸ (*Schnecke*) kabuk
gehbehindert *adj* topal
geheim *adj* gizli, saklı; **im Geheimen** gizli olarak; **~ halten** gizli tutmak, gizlemek, saklamak (**etw vor jdm** -i -den)
Geheimdienst *m* gizli servis, istihbarat (servisi)
Geheimfach *nt* gizli çekmece
geheimhalten[ALT] *vt s.* **geheim**
Geheimnis *nt* sır, gizem, esrar; **ein offenes ~** herkesçe bilinen sır
geheimnisvoll *adj* esrarlı, gizemli, esrarengiz
Geheimpolizei *f* sivil polis
Geheimzahl *f* gizli numara, şifre
gehemmt *adj* tutuk
gehen <ging, gegangen> *vi sein* ❶ (*allgemein*) gitmek ❷ (*wandern*) yürümek ❸ (*funktionieren*) işlemek, çalışmak; **wie geht's?** nasılsın(ız)?; **es geht mir gut** iyiyim; **es geht** (*Befinden*) şöyle böyle; **das geht nicht** olmaz; **das wird schon ~** bu iş olur; **an die Arbeit ~** işe koyulmak; **es geht um ...** konu şu ...; **sich ~ lassen** kendini kapıp koyuvermek
geheuer *adj* **nicht ~** tekin değil
Gehhilfe *f* yürüteç
Gehilfe, Gehilfin *m, f* yardımcı
Gehirn *nt* beyin
Gehirnblutung *f* beyin kanaması
Gehirnerschütterung *f* beyin sarsılması
Gehirnschlag *m* beyin sektesi
Gehirnwäsche *f* beyin yıkama
gehoben *vt s.* **heben**
geholfen *vi s.* **helfen**
Gehör *nt* işitim
gehorchen *vi* itaat etmek (**jdm** -e), dinlemek (**jdm** -i)
gehören I. *vi* (*Besitz*) ait olmak (**jdm** -e); (*als Teil*) dahil olmak (**zu etw** -e); **das gehört mir** bu bana ait, bu benim II. *vr* **sich ~** yakışık almak; **das gehört sich (nicht)** bu yakışık alır (almaz)
gehörlos *adj* sağır
gehorsam *adj* söz dinleyen; (*fügsam*) uysal, uyan
Gehorsam *m* itaat, söz dinleme
gehupft *adj* **das ist ~ wie gesprungen** ha Ali Hoca, ha Hoca Ali
Gehweg *m* yaya yolu
Geier *m* akbaba
Geige *f* keman; **die erste ~ spielen** sözü

G

geçmek
Geiger(in) *m(f)* kemancı
Geigerzähler *m* Geiger sayacı (*radyoaktivite ölçme aracı*)
geil *adj* ❶ (*fam: toll*) enfes ❷ (*wollüstig*) şehvetli, kösnül
Geisel *f* rehine, tutak
Geiselnahme *f* rehine alma
Geiß *f* dişi keçi
Geißbock *m* erkek keçi, teke
Geißel *f* ❶ (*Peitsche*) kırbaç, kamçı ❷ (*Plage*) afet, bela
Geist *m* ❶ (*Seele*) can, ruh ❷ (*Intellekt*) zihin, akıl, zeka ❸ (*Gespenst*) hayalet; **der Heilige ~** Ruhülkudüs
geistesabwesend *adj* dalgın
Geistesblitz *m birdenbire akla esen fikir*
Geistesgegenwart *f* uyanıklık
geistesgestört *adj,* **geisteskrank** *adj* akıl hastası
Geisteskranke(r) *f(m)* akıl hastası, deli
Geisteswissenschaften *fpl* kültür bilimleri *pl*
Geisteszustand *m* ruh haleti
geistig *adj* ❶ (*gedanklich*) düşünsel ❷ (*den Intellekt betreffend*) akli, zihinsel ❸ (*immateriell*) manevi, tinsel; **~ behindert** zihinsel özürlü; **~es Eigentum** fikri ve sınai mülkiyet; **~er Vater** fikir babası
geistlich *adj* dini; (*kirchlich*) ruhani
Geistliche(r) *m* ❶ (*christlich*) papaz, rahip ❷ (*islamisch*) imam
geistlos *adj* aptal
geistreich *adj,* **geistvoll** *adj* akıllı
Geiz *m* cimrilik, hasislik, pintilik
geizen *vi* kısırganmak (**mit etw** -i)
Geizhals *m* pinti, cimri, hasis
geizig *adj* pinti, cimri, hasis
Geizkragen *m* cimri, eli sıkı, pinti
gekachelt *adj* fayanslı, çinili
gekannt *vt s.* **kennen**
geklommen *vi s.* **klimmen**
geklont *adj* klonlanan, kopyalanan, kopyalanmış
geklungen *vi s.* **klingen**
gekniffen *vi, vt s.* **kneifen**
gekocht *adj* pişmiş
gekonnt I. *vi, vt s.* **können II.** *adj* **das war sehr ~** bu çok iyiydi
gekränkt *adj* **~ sein** incinmek (**über etw/jdn** -den), gücenmek, alınmak (**über etw/jdn** -e)
Gekritzel *nt* karalama
gekrochen *vi s.* **kriechen**
gekünstelt *adj* yapmacık
Gel *nt* jöle
Gelächter *nt* gülme, gülüş; (*lautes*) kahkaha
geladen *vt s.* **laden**
gelähmt *adj* kötürüm
Gelände *nt* arazi
Geländer *nt* ❶ (*Treppen-*) tırabzan ❷ (*Schutzgitter*) korkuluk
Geländewagen *m* arazi arabası, jip
gelang *vi s.* **gelingen**
gelangen *vi sein* (*auch fig*) varmak, ulaşmak, erişmek (**zu etw** -e)
gelassen I. *vt s.* **lassen II.** *adj* (*ruhig*) sakin, soğukkanlı
Gelassenheit *f* sakinlik, soğukkanlılık
Gelatine *f* jelatin
gelaufen *vi s.* **laufen**
geläufig *adj* ❶ (*bekannt*) bilinen ❷ (*allgemein üblich*) yaygın
gelaunt *adj* **gut/schlecht ~** keyifli/keyifsiz, neşeli/neşesiz
gelb *adj* sarı
Gelbfieber *nt* sarı humma
gelblich *adj* sarımtırak, sarımsı, sarıca
Gelbsucht *f* sarılık
Geld *nt* para; **~ regiert die Welt** altın anahtar her kapıyı açar; **das ~ zum Fenster hinauswerfen** parayı sokağa atmak
Geldanlage *f* yatırım
Geldanweisung *f* para havalesi
Geldaufwertung *f* revalorizasyon
Geldautomat *m* paramatik
Geldbetrag *m* para miktarı
Geldbeutel *m* cüzdan
Geldbuße *f* para cezası
Geldentwertung *f* devalüasyon
Geldkarte *f* parakartı, kredi kartı
Geldpolitik *f* para politikası
Geldschein *m* banknot
Geldschrank *m* kasa
Geldstrafe *f* para cezası
Geldstück *nt* madeni para
Geldtasche *f* para çantası
Geldwechsel *m* para değiştirme
Gelee *nt* jöle
gelegen I. *vi s.* **liegen II.** *adj* bulunan; (*passend*) uygun
Gelegenheit *f* fırsat; **bei passender ~** uygun bir fırsatta; **die ~ ergreifen** [*o* **nutzen**] fırsattan yararlanmak; **die ~ verpassen** fırsatı

kaçırmak
Gelegenheitsarbeit *f* geçici iş
Gelegenheitskauf *m* kelepir
gelegentlich *adv* arasıra, bazen, kimi zaman [*o* vakit]
gelehrt *adj* bilgili
Gelehrte(r) *f(m)* bilgin, alim
Gelenk *nt* mafsal, eklem
gelenkig *adj* (*elastisch*) esnek
gelernt *adj* (*Arbeiter*) kalifiye
gelesen *vt s.* **lesen**
Geliebte(r) *f(m)* sevgili, dost; (*Mätresse*) metres
geliehen *vt s.* **leihen**
gelingen <gelang, gelungen> *vi sein* başarıyla sonuçlanmak; **es ist mir endlich gelungen, das Auto zu reparieren** en sonunda arabayı tamir etmeyi başardım
gelitten *vi, vt s.* **leiden**
geloben *vt* andetmek, ahdetmek (**etw zu tun** -meye); **das Gelobte Land** Arzı Mevut
gelogen *vi s.* **lügen**
gelten <gilt, galt, gegolten> *vi* ① (*gültig sein*) geçerli olmak, geçmek ② (*Gesetz*) yürürlükte olmak ③ (*sich beziehen auf*) yönelik olmak (**jdm/einer Sache** -e) ④ (*wert sein*) değerli olmak; **für** [*o* **als**] **etw ~** ... olarak [*o* diye] sayılmak; **~ für** ... için geçerli olmak; **~ lassen** tanımak, kabul etmek, hoş görmek (**etw** -i); **das gilt nicht** bu sayılmaz; **jetzt gilt es, durchzuhalten** şimdi dayanmak gerek
Geltung *f* ① (*Wert*) değer ② (*Ansehen*) sayılma, itibar ③ (*Gültigkeit*) geçerlik
Gelübde *nt* adak
gelungen **I.** *vi s.* **gelingen** **II.** *adj* başarılı
gemahlen *vt s.* **mahlen**
Gemälde *nt* resim, tablo
gemäß *präp +dat* -e göre, -e nazaran, ... gereğince
gemäßigt *adj* ılımlı, ölçülü
gemein *adj* (*unfein*) bayağı; **er hat mit seinem Bruder vieles ~** onun kardeşi ile birçok ortak yanları var
Gemeinde *f* ① (*Ort*) belde ② (*Verwaltung*) belediye ③ REL cemaat
Gemeindebezirk *m* belde arazisi
Gemeinderat *m* ① (*Körperschaft*) belediye meclisi ② (*Person*) belediye meclisi üyesi
Gemeindewahl *f* belediye seçimi
gemeingefährlich *adj* kamu düzeni için tehlikeli; (*fig*) son derece tehlikeli
Gemeinheit *f* alçaklık, bayağılık
gemeinnützig *adj* kamuya yararlı
gemeinsam **I.** *adj* ortak **II.** *adv* birlikte, beraber, ortaklaşa
Gemeinsamkeit *f* ① (*gemeinsame Eigenschaft*) ortaklık ② (*Zusammenhalt*) ortaklık
Gemeinschaft *f* ① (*Zusammensein*) beraberlik ② (*Gruppe*) topluluk
Gemeinschaftskunde *f* (*in Deutschland*) sosyal bilgiler; (*in Türkei*) yurttaşlık bilgileri
Gemeinwohl *nt* kamu yararı
gemessen *vt s.* **messen**
Gemetzel *nt* katliam, kırım
gemieden *vt s.* **meiden**
Gemisch *nt* karışım
gemischt *adj* karışık
gemocht *vt s.* **mögen**
gemolken *vt s.* **melken**
Gemse[ALT] *f s.* **Gämse**
Gemüse *nt* sebze
Gemüsegarten *m* bostan
Gemüsehändler(in) *m(f)* sebzeci, manav
Gemüsesuppe *f* sebze çorbası
gemusst[RR] *vi s.* **müssen**
gemustert *adj* desenli
gemütlich *adj* ① (*Ort*) rahat ② (*Zusammensein*) samini ③ (*Person*) iyi kalpli; **hier ist es ~** burası rahat; **es sich ~ machen** keyfine [*o* rahatına] bakmak; **eine ~e Ecke** rahat bir köşe
Gemütlichkeit *f* rahat, huzur
Gen *nt* gen
genannt *vt s.* **nennen**
genas *vi s.* **genesen**
genau **I.** *adj* ① (*exakt*) tam ② (*richtig*) doğru ③ (*sorgfältig*) özenli; (*aufmerksam*) dikkatli ④ (*penibel*) titiz **II.** *adv* tam, tıpkı; **~ um 7 Uhr** tam saat 7'de; **~ kennen** iyi tanımak (**jdn/etw** -i); **etw ~ nehmen** bir şeyi eksiksiz yapmak; **~ genommen** doğrusu, aslında
Genauigkeit *f* ① (*Bestimmtheit*) kesinlik ② (*Richtigkeit*) doğruluk ③ (*Sorgfalt*) özen, dikkat
genauso *adv* aynen, aynı şekilde; **~ viel** aynı derecede çok; **~ wenig** aynı derecede az
genehm *adj* hoş
genehmigen *vt* ① (*erlauben*) izin vermek (**etw** -e) ② (*billigen*) ona(yla)mak, tasvip etmek (**etw** -i)
Genehmigung *f* ① (*Erlaubnis*) izin ② (*Billigung*) onay, tasvip ③ ADMIN ruhsat
General *m* general

G

Generalprobe *f* genel [*o* son] prova

Generalsekretär(in) *m(f)* genel sekreter

Generalstreik *m* genel grev

Generalüberholung *f* (*Fahrzeug*) genel revizyon

Generaluntersuchung *f* genel muayene

Generalversammlung *f* ① (*Ausschuss*) genel kurul ② (*Tagung*) genel toplantı

Generation *f* nesil, kuşak

Generationenkonflikt *m* kuşaklar çatışması

Generator *m* jeneratör

generell *adj* genel

genesen <genas, genesen> *vi sein* (*geh*) şifa bulmak, iyileşmek

Genesung *f* iyileşme, şifa (bulma)

Genetik *f* genetik

Genf *nt* Cenevre; **~er Abkommen** Cenevre Sözleşmesi

genial *adj* dahi

Genick *nt* (*Nacken*) ense (kökü); (*Hals*) boyun (kökü)

Genie *nt* deha, dahi

genieren *vr* **sich ~** utanmak (**etw zu tun** -meye), çekinmek (**vor jdm** -den), sıkılmak

genießen <genoss, genossen> *vt* (*mit Genuss verzehren*) zevkle yemek (**etw** -i); (*Freude empfinden an*) zevkini çıkarmak (**etw** -in); **nicht zu ~** (*fig*) yenir yutulur şey değil

Genitalien *pl* üreme organları

Genitiv *m* tamlayan durumu, -in hali

Genmanipulation *f* gen manipülasyonu

genmanipuliert *adj* genleri değiştirilmiş (olan)

genommen *vt s.* **nehmen**

genoss[RR], **genoß**[ALT] *s.* **genießen**

Genosse, Genossin *m, f* yoldaş

genossen *vt s.* **genießen**

Genossenschaft *f* kooperatif

Genozid *m* soykırım, jenozid

Gentechniker(in) *m(f)* genetik mühendis(i)

Gentechnologie *f* gen teknolojisi, genetik mühendislik

Gentherapie *f* gen tedavisi [*o* terapisi]

genug *adv* yeter, kafi

genügen *vi* yetmek (**jdm** -e), kafi gelmek (**für etw** ... için)

genügend *adj* yeterli, kafi

Genuss[RR] *m*, **Genuß**[ALT] *m* ① (*Vergnügen*) zevk ② (*guter Geschmack*) lezzet ③ (*von Lebensmitteln*) yeme, içme ④ (*von Vorteilen*) yararlanma

geöffnet *adj* açık, açılmış

Geograf(in)[RR] *m(f)* coğrafyacı

Geografie[RR] *f*, **Geographie** *f* coğrafya

geografisch[RR] *adj*, **geographisch** *adj* coğrafi

Geologe, Geologin *m, f* jeolog, yer bilimcisi

Geologie *f* jeoloji, yerbilim

Geometrie *f* geometri

geometrisch *adj* geometrik

Gepäck *nt* bagaj

Gepäckabfertigung *f* bagaj işlemleri [*o* muamelesi]

Gepäckannahme *f* bagaj yeri

Gepäckaufbewahrung *f* bagaj deposu, emanet

Gepäckausgabe *f* bagaj yeri

Gepäcknetz *nt* eşya filesi

Gepäckschein *m* bagaj kuponu

Gepäckschließfach *nt* kilitli bagaj kutusu

Gepäckstück *nt* eşya

Gepäckträger *m* ① (*Person*) hamal ② (*am Auto, Fahrrad*) bagaj koyma yeri, portbagaj

Gepäckwagen *m* (*Waggon*) bagaj vagonu; (*am Flughafen*) bagaj arabası

gepanzert *adj* zırhlı

Gepard *m* gepar

gepfiffen *vi, vt s.* **pfeifen**

gepflegt **I.** *vi, vt s.* **pflegen** **II.** *adj* bakımlı; (*Kleidung*) temiz

Gepflogenheit *f* alışkanlık, adet

gepriesen *vt s.* **preisen**

geprüft *adj* **~er Elektrotechniker** diplomalı elektrik teknisyeni

gequollen *vi s.* **quellen**

gerade **I.** *adj* ① (*nicht krumm*) doğru, düz ② (*Zahl*) çift **II.** *adv* ① (*genau*) tam ② (*soeben*) biraz önce; **~ umgekehrt** tam tersi; **~ gegenüber** tam karşıda; **nun ~!** inadına!; **ich bin ~ gekommen** daha şimdi [*o* yeni] geldim; **wir waren ~ dabei, zu frühstücken** kahvaltı etmek üzereydik; **~ stehen** dik durmak

Gerade *f* doğru çizgi

geradeaus *adv* doğru, dosdoğru, doğruca

geradestehen *vi* **für etw ~** bir şey için sorumluluk üstlenmek

geradezu *adv* (*sozusagen*) adeta, sanki

gerammelt *adv* **~ voll** tıka basa dolu

Geranie *f* sardunya

gerannt *vi s.* **rennen**

Gerät *nt* (*Werkzeug*) alet; (*Apparat*) cihaz

geraten[1] *irr vi sein* (*zufällig kommen*) yolu

düşmek (**in etw** -e); **gut/schlecht ~** başarıyla/başarısızlıkla sonuçlanmak; **außer sich ~** kendinden geçmek

geraten[2] **I.** *vi, vt s.* **raten; geraten**[1] **II.** *adj* (*ratsam*) tavsiyeye değer

Geräteturnen *nt* aletli cimnastik

Geratewohl *nt* **aufs ~** gelişigüzel, rasgele

geräuchert *adj* tütsülenmiş, füme

geräumig *adj* geniş, açık, ferah

Geräusch *nt* ses; (*lautes*) gürültü, patırtı

geräuschlos *adj* sessiz, gürültüsüz

gerben *vt* tabaklamak (**etw** -i)

Gerber *m* tabak

gerecht *adj* adil, adaletli; (*Strafe*) haklı, yerinde

Gerechtigkeit *f* adalet

Gerede *nt* ❶ (*Klatsch*) dedikodu ❷ (*Geschwätz*) gevezelik, boş laf

gereizt *adj* öfkeli, sinirli

Gereiztheit *f* sinirlilik

Gericht *nt* ❶ (*Speise*) yemek ❷ (*Institution*) mahkeme ❸ (*Gebäude*) adliye sarayı

gerichtet *adj* yönelik (**auf etw/jdn** -e, **gegen etw/jdn** -e)

gerichtlich *adj* adli

Gerichtshof *m* mahkeme, yargı yeri

Gerichtskosten *pl* mahkeme masrafları

Gerichtsmedizin *f* adli tıb

Gerichtssaal *m* mahkeme salonu

Gerichtsverhandlung *f* yargılama; (*Hauptverhandlung*) duruşma

Gerichtsvollzieher(in) *m(f)* icra memuru

gerieben I. *vt s.* **reiben II.** *adj* (*Apfel*) rende(lenmiş)

gering *adj* ❶ (*Menge*) küçük, ufak ❷ (*unbedeutend*) önemsiz, değersiz ❸ (*Preis*) düşük; **nicht im Geringsten** hiç bir surette, asla; **nicht das Geringste** izi bile yok

geringfügig *adj* ufak, önemsiz

geringschätzig *adj* aşağılayıcı, küçümseyici

gerinnen *irr vi sein* pıhtılaşmak; (*Milch*) kesilmek

Gerinnsel *nt* (*Blut-*) kan pıhtısı

gerissen I. *vi, vt s.* **reißen II.** *adj* (*durchtrieben*) cingöz, açıkgöz, pişkin

geritten *vi s.* **reiten**

Germane, Germanin *m, f* Cermen

Germanistik *f* Alman Dili ve Edebiyatı, Alman Filolojisi

gern <lieber, am liebsten> *adv* memnuniyetle, seve seve; **sehr** [*o* **herzlich**] **~!** baş üstüne!; **~ geschehen!** bir şey değil!; **~ mögen** sevmek (**jdn/etw** -i); **sie isst ~ Schokolade** çikolata beğeniyor; **ich möchte/hätte ~ ein Kilo Äpfel** bir kilo elma isterdim

gernhaben *irr vt* **jdn ~** birinden hoşlanmak; (*lieben*) birini sevmek

gerochen *vi, vt s.* **riechen**

geronnen *vi s.* **rinnen**

geröstet *adj* (*Kaffee, Zwiebel*) kavrulmuş; (*Fleisch*) kızartılmış, kebap edilmiş

Gerste *f* arpa

Gerstenkorn *nt* (*im Auge*) arpacık

Geruch *m* ❶ koku ❷ (*Sinn*) koklam

geruchlos *adj* kokusuz

Gerücht *nt* söylenti

gerufen I. *vi, vt s.* **rufen II.** *adj* **das kommt wie ~** hızır gibi yetişti

gerührt *adj* duygulanmış

Gerümpel *nt* pılı pırtı, eski [*o* kırık dökük] eşya

gerungen *vi s.* **ringen**

Gerüst *nt* iskele, çatı

gesamt *adj* bütün, tüm

Gesamtbetrag *m* toplam, yekun

Gesamteindruck *m* genel izlenim [*o* intiba]

Gesamtheit *f* bütün, tüm, tamam

Gesamtübersicht *f* genel bakış

Gesamtvolumen *nt* toplam hacim

gesandt *vt s.* **senden**

Gesandte(r) *f(m)* elçi

Gesandtschaft *f* elçilik

Gesang *m* (*Lied*) şarkı; (*der Vögel*) ötüş, ötme

Gesäß *nt* makat, kıç, kaba et

Gesäßtasche *f* pantalonun arka cebi

geschaffen *vi, vt s.* **schaffen**

Geschäft *nt* ❶ (*Laden*) dükkan, mağaza ❷ (*Firma*) firma ❸ (*Vorgang*) iş ❹ (*Handel*) ticaret; **ein ~ abschließen** iş [*o* ticaret] yapmak; **~ ist ~** iş iştir; **großes ~** (*fam: Stuhlgang*) büyük aptes; **sein ~ verrichten** (*fam*) aptes etmek

geschäftlich I. *adj* ticari **II.** *adv* iş için

Geschäftsbrief *m* ticari mektup

Geschäftsführer(in) *m(f)* müdür, yönetici

Geschäftsjahr *nt* iş yılı, mali yıl

Geschäftsleitung *f* işletme yönetimi

Geschäftsmann *m* iş adamı

Geschäftsreise *f* iş yolculuğu

Geschäftsviertel *nt* piyasa

Geschäftswelt *f* iş dünyası

Geschäftszeiten *fpl* iş saatleri *pl*

geschah *vi s.* **geschehen**

geschehen <geschieht, geschah, geschehen> *vi sein* olmak, cereyan etmek; **das geschieht dir** (**ganz**) **recht** oh olsun; **gern ~!** bir şey değil!

Geschehen *nt* olay

gescheit *adj* akıllı, zeki

Geschenk *nt* hediye, armağan

Geschenkartikel *mpl* hediyelik eşya *sing*

Geschichte *f* ❶ (*Historie*) tarih ❷ (*Erzählung*) hikaye, öykü ❸ (*Angelegenheit*) mesele; **mach keine ~n!** (*Umstände*) zahmet etme!

geschichtlich *adj* tarihi, tarihsel

geschichtsträchtig *adj* tarihi

Geschick[1] *nt* (*Schicksal*) talih, kader, yazgı

Geschick[2] *nt* (*Eignung*) yetenek, beceri

Geschicklichkeit *f* beceri, beceriklilik

Geschicklichkeitsspiel *nt* beceri oyunu

geschickt *adj* becerikli; (*behände*) çevik, atik

geschieden **I.** *vi, vt s.* **scheiden** **II.** *adj* boşanmış

geschieht *vi s.* **geschehen**

geschienen *vi s.* **scheinen**

Geschirr *nt* ❶ (*Küche*) kap kacak ❷ (*Pferd*) koşum

Geschirrspülmaschine *f* bulaşık makinası

Geschirrtuch *nt* bulaşık kurulama bezi

geschissen *vi s.* **scheißen**

geschlafen *vi s.* **schlafen**

geschlagen *vi, vt s.* **schlagen**

Geschlecht *nt* ❶ BIOL cins(iyet) ❷ (*Abstammung*) soy, asıl ❸ (*Generation*) kuşak, nesil ❹ LING cins

geschlechtlich *adj* cinsi, cinsel

Geschlechtsakt *m* cinsel birleşme

Geschlechtskrankheit *f* zührevi hastalık

Geschlechtsorgan *nt* cinsel organ

Geschlechtsteile *pl* ut yeri *pl*

Geschlechtsverkehr *m* sevişme

Geschlechtswort *nt* tanımlık

geschlichen *vi s.* **schleichen**

geschliffen *vi, vt s.* **schleifen**

geschlossen **I.** *vi, vt s.* **schließen** **II.** *adj* kapalı; (*fig: Gesellschaft*) özel, dışarıdan kimseyi kabul etmeyen **III.** *adv* (*gemeinsam*) birlikte

Geschmack *m* tat, lezzet; (*fig*) zevk; **an etw ~ finden** bir şeyden hoşlanmak; **nach jds ~** birinin zevkine göre

geschmacklos *adj* tatsız (tuzsuz), yavan; (*fig*) zevksiz

Geschmacklosigkeit *f* (*fig*) zevksizlik

Geschmack(s)sache *f* zevk meselesi

Geschmackssinn *m* tadım, tatma duyusu

Geschmacksstoff *m* tatlandırıcı (madde)

geschmackvoll *adj* (*fig*) zevkli

geschmissen *vt s.* **schmeißen**

geschmolzen *vi s.* **schmelzen**

geschnitten *vt s.* **schneiden**

geschoben *vt s.* **schieben**

gescholten *vt s.* **schelten**

Geschöpf *nt* yaratık, varlık, mahluk

geschoren *vt s.* **scheren**

Geschoss[RR] *nt*, **Geschoß**[ALT] *nt* ❶ mermi, kurşun ❷ (*Stockwerk*) (bina) kat(ı)

geschossen *vi, vt s.* **schießen**

geschreckt *vt s.* **schrecken**

Geschrei *nt* bağrışma, çığlık, haykırış

geschrieben *vt s.* **schreiben**

geschrie(e)n *vi s.* **schreien**

geschritten *vi s.* **schreiten**

Geschwätz *nt* (*Klatsch*) dedikodu

geschwätzig *adj* ❶ (*schwatzhaft*) geveze ❷ (*klatschsüchtig*) dedikoducu

geschweige *adv* **~ denn** nerede kaldı ki, ... bile değil

geschwiegen *vi s.* **schweigen**

geschwind *adv* çabuk, tez, hızlı

Geschwindigkeit *f* hız, sürat

Geschwindigkeitsbegrenzung *f* hız sınırlaması

Geschwister *pl* kardeş(ler *pl*)

geschwollen **I.** *vi s.* **schwellen** **II.** *adj* şiş(miş), kabarık, kabarmış; (*Sprache*) cafcaflı

geschwommen *vi s.* **schwimmen**

geschworen *vi, vt s.* **schwören**

Geschworene(r) *f(m)* jüri üyesi

Geschwulst *f* ur, tümör

geschwungen *vi, vt s.* **schwingen**

Geschwür *nt* çıban, ülser

gesehen *vi, vt s.* **sehen**

Geselle *m* ❶ (*Handwerks-*) kalfa ❷ (*Freund*) arkadaş

gesellig *adj* ❶ (*unterhaltsam*) hoşsohbet ❷ (*sozial*) sosyal

Geselligkeit *f* hoşsohbetlik; (*Vergnügen*) eğlenti

Gesellschaft *f* ❶ (*soziologisch*) toplum, topluluk ❷ (*Versammlung*) toplantı ❸ (*Organisation*) birlik, kurum, dernek ❹ (*Handels-*) şirket, ortaklık ❺ (*vornehme ~*) sosyete; **jdm ~ leisten** birine arkadaşlık etmek; **~ mit**

beschränkter Haftung limited şirket
Gesellschafter *m* ❶ (*allgemein*) musahip ❷ ECON ortak
gesellschaftlich *adj* sosyal, toplumsal
Gesellschaftsanzug *m* bayram giysisi
Gesellschaftsreise *f* topluluk halinde seyahat
Gesellschaftsspiel *nt* grup oyunu
gesendet *vt s.* **senden**
gesessen *vi s.* **sitzen**
Gesetz *nt* yasa, kanun
Gesetzbuch *nt* kanun(name)
Gesetzentwurf *m* kanun tasarısı
Gesetzesvorlage *f* kanun tasarısı
gesetzgebend *adj* yasamalı
Gesetzgeber *m* yasa koyucu
Gesetzgebung *f* yasama
gesetzlich *adj* yasal, kanuni, meşru
gesetzmäßig *adj* meşru, kanuni, yasalı
gesetzt *adj* ❶ (*reif*) olgun, ağırbaşlı ❷ (*ruhig*) sakin ❸ **~ den Fall** farzedelim ki, tutalım ki
gesetzwidrig *adj* yasa dışı, kanuna aykırı
Gesicht *nt* ❶ (*Antlitz*) yüz, çehre ❷ (*Anblick, Äußeres*) çehre, (dış) görünüş; **wir haben es ihm ins ~ gesagt** onun yüzüne karşı söyledik; **sie ist ihrer Mutter wie aus dem ~ geschnitten** hık demiş annesinin burnundan düşmüş; **~er schneiden** yüzünü gözünü oynatmak; **das ~ verlieren** (*fig*) itibardan düşmek; **sein wahres ~ zeigen** gerçek yüzünü göstermek
Gesichtsausdruck *m* yüz ifadesi
Gesichtspunkt *m* bakım, görüş
Gesichtszug *m* yüz çizgisi
gesiedet *vi s.* **sieden**
Gesinnung *f* düşünüş tarzı, görüş
Gesöff *nt* (*pej*) salamura [*o* bulaşık] suyu
gesoffen *vi, vt s.* **saufen**
gesogen *vi, vt s.* **saugen**
gesollt *vi s.* **sollen**
gesondert *adj* ayrı(lmış)
gesonnen *vi s.* **sinnen**
gespalten, gespaltet *vt s.* **spalten**
Gespann *nt* (*Zugtiere*) çift koşum; (*fig*) çift
gespannt *adj* gergin; **auf etw ~ sein** bir şeyi merakla [*o* sabırsızlıkla] beklemek
gespeichert *adj* INFORM (*Daten*) saklanan
Gespenst *nt* hayalet; **~er sehen** kuşkuya düşmek
gesperrt *adj* (*Weg, Konto*) kapalı
gespien *vi, vt s.* **speien**
gesponnen *vi, vt s.* **spinnen**
Gespräch *nt* ❶ (*Besprechung*) konuşma, görüşme ❷ (*Unterhaltung*) sohbet, söyleşi
gesprächig *adj* konuşkan
gesprochen *vi, vt s.* **sprechen**
gesprossen *vi s.* **sprießen**
gesprungen *vi s.* **springen**
gestaffelt *adj* derecelere ayrılmış
Gestalt *f* ❶ (*Figur*) biçim, şekil ❷ (*Wuchs*) boy, endam ❸ (*Person*) kişi, figür
gestalten *vt* biçimlendirmek (**etw** -i), şekil vermek (**etw** -e)
Gestaltung *f* biçimlendirme, şekil verme
gestanden **I.** *vi s.* **stehen** **II.** *adj* **ein ~er Mann** yetişkin bir adam
geständig *adj* **~ sein** suçunu itiraf etmek
Geständnis *nt* itiraf
Gestank *m* pis koku
gestatten *vt* izin vermek (**jdm etw** -e ... için), müsaade etmek (**jdm etw** -e -i); **~ Sie!** müsaadenizle!, izninizle!
Geste *f* jest
gesteckt *vi, vt s.* **stecken**
gestehen *irr vt* itiraf etmek (**etw** -i); **offen gestanden** açıkçası
Gestein *nt* külte
Gestell *nt* ❶ sehpa ❷ (*Brillen-*) çerçeve
gestern *adv* dün; **~ früh** [*o* **Morgen**]/**Abend** dün sabah/akşam; **ich bin nicht von ~** dünkü çocuk değilim ki
gestiegen *vi s.* **steigen**
gestikulieren *vi* jest yapmak, el kol hareketi yapmak
Gestirn *nt* takımyıldız
gestochen *vi, vt s.* **stechen**
gestohlen *vi, vt s.* **stehlen**
gestorben *vi s.* **sterben**
gestoßen *vi, vt s.* **stoßen**
gestreift *adj* çizgili
gestresst[RR] *adj* stresli
gestrichen **I.** *vt s.* **streichen** **II.** *adj* **frisch ~!** yeni boyanmış!
gestrig *adj* dünkü
gestritten *vi s.* **streiten**
Gestrüpp *nt* (*Dickicht*) çalılık, fundalık
gestunken *vi s.* **stinken**
Gesuch *nt* dilekçe
gesund *adj* sağlıklı, sıhhatli, sağ(lam); (*Gegensatz zu krank*) iyi; (*a. fig: heilsam*) şifalı, yararlı; **wieder ~ werden** iyileşmek; **bleiben Sie ~!** esen kalın!; **~er Menschenverstand** sağduyu
Gesundheit *f* sağlık, sıhhat; **~!** (*beim Nie-*

G

sen) çok yaşa(yın)!
gesundheitlich *adj* sıhhi, sağlıksal
Gesundheitsamt *nt* sağlık dairesi
Gesundheitsminister(in) *m(f)* sağlık bakanı
gesundheitsschädlich *adj* sağlığa zararlı
Gesundheitszustand *m* sağlık durumu
gesundschreibenRR *vt* sağlam diye bildirmek
gesungen *vi s.* **singen**
gesunken *vi s.* **sinken**
getan *vt s.* **tun**
geteert *adj* katranlı
getragen **I.** *vt s.* **tragen** **II.** *adj* (*Kleidung*) kullanılmış
Getränk *nt* içecek; (*alkoholisches*) içki
getrauen *vr* **sich ~** cesaret etmek (**etw zu tun** -meye)
Getreide *nt* tahıl
getrennt **I.** *adj* ayrı **II.** *adv* ayrı ayrı
getreten *vi, vt s.* **treten**
Getriebe *nt* ❶(*lebhaftes Treiben*) canlılık ❷TECH şanjman
getrieben *vi, vt s.* **treiben**
getrieft *vi s.* **triefen**
getroffen *vi, vt s.* **treffen**
getrogen *vt s.* **trügen**
getrunken *vt s.* **trinken**
Getue *nt* yapmacık; (*Ziererei*) cilveleşme
Gewächs *nt* (*Pflanze*) bitki
gewachsen **I.** *vi s.* **wachsen** **II.** *adj* **jdm/einer Sache ~ sein** birinin/bir şeyin hakkından gelmek; **gut ~ sein** boyu bosu yerinde olmak
Gewächshaus *nt* ser(a), limonluk
gewagt *adj* tehlikeli, rizikolu
Gewähr *f* garanti, inanca; **ohne ~** garanti verilmez
gewähren *vt* (*geben*) vermek, bağışlamak (**jdm etw** -e -i)
gewährleisten *vt* garanti etmek (**etw** -i)
Gewalt *f* ❶(*Macht, Kraft*) kuvvet, güç ❷(*Zwang*) zor, şiddet; **gesetzgebende/ausübende ~** yasama/yürütme kuvveti; **höhere ~** zorlayıcı nedenler; **mit ~** zorla, şiddetle; **mit aller ~** (*fig*) ne olursa olsun, hangi şartlar altında olursa olsun
Gewaltanwendung *f* kaba kuvvet, zor kullanma
Gewaltenteilung *f* POL kuvvetler ayrılığı
Gewaltherrschaft *f* despotluk, zorbalık
gewaltig *adj* ❶(*mächtig*) kuvvetli ❷(*sehr groß*) koskoca ❸(*heftig*) şiddetli
gewaltlos *adj* şiddetsiz
Gewaltlosigkeit *f* şiddetsizlik
gewaltsam *adj, adv* zorlu
Gewalttat *f* şiddet eylemi
gewalttätig *adj* zorba
Gewaltverzicht *m,* **Gewaltverzichtsvertrag** *m* zor kullanmama anlaşması
gewandt **I.** *vi, vt s.* **wenden** **II.** *adj* (*geschickt*) becerikli
Gewandtheit *f* beceri, beceriklilik
gewann *vt s.* **gewinnen**
gewaschen *vt s.* **waschen**
Gewässer *nt* su (*ırmaklar, göller, denizler*)
Gewebe *nt* ❶(*Textil*) dokuma ❷BIOL doku
gewebt *vt s.* **weben**
geweckt *adj* uyanık
Gewehr *nt* tüfek
Geweih *nt* geyik boynuzu
gewendet *vi, vt s.* **wenden**
Gewerbe *nt* ❶(*Handwerk*) sanat ❷ECON endüstri, sanayi ❸(*Beruf*) meslek
Gewerbegebiet *nt* sanayi bölgesi
Gewerbeschein *m* sanat tezkeresi
Gewerbeschule *f* sanat okulu
Gewerbesteuer *f* sanayi vergisi
gewerblich *adj* sınai, mesleki
Gewerkschaft *f* sendika
Gewerkschaft(l)er(in) *m(f)* sendikacı
gewerkschaftlich *adj* sendikal, sendikacı
gewesen *vi s.* **sein**
gewichen *vt s.* **weichen**
Gewicht *nt* ağırlık; (*bei Personen auch*) kilo; (*fig*) ağırlık, önem; **nach ~** tartı ile; **ins ~ fallen** önemli olmak, ağır basmak
Gewichtheben *nt* haltercilik
Gewichtheber(in) *m(f)* halterci
gewichtig *adj* (*fig*) önemli
gewieft *adj* uyanık, pişkin
gewiesen *vt s.* **weisen**
gewillt *adj* **~ sein, etw zu tun** -mek niyetinde olmak
Gewimmel *nt* (*Durcheinander*) kargaşalık; (*Gedränge*) kalabalık
Gewinde *nt* ❶vida dişi ❷(*Blumen-*) çelenk
gewinkt *vi s.* **winken**
Gewinn *m* ❶ECON kazanç, kar ❷(*Nutzen*) yarar ❸(*Vorteil*) çıkar ❹(*Lotterie*) kazanma; **~ bringen** kar getirmek; **~ bringend** (*Geschäft*) karlı, kazançlı; (*nützlich*) yararlı
Gewinnanteil *m* kar payı
Gewinnbeteiligung *f* kara katılma
gewinnbringend *adj s.* **Gewinn**

gewinnen <gewann, gewonnen> **I.** *vi* (*siegen*) zafer kazanmak **II.** *vt* ① (*erlangen*) kazanmak, kar etmek (**etw** -i) ② (*jds Interesse*) bağlamak (**jdn für etw/jdn** -i -e) ③ CHEM çıkarmak (**etw** -i)
Gewinner(in) *m(f)* kazanan
Gewinnmarge *f* ECON kar marjı
Gewinnpotential *nt* kazanç potensiyeli
gewiss[RR], **gewiß**[ALT] **I.** *adj* belli; **gewisse Leute** bazı insanlar; **ein gewisser ...** ... diye biri **II.** *adv* şüphesiz, elbette; **ganz ~!** muhakkak!; **aber ~!** elbette!
Gewissen *nt* vicdan; **mit gutem ~** iç [*o* gönül] rahatlığı ile; **nach bestem Wissen und ~** vicdanen; **ein gutes** [*o* **ruhiges**] **~ haben** içi [*o* vicdanı] rahat olmak; **ein schlechtes ~ haben** vicdan azabı duymak [*o* çekmek]
gewissenhaft *adj* özenli
gewissenlos *adj* vicdansız, insafsız
Gewissensbisse *mpl* vicdan azabı *sing*
Gewissensfrage *f* vicdan meselesi
Gewissensfreiheit *f* vicdan özgürlüğü [*o* hürriyeti]
Gewissenskonflikt *m* vicdanıyla çatışma (durumu)
gewissermaßen *adv* adeta, sanki
Gewissheit[RR], **Gewißheit**[ALT] *f* kesinlik
Gewitter *nt* fırtına
gewoben *vt s.* **weben**
gewogen *vi, vt s.* **wiegen**
gewöhnen **I.** *vt* **jdn an etw ~** birini bir şeye alıştırmak **II.** *vr* **sich an etw ~** bir şeye alışmak
Gewohnheit *f* ① (*Angewohnheit*) alışkanlık ② (*Sitte*) adet; **aus ~** alışkanlıktan
Gewohnheitsrecht *nt* görenek töresi
gewöhnlich **I.** *adj* ① (*üblich*) olağan ② (*alltäglich*) günlük ③ (*mittelmäßig*) sıradan, orta ④ (*unfein, gemein*) kaba, bayağı, adi **II.** *adv* (*im Allgemeinen*) genellikle; **wie ~** alışıldığı gibi
gewohnt *adj* (*Sache*) alışılmış; (*Person*) alışık, alışkın; **etw ~ sein** bir şeye alışık olmak
Gewöhnung *f* alış(tır)ma
Gewölbe *nt* kubbe
gewollt *vi, vt s.* **wollen**
gewonnen *vt s.* **gewinnen**
geworben *vi s.* **werben**
geworden *vi s.* **werden**
geworfen *vi, vt s.* **werfen**
gewrungen *vi, vt s.* **wringen**
Gewühl *nt* (*Durcheinander*) karışıklık; (*Menschen-*) kalabalık
gewunden *vt s.* **winden**
Gewürz *nt* bahar(at)
Gewürzgurke *f* kornişon
Gewürzmischung *f* harç, bahar
gewürzt *adj* baharatlı
gewusst[RR], **gewußt**[ALT] *vi, vt s.* **wissen**
Gezeiten *pl* gelgit, kabarma-alçalma
geziert *adj* (*gekünstelt*) yapmacık
gezogen *vi, vt s.* **ziehen**
Gezwitscher *nt* (*Vögel*) ötüşme
gezwungen **I.** *vt s.* **zwingen** **II.** *adj* zoraki
Ghetto *nt* getto
gibt *vt s.* **geben**
Gicht *f* gut, damla hastalığı, nıkris
Giebel *m* alınlık
gierig *adj* hırslı, haris
gießen <goss, gegossen> **I.** *vt* dökmek (**etw in/auf etw** -i -e); (*Blumen*) sulamak (**etw** -i) **II.** *vi* **es gießt** şakır şakır [*o* bardaklardan boşanırcasına] yağmur yağıyor
Gießkanne *f* ibrik
Gift *nt* zehir
Giftgas *nt* zehirli gaz
giftig *adj* ① zehirli ② (*gehässig*) kinci
Giftmüll *m* zehirli atık
Giftmülldeponie *f* zehirli atıklar deposu
Giftschlange *f* zehirli yılan
Gigabyte *nt* gigabayt
Gigant *m* dev
gigantisch *adj* dev, devasa
gilt *vi s.* **gelten**
Gin *m* cin
ging *vi s.* **gehen**
Ginster *m* katırtırnağı
Gipfel *m* ① (*eines Berges*) tepe, zirve, doruk ② (*fig: Höhepunkt*) en yüksek nokta; **das ist doch der ~!** bu kadarı da fazla!
Gipfelkonferenz *f*, **Gipfeltreffen** *nt* zirve konferansı
Gips *m* alçı; **in ~ legen** MED alçıya koymak (**etw** -i)
Gipsverband *m* alçı (sargı)
Giraffe *f* zürafa
Girlande *f* (*Frucht-*) hevenk; (*Blumen-*) çiçek dizisi
Giro *nt* ciro
Girokonto *nt* cari hesap, ciro hesabı
Gischt *f* dalga serpintisi
Gitarre *f* gitar
Gitter *nt* parmaklık, kafes

Gitterfenster *nt* kafesli pencere
Gladiole *f* glayöl
glamourös *adj* göz alıcı, cazip
Glanz *m* ① (*das Glänzen*) parıltı, parlaklık, pırıltı ② (*Politur*) cila ③ (*fig: Pracht*) görkem, debdebe
glänzen *vi* parlamak, parıldamak
glänzend *adj* ① parlak ② (*hervorragend*) enfes, kusursuz
Glas *nt* ① (*Material*) cam ② (*Trink-*) bardak; **ein ~ Wein** bir bardak şarap
Glaser *m* camcı
Glaserei *f* camcılık
Glasfaser *f* camipliği
Glasmalerei *f* cam resim sanatı
Glasscheibe *f* cam
Glasscherbe *f* cam kırığı
Glassplitter *m* (kırık) cam parçası
Glastür *f* camlı kapı
Glasur *f* ① (*Keramik*) sır, mine ② (*Email*) emaye ③ (*Kuchen-*) parlaklık veren madde
glatt **I.** *adj* ① (*ohne Unebenheiten*) pürüzsüz ② (*eben*) düz, düzgün, engebesiz ③ (*rutschig*) kaygan ④ (*einfach*) kolay **II.** *adv* ① (*rundweg*) doğrudan doğruya ② (*offen*) açıktan açığa
Glatteis *nt* donmuş kırağı
glätten *vt* düzeltmek, düzlemek (**etw** -i)
Glatze *f* dazlak kafa
glatzköpfig *adj* dazlak kafalı
Glaube *m* ① (*das Glauben*) inanç, iman ② (*religiöser ~*) iman, din ③ (*Vertrauen*) güven; **jdm ~n schenken** birine inanmak [*o* güvenmek]; **in gutem ~n** iyi niyetle
glauben **I.** *vt* ① (*für wahr halten*) inanmak (**dass** -diğine) ② (*meinen*) sanmak, zannetmek (**dass** -diğini) ③ (*vermuten*) tahmin etmek (**dass** -diğini); **ich glaube es Ihnen** size inanıyorum **II.** *vi* inanmak; **jdm/an jdn ~** birine inanmak; **an etw ~** bir şeye inanmak; **ich glaube ja** öyle sanıyorum
Glaubensbekenntnis *nt* (*christlich*) dini dogmaların özeti; (*islamisch*) kelime-i şahadet
Glaubenskrieg *m* din savaşı
glaubhaft *adj* inandırıcı, inanılır
gläubig *adj* dindar, inançlı
Gläubige(r) *f(m)* REL mümin, inanan
Gläubiger *m* ECON alacaklı
glaubwürdig *adj* güvenilir, inanılır
Glaubwürdigkeit *f* güvenilirlik
gleich **I.** *adj* aynı; **er ist immer der Gleiche** hep aynı; **es ist ~** aynı **II.** *adv* ① (*ebenso*) aynı şekilde; **~ groß/breit** aynı büyüklükte/genişlikte ② (*sofort*) derhal, hemen ③ (*recht bald*) biraz sonra; **~!** derhal!; **ich komme ~!** hemen geliyorum!; **~ darauf** hemen sonra; **bis ~!** biraz sonra görüşmek üzere!; **sie wird ~ kommen** biraz sonra gelecek
gleichaltrig *adj* yaşıt, aynı yaşta
gleichartig *adj* bircinsten, birtürden
gleichberechtigt *adj* eşit haklara sahip
Gleichberechtigung *f* haklarda eşitlik
gleichen <glich, geglichen> *vi* benzemek (**jdm/einer Sache** -e), andırmak (**jdm/einer Sache** -i)
gleichermaßen *adv* aynı şekilde
gleichfalls *adv* keza; **danke, ~** ben de teşekkür ederim
Gleichgewicht *nt* denge; **ins ~ bringen** dengelemek, denkleştirmek (**etw** -i)
Gleichgewichtsstörung *f* denge bozukluğu
gleichgültig *adj* ① (*teilnahmslos*) ilgisiz, kayıtsız ② (*belanglos*) önemsiz
Gleichgültigkeit *f* ilgisizlik, kayıtsızlık
Gleichheit *f* eşitlik
gleichkommen *vi* **jdm in etw ~** birine bir şeyde eşit olmak
gleichmäßig *adj* düzgün
gleichschalten *vt* ① (*fig*) *aynı yaşam biçime uydurmak* ② TECH aynı cereyana bağlamak
gleichsetzen *vt*, **gleichstellen** *vt* (*rechtlich*) eşit haklar vermek (**jdn** -e)
Gleichung *f* denklem
gleichwertig *adj* eş değerli
gleichzeitig **I.** *adj* eşzamanlı **II.** *adv* aynı zamanda
Gleis *nt* ray
gleiten <glitt, geglitten> *vi sein* kaymak; (*Flugzeug*) süzülmek
Gleitzeit *f* esnek çalışma saatleri *pl*
Gletscher *m* buzul
Gletscherspalte *f* buzul yarığı
glich *vi s.* **gleichen**
Glied *nt* ① (*Körper-*) organ; (*Finger-*) boğmak kemiği ② (*Penis*) erkeklik organı ③ (*Teil*) parça; (*Ketten-*) halka
gliedern *vt* bölümlemek (**etw in etw** -i -e)
Gliederung *f* ① (*Aufbau*) yapı(lış), bünye ② (*Einteilung*) bölümleme
glimmen <glomm, geglommen> *vi* kor halinde yanmak
glimpflich *adv* **~ davonkommen** ucuz kurtulmak, yakasını kurtarmak [*o* sıyırmak]

glitschig *adj* kaygan
glitt *vi s.* **gleiten**
global *adj* (*weltweit*) evrensel; COMM, POL küresel, global; **~e Erwärmung** global ısınma
globalisieren *vt* küreselleştirmek (**etw** -i)
globalisiert *adj* küreselleştirilmiş
Globalisierung *f* ❶ (*das Globalisieren*) küreselleştirme ❷ (*das Globalisiertwerden*) küreselleşme, globalleşme
Globalisierungsgegner(in) *m(f)* küreselleşme karşıtı
Globalisierungskritiker(in) *m(f)* globalleşme eleştiricisi
Globus *m* yerküre
Glocke *f* ❶ (*in Kirchen*) çan; (*Vieh*) çıngırak ❷ (*Klingel*) zil; **etw an die große ~ hängen** bir şeyi herkese duyurmak
Glockenblume *f* çançiçeği, boruçiçeği
Glockenspiel *nt* tınlak
Glockenturm *m* çan kulesi
glomm *vi s.* **glimmen**
Glossar *nt* sözcük listesi, sözlük
glotzen *vi* dik dik bakmak (**auf jdn/etw** -e)
Glück *nt* ❶ (*Glücklichsein*) mutluluk ❷ (*Glücksfall*) şans, talih, kısmet ❸ (*Erfolg*) başarı; **auf gut ~** rasgele, gelişigüzel; **zum ~** Allah'tan; **viel ~!** bol şanslar!; **~ bringen** şans [*o* uğur] getirmek
glücken *vi sein* başarıyla sonuçlanmak
glücklich *adj* mutlu; (*vom Glück gesegnet*) şanslı, talihli, kısmetli
glücklicherweise *adv* bereket versin, şans eseri olarak
Glücksbringer *m* uğur; (*Amulett*) tılsım; (*islamisch*) muska
Glücksfall *m* şans, talih, kısmet
Glückssache *f* şans meselesi
Glücksspiel *nt* kumar
Glückwunsch *m* kutlama, tebrik; **herzlichen ~!** kutlarım!, tebrik ederim!
Glühbirne *f* ampul
glühen *vi* ❶ kız(ar)mak ❷ (*vor Begeisterung*) yanıp tutuşmak, heyecan içinde olmak
glühend *adj* ❶ kızgın; (*Kohlen*) kor halinde ❷ (*Gesicht*) kıpkırmızı ❸ (*begeistert*) ateşli
Glühwein *m baharatlı ve şekerli sıcak kırmızı şarap*
Glühwürmchen *nt* ateş böceği
Glut *f* ❶ (*auch fig: Hitze*) şiddetli sıcak ❷ (*Feuer*) kor
GmbH *f Abk von* **Gesellschaft mit beschränkter Haftung** Ltd.Şti. (*Limited Şirketi*)
Gnade *f* ❶ (*Schonung*) acıma, merhamet, aman ❷ (*von Gott*) rahmet
Gnadenfrist *f* son mühlet
Gnadengesuch *nt* af dilekçesi
gnädig *adj* ❶ (*nachsichtig*) hoşgörücü, hoşgörülü ❷ (*barmherzig*) merhametli; **~e Frau!** hanımefendi!; **~es Fräulein!** küçük hanım!
Gobelin *m* goblen
Gold *nt* altın
Goldbarren *m* külçe altın
golden *adj* altın; **~e Hochzeit** ellinci evlilik yıldönümü; **das Goldene Horn** Haliç
Goldfisch *m* kırmızı süs balığı
Goldgrube *f* altın madeni
goldig *adj* (*fig*) tatlı, şirin
Goldmedaille *f* altın madalya
Goldschmied *m* kuyumcu
Golf¹ *m* GEOG körfez
Golf² *nt* SPORT golf (oyunu)
Golfplatz *m* golf sahası
Golfschläger *m* golf sopası
Golfspieler(in) *m(f)* golf oyuncusu, golfcu
Golfturnier *nt* golf turnuvası
Gondel *f* gondol
Gong *m* gonk
gönnen *vt* çok görmemek (**jdm etw** -e -i), kıskanmamak (**jdm etw** -in bir şeyini); **ich gönne es ihm** bunu ona çok görmüyorum; **sich** *dat* **etw ~** kendine bir şey için izin vermek
googeln *vi* INET Google ile aramak
gor *vi s.* **gären**
goss^RR^, **goß**^ALT^ *s.* **gießen**
Gotik *f* Gotik (sanatı)
gotisch *adj* Gotik dönemi
Gott *m* ❶ (*ein einzelner*) tanrı ❷ (*der einzige*) Tanrı, Allah; **du lieber ~!** aman Allahım!; **~ sei Dank!** Allah'a şükür!; **um ~es willen!** Allah aşkına!; **weiß Gott** Allah bilir
Gottesdienst *m* ibadet, dini ayin
Gotteshaus *nt* ibadethane
Gotteslästerung *f* Tanrı'ya küfretme
Gottheit *f* tanrı, ilah
Göttin *f* tanrıça, ilahe
Gottlosigkeit *f* dinsizlik, imansızlık, kafirlik
Götze *m* put
Götzendiener(in) *m(f)* putperest
Götzendienst *m* putperestlik
GPS *nt Abk von* **Global Positioning System**

küresel konumlandırma sistemi

Grab *nt* mezar, kabir, gömüt

graben <gräbt, grub, gegraben> *vi, vt* kazmak; (*Brunnen*) açmak (**etw** -i)

Graben *m* ① hendek ② (*Schützen-*) siper

Grabmal *nt* türbe

Grabstätte *f* mezar, kabir, gömüt

Grabstein *m* mezar taşı

gräbt *vi, vt s.* **graben**

Grabung *f* (*archäologische*) kazı

Grad *m* ① (*Temperatur*) derece ② (*Rang*) rütbe; (**bei**) **10 ~ Wärme/Kälte** 10 derece sıcakta/soğukta; **Verwandte**(**r**) **ersten ~es** birinci dereceden akraba

Graf *m* kont

Grafik *f* grafik

Grafiker(**in**) *m(f)* grafikçi

Grafiklösung *f* INFORM grafik çözümü

Gräfin *f* kontes

grafisch *adj* grafik

Grafit[RR] *nt* grafit

Grafologe[RR], **Grafologin** *m, f* grafolog, yazıbilimcisi

Grafologie[RR] *f* grafoloji, yazıbilim

Gramm *nt* gram

Grammatik *f* gramer, dilbilgisi

grammatisch *adj* gramere ait

Granatapfel *m* nar

Granate *f* obüs

Granit *m* granit

Grapefruit *f* greyfrut, greyfurt

Graphik *f s.* **Grafik**

Graphiker(**in**) *m(f) s.* **Grafiker**

graphisch *adj s.* **grafisch**

Graphit *nt s.* **Grafit**

Graphologe *m s.* **Grafologe**

Graphologie *f s.* **Grafologie**

Gras *nt* ① ot ② (*Rasen*) çim(en); **über etw ~ wachsen lassen** (*fig*) bir şeyi unut(tur)maya çalışmak

grasen *vi* otla(n)mak

Grashalm *m* ot sapı

Grashüpfer *m* çekirge

grassieren *vi* hüküm sürmek

grässlich[RR], **gräßlich**[ALT] *adj* ① (*schrecklich*) müthiş, feci ② (*scheußlich*) iğrenç

Gräte *f* kılçık

Gratifikation *f* ikramiye; (*Zulage*) zam

gratis *adv* bedava, parasız, caba

Gratulation *f* kutlama, tebrik

gratulieren *vi* **jdm zu etw ~** birini bir şeyden dolayı kutlamak [*o* tebrik etmek]

grau *adj* gri, kurşuni, külrengi; **~ meliert** (*Haar*) kırçıl, kır karışmış

Graubrot *nt* kepekli ekmek

Gräuel[RR] *m* ① (*Abscheu*) nefret ② (*Tat*) zulüm, kıyıcılık

grauenhaft *adj,* **grauenvoll** *adj* dehşetli, korkunç

grauhaarig *adj* kır saçlı

gräulich[RR] *adj* korkunç, tüyler ürpertici

graumeliert *adj s.* **grau**

graupeln *vi* **es graupelt** bulgur (gibi kar) yağıyor

Graupeln *fpl* ebe bulguru *sing*

grausam *adj* acımasız, zalim, gaddar

Grausamkeit *f* zulüm, gaddarlık

gravieren *vt* oymak (**etw** -i)

gravierend *adj* ağırlaştıran

Gravierung *f* oyma

Greenfee *nt* (*Golf*) alan ücreti

greifbar *adj* (*fig*) somut

greifen <griff, gegriffen> **I.** *vt* tutmak, yakalamak, kapmak (**etw** -i) **II.** *vi* el uzatmak (**nach etw** -e); **jdm unter die Arme ~** birine destek olmak, birine el uzatmak

Greis(**in**) *m(f)* ihtiyar

grell *adj* (*Licht*) göz kamaştırıcı; (*Farbe*) göze batan, çok parlak; (*Stimme*) cırtlak

Gremium *nt* heyet, encümen, kurul, meclis

Grenzbahnhof *m* sınır istasyonu

Grenze *f* (*auch fig*) sınır

grenzen *vi* ① (*Land*) sınırdaş olmak (**an etw** -e) ② (*gleichen*) yaklaşmak, yakın olmak (**an etw** -e)

grenzenlos *adj* sınırsız, sonsuz, ölçüsüz

Grenzfall *m olağanüstü bir durum veya olay*

Grenzgänger(**in**) *m(f) çalışmak için sınır geçen*

Grenzgebiet *nt* sınır bölgesi

Grenzpolizei *f* sınır polisi

Grenzübergang *m* sınır geçme yeri

grenzüberschreitend *adj* hudut aşırı

Grenzverkehr *m* sınır trafiği

Greuel[ALT] *m s.* **Gräuel**

greulich[ALT] *adj s.* **gräulich**

Grieche, Griechin *m, f* Yunanlı; (*in der Türkei*) Rum

Griechenland *nt* Yunanistan

griechisch *adj* ① (*Sprache*) Yunanca ② (*Art*) Yunan ③ (*Herkunft*) Yunan(lı)

griesgrämig *adj* somurtkan

Grieß *m* irmik

griff *vi, vt s.* **greifen**

Griff *m* ①(*zum Festhalten*) tutamaç, tutamak ②(*Tür-*) kol ③(*Messer-*) kabza ④(*Stiel*) sap ⑤(*Henkel*) kulp ⑥(*Judo, Ringen*) tutma; **etw im ~ haben** bir şeyinin püf noktasını bilmek

griffig *adj* ele yatkın; (*Autoreifen*) tırmanmaya elverişli

Grill *m* ızgara

Grillanzünder *m* ızgara kavı

Grille *f* cırcırböceği

grillen **I.** *vi* ızgara yapmak **II.** *vt* ızgarasını yapmak (**etw** -i)

Grillplatte *f* (*Gericht*) karışık ızgara

Grimasse *f* yüz göz oynatma; **~n schneiden** yüzünü gözünü oynatmak

grinsen *vi* sırıtmak

Grippe *f* grip

Grippeimpfung *f* grip aşısı

grob *adj* ①(*Sache*) iri ②(*Person*) kaba ③(*fig: schwerwiegend*) ağır; **~er Fehler** ağır yanlış; **~e Fahrlässigkeit** ağır ihmalcilik

Grobheit *f* kabalık

Grönland *nt* Grönland

Groschen *m* ①*Avusturya şilinginin yüzde biri* ②(*fam*) *F. Almanya'da on feniklik madeni para* ③(*fig*) metelik

groß <größer, am größten> *adj* ①büyük, iri ②(*Mensch: Körpergröße*) uzun boylu; (*Mensch: bedeutend*) büyük ③(*wichtig*) önemli; **~er Bruder** ağabey; **~e Schwester** abla; **~er Buchstabe** büyük harf; **~e Hitze/Kälte** korkunç sıcak/soğuk; **Groß und Klein** genci(yle) yaşlısı(yla); **gleich ~** aynı boyda; **wie ~ ist sie?** boyu ne kadar?; **größer werden** büyümek

großartig *adj* harika, enfes, şahane

Großbetrieb *m* büyük işletme

Großbritannien *nt* Büyük Britanya

Großbuchstabe *m* büyük harf

Größe *f* ①(*a. fig*) büyüklük, irilik ②(*Format*) boy, boyut ③(*Ausdehnung*) genişlik ④(*Stärke*) kuvvet, güç ⑤(*Körper-*) boy; (*von Bäumen, Gebäuden*) yükseklik; (*Hemd-, Schuh-*) numara; (*Kleider-*) beden ⑥(*Rauminhalt*) hacim ⑦(*fig: Bedeutung*) önem; **welche ~ haben Sie?** bedeniniz ne kadar?

Großeltern *pl* büyük anne-baba

Großenkel(in) *m(f)* torun oğlu

Größenordnung *f* çap; (*Dimension*) boyut

Größenwahn *m* büyüklük tutkusu, megalomani

größenwahnsinnig *adj* megaloman

Großgrundbesitz *m* geniş toprak mülkü

Großgrundbesitzer(in) *m(f)* geniş arazi sahibi; (*türk.*) toprak ağası

Großhandel *m* toptancılık

Großhändler *m* toptancı

großherzig *adj* yüce ruhlu

großjährig *adj* ergin, reşit

Großmacht *f* büyük devlet

Großmaul *nt* palavracı

Großmut *f* yüce gönüllülük [*o* ruhluluk]; (*Großzügigkeit*) cömertlik

großmütig *adj* yüce gönüllü [*o* ruhlu]; (*großzügig*) cömert

Großmutter *f* nine, büyükanne; (*mütterlicherseits*) anne; (*väterlicherseits*) babaanne

Großonkel *m* büyük amca [*o* dayı]

großspurig *adj* cakalı, kibirli

Großstadt *f* büyük şehir

Großtante *f* büyük teyze [*o* hala]

größtenteils *adv* en büyük; (*meistens*) çoğunlukla

Großtuerei *f* kuru kibarlık

Großvater *m* dede, büyükbaba

großziehen *irr vt* büyütmek, yetiştirmek (**jdn** -i)

großzügig *adj* ①(*freigiebig*) eli açık, cömert ②(*tolerant*) hoşgörülü

Großzügigkeit *f* ①(*Freigiebigkeit*) cömertlik ②(*Toleranz*) hoşgörü

grotesk *adj* tuhaf, garip

Grotte *f* mağara

grub *vi, vt s.* **graben**

Grube *f* ①(*Loch*) çukur ②(*Bergwerk*) ocak

Gruft *f* ①(*Grabgewölbe*) kubbeli türbe ②(*Familiengrab*) aile kabri

grün **I.** *adj* yeşil; (*frisch*) taze; (*fig: unerfahren*) tecrübesiz, toy; **~ werden** yeşermek; **sie sind sich nicht ~** (*fam*) araları şekerrenk; **auf keinen ~en Zweig kommen** başarıya ulaşmamak; **jdn über den ~en Klee loben** birini överek göklere çıkarmak **II.** *pl* **die Grünen** POL Yeşiller (Partisi)

Grünanlage *f* yeşil alan; (*nur Rasen*) çimenlik

Grund *m* ①(*Ursache*) neden, sebep ②(*Beweg-*) gerekçe ③(*Erdboden*) yer, zemin; (*Erdreich*) toprak ④(*eines Gewässers, Gefäßes*) dip ⑤(*Grundstück*) arsa ⑥(*Hintergrund*) fon, dip yüzey; **auf ~ des kalten Wetters** soğuk hava nedeniyle; **im ~e genommen** aslında, esasen; **von ~ auf** kökten, temelden; **einer Sache auf den ~ gehen** bir işin sırrına varmak; (**allen**) **~ haben, etw zu tun** bir şeyi yapmak için yeteri kadar sebep bulunmak

Grundbegriff *m* temel kavram

Grundbesitz *m* mülk, emlak, taşınmaz mal

Grundbuch *nt* tapu sicili

gründen **I.** *vt* kurmak (**etw** -i) **II.** *vr* **sich auf etw ~** (*fig*) bir şeye dayanmak

Gründer(in) *m(f)* kurucu

Grundgedanke *m* ana fikir

Grundgesetz *nt* anayasa

Grundlage *f* (*auch fig*) temel, esas, zemin

grundlegend *adj* köklü, esaslı; (*radikal*) kökten

gründlich **I.** *adj* (*sorgfältig*) özenli, dikkatli **II.** *adv* ❶ (*sorgfältig*) özenle ❷ (*ordentlich*) iyice, adamakıllı

Gründlichkeit *f* özen, dikkat

grundlos *adj* sebepsiz

Grundnahrungsmittel *nt* temel gıda malzemeleri

Gründonnerstag *m Paskalya'dan önceki perşembe günü*

Grundordnung *f* (*eines Staates*) anayasal düzen

Grundrecht *nt* temel hak

Grundregel *f* temel kural, düstur

Grundriss[RR] *m* ❶ yatay kesit ❷ (*Abhandlung*) özet

Grundsatz *m* ilke, prensip; (*Norm, Regel*) düstur

grundsätzlich **I.** *adj* ilkesel **II.** *adv* esas itibariyle, prensip olarak

Grundschule *f* ilkokul

Grundstück *nt* arsa

Gründung *f* kuruluş

grundverschieden *adj* çok farklı, apayrı

Grundwasser *nt* yeraltı [*o* taban] suyu

Grundwissen *nt* ön bilgi

Grundzahl *f* asıl sayı

Grundzüge *mpl* ana hatlar *pl*

Grünfläche *f* yeşil alan

Grünkohl *m* yeşil lahana

grünlich *adj* yeşilimtırak, yeşilimsi

grunzen *vi* (*Schwein*) homurdanmak

Gruppe *f* grup

Gruppenbild *nt grup halinde alınmış resim*

gruppenweise *adv* grup grup

gruppieren *vt* gruplandırmak (**jdn/etw** -i)

Gruß *m* selam; **einen ~ ausrichten** selam söylemek (**jdm von jdm** -e -den); **mit freundlichen Grüßen** (*im Brief*) (en) içten selamlarla

grüßen *vt* selamlamak (**jdn** -i), selam vermek (**jdn** -e); **~ Sie Paul von mir!** Paul'a benden selam söyleyin!

Guatemala *nt* Guatemala

gucken *vi* (*fam*) bakmak (**auf jdn/etw** -e)

Guckloch *nt* gözetleme deliği

Guerillakämpfer(in) *m(f)* gerillacı

Gulasch *nt* gulaş

gültig *adj* ❶ geçer, geçerli ❷ JUR yürürlükte olan

Gültigkeit *f* ❶ geçerlik ❷ ADMIN, JUR yürürlük

Gültigkeitsdauer *f* ❶ geçerlik süresi ❷ ADMIN, JUR yürürlük süresi

Gummi *m o nt* ❶ (*Material*) lastik ❷ (*Kautschuk*) kauçuk ❸ (*Radier-*) silgi, lastik

Gummiband *nt* lastik şerit

Gummibaum *m* kauçuk ağacı; (*blauer*) okaliptüs

Gummihandschuh *m* lastik eldiven

Gummiknüppel *m* cop

Gummistiefel *m* lastik çizme

günstig *adj* uygun; (*passend*) elverişli

Gurgel *f* gırtlak, boğaz

gurgeln *vi* gargara etmek

Gurgelwasser *nt* gargara (ilacı)

Gurke *f* salatalık, hıyar; **saure ~** hıyar turşusu

Gurkensalat *m* hıyar salatası

Gurt *m* ❶ (*Band*) kuşak, kemer ❷ (*Trag-*) kayış

Gürtel *m* kuşak, kemer, kayış; **den ~ enger schnallen** (*fig*) kemerini sıkmak

Gürtellinie *f* **unter der ~** (*unfair, schlüpfrig*) belden aşağı

Gürtelreifen *m* radyal lastik

Gürtelrose *f* zona (hastalığı)

Guru *m* guru

Guss[RR] *m*, **Guß**[ALT] *m* ❶ (*Wasser*) dök(ül)me ❷ (*Regen*) sağanak ❸ (*für Kuchen*) *pasta üzerine dökülerek dondurulan tatlı* ❹ TECH döküm, dökme

Gusseisen[RR] *nt* dökme demir

gut <besser, am besten> **I.** *adj* iyi; (*Leben, Wetter*) güzel; **eine ~e Stunde** bir saatten biraz fazla; **~en Mutes sein** cesaretli olmak; **seien Sie so ~ und ...** lütfen bana şu iyiliği yapın; **im Guten** iyilikle; **alles Gute!** esen kal(ın)!; **es ist ganz ~** oldukça iyi **II.** *adv* iyi; **kurz und ~** kısacası; **auf ~ Deutsch** işin doğrusu; **~ gelaunt** keyifli; **sie lässt es sich ~ gehen** keyfi yerinde; **es ~ haben** tuzu kuru olmak; **mach's ~!** hoşça kal!; **~ gehend** dört başı mamur

Gut *nt* ① (*Besitz*) mal, mülk, eşya ② (*Land-*) çiftlik

Gutachten *nt* rapor

Gutachter(in) *m(f)* bilirkişi, uzman

gutartig *adj* (*Geschwulst*) selim

Gutdünken *nt* **nach ~** keyfine göre, nasıl işine gelirse

Güte *f* ① (*das Gütigsein*) iyilik ② (*Ware*) kalite; **du meine ~!** aman Allahım!

Güterabfertigung *f* eşya sevki

Güterbahnhof *m* yük istasyonu

Gütergemeinschaft *f* mal ortaklığı

Gütertrennung *f* mal ayrılığı

Güterwagen *m* yük vagonu

Güterzug *m* yük katarı, marşandiz

gutgehend *adj s.* **gut**

gutgelaunt *adj* keyifli

Guthaben *nt* alacak

gutheißen *vt* tasvip etmek (**etw** -i)

gutherzig *adj* iyi kalpli

gütig *adj* iyi, iyi niyetli, iyi kalpli

gutmachen *vt* (*Verluste*) kapatmak, karşılamak; (*Unrecht*) düzeltmek (**etw** -i)

gutmütig *adj* iyi, iyi kalpli

Gutmütigkeit *f* iyi kalplilik

Gutsbesitzer(in) *m(f)* çiftlik sahibi

Gutschein *m* bono, fiş

gutschreiben *irr vt* **jdm etw ~** birinin alacağına geçirmek

Gutschrift *f* alacak yaz(ıl)ma

guttun *vi* iyi gelmek (**jdm** -e); **das tut Ihnen gut** bu size iyi gelir, bu size yarar

Gymnasiast(in) *m(f)* lise öğrencisi, liseli

Gymnasium *nt* lise

Gymnastik *f* jimnastik, beden eğitimi

gymnastisch *adj* jimnastik

Gynäkologe, Gynäkologin *m, f* kadın doktoru, jinekolog

Hh

H *pl Abk von* **Herren** Baylar

ha *Abk von* **Hektar** hektar

Haar *nt* ① (*Kopf-*) saç ② (*Körper-*) kıl; (*feine Härchen*) tüy; **um ein ~** hemen hemen, neredeyse; **sich die ~e schneiden lassen** saçını kestirmek; **mir standen die ~e zu Berge** tüylerim diken diken oldu

Haarausfall *m* saç dökülmesi

Haarbürste *f* saç fırçası

Haarentfernungsmittel *nt* tüy dökücü ilaç

Haarfestiger *m* saç sertleştirici

Haargel *nt* jöle

haargenau *adv* tıpatıp, noktası noktasına

Haargummi *m* saç lastiği

haarig *adj* ① (*behaart*) tüylü, kıllı ② (*fig: schwierig*) çetin; (*schlimm*) kötü, berbat

Haarklammer *f* saç tokası

Haarnadel *f* firkete

Haarpflege *f* saç bakımı

Haarschneiden *nt* **~, bitte!** saçımı kesin, lütfen

Haarschnitt *m* saç kesme

Haarsieb *nt* kıl süzgeç

Haarspalterei *f* (*fig*) kılı kırk yarma

Haarspange *f* saç tokası

Haarspray *nt* saç spreyi

haarsträubend *adj* tüyler ürpertici

Haarteil *nt* takma saç parçası

Haartrockner *m* saç kurutma aleti

Haarwaschmittel *nt* şampuan

Haarwasser *nt* losyon

haben <hat, hatte, gehabt> *vt* sahip olmak (**etw** -e), var; **ich habe ein/kein Auto** arabam var/yok; **ich habe Geld/kein Geld dabei** yanımda para var/yok; **ich hätte gern ...** ... isterdim; **lieber ~** (*bevorzugen*) tercih etmek (**etw/jdn** -i); **was hat sie?** neyi var?; **wir ~ nichts zu tun** işimiz yok; **was ~ wir davon?** bundan ne elimize geçer ki?; **zu ~ sein** elde edilebilir olmak; **diese Arbeit hat es in sich** bu çalışma kendini gösteriyor; **dafür bin ich nicht zu ~** bu işte ben yokum; **da ~ wir's!** işte gördün mü şimdi!; **hab dich nicht so!** nazlanma!

habgierig *adj* hırslı, açgözlü

Habicht *m* atmaca

Hackbraten *m* köfte

Hacke *f* ① (*Gartengerät*) çapa ② (*Ferse*) topuk ③ (*Absatz*) ökçe

hacken *vt* ① (*Fleisch*) kıymak (**etw** -i) ② (*Holz*) yarmak, kesmek (**etw** -i) ③ (*den Boden*) çapalamak (**etw** -i)

Hacker *m* INFORM hacker, şifre kırıcı

Hackfleisch *nt* kıyma (et)

Hafen *m* liman

Hafenarbeiter *m* dok amelesi

H

Hafenstadt *f* liman şehri [*o* kenti]
Hafer *m* yulaf
Haferflocken *fpl* yulaf ezmesi *sing*
Haft *f* tutukluluk, (hafif) hapis
Haftanstalt *f* cezaevi
haftbar *adj* sorumlu
Haftbefehl *m* tutuklama emri
haften *vi* (*kleben*) yapışmak (**an etw** -e); **für etw ~** JUR bir şeyden sorumlu olmak
Haftentlassung *f* (tutukluluktan) serbest bırakılma
Häftling *m* mahpus, tutuklu
Haftpflicht *f* mali sorumluluk
Haftpflichtversicherung *f* mali sorumluluk sigortası, mali mesuliyet sigortası
Haftschale *f* (*Kontaktlinse*) (göze takılan) mercek, kontakt lens
Haftung *f* JUR sorumluluk
Hagebutte *f* (yabangülü meyvası olan) kuşburnu
Hagel *m* dolu
hageln *vi* **es hagelt** dolu yağıyor
Hagelschauer *m* dolu fırtınası
Hahn *m* ❶ (*Tier*) horoz ❷ (*Wasserhahn*) musluk
Hähnchen *nt* piliç
häkeln *vi, vt* tığla örmek (**etw** -i)
Häkelnadel *f* tığ
Haken *m* ❶ (*zum Anhaken*) çengel, kanca ❷ (*für Ösen*) erkek kopça ❸ (*Kleider-*) elbise askısı ❹ (*fig: Schwierigkeit*) pürüzlü nokta
Hakenkreuz *nt* gamalı haç
halb I. *adj* yarım, yarı; (*bei Uhrzeiten*) buçuk; **~ offen/voll** yarı açık/dolu; **eine ~e Stunde** yarım saat; **um ~ eins** saat yarımda; **um ~ zwei/drei** (saat) bir/iki buçukta; **5 vor/nach ~ 10** dokuz buçuğa beş var/dokuz buçuğu beş geçiyor; **das ~e Leben** hayatın yarısı; **zum ~en Preis** yarı fiyatına **II.** *adv* yarı yarıya; **~ nackt** yarı çıplak; **~ öffnen** aralamak (**etw** -i); **es ist ~ so schlimm** o kadar kötü değil; **nicht ~ so groß** yarısı kadar bile değil; **~ und ~** yarı yarıya
halbamtlich *adj* yarı resmi
halbautomatisch *adj* yarı otomatik
Halbbruder *m* üvey kardeş
halber *präp +gen* (*wegen*) -den dolayı; (*um ... willen*) uğrun(d)a; **der Gesundheit ~** sağlık uğruna
Halbfinale *nt* yarı final
halbieren *vt* yarımlamak, ikiye bölmek (**etw** -i)
Halbinsel *f* yarımada
Halbjahr *nt* yarıyıl
Halbkreis *m* yarım daire
Halbkugel *f* yarımküre; (*der Erde a.*) yarıküre
Halbleiter *m* yarı iletken
halbmast *adv* **die Fahne wurde auf ~ gesetzt** bayrak yarıya indirildi
Halbmond *m* yarım ay, hilal
halboffen *adj s.* **halb**
Halbpension *f* yarım pansiyon
Halbschuh *m* iskarpin
Halbschwester *f* üvey kardeş
Halbstarker *m* terbiyesiz genç
halbstündig *adj* yarım saatlik
halbtags *adv* yarım gün
Halbtagsarbeit *f* yarım günlük iş
Halbtagskraft *f* yarım gün çalışan eleman
halbvoll *adj s.* **halb**
halbwegs *adv* (*einigermaßen*) oldukça, bir dereceye kadar
Halbwertszeit *f* yarılanma müddeti
Halbzeit *f* (*beim Fußball*) devre; **erste/zweite ~** birinci/ikinci devre
half *vi s.* **helfen**
Hälfte *f* yarı; **zur ~** yarı yarıya; **meine bessere ~** (*fam*) karım, eşim
Hall *m* çınlama
Halle *f* ❶ (*Aufenthaltsraum*) hol, büyük salon; (*Eingangs-*) giriş salonu; (*in einem Hotel*) otel salonu ❷ (*Ausstellungs-*) pavyon
hallen *vi* çınlamak, tınlamak
Hallenbad *nt* kapalı yüzme havuzu
hallo *interj* ❶ (*Gruß*) selam, merhaba ❷ (*zum Kellner*) bakar mısınız ❸ (*am Telefon*) alo
Halluzination *f* halüsinasyon, sanrı
halluzinogen *adj* halüsinojen
Halm *m* ❶ (*Pflanze*) sap ❷ (*Stroh-*) saman çöpü
Hals *m* ❶ (*Körperteil*) boyun ❷ (*Kehle*) boğaz, gırtlak; **~ über Kopf** palas pandıras, apar topar; **aus vollem ~** cıyak cıyak, avaz avaz; **etw in den falschen ~ bekommen** bir şeyi yanlış anlamak; **jdm um den ~ fallen** birinin boynuna atlamak; **es hängt mir zum ~ heraus** canıma yetti; **sich jdn/etw vom ~e schaffen** birini/bir şeyi başından atmak; **~- und Beinbruch!** bol şanslar!
Halsband *nt* ❶ (*Schmuck*) gerdanlık ❷ (*Hunde-*) tasma
Halsentzündung *f* boğaz iltihabı
Halskette *f* kolye

Hals-Nasen-Ohren-Arzt, -Ärztin *m, f* burun, boğaz, kulak doktoru
Halsschlagader *f* şahdamarı
Halsschmerzen *mpl* boğaz ağrısı *sing;* **ich habe ~** boğazım ağrıyor
halsstarrig *adj* inatçı, dik başlı [*o* kafalı]
Halstablette *f* boğaz hapı
Halstuch *nt* (boyun) atkı(sı), şal, kaşkol
halt[1] *interj* (*genug*) yeter!; (*bleib stehen*) dur!; **~, wer da?** hey, kim var orada?
halt[2] *adv* **sie will ~ nicht** istemiyor işte
Halt *m* ❶ (*das Halten*) mola ❷ (*Pause*) mola ❸ (*Stütze*) dayanak, destek ❹ (*Festigkeit*) dayanıklılık
hält *vt s.* **halten**
haltbar *adj* ❶ (*stabil*) sağlam, dayanıklı ❷ (*Obst*) çürümez
Haltbarkeit *f* dayanıklılık, sağlamlık
halten <hält, hielt, gehalten> **I.** *vt* ❶ tutmak (**etw/jdn** -i) ❷ (*zurück-*) alıkoymak, tutmak (**jdn** -i) ❸ (*Tiere*) beslemek (**etw** -i); **den Mund ~** ağzını tutmak; **eine Rede halten** bir konuşma yapmak; **sein Wort ~** sözünü tutmak; **viel/wenig ~ von ...** -e çok/az değer vermek; **nichts ~ von ...** -i hiçe saymak; **ich halte ihn für einen Lügner** onu yalancı olarak görüyorum; **für etw gehalten werden** bir şey sanılmak **II.** *vi* ❶ (*Halt machen*) durmak ❷ (*Farbe, Nagel*) tutmak ❸ (*Wetter*) sürmek, devam etmek ❹ (*haltbar sein*) dayanmak; **Halten verboten!** durmak yasaktır! **III.** *vr* **sich ~** (*Zustand*) sürmek, devam etmek
Haltestelle *f* durak (yeri); (*Bahnhof*) istasyon
Halteverbot *nt* durma yasağı
Haltung *f* ❶ (*Körper-*) duruş ❷ (*Einstellung*) düşünce ❸ (*Benehmen*) tutum, davranış
Hammel *m* (iğdiş) koyun
Hammelbraten *m* koyun kızartması
Hammelfleisch *nt* koyun eti
Hammelkeule *f* koyun budu
Hammer *m* çekiç
hämmern *vi* çekiçlemek, çekiçle dövmek
Hammerwerfen *nt* çekiç atma
Hämorriden[RR] *fpl,* **Hämorrhoiden** *fpl* basur (hastalığı), (h)emoroit
Hampelmann *m* ❶ kukla ❷ (*pej*) insan bozuntusu
Hamster *m* harman sıçanı, cırlak sıçan
hamstern *vi, vt* istifçilik etmek (**etw** -i)
Hand *f* ❶ el ❷ (*Handfläche*) avuç; **an ~** *gen* ... vasıtasıyla, ... sayesinde; **aus erster ~** ilk elden; **aus zweiter ~** ikinci elden; (*beim Kaufen*) elden düşme; **bei der ~, zur ~** hazır; **unter der ~** el altından; **zu Händen von Herrn X** Bay X'in kendisine verilecektir; **Hände hoch!** eller yukarı!; **Hände weg!** elini çek!; **~ in ~ gehen** el ele gitmek; **jdm die ~ drücken** birinin elini sıkmak; **freie ~ haben** hareket serbestliği olmak; **weder ~ noch Fuß haben** başı kıçı belli olmamak; **von der ~ in den Mund leben** günlük rızkla yaşamak; **die ~ auf etw legen** bir şeye el koymak; **~ an sich legen** (kendi) canına kıymak, intihar etmek; **das liegt auf der ~** hesap meydanda; **eine ~ voll** avuç dolusu
Handarbeit *f* ❶ (*Arbeit*) el ile görülen iş, el emeği ❷ (*Produkt*) el işi
Handball *m* el topu, hentbol
Handbesen *m* el süpürgesi
Handbewegung *f* el hareketi
Handbremse *f* el freni
Handbuch *nt* el kitabı
Handcreme *f* el kremi
Händedruck *m* el sık(ış)ma, toka
Handel *m* ❶ (*mit Waren*) ticaret ❷ (*Geschäft*) iş, muamele
handeln I. *vi* ❶ (*etw tun*) davranmak, hareket etmek ❷ (*Handel treiben*) ticaret yapmak, ticaretini yapmak (**mit etw** -in) ❸ (*feilschen*) pazarlık etmek (**um etw** için); **das Buch handelt von der Liebe** kitabın konusu aşk **II.** *vr* **es handelt sich um ...** konu şudur ...
Handelsabkommen *nt* ticaret anlaşması
Handelsbeziehungen *fpl* ticari ilişkiler *pl*
Handelskammer *f* ticaret odası
Handelsmarine *f* ticaret filosu
Handelsschule *f* ticaret okulu
Handelsvertrag *m* ticaret anlaşması
Handelsvertreter(in) *m(f)* acenta, ticari temsilci
Handelsware *f* ticari eşya
Handfläche *f* avuç
Handgelenk *nt* bilek
Handgelenktasche *f* (*für Herren*) el çantası (*baylar için*)
handgemacht *adj* elle yapılmış
Handgemenge *nt* boğuşma
Handgepäck *nt* el eşyası
Handgranate *f* el bombası
handgreiflich *adj* **~ werden** yaka yakaya gelmek, dövüşe başlamak
handhaben *vt* ❶ (*Angelegenheit*) idare

H

etmek (**etw** -i) ❷ (*Gerät*) kullanmak (**etw** -i)

Handhabung *f* kullanış

Handicap *nt* handikap

Händler(in) *m(f)* satıcı, tüccar

handlich *adj* kullanışlı

Handlung *f* ❶ (*Tat*) hareket, eylem ❷ (*Roman, Film*) olay ❸ (*Geschäft*) dükkan

Handschellen *fpl* kelepçe *sing*

Handschlag *m* el sıkma, toka

Handschrift *f* ❶ (el) yazı(sı) ❷ (*Manuskript*) el yazması

handschriftlich *adj, adv* elle yazılı

Handschuh *m* eldiven

Handschuhfach *nt* (*Auto*) torpido gözü

Handtasche *f* el çantası

Handtuch *nt* havlu

Handtuchhalter *m* havluluk

Handvoll *f* avuç dolusu

Handwäsche *f* el yıkama

Handwerk *nt* zanaat, sanat

Handwerker(in) *m(f)* esnaf, emekçi

Handwerkskammer *f* esnaf odası

Handy *nt* (*fam*) cep telefonu

Hanf *m* kenevir, kendir

Hang *m* ❶ (*Ab-*) bayır, iniş ❷ (*Vorliebe*) eğilim (**zu etw** -e)

Hängebrücke *f* asma köprü

Hängematte *f* hamak

hängen <hing, gehangen> **I.** *vi* ❶ (*aufgehängt sein*) asılı olmak [*o* durmak] (**an etw** -de) ❷ (*herab~*) sarkmak ❸ (*Verbundenheit, Sucht*) bağlı [*o* düşkün] olmak (**an etw/jdm** -e); **den Kopf ~ lassen** boynunu bükmek **II.** *vt* asmak (**etw an etw** -i -e); **an den Galgen ~** ipe çekmek, asmak (**jdn** -i); **~ bleiben** asılı [*o* takılı] kalmak (**an etw** -e); (*Schule*) sınıfta kalmak

hantieren *vi* kullanmak (**mit etw** -i)

Happen *m* lokma

happig *adj* (*fam: Preis*) fahiş, yüksek

Hardliner *m* POL şahin

Hardware *f* INFORM donanım

Harem *m* harem (dairesi)

Harfe *f* harp

Harke *f* tırmık

harmlos *adj* zararsız

Harmonie *f* (*auch fig*) uyum, ahenk, uygunluk, düzen

harmonieren *vi* ❶ uymak (**mit etw/jdm** -e) ❷ (*miteinander auskommen*) uyuşmak

harmonisch *adj* ahenkli, uyumlu

Harn *m* idrar, sidik

Harnblase *f* mesane, sidik torbası

Harnleiter *m* sidik borusu

Harnröhre *f* siyek, ihlil

Harpune *f* zıpkın

hart **I.** *adj* ❶ (*nicht weich*) sert, katı ❷ (*heftig*) şiddetli, keskin ❸ (*schwierig*) zor, güç, ağır; **ein ~er Winter** koyu bir kış; **~ werden** sertleşmek, katılaşmak **II.** *adv* **wenn es ~ auf ~ geht** durum zorlaşırsa; **~ gekochtes Ei** (hazır)lop yumurta

Härte *f* sertlik, katılık; (*bei Metallen*) tav

härten *vt* sertleştirmek (**etw** -i)

hartgekocht *adj s.* **hart**

hartherzig *adj* sert kalpli

Hartkäse *m* kaşar

hartnäckig *adj* inatçı, dik kafalı

Hartnäckigkeit *f* inat, inatçılık, dik kafalılık

Harz[1] *nt* reçine, çamsakızı

Harz[2] *m* (*Gebiet*) Harz Yöresi

Haschisch *nt* haşiş, esrar

Hase *m* tavşan; **ein alter ~** (*fig*) kaçın kurası, eski kurt

Haselnuss^{RR} *f* fındık

Haselstrauch *m* fındık ağacı

Hasenscharte *f* tavşan dudağı

Hass^{RR} *m*, **Haß**^{ALT} *m* ❶ (*Abscheu*) nefret ❷ (*Gehässigkeit*) kin, hınç

hassen *vi, vt* ❶ (*verabscheuen*) nefret etmek (**jdn/etw** -den) ❷ (*Groll hegen*) kin beslemek [*o* gütmek] (**jdn/etw** -e)

hässlich^{RR}, **häßlich**^{ALT} *adj* çirkin

Hässlichkeit^{RR}, **Häßlichkeit**^{ALT} *f* çirkinlik

hast *vt s.* **haben**

Hast *f* acele, telaş

hastig **I.** *adj* aceleci, hızlı **II.** *adv* alelacele

hat *vt s.* **haben**

hatte *vt s.* **haben**

Hauch *m* nefes, soluk

hauchen *vi* hohlamak, üflemek

hauen <hieb, gehauen> *vt* ❶ (*schlagen*) vurmak (**etw auf etw** -i -e) ❷ (*verprügeln*) dövmek (**jdn** -i) ❸ (*Holz*) yarmak, kesmek (**etw** -i) ❹ (*Steine*) oymak, yontmak (**etw** -i)

Haufen *m* yığın, küme, öbek; **ein ~** (*fam: eine Menge*) bir alay, bir yığın

häufen **I.** *vt* yığmak, istif etmek (**etw** -i) **II.** *vr* **sich ~** yığılmak, birikmek, toplanmak

häufig **I.** *adj* sık **II.** *adv* sık sık, çoğu kez, çok defa

Häufigkeit *f* sıklık, çokluk

Haupt *nt* ❶ (*geh*) baş ❷ (*Oberhaupt*) baş, reis

Hauptbahnhof *m* merkez istasyonu, gar

Hauptdarsteller(in) *m(f)* baş oyuncu
Haupteingang *m* büyük kapı, ana giriş
Hauptgang *m* baş yemek
Hauptgebäude *nt* ana bina
Hauptgericht *nt* baş yemek
Hauptgewinn *m* büyük ikramiye
Hauptgrund *m* başlıca sebep
Häuptling *m* kabile reisi
Hauptmann *m* MIL yüzbaşı
Hauptperson *f* en önemli kişi
Hauptpostamt *nt* ana postane
Hauptquartier *nt* genel karargah
Hauptredner *m* ana konuşmacı
Hauptrisiko *nt* ana risk
Hauptrolle *f* (*auch fig*) başrol
Hauptsache *f* asıl konu, en önemli şey
hauptsächlich **I.** *adj* başlıca, belli başlı, esaslı **II.** *adv* esasen, özellikle, bilhassa
Hauptsaison *f* yüksek sezon
Hauptschule *f* ortaokul
Hauptspeise *f* baş yemek
Hauptstadt *f* başkent, başşehir
Hauptstraße *f* (*in einer Stadt*) ana cadde
Hauptthema *nt* ana tema
Hauptverhandlung *f* duruşma
Hauptverkehrszeit *f* trafiğin kalabalık saatleri
Hauptwort *nt* isim, ad
Haus *nt* ❶ (*Heim*) ev ❷ (*Gebäude*) bina ❸ (*Familie*) yuva ❹ (*Firma*) firma, ticarethane ❺ (*Schnecken-*) kabuk; **außer ~** dışar(ı)da; **nach ~e** eve; **von ~ zu ~** evden eve; **zu ~e** evde; **wo sind Sie zu ~e?** yurdunuz neresi?; **tun Sie, als ob Sie zu ~e wären!** evinizdeymiş gibi hareket edin!
Hausangestellte(r) *f(m)* hizmetçi
Hausarbeit *f* ❶ ev işi ❷ (*eines Schülers*) ev ödevi
Hausarzt, Hausärztin *m, f* aile doktoru
Hausaufgabe *f* ev ödevi, ders
Hausbesitzer(in) *m(f)* ev sahibi
Häuschen *nt* küçük ev, kulübe; **jdn aus dem ~ bringen** birini zıvanadan çıkarmak
Häuserblock *m* evler bloku
Hausfrau *f* ev kadını
Hausfreund *m* ❶ (*Freund der Familie*) aile dostu ❷ (*Liebhaber*) dost, sevgili, aşık
Hausfriedensbruch *m* meskene tecavüz
Haushalt *m* ❶ (*Hausarbeiten*) ev işleri *pl* ❷ (*Wirtschaftsführung*) ev idaresi ❸ (*Etat*) bütçe
Haushälterin *f* ev işlerine bakan hanım
Haushaltsgeld *nt* ev idaresi parası
Haushaltssperre *f* ECON blokaj
Hausherr(in) *m(f)* ev sahibi
hausieren *vi* seyyar satıcılık etmek
häuslich *adj* ❶ (*zu Hause bleibend*) evcimen ❷ (*im Haus*) eve ait
Hausmädchen *nt* hizmetçi kız
Hausmannskost *f basit, fakat lezzetli ve kuvvetli yemek*
Hausmeister(in) *m(f)* kapıcı; (*bei Behörden*) hademe
Hausmittel *nt* kocakarı ilacı
Hausnummer *f* ev numarası
Hausordnung *f* (*einer Anstalt*) iç tüzük; (*einer Wohnanlage*) bina yönetim düzeni
Hausrat *m* ev eşyası
Hausschuh *m* terlik
Haustier *nt* evcil hayvan, ev hayvanı
Haustür *f* sokak kapısı
Haut *f* ❶ (*eines Menschen*) deri, cilt; (*Gesichts-*) cilt, ten ❷ (*Fell*) post ❸ (*Obst*) kabuk; **aus der ~ fahren** zıvanadan [*o* çileden] çıkmak; **er ist nur ~ und Knochen** bir deri bir kemik; **mit heiler ~ davonkommen** ucuz kurtulmak; **sich auf die faule ~ legen** minder çürütmek
Hautarzt, Hautärztin *m, f* cildiyeci, cilt doktoru
Hautcreme *f* cilt kremi
Hautkrebs *m* cilt kanseri
Hbf. *m Abk von* **Hauptbahnhof** merkez istasyonu
h.c. *adv* (*ehrenhalber*) *Abk von* **honoris causa** fahri
HDD *f Abk von* **high density disk** INFORM yüksek yoğunluklu disket
Header *m* INFORM başlık
Hebamme *f* ebe
Hebebock *m* kriko
Hebel *m* kaldıraç, kol, manivela
heben <hob, gehoben> *vt* kaldırmak, yükseltmek; (*an-*) yukarı kaldırmak (**etw** -i); **einen ~** (*fam*) demlenmek, kafa çekmek
hebräisch *adj* (*Sprache*) İbranice
Hecht *m* turna balığı
Hechtsprung *m* **einen ~ machen** kaplan atlaması yapmak
Heck *nt* ❶ (*Schiffs-*) kıç, pupa ❷ (*Flugzeug-*) kuyruk ❸ (*von Auto*) (otomobilin) arka kısmı
Hecke *f* çit
Heckenrose *f* yabangülü
Heckscheibe *f* (*Fahrzeug*) (otomobilin) arka

penceresi

Hedschra *f* REL hicret

Heer *nt* ordu

Hefe *f* maya

Heft *nt* ① (*Schreib-*) defter ② (*Zeitschriften-*) sayı ③ (*Broschüre*) broşür ④ (*Messergriff*) sap

heften *vt* ① tutturmak, iliştirmek; (*mit Nadel*) iğnelemek (**etw an etw** -i -e) ② (*vornähen*) teyellemek (**etw** -i) ③ (*Buch*) dikmek (**etw** -i)

Hefter *m* ① (*Ordner*) dosya ② (*Heftmaschine*) tel raptiye makinesi

heftig *adj* ① (*intensiv*) şiddetli, sert ② (*leidenschaftlich*) coşkulu ③ (*stark*) kuvvetli

Heftklammer *f* tel raptiye

Heftpflaster *nt* plaster

Heftzwecke *f* raptiye

Hehler *m çalıntı mal alıp satan*

Hehlerei *f çalıntı mal ticareti*

Heide, Heidin *m, f* pagan (*çok tanrıya tapan kimse*)

Heide *f* GEOG çalılık, fundalık

Heidekraut *nt* funda, süpürge otu

Heidelbeere *f* yaban mersini

heidnisch *adj* pagan, çok tanrılı

heikel *adj* ① (*schwierig*) müşkül, çetin ② (*unangenehm*) tatsız, sakıncalı

heil *adj* ① (*unbeschädigt*) sağlam, bozulmamış ② (*unverwundet*) yaralanmamış ③ (*gesund*) sağ (salim) ④ (*geheilt*) iyileşmiş

Heil *nt* ① (*Wohlbefinden*) sağlık; (*Wohltat*) hayır ② (*Gottes-*) kurtuluş

Heiland *m* Mesih

Heilanstalt *f* sanatoryum, prevantoryum

Heilbad *nt* kaplıca, ılıca, içmeler

heilbar *adj* iyileştirilebilen

Heilbutt *m* büyük dilbalığı

heilen **I.** *vt* iyileştirmek (**etw** -i), tedavi etmek (**etw/jdn** -i) **II.** *vi* iyileşmek

heilig *adj* kutsal; (*Person*) aziz

Heiligabend *m* Noel Gecesi

Heilige(r) *f(m)* evliya

Heiligtum *nt* ① (*Ort*) kutsal yer ② (*Gegenstand*) kutsal şey

Heilkraut *nt* şifalı bitki

Heilmittel *nt* ilaç, deva

Heilpraktiker(in) *m(f)* diplomasız pratik doktor

heilsam *adj* iyileştirici, şifalı; (*fig: nützlich*) yararlı

Heilsarmee *f* Selamet Ordusu

Heilung *f* iyileşme, şifa

heim *adv* (*nach Hause*) eve

Heim *nt* ① (*Haus*) ev, aile ocağı, yuva ② (*Zuflucht*) barınak ③ (*soziale Einrichtung*) yurt

Heimarbeit *f evde yapılmak üzere verilen iş*

Heimat *f* yurt, vatan

Heimatland *nt* anayurt, anavatan

heimatlich *adj* ① (*die Heimat betreffend*) yurtsal ② (*vertraut*) yurdu andıran

heimatlos *adj* yurtsuz, vatansız

heimbegleiten *vt* evine götürmek (**jdn** -i)

heimbringen *irr vt* (*Personen*) ev(in)e götürmek (**jdn** -i); (*Sachen*) eve getirmek (**etw** -i)

Heimfahrt *f* ① (*nach Hause*) eve dönüş ② (*in die Heimat*) yurda dönüş

heimgehen *irr vi sein* eve gitmek

heimisch *adj* yerli; **sich ~ fühlen** kendini evinde hissetmek

heimkommen *irr vi sein* eve dönmek

heimlich **I.** *adj* gizli, saklı **II.** *adv* gizlice

Heimreise *f* dönüş yolculuğu

heimtückisch *adj* ① sinsi ② JUR kötü niyetli

Heimweg *m* dönüş (yolu); **auf dem ~** eve dönerken

Heimweh *nt* sıla hasreti [*o* özlemi]

heimzahlen *vt* **jdm etw ~** birinden bir şeyin acısını çıkarmak

Heirat *f* evlenme, nikah

heiraten *vt* evlenmek (**jdn** ile)

Heiratsantrag *m* evlenme teklifi; (*bei den Eltern*) kız isteme

Heiratsanzeige *f* evlenme ilanı

Heiratsurkunde *f* evlenme belgisi

heiser *adj* boğuk, kısık

Heiserkeit *f* boğukluk, kısıklık

heiß *adj* (çok) sıcak; (*brennend*) kızgın, yakıcı; (*Wetter*) şiddetli sıcak; **kochend ~** kaynar; **es ist ~** hava çok sıcak; **mir ist ~** çok sıcak

heißen <hieß, geheißen> **I.** *vt* (*nennen*) adlandırmak (**jdn** -i); **jdn willkommen ~** birine hoş geldin demek **II.** *vi* ① (*sich nennen*) adı ... olmak ② (*bedeuten*) ... anlamına gelmek; **das heißt** demek (ki), yani; **es heißt, dass** yani şu demek; **wie heißt das auf Türkisch?** bunun Türkçesi ne?; **was soll das ~?** bu ne demek oluyor?

Heißluft *f* sıcak hava

heiter *adj* ① (*fröhlich*) şen, neşeli ② (*Himmel*) açık, bulutsuz

heizbar *adj* ısıtılabilir

Heizdecke *m* elektrikli battaniye

heizen *vi, vt* ısıtmak (**etw** -i)

Heizkörper *m* radyatör
Heizöl *nt* kalorifer yakıtı
Heizung *f* ısıtma; (*Zentral-*) kalorifer
Hektar *nt* hektar
Hektik *f* acele, telaş
hektisch *adj* telaşlı
Held *m* kahraman, yiğit
Heldentat *f* kahramanlık, yiğitlik
Heldin *f* kadın kahraman
helfen <hilft, half, geholfen> *vi* ❶(*unterstützen*) yardım etmek (**jdm** -e) ❷(*nützen*) yaramak (**jdm** -e); **sich zu ~ wissen** işini bilmek; **ihm ist nicht zu ~** o artık kurtarılmaz
Helfer(in) *m(f)* yardımcı
Helikopter *m* helikopter
Helium *nt* helyum
hell *adj* ❶(*Himmel, Farbe*) açık ❷(*erleuchtet*) aydın(lık), ışıklı ❸(*Stimme*) tiz, ince ❹(*fig: aufgeweckt*) uyanık, açıkgöz; **es wird ~** ortalık [*o* hava] aydınlanıyor; **am ~en Tage** güpegündüz; **~es Bier** beyaz bira
hellhörig *adj* (*Person*) iyi işiten; (*fig*) kulağı delik; **die Wohnung ist sehr ~** ev çok ses aksettiriyor
Hellseher(in) *m(f)* kahin
Helm *m* miğfer
Hemd *nt* gömlek
hemdsärmelig *adj* (*ungezwungen*) laubali
Hemisphäre *f* yarıküre
hemmen *vt* ❶(*aufhalten*) durdurmak, alıkoymak (**etw** -i) ❷(*verlangsamen*) yavaşlatmak (**etw** -i) ❸(*verhindern*) engel olmak, ket vurmak (**etw** -e), kösteklemek (**etw** -i)
Hemmnis *nt* engel, mani
Hemmung *f* ❶(*Verhinderung*) köstekle(n)me ❷(*Gehemmtheit*) tutukluk, (aşırı) çekingenlik; (**keine**) **~en haben** çekin(me)mek
hemmungslos *adj* kendini tutamayan, frensiz
Hengst *m* aygır
Henkel *m* kulp, sap
Henker *m* cellat
Henne *f* (dişi) tavuk
Hepatitis *f* hepatit
her *adv* (*örtlich*) buraya, bu tarafa, beri(ye); **von** *dat* **... ~** -den; **es ist lange ~, dass** -diğinden beri çok zaman geçti
herab *adv* aşağı(ya); **von oben ~** yukarıdan aşağıya; (*behandeln*) yukarıdan [*o* tepeden] bakarak, hor bakarak
herabfallen *irr vi* (yukarıdan aşağıya) düşmek
herablassen *irr vr* **sich zu etw ~** (*fig*) bir şeyi yapmaya tenezzül etmek
herabsehen *irr vt* **auf jdn ~** birine tepeden bakmak
herabsetzen *vt* ❶(*Preis*) indirmek (**etw** -i) ❷(*herabwürdigen*) aşağılamak (**jdn** -i)
herabwürdigen *vt* aşağılamak (**jdn** -i)
heran *adv* buraya, yanına
herankommen *irr vi sein* yaklaşmak (**an jdn/etw** -e)
heranreichen *vi* yetişmek (**an jdn/etw** -e)
herantreten *irr vi sein* yaklaşmak (**an jdn/etw** -e)
heranwachsen *irr vi sein* gelişmek, büyümek, serpilmek
heranziehen *irr vt* ❶(*Tiere, Pflanzen*) büyütmek, yetiştirmek (**etw** -i) ❷(*um Rat fragen*) baş vurmak (**jdn** -e)
herauf *adv* yukarı(ya)
heraufbeschwören *irr vt* (*fig: verursachen*) neden olmak, yol açmak (**etw** -e)
heraufholen *vt* yukarı(ya) getirmek (**etw/jdn** -i)
heraufkommen *irr vi sein* yukarı çıkmak
heraufsetzen *vt* (*Preis*) yükseltmek, artırmak (**etw** -i)
heraus *adv* dışarı(ya); **von innen ~** içeriden dışarıya; **~ damit!** [*o* **~ mit der Sprache!**] haydi çıkar baklayı ağzından!
herausbekommen *irr vt* ❶(*Gegenstand*) sökmek, söküp çıkarmak (**etw** -i) ❷(*Aufgabe*) halletmek (**etw** -i) ❸(*entdecken*) bulmak, keşfetmek (**etw** -i) ❹(*Rätsel*) çözmek (**etw** -i); **drei Euro ~** üç euro geri almak
herausbringen *irr vt* ❶(*Buch*) yayımlamak, çıkarmak (**etw** -i) ❷(*auf den Markt bringen*) piyasaya çıkarmak (**etw** -i) ❸(*finden*) bulmak, çözmek (**etw** -i)
herausfinden *irr vt* bulup çıkarmak, fark etmek (**etw** -i)
herausfordern *vt* meydan okumak (**jdn** -e)
herausfordernd *adj* meydan okuyan
Herausforderung *f* meydan okuma
herausgeben *irr vt* ❶(*zurückerstatten*) teslim etmek, geri vermek (**jdm etw** -e -i); **Geld ~** paranın üstünü vermek ❷(*Buch*) yayınlamak, çıkarmak (**etw** -i)
Herausgeber(in) *m(f)* yayımcı, editör
heraushalten *irr vr* **sich aus etw ~** bir şeye karışmamak
herausholen *vt* çıkarmak (**etw aus etw** -i -den)

H

herauskommen *irr vi sein* ❶ (*nach draußen kommen*) (dışarı) çıkmak (**aus etw** -den) ❷ (*Geheimnis*) ortaya [*o* meydana] çıkmak ❸ (*Buch*) çıkmak, yayımlanmak
herausnehmen *irr vt* çıkarmak (**etw aus etw** -i -den), içinden almak (**etw aus etw** -i -in)
herausragen *vi* ❶ dışarı çıkmak [*o* fırlamak], çıkıntılı olmak ❷ (*hervorstechen*) sivrilmek, kendini göstermek
herausreden *vr* **sich ~** bahane [*o* kaçamak] bulmak
herausreißen *irr vt* çekip koparmak, sökmek (**etw** -i)
herausstellen **I.** *vt* (*fig: hervorheben*) vurgulamak (**etw** -i) **II.** *vr* **sich ~** (*sich zeigen*) meydana çıkmak, anlaşılmak
herausstrecken *vt* çıkarmak (**etw** -i)
heraustreten *irr vt sein* ❶ (*herauskommen*) çıkmak (**aus etw** -den) ❷ (*hervortreten*) gözükmek
herausziehen *irr vt* çekip çıkarmak (**etw aus etw** -i -den), sökmek (**etw** -i)
herb *adj* buruk, kekremsi; (*Wein*) sek
herbei *adv* buraya (doğru), bu tarafa
herbeiführen *vt* (*fig: verursachen*) neden olmak, sebep vermek [*o* olmak] (**etw** -e)
Herbst *m* sonbahar, güz
Herd *m* ocak
Herde *f* sürü
herein *adv* içeri(ye); **~!** giriniz!
hereinbitten *irr vt* buy(u)run demek (**jdn** -e)
hereinbrechen *irr vi sein* **die Nacht bricht herein** gece oluyor
hereinfallen *irr vt sein* (*sich täuschen lassen*) faka basmak, oyuna gelmek, kazıklanmak
hereinkommen *irr vi sein* içeri gelmek, girmek (**in etw** -e)
hereinlassen *irr vt* içeri(ye) almak (**jdn** -e)
hereinlegen *vt* ❶ içine yerleştirmek (**etw in etw** -e -in) ❷ (*täuschen*) kafese koymak, faka bastırmak, kazıklamak (**jdn** -i)
hereinstürzen *vi sein* içeri(ye) atılmak
herfallen *irr vi sein* **über jdn ~** birinin üzerine atılmak
hergeben *irr vt* (*weggeben*) vermek (**etw** -i)
hergebracht *adj* (*herkömmlich*) geleneksel
Hering *m* ❶ (*Fisch*) ringa balığı ❷ (*Camping*) kazık
herkommen *irr vi sein* ❶ (*hierher kommen*) buraya [*o* beri] gelmek ❷ (*herrühren*) ileri gelmek, çıkmak (**von etw** -den)
herkömmlich *adj* geleneksel
Herkunft *f* köken, asıl; (*aus Familie*) soy
Heroin *nt* eroin
Herpes *m* herpes, uçuk
Herr *m* ❶ (*nach dem Vornamen*) bey; (*vor dem Nachnamen*) bay ❷ (*Besitzer*) sahip ❸ (*der Lage*) hakim; **der ~** (**Gott**) Allah; **sehr geehrter ~!** Sayın Bay!; **~ und Frau X** Bay ve Bayan X; **sein eigener ~ sein** kendi kendinin efendisi olmak; **einer Sache ~ werden** bir şeyin hakkından gelmek
herreichen *vt* vermek, uzatmak (**etw** -i)
Herrenanzug *m* erkek elbisesi
Herrenmode *f* erkek modası
herrichten *vt* (*in Ordnung bringen*) derlemek, düzenlemek (**etw** -i)
Herrin *f* hanımefendi; (*Besitzerin*) sahibe
herrisch *adj* baskıcı, sert
herrlich *adj* enfes, harika, kusursuz
Herrlichkeit *f* görkem, heybet, harikalık
Herrschaft *f* egemenlik, hakimiyet, saltanat; **die ~en** bayanlar baylar
herrschen *vi* hüküm [*o* saltanat] sürmek, egemen [*o* hakim] olmak (**über jdn/etw** -e)
herrschend *adj* egemen
Herrscher(in) *m(f)* hükümdar
herrühren *vi* ileri gelmek (**von etw** -den)
hersagen *vt* (*auswendig*) ezberden söylemek (**etw** -i)
herstammen *vi* (*aus Familie*) ... soyundan gelmek; (*aus Ort*) -li olmak
herstellen *vt* ❶ (*örtlich*) buraya koymak (**etw** -i) ❷ (*erzeugen*) yapmak, üretmek (**etw** -i); **eine Verbindung ~** bağlantı kurmak ❸ (*wieder-*) eski haline getirmek (**etw** -i)
Hersteller(in) *m(f)* üret
Herstellung *f* yapım, üretim, imal
Herstellungsdatum *nt* üretim tarihi
Herstellungskosten *pl* imalat fiyatı
Hertz *nt* TECH hertz
herüber *adv* beri(ye), bu tarafa
herum *adv* etrafta; **um** *akk* **... ~** -in etrafın(d)a; (*ungefähr*) aşağı yukarı
herumdrehen **I.** *vt* çevirmek (**etw** -i) **II.** *vr* **sich ~** dönmek
herumführen *vt* (*Fremde*) dolaştırmak, gezdirmek (**jdn in etw** -i -de)
herumfummeln *vi* (*fam*) kurcalamak (**an etw** -i)
herumgehen *irr vi sein* gezmek, dolaşmak, dolanmak

herumirren *vi sein* şaşkın gibi dolaşmak
herumkommen *irr vi sein* **in der Welt ~** dünyayı gezmek
herumlaufen *irr vi sein* gezmek, dolaşmak
herumliegen *irr vi* (*unordentlich*) yerlerde sürünmek
herumreisen *vi sein* dolaşmak
herumsprechen *irr vr* **sich ~** yayılmak, duyulmak
herumstehen *irr vi sein* dikilip durmak
herumtreiben *irr vr* **sich ~** (*pej*) sürtmek, avare dolaşmak
herunter *adv* aşağı(ya)
herunterfallen *irr vi sein* aşağı(ya) düşmek, dökülmek
heruntergehen *irr vi sein* ❶ (*nach unten gehen*) aşağı(ya) inmek ❷ (*Preis*) inmek, alçalmak, düşmek
herunterholen *vt* indirmek (**etw** -i); **sich** *dat* **einen ~** (*vulg*) otuz bir çekmek
herunterkommen *irr vi* ❶ (*nach unten kommen*) aşağı(ya) inmek ❷ *sein* (*fig: körperlich*) takattan düşmek; (*sozial*) sefalete düşmek, düşkünleşmek
herunterladen *vt* INET indirmek, çekmek (**etw** -i)
herunterspielen *vt* önemsiz göstermek (**etw** -i)
hervor *adv* dışarı(ya); (*heraus*) içinden
hervorbringen *irr vt* var etmek, yaratmak, meydana çıkarmak; (*Ton, Wort*) güç bela söylemek (**etw** -i)
hervorgehen *irr vi sein* (*sich ergeben, folgen*) doğmak, anlaşılmak (**aus etw** -den)
hervorheben *irr vt* (*fig: betonen*) vurgulamak (**etw** -i)
hervorragend *adj* (*fig*) olağanüstü; (*Note*) parlak
hervorrufen *irr vt* (*verursachen*) neden [*o* sebep] olmak (**etw** -e), yaratmak (**etw** -i)
hervortreten *irr vi sein* ❶ (*nach vorne treten*) çıkmak (**aus etw** -den) ❷ (*in Erscheinung treten*) kendini göstermek, göze çarpmak
hervortun *irr vr* **sich ~** kendini göstermek, sivrilmek
Herz *nt* ❶ (*Organ*) kalp, yürek ❷ (*Seele*) gönül, ruh, can ❸ (*Mut*) yürek, cesaret ❹ (*Mittelpunkt*) merkez; **von (ganzem) ~en** (bütün) içtenlikle; **schweren ~ens** yüreği sızlayarak; **Hand aufs ~!** elini vicdanına koy!; **jdm etw ans ~ legen** birine bir şeyi hararetle tavsiye etmek; **sich etw zu ~en nehmen** bir şeyi ciddiye almak; **ein ~ und eine Seele sein** canciğer dost olmak
Herzanfall *m* kalp krizi
Herzfehler *m* kalp hastalığı
Herzinfarkt *m* kalp enfarktüsü
Herzklappe *f* kalp kapakçığı
Herzklopfen *nt* yürek [*o* kalp] çarpıntısı
herzlich **I.** *adj* içten, samimi, candan; **mit ~en Grüßen** içten [*o* candan] selamlar(la) **II.** *adv* **~ gerne** büyük bir sevinçle
Herzlichkeit *f* içtenlik, samimiyet
herzlos *adj* kalpsiz, duygusuz, katı yürekli
Herzoperation *f* kalp operasyonu, kalp ameliyatı
Herzrhythmusstörungen *fpl* aritmi *sing*
Herzschlag *m* ❶ (*Anfall*) kalp sektesi [*o* krizi] ❷ (*Schlagen*) kalbin çarpması
Herzschrittmacher *m* kalp pili
Herzspezialist(in) *m(f)* kalp hastalıkları uzmanı
Herztransplantation *f* kalp nakli
herzzerreißend *adj* acıklı, yürek yakıcı
Hessen *nt* Hessen (Eyaleti)
Heterosexualität *f* heteroseksüellik, karşıcinsellik
heterosexuell *adj* heteroseksüel, karşıcinsel
Hetze *f* ❶ (*Eile*) acele, telaş ❷ (*Aufwiegelung*) kışkırtma, tahrik
hetzen **I.** *vt* ❶ (*jagen*) kovalamak (**jdn** -i) ❷ (*anstacheln*) saldırtmak (**jdn auf jdn** -i -in üzerine) **II.** *vi* (*Streit schüren*) ara bozmak
Heu *nt* kuru ot; **Geld wie ~ haben** para babası olmak
Heuchelei *f* ikiyüzlülük
heucheln **I.** *vt* taslamak, yalandan göstermek (**etw** -i) **II.** *vi* ikiyüzlülük etmek
Heuchler(in) *m(f)* ikiyüzlü
heuchlerisch *adj* ikiyüzlü
Heuhaufen *m* samanlık; **die Stecknadel im ~ suchen** (*fig*) samanlıkta iğne aramak
heulen *vi* ❶ (*Tiere*) ulumak ❷ (*Wind*) uğuldamak ❸ (*weinen*) ağlamak
Heuschnupfen *m* bahar [*o* saman] nezlesi
Heuschrecke *f* çekirge
heute *adv* bugün; **~ Morgen/Abend/Nacht** bu sabah/akşam/gece; **~ Vormittag** bugün öğleden önce; **~ Mittag** bugün öğleyin; **~ Nachmittag** bugün öğleden sonra; **~ vor 8 Tagen** bir hafta önce; **~ in 14 Tagen** iki hafta sonra; **noch ~** hemen bugün; (*noch immer*) hala

H

heutig *adj* bugünkü; (*gegenwärtig*) şimdiki
heutzutage *adv* bu zamanlarda
hexadezimal *adj* 16 tabanlı
Hexadezimalsystem *nt* 16 tabanlı sayı sistemi
Hexe *f* ❶ (*in Märchen*) cadı, büyücü (kadın) ❷ (*böses Weib*) cadaloz
Hexenjagd *f* (*fig*) cadı avı
Hexenschuss[RR] *m* lumbago
Hexerei *f* büyü(cülük), sihir(bazlık)
hieb *vt s.* **hauen**
hielt *vi, vt s.* **halten**
hier *adv* burada; **~!** (*Aufruf*) burada, mevcut; (*nimm!*) işte!; **~ ist/sind ...** ... burada; **~ bin ich** buradayım; **~ und da** (*örtlich*) orada burada; (*zeitlich*) arasıra, bazen
Hierarchie *f* hiyerarşi
hierarchisch *adj* hiyerarşik
hierauf *adv* bunun üzerine
hierher *adv,* **hierhin** *adv* buraya, bu tarafa, beri(ye)
hiermit *adv* bununla beraber
hiesige(r, s) *adj* buralı, buradaki
hieß *vi, vt s.* **heißen**
Hi-Fi-Anlage *f* stereo müzik seti
High Society *f* sosyete
Hightech[RR], **High-Tech**[ALT] *nt* yüksek teknoloji
Hilfe *f* yardım; (*gegenseitige*) yardımlaşma; **~!** imdat!; **Erste ~** ilk yardım; **jdn um ~ bitten** birinden yardım istemek; **jdm ~ leisten** birine yardım etmek; **um ~ rufen** yardıma çağırmak
Hilfeleistung *f* yardım; (*gegenseitige*) yardımlaşma
hilflos *adj* çaresiz, güçsüz
Hilflosigkeit *f* çaresizlik
hilfreich *adj* yardımcı
Hilfsaktion *f* yardım aksiyonu
Hilfsarbeiter(in) *m(f)* yardımcı işçi
hilfsbedürftig *adj* yardıma muhtaç
hilfsbereit *adj* yardımsever, yardıma hazır
Hilfskraft *f* yardımcı eleman
Hilfsmittel *nt* araç, çare
Hilfsverb *nt* yardımcı fiil
hilft *vi s.* **helfen**
Himbeere *f* ahududu, ağaç çileği
Himmel *m* gök; (*sichtbarer Himmel*) gökyüzü; **am ~** gökyüzünde; **unter freiem ~** açık havada; **in den ~ heben** göklere çıkarmak (**jdn/etw** -i); **im siebenten ~ sein** sevinçten göklere uçmak
himmelblau *adj* gök mavisi, havai mavi
Himmelfahrt *f* (**Christi**) **~** Urucu İsa; **Mariä ~** Urucu Meryem; **Mohammeds ~** Miracı Nebi
Himmelskörper *m* gök cismi
Himmelsrichtung *f* yön
himmlisch *adj* ❶ (*göttlich*) ilahi ❷ (*großartig*) harika, çok güzel
hin *adv* (*örtlich*) oraya, o tarafa, şuraya; **~ und zurück** gidiş dönüş; **~ und wieder** arasıra; **~ und her** bir aşağı bir yukarı, oraya buraya; **das Hin und Her** gidip gelme; **... ist ~** (*kaputt*) ... bozulmuş [*o* kırılmış]
hinab *adv* aşağı(ya)
hinauf *adv* yukarı(ya); **die Treppe/den Hang ~** merdivenden/bayırdan yukarı
hinaufbringen *irr vt* yukarı getirmek (**etw** -i)
hinauffahren *irr vi sein* yukarı çıkmak
hinaufgehen *irr vi sein* yukarı çıkmak; (*Preis*) yükselmek
hinaufsteigen *irr vi sein* yukarı çıkmak
hinauftragen *irr vt* yukarı taşımak (**etw** -i)
hinaus *adv* dışarı(ya); **~!** çık dışarı!; **da ~** oradan dışarı; **zum Fenster/zur Tür ~** pencereden/kapıdan dışarı; **über ... ~** (*örtlich*) -den yukarı; **darüber ~** (*fig*) bundan başka, bunun ötesinde; **worauf will sie ~?** neyi kastediyor?
hinausbegleiten *vt* yolu göstermek (**jdn** -e)
hinausgehen *irr vi sein* (dışarı) çıkmak (**aus etw** -den); (*Zimmer, Fenster*) açılmak, bakmak (**auf etw** -e); **über etw ~** bir şeyi aşmak
hinauslaufen *irr vi sein* ❶ dışarı koşmak (**aus etw** -den) ❷ (*enden*) sonuçlanmak (**auf etw** ile)
hinauslehnen *vr* **sich ~** dışarı sarkmak
hinausragen *vi sein* ❶ (*überstehen*) dışarı çıkmak ❷ (*bedeutend sein*) kendini göstermek
hinauswerfen *irr vt* dışarı atmak (**etw/jdn** -i)
hinausziehen *irr vt* (*fig: verzögern*) geciktirmek, ertelemek (**etw** -i)
Hinblick *m* **im ~ auf** *akk* -e göre, -e nazaran
hinderlich *adj* engel olan
hindern *vt* engel olmak (**jdn/etw** -e)
Hindernis *nt* ❶ (*Behinderung, Hürde*) engel, mani ❷ (*Schwierigkeit*) güçlük, zorluk
Hindernislauf *m,* **Hindernisrennen** *nt* engelli koşu
Hinduismus *m* Hinduizm
hindurch *adv* ❶ **durch** *akk* **... ~** -in arasından, -in içinden, -in ortasından (geçerek)

❷ (*zeitlich*) **das ganze Jahr ~** bütün yıl boyunca
hinein *adv* **in** *akk* **...** ~ -in içine, -in içerisine; **bis tief in die Nacht ~** gece yarılarına kadar
hineingehen *irr vi sein* ❶ (*in etw gehen*) içeri girmek ❷ (*hineinpassen*) içine sığmak (**in etw** -in)
hineinlegen *vt* içine koymak (**etw in etw** -i -in), yerleştirmek (**in etw** -i -e)
hineinstecken *vt* (içine) sokmak, koymak, daldırmak (**etw in etw** -i -e)
hineinziehen *irr vt* içine çekmek (**etw** -i); **jdn in etw ~** (*fig*) birini bir şeye karıştırmak [*o* sürüklemek]
Hinfahrt *f* gidiş
hinfallen *irr vi sein* (yere) düşmek
hinfällig *adj* (*ungültig*) hükümsüz
Hinflug *m* (bir yere) uçuş
hinführen *vt* götürmek, sevk etmek (**jdn zu etw/jdm** -i -e); (*Weg*) çıkmak (**zu etw** -e)
hing *vi, vt s.* **hängen**
Hingabe *f*, **Hingebung** *f* fedakarlık, özveri
hingegen *adv* ise, diğer taraftan
hingehen *irr vi sein* (bir yere) gitmek
hinken *vi* topallamak; (*auch fig*) aksamak
hinkend *adj* aksak, topal
hinlegen I. *vt* koymak, yatırmak (**etw** -i) **II.** *vr* **sich ~** yatmak, uzanmak
hinnehmen *irr vt* ❶ (*akzeptieren*) kabul etmek (**etw** -i) ❷ (*sich gefallen lassen*) hazmetmek, kendine yedirmek (**etw** -i)
hinreichend *adv* yeterli, kafi
Hinreise *f* gidiş
hinreißen *irr vt* **sich von etw ~ lassen** bir şeye kapılmak
hinreißend *adj* coşturucu; (*anziehend*) çekici, etkileyici
hinrichten *vt* idam etmek (**jdn** -i)
Hinrichtung *f* idam
hinsehen *irr vi* (bir yere) bakmak
hinsetzen *vr* **sich ~** (bir yere) oturmak
Hinsicht *f* **in dieser ~** bu bakımdan; **in ~ auf** *akk* ... bakımından
hinsichtlich *präp +gen* ... bakımından, ... konusunda, -e dair
hinstellen *vt* (bir yere) koymak, dikmek (**etw** -i)
hinten *adv* geri(de), gerisinde, arka(da); (*im Hintergrund*) arka planda; **nach ~** arkaya; **von ~** arkadan
hinter I. *präp +dat* (*Ort*) -in arkasında; **~ jds Rücken** birinin arkasından, birinden gizlice; **etw ~ sich lassen** bir şeyi arkasında bırakmak; **~ etw her sein** bir şeyin peşinde koşmak; **~ jdm her sein** birinin peşinden koşmak **II.** *präp +akk* (*Richtung*) -in arkasına; **~ etw kommen** bir sırrı meydana çıkarmak
Hinterachse *f* arka dingil
Hinterbein *nt* arka bacak
Hinterbliebenen *pl* hayatta kalanlar *pl*
hintereinander *adv* arka arkaya, art arda, sırayla
Hintergedanke *m* art düşünce; (*negativ*) art niyet
hintergehen *irr vt* (*betrügen*) aldatmak (**jdn** -i), ihanet etmek (**jdn** -e)
Hintergrund *m* ❶ arka plan ❷ (*verborgener Zusammenhang*) içyüz ❸ INFORM arka fon, artalan
Hintergrundfarbe *f* INFORM artalan rengi
Hinterhalt *m* pusu
hinterhältig *adj* sinsi, ikiyüzlü
Hinterhaus *nt* evin arka kısmı
hinterher *adv* (*örtlich*) arka(sın)dan; (*zeitlich*) sonradan
Hinterkopf *m* arka kafa
Hinterland *nt* art bölge
hinterlassen *irr vt* ❶ (geriye) bırakmak, terketmek (**etw** -i) ❷ (*als Erbe*) miras olarak bırakmak (**jdm etw** -e -i); **eine Nachricht ~** haber bırakmak (**jdm** -e)
hinterlegen *vt* (*als Pfand*) emaneten bırakmak (**etw** -i); **jdm etw ~** (*zum Abholen*) bir şeyi birisinin alması üzere bırakmak
hinterlistig *adj* hilekar, sinsi, ikiyüzlü
Hintern *m* (*fam*) kıç, kaba et, makat
Hinterrad *nt* arka tekerlek
Hinterradantrieb *m* arkadan çekiş
Hinterteil *nt* (*Gesäß*) kıç, kaba et, makat
Hintertür *f* arka kapı
hinterziehen *vt* **Steuern ~** vergi kaçırmak
Hinterziehung *f* (*Steuer-*) zimmetine geçirme
hinüber *adv* ❶ öbür [*o* karşı] tarafa, öteye ❷ (*fam: tot*) ölmüş; (*kaputt*) bozmuş
hinübergehen *irr vi sein* ❶ öteye geçmek ❷ (*fig: sterben*) ölmek, vefat etmek
hinunter *adv* aşağı(ya)
hinunterbringen *irr vt* aşağı indirmek [*o* getirmek] (**etw** -i)
hinuntergehen *irr vi sein* aşağı inmek [*o* gitmek]
hinunterlaufen *irr vi sein* aşağı(ya) koşmak
hinunterschlucken *vt* (*auch fig*) yutmak

H

(**etw** -i)
hinweg *adv* **ich bin darüber ~** bu üzüntüyü (acıyı vs.) unuttum artık
Hinweg *m* gidiş (yolu); **auf dem ~** gidiş yolunda
hinweggehen *irr vi sein* **über etw ~** (*fig*) bir şeyi dikkate almamak; (*Nachsicht üben*) bir şeye göz yummak
hinwegkommen *irr vi sein* **er kommt nicht darüber hinweg** acısını unutamıyor
hinwegsehen *irr vi* (*fig*) görmemezlikten gelmek (**über etw** -i), göz yummak (**über etw** -e)
hinwegsetzen *vr* (*fig*) **sich über etw ~** bir şeye aldırmamak [*o* aldırış etmemek]; (*mit Füßen treten*) bir şeyi çiğnemek
Hinweis *m* ① (*Anhaltspunkt*) işaret ② (*Anspielung*) ima
hinweisen *irr vi* göstermek (**auf etw** -i), işaret etmek (**auf etw** -e)
hinwerfen *irr vt* (yere) atmak, fırlatmak (**etw** -i)
hinwirken *vi* **auf etw ~** bir şeyin yolunu açmak
hinzufügen *vt* eklemek, katmak (**etw einer Sache** -i -e)
hinzukommen *irr vi sein* (*Sache*) eklenmek (**zu etw** -e); (*Person*) katılmak (**zu jdm/etw** -e)
hinzuziehen *irr vt* (*Arzt*) baş vurmak (**jdn** -e)
Hippie *m* hippi
Hirn *nt* beyin
Hirngespinst *nt* kuruntu, uydurmasyon
Hirnhautentzündung *f* menenjit
hirnverbrannt *adj* (*fam*) zırdeli
Hirsch *m* geyik
Hirse *f* darı
Hirte *m* çoban
hissen *vt* (*Flagge*) çekmek (**etw** -i); **die Segel ~** yelken açmak
Historiker(in) *m(f)* tarihçi
historisch *adj* tarihi, tarihsel
Hitze *f* ① şiddetli sıcak ② (*starke Emotion*) heyecan, taşkınlık
hitzebeständig *adj* ısıya dayanıklı
hitzeempfindlich *adj* sıcağa karşı hassas
Hitzewelle *f* sıcak dalgası
hitzig *adj* taşkın, ateşli; (*Debatte*) şiddetli, sert
Hitzschlag *m* güneş çarpması
Hj. *nt Abk von* **Halbjahr** yarı yıl
hl. *adj Abk von* **heilig** aziz
hob *vt s.* **heben**
Hobby *nt* merak, hobi
Hobel *m* rende
hobeln *vi, vt* rendelemek (**etw** -i)
hoch <höher, am höchsten> **I.** *adj* yüksek; (*Zahl*) kabarık; (*Gehalt*) dolgun; **50 Meter ~ sein** 50 metre yüksekliğinde olmak; **auf hoher See** açık denizde **II.** *adv* **zwei ~ drei** iki üssü üç; **~ entwickelt** çok gelişkin; **~ spielen** büyük oynamak; (**er lebe**) **~!** yaşasın!; **wenn es ~ kommt** olsa olsa; **~ und heilig versprechen** büyük yeminler etmek; **zu ~ hinaus wollen** gözü yükseklerde olmak
Hoch *nt* ① (*Wetter*) yüksek basınç ② (*Hochruf*) yaşasın diye bağırma
Hochachtung *f* saygı
hochachtungsvoll *adv* derin saygılarımla
hochauflösend *adj* INFORM yüksek çözünürlükteki
Hochbetrieb *m* (aşırı) işleklik
Hochburg *f* merkez
Hochdeutsch *nt* Alman yazı dili
Hochdruck *m* yüksek basınç
Hochebene *f* yayla, plato
Hochgebirge *nt* yüksek dağlar *pl*
Hochhaus *nt* yüksek bina, gökdelen
hochleben *vi* **jdn ~ lassen** *birini yaşa sesleriyle alkışlamak*
Hochmut *m* kibir, gurur, kurum
hochmütig *adj* kibirli, gururlu, kurumlu
hochnäsig *adj* burnu büyük
Hochofen *m* yüksek fırın
Hochsaison *f* yüksek sezon
Hochschule *f* yüksek okul, akademi
Hochschullehrer(in) *m(f)* profesör
Hochschulstudium *nt* yüksek tahsil
Hochsommer *m* yaz ortası
Hochspannung *f* yüksek gerilim
Hochspannungsleitung *f* yüksek gerilim hattı
Hochsprung *m* yüksek atlama
höchst *adv* son derece
Hochstapler *m* (*Betrüger*) dolandırıcı
Höchstbelastung *f* en fazla yük derecesi
höchste(r, s) *adj Superlativ von* **hoch** en yüksek; **es ist ~ Zeit** vakit daraldı
höchstens *adv* en fazla, olsa olsa, haydi haydi
Höchstgeschwindigkeit *f* azami hız
höchstpersönlich *adv* bizzat kendisi
höchstwahrscheinlich *adv* pek muhtemel

olarak
Hochverrat *m* vatana ihanet
Hochwasser *nt* su baskını
hochwertig *adj* yüksek kaliteli
Hochzeit *f* düğün; **silberne/goldene/diamantene ~** evlenmenin gümüş/ellinci/altmışıncı yıldönümü
Hochzeitsreise *f* balayı seyahati
Hochzeitstag *m* (*jährlich*) evlenme yıldönümü
hocken I. *vi* oturmak **II.** *vr* **sich ~** çömelmek (**auf etw** -e)
Hocker *m* iskemle, tabure
Höcker *m* (*Kamel*) hörgüç
Hockey *nt* hokey (oyunu)
Hoden *m* haya
Hodensack *m* haya torbası
Hof *m* ❶ (*eines Gebäudes*) avlu ❷ (*Bauern-*) çiftlik ❸ (*Fürsten-*) saray; **jdm den ~ machen** birine kur yapmak
hoffen *vi* ümit etmek, ummak; **auf etw ~** bir şeyi beklemek
hoffentlich *adv* inşallah, umarım, ümit ederim (ki); **~ kommt er** umarım gelir
Hoffnung *f* ❶ (*das Hoffen*) umut, ümit ❷ (*Traum*) hayal; **guter ~ sein** (*zuversichtlich*) ümitvar olmak; (*schwanger*) hamile olmak
hoffnungslos *adj* umutsuz, ümitsiz
Hoffnungslosigkeit *f* umutsuzluk, ümitsizlik
hoffnungsvoll *adj* (*Hoffnung habend*) umutlu, ümitli; (*Hoffnung machend*) umut verici
höflich *adj* nazik, ince
Höflichkeit *f* nezaket, naziklik, incelik
Höhe *f* ❶ (*Hochsein*) yükseklik ❷ (*An-*) tepe ❸ (*Erhebung*) tümsek ❹ (*Höhepunkt*) zirve, doruk ❺ (*über Meeresspiegel*) rakım, yükselti ❻ (*einer Summe*) tutar, miktar; **das ist die ~!** bu kadarı da fazla!
Hoheitsgewässer *nt* kara suları
Höhepunkt *m* en yüksek nokta; (*fig*) zirve, doruk
hohl *adj* ❶ (*ausgehöhlt*) oyuk ❷ (*innen leer*) (içi) boş; **die ~e Hand** avuç içi
Höhle *f* mağara; (*Tier-*) in
Höhlenmensch *m* mağara insanı
Hohlraum *m* boşluk, oyuk
höhnisch *adj* alaycı, alaylı
Hokuspokus *m* (*pej*) göz boyama
Holding *f*, **Holdinggesellschaft** *f* holding
holen *vt* almak, (gidip) getirmek (**etw** -i); (*den Arzt*) çağırmak (**jdn** -i); **~ lassen** getirtmek (**etw** -i)
Holland *nt* Hollanda
Holländer(in) *m(f)* Hollandalı
holländisch *adj* ❶ (*Art*) Hollanda ❷ (*Herkunft*) Hollandalı
Hölle *f* cehennem
höllisch *adj* cehennem gibi
Hologramm *nt* hologram
holp(e)rig *adj* ❶ (*uneben*) eğri büğrü ❷ (*Sprechen, Lesen*) langır lungur
Holunder *m* mürver (ağacı)
Holz *nt* ❶ (*Nutz-*) tahta ❷ (*Brenn-*) odun
holzen *vi* (*roh oder regelwidrig spielen*) sert oynamak
Holzfäller *m* oduncu
holzfrei *adj* (*Papier*) selülozsuz
Holzkohle *f* odun [*o* mangal] kömürü; (*schwelende*) marsık
Holzschnitt *m* tahta oyması
Holzschnitzer(in) *m(f)* tahta oymacısı
Holzschuh *m* tahta pabuç; (*türkischer*) nalın, takunya
Holzsplitter *m* kıymık
Holzstapel *m* odun istifi
Holztäfelung *f*, **Holzverkleidung** *f* tahta kaplama
Holzweg *m* (*fig*) **auf dem ~ sein** yanlış yolda olmak
Holzwolle *f* ambalaj talaşı
Holzwurm *m* ağaç kurdu
Homebanking *nt* ev bankacılığı
Homepage *f* INET ana sayfa, ev sayfası
homogen *adj* homogen, homojen, bircinsten
homogenisieren *vt* homojenize etmek (**etw** -i)
homogenisiert *adj* homojenize
Homogenisierung *f* homojenizasyon
Homöopath(in) *m(f)* homeopat
Homöopathie *f* homeopati
homöopathisch *adj* homeopatik
Homosexualität *f* eşcinsellik, homoseksüalite
homosexuell *adj* eşcinsel, homoseksüel
Honig *m* bal
Honigkuchen *m* ballı çörek
Honigmelone *f* kavun
Honorar *nt* ücret
Honoratioren *pl* ileri gelenler *pl*
honorieren *vt* ❶ ücret vermek (**jdn** -e) ❷ (*würdigen*) takdir etmek (**etw** -i)

H

Hooligan *m* holigan
Hopfen *m* şerbetçiotu
hörbar *adj* duyulabilen, işitilebilen
Hörbrille *f* *aynı zamanda işitme olanağını sağlayan gözlük*
horchen *vi* dinlemek
Horde *f* sürü, güruh
hören **I.** *vt* ① (*wahrnehmen*) duymak, işitmek (**etw** -i) ② (*erfahren*) duymak (**dass** -diğini), haber almak (**von jdm/etw** -den) **II.** *vi* (*zu-*) dinlemek; **auf jdn ~** birinin sözünü dinlemek; **hör mal!** dur bakalım!; (**nichts**) **von sich ~ lassen** kendinden işittir(me)mek
Hörensagen *nt* **vom ~** söylenti olarak
Hörer *m* (*Telefon-*) ahize
Hörer(in) *m(f)* (*Person*) dinleyici
Hörfehler *m* ① (*Irrtum*) yanlış duyma ② (*Gehörfehler*) işitme rahatsızlığı
Hörfunk *m* radyo
Hörgerät *nt* kulaklık
hörgeschädigt *adj* işitme özürlüsü
hörig *adj* **jdm ~ sein** birine bağımlı olmak
Horizont *m* ufuk
horizontal *adj* yatay
Hormon *nt* hormon
hormonell *adj* hormonal
Horn *nt* ① (*eines Tieres*) boynuz; **jdm Hörner aufsetzen** (*fam*) birine boynuz takmak ② (*Musikinstrument*) boru
Hornbrille *f* bağa gözlük
Hörnchen *nt* (*Gebäck*) kruvasan
Hornhaut *f* ① (*Schwiele*) nasır ② (*Auge*) saydam tabaka
Hornisse *f* (büyük) eşekarısı
Horoskop *nt* horoskop; (*Tierkreiszeichen*) burç; (*nach einer Konstellation bestimmtes Schicksal*) yıldız falı
Horrorfilm *m* korku filmi
Hörsaal *m* konferans salonu; (*in der Universität*) amfi, ders odası
Hörspiel *nt* piyes, radyo tiyatrosu
Hort *m* ① (*Zufluchtsort*) sığınak ② (*Schatz*) hazine, define, gömü ③ (*Kinder-*) çocuk yuvası, kreş
Hörverständnis *nt* söyleneni anlama
Hörweite *f* **in/außer ~** sesi işittire(meye)cek kadar uzaklıkta
Hose *f* pantalon; **die ~n anhaben** (*fig*) evde hakim olmak, dizginler elinde olmak
Hosenanzug *m* *bayanlar için pantalon ceket takım giysi*
Hosenboden *m* pantalon kıçı
Hosenschlitz *m* pantalonun ön yırtmacı
Hosentasche *f* pantalon cebi
Hosenträger *mpl* pantalon askısı *sing*
Hospital *nt* hastane
Hospitant(in) *m(f)* (*Gasthörer*) misafir öğrenci
hospitieren *vi* misafir olarak birinin derslerine devam etmek
Host *m* INET host
Hostess *f* hostes
Hotdog *f* hot dog
Hotel *nt* otel
Hotelboy *m* otel boy
Hotelfachschule *f* otelcilik okulu
Hotelführer *m* (*Buch*) otel rehberi
Hotelier *m* otelci
Hotelzimmer *nt* otel odası
Hotline *f* tüketici danışma hattı
Hrsg. *m Abk von* **Herausgeber** yayınlayan
Hubraum *m* silindir hacmi
hübsch *adj* güzel, şirin; (*reizend*) alımlı, çekici
Hubschrauber *m* helikopter
huckepack *adv* **~ tragen** sırtında taşımak (**jdn** -i)
Hufeisen *nt* nal
Hüfte *f* kalça
Hüftgelenk *nt* kalça mafsalı
Hüfthalter *m* (*Mieder*) korsaj
Hügel *m* tepe; (*kleinerer*) tümsek
hügelig *adj* ① (*mit Hügeln*) tepeli(k) ② (*uneben*) engebeli, inişli yokuşlu
Huhn *nt* tavuk; (*junges*) piliç, yarga
Hühnerauge *nt* nasır
Hühneraugenpflaster *nt* nasır plasteri
Hühnerbrühe *f* tavuk suyu
Hühnerbrust *f* tavuk göğsü
Hühnerhof *m* tavuk çiftliği
Hühnerstall *m* kümes
Hülle *f* ① (*Verpackung*) ambalaj ② (*Umschlag*) zarf ③ (*Schutz-*) kılıf; **in ~ und Fülle** bol bol
Hülse *f* ① (*Samenkapsel*) koza ② (*Schale*) kabuk ③ (*Patronen-*) kovan
Hülsenfrüchte *fpl* baklagiller *pl*
human *adj* insanca, insani
Humanismus *m* insancıllık, hümanizm
humanistisch *adj* insancıl, hümanist
humanitär *adj* insancıl, insani
Humanität *f* insanlık, insaniyet
Human Resources *pl* insan kaynakları

Hummel *f* yabanarısı
Hummer *m* ıstakoz
Humor *m* mizah
Humorist(in) *m(f)* mizahçı
humoristisch *adj* mizahi
humorlos *adj* esprisiz
humorvoll *adj* (*Person*) şakacı, nükteci; (*Erzählung auch*) esprili
humpeln *vi sein/haben* topallayarak yürümek
Humus *m* humus
Hund *m* köpek; **bekannt wie ein bunter ~** herkes tarafından tanınan; **vor die ~e gehen** mahvolmak, telef olmak; **auf den ~ kommen** (*gesundheitlich*) kuvvetten düşmek; (*herunterkommen*) mahvolmak; **wie ~ und Katze sein** kedi köpek gibi hırlaşmak
Hundefutter *nt* köpek maması
Hundeheim *nt* köpek yuvası
Hundehütte *f* köpek kulübesi
Hundeleben *nt* (*fig*) sefil hayat
hundemüde *adj* (*fam*) bitkin, (yorgun) argın
hundert *num* yüz
Hundert *nt* yüz; **zu ~en** yüzlerce
hundertfach *adj* yüz misli [*o* katı]
hundertjährig *adj* yüzyıllık
hundertmal *adv* yüz kere
hundertprozentig *adj* yüzde yüz
hundertste(r, s) *adj* yüzüncü
Hundertstel *nt* yüzde (bir)
Hundestaffel *f* arama kurtarma köpekli tim
Hundesteuer *f* köpek vergisi
Hündin *f* dişi köpek
Hunger *m* açlık; **ich habe ~** karnım acıktı; **~ leiden** açlık çekmek
hungern *vi* acıkmak; (*Diät halten*) perhiz yapmak
Hungersnot *f* açlık sıkıntısı; (*Knappheit*) kıtlık
Hungerstreik *m* açlık grevi
hungrig *adj* aç, karnı aç, acıkmış; **ich bin ~** ben açım
Hupe *f* korna, klakson
hupen *vi* korna [*o* klakson] çalmak
hüpfen *vi sein* sıçramak, hoplamak, zıplamak
Hürde *f* ❶ (*Hecke*) çit ❷ SPORT engel
Hürdenlauf *m* engelli koşu
Hure *f* (*pej*) fahişe, orospu
hurra *interj* yaşa(sın)
husten *vi* öksürmek
Husten *m* öksürük; **ich habe ~** öksürüğüm var
Hustenbonbon *nt* öksürük pastili [*o* şekeri]
Hustensaft *m* öksürük şurubu
Hut[1] *m* şapka; **den ~ aufsetzen/abnehmen** şapkayı giymek/çıkarmak; **unter einen ~ bringen** birleştirmek, iki ucunu bir araya getirmek (**etw** -i)
Hut[2] *f* **vor etw auf der ~ sein** bir şeyden sakınmak
hüten **I.** *vt* korumak, esirgemek; (*Tiere*) gütmek, otlatmak (**etw** -i) **II.** *vr* **sich vor etw ~** bir şeyden sakınmak; **ich werde mich ~!** sakınmasını bilirim!
Hütte *f* ❶ (*Haus*) kulübe ❷ (*Hüttenwerk*) demirhane
Hyäne *f* sırtlan
Hyazinthe *f* sümbül
Hydrant *m* yangın musluğu
hydraulisch *adj* hidrolik
Hygiene *f* sağlık bilgisi [*o* bakımı], hijyen
hygienisch *adj* sağlığa uygun, sıhhi, hijyenik
Hymne *f* (*Preisen*) övgü
Hyperinflation *f* hiperenflasyon, dörtnala enflasyon
Hyperlink *m* INET bağlantı noktası
hypermodern *adj* son derece modern
Hypertext *m* INET hiper doküman
Hypnose *f* hipnoz, hipnotizma
hypnotisieren *vt* hipnotize etmek (**jdn** -i)
Hypothek *f* ipotek; **mit einer ~ belastet** ipotekli
Hypothese *f* varsayım
hypothetisch *adj* varsayımlı
Hysterie *f* isteri
hysterisch *adj* isterik

I i

i. A. *m Abk von* **im Auftrag** adına
iberisch *adj* **Iberische Halbinsel** İberik Yarımadası
IC *m Abk von* **Intercityzug** Mavi Tren, Fatih Expres
ICE *m Abk von* **Intercityexpresszug** *es gibt keine Züge dieser Art in der Türkei*
ich *pron* ben; **~ selbst** kendim; **~ bin es** ben'im; **hier bin ~** buradayım; **~ Armer!** zavallı ben!

ideal *adj* (*ausgezeichnet*) mükemmel, ideal; (*rein gedanklich*) ideal, ülküsel
Ideal *nt* ideal, ülkü
Idealgewicht *nt* ideal kilo
Idealismus *m* idealizm, ülkücülük
Idealist(in) *m(f)* idealist, ülkücü
idealistisch *adj* idealist, ülkücü
Idee *f* ① (*Einfall*) (ani) fikir, buluş ② (*Gedanke, Meinung*) düşünce, fikir; **fixe ~** sabit fikir, saplantı; **jdn auf eine ~ bringen** birinin aklına bir fikir getirmek
Identifikation *f* (*einer Person*) kimlik tespiti
identifizieren I. *vt* teşhis etmek, seçmek (**jdn** -i) II. *vr* **sich mit jdm ~** biriyle özdeşleşmek
Identifizierung *f* ① (*Identifikation*) teşhis ② (*Gleichsetzung*) özdeşleş(tir)me
identisch *adj* aynı, eşit, özdeş
Identität *f* özdeşlik; (*bei Personen*) kimlik
Ideologie *f* ideoloji
ideologisch *adj* ideolojik
Idiot *m* ① deli, çılgın ② MED ebleh
Idiotie *f* ① eşeklik, enayilik ② MED eblehlik
idiotisch *adj* ① (*dumm*) aptal, ahmak, enayi ② MED ebleh
idyllisch *adj* ① (*ländlich*) kırsal ② (*friedlich und beglückend*) sakin, cennet gibi
IG *f Abk von* **Industriegewerkschaft** Sanayi Sendikası
Igel *m* kirpi
ignorieren *vt* ① (*bewusst übersehen*) bilmemezlikten [*o* görmemezlikten] gelmek (**etw/jdn** -i) ② (*nicht beachten*) aldırış etmemek (**etw/jdn** -e)
IHK *f Abk von* **Industrie- und Handelskammer** Sanayi ve Ticaret Odası
ihm *pron* ona
ihn *pron* onu
ihnen *pron* onlara
Ihnen *pron* size
ihr *pron* ① (*Einzahl*) ona ② (*Mehrzahl*) siz
ihr(e) *pron* ① (*Einzahl*) onun ② (*Mehrzahl*) onların; **der, die, das Ihr(ig)e** onunki
Ihr(e) *pron* sizin
ihrerseits *adv* onun tarafından
Ihrerseits *adv* sizin tarafınızdan
ihrethalben *adv*, **ihretwegen** *adv* ① (*Einzahl*) onun için, onun yüzünden ② (*Mehrzahl*) onların yüzünden
illegal *adj* yasa [*o* kanun] dışı, kanuna aykırı
illegitim *adj* gayri meşru
Illusion *f* hayal, hulya, kuruntu
Illustration *f* resim
illustriert *adj* resimli
Illustrierte *f* magazin, resimli dergi
im *präp* = *in dem* **in**
Image *nt* imaj
Imam *m* imam
ImbissRR *m*, **Imbiß**ALT *m* hafif bir yemek
ImbissstubeRR *f* büfe, sinekbar
Imitation *f* taklit, benzetme, imitasyon
imitieren *vt* taklit etmek (**jdn/etw** -i)
Imker(in) *m(f)* arı yetiştirici, arıcı
Immatrikulation *f* üniversiteye kayıt
immatrikulieren *vr* **sich ~** üniversiteye kayıt olmak
immer *adv* daima, hep, her zaman; **auf** [*o* **für**] **~** temelli; **~ mehr** gittikçe fazla; **~ weniger** gittikçe daha az; **~ noch** hala; **~ wieder** tekrar tekrar; **~ wenn** -dikçe; **wer/wo/was auch ~** kim/nerede/ne olursa olsun
immerhin *adv* ① (*trotzdem*) buna rağmen [*o* karşın] ② (*wenigstens*) hiç olmazsa ③ (*schließlich*) ne de olsa
immerzu *adv* boyuna, hiç durmadan
Immobilien *pl* emlak *sing*, taşınmaz mal *sing*
immun *adj* ① (*auch fig*) bağışık ② POL dokunulmaz
Immunität *f* ① (*auch fig*) bağışıklık ② POL dokunulmazlık
Immunsystem *nt* bağışıklık sistemi
Imperativ *m* emir kipi [*o* sıygası]
Imperfekt *nt* LING hikaye (zamanı)
Imperialismus *m* ① emperyalizm ② (*Kolonisierung*) sömürgecilik
Imperialist *m* ① emperyalist ② (*Kolonist*) sömürgeci
imperialistisch *adj* ① emperyalist ② (*kolonialistisch*) sömürgeci
impfen *vt* aşılamak (**jdn** -i)
ImpfpassRR *m* aşı kâğıdı
Impfstoff *m* aşı (maddesi), serum
Impfung *f* aşı
imponieren *vi* **jdm ~** birini etkilemek
Import *m* COMM ithal, dışalım
Importeur *m* COMM ithalatçı, dışalımcı
importieren *vt* COMM ithal etmek (**etw** -i)
importiert *adj* ithal
imposant *adj* empozan, heybetli
impotent *adj* iktidarsız
Impotenz *f* iktidarsızlık
Improvisation *f* ① hazırlıksız yaratma, uydurma ② MUS doğaçlama, emprovize
improvisieren *vt* ① hazırlıksız yaratmak, uydurmak (**etw** -i) ② (*Lied*) doğaçtan şarkı

söylemek; (*Musik*) doğaçtan çalmak
improvisiert *adj* MUS doğaçlama, emprovize
Impuls *m* ❶ (*Antrieb*) içtepi ❷ ELEK darbe
impulsiv *adj* tezcanlı, atılgan
imstande *adv*, **im Stande**RR *adv* ~ **sein, etw zu tun** bir şeyi yapabilecek durumda olmak
in **I.** *präp* +*dat* (*Ort*) -de/-da, -in içinde; **im Garten** bahçede; ~ **der Ferne** uzakta; ~ **eurer Mitte** ortanızda; ~ **2 Jahren** iki yıl içinde; ~ **der Nacht** geceleyin; ~ **diesem Jahr** bu yıl; **im März** martta **II.** *präp* +*akk* (*Richtung*) -e/-a, içine; ~ **die Schule gehen** okula gitmek
inakzeptabel *adj* kabul edilemez
inbegriffen *adj* dahil olmak üzere
indem *konj* ❶ (*dadurch dass*) -erek/-arak; ~ **er das sagte** bunu söyleyerek ❷ (*während*) -irken
Inder(in) *m(f)* Hintli
Indianer(in) *m(f)* kızılderili
indianisch *adj* kızılderili
Indien *nt* Hindistan
Indikativ *m* bildirme kipi
Indikator *m* gösterge
indirekt *adj* dolaylı, endirek(t)
indisch *adj* ❶ (*Sprache*) Hintçe ❷ (*Art*) Hint ❸ (*Herkunft*) Hintli; **der Indische Ozean** Hint Okyanusu
indiskret *adj* ❶ (*nicht verschwiegen*) sır saklamaz ❷ (*taktlos*) densiz
Individualismus *m* bireycilik
Individualist(in) *m(f)* bireyci
Individualität *f* bireysellik, ferdiyet
individuell *adj* ❶ (*des Individuums*) bireysel, ferdi ❷ (*persönlich*) kişisel
Individuum *nt* birey, fert
Indiz *nt* belirti, emare
Indochina *nt* Çin Hindi(stanı)
Indonesien *nt* Endonezya
industrialisieren *vt* sanayileştirmek, endüstrileştirmek (**etw** -i)
Industrialisierung *f* sanayileş(tir)me, endüstrileş(tir)me
Industrie *f* sanayi, endüstri; ~- **und Handelskammer** Sanayi ve Ticaret Odası; **verarbeitende** ~ imalat sanayii
Industriegebiet *nt* endüstri bölgesi
Industrieland *nt* endüstri ülkesi
industriell *adj* sınai, endüstriyel
Industrielle(r) *f(m)* sanayici
ineinander *adv* iç içe, birbiri içine
ineinanderpassen *vi* iç içe sığmak
ineinanderschieben *vt* içine itmek [*o* kaydırmak] (**etw** -i)
Infanterie *f* piyade
infantil *adj* ❶ (*pej*) çocukça ❷ (*dümmlich*) budala(ca)
Infarkt *m* enfarktüs
Infektion *f* enfeksiyon, bulaşma
Infektionskrankheit *f* bulaşıcı hastalık
Infinitiv *m* mastar
infizieren **I.** *vt* bulaştırmak (**jdn/etw mit etw** -e -i) **II.** *vr* **sich** ~ enfekte olmak
infiziert *adj* enfekte
Inflation *f* enflasyon
Inflationsniveau *nt* enflasyon seviyesi
Inflationsrate *f* enflasyon oranı
infolge *präp* +*gen* ... sonucu (olarak), ... nedeniyle, -den dolayı
infolgedessen *adv* bundan dolayı, bu yüzden
Informatik *f* bilişim
Informatiker(in) *m(f)* bilişimci
Information *f* ❶ (*Auskunft*) bilgi, haber ❷ (*Informationsbüro*) danışma (bürosu)
Informationsaustausch *m* INET bilgi alışverişi
Informationstechnik *f* enformasyon teknolojisi
Informationszeitalter *nt* bilgi çağı
informativ *adj* bilgi verici, bilgilendirici
informell *adj* şekilsiz
informieren *vt* bilgi [*o* haber] vermek (**jdn** -e), bilgilendirmek (**jdn** -i)
infrarot *adj* kızılötesi
Infrastruktur *f* altyapı
Infusion *f* infüzyon
Ing. *m Abk von* **Ingenieur**
Ingenieur(in) *m(f)* mühendis
Ingwer *m* zencefil
Inhaber *m* sahip; (*einer Urkunde*) hamil
inhaftieren *vt* hapsetmek (**jdn** -i)
Inhaftierung *f* hapsetme
Inhalation *f* (nefesle beraber) içeri çekme
inhalieren *vt* (nefesle beraber) içeri çekmek (**etw** -i)
Inhalt *m* ❶ (*Gehalt*) içerik, kapsam ❷ (*Raum-*) hacim
Inhaltsangabe *f* özet
Inhaltsverzeichnis *nt* içindekiler listesi, fihrist
Initiative *f* girişim, teşebbüs
Initiator *m* fikir babası

I

Initiatorin *f* fikir annesi
Injektion *f* enjeksiyon, içitim
injizieren *vt* enjekte etmek (**jdm etw** -e -i)
inkl. *adv Abk von* **inklusive**
inklusive *adv* dahil olmak üzere
inkompatibel *adj* birbirine uymayan
inkonsequent *adj* tutarsız
Inkonsequenz *f* tutarsızlık
Inkraftsetzung *f* yürürlüğe koyma
Inkrafttreten *nt* yürürlüğe girme
Inkubationszeit *f* kuluçka süresi
Inland *nt* yurt içi
Inländer(in) *m(f)* yerli
inländisch *adj* yerli, iç
Inlandsflug *m* yurt içi uçuş
Inliner *m* inliner, tek sıra tekerlekli paten
inlineskaten *vi* inline pateni yapmak
Inlineskating *nt* inline pateni
inmitten *präp +gen* -in ortasında, -in arasında
innehaben *irr vt* (*Amt, Stellung*) tutmak (**etw** -i)
innen *adv* içinde, içerisinde; **nach ~** içeri(ye); **von ~** içeriden
Innenarchitekt(in) *m(f)* iç mimar, dekoratör
Inneneinrichtung *f* iç döşeme
Innenhof *m* iç avlu
Innenminister(in) *m(f)* içişleri bakanı
Innenpolitik *f* iç politika
Innenstadt *f* şehir merkezi
Innere *nt* iç
innere(r, s) *adj* iç; (*Gefühl*) içten, özünlü
Innereien *pl* sakatat *sing*
innerhalb *präp +gen* (*örtlich*) içinde; (*zeitlich*) içinde, zarfında
innerlich **I.** *adj* iç; (*Gefühl*) içten, özünlü **II.** *adv* içten(likle)
innerparteilich *adv* parti içi
innig *adj* içten, candan, samimi
Innovation *f* yenilik
innovativ *adj* yenilikçi
Innung *f* esnaf birliği, lonca
inoffiziell *adj* resmi olmayan
Input *m* (*Daten~*) girdi
ins *präp* = *in das* **in**
Insasse *m* ❶ (*Bewohner*) içinde oturan ❷ (*Fahrgast*) yolcu ❸ (*Gefängnis*) mahpus
insbesondere *adv* özellikle, bilhassa
Inschrift *f* yazıt
Insekt *nt* böcek
Insektenmittel *nt* böcek ilacı
Insel *f* ada
Inselgruppe *f* takımada
Inserat *nt* ilan
inserieren *vt* (gazetede) ilan etmek (**etw** -i)
insgeheim *adv* gizlice
insgesamt *adv* hepsi birden, topu topu
insofern *adv,* **insoweit** *adv* ❶ (*was dies betrifft*) o noktaya kadar ❷ (*unter der Bedingung*) şu şartla
Inspektion *f* ❶ (*Kontrolle*) teftiş, denetim ❷ (*Amt*) müfettişlik ❸ (*Auto*) kontrol
Inspektor(in) *m(f)* müfettiş
Instabilität *f* COMM, POL istikrarsızlık
Installateur(in) *m(f)* ❶ (*Klempner*) muslukçu, lehimci, tenekeci ❷ (*Elektro-*) elektrikçi, tesisatçı
Installation *f* tesisat; (*eines Computerprogramms*) kurulum
installieren *vt* ❶ kurmak, tesis etmek, yerleştirmek (**etw** -i) ❷ (*Computerprogramm*) kurulumunu yapmak (**etw** -in)
instand *adj,* **in Stand**[RR] *adj* **~ halten** bakımını yapmak (**etw** -in), korumak (**etw** -i), bakmak (**etw** -e)
Instandhaltung *f* bakım, koruma
Instantkaffee *m* hazır kahve, neskafe, instant kahve
Instanz *f* mahkeme derecesi
Instinkt *m* içgüdü
instinktiv **I.** *adj* içgüdüsel **II.** *adv* içgüdüsel olarak
Institut *nt* enstitü; (*Einrichtung*) kuruluş, kurum
Institution *f* enstitü, müessese, kuruluş
institutionalisieren *vt* kurumsallaştırmak (**etw** -i)
Institutionalisierung *f* ❶ (*das Institutionalisieren*) kurumsallaştırma ❷ (*das Institutionalisiertwerden*) kurumsallaşma
institutionell *adj* kurumsal
Instruktion *f* direktif, yönerge
Instrument *nt* ❶ alet ❷ (*Musik-*) çalgı, enstrüman; **ein ~ spielen** bir çalgı [*o* enstrüman] çalmak
instrumentalisieren *vt* alet etmek (**jdn/etw für etw** -i -e)
Insulin *nt* ensülin
inszenieren *vt* (*Stück*) sahneye koymak (**etw** -i)
Inszenierung *f* sahneye koyma, oyun düzeni
intakt *adj* işler durumda, sağlam
Integration *f* ❶ (*Eingliederung*) entegrasyon, kaynaşma ❷ (*Vervollständigung*) bütünleştirme, tamamlama

integrieren I. *vt* (*ergänzen*) bütünleştirmek (**etw in etw** -i ile) II. *vr* **sich ~** entegre olmak (**in etw** -e)
Intellekt *m* akıl
intellektuell *adj* zihni, akli, entellektüel
Intellektuelle(r) *f(m)* aydın, entellektüel
intelligent *adj* zeki, akıllı
Intelligenz *f* zeka, akıl, anlayış; **künstliche ~** yapay zeka
Intelligenzler(in) *m(f)* (*pej*) entel
Intelligenzquotient *m* zeka oranı
Intendant(in) *m(f)* (radyo, televizyon) müdürü
Intensität *f* yoğunluk, şiddet
intensiv *adj* yoğun, şiddetli
intensivieren *vt* yoğunlaştırmak, pekiştirmek, şiddetlendirmek (**etw** -i)
Intensivmedizin *f* yoğun tıb
Intensivstation *f* yoğun bakım (koğuşu)
interaktiv *adj* etkileşimli, interaktif
interdisziplinär *adj* disiplinerarası, multidisipliner
interessant *adj* enteresan, ilginç
Interesse *nt* ❶ (*an einer Sache*) ilgi, alaka ❷ (*Hobby*) merak
Interesselosigkeit *f* ilgisizlik
Interessengemeinschaft *f* menfaat birliği
Interessent(in) *m(f)* ilgili, istekli
interessieren I. *vt* ilgilendirmek (**jdn** -i) II. *vr* **sich ~** ilgilenmek (**für etw/jdn** ile)
Interface *nt* INFORM arabirim, arayüz, arayüzey
interkontinental *adj* kıtalararası
Interkontinentalrakete *f* kıtalararası füze
intern *adj* iç
Internat *nt* yatılı okul
international *adj* uluslararası, milletlerarası, enternasyonal; **die Internationale Raumstation** Uluslararası Uzay İstasyonu, UUİ; **der Internationale Währungsfonds** Uluslararası Para Fonu, IMF
Internet *nt* internet
Internetanschluss[RR] *m* internet bağlantısı
Internetbanking *nt* internet bankacılığı
Internetforum *nt* internet forumu
Internetnutzung *f* internet kullanımı
Internet-Service-Provider *m* INET interent servis sağlayıcı
Internetsucht *f* internet bağımlılığı
internetsüchtig *adj* internet bağımlısı
Internetsüchtige(r) *f(m)* internet bağımlısı
Internetzugang *m* internet erişimi
Internist(in) *m(f)* iç hastalıkları uzmanı
Interpol *f* İnterpol
Interpret(in) *m(f)* yorumcu
Interpretation *f* yorum
interpretieren *vt* yorumlamak (**etw** -i)
Interpunktion *f* noktalama
Interpunktionszeichen *nt* noktalama işareti
Intervention *f* müdahale
Interview *nt* görüşme, konuşma
interviewen *vt* görüşme yapmak (**jdn** ile)
intim *adj* ❶ (*eng befreundet*) içli dışlı, sıkı fıkı ❷ (*sexuell*) cinsi ❸ (*privat*) gizli, mahrem
Intimbereich *m*, **Intimsphäre** *f* mahrem alan
intolerant *adj* hoşgörüsüz
Intoleranz *f* hoşgörmezlik
Intonation *f* vurgu
Intranet *nt* intranet
intransitiv *adj* geçişsiz
introvertiert *adj* içe dönük
Intuition *f* sezgi
intuitiv I. *adj* sezgili, sezgisel II. *adv* sezerek
Invalide *m* sakat, malul
Invasion *f* baskın, akın
Inventar *nt* demirbaş (eşya)
Inventur *f* mal sayımı, envanter
investieren *vi, vt* para yatırmak (**in etw** -e)
Investition *f* yatırım
Investor(in) *m(f)* yatırımcı
inwiefern *adv*, **inwieweit** *adv* ne dereceye kadar; (*wieso*) ne yönden
Inzucht *f* akraba evliliği
inzwischen *adv* bu [*o* o] arada
Ion *nt* iyon
IP-Nummer *f* INET sayısal adres
i. R. *m Abk von* **im Ruhestand** emekli
Irak *m* Irak
Iran *m* İran
irdisch *adj* ❶ (*die Erde betreffend*) dünyasal ❷ (*vergänglich*) geçici
Ire, Irin *m, f* İrlandalı
irgend *adv* **~ so etwas** şöyle bir şey
irgendein *pron* (*adjektivisch*) herhangi bir; (*x-beliebiger*) rasgele, gelişigüzel
irgendeine(r) *pron* (*substantivisch*) herhangi birisi
irgendetwas[RR], **irgend etwas**[ALT] *pron* herhangi bir şey
irgendjemand[RR] *pron*, **irgend jemand**[ALT] *pron* herhangi biri
irgendwann *adv* herhangi bir zaman(da)
irgendwas *pron* (*fam*) herhangi bir şey

I

irgendwelche *pron* herhangi
irgendwer *pron* herhangi biri
irgendwie *adv* herhangi bir şekilde
irgendwo *adv* herhangi bir yerde
irgendwoher *adv* herhangi bir yerden
irgendwohin *adv* herhangi bir yere
irisch *adj* ❶ (*Sprache*) İrlandaca ❷ (*Art*) İrlanda ❸ (*Herkunft*) İrlandalı
Irland *nt* İrlanda
Ironie *f* (ince) alay, istihza
ironisch *adj* alaylı, ironik
irr(e) *adj* ❶ (*verwirrt*) şaşkın ❷ (*verrückt*) deli, çılgın; **das ist ~!** (*fam*) harika!
Irre(r) *f(m)* deli, çılgın
irreal *adj* gerçek dışı
Irrealität *f* gerçek dışılık
irreführen *vt* yolunu şaşırtmak (**jdn** -in); (*betrügen*) aldatmak, yanıltmak (**jdn** -i)
irregulär *adj* kurallara aykırı
irremachen *vt* şaşırtmak (**jdn** -i)
irren I. *vi sein* ❶ (*vom Weg abweichen*) yolundan şaşmak ❷ (*umherschweifen*) serserice dolaşmak ❸ (*sich ~*) yanılmak, aldanmak **II.** *vr* **sich ~** yanılmak, aldanmak; **sich in etw ~** bir şeyi şaşırmak; **wenn ich (mich) nicht irre** eğer yanılmıyorsam
Irrenanstalt *f* (*pej*) tımarhane
irreparabel *adj* onarılmaz, tamir edilemez
irrewerden[RR] *vi* şaşırmak; **an etw ~** bir şeyden şüphelenmek
irritieren *vt* şaşırtmak (**jdn** -i), aklını karıştırmak (**jdn** -in)
Irrsinn *m* delilik, kaçıklık, çılgınlık
irrsinnig *adj* deli, kaçık, çılgın
Irrtum *m* yanlış(lık), yanıltı, hata
irrtümlich I. *adj* yanlış, hatalı **II.** *adv* yanlışlıkla
Ischias *m o nt* siyatik
Islam *m* İslam, Müslümanlık
islamisch *adj* Müslüman
Islamist(in) *m(f)* şeriatçı, islamcı
islamistisch *adj* şeriatçı, islamcı
Island *nt* İslanda
Isländer(in) *m(f)* İslandalı
Isolation *f* izolasyon
Isolierband *nt* izole bant
isolieren *vt* ❶ (*auch fig*) izole etmek (**etw** -i) ❷ (*Häftling, Kranken*) ayırmak (**jdn** -i)
Isolierung *f* izolasyon
ISP *m Abk von* **Internet Service Provider** internet servis sağlayıcısı
Israel *nt* İsrail
Israeli *f(m)* İsrailli
israelisch *adj* ❶ (*Art*) İsrail ❷ (*Herkunft*) İsrailli
ISS *f Abk von* **International Space Station** UUİ, Uluslararası Uzay İstasyonu
isst[RR] *vi, vt s.* **essen**
ist *vt s.* **sein**
Italien *nt* İtalya
Italiener(in) *m(f)* İtalyan
italienisch *adj* ❶ (*Sprache*) İtalyanca ❷ (*Art*) İtalyan
i. V. *f Abk von* **in Vertretung** vekil olarak

Jj

ja *adv* evet; **o ~!** tabii!; **ich glaube ~** öyle sanıyorum; **~ doch!** elbette!; **aber ~!** öyle tabii!; **da ist er ~!** işte geldi!
Jacht *f* yat
Jachtklub *m* deniz kulübü
Jacke *f* ❶ ceket ❷ (*Strick-*) hırka
Jackett *nt* ceket
Jagd *f* av
Jagdbeute *f* av ganimeti
Jagdflinte *f*, **Jagdgewehr** *nt* av tüfeği
Jagdhund *m* av köpeği
Jagdrevier *nt* av yatağı, avlak
Jagdschein *m* av tezkeresi
Jagdzeit *f* av mevsimi
jagen I. *vt* ❶ (*Tier*) avlamak (**etw** -i) ❷ (*fig: verfolgen*) kovalamak, takip etmek (**jdn** -i) **II.** *vi* ❶ (*auf die Jagd gehen*) avlanmak ❷ (*eilen*) acele etmek
Jäger *m* ❶ (*Mensch*) avcı ❷ MIL avcı eri; LUFT avcı uçağı
Jaguar *m* jaguar
Jahr *nt* yıl, sene; **voriges ~** geçen yıl [*o* sene]; **nächstes ~** gelecek yıl [*o* sene]; **jedes ~, alle ~e** her yıl [*o* sene]; **das ganze ~ (hindurch)** bütün yıl (boyunca); **von ~ zu ~** seneden seneye; **seit ~ und Tag** çoktan beri; **in den besten ~en** en iyi yaşlarda; **sie ist 9 ~e alt** dokuz yaşında
jahrelang *adv* yıllarca, senelerce
Jahreseinkommen *nt* yıllık gelir
Jahrestag *m* yıldönümü
Jahreszeit *f* mevsim

Jahrgang *m* ❶ (*einer Zeitschrift*) yıl ❷ (*Geburtsjahr*) doğum yılı
Jahrhundert *nt* yüzyıl, asır
-jährig *adj* (*Lebensalter*) ... yaşında; (*soundso viele Jahre dauernd*) ... yıllık; **eine vierzigjährige Frau** kırk yaşında bir kadın; **ein vierzigjähriger Frieden** kırk yıllık bir barış
jährlich **I.** *adj* yıllık, senelik **II.** *adv* her yıl [*o* sene]
Jahrmarkt *m* kermes, panayır
Jahrtausend *nt* binyıl
Jahrzehnt *nt* onyıl
Jalousie *f* panjur
Jammer *m* ❶ (*Wehklagen*) feryat ❷ (*Elend*) sefalet, perişanlık
jämmerlich *adj* ❶ (*bemitleidenswert*) acınacak ❷ (*erbärmlich*) sefil, perişan
jammern *vi* feryat etmek
Januar *m* ocak (ayı)
Japan *nt* Japonya
Japaner(in) *m(f)* Japon
japanisch *adj* ❶ (*Sprache*) Japonca ❷ (*Art*) Japon ❸ (*Herkunft*) Japon(yalı)
Jasmin *m* yasemin
Jastimme *f* "evet" oyu
jäten *vi* yabani ot ayıklamak
jawohl *adv* baş üstüne, hayhay
Jawort *nt* (*Zustimmung*) onay
Jazz *m* caz
je *adv* ❶ (*jemals*) herhangi bir zamanda ❷ (*in Fragesätzen*) hiç; ~ **eher, desto besser** ne kadar erken olursa o kadar iyi olur; **habt ihr ~ so etwas gesehen?** hiç böyle bir şey gördünüz mü?; ~ **nachdem** (*als Antwort*) duruma göre; ~ **zwei/drei** ikişer/üçer
Jeans *pl* blucin *sing*
jede(r, s) **I.** *adj* her; ~**n Augenblick** her an; **ohne ~n Zweifel** hiç kuşkusuz; ~**s zweite Wort** her ikinci kelime; ~**s Mal** her defa **II.** *pron* herkes; ~**r von uns** her birimiz
jedenfalls *adv* her ne olursa olsun
jedermann *pron* herkes
jederzeit *adv* her zaman, daima
jedesmal[ALT] *adv s.* **jede(r, s)**
jedoch *adv* halbuki, ama, fakat
Jeep *m* cip
jemals *adv* herhangi bir zamanda; (*in Fragesätzen*) hiç
jemand *pron* biri(si), (bir) kimse; ~ **anders** başka biri(si)
Jemen *m* Yemen
jene(r, s) *adj, pron* o, öbür, şu
jenseits *präp +gen* -in ötesinde
Jenseits *nt* öbür dünya, ahiret
Jerusalem *nt* Kudüs
Jesuit *m* Cizvit
Jesus *m* (Hazreti) İsa
Jet *m* jet
Jetset *m* jet sosyete
jetzige(r, s) *adj* ❶ (*von jetzt*) şimdiki ❷ (*heutig*) bugünkü
jetzt *adv* şimdi; **bis ~** şimdiye kadar, daha; **von ~ an** bundan böyle, şimdiden sonra; **eben** [*o* **gerade**] ~ tam şimdi
jeweilig *adj* o anki
jeweils *adv* her defa(sında)
Jg. *m Abk von* **Jahrgang** yıl
Jh. *nt Abk von* **Jahrhundert** yy (*yüzyıl*)
jhrl. *adv Abk von* **jährlich** her sene, senelik
Job *m* (*fam*) iş
Joch *nt* (*auch fig*) boyunduruk
Jochbein *nt* elmacık kemiği
Jod *nt* CHEM iyot
jodhaltig *adj,* **jodiert** *adj* iyotlu
Jodsalz *nt* iyotlu tuz
Joga *m* yoga
joggen *vi* jogging yapmak
Jogging *nt* jogging
Jogginganzug *m* jogging takımı
Jogginghose *f* eşofman altı
Joghurt *m o nt,* **Jogurt**[RR] *m o nt* yoğurt
Jog(h)urtbereiter *m* (*Gerät*) yoğurt yapma aleti
Johannisbeere *f* frenküzümü
Johannisbrot *nt* keçiboynuzu
Johannisbrotbaum *m* keçiboynuzu ağacı
Joint *m* esrarlı sigara
Jordan *m* (*Fluss*) Şeria (nehri)
Jordanien *nt* Ürdün
Journalismus *m* gazetecilik
Journalist(in) *m(f)* gazeteci
Jubel *m* ❶ (*große Freude*) büyük sevinç ❷ (*Rufe*) sevinç çığlıkları *pl*
jubeln *vi* sevinç çığlıkları atmak
Jubiläum *nt* jübile, yıldönümü şenliği
jucken *vi* kaşınmak
Jucken *nt,* **Juckreiz** *m* kaşıntı
Jude, Jüdin *m, f* Yahudi, Musevi
Judentum *nt* Yahudilik, Musevilik
jüdisch *adj* Yahudi, Musevi
Judo *nt* judo
Jugend *f* ❶ (*Zustand*) gençlik ❷ (*junge Leute*) gençler *pl* ❸ (*Jünglingsalter*) delikan-

lılık; **von ~ auf** küçüklükten beri
Jugendarbeitslosigkeit *f* gençlerde işsizlik
jugendfrei *adj* (*Film*) gençlerin seyretmesi serbest
Jugendfreund(in) *m(f)* çocukluk [*o* gençlik] arkadaşı
Jugendgericht *nt* gençlik mahkemesi
Jugendhaus *nt,* **Jugendheim** *nt* gençlik yurdu
Jugendherberge *f gençler için özel otel*
jugendlich *adj* genç
Jugendliche(r) *f(m)* genç
Jugoslawien *nt* Yugoslavya
Juli *m* temmuz (ayı)
jun. *adj Abk von* **junior** oğul
jung <jünger, am jüngsten> *adj* genç; **~er Mann** genç adam, delikanlı; **~es Mädchen** genç kız; **die ~en Leute** gençler; **~ machen** gençleştirmek (**jdn** -i); **wieder ~ werden** gençleşmek
Junge *m* erkek çocuk; (*Bursche*) oğlan; **kleiner ~** küçük çocuk
jünger *adj Komparativ von* **jung** daha genç; (*Bruder, Schwester*) küçük; **mein jüngerer Bruder** küçük erkek kardeşim; **sie ist ein Jahr ~ als ich** o benden bir yaş küçük
Jungfer *f* **alte ~** (*pej*) evlenmemiş kadın
Jungfrau *f* ❶ bakire ❷ (*Sternzeichen*) Başak (burcu); **die Heilige ~** Meryem Ana, Hazreti Meryem
Junggeselle *m* bekar; **eingefleischter ~** müzmin bekar
Junggesellin *f* bekar kız
Jüngste(r) *f(m)* en genç; (*Schwester, Bruder*) en küçük kardeş
Juni *m* haziran (ayı)
Junior *m* (*fam*) oğul
Junkmail *f* istenmeyen e-postalar
Junta *f* cunta
jur. *adj Abk von* **juristisch** hukuki
Jura *nt* **~studieren** hukuk okumak
Jurist(in) *m(f)* hukukçu
juristisch *adj* hukuki; **~e Person** tüzelkişi
Jury *f* jüri
justierbar *adj* ayar edilebilir
justieren *vt* ayarlamak (**etw** -i)
Justiz *f* adliye, adalet
Justizministerium *nt* adalet bakanlığı
Jute *f* jüt
Juwel *nt* mücevher, kiymetli taş
Juwelier *m* kuyumcu
Juweliergeschäft *nt* kuyumcu (dükkanı)

Kk

Kabarett *nt* kabare
Kabel *nt* kablo
Kabelfernsehen *nt* yerel kablolu televizyon
Kabeljau *m* morina (balığı)
Kabine *f* ❶ kabin ❷ (*Schiffs-*) kamara
Kabinett *nt* bakanlar kurulu, kabine
Kabinettsumbildung *f* kabine revizyonu
Kachel *f* çini; (*glasierte*) fayans
Kachelofen *m* çini soba
Kadaver *m* leş, kadavra
Kader *m* POL kadro
Kadmium *nt* kadmiyum
Käfer *m* böcek
Kaff *nt* (*pej*) cansıkıcı köy
Kaffee *m* kahve; **schwarzer ~** sade kahve; **~ mit Milch** sütlü kahve
Kaffeebohne *f* çekirdek kahve
Kaffeefilter *m* kahve filtresi [*o* süzgeci]
Kaffeekanne *f* kahve ibriği; (*türkische ~ mit langem Stil*) cezve
Kaffeelöffel *m* kahve kaşığı
Kaffeemaschine *f* kahve (yapma) makinesi
Kaffeemühle *f* kahve değirmeni
Kaffeesatz *m* kahve telvesi
Kaffeeservice *nt* kahve takımı
Kaffeetasse *f* kahve fincanı
Käfig *m* kafes
kahl *adj* ❶ (*Kopf, Mensch*) kel ❷ (*Baum*) yapraksız ❸ (*Ausstattung*) çıplak; **~ geschoren** sıfır numara
Kahn *m* kayık, sandal
Kai *m* rıhtım
Kairo *nt* Kahire
Kaiser *m* imparator
Kaiserin *f* imparatoriçe
kaiserlich *adj* imparator(a ait)
Kaiserreich *nt* imparatorluk
Kaiserschnitt *m* sezaryen
Kajalstift *m* göz boyası kalemi
Kajüte *f* NAUT kamara
Kakao *m* kakao
Kakerlak *m* hamamböceği
Kaktus *m* kaktüs
Kaktusfeige *f* Mısır inciri
Kalaschnikow *f* (*Gewehr*) kalaşnikof
Kalb *nt* dana, buzağı
Kalbfleisch *nt* dana eti

Kalbsbraten *m* dana kızartması [*o* rostosu]
Kalbsschnitzel *nt* dana şinitseli
Kalender *m* takvim
Kaliber *nt* kalibre, çap
Kalif *m* halife
Kalifat *nt* halifelik
Kalk *m* kireç; (*zum Tünchen*) badana
kalken *vt* (*tünchen*) badanalamak (**etw** -i)
Kalkstein *m* kireçtaşı, kalker
Kalkulation *f* hesaplama, kalkülasyon
kalkulieren *vi, vt* hesap etmek (**etw** -i)
Kalorie *f* kalori
kalorienarm *adj* az kalorili
Kaloriengehalt *m* kalori miktarı
kalt <kälter, am kältesten> *adj* ❶ soğuk ❷ (*eis-*) buz gibi; **mir ist ~** üşüyorum; **es ist ~** hava soğuk; **~ werden** soğumak; **es wird ~** hava soğuyor
kaltblütig *adj* (*Mensch*) soğukkanlı, serinkanlı
Kaltblütigkeit *f* soğukkanlılık
Kälte *f* soğuk(luk); **wir haben 5 Grad ~** ısı beş derece
Kältewelle *f* soğuk dalgası
Kaltmiete *f* çıplak kira
Kalzium *nt* CHEM kalsiyum
kam *vi s.* **kommen**
Kambodscha *nt* Kamboçya
Kamel *nt* deve
Kamera *f* ❶ (*Fotoapparat*) fotoğraf makinesi ❷ (*Film-*) kamera
Kamerad(in) *m(f)* arkadaş, dost, yoldaş
Kameradschaft *f* arkadaşlık, dostluk
kameradschaftlich *adj* arkadaşça, dostça
Kameramann, Kamerafrau *m, f* kameraman
Kamille *f* papatya
Kamillentee *m* papatya çayı
Kamin *m* ❶ (*Schornstein*) baca ❷ (*offener Kamin*) şömine
Kamm *m* ❶ (*Haar-*) tarak ❷ (*Hahn*) horozibiği ❸ (*Gebirgs-*) dağ sırtı; **alles über einen ~ scheren** fark gözetmeksizin aynı şekilde davranmak
kämmen I. *vt* taramak (**etw** -i) **II.** *vr* **sich ~** taranmak, saçını taramak
Kammer *f* (*Raum*) küçük oda
Kammermusik *f* oda müziği
Kampagne *f* kampanya
Kampf *m* ❶ (*zwischen einzelnen*) dövüş ❷ (*Krieg*) savaş; (*Schlacht*) çarpışma ❸ (*Streiten für/gegen*) mücadele ❹ SPORT yarışma
kämpfen *vi* savaşmak; (*sich schlagen*) çarpışmak (**mit jdm** ile)
Kampfflugzeug *nt* savaş uçağı
Kampfhahn *m* dövüş horozu
Kampfrichter(in) *m(f)* hakem
kampieren *vi* geceyi açıkta geçirmek, kamp yapmak
Kanada *nt* Kanada
Kanadier(in) *m(f)* Kanadalı
kanadisch *adj* ❶ (*Art*) Kanada ❷ (*Herkunft*) Kanadalı
Kanal *m* ❶ (*Wasserlauf*) kanal ❷ (*Bewässerungs-*) suyolu ❸ (*Abwasser-*) lağım; **der ~** GEOG Manş Denizi
Kanalisation *f* (*städtische*) kanalizasyon
kanalisieren *vt* ❶ (*Ortschaft*) kanalizasyonunu yapmak (**etw** -in) ❷ (*Fluss*) kanallaştırmak; (*fig*) kanalize etmek (**etw** -i)
Kanarienvogel *m* kanarya
kanarisch *adj* **die Kanarischen Inseln** Kanarya Adaları
Kandidat(in) *m(f)* aday
Kandidatenstatus *m* (*EU*) adaylık statüsü
Kandidatur *f* adaylık
kandidieren *vi* (kendi) adaylığını koymak (**für etw** -e)
kandiert *adj* **~e Früchte** meyve şekerlemesi
Kandiszucker *m* nöbet şekeri
Känguru[RR] *nt*, **Känguruh**[ALT] *nt* kanguru
Kaninchen *nt* adatavşanı
Kanister *m* bidon, teneke
kann *vi, vt s.* **können**
Kanne *f* güğüm; (*mit Schnabel*) ibrik
Kannibale *m* yamyam
Kannibalismus *m* yamyamlık
kannte *vt s.* **kennen**
Kanone *f* top
Kante *f* kenar
Kantine *f* kantin
Kanton *m* (*Schweiz*) kanton
Kanu *nt* kayık, kano
Kanzel *f* ❶ (*in Kirche*) mimber ❷ (*Piloten-*) pilot kabini
Kanzlei *f* kalem odası, yazıhane
Kanzler(in) *m(f)* başkan
Kap *nt* burun
Kapazität *f* (*auch fig*) kapasite
Kapelle *f* ❶ (*Kirche*) küçük kilise ❷ (*Musik-*) orkestra, bando
Kapellmeister(in) *m(f)* orkestra şefi
Kaper *f* kapari, kebere, gebre

K

kapieren *vi, vt* (*fam*) kavramak, anlamak, çakmak (**etw** -i)
Kapital *nt* sermaye, anamal
Kapitalanlage *f* sermaye yatırımı
Kapitalanleger(in) *m(f)* sermaye yatırımcısı
Kapitalismus *m* kapitalizm
Kapitalist(in) *m(f)* kapitalist
kapitalistisch *adj* kapitalist
Kapitän *m* ① (*Schiffs-*) kaptan ② (*von Flugzeug*) pilot
Kapitel *nt* bölüm
Kapitell *nt* ARCHÄOL sütun başlığı
Kapitulation *f* teslim (olma)
kapitulieren *vi* teslim olmak
Kappe *f* ① (*Mütze*) başlık, kasket; (*islamisch*) takke ② (*Verschluss*) kapak
Kapsel *f* kapsül
kaputt *adj* ① (*nicht funktionierend*) bozuk ② (*zerbrochen*) kırık ③ (*fig fam: erschöpft*) bitkin, yorgun argın
kaputtgehen *irr vi sein* ① (*nicht funktionieren*) bozulmak ② (*zerbrechen*) kırılmak ③ (*zerreißen*) yırtılmak
kaputtlachen *vr* **sich ~** (*fam*) gülmekten patlamak [*o* kırılmak]
kaputtmachen *vt* bozmak, kırmak (**etw** -i)
Kapuze *f* kapüşon, kukuleta
Karacho *nt* **mit ~** (*fam*) hızla, süratle
Karaffe *f* sürahi
Karambolage *f* karambol, çarpışma
KaramelALT *m*, **Karamell**RR *m* karamela
KaramellpuddingRR *m* krem karamel
Karat *nt* kırat
Karate *nt* karate
Karawane *f* kervan
Karfreitag *m* *Paskalya'dan önceki cuma günü*
karg *adj* ① (*Boden*) kuru, kısır ② (*Mahlzeit*) fakir(ane)
kariert *adj* kareli; **groß/klein ~** büyük/küçük kareli
Karies *f* diş çürüklüğü
Karikatur *f* ① (*Zeichnung*) karikatür ② (*fig: Zerrbild*) bozuntu
karikieren *vt* karikatürize etmek, karikatürleştirmek (**jdn/etw** -i)
Karneval *m* karnaval
Karo *nt* kare
Karosserie *f* karoseri
Karotte *f* (küçük) havuç
Karpfen *m* sazan balığı
Karre(n) *f(m)* küçük araba; (*Hand-*) el arabası
Karriere *f* kariyer
Karrierefrau *f* kariyerist
Karriereleiter *f* kariyer merdiveni
Karrieremacher *m* kariyerist
Karte *f* ① (*Post-*) kart(postal), posta kartı ② (*Visiten-*) kartvizit ③ (*Speise-*) yemek listesi ④ (*Eintritts-, Fahr-*) bilet ⑤ (*Land-*) harita ⑥ (*Spiel-*) oyun kâğıdı, iskambil; **nach der ~ essen** alakart yemek yemek; **~n spielen** iskambil oynamak
Kartei *f* kartotek
Karteikarte *f* fiş
Kartell *nt* ECON kartel
Kartenspiel *nt* ① (*Spiel*) iskambil (oyunu) ② (*Spielkarten*) oyun [*o* iskambil] kâğıtları
Kartentelefon *nt* kartlı telefon
Kartoffel *f* patates
Kartoffelbrei *m* patates ezmesi
Kartoffelchips *pl* patates cipsi *sing*
Kartoffelpüree *nt* patates püresi
Kartoffelsalat *m* patates salatası
Kartoffelschäler *m* patates soyma aleti, soyguç
Karton *m* ① (*Material*) karton, mukavva ② (*Schachtel*) karton [*o* mukavva] kutu
Karussell *nt* atlıkarınca, dönme dolap
Karwoche *f* *Paskalya'dan önceki yas haftası*
Kasachstan *nt* Kazakistan
Kaschmir *m* Keşmir
Käse *m* peynir
Kaserne *f* kışla
Kasino *nt* ① (*Offiziers-*) orduevi ② (*Spiel-*) kumarhane
Kaskoversicherung *f* kasko sigortası
Kasperletheater *nt* kukla oyunu
Kaspisches Meer *nt* Hazar Denizi
Kasse *f* ① (*Geschäft*) kasa ② (*Bank*) vezne ③ (*Theater-*) bilet gişesi
Kassenarzt, Kassenärztin *m, f* sigorta doktoru
Kassenzettel *m* (alışveriş) fiş(i)
Kassette *f* ① (*Behältnis*) küçük mahfaza ② (*Musik-*) kaset
Kassettenrekorder *m* teyp
kassieren **I.** *vt* (*Geld*) tahsil etmek (**etw** -i) **II.** *vi* (*viel Geld einnehmen*) parayı toplamak
Kassierer(in) *m(f)* kasiyer; (*Bank*) veznedar
Kastanie *f* kestane
Kastanienbaum *m* kestane ağacı
kastanienbraun *adj* kestane rengi
Kaste *f* kast
Kasten *m* ① (*Kiste*) sandık ② SPORT kasa

Katakombe *f* katakomp
Katalog *m* katalog
Katalysator *m* katalizatör
katastrophal *adj* feci, dehşetli, korkunç
Katastrophe *f* felaket, facia
Katastrophengebiet *nt* felaket bölgesi
Katechese *f* din dersleri
Katechismus *m* ilmihal
Kategorie *f* kategori, sınıf
kategorisch *adj* (*bestimmt*) kesin
Kater *m* ① erkek kedi ② (*nach Alkoholgenuss*) mahmurluk; **einen ~ haben** (*fig*) sarhoşluktan gelen mahmurluğu olmak
Kathedrale *f* katedral
Katheter *m* sonda
Katholik(in) *m(f)* Katolik
katholisch *adj* Katolik
Katholizismus *m* Katolisizm
Kätzchen *nt* ① (*Katze*) kedi yavrusu ② (*Weiden-*) tırtılsı
Katze *f* (dişi) kedi; **die ~ im Sack kaufen** (*fig*) bir şeyi görmeden satın almak; **die ~ aus dem Sack lassen** (*fig*) baklayı ağzından çıkarmak
Katz-und-Maus-Spiel *nt* "tavşan kaç, tazı tut" oyunu
Kauderwelsch *nt* çetrefil dil
kauen **I.** *vt* çiğnemek (**etw** -i) **II.** *vi* (*fig*) kemirmek (**an etw** -i)
Kauf *m* satın alma, alım
kaufen *vt* (satın) almak (**etw bei jdm** -i -den)
Käufer(in) *m(f)* alıcı, müşteri
Kauffrau *f* tüccar
Kaufhaus *nt* bonmarşe, büyük mağaza
Kaufkraft *f* alım gücü
käuflich *adj* satın alınabilir, satılık
Kaufmann *m* tüccar
kaufmännisch *adj* ticari
Kaufpreis *m* alış fiyatı
Kaufvertrag *m* satış anlaşması
Kaugummi *m* çiklet
kaum *adv* ① (*beinahe nicht*) hemen hemen değil ② (*nur wenig*) pek az, ancak ③ (*nur schwer*) güçbela
Kaution *f* depozito
Kautschuk *m* kauçuk
Kavalier *m* kavalye
Kaviar *m* havyar
keck *adj* ① (*verwegen*) cesur, atılgan, gözüpek ② (*frech*) küstah
Kegel *m* ① (*Form*) koni ② SPORT kiy
Kegelbahn *f* kiy oyunu sahası
kegeln *vi* kiy oynamak
Kehle *f* gırtlak, boğaz
Kehlkopf *m* gırtlak, hançere
Kehlkopfkrebs *m* gırtlak kanseri
kehren *vt* ① (*fegen*) süpürmek (**etw** -i) ② (*wenden*) çevirmek (**etw** -i); **jdm den Rücken ~** birine arkasını çevirmek; (*fig*) birine sırt [*o* dirsek] çevirmek
Kehrseite *f* ters taraf, öbür yüz
Keil *m* kama
Keilriemen *m* motor kayışı
Keim *m* ① (*Keimling*) tohum ② (*Krankheits-*) mikrop
keimen *vi* çimlenmek
keimfrei *adj* mikropsuz, steril
keine(r, s) *pron* ① (*substantivisch*) hiç biri ② (*adjektivisch, mit sein*) ... değil; (*mit haben*) ... yok; **er ist kein Türke** o Türk değil; **sie hat kein Geld** onun parası yok; **kein Mensch** hiç kimse; **~r von beiden** ikisinden hiç biri, ne biri ne diğeri
keinerlei *adj* hiç bir
keinesfalls *adv*, **keineswegs** *adv* asla, katiyen, hiç
Keks *m* bisküvi
Kelch *m* çanak
Kelle *f* ① (*Schöpflöffel*) kepçe ② (*des Maurers*) mala
Keller *m* ① (*eines Hauses*) bodrum ② (*Vorrats-*) kiler ③ (*Kohlen-*) kömürlük ④ (*Wein-*) şarap mahzeni
Kellner *m* garson
Kelter *f* cendere, mengene
keltern *vt* sıkıp suyunu çıkarmak (**etw** -i)
keltisch *adj* ① (*Art*) Kelt ② (*Sprache*) Keltçe
Kenia *nt* Kenya
kennen <kannte, gekannt> *vt* tanımak, bilmek (**jdn/etw** -i); **~ lernen** tanımak (**jdn/etw** -i), tanışmak (**jdn** ile)
Kenner *m* bilirkişi
Kenntnis *f* bilgi
Kennwort *nt* ① rumuz; MIL parola ② (*Computer*) anahtar kelime [*o* sözcük]
Kennzeichen *nt* belirti, işaret; **amtliches ~** (*Auto*) plaka numarası; **besondere ~** (*Passvermerk*) önemli özellikler *pl*
kennzeichnen *vt* ① (*mit Zeichen versehen*) işaretlemek (**etw** -i) ② (*charakterisieren*) nitelemek (**etw** -i)
kennzeichnend *adj* karakteristik, niteleyici
kentern *vi sein* alabora olmak
Keramik *f* seramik, çinicilik

Kerker *m* zindan
Kerl *m* adam, herif; (*pej*) hergele
Kern *m* (*auch fig*) çekirdek
Kernenergie *f* nükleer enerji
kerngesund *adj* sapasağlam
Kernkraftwerk *nt* nükleer santral, atom enerji santrali
Kernreaktor *m* nükleer reaktör
Kernspaltung *f* atom çekirdeğinin parçalanması
Kernwaffe *f* nükleer silah
Kerze *f* (*auch Zünd-*) mum
Kerzenhalter *m*, **Kerzenleuchter** *m* şamdan, mumluk
Kerzenlicht *nt* mum ışığı
Kerzenständer *m* şamdan
Kessel *m* ❶ (*Gefäß*) kazan ❷ (*Tal-*) *dağlar tarafından kuşatılmış ova*
Ket(s)chup *m o nt* ketçap
Kette *f* ❶ (*aus Metall*) zincir ❷ (*Hals-*) kolye
Kettenraucher(in) *m(f)* sigara tiryakisi
Kettenreaktion *f* (*auch fig*) zincirleme reaksiyon
Ketzer(in) *m(f)* zındık
keuchen *vi* solumak
Keuchhusten *m* boğmaca
Keule *f* ❶ (*Knüppel*) çomak ❷ (*von Tier*) but
keusch *adj* ❶ (*züchtig*) iffetli ❷ (*jungfräulich*) el değmemiş, bakire
Keuschheit *f* bakirelik
Keyword *nt* INFORM anahtar kelime [*o* sözcük]
Kfz *nt Abk von* **Kraftfahrzeug** motorlu taşıt
Kfz-Schein *m* trafik tescil belgesi
Kfz-Zulassung *f* trafik ruhsatı
kg *nt Abk von* **Kilogramm** kg (*kilogram*)
KG *f Abk von* **Kommanditgesellschaft** Komandit Şirketi
khakifarben *adj* haki (renkli)
kHz *nt Abk von* **Kilohertz** kilohertz
Kichererbse *f* nohut; (*geröstete*) leblebi
kichern *vi* kıkırdamak
Kicker(in) *m(f)* futbolcu
Kickertisch *m* langırt masası
kidnappen *vt* kaçırmak (**jdn** -i)
Kidnapper(in) *m(f)* (*Entführer*) kaçıran; (*Kindesentführer*) çocuk hırsızı
Kiefer[1] *m* ANAT çene (kemiği)
Kiefer[2] *f* çam (ağacı)
Kiefernwald *m* çam ormanı
Kiemen *fpl* solungaç *sing*
Kies *m* ❶ iri kum ❷ (*fam: Geld*) mangır
Kieselstein *m* çakıl
Kiesgrube *f* çakıl ocağı
Killer *m* katil; (*gedungener ~*) kiralık katil
Kilo *nt* kilo
Kilobyte *nt* kilobayt
Kilogramm *nt* kilogram
Kilohertz *nt* kilohertz
Kilokalorie *f* kilokalori
Kilometer *m* kilometre
Kilowatt *nt* kilovat
Kilowattstunde *f* kilovatsaat
Kind *nt* çocuk; (*im Verhältnis zu den Eltern*) evlat; **kleines ~** bebek, yavru; **von ~ auf** çocukluktan beri; **ein ~ erwarten** bebek beklemek; **mit ~ und Kegel** çoluk çocuk
Kinderarzt, Kinderärztin *m, f* çocuk doktoru
Kinderbett *nt* çocuk yatağı
Kinderbuch *nt* çocuk kitabı
Kinderermäßigung *f* çocuk indirimi
Kinderfahrkarte *f* çocuk bileti
Kindergarten *m* anaokulu
Kindergärtnerin *f* anaokulu öğretmeni
Kindergeld *nt* çocuk zammı
Kinderheim *nt* çocuk yuvası
Kinderhort *m* kreş
Kinderkleidung *f* çocuk giysisi
Kinderkrankheit *f* çocuk hastalığı
Kinderlähmung *f* çocuk felci
kinderleicht *adj* çok kolay, kopkolay; **das ist ~** bu iş çocuk oyuncağı (gibi kolay)
kinderlos *adj* çocuksuz
Kindermädchen *nt* çocuk hizmetçisi; (*auch als Erzieherin*) mürebbiye
kinderreich *adj* **~e Familie** çok çocuklu bir aile
Kinderschuh *m* (*für Babys*) patik; **den ~en entsteigen** (*fig*) adam olmak
Kinderspiel *nt* (*fig*) çocuk oyuncağı
Kinderspielplatz *m* çocuk bahçesi
Kinderteller *m* çocuk tabağı
Kinderwagen *m* çocuk arabası
Kinderzimmer *nt* çocuk odası
Kindesmissbrauch *m* çocuklara cinsel taciz
Kindheit *f* çocukluk
kindisch *adj* (*pej*) budala(ca)
kindlich *adj* çocuksu, çocuk gibi; (*fig*) saf
Kinn *nt* çene
Kinnbart *m* çene sakalı
Kino *nt* sinema
Kinokarte *f* sinema bileti
Kiosk *m* küçük satış kulübesi
Kippe *f* (*Zigaretten-*) izmarit

kippen I. *vt* devirmek (**etw** -i) II. *vi sein* devrilmek
Kirche *f* kilise
Kirchensteuer *f* kilise vergisi
kirchlich *adj* kiliseye ait
Kirchturm *m* kilise kulesi
Kirgisien *nt* Kırgızistan
Kirmes *f* panayır, kermes
Kirschbaum *m* kiraz ağacı
Kirsche *f* kiraz
Kirschwasser *nt* kiraz rakısı
Kissen *nt* yastık
Kissenbezug *m* yastık kılıfı
Kiste *f* sandık, kasa
Kitsch *m* değersiz eser
kitschig *adj* değersiz, zevksiz
Kitt *m* macun
Kittel *m* iş önlüğü
kitz(e)lig *adj* gıdıklanan
kitzeln I. *vt* gıdıklamak (**jdn/etw** -i) II. *vi* gıdıklanmak
Kiwi *f* kivi
Klage *f* ❶ (*Beschwerde*) şikayet ❷ JUR dava
Klagemauer *f* Ağlama Duvarı
klagen *vi* ❶ (*sich beschweren*) şikayet etmek, yakınmak (**über etw/jdn** -den) ❷ JUR dava açmak (**gegen jdn** -e karşı)
Kläger(in) *m(f)* davacı
kläglich *adj* ❶ (*Ton*) ağlamaklı ❷ (*Zustand*) acınacak
Klammer *f* ❶ (*Wäsche-*) mandal ❷ (*Büro-, Heft-*) raptiye ❸ (*Haar-*) saç tokası ❹ MED yara çengeli ❺ (*Satzzeichen*) parantez, ayraç; **in ~n** parantez içinde
Klammeraffe *m* INET (*fam*) kulak, gül
klammern *vr* **sich an etw ~** bir şeye sarılmak
Klamotten *pl* (*fam: Kleider*) üstbaş *sing*
klang *vi s.* **klingen**
Klang *m* ❶ (*Ton*) ton, nağme ❷ (*Stimme*) ses ❸ (*fig: Leumund*) ad, nam, şöhret
klangvoll *adj* tınlayan
Klappbett *nt* açılır kapanır karyola
Klappe *f* ❶ (*Vorrichtung*) kapak ❷ (*fam: Mund*) ağız, çene
klappen *vi* (*fig*) **es klappt** iş yolunda [*o* tıkırında]; **es hat geklappt** iş oldu
klapp(e)rig *adj* ❶ (*halb kaputt*) hurda ❷ (*hinfällig*) cılız
klappern *vi* takırdamak, tıkırdamak, şangırdamak
Klapperschlange *f* çıngıraklı yılan
Klappfahrrad *nt* açılır kapanır bisiklet
Klappmesser *nt* çakı
Klappstuhl *m* açılır kapanır sandalye
klar I. *adj* ❶ (*hell*) aydınlık, açık ❷ (*Wetter, Himmel*) açık ❸ (*Flüssigkeit*) duru, berrak ❹ (*offenbar*) belli ❺ (*Aussage*) açık, net II. *adv* **~!** tabii!
Kläranlage *f* arıtma tesisi
klären *vt* (*Angelegenheit*) aydınlatmak (**etw** -i)
Klarheit *f* (*Deutlichkeit*) açıklık, bellilik
Klarinette *f* klarnet
Klarsichtfolie *f* streç film
klarstellen *vt* açıklamak, belirtmek (**etw** -i)
Klarstellung *f* açıklama, belirtme
klasse *adj* (*fam*) harika, birinci sınıf
Klasse *f* sınıf; **erste/zweite ~** (*im Zug*) birinci/ikinci mevki; **eine ~ überspringen** sınıf atlamak
Klassenkampf *m* sınıf mücadelesi
Klassenlehrer(in) *m(f)* sınıf öğretmeni
Klassenzimmer *nt* sınıf (odası)
Klassik *f* klasisizm
klassisch *adj* klasik
Klatsch *m* dedikodu
Klatschblatt *nt* pandispanya gazetesi
klatschen *vi* ❶ (*Beifall*) alkışlamak ❷ (*schwatzen*) dedikodu yapmak
klatschnass[RR] *adj* yamyaş, sırsıklam
Klaue *f* ❶ pençe ❷ (*fam: schlechte Handschrift*) kötü el yazısı
klauen *vt* (*fam*) aşırmak (**etw** -i)
Klausel *f* şart, kayıt, özel hüküm
Klaustrophobie *f* kapalı yer korkusu
Klausur *f* (*Prüfungsarbeit*) yazılı sınaf [*o* imtihan]
Klavier *nt* piyano; **~ spielen** piyano çalmak
Klavierspieler(in) *m(f)* piyanist
Klebeband *nt* yapıştırıcı bant, zamklı şerit
kleben I. *vt* yapıştırmak (**etw an/auf etw** -i -e); **jdm eine ~** (*fam*) birine tokat yapıştırmak II. *vi* (*haften*) yapışmak (**an/auf etw** -e)
klebrig *adj* (*auch fig*) yapışkan
Klebstoff *m* yapıştırıcı, zamk
Klebstreifen *m* yapıştırıcı bant
kleckern *vi* leke bırakmak
Klecks *m* leke
Klee *m* yonca
Kleid *nt* (*Damen-*) elbise, giysi
Kleider *pl* elbiseler *pl*, giyim *sing*
Kleiderbügel *m* elbise askısı
Kleiderbürste *f* elbise fırçası
Kleidergröße *f* beden

Kleiderschrank *m* elbise dolabı, gardırop
Kleidung *f* giyim (kuşam), kıyafet, üst baş
Kleidungsstück *nt* elbise parçası
klein **I.** *adj* ① (*nicht groß*) küçük, ufak ② (*Wuchs*) kısa boylu, ufak tefek ③ (*Fehler*) ufak, önemsiz **II.** *adv* **ein ~ wenig** bir parça(cık)
Kleinanzeige *f* küçük ilan
Kleinbuchstabe *m* küçük harf
Kleinbus *m* minibüs
Kleingeld *nt* bozuk para
Kleinhandel *m* perakendecilik
Kleinigkeit *f* ufak tefek şey, önemsiz şey, önemsizlik
kleinkariert *adj* küçük kareli; (*fig: engstirnig*) darkafalı
Kleinkind *nt* küçük [*o* ufak] çocuk
Kleinkram *m* kıvır zıvır
Kleinkunstbühne *f* oda tiyatrosu, küçük sahne
kleinlich *adj* ① (*geizig*) pinti ② (*genau*) titiz
Kleinstaat *m* devletçik
Kleinstadt *f* kasaba
Kleister *m* çiriş, kola
Klemme *f* (*Klammer*) kıskaç; **in der ~ sitzen** (*fig*) başı belada [*o* dertte] olmak
klemmen *vi* (*Tür, Fenster*) sıkışmak
Klempner *m* tenekeci, muslukçu, lehimci
klettern *vi sein* tırmanmak (**auf etw** -e)
Kletterpflanze *f* sarmaşık, sarılgan bitki
Klick *m* (*Maus-*) tıklama
klicken *vi* (*mit Computermaus*) tıklamak
Klima *nt* iklim
Klimaanlage *f* klima (tesisatı)
Klimaschutz *m* iklim koruma
Klimasteuer *f* iklim vergisi
klimatisch *adj* iklimsel
klimatisiert *adj* klimalı
Klimaveränderung *f* iklim değişikliği
klimmen <klomm, geklommen> *vi sein* tırmanmak (**auf etw** -e)
Klinge *f* ① (*Messer-*) bıçak ağzı; (*Schwert-*) kılıç namlusu ② (*Rasier-*) tıraş bıçağı, jilet
Klingel *f* çıngırak; (*Tür-, Fahrrad-*) zil
Klingelknopf *m* zil düğmesi
klingeln *vi* çalmak; **es klingelt** kapı çalıyor
Klingelton *m* TELEK telefon sesi
klingen <klang, geklungen> *vi* çınlamak, tınlamak, ses çık(ar)mak
Klinik *f* klinik
klinisch *adj* klinik
Klinke *f* kapı kolu
klipp *adv* **~ und klar** besbelli, apaçık
Klippe *f* kayalık
klirren *vi* takırdamak, şakırdamak
Klischee *nt* klişe
Klo *nt* (*fam*) hela, yüznumara, ayakyolu
Klobrille *f* (*fam*) klozet kapağı
klomm *vi s.* **klimmen**
Klon *m* klon
Klon- *adj* klonlanan, klonlanmış
klonen *vt* klonlamak (**etw** -i); **geklont** klonlanmış
klopfen **I.** *vi* vurmak (**auf etw** -e); (*Herz*) çarpmak; **an die Tür ~** kapıyı çalmak; **es klopft** kapı çalınıyor, kapıya vuruluyor **II.** *vt* ① (*schlagen*) dövmek, vurmak (**etw** -i) ② (*Teppich*) dövmek (**etw** -i)
Klöppel *m* (*von Glocke*) çan tokmağı
klöppeln *vi* dantela işlemek
Klosett *nt* ayakyolu
Klo(sett)bürste *f* hela (temizleme) fırçası
Klo(sett)papier *nt* tuvalet kâğıdı
Kloß *m* ① (*Klumpen*) topak ② (*Knödel*) hamur köftesi
Kloster *nt* (*christlich*) manastır; (*Derwisch-*) tekke
Klotz *m* odun kütüğü, ağaç yarması; **ein ~ am Bein** (*fig*) ayakbağı
Klub *m* kulüp
Kluft *f* ① toprak [*o* kaya] yarığı ② (*tiefe Kluft*) uçurum ③ (*Gegensatz*) ayrılık, tutmazlık
klug <klüger, am klügsten> *adj* ① (*intelligent*) akıllı, zeki ② (*schlau*) kurnaz ③ (*vernünftig*) aklı başında ④ (*vorsichtig*) dikkatli, uyanık
Klugheit *f* akıl, zeka
Klumpen *m* (*Erde*) topak
Klumpfuß *m* sakat ayak
km *m Abk von* **Kilometer** km
km/h *m Abk von* **Kilometer pro Stunde** km/saat
knabbern *vi, vt* kıtır kıtır [*o* çıtırdatarak] yemek (**etw** -i)
Knäckebrot *nt* ince perhiz ekmeği
knacken **I.** *vi* çatırdamak **II.** *vt* (*Nüsse*) kırmak (**etw** -i)
Knackpunkt *m* (*fam*) püf noktası
Knall *m* patlama, çatlama; (*Peitsche*) şaklama; (*Waffe*) patlama; (*Tür*) çarpma
knallen *vi* patlamak, çatlamak; (*Peitsche*) şaklamak
Knallkörper *m* kestanefişeği
knallrot *adj* kıpkırmızı

knapp **I.** *adj* ① (*eng*) dar, sıkı ② (*kaum vorhanden*) kıt, eksik **II.** *adv* güçbela, ancak
Knappheit *f* (*Mangel*) kıtlık, darlık, azlık
knarren *vi* gıcırdamak
knattern *vi* çatırdamak, takırdamak
Knäuel *nt o m* yumak
knauserig *adj* (*fam*) cimri, pinti
Knebel *m* (*im Mund*) ağız tıkacı
knebeln *vt* ağzını tıkamak (**jdn** -in)
Knecht *m* uşak
kneifen <kniff, gekniffen> **I.** *vt* **jdm die Wange ~** birinin yanağını çimdiklemek **II.** *vi* (*fig fam*) kaçınmak (**vor etw/jdm** -den)
Kneifzange *f* kerpeten, kıskaç
Kneipe *f* meyhane
kneten *vt* (*Teig*) yoğurmak (**etw** -i)
Knick *m* (*Falte*) kıvrım, büküm, buruşuk
knicken *vt* bükmek (**etw** -i)
knick(e)rig *adj* (*fam: geizig*) pinti
Knie *nt* diz
Kniebeuge *f* diz bükme
Kniefall *m* diz çökme
Kniekehle *f* dizin iç tarafı
knien *vi* diz çökmek
Kniescheibe *f* diz kapağı (kemiği)
Kniestrumpf *m* spor çorabı
kniff *vi, vt s.* **kneifen**
Kniff *m* ① (*Kneifen*) çimdik; (*im Stoff*) buruşukluk, büküm ② (*fig: Trick*) manevra; (*eines Betrügers*) hile
knipsen **I.** *vt* (*lochen*) delmek, zımbalamak (**etw** -i) **II.** *vi* (*fotografieren*) fotoğraf çekmek
knirschen *vi* gıcırdamak, cızırdamak, çatırdamak; **mit den Zähnen ~** dişlerini gıcırdatmak
knistern *vi* çıtırdamak; (*Seide, Papier*) fışırdamak; (*Feuer*) çıtır çıtır yanmak
knitterfrei *adj* buruşmaz
Knoblauch *m* sarmısak
Knoblauchzehe *f* sarmısak dişi
Knöchel *m* (*Fuß-*) ayak bileği kemiği; (*Finger-*) parmak orta mafsalı
Knochen *m* kemik
Knochenbruch *m* kemik kırılması
Knochenmark *nt* ilik
knochig *adj* kemikli
Knödel *m* hamur köftesi
Knopf *m* düğme
knöpfen *vt* düğmelemek, iliklemek (**etw** -i)
Knopfloch *nt* düğme iliği
Knorpel *m* kıkırdak
Knospe *f* tomurcuk, konca, gonca
knoten *vt* düğümlemek (**etw** -i)
Knoten *m* ① düğüm ② NAUT deniz mili
Knotenpunkt *m* düğüm noktası
Knüller *m* (*fam: Nachricht*) bomba gibi haber
knüpfen *vt* ① (*knöpfen*) düğmelemek (**etw** -i) ② (*binden*) bağlamak (**etw an etw** -i -e)
Knüppel *m* sopa, değnek; (*Polizei-*) cop
knurren *vi* (*Hund*) hırlamak; (*Magen*) guruldamak
knusprig *adj* gevrek
k.o. *adv* **~ sein** (*fam*) bitkin olmak; **jdn ~ schlagen** birini nakavt etmek
Koalition *f* koalisyon
Koalitionär *m* koalisyon ortağı
Koalitionspartner(in) *m(f)* koalisyon ortağı
Koch *m* aşçı
Kochbuch *nt* yemek kitabı
kochen **I.** *vi* ① (*Flüssigkeit*) kaynamak ② (*Eier*) haşlanmak; (*Essen*) pişmek **II.** *vt* (*Wasser*) kaynatmak; (*Kaffee, Essen*) pişirmek (**etw** -i)
Kocher *m* ocak
kochfest *adj* (*Wäsche*) kaynatılmaya dayanıklı
Kochgelegenheit *f* **mit ~** yemek pişirme imkanı olan
Köchin *f* aşçı kadın
Kochkunst *f* yemek pişirme sanatı, aşçılık
Kochlöffel *m* kepçe
Kochnische *f* minik mutfak
Kochsalz *nt* yemek tuzu
Kochtopf *m* tencere
Kode *m* kod
Köder *m* yem
kodieren *vt* kodlamak (**etw** -i)
Koexistenz *f* yanyana var olma
Koffein *nt* kafein
koffeinfrei *adj* kafeinsiz
Koffer *m* (*Reise-*) bavul; (*Hand-*) valiz; (*kleiner*) seyahat çantası
Kofferradio *nt* el radyosu
Kofferraum *m* bagaj yeri
Kognak *m* konyak, kanyak
Kohl *m* ① lahana ② (*fam: Unsinn*) saçma, zırva
Kohle *f* kömür
Kohlehydrat *nt* CHEM karbonhidrat
Kohlekraftwerk *nt* kömür santrali
Kohlenbecken *nt* ① (*Becken*) mangal ② GEOG kömür havzası
Kohlendioxid *nt* karbon diyoksit
kohlendioxidfrei *adj* karbon diyoksitten

arınmış
Kohlensäure *f* CHEM karbonik asit
Kohlenstoff *m* karbon
Kohlenwasserstoff *m* hidrokarbür
Kohlepapier *nt* karbon kâğıdı
Kohlrabi *m* alabaş
Koitus *m* cinsi ilişki
Koje *f* NAUT karyola (*gemide*)
Kokain *nt* kokain
Kokosnuss[RR] *f* Hindistan cevizi
Koks *m* ① (*Brennstoff*) kok kömürü ② (*fam: Kokain*) kokain
Kolben *m* ① TECH piston ② (*Mais-*) koçan ③ (*Gewehr-*) dipçik
Kolik *f* kolik
Kollege, Kollegin *m, f* ① (*Berufs-*) meslektaş ② (*Arbeits-*) iş arkadaşı
kollegial *adj* arkadaşça
Kollekte *f* (*in der Kirche*) iane toplama
kollektiv *adj* kolektif, ortaklaşa, toplu
Köln *nt* Kolonya (şehri)
Kölnischwasser *nt* kolonya
Kolonialismus *m* sömürgecilik
kolonialistisch *adj* sömürgeci
Kolonie *f* sömürge, koloni
kolonisieren *vt* sömürgeleştirmek (**etw** -i)
Kolonisierung *f* sömürgeleştirme
Kolonne *f* kafile, konvoy
kolossal *adj* (*riesig*) kocaman, koskoca; (*fig*) çok, pek
Kolumbien *nt* Kolombiya
Kolumbus *m* Kolomp
Koma *nt* koma; **jdn ins ~ versetzen** birini komaya sokmak
Kombination *f* ① (*Verbinden*) birleştirme ② (*Produkt*) bi(r)leşim
kombinieren *vi* (*auch fig*) birleştirmek (**etw** -i)
Komet *m* kuyruklu yıldız
Komfort *m* konfor
komfortabel *adj* konforlu
Komiker(in) *m(f)* komik
komisch *adj* ① (*zum Lachen*) komik, güldürücü ② (*seltsam*) tuhaf, garip
Komitee *nt* kurul, heyet, komite
Komma *nt* virgül
Kommandant(in) *m(f)*, **Kommandeur(in)** *m(f)* komutan, kumandan
kommandieren *vt* kumanda [*o* komuta] etmek (**jdn** -e)
Kommanditgesellschaft *f* komandit şirketi
Kommando *nt* ① (*Befehl*) komut, kumanda ② (*hohe Befehlsstelle*) komutanlık, kumandanlık ③ (*Abteilung*) komando
kommen <kam, gekommen> *vi sein* gelmek; (*an-*) varmak, gelmek (**zu jdm/in etw** -e); **auf etw (zu sprechen) ~** bir konuya gelmek; **hinter etw ~** bir şeyin farkına varmak; **~ lassen** getirtmek (**jdn** -i); **etw ~ sehen** bir şeyi önceden sezmek; **um etw ~** bir şeyinden olmak; **es kommt davon, dass** bu şundan ileri geliyor; **(wieder) zu sich ~** ayılmak, kendine gelmek; **ich komme schon** geliyorum; **~ Sie gut nach Hause!** uğurlar olsun!; **dazu kommt, dass** buna bir de şu ekleniyor ki; **wie kommst du darauf?** bunu da nereden çıkardın?; **es musste so ~** olacağı buydu
Kommentar *m* yorum
Kommentator(in) *m(f)* yorumcu
kommentieren *vt* yorumlamak (**etw** -i)
kommerziell *adj* ticari
Kommilitone, Kommilitonin *m, f* üniversite arkadaşı
Kommissar(in) *m(f)* (*Polizei*) komiser
Kommissariat *nt* (*Polizei*) komiserlik
kommissarisch *adj* geçici
Kommission *f* (*Ausschuss*) kurul, heyet, komisyon; **etw in ~ nehmen** bir şeyi siparişe almak
Kommode *f* komot
kommunal *adj* belediyeye ait
Kommunalpolitik *f* yerel politika, belediyecilik
Kommunalwahlen *fpl* belediye seçimleri
Kommune *f* (*Gemeinde*) belediye
Kommunikation *f* iletişim, haberleşme
Kommunikationstechnik *f* komünikasyon teknolojisi
kommunikativ *adj* konuşkan
Kommunikee[RR] *nt* resmi bildiri
Kommunion *f* komünyon
Kommuniqué *nt* resmi bildiri
Kommunismus *m* komünizm
Kommunist(in) *m(f)* komünist
kommunistisch *adj* komünist
kommunizieren *vi* **miteinander ~** birbirine bağlı olmak
Komödie *f* (*auch fig*) komedi
Kompagnon *m* ECON ortak
kompakt *adj* sıkı, yoğun, kompakt
Kompanie *f* ① MIL bölük ② ECON şirket
Kompass[RR] *m*, **Kompaß**[ALT] *m* pusula
kompatibel *adj* uyumlu (**mit etw** ile)

kompetent *adj* ❶ (*fähig*) yeterli ❷ (*zuständig*) yetkili

Kompetenz *f* ❶ (*Sachkenntnis*) yeterlik ❷ (*Zuständigkeit*) yetki

komplett *adj* tam, komple

komplex *adj* karışık

Komplex *m* ❶ (*Gesamtheit*) bütünlük ❷ (*Baublock*) blok, ada ❸ PSYCH kompleks

Komplikation *f* ❶ (*Verwicklung*) karmaşıklık ❷ (*Erschwerung*) güçleştirme

Kompliment *nt* iltifat, kompliman

Komplize, Komplizin *m, f* suç ortağı

komplizieren *vt* ❶ (*verwickeln*) karıştırmak (**etw** -i) ❷ (*erschweren*) güçleştirmek, zorlaştırmak (**etw** -i)

kompliziert *adj* ❶ (*verwickelt*) karışık, dolaşık ❷ (*schwierig*) güç, zor

Komplott *nt* gizli tertip, komplo

komponieren *vi, vt* bestelemek (**etw** -i)

Komponist(in) *m(f)* besteci

Komposition *f* beste

Kompost *m* komposto (gübre)

Kompott *nt* komposto

Kompresse *f* kompres

komprimieren *vt* INFORM (*Daten*) sıkıştırmak (**etw** -i)

Komprimierung *f* INFORM (*von Daten*) sıkıştırma

Kompromiss[RR] *m,* **Kompromiß**[ALT] *m* anlaşma [*o* uyuşma] yolu

kompromittieren **I.** *vt* rezil etmek (**jdn** -i) **II.** *vr* **sich** ~ kendini rezil etmek

Kondensator *m* kondansatör

Kondensmilch *f* kondanse süt

Konditor(in) *m(f)* pastacı

Konditorei *f* pastane, pasta salonu

kondolieren *vi* başsağlığı dilemek (**jdm** -e)

Kondom *m* prezervatif, kaput, lastik

Konfektion *f* konfeksiyon, hazır giyim

Konfektionsanzug *m* hazır (takım) elbise

Konferenz *f* toplantı, konferans

Konferenzraum *m* konferans salonu, odası

Konfession *f* mezhep

Konfirmation *f din cemaatine kabul töreni*

konfirmieren *vt resmen din cemaatine kabul etmek*

konfiszieren *vt* el koymak (**etw** -e), toplatmak (**etw** -i)

Konfitüre *f* reçel, konfitür

Konflikt *m* ❶ (*Streit*) çekişme ❷ (*Widerspruch*) çelişme ❸ PSYCH çatışma

konform *adj* uygun

Konformismus *m* uymacılık

konformistisch *adj* konformist, uymacı

Konfrontation *f* yüzleş(tir)me, karşılaş(tır)ma

konfrontieren *vt* yüzleştirmek, karşılaştırmak (**jdn mit jdm/etw** -i ile)

konfus *adj* ❶ (*Sache*) karışık ❷ (*Person*) şaşırmış

Kongress[RR] *m,* **Kongreß**[ALT] *m* kongre, kurultay

König *m* kral; **die Heiligen Drei ~e** *Hazreti İsa'nın doğumuna gelen üç Doğulu kral*

Königin *f* kraliçe

königlich *adj* kral gibi, şahane

Königreich *nt* krallık, kraliyet

Konjugation *f* fiil çekimi

konjugieren *vt* (fiil) çekmek (**etw** -i)

Konjunktion *f* bağlaç

Konjunktiv *m* dilek-şart kipi

Konjunktur *f* konjonktür

konkret *adj* somut

konkretisieren *vt* somutlaştırmak (**etw** -i)

Konkurrent(in) *m(f)* rakip, yarışçı

Konkurrenz *f* rekabet, yarışma

konkurrenzfähig *adj* rekabetçi

konkurrieren *vi* rekabet etmek, yarışmak (**mit jdm** ile)

Konkurs *m* iflas; ~ **machen** iflas etmek

können <kann, konnte, gekonnt> *vi* (*als Hilfsverb*) -ebilmek/-abilmek; (*als Vollverb*) bilmek; **sie kann schwimmen** yüzebiliyor; **Türkisch ~** Türkçe bilmek; **ich kann nicht mehr** artık dayanamıyorum; **ich kann nichts dafür** benim elimden bir şey gelmez; **so gut ich kann** yapabildiğim kadar; **sie hat nicht kommen ~** gelemedi; **er kann es nicht gewesen sein** o olamaz

Konsens *m* görüş birliği, konsensüs

konsequent *adj* ❶ (*Sache*) tutarlı ❷ (*Person*) sebatlı, direşken

Konsequenz *f* ❶ (*Folge*) sonuç ❷ (*Folgerichtigkeit*) tutarlık

konservativ *adj* tutucu

Konservatorium *nt* konservatuvar

Konserve *f* konserve

Konservenbüchse *f,* **Konservendose** *f* konserve kutusu

konservieren *vt* ❶ (*einmachen*) konserve yapmak (**etw** -den) ❷ (*bewahren*) tutmak, korumak (**etw** -i)

Konservierungsstoff *m* koruyucu (maddesi)

konsolidieren *vt* sağlamlaştırmak (**etw** -i)
Konsolidierung *f* sağlamlaştırma
Konsonant *m* ünsüz
konstant *adj* ❶ (*unveränderlich*) sabit, durağan ❷ (*fest*) dayanıklı
Konstitution *f* ❶ (*körperliche*) yapı, bünye ❷ (*eines Staates*) anayasa
konstitutionell *adj* yapısal, bünyevi
konstruieren *vt* ❶ (*aufbauen*) kurmak, yapmak (**etw** -i) ❷ (*zusammensetzen*) bileştirmek (**etw** -i)
Konstruktion *f* ❶ (*Aufbau*) yapı(lış), kuruluş ❷ (*Bauweise*) yapı
konstruktiv *adj* kurucu, yapıcı
Konsul *m* konsolos
Konsulat *nt* konsolosluk
konsultieren *vt* danışmak (**jdn** -e)
Konsum *m* tüketim
Konsument(in) *m(f)* tüketici, müstehlik
Konsumgesellschaft *f* tüketim toplumu
Konsumgüter *pl* tüketim malları *pl*
konsumieren *vt* tüketmek (**etw** -i)
Kontakt *m* ❶ (*Berührung*) dokunma, temas ❷ (*Beziehung*) ilişki ❸ (*elektrisch*) kontak; **mit jdm ~ aufnehmen** biriyle temasa geçmek, biriyle kontak kurmak
Kontaktlinse *f* kontakt lens
Kontext *m* bağlam, bağlantı
Kontinent *m* anakara, kıta
kontinental *adj* karasal, kıtasal
Kontinentalklima *nt* step ve çöl iklimi
kontinuierlich *adj* sürekli, devamlı, kesiksiz
Kontinuität *f* süreklilik
Konto *nt* hesap
Kontoauszug *m* dekont (*banka hesabı durumunun tespiti*)
Kontobuch *nt* hesap cüzdanı
Kontoinhaber(in) *m(f)* hesap sahibi
Kontonummer *f* hesap numarası
Kontrabass[RR] *m* kontr(a)bas
Kontrast *m* karşıtlık, tezat, zıddiyet; (*großer Unterschied*) büyük fark
Kontrollabschnitt *m* kontrol kuponu
Kontrolle *f* kontrol, denetleme, denet(im); **außer ~ geraten** kontrolden çıkmak
Kontrolleur(in) *m(f)* kontrolcü, denetçi; (*Schaffner*) biletçi
kontrollieren *vt* kontrol etmek, denetlemek (**jdn/etw** -i)
Konvention *f* ❶ (*Übereinkunft*) anlaşma ❷ (*Herkommen, Brauch*) gelenek
konventionell *adj* ❶ (*herkömmlich*) geleneksel; (*Waffen*) konvansiyonel ❷ (*förmlich*) resmi
Konversation *f* konuşma
konvertieren *vt* INFORM dönüştürmek (**etw in etw** -i -e)
Konvoi *m* kafile, konvoy
Konzentrat *nt* konsantre [*o* koyulaştırılmış] madde
Konzentration *f* ❶ (*geistige*) dikkatini toplama, konsantrasyon ❷ (*Zusammenballung*) toplama, yığma
Konzentrationslager *nt* toplama kampı
konzentrieren **I.** *vt* toplamak, merkezileştirmek (**etw auf etw** -i -e) **II.** *vr* **sich ~** toplanmak, merkezileşmek; (*geistig*) dikkatini toplamak, konsantre olmak (**auf etw** -e)
konzentriert **I.** *adj* ❶ CHEM koyultulmuş ❷ (*geistig*) konsantre **II.** *adv* (*arbeiten, zuhören*) dikkatle
Konzept *nt* taslak, karalama; **jdn aus dem ~ bringen** birini şaşkına döndürmek
Konzeption *f* ❶ (*Entwurf*) taslak, karalama ❷ (*Leitidee*) ana düşünce
Konzern *m* holding
Konzert *nt* ❶ (*Aufführung*) konser ❷ (*Musikstück*) konçerto
Konzession *f* ruhsat
Konzil *nt* ruhaniler meclisi
konziliant *adj* geçimli, uysal
koordinieren *vt* bağdaştırmak (**etw** -i)
Koordinierung *f* bağdaştırma
Kopf *m* ❶ baş, kafa ❷ (*Münze*) tu(ğ)ra; **pro ~** adam başına; **von ~ bis Fuß** tepeden tırnağa (kadar), baştan aşağı; **~ hoch!** ha cesaret!; **er ist einen ~ größer als ich** benden bir baş daha uzun; **das geht mir nicht aus dem ~** aklımdan çıkmıyor; **das will mir nicht in den ~ gehen** bir türlü kafama sokamıyorum; **Geld auf den ~ hauen** (*fam*) para çarçur etmek
Kopfende *nt* (*eines Bettes*) (yatağın) başucu
Kopfhörer *m* kulaklık
Kopfkissen *nt* baş [*o* yüz] yastığı
kopflos *adj* kafasız
Kopfrechnen *nt* akıldan hesap
Kopfsalat *m* göbekli salata
Kopfschmerzen *pl* baş ağrısı *sing;* **ich habe ~** başım ağrıyor
Kopfschmerztablette *f* baş ağrısı hapı
Kopfsteinpflaster *nt* parke kaldırım
Kopfstütze *f* (*im Auto*) baş desteği
Kopftuch *nt* başörtü(sü); (*streng islamisch*)

türban
kopfüber *adv* baş aşağı, tepe taklak
Kopfzerbrechen *nt* kafasını kurcalama
Kopie *f* kopya
kopieren *vt* kopya etmek, kopyalamak (**etw** -i); (*nachahmen*) taklit etmek (**jdn/etw** -i)
Kopiergerät *nt* çoğaltma aleti; (*Fotokopierer*) fotokopi makinesi
kopiergeschützt *adj* kopyalanamaz
Kopilot(in) *m(f)* yardımcı pilot
koppeln *vt* bir araya bağlamak (**etw** -i)
Kopp(e)lung *f* bir araya bağlama
Koralle *f* mercan
Korb *m* ① (*Behälter*) sepet ② (*Trag-*) küfe ③ (*Einkaufs-*) zembil; **einem Mann einen ~ geben** (*fig*) bir erkeği sepetlemek, erkeğin teklifini reddetmek
Korbball *m* basketbol
Korbsessel *m* hasır koltuk
Kordsamt *m* yollu kadife
Korea *nt* Kore
Kork *m* (*Material*) mantar
Korkeiche *f* mantar ağacı [*o* meşesi]
Korken *m* mantar tıpa
Korkenzieher *m* tirbuşon
Korn *nt* ① (*Sand-*) tane ② (*Samen-*) tohum ③ (*Getreide*) tahıl ④ (*Schnaps*) *buğdaydan yapılmış sert içki*
Kornblume *f* (mavi) peygamberçiçeği
Kornfeld *nt* tahıl tarlası
Körper *m* ① vücut, beden ② PHYS cisim, özdek
Körperbau *m* (vücut) yapı(sı), bünye
körperbehindert *adj* bedensel özürlü
Körpergewicht *nt* vücut ağırlığı
Körpergröße *f* boy
körperlich *adj* bedensel
Körperpflege *f* vücut bakımı, tuvalet
Körperteil *m* organ
Körperverletzung *f* yarala(n)ma
korpulent *adj* göbekli
korrekt *adj* ① (*Sache*) doğru, kusursuz ② (*Person*) dürüst
Korrektur *f* düzeltme
Korrekturband *nt* silgi şeridi
Korrespondent(in) *m(f)* (*Presse-*) haberci
Korrespondenz *f* (*Briefwechsel*) mektuplaşma, yazışma
korrespondieren *vi* ① (*übereinstimmen*) uymak (**mit etw** -e) ② (*in Briefwechsel stehen*) mektuplaşmak, yazışmak (**mit jdm** ile)
Korridor *m* koridor, geçenek
korrigieren *vt* düzeltmek (**etw** -i)
korrupt *adj* rüşvet alan, yiyici
Korruption *f* rüşvetçilik
Korsett *nt* korse
Korsika *nt* Korsika
Kosename *m sevgi ifade eden takma ad*
Kosmetik *f* kozmetik
Kosmetikartikel *m* kozmetik eşyalar
Kosmetikerin *f* kozmetikçi
Kosmetiksalon *m* güzellik salonu
kosmetisch *adj* kozmetik
kosmisch *adj* evrensel
Kosmonaut(in) *m(f)* kozmonot, uzay adamı
Kosmopolit(in) *m(f)* kozmopolit
kosmopolitisch *adj* kozmopolit
Kosmos *m* evren
Kosovare, Kosovarin *m, f* Kosovalı
kosovarisch *adj* Kosovalı
Kosovo *nt* Kosova
Kosovo-Albaner(in) *m(f)* Kosovalı Arnavut
Kost *f* gıda, besin; **~ und Logis** yedirip içirme ve barındırma
kostbar *adj* değerli, kıymetli
kosten *vt* ① (*Preis*) fiyatı ... olmak ② (*erfordern*) mal olmak (**etw** -e) ③ (*probieren*) tadına bakmak (**etw** -in); **diese Hose kostet 50 Euro** bu pantolonun fiyatı 50 eurodur; **wie viel kostet das?** bu kaça? bu ne kadar?; **sein Mut kostete ihn das Leben** cesareti hayatına mal oldu; **koste es, was es wolle** her ne pahasına olursa olsun
Kosten *pl* ① gider, masraflar *pl* ② (*Gerichts-*) mahkeme masrafları; **auf ~** *gen* -in sırtından; **auf seine ~ kommen** (*Ausgaben lohnen sich*) masrafını çıkarmak; (*fig*) memnun kalmak
Kostenaufwand *m* masraf(lar *pl*)
Kostenerstattung *f* masraf tazmini
kostengünstig *adj* uygun fiyatlı
kostenlos *adj, adv* bedava, parasız, ücretsiz
Kostenvoranschlag *m* masraf tahmini
köstlich **I.** *adj* şahane, enfes; (*Speisen auch*) lezzetli, enfes **II.** *adv* **sich ~ amüsieren** çok iyi eğlenmek
Kostprobe *f* (*Essen*) tadımlık, çeşni; (*fig*) örnek, eşantiyon
kostspielig *adj* pahalı, masraflı
Kostüm *nt* kostüm; (*Damen-*) tayyör, döpiyes
Kot *m* dışkı, kazurat
Kotelett *nt* pirzola
Koteletten *pl* (*Backenbart*) favori *sing*
Köter *m* (*pej*) it

Kotflügel *m* çamurluk
Kotzbrocken *m* (*vulg*) pis bıyık, bok soyu
kotzen *vi* (*vulg*) kusmak; **zum Kotzen** (*vulg*) leş gibi
Krabbe *f* karides
krabbeln *vi sein* ① (*klettern*) tırmanmak (**auf etw** -e) ② (*kriechen*) sürünmek
Krach *m* ① (*Lärm*) gürültü; (*Krachen*) çatırtı; (*Knall*) gümbürtü, patırtı ② (*fam: Streit*) kavga, hırgür
krachen *vi* çatırdamak, gümbürdemek
kraft *präp +gen* ... sayesinde
Kraft *f* ① (*Stärke*) güç, kuvvet, kudret ② TECH güç ③ (*Arbeitskraft*) eleman; **in ~ treten** yürürlüğe girmek; **etw außer ~ setzen** bir şeyi yürürlükten çıkarmak
Kraftaufwand *m* çaba harcama
Kraftausdruck *m* ağır ve kaba söz
Kraftbrühe *f* et suyu
Kräftegleichgewicht *nt* POL güç dengesi
Kraftfahrer(in) *m(f)* kamyon (veya otomobil) sürücüsü, şoför
Kraftfahrzeug *nt* motorlu taşıt
Kraftfahrzeugsteuer *f* motorlu taşıt vergisi
Kraftfahrzeugversicherung *f* araba sigortası
kräftig *adj* güçlü, kuvvetli, kudretli; (*gesund, stabil*) sağlam
kräftigen *vt* güçlendirmek, kuvvetlendirmek (**jdn/etw** -i)
kraftlos *adj* güçsüz, kuvvetsiz
Kraftprobe *f* kuvvet denemesi
Kraftstoff *m* akaryakıt
Kraftstoffverbrauch *m* akaryakıt tüketimi
kraftvoll *adj* kuvvetli, dinç
Kraftwerk *nt* santral, enerji santrali
Kragen *m* yaka
Krähe *f* karga
krähen *vi* (*Hahn*) ötmek
Kralle *f* tırnak; (*von Raubtier, Raubvogel*) pençe
krallen *vr* **sich an etw ~** bir şeye tutunmak
Kram *m* (*fam*) pılı pırtı
Krampf *m* kramp
Krampfader *f* varis
krampfhaft *adj* ① kramplı ② (*verbissen*) inatçı
Kran *m* vinç
Kranich *m* turna (kuşu)
krank <kränker, am kränksten> *adj* hasta; **~ werden** hastalanmak, hasta düşmek
Kranke(r) *f(m)* hasta
kränkeln *vi* hastalıklı olmak
kränken *vt* incitmek, gücendirmek (**jdn** -i)
Krankengeld *nt* hastalık parası
Krankengeschichte *f bir doktorun bir hastası hakkındaki hastalık nedenleri*
Krankenhaus *nt* hastane
krankenhausreif *adj* hastanelik; **jdn ~ schlagen** birini hatanelik etmek [*o* edinceye kadar dövmek]
Krankenkasse *f* sağlık sigortası
Krankenpfleger *m* hasta bakıcı
Krankenschein *m* sağlık sigortası belgesi
Krankenschwester *f* hemşire
Krankenversicherung *f* sağlık sigortası
Krankenwagen *m* cankurtaran (arabası), ambülans
krankhaft *adj* hasta
Krankheit *f* hastalık
kränklich *adj* hastılıklı
krankmelden[RR] *vt* **sich ~** kendini hasta diye bildirmek
krankschreiben[RR] *vt* **jdn ~** birini hasta diye bildirmek
Kranz *m* çelenk
krass[RR], **kraß**[ALT] *adj* ① göze batan; (*grob*) kaba ② (*fam: toll*) enfes
Krater *m* yanardağ [*o* volkan] ağzı, krater
kratzen **I.** *vt* kaşımak; (*Katze*) tırmalamak (**etw** -i) **II.** *vi* (*Wolle*) dalamak **III.** *vr* **sich ~** kaşınmak
Kratzer *m* ① (*Kratzwunde*) tırmık ② (*Schramme*) sıyrık
kratzig *adj* kaşıntılı, kaşıntı veren, cızırtılı
kraus *adj* (*Haar*) kıvırcık
Kraut *nt* ot
Krawall *m* ① (*Lärm*) gürültü, şamata ② (*Aufruhr*) ayaklanma, isyan
Krawatte *f* kravat, boyunbağı
Krawattennadel *f* kravat iğnesi
Kreation *f* (*Mode-*) kreasyon
kreativ *adj* yaratıcı
Kreativität *f* yaratıcılık
Krebs *m* ① (*Tier*) yengeç, çağanoz ② (*Krankheit*) kanser ③ (*Sternzeichen*) Yengeç
krebserregend *adj* kanser yapıcı
Krebserreger *m* kanserojen
krebskrank *adj* kanserli, kanser hastası
Kredit *m* kredi; **auf ~** veresiye
Kreditbrief *m* kredi mektubu, akreditif
Kreditgeber(in) *m(f)* kredi veren
Kreditkarte *f* kredi kartı
Kreditwürdigkeit *f* kredibilite

Kreide *f* tebeşir
kreidebleich *adj* sapsarı
Kreis *m* ① (*Form*) daire ② (*fig: Bereich*) alan, saha, bölge ③ (*Land-*) ilçe; **im ~e (herum)** daire etrafında dönerek
Kreisel *m* topaç, fırıldak
kreisen *vi* dönmek, dolaşmak
kreisförmig *adj* daire şeklinde, dairevi, yuvarlak
Kreislauf *m* (*Blut-*) kan dolaşımı
Kreislaufmittel *nt* kan dolaşımı ilacı
Kreislaufstörungen *fpl* kan dolaşımı aksaması [*o* rahatsızlığı]
Kreißsaal *m* doğum odası
Kreisumfang *m* daire çevresi
Kreisverkehr *m* tek yönlü dairevi yol
Krematorium *nt* krematoryum
Kreml *m* Kremlin
Kreta *nt* Girit adası
Kreuz *nt* ① (*Zeichen*) haç, ıstavroz ② (*Rücken*) sağrı kemiği ③ (*fig: Plage*) baş belası; **das ~ schlagen** haç çıkarmak; **kreuz und quer** bucak bucak
kreuzen I. *vt* ① (*Arme*) kavuşturmak (**etw** -i) ② (*Weg*) kesmek (**etw** -i) ③ (*Rassen*) melezleştirmek (**etw** -i) **II.** *vr* **sich ~** (*Wege*) kesişmek; (*Briefe, Züge*) karşılaşmak
Kreuzfahrer *m* Haçlı
Kreuzfahrt *f* deniz yolculuğu
Kreuzgang *m manastır avlusunda sütunlu yol*
Kreuzschmerzen *pl* bel ağrısı *sing*
Kreuzstich *m* kruvaze dikiş
Kreuzung *f* ① (*Straße*) dörtyol ağzı ② (*Schnittpunkt*) kesişme noktası ③ (*von Rassen*) melezleştirme ④ (*Mischling*) kırma
Kreuzworträtsel *nt* çapraz kelime bulmacası
Kreuzzug *m* Haçlı seferi
kriechen <kroch, gekrochen> *vi sein* ① (yerde) sürünmek ② (*schleimen*) dalkavukluk etmek
Kriechtier *nt* sürüngen (hayvan)
Krieg *m* savaş, harp, cenk
kriegen *vt* (*fam: bekommen*) almak, elde etmek (**etw** -i); **Hunger ~** acıkmak
Kriegsausbruch *m* savaş çıkması
Kriegsbeschädigte(r) *m* harp malulü
Kriegsdienstverweigerer *m askerlik görevini reddeden*
Kriegserklärung *f* savaş [*o* harp] ilanı
Kriegsgefangene(r) *m* savaş esiri
Kriegsgefangenschaft *f* savaş esirliği
Kriegsgegner(in) *m(f)* savaş karşıtı
Kriegsmarine *f* deniz kuvvetleri
Kriegsschiff *nt* savaş gemisi
Kriegsverbrechen *nt* savaş suçu
Kriegsverbrecher(in) *m(f)* savaş suçlusu
Kriegsversehrte(r) *f(m)* savaş malülü
Krimi *m* (*Film*) polisiye film; (*Buch*) polisiye roman
Kriminalbeamte(r) *m* sivil polis memuru
Kriminalfilm *m* polisiye film
Kriminalität *f* kanunlara karşı hareket
Kriminalpolizei *f* sivil polis
Kriminalroman *m* polisiye roman
Kripo *f Abk von* **Kriminalpolizei**
Krippe *f* ① (*Futtertrog*) yemlik ② (*Weihnachts-*) *Hazreti İsa'nın doğumunu canlandıran tasvir* ③ (*Kinder-*) çocuk yuvası, kreş
Krise *f* kriz, buhran, bunalım
Krisenhilfe *f* kriz [*o* acil] yardım
Kristall[1] *m* (*Stein*) billur
Kristall[2] *nt* (*Glas*) kristal
Kristallglas *nt* kristal cam
Kriterium *nt* kıstas, ölçüt, kriter
Kritik *f* eleştiri, kritik, tenkit
Kritiker(in) *m(f)* eleştirici, eleştirmeci, tenkitçi
kritisch *adj* ① eleştirici, eleştirel ② (*heikel*) kritik, nazik
kritisieren *vt* eleştirmek, tenkit etmek (**etw/jdn** -i)
kritzeln *vi, vt* karalamak (**etw** -i)
Kroate *m* Hırvat
Kroatien *nt* Hırvatistan
Kroatin *f* Hırvat kadını
kroch *vi s.* **kriechen**
Krokette *f* kroket
Krokodil *nt* timsah
Krokus *m* safran
Krone *f* ① (*eines Königs*) taç ② (*Baum-*) tepe, uç ③ (*Zahn-*) kuron ④ (*dänische Währung*) kron
krönen *vt* taçlandırmak (**jdn** -i), taç giydirmek (**jdn** -e)
Kronleuchter *m* avize
Kronprinz, Kronprinzessin *m, f* veliaht
Krönung *f* (*Feier*) taç giyme töreni
Kronzeuge, Kronzeugin *m, f* baş şahit
Kropf *m* ① (*von Geflügel*) kursak ② MED guvatr
Kröte *f* kara kurbağa
Krücke *f* koltuk değneği
Krug *m* testi

Krümel *m* kırıntı
krümeln I. *vi* ufalanmak II. *vt* ufalamak (**etw** -i)
krumm *adj* ❶ (*schief, schräg*) eğri, çarpık ❷ (*verbogen*) bükük
krümmen I. *vt* eğmek, bükmek, kıvırmak (**etw** -i) II. *vr* **sich ~** (*krumm werden*) eğrilmek, bükülmek; (*vor Schmerz*) kıvranmak (**vor etw** -den); **sich vor Lachen ~** gülmekten kırılmak
krummnehmen *vt* (*fam*) **jdm etw ~** birine bir şeyden alınmak
Krüppel *m* sakat, kötürüm
Kruste *f* kabuk
Krypta *f* yeraltı mezarlık
Kuba *nt* Küba
Kübel *m* tekne, kova
Kubikmeter *m o nt* metre küp
Küche *f* mutfak; **kalte ~** soğuk yemekler, büfe
Kuchen *m* pasta
Küchenbenutzung *f* **mit ~** mutfağı kullanma hakkıyla
Küchenchef *m* aşçıbaşı
Kuchenform *f* pasta [*o* kek] kalıbı
Kuchengabel *f* pasta çatalı
Küchenherd *m* mutfak fırını
Kuchenteller *m* pasta tabağı
Kuckuck *m* guguk kuşu
Kuckucksuhr *f* guguklu saat
Kufe *f* ❶ (*am Schlitten*) *kayma kızağının taban ağacı* ❷ LUFT kızaklı inme tertibatı
Kugel *f* ❶ (*runder Körper*) küre, top ❷ (*Geschoss*) mermi, kurşun ❸ (*zum Stoßen*) gülle
Kugellager *nt* bilyeli yatak, rulman
Kugelschreiber *m* tükenmez (kalem)
kugelsicher *adj* kurşun işlemez [*o* geçmez]
Kugelstoßen *nt* gülle atma
Kuh *f* inek
Kuhfladen *m* inek gübresi
Kuhglocke *f ineklerin boynuna takılan çan*
kühl *adj* ❶ serin ❷ (*Mensch*) soğuk (neva); **es ist ~** hava serin; **~ werden** serinle(ş)mek
kühlen I. *vt* soğutmak (**etw** -i) II. *vi* soğumak
Kühler *m* radyatör
Kühlerhaube *f* motor kapağı
Kühlhaus *nt* buzhane
Kühlschrank *m* buzdolabı
Kühltasche *f* termos çanta
Kühltruhe *f* derin dondurucu
Kühlung *f* serinleme
Kühlwasser *nt* radyatör suyu
kühn *adj* yürekli, cesur, atak
Kühnheit *f* cesaret, cüret, ataklık
Kuhstall *m* inek ahırı
Küken *nt* civciv
Kuli *m* (*Kugelschreiber*) tükenmez
Kulisse *f* kulis; **hinter den ~n** (*auch fig*) kulis arkasında
Kult *m* tapma
kultivieren *vt* (*Acker*) işlemek (**etw** -i)
kultiviert *adj* (*fig*) kültürlü, uygar
Kultur *f* ❶ kültür, uygarlık ❷ (*Anbau*) tarım, toprağı işleme
kulturell *adj* kültürel
Kulturgeschichte *f* uygarlık tarihi
Kultusminister(in) *m(f)* eğitim bakanı
Kultusministerium *nt* eğitim bakanlığı
Kümmel *m* ❶ kimyon ❷ (*Schwarz-*) çöreotu
Kummer *m* ❶ (*Betrübnis*) dert, keder, gam ❷ (*Sorge*) endişe, kaygı
kümmerlich *adj* ❶ (*ärmlich*) yoksul, sefil ❷ (*erbärmlich*) acınacak, biçare
kümmern I. *vt* ilgilendirmek (**jdn** -i) II. *vr* **sich ~** bakmak (**um jdn** -e), önemsemek (**um etw** -i); **sich um nichts ~** hiç bir şeye aldırış etmemek
Kumpel *m* ❶ (*Bergbau*) madenci, maden işçisi ❷ (*fam: Kamerad*) arkadaş
kündbar *adj* (*Vertrag*) feshi kabil olan
Kunde[1] *f* (*Nachricht*) haber, bilgi
Kunde(in)[2] *m(f)* (*Käufer*) müşteri, alıcı
Kundendienst *m* müşteri servisi
Kundgebung *f* gösteri, miting
kündigen *vi, vt* ❶ (*Vertrag*) feshini ihbar etmek (**etw** -in) ❷ (*Arbeitnehmer*) işten çıkarmak (**jdm** -i) ❸ (*Mieter*) evden çıkarmak (**jdm** -i)
Kündigung *f* ❶ (*Vertrag*) fesih; (*Kündigungsschreiben*) feshi ihbar ❷ (*Arbeit*) işten çıkarma
Kündigungsfrist *f* feshi ihbar süresi
Kündigungsschutz *m* işten çıkarmaya karşı koruma
Kundin *f* bayan müşteri
Kundschaft *f* (*Kundenkreis*) müşteriler *pl*
künftig I. *adj* gelecek, ileri(de)ki II. *adv* ilerde, bundan böyle, şimdiden sonra
Kunst *f* ❶ sanat; **die bildenden Künste** plastik sanatlar; **die schönen Künste** güzel sanatlar ❷ (*Können*) beceri, ustalık
Kunstakademie *f* güzel sanatlar akademisi
Kunstausstellung *f* sanat sergisi

Kunstfaser *f* sentetik lif
Kunstfehler *m* MED tıbbi hata
Kunstgeschichte *f* sanat tarihi
Kunstgewerbe *nt* el işleri *pl*
Kunstgriff *m* manevra
Kunsthandwerk *nt* el sanatları *pl*
Künstler(in) *m(f)* sanatçı, sanatkar
künstlerisch *adj* sanatsal
künstlich *adj* ❶ (*nicht natürlich*) yapma ❷ (*nachgemacht*) taklit ❸ (*unecht*) sahte
Kunstlicht *nt* tabii olmayan ışık
Kunststoff *m* suni madde
Kunststück *nt* hüner, marifet
kunstvoll *adj* ustalıklı, sanatlı
Kunstwerk *nt* sanat eseri
kunterbunt *adj* rengarenk; (*durcheinander*) karmakarışık
Kupfer *nt* bakır
Kupferstich *m* gravür
Kuppe *f* ❶ (*Berg-*) *yuvarlak dağ tepesi* ❷ (*Finger-*) *parmağın etli ön kısmı*
Kuppel *f* kubbe
Kuppelei *f* pezevenklik; JUR fuhuşa tahrik
kuppeln **I.** *vi* AUTO akuple etmek **II.** *vt* TECH bağlamak (**etw an etw** -i -e)
Kupplung *f* şanjman
Kur *f* tedavi, kür
Kurbel *f* manivela, kol
Kurbelwelle *f* krank mili, ana mil
Kürbis *m* kabak
Kurde, Kurdin *m, f* Kürt
kurdisch *adj* ❶ (*Sprache*) Kürtçe ❷ (*Art*) Kürt
Kurdistan *nt* Kürdistan
Kurgast *m bir dinlenme yerine iyileşmek için gelen kimse*
Kurhaus *nt hastalar için dinlenme evi*
kurios *adj* garip, tuhaf
Kurort *m* kaplıca, ılıca(lar), içmeler
Kurpfuscher(in) *m(f)* şarlatan
Kurs *m* ❶ (*Lehrgang*) kurs ❷ NAUT, LUFT rota ❸ FIN kur, rayiç
Kursaal *m* dinlenme evinin eğlence salonu
Kursbuch *nt* tren rehberi
Kürschner(in) *m(f)* kürkçü
kursiv *adj* italik
Kurswagen *m hareket istasyonundan varış istasyonuna giden direkt vagon*
Kurusch *m* (*türkische Währungseinheit: 100 Kurusch = 1 Lira*) kuruş
Kurve *f* ❶ viraj, dönemeç ❷ MATH eğri çizgi
kurvenreich *adj* (çok) virajlı
kurz <kürzer, am kürzesten> **I.** *adj* kısa; **kürzer machen/werden** kısaltmak/kısalmak; **in ~em** yakında; **vor ~em** az zaman önce, geçenlerde **II.** *adv* **über ~ oder lang** er geç; **~ darauf** hemen arkasından; **~ und gut** uzun sözün kısası, kısacası; **zu ~ kommen** payını alamamak
Kurzarbeit *f çalışma saatlerinin kısaltılması*
kurzärmelig *adj* kısa kollu
Kürze *f* kısalık; **in ~** yakında
Kürzel *nt* (*Steno*) *stenoda kullanılan kısaltma işareti*
kürzen *vt* ❶ (*kürzer machen*) kısaltmak (**etw** -i) ❷ (*verringern*) azaltmak (**etw** -i) ❸ MATH sadeleştirmek (**etw** -i)
kurzerhand *adv* duraksamadan
Kurzfilm *m* kısa metrajlı film
kurzfristig *adj, adv* kısa vadeli
Kurzgeschichte *f* kısa hikaye
kurzlebig *adj* kısa ömürlü
kürzlich *adv* geçenlerde
Kurznachricht *f* (*Handy*) (kısa) mesaj; **jdm eine ~ schicken** birine kısa mesaj göndermek [*o* yollamak]
Kurzparkzone *f kısa süre için park yeri*
Kurzschluss[RR] *m*, **Kurzschluß**[ALT] *m* kontak, kısa devre
Kurzschrift *f* stenografi
kurzsichtig *adj* miyop
Kurzsichtigkeit *f* miyopluk
kurzum *adv* sözün kısası
Kürzung *f* kısalt(ıl)ma; (*von Geldern*) kesinti
Kurzurlaub *m* kısa tatil
Kurzwaren *fpl* tuhafiye *sing*
Kurzwelle *f* kısa dalga
Kusine *f* amca (dayı, teyze, hala) kızı, kuzin
Kuss[RR] *m*, **Kuß**[ALT] *m* öpücük
küssen *vt* öpmek (**jdn/etw** -i)
Küste *f* ❶ (*Streifen*) kıyı, sahil, deniz kenarı ❷ (*Gebiet*) kıyı bölgesi
Küster *m* (*christlich*) zangoç; (*islamisch*) kayyum
Kutsche *f* fayton, (binek) araba(sı); (*stattliche*) kupa
Kutteln *pl* işkembe *sing*
Kutter *m* kotra
Kuvert *nt* (mektup) zarf(ı)
Kuwait *nt* Kuveyt

K

L

l *m Abk von* **Liter** lt. (*litre*)
labil *adj* (*Mensch*) dengesiz
Labor *nt* laboratuvar
Labyrinth *nt* labirent
lächeln *vi* gülümsemek
Lächeln *nt* gülümseme
lächelnd *adj* gülümseyen
lachen *vi* gülmek (**über etw/jdn** -e); **ich muss darüber ~** buna gülmem lazım
Lachen *nt* gülüş, gülme; **das ist nicht zum ~** bu gülünecek bir şey değil
lächerlich *adj* gülünç; (*Preis*) komik; **~ machen** maskaraya çevirmek (**jdn/etw** -i); **sich ~ machen** kendini gülünç duruma düşürmek
lachhaft *adj* gülünç, komik
Lachs *m* som balığı
Lack *m* vernik, cila
lackieren *vi, vt* verniklemek, cilalamak (**etw** -i)
Lackschuh *m* rugan pabuç
Ladegerät *nt* akü doldurma aleti
Laden *m* ❶ (*Geschäft*) dükkan; (*größerer*) mağaza ❷ (*Fenster-*) pancur ❸ (*Rollladen*) kepenk
laden <lädt, lud, geladen> *vt* ❶ (*auffüllen*) doldurmak (**etw** -i); (*Fracht*) yüklemek (**etw auf/in etw** -i -e) ❷ (*Waffe*) doldurmak (**etw** -i) ❸ (*elektrisch*) şarj etmek (**etw** -i) ❹ (*ein-*) davet etmek, çağırmak (**jdn** -i) ❺ INFORM yüklemek (**etw** -i)
Ladendiebstahl *m* mağaza hırsızlığı
Ladenhüter *m* sürümsüz mal
LadenschlussRR *m* dükkan kapanma saati
Ladentisch *m* (dükkan) tezgah(ı)
Ladeterminal *m* yükleme terminali
lädt *vt s.* **laden**
Ladung *f* (*auch elektrische*) şarj
lag *vi s.* **liegen**
Lage *f* ❶ (*Zustand*) durum, hal ❷ (*Körper-*) durum ❸ (*Standort*) yer, konum ❹ (*Umstände*) şartlar *pl* ❺ (*Schicht*) kat, tabaka; **in der ~ sein zu** -mek durumda olmak; **versetzen Sie sich in meine ~** kendinizi benim yerime koyun
Lager *nt* ❶ (*Depot*) depo, ambar, ardiye ❷ (*Zelt-*) kamp ❸ MIL (*Feld-*) ordugah ❹ POL grup ❺ (*Ruhe-*) yatak, döşek; **auf ~** COMM depoda bulunan
Lagerfeuer *nt* kamp ateşi
lagern **I.** *vi* ❶ (*kampieren*) kamp yapmak ❷ (*Ware*) depoda bulunmak **II.** *vt* (*Ware*) depo etmek (**etw** -i)
Lagerplatz *m* ❶ (*Depot*) ardiye ❷ (*mit Zelten*) kamp yeri
lahm *adj* ❶ (*nicht beweglich*) bir tarafı tutmaz ❷ (*hinkend*) topal, aksak; (*fig*) miskin, uyuşuk
lähmen *vt* felç etmek; (*fig*) aksatmak (**jdn/etw** -i)
lahmlegen *vt* felce uğratmak (**etw** -i)
Lähmung *f* ❶ MED felç, inme; **halbseitige ~** yarım felç ❷ (*Lahmlegung*) aksatma
Laich *m* (*Frosch-*) kurbağa yumurtası; (*Fisch-*) balık yumurtası
Laie *m* ❶ (*Nichtfachmann*) uzman olmayan, amatör ❷ REL ruhbandan olmayan
Laizismus *m* laiklik
laizistisch *adj* laik
Laken *nt* yatak çarşafı
Lakritze *f* meyankökü
Lama *nt* lama
Lamm *nt* (*Schaf*) kuzu; (*Ziegen-*) keçi yavrusu
Lammfleisch *nt* kuzu eti
Lampe *f* ❶ (*Licht*) lamba ❷ (*Öl-*) kandil ❸ (*Laterne*) fener
Lampenfieber *nt* THEAT *sahneye çıkmadan önceki heyecan*
Lampenschirm *m* abajur
Lampion *m* kâğıt fener
LAN *nt* INFORM (*lokales Netzwerk*) yerel alan ağı
Land *nt* ❶ (*Staat*) ülke, devlet ❷ (*Bundesland*) eyalet ❸ (*Gelände*) toprak; (*Acker-*) tarla ❹ (*Grundstück*) arsa ❺ (*Festland*) kara ❻ (*Gegensatz zur Stadt*) kırsal kesim, köy; **auf dem ~e** köyde; **zu ~e** karada; **an ~ gehen** karaya çıkmak
Landarbeiter(in) *m(f)* rençper
Landebahn *f* (iniş) pist(i)
landen *vi sein* ❶ (*Schiff*) karaya yanaşmak ❷ (*Flugzeug*) inmek (**in etw** -e); **auf dem Wasser ~** suya iniş yapmak; **auf dem Mond ~** Ay'a inmek; **schließlich landeten wir in einer Kneipe** sonunda bir meyhaneye düştük
Landenge *f* kıstak
Landeplatz *m* iniş yeri

Länderspiel *nt* milletlerarası maç
Landesfarben *pl* milli renkler *pl*
Landessprache *f* milli dil
Landesverrat *m* yurda ihanet
landesweit *adv* yurt çapında
Landflucht *f* köyden kente [*o* şehre] göç
Landgut *nt* çiftlik
Landhaus *nt* sayfiye
Landkarte *f* harita
ländlich *adj* (*Gebiet*) kırsal; (*Sitten, Leute*) köylü
Landschaft *f* ① (*Gebiet*) civar, bölge ② (*Anblick*) manzara
Landsmann, Landsmännin *m, f* ① (*aus der gleichen Gegend*) hemşeri ② (*aus demselben Land*) vatandaş, yurttaş
Landstraße *f* şose
Landstreicher *m* (*pej*) serseri, avare
Landtag *m* eyalet meclisi
Landung *f* iniş
Landwein *m* *yalnız bir bölgede tanınan basit bir şarap*
Landwirt(in) *m(f)* tarımcı, çiftçi
Landwirtschaft *f* tarım
landwirtschaftlich *adj* zirai, tarımsal
lang <länger, am längsten> **I.** *adj* uzun; **5 Meter ~** 5 metre uzunluğunda; **gleich ~** aynı uzunlukta; **vor ~er Zeit** uzun zaman önce; **seit ~er Zeit** uzun zamandan beri **II.** *adv* **drei Monate ~** üç ay boyunca; **das ganze Leben lang** yaşam boyu
langärmelig *adj* uzun kollu
langatmig *adj* (aşırı) uzun, fazla ayrıntılı
lange *adv* uzun zaman [*o* süre]; **wie ~?** ne kadar?; (*seit wann?*) ne zamandan beri?; **schon ~, seit ~m** uzun zamandan beri, uzun süredir
Länge *f* ① (*räumlich*) uzunluk ② (*Gegensatz zu Breite*) boy ③ GEOG boylam ④ (*Dauer*) süre; **von 3 Meter ~** 3 metre uzunluğunda [*o* boyunda]; **sich in die ~ ziehen** uzamak
langen **I.** *vt* (*geben*) vermek, uzatmak (**jdm etw** -e -i) **II.** *vi* ① (*ausreichen*) yet(iş)mek (**jdm/für etw** -e) ② (*ergreifen*) uzanmak (**nach etw** -e)
Längengrad *m* boylam
Längenkreis *m* meridyen dairesi
Längenmaß *nt* uzunluk ölçüsü
länger **I.** *adj* daha uzun; **~e Zeit** daha uzun süre; **~ machen** uzatmak (**etw** -i); **~ werden** uzamak **II.** *adv* (*zeitlich*) daha uzun zamandır
Langeweile *f* can sıkıntısı
langfristig *adv* uzun dönemli [*o* vadeli]
langhaarig *adj* uzun saçlı; (*bei Körperhaaren*) uzun tüylü [*o* kıllı]
langjährig *adj* yıllarca süren
Langlauf *m* uzun mesafe kayak yürüyüşü
länglich *adj* uzunca
längs *präp +gen* boyunca
langsam **I.** *adj* yavaş, ağır **II.** *adv* yavaş; (*allmählich*) yavaş yavaş; **~er fahren** daha yavaş gitmek; **ganz ~** yavaş yavaş, ağır ağır
Langsamkeit *f* yavaşlık, ağırlık
Langschläfer(in) *m(f)* uykucu
Langspielplatte *f* uzunçalar, longpley
längst *adv* (**schon**) ~ çoktan(dır)
Langstreckenrakete *f* uzun menzilli füze
Languste *f* makassız ıstakoz
langweilen **I.** *vt* canını sıkmak (**jdn** -in) **II.** *vr* **sich ~** (canı) sıkılmak
langweilig *adj* (can) sıkıcı
Langwelle *f* uzun dalga
langwierig *adj* ① (*lange dauernd*) uzun süren ② (*mühsam*) zahmetli
Lappen *m* ① (*Wisch-*) bez ② (*für Wandtafel*) tahta silgisi ③ (*Lumpen*) bez parçası, paçavra
Laptop *m* dizüstü (bilgisayar), laptop
Lärche *f* karaçam
Lärm *m* gürültü (patırtı), şamata; **viel ~ um nichts** kuru gürültü
lärmen *vi* gürültü yapmak [*o* koparmak], şamata yapmak
Larve *f* ① (*Maske*) maske ② (*Insekten-*) kurtçuk
las *vi, vt s.* **lesen**
Laser *m* lazer
Laserdrucker *m* lazerli yazıcı
Laserstrahl *m* lazer ışını
lassen <lässt, ließ, gelassen> **I.** *vt* bırakmak (**etw/jdn** -i); **jdn in Ruhe ~** birini rahat bırakmak; **sich Zeit ~** acele etmemek; **lass das!** yapma! **II.** *Hilfsverb* **jdn etw tun ~** (*erlauben*) birinin bir şeyi yapmasına izin vermek; (*ermöglichen*) birinin bir şeyi yapmasına engel olmamak; (*veranlassen: Kausativ*) birine bir şeyi yaptırmak; **jdn etw wissen ~** birine bir şeyi bildirmek; **ich habe mir sagen ~, dass** bana anlattılar ki ...; **lasst uns tanzen** dans edelim
lässig *adj* (*ungezwungen*) teklifsiz; (*ohne Sorgfalt*) özensiz
lässt[RR] *vt s.* **lassen**

L

Last *f* yük
lasten *vi* ağır gelmek (**auf jdm** -e)
Lastenaufzug *m* yük asansörü
Laster[1] *m* (*fam*) kamyon
Laster[2] *nt* ayıp, kötü huy
lästern **I.** *vi* çekiştirmek, kötülemek (**über jdn** -i) **II.** *vt* **Gott** ~ Tanrı'ya küfretmek
Lästerung *f* çekiştirme, kötüleme
lästig *adj* (can) sıkıcı, usandırıcı, eziyetli; (*Person auch*) sırnaşık
Last(kraft)wagen *m* kamyon, yük arabası
Last-Minute-Urlaub *m* son dakika tatili
Lastzug *m* tır
Latein *nt* Latince
Lateinamerika *nt* Latin Amerika
Lateinamerikaner(in) *m(f)* Latin Amerikalı
lateinisch *adj* (*Sprache*) Latince
Laterne *f* fener, lamba
Latte *f* lata, çıta; (*Fußball*) lata
Latz *m* (*Brust-*) göğüslük, önlük; (*Hosen-*) pantalonun ön yırtmacı
Lätzchen *nt* bebek önlüğü
Latzhose *f* bahçıvan pantalonu
lau *adj* ılık
Laub *nt* ağaç yaprakları
Laube *f* (*Garten-*) kameriye
Lauch *m* pırasa
Lauer *f* **auf der ~ liegen** pusuda yatmak
lauern *vi* pusuda beklemek (**auf jdn** -i), kollamak, gözetmek (**auf etw** -i)
Lauf *m* ① (*das Laufen*) koşuş ② (*Wett-*) koşu ③ (*Ver-*) gidiş, akış ④ (*von Schusswaffe*) namlu; **im ~e der Zeit** zamanla; **den Dingen freien ~ lassen** olayları kendi akışına bırakmak
Laufbahn *f* ① (*eines Planeten*) yörünge ② (*im Beruf*) kariyer
laufen <läuft, lief, gelaufen> *vi sein* ① (*rennen*) koşmak ② (*zu Fuß gehen*) (yaya) gitmek, yürümek ③ (*Maschine*) işlemek, çalışmak ④ (*Zeit*) geçmek, geçip gitmek
laufend **I.** *adj* (*Monat, Kosten*) cari; **auf dem Laufenden sein** günü gününe haberdar olmak **II.** *adv* ① (*rennend*) koşarak ② (*andauernd*) daima
Läufer *m* ① (*Person*) koşucu ② (*Schach*) fil ③ (*Teppich*) merdiven halısı
läufig *adj* kızgın, kösnük
Laufkundschaft *f* geçici müşteriler *pl*
Laufmasche *f* kaçık
Laufpass[RR] *m*, **Laufpaß**[ALT] *m* **jdm den ~ geben** birinin pasaportunu eline vermek, birini sepetlemek
Laufschritt *m* koşar adım
läuft *vi s.* **laufen**
Laufwerk *nt* INFORM sürücü
Laufzeit *f* ① (*Dauer*) süre ② FILM oynama süresi ③ ECON vade
Lauge *f* ① CHEM alkalik sıvı ② (*Seifen-*) sabunlu su
Laune *f* ① (*gute*) keyif, neşe ② (*Stimmung*) ruh hali; **Launen** (*wechselhafte Stimmung*) geçici heves, kapris *sing;* **gute/schlechte ~ haben** neşeli/neşesiz olmak
launenhaft *adj*, **launisch** *adj* kaprisli, kararsız, oynak
Laus *f* bit
Lauschangriff *m* POL telekulak
lauschen *vi* dinlemek, kulak vermek
laut **I.** *adj* ① (*Stimme*) yüksek; (*Musik*) yüksek sesli ② (*lärmend*) gürültülü, şamatalı **II.** *adv* yüksek sesle; **das Radio ~er stellen** radyoyu açmak **III.** *präp +gen* (*nach, gemäß*) -e göre
Laut *m* ses
Laute *f* ut
lauten *vi* şöyle olmak
läuten **I.** *vt* çalmak (**etw** -i) **II.** *vi* çalınmak, çıngırdamak; **es hat geläutet** kapı çalındı
lauter **I.** *adj* (*rein*) saf, temiz **II.** *adv* (*nichts als*) sırf, hepsi; **vor ~ Freude** büyük sevinçle
lautlos *adj* sesiz sedasız, patırtısız
Lautschrift *f* fonetik yazı
Lautsprecher *m* hoparlör
Lautstärke *f* ses yoğunluğu
lauwarm *adj* ılık
Lava *f* lav
Lavendel *m* ① lavanta (çiçeği) ② (*Lavendelöl*) karabaşyağı
Lawine *f* (*auch fig*) çığ
Lawinengefahr *f* çığ tehlikesi
Lazarett *nt* askeri hastane
LCD-Bildschirm *m* LCD ekranı
leasen *vt* kiralamak (**etw** -i)
Leasing *nt* finansal kiralama
leben *vi* ① yaşamak ② (*am Leben sein*) hayatta olmak ③ (*wohnen*) oturmak; **es lebe der König!** yaşasın kral!; **~ Sie wohl!** sağlıcakla kalın!
Leben *nt* ① (*Existenz*) yaşam, hayat ② (*Lebensdauer*) ömür ③ (*Lebenskraft*) can ④ (*Lebhaftigkeit, Geschäftigkeit*) canlılık; **ums ~ kommen** canından olmak, ölmek; **jdm das ~ schwer machen** birinin hayatını

zehir etmek [*o* zehretmek]; **sich das ~ nehmen** (kendi) canına kıymak, intihar etmek
lebend *adj* canlı, yaşayan
lebendig *adj* ❶ (*lebend*) sağ, diri, hayatta (olan) ❷ (*fig: rege*) canlı, hareketli; (*Straße, Geschäft*) işlek
Lebensabend *m* yaşlılık
Lebensart *f* hayat tarzı
Lebensaufgabe *f* yaşamanın gayesi
Lebensbedingungen *pl* yaşam koşulları *pl*, hayat şartları *pl*
Lebensdauer *f* yaşam süresi
Lebenserfahrung *f* yaşam tecrübesi
Lebenserwartung *f* beklenen yaşam süresi
Lebensfreude *f* yaşama sevinci
Lebensgefahr *f* ölüm tehlikesi
lebensgefährlich *adj* ölüm tehlikesi olan
Lebenshaltungskosten *pl* geçim masrafları *pl*
lebenslänglich *adj, adv* ömür boyu
Lebenslauf *m* hayatın gidişi; (*für Bewerbung*) özgeçmiş, CV (*Aussprache: sivi*)
Lebensmittel *ntpl* yiyecekler, besin [*o* gıda] maddeleri *pl;* (*als Vorrat auch*) erzak *sing*
Lebensmittelgeschäft *nt* bakkal, yiyecek(ler) satan dükkan
Lebensmittelvergiftung *f* besin [*o* gıda] zehirlenmesi
lebensmüde *adj* hayattan bezgin (olan)
lebensnotwendig *adj* hayati önemi olan
Lebensqualität *f* hayat kalitesi
Lebensraum *m* hayat sahası
Lebensstandard *m* geçim seviyesi, hayat standardı
Lebensunterhalt *m* geçim
Lebensversicherung *f* hayat sigortası
Lebensweise *f* yaşam biçimi, yaşayış, hayat tarzı
lebenswichtig *adj* hayati önemi olan
Lebenswille *m* yaşama isteği
Lebenszeichen *nt* yaşama belirtisi
Leber *f* karaciğer
Leberpastete *f* ciğer ezmesi
Lebertran *m* balıkyağı
Leberwurst *f* karaciğer ezmesi sucuğu
Lebewesen *nt* yaratık, canlı
lebhaft *adj* ❶ (*rege*) canlı, hareketli; (*Straße*) işlek ❷ (*temperamentvoll*) ateşli, coşkun
Lebkuchen *m baharatlı bir çörek*
leblos *adj* cansız, ruhsuz
leck *adj* (*undicht*) ~ **sein** su geçirmek
lecken **I.** *vt* yalamak (**etw** -i) **II.** *vi* (*Boot*) su almak; (*Eimer*) damlamak
lecker *adj* (*schmackhaft*) lezzetli
Leckerbissen *m* lezzetli yiyecek
Leder *nt* deri; (*mit Lohe gegerbt*) meşin; **zäh wie ~** kayış gibi
Lederhose *f* deri pantolon
Lederjacke *f* deri ceket
Ledermantel *m* deri manto [*o* palto]
Lederwaren *pl* deri eşyalar *pl*
Lederwarengeschäft *nt* deri eşya mağazası
ledig *adj* (*unverheiratet*) bekar
lediglich *adv* yalnız, sade(ce), salt
leer **I.** *adj* ❶ (*auch Platz*) boş ❷ (*Fläche*) çıplak ❸ (*hohl*) içi boş ❹ (*fig: nichtssagend*) kuru, saçma **II.** *adv* ~ **ausgehen** ağzını havaya açmak, hava almak, avucunu yalamak
Leere *f* boşluk
leeren *vt* boşaltmak; (*Glas: trinken*) dikmek, devirmek (**etw** -i)
Leerlauf *m* (*Motor*) boş vites
Leerung *f* (*des Briefkastens*) boşalt(ıl)ma
legal *adj* yasal, kanuni, meşru
legalisieren *vt* yasalaştırmak, kanunlaştırmak, meşru kılmak (**etw** -i)
Legalität *f* yasallık
Legasthenie *f* legasteni
Legastheniker(in) *m(f)* legastenik
legen **I.** *vt* ❶ koymak (**etw auf/in etw** -i -e) ❷ (*hinein-*) içine koymak (**etw in etw** -i -in), sokmak (**etw in etw** -i -e); **Haare ~** saçını sarmak; **Eier ~** yumurtlamak **II.** *vr* **sich ~** yatmak, uzanmak (**auf/in etw** -e); (*aufhören*) dinmek, durmak, kesilmek; **sich ins Bett ~** yatağa yatmak
legendär *adj* efsanevi
Legende *f* ❶ efsane ❷ (*Bildunterschrift*) resim alt yazısı
Leggings *pl* tayt *sing*
Legierung *f* halita, alaşım
Legislative *f* yasama erki
Legislaturperiode *f* yasama dönemi
legitim *adj* yasalı, kanuni, meşru
Legitimation *f* ❶ (*Rechtfertigung*) haklı çık(ar)ma ❷ (*Beglaubigung*) belgeleme
legitimieren **I.** *vt* (*rechtfertigen*) haklı göstermek (**etw** -i) **II.** *vr* **sich ~** (*sich ausweisen*) kimliğini ispat etmek
Lehm *m* ❶ (*Bodenart*) balçık ❷ (*zum Hausbau*) kerpiç ❸ (*Ton*) lüleci [*o* tuğlacı] çamuru
Lehmziegel *m* kerpiç tuğla
Lehne *f* (*Rücken-*) arkalık; (*Arm-*) dirseklik

L

lehnen **I.** *vt* dayamak, yaslamak (**etw an etw** -i -e) **II.** *vi, vr* (**sich**) ~ dayanmak, yaslanmak (**an etw** -e)

Lehnsessel *m,* **Lehnstuhl** *m* koltuk

Lehrbuch *nt* ders kitabı

Lehre *f* ① (*Ausbildung*) öğrenim ② (*Theorie*) öğreti, kuram ③ (*Glaubens-*) dogma, kaide ④ (*etw, aus dem man lernen kann*) ibret, ders

lehren *vi, vt* öğretmek (**jdn etw** -e -i)

Lehrer *m* öğretmen, hoca *fam*

Lehrerin *f* bayan öğretmen

Lehrfach *nt* öğretim kolu

Lehrgang *m* kurs

Lehrling *m* çırak

Lehrplan *m* ders programı

lehrreich *adj* öğretici, aydınlatıcı

Lehrstelle *f* çıraklık yeri

Lehrstoff *m* ders konusu

Lehrstuhl *m* kürsü, profesörlük

Leib *m* ① (*Körper*) beden, vücut, gövde ② (*Bauch*) karın ③ (*Mutter-*) rahim; **mit ~ und Seele** canla başla

Leibeserziehung *f* beden eğitimi

Leibeskraft *f* **aus Leibeskräften** olanca kuvvetiyle

Leibesvisitation *f* üst aranması

Leibgericht *nt* en çok sevdiği yemek

leibhaftig *adj* ① (*wirklich*) gerçek ② (*selbst*) kendisi

Leibschmerzen *pl* karın ağrısı *sing;* **ich habe ~** karnım ağrıyor

Leibwächter *m* koruma, özel koruyucu

Leiche *f* ceset, ölü

Leichenhalle *f,* **Leichenschauhaus** *nt* morg

Leichenwagen *m* cenaze arabası

leicht **I.** *adj* ① (*von geringem Gewicht*) hafif; (*nicht schwierig*) kolay ② (*Krankheit, Fehler*) önemsiz **II.** *adv* kolayca, kolaylıkla; **das ist ~er gesagt als getan** söylemesi kolay; **~ verständlich** kolay anlaşılır

Leichtathlet(in) *m(f)* atlet

Leichtathletik *f* atletizm

leichtfertig *adj* ① (*unbedacht*) dikkatsiz, düşüncesiz ② (*Mädchen*) hoppa, hafifmeşrep

leichtfüßig *adj* çevik, zarif

leichtgläubig *adj* saf(dil), çabuk kanan; (*negativ*) avanak

Leichtigkeit *f* ① (*eines Gegenstandes*) kolaylık ② (*Mühelosigkeit*) külfetsizlik, zahmetsizlik

Leichtmetall *nt* hafif metal

Leichtsinn *m* dikkatsizlik, düşüncesizlik

leichtsinnig **I.** *adj* ① (*fahrlässig*) dikkatsiz, düşüncesiz ② (*Mädchen*) hoppa, hafifmeşrep **II.** *adv* dikkatsizce, düşüncesizce

leid *adj* **ich bin es ~** usandım, bıktım

Leid *nt* (*Kummer*) dert, keder, elem

leiden <leidet, litt, gelitten> **I.** *vi* acı çekmek (**an etw** -den); **sehr ~** ıstırap çekmek **II.** *vt* (*erleiden*) dayanmak, katlanmak (**etw** -e), çekmek (**etw** -i); **jdn (gut) ~ können** birinden hoşlanmak; **jdn nicht ~ können** birini çekememek, birinden hoşlanmamak

Leiden *nt* ① (*körperlich*) hastalık ② (*seelisch*) dert, ıstırap, acı

Leidenschaft *f* ① (*Trieb*) hırs, tutku; (*erotisch*) (cinsel) ateşlilik ② (*Begeisterung*) coşku(nluk), heyecan

leidenschaftlich *adj* ① (*feurig*) ateşli ② (*begeistert*) coşkulu

Leidensweg *m* üzüntülü yaşam

leider *adv* maalesef, (ne) yazık ki

leidig *adj* ① (*unangenehm*) nahoş ② (*lästig*) can sıkıcı, usandırıcı

leidtun *irr vi* **es tut mir (sehr) ~** (çok) üzgünüm; **er tut mir leid** ona acıyorum

Leier *f* lir

Leierkasten *m* laterna

leihen <lieh, geliehen> *vt* (*ver-*) ödünç vermek (**jdm etw** -e -i); **sich** *dat* **etw von jdm ~** birinden bir şeyi ödünç almak

Leihgabe *f* ödünç verilen şey

Leihgebühr *f* kira bedeli

Leihhaus *nt* emniyet sandığı (*rehin karşılığında para veren kurum*)

Leihmutter *f* taşıyıcı anne

Leihwagen *m* kiralık otomobil

leihweise *adv* ödünç olarak; (*mit Gebühr*) kira ile

Leim *m* tutkal, zamk

leimen *vt* tutkallamak (**etw** -i); **jdn ~** (*fam*) birini kazıklamak [*o* aldatmak]

Leine *f* ip, sicim

Leinen *nt* keten bezi

Leinsamen *m* keten tohumu

Leinwand *f* ① (*Malerei*) tu(v)al ② FILM beyaz perde ③ (*Stoff*) keten bezi

leise **I.** *adj* ① (*Stimme*) yavaş, alçak ② (*still*) sessiz ③ (*sanft*) ince **II.** *adv* yavaşça; (*sprechen*) alçak sesle; **bitte ~!** sessiz olun lütfen!; **das Radio ~(r) stellen** radyoyu kısmak

Leiste *f* ① (*Holz-*) pervaz ② ANAT kasık
leisten *vt* (*tun*) yapmak, becermek (**etw** -i); **Dienst/Eid/Hilfe ~** hizmet/yemin/yardım etmek; **sich** *dat* **etw ~** kendine bir şeyi çok görmemek; **das kann ich mir nicht ~** bunu yapmaya kalkışamam
Leisten *m* (*Schuhform*) kundura kalıbı
Leistenbruch *m* fıtık, kasık çatlağı
Leistung *f* ① (*Ausführung*) yapma, yürütüm ② (*Arbeits-*) verim, randıman ③ (*Arbeit*) yapılan iş ④ (*Erfolg*) başarı ⑤ (*Werk*) yapıt ⑥ SPORT performans ⑦ (*Motor*) güç ⑧ (*Dienst-*) hizmet
leistungsfähig *adj* ① (*Person*) yetenekli, yaratıcı ② (*Wirtschaft*) verimli, randımanlı ③ (*Motor*) güçlü
Leistungsfähigkeit *f* ① (*Person*) yetenek, yeterlik ② (*Wirtschaft*) verimlilik, randıman ③ (*Motor*) güçlülük
Leistungsgesellschaft *f randımanlı çalışmaya yönelik toplum düzeni*
Leistungsprämie *f başarılı çalışma yüzünden ücret artışı*
Leitartikel *m* başyazı, başmakale
leiten *vt* ① yönetmek, idare etmek (**etw** -i) ② (*Strom*) iletmek (**etw** -i)
leitend *adj* ① (*führend*) yönetici ② (*Strom*) iletken ③ (*Gedanke*) esas, temel
Leiter(in) *m(f)* yönetici, idareci
Leiter *f* merdiven
Leitfaden *m* ana çizgi; (*Lehrbuch*) ders kitabı
Leitgedanke *m* ana [*o* esas] fikir
Leitmotiv *nt* laytmotif
Leitplanke *f* bariyer
Leitung *f* ① (*Führung*) yönetim ② ADMIN başkanlık ③ (*Wasser-, Gas-*) boru ④ (*Telefon-*) hat ⑤ PHYS iletme; **die ~ ist besetzt** hat meşgul
Leitungswasser *nt* musluk suyu
Lektion *f* ders; (*fig*) ibret
Lektor(in) *m(f)* ① (*Verlags-*) lektör ② (*Lehrbeauftragter*) okutman
Lektüre *f* ① (*das Lesen*) okuma ② (*Lesestoff*) *okunacak kitap, gazete v.b.*
Lende *f* ① ANAT bel, boş böğür ② (*Hüfte*) kalça
Lendenbraten *m* fileto
lenken *vt* (*leiten*) yönetmek; (*Fahrzeug*) kullanmak, sürmek (**etw** -i)
Lenker *m* ① (*Fahrer*) sürücü ② (*Lenkstange*) gidon
Lenkrad *nt* direksiyon, dümen *fam*
Lenkstange *f* gidon
Lenkung *f* ① yönetim, idare ② TECH idare, güdüm
Leopard *m* pars
Lerche *f* tarlakuşu, çayırkuşu
lernen **I.** *vt* öğrenmek; (*studieren*) okumak (**etw** -i) **II.** *vi* (*üben*) çalışmak
Lernfähigkeit *f* öğrenme yetisi
lesbar *adj* okunaklı; INFORM okunabilen
Lesbe *f* lezbiyen, sevici *fam*
lesbisch *adj* lezbiyen, sevici
Lese *f* (*Wein-*) bağ bozumu
Lesebuch *nt* okuma kitabı
lesen <liest, las, gelesen> **I.** *vt* ① (*Buch*) okumak (**etw** -i) ② (*ernten*) toplamak (**etw** -i) **II.** *vi* (*als Professor*) ders vermek
Leser(in) *m(f)* okuyucu, okur
Leseratte *f* (*fam*) kitap kurdu
leserlich *adj* okunaklı
Lesung *f* okuma
Lethargie *f* ① (*Trägheit*) uyuşukluk ② MED letarji
Lettland *nt* Letonya
letzte(r, s) *adj* ① (*in Reihenfolge*) son(uncu) ② (*vorig*) geçen ③ (*äußerst*) son; **das ~ Mal** son defa; (*voriges Mal*) geçen defa; **in ~r Zeit** son zamanlarda; **~ Woche** geçen hafta; **zu guter Letzt** eninde sonunda
letztere(r, s) *adj* sonuncu
letztlich *adv* (*letzten Endes*) eninde sonunda
Leuchte *f* lamba, fener
leuchten *vi* parlamak, parıldamak, ışıldamak
leuchtend *adj* (*auch fig*) parlak; (*Zifferblatt*) fosforlu
Leuchter *m* (*Kerzen-*) şamdan; (*Kron-*) avize
Leuchtfarbe *f* ışıklı [*o* fosforlu] boya
Leuchtreklame *f* ışıklı reklam
Leuchtturm *m* fener kulesi
leugnen *vt* inkar etmek, yadsımak (**etw** -i)
Leukämie *f* lösemi, kan kanseri
Leumund *m* ad, ün, şan
Leute *pl* insanlar *pl,* halk *sing;* **die alten ~** yaşlılar; **die jungen ~** gençler
Leutnant *m* teğmen
Lexikon *nt* sözlük
lfd. *adj Abk von* **laufend** cari
Liaison *f* (*von Personen*) ilişki
Libanon *m* Lübnan
Libelle *f* kızböceği, yusufçuk
liberal *adj* liberal, erkinci, hür fikirli
liberalisieren *vt* serbestleştirmek, liberalleştirmek (**etw** -i)

Liberalisierung *f* POL serbestleştirme
Liberalismus *m* liberalizm, erkincilik
Libyen *nt* Libya
Licht *nt* ① (*Schein von Lichtquelle*) ışık ② (*Beleuchtung*) aydınlatma, ışıklandırma; **gegen das ~** ışığa karşı; **jdm im ~ stehen** birine gölge etmek; **jdn hinters ~ führen** birinin gözünü boyamak; **mir geht ein ~ auf** şimdi anlamaya başlıyorum
Lichtbild *nt* fotoğraf
Lichtbildervortrag *m* slayt gösterisi
Lichtblick *m* ümit ışığı
Lichtgeschwindigkeit *f* ışık hızı
Lichthupe *f* motorlu taşıtın far sinyali
Lichtjahr *nt* ışık yılı
Lichtmaschine *f* dinamo
Lichtschalter *m* elektrik anahtarı [*o* düğmesi]
Lichtschein *m* ışık
Lichtschutz *m* ışık siperi
Lichtsignal *nt* ışık işareti
Lichtstrahl *m* ışın
Lichtung *f* ağaçsız saha
Lid *nt* gözkapağı
Lidschatten *m* far, göz boyası
lieb *adj* ① (*wert, teuer*) sevgili, değerli ② (*liebenswürdig*) sevimli, cana yakın, şirin ③ (*nett*) nazik, ince; **seien Sie so ~ und ...** lütfen ... yapar mısınız; **~er Kurt!** sevgili Kurt!; **jdn ~ gewinnen** birini sevmeye başlamak; **jdn ~ haben** birini sevmek
liebäugeln *vi* **mit etw ~** bir şeye eğilimi olmak
Liebe *f* ① (*Gefühl*) aşk, sevgi ② (*Zuneigung*) sevgi ③ (*Nächsten-*) hayırseverlik; **aus ~ zu ...** aşkından
lieben *vt* ① (*Liebe empfinden*) sevmek (**jdn/etw** -i) ② (*gern mögen*) hoşlanmak (**jdn/etw** -den), beğenmek (**jdn/etw** -i)
liebenswert *adj* sevimli, şirin, cana yakın
liebenswürdig *adj* nazik, ince
Liebenswürdigkeit *f* naziklik, incelik, nezaket
lieber *adv* tercihan; **~ haben, ~ wollen** tercih etmek (**jdn/etw** -i); **ich trinke ~ Kaffee** kahve içmeyi tercih ederim
Liebesbrief *m* aşk mektubu
Liebeserklärung *f* aşk ilanı
Liebeskummer *m* aşk derdi, gönül acısı
Liebeslied *nt* aşk şarkısı
Liebespaar *nt* sevişen çift
liebevoll *adj* sevecen
liebgewinnen *vt* sevmeye başlamak (**jdn/etw** -i)
liebhaben *vt* sevmek (**jdn** -i)
Liebhaber(in) *m(f)* ① (*Geliebter*) aşık, dost ② (*Amateur*) amatör, meraklı, düşkün
Liebhaberei *f* hobi, merak
lieblich *adj* şirin, sevimli, tatlı; (*Wein*) hoş, yumuşak; (*Landschaft*) iç açıcı
Liebling *m* ① (*Person*) sevgili ② (*Kosewort*) hayatım, şekerim, canım
Lieblings- *adj* (*in Zusammensetzungen*) en çok sevilen
lieblos *adj* ① (*ohne Liebe*) sevgisiz ② (*hartherzig*) katı yürekli ③ (*unsympathisch*) soğuk neva
liebste(r, s) *adj* en sevdiği; **am ~n** hepsine tercihan, en çok
Liechtenstein *nt* Liechtenstein
Lied *nt* şarkı; (*Volks-*) türkü; **davon kann ich ein ~ singen** benim de başımdan geçti
Liederbuch *nt* şarkı kitabı
liederlich *adj* ① (*nachlässig*) ihmalci, kayıtsız, dikkatsiz ② (*unordentlich*) pasaklı, derbeder, çapaçul
lief *vi s.* **laufen**
Lieferant *m* mal teslimcisi
lieferbar *adj* teslim olunabilir
Lieferbedingungen *fpl* teslim şartları *pl*
Lieferfrist *f* teslim süresi
liefern *vt* ① (*zustellen*) teslim etmek (**jdm etw** -e -i) ② (*beschaffen*) sağlamak, temin etmek (**etw** -i)
Lieferschein *m* teslim kâğıdı
Lieferung *f* ① (*Zustellung*) teslim ② (*Beschaffung*) sağlama
Lieferwagen *m* kamyonet
Liege *f* divan
liegen <lag, gelegen> *vi* ① (*Personen*) yatmak; (*Sachen*) (yatay) durmak ② (*sich befinden*) bulunmak; **etw ~ lassen** (*nicht wegnehmen*) bir şeyi yerinde bırakmak; (*vergessen*) bir şeyi unutmak; **die Arbeit ~ lassen** işi sermek; **hier liegt ...** ... burada; **nach dem Hof ~** (*Zimmer*) avluya bakmak; **woran liegt das?** bu neden ileri geliyor?; **es liegt mir viel daran** buna çok önem veriyorum; **so wie die Dinge ~** durumun göründüğü gibi; **das liegt mir (nicht)** bundan hoşlanırım/hiç hoşlanmam; **~ bleiben** (*Gegenstand*) olduğu yerde kalmak; (*nicht aufstehen*) kalkmamak; (*unerledigt bleiben*) sürüncemede kalmak; (*Auto*) yolda kalmak

Liegestuhl *m* şezlong
Liegewagen *m* kuşetli vagon
Liegewiese *f* çim
lieh *vt s.* **leihen**
ließ *vt s.* **lassen**
liest *vi, vt s.* **lesen**
Lifestyle *m* yaşam felsefesi
Lift *m* asansör
Likör *m* likör
lila *adj* eflatun
Lilie *f* zambak
Limonade *f* limonata; (*mit Kohlensäure*) gazoz
Limousine *f* limuzin
Linde *f* ıhlamur ağacı
Lindenblütentee *m* ıhlamur (çayı)
lindern *vt* ❶ (*mildern*) yumuşatmak, hafifletmek, yatıştırmak (**etw** -i) ❷ (*Schmerz*) dindirmek (**etw** -i)
Lineal *nt* cetvel
Linie *f* ❶ (*Strich*) çizgi ❷ (*Reihe*) sıra, dizi ❸ (*Verkehr*) hat ❹ (*Verwandtschaft*) taraf; **in erster ~** her şeyden önce; **auf seine ~ achten** şişmanlamamaya dikkat etmek
Linienmaschine *f* tarifeli uçak
Linienrichter(in) *m(f)* yan hakemi
Link *m* INET bağlantı (noktası), link
linke(r, s) *adj* sol; **~ Seite** (*von Stoff*) kumaşın ters yüzü
Linke *f* ❶ (*Hand*) sol el ❷ POL solcular *pl*
Linke(r) *f(m)* POL solcu
links *adv* ❶ (*nach links*) sola ❷ (*auf der linken Seite*) solda ❸ (*von links*) soldan; **~ von mir** benim solumda
Linksaußen *m* solaçık
Linkshänder(in) *m(f)* solak
linkshändig *adj* solak
linksradikal *adj* aşırı solcu
Linoleum *nt* (yer) muşamba(sı)
Linse *f* ❶ (*fürs Auge*) mercek ❷ (*Hülsenfrucht*) mercimek
Linsensuppe *f* mercimek çorbası
Lippe *f* dudak
Lippenstift *m* ruj
lispeln *vi* peltek konuşmak
Lissabon *nt* Lizbon
List *f* hile, düzen
Liste *f* ❶ (*von Personen od. Sachen*) liste ❷ (*Verzeichnis*) fihrist, dizin ❸ (*Aufstellung*) cetvel, dizin
listig *adj* hileci, kurnaz
Litauen *nt* Litvanya
Liter *m o nt* litre
literarisch *adj* edebi, yazınsal
Literatur *f* edebiyat, yazın
Litfaßsäule *f* ilan sütunu
Lithographie *f* taş baskısı, litografya
litt *vi, vt s.* **leiden**
Liturgie *f* liturya
Live- *adj* canlı
Livemusik *f* canlı müzik
Livesendung *f*, **Liveübertragung** *f* canlı yayın
Lizenz *f* ruhsat, lisans
Lkw *m*, **LKW** *m Abk von* **Lastkraftwagen** kamyon
Lob *nt* övgü, övme
loben *vt* övmek (**jdn/etw** -i)
lobenswert *adj* övgüye değer
Loch *nt* ❶ delik; (*im Stoff*) yırtık ❷ (*Öffnung*) aralık ❸ (*Höhlung*) oyuk ❹ (*Vertiefung*) çukur ❺ (*auf Straßen*) yarık ❻ (*fam: Gefängnis*) kodes
lochen *vt* delmek (**etw** -i)
Locher *m* (*Büro*) zımba
Lochkarte *f* INFORM delikli kart
Locke *f* bukle, (saç) lüle(si)
locken *vt* (*anziehen*) (kendine) çekmek (**jdn** -i)
Lockenkopf *m kıvırcık saçlı* (*insan*)
Lockenwickler *m* bigudi
locker *adj* ❶ (*nicht straff*) gevşek ❷ (*wackelig*) oynak; (*Zahn*) sallanan ❸ (*zwanglos*) teklifsiz ❹ (*Teig, Backware*) yumuşak
lockerlassen *irr vi* **nicht ~** tuttuğunu koparmamak
lockern **I.** *vt* ❶ (*locker machen*) gevşetmek (**etw** -i) ❷ (*fig: mildern*) hafifletmek (**etw** -i) **II.** *vr* **sich ~** (*sich locker machen*) gevşemek, laçka olmak; (*sich mildern*) hafiflemek
lockig *adj* kıvırcık, bukleli
Lockmittel *nt*, **Lockvogel** *m* (tuzak) yem(i)
Loden *m* kaba çuha
Löffel *m* kaşık; **ein ~ voll** bir kaşık dolusu
log¹ *vi s.* **lügen**
log² *m s.* **Logarithmus**
Logarithmus *m* logaritma
Loge *f* loca
Logik *f* mantık
logisch *adj* mantıklı, mantıki
logistisch *adj* lojistik
Logo *nt* logo
Lohn *m* ❶ (*Arbeits-*) ücret ❷ (*Belohnung*) ödül

Lohnarbeit *f* gündelik iş
Lohnempfänger(in) *m(f)* ücretli, ücret alan
lohnen *vr* **sich ~** yararlı olmak, (zahmete) değmek
lohnend *adj* (*lukrativ*) kazançlı, karlı, verimli
Lohnerhöhung *f* ücret artışı
Lohnsteuer *f* ücret vergisi
Lohnsteuer(jahres)ausgleich *m yıllık üçret vergisi denkleştirmesi*
Loipe *f* kayak parkuru [*o* yolu]
lokal *adj* yerel
Lokal *nt* ① (*Raum*) lokal ② (*Gastwirtschaft*) lokanta; (*Kneipe*) meyhane
lokalisieren *vt* yerini belirlemek (**etw** -in)
Lokativ *m* kalma durumu, -de hali
Lokomotive *f* lokomotif
Lokomotivführer(in) *m(f)* makinist
London *nt* Londra
Lorbeer *m* defne
los *adj* (*abgegangen*) ayrılmış, kopmuş; **~!** haydi!; **was ist ~?** ne oldu?, ne var?; **etw ~ sein** bir şeyden kurtulmak
Los *nt* ① (*Auslosung*) kura ② (*Lotterie-*) piyango bileti ③ (*Schicksal*) kader, yazgı, talih; **das große ~** büyük ikramiye; **etw durch das ~ entscheiden** bir şeyi kuraya bırakmak
losbinden *irr vt* çözmek (**etw** -i)
Löschblatt *nt* kurutma kâğıdı
löschen *vt* ① (*Feuer, Licht*) söndürmek (**etw** -i) ② (*Durst*) gidermek (**etw** -i) ③ (*Geschriebenes, Daten*) silmek (**etw** -i) ④ (*Tinte*) kurutmak (**etw** -i)
Löschpapier *nt* kurutma kâğıdı
lose *adj* ① (*losgelöst*) çözük ② (*Gegensatz zu verpackt*) açık ③ (*locker*) gevşek
Lösegeld *nt* fidye
losen *vi* kura çekmek; (*durch Münzwurf*) yazı tura atmak
lösen *vt* ① (*Problem, Rätsel*) çözmek (**etw** -i) ② (*Fahrkarte*) almak (**etw** -i) ③ (*Vertrag*) feshetmek (**etw** -i)
Loser *m* (*fam: Versager*) pısırık
losfahren *irr vi sein* (*abfahren*) hareket etmek, yola çıkmak; **auf jdn ~** birinin üstüne yürümek
losgehen *irr vi sein* ① (*Schuss*) patlamak ② (*fam: anfangen*) başlamak; **aufeinander ~** (*fig*) birbirine girmek, kapışmak
loskaufen *vt* fidye ödeyerek kurtarmak (**jdn** -i)
loskommen *irr vi sein* kurtulmak (**von etw/jdm** -den)
loslassen *irr vt* ① (*nicht festhalten*) salmak, bırakmak (**etw** -i) ② (*freilassen*) serbest bırakmak (**jdn** -i)
löslich *adj* çözülebilir; (*im Wasser*) suda erir
loslösen **I.** *vt* çözmek, sökmek, ayırmak (**etw** -i) **II.** *vr* **sich ~** çözülmek, sökülmek, ayrılmak
losmachen **I.** *vt* çözmek (**etw** -i) **II.** *vi* (*Schiff*) fora etmek (**etw** -i) **III.** *vr* **sich ~** kurtulmak, ayrılmak (**von etw/jdm** -den)
Losung *f* parola
Lösung *f* ① (*Problem-*) çözüm ② CHEM çözelti
Lösungsmittel *nt* solvent, çözücü
loswerden *irr vt sein* ① (*sich losmachen von*) baştan savmak (**jdn** -i), kurtulmak (**etw/jdn** -den) ② (*verlieren*) kaybetmek (**etw** -i)
Lot *nt* (*Senkblei*) çekül
löten *vi, vt* lehimlemek (**etw** -i)
Lothringen *nt* Loren
Lotion *f* losyon
Lotse *m* ① NAUT gemi kılavuzu ② LUFT uçak kılavuzu
lotsen *vt* kılavuzluk etmek
Lotterie *f* piyango
Lotteriegewinn *m* ikramiye
Lotterielos *nt* piyango bileti
Lotto *nt* loto
Love-Parade *f* Aşk Yürüyüşü [*o* Geçidi]
Löwe *m* ① aslan ② (*Sternzeichen*) Aslan (burcu)
Löwenanteil *m* aslan payı
Löwenzahn *m* karahindiba
Löwin *f* dişi aslan
loyal *adj* sadık, vefalı
Loyalität *f* sadakat, vefa
LP *f Abk von* **Langspielplatte** uzunçalar
Luchs *m* vaşak
Lücke *f* ① (*leere Stelle*) boşluk ② (*Mangel*) eksik(lik), noksan(lık)
lückenhaft *adj* eksik, noksan
lückenlos *adj* eksiksiz
lud *vt s.* **laden**
Luft *f* hava; **frische ~** temiz hava; **~ holen** nefes [*o* soluk] almak; **in die ~ jagen/fliegen** havaya uçurmak/uçmak; **in die ~ gehen** (*vor Wut*) küplere binmek; **das ist aus der ~ gegriffen** aslı astarı yok; **die ~ ist rein** (*fig*) tehlike yok
Luftabwehr *f* hava savunması
Luftangriff *m* hava saldırısı [*o* hücumu]

Luftballon *m* balon
Luftblase *f* hava kabarcığı
luftdicht *adj* hava kaçırmaz [*o* geçirmez]
Luftdruck *m* hava basıncı
lüften *vt* havalandırmak (**etw** -i)
Luftfahrt *f* havacılık
Luftfeuchtigkeit *f* hava nemi [*o* rutubeti]
Luftfracht *f* kargo
Luftgewehr *nt* yel tüfeği
luftig *adj* ① (*Raum*) havalı, havadar ② (*Kleid*) hafif
Luftkissenfahrzeug *nt* hoverkraft
Luftkorridor *m yabancı devletlerin üstünden uçarak geçme yolu*
Luftkurort *m temiz havalı dinlenme yeri*
Luftlinie *f* ① *iki yer arasındaki en kısa mesafe* ② LUFT havayolları *pl*
Luftmatratze *f* hava yatağı, şişirme yatak
Luftpirat(in) *m(f)* hava korsanı
Luftpost *f* uçak postası; **mit ~** uçakla
Luftpumpe *f* pompa
Luftraum *m* hava sahası
Luftröhre *f* nefes borusu
Luftschlag *m* MIL hava saldırısı
Luftschutzkeller *m* sığınak
Luftstützpunkt *m* hava üssü
Lüftung *f* havalandır(ıl)ma
Luftveränderung *f* hava değişimi
Luftverkehr *m* hava trafiği
Luftverschmutzung *f* hava kirliliği
Luftwaffe *f* hava kuvvetleri
Luftweg *m* hava yolu
Luftwiderstand *m* hava direnci
Luftzug *m* hava cereyanı
Lüge *f* yalan; **faustdicke ~** maval, martaval; **jdn ~n strafen** birinin yalanını çıkarmak
lügen <log, gelogen> *vi* yalan söylemek
Lügendetektor *m* yalan makinesi
Lügner(in) *m(f)* yalancı
Luke *f* ① (*Dach-*) çatı penceresi ② (*Schiffs-*) lombar
lukrativ *adj* kazançlı, karlı
Lümmel *m* ① (*Rohling*) yontulmamış herif ② (*Frechling*) terbiyesiz, utanmaz herif
Lump *m* sefil, ahlaksız
Lumpen *m* (*Fetzen*) paçavra
Lunge *f* akciğer
Lungenentzündung *f* zatürree, akciğer iltihabı
Lungenkrebs *m* akciğer kanseri
Lunte *f* (ateşleme) fitil(i); **~ riechen** (*fam*) kokusunu almak
Lupe *f* büyüteç; **etw scharf unter die ~ nehmen** bir şeyi inceden inceye tetkik etmek
Lust *f* ① (*Verlangen*) istek, arzu, heves ② (*Genuss*) zevk ③ (*Freude*) sevinç; **ich habe Lust auf eine Partie Schach** canım bir parti satranç istiyor; **ich habe heute keine ~, zu arbeiten** bugün canım çalışmayı istemiyor
lustig *adj* ① (*vergnügt*) neşeli, keyifli ② (*unterhaltsam: Person*) tatlı dilli ③ (*Sache*) eğlenceli ④ (*witzig: Person*) şakacı ⑤ (*komisch*) komik, güldürücü; **sich über jdn ~ machen** biriyle alay etmek, biriyle eğlenmek
lustlos *adj* isteksiz, hevessiz
Lustspiel *nt* THEAT komedi, güldürü
lutschen *vi, vt* emmek (**etw/an etw** -i)
Lutscher *m* lolipop, çubuklu şekerleme
Luxemburg *nt* Lüksemburg
luxemburgisch *adj* Lüksemburglu
luxuriös *adj* lüks
Luxus *m* lüks
Luxusartikel *m* lüks eşya
Luxuskarosse *f* lüks oto(mobil)
Luxussteuer *f* lüks vergisi
Lymphdrüse *f* lenf bezi
lynchen *vt* linç etmek (**jdn** -i)
Lynchjustiz *f* linç adaleti [*o* usulü]
Lyrik *f* lirik şiir
lyrisch *adj* lirik

Mm

m *Abk von* **Meter** m (*metre*)
machbar *adj* yapılabilir
machen **I.** *vt* ① (*tun*) yapmak, etmek (**etw** -i) ② (*herstellen*) yapmak, imal etmek (**etw** -i) ③ (*verursachen*) neden olmak (**etw** -e) ④ (*ernennen*) atamak, tayin etmek (**jdn zu etw** -i -e) ⑤ (*kosten*) etmek; **wie viel macht das?** bu ne kadar ediyor?; **es macht mich wütend** bu beni çok öfkelendiriyor; **das macht nichts** zararı yok; **da ist nichts zu ~** bunda artık yapılabilecek bir şey yok; **mach's gut!** hoşça kal!; **ich mache mir nichts daraus** buna hiç aldırış etmem; (*es gefällt mir nicht*) bundan hoşlanmıyorum **II.** *vr*

sich ~ (*fortschreiten*) ilerlemek; **sich an etw** ~ bir şeye girişmek, bir işe koyulmak

Macht *f* ① (*Fähigkeit der Durchsetzung*) güç, kuvvet, kudret ② POL iktidar ③ (*Staat als Macht*) devlet ④ (*Einfluss*) nüfuz, fors; **das steht nicht in meiner** ~ buna benim gücüm yetmez; **an der** ~ **sein** iktidarda olmak; **an die** ~ **kommen** iktidara gelmek

Machtergreifung *f* iktidara geçme

mächtig **I.** *adj* ① (*stark*) güçlü, kuvvetli, kudretli ② (*einflussreich*) nüfuzlu **II.** *adv* (*fig fam: sehr groß*) dev gibi, koskoca, kocaman

Machtkampf *m* iktidar kavgası

machtlos *adj* güçsüz, kuvvetsiz, kudretsiz

Machtübernahme *f* iktidarı ele alma

Mädchen *nt* kız; **kleines** ~ küçük kız; **junges** ~ genç kız

mädchenhaft *adj* kız gibi

Mädchenname *m bir kadının evlenmeden önceki soyadı*

Made *f* kurt(çuk)

Mafia *f* mafya

mag *vt s.* **mögen**

Magazin *nt* ① (*Lager*) ambar, depo ② (*Waffe*) şarjör ③ (*Zeitschrift*) dergi, magazin

Magen *m* mide; **auf nüchternen** ~ aç karnına; **ich habe mir den** ~ **verdorben** midem bozuldu

Magenbitter *m* amer

Magengeschwür *nt* mide ülseri

Magenschmerzen *pl* mide ağrısı *sing*

Magentropfen *pl* mide damlası *sing*

mager *adj* zayıf, cılız, sıska, kuru; (*Fleisch*) yağsız

Magermilch *f* yağsız süt

Magersucht *f* zafiyet

Magie *f* büyü, sihir

Magier *m* sihirbaz, büyücü

magisch *adj* büyülü, sihirli

Magister *m* master

Magistrat *m* belediye meclisi

Magnesium *nt* magnezyum

Magnet *m* mıknatıs

Magnetband *nt* manyetik bant

Magnetfeld *nt* manyetik alan

magnetisch *adj* mıknatıslı, manyetik

magnetisieren *vt* mıknatıslamak (**etw** -i)

Mahagoni *nt* maun

Mähdrescher *m* biçerdöver

mähen *vt* ① (*Gras*) biçmek (**etw** -i) ② (*Getreide*) oraklamak, tırpanlamak (**etw** -i)

Mäher *m* ① (*Person*) orakçı, tırpancı, ekin biçici ② (*Maschine*) biçme makinesi

Mahl *nt* yemek; (*festliches*) ziyafet

mahlen <mahlte, gemahlen> *vt* ① (*Getreide*) övütmek (**etw** -i) ② (*Kaffee, Pfeffer*) dövmek, çekmek (**etw** -i)

Mahlzeit *f* (bir öğünlük) yemek; **~!** afiyet olsun!

Mähmaschine *f* biçme makinesi

Mähne *f* ① (*Pferd*) yele ② (*fam: Mensch*) uzun saçlar *pl*

mahnen **I.** *vt* (*ermahnen*) uyarmak, ikaz etmek (**jdn** -i), ihtarda bulunmak (**jdn** -e) **II.** *vi* (*erinnern*) hatırlatmak (**jdn an etw** -e -i)

Mahnmal *nt* anıt

Mahnung *f* uyarı, ikaz; COMM ihtar

Mai *m* mayıs (ayı)

Maiglöckchen *nt* inciçiçeği

Maikäfer *m* mayısböceği

Mail *f* (*E-Mail*) (e-)mail, e-posta

Mailbox *f* INET mail kutusu

mailen *vt* (*E-Mail versenden*) maillemek (**jdm etw** -e -i)

Mailingliste *f* INET posta(lama) listesi

Mailserver *m* INET posta sunucusu

Mais *m* mısır

Maiskolben *m* mısır koçanı

majestätisch *adj* heybetli, haşmetli

Major *m* binbaşı

Majoran *m* mercanköşk

makellos *adj* kusursuz

mäkeln *vi* kusur bulmak (**an etw** -de), tenkit etmek (**an etw** -i)

Makkaroni *pl* düdük makarnası *sing*

Makler(in) *m(f)* komisyoncu, simsar

Makrele *f* uskumru

Makro *nt* INFORM makro

makrobiotisch *adj* makrobiyotik

Makrovirus *m* INFORM makro virüsü

mal *adv* ① (*mit voranstehender Zahl*) kere, defa ② (*beim Malnehmen*) kere, çarpı; **2 ~ 2 ist 4** iki kere iki dört eder; **hör** ~ hele bir dinle; **sag** ~ söyle bakalım

Mal¹ *nt* (*nur in adverbialen Bestimmungen*) kere, defa, kez; **zum ersten/letzten** ~ ilk/son defa; **das wievielte ~?** kaçıncı defa?; **ein für alle** ~ ilk ve son defa olmak üzere

Mal² *nt* ① (*Zeichen*) işaret, nişan, belirti ② (*Mutter-*) ben

Malaria *f* sıtma

Malbuch *nt* boyama kitabı

malen **I.** *vi* resim yapmak **II.** *vt* ① resmini yapmak (**etw/jdn** -in) ❷ (*tünchen*) badana etmek, boyamak (**etw** -i); **bunt** ~ boyamak

Maler *m* ❶ (*Kunst-*) ressam ❷ (*Anstreicher*) boyacı

Malerei *f* ❶ (*Tätigkeit*) ressamlık ❷ (*Produkt*) resim, tablo

malerisch *adj* pitoresk

Malkasten *m* boya kutusu

Malta *nt* Malta (adası)

Malve *f* ebegümeci

Malz *nt* malt

Malzbier *nt* malt birası

Mama *f* (*fam*) ana, anne; (*Anrede*) anne(ciğim)

Mammographie *f* mamografi (*kanser tehlikesinde yapılan göğüs röntgeni*)

man *pron* ~ **spricht Türkisch** Türkçe konuşulur; ~ **sagt** derler, deniliyor; ~ **hat mir gesagt** bana dediler; ~ **fragt sich** insan kendine soruyor; ~ **muss ...** -mek lazım [*o* gerek]; ~ **nehme ...** ... alın

Management *nt* yönetim

Manager(in) *m(f)* yönetici

manche(r, s) *pron* (*adjektivisch*) bazı, kimi; (*substantivisch*) bazısı, kimisi, bazıları *pl*

mancherlei *adj* türlü türlü, çeşitli

manchmal *adv* bazen, bazı defa, arasıra

Mandant(in) *m(f)* müvekkil

Mandarine *f* mandalina

Mandel *f* ❶ badem ❷ ANAT bademcik; **gebrannte** ~ badem şekeri

Mandelbaum *m* badem ağacı

Mandelentzündung *f* bademcik iltihabı

Manege *f* manej

Mangel[1] *f* (*Wäsche-*) ütü cenderesi, mengene; **jdn in die** ~ **nehmen** (*fig fam*) birini cendereye sokmak

Mangel[2] *m* ❶ (*Fehlen*) eksik(lik), noksan ❷ (*Knappheit*) kıtlık, azlık, darlık ❸ (*Fehler*) kusur, hata

mangelhaft *adj* ❶ (*unvollständig*) eksik, noksan ❷ (*fehlerhaft*) kusurlu, hatalı ❸ (*Schulnote*) zayıf, yetersiz

mangeln **I.** *vt* (*Wäsche*) ütü cenderesinden geçirmek (**etw** -i) **II.** *vi* **es mangelt an ...** ... eksik geliyor; **es mangelt mir an ...** -e ihtiyacım var

mangels *präp +gen* -in bulunmadığından dolayı

Mangelware *f piyasada az bulunmayan mal*

Mangold *m* pazı

Manieren *pl* (*Benehmen*) davranış *sing;* **gute** ~ görgü *sing;* **er hat keine** ~ o, görgüsüzün biri

Manifest *nt* beyanname, manifesto

Maniküre *f* ❶ (*Pflege*) manikür ❷ (*Person*) manikürcü

maniküren *vt* manikür yapmak

Manipulation *f* manipülasyon

manipulieren *vt* manipüle etmek (**jdn/etw** -i)

Mann *m* ❶ (*Mensch*) erkek, adam ❷ (*Ehe-*) koca, eş ❸ (*Person*) kişi; **seinen** ~ **stehen** yararlık göstermek; **zehn** ~ on kişi

Männchen *nt* ❶ (*Person*) adamcık ❷ (*Tier*) erkek; ~ **machen** salta durmak

Mannequin *nt* manken

mannigfach *adj,* **mannigfaltig** *adj* çeşitli

männlich *adj* ❶ erkek ❷ LING eril ❸ (*mannhaft*) erkekçe, mertçe, yiğitçe

Männlichkeit *f* erkeklik; (*fig*) mertlik, yiğitlik

Mannschaft *f* ❶ SPORT takım, ekip ❷ LUFT, NAUT mürettebat

Mannschaftssport *m* takım sporu

Manöver *nt* manevra

manövrieren *vi* manevra yapmak

Mansarde *f* tavanarası [*o* çatı arası] oda

Manschette *f* kolluk, manşet

Manschettenknopf *m* kol düğmesi

Mantel *m* ❶ (*Herren-*) palto; (*Damen-*) manto; (*Regen-*) yağmurluk ❷ (*Reifen*) dış lastik

Manteltarif(vertrag) *m* tarife üzerinden iskelet anlaşma

manuell *adj* elle yapılan

Manuskript *nt* el yazması

Mappe *f* ❶ (*Akten-, Schul-*) çanta ❷ (*Ordner*) klasör

Marathonlauf *m* Maraton koşusu

Marathonsitzung *f* çok uzun süren oturum

Märchen *nt* ❶ masal ❷ (*Lügengeschichte*) maval, martaval

märchenhaft *adj* (*auch fig*) masal gibi

Marder *m* sansar

Margarine *f* margarin (yağı)

Margerite *f* (çayır) papatya(sı)

Marienkäfer *m* hanımböceği, uğurböceği

Marihuana *nt* esrar, ot *fam*

Marinade *f* salamura

Marine *f* ❶ bahriye ❷ MIL deniz kuvvetleri *pl*

marinieren *vt* salamuraya yatırmak (**etw** -i)

Marionette *f* (*auch fig*) kukla

Marionettentheater *nt* kukla tiyatrosu

Mark[1] *nt* ❶ (*Knochen-*) ilik ❷ (*Frucht-*) mey-

venin etli kısmı
Mark² *f* (*hist*) mark
markant *adj* göze çarpan
Marke *f* ❶(*Fabrikat*) marka ❷(*Spiel*) fiş ❸(*Brief-, Gebühren-*) pul; **ein Wagen der ~ Mercedes** Mercedes marka araba
Markenartikel *nt* marka malı
Marker *m* (*Markierstift*) markör, fosforlu kalem
Marketing *nt* pazarlama
Markise *f* (*Sonnendach*) (güneş) tente(si)
Markt *m* ❶(*Marktplatz*) pazar (yeri), çarşı ❷(*Handel*) piyasa ❸(*Jahr-*) kermes; **schwarzer ~** karaborsa; **gemeinsamer ~** ortak pazar; **etw auf den ~ bringen** bir şeyi piyasaya çıkarmak; **auf den ~ kommen** piyasaya çıkmak
Marktbude *f* pazar barakası
Markteinführung *f* lansman
Markthalle *f* üstü kapalı pazar yeri, hal
Marktordnung *f* piyasa düzeni
Marktplatz *m* pazar (yeri)
Markttag *m hafta pazarı olan gün*
Marktwert *m* piyasa değeri
Marktwirtschaft *f* piyasa ekonomisi; **freie ~** serbest piyasa ekonomisi
Marmarameer *nt* Marmara Denizi
Marmelade *f* reçel, marmelat
Marmor *m* mermer
Marokkaner(in) *m(f)* Faslı
marokkanisch *adj* ❶(*Art*) Fas ❷(*Herkunft*) Faslı
Marokko *nt* Fas
Marone *f* kestane
Mars *m* Mars, Merih
Marsch *m* ❶yürüyüş ❷(*Musik*) marş
marschieren *vi sein* yürümek
März *m* mart (ayı)
Marzipan *nt o m* badem ezmesi
Masche *f* ❶(*Schlinge*) ilmik ❷(*pej: Kniff*) hile, düzen, dolap
Maschine *f* ❶(*Wasch-, Näh-*) makine, makina ❷(*Flugzeug*) uçak; **auf** [*o* **mit**] **der ~ schreiben** daktiloyla yazmak
maschinell *adj* mekanik
Maschinenbau *m* makine mühendisliği, makinecilik
Maschinenfabrik *f* makine fabrikası
Maschinenschlosser *m* makine tesviyecisi
Maschinenschreiben *nt* daktilo (yazma)
Maschinensprache *f* INFORM makine dili
Masern *pl* kızamık *sing*
Maske *f* maske
Maskenball *m* maskeli balo
maskieren **I.** *vt* maskelemek (**jdn/etw** -i) **II.** *vr* **sich ~** (*auch fig*) maskelenmek, maske takmak
Maskottchen *nt* maskot
masochistisch *adj* mazoşist
maß *vt s.* **messen**
Maß *nt* ❶ölçü ❷(*Verhältnis*) oran, nispet ❸(*Maßstab*) ölçek ❹(*Ausdehnung*) genişlik, kaplam, kapsam; **nach ~** ısmarlama; **~ halten** ölçüyü aşmamak; **~ nehmen** ölçü almak; **in hohem ~e** gayet; **in höchstem ~e** son derece(de)
Massage *f* masaj
Massaker *nt* kırım
Maßarbeit *f* ısmarlama iş
Masse *f* ❶(*Menschen-*) kitle ❷(*bei Sachen*) kütle, yığın ❸(*Materie*) madde
Massengrab *nt* toplu mezar
massenhaft *adj, adv* ❶(*Sache*) bol bol ❷(*Personen*) akın akın
Massenkarambolage *f birçok taşıtın karıştığı kaza*
Massenmedien *pl* kitlesel medya *sing*
Massenmord *m* (kitlesel) katliam
Massenvernichtungswaffe *f* kitle imha silah
Massenware *f* sıra malı
massenweise *adv* ❶(*Sachen*) bol bol ❷(*Personen*) akın akın
Masseur *m* masör
Masseurin *f* masöz
maßgeblich *adj* esas olan
maßhalten *irr vi* ölçüyü aşmamak
massieren *vt* masaj yapmak (**jdn/etw** -e), ovmak (**jdn/etw** -i)
mäßig *adj* ❶(*gemäßigt*) ölçülü, ılımlı ❷(*Preis*) ehven ❸(*mittel-*) orta, vasat
mäßigen **I.** *vt* ❶(*herabmindern*) azaltmak, indirmek, kısmak (**etw** -i) ❷(*mildern*) yatıştırmak (**etw** -i) **II.** *vr* **sich ~** (*sich beherrschen*) kendine hakim olmak; (*Maß halten*) ölçüyü aşmamak
massiv *adj* som; (*fig: grob*) kaba
Massiv *nt* masif, dağ kütlesi
maßlos **I.** *adj* ölçüsüz **II.** *adv* son derece(de)
Maßnahme *f* önlem, tedbir; **~n ergreifen** önlem almak
Maßstab *m* ❶ölçek; (*Lineal*) cetvel ❷(*Verhältnis*) oran, nispet ❸(*fig: Kriterium*) kıstas, ölçüt

maßvoll *adj* ölçülü; (*gemäßigt*) ılımlı
Mast[1] *m* (*Strom-, Schiffs-*) direk
Mast[2] *f* (*Schweine-*) semizletme, semirtme, besi
mästen *vt* (*Tiere*) semirtmek, besiye çekmek (**etw** -i)
masturbieren *vi* mastürbasyon yapmak, otuzbir çekmek *fam*
Match *nt* maç
Material *nt* ❶ (*Stoff*) madde ❷ (*Hilfsmittel*) malzeme, gereç
Materialismus *m* maddecilik, materyalizm
Materialist *m* maddeci, materyalist
materialistisch *adj* maddeci, materyalist
Materie *f* madde
materiell *adj* maddi
Mathematik *f* matematik
Mathematiker(in) *m(f)* matematikçi
mathematisch *adj* matematik(sel)
Matjeshering *m* küçük ringa balığı
Matratze *f* şilte, döşek; (*Sprungfeder-*) somya
matriarchalisch *adj* anaerkil
Matrose *m* tayfa
Matsch *m* çamur
matschig *adj* çamurlu
matt *adj* ❶ (*glanzlos*) donuk, sönük; (*Farbe auch*) uçuk ❷ (*erschöpft*) yorgun, bitkin, dermansız ❸ (*Schach*) mat
Matte *f* ❶ (*Stroh-*) hasır ❷ (*Fuß-*) paspas ❸ (*Turn-*) minder
Mattscheibe *f* TV (*fam*) ekran
Mätzchen *pl* (*fam*) saçmalık *sing*, numara *sing*
Mauer *f* duvar; (*Stadt-*) sur
Mauersegler *m* ebabil
Maul *nt* ❶ (*Rachen eines Tieres*) hayvan ağzı ❷ (*pej*) ağız; **halt's ~!** (*vulg*) çeneni tut!
Maulbeerbaum *m* dut ağacı
Maulbeere *f* dut
maulen *vi* (*fam*) somurtmak, homurdanmak
Maulesel *m* katır
Maulkorb *m* tasma, burun maskesi
Maultier *nt* katır
Maul- und Klauenseuche *f* şap hastalığı
Maulwurf *m* köstebek
Maurer(in) *m(f)* duvarcı
Maus *f* (*auch Computer-*) fare
Mausefalle *f* fare kapanı
Mauseloch *nt* fare deliği
Mausklick *m* tıklama
Mausköder *m* fare yemi
Mausoleum *nt* mozole, anıtkabir

max. *adj Abk von* **maximal**
maximal **I.** *adj* en yüksek **II.** *adv* en fazla
Maximum *nt* maksimum, en yüksek derece
Mayonnaise *f* mayonez
Mazedonien *nt* Makedonya
MdB *nt,* **M.d.B.** *nt Abk von* **Mitglied des Bundestages** Federal Alman Parlamentosu üyesi
MdL *nt,* **M.d.L.** *nt Abk von* **Mitglied des Landtages** Federal Eyalet Meclisi üyesi
Mechanik *f* mekanik
Mechaniker(in) *m(f)* makineci, makine ustası
mechanisch **I.** *adj* ❶ mekanik ❷ (*automatisch*) otomatik **II.** *adv* (*automatisch*) otomatikman
Mechanisierung *f* makineleştirme
Mechanismus *m* mekanizma
Meckerer *m* (*fam*) mızmız, dırdırcı
meckern *vi* ❶ (*Ziege*) melemek ❷ (*fam: Mensch*) mızmızlanmak, dırdır etmek
Medaille *f* madalya
Medien *pl* medya *sing*
Medienmogul *m,* **Medienzar** *m* medya imparatoru [*o* devi]
Medikament *nt* ilaç
Meditation *f* meditasyon
meditieren *vi* meditasyon yapmak
Medium *nt* ❶ (*Verbindungsperson zu Geistern*) medyum ❷ (*Zeitung, TV etc.*) medya
Medizin *f* ❶ (*Arznei*) ilaç ❷ (*Wissenschaft*) tıp
Mediziner(in) *m(f)* doktor
medizinisch *adj* tıbbi
Meer *nt* deniz
Meerenge *f* boğaz
Meeresboden *m* denizin dibi
Meeresspiegel *m* deniz seviyesi; **unter/über dem ~** deniz seviyesinin altında/üstünde
Meerrettich *m* bayırturpu
Meerschweinchen *nt* kobay
Meeting *nt* miting
Megabyte *nt* INFORM megabayt
Megahertz *nt* megahertz
Megaphon *nt* megafon
Megatonne *f* megaton
Megawatt *nt* megavat
Mehl *nt* un
mehlig *adj* unlu, un gibi
mehr *adv* ❶ *Komparativ von* **viel** daha çok, fazla; **~ als ...** -den daha çok [*o* fazla]; **~ als**

zwei Wochen iki haftadan fazla; **~ als du glaubst** sandığından daha fazla; **immer ~** gitgide ② (*in verneinten Sätzen*) artık; **er arbeitet nicht ~** artık çalışmıyor
mehrdeutig *adj* çok anlamlı
mehrere *adj, pron* (*adjektivisch*) birçok; (*substantivisch*) bazıları
mehrfach **I.** *adj* ① (*viele*) birçok ② (*wiederholt*) tekrar **II.** *adv* ① (*mehr als einmal*) birkaç kere ② (*wiederholt*) tekrar tekrar
Mehrfachbeschäftigung *f çok yönlü çalış(tır)ma*
Mehrfahrtenkarte *f birçok gidiş için geçerli bilet*
Mehrheit *f* çoğunluk, ekseriyet
mehrmalig *adj* tekrar edilen
mehrmals *adv* birkaç defa
mehrsprachig *adj* ① (*Person*) çok dil bilen ② (*Buch*) çok dilde basılmış
Mehrwert *m* ECON katma değer
Mehrwertsteuer *f* katma değer vergisi
Mehrzahl *f* ① (*Mehrheit*) çoğunluk ② (*Plural*) çoğul
Mehrzweckhalle *f çeşitli amaçlar için kullanılan bina*
Mehrzwecksportanlage *f çeşitli amaçlar için kullanılan spor tesisi*
meiden <meidet, mied, gemieden> *vt* sakınmak, kaçınmak, çekinmek (**jdn/etw** -den)
mein(e) *pron* benim; **der, die, das Mein(ig)e** benimki; **~ Gott!** aman Allahım!; **~e Damen und Herren!** bayanlar, baylar!
Meineid *m yalan yere yemin;* **einen ~ schwören** *yalan yere yemin etmek*
meinen *vt* ① (*glauben*) sanmak, zannetmek (**dass** -diğini) ② (*denken*) düşünmek (**dass** -diğini) ③ (*sagen*) söylemek, demek (**dass** -diğini) ④ (*sich beziehen auf*) kastetmek (**etw** -i) ⑤ (*sagen wollen*) demek istemek (**etw** -i); **ganz wie Sie ~** siz bilirsiniz; **so war es nicht gemeint** böyle demek istememiştim
meinerseits *adv* benim tarafımdan, bence
meinetwegen *adv* ① (*wegen mir*) benim için ② (*von mir aus*) bence [*o* bana göre] hava hoş
Meinung *f* düşünce, fikir, görüş; **öffentliche ~** kamuoyu; **vorgefasste ~** önyargı; **meiner ~ nach** bence, bana kalırsa; **seine ~ ändern** fikrini değiştirmek
Meinungsaustausch *m* fikir alışverişi
Meinungsbildung *f* fikir geliştirme
Meinungsforschung *f* halk fikirlerinin yoklanması
Meinungsfreiheit *f* fikir özgürlüğü
Meinungsumfrage *f* anket, kamuoyu yoklaması
Meinungsverschiedenheit *f* fikir ayrılığı, anlaşmazlık
Meise *f* (*Vogel*) iskete (kuşu); **eine ~ haben** (*fam*) kaçık olmak
Meißel *m* kalem, keski
meist **I.** *adj* çoğu; **die ~en Menschen** çoğu insanlar, insanların çoğu; **die ~en** (**von ihnen**) (onların) çoğu **II.** *adv* (*meistens*) çoğunlukla, genellikle; **diese CD gefällt mir am ~en** bu CD en çok hoşuma gidiyor
meistens *adv* çoğunlukla, genellikle
Meister(in) *m(f)* ① (*im Handwerk*) usta ② (*in der Kunst, als Anrede*) üstat ③ SPORT rekortmen, şampiyon
meistern *vt* ① (*beherrschen*) (çok iyi) becermek (**etw** -i) ② (*Schwierigkeit*) yenmek (**etw** -i), hakkından gelmek (**etw** -in)
Meisterschaft *f* ① (*meisterhaftes Können*) ustalık ② SPORT şampiyona
Meisterstück *nt,* **Meisterwerk** *nt* usta işi, şaheser
Melancholie *f* melankoli
melancholisch *adj* melankolik, hüzünlü
Meldefrist *f* kayıt süresi
melden **I.** *vt* bildirmek (**jdm etw** -e -i) **II.** *vr* **sich ~** (*zu Wort ~*) söz istemek; (*erscheinen*) geldiğini haber vermek (**bei jdm** -e); (*am Telefon*) cevap vermek; (*zu einem Dienst*) yazılmak (**zu/für etw** -e)
Meldepflicht *f* haber verme zorunluluğu
Meldung *f* ① (*Ankündigung*) bildiri ② (*Bericht*) rapor ③ (*Nachricht*) haber
melken <melkte *o* molk, gemolken> *vt* sağmak (**etw** -i)
Melodie *f* melodi, ezgi
melodisch *adj* melodik, ezgisel
Melone *f* ① (*Honig-*) kavun; (*Wasser-*) karpuz ② (*Hut*) melon
Membran *f* ince zar, diyafram, membran
Memoiren *pl* hatıralar *pl*
Menge *f* ① (*bestimmtes Quantum*) miktar ② (*Haufen, Masse*) yığın, kütle ③ (*Menschen-*) kalabalık; **eine große ~** (**von**) bir sürü
Mengenlehre *f* kümeler teorisi
mengenmäßig *adv* miktar olarak
Meningitis *f* menenjit

Meniskus *m* menisküs
Menopause *f* menopoz, adetten kesilme
Mensa *f* öğrenci yemekhanesi
Mensch *m* insan; **kein ~** hiç kimse
Menschenaffe *m* insanımsı maymun
Menschenalter *nt yetmiş, seksen yıllık bir süre*
menschenfeindlich *adj* insan karşıtı
Menschenkenntnis *f* insan sarraflığı
Menschenleben *nt* insan ömrü
Menschenmenge *f* kalabalık
Menschenrechte *pl* insan hakları *pl*
Menschenrechtsaktivist(in) *m(f)* insan hakları savunucusu
Menschenrechtsverletzung *f* insan haklarının çiğnenmesi
Menschenschmuggel *m* insan kaçakçılığı
Menschenverstand *m* **gesunder ~** sağduyu
Menschenwürde *f* insanlık onuru
Menschheit *f* insanlık
menschlich *adj* insanca
Menschlichkeit *f* insanlık
Menstruation *f* aybaşı, adet (görme)
Mentalität *f* zihniyet, anlayış
Menthol *nt* mentol
Menü *nt* ① (*Speisefolge*) mönü ② INFORM menü
merken *vt* ① (*wahrnehmen*) farkına varmak (**etw** -in), fark etmek, algılamak (**etw** -i) ② (*spüren*) hissetmek, duymak, sez(inle)mek (**etw** -i); **sich** *dat* **etw ~** bir şeyi aklında tutmak, bir şeyi bellemek; **jdn etw ~ lassen** birine bir şeyi hissettirmek [*o* sezdirmek]
Merkmal *nt* ① (*Kennzeichen*) belirti, işaret ② (*Eigenschaft*) özellik ③ (*Unterscheidungs-*) fark
merkwürdig *adj* (*seltsam*) garip, tuhaf
messbar[RR] *adj*, **meßbar**[ALT] *adj* ölçülebilir
Messe *f* ① (*Gottesdienst*) kudas ayini ② (*Ausstellung*) sergi, fuar, panayır
Messegelände *nt* fuar alanı
Messehalle *f* fuar hali
messen <misst, maß, gemessen> *vt* ölçmek (**etw** -i)
Messer *nt* bıçak; (*Taschen-*) çakı
Messerschnitt *m* (*Frisur*) bıçak kesiği
Messestand *m* stant
Messing *nt* (*Metall*) pirinç
Messinstrument[RR] *nt* ölçü aleti
Messung *f* ölç(ül)me
Metall *nt* metal
Metallarbeiter(in) *m(f) metal sanayiinde çalışan işçi*
Metallindustrie *f* metal sanayii
Metallwaren *pl* metal eşyalar *pl*
metaphysisch *adj* metafizik
Metastase *f* metastaz
Meteor *m* akanyıldız
Meteorit *m* göktaşı, meteortaşı
Meteorologe, Meteorologin *m, f* meteorolog
Meteorologie *f* meteoroloji
meteorologisch *adj* meteorolojik
Meter *m* metre
Metermaß *nt* (*Zollstock*) (açılır kapanır) metre; (*Bandmaß*) mezura
Methode *f* yöntem, metot, sistem
methodisch *adj* yöntemli, metotlu
Metro *f* metro
Metronom *nt* metronom
Metropole *f* metropol
Metzger(in) *m(f)* kasap
Metzgerei *f* kasap dükkanı
Meute *f* köpek sürüsü
Meuterei *f* isyan, ayaklanma
Meuterer *m* asi
meutern *vi* isyan etmek, ayaklanmak
Mexikaner(in) *m(f)* Meksikalı
mexikanisch *adj* ① (*Art*) Meksika ② (*Herkunft*) Meksikalı
Mexiko *nt* ① (*Land*) Meksika ② (*Stadt*) Meksiko
MEZ *f Abk von* **mitteleuropäische Zeit** Orta Avrupa saati
MHz *nt Abk von* **Megahertz** megahertz
miauen *vi* miyavlamak
mich *pron* beni; (*~ selbst*) kendimi
mied *vt s.* **meiden**
Mieder *nt* ① (*Leibchen*) küçük korse, sıkı iç yeleği ② (*Korsett*) korse
Miene *f* (*Gesicht*) yüz, çehre; (*Gebärde*) yüz ifadesi; **ohne eine ~ zu verziehen** gözünü bile kırpmadan
mies *adj* (*fam*) berbat
Miesmuschel *f* kara kabuk midyesi
Miete *f* kira
mieten *vt* kiralamak, (kira ile) tutmak (**etw** -i)
Mieter(in) *m(f)* kiracı
Mietshaus *nt* apartman
Mietvertrag *m* kira kontratı
Mietwagen *m* kiralık otomobil
Mietwohnung *f* kiralık daire
Migräne *f* migren, yarım baş ağrısı

Migrant(in) *m(f)* göçmen
Migration *f* göç
Mikrochip *m* mikroyonga, mikroçip
Mikroelektronik *f* mikro elektronik
Mikrofilm *m* mikrofilm
Mikrofon *nt*, **Mikrophon** *nt* mikrofon
Mikroprozessor *m* mikroişlemci
Mikroskop *nt* mikroskop
mikroskopisch *adj* mikroskopik
Mikrowelle *f* mikrodalga
Mikrowellenherd *m* mikrodalga fırını
Milch *f* süt
Milcherzeugnisse *pl* süt ürünleri [*o* mamulleri]
Milchflasche *f* süt şişesi
Milchgeschäft *nt* sütçü (dükkanı)
Milchkaffee *m* sütlü kahve
Milchmädchenrechnung *f* hayali hesap, çömlek hesabı
Milchmann *m* sütçü
Milchmixgetränk *nt* sütle karıştırılmış içecek
Milchpulver *nt* süt tozu
Milchstraße *f* samanyolu
Milchzahn *m* sütdişi
mild *adj* ❶ (*allgemein*) yumuşak ❷ (*nachsichtig*) hoşgörülü ❸ (*barmherzig*) merhametli ❹ (*Klima*) ılıman, yumuşak ❺ (*Strafe*) hafif
mildernd *adj* **~e Umstände** hafifletici sebepler
Milieu *nt* ortam, çevre
militant *adj* savaşçı, militan
Militär *nt* asker(ler), silahlı kuvvetler *pl*
Militärdienst *m* askerlik (hizmeti); **~ mit Loskaufoption** (*in der Türkei*) bedelli askerlik
Militärdiktatur *f* askeri diktatörlük
militärisch *adj* askeri
Militärpolizei *f* askeri polis
Militärregierung *f* askeri rejim
Mill. *f Abk von* **Million(en)** milyon
Millenium *nt* milenyum
Milliardär(in) *m(f)* milyarder
Milliarde *f* milyar
Milligramm *nt* miligram
Millimeter *m* milimetre
Million *f* milyon
Millionär(in) *m(f)* milyoner
Milz *f* dalak
Milzbrand *m* şarbon
Mimik *f* mimik
min. *adj Abk von* **minimal** en az
Min. *f Abk von* **Minute(n)** d (*dakika*)
Minarett *nt* minare
minderbemittelt *adj* ❶ (*geistig*) ahmak ❷ (*finanziell*) dar gelirli
Minderheit *f* azınlık
minderjährig *adj* reşit olmayan
Minderjährigkeit *f* reşit olmayış
mindern *vt* azaltmak, indirmek (**etw** -i)
Minderung *f* azaltma, indirme
minderwertig *adj* aşağılık, bayağı, adi
Minderwertigkeitskomplex *m* aşağılık kompleksi
mindest *adj* en az; **das Mindeste** en az yapılabilecek şey; **nicht im Mindesten** hiç bir şekilde
mindestens *adv* ❶ (*nicht weniger*) en az; (*nicht niedriger*) en aşağı ❷ (*wenigstens*) hiç olmazsa, bari
Mindestlohn *m* asgari ücret
Mine *f* ❶ (*Bergwerk*) maden ocağı ❷ MIL mayın
Mineral *nt* mineral, maden
Mineralbad *nt mineralli kaynakları olan ılıca*
Mineralogie *f* mineraloji
Mineralquelle *f* madensuyu kaynağı; (*warme*) kaplıca, ılıca, kaynarca
Mineralwasser *nt* madensuyu; (*mit Kohlensäure*) soda
Minibar *f* minibar
Minigolf *nt* minigolf
minimal *adj* en az [*o* aşağı]
Minimum *nt* minimum
Minister(in) *m(f)* bakan
ministeriell *adj* bakanlıktan gelen
Ministerium *nt* bakanlık
Ministerpräsident(in) *m(f)* başbakan
Ministerrat *m* bakanlar kurulu, kabine
Minorität *f* az(ın)lık
minus *adv* eksi; **sechs ~ zwei ist vier** altı eksi iki dört eder
Minute *f* dakika; **auf die ~ (genau)** dakikası dakikasına
Minutenzeiger *m* yelkovan
mir *pron* bana; **~ nichts, dir nichts** apansızın, kestirmeden
Mirabelle *f* küçük sarı erik
Mischehe *f* yabancıyla evlilik
mischen I. *vt* karıştırmak, katıştırmak (**etw mit etw** -i -e); (*Karten*) karıştırmak **II.** *vr* **sich ~** karışmak (**mit etw** -e); (*unter Leute*) katılmak (**unter jdn** -e)
Mischling *m* melez

Mischmasch *m* karmakarışıklık
Mischung *f* karışım
miserabel *adj* berbat
Mispel *f* muşmula
missachten[RR] *vt,* **mißachten**[ALT] *vt* ① (*nicht achten*) hiçe saymak (**etw/jdn** -i) ② (*nicht beachten*) aldırış etmemek (**etw/jdn** -e)
Missachtung[RR] *f,* **Mißachtung**[ALT] *f* ① hiçe sayma ② (*eines Gesetzes*) riayet etmeme
Missbildung[RR] *f,* **Mißbildung**[ALT] *f* biçimsizlik
missbilligen[RR] *vt,* **mißbilligen**[ALT] *vt* ① (*nicht billigen*) tasvip etmemek (**etw** -i) ② (*ablehnen*) reddetmek (**etw** -i) ③ (*tadeln*) ayıplamak, kınamak (**etw** -i)
Missbrauch[RR] *m,* **Mißbrauch**[ALT] *m* kötüye kullanım; **sexueller ~** cinsel tecavüz
missbrauchen[RR] *vt,* **mißbrauchen**[ALT] *vt* kötüye kullanmak (**jdn/etw** -i); (*sexuell*) tecavüz etmek (**jdn** -e), ırzına geçmek (**jdn** -in)
Misserfolg[RR] *m,* **Mißerfolg**[ALT] *m* başarısızlık
Missgeschick[RR] *nt,* **Mißgeschick**[ALT] *nt* aksilik
missglücken[RR] *vi,* **mißglücken**[ALT] *vi sein* başarısızlığa uğramak
Missgriff[RR] *m,* **Mißgriff**[ALT] *m* hata, falso, gaf
Missgunst[RR] *f,* **Mißgunst**[ALT] *f* kıskançlık
misshandeln[RR] *vt,* **mißhandeln**[ALT] *vt* kötü davranmak (**jdn** -e), hırpalamak (**jdn** -i)
Misshandlung[RR] *f,* **Mißhandlung**[ALT] *f* kötü davranma
Mission *f* ① (*Auftrag*) görev, vazife ② (*Gesandtschaft*) elçilik ③ REL dini propaganda
Missionar(in) *m(f)* misyoner
Misskredit[RR] *m,* **Mißkredit**[ALT] *m* itibardan düşme; **jdn in ~ bringen** birini itibardan düşürmek
misslich[RR] *adj,* **mißlich**[ALT] *adj* ① (*heikel*) müşkül, nazik, sakıncalı ② (*unangenehm*) nahoş, aksi, can sıkıcı
misslingen[RR] <misslang, misslungen> *vi,* **mißlingen**[ALT] *vi sein* (*Vorhaben*) boşa gitmek; **es ist mir misslungen** başaramadım
misst[RR] *vt s.* **messen**
misstrauen[RR] *vi,* **mißtrauen**[ALT] *vi* güvenmemek (**jdm** -e)
Misstrauen[RR] *nt,* **Mißtrauen**[ALT] *nt* güvensizlik
Misstrauensvotum[RR] *nt* güvensizlik oyu
misstrauisch[RR], **mißtrauisch**[ALT] *adj* güvensiz
Missverhältnis[RR] *nt,* **Mißverhältnis**[ALT] *nt* denksizlik, oransızlık
missverständlich[RR], **mißverständlich**[ALT] *adj* yanlış anlaşılmaya yol açan, açık [*o* belli] olmayan; (*mehrdeutig*) çok anlamı olan
Missverständnis[RR] *nt,* **Mißverständnis**[ALT] *nt* yanlış anlama
missverstehen[RR], **mißverstehen**[ALT] *irr vt* yanlış anlamak (**jdn/etw** -i)
Misswirtschaft[RR] *f* kötü idare
Mist *m* ① (*Düngemittel*) gübre, fışkı ② (*fam: wertloses Zeug*) değersiz şey(ler); (*Unsinn*) saçma sapan; **~!** tüh!, Allah kahretsin!
Misthaufen *m* gübre yığını
mit *präp +dat* ile; (*als Suffix*) -le/-la; (*zusammen* **~**) ile birlikte [*o* beraber]; **~ mir** benimle; **~ dir** seninle; **~ ihm, ~ ihr** onunla; **~ jdm gehen** biriyle gitmek; (*fig: Freundschaft*) biriyle çıkmak; **~ dem Flugzeug** uçakla; **~ dem Kugelschreiber** tükenmez kalemle; **~ der Maschine/Hand schreiben** daktiloyla/el yazısıyla yazmak; **~ der Post** postayla; **~ Gewalt** zorla; **~ einem Wort** tek kelimeyle; **~ 20 Jahren** yirmi yaşında; **~ schwarzen Augen** kara gözlü; **~ dabei sein** (*sich beteiligen*) katılmak; **was ist ~ ihm?** onun nesi var?
Mitarbeit *f* işbirliği
mitarbeiten *vi* birlikte çalışmak, işbirliği yapmak; **an etw ~** bir şeye katılmak
Mitarbeiter(in) *m(f)* eleman
mitbekommen *irr vt* ① (*auf den Weg*) yanına verilmek ② (*fig: verstehen*) anlamak, kavramak (**etw** -i)
Mitbenutzung *f* birlikte kullanma
Mitbestimmung *f* yönetime katılma
mitbringen *irr vt* (yanında) getirmek (**etw** -i)
Mitbringsel *nt* küçük hediye
Mitbürger(in) *m(f)* yurttaş, vatandaş
miteinander *adv* ① (*zusammen*) birlikte, beraber ② (*einer mit dem anderen*) birbir(ler)iyle; **alle ~** hepsi birlikte [*o* beraber]
Mitesser *m* (*Talgabsonderung*) komedon
mitfahren *irr vi sein* birlikte gitmek (**mit jdm** ile)
mitfühlen *vi* **mit jdm ~** birinin duygularını paylaşmak, birine sempati [*o* yakınlık] göstermek
Mitgefühl *nt* duygudaşlık, sempati; (*Beileid*) başsağlığı

mitgenommen *adj* (*fig*) sarsılmış, hırpalanmış
Mitgift *f* çeyiz, drahoma
Mitglied *nt* üye; ~ **werden** üye olmak
Mitgliedskarte *f* üyelik kartı
mithören *vt* ❶ (*heimlich*) gizlice dinlemek (**etw** -i) ❷ (*aufschnappen*) kulak misafiri olmak (**etw** -e)
mitkommen *irr vi sein* ❶ (*begleiten*) birlikte gelmek (**mit jdm** ile), eşlik etmek (**mit jdm** -e) ❷ (*verstehen*) anlamak; (*hören*) duymak
mitkriegen *vt* (*verstehen*) anlamak, kavramak; (*hören*) duymak (**etw** -i)
Mitläufer(in) *m(f) içten angaje olmayan yandaş/üye*
Mitlaut *m* ünsüz
Mitleid *nt* acıma
Mitleidenschaft *f* **etw in ~ ziehen** bir şeyi sarsmak [*o* bozmak]
mitmachen **I.** *vi* (*sich beteiligen*) katılmak (**bei etw** -e) **II.** *vt* (*Mode*) izlemek (**etw** -i); **viel ~ müssen** (dert) çekmek
Mitmenschen *mpl* (birlikte yaşanılan) insanlar, yakınlar
mitnehmen *irr vt* ❶ (*auf einem Weg*) yanına almak, (beraberinde) götürmek (**etw/jdn** -i) ❷ (*fig: seelisch*) sarsmak; (*körperlich*) yormak (**jdn** -i)
mitreden *vi* söze katılmak
Mitreisende(r) *f(m)* yol arkadaşı
mitreißen *irr vt* ❶ (*mit sich fortreißen*) sürüklemek (**etw** -i) ❷ (*begeistern*) coşturmak, heyecanlandırmak (**jdn** -i)
mitschreiben *irr vi, vt* not etmek (**etw** -i)
Mitschuld *f* suç ortaklığı
mitschuldig *adj* suç ortağı
mitspielen *vi* ❶ oyuna katılmak ❷ (*mit eine Rolle spielen*) rol oynamak
Mitspieler(in) *m(f)* oyun arkadaşı; SPORT takım arkadaşı
Mittag *m* öğle(n); **zu ~ essen** öğle yemeği yemek; **heute ~** bugün öğleyin
Mittagessen *nt* öğle yemeği
mittags *adv* öğleyin, öğle(n)leri
Mittagsruhe *f*, **Mittagsschlaf** *m* öğle uykusu; ~ **halten** öğle uykusuna yatmak
Mitte *f* ❶ (*Zentrum*) orta ❷ (*Mittelpunkt*) merkez ❸ (*zwischen zwei Punkten*) ara; ~ **Mai** mayısın ortasında; ~ **vierzig** kırk yaşlarının ortasında; **in unserer ~** ortamızda, aramızda
mitteilen *vt* bildirmek (**jdm etw** -e -i)
mitteilsam *adj* konuşkan
Mitteilung *f* ❶ (*Nachricht*) haber, bildirme ❷ (*Bekanntgabe*) bildiri, duyuru
Mittel *nt* ❶ (*Hilfs-*) araç ❷ (*Heil-*) ilaç ❸ (*Durchschnitt*) orta(lama) ❹ (*Geld-*) para; ~ **und Wege finden, um zu ...** -menin yolunu bulmak, -meye çare bulmak
Mittelalter *nt* Ortaçağ
mittelalterlich *adj* Ortaçağ, Ortaçağ'a ait
Mittelamerika *nt* Orta Amerika
mittelbar *adj* dolaylı
Mitteleuropa *nt* Orta Avrupa
mitteleuropäisch *adj* ❶ (*Art*) Orta Avrupa('ya ait) ❷ (*Herkunft*) Orta Avrupalı; **~e Zeit** Orta Avrupa saati
Mittelfinger *m* ortaparmak
mittelfristig *adj* orta vadeli
Mittelgebirge *nt orta yükseklikte sıradağlar*
mittelgroß *adj* orta büyüklükte; (*Mensch*) orta boylu
Mittelklasse *f* orta sınıf
mittellos *adj* fakir, yoksul
mittelmäßig **I.** *adj* orta (karar); (*negativ*) sıradan, alelade **II.** *adv* şöyle böyle
Mittelmeer *nt* Akdeniz
Mittelohrentzündung *f* ortakulak iltihabı
Mittelpunkt *m* merkez, orta
mittels *präp +gen ...* sayesinde
Mittelstand *m* orta tabaka
mittelständisch *adj* **~er Betrieb** orta ölçekli girişim
Mittelstürmer(in) *m(f)* santrfor
mittelsüß *adj* (*türkischer Kaffee*) orta
Mittelwelle *f* orta dalga
Mittelwort *nt* sıfatfiil, ortaç
mitten *adv* ~ **in** (*Ort*) -in ortasında; (*Richtung*) -in ortasına; ~ **in der Nacht** gece yarısı
Mitternacht *f* gece yarısı
mittlere(r, s) *adj* ❶ (*durchschnittlich*) orta(lama) ❷ (*im Mittelpunkt*) merkezi ❸ (*zwischen zwei Punkten*) aradaki; **der Mittlere Osten** Orta Doğu
Mittwoch *m* çarşamba (günü)
mitunter *adv* arasıra, bazen
mitwirken *vi* katılmak (**an/bei etw** -e)
Mitwisser(in) *m(f)* sırdaş
Mixer *m* (*Gerät*) mikser
Mixgetränk *nt* karışık içki
MKS *f Abk von* **Maul- und Klauenseuche** şap hastalığı
Möbel *ntpl* mobilya *sing*

Möbelgeschäft *nt* mobilya mağazası
Möbelstück *nt* möble
mobil *adj* gezici, yer değiştiren
Mobile *nt tavana asılan havada oynayan oda süsü*
Mobilfunkstation *f* baz istasyonu
Mobiliar *nt* mobilya, ev eşyası
Mobilmachung *f* seferberlik
Mobiltelefon *nt* mobil telefon
möblieren *vt* döşemek (**etw** -i)
möbliert *adj* mobilyalı
möchte *vt s.* **mögen**
Mode *f* moda; **nach der (neuesten) ~** (son) modaya göre; **in ~ sein** moda olmak; **aus der ~ kommen** modası geçmek
Modegeschäft *nt* moda mağazası
Model *nt* (*Modeschau*) manken; (*Fotomodell*) fotomodel
Modell *nt* model, örnek; (*weibliches*) model; **~ stehen** modellik yapmak
modellieren *vt* şekillendirmek, biçimlendirmek (**etw** -i)
modeln *vi* ❶ (*als Fotomodell*) fotomodellik yapmak ❷ (*bei Modenschau*) mankenlik yapmak
Modem *nt* INET modem; **externes ~** dış modem
Mode(n)schau *f* defile
Moderator(in) *m(f)* sunucu
moderieren *vi, vt* sunmak (**etw** -i)
modern *adj* modern
modernisieren *vt* modernleştirmek, modernize etmek (**etw** -i)
Modernisierung *f* modernleştirme
Modeschöpfer(in) *m(f)* modacı
modisch *adj* moda(ya uygun)
Mofa *nt* motorlu bisiklet
mogeln *vi* hile yapmak; (*beim Würfeln*) zar tutmak
mögen <mag, mochte, gemocht/mögen> *vt* ❶ (*haben wollen, wünschen*) istemek (**etw** -i) ❷ (*gernhaben*) sevmek, beğenmek (**etw/jdn** -i), hoşlanmak (**etw/jdn** -den); **ich möchte (gern) einen Tee** bir çay ister(d)im; **lieber mögen** tercih etmek (**etw/jdn** -i); **was möchten Sie?** ne arzu ediyorsunuz?; **ich mag das nicht** bunu sevmiyorum, bunu beğenmiyorum, bundan hoşlanmıyorum; **ich mag die Hitze nicht** sıcağı sevmem; **es mag sein** olabilir; **er mag 30 Jahre alt sein** 30 yaşlarında olmalı; **es mag 7 Uhr sein** her halde saat 7 olmalı; **mag sie auch noch so hübsch sein** ne kadar güzel olursa olsun
möglich **I.** *adj* mümkün, olabilir, olanaklı; **nicht ~!** imkansız!; **alles Mögliche** (*vielerlei*) olur olmaz her şey; **alles Mögliche versuchen** her çareye başvurmak **II.** *adv* **so gut/viel wie ~** mümkün olduğu kadar iyi/çok; **so bald wie ~** bir an önce; **so schnell wie ~** mümkün olduğu kadar çabuk
möglicherweise *adv* belki
Möglichkeit *f* imkan, olanak
möglichst *adv* **~ viel/bald** mümkün olduğu kadar çok/çabuk
Mohammed *m* Muhammed
Mohammedaner(in) *m(f)* Müslüman
mohammedanisch *adj* Müslüman, İslami
Mohn *m* (*Schlaf-*) haşhaş; (*Klatsch-*) gelincik
Möhre *f,* **Mohrrübe** *f* havuç
Mokka *m* Türk kahvesi
Mole *f* rıhtım, dalgakıran
Molekül *nt* molekül
molk *vt s.* **melken**
Molkerei *f* süthane
mollig *adj* ❶ (*weich*) yumuşak, yumuşacık ❷ (*rundlich*) tombul, (etine) dolgun
Moment *m* an; **im ~** bu [*o* şu] anda; **~ mal!** bir dakika!; **jeden ~** her an
momentan **I.** *adj* şimdiki **II.** *adv* şimdilik
Monaco *nt* Monako
Monarchie *f* monarşi
Monat *m* ay; **am 10. dieses ~s** bu ayın 10'unda
monatelang *adv* aylarca
monatlich **I.** *adj* aylık **II.** *adv* her ayda bir
Monatsgehalt *nt* aylık, maaş
Monatskarte *f* aylık kart
Monatsrate *f* aylık taksit
Mönch *m* keşiş
Mond *m* ay; **abnehmender/zunehmender ~** küçülen/büyüyen ay
Mondfinsternis *f* ay tutulması
Mondlandung *f* aya iniş
Mondschein *m* ay ışığı
monieren *vt* kusurlu bulmak (**etw** -i)
Monitor *m* (*komplettes Gerät*) monitör; (*Bildschirm*) ekran
Monogamie *f* tekevlilik, monogami
Monogramm *nt* monogram (*bir adın baş harflerinden yapılan marka*)
Monolog *m* monolog
Monopol *nt* tekel
Monotheismus *m* tektanrıcılık
monoton *adj* tekdüze, monoton

Monotonie *f* tekdüzelik, monotonluk
Monstrum *nt* canavar
Montag *m* pazartesi (günü)
Montage *f* montaj, kurma, takma
Monteur *m* montajcı
montieren *vt* monte etmek (**etw** -i)
Monument *nt* anıt, abide
monumental *adj* anıtsal
Moor *nt* bataklık
Moos *nt* yosun
Moped *nt* hafif motosiklet
Moral *f* ❶ (*Sittlichkeit*) ahlak ❷ (*Lehre*) ders ❸ (*seelische Verfassung*) moral
moralisch *adj* (*sittlich*) ahlaki
Morast *m* bataklık
Mord *m* cinayet
Mordanschlag *m* suikast
Mörder(in) *m(f)* katil
mörderisch *adj* öldürücü; (*fig: furchtbar*) korkunç, dehşetli
Mordversuch *m* katle teşebbüs
morgen *adv* yarın; ~ **früh** yarın sabah; ~ **Mittag/Abend** yarın öğleyin/akşam; **heute Morgen** bu sabah; **von heute auf** ~ bugünden yarına; ~ **ist auch ein Tag** bu iş yarın da olur
Morgen *m* ❶ (*Tageszeit*) sabah; **guten ~!** günaydın!; **am anderen** [*o* **nächsten**] ~ ertesi sabah ❷ (*Feldmaß*) *25 ile 36 arlık arasında olan bir arazi ölçüsü*
Morgendämmerung *f* şafak, gün ağarması
Morgenland *nt* Doğu, Şark
morgenländisch *adj* Doğu('ya ait), Şark('a ait)
Morgenrock *m* sabahlık
Morgenröte *f* sabah kızıllığı
morgens *adv* ❶ (*am Morgen*) sabahleyin ❷ (*jeden Morgen*) sabahları; **um 8 Uhr** ~ sabah saat 8'de
Morgenstern *m* sabah yıldızı
morgig *adj* yarınki
Morphium *nt* morfin
morsch *adj* çürük; (*baufällig*) yıkılmak üzere
Morsealphabet *nt* mors alfabesi
Mörser *m* havan
Mörtel *m* yapı harcı
Mosaik *nt* mozaik
Moschee *f* cami
Mosel *f* Mozel (nehri)
Moses *m* Musa
Moskau *nt* Moskova
Moskito *m* sivrisinek
Moskitonetz *nt* cibinlik
Moslem(in) *m(f)* Müslüman
moslemisch *adj* İslam, Müslüman
Most *m* (*Trauben-*) şıra; (*Apfel-*) elma suyu
Motel *nt* motel
Motiv *nt* ❶ (*Beweggrund*) güdü, gerekçe ❷ (*Malerei*) motif ❸ (*Musik*) motif, tem(a)
Motivation *f* motivasyon (*davranışı yöneten etki*)
motivieren *vt* ❶ (*antreiben*) teşvik etmek (**jdn** -i), özendirmek (**jdn zu etw** -i -e) ❷ (*begründen*) sebebini göstermek (**etw** -in)
Motor *m* motor
Motorboot *nt* motorbot, motor
Motorhaube *f* motor kılıfı, kaput
motorisieren *vt* motorlaştırmak, motorize etmek (**etw** -i)
Motorisierung *f* motorlaştırma
Motorjacht *f* motorlu yat
Motorrad *nt* motosiklet
Motorradfahrer(in) *m(f)* motosikletçi
Motorroller *m* skuter
Motorschiff *nt* motorlu gemi
Motorsport *m* motor sporu
Motte *f* güve
Motto *nt* parola, vecize
Mountainbike *nt* dağ bisikleti
Möwe *f* martı
MP *f Abk von* **Maschinenpistole** makineli tabanca
Mrd. *f Abk von* **Milliarde(n)** milyar
mtl. *adj Abk von* **monatlich** her ayda bir
Mücke *f* sivrisinek; (*kleine* ~) tatarcık
Mückenstich *m* sivrisinek sokması
müde *adj* yorgun; ~ **sein** yorgun olmak; ~ **werden** yorgun düşmek
Müdigkeit *f* yorgunluk
Muezzin *m* müezzin
muffig *adj* ❶ (*stinkend*) kokmuş, kokuşuk ❷ (*Luft*) küflü ❸ (*mürrisch*) somurtkan
Mühe *f* ❶ (*Anstrengung*) zahmet, külfet, güçlük ❷ (*Bemühung*) çaba, gayret ❸ (*Arbeit*) emek ❹ (*Plage*) sıkıntı, eziyet; **mit Müh(e) und Not** zar zor, güçbela; ~ **kosten** emek istemek; **sich** *dat* **~geben** çaba göstermek, çabalamak, gayret etmek; **das ist nicht der ~ wert** bu zahmete değmez; **machen Sie sich keine ~!** zahmet etmeyin!
mühelos *adv* kolaylıkla
Mühle *f* değirmen
Mühlrad *nt* değirmen çarkı
mühsam *adj*, **mühselig** *adj* zahmetli,

yorucu, ağır
Mulde *f* çukur(luk)
Müll *m* çöp, süprüntü; (*Industrie-*) atık
Müllabfuhr *f* çöplerin kaldırılması
Müllbeutel *m* çöp torbası
Mullbinde *f* gaz bezi
Müllcontainer *m* çöp bidonu
Mülldeponie *f* çöplük, çöp deposu
Mülleimer *m* çöp tenekesi
Müller(in) *m(f)* değirmenci
Müllhaufen *m* çöplük, çöp yığını
Mülltonne *f* çöp bidonu
Müllwagen *m* çöp arabası
Multi *m* (*fam*) dünya devi
multiethnisch *adj* çok ırklı
Multiethnizität *f* çok ırklılık
multifunktional *adj* çok fonksiyonlu
multikulti *adj* (*fam*) çok kültürlü
Multikulti *nt* çok kültürlülük
multikulturell *adj* çok kültürlü
multilateral *adj* çok taraflı
Multimedia *nt* çoklu ortam, multimedya
Multimediadatei *f* multimedya dosyası
multinational *adj* çokuluslu, multinasyonal
multiple Sklerose *f* mültipl skleroz
Multiplikation *f* çarpma
multiplizieren *vt* çarpmak (**etw mit etw** -i ile)
Multitasking *nt* çok görevlilik
Multivitamin- *adj* multivitaminli
Mumie *f* mumya
Mumps *m* kabakulak (hastalığı)
München *nt* Münih
Mund *m* ağız; **den ~ halten** ağzını [*o* çenesini] tutmak, susmak; **nicht auf den ~ gefallen sein** hazırcevap olmak; **jdm nach dem ~e reden** birine yaltaklanmak; **jdm Honig** [*o* **Brei**] **um den ~ schmieren** (*fam*) birine yağ çekmek; **von der Hand in den ~ leben** akşama kavurup sabaha savurmak; **einen ~ voll** ağız dolusu
Mundart *f* ağız, lehçe
münden *vi* ❶ (*Fluss*) dökülmek, kavuşmak (**in etw** -e); (*Straße*) kavuşmak (**in etw** -e) ❷ (*in ein Ergebnis*) varmak (**in etw** -e)
Mundgeruch *m* ağız kokusu
Mundharmonika *f* ağız armonikası
mündig *adj* reşit, ergin
mündlich **I.** *adj* sözlü **II.** *adv* sözlü olarak
Mundstück *nt* (*Zigarette*) ağızlık
Mündung *f* (*von Fluss, Gewehr*) ağız
Mundwasser *nt* gargara (*için ilaç*)
Mund-zu-Mund-Beatmung *f* ağızdan ağıza nefes verme
Munition *f* cephane
Münster *nt* katedral, başkilise
munter *adj* ❶ (*wach*) uyanık ❷ (*lebhaft*) canlı ❸ (*fröhlich*) neşeli, şen
Münze *f* ❶ (*Geldstück*) madeni para ❷ (*Gedenk-*) madalya ❸ (*Telefon-, Automaten-*) jeton; **etw für bare ~ nehmen** bir şeye ciddi olarak inanmak; **es mit gleicher ~ heimzahlen** kısasa kısasla karşılık vermek
Münzeinwurf *m* para atılan delik
Münzfernsprecher *m* kasalı [*o* jetonlu] telefon
mürbe *adj* ❶ (*zart*) yumuşak ❷ (*brüchig*) yıpranmış, aşınmış
Murmel *f* bilya, zıpzıp
murmeln *vi* mırıldanmak
Murmeltier *nt* dağ sıçanı; **wie ein ~ schlafen** ölü gibi uyumak
murren *vi* homurdanmak, söylenmek
mürrisch *adj* somurtkan, aksi, huysuz
Mus *nt* ezme; (*Frucht-*) marmelat
Muschel *f* ❶ (*Schalentier*) midye ❷ (*Telefonhörer*) kulaklık
Museum *nt* müze
museumsreif *adj* müzelik
Musical *nt* müzikal
Musik *f* müzik
musikalisch *adj* (*Mensch*) müzikten anlar
Musikant(in) *m(f)* çalgıcı
Musikbox *f* müzik dolabı
Musiker(in) *m(f)* müzisyen
Musikgeschäft *nt* müzik aletleri mağazası
Musikhochschule *f* konservatu(v)ar
Musikinstrument *nt* müzik aleti, çalgı, enstrüman
Musiklehrer(in) *m(f)* müzik öğretmeni
Musikstück *nt* (müzik) parça(sı)
musizieren *vi* müzik yapmak
Muskatnuss[RR] *f* küçük hindistancevizi
Muskel *m* adale, kas
Muskelkater *m* kas tutulması
Muskelkrampf *m* kramp
Muskulatur *f* kaslar *pl*
muskulös *adj* adaleli, kaslı
Muslim(in) *m(f)* Müslüman
muslimisch *adj* Müslüman
müssen <muss, musste, gemusst/müssen> *vi* (*Notwendigkeit*) -meye mecbur olmak, -mek zorunda olmak, -mek gerek(mek); **man muss ...** -mek gerek; **ich**

M

muss fort gitmem gerek(iyor), gitmek zorundayım; **wenn es sein muss** eğer gerekliyse; **ich muss es tun** (*moralische Pflicht*) bunu yapmalıyım; (*Notwendigkeit*) yapmam gerek; **ich muss Ihnen Folgendes sagen ...** size şunu söylemeliyim ki, ...; **er muss fort sein** (*Annahme*) gitmiş olmalı; **er muss es gewesen sein** herhalde oydu

Muster *nt* ❶ (*auf Stoffen*) desen ❷ (*Modell*) model ❸ (*Probe*) eşantiyon, göstermelik ❹ (*Beispiel*) örnek

Musterbeispiel *nt* (iyi) örnek

Musterbild *nt* ideal

Musterbrief *m* mektup şeması

Mustergatte *m* örnek [*o* ideal] koca

mustergültig *adj*, **musterhaft** *adj* kusursuz

Mustermesse *f* örnekler sergisi

mustern *vt* ❶ (*prüfend*) gözden geçirmek (**etw** -i) ❷ (*neugierig*) süzmek (**jdn** -i)

Mut *m* cesaret, yüreklilik; ~ **fassen** cesaretlenmek, yüreklenmek; **den** ~ **verlieren** cesaretini kaybetmek; **nur** ~**!** ha, cesaret!

Mutant *m* mutant

Mutation *f* mutasyon

mutieren *vi* değişmek, mutasyon geçirmek

mutiert *adj* mutasyon geçirmiş, mutant

mutig *adj* cesur, yürekli, mert

mutlos *adj* cesaretsiz, yüreksiz

mutmaßlich *adj* ❶ tahmini ❷ (*Täter*) sanık, zanlı

Mutmaßung *f* tahmin, sanı

Mutter *f* ❶ (*Frau*) anne, ana ❷ (*Schrauben-*) (vida) somun(u)

Muttergottes *f* Meryem Ana

Mutterland *nt* anavatan, anayurt

mütterlich *adj* anaya özgü, ana gibi

mütterlicherseits *adv* anne tarafından

Mutterliebe *f* ana [*o* anne] sevgisi

Muttermal *nt* büyük ben

Mutterschaft *f* analık, annelik

Mutterschutz *m iş hukuku açısından anneler için sosyal yardım*

Muttersöhnchen *nt* ana kuzusu, hanım evladı

Muttersprache *f* anadili

Muttersprachler(in) *m(f)* anadili konuşan

Muttertag *m* Anneler Günü

mutwillig *adv* kasten

Mütze *f* kasket

MW *f Abk von* **Mittelwelle** orta dalga

MwSt. *f Abk von* **Mehrwertsteuer** KDV (*katma değer vergisi*)

mysteriös *adj* esrarengiz, gizemli, tılsımlı

Mystik *f* REL gizemcilik

Mystiker(in) *m(f)* REL gizemci

mythisch *adj* efsanevi

Mythologie *f* mitoloji

mythologisch *adj* mitolojik

Mythos *m* efsane, mit

Nn

N *m Abk von* **Norden** küzey

na *interj* (*fam: Staunen*) hayrola?; (*begütigend und abwehrend*) haydi bakalım!; ~ **ja!** eh!; ~ **und?** ne olmuş yani?; ~ **so was!** olmaz böyle şey!

Nabel *m* göbek

Nabelschnur *f* göbek kordonu

nach I. *präp+dat* ❶ (*Richtung*) -e/-a; ~ **Istanbul** İstanbul'a; ~ **Ankara abreisen** Ankara'ya hareket etmek; ~ **Süden** güneye; **die Straße** ~ **Antalya** Antalya'ya giden yol ❷ (*Zeit und Reihenfolge*) sonra; ~ **einer halben Stunde** yarım saat sonra; ~ **14 Tagen** 14 gün [*o* iki hafta] sonra; **Viertel** ~ **acht** sekizi çeyrek geçe; ~ **Ihnen!** sizin arkanızdan! ❸ (*zufolge, gemäß*) -e göre; **meiner Meinung** ~ bana göre, bence; **ihrem Aussehen** ~ görünüşüne göre **II.** *adv* ~ **und** ~ yavaş yavaş, azar azar; ~ **wie vor** eskisi gibi

nachahmen *vt* taklit etmek (**etw/jdn** -i)

Nachahmung *f* taklit

Nachbar(in) *m(f)* komşu

Nachbarhaus *nt* komşu ev

Nachbarschaft *f* ❶ (*Gesamtheit*) komşuluk; (*Leute*) komşular *pl* ❷ (*Nähe*) yakınlık

nachbezahlen *vt* sonradan ödemek (**etw** -i)

Nachbildung *f* taklit, benzeti, kopya

nachdem *konj* -dikten sonra

nachdenken *irr vi* düşünüp taşınmak, düşünmek (**über etw/jdn** -i)

nachdenklich *adj* düşünceli, düşüncelere dalmış

Nachdruck *m* ❶ (*Betonung*) vurgu ❷ (*eines Buches*) tıpkıbasım

nachdrücklich I. *adj* kuvvetli, şiddetli **II.** *adv* kuvvetle, şiddetle

nacheinander *adv* arka arkaya, art arda, üst

üste

nacherzählen *vt* (kendi sözleriyle) anlatmak (**etw** -i)

Nacherzählung *f* (kendi sözleriyle) anlatma

Nachf. *m Abk von* **Nachfolger**

Nachfolge *f* yerine geçme

Nachfolger(in) *m(f)* yerine geçen

nachforschen *vi* araştırmak

Nachforschung *f* araştırma

Nachfrage *f* ❶ (*Erkundigung*) sor(uştur)ma ❷ (*nach Waren*) talep, rağbet

nachgeben *irr vi* ❶ (*sich fügen*) boyun eğmek ❷ (*schwächer werden*) gevşemek

nachgehen *irr vi sein* ❶ (*jdm folgen*) peşinden gitmek ((**hinter**) **jdm** -in) ❷ (*einer Beschäftigung*) uğraşmak (**einer Sache** ile) ❸ (*nachforschen*) araştırmak (**einer Sache** -i) ❹ (*etw verfolgen*) bir işe el koymak ❺ (*Uhr*) geri kalmak [*o* gitmek]

Nachgeschmack *m* ağızda kalan tat

nachgiebig *adj* (*Mensch*) uysal, yumuşak

Nachgiebigkeit *f* uysallık, yumuşaklık

nachhaltig *adj* etkisi süren; (*Wachstum*) sürdürülebilir

Nachhaltigkeit *f* sürdürebilirlik

nachhause[RR] *adj* eve

nachher *adv* sonra(dan), ondan sonra

Nachhilfestunden *pl*, **Nachhilfeunterricht** *m* özel ders *sing*

nachholen *vt* ❶ (*Versäumtes*) telafi etmek (**etw** -i) ❷ (*nachträglich holen*) sonradan getirtmek (**etw** -i)

Nachkomme *m* evlat

nachkommen *irr vi sein* ❶ (*später kommen*) sonradan gelmek ❷ (*einer Forderung*) yerine getirmek (**einer Sache** -i)

Nachkriegszeit *f* savaş [*o* harp] sonrası zamanı

Nachlass[RR] *m*, **Nachlaß**[ALT] *m* ❶ (*Preis-*) tenzilat, ıskonto, indirim ❷ (*Erbschaft*) miras

nachlassen *irr* **I.** *vt* ❶ (*lockern*) gevşetmek (**etw** -i) ❷ (*Preis*) tenzilat [*o* indirim] yapmak **II.** *vi* ❶ (*sich vermindern*) azalmak ❷ (*aufhören*) dinmek, durmak ❸ (*Sturm, Lärm, Schmerz*) hafiflemek

nachlässig *adj* ❶ (*unordentlich*) düzensiz ❷ (*schlampig*) derbeder, pasaklı

Nachlässigkeit *f* (*Unordentlichkeit*) düzensizlik

nachmachen *vt* ❶ (*nachahmen, kopieren*) taklit etmek, kopya etmek (**etw/jdn** -i) ❷ (*später machen*) sonradan yapmak (**etw** -i)

Nachmittag *m* öğleden sonra; **heute ~** bugün öğleden sonra; **am frühen/späten ~** öğleden sonranın erken/geç saatlerinde

nachmittags *adv* (*am Nachmittag*) öğleden sonra; (*jeden Nachmittag*) öğleden sonraları

Nachnahme *f* **gegen ~** ödemeli

Nachname *m* soyadı

nachprüfen *vt* ❶ (*überprüfen*) gözden geçirmek, yoklamak (**etw** -i) ❷ (*kontrollieren*) kontrol etmek (**etw** -i)

Nachprüfung *f* gözden geçirme, kontrol; (*Schule*) bütünleme sınavı

Nachrede *f* **üble ~** iftira

Nachricht *f* haber; (*offizielle*) bildiri, duyuru; **Nachrichten** TV, RADIO haberler *pl*

Nachrichten *pl* TV, RADIO haberler *pl*

Nachrichtenagentur *f* haber ajansı

Nachrichtendienst *m* (*Geheimdienst*) istihbarat servisi

Nachrichtensatellit *m* haberleşme uydusu

Nachrichtentechnik *f* haberleşme tekniği

nachrüsten **I.** *vt* TECH hazırlamak, tertip etmek (**etw** -i) **II.** *vi* MIL silahlanmak

Nachrüstung *f* ❶ TECH hazırlama, tertip ❷ MIL silahlanma

nachsagen *vt* birinin sözlerini tekrarlamak; **jdm etw ~** birisi hakkında kötü konuşmak

Nachsaison *f* sezon sonrası

nachschicken *vt* (bir şeyi birinin) yeni adresine göndermek

nachschlagen *irr vt* (*Wort*) (sözlükte) bir kelimeye bakmak

nachsehen *irr vt* (*prüfen*) kontrol etmek, denetlemek (**etw** -i)

nachsenden *irr vt* (bir şeyi birinin) yeni adresine göndermek; **bitte ~!** lütfen yeni adresine yollayınız

Nachsicht *f* hoşgörü

nachsichtig *adj* hoşgörücü, hoşgörülü

Nachspeise *f* (*süße*) tatlı; (*kalte*) soğukluk

nachspionieren *vi* **jdm ~** (birinin arkasından) gözetlemek

nachsprechen *irr vt* birinin söylediklerini tekrarlamak

nächstbeste(r, s) *adj* gelişigüzel

nächste(r, s) *adj* ❶ (*räumlich*) en yakın ❷ (*zeitlich*) gelecek, (bundan) sonraki ❸ (*darauffolgend*) ertesi; **~n Sonntag** gelecek pazar; **in der ~n Zeit** bu [*o* şu] günlerde, bugün yarın ❹ (*in der Reihenfolge*) sırası gelen; **der Nächste, bitte!** sırada olan, lüt-

N

fen!; **wer ist der Nächste?** sıra kimde?

Nächste *m* (*Mitmensch*) (birlikte yaşanılan) insan

nachstehen *irr vi* **jdm ~** birinden aşağı [*o* geri] kalmak

nachstehend *adj* aşağıdaki

Nächstenliebe *f* (*Liebe zu Mitmenschen*) hayırseverlik

nächstliegend *adj* (*räumlich*) en yakın

Nacht *f* gece; **heute ~** bu gece; **gute ~!** iyi geceler!; **bei ~, in der ~** geceleyin, gece; **über ~** gece; **es wird ~** gece oluyor

Nachtarbeit *f* gece işi

Nachtclub *m* gece kulübü

Nachtdienst *m* gece nöbeti

Nachteil *m* sakınca, zarar, dezavantaj

nachteilig *adj* sakıncalı, zararlı, dezavantajlı

Nachtessen *nt* akşam yemeği

Nachthemd *nt* gecelik

Nachtigall *f* bülbül

Nachtisch *m* (*süßer*) tatlı; (*kalter*) soğukluk

Nachtleben *nt* gece hayatı

nächtlich *adj* gece(ki)

Nachtlokal *nt* gece kulübü, pavyon

Nachtportier *m* gece kapıcısı

Nachtrag *m* ❶ (*Ergänzung*) ek, ilave ❷ (*Beifügung, Randbemerkung*) eklenti, çıkma

nachtragen *irr vt* (*hinzufügen*) (sonradan) eklemek (**etw** -i); **jdm etw ~** birine kin beslemek

nachtragend *adj* kinci

nachträglich **I.** *adj* ❶ (*ergänzend*) tamamlayıcı ❷ (*später*) sonradan yapılan, sonraki **II.** *adv* sonradan

nachtrauern *vi* ardından üzülmek (**einer Sache** -in), aramak (**einer Sache** -i)

nachts *adv* ❶ (*in der Nacht*) gece(leyin) ❷ (*jede Nacht*) geceleri, her gece; **um 3 Uhr ~** gece saat 3'te

Nachtschicht *f* ❶ (*Arbeit*) gece işi ❷ (*Arbeitergruppe*) gece işçi takımı

Nachtschwester *f* gece hemşiresi, nöbetçi hemşire

Nachttisch *m* komodin

Nachttopf *m* lazımlık

Nachtwächter *m* gece bekçisi

nachweinen *vi* arkasından ağlamak (**einer Sache** -in)

Nachweis *m* ispat, delil, kanıt

nachweisen *irr vt* ispatlamak, kanıtlamak (**etw** -i)

nachweislich *adj* ispat edilebilir, kanıtlanabilir

nachwirken *vi* sonradan etkisini göstermek

Nachwirkung *f* dolaylı etki

Nachwort *nt* sonsöz

Nachwuchs *m* (*Kinder*) çocuklar *pl;* (*im Fachgebiet*) yeni elemanlar *pl*

nachzahlen **I.** *vt* sonradan ödemek (**etw** -i) **II.** *vi* üstünü ödemek

nachzählen *vi, vt* tekrar saymak (**etw** -i)

Nachzahlung *f* sonradan ödeme; (*zusätzliche Zahlung*) ek ödeme

nachziehen *irr vt* ❶ (*hinter sich herziehen*) arkasından sürüklemek (**etw** -i) ❷ (*Schraube*) şıkıştırmak (**etw** -i) ❸ (*Augenbrauen*) çizmek (**etw** -i)

Nachzügler(in) *m(f)* geç kalan

Nacken *m* ense, boyun

Nackenstütze *f* enselik

nackt *adj* çıplak

Nadel *f* ❶ (*Näh-*) iğne ❷ (*Kompass-*) ibre ❸ (*Baum-*) iğneyaprak

Nadelbaum *m* iğneyapraklı ağaç, çam (ağacı) *fam*

Nadelöhr *nt* iğne deliği [*o* gözü]

Nadelstich *m* ❶ (*Stich*) iğne batması ❷ (*Loch*) iğne deliği

Nagel *m* ❶ (*Metallstift*) çivi; (*großer*) mıh ❷ (*Finger-, Fuß-*) tırnak; **den ~ auf den Kopf treffen** taşı gediğine koymak

Nagelbürste *f* tırnak fırçası

Nagelfeile *f* tırnak törpüsü

Nagellack *m* tırnak cilası, oje

Nagellackentferner *m* aseton

nageln *vt* çivilemek (**etw** -i)

nagelneu *adj* yepyeni

Nagelschere *f* tırnak makası

nagen *vi* kemirmek (**an etw** -i)

Nagetier *nt* kemirgen

nah <näher, am nächsten> *adj* yakın (**an/bei etw** -e); **der Nahe Osten** Yakın Doğu

nah(e) *adv* yakında; **~ daran sein, zu ...** -mesine ramak kalmak

Nahaufnahme *f* yakın çekim

Nähe *f* ❶ (*örtlich*) yakınlık ❷ (*Nachbarschaft*) komşuluk ❸ (*Umgebung*) çevre, civar; **aus der ~** yakından; **in der ~ von** -in yakınında; **es ist ganz in der ~** çok yakında, şuracıkta

nahekommen *irr vi* **jdm ~** (*menschlich*) birine yaklaşmak

nahelegen *vi* **jdm etw ~** (*empfehlen*) birine bir şeyi tavsiye etmek

naheliegen *irr vi* (*einleuchten*) akla yakın gelmek
nähen I. *vi* dikiş dikmek **II.** *vt* dikmek (**etw** -i)
näher I. *adj* daha yakın; **treten Sie ~!** yaklaşın! **II.** *adv* (*genau*) inceden inceye; **jdn ~ kennen** birini yakından tanımak
Naherholungsgebiet *nt bir şehrin yakınındaki dinlenme bölgesi*
Näherin *f* dikişçi kadın
näherkommen *irr vi* **sich ~** yakınlaşmak
nähern *vr* **sich ~** yak(ın)laşmak (**jdm/einer Sache** -e)
nähertreten *irr vi* **jdm ~** birine yaklaşmak; **einer Sache ~** bir şeye yanaşmak
nahestehen *irr vi* **jdm ~** biriyle içlidışlı olmak
nahestehend *adj* yakın; (*Freund*) samimi, içlidışlı
nahezu *adv* ❶ (*beinahe*) hemen hemen ❷ (*geradezu*) adeta
Nähgarn *nt* iplik, dikiş tiresi
Nähkasten *m* dikiş kutusu
nahm *vt s.* **nehmen**
Nähmaschine *f* dikiş makinesi
Nähnadel *f* dikiş iğnesi
nahrhaft *adj* besleyici, gıdalı
Nahrung *f* besin, yiyecek
Nahrungsmittel *ntpl* besin [*o* gıda] maddeleri, yiyecekler *pl*, erzak *sing*
Nährwert *m* besleyicilik
Naht *f* ❶ dikiş (yeri) ❷ (*Schweiß-*) kaynak [*o* lehim] yeri
nahtlos *adj* ❶ (*ohne Naht*) dikişsiz ❷ (*ohne Schweißnaht*) kaynaksız
Nahtstelle *f* (*fig*) ek yeri
Nahverkehr *m* banliyö trafiği
Nahverkehrszug *m* banliyö treni
Nähzeug *nt* dikiş takımı
naiv *adj* saf(dil); (*negativ*) budala
Naivität *f* saflık; (*negativ*) budalalık
Name *m* ❶ (*Wort*) ad, isim ❷ (*Vorname*) ön ad; (*Familienname*) soyadı; (*Ruf-*) hitabedilen isim; **wie ist Ihr ~?** adınız ne?; **mein ~ ist ...** adım ...
Namenstag *m* isim günü
namentlich I. *adj* (*Abstimmung*) adla çağrılarak yapılan **II.** *adv* ❶ (*mit Namen*) ismen ❷ (*insbesondere*) özellikle, bilhassa, her şeyden önce
Nameserver *m* INET isim sunucusu
namhaft *adj* ❶ (*berühmt*) tanınmış, meşhur ❷ (*bedeutend*) önemli
nämlich *adv* yani, demek (ki)
nannte *vt s.* **nennen**
nanu *interj* bak hele!
Narbe *f* yara izi
Narkose *f* narkoz
Narr, Närrin *m, f* ❶ (*Mensch*) deli, çılgın, kaçık ❷ (*im Theater*) soytarı, şaklaban, maskara; **jdn zum ~en halten** biriyle eğlenmek, biriyle alay etmek
närrisch *adj* deli, kaçık, çılgın
Narzisse *f* nergis, zerrin, fulya
naschen *vi, vt* ❶ (*Süßes essen*) tatlı yemek; **an etw ~** bir şeyden alıp tatmak ❷ (*heimlich*) gizlice yemek (**etw** -i)
Nase *f* ❶ ANAT burun ❷ (*Geruchssinn*) koklam ❸ (*fig: Spürsinn*) sezme yeteneği, sezgi; **direkt vor seiner ~** burnunun dibinde; **sich die ~ putzen** burnunu silmek; **die ~ voll haben** (*fam*) canına yetmek; **pro ~** (*fam*) kafa başına
Nasenbluten *nt* burun kanaması
Nasenring *m* halka
Nasentropfen *pl* MED burun damlası
naseweis *adj* arsız, saygısız, küstah
nass[RR] *adj,* **naß**[ALT] *adj* ıslak, yaş; (*durchnässt*) sır(ıl)sıklam; **~ machen** ıslatmak (**etw** -i); **~ werden** ıslanmak
Nässe *f* ıslaklık, yaşlık
nasskalt[RR] *adj* soğuk ve yağışlı
Nassstaubsauger[RR] *m* ıslak-kuru elektrikli süpürge
Nation *f* millet, ulus; **die Vereinten ~en** Birleşmiş Milletler
national *adj* milli, ulusal; **der Nationale Sicherheitsrat** (*in der Türkei*) Milli Güvenlik Konseyi, MGK
Nationalelf *f* (*Fußball*) milli takım
Nationalgericht *nt* (*Speise*) milli yemek
Nationalhymne *f* milli marş; (*türkische*) İstiklal Marşı
nationalisieren *vt* millileştirmek, uluslaştırmak (**etw** -i)
Nationalismus *m* milliyetçilik
nationalistisch *adj* milliyetçi
Nationalität *f* milliyet
Nationalitätskennzeichen *nt* (*am Auto*) milli plaka
Nationalpark *m* milli park
Nationalsozialismus *m* nasyonalsosyalizm
Nationalsozialist(in) *m(f)* nasyonalsosyalist
nationalsozialistisch *adj* nasyonalsosyalist
Nationalstaat *m* ulusal devlet
Nato *f* NATO

Natrium *nt* sodyum
Natter *f* engerek (yılanı), karayılan
Natur *f* ① (*allgemein*) tabiat, doğa ② (*körperlicher Zustand*) bünye ③ (*Veranlagung*) mizaç, huy
Naturalien *pl* (*Bodenerzeugnisse*) toprak ürünleri *pl*
naturalisieren *vt* POL vatandaşlığa kabul etmek (**jdn** -i)
Naturalismus *m* (*Literatur und Kunst*) doğacılık, natüralizm
naturbelassen *adj* doğal, işlenmemiş
Naturereignis *nt* tabiat olayı
Naturforscher(in) *m(f)* doğa araştırmacısı
Naturfreund(in) *m(f)* doğasever
naturgemäß *adj* doğa [*o* tabiat] kanunlarına uygun
Naturgeschichte *f* doğa tarihi
Naturgesetz *nt* doğa kanunu
naturgetreu *adj* gerçeğe uygun
naturidentisch *adj* doğala özdeş
Naturkatastrophe *f* doğal afet
Naturkunde *f* tabiat bilgisi
natürlich **I.** *adj* ① doğal, tabii ② (*schlicht*) sade, basit **II.** *adv* tabii, elbet(te)
Natürlichkeit *f* tabiilik
Naturprodukt *nt* doğa ürünü
naturrein *adj* katıksız
Naturschutz *m* tabiatı koruma
Naturschutzgebiet *nt* tabiatı koruma alanı
Naturwissenschaften *fpl* fen [*o* doğa] bilimleri *pl*
Nazi *m* nazi
Nazismus *m* nazilik, nazizm
nazistisch *adj* nazist
NC *m Abk von* **Network Computer** ağ bilgisayarı
n.Chr. *adv Abk von* **nach Christus** M.S. (*Milattan sonra*); **im Jahre 1699** ~ M.S. 1699 yılında
Nebel *m* sis; (*Dunst*) pus, hafif sis
Nebelscheinwerfer *m* sis farı
neben **I.** *präp +dat* ① (*Ort*) -in yanında ② (*außer*) -in dışında ③ (*verglichen mit*) -e oranla, -e nispetle **II.** *präp +akk* (*Richtung*) -in yanına
nebenan *adv* bitişikte
nebenbei *adv* (*beiläufig*) söz arasında
Nebenberuf *m* ikinci meslek
nebenberuflich **I.** *adj* ikinci meslekte çalışan **II.** *adv* ikinci meslek olarak
nebeneinander *adv* yan yana
Nebeneingang *m* yan giriş
Nebenfach *nt* yan bilim dalı
Nebenfluss[RR] *m* nehir kolu
Nebenkosten *pl* yan [*o* ek] masraflar *pl*
Nebenprodukt *nt* yan ürün
Nebenraum *m* yan oda
Nebensache *f* önemsiz şey
nebensächlich *adj* önemsiz
Nebensatz *m* yan cümle, yantümce
nebenstehend *adj* yandaki
Nebenstraße *f* yan sokak
Nebenwirkung *f* yan etki [*o* tesir]
Nebenzimmer *nt* yan oda
neblig *adj* sisli; (*leicht*) puslu; **es ist** ~ hava sisli
nebst *präp +dat* ... ile beraber [*o* birlikte]
necken **I.** *vt* takılmak (**jdn** -e) **II.** *vr* **sich** ~ şakalaşmak
Neffe *m* (erkek) yeğen
negativ *adj* olumsuz, negatif
Negativ *nt* negatif
nehmen <nimmt, nahm, genommen> *vt* ① (*allgemein*) almak (**etw** -i) ② (*packen*) tutmak, kapmak, yakalamak (**etw** -i); **jdm etw** ~ bir şeyi birinin elinden almak; **etw an sich** ~ (*aufbewahren*) bir şeyi saklamak [*o* korumak]; **etw auf sich** ~ (*als Aufgabe übernehmen*) bir işi üstüne almak; **etw zu sich** ~ (*essen*) bir şeyi yemek; **sich** *dat* **das Leben** ~ intihar etmek, kendi canına kıymak
Neid *m* kıskançlık; (*gehässiger*) haset
neidisch *adj* kıskanç; **auf jdn** ~ **sein** birine kıskanmak
neigen **I.** *vt* (*beugen*) eğmek (**etw** -i) **II.** *vi* **zu etw** ~ bir şeye eğilim göstermek **III.** *vr* **sich** ~ eğilmek
Neigung *f* ① (*Gefälle*) eğim, meyil, eğiklik ② (*Hang, Vorliebe*) eğilim, heves, merak
nein *adv* hayır, yok; **ich glaube** ~ sanmıyorum; ~ **sagen** hayır demek, reddetmek
Neinstimme *f* "hayır" oyu
Nelke *f* (*Blume und Gewürz*) karanfil
nennen <nannte, genannt> *vt* ① (*be-*) demek (**etw/jdn** -e), adını vermek (**etw/jdn** -e) ② (*erwähnen*) bahsetmek (**etw/jdn** -i) ③ (*bezeichnen als*) nitele(ndir)mek (**etw/jdn** -i); **er nannte seinen Hund Kastor** köpeğine Kastor adını verdi; **man nennt sie X** ona X diyorlar; **sie nennt ihn einen Schwätzer** onu boşboğaz olarak niteliyor
nennenswert *adj* kayda değer, hatırı sayılır
Nenner *m* payda; **gemeinsamer** ~ ortak

payda
Neofaschismus *m* neofaşizm
Neologismus *m* yeni(cil) deyim
Neonazi *m* neonazi
Neonröhre *f* neon tüpü, flöresan lamba
Nerv *m* sinir; **jdm auf die ~en gehen** birinin sinirine dokunmak
nerven *vt* (*fam*) sinirlendirmek (**jdn** -i)
Nervenarzt, Nervenärztin *m, f* sinir doktoru
Nervenbündel *nt* (*fig*) sinir küpü
Nervenentzündung *f* sinir iltihabı
Nervenheilanstalt *f* sinir hastalıkları kliniği
Nervenkrankheit *f* sinir hastalığı
Nervenkrieg *m* sinir harbi
Nervensystem *nt* sinir sistemi, sinirsel sistem
Nervenzusammenbruch *m* sinir krizi
nervös *adj* sinirli; **~ machen** sinirlendirmek (**jdn** -i); **~ werden** sinirlenmek
Nervosität *f* sinirlilik, asabiyet
Nerz *m* (*Tier und Pelz*) vizon
Nest *nt* yuva; (*pej: Kaff*) cansıkıcı köy [*o* kasaba]
Nesthäkchen *nt* ana(sının) kuzusu
nett *adj* ❶ (*freundlich*) nazik, ince ❷ (*hübsch*) güzel, zarif, şirin ❸ (*sympathisch*) cana yakın
netto *adv* safi, net
Nettodividende *f* FIN net temettü
Nettoeinkommen *nt* net gelir
Nettogehalt *nt* net aylık
Nettogewicht *nt* safi ağırlık
Nettopreis *m* kesintisiz fiyat
Network *nt* INFORM network, ağ
Netz *nt* ❶ (*allgemein und Verkehr*) ağ ❷ (*Computer-*) ağ ❸ (*Telefon-, Strom-*) şebeke ❹ (*Haar-, Einkaufs-*) file
Netzadapter *m* ağ adaptörü
Netzanschluss[RR] *m* şebeke bağlantısı
Netzhaut *f* ağtabaka
Netzkarte *f* INFORM ağ kartı
Netzwerk *nt* ❶ POL şebeke, ağ örgüsü, örgütlenme ❷ INFORM network, ağ
Netzwerkadministrator *m* ağ yöneticisi
Netzzugang *m* INET ağ erişimi
Netzzugangsprotokoll *nt* INET ağ erişim protokolü
neu *adj* ❶ (*nicht alt*) yeni; (*frisch*) taze ❷ (*neuzeitlich*) modern; **~ anfangen** yeniden başlamak; **~este Nachricht/Mode** en son haber/moda; **aufs Neue** yeniden; **von ~em** yeniden
Neubau *m* ❶ (*Gebäude*) yeni yapı ❷ (*Tätigkeit*) yeniden yapma
neuerdings *adv* ❶ (*neulich*) geçenlerde, son zamanlarda ❷ (*wiederum*) yine, yeniden
Neuerer *m* yenilikçi
Neuerscheinung *f* yeni çıkan eser
Neuerung *f* yenileme
neugeboren *adj* yeni doğan
Neugier(de) *f* merak; **jds ~ wecken** birinin merakını uyandırmak
neugierig *adj* meraklı
neuhebräisch *adj* Musevice, Yahudice
Neuheit *f* yenilik
Neuigkeit *f* (yeni) haber
Neujahr *nt* yılbaşı
neulich *adv* geçenlerde
Neuling *m* ❶ (*Neuankömmling*) yeni gelen ❷ (*Anfänger*) acemi
Neumond *m* yeniay, hilal
neun *num* dokuz
neunte(r, s) *adj* dokuzuncu
neunzehn *num* on dokuz
neunzig *num* doksan; **die ~er Jahre** doksanlı yıllar
Neuralgie *f* nevralji
neuralgisch *adj* nevraljik
Neureiche(r) *f(m)* yeni zengin, sonradan görme
Neurologe, Neurologin *m, f* nörolog, asabiyeci, sinir doktoru
Neurologie *f* nöroloji
Neurose *f* nevroz, sinirce
Neurotiker(in) *m(f)* nevrozlu hasta
neurotisch *adj* nevrotik
Neuseeland *nt* Yeni Zelanda
neutral *adj* ❶ tarafsız, yansız ❷ CHEM nöt(ü)r
neutralisieren *vt* ❶ POL tarafsızlaştırmak (**etw** -i) ❷ CHEM nöt(ü)rlemek (**etw** -i)
Neutralisierung *f* POL tarafsızlaş(tır)ma
Neutralität *f* tarafsızlık, yansızlık
Neutron *nt* nötron
Neutronenbombe *f* nötron bombası
Neutrum *nt* LING yansız cins
neuvermählt *adj* yeni evli
neuwertig *adj* yeni gibi
Neuzeit *f* Yeniçağ
Newsgroup *f* INET haber grubu
Nicaragua *nt* Nikaragua
nicht *adv* değil; **~ (ein)mal** bile (değil), hatta (değil); (**ganz und**) **gar ~** asla, hiç bir surette; **~ mehr** (*zeitlich*) artık değil; **~ mehr als ...**

N

-den fazla değil; ~ **ganz** tamamen öyle değil; ~ **nur** yalnız ... değil; **wenn** ~ öyle değilse; ~ **wahr?** değil mi?
Nichtangriffspakt *m* saldırmazlık paktı
Nichtbeachtung *f* riayet etmeme
Nichte *f* (kız) yeğen
Nichteinmischung *f* karışmazlık
Nichterfüllung *f* yerine getir(il)meme
nichtig *adj* ❶ (*ungültig*) hükümsüz ❷ (*wirkungslos*) etkisiz
Nichtraucher(in) *m(f)* sigara içmeyen
Nichtraucherabteil *nt* sigara içilmeyen kompartıman
nichtrostend *adj* paslanmayan
nichts *adv* hiç bir şey; **gar** [*o* **überhaupt**] ~ hiç; ~ **mehr** artık hiç bir şey; ~ **zu danken!** bir şey değil!; **mir** ~, **dir** ~ kestirmeden giderek; **für** ~ **und wieder** ~ yokyere; ~ **sagend** değersiz, önemsiz; (*Gesicht*) anlamsız, sönük
Nichtschwimmer(in) *m(f)* yüzme bilmeyen
nichtsdestoweniger *adv* bununla beraber, buna rağmen
nichtssagend *adj* önemsiz, değersiz; (*Gesicht*) anlamsız, sönük
Nichtzutreffendes *nt* ~**streichen** uymayan sözleri çizmek
Nickel *m* nikel
nicken *vi* başını sallamak
nie *adv* hiç bir zaman, asla; ~ **mehr** bir daha asla; ~ **und nimmer** hiç bir zaman
nieder *adv* **nieder mit ...!** kahrolsun ...!
niedere(r, s) *adj* alçak, aşağı; (*Rang*) düşük
Niedergang *m* ❶ (*Rückgang*) gerileme ❷ (*Untergang*) çökme, yıkılma
niedergeschlagen *adj* cesareti kırık, ümitsiz
Niedergeschlagenheit *f* cesaret [*o* ümit] kırıklığı
Niederkunft *f* doğurma
Niederlage *f* yenilgi, bozgun; **jdm eine** ~ **zufügen** birini bozguna uğratmak
Niederlande *pl* Hollanda *sing*
niederländisch *adj* Hollanda
niederlassen *irr vr* **sich** ~ (*sich setzen*) oturmak (**auf etw** -e); (*Wohnsitz*) yerleşmek (**in etw** -e)
Niederlassung *f* (*Filiale*) şube
niederlegen *vt* ❶ (*hinlegen*) yere koymak (**etw** -i) ❷ (*Amt*) istifa etmek, çekilmek (**etw** -den)
niederreißen *irr vt* devirmek, yıkmak (**etw** -i)
Niedersachsen *nt* Aşağı Saksonya
Niederschlag *m* yağış
niederschlagen *irr vt* yere sermek (**jdn** -i); (*Aufstand*) bastırmak (**etw** -i)
niederschlagsfrei *adj* yağışsız
niedersetzen *vr* **sich** ~ oturmak
niederträchtig *adj* alçak, hain
niedlich *adj* çıtı pıtı, minyon, cici
niedrig *adj* ❶ (*Gegenstand*) alçak, basık ❷ (*Wert*) düşük ❸ (*gemein*) adi, aşağı(lık)
niemals *adv* hiç bir zaman, asla
niemand *pron* (hiç) kimse, hiç biri; **sonst** ~ / ~ **anders** başka biri(si); **es ist** ~ **da** hiç kimse yok, kimsecikler yok *fam*
Niere *f* böbrek
Nierenentzündung *f* böbrek iltihabı
Nierenstein *m* böbrek taşı
nieseln *vi* **es nieselt** yağmur çiseliyor [*o* serpiştiriyor]
Nieselregen *m* çise, çisenti
niesen *vi* aksırmak, hapşırmak
Niete *f* ❶ (*Los*) boş numara ❷ (*fam: Versager*) beceriksiz, başarısız
Niger *m* Nijer
Nigeria *nt* Nijerya
Nikotin *nt* nikotin
nikotinarm *adj* az nikotinli
nikotinfrei *adj* nikotinsiz
Nil *m* Nil (nehri)
Nilpferd *nt* su aygırı, hipopotam
nimmt *vt s.* **nehmen**
nirgend(s) *adv*, **nirgendwo** *adv* hiç bir yerde; **sonst** ~ başka hiç bir yerde
nirgendwohin *adv* hiç bir yere
Nische *f* ❶ (*in der Wand*) duvarda hücre; (*Gebets-*) mihrap ❷ (*fig*) niş
nisten *vi* yuva yapmak, yuvalamak
Nitrat *nt* nitrat
Niveau *nt* (*auch fig*) düzey, seviye
nivellieren *vt* düzlemek, eşit düzeye getirmek (**etw** -i)
Nixe *f* su perisi
NO *m Abk von* **Nordost(en)** kuzeydoğu
nobel *adj* ❶ (*großzügig*) asil ❷ (*luxuriös*) lüks
Nobelpreis *m* Nobel ödülü
Nobelpreisträger(in) *m(f)* Nobel ödüllü
noch *adv* daha, henüz; **weder ... ~ ...** ne ... ne (de) ...; ~ **einmal** bir (kere) daha; ~ **heute** (*gleich*) hemen, derhal; (*bis heute*) bugüne kadar; ~ **immer** hala; ~ **nie** şimdiye kadar hiç; ~ **etwas?** başka?; ~ **ein Brot** bir ekmek daha

nochmal(s) *adv* bir (kere) daha
Nomade, Nomadin *m, f* göçebe
nomadisch *adj* göçebe gibi
Nominativ *m* yalın durum [*o* hal]
Nominierung *f* (*als Kandidat*) aday göster(il)me; (*Ernennung*) atama, tayin
No-Name(-Produkt) *nt* adsız, isimsiz (üretim)
Nonne *f* rahibe
Nord *m* kuzey
Nordamerika *nt* Kuzey Amerika
Nordamerikaner(in) *m(f)* Kuzey Amerikalı
nordamerikanisch *adj* ❶ (*Art*) Kuzey Amerika ❷ (*Herkunft*) Kuzey Amerikalı
Norddeutschland *nt* Kuzey Almanya
Norden *m* kuzey
Nordeuropa *nt* Kuzey Avrupa
Nordirland *nt* Kuzey İrlanda
nordisch *adj* kuzey
Nordkorea *nt* Kuzey Kore
nördlich *adj* kuzey; ~ **von ...** -in kuzeyinde
Nordost(en) *m* kuzeydoğu
Nordpol *m* kuzey kutbu
Nordrhein-Westfalen *nt* Kuzey Ren-Westfalya
Nordsee *f* Kuzey Denizi
Nordseite *f* kuzey tarafı
Nordwest(en) *m* kuzeybatı
Nordwind *m* kuzey rüzgarı
Nordzypern *nt* Kuzey Kıbrıs; (*Staat*) Kuzey Kıbrıs Türk Cumhuriyeti (KKTC)
nörgeln *vi* mızmızlanmak, dırdır etmek
Nörgler(in) *m(f)* mızmız, dırdırcı
Norm *f* norm
normal *adj* normal
Normal *nt* (*Benzin*) normal
normalerweise *adv* normal olarak
normalisieren *vt* normalleştirmek (**etw** -i)
Normalisierung *f* normalleştirme
Normalität *f* normallik, tabiilik; **zur ~ zurückkehren** normale dönmek
Normalverbraucher(in) *m(f)* ortalama tüketici
normen *vt* standartlaştırmak (**etw** -i)
Norwegen *nt* Norveç
Norweger(in) *m(f)* Norveçli
norwegisch *adj* ❶ (*Sprache*) Norveççe ❷ (*Art*) Norveç ❸ (*Herkunft*) Norveçli
Nostalgie *f* (*Sehnsucht nach der Vergangenheit*) geçmişe özlem, nostalji
nostalgisch *adj* nostaljik
Not *f* ❶ (*Armut*) yoksulluk, fakirlik ❷ (*Elend*) sefalet, düşkünlük ❸ (*Mangel*) eksik(lik), noksan, yokluk ❹ (*Bedrängnis*) sıkıntı, darlık; **zur ~** (*notfalls*) gerekirse; **~ leiden, in ~ sein** sıkıntı çekmek; **~ leidend** yokluk [*o* sıkıntı] çeken
Notar(in) *m(f)* noter
notariell *adj* noterlikçe yapılmış; **unter ~er Aufsicht** noter huzurunda
Notarzt, Notärztin *m, f* acil doktor
Notausgang *m* imdat kapısı, tehlike çıkış kapısı
Notausstieg *m* tehlike iniş kapısı
Notbehelf *m* geçici çare
Notbremse *f* imdat freni
Notdurft *f* (*geh*) dışarı çıkma, aptes etme; **seine ~ verrichten** dışarı çıkmak, aptes etmek
notdürftig *adj* (*kaum ausreichend*) güçbela yeten; (*provisorisch*) eğreti
Note *f* ❶ (*Schul-*) not ❷ (*Bank-*) banknot ❸ (*Musik-*) nota
Notenschlüssel *m* nota anahtarı
Notenständer *m* nota sehpası
Notfall *m* acil durum
notfalls *adv* gerekirse, başka çare yoksa
notgedrungen *adv* ister istemez, çaresizce
notieren *vt* not etmek; (*Börse*) kote etmek (**etw** -i)
Notierung *f* (*Börse*) kote
nötig *adj* gerekli, lazım; **es ist ~, zu ...** -mek gerek [*o* lazım]; **etw ~ haben** bir şeye ihtiyacı olmak, bir şeyi gereksinmek
nötigen *vt* ❶ (*zwingen*) zorlamak, mecbur etmek (**jdn zu etw** -i -e) ❷ (*drängen*) sıkıştırmak (**jdn** -i)
Nötigung *f* zorlama
Notiz *f* not; **sich ~en machen** not almak
Notizbuch *nt* not defteri, bloknot; (*mit Kalender*) takvimli not defteri
Notlage *f* ❶ (*Bedrängnis*) sıkıntılı durum ❷ (*Zwangslage*) zorunlu(luk) durum(u)
notlanden *vi sein* mecburi iniş yapmak
Notlandung *f* mecburi iniş
notleidend *adj* yokluk [*o* sıkıntı] çeken
Notlösung *f* geçici çare
Notlüge *f* hayırlı yalan
notorisch *adj* ❶ (*allgemein bekannt*) belli ❷ (*berüchtigt*) adı çıkmış
Notruf *m* (*Polizei*) polis çağırma; (*Feuerwehr*) itfaiye çağırma
Notrufsäule *f* (*an der Autobahn*) *otobanda yardım isteme telefonu*

Notrutsche *f* (*von Flugzeug*) imdat kızağı
Notstand *m devleti tehlikeye koyan durum*
Notverband *m* acil sargı
Notwehr *f* meşru müdafaa
notwendig *adj* gerekli, zorunlu
Notwendigkeit *f* gereklilik, mecburiyet, zorunluluk
Notzucht *f* JUR ırza geçme
Novelle *f* ① (*Erzählung*) öykü, hikaye ② (*Gesetzes-*) ek kanun
November *m* kasım (ayı)
Nr. *f Abk von* **Nummer** no.
Nu *m* **im ~** bir anda [*o* çırpıda], kaşla göz arasında
nüchtern *adj* ① (*ohne Frühstück*) midesi boş ② (*ohne Alkohol*) ayık ③ (*mäßig*) ölçülü ④ (*besonnen*) temkinli ⑤ (*fantasielos*) kuru, can sıkıcı
Nüchternheit *f* ① (*ohne Alkohol*) ayıklık ② (*Mäßigkeit*) ölçülülük
Nudeln *fpl* erişte, şehriye, makarna; (*Faden-*) tel şehriye *sing*
Nudelsuppe *f* şehriye çorbası
Nudist(in) *m(f)* nüdist
nuklear *adj* nükleer, çekirdeksel
Nuklearaufrüstung *f* nükleer silahlanma
Nuklearprogramm *nt* nükleer program
null *num* sıfır; **~ Fehler** hatasız; **~ und nichtig** (*ungültig*) geçersiz; **zwei zu ~** iki sıfır; **~ zu ~** sıfır sıfır; **unter/über ~** sıfırın altında/üstünde; **in ~ Komma nichts** (*fam*) kaşla göz arasında
Null *f* ① (*Zahl*) sıfır ② (*pej: unfähiger Mensch*) hiç
Nulltarif *m* ücretsiz tarife
numerieren[ALT] *vt s.* **nummerieren**
Numerierung[ALT] *f s.* **Nummerierung**
Nummer *f* ① (*Ziffer*) numara, sayı ② (*Auto*) otomobil plakası ③ (*Größe*) beden, boy; (*Schuhe, Hut*) boy numarası ④ (*Zeitung*) sayı; **Bus ~ 13** 13 numaralı [*o* nolu] otobüs
nummerieren[RR] *vt* numaralamak (**etw** -i)
Nummerierung[RR] *f* numaralama
Nummernschild *nt* plaka
nun *adv* (*jetzt*) şimdi; **und ~?** şimdi ne yapalım?; **von ~ an** bundan böyle; **~ (gut)!** eh, peki öyleyse!
nunmehr *adv* artık, bundan böyle
Nuntiatur *f* Papa'nın mümessilliği
nur *adv* yalnız, sırf, sade(ce); **~ noch** ancak; **nicht ~ ..., sondern auch ...** yalnız ... değil, aynı zamanda ...; **~ nicht!** sakın ha!
Nuss[RR] *f*, **Nuß**[ALT] *f* (*Wal-*) ceviz; (*Hasel-*) fındık; **das ist eine harte ~** (*fig*) bu, çetin bir ceviz
Nussbaum[RR] *m* ceviz ağacı
Nussknacker[RR] *m* fındıkkıran
Nutte *f* (*pej*) orospu, fahişe
nutzbar *adj* faydalı, yararlı
nutzbringend *adj* faydalı, kazançlı, yararlı
Nutzen *m* ① (*Nützlichkeit*) fayda, yarar ② (*Gewinn*) kazanç, kar ③ (*Vorteil*) çıkar, avantaj; **~ bringen** faydası olmak; **von ~ sein** faydası olmak; **aus etw ~ ziehen** bir şeyden faydalanmak
nutzen, nützen **I.** *vt* yararlanmak, faydalanmak (**etw** -den) **II.** *vi* yaramak (**jdm** -e); **das nützt nichts** bunun hiç bir yararı [*o* faydası] olmaz
nützlich *adj* faydalı, yararlı
Nützlichkeit *f* fayda, yarar, çıkar
nutzlos *adj* faydasız, yararsız
Nutzlosigkeit *f* faydasızlık, yararsızlık
Nutznießer *m* kar çıkaran
Nutzung *f* yararlanma, faydalanma; (*Benutzung*) kullanma
Nutzungsrecht *nt* JUR yararlanma hakkı
NW *m Abk von* **Nordwest(en)** kuzeybatı
Nylon *nt* naylon

O o

O *m Abk von* **Osten** doğu
Oase *f* vaha
OB *m Abk von* **Oberbürgermeister** büyükşehir belediye başkanı
ob *konj* -ip -mediğini, -ip -meyeceğini; **ich weiß nicht, ~ er kommt** gelip gelmediğini bilmiyorum; **~ er wohl morgen kommt?** acaba yarın gelir mi?; **als ~** sanki, güya; **es ist, als ~** sanki ... gibi; **so tun als ~** -r gibi yapmak
Obacht *f* dikkat
Obdach *nt* barınak
obdachlos *adj* evsiz barksız, yersiz yurtsuz; **~ sein** açıkta olmak
Obdachlose(r) *f(m)* yersiz yurtsuz, evsiz barksız
Obduktion *f* otopsi

obduzieren *vt* otopsisini yapmak (**jdn** -in)
oben *adv* yukarıda, üstte; **nach ~** yukarı(ya); **von ~** yukarıdan; **da/dort ~** orada yukarıda; **von ~ herab** (*verächtlich*) tepeden bakarak; **von ~ bis unten** baştan aşağıya, tepeden tırnağa (kadar); **siehe ~** yukarıya bak; **~ genannt** yukarıda adı geçen; **weiter ~** daha yukarıda; **~ ohne** üstsüz
obendrein *adv* üstelik, bir de, üstüne üstlük
obengenannt *adj* yukarıda adı geçen
Ober *m* (*Kellner*) garson; **Herr ~!** Garson!
Oberarm *m* üst kol
Oberbefehlshaber *m* başkomutan, başkumandan
Oberbürgermeister(in) *m(f)* büyükşehir belediye başkanı
obere(r, s) *adj* üst, yüksek
Oberfläche *f* yüz(ey)
oberflächlich *adj* ❶ (*an der Oberfläche*) yüzeysel ❷ (*fig: ohne Sorgfalt*) üstünkörü, özensiz
Oberflächlichkeit *f* yüzeysellik; (*fig: Nachlässigkeit*) özensizlik
oberhalb I. *präp +gen* -in yukarısında, -in üstünde II. *adv* üstünde
Oberhaupt *nt* başkan
Oberhemd *nt* frenkgömleği; (*allgemein auch*) gömlek
Oberin *f* (*eines Klosters*) başrahibe
Oberkellner *m* şefgarson
Oberkiefer *m* üst çene
Oberklasse *f* üst sınıf
Oberkörper *m* üst gövde
Oberleutnant *m* üsteğmen
Oberlippe *f* üst dudak
Oberprima *f* lisenin son sınıfı
Oberschenkel *m* uyluk
Oberschicht *f* üst tabaka
Oberschule *f* lise
Oberschwester *f* başhemşire
Oberst *m* albay
oberste(r, s) *adj* baş, en yüksek; **der Oberste Gerichtshof** (*in der Türkei*) Yargıtay
Oberstleutnant *m* yarbay
Oberstufe *f* (*Gymnasium*) lisenin son sınıfları
Oberteil *nt o m* üst kısım
obgleich *konj* -diği halde, -mesine rağmen [*o* karşın]
obige(r, s) *adj* yukarıdaki
Objekt *nt* ❶ nesne ❷ (*Satz-*) tümleç
objektiv *adj* ❶ (*sachlich*) nesnel ❷ (*unparteiisch*) tarafsız, objektif
Objektiv *nt* objektif
obligatorisch *adj* yükümlü, mecburi, zorunlu
Oboe *f* (*europäische*) obua; (*türkische*) zurna
Observatorium *nt* rasathane, gözlemevi
Obst *nt* meyve, yemiş
Obstbaum *m* meyve ağacı
Obstgeschäft *nt* manav (dükkanı), meyveci (dükkanı)
Obstkuchen *m* meyveli pasta
Obstmesser *nt* meyve bıçağı
Obstsalat *m* meyve salatası
Obstschale *f* meyvelik
obszön *adj* müstehcen, açık saçık
Obus *m* troleybüs
obwohl *konj* -diği halde, -mesine rağmen [*o* karşın]
Ochse *m* öküz
Ochsenschwanzsuppe *f* öküz kuyruğu çorbası
ockerfarben *adj* aşıboyası (rengi)
OCR *f Abk von* **Optical Character Recognition** INFORM optik karakter tanıma
öde *adj* (*menschenleer*) ıssız, tenha; (*langweilig*) (can) sıkıcı
oder *konj* veya; (*in Fragesätzen*) yoksa; (*sonst*) yoksa
OEZ *f Abk von* **osteuropäische Zeit** Doğu Avrupa saati
Ofen *m* soba; (*Back-*) fırın
offen I. *adj* ❶ (*Gegensatz zu geschlossen*) açık ❷ (*öffentlich*) açık ❸ (*freimütig*) açıksözlü ❹ (*aufrichtig*) içten, candan, samimi ❺ (*Stelle*) boş, açık; **weit ~** (*Tür*) sonuna kadar açık; **~er Wein** açık şarap; **auf ~er See** açık denizde; **auf ~er Straße** sokak ortasında; **jdn mit ~en Armen empfangen** birine kollarını açmak II. *adv* (*fig*) **ganz ~** açıktan açığa; **~ gesagt, ~ gestanden** açıkça söylemek gerekirse, doğrusu
offenbar *adv* galiba, görünüşe bakılırsa
Offenheit *f* ❶ (*Freimut*) açık sözlülük ❷ (*Aufrichtigkeit*) içtenlik, açıklık, samimiyet
offenkundig *adj* açık, belli, aşikar
offensichtlich I. *adj* besbelli II. *adv* görünüşe bakılırsa
offensiv *adj* saldırgan
Offensive *f* saldırı, hücum
öffentlich I. *adj* ❶ (*publik*) açık ❷ (*Gegen-*

O

satz zu privat) resmi, kamu(sal), genel **II.** *adv* alenen, açıkta

Öffentlichkeit *f* ❶ (*Leute*) halk, insanlar *pl* ❷ (*eines Gemeinwesens*) kamuoyu; **in aller ~** herkesin gözü önünde, alenen

Offerte *f* arz, teklif

offiziell *adj* resmi

Offizier *m* subay

offiziös *adj* yarı resmi

offline *adv* bağlantısız

öffnen *vt* açmak (**etw** -i); **hier ~!** buradan açılır!

Öffnung *f* ❶ (*offene Stelle*) açık(lık) ❷ (*Politik und Geschäfte*) açılma

Öffnungszeit *f* açılış saatleri *pl*

oft <öfter, am häufigsten> *adv* sık sık, çoğu zaman, çok defa; **wie ~?** ne kadar sık?

öfter *adv* daha sık

öfters *adv* (bir)çok defa [*o* kere]

OHG *f Abk von* **offene Handelsgesellschaft** Kol.Ştiç (*Kolektif Şirketi*)

ohne *präp +akk* -siz (-sız/-suz/-süz); **ohne Salz** tuzsuz; **~ dass** -meden/-meksizin

ohnehin *adv* zaten

Ohnmacht *f* ❶ (*Machtlosigkeit*) kudretsizlik, güçsüzlük ❷ (*Bewusstlosigkeit*) bayılma, baygınlık; **in ~ fallen** bayılmak

ohnmächtig *adj* ❶ (*machtlos*) kudretsiz, güçsüz ❷ (*bewusstlos*) baygın; **~ werden** bayılmak

Ohr *nt* kulak; **ganz ~ sein** kulak kesilmek; **jdm etw ins ~ flüstern/sagen** birinin kulağına bir şey fısıldamak/söylemek; **jdn übers ~ hauen** birine kazık atmak; **es faustdick hinter den ~en haben** anasının gözü olmak

Öhr *nt* (*einer Nadel*) iğne deliği

Ohrenarzt, Ohrenärztin *m, f* **Hals-Nasen-Ohren-Arzt** burun, boğaz, kulak doktoru

ohrenbetäubend *adj* kulakları sağır edecek kadar gürültülü

Ohrentropfen *pl* kulak damlası *sing*

Ohrfeige *f* tokat; (*stärker*) sille

ohrfeigen *vt* tokatlamak (**jdn** -i), tokat atmak (**jdn** -e)

Ohrläppchen *nt* kulak memesi

Ohrring *m* küpe

okay *interj* okey

Öko *m* (*fam*) çevreci

Ökologe, Ökologin *m, f* ekolog, çevrebilimci

Ökologie *f* ekoloji, çevrebilim

ökologisch *adj* ❶ (*die Ökologie betreffend*) ekolojik, çevrebilimsel ❷ (*umweltschonend*) çevre koruyucu

Ökonomie *f* ekonomi, iktisat

ökonomisch *adj* (*Sache*) ekonomik, iktisadi; (*Mensch*) tutumlu, idareli

Ökosystem *nt* ekosistem

Oktanzahl *f* oktan sayısı

Oktober *m* ekim (ayı)

ökumenisch *adj* evrensel

Öl *nt* ❶ (*Speise-*) (sıvı) yağ ❷ (*Erd-*) petrol ❸ (*Malerei*) yağlıboya

Ölbaum *m* zeytin ağacı

Ölbild *nt* yağlıboya resim

Oleander *m* zakkum (ağacı)

ölen *vt* yağlamak (**etw** -i)

Ölfeld *nt* sondaj alanı

Ölgemälde *nt* yağlıboya tablo

Ölhafen *m* petrol limanı

Ölheizung *f* mazotlu kalorifer

ölig *adj* yağlı

Olive *f* zeytin

Olivenhain *m* zeytinlik

Olivenöl *nt* zeytinyağı

olivgrün *adj* zeytin yeşili, zeytuni

Ölleitung *f* petrol borusu

Ölofen *m* gaz sobası

Ölpest *f* petrol kirliliği

Ölporträt *nt* yağlıboya portre

Ölsardine *f* kutu sardalyesi

Ölstand *m* yağ seviyesi

Öltank *m* yağ deposu

Öltanker *m* petrol tankeri

Ölvorkommen *nt* petrol bulunması

Ölwechsel *m* yağ değiştirme

Olympiade *f* Olimpiyat

olympisch *adj* **die Olympischen Spiele** Olimpiyat Oyunları

Oma *f* (*fam*) nine

Omelett *nt*, **Omelette** *f* omlet

Omnibus *m* otobüs

Onanie *f* mastürbasyon

onanieren *vi* mastürbasyon yapmak

Onkel *m* ❶ (*väterlicherseits*) amca ❷ (*mütterlicherseits*) dayı ❸ (*angeheirateter*) enişte

online *adv* online

Onlinebank *f* internet bankası

Onlinebibliothek *f* elektronik kütüphane

ontologisch *adj* ontolijik, varoluşsal

OP *m Abk von* **Operationssaal** ameliathane

Opa *m* (*fam*) dede

Oper *f* ❶ (*Musikstück*) opera ❷ (*Gebäude*)

opera binası
Operation *f* ❶ MED ameliyat, operasyon ❷ (*Unternehmung*) operasyon
Operationssaal *m* ameliyathane
operativ *adj* ameliyatla
Operette *f* operet
operierbar *adj* (**nicht**) ~ ameliyat edilebilir (edilemez)
operieren I. *vt* ameliyat etmek (**jdn** -i) **II.** *vi* ❶ MED ameliyat etmek ❷ (*vorgehen*) operasyon yapmak
Opernglas *nt* tiyatro dürbünü
Opernsänger(in) *m(f)* opera şarkıcısı
Opfer *nt* ❶ (*Handlung*) fedakarlık, özveri ❷ (*Opfertier, Menschenleben*) kurban; **ein ~ bringen** fedakarlık yapmak [*o* göstermek]; **~ fordern** (*Unglück*) kazaya kurban etmek
Opferfest *nt* (*islamisch*) Kurban Bayramı
opfern *vt* kurban etmek; (*fig: Geld, Gesundheit*) feda etmek (**etw** -i), kıymak (**etw** -e)
Opfertier *nt* kurban, kurbanlık hayvan
Opium *nt* afyon
opportun *adj* uygun, elverişli
Opportunist(in) *m(f)* oportünist, fırsatçı
Opposition *f* ❶ (*Parteien*) muhalefet ❷ (*Widerstand*) direniş
Oppositionsführer(in) *m(f)* muhalefet lideri
Optik *f* optik
Optiker(in) *m(f)* gözlükçü
optimal *adj* en iyi, optimal
Optimismus *m* iyimserlik
Optimist(in) *m(f)* iyimser, optimist
optimistisch *adj* iyimser, optimist
optisch *adj* optik
orange *adj* turuncu, portakal rengi
Orange *f* portakal
Orangeade *f* portakal suyu
Orangenbaum *m* portakal ağacı
Orangensaft *m* portakal suyu
Orchester *nt* orkestra
Orchidee *f* orkide
Orden *m* ❶ REL tarikat ❷ (*Auszeichnung*) nişan, madalya
ordentlich *adj* ❶ (*ordnungsliebend*) düzenli, tertipli ❷ (*geordnet*) düzgün, düzenli ❸ (*anständig*) namuslu ❹ (*beachtlich*) hatırı sayılır; **~er Professor** ordinaryüs (profesör)
ordinär *adj* bayağı, adi
ordnen *vt* ❶ düzenlemek (**etw** -i) ❷ (*in eine Reihenfolge*) dizmek, sıralamak (**etw** -i) ❸ (*aufräumen*) toplamak, düzeltmek (**etw** -i)
Ordner *m* ❶ (*für Dokumente*) klasör, dosya ❷ (*Person*) görevli
Ordnung *f* ❶ (*Aufstellung*) düzen ❷ (*Reihenfolge*) sıra(lama), dizi ❸ (*An-*) düzenleme, tertip; **in ~** yolunda; (*Pass, Papiere*) tamam; (*Maschinen*) işliyor; **in ~!** tamam!, peki!, oldu!; **er ist in ~** (*fam*) iyi bir insan; **in ~ bringen** (*aufräumen*) derleyip toplamak (**etw** -i), çekidüzen vermek (**etw** -e); (*regeln*) yoluna koymak (**etw** -i); **in ~ kommen** yoluna girmek
ordnungsgemäß I. *adj* kurala uygun **II.** *adv* yolunca
Ordnungsstrafe *f* disiplin cezası
Ordnungszahl *f* sıra sayısı
Organ *nt* organ
Organisation *f* ❶ (*Organisieren*) örgütleme, organizasyon ❷ (*Gruppe*) örgüt, organizasyon
Organisator(in) *m(f)* organizatör
organisch *adj* organik
organisieren I. *vt* ❶ (*Fest, Aktion*) düzenlemek, organize etmek (**etw** -i) ❷ (*in Organisation vereinen*) örgütle(ndir)mek, organize etmek (**jdn** -i) **II.** *vr* **sich ~** örgütlenmek
organisiert *adj* organize; **~e Tour** organize tur; **~es Verbrechen** organize suç
Organismus *m* organizm(a)
Organist(in) *m(f)* orgcu, organist
Organizer *m* organizer
Organspende *f* organ bağışı
Orgasmus *m* orgazm, boşalma
Orgel *f* org
Orient *m* Şark, Doğu
orientalisch *adj* Şark(a özgü), doğulu; (*Tanz*) oryantal
orientieren *vr* **sich ~** (*auch fig*) yönünü tayin etmek
Orientierung *f* yöneltim, yönelim, yönelme
original *adj* asıl, orijinal
Original *nt* ❶ (*eines Gemäldes*) asıl, orijinal ❷ (*Mensch*) garip adam
originell *adj* orijinal
Orkan *m* bora, kasırga
Ort *m* ❶ (*Stelle*) yer, nokta ❷ (*Ortschaft*) köy, belde; **an ~ und Stelle** (yerli) yerinde
Örtchen *nt* (*fam: Toilette*) hela, aptesane, ayakyolu
orthodox *adj* (*griechisch, russisch*) Ortodoks; (*strenggläubig*) koyu
Orthografie[RR] *f*, **Orthographie** *f* imla, yazım

O

orthografisch[RR] *adj*, **orthographisch** *adj* imlaya ait
Orthopäde, Orthopädin *m, f* ortopedist
orthopädisch *adj* ortopedik
örtlich *adj* ❶ yerel ❷ MED lokal
Ortschaft *f* köy, belde
Ortsgespräch *nt* şehiriçi telefon konuşması
ortskundig *adj* çevreyi bilen
Ortsschild *nt* yer gösteren levha
Ortszeit *f* yerel saat (ayarı)
Oscar *m* (*Filmpreis*) Oskar
Öse *f* dişi kopça
Osmane *m* Osmanlı
osmanisch *adj* Osmanlı; **das Osmanische Reich** Osmanlı İmparatorluğu
Ossi *m* (*fam*) Doğu Almanyalı
Ost *m* doğu
Ostblock *m* (*hist*) Doğu Bloku
Ostdeutschland *nt* Doğu Almanya
Osten *m* doğu; **der Nahe/Mittlere/Ferne ~** Yakın/Orta/Uzak Doğu
Osterei *nt* paskalya yumurtası
Osterglocke *f* ❶ (*Kuhschelle*) rüzgar çiçeği ❷ (*Narzisse*) nergis
Ostern *nt* Paskalya
Österreich *nt* Avusturya
Österreicher(in) *m(f)* Avusturyalı
österreichisch *adj* ❶ (*Art*) Avusturya ❷ (*Herkunft*) Avusturyalı
Osteuropa *nt* Doğu Avrupa
östlich **I.** *adj* doğu **II.** *adv* **~ von ...** -in doğusunda
Ostsee *f* Baltık Denizi
Ostseite *f* doğu tarafı
Ostwind *m* gündoğusu (rüzgarı)
Outing *nt* açılma
Output *m* çıktı
Outsourcing *nt* ECON dış kaynak kullanımı
oval *adj* oval
Overheadprojektor *m* tepegöz
Oxyd *nt* oksit
oxydieren *vi* oksitlenmek
Ozean *m* okyanus; **Stiller/Atlantischer/Indischer ~** Pasifik/Atlantik/Hint Okyanusu
Ozon *nt* ozon
Ozonloch *nt* ozon deliği
ozonschädigend *adj* **~e Substanzen** ozon tabakasına zarar veren maddeler
Ozonschicht *f* ozon tabakası

P p

paar *adj* **ein ~** birkaç
Paar *nt* (*Sachen, Personen, Tiere*) çift; **ein ~ Schuhe** bir çift pabuç
paaren *vr* **sich ~** (*Tiere*) çiftleşmek
paarmal *adv* **ein ~** birkaç defa
paarweise *adv* çifter çifter
Pacht *f* ❶ kira ❷ (*Pachtzins*) kira (bedeli)
pachten *vt* kira ile tutmak, kiralamak (**etw** -i)
Pächter *m* kiracı
Pack[1] *nt* (*pej: Gesindel*) ayaktakımı
Pack[2] *m* (*Packen*) deste, paket
Päckchen *nt* ❶ (*kleines Paket*) paketçik ❷ (*Zigaretten*) paket, kutu ❸ (*Post*) koli
Packeis *nt* deniz buzulu
packen *vt* ❶ (*ergreifen*) yakalamak, tutmak, kapmak (**jdn/etw** -i) ❷ (*erschüttern*) duygulandırmak, heyecanlandırmak (**jdn** -i); **den Koffer ~** bavul hazırlamak ❸ (*ein-*) yerleştirmek (**etw in etw** -i -e)
Packen *m* deste; (*Bündel*) bohça, çıkın
packend *adj* (*ergreifend*) duygulandırıcı, heyecanlandırıcı
Packpapier *nt* paket kâğıdı
Packung *f* ❶ (*Verpackung*) ambalaj ❷ (*Zigaretten*) paket ❸ (*Kompresse*) pansuman, kompres
Packungsbeilage *f* prospektüs
Pädagoge, Pädagogin *m, f* pedagog, eğitimci
Pädagogik *f* pedagoji, eğitbilim
pädagogisch *adj* pedagojik, eğitsel; **pädagogische Hochschule** yüksek öğretmen okulu
Paddel *nt* (kısa) kürek; SPORT padıl
Paddelboot *nt* hafif sandal; SPORT padılbot
paddeln *vi* kürek çekmek
Pädophile(r) *f(m)* oğlancı, sübyancı
Pädophilie *f* oğlancılık, sübyancılık
Paket *nt* paket
Paketkarte *f* paket kartı
Pakistan *nt* Pakistan
Pakt *m* antlaşma, pakt
Palast *m* saray, şato; (*kleinerer*) konak, köşk
Palästina *nt* Filistin
Palästinenser(in) *m(f)* Filistinli
Palette *f* palet
Palisanderholz *nt* pelesenk ağacı
Palm *m* palm bilgisayar

Palme *f* palmiye; **jdn auf die ~ bringen** birini çileden çıkarmak
Palmsonntag *m Paskalya'dan önceki pazar günü*
Palmzweig *m* palmiye dalı
Pampelmuse *f* greyfurt, greyfrut
Pamphlet *nt* hiciv, yergi
panieren *vt* pane etmek (**etw** -i)
Paniermehl *nt* graten
Panik *f* panik; **in ~ geraten** paniğe kapılmak; **keine ~!** paniğe kapılmayın!
panisch *adj* **~e Angst** büyük korku, dehşet
Panne *f* arıza
Pannendienst *f* arıza [*o* tamir] servisi
Panorama *nt* panorama, genel görünüş [*o* manzara]
panschen *vt* (*Wein usw.*) (şaraba vs.) su katmak
PanterRR *m*, **Panther** *m* panter
Pantoffel *m* terlik
Pantoffelheld *m* kılıbık
Pantomime *f* pantomim
Panzer *m* ① (*Kampfwagen*) tank ② HIST (*Rüstung*) zırh ③ (*von Schildkröte*) kabuk
Panzerschrank *m* kasa
Papa *m* (*fam*) baba; (*als Anrede*) baba, babacığım
Papagei *m* papağan
Papier *nt* kâğıt *pl;* (*Ausweise*) kimlik (kâğıdı)
Papierflieger *m* kâğıt uçak
Papiergeld *nt* kâğıt para
Papiergeschäft *nt* kâğıtçı (dükkanı), kırtasiye mağazası
Papierkorb *m* kâğıt sepeti
Papierkrieg *m* kırtasiyecilik
Papiertaschentuch *nt* kâğıt mendil
Papiertüte *f* kesekâğıdı
Pappe *f* karton, mukavva
Pappel *f* kavak (ağacı)
Paprika *m* (*Gemüse*) (yeşil) biber; (*Gewürz*) kırmızıbiber
Paprikaschote *f* dolmalık biber
Papst *m* Papa
Parabel *f* MATH parabol
Parade *f* geçit töreni
Paradies *nt* cennet
paradiesisch *adj* cennet gibi
Paradigma *nt* paradigma
paradox *adj* çelişik, tezatlı, paradoks
Paradoxie *nt* paradoks
ParagrafRR *m*, **Paragraph** *m* ① JUR madde, fıkra, paragraf ② (*Absatz*) paragraf
parallel *adj* paralel, koşut
Parallele *f* ① paralel, koşut ② (*Gleichartigkeit*) uygunluk
Parameter *m* parametre
paramilitärisch *adj* paramiliter
Parasit *m* parazit, asalak
parat *adj* **~ sein** hazır olmak; **etw ~ haben** elinde hazır bulunmak
Parcours *m* (*Golf*) parkur
Parfüm *nt* parfüm, esans
Parfümerie *f* parfümeri
parfümieren *vr* **sich ~** parfüm sürünmek [*o* güzel koku]
Park *m*, **Parkanlage** *f* park
parken I. *vt* park etmek (**etw** -i) **II.** *vi* park yapmak
Parken *nt* park etme; **~ verboten!** park yapılmaz!
Parkett *nt* (*Fußboden*) parke; (*Theater*) parter
Parkgebühr *f* park ücreti
Parkhaus *nt* katlı otopark
parkinsonsche Krankheit *f* Parkinson (hastalığı)
Parklücke *f park edebilecek* (*dar*) *bir yer*
Parkplatz *m* park yeri, otopark
Parkscheibe *f* park süresi göstergesi
Parkuhr *f* park saati
Parkverbot *nt* park (etme) yasağı
Parlament *nt* parlamento, meclis; (*in der Türkei*) (Büyük) Millet Meclisi
Parlamentarier(in) *m(f)* milletvekili, mebus
parlamentarisch *adj* parlamentoya ait
Parodie *f* parodi, alaylı benzeti
parodieren *vt alay ederek taklidini yapmak*
Parodontose *f* dişeti çekilmesi
Parole *f* ① (*Losung*) parola ② (*Leitspruch*) slogan
Partei *f* ① (*politische*) parti ② (*in einem Rechtsstreit*) taraf; **für jdn ~ ergreifen** birinin tarafını tutmak
parteiisch *adj* taraflı, tarafgir, yanlı
Parteilichkeit *f* taraftarlık, yandaşlık
Parteitag *m* genel parti toplantısı
Parterre *nt* (*Erdgeschoss*) zemin katı, alt kat
Partie *f* ① (*Schach*) oyun, parti ② SPORT oyun
Partikel *f* ① (*Teilchen*) zerre, tanecik ② (*Wortart*) ilgeç
Partisan(in) *m(f)* çeteci, gerilla(cı)
partitionieren *vt* INFORM bölümlemek (**etw** -i)
partitioniert *adj* INFORM bölümlenmiş

P

Partitur *f* partitur
Partizip *nt* ortaç, sıfatfiil
Partner(in) *m(f)* ❶ (*Ehe, Spiel, Sport*) eş ❷ (*Kompagnon*) ortak
Partnerschaft *f* eşlik; (*Geschäfts-*) ortaklık
Partnerstadt *f* kardeş şehir
Party *f* parti
PassRR *m*, **Paß**ALT *m* ❶ (*Reise-*) pasaport ❷ (*Gebirgs-*) geçit
Passage *f* ❶ (*Durchgang*) geçit ❷ (*Laden-*) pasaj; (*in einem Musikstück/einem Text*) pasaj
Passagier(in) *m(f)* yolcu
Passagierschiff *nt* yolcu gemisi
PassbildRR *nt* vesikalık fotoğraf
passen *vi* ❶ uymak, yakışmak (**zu etw/jdm** -e) ❷ (*Kleider*) uymak (**jdm** -e) ❸ (*Spiel*) oyunu bırakmak; **zueinander ~** birbirine uymak [*o* yakışmak]; **das passt mir** (**nicht**) bu, işime gelir (gelmez); **das könnte dir so ~!** tam sana göre!
passend *adj* ❶ (*angebracht*) uygun, elverişli, yakışık alır ❷ (*Zeit*) uygun
passieren I. *vt haben* (*vorbeigehen*) geçmek (**etw** -i/-den) **II.** *vi sein* (*geschehen*) olmak, cereyan etmek
Passierschein *m* sınır geçme izni
passiv *adj* ❶ (*untätig*) pasif ❷ LING edilgen
Passiv *nt* LING edilgen çatı
Passiva *pl* (*Bilanz*) pasif (bilanço) *sing*
Passivität *f* pasiflik
Passivrauchen *nt* pasif içicilik
Passivraucher(in) *m(f)* pasif içici
PasskontrolleRR *f* pasaport kontrolü
PasswortRR *nt* INFORM şifre, parola
Pastellfarbe *f* pastel boya
Pastete *f* börek, poğaça
pasteurisieren *vt* pastörize etmek (**etw** -i)
pasteurisiert *adj* pastörize
Pastor(in) *m(f)* papaz (*Protestan*)
Pate *m* vaftiz babası
Patenkind *nt* vaftiz evladı
Patenschaft *f* vaftiz babalığı
Patent *nt* patent
Patentamt *nt* patent dairesi [*o* bürosu]
patentieren *vt* **sich etw ~ lassen** bir şeyin patentini almak
Pater *m* ❶ (*katholischer Pfarrer*) papaz ❷ (*Mönch*) rahip
pathetisch *adj* coşkulu
Pathologe, Pathologin *m, f* patolog
Pathologie *f* patoloji
pathologisch *adj* patolojik; (*krankhaft*) hastalıklı
Patience *f* (*Spiel*) pasyans
Patient(in) *m(f)* hasta
Patin *f* vaftiz anası
Patriarch *m* (*orthodoxer Bischof*) patrik
patriarchalisch *adj* (*vaterrechtlich*) patriarkal, ataerkil
Patriot(in) *m(f)* yurtsever, vatanperver
patriotisch *adj* vatanperver, yurtsever
Patriotismus *m* vatanperverlik, yurtseverlik
Patrone *f* fişek
Patronenhülse *f* kovan
Patrouille *f* devriye
patrouillieren *vi* devriye gezmek
Patsche *f* (*fam*) **in der ~ sitzen** başı belada [*o* dertte] olmak; **jdm aus der ~ helfen** birini zor durumdan kurtarmak
patschen *vi* (*im Wasser*) çıpı çıpı etmek
Pauke *f* davul
pauken *vi, vt* (*fam: lernen*) ineklemek (**etw** -i)
pauschal *adv* ❶ (*alles zusammen*) hepsi beraber, toptan (olarak) ❷ (*verallgemeinernd*) genelleştirerek
Pauschalpreis *m* toptan [*o* götürü] fiyat
Pause *f* ara; (*Schule*) teneffüs; (*Theater*) perde arası
Pavillon *m* pavyon
Pazifik *m* Büyük Okyanus, Pasifik (Okyanusu)
Pazifismus *m* pasifizm
Pazifist(in) *m(f)* pasifist
pazifistisch *adj* pasifist
PC *m Abk von* **Personal Computer** PC, kişisel bilgisayar
Pech *nt* ❶ zift ❷ (*fam: Unglück*) talihsizlik, şanssızlık, bahtsızlık; (**da hast du**) **~ gehabt!** şansına küs!
Pechvogel *m* (*fam*) talihsiz
Pedal *nt* pedal
Pedant(in) *m(f)* titiz, müşkülpesent
pedantisch *adj* titiz, müşkülpesent
Pediküre *f* pedikür
peelen *vi* piling yapmak
Peeling *nt* piling
peinlich *adj* (*Lage*) üzücü; **~ genau** (aşırı) titiz
Peitsche *f* kamçı, kırbaç
peitschen *vi, vt* kamçılamak, kırbaçlamak (**etw/jdn** -i)
Peitschenhieb *m* kırbaç darbesi

Pelikan *m* pelikan
Pelle *f* zar
pellen *vt* kabuğunu soymak (**etw** -in)
Pellkartoffeln *fpl* kabuğuyla haşlanan patates *sing*
Pelz *m* kürk
Pelzgeschäft *nt* kürkçü (dükkanı)
Pelzmantel *m* kürk manto
Pendel *nt* sarkaç
pendeln *vi* (sarkaç gibi) sallanmak; (*hin- und herlaufen*) *iki yer arasında devamlı gidip gelmek*
Pendelverkehr *m kısa mesafede sık işleyen trafik*
Pendler(in) *m(f) iş yeri ile konutu ayrı yerlerde bulunan kimse*
penetrant *adj* ❶ (*durchdringend*) keskin ❷ (*aufdringlich*) usandırıcı, sırnaşık
Penis *m* penis, erkeklik organı
Penizillin *nt* penisilin
pennen *vi* (*fam*) uyumak
Penner(in) *m(f)* (*fam*) serseri, berduş
Pension *f* ❶ (*Hotel*) pansiyon ❷ (*Ruhegehalt*) emekli aylığı
Pensionär(in) *m(f)* (*Rentner*) emekli
Pensionat *nt* yatılı okul
pensioniert *adj* emekli
Pensionierung *f* emekliye ayırma
Pensum *nt* (*Aufgabe*) görev, ödev
per *präp +akk* ... vasıtasiyle; ~ **Adresse** eliyle
perfekt *adj* kusursuz, mükemmel, yetkin
Perfekt *nt* LING (*im Deutschen*) ikinci geçmiş zaman; (*im Türkischen*) -miş'li geçmiş zaman
Perfektion *f* mükemmellik
perforieren *vt* zımbalamak, delmek (**etw** -i)
Pergament *nt* parşömen
Pergamon *nt* Bergama
Periode *f* ❶ (*Zeitraum*) devre, devir, dönem ❷ (*Menstruation*) aybaşı
periodisch *adj* periyodik
Peripherie *f* ❶ MATH çevre ❷ (*Außenseite*) dışkenar
Peripheriegerät *nt* INFORM çevre birimi
Perle *f* inci; (*Glas*~) boncuk
Perlmutt *nt* sedef
Perser(in) *m(f)* İranlı
Persien *nt* İran
persisch *adj* (*Art*) İran; (*Sprache*) Farsça
Person *f* kişi; **pro** ~ kişi başına
Personal *nt* personel
Personalabteilung *f* personel servisi
Personalausweis *m* kimlik (kartı)
Personalbüro *nt* personel bürosu
Personalchef(in) *m(f)* personel şefi
Personalien *pl* kimlik bilgileri *pl;* **jds ~ feststellen** birinin kimliğini tespit etmek
personalisieren *vt* INET özelleştirmek (**etw** -i)
Personenkraftwagen *m* binek otomobili
Personenkult *m* kişiyi tanrılaştırma
Personenzug *m* yolcu treni
personifizieren *vt* canlandırmak (**etw** -i)
persönlich **I.** *adj* kişisel, şahsi; (*privat*) özel **II.** *adv* şahsen
Persönlichkeit *f* kişilik, şahsiyet; (*maßgebende Person*) şahsiyet, önemli kişi
Persönlichkeitsentwicklung *f* kimlik gelişimi
Perspektive *f* ❶ perspektif ❷ (*Aussicht auf Erfolg*) şans, ümit, imkan
Peru *nt* Peru
Perücke *f* peruka, takma saç
pervers *adj* sapık
Pessimismus *m* karamsarlık, kötümserlik, bedbinlik
Pessimist(in) *m(f)* karamsar, kötümser, bedbin
pessimistisch *adj* karamsar, kötümser, bedbin
Pest *f* ❶ (*Krankheit*) veba ❷ (*Unheil*) bela, felaket
Pestizid *nt* biosit
Petersilie *f* maydanoz
Petroleum *nt* petrol, gazyağı
Petroleumlampe *f* gazyağı lambası
petzen **I.** *vt* (*kneifen*) sıkıştırmak (**etw** -i) **II.** *vi* (*fam: denunzieren*) gammazlamak
Petzer *m* (*fam*) gammaz, ihbarcı
Pf *m Abk von* **Pfennig** fenik
Pfad *m* ❶ (*kleiner Fußweg*) patika, keçiyolu ❷ INFORM yol
Pfadfinder(in) *m(f)* izci
Pfahl *m* kazık, direk
Pfalz *f* Palatina
Pfand *nt* rehin; (*Flaschen-*) depozito
pfänden *vt* haczetmek (**etw** -i)
Pfandflasche *f* depozitolu şişe
Pfandhaus *nt* emniyet sandığı (*rehin karşılığında para veren kurum*)
Pfändung *f* haciz
Pfanne *f* ❶ (*Küche*) tava ❷ ANAT mafsal oyuğu
Pfannkuchen *m tatlı bir omlet çeşidi*
Pfarrei *f,* **Pfarrgemeinde** *f bir papazın idaresi altında bulunan kilise cemaati*

P

Pfarrer(in) *m(f)* papaz
Pfarrkirche *f papazlık dairesinin başkilisesi*
Pfau *m* tavus kuşu
Pfeffer *m* biber; (*schwarzer* ~) karabiber; **gemahlener** ~ dövülmüş biber
Pfefferkuchen *m ballı ve baharatlı bir çörek*
Pfefferminze *f* nane
Pfefferminzlikör *m* nane likörü
Pfefferminztee *m* nane çayı, naneli çay
Pfefferstreuer *m* biberlik
Pfeife *f* ❶ (*Triller-*) düdük ❷ (*Tabaks-*) pipo; ~ **rauchen** pipo içmek
pfeifen <pfiff, gepfiffen> *vi* ❶ (*mit Pfeife*) düdük öttürmek ❷ (*ohne Pfeife*) ıslık çalmak; **auf etw** ~ bir şeye aldırış etmemek; **ich pfeife darauf** bana vız gelir
Pfeifenreiniger *m* pipo teli
Pfeifentabak *m* pipo tütünü
Pfeil *m* ok
Pfeiler *m* ❶ direk, destek ❷ (*fig: Stütze*) dayanak
Pfennig *m* fenik
Pferch *m* ağıl; (*für Schafe*) mandıra
Pferd *nt* ❶ at; (*Last-*) beygir ❷ SPORT beygir
Pferdeäpfel *mpl* at gübresi *sing*
Pferderennen *nt* at yarışı
Pferdeschwanz *m* (*auch Frisur*) at kuyruğu
Pferdestall *m* at tavlası
Pferdestärke *f* beygir gücü
Pferdewagen *m* atlı araba, at arabası
pfiff *vi, vt s.* **pfeifen**
Pfiff *m* ıslık; (*einer Pfeife*) düdük sesi
Pfifferling *m* horozmantarı
pfiffig *adj* açıkgöz
Pfingsten *nt* Pantkot yortusu
Pfingstrose *f* şakayık
Pfirsich *m* şeftali
Pfirsichbaum *m* şeftali ağacı
Pflanze *f* bitki
pflanzen *vt* (toprağa) dikmek (**etw** -i)
Pflanzenöl *nt* bitkisel yağ
pflanzlich *adj* bitkisel
Pflanzung *f* (*von Bäumen*) fidan dikme; (*Pflanzenzucht*) bitki yetiştirme
Pflaster *nt* ❶ (*Straßen-*) kaldırım ❷ (*Heft-*) (yapışıcı) yakı, plaster
Pflasterstein *m* kaldırım taşı; (*Kopfstein*) parke taşı
Pflaume *f* erik; (*Damaszener-*) mürdümeriği
Pflaumenbaum *m* erik ağacı
Pflege *f* ❶ (*Pflegen*) bakım; (*besonders sorgsame*) özen ❷ (*Fürsorge*) koruma
pflegebedürftig *adj* bakıma muhtaç
Pflegeeltern *pl* evlat edinen anababa
Pflegeheim *nt* bakım yurdu
Pflegekind *nt* evlatlık, besleme
pflegeleicht *adj* bakımı kolay
pflegen I. *vt* ❶ bakmak (**jdn/etw** -i) ❷ (*fig*) bakmak (**etw** -e), korumak, iyi durumda tutmak (**etw** -i); **gesund** ~ iyileştirmek (**jdn** -i) **II.** *vi* **pflegen zu ...** (*Gewohnheit*) -meye alışmış olmak
Pflicht *f* ❶ (*Aufgabe*) görev, ödev ❷ (*obliegende*) borç ❸ (*Verpflichtung*) yüküm(lülük)
pflichtbewusst[RR] *adj* görevine bağlı
pflücken *vt* koparmak, toplamak (**etw** -i)
Pflug *m* saban; (*schwerer*) pulluk; (*aus Holz*) karasaban
pflügen *vi, vt* çift [*o* toprağı] sürmek
Pforte *f* kapı; **die Hohe** ~ Babıali
Pförtner *m* (*Magen-*) mide kapısı
Pförtner(in) *m(f)* kapıcı
Pfosten *m* direk, destek, kazık
Pfote *f* ❶ (*Hund, Katze*) el, ayak; (*Raubtiere*) pençe ❷ (*pej: Hand*) el ❸ (*schlechte Handschrift*) kötü el yazısı
Pfropf(en) *m* tıpa, tıkaç
Pfründe *f* arpalık
pfui *interj* tüh, ayıp
Pfund *nt* ❶ (*Gewicht*) yarım kilo ❷ (*Währung: türk.* ~) lira; (*engl.* ~) sterlin(g)
pfuschen *vi* kötü [*o* üstünkörü] iş görmek
Pfuscher(in) *m(f)* üstünkörü iş gören
Pfütze *f* (küçük) su birikintisi
PH *f Abk von* **pädagogische Hochschule** yüksek öğretmen okulu
Phänomen *nt* görüngü
phänomenal *adj* (*großartig*) eşsiz
Phantasie *f* ❶ (*Einbildungskraft*) hayal gücü ❷ (*Trugbild*) hayal, görüntü
phantasieren *vi* ❶ (*im Fieber*) sayıklamak ❷ (*in Gedanken ausmalen*) hayal kurmak
phantastisch *adj* ❶ (*unwirklich*) hayali, düşsel ❷ (*großartig*) harika
Phantom *nt* hayal
Phantombild *nt* robot resim
pharm. *adj Abk von* **pharmazeutisch**
pharmazeutisch *adj* ecza(sal)
Phase *f* ❶ (*Periode*) devre, dönem, devir ❷ (*Stadium*) evre, safha ❸ (*beim Wechselstrom*) dalgalı akım
Philippinen *pl* **die** ~ Filipinler, Filipin Adaları *pl*

Philologe, Philologin *m, f* filolog
Philologie *f* filoloji
Philosoph(in) *m(f)* filozof
Philosophie *f* felsefe
philosophisch *adj* felsefi
phlegmatisch *adj* ağır hareketli; (*negativ*) mıymıntı
Phonetik *f* fonetik, sesbilim
phonetisch *adj* fonetik, sesbilimsel
Phosphat *nt* fosfat
Phosphor *m* fosfor
Photo *nt s.* **Foto**
Physik *f* fizik
physikalisch *adj* fiziksel, fiziki
Physiker(in) *m(f)* fizikçi
Physiognomie *f* fizyonomi
Physiologie *f* fizyoloji
physisch *adj* fiziksel; (*den Körper betreffend*) bedensel, bedeni
Pianist(in) *m(f)* piyanist
Piano(forte) *nt* (konsol) piyano
Piaster *m* kuruş
Pickel *m* sivilce
picken *vt* gagalamak (**etw** -i)
Picknick *nt* piknik
piepen *vi* (*junge Vögel*) cıvıldamak; (*Maus, Küken*) cik cik etmek
pikant *adj* ❶ (*Speise*) baharatlı ❷ (*Witz*) açık saçık, müstehcen
Pilger(in) *m(f)* hacı
Pilgerfahrt *f* hac
pilgern *vi sein* ❶ (*wallfahren*) hacca gitmek ❷ (*zu Fuß gehen*) yaya gitmek
Pilgerort *m,* **Pilgerstätte** *f* ziyaretgah, ziyaret [*o* hac] yeri
Pille *f* ❶ hap ❷ (*Antibabypille*) doğum kontrol hapı
Pilot(in) *m(f)* pilot
Pilotprojekt *nt* pilot projesi
Pilz *m* mantar
Pilzvergiftung *f* mantar zehirlenmesi
Pinie *f* fıstık çamı
Pinienkern *m* çam fıstığı
Pinienwald *m* çamlık
pinkeln *vi* (*fam*) işemek, çiş etmek
Pinsel *m* (*zum Malen*) (resim) fırça(sı); (*zum Streichen*) badana fırçası
Pinzette *f* cımbız
Pionier(in) *m(f)* (*Wegbereiter*) öncü
Pipeline *f* boru hattı
Pirat *m* korsan
pissen *vi* (*vulg*) işemek
Pistazie *f* şamfıstığı, antepfıstığı
Piste *f* pist
Pistole *f* tabanca
Pixel *nt* piksel
Pizza *f* pizza; (*türkische* ~) lahmacun
Pkw *m,* **PKW** *m s.* **Personenkraftwagen** binek otomobili
plädieren *vi* savunmak (**für etw/jdn** -i)
Plädoyer *nt* (*für*) savunma söylevi
Plage *f* ❶ (*Qual*) azap, üzüntü, dert ❷ (*Land-*) afet, felaket
plagen **I.** *vt* ❶ (*quälen*) üzmek (**jdn** -i), üzüntü [*o* azap] vermek (**jdn** -e) ❷ (*belästigen*) taciz [*o* rahatsız] etmek (**jdn** -i) **II.** *vr* **sich** ~ (*körperlich*) yorulmak, zahmet çekmek; (*seelisch*) üzülmek
Plakat *nt* afiş, duvar ilanı
Plakette *f* plaket
Plan *m* plan; **einen ~ schmieden** plan kurmak
Plane *f* (*allgem.*) *su geçirmez koruma örtüsü;* (*für einen Wagen*) araba örtüsü
planen *vt* planlamak, tasarlamak (**etw** -i)
Planet *m* gezegen
Planetarium *nt* planetaryum
Planierraupe *f* buldozer
Planke *f* tahta, kalas
planlos *adj* plansız
planmäßig **I.** *adj* plana uygun **II.** *adv* (*fahr-*) tarifeye göre
Planschbecken *nt* çocuk havuzu
planschen *vi* su içinde oynamak; (*mit Wasser spritzen*) su fışkırtmak
Plantage *f* plantasyon
Planung *f* planlama
Planwirtschaft *f* planlı ekonomi
plappern *vi* gevezelik etmek
plärren *vi* cırıldamak, cır cır etmek; (*laut weinen*) hüngür hüngür ağlamak
Plastik[1] *f* ❶ (*Kunst*) heykeltıraşlık ❷ (*Werk*) heykel
Plastik[2] *nt* (*Werkstoff*) plastik
Plastikbecher *m* plastik bardak
Plastikflasche *f* plastik şişe
Plastikgabel *f* plastik çatal
Plastiktüte *f* plastik torba
plastisch *adj* (*greifbar*) canlı, elle tutulur
Platane *f* çınar (ağacı)
Platin *nt* platin
platonisch *adj* (*auch fig*) platonik
plätschern *vi* ❶ (*planschen*) suda oynamak ❷ (*Bach*) çağıldamak, şarıldamak, şırıl şırıl

akmak

platt *adj* ❶ (*flach*) düz, yassı ❷ (*Nase*) basık ❸ (*Reifen*) havası kaçan [*o* boşalan] ❹ (*erstaunt*) şaşkın, alıklaşmış; **der Reifen ist ~** lastikte hava yok; **sie war (einfach) ~** (*fam*) şaşkınlıktan donakaldı

Plattdeutsch *nt* Kuzey Almanya şivesi

Platte *f* ❶ (*Scheibe*) levha ❷ (*Schall-*) plak ❸ (*Holz-*) tabla ❹ (*Metall-*) tepsi ❺ (*Stein-*) döşeme taşı ❻ (*flache Schüssel*) yayvan kap

plätten *vt* (*allgemein*) yassıltmak; (*Wäsche*) ütülemek (**etw** -i)

Plattenspieler *m* pikap

Plattform *f* platform

Plattfuß *m* ❶ MED düztaban ❷ (*fam: platter Reifen*) *havası kaçmış lastik*

Platz *m* ❶ (*offener*) alan ❷ (*in einer Stadt*) meydan ❸ (*Stelle, Raum, Sitz*) yer; **~ finden** yer bulmak; **am ~e sein** yerinde olmak; **~ machen** yer açmak (**jdm** -e); **~ nehmen** yerini almak, oturmak

Platzangst *f* agorafobi, meydan korkusu

Platzanweiser(in) *m(f)* yer gösterici

Plätzchen *nt* (*Teegebäck*) kurabiye

platzen *vi sein* ❶ (*explodieren*) patlamak ❷ (*Risse bekommen*) yırtılmak, çatlamak; **vor Ärger/Wut ~** kızgınlıktan patlamak

Platzkarte *f* (*Eisenbahn*) numaralı bilet

plaudern *vi* sohbet etmek

Play-off *nt* SPORT play-off

Play-off-Gruppe *f* play-off grubu

Pleite *f* ❶ (*Bankrott*) iflas ❷ (*Misserfolg*) başarısızlık, fiyasko; **~ machen** iflas etmek

pleite *adv* **~ sein** (*fam*) meteliğe kurşun atmak

Plenarsitzung *f* genel kurul toplantısı

Plenum *nt* genel kurul

Plexiglas® *nt* pleksiglas

Plombe *f* ❶ (*Verschluss*) kurşun damga ❷ (*Zahn-*) dolgu

plombieren *vt* kurşunlamak; (*Zahn*) doldurmak (**etw** -i)

plötzlich **I.** *adj* ani, beklenmeyen **II.** *adv* birdenbire, ansızın, aniden

Plug and Play *nt* INFORM tak çalıştır

plump *adj* ❶ (*unfein: Person und Sache*) hantal, kaba saba ❷ (*ungeschickt*) beceriksiz, hantal, hoyrat

plündern **I.** *vt* yağma etmek (**etw** -i) **II.** *vi* çapulculuk etmek

Plünderung *f* yağma(cılık)

Plural *m* çoğul

Pluralismus *m* plüralizm, çokçuluk

pluralistisch *adj* plüralist, çokçu

plus *adv* artı; **zwei ~ zwei ist vier** iki artı iki dört eder

Plus *nt* artı

Plüsch *m* pelüş

Plutonium *nt* plütonyum

PLZ *f Abk von* **Postleitzahl** posta kod numarası

Pöbel *m* (*pej*) ayaktakımı

pöbelhaft *adj* (*pej*) bayağı, kaba (saba)

pochen *vi* ❶ (*klopfen*) vurmak, çalmak ❷ (*Herz*) çarpmak, atmak; (*Schläfen*) atmak; **auf etw ~** (*fig*) bir şeyde ısrar etmek

Pocken *pl* çiçek (hastalığı) *sing*

Podest *nt*, **Podium** *nt* podyum

Podiumsdiskussion *f* panel

Poesie *f* şiir sanatı

Poet(in) *m(f)* şair

poetisch *adj* şairane, ozansı

Pokal *m* kupa

Pokalspiel *nt* kupa maçı

pol. *adj Abk von* **politisch; polizeilich**

Pol *m* kutup

Polarisierung *f* (*auch fig*) kutuplaş(tır)ma

Polarkreis *m* kutuplar dairesi

Polaroidkamera *f* polaroid makine

Pole, Polin *m, f* Polonyalı

Polemik *f* tartışma, polemik

polemisch *adj* polemik

polemisieren *vi* polemik yapmak

Polen *nt* Polonya

polieren *vt* cilalamak, parlatmak (**etw** -i)

Poliklinik *f* poliklinik

Politesse *f* (*fam*) kadın trafik polisi

Politik *f* politika, siyaset

Politiker(in) *m(f)* politikacı

politisch *adj* politik, siyasi, siyasal

Politologie *f* siyasal bilgiler *pl*

Politur *f* ❶ (*Material*) cila, vernik, parlatıcı ❷ (*Glanz*) parlaklık

Polizei *f* polis; (*besonders städtische*) zabıta

Polizeigewahrsam *m* gözaltı; **jdn in ~ nehmen** birini gözaltına almak

polizeilich **I.** *adj* polis **II.** *adv* polisçe, zabıtaca

Polizeipräsidium *nt* emniyet müdürlüğü

Polizeistaat *m* polis devleti

Polizeiwache *f* (polis) karakol(u)

Polizeiwagen *m* polis arabası

Polizist(in) *m(f)* polis (memuru)

Pollen *m* çiçek tozu

polnisch *adj* ❶ (*Sprache*) Polonyaca ❷ (*Art*)

Polonya ❸ (*Herkunft*) Polonyalı
Polster *nt* (*Kissen*) yastık
Polstergarnitur *f* koltuk takımı
polstern *vt* kıtıkla doldurmak (**etw** -i)
Polterabend *m düğünden önceki bir eğlence*
poltern *vi* ❶ (*rumpeln*) gümbürdemek ❷ (*lärmen*) gürültü [*o* patırtı] etmek ❸ (*schelten*) bağırıp çağırmak
Polyester *nt* poliester
polygam *adj* poligam, çokkarılı
Polygamie *f* poligami, çokkarılılık
Polyp *m* ❶ MED polip, ahtapot ❷ (*Krake*) ahtapot ❸ (*fam: Polizist*) aynasız
Pommes frites *pl* patates kızartması *sing*
Pony[1] *nt* (*Kleinpferd*) midilli
Pony[2] *m* (*Stirnfransen*) kakül, perçem
Popcorn *nt* patlamış mısır
Popmusik *f* pop müziği
Popo *m* (*fam*) kıç, popo, kaba et
populär *adj* popüler; ~ **werden** popülerleşmek
Popularität *f* popülarite
populistisch *adj* popülist
Pore *f* gözenek
Pornofilm *m* porno film
Pornografie[RR] *f*, **Pornographie** *f* pornografi
pornografisch[RR] *adj*, **pornographisch** *adj* pornografik
Pornoring *m* porno şebekesi
porös *adj* gözenekli
Porree *m* pırasa
Port *nt* INFORM bağlantı noktası
Portal *nt* ❶ (büyük) kapı, anakapı ❷ (*Homepage*) portal, ana sayfa
Portemonnaie *nt* cüzdan
Portier *m* kapıcı
Portion *f* porsiyon
Portmonee[RR] *nt* cüzdan
Porto *nt* posta ücreti; ~ **bezahlt Empfänger** posta ücreti alıcıya ait
Portogebühr *f meist pl* posta ücretleri *pl*
Porträt *nt* portre
porträtieren *vt* portresini yapmak (**jdn** -in)
Portugal *nt* Portekiz
Portugiese, Portugiesin *m, f* Portekizli
portugiesisch *adj* ❶ (*Sprache*) Portekizce ❷ (*Art*) Portekiz ❸ (*Herkunft*) Portekizli
Portwein *m* porto şarabı
Porzellan *nt* porselen
Posaune *f* trombon
Position *f* (*Stellung, Lage*) durum, pozisyon
positiv *adj* ❶ olumlu ❷ MATH pozitif
Possessivpronomen *nt* iyelik zamiri
Post *f* ❶ (*Einrichtung*) posta ❷ (*Amt, Gebäude*) postane ❸ (*Briefe*) posta; **mit der** ~ postayla; **mit getrennter** ~ ayrı postayla
postalisch *adj* posta(yla ilgili)
Postamt *nt* postane
Postanschrift *f* posta adresi
Postanweisung *f* posta havalesi
Postbote, Postbotin *m, f* postacı
Posten *m* ❶ (*Anstellung*) görev; (*Amt*) memuriyet ❷ (*Waren-*) parti ❸ (*Wach-*) nöbetçi
Poster *nt* poster
Postf. *nt Abk von* **Postfach**
Postfach *nt* posta kutusu
Postkarte *f* kartpostal, posta kartı
postlagernd *adv* postrestant
Postleitzahl *f* posta kod numarası
postmodern *adj* postmodern
Postscheckkonto *nt* posta çeki hesabı
Postskript(um) *nt* eklenti
Poststempel *m* posta damgası
postwendend *adv* ilk posta ile
potentiell *adj* potansiyel
Potenz *f* ❶ (*Leistungskraft*) güç, kuvvet, kudret ❷ (*sexuelle*) (cinsel) iktidar
potenziell[RR] *adj* potansiyel
Potpourri *nt* (*Musik-*) potpuri
Poularde *f* semiz yarga
Pracht *f* debdebe, tantana, görkem
prächtig *adj*, **prachtvoll** *adj* debdebeli, tantanalı, görkemli
Prädikat *nt* yüklem
prägen *vt* ❶ (*Münzen*) basmak, darp etmek (**etw** -i) ❷ (*fig: gestalten*) şekil vermek (**etw** -e), kalıba sokmak (**etw** -i)
Pragmatiker(in) *m(f)* pragmacı, pragmatist, yararcı
pragmatisch *adj* pragmacı, pragmatik, yararcı
Pragmatismus *m* pragmacılık, pragmatizm, yararcılık
prägnant *adj* (*kurz*) kısa (ve özlü)
prähistorisch *adj* tarih öncesinden kalma
prahlen *vi* övünmek (**mit etw** ile)
Praktikant(in) *m(f)* stajyer
Praktikum *nt* staj
praktisch I. *adj* pratik; (*Gerät auch*) kullanışlı; ~**er Arzt** pratisyen doktor **II.** *adv* fiilen
Praline *f* çikolatalı şekerleme

P

prall *adj* **in der ~en Sonne** kızgın güneşte
prallen *vi sein* çarpmak (**auf/gegen jdn** -e)
Prämie *f* ① (*Auszeichnung*) ödül, mükafat ② ECON prim
präm(i)ieren *vt* ödüllendirmek (**jdn/etw** -i)
Präparat *nt* CHEM bileşim
Präposition *f* edat, ilgeç
Präsens *nt* LING şimdiki zaman (kipi)
Präservativ *nt* prezervatif
Präsident(in) *m(f)* başkan, reis
Präsidentschaftskandidat(in) *m(f)* başkanlık adayı
Präsidium *nt* başkanlık
prasseln *vi* (*Regen*) şakırdamak
Präventivmaßnahme *f* önleme tedbiri
Praxis *f* ① (*Durchführung*) pratik, uygulama ② (*Arzt-*) muayenehane
Präzedenzfall *m* (haklar yaratan) emsal
präzis *adj* ① (*sorgfältig*) özenli ② (*genau*) belirgin ③ (*Uhrwerk*) dakik
präzisieren *vt* belirlemek (**etw** -i)
Präzision *f* ① (*Sorgfalt*) özen, itina ② (*Uhrwerk*) dakiklik
predigen *vi* ① (*Predigt*) vaaz etmek ② (*ermahnen*) öğütlemek
Prediger(in) *m(f)* vaiz, hatip
Predigt *f* vaaz
Preis *m* ① (*Kauf-*) fiyat, eder ② (*Gegenwert*) bedel, karşılık ③ (*Wert*) değer, kıymet ④ (*Auszeichnung*) ödül, mükafat; **um jeden ~** her ne pahasına olursa olsun
Preisausschreiben *nt* ödüllü yarışma duyurusu
Preiselbeere *f* kırmızı yaban mersini
preisen <pries, gepriesen> *vt* övmek (**jdn/etw** -i)
preisgeben *irr vt* terk etmek, bırakmak; (*Geheimnis*) açığa vurmak, dile vermek (**etw** -i)
Preisschild *nt* fiyat fişi
preiswert *adj* ucuz, ehven
prekär *adj* ① (*misslich*) nahoş ② (*bedenklich*) sakıncalı ③ (*schwierig*) müşkül
prellen *vt* (*finanziell*) dolandırmak (**jdn** -i); **sich** *dat* **den Arm/das Knie ~** kolunu/dizini incitmek
Prellung *f* ezik
Premiere *f* (*Theater, Film*) gala, prömiyer
Premierminister(in) *m(f)* başbakan
Presse *f* ① (*Zeitungswesen*) basın ② (*Druckmaschine*) basım [*o* matbaa] makinesi
Pressefreiheit *f* basın özgürlüğü
Pressekonferenz *f* basın toplantısı [*o* konferansı]
pressen *vt* ① (*drücken*) basmak, sık(ıştır)mak (**etw** -i) ② (*aus-*) sıkmak; (*Früchte*) sıkıp suyunu çıkarmak (**etw** -i) ③ (*in eine Form*) kalıba vurmak (**etw** -i)
Prestige *nt* prestij
prestigeträchtig *adj* prestijli
Preuße, Preußin *m, f* Prusyalı
Preußen *nt* Prusya
preußisch *adj* ① (*Art*) Prusya ② (*Herkunft*) Prusyalı
pries *vt s.* **preisen**
Priester(in) *m(f)* (*allgemein*) rahip; (*christlicher*) papaz
prima **I.** *adj* birinci kalite, enfes, kusursuz **II.** *adv* (*fam*) çok iyi, kusursuz, mükemmel; **~!** harika!
Primel *f* çuhaçiçeği
primitiv *adj* ① (*urtümlich*) ilkel ② (*ungehobelt*) kaba, ham ③ (*einfach*) basit, sade
Prinz *m* prens; (*im Orient auch*) şehzade
Prinzessin *f* prenses
Prinzip *nt* ① (*Grundsatz*) ilke, prensip ② (*Norm, Regel*) düstur, kural; **im/aus ~** esas itibariyle, prensip olarak
prinzipiell *adv* prensip olarak, esas itibariyle
Priorität *f* öncelik; **~en setzen** öncelik tanımak
Prise *f* ① (*Tabak*) çekimlik ② (*kleine Menge*) tutam
Prisma *nt* prizma
privat **I.** *adj* ① (*eigen*) özel ② (*persönlich*) kişisel, şahsi **II.** *adv* özel (olarak); (*persönlich*) şahsen
Privatdetektiv(in) *m(f)* (özel) detektif
Privateigentum *nt* özel mülkiyet
privatisieren *vt* özelleştirmek (**etw** -i)
Privatisierung *f* özelleştirme
Privatleben *nt* özel hayat
Privatsache *f* özel mesele
Privatschule *f* özel okul
Privatsphäre *f* mahremiyet, kişisel dokunulmazlık
Privatunterricht *m* özel ders
Privileg *nt* imtiyaz, ayrıcalık
privilegiert *adj* imtiyazlı, ayrıcalı
pro *präp* **~ Kopf** adam başına
Probe *f* ① (*Versuch*) deneme, tecrübe ② (*Prüfung*) sınav, imtihan ③ (*Theater-*) prova ④ (*Waren-*) örnek, eşantiyon; **auf die ~ stellen** denemek, tecrübe etmek (**jdn** -i)

Probefahrt *f* deneme seferi
proben *vi, vt* prova yapmak
probeweise *adv* ❶ (*als Versuch*) deneme olarak ❷ (*auf Probe*) prova olarak
Probezeit *f* deneme süresi
probieren *vt* denemek, tecrübe etmek (**etw** -i); (*Speisen*) tadına bakmak (**etw** -in)
Problem *nt* ❶ (*Aufgabe*) problem, sorun, mesele ❷ (*Schwierigkeit*) güçlük
Problematik *f* güçlük
problematisch *adj* (*schwierig*) güç; (*fragwürdig*) şüpheli
problemlos *adj* problemsiz, sorunsuz
Procedere *nt* muamele, işlem, prosedür
Produkt *nt* ❶ (*Erzeugnis*) ürün ❷ MATH çarpım
Produktion *f* üretim
produktiv *adj* ❶ (*ergiebig*) verimli ❷ (*besonders Leistung*) randımanlı ❸ (*schöpferisch*) yaratıcı
Produktivität *f* ❶ (*Ergiebigkeit*) verimlilik ❷ (*besonders Leistung*) randıman ❸ (*schöpferische*) yaratıcılık
Produktpalette *f* ürün yelpazesi
Produzent(in) *m(f)* ❶ üretici, yetiştirici ❷ (*Film-*) prodüktör, yapımcı
produzieren *vt* üretmek, imal etmek; (*landwirtschaftlich*) yetiştirmek (**etw** -i); **einen Film ~** film yapmak
Prof. *m Abk von* **Professor**
professionell *adj* profesyonel
Professor(in) *m(f)* profesör
Profi *m* (*fam*) profesyonel
Profil *nt* ❶ (*des Gesichts*) yandan görünüş, profil ❷ (*am Reifen*) tırtıl
Profit *m* kazanç, kar, yarar
profitieren *vi* yararlanmak (**von etw** -den)
Pro-forma-Rechnung *f* proforma
Prognose *f* (önceden) tahmin
Programm *nt* program
programmieren *vt* programlamak (**etw** -i)
Programmierer(in) *m(f)* programcı
Programmiersprache *f* bilgisayar program dili
Programmierung *f* programlama
Programmvorschau *f* program takdimi
Progression *f* ❶ (*Fortschreiten*) ilerleme; (*Steigerung*) yükselme, artış ❷ MATH dizi
progressiv *adj* ❶ (*fortschrittlich*) ilerici ❷ (*fortschreitend*) azar azar ilerleyen
Projekt *nt* tasarı, proje; (*Entwurf*) taslak
Projektion *f* projeksiyon, izdüşüm
Projektor *m* projektör
projizieren *vt* (*auch psychisch*) yansıtmak (**etw auf etw/jdn** -i -e)
Pro-Kopf-Einkommen *nt* kişi başına gelir
Prokura *f* ticari temsil
Prokurist(in) *m(f)* vekil, temsilci
Prolet *m* (*pej fam*) ayı, koyun, kaba saba kişi
Proletariat *nt* proletarya
Proletarier(in) *m(f)* proleter
proletarisch *adj* proleter
Promenade *f* gezinti yeri
Promi *m* (*fam*) kalburüstü, seçkin kimse
Promille *nt* binde; (*Alkohol*) promil; **fünf ~** binde beş, beş promil
Promillegrenze *f* alkol duvarı
prominent *adj* seçkin, ileri gelen
Prominente(r) *f(m)* kalburüstü, seçkin kimse
Prominenz *f* kalburüstü (sınıf)
Promotion *f* (*Erlangung der Doktorwürde*) doktor unvanını alma
promovieren *vi* ❶ (*Promotionsstudium*) doktora yapmak ❷ (*die Doktorwürde erlangen*) doktor unvanını almak
Pronomen *nt* zamir, adıl
Propaganda *f* propaganda
propagieren *vt* propaganda yapmak (**etw** ... için)
Propan(gas) *nt* propan (gazı)
Propeller *m* pervane
Prophet *m* peygamber
prophezeien *vt* kehanette bulunmak
Prophezeiung *f* kehanet
Proportion *f* oran; MATH orantı
proportional *adj* oran(tı)lı
Prosa *f* düzyazı
prosaisch *adj* (*fig: nüchtern, trocken*) kuru, yavan
Prospekt *m* broşür
prost *interj* (*beim Trinken*) şerefe!; **~ Neujahr!** yeni yılın(ız) kutlu olsun!
Prostata *f* prostat
Prostatakrebs *m* prostat kanseri
prostituieren *vr* **sich ~** fahişelik yapmak
Prostituierte *f* hayat kadını, fahişe
Prostitution *f* fahişelik, fuhuş
Protein *nt* protein
Protektionismus *m* himayecilik
Protest *m* protesto, itiraz
Protestant(in) *m(f)* ❶ REL Protestan ❷ POL protesto eden
protestantisch *adj* Protestan
Protestantismus *m* Protestanlık

protestieren *vi* protesto etmek (**gegen etw** -i), karşı çıkmak (**gegen etw/jdn** -e)
Protestkundgebung *f* protesto gösterisi
Prothese *f* protez, takma organ
Protokoll *nt* ① (*diplomatisches*) protokol ② (*Niederschrift, Unfall-*) zabıt, tutanak ③ INFORM protokol
protokollarisch *adj* zapta geçirilmiş
Proton *nt* proton
Prototyp *m* prototip
protzen *vi* böbürlenmek, çalım satmak
Proviant *m* erzak, yiyecek; (*Reise-*) yolluk
Provider *f* INET sunucu
Provinz *f* ① (*Verwaltungsbezirk*) vilayet, il ② (*pej: ländliche Gegend*) taşra
provinziell *adj* (*pej*) taşralı
Provinzler *m* (*pej*) taşralı
Provision *f* komisyon
provisorisch *adj* geçici, eğreti, iğreti
Provisorium *nt* geçici durum
Provokation *f* kışkırtma, kışkırtı
provozieren *vi, vt* kışkırtmak (**jdn** -i)
provozierend *adj* kışkırtıcı
Prozedere *nt* muamele, işlem, prosedür
Prozedur *f* işlem
Prozent *nt* yüzde; **fünf ~** yüzde beş
Prozentsatz *m* yüzdelik
prozentual *adj* yüzde nispetinde
Prozess[RR] *m*, **Prozeß**[ALT] *m* ① (*Vorgang*) süreç ② (*Gerichtsverhandlung*) dava ③ (*Rechtsgang*) mahkeme usulü; **mit etw kurzen ~ machen** bir şeyi kısa kesmek
prozessieren *vi* dava etmek (**gegen jdn** -i)
Prozession *f* REL dini alay
Prozessor *f* işlemci, prosesor
prüde *adj* aşırı iffetli; (*Mädchen, Frau*) horozdan kaçan
prüfen *vt* ① (*erproben*) denemek (**jdn/etw** -i) ② (*untersuchen*) incelemek, yoklamak (**etw** -i) ③ (*kontrollieren*) kontrol etmek (**etw** -i) ④ (*erwägen*) düşünüp taşınmak (**etw** -i) ⑤ (*testen, examinieren*) sınamak, imtihan etmek (**jdn** -i); **prüfender Blick** süzen bakış
Prüfstein *m* (*fig: Kriterium*) ölçüt
Prüfung *f* ① (*Untersuchung*) inceleme ② (*Test, Examen*) sınav, imtihan ③ (*Versuch*) deneme; **eine ~ ablegen** sınav [*o* imtihan] vermek
Prüfungskommission *f* imtihan komisyonu [*o* heyeti]
Prügel[1] *m* (*Stock*) değnek, sopa
Prügel[2] *m* (*Schläge*) dayak, kötek *sing*
Prügelei *f* dövüş(me)
prügeln **I.** *vt* dövmek (**jdn** -i), dayak atmak (**jdn** -e) **II.** *vr* **sich ~** dövüşmek
PS[1] *f s.* **Pferdestärke** BG, beygir gücü
PS[2] *nt s.* **Postskript(um)** eklenti
Psalm *m* mezmur, mizmar
Pseudonym *nt* takma ad, mahlas
pst *interj* hişşt!
Psyche *f* ruh
Psychiater(in) *m(f)* psikiyatr(ist), ruh doktoru
Psychiatrie *f* psikiyatri
psychiatrisch *adj* psikiyatrik
psychisch *adj* ruhsal, ruhi
Psychoanalyse *f* psikanaliz, ruhçözüm
Psychologe, Psychologin *m, f* psikolog, ruhbilimci
Psychologie *f* psikoloji, ruhbilim
psychologisch *adj* psikolojik, ruhsal
Psychopath(in) *m(f)* psikopat
Psychose *f* psikoz
psychosomatisch *adj* psikosomatik
Psychotherapie *f* psikoterapi
Pubertät *f* ergenlik
Public-Domain-Software *f* INET herkesin kullanımına açık yazılım
publik *adj* **etw ~ machen** bir şeyi herkese duyurmak
Publikation *f* yayın
Publikum *nt* ① (*Zuhörer*) dinleyiciler *pl* ② (*Zuschauer*) seyirciler *pl* ③ (*Leute*) halk
publizieren *vt* yayınlamak (**etw** -i)
Publizistik *f* yayıncılık
Pudding *m* puding; (*türk. Reismehl-*) muhallebi
Pudel *m* kaniş köpeği
Puder *m* pudra
Puderdose *f* pudralık
pudern *vr* **sich ~** pudralanmak, pudra sürünmek
Puff[1] *m* (*Stoß*) itiş, dürtüş
Puff[2] *m* ① (*Hocker*) puf ② (*fam: Bordell*) genelev, kerhane
Pufferzone *f* POL tampon bölge
Pulli *m*, **Pullover** *m* kazak
Pullunder *m* *bluz üzerine giyilen kolsuz kazak*
Puls *m* nabız; **jdm den ~ fühlen** birinin nabzına bakmak
Pult *nt* kürsü
Pulver *nt* ① toz ② (*Schieß-*) barut

Pulverkaffee *m* neskafe
Pulverschnee *f* toz halinde kar
Pump *m* **auf ~ kaufen** veresiye almak (**etw** -i); **auf ~ leben** borç yemek
Pumpe *f* ❶ (*Luft-*) pompa ❷ (*Wasser-*) tulumba
pumpen *vi, vt* ❶ pompalamak (**etw** -i) ❷ (*fam: entleihen*) ödünç almak (**etw von jdm** -i -den) ❸ (*ausleihen*) ödünç vermek (**etw jdm** -i -e)
Pumpgun *nt* pompalı tüfek
Pumphose *f* (*türkische*) şalvar
Punkt *m* ❶ (*allgemein*) nokta ❷ (*Tüpfelchen*) benek ❸ (*Vertrags-*) madde ❹ (*Bewertungs-*) puan ❺ (*Ort*) nokta, yer ❻ (*Gesprächsgegenstand*) konu ❼ (*Hinsicht*) bakım; **springender ~** püf noktası; **toter ~** ölü nokta; **wunder ~** bamteli; **~ für ~** (*durchnehmen*) madde madde; (*sich bestätigen*) noktası noktasına; **~ 7 Uhr** tam saat 7'de
pünktlich **I.** *adj* dakik **II.** *adv* (tam) vaktinde
Pünktlichkeit *f* dakiklik
Pupille *f* gözbebeği
Puppe *f* ❶ (*Spielzeug*) (oyuncak) bebek ❷ (*Marionette*) kukla ❸ (*von Insekt*) krizalit
Puppenspiel *nt* kukla oyunu
Puppentheater *nt* kukla tiyatrosu
pur *adj* katıksız, halis, arı
Püree *nt* püre
Purzelbaum *m* takla; **einen ~ schlagen** takla atmak
Puste *f* soluk, nefes
pusten *vi* üflemek
Pute *f* (dişi) hindi
Puter *m* baba hindi
Putsch *m* (hükümet) darbe(si)
Putschist(in) *m(f)* darbeci
Putz *m* (*Ver~*) sıva
putzen *vt* ❶ (*reinigen*) temizlemek (**etw** -i) ❷ (*wischen*) silmek (**etw** -i); **sich** *dat* **die Nase ~** burnunu silmek; **sich** *dat* **die Zähne ~** dişini fırçalamak
Putzfrau *f* temizlikçi kadın
Putzlappen *m* (temizlik) bez(i), tahta bezi
Putzmittel *nt* temizlik malzemesi
Puzzle *nt* yap-boz oyunu
Pyjama *m* pijama
Pyramide *f* piramit
Pyrenäen *pl* Pireneler, Pirene Dağları *pl*

Qq

qkm *m Abk von* **Quadratkilometer** kilometre kare
qm *m Abk von* **Quadratmeter** metre kare
Quadrat *nt* kare
quadratisch *adj* kare şeklinde
Quadrat(kilo)meter *m* (kilo)metre kare; **ein 20 Quadratmeter großes Zimmer** 20 metrekarelik bir oda
quaken *vi* (*Frosch, Ente*) vakvak etmek
Qual *f* ıstırap, azap
quälen **I.** *vt* ❶ (*seelisch*) üzmek (**jdn** -i), eziyet etmek, üzüntü [*o* azap] vermek (**jdn** -e) ❷ (*foltern*) işkence etmek [*o* yapmak] (**jdn** -e) **II.** *vr* **sich ~** (*sich abmühen*) kendini çok yormak; (*seelisch*) üzülmek
quälend *adj* üzücü
Quälerei *f* ❶ (*Grausamkeit*) gaddarlık, zulüm ❷ (*Folter*) işkence ❸ (*mühsame Umstände*) eziyet, cefa ❹ (*empfundene*) üzüntü, azap
Qualifikation *f* ❶ (*Befähigung*) yeterlik ❷ (*Kennzeichnung*) nitele(ndir)me
qualifizieren **I.** *vt* (*kennzeichnen*) nitele(ndir)mek (**jdn/etw als etw** -i ... olarak) **II.** *vr* **sich ~** yeterlik kazanmak, kalifiye olmak
Qualität *f* ❶ (*Beschaffenheit*) nitelik ❷ (*gute ~*) kalite ❸ (*besondere Eigenschaft*) özellik
qualitativ *adj* nitel
Qualitätsverlust *m* kalite düşüklüğü
Qualle *f* deniz anası
Qualm *m* (koyu) duman
qualmen *vi* ❶ (*Schornstein*) tütmek; (*stärker*) koyu duman çıkarmak ❷ (*fam: stark rauchen*) fosur fosur sigara içmek
Quantität *f* nicelik
quantitativ *adj* nicel
Quarantäne *f* karantina
Quark *m* ❶ (*Milchprodukt*) *ekmeğe sürülen bir çeşit beyaz peynir* ❷ (*fam: Unsinn*) saçma, zırva
Quartal *nt* üç aylık süre
Quartett *nt* kuartet
Quartier *nt* ❶ (*zeitweilige Wohnung*) konak (yeri) ❷ MIL karargah, ordugah, konak
Quarz *m* kuvars
quasi *adv* adeta, sanki

Quatsch *m* (*fam*) saçma, zırva; **so ein ~!** ne saçma şey!
quatschen *vi* ① (*fam: Blödsinn reden*) saçmalamak, zırvalamak ② (*fam: plaudern*) çene çalmak
Quecksilber *nt* cıva
Quellcode *m* INFORM kaynak kod
Quelle *f* kaynak, pınar; (*fig: Beleg*) kaynak; **aus erster/guter/sicherer ~** ilk/iyi/emin kaynaktan
quellen <quillt, quoll, gequollen> *vi sein* fışkırmak, kaynamak
quengeln *vi* mızmızlanmak, sızlanmak
quer *adv* enine; **~ durch, ~ über** -in ortasından, -in içinden, -in arasından; **kreuz und ~** bir sağa bir sola, bucak bucak
Querflöte *f* flüt
Querformat *nt eni yükseklikten büyük olan boy*
Querschiff *nt* (*Teil einer Kirche*) çapraz [*o* karşıt] sahın
Querschnitt *m* enine kesit
querschnittgelähmt *adj* belden aşağısı felçli
Querstraße *f* ara sokak
quetschen *vt* ① (*zerdrücken*) ezmek, sıkıştırmak (**etw** -i) ② (*aus-*) sıkmak (**etw** -i) ③ (*Haut*) berelemek, zedelemek (**etw** -i)
Quetschung *f* bere, ezilme
quietschen *vi* ① (*laut schreien*) acı acı bağırmak ② (*Tür*) gıcırdamak
quillt *vi s.* **quellen**
Quintett *nt* kuintet, kentet
Quirl *m* çalkalama aleti
quitt *adj* **sie sind ~** uzlaştılar
Quitte *f* ayva
Quittengelee *nt* ayva jölesi
quittieren *vt* ① (*Empfang*) makbuzunu vermek (**jdm etw** -e -in) ② (*Dienst*) istifa etmek (**etw** -den)
Quittung *f* makbuz, alındı
Quiz *nt* soru-cevap oyunu
Quizmaster *m* sunucu (*sorulu-cevaplı yarışmayı sunan*)
quoll *vi s.* **quellen**
Quote *f* oran
Quotient *m* bölüm sonucu

Rr

Rabatt *m* indirim, ıskonto
Rabbiner *m* haham
Rabe *m* karga; **weißer ~** (*fig*) bulunmaz Bursa kumaşı
rabiat *adj* öfkeli, hiddetli
Rache *f* öç, intikam
Rachen *m* ① (*Kehle*) gırtlak, boğaz ② (*eines Raubtiers*) hayvan ağzı
rächen I. *vt* öcünü [*o* intikamını] almak (**jdn/etw** -in) **II.** *vr* **sich an jdm ~** birinden öç [*o* intikam] almak; **sich für etw ~** bir şeyin acısını çıkarmak
Rachsucht *f* hınç, kin
rachsüchtig *adj* kinci
Rad *nt* ① (*allgemein*) tekerlek ② TECH çark ③ (*Fahr-*) bisiklet; **~ fahren** bisiklete binmek
Radar *m o nt* radar
Radarkontrolle *f* radar kontrolü
Radarschirm *m* radar ekranı
Radarstation *f* radar istasyonu
radeln *vi sein* bisiklete binmek
radfahrenALT *vi s.* **Rad**
Radfahrer(in) *m(f)* bisikletçi
radieren *vi, vt* (*aus-*) silmek (**etw** -i)
Radiergummi *m* (lastik) silgi
Radierung *f* iğne kazısı
Radieschen *nt* kırmızı turp
radikal *adj* ① POL (*extrem*) kökten ② (*gründlich*) esaslı
Radikalismus *m* köktencilik, radikalizm
Radio *nt* radyo; **im ~** radyoda
radioaktiv *adj* radyoaktif
Radioaktivität *f* radyoaktivite
Radioapparat *m* radyo
Radiorecorder *m* kasetli radyo
Radiotherapie *f* MED radyoterapi
Radkappe *f* jant kapağı
Radrennbahn *f* velodrom
Radrennen *nt* bisiklet yarışı
Radrennfahrer(in) *m(f)* bisiklet yarışçısı
Radsport *m* bisiklet sporu
Radtour *f* bisiklet turu
Radweg *m* bisiklet yolu
Raffinerie *f* rafineri
raffiniert *adj* ① (*schlau*) kurnaz, pişkin ② CHEM rafine
Ragout *nt* yahni

Rahm *m* kaymak, krema

rahmen *vt* çerçevelemek (**etw** -i)

Rahmen *m* çerçeve

Rahmenabkommen *nt* çerçeve anlaşması

Rakete *f* ① (*Feuerwerk*) (havai) fişek, maytap ② (*Flugkörper*) roket, füze

RAM *nt Abk von* **Random Access Memory** INFORM ana bellek, rastgele erişimli bellek

Ramadan *m* ramazan

Ramadanfest *nt* Ramazan Bayramı

rammen *vt* çarpmak (**etw/jdn** -e)

Rampe *f* ① (*Verlade-, Auffahrts-*) rampa; (*Startrampe*) rampa ② THEAT ön sahne kenarı

Rampenlicht *nt* THEAT ön sahne lambaları *sing;* **im ~** (*fig*) kamuoyunun gözleri önünde

ramponieren *vt* zedelemek (**etw** -i)

ran *adv* (*fam*) *s.* **heran**

Rand *m* ① kenar; (*äußerster*) kıyı, uç, sınır ② (*Seiten-*) kenar; **bis an den ~** ağzına kadar, tepeleme; **außer ~ und Band sein** zıvanadan çıkmak

randalieren *vt* şamata etmek

Randbemerkung *f* ① (*Notiz*) çıkma ② (*Notiz*) *öylesine söylenmiş bir şey*

Randgruppe *f* (*der Gesellschaft*) toplum dışı kalan grup

rang *vi s.* **ringen**

Rang *m* ① derece ② (*Dienstgrad*) rütbe ③ (*Stand*) (sosyal) sınıf; **ersten ~es** birinci derece

rangieren *vi* (*Waggons*) manevra yapmak (**etw** ile)

Rangordnung *f* hiyerarşi, aşama sırası

rann *vi s.* **rinnen**

rannte *vi s.* **rennen**

Ranzen *m* sırt çantası; (*Schul-*) okul çantası

ranzig *adj* acı(laş)mış; **~ werden** acı(laş)mak

Rap *m* rap müziği

rapide *adv* çok hızlı, tez

Rappel *m* (*fam*) öfke nöbeti

rappen *vi* rap söylemek

Rappen *m* (*CH*) santim (*İsviçre parası küçük birimi*)

Rapper(in) *m(f)* rapçi

Raps *m* kolza

rar *adj* ① (*selten*) nadir, seyrek ② (*knapp*) az bulunur, kıt

Rarität *f* nadir bulunan şey

rasch **I.** *adj* çabuk, tez, hızlı **II.** *adv* çabuk, hızla

rascheln *vi* hışırdamak

rasen *vi* ① *sein* (*schnell fahren*) delice bir hızla gitmek ② *haben* (*vor Wut*) kudurmak, çıldırmak

Rasen *m* çimen(lik)

rasend *adj* (*wütend*) çılgın, kudurmuş, azgın

Rasenmäher *m* çimen biçme makinesi

Raser(in) *m(f)* (*rücksichtsloser Fahrer*) trafik canavarı

Raserei *f* (*schnelles Fahren*) *delice bir süratle gidiş*

Rasierapparat *m* tıraş makinesi

Rasiercreme *f* tıraş kremi

rasieren **I.** *vt* tıraş etmek (**jdn** -i) **II.** *vr* **sich ~** tıraş olmak

Rasierklinge *f* tıraş bıçağı, jilet

Rasiermesser *nt* ustura

Rasierpinsel *m* tıraş fırçası

Rasierschaum *m* tıraş köpüğü

Rasierseife *f* tıraş sabunu

Rasierwasser *nt* tıraş losyonu

Rasse *f* ırk; (*Abstammung*) soy

Rassel *f* kaynana zırıltısı

rasseln *vi* takırdamak, şakırdamak; (*Atem*) hırıldamak

Rassentrennung *f* ırk ayrımı

Rassenunruhen *fpl* etnik çatışmalar *pl*

rassig *adj* ① (*von edler Art*) cins ② (*feurig*) ateşli

rassisch *adj* ırksal

Rassismus *m* ırkçılık

Rassist(in) *m(f)* ırkçı

rassistisch *adj* ırkçı

Rast *f* mola, dinlenme

rasten *vi* mola vermek

rastlos *adj* (*unablässig*) ara(lık)sız

Rastplatz *m* mola [*o* dinlenme] yeri

Raststätte *f* dinlenme tesisi

rät *vi, vt s.* **raten**

Rat *m* ① (*Ratschlag*) öğüt ② (*Empfehlung*) tavsiye ③ (*Kollegium*) kurul, meclis, konsey; **jdn um ~ fragen** birine akıl danışmak; **kommt Zeit, kommt ~** gün doğmadan neler doğar

Rate *f* ① (*Quote*) oran ② (*Teilzahlung*) taksit; **in ~n** taksitle

raten <rät, riet, geraten> *vt* ① (*Rätsel*) çözmek (**etw** -i) ② (*einen Rat geben*) öğütlemek (**jdm etw** -e -i) ③ (*empfehlen*) tavsiye etmek, salık vermek (**jdm zu etw** -e -i) ④ (*mutmaßen*) tahmin etmek (**etw** -i)

Ratgeber(in) *m(f)* danışman, müşavir

Rathaus *nt* belediye dairesi

Ratifikation *f* resmi tasdik

R

ratifizieren *vt* (resmen) tasdik etmek (**etw** -i)
Ration *f* ❶ (*bei Mangelwaren*) *vesika ile verilen miktar* ❷ MIL (*Essens-*) tayın
rational *adj* akıllıca, akla yakın, makul
rationalisieren *vi, vt* rasyonalize etmek (**etw** -i)
Rationalisierung *f* rasyonalizasyon
rationell *adj* amaca uygun, rasyonel
rationieren *vt* tayınlamak, tayına bağlamak (**etw** -i)
Rationierung *f* (*von Mangelwaren*) tayınlama (usulü)
ratlos *adj* çaresiz
Ratlosigkeit *f* şaşkınlık, çaresizlik
ratsam *adj* tavsiyeye değer
Ratschlag *m* öğüt
Rätsel *nt* ❶ (*Rateaufgabe*) bilmece, bulmaca ❷ (*Mysterium*) gizem, sır
rätselhaft *adj* ❶ (*unverständlich*) akıl ermez ❷ (*geheimnisvoll*) esrarengiz
Ratte *f* (büyük) sıçan; (**miese kleine**) ~ (*pej vulg*) mikrop
Rattengift *nt* fare zehiri
rattenschlecht *adj* (*vulg*) (siktiri) boktan
rattern *vi* takırdamak
rauRR *adj* ❶ (*nicht glatt*) pürüzlü ❷ (*Stimme*) kısık, boğuk ❸ (*Klima*) sert ❹ (*Umgangsformen*) kaba
Raub *m* ❶ (*Tat*) soygun ❷ (*Beute*) ganimet
Raubdruck *m* korsan kitap
rauben *vt* çalmak (**etw** -i)
Räuber(in) *m(f)* haydut, eşkıya, soyguncu; ~ **und Gendarm spielen** hırsız polis oynamak
Raubkopie *f* korsan kopya
Raubmord *m hırsızlık için adam öldürme*
Raubtier *nt* yırtıcı hayvan, etobur
Raubüberfall *m* soygun
Raubvogel *m* yırtıcı kuş
Rauch *m* duman
rauchen **I.** *vt* (*Zigaretten*) içmek, kullanmak (**etw** -i); **Rauchen verboten!** sigara içmek yasaktır **II.** *vi* (*Ofen*) tütmek
Raucher(in) *m(f)* sigara içen
Raucherabteil *nt* sigara içilen kompartıman
räuchern *vt* tütsülemek (**etw** -i)
Rauchfleisch *nt* füme et
Rauchverbot *nt* sigara içme yasağı
Rauchwolke *f* duman bulutu
rauf *adv* (*fam*) *s.* **herauf; hinauf**
raufen *vr* **sich** ~ boğuşmak, dövüşmek (**mit jdm** ile)
Rauferei *f* boğuşma, dövüşme
rauhALT *adj s.* **rau**
RauhreifALT *m s.* **Raureif**
Raum *m* ❶ (*Platz*) yer ❷ (*Zimmer*) oda ❸ (*Gebiet*) bölge ❹ (*Welt-*) uzay
räumen *vt* ❶ (*leer machen*) boşaltmak (**etw** -i) ❷ (*verlassen*) terk etmek (**etw** -i)
Raumfähre *f* uzay mekiği
Raumfahrer(in) *m(f)* astronot
Raumfahrt *f* uzay uçuşu
Raumgestaltung *f* içmimarlık
Rauminhalt *m* hacim
räumlich *adj* yerle ilgili
Raumschiff *nt* uzay gemisi
Raumstation *f* uzay istasyonu
Räumung *f* boşaltma
Räumungsverkauf *m* tasfiye satışı
Raumzeitalter *nt* uzay çağı
Raupe *f* tırtıl
RaureifRR *m* kırç
raus **I.** *adv* (*fam*) *s.* **heraus; hinaus** **II.** *interj* ~**!** dışarı!
Rausch *m* sarhoşluk; **seinen ~ ausschlafen** uyuyarak sarhoşluğunu gidermek
rauschen *vi* ❶ (*Wasser*) şarıldamak ❷ (*Bäume*) hışırdamak
Rauschgift *nt* uyuşturucu (madde)
Rauschgifthändler(in) *m(f)* uyuşturucu tüccarı
rauschgiftsüchtig *adj* uyuşturucu bağımlısı
Rauschgiftsüchtige(r) *f(m)* uyuşturucu bağımlısı
räuspern *vr* **sich** ~ (hafifçe) öksürmek
Raute *f* ❶ (*Viereck*) eşkenar dörtgen ❷ (*Pflanze*) sedefotu
Razzia *f* baskın
reagieren *vi* ❶ tepki göstermek (**auf etw/ jdn** -e) ❷ CHEM tepkimek
Reaktion *f* ❶ (*Reagieren*) tepki, reaksiyon ❷ CHEM tepkime ❸ POL (*Rückschrittlichkeit*) gericilik; (*islamische ~ in der Türkei*) irtica
reaktionär *adj* gerici
Reaktionär(in) *m(f)* gerici
Reaktor *m* reaktör
real *adj* gerçek
realisierbar *adj* gerçekleşir
realisieren *vt* gerçekleştirmek (**etw** -i)
Realisierung *f* gerçekleştirme
Realismus *m* gerçekçilik
Realist(in) *m(f)* gerçekçi, realist
realistisch *adj* gerçekçi, realist
Realität *f* gerçek, realite

realitätsfern *adj* gerçek dışı
Realo *m* POL (*fam*) gerçekçi politikacı
Realpolitik *f* realpolitik
Realschule *f* (bir ceşit) ortaokul
Rebe *f* asma çubuğu
Rebell(in) *m(f)* asi, isyancı
rebellieren *vi* isyan etmek, ayaklanmak, baş kaldırmak
Rebellion *f* isyan, ayaklanma, baş kaldırma
rebellisch *adj* asi, isyancı
Rebhuhn *nt* keklik
Rechen *m* tırmık
Rechenaufgabe *f* matematik ödevi
Rechenfehler *m* hesap yanlışlığı
Rechenmaschine *f* hesap makinesi
Rechenschaft *f* ~ **ablegen/verlangen** hesap vermek/sormak
Rechenzentrum *nt* bilgisayar merkezi
Recherche *f* araştırma, bilgi toplama
recherchieren *vt, vi* araştırmak (**etw** -i), bilgi toplamak
rechnen *vi* hesap etmek; **mit etw** ~ bir şeyi beklemek; **auf jdn** ~ birine güvenmek
Rechnen *nt* hesap
Rechner *m* hesap makinesi; (*Computer*) bilgisayar
Rechnung *f* ❶ MATH hesap; (*Rechenoperation, -art*) işlem ❷ (*für verkaufte Ware*) fatura; **die ~ stimmt** (**nicht**) hesap doğru (değil); **in ~ stellen** hesaba katmak, göz önünde bulundurmak (**etw** -i); **es geht auf meine ~** hesaplar benden; **einer Sache ~ tragen** bir şeyi hesaba katmak
Rechnungsbetrag *m* hesap tutarı
recht *adv* ❶ (*sehr*) pek ❷ (*ziemlich*) oldukça, epey(ce), bir hayli ❸ (*zu Recht*) haklı olarak; **das geschieht dir** ~ oh olsun!; **nun erst ~!** şimdi haydi haydi olur!; **nun erst ~ nicht!** hele şimdi hiç olmaz; **das ist mir** (**ganz**) ~ benim için (çok) uygun; **wenn es Ihnen ~ ist** eğer size uygunsa
Recht *nt* ❶ hak; (*Rechtswesen, Rechtssystem*) hukuk ❷ (*Gerechtigkeit*) adalet; **zu** ~ haklı olarak; ~ **haben** haklı olmak; **er hat ein ~ darauf** buna hakkı var; **jdm ~ geben** birine hak vermek
rechte(r, s) *adj* ❶ (*nicht links*) sağ ❷ (*richtig*) doğru ❸ (*Winkel*) dik; **die ~ Seite** sağ taraf; (*beim Stoff*) yüz tarafı; **zur ~n Zeit** zamanında
Rechte *f* ❶ (*rechte Hand*) sağ el ❷ POL sağcılar *pl*
Rechte(r) *f(m)* POL sağcı
Rechteck *nt* dik dörtgen
rechteckig *adj* dik dörtgenli
rechtfertigen **I.** *vt* haklı çıkarmak (**etw** -i) **II.** *vr* **sich** ~ kendini haklı göstermek
Rechtfertigung *f* haklı çıkar(ıl)ma
rechthaberisch *adj* dik kafalı, daima haklı olduğunu iddia eden
rechtlich *adj* hukuki
rechtmäßig *adj* yasal, meşru, kanuni
Rechtmäßigkeit *f* yasallık
rechts *adv* sağda, sağ tarafta; **nach** ~ sağa; **von** ~ sağdan; ~ **gehen/fahren** sağdan yürümek/gitmek
Rechtsanwalt, Rechtsanwältin *m, f* avukat
Rechtsaußen *m* sağaçık
rechtschaffen *adj* doğru, dürüst, namuslu
Rechtschreibfehler *m* imla yanlışı
Rechtschreibung *f* imla, yazım
Rechtsextremismus *m* aşırı sağcılık
rechtsradikal *adj* aşırı sağcı
Rechtsschutz *m* hukuki himaye
Rechtsstaat *m* hukuk devleti
Rechtsweg *m* yargı yolu
rechtswidrig *adj* yasaya aykırı
Rechtswissenschaft *f* hukuk (ilmi)
rechtzeitig **I.** *adj* (zamanı) uygun **II.** *adv* (tam) zamanında
Reck *nt* barfiks
recken **I.** *vt* (*Kopf, Hals*) uzatmak; (*Glieder*) germek (**etw** -i) **II.** *vr* **sich** ~ uzanmak; (*beim Aufwachen*) gerinmek
Recycling *nt* geri [*o* yeniden] kazanım
Redakteur(in) *m(f)* redaktör
Redaktion *f* ❶ (*Zeitung*) yazı işleri (kurulu) ❷ (*Verlag*) redaksiyon
Rede *f* (*Ansprache*) konuşma, nutuk, söylev; **direkte/indirekte** ~ dolaysız/dolaylı anlatım; **eine ~ halten** konuşma yapmak, nutuk söylemek; **davon kann keine ~ sein!** bu söz konusu bile olmaz!; **das ist nicht der ~ wert** sözünü etmeye bile değmez; **jdn zur ~ stellen** birinden hesap sormak
Redefreiheit *f* söz özgürlüğü
redegewandt *adj* lafını, sözünü bilen
reden *vi, vt* konuşmak; **Rede halten** konuşma yapmak; **mit sich ~ lassen** söz dinlemek; **von sich ~ machen** kendisinden bahsettirmek
Redensart *f*, **Redewendung** *f* deyim
redigieren *vt* (*Text*) basılacak hale getirmek

R

(**etw** -i)
redlich *adj* namuslu, dürüst, temiz kalpli
Redlichkeit *f* namusluluk, dürüstlük, temiz kalplilik
Redner(in) *m(f)* konuşmacı
redselig *adj* konuşkan; (*negativ*) geveze
reduzieren *vt* azaltmak, eksiltmek (**etw** -i)
Reeder(in) *m(f)* armatör
Reederei *f* vapur şirketi
reell *adj* ① (*zuverlässig*) sağlam ② (*ehrlich*) namuslu ③ (*wirklich*) hakiki
Referat *nt* ① (*Bericht*) rapor ② (*Abteilung*) daire şubesi
Referendar(in) *m(f)* stajyer
Referendum *nt* referandum, halkoylaması
Referenzen *fpl* referans *sing*
referieren *vi* rapor vermek
reflektieren *vt* ① (*Licht*) yansıtmak (**etw** -i) ② (*geh: nachdenken*) düşünmek (**über etw** hakkında)
Reflex *m* ① (*Widerschein*) yansıma ② (*unwillkürlich*) refleks
Reflexbewegung *f* refleks hareketi
reflexiv *adj* dönüşlü
Reform *f* reform, ıslahat
Reformanhänger(in) *m(f)* reformcu
Reformation *f* Reformasyon
Reformhaus *nt doğal besinler satan dükkan*
reformieren *vt* ıslah etmek, düzeltmek (**etw** -i)
Refrain *m* nakarat
Regal *nt* raf, etajer
Regatta *f* yelken yarışı
Reg.-Bez. *m Abk von* **Regierungsbezirk** il, vilayet
Regel *f* ① (*Richtlinie*) kural ② (*Grundsatz*) ilke, düstur ③ (*Menstruation*) aybaşı, adet; **in der ~** (*gewöhnlich*) genellikle
regelmäßig *adj* düzgün, kurallı, düzenli
Regelmäßigkeit *f* düzen(lilik), düzgünlük, kurallılık
regeln *vt* düzenlemek, düzeltmek, yoluna koymak (**etw** -i)
regelrecht **I.** *adj* ① (*ordnungsgemäß*) kurala uygun ② (*richtiggehend*) tam **II.** *adv* (*in vollem Maße*) adamakıllı, iyice
Regelung *f* düzenleme
regelwidrig *adj* kurala aykırı
regen *vr* **sich ~** kımılda(n)mak, hareket etmek
Regen *m* yağmur; **feiner ~** çisenti; **im ~** yağmurda
Regenbogen *m* gökkuşağı, ebe(m)kuşağı
Regenmantel *m* yağmurluk
Regenschauer *m* sağanak
Regenschirm *m* şemsiye
Regentropfen *m* yağmur damlası
Regenwald *m* tropik orman
Regenwasser *nt* yağmur suyu
Regenwetter *nt* yağmurlu hava
Regenwurm *m* yer solucanı
Regenzeit *f* yağmur mevsimi
Reggae *m* reggi
Regie *f* reji
regieren **I.** *vt* (*verwalten*) idare etmek, yönetmek (**etw** -i) **II.** *vi* (*herrschen*) hüküm sürmek, iktidarda bulunmak
Regierung *f* hükümet
Regierungsbezirk *m* il, vilayet
Regierungschef(in) *m(f)* hükümet başkanı
Regierungssprecher(in) *m(f)* hükümet sözcüsü
Regierungsumbildung *f* hükümet değişikliği
Regime *nt* rejim
Regimegegner(in) *m(f)* rejim muhalifi
Regiment *nt* alay
Region *f* bölge, yöre
regional *adj* bölgesel, yerel
Regisseur(in) *m(f)* rejisör, yönetmen
Register *nt* ① (*Verzeichnis*) dizin ② (*amtliches*) sicil, kütük ③ (*Orgel-*) org düdüğü
Registertonne *f* tonilato
registrieren *vt* kaydetmek, tescil etmek (**etw/jdn** -i)
regnen *vi* **es regnet** yağmur yağıyor
regnerisch *adj* yağmurlu, yağışlı
regulär *adj* düzenli
regulieren *vt* (*einstellen*) ayarlamak, ayar etmek (**etw** -i)
regungslos *adj* hareketsiz, durgun
Reh *nt* karaca
Rehabilitation *f* MED rehabilitasyon
rehabilitieren *vt* ① POL *saygınlığını* (*veya yasak edilmiş haklarını*) *geri vermek* ② MED rehabilite etmek (**jdn** -i)
Rehabilitierung *f* POL *saygınlığın* (*veya yasak edilmiş hakların*) *geri verilmesi*
Rehrücken *m karaca etinden kızartma*
Reibe *f*, **Reibeisen** *nt* (mutfak) rende(si)
reiben <rieb, gerieben> *vt* ① ov(uştur)mak (**etw** -i) ② (*Käse, Äpfel*) rendelemek (**etw** -i)
Reibereien *fpl* anlaşmazlık, geçimsizlik, sürtüşme *sing*

Reibung *f* PHYS, TECH sürtünme
reibungslos I. *adj* (*problemlos*) sürtüşmesiz II. *adv* zorluk çıkmadan
reich *adj* zengin, varlıklı
Reich *nt* devlet; (*Kaiser-*) imparatorluk
reichen I. *vt* (*geben*) uzatmak (**jdm etw** -e -i); **könnten Sie mir bitte das Salz ~?** lütfen bana tuzu uzatabilir misiniz? II. *vi* ❶ (*sich erstrecken*) erişmek, uzanmak (**bis zu etw** -e (kadar)) ❷ (*genügen*) yet(iş)mek, kafi gelmek (**jdm** -e); **es reicht** yeter; **jdm nicht das Wasser ~ können** birinin eline su bile dökememek
reichhaltig *adj* zengin, bol
reichlich I. *adj* bol II. *adv* bol bol, doyasıya; (*ziemlich*) oldukça
Reichtum *m* zenginlik; (*großer*) varlık, servet
Reichweite *f* menzil, erim, erilebilecek uzaklık; **in ~** el yetişecek kadar yakın; **außer ~** menzil [*o* erim] dışında
reif *adj* olgun; (*Mensch auch*) ergin; **~ werden** olgunlaşmak
Reif *m* ❶ (*Rau-*) kırağı ❷ (*Arm-*) bilezik ❸ (*Ring*) yüzük
Reife *f* olgunluk
Reifen *m* ❶ (*Spielzeug*) çember ❷ (*Rad-*) lastik (tekerlek); **der ~ ist geplatzt** lastik patlamış
reifen *vi sein* (*reif werden*) olgunlaşmak
Reifendruck *m* lastik basıncı
Reifenpanne *f* lastik patlaması
Reifenwechsel *m* lastik değiştirme
Reifeprüfung *f* (*Schule*) lise bitirme sınavı, devlet lise imtihanı
reiflich *adv* (**sich**) **etw ~ überlegen** bir şeyi düşünüp taşınmak
Reihe *f* ❶ (*Aufstellung*) dizi, sıra ❷ (*Linie, Zeile*) satır ❸ (*Menschenschlange*) sıra, kuyruk ❹ (*Folge*) sıra, seri; **der ~ nach** sırayla; **außer der ~** sıra dışında; **wer ist an der ~?** sıra kimde?; **ich bin an der ~** sıra bende
Reihenfolge *f* sıra(lama); **in alphabetischer/zeitlicher ~** alfabe/tarih sırasıyla
Reihenhaus *nt* sıra ev
Reiher *m* balıkçıl
Reim *m* kafiye, uyak
reimen *vr* **sich ~** (*Gedicht*) kafiyeli [*o* uyaklı] olmak; (*miteinander harmonieren*) uy(uş)mak
rein¹ *adj* ❶ (*unvermischt, unverfälscht*) saf, salt, arı, halis ❷ (*sauber, unbefleckt*) temiz, pak ❸ (*Gewinn*) safi, net; **aus ~em Mitleid** sırf acımadan; **ein ~es Gewissen** masun vicdan; **etw ins Reine bringen** bir şeyi yoluna koymak; **etw ins Reine schreiben** bir şeyi temize çekmek
rein² *adv* (*fam*) *s.* **herein; hinein**
Reinemachefrau *f* temizlikçi (kadın)
Reinertrag *m* safi hasılat
Reinfall *m* ❶ (*Misserfolg*) fiyasko ❷ (*Enttäuschung*) hayal kırıklığı
reinfallen *irr vi sein* (*fam: überlistet werden*) faka basmak
Reinheit *f* ❶ (*Sauberkeit*) temizlik ❷ (*Unverfälschtheit*) arılık, saflık ❸ (*Keuschheit*) iffet
reinigen *vt* (*auch chemisch*) temizlemek (**etw** -i)
Reinigung *f* ❶ (*auch chemische*) temizleme ❷ (*Geschäft*) kuru temizleme salonu
Reinigungslösung *f* (*für Kontaktlinsen*) temizleme solüsyonu
Reinigungsmittel *nt* deterjan, temizleyici
reinlegen *vt* (*fam: überlisten*) faka bastırmak (**jdn** -i)
reinlich *adj* temiz (pak)
reinrassig *adj* safkan
Reinschrift *f* temize çekilmiş yazı
reinwaschen *irr vr* **sich ~** (*fig*) kendini temize çıkarmak
Reis *m* ❶ (*Pflanze und deren Körner*) pirinç ❷ (*Gericht*) pilav
Reise *f* seyahat, yolculuk; **auf ~n** seyahatte, yolculukta; **gute ~!** iyi yolculuklar!
Reiseandenken *nt* seyahat hatırası, yolculuk anısı
Reiseapotheke *f bir yolcunun ecza kutusu*
Reisebüro *nt* seyahat acentası
Reisebus *m* seyahat otobüsü
Reisefieber *nt* seyahat heyecanı
Reiseführer(in) *m(f)* (*Buch oder Person*) rehber, kılavuz
Reisegepäck *nt* bagaj, yolcu eşyası
Reisegesellschaft *f* turist kafilesi
Reiseleiter(in) *m(f)* rehber, kılavuz
reisen *vi sein* seyahat etmek, yolculuk yapmak [*o* etmek]
Reisende(r) *f(m)* ❶ (*Passagier*) yolcu ❷ (*Handelsvertreter*) gezici ticari temsilci
Reisepass[RR] *m* pasaport
Reiseroute *f* seyahat yolu
Reisescheck *m* seyahat çeki
Reisetasche *f* yolculuk çantası
Reiseziel *nt* yolculuk hedefi, gidilecek yer

Reisfeld *nt* çeltik tarlası
reißen <riss, gerissen> **I.** *vt* ❶ (*ziehen*) (şiddetle) çekmek (**etw** -i) ❷ (*ab-*) koparmak, sökmek (**etw** -i) ❸ (*zer-*) yırtmak (**etw** -i); **in Stücke ~** parçalamak (**etw** -i); **an sich ~** (*fig*) zorla almak (**etw** -i) **II.** *vi* ❶ (*Risse bekommen*) çatlamak, yarılmak ❷ (*Stoff*) yırtılmak **III.** *vr* **sich um etw ~** (*fig*) bir şey için can atmak
reißfest *adj* kopmaya dayanıklı
Reißnagel *m* raptiye
Reißverschluss[RR] *m* fermuar
Reißzwecke *f* raptiye
Reitbahn *f* manej
reiten <ritt, geritten> *vt sein* ata binmek, atla gitmek
Reiten *nt* ata binme, binicilik
Reiter(in) *m(f)* atlı; SPORT binici
Reitpferd *nt* binek atı
Reitsport *m* binicilik sporu
Reiz *m* ❶ (*Nerven-*) uyarma ❷ (*An-*) teşvik ❸ (*Zauber*) cazibe, çekicilik, albeni
reizbar *adj* öfkeci, hırçın
reizen *vt* ❶ (*erregen*) uyandırmak; (*sexuell*) tahrik etmek (**jdn** -i) ❷ (*ärgern*) öfkelendirmek (**jdn** -i) ❸ (*locken*) çekmek, cezp etmek (**jdn** -i)
reizend *adj* (*entzückend*) alımlı, cilveli
Reizklima *nt* analeptik iklim
reizlos *adj* tatsız, yavan, zevksiz
Reizmittel *nt* uyaran, uyarıcı
reizvoll *adj* çekici, cazibeli
Reklamation *f* şikayet
Reklame *f* reklam
reklamieren *vi* şikayet etmek (**etw** -i)
Rekord *m* rekor; **einen ~ brechen/aufstellen** rekor kırmak/tesis etmek
Rekorder *m* (*Kassetten-*) (kasetli) teyp; (*Video-*) video aleti
Rekordhalter(in) *m(f)* rekortmen
Rekrut *m* acemi er
Rektor *m* (*Uni*) rektör; (*Schule*) başöğretmen
Rel. *f Abk von* **Religion** din
Relation *f* ilişki, bağlantı
relational *adj* **~e Datenbank** INFORM ilişkisel veritabanı
relativ *adj* göreli, nispi
relevant *adj* önemli, mühim
Relief *nt* kabartma
Religion *f* din
Religionsfreiheit *f* din özgürlüğü
Religionswissenschaftler(in) *m(f)* dinbilimci
religiös *adj* (*Sache*) dini; (*Person*) dindar
Religiosität *f* dindarlık
Reling *f* küpeşte
Reliquie *f* kutsal emanet
Remouladensoße *f* mayonez sosu
Ren *nt* ren geyiği
Renaissance *f* Rönesans
Rendezvous *nt* randevu
Rennbahn *f* yarış meydanı [*o* pisti]; (*Pferde-*) hipodrom
rennen <rannte, gerannt> *vi sein* koşmak; **um die Wette ~** yarışmak
Rennen *nt* (*Wett-*) yarış, koşu; **aus dem ~ sein** (*fig*) safdışı kalmak
Rennfahrer(in) *m(f)* otomobil yarışçısı; (*Motorrad*) motosiklet yarışçısı
Rennpferd *nt* yarış atı
Rennrad *nt* yarış bisikleti
Rennsport *m* yarışçılık
Rennstrecke *f* parkur, yarış mesafesi [*o* yolu]
Rennwagen *m* yarış otomobili
renovieren *vt* ❶ yenileştirmek (**etw** -i) ❷ (*Gebäude*) restore etmek (**etw** -i)
Renovierung *f* ❶ yenileştirme ❷ (*eines Gebäudes*) restore etme
rentabel *adj* kazançlı, karlı, verimli
Rentabilität *f* karlılık, verimlilik
Rente *f* ❶ (*Alters-*) emekli aylığı ❷ (*Ruhestand*) emeklilik ❸ (*aus angelegtem Kapital*) gelir, kazanç ❹ (*arbeitsfreies Einkommen*) rant
Rentenalter *nt* emeklilik yaşı
Rentenversicherung *f* emeklilik sigortası
Rentier *nt* ren geyiği
rentieren *vr* **sich ~** (*Gewinn abwerfen*) kar getirmek [*o* bırakmak]; (*sich lohnen*) (zahmete) değmek
Rentner(in) *m(f)* emekli
Reparatur *f* tamir, onarım
Reparaturwerkstatt *f* tamirhane
reparieren *vt* tamir etmek, onarmak (**etw** -i)
Reportage *f* röportaj
Reporter(in) *m(f)* muhabir, röportajcı
Repräsentant(in) *m(f)* temsilci
Repräsentation *f* temsil
repräsentativ *adj* temsil eden, tipik
repräsentieren *vt* temsil etmek (**jdn/etw** -i)
Repressalien *fpl* zorlama tedbirleri *pl*
Repression *f* (*Unterdrückung*) tazyik, baskı
repressiv *adj* ezici, baskıcı
Reproduktion *f* çoğaltma, röprodüksiyon

reproduzieren *vt* kopya etmek (**etw** -i)
Republik *f* cumhuriyet
Republikaner(in) *m(f)* cumhuriyetçi
republikanisch *adj* cumhuriyetçi
Reserve *f* ❶ (*Vorrat*) yedek ❷ (*Zurückhaltung*) sakınganlık ❸ ECON (*Geld-*) rezerv
Reservekanister *m* yedek bidon
Reserverad *nt* yedek tekerlek
reservieren *vt* ❶ (*Platz*) ayırmak, rezerve et(tir)mek (**etw** -i) ❷ (*Gegenstand*) saklamak, korumak (**etw** -i)
reserviert *adj* ❶ (*Platz*) ayrılmış ❷ (*fig: zurückhaltend*) sakıngan
Reservierung *f* rezervasyon
Residenz *f* hükümet merkezi
Resignation *f* boyun eğme, yılma
resignieren *vi* boyun eğmek (**vor etw** -e), yılmak (**vor etw** -den)
Resistenz *f* direnç, dayanıklılık
Respekt *m* saygı
respektabel *adj* saygıdeğer
respektieren *vt* ❶ saymak (**jdn/etw** -i), saygı göstermek (**jdn/etw** -e) ❷ (*Gesetz*) uymak (**etw** -e)
respektive *konj* veya
respektlos *adj* saygısız
respektvoll *adj* saygılı
Ressentiment *nt* kin(cilik), hınç duygusu
Ressort *nt* görev alanı
Ressourcen *fpl* kaynaklar *pl*
Rest *m* artık (miktar), kalan, kalıntı
Restaurant *nt* restoran
restaurieren *vt* restore etmek (**etw** -i)
Restaurierung *f* restorasyon
restlich *adj* geri kalan
Resultat *nt* sonuç
Retorte *f* CHEM karni
Retortenbaby *nt* tüp bebek
retten **I.** *vt* kurtarmak (**jdn/etw vor jdm/etw** -i -den) **II.** *vr* **sich** ~ kurtulmak (**vor jdm/etw** -den); **rette sich, wer kann!** canını seven kurtarsın!
Retter(in) *m(f)* kurtarıcı
Rettich *m* turp
Rettung *f* ❶ (*Retten*) kurtarma; (*Gerettetwerden*) kurtarılma ❷ (*Heil, Befreiung*) kurtuluş
Rettungsboot *nt* cankurtaran sandalı
Rettungsring *m* cankurtaran simidi
Reue *f* pişmanlık
reuig *adj*, **reumütig** *adj* pişman
revanchieren *vr* **sich** ~ (*freundlich*) karşılık vermek (**für etw** -e); (*feindlich*) acısını çıkarmak (**für etw** -in)
Revers *nt* (*Jacke*) devrik yaka
revidieren *vt* ❶ (*nachprüfen*) gözden geçirmek (**etw** -i) ❷ (*abändern*) değiştirmek (**etw** -i)
Revier *nt* ❶ (*Bezirk*) bölge, saha ❷ (*Polizei-*) (polis) karakolu ❸ (*Jagd-*) av yatağı, avlak
Revision *f* ❶ (*Änderung, Überprüfung*) revizyon ❷ JUR temyiz
Revolte *f* isyan, ayaklanma
Revolution *f* devrim, ihtilal
Revolutionär(in) *m(f)* devrimci
Revolver *m* tabanca, revolver
Revue *f* revü
Rezensent(in) *m(f)* eleştirmen, tenkitçi
rezensieren *vt* eleştirmek, tenkit etmek (**etw** -i)
Rezension *f* eleştiri, tenkit
Rezept *nt* ❶ (*ärztliches*) reçete ❷ (*Koch-*) yemek tarifi
Rezeption *f* resepsiyon
Rezession *f* ECON resesyon, konjonktürün gerilemesi
R-Gespräch *nt* ödemeli konuşma
rh *m Abk von* **Rhesusfaktor negativ** resus faktörü negatif
Rh *m Abk von* **Rhesusfaktor positiv** resus faktörü pozitif
Rhabarber *m* ravent
Rhein *m* Ren (nehri)
Rheinland *nt* Ren bölgesi; (*hist*) Renanya
Rheinland-Pfalz *nt* Rheinland-Pfalz
Rhesusfaktor *m* resus faktörü
Rhetorik *f* söz sanatı
Rheuma *nt*, **Rheumatismus** *m* romatizma
Rhodesien *nt* Rodezya
Rhodos *nt* Rodos
rhythmisch *adj* ritmik
Rhythmus *m* rit(i)m
richten **I.** *vt* ❶ (*Frage, Bitte, Brief*) yöneltmek (**etw an jdn** -i -e) ❷ (*Essen*) hazırlamak (**etw** -i) ❸ (*in Ordnung bringen*) hazırlamak, onarmak, düzeltmek (**etw** -i); **die Aufmerksamkeit auf etw** ~ bir şeye dikkat etmek **II.** *vi* JUR yargılamak (**über jdn** -i) **III.** *vr* **sich nach jdm** ~ birini örnek almak; **sich nach etw** ~ bir şeye uymak
Richter(in) *m(f)* hakim, yargıç
Richterskala[RR] *f*, **Richter-Skala** *f* Richter ölçeği
Richterspruch *m* yargı, hüküm

R

Richtgeschwindigkeit *f* (*otoyolda*) *önerilen hız*
richtig I. *adj* ❶ (*korrekt*) doğru ❷ (*echt*) gerçek, halis; **ein ~er Münchner** halis bir Münihli; **im ~en Augenblick** (tam) zamanında II. *adv* **~ gehen** (*Uhr*) doğru gitmek; (**ganz**) **~!** (çok) doğru!; **etw ~ machen** bir şeyi doğru yapmak
Richtigkeit *f* doğruluk, gerçeklik
richtigstellen *vt* (*klarstellen*) bir şeyi düzeltmek [*o* açıklamak]
Richtigstellung *f* bir iddianın düzeltilmesi
Richtlinien *fpl* yönerge *sing*
Richtung *f* ❶ yön, taraf ❷ (*pol. Einstellung*) görüş ❸ (*Kunst etc.*) akım; **in alle ~en** her tarafa
Richtwert *m* kılavuz değer
rieb *vt s.* **reiben**
riechen <roch, gerochen> I. *vt* (*auch fig*) kokusunu almak (**etw** -in); **jdn nicht ~ können** birini çekememek II. *vi* ❶ (*an etw*) koklamak (**an etw** -i) ❷ (*nach etw*) kokmak; **er riecht nach Knoblauch** sarmısak kokuyor; **es riecht gut/schlecht** iyi/fena kokuyor
rief *vi, vt s.* **rufen**
Riegel *m* sürgü, sürme
Riemen *m* kayış
Riese *m* dev
rieseln *vi sein* ❶ (*Regen*) çiselemek ❷ (*Wasser*) çağıldamak
Riesenerfolg *m* parlak başarı
Riesenrad *nt* (büyük) dönme dolap
riesig *adj* ❶ (*sehr groß*) dev gibi, koskoca, muazzam ❷ (*fam: großartig*) şahane, enfes, mükemmel
riet *vi, vt s.* **raten**
rigoros *adj* sert, katı, şiddetli
Rille *f* oluk, oyuk, yiv; (*Schallplatte*) yiv
Rind *nt* sığır
Rinde *f* ❶ (*Baum-*) kabuk ❷ (*Brot-*) ekmek kabuğu
Rinderbraten *m* sığır kızartması
Rinderwahn(sinn) *m* deli dana hastalığı, delibaş
Rindfleisch *nt* sığır eti
Rindvieh *nt* ❶ (*Rinder*) büyük baş hayvanlar *pl* ❷ (*fam: Schimpfwort*) enayi (dümbeleği), eşoğlu eşek
Ring *m* ❶ (*allgemein*) halka ❷ (*Finger-*) yüzük ❸ (*Box-*) ring; **~e** (*Turnen*) halka (aleti) *sing*
Ringelnatter *f* su yılanı
ringen <rang, gerungen> *vi* ❶ SPORT güreşmek (**mit jdm** ile) ❷ (*kämpfen*) savaşmak (**mit jdm** ile)
Ringer *m* güreşçi, pehlivan
Ringfinger *m* yüzükparmağı
Ringkampf *m* güreş
rings *adv*, **rings(her)um** *adv* çepeçevre, fırdolayı
Rinne *f* ❶ (*Dach-*) oluk ❷ (*Wasser-*) ark, su yolu
rinnen <rann, geronnen> *vi sein* (*Flüssigkeit*) sızmak, akmak
Rippchen *nt* pirzola
Rippe *f* ANAT kaburga
Rippenfellentzündung *f* zatülcenp
Risiko *nt* risk, riziko; **ein ~ eingehen** bir rizikoyu göze almak
riskant *adj* rizikolu
riskieren *vt* göze almak (**etw** -i)
riss[RR], **riß**[ALT] *vi, vt s.* **reißen**
Riss[RR] *m*, **Riß**[ALT] *m* ❶ (*Stoff*) yırtık ❷ (*in einer Mauer*) çatlak ❸ (*Spalte*) yarık
rissig *adj* çatlak, yarık
ritt *vi s.* **reiten**
Ritter *m* şövalye
rituell *adj* ibadet kurallarına uygun
Ritus *m* ❶ (*Brauch*) (dini) adet ❷ (*Gesamtheit religiöser Bräuche*) dini töreler *pl*
Rivale *m* rakip
Rivalin *f* rakibe
rivalisieren *vi* rekabet etmek, yarışmak (**mit jdm** ile)
Rivalität *f* rekabet, rakiplik, yarışma
Roastbeef *nt* rozbif
Robbe *f* fok, ayıbalığı
Roboter *m* robot
robust *adj* dinç; (*groß und stark*) iriyarı
roch *vi, vt s.* **riechen**
röcheln *vi* hırıldamak, hırıldayarak (zorla) nefes almak
Rock[1] *m* ❶ (*Damen-*) etek(lik); (*Unter-*) jüpon ❷ (*Jacke*) ceket
Rock[2] *m* (*Musik*) rock müziği
Rockmusik *f* rok [*o* rock] müziği
Rockstar *m* rok [*o* rock] yıldızı
Rodel *m* kızak
Rodelbahn *f* kızak kayma yolu [*o* pisti]
rodeln *vi* kızak(la) kaymak
roden *vt* (*Wald*) açmak (**etw** -i)
Rodung *f* açma
Roggen *m* çavdar

Roggenbrot *nt* çavdar ekmeği
Roggenmehl *nt* çavdar unu
roh *adj* ① (*ungekocht*) çiğ, pişmemiş ② (*unbearbeitet*) ham ③ (*Mensch*) kaba, yontulmamış
Rohbau *m* kaba yapı (*içi henüz döşenmemiş yapı*)
Rohkost *f çiğ bitkisel besin*
Rohöl *nt* ham yağ
Rohr *nt* ① (*Schilf-*) kamış, saz; (*Bambus-*) bambu ② TECH boru; (*großes Abfluss-*) künk ③ (*Pistolen-, Kanonen-*) namlu
Röhre *f* boru; (*kleine*) tüp
Rohrleitung *f* boru hattı
Rohrspatz *m* bataklık kirazkuşu; **wie ein ~ schimpfen** sövüp saymak, ağız dolusu sövmek
Rohrzange *f* boru kerpeteni
Rohrzucker *m* kamış şekeri
Rohstoff *m* hammadde
Rokoko *nt* rokoko
Rolladen[ALT] *m s.* **Rollladen**
Rollbahn *f* pist
Rolle *f* ① (*auch fig: Theater-*) rol ② (*Walze*) silindir ③ (*Spule*) makara ④ (*Papier-*) tomar, rulo ⑤ (*Draht-*) kangal; **eine ~ spielen** rol oynamak
rollen **I.** *vi* ① *sein* yuvarlanmak ② *haben* (*Donner*) gümbürdemek, gürlemek **II.** *vt* yuvarlamak (**etw** -i)
Roller *m* ① (*Spielzeug*) trotinet ② (*Motor-*) skuter
Rollfeld *nt* uçuş pisti
Rollkragen *m* balıkçı yaka
Rollkragenpullover *m* balıkçı yakalı kazak
Rollladen[RR] *m* kepenk
Rollo *m* istor
Rollschuh *m* (tekerlekli) paten; **~ laufen** paten kaymak
Rollsplitt *m çok ince taş kırıntısı*
Rollstuhl *m* tekerlekli sandalye
Rollstuhlfahrer(in) *m(f)* tekerlekli sandalye kullanan kişi
Rolltreppe *f* yürüyen merdiven
Rom *nt* Roma
ROM *nt Abk von* **read-only memory** INFORM sadece okunabilen bellek
Roman *m* roman
romanisch *adj* Roman; **~e Sprachen** Roman [*o* Latin] dilleri
Romanist(in) *m(f) Latin dilleri ve edebiyatı uzmanı*
Romantik *f* ① (*Kunst*) romantizm ② (*Atmosphäre*) romantiklik
romantisch *adj* romantik
Romanze *f* ① (*Liebesabenteuer*) aşk macerası ② MUS romans
Römer(in) *m(f)* Romalı
römisch *adj* ① (*Art*) Roma ② (*Herkunft*) Romalı
röntgen *vt* röntgenini çekmek (**etw/jdn** -in)
Röntgenaufnahme *f* röntgen (filmi), radyografi
Röntgenstrahlen *mpl* röntgen ışınları *pl*
rosa *adj* pembe
Rose *f* gül
Rosé *m* (*Wein*) pembe şarap
Rosenkohl *m* Brüksel lahanası
Rosenkranz *m* tespih
Rosenmontag *m karnavaldaki pazartesi*
Rosenstock *m*, **Rosenstrauch** *m* gül ağacı
rosig *adj* ① (*Gesichtsfarbe*) pembe, gül gibi ② (*fig: schön*) hoş, sevindirici
Rosine *f* kuru üzüm
Rosmarin *m* biberiye
Rost *m* ① (*Eisenoxid*) pas ② (*Gitter, Brat-*) ızgara; **vom ~** (*gegrillt*) ızgara
rosten *vi* paslanmak, pas tutmak
rösten *vt* kızartmak; (*Kaffee*) kavurmak (**etw** -i)
rostfrei *adj* paslanmaz
Rostschutzmittel *nt* paslanmaya engel olan madde
rot <röter, am rötesten> *adj* kırmızı; (*in eher übertragenen Bedeutungen*) kızıl, al; **~ werden** kızarmak; **der Rote Halbmond** Kızılay; **das Rote Kreuz** Kızılhaç; **das Rote Meer** Kızıldeniz; **bei Rot halten** kırmızıda durmak
Röteln *pl* kızamıkçık *sing*
rothaarig *adj* kızıl saçlı
rotieren *vi* ① dönmek ② POL parlamentoda sırayla değişmek
Rotkäppchen *nt* kırmızı başlıklı kız
Rotkehlchen *nt* kızıl gerdan (kuşu)
Rotkohl *m* kırmızı lahana
Rotlicht *nt* (*Verkehr*) kırmızı ışık (*trafik lambasının durma işareti*)
Rotlichtviertel *nt genelevlerin bulunduğu semt*
rotsehen *irr vi* (*vor Wut die Beherrschung verlieren*) gözünü kan bürümek
Rotstift *m* kırmızı kalem
Rotwein *m* kırmızı şarap
Rotz *m* (*fam: Nasenschleim*) sümük

rotzig *adj* (*frech*) küstah
Rotznase *f* (*fam*) ❶ (*mit laufender Nase*) sümüklü (çocuk) ❷ (*freches Kind*) şımarık çocuk
Rouge *nt* ruj, allık
Roulade *f* sarma
Roulett *nt* rulet
Route *f* yol; (*Schiff auch*) rota
Routine *f* rutin, pratik, alışma, el yatkınlığı
Rowdy *m* apaş, külhanbeyi, baldırı çıplak
RT *f Abk von* **Registertonne** tonilato
Rubbellos *nt* kazı kazan kartı
rubbeln *vi* ovmak (**an etw** -i)
Rübe *f* ❶ şalgam; **Gelbe ~** havuç; **Rote ~** pancar ❷ (*fam: Kopf*) kelle
Rubel *m* ruble
rüber *adv* (*fam*) *s.* **herüber; hinüber**
Rubin *m* yakut
Rubrik *f* ❶ (*Kategorie*) sınıf, bölüm ❷ (*Spalte*) sütun
Ruck *m* sarsma
ruckartig *adv* aniden
Rückblick *m* (*fig*) geçmişe bakış
rücken **I.** *vt* yerinden oynatmak, itmek, çekmek (**etw** -i); **näher ~** yaklaştırmak (**etw** -i) **II.** *vi* kımılda(n)mak, hareket etmek; **näher ~** yaklaşmak
Rücken *m* ❶ ANAT sırt, arka; (*Tier*) bel ❷ (*Messer, Buch*) ters; **hinter jds ~** birinin arkasından; **auf den ~ fallen** arkaüstü düşmek; **jdm den ~ kehren** birine arkasını dönmek; (*fig*) birine dirsek çevirmek; **einen breiten ~ haben** (*auch fig*) sığır yürekli olmak
Rückendeckung *f* arka siper
Rückenlehne *f* arkalık
Rückenmark *nt* omurilik
Rückenschmerzen *pl* sırt ağrısı *sing*
Rückenschwimmen *nt* sırtüstü yüzme
Rückenwind *m* arkadan esen rüzgar
Rückerstattung *f* geri verme
Rückfahrkarte *f* dönüş bileti
Rückfahrt *f* dönüş
Rückfall *m* ❶ (*bei Verbrechern*) suçun tekrarlanması ❷ (*Krankheit*) nüksetme
rückfällig *adj* **~ werden** (*Verbrecher*) suçu tekrarlamak
Rückflug *m* dönüş uçuşu
Rückfrage *f* karşı soru
Rückgabe *f* geri ver(il)me
Rückgang *m* azalma
rückgängig *adj* **etw ~ machen** bir şeyi iptal etmek
Rückgrat *nt* ❶ ANAT belkemiği, omurga ❷ (*fig: wesentlicher Teil von etw*) belkemiği
Rückhalt *m* destek, arka
rückhaltlos *adj* kayıtsız şartsız
Rückkehr *f* dönüş
rückläufig *adj* geri giden
Rücklicht *nt* arka lambası
Rückporto *nt* iade ücreti
Rückreise *f* dönüş (seyahati)
Rucksack *m* sırt çantası
Rückschau *f* geçmişe bakış
Rückschlag *m* (*fig*) tersine gelişme
Rückschritt *m* gerileme
rückschrittlich *adj* gerici
Rückseite *f* ters (taraf), arka (taraf)
Rücksicht *f* saygı; **mit ~ auf** -e dikkat göstererek; **auf jdn ~ nehmen** birine saygı göstermek
rücksichtslos **I.** *adj* saygısız, kaba **II.** *adv* saygısızca
rücksichtsvoll *adj* saygılı
Rücksitz *m* arka koltuk
Rückspiegel *m* dikiz aynası
Rückspiel *nt* rövanş maçı
Rücksprache *f* danışma, görüşme
Rückstand *m* **im ~ sein** gecikmek
rückständig *adj* ❶ (*fortschrittsfeindlich*) geri kafalı, gerici ❷ (*unterentwickelt*) geri kalmış
Rückstrahler *m* kedi gözü
Rücktritt *m* (*vom Amt*) istifa, çekilme, ayrılma
rückwärts *adv* geri(ye), geriye (doğru)
Rückwärtsgang *m* geri vites
Rückweg *m* dönüş yolu; **auf dem ~** dönüşte
rückwirkend *adj* önceyi kapsayan
Rückwirkung *f* **mit ~** önceye geçerlikli
Rückzahlung *f* geri ödeme
Rückzieher *m* **einen ~ machen** caymak
Rückzug *m* geri çekilme
rüde *adj* kaba, yontulmamış
Rüde *m* erkek köpek
Ruder *nt* ❶ (*vom Boot*) kürek ❷ (*Steuer*) dümen
Ruderboot *nt* sandal
rudern *vi* kürek çekmek
Ruf *m* ❶ ses; (*laut*) bağırış ❷ (*fig: Ansehen*) nam, ün; **guter/schlechter ~** iyi/kötü nam
rufen <rief, gerufen> **I.** *vi* ❶ (*allgemein*) seslenmek ❷ (*schreien*) bağırmak ❸ (*Kuckuck*) ötmek **II.** *vt* çağırmak (**jdn zu etw/jdm** -i -e)

Rüffel *m* azar(lama), çıkışma, paylama
Rufname *m hitap olarak kullanılan (ilk) ad*
Rufnummer *f* telefon numarası
Rugby *nt* rugbi
Rüge *f* azar, zılgıt; (*Tadel*) tekdir
rügen *vt* ❶ (*tadeln*) azarlamak (**jdn** -i) ❷ (*verurteilen*) kınamak, ayıplamak (**etw** -i)
Ruhe *f* ❶ (*Behaglichkeit*) rahat ❷ (*Ausruhen, Erholung*) dinlenme ❸ (*Schweigen*) sessizlik ❹ (*Stille, Reglosigkeit*) durgunluk, sakinlik ❺ (*innere* -) huzur, sakinlik; **in aller ~** huzur içinde, rahat rahat; **~!** sus(un)!; **angenehme ~!** Allah rahatlık versin!; **~ bewahren** sakin durmak; **jdn in ~ lassen** birini rahat bırakmak
ruhelos *adj* huzursuz, rahatsız, endişeli
ruhen *vi* ❶ (*aus-*) dinlenmek ❷ (*Arbeit*) durmak
Ruhestand *m* emeklilik; **im ~** emekli; **jdn in den ~ versetzen** birini emekliye ayırmak; **in den ~ treten** emekli olmak
Ruhetag *m* dinlenme günü
ruhig **I.** *adj* ❶ (*behaglich*) rahat, huzurlu ❷ (*bewegungslos*) durgun, hareketsiz ❸ (*schweigsam, still*) sessiz, sakin ❹ (*friedliebend*) sakin, uysal; **sei ~!** rahat dur!, sakin ol! **II.** *adv* **~ schlafen** sakince uyumak; **du kannst ~ noch bleiben** istersen daha kalabilirsin
Ruhm *m* şan, şöhret, ün
Ruhr[1] *f* (*Fluss*) Ruhr (nehri)
Ruhr[2] *f* MED dizanteri
Rührei *nt* sahanda yumurta (*akı sarısıyla karıştırılmış sahanda yumurta*)
rühren **I.** *vt* ❶ (*um-*) karıştırmak; (*Teig*) çalkalamak (**etw** -i) ❷ (*fig: seelisch*) duygulandırmak (**jdn** -i), dokunmak (**jdn** -e) **II.** *vr* **sich ~** (*sich bewegen*) kımılda(n)mak; (*sich bemerkbar machen*) kendini hissettirmek
rührend *adj* dokunaklı, acıklı
Ruhrgebiet *nt* Ruhr Havzası
rührig *adj* ❶ (*fleißig*) çalışkan ❷ (*Frau im Haushalt*) hamarat, eteği belinde ❸ (*flink*) çevik
Ruin *m* çöküş, çökme, yıkılış
Ruine *f* harabe, yıkıntı
ruinieren *vt* yıkmak (**etw/jdn** -i)
rülpsen *vi* (*fam*) geğirmek
rum *adv* (*fam*) *s.* **herum**
Rum *m* rom
Rumäne, Rumänin *m, f* Romanyalı
Rumänien *nt* Romanya
rumänisch *adj* ❶ (*Art*) Romanya ❷ (*Sprache*) Rumence ❸ (*Herkunft*) Romanyalı
Rummel *m* gürültü patırtı; (*Jahrmarkt*) panayır
Rummelplatz *m* lunapark
Rumpelkammer *f* sandık odası
Rumpf *m* gövde, beden
Rumpsteak *nt* rumstik
rund **I.** *adj* yuvarlak, toparlak **II.** *adv* (*ungefähr*) aşağı yukarı, tahminen, takriben
Rundblick *m* panorama
Runde *f* ❶ (*Rundgang*) tur ❷ (*Gesellschaft*) meclis ❸ (*Rennsport*) tur ❹ (*Boxen*) raunt, dönem; **eine ~ machen** tur atmak
Rundfahrt *f* tur, dolaşma
Rundfunk *m* radyo; **Nord-/Süd-/Westdeutscher ~** Kuzey/Güney/Batı Almanya Radyosu
Rundfunkgerät *nt* radyo
Rundfunksender *m* radyo istasyonu
Rundfunkübertragung *f* radyo yayını
Rundgang *m* dolaşma, gezinti, tur
rundherum *adv* çepeçevre; (*fig: ganz und gar*) tamamen
rundlich *adj* yuvarlacık, toparlacık; (*Mensch*) dolgun, tombul, tıknaz
Rundreise *f* tur
Rundschreiben *nt* genelge
runter *adv* (*fam*) *s.* **herunter; hinunter**
runzelig *adj* kırışık, buruşuk
runzeln *vt* buruşturmak (**etw** -i); **die Stirn ~** kaş çatmak
Rüpel *m* kaba [*o* yontulmamış] herif
rüpelhaft *adj* kaba, yontulmamış, edepsiz
rupfen *vt* (*a. fig: Geflügel*) yolmak (**etw** -i)
Rüsche *f* pasta, kırmalı dantela
Ruß *m* is, kurum
Russe, Russin *m, f* Rus
Rüssel *m* (*Elefant*) hortum; (*Insekt, Schwein*) burun
russisch *adj* ❶ (*Art*) Rus ❷ (*Sprache*) Rusça ❸ (*Herkunft*) Rus(yalı); **~e Eier** Rus yumurtası
Russland[RR] *nt*, **Rußland**[ALT] *nt* Rusya
rüsten *vi* silahlanmak
rüstig *adj* dinç, sağlam, zinde; (*flink*) çevik, atik; **noch ~ für sein Alter sein** yaşına göre hala dinç olmak
rustikal *adj* köy tarzında
Rüstung *f* silahlanma
Rüstungsindustrie *f* harp sanayii
Rutschbahn *f* kaydırak

rutschen *vi sein* kaymak; (*Auto*) patinaj yapmak
Rutschgefahr *f* kayma tehlikesi
rutschig *adj* kaygan
rütteln **I.** *vt* sarsmak, sallamak (**etw/jdn** -i) **II.** *vi* sallamak, kurcalamak (**an etw** -i)

S s

S *m Abk von* **Süden** güney
S. *f Abk von* **Seite** s. (*sayfa*)
s. *vt Abk von* **siehe** bkz. (*bakınız*)
Saal *m* (büyük) salon
Saar *f* (*Fluss*) Sar nehri
Saarland *nt* Sar Havzası
Saat *f* ❶ (*Aus-*) ekim, tohum ekme ❷ (*Saatgut*) tohum
Saatgut *nt* tohumluk tahıl
Sabotage *f* baltalama, sabotaj
sabotieren *vt* baltalamak, sabote etmek (**etw** -i)
Sachbearbeiter(in) *m(f)* daire şubesi şefi
Sachbuch *nt* öğretici kitap
Sache *f* ❶ (*Ding*) şey ❷ (*Gegenstand*) eşya ❸ (*Angelegenheit*) iş, mesele ❹ JUR dava; **mit jdm gemeinsame ~ machen** biriyle beraber iş çevirmek; **bei der ~ bleiben** konunun dışına çıkmamak; **zur ~ kommen** konuya gelmek; **das ist meine ~** bu benim bileceğim iş; **das tut nichts zur ~** bunun önemi yok
sachgemäß *adj* uygun, yerinde
Sachkenntnis *f* uzmanlık, ihtisas
sachkundig *adj* uzman
Sachlage *f* ❶ (*Situation*) (iş) durum(u) ❷ (*Tatsachenbestand*) gerçek
sachlich *adj* nesnel, objektif
Sachlichkeit *f* nesnellik
Sachschaden *m* maddi hasar
Sachse, Sächsin *m, f* Saksonyalı
Sachsen *nt* Saksonya
Sachverhalt *m* gerçek
Sachverstand *m* uzmanlık
Sachverständige(r) *f(m)* uzman, bilirkişi
Sachwert *m* fiili değer
Sack *m* çuval, torba
Sackgasse *f* ❶ (*Straße*) çıkmaz (sokak) ❷ (*fig: Ausweglosigkeit*) çıkmaz
Sackhüpfen *nt* çuval yarışı
Sadismus *m* sadizm
Sadist(in) *m(f)* sadist
sadistisch *adj* sadist
säen **I.** *vi* tohum ekmek **II.** *vt* (*auch fig*) ekmek (**etw** -i)
Safe *m* kasa
Safran *m* safran
Saft *m* ❶ su ❷ (*Pflanzen-*) özsu
saftig *adj* sulu
Sage *f* efsane
Säge *f* testere; (*Wald-*) bıçkı
Sägemehl *nt* testere talaşı [*o* tozu]
sagen *vt* ❶ (*äußern, aussprechen*) demek, söylemek (**jdm etw** -e -i) ❷ (*erzählen, mitteilen*) anlatmak, bildirmek (**jdm etw** -e -i); **ja/nein ~** evet/hayır demek; **was ich ~ wollte** demek istediğim şu; **~ Sie mal!** söyleyin bakalım!; **was ~ Sie dazu?** buna ne dersiniz?; **was du nicht sagst!** deme yahu!; **das hat nichts zu ~** bunun önemi yok
sägen *vi* (testere ile) kesmek (**etw** -i)
sagenhaft *adj* ❶ (*fantastisch*) harika ❷ (*legendär*) efsanevi
sah *vi, vt s.* **sehen**
Sahne *f* ❶ (*Rahm*) kaymak, krema ❷ (*Schlag-*) kremşanti
Sahnetorte *f* kremalı pasta
Saison *f* sezon, mevsim
Saisonarbeiter(in) *m(f)* sezon işçisi
Saite *f* tel; (*Darm-*) kiriş
Saiteninstrument *nt* telli çalgı [*o* saz]
Sakko *m* erkek ceketi
Sakrament *nt* kutsama töreni (*Hıristyanlarda*)
Salami *f* salam
Salat *m* salata; **~ der Saison** mevsim salatası; **gemischter ~** karışık salata
Salatschüssel *f* (çukur) salata tabağı
Salbe *f* merhem, melhem
Salbei *m* adaçayı, meryemiye
Saldo *m* hesap bakiyesi
Salmiak *m* nışadır, amonyak tuzu
Salon *m* salon
salopp *adj* ❶ (*zwanglos*) laubali, teklifsiz ❷ (*schlampig*) pasaklı
Salpeter *m* güherçile
Salto *m* (havada) takla [*o* perende]; **~ rückwärts** ters perende; **einen ~ springen** (havada) takla [*o* perende] atmak
Salvador *nt* Salvador

Salz *nt* tuz
salzen *vt* tuzlamak (**etw** -i)
salzig *adj* tuzlu
Salzkartoffeln *fpl kabuğu soyulup tuzlu suda pişirilmiş patates*
Salzsäure *f* hidroklorik asit
Salzstreuer *m* tuzluk
Sambia *nt* Zambia
Samen *m* ❶ (*Saatgut*) tohum ❷ (*Sperma*) sperma, meni
sammeln **I.** *vt* ❶ (*zusammentragen*) toplamak, derlemek (**etw** -i) ❷ (*ein-*) toplamak (**etw** -i) ❸ (*aus Liebhaberei*) biriktirmek (**etw** -i) **II.** *vr* **sich ~** (*sich anhäufen*) toplanmak
Sammelsurium *nt* karışıklık
Sammler(in) *m(f)* (*aus Liebhaberei*) koleksiyoncu
Sammlung *f* ❶ (*Sammeln*) toplama, toplayış ❷ (*eines Liebhabers*) koleksiyon
Samstag *m* cumartesi (günü)
Samt *m* kadife
sämtliche *adj* bütün
Sanatorium *nt* sanatoryum, prevantoryum
Sand *m* kum
Sandale *f* sandal(et)
Sandbank *f* kum bankı, kumluk, kumsal
sandig *adj* kumlu
Sandkasten *m* kum sandığı
Sandpapier *nt* zımpara kâğıdı
Sandsack *m* kum torbası
Sandstrand *m* kumsal
sandte *vt s.* **senden**
Sanduhr *f* kum saati
Sandwich *nt* sandviç
sanft *adj* (*weich*) yumuşak
sang *vi s.* **singen**
Sänger(in) *m(f)* şarkıcı
sanieren *vt* (*reparieren*) onarmak; (*modernisieren*) modernleştirmek (**etw** -i)
Sanierung *f* onarım, modernleştirme
sanierungsbedürftig *adj* (*Gebäude*) onarıma muhtaç
sanitär *adj* sıhhi, sağlıksal
Sanitäter *m* sağlık memuru
sank *vi s.* **sinken**
Sanktion *f* (*Zwangsmaßnahme*) zorlama tedbiri
sanktionieren *vt* (*genehmigen*) tasdik ve kabul etmek (**etw** -i)
sann *vi s.* **sinnen**
Saphir *m* gökyakut
Sardelle *f* sardalye, hamsi
Sardine *f* sardalye, ateş balığı
Sardinien *nt* Sardenya (adası)
Sarg *m* tabut
Sarkasmus *m* acı ince alay, sarkazm
sarkastisch *adj* iğneleyici, istihzalı
Sarkophag *m* lahit, sanduka
saß *vi s.* **sitzen**
Satan *m* şeytan, iblis
Satellit *m* (*auch fig*) uydu, peyk
Satellitenschüssel *f* (*fam*) çanak (anten)
Satellitentelefon *nt* uydu telefonu
Satin *m* saten
Satire *f* yergi, hiciv, hicviye
satirisch *adj* hicivli, yergili, taşlayıcı
satt *adj* ❶ (*nicht hungrig*) tok, doymuş ❷ (*fig: überdrüssig*) bıkkın, usanmış; **ich bin ~** karnım doydu, doydum; **sich ~ essen** doyuncaya kadar yemek
Sattel *m* ❶ (*Sitz*) eyer ❷ (*Pack-*) semer ❸ (*Fahrrad-*) sele
satthaben *irr vt* **etw ~** bir şeyden bıkmak [*o* usanmak], bir şeyden gına getirmek
sättigen *vt* doyurmak (**jdn/etw** -i)
Sättigungsgefühl *nt* doyum hissi
Satz *m* ❶ (*Wortfolge*) cümle, tümce ❷ MUS *bir müzik eserinin bölümü* ❸ (*zusammengehörige Dinge*) takım ❹ (*Sprung*) sıçrayış ❺ (*Kaffee-*) telve ❻ (*Schrift-*) yazı dizisi
Satzung *f* yönetmelik
Satzzeichen *nt* noktalama işareti
Sau *f* ❶ (*Tier*) dişi domuz ❷ (*pej: Mensch*) pis herif [*o* karı]
sauber *adj* temiz; **~ machen** temizlemek (**etw** -i)
Sauberkeit *f* temizlik
säuberlich *adj* temiz, özenle yapılan
säubern *vt* temizlemek (**etw** -i)
Saubohne *f* bakla
Sauce *f* sos, salça
Saudi-Arabien *nt* Suudi Arabistan
sauer *adj* ❶ ekşi; (*Milch*) kesilmiş ❷ CHEM asitli; **saure Gurken** hıyar turşusu; **saurer Regen** asit yağmuru; **~ sein/werden** ekşimek; (*Milch*) kesilmek; (*sich ärgern*) bozuk çalmak
Sauerbraten *m* sirkeli sığır kızartması
Sauerei *f* (*fam*) ❶ (*Unsauberkeit*) pislik ❷ (*Benehmen*) rezalet
Sauerkirsche *f* vişne
Sauerkraut *nt* lahana salamurası
säuerlich *adj* ekşimtırak

Sauerstoff *m* oksijen
Sauerstoffflasche[RR] *f* oksijen tüpü
saufen <säuft, soff, gesoffen> *vi, vt* ❶ (*Tier*) içmek (**etw** -i) ❷ (*pej: Mensch*) fazla içmek (**etw** -i); (*Alkohol*) içki içmek
Säufer(in) *m(f)* (*pej*) ayyaş
säuft *vi, vt s.* **saufen**
saugen <sog *o* saugte, gesogen *o* gesaugt> *vi, vt* ❶ (*allgemein*) içine çekmek (**etw** -i) ❷ (*Säugling, Tierjunges*) emmek (**etw** -i)
säugen *vt* emzirmek (**etw** -i)
Säugetier *nt* memeli hayvan
Säugling *m* bebek
Säule *f* sütun
Saum *m* ❶ (*Kleider-*) etek (baskısı) ❷ (*Rand*) kenar
Sauna *f* sauna, Fin hamamı
Säure *f* CHEM asit
sausen *vi* ❶ *sein* hızla geçip gitmek; (*Geschoss*) vınlamak ❷ *haben* (*Wind*) uğuldamak
Saustall *m* (*fig*) ❶ (*Durcheinander*) (karma)karışıklık ❷ (*schmutziger Ort*) pis yer
Sauwetter *nt* (*fam*) pis hava
Saxofon[RR] *nt*, **Saxophon** *nt* saksofon
S-Bahn *f* banliyö treni
scannen *vt* taramak (**etw** -i)
Scanner *m* tarayıcı
schaben *vt* (*abkratzen*) kazımak (**etw** -i)
schäbig *adj* ❶ (*Kleidungsstück*) yırtık pırtık ❷ (*Aussehen*) hırpani, kılıksız, pejmürde ❸ (*gemein*) alçak, bayağı
Schablone *f* şablon, kalıp, örnek
Schach *nt* satranç; **~!** şah!
Schachbrett *nt* satranç tahtası
Schachfigur *f* satranç taşı
schachmatt *adj* şahmat
Schachspiel *nt* satranç oyunu
Schachtel *f* ❶ (*zum Verpacken*) kutu ❷ (*Zigaretten-*) paket
Schachzug *m* ❶ (*im Schach*) taş sürme ❷ (*geschickte Maßnahme*) manevra
schade *adj* (**das ist**) ~ yazık; **wie ~!** ne yazık!; ~ **um die Zeit** harcanan zamana yazık
Schädel *m* kafatası; (*Toten-*) kurukafa
schaden *vi* zarar vermek (**jdm** -e); (*nachteilig sein*) zararlı olmak
Schaden *m* zarar; (*besonders materieller*) hasar
Schadenersatz *m* tazminat, zarar ödeneği [*o* bedeli]
Schadenfreude *f* *başkalarının zararına sevinme*
Schadensanzeige *f* zarar bildirmesi
schädigen *vt* zarar vermek (**jdn/etw** -e)
schädlich *adj* zararlı
Schädlingsbekämpfungsmittel *nt* haşarat ilacı
Schadstoff *m* (*Giftstoff*) zararlı madde; (*umweltverschmutzend*) kirletici madde
Schaf *nt* koyun
Schafbock *m* koç
Schäfchen *nt* **seine ~ ins Trockene bringen** küpünü doldurmak
Schäfer(in) *m(f)* çoban
Schäferhund *m* çoban köpeği
schaffen[1] <schuf, geschaffen> *vt* yaratmak (**etw** -i); **für etw wie geschaffen sein** bir şey için biçilmiş kaftan olmak
schaffen[2] **I.** *vi* (*arbeiten*) çalışmak; **frohes Schaffen!** kolay gelsin! **II.** *vt* ❶ (*bewältigen*) becermek (**etw** -i), hakkından gelmek (**etw** -in) ❷ (*bringen*) getirmek, götürmek (**etw zu jdm/etw** -i -e); **etw aus der Welt** ~ bir şeyi ortadan kaldırmak; **sich** *dat* **etw vom Halse** ~ bir şeyi başından atmak, bir şeyden yakasını [*o* paçasını] kurtarmak
Schaffner(in) *m(f)* biletçi
Schaffung *f* yaratma, var etme
Schafherde *f* koyun sürüsü
Schafskäse *m* beyaz peynir
Schafspelz *m* koyun postu
Schaft *m* ❶ (*Stiel*) sap ❷ (*Fahnen-*) direk
Schakal *m* çakal
Schal *m* ❶ (*Halstuch*) (boyun) atkı(sı), kaşkol ❷ (*Damen-*) şal
Schale *f* ❶ (*Gefäß*) kase, çanak ❷ (*Obst-, Nuss-, Eier-*) kabuk
schälen *vt* kabuğunu soymak (**etw** -in)
Schall *m* (*Ton*) ses; (*Widerhall*) yankı
Schalldämpfer *m* ❶ (*für Schusswaffe*) susturucu ❷ (*für Motor*) susturucu tertibatı
schalldicht *adj* ses geçirmez
schallen *vi* tınlamak, çınlamak
Schallgeschwindigkeit *f* ses hızı
Schallmauer *f* ses duvarı
Schallplatte *f* plak
Schallplattengeschäft *nt* plakçı (dükkanı)
schalt *vt s.* **schelten**
Schaltbrett *nt* (elektrik) dağıtım levhası
schalten *vi* ❶ (*Strom*) çevirmek (**auf etw** -e) ❷ (*Gänge*) vites değiştirmek

Schalter *m* ① (*Bank-, Post-*) gişe ② (*Strom-*) şalter, devre anahtarı

Schalthebel *m* ① (*Strom*) anahtar kolu ② (*Gangschaltung*) vites kolu

Schaltjahr *nt* artıkyıl

Schaltung *f* ① (*Strom*) bağlama ② (*Gang-*) vites

Scham *f* utanma, utanç

schämen *vr* **sich vor jdm ~** birinden utanmak; **sich ~, etw zu tun** -meye utanmak

Schamgefühl *nt* utanç duygusu

schamhaft *adj* utangaç, mahcup

Schamhaftigkeit *f* utangaçlık, utanç

schamlos *adj* (*unverschämt*) utanmaz, rezil, arsız

Schande *f* ① (*Benehmen*) ayıp ② (*Unehre*) namussuzluk, yüzkarası

schändlich *adj* ayıp, rezil

Schandtat *f* rezalet, kepazelik

Schanze *f* ① MIL toprak tabya ② (*Skisport*) atlama seddi

Schar *f* küme, sürü, öbek

scharf <schärfer, am schärfsten> *adj* ① (*auch fig: schneidend*) keskin ② (*Speise*) baharatlı ③ (*Foto*) net ④ (*Worte, Kritik*) ağır, sert ⑤ (*Protest*) sert, şiddetli; **auf etw ~ sein** (*fam: heftig wünschen*) bir şeye can atmak, bir şey burnunda tütmek; **auf jdn ~ sein** (*sexuell*) birisi için yanıp tutuşmak

Scharfblick *m* sağgörü, seziş

Schärfe *f* ① (*Messer*) keskinlik ② (*Bild, Umrisse*) netlik ③ (*Sinnesorgan*) keskinlik ④ (*Strenge*) sertlik, şiddet

schärfen *vt* ① (*Messer*) bilemek (**etw** -i) ② (*Sinne*) keskinleştirmek (**etw** -i)

Scharfschütze *m* keskin nişancı

scharfsichtig *adj* ① (*gute Sehschärfe*) keskin bakışlı ② (*scharfsinnig*) sağgörülü

scharfsinnig *adj* sağgörülü, keskin zekalı

Scharlach *m* kızıl (hastalığı)

scharlachrot *adj* erguvan renkli

Scharnier *nt* menteşe, reze

Schatten *m* (*dunkle Fläche*) gölge; **im ~** gölgede; **jdn/etw in den ~ stellen** (*fig*) birini/bir şeyi gölgede bırakmak; **auf etw einen ~ werfen** bir şeyi gölgelemek; (*fig*) bir şeye gölge düşürmek

Schattenseite *f* ① gölge tarafı ② (*Kehrseite*) madalyanın ters tarafı

Schattentheater *nt* gölge oyunu; (*traditionelles türkisches ~*) karagöz

Schattenwirtschaft *f* gölge [*o* yeraltı] ekonomi, kayıt dışı ekonomi

Schattierung *f* ① (*Farb-*) nüans, ince fark ② (*Zeichnung*) gölgeleme

schattig *adj* gölgeli

Schatulle *f* küçük sandık; (*besonders für Schmuck*) mücevher kutusu

Schatz *m* ① (*Juwel*) hazine; (*vergrabener*) define, gömü ② (*Kosewort*) sevgili; **mein ~** sevgilim

schätzen *vt* ① (*ab-*) tahmin etmek, kestirmek (**etw** -i) ② (*achten*) saymak (**jdn/etw** -i); **wie alt schätzt du ihn?** onu kaç yaşında tahmin edersin?

Schatzmeister(in) *m(f)* (*bei Verein, Partei*) haz(i)nedar

Schätzung *f* tahmin, kestirme, hesap

schätzungsweise *adv* tahminen

Schau *f* (*Ausstellung*) sergi; **etw zur ~ stellen** bir şeyi sergilemek

schauderhaft *adj* ① (*schrecklich*) korkunç ② (*abscheulich*) iğrenç

schaudern *vi* ürpermek

schauen *vi* bakmak (**auf jdn/etw** -e); **nach jdm ~** birine bakmak

Schauer *m* (*Regen-*) sağanak

schauerlich *adj* korkunç

Schaufel *f* kürek; (*Kehricht-*) faraş

Schaufenster *nt* (mağaza) vitrin(i), camekan

Schaukel *f* salıncak

schaukeln **I.** *vt* sallamak (**etw/jdn** -i) **II.** *vi* sallanmak

Schaukelpferd *nt* salıncaklı at

Schaukelstuhl *m* salıncaklı koltuk

Schaum *m* köpük

Schaumgummi *m* lastik sünger

schaumig *adj* köpüklü

Schaumstoff *m* köpük

Schaumwein *m* köpüklü şarap, şampanya

Schauplatz *m* (*auch fig*) sahne

schaurig *adj* tüyler ürpertici

Schauspiel *nt* ① (*Stück*) oyun, piyes ② (*Augenweide*) manzara

Schauspieler *m* (erkek) oyuncu [*o* artist], aktör

Schauspielerin *f* kadın oyuncu, aktris

Schauspielhaus *nt* tiyatro (binası)

Scheck *m* çek

Scheckbuch *nt*, **Scheckheft** *nt* çek defteri [*o* karnesi]

Scheckkarte *f* çek kartı

Scheck- und Aktienmafia *f* (*in der Türkei*) çek-senet mafyası

Scheibe *f* ① yuvarlak levha ② (*Fenster-*) cam ③ (*Brot, Fleisch*) dilim

Scheibenbremse *f* diskli fren

Scheibenwischer *m* silecek

Scheich *m* şeyh

Scheide *f* dölyolu, kadınlık organı

scheiden <schied, geschieden> **I.** *vt* ① (*trennen*) ayırmak (**etw von etw** -i -den) ② (*Ehe*) boşa(ndır)mak (**etw** -i); **sich** (**von jdm**) **~ lassen** (birinden) boşanmak **II.** *vi sein* (*geh: weggehen*) ayrılmak, (bırakıp) gitmek (**von jdm** -den)

Scheideweg *m* dörtyol ağzı

Scheidung *f* (*Ehe-*) boşanma

Scheidungskind *nt* boşanma sonucu arada kalan çocuk

Schein *m* ① (*Bescheinigung*) belge, kâğıt ② (*Geld-*) banknot ③ (*Licht*) ışık ④ (*Glanz*) parıltı ⑤ (*An-*) görünüş; (**nur**) **zum ~** yalancıktan; **der ~ trügt** görünüşe aldanmamalı

scheinbar **I.** *adj* görünen; (*unecht*) sahte, yapmacık **II.** *adv* görünüşe göre, görünürde

scheinen <schien, geschienen> *vt* ① (*leuchten*) ışık vermek ② (*glänzen*) parlamak, parıldamak ③ (*fig: den Anschein haben*) görünmek; **der Mond/die Sonne scheint** ay/güneş parlıyor; **es scheint** (**mir**) **so, dass** (bana) öyle görünüyor ki

scheinheilig *adj* ① (*heuchlerisch*) ikiyüzlü ② (*scheinbar fromm*) sahte dindar

Scheintod *m ölmüş gibi görünme*

Scheinwerfer *m* ① (*allgemein*) projektör, ışıldak ② (*von Kraftfahrzeug*) far

Scheiße *f* (*vulg*) bok

scheißen <schiss, geschissen> *vi* (*vulg*) sıçmak

Scheißkerl *m* (*pej*) boktan herif

Scheitel *m* (*Haar-*) saç ayrığı

scheitern *vi sein* ① (*Person*) başarısızlığa uğramak ② (*Sache*) boşa çıkmak; **etw zum Scheitern bringen** bir şeyi boşa çıkarmak

schellen *vi* çıngırdamak

Schellfisch *m* morina balığı

Schelte *f* azar

schelten <schilt, schalt, gescholten> *vt* azarlamak, paylamak (**jdn** -i), çıkışmak (**jdn** -e)

Schema *nt* şema; (*Muster*) örnek, model

schematisch *adj* şematik

Schemel *m* tabure, arkalıksız iskemle

Schenke *f* meyhane, taverna

Schenkel *m* ① (*Ober-*) uyluk; (*Unter-*) baldır ② MATH kenar

Schenkelknochen *m* uyluk kemiği

schenken *vt* hediye [*o* armağan] etmek (**jdm etw** -e -i)

Scherbe *f* kırık; (*Glas-*) cam kırığı

Schere *f* makas

scheren[1] <schor, geschoren> *vt* ① (*Haare*) (kısa) kesmek, makaslamak (**etw** -i) ② (*Schafe*) kırkmak, kırpmak (**etw** -i)

scheren[2] *vt* **was schert mich das!** beni ilgilendirmez!; **scher dich zum Teufel!** cehennem ol!

Scherereien *fpl* külfet, zahmet *sing*

Scherz *m* şaka; (*übler Scherz*) muziplik; **aus** [*o* **im**] **~** şakadan; **~ beiseite!** şaka bir tarafa!

scherzen *vi* şaka etmek; (*miteinander*) şakalaşmak

scherzhaft *adj* ① (*nicht ernst gemeint*) ciddi olmayan ② (*lustig*) güldürücü, eğlendirici

scheu *adj* ① (*schüchtern*) çekingen, utangaç, sıkılgan ② (*furchtsam*) korkak, ürkek ③ (*menschen-*) insandan kaçan

Scheu *f* ① (*Schüchternheit*) çekingenlik, utangaçlık, sıkılganlık ② (*Furcht*) ürkeklik, korku

scheuen **I.** *vt* (*fürchten*) çekinmek, korkmak (**etw** -den) **II.** *vi* (*Pferd*) ürkmek

scheuern *vt* ① (*reiben*) ovmak (**etw** -i) ② (*Boden, Geschirr*) silmek (**etw** -i)

Scheune *f* samanlık; (*Getreide-*) tahıl ambarı

Scheusal *nt* ① (*Unmensch*) canavar ② (*widerwärtige Person*) gudubet

scheußlich *adj* ① (*fürchterlich*) korkunç ② (*abscheulich*) iğrenç

Schi *m s.* **Ski**

Schicht *f* ① (*allgemein*) tabaka, kat ② (*Erd-*) tabaka ③ (*Arbeits-*) iş devresi, vardiya ④ (*Arbeits-: Team*) çalışma grubu ⑤ (*soziale*) tabaka

schichten **I.** *vt* istif etmek, dizmek (**etw** -i) **II.** *vi* (*fam: Schichtarbeit machen*) iş devresi [*o* vardiya] yapmak

Schichtwechsel *m* vardiya değişimi

schick *adj* şık, zarif

Schick *m* şıklık, zarafet

schicken **I.** *vi, vt* göndermek, yollamak (**jdm etw** -e -i) **II.** *vr* **es schickt sich, zu ...** (*sich geziemen*) -mek yakışık alıyor

Schickeria *f* sosyete

schicklich *adj* yakışık alır [*o* alan]

Schicksal *nt* kader, yazgı, talih, kısmet

schicksalhaft *adj* yazgısal
Schicksalsschlag *m* (feleğin) darbe(si)
Schiebedach *nt* açılır kapanır tavan
Schiebefenster *nt* sürme pencere
schieben <schob, geschoben> *vt* itmek, sürmek (**etw** -i)
Schiebetür *f* sürme kapı
Schiebung *f* hileli iş
schied *vi, vt s.* **scheiden**
Schiedsrichter(in) *m(f)* hakem
schief **I.** *adj* ❶ (*krumm*) eğri ❷ (*geneigt*) meyilli, eğik, inişli ❸ (*fig: Ausdruck*) hatalı, yanlış; **auf die ~e Bahn kommen** yoldan çıkmak, yolunu sapıtmak **II.** *adv* **jdn ~ ansehen** birine yan bakmak
Schiefer *m* şist
schiefgehen *irr vi* ters gitmek
schielen *vi* şaşı bakmak
schien *vi s.* **scheinen**
Schienbein *nt* kaval kemiği
Schiene *f* ❶ (*Eisenbahn-*) ray ❷ (*Stahlbalken*) putrel ❸ (*bei Knochenbruch*) kırık tahtası ❹ (*Gliederstütze*) demir kenet
Schießbude *f* lunapark atış barakası
schießen <schoss, geschossen> **I.** *vt* (*Tiere*) vurmak (**etw** -i); **ein Tor ~** gol atmak **II.** *vi* ateş etmek, kurşun sıkmak; **es ist zum Schießen** buna köpekler bile güler
Schießerei *f* silahlı çatışma
Schießpulver *nt* barut
Schießscheibe *f* hedef levhası
Schießsport *m* atış sporu
Schiff *nt* ❶ gemi; (*Motor-*) vapur ❷ (*Kirchen-*) *kilise binasının uzunlamasına bölümü*
Schiffahrt[ALT] *f s.* **Schifffahrt**
schiffbar *adj* gemi seferlerine elverişli
Schiffbruch *m* ❶ (*eines Schiffes*) deniz kazası ❷ (*fam: Misserfolg*) boşa çıkma, fiyasko
Schifffahrt[RR] *f* gemicilik; (*auf dem Meer*) denizcilik
Schiffsschraube *f* gemi pervanesi, uskur
Schiffsverkehr *m* gemi [*o* deniz] trafiği; (*auf Flüssen*) nehir trafiği
Schiit(in) *m(f)* Şii
schiitisch *adj* Şii
Schikane *f* eziyet (etme); **mit allen ~n** (*fam*) takım taklavat
schikanieren *vt* eziyet etmek (**jdn** -e)
Schild[1] *m* (*Schutz-*) kalkan
Schild[2] *nt* ❶ (*Plakat*) levha ❷ (*Laden-*) levha, tabela
Schilddrüse *f* kalkanbezi, tiroit (guddesi)
schildern *vt* anlatmak, tasvir etmek (**etw** -i)
Schilderung *f* tasvir
Schildkröte *f* kaplumbağa, tosbağa
Schilf *nt*, **Schilfrohr** *nt* kamış, saz
schillern *vi* (renk renk) parıldamak
schillernd *adj* (*Farbe*) şanjan(lı)
Schilling *m* şilin(g)
schilt *vt s.* **schelten**
Schimmel *m* ❶ (*Pferd*) beyaz at ❷ (*Pilz*) küf
schimm(e)lig *adj* küflü
schimmeln *vi* küflenmek, küf tutmak
Schimmer *m* ❶ (*Licht*) ışık ❷ (*Glanz*) pırıltı ❸ (*fig: Spur*) iz, eser
schimmern *vi* (hafif) pırıldamak
Schimpanse *m* şempanze
schimpfen *vi* ❶ (*schelten*) azarlamak (**mit jdm** -i), çıkışmak (**mit jdm** -e) ❷ (*fluchen*) küfretmek ❸ (*sich beklagen*) sövüp saymak (**über jdn/etw** -i)
Schimpfwort *nt* küfür
Schinken *m* jambon
Schinkenspeck *m yağ miktarı az olan domuz yağı*
Schirm *m* ❶ (*Regen-, Sonnen-*) şemsiye ❷ (*Mützen-*) siper ❸ (*Lampen-*) abajur
Schirmherr(in) *m(f)* koruyucu
Schirmmütze *f* siperli kasket
Schirmständer *m* şemsiyelik
schiss[RR], **schiß**[ALT] *vi s.* **scheißen**
schizophren *adj* şizofren
Schizophrenie *f* şizofreni
Schlacht *f* ❶ MIL meydan savaşı ❷ (*Prügelei*) dövüş
schlachten *vt* (*Vieh*) kesmek (**etw** -i)
Schlachtenbummler *m takımının başka şehirdeki maçlarına giden koyu taraftar*
Schlachter *m* kasap
Schlachterei *f* kasap dükkanı
Schlachtfeld *nt* savaş meydanı [*o* yeri]
Schlachthof *m* mezbaha
Schlachtvieh *nt* kasaplık hayvanlar *pl*
Schlaf *m* uyku
Schlafanzug *m* pijama
Schläfe *f* şakak
schlafen <schläft, schlief, geschlafen> *vi* ❶ (*im Schlaf liegen*) uyumak ❷ (*übernachten*) gecelemek, yatmak; **~ gehen** (uykuya) yatmak; **~ Sie gut!** hayırlı [*o* iyi] geceler!, Allah rahatlık versin!
schlaff *adj* ❶ (*locker*) gevşek, gergin olmayan

S

❷ (*wabbelig*) sarkık ❸ (*kraftlos*) güçsüz
Schlafkrankheit *f* uyku hastalığı
Schlaflied *nt* ninni
schlaflos *adj* uykusuz
Schlaflosigkeit *f* uykusuzluk
Schlafmittel *nt* uyku ilacı
Schlafmütze *f* (*fig: Person*) miskin, uyuntu, mıymıntı
schläfrig *adj* ❶ (*Person*) uyku basmış, uykusu gelmiş ❷ (*Augen, Stimme*) uykulu
Schlafsaal *m* yatakhane
Schlafsack *m* uyku tulumu
Schlafstadt *f dükkanları ve işyerleri olmayan semt*
schläft *vi s.* **schlafen**
Schlaftablette *f* uyku hapı
schlaftrunken *adj* uykulu
Schlafwagen *m* yataklı vagon
Schlafwandler *m* uyurgezer
Schlafzimmer *nt* yatak odası
Schlag *m* ❶ (*allgemein*) vuruş; (*auch fig*) darbe ❷ (*Ohrfeige*) tokat, sille, şamar ❸ (*fig: Art, Wesen*) cins, tür, biçim ❹ (*Schlaganfall*) inme, felç ❺ (*Strom-*) elektrik çarpması; ~ **ins Wasser** *başarısızlıkla sonuçlanan iş*
Schlagader *f* atardamar
Schlaganfall *m* inme, felç
schlagartig **I.** *adj* ani **II.** *adv* aniden, birdenbire, apansızın
Schlagbaum *m* bariyer
schlagen <schlägt, schlug, geschlagen> **I.** *vt* ❶ (*einen Schlag versetzen*) vurmak (**jdn** -e) ❷ (*verprügeln*) dövmek (**jdn** -i) ❸ (*besiegen*) yenmek (**jdn** -i) ❹ (*Eier, Sahne*) çalkalamak (**etw** -i); **zwei Fliegen mit einer Klappe** ~ bir taşla iki kuş vurmak **II.** *vi* ❶ (*Herz*) çarpmak ❷ (*Uhr*) çalmak, vurmak ❸ (*Nachtigall*) şakımak; **nach jdm** ~ (*ähneln*) birine çekmek **III.** *vr* **sich mit jdm** ~ (*prügeln*) biriyle dövüşmek
Schlager *m* (günün) şarkı(sı)
Schläger *m* ❶ (*Raufbold*) dövüşken, kavgacı ❷ (*Tennis-*) raket
Schlägerei *f* dövüş(me)
Schlagerfestival *nt* şarkı festivali
schlagfertig *adj* hazırcevap
Schlagfertigkeit *f* hazırcevaplık
Schlaginstrument *nt* vurma çalgı
Schlagkraft *f* etki
Schlagloch *nt* (*in der Straße*) yolun çukurluk [*o* çökük] yeri
Schlagsahne *f* kremşanti
schlägt *vi, vt s.* **schlagen**
Schlagwort *nt* slogan
Schlagzeile *f* manşet
Schlagzeug *nt* bateri
Schlagzeuger(in) *m(f)* baterist
Schlamm *m* çamur, balçık
schlammig *adj* çamurlu
Schlamperei *f* düzensizlik
schlampig *adj* ❶ (*unordentlich*) pasaklı, derbeder ❷ (*nachlässig*) düzensiz, kayıtsız
Schlange *f* ❶ (*Tier*) yılan ❷ (*Menschen-*) kuyruk; ~ **stehen** kuyrukta beklemek
schlängeln *vr* **sich** ~ kıvrılmak
schlank *adj* ince (ve uzun boylu), narin, zayıf; ~ **machen** (*Kleid*) inceltmek (**etw** -i); ~(**er**) **werden** incelmek, zayıflamak
schlapp *adj* (*müde*) yorgun (argın), bitkin
Schlappe *f* (*fam*) başarısızlık
schlau *adj* ❶ (*klug*) zeki, akıllı ❷ (*verschlagen*) kurnaz, sinsi, açıkgöz
Schlauch *m* ❶ (*Wasser-*) hortum ❷ (*Behälter*) tulum; (*von Auto*) iç lastik
Schlauchboot *nt* lastik bot
schlecht **I.** *adj* ❶ (*allgemein*) fena, kötü ❷ (*bösartig*) hain ❸ (*verdorben: Speise*) bozuk, bozulmuş ❹ (*Luft*) kirli ❺ (*Zeiten*) buhranlı; **mir ist** [*o* **wird**] ~ fenalaşıyorum; ~ **werden** (*verderben, auch Essen*) bozulmak **II.** *adv* fena, kötü; ~ **gelaunt** keyifsiz, neşesiz; ~ **aussehen** (*Person*) fena [*o* kötü] görünmek
schlechtgelaunt *adj* keyifsiz, neşesiz
Schlehe *f* çakaleriği
schleichen <schlich, geschlichen> *vi sein* gizlice sokulmak
schleichend *adj* (*fig: Krankheit*) yavaş yavaş ilerleyen
Schleichwerbung *f* örtülü reklam
Schleier *m* ❶ (*auch fig*) örtü; (*orientalisch*) yaşmak, peçe ❷ (*Braut-*) duvak
schleierhaft *adj* (*unbegreiflich*) anlaşılmaz, esrarlı
Schleife *f* (*Schlinge*) ilmik, düğüm
schleifen[1] <schliff, geschliffen> *vt* ❶ (*schärfen*) bilemek (**etw** -i) ❷ (*Diamant, Glas*) yontmak, tıraş etmek (**etw** -i) ❸ (*mit Schmirgelpapier*) zımparalamak (**etw** -i)
schleifen[2] **I.** *vt* (*ziehen*) sürüklemek (**etw** -i) **II.** *vi* yere sürünmek
Schleifpapier *nt* zımpara kâğıdı
Schleim *m* ❶ (*Nasen-*) sümük ❷ (*Auswurf*) balgam

schleimen *vi* dalkavukluk etmek
Schleimer(in) *m(f)* dalkavuk
Schleimhaut *f* sümüksel zar, mükoza
schleimig *adj* ① sümüklü, sümüksel ② (*fig: kriecherisch*) yaltakçı
Schlemmer(in) *m(f)* boğazına düşkün
schlendern *vi sein* (rahat rahat) dolaşmak [*o* dolanmak]
Schlendrian *m* (*fam*) kayıtsızlık, ihmalcilik
schlenkern *vt* sallamak ((**mit**) **etw** -i)
Schleppe *f* (*am Kleid*) elbise kuyruğu
schleppen *vt* (*auch fig*) sürüklemek (**etw** -i)
schleppend *adj* (*auch fig*) çok ağır
Schlepper *m* ① (*Schiff*) römorkör ② (*Traktor*) traktör
Schlepplift *m* (*Skisport*) çeken teleferik
Schlepptau *nt* yedek halatı
Schleswig-Holstein *nt* Schleswig-Holstein Eyaleti
Schleuder *f* ① (*Stein-*) sapan ② (*Wäsche-*) santrifüj
schleudern I. *vt* ① (*werfen*) fırlatmak, savurmak (**etw** -i) ② (*Wäsche*) santrifüjle çevirmek (**etw** -i) **II.** *vi* (*Auto*) patinaj yapmak
Schleuderpreis *m* sudan ucuz fiyat
Schleudersitz *m* otomatik koltuk
schleunigst *adv* bir an önce
Schleuse *f* savak
schlich *vi s.* **schleichen**
schlicht *adj* (*einfach*) basit, sade
schlichten *vi, vt* (*Streit*) yatıştırmak (**etw** -i)
Schlichter(in) *m(f)* aracı
Schlichtung *f* uzlaştırma
schlief *vi s.* **schlafen**
schließen <schloss, geschlossen> **I.** *vt* ① (*zumachen*) kapa(t)mak (**etw** -i) ② (*mit Schlüssel*) kilitlemek (**etw** -i) ③ (*fig: beenden*) bitirmek (**etw** -i) ④ (*Vertrag, Frieden, Ehe*) akdetmek (**etw** -i) ⑤ (*Sitzung*) kapamak (**etw** -i) ⑥ (*folgern*) sonucunu çıkarmak (**aus etw dass** -den -diği); **jdn in die Arme ~** birini kucaklamak **II.** *vi* (*Geschäft*) kapanmak
Schließfach *nt* ① (*Bahnhof*) emanet kutusu ② (*Tresor*) kasa
schließlich *adv* sonunda, nihayet; **~ etw tun** nihayet bir şeyi yapmak
schliff *vi, vt s.* **schleifen**^{1}
Schliff *m* ① TECH cilalandırma, perdahlatma ② (*fig: gutes Benehmen*) terbiye, edep
schlimm I. *adj* ① (*schlecht, übel*) fena, kötü; (*stärker*) berbat ② (*schwer, ernst*) ağır, ciddi; **es ist nicht** (**so**) **~** (o kadar) fena değil; **es ist** (**nur**) **halb so ~** sanıldığı kadar kötü değil **II.** *adv* fena, kötü
schlimmer *adj* (*Komparativ*) (daha) beter; **~ werden** daha beter olmak; **umso ~** daha fena ya
schlimmstenfalls *adv* olsa olsa, işin en kötü tarafı düşünülürse
Schlinge *f* ① (*Knoten*) ilmik, düğüm ② (*Falle*) tuzak ③ MED kangal, büklüm
Schlingpflanze *f* sarılgan bitki
Schlips *m* kravat, boyunbağı
Schlitten *m* kızak; **~ fahren** kızak kaymak
Schlittschuh *m* paten; **~ laufen** (buz üzerinde) paten kaymak
Schlittschuhläufer(in) *m(f)* patenci, patinajcı
Schlitz *m* ① (*Spalt*) yarık ② (*Riss*) yırtık ③ (*Hosen-*) yırtmaç
schloss^{RR}**, schloß**^{ALT} *vi, vt s.* **schließen**
Schloss^{RR} *nt,* **Schloß**^{ALT} *nt* ① (*Palast*) saray ② (*Burg*) şato ③ (*Verschluss*) kilit
Schlosser(in) *m(f)* çilingir; (*Maschinen-*) tesviyeci
Schlosserei *f* çilingir atölyesi
Schlot *m* baca
Schlucht *f* (dağ) boğaz(ı)
schluchzen *vi* hıçkırmak, hıçkıra hıçkıra ağlamak
Schluck *m* yudum
Schluckauf *m* hıçkırık; **er hat einen ~** onu hıçkırık tutuyor
schlucken *vt* (*auch fig*) yutmak (**etw** -i)
Schluckimpfung *f çocuk felcine karşı ağızdan verilen şeker aşısı*
schlug *vi, vt s.* **schlagen**
schlummern *vi* uyumak
Schlund *m* gırtlak, boğaz
schlüpfen *vi sein* ① (*hinein-*) girmek (**in etw** -e) ② (*heraus-*) sıyrılıp çıkmak (**aus etw** -den)
Schlüpfer *m* külot
schlüpfrig *adj* ① (*glitschig*) kaygan ② (*fig: unanständig*) açık saçık, müstehcen
schlürfen *vt* höpürdete höpürdete içmek (**etw** -i)
Schluss^{RR} *m,* **Schluß**^{ALT} *m* ① (*Ende*) son ② (*Folgerung*) vargı, sonuç çıkarma; **mit etw ~ machen** bir şeyi bitirmek; (*aufgeben*) bir şeyi bırakmak; **~ damit!** yeter!
Schlüssel *m* anahtar
Schlüsselbein *nt* köprücük kemiği

S

Schlüsselblume *f* çuhaçiçeği
Schlüsselbund *m o nt* anahtar destesi, anahtarlık
schlüsselfertig *adj* (*Neubau*) anahtar teslim
Schlüsselloch *nt* anahtar deliği
Schlüsselrolle *f* kilit rol
Schlüsselstellung *f* kilit noktası
Schlüsselübergabe *f* anahtar teslimi
SchlussfolgerungRR *f,* **Schlußfolgerung**ALT *f* vargı, sonuç çıkarma, çıkarsama
schlüssig *adj* (*logisch*) mantıki; (*überzeugend*) inandırıcı; (*sich über etw ~ werden*) bir şey hakkında karara varmak
SchlusslichtRR *nt* ❶ AUTO arka lamba ❷ (*fig: der Letzte in einer Gruppe*) dümen neferi
SchlusspfiffRR *m* bitirme düdüğü
Schlusspunkt *m* **einen ~ unter/hinter etw setzen** (*fig*) bir şeyi noktalamak
SchlussverkaufRR *m* mevsim sonu satışı
schmächtig *adj* ince, zayıf, cılız
schmackhaft *adj* leziz, lezzetli
schmal *adj* ❶ (*nicht breit*) dar, ensiz ❷ (*knapp*) kıt ❸ (*schlank*) zayıf
schmälern *vt* değerinden düşürmek (**etw** -i)
Schmalspur *f* dar hat
Schmalz *nt* eritilmiş yağ; (*Schweine-*) domuz yağı; (*Gänse-*) kaz yağı
schmarotzen *vi* otlakçılık etmek
Schmarotzer *m* ❶ (*Tier, Pflanze*) parazit, asalak ❷ (*Mensch*) otlakçı
schmecken I. *vt* (*kosten*) tadına bakmak (**etw** -in) II. *vi* **das Essen schmeckt gut/sauer** yemeğin tadı iyi/ekşi; **schmeckt's?** tadı nasıl?
Schmeichelei *f* gönül okşama
schmeichelhaft *adj* gönül okşayıcı
schmeicheln *vi* gönlünü okşamak (**jdm** -in), koltuklamak (**jdm** -i); (*unterwürfig*) dalkavukluk etmek (**jdm** -e)
Schmeichler(in) *m(f)* (*negativ*) dalkavuk, yaltakçı, yağcı
schmeißen <schmiss, geschmissen> *vt* atmak, fırlatmak, savurmak (**etw** -i); **den Laden ~** (*fam*) becermek, idare etmek
schmelzen <schmilzt, schmolz, geschmolzen> *vi sein* erimek
Schmelzpunkt *m* erime noktası
Schmerz *m* ❶ (*körperlich*) ağrı, acı ❷ (*in inneren Organen*) sancı ❸ (*stechender, ziehender -*) sızı ❹ (*seelisch*) acı, ıstırap, dert
schmerzen I. *vt* ❶ (*betrüben*) üzmek (**jdn** -i) ❷ (*kränken*) incitmek, gücendirmek (**jdn** -i) II. *vi* ❶ (*körperlich*) ağrımak, acımak, sancımak ❷ (*seelisch*) acı vermek
Schmerzensgeld *nt* tazminat (*cismani veya manevi zarar için*)
schmerzhaft *adj* acı, ağrılı, sızılı
schmerzlich *adj* dokunaklı, acı(klı); (*stärker*) yürek yakıcı
schmerzlos *adj* ağrısız, acısız, sancısız
Schmerzmittel *nt* ağrı kesici
schmerzstillend *adj* ağrı dindirici
Schmerztablette *f* ağrı hapı
Schmetterling *m* kelebek; (*Nachtfalter*) pervane
schmettern *vt* **jdn zu Boden ~** birini yere çarpmak
Schmied *m* demirci; (*Huf-*) nalbant
Schmiede *f* demirhane
Schmiedeeisen *nt* dövme demir
schmieden *vt* ❶ (*Metall*) (çekiçle) dövmek (**etw** -i) ❷ (*Pläne*) kurmak (**etw** -i)
schmieren I. *vt* ❶ sürmek (**etw auf etw** -i -e) ❷ (*mit Fett oder Öl*) yağlamak (**etw** -i) ❸ (*fam: bestechen*) rüşvet vermek (**jdn** -e) II. *vi* (*miserabel schreiben/malen*) karalamak, kötü resim yapmak
Schmiergeld *nt* rüşvet
schmierig *adj* ❶ (*fettig*) yağlı ❷ (*schmutzig*) kirli, pis, pasaklı
Schmieröl *nt* makine yağı
Schmierseife *f* arapsabunu
Schmierzettel *m* karalama kâğıdı
schmilzt *vi s.* **schmelzen**
Schminke *f* makyaj
schminken I. *vt* makyaj etmek (**etw** -i) II. *vr* **sich ~** makyaj yapmak
Schmirgelpapier *nt* zımpara kâğıdı
schmissRR *vt s.* **schmeißen**
schmollen *vi* darılmak, gücenmek
schmolz *vi s.* **schmelzen**
Schmorbraten *m* (buğuda pişirilen) sığır kızartması
schmoren *vt* buğuda pişirmek (**etw** -i)
Schmuck *m* süs; (*Juwelen*) mücevher
schmücken *vt* süslemek, bezemek (**etw** -i)
Schmuckkästchen *nt* mücevher kutusu
schmucklos *adj* süssüz; (*Stil*) sade
Schmuckstück *nt* ❶ (*Schmuck*) takı ❷ (*fig*) en güzel parça
Schmuddelwetter *nt* (*fam*) pis hava
Schmuggel *m* kaçakçılık
schmuggeln I. *vi* kaçakçılık etmek II. *vt* (gümrükten) kaçırmak (**etw** -i)

Schmuggler(in) *m(f)* kaçakçı
schmunzeln *vi* bıyık altından gülmek
schmusen *vi* okşamak (**mit jdm** -i)
Schmutz *m* kir, pislik, pasak
Schmutzfleck *m* (kir) leke(si)
schmutzig *adj* kirli, pis, pasaklı; ~ **machen** kirletmek (**etw** -i); ~ **werden** kirlenmek
Schmutzkampagne *f* karalama kampanyası
Schnabel *m* gaga
Schnake *f* sivrisinek
Schnalle *f* toka
schnallen *vt* ① (*festmachen*) tokalamak (**etw an etw** -i -e) ② (*fam: kapieren*) kavramak (**etw** -i); **den Gürtel enger ~** (*auch fig*) kemerini sıkmak
schnappen *vt* ① (*fassen*) yakalamak, kapmak (**etw/jdn** -i) ② (*fam: erwischen*) ele geçirmek (**jdn** -i)
Schnappschuss[RR] *m* şıpşak
Schnaps *m* sert içki
schnarchen *vi* horlamak, horuldamak
schnattern *vi* (*Gänse*) vakvak etmek
schnaufen *vi* solumak
Schnauzbart *m* bıyık
Schnauze *f* ① (*eines Tieres*) hayvan ağzı ve burnu ② (*pej: Mensch*) ağız
Schnecke *f* ① (*mit Haus*) sümüklüböcek, salyangoz ② (*Nackt-*) bizaka, kabuksuz sümüklüböcek; **jdn zur ~ machen** (*fam*) birini adamakıllı paylamak
Schneckenhaus *nt* sümüklüböcek kabuğu
Schneckentempo *nt* **im ~** kaplumbağa gibi
Schnee *m* kar
Schneeball *m* kar topu
Schneedecke *f* kar tabakası
Schneefall *m* kar yağışı
Schneeflocke *f* kar tanesi
Schneeglöckchen *nt* kardelen
Schneekette *f* kar zinciri
Schneemann *m* kardan adam
Schneepflug *m* kar temizleme pulluğu
Schneeverwehung *f* kar yığıntısı
schneeweiß *adj* kar gibi, bembeyaz
Schneewittchen *nt* Pamuk Prenses
Schneide *f* kesin taraf
schneiden <schnitt, geschnitten> **I.** *vt* ① kesmek (**etw** -i) ② (*fig: nicht beachten*) görmemezlikten gelmek (**jdn** -i); **sich** *dat* **die Haare ~ lassen** saçını kestirmek; **sich** *dat* **in den Finger ~** parmağını kesmek **II.** *vr* **sich ~** (*Linien*) kesişmek
schneidend *adj* keskin
Schneider(in) *m(f)* terzi
schneidern **I.** *vi* terzilik etmek **II.** *vt* (*Kleid*) biçip dikmek (**etw** -i)
Schneidezahn *m* kesicidiş
schneien *vi* **es schneit** kar yağıyor
Schneise *f* (*im Wald*) (ağaçsız) orman yolu
schnell **I.** *adj* hızlı, tez, süratli; **~e Eingreiftruppe** acil müdahale gücü **II.** *adv* çabuk, hızla
Schnelligkeit *f* hız, sürat, çabukluk
Schnellkochtopf *m* düdüklü tencere
schnellstens *adv* bir an önce
Schnellstraße *f çok şeritli şehirlerarası yol*
Schnellverband *m* acele sargı
Schnellzug *m* ekspres
schnitt *vi, vt s.* **schneiden**
Schnitt *m* ① (*Schneiden*) kesme ② (*Verletzung*) kesik ③ (*Kleidung*) biçim ④ (*Haar-*) saç kesme ⑤ (*Frisur*) saç tuvaleti ⑥ (*Durch-*) orta(lama)
Schnitte *f* dilim
Schnittlauch *m* soğancık
Schnittmuster *nt* patron, elbise modeli
Schnittstelle *f* ① INFORM arabirim, arayüz ② (*fig*) arayüzey
Schnittwunde *f* kesik (yarası)
Schnitzel *nt* şnitsel
schnitzen *vi, vt* oymak (**etw** -i)
Schnitzer *m* ① (*Person*) oymacı ② (*fam: Fehler*) falso
Schnitzerei *f* ① (*Tätigkeit*) oymacılık ② (*Figur*) heykel
Schnorchel *m* şnorkel
schnorren **I.** *vt* (*fam*) otlayarak elde etmek (**etw** -i) **II.** *vi* otlamak
Schnorrer(in) *m(f)* (*fam*) otlakçı, beleşçi
schnüffeln *vi* ① (*schnuppern*) koklamak (**an etw** -i) ② (*fam: spionieren*) casusluk etmek
Schnüffler(in) *m(f)* (*fam: Spion*) casus
Schnuller *m* emzik
Schnulze *f acıklı* (*ve sanat değeri olmayan*) *şarkı veya film*
schnupfen *vt* **Tabak/Kokain ~** enfiye/kokain çekmek
Schnupfen *m* nezle
Schnupftabak *m* enfiye
schnuppe *adj* (*fam*) **das ist mir ~** bana vız gelir
Schnuppe *f* (*Stern-*) akanyıldız
schnuppern *vi* (*Hund*) koklamak (**an etw** -i)
Schnur *f* sicim
Schnurrbart *m* bıyık

schnurren *vi* (*Katze*) mırıldamak
Schnürsenkel *m* pabuç bağı
schob *vt s.* **schieben**
Schock *m* şok
schockieren *vt* şoke etmek (**jdn** -i)
Schokolade *f* çikolata; **heiße ~** (*Getränk*) (sıcak) çikolata
Schokoriegel *m* çikolatalı bar
Scholle *f* ❶ (*Erd-*) kesek ❷ (*Eis-*) buz kütlesi ❸ (*Fisch*) dilbalığı
schon *adv* ❶ (*- längst*) çoktan, bile ❷ (*- früher*) önceden; **heute ~** daha bugünden; **~ immer** hep; **~ wieder!** gene mi!; **es ist ~ lange her** aradan çok zaman geçti; **sie ist ~ 4 Wochen hier** dört haftadır burada; **~ gut!** peki! pekala!; **~ der Gedanke** düşüncesi bile; **sie wird ~ kommen** neredeyse gelir; **na, wenn ~!** ne olmuş yani!; **wenn ~, denn ~!** (*fam*) oldu olacak, kırıldı nacak
schön *adj* güzel; **bitte ~!** (*Einladung*) buyurun!; (*als Antwort*) bir şey değil!
Schonbezug *m* koruyucu kılıf
schonen I. *vt* korumak, sakınmak (**jdn/etw** -i) **II.** *vr* **sich ~** güçlerini idareli kullanmak
Schönheit *f* güzellik
Schönheitsfehler *m* ufak kusur
Schonkost *f* pehriz
Schonung *f* ❶ (*Schutz*) koruma ❷ (*Baumschule*) fidanlık
schonungslos *adj* ❶ (*erbarmungslos*) acımasız, merhametsiz ❷ (*unnachsichtig*) hoşgörüsüz
schöpfen I. *vt* **Wasser ~** su çekmek; **Luft ~** hava almak; **Verdacht ~** şüphelenmek **II.** *vi* **aus dem Vollen ~** bol keseden harcamak
Schöpfer *m* ❶ (*Gott*) Yaradan ❷ (*Urheber*) yaratıcı, kurucu
schöpferisch *adj* yaratıcı
Schöpfkelle *f*, **Schöpflöffel** *m* kepçe
Schöpfung *f* ❶ (*Tätigkeit*) yaratım, yaratma ❷ (*Ergebnis*) yaratılış
schor *vt s.* **scheren**[1]
Schorf *m* (*einer Wunde*) kabuk
Schornstein *m* baca
Schornsteinfeger(in) *m(f)* baca temizleyicisi
Schoß *m* ❶ (*Körpermitte*) kucak, koyun ❷ (*Mutterleib*) ana rahmi; **auf dem ~** kucakta
schoss[RR], **schoß**[ALT] *vi, vt s.* **schießen**
Schoßkind *nt* gözbebeği
Schote *f* ❶ (*Hülse*) bezelye [*o* fasulye] kabuğu ❷ (*Erbse*) bezelye
Schotte, Schottin *m, f* İskoçyalı
Schotter *m* taş kırıkları *pl*
schottisch *adj* ❶ (*Art*) İskoçya ❷ (*Sprache*) İskoçyaca ❸ (*Herkunft*) İskoçyalı
Schottland *nt* İskoçya
schräg I. *adj* ❶ (*schief*) eğri ❷ (*quer*) çapraz, verev **II.** *adv* **~ gegenüber** çaprazlama karşı
Schrägstrich *m* taksim işareti
Schramme *f* yırtık, sıyrık
Schrank *m* dolap
Schrankbett *nt* (*hochklappbar*) açılır kapanır yatak
Schranke *f* ❶ (*Stange*) bariyer ❷ (*Hindernis, Grenze*) engel, sınır; **jdn in seine ~n verweisen** birine haddini bildirmek
Schrankenwärter(in) *m(f)* demiryolu geçidi bekçisi
Schrankwand *f* gömme dolap
Schraube *f* ❶ TECH vida ❷ (*Schiff-*) pervane; **bei ihm ist eine ~ locker** tahtası eksik, kafadan kontak
schrauben *vt* vidalamak (**etw** -i)
Schraubenmutter *f* (vida) somun(u)
Schraubenschlüssel *m* vida [*o* somun] anahtarı
Schraubenzieher *m* tornavida
Schrebergarten *m* (şehir kenarında) küçük bostan
Schreck *m* korku, ürküntü
schrecken *vt* korkutmak, ürkütmek (**jdn** -i)
Schrecken *m* ❶ (*Schreck*) korku, ürküntü ❷ (*Entsetzen*) dehşet; **er ist mit dem ~ davongekommen** ucuz kurtuldu
schreckhaft *adj* korkak, ürkek
schrecklich *adj* korkunç, dehşetli, müthiş
Schrei *m* ❶ (*Ruf*) haykırış, bağırma ❷ (*Weh-*) çığlık, feryat
schreiben <schrieb, geschrieben> *vt* ❶ yazmak (**etw in/auf etw** -i -e) ❷ (*abfassen*) kaleme almak (**etw** -i)
Schreiben *nt* (*Brief*) mektup
schreibfaul *adj* yazmaya üşenen
Schreibfehler *m* yazı hatası; (*Recht-*) imla hatası
Schreibmaschine *f* yazı makinesi, daktilo
Schreibpapier *nt* yazı kâğıdı
Schreibtisch *m* yazı masası
Schreibwaren *pl* kırtasiye
Schreibwarenhandlung *f* kırtasiye mağazası
schreien <schrie, geschrien> *vi* ❶ (*Schreie*

ausstoßen) bağırmak, haykırmak ❷ (*rufen*) seslenmek ❸ (*Esel*) anırmak
schreiend *adj* (*Farbe*) göze batan
Schreiner(in) *m(f)* marangoz; (*Bau-*) dülger, doğramacı
Schreinerei *f* marangozhane
schreiten <schritt, geschritten> *vi sein* adım atmak
schrie *vi s.* **schreien**
schrieb *vt s.* **schreiben**
Schrift *f* ❶ yazı ❷ (*Hand-*) el yazısı ❸ (*-typ*) yazı tipi; **die** (**Heilige**) ~ Tevrat ve İncil
Schriftart *f* yazı tipi, yazı karakteri seti, font
schriftlich I. *adj* yazılı **II.** *adv* yazı ile
Schriftsetzer(in) *m(f)* dizici
Schriftsprache *f* yazı dili
Schriftsteller(in) *m(f)* yazar
Schriftstück *nt* belge
Schriftzeichen *nt* harf
schrill *adj* keskin, sivri, tiz
schritt *vi s.* **schreiten**
Schritt *m* ❶ (*beim Gehen*) adım ❷ (*fig: Initiative*) girişim, adım; ~ **für** ~ adım adım
Schrittmacher *m* ❶ SPORT *bisiklet yarışında öncü* ❷ (*Wegbereiter*) çığır [*o* yol] açan, öncü ❸ (*Herz-*) kalp pili
schrittweise *adv* adım adım; (*sehr langsam*) gayet yavaş
schroff *adj* ❶ (*Abhang*) sarp, yalçın, dik ❷ (*fig: barsch*) haşin, aksi, ters
Schrott *m* hurda demir
schrubben *vi, vt* fırçalamak, fırçalayarak [*o* ovarak] temizlemek (**etw** -i)
schrumpfen *vi sein* ❶ (*Gewebe*) büzülmek ❷ (*fig: sich vermindern*) azalmak
Schub *m* ❶ (*Stoß*) itme, itiş ❷ PHYS itiş (gücü)
Schubfach *nt* çekmece
Schubkarre *f* el arabası
Schublade *f* çekmece
schubsen *vi, vt* itmek, itip kakmak (**jdn** -i)
schüchtern *adj* utangaç, mahcup, çekingen
Schüchternheit *f* utangaçlık, sıkılganlık, çekingenlik
schuf *vt s.* **schaffen**
Schuft *m* alçak herif
schuften *vi* (*fam*) eşek gibi çalışmak
Schuh *m* ayakkabı, pabuç, kundura; **jdm etw in die ~e schieben** suçu birinin üstüne atmak
Schuhband *nt* papuç bağı
Schuhbürste *f* ayakkabı fırçası
Schuhgeschäft *nt* ayakkabı mağazası
Schuhgröße *f* ayakkabı numarası
Schuhkrem *f* ayakkabı boyası
Schuhlöffel *m* çekecek
Schuhmacher(in) *m(f)* ayakkabıcı, kunduracı
Schuhputzer(in) *m(f)* (ayakkabı) boyacı(sı)
Schuhwerk *nt* ayakkabılar *pl*
Schulaufgaben *fpl* ders, ev ödevi *sing*
Schulbank *f* (okul) sıras(ı)
Schulbildung *f* okumuşluk
Schulbuch *nt* ders kitabı
schuld *adj* **an etw ~ sein** bir şeyden sorumlu olmak
Schuld *f* ❶ (*Verschulden*) kusur, hata, suç(luluk) ❷ JUR suç, cürüm; **sich etw zu ~en kommen lassen** kusur işlemek
schulden *vt* **jdm etw** ~ birine bir şey borçlu olmak
Schulden *pl* borç *sing;* ~ **machen** borçlanmak (**bei jdm** -e), borca girmek
schuldenfrei *adj* borçsuz
Schuldgefühl *nt* suçluluk duygusu
schuldig *adj* ❶ (*die Schuld tragend*) suçlu ❷ (*verpflichtet*) borçlu (**jdm etw** -e -i); **was bin ich Ihnen ~?** borcum ne kadar?; **er ist mir noch 100 Euro** ~ bana daha 100 euro borçludur
schuldigsprechen *irr vt* **jdn** ~ birini mahkum etmek
schuldlos *adj* suçsuz
Schuldner(in) *m(f)* borçlu, verecekli
Schule *f* okul
schulen *vt* ders vermek (**jdn** -e), eğitmek (**jdn** -i)
Schüler(in) *m(f)* öğrenci
Schulferien *pl* okul tatili *sing*
schulfrei *adj* **wir haben heute** ~ bugün dersimiz yok
Schulfreund(in) *m(f)* okul arkadaşı, okuldaş
Schulgeld *nt* okul ücreti
Schulhof *m* okul bahçesi
schulisch *adj* okulsal
Schuljahr *nt* öğretim yılı
Schulkind *nt* okul çocuğu
Schulleiter(in) *m(f)* okul müdürü
Schulpflicht *f* mecburi öğrenim
schulpflichtig *adj* mecburi öğrenim çağında olan
Schulranzen *m* (okul) sırt çantası
Schultasche *f* okul çantası
Schulter *f* omuz; **etw auf die leichte ~ nehmen** bir şeye fazla önem vermemek

Schulterblatt *nt* kürek kemiği
Schulung *f* öğretim
Schulwesen *nt* okul işleri *pl*
Schulzeugnis *nt* okul karnesi
schummeln *vi* hile yapmak, aldatmak
Schuppe *f* ❶ (*Fisch*) pul ❷ (*Kopf-*) kepek
Schuppen *m* ❶ (*Wagen-*) arabalık ❷ (*Holz-*) odunluk ❸ (*Kohlen-*) kömürlük ❹ (*Flugzeug-*) hangar
schüren *vt* ❶ (*Feuer*) karıştırmak, alevlendirmek (**etw** -i) ❷ (*Emotionen*) alevlendirmek (**etw** -i)
Schurke *m* alçak herif, hinoğlu hin
Schurwolle *f* yapağı
Schürze *f* önlük
Schürzenjäger *m* (*pej*) çapkın, zampara
Schuss[RR] *m,* **Schuß**[ALT] *m* ❶ (*Schießen*) atım, atış ❷ (*Knall*) silah sesi, patlama ❸ (*Fußball*) şut, vuruş
Schüssel *f* ❶ (*Behälter*) çanak, kase, kap ❷ (*Wasch-*) leğen
Schusswaffe[RR] *f* ateşli silah
Schuster *m* ayakkabıcı, kunduracı
Schutt *m* ❶ (*Bau-*) moloz ❷ (*-haufen*) enkaz
Schüttelfrost *m* nöbet titremesi
schütteln *vt* ❶ (*heftig bewegen*) sallamak (**etw/jdn** -i) ❷ (*auch fig*) sarsmak (**etw/jdn** -i) ❸ (*Flasche*) çalkalamak (**etw** -i); **jdm die Hand ~** birinin elini sıkmak; **den Kopf ~** (hayır anlamında) başını sallamak
schütten I. *vt* dökmek, akıtmak (**etw in/auf etw** -i -e) **II.** *vi* **es schüttet** yağmur boşanıyor
Schutz *m* ❶ (*Schützen*) koruma ❷ (*Rückhalt*) kayırış, arka ❸ (*Obdach*) sığınak, barınak ❹ (*Verteidigung*) savunma; **jdn in ~ nehmen** birini korumak [*o* savunmak]
Schütze *m* ❶ (*Person*) nişancı ❷ (*Sternzeichen*) Yay (burcu)
schützen I. *vt* ❶ (*Schutz schaffen*) korumak (**etw/jdn vor etw** -i -den) ❷ (*verteidigen*) savunmak (**jdn** -i) ❸ (*bewahren*) korumak, saklamak (**etw** -i) **II.** *vr* **sich vor/gegen etw ~** bir şeyden korunmak
Schutzhelm *m* miğfer
Schutzimpfung *f* koruyucu aşı
schutzlos *adj* korunmasız
Schutzmann *m* polis memuru
schwach *adj* ❶ zayıf, güçsüz, dermansız ❷ (*Stimme, Ton*) yavaş ❸ (*Beweis*) çürük; **schwächer werden** zayıflamak, zayıf düşmek
Schwäche *f* ❶ (*Kraftlosigkeit*) zayıflık, güçsüzlük ❷ (*fig: Vorliebe*) düşkünlük
Schwächeanfall *m* zafiyet
schwächen *vt* zayıflatmak; (*körperlich*) güçten düşürmek (**jdn/etw** -i)
Schwachkopf *m* (*pej*) aptal
schwächlich *adj* ❶ (*schwach*) zayıf, cılız, sıska ❷ (*kränklich*) hastalıklı
Schwachsinn *m* ❶ PSYCH akıl zayıflığı ❷ (*Unsinn*) saçmalık
schwachsinnig *adj* ❶ (*pej: Mensch*) aptal; (*Sache*) saçma ❷ PSYCH geri zekalı
Schwachsinnige(r) *f(m)* ❶ (*pej: Dummkopf*) ahmak ❷ PSYCH zayıf akıllı
Schwachstelle *f* zayıf nokta
Schwager *m* ❶ (*Bruder des Ehepartners*) kayınbirader ❷ (*Gatte der Schwester*) enişte ❸ (*Gatte der Schwester der Ehefrau*) bacanak
Schwägerin *f* ❶ (*Schwester der Ehefrau*) baldız ❷ (*Schwester des Ehemannes*) görümce ❸ (*Gattin des Bruders*) yenge ❹ (*Gattin des Bruders des Ehemannes*) elti
Schwalbe *f* kırlangıç
schwamm *vi s.* **schwimmen**
Schwamm *m* ❶ (*Bade-*) sünger ❷ (*Pilz*) mantar
schwammig *adj* ❶ (*wie ein Schwamm*) sünger gibi ❷ (*aufgedunsen*) şişkin, kabarık
Schwammtuch *nt* sünger bez
Schwan *m* kuğu
schwang *vi, vt s.* **schwingen**
schwanger *adj* gebe, hamile; **im dritten Monat ~** üç aylık hamile
Schwangerschaft *f* gebelik, hamilelik
Schwangerschaftsabbruch *m* çocuk aldırma
Schwank *m* kaba komedi, fars
schwanken *vi* ❶ (*schwingen*) sallanmak, sendelemek ❷ (*Boden*) sarsılmak ❸ (*unschlüssig sein*) kararsız olmak ❹ (*Preise*) inip çıkmak
Schwankung *f* ❶ (*Hin und Her*) sallanma ❷ (*fig: Abweichung*) farklılık
Schwanz *m* ❶ (*bei Tieren*) kuyruk ❷ (*vulg: Penis*) sik
schwänzen *vt* **die Schule ~** okulu kırmak [*o* asmak]
Schwarm *m* ❶ (*Menge, auch Vögel*) sürü ❷ (*Fische, Bienen*) oğul ❸ (*Menschen*) kalabalık
schwärmen *vi* (*fig*) **für etw/jdn ~** bir şeye/birine bayılmak [*o* hayran olmak]

Schwärmerei *f* coşkunluk, hayranlık

schwarz <schwärzer, am schwärzesten> *adj* ① (*Farbe*) siyah; (*in übertragener Bedeutung*) kara ② (*fig: dunkel, finster*) karanlık ③ (*heimlich, verdeckt*) gizli, karanlık; ~ **auf weiß** yazılı olarak; ~**e Kasse** POL örtülü ödenek; **das ~e Schaf der Familie** (*fig*) ailenin yüzkarası; ~**er Markt** karaborsa; ~**es Loch** (*im Weltall*) kara delik; **das Schwarze Meer** Karadeniz; **ins Schwarze treffen** turnayı gözünden vurmak

Schwarzarbeit *f* kaçak iş [*o* çalışma]

schwarzarbeiten *vi* kaçak çalışmak

Schwarzbrot *nt* siyah ekmek

Schwarze(r) *f(m)* (*Farbiger*) siyah

schwarzfahren *irr vi sein* biletsiz yolculuk yapmak

Schwarzgeld *nt* kara para

Schwarzhandel *m* karaborsa

Schwarzhändler *m* karaborsacı

Schwarzmarkt *m* karaborsa

schwarzsehen *irr vi* karamsar olmak

Schwarzwald *m* Karaorman

schwarz-weiß[RR] *adj*, **schwarzweiß** *adj* siyah-beyaz

Schwarzweißfilm *m* siyah-beyaz film

Schwarzwurzel *f* kara iskorçina

schwatzen *vi* ① (*plaudern*) sohbet etmek, söyleşmek ② (*plappern*) gevezelik etmek

Schwätzer(in) *m(f)* geveze

Schwebebalken *m* denge kalası

schweben *vi* süzülmek; **in Gefahr** ~ tehlike içinde bulunmak

Schwede, Schwedin *m, f* İsveçli

Schweden *nt* İsveç

schwedisch *adj* ① (*Art*) İsveç ② (*Sprache*) İsveççe ③ (*Herkunft*) İsveçli

Schwefel *m* kükürt

Schwefeldioxid *nt* kükürtdioksit

Schwefelsäure *f* sülfürik asit

schweigen <schwieg, geschwiegen> *vi* ① (*nicht reden*) susmak ② (*Lärm: aufhören*) kesilmek

Schweigen *nt* susma, sessizlik

Schweigepflicht *f* sır saklama yükümlülüğü

schweigsam *adj* sessiz, suskun

Schwein *nt* ① (*Tier*) domuz ② pis herif [*o* kadın] ③ (*Glück*) şans

Schweinebraten *m* domuz kızartması

Schweinefleisch *nt* domuz eti

Schweinehund *m* (*pej fam*) köpoğlu (köpek), itoğlu it

Schweinerei *f* ① (*Schmutz*) pislik ② (*Handlung*) alçaklık, ahlaksızlık

Schweinestall *m* ① (*auch fig*) domuz ahırı ② (*fig: schmutziges Zimmer*) pis yer

Schweinsborste *f* domuz kılı

Schweiß *m* ter

Schweißausbruch *m* ter basması

schweißbedeckt *adj* ter içinde

schweißen *vt* kaynak etmek (**etw** -i)

Schweißer(in) *m(f)* kaynakçı

schweißgebadet *adj* kan ter içinde

Schweiz *f* İsviçre

Schweizer(in) *m(f)* İsviçreli

Schweizerdeutsch *nt* İsviçre Almancası

schweizerisch *adj* ① (*Art*) İsviçre ② (*Sprache*) İsviçrece ③ (*Herkunft*) İsviçreli

schwelen *vi* için için yanmak

Schwelle *f* ① (*Tür-*) eşik ② (*Bahn-*) travers

schwellen <schwillt, schwoll, geschwollen> *vi* şişmek, kabarmak

Schwellung *f* MED şiş, şişme, şişkinlik

schwenken **I.** *vt* ① (*wehen lassen*) sallamak (**etw** -i) ② (*ausspülen*) çalkalamak (**etw** -i) **II.** *vi* sapmak (**nach rechts** sağa)

schwer **I.** *adj* ① (*Gewicht, Krankheit*) ağır ② (*schwierig*) güç, zor, müşkül ③ (*beschwerlich*) zahmetli, külfetli ④ (*Essen*) ağır, hazmı güç; ~ **von Begriff** anlayışı kıt, kalın kafalı; **5 Kilo ~ sein** beş kilo ağırlığında olmak **II.** *adv* ① (*mühselig*) zorla ② (*ernstlich*) cidden ③ (*fam: sehr*) fena halde; ~ **bewaffnet** tırnaklarının ucuna kadar silahlı; ~ **krank/verletzt** ağır hasta/yaralı; ~ **arbeiten** ağır (işte) çalışmak; **es fällt mir schwer** bana zor geliyor; **es (sehr) ~ haben** durumu (çok) zor olmak

Schwerarbeit *f* ağır iş

Schwerbehinderte(r) *f(m)* ağır sakat

Schwerelosigkeit *f* ağırlıksızlık

schwerfällig *adj* ① (*unbeholfen*) hantal ② (*träge*) ağır, mızmız ③ (*beschränkt*) kalın kafalı

Schwergewicht *nt* ağır sıklet

schwerhörig *adj* ağır işiten

Schwerkraft *f* yerçekimi

schwermütig *adj* hüzünlü, melankolik

Schwerpunkt *m* PHYS ağırlık noktası [*o* merkezi]

Schwert *nt* kılıç

Schwertfisch *m* kılıçbalığı

Schwertlilie *f* süsen, mavi zambak

Schwerverbrecher *m* cani (*ağır suç işleyen*)

schwerwiegend *adj* ağır, ciddi
Schwester *f* ❶ kız kardeş; (*ältere*) abla ❷ (*Kranken-*) hemşire ❸ (*Nonne*) rahibe
schwieg *vi s.* **schweigen**
Schwiegereltern *pl* kaynata-kaynana
Schwiegermutter *f* kayınvalide, kaynana *fam*
Schwiegersohn *m* damat
Schwiegertochter *f* gelin
Schwiegervater *m* kayınpeder, kaynata *fam*
schwierig *adj* ❶ (*nicht einfach*) güç, zor, müşkül ❷ (*beschwerlich*) zahmetli, külfetli
Schwierigkeit *f* ❶ (*einer Sache*) güçlük, zorluk ❷ (*Mühe*) zahmet, külfet
schwillt *vi s.* **schwellen**
Schwimmbad *nt* yüzme havuzu
Schwimmbecken *nt* yüzme havuzu
schwimmen <schwamm, geschwommen> *vi sein* ❶ yüzmek ❷ (*treiben*) sürüklenmek ❸ (*fig: unsicher werden*) rolünü iyi bilmemek; ~ **gehen** yüzmeye gitmek
Schwimmer(in) *m(f)* yüzücü
Schwimmflosse *f* (*Fisch*) yüzgeç; (*Taucher*) palet
Schwimmring *m* can simidi
Schwimmsport *m* yüzme sporu
Schwimmweste *f* cankurtaran yeleği
Schwindel *m* ❶ (*Betrug*) hile, düzen ❷ MED baş dönmesi, göz kararması, dolandırıcılık
Schwindelanfall *m* ani baş dönmesi
schwindelerregend *adj* baş döndürücü
schwindelfrei *adj* başı dönmez
schwind(e)lig *adj* başı dönen; **mir ist ~** başım dönüyor
schwindeln *vi* ❶ (*lügen*) yalan söylemek ❷ (*betrügen*) dolandırıcılık yapmak
Schwindler(in) *m(f)* ❶ (*Lügner*) yalancı ❷ (*Betrüger*) dolandırıcı
schwingen <schwang, geschwungen> **I.** *vt* (*Fahne etc.*) sallamak; (*Schwert*) savurmak (**etw** -i) **II.** *vi* ❶ (*Ton*) titreşmek ❷ (*Pendel*) sallanmak, salınmak
Schwingung *f* ❶ (*Ton*) titreşim ❷ (*Pendel*) salınım, sağa sola sallanma
Schwips *m* (*fam*) hafif sarhoşluk; **ich habe einen ~** çakırkeyfim
schwirren *vi sein* vızıldamak, vızlamak
schwitzen *vi* terlemek
schwoll *vi s.* **schwellen**
schwören <schwor, geschworen> *vi, vt* yemin etmek
schwul *adj* (*fam*) eşcinsel, homoseksüel, gay
schwül *adj* bunaltıcı, boğucu, sıkıntılı
Schwüle *f* bunaltıcı hava
Schwuler *m* eşcinsel, gay
Schwung *m* ❶ (*Bewegung*) hızlı hareket ❷ (*fig: Elan*) hamle, atılış ❸ (*Lebendigkeit*) canlılık, hareketlilik
Schwur *m* yemin
Schwurgericht *nt* ağır ceza mahkemesi
Science-Fiction *f* bilimkurgu
sechs *num* altı
Sechseck *nt* altıgen
sechseckig *adj* altı köşeli
sechshundert *num* altı yüz
sechste(r, s) *adj* altıncı
Sechstel *nt* altıda bir
sechzehn *num* on altı
sechzig *num* altmış; **die ~er Jahre** altmışlı yıllar
SED *f* (*hist*) *Abk von* **Sozialistische Einheitspartei Deutschlands** Almanya Sosyalist Birlik Partisi
See[1] *m* (*Binnengewässer*) göl
See[2] *f* (*Ozean*) deniz; **auf hoher** [*o* **offener**] **~** açık denizde; **ruhige/schwere ~** sakin/dalgalı deniz
Seefahrt *f* ❶ (*Reise*) deniz seyahatı ❷ (*Ozeanschifffahrt*) denizcilik
Seegang *m* dalgalı deniz
Seehafen *m* deniz limanı
Seehecht *m* barlam
Seehund *m* fok (balığı), ayıbalığı
Seeigel *m* deniz kestanesi
seekrank *adj* deniz tutmuş; **ich werde ~** beni deniz tutar
Seele *f* ruh, can, gönül
seelisch *adj* ❶ (*psychisch*) ruhsal ❷ (*spirituell*) manevi, tinsel
Seelöwe *m* deniz aslanı
Seelsorge *f din adamları tarafından bakım ve korunma*
Seelsorger(in) *m(f)* ❶ (*katholisch*) papaz ❷ (*protestantisch*) pastör ❸ (*islamisch*) imam
Seemann *m* denizci, gemici
Seemeile *f* deniz mili
Seepferdchen *nt* denizatı
Seereise *f* deniz yolculuğu
Seerose *f* nilüfer
Seestern *m* denizyıldızı
Seeweg *m* **auf dem ~** deniz yoluyla
Seezunge *f* dilbalığı
Segel *nt* yelken

Segelboot *nt* yelkenli
Segelflugzeug *nt* planör
Segeljacht *f* yelkenli yat
segeln *vi sein* ① (*mit dem Schiff*) yelkenle gitmek ② (*Vogel*) süzülmek
Segelschiff *nt* yelkenli (gemi)
Segeltörn *m* yelkenli gezisi
Segeltuch *nt* branda bezi
Segen *m* ① (*Segenswunsch*) hayırdua ② (*fig: Wohl*) bereket
segnen *vt* ① (*heiligen*) takdis etmek (**etw/jdn** -i) ② (*Segen aussprechen*) hayırdua etmek (**jdn** -e)
Segnung *f* takdis
sehbehindert *adj* görsel özürlü
sehen <sieht, sah, gesehen> **I.** *vt* ① görmek (**etw/jdn** -i) ② (*Film*) seyretmek (**etw** -i) **II.** *vi* (*schauen*) bakmak; **nach jdm ~** (*sich kümmern um*) birine bakmak, biriyle ilgilenmek; **gut/schlecht ~** iyi/kötü görmek; **etw ~ lassen** (*zeigen*) bir şeyi göstermek; **das kann sich ~ lassen** (*fig*) bir şeye benziyor; **aus dem Fenster ~** pencereden bakmak; **wie man sieht** görüldüğü gibi; **lass mal ~!** göster bakayım!; **sieh mal an!** bak hele!; **ich kenne ihn vom Sehen** onunla göz tanışıklığım var, onu görüşten tanıyorum
sehenswert *adj*, **sehenswürdig** *adj* görülmeğe değer
Sehenswürdigkeit *f* görülmeye değer şey
sehgeschädigt *adj* görme özürlü
Sehgeschädigte(r) *f(m)* görme özürlü
Sehne *f* kiriş
sehnen *vr* **sich nach jdm/etw ~** birini/bir şeyi özlemek
Sehnenzerrung *f* kiriş gerilmesi
sehnlich **I.** *adj* (*Wunsch*) şiddetli **II.** *adv* özlemle
sehnlichst *adv* büyük bir özlemle
Sehnsucht *f* ① özlem, hasret ② (*starker Wunsch*) şiddetli arzu ③ (*Heimweh*) sıla özlemi [*o* hasreti]
sehnsüchtig *adj* özlemli, hasretli; (*Lied, Stimme*) yanık
sehr *adv* çok, pek; **~ viel** pek çok; **so ~, dass** öyle çok ... ki; **wie ~** ne kadar (çok); **zu ~** fazla; **so ~ sie auch arbeitet** ne kadar çalışırsa çalışsın
Seide *f* ipek
Seidenstraße *f* HIST ipekyolu
Seife *f* sabun; **ein Stück ~** bir parça sabun
Seifendose *f* sabunluk
Seifenpulver *nt* sabun tozu
Seil *nt* ① (*Leine*) ip ② (*Tau*) halat
Seilbahn *f* teleferik
sein <ist, war, gewesen> *vi* ① (*allgemein*) olmak ② (*sich befinden*) bulunmak; **bist du es?** sen misin?; **ich bin es** benim; **2 und 2 ist 4** iki iki daha dört eder; **sie ist nicht zu Hause** o, evde yok; **da bin ich** buradayım; **Ali ist da** Ali burada(dır); **es sind viele Menschen dort** orada çok insanlar var; **mir ist kalt** üşüyorum; **sie ist 20 Jahre alt** 20 yaşında; **es ist schönes Wetter** hava güzel; **es sei denn, dass** meğerki
sein(e) *pron* onun; **der, die, das Sein(ig)e** onunki
seinerseits *adv* onun tarafından
seinerzeit *adv* vaktiyle
seinesgleichen *pron* onun gibileri
seinethalben *adv*, **seinetwegen** *adv* onun için [*o* yüzünden]
seinige *pron s.* **sein(e)**
seit **I.** *präp +dat* ① (*Zeitpunkt*) -den beri ② (*Zeitraum*) -dir; **ich warte ~ einer Stunde** bir saattir bekliyorum; **er wartet seit gestern** dünden beri bekliyor; **~ kurzem/langem** kısa/uzun zamandan beri **II.** *konj* -diğinden beri
seitdem **I.** *adv* o zamandan beri **II.** *konj* -diğinden beri
Seite *f* ① (*allgemein*) yan, taraf ② (*Richtung*) yön ③ (*Buch-, Internet-*) sayfa ④ MATH kenar; **schwache/starke ~** zayıf/güçlü yön [*o* taraf]; **auf jds ~ stehen** (*fig*) birinin tarafında olmak; **von der ~** yandan; **von allen ~n** her taraftan [*o* yandan]; **von ~en** *gen* tarafından; **geh zur ~!** kenara çekil!
Seitenairbag *m* yan hava yastığı
Seitenblick *m* yandan bakış
Seitenhieb *m* (*fig*) alaylı ima
seitens *präp +gen* ... tarafından
Seitensprung *m geçici macera olarak eşini aldatma*
Seitenstechen *nt* böğür sancısı
Seitenstraße *f* yan sokak
Seitenwind *m* yandan esen rüzgar
seither *adv* o zamandan beri
seitlich *adj* yan
Seitpferd *nt* SPORT kulplu beygir
Sek. *f*, **sek.** *f s.* **Sekunde** saniye
Sekretär *m* sekreter; (*Möbel*) yazı masası
Sekretariat *nt* sekreterlik
Sekretärin *f* (bayan) sekreter

S

Sekt *m* köpüklü şarap, şampanya
Sekte *f* mezhep
Sektglas *nt* şampanya kadehi
Sektor *m* sektör
sekundär *adj* ikinci derecede olan, ikincil
Sekundarschule *f* (*in der Schweiz*) ortaokul
Sekunde *f* saniye
Sekundenzeiger *m* saniye gösterici
selbe(r, s) *adj* aynı; **im ~n Moment** aynı anda
selber *pron* kendi(si)
selbst **I.** *adj* kendi(si) **II.** *adv* bile, dahi; **~ wenn** -se bile [*o* dahi]; **~ seine Freunde** arkadaşları bile [*o* dahi]; **von ~** kendiliğinden; **das versteht sich von ~** bu kendiliğinden anlaşılıyor; **~ gebacken** kendi eliyle pişir(il)miş; **~ gemacht** kendi eliyle yap(ıl)mış
selbständig *adj* bağımsız; **sich ~ machen** kendini (iktisadi olarak) bağımsız hale getirmek
Selbständigkeit *f* bağımsızlık
Selbstauslöser *m* otomatik deklanşör
Selbstbedienung *f* kendi işini görme, self-servis
Selbstbedienungsladen *m* *müşterinin kendi kendine hizmet ettiği dükkan*
Selbstbefriedigung *f* mastürbasyon
Selbstbeherrschung *f* kendine hakim olma, serinkanlılık
Selbstbestimmung *f* özerklik
Selbstbetrug *m* **das ist ~** bu, kendi kendini aldatmadır
selbstbewusst[RR] *adj* kendini bilen, kendine güvenen, kendinden emin
Selbstkontrolle *f* özdenetim
Selbstkritik *f* özeleştiri
Selbstlaut *m* ünlü
selbstlos *adj* fedakar, özgecil
Selbstmord *m* intihar; **~ begehen** intihar etmek
Selbstmordanschlag *m* intihar saldırısı
Selbstmörder(in) *m(f)* intihar eden
Selbstmordversuch *m* intihar teşebbüsü
Selbstschutz *m* kendi kendini koruma
selbstsicher *adj* kendine güvenen, kendinden emin
selbstständig[RR] *adj* bağımsız; **sich ~ machen** kendini (iktisadi olarak) bağımsız hale getirmek
Selbstständigkeit[RR] *f* bağımsızlık
Selbstsucht *f* bencillik
selbstsüchtig *adj* bencil
selbsttätig *adj* otomatik
Selbsttäuschung *f* kendi kendini aldatma
selbstverständlich **I.** *adj* kendiliğinden anlaşılan, tabii **II.** *adv* elbette
Selbstverständlichkeit *f* kendiliğinden anlaşılma
Selbstvertrauen *nt* (kendine) güven(me)
Selbstverwaltung *f* özerklik, otonomi
Selbstzweck *m* kendine yeten gaye
Seldschuke *m* HIST Selçuk
seldschukisch *adj* HIST Selçuklu
selig *adj* ❶ (*glücklich*) mutlu ❷ (*verstorben*) rahmetli, merhum
Seligkeit *f* sonsuz mutluluk
Sellerie *m* kereviz
selten **I.** *adj* ❶ (*nicht oft*) nadir, seyrek, ender ❷ (*knapp*) kıt **II.** *adv* nadir olarak, nadiren; **nicht ~** oldukça sık
Seltenheit *f* seyreklik, azlık, nadir oluş; (*Rarität*) nadir bulunan şey
Selter(s)wasser *nt* soda, maden suyu
seltsam *adj* garip, tuhaf, acayip
Semester *nt* sömestr, yarıyıl
Semikolon *nt* noktalı virgül
Seminar *nt* ❶ (*Universitäts-*) seminer ❷ (*Lehrer-*) öğretmen okulu ❸ (*Priester-*) papaz okulu ❹ (*islamisch*) imam hatip okulu
Semit(in) *m(f)* Sami
semitisch *adj* Sami
Semmel *f* *küçük beyaz ekmek*
sen. *adj Abk von* **senior** baba
Senat *m* ❶ senato; (*in Berlin, Hamburg, Bremen*) eyalet hükümeti ❷ JUR hakimler heyeti
Senator(in) *m(f)* senatör
senden[1] <sandte *o* sendete, gesandt *o* gesendet> *vt* (*schicken*) göndermek, yollamak (**jdm etw** -e -i)
senden[2] *vt* (*Programm*) yayınlamak (**etw** -i)
Sender *m* ❶ TECH verici ❷ RADIO radyo istasyonu; TV televizyon istasyonu
Sendung *f* ❶ (*Gesandtes*) gönder(il)me, yolla(n)ma ❷ RADIO, TV yayın, program
Senegal *m* Senegal
Senf *m* hardal
sengen *vt* ❶ (*verbrennen*) yakmak (**etw** -i) ❷ (*an der Oberfläche*) alazlamak (**etw** -i)
senior *adj* **Herr X ~** Baba X
Senioren *mpl* yaşlılar *pl*
Senke *f* (arazi) çöküntü(sü)
senken **I.** *vt* ❶ (*Kopf, Blick*) yere eğmek (**etw** -i) ❷ (*Stimme*) yavaşlatmak (**etw** -i)

❸ (*Preise*) indirmek (**etw** -i) **II.** *vr* **sich ~** (*niedriger werden*) inmek, alçalmak; (*einsinken*) çökmek
senkrecht *adj* dikey
Sensation *f* ❶ (*Ereignis*) heyecanlı olay, sansasyon ❷ (*Tagesgespräch*) günün konusu
sensationell *adj* heyecan verici, sansasyonel
Sense *f* tırpan
sensibel *adj* duygulu, duyarlı, hassas
Sensibilität *f* duygululuk, duyarlık
sensitiv *adj* aşırı duygulu
sentimental *adj* duygusal, hissi
Sentimentalität *f* duygusallık
separat *adj* ❶ (*getrennt*) ayrı, ayrılmış ❷ (*gesondert*) özel ❸ (*Eingang*) ayrı
Separatismus *m* ayrılıkçılık, bölücülük
Separatist(in) *m(f)* ayrılıkçı, bölücü
September *m* eylül (ayı)
Sequenz *f* ❶ (*Reihenfolge*) sıra ❷ (*Kartenspiel*) terse, sekans
Serbe, Serbin *m, f* Sırp
Serbien *nt* Sırbistan
Serbin *f* Sırp kadını
serbisch *adj* ❶ (*Sprache*) Sırpça ❷ (*Art*) Sırp ❸ (*Herkunft*) Sırplı
Serenade *f* serenat
Serie *f* sıra, dizi, seri; **etw in ~ produzieren** bir şeyi seri halde üretmek
seriell *adj* **~e Schnittstelle** INFORM seri arabirim
Serienkiller *m* seri katili
serienmäßig *adj* seri halinde
Serienproduktion *f* seri üretimi
seriös *adj* ciddi; (*vertrauenswürdig*) güvenilir
Serum *nt* serum
Server *m* INET sunucu, (web) server
Service¹ *nt* sofra takımı
Service² *m* servis, hizmet
servieren **I.** *vt* sofraya koymak (**etw** -i) **II.** *vi* (sofrada) hizmet etmek
Serviette *f* peçete
Serviettenring *m* peçetelik
Servolenkung *f* hidrolik direksiyon
servus *interj* (*Gruß*) selam; (*beim Abschied*) hoşça kal!
Sessel *m* koltuk
Sessellift *m* telesiyej
Setzei *nt* sahanda yumurta
setzen **I.** *vt* ❶ (*allgemein*) koymak, oturtmak (**etw in/auf etw** -i -e) ❷ (*Text*) dizmek (**etw** -i) **II.** *vr* **sich ~** (*Mensch*) oturmak; (*Vogel*) konmak, tünemek (**auf etw** -e); (*Bodensatz*) çök(el)mek
Setzer(in) *m(f)* dizici
Seuche *f* salgın
seufzen *vt* inlemek, göğüs geçirmek, içini çekmek
Seufzer *m* inilti
Sex *m* seks, cinsellik
Sexismus *m* cinsel ayrımcılık
sexistisch *adj* cinsiyetçi, cinsel ayrımcı
Sexobjekt *nt* cinsel obje
Sexsymbol *nt* seks sembolü
Sexualität *f* seks, cinsellik
sexuell *adj* cinsi, cinsel; **~e Belästigung** cinsel taciz
sexy *adj* seksi
Shampoo *nt* şampuan
Sherry *m* şeri
Shorts *pl* şort *sing*
Show *f* gösteri, şov
Sibirien *nt* Sibirya
sich *pron* ❶ (*sich selbst*) kendini; *dat* kendine ❷ (*einander*) birbirini; *dat* birbirine; **für ~ selbst** kendisi için; **an ~** aslında, esasen
Sichel *f* ❶ (*Gerät*) orak ❷ (*Mond-*) hilal
sicher **I.** *adj* ❶ (*zuverlässig*) emin, güvenilir ❷ (*überzeugt*) emin ❸ (*bestimmt*) kesin ❹ (*fest*) sağlam ❺ (*geborgen*) emniyetli, korunmuş **II.** *adv* ❶ (*gewiss*) muhakkak ❷ (*zweifellos*) şüphesiz ❸ (*wahrscheinlich*) her halde, muhtemelen ❹ (*als Antwort*) elbette; **so ~ wie das Amen in der Kirche** hiç şüphe götürmez
sichergehen *irr vi sein* işini sağlam kazığa bağlamak
Sicherheit *f* ❶ (*allgemein*) emniyet, güvenlik ❷ (*Festigkeit*) sağlamlık ❸ (*Bestimmtheit*) kesinlik ❹ (*Garantie*) garanti, inanca, teminat ❺ (*Pfand*) rehin, depozito; **in ~ bringen** emniyete almak (**etw/jdn** -i)
Sicherheitsabstand *m* (*im Verkehr*) emniyet aralığı
Sicherheitsgurt *m* emniyet kemeri
sicherheitshalber *adv* emin olmak için
Sicherheitskontrolle *f* emniyet kontrolü
Sicherheitskräfte *pl* güvenlik güçleri [*o* kuvvetleri] *pl*
Sicherheitsnadel *f* çengelliiğne
Sicherheitsrat *m* (*der UNO*) Güvenlik Konseyi
Sicherheitsschloss^RR^ *nt* emniyet kilidi
Sicherheitsventil *nt* emniyet supabı

Sicherheitsvorschriften *fpl* güvenlik talimatları *pl*

sicherlich *adv* muhakkak, şüphesiz

sichern *vt* ① (*in Sicherheit bringen*) emniyet altına almak (**etw** -i) ② (*befestigen*) sağlamlaştırmak (**etw** -i) ③ (*gewährleisten*) sağlamak, temin etmek (**etw** -i)

sicherstellen *vt* ① (*beschlagnahmen*) el koymak (**etw** -e) ② (*gewährleisten*) sağlamak (**etw** -i)

Sicherstellung *f* ① (*Beschlagnahme*) haciz ② (*Gewehrteil*) emniyet

Sicherung *f* sigorta

Sicherungsseil *nt* (*Bergsteigen*) emniyet halatı

Sicht *f* ① (*Ausblick*) görünüş, manzara ② (*Möglichkeit, zu sehen*) görüş; **auf kurze/lange ~** kısa/uzun vadede

sichtbar *adj* görünen

sichten *vt* (*durchsehen*) gözden geçirmek (**etw** -i)

sichtlich *adj* belli, aşikar

Sichtvermerk *m* (*im Pass*) pasaport vizesi

Sichtweite *f gözün seçebildiği uzaklık*

sickern *vi sein* sızmak (**in etw** -e)

sie *pron* ① (*weiblich*) o; *akk* onu ② (*Plural*) onlar; *akk* onları ③ (*sie selbst*) kendisi

Sie *pron* (*Höflichkeitsform*) siz; *akk* sizi; **jdn mit ~ anreden** birine siz diye hitap etmek

Sieb *nt* kalbur; (*fein*) süzgeç; (*Sand-*) elek

sieben[1] *num* yedi

sieben[2] *vt* süzmek, elemek (**etw** -i)

siebenfach *adj* yedi kat [*o* misli]

siebenhundert *num* yedi yüz

siebenmal *adv* yedi kere [*o* defa]

Siebenmonatskind *nt vaktinden önce doğan bebek*

siebte(r, s) *adj* yedinci

Siebtel *nt* yedide bir

siebzehn *num* on yedi

siebzig *num* yetmiş; **die ~er Jahre** yetmişli yıllar

sieden <siedete, gesiedet> **I.** *vt* kaynatmak, haşlamak (**etw** -i) **II.** *vi* kaynamak, haşlanmak

Siedepunkt *m* kaynama noktası

Siedler(in) *m(f)* ① (*Neu-*) yeni yerleşen ② (*Kolonist*) sömürgeci

Siedlung *f* yerleşim bölgesi

Sieg *m* zafer, yengi

Siegel *nt* mühür, damga

Siegellack *m* mühür mumu

siegeln *vt* mühürlemek (**etw** -i)

siegen *vi* zafer kazanmak, yenmek (**über jdn** -i)

Sieger(in) *m(f)* yenen, galip

siegreich *adj* yenen, galip gelen

sieht *vi, vt s.* **sehen**

Siesta *f* (*fam*) öğle uykusu

siezen *vt* siz diye hitap etmek (**jdn** -e)

Signal *nt* sinyal, işaret

Silbe *f* hece

Silber *nt* gümüş

silbern *adj* gümüş(ten)

Silberpapier *nt* yaprak kalay

Silhouette *f* siluet

Silicon Valley *nt* Silikon Vadisi

Silikon *nt* silikon

Silo *m o nt* silo, tahıl ambarı

Silvester *m*, **Silvesterabend** *m* yılbaşı gecesi

Simbabwe *nt* Zimbabve

simpel *adj* basit, sade

Sims *m o nt* pervaz; (*Wandbrett*) raf

simsen *vti* TELEK (ceple) mesaj çekmek

Simulation *f* (*Computer~*) simülasyon

simulieren *vi* sahte tavır takınmak

simultan *adj* aynı zamanda olan

Simultanübersetzung *nt* simultane tercüme

Sinfonie *f* senfoni

Sinfonieorchester *nt* filarmonik orkestra

singen <sang, gesungen> *vi* şarkı söylemek; (*Vögel*) ötmek; (*Nachtigall*) şakımak

Single[1] *f(m)* (*unverheiratete Person*) yalnız yaşayan

Single[2] *f* (*Schallplatte*) kısaçalar

Singular *m* tekil

sinken <sank, gesunken> *vi sein* ① (*sich vermindern*) azalmak, eksilmek ② (*sich senken*) inmek, alçalmak ③ (*Sonne, Schiff*) batmak ④ (*Preis*) düşmek, inmek

Sinn *m* ① (*Sinnesempfindung*) duyu ② (*Bedeutung*) anlam ③ (*Gefühl*) duygu ④ (*Verständnis*) anlayış ⑤ (*Verstand*) akıl ⑥ (*Empfänglichkeit*) duyarlık; **im wahrsten ~e des Wortes** kelimenin tam anlamıyla; **etw im ~ haben** aklında bir şey olmak; **weder ~ noch Verstand haben** abuk sabuk olmak; **nicht recht bei ~en sein** aklı başında olmamak; **sie hat ~ für Humor** şakadan anlıyor; **das geht mir nicht aus dem ~** aklımdan çıkmıyor; **aus den Augen, aus dem ~** gözden ırak, gönülden ırak

Sinnbild *nt* sembol, simge
sinnen <sann, gesonnen> *vi* (*nachdenken*) düşünüp taşınmak (**über etw** -i)
Sinnesorgan *nt* duyu organı
Sinnestäuschung *f* yanılsama
sinngemäß *adj* anlamına uygun
sinnlich *adj* ❶ (*körperlich*) bedensel ❷ (*erotisch*) erotik ❸ (*die Sinne betreffend*) duyumsal, duyusal
Sinnlichkeit *f* (*Erotik*) erotizm
sinnlos *adj* ❶ (*ohne Sinn*) anlamsız ❷ (*vergeblich*) boş
sinnvoll *adj* (*vernünftig*) makul, akla yakın
Sintflut *f* tufan
Sinus *m* sinüs
Sippe *f* (*Verwandtschaft*) akrabalık
Sirene *f* (*Alarm-*) canavar düdüğü; (*Polizei-*) siren
Sirup *m* şurup
Sitte *f* ❶ (*Brauch*) örf, töre ❷ (*Anstand*) edep, terbiye ❸ (*fam: Sittenpolizei*) ahlak zabıtası
sittlich *adj* ahlaki, törel
Sittlichkeitsverbrechen *nt* ırza tecavüz
sittsam *adj* edepli, terbiyeli
Situation *f* durum
Sitz *m* ❶ (*Sitzgelegenheit*) oturuş ❷ (*Sitzplatz*) oturacak yer ❸ (*Regierungs-, Bischofs-*) makam
sitzen <saß, gesessen> *vi* ❶ (*auf Stuhl*) oturmak ❷ (*sich befinden*) bulunmak ❸ (*Vogel*) tünemek, konmak ❹ (*Kleid*) (vücuda iyi) oturmak ❺ (*fam: im Gefängnis*) hapis yatmak; **~ bleiben** (*nicht aufstehen*) yerinden kalkmamak; (*in der Schule*) sınıfta kalmak; **~ lassen** (*im Stich lassen*) yarı yolda [*o* ortada] bırakmak; (*Schüler*) sınıfta bırakmak
Sitzgelegenheit *f* oturacak yer
Sitzplatz *m* oturacak yer
Sitzung *f* oturum, toplantı
Sizilien *nt* Sicilya
Skala *f* cetvel
Skalpell *nt* neşter
Skandal *m* rezalet, skandal, kepazelik
skandalös *adj* rezil, skandallı
Skandinavien *nt* İskandinavya
Skandinavier(in) *m(f)* İskandinavyalı
skandinavisch *adj* ❶ (*Art*) İskandinav ❷ (*Sprache*) İskandinavca ❸ (*Herkunft*) İskandinavyalı
Skat *m Alman iskambil oyunu*
Skateboard *nt* kaykay; **~ fahren** kaykayla kaymak
Skateboarder(in) *m(f)* kaykaycı
Skelett *nt* iskelet
Skepsis *f* şüphe
skeptisch *adj* şüpheci
Sketch *m* skeç
Ski *m* kayak; **~ fahren/laufen** kayak kaymak
Skianzug *m* kayak elbisesi
Skiausrüstung *f* kayak takımı
Skibindung *f* kayak bağı
Skibrille *f* kayak gözlüğü
Skifahrer(in) *m(f)* kayakçı
Skigebiet *nt* kayak bölgesi
Skikurs *m* kayak kursu
Skilehrer(in) *m(f)* kayak öğretmeni
Skilift *m* teleski
Skinhead *m* dazlak
Skipiste *f* kayak pisti
Skisport *m* kayak (sporu), kayakçılık
Skistiefel *m* kayak kunduras
Skistock *m* kayak değneği
Skizze *f* taslak, eskiz
skizzieren *vt* ❶ (*darstellen*) taslağını yapmak (**etw** -in); (*grob*) karalamak (**etw** -i) ❷ (*umreißen*) ana hatlarıyla anlatmak (**etw** -i)
S-Klasse *f* (*gesellschaftliche Oberklasse*) zenginler *pl*, üst kesim
Sklave, Sklavin *m*, *f* köle
Sklerose *f* katılaşma, skleroz
Skonto *m o nt* ıskonto, indirim, tenzilat
Skorpion *m* ❶ (*Tier*) akrep ❷ (*Sternzeichen*) Akrep (burcu)
Skrupel *m* ❶ (*Zweifel*) şüphe ❷ (*Gewissensnot*) vicdan azabı
skrupellos *adj* vicdansız, insafsız
Skulptur *f* heykel
Slalom *m* slalom
Slang *m* argo
Slawe, Slawin *m*, *f* Slav, İslav
slawisch *adj* Slav, İslav
Slip *m* don, külot, slip
Slipeinlage *f* orkid®
Slogan *m* slogan
Slowake, Slowakin *m*, *f* Slovak
Slowakei *f* Slovakya
slowakisch *adj* Slovak
Slowenien *nt* Slovenya
Slums *pl* gecekondu semti *sing*
sm *f Abk von* **Seemeile** deniz mili
Smaragd *m* zümrüt
SMS(-Nachricht) *f* (*Handynachricht*) SMS, (kısa) mesaj; **jdm eine ~ schicken** birine

kısa mesaj göndermek [*o* yollamak]

s. o. *vt Abk von* **siehe oben** yukarıya bakınız

so I. *adv* ❶ (*derartig*) böyle, öyle, şöyle; (*Ausmaß, Grad*) bu [*o* şu] kadar ❷ (*in dieser Weise*) böylece, öylece, şöylece ❸ (*geh: also, folglich*) bundan dolayı; ~ **ein(e)** böyle bir; ~ **etwas** böyle bir şey; ~ **sehr,** ~ **viel** öyle; (*Ausmaß, Grad*) o kadar çok; ~ **dass ...** öyle ki, ...; ~ **..., dass** o kadar ... ki; **doppelt** ~ **viel (wie ...)** (-in) iki misli [*o* katı]; ~ **groß wie ...** ... kadar büyük; ~ **weit wie möglich** olabildiği kadar; ~ **ist es!** işte böyle!; **wenn es** ~ **ist** öyleyse, o halde; ~ **oder** ~ mutlaka; ~ **gut wie nichts** hiç denilecek kadar az; **bist du** ~ **weit?** hazır mısın?; **es ist** ~ **weit** tamam; ~ **genannt** denilen; (*angeblich*) sözde **II.** *konj* (*geh*) eğer; ~ **Gott will** inşallah **III.** *interj* ~**?** öyle mi?; ~**,** ~**!** demek öyle!; ~ **was!** böyle şey olmaz!; **ach** ~**!** ah, şimdi anladım!

sobald *konj* -r -mez; ~ **meine Mutter nach Hause kommt** annem eve gelir gelmez

Socke *f* kısa çorap, şoset

Sockel *m* sütun tabanı, temel

Soda *nt o f* soda

sodass[RR] *konj* öyle ki

Sodbrennen *nt* mide yanması [*o* ekşimesi]; **ich habe** ~ midem yanıyor

soeben *adv* demin, biraz önce

Sofa *nt* kanepe

sofern *konj* eğer, şayet

soff *vi, vt s.* **saufen**

sofort *adv* derhal, hemen

Sofortbildkamera *f* polaroid makine

sofortige(r, s) *adj* derhal yapılan, acil

Sofortmaßnahme *f* acil tedbir

Software *f* yazılım, bilgisayar programı

Softwareentwickler(in) *m(f)* yazılım geliştiricisi

Softwarepiraterie *f* yazılım korsanlığı

sog *vi, vt s.* **saugen**

sogar *adv* hatta, bile

sogenannt *adj* denilen; (*angeblich*) sözde

sogleich *adv* derhal, hemen

Sohle *f* ❶ (*Fuß-*) taban ❷ (*Schuh-*) taban, pençe

Sohn *m* oğul, erkek evlat

Sojabohne *f* soya fasulyesi

Sojaöl *nt* soya (fasulyesi) yağı

Sojasoße *f* soya sosu

solange *konj* -diği sürece [*o* müddetçe], -dikçe

Solarenergie *f* güneş enerjisi

Solarium *nt* solaryum tesisatı

solch *pron* böyle, bu gibi

Sold *m* ücret

Soldat(in) *m(f)* asker

Söldner *m* kiralık asker

solidarisch *adj* dayanışık

solidarisieren *vr* **sich** ~ dayanışma göstermek (**mit jdm** -e), dayanışmak (**mit jdm** ile)

Solidarität *f* dayanışma, beraberlik

solide *adj* ❶ (*fest*) sağlam ❷ (*haltbar*) dayanıklı ❸ (*Mensch*) ciddi, ağırbaşlı

Solist(in) *m(f)* solist

Soll *nt* borç; ~ **und Haben** alacak ve verecek

sollen <sollte, gesollt/sollen> *vi* ❶ (*Pflicht*) -meli; **du sollst mehr arbeiten** daha fazla çalışmalısın ❷ (*Befehl, Wunsch*) **er soll kommen** gelsin; **ihr hättet es uns erzählen sollen** bize bunu anlatmalıydınız ❸ (*Möglichkeit, Vermutung*) **falls es regnen sollte** yağmur yağacak olsa; **er soll reich sein** zenginmiş ❹ (*Zweifel*) **was soll ich tun?** ne yapayım?; **was soll ich ihm sagen?** ona ne söyleyeyim; **was soll das heißen?** bu ne demek oluyor?

solo *adv* (*fam*) solo

Solo *nt* solo

Somalia *nt* Somali

somit *adv* böylece

Sommer *m* yaz

Sommerfahrplan *m* yaz tarifesi

Sommerferien *pl* yaz tatili *sing*

Sommerkleid *nt* yazlık elbise

Sommerkurs *m* yaz kursu

sommerlich *adj* yaz gibi

Sommerschlussverkauf *m* yaz sonu satışı

Sommersmog *m* (yazın yaşanan) egzoz gazı kirliliği

Sommersprossen *fpl* çil *sing*

Sommerzeit *f* ❶ (*Sommer*) yaz mevsimi ❷ (*Uhrzeit*) yaz saati

Sonate *f* sonat

Sonde *f* sonda

Sonderangebot *nt* indirimli mal

sonderbar *adj* garip, tuhaf, acayip

Sonderfall *m* müstesna durum

Sondermarke *f* özel pul

sondern I. *konj* bilakis; **nicht nur ...,** ~ **auch ...** sadece [*o* yalnız] ... değil, aynı zamanda ... **II.** *vt* ayırmak (**etw** -i)

Sonderpreis *m* özel fiyat

Sonderschule *f* *özürlü çocuklara mahsus*

okul

Sonderzug *m* özel tren

sondieren *vt* sondalamak (**etw** -i)

Sonett *nt* sone

Sonnabend *m* cumartesi (günü)

Sonne *f* güneş; **in der ~** güneşte; **die ~ scheint** güneş parlıyor

sonnen *vr* **sich ~** güneşlenmek

Sonnenaufgang *m* gün(eş) doğması [*o* doğuşu]

Sonnenbad *nt* güneş banyosu

Sonnenblende *f* parasoley

Sonnenblume *f* ayçiçeği

Sonnenbrand *m* güneş yanığı

Sonnenbrille *f* güneş gözlüğü

Sonnencreme *f* güneş kremi

Sonnendach *nt* güneşlik, tente

Sonnendeck *nt* güneşlenme güvertesi

Sonnenenergie *f* güneş enerjisi

Sonnenfinsternis *f* güneş tutulması

Sonnenhut *m* güneş şapkası

Sonnenkraftwerk *nt* güneş santrali

Sonnenlicht *nt* güneş ışığı

Sonnenöl *nt* güneş yağı

Sonnenplatz *m* güneş tarafı

Sonnenschein *m* güneş ışığı

Sonnenschirm *m* şemsiye

Sonnenschutzmittel *nt* güneş yağı [*o* kremi]

Sonnenstich *m* güneş çarpması [*o* vurması]

Sonnenstrahl *m* güneş ışını

Sonnenuhr *f* güneş saati

Sonnenuntergang *m* gün(eş) batması [*o* batışı], gurup

sonnig *adj* güneşli

Sonntag *m* pazar (günü); **an Sonn- und Feiertagen** pazar ve tatil günlerinde

sonntags *adv* pazar günleri

Sonntagsfahrer *m* (*pej*) kötü sürücü

sonst *adv* ① (*andernfalls*) yoksa, aksi takdirde ② (*außerdem*) (bundan) başka, ayrıca ③ (*gewöhnlich*) alışıldığı üzere; **wer ~?** başka kim?; **~ niemand** başka hiç kimse; **~ noch etwas?** başka bir şey de var mı?; **~ wo** başka bir yerde

sonstige *adj* başka, diğer

sonstwoALT *adv s.* **sonst**

sooft *konj* -dikçe

Sopran *m* soprano

Sopranistin *f* soprano

Sorge *f* ① (*Kummer*) üzüntü, keder, dert ② (*Besorgnis*) endişe, kaygı, merak; **jdm ~ bereiten** birine üzüntü vermek; **sich ~n machen** kaygılanmak, meraklanmak, merak etmek; **lass das meine ~ sein!** merak etme, o işe ben bakarım

sorgen **I.** *vi* bakmak (**für jdn/etw** -e) **II.** *vr* **sich ~** kaygılanmak, endişelenmek (**um jdn/etw** için)

Sorgfalt *f* özen, itina, ihtimam

sorgfältig *adj* ① (*Arbeit*) pürüzsüz ② (*Person*) özenli, itinalı, dikkatli ③ (*peinlich genau*) titiz

sorglos *adj* ① (*sorgenfrei*) kedersiz ② (*ohne Sorgfalt*) dikkatsiz

Sorglosigkeit *f* ① (*Freiheit von Sorgen*) kedersizlik ② (*fehlende Sorgfalt*) dikkatsizlik

Sorte *f* ① (*Art*) cins, tür, çeşit ② (*Zigaretten*) marka

sortieren *vt* çeşitlere göre ayırmak; (*ordnen*) düzenlemek (**etw** -i)

Sortiment *nt* mal çeşitleri *pl*

sosehr (auch) *konj* her ne kadar ... (ise de)

Soße *f* sos, salça

soufflieren *vi* suflörlük yapmak

Soundkarte *f* ses kartı

Souvenir *nt* suvenir

soviel *konj,* **soweit** *konj* -diği kadarıyla; **~ ich weiß** bildiğim kadarıyla

sowie *konj* ① (*und auch*) hem de ② (*sobald*) -r -mez

sowieso *adv* zaten

sowjetisch *adj* (*hist*) Sovyet

Sowjetunion *f* (*hist*) Sovyetler Birliği

sowohl *konj* **~ ... als auch ...** hem ... hem (de) ...

sozial *adj* sosyal, toplumsal

Sozialabgaben *fpl* sosyal vergiler *pl*

Sozialarbeit *f* sosyal hizmet

Sozialdemokrat(in) *m(f)* sosyaldemokrat

sozialdemokratisch *adj* sosyaldemokrat

Sozialfürsorge *f* sosyal yardım

Sozialhilfe *f* sosyal yardım

Sozialismus *m* sosyalizm

Sozialist(in) *m(f)* sosyalist

sozialistisch *adj* sosyalist

Sozialkunde *f* (*in Deutschland*) sosyal bilgiler; (*in der Türkei*) yurttaşlık bilgileri

Sozialleistungen *fpl* sosyal hizmetler *pl*

Sozialpartner *mpl* sosyal ortaklar *pl*

Sozialpolitik *f* sosyal politika

Sozialprodukt *nt* milli gelir

Sozialversicherung *f* sosyal sigorta

Sozialwohnung *f* sosyal konut

Soziologe, Soziologin *m, f* sosyolog, toplumbilimci

Soziologie *f* sosyoloji, toplumbilim

soziologisch *adj* sosyolojik, toplumbilimsel

sozioökonomisch *adj* sosyoekonomik

sozusagen *adv* adeta

Spaceshuttle *f* uzay mekiği, mekik

Spachtel *m* ① (*des Malers od. Apothekers*) mablak ② (*des Anstreichers*) macun malası

Spagetti^{RR} *pl*, **Spaghetti** *pl* ince makarna *sing*, spageti *sing*

Spalier *nt* (*Gitterwand*) ispalya; **~ stehen** (yolun iki tarafında) safa dizilmek

Spalt *m* ① (*Riss*) yarık, çatlak ② (*Öffnung*) aralık, açıklık ③ (*Schlitz*) yarık

Spalte *f* (*Zeitung, Buch*) sütun, kolon

spalten <gespaltet/gespalten> **I.** *vt* ① (*teilen*) bölmek, (ikiye) ayırmak (**etw** -i) ② (*Atom*) bölmek (**etw** -i) **II.** *vr* **sich ~** bölünmek, (ikiye) ayırmak

Spaltung *f* ① (*auch Atom-*) bölünme ② (*Zerwürfnis*) anlaşmazlık, ayrılık ③ POL birliğin bozulması

Spam-Mail, Spammail *nt* INET spam posta

Span *m* yonga, talaş

Spanferkel *nt henüz süt emen domuz yavrusu*

Spange *f* ① (*Schnalle*) toka ② (*Haar-*) saç tokası

Spanien *nt* İspanya

Spanier(in) *m(f)* İspanyol

spanisch *adj* ① (*Art*) İspanyol ② (*Sprache*) İspanyolca ③ (*Herkunft*) İspanyalı, İspanyol; **~e Wand** paravana; **das kommt mir ~ vor** bu bana biraz şüpheli görünüyor

spann *vi, vt s.* **spinnen**

Spann *m* ağım

Spanne *f* ① (*Zeit-*) (kısa) süre ② (*Handels-*) kar marjı

spannen *vt* ① (*dehnen*) germek (**etw** -i) ② (*Feder*) kurmak (**etw** -i); **auf etw gespannt sein** bir şeyi merak etmek, bir şeyi sabırsızlıkla beklemek

spannend *adj* heyecanlı

Spanner *m* (*pej fam: Voyeur*) röntgenci, dikizci

Spannung *f* ① (*allgemein*) gerginlik ② (*gespannte Neugier*) merak ③ (*Konflikt*) gerginlik ④ (*Unruhe*) gerilim ⑤ (*Film*) heyecan ⑥ (*elektrische*) gerilim, voltaj

spannungsgeladen *adj*, **spannungsreich** *adj* gerilim dolu

Spannweite *f* ① (*Flügel-*) *kanat uçları arasındaki mesafe* ② (*fig*) ilgi sahası

Sparbuch *nt* tasarruf cüzdanı

Sparbüchse *f* kumbara

sparen **I.** *vt* ① (*Geld*) biriktirmek, artırmak (**etw** -i) ② (*Zeit*) kazanmak (**etw** -i) **II.** *vi* para biriktirmek

Sparer(in) *m(f)* para biriktiren

Spargel *m* kuşkonmaz

Spargelsuppe *f* kuşkonmaz çorbası

Sparkasse *f* tasarruf sandığı, tutum bankası

Sparkonto *nt* tasarruf hesabı

spärlich *adj* seyrek, tek tük

Sparmaßnahme *f* tasarruf tedbiri

sparsam *adj* tutumlu, idareli, ekonomik

Sparsamkeit *f* tutumluk, tasarruf, idare

Sparte *f* bölüm, dal

Sparvertrag *m* tasarruf akdi

Spaß *m* ① (*Vergnügen*) eğlence ② (*Scherz*) şaka; (*grober ~*) muziplik; **viel ~!** iyi eğlenceler!; **~ beiseite** şaka bir yana; **aus** [*o* **zum**] **~** şakadan, yalancıktan; **~ machen** zevk vermek (**jdm** -e); (*scherzen*) şaka etmek; **~ verstehen** şaka kaldırmak; **jdm den ~ verderben** birinin neşesini bozmak

spaßen *vi* şaka etmek

spaßeshalber *adv* şakadan

spaßig *adj* eğlenceli, güldürücü

Spaßmacher *m* şakacı, muzip; (*Clown*) şaklaban, soytarı

Spaßvogel *m* şakacı, muzip

spät **I.** *adj* geç; **zu ~er Stunde** geç vakit; **im ~en Sommer** yaz sonunda **II.** *adv* geç; **wie ~ ist es?** saat kaç?; **es wird ~** geç oluyor; **fünf Minuten zu ~ kommen** beş dakika gecikmek [*o* geç kalmak]

später *adv* (daha) sonra, sonradan; **bis ~!** sonra görüşmek üzere!

spätere(r, s) *adj* sonraki

spätestens *adv* en geç

Spatz *m* serçe

spazieren *vi* **~ fahren** taşıtla dolaşmak; **~ gehen** dolaşmak, gezinmek, gezmek

Spazierfahrt *f* taşıtla gezme

Spaziergang *m* (yaya) gezinti

Spaziergänger(in) *m(f)* (yaya) dolaşan

Spazierstock *m* baston

SPD *f Abk von* **Sozialdemokratische Partei Deutschlands** Almanya Sosyal Demokrat Partisi

Specht *m* ağaçkakan

Speck *m* ① *deri ile et arasındaki yağ tabakası* ② (*Schweine-*) domuz yağı

Spediteur(in) *m(f)* nakliyeci, taşımacı
Speditionsfirma *f* nakliyat [*o* taşıma] firması
Speer *m* kargı; SPORT cirit
Speerwerfen *nt* cirit atma
Speiche *f* ❶ (*Rad-*) tekerlek parmağı ❷ ANAT önkol kemiği
Speichel *m* tükürük, salya
Speichellecker(in) *m(f)* (*pej*) çanak yalayıcı, dalkavuk
Speicher *m* ❶ (*Dachboden*) tavan arası ❷ (*Lagerraum*) depo, ardiye, ambar ❸ (*eines Computers*) bellek
Speicherkapazität *f* INFORM bellek kapasitesi
speichern *vt* ❶ (*lagern*) biriktirmek, yığmak (**etw** -i) ❷ (*Daten*) saklamak, belleğe geçirmek, kaydetmek, yüklemek (**etw** -i)
speien <spie, gespie(e)n> *vi, vt* ❶ (*geh: spucken*) tükürmek ❷ (*erbrechen*) kusmak
Speise *f* ❶ (*Gericht*) yemek ❷ (*geh: Nahrung*) gıda, besin
Speiseeis *nt* dondurma
Speisekammer *f* kiler
Speisekarte *f* yemek listesi
speisen *vi* (*geh*) yemek yemek
Speiseröhre *f* yemek borusu
Speisesaal *m* yemek salonu
Speisewagen *m* yemekli [*o* lokantalı] vagon
Spektrum *nt* ❶ PHYS tayf ❷ (*Vielfalt*) çeşitlilik
Spekulant(in) *m(f)* spekülasyoncu, spekülatör
Spekulation *f* spekülasyon
spekulieren *vi* spekülasyon yapmak
Spende *f* bağış(lama); (*Almosen*) sadaka
spenden *vi, vt* bağışlamak (**etw für etw** -i -e)
Spender(in) *m(f)* bağışçı
spendieren *vt* ikram [*o* hediye] etmek (**jdm etw** -e -i)
Sperling *m* serçe
Sperma *nt* sperma, meni, bel suyu
Sperre *f* ❶ (*Schranke*) bariyer ❷ (*Straßen-*) barikat ❸ (*Strom-*) elektrik kısıntısı ❹ (*Handels-*) ambargo
sperren **I.** *vt* ❶ (*schließen*) kapamak, kilitlemek (**etw** -i) ❷ (*versperren*) tıkamak (**etw** -i) ❸ (*Gas, Wasser, Strom*) kesmek (**etw** -i) ❹ (*Konto, Kredit*) dondurmak (**etw** -i) **II.** *vr* **sich gegen etw ~** bir şeye karşı direnmek
Sperrgebiet *nt* yasak bölge
Sperrgut *nt* havaleli eşya
Sperrholz *nt* kaplama tahta
sperrig *adj* havaleli
Sperrung *f* kapa(n)ma
Spesen *pl* masraf(lar)
spezialisieren *vr* **sich ~** uzmanlaşmak (**auf etw** -de)
Spezialist(in) *m(f)* uzman
Spezialität *f* özellik
speziell *adj* özel
spezifisch *adj* özgül, bağıl
spicken **I.** *vt* ❶ (*mit Speck*) domuzyağı parçaları sokmak (**etw** -e) ❷ (*ausstatten*) donatmak (**etw mit etw** -i ile) **II.** *vi* (*Schule*) kopya çekmek
Spickzettel *m* (*Schule*) *üstüne kopya yazılan kâğıt*
spie *vi, vt s.* **speien**
Spiegel *m* ayna
Spiegelei *nt* sahanda yumurta
spiegeln **I.** *vt* yansıtmak (**etw** -i) **II.** *vr* **sich ~** yansımak (**in etw** -e)
Spiegelteleskop *nt* yansıtıcı teleskop
Spiel *nt* ❶ oyun; (*Sport auch*) maç ❷ (*Partie*) oyun, parti ❸ (*Spielkarten*) iskambil [*o* oyun] kâğıdı; **etw aufs ~ setzen** bir şeyi tehlikeye sokmak; **auf dem ~ stehen** tehlikede olmak
Spielautomat *m* oyun otomatı
Spielbank *f* kumarhane
spielen **I.** *vi* ❶ (*allgemein*) oynamak ❷ (*so tun als ob*) taslamak ❸ (*stattfinden*) olmak, vukubulmak; **mit dem Gedanken ~, zu ...** fikrini aklından geçirmek; **mit jdm ~** biri ile oynamak; **um etw ~** bir şeyine oynamak **II.** *vt* ❶ THEAT oynamak (**etw** -i) ❷ (*Instrument*) çalmak (**etw** -i); **eine Rolle ~** rol oynamak; **den Kranken ~** hastayı oynamak
spielend *adv* (*fig: mit Leichtigkeit*) kolaylıkla; **es ist ~ leicht** çocuk oyuncağı gibi kolay
Spieler(in) *m(f)* oyuncu
Spielerei *f* (*nicht ernst genommene Sache*) ciddiye alınmayan iş
Spielfeld *nt* oyun sahası
Spielfilm *m* (uzun metrajlı) film
Spielkamerad(in) *m(f)* oyun arkadaşı
Spielkarte *f* iskambil [*o* oyun] kâğıdı
Spielkonsole *f* oyun konsolu
Spielmarke *f* fiş, jeton, marka
Spielplan *m* repertuvar
Spielplatz *m* çocuk bahçesi
Spielraum *m* ❶ TECH *makine parçaları arasındaki boşluk* ❷ (*Bewegungsfreiheit*) hareket serbestliği
Spielregel *f* oyun kuralı
Spielsachen *fpl* oyuncaklar *pl*
Spielstand *m* skor

Spielverderber(in) *m(f)* oyunbozan

Spielwarengeschäft *nt* oyuncakçı dükkanı

Spielzeug *nt* oyuncak

Spieß *m* ① (*Lanze*) mızrak ② (*Speer*) kargı ③ (*Brat-*) (kebap) şiş(i); **am ~** kebap

Spießbürger(in) *m(f)* (*pej*) darkafalı adam [*o* kadın]

spießig *adj* darkafalı

Spießigkeit *f* dar kafalılık

Spinat *m* ıspanak

Spinne *f* örümcek

spinnen <spann, gesponnen> **I.** *vt* (*Gewebe*) eğirmek, bükmek (**etw** -i) **II.** *vi* ① (*fam: Unsinn reden*) saçmalamak ② (*verrückt sein*) kaçık olmak

Spinnennetz *nt* örümcek ağı

Spinner(in) *m(f)* (*pej: Verrückter*) kaçık

Spinnerei *f* ① (*Fabrik*) iplik fabrikası ② (*fam: Quatsch*) saçmalama, zırvalama

Spinnrad *nt* çıkrık

Spion(in) *m(f)* casus, ajan

Spionage *f* casusluk

spionieren *vi* casusluk etmek

Spirale *f* helezon

Spiritismus *m* ispritizma

Spirituosen *pl* alkollü [*o* sert] içkiler *pl*

Spiritus *m* (*Brenn-*) ispirto

Spirituskocher *m* ispirto ocağı, ispirtoluk

spitz *adj* ① sivri ② (*Winkel*) dar ③ (*Worte*) iğneli

Spitzbart *m* sivrisakal, keçisakal

spitze *adj* (*fam*) harika, birinci sınıf; **das neue Auto ist ~!** (*fam*) yeni araba harika!

Spitze *f* ① (*spitzes Ende*) (sivri) uç ② (*Berg-, Baum-*) tepe ③ (*Zigaretten-*) ağızlık ④ (*Führungs-*) baş ⑤ (*Gewebe*) dantel(a); (*Häkel-*) oya; **an der ~ liegen** başta gelmek; **etw auf die ~ treiben** bir şeyi ifrata vardırmak

Spitzel *m* hafiye, ajan, ispiyon

spitzen *vt* ① (*an-*) sivriltmek (**etw** -i) ② (*Bleistift*) yontmak (**etw** -i); **die Ohren ~** kulak kabartmak

Spitzengeschwindigkeit *f* en yüksek hız, azami sürat

Spitzenleistung *f* ① en yüksek randıman ② SPORT rekor

Spitzenreiter *m* ① (*allgemein*) başta gelen ② SPORT lig lider

Spitzenverkehr *m* en işlek saatlerdeki trafik

spitzfindig *adj* kılı kırk yaran

Spitzname *m* takma ad, lakap

Splitt *m* taş kırıntısı

Splitter *m* ① (*Holz-*) kıymık, çöp ② (*Granat-*) mermi parçası ③ (*Bruchstück*) kırıntı

Splitterbombe *f* parça tesirli bomba

splittern *vi sein* parçalanmak

splitternackt *adj* (*fam*) anadan doğma, çır(ıl)çıplak

Sponsor(in) *m(f)* sponsor

Sponsoring *nt* sponsorluk

spontan *adj* kendiliğinden olan

sporadisch *adj* tek tük, dağınık

Sport *m* spor

Sportanlage *f* spor tesisi

Sportartikel *mpl* spor eşyası *sing*

Sportflugzeug *nt* spor uçağı

Sportgeschäft *nt* spor mağazası

Sporthalle *f* spor salonu

Sporthemd *nt* spor gömleği

Sportlehrer(in) *m(f)* spor öğretmeni

Sportler(in) *m(f)* sporcu, sportmen

sportlich *adj* ① (*Angelegenheit*) sportif ② (*Person*) sporsever

Sportplatz *m* spor sahası

Sportverein *m* spor kulübü

Sportwagen *m* spor otomobili [*o* arabası]

Spott *m* alay

spottbillig *adj* (*fam*) sudan ucuz

spotten *vi* alay etmek (**über jdn/etw** ile)

Spottname *m* alaylı takma ad

Spottpreis *m* çok ucuz fiyat

sprach *vi, vt s.* **sprechen**

sprachbegabt *adj* **~ sein** lisan yeteneği olmak

Sprache *f* ① dil, lisan ② (*Ausdrucksweise*) konuşma (biçimi); **etw zur ~ bringen** bir şeyi dile getirmek; **zur ~ kommen** konu edilmek, görüşülmek

Sprachenschule *f* dil okulu

Sprachfehler *m* dil arızası

Sprachführer *m* dil rehberi

Sprachkenntnisse *pl* lisan bilgisi *sing*

Sprachkurs *m* dil kursu

Sprachlabor *nt* dil laboratuvarı

Sprachlehrer(in) *m(f)* dil [*o* lisan] öğretmeni

sprachlich *adj* dille ilgili, dilsel

sprachlos *adj* dilsiz

Sprachwissenschaft *f* dilbilim

sprang *vi s.* **springen**

Spray *nt* sprey

Sprechanlage *f* otomatik konuşma tesisatı

Sprechblase *f* konuşma balonu

sprechen <spricht, sprach, gesprochen> **I.** *vi* ① (*reden*) konuşmak (**von/über jdn/**

etw -den) ② (*plaudern*) sohbet etmek, söyleşmek (**mit jdm** ile) ③ (*Unterredung*) görüşmek (**mit jdm** ile); **für/gegen jdn ~** birinin lehinde/aleyhinde konuşmak; **auf etw zu ~ kommen** bir şeye değinmek **II.** *vt* ① (*sagen*) söylemek (**etw** -i) ② (*aussprechen*) telaffuz etmek (**etw** -i); **für niemanden zu ~ sein** hiç kimseyle görüşmek istememek; **kann ich Sie kurz ~?** sizinle biraz görüşebilir miyim?

Sprecher(in) *m(f)* ① (*Wortführer*) sözcü ② (*Nachrichten-*) spiker

Sprechstunde *f* ① (*allgemein*) kabul saati ② (*beim Arzt*) muayene saati

Sprechstundenhilfe *f* doktor yardımcısı

Sprechzeit *f* (*beim Arzt*) muayene saati

Sprechzimmer *nt* konuşma odası; (*beim Arzt*) muayenehane

spreizen *vt* (*Beine, Finger*) ayırmak (**etw** -i)

sprengen *vt* ① (*Schloss, Tür*) zorla açmak, kırmak (**etw** -i) ② (*bewässern*) sulamak (**etw** -i); **in die Luft ~** havaya uçurmak (**etw** -i); **Wasser auf etw ~** bir şeye su serpmek

Sprengkopf *m* başlık

Sprengkraft *f* patlama gücü

Sprengstoff *m* patlayıcı madde

Sprengung *f* ① (*durch Sprengstoff*) havaya uçurma ② (*mit Wasser*) sulama

spricht *vi, vt s.* **sprechen**

Sprichwort *nt* atasözü

sprichwörtlich *adj* atasözü halinde

sprießen <spross, gesprossen> *vi sein* (*geh*) filiz sürmek, filizlenmek

Springbrunnen *m* fıskiye

springen <sprang, gesprungen> *vi sein* ① (*Mensch, Tier*) atlamak, sıçramak ② (*auf-*) fırlamak ③ (*hervorschießen*) fışkırmak ④ (*zerbrechen*) çatlamak

springend *adj* **der ~e Punkt** (*fig*) püf noktası

Springer *m* (*Schach*) at

Sprinter(in) *m(f)* kısa mesafe koşucusu

Sprit *m* (*fam*) benzin

Spritze *f* iğne, şırınga; **jdm eine ~ geben** birine iğne yapmak

spritzen I. *vt* ① (*Wasser*) serpmek, sıkmak (**etw auf etw** -i -e) ② MED iğne yapmak (**jdn** -e) ③ (*Rasen*) sulamak (**etw** -i) **II.** *vi* ① (*Wasser*) sıçramak ② (*hervor-*) fışkırmak ③ (*Schreibfeder*) mürekkep sıçratmak

spritzig *adj* (*gewitzt*) esprili, nükteli

spröde *adj* ① (*brüchig*) çabuk kırılır ② (*Haut*) çatlak ③ (*Person*) çekingen, ürkek

spross[RR], **sproß**[ALT] *vi s.* **sprießen**

Spross[RR] *m*, **Sproß**[ALT] *m* ① (*Trieb*) filiz, sürgün ② (*junge Pflanze*) fidan

Sprosse *f* (*einer Leiter*) basamak

Sprossenwand *f* yatay parmaklık

Sprössling[RR] *m*, **Sprößling**[ALT] *m* ① (*Spross*) filiz, sürgün, fidan ② (*fam: Sohn*) oğul, çocuk

Sprotte *f* çaçabalığı; (*getrocknete*) çiroz

Spruch *m* ① (*Aus-*) vecize, özdeyiş ② (*Urteils-*) hüküm, yargı

Sprudel *m* maden suyu

sprudeln *vi* ① (*plätschern*) şarıldamak ② (*aufwallen*) kaynamak ③ (*hervor-*) fışkırmak

sprühen I. *vt* püşkürtmek (**etw** -i) **II.** *vi* (*Funken*) püşkürmek, saçılmak

Sprühregen *m* yağmur serpintisi, çisenti

Sprung *m* ① (*das Springen*) atlayış, atlama ② (*plötzlicher*) fırlayış ③ (*Satz*) sıçrayış, hamle ④ (*im Glas*) çatlak

Sprungbrett *nt* ① SPORT tramplen ② (*fig: zum Erfolg*) basamak

sprunghaft *adj* ① (*unausgeglichen*) dengesiz ② (*plötzlich*) ani

Sprungschanze *f* atlama tepesi

Spucke *f* tükürük

spucken *vi, vt* ① (*aus-*) tükürmek (**etw** -i) ② (*sich erbrechen*) kusmak

spuken *vi* **hier/dort spukt es** burası/orası tekin değil

Spülbecken *nt* delikli taş

Spule *f* makara, bobin

spülen *vt* ① (*Wäsche, Gläser, Mund*) çalkalamak (**etw** -i) ② (*Geschirr*) bulaşık yıkamak

Spüllappen *m* bulaşık bezi

Spülmaschine *f* bulaşık yıkama makinesi

Spülmittel *nt* bulaşık deterjanı

Spur *f* ① (*Fährte*) iz ② (*fig: verbliebenes Zeichen*) iz, eser ③ (*Merkmal*) belirti, alamet ④ (*kleine Menge*) nebze, zerre ⑤ (*Tonband*) şerit halinde ses kaydı; (*markierte Fahrbahn*) şerit

spürbar *adj* hissedilir, sezilir

spüren *vt* hissetmek, duymak, sezmek (**etw** -i)

spurlos *adv* **~ verschwunden** yer yarılıp içine girmiş

Spürsinn *m* sezgi

Spurt *m bir yarışın sonunda kuvvet katımı*

Spurweite *f* hat genişliği

Squash *nt* skoş
St. *m Abk von* **Sankt** Aziz
St. *nt Abk von* **Stück** tane
Staat *m* devlet
staatenlos *adj* vatansız, uyruksuz
staatlich *adj* ❶ (*vom Staat*) devletle ilgili ❷ (*offiziell*) resmi ❸ (*national*) milli, ulusal
Staatsangehörige(r) *f(m)* vatandaş, yurttaş, uyruk
Staatsangehörigkeit *f* vatandaşlık, yurttaşlık, uyrukluk
Staatsanwalt, Staatsanwältin *m, f* savcı
Staatsexamen *nt* devlet sınavı
Staatsfernsehen *nt* devlet televizyonu
Staatshaushalt *m* devlet bütçesi
Staatsmacht *f* devlet iktidarı
Staatsmann *m* devlet adamı
Staatsoberhaupt *nt* devlet başkanı
Staatssicherheitsgericht *nt* (*in der Türkei*) Devlet Güvenlik Mahkemesi, DGM
Staatsverschuldung *f* devlet borcu
Stab *m* ❶ (*Stange*) değnek, sopa ❷ SPORT sırık ❸ (*General-*) (genel) kurmay ❹ (*Stabsquartier*) karargah ❺ (*Führungsgruppe*) önderler *pl*
Stäbchen *nt* çubuk, çomak; (*Ess-*) çubuk
Stabhochsprung *m* sırıkla yüksek atlama
stabil *adj* ❶ (*fest*) sağlam ❷ (*widerstandsfähig*) dayanıklı ❸ (*dauerhaft*) sürekli
stabilisieren *vt* sağlamlaştırmak, yerleştirmek (**etw** -i)
stach *vi, vt s.* **stechen**
Stachel *m* diken; (*Biene*) iğne
Stachelbeere *f* bektaşiüzümü
Stacheldraht *m* dikenli tel
Stachelschwein *nt* oklukirpi
Stadion *nt* stadyum, stat
Stadium *nt* evre, safha
Stadt *f* şehir, kent
Stadtbus *m* belediye otobüsü
Städtebau *m* şehircilik
Städtepartnerschaft *f* kardeş şehirlik
städtisch *adj* ❶ (*von der Stadt*) kentsel, şehre ait ❷ (*kommunal*) belediyeye ait, beledi
Stadtkern *m* şehrin iç kısmı
Stadtmauer *f* sur
Stadtmitte *f* şehir merkezi
Stadtplan *m* şehir haritası
Stadtrundfahrt *f* şehir turu
Stadtteil *m* semt, mahalle
Staffel *f* ❶ MIL bölük ❷ SPORT bayrak yarışı takımı
Staffelei *f* ressam sehpası
Staffellauf *m* bayrak yarışı
staffeln *vt* derecelere ayırmak (**etw** -i)
Stagnation *f* ❶ durgunluk ❷ ECON kesatlık
stagnieren *vi* ❶ (*stillstehen*) durmak, durgunlaşmak ❷ ECON kesat gitmek
stahl *vi, vt s.* **stehlen**
Stahl *m* çelik
Stahlwerk *nt* çelik fabrikası
Stall *m* ahır; (*Hühner-*) kümes
Stamm *m* ❶ (*Baum-*) (ağaç) gövde(si) ❷ (*Geschlecht, Familie*) soy, aile ❸ (*Volks-*) kabile, aşiret, boy
Stammbaum *m* şecere, soyağacı
Stammbuch *nt* (*Familien~*) aile albümü
stammen *vi* ❶ (*herrühren*) çıkmak, gelmek (**aus/von** -den); (*Abstammung*) -in soyundan gelmek ❷ (*örtlich*) -li olmak; **seine Mutter stammt aus Hamburg** annesi Hamburgludur ❸ (*zeitlich*) -in zamanından olmak
Stammgast *m* devamlı müşteri
Stammhalter *m* ilk erkek evlat
stämmig *adj* ❶ (*Baum*) kalın gövdeli ❷ (*stark*) kuvvetli ❸ (*untersetzt*) tıknaz
Stammkunde, Stammkundin *m, f* devamlı müşteri
Stammkundschaft *f* devamlı müşteriler *pl*
Stammlokal *nt birinin her zaman gittiği lokanta veya meyhane*
Stammplatz *m birinin her zaman oturduğu yer*
Stammtisch *m devamlı müşterilere ayrılan masa*
Stammzelle *f* BIOL kök hücre
stampfen **I.** *vt* (*Kartoffel*) ezmek (**etw** -i) **II.** *vi* (*mit den Füßen*) tepinmek
stand *vi s.* **stehen**
Stand *m* ❶ (*Stehen*) ayakta durma ❷ (*Zustand*) durum, vaziyet, hal ❸ SPORT (~ *des Spiels*) (maç) durum(u) ❹ (*Verkaufs-*) satış yeri, tezgah ❺ (*Messe-*) stant; **im ~e sein, etw zu tun** bir şeyi yapabilecek durumda olmak; **etw in ~ halten** bir şeyin bakımını yapmak; **etw auf den neuesten ~ bringen** bir şeyi en yeni duruma getirmek; **einen schweren ~ haben** söz geçirmede güçlük çekmek
Standard *m* standart
Standby-Dauer *f* standby süresi
Ständchen *nt* serenat
Ständer *m* sehpa

Standesamt *nt* nüfus dairesi

standesamtlich *adj* **~e Trauung** medeni nikah

standfest *adj* sabit, durağan

Standgericht *nt* harp divanı

standhaft *adj* ① (*widerstandsfähig*) dayanıklı ② (*unerschütterlich*) sarsılmaz

Standhaftigkeit *f* dayanıklılık, sarsılmazlık

standhalten *irr vi* dayanmak, karşı koymak (**einer Sache** -e)

ständig **I.** *adj* devamlı, sürekli; **~er Vertreter** POL daimi temsilci **II.** *adv* daima, durmadan

Standlicht *nt* park ışığı

Standort *m* ① (*Ort*) *birinin/bir şeyin bulunduğu yer* ② MIL garnizon

Standpunkt *m* görüş (açısı), bakım

Stange *f* ① (*Holz-*) sırık ② (*Stab*) değnek, çubuk; (*Metall-*) demir çubuk ③ (*Pfahl*) kazık, direk; **eine ~ Zigaretten** bir karton sigara; **Anzug von der ~** hazır elbise; **eine ~ Geld kosten** pahalıya oturmak

Stängel[RR] *m* (*einer Pflanze*) sap

stank *vi s.* **stinken**

stänkern *vi* (*Streit anfangen*) kavga çıkarmak

Stanniol *nt* yaprak kalay

Stapel *m* yığın, istif

Stapellauf *m* (*eines Schiffes*) kızaktan in(diril)me

stapeln *vt* yığmak, istif etmek (**etw** -i)

Star[1] *m* (*Vogel*) sığırcık kuşu

Star[2] *m* (*Augenkrankheit*) katarakt

Star[3] *m* (*Film-*) yıldız

starb *vi s.* **sterben**

stark <stärker, am stärksten> **I.** *adj* ① (*kräftig*) kuvvetli, güçlü ② (*mächtig*) kudretli ③ (*dick*) kalın ④ (*intensiv*) şiddetli, yoğun ⑤ (*beträchtlich*) büyük, dikkate değer ⑥ (*Tabak, Alkohol*) sert ⑦ (*Motor*) güçlü; **das ist ein ~es Stück** bu kadarı da fazla **II.** *adv* (*sehr*) çok, pek, fazla

Stärke *f* ① (*Kraft*) kuvvet, güç, kudret ② (*Intensität*) şiddet, yoğunluk ③ (*Dicke*) kalınlık ④ (*Motor*) güç ⑤ (*Stärkemehl, Wäsche-*) kola ⑥ (*fig: starke Seite*) kuvvetli taraf; **ein Erdbeben der ~ 6,5** 6.5 şiddetindeki bir deprem

stärken *vt* ① (*allgemein*) kuvvetlendirmek, güçlendirmek (**etw/jdn** -i) ② (*seelisch*) canlandırmak (**jdn** -i) ③ (*Wäsche*) kolalamak (**etw** -i)

Starkstrom *m* yüksek gerilimli [*o* voltajlı] akım

Stärkungsmittel *nt* kuvvet ilacı

starr *adj* ① (*unbeweglich*) hareketsiz ② (*unbeugsam*) eğilmez, bükülmez ③ (*steif*) katı, sert ④ (*vor Kälte*) donmuş ⑤ (*Blick*) durgun, cam gibi

starren *vi* dik dik bakmak (**auf jdn/etw** -e)

Starrkopf *m* inatçı, dik başlı

starrköpfig *adj* inatçı, dik başlı

Starrköpfigkeit *f* inat, inatçılık

starrsinnig *adj* dik kafalı [*o* başlı]

Start *m* ① (*Beginn*) başlangıç ② SPORT start ③ (*Abflug*) havalanma ④ (*Abfahrt*) kalkış, hareket, yola çıkma

Startbahn *f* uçuş pisti

startbereit *adj* ① (*Fahrzeug*) harekete hazır ② (*Flugzeug*) havalanmaya hazır

starten *vi sein* ① (*beginnen*) başlamak ② (*Fahrzeug*) hareket etmek ③ (*Flugzeug*) havalanmak

Starter *m* marş (düğmesi)

Starthilfekabel *nt* yardım kablosu

Startrampe *f* havalanma rampası

Startschuss[RR] *m yarış başlangıcını bildiren silah sesi*

Star Wars *pl* (*a. fig*) Yıldız Savaşları *pl*

Station *f* ① (*Haltestelle*) istasyon, durak ② (*Krankenhaus*) koğuş

stationär *adj* **~e Behandlung** hastanede tedavi

stationieren *vt* (*Truppen*) yerleştirmek (**jdn in etw** -i -e)

Statist(in) *m(f)* figüran

Statistik *f* istatistik

statistisch *adj* istatistiksel, sayısal

statt *präp +gen* -in yerine

stattdessen[RR] *adv* bunun [*o* onun] yerine

stattfinden *irr vi* olmak, vukubulmak

statthaft *adj* yasal, meşru

stattlich *adj* ① (*gut aussehend*) gösterişli ② (*Mann*) yakışıklı

Statue *f* heykel

Statur *f* boy (bos), endam

Status *m* statü

Stau *m* (*Verkehrs-*) tıkanıklık, tıkanma

Staub *m* toz; **~ fangen** toz tutmak

staubig *adj* tozlu

Staublappen *m* toz bezi

staubsaugen *vi* elektrikli süpürgeyle süpürmek

Staubsauger *m* elektrikli süpürge

Staubtuch *nt* toz bezi

Staubwolke *f* toz bulutu

Staudamm *m* baraj

Staude *f* büyücek bitki, otsul bitki

stauen **I.** *vt* (*Wasser*) biriktirmek (**etw** -i) **II.** *vr* **sich ~** (*Verkehr*) tıkanmak

staunen *vi* şaşmak, hayret etmek (**über jdn/etw** -e)

Staunen *nt* hayret, şaşkınlık

Stausee *m* baraj gölü

Std. *f Abk von* **Stunde** saat

stdl. *adv Abk von* **stündlich** her saat

stechen <sticht, stach, gestochen> **I.** *vt* ① (*hinein-*) batırmak (**etw in etw** -i -e) ② (*Insekt*) sokmak (**etw/jdn** -i) ③ (*Messer*) saplamak (**etw in etw** -i -e) **II.** *vi* ① (*Sonne*) yakmak ② (*Dorn*) dalamak

stechend *adj* (*Schmerz*) keskin

Stechmücke *f* sivrisinek

Stechuhr *f* kontrol saati

Steckdose *f* priz

stecken **I.** *vt* ① (*hinein-*) sokmak, (içine) koymak (**etw in etw** -i -e) ② (*pflanzen*) dikmek (**etw** -i) **II.** *vi* (*sich befinden*) bulunmak; **wo steckt sie denn?** nerede kaldı?; **der Schlüssel steckt** anahtar sokulu duruyor; **~ bleiben** saplanmak, saplanıp kalmak; (*unterwegs*) yolda kalmak

Steckenpferd *nt* (*Liebhaberei*) merak, hobi

Stecker *m* fiş

Stecknadel *f* toplu iğne

Steckschlüssel *m bir çeşit somun anahtarı*

Steg *m* ① (*Brücke*) yaya köprüsü ② (*Pfad*) patika, keçiyolu

stehen <stand, gestanden> *vi* ① durmak; (*Mensch*) (ayakta) durmak ② (*sein*) olmak ③ (*sich befinden*) bulunmak ④ (*Uhr: nicht gehen*) durmak ⑤ (*Kleidung: passen*) yakışmak (**jdm** -e); **jdm teuer zu ~ kommen** birine pahalıya oturmak; **das Spiel steht 1:1** oyun 1:1 gidiyor; **~ bleiben** (*anhalten*) durmak; **~ lassen** (*nicht wegbewegen*) olduğu yerde bırakmak (**etw** -i); (*nicht berühren*) el sürmemek (**etw** -e); (*vergessen*) unutmak (**etw** -i)

Stehlampe *f* ayaklı lamba

stehlen <stiehlt, stahl, gestohlen> *vi, vt* çalmak (**etw** -i)

Stehplatz *m* ayakta durulan yer

steif *adj* ① (*nicht weich*) katı, sert ② (*stock-*) kaskatı ③ (*förmlich*) resmi ④ (*steifgefroren*) donmuş

steigen <stieg, gestiegen> *vi sein* ① (*hinauf-*) çıkmak (**auf etw** -e) ② (*ab-, hinab-*) inmek (**aus/von etw** -den) ③ (*klettern*) tırmanmak (**auf etw** -e) ④ (*Flugzeug, Drachen*) havalanmak ⑤ (*Fieber, Preise*) yükselmek ⑥ (*zunehmen*) artmak, çoğalmak; **in den Wagen ~** arabaya binmek; **aus dem Wagen ~** arabadan inmek; **jdm zu Kopf ~** birinin başına vurmak; **einen Drachen ~ lassen** uçurtma uçurmak

steigern *vt* ① (*erhöhen*) yükseltmek (**etw** -i) ② (*vermehren*) çoğaltmak, artırmak (**etw** -i) ③ (*Miete, Preise*) yükseltmek, artırmak (**etw** -i)

Steigerung *f* artış

Steigung *f* ① (*nach oben*) yokuş ② (*Gefälle*) meyil, eğim

steil *adj* yalçın, sarp, dik; (*Küste*) yalıyar

Steilhang *m* sarp [*o* dik] yamaç

Stein *m* ① (*auch Spiel-*) taş ② (*Fels*) kaya ③ (*Obstkern*) çekirdek ④ (*Nieren-, Gallen-*) taş; **den ~ ins Rollen bringen** bir işi harekete geçirmek; **jdm einen ~ in den Weg legen** birine güçlük çıkarmak; **mir fällt ein ~ vom Herzen** yüreğime su serpildi

steinalt *adj* (*Person*) çok yaşlı

Steinbock *m* ① (*Tier*) dağkeçisi ② (*Sternzeichen*) Oğlak (burcu)

Steinbruch *m* taş ocağı

Steinbutt *m* kalkan (balığı)

steinern *adj* taş(tan)

Steingut *nt adi cinsten çanak çömlek*

steinhart *adj* taş gibi, kaskatı

steinig *adj* taşlı

steinigen *vt* taşlamak (**jdn** -i)

Steinkohle *f* taşkömürü, madenkömürü

Steinpilz *m* çörek mantarı

steinreich *adj* çok zengin

Steinschlag *m* taş düşmesi

Steinschleuder *f* sapan

Steinzeit *f* taş devri

Steißbein *nt* kuyruk kemiği

Stelldichein *nt* randevu

Stelle *f* ① (*Platz, Ort*) yer, konum, nokta ② (*Arbeitsplatz, Posten*) işyeri, iş ③ (*eines Beamten*) memuriyet ④ (*Behörde*) makam ⑤ (*in einem Buch*) pasaj ⑥ (*in Ziffer*) hane; **an ~ *gen*** -in yerine; **auf der ~** (*sofort*) tez elden, çabucak; **auf der ~ treten** (*auch fig*) yerinde saymak; **offene ~** açık işyeri

stellen **I.** *vt* ① (*hin-, auf-*) koymak (**etw auf/in etw** -i -e) ② (*Maschine, Waage ein-*) ayar etmek (**etw** -i) ③ (*Uhr*) kurmak (**etw** -i)

❹ (*Verbrecher*) yakalamak (**jdn** -i); **Bedingungen** ~ şartlar koşmak; **Fragen** ~ soru sormak; **etw in Frage** ~ bir şeyden şüphelenmek [*o* şüphe etmek]; **auf sich selbst gestellt** kendi başına kalmış **II.** *vr* **sich** ~ (*irgendwohin*) bir yere gidip durmak; (*zur Festnahme*) teslim olmak; **sich dumm** ~ aptallığa vurmak; **sich taub** ~ işitmemezlikten gelmek

Stellenangebot *nt* ❶ (*Angebot*) iş teklifi ❷ (*Inserat*) iş ilanı

Stellenanzeige *f* iş ilanı

Stellenbeschreibung *f* iş yerinin tanımı

Stellengesuch *nt* (*Inserat*) iş arama ilanı

stellenweise *adv* (*teilweise*) kısmen

Stellung *f* ❶ (*Lage, Position*) durum, vaziyet ❷ (*Körperhaltung*) duruş ❸ (*Beruf*) iş, görev, meslek ❹ (*eines Beamten*) memuriyet ❺ MIL mevzi; **zu etw ~ nehmen** bir konu hakkında fikir yürütmek

Stellungnahme *f* ❶ (*Meinung*) fikir, görüş, düşünce ❷ (*Gutachten*) rapor

stellv. *adj Abk von* **stellvertretend**

stellvertretend *adj* vekalet eden, yardımcı

Stellvertreter(in) *m(f)* vekalet eden, yardımcı

Stelze *f* ayaklık

stemmen I. *vt* (*heben*) kaldırmak (**etw** -i) **II.** *vt* **sich gegen etw** ~ (*sich anlehnen*) bir şeye dayanmak [*o* yaslanmak]; (*sich widersetzen*) bir şeye karşı koymak

Stempel *m* ❶ (*auch fig*) mühür, damga ❷ (*Post-*) posta damgası

stempeln I. *vt* ❶ (*mit Stempel versehen*) damgalamak, mühürlemek (**etw** -i) ❷ (*Post: entwerten*) mühür basmak (**etw** -e) **II.** *vi* ~ **gehen** (*fam*) hükümetten işsizlik parası almak

Stengel[ALT] *m s.* **Stängel**

Stenografie *f*, **Stenographie** *f* stenografi

stenografieren, stenographieren I. *vt* steno ile yazmak (**etw** -i) **II.** *vi* steno yazmak

Stenotypistin *f* stenodaktilo

Steppe *f* bozkır, step

sterben <stirbt, starb, gestorben> *vi sein* ölmek (**aus/an etw** -den)

Sterbeurkunde *f* ölüm ilmühaberi

sterblich *adj* ölümlü

Sterblichkeit *f* (*~srate*) ölüm oranı

stereo *adv* stereo olarak

Stereoanlage *f* stereo müzik seti

stereofon[RR] *adj*, **stereophon** *adj* sterofonik

steril *adj* ❶ (*keimfrei*) steril ❷ (*unfruchtbar*) kısır

Sterilisation *f* ❶ (*unfruchtbar machen*) kısırlaştırma ❷ (*keimfrei machen*) sterilize etme

sterilisieren *vt* ❶ (*unfruchtbar machen*) kısırlaştırmak (**jdn/etw** -i) ❷ (*keimfrei machen*) sterilize etmek (**etw** -i)

Stern *m* yıldız

Sternschnuppe *f* akanyıldız

Sternwarte *f* rasathane, gözlemevi

Sternzeichen *nt* burç

stetig *adj* devamlı, sürekli, kalımlı

stets *adv* hep, daima, her zaman

Steuer[1] *nt* ❶ (*im Auto*) direksiyon ❷ (*im Schiff*) dümen

Steuer[2] *f* (*Abgabe*) vergi

Steuerausgleich *m* vergi denkleştirmesi

Steuerberater(in) *m(f)* vergi danışmanı [*o* uzmanı]

Steuerbord *nt* sancak

Steuererklärung *f* vergi beyanı

steuerfrei *adj* vergiden muaf, vergisiz

Steuerhinterziehung *f* vergi kaçakçılığı

Steuerklasse *f* vergi derecesi

Steuerknüppel *m* (*im Flugzeug*) levye, kumanda kolu

steuerlich *adj* vergilerle ilgili

Steuermann *m* dümenci, deniz gedikli subayı, ikinci kaptan

steuern *vt* ❶ kullanmak, idare etmek (**etw** -i) ❷ (*Auto*) sürmek (**etw** -i)

steuerpflichtig *adj* ❶ (*Einkommen*) vergiye tabi ❷ (*Person*) vergi ile mükellef

Steuerrad *nt* ❶ (*eines Kraftfahrzeugs*) direksiyon ❷ (*eines Schiffes*) dümen dolabı

Steuerreform *f* vergi reformu

Steuerrückerstattung *f* vergi iadesi

Steuersenkung *f* vergi indirimi

Steuerung *f* (direksiyon) kullanma

Steuerzahler *m* vergi mükellefi

Steward *m* (*auf einem Schiff*) kamarot

Stewardess[RR] *f*, **Stewardeß**[ALT] *f* hostes

StGB *nt Abk von* **Strafgesetzbuch** Ceza Kanunu

Stich *m* ❶ (*mit Dorn*) dalama, batma ❷ (*Insekt*) sokma, ısırma ❸ (*Messer-*) bıçak darbesi ❹ (*beim Nähen*) iğne deliği ❺ (*Kupfer-*) gravür; **einen ~ haben** (*Lebensmittel*) bozulmağa başlamak; (*fam: verrückt sein*) tahtası eksik olmak; **jdn im ~ lassen** birini yarı yolda bırakmak

Stichelei *f* (*fig*) iğneleme

S

stichhaltig *adj* (*Argument*) (temeli) sağlam, çürütülemez
Stichprobe *f rasgele alınmış örneklerin gözden geçirilmesi*
sticht *vi, vt s.* **stechen**
Stichtag *m* başlangıç tarihi (*bir konu hakkında önceden kararlaştırılmış*)
Stichwort *nt* (*im Lexikon*) madde
sticken *vi, vt* (nakış) işlemek
Stickerei *f* nakış, işleme
Stickstoff *m* azot, nitrojen
Stiefbruder *m* üvey (erkek) kardeş
Stiefel *m* çizme
Stiefmutter *f* üvey ana [*o* anne], analık
Stiefmütterchen *nt* (*Blume*) hercaimenekşe
Stiefschwester *f* üvey (kız) kardeş
Stiefsohn *m* üvey oğul
Stieftochter *f* üvey kız
Stiefvater *m* üvey baba, babalık
stieg *vi s.* **steigen**
stiehlt *vi, vt s.* **stehlen**
Stiel *m* (*Griff*) tutamaç, tutamak; (*auch Pflanzen-*) sap
Stier *m* ❶ (*Tier*) boğa ❷ (*Sternzeichen*) Boğa (burcu)
stieß *vi, vt s.* **stoßen**
Stift[1] *m* ❶ (*Schreib-*) kalem ❷ (*Nagel*) (ince ve başsız) çivi ❸ (*fam: Lehrling*) çırak
Stift[2] *nt* (*Kloster*) manastır
stiften *vt* ❶ (*gründen*) kurmak (**etw** -i) ❷ (*schenken*) bağışlamak (**jdm etw** -e -i)
Stifter(in) *m(f)* ❶ (*Gründer*) kurucu ❷ (*Spender*) vakfeden, hayır sahibi
Stiftung *f* vakıf, hayrat
Stil *m* üslup, stil; (*Art*) tarz
stilistisch *adj* stilistik
still *adj* ❶ (*ruhig*) sakin, rahat ❷ (*reglos*) durgun, sakin, hareketsiz ❸ (*schweigsam, lautlos*) sessiz; **~!** sus(un)!; **der Stille Ozean** Pasifik Okyanusu; **im Stillen** sessizce; (*heimlich*) gizlice
Stille *f* sessizlik, durgunluk, sakinlik
StillebenALT *nt s.* **Stillleben**
stillegenALT *vt s.* **stilllegen**
StillegungALT *f s.* **Stilllegung**
stillen *vt* ❶ (*Blut*) dindirmek, durdurmak (**etw** -i) ❷ (*Hunger, Durst*) gidermek, bastırmak (**etw** -i) ❸ (*Kind*) emzirmek (**jdn** -i), meme vermek (**jdn** -e)
stillgestanden *interj* MIL hazır ol!
Stillhalteabkommen *nt* moratoryum
stillhalten *irr vi* kımıldamamak
StilllebenRR *nt* natürmort, cansız doğa
stilllegenRR *vt* ❶ (*Verkehr, Maschinen*) durdurmak (**etw** -i) ❷ (*schließen*) kapatmak (**etw** -i)
StilllegungRR *f* durdurma, kapatma
Stillschweigen *nt* ❶ (*Schweigen*) susma ❷ (*Diskretion*) sır saklama
stillschweigend **I.** *adj* ❶ (*schweigend*) sessiz ❷ (*fig: unausgesprochen*) üstü kapalı **II.** *adv* ses çıkarmadan; (*fig*) üstü kapalı olarak
Stillstand *m* durma, duraklama
stillstehen *irr vi* ❶ (*sich nicht rühren*) yerinden kımıldamamak ❷ (*stocken*) dur(akla)mak ❸ (*Maschine*) işlememek
Stimmbänder *ntpl* ses telleri *pl*
stimmberechtigt *adj* oy kullanma hakkı olan
Stimmbruch *m* sesin kalınlaşması
Stimme *f* ❶ ses ❷ (*bei einer Wahl*) oy, rey
stimmen **I.** *vt* (*Musikinstrument*) akort etmek (**etw** -i) **II.** *vi* ❶ (*richtig sein*) doğru olmak ❷ (*votieren*) oy vermek (**für/gegen jdn** -in lehine/aleyhine); **da stimmt etwas nicht** bunda bir yanlışlık var
Stimmenthaltung *f* çekimser oy
stimmhaft *adj* (*Laut*) ötümlü
stimmlos *adj* (*Laut*) ötümsüz
Stimmrecht *nt* oy (verme) hakkı
Stimmung *f* ❶ (*Gemütslage*) ruh hali ❷ (*Atmosphäre*) atmosfer ❸ (*Musikinstrument*) akort; **guter/schlechter ~ sein** neşeli/neşesiz olmak
Stimmzettel *m* oy pusulası
stimulieren *vt* canlandırmak, uyarmak (**etw** -i)
stinken <stank, gestunken> *vi* pis kokmak; **vor Geld ~** (*fam*) para babası olmak
stinknormal *adj* (*fam*) basbayağı, adi
stinkreich *adj* (*fam*) altın babası
Stipendiat(in) *m(f)* bursiyer
Stipendium *nt* burs
stirbt *vi s.* **sterben**
Stirn *f* alın
Stirnhöhlenentzündung *f* sinüzit
stöbern *vi* köşe bucak aramak
Stock *m* ❶ (*Stange*) sırık ❷ (*Knüppel*) sopa, değnek ❸ (*Spazier-*) baston ❹ (*Stockwerk*) kat, bina katı
stockdunkel *adj* kapkaranlık
Stöckelschuh *m* yüksek topuklu ayakkabı
stocken *vi* ❶ (*stillstehen*) durmak ❷ (*zeitweilig*) duraklamak ❸ (*Verkehr*) tıkanmak

Stockfisch *m* kurutulmuş morina balığı
Stockung *f* dur(akla)ma; (*besonders Verkehr*) tıkanıklık
Stockwerk *nt* kat, bina katı
Stoff *m* ❶(*Gewebe*) kumaş ❷(*Materie*) madde ❸(*Thema*) konu
Stoffrest *m* parça kumaş
Stofftier *nt kumaştan yapılmış oyuncak hayvan*
Stoffwechsel *m* metabolizma, özümle(n)me, özümseme
stöhnen *vi* inlemek, göğüs geçirmek, içini çekmek
Stollen *m* ❶(*Bergwerk*) galeri ❷(*Kuchen*) *Noel bayramında yapılan bir çeşit kek*
stolpern *vi sein* tökezlemek, sendelemek
stolz *adj* ❶gururlu, onurlu ❷(*auf andere*) kıvanç duyan (**auf jdn** ile) ❸(*hochmütig*) kibirli, kurumlu, gururlu; ~ **sein** gurur duymak (**auf etw/jdn** ile)
Stolz *m* ❶(*Selbstachtung*) gurur, onur ❷(*berechtigter* -) kıvanç ❸(*Hochmut*) kurum, kibir, gurur
StopALT *m s.* **Stopp**
stopfen *vt* ❶(*hineinstecken*) sokmak (**etw in etw** -i -e) ❷(*Pfeife*) doldurmak (**etw** -i) ❸(*Loch*) tıkamak (**etw** -i) ❹(*Kleidungsstück*) örmek (**etw** -i)
Stopfgarn *nt* örme ipliği
Stopfnadel *f* örme iğnesi
stopp *interj* dur!
Stopp *m* dur(dur)ma
stoppen I. *vt* ❶(*anhalten*) durdurmak (**etw/jdn** -i) ❷(*Preise, Löhne*) dondurmak (**etw** -i); **die Zeit** ~ saat tutmak **II.** *vi* durmak, stop etmek
Stoppuhr *f* kronometre
Stöpsel *m* tıkaç, tapa
Storch *m* leylek
stören *vt* ❶rahatsız etmek (**jdn** -i) ❷(*Radiosender u. Ä.*) karıştırmak (**etw** -i); **lassen Sie sich nicht ~!** rahatsız olmayın!
Störenfried *m* oyunbozan
Störgerät *nt* (*gegen Radios, Handys*) karıştırıcı
stornieren *vt* iptal etmek; (~ *lassen*) iptal ettirmek (**etw** -i)
störrisch *adj* inatçı, dik kafalı
Störsender *m* karıştırıcı
Störung *f* ❶(*das Stören*) rahatsız etme ❷(*gesundheitliche* ~) rahatsızlık ❸(*im Radio*) parazit ❹(*Panne*) arıza; **psychische** ~ ruhsal rahatsızlık
Stoß *m* ❶(*Stoßen*) itiş ❷(*Schlag*) darbe ❸(*Erschütterung*) sarsıntı, sarsma ❹(*Haufen*) yığın
Stoßdämpfer *m* amortisör
stoßen <stößt, stieß, gestoßen> **I.** *vt* ❶itmek, kakmak, dürtmek (**jdn/etw** -i) ❷(*Messer*) saplamak (**etw in etw** -i -e) ❸(*mit den Hörnern*) toslamak (**jdn/etw** -i), tos vurmak (**jdn/etw** -e); **jdn vor den Kopf** ~ birini rencide etmek **II.** *vi sein* çarpmak (**gegen jdn/etw** -e); **auf jdn/etw** ~ (*antreffen*) birini/bir şeyi karşılamak, birine/bir şeye rastlamak **III.** *vr* **sich** ~ çarpmak (**an etw** -e)
Stoßstange *f* tampon
stößt *vi, vt s.* **stoßen**
stoßweise *adv* aralıklı sarsıntılarla
Stoßzeiten *fpl trafiğin sıkışık olduğu saatler*
Stotterer *m* kekeme, pepe
stottern *vi* kekelemek, pepelemek
StPO *f Abk von* **Strafprozessordnung** Ceza Davası Kanunu
Str. *f Abk von* **Straße** Sok. (*sokak*)
Strafanstalt *f* cezaevi, hapishane
Strafantrag *m* **einen ~ stellen** ceza talebinde bulunmak
strafbar *adj* cezayı gerektiren; **sich ~ machen** suç işlemek
Strafe *f* ceza
strafen *vt* cezalandırmak (**jdn** -i)
straff *adj* ❶(*steif*) sert, katı ❷(*gespannt*) gergin ❸(*fig: streng*) sert, sıkı
straffen *vt* (*spannen*) germek (**etw** -i)
Strafgefangene(r) *f(m)* mahpus, mahkum, hükümlü
Strafgesetzbuch *nt* Ceza Kanunu
Strafmandat *nt* ceza müzekkeresi
Strafporto *nt* cezalı posta ücreti
StrafprozessRR *m* ceza davası
StrafprozessordnungRR *f* ceza davası kanunu
Strafraum *m* ceza sahası
Strafrecht *nt* ceza hukuku
Strafstoß *m* penaltı
Straftat *f* suç, cürüm
Strahl *m* ❶(*Licht-*) ışın ❷(*Wasser-*) fışkıran su
strahlen *vi* ❶(*leuchten*) ışın salmak, ışı(lda)mak ❷(*glänzen*) parlamak; **er strahlte übers ganze Gesicht** yüzü pırıl pırıldı

S

Strahlenbehandlung *f* ışın tedavisi, radyoterapi
strahlend *adj* ❶ (*glänzend*) parlak, ışıl ışıl ❷ (*fig: Gesicht*) parlayan
Strahlung *f* radyasyon
Strähne *f* (*Haar*) perçem, bir tutam saç
stramm *adj* ❶ (*straff*) gergin ❷ (*kerzengerade*) dimdik ❸ (*kräftig*) kuvvetli
Strampelhose *f* bebek tulumu
strampeln *vi* tepinmek
Strand *m* deniz kıyısı [*o* kenarı], sahil, yalı; (*Bade-*) plaj
stranden *vi sein* (*Schiff*) karaya oturmak
Strandschuhe *mpl* plaj ayakkabıları
Strang *m* ❶ (*Strick*) ip ❷ (*bei Garn, Wolle*) çile
strangulieren *vt* (*erdrosseln*) boğmak (**jdn** -i)
Strapaze *f* büyük zahmet, sıkıntı
strapazieren *vt* ❶ (*überanstrengen*) aşırı yormak (**jdn** -i) ❷ (*abnutzen*) aşındırmak (**etw** -i)
Straße *f* ❶ (*einer Stadt*) sokak, yol, cadde ❷ (*Land-*) şose ❸ (*zwischen den Städten*) karayolu ❹ (*Fahrdamm, -bahn*) araba yolu ❺ (*Meerenge*) boğaz; **auf offener ~** sokak ortasında
Straßenarbeiten *pl* yol yapım çalışmaları *pl*
Straßenbahn *f* tramvay
Straßenbelag *m bir yolun* (*asfalt gibi*) *kaplaması*
Straßenecke *f* yol köşesi
Straßenfeger *m* (sokak) çöpçü(sü)
Straßengraben *m* şarampol
Straßenhändler(in) *m(f)* işportacı, sokak satıcısı
Straßenkarte *f* karayolları haritası
Straßenkind *nt* sokak çocuğu
Straßenlaterne *f* sokak lambası
Straßenrand *m* yol kenarı
Straßenschäden *mpl* yol hasarı *sing*
Straßenverkehrsordnung *f* trafik nizamnamesi
Straßenzustandsbericht *m* yol durumu raporu
Strategie *f* strateji
strategisch *adj* stratejik
Stratosphäre *f* stratosfer, katyuvarı
sträuben *vr* **sich ~** (*Haare*) diken diken olmak; (*sich widersetzen*) (şiddetle) dayanmak [*o* direnmek] (**gegen etw/jdn** -e)
Strauch *m* çalı
Strauß[1] *m* (*Blumen-*) buket, (çiçek) demet(i)
Strauß[2] *m* (*Vogel*) devekuşu
streben *vi* gayret göstermek, çabalamak
Streber(in) *m(f)* (*pej*) hırslı; (*Schule*) hırslı öğrenci
strebsam *adj* ❶ (*fleißig*) çalışkan, gayretli ❷ (*ehrgeizig*) hırslı
Strecke *f* ❶ MATH doğru parçası, sınırlı doğru ❷ (*Entfernung*) uzaklık, mesafe ❸ (*Route*) yol; **auf der ~ bleiben** yarı yolda kalmak
strecken **I.** *vt* ❶ (*dehnen*) germek, uzatmak (**etw** -i) ❷ (*Vorrat*) eklemek (**etw** -i) **II.** *vr* **sich ~** (*beim Aufwachen*) gerinmek
streckenweise *adv* yer yer
Streich *m* ❶ (*Schlag*) darbe, vuruş ❷ (*dummer -*) eşeklik; (*übler ~*) muziplik, oyun; **jdm einen ~ spielen** birine (fena bir) oyun oynamak
streicheln *vt* okşamak (**jdn/etw** -i)
streichen <strich, gestrichen> **I.** *vt* ❶ (*mit Farbe*) boyamak (**etw** -i) ❷ (*be-, auf-*) sürmek (**etw auf etw** -i -in üzerine) ❸ (*aus-, durch-*) çizmek, silmek (**etw** -i); **frisch gestrichen!** dikkat boyalı! **II.** *vi* (*mit der Hand*) (elle) sıvazlamak (**über etw** -i)
Streichholz *nt* kibrit (çöpü)
Streichholzschachtel *f* kibrit kutusu
Streichkäse *m* sürme peyniri
Streife *f* (*Patrouille*) devriye
streifen **I.** *vt* (*leicht berühren*) sıyırıp geçmek (**etw** -i) **II.** *vi sein* (*umher-*) dolaşmak
Streifen *m* ❶ (*in einem Stoff*) yol, çizgi ❷ (*Band*) şerit, bant
Streifenwagen *m* polis arabası
Streik *m* grev
Streikbrecher(in) *m(f)* grev bozan
streiken *vi* grev yapmak
Streikende(r) *f(m)* grevci
Streikposten *m* grev nöbetçisi
Streit *m* ❶ (*Zank*) kavga ❷ (*Auseinandersetzung*) tartışma ❸ (*Unstimmigkeit*) bozuşma, geçimsizlik ❹ (*Wort-*) ağız kavgası, atışma; **mit jdm ~ anfangen** [*o* **suchen**] biriyle kavga çıkarmak
streiten <stritt, gestritten> **I.** *vi* kavga etmek **II.** *vr* **sich ~** kavga etmek, dalaşmak, atışmak (**mit jdm** ile); **darüber lässt sich ~** bu konu üzerinde tartışılabilir
Streitfall *m* ❶ (*allgemein*) anlaşmazlık, çekişme ❷ JUR ihtilaf
Streitfrage *f* (tartışma) mesele(si)
Streitigkeit *f meist pl* tartışma
Streitkräfte *fpl* askeri kuvvetler *pl*

streng **I.** *adj* ❶ (*hart*) sert ❷ (*unnachsichtig*) katı ❸ (*Gesicht*) ciddi ❹ (*Kälte, Geschmack*) keskin **II.** *adv* **~ verboten!** kesinlikle yasak!; **~ genommen** aslına bakılırsa

Strenge *f* ❶ (*Heftigkeit*) şiddet ❷ (*Schärfe*) keskinlik ❸ (*Härte*) sertlik

strenggenommen *adv* aslına bakılırsa

strenggläubig *adj* sofu

Stress[RR] *m*, **Streß**[ALT] *m* stres

stressig *adj* stresli

streuen *vt* serpmek; (*Salz*) ekmek (**etw auf etw** -i -e)

strich *vt s.* **streichen**

Strich *m* çizgi; **jdm einen ~ durch die Rechnung machen** birinin işlerini karıştırmak [*o* altüst etmek]; **das geht mir gegen den ~** bu hoşuma gitmiyor, bu gücüme gidiyor; **auf den ~ gehen** (*fam*) sokakta fahişelik etmek

Strichcode *m* barkod

Strichcode-Lesegerät *nt* barkod okuyucu

Stricher *m* erkek fahişe

Strichpunkt *m* noktalı virgül

strichweise *adv* bazı yerlerde

Strick *m* (kalın) sicim

stricken *vi, vt* (örgü) örmek (**etw** -i)

Strickjacke *f* hırka

Stricknadel *f* (örgü) şiş(i)

Strickwaren *fpl* örgü (eşyaları), örgü (eşyaları *pl*)

strikt *adj* kesin

Striptease *m o nt* striptiz

stritt *vi s.* **streiten**

strittig *adj* tartışmalı, çekişmeli, şüpheli

Stroh *nt* saman; **~ im Kopf haben** saman kafalı olmak

Strohblume *f* saman çiçeği, altın otu

Strohhalm *m* saman çöpü; (*für Getränke*) kamış; **bei dem Unwetter wurden Bäume wie ~e geknickt** fırtınada ağaçlar çöp gibi kırıldı; **sich an einen ~ klammern** son çareye sarılmak

Strohhut *m* hasır şapka

Strohmann *m* (*fig*) kukla, maşa (*başka birinin yerine öne çıkan veya çıkarılan kimse*)

Strohmatte *f* hasır

Strohwitwer, Strohwitwe *m, f* (*fam*) *karısı* (*kocası*) *seyahatte bulunan*

Strom *m* ❶ (*großer Fluss*) büyük ırmak [*o* nehir] ❷ (*elektrisch*) akım, cereyan; **mit dem/gegen den ~** akıntıyla/akıntıya karşı; **der ~ ist ausgefallen** elektrik kesildi; **es regnet in Strömen** bardaktan boşanırcasına yağmur yağıyor

Stromanschluss[RR] *m* cereyan bağlantısı

Stromausfall *m* cereyan [*o* elektrik] kesilmesi

strömen *vi sein* ❶ (*Wasser*) çağlamak ❷ (*Menschen*) akın etmek; **bei ~dem Regen** şakır şakır yağmurda

Stromerzeugung *f* elektrik üretimi

Stromquelle *f* elektrik kaynağı

Stromspannung *f* voltaj, gerilim

Strömung *f* (*Wasser*) akıntı; (*geistige*) akım, hareket

Stromverbrauch *m* elektrik tüketimi

Stromversorgung *f* elektriklendirme

Strophe *f* kıta, dörtlük

Strudel *m* ❶ (*Wasserwirbel*) girdap, burgaç ❷ (*Süßspeise*) *bir çörek çeşidi*

Struktur *f* içyapı, yapılış, kuruluş

strukturell *adj* yapısal

Strukturreform *f* POL yapısal reform

Strumpf *m* çorap

Strumpfhalter *m* jartiyer

Strumpfhose *f* külotlu çorap

struppig *adj* (*Haare*) taranmamış; (*Hund*) kaba tüylü

Stube *f* ❶ oda ❷ MIL koğuş

Stuck *m* mermer sıva

Stück *nt* ❶ parça, kısım ❷ (*als Zählmaß*) adet, tane, baş ❸ (*Theater-*) piyes, oyun ❹ (*Musik-*) eser, kompozisyon; **aus freien ~en** kendi isteğiyle; **große ~e auf jdn halten** birini adam yerine koymak

stückweise *adj* parça parça

stud. *m Abk von* **Student(in)**

Student(in) *m(f)* öğrenci, yüksekokul [*o* üniversite] öğrencisi

Studentenfutter *nt bir çeşit karışık kuruyemiş*

Studentenverbindung *f* üniversiteliler [*o* öğrenci] birliği

Studentenwohnheim *nt* öğrenci yurdu

Studie *f* inceleme, araştırma

Studienfach *nt* öğrenim dalı

Studienrat, Studienrätin *m, f* lise öğretmeni

studieren *vt* ❶ (*Fach*) okumak (**etw** -i) ❷ (*untersuchen*) incelemek (**etw** -i); **an einer Hochschule ~** yüksek öğrenim yapmak, yüksek okula devam etmek

Studio *nt* stüdyo

Studium *nt* (*Untersuchung*) inceleme, araş-

S

tırma; (*Hochschul-*) öğrenim, tahsil
Stufe *f* ❶ (*einer Treppe*) basamak ❷ (*Grad*) derece ❸ (*Rang*) rütbe, aşama ❹ (*Entwicklungs-*) gelişim seviyesi ❺ (*Niveau*) seviye, düzey
Stufenschnitt *m* (*Frisur*) kat kat kesim
stufenweise *adv* basamak basamak, derece derece, yavaş yavaş
Stuhl *m* sandalye, iskemle
Stuhlgang *m* dışarı çıkma, büyük aptes
stumm *adj* ❶ (*Behinderung*) dilsiz ❷ (*nichts sagend*) sessiz
Stummel *m* (*Zigaretten-*) izmarit
Stummfilm *m* sessiz film
stumpf *adj* ❶ (*nicht spitz*) küt ❷ (*nicht scharf*) kör, kesmez; **~er Winkel** geniş açı
Stumpf *m* (*Baum-*) ağaç kütüğü
stumpfsinnig *adj* ❶ (*Person*) ahmak, kalın kafalı ❷ (*Arbeit*) cansıkıcı, monoton
Stunde *f* ❶ saat ❷ (*Unterrichts-*) ders (saati); **eine halbe ~** yarım saat; **eine viertel ~** çeyrek saat; **anderthalb ~n** bir buçuk saat; **jede volle ~** saat başında
stunden *vt* (*Geld*) mühlet vermek (**jdm etw** -e ... için)
Stundengeschwindigkeit *f* bir saatteki hız
Stundenkilometer *m* **mit 100 ~n** saatte 100 kilometre(lik) hızla
stundenlang *adv* saatlerce
Stundenlohn *m* saat ücreti
Stundenplan *m* ders programı
Stundenzeiger *m* akrep
stündlich *adv* her saat
Stundung *f* ödemeyi erteleme, mühlet, tecil
stupide *adj* (*Person*) ahmak, aptal; (*Arbeit*) aptallaştıran, sıkıcı
stupsen *vt* hafifçe itmek (**jdn/etw** -i)
Stupsnase *f küçük ve biraz kalkık burun*
stur *adj* ❶ (*eigensinnig*) inatçı, dik başlı [*o* kafalı] ❷ (*unbelehrbar*) söz anlamaz [*o* dinlemez] ❸ (*unnachgiebig*) eğilmez, bükülmez
Sturm *m* fırtına; (*Orkan*) bora; **~ im Wasserglas** bardaktaki fırtına
stürmen **I.** *vi* (*rasen*) koşmak **II.** *vt* (*überfallen*) hücum etmek (**etw** -e); **es stürmt** fırtına var
Stürmer(in) *m(f)* forvet
Sturmflut *f* fırtınalı met
stürmisch *adj* ❶ (*See*) fırtınalı, boralı ❷ (*lärmend*) gürültülü patırtılı ❸ (*erregt*) heyecanlı, ateşli ❹ (*draufgängerisch*) atılgan
Sturz *m* ❶ (*Fall*) düşme ❷ (*Zusammenbruch*) yıkılma ❸ (*der Regierung*) devrilme
stürzen **I.** *vi sein* düşmek, devrilmek, yıkılmak **II.** *vt* düşürmek, devirmek, yıkmak (**jdn/etw** -i) **III.** *vr* **sich auf jdn/etw ~** birinin/bir şeyin üstüne atılmak
Sturzhelm *m* pilot [*o* motosikletçi] miğferi
Stute *f* kısrak
Stütze *f* ❶ (*Pfosten*) destek, dayak ❷ (*fig: Unterstützung*) yardım, muavenet
stutzen **I.** *vt* (*kürzen*) kısaltmak, kırpmak, kırkmak (**etw** -i) **II.** *vi* ❶ (*staunen*) şaşmak ❷ (*argwöhnisch werden*) şüphelenmek, kuşkulanmak
stützen **I.** *vt* desteklemek (**etw** -i) **II.** *vr* **sich ~** dayanmak, yaslanmak (**gegen/auf etw** -e)
stutzig *adj* ❶ (*verwundert*) şaşkın ❷ (*argwöhnisch*) kuşkulu; **~ machen** (*verwundern*) şaşırtmak; (*argwöhnisch machen*) kuşkulandırmak (**jdn** -i)
Stützpunkt *m* ❶ dayanak (noktası), istinat (noktası) ❷ MIL üs
StVO *f Abk von* **Straßenverkehrsordnung** trafik nizamnamesi
s. u. *adv Abk von* **siehe unten** aşağıya bakınız
Subjekt *nt* özne
subjektiv *adj* öznel, sübjektif
Subkultur *f* alt kültür
substantiell *adj* ❶ (*nahrhaft*) besleyici ❷ PHILOS cevheri, tözel ❸ JUR esaslı
Substantiv *nt* ad, isim
Substanz *f* ❶ (*Materie*) madde ❷ (*Kern einer Sache*) asıl, esas ❸ PHILOS cevher, öz, töz
substanziell[RR] *adj s.* **substantiell**
subtil *adj* ince, narin, dakik
subtrahieren *vt* çıkarmak (**etw** -i)
Subtraktion *f* çıkarma
subtropisch *adj* astropikal
Subvention *f* sübvansiyon, tahsisat
subventionieren *vt* sübvanse etmek (**etw/jdn** -i)
subversiv *adj* yıkıcı
Suche *f* arama, arayış; **auf der ~ nach ...** -i ararken
suchen *vt* ❶ aramak (**etw/jdn** -i) ❷ (*im Internet*) arama yapmak
Suchmaschine *f* INET arama motoru
Sucht *f* düşkünlük, tutku
süchtig *adj* düşkün, bağımlı (**nach etw** -e)
Süchtige(r) *f(m)* bağımlı, düşkün, tutkun
Südafrika *nt* Güney Afrika

Südamerika *nt* Güney Amerika
Sudan *m* Sudan
Süddeutschland *nt* Güney Almanya
Süden *m* güney
Südeuropa *nt* Güney Avrupa
Südfrüchte *fpl sıcak ülkelerde yetişen meyveler*
südlich **I.** *adj* güney **II.** *adv* ~ **von ...** -in güneyinde
Südostasien *nt* Güneydoğu Asya
Südosten *m* güneydoğu
Südwesten *m* güneybatı
Südwestfunk *m* Güneybatı Federal Almanya Radyo ve Televizyonu
Südwind *m* güney rüzgarı
Südzypern *nt* Güney Kıbrıs
Sufi *m* mutasavvıf, sofi
Sufismus *m* tasavvuf, sofilik, İslam gizemciliği
suggerieren *vt* telkin etmek (**jdm etw** -e -i), fikrine [*o* kulağına] koymak (**jdm etw** -in -i)
Sühne *f* ❶ (*Buße*) kefaret ❷ (*Strafe*) ceza ❸ (*Abbitte*) tarziye; **Schuld und** ~ cürüm ve ceza
sühnen *vt* (*büßen*) kefaretini ödemek (**etw** -in)
Sülze *f* jöleli
Sumerer(in) *m(f)* Sümerli
Summe *f* tutar, toplam, miktar
summen **I.** *vi* (*Insekt*) vızıldamak **II.** *vt* (*ein Lied*) (bir şarkı) kendi kendine söylemek
Summen *nt* vızıltı
summieren **I.** *vt* toplamak (**etw** -i) **II.** *vr* **sich** ~ birikmek
Sumpf *m* bataklık
sumpfig *adj* batak, sulak
Sünde *f* günah; (*Vergehen*) suç
Sündenbock *m* (*fig*) şamar oğlanı
sündigen *vi* günah işlemek
Sunnit(in) *m(f)* Sünni
sunnitisch *adj* Sünni
super *adj* (*fam*) süper
Super(benzin) *nt* süper (benzin)
Superlativ *m* üstünlük derecesi
Supermacht *f* süper güç
Supermarkt *m* süpermarket
Suppe *f* çorba; (*Brühe*) et suyu
Suppenfleisch *nt* çorbalık et
Suppengrün *ntpl çorbaya katılan sebzeler*
Suppenlöffel *m* ❶ (*Esslöffel*) çorba kaşığı ❷ (*Schöpflöffel*) kepçe
Suppenschüssel *f* çorba kasesi
Suppenteller *m* çukur tabak
Sure *f* (*des Korans*) sure
Surfbrett *nt* sörf tahtası
surfen *vi* ❶ SPORT sörf yapmak ❷ (*im Internet*) sörf yapmak, (internette) gez(in)mek
surren *vi* vızıldamak
suspekt *adj* şüpheli, zanlı
süß *adj* ❶ (*nicht sauer*) tatlı, şekerli ❷ (*fig: reizend, niedlich*) şirin, hoş, sevimli
süßen *vt* tatlılaştırmak (**etw** -i)
Süßholz *nt* meyan kökü; ~ **raspeln** (*fig*) yaltaklanmak, gazel okumak
Süßigkeit *f* ❶ (*Leckerei*) tatlı ❷ (*Süße*) tatlılık
süßlich *adj* ❶ (*leicht süß*) tatlımsı ❷ (*fig: gekünstelt*) yapmacık
süßsauer *adj* mayhoş
Süßspeise *f* tatlı
Süßstoff *m* tatlandırıcı
Süßwarengeschäft *nt* şekerci dükkanı, tatlıcı
Süßwasser *nt* tatlı su
SW *m Abk von* **Südwest(en)** güneybatı
Symbol *nt* sembol, simge
symbolisch *adj* sembolik, simgesel
symmetrisch *adj* simetrik
Sympathie *f* sempati; (*Mitgefühl*) duygudaşlık
Sympathisant(in) *m(f)* sempatizan, yandaş
sympathisch *adj* sempatik, sevimli, cana yakın; **er ist mir** ~ ondan hoşlanıyorum
sympathisieren *vi* sempati duymak, duygudaş olmak (**mit jdm/etw** -e)
Symphonie *f* senfoni
Symphonieorchester *nt* senfoni orkestrası
Symposium *nt* sempozyum
Symptom *nt* belirti, semptom
Synagoge *f* havra, sinagog
synchron *adj* senkron, eşzamanlı
synchronisieren *vt* eşlemek (**etw** -i); (*Film*) dublajını yapmak (**etw** -in)
Synchronisierung *f* eşzamanlık, senkronizasyon; (*Film*) dublaj
Syndrom *nt* sendrom
Synode *f* ruhani meclis
synonym *adj* eşanlamlı, sinonim
Synonym *nt* eşanlamlı [*o* sinonim] kelime
Syntax *f* sözdizimi, sentaks
Synthese *f* sentez, bireşim, terkip
synthetisch *adj* sentetik, bireşimli
Syphilis *f* frengi, sifilis
Syrien *nt* Suriye

Syr(i)er(in) *m(f)* Suriyeli
syrisch *adj* ① (*Sprache*) Süryanice ② (*Herkunft*) Suriyeli, Şamlı
System *nt* ① (*Schema*) sistem, dizge ② (*Methode*) yöntem, metot ③ (*Regierungsform*) rejim
systematisch *adj* sistemli, yöntemli, metotlu
Szene *f* ① THEAT sahne ② (*Anblick*) manzara, görünüm ③ (*Streit*) sitem ④ (*Vorgang*) olay, hadise

Tt

t *f Abk von* **Tonne** ton
Tabak *m* tütün; (*für Wasserpfeife*) tömbeki
Tabakladen *m* tütüncü dükkanı
Tabelle *f* cetvel, çizelge
Tablett *nt* tepsi
Tablette *f* hap, tablet
tabu *adj* tabu
Tabu *nt* tabu
Tacho(meter) *m* takometre
Tadel *m* ① (*Rüffel*) azar, çıkışma ② (*geh: Makel*) kusur
tadellos *adj* kusursuz, eksiksiz, özürsüz
tadeln *vt* ① (*rügen*) azarlamak, paylamak (**jdn/etw** -i) ② (*sich missbilligend äußern*) kınamak, ayıplamak (**jdn/etw** -i)
Tadschikistan *nt* Tacikistan
Tafel *f* ① (*Schreib-*) (yazı) tahta(sı) ② (*Schild*) levha ③ (*Schokolade*) tablet ④ (*gedeckter Tisch*) sofra
Tafel- *adj* (*zum Verzehr bestimmt*) sofralık
täfeln *vt* (*Wand*) tahta ile kaplamak (**etw** -i)
Tafelsalz *nt* sofralık tuz
Tafelwein *m yemekte içilen hafif şarap*
Tag *m* gün; (*Gegensatz zu Nacht*) gündüz; **den ganzen ~ (lang** [*o* **über**]) bütün gün; **~ für ~** günbegün; **jeden zweiten ~** gün aşırı; **dieser ~e** bugünlerde; **~ und Nacht** gecegündüz; **heute in 14 ~en** iki hafta sonra bugün; **eines (schönen) ~es** günün birinde, günlerden bir gün; **bei ~** gündüzün; **von ~ zu ~** günden güne; **guten ~!** günaydın!; (*ab Mittag*) iyi günler!, merhaba!; **es wird ~** gün doğuyor; **etw an den ~ bringen** bir şeyi meydana [*o* açığa] çıkarmak; **sie hat ihre ~e** aybaşı olmuş; **in den ~ hinein leben** günü gününe yaşamak
Tagebuch *nt* hatıra defteri, günlük; **ein ~ führen** günlük tutmak
Tagegeld *nt* harcırah
tagelang *adv* günlerce
Tagelöhner(in) *m(f)* gündelikçi
tagen *vi* (*eine Tagung abhalten*) toplanmak, miting yapmak
Tagesanbruch *m* gün doğması, şafak; **bei ~** gün doğarken, şafakla beraber
Tagesausflug *m* günlük gezi
Tagesgericht *nt* günün yemeği
Tageskarte *f* günlük bilet
Tageskurs *m* günün rayici
Tageslauf *m* bir günün geçişi
Tageslicht *nt* gün ışığı
Tageslichtprojektor *m* tepegöz
Tagesordnung *f* gündem
Tagesschau *f* TV günün haberleri
Tageszeit *f* günün saati
Tageszeitung *f* günlük gazete
tägl. *adv Abk von* **täglich**
täglich I. *adj* günlük, gündelik **II.** *adv* her gün
tagsüber *adv* gündüzün
Tagung *f* toplantı, oturum
Taille *f* bel
Takt *m* ① MUS ölçü; (*türkisch*) usul ② (*-gefühl*) incelik, denlilik, takt
Taktik *f* taktik, tabiye
taktisch *adj* taktik, tabiyevi
taktlos *adj* densiz, patavatsız, düşüncesiz
Taktlosigkeit *f* densizlik, patavatsızlık; **eine ~ begehen** koz kırmak
taktvoll *adj* ince ruhlu, nazik, denli
Tal *nt* vadi, dere
Talent *nt* yetenek, kabiliyet
talentiert *adj* yetenekli, kabiliyetli
Talg *m* içyağı, donyağı, mumyağı
Talisman *m* tılsım; (*gegen den bösen Blick*) nazarlık
Talkessel *m* çukur vadi
Talkmaster(in) *m(f)* sunucu
Talkshow *f* söyleşi programı, tolkşov
Talsperre *f* bent, baraj, su seddi
Tamburin *nt* tef
Tampon *m* ① (*für Frauen*) tampon ② (*zur Wundbehandlung*) fitil
Tandem *nt* tandem, iki kişilik bisiklet
Tank *m* depo, tank; (*Benzin-/Wasser-*) benzin/su deposu
tanken *vt* (*Benzin*) benzin almak

Tanker *m* tanker
Tankstelle *f* benzin istasyonu
Tankwart, Tankwärtin *m, f* benzinci
Tanne *f* çam, köknar
Tannenbaum *m* Noel ağacı
Tannenzapfen *m* çam kozalağı
Tansania *nt* Tanzanya
Tante *f* (*Mutterschwester*) teyze; (*Vaterschwester*) hala; (*angeheiratete*) yenge
Tanz *m* dans, oyun *fam*
tanzen *vi* dans etmek, oynamak *fam*
Tänzer(in) *m(f)* ❶ dans eden, dansçı ❷ (*Berufs-*) dansör; (*weiblich*) dansöz
Tanzfläche *f* (dans) pist(i)
Tanzlokal *nt* dans salonu
Tanzmusik *f* dans müziği
Tanzschule *f* dans okulu
Tanzstunde *f* dans dersi
Tapete *f* duvar kâğıdı
tapezieren *vt* (duvarları) kâğıtla kaplamak
tapfer *adj* cesur, mert, yürekli
Tapferkeit *f* cesaret, mertlik, yüreklilik
Tarif *m* ❶ (*allgemein*) tarife ❷ (*Preisliste*) fiyat listesi ❸ (*Gebührenverzeichnis*) ücret cetveli
Tariflohn *m* tarife ücreti
Tarifvertrag *m* ücret anlaşması
tarnen I. *vt* gizlemek, kamufle etmek (**etw/jdn** -i) **II.** *vr* **sich ~** maskelenmek, örtünmek
Tarnung *f* gizleme, kamuflaj
Tasche *f* ❶ (*in einem Kleidungsstück*) cep ❷ (*Hand-, Akten-*) çanta ❸ (*Beutel*) torba
Taschenbuch *nt* cep kitabı
Taschencomputer *m* cep bilgisayarı
Taschendieb(in) *m(f)* yankesici
Taschengeld *nt* harçlık
Taschenkalender *m* cep takvimi
Taschenlampe *f* cep feneri
Taschenmesser *nt* çakı
Taschenrechner *m* cep hesap makinesi
Taschentuch *nt* mendil
Taschenuhr *f* cep saati
Tasse *f* fincan; **eine ~ Kaffee** bir fincan kahve; **nicht alle ~n im Schrank haben** kafadan kontak [*o* keçileri kaçırmış] olmak
Tastatur *f* klavye
Taste *f* tuş
tasten *vi* (parmakla) dokunmak (**nach etw** -e)
Tastsinn *m* dokunma duyusu, dokunum
tat *vt s.* **tun**
Tat *f* ❶ (*Handlung*) eylem, hareket, fiil ❷ (*Straf-*) suç, cürüm ❸ (*Helden-*) kahramanlık; **in der ~** gerçekten, sahiden; **jdn auf frischer ~ ertappen** birini suçüstü yakalamak
Tatbestand *m* gerçeklik, hakikat, hadisenin unsurları
Tatendrang *m* girişim hevesi, sabırsızlık
Täter(in) *m(f)* fail, yapan; (*Übel-*) suçlu, mücrim
tätig *adj* etkin, faal, aktif; **als ... ~ sein** ... olarak çalışmak
Tätigkeit *f* etkinlik, faaliyet, hareket; (*berufliche*) iş, meslek, görev
Tatkraft *f* enerji, azim
tatkräftig *adj* enerjik, azimli
tätlich *adj* saldırgan, fiili, tecavüzi; **~ werden** zora başvurmak; **gegen jdn ~ werden** birine saldırmak
Tatort *m* olay yeri, vaka yeri
tätowieren *vt* dövme yapmak (**auf etw** -e); **sich ~ lassen** dövme yaptırmak
tätowiert *adj* dövmeli
Tätowierung *f* dövme
Tatsache *f* olgu, gerçek, vakıa
tatsächlich I. *adj* gerçek, vaki **II.** *adv* gerçekten, sahiden; **~?** sahi mi?, öyle mi?
Tau[1] *m* (*Niederschlag*) çiy, jale, şebnem
Tau[2] *nt* (*starkes Seil*) halat, urgan
taub *adj* ❶ (*gehörlos*) sağır ❷ (*gefühllos*) uyuşuk; **sich ~ stellen** duymamazlıktan gelmek
Taube *f* güvercin; (*Turtel-*) kumru
Taubenschlag *m* güvercinlik
taubstumm *adj* sağır-dilsiz
tauchen I. *vt* daldırmak, batırmak; (*tunken*) banmak (**etw in etw** -i -e) **II.** *vi sein* dalmak, batmak (**in etw** -e)
Taucher(in) *m(f)* dalgıç
Taucheranzug *m* dalgıç elbisesi
Taucherausrüstung *f* dalgıç takımı
Taucherbrille *f* dalgıç gözlüğü
Taucherflosse *f* palet
Tauchsieder *m* elektrikli su ısıtıcısı
tauen *vi* (*Schnee*) erimek; (*Eis*) çözülmek; **es taut** (*Schnee*) kar eriyor
Taufe *f* vaftiz
taufen *vt* vaftiz etmek (**jdn** -i)
Taufname *m* vaftiz adı
Taufpate *m* vaftiz babası
Taufpatin *f* vaftiz anası
taugen *vi* yaramak, elverişli olmak (**für/zu etw** -e); **zu nichts ~** hiç bir işe yaramamak

tauglich *adj* yararlı, elverişli, kullanışlı; (*Person*) yetenekli
Tauglichkeit *f* yararlık, elverişlilik; (*Person*) yetenek
taumeln *vi sein* sallanmak, sendelemek, sersem sersem yürümek
Taurus *m* Toros
Taurusgebirge *nt* Toroslar *pl*
Tausch *m* değişme, mübadele; (*Aus-*) değiş tokuş
tauschen *vt* değiştirmek, değiş (tokuş) etmek (**etw gegen etw** -i ile)
täuschen **I.** *vt* aldatmak, yanıltmak, dolandırmak (**jdn** -i) **II.** *vr* **sich** ~ aldanmak, yanılmak
Täuschung *f* ❶ (*Betrug*) aldat(ıl)ma ❷ (*Irrtum*) yanılma, yanılgı
tausend *num* bin
Tausend *nt* bin; **zu ~en** binlerce; **~e von Menschen** binlerce insan
Tausendfüßler *m* kırkayak
tausendste(r, s) *adj* bininci
Tausendstel *nt* binde bir
Tauwetter *nt* çözülme
Tauziehen *nt* halat çek(iş)me; (*fig*) çekişme
Taxe *f* ❶ (*Festpreis*) kesin konmuş fiyat ❷ (*Schätzung*) tahmin ❸ (*Taxi*) taksi
Taxi *nt* taksi
taxieren *vt* tahmin etmek, kestirmek (**etw** -i)
Taxierung *f* değer tahmini
Taxifahrer(in) *m(f)* taksi şoförü
Taxistand *m* taksi durağı
Tb(c) *f Abk von* **Tuberkulose** tüberküloz
Team *nt* ekip, takım
Teamarbeit *f* grup çalışması
Technik *f* teknik
Techniker(in) *m(f)* tekniker, teknisiyen, teknikçi
technisch *adj* teknik
Techno *m* tekno
Technokrat(in) *m(f)* teknokrat
Technokratie *f* teknokrasi
Technologie *f* teknoloji
Technologietransfer *m* teknoloji transferi
Teddybär *m* oyuncak ayı
TEE *m Abk von* **Trans-Europa-Express** Transavrupa Ekspresi
Tee *m* çay; ~ **mit Zitrone** limonlu çay; **grüner** ~ yeşil çay
Teebeutel *m* çay poşeti
Teekanne *f* demlik
Teekessel *m* çaydanlık
Teelöffel *m* çay kaşığı; **einen ~ voll** bir çay kaşığı dolusu
Teer *m* katran
Teeservice *nt* çay takımı
Teesieb *nt* çay süzgeci
Teich *m* küçük göl; (*künstlicher -*) havuz
Teig *m* hamur
Teigwaren *fpl* hamur işleri *pl*
Teil[1] *m* ❶ bölüm, kısım ❷ (*Stück*) parça ❸ (*Anteil*) pay, hisse; **zu gleichen ~en** eşit parçalar halinde; **zum ~** kısmen; **zum großen ~** büyük çoğunlukla
Teil[2] *nt* ❶ (*Einzel-*) parça ❷ (*Anteil*) pay, hisse
teilbar *adj* bölünebilen
Teilbetrag *m* yekunun bir kısmı
teilen *vt* ❶ ayırmak, bölmek (**etw in etw** -i -e) ❷ MATH bölmek (**etw durch etw** -i -e); **etw mit jdm ~** biriyle bir şeyi bölüşmek
teilhaben *irr vi* **an etw ~** bir şeye katılmak
Teilhaber(in) *m(f)* ortak, hissedar, paydaş
Teilkasko *f* kısmi kasko (sigortası)
Teilnahme *f* ❶ (*Beteiligung*) katılma, katılım ❷ (*Interesse*) ilgi ❸ (*Mitgefühl*) duygudaşlık
Teilnahmebedingungen *fpl* katılım şartları *pl*
Teilnahmegebühr *f* katılım ücreti
teilnahmslos *adj* ❶ (*ohne Interesse*) ilgisiz ❷ (*ohne Gefühl*) duygusuz
teilnehmen *irr vi* katılmak (**an etw** -e)
Teilnehmer(in) *m(f)* katılan, katılımcı; (*an einem Wettbewerb*) yarışmacı
teils *adv* kısmen
Teilung *f* ❶ (*Ein-*) bölünme ❷ (*Trennung*) ayırma, ayrılma ❸ (*in Anteile*) paylaşma
teilweise *adv* kısmen
Teilzahlung *f* ❶ (*Rate*) taksit ❷ (*Abzahlung in Raten*) taksitle ödeme
Tel. *nt Abk von* **Telefon** telefon
Telearbeit *f* teleiş
Telearbeitsplatz *m* tele işyeri
Telefax *nt* faks
Telefon *nt* telefon
Telefonauskunft *f* danışma, enformasyon, bilinmeyen numaralar servisi
Telefonbuch *nt* telefon rehberi
Telefongebühr *f* telefon ücreti
Telefongespräch *nt* telefon konuşması
Telefonhörer *m* ahize
telefonieren *vi* telefon etmek (**mit jdm** -e)
telefonisch **I.** *adj* telefonlu **II.** *adv* telefonla
Telefonist(in) *m(f)* telefoncu, telefonist
Telefonkarte *f* telefon kartı
Telefonnummer *f* telefon numarası

Telefonverzeichnis *nt* telefon fihristi
Telefonzelle *f* telefon kabinesi
telegrafieren *vt* tel(graf) çekmek
telegrafisch **I.** *adj* telgraflı **II.** *adv* telgrafla
Telegramm *nt* telgraf
Telekommunikation *f* telekomünikasyon
Teleobjektiv *nt* teleobjektif
Teleshopping *nt* telefonla alışveriş
Teleskop *nt* teleskop, dürbün
Telex *nt* teleks
Teller *m* tabak; **flacher ~** düz tabak; **tiefer ~** çukur tabak
Tempel *m* tapınak
Temperament *nt* ❶ (*Veranlagung*) huy, mizaç, yaradılış ❷ (*Lebhaftigkeit*) canlılık, hareketlilik
temperamentvoll *adj* ❶ (*lebhaft*) atılgan, canlı, hareketli ❷ (*feurig*) ateşli
Temperatur *f* ❶ (*Wärmegrad*) sıcaklık derecesi ❷ (*Fieber*) ateş
Tempo *nt* ❶ (*Geschwindigkeit*) hız, sürat ❷ (*Rhythmus*) tempo
Tempolimit *nt* hız sınırı
Tendenz *f* (*Neigung*) eğilim
tendenziös *adj* taraflı
Teneriffa *nt* Tenerif
Tenne *f* harman yeri
Tennis *nt* tenis
Tennisball *m* tenis topu
Tennisplatz *m* tenis sahası, kort
Tennisschläger *m* tenis raketi
Tennisspieler(in) *m(f)* tenis oyuncusu, tenisçi
Tenor *m* ❶ (*Stimmlage od. Sänger*) tenor ❷ (*Inhalt*) mana; **der ~ der Rede war der, dass** nutkun havası o idi ki
Teppich *m* halı; (*Gebets-*) seccade; (*Wand-*) kilim
Teppichboden *m* duvardan duvara halı
Teppichweberei *f* halıcılık
Termin *m* kararlaştırılan saat [*o* gün]; (*bei Arzt*) randevu
Terminal *nt* terminal
Terminkalender *m* takvimli defter, ajanda
Terpentin *nt* terebentin, terementi
Terrakotta *f* terakota
Terrasse *f* ❶ teras, taraça ❷ (*Geländestufe*) seki
Territorialgewässer *nt* karasuları *pl*
Territorium *nt* ❶ (*Gebiet*) bölge ❷ (*Staatsgebiet*) devlet toprakları *pl*
Terror *m* terör, tedhiş
terrorisieren *vt* korkutmak, yıldırmak (**jdn** -i)
Terrorismus *m* terorizm
Terrorist(in) *m(f)* terörist
terroristisch *adj* terörist
Terroropfer *nt* terör kurbanı
Tesafilm® *m* seloteyp
Test *m* test
Testament *nt* vasiyet(name); **das Alte ~** Tevrat; **das Neue ~** İncil
testen *vt* denemek (**jdn/etw** -i)
Testosteron *nt* testosteron
Tetanus *m* tetanos
teuer **I.** *adj* ❶ (*nicht billig*) pahalı, masraflı, fiyatlı ❷ (*kostbar*) değerli, kıymetli ❸ (*lieb*) sevgili, aziz; **wie ~ ist diese Jacke?** bu ceket kaça?; **teurer werden** pahalılaşmak **II.** *adv* pahalı; (**jdm**) **~ zu stehen kommen** (birine) pahalıya mal olmak
Teufel *m* şeytan, iblis; **pfui ~!** tüh!; **scher dich zum ~!** cehenneme git!; **in ~s Küche kommen** hapı yutmak; **den ~ an die Wand malen** belayı davet etmek
Teufelskreis *m* kısır döngü
Text *m* ❶ (*allgemein*) metin, yazı ❷ (*Lied-*) şarkı sözü, güfte
Textdatei *f* metin dosyası
Textilien *pl* tekstil *sing*
Textilindustrie *f* tekstil (sanayii)
Texttreue *f* orijinal metne sadakat
Textverarbeitungsprogramm *nt* kelime işlemci program
TH *f Abk von* **technische Hochschule** yüksek teknik okul
Thailand *nt* Tayland
Theater *nt* ❶ tiyatro ❷ (*fam: Getue*) yapmacık ❸ (*fam: Aufregung*) telaş
Theaterkarte *f* tiyatro bileti
Theaterstück *nt* piyes, tiyatro oyunu
Theatervorstellung *f* tiyatro temsili
theatralisch *adj* (*fig*) sahte [*o* yapmacık] tavırlı
Theke *f* tezgah
Thema *nt* konu, mevzu, madde
Theologe, Theologin *m, f* ilahiyatçı
Theologie *f* teoloji, tanrıbilim, ilahiyat
theoretisch *adj* kuramsal, teorik
Theorie *f* kuram, teori
Therapeut(in) *m(f)* tedavici
therapeutisch *adj* terapötik, iyileştirici
Therapie *f* terapi, tedavi
Thermalquelle *f* kaplıca, ılıca
Thermometer *nt* termometre, derece *fam*

Thermosflasche *f* termos
Thermostat *m* termostat
Thrakien *nt* Trakya
Thriller *m* ❶ (*Film*) gerilim filmi ❷ (*Roman*) gerilim romanı
Thrombose *f* tromboz
Thron *m* taht
Thunfisch *m* tonbalığı, orkinos
Thüringen *nt* Thüringen (eyaleti)
Thymian *m* kekik(otu)
Tick *m* ❶ tuhaf alışkanlık ❷ MED tik
ticken *vi* (*Uhr*) tiktak etmek
Ticket *nt* bilet
tief I. *adj* ❶ (*nicht flach*) derin ❷ (*niedrig*) alçak ❸ (*Teller*) çukur ❹ (*Stimme*) kalın; **es ist 5 Meter ~** 5 metre derinliğinde II. *adv* derin olarak
Tief *nt* (*Wetter*) alçak basınç
Tiefbau *m* yeraltı inşaatı
Tiefe *f* ❶ (*allgemein*) derinlik ❷ (*Abgrund*) uçurum ❸ (*Stimme*) kalınlık
Tiefebene *f* ova
tieffliegen *irr vi* (*im Tiefflug fliegen*) alçaktan uçmak
Tiefflug *m* alçak uçuş; **im ~** alçak uçuşla
Tiefgarage *f* yeraltı garajı
tiefgefroren *adj*, **tiefgekühlt** *adj* derin dondurulmuş
Tiefkühltruhe *f* derin dondurucu
Tiefpunkt *m* en düşük nokta
Tiefschlag *m* (*Boxen*) alçak vuruş; (*fig*) yenilgi
Tiefstand *m* düşük düzey
Tier *nt* hayvan
Tierart *f* hayvan türü
Tierarzt, Tierärztin *m, f* baytar, veteriner
Tierfreund(in) *m(f)* hayvansever
Tiergarten *m* hayvanat bahçesi
tierisch *adj* hayvansal, hayvani; (*pej*) vahşi, hayvanca
Tierkreiszeichen *nt* burç
Tierquälerei *f* hayvanlara kötü muamele
Tierschützer(in) *m(f)* hayvansever
Tierschutzverein *m* hayvanları koruma derneği
Tierversuch *m* hayvanlarla yapılan deney, hayvan deneyi
Tierwelt *f* hayvanlar alemi
Tierzucht *f* hayvancılık
Tiger(in) *m(f)* kaplan
Tigris *m* Dicle
tilgen *vt* ❶ (*beseitigen*) silmek (**etw** -i) ❷ (*Schuld*) amorti etmek (**etw** -i)
Tilgung *f* amorti(sman)
Tinte *f* mürekkep
Tintenfisch *m* mürekkep balığı
Tintenklecks *m* mürekkep lekesi
TippRR *m*, **Tip**ALT *m* ❶ (*Ratschlag*) öğüt, tavsiye ❷ (*Fingerzeig*) işaret; **jdm einen ~ geben** birine akıl vermek
tippen I. *vi* ❶ (*leicht klopfen*) parmakla hafifçe dokunmak (**auf etw** -e) ❷ (*Maschine schreiben*) daktilo etmek ❸ (*Lotto*) lotto oynamak ❹ (*raten*) tahmin etmek II. *vt* (*mit Maschine schreiben*) daktilo ile yazmak (**etw** -i)
Tippfehler *m* daktilo yanlışı
Tisch *m* masa; **bei ~** sofra başında; **den ~ decken/abdecken** sofrayı kurmak/kaldırmak; **etw unter den ~ fallen lassen** bir şeye aldırış etmemek
Tischbein *nt* masa ayağı
Tischdecke *f* masa örtüsü
Tischlampe *f* masa lambası
Tischler(in) *m(f)* marangoz
Tischtennis *nt* masa tenisi, pingpong
Tischtuch *nt* masa örtüsü
Titel *m* ❶ (*Namenszusatz*) unvan ❷ (*Überschrift*) başlık ❸ (*Name*) ad
Titelblatt *nt* ilk [*o* baş] sayfa
Toast *m* ❶ (*Brot*) tost ❷ (*Trinkspruch*) *kadeh tokuşturma sırasında söylenenler*
Toastbrot *nt* tost ekmeği
toasten *vt* (*Brot*) kızartmak (**etw** -i)
Toaster *m* tost makinesi
toben *vi* ❶ (*wütend werden*) azmak, kudurmak ❷ (*Kinder*) gürültü etmek
Tobsucht *f* kudurma
Tochter *f* kız (evlat)
Tochtergesellschaft *f* bir şirketin şubesi
Tod *m* ölüm
Todesanzeige *f* ölüm ilanı
Todesfall *m* ölüm
Todesfasten *nt* ölüm orucu
Todesgefahr *f* ölüm tehlikesi
Todeskampf *m* can çekişme
Todesstrafe *f* idam cezası
Todestag *m* ölüm günü; (*Jahrestag*) ölüm günü yıldönümü
Todesursache *f* ölüm nedeni
Todesurteil *nt* idam kararı
todkrank *adj* ölüm derecesinde hasta
tödlich I. *adj* öldürücü II. *adv* **~ verunglücken** kazada ölmek, kazaya kurban gitmek

todmüde *adj* yorgun argın, (ölgün) bitkin

todsicher *adj* şüphe götürmez

Tohuwabohu *nt* (*fam*) karmakarışıklık, anababa günü

Toilette *f* tuvalet; (*europäische Toilette*) alafranka tuvalet

Toilettenartikel *mpl* tuvalet eşyası *sing*

Toilettenpapier *nt* tuvalet kâğıdı

Toilettentisch *m* tuvalet masası

tolerant *adj* hoşgörücü, toleranslı

Toleranz *f* hoşgörü, tolerans

tolerieren *vt* hoşgörmek (**etw/jdn** -i), tolerans göstermek (**etw/jdn** -e)

toll *adj* ❶ (*verrückt*) kaçık, çılgın ❷ (*großartig*) harika, enfes

Tollwut *f* kuduz

tollwütig *adj* kudurmuş, kuduz

Tomate *f* domates

Tomatenmark *nt* domates salçası

Tomatensaft *m* domates suyu

Tomatensauce *f* domates sosu

Tomatensuppe *f* domates çorbası

Tombola *f* tombala

Ton *m* ❶ (*Erde*) balçık, kil ❷ MUS ton ❸ (*Laut*) ses ❹ (*Betonung*) vurgu ❺ (*Abtönung*) nüans ❻ (*Redeweise*) şive; **den ~ angeben** (*fig*) etrafına hakim olmak

tonangebend *adj* (*fig*) etrafına hakim

Tonband *nt* ses bandı

Tonbandgerät *nt* teyp

tönen I. *vi* (*klingen*) çınlamak, tınlamak **II.** *vt* (*Haare*) renk vermek (**etw** -e), hafifçe boyamak (**etw** -i)

Tonfall *m* şive, aksan

Tonfilm *m* sesli film

Tonkarte *f* INFORM ses kartı

Tonne *f* ❶ (*1000 kg*) ton ❷ (*Fass*) fıçı, varil

Tönung *f* ❶ (*Farbton*) renk tonu ❷ (*Haar*) saçın hafifçe boyanması

Tonwaren *fpl* toprak çanak çömlek *sing*

Topf *m* ❶ (*Ton-*) çömlek, çanak ❷ (*Koch-*) tencere ❸ (*Blumen-*) saksı; **alles in einen ~ werfen** (*fig*) fark gözetmemek

Töpfer(in) *m(f)* çömlekçi, çanakçı

Töpferei *f* ❶ (*Tätigkeit*) çömlekçilik ❷ (*Werkstatt*) çömlek tezgahı

Töpferwaren *fpl* çanak çömlek *sing*

topfit *adj* (*fam*) formunda

Topflappen *m* tutacak

Topmodel *nt* top model

Tor[1] *m* (*törichter Mensch*) ahmak, budala, akılsız

Tor[2] *nt* ❶ (*große Tür*) büyük kapı ❷ SPORT kale; (*geschossenes*) gol; **ein ~ schießen** gol atmak

Torf *m* turba, bataklık kömürü

Torhüter(in) *m(f)* kaleci

töricht *adj* ahmak, budala, akılsız

torlos *adj* SPORT golsüz

Törn *m* yelkenli gezisi

torpedieren *vt* torpillemek (**etw** -i)

Torpedo *m* torpido, torpil

Torschütze *m* gol atan

Torso *m* kırık heykel; (*fig*) tamamlanmamış eser

Torte *f* yaş pasta

Tortenboden *m* pasta altlığı

Tortenform *f* pasta kalıbı

Tortur *f* işkence, azap

Torwart *m* kaleci

tot *adj* ❶ (*leblos*) ölü, ölmüş ❷ (*nicht rege*) cansız, hareketsiz ❸ (*glanzlos*) sönük, donuk ❹ (*öde*) ıssız ❺ (*unergiebig*) verimsiz; **~ geboren** ölü doğmuş; **sich ~ stellen** kendini ölmüş gibi göstermek

total I. *adj* bütün, tam **II.** *adv* tamamen, büsbütün

totalitär *adj* totaliter, bütüncül

Totalitarismus *m* totalitarizm, bütüncüllük

totarbeiten *vr* **sich ~** ölesiye çalışmak

Tote(r) *f(m)* ölü

töten *vt* öldürmek (**jdn/etw** -i)

totenblass[RR] *adj*, **totenbleich** *adj* ölü benizli, sapsarı

Totenkopf *m* kurukafa

Totenschein *m* ölüm ilmühaberi

Totenstille *f* ölüm sessizliği, ölümsü bir sessizlik

totgeboren *adj* ölü doğmuş

totlachen *vr* **sich ~** gülmekten katılmak [*o* kırılmak]

Toto *nt* (*Fußball*) sportoto

Totoschein *m* sportoto bileti

Totschlag *m* adam öldürme

totschlagen *irr vt* vurarak [*o* döverek] öldürmek (**jdn** -i); **die Zeit ~** vakit öldürmek

Tötung *f* JUR öldürme; **fahrlässige ~** kasıtsız ama ihmal nedeniyle öldürme; **vorsätzliche ~** kasıtlı öldürme

Touchscreen *m* INFORM dokunmatik ekran

tough *adj* sert

Toupet *nt* takma saç

toupieren *vt* (*Haar*) saçları kabartmak

Tour *f* ❶ (*Ausflug*) gezi(nti) ❷ (*Rundreise*)

T

tur
Tourismus *m* turizm
Tourist(in) *m(f)* turist
Touristenklasse *f* turistik mevki
Touristenmenü *nt* turist mönüsü
Touristenvisum *nt* turist vizesi
Tournee *f* turne
toxisch *adj* toksik
Trab *m* tırıs; **im ~** tırıs giderek
Trabantenstadt *f kentin etrafında gelişen, şehirleşen büyük semt*
Tracht *f* ① (*Kleidung*) giyim, kılık, kıyafet ② (*Volks-*) milli kıyafet
trächtig *adj* (*Tier*) gebe
Trackball *m* INFORM iz topu
Tradition *f* gelenek, anane
Traditionalist(in) *m(f)* gelenekçi
traditionalistisch *adj* gelenekçi
traditionell *adj* geleneksel
traf *vi, vt s.* **treffen**
Tragbahre *f* sedye
tragbar *adj* ① (*zum Tragen*) taşınır, portatif ② (*Kleid*) giyilebilir ③ (*erträglich*) katlanılır, çekilir
träge *adj* ① (*faul*) üşengeç, uyuntu, miskin ② (*schwerfällig*) ağır, mızmız, mıymıntı
tragen <trägt, trug, getragen> *vt* ① (*fortbewegen*) taşımak (**etw** -i) ② (*stützen*) desteklemek (**etw** -i) ③ (*Kleidung*) giymek (**etw** -i); **Früchte ~** meyve vermek; **etw bei sich ~** bir şeyi yanında taşımak
Träger *m* ① (*Gepäck-*) hamal ② (*Balken*) direk, destek ③ (*an einem Kleidungsstück*) askı
Trägersignal *nt* INFORM taşıyıcı sinyal
Tragetüte *f* naylon torba
Tragfläche *f uçak kanatlarının kapladığı alan*
Trägheit *f* ① (*Faulheit*) üşengeçlik ② (*Schwerfälligkeit*) ağırlık, mıymıntılık
Tragik *f* trajedi, feci durum
tragisch *adj* feci, trajik, acıklı; **~ nehmen** çok önemseyip dertlenmek (**etw** -i)
Tragkorb *m* sepet; (*für Babys*) portbebe
Tragödie *f* trajedi; (*Unglück*) felaket, facia
trägt *vt s.* **tragen**
Tragweite *f* önem
Trainer(in) *m(f)* antrenör
trainieren I. *vt* antrenman yaptırmak, çalıştırmak (**jdn** -i) **II.** *vi* antrenman [*o* idman] yapmak
Training *nt* antrenman, idman
Trainingsanzug *m* eşofman
Traktor *m* traktör
trampeln *vi* ① (*stampfen*) tepinmek ② (*schwerfällig gehen*) ağır ağır yürümek
trampen *vi sein* otostopla yolculuk etmek
Tramper(in) *m(f)* otostopçu
Träne *f* gözyaşı
Tränengas *nt* gözyaşartıcı gaz
Tränengasbombe *f*, **Tränengasgranate** *f* göz yaşartıcı bomba
trank *vt s.* **trinken**
Tränke *f* yalak
tränken *vt* (*Tiere*) su içirmek (**etw** -e)
Transaktion *f* işlem
transatlantisch *adj* denizaşırı
Transfer *m* transfer, aktar(ıl)ma
Transferbus *m* servis otobüsü
transferieren *vt* transfer etmek (**etw** -i)
Transformator *m* transformatör
Transistor *m* transistor
transitiv *adj* geçişli, oldurgan
Transitverkehr *m* transit trafiği
transparent *adj* saydam
Transparent *nt* pankart
Transplantation *f* transplantasyon, nakil
transplantieren *vt* (*Organ*) nakletmek, aktarmak (**jdm etw** -e -i)
Transport *m* taşıma, nakil
Transportflugzeug *nt* nakliye uçağı
transportieren *vt* taşımak, nakletmek (**etw** -i)
Transportunternehmen *nt* nakliyat şirketi
Transvestit *m* travesti
Trapez *nt* ① (*im Zirkus*) trapez ② MATH yamuk
Trasse *f* ① (*Bahn-*) *demir yolu hattı* ② (*Straßenplanung*) *yer ölçme sırıklarıyla işaretlenmiş hat*
trat *vi, vt s.* **treten**
Traube *f* ① (*Blütenstand*) salkım ② (*Weinbeere*) üzüm
Traubensaft *m* üzüm suyu
Traubenzucker *m* glikoz, nişasta şekeri
trauen I. *vi* güvenmek, inanmak (**jdm/einer Sache** -e) **II.** *vr* **sich ~** cesaret etmek (**etw zu tun** -meye) **III.** *vt* ① (*verheiraten*) nikahlamak (**jdn** -i) ② **sich ~ lassen** nikah kıydırmak, nikahlanmak
Trauer *f* ① (*um einen Toten*) yas, matem ② (*Kummer*) üzüntü, keder, gam; **~ tragen** matem [*o* yas] tutmak
Trauerflor *m* matem bandı
Trauerkleid *nt* matem elbisesi

trauern *vi* ① (*über etw*) üzülmek (**über etw** -e) ② (*um einen Toten*) yas tutmak, yasını tutmak (**um jdn** -in)
Trauerspiel *nt* trajedi, ağlatı
Trauerweide *f* salkımsöğüt
träufeln *vt* damlatmak (**etw auf etw** -i -e)
Traum *m* ① düş, rüya ② (*Fantasie, Illusion*) hayal, hulya; **wie im ~** rüya gibi
Trauma *nt* travma
traumatisch *adj* travmalı
träumen *vi* rüya [*o* düş] görmek
Träumer(in) *m(f)* (*Fantast*) hayalci
traumhaft *adj* rüya gibi
traumwandlerisch *adv* uykuda gezer gibi
traurig *adj* ① (*Person*) üzgün, kederli, hüzünlü ② (*Sache*) acıklı; **~ machen** üzmek (**jdn** -i)
Trauring *m* nikah yüzüğü
Trauschein *m* evlenme kâğıdı
Trauung *f* (*Hochzeit*) düğün; **kirchliche ~** kilise nikahı; **standesamtliche ~** medeni nikah
Trauzeuge, Trauzeugin *m, f* nikah şahidi
treffen <trifft, traf, getroffen> **I.** *vt* ① (*begegnen*) karşılaşmak (**jdn** ile); (*zufällig*) rastlamak, rast gelmek (**jdn** -e) ② (*an-*) bulmak (**jdn** -i) ③ (*Schütze*) isabet ettirmek (**etw** -e); (*Geschoss*) isabet etmek (**etw** -e); **eine Maßnahme ~** tedbir almak; **eine Entscheidung ~** karar vermek; **es gut ~** (*Glück haben*) şansı olmak; **sich getroffen fühlen** kendi üstüne almak **II.** *vr* **sich mit jdm ~** biriyle buluşmak; **es traf sich, dass** öyle oldu ki; **das trifft sich gut** bu, çok isabetli
Treffen *nt* ① (*Begegnung*) karşılaşma ② (*Verabredung*) buluşma, randevu
treffend *adj* (*angemessen*) uygun
Treffer *m* ① (*Fußball*) gol ② (*beim Schießen*) (tam) isabet
Treffpunkt *m* buluşma yeri
treffsicher *adj* (*Schütze*) iyi nişan alan
treiben <trieb, getrieben> **I.** *vt* ① (*Tierherde*) sürmek (**etw** -i) ② (*jagen*) kovmak (**jdn** -i) ③ (*in Bewegung setzen*) harekete geçirmek, yürütmek (**jdn/etw** -i) ④ (*Geschäfte, Sport*) yapmak (**etw** -i) **II.** *vi* ① *haben* (*keimen*) çimlenmek ② *sein* (*auf dem Wasser*) sürüklenmek
Treiben *nt* (*auf der Straße*) kalabalık
Treibhaus *nt* ser(a), limonluk
Treibhauseffekt *m* sera etkisi
Treibhausgas *nt* sera gazı
Treibhausklima *nt* sera iklimi
Treibmittel *nt* (*Hefe*) maya
Treibstoff *m* akaryakıt, yakıt
Trend *m* trent
Trendwechsel *m* trentteki değişim
trennbar *adj* ayrılabilir
trennen **I.** *vt* ① ayırmak (**etw/jdn von etw/jdm** -i -den) ② (*entzweien*) (ikiye) ayırmak (**jdn** -i) ③ (*Telefongespräch*) bağlantıyı kesmek **II.** *vr* **sich ~** birbirinden ayrılmak; **sich von jdm ~** birinden ayrılmak
Trennung *f* (*Vorgang*) ayrılma; (*Ergebnis*) ayrılık
Treppe *f* merdiven
Treppenabsatz *m* merdiven başı
Treppengeländer *nt* merdiven tırabzanı [*o* korkuluğu]
Treppenhaus *nt* merdiven holü
Tresor *m* kasa
Tretboot *nt* pedallı [*o* kayık] bot
treten <tritt, trat, getreten> **I.** *vt* (*mit dem Fuß stoßen*) tekmelemek (**jdn/etw** -i), tekme atmak (**jdn/etw** -e) **II.** *vi* *sein* (*be-, hinein-*) girmek (**in etw** -e); **auf etw ~** bir şeye (ayak) basmak; **etw mit Füßen ~** (*missachten*) bir şeyi çiğnemek
treu *adj* ① (*loyal*) vefalı, bağlı, sadakatlı ② (*ergeben*) sadık ③ (*Kunde*) sadık
Treue *f* vefa, bağlılık, sadakat; **jdm die ~ halten/brechen** birine sadık kalmak/kalmamak
treulos *adj* vefasız
Tribüne *f* ① (*Redner-*) kürsü ② (*Zuschauer-*) tribün
Trichine *f* trişin, domuz kurdu
Trichter *m* huni
Trick *m* ① (*Kniff*) manevra ② (*eines Betrügers*) hile, düzen, dolap
Trickfilm *m* çizgi film
trieb *vi, vt s.* **treiben**
Trieb *m* ① PSYCH dürtü ② (*An-*) (iç)güdü ③ (*von Pflanze*) filiz, sürgün
Triebkraft *f* itici güç
triefen *vi* damlamak
trifft *vi, vt s.* **treffen**
triftig *adj* inandırıcı
Trikot *nt* triko, atlet, fanila
Trilogie *f* üçleme
Trimester *nt* trimestr (*üç aylık öğrenim devresi*)
trinkbar *adj* içil(ebil)ir
trinken <trank, getrunken> *vt* içmek; (*Säug-*

ling) emmek (**etw** -i); **was möchten Sie ~?** ne içmek istiyorsunuz?
Trinker(in) *m(f)* içki düşkünü, ayyaş
Trinkgeld *nt* bahşiş; (*im Restaurant*) garsoniye
Trinkspruch *m kadeh tokuşturma sırasında söylenenler*
Trinkwasser *nt* içme suyu
Trio *nt* triyo, üçlü
Trip *m* küçük gezinti, dolaşma
trippeln *vi sein* tıpış tıpış yürümek
tritt *vi, vt s.* **treten**
Tritt *m* ❶ (*Schritt*) adım ❷ (*Fuß-*) tekme ❸ (*Huf-*) çifte
Trittbrett *nt* basamak
Triumph *m* zafer
Triumphbogen *m* zafer takı
trocken *adj* ❶ kuru; (*Boden*) kurak ❷ (*langweilig*) kuru, yavan
Trockenhaube *f* saç kurutma başlığı
Trockenheit *f* ❶ (*Zustand*) kuruluk ❷ (*Dürre*) kuraklık, susuzluk
trockenlegen *vt* ❶ (*Kind*) bebeğin altını değiştirmek ❷ (*Sumpf*) kurutmak (**etw** -i)
Trockenmasse *f* **in der ~** kurutulmuş madde
trocknen I. *vt* kurutmak; (*ab-*) kurulamak (**etw** -i) II. *vi sein* kurumak
Trockner *m* kurutucu
Trödel *m* pılı pırtı, ıvır zıvır
Trödelmarkt *m* bitpazarı
trödeln *vi* (*Zeit vertun*) oyalanmak
Trödler(in) *m(f)* ❶ (*Altwarenhändler*) eskici, hurdacı ❷ (*langsame Person*) mıymıntı
troff *vi s.* **triefen**
trog *vt s.* **trügen**
Troja *nt* Truva
Trommel *f* ❶ (*allgemein*) trampet ❷ (*große*) davul; (*kleine türkische*) dümbelek; (*arabische Handtrommel*) darbuka; (*Schellentrommel*) tef
Trommelfell *nt* kulakzarı
trommeln *vi* davul [*o* trampet] çalmak
Trommler *m* trampetçi, davulcu
Trompete *f* trompet; MIL boru
trompeten *vi* trompet [*o* boru] çalmak
Tropen *pl* tropikal bölgeler *pl*
tropfen *vi* damlamak
Tropfen *m* damla
tropfenweise *adv* damla damla
tropfnass[RR] *adj* sır(ıl)sıklam
Tropfsteinhöhle *f* damlataş mağarası
tropisch *adj* tropikal
Trost *m* teselli, avuntu; **nicht recht bei ~ sein** keçileri kaçırmış olmak
trösten *vt* teselli etmek, avutmak (**jdn** -i)
tröstlich *adj* teselli edici, avutucu
trostlos *adj* ❶ (*öde*) ıssız, kasvetli ❷ (*verzweifelt*) ümitsiz
Trostpreis *m* teselli ödülü
Trott *m* ❶ (*Pferdegang*) yorga ❷ (*Einerlei*) tekdüze yaşama biçimi
Trottel *m* (*pej*) salak, sümsük, pısırık
trotten *vi sein* ❶ (*Pferd*) yorga gitmek ❷ (*langsam gehen*) ağır ağır gitmek
Trottoir *nt* (yaya) kaldırım(ı)
trotz *präp +gen, dat* -e rağmen, -e karşın
Trotz *m* (*Eigensinn*) inat(çılık), dik kafalılık
trotzdem *adv* buna rağmen [*o* karşın]
trotzen *vi* ❶ (*eigensinnig sein*) inat etmek ❷ (*Widerstand leisten*) direnmek (**jdm/einer Sache** -e)
trotzig *adj* ❶ (*eigensinnig*) inatçı, dik kafalı ❷ (*schmollend*) somurtkan
trüb(e) *adj* ❶ (*Flüssigkeit*) bulanık ❷ (*Himmel*) kapalı, puslu, bulutlu
Trubel *m* hayhuy, curcuna
trüben I. *vt* bulandırmak (**etw** -i) II. *vr* **sich ~** (*Himmel*) kapanmak, bulutlanmak; (*Wasser*) bulanmak
Trübsinn *m* hüzün
trübsinnig *adj* hüzünlü
Trüffel *f* ❶ (*Pilz*) yermantarı ❷ (*Praline*) bir çeşit fondan
trug *vt s.* **tragen**
trügen <trog, getrogen> *vi, vt* aldatmak, yanıltmak (**jdn** -i); **der Schein trügt** görünüşe aldanmamalı
trügerisch *adj* aldatıcı, yanıltıcı
Trugschluss[RR] *m* yanlış vargı
Truhe *f* sandık; (*kleinere*) kutu, mahfaza
Trümmer *pl* ❶ (*Ruine*) harabe *sing,* yıkıntı *sing* ❷ (*Schutt*) enkaz *sing,* moloz *sing*
Trümmerhaufen *m* enkaz yığını, yıkıntı
Trumpf *m* koz; **seine Trümpfe ausspielen** kozlarını oynamak
Trunkenheit *f* sarhoşluk; **wegen ~ am Steuer** içkili araba kullanmaktan dolayı
Trupp *m* (*Arbeiter*) ekip, takım
Truppe *f* ❶ (*Soldaten*) kıta, birlik ❷ (*Theater-*) trup
Truthahn *m* (baba) hindi
Truthenne *f* dişi hindi
Tschad *m* Çad

Tscheche, Tschechin *m, f* Çek
tschechisch *adj* ❶ (*Art*) Çek ❷ (*Sprache*) Çekçe; **Tschechische Republik** Çek Cumhuriyeti
Tschechoslowakei *f* (*hist*) Çekoslovakya
tschüss[RR] *interj* eyvallah, hoşça kal
Tsd. *nt Abk von* **Tausend** bin
T-Shirt *nt* tişört, T-şört
Tsunami *m* tsunami
Tube *f* tüp
Tuberkulose *f* verem, tüberküloz
Tuch *nt* ❶ (*Stoff*) kumaş ❷ (*Staub-, Spül- etc.*) bez ❸ (*Kopf-*) başörtü(sü); (*Hals-*) (boyun) atkı(sı); **wie ein rotes ~ auf jdn wirken** birini hiddetlendirmek
Tuchfühlung *f* **in ~ bleiben** irtibatta kalmak
tüchtig *adj* ❶ (*fleißig*) çalışkan ❷ (*fähig*) becerikli, yetenekli ❸ (*geschickt*) maharetli ❹ (*nur bei Frauen*) hamarat
Tüchtigkeit *f* beceri, yararlık, çalışkanlık; (*nur bei Frauen*) hamaratlık
tückisch *adj* ❶ (*boshaft*) kötü ❷ (*hinterhältig*) sinsi
tugendhaft *adj* erdemli, namuslu, faziletli
Tüll *m* tül
Tulpe *f* lale
tumb *adj* salak, dingil, bön
tummeln *vr* **sich ~** (*Kinder*) sıçrayıp oynamak, koşup tozmak
Tümmler *m* (*Delfinart*) afalina
Tumor *m* tümör, yumru, ur
Tumult *m* şamata, curcuna
tun <tut, tat, getan> *vt* ❶ (*machen*) yapmak, etmek (**etw** -i) ❷ (*bewirken*) meydana getirmek (**etw** -i) ❸ (*setzen, legen, stellen, stecken*) koymak (**etw in/auf etw** -i -e); **sein Bestes ~** elinden geleni yapmak; **ich habe zu tun** işim var; **ich habe damit nichts zu ~** bu işle hiç bir ilgim yok; **mit etwas zu ~ haben** bir şeyle ilgisi [*o* ilişkisi] olmak; **~ und lassen, was man will** istediğini yapmak; **so ~, als ob ...** -miş gibi yapmak; **Sie ~ gut daran, zu ...** -mekle iyi edersiniz; **er tut nur so** öyleymiş gibi yapıyor; **das tut mir gut** bana iyi geliyor
tünchen *vt* badanalamak (**etw** -i)
Tunesien *nt* Tunus
Tunesier(in) *m(f)* Tunuslu
tunesisch *adj* ❶ (*Art*) Tunus ❷ (*Herkunft*) Tunuslu
Tunfisch[RR] *m* tonbalığı, orkinos
Tunke *f* sos
tunken *vt* banmak (**etw in etw** -i -e)
Tunnel *m* tünel
tupfen **I.** *vi* (*leicht berühren*) hafifçe dokunmak (**an/auf etw** -e) **II.** *vt* (*tüpfeln*) lekelemek, beneklemek (**etw** -i)
Tür *f* kapı; (*Schrank-, Ofen-*) kapak; **zwischen ~ und Angel** ayak üstü; **jdn vor die ~ setzen** (*fam*) birini kapı dışarı etmek; **vor der ~ stehen** kapı önünde durmak; **von ~ zu ~ gehen** kapı kapı dolaşmak
Turban *m* kavuk, sarık
Turbine *f* türbin
Türcode *m* kapı kodu
Türgriff *m* kapı kolu
Türke, Türkin *m, f* Türk
Türkei *f* Türkiye
Türkis *m* firuze, türkuvaz
türkis *adj* firuze rengi
türkisch *adj* ❶ (*Art*) Türk ❷ (*Sprache*) Türkçe; **~er Honig** helva; **~er Kaffee** Türk kahvesi; **~-deutsche Beziehungen** Türk-Alman ilişkileri
türkischstämmig *adj* Türk kökenli
Türklinke *f* kapı mandalı
Turkmene, Turkmenin *m, f* Türkmen
Turkologe, Turkologin *m, f* Türkolog
Turkologie *f* Türkoloji
Turm *m* kule
turnen *vi* jimnastik [*o* idman] yapmak
Turnen *nt* jimnastik, beden eğitimi, idman
Turner(in) *m(f)* jimnastikçi
Turngerät *nt* jimnastik aleti
Turnhalle *f* jimnastik salonu
Turnier *nt* turnuva; (*Reit-*) at yarışı, binicilik yarışması
Turnlehrer(in) *m(f)* jimnastik öğretmeni
Turnschuh *m* spor ayakkabısı
Turnverein *m* jimnastik kulübü
Türöffner *m* (*elektrisch*) kapı otomatiği
Türrahmen *m* kapı sövesi
Türschwelle *f* kapı eşiği
Tusche *f* çini mürekkebi
tut *vt s.* **tun**
Tüte *f* torba; (*Papier-*) kesekâğıdı; (*Spitz-*) külah
TÜV *m Abk von* **Technischer Überwachungsverein** Teknik Denetleme Derneği
TV *f Abk von* **Television** televizyon
Typ *m* ❶ tip, biçim ❷ (*fam: Mann*) herif
Typhus *m* tifo; (*Fleck-*) tifüs
typisch *adj* tipik
Tyrann(in) *m(f)* zalim, despot

T

tyrannisch *adj* gaddar, zalim, despot
tyrannisieren *vt* kasıp kavurmak (**jdn** -i), gaddarlık etmek, zulmetmek (**jdn** -e)

U u

u.a. *adv Abk von* **und andere(s)** v.s. (*vesaire*)
u.a. *adv Abk von* **unter anderem** ve de ayrıca
U-Bahn *f* metro, yeraltı treni; (*alte Istanbuler ~ in Beyoğlu*) Tünel
U-Bahnstation *f* metro durağı
übel *adj, adv* kötü, fena; (**das ist**) (**gar**) **nicht** (**so**) ~ (hiç de) fena değil; **mir ist** [*o* **wird**] ~ fenalaşıyorum; (*Magen*) midem bulanıyor; **wohl oder ~** ister istemez; **es jdm ~ nehmen** birine darılmak [*o* gücenmek]
Übel *nt* kötülük, fenalık; **das kleinere ~** ehvenişer
Übelkeit *f* fenalaşma, rahatsızlık; (*Brechreiz*) mide bulantısı
übelnehmen *vt s.* **übel**
üben I. *vi* (*wiederholen und lernen*) alıştırma yapmak; SPORT antrenman yapmak **II.** *vt* çalışmak (**etw** -i)
über I. *präp +dat* (*Ort*) -in üzerinde, -in üstünde **II.** *präp +akk* ❶ (*Richtung*) -in üzerine, -in üstüne; **~ die Brücke gehen** köprüden geçmek ❷ (*mehr als ...*) -den fazla; **~ 50 Jahre alt sein** 50 yaşından fazla olmak; **es geht nichts ~ ...** -in üzerine hiç bir şey yoktur ❸ (*über ... hinaus*) -in ötesinde ❹ (*betreffs*) hakkında, üzerine, hususunda; **~ jdn reden** biri hakkında konuşmak ❺ (*durch*) sayesinde, yardımıyla ❻ (*während*) sırasında, esnasında; **~ Nacht** gece boyunca; (*plötzlich*) birdenbire
überall *adv* her yerde [*o* tarafta]
überaltert *adj* ❶ (*Gesellschaft*) yaş ortalaması yüksek ❷ (*veraltet*) eskimiş
überanstrengen I. *vt* fazla yormak, yıpratmak (**jdn/etw** -i) **II.** *vr* **sich ~** fazla yorulmak
Überanstrengung *f* aşırı yorulma
überarbeiten I. *vt* (*Text, Buch*) yeniden gözden geçirmek (**etw** -i) **II.** *vr* **sich ~** sürmenaj olmak, aşırı çalışmak
Überarbeitung *f* ❶ (*Revision*) revizyon ❷ (*Person*) sürmenaj
überaus *adv* son derece(de), gayet
überbacken *irr vt* (*im Rohr*) gratine etmek (**etw** -i)
überbelasten *vt* fazla yüklemek (**etw** -i)
überbelichtet *adj* (*Foto*) aşırı ışık almış
überbewerten *vt* fazla değer vermek (**etw** -e)
überbieten *irr vt* (*übertreffen*) üstün gelmek (**jdn** -e), aşmak (**etw** -i)
Überblick *m* ❶ (*auf Landschaft*) panorama ❷ (*Übersicht*) genel [*o* toplu] bakış; **sich über etw einen ~ verschaffen** bir konu hakkında genel bir fikir edinmek
überblicken *vt* bir bakışta kavramak, kapsamıyla görmek (**etw** -i)
überbringen *irr vt* iletmek, teslim etmek, nakletmek (**jdm etw** -e -i)
Überbringer(in) *m(f)* getiren; (*Amtssprache*) hamil
überdenken *irr vt* iyice düşünmek (**etw** -i)
überdies *adv* bundan başka, fazla olarak
Überdosis *f* aşırı doz, sürdozaj
Überdruck *m* fazla basınç
überdurchschnittlich *adj* ortalamanın üstünde; (*außergewöhnlich*) olağanüstü
übereilt *adj* düşüncesizce [*o* aceleyle] yapılan
übereinander *adv* ❶ (*örtlich*) üst üste ❷ (*fig*) birbiri hakkında
übereinanderschlagen *irr vt* **die Beine ~** ayak ayak üstüne atmak
übereinkommen *irr vi sein* anlaşmak, uzlaşmak, uyuşmak (**mit jdm** ile)
übereinstimmen *vi* ❶ (*Personen*) aynı fikirde olmak (**mit jdm** ile) ❷ (*Sachen*) uymak (**mit etw** -e)
überempfindlich *adj* aşırı hassas; (*leicht gekränkt*) alıngan
überfahren *irr vt* ❶ (*Menschen*) çiğnemek, ezmek (**jdn** -i) ❷ (*Signal*) *dur işaretini görmeden* (*veya önemsemeden*) *basıp geçmek*
Überfahrt *f karşıdan karşıya geçiş*
Überfall *m* baskın; (*Raub-*) soygun
überfallen *irr vt* basmak (**jdn** -i), saldırmak (**jdn** -e); **~ werden** baskına uğramak
überfällig *adj* ❶ fazla geciken ❷ (*Rechnung*) günü geçmiş
überfliegen *irr vt* ❶ (*über etw fliegen*) üzerinden uçmak (**etw** -in) ❷ (*Text*) göz gezdirmek (**etw** -e)
überfließen *irr vi sein* taşmak
überflügeln *vt* (*fig*) geçmek, bastırmak, geride bırakmak (**jdn** -i)

ÜberflussRR *m,* **Überfluß**ALT *m* bolluk, bereket; **im ~** bol bol
überflüssig *adj* (gereğinden) fazla, gereksiz
überfluten *vt* su basmak (**etw** -i)
überfordern *vt* (*Person*) yapabileceğinden fazlasını istemek (**jdn** -den)
überführen *vt* ❶ (başka bir yere) nakletmek [*o* sevketmek] (**etw** -i) ❷ (*Täter*) suçunu kanıtlamak (**jdn** -in)
Überführung *f* ❶ (*eines Angeklagten*) suçunun kanıtlanması ❷ (*Brücke*) üstgeçit
überfüllt *adj* tıka basa dolu
Übergabe *f* ❶ (*Aushändigung*) eline verme, teslim ❷ (*Kapitulation*) teslim
Übergang *m* ❶ (*Überqueren*) geçme ❷ (*Bahn-*) geçit ❸ (*Wechsel*) geçiş
Übergangsmantel *m* mevsimlik manto
Übergangszeit *f* geçiş devresi
übergeben *irr* **I.** *vt* ❶ (*aushändigen*) vermek, teslim etmek (**jdm etw** -e -i) ❷ (*Aufgabe, Amt*) bırakmak (**jdm etw** -e -i) **II.** *vr* **sich ~** (*erbrechen*) kusmak, istifrağ etmek
übergehen[1] *irr vi sein* (*Thema*) geçmek (**zu etw** -e)
übergehen[2] *irr vt* (*auslassen*) atlamak, ihmal etmek (**etw** -i)
Übergewicht *nt* ❶ (*Person*) fazla kilo ❷ (*Vorherrschaft*) üstünlük; **Ihr Gepäck hat ~** bagaj fazlanız var
überglücklich *adj* son derece mutlu
übergreifen *irr vi* (*Feuer, Krankheit*) geçmek (**auf jdn/etw** -e)
überhaupt *adv* (*letzten Endes*) eninde sonunda; **~ nicht** asla, hiç; **~ nichts** hiç (mi hiç)
überheblich *adj* kibirli, kurumlu
Überheblichkeit *f* kibir, kendini üstün görme
überhitzen *vt* fazla ısıtmak [*o* kızdırmak] (**etw** -i)
überholen *vt* ❶ (*vorbeigehen an*) geçmek, geride bırakmak (**jdn** -i) ❷ (*Fahrzeug: links ~*) sollamak; (*rechts ~*) sağlamak (**etw** -i) ❸ (*Maschine*) revizyonunu yapmak (**etw** -in)
Überholen *nt* (*Verkehr*) sollama; **~ verboten!** sollamak yasaktır!
Überholspur *f* sollama şeridi
überholt *adj* (*veraltet*) eskimiş
Überholung *f* revizyon
überhören *vt* ❶ *dikkatsizlik yüzünden bir şeyi işitememek* ❷ (*absichtlich*) işitmemezlikten [*o* duymamazlıktan] gelmek (**etw** -i)
überkochen *vi* (kaynarken) taşmak
überladen *irr vt* fazla doldurmak (**etw** -i)
überlassen *irr vt* ❶ (*abtreten*) bırakmak, terk etmek (**jdm etw** -e -i) ❷ JUR devretmek (**jdm etw** -e -i); **~ Sie es mir** o işi bana bırakın
überlasten *vt* fazla yüklemek (**etw** -i); (*Person*) çok yormak (**jdn** -i)
Überlastung *f* fazla yükle(n)me; (*einer Person*) çok yor(ul)ma [*o* zorla(n)ma]
überlaufen *irr vi sein* (*Flüssigkeit*) taşmak; **zum Feind ~** düşman tarafına geçmek
Überläufer(in) *m(f)* ❶ POL karşı partiye geçen ❷ MIL asker kaçağı
überleben **I.** *vt* (*jdn*) (*birinden*) *daha uzun yaşamak;* (*Unfall*) kurtulmak (**etw** -den) **II.** *vi* sağ kalmak [*o* hayatta]
Überleben *nt* sağ [*o* hayatta] kalma; **ums ~ kämpfen** yaşam mücadelesi vermek
Überlebende(r) *f(m)* artakalan, sağ [*o* hayatta] kalan
Überlebenskampf *m* yaşam mücadelesi
überlegen[1] **I.** *vi, vt* düşünmek (**etw** -i) **II.** *vr* **sich etw reiflich ~** bir şeyi iyice düşünmek, bir şeyi ölçüp biçmek
überlegen[2] *adj* üstün (**jdm** -den)
Überlegenheit *f* üstünlük
Überlegung *f* düşünce, fikir; **nach reiflicher ~** iyice düşünüp taşındıktan sonra
überliefert *adj* geleneksel
Überlieferung *f* ❶ (*Tradition*) gelenek ❷ (*mündliche ~*) rivayet
überlisten *vt* aldatmak (**jdn** -i)
überm *präp* = *über dem* **über**
Übermacht *f* üstünlük
Übermaß *nt* **im ~** ifrat derecede
übermäßig *adj* aşırı; (*Preis*) çok yüksek, fahiş
Übermensch *m* üstinsan
übermitteln *vt* ❶ (*mitteilen*) bildirmek (**jdm etw** -e -i) ❷ (*weiterleiten*) aktarmak, iletmek (**jdm etw** -e -i)
Übermittlung *f* aktarma, iletme
übermorgen *adv* öbür gün, yarından sonraki gün
übermüdet *adj* bitkin, son derece yorgun
Übermüdung *f* bitkinlik, aşırı yorgunluk
übermütig *adj* ❶ (*vor Freude*) taşkın, coşkun ❷ (*anmaßend*) kibirli
übern *präp* = *über den* **über**
übernächste(r, s) *adj* (*Straße*) birinci değil ikinci; (*Tag, Woche*) öbür; **am ~n Tage** öbür gün
übernachten *vi* gecelemek, konaklamak,

U

geceyi geçirmek
Übernachtung *f* geceleme, konaklama
Übernahme *f* ① (*Entgegennahme*) teslim alış ② (*Zitat*) alıntı ③ (*Annahme*) kabul
übernatürlich *adj* doğaüstü
übernehmen *irr* **I.** *vt* ① (*in Empfang nehmen*) teslim almak (**etw** -i) ② (*Textstelle*) almak (**etw** -i) ③ (*Aufgabe, Kosten*) üstüne almak (**etw** -i) **II.** *vr* **sich** ~ ifrata kaçmak
überparteilich *adj* partiler üstü
überprüfen *vt* gözden geçirmek, yoklamak, denetlemek (**etw** -i)
Überprüfung *f* gözden geçirme, yoklama, denetleme
überqueren *vt* (*Straße, Fluss*) karşı tarafına geçmek (**etw** -in); (*Brücke*) geçmek (**etw** -den); (*Platz*) ortasından geçmek (**etw** -in); (*Berg*) aşmak (**etw** -i)
überragen *vt* ① (*Berg, Haus*) daha yüksek olmak (**etw** -den) ② (*Person: größer sein*) boyunu geçmek (**jdn** -in); (*übertreffen*) daha üstün olmak (**jdn** -den)
überragend *adj* üstün
überraschen *vt* sürpriz yapmak (**jdn** -e), şaşırtmak, hayrete düşürmek (**jdn** -i)
überraschend *adj* şaşırtıcı, sürprizli
überrascht *adj* şaşırmış, hayret içinde
Überraschung *f* sürpriz
überreden *vt* ikna etmek (**jdn zu etw** -i -e), kandırmak (**jdn** -i), aklını çelmek (**jdn** -in)
überreichen *vt* uzatmak, sunmak (**jdm etw** -e -i)
überreif *adj* ① (*sehr reif*) çok olgun ② (*leicht faulend*) çürümek üzere
überrumpeln *vt* gafil avlamak, (aniden) basmak (**jdn** -i)
überrunden *vt* geçmek (**jdn** -i)
übers *präp* = *über das* **über**
Überschallflugzeug *nt* süpersonik uçak
Überschallgeschwindigkeit *f* süpersonik hız (*ses hızını geçen hız*)
überschätzen *vt* fazla değer vermek (**jdn/etw** -e), (gözünde) büyütmek (**jdn/etw** -i)
überschauen *vt* ① (*Gelände*) her yanını görmek (**etw** -in) ② (*begreifen*) bir bakışta kavramak (**etw** -i)
Überschlag *m* ① (*Schätzung*) tahmin, kestirme ② SPORT takla, perende
überschlagen[1] *vt* **die Beine** ~ ayak ayak üstüne atmak
überschlagen[2] **I.** *vt* ① (*beim Lesen*) okumayarak geçmek (**etw** -i) ② (*ungefähr berechnen*) tahmini hesaplamak (**etw** -in) **II.** *vr* **sich** ~ (*Auto*) takla atmak; (*sich bemühen*) gayret göstermek; (*schrill werden*) tizleşmek
überschneiden *irr vr* **sich** ~ kesişmek
überschreiben *irr vt* ① (*mit Titel*) başlık koymak (**etw** -e) ② JUR devretmek (**jdm etw** -e -i) ③ INFORM (*Datei*) üstüne yazmak (**etw** -in)
überschreiten *irr vt* ① (*Ort*) geçmek (**etw** -den); (*Frist, Grenze*) aşmak (**etw** -i) ② (*fig: Gesetz*) bozmak, çiğnemek (**etw** -i)
Überschrift *f* başlık
Überschuss[RR] *m*, **Überschuß**[ALT] *m* artık, kalan, fazla
überschüssig *adj* arta kalan, fazla
überschütten *vt* ① (*mit Flüssigkeit*) üstüne dökmek (**etw mit etw** -in -i) ② (*mit Komplimenten, Vorwürfen*) yağdırmak (**jdn mit etw** -e -i), boğmak (**jdn mit etw** -i -e)
überschwänglich[RR] *adj* ① (*begeistert*) coşkun, heyecanlı ② (*übertrieben*) mübalağalı
überschwemmen *vt* su basmak (**etw** -i); **den Markt mit Waren** ~ piyasaya mal yağdırmak
Überschwemmung *f* su baskını
überschwenglich[ALT] *adj s.* **überschwänglich**
Übersee *pl* denizaşırı ülkeler *pl*
überseeisch *adj* denizaşırı
übersehen *irr vt* ① (*Gelände*) her yanını görmek (**etw** -in) ② (*nicht sehen*) gözden kaçırmak; (*absichtlich*) görmemezlikten gelmek (**etw** -i)
übersenden *irr vt* yollamak, göndermek (**jdm etw** -e -i)
übersetzen[1] *vt* (*über einen Fluss*) öbür tarafa geçirmek (**etw/jdn** -i)
übersetzen[2] *vt* ① (*schriftlich*) çevirmek (**etw in etw** -i -e) ② (*dolmetschen*) çevirmek, tercüme etmek (**etw aus etw** -i -den, **etw in etw** -i -e)
Übersetzer(in) *m(f)* çevirmen, tercüman
Übersetzung *f* çeviri, tercüme
Übersicht *f* ① (*Überblick*) toplu bakış ② (*Zusammenfassung*) özet
übersichtlich *adj* açık, belirgin
Übersichtlichkeit *f* açıklık, belirginlik
übersiedeln *vi sein* yerleşmek, göçmek (**nach/in etw** -e)
überspannt *adj* ① (*extrem*) aşırı ② (*verrückt*) kaçık, delişmen
überspielen *vt* (*Tonband*) kaydetmek (**etw**

-i) (*bir teypten diğerine*)
überspitzt *adj* (*fig*) abartmalı
überspringen *irr vt* ❶ (*springen über*) üstünden atlamak (**etw** -in) ❷ (*auslassen*) atlamak (**etw** -i)
überstehen *irr vt* ❶ (*Gefahr*) atlatmak, savmak (**etw** -i) ❷ (*durchmachen*) dayanmak (**etw** -e), çekmek (**etw** -i)
übersteigen *irr vt* aşmak, geçmek (**etw** -i)
überstimmen *vt* oy sayısıyla yenmek (**jdn** -i)
Überstunden *fpl* fazla mesai; **~ arbeiten** fazla mesai çalışmak
überstürzen *vr* **sich ~** (*Ereignisse*) hızla birbirini izlemek
überstürzt *adj* düşüncesizce [*o* aceleyle] yapılan
Übertrag *m* aktarılacak toplam
übertragbar *adj* JUR devredilebilir; **nicht ~** devredilmez
übertragen[1] *irr vt* ❶ (*Sendung*) yayınlamak (**etw** -i) ❷ (*übersetzen*) çevirmek, tercüme etmek (**etw in etw** -i -e) ❸ JUR devretmek (**jdm etw** -e -i) ❹ (*Buchhaltung*) başka bir hesaba geçirmek (**etw** -i)
übertragen[2] *adj* **in ~er Bedeutung** mecazi anlamda
Übertragung *f* ❶ (*Übersetzung*) çeviri, tercüme ❷ JUR devretme ❸ (*Sendung*) yayın
Übertragungsgeschwindigkeit *f* INET aktarım hızı
Übertragungsrate *f* INET (*von Daten*) veri hızı
Übertragungswagen *m* canlı yayın aracı
übertreffen *irr vt* aşmak, bastırmak, geride [*o* arkada] bırakmak (**jdn/etw** -i)
übertreiben *irr vt* abartmak, büyütmek (**etw** -i)
Übertreibung *f* abartma
übertreten[1] *irr vi sein* ❶ (*Fluss*) taşmak ❷ (*Religion, Partei wechseln*) geçmek (**zu etw** -e)
übertreten[2] *irr vt* (*Regel*) uymamak (**etw** -e)
Übertretung *f* ❶ (*Straffall*) suç ❷ (*eines Gesetzes*) kanuna aykırı hareket
übertrieben *adj* abartmalı, aşırı
überwachen *vt* kontrol etmek, gözetim altında bulundurmak (**jdn/etw** -i)
Überwachung *f* gözetim, denetleme
überwältigen *vt* ❶ (*besiegen*) yenmek (**jdn/etw** -i) ❷ (*sehr beeindrucken*) çok etkilemek (**jdn** -i)
überwältigend *adj* muhteşem, heybetli; (*Mehrheit*) ezici
Überweg *m* (*Fußgänger-*) yaya geçidi
überweisen *irr vt* (*Geld*) havale etmek (**jdm etw** -e -i)
Überweisung *f* ❶ (*Geld-*) havale ❷ (*zu Facharzt*) nakil
überwiegen *irr vi* üstün olmak
überwiegend **I.** *adj* en büyük **II.** *adv* (*hauptsächlich*) genellikle
überwinden *irr* **I.** *vt* ❶ (*besiegen*) yenmek (**jdn/etw** -i) ❷ (*Hindernis*) aşmak (**etw** -i) ❸ (*Zorn*) bastırmak (**etw** -i) **II.** *vr* **sich ~** nefsini kırmak; **sich ~, etw zu tun** kendini bir şey yapmaya zorlamak
Überwindung *f* ❶ yenme, aşma ❷ (*Selbst-*) kendini zorlama
überwintern *vi* kışı geçirmek
Überzahl *f* sayıca üstünlük
überzeugen **I.** *vt* inandırmak (**jdn von etw** -i -e), kandırmak (**jdn** -i) **II.** *vr* **sich von etw ~** bir şeyden emin olmak; **~ Sie sich selbst!** kendiniz emin olun!
überzeugend *adj* inandırıcı, ikna edici
überzeugt *adj* emin (**von etw** -den), inanmış
Überzeugung *f* ❶ (*das Überzeugen*) inandırma ❷ (*Meinung*) kanı ❸ (*Glaube*) inanç
überziehen[1] *irr vt* **sie zog (sich) eine Jacke über** üzerine bir ceket geçirdi
überziehen[2] *irr vt* (*mit Stoff*) kaplamak (**etw mit etw** -i ile); (*das Konto ~*) banka hesabından fazla para çekmek
Überzug *m* ❶ (*Bespannung*) örtü ❷ (*über Möbel*) kılıf
üblich **I.** *adj* ❶ (*gewohnt*) alışagelmiş ❷ (*gebräuchlich*) kullanılan **II.** *adv* **wie ~** her zamanki gibi
U-Boot *nt* denizaltı
übrig *adj* (*verbleibend*) geri kalan, artan; (*andere*) diğer, başka; **das Übrige** geri kalan; (*einer Entwicklung, Erzählung*) devamı; **die Übrigen** diğerleri; **im Übrigen** ayrıca; **~ bleiben** (arta)kalmak, artmak; **mir bleibt nichts anderes ~** yapacak başka hiç bir şeyim kalmadı; **etw ~ lassen** bir şeyi (artık) bırakmak, hepsini bitirmemek; (**sehr**) **zu wünschen ~ lassen** (çok) pürüzlü olmak
übrigens *adv* ayrıca, hem (de)
übrighaben *irr vt* **für jdn etwas/nichts ~** birini sevmek/sevmemek, birinden hoşlanmak/hoşlanmamak
übriglassen *vt s.* **übrig**
Übung *f* ❶ alıştırma, egzersiz ❷ SPORT idman,

U

antrenman ❸ (*Ausüben*) yapma, uygulama; **aus der ~ kommen** formdan düşmek, hamla(ş)mak
Übungsbuch *nt* alıştırma [*o* egzersiz] kitabı
UdSSR *f* (*hist*) *Abk von* **Union der Sozialistischen Sowjetrepubliken** SSCB (*Sovyet Sosyalist Cumhuriyetler Birliği*)
UEFA-Pokal *m* UEFA Kupası
Ufer *nt* sahil, kıyı; (*Fluss-*) nehir kenarı [*o* kıyısı]
Ufo *nt* ufo
Uganda *nt* Uganda
U-Haft *f Abk von* **Untersuchungshaft** tutukluluk
Uhr *f* saat; **wie viel ~ ist es?** saat kaç?; **um wie viel ~?** saat kaçta?; **es ist ein/zwei ~** saat bir/iki
Uhrmacher(in) *m(f)* saatçi
Uhrwerk *nt* saat mekanizması
Uhrzeiger *m* saat ibresi
Uhrzeit *f* saat (ayarı)
Uhu *m* puhu
Ukraine *f* Ukrayna
UKW *f Abk von* **Ultrakurzwelle** çok kısa dalga
ulkig *adj* (*spaßig*) eğlendirici, güldürücü; (*pej*) tuhaf, garip
Ulme *f* karaağaç
Ultrakurzwelle *f* çok kısa dalga
Ultraschall *m* ültrason
Ultraschalluntersuchung *f* ültrason muayenesi
ultraviolett *adj* ültraviyole, morötesi
um **I.** *präp +akk* ❶ (*Ort*) (-in) etrafında ❷ (*Richtung*) (-in) etrafına ❸ (*Zeit*) **~ fünf Uhr** saat beşte; **ungefähr um 5 Uhr** saat beş sularında; **~ ... willen** (-in) uğruna; **~ alles in der Welt nicht** dünya bir araya gelse; **~ ein Haar** kıl payı **II.** *konj* **~ zu** -mek için; **~ so besser/schlimmer!** daha iyi/kötü ya!
umarmen *vt* kucaklamak (**jdn** -i), sarılmak (**jdn** -e)
Umarmung *f* kucaklama, sarılma
Umbau *m* değiştirme, yeniden düzenleme
umbauen[1] *vt* değiştirmek, yeniden düzenlemek (**etw** -i)
umbauen[2] *vt* etrafını binalarla çevirmek (**etw** -in)
umbilden *vt* değiştirmek, yeniden düzenlemek, düzeltmek (**etw** -i)
umbinden *irr vt* (*Krawatte, Schürze*) bağlamak (**etw** -i)
umblättern *vt* sayfayı çevirmek
umblicken *vr* **sich ~** (*nach allen Seiten*) etrafına bakınmak; (*rückwärts*) arkasına bakmak
umbringen *irr vt* öldürmek (**jdn** -i)
umdrehen **I.** *vt* döndürmek, çevirmek (**etw** -i) **II.** *vr* **sich ~** dönmek; (*nach hinten schauen*) arkasına bakmak
Umdrehung *f* dönme, devir, devre
umfallen *irr vi sein* (yere) düşmek
Umfang *m* ❶ MATH çevre ❷ (*Ausdehnung*) genişlik, kapsam
umfangreich *adj* geniş, kapsamlı
umfassen *vt* (*enthalten*) kapsamak (**etw** -i)
umfassend *adj* geniş, kapsamlı
umformen *vt* (biçimini) değiştirmek
Umfrage *f* soruşturma, anket
Umgang *m* **mit jdm ~ haben** biriyle görüşür olmak
umgänglich *adj* geçimli, cana yakın
Umgangsformen *fpl* davranış (tarzı) *sing*
Umgangssprache *f* konuşma dili, hergünkü dil
umgeben *irr vt* etrafını çevirmek (**etw** -in), kuşatmak, çevrelemek (**etw** -i)
Umgebung *f* çevre, civar, etraf
umgehen[1] *vi* (*Gerücht*) dolaşmak; **mit jdm gut/schlecht ~** birine iyi/kötü davranmak
umgehen[2] *vt* ❶ (*Ort*) etrafından dolaşmak (**etw** -in) ❷ (*fig: vermeiden*) çekinmek, sakınmak (**etw** -den)
umgehend *adv* bir an önce, derhal
Umgehungsstraße *f* çevre yolu
umgekehrt **I.** *adj* ters **II.** *adv* ters (olarak)
umgestalten *vt* (biçimini) değiştirmek
Umgestaltung *f* değiştir(il)me
umgraben *irr vt* çapalamak, bellemek (**etw** -i)
umgruppieren *vt* yeniden gruplandırmak (**etw** -i)
Umhang *m* pelerin
Umhängetasche *f* askılı çanta
umher *adv* etraf(ın)a, etrafında
umhin *adv* **nicht ~ können, etw zu tun** -mekten kendini alamamak
Umkehr *f* dönüş
umkehren **I.** *vt* döndürmek, çevirmek (**etw** -i) **II.** *vi sein* (geri) dönmek
umkippen **I.** *vt* devirmek (**etw** -i) **II.** *vi sein* devrilmek, yere düşmek
umkleiden *vr* **sich ~** üstünü değiş(tir)mek
Umkleideraum *m* soyunma odası
umkommen *irr vi sein* ölmek

Umkreis *m* çevre; **im ~** çepeçevre, fırdolayı
umkreisen *vt* etrafında dönmek (**etw/jdn** -in)
umkrempeln *vt* ❶ (*Ärmel*) sıvamak, kıvırmak (**etw** -i) ❷ (*verändern*) (esaslı bir şekilde) değiştirmek (**etw/jdn** -i)
Umlage *f* (*von Kosten*) (masraf) bölüştürme
Umlauf *m* (*Rundschreiben*) genelge; **im ~ sein** kullanılmak, geçmek; **in ~ setzen** (*Geld*) piyasaya çıkarmak; (*Gerücht*) yaymak (**etw** -i)
Umlaufbahn *f* yörünge
Umlaut *m Almanca'da ä, ö, ü harflerinin genel adı*
umlegen *vt* ❶ (*Kosten*) ilgililer arasında bölüşmek (**etw** -i) ❷ (*fam: töten*) öldürmek (**jdn** -i)
umleiten *vt* (*Verkehr*) başka bir yola yöneltmek (**etw** -i)
Umleitung *f* ❶ (*Strecke*) varyant ❷ (*als Verkehrstafel*) geçit başka yerden!
umpflanzen[1] *vt bir bitkiyi başka yere dikmek*
umpflanzen[2] *vt etrafını bitkilerle çevirmek*
umrechnen *vt* (*Geld*) çevirmek (**etw in etw** -i -e)
Umriss[RR] *m*, **Umriß**[ALT] *m* (*Silhouette*) kenar çizgisi, siluet; **etw in Umrissen schildern** bir şeyi topluca anlatmak
umrühren *vt* karıştırmak, çalkalamak (**etw** -i)
ums *präp* = *um das* **um**
Umsatz *m* satış miktarı [*o* karı]
Umsatzsteuer *f* muamele vergisi
umschalten **I.** *vt* (*Strom, Gang*) değiştirmek (**etw** -i) **II.** *vi* (*fig: sich umstellen*) alışmak (**auf etw** -e)
Umschau *f* **~ halten** etrafına bakınmak; (*nach etw*) bir şeyi kollamak [*o* gözlemek]
umschauen *vr* **sich ~** etrafına bak(ın)mak; (*nach hinten*) arkasına bakmak
Umschlag *m* ❶ (*Buch-*) kapak ❷ (*Brief-*) zarf ❸ MED pansuman
umschlagen *irr vt* ❶ (*Ärmel*) sıvamak, kıvırmak (**etw** -i) ❷ (*Seite*) çevirmek (**etw** -i); **sie schlug sich ein Halstuch um** atkı ile boynunu sardı
umschreiben[1] *irr vt* (*Eigentum*) devretmek (**jdm etw** -e -i)
umschreiben[2] *irr vt* (*erläutern*) (başka kelimelerle) anlatmak (**etw** -i)
umschulen *vt* ❶ (*für Beruf*) *yeni bir meslek için eğitmek* ❷ (*Schüler*) *başka okula göndermek*
Umschulung *f* ❶ (*beruflich*) yeniden eğitim ❷ (*Schüler*) okul değiştirme
Umschweife *pl* **ohne ~** dolambaçsız, kapı yapmadan
umsehen *irr vr* **sich ~** (*herum*) etrafına bakmak; (*nach hinten*) arkasına bakmak; **sich nach etw ~** (*suchen*) bir şeyi aramak
umsetzen *vt* ❶ (*versetzen*) başka bir yere koymak (**etw** -i) ❷ (*verkaufen*) satmak (**etw** -i)
Umsicht *f* uyanıklık, sağgörü
umsichtig *adj* uyanık, sağgörülü, dikkatli
umsonst *adv* ❶ (*vergeblich*) boşuna, beyhude (yere), nafile ❷ (*gratis*) bedava, parasız
Umstand *m* (*Situation*) durum
Umstände *mpl* ❶ (*Bedingungen*) şartlar *pl* ❷ (*Mühe, Aufwand*) zahmet, külfet ❸ (*Förmlichkeiten*) resmiyet, teklif tekellüf; **unter ~n** gerekirse; **unter diesen ~n** bu şartlar altında; **unter keinen ~n** asla; **machen Sie keine ~!** zahmet etmeyin!; **in anderen ~n** (*schwanger*) gebe, hamile
umständlich *adj* zahmetli, külfetli
Umstandskleid *nt* gebelik elbisesi
Umstandswort *nt* zarf, belirteç
umsteigen *irr vi sein* aktarma yapmak
umstellen[1] *vt* ❶ (*ändern*) değiştirmek (**etw** -i) ❷ (*Möbel*) yer(ler)ini değiştirmek (**etw** -in)
umstellen[2] *vt* kuşatmak (**etw** -i); (*umzingeln*) etrafını almak (**etw** -in)
Umstellung *f* (*Veränderung*) değişiklik
umstimmen *vt* caydırmak (**jdn** -i), fikrini değiştirmek (**jdn** -in)
umstoßen *irr vt* devirmek (**etw** -i)
umstritten *adj* kavgalı, çekişmeli
Umstrukturierung *f* yapısını değiştirme
Umsturz *m* devrim, ihtilal
umstürzen *vt* devirmek, yıkmak (**jdn/etw** -i)
Umtausch *m* değiş(tir)me
umtauschen *vt* değiştirmek (**etw gegen etw** -i ile)
umwandeln *vt* değiştirmek, dönüştürmek (**etw in etw** -i -e)
umwechseln *vt* (*Geld*) boz(dur)mak (**etw** -i)
Umweg *m* dolaşık yol; **auf ~en** (*fig*) dolambaçlı yollardan
Umwelt *f* çevre
umweltbewusst[RR] *adj* çevreci
umweltfreundlich *adj* çevre dostu
Umweltpolitik *f* çevre politikası
umweltschonend *adj* çevre koruyucu

Umweltschutz *m* çevre koruma
Umweltschutzbewegung *f* çevre koruma hareketi
Umweltschützer(in) *m(f)* çevreci
Umweltschutzorganisation *f* çevre koruma organizasyonu
Umweltverschmutzung *f* çevre kirliliği
umwenden *irr* **I.** *vt* döndürmek, çevirmek (**etw** -i) **II.** *vr* **sich ~** dönmek
umwerfen *irr vt* ❶ (*umkippen*) devirmek, düşürmek (**etw** -i) ❷ (*fig: Plan*) vazgeçmek (**etw** -den)
umwerfend *adj* çok etkileyici
umziehen *irr* **I.** *vi sein* taşınmak, göçmek (**nach** -e) **II.** *vr* **sich ~** üstünü değiş(tir)mek
Umzug *m* ❶ (*Festzug*) alay, kortej ❷ (*Wohnung*) taşınma, göç
unabänderlich *adj* değiş(tirile)mez
unabdingbar *adj* zorunlu, olması gereken
unabhängig *adj* bağımsız; **sich ~ machen** bağımsızlığına kavuşmak
Unabhängigkeit *f* bağımsızlık, istiklal, egemenlik
unabkömmlich *adj* vazgeçilemez
unabsichtlich **I.** *adv* istemeyerek **II.** *adj* kasti olmayan
unachtsam *adj* dikkatsiz, düşüncesiz, kayıtsız
unanfechtbar *adj* ❶ (*Entscheidung*) kesin ❷ (*unbezweifelbar*) şüphe götürmez
unangebracht *adj* yersiz, sırasız, uygunsuz
unangenehm *adj* nahoş, tatsız, (can)sıkıcı
unannehmbar *adj* kabul edilemez
Unannehmlichkeit *f* (can) sıkıntı(sı), rahatsızlık, tatsızlık
unanständig *adj* ❶ (*nicht anständig*) terbiyesiz, uygunsuz ❷ (*unmoralisch*) ahlaksız ❸ (*obszön*) müstehcen
Unanständigkeit *f* terbiyesizlik
unantastbar *adj* dokunulmaz
unappetitlich *adj* iğrenç
Unart *f* terbiyesizlik, yakışıksız davranış; (*Kinder*) yaramazlık
unartig *adj* (*Kind*) yaramaz, haylaz, arsız
unattraktiv *adj* çekici olmayan, gösterişsiz
unauffällig **I.** *adj* gösterişsiz, silik **II.** *adv* usulca(cık)
unaufgefordert *adv* kendiliğinden
unaufgeklärt *adj* (*Verbrechen*) faili meçhul
unaufhaltsam *adj* durdurulamaz
unaufhörlich **I.** *adj* sonsuz **II.** *adv* durmadan, durmaksızın, boyuna
unaufmerksam *adj* dikkatsiz, dalgın
unaufschiebbar *adj* ertelenemez
unausgeglichen *adj* dengesiz
unausgereift *adj* (*Plan*) yarım yamalak
unausstehlich *adj* çekilmez, dayanılmaz
unausweichlich *adj* kaçınılmaz
unbarmherzig *adj* merhametsiz, acımasız, gaddar
unbeabsichtigt **I.** *adj* kasti olmayan **II.** *adv* istemeyerek
unbeachtet *adj* **etw ~ lassen** bir şeyi hesaba katmamak, bir şeye değer vermemek
unbedeutend *adj* önemsiz, ufak
unbedingt **I.** *adj* kayıtsız şartsız **II.** *adv* mutlaka, muhakkak; **nicht ~** şart değil
unbefangen *adj* ❶ (*unparteiisch*) tarafsız ❷ (*natürlich*) tabii, tutuk olmayan
unbefleckt *adj* lekesiz
unbefriedigend *adj* hoşnut [*o* tatmin] etmeyen
unbefristet *adj* süresiz
unbefugt *adj* **Unbefugten ist der Zutritt verboten** işi olmayanların içeri girmesi yasaktır
unbegabt *adj* yeteneksiz
unbegreiflich *adj* anlaşılmaz, kavranılmaz
unbegrenzt *adj* sınırsız, sonsuz
unbegründet *adj* asılsız, temelsiz
Unbehagen *nt* rahatsızlık, huzursuzluk, sıkıntı
unbehaglich *adj* rahatsız, huzursuz, sıkıntılı
unbehelligt **I.** *adj* rahatsı edilmeyen **II.** *adv* rahatsı edilmeden
unbeholfen *adj* beceriksiz, hantal
unbekannt *adj* tanınmayan, bilinmeyen, meçhul
unbekümmert *adj* ❶ (*sorgenfrei*) kedersiz ❷ (*bedenkenlos*) düşüncesiz, aldırışsız
unbeliebt *adj* sevilmeyen
unbemannt *adj* (*Flugzeug*) insansız
unbemerkt **I.** *adj* fark edilmeyen **II.** *adv* gizlice
unbenommen *adv* **es bleibt Ihnen ~, zu ...** -mek sizin kararınıza bağlıdır
unberechenbar *adj* hesap olunamayan; (*Person*) günü gününe uymayan
unberechtigt *adj* ❶ (*unbefugt*) yetkisiz ❷ (*nicht berechtigt*) haksız
unberücksichtigt *adj* **etw ~ lassen** bir şeyi hesaba katmamak, bir şeyi dikkate almamak
unberührt *adj* el değmemiş
unbeschädigt *adj* zarara uğramamış, sağlam

kalmış
unbeschrankt *adj* **~er Bahnübergang** bariyersiz tren yolu geçidi
unbeschränkt *adj* ❶ (*grenzenlos*) sınırsız ❷ (*uneingeschränkt*) mutlak, kayıtsız şartsız
unbeschreiblich *adj* tanımı güç, tarif olunamayan
unbeschwert *adj* kaygısız, dertsiz, kedersiz
unbesorgt *adj* **seien Sie ~!** merak etmeyiniz!
unbeständig *adj* ❶ (*veränderlich*) kararsız, oynak ❷ (*wankelmütig*) dönek ❸ (*Wetter*) değişken
Unbeständigkeit *f* kararsızlık, değişkenlik
unbestechlich *adj* rüşvet kabul etmez
unbestimmt *adj* ❶ (*Artikel*) belirsiz ❷ (*ungewiss*) şüpheli
unbestreitbar *adj* belli, inkar edilemez, şüphe götürmez
unbeteiligt *adj* ❶ (*nicht beteiligt*) katılmayan, katılmamış ❷ (*gleichgültig*) ilgisiz
unbetont *adj* vurgusuz
unbewaffnet *adj* silahsız
unbeweglich *adj* hareketsiz, durgun, sabit
Unbeweglichkeit *f* hareketsizlik
unbewohnbar *adj* oturulamayacak durumda
unbewohnt *adj* (*Haus*) boş, içinde oturulmayan; (*Gegend*) ıssız
unbewusst[RR] **I.** *adj* bilinçsiz **II.** *adv* bilmeden
unbezahlbar *adj* ❶ (*zu teuer*) fiyatı ödenemez ❷ (*sehr wertvoll*) paha biçilmez
unblutig **I.** *adj* kansız **II.** *adv* kan akıtmadan
unbrauchbar *adj* işe yaramaz, kullanılmaz
und *konj* ve; **~ zwar** ve bu da; **~ so weiter** ve saire, ve başkaları; **na ~?** ee?, ne yapalım yani?; **er kam ~ holte mich ab** geldi ve beni karşıladı
undankbar *adj* nankör, iyilik bilmez
Undankbarkeit *f* nankörlük, iyilik bilmezlik
undenkbar *adj* akla (hayale) sığmayan
undeutlich *adj* ❶ (*unbestimmt*) belirsiz ❷ (*verworren*) karışık
undicht *adj* **~ sein** su kaçırmak; **~e Stelle** su [*o* hava] kaçıran yer; (*fig*) sır ifşa eden
Unding *nt* anlamsızlık, münasebetsizlik, manasızlık
undiszipliniert *adj* disiplinsiz, sıkıya alışmamış
undurchführbar *adj* yapılması mümkün olmayan
undurchlässig *adj* su [*o* hava] geçirmez, su [*o* hava] sızdırmaz
undurchsichtig *adj* ❶ saydam olmayan ❷ (*fig: unklar*) belirsiz; (*dubios*) şüpheli
unecht *adj* ❶ (*falsch*) sahte, yapma(cık) ❷ (*künstlich*) suni, yapay ❸ (*nachgemacht*) taklit
unehelich *adj* (*Kind*) evlilik dışı
unehrlich *adj* ❶ (*unredlich*) namussuz ❷ (*betrügerisch*) hileci
uneigennützig *adj* kendi çıkarını düşünmeyen, özgecil
uneingeschränkt *adj* kayıtsız şartsız
uneinig *adj* (**in einer Sache**) **~ sein** (bir şey üzerinde) anlaşamamak
unempfindlich *adj* duygusuz, hissiz
Unempfindlichkeit *f* duygusuzluk, hissizlik
unendlich *adj* sonsuz, sınırsız
unentbehrlich *adj* vazgeçilemez, zorunlu
unentgeltlich **I.** *adj* parasız, ücretsiz **II.** *adv* ücretsiz olarak
unentschieden **I.** *adj* karara bağlanmamış, kesin olmayan **II.** *adv* **~ spielen** berabere kalmak
Unentschieden *nt* beraberlik
unentschlossen *adj* kararsız
unentwegt *adv* durmadan, alabildiğine
unerbittlich *adj* amansız, insafsız, acımasız
unerfahren *adj* acemi, tecrübesiz
unerfreulich *adj* hoşa gitmeyen
unergründlich *adj* anlaşılması imkansız
unerhört *adj* ❶ (*unglaublich*) görülmedik, duyulmadık ❷ (*empörend*) ayıp
unerkannt *adv* tanınmadan, gizlice
unerklärlich *adj* açıklanamaz, akla (hayale) sığmayan
unerlässlich[RR] *adj* zorunlu, mutlaka gerekli
unerlaubt **I.** *adj* izinsiz **II.** *adj* izin almadan
unermesslich[RR] *adj* sonsuz, sınırsız
unermüdlich *adj* yorulmaz
unerschöpflich *adj* bitmez, tükenmez
unerschütterlich *adj* sarsılmaz
unerschwinglich *adj* (*Preis*) fahiş, çok yüksek, yanına varılmaz
unersetzbar *adj*, **unersetzlich** *adj* yerine başkası konamaz, eşi bulunmaz
unerträglich *adj* çekilmez, dayanılmaz
unerwartet *adj* beklenmeyen, beklenmedik, ummadık
unerwünscht *adj* istenmeyen, arzulanmayan
unfähig *adj* yetersiz, yeteneksiz
Unfähigkeit *f* yetersizlik
unfair *adj* yakışık almaz; SPORT spor kuralla-

rına aykırı
Unfall *m* kaza
Unfallanzeige *f* kaza bildirisi
Unfallflucht *f kazadan sonra şoförün kaçması*
Unfallgegner(in) *m(f) yapılan kazada karşı taraf*
Unfallopfer *nt* kazazede
Unfallprotokoll *nt kazadan sonra tutulan zabıt*
Unfallversicherung *f* kaza sigortası
unfassbarRR *adj*, **unfaßbar**ALT *adj* anlaşılmaz, akıl ermez
unfehlbar *adj* yanılmaz, şaşmaz; (*Sache*) aksamaz
Unfehlbarkeit *f* yanılmazlık, aksamazlık
unförmig *adj* biçimsiz, şekilsiz, çirkin
unfreiwillig **I.** *adj* isteksiz, gönülsüz **II.** *adv* istemeyerek, gönülsüz olarak
unfreundlich *adj* nezaketsiz, sevimsiz; (*Wetter*) soğuk
Unfreundlichkeit *f* nezaketsizlik
unfruchtbar *adj* ❶ (*Mensch*) kısır ❷ (*Boden*) çorak ❸ (*ohne Ertrag*) verimsiz
Unfug *m* ❶ (*Unsinn*) saçma ❷ (*übler Streich*) muziplik
Ungar(in) *m(f)* Macar
ungarisch *adj* ❶ (*Art*) Macar ❷ (*Sprache*) Macarca
Ungarn *nt* Macaristan
ungeachtet *präp +gen* -e rağmen, -e karşın, -e bakmayarak
ungeahnt *adj* beklenmedik
ungebeten *adj* **~er Gast** davetsiz misafir [*o* konuk]
ungebildet *adj* ❶ (*nicht gebildet*) kültürsüz ❷ (*unwissend*) bilgisiz, cahil
ungebräuchlich *adj* kullanılmayan
ungedeckt *adj* (*Scheck*) karşılıksız
Ungeduld *f* sabırsızlık
ungeduldig *adj* sabırsız; **~ werden** sabırsızlanmak
ungeeignet *adj* elverişsiz, uygunsuz
ungefähr **I.** *adj* yaklaşık, takribi **II.** *adv* yaklaşık olarak, aşağı yukarı
ungefährlich *adj* tehlikesiz
ungehalten *adj* dargın, gücenik
ungeheuer *adj* ❶ (*furchtbar*) müthiş, dehşetli ❷ (*riesengroß*) kocaman
Ungeheuer *nt* canavar
ungeheuerlich *adj* (*empörend*) ayıp, rezil
Ungeheuerlichkeit *f* ayıp, rezalet
ungehindert *adj* engelsiz
ungehörig *adj* uygunsuz, yakışıksız, ayıp; (*grob*) kaba
ungehorsam *adj* söz dinlemeyen, serkeş, itaatsiz
Ungehorsam *m* itaatsizlik
ungelegen **I.** *adj* vakitsiz, yersiz, uygunsuz **II.** *adv* **~ kommen** vakitsiz gelmek
ungelernt *adj* **~er Arbeiter** *uzman olmayan işçi*
ungelöst *adj* çözülmemiş
ungemütlich *adj* rahatsız, huzursuz
ungenau *adj* kesin olmayan, belirsiz
ungeniert **I.** *adj* serbest, teklifsiz, senli benli **II.** *adv* serbestçe, sıkılmadan
ungenießbar *adj* ❶ (*Essen*) tatsız tuzsuz, yavan ❷ (*fig: Person*) huysuz
ungenügend *adj* yetersiz, yetmez; (*Schulnote*) yetersiz
ungepflegt *adj* bakımsız; (*Person*) pasaklı
ungerade *adj* (*Zahl*) tek
ungerecht *adj* haksız, adaletsiz
ungerechtfertigt *adj* haksız, sebepsiz, nedensiz
Ungerechtigkeit *f* haksızlık, adaletsizlik
ungern *adv* isteksizce, istemeyerek
ungesäuert *adj* (*Brot*) mayasız, hamursuz
Ungeschicklichkeit *f* beceriksizlik, sakarlık
ungeschickt *adj* beceriksiz, sakar
ungesetzlich *adj* kanun [*o* yasa] dışı, gayri meşru
ungestraft *adj* cesasız
ungestüm *adj* atılgan, sert, şiddetli
ungesund *adj* sağlıksız
Ungetüm *nt* biçimsiz yaratık, canavar
ungewissRR *adj*, **ungewiß**ALT *adj* belirsiz, şüpheli
UngewissheitRR *f* belirsizlik, şüphe
ungewöhnlich *adj* ❶ (*nicht gewöhnlich*) müstesna ❷ (*eigenartig*) garip
ungewohnt *adj* alış(ıl)mamış
Ungeziefer *nt* haşarat, zararlı böcekler *pl*
ungezogen *adj* terbiyesiz, yaramaz
Ungezogenheit *f* terbiyesizlik, yaramazlık
ungezwungen *adj* serbest, teklifsiz
ungläubig *adj* dinsiz, imansız, kafir
unglaublich *adj* inanılmaz
unglaubwürdig *adj* inanılmaz; (*Person*) güvenilmez
ungleich *adj* eşit olmayan, farklı
Unglück *nt* ❶ (*Katastrophe*) felaket, facia ❷ (*Unfall*) kaza ❸ (*Pech*) talihsizlik

unglücklich *adj* ❶ (*traurig*) üzgün, üzüntülü ❷ (*ohne Glück*) talihsiz, şanssız ❸ (*verhängnisvoll*) uğursuz
unglücklicherweise *adv* maalesef, ne yazık ki
ungültig *adj* geçersiz, hükümsüz
Ungunst *f* aksilik, terslik; **zu jds ~en** birinin aleyhin(d)e [*o* zararına]
ungünstig *adj* uygunsuz, elverişsiz
ungut *adj* **nichts für ~!** ayıp olmasın!, kusura bakma(yın)!
unhaltbar *adj* dayanıksız
Unheil *nt* felaket, facia
unheilbar *adj* iyileştirilemez, çaresiz
unheilvoll *adj* uğursuz, felaketli
unheimlich **I.** *adj* korkutucu; (*Ort*) tekin olmayan **II.** *adv* (*sehr*) gayet, son derece
unhöflich *adj* nezaketsiz, kaba
Unhöflichkeit *f* nezaketsizlik, kabalık
unhygienisch *adj* sağlığa aykırı
Uni *f* üniversite
Uniform *f* üniforma
uniformiert *adj* üniformalı
Uniklinik *f* üniversite kliniği
Union *f* birlik, birleşme
universal *adj* ❶ (*weltweit*) evrensel ❷ (*umfassend*) genel
Universität *f* üniversite
Universum *nt* evren
Unkenntnis *f* bilmezlik
unklug *adj* akılsız
unkompliziert *adj* basit
Unkosten *pl* masraflar *pl,* giderler *pl*
Unkraut *nt* yabani ot; **~ vergeht nicht** acı patlıcanı kırağı çalmaz
Unkrautvernichtungsmittel *nt* herbisit (*yabani otları yok etme ilacı*)
Unkultur *f* kültürsüzlük
unkündbar *adj* ❶ (*Vertrag*) feshi ihbar olunamaz ❷ (*Stellung*) daimi
unlängst *adv* geçenlerde
unlauter *adj* (*Geschäft*) kanuna aykırı, dürüst olmayan; **~er Wettbewerb** haksız yarışma
unleidlich *adj* çekil(e)mez; (*Mensch*) huysuz, kötü huylu
unleserlich *adj* okunaksız
unlogisch *adj* mantıksız
Unlust *f* neşesizlik, hevessizlik
Unmenge *f* büyük miktar; **eine ~ von** bir sürü, dünya kadar
Unmensch *m* ❶ (*Rohling*) hayvan gibi adam ❷ (*Scheusal*) canavar
unmenschlich *adj* insanlık dışı
unmissverständlich[RR], **unmißverständlich**[ALT] **I.** *adj* yanlış anlaşılmaz, açık, belirgin **II.** *adv* yanlış anlaşılmayacak biçimde
unmittelbar **I.** *adj* dolaysız, direkt **II.** *adv* doğrudan doğruya
unmodern *adj* (*altmodisch*) modası geçmiş; (*unzeitgemäß*) çağdışı
unmöglich *adj* imkansız, olanaksız
Unmöglichkeit *f* imkansızlık, olanaksızlık
unmoralisch *adj* ahlaksız
unmündig *adj* reşit olmayan
Unmut *m* ❶ (*Unzufriedenheit*) can sıkıntısı, hoşnutsuzluk ❷ (*Verdruss*) bezginlik, usanç
unnachahmlich *adj* taklit edilemez
unnachgiebig *adj* boyun eğmez
unnachsichtig *adj* hoşgörüsüz, sert
unnahbar *adj* yanına yaklaşılamaz
unnatürlich *adj* tabii olmayan
unnormal *adj* normal dışı, anormal
unnötig *adj* gereksiz
unnötigerweise *adv* boş yere, gereksiz olarak
unnütz *adj* yararsız, faydasız
unordentlich *adj* düzensiz; (*Person, Zimmer*) dağınık
Unordentlichkeit *f* dağınıklık
Unordnung *f* düzensizlik, dağınıklık, karışıklık
unparteiisch *adj* tarafsız
unpassend *adj* ❶ (*ungünstig*) uymayan, uygunsuz ❷ (*unschicklich*) yakışıksız ❸ (*unangebracht*) yersiz
unpassierbar *adj* geçil(e)mez
unpässlich[RR] *adj* rahatsız, keyifsiz
unpersönlich *adj* kişisel olmayan; (*fig*) soğuk
unpopulär *adj halk tarafından sevilmeyen*
unpraktisch *adj* ❶ (*Sache*) kullanışsız ❷ (*Person*) beceriksiz
unpünktlich *adj* tam vaktinde gelmeyen, dakik olmayan
Unpünktlichkeit *f* dakik olmama
unqualifiziert *adj* kalifiyesiz
unrealistisch *adj* ❶ (*Plan*) gerçek dışı ❷ (*Person*) gerçekçi olmayan
unrecht *adj* ❶ (*ungerecht*) haksız ❷ (*falsch*) yalnış
Unrecht *nt* haksızlık; **zu ~** haksız yere; **~ haben** haksız olmak, haklı olmamak; **jdm ~ tun** birine haksızlık etmek

unrechtmäßig *adj* gayri meşru
unregelmäßig *adj* ❶ (*ungleichmäßig*) düzensiz ❷ (*ohne Regel*) kuralsız
Unregelmäßigkeit *f* düzensizlik, kuralsızlık
unreif *adj* ham; (*fig*) olgun olmayan
unrentabel *adj* karsız, verimsiz
unrichtig *adj* yanlış, doğru değil
Unruhe *f* ❶ (*Bewegung*) hareket ❷ (*innere* ~) huzursuzluk, rahatsızlık; (*Besorgnis*) kaygı, endişe ❸ (*Durcheinander*) kargaşalık ❹ (*Aufstand*) ayaklanma
Unruhestifter(in) *m(f)* arabozucu
unruhig *adj* ❶ (*in Bewegung*) hareketli ❷ (*beunruhigt*) huzursuz, rahatsız ❸ (*besorgt*) kaygılı, endişeli
uns *pron akk von wir* bizi; *dat von wir* bize
unsachlich *adj* ❶ (*Person*) tarafgir, taraf tutan ❷ (*Argument*) konu dışı
unsauber *adj* kirli, pis
unschädlich *adj* zararsız
unscharf *adj* net olmayan
unschätzbar *adj* paha biçilmez, çok değerli
unscheinbar *adj* ❶ (*unauffällig*) göze çarpmayan ❷ (*unbedeutend*) önemsiz
unschlüssig *adj* kararsız
Unschuld *f* ❶ (*Schuldlosigkeit*) suçsuzluk ❷ (*Keuschheit*) bekaret, kızlık
unschuldig *adj* suçsuz; (*keusch*) bakire
unselig *adj* uğursuz
unsere(r, s) *pron* bizim
unsereiner *pron*, **unsereins** *pron* bizim gibiler *pl*
unsererseits *adv* bizim tarafımızdan, bizce
unsertwegen *adv* bizim için
unsicher *adj* ❶ (*gefahrvoll*) emniyetsiz ❷ (*ohne Sicherheit*) emin olmayan; (*nicht selbstsicher*) güvensiz ❸ (*ungewiss*) şüpheli, belirsiz
Unsicherheit *f* ❶ (*Gefahr*) emniyetsizlik ❷ (*keine Selbstsicherheit*) güvensizlik ❸ (*Zweifel*) şüphe
unsichtbar *adj* görünmez, görünmeyen
Unsinn *m* saçma; **mach keinen ~!** saçmalama!
unsinnig *adj* ❶ (*ohne Sinn*) anlamsız ❷ (*unvernünftig*) saçma (sapan), abuk sabuk
Unsitte *f* kötü alışkanlık
unsittlich *adj* ❶ (*unmoralisch*) ahlaksız ❷ (*obszön*) açık saçık, müstehcen
unsportlich *adj* ❶ (*Verhalten*) sportmenliğe yakışmaz ❷ (*sportlich inaktiv*) spor yapmayan
unsre *pron* = *unsere* **unsere(r, s)**
unsterblich *adj* ölümsüz
Unstimmigkeit *f* ❶ (*Meinungsverschiedenheit*) anlaşmazlık ❷ (*Widerspruch*) tutmazlık
Unsumme *f çok büyük miktar*
unsympathisch *adj* sevimsiz; **er ist mir ~** ondan hiç hoşlanmıyorum
untadelig *adj* kusursuz, lekesiz
untätig *adj* ❶ (*nicht aktiv*) faal olmayan ❷ (*müßig*) tembel, avare
untauglich *adj* işe yaramaz, elverişsiz
unteilbar *adj* bölün(e)mez
unten *adv* aşağıda; **weiter ~** daha aşağıda
unter **I.** *präp +dat* ❶ (*Ort*) -in altında ❷ (*zwischen*) -in arasında ❸ (*weniger als*) -den aşağı; **~ ... hindurch** -in altından; **~ null** sıfırın altında; **~ anderem** ve de ayrıca; **~ Umständen** gerekirse; **~ uns gesagt** söz [*o* laf] aramızda (kalsın); **was verstehen Sie ~ ...?** -den ne anlıyorsunuz? **II.** *präp +akk* ❶ (*Richtung*) -in altına ❷ (*zwischen*) -in arasına
Unterarm *m* önkol
Unterbewusstsein[RR] *nt* bilinçaltı
unterbinden *irr vt* önlemek (**etw** -i)
unterbrechen *irr vt* ❶ ara vermek (**etw** -e) ❷ (*beim Reden*) sözünü kesmek (**jdn** -in)
Unterbrechung *f* ara (verme)
unterbreiten *vt* sunmak, vermek (**jdm etw** -e -i)
unterbringen *irr vt* ❶ (*beherbergen*) yerleştirmek, barındırmak (**jdn in etw** -i -e) ❷ (*Sachen*) yerleştirmek (**etw in etw** -i -e) ❸ (*verstauen*) sığdırmak (**etw in etw** -i -e)
unterbrochen *adj* kesik
unterdessen *adv* bu [*o* o] arada
unterdrücken *vt* ❶ (*Menschen*) baskı yapmak, ezmek (**jdn** -i); (*stärker*) zulmetmek (**jdn** -e) ❷ (*Aufstand, Gefühl*) bastırmak (**etw** -i)
Unterdrückung *f* baskı (yapma), zulüm
untere(r, s) *adj* aşağı, alt
untereinander *adv* ❶ (*räumlich*) alt alta ❷ (*unter sich*) aralarında
unterentwickelt *adj* geri kalmış
unterernährt *adj* yetersiz beslenmiş
Unterernährung *f* gıdasızlık, yetersiz beslenme
Unterführung *f* altgeçit
Untergang *m* ❶ (*Gestirn, Schiff*) batma, batış ❷ (*Niedergang*) çökme, yıkılış

Untergebene(r) *f(m)* ast (*birinin emri altında bulunan*)
untergehen *irr vi sein* ❶ (*Gestirn, Schiff*) batmak ❷ (*fig*) çökmek
UntergeschossRR *nt* bodrum katı
Untergewicht *nt* (*Mensch*) kilo eksikliği, zayıflık
untergraben *irr vt* (*fig*) sarsmak, yıkmak (**etw** -i)
Untergrund *m* yeraltı
Untergrundbahn *f* metro
Untergrundbewegung *f* gizli örgüt hareketi
Untergrundorganisation *f* ❶ (*politische*) komita ❷ (*kriminelle*) yeraltı suç örgütü
unterhalb *präp +gen* -in aşağısında, -in altında
Unterhalt *m* geçim
unterhalten *irr* **I.** *vt* ❶ (*ernähren*) beslemek (**jdn** -i), geçimini sağlamak (**jdn** -in) ❷ (*vergnügen*) eğlendirmek (**jdn** -i) **II.** *vr* **sich ~** (*miteinander sprechen*) sohbet etmek, söyleşmek; (*sich vergnügen*) eğlenmek
unterhaltend *adj*, **unterhaltsam** *adj* eğlendirici, eğlenceli; (*Person*) tatlı dilli
Unterhaltszahlungen *fpl* nafaka
Unterhaltung *f* ❶ (*Gespräch*) konuşma, sohbet ❷ (*Vergnügen*) eğlence ❸ (*Instandhaltung*) bakım
Unterhaltungsmusik *f* hafif müzik
Unterhändler(in) *m(f)* aracı
Unterhemd *nt* fanila, atlet
Unterhose *f* (iç) don(u), külot
unterirdisch *adj* yeraltı, toprakaltı
Unterkiefer *m* altçene
Unterklasse *f* alt sınıf
Unterkunft *f* ❶ (*Ort*) barınak ❷ (*Vorgang, z.B. in Hotel*) konaklama; **~ und Verpflegung** barındırma ve yedirip içirme
Unterlage *f* ❶ altlık ❷ TECH temel; **Unterlagen** belgeler *pl*, dokümanlar *pl*
unterlassen *irr vt* ❶ (*nicht tun*) yapmamak ❷ (*vernachlässigen*) ihmal etmek (**etw** -i)
Unterlassung *f* ihmal
unterlegen[1] *vt* (*darunterlegen*) altına koymak (**etw** -i)
unterlegen[2] *adj* ❶ (*besiegt*) yenik ❷ (*zahlenmäßig*) sayıca az
Unterleib *m* karnın alt kısmı, belden aşağısı
unterliegen *irr vi sein* (*besiegt sein*) yenilmek, altta kalmak
Unterlippe *f* altdudak
unterm *präp* = *unter dem* **unter**
untermauern *vt* (*fig*) sağlam temele dayandırmak (**etw** -i)
Untermieter(in) *m(f)* kiracının kiracısı
untern *präp* = *unter den* **unter**
unternehmen *irr vt* ❶ (*ausführen*) yapmak (**etw** -i) ❷ (*in Angriff nehmen*) girişmek (**etw** -e)
Unternehmen *nt* ❶ (*Unternehmung*) girişim ❷ (*Firma*) kuruluş
Unternehmer(in) *m(f)* girişimci, işadamı, müteşebbis
Unternehmertum *nt* girişimcilik
unternehmungslustig *adj* atılgan, girişken
Unteroffizier *m* assubay
unterordnen **I.** *vt* bağımlı kılmak (**etw** -i) **II.** *vr* **sich jdm ~** birinin emri altına girmek
Unterredung *f* görüşme, danış
Unterricht *m* ders(ler), öğretim
unterrichten *vt* ❶ (*lehren*) ders vermek (**jdn** -e), öğretmek, alıştırmak (**jdn** -i) ❷ (*informieren*) bildirmek (**jdn von/über etw** -e -i), haber vermek (**jdn** -e)
Unterrock *m* jüpon
unters *präp* = *unter das* **unter**
untersagen *vt* yasak etmek, yasaklamak (**etw** -i)
unterschätzen *vt* küçümsemek, azımsamak, aşağı görmek (**etw/jdn** -i)
unterscheiden *irr* **I.** *vt* ayırmak, ayırt [*o* fark] etmek (**etw von etw** -i -den) **II.** *vr* **sich ~** ayrılmak, farklı olmak (**von etw** -den)
Unterscheidung *f* ayırt etme, farklı olma
Unterschicht *f* (*sozial*) alt tabaka [*o* sınıf]
unterschieben[1] *irr vt* (*darunterschieben*) alt tarafına sürmek (**etw** -i)
unterschieben[2] *irr vt* (*Schuld*) üstüne atmak (**jdm etw** -in -i), yüklemek (**jdm etw** -e -i)
Unterschied *m* fark, ayrım, ayrılık; **im ~ zu ...** -den farklı olarak
unterschiedlich *adj* farklı, ayrımlı, değişik
unterschlagen *irr vt* (*Geld*) zimmetine geçirmek (**etw** -i)
Unterschlagung *f* zimmetine geçirme
Unterschlupf *m* sığınak
unterschreiben *irr vt* imzalamak, imza etmek (**etw** -i), altına imza atmak (**etw** -in)
Unterschrift *f* imza
Unterseeboot *nt* denizaltı
Unterseite *f* alt taraf
Untersetzer *m* altlık
untersetzt *adj* bodur, tıknaz
unterste(r, s) *adj* en alt, en aşağıdaki

U

unterstellen *vt* ① (*unterordnen*) emrine vermek (**jdn jdm** -i -in) ② (*annehmen*) varsaymak (**etw** -i) ③ (*beschuldigen*) üstüne atmak (**jdm etw** -in -i), yüklemek (**jdm etw** -e -i)

Unterstellung *f* (*Beschuldigung*) haksız suçlama, iftira

unterstreichen *irr vt* ① altını çizmek (**etw** -in) ② (*fig: hervorheben*) vurgulamak (**etw** -i)

Unterstufe *f Almanya'da lisenin ilk sınıfları*

unterstützen *vt* ① desteklemek, korumak (**jdn** -i), yardım etmek (**jdn** -e) ② INFORM desteklemek (**etw** -i)

Unterstützung *f* destek, yardım, koruma

untersuchen *vt* ① (*prüfen*) yoklamak, araştırmak (**etw** -i) ② (*erforschen*) incelemek, araştırmak (**etw** -i) ③ MED muayene etmek (**etw/jdn** -i)

Untersuchung *f* ① (*Erforschung*) araştırma, inceleme ② (*Nachprüfung*) araştırma, yeniden gözden geçirme ③ MED muayene ④ (*Ermittlung*) soruşturma

Untersuchungsgefangene(r) *f(m)* tutuklu

Untersuchungshaft *f* tutukluluk

Untersuchungsrichter(in) *m(f)* sorgu hakimi [*o* yargıcı]

Untertasse *f* fincan tabağı; **fliegende ~** uçan daire

untertauchen *vi sein* ① dalmak ② (*verschwinden*) ortadan kaybolmak

Unterteil *nt* alt bölüm

Untertitel *m* ① (*Buch*) alt başlık ② FILM altyazı; **mit deutschen ~n** Almanca altyazılı

untertreiben *irr vt* olduğundan küçük [*o* az] göstermek (**etw** -i)

Unterverzeichnis *nt* INFORM alt dizin

unterwandern *vt küçük bir grup olarak bir toplumun içine girip kuvvet kazanmak*

Unterwäsche *f* iç çamaşırı

unterwegs *adv* yolda

Unterwelt *f* (*fig: Kriminelle*) yeraltı dünyası

unterwerfen *irr* **I.** *vt* ① (*besiegen*) yenmek (**jdn** -i) ② (*unterjochen*) boyunduruk altına almak, tabi kılmak (**jdn** -i) **II.** *vr* **sich ~** boyun eğmek

unterwürfig *adj* dalkavuk, köle gibi

unterzeichnen *vt* imza etmek, imzalamak (**etw** -i)

Unterzeichnete(r) *f(m)* imza eden [*o* sahibi]

Unterzeichnung *f* imza(lama)

unterziehen *irr vr* **sich einer Sache ~** bir şeyi üstüne almak

untrennbar *adj* ayrılmaz

untreu *adj* vefasız

Untreue *f* vefasızlık; (*in der Ehe*) ihanet

untröstlich *adj* avutulamaz

untrüglich *adj* sağlam, şüphesiz

unüberbrückbar *adj* (*fig*) bağdaş(a)maz

unüberlegt *adj* düşüncesiz, akılsız

unübersichtlich *adj* ① (*nicht übersichtlich*) bir bakışta kavranmayan ② (*verworren*) karışık, dolambaçlı ③ (*Kreuzung, Kurve*) sonu görünmeyen

unübertrefflich *adj* üstün, kusursuz, eksiksiz

unüberwindlich *adj* (*Hindernis*) başa çıkılamaz, atlatılamaz

ununterbrochen **I.** *adj* devamlı, arası kesilmeyen **II.** *adv* durmadan, durmaksızın

unveränderlich *adj* değişmez

unverantwortlich *adj* sorumsuz, sorumlu olmayan

unverbesserlich *adj* düzelmez

unverbindlich *adj* yükümlü kılmayan

unverblümt *adv* açıkça, dobra dobra

unverdaulich *adj* sindirimi güç

unvereinbar *adj* bağdaş(a)maz

Unvereinbarkeit *f* bağdaşmazlık

unverfroren *adj* arsız, yüzsüz, pişkin

Unverfrorenheit *f* arsızlık, yüzsüzlük

unvergänglich *adj* ölmez, ebedi

unvergesslich[RR] *adj*, **unvergeßlich**[ALT] *adj* unutul(a)maz

unvergleichlich *adj* eşsiz

unverhofft *adj* ummadık, umulmayan

unverkäuflich *adj* satıl(a)maz

unvermeidbar *adj*, **unvermeidlich** *adj* çaresiz

unvermutet *adj* beklenmeyen, ummadık

unvernünftig *adj* akılsız

unveröffentlicht *adj* yayınlanmamış

unverpackt *adj* paketlenmemiş, ambalajsız

unverschämt *adj* utanmaz, arsız, yüzsüz

Unverschämtheit *f* arsızlık, yüzsüzlük, edepsizlik

unversehens *adv* ansızın

unversehrt *adj* sağlam

unversöhnlich *adj* barışmaz, uzlaşmaz

unverständlich *adj* ① (*unklar*) anlaşılmaz ② (*nicht nachvollziehbar*) akıl ermez

unversucht *adj* **nichts ~ lassen(, um etw zu tun)** (bir şey yapmak için) denemedik yol [*o* yöntem] bırakmamak

unverzeihlich *adj* affolunmaz, affedilmez

unverzollt *adj* gümrüksüz

unverzüglich *adv* derhal, hemen, tez elden
unvollendet *adj* tamamlanmamış
unvollkommen *adj* noksan, eksik
unvollständig *adj* bitmemiş, eksik, noksan
unvorbereitet **I.** *adv* hazırlanmadan **II.** *adj* hazırlıksız
unvorhergesehen *adj* beklenmedik, ummadık
unvorsichtig *adj* ❶ (*unachtsam*) dikkatsiz ❷ (*unklug*) akılsız
Unvorsichtigkeit *f* dikkatsizlik, akılsızlık
unvorstellbar *adj* akla (hayale) sığmayan, akıl almaz
unwahr *adj* ❶ (*falsch*) yanlış ❷ (*gelogen*) yalan
Unwahrheit *f* (*Lüge*) yalan
unwahrscheinlich *adj* muhtemel olmayan, ihtimal dışı
unweigerlich *adv* mutlaka
unweit *präp +gen* -in yakında, -in civarında
unwesentlich *adj* esaslı olmayan, önemsiz
Unwetter *nt* fırtına, kasırga
unwichtig *adj* önemsiz
unwiderruflich *adj* geri alınamaz; (*Beschluss*) kesin
unwiderstehlich *adj* dayanılmaz, karşı konulmaz
Unwille *m* öfke, kızgınlık
unwillig **I.** *adj* öfkeli, kızgın **II.** *adv* istemeyerek
unwillkürlich **I.** *adj* ❶ (*absichtslos*) kasti olmayan ❷ (*von innen getrieben*) iradedışı **II.** *adv* bilinçsizce
unwirsch *adj* ters, haşin, hırçın
unwirtschaftlich *adj* ekonomik olmayan, idaresiz
unwissend *adj* bilgisiz, cahil
Unwissenheit *f* bilmezlik, bilgisizlik, cahillik
unwissentlich *adv* bilmeyerek
unwohl *adj* rahatsız, keyifsiz; **mir ist ~** rahatsızım, fenalaşıyorum
Unwohlsein *nt* rahatsızlık, keyifsizlik, kırıklık
unwürdig *adj* ❶ (*nicht würdig*) layık olmayan (**einer Sache** -e) ❷ (*skandalös*) rezil, rezaletli
unzählig *adj* sayısız
unzeitgemäß *adv* çağdışı
unzerbrechlich *adj* kırıl(a)maz
unzertrennlich *adj* ayrılmaz
Unzucht *f* fuhuş
unzüchtig *adj* ahlaksız
unzufrieden *adj* memnun olmayan, hoşnutsuz (**mit jdm/etw** -den)
Unzufriedenheit *f* hoşnutsuzluk, memnuniyetsizlik
unzulänglich *adj* yetersiz, yetmez
unzulässig *adj* yasak
unzumutbar *adj* yapılması istenemez [*o* beklenemez]
unzurechnungsfähig *adj* JUR (hukuki açıdan) sorumsuz
unzureichend *adj* yetersiz, yetmez
unzuverlässig *adj* güvenilmez
Unzuverlässigkeit *f* güvenilmezlik
üppig *adj* ❶ (*reichhaltig*) bol, gümrah, bereketli ❷ (*Pflanzenwuchs*) dolgun, üreyen, bereketli ❸ (*Mahl*) bol bereketli
UPS *nt Abk von* **uninterruptible power supply** INFORM KGK (*kesintisiz güç kaynağı*)
Urabstimmung *f bir örgütün bütün üyelerinin katıldığı oylama*
uralt *adj* ❶ (*Sache*) son derece eski ❷ (*Person*) çok yaşlı
Uran *nt* uranyum
Uraufführung *f* ilk temsil [*o* oynanış], prömiyer
Ureinwohner *mpl* yerliler *pl,* asıl halk *sing*
Urenkel(in) *m(f)* torunun çocuğu
Urgroßeltern *pl* büyük dede ve büyük nine
Urgroßmutter *f büyükannenin veya büyükbabanın annesi*
Urgroßvater *m büyükannenin veya büyükbabanın babası*
Urheber(in) *m(f)* ❶ (*Täter*) (asıl) fail, yapan ❷ (*Autor*) yazar
Urheberrecht *nt* telif hakkı
Urin *m* idrar, sidik
urinieren *vi* idrarını yapmak, işemek *fam*
Urkunde *f* belge; (*notarielle*) senet
URL *f* INET URL adresi
Urlaub *m* ❶ (*Ferien*) tatil ❷ (*Beruf*) izin; **in ~ gehen** tatile [*o* izne] gitmek; **~ haben** tatili [*o* izni] olmak; **~ machen** tatil yapmak
urlauben *vi* (*fam*) izin yapmak
Urlauber(in) *m(f)* ❶ (*Ferienreisender*) tatil (yolculuğu) yapan ❷ (*Sommerfrischler*) yazlıkçı
Urlaubsgeld *nt* izin parası
Urne *f* ❶ (*Wahl*) oy sandığı ❷ (*Aschenkrug*) kül kavanozu
Urologe, Urologin *m, f* ürolog, bevliyeci
Ursache *f* neden, sebep; **keine ~!** bir şey değil!

Ursprung *m* asıl, köken, başlangıç noktası
ursprünglich I. *adj* asıl, ilk(el) II. *adv* köken olarak, esasen
Urteil *nt* hüküm, yargı; **sich ein ~ bilden** fikir [*o* kanı] edinmek
urteilen *vi* yargılamak, hüküm vermek (**über** hakkında); (*meinen*) fikrini söylemek
Urteilskraft *f* yargı yeteneği
Urteilsspruch *m* mahkeme kararı
Uruguay *nt* Urugu(v)ay
Uruguayer(in) *m(f)* Urugu(v)aylı
uruguayisch *adj* ❶ (*Art*) Urugu(v)ay ❷ (*Herkunft*) Urugu(v)aylı
Urwald *m* balta girmemiş orman
urwüchsig *adj* tabii, doğal, sade
USA *pl* ABD (*Amerika Birleşik Devletleri*)
User(in) *m(f)* INFORM kullanıcı
usw. *adv Abk von* **und so weiter** vs. (*ve saire*)
Utility *f* INFORM yardımcı yazılım
utopisch *adj* ütopik
u. U. *adv Abk von* **unter Umständen** gerektiğinde
UV *adj Abk von* **ultraviolett** ültraviyole
UV-Strahlung *f* ültraviyole ışını
Ü-Wagen *m Abk von* **Übertragungswagen** canlı yayın aracı

V v

V *nt Abk von* **Volt** volt
vage *adv* belirsiz(ce)
Vagina *f* vagina
Vakuum *nt* vakum, boşluk, havası alınmış
Vampir *m* vampir
Vanille *f* vanilya
Vanilleeis *nt* vanilyalı dondurma
Varietee[RR] *nt*, **Varieté** *nt* varyete
variieren *vi* değişmek
Vase *f* vazo; (*große*) çiçeklik
Vater *m* ❶ (*Elternteil*) baba ❷ (*Stamm-, Vorfahr*) ata; **~ Staat** devlet baba
Vaterland *nt* anayurt, (ana)vatan
Vaterlandsverräter(in) *m(f)* vatan haini
väterlich *adj* baba gibi, babacan
väterlicherseits *adv* baba tarafından
Vaterschaft *f* babalık
Vatikan *m* Vatikan
VB *f Abk von* **Verhandlungsbasis** görüşme temeli
v. Chr. *adv Abk von* **vor Christus** M.Ö. (*Milattan önce*); **im Jahre 333 v. Chr.** M.Ö. 333 yılında
VEB *m Abk von* **volkseigener Betrieb** (*hist: in der DDR*), Kamu İşletmesi (*eski Doğu Almanya'da*)
Veganer(in) *m(f)* vegan
Vegetarier(in) *m(f)* vejetaryen
vegetarisch *adj* vejetaryen
vegetativ *adj* **~es Nervensystem** vejetatif sinir sistemi
vegetieren *vi* ot gibi (bilinçsiz, sefalet içinde) yaşamak
Veilchen *nt* menekşe
Vene *f* toplardamar, verit
Venenentzündung *f* verit iltihabı
Venezuela *nt* Venezüela
Ventil *nt* valf, supap, vana
Ventilator *m* vantilatör
verabreden I. *vt* (*vereinbaren*) kararlaştırmak (**etw** -i) II. *vr* **sich** (**mit jdm**) **~** (biriyle) sözleşmek
Verabredung *f* ❶ (*Treffen*) randevu, buluşma ❷ (*Vereinbarung*) kararlaştırma, sözleşme; **ich habe eine ~** randevum var
verabscheuen *vt* tiksinmek, nefret etmek (**etw/jdn** -den)
verabschieden I. *vt* (*entlassen*) işten çıkarmak (**jdn** -i); **ein Gesetz ~** kanun çıkarmak II. *vr* **sich ~** veda etmek (**von jdm** -e); **sich voneinander ~** vedalaşmak
verachten *vt* küçümsemek, aşağı [*o* hor] görmek (**jdn/etw** -i)
Verachtung *f* küçümseme, aşağılamak
verallgemeinern *vt* genelle(ştir)mek (**etw** -i)
Verallgemeinerung *f* genelle(ştir)me
veraltet *adj* eskimiş
Veranda *f* veranda
veränderlich *adj* değişken; (*unbeständig*) kararsız
verändern I. *vt* değiştirmek, başkalaştırmak (**etw/jdn** -i) II. *vr* **sich ~** değişmek, başkalaşmak
Veränderung *f* ❶ (*Verändern*) değiştirme ❷ (*Anderswerden*) değişme ❸ (*Wechsel*) değişiklik
verängstigt *adj* yılgın, yılmış, gözü korkmuş
verankern *vt* ❶ (*Schiff*) demirlemek (**etw** -i) ❷ TECH kenetlemek (**etw** -i) ❸ (*fig*) sağlama

bağlamak (**etw** -i)
Veranlagung *f* ❶ (*Temperament*) huy, mizaç ❷ (*Begabung*) yetenek
veranlassen *vt* neden olmak, sebep vermek (**etw** -e); **jdn zu etw ~** birini bir şeye özendirmek [*o* teşvik etmek]
Veranlassung *f* ❶ (*Grund*) neden, sebep ❷ (*Anlass*) vesile ❸ (*Anregung*) özendirme, teşvik
veranschaulichen *vt* canlandırmak, canlandırarak anlatmak (**etw** -i)
veranstalten *vt* düzenlemek, tertiplemek, tertip etmek (**etw** -i)
Veranstalter(in) *m(f)* düzenleyici, tertipleyen, organizatör
Veranstaltung *f* ❶ (*Handlung*) organizasyon ❷ (*Ereignis*) gösteri
verantworten **I.** *vt* sorumluluğunu üstlenmek (**etw** -in) **II.** *vr* **sich für etw ~** bir şeyden dolayı hesap vermek
verantwortlich *adj* sorumlu
Verantwortung *f* sorumluluk; **die ~ für etw übernehmen** bir şeyin sorumluluğunu üstlenmek
verantwortungsbewusst[RR] *adj* sorumluluk bilinci olan
verantwortungslos *adj* sorumluluk duygusu olmayan
verarbeiten *vt* işlemek (**etw** -i); **~de Industrie** imalat sanayii
Verarbeitung *f* işleme
verärgern *vt* kızdırmak (**jdn** -i)
verärgert *adj* kızgın
verausgaben *vr* **sich ~** (*Geld*) bütün parasını tüketmek; (*Kraft*) gücünü tüketmek
Verb *nt* fiil, eylem
Verband *m* ❶ MED sargı, pansuman ❷ (*Vereinigung*) birlik
Verband(s)kasten *m* ilk yardım kutusu
Verband(s)zeug *nt* sargı malzemesi
verbat *vt s.* **verbitten**
verbergen *irr vt* gizlemek, saklamak (**etw** -i)
verbessern *vt* ❶ (*Fehler*) düzeltmek (**etw** -i) ❷ (*Ertrag*) yükseltmek (**etw** -i)
Verbesserung *f* ❶ (*Verbessern*) düzeltme ❷ (*Besserwerden*) düzelme, iyileşme
verbesserungsfähig *adj* düzelmeye elverişli
verbeten *vt s.* **verbitten**
verbeugen *vr* **sich ~** eğilmek, reverans yapmak (**vor jdm** -in önünde)
Verbeugung *f* eğilme, reverans
verbiegen *irr vt* (biçimini bozarak) bükmek, eğ(rilt)mek (**etw** -i)
verbieten *irr vt* yasak etmek, yasaklamak (**etw** -i)
verbinden *irr* **I.** *vt* ❶ (*zusammenfügen*) bağlamak (**etw mit etw** -i -e), birleştirmek (**etw mit etw** -i ile) ❷ (*telefonisch*) bağlamak (**jdn mit jdm** -i -e) ❸ (*Wunde*) sarmak (**etw** -i) ❹ (*Augen*) bağlamak (**etw** -i); **~ Sie mich mit ...** bana ... -i verin(iz); **falsch verbunden!** yanlış numara! **II.** *vr* **sich ~** birleşmek; CHEM bileşmek (**mit etw** ile)
verbindlich *adj* ❶ (*bindend*) bağlayıcı, zorunlu ❷ (*höflich*) nazik
Verbindlichkeit *f* ❶ (*Verpflichtung*) yükümlülük ❷ (*Gefälligkeit*) nezaket, hatır
Verbindung *f* ❶ (*Verbinden*) bağlama ❷ (*Verbundenwerden*) bağlanma ❸ (*Zusammenhang*) bağlantı, ilgi ❹ (*Verein*) birlik, kurum ❺ CHEM bileşim ❻ (*Telefon-*) bağlantı ❼ (*Zug-*) aktarma; **eine ~ herstellen** (*zum Internet*) bağlamak; **sich in ~ setzen** (**mit**) (ile) temasa geçmek
verbissen *adj* (*hartnäckig*) inatçı
Verbissenheit *f* inat
verbitten <verbat, verbeten> *vt* **sich** *dat* **etw ~** yapılmamasını istemek
verbittert *adj* küskün
Verbleib *m* (*Unterkunft*) kalınan yer
verbleiben *irr vi sein* ❶ (*übrig bleiben*) kalmak ❷ (*vereinbaren*) kararlaştırmak
verblüffen *vt* şaşırtmak, hayrette bırakmak (**jdn** -i)
verblüffend *adj* şaşırtıcı, afallatıcı
verblüfft *adj* şaşkın, afallamış
verbluten *vi sein çok kan kaybederek ölmek*
verborgen *adj* gizli, saklı
Verbot *nt* yasak
verboten *adj* yasak; **Eintritt/Rauchen ~** girmek/sigara içmek yasaktır
verbrach *vt s.* **verbrechen**
verbracht(e) *vt s.* **verbringen**
Verbrauch *m* tüketim
verbrauchen *vt* tüketmek (**etw** -i)
Verbraucher(in) *m(f)* (*Konsument*) tüketici
Verbraucherpreis *m* tüketici fiaytı
Verbraucherschutz *m* tüketicinin korunması
Verbraucherverband *m* tüketici korunması birliği
verbraucht *adj* (*aufgebraucht*) tükenmiş; (*Luft*) bozulmuş

V

verbrechen <verbricht, verbrach, verbrochen> *vt* (*fam: anstellen*) yapmak (**etw** -i)

Verbrechen *nt* suç

Verbrecher(in) *m(f)* suçlu; (*stärker*) cani

verbrecherisch *adj* canice

verbreiten **I.** *vt* ① (*Nachricht*) yaymak (**etw** -i) ② (*Geruch*) saçmak (**etw** -i) **II.** *vr* **sich ~** (*sich ausbreiten*) yayılmak

verbreitern *vt* genişletmek (**etw** -i)

verbreitet *adj* yaygın

verbrennen *irr* **I.** *vt* yakmak (**etw** -i) **II.** *vi sein* yanmak

Verbrennung *f* ① (*Verbrennen*) yakma ② (*Verbranntwerden*) yakılma, yanma ③ MED yanık

verbringen <verbrachte, verbracht> *vt* (*Zeit*) geçirmek (**etw** -i)

verbrochen *vt s.* **verbrechen**

Verbrüderung *f* kardeşleşme

verbunden *adj* **jdm sehr ~ sein** birine müteşekkir olmak

verbünden *vr* **sich ~** birleşmek (**mit jdm** ile)

Verbundenheit *f* bağlılık

Verbündete(r) *f(m)* müttefik, bağlaşık

verbüßen *vt* **eine Strafe ~** bir cezayı çekmek

verchromt *adj* kromlu, krom kaplı

Verdacht *m* şüphe

verdächtig *adj* şüpheli

verdächtigen *vt* suçlamak (**jdn einer Sache** -i ile)

Verdächtigung *f* suçlama

verdammen *vt* lanetlemek (**jdn/etw** -i)

verdammt *adj* (*verflucht*) lanetli; **~!** Allah belasını versin!

verdampfen *vi sein* buharlaşmak

verdanken *vt* **jdm etw ~** birine bir şeyi borçlu olmak

verdarb *vi, vt s.* **verderben**

verdauen *vi* sindirmek, hazmetmek (**etw** -i)

verdaulich *adj* **schwer/leicht ~** sindirimi güç/kolay

Verdauung *f* sindirim, hazım

Verdauungsstörungen *fpl* sindirim bozukluğu *sing*, hazımsızlık *sing*

Verdeck *nt* ① (*Schiff*) üst güverte ② (*Auto*) açılır kapanır tavan

verdecken *vt* ① (*zudecken*) örtmek (**etw** -i) ② (*verbergen*) gizlemek, saklamak (**etw** -i)

verderben <verdirbt, verdarb, verdorben> **I.** *vi sein* ① (*Speise*) bozulmak ② (*verfaulen*) çürümek **II.** *vt haben* ① (*beschädigen*) bozmak, zarara sokmak (**etw** -i) ② (*fig: sittlich*) ahlakını bozmak (**jdn** -in); **jdm die Freude ~** birinin sevincini bozmak; **sich** *dat* **den Magen ~** midesini bozmak

verdeutlichen *vt* açıklamak (**jdm etw** -e -i)

verdienen *vt* ① (*Geld*) kazanmak (**etw** -i) ② (*fig: wert sein*) hak etmek (**etw** -i), layık olmak (**etw** -e)

Verdienst[1] *m* ① (*Gewinn*) kazanç, kar ② (*Gehalt*) aylık ③ (*Lohn*) ücret

Verdienst[2] *nt* yararlık, yararlı hizmet

verdienstlich *adj*, **verdienstvoll** *adj* takdire değer

verdient *adj* **sich um etw ~ machen** bir şey için yararlık göstermek

verdirbt *vi, vt s.* **verderben**

verdoppeln **I.** *vt* iki katına çıkarmak (**etw** -i) **II.** *vr* **sich ~** ikiye katlanmak

verdorben[1] *vi, vt s.* **verderben**

verdorben[2] *adj* bozuk, bozulmuş; (*Mensch*) ahlaksız, sefil

verdrängen *vt* ① (*weg-*) atmak, defetmek (**jdn** -i) ② (*Erlebnis*) unutmaya çalışmak (**etw** -i)

verdrehen *vt* (*Arm*) burkmak (**etw** -i); **die Worte ~** lafı çevirmek

verdreifachen **I.** *vt* üç katına çıkarmak (**etw** -i) **II.** *vr* **sich ~** üçe katlanmak

verduften *vi sein* ① (*Duft verlieren*) kokusunu kaybetmek [*o* yitirmek], uçmak ② (*fam: abhauen*) sıvışmak, tüymek

verdunkeln *vt* ① (*dunkel machen*) karartmak (**etw** -i) ② (*verschleiern*) örtmek, gizlemek (**etw** -i)

verdünnen *vt* (*Flüssigkeit*) sulandırmak (**etw** -i)

verdunsten *vi sein* buharlaşmak

verdursten *vi sein* susuzluktan ölmek

verdutzt *adj* (*fam*) şaşkın, sersem, afallamış

verehren *vt* ① (*hoch schätzen*) saymak (**jdn** -i) ② (*anbeten*) tapmak (**jdn** -e)

Verehrer(in) *m(f)* ① (*Bewunderer*) hayran ② (*Liebhaber*) aşık

vereidigen *vt* yemin ettirmek (**jdn** -e)

Vereidigung *f* yemin ettirme

Verein *m* dernek, kurum, birlik

vereinbar *adj* birliş(tiril)ebilir

vereinbaren *vt* kararlaştırmak (**etw** -i)

Vereinbarung *f* sözleşme; **nach ~** sözleşmeye göre

vereinen *vt* birleştirmek (**jdn/etw** -i)

vereinfachen *vt* basitleştirmek, sadeleştirmek (**etw** -i)

Vereinfachung *f* basitleştirme, sadeleştirme
vereinigen **I.** *vt* birleştirmek (**jdn** -i) **II.** *vr* **sich ~** birleşmek
vereinigt *adj* birleşik, toplu; **die Vereinigten Arabischen Emirate** Birleşik Arap Emirlikleri; **das Vereinigte Königreich** Birleşik Krallık; **die Vereinigten Staaten von Amerika** Amerika Birleşik Devletleri
Vereinigung *f* ❶ (*Verein*) birlik, dernek ❷ (*das Vereinen*) birleşme
vereinnahmen *vt* **etw für sich ~** bir şeyi sahiplenmek
vereinsamen *vi* yalnızlaşmak
vereinsamt *adj* yalnız kalmış
Vereinsamung *f* yalnızlaşma
vereint *adj* birleşmiş; **die Vereinten Nationen** (**UN**) Birleşmiş Milletler (BM)
vereinzelt *adj* ❶ (*zerstreut*) dağınık ❷ (*~ auftretend*) tek tük
vereist *adj* buzlu, buzla örtülü
vereiteln *vt* ❶ (*zunichtemachen*) boşa çıkarmak (**etw** -i) ❷ (*verhindern*) engel olmak (**etw** -e), önlemek (**etw** -i)
verenden *vi sein* ölmek
verenge(r)n **I.** *vt* daraltmak, darlaştırmak (**etw** -i) **II.** *vr* **sich ~** daralmak, darlaşmak
Verengung *f* ❶ (*Verengen*) daraltma, darlaştırma ❷ (*Engerwerden*) daralma, darlaşma ❸ (*verengte Stelle*) darlık, dar yer
vererben **I.** *vt* miras bırakmak (**jdm etw** -e -i); (*Krankheit*) geçirmek (**jdm etw** -e -i) **II.** *vr* **sich ~** (*Krankheit*) geçmek (**von jdm auf jdn** -den -e)
Vererbung *f* kalıtım, soyaçekim
verewigen *vt* sonsuzlaştırmak (**etw** -i)
Verf. *m Abk von* **Verfasser** yazar
verfahren **I.** *vi sein* (*vorgehen*) davranmak, hareket etmek **II.** *vr* **sich ~** yolunu şaşırmak **III.** *adj* (*verworren*) karışık, dolambaçlı
Verfahren *nt* ❶ yöntem ❷ JUR mahkeme usulü; (*Prozess*) dava
Verfall *m* ❶ (*körperlicher*) zayıf düşme, çökme ❷ (*Untergang*) yıkılma, çökme ❸ (*eines Rechtes*) düşme ❹ (*Fristablauf*) mühlet sonu ❺ (*Sitten*) yozlaşma
verfallen **I.** *vi* ❶ (*Bauwerk*) çökmek üzere olmak ❷ (*körperlich*) çökmek ❸ (*entarten*) yozlaşmak ❹ (*ungültig werden*) süresi dolmak **II.** *adj* ❶ (*Gebäude*) harap ❷ (*nicht mehr gültig*) süresi dolmuş
Verfallsdatum *nt* (*Lebensmittel*) son kullanım tarihi
verfälschen *vt* sahtesini yapmak (**etw** -in)
verfänglich *adj* ❶ (*gefährlich*) tehlikeli ❷ (*peinlich*) talihsiz, ayıp
verfärben *vr* **sich ~** rengi değişmek; (*Gesicht*) benzi atmak
verfassen *vt* yazmak, kaleme almak (**etw** -i)
Verfasser(in) *m(f)* yazar
Verfassung *f* ❶ (*Zustand*) durum ❷ POL anayasa
verfassungsmäßig *adj* anayasaya uygun
verfassungswidrig *adj* anayasaya aykırı
verfaulen *vi sein* çürümek
verfehlen *vt* ❶ (*nicht erreichen*) kaçırmak (**etw** -i) ❷ (*nicht treffen*) isabet ettirememek (**etw** -e)
verfilmen *vt* filme almak (**etw** -i)
Verfilmung *f* filme al(ın)ış
verflixt *adj* lanetli; **~ noch mal!** lanet olsun!
verfluchen *vt* lanet etmek, beddua etmek, ilenmek (**jdn** -e)
verflucht *adj* lanetli
verfolgen *vt* ❶ izlemek, takip etmek (**jdn** -i) ❷ (*hinterherjagen*) kovalamak (**jdn** -i) ❸ (*politisch*) zulmetmek (**jdn** -e); **jdn gerichtlich ~** birini kovuşturmak
Verfolger(in) *m(f)* takibeden, takipçi
Verfolgung *f* ❶ takip ❷ (*politische ~*) zulüm
verfroren *adj* çok üşüyen
verfrüht *adj* vakitsiz, zamansız, çok erken
verfügbar *adj* elde bulunan
verfügen **I.** *vt* (*anordnen*) emretmek (**etw** -i) **II.** *vi* **über etw ~** bir şey elinde (hazır) bulunmak, bir şeye sahip olmak
Verfügung *f* (*Erlass*) emir, karar; **jdm zur ~ stehen** birinin emrinde olmak; **jdm etw zur ~ stellen** bir şeyi birinin emrine vermek
verführen *vt* baştan çıkar(t)mak, ayartmak; (*Frau*) iğfal etmek (**jdn** -i)
Verführer(in) *m(f)* baştan çıkaran, ayartan; (*einer Frau*) iğfal eden
verführerisch *adj* ayartıcı, baştan çıkarıcı
Verführung *f* ❶ ayartma, baştan çıkarma ❷ (*einer Frau*) iğfal
verfünffachen *vt* beş katına çıkarmak (**etw** -i)
vergammelt *adj* ❶ (*verdorben*) bozulmuş ❷ (*verwahrlost*) bakımsız
vergangen *adj* geçmiş, geçmişe karışmış
Vergangenheit *f* geçmiş (zaman)
vergänglich *adj* geçici
Vergaser *m* karbüratör
vergaß *vi, vt s.* **vergessen**

vergeben *irr vt* (*verzeihen*) bağışlamak (**jdm** -i); **einen Auftrag** ~ sipariş vermek
vergebens *adv* boşuna, boş yere, nafile
vergeblich **I.** *adj* boş **II.** *adv* boşuna, boş yere, nafile
Vergebung *f* (*Verzeihung*) af, özür
vergegenwärtigen *vt* **sich** *dat* **etw** ~ bir şeyi hatırına getirmek
vergehen *irr vi sein* (*Zeit*) geçmek, geçip gitmek; **die Lust ist mir vergangen** hevesim kaçtı
Vergehen *nt* suç, cürüm
Vergeltung *f* misilleme; (*Rache*) intikam, öç
Vergeltungsmaßnahmen *fpl* misilleme tedbirleri *pl*
vergessen <vergisst, vergaß, vergessen> *vt* unutmak (**etw/jdn** -i)
Vergessenheit *f* **in** ~ **geraten** unutulmak
vergesslich[RR] *adj*, **vergeßlich**[ALT] *adj* unutkan
vergeuden *vt* (*Geld*) saçıp savurmak (**etw** -i); **Zeit** ~ çok vakit kaybetmek
Vergeudung *f* saçıp savurma, savurganlık
vergewaltigen *vt* ırzına geçmek (**jdn** -in), tecavüz etmek (**jdn** -e)
Vergewaltigung *f* ırza geçme, tecavüz
vergewissern *vr* **sich** ~ emin olmak (**einer Sache** -den)
vergiften **I.** *vt* zehirlemek (**jdn/etw** -i); (*Atmosphäre*) zehretmek (**etw** -i) **II.** *vr* **sich** ~ zehirlenmek; (*absichtlich*) kendini zehirlemek
Vergiftung *f* ① (*Vergiften*) zehirleme ② (*Vergiftetwerden*) zehirlenme
vergilbt *adj* sararmış, rengi atmış, solgun
Vergissmeinnicht[RR] *nt*, **Vergißmeinnicht**[ALT] *nt* (*Blume*) unutmabeni
vergisst[RR] *vt s.* **vergessen**
vergittert *adj* parmaklıklı
Vergleich *m* ① (*Vergleichen*) karşılaştırma ② (*als Stilmittel*) benzetme ③ JUR barış(ma); **im** ~ **zu ...** -e nispetle, -e kıyasla
vergleichbar *adj* benzetilebilen, karşılaştırılabilen
vergleichen *irr vt* ① (*gegenüberstellen*) karşılaştırmak (**etw mit etw** -i ile) ② (*Ähnlichkeiten finden*) benzetmek (**etw/jdn mit etw/jdm** -i -e)
Vergnügen *nt* ① (*Spaß*) eğlence ② (*Genuss*) zevk ③ (*Freude*) sevinç, memnuniyet; **mit** ~ seve seve, memnuniyetle; **viel** ~**!** iyi eğlenceler!
Vergnügungspark *m* lunapark
Vergnügungsviertel *nt* *eğlence yerlerinin bulunduğu semt*
vergolden *vt* altınlamak, altınla kaplamak (**etw** -i)
vergoldet *adj* yaldızlı
vergöttern *vt* tapmak (**jdn** -e), göklere çıkarmak (**jdn** -i)
vergraben *irr vt* ① (*eingraben*) (toprağa) gömmek (**etw** -i) ② (*verstecken*) gömüp saklamak (**etw** -i)
vergrätzen *vt* canını sıkmak (**jdn** -in)
vergreifen *irr vr* **sich an jdm** ~ birine el kaldırmak
vergriffen *adj* (*Buch*) nüshası kalmamış
vergrößern *vt* ① (*größer machen*) büyütmek (**etw** -i) ② (*erweitern*) genişletmek (**etw** -i) ③ (*vermehren*) çoğaltmak (**etw** -i) ④ (*Foto*) büyültmek (**etw** -i)
Vergrößerung *f* ① (*Größermachen*) büyütme ② (*Erweitern*) genişletme ③ (*Vermehren*) çoğaltma ④ (*Zunahme*) artış ⑤ (*eines Fotos*) agrandisman, büyültme
Vergrößerungsglas *nt* büyüteç
Vergünstigung *f* ① (*Vorteil*) ucuzlatma ② (*Privileg*) ayrıcalık, imtiyaz
vergüten *vt* (*bezahlen*) ödemek (**etw** -i)
Vergütung *f* ödeme
verh. *adj Abk von* **verheiratet** evli
verhaften *vt* tutuklamak, tevkif etmek (**jdn** -i)
Verhaftung *f* tutuklama, tevkif
verhalten *irr vr* **sich** ~ davranmak, hareket etmek; **sich ruhig** ~ sakin davranmak
Verhalten *nt* davranış, tutum, hareket
Verhältnis *nt* ① (*Proportion*) oran, nispet ② (*Beziehung*) ilgi, ilişki, bağlantı ③ (*Liebes-*) (aşk) ilişki(si); (*fam*) aşıktaşlık; **im** ~ **zu ...** -e oranla, -e nispetle
verhältnismäßig **I.** *adj* oranlı, nispi **II.** *adv* nispeten
Verhältnismäßigkeit *f* uygunluk
Verhältnisse *ntpl* (*Umstände*) durum *sing*, şartlar *pl*, koşullar *pl*; **über seine** ~ **leben** ayağını yorganına göre uzatmamak
Verhältniswahl *f* nispi seçim
verhandeln *vi* görüşmek, konuşmak (**über etw** hakkında)
Verhandlung *f* ① (*Verhandeln*) görüşme ② JUR duruşma
Verhandlungsbasis *f* görüşme temeli
verhängen *vt* **über jdn eine Strafe** ~ birini cezaya çarptırmak

verhängnisvoll *adj* uğursuz
verharmlosen *vt* tehlikesiz göstermeğe çalışmak (**etw** -i)
verhärten *vr* **sich ~** katılaşmak, sertleşmek, pekişmek
verhasstRR *adj,* **verhaßt**ALT *adj* ① (*unbeliebt*) hiç sevilmeyen, nefret edilen ② (*widerlich*) iğrenç
verhätscheln *vt* şımartmak, pohpohlamak (**jdn** -i)
verheddern *vr* **sich ~** (*fam*) bulaşmak
verheerend *adj* ① (*zerstörend*) yıkıcı ② (*schrecklich*) korkunç, dehşetli
verhehlen *vt* (*Wahrheit, Meinung*) gizlemek, saklamak (**etw** -i)
verheilt *adj* (*Wunde*) iyileşmiş, kapanmış
verheimlichen *vt* ① (*verbergen*) gizlemek, saklamak (**etw** -i) ② (*nicht zeigen*) belli etmemek (**etw** -i)
verheiraten **I.** *vt* evlendirmek (**jdn mit jdm** -i ile) **II.** *vr* **sich ~** evlenmek (**mit jdm** ile)
verheiratet *adj* evli
verheißungsvoll *adj* umdurucu, ümit verici
verhelfen *irr vi* **jdm zu etw ~** birine bir şeyi elde etmesi için yardımcı olmak
verherrlichen *vt* övmek, göklere çıkarmak (**jdn** -i)
verhexen *vt* büyülemek (**jdn/etw** -i)
verhindern *vt* ① (*behindern*) engel olmak (**etw** -e) ② (*vorbeugen*) önlemek (**etw** -i)
verhöhnen *vt* alay etmek (**jdn/etw** ile)
Verhör *nt* sorgu
verhören *vt* sorguya çekmek (**jdn** -i)
verhungern *vi sein* açlıktan ölmek
verhüten *vt* önlemek (**etw** -i), engel olmak (**etw** -e)
Verhütung *f* ① önleme ② (*Empfängnis-*) gebelikten korunma
Verhütungsmaßnahme *f* önleyici tedbir
Verhütungsmittel *nt* (*Empfängnis-*) doğum kontrol ilacı [*o* aracı]
verirren *vr* **sich ~** yolunu şaşırmak [*o* kaybetmek]
verjagen *vt* kov(ala)mak, defetmek (**jdn** -i)
verjähren *vi sein* zamanaşımına uğramak
Verjährung *f* zamanaşımı
verjubeln *vt* (*Geld*) saçıp savurmak (**etw** -i)
verjüngen **I.** *vt* gençleştirmek (**jdn** -i) **II.** *vr* **sich ~** (*schmaler werden*) incelmek, sivrilmek
Verjüngung *f* ① (*Verjüngen*) gençleştirme ② (*Sichverjüngen*) gençleşme ③ (*Säule*) incelmek, sivrilmek
verkabeln *vt* kablolamak (**etw** -i)
verkalkt *adj* kireçlenmiş; (*fig*) beyni sulanmış
Verkalkung *f* ① kireçlenme ② (*der Gefäße*) damar sertleşmesi
Verkauf *m* satış
verkaufen *vt* satmak (**jdm etw** -e -i); **zu ~** satılık
Verkäufer(in) *m(f)* satıcı
Verkaufsanalyse *f* satış analizi
Verkaufserlös *m* satış bedeli
Verkaufspreis *m* satış fiyatı
Verkehr *m* ① (*von Fahrzeugen*) trafik, ulaşım, ulaştırma ② (*Umgang*) ilişki ③ (*Geschlechts-*) cinsel ilişki
verkehren *vi* (*Verkehrsmittel*) işlemek; **mit jdm ~** biri ile ilişkide olmak
Verkehrsader *f* ulaşım yolu
Verkehrsampel *f* trafik ışığı
Verkehrsamt *nt,* **Verkehrsbüro** *nt* turizm bürosu
Verkehrserziehung *f* trafik eğitimi
Verkehrsknotenpunkt *m* ulaşım merkezi
Verkehrsleitsystem *nt* trafik koordine sistemi
Verkehrsministerium *nt* Ulaştırma Bakanlığı
Verkehrsmittel *nt* taşıt, ulaşım aracı
Verkehrspolizist(in) *m(f)* trafik polisi
Verkehrsregeln *fpl* trafik kuralları *pl*
Verkehrsregelung *f* trafik düzenlenmesi
Verkehrsrowdy *m* trafik canavarı
Verkehrsschild *nt* trafik levhası
Verkehrsstau *m* trafik tıkanıklığı
Verkehrsteilnehmer(in) *m(f)* trafiğe katılan
Verkehrsunfall *m* trafik kazası
Verkehrszeichen *nt* trafik işareti
verkehrt *adj* (*falsch*) yanlış; (*verkehrt herum*) ters
verkennen *irr vt* değerini anlamamak (**jdn/etw** -in)
verklagen *vt* dava etmek (**jdn** -i), dava açmak (**jdn** -e karşı)
verkleiden **I.** *vt* (*Wand*) tahta (veya başka bir şey) ile kaplamak (**etw** -i) **II.** *vr* **sich ~** (tanınmamak için) kıyafet değiştirmek
Verkleidung *f* ① (*Kleidung*) *tanınmamak için kıyafet değiştirme* ② TECH tahta (veya başka bir şey) ile kaplama
verkleinern *vt* ① (*kleiner machen*) küçültmek, ufaltmak (**etw** -i) ② (*verringern*) azaltmak (**etw** -i)

Verkleinerung *f* ❶ (*Verkleinern*) küçültme, ufaltma ❷ (*Verringerung*) azaltma
verknallt *adj* (*fam*) **in jdn ~ sein** birine abayı yakmak
Verknappung *f* ❶ (*Knappwerden*) kıtlaşma, azalma ❷ (*in der Produktion*) kesatlık
verkneifen *irr vt* (*fam*) **er konnte sich das Lachen nicht ~** kendini gülmekten alıkoyamadı
verknittert *adj* buruşuk
verknüpfen *vt* bağlamak (**etw mit etw** -i -e), birleştirmek (**etw mit etw** -i ile)
verkommen *adj* (*Dinge*) bakımsız; (*Mensch*) sefil, düşkün; (*moralisch*) ahlaksız
verkörpern *vt* (*darstellen*) canlandırmak (**jdn/etw** -i)
Verkörperung *f* tecessüm, cisimlenme
verkrachen *vr* (*fam*) **sich ~** bozuşmak
verkraften *vt* hakkından gelmek (**etw** -in), gücü yetmek (**etw** -e)
verkrampfen *vi* **sich ~** kasınmak
verkrüppelt *adj* kötürüm, sakat
verkühlen *vr* **sich ~** üşütmek, soğuk almak *fam*
verkümmern *vi sein* ❶ MED körelmek, dumura uğramak ❷ (*geistig*) körelmek, körlenmek, körleşmek ❸ (*Pflanzen*) sararıp solmak
verkünd(ig)en *vt* ❶ (*mitteilen*) bildirmek (**etw** -i) ❷ (*öffentlich*) ilan etmek (**etw** -i)
verkuppeln *vt* çöpçatanlık etmek; (*gegen Bezahlung*) pezevenklik etmek
verkürzen *vt* ❶ (*kürzer machen*) kısaltmak (**etw** -i) ❷ (*vermindern*) azaltmak (**etw** -i)
Verl. *m Abk von* **Verlag, Verleger** yayınevi, yayımcı
verladen *irr vt* yüklemek, bindirmek (**etw** -i)
Verlag *m* yayınevi
verlagern *vt* ❶ (*verlegen*) yerini değiştirmek (**etw** -in), kaydırmak (**etw** -i) ❷ (*überführen*) nakletmek (**etw** -i)
verlangen **I.** *vt* (*fordern*) istemek (**etw** -i) **II.** *vi* (*wünschen*) arzu etmek (**nach etw** -i), istek [*o* arzu] duymak (**nach etw** -e)
verlängern *vt* ❶ (*Pass, Frist*) uzatmak (**etw** -i) ❷ (*durch Ansatzstück*) eklemek (**etw** -i)
Verlängerung *f* ❶ (*Pass, Frist*) uzatma ❷ (*-stück*) uzantı, ilave, ek (parçası)
Verlängerungskabel *nt* uzatma kablosu
verlangsamen *vt* yavaşlatmak, ağırlaştırmak (**etw** -i)
Verlass[RR] *m* güven, itimat, emniyet; **auf ihn ist kein ~** ona güven olmaz
verlassen **I.** *vt* bırakmak, terk etmek (**etw/jdn** -i); **das Haus ~** evden çıkmak **II.** *vr* **sich auf jdn ~** birine güvenmek **III.** *adj* ❶ (*Person*) kimsesiz, yalnız ❷ (*Ort*) ıssız, tenha
verlässlich[RR] *adj*, **verläßlich**[ALT] *adj* güvenil(ebil)ir
Verlauf *m* ❶ (*einer Sache*) gelişme, süreç, gidiş ❷ (*einer Strecke*) güzergah
verlaufen *irr* **I.** *vi sein* ❶ (*Ereignis*) geçmek, geçip gitmek ❷ (*Straße*) gitmek, geçmek **II.** *vr* **sich ~** yolunu şaşırmak
verlaust *adj* bitli, bitlenmiş
verlauten *vi* **etw ~ lassen** bir şeyi duyurmak
verleben *vt* (*Zeit*) geçirmek, görmek (**etw** -i)
verlegen **I.** *vt* ❶ (*an eine andere Stelle legen*) yerini değiştirmek (**etw** -in) ❷ (*nicht mehr finden*) bulamamak (**etw** -i) ❸ (*zeitlich verschieben*) ertelemek (**etw** -i) ❹ (*Leitung, Fliesen*) döşemek (**etw** -i) ❺ (*Buch*) yayımlamak (**etw** -i) **II.** *adj* (*schüchtern*) mahcup, sıkılgan, utangaç
Verlegenheit *f* ❶ (*Schüchternheit*) mahcupluk, sıkılganlık, utangaçlık ❷ (*missliche Lage*) kötü durum, sıkıntı; **jdn in ~ bringen** birini mahcup etmek
Verleger(in) *m(f)* yayımcı
verleiden *irr vt* **jdm etw ~** birine bir şeyi zehretmek
Verleih *m* ❶ (*Verleihen*) kiralama ❷ (*Firma*) *eşya kiralayan kurum*
verleihen *irr vt* ❶ (*leihen*) ödünç vermek (**jdm etw** -e -i) ❷ (*Titel, Orden, Preis*) vermek (**jdm etw** -e -i)
Verleihung *f* (*von Preis, Titel*) ödül [*o* ünvan] ver(il)me
verleiten *vt* yöneltmek (**jdn zu etw** -i -e) (*bir kötülüğe*)
verlernen *vt* unutmak (**etw** -i) (*öğrendiği bir şeyi*)
verletzen **I.** *vt* yaralamak; (*seelisch*) incitmek, gücendirmek (**jdn** -i) **II.** *vr* **sich ~** yaralanmak
verletzt *adj* yaralı; (*fig*) gücenmiş
Verletzte(r) *f(m)* yaralı
Verletzung *f* ❶ (*Wunde*) yara ❷ (*Verletzen*) yaralama ❸ (*von Regel, Gesetz*) çiğneme
verleugnen *vt* inkar etmek, yadsımak, reddetmek (**etw** -i)
verleumden *vt* iftira etmek [*o* atmak], kara çalmak (**jdn** -e)
verleumderisch *adj* (*Nachricht*) yalan

Verleumdung *f* iftira
verlieben *vr* **sich ~** aşık olmak, tutulmak, vurulmak (**in jdn** -e)
verliebt *adj* aşık, tutkun
verlieren <verlor, verloren> *vt* kaybetmek, yitirmek (**etw/jdn** -i)
verloben *vr* **sich ~** nişanlanmak (**mit jdm** ile)
Verlobte(r) *f(m)* nişanlı
Verlobung *f* ① (*Feier*) nişan ② (*Handlung*) nişanlanma ③ (*Verlobtsein*) nişanlılık
verlockend *adj* ① (*anziehend*) çekici, cazip ② (*verführend*) ayartıcı
verlogen *adj* yalancı
verlor *vt s.* **verlieren**
verloren I. *vt s.* **verlieren II.** *adj* kayıp, yitik; **~e Eier** az suda haşlanmış yumurta(lar); **der ~e Sohn** müsrif çocuk; **~ gehen** kaybolmak, yitmek
verlosen *vt* kura çekmek (**etw** ... için)
Verlust *m* ① (*Einbuße*) kayıp ② (*Schaden*) zarar, ziyan, hasar
vermachen *vt* (*als Erbe*) miras bırakmak (**jdm etw** -e -i)
Vermächtnis *nt* ① (*letzter Wille*) vasiyet ② (*Schriftstück*) vasiyetname
vermag *vt s.* **vermögen**
Vermählung *f* (*Heirat*) evlenme
Vermählungsanzeige *f* evlilik ilanı
vermarkten *vt* pazarlamak (**etw** -i)
Vermarktung *f* pazarlama
vermasseln *vt* berbat etmek (**etw** -i)
vermehren I. *vt* çoğaltmak, artırmak (**etw** -i) **II.** *vr* **sich ~** çoğalmak, artmak; (*geschlechtlich*) üremek
Vermehrung *f* ① (*Vermehren*) çoğaltma, artırma ② (*Vermehrtwerden*) çoğalma, artış, artma ③ (*geschlechtlich*) üreme
vermeidbar *adj* kaçınılabilir
vermeiden *irr vt* kaçınmak, sakınmak, çekinmek (**etw** -den)
vermeintliche(r) *adj* sanılan, zannedilen
Vermerk *m* kayıt, not
vermieten *vt* kiraya vermek, kiralamak (**jdm etw** -e -i); **zu ~** (*Schild*) kiralık
Vermieter(in) *m(f)* kiralayan; (*einer Wohnung*) ev sahibi
Vermietung *f* kiralama
vermindern *vt* azaltmak, eksiltmek, kısmak (**etw** -i)
vermischen *vt* karıştırmak (**etw mit etw** -i ile)
vermissen *vt* aramak (**jdn/etw** -i), yokluğunu hissetmek (**jdn/etw** -in); **ich vermisse dich sehr** seni çok arıyorum, yokluğunu hissediyorum
vermisst[RR] *adj,* **vermißt**[ALT] *adj* kayıp
Vermisste(r)[RR] *f(m),* **Vermißte(r)**[ALT] *f(m)* kayıp
vermitteln I. *vt* (*beschaffen*) sağlamak (**jdm etw** -e -i) **II.** *vi* (*als Vermittler*) aracılık yapmak; (*zwischen Gegnern*) arabuluculuk yapmak, zwischen jdm, -in arasında
Vermittler(in) *m(f)* ① (*Mittelsperson*) aracı ② (*zwischen Gegnern*) arabulucu
Vermittlung *f* ① (*einer Mittelsperson*) aracılık ② (*Friedensstiftung*) arabuluculuk ③ (*Beschaffen*) sağlama ④ (*Telefon-*) telefon santrali
vermöbeln *vt* (*fam*) tartaklamak (**jdn** -i)
vermögen <vermag, vermochte, vermocht> *vt* (*können*) yapabilmek (**etw** -i), -ebilek
Vermögen *nt* ① (*Fähigkeit*) güç, kudret, yetenek ② (*großer Besitz*) servet, varlık
vermögend *adj* (*reich*) varlıklı
Vermögensbildung *f* *işalanların devlet teşvikiyle para biriktirmesi*
Vermögenssteuer *f* varlık vergisi
vermuten *vt* sanmak, zannetmek, tahmin etmek (**dass** -diğini)
vermutlich I. *adj* olasılı **II.** *adv* tahminen, galiba
Vermutung *f* sanı, tahmin
vernachlässigen *vt* ihmal etmek, savsaklamak (**etw** -i)
vernehmbar *adj* duyulabilen, işitilebilen
vernehmen *irr vt* ① (*Zeugen*) ifadesini almak (**jdn** -in) ② (*Angeklagten*) sorguya çekmek (**jdn** -i) ③ (*hören, erfahren*) duymak, işitmek (**etw** -i)
Vernehmung *f* ① (*Zeugen*) ifade alınması ② (*eines Angeklagten*) sorgu
verneinen *vi, vt* ① (*nein sagen*) hayır demek ② (*ablehnen*) reddetmek (**etw** -i)
verneinend *adj* olumsuz
Verneinung *f* ① (*Ablehnung*) ret ② LING olumsuzluk
vernichten *vt* ① yok etmek, imha etmek (**etw/jdn** -i) ② (*Menschen: ruinieren*) yıkmak (**jdn** -i)
Vernichtung *f* yok etme, imha
Vernunft *f* (*Verstand*) akıl, us; **~ annehmen** aklını başına toplamak, akıllanmak, yola gel-

mek; **jdn zur ~ bringen** birinin aklını başına getirmek, birini yola getirmek

vernünftig *adj* ① (*klug*) akıllı ② (*einleuchtend*) makul, akla yakın ③ (*besonnen*) aklı başında

veröffentlichen *vt* ① (*Buch*) yayımlamak, çıkarmak (**etw** -i) ② (*bekannt geben*) ilan etmek (**etw** -i)

Veröffentlichung *f* yayın

verordnen *vt* ① (*anordnen*) emretmek, kararlaştırmak (**etw** -i) ② MED ilaç yazmak

Verordnung *f* ① (*Erlass*) kararname ② (*amtliche Bestimmungen*) yönerge, yönetmelik, tüzük

verpachten *vt* kiraya vermek (**jdm etw** -e -i)

verpacken *vt* paketlemek, ambalajlamak (**etw** -i)

Verpackung *f* (*Packhülle*) ambalaj

verpassen *vt* ① (*versäumen*) kaçırmak (**etw** -i) ② (*Hieb*) aşketmek, indirmek (**jdm etw** -e -i)

verpetzen *vt* (*fam*) gammazlamak (**jdn** -i)

verpfänden *vt* rehne koymak (**etw** -i)

verpfeifen *irr vt* (*fam*) ele vermek (**jdn** -i)

verpflanzen *vt* ① (*Pflanze*) *bir yerden alıp başka bir yere dikmek;* (*Jungpflanze*) şaşırtmak (**etw** -i) ② (*Organ*) nakletmek, aktarmak (**etw** -i)

Verpflanzung *f* ① başka yere dikme ② (*Organ-*) organ nakli

verpflegen *vt* yedirip içirmek (**jdn** -i)

Verpflegung *f* ① (*Verpflegen*) yedirip içirme ② (*Proviant*) erzak; (*für die Reise*) yolluk

verpflichten **I.** *vt* yükümlendirmek (**jdn** -i); (*für eine Tätigkeit*) görevlendirmek (**jdn für etw** -i ile) **II.** *vr* **sich ~, etw zu tun** bir şeyi yapmayı üstlenmek

verpflichtet *adj* **zu etw ~ sein** bir işle yükümlü olmak

Verpflichtung *f* yüküm(lülük), mecburiyet; (*moralische*) borç, görev

verplempern *vt* saçıp savurmak (**etw** -i)

verpönt *adj* ayıp kabul edilen

verprügeln *vt* dayak atmak (**jdn** -e), pataklamak (**jdn** -i); (*mit Stock*) sopa çekmek (**jdn** -e)

verpulvern *vt* (*Geld*) har vurup harman savurmak, çarçur etmek (**etw** -i)

Verputz *m* sıva

verputzen *vt* ① (*mit Putz*) sıva(la)mak (**etw** -i) ② (*fam: ganz aufessen*) silip süpürmek (**etw** -i)

Verrat *m* ihanet, hainlik, kalleşlik

verraten <verrät, verriet, verraten> *vt* ① ihanet etmek (**jdn/etw** -e), ele vermek (**jdn/etw** -i) ② (*Geheimnis*) açığa vurmak [*o* vermek] (**etw** -i) ③ (*erkennen lassen*) belli etmek (**etw** -i)

Verräter(in) *m(f)* hain, kalleş, kancık

verräterisch *adj* hain, kalleş, kancık

verräuchert *adj* dumanlı

verrechnen **I.** *vt* takaslamak (**etw** -i) **II.** *vr* **sich ~** yanlış hesaplamak

Verrechnung *f* takas

Verrechnungsscheck *m* takas ve mahsup çeki

verrecken *vi sein* (*Tier*) gebermek; (*pej: Mensch*) gebermek

verregnet *adj* yağmurlu; **verregneter Urlaub** *izin boyunca yağmur yadığı için bozulan izin*

verreisen *vi sein* yolculuk yapmak, seyahate çıkmak; **verreist sein** yolculukta [*o* seyahatte] olmak

verrenken *vt* **sich** *dat* **den Arm ~** kolunu burkmak

verrichten *vt* (*Arbeit*) yapmak, yürütmek, yerine getirmek (**etw** -i)

verriegeln *vt* sürgülemek (**etw** -i)

verriet *vt s.* **verraten**

verringern **I.** *vt* azaltmak, eksiltmek (**etw** -i) **II.** *vr* **sich ~** azalmak, eksilmek

Verringerung *f* ① (*Verringern*) azaltma, eksiltme ② (*Sichverringern*) azalma, eksilme

verrosten *vi sein* paslanmak, pas tutmak

verrostet *adj* paslı

verrückt *adj* deli, çılgın

Verrückte(r) *f(m)* deli, çılgın

Verrücktheit *f* delilik, çılgınlık

Verruf *m* kötü ün [*o* ad]; **jdn in ~ bringen** birinin adını kötüye düşürmek

verrufen *adj* ünü kötü, adı kötüye çıkmış

Vers *m* ① (*Zeile*) mısra, dize ② (*Strophe*) kıta

versagen **I.** *vt* (*nicht gewähren*) yoksun bırakmak (**jdm etw** -i -den) **II.** *vi* ① (*Mensch*) başaramamak ② (*Maschine*) işlememek ③ (*Schusswaffe*) patlamamak

Versagen *nt* ① (*Misserfolg*) başarısızlık ② (*Panne*) arıza; **menschliches ~** insan hatası

Versager(in) *m(f)* başarısız

versalzen[1] <versalzen> *vt* ① (*Speisen*) fazla tuzlamak (**etw** -i) ② (*Pläne*) berbat etmek; (*Freude*) bozmak (**etw** -i)

versalzen² *adj* aşırı tuzlu
versammeln **I.** *vt* toplamak, bir araya getirmek (**jdn** -i) **II.** *vr* **sich ~** toplanmak, bir araya gelmek
Versammlung *f* toplantı
Versammlungsfreiheit *f* toplanma hürriyeti [*o* özgürlüğü]
Versand *m* gönder(il)me, sevk
Versandabteilung *f* gönderme işleri dairesi
Versandhaus *nt posta ile mal gönderen ticarethane*
versäumen *vt* (*Gelegenheit, Zug*) kaçırmak (**etw** -i)
verschaffen **I.** *vt* sağlamak (**jdm etw** -e -i) **II.** *vr* **sich etw ~** bir şeyi elde etmek
verschärfen **I.** *vt* ❶ (*verstärken*) şiddetlendirmek (**etw** -i) ❷ (*Lage*) ciddileştirmek, nazikleştirmek (**etw** -i) **II.** *vr* **sich ~** (*stärker werden*) şiddetlenmek; (*Lage*) ciddileşmek, nazikleşmek
verschenken *vt* hediye etmek (**etw an jdn** -i -e)
verschicken *vt* göndermek, yollamak (**etw an jdn** -i -e)
verschieben *irr vt* (*zeitlich*) ertelemek (**etw auf etw** -i -e)
verschieden *adj* ❶ (*verschiedenartig*) çeşitli, değişik, farklı; (*sich unterscheidend*) ayrı, farklı; (~ *von*) -den başka ❷ (*einige*) bazı, birkaç
verschiedenartig *adj* çeşitli, çeşit çeşit
Verschiedenheit *f* ❶ (*verschiedene Art*) fark(lılık), ayrım, değişiklik ❷ (*Mannigfaltigkeit*) çeşitlilik
verschiedentlich *adv* birçok defa
verschiffen *vt* gemi ile taşımak; (*verladen*) gemiye yüklemek (**etw** -i)
Verschiffung *f* gemiye yükleme
verschimmeln *vi sein* küflenmek, küf tutmak
verschlafen **I.** *vt* (*verpassen*) uyuyarak kaçırmak (**etw** -i) **II.** *vi* (*zu spät aufwachen*) geç uyanmak, uyuyakalmak **III.** *adj* (*schläfrig*) uykulu, mahmur
verschlagen **I.** *vt* **es verschlug ihm die Sprache** dili tutuldu **II.** *adj* (*listig*) kurnaz, açıkgöz, hileci
verschlampen *vt* (*fam*) *dikkatsizlik yüzünden bir şeyi kaybetmek veya unutmak*
verschlechtern **I.** *vt* fenalaştırmak, kötüleştirmek (**etw** -i) **II.** *vr* **sich ~** fenalaşmak, kötüleşmek
Verschlechterung *f* kötüleşme
verschleiern *vt* örtmek; (*fig*) gizlemek (**etw** -i)
Verschleiß *m* aşınma, eskime
verschleißen <verschliss, verschlissen> *vt* aşındırmak, eskitmek (**etw** -i)
verschleppen *vt* ❶ (*schleppen*) sürükleyerek bir yere götürmek (**etw** -i) ❷ (*verzögern*) sürüncemede bırakmak, uzatmak (**etw** -i) ❸ (*Menschen*) kaçırmak (**etw** -i)
verschleudern *vt* düşük fiyatla satmak (**etw** -i)
verschließen *irr vt* kapamak; (*mit Schlüssel*) kilitlemek (**etw** -i)
verschlimmern **I.** *vt* kötüleştirmek, ağırlaştırmak (**etw** -i) **II.** *vr* **sich ~** kötüleşmek, ağırlaşmak; (*Krankheit*) azmak
verschlingen *irr vt* (*schlucken*) yutmak (**etw** -i)
verschliss^RR *vt s.* **verschleißen**
verschlissen **I.** *s.* **verschleißen** **II.** *adj* (*Kleidung*) eskimiş, aşınmış
verschlossen **I.** *s.* **verschließen** **II.** *adj* ❶ (*zu*) kapalı; (*mit Schlüssel*) kilitli ❷ (*Mensch*) içine kapanık
verschlucken **I.** *vt* yutmak (**etw** -i) **II.** *vr* **sich ~** genzine kaçırmak
Verschluss^RR *m*, **Verschluß**^ALT *m* ❶ (*Schloss*) kilit ❷ (*einer Flasche*) tapa, mantar, tıkaç; **unter ~ (halten)** kilit altında (tutmak)
verschlüsselt *adj* şifreli
verschmerzen *vt* (üzüntüsünü) yenebilmek [*o* unutabilmek]
verschmutzen *vt* kirletmek, pisle(t)mek; (*Umwelt*) kirletmek (**etw** -i)
verschmutzt *adj* kirli, pis
Verschmutzung *f* kirletme, pisletme; (*Zustand*) kirlilik
Verschmutzungsgrad *m* kirlilik derecesi
verschnaufen *vr, vi* (**sich**) **~** dinlenmek, nefes [*o* soluk] almak
verschneit *adj* karlı, karla örtülü
verschnupft *adj* nezleli
verschollen *adj* ❶ (*Person*) kayıp, ölü sanılan ❷ (*Sache*) unutulmuş
verschonen *vt* ❶ (*am Leben lassen*) canını bağışlamak (**jdn** -in) ❷ (*nicht belästigen*) rahatsız etmemek (**jdn** -i)
verschönern *vt* ❶ (*schöner machen*) güzelleştirmek (**etw** -i) ❷ (*verzieren*) bezemek, süslemek (**etw** -i)

verschreiben *irr* **I.** *vt* (*Medikament*) reçetesini yazmak (**etw** -in) **II.** *vr* **sich** ~ yazarken hata etmek
verschulden **I.** *vt* neden olmak (**etw** -e) **II.** *vr* **sich** ~ borçlanmak
Verschulden *nt* suç, hata, kusur
verschuldet *adj* borçlu
Verschuldung *f* borçlanma
verschütten *vt* ① (*Flüssigkeit*) dökmek (**etw** -i) ② (*Weg*) kapamak (**etw** -i) ③ (*Person*) yıkıntı altına gömmek (**jdn** -i)
verschwägert *adj evlenmeyle akraba olmuş*
verschweigen *irr vt* söylemeden geçmek, anmamak (**etw** -i); (*verheimlichen*) gizlemek (**jdm etw** -den -i)
verschwenden *vt* ① (*Geld*) saçıp savurmak (**etw** -i) ② (*Zeit*) vakit harcamak
verschwenderisch *adj* savurgan, tutumsuz
Verschwendung *f* savurganlık
verschwiegen **I.** *vt s.* **verschweigen** **II.** *adj* ① (*Person*) ağzı sıkı, ketum ② (*Ort*) gizli, saklı
Verschwiegenheit *f* ağız sıkılığı, ketumluk
verschwinden *irr vi sein* ① ortadan kaybolmak, yok olmak ② (*abhauen*) sıvışmak, tüymek
verschwommen *adj* bulanık, belirsiz, hayal meyal
Verschwörer(in) *m(f)* komplocu
Verschwörung *f* komplo
versehen *irr* **I.** *vt* (*ausrüsten, ausstatten*) donatmak (**etw mit etw** -i ile) **II.** *vr* **sich** ~ (*einen Fehler machen*) hata etmek, yanılmak; **sich mit etw** ~ kendine bir şey sağlamak
Versehen *nt* (*kleiner Fehler*) dikkatsizlik, (ufak) yanlış, hata; **aus** ~ yanlışlıkla, istemeyerek
versehentlich *adv* yanlışlıkla, dikkatsizlik yüzünden, istemeyerek
Versehrte(r) *m* sakat(lanan) kimse
versenden *irr vt* göndermek, yollamak (**etw an jdn** -i -e)
versenken *vt* ① (*Schiff*) batırmak (**etw** -i) ② (*untertauchen*) daldırmak (**etw** -i)
versessen *adj* düşkün, tutkun (**auf etw/jdn** -e)
versetzen *vt* ① (*Standort ändern*) başka bir yere koymak (**etw** -i) ② (*Schüler*) sınıf geçirmek (**jdn** -i) ③ (*Beamten*) başka bir göreve kaydırmak (**jdn** -i) ④ (*als Pfand geben*) rehin vermek (**etw** -i); **jdm einen Schlag** ~ birine tokat atmak
Versetzung *f* ① (*eines Schülers*) sınıf geçirme ② (*eines Beamten*) başka bir yere tayin etme
verseuchen *vt* (*Seuche*) bulaştırmak (**etw/jdn mit etw** -e -i); (*Gift*) zehirlemek (**etw/jdn mit etw** -i ile)
Verseuchung *f* (*Seuche*) bulaşma; (*Gift*) zehirlenme
versichern *vt* ① (*Versicherung*) sigorta etmek (**jdn gegen etw** -i -e karşı) ② (*beteuern*) temin [*o* tasdik] etmek (**etw** -i)
Versicherte(r) *f(m)* sigortalı
Versicherung *f* ① sigorta ② (*Beteuerung*) temin [*o* tasdik] etme
Versicherungsgesellschaft *f* sigorta şirketi
Versicherungspolice *f* sigorta poliçesi
Versicherungsprämie *f* sigorta primi
versickern *vi* ① (*Wasser*) sızmak ② (*fig: Geld*) batmak; ~ **lassen** (*Geld*) batırmak (**etw** -i)
versilbert *adj* gümüş kaplama(lı), gümüşlü
versinken *irr vi sein* batmak
versöhnen **I.** *vt* barıştırmak, uzlaştırmak (**jdn** -i) **II.** *vr* **sich** ~ barışmak, uzlaşmak (**mit jdm** ile)
versöhnlich *adj* ① (*Person*) barışçı, uysal ② (*Worte*) barıştırıcı, yatıştırıcı
Versöhnung *f* barışma
versorgen *vt* ① (*unterhalten*) beslemek (**jdn** -i), geçimini sağlamak (**jdn** -in) ② (*betreuen*) bakmak (**jdn** -e)
Versorgung *f* ① (*Pflege*) bakma, bakım ② (*Sicherung der Existenz*) besleme, geçimini sağlama
verspäten *vr* **sich** ~ gecikmek, geç kalmak
verspätet *adj* gecikmiş
Verspätung *f* gecikme; (*Zug*) rötar
versperren *vt* ① (*unpassierbar machen*) kapa(t)mak, tıkamak (**etw** -i) ② (*zuschließen*) kilitlemek (**etw** -i)
verspielt *adj* oyuna düşkün
verspotten *vt* alay etmek (**jdn/etw** ile)
versprechen *irr* **I.** *vt* söz vermek (**etw zu tun** -meye) **II.** *vr* **sich** ~ konuşurken yanlış yapmak; **sich** *dat* **viel von etw** ~ bir şeyden çok şey ummak
Versprechen *nt* ① (*Zusage*) söz ② (*im Reden*) konuşma yanlışı
verstaatlichen *vt* devletleştirmek (**etw** -i)
Verstaatlichung *f* devletleştirme
Verstand *m* ① (*Vernunft*) akıl, us ② (*Denkfä-*

higkeit) zeka, zihin ❸ (*gesunder Menschen-*) sağduyu

verstand(en) *vt s.* **verstehen**

verständig *adj* ❶ (*einsichtig*) anlayışlı ❷ (*vernünftig, klug*) akıllı, zeki

verständigen I. *vt* **jdn von** [*o* **über**] **etw ~** birine bir şey hakkında haber [*o* bilgi] vermek, birini bir şeyden haberdar etmek **II.** *vr* **sich ~** (*sich verständlich machen*) anlaşmak; (*sich einigen*) anlaşmak, uzlaşmak (**über etw** ... üzerinde)

Verständigung *f* ❶ (*Benachrichtigung*) haber verme ❷ (*Sichverständigen*) meramını anlatma ❸ (*Übereinkunft*) anlaşma, uzlaşma

verständlich *adj* ❶ (*einleuchtend*) anlaşılır ❷ (*hörbar*) duyulabilen ❸ (*deutlich*) açık, belirli; **jdm etw ~ machen** birine bir şeyi açıklamak

Verständnis *nt* ❶ (*Verstehen*) anlayış ❷ (*Einfühlungsvermögen*) duyarlık; **für etw/jdn ~ haben** bir şeye/birine anlayış göstermek

verständnislos *adj* anlayışsız

verständnisvoll *adj* anlayışlı

verstärken I. *vt* ❶ (*stärker machen*) kuvvetlendirmek (**etw** -i) ❷ (*festigen*) sağlamlaştırmak (**etw** -i) ❸ (*zahlenmäßig*) çoğaltmak (**etw** -i) **II.** *vr* **sich ~** (*stärker werden*) kuvvetlenmek; (*zahlenmäßig*) çoğalmak; (*an Intensität*) şiddetlenmek

Verstärker *m* amplifikatör

Verstärkung *f* ❶ (*Verstärken*) kuvvetlendirme ❷ MIL takviye ❸ (*Steigerung*) çoğaltma

verstauchen *vt* **sich** *dat* **den Fuß ~** ayağını burkmak [*o* incitmek], ayağı burkulmak

verstaucht *adj* burkulmuş, incinmiş

Versteck *nt* saklanma yeri; **~ spielen** saklambaç oynamak

verstecken *vt* saklamak, gizlemek (**etw** -i)

versteckt *adj* saklı, gizli

verstehen <verstand, verstanden> **I.** *vi, vt* ❶ (*begreifen*) anlamak, kavramak (**etw/jdn** -i) ❷ (*deutlich hören*) anlamak, duymak (**jdn/etw** -i); **jdm etw zu ~ geben** birine bir şeyi sezdirmek; **was ~ Sie unter ...?** -den ne anlarsınız?; **etwas/nichts von Chemie ~** kimyadan anlamak/anlamamak **II.** *vr* **sich mit jdm ~** biriyle anlaşmak [*o* uyuşmak]; **das versteht sich von selbst** bu kendiliğinden anlaşılır

versteifen *vt* katılaştırmak, sertleştirmek, pekiştirmek (**etw** -i)

versteigern *vt* artırmaya çıkarmak (**etw** -i)

Versteigerung *f* artırma

Versteinerung *f* (*Vorgang*) taşlaşma; (*Gegenstand*) fosil

verstellbar *adj* ayar edilebilir

verstellen I. *vt* (*anders stellen*) yerini değiştirmek (**etw** -in) **II.** *vr* **sich ~** sahte tavır takınmak

versteuern *vt* vergisini ödemek (**etw** -in)

verstimmt *adj* ❶ (*Instrument*) akordu bozuk ❷ (*Mensch*) neşesiz, keyifsiz

verstohlen *adj* gizli; (*Blick*) kaçamak

verstopfen *vt* tıkamak, kapatmak (**etw** -i)

verstopft *adj* (*Straße*) tıkalı

Verstopfung *f* ❶ tıkanıklık ❷ MED kabızlık; **ich habe eine ~** kabız oldum

verstorben *adj* merhum

verstört *adj* şaşkın, yılgın

Verstoß *m* çiğneme, ihlal (**gegen etw** -i)

verstoßen *irr* **I.** *vt* ❶ (*vertreiben*) kovmak, atmak, defetmek (**jdn** -i) ❷ (*Kind*) (evlatlıktan) reddetmek; (*Frau*) boşamak (**jdn** -i) **II.** *vi* (*Gesetz, Regel*) çiğnemek, ihlal etmek (**gegen etw** -i)

verstreichen *irr vi sein* ❶ (*Zeit*) geçmek, geçip gitmek ❷ (*Frist*) süresi dolmak

verstreuen *vt* dağıtmak, saçmak (**etw** -i)

verstümmeln *vt* ❶ (organlarını keserek) yaralamak, sakatlamak; (*Leiche*) parçalamak (**jdn** -i) ❷ (*Text*) bozmak (**etw** -i)

Versuch *m* deneme; (*wissenschaftlicher*) deney

versuchen *vt* ❶ (*probieren*) denemek (**etw** -i) ❷ (*kosten*) tadına bakmak (**etw** -in); **~, etw zu tun** bir şeyi yapmaya çalışmak

Versuchskaninchen *nt* (*fig fam*) kobay, deneme tahtası

Versuchsperson *f* denek

Versuchstier *nt* deney hayvanı

versuchsweise *adv* deneme ile

Versuchung *f* şeytana uyma; **in ~ führen** baştan çıkarmak, ayartmak (**jdn** -i)

versüßen *vt* tatlılaştırmak, güzelleştirmek (**etw** -i)

vertagen *vt* sonraya bırakmak (**etw** -i), ertelemek (**etw auf etw** -i -e)

vertauschen *vt* değiştirmek; (*irrtümlich*) karıştırmak (**etw** -i)

verteidigen *vt* savunmak (**jdn** -i)

Verteidiger(in) *m(f)* ❶ (*allgemein*) savunucu

❷ JUR avukat, dava vekili ❸ SPORT bek
Verteidigung *f* savunma
Verteidigungsminister(in) *m(f)* Savunma Bakanı
verteilen *vt* ❶ (*austeilen*) dağıtmak (**etw an jdn** -i -e) ❷ (*aufteilen*) paylaştırmak (**etw** -i)
Verteiler(in) *m(f)* ❶ dağıtan ❷ (*Zünd-*) distribütör
Verteilung *f* (*Austeilen*) dağıtma, dağıtım
Verteilungskampf *m* paylaşım savaşı
verteuern I. *vt* pahalılaştırmak (**etw** -i) **II.** *vr* **sich ~** pahalanmak, pahalılaşmak
vertiefen I. *vt* derinleştirmek (**etw** -i) **II.** *vr* **sich in etw ~** bir şeye dalmak
Vertiefung *f* derinlik
vertikal *adj* dikey
Vertrag *m* ❶ kontrat, sözleşme ❷ POL antlaşma
vertragen *irr* **I.** *vt* (*aushalten*) dayanmak, katlanmak (**etw** -e); **nicht viel ~** (*Wein*) fazla kaldırmamak **II.** *vr* **sich gut/schlecht mit jdm ~** biriyle iyi geçinmek/geçinememek
vertraglich *adj* sözleşmeli
verträglich *adj* ❶ (*Mensch*) geçimli, uysal ❷ (*Speise*) sindirimi kolay, zararsız
Vertragsbruch *m* sözleşmenin bozulması
Vertragspartner(in) *m(f)* (sözleşmede) karşı taraf
vertrauen *vi* güvenmek, inanmak (**jdm/einer Sache** -e)
Vertrauen *nt* güven; **im ~ gesagt** aramızda kalsın
Vertrauensfrage *f* güvenoyu sorusu
Vertrauensmann, Vertrauensfrau *m, f* (*im Betrieb*) mutemet, inal
Vertrauensperson *f* mutemet, inal
Vertrauenssache *f* güven meselesi
vertrauensvoll *adv* tamamen güvenerek
vertrauenswürdig *adj* güvenilir, emin, emniyetli
vertraulich *adj* ❶ (*Umgang*) senli benli, teklifsiz, samimi ❷ (*Mitteilung*) gizli
Vertraulichkeit *f* ❶ (*Umgang*) samimiyet ❷ (*Mitteilung*) gizlilik ❸ (*Zudringlichkeit*) sırnaşıklık
verträumt *adj* ❶ (*Person*) dalgın ❷ (*Ort*) kuytu, sessiz
vertraut *adj* (*intim*) içlidışlı, sıkı fıkı; **mit etw ~ sein** bir şeye alışık olmak; **sich mit etw ~ machen** bir şeyi öğrenmek, bir şeye alışmak
vertreiben *irr vt* ❶ (*verjagen*) defetmek, kovmak, atmak (**jdn** -i) ❷ MIL püskürtmek (**jdn** -i) ❸ (*verkaufen*) satmak, sürmek (**etw** -i); **sich** *dat* **die Zeit ~** vakit geçirmek, eğlenmek
Vertreibung *f* ❶ (*Vertreiben*) defetme, kovma ❷ (*Vertriebenwerden*) kovulma
vertreten *irr vt* ❶ (*repräsentieren*) temsil etmek (**jdn** -i) ❷ (*ersetzen*) yerini tutmak (**jdn** -in) ❸ (*verteidigen*) savunmak (**jdn** -i); **sich** *dat* **den Fuß ~** ayağını burkmak; **sich** *dat* **die Beine ~** fazla oturmaktan uyuşan bacaklarını yürüyerek açmak
Vertreter(in) *m(f)* ❶ (*Repräsentant*) temsilci ❷ (*im Amt*) vekil ❸ (*Handels-*) acenta
Vertretung *f* ❶ (*Repräsentieren*) temsil(cilik) ❷ (*im Amt*) vekillik; **in ~** *gen* -e velaketen
Vertrieb *m* satış, sürüm
Vertriebene(r) *f(m)* ❶ (*Heimat-*) *ülkesinden atılan kimse* ❷ (*Asylant*) sığınan, mülteci
vertrocknen *vi sein* kurumak
vertrösten *vt* (*hinhalten*) oyalamak, atlatmak (**jdn** -i)
vertun *irr* **I.** *vt* (*vergeuden*) boş yere harcamak, saçıp savurmak (**etw** -i) **II.** *vr* **sich ~** yanılmak
vertuschen *vt* örtmek, örtbas etmek (**etw** -i)
verübeln *vt* **jdm etw ~** birinin davranışını fenaya çekmek
verunglücken *vi sein* kazaya uğramak, kaza geçirmek; **tödlich ~** kazada ölmek
verunreinigen *vt* kirletmek, pisle(t)mek (**etw** -i)
verunsichern *vt* güvenini sarsmak (**jdn** -in)
veruntreuen *vt* zimmetine geçirmek (**etw** -i)
verursachen *vt* neden olmak (**etw** -e)
verurteilen *vt* ❶ (*Urteil abgeben*) hüküm giydirmek (**jdn** -e), mahkum etmek (**jdn zu etw** -i -e) ❷ (*ablehnen*) reddetmek (**jdn/etw** -i); **zu einer Geld-/Gefängnisstrafe verurteilt werden** para/hapis cezasına çarptırılmak
Verurteilung *f* yargılama, mahkumiyet
vervielfachen *vt* çoğaltmak, artırmak (**etw** -i)
vervielfältigen *vt* çoğaltmak, teksir etmek (**etw** -i)
Vervielfältigung *f* çoğalt(ıl)ma, teksir
vervollständigen *vt* tamamlamak, bütünlemek, bitirmek (**etw** -i)
verw. *adj Abk von* **verwitwet** dul
verwackelt *adj* (*Foto*) net olmayan
verwählen *vr* **sich ~** (*falsche Nummer*) yan-

lış numara çevirmek

verwahren I. *vt* (*sicher aufbewahren*) saklamak (**etw** -i) II. *vr* **sich gegen etw ~** bir şeye karşı itiraz etmek

verwahrlost *adj* (*Sache*) bakımsız; (*Haus*) harap; (*Person*) perişan

verwaist *adj* ① yetim, öksüz ② (*fig: Posten*) boş; (*Gegend*) tenha, ıssız

verwalten *vt* idare etmek, yönetmek (**etw** -i)

Verwalter(in) *m(f)* ① idareci, yönetici ② (*Guts-*) kahya

Verwaltung *f* ① (*Handlung*) idare, yönetim ② (*Personen*) yönetim kurulu

verwandeln I. *vt* değiştirmek (**etw/jdn** -i), dönüştürmek (**etw in etw** -i -e) II. *vr* **sich ~** değişmek; **sich in etw ~** bir şeye dönüşmek

verwandt I. *vt s.* **verwenden** II. *adj* ① akraba, hısım ② (*fig: ähnlich*) benzer, yakın

verwandte *vt s.* **verwenden**

Verwandte(r) *f(m)* akraba, hısım; **ein ~r von mir** benim bir akrabam

Verwandtschaft *f* ① (*Verwandtsein*) akrabalık ② (*die Verwandten*) akrabalar *pl*, hısım akraba *fam* ③ (*fig: Ähnlichkeit*) benzerlik, yakınlık

verwarnen *vt* uyarmak, ikaz etmek (**jdn** -i)

Verwarnung *f* uyarı, ihtar

verwaschen *adj* ① (*Farben*) rengi atmış, soluk ② (*fig*) belirsiz

verwechseln *vt* karıştırmak (**etw mit etw** -i ile); **jdn mit jdm ~** birini birine benzetmek

Verwechs(e)lung *f* karıştırma, benzetme

verweigern *vt* reddetmek (**etw** -i)

Verweigerung *f* ret

Verweis *m* ① (*Tadel*) azar, tekdir ② (*Hinweis*) işaret

verweisen *irr vt* (*hinweisen*) işaret etmek (**auf etw** -e); **jdn des Landes ~** birini sınır dışı etmek; **jdn vom Spielfeld ~** SPORT birini sahadan çıkarmak

verwelken *vi sein* solmak, sararmak

verwendbar *adj* kullanılabilir

verwenden <verwendete, verwendet *o* verwandte> I. *vt* ① (*gebrauchen*) kullanmak (**etw** -i) ② (*benützen*) yararlanmak (**etw** -den) ③ (*Zeit, Mühe*) harcamak (**etw** -i) II. *vr* **sich für jdn ~** birinin iyiliği için aracılık etmek

Verwendung *f* kullanış, kullanım

verwerfen *irr vt* ① (*ablehnen*) reddetmek (**etw** -i) ② JUR bozmak, feshetmek (**etw** -i)

verwerflich *adj* ayıp(lı), çirkin, kötü

Verwerfung *f* GEOG fay

Verwerfungslinie *f* GEOG fay hattı

verwerten *vt* değerlendirmek (**etw** -i), yararlanmak (**etw** -den)

verwickeln I. *vt* (*Faden*) karıştırmak, dolaştırmak (**etw** -i); **jdn in etw ~** birini bir şeye karıştırmak II. *vr* **sich ~** (*Faden*) karışmak, dolaşmak

verwickelt *adj* karışık, dolaşık, çapraşık

verwildert *adj* ① (*Tier*) vahşileşmiş ② (*Garten*) bakımsız, harap

verwirklichen I. *vt* gerçekleştirmek (**etw** -i) II. *vr* **sich ~** gerçekleşmek

Verwirklichung *f* ① (*Verwirklichen*) gerçekleştirme ② (*Wahrwerden*) gerçekleşme

verwirren *vt* ① (*Garn*) dolaştırmak, karıştırmak (**etw** -i) ② (*Person*) şaşırtmak (**jdn** -i)

verwirrt *adj* ① (*Sache*) karışık ② (*Person*) şaşkın, şaşırmış

Verwirrung *f* ① (*Durcheinander*) karışıklık ② (*Verstörtheit*) şaşkınlık

verwitwet *adj* dul

verwöhnen *vt* şımartmak, nazlı alıştırmak (**jdn** -i), yüz vermek (**jdn** -e)

verwöhnt *adj* şımarık, nazlı (alışmış)

verworren *adj* (karma)karışık, dolambaçlı, darmadağın

verwundbar *adj* yaralanabilir; (*Stelle*) zayıf

verwunden *vt* yaralamak (**jdn/etw** -i)

verwunderlich *adj* şaşılacak

verwundern *vr* **sich ~** şaş(ır)mak, hayret etmek

Verwunderung *f* şaşkınlık, hayret

verwundet *adj* yaralı

Verwundete(r) *f(m)* yaralı

verwüsten *vt* yakıp yıkmak, kırıp geçirmek, tahrip etmek (**etw** -i)

Verwüstung *f* (yakıp) yıkma, tahrip

verzählen *vr* **sich ~** yanlış saymak, sayıda yanılmak

verzaubern *vt* büyülemek, sihirlemek (**jdn/etw** -i)

Verzehr *m* yiyip içme; **nicht zum ~ geeignet** yenilip içilmeye elverişli değil

verzehren *vt* yiyip bitirmek (**etw** -i)

verzeichnen *vt* ① (*aufzeichnen*) yazmak, not etmek (**etw** -i) ② (*falsch zeichnen*) yanlış çizmek (**etw** -i)

Verzeichnis *nt* ① liste ② INFORM (*Daten~*) dizin

verzeihen <verzieh, verziehen> I. *vi* bağışla-

mak, affetmek (**jdm** -i) **II.** *vt* **jdm etw ~** birinin bir şeyini affetmek [*o* hoş görmek], birinin bir şeyine bakmamak
Verzeihung *f* (**ich bitte um**) **~!** affedersiniz!
verzetteln *vr* **sich ~** emeklerini birçok işlere harcamak
Verzicht *m* vazgeçme
verzichten *vi* ① (*Anspruch aufgeben*) vazgeçmek (**auf etw** -den) ② (*zurücktreten*) caymak (**auf etw** -den)
verzieh(en) *vt s.* **verzeihen**
verziehen *irr* **I.** *vt* (*Kind*) şımartmak, nazlı alıştırmak (**jdn** -i) **II.** *vr* **sich ~** (*Wolken, Gewitter*) geçmek, kaybolmak, uzaklaşmak; (*fam: sich entfernen*) uzaklaşmak
verzieren *vt* süslemek, bezemek (**etw** -i)
Verzierung *f* süs, dekor
verzinsen *vt* faizini ödemek (**etw** -in)
Verzinsung *f* faiz miktarı
verzogen **I.** *s.* **verziehen** **II.** *adj* (*Kind*) şımartılmış, nazlı alışmış; **unbekannt ~** (*Postvermerk*) adresi belli değil
verzögern **I.** *vt* geciktirmek, uzatmak, sürüncemede bırakmak (**etw** -i) **II.** *vr* **sich ~** gecikmek, uzamak, sürüncemede kalmak
Verzögerung *f* gecikme, uzama
verzollen *vt* gümrüklemek (**etw** -i); **haben Sie etwas zu ~?** gümrüğe tabi eşyanız var mı?
Verzug *m* gecikme
verzweifeln *vi sein* ümitsizliğe düşmek; **es ist zum Verzweifeln** insanın çıldırası geliyor
verzweifelt *adj* çaresiz, umarsız
Verzweiflung *f* ümitsizlik, umutsuzluk; **jdn zur ~ bringen** birini ümitsizliğe düşürmek
Veteran *m* eski asker
Veterinär(in) *m(f)* veteriner
Veto *nt* **gegen etw sein ~ einlegen** bir şeyi veto etmek [*o* vetolamak]
Vetorecht *nt* veto hakkı
Vetter *m* amca (dayı, teyze, hala) oğlu, kuzen
Vetternwirtschaft *f* akraba kayırıcılığı
vgl. *vt Abk von* **vergleiche** karşılaştırınız
v. H. *adv Abk von* **vom Hundert** yüzde
VHS *f Abk von* **Volkshochschule** halk eğitim merkezi
Viadukt *m* kemer köprü
Viagra® *nt* viagra®
Vibration *f* titreşim, vibrasyon
vibrieren *vi* titreşmek
Video *nt* video
Videoclip *m* klip, video klipi
Videofilm *m* video filmi
Videokamera *f* video kamerası
Videokarte *f* INFORM video kartı
Videokassette *f* video kaseti
Videokonferenz *f* telekonferans
Videorekorder *m* video aleti
Videospiel *nt* video oyunu
Videothek *f* video dükkanı
Vieh *nt* ① (*Groß-*) büyük baş hayvanlar *pl;* (*Klein-*) davar ② (*pej: Tier*) hayvan
Viehzucht *f* hayvancılık, hayvan yetiştirme
viel *adj, adv* çok, fazla; **recht ~** birçok; **sehr ~** pek çok; **ziemlich ~** oldukça çok, bir hayli; **so ~** o kadar çok; **zu ~** fazla, çok, aşırı; **~e Leute** birçok kişi; **so ~e Bücher** bir sürü kitap; **~ versprechend** çok şey vadeden
vieldeutig *adj* çok anlamlı
vielfach **I.** *adj* katmerli **II.** *adv* çok defa, sık sık
Vielfalt *f* çeşitlilik
vielfältig *adj* çeşitli
vielfarbig *adj* çok renkli
vielleicht *adv* belki; (*etwa*) acaba; **das ist ~ schön!** aman ne güzel!
vielmals *adv* çok defa, sık sık
vielmehr *adv* (*im Gegenteil*) bilakis, tam tersine
vielseitig *adj* çok yönlü
vielversprechend *adj* ümit verici
Vielzahl *f* **eine ~ von ...** -den çok sayıda
vier *num* dört; **auf allen vieren gehen** emeklemek
Viereck *nt* dörtgen, dörtkenar
viereckig *adj* dört köşeli
vierhundert *num* dört yüz
Vierlinge *mpl* dördüzler *pl*
viermal *adv* dört defa [*o* kere]
vierspurig *adj* dört şeritli
vierstellig *adj* dört basamaklı
vierte(r, s) *adj* dördüncü
viertel *num* dörtte bir; (*Zeit*) çeyrek; **drei ~** dörtte üç; (*Zeit*) üç çeyrek; **um ~ acht** (saat) yediyi çeyrek geçe; **um drei ~ acht** (saat) sekize çeyrek kala
Viertel *nt* ① çeyrek; **es ist ~ nach zwei** ikiyi çeyrek geçiyor; **es ist ~ vor zwei** ikiye çeyrek var ② (*Stadt-*) semt, mahalle
Viertelfinale *nt* çeyrek final (maçı)
Vierteljahr *nt* üç ay, çeyrek yıl
vierteljährlich *adj* üç aylık
Viertelliter *nt* çeyrek litre

Viertelstunde *f* çeyrek saat
viertens *adv* dördüncü olarak
vierzehn *num* on dört; ~ **Tage** on dört gün
vierzehntägig *adj* onbeş günlük, iki haftalık
vierzig *num* kırk
Vietnam *nt* Vietnam
Villa *f* ❶ (*Haus*) villa; (*größere*) köşk ❷ (*Strand-*) yalı
violett *adj* mor, menekşe rengi(nde)
Violine *f* keman
Violoncello *nt* viyolonsel
Viper *f* Avrupa engereği
viral *adj* MED viral
Virenprogramm *nt* virüs programı
Virenscanprogramm *nt* INFORM virüs tarama programı
virenverseucht *adj* INFORM virüs bulaşmış olan
virtuell *adj* sanal; ~**e Realität** sanal gerçeklik
Virtuose, Virtuosin *m, f* virtüoz
Virus *m* virüs
Virusinfektion *f* virüs enfeksiyonu
Vision *f* ❶ (*Erscheinung*) hayal ❷ (*Halluzination*) sanrı ❸ (*Zukunftsvorstellung*) vizyon
Visionär(in) *m(f)* vizyon sahibi
Visite *f* vizite
Visitenkarte *f* kartvizit
Viskose *f* viskoz
visuell *adj* görsel
Visum *nt* vize
Vitalität *f* canlılık
Vitamin *nt* vitamin
Vitaminmangel *m* vitamin eksikliği, vitaminsizlik
vitaminreich *adj* çok vitaminli
Vitrine *f* vitrin, camekan
Vizekanzler(in) *m(f)* başbakan yardımcısı
Vizepräsident(in) *m(f)* başkan yardımcısı
Vogel *m* kuş; **er hat einen** ~ (*fam*) tahtası eksik, kafadan kontak
Vogelbauer *nt* kuş kafesi
vogelfrei *adj* kanun dışı
Vogelgrippe *f* kuş gribi
Vogelhaus *nt* kuş(h)ane
Vogelkäfig *m* kuş kafesi
Vogelscheuche *f* korkuluk
Vogelschutzgebiet *nt* kuş cenneti
Vogelschwarm *m* kuş sürüsü
Vokabel *f* söz(cük), kelime
Vokal *m* ünlü
Volk *nt* ❶ (*Leute*) halk ❷ (*Nation*) millet, ulus
Völkerbund *m* Milletler Cemiyeti
Völkerkunde *f* etnoloji, budunbilim
Völkermord *m* soykırım
Völkerrecht *nt* devletlerarası hukuk
Völkerwanderung *f* kavimler göçü
Volksabstimmung *f* halk oylamaı
volkseigen *adj* (*hist: in der DDR*) ~**er Betrieb** devletleştirilmiş işletme
Volksentscheid *m* halk oylaması
Volksfest *nt* şenlik
Volksfront *f* halk cephesi
Volksheld(in) *m(f)* halk kahramanı
Volkshochschule *f* Halk Eğitim Merkezi, Halk Yüksek Okulu
Volkskunde *f* halkbilgisi, folklor
Volkslied *nt* halk şarkısı
Volksmusik *f* halk müziği
Volksrepublik *f* halk cumhuriyeti
Volksschule *f* ilkokul
Volksschullehrer(in) *m(f)* ilkokul öğretmeni
Volkssprache *f* halk dili [*o* ağzı]
Volkstanz *m* halk dansı, milli oyun
volkstümlich *adj* (*populär*) popüler
Volksweisheit *f* halk bilgeliği
Volkswirt(in) *m(f)* iktisatçı
Volkswirtschaft(slehre) *f* iktisat, ekonomi
voll I. *adj* ❶ (*gefüllt*) dolu ❷ (*Wangen*) toplu, dolgun ❸ (*reichlich*) bol ❹ (*vollständig, ganz*) bütün, tam ❺ (*besetzt*) meşgul ❻ (*satt*) tok ❼ (*fam: betrunken*) sarhoş; **der Bus ist** ~ otobüs doldu; **jdn** (**nicht**) **für** ~ **nehmen** birini ciddiye al(ma)mak **II.** *adv* ~ **und ganz** tamamen
vollautomatisch *adj* (tam) otomatik
Vollbart *m* top [*o* çember] sakal
Vollbeschäftigung *f* tam çalışma
Vollblut *nt* (*Pferd*) safkan
vollbringen *irr vt* ❶ (*beenden*) tamamlamak (**etw** -i) ❷ (*ausführen*) yerine getirmek (**etw** -i)
vollenden *vt* bitirmek, tamamlamak (**etw** -i)
vollendet *adj* bit(iril)miş; (*vollkommen*) kusursuz, mükemmel, yetkin; ~**e Tatsache** emrivaki, oldubitti
Volleyball *m* voleybol
Vollgas *nt* **mit** ~ tam hızla
Vollidiot *m* tam kaçık
völlig I. *adj* tam **II.** *adv* tamamen, tamamıyla, büsbütün
volljährig *adj* reşit, ergin
Volljährigkeit *f* erginlik, reşitlik, rüşt
Vollkaskoversicherung *f* tam kasko sigor-

tası
vollkommen I. *adj* kusursuz, mükemmel, yetkin II. *adv* tamamıyla
Vollkommenheit *f* mükemmellik
Vollkornbrot *nt* kepekli ekmek
Vollmacht *f* tam yetki; (*Dokument*) vekaletname
Vollmilch *f kaymağı alınmamış süt*
Vollmitgliedschaft *f* (*in EU*) tam üyelik
Vollmond *m* dolunay
Vollpension *f* tam pansiyon
vollständig I. *adj* tam, bütün, eksiksiz II. *adv* tamamen, tamamıyla
Vollständigkeit *f* tamamlık, eksiksizlik, noksansızlık
vollstrecken *vt* yerine getirmek, yürütmek (**etw** -i)
volltanken *vi, vt* benzin deposunu tam doldurmak
Volltreffer *m* tam isabet
Vollversammlung *f* genel kurul toplantısı
Vollwaise *f* öksüz, anası ve babası ölmüş
vollzählig *adj* tam sayılı, eksiksiz
vollziehen *irr* I. *vt* yerine getirmek (**etw** -i) II. *vr* **sich ~** olmak, cereyan etmek
Volontär(in) *m(f)* gönüllü stajyer
Volt *nt* volt
Volumen *nt* hacim
vom *präp* = *von dem* **von**
von *präp +dat* ❶ (*räumlich und zeitlich*) -dan/-den ❷ (*Herkunft*) -li/-lı/-lu/-lü ❸ (*Bildung des Genitivs*) -in/-ın/-un/-ün ❹ (*beim Passiv*) (-in) tarafından ❺ (*über*) ... hakkında, ... üzerin(d)e; **~ ... an** -den itibaren; **vom Fenster aus** pencereden; **~ da an** o zamandan itibaren; **~ heute an** bugünden itibaren; **~ Format** üstün; **was sind Sie ~ Beruf?** mesleğiniz ne(dir)?; **~ Natur aus** yaradılıştan; **einer ~ euch** sizden biri; **fünf ~ zehn Türken** (her) on Türk'ten beşi; **~ Gottes Gnaden** Allah tarafından; **~ mir aus** benim için farketmez; **ein Freund ~ mir** benim bir arkadaşım; **sie wurde ~ ihm verlassen** onun tarafından terkedildi; **wir haben gerade ~ dir gesprochen** tam şu anda senden konuştuk [*o* bahsettik]
voneinander *adv* birbir(ler)inden
vonseiten *präp +gen* ... tarafından
vor I. *präp +dat* ❶ (*Ort*) -in önünde ❷ (*Zeit*) (-den) önce ❸ (*Ursache*) -dan/-den, -den dolayı; **~ mir** önümde; **10 Minuten ~ 7** yediye on var; **~ zwei Jahren** iki yıl önce; **~ kurzem** geçenlerde; **~ Christus** İsa'dan önce; **~ (lauter) Angst** korkudan; **aus Angst ~ ...** -in korkusundan II. *präp +akk* (*Richtung*) -in önüne
Vorabend *m* arife
Vorahnung *f* önsezi
voran *adv* (*vor den anderen*) önde, başta
vorangehen *irr vi sein* önce gitmek, önden gitmek; **gut ~** iyi gitmek; **gehen Sie voran!** önden gidiniz!
vorankommen *irr vi sein* ilerlemek; (*fig*) ilerlemek, gelişmek
Voranmeldung *f* ❶ erken kayıt ❷ (*Telefon*) *istenen telefon abonesinin önceden aranması*
Voranschlag *m* masraf tahmini
voraus *adv* **im Voraus** önceden, peşin(en)
vorausbezahlen *vt* peşin(en) ödemek
vorausgegangen *adj* önden gitmiş
vorausgehen *irr vi sein* ❶ (*Person*) önden gitmek ❷ (*Sache*) önce gelmek
vorausgehend *adj* önceki
vorausgesetzt *konj* **~, dass** şu şartla ki ...
Voraussage *f* (önceden) tahmin
voraussagen *vt* (*Voraussage machen*) (önceden) tahmin etmek (**etw** -i)
voraussehbar *adj* önceden tahmin edilebilir
voraussehen *irr vt* önceden tahmin etmek [*o* kestirmek] (**etw** -i)
voraussetzen *vt* ❶ (*annehmen*) varsaymak, farzetmek (**etw** -i) ❷ (*bedingen*) şart koşmak (**etw** -i)
Voraussetzung *f* (*Bedingung*) şart, koşul; **unter der ~, dass** -mesi şartıyla
voraussichtlich I. *adj* olası(lı) II. *adv* tahmin edildiğine göre
Vorauszahlung *f* peşin ödeme, avans
Vorbedacht *m* **mit ~** bile bile, kasten
Vorbedingung *f* ön koşul [*o* şart]
Vorbehalt *m* (*Einschränkung*) sakınca; **unter dem ~, dass** -mesi kaydıyla
vorbehalten *irr vt* **sich** *dat* **etw ~** bir şeyi kendisi için saklamak
vorbehaltlos *adj, adv* kayıtsız şartsız
vorbei *adv* ❶ (*räumlich*) **an ... ~** -in önünden ❷ (*zeitlich*) geçmiş; **es ist ~** geçti, bitti
vorbeifahren *irr vi sein* geçmek (**an jdm/etw** -in önünden)
vorbeigehen *irr vi sein* geçmek (**an jdm/etw** -in önünden)
vorbeikommen *irr vi sein* (*besuchen*) uğramak (**bei jdm** -e)

vorbeireden *vi* **sie reden aneinander vorbei** birbirlerine dert anlatamıyorlar
Vorbemerkung *f* ön açıklama
vorbereiten **I.** *vt* hazırlamak (**etw** -i) **II.** *vr* **sich** ~ hazırlanmak
Vorbereitung *f* hazırlık
vorbestellen *vt* ❶ (*Zimmer*) rezerve etmek, ayırtmak (**etw** -i) ❷ (*Tisch, Platz*) öncenden ayırtmak (**etw** -i)
Vorbestellung *f* rezervasyon, ayırtım
vorbestraft *adj* sabıkalı
vorbeugen *vi* **einer Sache** ~ bir şeyin önünü almak, bir şeyi önlemek
vorbeugend *adj* önleyici, koruyucu
Vorbeugungsmaßnahme *f* önleyici tedbir
Vorbild *nt* ❶ (*Beispiel*) örnek ❷ (*Ideal*) ideal; **sich jdn zum ~ nehmen** birini örnek almak
vorbildlich *adj* ❶ (*mustergültig*) örnek ❷ (*vollkommen*) kusursuz, mükemmel
Vorderachse *f* ön dingil
Vorderbein *nt* ön bacak
vordere(r, s) *adj* ön, önde bulunan
Vordergrund *m* ön plan
Vorderrad *nt* ön tekerlek
Vorderradantrieb *m* önden çekiş
Vorderseite *f* ❶ (*Seite*) ön taraf, yüz, cephe ❷ (*einer Münze*) ön yüz
Vordersitz *m* ön yer
vordringen *irr vi sein* ilerlemek; (*fig: sich verbreiten*) yayılmak
vordringlich *adj* acele, acil, ivedi
Vordruck *m* (*Formblatt*) form
vorehelich *adj* evlilikten önceki
voreilig *adj* pek acele; (*Person*) aceleci
voreingenommen *adj* önyargılı
vorenthalten *irr vt* **jdm etw** ~ birini bir şeyden mahrum bırakmak, birinden bir şeyi esirgemek
vorerst *adv* ❶ (*zuerst*) (her şeyden) önce ❷ (*vorläufig*) şimdilik
vorfahren *irr* **I.** *vt* (*Wagen*) arabayı evin önüne getirmek **II.** *vi sein* daha ileri gitmek
Vorfahren *mpl* atalar *pl*
Vorfahrt *f* (önce) geçiş hakkı; **die ~ beachten** geçiş hakkına dikkat etmek
Vorfahrtszeichen *nt* geçiş hakkı işareti
Vorfall *m* olay
vorfallen *irr vi sein* ❶ (*sich ereignen*) olmak, cereyan etmek ❷ (*nach vorne fallen*) öne düşmek, sarkmak
Vorfreude *f* önceden duyulan sevinç
vorführen *vt* ❶ (*Stück*) temsil etmek, ortaya koymak, oynatmak (**etw** -i) ❷ (*Film*) göstermek (**etw** -i)
Vorgang *m* ❶ (*Hergang*) cereyan, gidiş, süreç ❷ (*Ereignis*) olay
Vorgänger(in) *m(f)* öncel
Vorgarten *m* ön bahçe
vorgeben *irr vt* ❶ (*vorschützen*) özür [*o* bahane] olarak ileri sürmek (**etw** -i) ❷ SPORT avans vermek
Vorgebirge *nt* ❶ (*Vorberge*) *dağ eteklerindeki tepeler* ❷ (*Kap*) burun
vorgefasst[RR] *adj*, **vorgefaßt**[ALT] *adj* (*Meinung*) önyargılı
vorgefertigt *adj* önceden hazırlanmış
vorgehen *irr vi sein* ❶ (*vorwärtsgehen*) ilerlemek ❷ (*vorausgehen*) önden gitmek ❸ (*Uhr*) ileri gitmek ❹ (*handeln*) davranmak, hareket etmek, işlem yapmak ❺ (*fig: wichtig sein*) önemli olmak; **gehen Sie bitte vor!** ilerleyin, lütfen!, önden gidin, lütfen!
Vorgehen *nt* ❶ (*Vorwärtsgehen*) ilerleyiş ❷ (*Verhalten*) tutum, davranış ❸ (*Verfahren*) işlem, yöntem
vorgerückt *adj* ilerlemiş
Vorgeschichte *f* ❶ (*Wissenschaft*) tarih öncesi ❷ (*fig*) (bir şeyin) önce(si)
vorgeschichtlich *adj* tarih öncesi
Vorgeschmack *m* ilk tat
Vorgesetzte(r) *f(m)* şef, amir, patron
vorgestern *adv* evvelki gün
vorgreifen *irr vi* önce davranmak (**einer Sache** -de)
vorhaben *irr vt* (*beabsichtigen*) niyetinde olmak, amacını gütmek (**etw zu tun** -mek/-me); **ich habe morgen nichts vor** yarın için hiç bir programım yok
Vorhalle *f* hol
vorhalten *irr vt* (*fig*) **jdm etw** ~ birine bir şeyden dolayı sitem etmek
vorhanden *adj* var olan, mevcut, elde hazır
Vorhang *m* perde; **der Eiserne** ~ (*hist*) Demir Perde
Vorhaut *f* sünnet derisi
vorher *adv* ❶ (*zeitlich*) önce ❷ (*im Voraus*) peşin(en); **kurz** ~ demin; **am Tage/Abend** ~ bir gün/akşam önce
vorhergehende(r, s), **vorherige(r, s)** *adj* önceki
vorherrschen *vi* egemen [*o* hakim] olmak, üstün gelmek
Vorhersage *f* ❶ (*das Vorhersagen*) (önce-

V

den) tahmin ❷ (*Prophezeiung*) kehanet
vorhersagen *vt* ❶ (*voraussagen*) (önceden) tahmin etmek [*o* haber vermek] (**etw** -i) ❷ (*prophezeien*) kehanette bulunmak
vorhersehen *irr vt* (önceden) tahmin etmek [*o* kestirmek] (**etw** -i)
vorhin *adv* demin(cek), az evvel; **gerade ~** az önce, daha demin
vorige(r, s) *adj* önceki; (*vergangen*) geçen
Vorjahr *nt* geçen yıl
Vorkehrungen *fpl* **~ treffen** (önleyici) tedbirler almak (**gegen etw** -e karşı)
Vorkenntnisse *fpl* önbilgiler *pl*
vorknöpfen *vt* **sich** *dat* **jdn ~** (*fam*) birinden hesap sormak
vorkommen *irr vi sein* ❶ (*existieren*) var olmak, bulunmak ❷ (*geschehen*) olmak, cereyan etmek; **es kommt mir so vor, als ob** bana öyle geliyor ki, ...
Vorkommen *nt* çıkma, bulunma
Vorkommnis *nt* olay
Vorkriegszeit *f* savaş öncesi dönemi
vorladen *irr vt* (*vor Gericht*) celp etmek (**jdn** -i)
Vorladung *f* (*vor Gericht*) celp
Vorlage *f* ❶ (*Gesetzes-*) kanun tasarısı ❷ (*Muster*) örnek
vorlassen *irr vt* öne gelmesine izin vermek (**jdn** -in)
Vorläufer(in) *m(f)* öncü
vorläufig **I.** *adj* geçici **II.** *adv* şimdilik
vorlegen *vt* ❶ (*nach vorne legen*) öne koymak (**etw** -i) ❷ (*zur Überprüfung*) göstermek (**jdm etw** -e -i) ❸ (*Schloss*) asma kilit koymak
vorlesen *irr vi, vt* (yüksek sesle) okumak (**jdm etw** -e -i)
Vorlesung *f* (üniversite) ders(i)
vorletzte(r, s) *adj* sondan önceki
Vorliebe *f* eğilim (**für etw** -e)
vorliebnehmen *irr vi* **mit etw ~** bir şeyle yetinmek
vorliegen *irr vi* ❶ (*vorhanden sein*) var olmak ❷ (*jdm*) gözü önünde bulunmak (**jdm** -in); **es liegt nichts vor** yeni bir şey yok
vorm *präp* = *vor dem* **vor**
vorm. *adv Abk von* **vormittags** öğleden önce
vormachen *vt* **jdm etw ~** birine bir şeyi göstermek; (*anlügen*) birine yalan yutturmak
vormals *adv* eski zamanda, vaktiyle
vormerken *vt* not etmek, önceden dikkate almak (**etw** -i)
Vormittag *m* öğleden önce; **heute ~** bugün öğleden önce
vormittags *adv* öğleden önceleri
Vormund *m* veli; JUR vasi
Vormundschaft *f* JUR vasilik
vorn *präp* = *vor den* **vor**
vorn(e) *adv* önde, ileride, ön tarafta; **nach ~** öne (doğru), ileriye; **von ~** önden; (*zeitlich*) yineden, baştan; **von ~ bis hinten** başından sonuna kadar; (**wieder**) **von ~ anfangen** (yine) baştan başlamak
Vorname *m* ön ad, ilk ad, küçük isim
vornehm *adj* kibar; (*elegant*) zarif
vornehmen *irr vt* **sich** *dat* **~, etw zu tun** bir şey yapmaya niyet etmek
vornherein *adv* **von ~** ilk baştan
Vorort *m* dış semt, banliyö, yörekent
Vorrang *m* üstünlük, öncelik
vorrangig *adj* öncelikli
Vorrat *m* yedek malzeme, stok
vorrätig *adj* elde bulunan
Vorrecht *nt* imtiyaz, ayrıcalık
Vorrichtung *f* (*Apparatur*) mekanizma
vorrücken **I.** *vt* öne almak, ileri çekmek (**etw** -i) **II.** *vi sein* ilerlemek; (*im Rang*) yükselmek
vors *präp* = *vor das* **vor**
vorsagen *vt* ❶ (*aussprechen*) söylemek (**etw** -i) ❷ (*Schule*) (sözlü) kopya vermek (**jdm etw** -e -i)
Vorsaison *f* sezon öncesi
Vorsatz *m* (*Absicht*) maksat, niyet, kasıt
vorsätzlich **I.** *adj* JUR kasti, kasıtlı **II.** *adv* JUR kasten, kasti olarak
Vorschau *f* gelecek program
Vorschein *m* **zum ~ kommen** meydana çıkmak, görünmek
vorschießen *irr vt* (*fam: Geld*) avans vermek (**jdm etw** -e -i)
Vorschlag *m* ❶ teklif, öneri ❷ ADMIN önerge
vorschlagen *irr vt* teklif etmek, önermek (**jdm etw** -e -i)
vorschreiben *irr vt* emretmek (**jdm etw** -e -i)
Vorschrift *f* ❶ (*Anweisung*) yönerge ❷ (*Bestimmung*) hüküm, yönetmelik; **Dienst nach ~** yönetmeliğe göre hizmet
vorschriftsmäßig *adv* yönetmeliğe uygun olarak
Vorschub *m* **einer Sache ~ leisten** bir şeyi desteklemek
Vorschulalter *nt* okul öncesi yaş
Vorschule *f* hazırlık okulu
Vorschuss[RR] *m*, **Vorschuß**[ALT] *m* avans,

öndelik

vorschützen *vt* özür [*o* bahane] olarak ileri sürmek (**etw** -i)

vorsehen *irr* **I.** *vt* öngörmek (**etw** -i) **II.** *vr* **sich** ~ dikkat etmek; (*vor etw*) sakınmak (**vor etw** -den)

Vorsehung *f* alın yazısı

vorsetzen *vt* öne koymak (**etw** -i); (*auftischen*) ikram etmek, sunmak (**jdm etw** -e -i)

Vorsicht *f* ❶ (*das Aufpassen*) dikkat, tedbirlilik ❷ (*Zurückhaltung*) sakınganlık; **~!** dikkat!

vorsichtig **I.** *adj* ❶ dikkatli, tedbirli ❷ (*zurückhaltend*) sakıngan **II.** *adv* usulcacık

vorsichtshalber *adv* ne olur ne olmaz, her ihtimale karşı

Vorsichtsmaßnahme *f* emniyet tedbiri

Vorsilbe *f* önek

vorsintflutlich *adj* Tufan öncesi; (*sehr alt*) Nuhu nebiden kalma

Vorsitz *m* başkanlık, reislik

Vorsitzende(r) *f(m)* başkan, reis

Vorsorge *f* (ön) tedbir

vorsorgen *vi* (önceden) tedbir almak

Vorspann *m* FILM jenerik

Vorspeise *f* çerez

Vorsprung *m* öndelik, öncelik, avantaj; **einen ~ vor jdm haben** birine karşı avantajlı durumda olmak

Vorstadt *f* dış mahalle

Vorstand *m* ❶ (*Rat*) yönetim kurulu ❷ (*Einzelperson*) başkan, reis

vorstehen *irr vi* ❶ (*vorspringen*) çıkıntı oluşturmak ❷ (*leiten*) yönetmek, idare etmek (**einer Sache** -i)

Vorsteher(in) *m(f)* başkan

vorstellbar *adj* düşünülebilir, düşünülebilen

vorstellen **I.** *vt* **jdn jdm ~** birini biriyle tanıştırmak; **sich** *dat* **etw ~** bir şeyi tasavvur etmek [*o* göz önüne getirmek] **II.** *vr* **sich ~** kendini tanıtmak, takdim etmek

vorstellig *adj* **~ werden** başvurmak (**bei jdm** -e)

Vorstellung *f* ❶ THEAT, FILM gösterim ❷ (*Idee*) düşünce, fikir, tasarım

Vorstellungskraft *f*, **Vorstellungsvermögen** *nt* hayal gücü, imgeleme

Vortag *m* önceki gün

vortäuschen *vt* yalandan yapmak, taslamak (**etw** -i)

Vorteil *m* avantaj; (*Nutzen*) yarar(lık), çıkar, fayda

vorteilhaft *adj* ❶ (*nützlich*) yararlı, faydalı, avantajlı ❷ (*günstig*) uygun, elverişli

Vortrag *m* ❶ (*öffentlicher*) konferans ❷ (*Bericht*) rapor; **einen ~ halten** konferans vermek

vortragen *irr vt* ❶ (*nach vorne tragen*) ileriye taşımak (**etw** -i) ❷ (*Gedicht*) okumak (**etw** -i)

vortrefflich *adj* nefis, mükemmel; (*Person*) yetkin

vortreten *irr vi sein* öne çıkmak

Vortritt *m* öncelik

vorüber *adv* ❶ (*örtlich*) **an ... ~** -in önünden ❷ (*zeitlich*) geçmiş

vorübergehen *irr vi sein* **an jdm/etw ~** birinin/bir şeyin önünden geçmek

vorübergehend **I.** *adj* geçici, eğreti **II.** *adv* şimdilik, geçici olarak

Vorurteil *nt* önyargı

vorurteilslos *adj, adv* önyargısız

Vorverkauf *m* önceden satış

vorverlegen *vt* (*Termin*) öne almak (**etw** -i)

Vorwahl(nummer) *f* şehir numarası [*o* kodu]

Vorwand *m* bahane

vorwärts *adv* ileri(ye); **~!** ileri!

vorwärtskommen *irr vi* ilerlemek

vorweg *adv* önceden, vaktinden önce

vorwegnehmen *irr vt* önceden yapmak [*o* söylemek] (**etw** -i)

vorweisen *irr vt* göstermek (**etw** -i)

vorwerfen *irr vt* **jdm etw ~** birini bir şeyle suçlamak

vorwiegend *adv* genellikle, özellikle

Vorwort *nt* önsöz

Vorwurf *m* ❶ (*leichter*) sitem ❷ (*Tadel*) azar ❸ (*Beschuldigung*) suçlama

vorwurfsvoll *adj, adv* sitemli

Vorzeichen *nt* ❶ (*Omen*) belirti, alamet ❷ (*gutes*) uğur ❸ (*böses*) uğursuzluk

vorzeigen *vt* göstermek (**etw** -i)

vorzeitig **I.** *adj* vakitsiz, zamansız **II.** *adv* vaktinden önce

vorziehen *irr vt* (*fig*) tercih etmek (**jdn/etw** -i), yeğlemek (**jdn/etw jdm/einer Sache** -i -e)

Vorzimmer *nt* bekleme odası

Vorzug *m* ❶ (*Bevorzugung*) tercih ❷ (*Vorteil*) yarar(lık), fayda, avantaj

vorzüglich *adj* enfes, mükemmel

Vorzugspreis *m* özel fiyat

Vorzugsrecht *nt* (*auf Aktien*) rüçhan hakkı

vorzugsweise *adv* tercih olarak

Voyeur(in) *m(f)* röntgenci
VP *f Abk von* **Vollpension** tam pansiyon
vulgär *adj* bayağı, adi
Vulkan *m* yanardağ, volkan
vulkanisch *adj* volkanik

Ww

W *m Abk von* **Westen** batı
W *nt Abk von* **Watt** vat
Waage *f* ① terazi, tartı; (*Laufgewichts-, Dezimal-*) kantar ② (*Sternzeichen*) Terazi (burcu)
waagerecht *adj* yatay
Waagschale *f* kefe
Wabe *f* petek
Wabenhonig *m* gümeç balı
wabern *vi* dalgalanmak
wach *adj* uyanık; (*fig*) uyanık, kafalı, açıkgöz; ~ **werden** uyanmak; (*fig*) gözü açılmak
Wache *f* ① (*Person*) nöbetçi ② (*Dienst*) nöbet ③ (*Polizei-*) karakol
wachen *vi* uyanık olmak; (*Wache halten*) nöbet tutmak
Wachhund *m* bekçi köpek
Wacholder *m* ardıç
Wachs *nt* balmumu
wachsam *adj* uyanık, dikkatli; ~ **sein** tetikte olmak
wachsen <wächst, wuchs, gewachsen> *vi sein* ① (*größer werden*) büyümek, gelişmek ② (*Haare, Gras*) bitmek, çıkmak ③ (*Pflanzen*) yetişmek ④ (*zunehmen*) çoğalmak, artmak ⑤ (*Wirtschaft*) gelişmek; **einer Sache gewachsen sein** bir şeyin hakkından gelmek, bir şey ile başa çıkmak
wächst *vi, vt s.* **wachsen**
Wachstuch *nt* muşamba
Wachstum *nt* büyüme; (*Wirtschaft*) gelişme
Wachstumsrate *f* gelişme oranı
wachsweich *adj* pamuk gibi
Wachtel *f* bıldırcın
Wächter(in) *m(f)* bekçi
Wachtturm *m* nöbetçi kulesi
wack(e)lig *adj* ① (*wackelnd*) sallanan ② (*locker geworden*) gevşemiş ③ (*fig: gefährdet*) sallantıda, tehlikede
Wackelkontakt *m* gevşek kontak
wackeln *vi* sallanmak, oynamak
wacker *adj* (*tapfer*) cesur, mert, yiğit
Wade *f* baldır
Wadenbein *nt* baldır kemiği
Waffe *f* silah
Waffel *f* gofret; (*türk.*) kâğıthelvası
Waffeleisen *nt* gofret yapılan alet
Waffenbesitz *m* **unerlaubter** ~ ruhsatsız silah taşıma
Waffengewalt *f* **mit** ~ silah zoruyla
Waffenhandlung *f* silahçı (dükkanı)
Waffeninspektor(in) *m(f)* silah müfettişi
Waffenschein *m* silah taşıma ruhsatı
Waffenstillstand *m* ateşkes
wagemutig *adj* cesur, girişken, atılgan
wagen *vt* cesaret etmek (**etw** -e)
Wagen *m* ① (*Fahrzeug*) araba ② (*Karren*) el arabası, çekçek ③ (*Eisenbahn-*) vagon
Wagenheber *m* kriko
Wagenpapiere *ntpl* araba kâğıtları *pl*
Waggon *m*, **Wagon**[RR] *m* vagon
Wagnis *nt* tehlikeli girişim [*o* teşebbüs], riziko
Wahl *f* seçim; **nach** ~ seçime göre; **jdn vor die ~ stellen** birine seçmeyi bırakmak; **ich habe keine andere** ~ başka çarem yok; **es bleibt keine** ~ başka çare kalmadı
wahlberechtigt *adj* ~ **sein** oy hakkına sahip olmak
Wahlbeteiligung *f* seçime katılma
wählen I. *vt* ① (*allgemein*) seçmek (**etw/jdn** -i) ② (*aus-*) seçmek, beğenmek, ayırmak (**etw/jdn** -i) ③ (*Nummer*) numarayı çevirmek **II.** *vi* (*zur Wahl gehen*) oy vermek
Wähler(in) *m(f)* seçmen
Wahlergebnis *nt* seçim sonucu
Wählerinitiative *f* seçmen girişimi
wählerisch *adj* güç beğenir, titiz
Wahlfach *nt* seçmeli ders
Wahlgang *m* bir seçimin gidişi
Wahlgeheimnis *nt* seçim sırrı
Wahlkampf *m* seçim kampanyası
Wahlkreis *m* seçim bölgesi
Wahllokal *nt* seçim yeri
wahllos *adv* gelişigüzel, rasgele
Wahlniederlage *f* seçim hezimeti [*o* yenilgisi]
Wahlrecht *nt* ① (*aktives*) seçme hakkı ② (*passives*) seçilme hakkı
wahlweise *adv* seçmeye göre
Wahlzettel *m* oy pusulası

Wahnsinn *m* çılgınlık, delilik, cinnet
wahnsinnig *adj* çılgın, deli
wahr *adj* ① (*nicht falsch*) gerçek ② (*eigentlich*) asıl, esas ③ (*echt*) halis ④ (*Tat, Bericht*) doğru; ~ **machen** gerçekleştirmek; (*Wunsch*) yerine getirmek (**etw** -i); ~ **werden** gerçekleşmek; (*Wunsch*) yerine gelmek; **ein ~er Freund** gerçek bir dost; **nicht ~?** değil mi?
während **I.** *präp +gen* ... sırasında, ... esnasında **II.** *konj* (*zeitlich*) -(i)ken; (*gegensätzlich*) -diği halde
wahrhaftig **I.** *adj* doğrucu **II.** *adv* gerçekten, sahiden
Wahrheit *f* ① (*wahrer Sachverhalt*) gerçek(lik) ② (*einer Aussage*) doğruluk; **um die ~ zu sagen** gerçeği söylemek gerekirse
wahrnehmen *irr vt* ① (*mit den Sinnen*) algılamak, duymak (**etw/jdn** -i) ② (*bemerken*) farkına varmak (**etw/jdn** -in), dikkat etmek (**etw/jdn** -e); **die Gelegenheit ~** fırsattan yararlanmak
Wahrnehmung *f* algı, idrak
wahrsagen *vi* fala bakmak
Wahrsager(in) *m(f)* falcı
wahrscheinlich **I.** *adj* olası **II.** *adv* galiba; **sehr ~** her halde
Wahrscheinlichkeit *f* olasılık, ihtimal
Währung *f* para (birimi [*o* ayarı])
Wahrzeichen *nt* sembol, simge
Waise *f* yetim, öksüz
Waisenhaus *nt* yetimhane, öksüzler yurdu
Wal *m* balina
Wald *m* orman
Waldbrand *m* orman yangını
Waldmeister *m* (*Pflanze*) küçük inciçiçeği
Wales *nt* Gal, Galler ülkesi
Walkman® *m* walkman®
Wall *m* ① (*Damm*) bent, sed ② (*künstlicher Erdhügel*) toprak tabya
Wallfahrt *f* hac
Wallfahrtskirche *f* hacet kilisesi
Wallfahrtsort *m* ziyaretgah, ziyaret yeri
Walnuss[RR] *f*, **Walnuß**[ALT] *f* ceviz
Walnussbaum[RR] *m* ceviz ağacı
Walross[RR] *nt*, **Walroß**[ALT] *nt* mors
Walze *f* ① (*Zylinder*) silindir, merdane ② (*Straßen-*) silindir
walzen *vt* ① (*Metalle*) haddeden geçirmek (**etw** -i) ② (*Straße*) üzerinden silindir geçirmek (**etw** -in)
wälzen *vt* ① (*Gegenstände*) yuvarlamak, ağır döndürmek (**etw** -i) ② (*fig: Probleme*) iyice düşünüp taşınmak (**etw** -i)
Walzer *m* vals
WAN *nt Abk von* **wide area network** INFORM geniş alan ağı
wand *vt s.* **winden**
Wand *f* duvar; **spanische ~** paravana; **meine vier Wände** kendi dört duvarım
Wandbild *nt* duvar tablosu
Wandel *m* değişme, değişim, değişiklik
wandeln *vr* **sich ~** değişmek
Wanderer, Wanderin *m, f* gezgin
Wanderfalke *m* doğan
wandern *vi sein* yürümek, yaya gezmek
Wanderung *f* yürüyüş, gezinti
Wandkarte *f* duvar haritası
Wandlung *f* değişiklik, değişme, değişim
Wandschmiererei *f* duvarları kirletme
Wandschrank *m* gömme dolap, yüklük
wandte *vi, vt s.* **wenden**
Wandteppich *m* duvar halısı
Wanduhr *f* duvar saati
Wandzeitung *f* duvar gazetesi
Wange *f* ① yanak ② TECH çeşitli aletlerin yan kısmı
wanken *vi* ① (*schaukeln*) sallanmak, sendelemek ② (*bei Entschluss*) bocalamak ③ (*Boden*) sarsılmak ④ (*Knie*) kesilmek
wann *adv* ne zaman
Wanne *f* (*Bade-*) küvet
Wanze *f* ① tahtakurusu ② (*Abhör-*) gizli dinleme aleti
Wappen *nt* arma
wappnen *vr* **sich gegen etw ~** bir şeye karşı hazırlıklı olmak
war *vi s.* **sein**
warb *vi s.* **werben**
Ware *f* mal, eşya
Warenautomat *m* eşya otomatı
Warenhaus *nt* alış veriş mağazası
Warenzeichen *nt* marka; **eingetragenes ~** tescilli [*o* müseccel] marka
warf *vi, vt s.* **werfen**
warm <wärmer, am wärmsten> *adj* sıcak; **es ist ~** hava sıcak; **mir ist ~** terliyorum; **~ werden** ısınmak
Wärme *f* sıcak(lık), ısı; **18 Grad ~** 18 derece ısı
Wärmekraftwerk *nt* termik santral
wärmen **I.** *vt* ısıtmak (**etw/jdn** -i) **II.** *vr* **sich ~** ısınmak
Wärmflasche *f* termofor

warmherzig *adj* sıcak kanlı, cana yakın
Warnanlage *f* tehlike işareti
Warndreieck *nt* ikaz üçgeni
warnen *vt* uyarmak, ikaz etmek (**jdn vor etw** -i -e karşı), ihtar etmek (**jdn vor etw** -e -i); **vor Taschendieben wird gewarnt!** yankesicilere dikkat!
Warnlicht *nt* tehlike feneri
Warnschuss[RR] *m,* **Warnschuß**[ALT] *m* ikaz atışı
Warnsignal *nt* tehlike işareti
Warnstreik *m* ihtar grevi
Warschau *nt* Varşova
Wartehalle *f* bekleme salonu
Warteliste *f* yedekler listesi
warten I. *vi* ① (*allgemein*) beklemek (**auf jdn/etw** -i) ② (*Gelegenheit*) kollamak, gözetmek (**auf etw** -i) ③ (*verzögern*) geciktirmek (**mit etw** -i) II. *vt* (*pflegen*) bakmak (**etw** -e)
Wärter(in) *m(f)* bekçi; (*Gefängnis-*) gardiyan
Warteraum *m* bekleme odası
Wartesaal *m* bekleme salonu
Wartezimmer *nt* bekleme odası
Wartung *f* bakım
warum *adv* neden, niçin
Warze *f* siğil, et beni
was *pron* ~ **für (ein)?** nasıl (bir)?; ~ **für einer?** nasıl biri?; ~ **ist das?** bu ne(dir)?; ~ **für ein Glück!** ne mutluluk!; ~ **auch immer** her ne ... ise; ~ **mich sehr stört** ..., beni rahatsız eden bu; **das ist ~ anderes** bu, başka bir şey; **weißt du ~?** biliyor musun, ...?; **ach, ~!** yok canım
Waschanlage *f* yıkama tesisi
waschbar *adj* yıkanabilir
Waschbecken *nt* lavabo
Wäsche *f* ① (*Textilien*) çamaşır ② (*Bett-*) yatak çarşafları *pl* ③ (*das Waschen*) yıkama; **frische ~** temiz çamaşır
waschecht *adj* ① (*Wäsche*) çamaşırda boyasını atmaz ② (*fig*) halis muhlis, sıfır numara
Wäscheklammer *f* çamaşır mandalı
Wäschekorb *m* çamaşır sepeti
Wäscheleine *f* çamaşır ipi
waschen <wäscht, wusch, gewaschen> I. *vt* yıkamak (**etw** -i); ~ **und legen** (*Haare*) yıkamak ve sarmak (**etw** -i) II. *vr* **sich ~** yıkanmak
Waschen *nt* yıkama, yıkayış
Wäscherei *f* çamaşırhane
Wäschetrockner *m* çamaşır kurutma makinesi
Wäschewechsel *m* çamaşır değiştirme
Waschkorb *m* çamaşır sepeti
Waschküche *f* çamaşırhane
Waschlappen *m* ① (banyo) kese(si) ② (*pej: Person*) pısırık, kılıbık
Waschmaschine *f* çamaşır makinesi
waschmaschinenfest *adj* çamaşır makinesine dayanıklı
Waschmittel *nt,* **Waschpulver** *nt* (çamaşır) deterjan(ı)
Waschraum *m* yıkanma yeri
Waschschüssel *f* leğen
Waschstraße *f* oto yıkama yeri
wäscht *vt s.* **waschen**
Wasser *nt* su; **fließendes ~** akarsu; **stehendes ~** durgun su; **es gibt kein fließendes ~** sular kesildi [*o* kesik]; **ein Glas ~** bir bardak su; **kölnisch ~** kolonya; **ins ~ fallen** (*fig*) suya düşmek; **sich über ~ halten** (*fig*) kıt kanaat geçinmek; **~ lassen** su dökmek; **jdm nicht das ~ reichen können** birinin eline su bile dökememek; **mit allen ~n gewaschen sein** feleğin çemberinden geçmiş olmak; **mir läuft das ~ im Munde zusammen** ağzım sulanıyor; **sie ist auch so ein stilles ~** o da yere bakan yürek yakandır
Wasserball *m* su topu
Wasserbehälter *m* su deposu, sarnıç; (*kleinerer*) (su) küp(ü)
wasserdicht *adj* su geç(ir)mez
Wasserfall *m* çağlayan; (*großer*) çavlan, şelale
Wasserfarbe *f* suluboya
Wasserflugzeug *nt* deniz uçağı
Wasserglas *nt* su bardağı; CHEM *potasyum karbonatı veya soda ile erimiş kum*
Wassergraben *m* su hendeği
Wasserhahn *m* musluk
wässerig *adj* sulu; **jdm den Mund ~ machen** birinin ağzını sulandırmak
Wasserkanister *m* su bidonu
Wasserkopf *m* ① MED hidrosefal ② (*pej*) bürokrasi
Wasserkraftwerk *nt* hidroelektrik santral(i)
Wasserleitung *f* su borusu
wasserlöslich *adj* suda eriyen
Wassermann *m* (*Sternzeichen*) Kova (burcu)
Wassermelone *f* karpuz
Wasserpfeife *f* nargile
Wasserpflanze *f* su bitkisi

Wasserrose *f* su zambağı; (*Aktinie*) deniz gülü
wasserscheu *adj* sudan korkan
Wasserski *m* su kayağı; ~ **fahren** su kayağı yapmak
Wasserspiegel *m* su seviyesi
Wassersport *m* su sporu
Wasserstand *m* su seviyesi
Wasserstoff *m* hidrojen
Wasserstoffbombe *f* hidrojen bombası
Wasserstoffsuperoxyd *nt* hidrojen peroksit, oksijenli su
Wasserstrahl *m* fışkıran su
Wasserstraße *f sefere elverişli su yolu*
Wasservogel *m* su kuşu
Wasserwaage *f* kabarcıklı düzeç
Wasserwelle *f* (*Frisur*) ondüle, mizanpli
waten *vi sein* **durch einen Fluss** ~ bir ırmağın içinden bata çıka yürümek
Watt[1] *nt* (*an der Nordsee*) *Küzey Denizin'de deniz yükseldiği zaman su altında kalan sahil kısmı*
Watt[2] *nt* (*Einheit*) vat
Watte *f* pamuk
Wattestäbchen *nt* (uçu) pamuklu çöp, pamuk uçlu çubuk
wattiert *adj* pamuklu
WC *nt* (*Toilette*) tuvalet, yüznumara
Web *nt* **das** ~ INET Web
Webadresse *f* INET ağ adresi
webbasiert *adj* Web tabanlı
Webdesign *nt* web [*o* ağ] tasarımı
weben <webte, gewebt, gewoben> *vt* dokumak; (*Spinne*) örmek (**etw** -i)
Weber(in) *m(f)* dokumacı
Weberei *f* dokuma fabrikası
Weblog *nt* INET weblog
Webseite *f* INET (*Seite im Internet*) web sayfası
Website *f* INET web [*o* internet] sitesi, site
Webstuhl *m* dokuma tezgahı
Wechsel *m* ① (*Veränderung*) değişme, değişiklik ② (*Geld-*) kambiyo ③ (*Wertpapier*) poliçe, bono
Wechselgeld *nt* bozuk para
Wechseljahre *pl* (*einer Frau*) adetten kesilme yılları *pl*
Wechselkurs *m* kambiyo rayici
wechseln *vt* ① değiştirmek (**etw** -i) ② (*in Kleingeld*) boz(dur)mak (**etw** -i); **den Platz/die Arbeit** ~ yerini/işini değiştirmek; **können Sie** ~**?** bozabilir misiniz?; **ich möchte 100 Euro in türkische Lira** ~ 100 euro karşılığında Türk lirası istiyorum
wechselnd *adj* değişen
Wechselstrom *m* dalgalı akım
Wechselstube *f* döviz bürosu
wechselweise *adv* ① (*der Reihe nach*) sırayla ② (*gegenseitig*) karşılıklı olarak
Wechselwirkung *f* etkileşim
wecken *vt* uyandırmak (**jdn** -i)
Wecker *m* çalar saat; **jdm auf den** ~ **fallen** birinin sinirine dokunmak
wedeln *vi* **mit dem Schwanz** ~ kuyruğunu sallamak
weder *adv* ~ **... noch ...** ne ... ne (de) ...
weg *adv* **sie ist** ~ (*gegangen*) gitmiş; (*verschwunden*) kayıp; (*abwesend*) yok; ~ (**da**)! çekil oradan!; **Hände** ~**!** elini sürme!
Weg *m* yol; **auf diesem** ~**e** (*fig*) bu yolda; **auf halbem** ~**e** yarı yolda; **der** ~ **nach Berlin** Berlin yolu; **sich auf den** ~ **machen** yola düzülmek; **jdm aus dem** ~ **gehen** birinin yolundan çekilmek, birine yol vermek; (*fig*) birinden bucak bucak kaçmak; **einer Sache im** ~**e stehen** bir şeye engel olmak; **auf dem richtigen** ~**e sein** doğru yolda olmak; **dem steht nichts im** ~**e** hiç bir engel yok; **etw zu** ~**e bringen** bir şeyi meydana getirmek
wegbleiben *irr vi sein* (artık) gelmemek, uzak kalmak
wegbringen *irr vt* (alıp) götürmek, kaldırmak (**etw** -i)
wegen *präp* +*gen* -den dolayı, -in yüzünden
wegfahren *irr vi sein* (taşıt ile bir yerden) ayrılmak, gitmek
wegfallen *irr vi sein* yapılmamak
wegfegen *vt* silip süpürmek (**etw** -i)
weggehen *irr vi sein* ayrılmak, gitmek
wegkommen *irr vi sein* **gut/schlecht dabei** ~ bir işten karlı çıkmak/çıkmamak
weglassen *irr vt* ① (*auslassen*) bırakmak, çıkarmak, kaldırmak (**etw** -i) ② (*versehentlich*) atlamak (**etw** -i)
weglaufen *irr vi sein* koşup gitmek; (*fliehen*) kaçmak (**vor jdm/etw** -den)
weglegen *vt* bir yana koymak (**etw** -i)
wegmachen *vt* çıkarmak, kaldırmak (**etw** -i)
wegmüssen *irr vi* gitmek zorunda olmak
wegnehmen *irr vt* ① (*wegtun*) alıp götürmek, kaldırmak (**etw** -i) ② (*entwenden*) (zorla) almak (**jdm etw** -den -i)
wegräumen *vt* toparlayıp kaldırmak, ortadan

W

kaldırmak (**etw** -i)
wegrennen *irr vi sein* koşup gitmek; (*fliehen*) kaçmak (**vor jdm/etw** -den)
wegschaffen *vt* (ortadan) kaldırmak, alıp götürmek (**etw** -i)
wegschicken *vt* ❶(*fortschicken*) göndermek, yollamak (**jdn** -i) ❷(*abwimmeln*) baştan savmak (**jdn** -i)
wegschmeißen *irr vt* atmak (**etw** -i)
wegsehen *irr vi gözlerini başka tarafa çevirmek*
wegstecken *vt* (*Niederlage*) sineye çekmek (**etw** -i)
wegstellen *vt* bir yana koymak (**etw** -i)
Wegweiser *m* (*Tafel*) yol işareti, yol gösteren levha
wegwerfen *irr vt* ❶(*wegschmeißen*) atmak (**etw** -i) ❷(*zum Müll ~*) çöpe atmak (**etw** -i) ❸(*verschleudern*) saçıp savurmak (**etw** -i)
weh *adv s.* **wehtun**
wehe *interj* **~ dir!** vay haline!
wehen *vi* ❶(*Wind*) esmek ❷(*Fahne*) dalgalanmak
Wehen *fpl* (*Geburts-*) doğum sancıları *pl*
wehleidig *adj* aşırı hassas, nazlı alışmış
wehmütig *adj* hüzünlü
Wehr *f* **sich zur ~ setzen** kendini savunmak
Wehrdienst *m* askerlik (hizmeti)
Wehrdienstverweigerer *m* askerlik hizmetini reddeden
Wehrdienstverweigerung *f* askerlik hizmetini reddetme
wehren *vr* **sich ~** kendini savunmak; **sich gegen etw ~** bir şeye karşı koymak
wehrlos *adj* savunmasız, çaresiz
Wehrmacht *f* (*hist*) Silahlı Kuvvetler *pl*
Wehrpflicht *f* **allgemeine ~** genel zorunlu askerlik hizmeti
wehtun[RR] *vi* (*schmerzen*) ağrımak, acımak, sızlamak; **jdm ~** birine acı vermek, birinin canını acıtmak; (*seelisch*) birini incitmek [*o* üzmek], birine acı vermek; **sich ~** yaralanmak, canını acıtmak; **wo tut es Ihnen weh?** nereniz acıyor? [*o* ağrıyor?]; **der Hals tut mir weh** boğazım ağrıyor
Weib *nt* (*pej*) ❶(*Frau*) karı ❷(*altes*) kocakarı; (*altes u. hässliches*) cadaloz
Weibchen *nt* dişi
Weiberheld *m* kadın avcısı, donjuan
weibisch *adj* (*pej*) kadınsı, efemine
weiblich *adj* ❶(*allgemein*) kadın, kız ❷(*Pflanze, Tier*) dişi ❸LING dişil
weich *adj* ❶(*nicht hart*) yumuşak ❷(*fig: zart*) ince, nazik; **~ machen** yumuşatmak (**etw** -i); **~ werden** yumuşamak; **~ gekochtes Ei** rafadan [*o* alakok] yumurta
Weiche *f* ❶(boş) böğür ❷(*bei Gleisen*) (demiryolu) makas(ı)
weichen <wich, gewichen> *vi sein* ❶geri çekilmek ❷(*nachgeben*) boyun eğmek (**vor jdm/etw** -e)
weichgekocht *adj s.* **weich**
weichlich *adj* ❶(*nachgiebig*) yumuşak ❷(*verzärtelt*) nazlı alışmış, çıtkırıldım
Weichspüler *m* (*für Wäsche*) yumuşatıcı
Weide *f* ❶(*Baum*) söğüt ağacı ❷(*Wiese*) otlak, mera
weigern *vr* **sich ~** reddetmek (**etw zu tun** -meyi)
Weigerung *f* ret
Weihnachten *nt* Noel (Bayramı [*o* Yortusu]); **frohe ~!** Noeliniz kutlu olsun!
weihnachtlich *adj* Noel (gibi)
Weihnachtsabend *m* Noel Gecesi
Weihnachtsbaum *m* Noel ağacı
Weihnachtsferien *fpl* Noel tatili *sing*
Weihnachtsfest *nt* Noel Bayramı [*o* Yortusu]
Weihnachtsgeld *nt* Noel ikramiyesi
Weihnachtslied *nt* Noel şarkısı
Weihnachtsmann *m* Noel Baba
Weihnachtsstern *m* (*Pflanze*) sütleğen otu
weil *konj* çünkü, -diği için
Weilchen *nt* **ein ~** birazcık
Weile *f* süre, müddet
Wein *m* ❶(*Getränk*) şarap ❷(*Pflanze*) asma; **offener ~** bardakla verilen şarap; **wilder ~** (*Pflanze*) bikir asması; **jdm reinen ~ einschenken** birine gerçeği bütün çıplaklığıyla anlatmak
Weinbau *m* bağcılık, üzüm yetiştirme
Weinberg *m* bağ
Weinbrand *m* kanyak, konyak
weinen *vi* ağlamak (**um jdn/über etw** -e)
weinerlich *adj* ağlamaklı
Weinernte *f* bağ bozumu
Weinfass[RR] *nt* şarap fıçısı
Weinglas *nt* şarap kadehi
Weinhandlung *f* şarapçı dükkanı
Weinkarte *f* şarap listesi
Weinkeller *m* şarap mahzeni
Weinlese *f* bağ bozumu
Weinprobe *f* şarap tadına bakma
Weinrebe *f* asma
weinrot *adj* şarabi, erguvani, bordo

Weinstock *m* asma kütüğü
Weintraube *f* üzüm; (*einzelne Beere*) üzüm (tanesi)
weise *adj* bilge
Weise *f* ❶ (*Art*) biçim, tarz, usul ❷ MUS nağme, melodi, ezgi; **auf diese ~** böylece, şöylece, öylece
Weise(r) *f(m)* bilge
weisen <wies, gewiesen> *vt* (*zeigen*) göstermek (**jdm etw** -e -i)
Weisheit *f* bilgelik
Weisheitszahn *m* yirmi yaş dişi, akıl dişi
weismachen *vt* **jdm etwas ~** (*fam*) birine bir şeyi yutturmak
weiß[1] *vi, vt s.* **wissen**
weiß[2] *adj* beyaz, ak; **~ werden** beyazlaşmak; (*Haar*) ağarmak; **das Weiße Haus** POL Beyaz Saray
Weißbrot *nt* beyaz ekmek
weißen *vt* (*tünchen*) badanalamak (**etw** -i)
Weißgold *nt* beyaz altın
Weißkohl *m*, **Weißkraut** *nt* lahana
weißlich *adj* beyazımsı
Weißmehl *nt* beyaz un
Weißrussland *nt* Beyaz Rusya, Belarus
Weißwein *m* beyaz şarap
Weisung *f* (*Befehl*) emir, buyruk, direktif
weit I. *adj* ❶ (*fern*) uzak ❷ (*ausgedehnt*) geniş, yaygın, engin ❸ (*geräumig*) geniş, ferah ❹ (*Weg, Reise*) uzun ❺ (*Kleidungsstück*) bol II. *adv* çok; **~ entfernt** çok uzak(ta); **~ gereist** çok gezmiş; **~ verbreitet** yaygın, çok yayılmış; **~ mehr** çok daha fazla; **~ und breit** her yerde, (her) köşe bucakta; **10 Kilometer ~ entfernt** 10 kilometre uzak(ta); **es ~ bringen** (*fig*) ilerlemek, yükselmek; **zu ~ gehen** fazla ileri gitmek; **ich bin so ~** (*fertig*) hazırım; **bei ~em nicht** hiç bir şekilde; **von ~em** uzaktan
weitaus *adv* çok daha
Weitblick *m* sağgörü, uzgörü
Weite *f* ❶ (*Entfernung*) uzaklık, mesafe ❷ (*Ferne*) uzaklık, uzaklar ❸ (*Breite*) genişlik
weiten I. *vt* genişletmek (**etw** -i) II. *vr* **sich ~** genişlemek
weiter I. *adj Komparativ von* **weit** daha uzak; (*sonstige*) diğer, başka, öteki; **alles Weitere** bundan sonrası II. *adv* (*außerdem*) ayrıca, bundan başka; **~!** devam!; **bis auf ~es** bir değişiklik oluncaya kadar; **nichts ~, ~ nichts** hepsi bu kadar; **ohne ~es** kolaylıkla; **und so ~** ve saire, ve başkaları; **~ oben/unten** daha yukarıda/aşağıda; **etw ~ tun** bir şey yapmaya devam etmek
Weiterbildung *f* eğitimin devamı
weiterfahren *irr vi sein* yoluna devam etmek
weiterfliegen *irr vi sein* uçakla yoluna devam etmek
weitergeben *irr vt* başkalarına vermek; SPORT pas vermek (**etw** -i)
weitergehen *irr vi sein* ❶ ilerlemek ❷ (*weiterdauern*) sürmek, devam etmek
weiterkommen *irr vi sein* ilerlemek
weiterleiten *vt* (*Nachricht*) aktarmak, iletmek (**etw** -i)
weitermachen *vi, vt* devam etmek ((**mit**) **etw** -e), sürdürmek ((**mit**) **etw** -i)
weiterreichen *vt* başkalarına vermek, elden ele vermek (**etw** -i)
weitersagen *vt* başkalarına bildirmek; (*heimlich*) kulağa söylemek (**etw** -i)
Weiterverkauf *m satın alınan malı başkasına satma*
weitgehend *adv* geniş ölçüde
weitgereist *adj* çok gezmiş
weither *adv* **von ~** uzaktan
weitsichtig *adj* ❶ (*Augen*) hipermetrop ❷ (*fig*) sağgörülü
Weitsprung *m* uzun atlama
weitverbreitet *adj* yaygın, çok yayılmış
Weitwinkelobjektiv *nt* geniş açılı objektif
Weizen *m* buğday
Weizenmehl *nt* buğday unu
Weizenvollkornmehl *nt* tam buğday unu
welch *pron* (*was für ein!*) nasıl
welche(r, s) *pron* hangi
welk *adj* solgun, solmuş, soluk
welken *vi sein* solmak, sararmak, pörsümek
Wellblech *nt* oluklu teneke
Welle *f* dalga
Wellenbrecher *m* dalgakıran
Wellenlänge *f* dalga boyu
Wellensittich *m* muhabbetkuşu
wellig *adj* dalgalı
Welpe *m* köpek yavrusu [*o* kurt]
Welt *f* dünya; (*Erde*) yeryüzü; **die ganze ~** bütün dünya; **zur ~ bringen** dünyaya getirmek, doğurmak (**jdn** -i)
Weltall *nt* evren
Weltanschauung *f* dünya görüşü
Weltausstellung *f* dünya fuarı
weltbekannt *adj*, **weltberühmt** *adj* dünyaca tanınmış

weltfremd *adj* dünyadan haberi olmayan
Weltgeschichte *f* dünya tarihi
weltgewandt *adj* görmüş geçirmiş
Welthandelsorganisation *f* Dünya Ticaret Örgütü
Weltkarte *f* dünya haritası
Weltkrieg *m* dünya savaşı; **der Zweite ~** İkinci Dünya Savaşı
weltlich *adj* ① (*der Welt zugewandt*) dünya(sal), dünyevi ② (*nicht geistlich*) ruhani olmayan
Weltmacht *f* süper güç
Weltmeister(in) *m(f)* dünya şampiyonu
Weltmeisterschaft *f* dünya şampiyonluğu
Weltraum *m* uzay, feza
Weltraumstation *f* uzay istasyonu
Weltreise *f* dünya turu [*o* seyahati]
Weltrekord *m* dünya rekoru
Weltsprache *f* dünya dili
weltweit **I.** *adj* dünya çapında, evrensel **II.** *adv* bütün dünyada
Weltwunder *nt* dünya harikası
wem *pron* kime
wen *pron* kimi
Wende *f* ① (*als Bewegung*) döndürme ② (*~punkt*) dönüm noktası, dönemeç ③ (*Veränderung*) değişiklik
Wendekreis *m* dönence
Wendeltreppe *f* sarmal merdiven
wenden **I.** *vt* ① (*umdrehen*) döndürmek, çevirmek (**etw** -i) ② (*Kleid*) ters yüz etmek (**etw** -i); **bitte ~!** lütfen sayfayı çevirin! **II.** *vi* (*Fahrzeug: umkehren*) dönmek; **Wenden verboten!** dönmek yasaktır! **III.** *vr* **sich an jdn ~** birine başvurmak
Wendepunkt *m* (*fig*) dönüm noktası, dönemeç
wendig *adj* ① (*Auto*) kullanışlı ② (*fig: flink*) atik, çevik ③ (*geschickt*) becerikli
Wendung *f* ① (*Drehung*) döndürme hareketi ② (*fig: Veränderung*) değişme ③ (*Sprache*) deyim
wenig *adv* az; **ein ~** biraz; **ein (ganz) klein ~** çok az; **ein ~ Geduld** biraz sabır
wenige *adj* (*ein paar*) birkaç
weniger *adv* daha az; **~ als ...** -den daha az; **immer ~** hep daha az; **~ werden** azalmak
Wenigkeit *f* ① (*Wenigsein*) azlık ② (*Kleinigkeit*) önemsizlik
wenigste **I.** *adj* **die ~n** çok azları **II.** *adv* **am ~n** en az
wenigstens *adv* hiç olmazsa, bari, en azından
wenn *konj* ① (*bedingend*) eğer, şayet; (*real*) -irse; (*irreal*) -se(ydi) ② (*zeitlich*) -(i)ken, -diği zaman; **auch** [*o* **selbst**] **~** -se bile [*o* dahi]; **außer ~** meğerki; **immer** [*o* **jedes Mal**] **~** her ...-diği zaman; **~ nicht** değilse, olmazsa, olmadığı takdirde; **~ er auch noch so klug ist** daha da akıllı olsa bile
wer *pron* ① (*in Fragen*) kim; **~ von beiden?** ikisinden hangisi? ② (*als Relativpronomen*) kim ... ise; **~ auch immer** her kim (olursa olsun)
Werbeabteilung *f* reklam servisi
Werbeantwort *f* (*Post*) reklam kartlarının pullanmamış olarak geri gönderilmesindeki posta ücreti
Werbeberater(in) *m(f)* reklam(cılık) danışmanı
Werbefernsehen *nt* televizyonda reklam yayını
Werbefunk *m* radyoda reklam yayını
werben <wirbt, warb, geworben> *vi* ① reklam yapmak (**für etw** için) ② kazanmaya çalışmak (**um jdn** -i) ③ (*Mädchen*) talip olmak (**um jdn** -e)
Werbespot *m* reklam spotu
Werbung *f* reklam
Werdegang *m* gelişim
werden <wird, wurde, geworden> *vi sein* ① olmak; **Lehrer ~** öğretmen olmak; **er wurde Generaldirektor** genel müdür oldu; **Christ ~** Hıristiyan olmak; **~de Mutter** hamile kadın; **es wird Nacht** gece oluyor; **alt ~** yaşlanmak, ihtiyarlamak; **besser/schlimmer ~** daha iyi/kötü olmak; **böse ~** kötüleşmek; **dick ~** şişmanlamak; **gesund ~** iyileşmek; **krank ~** hasta olmak; **rot ~** kızarmak; **verrückt ~** delirmek; **es wird kalt** hava soğuyor; **es wird spät** geç oluyor; **mir wird schlecht** fenalaşıyorum ② (*sich wandeln*) dönüşmek (**zu etw** -e); **zu Stein ~** taşa dönüşmek; **was ist daraus geworden?** bu işin sonu ne oldu? ③ (*Futur*) -ecek; **wir ~ es kaufen** bunu satın alacağız; **es wird gleich regnen** şimdi yağmur yağacak ④ (*Konditional*) **würdest du es tun?** bunu yapar mıydın ⑤ (*Passiv*) -ilmek/-(i)nmek; **sie wird geliebt** seviliyor; **das Kind wird gewaschen** çocuk yıkanıyor
werfen <wirft, warf, geworfen> **I.** *vt* ① atmak; (*schleudern*) fırlatmak, savurmak (**etw** -i) ② (*Licht, Bild*) vermek (**etw** -i); (**Junge**)

werfen yavrulamak; **einen Blick auf etw ~** bir şeye göz atmak **II.** *vi* atmak **III.** *vr* **sich ~** (*Holz*) çarpılmak, eğrilmek; **sich auf jdn/etw ~** bir şeyin/birinin üstüne atılmak

Werft *f* tersane

Werk *nt* ❶ (*Schöpfung*) eser, yapıt ❷ (*Arbeit*) iş, çalışma ❸ (*Erzeugnis*) ürün, mahsul ❹ (*Unternehmen*) tesis, kuruluş ❺ (*Fabrik*) fabrika; (*kleinere*) imalathane; **ans ~ gehen** işe koyulmak

Werkstatt *f* ❶ atölye ❷ (*Auto-*) tamirhane

Werkstätte *f* atölye

Werktag *m* işgünü, çalışma günü

werktags *adv* çalışma günleri(nde)

Werkzeug *nt* alet

Wermut *m* (*Wein*) vermut

wert *adj* ❶ (*geehrt*) sayın, değerli ❷ (*einen Wert habend*) **das ist viel ~** çok değerli; **das ist nichts ~** değersiz; **das ist Gold ~** altın değerinde; **das ist der Mühe ~** bu, zahmete değer; **das ist nicht der Mühe ~** bu, zahmete değmez; **das ist nicht der Rede ~** bunun lafı bile olmaz

Wert *m* ❶ (*a. fig*) değer, kıymet ❷ (*Preis*) fiyat, eder; **im ~e von 100 Euro** 100 euro değerinde; **auf etw ~ legen** bir şeye önem [*o* değer] vermek

Wertangabe *f* kıymet beyanı

werten *vi, vt* (*Wert zuerkennen*) değerini takdir [*o* tahmin] etmek (**etw** -in), paha biçmek (**etw** -e)

Wertgegenstand *m* değerli eşya

wertlos *adj* değersiz

Wertminderung *f* değer azalması

Wertpapier *nt* hisse senedi

Wertsachen *fpl* değerli eşya *pl*

Wertsteigerung *f* değer artışı

Wertung *f* ❶ (*das Werten*) değerlendirme ❷ SPORT puantaj, klasman

Werturteil *nt* değer yargısı

wertvoll *adj* değerli, kıymetli

Wertzeichen *nt* pul

Wesen *nt* ❶ (*Lebe-*) yaratık ❷ (*Existenz*) varlık, oluş ❸ (*Art, Charakter*) huy, karakter, tabiat

wesentlich I. *adj* ❶ (*hauptsächlich*) esaslı ❷ (*wichtig*) önemli; **das Wesentliche einer Sache** bir işin özü; **im Wesentlichen** esas itibariyle **II.** *adv* (*viel*) çok; **~ besser** çok daha iyi

weshalb *adv* niçin, neden (dolayı); (*und deshalb*) bundan dolayı

Wespe *f* yabanarısı

Wespennest *nt* yabanarısı yuvası

wessen *pron* kimin; **~ Buch ist das?** bu kimin kitabı?

Wessi *m* (*fam*) Batı Almanyalı

West *m* batı

Westdeutschland *nt* Batı Almanya

Weste *f* yelek

Westen *m* batı; **der ~** POL Batı

Western *m* kovboy filmi

Westeuropa *nt* Batı Avrupa

Westfalen *nt* Vestfalya; **Nordrhein-~** Kuzey Ren-Vestfalya

westlich I. *adj* batı **II.** *adv* **~ von** -in batısında

Westmächte *fpl* (*hist*) Batı'nın güçlü devletleri

Westwind *m* batı rüzgarı

weswegen *adv* niçin, neden (dolayı); (*und deswegen*) bundan dolayı

Wettbewerb *m* ❶ yarışma ❷ (*Konkurrenz*) rekabet

Wette *f* bahis; **eine ~ abschließen** bahse girmek; **mit jdm um die ~ laufen** biriyle koşma yarışı yapmak

Wetteifer *m* yarış gayreti

wetteifern *vi* yarışmak (**mit jdm** ile)

wetten *vi* bahse girmek (**mit jdm um etw** ile -e); **~ (dass)?** bahse girelim mi?, iddiaya var mısın?

Wetter *nt* hava; **wie ist das ~?** hava nasıl?; **es ist schönes/schlechtes ~** hava güzel/kötü; **bei diesem ~** bu havada

Wetteraussichten *fpl hava*(*nın şöyle veya böyle olma*) *ihtimali*

Wetterbericht *m* hava raporu

Wetterfahne *f* fırıldak

wetterfest *adj* hava etkilerine dayanıklı

Wetterkarte *f* meteorolojik harita

Wetterlage *f* hava durumu

Wetterleuchten *nt ufukta şimşek çakması*

Wettersatellit *m* meteorolojik uydu

Wettervorhersage *f* hava tahmini

Wetterwarte *f* gözlemevi

Wettkampf *m* ❶ (*Wettbewerb*) yarış, rekabet ❷ SPORT maç, karşılaşma ❸ (*um eine Meisterschaft*) turnuva

Wettlauf *m* koşu yarışı; **~ gegen die Uhr** zamanla yarışma

wettmachen *vt* (*ausgleichen*) karşılamak (**etw** -i)

Wettrennen *nt* koşu yarışı

Wettrüsten *nt* silahlanma yarışı

WEZ *f Abk von* **westeuropäische Zeit** Batı Avrupa saati
Whirlpool® *m* jakuzi
Whisky *m* viski
wich *vi s.* **weichen**
wichtig *adj* önemli
Wichtigkeit *f* önem
wichtigmachen *vr* **sich ~** gösteriş yapmak, büyüklük taslamak *fam*
Wichtigtuer(in) *m(f)* (*pej*) gösterişçi, büyüklük taslayan
wichtigtun *irr vi* gösteriş yapmak, büyüklük taslamak *fam*
Wicke *f* burçak
Wickel *m* (*Haar*) bigudi
wickeln *vt* ① (*auf-, ein-*) sarmak, dolamak (**etw** -i) ② (*Haar*) kıvırmak (**etw** -i) ③ (*ein-*) kâğıda sarmak, paketlemek (**etw** -i) ④ (*Säugling*) kundaklamak (**etw** -i)
Wickelrock *m bedene sarılarak giyilen etek*
Widder *m* ① (*Tier*) koç ② (*Sternzeichen*) Koç (burcu)
wider *präp +akk* (*gegen*) -e karşı, -in aleyhine, -e aykırı
Widerhaken *m* kancalı uç
Widerhall *m* yankı
widerhallen *vi* ① (*Echo*) yankılanmak, çınlamak ② (*von Geräuschen erfüllt sein*) inlemek (**von etw** -den)
widerlegen *vt* yanlışlığını kanıtlamak (**etw** -in), çürütmek (**etw** -i)
widerlich *adj* ① (*abscheulich*) iğrenç, tiksindirici ② (*abstoßend*) gudubet *fam*
widerrechtlich *adj* JUR kanuna [*o* yasaya] aykırı
Widerrede *f* **ohne ~** itirazsız
Widerruf *m* ① (*einer Äußerung*) geri alma ② (*Ungültigkeitserklärung*) iptal
widerrufen *irr vt* ① (*eine Zusage*) sözünden dönmek ② (*Bestimmung*) geri almak, iptal etmek (**etw** -i)
widerruflich *adj* geri alınabilir
widersetzen *vr* **sich jdm/einer Sache ~** birine/bir şeye karşı koymak
Widersinn *m* anlamsızlık, saçmalık
widersinnig *adj* anlamsız, saçma
widerspenstig *adj* dik kafalı, hırçın, aksi
widerspiegeln I. *vt* yansıtmak (**etw** -i) **II.** *vr* **sich ~** yansımak
widersprechen *irr vi* ① (*einer Person*) itiraz etmek (**jdm** -e (karşı)), karşı gelmek (**jdm** -e) ② (*einer Sache*) aykırı olmak, uymamak (**einer Sache** -e), tutmamak (**einer Sache** -i)
widersprechend *adj* çelişik, tutarsız
Widerspruch *m* ① (*Gegensatz*) çelişme, tutmazlık ② (*Protest*) itiraz; **gegen etw ~ einlegen** bir şeye (karşı) itiraz etmek; **im ~ zu** -in tersine, -in aksine; (*als Verstoß*) -e aykırı olarak
widersprüchlich *adj* tutarsız
widerspruchslos *adv* itirazsız
Widerstand *m* direnç, karşı koyma; **gegen jdn/etw ~ leisten** birine/bir şeye dayanmak [*o* karşı koymak]; **auf ~ stoßen** dirençle karşılaşmak
widerstandsfähig *adj* dayanıklı
widerstandslos *adv* karşı koymadan
widerstehen *irr vi* dayanmak, karşı koymak, göğüs germek (**jdm/einer Sache** -e)
widerwärtig *adj* ① (*ekelhaft*) iğrenç, tiksindirici ② (*abstoßend*) gudubet
Widerwille *m* ① (*Unwilligkeit*) isteksizlik, bıkkınlık ② (*Ekel*) nefret, tiksinti
widerwillig *adv* istemeyerek
widmen I. *vt* ① (*Buch*) ithaf etmek (**jdm etw** -e -i) ② (*Zeit*) vakfetmek, ayırmak (**jdm etw** -e -i) **II.** *vr* **sich einer Sache ~** kendini bir şeye vakfetmek
Widmung *f* ithaf, sunu
wie I. *adv* nasıl; **~ bitte?** efendim?; **~ geht es Ihnen?** nasılsınız; **~ lange** (**noch**)? (daha) ne kadar?; **~ lange** (**schon**)? ne zamandan beri?; **~ weit ist es bis ...?** -e ne kadar uzak?; **~ alt sind Sie?** kaç yaşındasınız?; **~ breit, hoch, lang ist ...?** ...-in eni, yüksekliği, boyu ne kadar?; **~ viel** kaç (tane); (*bei unzählbaren Dingen*) ne kadar; **~ viel Uhr ist es?** saat kaç?; **~ viele Personen?** kaç kişi?; **~ sehr** ne kadar çok; **~ gut das ist!** ne kadar iyi!; **und ~!, aber ~!** hem de nasıl! **II.** *konj* ① (*vergleichend*) gibi, kadar ② (*einen Nebensatz einleitend*) -diği gibi; **so groß ~ ich** benim kadar uzun; **~ man sagt** söylenildiği gibi; **~ gesagt** dediğim gibi; **~ dem auch sei** ne de olsa, nasılsa, ne olursa olsun
wieder *adv* yine, tekrar, gene; **immer ~** tekrar tekrar; (*ohne Pause*) ara vermeden; **nie ~** bir daha asla; **~ anfangen** yeniden başlamak; **ich bin gleich ~ da** hemen geliyorum; **~ aufbauen** yeniden inşa etmek (**etw** -i); **da bin ich ~!** işte geldim!; **~ beleben** (yeniden) canlandırmak [*o* diriltmek] (**jdn/**

etw -i); ~ **eingliedern** yeniden topluma katmak (**jdn** -i); **sich** ~ **sehen** tekrar görüşmek; ~ **vereinigen** yeniden birleştirmek; (*Liebende*) kavuşturmak (**jdn** -i)

Wiederaufarbeitung *f* geri [*o* yeniden] kazanım

Wiederaufbau *m* yeniden yapma

Wiederaufbereitung *f* (*von Uran*) yeniden işleme

wiederbekommen *irr vt* geri almak, tekrar kazanmak (**etw** -i)

wiederbeleben *vt* canlandırmak, diriltmek (**jdn/etw** -i)

Wiederbelebung *f* diriltme

wiederbringen *irr vt* geri getirmek (**etw** -i)

Wiedereingliederung *f* yeniden topluma katma

wiedererkennen *irr vt* tanımak (**jdn/etw** -i)

wiedererobern *vt* geri almak (**etw** -i)

Wiedereroberung *f* yeniden fetih

Wiedergabe *f* ① (*Schilderung*) anlatma ② (*Reproduktion*) çoğaltım ③ MUS resital

wiedergeben *irr vt* ① (*zurückgeben*) geri vermek (**jdm etw** -e -i) ② MUS çalmak (**etw** -i) ③ (*übersetzen*) tercüme etmek, çevirmek (**etw** -i)

wiedergutmachen *vt* (*Fehler*) düzeltmek; (*Verluste*) telafi etmek, karşılamak (**etw** -i); **nicht wiedergutzumachend** yerine konmaz

Wiedergutmachung *f* ① (*von Fehlern*) düzeltme ② (*von Verlusten*) telafi

wiederherstellen *vt* INFORM (*Dateien*) kurtarmak (**etw** -i)

Wiederherstellung *f* INFORM (*von Dateien*) dosya kurtarma

wiederholen **I.** *vt* tekrar etmek, tekrarlamak, yinelemek (**etw** -i) **II.** *vr* **sich** ~ tekrarlanmak, yinelenmek

wiederholt *adj* tekrar edilmiş

Wiederholung *f* ① (*Wiederholen*) tekrarlama, yineleme ② (*Wiederholtwerden*) tekrarlanma, yinelenme

Wiederhören *nt* **auf ~!** (*beim Telefonieren*) iyi günler!, hoşça kalın!

Wiederkäuer *m* gevişgetiren

Wiederkehr *f* ① (*Rückkehr*) dönüş ② (*eines bestimmten Tages*) yıldönümü ③ (*wiederholtes Auftreten*) tekrar

wiederkehren *vi sein* dönmek; (*sich wiederholen*) tekrar etmek

wiederkommen *irr vi sein* dönmek; **ich komme gleich wieder** hemen geliyorum

wiedersehen *irr vt* (tekrar) görüşmek [*o* karşılaşmak]; (*nach langer Trennung*) kavuşmak

Wiedersehen *nt* (*ersehntes*) kavuşma; **auf ~!** Allaha ısmarladık; (*als Antwort*) güle güle!

wiederum *adv* ① (*nochmals*) yeniden, bir daha, tekrar ② (*dagegen*) buna karşın ③ (*andererseits*) diğer [*o* öte] taraftan

wiedervereinigen *vt* (yeniden) birleştirmek

Wiedervereinigung *f* (yeniden) birleş(tir)me

Wiederverwendung *f* yeniden kullanma

Wiederwahl *f* aynı kişinin yeniden seçilmesi

Wiege *f* beşik

wiegen[1] *vt* (*sanft schaukeln*) (hafifçe) sallamak (**jdn/etw** -i)

wiegen[2] <wog, gewogen> **I.** *vt* (*auf der Waage*) tartmak (**jdn/etw** -i) **II.** *vi* **70 Kilo ~** 70 kilo ağırlığında olmak; (*Mensch*) 70 kilo gelmek

Wiegenlied *nt* ninni

wiehern *vi* (*Pferd*) kişnemek

Wien *nt* Viyana

wies *vt s.* **weisen**

Wiese *f* çayır

Wiesel *nt* gelincik

wieso *adv* neden (böyle), niçin, nasıl oluyor da

wieviel[ALT] *adv s.* **wie**

wievielte *adj* kaçıncı; **den Wievielten haben wir** (**heute**)? (bugün) ayın kaçı?

wild *adj* ① (*wild lebend, wachsend*) vahşi, yabani; (*Gegend*) vahşi ② (*toll*) kudurmuş ③ (*heftig*) şiddetli ④ (*ungestüm*) atılgan, hızlı; **~er Streik** sendikanın onaylamadığı grev

Wild *nt* ① (*Jagdtiere*) av hayvanı ② (*Fleisch*) av eti

Wildbahn *f* **Tiere in freier ~** yabani hayvanlar

wildern *vi* ruhsatsız av avlamak

Wildleder *nt* güderi, süet

Wildschwein *nt* yaban domuzu

Wildwestfilm *m* kovboy filmi

will *vt s.* **wollen**

Wille *m* ① (*Wunsch*) arzu, istek; (*stärker*) irade, direngi ② (*Absicht*) niyet; **freier ~** gönül isteği; **den festen ~n haben, etw zu tun** bir şeyi yapmaya kararlı olmak; **dein ~ geschehe!** arzuna göre olsun!

willen *präp +gen* **um ... ~** *gen* ... uğruna; **um Gottes ~!** Allah aşkına!

willenlos *adj* ① (*ohne eigenen Willen*) isteksiz ② (*ohne Willenskraft*) iradesiz
willens *adj* ~ **sein, etw zu tun** bir şeyi yapmak istemek
willensschwach *adj* iradesiz, enerjisiz
willensstark *adj* iradeli, enerjik
willig *adj* hizmete hazır; (*folgsam*) uysal
willkommen *adj* ① (*Person*) sevilen ② (*gelegen kommend*) işe gelen ③ (*begrüßenswert*) sevinç verici; **herzlich ~!** hoş geldiniz!; **jdn ~ heißen** birini karşılamak, birine hoş geldin(iz) demek
Willkür *f* keyfi davranış, başına buyrukluk
willkürlich *adj* keyfi
wimmeln *vi* kayna(ş)mak; **auf der Straße wimmelt es von Menschen** sokak insan kaynıyor
Wimper *f* kirpik; **ohne mit der ~ zu zucken** gözünü bile kırpmadan
Wimperntusche *f* rimel
Wind *m* ① (*allgemein*) rüzgar, yel ② (*fam: Blähung*) yel, osuruk; **sanfter ~** meltem; **jdm den ~ aus den Segeln nehmen** aslanın dişini sökmek; **in den ~ reden** (boşuna) çene yormak
Windbeutel *m* ① (*Gebäck*) *bir çeşit kremalı pasta* ② (*pej: Person*) palavracı
Winde *f* ① TECH bocurgat, maçuna, çıkrık ② (*Pflanze*) boruçiçeği; (*Acker~*) kahkahaçiçeği
Windel *f* kundak
winden <wand, gewunden> **I.** *vt* burmak, bükmek (**etw** -i) **II.** *vr* **sich ~** (*Straße*) kıvrılarak uzanmak; (*Person*) kıvranmak (**vor etw** -den)
Windhund *m* tazı
windig *adj* rüzgarlı; **es ist ~** hava rüzgarlı
Windkraftwerk *nt* rüzgar santrali
Windmühle *f* yel değirmeni
Windpocken *fpl* suçiçeği *sing*
Windschutzscheibe *f* ön cam
Windstärke *f* rüzgar hızı
Windstille *f* rüzgarsızlık
Windstoß *m birdenbire şiddetle esen rüzgar*
Windsurfen *nt* sörf
Windung *f* ① (*Krümmung*) dolambaç, dirsek, büklüm ② (*eines Flusses*) kıvrım, dolambaç
Windverhältnisse *pl* rüzgar şartları *pl*
Wink *m* ① (*mit Augen, Hand*) (göz [*o* el]) işaret(i) ② (*Anspielung*) ima ③ (*Rat*) öğüt ④ (*Warnung*) uyarı; **~ mit dem Zaunpfahl** çok açık ima
Winkel *m* ① MATH açı ② (*von Zimmer*) köşe; **rechter/spitzer/stumpfer ~** dik/dar/geniş açı; **im toten ~** *duvar vs. arkasında görünmeyen köşede*
wink(e)lig *adj* dolambaçlı
Winkelmesser *m* iletki, minkale
winken *vi* ① (*Zeichen geben*) işaret etmek [*o* vermek] ② (*mit der Hand*) el sallamak; **mit dem Taschentuch ~** mendil sallamak
Winter *m* kış; **mitten im ~** kış ortasında
Winterfahrplan *m* kış tarifesi
winterlich *adj* kış gibi
Winterreifen *m* kış lastiği
Winterschlaf *m* kış uykusu
WinterschlussverkaufRR *m* kış sonu satışı
Winterspiele *ntpl* **die Olympischen ~** Kış Olimpiyatları *pl*
Wintersport *m* kış sporu
Winzer(in) *m(f)* bağcı
winzig *adj* pek ufak [*o* küçük], ufacık (tefecik) *fam,* küçücük
Wipfel *m* (ağaç) tepe(si)
Wippe *f* tahterevalli
wippen *vi* (*auf der Wippe*) tahterevalli oynamak
wir *pron* biz; **~ Deutschen** biz Almanlar
Wirbel *m* ① (*Strömungs-*) anafor ② (*Durcheinander*) karışıklık ③ (*Rücken-*) omur ④ (*Haar-*) saç tepesi
wirbeln *vi sein* ① (*sich drehend bewegen*) hızla dönmek ② (*Wasser*) anafor yapmak
Wirbelsäule *f* belkemiği, omurga
Wirbelsturm *m* kasırga, tayfun, siklon
Wirbeltier *nt* omurgalı
wirbt *vi s.* **werben**
wird *vi s.* **werden**
wirft *vi, vt s.* **werfen**
Wirgefühl *nt* birlik ve beraberlik duygusu
wirken *vi* ① (*tätig sein*) çalışmak ② (*eine Wirkung erzielen*) etki göstermek [*o* yapmak] (**auf etw** -e) ③ (*Eindruck machen*) etki [*o* tesir] bırakmak (**auf jdn** -e), etkilemek (**auf jdn/etw** -i)
Wirken *nt* çalışma, iş, hareket
wirklich **I.** *adj* gerçek; (*echt*) halis **II.** *adv* gerçekten, sahiden; **~?** sahi mi?
Wirklichkeit *f* gerçek(lik); **~ werden** gerçekleşmek
wirksam *adj* etkili
Wirksamkeit *f* (*eines Mittels*) etki [*o* tesir] gücü
Wirkung *f* ① (*Einwirkung*) etki, tesir ② (*Ein-*

druck) izlenim ③ (*Erfolg*) başarı ④ (*Ergebnis*) sonuç
Wirkungsbereich *m* etki sahası
wirkungslos *adj* etkisiz
wirkungsvoll *adj* (tam) etkili, etkin
wirr *adj* ① (*durcheinander*) (karma)karışık ② (*unklar*) belirsiz ③ (*im Kopf*) şaşkın ④ (*Haare*) dağınık
Wirrwarr *m* kargaşalık, (karma)karışıklık, keşmekeş *fam*
Wirt(in) *m(f)* (*Speisegaststätte*) lokantacı; (*Kneipe*) meyhaneci
Wirtschaft *f* ① (*Speisegaststätte*) lokanta ② (*Kneipe*) meyhane ③ (*Volks-*) iktisat, ekonomi ④ (*Haus-*) ev idaresi, ev işleri
wirtschaften *vi* ① (*Haushalt führen*) ev idare etmek ② (*fig: mit dem Geld umgehen*) (parayı) idare etmek
wirtschaftlich *adj* ekonomik, iktisadi; (*haushälterisch*) ekonomik, idareli
Wirtschaftsabkommen *nt* ticari anlaşma
Wirtschaftsberater(in) *m(f)* iktisat danışmanı
Wirtschaftsgeld *nt* ev idaresi parası
Wirtschaftskrise *f* ekonomik kriz
Wirtschaftslage *f* iktisadi durum
Wirtschaftsministerium *nt* İktisat Bakanlığı
Wirtschaftspolitik *f* iktisat politikası
wirtschaftsschwach *adj* ekonomik açıdan zayıf
Wirtschaftswissenschaft *f* ekonomi, iktisat
Wirtschaftswunder *nt* (*hist*) şaşılacak iktisadi yükselme
Wirtshaus *nt* ① (*Gaststätte*) lokanta ② (*Kneipe*) meyhane ③ (*Bierkneipe*) birahane
wischen *vi, vt* (*putzen*) silmek (**etw** -i); **Staub ~** toz almak
Wischlappen *m* bez
wispern *vt* fısıldamak
wissbegierig[RR] *adj*, **wißbegierig**[ALT] *adj* öğrenmeye hırslı
wissen <weiß, wusste, gewusst> *vt* bilmek (**etw** -i); **sehr wohl ~** pek ala bilmek; **jdn etw ~ lassen** birine bir şeyi bildirmek; **nicht, dass ich wüsste** bildiğime göre öyle değil; **soviel ich weiß** (benim) bildiğim kadarıyla; **man kann nie ~** belli olmaz; **das musst du selber ~** bunu kendin bilmelisin; **was ich nicht weiß, macht mich nicht heiß** beni sokmayan yılan bin yıl yaşasın
Wissen *nt* bilgi; **meines ~s** bildiğime göre; **nach bestem ~ und Gewissen** yürekten, vicdanen; **ohne mein ~** haberim olmadan
Wissenschaft *f* bilim, ilim
Wissenschaftler(in) *m(f)* bilim [*o* ilim] adamı, bilgin
wissenschaftlich *adj* bilimsel
Wissenschaftlichkeit *f* bilimsellik
wissenswert *adj* bilmeye değer
wissentlich *adv* bilerek, bile bile
wittern *vt* (*Tier*) kokusunu almak (**etw** -in); (*ahnen*) sezmek (**etw** -i)
Witterung *f* ① (*Wetter*) hava ② (*Geruch*) koku ③ (*fig*) seziş
Witwe *f* dul (kadın)
Witwer *m* dul (erkek)
Witz *m* şaka, espri
Witzbold *m* şakacı, espri yapan
witzig *adj* esprili; (*Person*) şakacı
witzlos *adj* ① (*ohne Witz*) esprisiz ② (*zwecklos*) faydasız, boş
WM *f Abk von* **Weltmeisterschaft** Dünya Şampiyonluğu
wo *adv* ① (*Frage*) nerede ② (*im Relativsatz*) -diği yerde; **ach ~!** ne gezer!
woanders *adv* başka yerde
wob *vt s.* **weben**
wobei *adv* hangi konuda
Woche *f* hafta; **heute in einer ~** haftaya bugün
Wochenende *nt* hafta sonu
Wochenendhaus *nt hafta sonlarında gidilen tatil evi*
Wochenkarte *f* haftalık kart
wochenlang *adv* haftalarca
Wochentag *m* hafta günü; (*Arbeitstag*) işgünü, çalışma günü
wochentags *adv* işgünleri
wöchentlich **I.** *adj* haftalık **II.** *adv* her hafta
Wochenzeitung *f* haftalık gazete
Wöchnerin *f* loğusa
Wodka *m* votka
wodurch *adv* ne ile, ne suretle
wofür *adv* ne için; (*tauschend*) neye karşılık
wog *vt s.* **wiegen**
Woge *f* (büyük) dalga
wogegen *adv* neye karşı; (*während doch*) halbuki
woher *adv* nereden
wohin *adv* nereye
wohl *adv* ① (*angenehm, gut*) hoş, iyi ② (*in Fragen*) acaba ③ (*sicherlich*) muhakkak ④ (*wahrscheinlich*) her halde; **~ oder übel**

ister istemez; ~ **dem, der ...** -ene ne mutlu; ~ **bekomm's!** afiyet olsun!; **sich ~ fühlen** kendini iyi hissetmek; **leben Sie ~!** hoşça [*o* sağlıcakla] kalın!

Wohl *nt* ❶ (*Wohlbefinden*) iyilik, esenlik ❷ (*Gesundheit*) sağlık; **auf Ihr ~!** sağlığınıza!

wohlauf *adv* (*gesund*) sağlığı yerinde

Wohlbefinden *nt* iyilik, sağlık

wohlbehalten *adj* sağ salim, esen

Wohlfahrt *f* ❶ (*Sozialfürsorge*) sosyal yardım ❷ (*Einrichtung*) sosyal yardım kurumu

wohlgemeint *adj* iyi niyetle söylenmiş [*o* düşünülmüş]

wohlgemerkt *adv* tabii

wohlhabend *adj* varlıklı, hali vakti yerinde

Wohlstand *m* varlık, refah, zenginlik

Wohlstandsgesellschaft *f* refah toplumu

Wohltat *f* iyilik, hayırlı iş

Wohltäter(in) *m(f)* hayır sahibi, hayırsever

wohltätig *adj* ❶ (*Person*) hayırsever ❷ (*Sache*) yararlı

Wohltätigkeit *f* hayırseverlik

wohltuend *adj* ferahlatıcı, gönül açan

wohltun *irr vi* (*Wohltaten erweisen*) iyilik etmek; (*heilend wirken*) iyi gelmek (**jdm** -e)

wohlverdient *adj* hakkıyla kazanılmış

Wohlwollen *nt* lütuf, kayra; **sein ~ für etw bekunden** bir şeye sıcak bakmak

wohlwollend *adj* iyi (niyetli [*o* yürekli]), kayıran; **gegenüber jdm ~ eingestellt sein** birine sıcak bakmak

Wohnblock *m* blok evler *pl*

wohnen *vi* oturmak; (*vorübergehend*) kalmak

Wohnfläche *f* oturulan alan

wohnhaft *adj* yerleşmiş, oturan

Wohnheim *nt* yurt

Wohnküche *f oda gibi kullanılan mutfak*

wohnlich *adj* rahat, konforlu

Wohnmobil *nt* karavan

Wohnort *m* oturma yeri, konut

Wohnraum *m* oda

Wohnsitz *m* oturma yeri, konut; **ohne festen ~** yeri yurdu belli değil; **ständiger ~** devamlı oturma yeri; **vorheriger ~** eski oturma yeri; **zweiter ~** ikinci oturma yeri

Wohnung *f* konut; (*Etagen-*) daire; **möblierte ~** mobilyalı daire

Wohnverhältnisse *pl* oturma durumu *sing*

Wohnviertel *nt* yerleşim yeri, semt

Wohnwagen *m* karavan

Wohnzimmer *nt* oturma odası

wölben *vr* **sich ~** kabarmak, kubbelenmek

Wölbung *f* kubbe

Wolf *m* kurt

Wolke *f* bulut; **aus allen ~n fallen** şaşakalmak

Wolkenbruch *m* sağanak

Wolkenkratzer *m* gökdelen

wolkenlos *adj* bulutsuz

Wolldecke *f* battaniye

Wolle *f* yün

wollen[1] <will, wollte, gewollt/wollen> *vi, vt* ❶ (*als Hilfsverb*) istemek; (*als Vollverb*) -mek istemek (**etw** -i) ❷ (*wünschen*) arzu etmek, dilemek (**etw** -i) ❸ (*fordern*) istemek (**etw/jdn** -i) ❹ (*beabsichtigen*) -mek niyetinde olmak; **lieber ~** tercih etmek, yeğlemek (**etw/jdn** -i); **gerade etw tun ~** tam o sırada bir şey yapmak istemek; **wir ~ gehen!** gitmek istiyoruz!, haydi gidelim!; **wir ~ sehen** bakalım; (**ganz**) **wie Sie ~** nasıl isterseniz, siz bilirsiniz; **zu wem ~ Sie?** kimi arıyorsunuz?; **so Gott will!** Allah kısmet ederse; **mach, was du willst** ne istersen yap; (*fam*) keyfin bilir

wollen[2] *adj* (*aus Wolle*) yün(den), yünlü

Wolljacke *f* hırka

womit *adv* ne ile; **~ kann ich dienen?** size nasıl yardımım dokunabilir?

womöglich *adv* ❶ (*wenn möglich*) mümkünse ❷ (*vielleicht*) her halde, belki

wonach *adv* **~ soll ich mich richten?** neye göre hareket edeyim?

woran *adv* **~ denkst du?** ne(yi) düşünüyorsun?; **~ liegt das?** bu neden ileri geliyor?; **nun weiß ich, ~ ich bin** şimdi anladım ne durumda olduğumu

worauf *adv* **~ warten Sie** (**noch**)? (hala) ne(yi) bekliyorsunuz?

woraus *adv* ❶ (*aus welchem Stoff*) neden, hangi şeyden ❷ (*örtlich*) nereden

worden *vi s.* **werden**

worin *adv* neyin içinde

Workaholic *m* işkolik

Workshop *m* çalıştay, seminer

Workstation *f* INFORM iş istasyonu

World Trade Center *nt* Dünya Ticaret Merkezi

Wort *nt* ❶ (*Vokabel*) kelime, sözcük; **~ für ~** kelime kelime ❷ (*Ausspruch*) söz; **mit anderen ~en** yani; **in ~en** (*ausgeschrieben*) yazılmış; **geflügeltes ~** vecize, özdeyiş; **leere ~e** boş sözler; **sein ~ brechen** sözünde durmamak, sözünü tutmamak; **sein ~ halten** sözünü tutmak, sözünde durmak; **jdn nicht zu ~ kommen lassen** birinin ağzını bile açtırmamak; **ohne ein ~ zu sagen** ağzını bile açmadan

wortbrüchig *adj* **~ werden** sözünden dönmek

Wörterbuch *nt* sözlük

Wortführer(in) *m(f)* sözcü

Wortgefecht *nt* söz dalaşı

wortgetreu *adj* ① (*mündlich*) kelimesi kelimesine ② (*schriftlich*) metne sadık kalan

wortkarg *adj* suskun, sessiz, sesi çıkmaz

Wortlaut *m* ① (*Text*) metin ② (*mündlich*) söz

wörtlich *adj, adv* kelimesi kelimesine

wortlos *adj* suskun, sessiz

Wortschatz *m* kelime haz(i)nesi

Wortspiel *nt* kelime oyunu

Wortwechsel *m* ağız kavgası

wortwörtlich *adv* kelimesi kelimesine

worüber *adv* ① (*Bewegung*) neyin üzerine ② (*Thema*) ne hakkında

worum *adv* ① (*Position*) neyin etrafında ② (*mit Bewegung*) neyin etrafına ③ (*Thema*) ne hakkında

worunter *adv* ① (*Position*) neyin altında ② (*mit Bewegung*) neyin altına ③ (*Menge*) neyin arasında

wovon *adv* neden

wovor *adv* ① (*allgemein*) neden ② (*Position*) neyin önünde ③ (*Bewegung*) neyin önüne

wozu *adv* hangi maksatla; (*warum*) niye [*o* neye], ne diye

Wrack *nt* ① (*Schiff*) gemi enkazı ② (*fig: Person*) hırtlambası çıkmış kimse *fam*

wringen <wrang, gewrungen> *vt* (*Wäsche*) sıkmak (**etw** -i)

Wucher *m* tefecilik, vurgunculuk, istifçilik

Wucherer *m* tefeci, vurguncu, istifçi

wuchern *vi sein* (*Pflanzen*) üremek, azmak, yayılmak

Wucherpreis *m* fahiş fiyat

wuchs *vi s.* **wachsen**

Wuchs *m* ① (*Wachstum*) büyüme ② (*Gestalt*) boy bos, endam

Wucht *f* ① (*Schwung*) hamle, hız ② (*Druck*) basınç; **mit voller ~** tam hızla

wuchtig *adj* ① (*heftig*) kuvvetli, şiddetli ② (*imposant*) heybetli

wühlen *vi* ① (*auf-, um-*) deşelemek (**in etw** -i) ② (*Schwein*) eş(in)mek ③ (*Papier*) karıştırmak (**in etw** -i)

wund *adj* (*Stelle*) yaralı; **~er Punkt** (*fig*) bamteli *fam;* (*stärker*) can alacak nokta

Wunde *f* yara

Wunder *nt* ① (*Ereignis*) mucize, tansık ② (*Sache*) harika ③ REL keramet ④ (*übernatürliche Erscheinung*) doğaüstü olay; **das ist kein ~** bunda şaşılacak bir şey yok

wunderbar *adj* ① (*erstaunlich*) şaşılacak ② (*übernatürlich*) doğaüstü ③ (*herrlich*) harika, enfes

wunderlich *adj* ① (*sonderbar*) garip, tuhaf ② (*grillenhaft*) huysuz, evhamlı

wundern **I.** *vr* **sich ~** şaşmak, hayret etmek (**über jdn/etw** -e) **II.** *vt* **das wundert mich** (**nicht**) bu beni şaşırtır (şaşırtmaz)

wunderschön *adj* çok güzel, harika, enfes

wundervoll *adj* son derece güzel, enfes

Wundstarrkrampf *m* tetanos

Wunsch *m* ① (*Wille*) arzu, istek, dilek ② (*Glück-*) tebrik ③ (*Streben*) çaba, gayret; **auf ~** istek üzerine; **nach ~** isteğe göre; **haben Sie noch einen ~?** başka bir isteğiniz var mı?; **mit den besten Wünschen** en iyi dileklerle

wünschen **I.** *vt* ① (*allgemein*) dilemek (**etw** -i) ② (*begehren*) canı çekmek, arzulamak (**etw** -i) ③ (*wollen*) istemek, arzu etmek (**etw** -i); **jdm Glück ~** birini kutlamak [*o* tebrik etmek] **II.** *vi* **wie Sie ~** nasıl isterseniz; **das lässt** (**viel**) **zu ~ übrig** bu (çok) kusurlu

wünschenswert *adj* istenen, arzu edilen

wunschgemäß *adv* isteğe göre

wunschlos *adv* **~ glücklich** son derece mutlu, halinden memnun

Wunschtraum *m* en büyük hayal; (*Ideal*) ideal

Wunschzettel *m arzu edilen şeylerin listesi*

wurde *vi s.* **werden**

Würde *f* ① (*Gemessenheit*) ağırbaşlılık ② (*Erhabenheit*) heybet

Würdenträger(in) *m(f)* rütbe sahibi

würdig *adj* ① (*wert*) değer, layık ② (*gemessen*) ağırbaşlı

würdigen *vt* (*schätzen*) değer vermek (**etw/jdn** -e), takdir etmek (**etw/jdn** -i); **jdn einer Sache ~** birini bir şeye layık görmek; **jdn keines Blickes ~** birinden bakışını bile esirgemek

Wurf *m* ① (*Werfen*) atma, atış ② (*die Jungen*) yavrular *pl;* **ein großer ~** (*fig*) başarı

Würfel *m* ① (*Spiel-*) zar ② (*Zucker-*) kesme-

W

şeker ❸ MATH küp; **die ~ sind gefallen** olan oldu, artık sonuç değiştirilemez
würfeln *vi* zar atmak
Würfelspiel *nt* zar oyunu
Würfelzucker *m* kesmeşeker
würgen I. *vt* boğazını sıkmak (**jdn** -in) **II.** *vi* (*Kragen*) sıkmak, dar gelmek
Wurm *m* solucan; (*Made*) kurt
wurscht *adj*, **wurst** *adj* (*fam*) **das ist mir ~** bana vız gelir
Wurst *f* ❶ (*Aufschnitt*) salam ❷ (*Würstchen*) sosis ❸ (*türkische*) sucuk
Würstchen *nt* sosis; **warme ~** sıcak sosis
Würze *f* ❶ (*Gewürz*) bahar(at) ❷ (*fig*) tat, lezzet
Wurzel *f* ❶ (*einer Pflanze*) kök ❷ MATH karekök ❸ (*Herkunft*) köken; **~n schlagen** kök salmak; **die ~ aus ... ziehen** MATH -in karekökünü almak
Wurzelverzeichnis *nt* INFORM temel dizin
würzen *vt* bahar(at)lamak (**etw** -i)
würzig *adj* baharatlı, aromalı
wusch *vt s.* **waschen**
wusste[RR] *vi, vt s.* **wissen**
Wust *m* ❶ (*Durcheinander*) karışıklık ❷ (*Unmenge*) büyük miktar
wüst *adj* ❶ (*öde*) tenha, ıssız, boş ❷ (*wirr*) (karma)karışık ❸ (*unordentlich*) dağınık
Wüste *f* çöl
Wut *f* (*heftiger Zorn*) öfke, hiddet, hırs; **in ~ geraten** öfkelenmek, hiddetlenmek
Wutausbruch *m* öfkeden köpürme
wütend *adj* ❶ (*zornig*) öfkeli, hiddetli ❷ (*stärker*) kudurmuş, çılgın, azgın; **jdn ~ machen** birini öfkelendirmek; **~ werden** öfkelenmek; (*stärker*) azmak
WYSIWYG *adj* INFORM (*what you see is what you get*) ne görürsen onu alırsın

Xx

X-Beine *ntpl* çarpık bacaklar *pl*
x-beinig *adj* X biçiminde çarpık bacaklar
x-mal *adv* kaç defa, defalarca
X-Strahlen *mpl* X [*o* röntgen] ışınları
Xylophon *nt* ksilofon

Yy

Yacht *f* yat
Yoga *m o nt* yoga

Zz

Zacke *f* ❶ (*Spitze*) (sivri) uç ❷ (*Zahn*) diş
zaghaft *adj* ❶ (*scheu*) ürkek ❷ (*schüchtern*) çekingen
zäh *adj* ❶ (*widerstandsfähig*) dayanıklı ❷ (*beharrlich*) sebatlı ❸ (*Fleisch*) katı, sert; **~ wie Leder** kayış gibi
zähflüssig *adj* ❶ (*dickflüssig*) ağdalı, yapışkan ❷ (*Verkehr*) yavaş ilerleyen
Zähigkeit *f* ❶ (*Widerstandskraft*) dayanıklılık ❷ (*Beharrlichkeit*) sebat
Zahl *f* sayı, adet; (*Ziffer*) rakam; **gerade/ungerade ~** çift/tek sayı
zahlbar *adj* ödenir
zahlen *vi, vt* ödemek (**etw** -i); **getrennt ~** (*jeder für sich*) ayrı ayrı ödemek; **Herr Ober, bitte ~!** garson, hesap lütfen!
zählen I. *vt* saymak (**etw** -i) **II.** *vi* **auf jdn ~** birine güvenmek; **zu jdm ~** -in arasında say(ıl)mak
Zahlenlotto *nt* sayısal lotto
zahlenmäßig I. *adj* sayısal, sayıca, adetçe **II.** *adv* **~ überlegen sein** sayıca üstün olmak (**jdm** -den)
Zahler *m* **pünktlicher ~** vaktinde ödeyen; **säumiger ~** ödemekte geciken
Zähler *m* ❶ MATH pay ❷ TECH sayaç
Zahlkarte *f para gönderme işlemlerinde doldurulan form*
zahllos *adj* sayısız
zahlreich I. *adj* pek çok **II.** *adv* bol sayıda
Zahlung *f* ❶ (*Bezahlen*) ödeme ❷ (*Bezahltwerden*) ödenme; **in ~ geben/nehmen** ödeme olarak vermek/almak (**etw** -i)
Zahlungsanweisung *f* (*Post*) havale
Zahlungsaufforderung *f* ödeme emri
Zahlungsbedingungen *fpl* ödeme koşulları [*o* şartları] *pl*

Zahlungsbefehl *m* ödeme emri
Zahlungsbilanz *f* ödeme bilançosu
Zahlungserleichterungen *fpl* ödeme kolaylığı *pl*
Zahlungsfähigkeit *f* ödeme kabiliyeti
zahlungsunfähig *adj* borcunu ödemekten aciz
Zahlungsweise *f* ödeme tarzı
Zahlwort *nt* sayı (sıfatı)
zahm *adj* yumuşak, uysal; (*Haustier*) evcil
zähmen *vt* (*Tier*) ehlileştirmek (**etw** -i); (*Mensch*) uysallaştırmak (**jdn** -i)
Zahn *m* diş; **falscher ~** takma diş; **Zähne bekommen** (*Kind*) diş çıkarmak; **einen ~ ziehen** (bir) diş çekmek; **die Zähne zusammenbeißen** dişini sıkmak
Zahnarzt, Zahnärztin *m, f* diş doktoru, dişçi
Zahnbürste *f* diş fırçası
Zahnfleisch *nt* dişeti
Zahnfleischentzündung *f* dişeti iltihabı
Zahnlücke *f* diş boşluğu
Zahnpasta *f* diş macunu
Zahnprothese *f* eğreti diş
Zahnrad *nt* dişli (çark)
Zahnradbahn *f* dişli tren
Zahnschmelz *m* diş minesi
Zahnschmerzen *mpl* diş ağrısı *sing;* **ich habe ~** diş(ler)im ağrıyor
Zahnstocher *m* kürdan
Zahntechniker(in) *m(f)* teknisyen dişçi
Zander *m* sudak (balığı)
Zange *f* ❶ TECH kıskaç, kerpeten ❷ (*Flach-*) pens(e) ❸ (*Geburts-*) forseps ❹ (*Feuer-*) maşa
Zank *m* çekişme, dalaşma
zanken *vr* **sich ~** atışmak, çekişmek, dalaşmak (**mit jdm** ile)
Zäpfchen *nt* ❶ MED fitil ❷ (*im Hals*) küçükdil
zapfen *vt* (*Bier, Wein*) fıçıdan (bira, şarap) çekmek
Zapfen *m* ❶ (*Spund*) fıçı tapası, tıkaç ❷ (*Stift*) çivi ❸ (*Tannen-*) kozalak
Zapfsäule *f* (*für Benzin*) benzin pompası
zapp(e)lig *adj* oynak, yerinde duramaz
zappeln *vi* yerinde duramamak, çırpınmak
zappen *vi* (*beim Fernsehen*) zapping yapmak, geçgeçlemek
Zar *m* çar
Zarin *f* çariçe
zart *adj* ❶ (*weich*) yumuşak, ince, narin ❷ (*Haut*) yumuşak
zärtlich *adj* sevecen, şefkatli
Zärtlichkeit *f* ❶ (*zarte Art*) sevecenlik, şefkat ❷ (*Liebkosung*) okşama, sevme
Zauber *m* sihir, büyü, tılsım
Zauberei *f* sihirbazlık, gözbağcılık
Zauberer *m* sihirbaz, hokkabaz
zauberhaft *adj* (*bezaubernd*) büyüleyici
Zauberkünstler(in) *m(f)* hokkabaz
zaubern *vi* büyü [*o* sihir] yapmak
zaudern *vi* karar verememek, duraksamak
Zaum *m* at başlığı, gem, dizgin
Zaun *m* çit
Zaziki *m* cacık
z. B. *adv Abk von* **zum Beispiel** örneğin
ZDF *nt Abk von* **Zweites Deutsches Fernsehen** İkinci Alman Televizyon Programı
Zebra *nt* zebra, zebir
Zebrastreifen *m* çizgili yaya geçidi
Zeche *f* ❶ (*Kohlenbergwerk*) kömür madeni [*o* ocağı] ❷ (*Rechnung*) hesap, masraf ❸ (*Verzehr*) yiyip bitirme
Zecke *f* kene, sakırga
Zeder *f* sedir (ağacı), katran ağacı
Zehe *f* ayak parmağı; **eine ~ Knoblauch** bir diş sarmısak
Zehenspitze *f* **auf ~n gehen** ayak ucuna basarak yürümek
zehn *num* on
Zehnersystem *nt* ondalık [*o* 10 tabanlı] sayı sistemi
zehnfach *adj* on kat
Zehnkampf *m* dekatlon
zehnmal *adv* on defa [*o* kere]
Zehnprozenthürde *f* yüzde on barajı
zehntausend *num* on bin; **~e** on binlerce; **die oberen Zehntausend** (*fam*) sosyete
zehnte(r, s) *adj* onuncu
Zehntel *nt* onda bir
zehren *vi* (*schwächen*) aşındırmak; (*Kummer*) yiyip bitirmek, eritmek (**an jdm/etw** -i); **von etw ~** bir şeyle geçinmek, kendini bir şeyle beslemek
Zeichen *nt* ❶ (*allgemein*) işaret ❷ (*Signal*) sinyal ❸ (*Wink*) işaret, ima ❹ (*Kenn-*) belirti, ayırıcı nitelik ❺ (*An-*) belirti, emare ❻ (*Wahr-*) simge, sembol ❼ (*Vor-*) ilk belirti; **gutes ~** uğur; **schlechtes ~** uğursuzluk; **Ihr ~** ADMIN rumuzunuz
Zeichenblock *m* resim kâğıdı bloku
Zeichenpapier *nt* resim kâğıdı
Zeichensprache *f* sağırlar dili
Zeichentrickfilm *m* çizgi film
zeichnen I. *vt* ❶ (*Zeichnung*) çizmek (**etw**

-i), resmini yapmak (**etw** -in) ❷ (*unter-*) imzalamak (**etw** -i), imza atmak (**etw** -e) **II.** *vi* resim yapmak [*o* çizmek]

Zeichnen *nt* (*Unterrichtsfach*) resim

Zeichner(in) *m(f)* ressam; **technischer ~** teknik ressam

Zeichnung *f* resim, çizim

Zeigefinger *m* işaretparmağı

zeigen I. *vt* ❶ göstermek (**jdm etw** -e -i) ❷ (*beweisen*) kanıtlamak, ispat etmek (**etw** -i); **zeig mal!** göster bakalım! **II.** *vi* **auf etw ~** bir şeye [*o* bir şeyi] işaret etmek **III.** *vr* **sich ~** görünmek, gözükmek; (*sich herausstellen*) anlaşılmak, meydana çıkmak

Zeiger *m* ibre, iğne; (*großer Uhr-*) yelkovan; (*kleiner Uhr-*) akrep

Zeile *f* satır

zeit *präp +gen* ... süresince; **~ meines Lebens** oldum olası

Zeit *f* ❶ (*allgemein*) zaman, vakit ❷ (*Zeitpunkt*) zaman ❸ (*Augenblick*) an ❹ (*Zeitdauer*) süre ❺ (*Uhr-, bestimmte*) saat; **westeuropäische/mitteleuropäische ~** Batı Avrupa/Orta Avrupa saati; (**nach**) **türkischer ~** Türkiye saati ile (TSİ); **in kurzer ~** kısa zamanda; **in letzter ~** son zamanlarda; **mit der ~** zamanla, yavaş yavaş, gitgide; **von ~ zu ~** arasıra, zaman zaman; **vor kurzer/langer ~** kısa/uzun zaman önce; **zur rechten ~** tam zamanında, vaktinde; **im Laufe der ~** zamanla; **die ganze ~** (**über**) bütün bu süre içinde; **die gute alte ~** eski güzel günler; **das hat noch ~** acelesi yok; **es ist** (**höchste**) **~** vakit daraldı; **sich ~ lassen** kendine zaman ayırmak; (*langsam handeln*) çok yavaş hareket etmek; **kommt ~, kommt Rat** gün doğmadan neler doğar

Zeitabschnitt *m* devir, dönem

Zeitabstand *m* aralık, fasıla

Zeitalter *nt* devir, çağ

Zeitangabe *f* (*Datum*) tarih

Zeitansage *f* vaktin bildirilmesi; (*Radio*) saat ayarı

Zeitaufwand *m* zaman harcama

Zeitbombe *f* saatli bomba

Zeitdruck *m* **unter ~ stehen** vakti az olmak, vakit darlığı çekmek

Zeitersparnis *f* zaman tasarrufu

Zeitfahren *nt kurada çekilen sıraya göre tek başına başlanılan yarış*

Zeitgeist *m* çağın zihniyeti, devir ruhu

zeitgemäß *adj* zamana uygun

Zeitgenosse(in) *m(f)* çağdaş

zeitgenössisch *adj* çağdaş

zeitig *adj* (*früh*) erken

Zeitlang *f* **eine ~** bir süre, bir müddet

zeitlich *adj* zamana ait; REL fani, geçici

zeitlos *adj* zamana tabi olmayan, her zamana uygun

Zeitlupe *f* FILM yavaş çekim

Zeitmangel *m* **aus ~** zaman azlığından

Zeitpunkt *m* ❶ (*Zeit*) zaman ❷ (*Augenblick*) an ❸ (*Uhrzeit*) saat ❹ (*Datum*) tarih

zeitraubend *adj* **~ sein** çok zaman almak

Zeitraum *m* süre, müddet

Zeitrechnung *f* kronoloji

Zeitschrift *f* dergi

Zeitung *f* gazete

Zeitungskiosk *m* gazete bayii

Zeitungsnachricht *f* gazete haberi

Zeitungsstand *m* gazete bayii

Zeitungsverkäufer *m* gazeteci, gazete satıcısı

Zeitverlust *m* zaman kaybı

Zeitvertreib *m* zaman geçirme

zeitweise *adv* geçici olarak

Zeitwort *nt* fiil, eylem

Zeitzünder *m* saniyeli tapa

Zelle *f* hücre

Zellulitis *f* selülit

Zelt *nt* çadır

Zeltausrüstung *f* kamp teçhizatı

Zeltdach *nt* çadır tavanı (biçimi)

zelten *vi* kamp kurmak

Zelten *nt* kamping

Zeltlager *nt* çadır kampı

Zeltplatz *m* kamping

Zeltstange *f* çadır direği

Zement *m* çimento

zementieren *vt* çimentolamak (**etw** -i)

zensieren *vt* ❶ (*vom Zensor*) sansür etmek (**etw** -i) ❷ (*benoten*) not vermek (**etw** -e)

Zensor(in) *m(f)* sansür eden, sansürcü

Zensur *f* ❶ sansür ❷ (*Schule: Note*) not

Zentimeter *m o nt* santimetre, santim

Zentimetermaß *nt* santimetre, santim

Zentner *m elli kiloluk tartı ölçüsü*

zentral *adj* orta, merkezi

Zentrale *f* merkez

Zentralheizung *f* kalorifer

zentralisieren *vt* merkezileştirmek (**etw** -i)

Zentralismus *m* merkeziyetçilik

zentralistisch *adj* merkeziyetçi

Zentrum *nt* merkez

zerbrechen *irr* **I.** *vt* kırmak (**etw** -i); **sich** *dat* **den Kopf ~** aklını yormak, kafa patlatmak **II.** *vi sein* kırılmak
zerbrechlich *adj* ① kırılacak, kırılır ② (*fig: zart*) ince, narin
zerbröckeln *vi* ufalanmak, parçalanmak
zerdrücken *vt* ezmek (**etw** -i)
Zeremonie *f* tören; (*religiöse*) ayin, dini tören
Zerfall *m* ① (*eines Bauwerks*) yıkılma, çökme ② (*fig: Auflösung*) çözülme ③ CHEM ayrışma
zerfallen *irr vi sein* ① (*Bau*) yıkılmak ② CHEM ayrışmak
zerfetzen *vt* parçalamak, yırtmak, didik didik [*o* lime lime] etmek (**etw** -i)
zergehen *irr vi sein* **auf der Zunge ~** dil üstünde erimek
zerhacken *vt* parçalamak (**etw** -i)
zerkleinern *vt* küçük küçük parçalara ayırmak, parçalamak (**etw** -i)
zerknittern *vt* buruşturmak (**etw** -i)
zerkratzen *vt* tırmalamak, tırmıklamak (**etw** -i)
zerlegen *vt* ① (*auseinandernehmen*) parçalarına ayırmak, parçalamak (**etw** -i) ② (*in zwei Teile*) ikiye ayırmak [*o* bölmek] (**etw** -i) ③ TECH sökmek, demonte etmek (**etw** -i)
zerlumpt *adj* ① (*Kleidung*) yırtık pırtık, lime lime ② (*Person*) üstü başı perişan, hırpani
zerquetschen *vt* ezmek; (*verletzen*) sıkıştırarak yaralamak (**etw** -i)
Zerrbild *nt* bozuntu, karikatür
zerreiben *irr vt* ① (*mit den Händen*) ovalamak (**etw** -i) ② (*zu Pulver*) toz haline getirmek (**etw** -i)
zerreißen *irr* **I.** *vt* ① (*Stoff*) yırtmak; (*stärker*) paralamak (**etw** -i) ② (*Faden*) koparmak (**etw** -i) **II.** *vi sein* yırtılmak; (*Faden*) kopmak
zerren **I.** *vt* zorla [*o* hırpalayarak] çekmek (**etw/jdn** -i) **II.** *vi* **an etw ~** bir şeyi şiddetle çekmek
Zerrung *f* (*Sehnen-*) kiriş gerilmesi; (*Muskel-*) kas gerilmesi
zerrüttet *adj* **eine ~e Ehe** şiddetli geçimsiz bir evlilik
Zerrüttung *f* sarsım; **~ der Ehe** JUR şiddetli geçimsizlik
zerschlagen *irr vt* (*Geschirr*) (vurup) kırmak, parçalamak (**etw** -i)
zerschlissen *adj* (*Stoff*) yırtık
zerschmettern *vt* paramparça etmek (**etw** -i)
zerschneiden *irr vt* kesip parçalamak, (boydan boya) kesmek; (*in Stücke*) doğramak (**etw** -i)
zersetzen *vr* **sich ~** ayrışmak, çözülmek
Zersiedlung *f* yerleşim merkezlerinin çözülmesi
zersplittern *vi sein* yarılmak, kırılmak
Zerstäuber *m* püskürgeç, atomizör, pulverizatör
zerstören *vt* yıkmak, bozmak, tahrip etmek (**etw/jdn** -i)
Zerstörer(in) *m(f)* ① tahrip eden ② (*Schiff*) muhrip
zerstörerisch *adj* yıkıcı, tahripçi
Zerstörung *f* ① (*Tätigkeit*) tahrip, yıkma ② (*Ergebnis*) harap olma, yıkılma, yıkılış
zerstreiten *irr vr* **sich ~** bozuşmak
zerstreuen **I.** *vt* ① (*ausbreiten*) dağıtmak, yaymak (**etw** -i) ② (*ausstreuen*) saçmak, serpmek (**etw** -i) ③ (*fig: Zweifel, Bedenken*) gidermek (**etw** -i) ④ (*unterhalten*) oyalamak, eğlendirmek (**jdn** -i) **II.** *vr* **sich ~** (*Menschenmenge*) dağılmak
zerstreut *adj* (*Mensch*) dalgın
Zerstreutheit *f* dalgınlık
Zerstreuung *f* (*Unterhaltung*) eğlenme, oyalanma
zerstückeln *vt* parçalamak (**etw** -i)
Zertifikat *nt* sertifika
zertreten *irr vt* ayakla ezmek (**etw** -i)
zertrümmern *vt* yıkıntı haline getirmek; (*in kleine Stücke*) paramparça etmek (**etw** -i)
Zervelatwurst *f* *çabuk bozulmayan sert bir salam cinsi*
Zerwürfnis *nt* bozuşma, anlaşmazlık
Zettel *m* ① (*Blatt*) kâğıt (parçası) ② (*mit Notiz*) not, pusula ③ (*Preis-*) fiyat etiketi
Zeug *nt* ① (*Sachen*) eşya, şey ② (*pej: Kram*) pılı pırtı, ıvır zıvır; **dummes ~ reden** saçmalamak, zırvalamak
Zeuge *m* JUR tanık, şahit
zeugen *vt* (*Kinder*) (çocuk) yapmak
Zeugenaussage *f* tanık ifadesi
Zeugenvernehmung *f* tanıkların dinlenmesi
Zeugin *f* kadın [*o* kız] tanık
Zeugnis *nt* ① (*Bezeugung*) tanıklık, şahitlik ② (*Bescheinigung*) tasdik belgesi ③ (*nach Prüfung*) karne
zeugungsunfähig *adj* innin, iktidarsız
z. H. *adv Abk von* **zu Händen** -e verilmek üzere
Zichorie *f* ① (*wilde*) acı marul ② (*Endivie*) hindiba

Zicke *f* ❶ (*junge Ziege*) oğlak ❷ (*launische Frau*) cadaloz
zickig *adj* (*pej*) ~ **sein** kendini naza çekmek
Zickzack *m* zikzak; **im ~ gehen** zikzak gitmek
Ziege *f* keçi
Ziegel *m* ❶ (*Ziegelstein*) tuğla ❷ (*Dach-*) kiremit
Ziegelei *f* kiremit [*o* tuğla] ocağı
Ziegenbock *m* teke, erkeç
Ziegenkäse *m* keçi peyniri
Ziegenleder *nt* keçi derisi
Ziegenmelker *m* çobanaldatan
ziehen <zog, gezogen> **I.** *vt* ❶ (*allgemein*) çekmek (**etw/jdn** -i) ❷ (*Linie*) çizmek (**etw** -i) ❸ (*schleppen*) sürüklemek (**etw** -i) ❹ (*Pflanzen*) yetiştirmek (**etw** -i); **Folgerungen** ~ sonuç çıkarmak; **die Blicke auf sich** ~ bakışları kendi üstüne çekmek; **etw ins Lächerliche** ~ bir şeyi komikliğe vurmak; **die Wurzel aus ...** ~ MATH -in karekökünü almak **II.** *vi* ❶ (*gehen, reisen*) gitmek; (*Vögel*) göç etmek, göçmek (**nach** -e); **zu jdm** ~ birine taşınmak ❷ (*Ofen, Pfeife*) çekmek; (*Tee*) demlenmek; **an etw** ~ bir şeyi çekmek; **es zieht** hava cereyanı var, cereyan yapıyor *fam* **III.** *vr* **sich** ~ (*sich strecken*) gerilmek; (*sich erstrecken*) uza(n)mak
Ziehharmonika *f* akordeon
Ziehung *f* (*Lotterie*) çekiliş
Ziel *nt* ❶ hedef, amaç, gaye ❷ (*Absicht*) maksat, niyet; **sein ~ erreichen** amacına ulaşmak; **sich etw zum ~ setzen** bir şeyi hedeflemek
Zieladresse *f* INET hedef adres
zielbewusst[RR] *adj* amacını bilen, yolunu şaşırmayan, azimli
zielen *vi* (*beim Schießen*) nişan almak
Zielgerade *f* SPORT *yarış yolunun son doğru parçası*
Zielgruppe *f* hedef kitle
ziellos **I.** *adj* hedefsiz, amaçsız **II.** *adv* gelişigüzel, rasgele
Zielscheibe *f* hedef levhası
Zielsetzung *f* hedef edinme
zielstrebig *adj* amacını bilen
ziemlich *adv* oldukça, epey(ce), bir hayli
Zier(de) *f* süs
zieren **I.** *vt* süslemek (**etw/jdn** -i) **II.** *vr* **sich** ~ nazlanmak, naz etmek
Zierleiste *f* mulür; (*an Möbeln*) kordon
zierlich *adj* ❶ (*zart*) ince, narin ❷ (*Schrift*) inci gibi ❸ (*hübsch*) güzel, şirin
Zierpflanze *f* süs bitkisi
Ziffer *f* rakam
Zifferblatt *nt* (saat) kadran(ı)
zig *num* onlarca
Zigarette *f* sigara, cıgara *fam;* **eine ~ rauchen/drehen** bir sigara içmek/sarmak
Zigarettenautomat *m* sigara otomatı
Zigarettenetui *nt* sigara tabakası
Zigarettenpapier *nt* sigara kâğıdı
Zigarettenschachtel *f* sigara kutusu
Zigarettenspitze *f* ağızlık, sigaralık
Zigarettenstummel *m* (sigara) izmarit(i)
Zigarillo *m o nt* küçük puro
Zigarre *f* puro, yaprak sigarası
Zigarrenabschneider *m* puro keseceği
Zigarrenkiste *f* puro kutusu
Zigeuner(in) *m(f)* Çingene
zigmal *adv* defalarca
zigtausend *num* on binlerce
Zimbabwe *nt* Zimbabve
Zimmer *nt* oda
Zimmerantenne *f* dahili anten
Zimmerbestellung *f* oda rezervasyonu
Zimmerlautstärke *f* **das Radio auf ~ stellen** radyonun sesini odada duyulacak kadar açmak
Zimmermädchen *nt* hizmetçi (kız)
Zimmermann *m* doğramacı, dülger
Zimmerpflanze *f ev içinde yetiştirilen bitki*
zimperlich *adj* aşırı hassas, nazenin
Zimt *m* tarçın
Zink *nt* çinko
Zinke *f* (*der Gabel*) çatal dişi
Zinn *nt* kalay
Zinne *f* (*Mauer-*) mazgal dişi
Zinnober *m* ❶ (*Mineral*) cıva sülfidi, zincifre ❷ (*Farbe*) zincifre kırmızısı
Zinnsoldat *m* (*Spielzeug*) *kalaydan yapılmış oyuncak asker*
Zins *m* faiz
Zinseszins *m* faizin faizi, bileşik faiz
zinslos *adj, adv* faizsiz
Zinssatz *m* faiz fiyatı
Zionismus *m* siyonizm
Zipfel *m* ❶ (*spitzes Endstück*) (sivri) uç ❷ (*Ecke*) köşe
Zipfelmütze *f* püsküllü takke
zippen *vt* INFORM (*Dateien*) sıkıştırmak (**etw** -i)
zirka *adv* aşağı yukarı, takriben
Zirkel *m* (*Gerät*) pergel

zirkulieren *vi* dolaşmak, dönmek; (*Geld*) piyasada bulunmak
Zirkumflex *m* uzatma işareti
Zirkus *m* sirk
zirpen *vi* (*Grillen*) cırlamak, cırıldamak
zischen *vi* ❶ (*als Ton allgemein*) cızırdamak ❷ (*Fett*) cayırdamak ❸ (*Gans*) tıslamak ❹ (*Schlange*) ıslık çalmak
ziselieren *vi, vt* kalemle kazımak (**etw** -i)
Zisterne *f* sarnıç
Zitadelle *f* iç kale
Zitat *nt* alıntı
Zither *f* *kanuna benzeyen bir çalgı*
zitieren *vt* ❶ (*Belegstelle anführen*) alıntılamak (**etw** -i) ❷ (*wörtlich wiedergeben*) aynen tekrarlamak (**etw** -i)
Zitrone *f* limon
Zitronenbaum *m* limon ağacı
Zitronenpresse *f* limonluk
Zitronensaft *m* limon suyu
Zitronenschale *f* limon kabuğu
Zitrusfrüchte *fpl* turunçgiller *pl*
Zittergras *nt* küçük çayırgüzeli
zitt(e)rig *adj* titrek
zittern *vi* ❶ (*vor Angst, Kälte*) titremek ❷ (*schaudern*) ürpermek ❸ (*vibrieren*) titreşmek; **vor Kälte ~** soğuktan titremek
Zitze *f* *memeli hayvanların meme ucu*
zivil *adj* sivil; **in Zivil** sivil olarak
Zivilbevölkerung *f* sivil halk, siviller *pl*
Zivildienst *m* *askerlik yerine geçen sivil hizmet*
Zivilisation *f* uygarlık, medeniyet
zivilisieren *vt* uygarlaştırmak (**etw/jdn** -i)
Zivilist(in) *m(f)* sivil
Zivilluftfahrt *f* sivil havacılık
ZivilprozessRR *m* hukuk mahkemeleri usulü
ZivilprozessordnungRR *f* hukuk mahkemeleri düzeni
Zivilrecht *nt* medeni hukuk, yurttaşlar töresi
zog *vi, vt s.* **ziehen**
zögern *vi* ❶ (*zaudern*) duraksamak, tereddüt etmek ❷ (*nicht den Mut haben*) çekinmek ❸ (*zeitlich*) gecikmek
Zögern *nt* (*Zaudern*) duraksama
Zoll *m* ❶ (*Behörde*) gümrük ❷ (*Abgabe*) gümrük vergisi [*o* resmi] ❸ (*Maß*) inç
Zollabfertigung *f* gümrük işlemi [*o* muamelesi]
Zollamt *nt* gümrük dairesi
Zollbeamte(r) *f(m)* gümrük memuru
Zollerklärung *f* gümrük beyannamesi
zollfrei *adj* gümrüksüz, gümrükten muaf; **~er Laden** gümrüksüz satış yapan mağaza
Zollgebühren *fpl* gümrük resmi
Zollkontrolle *f* gümrük muayenesi [*o* kontrolü]
zollpflichtig *adj* gümrüğe tabi
Zollunion *f* Gümrük Birliği
Zone *f* ❶ (*Gebiet*) bölge, mıntıka ❷ GEOG kuşak
Zoo *m* hayvanat bahçesi
Zoologie *f* zooloji
zoologisch *adj* zoolojik
zoomen *vt* zumlamak (**etw** -i)
Zopf *m* (saç) örgü(sü); **alter ~** (*fig*) dinozorluk
Zorn *m* öfke, hiddet, hırs
zornig *adj* öfkeli, hiddetli, hırslı
ZPO *f Abk von* **Zivilprozessordnung** Hukuk Mahkemeleri Düzeni
z. T. *adv Abk von* **zum Teil** kısmen
Ztr. *m Abk von* **Zentner** 50 kilo
zu I. *präp + dat* ❶ (*auf die Frage: wohin*) -a/-e ❷ (*auf die Frage: wo*) -da/-de; **~ Hause** evde; **~m Bahnhof** istasyona; **der Weg ~m Bahnhof** istasyon yolu, istasyona giden yol; **komm morgen ~ mir** yarın bana gel; **~ Mittag** öğleyin; **~ Weihnachten** Noel'de; **~m Beispiel** örneğin, mesela; **~m ersten Mal** ilk defa(da); **~ Fuß** yaya, yürüyerek; **~ Pferde** atla; **~m Glück** Allahtan; **~m Teil** kısmen; **fünf ~ eins gewinnen** beş bir kazanmak; **das Pfund zu 5 Lira** yarım kilosu 5 lira(ya); **~ dritt** (*alle drei*) üçü de; (*je drei*) üçer; **~ deinem Geburtstag** doğum gününe **II.** *adv* ❶ (*geschlossen*) kapalı ❷ (*allzu*) (haddinden) fazla; **die Tür/der Laden ist ~** kapı/dükkan kapalı; **Tür ~!** kapıyı kapa(yın); **~ sehr** (pek) fazla, pek çok; **~ viel** (çok) fazla, pek çok, aşırı; **einer ~ viel** birisi fazla; **~ wenig** çok az, yetmeyecek kadar; **100 Euro ~ wenig** 100 euro eksik
zuallererst *adv* en önce
zuallerletzt *adv* en sonra
Zubehör *nt* aksesuar; (*Ergänzungsteile*) ek parçalar *pl*
zubeißen *irr vi* (bütün gücüyle) ısırmak, dişlemek
zubereiten *vt* hazırlamak (**etw** -i)
Zubereitung *f* hazırlama
zubinden *irr vt* bağlayarak kapamak; (*Augen*) bağlamak (**etw** -i)
Zubringerstraße *f* ana yola çıkan sokak

Zucht *f* ① (*Tätigkeit*) (hayvan [*o* bitki]) yetiştirme ② (*Ergebnis*) yetiştirilen hayvan [*o* bitki] ③ (*strenge Ordnung*) disiplin
züchten *vt* ① (*Pflanzen, Perlen*) yetiştirmek, üretmek (**etw** -i) ② (*Tiere*) beslemek, yetiştirmek (**etw** -i)
Zuchtperle *f özel üretilen bir çeşit inci*
zucken *vi* (ani bir hareketle) titremek, sarsılmak; (*Gesichtsteil*) seğirmek; **mit den Achseln ~** omuz silkmek
Zucker *m* şeker
Zuckerdose *f* şekerlik, şeker kutusu
zuckerkrank *adj* şeker hastası
Zuckerkrankheit *f* şeker hastalığı
zuckern *vt* şekerlemek (**etw** -i), şeker koymak (**etw** -e)
Zuckerrohr *nt* şeker kamışı
Zuckerrübe *f* şeker pancarı
Zuckerwatte *f* pamuk şeker
Zuckerzange *f* şeker maşası
Zuckung *f* kasıl sarsılma
zudecken **I.** *vt* örtmek, kapa(t)mak (**etw** -i) **II.** *vr* **sich ~** örtünmek; **sich mit etw ~** üstüne bir şey örtmek
zudrehen *vt* (*Hahn*) kapa(t)mak (**etw** -i)
zudringlich *adj* sırnaşık, usandırıcı, sulu
zudrücken *vt* **ein Auge ~** göz yummak, hoş görmek
zueinander *adv* birbir(ler)ine
zuerst *adv* ① (*zunächst*) (ilk) önce, evvela ② (*als Erstes*) ilk olarak
Zufahrt *f*, **Zufahrt(s)straße** *f* (taşıtla) giriş yolu
Zufall *m* tesadüf, rastlantı; **dem ~ überlassen bleiben** şansa kalmak
zufällig **I.** *adj* tesadüfi **II.** *adv* tesadüfen
Zuflucht *f* (*Ort*) barınak, sığınak
zuflüstern *vt* **jdm etw ~** birinin kulağına bir şey fısıldamak
zufolge *präp +dat* (*nachgestellt*) -e göre, -e nazaran, ... gereğince
zufrieden *adj* ① (*froh*) memnun, hoşnut (**mit jdm/etw** -den) ② (*genügsam*) yetingen
zufriedengeben *irr vi* **sich mit etw ~** bir şeyle yetinmek
Zufriedenheit *f* ① (*Fröhlichkeit*) memnuniyet, hoşnutluk ② (*Genügsamkeit*) yetingenlik
zufriedenlassen *irr vt* **jdn ~** birini rahat bırakmak
zufriedenstellen *vt* **jdn ~** birini memnun [*o* tatmin] etmek
zufriedenstellend *adj* memnun [*o* tatmin] edici
zufrieren *irr vi sein* (tamamen) donmak, buz bağlamak
zufügen *vt* **jdm einen Schaden ~** birine zarar vermek; **jdm eine Niederlage ~** birini bozguna uğratmak
Zufuhr *f* besleme
Zug *m* ① (*Ziehen*) çekme ② (*Eisenbahn*) tren ③ (*Fest-*) alay ④ (*Luft-*) (hava) cereyan(ı) ⑤ (*eines Kamins od. Ofens*) çekme ⑥ (*beim Rauchen*) nefes ⑦ (*Schluck*) yudum ⑧ (*bei einem Brettspiel*) oynama, (taş) sürme ⑨ (*Gesichts-*) çizgi ⑩ (*Charakter-*) özellik; **mit dem ~** trenle; **im ~e** *gen* ... çerçevesi içinde; **in einem ~e** (*auf einmal*) birden, bir defada; (*beim Trinken*) bir yudumda; (**nicht**) **zum ~e kommen** faaliyete geç(me)mek
Zugabe *f* ① ek, katkı, ilave ② MUS program dışı parça
Zugang *m* ① (*Eingang*) giriş ② (*Weg*) geçit yolu ③ (*zu einer Person*) yanına varma ④ INFORM erişim, giriş
zugänglich *adj* ① (*Ort*) ulaşılır, yaklaşılır ② (*Person*) yanına varılır
Zugangserlaubnis *f* INFORM giriş izni
zugeben *irr vt* ① (*eingestehen*) itiraf etmek (**etw** -i) ② (*einräumen*) kabul etmek, tanımak (**etw** -i)
zugehen *irr vi sein* ① (*geschehen*) olmak, cereyan etmek ② (*sich schließen lassen*) kapanmak; **auf jdn ~** birine doğru yürümek
Zügel *m* dizgin
zügellos *adj* azgın, ölçüsüz
Zügellosigkeit *f* azgınlık, ölçüsüzlük
zügeln *vt* gem vurmak (**jdn/etw** -e), frenlemek (**jdn/etw** -i)
Zugeständnis *nt* taviz, konsesyon
zugestehen *irr vt* kabul etmek (**etw** -i); (*stattgeben*) razı olmak (**etw** -e)
zugetan *adj* **jdm ~ sein** birine bağlılık duymak
zugießen *irr vt* ilaveten dökmek (**etw** -i)
zugig *adj* cereyanlı
zügig *adj* ① (*schnell und stetig*) çabuk ve sürekli ② (*vorangehend*) gelişen
zugleich *adv* aynı zamanda, birden
Zugluft *f* hava cereyanı, kurander
zugreifen *irr vi* ① (*bei Tisch*) yemek almak ② (*die Gelegenheit ergreifen*) fırsatı kaçırmamak
Zugriff *m* INFORM (*auf Daten*) erişim

zugrunde *adv*, **zu Grunde**[RR] *adv* **~ gehen** yok olmak, mahvolmak, telef olmak; **~ legen** temel olarak almak, dayandırmak (**etw einer Sache** -i -e); **~ liegen** temel oluşturmak, dayanmak; **~ richten** yok etmek, mahvetmek (**jdn/etw** -i)
zugunsten *präp +gen* (-in) lehine, (-in) yararına
zugutehalten *irr vt* **jdm etw ~** birini bir şeyden dolayı affetmek
zugutekommen *irr vi* **jdm ~** birine yaramak
Zugverbindung *f* tren bağlantısı
Zugvogel *m* göçmen kuş
Zuhälter *m* pezevenk
zuhause[RR] *adv* evde
zuhören *vi* dinlemek (**jdm/einer Sache** -i)
Zuhörer(in) *m(f)* dinleyici
zujubeln *vi* yaşa sesleriyle karşılamak (**jdm** -i)
zuklappen I. *vt sein* kapamak (**etw** -i) **II.** *vi* kapanmak
zukleben *vt* (yapıştırarak) kapamak, yapıştırmak (**etw** -i)
zuknallen I. *vt* (*Tür*) gürültüyle kapamak (**etw** -i) **II.** *vi sein* gürültüyle kapanmak
zuknöpfen *vt* düğmelemek (**etw** -i)
zukommen *irr vi sein* **auf jdn ~** birine yaklaşmak; **jdm etw ~ lassen** birine bir şey ulaştırmak
Zukunft *f* ❶ (*Zeit*) gelecek ❷ (*Futur*) gelecek zaman; **in ~** gelecekte
zukünftig *adj* gelecek
Zulage *f* zam
zulassen *irr vt* ❶ (*Tür*) kapalı bırakmak (**etw** -i) ❷ (*erlauben*) kabul etmek (**etw** -i) ❸ (*Fahrzeug*) ruhsat vermek (**etw** -e)
zulässig *adj* ❶ (*erlaubt*) izin verilmiş [*o* verilen] ❷ REL (*islamisch*) mubah
Zulassung *f* ❶ izin, kabul ❷ (*amtliche*) ruhsat
Zulauf *m* ❶ (*Nachfrage*) rağbet ❷ (*Andrang*) üşüşme; **großen ~ haben** rağbet görmek
zulegen *vt* (*hinzufügen*) eklemek, katmak, ilave etmek (**etw** -i); **sich** *dat* **etw ~** (*anschaffen*) bir şeyi edinmek
zuleide *adv*, **zu Leide**[RR] *adv* **jdm etw ~ tun** birine kötülük yapmak
zuletzt *adv* ❶ (*als letzter*) son(uncu) olarak ❷ (*das letzte Mal*) son defa ❸ (*schließlich*) sonunda, nihayet
zuliebe *präp* **jdm ~** birinin hatırı için
zum *präp* = *zu dem* **zu**
zumachen *vt* ❶ (*allgemein*) kapa(t)mak (**etw** -i) ❷ (*Loch*) tıkamak (**etw** -i) ❸ (*zuknöpfen*) düğmelemek (**etw** -i)
zumal *adv* (*besonders*) bilhassa, özellikle; **~ da** hele çünkü
zumeist *adv* çoğunlukla
zumindest *adv* hiç olmazsa, bari
zumutbar *adj* (yapılması) istenebilir
zumute *adv*, **zu Mute**[RR] *adv* **mir ist nicht danach ~** bunu içim çekmiyor
zumuten *vt* **jdm etw ~** *birinden uygunsuz bir şey yapmasını istemek*
Zumutung *f* ❶ (*Ansinnen*) uygunsuz istek ❷ (*Unverschämtheit*) küstah istek
zunächst *adv* ❶ (*zuerst*) önce ❷ (*vor allem*) her şeyden önce ❸ (*als Erstes*) ilk olarak
Zunahme *f* artış, çoğalma
Zuname *m* soyadı
zünden I. *vt* ateşlemek; (*anzünden*) tutuşturmak (**etw** -i) **II.** *vi* tutuşmak; (*Motor*) çalışmak; (*Worte*) coşturmak
Zündholz *nt* kibrit
Zündkerze *f* buji
Zündschloss[RR] *nt* (*Auto*) kontak kilidi
Zündschlüssel *m* kontak anahtarı
Zündschnur *f* ateşleme fitili
Zündung *f* ateşleme
zunehmen *irr vi* ❶ (*wachsen, sich erhöhen*) artmak, çoğalmak ❷ (*Gewicht*) ağırlaşmak ❸ (*Person*) kilo almak, şişmanlamak; **ich habe (drei Kilo) zugenommen** (üç) kilo aldım
zunehmend *adj* artan, çoğalan
Zuneigung *f* eğilim, meyil, sempati
zünftig *adj* (*fam: ordentlich*) esaslı, adamakıllı
Zunge *f* dil; **es liegt mir auf der ~** dilimin ucunda
Zungenbrecher *m* yanıltmaç, şaşırtmaca
zunichtemachen *vt* boşa çıkarmak, mahvetmek (**etw** -i)
zunutze *adv*, **zu Nutze**[RR] *adv* **sich etw ~ machen** bir şeyden yararlanmak
zupfen *vt, vi* hafifçe çekmek (**etw/an etw** -i); **jdn am Ärmel ~** birinin kolundan çekmek
zur *präp* = *zu der* **zu**
zurechnungsfähig *adj* temyiz kudretine sahip, ayırtım güçlüsü
Zurechnungsfähigkeit *f* temyiz kudreti, cezai ehliyet
zurechtfinden *irr vr* **sich ~** yolunu bulmak, yönünü belirlemek
zurechtkommen *irr vi sein* (*rechtzeitig kom-*

men) vaktinde gelmek; **mit etw ~** bir şeyin hakkından gelmek; **mit jdm ~** biriyle iyi anlaşmak

zurechtmachen I. *vt* hazırlamak (**etw** -i) II. *vr* **sich ~** kendine çekidüzen vermek; (*sich schminken*) makyaj yapmak

zurechtweisen *irr vt* (*tadeln*) haddini bildirmek, terbiyesini vermek, çıkışmak (**jdn** -e)

zurichten *vt* hazırlamak, tertiplemek (**etw** -i); **jdn übel ~** birini (iyice) hırpalamak

zurück *adv* geri; (*zurückgekehrt*) geri dönmüş; **hin und ~** gidiş dönüş; **~!** geri çekil(in)!; **~ an Absender!** gönderene iade!; **ich bin gleich wieder ~** hemen döneceğim; **Sie kriegen 7 Euro ~** 7 euro geri alacaksınız

zurückbehalten *irr vt* alıkoymak, geri vermemek (**etw** -i)

zurückbekommen *irr vt* geri almak (**etw von jdm** -i -den)

zurückbezahlen *vt* geri ödemek (**jdm etw** -e -i)

zurückbleiben *irr vi sein* ❶ (*übrig bleiben*) artakalmak ❷ (*weiter hinten bleiben*) arkada kalmak

zurückbringen *irr vt* geri getirmek, geri götürmek (**etw** -i)

zurückdrängen *vt* ❶ geri itmek (**jdn** -i) ❷ (*Gefühl*) bastırmak (**etw** -i)

zurückerobern *vt* geri almak (**etw** -i)

zurückerstatten *vt* geri vermek (**jdm etw** -e -i)

zurückfahren *irr vi sein* (taşıtla) geri gitmek, (geri) dönmek

zurückfinden *irr vi* dönüş yolunu bulmak

zurückfordern *vt* geri verilmesini istemek (**etw** -in)

zurückführen *vt* ❶ geri getirmek, geri götürmek (**jdn** -i) ❷ (*fig: erklären*) dayandırmak (**etw auf etw** -i -e)

zurückgeben *irr vt* geri vermek (**jdm etw** -e -i)

zurückgeblieben *adj* geri kalmış

Zurückgebliebenheit *f* geri kalmışlık

zurückgehen *irr vi sein* ❶ (*zurückkehren*) (geri) dönmek, geri gitmek ❷ (*Entwicklung*) gerilemek ❸ (*abnehmen*) azalmak, inmek ❹ (*Preise, Fieber*) düşmek; **auf etw ~** nedeni [*o* sebebi] ... olmak, ...-den ileri gelmek

zurückgezogen *adj* **~n leben** dünyadan el çekmek

zurückgreifen *irr vi* ❶ (*Thema, Vorfall*) yeniden ele almak (**auf etw** -i) ❷ (*auf ein Mittel*) baş vurmak (**auf etw** -e)

zurückhalten *irr* I. *vt* ❶ (*festhalten*) alıkoymak, tutmak (**jdn/etw** -i) ❷ (*stoppen*) durdurmak (**jdn** -i) ❸ (*Gefühle*) gem vurmak (**etw** -e) II. *vr* **sich ~** ihtiyatlı davranmak

zurückhaltend *adj* çekingen, sakıngan; (*wortkarg*) suskun

Zurückhaltung *f* (*fig*) çekingenlik, sakınganlık

zurückholen *vt* geri almak, geri getirmek (**etw** -i)

zurückkehren *vi sein* (geri) dönmek

zurückkommen *irr vi sein* geri gelmek, (geri) dönmek; **auf etw ~** bir konuya dönmek; **um auf ... zurückzukommen** ... konusuna dönersek

zurücklassen *irr vt* (geriye) bırakmak (**jdn/etw** -i)

zurücklegen *vt* ❶ (*für später*) bir kenara koymak, ayırmak (**etw** -i) ❷ (*Geld*) biriktirmek (**etw** -i) ❸ (*eine Strecke*) katetmek, almak (**etw** -i)

zurücklehnen *vr* **sich ~** arkasına yaslanmak

zurückliegen *irr vi* **das liegt 20 Jahre zurück** bunun 20 yıllık geçmişi var

zurücknehmen *irr vt* (*Bestellung, Antrag*) geri almak (**etw** -i)

zurückprallen *vi sein* ❶ (*Ball, Stein*) (çarparak) sekmek ❷ (*vor Schrecken*) ürkmek, irkilmek

zurückrufen *irr vt* geri(ye) çağırmak (**jdn** -i); **sich etw ins Gedächtnis ~** bir şeyi hatırına getirmek

zurückschauen *vi* geriye bakmak; **auf Vergangenes ~** geçmişe dönüp bakmak

zurückscheuen *vi sein* **vor etw ~** bir şeyden çekinmek [*o* sakınmak]

zurückschicken *vt* geri göndermek (**jdn/etw** -i)

zurückschlagen *irr vt* ❶ geri vurmak (**jdn/etw** -i) ❷ MIL püskürtmek (**jdn/etw** -i)

zurückschrecken *irr vi sein* ürkerek gerilemek, ürkmek (**vor etw** -den)

zurücksehnen *vr* **sich nach etw/jdm ~** bir şey/birisi için özlem çekmek

zurückstehen *irr vi* **hinter jdm ~** (değer olarak) birinden aşağı [*o* geri] kalmak

zurückstellen *vt* ❶ (*an seinen Platz*) yerine koymak (**etw** -i) ❷ (*Uhr*) geri(ye) almak (**etw** -i) ❸ (*fig: aufschieben*) sonraya [*o* geriye]

bırakmak, ertelemek (**etw** -i)
zurückstoßen **I.** *vt* geri itmek (**jdn** -i) **II.** *vi* (*Auto*) geri sarsmak
zurücktreten *irr vi sein* ① (*zurückweichen*) (geri) çekilmek, gerilemek ② (*von Amt*) istifa etmek (**von etw** -den) ③ (*von einem Recht*) vazgeçmek (**von etw** -den); **~, bitte!** geri çekilin, lütfen!
zurückweichen *irr vi sein* ① (*zurücktreten*) (geri) çekilmek, gerilemek ② (*nachgeben*) boyun eğmek (**vor etw** -e)
zurückweisen *irr* **I.** *vt* reddetmek, geri çevirmek (**etw/jdn** -i) **II.** *vi* **auf etw ~** bir şeye işaret etmek
zurückzahlen *vt* geri ödemek (**etw** -i); **ich werde es ihm ~** (*heimzahlen*) ondan öç alacağım
zurückziehen *irr* **I.** *vt* geri çekmek; (*Antrag*) geri almak (**etw** -i) **II.** *vr* **sich ~** (geri) çekilmek, gerilemek; **sich von etw ~** bir işten el çekmek
Zuruf *m* ① (*Ruf*) sesleniş, bağırma, haykırış ② (*Beifall*) alkış
zurufen *irr vt* **jdm etw ~** birine ... diye seslenmek
zurzeit[RR] *adv* şu ara, şu sıra
Zusage *f* ① (*Versprechen*) (verilmiş) söz ② (*Einwilligung*) tasvip, onay, kabul ③ (*auf eine Einladung*) bir daveti kabul etme
zusagen **I.** *vt* (*versprechen*) söz vermek (**etw zu tun** -eceğine) **II.** *vi* (*Einladung*) kabul etmek; **jdm ~** (*recht sein*) birine uygun gelmek
zusammen *adv* ① (*gemeinsam*) birlikte, beraber ② (*im Ganzen*) hepsi birden
Zusammenarbeit *f* işbirliği, birlikte çalışma
zusammenarbeiten *vi* işbirliği yapmak, birlikte çalışmak
zusammenbeißen *irr vt* **die Zähne ~** dişini sıkmak
zusammenbrechen *irr vi sein* yıkılmak, çökmek; (*Person*) yığılmak; (*Verkehr*) felç olmak
Zusammenbruch *m* ① (*das Zusammenbrechen*) çöküş, batış, yıkılış ② (*Nerven-*) sinir krizi
zusammenfahren *irr vi sein* (*fig: erschrecken*) (korkudan) sıçramak, ürkmek
zusammenfallen *irr vi sein* (*zeitlich*) aynı zamana rastlamak (**mit etw** ile)
zusammenfassen *vt* (*fig: Text*) özetlemek (**etw** -i)
zusammenfassend **I.** *adj* özetleyen **II.** *adv* özetleyerek
Zusammenfassung *f* özet
zusammenfügen *vt* birleştirmek, birbirine geçirmek (**etw** -i)
zusammenführen *vt* bir araya getirmek, kavuşturmak (**jdn** -i)
zusammengehören *vi* ① (*Personen*) birbirine bağlı [*o* ait] olmak ② (*Sachen*) bir bütünün parçaları olmak ③ (*ein Paar bilden*) bir çift oluşturmak
zusammengesetzt *adj* bileşik, birleşik
Zusammenhalt *m* birliktelik
zusammenhalten **I.** *vt* bağlamak (**etw** -i) **II.** *vi* (*Menschen*) birbirine bağlı olmak, dayanışmak
Zusammenhang *m* ① (*Verbindung*) bağlantı, ilgi, ilişki ② (*Text*) bağlam; **mit etw in ~ stehen** birşeyle bağlantılı olmak; **in diesem ~** bu bağlantıda
zusammenhängen *irr vi* (*in Beziehung stehen*) birbirine bağlı olmak, aralarında bağlantı olmak
zusammenklappbar *adj* açılıp kapanır, katlanır
zusammenklappen *vt* katlamak, devşirmek (**etw** -i)
zusammenknüppeln *vt* (*mit Gummiknüppeln*) coplamak (**jdn** -i)
zusammenkommen *irr vi sein* ① (*sich sammeln*) bir araya gelmek, toplanmak ② (*sich treffen*) buluşmak
zusammenkrachen *vi sein* (*fam*) ① (*zusammenstoßen*) çarpışmak (**mit jdm/etw** ile) ② (*zusammenbrechen*) çökmek, yıkılmak
Zusammenkunft *f* ① (*Begegnung*) karşılaşma ② (*Treffen*) buluşma
zusammenleben *vi* bir arada [*o* birlikte] yaşamak (**mit jdm** ile)
Zusammenleben *nt* bir arada yaşama, birliktelik; (*harmonisches*) geçim
zusammenlegen *vt* ① (*falten*) katlamak, devşirmek (**etw** -i) ② (*vereinigen*) birleştirmek (**etw** -i) ③ (*Geld*) bir araya getirmek, toplamak, biriktirmek (**etw** -i)
zusammennehmen *irr vr* **sich ~** (*Acht geben*) dikkat etmek; (*sich beherrschen*) kendine hakim olmak
zusammenpassen *vi* birbirine uymak, yakışmak
Zusammenprall *m* çarpışma
zusammenprallen *vi sein* çarpışmak

zusammenrechnen *vt* toplamak (**etw** -i)
zusammenrücken **I.** *vt* birbirine yaklaştırmak, sıkıştırmak (**etw** -i) **II.** *vi* bir araya sıkışmak
zusammenrufen *irr vt* (bir araya) toplamak (**jdn** -i)
zusammenschlagen *irr vt* ❶ (*Sache*) kırmak, paramparça etmek (**etw** -i) ❷ (*Person*) feci şekilde dövmek (**jdn** -i)
zusammenschließen *irr vr* **sich ~** birleşmek; (*Firmen*) işbirliği yapmak
zusammensetzen **I.** *vt* ❶ (*Personen*) bir araya getirmek (**jdn** -i) ❷ (*aus Einzelteilen*) birleştirmek (**etw** -i) **II.** *vr* **sich ~** (*Personen*) bir araya gelmek; **sich aus etw ~** bir şeyden oluşmak
Zusammensetzung *f* ❶ (*das Zusammensetzen*) bileşim ❷ (*Wort-*) bileşik kelime
zusammensitzen *irr vi* yan yana oturmak
zusammenstellen *vt* bir araya getirmek [*o* koymak]; (*aus Einzelteilen*) birleştirmek, derlemek (**etw** -i)
Zusammenstellung *f* derleme
Zusammenstoß *m* ❶ (*Stoß*) çarpışma ❷ (*Wortwechsel*) ağız kavgası
zusammenstoßen *irr vi sein* ❶ (*aufeinanderprallen*) çarpışmak ❷ (*aneinandergrenzen*) bitişmek
zusammentreffen *irr vi sein* ❶ (*Personen*) buluşmak, karşılaşmak ❷ (*Wege*) birleşmek ❸ (*zeitlich*) aynı zamana rastlamak
Zusammentreffen *nt* buluşma, karşılaşma; (*zufälliges*) rastlantı
zusammentreten *irr vi sein* toplanmak, toplantı yapmak
zusammentrommeln *vt* (*fig*) (bir araya) toplamak (**jdn** -i)
zusammenzählen *vt* toplamak (**etw** -i)
zusammenziehen *irr* **I.** *vt* (*sammeln, zusammenzählen*) toplamak (**etw** -i) **II.** *vi* (*in eine Wohnung*) *aynı evde oturmak için taşınmak* **III.** *vr* **sich ~** (*Gewitter*) fırtına bulutları toplanmak
zusammenzucken *vi sein* korkudan sıçramak, ürpermek
Zusatz *m* (*Nachtrag*) ek(lenti), ilave, katkı
zusätzlich **I.** *adj* ek(lenen) **II.** *adv* ek olarak
Zusatzstoff *m* katkı (maddesi); **Zusatzstoffe** (*in Lebensmittel*) katkı maddeleri, katkılar
zuschauen *vi* seyretmek (**jdm/einer Sache** -i); (*untätig*) seyirci kalmak
Zuschauer(in) *m(f)* seyirci
zuschicken *vt* göndermek, yollamak (**jdm etw** -e -i)
Zuschlag *m* ❶ (*Vergabe*) ihale ❷ (*zu einer Gebühr*) zam, ek ücret, ücret farkı ❸ (*Zusatzkarte*) ücret farkı bileti
zuschlagen *irr* **I.** *vt* ❶ (*Tür*) şiddetle vurarak kapamak (**etw** -i) ❷ (*Auftrag*) ihale etmek (**etw** -i) **II.** *vi* ❶ *sein* (*Tür*) şiddetle kapanmak ❷ *haben* şiddetle vurmak; (*fam*) yemeğe saldırmak
zuschließen *irr vt* kilitlemek (**etw** -i)
zuschrauben *vt* vida ile kapamak (**etw** -i)
zuschreiben *irr vt* **jdm etw ~** (*Ursache, Verdienst*) birinin bir hareketini neden veya yararlık olarak göstermek; (*beimessen*) birine bir şeyi isnat etmek
Zuschrift *f* yazı, mektup
zuschulden *adv*, **zu Schulden**[RR] *adv* **sich etw ~ kommen lassen** kusur işlemek
Zuschuss[RR] *m*, **Zuschuß**[ALT] *m* maddi yardım
zuschütten *vt* ❶ (*Graben*) toprakla örtmek (**etw** -i) ❷ (*Flüssigkeit*) ilaveten dökmek (**etw** -i)
zusehen *irr vi* seyretmek (**jdm** -i)
zusenden *irr vt* göndermek, yollamak (**jdm etw** -e -i)
zusetzen **I.** *vt* (*Geld bei einem Geschäft*) keseden eklemek (**etw** -i) **II.** *vi* **jdm mit etw ~** birini bir şeyle sıkıştırmak [*o* zorlamak]
zusichern *vt* söz vermek (**etw zu tun** -eceğini)
zuspitzen *vr* **sich ~** (*ernst werden*) nazikleşmek, ciddileşmek
zusprechen *irr vt* (*Recht*) tanımak (**jdm etw** -e -i)
Zuspruch *m* **viel ~ haben** rağbet görmek, beğenilmek
Zustand *m* durum, hal; **in gutem/schlechtem ~** iyi/kötü durumda
zustande *adv*, **zu Stande**[RR] *adv* **etw ~ bringen** yapmak, meydana getirmek, gerçekleştirmek (**etw** -i); **~ kommen** meydana gelmek, gerçekleşmek
zuständig *adj* ❶ (*kompetent*) ilgili ❷ JUR yetkili
Zuständigkeit *f* ❶ (*Kompetenz*) yeterlik ❷ JUR (görev ve) yetki
zustattenkommen *vi* **jdm ~** birinin işine yaramak
zustehen *irr vi* (*gebühren*) layık olmak, hak-

kıyla ait olmak (**jdm** -e)
zustellen *vt* (*Post*) teslim etmek, vermek (**jdm etw** -e -i)
zustimmen *vi* ① (*gleicher Meinung sein*) aynı fikirde olmak ② (*einverstanden sein*) razı olmak (**einer Sache** -e) ③ (*gutheißen*) ona(yla)mak (**einer Sache** -i)
zustimmend *adj* onaylayıcı
Zustimmung *f* ① (*Billigung*) onay ② (*Erlaubnis*) izin
zustopfen *vt* (*Loch*) tıkamak, kapamak (**etw** -i)
zustoßen *irr vi sein* (*jdm*) başına gelmek (**jdm** -in)
Zustrom *m* (*von Menschen*) akın, üşüşme
zutage *adv,* **zu Tage**RR *adv* ~ **fördern** (*Erze*) çıkarmak (**etw** -i); ~ **kommen,** ~ **treten** meydana çıkmak
Zutaten *fpl* (*Küche*) malzemeler *pl*
zuteilen *vt* (*zuweisen*) tahsis etmek, ayırmak (**jdm etw** -e -i)
zutragen *irr* **I.** *vt* ① (*bringen*) getirmek, götürmek (**jdm etw** -e -i) ② (*erzählen*) gizlice anlatmak (**jdm etw** -e -i) **II.** *vr* **sich** ~ (*geschehen*) olmak, cereyan etmek
zuträglich *adj* (*gesund*) sağlıklı, şifalı
zutrauen *vt* **jdm etw** ~ birinden bir davranışı beklemek
zutraulich *adj* sokulgan
zutreffen *irr vi* doğru olmak
zutreffend *adj* doğru, yerinde, isabetli
Zutritt *m* giriş; ~ **verboten!** girilmez!, girmek yasaktır!
Zutun *nt* **ohne mein** ~ benim işte parmağım olmadan
zuverlässig *adj* (*vertrauenswürdig*) güvenilir; (*sicher*) sağlam, emniyetli; **aus** ~**er Quelle** emin kaynaktan
Zuverlässigkeit *f* güvenilirlik, sağlamlık
Zuversicht *f* ① (*Vertrauen*) güven, sağlam ümit ② (*Optimismus*) iyimserlik
zuversichtlich **I.** *adj* ① (*hoffnungsvoll*) güvenli, ümitli, umutlu ② (*optimistisch*) iyimser **II.** *adv* güvenle, ümitle, umutla
zuvielALT *adv s.* **zu**
zuvor *adv* önce(den); **kurz** ~ biraz önce; **nie** ~ daha önce hiç
zuvorkommen *irr vi sein* **jdm** ~ birinden önce davranmak
zuvorkommend *adj* (*gefällig*) nazik
Zuwachs *m* ① (*Zunahme*) çoğalma, artma, artış ② (*Wachstum*) gelişme, büyüme
Zuwachsrate *f* artış oranı
zuwege *adv,* **zu Wege**RR *adv* **etw** ~ **bringen** bir şeyi meydana getirmek
zuweilen *adv* arasıra, bazen
zuweisen *irr vt* tahsis etmek, ayırmak (**jdm etw** -e -i)
zuwenden *irr vr* **sich einer Sache** ~ kendini bir şeye adamak
zuwenigALT *adv s.* **zu**
zuwider *adv* **jdm** ~ **sein** birinin nefretini uyandırmak
zuwiderhandeln *vi* **jdm** ~ birine karşı hareket etmek; **dem Gesetz** ~ kanunu çiğnemek
Zuwiderhandlung *f* aykırı davranış
zuwinken *vi* **jdm** ~ birine el [*o* mendil] sallamak
zuzahlen *vt* ek olarak ödemek (**etw** -i)
zuziehen *irr vt* ① (*Schlinge*) sık(ıştır)mak (**etw** -i) ② (*Vorhang*) çekmek, örtmek, kapamak (**etw** -i); **sich eine Krankheit** ~ bir hastalığa tutulmak
zuzüglich *präp* ... dahil
zwang *vt s.* **zwingen**
Zwang *m* ① (*Zwangsläufigkeit*) zorunluluk ② (*Druck*) baskı ③ (*Gewalt*) zor; ~ **anwenden** zor kullanmak; **sich keinen** ~ **antun** kendini zorlamamak
zwängen *vt* tık(ış)tırmak (**etw in etw** -i -e)
zwanglos **I.** *adj* teklifsiz, laubali **II.** *adv* teklifsizce, laubali olarak
Zwangsarbeit *f* zorla çalıştırma; (*als Gefängnisstrafe*) ağır hapis
Zwangsarbeiter(in) *m(f)* angaryaya zorlanan işçi, zorla çalıştırılan işçi
Zwangslage *f* zorluk, zorunlu(luk) durum(u)
zwangsläufig **I.** *adj* zorunlu **II.** *adv* ister istemez
Zwangsmaßnahme *f* zorlama tedbiri
Zwangsvorstellung *f* saplantı
zwangsweise *adv* zorla
zwanzig *num* yirmi
zwar *adv* gerçi; **und** ~ (*das heißt*) yani, demek (ki); **die Krawatte ist** ~ **schön, aber zu teuer** kravat gerçi güzel ama çok pahalı
Zweck *m* ① (*Ziel*) amaç, maksat, hedef ② (*Absicht*) niyet ③ (*Sinn*) anlam; **zu welchem** ~**?** ne amaçla?, hangi maksatla?; **keinen** ~ **haben** faydasız olmak; **seinen** ~ **erfüllen** işe yaramak; **der** ~ **heiligt die Mittel** gayeler araçları yasal kılar
zweckdienlich *adj* ① (*dem Zweck dienend*) amaca uygun ② (*nützlich*) faydalı, yararlı

Z

zwecklos *adj* faydasız, boş(una), beyhude
zweckmäßig *adj* (*angemessen*) uygun, elverişli
zwecks *präp* ... amacıyla, ... maksadıyla
zwei *num* iki; **zu ~en** ikişer ikişer; **zu ~t** (*gemeinsam*) iki kişi beraber
zweideutig *adj* ① (*doppeldeutig*) çift anlamlı ② (*unklar*) belirsiz, müphem
Zweideutigkeit *f* ① (*Doppeldeutigkeit*) çift anlamlılık ② (*Unklarheit*) belirsizlik, müphemlik
zweieinhalb *adj* iki buçuk
Zweierbeziehung *f* ikili ilişki
zweierlei *adj* iki türlü; **das ist ~** bunlar iki ayrı şey
zweifach *adj* iki kat, iki misli
Zweifel *m* ① (*Ungewissheit*) şüphe ② (*Bedenken*) endişe, kaygı; **außer ~** şüphe dışı; **ohne ~** şüphesiz, elbet(te); **etw in ~ ziehen** bir şeyi şüpheli görmek
zweifelhaft *adj* şüpheli, kuşkulu
zweifellos *adv* şüphesiz, (hiç) kuşkusuz, elbet(te)
zweifeln *vi* şüphe etmek, şüphelenmek (**an etw** -den)
Zweifelsfall *m* **im ~** şüpheli durumda
Zweig *m* ① (*eines Baums*) dal, budak ② (*fig*) kol, şube ③ (*Branche*) branş
Zweigstelle *f* şube
zweihundert *num* iki yüz
Zweikampf *m* düello, ikili dövüş
zweimal *adv* iki defa [*o* kere]
zweischneidig *adj* ① (*Messer*) her iki tarafı keskin ② (*Situation*) yarar da zarar da getirebilecek
zweiseitig *adj* iki taraflı; (*Stoff*) tersi yüzü bir
zweispaltig *adj* iki kolonlu
zweisprachig *adj* ① (*Person*) iki dilli ② (*Text*) iki dilde yazılan
Zweisprachigkeit *f* iki dillilik
zweispurig *adj* (*Straße*) çift şeritli; (*Bahnstrecke*) çift hatlı
zweitausend *num* iki bin
zweitbeste(r, s) *adj* ikinci (derecede iyi); (*bei einem Wettkampf*) ikinciliği kazanan
zweite(r, s) *adj* ikinci; **aus ~r Hand** elden düşme; **jeden ~n Tag** günaşırı
zweiteilig *adj* iki bölümlü
zweitens *adv* ikinci olarak
zweitklassig *adj* ikinci sınıf
zweitrangig *adj* ikinci derecede gelen
Zweitschrift *f* kopya, ikinci nüsha
Zweitwohnung *f* ikinci oturma yeri
Zwerchfell *nt* diyafram
Zwetschge *f* erik
Zwetschgenbaum *m* erik ağacı
Zwetschgenwasser *nt* (*Schnaps*) erik rakısı
zwicken *vt* çimdiklemek (**jdn/etw** -i)
Zwickmühle *f* (*fig*) açmaz; **in einer ~ sein** açmaza düşmek
Zwieback *m* peksimet
Zwiebel *f* soğan
Zwiebelturm *m soğan başlı kule*
Zwiegespräch *nt* diyalog, ikili sohbet
Zwielicht *nt* alaca karanlık, loşluk; **im ~** (*unklar*) karanlık, belirsiz
Zwiespalt *m* ① (*Konflikt*) çelişme ② (*Uneinigkeit*) anlaşmazlık
Zwietracht *f* bozuşma, kavga
Zwilling *m* ① ikiz ② (*Sternzeichen*) İkizler (burcu); **siamesische ~e** yapışık ikizler
zwingen <zwang, gezwungen> **I.** *vt* zorlamak, mecbur etmek (**jdn** -i); **jdn ~, etw zu tun** birini bir şey yapmaya zorlamak **II.** *vr* **sich zu etw ~** kendini bir şeye zorlamak; **ich bin** [*o* **sehe mich**] **gezwungen, zu ...** -mek zorundayım
zwingend *adj* (*fig*) ① (*überzeugend*) inandırıcı ② (*stichhaltig*) temeli sağlam
zwinkern *vi* **mit den Augen ~** göz kırp(ıştır)mak
Zwirn *m* tire, iplik, bükme
zwischen **I.** *präp* (*Ort und Zeit*) -in arasında **II.** *präp* (*Richtung*) -in arasına
Zwischenablage *f* INFORM pano
Zwischenbemerkung *f* arasöz
Zwischenbescheid *m* arabilgi
Zwischendeck *nt* ara güverte
zwischendurch *adv* (*zeitlich*) arada bir
Zwischenfall *m* olay
Zwischenhändler(in) *m(f)* aracı tüccar
zwischenlanden *vi* ara iniş yapmak
Zwischenlandung *f* ara iniş
Zwischenlösung *f* ara çözüm
zwischenmenschlich *adj* insanlar arası
Zwischenraum *m* ara(lık), açıklık, mesafe
Zwischenstecker *m* ara fiş
Zwischenzeit *f* **in der ~** o [*o* bu] arada
zwitschern *vi, vt* (*Vögel*) cıvıldamak; **einen ~** (*fig*) demlenmek
Zwitter *m* erselik, erdişi
zwölf *num* on iki; **um ~ Uhr mittags/nachts** öğleyin/gece (saat) on ikide
Zwölffingerdarm *m* onikiparmak ba(ğı)rsağı

zwölfte(r) *adj* on ikinci
Zwölftel *nt* on ikide bir
Zyankali *nt* potasyum siyanürü
zyklisch *adj* dönemsel, devirli
Zyklus *m* dönem, devre
Zylinder *m* ❶ (*Form, Auto*) silindir ❷ (*Hut*) silindir şapka
Zylinderkopf *m* silindir başı
Zyniker(in) *m(f)* kinik, alaycı
zynisch *adj* ❶ (*spöttisch*) alaycı ❷ (*mitleidlos*) acımasız
Zynismus *m* ❶ (*Spott*) alaycılık ❷ (*Mitleidlosigkeit*) acımasızlık
Zypern *nt* Kıbrıs (Adası)
Zypresse *f* selvi (ağacı)
Zyste *f* kist
zz. *adv Abk von* **zurzeit** şu sıra [*o* ara]
z.Z. *adv Abk von* **zur Zeit** -in zamanında

Unregelmäßige deutsche Verben

Infinitiv	2. u. 3. Person Singular Präsens	1. od. 3. Person Singular Imperfekt	Partizip Perfekt
backen	bäckst *o* backst, bäckt *o* backt	backte	gebacken
befehlen	befiehlst, befiehlt	befahl	befohlen
beginnen		begann	begonnen
beißen		biss	gebissen
bergen	birgst, birgt	barg	geborgen
bewegen *(veranlassen)*		bewog	bewogen
biegen		bog	gebogen
bieten		bot	geboten
binden		band	gebunden
bitten		bat	gebeten
blasen	bläst, bläst	blies	geblasen
bleiben		blieb	geblieben
braten	brätst, brät	briet	gebraten
brechen	brichst, bricht	brach	gebrochen
brennen		brannte	gebrannt
bringen		brachte	gebracht
denken		dachte	gedacht
dreschen	drischst, drischt	drosch	gedroschen
dringen		drang	gedrungen
empfangen	empfängst, empfängt	empfing	empfangen
empfehlen	empfiehlst, empfiehlt	empfahl	empfohlen
empfinden		empfand	empfunden
erschrecken *(vi)*	erschrickst, erschrickt	erschrak	erschrocken
essen	isst, isst	aß	gegessen
fahren	fährst, fährt	fuhr	gefahren
fallen	fällst, fällt	fiel	gefallen
fangen	fängst, fängt	fing	gefangen
fechten	fichtst *o* fichst, ficht	focht	gefochten
finden		fand	gefunden
flechten	flichtst *o* flichst, flicht	flocht	geflochten
fliegen		flog	geflogen
fliehen		floh	geflohen
fließen		floss	geflossen
fressen	frisst, frisst	fraß	gefressen
frieren		fror	gefroren

Infinitiv	2. u. 3. Person Singular Präsens	1. od. 3. Person Singular Imperfekt	Partizip Perfekt
gären		gor *o* gärte	gegoren *o* gegärt
gebären	gebierst, gebiert	gebar	geboren
geben	gibst, gibt	gab	gegeben
gedeihen		gedieh	gediehen
gehen		ging	gegangen
gelingen		gelang	gelungen
gelten	giltst, gilt	galt	gegolten
genesen		genas	genesen
genießen		genoss	genossen
geschehen	geschieht	geschah	geschehen
gewinnen		gewann	gewonnen
gießen		goss	gegossen
gleichen		glich	geglichen
gleiten		glitt	geglitten
glimmen		glomm *o* glimmte	geglommen *o* geglimmt
graben	gräbst, gräbt	grub	gegraben
greifen		griff	gegriffen
halten	hältst, hält	hielt	gehalten
hängen (*vi*)		hing	gehangen
hauen		haute *o* hieb	gehauen *o dial* gehaut
heben		hob	gehoben
heißen		hieß	geheißen
helfen	hilfst, hilft	half	geholfen
kennen		kannte	gekannt
klimmen		klomm	geklommen
klingen		klang	geklungen
kneifen		kniff	gekniffen
kommen		kam	gekommen
kriechen		kroch	gekrochen
laden	lädst, lädt	lud	geladen
lassen	lässt, lässt	ließ	gelassen
laufen	läufst, läuft	lief	gelaufen
leiden		litt	gelitten
leihen		lieh	geliehen
lesen	liest, liest	las	gelesen
liegen		lag	gelegen
lügen		log	gelogen
mahlen		mahlte	gemahlen

Infinitiv	2. u. 3. Person Singular Präsens	1. od. 3. Person Singular Imperfekt	Partizip Perfekt
meiden		mied	gemieden
melken		melkte	gemolken
messen	misst, misst	maß	gemessen
misslingen		misslang	misslungen
nehmen	nimmst, nimmt	nahm	genommen
nennen		nannte	genannt
pfeifen		pfiff	gepfiffen
preisen		pries	gepriesen
quellen *(vi)*	quillst, quillt	quoll	gequollen
raten	rätst, rät	riet	geraten
reiben		rieb	gerieben
reißen		riss	gerissen
reiten		ritt	geritten
rennen		rannte	gerannt
riechen		roch	gerochen
ringen		rang	gerungen
rinnen		rann	geronnen
rufen		rief	gerufen
saufen	säufst, säuft	soff	gesoffen
saugen		sog *o* saugte	gesogen *o* gesaugt
schaffen		schuf	geschaffen
scheiden		schied	geschieden
scheinen		schien	geschienen
scheißen		schiss	geschissen
schelten	schiltst, schilt	schalt	gescholten
scheren		schor	geschoren
schieben		schob	geschoben
schießen		schoss	geschossen
schinden		schindete	geschunden
schlafen	schläfst, schläft	schlief	geschlafen
schlagen	schlägst, schlägt	schlug	geschlagen
schleichen		schlich	geschlichen
schleifen		schliff	geschliffen
schließen		schloss	geschlossen
schlingen		schlang	geschlungen
schmeißen		schmiss	geschmissen
schmelzen	schmilzt, schmilzt	schmolz	geschmolzen
schneiden		schnitt	geschnitten
schreiben		schrieb	geschrieben
schreien		schrie	geschrien *o* geschrieen

Infinitiv	2. u. 3. Person Singular Präsens	1. od. 3. Person Singular Imperfekt	Partizip Perfekt
schreiten		schritt	geschritten
schweigen		schwieg	geschwiegen
schwellen	schwillst, schwillt	schwoll	geschwollen
schwimmen		schwamm	geschwommen
schwinden		schwand	geschwunden
schwingen		schwang	geschwungen
schwören		schwur	geschworen
sehen	siehst, sieht	sah	gesehen
senden		sandte *o* sendete	gesandt *o* gesendet
sieden		siedete	gesiedet
singen		sang	gesungen
sinken		sank	gesunken
sinnen		sann	gesonnen
sitzen		saß	gesessen
speien		spie	gespien *o* gespieen
spinnen		spann	gesponnen
sprechen	sprichst, spricht	sprach	gesprochen
sprießen		spross *o* sprießte	gesprossen *o* gesprießt
springen		sprang	gesprungen
stechen	stichst, sticht	stach	gestochen
stehen		stand	gestanden
stehlen	stiehlst, stiehlt	stahl	gestohlen
steigen		stieg	gestiegen
sterben	stirbst, stirbt	starb	gestorben
stieben		stob	gestoben
stinken		stank	gestunken
stoßen	stößt, stößt	stieß	gestoßen
streichen		strich	gestrichen
streiten		stritt	gestritten
tragen	trägst, trägt	trug	getragen
treffen	triffst, trifft	traf	getroffen
treiben		trieb	getrieben
treten	trittst, tritt	trat	getreten
trinken		trank	getrunken
trügen		trog	getrogen
tun	ich tue; du tust; er/sie tut; wir, ihr, sie tun	tat	getan
verderben	verdirbst, verdirbt	verdarb	verdorben
verdrießen		verdross	verdrossen
vergessen	vergisst, vergisst	vergaß	vergessen

Infinitiv	2. u. 3. Person Singular Präsens	1. od. 3. Person Singular Imperfekt	Partizip Perfekt
verlieren		verlor	verloren
verzeihen		verzieh	verziehen
wachsen	wächst, wächst	wuchs	gewachsen
waschen	wäscht, wäscht	wusch	gewaschen
weichen		wich	gewichen
weisen		wies	gewiesen
wenden		wendete *o* wandte	gewendet *o* gewandt
werben	wirbst, wirbt	warb	geworben
werfen	wirfst, wirft	warf	geworfen
wiegen		wog	gewogen
winden		wand	gewunden
winken		winkte	gewinkt *o* gewunken
wissen	ich weiß; weißt, weiß	wusste	gewusst
wringen		wrang	gewrungen
ziehen		zog	gezogen
zwingen		zwang	gezwungen

Redewendungen für den Alltag

Kennenlernen

Begrüßung

Guten Morgen!	Günaydın!
Guten Tag!	İyi günler!/Merhaba!
Guten Abend!	İyi akşamlar!
Gute Nacht!	İyi geceler!
Hallo!/Grüß dich!	Merhaba!/Selâm!
Wie ist Ihr Name, bitte?	İsminiz nedir?/Adınız nedir?
Wie heißt du?	Adın ne?
Mein Name ist .../Ich heiße ...	İsmim .../Adım ...
Herzlich willkommen!	Hoş geldiniz!
Kann ich mit Herrn/Frau/Fräulein X sprechen?	X beyle/X hanımla konuşabilir miyim?
Kommen Sie/Komm herein.	İçeriye buyurun/buyur.
Nehmen Sie/Nimm bitte Platz.	Buyurun oturun lütfen./Buyur otur lütfen.
Möchten Sie etwas trinken?	Bir şey içer misiniz?
Auf Ihr/dein Wohl!	Sağlığınıza/Sağlığına!
Können Sie/Kannst du nicht zum Mittagessen/Abendessen bleiben?	Öğlen yemeğine/Akşam yemeğine kalamaz mısınız/kalamaz mısın?
Vielen Dank. Ich bleibe gern, wenn ich nicht störe.	Teşekkür ederim. Rahatsız etmezsem, memnuniyetle kalırım.

Vorstellung

Darf ich bekannt machen? Das ist ...	Tanıştırabilir miyim? Bu ...
Frau X.	X hanım.
Fräulein X.	X hanım.
Herr X.	X bey.
mein Mann.	eşim/kocam.
meine Frau.	eşim/karım.
mein Sohn.	oğlum.
meine Tochter.	kızım.
mein Bruder.	(erkek) kardeşim.
meine Schwester.	(kız) kardeşim.
meine Mutter/mein Vater.	annem/babam
mein Opa.	dedem/büyük babam
meine Oma.	ninem/büyük annem
mein(e) Freund(in).	(kız) arkadaşım.
mein Kollege/meine Kollegin.	iş arkadaşım.
Wie geht es Ihnen/dir?	Nasılsınız?/Nasılsın?
Wie geht's?	Nasılsın?/Ne var ne yok?

Danke, mir gehts gut. Und Ihnen/dir?	Teşekkür ederim. İyiyim. Siz nasılsınız?/ Sen nasılsın?
Woher kommen Sie/kommst du?	Nereden geliyorsunuz/geliyorsun?
Ich bin aus Berlin/Köln.	Berlin'den/Köln'den geliyorum./ Ben Berlinliyim/Kölnlüyüm.
Wo wohnen Sie/wohnst du?	Nerede oturuyorsunuz/oturuyorsun?
Ich wohne in ...	... –de/–da oturuyorum.
Sind Sie/Bist du schon lange hier?	Uzun zamandan beri mi buradasınız/ buradasın?
Ich bin seit ... hier.	Ben ... -dan/–den beri buradayım.
Wie lange bleiben Sie/bleibst du?	Ne kadar kalacaksınız/kalacaksın?
Sind Sie/Bist du zum ersten Mal hier?	İlk defa mı buradasınız/buradasın?

Bitte

Ja, bitte.	Evet, lütfen.
Nein, danke.	Hayır, teşekkür ederim.
Gestatten Sie?	Müsaade eder misiniz?/İzninizle?
Können Sie mir bitte helfen?	Lütfen bana yardım eder misiniz?

Dank

Danke.	Teşekkür ederim./Sağ olun.
Vielen Dank.	Teşekkür ederim.
Danke, sehr gern.	Teşekkür ederim, memnuniyetle.
Danke, gleichfalls!	Sağ ol, sen de!/Teşekkür ederim, siz de!
Das ist nett, danke.	Çok nazik, teşekkür ederim.
Vielen Dank für Ihre Hilfe/Mühe.	Yardımınıza/Zahmetinize çok teşekkür ederim.
Nichts zu danken.	Bir şey değil.
Gern geschehen.	Rica ederim.

Entschuldigung

Entschuldigung!	Affedersiniz!/Özür dilerim.
Ich muss mich entschuldigen.	Özür dilemem lâzım.
Das tut mir leid.	Buna üzgünüm.
Es war nicht so gemeint.	Öyle demek istemedim.
Schade!	Yazık!
Es ist leider nicht möglich.	Ne yazık ki olanaksız./Maalesef mümkün değil.
Vielleicht ein andermal.	Belki başka bir zaman.

Verabredung

Ich hoffe Sie/dich bald wiederzusehen.	Yakında tekrar görüşmek umuduyla.
Vielen Dank für den netten Abend.	Bu güzel akşam için teşekkür ederim.

Was machen Sie/machst du morgen?	Yarın ne yapıyorsunuz/yapıyorsun?
Treffen wir uns morgen/heute Abend?	Yarın/Bu akşam buluşalım mı?
Ja, gerne.	Sevinirim./Memnuniyetle.
Es geht leider nicht. Ich habe zu tun.	Olmaz maalesef. İşim var.
Lassen Sie mich bitte in Ruhe!	Lütfen beni rahat bırakın!
Jetzt reicht's!	Artık yeter!
Verschwinde!	Defol!

Verständigung

Wie bitte?	Efendim?/Nasıl?
Ich verstehe Sie/dich nicht. Können Sie/ Kannst du das bitte noch einmal wiederholen?	Sizi/Seni anlayamadım. Lütfen tekrarlar mısınız/mısın?
Bitte sprechen Sie/sprich etwas langsamer/ lauter.	Lütfen daha yavaş/yüksek sesle konuşunuz/ konuş.
Ich verstehe/habe verstanden.	Anlıyorum./Anladım.
Sprechen Sie/Sprichst du …	… konuşuyor musunuz/musun?
Deutsch?	Almanca
Englisch?	İngilizce
Französisch?	Fransızca
Ich spreche nur wenig …	Biraz … konuşuyorum.
Was heißt … auf Türkisch?	… Türkçe nasıl söylenir?/… Türkçede ne demek?
Was bedeutet das?	Bu ne demek?
Wie spricht man dieses Wort aus?	Bu kelime nasıl telâffuz edilir/söylenir?

Abschied

Auf Wiedersehen!	Allahaısmarladık!
Bis bald!	Yakında görüşmek üzere!
Bis später!	Görüşmek üzere!
Bis morgen!	Yarın görüşmek üzere!
Gute Nacht!	İyi geceler!
Tschüss!	Eyvallah!/Hoşça kal!
Alles Gute!	Hoşça kal!/Hoşça kalın!
Viel Vergnügen!	İyi eğlenceler!
Gute Reise!	İyi yolculuklar!
Es tut mir leid, aber ich muss jetzt gehen.	Ne yazık ki gitmem lâzım.
Ich lasse von mir hören.	Size haber vereceğim.
Grüßen Sie/Grüß … von mir.	… –a/–e benden selâm söyleyin.

Arzt

Arzt	doktor
Augenarzt	göz doktoru

Frauenarzt	kadın doktoru
Hautarzt	cilt doktoru
Kinderarzt	çocuk doktoru
Urologe	ürolog
Zahnarzt	diş doktoru
Ich fühle mich nicht wohl.	Kendimi iyi hissetmiyorum.
Ich habe Fieber.	Ateşim var.
Ich kann nicht schlafen.	Uyuyamıyorum.
Mir ist oft schlecht/schwindelig.	Sık sık kötü oluyorum/başım dönüyor.
Ich bin ohnmächtig geworden.	Bayıldım.
Ich bin stark erkältet.	Kuvvetli üşüttüm.
Ich habe Kopfschmerzen.	Başım ağrıyor.
Ich habe Halsschmerzen.	Boğazım ağrıyor.
Ich habe Husten.	Öksürüğüm var.
Ich bin gestochen/gebissen worden.	Beni bir şey soktu/ısırdı.
Ich habe mir den Magen verdorben.	Midem bozuldu.
Ich habe Durchfall/Verstopfung.	İshal/Kabız oldum.
Wo tut es weh?	Neresi acıyor?
Ich habe hier Schmerzen.	Buram ağrıyor.
Tut es hier weh?	Burası acıyor mu?
Ich habe einen hohen/niedrigen Blutdruck.	Tansiyonum yüksek/düşük.
Ich bin Diabetiker.	Şeker hastalığım var./Şekerim var.
Ich bin schwanger.	Bir bebek bekliyorum./Hamileyim.
Ich habe keinen Appetit.	Hiç iştahım yok.
Es ist nichts Ernstes.	Ciddî bir şey değil.
Können Sie mir bitte etwas gegen … geben/ verschreiben?	Bana …–e/–a karşı bir ilâç verir misiniz/ yazar mısınız, lütfen?
Normalerweise nehme ich …	Normal olarak … alıyorum.
Hier ist mein internationaler Krankenschein.	Internasyonal bakım kâğıdım burada.
Können Sie mir bitte ein ärztliches Attest ausstellen?	Bana bir rapor yazar mısınız, lütfen?
Ich habe Schmerzen./Ich kann nicht einschlafen.	Ağrım var./Uyuyamıyorum.
Könnten Sie mir bitte eine Schmerztablette/ Schlaftablette geben?	Ağrı hapı/Uyku hapı verir misiniz?

Zahnarzt

Ich habe (starke) Zahnschmerzen.	Dişim (şiddetli) ağrıyor.
Dieser Zahn tut weh.	Bu diş ağrıyor.
Ich habe eine Füllung verloren.	Bir dolgum düştü.
Mir ist ein Zahn abgebrochen.	Bir dişim kırıldı.
Geben Sie mir bitte eine/keine Spritze.	Bana iğne yapın/yapmayın, lütfen.

Apotheke

Wo ist die nächste Apotheke (mit Nachtdienst)?	(Gece nöbeti olan) en yakın eczane nerede?
Geben Sie mir bitte etwas gegen …	… –e/–a karşı bir şey verin, lütfen.

Auto/Motorrad/Fahrrad

Auskunft

Entschuldigung, wie komme ich bitte nach …?	Affedersiniz, … –e/–a nasıl gideceğim?
Können Sie mir die Strecke/das auf der Karte zeigen?	Lütfen, yolu/bunu bana haritada gösterir misiniz?
Bitte, ist das die Straße nach …?	Affedersiniz, … –e/–a giden yol bu mu?
Immer geradeaus bis … Dann …	… –e/–a kadar hep doğru. Sonra …
bei der Ampel	lâmbadan
an der nächsten Ecke	ilk köşeden
links/rechts abbiegen.	sola/sağa dönülecek.

Panne

Ich habe eine Panne/einen Platten.	Bir arıza/patlak lâstik var.
Würden Sie bitte den Pannendienst anrufen?	Lütfen, arıza/tamir servisini çağırır mısınız?
Würden Sie mir bitte einen Mechaniker/einen Abschleppwagen schicken?	Lütfen, bana bir tamirci/bir çekme arabası gönderir misiniz?
Würden Sie mich bis zur nächsten Werkstatt/Tankstelle abschleppen/mitnehmen?	İlk tamirhaneye/benzinciye kadar arabamı çeker misiniz/beni götürür müsünüz?

Parken

Kann ich den Wagen hier abstellen?	Arabayı buraya bırakabilir miyim?
Ist der Parkplatz bewacht?	Park yeri bekçili mi?
Wie lange kann ich hier parken?	Ne zamana kadar burada park edebilirim?

Tankstelle

Wo ist bitte die nächste Tankstelle?	En yakın benzinci nerede acaba?
Ich möchte 20 Liter	Yirmi litre … istiyorum.
Normalbenzin.	normal benzin
Super.	süper
Diesel.	motorin/mazot
… bleifrei/verbleit/mit … Oktan	kurşunsuz/kurşunlu/… oktanlı …
Volltanken, bitte.	Doldurun/Ful, lütfen.
Prüfen Sie bitte …	Lütfen … kontrol eder misiniz?
den Ölstand.	yağını
den Reifendruck.	lâstiklerin havasını
Sehen Sie bitte auch das Kühlwasser nach.	Lütfen, radyatör suyuna da bakınız.

Könnten Sie mir einen Ölwechsel machen?	Yağını değiştirir misiniz?
Ich möchte eine Straßenkarte dieser Gegend, bitte.	Bu yörenin bir yol haritasını istiyorum, lütfen.
Wo sind bitte die Toiletten?	Tuvalet nerede?

Unfall

Es ist ein Unfall passiert.	Bir kaza oldu.
Rufen Sie bitte schnell …	Acele … çağırın, lütfen.
einen Krankenwagen.	bir ambulans
die Polizei.	polisi
die Feuerwehr.	itfaiyeyi
Haben Sie Verbandszeug?	Sargı malzemeniz var mı?
Sollen wir die Polizei holen, oder können wir uns so einigen?	Polisi mi çağıralım, yoksa aramızda mı anlaşalım?
Ich möchte den Schaden durch meine Versicherung regeln lassen.	Hasarı sigortam aracılığıyla düzelttirmek istiyorum.
Ich gebe Ihnen meine Anschrift und Versicherungsnummer.	Size adresimi ve sigorta numaramı veriyorum.
Geben Sie mir bitte Ihren Namen und Ihre Anschrift.	Lütfen bana isim ve adresinizi.
Können Sie für mich Zeuge sein?	Benim için tanıklık/şahitlik yapar mısınız?
Vielen Dank für Ihre Hilfe.	Yardımınıza çok teşekkür ederim.

Werkstatt

Wo ist hier in der Nähe eine Werkstatt?	Yakında nerede bir tamirhane var?
Mein Wagen springt nicht an.	Motor hareket etmiyor./Arabam çalışmıyor.
Können Sie mit mir kommen/mich abschleppen?	Benimle gelir misiniz?/Arabamı çeker misiniz?
Mit dem Motor stimmt was nicht.	Motorda bir bozukluk var.
Die Bremsen funktionieren nicht.	Frenler tutmuyor.
… ist/sind defekt.	… bozuk.
Können Sie mal nachsehen?	Bir kontrol eder misiniz?/Bir bakar mısınız?
Machen Sie bitte nur die nötigsten Reparaturen.	Yalnız en gerekli tamirleri yapınız lütfen.
Wann ist der Wagen/das Motorrad fertig?	Araba/Motor ne zamana biter?

Bank

Wo ist hier bitte eine Bank?	Nerede banka var?
Ich möchte … Euro/Schweizer Franken in türkische Lira umwechseln.	… euro/İsviçre frankı karşılığında Türk lirası istiyorum.
Ich möchte diesen Reisescheck/diese Postanweisung einlösen.	Bu seyahat çekini/posta havalesini almak istiyorum.
Auf welchen Betrag kann ich den Scheck maximal ausstellen?	En çok ne kadar yazabilirim?

Ihre Scheckkarte, bitte.	Çek kartınız, lütfen.
Darf ich bitte Ihren Pass/Ausweis sehen?	Pasaportunuzu/Kimliğinizi görebilir miyim?
Würden Sie bitte hier unterschreiben?	Şurayı imzalar mısınız, lütfen?
Ich möchte … Euro von meinem Konto/ Postsparbuch abheben.	Hesabımdan/Posta hesabımdan … euro çekmek istiyorum.
Gehen Sie bitte zur Kasse.	Kasaya gidiniz, lütfen.
Wie wollen Sie das Geld haben?	Parayı nasıl istiyorsunuz?
Bitte nur Scheine.	Yalnız kâğıt para/banknot, lütfen.
Auch etwas Kleingeld.	Biraz da bozuk para.

Museum

Gibt es auch eine Führung in Deutsch?	Almanca rehber de var mı?
Darf man hier fotografieren?	Burada resim çekilir mi?
Ist das …?	Bu … mi?
Gibt es einen Katalog zur Ausstellung?	Serginin bir kataloğu var mı?

Einkaufen

Wo finde ich … ?	Nerede … bulabilirim?
Ich möchte …	… istiyorum.
Haben Sie …?	Sizde … var mı?
Zeigen Sie mir bitte …	Bana … gösterir misiniz, lütfen.
ein Paar …	bir çift …
ein Stück …	bir tane …
Das gefällt mir nicht so gut.	Bu pek hoşuma gitmedi./Bunu pek beğenmedim.
Können Sie mir bitte ein anderes/eine(n) andere(n) … zeigen?	Bana başka bir … gösterir misiniz?
Das gefällt mir. – Ich nehme es.	Bu hoşuma gidiyor. – Alayım.
Wie viel kostet es?	Bu kaça?
Ist die Mehrwertsteuer im Preis drin?	KDV dahil mi?
Hätten Sie nicht etwas Billigeres?	Daha ucuz olanı var mı/yok mu?
Sie geben es mir doch ein bisschen billiger, oder?	Bana biraz indirim yaparsınız, değil mi?
Was ist Ihr letztes Angebot?	En son fiyatız ne olur?
Ich möchte in Lira bezahlen.	Lira ile ödeyim.
Ich muss mir das noch überlegen.	Düşünmem lâzım.
Bitte geben Sie mir …	Lütfen bana … veriniz.
eine Flasche …	bir şişe …
eine Dose …	bir kutu …
eine Packung …	bir paket …
ein Kilo …	bir kilo …
einen Meter …	bir metre …

ein Stück …	bir tane …
ein Glas …	bir bardak …
Nehmen Sie …	… alıyor musunuz?
Euro?	Euro
Schweizer Franken?	İsviçre frankı
Kreditkarten?	Kredi kartı
Reiseschecks?	Seyahat çeki
Bitte geben Sie mir eine Quittung.	Lütfen fatura yazar mısınız.
Können Sie es mir einpacken?	Paketler misiniz?
Haben Sie eine Tragetasche?	Poşetiniz var mı?

Eisenbahn

Auf dem Bahnhof

Eine einfache Fahrt 2. Klasse/1. Klasse nach …, bitte.	… –e/–a 2. (ikinci) mevki/1. (birinci) mevki yalnız gidiş bir bilet, lütfen.
Zweimal … hin und zurück, bitte.	… –e/–a gidiş–dönüş iki bilet, lütfen.
Wo muss ich umsteigen?	Nerede aktarma yapmam lâzım?
Achtung, Reisende nach …! Bitte einsteigen und die Türen schließen.	Dikkat, … yolcuları! Lütfen trene binip kapıları kapayınız.

Im Zug

Verzeihung, ist dieser Platz noch frei?	Affedersiniz, bu yer boş mu?
Können Sie mir bitte helfen?	Lütfen bana yardım eder misiniz?
Darf ich das Fenster öffnen/schließen?	Pencereyi açabilir miyim/kapatabilir miyim?
Wo sind wir jetzt?	Şimdi neredeyiz?

Öffentliche Verkehrsmittel

Welcher Bus/Welche Straßenbahn/ Welche U–Bahnlinie fährt nach …?	… –e/–a hangi otobüs/tramvay/metro gidiyor?
Bus	otobüs
Straßenbahn	tramvay
U–Bahn	metro
Sammeltaxi	dolmuş
Welche Linie fährt nach …?	… –e/–a hangi numara gidiyor?
Ist dies der richtige Bus nach …?	… –e/–a giden otobüs bu mu?
In welche Richtung muss ich fahren?	Hangi yöne/istikamete gitmem lâzım?
Wie viele Haltestellen sind es?	Kaç durak var?
Wo muss ich aussteigen/umsteigen?	Nerede inmem/aktarma yapmam lâzım?
Sagen Sie mir bitte Bescheid, wann ich aussteigen muss?	Oraya gelince, söyler misiniz lütfen?
Bitte, einen Fahrschein nach …	… –e/–a bir bilet lütfen.

Taxi

Wo ist der nächste Taxistand?	En yakın taksi durağı nerede?
Würden Sie bitte für mich ein Taxi bestellen?	Lütfen bana bir taksi çağırır mısınız?
Zum Bahnhof.	İstasyona.
Zum ... Hotel.	... oteline.
Zum Flughafen.	Hava alanına./Hava limanına.
Halten Sie bitte hier.	Burada durun, lüften.
Warten Sie bitte. – Ich bin in 5 Minuten zurück.	Lütfen bekleyin. – Beş dakika sonra döneceğim.
Das ist für Sie.	Bu size.

Polizei

Wo ist die nächste Polizeiwache?	En yakın polis karakolu nerede?
Ich möchte eine Anzeige machen.	Bildirmek istiyorum./Şikâyetim var.
Mir ist ...gestohlen worden.	Benim ... çalındı.
die Handtasche	el çantam
die Brieftasche	cüzdanım
mein Fotoapparat	fotoğraf makinam
mein Auto	arabam
mein Fahrrad	bisikletim
Mein Auto ist aufgebrochen worden.	Arabam açılmış.
Aus meinem Auto ist ... gestohlen worden.	Arabamdan ... çalındı.
Ich habe ... verloren.	Ben ... kaybettim.
Mein Sohn/Meine Tochter ist seit ... verschwunden.	Oğlum/Kızım ... –dan/–den beri kayıp.
Können Sie mir bitte helfen?	Lütfen bana yardım eder misiniz?
Ich will einen Anwalt./Ich möchte meinen Anwalt sprechen.	Bir avukat istiyorum./Avukatımla konuşmak istiyorum.
Ihren Namen und Ihre Anschrift, bitte.	İsim ve adresiniz, lütfen.
Wenden Sie sich bitte an das deutsche/österreichische/Schweizer Konsulat.	Alman/Avusturya/İsviçre konsolosluğuna baş vurun, lütfen.

Restaurant

Bestellung

Herr Ober, die Speisekarte/die Getränkekarte, bitte!	Garson, yemek listesi/içki listesi, lüften!
Was können Sie mir empfehlen?	Bana ne tavsiye edersiniz?
Ich möchte nur eine Kleinigkeit essen.	Hafif şeyler yemek istiyorum.
Ich möchte nur etwas trinken.	Yalnız bir şey içmek istiyorum.
Gibt es auch Kinderportionen?	Çocuklara yarım porsiyon veriyor musunuz?
Haben Sie schon gewählt?	Seçtiniz mi?
Ich nehme ...	Ben ... alacağım.

Ich vertrage kein(e) ..., könnten Sie das Gericht ohne ... zubereiten?	Bana ... dokunuyor, yemeğe koymadan da olur mu?
Wie möchten Sie Ihr Steak haben?	Kızartmanızı (stekinizi) nasıl istersiniz?
gut durch	tam pişmiş
halb durch	az pişmiş
englisch	çok az pişmiş
Was wollen Sie trinken?	Ne içmek istiyorsunuz?
Bitte ein Glas ...	Lütfen, bir bardak ...
Bitte eine (halbe) Flasche ...	(Yarım) şişe ..., lütfen.
Mit Eis, bitte.	Buzlu, lütfen.
Guten Appetit!	Afiyet olsun!
Bitte bringen Sie uns ...	Lütfen, bize ... getiriniz.
Könnten wir noch etwas Brot/Wasser/Wein bekommen?	Biraz daha ekmek/su/şarap getirebilir misiniz?

Rechnung

Bezahlen, bitte.	Hesabı lütfen.
Die Rechnung, bitte. – Wir haben es eilig.	Hesabı, lütfen. – Acelemiz var.
Bitte alles zusammen.	Hepsi beraber lütfen.
Getrennte Rechnungen, bitte.	Hesaplar ayrı ayrı, lütfen.
Ist die Bedienung inklusive?	Garson yüzdesi (bahşiş) içinde mi?
Das habe ich nicht gehabt. – Ich hatte ...	Bunu almadım. – Ben ... almıştım.
Hat es geschmeckt?	Hoşunuza gitti mi?
Das Essen war ausgezeichnet.	Yemek çok güzeldi.
Das ist für Sie.	Bu size.
Es stimmt so.	Bu tamam.

Reklamation

Hier fehlt ein(e)	Burada ... eksik.
Das habe ich nicht bestellt.	Ben bunu ısmarlamadım.
Das Essen ist kalt/versalzen.	Yemek soğuk/çok tuzlu.
Das Fleisch ist zäh/zu fett.	Et çok sert/çok yağlı.
Der Fisch ist nicht frisch.	Balık taze değil.
Nehmen Sie es bitte zurück.	Bunu lütfen geri götürün.

Strand

Gibt es hier in der Gegend einen Badestrand?	Bu çevrede bir plâj var mı?
Wie komme ich zum Strand/Badestrand?	Sahile/Plâja nasıl gidilir?
Gibt es hier Seeigel/Quallen?	Deniz kestanesi/Denizanası var mı?
Wie weit darf man hinausschwimmen?	Nereye kadar açılınabilir?
Wie ist das Wasser?	Su nasıl?
Das Wasser ist ...	Su ...

kalt/warm/schmutzig/sauber/tief.	soğuk/sıcak/kirli/temiz/derin.
Ist die Strömung stark?	Akıntı çok mu?
Ist es für Kinder gefährlich?	Çocuklar için tehlikeli mi?
Wann ist Flut/Ebbe?	Met/Cezir ne zaman?
Ich möchte … mieten.	Bir … kiralamak istiyorum.
einen Liegestuhl/einen Sonnenschirm	şezlong/güneş şemsiyesi
ein Boot	kayık
ein Paar Wasserski	çift su kayağı
Was kostet es pro Stunde/Tag?	Saati/Günlüğü kaça?

Telefon

Dürfte ich wohl Ihr Telefon benutzen?	Telefonunuzu kullanabilir miyim?
Wo ist die nächste Telefonzelle?	En yakın telefon kulübesi nerede?
Können Sie mir bitte eine Telefonmünze/ Telefonkarte geben?	Lütfen, bana bir jeton/telefon kartı verir misiniz?
Haben Sie ein Telefonbuch von …?	Sizde … telefon rehberi var mı?
Ich möchte ein R–Gespräch anmelden.	Ödemeli bir konuşma yazdırmak istiyorum.
Können Sie mich bitte mit … verbinden?	Bana … –i/–ı bağlar mısınız?
Es meldet sich niemand.	Kimse çıkmıyor.
Bleiben Sie bitte am Apparat.	Telefonu lütfen kapatmayınız.
Hier spricht …	Burada …
Hallo, mit wem spreche ich?	Alo, kiminle konuşuyorum?
Kann ich bitte Herrn/Frau … sprechen?	… beyle/hanımla konuşabilir miyim?
Am Apparat.	Benim.
Ich verbinde.	Bağlıyorum.
Tut mir leid, er/sie ist nicht da.	Maalesef burada/evde değil.
Kann er/sie Sie zurückrufen?	O sizi arayabilir mi?
Ja, meine Nummer ist …	Evet, benim numaram …
Möchten Sie eine Nachricht hinterlassen?	Bir haber bırakmak ister misiniz?
Würden Sie ihm/ihr bitte sagen, ich hätte angerufen?	Telefon ettiğimi ona söyler misiniz?
Ich rufe später nochmal an.	Sonra tekrar ararım.

Camping

Haben Sie noch Platz für einen Wohnwagen/ ein Zelt?	Yataklı araba/çadır için daha bir yeriniz var mı?
Wie hoch ist die Gebühr pro Tag und Person?	Günlüğü kişi başına ne kadar?
Wie hoch ist die Gebühr für …	… ücreti ne kadar?
das Auto?	Araba
den Wohnwagen/das Wohnmobil?	Yataklı araba
das Zelt?	Çadır

Wo kann ich meinen Wohnwagen aufstellen/ mein Zelt aufschlagen?	Yataklı arabamı nereye yerleştirebilirim?/ Çadırımı nereye kurabilirim?
Wir bleiben … Tage/Wochen.	… gün/hafta kalacağız.
Gibt es hier ein Lebensmittelgeschäft?	Burada bir bakkal var mı?
Wo sind die …	… nerede?
Toiletten?	Tuvalet
Waschräume?	Yıkanma odaları
Duschen?	Duş
Gibt es hier Stromanschluss?	Burada cereyan var mı?
Haben Sie 220 oder 110 Volt?	220 (iki yüz yirmi) mi yoksa 110 (yüz on) volt mu?
Wo kann ich die Gasflaschen umtauschen?	Gaz tüplerini nerede değiştirebilirim?
Ist der Campingplatz bei Nacht bewacht?	Kamping yerinin gece bekçisi var mı?
Gibt es hier einen Kinderspielplatz?	Burada bir çocuk bahçesi var mı?
Können Sie mir bitte … leihen?	Bana … ödünç verebilir misiniz, lütfen?

Hotel

Anreise

Ich habe bei Ihnen ein Zimmer reserviert. – Mein Name ist …	Ben bir oda ayırttım. – Adım …
Haben Sie noch Zimmer frei?	Boş odanız var mı?
… für eine Nacht.	Bir gecelik …
… für zwei Tage.	İki günlük …
… für eine Woche.	Bir haftalık …
Nein, wir sind leider vollständig belegt.	Hayır, maalesef tamamen doluyuz.
Ja, was für ein Zimmer wünschen Sie?	Peki, nasıl bir oda istiyorsunuz?
ein Einzelzimmer	tek kişilik bir oda
ein Zweibettzimmer	çift yataklı bir oda
ein Zweibettzimmer, aber bitte nicht mit einem französischen Bett.	çift yataklı bir oda, ama fransız yatağı olmasın lütfen.
ein ruhiges Zimmer	sakin bir oda
ein sonniges Zimmer	güneşli bir oda
ein Zimmer mit fließend Kalt- und Warmwasser	soğuk ve sıcak sulu bir oda
ein Zimmer mit Dusche	duşlu bir oda
ein Zimmer mit Bad	banyolu bir oda
ein Zimmer mit Balkon/Terrasse	balkonlu/teraslı bir oda
ein Zimmer mit Blick aufs Meer	denize bakan/deniz manzaralı bir oda
ein straßenseitig gelegenes Zimmer	cadde tarafındaki bir oda
ein hofseitig gelegenes Zimmer	avlu/bahçe tarafındaki bir oda
Kann ich das Zimmer ansehen?	Odayı görebilir miyim?
Dieses Zimmer gefällt mir nicht. – Zeigen Sie mir bitte ein anderes.	Bu oda hoşuma gitmedi. – Bir başkasını gösterin.

Dieses Zimmer ist sehr hübsch. – Ich nehme es.	Bu oda çok güzel. – Bunu alıyorum.
Können Sie noch ein drittes Bett/Kinderbett dazustellen?	Üçüncü bir yatak/çocuk yatağı koyabilir misiniz?
Was kostet das Zimmer mit …	Bu oda … kaça?
Frühstück?	kahvaltıyla
Halbpension?	yarım pansiyon ile
Vollpension?	tam pansiyon ile
Wollen Sie bitte den Anmeldeschein ausfüllen?	Kayıt formülünü doldurur musunuz?
Darf ich Ihren Reisepass/Personalausweis sehen?	Pasaportunuzu/Hüviyetinizi görebilir miyim?
Wo kann ich den Wagen abstellen?	Arabayı nereye koyabilirim?
In unserer Garage/Auf unserem Parkplatz.	Garajımıza/Park yerimize.
Hat das Hotel ein Schwimmbad/einen eigenen Strand?	Otelin yüzme havuzu/plâjı var mı?

Reklamation

Das Zimmer ist nicht gereinigt worden.	Oda temizlenmemiş.
Die Dusche …	Duş …
Die Spülung …	Sifon …
Die Heizung …	Kalorifer …
Das Licht …	Işık …
Das Radio …	Radyo …
Der Fernseher …	Televizyon …
funktioniert nicht.	bozuk.
Der Wasserhahn tropft.	Musluk damlıyor.
Es kommt kein (warmes) Wasser.	(Sıcak) su gelmiyor.
Die Toilette/Das Waschbecken ist verstopft.	Tuvalet/Lavabo tıkalı.
Das Fenster schließt nicht/geht nicht auf.	Pencere kapanmıyor/açılmıyor.
Der Schlüssel passt nicht.	Anahtar uymuyor.

Bar/Diskothek/Nachtclub

Gibt es hier eine gemütliche Kneipe?	Burada rahat bir meyhane var mı?
Gibt es hier eine Diskothek?	Burada bir diskotek var mı?
Wo werden Bauchtänze aufgeführt?	Nerede göbek dansı gösteriliyor?
Ein Bier, bitte.	Bir bira, lütfen.
Das gleiche noch einmal.	Aynısından bir daha.
Diese Runde übernehme ich.	Bu içkiler benden.

Verkehrsbüro

Ich möchte einen Stadtplan von … haben.	… '(n)in bir şehir plânını istiyorum.
Haben Sie Prospekte von …?	… brojürü var mı?

Haben Sie einen Veranstaltungskalender für diese Woche?	Sizde bu haftanın etkinlikler programı var mı?
Gibt es Stadtrundfahrten?	Şehir turları var mı?

Wetter

Es bleibt schön/schlecht.	Hava güzel/kötü kalacak.
Es wird wärmer/kälter.	Hava daha ısınacak/soğuyacak.
Es soll regnen/schneien.	Yağmur/Kar yağacak.
Es ist kalt/heiß/schwül.	Hava soğuk/pek sıcak/bunaltıcı.
Es zieht ein Gewitter auf.	Fırtına geliyor.
Wir bekommen Sturm.	Bora çıkacak.
Es ist neblig/windig.	Hava sisli/rüzgârlı.
Die Sonne scheint.	Güneş var./Güneş açıyor.
Der Himmel ist wolkenlos/bedeckt.	Gökyüzü bulutsuz/kapalı.

Zollkontrolle

Haben Sie etwas zu verzollen?	Gümrüklü eşyanız var mı?
Nein, ich habe nur ein paar Geschenke.	Hayır, yalnızca birkaç hediyelik eşyam var.
Fahren Sie bitte rechts/links heran.	Arabayı sağa/sola çekin, lütfen.
Öffnen Sie bitte den Kofferraum/diesen Koffer.	Bagajı/Bu bavulu açın, lütfen.
Muss ich das verzollen?	Buna gümrük ödemem lâzım mı?

Zahlwörter
Sayı Sıfatları

1. Grundzahlen
Asıl Sayılar

0	null *sıfır*
1	eins *bir*
2	zwei *iki*
3	drei *üç*
4	vier *dört*
5	fünf *beş*
6	sechs *altı*
7	sieben *yedi*
8	acht *sekiz*
9	neun *dokuz*
10	zehn *on*
11	elf *on bir*
12	zwölf *on iki*
13	dreizehn *on üç*
14	vierzehn *on dört*
15	fünfzehn *on beş*
16	sechzehn *on altı*
17	siebzehn *on yedi*
18	achtzehn *on sekiz*
19	neunzehn *on dokuz*
20	zwanzig *yirmi*
21	einundzwanzig *yirmi bir*
22	zweiundzwanzig *yirmi iki*
23	dreiundzwanzig *yirmi üç*
30	dreißig *otuz*
31	einunddreißig *otuz bir*
32	zweiunddreißig *otuz iki*
33	dreiunddreißig *otuz üç*

40	vierzig *kırk*
41	einundvierzig *kırk bir*
50	fünfzig *elli*
51	einundfünfzig *elli bir*
60	sechzig *altmış*
61	einundsechzig *altmış bir*
70	siebzig *yetmiş*
71	einundsiebzig *yetmiş bir*
80	achtzig *seksen*
81	einundachtzig *seksen bir*
90	neunzig *doksan*
91	einundneunzig *doksan bir*
100	hundert *yüz*
101	hundert(und)eins *yüz bir*
102	hundert(und)zwei *yüz iki*
110	hundert(und)zehn *yüz on*
200	zweihundert *iki yüz*
300	dreihundert *üç yüz*
451	vierhundert(und)einundfünfzig *dört yüz elli bir*
1000	tausend *bin*
2000	zweitausend *iki bin*
10 000	zehntausend *on bin*
1 000 000	eine Million *bir milyon*
2 000 000	zwei Millionen *iki milyon*
1 000 000 000 eine Milliarde *bir milyar*	
1 000 000 000 000 eine Billion *bir trilyon*	

2. Ordnungszahlen
Sıra Sayıları

1.	erste *birinci, ilk*
2.	zweite *ikinci*
3.	dritte *üçüncü*
4.	vierte *dördüncü*
5.	fünfte *beşinci*
6.	sechste *altıncı*
7.	sieb(en)te *yedinci*
8.	achte *sekizinci*
9.	neunte *dokuzuncu*
10.	zehnte *onuncu*
11.	elfte *on birinci*
12.	zwölfte *on ikinci*
13.	dreizehnte *on üçüncü*
14.	vierzehnte *on dördüncü*
15.	fünfzehnte *on beşinci*
16.	sechzehnte *on altıncı*
17.	siebzehnte *on yedinci*
18.	achtzehnte *on sekizinci*
19.	neunzehnte *on dokuzuncu*
20.	zwanzigste *yirminci*
21.	einundzwanzigste *yirmibirinci*
22.	zweiundzwanzigste *yirmiikinci*
23.	dreiundzwanzigste *yirmiüçüncü*
30.	dreißigste *otuzuncu*
31.	einunddreißigste *otuz birinci*
40.	vierzigste *kırkıncı*
41.	einundvierzigste *kırk birinci*
50.	fünfzigste *ellinci*
51.	einundfünfzigste *elli birinci*
60.	sechzigste *altmışıncı*
61.	einundsechzigste *altmış birinci*
70.	siebzigste *yetmişinci*
71.	einundsiebzigste *yetmiş birinci*
80.	achtzigste *sekseninci*
81.	einundachtzigste *seksen birinci*
90.	neunzigste *doksanıncı*
100.	hundertste *yüzüncü*
101.	hundertunderste *yüz birinci*
200.	zweihundertste *iki yüzüncü*
300.	dreihundertste *üç yüzüncü*
451.	vierhundert(und)einundfünfzigste *dört yüz elli birinci*
1000.	tausendste *bininci*
1100.	tausend(und)einhundertste *bin yüzüncü*
2000.	zweitausendste *iki bininci*
100 000	einhunderttausendste *yüz bininci*
1 000 000.	millionste *milyonuncu*
10 000 000.	zehnmillionste *on milyonuncu*

3. Bruchzahlen
Kesirli Sayılar

$^1/_2$	ein(e) halbe(r, s) *yarım*
$^1/_3$	ein Drittel *üçte bir*
$^2/_3$	zwei Drittel *üçte iki*
$^1/_4$	ein Viertel *dörtte bir/bir çeyrek*
$^3/_4$	drei Viertel *dörtte üç*
$^1/_5$	ein Fünftel *beşte bir*
$^2/_5$	zwei Fünftel *beşte iki*
$^1/_{10}$	ein Zehntel *onda bir*
$^3/_{10}$	drei Zehntel *onda üç*
$^1/_{20}$	ein Zwanzigstel *yirmide bir*
$1^1/_2$	anderthalb *bir buçuk*
$2^1/_2$	zwei(und)einhalb *iki buçuk*
$2^1/_3$	zwei ein drittel *iki tam üçte bir*
$5^3/_8$	fünf drei achtel *beş tam üç bölü sekiz*
$^1/_{100}$	ein Hundertstel *yüzde bir*
$^1/_{1000}$	ein Tausendstel *binde bir*
$^1/_{1\,000\,000}$	ein Millionstel *(bir) milyonda bir*
0,4	null Komma vier *sıfır virgül dört*

1,1	eins Komma eins *bir virgül bir*
7,8	sieben Komma acht *yedi virgül sekiz*
2,35	zwei Komma fünfunddreißig *iki virgül otuz beş*
3,003	drei Komma null null drei *üç virgül sıfır sıfır üç*

1 %	ein Prozent *yüzde bir (%1)*
3,5 %	drei Komma fünf Prozent *yüzde üç bucuk (%3,5)*
15 %	fünfzehn Prozent *yüsde on beş (%15)*
100 %	hundert Prozent *yüzde yüz (%100)*
1 ‰	eine Promille *binde bir (‰1)*
27 °C	siebenundzwanzig Grad (Celsius) *yirmi yedi derece*
–5 °C	minus 5 Grad (Celsius) *eksi beş derece*

4. Vervielfältigungszahlen
Çoğaltma Sıfatları

einfach *tek*	vierfach *dört misli, dört kat(ı)*
zweifach *iki misli, iki kat(ı)*	fünffach *beş misli, beş kat(ı)*
dreifach *üç misli, üç kat(ı)*	hundertfach *yüz misli, yüz kat(ı)*

Zeitangaben

Wie spät ist es?	Saat kaç?
Es ist	Saat
3 Uhr.	üç.
3 Uhr 10.	üçü on geçiyor.
Viertel nach 3.	üçü çeyrek geçiyor.
halb 4.	üç buçuk.
Viertel vor 4.	dörde çeyrek var.
5 vor 4.	dörde beş var.
1 Uhr.	bir.
12 Uhr Mittag/Mitternacht.	öğlen/gece on iki.
Geht diese Uhr richtig?	Bu saat doğru mu?/doğru gidiyor mu?
Sie geht vor/nach.	İleri gidiyor /Geri kalıyor.
Es ist spät/zu früh.	Geç oldu/Çok erken.
Um wie viel Uhr?/Wann?	Saat kaçta?/Ne zaman?
Um 2 Uhr.	Saat ikide.
Um 1 Uhr.	Saat birde.
Um 10 nach 5.	Beşi on geçe.
Um Viertel nach 5.	Beşi çeyrek geçe.
Um halb 6.	Beş buçukta.
Um Viertel vor 6.	Altıya çeyrek kala.
Um 5 vor 6.	Altıya beş kala.
In einer Stunde.	Bir saat sonra/içinde.
In zwei Stunden.	İki saat sonra/içinde.
Nicht vor 9 Uhr morgens.	Sabahları dokuzdan önce değil.
Nach 8 Uhr abends.	Akşamları sekizden sonra.
Zwischen 3 und 4.	Üçle dört arası.
Gegen 4 Uhr.	Saat dörde doğru.
In 14 Tagen.	On dört gün sonra/içinde.
Vor einer Woche.	Bir hafta önce.
Den Wievielten haben wir heute?	Bugün ayın kaçı?
Heute ist der dritte.	Bügün ayın üçü.
Am 5. April	Nisanın beşinde.
Am 12. Mai 2004	On iki Mayıs iki bin dörtte.
Wie lange?	Ne kadar zaman?/Ne süre?
Zwei Stunden (lang).	İki saat (süreyle).
Von 10 bis 11.	Ondan on bire kadar.
Bis zum Wochenende.	Hafta sonuna kadar.
Seit wann?	Ne zamandan beri?
Seit 8 Uhr morgens.	Sabah sekizden beri.
Seit einer halben Stunde.	Yarım saatten beri.
Seit acht Tagen.	Sekiz günden beri.

Notizen

Notizen

Notizen

Notizen

Notizen

Notizen

Notizen

Notizen

Notizen

Inhalt und Aufbau Deutsch-Türkisch

Abrüstung *f* silahsızlanma
ABS *nt Abk von* **Antiblockiersystem** anti blokaj sistemi
Absage *f* ret, olumsuz cevap

Alle **Stichwörter** sind alphabetisch geordnet und farbig hervorgehoben.

Kristall[1] *m* (*Stein*) billur
Kristall[2] *nt* (*Glas*) kristal

Hochgestellte arabische Ziffern unterscheiden gleich geschriebene Wörter mit unterschiedlicher Bedeutung.

kratzen **I.** *vt* kaşımak; (*Katze*) tırmalamak (**etw** -i) **II.** *vi* (*Wolle*) dalamak **III.** *vr* **sich ~** kaşınmak

Römische Ziffern dienen zur Unterscheidung verschiedener Wortarten.

roh *adj* ❶ (*ungekocht*) çiğ, pişmemiş ❷ (*unbearbeitet*) ham ❸ (*Mensch*) kaba, yontulmamış

Arabische Ziffern kennzeichnen die unterschiedlichen Bedeutungen eines Stichworts.

messbarRR *adj*, **meßbar**ALT *adj* ölçülebilir

Die alte Schreibung wird durch das hochgestellte Zeichen ALT kenntlich gemacht, die reformierte durch das hochgestellte Zeichen RR.

früh **I.** *adj* erken; **am ~en Morgen** sabahın erken saatleri **II.** *adv* erken(den); **~ morgens** sabah erkenden; **heute ~** bu sabah; **morgen/gestern ~** yarın/dün sabah; **von ~ bis spät** sabahtan akşama kadar

Wortverbindungen, **Anwendungsbeispiele** und **Redewendungen** sind in halbfettem Druck hervorgehoben. Die **Tilde** (~) ersetzt das unveränderte Stichwort.

traf *vi, vt s.* **treffen**

treffen <trifft, traf, getroffen> **I.** *vt* ❶ (*begegnen*) karşılaşmak [...]

Unregelmäßige Verbformen erscheinen als eigene Stichwörter mit Verweis auf die Grundform.
Die unregelmäßigen Formen werden bei der Grundform in Spitzklammern angegeben.